ENCICLOPEDIA
HISPÁNICA

ENCICLOPEDIA HISPÁNICA

EDITORIAL BARSA PLANETA, INC.
BARCELONA, BUENOS AIRES, CARACAS, MADRID, MÉXICO, PANAMÁ, RÍO DE JANEIRO, SANTIAGO, SÃO PAULO

Esta obra está dedicada a todos los pueblos de habla española que, con joven e inquieta inteligencia, aspiran a un mejor conocimiento del presente, el pasado y el futuro del mundo en el que habitan.

Segunda edición © 2003

POR EDITORIAL BARSA PLANETA, INC.

Primera edición © 1989-1990.
Reimpresiones actualizadas © 1990-1991, 1991-1992, 1992-1993, 1994-1995, 1995-1996, 1999, 2000-2001

ISBN: 1-56409-057-4

Este libro se produjo en los talleres de Quebecor World Book Versailles, Kentucky, Estados Unidos de América.
Se imprimieron 10.000 ejemplares.

PRINTED AND BOUND IN THE UNITED STATES OF AMERICA
IMPRESO Y ENCUADERNADO EN LOS ESTADOS UNIDOS DE AMÉRICA

Al lector

El ser humano se ha caracterizado siempre por su búsqueda del saber, pero también por su inclinación a registrar lo que aprende. La escritura, instrumento fundamental del registro del conocimiento, es tan trascendental en el desarrollo humano que su invención marca la separación entre la prehistoria y la historia. Y es ella la que ha dado vida, desde la más remota antigüedad, a libros, bibliotecas y enciclopedias.

La *Enciclopedia Hispánica* constituye un instrumento que permite la realización de actividades didácticas distintas, como son la consulta rápida de dudas específicas y conexión del contenido. La primera sección de esta obra, Micropedia, resuelve dudas puntuales y actúa como índice alfabético. La Macropedia permite una lectura prolongada y detallada de los asuntos más importantes. La Temapedia estructura el contenido y favorece un estudio programado a través de un índice temático ilustrado acompañado de apuntes y citas temáticos. La Datapedia ofrece un compendio de información estadística, tabular y cartográfica que enriquece toda consulta o lectura.

El Libro del Año viene por su parte a aportar, con periodicidad anual, un completo resumen de los acontecimientos más relevantes de cada una de las áreas del saber enciclopédico, asegurando la continua y plena actualización de la obra.

En esta nueva edición se ha realizado una exhaustiva revisión del contenido, como también un importante trabajo de actualización e inclusión de nuevos conceptos de interés enciclopédico. A esto se suma el trabajo de mejoramiento de toda su iconografía, aumentando el número y la calidad de fotografías, tablas y gráficos, junto a una revisión y actualización de sus mapas.

El vertiginoso avance de la ciencia y de la tecnología, sobre todo de la informática, transformó radicalmente la vida y el mundo del ser humano y, de la misma manera, abrió nuevas formas de acceder al conocimiento. Hoy la televisión, las computadoras personales, los soportes electrónicos (CD-ROM, DVD, etc.) e Internet son las herramientas del siglo XXI para el saber y la información. Sin embargo, estos nuevos caminos presentan un problema: cada uno de ellos desarrolla habilidades de aprendizaje diferentes y no integradas, por lo tanto por sí solas insuficientes para alcanzar una formación integral.

En este marco, Barsa-Planeta ha creado un medio específicamente ideado para conseguir la integración de todos estos elementos, antes inconexos.

El Sistema Cultural Educativo Multimedia (SCEM) de Barsa-Planeta propone una combinación coherente de recursos destinada a garantizar plenamente la calidad, la continuidad, la modernidad y la integración del conocimiento. El saber actual necesita de una entidad uniforme, manifestada, no obstante, a través de la más amplia variedad de formatos, y asentada sobre el soporte que ha constituido la base de la difusión de la cultura y de la educación desde sus orígenes: el libro.

En el contexto de la divulgación del saber, la Enciclopedia es el vehículo que clásicamente ha desempeñado el papel protagonista, y que en el siglo XXI mantiene sin duda tal condición. La estructura única que conforman los 18 volúmenes de la *Enciclopedia Hispánica* propone un singular, ameno y fructífero periplo que se desarrolla a través de los entornos del conocimiento global, la información concreta, los precisos datos y referencias estadísticas y la valoración general de cada una de las ramas del saber.

Este extenso compendio de conocimientos –*Enciclopedia Hispánica*– conforma, pues, el fundamento de un sistema, el SCEM, que se despliega en una amplia batería de recursos de variada índole y enfoque multidisciplinar. Entre tales recursos se diferencian el **CD-ROM** y el **DVD**, soportes informáticos que ofrecen una vía de acceso al conocimiento en formato digital; el **video**, elemento dinamizador y ejemplificador de gran eficacia en el proceso educativo y en la difusión de la cultura; y el sitio de Internet **Barsa.com**, en el que se proporciona un amplio caudal de conocimiento, renovable a través de series de artículos realizados por especialistas de nuestro equipo editorial y permanentemente actualizados.

A todo ello se suma el programa **Barsa Society**, que permite acceder a un mundo de privilegios integrado por publicaciones, envíos exclusivos y toda una amplia serie de servicios y beneficios que vendrán a enriquecer el patrimonio cultural de su hogar.

Es éste, en definitiva, el marco en el que, sobre la sólida base que conforma la *Enciclopedia Hispánica,* se asienta todo un sistema que combina integración y variedad de formatos, en aras de la ordenación racional y dinámica del saber.

Quienes hemos participado en las ediciones sucesivas de la *Enciclopedia Hispánica* y en la elaboración del SCEM, con todos sus elementos, estamos convencidos de que este sistema se constituye como la herramienta fundamental para el conocimiento, además de promover los adelantos técnicos y científicos de los últimos tiempos. Por ello sabemos que el esfuerzo de producción original, y el que se realiza constantemente para su mejoramiento y actualización, bien han valido la pena.

Los editores

GUATEMALA
Universidad Francisco Marroquín

HONDURAS
Universidad Nacional Autónoma de Honduras

MÉXICO
Colegio de México

Instituto Tecnológico de Estudios Superiores de Monterrey

Sociedad Mexicana de Astronáutica

Universidad Nacional Autónoma de México

NICARAGUA
Universidad Centroamericana

PANAMÁ
Universidad de Panamá

PARAGUAY
Universidad Católica Nuestra Señora de la Asunción

PERÚ
Universidad de Lima

PUERTO RICO
Centro de Estudios Avanzados de Puerto Rico y el Caribe

Universidad Católica de Puerto Rico

Universidad del Sagrado Corazón

EL SALVADOR
Universidad Centroamericana José Simeón Cañas

URUGUAY
Universidad Católica del Uruguay

Universidad de la República

VENEZUELA
Academia Venezolana de Historia

Universidad Central de Venezuela (Caracas)

Universidad de Carabobo (Valencia)

Universidad de los Andes

Universidad Metropolitana (Caracas)

Equipo editorial:

Supervisión de textos:
Perfecto Gómez Estradé,
Carmen Hinojosa,
Sergio Negrete
Manuel Andrade

Asistentes editoriales:
Patricia Mora, Ángeles Lafuente

Supervisión de impresión y encuadernación:
Armando Guzmán

El director editorial agradece la asesoría de:

En Barcelona, España: Ambrosio Aznar Viu.

En Chicago, Illinois, Estados Unidos: William Cleveland (geografía), Rosa E. Casas (indexación), Gerzilla Leszczynski (cartografía), Raymond Majesty y Burt Hofferth (producción mecánica, impresión y encuadernación) y Cynthia Peterson (diseño).

En Barcelona, España: Luis Miracle.

En Buenos Aires, Argentina: Roberto Alifano, Martha S. Bertrand de Cañete.

En Lima, Perú: Sara Hamann de Cisneros.

En Puebla, México: Peter van der Heyden.

Nuestro agradecimiento al Banco Interamericano de Desarrollo (BID), a las embajadas de Brasil, Canadá, Corea, Chile, Dinamarca, Finlandia, Guatemala, India, Indonesia, Israel, Japón, Mauritania, Noruega, Pakistán, Polonia y Suecia, así como a las Oficinas de Turismo de Colombia, Grecia, Italia, México, Países Bajos, Portugal, Puerto Rico y Túnez en España por la gentil cesión de algunas de las fotografías que se publican en esta enciclopedia.

Realización editorial: Diorki, S.A.

DIRECCIÓN GENERAL:
Juan Enrique Díez Ortells

Asistente
Julio Jiménez Barquero

GERENCIA, RECURSOS HUMANOS Y MEDIOS:
José Enrique Benito Soler

Coordinación administrativa:
Laura García López
Pilar García Robles

TEXTOS:
PLANIFICACIÓN, CONTROL, CORRECCIÓN Y CARTOGRAFÍA:
Jaime Jerez Matilla
José Carlos Lechado
Francisco Gimeno Suances

Asesores de especialidades:
Antonio Arregui Asta, diplomado de estado mayor en el ejército español y en el de los Estados Unidos, diplomado en electrónica por el ejército de tierra
Abdón Bas Bernabeu, profesor mercantil, Escuela de Comercio de Las Palmas de Gran Canaria; censor jurado de cuentas, Universidad Complutense de Madrid; licenciado en ciencias económicas, Universidad Complutense de Madrid
Alberto Ciaurriz Belzunegui, licenciado en ciencias empresariales, Escuela Superior de San Sebastián
José Luis Fuertes Rodríguez, director del departamento de textos de medicina de Diorki, S.A.
Gonzalo Haya Prats, licenciado en teología, Facultad de Teología de Granada
Manuel Mendiola Mencia, director del departamento de textos técnicos de Diorki, S.A.
Javier Ignacio Sánchez Almazán, licenciado en ciencias biológicas, Universidad Complutense de Madrid

Colaboradores:
Eva Alba Martín, licenciada en periodismo, Universidad Complutense de Madrid
Antonio Arregui Asta, diplomado de estado mayor en el ejército español y en el de los Estados Unidos, diplomado en electrónica por el ejército de tierra
Abdón Bas Bernabeu, profesor mercantil, Escuela de Comercio de Las Palmas de Gran Canaria; intendente mercantil, Escuela de Altos Estudios Mercantiles de Madrid; censor jurado de cuentas, Universidad Complutense de Madrid; graduado social, Universidad Complutense de Madrid licenciado en ciencias económicas, Universidad Complutense de Madrid
José Burgos Abarca, licenciado en filología francesa, director biblioteca Universidad Nacional de Educación a Distancia-España
Alberto Ciaurriz Belzunegui, licenciado en ciencias empresariales, Escuela Superior de San Sebastián
Dolores Díez Ortells, licenciada en psicología, Universidad Complutense de Madrid
Mariano Enríquez de Salamanca, licenciado en ciencias físicas, Universidad Complutense de Madrid
Mario Escudero Pérez, licenciado en filología hispánica, Universidad Complutense de Madrid
José Manuel Estrada, licenciado en geografía e historia (historа del arte), Universidad Complutense de Madrid; diplomado en Cinematografía, Universidad de Valladolid
Nicolás Fabelo González, licenciado en ciencias económicas, Universidad Nacional de Educación a Distancia-España
Rodolfo Fernández González, doctor en filosofía, Universidad Complutense de Madrid
Jesús García de Jalón, licenciado en ciencias físicas, Universidad Complutense de Madrid
María del Mar García Mesuro, licenciada en filología moderna, sección de filología inglesa, Universidad Complutense de Madrid
María José González Amuchastegui, licenciada en geografía e historia, Universidad Complutense de Madrid
Ana María González Hernández, licenciada en filología inglesa, Universidad Complutense de Madrid
María José González Ribot, licenciada en geografía e historia, sección historia medieval, Universidad Complutense de Madrid
Carlos Gordo Blanco, licenciado en ciencias exactas, Universidad Complutense de Madrid
Gonzalo Haya Prats, humanidades clásicas, Seminario de Sevilla; licenciado en filosofía, Universidad de Comillas, Santander; licenciado en teología, Facultad de Teología de Granada
Edgardo Alejandro Jockl Rueda, licenciado en psicología, Universidad Nacional de Córdoba, Argentina
José Manuel Lechado, licenciado en filología árabe, Universidad Complutense de Madrid
José Luis Mateos Sanz, doctor en ciencias biológicas, profesor asociado del Instituto Universitario de Ciencias Ambientales y de la Facultad de Ciencias Biológicas, Universidad Complutense de Madrid, y de la Facultad de Ciencias Experimentales y Técnicas, Universidad San Pablo-CEVI, Madrid
Francisco Nadal de Moner, licenciado en filosofía, M.A. y Ph.D. en economía
Eva Navascues López-Cordón, licenciada en ciencias biológicas, Universidad Complutense de Madrid
Carmen Pita Andreu, licenciada en filosofía, sección arte, Universidad Complutense de Madrid
Antonio Rincón Córcoles, licenciado en ciencias físicas, Universidad Complutense de Madrid
María Teresa de los Ríos de Francisco, licenciada en filosofía y letras, geografía, Universidad Autónoma de Madrid

Indexación:
Carmen Fernández Cristóbal
Maribel Frutos Jiménez
Soledad Rodrigo Leiva

Corrección de pruebas de imprenta:
Beatriz Albertini
José María Rodríguez Martínez

ARTE

Dirección:
Juan Enrique Díez Ortells

Diseño gráfico:
Carlos Ruiz Martínez

Selección iconográfica:
Jaime Visedo Díez
Nicolás Visedo Díez

Maquetación, Ilustraciones, Dibujos, Gráficos y Esquemas:
Alfonso García Cano
Javier Geijo Martínez
Javier Pulido Martínez
Paloma Rodríguez Morales

Fotografías:
José Antonio Pérez de Miguel
Archivo Iconográfico, S.A.
Archivo Diorki, S.A.

MICROPEDIA

VOLUMEN
I

A - I

Lista de abreviaturas

a.C.	antes de Cristo
cap.	capital
cm	centímetro
cm^2	centímetro cuadrado
cm^3	centímetro cúbico
d.C.	después de Cristo
dep.	departamento
est.	estado
etc.	etcétera
h.	hacia
hab.	habitantes
kg	kilogramo
km	kilómetro
km^2	kilómetro cuadrado
m	metro
m^2	metro cuadrado
m^3	metro cúbico
n.	nacido
°C	grados centígrados
°F	grados Fahrenheit
prov.	provincia
%	tanto por cien

A

AACHEN. V. **Aquisgrán**.

AAIÚN, EL. Ciudad del Sahara occidental, a escasa distancia del Atlántico. Antigua capital del Sahara Español (1940-1976), fue incorporada a Marruecos con el resto del territorio, cuya soberanía quedó en disputa. En 1998 se convocó un referéndum para decidir la autodeterminación del territorio o la unión a Marruecos. Fosfatos. 136.950 hab. (1994).
Sahara occidental 13:88a.

AALBORG. V. **Ålborg.**

AALTO, ALVAR (1898-1976). Arquitecto finlandés. Aunó en su obra los principios de la arquitectura moderna con la tradición finlandesa de la vivienda.
1:1a; Arquitectura 2:114b; Diseño 5:206a; *ilustraciones* 1:1a-b.

AAR. Río de Suiza. Nace en el glaciar de Aar, en los Alpes, cantón de Berna. Tras atravesar el lago Thun, rodea casi por completo la ciudad de Berna. Desemboca en el Rin tras recorrer 295 km.
Suiza 13:355a.

AARHUS. Ciudad y puerto de Dinamarca, en la región oriental de Jutlandia en la bahía de Aarhus. Obispado. Catedral del siglo XIII. Museo. Maquinaria, astilleros, productos químicos, tabacos, cerveza. 283.673 hab. (1999).

AARÓN. Hermano de Moisés y fundador de la clase sacerdotal hebrea.
1:2a.

AARON, HANK (n. en 1934). Beisbolista estadounidense. Pasó de las ligas de negros a las mayores. En 1974, dos años antes de retirarse, rebasó a Babe Ruth como el mayor bateador de cuadrangulares de la historia.

ABACÁ. Planta herbácea de gran porte de la familia de las musáceas (*Musa textilis*). Monocotiledónea. Originaria de Filipinas, de sus vainas foliares se obtiene una fibra textil.

ABACHA, SANI (1943-1998). Militar nigeriano que en 1993 derrocó al gobierno democrático del presidente Moshood Kashinawo Olawale Abiola. Tras ser designado presidente del Consejo Ejecutivo Federal, suprimió todos los derechos ciudadanos e instauró una dictadura personal.

ÁBACO. Instrumento de cálculo aritmético consistente en un conjunto de varillas paralelas sobre las cuales se deslizan unas cuentas que, mediante dichos desplazamientos, permiten efectuar diversos tipos de operaciones, desde sumas hasta raíces.
1:2b; Aritmética 2:72b; *ilustraciones* 1:2b.

ABAD I. Abú al-Qasim Mohamed ibn Abad (1023-1042), primer califa de los abadíes, que gobernó Sevilla, uno de los reinos de taifas que florecieron tras la caída del califato de Córdoba.

ABAD II (siglo XI). Abad al-Mutadid, califa abadí. Se anexionó los reinos de Niebla, Huelva, Algarve y otros. Fue poeta y mecenas, pero hizo gala de extrema crueldad con sus enemigos.

ABAD III (siglo XI). Mohamed ibn Abad al-Mutamid, último califa de la dinastía abadí. Rey-poeta, convirtió a Sevilla en un deslumbrante centro de la cultura musulmana. Conquistó Córdoba en dos ocasiones.

ABAD, DIEGO JOSÉ (1727-1779). Teólogo, poeta y escritor mexicano. A edad temprana ingresó en la Compañía de Jesús. Fue director del Colegio de Querétaro. Cuando los jesuitas fueron expulsados del país en 1767 se exilió en Italia. Después de su muerte se publicó la edición definitiva de su más divulgada obra, *De Deo deoque homine heroica*, singular recopilación teológica escrita en verso.

ABAD, PER V. **Abbat, Per.**

ABADAL Y CALDERÓ, RAIMUNDO DE (1862-1945). Político y escritor español. Presidió la Lliga Regionalista y fue diputado en las Cortes Constituyentes de la república en 1931. Fue autor de diversos trabajos sobre la historia y el derecho catalanes.

ABADAL Y DEVINYALS, RAMÓN DE (1888-1970). Historiador y jurisconsulto español. Fue diputado por la Lliga Regionalista de Cataluña y miembro del Instituto de Estudios Catalanes de la Real Academia de Buenas Letras de Barcelona y de la Real Academia de la Historia. *Cataluña carolingia* (1926-1955), *Los primeros condes catalanes* (1958).

ABADÁN. Ciudad y puerto de Irán en la prov. de Juzistán. Se alza sobre una isla del cauce del Shat-al-Arab, a 50 km del golfo Pérsico. Aeropuerto internacional. Explotaciones petrolíferas, oleoductos. En la década de 1980 sufrió bombardeos y ataques terrestres durante la guerra irano-iraquí. 401.281 hab. (1996).

ABAD DE SANTILLÁN, DIEGO (1898-1983). Sinesio García Fernández, político y escritor español de ideología anarquista. Al acabar la guerra civil española se exilió en la Argentina. *La revolución y la guerra de España* (1938), *Por qué perdimos la guerra* (1940).

ABADÍA. Conjunto de edificios religiosos y domésticos destinados al retiro y vida en comunidad de los monjes y monjas católicos, regidos por un abad o por una abadesa. También se llaman así los establecimientos monásticos budistas. En Europa, son notables los de la orden benedictina, entre ellos los de Cluny y los cistercienses.
Monasterios y conventos 10:226b; Mont-Saint-Michel 10:255b.

ABADÍA, JUAN DE LA (siglo XV). Pintor español que trabajó en tierras aragonesas entre los primeros años de la década de 1470 y 1498. Su estilo primitivo alcanzó representaciones de gran valor en el retablo de la catedral de Jaca. Retablos de la iglesia de la Magdalena de Huesca, del Salvador y San Andrés.

ABADÍA MÉNDEZ, MIGUEL (1867-1947). Político y escritor colombiano. Ocupó la presidencia de la república de 1926 a 1930. Durante su mandato el Congreso trató, infructuosamente, de expropiar las compañías petroleras estadounidenses.

ABADÍES. Dinastía andalusí del siglo XI. Fue iniciada con Abú-l-Qasim Mohamed ibn Abad (Abad I), al separar Sevilla del califato de Córdoba hacia el año 1030. Sus sucesores extendieron los dominios por Andalucía occidental. Mantuvieron como capital a la ciudad de Sevilla. Su dominio acabó con la toma de Sevilla por las tropas almorávides en el 1091.

ABAD Y QUEIPO, MANUEL (1751-1825). Religioso español. Durante la guerra de independencia de México ocupó el obispado de Michoacán y fue absuelto de la acusación de traición a la corona por su ayuda a los independentistas. A su regreso a España, el restaurado poder absolutista lo envió a prisión, donde murió.

ABAHAI (1592-1643). Jefe tribal manchú. Extendió el poder de su pueblo sobre las tribus del Asia interior, convirtiéndose en 1636 en cabeza de un imperio que abarcaba Manchuria, Mongolia y China. Fundador de la dinastía china Qing.

ABAKANOWICZ, MAGDALENA (n. en 1930). Figura destacada de la escuela polaca del tapiz. En sus composiciones, en las que aunó elementos procedentes de las corrientes estéticas en boga, recurrió a menudo a elementos escultóricos.
1:3a.

ABALORIO. Cuenta de vidrio que se utiliza para adornos, collares, etc. Normalmente tiene forma de esfera y está perforada y afacetada, con objeto de que refleje por varios puntos los rayos luminosos.

ÁBALOS, JORGE WASHINGTON (1915-1979). Cuentista y entomólogo argentino. Publicó más de veinte monografías sobre insectos transmisores de enfermedades. Destacó como narrador en libros como *Cuentos con y sin víboras* y *Shunko*, este último llevado al cine.

ABANCAY. Ciudad del Perú, cap. de la prov. homónima y del dep. de Apurímac. Importante centro comercial desde el siglo XVI. Refinerías de azúcar, destilerías; minas de cobre. 19.807 hab. (1993).

ABANCAY, BATALLA DE. Combate librado el 12 de junio de 1537 a orillas del río Abancay, en el Perú, entre las fuerzas de Francisco Pizarro, encabezadas por Alonso de Alvarado, y las de Diego de Almagro. Fue vencedor Almagro, ayudado por Pedro de Lerma, que se pasó a su bando en pleno combate.

ABANICO. Instrumento utilizado para darse aire, compuesto de montura o varillaje y país (superficie que se despliega al abrirlo). El abanico plegable procede de Japón, de donde pasó a China y, en el siglo XVI, a Portugal y España.

ABANICO ELÉCTRICO. Aparato dotado de motor y aspas, generalmente protegidas, para remover el aire, también denominado ventilador. Inventado en 1832 por el estadounidense Schuyler S. Wheeler.
Aire, acondicionamiento de 1:132a.

ABAQA KAN (1234-1282). Segundo kan mongol de Persia, hijo de Hulagu y bisnieto de Gengis Kan, que reinó de 1265 a 1282. Se dedicó a reparar los daños causados por las guerras de su padre. De naturaleza pacífica, se enfrentó sin embargo con un ejército tártaro que había invadido la región de Jurasán. Fue derrotado por los mamelucos cerca de Albistán en 1272 y en Siria en 1281. Contrajo matrimonio con la hija de Miguel Paleólogo y mantuvo buenas relaciones con algunos príncipes europeos.

ABARÁN. Municipio de España, prov. de Murcia, en la comunidad autónoma de Murcia. Situado en el valle de Ricote, a orillas del Segura. Perteneció a la Orden de Santiago. Minas de azufre, producción agrícola, industrias ligeras. 11.572 hab. (1986).

ABARBANEL, ISHAQ. V. **Abrabanel, Ishaq**.

ABARBANEL, YEHUDÁ. V. **Hebreo, León**.

ABARCA, FAMILIA. Descendientes de Vidal Abarca, que propuso a Sancho Garcés, hijo de García Íñiguez y de doña Urraca, como rey de Aragón en el año 905. En el siglo XV constituyeron un bando opuesto al de los Camuza. En el siglo XVII destacó Pedro Abarca (1619-1693), teólogo e historiador.

ABARCA, JOAQUÍN (1780-1844). Obispo de León y consejero de don Carlos durante la primera guerra carlista. En 1837 fue nombrado jefe del gobierno carlista. En 1839 marchó a Francia. Murió en el destierro, cerca de Turín.

ABARCA DE BOLEA, PEDRO PABLO. V. **Aranda, conde de.**

ABARZUZA FERRER, BUENAVENTURA (1843-1910). Diplomático español, nacido en la Habana. Fue embajador en Londres en 1873 y miembro del partido posibilista, que abandonó para pasarse a los monárquicos. Fue ministro de ultramar durante la presidencia de Práxedes Mateo Sagasta, y promovió una serie de reformas administrativas para atraerse a los cubanos moderados. En 1898 formó parte de una delegación enviada para negociar el Tratado de París, después de la guerra de Cuba. También fue ministro de estado durante la presidencia de Francisco Silvela. Escribió numerosos artículos en el periódico *La Democracia*.

ABÁS I DE EGIPTO (1813-1854). Abás Hilmí, jedive (virrey otomano) de Egipto desde 1848 hasta su muerte. Suprimió los monopolios comerciales, y obstaculizó las reformas de corte occidental iniciadas por su abuelo Mehmet Alí (jedive de 1805 a 1848).

ABÁS II DE EGIPTO (1874-1944). Abás Hilmí Bajá, último jedive (virrey otomano) de Egipto de 1892 a 1914, cuando se inició la dominación británica. Su oposición a los designios ingleses sobre su país lo convirtió en figura predominante del movimiento nacionalista.

ABÁS, FERHAT (1899-1985). Político argelino. Autor en 1943 del *Manifiesto del pueblo argelino*. Elegido en 1958, por el Frente de Liberación Nacional, como presidente del gobierno provisional, cargo del que dimitiría en 1961. Ocupó hasta 1963 la presidencia de la asamblea y, posteriormente, se enfrentó al régimen del presidente Ahmed Ben Bella.

ABASCAL Y SOUSA, JOSÉ FERNANDO DE (1743-1827). Militar español. Virrey del Perú en 1804, sofocó con severidad las insurrecciones nativas y convirtió el virreinato en centro de la contrarrevolución.
1:3a; Perú, Virreinato del 11:369a; Zela, Francisco Antonio de 14:409a.

ABÁS EL GRANDE (1571-1629). Sha de Persia, de la dinastía safawí (o safaví), hijo de Soltán Mohamed. Reinó desde 1588 hasta su muerte. Expulsó a las tropas otomanas y uzbekas del territorio persa, hizo de Isfahán la capital, extendió los dominios persas y fomentó las artes y el comercio.

ABÁS HILMÍ. V. **Abás I de Egipto.**

ABÁS HILMÍ, BAJÁ. V. **Abás II de Egipto.**

ABASÍ, DINASTÍA. Línea de califas, fundada por Abú al-Abás al-Safah en el año 750.
1:3b; Bagdad 2:305a; Califato 3:282b; Egipto 5:336b; Harún al Rashid 7:334b; Irán 8:263a; Islam, historia del 8:285a; Islam 8:278b; Islámico, arte 8:289a; Omeya, dinastía 11:104a; Palestina 11:230a; *cuadros* 1:4a; *ilustraciones* 1:3b; 1:4a.

ABÁS IBN AL-AHNAF (h. el 748-h. el 808). Poeta árabe de la corte de Bagdad. Autor de composiciones líricas que trataban preferentemente la temática amorosa, sus creaciones poseían una métrica corta y eran fácilmente musicables. Ejerció gran influencia sobre la poesía cortesana occidental.

ABÁSIDA, DINASTÍA. V. **Abasí, dinastía.**

ABASIYANIK, SAIT FAIK (1907-1954). Escritor turco. A partir de recuerdos personales y de su visión de la sociedad rural y urbana de su país, escribió novelas de corte realista, construidas dentro de un estilo poco convencional y dirigidas a la exploración de las emociones humanas. *Semaver* (1936), *El hombre inútil* (1948).
Turca, literatura 14:156a.

ABASOLO. Municipio de México en el est. de Guanajuato, al sudoeste de la cap. del estado. Su primer asentamiento fue fundado en 1532 en una región montañosa avenada por el río Lerma. Cereales. Explotaciones mineras de ópalos. 70.583 hab. (1990).

ABASOLO, MARIANO (h. 1783-1816). Militar mexicano. Se sublevó junto a Miguel Hidalgo contra el gobierno colonial español y se distinguió en la batalla de las Cruces. Prisionero de los realistas en Acatita de Baján, Coahuila, fue enviado a España y murió en el castillo gaditano de Santa Catalina.

ABBADO, CLAUDIO (n. en 1933). Director de orquesta italiano. Hijo de un violinista, estudió en el conservatorio Giuseppe Verdi. Poseedor de múltiples premios de dirección, fue director de La Scala de Milán, la sinfónica de Londres y la filarmónica de Viena.
1:5a.

ABBAGNANO, NICOLA (1901-1990). Filósofo italiano. Influida por el pensamiento de Immanuel Kant, su obra giró en torno del significado de la existencia humana. *El existencialismo positivo* (1948), *Historia de la filosofía* (1949-1953).
Existencialismo 6:211b.

ABBASÍ, DINASTÍA. V. **Abasí, dinastía.**

ABBAT, PER (siglo XIII). Autor de la única copia conocida del *Cantar de mío Cid*. El nombre Per Abbat era muy corriente en la época, lo que hace difícil identificar al autor. La copia, posterior a la redacción original, está fechada en 1307.
Cid, Cantar de mío 4:179a.

ABBE, ERNST (1840-1905). Físico alemán. Perfeccionó y creó diversos instrumentos de óptica. Autor del refractómetro que lleva su nombre.
Óptica 11:122a.

ABBEVILLE. Ciudad de Francia, dep. de Somme, a orillas del río Somme, cerca del canal de la Mancha. Iglesia gótica de Saint-Vulfran, del siglo XV. Museo Boucher-de-Perthes, en el que se recogen los fondos prehistóricos reunidos por el arqueólogo del mismo nombre. Fábrica de alfombras fundada en el siglo XVII. 24.825 hab. (1982).

ABBEVILLIENSE, CULTURA. Industria lítica del paleolítico inferior caracterizada por las hachas de mano y las puntas talladas por las dos caras. Se asocia con restos de *Homo habilis*. Yacimientos en Francia (Abbeville), España, África, la India y Java.
Piedra, edad de 11:395b.

ABBOTSFORD. Población del Reino Unido en el distrito de Roxburgh, Escocia, a orillas del río Tweed. Castillo (1817) de *Sir* Walter Scott.

ABBOTT, BERENICE (n. en 1898). Fotógrafa estadounidense. Iniciada en la escultura, estudió con Man Ray en París, donde, en la década de 1920, realizó retratos de personalidades famosas. A la muerte del fotógrafo francés Eugène Atget (1927), compró los negativos realizados por éste y se dedicó a difundirlos. Documentó fotográficamente la ciudad de Nueva York en la década de 1930.

ABC. Diario español de ideología monárquica, fundado en 1905 por Torcuato Luca de Tena. El gobierno de la república se incautó el ABC en 1931 y suspendió su publicación. El *ABC de Sevilla* continuó la edición siguiendo la numeración correlativa del ABC de Madrid. Reanudada la edición de este último, ambos llegaron a contarse entre los diarios españoles de mayor difusión.

A. B. C., PACTO. Acuerdo firmado entre la Argentina, Brasil y Chile en 1915 para fomentar la cooperación exterior y para contrarrestar la influencia estadounidense en la zona.

ABDALÁ (844-912). Emir independiente de Córdoba, de la familia de los omeyas. Durante su reinado se produjeron numerosos enfrentamientos entre árabes y muladíes, cristianos convertidos al Islam. Luchó con éxito contra su oponente Umar Ben Hafsún y fue sucedido por su nieto Abderramán III.
Abderramán III 1:7a; Córdoba, califato de 4:382b.

ABDALÁ (1846-1899). Dirigente político y religioso sudanés. Sucesor del carismático líder religioso al-Mahdí, continuó a la muerte de éste (1885) al frente del movimiento anticolonial surgido en Sudán. Murió en el transcurso de los enfrentamientos con las fuerzas anglo-egipcias.

ABDALÁ AL-ZAQUIR. V. **Mohamed XI de Granada.**

ABDALÁ IBN BALQUÍN IBN BADÍS (m. en el 1090). Rey de Granada. Ocupó el trono en el 1074, al suceder a su abuelo Badís ben Habús. Protector de las ciencias y las letras, escribió un comentario al *Corán*. Derrotado por los almorávides en el 1090, murió en África.

ABDALÁ IBN HUSÁYN (HUSSEIN). V. **Abdula de Jordania.**

ABDALÁ IBN SAÚD. V. **Ibn Saúd.**

ABDALÁ IBN YASIN (m. en el 1059). Jefe espiritual de los almorávides. Difundió las enseñanzas del Islam entre los beréberes del Sahara y organizó un ejército de adeptos a la causa religiosa, que mantenían como principio la guerra santa o *yihad* y la defensa de la ortodoxia. Atacó el imperio de Ghana y participó en la conquista del norte de África.
Almorávides 1:241b; Islám, historia del 8:287a.

ABDALÁ II DE JORDANIA (n. en 1962). Rey de Jordania. Accedió al trono de este país en 1999.
1:5b; *ilustraciones* 1:5b.

ABD AL-AZIZ IBN AL-HASÁN (1878/1881-1943). Sultán de Marruecos. Ocupó el trono del reino alawí en 1894, al suceder a su padre Mulay Hasán. Decidido a occidentalizar el país, hubo de hacer frente a diferentes revueltas e intrigas políticas. Derrocado por su hermano Mulay Abd al-Hafiz en 1908.

ABD AL-AZIZ IBN MUSÁ IBN NUSAYR (m. en el 716). Hijo del conquistador de la península ibérica, Musá ibn Nusayr, y primer emir de la España musulmana. Conquistó Coimbra, Elvira, Évora, Málaga y Santarem. Sometió al rey visigodo Teodomiro. Estableció su corte en Sevilla donde murió asesinado por orden del califa de Damasco que conocía sus pretensiones de independencia.

ABD AL-ILÁ (1913-1958). Regente de Irak durante la infancia del que había de ser rey Faysal II. Realizó una política favorable al Reino Unido y declaró la guerra a las fuerzas del Eje en 1943. Murió asesinado junto con el rey durante los enfrentamientos que darían paso a la proclamación de la república.

ABD AL-KRIM (1882-1963). Mohammed ibn Abd al-Karim al-Jatabi, caudillo del Rif. Derrotó en Annual (julio de 1921) a las fuerzas españolas del general Manuel Fernández Silvestre, llegando hasta las puertas de Melilla. En lu-

cha contra la presencia española, atacó la zona francesa de Marruecos, rindiéndose en mayo de 1926 tras el desembarco de Alhucemas. Fue confinado a la isla de la Reunión.
Marruecos 9:384b.

ABD AL-MALIK (h. el 646/647-705). Quinto califa omeya (685-705). Conquistador de La Meca e Irak, llegó con sus tropas hasta Cartago. Reorganizó y fortaleció la administración, e implantó el árabe como lengua de gobierno en todo el imperio. La mezquita de Omar o Umar, en Jerusalén, es obra suya.
Califato 3:282b; Omeya, dinastía 11:104a.

ABD AL-MUMÍN (m. en 1163). Abd al-Mumín ibn Alí, califa beréber de la dinastía almohade. Venció a los almorávides y conquistó el Magreb. Repelido por los caballeros cristianos que luchaban del lado de los almorávides, superiores en la llanura, decidió someter el Atlas y el Rif para atacarlos desde la montaña, triunfando en la batalla de 1145. Puso sitio a Marrakech y pasó a cuchillo a sus habitantes. Prosiguió sus conquistas por Constantina, Tripolitania y otras áreas.
Almohades 1:241a; Islam, historia del 8:287a; Rabat 12:236a.

ABD AL-QADIR. V. **Abdelkader.**

ABD AL-RAHMAN. V. **Abderramán.**

ABD AL-WADÍES. Dinastía beréber que reinó en Tlemcén durante los siglos XIII al XVI. Algunos historiadores los denominan Beni Zayán por el nombre de su fundador, Yamusarán Ibn Zayá. En 1299 su ciudad fue sitiada por los mariníes, una familia de los benimerines, y tomada en 1337. Fue recuperada por Abú Hamu Musá II y finalmente conquistada por los turcos en 1550.

ABD AL-WAHID AL-MARRAKUSÍ (n. en 1185). Cronista e historiador beréber que alternó sus estudios entre las ciudades magrebíes y las de Córdoba y Sevilla en la península ibérica. En 1217 viajó a oriente para completar sus conocimientos sobre la historia del Islam.

ABDELKADER (1808-1883). Emir de Mascara y líder político y religioso argelino. Fundó el estado de Argelia y dirigió la lucha contra la dominación francesa.
1:6a; Argelia 2:40a.

ABD EL-KRIM. V. **Abd al-Krim.**

ABDERA, ESCUELA DE. Grupo filosófico de doctrina atomista entre cuyas principales figuras destacaron algunos filósofos presocráticos (Leucipo, Demócrito, etc.). El nombre procede del lugar de nacimiento de Demócrito, Abdera, colonia griega fundada en Tracia (h. el 654 a.C.).

ABDERRAMÁN (1789/1790-1859). Sultán de Marruecos. Perteneciente a la dinastía alawí, ocupó el trono en 1822. Tuvo que hacer frente durante su reinado a diferentes revueltas interiores y al inicio de la penetración europea en la zona. Reconoció con el Tratado de Tánger de 1844 la presencia francesa en Argelia.

ABDERRAMÁN I (h. el 731-788). Fundador de la dinastía de los omeyas en España.
1:6b; Córdoba, califato de 4:382b; Islam, historia del 8:286b; Omeya, dinastía 11:104a.

ABDERRAMÁN II (792-852). Cuarto emir de la dinastía omeya de Córdoba. Durante su reinado se dio gran impulso a las artes y las letras.
1:7a; Córdoba, califato de 4:382b.

ABDERRAMÁN III (891-961). Primer califa de Córdoba. Sometió bajo su autoridad a toda la España musulmana y contuvo el avance de los reinos cristianos hacia el sur de la península.
1:7a; Califato 3:283a; Córdoba, califato de 4:382b; Islam, historia del 8:286b; Omeya, dinastía 11:104b; *ilustraciones* 1:7b.

ABDERRAMÁN IV (m. en el 1018). Califa omeya de al-Ándalus. Encabezó un movimiento destinado a recuperar Córdoba del dominio de la familia de los hamudíes, pero fracasó en su intento.

ABDERRAMÁN V (m. en el 1024). Último califa omeya de Córdoba. Sucedió en el trono a al-Qasim ibn Hamud. Apoyado por el pueblo, no era bien visto por la aristocracia. Fue asesinado siete semanas después de su proclamación.

ABDERRAMÁN IBNABDALÁ AL-GAFIQI (m. en el 732). Emir de la España musulmana. Atravesó los Pirineos, Gascuña y Poitou, derrotó al duque de Aquitania y llegó hasta Tours. En la batalla de Poitiers fue muerto por Carlos Martel.

ABDERRAMÁN IBN MARWÁN ALYILIQI (m. en el 889). Jefe de los cristianos muladíes convertidos al Islam en la península ibérica. Aliado del rey de Asturias Alfonso III el Magno, conquistó Badajoz y fue rey de Extremadura. Sus descendientes conservaron esta región hasta el 930, fecha en que fue reconquistada por Abderramán III.

ABDERRAMÁN SANCHUELO (h. el 984-1009). Llamado también Abderramán Sancho I. Hijo de Almanzor y de una hija de Sancho Abarca de Navarra. Se hizo nombrar heredero por Hixam II tras la muerte de su hermano Abd al-Malik, a quien se sospecha que asesinó. Mientras dirigía una expedición contra los cristianos, estalló una revuelta en Córdoba instigada por Mohamed II al-Mahdí. Enterado de los hechos, intentó volver a Córdoba, pero fue asesinado por soldados de sus propias tropas.
Córdoba, califato de 4:382b.

ABDÍAS, LIBRO DE. Nombre del libro más corto del Antiguo Testamento. Consta sólo de 21 versículos, en los que el profeta pide la justicia del Señor contra Edom por haber participado en la ruina de Judá y en los que resalta la promesa de restauración de Israel.

ABDICACIÓN. Renuncia o cesión de la autoridad soberana de una nación. Se aplica también en sentido metafórico a la renuncia a los propios derechos, poder o principios.

ABDOMEN. Cavidad visceral situada en la parte inferior del tronco, entre el tórax y la pelvis. Está limitada por arriba por el diafragma y contiene la mayor parte del aparato digestivo, el aparato urinario y el aparato reproductor.
Hernia 7:378b.

ABDOMINALES, MÚSCULOS. Órganos del tejido muscular situados en la parte anterior del abdomen. Se diferencian los músculos recto mayor, piramidal, oblicuo mayor, oblicuo menor y transverso.

ABDOR RAHMAN JAN (h. 1844-1901). Emir de Afganistán. Mantuvo cierta autonomía para su país, aun cuando los británicos siguieron controlando la política exterior.

ABDÚ. V. **Abydos (Egipto).**

ABDUCTOR. Músculo cuyo objeto principal consiste en ejecutar la acción fisiológica de mover una parte del cuerpo desplazándola con respecto a su eje medio.

ABDUH, MOHAMED (1849-1905). Teólogo y jurista egipcio, reformador de la religión islámica, a la que pretendía devolver a su pureza primitiva. Intentó la modernización de la lengua y las costumbres en Egipto y en otros países del Islam.

ABDULA, SHEIK MOHAMED (1905-1982). Político indio. Fundó en 1931 la conferencia musulmana de Cachemira y en 1948 desempeñó el puesto de primer ministro de Cachemira, cargo que abandonó en 1953. Defendió en todo momento la autonomía de Cachemira frente a la política centralista del gobierno de Nueva Delhi.

ABDULA ANSARI (1006-1089). Poeta persa. Autor de *Invocaciones a Dios* (*Munajat*). Junto con Yalal al-Din Rumi y Farid ud-Din Atar, fue uno de los principales representantes de la poesía mística persa.

ABDULA BIN ABDUL KADIR, MUNSHI (1796-1854). Escritor malayo. Funcionario del gobierno británico en Malasia, escribió entre 1837 y 1843 una crónica autobiográfica, *Historia de Abdulá*, en la que reflejó en lenguaje sencillo la vida y costumbres de su país.

ABDULA DE JORDANIA (1882-1951). Estadista árabe. Primer gobernante del emirato de Transjordania. En 1916 negoció en secreto con los británicos la revolución árabe contra los otomanos. Proclamado rey de Irak (1920), tuvo que renunciar al trono (1921). En 1946 fue nombrado rey de Transjordania (Jordania desde 1949). Fue asesinado por un nacionalista palestino.
Jordania 8:383a.

ABDÜLAZIZ (1830-1876). Sultán otomano. En 1861 sucedió a su hermano Abdülmecid I. Su política de reformas no pudo detener la progresiva decadencia y descomposición del imperio. Fue obligado a abdicar en 1876.
Otomano, imperio 11:179b.

ABDUL AZIZ IBN SAÚD. V. **Ibn Saúd.**

ABDÜLHAMID I (1725-1789). Sultán otomano. Firmó con Rusia el tratado de Küçük Kaynarca, cediéndole las fortalezas de la costa del mar de Azov, los territorios entre los ríos Dniéper y Bug, así como privilegios comerciales y de navegación. Tras la anexión de Crimea (estado otomano) por parte de Rusia, declaró la guerra a este país. Murió durante la contienda.

ABDÜLHAMID II (1842-1918). Sultán de Turquía. Promulgó la constitución de 1876, que posteriormente derogaría. Sustentó un régimen autocrático, defensor del islamismo. Reprimió duramente a la población armenia.
Otomano, imperio 11:179b.

ABDUL-JABBAR, KAREEM (n. en 1947). Jugador de basquetbol estadounidense, llamado originalmente Lew Alcindor. Asumió su nombre musulmán en 1971. Jugador profesional de la NBA en los Bucks de Milwakee (1969-1974) y los Lakers de Los Ángeles (1975-1989), se convirtió en 1984 en el máximo anotador de todos los tiempos.

ABDÜLMECID I (1823-1861). Sultán otomano. Ocupó el trono en 1839. Emprendió diversas reformas de tipo social y político en el imperio y reorganizó el ejército. Apoyado por el Reino Unido y Francia, se enfrentó a Rusia en la guerra de Crimea (1853-1856).
Otomano, imperio 11:179b.

ABEDUL. Árbol de hoja caduca de la familia de las betuláceas, perteneciente al género *Betula*. Dicotiledónea. Varias especies, propias de zonas frías del hemisferio boreal. Su madera se emplea en ebanistería.
1:8a; *ilustraciones* 1:8a.

ABEJA (ASTRONOMÍA). Constelación boreal próxima a Centauro. Añadida en 1603 por el astrónomo alemán Johann Bayer a la lista de Tolomeo. Conocida también por el nombre de Mosca. Nombre latino: Musca.

ABEJA (ZOOLOGÍA). Insecto himenóptero de la familia de los ápidos. Numerosas especies, entre ellas la abeja común (*Apis mellifera*), que produce cera y miel.
1:8b; Apicultura 1:409b; Cera 4:80a; Frisch, Karl von 6:412a; Ganadería 7:36b; Toxicología 14:102a; *ilustraciones* 1:9a-b; 1:10a-b; 14:102a.

ABEJARUCO. Ave coraciforme de la familia de los merópidos (*Merops apiaster*). Plumaje de colores vivos: garganta amarilla, vientre verdoso, dorso pardo y amarillo. Pico largo y curvado. Insectívoro y de costumbres gregarias. Habita en Europa y América.

ABEJORRO. Insecto himenóptero de la familia de los ápidos y perteneciente al género *Bombus*. Cuerpo redondeado, de 2 a 3 cm de largo, con abundantes pilosidades.
Insectos 8:223a.

ABE KOBO (1924-1993). Novelista y dramaturgo japonés. Su obra, en la que es patente la influencia de Fiódor Dostoievski, Friedrich Nietzsche y Edgar Allan Poe, reflejó el tema de la soledad humana y el conflicto de la adapta-

ción a un medio extraño. *La mujer de las dunas* (1962; llevada al cine como *La mujer de arena*), *El rostro de otro* (1964), *Cita secreta* (1977).
Japonesa, literatura 8:353a.

ABEL. V. **Caín y Abel.**

ABEL, NIELS HENRIK (1802-1829). Matemático noruego. Iniciador de varias ramas de las modernas matemáticas. Demostró la imposibilidad de resolver algebraicamente una ecuación de grado superior al cuarto.
1:10b; Álgebra 1:219b.

ABELARDO, PEDRO (1079-1142). Filósofo y teólogo francés. Se le considera uno de los fundadores del método escolástico y precursor de una moral individual y humanista.
1:11a; Bernardo de Claraval, san 3:1a; Escolástica 6:40b; Teología 14:21b.

ABELIANO, GRUPO. Estructura algebraica de grupo constituida por una serie de elementos en los cuales se define una operación genérica dada (*) que cumple la propiedad conmutativa (*a*bb*a*).
Abel, Niels Henrik 1:11a; Grupos, teoría de los 7:240a.

ABELLA CAPRILE, MARGARITA (1901-1960). Escritora argentina. Autora de obra poética, dedicación que alternó con su trabajo de periodista en el diario *La Nación*. Residió frecuentemente en Europa. *Nieve* (1919), *La miré con lágrimas* (1950), *El árbol derribado* (1959).

ABE MASAHIRO (1819-1857). Político japonés. Firmó en marzo de 1854 con los estadounidenses el Tratado de Kanagawa, por el cual se establecía la apertura de Japón a occidente. El tratado permitió el desarrollo de acuerdos posteriores con diversas potencias europeas.

ABÉN ABOO (m. en 1571). Diego López, caudillo morisco. Se sumó a la rebelión de las Alpujarras, acaudillada por su primo Abén Humeya, a quien sustituyó al frente de los sublevados tras asesinarlo (1569). La ofensiva de Juan de Austria provocó el final de la resistencia y su muerte a manos de algunos de sus colaboradores.
Alpujarras, guerra de las 1:247b.

ABÉN BÉITHAR. V. **Béithar, Abén.**

ABENCERRAJES. Miembros de una familia granadina del siglo XV. De origen árabe, estuvieron en lucha con los zegríes. Según la leyenda, un numeroso grupo de la familia pereció asesinado en la Alhambra a traición.
Granada, reino de 7:192b.

ABENDANA, JACOB (h. 1630-1695). Filósofo judeoespañol. Tuvo que huir a Holanda por motivos religiosos desde donde pasó a Inglaterra. Tradujo al español el *Cuzarí* de Yehudá ha-Leví y la *Mishná* comentada por Maimónides.

ABÉN EZRA. V. **Ezra, Abraham ibn.**

ABÉN HANI. V. **Hani, Abén.**

ABÉN HUMEYA (1520-1569). Fernando de Córdoba y Válor, miembro de la ilustre familia de los omeyas, convertidos al cristianismo, a quienes los Reyes Católicos concedieron el nombre Válor de las Alpujarras. Se puso al frente del levantamiento morisco, tras abrazar la fe islámica. Fue derrotado por Juan de Austria. Asesinado por Diego Alguacil y Abén Aboo, también moriscos.
Alpujarras, guerra de las 1:247b.

ABÉN MASARRA. V. **Masarra, Mohamed ibn Abdalá ibn.**

ABENTOFAIL (h. 1110-1185). Médico y filósofo hispanoárabe. Su novela *El filósofo autodidacto* (traducida al latín en 1671) es catalogable dentro de la mística musulmana. Defiende que la razón, liberada de los sentidos, puede conocer las verdades reveladas.

ABENZEYÁN. V. **Zaén.**

ABERDEEN. Ciudad y puerto del Reino Unido, cap. del condado homónimo en Escocia, en la desembocadura del río Dee. Catedral del siglo XV. Universidad. Aeropuerto. Centro comercial. Productos químicos, abonos, petróleo. 213.070 hab. (1999).

ABERDEEN ANGUS. Raza de bovinos originaria de Escocia conocida también simplemente como Angus; es apreciada por la calidad de su carne. Está integrada por animales de color negro que carecen de cornamenta.
Vaca 14:218a.

ABERRACIÓN CROMOSÓMICA. Anomalía en la disposición o número de los cromosomas debida, en general, a accidentes mecánicos ocurridos durante la meiosis (división cromosómica). Un caso típico es el mongolismo.

ABERRACIÓN ÓPTICA. En sistemas ópticos tales como lentes y espejos cóncavos, distorsión de la imagen producida por defectos intrínsecos del sistema de observación y del medio interpuesto entre imagen y objeto. Según sea su origen, la aberración puede ser geométrica o cromática.
Lente 9:114b.

ABETO. Árbol del grupo de las coníferas y de la familia de las abietáceas, perteneciente al género *Abies*. Gimnosperma. Su madera se utiliza en construcción y carpintería. Varias especies.
1:11b; Coníferas 4:339a; *ilustraciones* 1:11b.

ABHIDHAMMA PITAKA. Junto con la *Sutta* y la *Vinaya*, la tercera y última de las colecciones de textos que rigen el sistema canónico del budismo Theravada. Está formado por siete libros doctrinales o *pakaranas*: *Dhammasangani, Vibhanga, Dhatukatha, Puggalapaññatti, Kathavatthu, Yamaka, Patthana*.

ABIBE, SERRANÍA DE. Cadena de montañas que parte de la cordillera Occidental de los Andes colombianos, situada entre los dep. de Córdoba y Antioquia.

ABIDJÁN. Capital de Costa de Marfil (Côte d'Ivoire) a orillas del Atlántico. Universidad, institutos de investigación, museo, biblioteca. Aeropuerto internacional. Puerto exportador de café, cacao, piña tropical, manganeso. 2.500.000 hab. (1995).
Costa de Marfil (Côte d'Ivoire) 4:408a.

ABIDOS (ASIA MENOR). Antigua ciudad de Anatolia, situada al nordeste de la moderna ciudad turca de Canakkale. Hacia el año 670 a.C. se convirtió en colonia de Mileto.

ABIDOS (EGIPTO). Ciudad sagrada de la ribera occidental del Nilo que constituye uno de los principales enclaves arqueológicos del antiguo Egipto. Fue necrópolis real de las dos primeras dinastías y más tarde centro donde se realizaban los ritos mistéricos en honor de Osiris.

ABIÉTICO, ÁCIDO. Compuesto químico de fórmula $C_{19}H_{29}$-CO_2H. De color amarillo y resinoso, está presente en la trementina y el aceite de pino. Insoluble en agua y soluble en alcohol y éter. Combustible. Utilizado en barnices y lacas, entre otros productos.

ABIGEATO. En la tradición del derecho romano, hurto de ganado. Numerosos códigos legislativos han incorporado esta figura al grupo genérico de los delitos contra la propiedad.

ABILENE. Población estadounidense del est. de Texas. Fundada en 1881 en la ruta del ferrocarril que unía Texas con el Pacífico. Agricultura, petróleo, maquinaria agrícola. Universidad. 108.476 hab. (1996).

ABIOGÉNESIS. V. **Generación espontánea.**

ABISAL, DOMINIO. Zona de los océanos comprendida entre los 2.000 y los 6.000 m de profundidad. Se caracteriza por la ausencia de luz, la elevada presión hidrostática y la baja temperatura del agua. Presenta una fauna de características muy peculiares, como consecuencia de la adaptación al medio.

ABISAL, FOSA. Denominación que se da a las depresiones submarinas de más de 8.000 m por debajo del nivel del mar. Las más profundas son la de Mindanao, con 11.524 m, y la de las Marianas, con 11.520 m, ambas en el océano Pacífico.

ABISINIA. V. **Etiopía.**

ABISINIA, GUERRA DE. Conflicto bélico que enfrentó a la Italia de Benito Mussolini con Etiopía (Abisinia). Las tropas italianas penetraron en Etiopía en octubre de 1935, apoderándose sucesivamente de los puntos más importantes. Mussolini proclamó la anexión el 9 de mayo de 1936. La ocupación duró hasta 1941.

ABISINIOS. V. **Amhara y Tigré, pueblos.**

ABJASIA. República de Georgia, situada a orillas del mar Negro. Produce té, tabaco, cítricos y vid y posee minas de carbón. Su principal centro turístico es la ciudad de Gagra. Cap. Sujumi. 8.660 km^2. 516.600 hab. (1993).

ABLATIVO. Caso de la declinación que se utiliza para expresar relaciones de modo, tiempo, instrumento, etc. en la oración. Corresponde al complemento circunstancial.

ABLÉSIMOV, ALEXANDR ONISÍMOVICH (1742-1783). Escritor y compositor ruso. Su obra más notable es la ópera cómica *El molinero mágico, engañador y casamentero* (1779), basada en canciones populares. Lo pintoresco de la obra la hizo muy popular, por lo que se realizaron numerosas imitaciones.

ABLUCIÓN. Lavatoria practicada en algunas religiones con fines de purificación.

ABM, TRATADO. Acuerdo suscrito entre los Estados Unidos y la Unión Soviética e integrado en el acuerdo SALT I (26 de mayo, 1972), por el que ambas potencias renunciaban a desarrollar nuevos sistemas de misiles antibalísticos y se comprometían a mantener nada más uno por cada parte. El nombre procede del inglés: *Anti-Ballistic Missile Treaty*.

ABNAKI. Confederación de tribus norteamericanas, pertenecientes al grupo de los algonquinos, que ocupaban la parte norte y oeste del actual estado de Nueva York. Las campañas de la primera mitad del siglo XVIII redujeron considerablemente su número.

ABOGADO. Persona que cuenta con autorización legal para apoyar los derechos e intereses de las partes litigantes en un juicio.
Derecho 5:137b.

ABOGADO DEL ESTADO. En España, miembro por oposición de un cuerpo de letrados al servicio del estado. Tiene misiones de defensor, de acusador en causas fraudulentas o de contrabando y consultivas en diversas instancias administrativas.

ABOLICIONISMO. Movimiento destinado a lograr la abolición de la esclavitud. Usualmente el término se refiere a los que se registraron específicamente en Brasil y en los Estados Unidos en el siglo XIX.
Esclavitud y servidumbre 6:39b; Feminismo 6:256a.

ABONO. Sustancia de tipo orgánico (nitrogenado, fosfatado, potásico, etc.) o mineral utilizada en la agricultura. Aumenta la fertilidad y productividad del suelo y conserva los elementos nutritivos de la tierra a la que se agrega.
1:12a; Agricultura biológica 1:117b; Avicultura 2:265a; Basura 2:368a; Ganadería 7:36a; Leguminosas 9:97b; Nitrógeno 10:423a; Potasio 12:107b; Química, industria 12:229a; *ilustraciones* 1:13a-b.

ABORTO. Interrupción del embarazo antes de alcanzar el feto la fase de viabilidad. El aborto puede ser espontáneo (producido por causas naturales) o provocado.
1:13b; Diagnóstico prenatal 5:166a; Natalidad, control de la 10:356a.

ABRABANEL, ISHAQ (1437-1508). Político y exégeta (intérprete de textos sagrados) judío, nacido en Lisboa. Fue funcionario en las cortes de Alfonso V de Portugal y de los Reyes Católicos. Se exilió más tarde en Sicilia con Alfonso II de Nápoles. *El principio de la fe, Las fuentes de la revelación.*

ABRABANEL, YEHUDÁ. V. **Hebreo, León.**

ABRAHAM. Patriarca hebreo y figura destacada del monoteísmo judaico, cristiano y musulmán.
1:14b; Isaac 8:271a; Judaísmo 8:401a; Judío, pueblo 8:404a; *ilustraciones* 1:14b; 1:15a.

ABRAHAM, KARL (1877-1925). Psicoanalista austriaco. Considerado como uno de los fundadores del psicoanálisis. Se trasladó a Berlín en 1907, en donde fundó, en 1910, la rama principal del Instituto Psicoanalítico Internacional. Interesado por las fases de la sexualidad infantil y por los trastornos maniaco-depresivos. *Estudios psicoanalíticos.*

ABRAHAM BAR HIYA. V. **Bar Hiya, Abraham.**

ABRAHAM HALEVÍ. V. **Daúd, Abraham ibn.**

ABRAHAM IBN DAÚD. V. **Daúd, Abraham ibn.**

ABRAHAM IBN EZRA. V. **Ezra, Abraham ibn.**

ABRAHAMS, PETER (n. en 1919). Escritor sudafricano. Residió a partir de 1939 en el Reino Unido y desde la década de 1950 en Jamaica. En sus obras reflejó la situación de injusticia racial sufrida por la población negra en su país. *El joven minero* (1946), *No soy un hombre libre* (1954), *Esta isla ahora* (1966).

ABRAHAM ZACUT. V. **Zacut, Abraham.**

ABRASIÓN. Desgaste producido por fricción. Proceso utilizado en la producción de instrumentos industriales de precisión. V. **Abrasivo.**

ABRASIÓN, PLATAFORMA DE. Saliente rocoso suavemente inclinado producido por el desgaste de las olas. Se extiende en la base de los acantilados desde el nivel de la pleamar hasta el de la bajamar.

ABRASIVO. Sustancia empleada en el desgaste de materiales por fricción. Los abrasivos naturales como el esmeril, el corindón y el cuarzo, y artificiales, como el carborundo, poseen utilidad industrial en el rectificado y la fabricación de muelas de fresaje (esmeriladoras).
1:15b; *ilustraciones* 1:15b.

ABRAXAS. Palabra mágica con la que el gnóstico Basílides de Egipto (siglo II) designaba a la suprema deidad y a los 365 círculos de la creación que emanaban del Ser Supremo. También reciben este nombre ciertos amuletos (por lo general, piedras preciosas) considerados mágicos.

ABREU, CAIO FERNANDO (1948-1996). Escritor brasileño. Su obra literaria se caracteriza por la descripción de personajes marginales y por su crítica de la soledad en las grandes ciudades. *Por la noche* (1983), *Ovejas negras* (1995).

ABREU, CAPISTRANO DE (1853-1927). Historiador brasileño. Ejerció la docencia entre 1883 y 1899 y fue autor de obras históricas y traducciones, con las que abrió el campo del conocimiento de la cultura indígena brasileña. *Capítulos de historia colonial* (1907) fue su obra capital.

ABREU GÓMEZ, ERMILO (1894-1974). Novelista, ensayista y dramaturgo mexicano. Se preocupó especialmente por la limpieza del idioma y escribió con profusión sobre el Siglo de Oro. Fue miembro de la Academia Mexicana. *Canek* (1940), *Conjura de Xinúm* (1958), *Discurso del estilo* (1963).

ABREVIATURA. Reducción de una o más palabras a una sola letra inicial o a un grupo de letras.
1:16a; *cuadro* 1:16a.

ABRIL. Cuarto mes del año, de treinta días, en el calendario occidental actual.

ABRIL, PEDRO SIMÓN (h. 1530-h. 1595). Humanista español. Maestro de gramática en Tudela, desempeñó a patir de 1583 las cátedras de latín, griego y retórica en la Universidad de Zaragoza. Tradujo y comentó a los clásicos. Se interesó por la reforma de los métodos de enseñanza. *Gramática latina* (1573), *Gramática griega* (1586), *Apuntamientos* (1589).

ABRIL DE VIVERO, XAVIER (n. en 1905). Poeta y periodista peruano, cofundador de la revista *Nuestro Tiempo* e introductor de elementos surrealistas en la lírica de su país. *Difícil trabajo* (1935), *Descubrimientos del alba* (1937), *César Vallejo o la teoría poética* (1963).

ABROJO. Planta herbácea anual de la familia de las zigofiláceas (*Tribulus terrestris*). Dicotiledónea. Tallos rastreros y hojas compuestas. Propia del Mediterráneo. El término también designa ocasionalmente otras especies.

ABRÓTANO. Planta de corte arbustivo de la familia de las compuestas (*Artemisia abrotanum*). Dicotiledónea. Flores reunidas en capítulos de color amarillo. Muy utilizada en otro tiempo por sus propiedades medicinales.

ABRUZOS. Región montañosa del centro de Italia, frente al mar Adriático. Incluye las prov. de L'Aquila, Chieti, Pescara y Teramo. Montes Apeninos, Gran Sasso. Zona profusamente regada. Producción agrícola y ganadera. Cap. L'Aquila. 10.794 km^2. 1.270.591 hab. (1996).

ABSALÓN (HISTORIA) (h. 1128-1201). Arzobispo, estadista y consejero privado de los reyes daneses Valdemar I y Canuto IV. En 1184 condujo una expedición danesa por las costas del sur del Báltico, logrando para su país el control de Pomerania y Mecklemburgo.

ABSALÓN (RELIGIÓN). Según el segundo Libro de Samuel, tercero de los hijos de David, rey de Israel y Judá, nacido en Hebrón. Absalón vengó con la muerte de su hermanastro Amnón el estupro por éste de Tamar, hermana de Absalón, y organizó una conjura contra David, su padre. Cuando, derrotado, huía del ejército paterno, se le enredó la cabellera en la rama de una encina y quedó suspendido en el aire. Pese a que David había ordenado capturarlo con vida, fue muerto por Joab, jefe del ejército.
David 5:102b.

ABSCESO. Acumulación de pus en una cavidad anormal constituida en el seno de un tejido u órgano.
Otorrinolaringología 11:181a.

ABSCISA. Eje *x* (horizontal) del sistema de coordenadas cartesianas, cuya función es definir un punto (M) en el plano.

ABSENTA. Bebida alcohólica obtenida por destilación del ajenjo. Es una especie de aguardiente que acostumbra a beberse solo, aunque también se utiliza en coctelería.

ABSENTISMO. Falta de asistencia de obreros y empleados al lugar de trabajo que tengan en la empresa. El absentismo, también denominado ausentismo, puede producirse por enfermedad, accidente laboral o falta injustificada.

ÁBSIDE. Construcción semicircular o poligonal de origen romano añadida al cuerpo de algún edificio y que fue adoptada en la arquitectura de las iglesias cristianas desde la época del emperador Constantino I.
Catedral y basílica 4:39b.

ABSOLUCIÓN. En derecho, sentencia con que se da por acabado un juicio y que es favorable al demandado o al acusado. En religión, perdón de los pecados que en la Iglesia Católica otorga el confesor.

ABSOLUTA, ESCALA DE TEMPERATURA. Índice de medición de temperatura, también denominado escala Kelvin. Parte del cero absoluto, que es la menor temperatura posible de un cuerpo, el cual se fija en los –273,15 °C, mientras que los intervalos (kélvines) son iguales a los grados centígrados.

ABSOLUTA, HUMEDAD. Parámetro utilizado para evaluar el grado de humedad de la atmósfera y que consiste en expresar la masa de vapor de agua contenida por unidad de volumen de aire.
Humedad atmosférica 8:95b.

ABSOLUTISMO. Sistema de gobierno en que un monarca ejerce el poder sin restricción legal alguna ni interferencia de órganos legislativos o judiciales autónomos.
1:16b; Censura 4:75a; Dictadura 5:178b; Estado 6:124a; Francia 6:391a; Luis XIV de Francia 9:238b; Mercantilismo 10:70b; Monarquía 10:224a; Santa Alianza 13:138b; *ilustraciones* 1:17; 1:18a.

ABSOLUTO. En filosofía, aquello que existe por sí mismo o que contiene todo lo existente.
1:18b.

ABSORCIÓN. Penetración de materia o energía en un cuerpo.
1:19a; Petroquímica 11:384b; *ilustraciones* 1:19a.

ABSTENCIONISMO. Doctrina y práctica conforme a la cual los ciudadanos se retraen de participar en la política de su país, particularmente cuando son convocados a emitir su voto.

ABSTINENCIA. Práctica usualmente religiosa que consiste en la privación voluntaria de los apetitos. Suele emplearse el término entre los católicos para designar el ayuno ritual del consumo de la carne. V. **Ayuno y abstinencia.**

ABSTINENCIA, SÍNDROME DE. Alteración fisiopatológica producida por la cesación más o menos brusca de la toma de cualquier producto farmacológico o droga que haya generado en el individuo una dependencia física. Produce generalmente alucinaciones y crisis convulsivas.

ABSTRACCIÓN. Operación de la mente en virtud de la cual se aíslan aspectos particulares de un objeto para considerarlos separadamente o para considerar la esencia del objeto.
Infancia 8:191a; Pensamiento 11:329a.

ABSTRACCIÓN GEOMÉTRICA. Corriente pictórica y escultórica, surgida a principios del siglo XX, que utilizaba como medios de expresión artística las formas geométricas o el análisis matemático. Alcanzó un progresivo desarrollo dentro del cubismo, el constructivismo y el *op art.*
Abstracto, arte 1:19b.

ABSTRACCIÓN LÍRICA. Corriente pictórica dentro del arte abstracto que, mediante la utilización de la forma y el color, dio primacía al valor simbólico o espiritual de la obra de arte. Representada por el expresionismo abstracto, la *action painting* y el tachismo.
Abstracto, arte 1:19b.

ABSTRACTION-CRÉATION. Grupo fundado en París en 1931 por Georges Vantongerloo y Auguste Herbin. Sus miembros, entre los que se contaban artistas como Wassily Kandinsky, Piet Mondrian o Naum Gabo, propugnaban el desarrollo de los elementos más puros del arte abstracto.
Abstracto, arte 1:21b.

ABSTRACTO, ARTE. Movimiento artístico surgido a principios del siglo XX; se caracterizó por la combinación de colores, planos y volúmenes y el rechazo de lo figurativo.
1:19b; Arte 2:125a; Cubismo 5:62a; Chillida, Eduardo 4:140b; Dacosta, Milton 5:83a; Delaunay, Robert 5:113b; Expresionismo 6:218b; González, Julio 7:165a; González, Roberto 7:165b; Kandinsky, Wassily 9:2b; Klee, Paul 9:30a; Maliévich, Kazimir 9:307a; Miró, Joan 10:185b; Moholy-Nagy, László 10:210b; Mondrian, Piet 10:227a; Moore, Henry 10:257a; Narváez, Francisco 10:353a; Negret, Edgar 10:371b; Obregón, Alejandro 11:62a; Pintura 11:416a; Pollock, Jackson 12:67a; Tápies, Antoni 13:400b; *ilustraciones* 1:19b: 1:20; 1:21a-b; 1:22a-b.

ABSURDO, TEATRO DEL. Estilo teatral, opuesto a las convenciones tradicionales de tiempo y trama, impulsado a mediados del siglo XX por Samuel Beckett y Eugène Ionesco, entre otros autores.
1:23a; Albee, Edward 1:145b; Beckett, Samuel 2:378b; Camus, Albert 3:313b; Genet, Jean

7:73b; Ionesco, Eugène 8:256a; *ilustraciones* 1:23a.

ABÚ ABDALÁ MOHAMED. V. **Zagal, El.**

ABÚ ABDALÁ MOHAMED XI. V. **Mohamed XI de Granada.**

ABÚ AL-ABÁS AL-SAFAH (722-754). Primer califa de la dinastía de los abasíes (749-754). Su hermano Abú Muslim derrotó al omeya Marwán II, lo que permitió el acceso abasí al califato. Asumió el nombre de al-Safah, el Sanguinario, por las persecuciones que ordenó contra sus enemigos.
Abasí, dinastía 1:3b.

ABÚ AL-HASÁN ALÍ (h. 1297-1351). Sultán de Marruecos (1331-1351). Unificó por breve tiempo el Magreb y pretendió conquistar España. Capturó Algeciras y Gibraltar, y venció a una armada española en el estrecho de Gibraltar antes de ser derrotado en la batalla de Río Salado (1340). Conquistó Argelia y Túnez, que después se rebeló, pero fue derrocado por su hijo poco antes de su muerte.

ABÚ AL-QASIM (h. el 936-h. el 1013). Médico hispanoárabe. Físico de la corte de Abderramán III, fue autor de una importante obra médica, *El método*, dividida en treinta partes, que influyó decisivamente en el desarrollo de la medicina occidental.

ABÚ AL-WAFA (940-998). Matemático y astrónomo persa. A partir de sus conocimientos de la ciencia matemática árabe y griega, realizó importantes descubrimientos en el campo de la astronomía y las matemáticas, especialmente en el área de la trigonometría.

ABUBAKAR, ABDULSALAM (n. en 1943). Militar nigeriano. Fue nombrado presidente de Nigeria tras el fallecimiento del dictador Sani Abacha en 1998.

ABÚ BAKR (h. 570-634). Primer califa árabe. Suegro de Mahoma, fue elegido califa a su muerte. Unificó la península arábiga bajo el Islam y condujo a sus ejércitos hasta los límites del imperio persa.

ABUBILLA. Ave coraciforme de la familia de los upúpidos (*Upupa epops*). Se encuentra en Eurasia y África. Pico largo y arqueado. Franjas alares blancas y negras y cuerpo pardusco. Penacho de plumas eréctiles en la cabeza.
Ave 2:249b.

ABÚ DABI. Emirato de los Emiratos Árabes Unidos, en la isla homónima, golfo Pérsico. Aeropuerto internacional, centro de investigación. Explotaciones petrolíferas. Cap. Abú Dabi. 73.060 km^2. 928.360 hab. (1995).
Emiratos Árabes Unidos 5:390b.

ABÚ FIRÁS (932-968). Príncipe y poeta árabe. Casó con la hermana del conquistador de Alepo, Sayf al-Dawla, a quien acompañó en algunas de sus campañas. Dentro de su obra poética se glorifican el heroísmo, la generosidad y el espíritu caballeresco de su linaje; destacaron en ella los *Poemas bizantinos*, escritos durante su cautiverio en Constantinopla (962-966). Murió al intentar usurpar el trono al heredero de al-Dawla.

ABÚ HANIFA (699-767). Jurista y teólogo musulmán. Nacido en Irak, fue discípulo de Hamad, de quien se declaró sucesor. Creó una escuela jurídica propia, la hanafí, de amplia difusión en el mundo musulmán y una de las cuatro del Islam. Murió en prisión en Bagdad.

ABUJA. Ciudad de Nigeria, capital designada, construida de nueva planta a partir de 1976 y ocupada de forma efectiva desde 1991. Se encuentra en la región central del país y se estructura en forma de cinturones residenciales y comerciales ordenados alrededor de un centro administrativo y educativo. Fue diseñada por los arquitectos de la Universidad de Zaria. 7.315 km^2. 423.391 hab. (1995).
Nigeria 10:412a.

ABUKIR, BATALLA DE. V. **Nilo, batalla del.**

ABÚ-L-ATAHIYA (748-825/826). Poeta árabe. Rompió con el estilo tradicional que habían impuesto los poetas preislámicos y realizó composiciones en las que destacó su utilización del lenguaje popular. Alcanzó una gran notoriedad y fue favorecido por el califa Harún al-Rashid. En sus últimos años escribió *Zuhdiyat*, conjunto de poemas ascéticos sobre la fugacidad de la vida y la muerte.

ABUL BEKA (m. en 1285). Poeta hispanoárabe. Autor de una casida en la que, a raíz de la conquista de las ciudades de Córdoba y Sevilla por Fernando III el Santo (1236 y 1248, respectivamente), planteaba el dolor del pueblo musulmán por la pérdida sufrida. Influyó en la literatura castellana medieval y en especial en Jorge Manrique.

ABULCASIS V. **Abú al-Qasim.**

ABULFEDA (1273-1331). Historiador y geógrafo de la dinastía árabe ayubid. Nombrado sultán de Siria bajo los mamelucos. Sus dos obras capitales son una historia, *Compendio de la historia de la humanidad* (1329), y una geografía, *La localización de los países* (1321).

ABULHASÁN ALÍ (m. en 1485). Soberano nazarita del reino de Granada. Fue conocido por los cristianos como Muley Hacén. Durante su gobierno, el reino quedó dividido entre los partidarios del rey y de su hermano, El Zagal, y los partidarios de su hijo Boabdil.
Granada, reino de 7:192b.

ABULIA. Alteración de la voluntad consistente en la pérdida total o parcial de los impulsos volitivos. Esta incapacidad patológica para actuar conforme a la propia voluntad deja al sujeto inactivo o a merced de las conductas reflejas e instintivas.

ABULÓN. Molusco gasterópodo de la familia de los fisurélidos, orden de los diotocardios. Presenta una concha única y plana con perforaciones en los bordes. Se encuentra en las costas del océano Pacífico. Muy apreciado por su carne y su concha.

ABÚ MUSLIM (m. en el 755). Caudillo abasí. En el 747 dirigió una revuelta en la región persa de Jurasán contra el gobierno omeya, cuya victoria supuso el establecimiento de la dinastía abasí en el imperio árabe. Nombrado gobernador de Jurasán, extendió las conquistas musulmanas hacia el este. Fue asesinado por orden de al-Mansur.
Abasí, dinastía 1:4a.

ABUNÁ, RÍO. Curso fluvial navegable de Bolivia, afluente del Madeira, que nace en el dep. de Pando, cerca de la ciudad de San Luis, y corre hacia el nordeste recibiendo las aguas del río Negro y más adelante del Mamoré, junto con el cual da origen al Madeira. Sirve de límite entre Bolivia y Brasil. Su longitud es de 320 km.

ABÚ NUWÁS (747/762-813/815). Poeta árabe, natural de Persia establecido en Bagdad. Escribió odas de formato tradicional pero de tema urbano. Alcanzó notoriedad por sus cantos sobre el vino y sobre la pederastia (amor sexual a los niños).

ABÚ SAÍD (n. h. 1424). Descendiente de Tamerlán y rey mongol de la región de Transoxiana. Quiso reconstituir el antiguo imperio mongol, pero fue derrotado y muerto en combate por tribus turcomanas.

ABÚ SID IBN ABI-L-YAÍR (967-1049). Poeta y místico persa. Contemporáneo de Firdusi y seguidor del sufismo, se valió de la poesía para expresar su pensamiento religioso. Se le atribuye la autoría de las composiciones religiosas más antiguas escritas en cuartetos.

ABÚ SIMBEL. Localidad de Egipto donde se encontraban dos templos labrados en las rocas durante el reinado de Ramsés II. Formaban parte del conjunto cuatro estatuas colosales del faraón. La construcción de la gran presa de Asuán (1964-1966) cubrió este valle con agua. Los templos fueron entonces trasladados piedra a piedra a un lugar cercano.
1:23b; Egipcio, arte 5:382a; *ilustraciones* 1:24a.

ABUSO DE AUTORIDAD. Exceso o empleo arbitrario de una autoridad que un individuo posee por el desempeño de una actividad pública o en su vida privada. Puede expresarse en campos como el administrativo, el político o el militar.
Defensor del pueblo 5:108a.

ABUSO DE DERECHO. Conducta mantenida por aquellas personas que, en posesión de un derecho, utilizan éste en perjuicio ajeno sin obtener por ello ninguna ventaja o beneficio propio. Considerado por los juristas como un problema de índole moral.

ABÚ YACUB (siglo XII). Rey moro español, hijo de Abú Yusuf. Instaló su corte en Sevilla entre 1171 y 1176, embelleciendo extraordinariamente la ciudad.
Almohades 1:241a.

ABYDOS (ASIA MENOR). V. **Abidos** (Asia menor).

ABYDOS (EGIPTO). V. **Abidos** (Egipto).

ACAB. V. **Ajab.**

ACACIA. Planta de la familia de las mimosáceas, grupo de las leguminosas y del género *Acacia*. Dicotiledónea.
1:24a; Leguminosas 9:97b; *ilustraciones* 1:24b.

ACAD. Ciudad de la antigua Mesopotamia fundada hacia el 2300 a.C. por el caudillo semita Sargón I. Estaba situada cerca de la confluencia de los ríos Tigris y Éufrates y fue la capital del imperio acadio.
1:24b; Mesopotamia 10:83a; Mesopotámico, arte 10:86b; Sumer 13:362b; *ilustraciones* 1:25a.

ACADEMIA. Sociedad constituida regularmente con fines científicos, literarios o artísticos. Los círculos literarios de la edad media en torno a un mecenas se pueden considerar su origen. Las primeras academias propiamente dichas comenzaron en la segunda mitad del siglo XV, en Italia; en el siglo XVI se acrecentó su número y se fueron especializando en su objetivo.

ACADEMIA (DE PLATÓN). Escuela fundada por Platón en Atenas en los jardines consagrados a Academo, de quien toma el nombre. Destinada al culto de las musas, desarrolló una actividad filosófica y científica con influencia en la vida religiosa, moral, científica y política. Tuvo tres períodos: antiguo, medio y nuevo.
Aristóteles 2:70a; Platón 12:32a.

ACADEMIA, GALERÍA DE LA. Museo de la Academia de Bellas Artes de Venecia, instalado en la antigua iglesia de Santa María de la Caridad. Alberga una importante colección de obras maestras de la escuela veneciana, desde el gótico hasta el siglo XVIII.

ACADEMIA DE LA LENGUA ESPAÑOLA. V. **Real Academia Española.**

ACADEMIA FRANCESA. Institución creada en 1634 por el cardenal de Richelieu. Se trataba originalmente de una sociedad literaria particular, cuyas sesiones se celebraban en casa de Valentin Convart. Se estableció como su finalidad la de salvaguardar la pureza de la lengua francesa.

ACADEMICISMO. En bellas artes, rigor en la observancia de las normas clásicas; sujeción estricta a las reglas y técnicas artísticas tradicionales representadas por las academias.

ACADEMO. Héroe de la mitología griega de quien tomó nombre la Academia ateniense, lugar en que se reunían con sus discípulos Platón y otros filósofos griegos.

ACADIO. Grupo lingüístico perteneciente a la rama oriental de las lenguas semíticas, hablado en el centro de Mesopotamia entre el tercer y primer milenio a.C. Su escritura se basó en el alfabeto cuneiforme sumerio. Hacia el 2000 a.C. se dividió en dos dialectos: el asirio y el babilonio.
Acad 1:24b.

ACAJETE. Población del est. de Puebla, México, en la falda del volcán La Malinche. Victoria de Antonio López de Santa Anna (1839) sobre los generales Urrea y Mejía. Agricultura y ganadería. 41.135 hab. (1990; municipio).

ACAJUTLA. Ciudad y principal puerto de El Salvador en el dep. de Sonsonate, a orillas del Pacífico. Ferrocarril. Refinería de petróleo, planta de fertilizantes, cemento. Conservas de pescado, mariscos. Turismo. 40.342 hab. (1980).

ACALASIA. Trastorno del funcionamiento de los esfínteres, que no se relajan debidamente cuando se contraen los conductos suprayacentes.

ACAMANTE. Nombre de tres héroes legendarios griegos: el hijo de Teseo y Fedra, hermano de Demofonte y amante de Laódice, que dio nombre a la tribu ática de los acamántidas; el hijo de Antenor y Téano, que combatió con Eneas contra los aqueos; y el hijo de Eusoro, aliado de los troyanos. Los tres participaron en la guerra de Troya.

ACAMAPICHTLI (siglo XIV). Primer rey de los aztecas (1376-h. 1396). Inició la alianza entre Tenochtitlan y Azcapotzalco, capital de los tepanecas, con lo cual estos dos pueblos alcanzaron la hegemonía sobre las ciudades-estado del valle de México.
1:25b; Azteca, imperio 2:285a.

ACÁMBARO. Población del est. de Guanajuato, México. Laguna de Cuitzeo y presa Solís sobre el río Lerma. Agricultura. 112.734 hab. (1990; municipio).

ACANCEH. Municipio de México en el est. de Yucatán. Mantiene restos menores de la civilización maya. Mercado de agave. 11.279 hab. (1990).

ACANTILADO. Costa cortada a pico, normalmente vertical y saliente. Suele formarse a causa del desplazamiento de una falla o por la resistencia de la base de una roca a un corte uniforme.

ACANTITA. Variedad fibrosa del sulfuro natural de plata mineral que cristaliza en el sistema monoclínico.

ACANTO. Planta herbácea, vivaz, de la familia de las acantáceas (*Acanthus mollis*). Dicotiledónea. Sus hojas han sido un motivo ampliamente reproducido en la ornamentación escultórica, sobre todo de frisos y capiteles.

ACANTOCÉFALOS. Grupo de animales invertebrados semejantes a gusanos, de cuerpo cilíndrico y sin auténtico celoma o cavidad general interna. Próximos a los nematelmintos. Carecen de segmentos y presentan una trompa contráctil provista de lentículos. Parásitos.
Gusanos 7:295b; Invertebrados 8:250a.

ACAPONETA. Municipio de México en el est. de Nayarit, sobre la costa del Pacífico. Situado en el curso del río homónimo. Agricultura, ganadería, minería. 36.277 hab. (1990).

ACAPONETA, RÍO. Curso fluvial mexicano. Nace en la quebrada de San Bartolo, en el est. de Durango, y tras atravesar el est. de Nayarit desemboca en la albufera de Teacapa. Su curso es de 210 km.

A CAPPELLA. Composición musical, generalmente para voces solas o con acompañamiento de órgano, que se interpretaba en las capillas. Data del siglo XV. Giovanni Pierluigi da Palestrina escribió en este estilo para la capilla Sixtina del Vaticano.

ACAPULCO. Ciudad y puerto de México, a orillas del Pacífico, cuyo nombre oficial es Acapulco de Juárez. 592.528 hab. (1995; municipio).
1:26a; Guerrero 7:277b; México 10:127b; Nueva España, Virreinato de la 11:36a; *ilustraciones* 1:26a.

ACARAÍ, SIERRA DE. Cadena montañosa situada al sur del macizo que separa el est. brasileño de Pará del sur de Guyana. Su elevación media se sitúa en torno a los 600 m.

ACARAY, RÍO. Curso fluvial del Paraguay, afluente del alto Paraná, por su margen derecha. Atraviesa los dep. de Caaguazú y Alto Paraná. Su longitud es de 140 km y es navegable en parte de su cauce.

ACARIGUA. Ciudad del est. de Portuguesa en el noroeste de Venezuela. Aeropuerto. Antigua capital de dicho estado Explotaciones forestales, agricultura y ganadería. 166.720 hab. (2000).

ACARNANIA. Región de la antigua Grecia que se extendía entre el golfo de Ambracia, el monte Thyamón y el río Aqueloo. Constituyó en el siglo V a.C. una liga federal con capital en Estrato. Perteneció, en tiempos de Augusto, a la provincia romana de Acaya.

ÁCAROS. Grupo de arácnidos cuyo cuerpo no presenta una clara separación entre cefalotórax y abdomen. Varios millares de especies, muchas de ellas parásitas, tanto del hombre como de los animales domésticos.
Arácnidos 2:14a; Garrapata 7:52a; Plaga 12:12b.

ACATEMPAN, ABRAZO DE. Encuentro celebrado entre Vicente Guerrero, jefe de los insurgentes mexicanos, y el realista Agustín de Iturbide, en Acatempan (futuro estado de Guerrero) el 10 de marzo de 1821. En la entrevista se consolidaron las bases para la declaración de independencia de México.

ACATENANGO. Volcán de Guatemala (3.976 m). También llamado pico Mayor. Presenta tres cráteres, uno de los cuales mantiene emanaciones gaseosas permanentes.

ACATLÁN, RÍO. Curso fluvial de México, afluente del río Mixteco por su margen derecha (150 km).

ACAY, NEVADO DE. Montaña de la cordillera de los Andes en la prov. de Salta, República Argentina, al sudoeste de San Antonio de los Cobres. Nieves perpetuas. 5.716 m.

ACAYA. Región de la antigua Grecia en el norte del Peloponeso. La componían doce ciudades que formaban la Liga Aquea (siglo III a.C.). Zona montañosa forestal. Abundantes viñedos.

ACAYUCAN. Población del est. de Veracruz, México. Situada en la planicie costera. Bosques, agricultura, ganadería. 69.756 hab. (1990; municipio).

ACAZ. Rey de Judá (h. el 735-721 a.C.), conocido también como Ajaz, hijo de Yotam. Tenía 20 o 25 años cuando subió al trono. Invadido su reino por los ejércitos de Israel y Siria solicitó la ayuda del poderoso monarca asirio Tiglat-Pileser III, de quien se convertiría en vasallo una vez expulsados los invasores. Fomentó la idolatría. Lo sucedió en el trono su hijo Ezequías.

ACCIDENTE (FILOSOFÍA). Aquello que determina a la sustancia sin constituir un elemento esencial de ella y que puede aparecer o desaparecer sin destruirla. Cualidad no esencial de una cosa cuya existencia o inexistencia no la cambia.

ACCIDENTE (GRAMÁTICA). Modificación que sufren el artículo, el nombre, el adjetivo y ciertos pronombres para expresar su género y número, y el verbo para denotar sus modos, tiempos, voces, número y persona.

ACCIDENTES. Sucesos fortuitos e imprevisibles, traumáticos o morbosos (causantes de enfermedad).
1:26b; Preventiva, medicina 12:138a; Primeros auxilios 12:144b; Quemadura 12:216a; Traumatología 14:120b.

ACCIO, BATALLA DE. V. **Actium, batalla de.**

ACCIÓ CATALANA. Partido político catalán nacido como escisión, en 1923, de la Lliga Regionalista. De ideología nacionalista, sus máximos dirigentes fueron Nicolau d'Olwer, Antoni Rovira y Virgili y Carles Jordá. Desapareció tras las elecciones de abril de 1931, que dieron paso a la segunda república española.

ACCIÓN (DERECHO MERCANTIL). Título que recoge la participación en el capital social de las empresas. Puede ser «al portador», en cuyo caso su transmisión está sujeta a mínimos requisitos formales, o «nominativo», cuya transmisión exige el cumplimiento de estrictas formalidades jurídicas.
Bolsa 3:98a.

ACCIÓN (DERECHO PROCESAL). Capacidad de solicitar el derecho a juicio. También, modo legal de hacer efectivo ese derecho, pidiendo en un juicio lo que se debe a un interesado.

ACCIÓN CATÓLICA. Movimiento preconizado por el papa Pío XI (papado de 1922 a 1939) para promover el apostolado por parte de los seglares en la Iglesia Católica. Sus líneas de acción fueron marcadas por la encíclica *Ubi arcano Dei* (23 de diciembre de 1922).
Pío XI 11:420b.

ACCIÓN DEMOCRÁTICA. Partido político de Venezuela. Surgió en 1941 en torno a la figura de Rómulo Betancourt. Llevó a la presidencia de la república a Rómulo Gallegos, Betancourt, Raúl Leoni, Carlos Andrés Pérez (dos veces) y Jaime Lusinchi.

ACCIÓN NACIONAL, PARTIDO. V. **Partido Acción Nacional.**

ACCIÓN REPUBLICANA. Partido político español. Fue fundado por Manuel Azaña (1924) con el intento de crear un frente de izquierdas de base republicana. Colaboró con el Partido Socialista Obrero Español. A raíz de la derrota electoral de las izquierdas en febrero de 1933, se fusionó con otros grupos para formar Izquierda Republicana.

ACCRA. Ciudad y cap. de la República de Ghana. Centro comercial, administrativo y educativo del país. Universidad. Aeropuerto internacional. 949.100 hab. (1988).
Ghana 7:121a.

ACCURSIO, FRANCESCO (h. 1182-h. 1260). Jurista italiano, profesor de derecho romano en la Universidad de Bolonia. Su *Glossa magna* (1250) resumió el trabajo de los juristas conocidos como *glosadores*. Los romanistas posteriores serían llamados *posglosadores* o *comentaristas*.

ACEBO. Planta arbustiva de la familia de las aquifoliáceas (*Ilex aquifolium*). Dicotiledónea. Hojas ovaladas, coriáceas, con dentículos espinosos. Fruto rojizo. Propio de zonas boscosas europeas.

ACEDERA. Planta herbácea, vivaz, de la familia de las poligonáceas (*Rumex acetosa*). Dicotiledónea. Hojas con forma de flecha y algo carnosas, que se consumen hervidas. Común en Europa.

ACEITES COMESTIBLES. Sustancias grasas de origen vegetal y animal destinadas a la alimentación. Entre las primeras son de destacar las procedentes del girasol, el maíz, la soya o soja, la oliva y la colza. Su uso habitual es la preparación o la conservación de los alimentos.
1:27a; Alimentaria, industria 1:231a; Cacahuate 3:255a; Cocotero 4:246b; Girasol 7:136a; Maíz 9:297a; Oleaginosas, plantas 11:92b; Olivo 11:99a; Palma 11:233a; *ilustraciones* 1:27b; 1:28a.

ACEITES INDUSTRIALES. Sustancias oleaginosas empleadas en la industria con diversos fines, como la lubricación, la disolución o el aislamiento de materiales eléctricos.
1:28a; Lubricante 9:229a; Oleaginosas, plantas 11:93a; Petróleo y derivados 11:382b.

ACEITUNA. Fruto del olivo, también conocido como oliva. Rico en grasa y muy nutritivo, aunque difícil de digerir. De la aceituna se extrae por prensado el aceite de oliva.
Olivo 11:99a.

ACELERACIÓN. Cociente entre el cambio de velocidad de un móvil y el tiempo empleado

en efectuarlo. Matemáticamente, es la derivada de la velocidad con respecto al tiempo.
Física 6:311b; Mecánica 10:13a.

ACELERADOR DE PARTÍCULAS. Conjunto de equipos y dispositivos para comunicar altas velocidades a partículas subatómicas con carga eléctrica, mediante procesos eléctricos o electromagnéticos.
1:28b; *ilustraciones* 1:29a-b.

ACELERÓMETRO. Instrumento mecánico que mide la aceleración de los cuerpos en movimiento, así como las vibraciones y los choques experimentados durante la misma.

ACELGA. Planta herbácea de la familia de las quenopodiáceas (*Beta maritima*). Dicotiledónea. De ella ha derivado la acelga cultivada (*Beta vulgaris cycla*), hortaliza muy estimada.

ACELOMADOS. Animales invertebrados y metazoos carentes de cavidad general interna o celoma. Presentan entre las vísceras un tejido de relleno o parénquima. A esta organización estructural pertenecen los platelmintos (planarias, dicelas, tesicas, etc.).

ACENTO. Mayor realce con que se pronuncia una determinada sílaba de una palabra. Se llama prosódico cuando se pronuncia pero no se escribe, y ortográfico cuando se pronuncia y se escribe. Se denomina acento métrico al que corresponde a la sílaba o sílabas de mayor relieve en el verso.
Fonética y fonología 6:345a.

ACERACIÓN. Método de fabricación de acero consistente en carburar (mezclar con carbono) hierro en una forja. Es el más antiguo de los procedimientos para obtener hierro dulce ligeramente carburado o acero.

ACERO. Aleación de hierro con carbono, en proporciones inferiores al 2%, y con cantidades aun menores de silicio, fósforo y otros elementos. Base de la industria siderúrgica. Se fabrican diferentes variedades de acero, por adición de otros componentes, en función de su uso.
Construcción 4:351a; Hierro y acero 7:406b.

ACERO INOXIDABLE. Tipo de acero cuyo alto contenido de cromo incrementa su resistencia a la corrosión por humedad, por los ácidos y otros agentes químicos. Pierde sus características especiales por encima de los 300 °C.

ACETABULARIA. Alga verde de la familia de las dasicladáceas y del género *Acetabularia*. Presenta la forma de una pequeña sombrilla. Propia de mares tropicales y templados. Algunas especies son muy utilizadas en investigaciones biológicas.
Alga 1:217.

ACETALDEHÍDO. Aldehído acético. Obtenido por oxidación del alcohol. Líquido inflamable, miscible (mezclable) con agua y alcohol. Se utiliza en la obtención de ácido acético y en la fabricación de plásticos y colorantes.

ACETAMINOFENO. V. **Paracetamol.**

ACETANILIDA. Derivado acetilado de la anilina. Forma escamas blancas brillantes. Se usa en medicina como antipirético (contra la fiebre), analgésico (contra el dolor) y antirreumático. En la industria se utiliza en la fabricación de colorantes.

ACETATO. Sal de ácido acético. Muy soluble en agua. Se utiliza en síntesis orgánica y también en la industria textil.

ACÉTICO, ÁCIDO. Ácido etanoico, producido comercialmente por oxidación del etanol por acción bacteriana (vinagre) o en la destilación destructiva de la madera. Líquido, forma cristales incoloros. Soluble en agua o alcohol. Disolvente de aceites, resinas y gomas. Cáustico fuerte.
Ácido y base 1:34a.

ACETILCOLINA. Derivado acetilado de la colina (éster). Es un cuerpo vagomimético (con acción anabólica o de ahorro) que interviene como mediador químico en la transmisión del impulso nervioso (sistema parasimpático).

ACETILCOLINESTERASA. Enzima catalizadora de la escisión de acetilcolina a colina más acetato.

ACETILENO. Hidrocarburo gaseoso insaturado de dos átomos de carbono que se obtiene tratando el carburo de calcio con agua. Su inhalación produce asfixia. Es detonante al mezclarse con el aire. Se emplea en la soldadura autógena.
Hidrocarburos 7:394a.

ACETILSALICÍLICO, ÁCIDO. Sólido inodoro y blanco, poco soluble en agua, pero sí en alcohol. Experimenta hidrólisis (descomposición) por la acción de las bases y el aire. Muy usado en medicina, se conoce comúnmente con el nombre de aspirina. Su efecto es analgésico (contra el dolor), antipirético (contra la fiebre) y antiinflamatorio.
Analgésicos 1:316a; Fiebre 6:280b; Sauce 13:168a.

ACETONA. Líquido incoloro con olor a éter que se forma al destilar un acetato. Se encuentra en el alcohol de madera. Muy inflamable. Presente en cantidades muy pequeñas en sangre y orina normales.

ACEVAL, EMILIO (1854-1931). Político paraguayo. Presidente de la república de 1898 a 1902, propugnó medidas de conciliación en la vida política de su país. Fue depuesto por un golpe de estado.

ACEVAL, TOMÁS BENJAMÍN (1845-1900). Jurista y político paraguayo, nacido en Asunción. Fue miembro del Tribunal Superior de Justicia de su país y diputado. Ministro de relaciones exteriores con el presidente Juan Bautista Gill. Durante la presidencia de Higinio Uriarte fue enviado a los Estados Unidos para mediar en el litigio sobre el Chaco entre Paraguay y la Argentina, arbitrado por el presidente estadounidense Rutherford Hayes.

ACEVEDO, ALONSO DE (n. en 1550). Poeta español. Autor de obras sacras, su poema más celebrado fue *La creación del mundo* (1615).

ACEVEDO, EDUARDO (1857-1948). Jurisconsulto, periodista y político uruguayo. Ejerció la docencia y fue rector en la Universidad de Montevideo. Desempeñó diversos cargos políticos (ministro de industria 1911-1912). Autor de obras jurídicas y artículos periodísticos. *Economía política y finanzas* (1903).

ACEVEDO, MANUEL ANTONIO (1770-1825). Político y sacerdote argentino. Asistió al Congreso de Tucumán como diputado por Catamarca, firmó el Acta de Independencia en 1816 y propugnó la fundación de un utópico reino incaico cuya capital sería Cusco (Cuzco).

ACEVEDO DÍAZ, EDUARDO (1851-1921). Escritor y político uruguayo. Considerado el primer novelista de su país.
1:30a.

ACEVEDO HERNÁNDEZ, ANTONIO (1885-1962). Escritor y dramaturgo chileno. Autor de obras de carácter costumbrista con intención de denuncia social. *Almas perdidas* (1917), *La canción rota* (1921), *Árbol viejo* (1930).

ACEVES MEJÍA, MIGUEL (n. en 1917). Cantante mexicano. Especializado en canciones rancheras, ganó un disco de oro con su canción «Ruega por nosotros». Actuó ocasionalmente en cine y televisión.

ACHÁ, JOSÉ MARÍA DE (1810-1868). Político y militar boliviano. Miembro del triunvirato que depuso a José María Linares, fue presidente provisional en 1861 y electo en 1862. Mariano Melgarejo lo derrocó en 1864.

ACHATAMIENTO. En los cuerpos celestes con movimiento giratorio, disminución de la dimensión axial y aumento de la dimensión perpendicular al eje, por efecto de la fuerza centrífuga.

ACHEAMPONG, IGNATIUS KUTU (1931-1979). Militar y jefe de estado de Ghana. Dirigió la revuelta del ejército que derrocó el gobierno de Kofi Busia (1972). Derrocado en 1978, fue ejecutado un año después.

ACHEBE, CHINUA (n. en 1930). Escritor nigeriano. Director desde 1962 de la revista literaria *Okike*, apoyó la sublevación de Biafra (perteneciente a la etnia ibo) y analizó en sus obras el impacto de la cultura occidental en los pueblos africanos. Principal representante de la literatura en lengua inglesa en su país. *El mundo se desmorona* (1958), *La flecha de Dios* (1964), *Un hombre del pueblo* (1966).
Negroafricanas, literaturas 10:374a; *ilustración* 10:374a.

ACHERNAR. La estrella más brillante de la constelación de Eridano. De color azul y alta luminosidad, valorada en primera magnitud.

ACHESON, DEAN (1893-1971). Político y legislador estadounidense. Fue secretario del Departamento de Estado (ministro de relaciones exteriores) entre 1949 y 1953. Influyó decisivamente en la orientación de la política exterior estadounidense después de la segunda guerra mundial.

ACHESON, EDWARD GOODRICH (1856-1931). Inventor estadounidense. Descubrió el carburo de silicio o carborundo. Entre sus inventos más notables destaca el método de producción de grafito sintético. Colaborador de Thomas Alva Edison.

ACHEULENSE, CULTURA. Industria lítica del paleolítico inferior que evolucionó a lo largo de un millón de años. Fue sustituida gradualmente por otras culturas al comienzo de la glaciación de Würm. Se han encontrado yacimientos arqueológicos de esta cultura en África, Europa, el cercano oriente y la India.
Piedra, edad de 11:395b.

ACHICORIA. Planta herbácea, vivaz, de la familia de las compuestas (*Cichorium intybus*). Dicotiledónea. Sus hojas tienen aplicación en farmacia y su raíz tostada sirve para elaborar una bebida que se emplea como sucedáneo del café.

ACHIOTE. Pequeño árbol de la familia de las bixáceas (*Bixa orellana*). Dicotiledónea. Se denomina también bija u orellana. De sus semillas se extrae una materia colorante roja. Propia de ciertas regiones tropicales americanas.
1:30a.

ACIANO. Planta herbácea, anual o bienal, de la familia de las compuestas (*Centaurea cyanus*). Dicotiledónea. Las flores se agrupan en capítulos azulados o purpúreos. Se halla extendida por numerosas zonas del mundo.

ACIDIMETRÍA. Proceso utilizado para determinar el contenido ácido de una mezcla. Utiliza una solución básica de título conocido que se añade hasta conseguir neutralizar el ácido, lo que se pone de manifiesto por la presencia de un indicador, sustancia que cambia de color al conseguirse la neutralización.

ÁCIDO. V. **Ácido y base.**

ÁCIDO DESOXIRRIBONUCLEICO. V. **ADN.**

ACIDÓFILAS, PLANTAS. Plantas que prosperan o se desarrollan preferentemente en terrenos con cierto grado de acidez, a veces elevado, como ocurre con la acederilla (*Rumex acetosella*).

ÁCIDO RIBONUCLEICO. V. **ARN.**

ACIDOSIS. Trastorno del equilibrio entre los ácidos y las bases de los fluidos orgánicos, especialmente la sangre, con predominio de la acidez (pH inferior a 7,4).

ÁCIDOS NUCLEICOS. V. **Nucleicos, ácidos.**

ACIDOTIMIDINA. V. **Azidotimidina.**

ÁCIDO Y BASE. Sustancias químicas con propiedades opuestas capaces de neutralizarse mutuamente. El ácido produce un exceso de iones hidrógeno en solución con un pH inferior a 7. La base produce en solución un pH superior a 7.
1:30b; Alcohol 1:155b; Aminoácido 1:305a; Equilibrio químico 6:17b; Nomenclatura quí-

mica 11:7a; Oxígeno 11:191b; Química, industria 12:229a; Sal 13:92b; *cuadro* 1:31a; *ilustraciones* 1:33.

ACLIMATACIÓN. Conjunto de modificaciones que se producen en los organismos de los animales y plantas como adaptación a nuevas condiciones climatológicas o ambientales.

ACLÍNICA, LÍNEA. Línea imaginaria (que varía de año a año), próxima al ecuador terrestre, en la cual la aguja magnética se mantiene horizontal, sin presentar inclinación, y en estado indiferente respecto de su eje vertical.

ACLLAHUACI. En el Perú de los incas, residencia de las vírgenes consagradas al sol. Éstas se dedicaban al culto divino y a tejer y bordar la ropa de la familia real y la que se ofrecía a la divinidad.

ACLORHIDRIA. Ausencia completa de ácido clorhídrico libre en las secreciones gástricas.

ACMEÍSMO. Movimiento literario creado por un reducido grupo de poetas rusos de principios del siglo XX como reacción contra el simbolismo. Fueron rechazados por el régimen soviético. Entre sus miembros más destacados figuraron Nikolái Gumiliov, uno de los fundadores, ejecutado en 1921, la esposa de éste, Anna Ajmátova, y Osip Mandelstam.

ACNÉ. Enfermedad de la piel que se caracteriza por la inflamación de los folículos pilosos, con retención de la secreción de las glándulas sebáceas.

ACODO. Vástago o rama de una planta que se entierra acodándola, o formando un codo, sin separarla del tronco principal. Tiene como fin que el vástago eche sus propias raíces y forme una planta autónoma.

ACOLHUAS. Miembros de un pueblo náhuatl, de origen tolteca, que llegó al Anáhuac hacia el siglo XIII y se estableció en la región de Acolhuacan, muy cerca de la posterior ciudad de México.

ACÓLITO. Clérigo que ha recibido el acolitado, la más alta de las cuatro órdenes menores de la Iglesia Católica. Su función consiste en asistir a los ministros durante la celebración de los ritos litúrgicos, en especial la eucaristía.

ACOLMAN. Municipio mexicano que pertenece al est. de México. Convento agustino de estilo plateresco del siglo XVI. Agricultura, textiles. 43.333 hab. (1990).

ACOMPAÑAMIENTO. Parte instrumental o vocal que sirve de fondo armónico a la intervención de un solista (cantante o instrumento) en una pieza musical. Alcanzó su pleno desarrollo a partir de la segunda mitad del siglo XVIII.
Instrumentos musicales 8:227a.

ACONCAGUA, PICO. Montaña de la Argentina, en los Andes, de origen volcánico. La cumbre más alta de América. 6.959 m.
1:34b; Andes 1:333a.

ACONCAGUA, RÍO. Curso fluvial de Chile. Nace en los Andes, en la ladera noroeste del pico homónimo. Fronterizo con la Argentina. Atraviesa la reg. de Valparaíso. Desemboca en el Pacífico por Viña del Mar tras recorrer 190 km.

ACONCAGUA, SAN FELIPE DE. Provincia de Chile, en la V región de Valparaíso. Minería, agricultura. Tabaco y vinos. Cap. San Felipe.

ACONCIO, GIACOMO (1492-h. 1566). Reformista protestante inglés de origen italiano. Adherido a la reforma protestante, se instaló en Inglaterra en 1559 (ciudadano inglés desde 1561) y defendió la ortodoxia protestante en la corte de Isabel I. *Estratagemas satánicas* (1565).

ACONDICIONAMIENTO DE AIRE. V. **Aire, acondicionamiento de.**

ACONDRITA. Meteorito pétreo sin cóndrulas (gránulos esféricos compuestos por minerales silíceos, principalmente olivinos y piroxenos). Su aspecto es similar al de las rocas ígneas.
Meteorito 10:105a.

ACONDROPLASIA. Deformación ósea de carácter hereditario que provoca enanismo. Se produce por un desfase entre la velocidad de osificación y la de crecimiento del cartílago de conjunción, responsable del alargamiento de los huesos.
Congénitos defectos 4:332b.

ACÓNITO. Planta vivaz de la familia de las ranunculáceas (*Aconitum napellus*). Dicotiledónea. Tóxica. Propia de numerosas regiones de clima frío o templado de Eurasia, sobre todo de zonas montañosas.

ACONQUIJA, SIERRA DE. Cordillera situada entre las prov. argentinas de Tucumán y Catamarca, en el noroeste de la Argentina. Forma parte de las sierras pampeanas, en la cordillera de los Andes. Su principal altura es el nevado de Aconquija o Clavillo (5.550 m).

ACOPLAMIENTO. Unión de piezas mecánicas. En radiotecnia, conexión de dos circuitos para la transferencia recíproca de electricidad.

ACORAZADO. Buque de guerra blindado y de grandes dimensiones. Se inició su construcción, a partir de 1859, con los acorazados «Gloire» y «Warrior», francés y británico respectivamente.
Marina de guerra 9:372a.

ACORAZADO POTEMKÍN, EL. Filme realizado por el director soviético Serguéi Eisenstein en 1925. Está considerado como una de las obras maestras del cine. Narra el motín del acorazado Potemkín y los hechos revolucionarios acaecidos en la ciudad de Odessa en 1905. Es un ejemplo de montaje y ritmo narrativo.
Eisenstein, Serguéi 5:344a.

ACORDE. Conjunto de tres o más sonidos emitidos de modo simultáneo y que obedece a pautas armónicas.
1:35a; Armonía 2:90b; *ilustraciones* 1:35a.

ACORDEÓN. Instrumento musical de viento integrado por un fuelle cuyos laterales presentan uno o dos teclados reguladores del sonido.
1:35b; *ilustraciones* 1:35b.

ACOSTA, CECILIO (1818-1881). Escritor y jurista venezolano. Adversario político del presidente Antonio Guzmán Blanco. Reconocido humanista en lo político y lo social. Publicó poesías, así como ensayos políticos, jurídicos y sociológicos, y ejerció la docencia universitaria y el periodismo.

ACOSTA, JOAQUÍN (1800-1852). Político y científico colombiano. Participó en la constitución de la república de Nueva Granada (1831) y fue encargado de la delimitación de sus fronteras. Su campo científico cubrió áreas como la química, la geología, la astronomía, la historia, etc. *Compendio histórico del descubrimiento y colonización de Nueva Granada.*

ACOSTA, JOSÉ DE (1539-1600). Historiador y jesuita español. Vivió en los virreinatos del Perú y de la Nueva España. *Historia natural y moral de las Indias* (1590).
Zoología 14:428b.

ACOSTA, SANTOS (h. 1828-1901). Político colombiano, médico de profesión. Fue el primero de los cinco presidentes radical liberales que ocuparon el poder en el período 1867-1880, tras el derrocamiento de Tomás Mosquera. Política anticlerical.

ACOSTA, URIEL (h. 1585-1640). Gabriel da Costa, pensador judío. Perteneciente a una familia de judíos conversos portugueses, se instaló junto con su familia en Amsterdam, en donde defendió una concepción de la religión hebraica menos tradicionalista. *Ejemplo de mi vida* (1687).

ACOSTA GARCÍA, JULIO (1876-1954). Político costarricense, perteneciente al partido de Alfredo González Flores, derrocado en 1917 por el general Federico Tinoco. Presidente de 1920 a 1924, anexionó en 1921 la región de Coto, correspondiente a Panamá.

ACOSTA Y BELLO, AGUSTÍN (1886-1979). Poeta cubano de temas sociales situado entre el modernismo y la vanguardia. Su poema más conocido es *La zafra* (1926). Calificado de «poeta nacional», murió en el exilio.

ACQUAVIVA, CLAUDIO. V. **Aquaviva, Claudio.**

ACRE (BRASIL). Estado brasileño fronterizo con Bolivia y el Perú. Se independizó de Bolivia como República de Acre en 1899, pero se incorporó a Brasil en 1903. Caucho. Cap. Rio Branco. 153.697 km^2. 483.593 hab. (1999).
Amazonas, río 1:267a.

ACRE (ISRAEL). Ciudad y puerto de Israel, a orillas del Mediterráneo. También denominada Akko o Akka. Fue la última plaza fuerte de los cruzados. Fortificaciones medievales. Escuela de náutica. Laminación de acero, azulejos, fósforos, plásticos. Pesquerías. 44.200 hab. (1982).
Cruzadas 5:39b; Palestina 11:230a.

ACRE (METROLOGÍA). Unidad de medida agraria en los sistemas británico y estadounidense. La palabra deriva del latín *ager* (campo). El acre equivale a 0,4047 hectáreas (4.047 metros cuadrados). El término se originó en técnicas primitivas de labranza.

ACRE, RÍO. Curso fluvial de Brasil. Nace en el est. de su nombre cerca de la frontera con el Perú, y desemboca en el Purús, en la localidad de Bôca do Acre. Su longitud es de 645 km.

ACRILÁN. Nombre comercial de las fibras sintéticas de poliacrilonitrilo, empleadas en tapicería y confección de telas.

ACRÍLICA, PINTURA. Sustancia formada por la mezcla de pigmentos coloreados y resinas sintéticas. Su rapidez de secado y gran poder adhesivo hacen idónea su aplicación a cualquier tipo de superficie.
Pictóricas, técnicas 11:395a.

ACRÍLICO. Nombre genérico de varios plásticos, resinas y aceites derivados del ácido homónimo y empleados en la fabricación de numerosos productos sintéticos.
1:36a; *ilustraciones* 1:36a.

ACRÓBATA. Artista que ejecuta suertes gimnásticas, normalmente en un trapecio o sobre una cuerda floja.

ACROINÓN, BATALLA DE. Combate librado entre fuerzas del imperio bizantino, a las órdenes del emperador León III el Isáurico, y los sarracenos del califa de Damasco Hixem I. Tuvo lugar en Asia menor en el año 740 y concluyó con la victoria bizantina.

ACROMEGALIA. Enfermedad que se caracteriza por una hipertrofia (crecimiento excesivo) no congénita de las extremidades superiores, inferiores y cefálica y de sus huesos.
Endocrinología 5:408b.

ACROMIA. Falta de pigmentación en la piel de carácter congénito o adquirido. En sus formas parciales se presenta asociada a diversas enfermedades parasitarias y no reviste gravedad. La acromia congénita se denomina albinismo. V. **Albinismo.**

ACRONOTOPSIA. V. **Daltonismo.**

ACRÓPOLIS. Nombre que significa «ciudad alta» y con el que se designaban las ciudadelas en la antigua Grecia. Por antonomasia, el término se emplea para la de Atenas (siglo V a.C.).
1:36a; Arquitectura 2:104a; Atenas 2:189b; Fidias 6:279b; Griego, arte 7:229a; *ilustraciones* 1:36b; 1:37; 1:38a.

ACRÓSTICO. Dícese de cualquier composición poética en que las letras iniciales, medias o finales de cada verso, leídas verticalmente, componen un nombre, vocablo, frase o mensaje.

ACTA DE CHAPULTEPEC. Tratado defensivo firmado entre la mayoría de las naciones del continente americano en marzo de 1945 en el castillo de Chapultepec (ciudad de México). Preveía la utilización de métodos militares en caso de agresión hacia alguno de los firmantes del acta.

ACTA DIURNA. Recopilación de informaciones consideradas de interés general y que contenían deliberaciones del Senado en la antigua Roma.

ACTEÓN. Personaje mitológico griego, nieto de Cadmo. Consumado cazador, ofendió a la diosa Artemisa, quien lo convirtió en ciervo. Murió despedazado por sus propios perros.

ACTH. Iniciales con que se suele designar a la hormona corticotropa (corticostimulina), secretada por el lóbulo anterior de la hipófisis. Las iniciales provienen del término inglés *adrenocorticotrophic hormone.*
Hormona 8:71b.

ACTINA. Proteína muscular de estructura filamentosa que, unida a partículas de miosina, constituye la actomiosina, causa de la contracción y relajación musculares.

ACTINIA. Animal invertebrado del grupo de los cnidarios antozoos. Solitario, vive generalmente fijo sobre las rocas del fondo marino. Cuerpo cilíndrico. Boca situada en el extremo superior, rodeada de tentáculos.

ACTÍNIDOS. Serie de elementos químicos afines, con números atómicos comprendidos entre 90 y 102, que siguen al actinio en la tabla periódica. Poseen una estructura atómica similar a la serie de los lantánidos.
1:38b; Plutonio 12:40a; Uranio 14:189b; *cuadro* 1:39.

ACTINIO. Elemento químico radiactivo perteneciente al grupo de los actínidos. Símbolo, Ac. Número atómico 89. Su isótopo más estable es el Ac 227. El actinio se encuentra en forma natural en el mineral de uranio. Fue descubierto en 1899 por André-Louis Debierne.
Actínidos 1:39; Radiactividad 12:245a.

ACTINOLITA. Mineral del grupo de los silicatos de calcio, hierro y magnesio. Sus fibras se emplean para la fabricación de amianto (asbesto).

ACTINOMICOSIS. Enfermedad causada por el desarrollo de hongos del género *Actinomyces,* microorganismos parásitos que colonizan diversos tejidos del cuerpo.

ACTINOPTERIGIOS. Subclase de peces osteictios (con esqueleto óseo). Aletas formadas por radios sustentados por bases. Comprende tres grandes órdenes: condrósteos, holósteos y teleósteos.
Peces 11:312b.

ACTINOTERAPIA. Tratamiento de las enfermedades por medio de radiaciones actínicas, es decir, luminosas.

ACTION FRANÇAISE. Nombre de un periódico que sirvió para designar también a un influyente grupo derechista francés, nacionalista, monárquico y defensor del catolicismo. Actuó en los primeros cuarenta años del siglo XX y alcanzó su apogeo durante la segunda guerra mundial, aprovechando el fuerte sentimiento patriótico. Su máximo dirigente fue Charles Maurras.

ACTION PAINTING. Movimiento pictórico surgido dentro del expresionismo abstracto estadounidense en la década de 1950. Se caracterizaba por la aplicación de manchas de color, producto del movimiento nervioso y descontrolado del pintor o de la acción de la propia pintura al caer directamente sobre la tela. Jackson Pollock y Willem de Kooning fueron sus más notables representantes.
Abstracto, arte 1:22b; De Kooning, Willem 5:112a; Estados Unidos 6:135b; Pollock, Jackson 12:67a.

ACTITUD. Disposición para algo o forma de enfrentar una cosa, situación o tarea.
1:40b.

ACTIUM, BATALLA DE. Combate naval que tuvo lugar el año 31 a.C. entre las flotas de Octavio y Marco Antonio cerca del promontorio griego de Accio (Actium en latín). Terminó con la victoria del primero, que obtuvo así el dominio del mundo romano.
Egipto 5:336a.

ACTIVA, ORACIÓN. Unidad lingüística constituida por un conjunto coherente de palabras con significado, compuesta de sujeto y predicado, y en la que el sujeto es agente. Un ejemplo es la oración transitiva en la que la acción del sujeto pasa a un complemento.

ACTIVACIÓN, ENERGÍA DE. Energía necesaria para provocar un fenómeno físico o químico, superando una barrera de potencial, por ejemplo para iniciar una combustión o para modificar el estado energético de un átomo.

ACTIVADOR. Sustancia que acelera o intensifica la actividad reactiva de otros cuerpos o que incrementa la actividad de un catalizador. Los óxidos metálicos son activadores importantes, sobre todo el óxido de zinc.

ACTIVO. Conjunto de bienes, préstamos a terceros y dinero de que dispone una empresa o individuo. Se suele distinguir entre activo fijo (bienes raíces, maquinaria, etc.), circulante (dinero, existencias) y diferido (fondos de comercio).

ACTO. En derecho, resultante o manifestación en un individuo de una voluntad o de una fuerza, sea ésta externa o personal. Se contrapone a propósito o intención, y en términos jurídicos está siempre incluido en un ámbito determinado y no puede ser indiferente.

ACTON, LORD (1834-1902). John Emerich Edward Dalberg, primer barón de Acton, historiador y moralista católico británico, de ideas liberales. Tuvo una breve carrera política y actuó como consejero de William Gladstone. Fue profesor de historia de la Universidad de Cambridge, donde coordinó, en 1899 y 1900, el inicio de la monumental *Historia moderna de Cambridge.*

ACTO REFLEJO. Reacción involuntaria a un estímulo; se produce por la transformación de un impulso nervioso centrípeto (dirigido hacia el centro) en otro centrífugo (que se aleja del centro), lo cual a su vez provoca la reacción (motora, secretora, etc.) en el órgano receptor.

ACTOR'S STUDIO. Escuela de arte dramático fundada en Nueva York en 1947 por Elia Kazan, Robert Lewis y Cheryl Crawford. Formó actores de renombre mundial, como Marlon Brando, Montgomery Clift y Paul Newman. Empleó el método de interpretación naturalista propugnado por Konstantín Stanislavski.
Actor y actuación 1:42b; Strasberg, Lee 13:323a.

ACTOR Y ACTUACIÓN. Respectivamente, persona encargada de representar a un personaje en una obra teatral, drama radiofónico, película cinematográfica, etc., y realización de su cometido.
1:40b; Artaud, Antonin 2:121b; Barrault, Jean-Louis 2:354b; Bernhardt, Sarah 3:1b; Booth, Edwin 3:107a; Cantinflas 3:349a; Coquelin, Benoît-Constant 4:373a; Chaplin, Charlie 4:107a; Duse, Eleonora 5:257a; Grotowski, Jerzy 7:237b; Keaton, Buster 9:14b; Marx, hermanos 9:397a; Oliver, Laurence 11:98b; Podestá, familia 12:43b; *ilustraciones* 1:40b; 1:41a-b; 1:42.

ACTOS DE LOS APÓSTOLES. Uno de los textos que componen el Nuevo Testamento, atribuido al evangelista san Lucas. Versa sobre la fundación, desarrollo y la expansión de la iglesia cristiana y los viajes apostólicos de san Pablo. La fecha de su composición oscila entre los años 70 y 90. También se conoce como Hechos de los Apóstoles.
Apóstoles 1:415a; Biblia 3:11b; Espíritu Santo 6:112b; Lucas, san 9:230a; Marcos, san 9:357a; Pablo, san 11:195a.

ACTUACIÓN. V. **Actor y actuación.**

ACTUALISMO. Teoría formulada por Charles Lyell y que propone como explicación de los fenómenos geológicos del pasado factores idénticos a los que actúan en el presente.
Geocronología 7:82a; Geología 7:92b.

ACTUARIO. Especialista en los cálculos matemáticos y estadísticos que determina las primas a pagar en las pólizas de los distintos tipos de seguros. Se denomina también así en algunos países a los escribanos que redactan autos judiciales.

ACUARELA. Técnica pictórica consistente en aplicar con pincel colores en polvo, disueltos en agua, sobre un papel o cartón; las gradaciones de color se consiguen empleando sucesivas aguadas sobre el soporte, por lo general blanco. También, pintura ejecutada con esta técnica.
Pictóricas, técnicas 11:394a.

ACUARIO (ASTRONOMÍA). Constelación zodiacal situada entre Capricornio y Piscis; sus estrellas presentan distribución dispersa y escaso brillo. En astrología es el undécimo signo zodiacal (20 enero-18 febrero).
Zodiaco 14:422a.

ACUARIO (ZOOTECNIA). Depósito, generalmente de vidrio, o estanque lleno de agua en el cual diversos organismos acuáticos, como peces, crustáceos o plantas de agua dulce o marina, son mantenidos vivos.
1:43a; *ilustraciones* 1:43; 1:44a.

ACUÁTICAS, AVES. Aves que, de una forma o de otra, están estrechamente ligadas al medio acuático, bien marino, costero o palustre (lago o pantano).
Boba o piquero 3:77a; Cisne 4:213b; Flamenco 6:321a; Ganso 7:41b; Gaviota 7:69a; Pato 11:298b; Pelícano 11:322a;

ACUÁTICAS, PLANTAS. Plantas que se desarrollan en el agua o en sus proximidades y, más específicamente, las cormófitas propias de tales ecosistemas. Algunas son flotantes, como los nenúfares y los lotos. Otras crecen en las orillas de lagos y ríos, como las sagitarias, las calas, las espadañas y los juncos.
Acuario 1:43b; Alga 1:216b; Loto 9:225b; Nenúfar 10:376a.

ACUÁTICOS, DEPORTES. Conjunto de disciplinas deportivas que comprende la natación, los saltos ornamentales o clavados, la natación sincronizada y el waterpolo o polo acuático.
1:44a; *ilustraciones* 1:44b; 1:45b; 1:46a-b.

ACUEDUCTO. Conducto de agua construido por el hombre. Las antiguas culturas egipcia y asiria utilizaron acueductos a cielo abierto. Los romanos emplearon numerosos modelos monumentales de arcada, distribuyéndolos por todo el imperio. Actualmente los sustituyen obras subterráneas.
1:47a; Agua, abastecimiento de 1:121a; Puente 12:192a; Segovia 13:186b; *ilustraciones* 1:47a-b.

ACUERDO CENTROEUROPEO DE LIBRE COMERCIO. Tratado firmado en 1922 por Polonia, Hungría, la República Checa y Eslovaquia, y más tarde por Eslovenia (1996) y Rumania (1997), para la creación de un área de libre comercio en la región antes del 2001.

ACUICULTURA. Disciplina que se ocupa de la explotación de recursos animales o vegetales en un medio acuático.
1:48a; Desarrollo sostenible 5:149a; Pesca 11:370b; Pienso 11:402a; *ilustraciones* 1:48a; 1:49a-b.

ACUÍFERO, MANTO. Terreno subterráneo que contiene agua, situado debajo de una capa impermeable. Su nivel de agua no es estable, ya que depende de los ciclos estacionales. Constituye una línea de agua discontinua, pues suele haber fisuras a lo largo de su superficie.
1:50a; Agua 1:120a; Manantial 9:320b; Hidrografía e hidrología 7:401a.

ACUÍFERO, POZO. Perforación practicada en la tierra para obtener agua de la parte más profunda de un manto acuífero subterráneo.

Una vez terminada la operación de excavado, la perforación se reviste de mampostería para evitar filtraciones procedentes de las capas acuíferas superiores.
Pozo 12:110a.

ACULTURACIÓN. Proceso mediante el cual se modifica la cultura de un pueblo por contacto con otra sociedad.
1:50b; Antropología 1:405b; Cultura 5:72b; Etnología 6:185b; Redfield, Robert 12:289b; *ilustraciones* 1:50; 1:51b.

ACUMULADOR. Pila capaz de transformar energía eléctrica en química, y viceversa, y almacenarla en su interior. El modelo más extendido es el acumulador de plomo.
Pila y acumulador 11:406a.

ACUÑA, ANTONIO OSORIO DE (m. en 1526). Prelado español que, tras ser nombrado obispo de Zamora por sus servicios diplomáticos ante la Santa Sede, encabezó el alzamiento de los comuneros en esa ciudad. Una vez sofocada la rebelión murió ajusticiado.

ACUÑA, CIUDAD. Población mexicana que pertenece al est. de Coahuila. Bañada por el Río Grande. Centro agrícola, comercial e industrial. 56.750 hab. (1990; municipio).

ACUÑA, CRISTÓBAL DE (1597-1675). Misionero jesuita español, ligado a las primeras exploraciones del Amazonas. Remontó este río junto a Pedro Texeira en su regreso a Quito. Rector del Colegio de Cuenca en Quito. *Nuevo descubrimiento del gran río de las Amazonas* (1641).

ACUÑA, HERNANDO DE (h. 1520-1580). Poeta y hombre de armas español, profundamente influido por Garcilaso de la Vega. Tradujo a Matteo Maria Boiardo y a Olivier de la Marche. *Memorial, Poesías varias.*

ACUÑA, JUAN DE (1658-1734). Militar español, marqués de Casafuerte. Tras ocupar los cargos de gobernador de Mesina y capitán general de Aragón y Mallorca, en 1722 fue designado virrey de la Nueva España. Durante su etapa de gobierno emprendió diversas reformas de orden económico, social y cultural y conquistó la colonia inglesa de Belice.
Nueva España, Virreinato de la 11:35a.

ACUÑA, MANUEL (1849-1873). Poeta mexicano. Cofundador de la sociedad literaria Netzahualcóyotl. Su poesía es romántica, llena de ímpetu. Se suicidó por amor. Sus obras poéticas se publicaron póstumamente. Entre sus poemas destacan «Nocturno a Rosario» y «Ante un cadáver».

ACUÑA DE FIGUEROA, FRANCISCO (1791-1862). Poeta y periodista uruguayo de estilo neoclásico a quien se llamó «el poeta de Montevideo». Versificó los más diversos acontecimientos y cuadros históricos, a veces con acento picaresco e ingenioso. Autor del *Diario histórico del sitio de Montevideo* y de la letra del himno nacional de su país.

ACUPUNTURA. Método terapéutico de origen chino, que consiste en la implantación de finas agujas en puntos determinados de la superficie del cuerpo.
1:51b; Dolor 5:215b; Medicina 10:29a; Naturopatía 10:359b; *ilustraciones* 1:51b; 1:52a.

ACUSACIÓN. Acción en virtud de la cual se imputa a alguien un delito. Se denomina así también en algunos países al ministerio fiscal (procurador público) o a la parte acusadora privada y a los cargos aducidos para pedir el castigo del delito.

ACUSACIÓN PÚBLICA. Informe, oral o escrito, presentado ante el tribunal por un miembro del ministerio fiscal o procurador público, en el que se solicita la condena por un delito.

ACUSATIVO. Caso de la declinación que indica a la persona o cosa que recibe la acción del verbo. Corresponde al complemento directo.

ACÚSTICA. Rama de la física que se ocupa del estudio de los sonidos.
1:52b; Aislante 1:133a; Contaminación 4:358a; Eco 5:267a; Física 6:314a; Oído, sentido del 11:90b; Onda 11:108b; *ilustraciones* 1:53; 1:54.

ADA, LENGUAJE. Sistema lógico informático de programación avanzada. Fue ideado en la década de 1970 por un equipo europeo dirigido por J. Ichbiah como evolución del lenguaje Pascal. Debe su nombre a Ada Byron, hija del poeta *Lord* Byron y autora de tratados de computación. Lo adoptó como estándar el Departamento de Defensa estadounidense en 1979.

ADAGIO. Indicación de tiempo musical generalmente lento de variable modo de interpretación: *cantabile, sostenuto, apassionato, ma non troppo, molto cantabile.* El término, de origen medieval y renacentista, ha designado frecuentemente los movimientos centrales de sonatas, sinfonías y conciertos.

ADAJA, RÍO. Curso fluvial español, afluente del Duero por la margen izquierda. Nace en la prov. de Ávila, cerca del puerto de Villatoro. Separa, durante un corto trayecto, las provincias de Segovia y Valladolid, se une al Eresma y juntos desembocan en el Duero, cerca de Tordesillas. Su longitud es de 194 km y su principal afluente es el Arevalillo.

ADALBERTO (m. h. el 966). Rey lombardo de Italia que compartió el trono con su padre, Berengario II, a lo largo de once años. Tras el exilio de éste, continuó la lucha contra el rey de Germania y emperador romano Otón I.

ADAM, ADOLPHE-CHARLES (1803-1856). Compositor francés. Autor del célebre ballet *Giselle* (1841). De su abundante producción, compuesta por más de sesenta óperas, destacaron *El postillón de Longjumeau* (1836) y *Giralda* (1850). Gozó de gran popularidad durante el siglo XIX.

ADAM, ROBERT (1728-1792). Arquitecto y diseñador escocés. Promotor del neoclasicismo en la Gran Bretaña, fue el creador de un estilo propio que lleva su nombre, adaptación del clasicismo de Andrea Palladio. Entre sus obras destacan Syon House, Syon Kedleston Hall y Nostell.

ADAMAUA. Departamento de Camerún, en una meseta de origen volcánico que alcanza alturas de 2.650 m. Nacimiento del río Benué. Cap. Ngaoundéré. Clima tropical. Yacimientos de estaño. Cría de ganado. 62.105 km^2. 495.200 hab. (1987).

ADAMAWA. Emirato formado a principios del siglo XIX en el posterior estado nigeriano de Gongola. Habitado predominantemente por la etnia fulani, el territorio se integró en Nigeria en 1961.

ADAM DE LA HALLE. V. **Halle, Adam de la.**

ADAMKUS, VALDAS (n. en 1926). Político lituano de origen estadounidense. Presidente de su país en 1998 como sucesor de Algirdas Brazauskas. Durante su mandato se negociaron las primeras etapas del proceso de integración de Lituania en la Unión Europea.
1:56a; *ilustración* 1:56a.

ADAMOV, ARTHUR (1908-1970). Dramaturgo francés de origen ruso-armenio, tradujo y adaptó obras de autores rusos y alemanes. Autor vanguardista, en la línea de Bertolt Brecht y el teatro del absurdo. *Todos contra todos* (1953), *Paolo Paoli* (1957), *Si volviera el verano* (1969).
Absurdo, teatro del 1:23b.

ADAMS, ANSEL (1902-1984). Fotógrafo estadounidense. Participó en 1932 en la fundación del grupo f.64, que intentaba captar la infinita variedad de la luz y las texturas en la naturaleza. Uno de los más destacados técnicos en la historia de la fotografía, Adams cobró notoriedad por sus representaciones de la inmensidad de las montañas. Entre sus libros destacaron: *La sierra Alta* (1927), *Ésta es la tierra americana* (1960).

ADAMS, GERRY (n. en 1948). Político norirlandés. Presidente del Sinn Fein desde 1984, fue uno de los firmantes del acuerdo de paz de 1998 que propició la creación de un gobierno autónomo en Irlanda del norte.
1:56b; *ilustración* 1:56b.

ADAMS, HENRY (1838-1918). Historiador estadounidense. Profesor de historia medieval en Harvard entre 1870 y 1877, llevó a cabo profundas investigaciones sobre la historia de su país que culminaron con la publicación de la voluminosa *Historia de los Estados Unidos de América* (1889-1891). En 1918 apareció *La educación de Henry Adams,* obra notable del género autobiográfico.

ADAMS, JOHN (1735-1826). Segundo presidente de los Estados Unidos. Sucesor de George Washington, ejerció su mandato de 1797 a 1801.
1:57a; Adams, Samuel 1:57b; Independencia de los Estados Unidos 8:149b; Jefferson, Thomas 8:360a; Washington, George 14:354a.

ADAMS, JOHN COUCH (1819-1892). Astrónomo y matemático británico. Al igual que Urbain-Joseph Le Verrier, dedujo matemáticamente la existencia de Neptuno.
Neptuno (astronomía) 10:381a.

ADAMS, JOHN QUINCY (1767-1848). Presidente de los Estados Unidos entre 1825 y 1829. Fue un ferviente partidario de la abolición de la esclavitud. Anteriormente a su elección como presidente, desempeñó el cargo de secretario de estado (ministro de relaciones exteriores) en el gobierno de James Monroe. Fue uno de los autores de la doctrina Monroe, expresada por primera vez en 1823.

ADAMS, SAMUEL (1722-1803). Político estadounidense. Sus escritos en diversos periódicos y la fundación de sociedades populares contribuyeron a promover la causa de la independencia.
1:57b; Adams, John 1:57a.

ADÁN, JUAN (1741-1816). Escultor español. Fue académico de la Escuela de Bellas Artes de San Fernando y director de estudios de la Academia de Roma. Entre sus obras cabe citar una estatua ecuestre de Carlos IV (monasterio de El Escorial), el tabernáculo de la catedral de Jaén y los retablos del Pilar y de san Miguel en la catedral de Granada.

ADÁN, MARTÍN (1908-1985). Seudónimo del escritor peruano Rafael de la Fuente Benavides. Autor preferentemente de poesía, género del que fue premio nacional en 1946 y 1961. Premio nacional de literatura en 1975. *La casa de cartón* (1928), *La piedra absoluta* (1966), *De lo barroco en el Perú* (1968).

ADÁN, MONTE. Pico del sudoeste de Sri Lanka, en la frontera de las prov. Central y de Sabaragamuwa. Lugar santo para los budistas, musulmanes e hindúes, recibe la visita de numerosos peregrinos todos los años. 2.243 m.

ADANA. Ciudad de Turquía, cap. de la prov. homónima en la fértil llanura de Cilicia, en el sur del país. Monumentos históricos de la antigüedad. Universidad. Industrias algodonera, textil; cemento, maquinaria agrícola; tabaco, aceite. 1.041.509 hab. (1997).

ADANSON, MICHEL (1727-1806). Explorador y botánico francés. Realizó varios viajes por Senegal, en el curso de los cuales describió por vez primera, entre otras muchas especies, el baobab y la acacia de la goma.
1:58a.

ADÁN Y EVA. Según el Génesis, primeros miembros de la humanidad.
1:57b; *ilustración* 1:57b.

ADAPA. Héroe de la mitología babilónica. Por consejo del dios Ea, rechazó el pan y el agua de la vida eterna ofrecidos por el dios Anu. De esta forma perdió, sin saberlo, el privilegio de la inmortalidad.

ADAPTACIÓN. Proceso selectivo que capacita a un organismo viviente para desarrollar con éxito sus funciones en un ambiente determinado. Implica no sólo cambios morfológicos y fisiológicos, sino también modificaciones de conducta y de otros tipos.
Evolución 6:209b; Frustración 6:415b; Hibernación 7:391a; Migraciones humanas 10:160a; Mimetismo 10:170b; Personalidad 11:355a.

ADAPTADOR. Aparato utilizado para unir o conectar elementos dispares de una instalación. Frecuentemente empleado en la conexión de enchufes eléctricos dotados de distintas entradas o en la de equipos con voltaje distinto al de la red pública.

ADARME. Medida de peso utilizada antiguamente en algunos lugares de España y sus colonias, cuya equivalencia, variable, era del orden de 1,8 g.

ADDAMS, JANE (1860-1935). Socióloga estadounidense. Fundadora de la institución Hull House, dedicada a la atención y formación de las clases sociales necesitadas. En 1931 le fue concedido el Premio Nobel de la paz, compartido con Nicholas Murray Butler.

ADDIS ABEBA. Capital de Etiopía, en el centro geográfico del país. 2.112.737 hab. (1994).
1:58b; Etiopía 6:181a; *ilustración* 1:58b.

ADDIS ABEBA, TRATADO DE. Acuerdo firmado en 1896 entre Abisinia (Etiopía) e Italia, por el que se puso fin a la ocupación italiana y a sus pretensiones de convertir el país en un protectorado, reconociéndose en contrapartida las colonias italianas de Eritrea y Somalia.

ADDISON, ENFERMEDAD DE. Disfunción metabólica causada por la atrofia progresiva de la corteza de las glándulas suprarrenales. Sus síntomas más frecuentes son pérdida de peso, astenia (debilidad) profunda, hipotensión arterial, coloración bronceada de la piel y moteado de las mucosas, originados por una insuficiencia suprarrenal de naturaleza generalmente tuberculosa o por una reacción autoinmune.
Endocrinología 5:408b.

ADDISON, JOSEPH (1672-1719). Poeta, cronista y político británico. Junto con su compatriota Richard Steele, fundó las revistas *The Tatler* (1709) y *The Spectator* (1711), consideradas como las pioneras del periodismo moderno. Miembro del partido *whig*, desempeñó importantes cargos políticos, llegando a ser secretario de estado (1717). Autor del poema *La campaña* (1705) y de la tragedia *Catón* (1713).
Steele, Richard 13:318a.

ADDISON, THOMAS (1793-1860). Médico británico. Describió la insuficiencia o hipofunción de las glándulas suprarrenales. *Efectos constitucionales y locales de la enfermedad de las cápsulas renales* (1855).

ADELAIDA. Ciudad de Australia, cap. del est. de Australia Meridional, a orillas del río Torrens cerca de su desembocadura en el golfo de Saint Vincent. Universidad (1874), museo de historia natural. Refinerías de petróleo, maquinaria, productos químicos y textiles. Productos alimenticios. Puerto Adelaida, a 12 km, da salida a la producción agropecuaria del bajo Murray. 1.081.000 hab. (1995).
Australia 2:218a.

ADELAIDA DE BORGOÑA (931-999). Reina de Italia y emperatriz del Sacro Imperio Romano germánico. Tras enviudar de su primer esposo, Lotario II de Italia, contrajo matrimonio con Otón I el Grande, coronado emperador en el 962. A la muerte de su hijo Otón II, ejerció la regencia de su nieto, Otón III, entre el 991 y el 994. Fue canonizada por la Iglesia Católica.

ADELANTADO. Cargo administrativo establecido en el siglo XIII por los monarcas españoles para sus territorios peninsulares y que posteriormente se trasladó a las posesiones americanas. De designación real, los adelantados mantenían potestad en cuestiones políticas y jurídicas. El cargo fue sustituido por los de los virreyes y oidores.

ADELFA. Planta arbustiva de la familia de las apocináceas (*Nerium oleander*). Dicotiledónea. Hoja perenne y lanceolada. Propia de la región mediterránea, se cultiva con profusión como planta ornamental. Tóxica.

ADÉN. Ciudad y puerto de la República de Yemen. Capital económica del país, a orillas del golfo de Adén. Aeropuerto internacional, universidad. Refinería de petróleo. Industria ligera, astilleros, salinas. Centro comercial y puerto de aprovisionamiento de combustibles para la navegación. 562.000 hab. (1995).
Yemen, República de 14:382b.

ADÉN, GOLFO DE. Profunda bahía que une el mar Rojo y el Arábigo, frente a Yemen, entre las costas de Arabia y el «cuerno de África». Cubre una superficie de 530.000 km^2 y tiene una longitud de 1.480 km.
Somalia 13:298b; Yemen, República de 14:381a.

ADENAUER, KONRAD (1876-1967). Primer canciller de la República Federal de Alemania de 1949 a 1963. Dirigió la reconstrucción del país tras la segunda guerra mundial.
1:59a; Alemania 1:194b; *ilustración* 1:59a.

ADENINA. Compuesto orgánico del grupo de la purina, presente en muchas sustancias de gran importancia biológica como son los ácidos nucleicos. Fue descubierta en 1885 por Albrecht Kossel.
Nucleicos, ácidos 11:30b.

ADENOCARCINOMA. Cáncer maligno que se desarrolla a partir de un epitelio glandular.

ADENOMA. Tumor, generalmente benigno, que se desarrolla por proliferación regular de un epitelio glandular normal.

ADENOPATÍA. Inflamación difusa de los ganglios linfáticos provocada por diversas enfermedades tales como la mononucleosis infecciosa, la leucemia crónica o la enfermedad de Hodgkin.

ADENOSINTRIFOSFATO. V. **ATP.**

ADENOVIRUS. Grupo de virus de la familia *Adenoviridae*, formado por diversos tipos y responsable en el hombre y el animal de diversas enfermedades (resfriados, faringitis, conjuntivitis, bronconeumopatías, etc.). Estos microorganismos se caracterizan por tener núcleos de ADN envueltos en proteína. Se desarrollan dentro del núcleo de las células infectadas.
Terapia génica 14:27b; Virus (medicina) 14:329a.

ADEODATO I (m. en el 618). Papa del año 615 hasta el 618. De su corto pontificado destaca el notable recorte efectuado en los privilegios de que disfrutaban los monjes de la época. Fue canonizado. Se le conoce también como Deodato o Diosdado.

ADEODATO II (m. en el 676). Papa del año 672 al 676. Luchó denodadamente contra la herejía monotelita, que adjudicaba a Cristo una sola voluntad y una sola energía, condenada finalmente en el concilio de Constantinopla (680). Fue el primero en utilizar la fórmula «salud y bendición apostólica». Se le conoce también como Deodato.

ADER, CLÉMENT (1841-1926). Ingeniero francés, precursor de la aeronáutica. Primero en construir una máquina capaz de elevarse en el aire, fracasó en su intento de diseñar un aeroplano.

ADH. Vasopresina u hormona antidiurética. Hormona de la hipófisis anterior que frena la diuresis (producción excesiva de orina).
Diabetes 5:161a; Hormona 8:71b.

ADHERBAL (siglo II a.C.). Rey de Numidia. Reinó entre los años 118 y 112 a.C. Hijo de Micipsa, accedió al trono a la muerte de éste junto a Hiempsal y Yugurta, quien quedaría solo en el poder al mandar asesinar a sus dos oponentes.

ADHERENCIA. Fuerza que tiende a unir las superficies de dos materiales distintos, puestos en contacto, debido a la atracción molecular.

ADHESIVO. Sustancia que se emplea para pegar objetos. Materiales adhesivos de frecuente uso son las colas, las lacas y las resinas.
1:59b.

ADIABÁTICO. Proceso termodinámico en el que no hay intercambio de calor entre un medio y su entorno.

ADIAFORISMO. Teoría protestante del siglo XVI que tomaba su base teórica de la obra de Philipp Melanchton, *Ínterim de Leipzig*. Negaba la existencia de falta en el incumplimiento de algunos sacramentos.

ADICIÓN (FARMACOLOGÍA). Fenómeno farmacológico por el que una dosis ajustada de un fármaco suplanta o amortigua los efectos nocivos de un segundo al suministrarse simultáneamente a un mismo receptor.

ADICIÓN (MATEMÁTICAS). Operación aritmética o algebraica que consiste en reunir dos o más elementos. También se denomina suma.
Aritmética 2:73b.

ADIGIO, RÍO. Curso fluvial de Italia. Nace de dos lagos alpinos más abajo del paso de Resia. Tras atravesar los valles de Venosta y Lagarina y las tierras bajas del Po, desemboca en el mar Adriático. 410 km.

ADIPOSIS. Exceso de grasa en el tejido celular. Puede estar localizada, en forma de lipomas o agregaciones tumorales de lípidos de carácter benigno, o generalizada, como soporte patológico de la obesidad.
Obesidad 11:61a.

ADITIVO. Sustancia química añadida a otra para mejorar características tales como el color, sabor, textura, valor nutritivo, frescura, etc. La industria química produce aditivos en gran cantidad, los cuales se utilizan como aromatizantes, edulcorantes, antioxidantes, estabilizantes, etc.
Alimentaria, industria 1:230b.

ADIVINACIÓN. Conjunto de prácticas rituales encaminadas a predecir el futuro.
1:60a; Astrología 2:165b; Ocultismo 11:76b; Profeta 12:160b; *cuadro* 1:60a; *ilustraciones* 1:60; 1:61b.

ADJETIVO. Parte de la oración que acompaña al nombre sustantivo atribuyéndole una cualidad o determinándolo. Los adjetivos pueden ser atributivos, unidos al nombre, y predicativos, unidos por un verbo copulativo. También se clasifican en calificativos, aquellos que señalan una cualidad del sustantivo, y determinativos, los que limitan su extensión. Éstos, a su vez, pueden ser numerales, posesivos, demostrativos, interrogativos, exclamativos e indefinidos.

ADLER, ALFRED (1870-1937). Médico y psicoanalista austriaco. Creador del concepto de complejo de inferioridad.
1:61b; Freud, Sigmund 6:410a; Psicoanálisis 12:173a.

ADLER, DANKMAR (1844-1900). Arquitecto alemán. Emigrado de Europa, perteneció a la escuela de Chicago, ciudad en la que trabajó con Louis Henry Sullivan, del que fue socio desde 1881 hasta 1895. Obras de la firma Adler & Sullivan fueron el Auditorium Building de Chicago (1886-1889) y el Guaranty Trust Building de Buffalo (1894-1895).

ADLER, GUIDO (1855-1941). Musicólogo y profesor nacido en Moravia, imperio austriaco. Uno de los fundadores de la musicología moderna. Director de varias publicaciones musicales, entre ellas el *Handbuch der Musikgeschichte*.

ADLER, MORTIMER (n. en 1902). Filósofo y pedagogo estadounidense. Propugnó la educación a través del conocimiento de las obras maestras de la cultura occidental. *Grandes libros del mundo occidental* (1952) en 54 volúmenes; *El tiempo de nuestra vida* (1970).

ADLER, VICTOR (1852-1918). Político austriaco. Fundó y dirigió largo tiempo el Partido Social Democrático de su país. Defendió la unificación de Austria con Alemania.

ADMETO. Personaje mitológico griego. Uno de los argonautas, rey de Feras, en Tesalia. Con ayuda de Apolo y de Heracles (Hércules) consiguió casarse con Alcestes, quien ofreció su vida a las moiras a cambio de la inmortalidad de su marido. Heracles la salvó, tras singular combate con la muerte, según la versión de Eurípides en su obra *Alcestes*.

ADMINISTRACIÓN DE BASES DE DATOS. Conjunto de procedimientos, técnicas y programas destinados al mantenimiento y explotación de los datos dentro de un sistema de información.
1:62a; Censo 4:73b; Computadora 4:310b; Proceso de datos 12:156b; *cuadro* 1:63b; *ilustraciones* 1:62a; 1:63b.

ADMINISTRACIÓN DE EMPRESAS. Actividad encaminada a conseguir la buena marcha de las empresas en sus distintas funciones: planificación, control interno, contabilidad, finanzas, dirección, etc.
1:64a; Empresa 5:398a; Presupuesto 12:136a; *cuadro* 1:65; *ilustraciones* 1:64a; 1:67b.

ADMINISTRACIÓN PÚBLICA. Actividad destinada a ordenar y dirigir el funcionamiento de las instituciones del estado. Se denomina con el mismo nombre el conjunto de organismos encargados de la gestión de los intereses públicos.
1:70a; Burocracia 3:231a; Censo 4:73b; Correo 4:396a; Empresa 5:397b; Finanzas públicas 6:299a; Planificación económica 12:17a; Presupuesto 12:136a; *ilustraciones* 1:69; 1:70a; 1:71; 1:72a.

ADMITANCIA. Medida de la facilidad con que la corriente eléctrica circula por un circuito. Inversa de la impedancia. La admitancia es en una corriente alterna lo que la conductancia en una corriente continua. Se mide en siemens o mhos.

ADN. Ácido desoxirribonucleico, molécula de elevado peso molecular constituida por desoxirribosa (un azúcar de cinco átomos de carbono), ácido fosfórico y cuatro bases nitrogenadas (dos pirimidínicas, la citosina y la timina, y dos púricas, la adenina y la guanina) que configuran el código genético de los organismos vivos, base de la herencia biológica.
Biofísica 3:29a; Biología 3:34b; Biología molecular 3:40b; Bioquímica 3:48a; Biosíntesis 3:53a; Biotecnología 3:54a; Célula 4:68a; Cromosoma 5:29a; Eugenesia 6:189a; Evolución 6:209b; Genética 7:74b; Genoma 7:78b; Huella génica 8.83a; Ingeniería genética 8:210a; Nucleicos, ácidos 11:31a; Prótidos 12:169a; Reproducción 12:336a; Terapia génica 14:28a.

ADOBE. Masa de barro, mezclada a veces con paja o moldeada en forma de ladrillo y secada al aire, que se emplea en la edificación de paredes y en construcciones sencillas.
Casa 4:6b.

ADOLESCENCIA. Período de la evolución del hombre comprendido entre la infancia y la edad adulta.
1:72b; Anorexia nerviosa 1:374a; Delincuencia 5:117b; Depresión 5:234b; Drogas de diseño 5:244b; Homosexualidad 8:55a; Infancia 8:191a; Pubertad 12:185b; *ilustración* 1:73b.

ADOLFO DE NASSAU (1250-1298). Rey germano de 1292 a 1298. Fue depuesto por sus oponentes en favor de Alberto I de Habsburgo. Murió luchando contra éste en la batalla de Maguncia.

ADOLFO FEDERICO DE SUECIA (1710-1771). Rey de Suecia de 1751 a 1771, sucesor de Federico I. Aunque alemán de nacimiento, fue nombrado heredero de la corona sueca en 1743 y rey en 1751. Casó con Luisa Ulrica, hermana de Federico II de Prusia. En la guerra de los siete años luchó contra su cuñado, aliándose con los franceses.

ADONÍAS. Según el Libro de Samuel, cuarto de los hijos del rey David. Nacido en Hebrón, intrigó contra su hermano Salomón para arrebatarle el trono de David, pero no lo consiguió y perdió la vida en el empeño.

ADONIAS FILHO (1915-1990). Novelista brasileño. Aunque cultivó otros géneros, su popularidad se debe a sus narraciones que tienen como escenario el nordeste rural de su país. *Los siervos de la muerte* (1946), *El fuerte* (1965), *Cuerpo vivo* (1962).

ADONIS. Según la mitología griega, joven cazador amado por Perséfone y por Afrodita. Personificación de la belleza masculina.
1:74a; Afrodita 1:100a; Siria y Palestina, religiones de 13:264a; *ilustración* 1:74a.

ADOPCIÓN. Figura jurídica por la que se toma como hijo a alguien que no lo es naturalmente, concediéndole los derechos y privilegios de una situación de filiación.
1:74b; Familia 6:226a.

ADOPCIONISMO. Herejía inspirada en la nestoriana, que surgió en el siglo IV y se extendió en España por influencia de Elipando, arzobispo de Toledo, y Félix, obispo de Urgel. Los adopcionistas mantenían que Cristo no era Dios por su propia naturaleza, sino que había sido adoptado por éste en el momento de su bautismo. Esta herejía dio lugar a varios sínodos, convocados por Carlomagno, y fue finalmente condenada por la Iglesia Católica.
Trinidad 14:131b.

ADORACIÓN DEL CORDERO. Políptico realizado por los hermanos Hubert y Jan van Eyck en 1432 y conservado en la catedral de San Bavón, en Gante, Bélgica. Es una de las cumbres de la pintura flamenca del siglo XV.

ADORMIDERA. Planta herbácea de la familia de las papaveráceas (*Papaver somniferum*), emparentada con la amapola. Dicotiledónea. De su fruto encapsulado se obtiene, por incisiones, el opio.
Amapola 1:260a; Angiospermas 1:356a; Toxicología 14:103b; *ilustración* 14:103b.

ADORNO, THEODOR WIESENGRUND (1903-1969). Filósofo, sociólogo y musicólogo alemán. Fue uno de los guías de la escuela de Francfort. Su pensamiento, de extracción marxista y con influencias existencialista y freudiana, ofreció una crítica de la sociedad del siglo XX en la que encontró nuevas formas de esclavización. *Crítica de la cultura y la sociedad* (1955), *Dialéctica negativa* (1966).
Francfort, escuela de 6:382a.

ADOUM, JORGE ENRIQUE (n. en 1923). Escritor y poeta ecuatoriano. Militante del Partido Comunista chileno, trabajó como secretario personal de Pablo Neruda. *Ecuador amargo* (1949), *Dios trajo la sombra* (1960).

ADP. Difosfato de adenosina. Nucleótido fosforilado resultante de la hidrólisis del ATP. Interviene en el metabolismo energético celular.

ADRASTO. Según la mitología griega, rey de Argos, hijo de Tálao y nieto de Biante. Emprendió dos expediciones contra Tebas, la primera conocida como la campaña de los siete jefes; una vez tomada la ciudad y ya de regreso a Argos, murió en Mégara.

ADRENALINA. Hormona secretada por la sustancia medular de la glándula suprarrenal. Es simpaticomimética, lo que significa que su acción reproduce los efectos de la excitación del sistema simpático o adrenérgico.
Endocrino, sistema 5:407a; Hormona 8:72a.

ADRET, SALOMÓN BEN ABRAHAM (1235-1310). Rabino judeoespañol radicado en Barcelona. Sus *responsa* (resoluciones jurídico-religiosas) influyeron en el desarrollo del sistema legal judío. Prohibió el estudio de la ciencia o la filosofía a los judíos menores de 25 años.

ADRIAN, EDGARD DOUGLAS (1889-1977). Médico británico. Recibió, junto con Charles Sherrington, el Premio Nobel en 1932 por sus trabajos sobre la fisiología del sistema nervioso y el funcionamiento de las neuronas. *El mecanismo de la acción nerviosa* (1932).

ADRIANO (76-138). Publio Elio Adriano, emperador romano, que gobernó del 117 al 138; sobrino y sucesor de Trajano, su política de pacificación consolidó la unidad del imperio.
Marco Aurelio 9:355b; Palestina 11:229b; Suetonio 13:351b.

ADRIANO I (m. en el 795). Papa del año 772 al 795. Fue coetáneo de Carlomagno, con quien se alió para enfrentarse a los lombardos asentados en Italia, que amenazaban la independencia de la iglesia. A los dos años de su acceso al pontificado recibió del futuro emperador la confirmación del dominio de sus territorios, lo que dio origen al poder terrenal del papado y constituyó el núcleo inicial de lo que posteriormente habrían de ser los Estados Pontificios.
1:75a; *ilustración* 1:75b.

ADRIANO II (792-872). Papa del año 867 al 872. Durante su pontificado aprobó el uso de la lengua eslava en la liturgia, propuesto por Cirilo y Metodio. Su gestión terrenal tuvo que someterse al estrecho control de Arsenio, obispo de Orta, quien seguía las órdenes del emperador Luis II.

ADRIANO III (m. en el 885). Papa del 884 al 885. Pese a la escasa duración de su pontificado, mereció la canonización (2 de junio de 1891) por sus notables virtudes cristianas, especialmente durante la hambruna acaecida en Roma durante su papado.

ADRIANO IV (h. 1100-1159). Papa de 1154 a 1159. De nombre Nicholas Breakspear, es el único inglés en la historia del pontificado. Se enfrentó a Federico Barbarroja y a los gibelinos y condenó a muerte (1155) a Arnaldo de Brescia, el cual, con su política revolucionaria en Roma, intentaba el restablecimiento de la república. Con la bula *Laudabiliter* justificó la anexión de Irlanda (1171) por Enrique II de Inglaterra.

ADRIANO V (m. en 1276). Papa del 11 de julio al 18 de agosto de 1276. De nombre Ottobono Fieschi, revocó los estrictos reglamentos para cónclaves establecidos por Gregorio X.

ADRIANO VI (1459-1523). Papa de 1522 a 1523. De nombre Adrian Florensz Boeyens, es el único holandés en la sucesión pontificia. Último papa no italiano hasta Juan Pablo II.
1:75b; Comunidades, sublevación de las 4:317a; *ilustración* 1:75b.

ADRIANO, MURO DE. Muralla construida para proteger la frontera septentrional de la provincia romana de Britania, entre la desembocadura del Tyne y el golfo de Solway. Tenía una longitud de 118 km y una altura de 6 m. Parcialmente destruida en dos ocasiones, se conserva una parte importante.

ADRIANÓPOLIS. V. **Edirne.**

ADRIANÓPOLIS, BATALLA DE. Combate que tuvo lugar el año 378 en las proximidades de la moderna ciudad turca de Edirne, y en la que los visigodos vencieron a las tropas del augusto Valente, coemperador romano en oriente, que murió en el campo de batalla.

ADRIANÓPOLIS, TRATADO DE. V. **Edirne, Tratado de.**

ADRIÁTICO, MAR. Brazo del mar Mediterráneo, entre las penínsulas italiana y balcánica. El estrecho de Otranto lo comunica con el mar Jónico.
1:76a; Mediterráneo, mar 10:37b.

ADSORBATO. Conjunto de partículas que en el proceso de adsorción son retenidas en la superficie adsorbente.
Adsorción 1:76b.

ADSORBENTE. Superficie sólida que en el proceso de adsorción retiene las partículas del fluido.
Absorción 1:76b.

ADSORCIÓN. Fenómeno molecular por el que los cuerpos sólidos atraen las partículas de un fluido a su superficie y las mantienen temporalmente integradas en su estructura interna.
1:76b; *ilustración* 1:77a.

ADSTRATO. Lengua cuyo territorio es contiguo al de otra sobre la que influye; por extensión, cualquier lengua que influye sobre otra.

ADUANA. Oficina o institución gubernamental encargada del control de las mercancías que atraviesan las fronteras de un país, tanto para el pago de los impuestos aduaneros como para la represión del contrabando.

ADUANERO, EL. V. **Rousseau, Henri.**

ADULARIA. Variedad del feldespato ortosa. Color blanco y brillo nacarado. La piedra de luna es su variedad más importante. Abunda en los Alpes.

ADULTERACIÓN. Disminución de la calidad de un producto mediante el añadido de ingredientes no genuinos o la sustitución de ingredientes por otros de menor calidad.

ADULTERIO. Relación sexual de una pareja en la que alguno de sus miembros, o ambos, está unido por vínculo matrimonial con otra persona. Su regulación por los códigos penales es variable según los países; en algunos es punible, mientras que en otros sólo constituye motivo de separación o divorcio.
Matrimonio y divorcio 9:418b.

ADULTOS, EDUCACIÓN DE. Enseñanza impartida a personas que están fuera de la edad escolar tradicional. Abarca desde la alfabetización hasta el perfeccionamiento, generalmente técnico, de la enseñanza recibida en la juventud.
Alfabetización 1:201a; Educación 5:316b.

ADVAITA. Escuela filosófica de la India. Constituye una de las tres corrientes de la filosofía del Vedanta. Representada por el pensador hindú Sankara (h. el 700-750). Establece la identidad entre lo absoluto y lo relativo.

ADVECCIÓN. Conducción del calor realizada según planos horizontales por medio del viento y de las masas de aire de la atmósfera.

ADVENTISMO. Doctrina protestante surgida en los Estados Unidos en el siglo XIX y fundada por William Miller.
1:77b.

ADVERBIO. Parte invariable de la oración. Acompaña al verbo, al sustantivo, al adjetivo o a otro adverbio y crea un cuadro circunstancial de modo, lugar, tiempo, cantidad, afirmación, negación, duda, interrogación, etc.

ADVERSATIVA, CONJUNCIÓN. Parte invariable de la oración que denota oposición o contrariedad. En castellano son conjunciones adversativas, «pero», «empero», «aunque», «sino», «mas».

ADVIENTO. En el calendario cristiano, tiempo litúrgico de ascetismo y penitencia previo a la Navidad. Su objetivo es preparar a los cristianos para la llegada de Jesucristo al mundo y tiene una duración aproximada de cuatro semanas a partir del primer domingo después del 26 de noviembre.

ADY, ENDRE (1877-1919). Poeta lírico húngaro, uno de los más eminentes de su país.
1:77b; Húngara, literatura 8:100a.

ADYACENTES, ÁNGULOS. Ángulos que comparten una de las semirrectas que los forman.

ADZHARIA. República de Georgia. Perteneció al imperio turco otomano desde el siglo XVIII hasta 1878; pasó después a Rusia y a la Unión Soviética hasta 1991. Agricultura, industrias diversas. Cap. Batumi. 3.000 km^2. 516.600 hab. (1993).

AECHMEA. Planta herbácea epífita de la familia de las bromeliáceas. Monocotiledónea. Comprende diversas especies originarias de Sudamérica, algunas de ellas muy utilizadas como ornamentales en jardinería.

AECIO, FLAVIO (m. en el 454). General romano de gran influencia en todo el imperio durante el gobierno de Valentiniano III. Combatió a burgundios y francos y participó en la derrota de Atila en los campos Cataláunicos (451).

AEDES. Mosquito díptero perteneciente a la familia de los culícidos. Escamoso, con palpos (antenas) cortos en las hembras y más largos en los machos. Algunas de sus especies (*Aedes aegypti, Aedes africanus,* etc.) transmiten la fiebre amarilla y la filariasis.

AEDO. En la Grecia prehomérica, poeta o cantor épico.

AEKEN, HIËRONYMUS VAN (O JEROEN VAN). V. **Bosco, el.**

AELFRICO (h. el 955-h. el 1010). Monje anglosajón. Considerado el escritor en prosa más importante de su época. Autor de dos volúmenes de homilías (990-992), una gramática latina (que le valió el sobrenombre de *Grammaticus)* y otras obras.

AERACIÓN. Procedimiento que elimina los malos olores del agua por introducción de aire mediante un sistema de surtidores.

AÉREA, PERSPECTIVA. En bellas artes, tratamiento de las imágenes por variaciones cromáticas en función de su mayor o menor proximidad con respecto al espectador; cuanto más lejos se halla un objeto, más tenues son los contrastes tonales y más azulado se percibe el mismo.
Perspectiva 11:356a.

AERÓBICOS, EJERCICIOS. Técnica gimnástica consistente en la realización de ejercicios físicos acompañados de un fondo musical que define su ritmo. Utilizada como medio de mantenimiento corporal y realizada normalmente en grupo. Se designa usualmente con el término inglés *aerobics.*

AEROBIOSIS. Tipo de vida que se desarrolla en una atmósfera oxigenada.

AERODESLIZADOR. Vehículo acuático o terrestre que se desplaza impulsado por propulsores convencionales, de hélice o a reacción, deslizándose sobre un colchón de aire formado por inyectores situados en su parte inferior.
Anfibios, vehículos 1:35a.

AERODINÁMICA. Especialidad de la física dinámica que estudia la relación entre los gases y los cuerpos inmersos en ellos.
1:78a; Astronáutica 2:173a; Avión 2:265b; Helicóptero 7:354a; Mecánica de fluidos 10:19a; *ilustraciones* 1:78; 1:79a-b.

AERODINÁMICO, DISEÑO. Forma dada a vehículos terrestres, aéreos o marítimos con la finalidad de que presenten la mínima resistencia al medio por el que se desplazan.
Dirigible 5:202b; Motocicleta 10:277a.

AERODISTORSIÓN. Deformación que sufren las estructuras de los aviones sometidos a grandes velocidades.

AERÓDROMO. Instalaciones para el aterrizaje, el despegue y el mantenimiento de aviones, en especial los de tamaño pequeño.
Aeropuerto 1:83a.

AEROFAGIA. Deglución de aire, voluntaria o no, que sobreviene cuando se traga saliva sin alimentos. Puede llegar a ser patológica cuando provoca eructos o dilatación del estómago.

AEROFOTOMETRÍA. Sistema de medición de superficies terrestres por medio de la fotografía aérea. Se utiliza en cartografía.

AEROLITO. Masa sólida que penetra en la atmósfera terrestre procedente del espacio exterior. Generalmente se volatiliza antes de alcanzar la superficie terrestre y produce una estela luminosa. Se llama también meteorito o estrella fugaz.
Geología 7:93b; Meteorito 10:105a.

AEROLOGÍA. Disciplina de la física que comprende el estudio del aire y sus propiedades. Basada en modelos de la dinámica de fluidos, se comprueba experimentalmente por medio del análisis de las capas altas de la atmósfera, apenas sometidas a la atracción de la corteza terrestre. Muy útil en aplicaciones aerotécnicas y meteorológicas.

AERÓMETRO. Instrumento de física empleado en la medición de la densidad de los gases, especialmente del aire atmosférico.

AEROMODELISMO. Actividad consistente en la creación de aviones de pequeñas dimensiones. Por medio de un sistema de control remoto, tales artefactos pueden maniobrar en el aire y realizar largos vuelos. Impulsados generalmente por motores de explosión, reproducen modelos reales.
Aviación 2:260a.

AERONÁUTICA. Ciencia que estudia la navegación aérea.
1:79b; Aviación 2:258b; Avión 2:269b; Control remoto 4:366a; Dirigible 5:202b; Globo 7:145a; Ingeniería 8:208a; Planeador 12:14b; Retropropulsión 12:354a; Robot 12:396a; Telemetría 14:2b; Transporte 14:116a; Wright, Wilbur y Orville 14:373a; *ilustraciones* 1:80a; 1:81b.

AERONOMÍA. Estudio científico que se dedica a la investigación de la atmósfera en los niveles medio y superior. Iniciado en la década de 1930, entre sus más destacados especialistas destacó S. Chapman, quien introdujo el término en 1951.

AEROPLANCTON. V. **Plancton aéreo.**

AEROPLANO. V. **Avión** (AERONÁUTICA).

AEROPUERTO. Conjunto de instalaciones para el aterrizaje, despegue y mantenimiento de aviones. En los aeropuertos, en contraste con los aeródromos, se da servicio a aviones de todas las dimensiones.
1:82b; Aviación 2:259b; Radar 12:242a; *ilustraciones* 1:83a-b.

AEROSOL. Suspensión en el aire de un producto finamente pulverizado. Es una dispersión coloidal instantánea cuya fase dispersa es un sólido o líquido y cuyo medio dispersor es un gas.
Meteorología 10:108a.

AEROSTACIÓN. Conjunto de técnicas de diseño, construcción y manipulación de aparatos de vuelo alimentados por gases más ligeros que el aire. Iniciadas a finales del siglo XVIII, contemplan complejas técnicas de propulsión y dispositivos estabilizadores y comprenden modelos flexibles, como globos y aerostatos, y rígidos, como los dirigibles.
Globo 7:145a.

AEROTERAPIA. Terapia naturópata que consiste en la exposición del cuerpo desnudo al aire libre. Tiene un efecto relajante y tonificador.

AERTSEN, PIETER (h. 1508-1575). Pintor holandés conocido también como Lange Pier. Autor de obras religiosas («Cristo en casa de Lázaro») y naturalezas muertas («La danza de los huevos»). Destaca especialmente por sus cuadros costumbristas («El regreso de la procesión»), en los que refleja el gusto por el detalle, por lo que se le considera precursor de los realistas del siglo XVII.

AETAS. Indígenas de las montañas de Luzón, Filipinas, de escasa estatura, piel oscura y pelo crespo. Llamados «negritos» por los españoles.

AETES. Personaje mitológico griego, hijo del Sol y de Perseis y padre de Medea. Siendo rey de la Cólquide, prometió a Jasón el vellocino de oro si éste conseguía superar unas difíciles pruebas; pese a la victoria de Jasón, se negó a cumplir lo prometido. Se le conoce también como Eetes.

AFAR. Grupo étnico de Etiopía y Yibuti, país en el que constituye cerca del 40% de la población total. Dedicado al pastoreo, se rige por un estricto código tribal. Enfrentado en Yibuti a la

población isa, en 1958 apoyó la permanencia de la Costa Francesa de los Somalíes en la Comunidad Francesa.
Yibuti (estado) 14:386a.

AFARS E ISAS, TERRITORIO FRANCÉS DE LOS. V. **Yibuti.**

AFASIA. Trastorno del lenguaje consistente en la incapacidad total o parcial para expresar el pensamiento por medio de palabras o para comprender el lenguaje hablado. Puede estar ocasionado por una lesión cerebral o por trastornos emocionales. Los órganos de la audición y de la fonación no presentan alteraciones.
Habla 7:311a.

AFECTIVIDAD. Conjunto de emociones, pasiones, afectos y sentimientos propios de una persona.
1:84a; Anorexia nerviosa 1:374a; Depresión 5:134a; Emoción 5:392b; Infancia 8:190b; Psicología 12:177b.

AFELIO. Punto de la órbita de un planeta en el que éste se encuentra más lejos del Sol. Concepto opuesto al de perihelio.

AFÉRESIS. Metaplasmo o cambio fonético consistente en la supresión de una o más letras al principio de una palabra; como «ora» por «ahora».

AFFLECK, THOMAS (1745-1795). Ebanista estadounidense nacido en Escocia, Gran Bretaña. En 1763 se estableció en Filadelfia donde llegó a ser un claro exponente del estilo Chippendale estadounidense.

AFGANÍ. Moneda de Afganistán, dividida en cien puls.

AFGANISTÁN. País de Asia, fronterizo con Turkmenistán, Uzbekistán, Tadzhikistán, China, Irán y Pakistán. Cap. Kabul. 652.225 km^2. 23.738.000 hab. (1997).
1:84b; Asia 2:150; *mapa* 1:85b; *cuadros* 1:85a; 1:86a; *ilustraciones* 1:84b; 1:86a.

AFGANISTÁN, GUERRAS DE. Enfrentamientos bélicos de 1838 a 1842, 1878 a 1880 y 1919 entre las fuerzas afganas y las británicas. Los conflictos resultaron de los intentos del Reino Unido por ampliar sus dominios de Asia meridional y por detener el avance ruso hacia el sur.

ÁFIDOS. Grupo de insectos homópteros, de aparato bucal chupador, alados o ápteros, conocidos vulgarmente como pulgones. Muchas especies constituyen importantes plagas de las plantas cultivadas, como la filoxera de la vid.

AFIJO. Morfema que se une a la raíz o radical de una palabra (verbo, sustantivo, adjetivo o adverbio) para modificar su función sintáctica o significado o para crear palabras derivadas y compuestas. De acuerdo con la posición que ocupe respecto a la raíz de la palabra se denomina prefijo, infijo o sufijo.

AFINACIÓN (METALURGIA). Operación metalúrgica consistente en eliminar las impurezas del metal para posterior tratamiento. Se denomina también afinado.

AFINACIÓN (MÚSICA). Adecuación del tono de un instrumento musical. En los instrumentos occidentales, la afinación implica el ajuste de su escala en doce semitonos.

AFINADO. V. **Afinación** (METALURGIA).

AFINIDAD. En física, fuerza de atracción que hace que se combinen los átomos para formar moléculas.

AFINIDAD ELECTRÓNICA. Propiedad periódica de los elementos definida como la energía liberada cuando se añade un electrón a un átomo para formar un ion.

AFIRMATIVA, ACCIÓN. En el derecho de los Estados Unidos, medidas tomadas para favorecer a determinados grupos sociales o raciales en compensación por antiguas discriminaciones. El procedimiento fue iniciado por el Estatuto de los Derechos Civiles de 1964.

AFLAQ, MICHEL (1910-1989). Político sirio que fundó el partido Baat (Ba'ath o Ba'th). Este nombre indica el propósito de lograr el renacimiento o resurrección de la nación árabe integrando a todos los pueblos de esta cultura en un solo estado de orientación socialista. Aunque el partido alcanzó el poder en Siria e Irak, las divergencias internas frustraron su propósito.

AFL-CIO. Federación Estadounidense del Trabajo y Congreso de las Organizaciones Industriales (American Federation of Labour and Congress of Industrial Organizations). Organización sindical formada por fusión en 1955.
Estados Unidos 6:143a.

AFLUENTE. Corriente fluvial que desemboca en otro río, considerado como principal, y al que suministra caudal. El lugar en que ambos ríos coinciden se denomina confluencia. El afluente puede mantener cursos de agua subsidiarios, denominados subafluentes.
Río 12:376a.

AFORISMO. Máxima breve que resume las conclusiones de cualquier meditación, generalmente de orden moral o filosófico.

AFORO. En ingeniería hidráulica, medición de gastos o caudales de corrientes de agua. Éstos son iguales al producto de la sección del conducto por la velocidad media del agua.

AFRANCESADOS. Nombre dado a los españoles que apoyaron a José Bonaparte. El deseo de evitar la guerra contra Napoleón y de introducir reformas liberales moderadas dentro de los principios de la Ilustración, los movió a apoyar al rey impuesto. Los afrancesados se exiliaron en Francia cuando Bonaparte se vio forzado a abandonar España (1813).
Moratín, Leandro Fernández de 10:260b.

AFRANIO NEPOTE, LUCIO (m. en el 46 a.C.). General romano, lugarteniente de Pompeyo en España. Durante la guerra entre Julio César y Pompeyo intervino en la batalla de Farsalia en el 48 a.C. Fue derrotado por César en Ilerda (posterior Lérida) y capturado y condenado a muerte en la batalla de Thapso.

ÁFRICA. Continente situado al sur de Europa y al sudoeste de Asia. Tercero en extensión. 30.217.894 km^2. 683.021.000 hab. (1994).
1:87a; Africanas, lenguas 1:95a; Africanos, pueblos 1:96b; Colonialismo 4:281b; Continente 4:360b; Estepa 6:153b; Etiopía 6:180a; Exploraciones geográficas 6:215b; Guerra mundial, segunda 7:275b; *mapas* 1:88; 1:89b; 1:90a; 1:91b; 1:92a; 1:93b; *cuadros* 1:89b; 1:94; *ilustraciones* 1:87b; 1:90a-b; 1:92b; 1:93a; 1:94a.

AFRICADA, CONSONANTE. Sonido cuya articulación consiste en una oclusión (del canal vocal) y una fricación (estrechamiento del canal) formadas rápida y sucesivamente entre los mismos órganos, como la *ch* en leche.

ÁFRICA DEL SUDOESTE. V. **Namibia.**

ÁFRICA ECUATORIAL FRANCESA. Federación de los territorios de Gabón, Congo Medio, Ubangui-Chari y Chad, cuya capital estaba en Brazzaville. Fue fundada en 1910. En 1941, tras la elección de Félix Eboné como gobernador general, comenzó un proceso que culminó en 1956-1958 con la formación de cuatro repúblicas independientes.
Congo, República del 4:334b; Chad 4:101a; Gabón 7:13a.

AFRICANA, ASOCIACIÓN INTERNACIONAL. Sociedad de estudios etnológicos y geográficos fundada en 1876 bajo los auspicios del rey Leopoldo II de Bélgica. Organizó diversas misiones de exploración hasta que el descubrimiento del río Congo por H. M. Stanley en 1877 concentró la atención belga en la cuenca de este curso fluvial.

AFRICANA, COMPAÑÍA REAL. Empresa fundada en 1672 en Inglaterra para comerciar con las factorías del África occidental. Traficaba sobre todo con oro y esclavos. No pudo superar la competencia de otras compañías extranjeras y fue sustituida por la Compañía Africana de Comerciantes, subvencionada por el gobierno británico.

AFRICANA, ORGANIZACIÓN PARA LA UNIDAD. V. **Organización para la Unidad Africana.**

AFRICANAS, LENGUAS. Lenguas habladas en África. Son más de 800.
1:95a; África 1:92a; Lenguas, clasificación de las 9:110b; Negroafricanas, literaturas 10:374b; *cuadro* 1:95b.

AFRICANO, ARTE. Conjunto de manifestaciones artísticas que tienen su origen en el continente africano, especialmente el arte de los pueblos de raza negra.

AFRICANO, ESCUDO. Gran área estable del oriente de África, de relieve bajo compuesto de rocas cristalinas del precámbrico. También se denomina escudo etíope y se extiende hacia el este, fuera del continente africano, para incluir el oeste de Arabia Saudita y la mitad oriental de Madagascar.
África 1:88a.

AFRICANOS, PUEBLOS. Pueblos del continente africano, en particular los del África negra.
1:96b; África 1:91a; Burkina Faso 3:229b; Burundi 3:235a; Camerún 3:303a; Congo, República Democrática del 4:335b; Kenia 9:18b; Negroafricanas, literaturas 10:373a; Níger 10:409a; Nigeria 10:413a; Nubia 11:25a; Primitivo, arte 12:148b; Razas humanas 12:273b; *ilustraciones* 1:97a-b; 1:98a; 1:99a; 12:273b.

ÁFRICA OCCIDENTAL ESPAÑOLA. Agrupación de territorios españoles formada por decreto de 20 de julio de 1946 que comprendía Ifni y el Sahara Español. En 1956 pasó a denominarse Provincia del África Occidental Española y el 10 de enero de 1958 ambos territorios se convirtieron en provincias bajo el nombre de Región Occidental Española. Ifni fue entregada a Marruecos en 1969. En 1976 España se retiró del Sahara Español, cuyo territorio fue ocupado por Marruecos y Mauritania. V. **Sahara occidental.**

ÁFRICA OCCIDENTAL FRANCESA. Federación formada por Senegal, Mauritania, Alto Volta (Burkina Faso), Níger, el Sudán Francés, Guinea Francesa, Costa de Marfil (Côte d'Ivoire) y Dahomey de 1895 a 1958. Su capital era Dakar. En 1958 sus integrantes se convirtieron en repúblicas asociadas con Francia, excepto Guinea, que se declaró independiente. Las restantes lo fueron con posterioridad.
Costa de Marfil (Côte d'Ivoire) 4:409a.

ÁFRICA ORIENTAL ALEMANA. Territorio colonial alemán que se extendía entre el océano Índico y los lagos Victoria y Tangañica. Se organizó en 1884 y su existencia se prolongó hasta el fin de la primera guerra mundial. Como consecuencia de ésta quedó bajo mandato británico con el nombre de Tangañica, salvo los territorios de Urundi y Ruanda, que se colocaron bajo jurisdicción belga.

ÁFRICA ORIENTAL BRITÁNICA. Nombre que recibieron Kenia, Uganda, Zanzíbar y Tangañica, territorios del África oriental bajo protectorado británico desde las últimas décadas del siglo XIX y hasta el decenio de 1960.
Nairobi 10:339a.

AFRIKAANS. Una de las lenguas oficiales de la República de Sudáfrica, cuya raíz se encuentra en el holandés del siglo XVII hablado por los primeros inmigrantes blancos que se establecieron en el territorio.
Africanas, lenguas 1:96a; Bóers 3:81b; Sudáfrica, República de 13:335b.

AFRIKA KORPS. Grupo de divisiones acorazadas alemanas que, bajo el mando de Erwin Rommel, fue enviado al norte de África para detener los avances británicos en la segunda guerra mundial. Tras una serie inicial de espectaculares victorias, fue derrotado por los británicos al mando de Bernard Montgomery.

Guerra mundial, segunda 7:275b; Rommel, Erwin 13:14a.

AFRIKANDER, LIGA. Asociación de holandeses colonos en Sudáfrica creada para oponerse a la colonización británica y formar repúblicas independientes. Se disolvió en 1911 al formarse la Unión Sudafricana.

AFRIKANERS. V. **Bóers.**

AFRODISIACO. Sustancia que posee (o que se supone posee) la propiedad de excitar el apetito sexual y facilitar el acto sexual.
1:99b.

AFRODITA. Según la mitología griega, diosa de la belleza, la fecundidad y el amor. Es la Venus de los romanos.
1:100a; Adonis 1:74a; Ares 2:35b; Griega, religión 7:224a; *ilustración* 1:100a.

AFTA. Pequeña úlcera o lesión superficial aparecida en las mucosas, principalmente bucal y genital. Asociada normalmente a carencias vitamínicas o estados generales de morbidez.

AFTASÍES. Dinastía beréber reinante en la taifa de Badajoz entre los años 1022 y 1095. Sus miembros opusieron tenaz resistencia a los ataques de los reyes de Castilla Fernando I y Alfonso VI.

AFTOSA, FIEBRE. Enfermedad de tipo infeccioso que afecta fundamentalmente al ganado. Se conoce también como glosopeda. Su sintomatología consiste en la ulceración de las mucosas de boca, mamas, genitales y miembros inferiores acompañada de fiebre. Puede contagiarse al hombre por contacto o consumo de leche.

AFWERKI, ISAIAS (n. en 1946). Político eritreo. Artífice de la independencia de su país, fue elegido presidente en 1993. Debió hacer frente a los continuos enfrentamientos armados con Etiopía, que concluyeron con un acuerdo de paz firmado en 2000.

AGABAMA, RÍO. Corriente fluvial del centro de Cuba. Nace en la sierra del Escambray y desemboca en el mar Caribe. 110 km de longitud.

AGACHADIZA. Ave zancuda paseriforme del género *Capella*, familia de los escolapácidos (*Capella gallinaga*). Plumaje oscuro con vientre blanquecino y largo pico. Vive en arroyos y entornos pantanosos. Originaria de Europa y norte de Asia, emigra en invierno hacia África central.

AGADIR. Ciudad y puerto de Marruecos, cap. de la prov. de Agadir, a orillas del Atlántico. Destruida por dos terremotos en 1960. Aeropuerto internacional. Pesquerías, conservas de pescado; minería; turismo. 155.244 hab. (1994).

AGAG. Según el relato bíblico del primer Libro de Samuel, rey de los amalecitas. Fue vencido por Saúl, quien perdió el reino de Israel por perdonarle la vida pese al mandato del Señor. Posteriormente murió a manos de Samuel.

AGA KAN III (1877-1957). Sultan Sir Mohamed Shah, príncipe e imán de la secta india de los ismaelitas nizaríes. Creador de la Liga Panmusulmana de la India. Tuvo una activa participación en la defensa de los intereses de las minorías islámicas de la India en la Conferencia de desarme de Ginebra (1932) y en la Liga de las Naciones.

AGALMATOLITA. Arcilla brillante, grasa, de color verde claro. Denominada también pagodita. Empleada en la cerámica china.

AGALLA (BOTÁNICA). Formación vegetal de características tumorales que se desarrolla en una planta bajo el estímulo de una sustancia introducida en la misma por un hongo o un artrópodo (insecto o ácaro). De dichos tejidos se nutre el organismo parásito, por lo general en sus primeros estadios de desarrollo. Se conoce también como cecidia.
Roble 12:394b.

AGALLA (ZOOLOGÍA).V. **Branquia.**

AGAM, YAACOV (n. en 1928). Pintor y escultor israelí. Adscrito a las tendencias artísticas del arte cinético y el *op art*, en sus obras trabajó fundamentalmente con los juegos de luz y color sobre formas en movimiento. Autor del complejo escultórico de La Défense en París (1976).

AGAMENÓN. Héroe griego de la *Ilíada* homérica, hermano de Menelao y jefe supremo de la expedición contra Troya. Bloqueada la flota griega en Áulide, Agamenón sacrificó a su hija Ifigenia a la diosa Artemisa para conseguir su favor, pero con ello provocó el odio de su esposa, Clitemnestra, quien a su regreso de Troya lo asesinó.
Electra 5:351b; Ilíada 8:123b; Micenas 10:145a.

AGAMÍ. Ave galliforme de la familia de los psófidos (*Psophia crepitans*). Zancuda, de cuerpo grueso, propia de la región amazónica.

AGAÑA. Capital de la isla de Guam, dependencia estadounidense en las islas Marianas (Pacífico occidental). Situada en el centro de la costa oeste de la isla de Guam, fue totalmente destruida durante la segunda guerra mundial. Centro comercial. 1.000 hab. (1987).
Marianas, islas 9:367b.

AGAPITO I (m. en el 536). Papa del 535 al 536. Combatió la doctrina monofisita y, junto con Casiodoro, fundó en Roma una biblioteca de autores clásicos. Fue canonizado y se le rinde culto en la Iglesia Católica y en la Ortodoxa Griega.

AGAPITO II (m. en el 955). Papa del 946 al 955. Apoyó a Otón I de Alemania frente a Berengario II. Dio nuevo impulso a la reforma cluniacense y se esforzó por restablecer la disciplina eclesiástica. Uno de los acontecimientos más notables de su pontificado fue la expansión del cristianismo a Dinamarca.

AGAR. Según la tradición bíblica, esclava de Abraham. El patriarca, ante la aparente esterilidad de su esposa Sara, se unió con Agar para tener descendencia y de esta unión nació Ismael. Más tarde, al nacer Isaac de Sara, Ismael y su madre fueron expulsados. Con Agar comienza la genealogía de las doce tribus ismaelitas, supuestos precursores de los pueblos árabes.
Isaac 8:271a.

AGAR, PEDRO (1763-1822). Marino y político español, nacido en Colombia. Durante la invasión francesa fue miembro del consejo de regencia de España e Indias junto con Joaquín Blake y Gabriel Ciscar. Fue diputado por ultramar en las Cortes de Cádiz. Sobrevenida la reacción absolutista de Fernando VII en 1814, el general Francisco Ramón de Eguía, capitán general de Castilla, hizo prender a Agar y a Ciscar. Más tarde el primero fue liberado y nombrado miembro del Consejo de Estado en 1821.

AGAR-AGAR. Sustancia de consistencia gelatinosa obtenida de determinadas especies de algas, principalmente del género *Gelidium*. De amplia aplicación en la industria alimentaria y farmacéutica y para la preparación de cultivos bacteriológicos en medio sólido.
Alga 1:218b.

AGÁRICOS. Hongos pertenecientes al género *Agaricus*. El grupo consta de más de un millar de especies, entre las que existen algunas comestibles y otras venenosas. Muy abundante la seta de campo (*Psalliota campestris*), de sombrerillo rojizo y pie blanco.

AGASSIZ. Cerro de los Andes patagónicos de la República Argentina (Santa Cruz). 3.180 m de altura.

AGASSIZ, LOUIS (1807-1873). Naturalista suizo. Son clásicos sus estudios sobre los peces fósiles y a él se deben algunas de las primeras observaciones registradas sobre los movimientos de los glaciares.
1:100b.

ÁGATA. Piedra semipreciosa, variedad de la calcedonia. Químicamente es anhídrido silícico. Se presenta con distintas coloraciones, siempre en bandas paralelas y concéntricas. Cristaliza en sistema trigonal.

AGATARCO. Pintor griego del siglo V a.C. Fue el primero en utilizar los recursos de la perspectiva en sus obras. A él se debe también la creación de los primeros decorados escénicos para la representación de tragedias.

AGATOCLES (361-289 a.C.). Tirano de Siracusa (317-h. el 304) que se autoproclamó rey de Sicilia. Combatió a Cartago y, a pesar de sus derrotas, consiguió frenar el poder cartaginés sobre Sicilia.

AGATÓN, SAN (h. el 577-681). Papa del 678 al 681. Condenó la herejía monotelista (que aceptaba en Jesucristo una sola voluntad, la divina) en el tercer concilio de Constantinopla (680-681) y consiguió que se eximiera al pontificado de un tributo por el que el Imperio Romano de oriente gravaba la elección del nuevo papa.

AGAVE. Planta perteneciente a la familia de las amarilidáceas y al género *Agave*. Monocotiledónea. Varias especies. Originaria de México. De algunas especies se obtienen fibras comerciales; de otras, bebidas alcohólicas.
1:100b; Alcohólicas, bebidas 1:158a; *ilustración* 1:101b.

AGAVILLADORA. Recolectora con doble función, segar la mies y atarla posteriormente en haces o gavillas.

AGENA. Cohete propulsor estadounidense, segunda etapa del módulo de lanzamiento Atlas Agena. Perteneció al programa Gemini de la década de 1960.

AGENCIA CENTRAL DE INTELIGENCIA. Conocida por las siglas CIA (Central Intelligence Agency), organización estadounidense fundada en 1947 con el fin de coordinar las operaciones de información del gobierno y de asesorar al presidente y al Consejo de Seguridad Nacional. La CIA sólo tiene potestad para operar fuera de los Estados Unidos.
Espionaje y contraespionaje 6:111a; Truman, Harry S. 14:140a.

AGENCIA ESPACIAL EUROPEA. Organización internacional creada en Bruselas por la Conferencia Espacial Europea en 1975 para fomentar las investigaciones espaciales. Los países miembros son: Bélgica, Dinamarca, España, Francia, Irlanda, Italia, Países Bajos, Alemania, Reino Unido, Suecia y Suiza. En 1977 puso en órbita el satélite Meteosat. El 24 de diciembre de 1979 lanzó el primer cohete del programa Ariane. A finales de la década de 1990 intervino en el proyecto de la estación orbital Alfa.
Estación Espacial Internacional 6:120a; Satélite de comunicaciones 13:165a.

AGENCIA INTERNACIONAL DE LA ENERGÍA ATÓMICA. Organismo establecido por las Naciones Unidas en 1957 para promover el uso pacífico de la energía atómica.

AGENESIA. Anomalía física consistente en la ausencia o falta de desarrollo de algún órgano del cuerpo humano. Suele producirse por la carencia del tejido embriónico que da lugar al órgano afectado.

AGENTE DE CAMBIO Y BOLSA. En Europa continental, fedatario público, dependiente del ministerio de hacienda, que se encarga de mediar en una operación de compraventa de valores dentro de un mercado bursátil. En otros países, el agente de bolsa o de cambio es un corredor de operaciones bursátiles o cambiarias.
Bolsa 3:98b.

AGENTE LITERARIO. Intermediario entre los escritores y las casas editoriales que formaliza los términos de los contratos de los autores que representa y promociona.

AGENTE NARANJA. Compuesto halogenado mezclado con ácido, 2,4,5-triclorofenoxiacético y piclorame. Se ha empleado en la guerra química como agente herbicida y defoliante. Se empleó en la guerra de Vietnam, donde se corroboró su carácter cancerígeno.

AGEO, LIBRO DE. Uno de los textos que componen el Antiguo Testamento bíblico, escrito por el profeta menor que le da nombre. Consta de cuatro discursos o sermones, fechados en el 520 a.C., en los que se exhorta a la reedificación del templo de Jerusalén.

AGER PUBLICUS. En la antigua Roma, territorios de propiedad del estado; término que en latín significa «campo público».

AGESILAO II (h. el 444-360 a.C.). Rey de Esparta del 399 al 360. Perteneciente a la familia real de los Euripóntidas, obtuvo dos grandes victorias sobre los persas en Asia menor y, posteriormente, en el 394, derrotó a una confederación compuesta por Tebas, Atenas, Argos y Corinto en Coronea. Durante la guerra con Tebas salvó en dos ocasiones a Esparta del ataque del ejército tebano al mando de Epaminondas.

AGGIORNAMENTO. Voz italiana («actualización») que en sentido estricto designa la necesidad de renovación de la Iglesia Católica, reconocida oficialmente por el papa Juan XXIII, impulsor del concilio Vaticano II. En sentido general, puesta al día, adaptación al progreso.

AGI. V. **Años Geofísicos Internacionales.**

AGILA. Rey visigodo (549-555) de España. Las luchas entre facciones rivales de la nobleza, especialmente entre católicos y arrianos, pusieron fin a su efímero reinado. Perseguido por Atanagildo, ayudado por Liberio, fue derrotado cerca de Sevilla y murió asesinado en Mérida.

AGINCOURT, BATALLA DE. Enfrentamiento armado entre los ejércitos francés e inglés que tuvo lugar el 25 de octubre de 1415, durante la guerra de los cien años, en la localidad francesa de Agincourt (posterior Azincourt). Las tropas inglesas, que habían penetrado en Francia por el estuario del Sena al mando de Enrique V, infligieron una severa derrota a su enemigo, que sufrió numerosas bajas, y conquistaron amplias zonas de Francia.

AGIO. Especulación efectuada a futuros sobre el valor de títulos de crédito cotizados en bolsa. También se dice de la especulación que se realiza sobre precios futuros en mercados centrales de mercancías.

AGIS I. Rey de Esparta que según la tradición era hijo de Eurístenes, uno de los fundadores de la ciudad. De su nombre derivó la dinastía de los ágidas.

AGIS III (m. en el 331 a.C.). Rey de Esparta del 338 al 331 a.C. Murió en Megalópolis cuando luchaba contra los ejércitos macedonios de Alejandro Magno que intentaban dominar los diversos estados del Peloponeso.

AGIS IV (h. el 263-241 a.C.). Rey de Esparta. Sucedió en el trono a su padre Eudamidas II, en el 244. Intentó llevar a cabo una política de reformas económicas basadas en la tradición del legislador Licurgo. Derrocado, murió estrangulado en prisión.

AGLABÍ, DINASTÍA. Dinastía musulmana de África del norte. Fue fundada en el 800 por Ibrahim ibn al-Aglab. Mantuvo como capital a la ciudad de Kairuán. Conquistó Sicilia y Malta. Su último soberano, Abú Nudar Ziyadat Alá III, fue vencido por los fatimíes en el 902.
Kairuán 8:423b.

AGLOMERADO. Roca que se ha constituido por sedimentación de fragmentos de todo tipo de rocas y minerales.

AGLUTINACIÓN. En lingüística, procedimiento en virtud del cual se unen dos o más palabras para formar una sola. Las lenguas en las que predomina la aglutinación se denominan aglutinantes.

AGLUTINANTE. En las ciencias químicas, material que cohesiona distintos elementos o sustancias.
Pictóricas, técnicas 11:393b; Pinturas y pigmentos 11:416b.

AGLUTININA. Anticuerpo que contienen algunos sueros. Es capaz de producir la aglutinación de determinados microbios o de los glóbulos rojos que contengan el aglutinógeno correspondiente.

AGNATOS. Animales cordados carentes de mandíbulas. Acuáticos. Incluyen un grupo fósil, el de los ostracodermos, y otro viviente, el de los ciclóstomos, donde se hallan las lampreas y mixinos.
Vertebrados 14:284a.

AGNELLI, FAMILIA. Industriales italianos del ramo del automóvil. Inició su desarrollo con la fundación en 1899 de la marca FIAT por Giovanni Agnelli (1866-1945). Herederos de este último y directores de la empresa fueron Giovanni Agnelli (n. en 1921) y Umberto Agnelli (n. en 1934).

AGNI. En la mitología védica, dios del fuego. Representa tanto el fuego del hogar como el destructor de los bosques y ciudades y del cielo (rayos, estrellas, etc.). Su representación iconográfica es la de una figura con dos cabezas y cuatro brazos montada sobre un macho cabrío.

AGNOLO, ANDREA D'. V. **Andrea del Sarto.**

AGNON, SAMUEL YOSEF (1888-1970). Samuel Yosef Czaczkes, escritor israelí de origen polaco. Autor de cuentos y novelas cuya temática se centró en la vida de los judíos en Europa.
1:101b; Hebrea, literatura 7:346a.

AGNOSTICISMO. Doctrina que sostiene que la inteligencia humana no es capaz de llegar a conocer a Dios, sin negar, por eso, la existencia divina. Doctrina filosófica que niega que el entendimiento humano pueda llegar a conocer lo absoluto, lo que incluye la idea de Dios.
1:102a; Ateísmo 2:189a; Dios 5:201a; *ilustración* 1:102a.

AGOESTIS. Personaje de la mitología griega. Ser andrógino, nacido del semen de Zeus caído sobre la tierra, fue castrado por los dioses. Enamorado del joven Atis, evitó que éste se casara enloqueciéndolo y provocando su autocastración.

ÁGORA. Plaza de las antiguas ciudades griegas donde se desarrollaban las actividades públicas y se reunía la asamblea de ciudadanos.

AGORAFOBIA. Miedo a encontrarse o a pasar por espacios amplios y abiertos. A menudo se acompaña de vértigos.

AGOSTINI, ALFREDO (n. en 1908). Arquitecto argentino. Junto a Santiago Sánchez Elia y Federico Peralta Ramos fue componente del grupo SEPRA, movimiento que marcó el decenio de 1950-1960. Creador inicialmente de una arquitectura puramente racionalista, a partir de 1950 se mostró más cercano al brutalismo y al expresionismo. Municipalidad de Córdoba (1953-1954).

AGOSTO. Octavo mes del año, de treinta y un días, en el calendario occidental actual.

AGOTE, LUIS (1868-1954). Médico e investigador argentino. Realizó importantes trabajos sobre clínica médica e higiene. En 1913 descubrió el medio de transfusión de sangre «citratada», sin peligro de coagulación. Produjo también obras como escritor y editó una revista de medicina.

AGRA. Ciudad de la India, cap. del dist. homónimo, est. de Uttar Pradesh, a orillas del río Yamuna. Fundada en el siglo XVI. Fue capital del imperio mogol. Taj Mahal, fuerte, mezquitas, palacios. Universidad. Centro comercial e industrial. Turismo. 891.790 hab. (1991).
Mogola, dinastía 10:210a; Taj Mahal 13:386b.

AGRACEJO. Arbusto de la familia de las berberidáceas y del género *Berberis*. Dicotiledónea. Varias especies, todas ellas de hoja caduca, con espinas. Las flores, amarillentas, se reúnen en racimos colgantes.

AGRAFÍA. Incapacidad total o parcial para expresarse por medio del lenguaje escrito. Su causa suele ser la misma que la de la afasia, que afecta al habla. Las capacidades intelectual y motora se conservan intactas.

AGRAMONTE, ARÍSTIDES (1868-1931). Médico y bacteriólogo cubano. Participó en el equipo que probó la tesis de Carlos J. Finlay, según la cual la fiebre amarilla es producida por picadura de mosquitos. Fue secretario de sanidad en Cuba.

AGRAMONTE LOYNAZ, IGNACIO (1841-1873). Abogado y militar cubano. Activo participante en la guerra de los diez años. Gobernador de Camagüey. Firmó en 1869 la ley de Guáimaro que abolía la esclavitud. Corredactor de la constitución. Muerto en combate en Jimaguayú.
1:103a.

AGRAMONTESES. Facción nobiliaria del reino de Navarra. Defendieron los agramonteses al rey de Aragón y Navarra, Juan II, en sus enfrentamientos contra los castellanos y contra su hijo, el príncipe de Viana, apoyado por los beamonteses. Respaldaron asimismo al monarca frente al levantamiento catalán de 1462.

AGRAMUNT. Población española, prov. de Lérida, comunidad autónoma de Cataluña. Centro agrícola e industrial (alimentación, textil, mecánica). Iglesia de Santa María. 4.818 hab. (1986).

AGRANULOCITOSIS. Enfermedad aguda grave que se caracteriza por la casi total desaparición de los granulocitos de la sangre, es decir, los leucocitos polinucleares.
Hematología 7:356b; Otorrinolaringología 11:182a.

AGRARIA, REFORMA. Proceso político que tiene como objetivo fundamental cambiar el régimen de propiedad de las tierras agrícolas. Tradicionalmente ha implicado la parcelización de los grandes latifundios o la creación de cooperativas. Entre sus objetivos suelen contarse el logro de un mayor rendimiento agrícola o el de una mayor igualdad social.

AGRAVANTES, CIRCUNSTANCIAS. Contingencias que aumentan la gravedad de un delito. Suelen incluir la voluntariedad y la alevosía en la comisión del delito.

AGRAVIADOS, GUERRA DE LOS. Insurrección catalana defensora del absolutismo durante el reinado de Fernando VII. La rebelión propugnaba la deposición de éste y la subida al trono del infante don Carlos. Iniciada en febrero de 1827, fue sofocada en noviembre del mismo año con un ejército dirigido por el conde de España.

ÁGREDA. Población española de la prov. de Soria, comunidad autónoma de Castilla y León. Restos arquitectónicos destacados de época medieval. Agricultura, ganadería. 3.617 hab. (1996).

ÁGREDA, MAESTRO DE (siglo XVI). Pintor español. Trabajó preferentemente en Aragón y Navarra, aunque su obra principal, por la que toma su nombre, fue creada para el retablo mayor de la iglesia de San Miguel de la población soriana de Ágreda (1519). Representante del estilo plateresco.

ÁGREDA, SOR MARÍA DE JESÚS DE (1602-1665). María Coronel, religiosa franciscana española. Fue abadesa del convento de Ágreda (Soria), su villa natal. Consejera y confidente del rey Felipe IV. La Inquisición condenó su obra *Mística ciudad de Dios*.

ÁGREDA Y VARGAS, DIEGO (m. h. 1639). Escritor español. Autor de diversas obras, en las que destaca su gran erudición, y de traducciones italianas. *Lugares comunes de las letras humanas* (1616), *Novelas morales* (1620).

AGREGACIÓN. En términos ecológicos, capacidad existente en el reino animal para agruparse, sea por razones ambientales (clima, vegetación, etc.) o defensivas, en un espacio físico determinado. Se combinan en la agregación acciones de ayuda con acciones de competitividad.

AGREGACIÓN, ESTADOS DE. Grados de cohesión con que se manifiesta la materia. Tradicionalmente se han reconocido tres: sólido, líquido y gaseoso, a los que se han añadido posteriormente los estados coloidal y de plasma.

AGRELO, PEDRO JOSÉ (1776-1864). Político argentino. Miembro de la Asamblea Constituyente, redactó la primera constitución de su país, en 1822. Su oposición al régimen de Juan Manuel de Rosas motivó su exilio en la ciudad uruguaya de Montevideo.

AGRESIÓN. En derecho internacional, ataque armado, emprendido por una nación contra otra sin que medie justificación suficiente. Los actos de agresión se han sucedido a lo largo de la historia como detonantes de los grandes conflictos bélicos. Esta práctica fue prohibida por la Carta de las Naciones Unidas como método para resolver las diferencias entre los estados.
Alianzas militares 1:227b.

AGRESIVIDAD. Conducta habitual agresiva, es decir que implica un ataque o un intento de lesión o de destrucción.
1:103a; *ilustración* 1:103b.

AGRÍCOLA, CNEO JULIO (40-93). General romano. Con sus campañas, bajo el reinado de Vespasiano, completó la conquista de Bretaña. Su vida se conoce a través del historiador Tácito, yerno suyo.

AGRICOLA, GEORGIUS (1494-1555). Georg Bauer, científico alemán. Considerado uno de los fundadores de la mineralogía. *De re metallica* (1556).
1:104a; Mineral y mineralogía 10:174a; Minería 10:179a.

AGRÍCOLAS, IMPLEMENTOS. Instrumentos usados en la realización de labores agrícolas, tales como azadas, arados, etc.
1:104a; Agricultura 1:107b; Máquina 9:344a; *ilustraciones* 1:105; 1:106a.

AGRICULTURA. Arte y actividad económica dedicada al cultivo de la tierra con el fin de obtener productos alimenticios o de otro tipo.
1:106a; Abono 1:12a; Agrícolas, implementos 1:104a; Agricultura biológica 1:117a; Agua 1:121a; Alimentaria, industria 1:231a; Alimentos transgénicos 1:232b; Biotecnología 3:55a; Cereal 4:85a; Cultura 5:74a; Delta 5:121a; Drenaje 5:242a; Económica, historia 5:281b; El Niño, corriente de 5:381a; Floricultura 6:332b; Fruticultura 6:416a; Ganadería 7:35b; Horticultura 8:74b; Injerto 8:214a; Invernadero 8:248a; Nomadismo 11:5a; Patología vegetal 11:300a; Plaga 12:12b; Riego 12:369a; Suelo 13:348b; Tecnología 13:414b; *cuadros* 1:115-116; *ilustraciones* 1:106b; 1:107b; 1:108; 1:109b; 1:110; 1:111b; 1:112a; 1:113b; 1:114.

AGRICULTURA BIOLÓGICA. Conjunto de técnicas y procedimientos de cultivo de especies vegetales sin uso de fertilizantes y otros productos de origen químico.
1:116b; Desarrollo sostenible 5:149a; *ilustración* 1:117b.

AGRIETAMIENTO. Proceso físico o químico que produce hendiduras sobre una superficie. La vibración, los cambios de temperatura y los agentes químicos son las principales causas de agrietamiento.

AGRIGENTO. Prov. de Italia, con cap. en la ciudad del mismo nombre, en la costa sur de la isla de Sicilia, fundada hacia el 581 a.C. por los griegos. Notables edificios medievales. Minería, agricultura y turismo. 3.042 hab. (1996).

AGRIMENSURA. Rama de la topografía que estudia la medición de terrenos.
1:118a.

AGRIPA (siglos I-II). Filósofo griego. Representante del escepticismo nuevo, formuló cinco razones, basadas al parecer en las diez establecidas por Enesidemo de Cnosos, que demostraban la imposibilidad del ser humano para alcanzar el conocimiento.
1:118a; Augusto 2:210a; Escepticismo 6:35b; *ilustración* 1:118a.

AGRIPA, MARCO VIPSANIO (h. el 63-12 a.C.). Amigo y colaborador de Octavio Augusto, el primer emperador romano. Embelleció la ciudad de Roma y elaboró un mapa del mundo antiguo con los datos obtenidos en sus numerosos viajes.

AGRIPINA LA MAYOR (h. el 14 a.C.-33 d.C.).Aristócrata romana. Hija de Marco Vipsanio Agripa y de Julia, la hija de Augusto. Casó con el general Germánico, de quien tuvo nueve hijos, entre ellos Cayo, quien sería emperador con el nombre de Calígula, y Agripina, madre de Nerón. Caída en desgracia, fue desterrada a la isla de Pandataria y allí murió.

AGRIPINA LA MENOR (15-59). Aristócrata romana. Hija de Germánico y de Agripina la Mayor. Madre de Nerón, sobre el cual ejerció considerable influencia durante los primeros años de su reinado. Murió asesinada por orden de Nerón.
Nerón 10:382a.

AGRIPPA VON NETTESHEIM, HEINRICH CORNELIUS (1486-1535). Médico, filósofo, historiador y cabalista alemán. Fue secretario de Carlos V y médico en la corte de Luis de Saboya. Desarrolló un pensamiento filosófico de base animista. *Sobre el dudoso saber y la vanidad de las ciencias* (1527), *Sobre la filosofía oculta* (1533).

AGROLOGÍA. Disciplina de la agronomía que tiene como objeto de estudio las relaciones entre el suelo y las plantas o vegetación que soporta.

AGRONOMÍA. Disciplina técnica superior que estudia los problemas relacionados con la agricultura, la fitotecnia y la zootecnia. Analiza asimismo las variaciones del suelo bajo la influencia de agentes físicos, biológicos y químicos.

AGROTECNIA. Disciplina de la agricultura que trata los sistemas de fertilización del terreno, así como la siembra, riego, cultivo y recolección de las cosechas.

AGUA. Líquido imprescindible para los procesos vitales. Químicamente, óxido de hidrógeno formado por dos átomos de hidrógeno y uno de oxígeno.
1:118b; Agricultura 1:110a; Bioindicador 3:33a; Contaminación 4:357a; Drenaje 5:241b; Hidrografía e hidrología 7:398b; Humedad atmosférica 8:95a; Mar 9:344b; Riego 12:369a; Río 12:376a; *cuadro* 1:119; *ilustraciones* 1:119b; 1:120a.

AGUA, ABASTECIMIENTO DE. Sistema de redes hidráulicas y dispositivos de suministro de agua para una población.
1:121a; Acueducto 1:47a; Acuífero 1:50a; Embalse 5:382b; Riego 12:369b; *ilustraciones* 1:121b.

AGUA, VOLCÁN DE. Elevación natural de origen volcánico de Guatemala. Con una altura de 3.766 m, está situada al sudoeste de la cap., Guatemala, y destaca como importante centro turístico. Es volcán inactivo.

AGUACATE. Árbol de hoja perenne de la familia de las lauráceas (*Persea americana*). Dicotiledónea. También denominado palta, es originario de la América continental en la zona comprendida desde México hasta las regiones andinas. Su fruto, el aguacate o palta, carnoso y de pulpa suave, es muy estimado.
1:122a; *ilustración* 1:122a.

AGUADA (MÉXICO). Isla situada en el golfo de Campeche, frente al litoral del est. homónimo. Su centro administrativo es Aguada, en el sudeste de la isla. 22,28 km^2.

AGUADA (PUERTO RICO). Población situada en la parte noroccidental de la isla de Puerto Rico, en el distrito de Aguadilla. Fue fundada en 1590 por los franciscanos con el nombre de San Francisco de la Aguada. Cultivo de caña de azúcar, café; ganadería; minería. 32.723 hab. (1985; municipio).

AGUADAS. Población de Colombia, situada en la parte norte del dep. de Caldas, en la zona central del país. Centro agrícola y minero (minas de oro y plata).

AGUA DESTILADA. Agua depurada de la mayor parte de impurezas por un proceso de destilación.

AGUADILLA. Municipio de Puerto Rico en el noroeste de la isla. Su cap., del mismo nombre, es puerto y centro industrial. Cuenta con universidad y aeropuerto. 93 km^2. 54.934 hab. (1985).

AGUADO, ALEJANDRO MARÍA (1784-1842). Financiero español. Perteneciente al grupo de afrancesados que apoyaron a José Bonaparte, se instaló en Francia a raíz de la caída del soberano francés. Participó en la financiación de diversas empresas en España durante el reinado de Fernando VII. Recibió el título de marqués de las Marismas del Guadalquivir.

AGUADO, FRAY PEDRO DE (1538h.1609). Misionero y cronista de Indias español. Franciscano, ejerció su apostolado en Nueva Granada. Realizó una crónica de la historia de ese territorio desde 1524 hasta 1569. *Historia de Santa Marta y nuevo reino de Granada e historia de Venezuela.*

AGUAFUERTE. En bellas artes, plancha de cobre o de zinc, cubierta de un barniz protector, sobre la que se ha reproducido un dibujo rayando el esmalte con un buril y se ha aplicado aguafuerte (ácido nítrico rebajado con agua) para que muerda la zona de metal que quedó descubierta. También, estampa obtenida por esta plancha o técnica para su realización.
Grabado 7:179a.

AGUALONGO, AGUSTÍN (1780-1826). Militar colombiano. De origen indio, defendió la causa española en la lucha por la independencia de Colombia. Fue fusilado en Popayán por las tropas rebeldes y recibió de forma póstuma el título de brigadier general de los ejércitos españoles.

AGUAMARINA. Gema variedad del berilo, de color verde azulado pálido. Se halla, principalmente, en Brasil y en la región de los montes Urales. Utilizada en joyería.

AGUÁN, RÍO. Curso fluvial del norte de Honduras. Nace al oeste de la ciudad de Yono y atraviesa los valles de Olanchito y Sonaguera, para desembocar en el mar Caribe, en Santa Rosa de Aguán. Sus principales afluentes son el Yaguale y el Mame. Su curso es de 240 km.

AGUANAVAL, RÍO. Curso fluvial mexicano de cuenca cerrada. Nace en la sierra de Abrego, establece la línea divisoria entre los est. de Zacatecas y Durango, penetra en el est. de Coahuila y vierte sus aguas a la laguna de Viesca. Su curso es de 500 km.

AGUA OXIGENADA. V. **Hidrógeno, peróxido de.**

AGUA PESADA. Agua en la cual el hidrógeno consiste en deuterio (hidrógeno pesado). Más densa que el agua ordinaria. Solidifica a 3,8 °C y hierve a 101,42 °C.

AGUAPEY, RÍO. Curso fluvial argentino, afluente del río Uruguay. Nace al sur de la ciudad de San Carlos y atraviesa la región oriental de la prov. de Corrientes, hasta confluir con el Uruguay al sur de Alvear. Enlaza con el río Paraná por el canal de Garapé. Su curso es de 201 km.

AGUA PRIETA. Población mexicana del est. de Sonora, fronteriza con los Estados Unidos. El 23 de abril de 1920 se firmó ahí el Plan de Agua Prieta, que llevó al derrocamiento de Venustiano Carranza. Agricultura, ganadería, minería. 39.045 hab. (1990; municipio).

AGUARAGUAZÚ. Mamífero carnívoro de la familia de los cánidos (*Chrysocyon brachyurus*), también conocido como guará y lobo de cría. De aspecto lobuno es propio de América del sur.

AGUARAGÜE, SERRANÍA DE. Sistema montañoso de Bolivia. Orientado de norte a sur, con una distancia de 200 km, recorre los dep. de Santa Cruz, Chuquisaca y Tarija. Próximo a importantes yacimientos petrolíferos.

AGUARDIENTE. Bebida alcohólica obtenida de la destilación del vino o de otros productos ricos en hidratos de carbono, como los zumos, las melazas de la caña de azúcar o los jugos derivados de la fermentación de cereales como la cebada. Su contenido en alcohol varía entre un 40% y un 70%. El whisky, el ron, la ginebra o el coñac se cuentan entre los más conocidos. Varios de ellos adquieren un tono oscuro producto de los barriles de roble en los que se envejecen.

AGUA REGIA. Reactivo químico compuesto de una parte de ácido nítrico y tres o cuatro de ácido clorhídrico. Su nombre deriva de la denominación que le dieron los árabes debido a su propiedad de disolver el oro, «rey de los metales», así como el platino y otras sustancias. Se prepara también con otras proporciones de ácidos.

AGUARICO, RÍO. Curso fluvial del norte del Ecuador. Nace al sur de la ciudad de Tulcán, en los Andes ecuatorianos, próximo a la frontera con Colombia. Tras recorrer la prov. de Oriente, desemboca en el río Napo, cerca de la ciudad de Pantoja. Navegable, establece la frontera con el Perú. Su curso es de 370 km.

AGUARRÁS. Esencia de trementina. Oleorresina obtenida por destilación de la corteza de varias especies de pinos. Se usa para fabricar insecticidas, barnices y alcanfor, como disolvente de ceras y también en medicinas.

AGUAS BLANCAS, CERRO. Volcán argentino. Perteneciente a la prov. de Catamarca, en la parte occidental del país. Se incluye en el sistema montañoso andino. Tiene su máxima altitud en los 5.780 m.

AGUAS BUENAS. Municipio puertorriqueño en el dist. de Guayama, en la cordillera Central. Tabaco, agricultura. Artesanía. 77,70 km^2. 22.659 hab. (1985).

AGUASCALIENTES. Capital del est. mexicano homónimo. 440.425 hab. (1990; municipio).
1:122b; Aguascalientes, estado de 1:123a; *ilustración* 1:123a.

AGUASCALIENTES, CONVENCIÓN DE. Conferencia celebrada en 1914 en la ciudad mexicana del mismo nombre entre los dirigentes de los grupos revolucionarios. De ella salió un gobierno provisional que fue aceptado por los seguidores de Francisco Villa y de Emiliano Zapata, pero no por los de Venustiano Carranza, lo cual ahondó la división entre las fuerzas en pugna.
Aguascalientes 1:122b.

AGUASCALIENTES, ESTADO DE. División administrativa del centro de México. Uno de los estados más pequeños del país. Cap. Aguascalientes. 5.471 km^2. 963.711 hab. (1999).
1:123a; Aguascalientes 1:122b.

AGUASCALIENTES, RÍO. Curso fluvial de México, afluente del Verde. Nace en la sierra de Zacatecas, con el nombre de San Pedro.

AGUAS INTERNACIONALES. Porciones de mar que no están sometidas a la jurisdicción de ningún estado.

AGUAS JURISDICCIONALES. Aguas que bañan las costas de una nación y sobre las que ésta impone su soberanía. En la conferencia internacional de Nueva York (1976) se aceptó un límite de 12 millas para el mar territorial y de 200 millas para la explotación en forma exclusiva.
Pesca 11:372a.

AGUAS TERRITORIALES. V. **Aguas jurisdiccionales.**

AGUATINTA. Sistema de grabado al aguafuerte consistente en la aplicación del ácido nítrico con un pincel, con lo que se consigue una gran sutileza en la reproducción de los tonos y transparencias, similares a los de la acuarela.
Grabado 7:180a.

AGUATURMA. V. **Tupinambo**.

AGUDA, PALABRA. Voz en la que el acento prosódico cae sobre la última sílaba, como «maná», «tapiz», etc. En castellano, lleva acento ortográfico si termina en vocal, en *n* o en *s*.

AGÜERO, BENITO MANUEL DE (h. 1626-h. 1670). Pintor español. Alumno del taller de Juan Bautista Martínez del Mazo, sus obras muestran influencias de la pintura de Tiziano. Trabajó para los palacios del Buen Retiro y Aranjuez. «Dido y Eneas», «Mercurio y Argos».

AGÜERO, DIEGO DE (m. en 1544). Conquistador español. Participó junto con Francisco Pizarro en la conquista del Perú y en la fundación de la ciudad de Lima. Apoyó a Pizarro en sus enfrentamientos con Diego de Almagro y obtuvo la encomienda del valle de Lunahuaná.

AGÜERO, JOAQUÍN DE (1816-1851). Político cubano. Defensor de los movimientos de oposición a la presencia española en la isla, acaudilló una revuelta en julio de 1851. Sofocada la insurrección, fue detenido y fusilado.

AGÜERO, JUAN MIGUEL DE (siglo XV). Arquitecto español. Desarrolló su carrera fundamentalmente en Cuba y México. Participó en las obras de fortificación de la Habana. En México realizó la maqueta de la catedral capitalina y dirigió la terminación de las obras de la catedral de Mérida.

ÁGUILA (ASTRONOMÍA). Constelación del hemisferio boreal al occidente de Pegaso y al sur de Cisne. Su estrella más brillante, Altair, está en la línea que une a Geminis (los Gemelos) y Cisne. Nombre latino: Aquila.

ÁGUILA (ZOOLOGÍA). Ave rapaz diurna del grupo de las falconiformes y la familia de las accipítridas. Diversas especies, incluidas en el género *Aquila*. Pico fuerte y curvo y garras robustas y aceradas.
1:123b; Rapaces 12:261b; *ilustraciones* 1:124b.

ÁGUILA DE MAR. Pez condrictio de la familia de los miliobátidos (*Myliobatis aquila*), de forma romboidal. Cola más larga que el cuerpo, provista de una espina. Vive preferentemente en mares cálidos.
Raya 12:268a.

AGUILAR. Población española de la prov. de Córdoba, comunidad autónoma de Andalucía. Arquitectura civil palaciega. Agricultura; ganadería. 12.743 hab. (1986).

AGUILAR, CONDE DE (m. en 1717). Título nobiliario del político y estadista español Rodrigo Manrique de Lara. Defendió la causa de la reina gobernadora, doña Mariana de Austria, en su enfrentamiento con Juan José de Austria durante la regencia de Carlos II. Fue miembro de los consejos de estado (1695) y de Aragón (1698), e integró la junta de gobierno tras la muerte sin sucesión de Carlos II (1700).

AGUILAR, EUGENIO (siglo XIX). Médico y político salvadoreño. Elegido presidente en 1846, hizo frente a una sublevación de los opositores al régimen liberal. Dimitió en 1848.

AGUILAR, GASPAR DE (1561-1623). Poeta y dramaturgo español. Perteneciente a la Academia de los Nocturnos de Valencia, destacó por sus comedias costumbristas e históricas. *La expulsión de los moros de España* (1610), *La venganza honrosa* (1615).

AGUILAR, JERÓNIMO DE (1489-h. 1531). Clérigo menor español. Desembarcó en Yucatán con Juan de Valdivia y fue hecho prisionero por los mayas. Colaboró con Hernán Cortés, como intérprete y soldado, en la conquista de la Nueva España.

AGUILAR, JOSÉ GABRIEL (1759-1805). Minero peruano. Pionero del independentismo en su país. Colaboró en la organización de un levantamiento que fue aplastado en sus comienzos. Murió ejecutado.

AGUILAR, MANUEL (m. en 1846). Político costarricense. Elegido presidente en 1837, fue derrocado y exiliado en 1838 a consecuencia del golpe militar de Braulio Carrillo.

AGUILAR BARQUERO, FRANCISCO (1857-1924). Político costarricense. Ocupó provisionalmente el cargo de presidente de la república entre 1919 y 1920. Apoyado por los Estados Unidos, restableció la constitución de 1871 y convocó a elecciones generales.

AGUILAR DE CAMPOO. Población española de la prov. de Palencia, comunidad autónoma de Castilla y León. Fue fundada en el 822 y conserva restos de una muralla y arquitectura medievales. Agricultura, ganadería e industria galletera. 7.316 hab. (1986).

AGUILAR Y VELA, ANTONIO (1820-1882).Astrónomo español. Desempeñó la docencia en diversas universidades españolas y ocupó los puestos de secretario de la Academia de Ciencias Exactas, Físicas y Naturales de Madrid, y de director del Observatorio de Madrid. *Noticia del congreso meteorológico internacional* (1879).

ÁGUILAS. Población española de la prov. de Murcia, comunidad autónoma de Murcia. Fue fundada por los romanos. Enclave portuario. Agricultura, ganadería, pesca y minería. 22.926 hab. (1986).

AGUILERA, CHRISTINA (n. en 1980). Cantante estadounidense, de origen hispano. Con sus primeras grabaciones alcanzó un resonante éxito comercial, Galardonada con el Premio Grammy al mejor artista nuevo en 2000.

AGUILERA, FRANCISCO VICENTE (1821-1877). Patriota cubano. Desempeñó un papel fundamental en los primeros movimientos independentistas del país.
1:124b.

AGUILERA MALTA, DEMETRIO (1909-1981). Escritor ecuatoriano. Narrador y dramaturgo, formó junto a Joaquín Gallegos Lara y Enrique Gil Gilbert el grupo de Guayaquil. Se trasladó a México en 1958. *Don Goyo* (1933), *Madrid, reportaje novelado de una retaguardia heroica* (1937), *La isla virgen* (1942), *El tigre* (1956), *Jaguar* (1977), *Réquiem para el diablo* (1978).

AGUILÓ, TOMÁS (1812-1884). Poeta español en lengua catalana. Fue uno de los introductores en las islas Baleares de la corriente literaria de recuperación de la lengua y la cultura catalanas conocida como *Renaixença*. *Baladas* (1858).

AGUILÓ i FUSTER, MARIÁN (1825-1897). Escritor español en lengua catalana. Su obra constituyó uno de los ejemplos más notables de la *Renaixença*, movimiento cultural de recuperación del catalán. *Catálogo de obras en lengua catalana* (1860), *Romancero popular de la tierra catalana* (1893).

AGUILUCHO. Ave rapaz de la familia de los accipítridos. Diversas especies. Alas y cola largas. Tamaño similar al de los halcones. Distribución predominantemente eurasiática.

AGUINALDO, EMILIO (1869-1964). Patriota filipino. Luchó por la independencia de su patria contra españoles y estadounidenses.
1:125a; Filipinas 6:288b.

AGUIRRE, DOMINGO (1864-1920). Sacerdote y escritor español en lengua vasca. Autor de novelas, poesías, artículos periodísticos y ensayos, realizó una descripción de la vida rural vasca, dentro de un estilo realista. *El salitre* (1906), *El helecho* (1912).

AGUIRRE, FRANCISCO DE (1500-1580). Conquistador español. Tras combatir en el Perú, al lado de Francisco Pizarro, contra los partidarios de Diego de Almagro, se unió a la expedición de Pedro de Valdivia a Chile, donde participó en la fundación de Santiago (1541). Fundó Santiago del Estero en 1553.
Santiago del Estero, provincia de 13:149a.

AGUIRRE, JOSÉ MARÍA (1896-1933). Escritor español en lengua vasca. Utilizó el seudónimo Xavier Lizardi. Autor de poesía, obras teatrales y novelas. *Las estaciones del año* (1931), *En el corazón y en los ojos* (1932), *El muchacho que no se podía casar* (1953).
Vasca, literatura 14:241a.

AGUIRRE, JUAN BAUTISTA (1725-1786). Escritor ecuatoriano, uno de los primeros poetas coloniales americanos de obra gongorista. Religioso jesuita, fue expulsado junto con su orden en 1767 y se trasladó a Italia. Rector del colegio de Ferrara, reunió en *De logica, De physica* y *De metaphysica* su pensamiento teológico y filosófico. En su obra poética destaca *Versos castellanos.*

AGUIRRE, JULIÁN (1868-1924). Compositor argentino, autor de obras de inspiración criolla.
1:125b.

AGUIRRE, LOPE DE (h. 1518-1561). Aventurero español. Participó en la expedición de Pedro de Ursúa por el Amazonas en busca de El Dorado.
1:125b.

AGUIRRE, NATANIEL (1843-1888). Ensayista, novelista y político boliviano. Desempeñó diversas carteras ministeriales. Su prosa destacó por su buen gusto y la pureza de su estilo. *Juan de la Rosa (Memorias del último soldado de la independencia)* (1885), *Bolívar* (1883).

AGUIRRE CERDA, PEDRO (1879-1941). Político chileno. Candidato del Frente Popular, ocupó la presidencia de su país en 1938.
1:126a; Chile 4:137a; *ilustración* 1:126a.

AGUIRRE SALINAS, OSMÍN (1890-1977). Militar salvadoreño. Participó en 1931 en el derrocamiento del presidente Arturo Araujo. La Asamblea Legislativa lo nombró presidente provisional de 1944 a 1945.

AGUIRRE Y LECUBE, JOSÉ ANTONIO (1904-1960). Político y abogado español. Miembro de las Juventudes Católicas de Bilbao y líder del Partido Nacionalista Vasco durante la segunda república, ocupó la presidencia del gobierno provisional vasco durante la guerra civil.

AGUJA. En arquitectura, chapitel estrecho, alto y esbelto, que surge del centro de la cubierta de una torre transitable. Se denominaban también así en el gótico las pequeñas torres que servían como remates en pilastras, torres, etcétera.

AGUJA DE MAR. Pez osteictio de la familia de los escombresócicos (*Belone belone*), muy largo y estrecho y con el hocico en forma de aguja. Propio del Atlántico norte. Pez osteictio de la familia de los signátidos (*Syngnathus acus*), parecido al caballito de mar.

AGUJA HIPODÉRMICA. Barra puntiaguda de metal, hueca, con un recipiente para líquidos que se emplea para inyectar en el tejido celular subcutáneo o en las venas sustancias medicamentosas.

AGUJAS, CABO DE LAS. Punta meridional de África, al sudeste de ciudad de El Cabo. Los portugueses le dieron esta denominación por los escarpados riscos que la forman. Límite convencional entre los océanos Atlántico e Índico.

AGUJAS, CORRIENTE DE. Flujo oceánico superficial que forma parte de la corriente sudecuatorial. Corre hacia el sur, por el océano Índico, a lo largo de la costa oriental africana. Se desplaza luego hacia el oeste para unirse a la corriente que discurre desde África hasta Australia.

AGUJEROS NEGROS. Cuerpos celestes de enorme poder de atracción, debido a su gran densidad, que no permite el escape de radiación alguna.
1:126b; Estrella 6:171b.

AGULLANA. Población española de la prov. de Gerona, comunidad autónoma de Cataluña. Importante centro arqueológico, conserva necrópolis céltica de campos de urnas. 647 hab. (1986).

AGULLÓ, JOAN (m. h. 1462). Dirigente catalán. *Paer* (síndico) de la ciudad de Lérida, participó en la revuelta catalana contra Juan II de Aragón y defendió la región leridana frente a las tropas del monarca. Hecho prisionero cerca de Tárrega, fue procesado y ejecutado.

AGUSAN, RÍO. Curso fluvial de la isla de Mindanao, Filipinas. Nace en la prov. de Davao y atraviesa valles entre las tierras altas centrales y la cordillera del Pacífico hasta desembocar en la bahía de Butuán. 390 km.

AGUSTÍN, ANTONIO (1516-1586). Prelado y jurista español. Fue obispo de Lérida y arzobispo de Tarragona. Participó activamente en el concilio de Trento. Autor de *Diálogos de las armas y linajes de la nobleza de España,* tratado de heráldica. Estudioso del derecho romano, su biblioteca sirvió de base para formar la de El Escorial.

AGUSTÍN, JOSÉ. V. **José Agustín.**

AGUSTÍN, SAN (354-430). Aurelio Agustín, doctor y padre de la iglesia. Figura fundamental para el desarrollo del cristianismo y su sistematización. Denominado a menudo san Agustín de Hipona, para distinguirlo del de Canterbury.
1:127b; Alma 1:236a; Ambrosio, san 1:269a; Católica, Iglesia 4:45b; Constitución 4:348b; Derecho 5:139b; Educación 5:312b; Estado 6:123a; Filosofía 6:296b; Jansenismo 8:337a; Jesucristo 8:370b; Latina, literatura 9:77a; Maniqueísmo 9:330b; Órdenes religiosas 11:131a; Orosio, Paulo 11:156b; Política 12:62b; Sacramento 13:79b; Teología 14:21b; *ilustraciones* 1:127b; 9:73b.

AGUSTÍN DE CANTERBURY, SAN (m. en el 604/605). Evangelizador de Inglaterra. Fue enviado por el papa Gregorio I, junto con un grupo de monjes benedictinos, a Inglaterra, que era en buena medida pagana. Convirtió al rey Atalberto y a miles de sus súbditos. Estableció su catedral en Canterbury.
Canterbury 3:348b.

AGUSTINA DE ARAGÓN. V. **Zaragoza y Doménech, Agustina.**

AGUSTINI, DELMIRA (1886-1914). Poetisa uruguaya. Fue una de las primeras en tratar temas osados, como la sensualidad y la pasión.
1:128b.

AGUSTINISMO. V. **Agustín, san.**

AGUSTINOS. Nombre que reciben las órdenes religiosas católicas regidas por las reglas de san Agustín de Hipona. Dichas reglas fueron redactadas después de la muerte del santo y se basan en sus escritos sobre la vida en comunidad. Entre las numerosas órdenes agustinas cabe citar los recoletos, los agustinos descalzos, los eremitas, las monjas hospitalarias, etc.

AGUTÍ. Mamífero roedor de la familia de los dasipróctidos y del género *Dasyprocta.* Tamaño mediano, patas largas y finas, cola rudimentaria, hocico truncado y ojos grandes. Vive en las regiones tropicales de América del sur. Se alimenta de vegetales.

AGUZANIEVES. Pájaro de la familia de los motacílidos (*Motacilla alba*). También denominado lavandera. Ceniciento en el dorso, blanco en el vientre y con el cuello, pecho, alas y cola negros. Vive en parajes húmedos, se alimenta de insectos y mueve sin cesar la cola. Abunda en toda Europa.

AHAD HAAM (1856-1927). Asher Ginzberg, dirigente sionista y escritor. Sus conceptos sobre la cultura hebrea influyeron profundamente en las primeras colonias judías en Palestina.

AHAGGAR, MACIZO DEL. Extensa meseta del Sahara, en el trópico de Cáncer. Monte Tahat (3.000 m). Mide unos 1.550 km de norte a sur y alrededor de 2.100 de este a oeste. Oasis de Tamanraset. Depósitos de gas natural. Importantes yacimientos de arte prehistórico.

AHERN, BERTIE (n. en 1951). Economista y político irlandés. Fue diputado en 1977 y más tarde ministro de finanzas y trabajo, y alcalde de Dublín. En 1997 fue elegido primer ministro de la República de Irlanda tras la victoria electoral de su partido, el Fianna Fail. Su principal preocupación fue la integración plena de Irlanda en la Unión Europea y la búsqueda de una solución negociada a la problemática de Irlanda del Norte.

AHIDJO, AHMADOU (1924-1989). Político camerunés. Ocupó diversos cargos políticos durante el período colonial francés (secretario y vicepresidente de la Unión Francesa). Fundó la Unión Camerunesa y en 1960 alcanzó la presidencia de la república de Camerún. Dimitió del cargo en 1983 y se opuso decididamente a la política seguida por su sucesor, Paul Biya.

AH KIN. Término colectivo que designaba a los sacerdotes mayas. El sacerdote principal (*ah kin mai*) era administrador, maestro, curandero, astrónomo, asesor del rey y adivino. El resto de los *ah kin* desempeñaban funciones sacerdotales, incluyendo la realización de sacrificios humanos. El cargo de *ah kin* era hereditario.

AHMAD IBN HANBL (780-855). Teólogo musulmán. Formuló el *Hanbali*, uno de los cuatro libros de la ortodoxia islámica. Su doctrina influyó poderosamente en los teólogos de los siglos XIII y XIV y en la corriente más tradicionalista del siglo XIX.

AHMADIYA. Secta musulmana fundada por Mirza Ghulam Ahmad (h. 1839-1908) en 1889, en la región del Panjab (Punjab), India. Su campo de actuación cubrió Europa, África y Asia y tuvo su núcleo principal en lo que sería Pakistán.

AHMAD KAN, SIR SAYYID (1817-1898). Erudito musulmán de la India. Fundador del colegio musulmán anglo-oriental de Aligarh (1877) y de una sociedad reformista educativa (1886). Considerado como uno de los principales impulsores del movimiento de renacimiento islámico en la India en el siglo XIX. Autor de obras de historia, arqueología y temas educativos.

AHMAD SHA DURRANI (h. 1722-1772). Fundador del estado de Afganistán. Perteneciente a la tribu afgana abdalí, fue coronado rey en 1747, a la muerte de Nadir Sha de Persia, y estableció su capital en Qandahar. Gobernó un vasto imperio que se extendía desde el río Amú Daria hasta el océano Índico y desde la región persa de Jorasán hasta Cachemira, el Panjab (Punjab) y Sind en la India.
Afganistán 1:86b.

AHMED III (1673-1736). Sultán otomano (1703-1730). Sucedió en el trono a su hermano Mustafá II. En guerra con Rusia por dar asilo a Carlos XII de Suecia, derrotó a Pedro el Grande en Azov, plaza que pasó a su poder. Conquistó Morea a los venecianos. Por el Tratado de Passarowitz conservó parte de sus conquistas. Introdujo la imprenta en su país en 1727. Fue depuesto en 1730 y murió en cautividad.

AHMEDABAD. Ciudad de la India, en el dist. del mismo nombre, est. de Gujarat, a orillas del río Sabarmati. Fundada en 1411. Universidad, museo, instituto de estudios indios. Industria algodonera, manufacturas ligeras. 2.876.810 hab. (1991).

AHMED ABÚ GIAFAR AL-MOSTANSIR. Rey taifa de Zaragoza de principios del siglo XII. Gobernaba esa ciudad cuando se produjo el asedio y la posterior ocupación de la misma por el rey aragonés Alfonso I el Batallador, el 18 de diciembre de 1118. Murió en enfrentamiento con los cristianos en tierras aragonesas.

AHMÉS I. Faraón de la XVIII dinastía egipcia, primero del linaje tebano; reinó del 1570 al 1546 a.C. Completó la expulsión de los hicsos. Con él comienza el imperio nuevo. Llamado también Ahmosis o Amosis I.
Egipto 5:334b.

AHMÉS II (m. en el 526 a.C.). Faraón egipcio de la XXVI dinastía. Originalmente militar, ocupó el trono (570-526 a.C.) tras derrocar a Apries. Fortaleció las relaciones con Grecia y con Cirene (en la posterior Libia). Al parecer subyugó a Chipre y, según Herodoto, se alió con el lidio Creso contra el persa Cambises II, quien conquistó Egipto en el 525 a.C.

AHMOSIS. V. **Ahmés.**

AHORRO. Proceso por el que un sujeto económico pone en reserva una porción de sus ingresos para cubrir necesidades futuras y, por extensión, la cantidad de recursos monetarios acumulada mediante este procedimiento.
1:129a; Bolsa 3:100a.

AH PUCH. En la mitología maya, dios de la muerte y del mal, contrario a Itzamná. Se le suele representar como un cadáver semidescompuesto, adornado con cascabeles y collares de huesos; lo acompañan el perro, la lechuza y el ave Moán.
Maya, religión 10:7a.

AHRIMÁN. Según la doctrina de Zoroastro, divinidad que encarna el principio del mal, de la mentira. Constituye el eterno adversario de Ahura Mazda u Ormuz, el principio del bien. También conocido como Angra Mainyu.
Zoroastrismo 14:434b.

AHSAI, AL(1753-1826). Religioso musulmán. Fundador de la secta chiita shaijí iraní. Su doctrina se basaba en una concepción catastrofista y apocalíptica del mundo. Entró en conflicto con los teólogos ortodoxos. Murió cuando peregrinaba a La Meca.

AHUACHAPÁN (CIUDAD). Población de El Salvador, cap. del dep. del mismo nombre, en las estribaciones del volcán La Lagunita. Fuentes termales. Centrales hidroeléctrica y geotérmica. Café, textiles, alfarería. 69.852 hab. (1980).

AHUACHAPÁN (DEPARTAMENTO). División administrativa de El Salvador fronteriza con Guatemala. Valles, montañas y varios volcanes. Zona costera con el Pacífico de unos 13 km de anchura. Ganadería y agricultura. Café. Cap. Ahuachapán. 1.240 km^2. 261.188 hab. (1992).

AHUEHUETE. Conífera perteneciente a la familia de las taxodiáceas (*Taxodium cronatum*). Conocida también en México como ciprés de Moctezuma y en Europa como ciprés calvo, es originaria de zonas húmedas de América del norte. Diversos ahuehuetes longevos mexicanos tienen importancia histórica o simbólica.

AHUÍZOTL. Rey azteca (1486-1503). Amplió la extensión y riqueza del imperio y convirtió Tenochtitlan en la primera ciudad del continente.
1:130a; Azteca, imperio 2:285a; *ilustración* 1:130a.

AHUMADA Y VILLALÓN, AGUSTÍN (m. en 1760). Militar español. Ocupó el cargo de virrey de la Nueva España desde noviembre de 1755 hasta enero de 1760. Recibió el título de marqués de las Amarillas. Bajo su gobierno fue nombrada patrona de México la Virgen de Guadalupe.

AHURA MAZDA. Conocido también con el nombre de Ormuz o el Sabio Señor, divinidad que encarna el principio del bien y de la verdad en la doctrina de Zoroastro. Se opone a Ahrimán (Angra Mainyu).
Zoroastrismo 14:433a.

AHVAZ. Ciudad de Irán, cap. de la prov. de Juzestán, a orillas del río Karún. Universidad, aeropuerto. Explotaciones petrolíferas, activo centro comercial y nudo ferroviario. 804.980 hab. (1996).

AHWAZ. V. **Ahvaz.**

AIALA, JOSEFA DE. V. **Ayala, Josefa de.**

AI APAEC. Entre los mochicas del antiguo Perú, divinidad de la guerra y supremo regidor del universo. Podía mostrarse como dios o como hombre, y se le solía representar con colmillos y bigotes de felino.

AIBONITO. Municipio del dist. puertorriqueño de Guayama, en la cordillera Central. Café, tabaco. Ganadería. 80,29 km^2. 22.231 hab. (1985).

AICHEL, GIOVANNI S. (1667-1723). Arquitecto bohemio de origen italiano. Cultivó tanto el estilo barroco (derivado de Francesco Borromini y Guarino Guarini) como el neogótico, especializándose en este último. Iglesia de María, Kladrau (1712-1726); iglesia de San Juan Nepomuceno, Saar (1719-1722).

AÍDA. Ópera de Giuseppe Verdi, estrenada en 1871 en El Cairo para celebrar la inauguración del canal de Suez. Narra el amor no correspondido de la princesa etíope Aída por el general egipcio Radamés. Significó el inicio de un nuevo estilo de composición para su autor.

AIHOLE. Antiguo nombre de la ciudad de Aivalli, en el sudoeste de la India. Famoso centro arqueológico, en el que destacan sus templos y cuevas decoradas con episodios mitológicos de los *Puranas*.
Indio, arte 8:170b.

AIKEN, CONRAD (1889-1973). Novelista y poeta estadounidense. Cultivó el relato breve y la crítica literaria. Autor fuertemente influido por la teoría del psicoanálisis. *Ushant* (1952), *Poemas escogidos* (1953).

AIKIDO. Disciplina de autodefensa que unifica los métodos de lucha del *judo* y el *jiu-jitsu* en sus técnicas, cuya finalidad es volver contra un atacante su propia fuerza.

AILEY, ALVIN (1931-1990). Bailarín estadounidense. Alumno de Lester Horton, debutó en 1949. En 1958 fundó el Alvin Ailey American Dance Theater, compañía compuesta principalmente por bailarines negros y en cuyas interpretaciones se observó la influencia del *blues* y el *jazz*.

AIMARA, LENGUA. Lengua amerindia de la cordillera andina, hablada por los indios del mismo nombre en la región del lago Titicaca, entre el Perú y Bolivia. También conocida como aymará.
Amerindias, lenguas 1:291a.

AIMARAS. Pueblo amerindio de las mesetas andinas del Perú y Bolivia. También se los conoce como aymaraes. Sometidos primero por los incas y luego por los conquistadores españoles, en 1780 iniciaron una sublevación que se prolongó hasta la proclamación de la independencia del Perú (1821). De economía agrícola y ganadera, su unidad social básica es la familia extendida.
Amerindios, pueblos 1:303a.

AINOS o AINUS. Pueblo de raza caucasoide que habita en las islas Sajalín y Hokkaido (nordeste asiático). Politeístas, los ainos practican la poligamia y cuentan con un arte decorativo muy desarrollado. La lengua ainu era la primitiva del archipiélago japonés.
Asiáticos, pueblos 2:156b; Japón 8:340a.

AIRBAG. Dispositivo de seguridad para automóviles que consiste en una bolsa hermética situada frente a los asientos de conductor y pasajeros y que se infla de forma automática en caso de colisión, lo que reduce los efectos del impacto. El airbag de conductor es obligatorio en varios países.

AIRBUS. Avión comercial creado por un consorcio de empresas europeas de construcción aeronáutica: Aérospatiale (Francia), British Aerospace (Reino Unido), Messerschmitt (Alemania), Fokker (Países Bajos), Belairbus (Bélgica), CASA (España). Construido, en diferentes modelos, a partir de 1970. En 1995 se presentó el mayor de los modelos, A3XX, para 550 pasajeros.
Aeronáutica 1:82a.

AIRE. Fluido gaseoso que forma la atmósfera, consistente en una mezcla de varios gases.
1:130b; Atmósfera 2:202a; Nitrógeno 10:421b; Oxígeno 11:192a; Precipitaciones atmosféricas 12:116b; Tierra 14:56b; *cuadro* 1:131a.

AIRE, ACONDICIONAMIENTO DE. Sistema para regular la temperatura, humedad y pureza del aire en un recinto cerrado, mediante diversas técnicas e instalaciones.
1:131b; Invdernadero 8:248b.

AIREACIÓN. V. **Aeración.**

AIRE COMPRIMIDO. Aire cuya densidad se ha incrementado por aplicación de una presión mayor que la existente en la atmósfera. Para ello se utilizan compresores accionados por distintos sistemas. Se emplea para impulsión de máquinas, sistemas de ventilación, etc.

AIRE LÍQUIDO. Aire licuado por presión. Al evaporarse produce un gran descenso de la temperatura (–190 °C).
Líquido, estado 9:174a.

AIRO, CLEMENTE (1918-1975). Novelista y ensayista colombiano. Ofreció estudios psicológicos de sus personajes. Fundó la revista *Espiral*. Escribió *Yugo de sombra* (1948), *La ciudad y el viento* (1962).

AISA (h. el 614-678). Hija de Abú Bakr, tercera esposa de Mahoma. Se opuso al nombramiento de Alí (primo y yerno del profeta) como califa y se enfrentó a él, por lo que fue desterrada a Medina, donde murió. Recopiló las doctrinas de su esposo para la posteridad.

AISÉN. V. **Aisén del General Carlos Ibáñez del Campo.**

AISÉN, RÍO. Curso fluvial formado por la confluencia de los ríos Simpson y Mañinales, fluye al este de la ciudad de Puerto Aisén al sur de Chile, con una longitud de 180 km.

AISÉN DEL GENERAL CARLOS IBÁÑEZ DEL CAMPO. División administrativa de Chile (XI región). La forman las prov. de Aisén, Coihaique, General Carrera y Capitán Pratt, e incluye parte del archipiélago Chonos. Cap. Coihaique. 108.494 km^2. 88.782 hab. (1995).

AISLACIONISMO. Actitud política que propugna la no intervención en los asuntos políticos de otras naciones soberanas. Los Estados Unidos de América mantuvieron un aislacionismo respecto a Europa hasta su entrada en la primera guerra mundial.

AISLAMIENTO. En ciencia y tecnología, condición de un cuerpo que impide la propagación de ciertas propiedades físicas a través de él. Comúnmente las instalaciones industriales y domésticas emplean aislantes de calor, electricidad y sonido.
Acústica 1:55b; Asfalto 2:143b.

AISLANTE. Sustancia natural o artificial que retrasa o impide el paso de la corriente eléctrica o de la conductividad térmica o acústica.
1:132a; Amianto 1:303b; Corcho 4:379a; Electrónica 5:366a; Electroscopia 5:370a; *cuadro* 1:132b.

AISNE, RÍO. Curso fluvial de Francia. Nace en Argonne, atraviesa el dep. de su mismo nombre y vierte sus aguas en el río Oise, después de recorrer 300 km.

AITANA, SIERRA DE. Sistema montañoso español, situado en la cordillera Subbética y perteneciente a la prov. de Alicante. De formación calcárea, alcanza su máxima altitud en los 1.588 m.

AITKEN, JOHN (1839-1919). Físico y meteorólogo escocés, conocido por sus estudios sobre la condensación de humedad y la presencia de polvo en la atmósfera.

AIX-EN-PROVENCE. Ciudad de Francia en el dep. de Bouches-du-Rhône, a orillas del río Arc. Fundada hacia el 123 a.C. Ruinas y termas romanas, universidad, catedral de los siglos XI-XIII. Aguas termales. Centro agrícola, aceitunas, almendras. Cuna de Paul Cézanne. 134.222 hab. (1999).

AIX-LA-CHAPELLE. V. **Aquisgrán.**

AIX-LES-BAINS. Ciudad del este de Francia en el dist. de Chambéry, dep. de Savoie, junto al lago Bourget. Aguas termales sulfurosas y alcalinas. Ruinas romanas (Aquae Gratianae). Funicular. 22.331 hab. (1982).

AIZENBERG, ROBERTO (1928-1996). Pintor argentino. Incluido dentro de la corriente surrealista, en sus obras intentó reflejar la soledad del individuo en una sociedad industrializada.

AJAB. Según el relato bíblico del primer Libro de los Reyes, séptimo rey de Israel del 874 al 853 a.C. Sucedió en el trono a su padre Omri y tomó por esposa a Jezabel, quien lo inició en el culto al dios Baal. Venció a los arameos y a los asirios y fue contemporáneo de los profetas Elías y Miqueas.
Elías 5:378a.

AJACCIO. Ciudad y puerto del Mediterráneo, en la costa occidental de la isla de Córcega, Francia. Puerto turístico y pesquero, cap. del dep. de Corse-du-Sud. Industria ligera. Cuna de Napoleón Bonaparte. 48.324 hab. (1982).
Córcega 4:378b.

AJANTA. Localidad de la India, en el dist. de Aurangabad, est. de Maharashtra, famosa por sus templos y monasterios budistas cavados en roca. Pinturas al fresco y esculturas.
Indio, arte 8:170b.

AJANTA, CUEVAS DE. Conjunto de monasterios y santuarios budistas que se encuentran en la región central de la India. Su construcción se sitúa entre el siglo II a.C. y el siglo VII d.C. El grupo tiene treinta cuevas, con muestras de arquitectura, pintura y escultura indias.
Arquitectura 2:100a.

AJAZ. V. **Acaz.**

AJEDREA. Planta herbácea de la familia de las labiadas (*Satureja montana*). Dicotiledónea. Especie mediterránea, tiene aplicaciones medicinales.

AJEDREZ. Juego de mesa para dos personas en el que se utiliza un tablero a cuadros con piezas especialmente diseñadas.
1:133a; Alfonso X el Sabio 1:214b; Mesa, juegos de 10:77b; *ilustraciones* 1:133b; 1:134a.

AJENJO. Planta herbácea, vivaz, de la familia de las compuestas (*Artemisia absinthium*). Dicotiledónea. Propia del Mediterráneo oriental, prospera en suelos de naturaleza salina próximos al litoral. De ella se obtiene, junto con otras plantas, la bebida denominada ajenjo o absenta.
Alcohólicas, bebidas 1:158a.

AJÍ. Planta perteneciente a la familia de las solanáceas y al género *Capsicum*. Dicotiledónea.
1:134b; *ilustración* 1:135a.

AJICILLO. V. **Icneumón.**

AJITÓFEL. V. **Aquitófel.**

AJMADÚLINA, BELA (o BELLA) (n. en 1937). Poetisa soviética. Figura representativa de la literatura postestalinista. Su obra, influida por Anna Ajmátova, abarcó la poesía y el relato. *La cuerda* (1962), poesía; *Muchos perros y un perro* (1979), relato.

AJMÁN. V. **Aymán.**

AJMÁTOVA, ANNA (1889-1966). Anna Andréievna Gorenko, poetisa rusa. Su poesía de temática predominantemente amorosa, se caracterizó por la simplicidad y perfección formal del verso. Tuvo gran influencia sobre los poetas posteriores de su país, sobre todo en Bela Ajmadúlina. Obra de carácter vanguardista. *El rosario* (1914), *Réquiem* (1935-1940).
Rusa, literatura 13:48a.

AJMER. Ciudad de la India, centro administrativo del dist. homónimo, en el est. de Rajasthán. Palacio del siglo XVI, hoy museo. Importante centro comercial e industrial. Artesanía. 402.700 hab. (1991).

AJNATÓN. V. **Akenatón.**

AJO. Planta herbácea de la familia de las liliáceas (*Allium sativum*). Monocotiledónea.
1:135b; Medicinales, plantas 10:33b; *ilustraciones* 1:135b; 10:33b.

AJOLOTE. Anfibio urodelo de la familia de los ambistónidos (*Ambystoma mexicanum*). Color oscuro, algo verdoso. Habita en zonas lacustres de México.

AJONJOLÍ. V. **Sésamo.**

AJUSCO, SIERRA DEL. Sistema montañoso mexicano de origen volcánico. Se extiende al sudeste de la ciudad de México y toma su nombre del cerro del Ajusco, de 3.926 m. Algunas de sus cimas volcánicas alcanzan, sin embargo, mayores alturas, como el Malacatépetl (4.094 m).

AJUSTE. En mecánica, operaciones que se realizan con diversos tipos de herramientas para elaborar y acabar manualmente una pieza metálica.

ÁKABA. V. **Áqaba, al-.**

ÁKABA, GOLFO DE. V. **Áqaba, golfo de.**

AKAHITO. Poeta japonés, uno de los primeros que se conocen. Su obra data del siglo VIII y, junto con la de otros autores contemporáneos y algunos posteriores, se halla recogida en la antología *Manioshu* (*Colección de las diez mil hojas*).

AKAN, PUEBLO. Grupo etnolingüístico de la costa africana de Guinea que habla las lenguas akan. Se concentra principalmente en Ghana, Costa de Marfil y Togo. El clan matrilineal constituye la unidad político-social básica de las tribus akan. Culto a los antepasados. Economía agrícola.
Ghana 7:121b.

AKBAR (1542-1605). Emperador mogol de la India, supuesto descendiente de Tamerlán. Reformó y centralizó la administración pública y el sistema fiscal.
1:136a; India 8:158b; Indio, arte 8:171b; Mogola, dinastía 10:209b.

AKENATÓN (siglo XIV a.C.). Amenofis IV, faraón de la XVIII dinastía egipcia; reinó entre el 1379 y el 1362 a.C. Fue autor de una reforma religiosa basada en el culto a Atón, el disco solar, causa por la cual desechó el nombre de Amenofis.
1:136a; Amón 1:308a; Egipto 5:344b; Tebas (Egipto) 13:413a; Tutankamón 14:165b; *ilustración* 1:136a.

AKHILA (siglo VIII). Noble de los visigodos de España. Hijo primogénito del rey Witiza (Vitiza). Pretendió la corona, pero parte de la aristocracia eligió a Rodrigo, duque de la Bética. Akhila (o Aquila) pidió ayuda a los musulmanes, que con ese pretexto se establecieron por primera vez en la península ibérica.
Rodrigo, don 12:406b.

AKIBA BEN YOSEF (h. el 40 d.C.-h. el 135 d.C.). Rabino judío. Creador de un método de interpretación y clasificación de las leyes judías (*Halakha*). Defendió en todo momento la rebelión de Barcokebas frente a la ocupación romana (132-135). Hecho prisionero por los romanos, fue martirizado.

AKIHITO (n. en 1933). Emperador de Japón. Accedió al trono en 1989, como heredero de su padre Hirohito.
1:136b; *ilustración* 1:137a.

AKKAD. V. **Acad.**

AKKERMAN, TRATADO DE. Acuerdo firmado el 7 de octubre de 1826 entre Rusia y el imperio otomano por el que éste reconocía las pretensiones de Rusia sobre Servia, que fue declarada autónoma, y sobre los principados danubianos de Moldavia y Valaquia. También se permitió la libre circulación de barcos rusos por el mar Negro.

AKKO. V. **Acre (Israel).**

AKRA LEUKA. Término griego que, con el significado de «promontorio blanco», designaba a la colonia griega asentada en las proximidades de la actual ciudad española de Alicante, en la costa mediterránea. Su fundación se sitúa entre los siglos IV y III a.C.

AKRON. Ciudad de los Estados Unidos en el est. de Ohio, a orillas del río Cuyahoga. Universidad, instituciones culturales, aeropuerto. Posee algunas de las fábricas de neumáticos más importantes del mundo. Industrias diversas. 215.712 hab. (1998).

AKSAKOV, SERGUÉI (1791-1859). Escritor ruso. Cultivó diversos géneros, entre ellos las memorias noveladas. Su admiración por Nikolái Gógol lo llevó a escribir obras en las que describía la vida de los terratenientes rusos, dentro de un estilo y lenguaje sencillos. *Crónica familiar* (1856), *Los años de infancia del nieto Bagrov* (1858).

AKSIÓNOV, VASILI (n. en 1932). Escritor ruso. Médico de profesión, fue autor de novelas y relatos en los que dibujó un cuadro costumbrista de la sociedad soviética de las décadas de 1960 y 1970. *Billete a las estrellas* (1961), *El pájaro de acero* (1977), *La quemadura* (1980).
Rusa, literatura 13:48b.

AKSUM. Ciudad del norte de Etiopía, también llamada Axum, que fue capital del reino del mismo nombre. Fundada por los descendientes de uno de los reinos sabeos que florecieron en el sur de Arabia durante el primer milenio a.C., la ciudad gozó de una gran prosperidad económica, como centro del mayor mercado de marfil del nordeste de África, en los siglos IV y V de la era cristiana.
Etiopía 6:181b.

AKUTAGAWA RIUNOSUKE (1892-1927). Escritor japonés. Autor de novela corta escrita en estilo purista.
1:137a; Japonesa, literatura 8:352b.

ALÁ. Término árabe (*Allah*) empleado por el Islam para designar al dios único y verdadero, al Ser Supremo, juez de todos y creador del mundo. Según la tradición islámica, es la más perfecta del centenar de denominaciones con que se invoca a Dios.
Islam 8:277b.

ALA (AERONÁUTICA). Elemento de sustentación de los aviones. Está formado por uno o más elementos longitudinales (largueros) sobre los que se hallan fijadas las costillas o componentes estructurales del perfil.
Avión 2:266a.

ALA (ZOOLOGÍA). Miembro que compone la anatomía de tres grupos de animales (quirópteros, aves e insectos) y que permite la permanencia de los mismos en el aire. Puede estar compuesto por plumas o por una estructura membranosa.

ALABAMA. Estado del sudeste central de los Estados Unidos, a orillas del golfo de México, al sur de las estribaciones de los montes Apalaches. Bañado por el río Tennessee. Algodón, soya (soja), maíz. Explotación forestal. Ganadería. Siderurgia, centrales nucleares. Cap. Montgomery. 133.915 km^2. 4.319.154 hab. (1997).
Estados Unidos 6:126b.

ALABANDINA. Piedra preciosa, sulfuro de manganeso. Cristaliza formando cubos y su color es de un negro brillante de tonos metálicos. También llamada blenda manganesífera.

ALABASTRO. Mineral que presenta dos composiciones, una yesosa y otra caliza. Se emplea como material ornamental.
1:137b; Yeso 14:385a; *ilustración* 1:137b.

ALACA HÜYÜK. Antigua ciudad hitita situada en la parte central de la península de Anatolia, en Turquía. Entre sus más importantes hallazgos arqueológicos figuran la puerta de las Esfinges, trece tumbas reales (que datan aproximadamente del 2500 a.C.) y restos de un palacio.
Hititas 8:29a.

ALACALUFES. V. **Alakaluf**.

ALACUÁS. Población española de la prov. de Valencia, comunidad autónoma de Valencia. Conserva arquitectura de los siglos XV y XVI. Productos hortícolas, industria del juguete. 24.199 hab. (1986).

ALADI. V. **Asociación Latinoamericana de Integración (ALADI).**

ALADINO. Personaje de uno de los cuentos de *Las mil y una noches*. Poseedor de una lámpara maravillosa, Aladino consigue hacer fortuna y contrae matrimonio con la hija del sultán.

ALADRO Y CASTRIOTA, JUAN PEDRO DE (1845-1914). Diplomático español. Descendiente por parte materna de la nobleza albanesa, formó la Liga de Pissend y estableció diferentes comités en Italia, los Balcanes, Grecia y Egipto, con el intento de hacer valer sus derechos sucesorios al trono de Albania, país que estaba bajo control otomano.

ALAGOAS. Estado del nordeste de Brasil, a orillas del océano Atlántico, bañado por el río São Francisco; diversos lagos. Terreno montañoso. Agricultura, ganadería. Industria azucarera. Petróleo. Cap. Maceió. 29.107 km^2. 2.713.203 hab. (1999).

ALAGOINHAS. Ciudad de Brasil en el nordeste del est. de Bahía. Cítricos, productos lácteos, curtidos. Minas de carbón. 103.578 hab. (1996).

ALAGÓN. Población española de la prov. de Zaragoza, comunidad autónoma de Aragón. Conserva restos arqueológicos de antiguos asentamientos celtibéricos y romanos y arquitectura medieval. Agricultura, industria. 5.443 hab. (1986).

ALAGÓN, RÍO. Curso fluvial de la región occidental de España. Nace al sur de la prov. de Salamanca y atraviesa la prov. de Cáceres, hasta desembocar en el río Tajo. Su curso es de 209 km.

ALAIN (1868-1951). Émile-Auguste Chartier, filósofo francés. Escribió ensayos de elegante redacción que influyeron en toda la filosofía francesa del siglo XX. *Disertaciones* (1908), *Marte, o la guerra juzgada* (1921), *Las ideas y las eras* (1927), *Los dioses* (1934).
Maurois, André 10:1a.

ALAIN DE LILLE (h. 1128-1202). Teólogo y poeta francés, conocido como el «doctor universal». Su sistema filosófico asimilaba las teorías platónicas e intentaba reducir la teología a un sistema científico. Influyó decisivamente en la literatura medieval. *Acerca de la fe católica contra los herejes de su tiempo.*

ALAIN-FOURNIER (1886-1914). Henri-Alban Fournier, escritor francés. Su única novela, *El gran Meaulnes* (1913), narra el deseo nostálgico de un adolescente –*alter ego* del autor– por un mundo idealizado y paradisíaco. Póstumamente se publicaron dos volúmenes de su correspondencia, fechada entre 1905 y 1914, con el crítico Jacques Rivière, su cuñado.

ALAJUELA (CIUDAD). Población del noroeste de Costa Rica, cap. de la prov. de su mismo nombre. Centro turístico. 41.390 hab. (1988).
1:138a.

ALAJUELA (PROVINCIA). División administrativa de Costa Rica, limítrofe al norte con Nicaragua. Cap. Alajuela. 9.753 km^2. 601.674 hab. (1996).
Costa Rica 4:417a.

ALAKALUF. Pueblo amerindio, casi extinguido, que habita en la costa oriental de la isla Wellington, al sur de Chile. De hábitos seminómadas, utiliza la canoa para sus desplazamientos. Posee una religión muy primitiva, carece de agricultura y se dedica a la pesca, la caza de animales marinos y la recolección de marisco como principales medios de subsistencia.
Amerindios, pueblos 1:302a.

ALALC. V. **Asociación Latinoamericana de Libre Comercio (ALALC).**

ALALIA. Pérdida de la facultad de hablar por defecto en el aparato vocal o lesiones nerviosas periféricas. Incluye la patología de sordomudez, denominada alalia cófica o idiopática.

ALAMÁN, LUCAS (1792-1853). Político, economista e historiador mexicano. De tendencias conservadoras, contribuyó al desarrollo industrial de su país.
1:138a; *ilustración* 1:138a.

ALAMANDA. Arbusto trepador de la familia de las apocináceas y perteneciente al género *Allamanda*. Dicotiledónea. Diversas especies originarias de las regiones tropicales americanas.

ALAMANES. Antigua confederación de pueblos germánicos, integrada por suevos, usipios, teúctenos y semnones. Vivían entre el río Meno y el lago Constanza y formaron un cuerpo político estable entre los siglos IV y V. Se enfrentaron al Imperio Romano.
Suiza 13:357a.

ALAMBIQUE. Aparato utilizado en la destilación compuesto por una caldera en la que se coloca la sustancia que se desea destilar, una tapa donde se recogen los vapores y un serpentín en el que estos últimos se condensan.
Destilación 5:517a.

ALAMBRE. Hebra metálica, generalmente flexible, de múltiples aplicaciones. Fabricada mediante el paso a presión de varillas metálicas por una serie de placas de acero de gran dureza con orificios de distintos diámetros. Útil en la fabricación de circuitos eléctricos por su capacidad conductora.
Aluminio 1:254b.

ALAMEDA. Ciudad y puerto de los Estados Unidos, en el est. de California, sobre una pequeña isla de la bahía de San Francisco. Colegio universitario. Base aeronaval. Astilleros, acerías, aserraderos. Pesquerías. 78.695 hab. (1988).

ALAMEIN, BATALLA DE EL. Enfrentamiento durante la segunda guerra mundial entre las tropas alemanas, mandadas por el mariscal Erwin Rommel, y las británicas al mando de su homólogo Bernard Montgomery. Las tropas del Reich fueron rechazadas por un decidido ataque del VIII ejército británico, lo que marcó el principio de la derrota alemana en el desierto africano.

ALAMINOS, ANTÓN DE (n. h. 1475). Navegante español. Acompañó a Cristóbal Colón en su segundo viaje al Nuevo Mundo. Junto a Juan Ponce de León exploró las costas americanas e intervino en el descubrimiento de la península de Florida (1513).

ÁLAMO. Árbol de hoja caduca perteneciente a la familia de las salicáceas y al género *Populus*. Dicotiledónea. Diversas especies, algunas de las cuales reciben también el nombre de chopo. Se utiliza por su madera y para la fabricación de pasta de papel.
1:138b; *ilustración* 1:139a.

ÁLAMO, BATALLA DEL. Conflicto armado que se desarrolló entre el 23 de febrero y el 6 de marzo de 1836, en el transcurso de la guerra de independencia de Texas. Después de trece días de asedio, la misión franciscana de San Antonio, en la que se habían hecho fuertes 200 insurrectos texanos, fue tomada por las tropas mexicanas de Antonio López de Santa Anna.
San Antonio 13:155b.

ALAMOGORDO. Población de los Estados Unidos, situada en la parte meridional del est. de Nuevo México. Fundada en 1898 por John A. y Charles B. Eddy. El 16 de julio de 1945 se produjo en sus proximidades la primera prueba de la bomba atómica. Industria y comercio. 24.024 hab. (1980).

ALAND. Archipiélago de Finlandia que constituye la prov. autónoma de Ahvenanmaa, en la entrada del golfo de Botnia, a 40 km de la costa sueca. Cubre una superficie de 1.481 km^2, con más de 80 islas habitadas y 6.000 desiertas e islotes. Su isla más grande, donde se ubica Mariehamn, capital de Ahvenanmaa, se denomina también Aland. 23.706 hab. (1988).

AL-ÁNDALUS. V. **Ándalus, al-.**

ALANITA. Silicato hidratado compuesto por diversos minerales, de color negro parduzco y brillo graso. Se denomina también ortita.

ALANOS. Pueblo nómada procedente del nordeste del mar Negro, que cruzó los Pirineos junto a suevos y vándalos, expulsados de Hungría por los hunos. Se estableció en la Lusitania y la Cartaginense (España). El visigodo Walia lo aniquiló en el 418. Parte de los supervivientes cruzó con los vándalos a África. Otro grupo, establecido en la Galia, luchó contra Atila. Desaparecido en la segunda mitad del siglo V.

ALANTOIDES. Saco o vesícula que nace en la extremidad posterior del intestino del embrión de los vertebrados amniotas (reptiles, aves y mamíferos). Asegura la nutrición y la respiración del embrión.
Embriología 5:389a; Vertebrados 14:284a.

ALARCÓN, ABEL (1881-1954). Poeta y novelista boliviano. Sus obras trataron episodios históricos del imperio incaico. Fue profesor universitario en La Paz y en Buenos Aires. *Era una vez* (1935), *Cuentos del viejo Alto Perú* (1936).

ALARCÓN, FABIÁN (n. en 1947). Presidente interino del Ecuador entre 1997 y 1998, como sucesor de Abdalá Bucaram tras la destitución de éste por el parlamento ecuatoriano. Fue sucedido por Jamil Mahuad.
1:139a; *ilustración* 1:139b.

ALARCÓN, HERNANDO (1466-1540). Militar español. General de los ejércitos españoles, participó en las campañas de Italia (asalto a Roma), Francia (Pavía) y Túnez (conquista de Túnez). Ocupó el cargo de virrey de Sicilia.

ALARCÓN, HERNANDO DE (n. en 1500). Navegante y explorador español. Recorrió la costa occidental de México y descubrió el golfo de California y el río Colorado.

ALARCÓN, JUAN RUIZ DE. V. **Ruiz de Alarcón, Juan.**

ALARCÓN, PEDRO ANTONIO DE (1833-1891). Novelista, poeta y periodista español. Representante de la literatura costumbrista de temática andaluza.
1:139b.

ALARCOS, BATALLA DE. Enfrentamiento que tuvo lugar el 18 de julio de 1195 entre las tropas de Alfonso VIII de Castilla contra el ejército del califa almohade Abú Yusuf Yaqub al-Mansur en el cerro de Alarcos, provincia de Ciudad Real (España). Culminó con la derrota del rey cristiano.
Alfonso VIII de Castilla 1:212b.

ALARICO I (h. el 370-410). Caudillo visigodo que precipitó el hundimiento del Imperio Romano de occidente con el saqueo de Roma en el 410.
1:140a; Godos 7:149b; *ilustración* 1:140a.

ALARICO II (m. en el 507). Rey visigodo. Llevó a cabo una recopilación del derecho romano en el *Breviario* que lleva su nombre.
1:140b; Godos 7:150a.

ALAS, LEOPOLDO. V. **Clarín** (LITERATURA).

ALASKA. Estado de los Estados Unidos, en el extremo noroeste del continente americano. 1.522.595 km^2. 609.311 hab. (1997).
1:140b; Amerindios, pueblos 1:293a; Estados Unidos 6:125b; Yukón, río 14:400a; *ilustración* 1:141.

ALASKA, CORDILLERA DE. Cadena montañosa del sur de Alaska. Se extiende de norte a este a lo largo de 640 km desde la cordillera

Aleutiana hasta la frontera del Yukón. Su pico más alto es el McKinley (6.194 m), máxima altura de América del norte.
Alaska 1:141a.

ALASKA, GOLFO DE. Amplia entrada del Pacífico norte en la costa meridional de Alaska, rodeada por la península del mismo nombre, la isla de Kodiak (oeste) y el cabo Spencer (este). Cubre una superficie de 1.533.000 km^2.

ALAUNGPAYA. V. **Alompra.**

ÁLAVA. Provincia del norte de España, en la comunidad autónoma del País Vasco, entre el río Ebro y los Pirineos. Rodea los enclaves de Treviño (Burgos) y Orduña (Vizcaya). Madera, cereales, viñedos. Industrias diversas. Cap. Vitoria. 3.047 km^2. 276.547 hab. (1996).
Vasco, País 14:241b; Vitoria 14:338a.

ÁLAVA, JUAN DE (m. en 1537). Arquitecto español. Artista que aunó la tradición del gótico isabelino con las nuevas tendencias renacentistas. Autor del claustro de la catedral de Santiago de Compostela (1510), de la catedral nueva de Plasencia (desde 1521) y de la catedral nueva y el convento de San Esteban en Salamanca (desde 1524).

ÁLAVA, MIGUEL RICARDO DE (1771-1843). Militar y diplomático español. Apoyó y defendió la constitución de 1812. Exiliado varias veces, fue presidente de las Cortes y embajador ante varios países europeos.

ALAWÍ, DINASTÍA. Linaje de jerifes marroquíes. Procedente de la región de Tafilete, e inicialmente dedicada al comercio sahariano, se impuso en el trono de Marruecos tras la ocupación en 1666 de Fez y en 1669 de Marrakech por Mulay al-Rashid.
Marruecos 9:384b.

ALBA, CASA DE. Familia española cuyos titulares ostentan el grado nobiliario de duques. En 1475 García Álvarez de Toledo fue nombrado primer duque de Alba.

ALBA, DUQUE DE. V. **Álvarez de Toledo, Fernando.**

ALBA, DUQUESA DE (1762-1802). María del Pilar Teresa Cayetana de Silva y Álvarez de Toledo, aristócrata española. Fue amante del pintor Francisco de Goya, quien la retrató en diversas ocasiones. Última representante de la línea directa de la casa de Alba.

ALBACEA. Persona que tiene a su cargo cumplir o hacer cumplir las voluntades expresadas testamentariamente por el testador. Nombrado por éste o en su defecto por el juez, sus facultades están reflejadas en el testamento siempre que sean conformes a la ley.

ALBACETE (CIUDAD). Población de España, cap. de la prov. homónima en la comunidad autónoma de Castilla-La Mancha. De origen árabe (al-Basit). Museo arqueológico. Azafrán, navajas. Feria de ganado. 145.454 hab. (1998).

ALBACETE (PROVINCIA). División administrativa de España en la comunidad autónoma de Castilla-La Mancha. Escasas lluvias. Trigo, quesos, viñedos, azafrán. Ganadería. Industria concentrada en la cap., Albacete. 14.858 km^2. 341.847 hab. (1996).
Castilla-La Mancha 4:18b; Murcia 10:302b.

ALBACORA. Nombre dado al atún blanco.
Atún 2:207b.

ALBA DE TORMES. Población española de la prov. de Salamanca, comunidad autónoma de Castilla y León. En esta localidad murió, en 1582, santa Teresa de Jesús (tumba en el convento de las carmelitas). Agricultura e industria diversa. 4.422 hab. (1996).

ALBANÉS. Lengua indoeuropea hablada en Albania y países vecinos e influida por idiomas eslavos. Está dividida en dos grupos lingüísticos, el tosco (oficial) y el guego.
Indoeuropeas, lenguas 8:177a.

ALBANIA. País de Europa, en la península balcánica, a orillas del Adriático. Cap. Tirana. 28.748 km^2. 3.490.000 hab. (2000).
1:141b; Balcanes 2:318b; Europa 6:195a; *mapa* 1:142b; *cuadros* 1:42a; *ilustraciones* 1:143b; 1:144a.

ALBANY. Capital del est. de Nueva York, Estados Unidos. Puerto a orillas del río Hudson, fundado en 1609 por Henry Hudson. Universidad, escuelas superiores, observatorio. Notables edificios coloniales. Museo, aeropuerto. Máquinas herramientas, papel, metalurgia. 94.305 hab. (1998).

ALBARÁN. Recibo firmado por el receptor de una mercancía y que sirve al vendedor como justificante y soporte para extender la factura correspondiente y exigir legalmente su pago. En algunos países se denomina remisión. También se llama nota de entrega.

ALBARICOQUERO. Árbol de hoja caduca de la familia de las rosáceas (*Prunus armeniaca*). Dicotiledónea. Fruto en drupa, comestible, llamado albaricoque (en México, chabacano). Originario del Asia central.
1:144b; *ilustración* 1:145a.

ALBARRACÍN. Población española de la prov. de Teruel, comunidad autónoma de Aragón. Al pie de la sierra de Albarracín. Desempeñó un importante papel durante la época de dominación musulmana. Ciudad monumental. 1.164 hab. (1996).

ALBARRACÍN, SIERRA DE. Sistema montañoso español. Se extiende entre las prov. de Guadalajara y Teruel y alcanza su máxima altitud con el monte Caimodorro (1.921 m). Nacen en él los ríos Tajo y Júcar.

ALBARRÁN, JOAQUÍN (1860-1912). Médico y cirujano francés de origen cubano-español. Alumno de Félix Guyon en París, fue uno de los fundadores de la urología.

ALBATROS. Ave palmípeda de la familia de los diomedeidos y del género *Diomedea*. Diversas especies.
1:145a; *ilustración* 1:145a.

ALBAYALDE. Carbonato de plomo de color blanco utilizado tradicionalmente como pigmento en pintura. Es venenoso e insoluble en agua. Su uso ha decaído por su carácter tóxico.

ALBEDO. Fracción de la energía que incide sobre una determinada superficie, en particular sobre la de un astro, y que se refleja en todas direcciones. Se aplica en especial al caso de la energía procedente del Sol reflejada por la superficie de la Tierra.
Clima y climatología 4:231b.

ALBEDRÍO, LIBRE. Poder de la voluntad para elegir entre las diferentes alternativas. Término usado preferentemente por la teología y filosofía de inspiración cristiana; en estas disciplinas tiene con frecuencia la misma acepción que libertad.

ALBEE, EDWARD (n. en 1928). Dramaturgo estadounidense, galardonado en dos ocasiones con el Premio Pulitzer.
1:145b.

ALBÉNIZ, ISAAC (1860-1909). Compositor y pianista español, perteneciente a la corriente nacionalista.
1:146a; Música 10:314b; Turina, Joaquín 14:157b; *ilustración* 1:146a.

ALBERDI, JUAN BAUTISTA (1810-1884). Jurista y político argentino. Sus ideas liberales influyeron en la elaboración de la constitución argentina de 1853.
1:147a.

ALBERONI, GIULIO (1664-1752). Cardenal italiano al servicio de España. Embajador del duque de Parma, concertó la boda, en segundas nupcias, de Felipe V con una hija del duque, Isabel de Farnesio (1714). Nombrado primer ministro de España en 1717, su política desencadenó una guerra contra las potencias de la Cuádruple Alianza y la invasión del territorio español por tropas franco-británicas. Fue depuesto de su cargo en 1719.

ALBERS, JOSEF (1888-1976). Pintor y poeta estadounidense de origen alemán. Alumno y profesor de la Bauhaus, hasta su clausura en 1933. Se trasladó a los Estados Unidos, donde enseñó en la Universidad Yale. Precursor del *op art*, compuso dinámicos diseños geométricos y usó con preferencia colores primarios apoyados con el blanco y el negro. «Homenaje al cuadrado».
Abstracto, arte 1:21b; Op art 11:112b.

ALBERTA. Provincia de Canadá, la más occidental de las tres prov. de la pradera, fronteriza con los Estados Unidos al sur y las montañas Rocallosas (Rocosas) al sudoeste. Abundantemente regada por ríos y lagos. Explotación forestal. Petróleo. Ganadería y agricultura. Cap. Edmonton. 661.190 km^2. 2.847.000 hab. (1996).
Canadá 3:325a; Fraser, río 6:405b.

ALBERTI, FAMILIA. Acaudalada familia de banqueros florentinos. Ejerció una poderosa influencia en los asuntos políticos europeos durante la segunda mitad del siglo XIV. Destacó por su mecenazgo en las artes y por su lucha contra la pobreza.

ALBERTI, LEONE BATTISTA (1404-1472). Arquitecto y tratadista italiano. Desarrolló en sus obras una completa teoría del arte renacentista.
1:147a; Arquitectura 2:110b; Dibujo 5:174a; Estética 6:156a; Italiana, literatura 8:319a; San Pedro de Roma 13:134a; Templo e iglesia 14:13b; Urbanismo 14:193a; *ilustración* 1:147a.

ALBERTI, MANUEL MÁXIMO (1763-1811). Sacerdote y patriota argentino. Fue miembro de la junta gubernativa del Río de la Plata (1810).
1:148a.

ALBERTI, RAFAEL (1902-1999). Poeta español. Integrante de la generación del 27.
1:148a; Española, literatura 6:94b; Veintisiete, generación del 14:249b; *ilustración* 1:148a.

ALBERTO, LAGO. Lago de África en la frontera entre Uganda y la Rep. Dem. del Congo. Denominado entre 1973 y 1997 lago Mobutu Sese Seko. Aguas salobres, escasamente profundas. Alimentado por el río Semliki con aguas del lago Eduardo. 5.600 km^2.

ALBERTO I DE BÉLGICA (1875-1934). Rey de Bélgica entre 1909 y 1934. Asumió la jefatura del ejército belga durante la primera guerra mundial y dirigió la reconstrucción de su país tras el conflicto. Presidió los congresos coloniales de 1920 y 1926.
Bélgica 2:394b.

ALBERTO I DE BRANDEBURGO (h. 1100-1170). Primer margrave de Brandeburgo y fundador de la dinastía ascania. Fue uno de los principales líderes de la expansión alemana por el este de Europa durante el siglo XII. Llamado «el Oso».

ALBERTO I DE HABSBURGO (h. 1255-1308). Duque de Austria y emperador del Sacro Imperio Romano germánico de 1298 a 1308. Puso fin a las guerras privadas, ayudó a los siervos y protegió a los judíos perseguidos. Asesinado por su sobrino Juan, llamado después «el Parricida».

ALBERTO II DE BÉLGICA (n. en 1934). Rey de Bélgica. Sucedió en el trono en 1993 a su hermano Balduino I
1:148b; Bélgica 2:395a.

ALBERTO II DE HABSBURGO (1397-1439). Emperador germánico, rey de Hungría y Bohemia, duque de Luxemburgo y archiduque de Austria. Anuló el sistema feudal de vasallaje y claudicó ante las exigencias de los nobles, que no quedaban obligados a luchar más allá de sus fronteras. Dividió Alemania en sectores administrativos. Murió en lucha contra los turcos.

ALBERTO III DE BRANDEBURGO (1414-1486). Elector de Brandeburgo. Hijo de Federico de Hohenzollern, sucedió en el trono a su hermano Federico II, quien había abdicado en 1470. Su importante labor administrativa se reflejó con el establecimiento de la *Dispositio Achillea* (24 de febrero de 1473), por la que se regulaba la indisolubilidad del electorado.

ALBERTO DE AUSTRIA, ARCHIDUQUE (1817-1895). Noble austriaco. Tío del emperador Francisco José e hijo del archiduque Carlos, participó victoriosamente en las campañas militares italianas (Novara, 1849 y Custozza, 1866) y bohemias.

ALBERTO DE INGLATERRA (1819-1861). Príncipe consorte de la Gran Bretaña e Irlanda. Hijo del duque de Sajonia-Coburgo-Gotha, casó el 10 de febrero de 1840 con la reina Victoria. Asumió el título de príncipe consorte desde 1857. Impulsor de la primera exposición universal (1851).

ALBERTO DE PRUSIA (1490-1568). Último gran maestre de los caballeros teutones y primer duque de Prusia. Hijo de Federico de Hohenzollern, gobernó desde 1510, como gran maestre de la orden teutónica, la Prusia oriental. En 1523, por consejo del reformador protestante Martín Lutero, disolvió la orden y convirtió sus posesiones en un ducado hereditario, bajo soberanía polaca, cuyo gobierno ejerció desde 1525.

ALBERTO DE SAJONIA (FILOSOFÍA) (h. 1316-1390). Filósofo alemán. Estudió en París y Praga y fue rector de las universidades de París (1353) y Viena (1365). Ocupó el obispado de Halberstadt desde 1366. Realizó importantes investigaciones en el campo de la física y las matemáticas.

ALBERTO DE SAJONIA (HISTORIA) (1828-1902). Rey de Sajonia. Ocupó el trono en 1873 al suceder a su padre Juan de Sajonia. Combatió en la campaña de 1866 contra Prusia, pero después dirigió el XII cuerpo del ejército confederado con Prusia. Participó en la guerra franco-prusiana, en donde intervino en las batallas de Gravelotte y Sedán.

ALBERTO MAGNO, SAN (h. 1200-1280). Filósofo y teólogo alemán. Destacó por su amplia labor recopiladora del saber de su tiempo, en particular en lo relativo al área de las ciencias naturales. Fue canonizado en 1931.

ALBI. Ciudad de Francia, cap. del dep. de Tarn, reg. de Midi-Pyrénées en el Languedoc. De origen galo-romano. Catedral gótica, palacio arzobispal, museo. Cemento, vidrio, fibras artificiales. Cuna de Henri de Toulouse-Lautrec. 42.724 hab. (1982).

ALBIGENSES. Seguidores de una doctrina herética surgida en Albi, Francia, a finales del siglo XII. Se les conoce también como cátaros. Su doctrina, basada en un gnosticismo maniqueo y opuesta a la jerarquía y corrupción eclesiástica, fue combatida con dureza por santo Domingo de Guzmán y por el papa Inocencio III, que en 1209 promovió la cruzada contra los albigenses. Fueron condenados por diversos concilios, pero no se logró su desaparición hasta casi finalizado el siglo XIV.

ALBINISMO. Ausencia congénita, total o parcial, de pigmentación en la piel, el sistema piloso y los ojos (iris) debido a un defecto en el metabolismo de la melanina.

ALBINONI, TOMASO (1671-1750). Compositor italiano. Cantante, violinista y maestro de cámara del duque de Mantua. Escribió numerosas óperas, varias sinfonías y conciertos. Especial popularidad gozó su música instrumental y, en particular, su célebre *Adagio*.

ALBITA. Mineral de la familia de los feldespatos, del grupo de las plagioclasas. Contiene sodio, aluminio y silicio. Color blanco, incoloro o amarillo suave. Frecuente en los Alpes.

ALBIZU CAMPOS, PEDRO (1893-1965). Político puertorriqueño. Partidario de la independencia de su patria con respecto a los Estados Unidos, fin que persiguió por métodos violentos, fue condenado a prisión en dos ocasiones.

ALBO, YOSEF (h. 1380-h. 1444). Filósofo judeoespañol. Rabino en varias poblaciones aragonesas, participó en la disputa de Tortosa (1413-1414) y fue autor de una importante obra dogmática sobre la religión judía, *El libro de los principios* (publicado póstumamente en 1485).

ALBOÍNO (m. en el 572). Rey de los lombardos germánicos. De excepcional capacidad militar y política, invadió y conquistó el norte de Italia. Fue asesinado por orden de su esposa, Rosamunda.

ALBONI, MARIETTA (1826-1894). Maria Anna Marzia, contralto italiana. Estudió en Bolonia y fue discípula de Gioacchino Rossini. Cantó la voz de barítono de don Carlos en *Ernani*, de Giuseppe Verdi, en el estreno londinense de esta ópera en 1848.

ÅLBORG. Ciudad y puerto de Dinamarca en la prov. homónima, Jutlandia Septentrional. Sede episcopal desde 1554. Fábricas de cemento, tabacos, licores. Edificios medievales. Universidad. 160.937 hab. (1999).

ALBORNOZ, ÁLVARO DE (1879-1954). Político español. Diputado en 1910 por el Partido Republicano Radical de Alejandro Lerroux, ejerció diversos cargos políticos durante la segunda república, y entre 1945 y 1946 ocupó la presidencia del gobierno republicano en el exilio.

ALBORNOZ, GIL ÁLVAREZ CARRILLO DE (1310-1367). Cardenal español. Siendo arzobispo de Toledo acompañó a Alfonso XI de Castilla en sus campañas contra los musulmanes. Pedro I lo expulsó y marchó a Aviñón. Nombrado vicario general de Italia por el papa Inocencio VI, pacificó los territorios pontificios. En 1364 arrebató a la familia milanesa de los Visconti la ciudad de Bolonia, donde fundó el colegio español que lleva su nombre. Estableció los derechos y deberes de las autoridades eclesiásticas y seculares en su obra *Liber constitutionum sanctae matris ecclesiae.*

ALBOX. Población española de la prov. de Almería, comunidad autónoma de Andalucía. Vinculada históricamente al período de ocupación musulmana de la península. Agricultura, ganadería, textiles. 10.321 hab. (1986).

ALBRET, JUANA DE (1528-1572). Reina de Navarra. Madre de Enrique IV de Francia, fruto de su matrimonio con Antonio de Borbón, logró conservar, a la muerte de su padre, Enrique II de Albret, la independencia de la Navarra transpirenaica (francesa), en la cual impuso el calvinismo.

ALBRET, JUAN DE. V. **Juan III de Navarra.**

ALBRIGHT, MADELEINE (n. en 1937). Diplomática estadounidense de origen checo. En 1993 fue nombrada embajadora de los Estados Unidos ante las Naciones Unidas, cargo que desempeñó hasta 1997 y en el que se mostró una férrea defensora de los intereses internacionales de su país. En 1997 se convirtió en la primera mujer en ocupar el cargo de secretario de estado de los Estados Unidos.

ALBUERA, BATALLA DE. Enfrentamiento bélico que tuvo lugar el 16 de mayo de 1811, en el transcurso de la guerra de la independencia española, en las proximidades de Badajoz. En él las tropas aliadas al mando de William Beresford, Joaquín Blake y Francisco Javier Castaños, anglo-hispano-portuguesas, derrotaron a las francesas, comandadas por Nicolas Soult.

ALBUFERA. Laguna litoral separada del mar por un cordón arenoso. El origen de las albuferas se encuentra en los cambios de nivel del mar producidos por las glaciaciones cuaternarias.

ALBÚMINA. Proteína de bajo peso molecular. Soluble en agua y en soluciones salinas diluidas. Se coagula por la acción del calor. Muy difundida en animales y plantas (seroalbúmina, lactoalbúmina, ovoalbúmina, etc.).

ALBUQUERQUE. Ciudad de los Estados Unidos en el est. de Nuevo México, a orillas del río Bravo (o Grande del Norte). Misión y ciudad vieja españolas (1706). Universidades, institutos técnicos. Industrias aeroespaciales, aeropuerto internacional, base aérea. Industrias diversas. Turismo. 419.311 hab. (1998).

ALBUQUERQUE, AFONSO DE (1453-1515). Navegante portugués. Nombrado virrey de las Indias en 1508 por el rey Manuel I, conquistó Goa y Malaca, principales rutas marítimas del comercio con el este, estableciendo así los cimientos de la hegemonía portuguesa en oriente.

ALBURQUERQUE, DUQUE DE (1619-1676). Francisco Fernández de la Cueva, militar español. Octavo duque de Alburquerque, participó en las campañas francesas y en la batalla de Rocroy (1643). Ocupó el cargo de virrey de la Nueva España entre 1653 y 1660, y el de virrey de Sicilia entre 1667 y 1670.

ALBURQUERQUE, JUAN ALFONSO DE (1280-1354). Secretario real de la corte castellana. De origen portugués, dirigió la educación y la vida política del monarca castellano Pedro I el Cruel. Opuesto finalmente al rey, su alianza con los hermanastros del monarca le causó la muerte en el transcurso de una rebelión.

ALCA. Ave palmípeda de la familia de los álcidos (*Alca torda*). Marina, de alas cortas, color negro por el dorso y blanco en las partes inferiores del cuerpo, pico comprimido lateralmente y cuello corto. Vive en grandes colonias en zonas litorales del hemisferio norte.

ALCA. V. **Área de Libre Comercio de las Américas.**

ALCABALA. Impuesto establecido por la corona castellana durante el siglo XIII sobre los contratos de compra-venta y de permuta. Desapareció con la reforma tributaria efectuada por Alejandro Mon en 1845.

ALCACHOFA. Planta vivaz de la familia de las compuestas (*Cynara scolymus*). Dicotiledónea.

ALCÁÇOVAS, TRATADO DE. Pacto firmado en 1479 que puso fin a la guerra entre los Reyes Católicos y Alfonso V de Portugal. Éste y Juana la Beltraneja renunciaban al trono de Castilla, reconociendo los derechos de Isabel la Católica. Alfonso, nieto del rey portugués, e Isabel, hija de los Reyes Católicos, quedaron comprometidos. Se fijaron también los derechos de Portugal sobre diferentes conquistas.

ALCALÁ DE GUADAIRA. Población de la prov. de Sevilla, España, en la comunidad autónoma de Andalucía. Cereales, olivares, cítricos, ganadería. 50.181 hab. (1987).

ALCALÁ DE HENARES. Ciudad de España en la comunidad autónoma de Madrid. La Complutum romana. Situada a orillas del río Henares. Universidad. Iglesia gótica de 1136 llamada La Magistral. Industrias diversas. Cuna de Miguel de Cervantes. 163.831 hab. (1998).

ALCALÁ DE HENARES, TRATADO DE. Pacto firmado en la ciudad castellana de Alcalá de Henares en 1309 entre Fernando IV de Castilla y Jaime II de Aragón. Por él se acordaba el reparto del reino granadino como compensación de la futura ayuda prestada al monarca castellano para la conquista del territorio musulmán.

ALCALÁ GALIANO, ANTONIO (1789-1865). Político español. Colaboró activamente en el levantamiento de Rafael del Riego (1820). Condenado a muerte durante el gobierno absolutista de Fernando VII, se exilió en Londres. Tras su regreso a España en 1834 ocupó los ministerios de marina y fomento en distintos gobiernos conservadores. Fue un eminente escritor e historiador.

ALCALÁ LA REAL. Población española de la prov. de Jaén, comunidad autónoma de Andalucía. Desempeñó un importante papel en las luchas cristiano-musulmanas del Medievo. Castillo-fortaleza de los siglos XIII-XIV. Agricultura. 20.289 hab. (1986).

ALCALÁ ZAMORA, NICETO (1877-1949). Político español. Fue presidente (1931-1934) de la segunda república.
1:151a; República española 12:343a; *ilustración* 1:151b.

ALCALDE. Máxima autoridad de la corporación municipal o ayuntamiento, en muchos países, y a quien corresponde, asistido del pleno de concejales, el gobierno del municipio.

ALCALDE DE ZALAMEA, EL. Comedia del dramaturgo español Pedro Calderón de la Barca, compuesta en 1640, que inmortalizó en la figura de Pedro Crespo, el alcalde de Zalamea, la defensa del honor del ciudadano por encima de los privilegios de los poderosos.
Calderón de la Barca, Pedro 3:276b.

ÁLCALI. V. **Base** (QUÍMICA).

ALCALIMETRÍA. Estimación del contenido alcalino (básico) de una sustancia o mezcla. Se determina por adición de una solución ácida de título conocido hasta lograr el viraje en la coloración de un indicador, lo que indica el punto de neutralidad.

ALCALINAS, ROCAS. Agregados naturales que mantienen una composición de sosa y potasa (óxidos de sodio y potasio) en una proporción del 10%. Formadas principalmente por minerales feldespatoides, anfíboles y piroxenos.

ALCALINOS, METALES. Grupo de elementos químicos metálicos monovalentes del grupo Ia de la tabla periódica. Son: litio, sodio, potasio, rubidio, cesio y francio. Muy reductores.
Elemento 5:377b; Potasio 12:107a.

ALCALINOTÉRREOS, METALES. Elementos metálicos del grupo IIa del sistema periódico. Lo forman: berilio, magnesio, calcio, estroncio, bario y radio. Son electropositivos y divalentes. Se unen fácilmente al oxígeno y los halógenos.
Elemento 5:377b; Magnesio 9:287a; Radio (química) 12:247a.

ALCALOIDES. Compuestos orgánicos básicos que contienen nitrógeno y son en su mayoría de origen vegetal y de consistencia sólida.
1:151b; Medicinales, plantas 10:34a; Psicotropos 12:184a; *cuadro* 1:152a.

ALCÁMENES. Escultor griego de finales del siglo V a.C. Fue discípulo de Fidias y continuador del estilo de su maestro. La mayor parte de su obra se ha perdido y sólo se conserva el grupo «Procne e Itys», esculpido en mármol. Se le atribuye la autoría de las cariátides del Erecteion.

ALCANFOR. Cetona saturada que se obtiene de la madera del alcanforero. Funde a 178 °C, es poco soluble en agua, pero se disuelve con facilidad en alcohol o éter, y posee un olor particular. Utilizada como insecticida, en industrias fotográficas y de plásticos, etc.
Aceites industriales 1:28a; Alcanforero 1:153a.

ALCANFORERO. Árbol de la familia de las lauráceas (*Cinnamomum camphora*). Dicotiledónea. Originario del lejano oriente. Parte del follaje se corta y se destila para obtener el alcanfor.
1:153a.

ALCANOS. V. **Parafina**.

ALCÁNTARA. Localidad de España en la prov. de Cáceres, comunidad autónoma de Extremadura, a orillas del Tajo. Puente romano, iglesia de Santa María de Almocóvar (siglo XIII). Olivos y cereales. 1.984 hab. (1996).

ALCÁNTARA, FRANCISCO MARTÍN DE (m. en 1541). Conquistador español. Participó en la conquista del Perú junto a su medio hermano, por parte de madre, Francisco Pizarro, al que apoyó en sus enfrentamientos con Diego de Almagro. Murió en las luchas entre almagristas y pizarristas.

ALCÁNTARA, ORDEN DE. Orden militar y religiosa española fundada en 1156, con el nombre de San Julián del Pereiro, por don Suero Fernández-Barrientos y reconocida en 1177 por el papa Alejandro III. Su objetivo era la reconquista cristiana de la España mulsumana. En 1218, la concesión de la ciudad de Alcántara a la orden, por Alfonso IX, le dio su nombre definitivo. Fue incorporada a la corona por los Reyes Católicos.
Órdenes religiosas militares 11:133a.

ALCÁNTARA, TRATADO DE. Acuerdo de paz entre España y Portugal, firmado en la villa de Alcántara, Cáceres, en 1479, entre Isabel la Católica y Beatriz de Viseo, cuñada del rey Alfonso V de Portugal.

ALCÂNTARA MACHADO (1901-1935). Escritor brasileño, de nombre real Antônio Castilho de Alcântara Machado de Oliveira. Tomó parte activa en la renovación literaria del modernismo. Sus colecciones de cuentos *Brás, bexiga e barra funda* (1927) y *Naranja de la China* (1928), constituyen ejemplos notables de este género.

ALCANTARILLA. Población española de la prov. de Murcia, comunidad autónoma de Murcia. Escuela aérea militar. Agricultura de regadío. 30.070 hab. (1996).

ALCANTARILLADO Y SANEAMIENTO. Sistema de colectores y cloacas encargado de canalizar aguas pluviales y negras. Constituye un elemento imprescindible en la infraestructura urbanística.
1:153b; Higiene 7:412a; *ilustración* 1:153b.

ALCAÑICES, TRATADO DE. Acuerdo firmado en la villa homónima de la provincia de Zamora, España, entre don Dinis de Portugal y Fernando IV de Castilla, en 1297, para establecer una alianza y determinar los límites del reino portugués.

ALCAÑIZ. Población española de la prov. de Teruel, comunidad autónoma de Aragón. En sus proximidades, pinturas rupestres. Arquitectura de los siglos XIV al XVIII. Agricultura, industria de aceite, minería (bauxita). 11.820 hab. (1986).

ALCAPARRA. Herbácea de la familia de las caparidáceas (*Caparis spinosa*). Dicotiledónea. De hojas ovaladas y flores blancas o rosáceas. Los capullos o los frutos tiernos se utilizan como alimento.

ALCARAVEA. Planta herbácea bianual de la familia de las umbelíferas (*Carum carvi*). Dicotiledónea. Las hojas son lobuladas y las flores, blancas, se agrupan en umbelas. Propia de la región euroasiática, la alcaravea se utiliza como planta medicinal y en confitería.

ALCARAZ. Población española de la prov. de Albacete, comunidad autónoma de Castilla-La Mancha. Al pie de la sierra de Alcaraz. Castillo, murallas y plaza mayor rodeada de palacios renacentistas. Balneario de aguas termales. Agricultura. 2.147 hab. (1986).

ALCARAZ, LUIS (1910-1963). Compositor y director de orquesta ligera mexicano. Creador, con Agustín Lara y Gonzalo Curiel, de la llamada «época de oro de la canción mexicana». Entre sus piezas destacan «Mentira», «Distancia», «Prisionero del mar» y «Bonita». Escribió también música para cine.

ALCATRAZ. V. **Bobo, pájaro**.

ALCAUDETE. Población española de la prov. de Jaén, comunidad autónoma de Andalucía. Arquitectura civil y religiosa que testimonia la presencia musulmana y cristiana. Agricultura, ganadería, conservas vegetales. 11.902 hab. (1986).

ALCAUDÓN. Pájaro de la familia de los lánidos y del género *Lanius*. Diversas especies. Depredan otros pájaros y aves así como reptiles, anfibios, insectos y otros animales a los que ensartan en las espinas de diversos arbustos hasta que son devorados. Viven en Europa, Asia y África.

ALCAYAGA, LUCILA GODOY. V. **Mistral, Gabriela.**

ALCÁZAR. Castillo o palacio fortificado que servía de residencia al rey o a las autoridades locales. En España destacan los alcázares de Segovia, Sevilla y Toledo.
Castillo y palacio 4:23a.

ALCÁZAR, BALTASAR DEL (1530-1606). Poeta español. Perteneció a la escuela sevillana, cuya figura predominante fue Fernando de Herrera. Autor de poesías de todo género (religiosas, amatorias, satíricas y festivas), la más conocida de las cuales es *Cena jocosa*.

ALCÁZAR DE SAN JUAN. Población de la prov. de Ciudad Real, España, en la comunidad autónoma de Castilla-La Mancha. Agricultura, ganadería, nudo ferroviario. 24.152 hab. (1987).

ALCAZARQUIVIR, BATALLA DE. Combate librado en las proximidades de la ciudad marroquí de Alcazarquivir, el 4 de agosto de 1578. Enfrentó a las tropas del rey Sebastián de Portugal y Mohamed al-Mutawakil con las del sultán Abd al-Malik. En su transcurso los tres monarcas encontraron la muerte.
Portugal 12:93b.

ALCE. Mamífero artiodáctilo rumiante de la familia de los cérvidos (*Alces alces*). Muy corpulento, con astas en forma de pala. Vive en el norte de Europa, Asia y América y se llama también anta.
1:154a; Rumiantes 13:41a; *ilustración* 1:154a.

ALCEDO UGARTE Y HERRERA, DIONISIO DE (1690-1777). Militar español. Gobernador, presidente de la audiencia de Quito (1728-1736) y capitán general de Tierra Firme (1743-1749), escribió diversas obras sobre temas políticos, geográficos y económicos americanos. *Descripción geográfica de la audiencia de Quito*.

ALCEDO Y BEJARANO, ANTONIO DE (1736-1812). Escritor y militar ecuatoriano. Mariscal de campo y gobernador militar de La Coruña, España, escribió una extensa obra sobre temas geográfico-históricos del continente americano. *Diccionario geográfico-histórico de las Indias occidentales o América* (1786-1789), *Catálogo de los autores que han escrito de América en diferentes idiomas* (1791).

ALCELAFO. Mamífero artiodáctilo rumiante de la familia de los bóvidos y del género *Alcelaphus*. Se denomina también búbalo o bubal y habita en la sabana africana.

ALCEO (siglos VII-VI a.C.). Poeta lírico griego. Contemporáneo de la poetisa Safo e inspirador de Teócrito y Horacio, creó la estrofa de cuatro versos llamada alcaica.
Griega, literatura 7:218a.

ALCESTES. Joven de la mitología griega, hija de Pelias y de Anaxibia. Casada con Admeto, ofreció su vida para lograr la inmortalidad de su marido. Según unas versiones fue rescatada de la muerte por Heracles (Hércules) y, según otras, devuelta a la vida por Perséfone, quien, conmovida por su heroicidad, se la entregó a Admeto más bella que antes. Representaba en la simbología clásica el amor conyugal.

ALCIBÍADES (h. el 450-404 a.C.). Político y estratega ateniense. Brillante y hábil, pero sin escrúpulos, sirvió tanto a los atenienses como a los espartanos. Su ambición provocó la derrota de Atenas por Esparta en la guerra del Peloponeso.
1:154b; Peloponeso, guerras del 11:324a; *ilustración* 1:155a.

ALCINDOR, LEW V. **Abdul-Jabbar, Kareem.**

ALCINOO. Según la *Odisea* de Homero, rey de los feacios, en la legendaria isla de Esqueria, que acogió hospitalariamente a Odiseo (Ulises) cuando éste naufragó en sus costas. También aparece en la leyenda de los argonautas como sabio consejero y protector de Jasón y Medea durante su huida de la Cólquida.
Odisea, la 11:78b.

ALCIÓN. La estrella más brillante del grupo de las Pléyades. En mitología, una de las siete hijas de Atlas y Pleion, trasladadas al cielo por Zeus.

ALCIRA. Población española de la prov. de Valencia, comunidad autónoma de Valencia. Secundó el levantamiento de las germanías en el siglo XVI. Importante centro agrícola, dedicado al cultivo de agrios (cítricos) y arroz. 40.055 hab. (1996).

ALCMÁN (siglo VII a.C.). Poeta griego en lengua dórica, considerado como uno de los padres de la lírica coral griega. Autor de canciones para doncellas llamadas partenias.

ALCMENA. En la mitología griega, hija del rey de Micenas, Electreion, nieta de Perseo y esposa de Anfitrión. De su unión con Zeus, quien la sedujo tomando la forma de su marido, concibió a Heracles (Hércules).

ALCMEÓN. Personaje mitológico griego, hijo del adivino Anfiarao y de Erifila. Participó en la expedición de los epígonos contra Tebas. Junto con su hermano Anfíloco mató a su madre por haber arrastrado a su padre a la muerte al inducirlo a participar en la campaña de los siete contra Tebas.

ALCMEÓN DE CROTONA (siglo VI a.C.). Médico y filósofo griego. Perteneciente a la escuela pitagórica radicada en la ciudad italiana de Crotona, fue el primero en realizar disecciones del cuerpo humano para sus estudios sobre fisiología. Descubrió el papel desempeñado por el cerebro en la inteligencia y las sensaciones humanas.

ALCMEÓNIDAS. Poderosa familia ateniense cuyos miembros más célebres fueron Clístenes, Pericles y Alcibíades.

ALCOBENDAS. Localidad de España en la comunidad autónoma de Madrid, perteneciente al cinturón industrial de la capital. Productos farmacéuticos, industrias diversas. 78.916 hab. (1996).

ALCOCK, JOHN WILLIAM (1892-1919). Piloto británico. Junto con Arthur Brown, realizó en 1919 el primer vuelo transatlántico sin escalas, desde Terranova hasta Irlanda.

ALCOFORADO, MARIANA (1640-1723). Religiosa portuguesa. Se le atribuyen las *Cartas portuguesas* (1699), epistolario amoroso dirigido al marqués de Chamilly. Su traducción francesa alcanzó gran popularidad. No se conservan los originales.

ALCOHOL. Cualquier compuesto orgánico con presencia de uno o más grupos hidroxilo.
1:155a; Perfume 11:341b; Química, industria 12:229b; *cuadro* 1:156.

ALCOHOLEMIA. Estado patológico caracterizado por la presencia de alcohol en la sangre, adquirido por ingestión.
Alcoholismo 1:158b; Coma 4:288b.

ALCOHÓLICAS, BEBIDAS. Líquidos bebibles que contienen alcohol, obtenido a partir de la fermentación de soluciones azucaradas o de la destilación del vino u otros licores fermentados.
1:156b; Alcohol 1:155b; Alimentaria, industria 1:231a; Azúcar 2:291a; Cerveza 4:90b; Destilación 5:157a; Hígado 7:409a; Malta (alimentación) 9:312a; Vino 14:320a; *cuadro* 1:157b; *ilustraciones* 1:157b; 1:158a.

ALCOHOLISMO. Condición patológica caracterizada por el uso continuo y normalmente excesivo de bebidas alcohólicas, con la consiguiente intoxicación etílica, que puede ser aguda o crónica.
1:148b; Cirrosis 4:298b; Psicosis 12:181b; Toxicomanía 14:104a; *cuadro* 1:158b; *ilustraciones* 1:159a-b.

ALCOLEA, BATALLA DE. Conflicto bélico acaecido el 28 de septiembre de 1868 en las proximidades de la población cordobesa de Alcolea, el cual enfrentó a las fuerzas gubernamentales de Isabel II y a las rebeldes al régimen. La victoria de los sublevados, al mando del general Francisco Serrano, propició la caída de la monarquía en España.

ALCORCÓN. Localidad española, en la comunidad autónoma de Madrid. Pertenece al cinturón urbano de la capital. Industrias diversas. 143.970 hab. (1998).

ALCORIZA, LUIS (1920-1992). Director y actor cinematográfico mexicano de origen español. Colaboró en un principio con el director de cine Luis Buñuel. *Tiburoneros* (1962), *Mecánica nacional* (1974), *Tac-Tac* (1982).

ALCORNOQUE. Árbol de hoja perenne de la familia de las fagáceas (*Quercus suber*). Dicotiledónea. Propio de la región mediterránea, de su corteza se obtiene el corcho.
1:160a; Corcho 4:379a; *ilustración* 1:160a.

ALCOTÁN. Ave rapaz diurna de la familia de los falcónidos (*Falco subbuteo*), semejante al halcón, pero de menor tamaño. Caza al vuelo tanto insectos como pájaros. Se distribuye por la mayor parte de Europa.

ALCOTT, BRONSON (1799-1888). Pedagogo y filósofo estadounidense. Miembro del grupo de los trascendentalistas de Nueva Inglaterra, sus tesis educativas influyeron en los planteamientos reformistas del pedagogo suizo Johann Heinrich Pestalozzi.

ALCOTT, LOUISA MAY (1832-1888). Escritora estadounidense. Se especializó en libros infantiles, entre los que destacó *Mujercitas* (1868-1869), obra de carácter autobiográfico. *Una muchacha anticuada* (1870).

ALCOVER i MASPONS, JOAN (18541926). Poeta español. Escribió en catalán y castellano. Uno de los representantes más destacados de la escuela literaria mallorquina. *Atardecer* (1909), *Poemas bíblicos* (1918).

ALCOVER i SUREDA, ANTONI MARIA (1862-1932). Catedrático, filólogo y canónigo español. Dirigió la sección de filología del Instituto de Estudios Catalanes. *Diccionario catalán-valenciano-balear* (1926).

ALCOY. Ciudad de España en la prov. de Alicante, Comunidad Valenciana. Sede de la primera escuela industrial española y de la Real Fábrica de Paños (1800). Museo municipal. Fiesta de moros y cristianos. Industrias diversas, turismo. 64.549 hab. (1996).

ALCUDIA. Población española de la isla de Mallorca en la prov. y la comunidad autónoma de Baleares. Murallas. Oratorio de Santa Ana. Industria turística. 8.004 hab. (1996).

ALCUDIA, DUQUE DE. V. **Godoy, Manuel.**

ALCUINO DE YORK (h. el 732-804). Poeta, educador y clérigo anglosajón, conocido como Albinus Flaccus. Rector de la escuela palatina establecida por Carlomagno en Aquisgrán, introdujo las tradiciones del humanismo anglosajón en la Europa occidental. Fue un destacado miembro de la corte imperial. Reeditó la *Vulgata* y llevó a cabo importantes reformas en la liturgia católica. *Obras didácticas.*

ALDAMA, IGNACIO (1769-1811). Político mexicano, hermano de Juan Aldama. Se incorporó desde el principio al levantamiento independentista de Miguel Hidalgo. Fue apresado y fusilado por las tropas realistas.

ALDAMA, JUAN (h. 1770-1811). Militar mexicano. Una de las figuras más destacadas de la independencia de su país.
1:160b.

ALDANA, FRANCISCO DE (1537-1578). Poeta y militar español. Intervino en la batalla de San Quintín y en 1567 acompañó al duque de Alba a los Países Bajos. Pereció en Alcazarquivir combatiendo al lado del rey Sebastián de Portugal. Influido por el modelo petrarquista, su obra poética, compuesta por sonetos, epístolas y poemas didácticos principalmente, reflejó su personal concepción, de inspiración neoplatónica, sobre la vida, el amor y la amistad. *Epístola a Arias Montano.*
1:160b.

ALDAO, JOSÉ FÉLIX (1785-1845). Militar argentino. Sacerdote hasta 1806, dirigió la guerrilla frente a los ejércitos realistas y defendió la política federalista mantenida por Juan Manuel de Rosas. Gobernador de Mendoza desde 1841.

ALDAYA. Población española de la prov. de Valencia, comunidad autónoma de Valencia. Fábrica de abanicos y centro agrícola e industrial. 22.350 hab. (1996).

ALDEBARÁN. Estrella de la constelación de Tauro (el Toro). Una de las veinte más brillantes del firmamento. Gigante roja, de diámetro unas cincuenta veces el del Sol.

ALDECOA, IGNACIO (1925-1969). Escritor español. Autor de novelas, poesía y cuentos, basó su creación en la plasmación de la realidad social de la España de la posguerra. *El fulgor y la sangre* (1954), *Con el viento solano* (1956), *El corazón y otros frutos amargos* (1959).

ALDEHÍDO. Compuesto obtenido por oxidación de los alcoholes primarios, donde el grupo $-CH_2OH$ se convierte en -CHO, característico de los aldehídos. La oxidación posterior los convierte en los ácidos correspondientes. Son a la vez agentes oxidantes y reductores y se combinan con otras sustancias, o entre ellos mismos, para producir compuestos de condensación o adición.

ALDELMO, SAN (h. el 639-709). Prelado inglés, abad de Malmesbury y posteriormente obispo de Sherborne. Afamado por su notable erudición, fue autor de un centenar de adivinanzas escritas en hexámetros latinos. Escribió también poemas en latín y anglosajón. En inglés su nombre es Aldhelm.

ALDER, KURT (1902-1958). Químico alemán, discípulo de Otto Diels en la Universidad de Kiel. Premio Nobel de química compartido con Diels (1950) por el descubrimiento de la síntesis diénica, en la cual un compuesto etilénico activado se condensa con un sistema de dobles enlaces conjugados.

ALDERETE, BERNARDO JOSÉ (1565-1645). Erudito español. Canónigo de la catedral de Córdoba, a partir de sus grandes conocimientos de la lingüística antigua estudió los inicios del castellano. *Del origen de la lengua castellana o romance que hoy se usa en España* (1606), *Varias antigüedades de España, África y otras provincias* (1614).

ALDERNEY. Una de las islas anglonormandas, de soberanía británica, en el canal de la Mancha. Cubre una superficie de 8 km^2. Está separada de la costa francesa de Normandía por la corriente de Alderney, de 16 km de anchura. La costa británica más cercana se encuentra 88 km al norte. En francés su nombre es Aurigny.

ALDINGTON, RICHARD (1892-1962). Escritor británico. Autor de poesía, novelas y biografías. Vinculado al imaginismo poético, en sus creaciones planteaba la hipocresía existente en la civilización industrial. *Muerte de un héroe* (1929), *Todos los hombres son enemigos* (1933), *La leyenda y el hombre* (1954).

ALDOSTERONA. Una de las hormonas secretadas por la corteza suprarrenal. Es reguladora del metabolismo mineral (retención del sodio y eliminación del potasio).
Hormona 8:71b; Riñón 12:375a.

ALDRETE, BERNARDO DE. V. **Alderete, Bernardo José.**

ALDRICH, ROBERT (1918-1983). Director de cine estadounidense. Su filmografía destacó por su visión amarga, en particular de los temas bélicos y del oeste norteamericano. *Veracruz* (1954), *Apache* (1954), *¿Qué fue de Baby Jane?* (1963), *El rabino y el pistolero* (1979).

ALDRIN, EDWIN E. (n. en 1930). Astronauta estadounidense. En julio de 1969 formó parte, junto con Neil A. Armstrong y Michael Collins, de la expedición que, a bordo de la Apolo XI, llevó a cabo el primer alunizaje de una nave espacial con tripulación humana.

ALDROVANDI, ULISSE (1522-1605). Médico y naturalista italiano. Fue profesor de botánica en la Universidad de Bolonia y fundador en esta misma ciudad de un jardín botánico (1567). Autor de obras de zoología, farmacología, etc. *Antidotarii bononiensis epitome* (1574).

ALDUNATE, MANUEL (1815-1898). Arquitecto chileno. Adscrito a la corriente neohistoricista, basada en modelos clásicos, construyó el Palacio del Congreso de Santiago de Chile (1875) y la casa consistorial de Valparaíso.

ALEACIÓN. Sustancia resultante de la mezcla de un metal con diversos materiales. Obtenida generalmente por adición de elementos sobre un metal fundido.
1:161a; Aluminio 1:255a; Antimonio 1:394a; Bronce 3:191a; Cromo 5:28b; Estaño 6:152b; Hierro y acero 7:405a; Magnesio 9:287b; Metal 10:94b; Metalurgia 10:99b; Níquel 10:420a; Oro 11:154a; Sólido, estado 13:295a; *ilustración* 1:161b.

ALEANDRO, GIROLAMO (1480-1542). Humanista italiano. Desempeñó diversos cargos diplomáticos para el papado en Francia y Alemania y fue investido cardenal en 1538. Opuesto al luteranismo reformista, consiguió en la Dieta de Worms (1521) la excomunión de Lutero.

ALEATORIA, MÚSICA. Forma musical en la que la suerte o elementos indeterminados determinan la ejecución total o parcialmente. A mediados del siglo XX compositores como los estadounidenses John Cage y Edgard Varèse, así como el alemán Karlheinz Stockhausen, produjeron una serie de obras importantes de esta forma musical.
Música 10:314b.
1:162b; Boulez, Pierre 3:134a; Cage, John 3:263a; Ginastera, Alberto 7:130b.

ALEATORIEDAD. Propiedad que caracteriza a los llamados fenómenos aleatorios, que son el objeto de estudio de la estadística. Dichos fenómenos representan una categoría intermedia entre los sucesos imprevisibles y los totalmente determinados. Un suceso aleatorio producido a lo largo de una serie de experiencias se aproxima a un valor regular, aproximación que es tanto más exacta cuanto más elevado sea el número de experiencias realizadas.
1:163a; Fractales 6:366b; Probabilidad y estadística 12:151b.

ALECHINSKY, PIERRE (n. en 1927). Pintor belga. Integrante entre 1949 y 1951 del grupo artístico Cobra; en sus obras se encuentran influencias tanto del expresionismo abstracto como del surrealismo o la caligrafía del extremo oriente. «La travesía del espejo» (1951), «Obra negra» (1969).

ALEDO. Población española que pertenece a la prov. de Murcia, comunidad autónoma de Murcia. Vinculada históricamente a la orden de Santiago. Restos de un castillo del siglo XI. Agricultura. 1.050 hab. (1986).

ÁLEF. Nombre de la primera letra del alfabeto hebreo (9). Seguida de un subíndice se utiliza en matemáticas como símbolo de la potencia de un conjunto.

ALEGORÍA. Recurso literario o artístico, a menudo utilizado con fines didácticos, consistente en representar o expresar un conjunto de realidades o conceptos mediante elementos figurativos. Se utiliza tanto en prosa como en verso, y fue de uso frecuente en la literatura medieval y barroca.
1:163a; Auto sacramental 2:247b; Redacción 12:287b; *ilustraciones* 1:163b.

ALEGRE, FRANCISCO JAVIER (1729-1788). Sacerdote jesuita e historiador mexicano. Finalizó la redacción de la *Historia de la provincia de la Compañía de Jesús en la Nueva España,* iniciada por Francisco de Florencia. Fue desterrado a Italia en 1767 al producirse la expulsión de la orden. Autor de varias obras inéditas, entre ellas *Alejandríada.*
1:164a.

ALEGRÍA. V. **Sésamo** (BOTÁNICA).

ALEGRÍA, CIRO (1909-1967). Novelista peruano. Sus obras contribuyeron al resurgimiento de la corriente indigenista en las letras hispanoamericanas.
1:164b; Hispanoamericana, literatura 8:13a; Rivera, José Eustasio 12:389b.

ALEGRÍA, CLARIBEL (n. en 1924). Escritora salvadoreña de origen nicaragüense. Autora de poesía, novelas y ensayos, su obra se basa en una concepción sencilla y popular del lenguaje y la expresión poética. *Anillo de silencio* (1948), *Huésped de mi tiempo* (1961), *La encrucijada salvadoreña* (1980) *Suma y sigue* (1982).

ALEGRÍA, FERNANDO (n. en 1918). Escritor chileno. Autor de novelas, cuentos y crítica literaria. Impulsó las nuevas técnicas estilísticas en la literatura de su país. *Recabarren* (1938), *Caballo de copas* (1957), *Literatura chilena del siglo XX* (1967).

ALEIJADINHO (1738-1814). Antônio Francisco Lisboa, escultor y arquitecto brasileño. Representante del arte barroco en su país.
1:165a; Arquitectura 2:112b; Barroco, arte 2:358b; *ilustración* 1:165a.

ALEIXANDRE, VICENTE (1898-1984). Poeta español. Integrante de la generación del 27 y ganador del Premio Nobel en 1977.
1:165b; Española, literatura 6:94b; Veintisiete, generación del 14:249b; *ilustración* 1:165b.

ALEJANDRA FIÓDOROVNA (1872-1918). Zarina de Rusia, esposa de Nicolás II. Su torpe regencia, mientras el zar se encontraba en el frente al mando de las fuerzas rusas durante la primera guerra mundial, precipitó el fin del régimen imperial en 1917.
Nicolás II de Rusia 10:405a; Rasputín 12:263b.

ALEJANDRETA. V. **Iskenderun.**

ALEJANDRÍA. Ciudad de Egipto en el delta del Nilo, a orillas del Mediterráneo. 3.328.196 hab. (1996).
1:166a; Egipto 5:330b; Literatura 9:183a; *ilustración* 1:166a.

ALEJANDRÍA, BIBLIOTECA DE. La más famosa biblioteca de la antigüedad, fundada hacia el 290 a.C. por el rey Tolomeo Sóter de Egipto y ampliada, con una segunda biblioteca en el templo de Serapeion, por Tolomeo III hacia el 235 a.C. Llegó a reunir más de 700.000 ejemplares. Fue incendiada en el 48 a.C. y destruida en el 391 d.C.
1:166a; Biblioteca y bibliotecomanía 3:14b; Libro 9:151a.

ALEJANDRÍA, ESCUELA DE. Grupo filosófico de tendencia neoplatónica que incluyó a Hipatia, Sinesio de Cirene, Heracles de Alejandría y otros. Se caracterizó por mantener contacto con el cristianismo y por una tendencia sincretista filosófico-religiosa. El nombre se emplea también para designar a otras escuelas filosóficas y científicas basadas en Alejandría, como la de los cartógrafos de los siglos III y II a.C.
Cartografía 4:1a; Filología 6:292a; Gramática 7:185a; Literatura 9:183a; Paisaje (geografía) 11:206a.

ALEJANDRÍA, FARO DE. Torre considerada como una de las siete maravillas del mundo. Fue construida por Sóstrato de Cnido para el rey Tolomeo II de Egipto, hacia el 280 a.C., en la isla de Pharos, junto a Alejandría.
Maravillas del mundo, las siete 9:351b.

ALEJANDRINA, LÍNEA. División de los territorios del Nuevo Mundo realizada por el papa Alejandro VI en 1493. Portugal recibiría los territorios situados al este y España los situados al oeste de una línea imaginaria trazada a 100 leguas al oeste de las Azores. Dicha línea fue luego alterada en 1494 en el Tratado de Tordesillas.

ALEJANDRINA, LITERATURA. Conjunto de obras literarias realizadas durante el reinado de la dinastía egipcia de los Tolomeos, entre los siglos III al I a.C. Escritas en griego, la mayor parte de estas obras se redactaron en la ciudad de Alejandría, pero también se encuentran ejemplos en Anatolia, Pérgamo y Sicilia. Destacó en esta literatura la producción poética. Las obras alejandrinas se caracterizaron por su sentido de la perfección y la minuciosidad.

ALEJANDRINO. Verso tetradecasílabo, dividido en dos partes o hemistiquios de siete sílabas. El nombre procede del *Roman d'Alexandre* (siglo XII), donde se emplea dicho metro. Según el ritmo, puede ser trocaico, dactílico, mixto y polirrítmico.

ALEJANDRINO, ARTE. Conjunto de obras artísticas producidas en la Alejandría tolomeica (siglos III al I a.C.) o influidas por los criterios estéticos alejandrinos. Pocos ejemplos han sobrevivido. Mosaicos y esculturas de temas dionisíacos, paisajes agrestes y naturalezas muertas en pintura, orfebrería y pequeños objetos de artesanía.

ALEJANDRITA. Variedad semipreciosa del crisoberilo. Descubierta en los montes Urales. Debe su nombre a Alejandro II de Rusia.

ALEJANDRO I, ISLA. Territorio insular del mar de Bellingshausen, separado del continente antártico por el estrecho de Jorge VI. Fue descubierto en 1821 por el explorador ruso Fabian von Bellingshausen. 43.250 km^2.

ALEJANDRO I, PAPA (m. h. el 119). Quinto papa, del 105 al 115 o del 109 al 119. Sucesor de san Evaristo. Algunos autores católicos le atribuyen haber sido el primero que empleó el agua bendita y la mezcla sacramental del vino y el agua. Fue canonizado.

ALEJANDRO I DE BULGARIA (1857-1893). Primer príncipe del estado autónomo de Bulgaria, creado en 1879. La injerencia rusa en la política del país lo obligó a derogar la constitución en 1881, aunque volvió a restaurarla dos años después. En 1885 consiguió incorporar al principado búlgaro la provincia turca de Rumelia. Fue forzado a abdicar en 1886.

ALEJANDRO I DE ESCOCIA (h. el 1080-1124). Rey de los escoceses de 1107 a 1124. Defendió en todo momento la independencia de la iglesia escocesa frente a la inglesa, lo que no llegó a lograr totalmente.

ALEJANDRO I DE RUSIA (1777-1825). Alejandro Pávlovich, emperador de Rusia de 1801 a 1825. Vencedor de Napoleón Bonaparte, fue el principal artífice de la restauración del antiguo régimen en Europa.
1:168b; Finlandia 6:306a; Napoleón Bonaparte 10:345a; Napoleónicas, guerras 10:348a; Nicolás I de Rusia 10:404b; Talleyrand, Charles-Maurice de 13:389a; Rusia 13:61a; *ilustración* 1:168b.

ALEJANDRO I DE SERVIA (1876-1903). Rey de Servia (1889-1903). Como consecuencia del escándalo provocado por su matrimonio con una viuda de dudosa reputación, se vio forzado a crear un senado, o segunda cámara legislativa, y a proclamar una constitución. La

suspensión de ésta y la política autoritaria que puso en práctica, provocaron levantamientos que desembocaron en su asesinato y en el final de la dinastía Obrenovi´c.
Yugoslavia 14:395b.

ALEJANDRO I DE YUGOSLAVIA (1888-1934). Rey de Yugoslavia. Asumió en 1921 el trono de Servia, Croacia y Eslovenia tras la abdicación de su hermano Jorge. Abolió la constitución de 1921 y estableció una nueva de base autoritaria en 1931.

ALEJANDRO I JAGUELLON (1461-1506). Gran duque de Lituania y rey polaco (1501-1506). Su reinado se caracterizó por sus enfrentamientos con el zar Iván III el Grande y sus constantes luchas con el senado y nobles polacos, que consiguieron arrebatarle el control financiero del estado.

ALEJANDRO II, PAPA (m. en el 1073). Anselmo da Baggio, pontífice romano del 1061 al 1073. Defensor del celibato sacerdotal. En el 1064 fue reconocido como papa por el imperio germánico, que hasta ese momento había apoyado al antipapa Honorio II.

ALEJANDRO II DE ESCOCIA (1198-1249). Rey de Escocia de 1214 a 1249. Mantuvo la paz con Inglaterra y fortaleció la monarquía. Firmó con el rey Enrique III la paz de York, por la que renunciaba a sus exigencias de tierras en el norte de Inglaterra, recibiendo a cambio otros condados ingleses.

ALEJANDRO II DE RUSIA (1818-1881). Alejandro Nicolaiévich, emperador ruso entre 1855 y 1881. Instauró la emancipación de los siervos.
1:169a; Finlandia 6:306a; Rusia 13:61b; *ilustración* 1:169a.

ALEJANDRO III, PAPA (h. 1105-1181). Rolando Bandinelli, pontífice de 1159 a 1181. Defendió la autoridad papal frente a los desafíos del Sacro Imperio Romano y el rey Enrique II de Inglaterra.
1:169b; Federico I Barbarroja 6:245b; Tomás Becket, santo 14:79b; *ilustración* 1:169b.

ALEJANDRO III DE ESCOCIA (1241-1286). Rey de Escocia de 1249 a 1286. Fue el principal legislador de la dinastía de los reyes descendientes de Malcolm III Canmore. Durante su reinado, el país vivió un gran florecimiento económico.

ALEJANDRO III DE RUSIA (1845-1894). Alejandro Alexandróvich, zar de Rusia de 1881 a 1894. Se opuso al gobierno representativo y apoyó el nacionalismo ruso, la ortodoxia y la autocracia.
1:170a; Rusia 13:62a; *ilustración* 1:170a.

ALEJANDRO IV, PAPA (1199-1261). Rinaldo dei Segni, pontífice de 1254 a 1261. Continuó la lucha de su predecesor, Inocencio IV, contra Manfredo, el hijo bastardo del emperador Federico II. Trató, en vano, de organizar una cruzada contra los tártaros. Extendió la Inquisición por Francia.

ALEJANDRO V, ANTIPAPA (h. 1339-1410). Petros Philargos. En 1409 fue elegido papa por los cardenales reunidos en el concilio ilegítimo de Pisa para poner fin al gran cisma de occidente. Durante los diez meses que duró su gestión había otros dos papas, Benedicto XIII y Gregorio XII.

ALEJANDRO VI, PAPA (1431-1503). Rodrigo Borgia o Borja, pontífice de 1492 a 1503. Famoso por sus intrigas y su vida licenciosa, luchó por establecer un fuerte estado italiano frente a la nobleza feudal.
1:170b; Borgia, César 3:113a; Borgia, familia 3:114a; Borgia, Lucrecia 3:114a; Savonarola, Girolamo 13:170b; *ilustraciones* 1:171.

ALEJANDRO VII, PAPA (1599-1667). Fabio Chigi, pontífice romano de 1655 hasta su muerte. Siendo nuncio en Colonia, durante las negociaciones que concluyeron en la paz de Westfalia, requirió a los príncipes católicos que defendieran los intereses de la iglesia frente a los protestantes.

ALEJANDRO VIII, PAPA (1610-1691). Pietro Vito Ottoboni, pontífice desde 1689 hasta su muerte. Inició las medidas que condujeron a la solución de las disputas entre el papado y Luis XIV de Francia. Se opuso al jansenismo.

ALEJANDRO, ARCHIPIÉLAGO DE. Grupo de casi 11.000 islas en el parque nacional de Tongass (EUA), junto a las costas de Alaska. Se extiende desde la bahía Glacier hasta Dixon Entrance. Las islas más grandes son Chichagof, Admiralty y Baranof.

ALEJANDRO DE AFRODISIA (siglo III a.C.). Filósofo griego. Conocido como el Exégeta, fue director de la Academia de Atenas y destacó como comentarista de la obra filosófica de Aristóteles. Sus teorías influyeron en el pensamiento de la baja edad media.

ALEJANDRO DE GRECIA (1893-1920). Rey heleno de 1917 a 1920. Sucedió a su padre, Constantino, depuesto por las fuerzas aliadas en la primera guerra mundial. Ello lo obligó, a instancias de Eleuthérios Venizélos, a entrar en el conflicto bélico junto a los aliados. Consiguió para su país una parte de Tracia y Esmirna.

ALEJANDRO DE HALES (h. 1170/1185-1245). Teólogo y filósofo inglés. Franciscano, estudió en París, donde fue profesor y fundador de una escuela franciscana. Autor de diversas obras teológicas en las que intentó aunar al pensamiento de Aristóteles las teorías de san Agustín, Avicena y el platonismo.

ALEJANDRO DE MEDICI (1510/1511-1537). Primer duque de Florencia. Hijo ilegítimo, posiblemente del duque de Urbino, ocupó desde 1532 el ducado de Florencia. Apoyado por Carlos V, casó en 1536 con la hija natural del emperador, Margarita de Austria. Murió asesinado a manos de su primo Lorenzino.
Medici, familia 10:27a.

ALEJANDRO MAGNO (356-323 a.C.). Rey de Macedonia del 336 al 323. Edificó un gran imperio que constituiría la base de la civilización helenística.
1:166b; Afganistán 1:86a; Aqueménida, dinastía 1:419a; Aristóteles 2:70a; Caballería 3:243a; Demóstenes 5:130a; Egipto 5:336a; Ejército 5:345a; Europa 6:197b; Exploraciones geográficas 6:214a; Fenicia 6:259b; Filipo II 6:290a; Grecia antigua 7:210a; Helenismo 7:352b; Irán 8:262b; Jerusalén 8:366a; Macedonia 9:260a; Mesopotamia 10:84a; Pakistán 11:219b; Palestina 11:229b; Persépolis 11:349a; Persia 11:351b; Pirrón 12:4b; Seléucida, reino 13:191b; Seleuco 13:192a; Siria 13:261b; Tebas (Grecia) 13:413b; Turquía 14:163a; Yugoslavia 14:394b; Zoroastrismo 14:433b; *mapa* 1:167; *ilustraciones* 1:167b.

ALEJANDRO NEVSKI. V. **Nevski, Alejandro.**

ALEJANDRO SEVERO. V. **Severo, Alejandro.**

ALEJÍN, ALEXANDR. V. **Alekhin, Alexander.**

ALEJO (1295-1378). Prelado de la Iglesia Ortodoxa Rusa. Ejerció el puesto de metropolitano de Moscú en 1354 y durante la minoría de edad del príncipe Dmitri Ivánovich, hasta 1359, ocupó el cargo de regente. Su labor se centró en defender los intereses rusos frente a la hegemonía mongola.

ALEJO I COMNENO (1048-1118). Emperador bizantino del 1081 hasta su muerte, en la época de la primera cruzada. Inició el segundo período de la dinastía de los Comnenos y restauró parcialmente la fuerza del imperio tras sus derrotas por los normandos y los turcos en el siglo XI.
1:171a; Bizantino, imperio 3:64a.

ALEJO II COMNENO (1169-1183). Emperador bizantino. Sucedió a su padre, Manuel I, en 1180. Tutelado por su madre, María de Antioquía, ésta entregó el poder a los latinos. Tal circunstancia provocó un levantamiento en Constantinopla y la matanza de funcionarios y comerciantes latinos. A resultas de ello tomó el poder Andrónico I, quien mandó estrangular a Alejo.

ALEJO III ÁNGEL (m. en 1211). Emperador de Bizancio (1195-1203). Subió al trono tras derrocar a su hermano Isaac II. Su ineficaz gestión hizo descender el prestigio del imperio. Combatió a Kalojan, líder búlgaro. Destronado por Isaac II, con ayuda de la cuarta cruzada, reclamó la corona de su yerno Teodoro Láscaris. Fue vencido y encarcelado por éste.

ALEJO IV ÁNGEL (m. en 1204). Emperador bizantino (1203-1204). Compartió el cargo con su padre Isaac II, quien recuperó el trono tras derrocar a su hermano Alejo III. Su torpe gobierno y los elevados impuestos provocaron una revuelta que instaló en el trono a Alejo Ducas Marzuflo (Alejo V).
Bizantino, imperio 3:64b; Latino de oriente, imperio 9:82a.

ALEJO V ÁNGEL (m. en 1204). Emperador bizantino en 1204. Dirigió una revuelta griega contra los coemperadores Isaac II y Alejo IV. Último emperador griego del imperio antes de que fuera dividido por los cruzados.

ALEJO MIJÁILOVICH (1629-1676). Zar ruso, segundo de la casa Románov. Sucedió en el trono en 1645 a su padre Miguel III Fiódorovich. Estableció un Código de la Asamblea (1649), por el que decretaba nuevas medidas económicas y sociales, y expandió los confines del imperio ruso hasta el valle del río Amur, dominando así toda Siberia. Padre de Pedro I el Grande.

ALEJO PETRÓVICH (1690-1718). Príncipe ruso. Hijo de Pedro I el Grande, se opuso a la política reformista emprendida por su padre. Bajo el pretexto de reunirse con el zar, huyó del país en 1716 y se refugió en Viena y Nápoles. Capturado por la policía rusa, regresó a su país en 1718, fue acusado de conspiración y ejecutado.

ALEKHIN, ALEXANDER (1892-1946). Alexandr Alexandróvich Aliojin, campeón mundial de ajedrez, francés de origen ruso. Empezó a jugar a temprana edad y logró sus primeros triunfos a los 17 años. Estudió derecho en la Universidad de París. En 1927 arrebató el campeonato mundial al cubano José Raúl Capablanca. Lo perdió ocho años más tarde frente al holandés Max Euwe, pero lo recuperó en 1937, para conservarlo hasta su muerte.

ALELÍ. V. **Alhelí.**

ALELO. Cada una de las formas alternativas de expresión de un gen que ocupan un mismo locus o lugar del cromosoma y que controlan la manifestación de idéntico carácter.
Genética 7:76b.

ALELOMORFISMO. Según las leyes de Mendel sobre la herencia genética, transmisión de uno de los caracteres emparejados que se dan en los descendientes de forma alterna. De hecho, tales descendientes presentan uno de los caracteres pero nunca ambos.

ALEM, LEANDRO (1844-1896). Político argentino. Dirigió un levantamiento contra el presidente Miguel Juárez Celman y fundó el partido Unión Cívica Radical.
1:171b; Alvear, Marcelo T. de 1:257b.

ALEMÁN, ALTO. Lengua originada en las zonas montañosas de Alemania meridional antes de los siglos IX-XI. En el siglo XVI se configuró como la base del alemán convencional moderno.

ALEMÁN, ARNOLDO (n. en 1946). Presidente de Nicaragua. Elegido para el cargo en 1996, tras vencer en los comicios al frente de la coalición conservadora Alianza Liberal.
1:172a; Nicaragua 10:402b; *ilustración* 1:172a.

ALEMÁN, MATEO (1547-h. 1614). Escritor español. Creador de *La vida de Guzmán de Alfarache*, novela picaresca y moralizante.
1:172b; Española, literatura 6:91b; Picaresca, novela 11:389a; Siglo de Oro español 13:238a; *ilustraciones* 1:173a-b.

ALEMÁN, MIGUEL (1902-1983). Abogado y político mexicano. Ocupó la presidencia de su país de 1946 a 1952.
1:173b; México 10:133b; Ruiz Cortines, Adolfo 13:34a.

ALEMANA, LENGUA. Lengua perteneciente al grupo germánico occidental de las lenguas indoeuropeas, hablada en Alemania, Austria, parte de Suiza, el alto Adigio y parte de Alsacia y Lorena.
1:174a; Alemana, literatura en lengua 1:174b; *mapa* 1:174a.

ALEMANA, LITERATURA EN LENGUA. Conjunto de obras escritas en idioma alemán en las diversas entidades políticas que habrían de constituir Alemania, así como en Suiza, Austria y otras zonas adyacentes. Los primeros fragmentos datan del siglo VIII.
1:174b; Clasicismo 4:223b; Nibelungos, Cantar de los 10:396a; Novela y cuento 11:19a; Schiller, Friedrich von 13:173b; Wedekind, Frank 14:358b; Weiss, Peter 14:360a; *cuadros* 1:176-177; *ilustraciones* 1:178a; 1:179b; 1:180; 1:181b.

ALEMANES. Pueblo germánico. Aparece citado por primera vez en el 213, año en que fue atacado por los romanos. Originalmente lo componían varios pueblos que se mantenían aislados como una confederación de tribus en el grupo de los suevos.

ALEMANIA. País del norte de Europa central. Cap. Berlín. 357.022 km^2. 82.225.000 hab. (2000).
1:182a; Adenauer, Konrad 1:59a; Alpes 1:245b; Alsacia-Lorena 1:250b; Berlín 2:420a; Bismarck, Otto von 3:57b; Bonn 3:105b; Brandt, Willy 3:146a; Carlos V, emperador 3:399b; Danubio, río 5:93b; Dresde 5:242a; Elba, río 5:348b; Estonia 6:162b; Europa 6:193a; Fascismo 6:236b; Francos 6:404a; Guerra mundial, primera 7:270b; Guerra mundial, segunda 7:273a; Guillermo I de Prusia 7:282b; Guillermo II de Alemania 7:283b; Habsburgo, casa de 7:313a; Hamburgo 7:326b; Hanseática, Liga 7:331b; Hitler, Adolf 8:30a; Hohenstaufen, familia 8:36b; Leipzig 9:99b; Modernismo 10:207a; Nacionalismo 10:334a; Oceanía 11:70b; Oder, río 11:77a; Polonia 12:75a; Racismo 12:240b; Rau, Johannes 12:265b; Rin, río 12:372b; Sacro Imperio Romano 13:82a; Ulbricht, Walter 14:173a; Versalles, tratados de 14:277a; Weimar 14:359b; *mapas* 1:183b; 1:192a; *cuadros* 1:184a; 1:187b; *ilustraciones* 1:184b; 1:185; 1:186a; 1:189b; 1:190; 1:191; 1:192a; 1:194a; 1:195b.

ALEMBERT, JEAN LE ROND D'. V. **D'Alembert, Jean le Rond.**

ALENCAR, JOSÉ DE (1829-1877). Periodista, novelista y dramaturgo brasileño. Fue el iniciador de la novela indigenista en su país.
1:196b; Brasileña, literatura 3:165a; Indianismo 8:167a; *ilustración* 1:196b.

ALENCASTRE, FERNANDO DE (h. 1641-1717). Administrador colonial español. Virrey de la Nueva España entre 1711 y 1716, llevó a cabo numerosas reformas en la economía y gobierno de la colonia, gravemente deteriorados por la pobreza y corrupción administrativa.
1:197a.

ALENÇON. Ciudad de Francia en el dep. de Orne, reg. de Baja Normandía. Escuela de encajes desde el siglo XVII. Iglesia de Notre-Dame (siglos XIII-XVIII). Hilados, porcelana, imprenta. Cuna de Santa Teresita del Niño Jesús. 30.952 hab. (1982).

ALENTEJO. Antigua prov. de Portugal, comprende actualmente los dist. de Beja, Évora y la mayor parte de los de Setúbal y Portalegre. Limita al este con España y al sudoeste con el Atlántico. Zona mesetaria árida. Cereales (trigo, centeno, cebada); corcho; ganadería, pesca.

ALENZA, LEONARDO (1807-1845). Pintor español. Representante de la pintura romántica de temática costumbrista. «Frailes repartiendo la sopa boba», «Riña en el mesón».
1:197a; Romanticismo 13:11b.

ALEPO. Ciudad de Siria, cap. del est. de Halab. 1.591.400 hab. (1994).
1:197b; Siria 13:260b.

ALERCE. Árbol del grupo de las coníferas y de la familia de las pináceas (*Larix decidua*). Gimnosperma.
1:198a; Coníferas 4:339a; *ilustración* 1:198b.

ALERGENO. Antígeno (sustancia que produce reacción de inmunización) de origen animal o vegetal que determina una alergia y los trastornos asociados a ésta.
Alergia 1:199a.

ALERGIA. Reacción hipersensible del cuerpo a sustancias extrañas (alergenos) que en cantidades y circunstancias similares son innocuas para los cuerpos de otras personas.
1:198b; Antibiótico 1:383a; Antígeno 1:388a; Asma 2:160b; Homeopatía 8:48b; Inmunología 8:217a; Otorrinolaringología 11:181a; *cuadro* 1:199a; *ilustración* 1:199b.

ALERÓN. Parte movible del ala de un avión, cuyos cambios de posición facilitan su aterrizaje y despegue.
Avión 2:266a.

ALESSANDRI, ARTURO (1868-1950). Político chileno. Fue elegido presidente en 1920 y 1932.
1:200a; Chile 4:136b.

ALESSANDRI, JORGE (1896-1986). Empresario y político chileno, hijo de Arturo Alessandri. Ocupó la presidencia de Chile entre 1958 y 1964.
1:200b; Chile 4:137a.

ALESSANDRIA. Ciudad de Italia, cap. de la prov. de su nombre en el Piamonte. Fundada en 1168. Catedral, palacio episcopal, museo. Industrias diversas, agricultura y vinos. 90.852 hab. (1998).
Alejandro III, papa 1:169b.

ALESSI, GALEAZZO (1512-1572). Arquitecto italiano. Principal exponente del alto Renacimiento en Génova y Milán. Influido por Miguel Ángel, sus palacios establecieron el modelo de la arquitectura civil genovesa. Palacio Cambiaso (1565), Palacio Parodi (1567).

ALESSIO ROBLES, MIGUEL (1884-1951). Escritor y político mexicano. Desempeñó diversos cargos diplomáticos y fue ministro de industria y comercio durante la presidencia de Álvaro Obregón. Autor principalmente de obras históricas. *Historia política de la revolución* (1938).

ALESSIO ROBLES, VITO (1879-1957). Escritor y político mexicano. Fue profesor de la Escuela Militar, diputado y senador. *Francisco de Urdiñola y el Norte de la Nueva España* (1931), *Acapulco en la leyenda y en la historia* (1932), *Bosquejos históricos* (1938).

ALETA. Estructura anatómica apendicular y laminar adaptada a la natación. La presentan diferentes grupos de animales acuáticos, pero las más complejas y perfectas son las de los peces. En estos últimos puede estar formada por un simple repliegue cutáneo, pero generalmente posee esqueleto propio.
Peces 11:310a.

ALETSCHHORN. El pico más alto de los Alpes berneses. Forma parte del macizo del Aare, cerca del glaciar de Aletsch. 4.182 m.

ALEURITA. Árbol de hoja caduca de la familia de las euforbiáceas (*Aleurites fordii*). Dicotiledónea. También denominado abrasín o tung. Originario de China, de sus semillas se extrae un aceite secante de múltiples aplicaciones.

ALEUTIANAS, DEPRESIÓN DE LAS. Fosa submarina de la sección sudoccidental del mar de Bering, en la zona norte del océano Pacífico, entre Siberia y Alaska. Profundidad máxima de 3.000 m.
Fosa 6:352a.

ALEUTIANAS, ISLAS. Cadena de alrededor de setenta pequeñas islas que separan el mar de Bering (norte) del océano Pacífico (sur). Se extienden a lo largo de 1.800 km desde la punta de la península de Alaska hasta la isla Attu. Cubren una superficie de 17.666 km^2.

ALEUTIANO-ESQUIMALES, LENGUAS. Grupo de lenguas habladas en Groenlandia, Canadá, Alaska y este de Siberia por pueblos esquimales y aleutianos.
Amerindias, lenguas 1:289a; Lenguas, clasificación de las 9:111a.

ALEUTIANOS. Nativos de las islas Aleutianas y de la parte occidental de la península de Alaska. Emparentados con los esquimales, en el siglo XX quedaron reducidos a unos pocos miles.

ALEVOSÍA. Modalidad agravante de un delito por entenderse que el agresor aprovecha circunstancias de indefensión por parte del agredido. Suele ir acompañada de premeditación, aunque legalmente no la exige.

ALEXANDER, FRANZ (1891-1964). Psicoanalista estadounidense de origen húngaro. Considerado como uno de los principales especialistas del psicoanálisis en los Estados Unidos, principalmente en su aspecto psicosomático. En 1932 fundó en Chicago el Instituto de Psicoanálisis. *Terapéutica psicoanalítica* (1921), *Fundamentos del psicoanálisis* (1948).

ALEXANDER, HAROLD GEORGE (1891-1969). Mariscal de campo británico. Destacó durante la segunda guerra mundial por sus campañas en el norte de África contra Erwin Rommel y por sus actuaciones en Italia y Europa occidental.

ALEXANDER, SAMUEL (1859-1938). Filósofo británico. Enseñó en la Universidad Victoria de Manchester (1893-1924). Su pensamiento se inscribe dentro del realismo de George Moore y Bertrand Russell y el de los filósofos estadounidenses del nuevo realismo. Es fundamental en su doctrina la concepción del espacio-tiempo como sustancia principal del universo. *Espacio, tiempo y deidad* (1920), *Spinoza y el tiempo* (1921).

ALEXANDER, WILLIAM (h. 1576-1640). Primer conde de Stirling. Político y escritor escocés. Fundador de diversos asentamientos en la región canadiense de Nueva Escocia. Entre sus obras literarias destaca el poema *Aurora* (1604).
Canadá 3:320b.

ALEXANDRE, LIBRO DE. Poema medieval castellano, fechado hacia 1240, en cuaderna vía, que relata la vida y hazañas de Alejandro Magno. Se conserva en dos manuscritos, uno de los cuales se halla en la Biblioteca Nacional de Madrid y el otro en la de París. Su autoría ha sido atribuida a Juan Lorenzo y a Gonzalo de Berceo.

ALEXANDRE, ROMAN D'. Obra poética publicada en 1848 por el erudito francés Henri-Victor Michelant, en la que se reúnen las diferentes versiones existentes de la historia de Alejandro Magno desde la primitiva del siglo IV a.C. escrita por Calístenes.

ALEXANDRIA. Ciudad de los Estados Unidos en el est. de Virginia, a orillas del Potomac, en el área metropolitana de la ciudad de Washington. Fue declarada independiente por el Congreso en 1852. Mount Vernon, finca que fue propiedad de George Washington, contiene su tumba. Edificios coloniales. Academia de 1785. Industrias diversas. 118.300 hab. (1998).

ALEXIS. V. **Alejo.**

ALEXIS, WILLIBALD (1798-1871). Georg Wilhelm Häring, escritor alemán. Trabajó como periodista y escribió obras de carácter histórico, de las que destaca la colección de ocho novelas sobre la vida en Prusia (novelas brandeburguesas). *Cabanis* (1832), *Los pantalones del señor de Bredow* (1846-1848), *La paz es el primer deber del ciudadano* (1852).

ALFA. Primera letra del alfabeto griego. Corresponde a la *a* en castellano (, *A*).

ALFA, ESTACIÓN ESPACIAL. Proyecto de estación orbital internacional presentado en 1995, y en cuya construcción participarían los Estados Unidos, Canadá, Japón, la Agencia Espacial Europea (ESA) y Rusia. El objetivo de la estación sería el de servir de base para diferentes misiones de carácter científico, entre ellas la construcción de una astronave tripulada con destino a Marte.
Astronáutica 2:171.

ALFA, RAYOS. Partículas de carga positiva, idénticas a núcleos de helio 4, con dos protones y dos neutrones. Emitidas por varias sustancias radiactivas.
Blindaje contra radiaciones 3:73b; Radiactividad 12:245a.

ALFABETIZACIÓN. Enseñanza de la lectura y escritura a quienes carecen de tales conocimientos.
1:201a; Abalfabetismo 1:314b; Freire, Paulo 6:407b; *ilustración* 1:201.

ALFABETO. Conjunto de signos que representan gráficamente los sonidos de una lengua.
1:202a; Braille, sistema 4:143b; Escritura 6:44a; Fenicia 6:260b; *cuadro* 1:203; *ilustraciones* 1:202; 1:204a.

ALFA CENTAURO. Aparente estrella, la tercera más brillante del cielo, situada a 4,35 años luz de la Tierra. En realidad constituye un sistema triple, con una estrella similar al Sol.

ALFALFA. Planta herbácea, vivaz, de la familia de las leguminosas (*Medicago sativa*). Dicotiledónea. Originaria del sudoeste de Asia, es una importante planta forrajera.
1:205a; Leguminosas 9:98a.

ALFAMA, ORDEN DE SAN JORGE DE. Orden militar española, considerada como la más antigua de las creadas en la corona de Aragón. Fue fundada por el rey Pedro II el Católico en 1201, y se inscribe dentro de la política de protección de las órdenes militares emprendida por el monarca aragonés.

ALFAMBRA, RÍO. Curso fluvial español. Nace en la sierra de Gúdar y, tras recorrer las prov. de Teruel y Valencia, desemboca en el río Turia, formado por su confluencia con el Guadalaviar. Su curso es de 102 km.

ALFANUMÉRICO. Adjetivo empleado en informática que designa a series que incluyen caracteres alfabéticos, numéricos y de otras características (signos de puntuación o símbolos matemáticos).

ALFARERÍA. Arte de fabricar objetos con arcilla. La plasticidad de la arcilla y la dureza que adquiere la misma a partir de su cocción permitieron el desarrollo de la alfarería desde las culturas primitivas.
Arcilla 2:28a; Cerámica 4:82a.

ALFARO. Población española de la prov. de Logroño, comunidad autónoma de La Rioja. Fundada en el siglo V a.C., fue la Gracurris romana. Agricultura de secano y centro industrial y comercial de la comarca. 9.432 hab. (1996).

ALFARO, ANDREU (n. en 1929). Escultor español. Iniciado en el arte como pintor, destacó como uno de los principales impulsores de la geometría espacial escultórica en España. Premio Nacional de escultura en 1981.

ALFARO, ELOY (1842-1912). General y político ecuatoriano. Encabezó el movimiento liberal radical de fines del siglo XIX y principios del XX.
1:205b; Plaza, Leónidas 12:35a.

ALFARO, FRANCISCO DE (siglos XVI y XVII). Administrador colonial español. Oidor de la audiencia de Lima, se preocupó por la situación de los indios y redactó en la década de 1610 unas ordenanzas que intentaban establecer un nuevo sistema de relaciones entre la población autóctona y los españoles.

ALFARO, JOSÉ MARÍA (1799-1856). Político costarricense. Elegido presidente provisional en 1842, promulgó la constitución de 1844. Renunció a la presidencia en 1846, negándose a asumir el papel de dictador.

ALFARO, JUAN DE (h. 1640-1680). Pintor español. Alumno del pintor cordobés Antonio del Castillo y de Diego Velázquez, trabajó sobre copias de obras de Petrus Paulus Rubens, Tiziano, etc. Imitó el estilo de Velázquez y destacó como retratista. «Asunción de la Virgen» (1668).

ALFARO, RICARDO JOAQUÍN (1882-1971). Abogado y político panameño. Fue vicepresidente de la república entre 1928 y 1930, y presidente de 1931 a 1932. Ocupó importantes cargos como representante de su país ante organismos internacionales.

ALFARO COOPER, JOSE MARÍA (1861-1939). Poeta costarricense. Autor representativo de la lírica tradicional centroamericana de las primeras décadas del siglo XX. *Vida pública de Nuestro Señor Jesucristo* (1923), *Cantos de amor y poemas del hogar* (1926), *Ritmos y plegarias* (1926).

ALFARO SIQUEIROS, DAVID. V. **Siqueiros, David Alfaro.**

ALFASI, ISAAC BEN JACOB (1013-1103). Rabino judío. Vivió y trabajó en Marruecos y España. Sus codificaciones de los aspectos legales del *Talmud* generaron un renacimiento de la erudición talmúdica en España. Su obra principal, *El libro de las leyes*, es considerado tan importante como los trabajos de Maimónides.

ALFEROV, ZHORES (n. en 1930). Físico ruso. En 2000 fue galardonado con el Premio Nobel de su especialidad por sus estudios sobre el diseño de transistores de multifrecuencia, heteroconductores y semiconductores, imprescindibles para el desarrollo de la tecnología de Internet y la telefonía móvil.

ALFIÁN, ANTONIO DE (siglo XVI). Pintor español de estilo manierista. Desarrolló toda su obra en Sevilla, donde mantuvo un taller. Junto con Pedro de Campaña realizó en 1555 el retablo de la purificación de la catedral sevillana.

ALFIERI, VITTORIO (1749-1803). Poeta trágico italiano. Defendió en sus obras la libertad y se opuso a todo tipo de tiranía.
1:206a; Italiana, literatura 8:322b.

ALFIL. Pieza del juego del ajedrez. Se mueve diagonalmente sobre el tablero, tanto hacia adelante como hacia atrás, sin más límite que los escaques o casillas que se encuentren libres. Cada jugador dispone de dos alfiles que, de salida, se colocan flanqueando al rey y a la reina. Tienen especial importancia en aperturas como la inglesa o en la defensa siciliana.
Ajedrez 1:133.

ALFINGER, AMBROSIO (m. en 1533). Aventurero alemán. Realizó, como representante de los banqueros Welser, varias incursiones devastadoras en Venezuela. Murió después de un enfrentamiento con indígenas.
1:206a; Maracaibo 9:348a; Venezuela 14:263b; Welser, familia 14:362b.

ALFOMBRA Y TAPETE. Tejidos gruesos, normalmente de lana o de materiales sintéticos semejantes, con que se cubren los suelos para decorarlos y resguardar del frío.
1:206b; *ilustraciones* 1:207a-b; 1:208a.

ALFONSÍES, TABLAS. Sistema tabular de cálculo de efemérides astronómicas instituido bajo los auspicios de Alfonso X el Sabio en 1272.
Alfonso X el Sabio 1:214b.

ALFONSÍN, RAÚL (n. en 1926). Abogado y político argentino. Presidente de 1983 a 1989, no pudo evitar el deterioro de la situación económica del país.
1:208b; Argentina 2:57a; Viedma 14:305b; *ilustración* 1:208b.

ALFONSO I DE ASTURIAS (h. el 693-757). Apodado el Católico, rey de Asturias del 739 al 757. Aprovechó las luchas internas musulmanas y la retirada islámica de los territorios del norte para organizar, junto a su hermano Fruela, duras y violentas campañas contra los musulmanes desde Galicia hasta la Rioja. Repobló con los cristianos de estas regiones la franja norte de España, dejando inhabitada la cuenca del Duero.

ALFONSO I DE PORTUGAL. V. **Alfonso I Henríquez.**

ALFONSO I EL BATALLADOR (h. el 1073-1134). Rey de Aragón y de Navarra (1104-1134). Conquistó Zaragoza a los musulmanes y se dedicó activamente a las campañas bélicas hasta su muerte.
1:209a; Almorávides 1:242b; Mozárabes 10:285b; Reconquista 12:284b; Taifas, reinos de 13:378b.

ALFONSO I HENRÍQUEZ (1109/1111-1185). Primer rey de Portugal. Combatió a los musulmanes y creó una monarquía estable e independiente.
1:209a; Portugal 12:92b; Reconquista 12:248b.

ALFONSO II DE ARAGÓN (1152-1196). Rey de Aragón desde 1164 y conde de Barcelona (1162), llamado el Casto. Primogénito de Ramón Berenguer IV, Enrique II de Inglaterra fue su tutor hasta su mayoría de edad. Firmó con Alfonso VIII de Castilla el tratado de Cazorla, que fijaba los territorios de reconquista para Aragón y Castilla.
Alfonso VIII de Castilla 1:212b.

ALFONSO II DE ASTURIAS (759-842). Rey de Asturias (791-842), apodado el Casto. Hijo de Fruela I y nieto de Alfonso I. Instaló su capital en el emplazamiento de la moderna Oviedo. Ocupada la ciudad por los musulmanes, se situó con sus tropas en el lugar por donde aquéllos habían llegado, la calzada de la Mesa, y los aniquiló a su regreso. En el 798 conquistó Lisboa. Instauró en Oviedo el orden godo toledano.
1:209b; Reconquista 12:283b; Santiago de Compostela 13:147a.

ALFONSO II DE PORTUGAL (h. 1185-1223). Rey de Portugal (1211-1223), llamado el Gordo. Hijo de Sancho I. Casó con Urraca de Castilla, hija de Alfonso VIII, que le dio cinco hijos, entre ellos Sancho II y Alfonso III. Promulgó diversas e importantes leyes. Fue excomulgado en 1219 por el arzobispo de Braga, tras numerosas disputas mantenidas con la iglesia.

ALFONSO III DE ARAGÓN (1265-1291). Rey de Aragón desde 1285 hasta su muerte, llamado el Liberal. Hijo primogénito de Pedro III el Grande. Ocupó las Baleares arrebatándolas a su tío Jaime II de Mallorca. Presionado por el papa y el rey de Francia firmó el Privilegio de la Unión en 1288, en el que se otorgaban importantes prerrogativas reales a la nobleza. Apoyó a los infantes de la Cerda contra Sancho IV de Castilla.

ALFONSO III DE ASTURIAS (h. el 838-h. el 910). Rey de Asturias (866-910), llamado el Magno. Hijo de Ordoño I. Trasladó la capital, hasta entonces en Oviedo, a León y ocupó Oporto en el 868. Designó como centro del reino cristiano a Santiago de Compostela. A su muerte se había anexionado Coimbra, Zamora y Burgos.
1:210a.

ALFONSO III DE PORTUGAL (1210-1279). Rey de Portugal (1248-1279), llamado el Reformador. Segundo hijo de Alfonso II. Casó con la condesa de Boulogne, a la que repudió al ascender al trono a la muerte de su hermano Sancho II, contrayendo nuevas nupcias con Beatriz de Castilla. El hecho de ser ésta hija natural de Alfonso X lo enfrentó con la iglesia. Anexionó el Alentejo y el Algarve a la corona portuguesa. Durante su reinado tuvo lugar la primera reunión de las Cortes portuguesas.
Portugal 12:92b.

ALFONSO IV DE ARAGÓN (1299-1336). Rey de Aragón y de Cerdeña (1327-1336), llamado el Benigno. Fue el segundo hijo de Jaime II. Tras su boda con Leonor, hermana de Alfonso XI de Castilla, firmó un tratado con este reino para reconquistar Granada, acuerdo que no prosperó.

ALFONSO IV DE LEÓN (m. en el 933). Rey de León (h. el 926-931), llamado el Monje. Hijo de Ordoño II. Sucedió en el trono a su tío Fruela II. Casado con una hija de Sancho Garcés I de Navarra, solicitó la ayuda de éste para afianzarse en el trono. En el 931 abdicó en favor de su hermano Ramiro II y se retiró a un convento, pero poco después intentó recuperar el trono. Ramiro lo hizo prisionero y ordenó que lo cegaran, junto a los hijos de Fruela II.

ALFONSO IV DE PORTUGAL (1291-1357). Rey de Portugal (1325-1357), llamado el Bravo. Hijo de don Dinis. Combatió a su yerno, Alfonso XI de Castilla, con quien se coligó después para luchar contra los moros, a los que derrotaron en Tarifa. Ordenó el asesinato de su nuera, Inés de Castro, lo que desató una guerra civil que se prolongaría hasta su muerte.
Inés de Castro 8:190a.

ALFONSO V DE ARAGÓN (1396-1458). Rey de Aragón (1416-1458) y de Nápoles (desde 1442), llamado el Magnánimo. Trató durante su reinado de conseguir la hegemonía del Mediterráneo.
1:210a; Luna, Álvaro de 9:245b.

ALFONSO V DE LEÓN (994-1028). Rey de León (999-1028), llamado el Noble. Empezó su reinado bajo la regencia de su madre, quien lo declaró mayor de edad en el 1007. La muerte de Sancho García, conde de Castilla, en el 1017 le deparó la oportunidad de apoderarse de las plazas que los castellanos habían ocupado durante su minoría de edad. Casó con Urraca, hermana de Sancho el Mayor de Navarra. Murió durante el sitio de Viseo, Portugal.

ALFONSO V DE PORTUGAL (1432-1481). Rey de Portugal (1438-1481), llamado el Africano por sus campañas en Marruecos para extender sus posesiones. Hijo del rey Duarte. Casó con Isabel de Portugal y, a su muerte, con Juana la Beltraneja. Disputó la corona de Castilla a Isabel la Católica, conflicto al que se puso fin con el Tratado de Alcáçovas.
Avís, dinastía de 2:270b.

ALFONSO VI DE CASTILLA (1040-1109). Rey de Castilla y León (1072-1109), llamado el Bravo, segundo hijo de Fernando I. Heredó León y los tributos del reino moro de Toledo; su hermano Sancho, Castilla y los de Zaragoza. Ambos se enfrentaron en dos ocasiones, siendo derrotado siempre Alfonso. Se retiró éste a Toledo en el 1072. La muerte de su hermano le devolvió León y Galicia y, tras jurar en Santa Gadea, Burgos, también Castilla.
1:210b; Almorávides 1:242a; Cid Campeador, el 4:180a; Madrid 9:275b; Mudéjares 10:287b; Reconquista 12:248b; Toledo 14:74a; *ilustración* 1:211b.

ALFONSO VI DE PORTUGAL (1643-1683). Rey de Portugal (1656-1683). Hijo de Juan IV. Su madre, Luisa de Guzmán, fue regente en su nombre. Aseguró la independencia de Portugal, tras vencer a los españoles en Ameixial y Montes Claros, mediante el tratado de Lisboa de 1668. Alegando incapacidad, su esposa hizo que se anulara su matrimonio y casó con Pedro II, su hermano, que lo sucedió en el trono.

ALFONSO VII DE CASTILLA (1105-1157). Rey de Castilla y León (1126-1157), apodado el Emperador. Hijo de la reina Urraca. Fue coronado rey de Galicia en 1111 y, tras la muerte de su madre, de León, reino que consiguió pacificar. Fue coronado emperador tras la muerte de Alfonso I el Batallador. Durante su reinado se independizó Portugal y se produjo la unión de Aragón y Cataluña. La hegemonía de su estado se perdió al dividirse la herencia entre sus hijos: a Sancho le tocó Castilla y a Fernando León.
1:211b; Reconquista 12:285a; Urraca, doña 14:202a; *ilustración* 1:211b.

ALFONSO VIII DE CASTILLA (1155-1214). Rey de Castilla, apodado el de las Navas. Sucedió a su padre Sancho III a los tres años de edad, lo que desató luchas por su tutela. Casó con Leonor, hija de Enrique II de Inglaterra y Leonor de Aquitania. Triunfó sobre los almohades, en la batalla de las Navas de Tolosa. Incorporó Álava y Guipúzcoa a su corona.
1:212a; Alfonso IX de León 1:213a; Almohades 1:241a; Madrid 9:275b; Navas de Tolosa, batalla de las 10:365a; Taifas, reinos de 13:378b; *ilustración* 1:213a.

ALFONSO IX DE LEÓN (1171-1230). Rey de León (1188-1230). Hijo de Fernando II, al que sucedió. Convocó una curia regia con asistencia de burgueses, primeras cortes que promulgaron leyes contra el abuso de poder. Arrebató a los almohades las plazas de Cáceres, Mérida y Badajoz, victorias que prepararon la futura reconquista de Sevilla.
1:213a; Alfonso VIII de Castilla 1:212b; Fernando III el Santo 6:268b.

ALFONSO X EL SABIO (1221-1284). Rey de Castilla y León (1252-1284). Autor de las *Siete partidas*, código legal inspirado en el derecho romano.
1:214a; Ajedrez 1:133a; Astronomía, historia de la 2:179a; Española, literatura 6:87a; Español o castellano 6:97a; Guzmán el Bueno 7:306a; Historia 8:24b; Mesa, juegos de 10:77b; Ortografía 11:165a; Partidas, las Siete 11:189b; Talmud 13:391a; Toledo 14:74a; *ilustraciones* 1:214.

ALFONSO XI DE CASTILLA (1311-1350). Rey de Castilla y León, llamado el Justiciero. Hijo de Fernando IV y Constanza de Portugal, heredó el trono en 1312. Durante su minoría de edad se hicieron cargo de la regencia su abuela María de Molina y los infantes Pedro y Juan. Se enfrentó durante su reinado a la nobleza, apoyándose para ello en las Cortes, a las que concedió nuevas atribuciones. En 1340 derrotó a los benimerines del norte de África en la batalla del Salado, recuperando cuatro años más tarde la plaza de Algeciras.
1:214b; María de Molina 9:365a; *ilustración* 1:215a.

ALFONSO XII DE ESPAÑA (1857-1885). Rey de España. Su breve reinado (1874-1885) abrió el camino a la monarquía constitucional.
1:215b; Cánovas del Castillo, Antonio 3:346a; Carlistas, guerras 3:393a; España 6:78b; Isabel II de España 8:274a; Martínez Campos, Arsenio 9:394a; Restauración 12:349b; *ilustración* 1:215b.

ALFONSO XIII DE ESPAÑA (1886-1941). Rey de España (1886-1931). La inestabilidad política que caracterizó su reinado provocó su abdicación y el advenimiento de la segunda república.
1:216a; Borbón, casa de 3:110b; España 6:79a; Primo de Rivera, Miguel 12:149b; República española 12:342b; *ilustración* 1:216a.

ALFONSO, PEDRO (1062-h. 1135). Erudito hispanohebreo. De nombre Mosé Sefardí, practicó la medicina y la astronomía. Su obra literaria principal es una colección de 34 cuentos, *Disciplina clericalis*, de carácter moralizante y estilo oriental.

ALFONSO DE ARAGÓN (1229-1260). Infante del reino de Aragón. Hijo de Jaime I y de Leonor de Castilla; las cortes de Alcañiz (1250) lo reconocieron como heredero de los reinos de Aragón y Valencia tras una serie de desavenencias con su padre. Casó con Constanza de Bearne y murió sin descendencia.

ALFONSO DE CASTILLA (1453-1468). Infante del reino de Castilla. Hijo de Juan II de Castilla y de Isabel de Portugal, fue proclamado rey en 1465 tras la deposición de Enrique IV. Murió inesperadamente durante la guerra civil que enfrentó a sus seguidores contra los de Enrique IV.

ALFORFÓN. V. **Trigo sarraceno.**

ALFREDO EL GRANDE (849-899). Rey de Wessex, reino sajón del sudoeste de Inglaterra, entre el 871 y el 899. Evitó que Inglaterra cayese en manos danesas y promovió la enseñanza y la cultura.
1:216a; Anglosajones 1:359a; Británica, literatura 3:174a; Edad media 5:300b.

ALFURES. Pueblo que habita en las islas Célebes y en las Molucas. De piel algo más clara que los malayos, los alfures viven de la agricultura y practican una religión animista.

ALFVÉN, HUGO (1872-1960). Compositor nacionalista sueco, autor de sinfonías, oratorios y tres rapsodias, entre ellas la más famosa *Midsommarvaka*.

ALGA. Organismo eucariótico (con núcleo separado del citoplasma por una membrana), acuático, fotosintético y no vascular. Puede ser unicelular o pluricelular. Hoy suele clasificarse dentro del reino protista, pero hay quienes siguen considerándola una planta.
1:216b; Acuicultura 1:48b; Biosfera 3:51a; Botánica 3:129a; Liquen 9:173a; Plancton 12:13b; Planta 12:20a; Precámbrica, era 12:115b; Primaria, era 12:140b; Reproducción 12:337a; Simbiosis 13:247b; Vida 14:300a; *cuadro* 1:217b; *ilustraciones* 1:217; 1:218a-b.

ALGABA, LA. Población española de la prov. de Sevilla, comunidad autónoma de Andalucía. Situada a 6 km de Sevilla, fue otorgada en 1565 como marquesado a Francisco de Guzmán. Cereales y hortalizas, ganadería. 12.080 hab. (1986).

ALGABEÑO (1875-1947). José García Rodríguez, matador de toros español. Recibió la alternativa en Madrid, en 1895, de manos de Fernando el Gallo. Toreó en España y América. Su hijo José mantuvo también el nombre taurino de Algabeño.

ALGARDI, ALESSANDRO (1595-1654). Escultor y arquitecto italiano. Discípulo de Lodovico Carracci, representó el clasicismo de la escuela barroca boloñesa frente a Gian Lorenzo Bernini, su máximo rival. «La degollación de san Pablo» (iniciada en 1640), «El encuentro de Atila con san León» (1646-1653). Diseñó la villa Doria Pamphili y la fuente Cortile di San Damaso en el Vaticano. Poeta lírico e irónico publicó *Poemas y dibujos*.

ALGARROBO. Árbol de hoja perenne de la familia de las cesalpiniáceas (*Ceratonia siliqua*). Dicotiledónea. Propio de la región mediterránea.

ALGARROBO AMERICANO. V. **Mezquite.**

ALGARVE. Antigua prov. de Portugal, que corresponde al moderno dist. de Faro, limítrofe con el Atlántico y bañada por el río Guadiana. En 1189 pasó de dominio musulmán al reino portugués. Enrique el Navegante estableció una escuela de navegación en Sagres.

ALGAZEL (1058-1111). También conocido como Algazali, filósofo persa de tendencia religioso-mística de carácter sufí. No era partidario de usar la filosofía para ofrecer una visión racional de las creencias religiosas. Negaba que los principios últimos fuesen demostrables. *Intenciones de los filósofos, Vivificación de las ciencias religiosas.*

ÁLGEBRA. Rama de las matemáticas que se ocupa del estudio de las propiedades generales de las cantidades, para lo cual representa éstas mediante letras y otros signos formando ecuaciones, polinomios y estructuras algebraicas.
1:218b; Análisis matemático 1:317a; Conjuntos, teoría de los 4:340b; Matemáticas 9:407b; Matrices 9:416a; Número 11:48a; Polinomio 12:59a; Probabilidad y estadística 12:152a; *ilustraciones* 1:221b.

ALGEBRAICA, SUMA. Suma de números naturales, tanto negativos como positivos, en la que se tiene en cuenta el signo de que está afectado cada uno de ellos.

ALGECIRAS. Ciudad y puerto de España en la prov. de Cádiz, comunidad autónoma de Andalucía, frente a Gibraltar. Intenso tráfico de transbordadores a Tánger y Ceuta. Flota pesquera. Refinerías de petróleo. 101.972 hab. (1998).

ALGECIRAS, CONFERENCIA DE. Reunión celebrada en la ciudad española de Algeciras entre el 16 de enero y el 7 de abril de 1906. Tomaron parte doce países para dirimir los intereses europeos en Marruecos, sobre todo lo referente a policía y fiscalidad. Se creó el Banco de Marruecos y se reconocieron las posesiones españolas y francesas en la zona.

ALGEMESÍ. Población española de la prov. y la comunidad autónoma de Valencia. Iglesia parroquial del siglo XVI con pinturas de Francisco Ribalta. Horticultura e industria alimentaria. 25.044 hab. (1996).

ALGER, HORATIO (1832-1899). Escritor estadounidense de temática social centrada en problemas de la infancia y la pobreza. *Dick el harapiento o la vida callejera en Nueva York* (1868).

ALGHERO. V. **Alguer.**

ALGINET. Población española de la prov. y comunidad autónoma de Valencia. Castillo de los Cabanyeles del siglo XVI e iglesia parroquial del siglo XVII. Horticultura, viñedos y olivares. 11.369 hab. (1986).

ALGIRDAS DE LITUANIA (h. 1296-1377). Gran duque de Lituania de 1345 a 1377. Hizo de su estado uno de los más importantes de la época. Repelió en varias ocasiones las incursiones en territorio lituano de los caballeros teutones y emprendió tres campañas contra Moscú.

ALGODÓN. Planta herbácea o arbustiva, anual, bienal o vivaz, de la familia de las malváceas y del género *Gossypium*. Dicotiledónea. Las semillas, que se hallan encerradas en una cápsula, están envueltas en delicados filamentos que constituyen las fibras utilizadas en la industria textil.
1:222a; Aceites comestibles 1:28a; Oleaginosas, plantas 11:92b; Papel 11:262b; Salvador, El 13:106a; Textil, industria 14:42b; *cuadro* 1:223a; *ilustraciones* 1:223a.

ALGODONALES, SIERRA DE. Sistema montañoso español. Incluido dentro del sistema penibético, perteneciente a la prov. de Cádiz. Alcanza su máxima altitud a 1.091 m.

ALGOL. Estrella de la constelación de Perseo. Ejemplo de astro de intensidad variable al tratarse de un sistema doble en el que una estrella eclipsa temporalmente a la otra. Según su etimología árabe significa «demonio parpadeante».

ALGOLOGÍA. V. **Ficología.**

ALGONQUINOS. Pueblos amerindios nómadas o seminómadas que antes de la llegada de los europeos se extendían en torno a los grandes lagos y por la fachada atlántica de Canadá y Nueva Inglaterra. Fueron exterminados en el territorio de los Estados Unidos y su número es muy reducido en el Canadá oriental.
Amerindios, pueblos 1:295a; Quebec, provincia de 12:215a.

ALGORITMO. Serie de operaciones matemáticas que permite resolver un problema de cálculo determinado mediante la ejecución de una secuencia de pasos elementales a partir de datos iniciales.
1:223b; Aritmética 2:73b.

ALGREN, NELSON (1909-1981). Novelista estadounidense caracterizado por un estilo realista que describe la violencia de los ambientes del hampa. *Nunca llega la mañana* (1942), *La selva de neón* (1947), *El hombre del brazo de oro* (1949).

ALGUÉ, JOSÉ MARÍA (1856-1930). Meteorólogo español. Jesuita, ocupó durante un largo período el puesto de director del observatorio de Manila en Filipinas. Inventor del barociclonómetro y el neofoscopio. *Atlas de Filipinas, Las nubes en el archipiélago filipino.*

ALGUER. Ciudad italiana de la prov. de Sassari, en la isla de Cerdeña. En sus costas tuvo lugar en 1354 una batalla naval que enfrentó a las fuerzas aliadas del rey de Aragón Pedro IV y Venecia contra las de la república de Génova. La escuadra catalanoaragonesa, con Bernardo de Cabrera al frente, obtuvo la victoria. El asentamiento catalán hizo perdurar el uso de un dialecto catalán en la plaza hasta la época moderna. 36.386 hab. (1981).

ALGUERÉS. Dialecto catalán que se habla en la comarca de Alguer en la isla italiana de Cerdeña. Se conserva relativamente fiel al catalán recibido en el siglo XIV.

ALHACAM I (770-822). Tercer emir independiente de Córdoba (796-822). Nieto de Abderramán I, fundador del emirato de los omeyas de Córdoba. Se vio forzado a sofocar múltiples levantamientos.

ALHACAM II (m. en el 976). Segundo califa de Córdoba (961-976). Hijo de Abderramán III, erudito y aficionado a la literatura, reunió una biblioteca de 400.000 volúmenes, fundó múltiples escuelas y llamó a su corte a los sabios más famosos de su época. Almanzor estudió en una de sus universidades.

ALHAMA, RÍO. Curso fluvial español. Nace en la sierra de Almuerzo, en Soria, y desemboca en el río Ebro, al que se une en las proximidades de Alfaro, en la prov. de Logroño. Su curso es de 80 km.

ALHAMA DE GRANADA. Población española de la prov. de Granada, comunidad autónoma de Andalucía. Fortaleza importante del reino de Granada. Termas árabes del siglo XII. Cultivos de cereales y olivares. Ganadería. 5.786 hab. (1996).

ALHAMA DE MURCIA. Población española de la prov. de Murcia, comunidad autónoma de Murcia. Al pie de la sierra de Espuña. Fortaleza musulmana. Cultivos cerealistas, viñedos. Ganadería. 14.131 hab. (1996).

ALHAMAR. Mohamed Abú Abdalá, rey árabe de Granada en el siglo XIII. Fundó la dinastía de los alhamares o nazaritas que reinó hasta la conquista de la ciudad por los Reyes Católicos. Derrotado por Fernando III el Santo, le prestó vasallaje y fue su aliado en la reconquista de Sevilla.

ALHAMBRA, CUENTOS DE LA. V. **Cuentos de la Alhambra.**

ALHAMBRA, LA. Palacio y fortaleza de los reyes moros de Granada, en España. Construida entre 1238 y 1358, en lo alto de la ciudad, consta fundamentalmente de la alcazaba, el palacio y los jardines del Generalife.
1:224a; Arquitectura del paisaje 2:115b; Castillo y palacio 4:23a; Granada (España) 7:190b; Granada, reino de 7:192b; Islámico, arte 8:290a; *ilustraciones* 1:224; 1:225b.

ALHAURÍN EL GRANDE. Población española de la prov. de Málaga, comunidad autónoma de Andalucía. Al pie de la sierra de Mijas. Conocida como la Grande desde su conquista en 1478 por los Reyes Católicos. Cereales, olivares y fruticultura. Minas de plomo y canteras de mármol. 17.197 hab. (1996).

ALHELÍ. Planta herbácea anual o perenne de la familia de las crucíferas (*Cheiranthus cheiri*). Dicotiledónea. Propia de la región mediterránea, tiene aplicaciones farmacéuticas por sus propiedades medicinales.

ALHÓNDIGA DE GRANADITAS. Edificio público de la ciudad mexicana de Guanajuato, escenario del sangriento enfrentamiento que tuvo lugar el 28 de septiembre de 1810 entre las fuerzas del intendente Juan Antonio Riaño y los insurgentes liderados por Miguel Hidalgo. Incendiada la puerta de la fortaleza por un joven apodado «el Pípila», los rebeldes emprendieron su asalto y masacraron a sus defensores.

ALHUCEMAS, DESEMBARCO DE. Episodio de la guerra entre España y los rebeldes rifeños de Marruecos. El 8 de septiembre de 1925, las tropas españolas desembarcaron en la bahía de este nombre, para proteger la fortaleza, a las órdenes del general Miguel Primo de Rivera. La acción inició la última fase de la guerra, que concluyó en 1926.

ALHUCEMAS, ISLAS. Islotes del mar Mediterráneo en la costa de Marruecos: peñón de Alhucemas, islas de Tierra y de Mar. Han sido administrados por España desde 1637.

ALÍ (h. el 600-661). Cuarto califa, primo y yerno de Mahoma. Considerado el profeta de los chiitas.
1:225b; Islam 8:279b; Islam, historia del 8:284a; Omeya, dinastía 11:104a; *ilustración* 1:226a.

ALI, MUHAMMAD. V. **Muhammad Ali.**

ALIA, RAMIZ (n. en 1925). Político albanés, elegido presidente de la Asamblea del Pueblo en 1985. Mantuvo una política comunista de mano dura, pero se vio obligado a liberalizarla ligeramente a partir de 1990. Dimitió en 1992.

ALÍ ABUL HASÁN (m. en 1485). Rey de Granada de 1466 a 1484. Defendió su reino contra los Reyes Católicos. Fue destronado por su hijo Boabdil, pero, al ser apresado éste por el ejército cristiano en la batalla de Lucena en 1483, Alí cedió el trono a su hermano el Zagal.

ALIADAS, POTENCIAS. Nombre con el que se conoce a las naciones coligadas que se enfrentaron a Alemania, Austria-Hungría, Bulgaria y Turquía, durante la primera guerra mundial, y a las potencias del Eje (Alemania, Italia y Japón) durante la segunda. Entre las potencias aliadas se contaron el Reino Unido, los Estados Unidos, la Unión Soviética (Rusia) y Francia.

ALIAGA, LUIS DE (1560-1630). Religioso español. Dominico, intervino de forma decisiva en las intrigas cortesanas durante el reinado de Felipe III. Fue confesor del monarca y apoyó la expulsión de los moriscos en 1609. Expulsado de la corte al subir al trono Felipe IV.

ALÍ AHMAD SAÍD (n. en 1930). Poeta sirio, conocido por el pseudónimo de Adonis. Figura central del movimiento poético sirio-libanés que renovó la lírica en lengua árabe en la década de 1960. Fundador de las revistas *Sir* y *Mawaqif*, publicadas en Beirut.

ALIANZA, SANTA. V. **Santa Alianza.**

ALIANZA PARA EL PROGRESO. Programa de cooperación internacional presentado por el presidente estadounidense John F. Kennedy en la Carta de Punta del Este (Uruguay) en agosto de 1961. Tenía como finalidad lograr el progreso económico y social en los países de Latinoamérica.

ALIANZA POPULAR. Partido político español. De tendencia conservadora, fue fundado en octubre de 1976. Liderado durante años por Manuel Fraga Iribarne, ejerció la oposición durante el gobierno del Partido Socialista Obrero Español. En el IX congreso (enero de 1988) cambió su nombre por el de Partido Popular.

ALIANZA POPULAR REVOLUCIONARIA AMERICANA. V. **APRA.**

ALIANZAS MILITARES. Pactos establecidos entre las naciones para la defensa mutua, o para emprender una contienda bélica.
1:226a; Cascos azules 4:10a; Organismos internacionales 11:137a; OTAN 11:175a; Varsovia, pacto de 14:239a; *mapa* 1:229; *ilustraciones* 1:227; 1:228a.

ALÍ ATAR (h. 1393-h. 1483). Caudillo árabe del reino de Granada. Siendo gobernador de Loja rechazó el ataque a la ciudad de las tropas de Fernando el Católico. Murió combatiendo en la batalla de Lucena.

ALÍ BABÁ Y LOS CUARENTA LADRONES. Título de uno de los cuentos árabes incluidos en *Las mil y una noches*. Alí Babá descubre el tesoro de unos ladrones en el interior de una cueva y, tras numerosas peripecias, escapa de la venganza de los bandidos.

ALÍ BAJÁ (siglo XVI). Almirante turco. Venció a la república de Venecia y atacó a Italia. Fue derrotado en la batalla de Lepanto por la escuadra mandada por don Juan de Austria.
Lepanto, batalla de 9:124b.

ALÍ BAJÁ (1815-1871). Político turco. Ocupó el puesto de gran visir en cinco ocasiones desde 1852. Estableció un sistema igualitario para los musulmanes y los cristianos y otorgó gran importancia a la política exterior del imperio otomano. Firmó en 1856 el Tratado de París, mediante el cual se concluyó la guerra de Crimea.

ALÍ BEY (1728-1773). Sultán mameluco de Egipto. Gobernó Egipto desde 1768 al sublevarse contra el sultán. Invadió Siria. Traicionado por sus ejércitos, fue hecho prisionero y ejecutado.

ALÍ BEY (1767-1822). V. **Badía y Leblich, Domènec**.

ALÍ BHUTTO, ZULFIKAR. V. **Bhutto, Zulfikar Alí.**

ALICANTE (CIUDAD). Población y puerto de España, cap. de la prov. homónima en la Comunidad Valenciana, a orillas del Mediterráneo. 272.432 hab. (1998).
1:229a.

ALICANTE (PROVINCIA). División administrativa de España en la Comunidad Valenciana, a orillas del mar Mediterráneo. Fértiles huertas regadas por el río Segura. Almendras, turrones; pesquerías. Cap. Alicante. 5.863 km^2. 1.334.545 hab. (1995).
Alicante 1:229a.

ALICATADO. Obra de cerámica vidriada, usada como decoración, con dibujos geométricos de inspiración árabe. Tuvo sus orígenes en el trabajo de los alfareros hispanoárabes medievales. Entre los alicatados más renombrados se cuentan los de la torre del Oro, los de los Alcázares en Sevilla, y los del Generalife y la Alhambra en Granada.

ALICATES. Herramienta de ajuste utilizada para realizar diversos trabajos, compuesta por una tenaza o pinza. Según sea la forma de ésta los alicates pueden ser planos, redondos, de corte o cilíndricos.
Herramienta 7:382a.

ALICIA EN EL PAÍS DE LAS MARAVILLAS. Obra de Lewis Carroll, clérigo y matemático británico, publicada en 1865. Narra las aventuras que acaecen a una niña, Alicia, durante su recorrido en sueños por un país de fantasía. Llena de imaginación y paradojas tuvo su continuación en *Alicia a través del espejo* (1871).
Carroll, Lewis 3:417b.

ALICÍCLICOS, COMPUESTOS. Derivados orgánicos que no presentan carácter aromático, es decir, que carecen de anillo de seis átomos de carbono, aunque sí son de cadena cerrada.

ALÍCUOTA. Nombre con el que se designan las distintas partes de igual dimensión que resultan de dividir una magnitud.

ALIDADA. Instrumento utilizado en topografía para dirigir visuales, consistente en una regla fija o móvil que presenta en cada extremo un anteojo o una pínula (tablilla provista de una abertura circular o longitudinal).
Topografía 14:88a.

ALIENACIÓN. V. **Enajenación.**

ALIFÁTICOS, HIDROCARBUROS. Hidrocarburos con átomos de carbono estructurales en cadenas abiertas. Pueden ser alcanos, alquenos o alquinos, según tengan enlaces simples, dobles o triples entre dichos átomos.

ALIGACIÓN, REGLA DE. Ley aritmética de obtención del valor medio de una mezcla homogénea a partir de las cantidades y los precios de sus componentes (aligación directa) o del peso de dichos componentes conociendo sus precios y el precio medio de la mezcla (aligación indirecta).

ALIGARH. Ciudad de la India, cap. del distrito homónimo, en el est. de Uttar Pradesh. Fortaleza del siglo XVI. Universidad. Tejidos de algodón, productos alimenticios, industria ligera. 480.520 hab. (1991).

ALIGÁTOR. Reptil perteneciente a la familia de los aligatóridos, grupo de los crocodilianos. Comprende las especies del *Alligator mississippiensis* o caimán del Mississippi y el *Alligator sinensis* o caimán de China.
Caimán 3:264a; Cocodrilo 4:254a; Reptiles 12:342a.

ALIGUSTRE. Planta arbustiva de la familia de las oleáceas (*Ligustrum vulgare*). Dicotiledónea. Hoja lustrosa, algo coriácea. Flores blancas.

ALÍ IBN HAMUD (m. en el 1018). Califa cordobés. Dirigió el califato desde el 1016 al destronar, gracias al apoyo de los beréberes, a Sulaymán al-Mustaín. Instauró la dinastía hamudí.

ALÍ IBN YUSUF IBN TASFÍN (1084-1143). Soberano almorávide. Después de asentar su autoridad sobre los distintos reinos de taifas de la España musulmana, derrotó a Alfonso VI en Uclés. Se apoderó de Badajoz, Oporto y Zaragoza. Desalojado de esta última plaza, fue derrotado por Alfonso I el Batallador en Cutanda.
Almorávides 1:242a.

ALÍ KHAN, LIAQUAT. V. **Liaquat Alí Khan.**

ALÍLICO, ALCOHOL. Compuesto químico orgánico de carácter no saturado y monovalente, también llamado 2-propeno-1-ol. Forma alcohólica líquida obtenida por acidificación de la glicerina, miscible con agua a temperatura ambiente, utilizada como gas bélico por su carácter tóxico.

ALIMENTADOR. Sistema de transmisión de energía eléctrica para interconectar una estación generadora o transformadora con los centros de distribución.

ALIMENTARIA, INDUSTRIA. Sector de la industria dedicada a la elaboración, preparación y comercialización de los productos destinados a la alimentación.
1:230a; Aceites comestibles 1:27a; Acuicultura 1:48a; Agricultura 1:108b; Alga 1:218b; Almidón 1:240a; Arroz 2:120a; Avicultura 2:263b; Azúcar 2:290a; Bromatología 3:190a; Cacahuate 3:254b; Cacao 3:255b; Caña de azúcar 3:353a; Cebada 4:57a; Cerdo 4:84a; Cerveza 4:90b; Colorante 4:286b; Ganadería 7:36a; Harina 7:333b; Leche 9:89a; Leguminosas 9:98a; Maíz 9:297a; Malta (alimentación) 9:312a; Mantequilla y margarina 9:334a; Nitrógeno 10:422b; Pan 11:237a; Pesca 11:371a; Queso 12:219b; *ilustraciones* 1:231b.

ALIMENTO. Sustancia natural o preparada de la que se sirven los seres vivos para su sustento y desarrollo. La alimentación humana está basada en la transformación de las reservas animales y vegetales de la naturaleza a partir de una amplia diversidad de métodos.
Agricultura 1:106a; Bromatología 3:189b; Gastronomía 7:60a; Nutrición 11:56a; Planta 12:20a.

ALIMENTOS TRANSGÉNICOS. Productos animales y vegetales comestibles procedentes de especies cuyos rasgos genéticos han sido alterados artificialmente mediante métodos de ingeniería biológica.
1:232a; Biología molecular 3:41b.

ALIMOCHE. Ave rapaz de la familia de los vultúridos (*Neophron percnopterus*). Plumaje blanco con las puntas de las alas negras. Cabeza y garganta amarillentas. Se encuentra en Europa, Asia y África.
Buitre 3:218b.

ALINEADOS, PAÍSES NO. V. **No Alineados, Movimiento de los Países.**

ALIPPI, ELÍAS (1885-1942). Actor y autor argentino que desarrolló especialmente el género cómico. Entre sus principales obras destacan *La loca de la guardia* y *El indio.*

ALISEDA. Población española de la prov. de Cáceres, comunidad autónoma de Extremadura. En 1920 se realizaron importantes hallazgos del arte púnico, conocidos como el tesoro de Aliseda. Agricultura de secano y horticultura. Ganadería. 2.629 hab. (1986).

ALISIOS, VIENTOS. Vientos constantes que actúan en las capas bajas de la atmósfera y que se producen en las regiones intertropicales. Van desde los trópicos hasta el ecuador y se originan en zonas de alta presión, tanto en el hemisferio norte como en el sur.
Viento 14:308b.

ALISO. Árbol de hoja caduca de la familia de las betuláceas (*Alnus glutinosa*). Dicotiledónea. Flores agrupadas en amentos, los femeninos con forma de piñas pequeñas. Propio de las riberas de los cursos fluviales de algunas regiones de Europa y el norte de África. Corteza rica en tanino.

ALITERACIÓN. Recurso retórico, utilizado tanto en prosa como en verso, consistente en el empleo deliberado de vocablos en los que se repite algún sonido, generalmente consonántico, con el fin de aumentar el efecto expresivo de la composición.
Literatura 9:182a; Poesía 12:45b.

ALIZARINA. Materia colorante que se extraía de la raíz de granza. En la actualidad se obtiene artificialmente del antraceno. Usada en la fabricación de lacas, como mordiente y también como indicador del pH.

ALJAFERÍA. Monumento arquitectónico español de la ciudad de Zaragoza. Perteneciente al arte árabe, fue construido en el siglo XI por Abú Yafar Ahmad al-Muqtadir bi-La. Es uno de los palacios-fortaleza más importantes de los existentes en España.

ALJIBE. Depósito o cisterna realizado de forma artificial y que se utiliza para recoger el agua de lluvia o de un manantial o corriente. También, embarcación dedicada al transporte de agua.
Riego 12:369b.

ALJUBARROTA, BATALLA DE. Combate entre las tropas del rey Juan I de Portugal y las de Juan I de Castilla que se libró en la localidad portuguesa de Aljubarrota en agosto de 1385. El monarca castellano, que se había proclamado rey de Portugal, fue derrotado.
Portugal 12:92b.

ALKALÁI, YUDA BEN SALOMÓN HAI (1798-1878). Rabino sefardita, pionero en la campaña por el retorno a Palestina. Defendió que el retorno a Israel no debía interpretarse de modo simbólico o espiritual, sino que era una condición física del plan divino de salvación. Sus tesis sirvieron de base al movimiento sionista de Theodor Herzl.

AL KINDI. V. **Kindi, al-.**

ALKMAAR. Ciudad de la prov. de Noord-Holland, en los Países Bajos. Centro comercial desde el siglo XVI. Iglesia de San Lorenzo (1470-1520). Monumentos góticos. Mercado de ganado y productos lácteos, muebles, papel. 77.761 hab. (1982).

ALLAH. V. **Alá.**

ALLAHABAD. Ciudad de la India, centro administrativo del dist. homónimo, en el est. de Uttar Pradesh, junto a la confluencia de los ríos Ganges y Yamuna. Fundada en 1583. Universidad, museo. Cuna de Jawaharlal Nehru. 792.858 hab. (1991).
Ganges, río 7:41a.

ALLANAMIENTO DE MORADA. Delito cometido al entrar en casa ajena, sin contar con el permiso del propietario ni autorización judicial.

ALLBUTT, THOMAS CLIFFORD (1836-1925). Médico británico. Inventó en 1866 el termómetro clínico. Estudió el origen de las enfermedades cardiovasculares, en especial el de la angina de pecho.

ALLEGHENY, MONTES. Sector oriental del macizo de los Apalaches, en los Estados Unidos. A lo largo de más de 800 km se extienden en dirección sur-sudoeste, desde la parte central del est. de Pennsylvania hasta el extremo sudoccidental del est. de Virginia, donde alcanza su máxima altura en el monte Spruce Knob (1.481 m).

ALLEGRI, ANTONIO. V. **Correggio.**

ALLEGRO. Voz italiana que define la velocidad (*tempo*) de interpretación de una pieza o pasaje musical. Su ritmo es moderadamente rápido, más que el *andante* pero menos que el *presto*. Se ve matizado por adjetivos *agitato, vivace, con brio, moderato* y otros.

ALLEN, GRANT (1848-1899). Escritor y naturalista canadiense. Influido por las teorías evolucionistas de Charles Darwin, defendió la aplicación de estos principios tanto en el campo de la botánica como en el de la literatura y la estética. *El cubilete del diablo, Historias singulares, Evolución de la idea de Dios* (1897).
Arte 2:124b.

ALLEN, WOODY (n. en 1935). Allen Stewart Konigsberg, actor, guionista y director de cine estadounidense. Creador principalmente de comedias, en las que reflejó la sociedad estadounidense y, de forma especial, la neoyorquina.
1:233b; *ilustración* 1:233b.

ALLENBY, EDMUND HENRY HYNMAN (1861-1936). Militar británico. Durante la primera guerra mundial obtuvo al frente de la fuerza expedicionaria egipcia una decisiva victoria sobre los turcos en Gaza y conquistó Jerusalén, Alepo y Damasco, consiguiendo así poner fin a la dominación otomana en Siria. En 1919 fue designado alto comisario de Egipto, cargo que desempeñó hasta su muerte.

ALLENDE, IGNACIO (1779-1811). Militar mexicano. Desempeñó un papel fundamental en la primera etapa de la lucha por la independencia de México.
1:234a; Hidalgo, Miguel 7:393a.

ALLENDE, ISABEL (n. en 1942). Escritora y periodista chilena. Autora de novelas y cuentos, frecuentemente de inspiración autobiográfica.
1:234b; *ilustración* 1:234b.

ALLENDE, PEDRO HUMBERTO (1885-1959). Compositor chileno. Impulsor de la escuela musical moderna de su país. Autor de conciertos y obras corales, así como métodos de didáctica musical.
1:235a.

ALLENDE, SALVADOR (1908-1973). Político chileno. Elegido presidente en 1970 al frente de la Unidad Popular.
1:235a; Alessandri, Jorge 1:201a; Chile 4:137b; Pinochet, Augusto 11:411a; *ilustración* 1:235b.

ALLENDE, SAN MIGUEL DE. V. **San Miguel de Allende.**

ALLENTOWN. Ciudad de los Estados Unidos en el est. de Pennsylvania, a orillas del río Lehigh. Colegios universitarios. Reserva animal. Minería, industrias siderúrgicas, cemento, productos alimenticios. 100.757 hab. (1998).

ALLPORT, GORDON (1897-1967). Psicólogo y sociólogo estadounidense. Profesor en la Universidad Harvard, se especializó en el estudio de la personalidad y su relación con la cultura, dentro de una corriente de pensamiento más volcada hacia lo personal e individual que hacia lo psicoanalítico o conductista. *La personalidad: interpretación psicológica* (1937).
Actitud 1:40b; Psicometría 12:179b.

ALMA. Espíritu del hombre o principio espiritual de los seres vivos, según diversas teorías filosóficas y religiosas.
1:235b; Agustín, san 1:128a; Animismo 1:370b; Aristóteles 2:71b; Descartes, René 5:150b; Platón 12:32b.

ALMA, BATALLA DE. Enfrentamiento bélico que tuvo lugar el 20 de septiembre de 1854 en el transcurso de la guerra de Crimea. En él, las tropas franco-británicas derrotaron a los ejércitos rusos, dirigidos por el príncipe Alexandr Ménshikov, quienes habían tomado posiciones en la desembocadura del río Alma.

ALMA ATÁ. Capital de la república de Kazajstán y de la prov. homónima. Universidad, institutos técnicos, academia de ciencias, museos, ópera, jardín botánico. Importante centro de la industria alimentaria; maquinaria. 1.064.300 hab. (1997.)

ALMADA NEGREIROS, JOSÉ SOBRAL DE (1893-1970). Pintor, ilustrador y escritor portugués. En los comienzos del siglo XX introdujo en Portugal el modernismo y el futurismo. Se adhirió también a los diferentes movimientos de vanguardia europeos. Vidrieras de la iglesia de Fátima.
Gonçalves, Nuno 7:162a.

ALMADÉN. Ciudad española en la prov. de Ciudad Real, comunidad de Castilla-La Mancha. Minas de mercurio en explotación desde el siglo IV a.C. Cereales y ganadería. Calzado. 7.702 hab. (1996).

ALMADRABA. Cerco de redes para la pesca de atunes. Conduce los peces hasta el buche, recinto donde quedan atrapados. Existen diversos modelos.
Atún 2:207b; Pesca 11:371a.

ALMAFUERTE (1854-1917). Pedro Bonifacio Palacios, escritor argentino. Trató en sus obras el dolor y la miseria humana.
1:236b.

ALMAGESTO. Obra enciclopédica científica del astrónomo griego del siglo II Claudio Tolomeo, la cual estaba compuesta por trece libros que versaban sobre temas de astronomía. Con el título original de *El gran astrónomo*, la traducción árabe que de él se realizó en el Medievo le asignó el título de *Almagesto*.
Tolomeo, Claudio 14:76a; Trigonometría 14:127b.

ALMAGRO, DIEGO DE (1475-1538). Conquistador español. Disputó a Francisco Pizarro el gobierno del Perú.
1:237a; Alvarado, Pedro de 1:256a; Latinoamérica, conquista de 9:80b; Manco Inca 9:323b; Perú 11:361b; Pizarro, Francisco 12:10b; Valdivia, Pedro de 14:222a; *ilustración* 1:237.

ALMAGRO, DIEGO DE (EL MOZO) (1518-1542). Hijo del conquistador español del mismo nombre. A la muerte de este último, se convirtió en jefe de los adversarios de Francisco Pizarro y sus seguidores.
1:237b.

ALMAGRO, MARTÍN (1911-1984). Arqueólogo español. Catedrático en la Universidad Complutense de Madrid y director del Museo Arqueológico de la misma ciudad, fue uno de los principales impulsores de los estudios de arqueología en España. *Introducción a la arqueología* (1941), *Las necrópolis de Ampurias* (1953-1955).

ALMANAQUE. Catálogo que abarca todos los días del año, distribuidos en sus respectivos meses, con diversos datos astronómicos, efemérides y festividades de interés.

ALMANDINA. Granate de hierro y aluminio. Cristaliza en dodecaedros romboides. Se denomina también granate almandino u oriental.

ALMANSA. Población española de la prov. de Albacete, comunidad autónoma de Castilla-La Mancha. Pinturas rupestres de la Alpera. Restos romanos e iberos. Castillo medieval y arquitectura civil y religiosa renacentista. Cultivo de cereales, vid y olivo. Industrias diversas. 21.512 hab. (1986).

ALMANSA, BATALLA DE. Combate entablado el 25 de abril de 1707, dentro de la guerra de sucesión española, entre las tropas de Felipe V, al mando del duque de Berwick, y los ejércitos aliados del archiduque Carlos. Derrotado este último, las fuerzas borbónicas de Berwick y el duque de Orleans ocuparon Valencia y Aragón.

ALMANZOR (h. el 938-1002). Caudillo árabe. Figura dominante del califato de Córdoba.
1:238a; Córdoba, califato de 4:383a; Reconquista 12:284b.

ALMANZORA, RÍO. Curso fluvial español. También llamado Guadalmanzora o río de la Victoria. Nace en la sierra de Baza y, tras recorrer y regar diferentes vegas almerienses, desemboca en el mar Mediterráneo. Su curso es de 125 km.

ALMASILICIO. Aleación de aluminio, magnesio y silicio. Es de peso ligero y muy resistente a la corrosión. Maleable en frío.

ALMAS MUERTAS, LAS. Novela del escritor ruso Nikolái Gógol, publicada en 1842. Relata la compra de campesinos («almas») muertos para empadronarlos y lograr tierras para las que se exige un número elevado de siervos. Profundo estudio de la Rusia de la época.
Gógol, Nikolái 7:152b.

ALMA-TADEMA, LAWRENCE (1836-1912). Pintor británico de origen holandés. La mayoría de sus obras, de un estricto academicismo, reproducían escenas del Medievo y de la Grecia y Roma clásicas. Fue miembro de la Real Academia Británica. «La visita» (1868).

ALMATI. Ciudad de la república de Kazajstán y de la prov. homónima. Universidad, institutos técnicos, academia de ciencias, museos, ópera, jardín botánico. Importante centro de la industria alimentaria; maquinaria. Fue capital de Kazajstán hasta 1997, año en el que la capitalidad pasó a Astana (Agmola). 1.150.500 hab. (1995).

ALMAZÁN. Población española de la prov. de Soria, comunidad autónoma de Castilla y León. Iglesias románicas de San Miguel y San Vicente. Arquitectura renacentista y restos de muralla del siglo XIII. Cultivos hortícolas y cereales; avicultura. 5.772 hab. (1986).
Duero, río 5:250b.

ALMAZÁN, JUAN ANDREU. V. **Andreu Almazán, Juan.**

ALMAZORA. Población española de la prov. de Castellón, comunidad autónoma de Valencia. De origen árabe, fue conquistada por Jaime I de Aragón en 1234. Horticultura, vid, cereales; pesca marítima y fluvial en el río Mijares. 15.198 hab. (1996).

ALMEIDA, AMBROSIO (n. en 1789). Patriota colombiano. Fue hecho prisionero por las tropas realistas de Pablo Morillo. Se fugó y organizó una partida guerrillera que actuó como línea estratégica entre las fuerzas de Santa Fe y las de Los Llanos orientales.

ALMEIDA, ANTÓNIO DE (1761-1822). Médico portugués. Sus investigaciones al frente de la sección de cirugía del hospital de San José de Lisboa le proporcionaron gran prestigio. *Tratado de medicina operatoria.*

ALMEIDA, ANTÓNIO JOSÉ DE (1866-1929). Estadista portugués. Fue presidente de la república entre 1919 y 1923. Como ministro del interior, en 1911 reformó la enseñanza primaria.

ALMEIDA, FRANCISCO DE (h. 1450-1510). Almirante, explorador y primer virrey portugués de las Indias. Fortaleció el comercio de especias con Malaca y aseguró la posición de los portugueses en la zona. Murió asesinado.

ALMEIDA, GUILHERME DE (1890-1969). Poeta brasileño. Fue uno de los principales difusores del modernismo en su país. Cultivó también el ensayo. Tradujo a diversos autores, entre ellos a Charles Baudelaire y Rabindranath Tagore. *Danza de las horas* (1919), *El ángel de sal* (1951).

ALMEIDA, JOSÉ AMÉRICO (1887-1930). Escritor y político brasileño. Representante en el campo literario de la escuela regionalista del nordeste, desempeñó diversos cargos públicos durante el gobierno de Getúlio Vargas. Reflejó en sus obras la dureza de la vida campesina. *La bagaceira* (1928).

ALMEIDA, JOSÉ DE (1700-1769). Escultor portugués. Trabajó en Roma con Pietro da Cortona y en Lisboa con Alessandro Giusti. Autor principalmente de obra religiosa. «Cristo crucificado rodeado de ángeles» en la iglesia de San Esteban de Lisboa.

ALMEIDA, LOURENÇO DE (h. 1450-1508). Marino portugués, conocido como el Macabeo portugués. Conquistó y sometió la isla de Ceilán (Sri Lanka). Murió durante un ataque de una escuadra egipcia frente a las islas Maldivas.

ALMEIDA, MANUEL ANTÔNIO DE (1831-1861). Novelista brasileño. Autor de *Memorias de un sargento de la milicia.*
1:238b; Brasileña, literatura 3:165b.

ALMEIDA-GARRETT, JOÃO BAPTISTA. V. **Garrett, Almeida.**

ALMEJA. Molusco bivalvo del género *Tapes.* Valvas casi ovaladas. Diversas especies, muchas de ellas apreciadas como alimento.
1:238b; Moluscos 10:220b; Toxicología 14:102a; *ilustraciones* 1:238b; 14:102a.

ALMENDARES, RÍO. Curso fluvial de Cuba. Nace al este de Tapaste, en las Alturas de Bejucal, a 225 m sobre el nivel del mar. Atraviesa la planicie costera y la ciudad de la Habana. Desemboca en el estrecho de Florida tras recorrer 47 km. Principal fuente de agua dulce de la capital del país.

ALMENDRALEJO. Población española de la prov. de Badajoz, comunidad autónoma de Extremadura. Arquitectura renacentista. Cuna del poeta romántico José de Espronceda. Cultivos de cereales y vid; ganadería ovina; industria vitivinícola. 24.120 hab. (1996).

ALMENDRO. Árbol de hoja caduca de la familia de las rosáceas (*Prunus dulcis*). Dicotiledónea. Fruto en drupa, denominado almendra. Propio de la región mediterránea.
1:239a; Flor 6:326a; *ilustraciones* 1:239b.

ALMENDROS, NÉSTOR (1930-1992). Camarógrafo cinematográfico español. Trabajó en los Estados Unidos, Francia e Italia. Óscar a la mejor fotografía por la película *Días del cielo* (1977). Intervino también en *El niño salvaje* (1970) de François Truffaut, *Kramer contra Kramer* (1979) y *La decisión de Sofía* (1982), y dirigió películas como *Conducta impropia* (1984) y *Nadie escuchaba,* sobre la violación de los derechos humanos en la Cuba de Fidel Castro.

ALMERA, JAIME (1845-1919). Naturalista, cartógrafo y geólogo español. Religioso, fue profesor de historia natural en el seminario de Barcelona, creó las secciones de geognosia y paleontología del Museo Martorell y presidió (1907-1908) la Real Academia de Ciencias y Artes de Barcelona. Autor del mapa topográfico y geológico de la ciudad de Barcelona.

ALMERÍA (CIUDAD). Población y puerto de España en el Mediterráneo, cap. de la prov. de su nombre, comunidad autónoma de Andalucía. Alcazaba árabe del siglo VIII. Catedral gótica. Museo arqueológico. Productos químicos y alimenticios. Cítricos y uvas; hortalizas tempranas. 168.025 hab. (1998).

ALMERÍA (PROVINCIA). División administrativa de España en la comunidad autónoma de Andalucía, a orillas del mar Mediterráneo. Sistema Penibético. Escasa pluviometría. Cultivos de regadío; ganado lanar; minerales y mármol. Cap. Almería. 8.774 km^2. 501.761 hab. (1996).
Andalucía 1:330b; Granada, reino de 7:191a.

ALMERIENSE, CULTURA. Comunidad de asentamientos humanos prehistóricos de Almería, España, también llamada cultura ibero-sahariana. Se desarrolló entre el neolítico y la edad del cobre. Poblados importantes en El Gárcel, Tres Cabezos y Palacés. Tumbas o cistas no megalíticas. Cerámica lisa de asiento curvo.

ALMEYDA, CLODOMIRO (1923-1997). Político chileno. Desempeñó diversos cargos ministeriales durante los gobiernos de Carlos Ibáñez del Campo y de Salvador Allende. Secretario general del Partido Socialista de 1978 a 1983, fue uno de los más notados opositores al gobierno militar del general Augusto Pinochet.

ALMEZ. Árbol de hoja caduca de la familia de las ulmáceas (*Celtis australis*). Dicotiledónea. Hojas alargadas, fruto esférico y comestible. Se aprovecha su madera. Propio del sur de Europa.

ALMIDÓN. Carbohidrato muy frecuente en tejidos vegetales como sustancia de reserva. Es un polímero de amilosa. Aparece en forma de gránulos de tamaño y forma diferentes y característicos que sirven para identificar las especies que los contienen.
1:240a; Carbohidratos 3:372a.

ALMIRALL LLOZER, VALENTÍN (1841-1904). Político catalán. Fundador y director de los diarios *El Estado Catalán* y *Diari Català,* fue el organizador del primer congreso catalanista y uno de los iniciadores del movimiento nacionalista catalán. *El catalanismo* (1886).

ALMIRANTAZGO. Dignidad y jurisdicción de almirante, o el más alto tribunal de la armada. Felipe V fue el creador en España del almirantazgo (1737), que posteriormente sería absorbido en las nuevas organizaciones de la defensa. En el Reino Unido, se denomina al ministro de marina con el nombre de primer *Lord* del almirantazgo.

ALMIRANTAZGO, ISLAS DEL. Sector noroccidental del archipiélago de Bismarck, en Papúa Nueva Guinea. Se compone de cuarenta islas; la principal, Manus, es de origen volcánico y en ella se encuentra Lorengau, principal núcleo urbano. 2.100 km^2. 30.500 hab. (1987).
Melanesia 10.44a.

ALMIRANTE. Cargo superior de la armada que corresponde al de teniente general en el ejército de tierra. Este título fue creado en España por la corona catalanoaragonesa en 1230. Cristóbal Colón recibió el título de almirante de Indias (1492).

ALMIRANTE BROWN. Cabecera y partido del Gran Buenos Aires, Argentina. Industrias textiles, productos lácteos, ganadería. 443.251 hab. (1991).

ALMIZCLE. Perfume penetrante y persistente obtenido del líquido segregado por las glándulas del almizclero y otros animales. El almizcle sintético se fabrica con éter metílico de trinitrobutilcresol y otros productos.
Perfume 11:341b.

ALMIZRA, TRATADO DE. Acuerdo firmado el 26 de marzo de 1244 en la localidad de Almizra, Alicante (España). Evitó posteriores enfrentamientos entre Jaime I el Conquistador y el futuro Alfonso X de Castilla al establecer los límites entre las zonas castellana y catalanoaragonesa reconquistadas. La línea divisoria de los territorios reconquistados asignaba Murcia a los castellanos y fijaba los límites del reino de Valencia en las márgenes del Júcar y el Segura.

ALMODIS DE LA MARCA (m. en el 1071). Condesa de Barcelona. Hija de los condes de la Marca, casó en terceras nupcias con el conde de Barcelona, Ramón Berenguer I. Estimuló las aspiraciones de expansión territorial de su esposo. Como consecuencia de intrigas hereditarias, murió asesinada por su hijastro Pedro Ramón.

ALMODÓVAR, CONDE DE (1777-1846). Ildefonso Díez de Rivera, militar español. Participó en la guerra de independencia española y fue uno de los defensores de las ideas liberales durante la monarquía de Fernando VII e Isabel II. Apoyó a Baldomero Espartero.

ALMODÓVAR, PEDRO (n. en 1951). Director de cine español. Realizó comedias irreverentes, que enfatizaban la libertad individual a menudo de naturaleza erótica. En 2000 recibió el Oscar a la mejor película extranjera por *Todo sobre mi madre* (1999). *¿Qué he hecho yo para merecer esto?* (1984), *Matador* (1985), *Mujeres al borde de un ataque de nervios* (1988), *Átame* (1990), La flor de mi secreto (1997).

ALMODÓVAR DEL RÍO, PRIMER DUQUE DE (1859-1906). Juan Manuel Sánchez y Gutiérrez de Castro, político español. Adscrito a la fracción liberal, ocupó diversos cargos ministeriales durante los gobiernos de Práxedes Mateo Sagasta y Segismundo Moret. Ejerció la presidencia en la conferencia de Algeciras (1906).

ALMOGÁVARES. Guerreros profesionales empleados en Cataluña durante la edad media para incursiones en tierras enemigas.
1:240a.

ALMOHADES. Dinastía musulmana que dominó el norte de África y el sur de España durante los siglos XII y XIII.
1:240b; Alfonso VII de Castilla 1:212a; Alfonso VIII de Castilla 1:212b; Islam, historia del 8:287a; Islámico, arte 8:289a; Marruecos 9:384b; Navas de Tolosa, batalla de las 10:365a; Rabat 12:236a; Reconquista 12:285a; Taifas, reinos de 13:378b; *cuadro* 1:240b; *ilustración* 1:241a.

ALMOHADILLA. Capa de material que se emplea como cojín o protección. En particular, zapata de los frenos que, unida a la rueda a presión, se emplea en ferrocarriles.

ALMOJARIFAZGO. Impuesto de la corona de Castilla, de procedencia musulmana. Fue otorgado en el siglo XIII a la ciudad de Sevilla por el rey Fernando III el Santo. Recogía diversas tasas sobre productos exteriores. Fue absorbido por otros impuestos en el siglo XVIII, durante el reinado de Carlos III.

ALMOJARIFAZGO DE INDIAS. Impuesto de la corona española, instituido por Carlos V en 1543, y que, con un ámbito de aplicación referido a los territorios americanos, tasaba los productos comerciales exteriores. Ampliaba el almojarifazgo instituido por Fernando III el Santo en el siglo XIII.

ALMONACID, SEBASTIÁN DE (n. h. 1460). Escultor español, activo entre 1486 y 1527. Artista representativo del estilo gótico hispanoflamenco. Se le atribuye el doncel de Sigüenza, fue autor de la portada del claustro de la catedral de Segovia (1486-1487) y participó en el retablo mayor de las catedrales de Toledo y Sevilla.

ALMONEDA. Venta de artículos a bajo precio por ser de segunda mano o usados. También, subasta pública de bienes muebles.

ALMONTE. Población española de la prov. de Huelva, comunidad autónoma de Andalucía. Próxima a ella se encuentra la ermita en la que anualmente se celebra la romería a la Virgen del Rocío. Cereales, vid y leguminosas; ganadería bovina y caballar. 16.350 hab. (1996).

ALMONTE, JUAN NEPOMUCENO (1802/1804-1869). Militar y político mexicano, hijo natural del prócer José María Morelos. Luchó contra los rebeldes en la guerra de Texas y fue hecho prisionero en la batalla de San Jacinto. Apoyó a los conservadores en la guerra de reforma y promovió la intervención francesa. Maximiliano lo designó mariscal del imperio. Tras solicitar infructuosamente a Napoleón III que mantuviera sus tropas en México, permaneció exiliado en París hasta su muerte.

ALMORADÍ. Población española de la prov. de Alicante, comunidad autónoma de Valencia. Regada por el río Segura. Horticultura e industria de la alimentación. 13.962 hab. (1986).

ALMORÁVIDES. Confederación de tribus beréberes sanhayas que creó un vasto imperio en el noroeste de África y en la España musulmana durante los siglos XI y XII.
1:241b; Alfonso VI de Castilla 1:210b; Islam, historia del 8:287a; Islámico, arte 8:289a; Marruecos 9:384a; Mauritania 9:424a; Mozárabes

10:285b; Reconquista 12:284b; Taifas, reinos de 13:378a; *cuadro* 1:242a; *ilustración* 1:242a.

ALMQVIST, CARL JONAS LOVE (1793-1866). Poeta y novelista sueco. Autor muy versátil, cultivó la poesía, la novela, el drama, etc. En *El libro del rosal silvestre* (1832-1850) reunió múltiples ejemplos de los distintos géneros literarios. Realista y romántico a un tiempo, se caracterizó por su rechazo del matrimonio convencional, las creencias luteranas y la organización social.

ALMUDAINA, PALACIO DE LA. Antigua residencia de los valíes árabes de Mallorca y del rey Jaime II de Aragón en Palma de Mallorca, España. Conserva elementos de los siglos XIV y XV, y es característica su galería abierta de estilo gótico en la fachada. Modernamente se asentaron en él la Capitanía General y el Archivo Real.

ALMUECÍN. Persona que llama a los fieles musulmanes a la oración desde los alminares de las mezquitas. Llamado también muecín o almuédano.

ALMUÑÉCAR. Población española de la prov. de Granada, comunidad autónoma de Andalucía. Antigua ciudad fenicia (necrópolis descubierta en 1962) y romana. Centro turístico. Cultivo de frutos tropicales (aguacates, mangos, etc.); ganadería. 20.461 hab. (1996).

AL-NASIR. V. **Nasir, al-.**

ALNICO. Aleación de níquel y aluminio, con pequeñas cantidades de cobalto, cobre y titanio. Industrialmente se usa, tras someterla a un choque térmico, para fabricar imanes.

ALOANTÍGENO. Antígeno perteneciente a la misma especie, aunque de individuo con un genotipo diferente. Es el causante de la incompatibilidad entre distintos grupos sanguíneos.

AL-OBEID, CULTURA DE. V. **Obeid, cultura de al-.**

ÁLOE. Planta de la familia de las liliáceas y del género *Aloe.* Monocotiledónea. Diversas especies, algunas utilizadas como ornamentales. Presenta una gran roseta de hojas carnosas provistas de espinas. Originaria de distintas regiones de África y Asia.

ALÓFONO. Cada una de las distintas pronunciaciones de un mismo fonema dentro de la cadena hablada. La *b* oclusiva de «umbo» y la *b* fricativa de «subo» son alófonos del fonema /b/.

ALOMAR VILLALONGA, GABRIEL (1873-1941). Escritor y político español. Autor en lengua catalana, fue uno de los principales teóricos del modernismo. Participó en la fundación en 1923 del Partido Republicano Catalán. Embajador en Italia y Egipto. *La columna de fuego* (1911).

ALOMIA ROBLES, DANIEL (1871-1942). Folclorista y compositor peruano, nacido en el seno de una familia india. Recopiló cerca de 700 canciones populares del Perú y Bolivia. *El resurgimiento de los Andes* y *El cóndor pasa,* una *suite* para orquesta, constituyeron algunas de sus obras más notables, cuyas orquestaciones, por lo general, encomendó a otros.

ALOMONA. Tipo de feromona segregada en algunos animales para repeler a otras especies, con una finalidad defensiva.

ALOMORFO. Cada una de las variantes de un morfema. El término se introdujo en el estructuralismo lingüístico estadounidense.
Morfología lingüística 10:264b.

ALOMPRA (1714-1760). Patriota birmano. Se proclamó rey en 1752 e incorporó varias provincias a su reino. Fue el iniciador de la dinastía Alaungpaya que reinó hasta 1886.
Myanmar 10:330a.

ALONDRA. Pájaro de la familia de los aláudidos (*Alauda arvensis*), de color pardo. Anida en el suelo y habita en páramos y terrenos llanos. Abunda en toda Europa.
1:242b; *ilustración* 1:242b.

ALONSO, ALICIA (n. en 1920). Bailarina cubana. Máxima figura del ballet clásico en su país.
1:243a; Ballet 2:326a; Cuba 5:61a; *ilustración* 1:243b.

ALONSO, AMADO (1896-1952). Filólogo y crítico literario español. Desarrolló su carrera en Iberoamérica y los Estados Unidos, principalmente sobre temas de lingüística hispanoamericana.
1:243b.

ALONSO, CARLOS (n. en 1929). Dibujante y pintor argentino. Creó obras de proyección social y tendencia expresionista americana, influidas por Cândido Portinari, Lino Spilimbergo y los muralistas mexicanos. Destacó también como ilustrador de libros famosos.

ALONSO, DÁMASO (1898-1990). Filósofo y poeta español. Uno de los más destacados intelectuales españoles del siglo XX.
1:244a; Alonso, Amado 1:243b; Española, literatura 6:94b; Veintisiete, generación del 14:249b; *ilustración* 1:244a.

ALONSO, ODÓN (n. en 1925). Director de orquesta español. Fue director musical del teatro de la Zarzuela de Madrid y en 1968 fue nombrado director de la orquesta de la Radio Televisión Española.

ALONSO BARBA, ÁLVARO (1569-1661). Investigador metalúrgico español. Religioso, durante su estancia en América realizó diversas investigaciones sobre las propiedades de los metales y sus métodos de extracción. Descubrió las propiedades del mercurio como agente descomponedor del sulfuro de plata, fundamentales para la explotación de las minas de tierras americanas. *Arte de los metales* (1640).

ALONSO CORTÉS, NARCISO (1875-1972). Erudito español. Estudioso de la literatura española del siglo XIX, mostró una especial dedicación por la investigación literaria de su ciudad natal, Valladolid. *Zorrilla, su vida y sus obras* (1916-1920), *El teatro de Valladolid* (1923).

ALONSO DE OROZCO (1500-1591). Místico español. Alumno de Tomás de Villanueva, ejerció como confesor y consejero de los reyes Carlos V (I de España) y Felipe II. Beatificado en 1882. *Memorial del amor santo* (1545), *Epistolario cristiano* (1567), *Arte de amar a Dios* (1585).

ALONSO MARTÍNEZ, MANUEL (1827-1891). Político español. Adscrito a la tendencia política liberal, desempeñó funciones ministeriales en gobiernos de la monarquía de Isabel II y de la primera república. Colaboró en la constitución de 1876 y en la creación del Partido Fusionista.

ALONSO QUESADA (1890-1925). Rafael Romero, escritor español. Autor principalmente de poesía, fue uno de los más destacados representantes de la tendencia modernista en las islas Canarias. *Crónicas de la ciudad y de la noche* (1919), *La umbría* (1922).

ALONSO Y TRELLES, JOSÉ MARÍA (1857-1924). Escritor uruguayo de origen español. Se estableció en Uruguay en 1875. Editó y dirigió las publicaciones *El Tala Cómico* y *Momentáneas,* donde solía firmar bajo el seudónimo de *el viejo Pancho.* Autor de poesía amorosa, tan solo el poema *Juan el loco* (1887) y *Paja brava* (1915), su mejor obra, aparecieron publicados en forma de libro.

ALOPATÍA. Método de tratamiento de las enfermedades mediante medicaciones que surten un efecto contrario al de las afecciones. Este término se emplea por oposición a homeopatía.

ALOPECIA. Pérdida o caída del cabello. En ocasiones se usa una acepción restringida del término que limita éste a la pérdida del pelo por infección o enfermedad congénita, dejando la voz calvicie para la caída natural del cabello por la edad.
Calvicie 3:291a.

ÁLORA. Población española de la prov. de Málaga, comunidad autónoma de Andalucía. Restos de pintura prehistórica en la cueva próxima de los Ardales. Arquitectura árabe. Cultivos frutícolas y hortícolas en la ribera del río Guadalhorce; ganadería ovina y porcina. 12.740 hab. (1996).

ALÓS, JUAN (siglo XVII). Médico español. En su enseñanza en la Universidad de Barcelona y en sus escritos defendió las entonces revolucionarias teorías de Miguel Servet sobre la circulación de la sangre. *Farmacopea catalana* (1666), *Estudio fisiológico y anatómico sobre el corazón del hombre.*

ALOSA. V. **Sábalo.**

ALOSTERISMO. Mecanismo regulador de la actividad enzimática mediante sustancias específicas de activación o inhibición, denominados efectores alostéricos. Estos efectores son sustancias de bajo peso molecular que modifican la conformación de las proteínas.

ALÓS Y DE FERRER, JOSÉ DE (1653-1720). Administrador español. Fue ministro de la junta de justicia y gobierno entre 1714 y 1716 y presidente de la audiencia de Barcelona desde 1716. Defendió en todo momento la organización centralista de los Borbones. En 1719 reprimió un movimiento independentista en Cataluña.

ALOTÍGENO. Mineral originado con anterioridad a la roca que lo contiene.

ALOTROPÍA. Propiedad que poseen algunos elementos, como el carbón, el azufre y el fósforo, en virtud de la cual pueden presentar diversas formas con características físicas y químicas diferentes.
1:244a; Azufre 2:292b.

ALPACA (ARTES PRÁCTICAS). Aleación (50% de cobre, 25% de zinc y 25% de níquel) parecida a la plata, aunque un poco más gris, que fue perfeccionada entre 1840 y 1847 por el inventor británico George Elkington. También conocida como plata alemana o plata níquel.

ALPACA (ZOOLOGÍA). Mamífero artiodáctilo de la familia de los camélidos (*Lama pacos*), de ciertas zonas sudamericanas. Pelo abundante largo y fino.
1:244b; Artiodáctilos 2:315; *ilustración* 1:244b.

ALP ARSLÁN (h. el 1030-h. el 1073). Segundo sultán selyúcida. Heredó los territorios de Jorasán e Irán occidental y emprendió la conquista de Georgia, Armenia y gran parte del Asia menor, posesiones que arrebató a Bizancio. Derrotó e hizo prisionero en Mantzikert, Armenia, al emperador bizantino Romano IV Diógenes.
Islam, historia del 8:286b.

ALPES. Gran sistema montañoso del centro meridional de Europa. Su extensión es aproximadamente de 1.200 km. La cima más alta es el monte Blanco (4.807 m).
1:245a; Albania 1:142a; Alemania 1:184a; Austria 2:226b; Blanco, monte 3:69b; Europa 6:193b; Francia 6:384b; Italia 8:301b; Jura 8:414a; Liechtenstein 9:154b; Po, río 12:40b; Rin, río 12:372b; Ródano, río 12:403a; Suiza 13:354b; Terciaria, era 14:28b; *mapa* 1:246; *cuadro* 1:246; *ilustración* 1:245b.

ALPES APUANOS. Cadena montañosa italiana que pertenece a la formación de los Apeninos toscanos y que enlaza con las primeras estribaciones alpinas. Situada junto al golfo de Génova, ocupa un área de 2.100 km^2. Su mayor altitud la alcanza el monte Pisanino (1.946 m). Constituye un sistema geológico y morfológico totalmente distinto de los Apeninos.

ALPES AUSTRALIANOS. Sector meridional de la Gran Cordillera Divisoria australiana, en el ángulo sudoriental del continente. Carece de los rasgos estructurales propios del relieve alpino. El punto más elevado es el monte Kosciusko (2.228 m).

ALPES BÁVAROS. Sección nororiental de los Alpes centrales en la frontera germano-austriaca. Se extiende, de este a norte, hasta el meandro del río Inn, en Austria, a lo largo de 110 km. Su cima más alta es el Zugspitze (2.962 m), en Alemania.

ALPES DINÁRICOS. División meridiano-oriental de los Alpes orientales. Se extiende en paralelo a la costa adriática de Yugoslavia hasta el sur de Albania. Su cumbre más alta es Bolotov Kuk (2.522 m). Ocupa casi un tercio de Yugoslavia.

ALPES JAPONESES. Cadena montañosa de la isla de Honshu, Japón. Ubicada en el parque nacional de Chubu-sangaku. Posee uno de los picos más elevados del país: el Shirane (3.192 m).

ALPINA, RAZA. Designación habitual de un grupo humano, caucásico, que apareció en Europa en el neolítico. Habita actualmente en parte de Europa central.

ALPINISMO. Deporte cuya finalidad es ascender a las cumbres de las altas montañas. Hay dos tipos de escalada: libre, aprovechando los accidentes naturales, y artificial, con clavijas dotadas de anillas para afianzar las cuerdas.
Turismo 14:158b.

ALPINO, PLEGAMIENTO. Conjunto de movimientos orogénicos iniciados en el jurásico superior que dieron lugar a grandes cordilleras, como las montañas Rocallosas (o Rocosas), los Andes, el Atlas, los Pirineos, los Alpes, los Cárpatos y el Himalaya.

ALPINOS, LAGOS. Once importantes lagos incrustados en los Alpes que constituyen otros tantos centros turísticos además de comportar un específico interés científico. Se formaron en la glaciación del pleistoceno. Están divididos en dos grupos. En el grupo sur se encuentran los lagos de Ginebra, Mayor, Como, Lugano y Garda. En el grupo norte, los de Neuchâtel, Lucerna, Zurich, Constanza, Chiemsee, Attersee.

ALPISTE. Planta anual de la familia de las gramíneas (*Phalaris canariensis*). Originaria de África y de las islas Canarias. Sus semillas se utilizan como alimento para pájaros y, transformadas en harina, para el ganado.
Gramíneas 7:187a.

ALPUJARRAS, GUERRA DE LAS. Levantamiento morisco en el reino de Granada en el siglo XVI a causa de las imposiciones establecidas por los reyes españoles sobre este pueblo.
1:247a; *ilustración* 1:247b.

ALPUJARRAS, LAS. Comarca montañosa española que pertenece a las prov. de Granada y Almería, en la comunidad autónoma de Andalucía. Sus poblados se encuentran a los pies de las montañas del sistema Penibético. Foco de resistencia morisca en el siglo XVI.

ALPUY, JULIO (n. en 1919). Pintor uruguayo. Alumno del pintor constructivista uruguayo Joaquín Torres García, trabajó preferentemente en el ámbito del muralismo. Afincado en los Estados Unidos desde 1963.

ALQUENO. Nombre aplicado a todos los hidrocarburos de la serie del etileno, con fórmula general CNH2N.
Hidrocarburos 7:394b.

ALQUÍDICAS, RESINAS. Sustancias resinosas obtenidas artificialmente mediante la condensación de un polialcohol con un poliácido. Se emplean como revestimiento en metales o maderas.

ALQUILACIÓN. Proceso de introducción de un radical alquilo en un compuesto, sustituyendo a un átomo de hidrógeno. Adición de una cadena lateral a un anillo aromático.

ALQUIMIA. Antiguo arte de la transmutación de los metales que trataba de descubrir la piedra filosofal y el elixir de la inmortalidad. Fue precursora de la química y se le debe el descubrimiento de la pólvora, el fósforo, etc.
1:248a; Adivinación 1:16b; Esoterismo 6:61b; Ocultismo 11:76b; Piedras preciosas 11:398a; Química 12:225a; *ilustraciones* 1:248b; 1:249.

ALQUINO. Hidrocarburo de la serie del acetileno, con fórmula general C_nH_{2n-2} y enlaces triples. Los alquinos no son saturados, porque contienen menos hidrógeno que los alcanos y alquenos correspondientes, y por ello resultan más reactivos.
Hidrocarburos 7:395b.

ALQUITRÁN. Sustancia viscosa que se obtiene, por lo general, de la destilación de materias orgánicas. Empleado en la construcción del pavimento de carreteras. Los principales alquitranes se extraen del petróleo, la hulla y la madera.
1:250a; Aceites industriales 1:28b; Petróleo y derivados 11:382b.

AL-RAZI. V. **Razi, al-.**

ALSACIA. Región oriental de Francia que se extiende a la orilla izquierda del Rin hasta los montes de los Vosgos. Su situación fronteriza con Alemania ha sido causa de continuas anexiones y devoluciones. Concedida a Francia por el Tratado de Versalles (1919), la región fue ocupada por Alemania en 1940, mas fue reintegrada a Francia en 1944. Cap. Estrasburgo. 8.280 km². 1.698.800 hab. (1995).
Estrasburgo 6:165a.

ALSACIA-LORENA. Región disputada antiguamente por Francia y Alemania que abarca los actuales dep. franceses del Alto Rin, Bajo Rin y Mosela.
1:250b; Alemania 1:192a; Francia 6:392b; Franco-prusiana, guerra 6:403b; *ilustración* 1:250b.

ALSEIDES. Según la mitología griega, ninfas o divinidades femeninas menores que personificaban las fuerzas naturales. Las alseides estaban vinculadas a las grutas y vivían en ellas.
Ninfas 10:419a.

ALSINA, ADOLFO (1829-1877). Político y militar argentino. Ocupó la vicepresidencia en 1868 con Domingo Faustino Sarmiento y fue ministro de guerra y marina entre 1874 y 1877, cargo desde el que promovió una expedición contra los indios de la Pampa.

ALSINA, PABLO (1830-1897). Sindicalista español. Fue el primer representante obrero elegido diputado por un parlamento español (1869). Defendió la revuelta federalista de 1869. Diputado en las Cortes de la primera república.

ALSINA, VALENTÍN (1802-1869). Político argentino. Participó en la sublevación de 1828 y vivió exiliado en Uruguay durante el gobierno de Juan Manuel de Rosas, hasta el triunfo de la revolución de 1852. Ocupó posteriormente el puesto de gobernador de Buenos Aires y el de presidente del Senado.
Sarmiento, Domingo Faustino 13:161a.

ALSOGARAY, ÁLVARO CARLOS (n. en 1913). Político argentino. Ministro de industria (1955) y de economía (1959-1962), fue embajador ante los Estados Unidos (1966-1968). En 1988 fue postulado candidato a la presidencia por la Unión de Centro Democrático con un programa de liberalización económica; pese a su derrota, fue designado asesor del presidente Carlos Saúl Menem.

ALTA DEFINICIÓN. Modalidad de difusión televisiva con una resolución de imagen mucho mayor a la de las emisiones convencionales, dado el elevado volumen de datos transferidos. Los sistemas de alta definición cuentan con resoluciones de pantalla superiores a las 1.200 líneas, frente a las 625 tradicionales, lo que redunda en un incremento de la calidad de la imagen.
1:251a; *ilustración* 1:251b.

ALTA FIDELIDAD. Dícese de los equipos de reproducción electrónica de sonido que logran una gran aproximación al sonido original que se reproduce.
Sonido e imagen, grabación y reproducción de 13:303a.

ALTAGRACIA, LA. Provincia de la República Dominicana, en el sudeste del país, entre el océano Atlántico y el mar Caribe. Incluye la isla Saona. Azúcar, algodón. Cap. Higüey. 3.084 km². 112.396 hab. (1993).
Dominicana, República 5:222a.

ALTAGRACIA, NUESTRA SEÑORA DE. Advocación de la Virgen María especialmente venerada en la República Dominicana. En su honor se erigió el famoso santuario de la ciudad de Higüey.
Marianas, advocaciones 9:366b.

ALTÁI. Sistema montañoso de Asia central que se extiende, a lo largo de 1.600 km, desde el desierto de Gobi hasta la llanura siberiana central a través de China, Mongolia y la Unión Soviética. Su cresta más alta es el pico Bieluja (4.506 m).
Rusia 13:52b.

ALTAICAS, LENGUAS. Grupo de tres grandes familias de lenguas (turco, mongol y manchú-tungús) que presentan similaridades en el vocabulario, estructura gramatical y sistema fonológico. Existen más de cuarenta lenguas altaicas, habladas en una extensa región del continente asiático, principalmente en Rusia (Siberia), Mongolia, China, Turquía, Irán y Afganistán.
China 4:146a; Lenguas, clasificación de las 9:110a; Rusia 13:55a.

ALTAIR. La estrella más brillante de la constelación del Águila. Blanca, luminosa de primera magnitud y situada a unos 16 años luz del Sol. Ligeramente mayor que el Sol.

ALTAMIRA. Municipio de la República Dominicana, en la prov. de Puerto Plata. Regada por el río Bajabonico, está situada en la cordillera Septentrional. Cultivos de café, caña de azúcar; minería. 252 km2. 34.562 hab. (1987).

ALTAMIRA, CUEVA DE. Gruta descubierta en 1879, en las afueras de Santillana del Mar, Cantabria (España), en cuyo interior se encuentra una de las muestras más importantes de la pintura del paleolítico. Predominan las representaciones policromas de animales, en especial las de bisontes.
Arqueología 2:96b.

ALTAMIRANO, IGNACIO MANUEL (1834-1893). Escritor y político mexicano. Considerado el precursor del realismo literario en su país.
1:252a; Hispanoamericana, literatura 8:7a.

ALTAMIRA Y CREVEA, RAFAEL (18661951). Historiador español. Profesor de la Institución Libre de Enseñanza, se especializó en temas jurídicos y participó en la redacción de un anteproyecto para el Tribunal Internacional de Justicia de La Haya. *Historia de España y de la civilización española* (1900-1911), *Historia del derecho español* (1903).

ALTA NORMANDÍA. Región de Francia que incluye los dep. de Eure y Seine-Maritime, a orillas del canal de la Mancha. Regada por el río Sena. Ganadería, pesca; leche, carnes; industrias diversas. Cap. Ruán. 12.318 km². 1.777.000 hab. (1995).

ALTAR. Constelación del hemisferio austral, situada al sur de Escorpión. Posee tres estrellas de tercera magnitud. Nombre latino: Ara.

ALTAR, DESIERTO DE. Zona árida del est. mexicano de Sonora, entre los ríos Colorado y Concepción, el golfo de California y la frontera con los Estados Unidos, donde se extiende en el desierto de Gila. Su superficie es de alrededor de 25.000 km².

ALTA VELOCIDAD. Tecnología ferroviaria consistente en el desarrollo de trenes de gran potencia que circulan por trazados viarios exclusivos, protegidos y sin apenas curvas, lo que permite alcanzar velocidades superiores a los 300 km/h y reducir el tiempo de transporte. Este tipo de trenes realizan trayectos entre ciudades principales, sin paradas intermedias, y su apli-

cación es corriente en Estados Unidos, Japón y Europa Occidental.
Ferrocarril 6:274a.

ALTA VERAPAZ. Departamento del norte centro de Guatemala, limitado al oeste por el río Salinas. Se extiende primordialmente por las sierras de Chama y de las Minas. Café, caña de azúcar, cacao; ganadería. Cap. Cobán. 8.686 km^2. 670.815 hab. (1995).

ALTAVOZ. Aparato que reproduce acústicamente los sonidos que le llegan codificados en forma de impulsos eléctricos y los irradia en el espacio circundante. Consiste fundamentalmente en una membrana que responde a los impulsos recibidos por un electroimán y cuya vibración reproduce los sonidos originales.

ALTDORFER, ALBRECHT (h. 1480-1538). Pintor, arquitecto y grabador alemán. Introdujo el paisaje como tema pictórico. Fue uno de los principales representantes de la escuela de pintura del Danubio.
1:252b; Manierismo 9:238a; *ilustración* 1:252b.

ALTEA. Población española de la prov. de Alicante, comunidad autónoma de Valencia. Situada al pie de la sierra de Bernia, fue un antiguo poblado ibérico ocupado por los romanos. Centro turístico. Horticultura y fruticultura; pesca. 11.911 hab. (1986).

ALTERNADOR. Dispositivo eléctrico, mecánico o electromecánico que suministra corriente alterna a un circuito o sistema.
Electrotecnia 5:372a.

ALTERNANCIA DE GENERACIONES. Ciclo biológico, en el que se producen sucesivamente una reproducción sexual (por gametos) y otra asexual (por esporas), que presentan algunos grupos vegetales como los helechos.

ALTERNATIVA. Acto que se celebra durante una corrida de toros, en el cual un novillero con experiencia se convierte en matador de toros, a los que lidia públicamente por primera vez. A lo largo de la ceremonia, que tiene lugar durante la faena del primer toro, el matador más experimentado de la terna, que ejerce como padrino, entrega estoque y muleta al apadrinado. Éste se los devolverá al acabar su segunda faena.

ALTHAUS, CLEMENTE (1835-1881). Poeta peruano. Encuadrado dentro del estilo clasicista, su obra muestra influencias de los escritores españoles fray Luis de León y Manuel José Quintana. Autor de un drama clásico, *Antíoco*, y de poesía patriótica. Murió loco en París. *Poesías patrióticas y religiosas* (1862).

ALTHUSIUS, JOHANNES (1557-1638). Jurista calvinista neerlandés. Profesor de derecho en Herborn, desempeñó posteriormente el puesto de síndico de la ciudad de Emden. Estudió la ciencia política con base en la pervivencia de la soberanía popular. *Política ordenada metódicamente* (1603-1614).

ALTHUSSER, LOUIS (1918-1990). Filósofo francés, representante del estructuralismo. Teórico y, al mismo tiempo, crítico del marxismo, se interesó especialmente en sus fundamentos epistemológicos. Negó la supuesta relación entre los escritos filosóficos juveniles y el pensamiento político maduro de Karl Marx. *La revolución teórica de Marx* (1965), *Para leer El Capital* (1965).
Educación 5:315a; Estructuralismo 6:173a; Marxismo 9:400a; *ilustración* 9:400a.

ALTIMETRÍA. Técnica topográfica que permite el conocimiento de una zona de la superficie terrestre y su representación en una proyección horizontal. Determina las alturas de los niveles del terreno, con indicación en cada punto de su cota precisa.
Topografía 14:87b.

ALTÍMETRO. Instrumento que sirve para realizar la medición de la altura y que se basa en la variación que experimenta la presión atmosférica al aumentar la altitud.
Avión 2:268b.

ALTIPLANICIE. Zona llana elevada a gran altura y rodeada por montañas y escarpaduras. Cubre aproximadamente el 45% de la superficie terrestre.
Meseta 10:78a.

ALTIPLANO ANDINO. Región montañosa que se extiende desde el sudeste del Perú al oeste de Bolivia. Tiene una altura media de 3.650 metros.
1:253a; Andes 1:332a; Argentina 2:42b; Bolivia 3:88b; Paz, departamento de La 11:305b; Puna 12:209a; *ilustración* 1:253b.

ALTITUD. Altura, especialmente la de un punto geográfico, medida desde el nivel del mar.
Presión atmosférica 12:132b.

ALTMAN, ROBERT (n. en 1925). Director de cine estadounidense. En sus obras, generalmente pertenecientes al género de la comedia, subyace una profunda y mordaz sátira social. *M*A*S*H* (1970), *Nashville* (1976), *Vidas cruzadas* (1993), *Kansas City* (1996).

ALTO ADIGIO. V. **Trentino-Alto Adigio.**

ALTO ALEMÁN. V. **Alemán, alto.**

ALTOCÚMULO. Tipo de nube de forma globosa, blanca o grisácea, formada por gotas de agua a baja temperatura y que se halla a una altura comprendida entre los 3.000 y 4.000 m.

ALTOESTRATO. Capa nubosa horizontal, extensa, constituida por pequeñas gotas de agua y cristales de hielo y situada entre los 2.000 y los 5.000 m de altura.

ALTO HORNO. Horno de grandes dimensiones que se emplea para la fabricación de hierro y otros metales a partir de la reducción del mineral correspondiente. El rendimiento calórico del combustible se incrementa mediante corrientes de aire que se hacen pasar a su través.
Hierro y acero 7:406a; Horno 8:73a.

ALTOLAGUIRRE, MANUEL (1905-1959). Poeta español. Editó la revista de poesía *Litoral* y la colección homónima a partir de 1926. Obra poética integrada dentro de la generación del 27. Se exilió al término de la guerra civil española. *Nube temporal* (1939), *Fin de un amor* (1946).
Veintisiete, generación del 14:249b.

ALTO PARAGUAY. Departamento del nordeste de Paraguay, región Occidental, limítrofe con Bolivia, al norte, y Brasil y el río Paraguay al este. Terreno tropical aluvial, forma parte del Gran Chaco. Ganadería; explotación forestal. Cap. Fuerte Olimpo. 82.349 km^2. 12.156 hab. (1992).

ALTO PARANÁ. Departamento del este de Paraguay, región Oriental, limitado al este por Brasil y Argentina. Regado por afluentes del Paraná. Presa de Itaipú. Minería. Agricultura. Cap. Ciudad del Este 14.895 km^2. 406.584 hab. (1992).

ALTO PERÚ. Nombre que mantuvo el posterior territorio boliviano desde la conquista de la zona por Diego de Almagro, en 1535, hasta la declaración de independencia de Bolivia del 6 de agosto de 1825.
Perú 11:362a.

ALTO VOLTA. V. **Burkina Faso.**

ALTRAMUZ. Planta herbácea de la familia de las papilionáceas representada por varias especies del género *Lupinus*. Fruto leguminoso o en vaina. El grano es amargo pero se han conseguido especies dulces que constituyen un buen forraje para el ganado y se destinan también a la alimentación humana.

ALTRUISMO. Doctrina ética que defiende una actitud de renuncia a ciertos intereses propios en beneficio de otras personas, basándose en principios meramente naturales.

ALTURA, SALTO DE. Prueba atlética que consiste en franquear un listón o barra horizontal colocado a cierta altura sin más impulso que el proporcionado por las piernas, tras una carrera de impulso.
Atletismo 2:199a.

ALU. Siglas con que se designa la unidad aritmético-lógica (*arithmetic and logic unit*), componente que dentro de una computadora realiza las operaciones aritméticas y lógicas. La base operacional de la misma es el cálculo binario, ampliado con fórmulas lógico-matemáticas.
Computación, teoría matemática de la 4:307b.

ALUATO. Simio platirrino aullador del género *Alouatta*. También denominado coto, presenta distintas especies que habitan en regiones pantanosas de América central y del sur.

ALUBIA. V. **Frijol.**

ALUCINACIÓN. Trastorno por el cual se produce una percepción sensorial sin existir estímulo alguno. Según el sistema sensorial implicado, las alucinaciones pueden ser visuales, táctiles, auditivas, gustativas u olfativas. Se trata de una alteración del sistema nervioso de motivación muy amplia, que abarca desde la lesión orgánica hasta la provocada por la ingestión de drogas, pasando por multitud de enfermedades infecciosas, intoxicaciones y perturbaciones emocionales graves.

ALUCINÓGENOS. Sustancias químicas que producen en quien las consume trastornos mentales de carácter transitorio caracterizados por la presencia de alucinaciones. Entre los principales destacan la mescalina y la dietilamida del ácido lisérgico (LSD).
Armas químicas y biológicas 2:87b; Drogas de diseño 5:244a; Medicamentos 10:24b.

ALUD. Masa de nieve que se desprende de la ladera de una montaña y se desliza por ella. Los aludes son frecuentes en alta montaña, por encima del límite de nieves perpetuas, y en ocasiones tienen consecuencias catastróficas.

ALUMAG. Aleación ligera de aluminio y pequeñas proporciones de magnesio. Utilizada en construcciones aeronáuticas dadas su resistencia a la corrosión y su pequeña densidad.

ALUMBRADO. Técnica de iluminación que utiliza lámparas y dispositivos artificiales. La iluminación de ciudades se denomina alumbrado público.
Iluminación y alumbrado 8:105b.

ALUMBRADOS. Designación de los miembros de un movimiento iluminista surgido en España a fines del siglo XV que se mantuvo hasta el XVII. Influido por la Reforma protestante y el pensamiento de Erasmo, este movimiento buscaba una desacralización e individualización de la vida religiosa. Fue perseguido con dureza por la Inquisición.
Iluminismo 8:128a.

ALUMBRE. Compuesto perteneciente a una serie de sulfatos dobles de metales trivalentes, como aluminio o hierro, mezclados con otros monovalentes, por ejemplo, sodio o potasio. Empleado en tintorería e industrias de curtido.

ALUMEL. Aleación de níquel con pequeñas proporciones de aluminio, manganeso y silicio. Muy resistente a la corrosión. Marca registrada.

ALÚMINA. Óxido o hidróxido de aluminio en formas minerales de corindón, zafiro, etc. Precipitado en una solución colorante forma una masa gelatinosa pigmentada. Mena principal en la metalurgia del aluminio. Componente fundamental de las arcillas.
Abrasivo 1:15b.

ALUMÍNICO, NITRATO. Sal de aluminio muy utilizada industrialmente para el curtido del cuero y como inhibidor de la corrosión o para la extracción del uranio. N_3O_9Al.

ALUMINIO. Metal blanco, de peso ligero y altos índices de conductividad térmica y eléctrica.
1:254a; Bauxita 2:375a; Bronce 3:191a; *cuadros* 1:254b; 1:255b; Metal 10:94b; *ilustración* 1:254a.

ALUMINOTERMIA. Procedimiento de aprovechamiento del calor desprendido durante la combustión del aluminio y que alcanza temperaturas de hasta 3.000 °C.

ALUMINOTIPIA. Cliché para impresión en relieve que utiliza un soporte de superficie de aluminio.

ALUNÓGENO. Sulfato de aluminio natural hidratado. Cristaliza en el sistema monoclínico.

ALUVIÓN. Nombre que se da en geología a los depósitos de tierra, arena o minerales arrastrados por las aguas corrientes.
Delta 5:120b.

ALVA, LUIS (n. en 1927). Tenor peruano. En 1956 debutó en La Scala de Milán cosechando un gran éxito con *Falstaff* de Giuseppe Verdi. Integrante de la compañía del Metropolitan Opera House de Nueva York, alcanzó especial renombre por sus interpretaciones de las obras de Wolfgang Amadeus Mozart y Gioacchino Rossini.

ALVA IXTLILXÓCHITL, FERNANDO DE (h. 1568-1648). Historiador mexicano. Descendiente de nobles indígenas, recurrió a los testimonios de su pueblo para elaborar obras redactadas con sencillez.
1:255b.

ALVAR. Grupo poético, devoto de Visnú, surgido entre los siglos VII al X dentro de la población tamil de la India. Se citan fundamentalmente a doce autores, de entre los que destaca Nammalvar. Nathamuni Acarya realizó una antología de sus poemas, *Colección de los cuatro mil cantos.*

ALVARADO. Municipio mexicano del est. de Veracruz. Situado a orillas de la laguna de Alvarado, en la que desembocan los ríos Blanco y Papaloapan, y se abre al golfo de México. La cabecera, homónima, fue fundada por Pedro de Alvarado y conserva notables edificios coloniales. 49.153 hab. (1990).

ALVARADO, DIEGO DE (m. en 1546). Conquistador español, hermano de Pedro de Alvarado. Se le atribuye la fundación de la ciudad de San Salvador.
Salvador, El 13:107a; San Salvador 13:135b.

ALVARADO, LISANDRO (1858-1931). Erudito venezolano. Especializado en temas de historia y sociología, está considerado como uno de los impulsores de estas dos ramas científicas en su país. *Historia de la revolución federal en Venezuela* (1909), *Glosario de voces indígenas de Venezuela* (1929).

ALVARADO, PEDRO DE (h. 1485-1541). Conquistador español. Lugarteniente de Hernán Cortés en México y protagonista de la conquista de América central y la primera expedición a través de la selva ecuatoriana.
1:256a; Almagro, Diego de 1:237b; Guatemala 7:253b; Guatemala, ciudad de 7:258a; Latinoamérica, conquista de 9:80a; Salvador, El 13:107a; Xicoténcatl el Mozo 14:375a; Xicoténcatl el Viejo 14:375b.

ALVARADO, RUDECINDO (1792-1872). Militar argentino. Participó en la lucha por la independencia de su país. De ideas liberales, vivió apartado de la política durante la dictadura de Juan Manuel de Rosas y posteriormente fue ministro de la guerra (1854) y gobernador de Salta (1855-1856).

ALVARADO, SALVADOR (1880-1924). Militar y político mexicano. Gobernador del estado de Yucatán (1915-1917) con Venustiano Carranza, participó posteriormente en el derrocamiento de este último y ejerció el puesto de secretario de hacienda y crédito público con Adolfo de la Huerta. Murió fusilado durante una sublevación contra el presidente Álvaro Obregón.

ALVARADO TEZOZÓMOC, HERNANDO DE (h. 1519-h. 1609). Historiador mexicano. Hijo del emperador azteca Cuitláhuac, escribió dos obras (*Crónica mexicana* y *Crónica mexicáyotl*, la segunda posiblemente en colaboración) fundamentales para el conocimiento de la historia del mundo precolombino en México.

ÁLVARES CABRAL, PEDRO. V. **Cabral, Pedro Álvares.**

ÁLVARES CORREIA, DIOGO. V. **Caramuru.**

ÁLVARES DE AZEVEDO, MANUEL ANTÔNIO (1831-1852). Poeta brasileño. Influido por *Lord* Byron, sus composiciones poéticas se encuadran dentro de la tradición romántica. *Poema del fraile, Noche en la taberna, Macario.*
Brasileña, literatura 3:164b.

ÁLVAREZ, GREGORIO (n. en 1925). Militar y político uruguayo. Intervino en el derrocamiento de José María Bordaberry en 1976 y accedió a la presidencia de la república en 1981. Gestó la transición hacia el régimen democrático que culminaría con las elecciones ganadas por Julio María Sanguinetti en 1985.

ÁLVAREZ, JOSÉ SIXTO (1858-1903). Escritor argentino. Utilizó el seudónimo fray Mocho. Fundador de la revista *Caras y caretas.* Fue comisario de policía y utilizó sus conocimientos para escribir *Vida de los ladrones célebres y sus maneras de robar* (1887). *Memoria de un vigilante* (1897), *Cuentos de fray Mocho* (1906).

ÁLVAREZ, JUAN (1790-1867). Militar y político mexicano. Luchó por la independencia de su país y ocupó la presidencia de la república en 1855.
1:256b.

ÁLVAREZ, LUIS FERNANDO (1901-1952). Poeta venezolano. Perteneció al grupo literario «Viernes». Su obra se identifica con la soledad y con la muerte como testimonio desesperado de comunicación. *Van y ven* (1936), *Soledad contigo* (1940).

ALVAREZ, LUIS W. (n. 1911-1988). Físico estadounidense. Obtuvo el Premio Nobel en 1968 por su contribución a la física de partículas elementales.

ÁLVAREZ, MANUEL (h. 1517-h. 1588). Escultor español. Alumno de Alonso Berruguete, trabajó en Palencia, Toledo y Valladolid. Pertenece a la etapa de transición hacia el manierismo. Autor del retablo del monasterio de la Trinidad (1584) y del de la capilla de Santa Lucía de la catedral de Palencia.

ÁLVAREZ, MANUEL BERNARDO (1743-1816). Abogado y político colombiano. Participó activamente en la lucha por la independencia. Sustituyó a Antonio Nariño en la jefatura del gobierno. Opuesto a la tendencia federalista, tuvo que rendirse ante Simón Bolívar. Fue fusilado por orden del general Pablo Morillo.

ÁLVAREZ, MARIO R. (n. en 1931). Arquitecto argentino. Influido por el racionalismo y cercano al Grupo Austral, su trabajo se caracteriza por su funcionalismo y simplificación de los elementos. Edificio Somisa (1966); proyecto para teatro en Buenos Aires (1953).

ÁLVAREZ, MELQUÍADES (1864-1936). Político español. Líder y fundador del Partido Reformista, fue presidente del Congreso en 1922-1923. En 1933 apoyó al gobierno de la derecha. Respaldó la sublevación militar de 1936 y murió fusilado en agosto de ese mismo año en la cárcel modelo de Madrid.

ÁLVAREZ, MIGUEL DE LOS SANTOS (1817-1892). Escritor español. Encuadrado dentro de la corriente romántica, fue autor de poesía, con claras influencias de la obra de José de Espronceda, y de narraciones de carácter costumbrista y político. *María* (1838), *Tentativas literarias* (1864).

ÁLVAREZ, SANTIAGO (n. en 1919). Director de cine cubano. Gran parte de su obra se centró en el género documental de compromiso ideológico. *Hanoi, martes 13* (1967), *El tiempo es el viento* (1976), *La guerra necesaria* (1980).

ÁLVAREZ, SERAFÍN (1842-1925). Político español. Intervino en la sublevación cantonalista de Cartagena en 1873. Tras el fracaso de ésta, emigró a la Argentina, donde fue uno de los fundadores del Partido Socialista. Dedicado al derecho y la sociología, fundó la *Revista de los Tribunales.* Obras: *Notas sobre las instituciones libres en América, Cuestionario para un estudio sobre orientación moral.*

ÁLVAREZ BRAVO, MANUEL (n. en 1902). Fotógrafo mexicano. Estudiante de música y bellas artes, se incorporó después a la fotografía. En sus obras se reflejan personajes, fiestas y paisajes de la vida mexicana, que a menudo presentan la dualidad entre la vida y la muerte.

ÁLVAREZ BUYLLA, ADOLFO (1850-1927). Economista español. Adscrito a la corriente intelectual basada en los principios de Karl Christian Friedrich Krause (krausismo), dirigió una sección del Instituto de Reformas Sociales y fue profesor de la Institución Libre de Enseñanza. *Un economista asturiano: Álvaro Flórez Estrada* (1885).

ÁLVAREZ CARRILLO DE ALBORNOZ, GIL. V. **Albornoz, Gil Álvarez Carrillo de.**

ÁLVAREZ CUBERO, JOSÉ (1768-1827). Escultor español. Admirador de la obra del italiano Antonio Canova, está considerado como el principal representante de la escultura neoclásica en España. Trabajó en España, Italia y Francia. «La defensa de Zaragoza» (1825).

ÁLVAREZ DE ARENALES, JUAN ANTONIO (1770-1831). Patriota americano de origen español. Venció a los realistas en la batalla de La Florida (1814), Argentina, y colaboró con José de San Martín en la campaña del Perú. Desempeñó el cargo de mariscal de campo de los ejércitos de Chile, Perú y Argentina. Fue gobernador de Salta, Argentina.

ÁLVAREZ DE CASTRO, MARIANO (1749-1810). Militar español. Siendo gobernador militar de Gerona durante la guerra de la independencia, sostuvo el sitio francés pese a que la población estaba diezmada por los combates, el hambre y las enfermedades. Hecho prisionero al capitular finalmente, murió en la cárcel de Figueras.

ÁLVAREZ DE CIENFUEGOS, NICASIO (1764-1809). Poeta español, considerado uno de los principales precursores de la literatura romántica de su país. Dirigió y fue redactor de la *Gaceta de Madrid* y el *Mercurio.* Aparte su producción poética, en la que destacó *Un amante al partir su amada,* escribió también notables obras dramáticas como *Zorayda, Idomeneo* y *La condesa de Castilla y Pitaco.*

ÁLVAREZ DE LA PEÑA, MANUEL (1727-1797). Escultor español. Alumno de Felipe de Castro, fue miembro y desde 1784 director de la Real Academia de Bellas Artes. Escultor de la corte desde 1794. Autor de las esculturas que adornan la fuente de Apolo del paseo del Prado madrileño.

ÁLVAREZ DEL TORO, FEDERICO (n. en 1953). Compositor mexicano. Estudió música en la ciudad de México y con el guitarrista cubano Leo Brouwer. Escribió música para el cine, música de cámara, obras sinfónicas, cantatas. Empleó novedosos recursos musicales, pero conservando un acento mexicano en sus obras. *La banda de los Panchitos, Desolación, El espíritu de la tierra, Gneiss.*

ÁLVAREZ DEL VAYO, JULIO (1891-1975). Político y escritor español. Militante y defensor de la línea más izquierdista del Partido Socialista Obrero Español (expulsado del partido en 1944), fue diputado en la segunda república, embajador en México y ministro de relaciones exteriores en diferentes momentos de la guerra civil española. Alternó su vida política con el periodismo y la novela. *Las batallas de la libertad* (1940).

ÁLVAREZ DE SOTOMAYOR, FERNANDO (1875-1960). Pintor español. Destacó como retratista aunque también pintó escenas tradicionales de su tierra natal, Galicia, dentro de un estilo marcadamente academicista. Fue nombrado director del Museo del Prado en 1922. «Segador gallego» (1907), «Ana María» (1918).

ÁLVAREZ DE TOLEDO, FERNANDO (1507-1582). Militar español, tercer duque de Alba. Fue gobernador general de Flandes.
1:256b; Países Bajos 11:210b; *ilustración* 1:257a.

ÁLVAREZ DE TOLEDO, GABRIEL (1659-1714). Poeta e historiador español. Fue secretario de Felipe V y uno de los fundadores de la Academia Española. Cultivó una poesía solemne de tono filosófico y religioso. Autor de *Historia de la iglesia y del mundo* y del poema burlesco, incompleto, *La burromaquia.*

ÁLVAREZ DE TOLEDO, HERNANDO (siglo XVI). Militar y poeta español. Combatió en Flandes y pasó luego a América, con Alonso de Sotomayor. Narró en sus poemas las luchas contra los araucanos. Su obra *Purén indómito* (1862) recoge abundante información sobre las costumbres de la población indígena.

ÁLVAREZ DE VELASCO Y ZORRILLA, FRANCISCO (1647-h. 1703). Militar y poeta colombiano. Desempeñó los cargos de gobernador, capitán general de la provincia de Neiva y alcalde de Santa Fe de Bogotá. Autor de obras de estilo conceptista. *Rhytmica sacra, moral y laudatoria* (1703).

ÁLVAREZ DE VILLASANDINO, ALFONSO (h. 1345-h. 1428). Poeta español en lengua castellana y gallega. Fue juglar en las cortes de Enrique II y Juan II de Castilla. Sus composiciones están incluidas en el *Cancionero de Baena* y se encuadran dentro de la etapa de transición de la poesía trovadoresca de fines del siglo XIV y principios del XV.

ÁLVAREZ GATO, JUAN (h. 1440-1509). Poeta español. Desempeñó cargos en las cortes de Enrique IV de Castilla y de Isabel la Católica. Sus poesías están recogidas en su propio *Cancionero* y en el *Cancionero general* de Hernando del Castillo.

ÁLVAREZ QUINTERO, HERMANOS. Serafín (1871-1938) y Joaquín (1873-1944). Escritores españoles. Autores de dramas y comedias de estilo costumbrista, con temas preferentemente andaluces. *La reina mora* (1903), *Las de Caín* (1909), *Malvaloca* (1912), *Mariquilla Terremoto* (1930).
Sainete 13:89b.

ÁLVAREZ THOMAS, IGNACIO (1788-1857). Militar y político argentino. Participó activamente en las luchas independentistas. En 1815, al frente del ejército encargado de reprimir el movimiento federalista de José Gervasio Artigas, se sublevó contra el gobierno de Carlos María de Alvear. Ese mismo año fue nombrado director interino del estado, pero la imposibilidad de acabar con la revuelta de Artigas provocó su dimisión en 1816.

ÁLVAR FÁÑEZ (m. en 1114). Caballero castellano. Sobrino del Cid Campeador, peleó en los ejércitos del rey Alfonso VI de Castilla. Participó en la toma de Toledo (1085), cuyo gobierno le sería encomendado en 1109 tras defender la ciudad de los ataques almorávides, e intervino en las batallas de Sagrajas (1086) y Uclés (1108). Apoyó la causa de doña Urraca.

ÁLVARO DE CÓRDOBA (m. h. el 861). También llamado Álvaro Cordobés, escritor mozárabe en lengua latina. Participó junto con san Eulogio en un movimiento en defensa de la cultura cristiana en territorios musulmanes. Autor de obras epistolares, composiciones líricas de temática religiosa y obras doctrinales. *Compendio luminoso* (854).

ALVEAR, CARLOS MARÍA DE (1788-1852). Militar y político argentino. Participó junto a José de San Martín en la lucha por la independencia y tuvo un destacado papel en los primeros años de la joven república.
1:257a.

ALVEAR, MARCELO T. DE (1868-1942). Político argentino, nieto de Carlos María de Alvear. Participó en la fundación de la Unión Cívica Radical y fue presidente de su país de 1922 a 1928.
1:257b; Argentina 2:55a; Yrigoyen, Hipólito 14:390a.

ALVEOLAR, CONSONANTE. Fonema que se articula aplicando el ápice de la lengua a los alvéolos de los incisivos superiores. En castellano son consonantes alveolares *r, rr, l, s* y *n.*

ALVÉOLO. Cavidad en los huesos maxilares en la que se implantan las raíces dentales. También, fondo de saco terminal en las subdivisiones bronquiales, donde se efectúa el intercambio de gases en la respiración.
Pulmón 12:207a; Respiratorio, sistema 12:347b.

ALVES, FRANCISCO DE PAULA RODRIGUES. V. **Rodrigues Alves, Francisco de Paula.**

ALVES DE LIMA E SILVA, LUIZ. V. **Caxias, duque de.**

ALZAGA, MARTÍN DE (1756-1812). Administrador colonial español. Establecido en el río de la Plata, alcanzó el puesto de alcalde de Buenos Aires y en 1807 defendió la ciudad frente al ataque británico. Posteriormente conspiró para establecer un régimen monárquico en la Argentina. Descubierto, fue condenado a muerte y ejecutado.
Plata, Virreinato del Río de la 12:30a; Saavedra, Cornelio de 13:73b; Sobremonte, Rafael de 13:247a.

ALZAMIENTO DE BIENES. Quiebra fraudulenta por la que, mediante la ocultación o enajenación ficticia de bienes patrimoniales, se pretende evitar el pago a acreedores.

ALZATE, JOSÉ ANTONIO DE (1737-1799). Astrónomo, cartógrafo, físico, naturalista y eclesiástico mexicano, fundador de la *Gaceta de Literatura de México,* en la que publicó trabajos de gran valor científico.
Cartografía 4:3a.

ALZHEIMER, ENFERMEDAD DE. Dolencia degenerativa del sistema neurológico, que provoca la pérdida gradual de las funciones cerebrales. Principal causa tipificada de demencia presenil.
1:258a; Apoptosis 1:414b; Biología molecular 3:40b; *ilustración* 1:258a.

ALZHEIMER, ALOIS (1864-1917). Médico neurólogo alemán. Realizó importantes estudios sobre parálisis y deficiencias mentales, y definió el síndrome presenil que lleva su nombre.
Alzheimer, enfermedad de 1:258a.

AM. Siglas que corresponden a modulación de amplitud (*amplitude modulation*), proceso que consiste en modificar la amplitud de la onda portadora en función de la amplitud de la onda propia del mensaje que se transmite.
Radiocomunicación 12:249a.

A. M. Abreviatura de la expresión latina *ante meridiem.* Se emplea después de las indicaciones de horas para designar un tiempo anterior al mediodía.

AMACURO, RÍO. Curso fluvial de Venezuela. Nace en la sierra de Imataca y, tras recorrer 250 km, vierte sus aguas en el delta del Orinoco, en Boca Grande. Señala una parte de la línea fronteriza entre Venezuela y Guyana.

AMADEO VI DE SABOYA (13341383). Conde de Saboya desde 1343 hasta su muerte. En 1366, persuadido por el papa Urbano V, dirigió una cruzada contra los turcos, a los que venció en Gallípolis, y liberó al emperador bizantino Juan Paleólogo de la dominación búlgara. Estableció la asistencia legal gratuita a los pobres. Murió de peste durante una expedición militar contra Nápoles.

AMADEO VIII DE SABOYA. V. **Félix V, antipapa.**

AMADEO DE SABOYA (1845-1890). Duque de Aosta y rey de España. Ocupó el trono de 1870 a 1873.
1:259a; España 6:78b; República española 12:342b; Saboya, casa de 13:78a; Sagasta, Práxedes Mateo 13:85b; Serrano y Domínguez, Francisco 13:212b.

AMADEU, RAMÓN (1745-1821). Escultor español. Alumno de Luis Bonifac y de José Trulls, fue miembro de la Real Academia de Bellas Artes. Trabajó preferentemente en la realización de figuras para belenes, dentro de un estilo que enlazaba el barroco con el neoclásico. «Misterio de la Santa Espina».

AMADÍS DE GAULA. Libro de caballería compuesto hacia finales del siglo XIII. La primera versión conocida de la obra, fechada en 1508, fue escrita en castellano por Garci Ordóñez (o Rodríguez) Montalvo.
Caballería, libros de 3:244b; Española, literatura 6:90b.

AMADO, JORGE (1912-2001). Escritor brasileño. Su obra retrata la sociedad rural brasileña.
1:259a; Brasileña, literatura 3:167a.

AMADO BLANCO, LUIS (1903-1975). Escritor cubano de origen español. Trabajó en el periodismo y fue autor de novelas, poesías y cuentos. *Hacia la otra orilla* (1927), *Ocho días en Leningrado* (1934), *La ciudad rebelde* (1967).

AMADO CARBALLO, LUIS (1901-1927). Poeta español en lengua gallega. Su obra poética, en la que el paisaje, las costumbres y la sencilla gente de su Galicia natal adquieren un destacado protagonismo, se encuadra en lo que el propio autor denominó escuela neorromántica. *Proel* (1927), *El gallo* (1928).

AMADORA. Ciudad de Portugal, situada en el nordeste de Lisboa, en la corona industrial de la capital. 95.518 hab. (1981).

AMADOR DE LOS RÍOS, JOSÉ (18181878). Escritor y erudito español. Dedicó su obra, cuya riqueza documental constituye una valiosa fuente de información, al estudio de la historia, el arte y la literatura de la España medieval. *Historia crítica de la literatura española* (1861-1865), *Historia política, social y religiosa de los judíos de España y Portugal* (1875-1876).

AMADOR GUERRERO, MANUEL (1833-1909). Político panameño. Primer presidente de la república de Panamá en 1904, tras su independencia de Colombia.
1:259b.

AMAGASAKI. Ciudad de Japón, suburbio industrial del área metropolitana de Osaka-Kobe, en la isla de Honshu. Industrias diversas. 488.574 hab. (1995).

AMAJAC, RÍO. Curso fluvial de México. Nace de los aportes de los ríos Oro, Milagro y Velasco, y después de recorrer el est. de Hidalgo, desemboca en el río Moctezuma, en las proximidades de Tamazunchale. Su cuenca abarca 7.120 km^2.

AMALARICO (502-531). Rey visigodo de España, hijo y sucesor de Alarico II, ascendió al trono a los cinco años de edad. Se vio forzado a ceder Provenza a los francos, al ser vencido por éstos. Casado con Clotilde, hija de Clodoveo, la obligó a convertirse al arrianismo. Fue derrotado en Narbona por su cuñado, Childeberto, y murió asesinado en Barcelona.

AMALASUNTA (498-535). Hija de Teodorico el Grande, rey ostrogodo de Italia, y madre de Atalarico, durante cuya minoría actuó como regente (526-534). A la muerte de Atalarico compartió el trono con su primo Teodato. Éste, influido por los nobles hostiles a Amalasunta y su política probizantina, la desterró a una isla en el lago de Bolsena, donde murió asesinada.

AMALECITAS. Según la tradición bíblica, miembros de una tribu descendiente de Amalec, nieto de Esaú, enemigos del reino de Israel. Combatieron contra ellos Moisés y Saúl y fueron definitivamente exterminados por David.

AMALFI. Ciudad de Italia en la prov. de Salerno, al sudeste de Nápoles. Fundada en el siglo IV, a partir del siglo IX constituyó el principal puerto comercial de Italia con oriente. Catedral románica (siglo IX). Importante centro turístico. 6.052 hab. (1981).

AMALGAMA. Combinación de uno o más metales con el mercurio; puede variar su consistencia desde una masa más o menos blanda a un metal duro. Utilizada en odontología para rellenar las caries.
Metalurgia 10:99a; Plata 12:26b.

AMALRIC, ARNAU (m. en 1225). Monje cisterciense español. Tras ser nombrado arzobispo de Narbona en 1212, promovió la cruzada contra los albigenses y luchó en España en la batalla de las Navas de Tolosa. Pretendió elevar su diócesis a principado, por lo que se enemistó con Simón de Monfort.

AMALRICO I (1135-1174). Conde de Jaffa y rey de Jerusalén desde 1163 hasta su muerte. En 1167 conquistó Alejandría y se alió con el emperador bizantino Manuel I Comneno y Luis VII de Francia para hacerse con el control del emirato de Egipto.

AMALRICO II (h. 1155-1205). Rey de Chipre desde 1194 hasta su muerte. En 1198 obtuvo la corona de Jerusalén por su matrimonio con Isabel, hija de Amalrico I. Firmó la paz con los sucesores de Saladino.

AMALRIK, ANDRÉI (1938-1980). Historiador soviético, defensor de un socialismo humanista. Tras varias detenciones, se exilió y murió en un accidente en España. Su obra cumbre fue *¿Sobrevivirá la URSS a 1984?* (1976), en la que realizó un profundo estudio sobre los nacionalismos en la Unión Soviética.

AMALTEA. Satélite natural de Júpiter. Forma irregular elipsoidal, con el eje mayor de unos 270 km y el menor de 155. Satélite interior, su distancia media a Júpiter es de 181.300 km. Bajo contenido en sustancias volátiles.
Satélite 13:163b.

AMAMBAY. Departamento del nordeste de Paraguay, región Oriental, limitado al norte y este por Brasil, regado por el río Paraguay. Explotación forestal, agricultura. Ganadería. Cap. Pedro Juan Caballero. 12.933 km^2. 99.860 hab. (1992).

AMAMBAY, SIERRA DE. Sistema montañoso de Paraguay. En su parte oriental corresponde a la sierra de Amambaí brasileña. Sirve de línea divisoria entre los ríos Paraguay y Paraná. Máximas altitudes de 300 a 400 m.

AMÁN. Capital de Jordania y del dist. homónimo. Principal centro comercial y de comunicaciones del país. Acrópolis, anfiteatro romano. Universidad, museo arqueológico. Aeropuerto. Productos alimenticios, tabaco; textiles, papel, plásticos, baterías eléctricas. 963.490 hab. (1994).
Jordania 8:382a.

AMANA, RÍO. Curso fluvial de Venezuela. Desde su nacimiento en el cerro Peonia, est. Sucre, fluye en dirección este-oeste a lo largo de 205 km hasta verter sus aguas en el río Guanipa, formando la laguna de Desparramadero. Desemboca en el extremo nororiental del golfo de Paria.

AMANDÁ JAN. V. **Amanolá**.

AMANITA. Género de hongos basidiomicetes, de la familia de las agaricáceas. Presentan numerosas ramificaciones en el talo y se caracterizan por la estructura de sus esporas reproductivas. Diversas variedades que incluyen especies de setas comestibles y otras sumamente venenosas, como la *Amanita muscaria* o falsa oronja y la *Amanita phalloydes* u oronja verde. Comunes en Europa.

AMANOLÁ (1892-1960). Rey de Afganistán. Ocupó el trono afgano tras el asesinato de su padre en 1919. Proclamó la total independencia de Afganistán con respecto al imperio británico e intentó modernizar el país mediante reformas de tipo social y económico. En 1928 fue derrocado y al año siguiente se exilió.
Afganistán 1:86b.

AMANOLLAH KHAN. V. **Amanolá.**

AMANTE DE LADY CHATTERLEY, EL. Novela del escritor británico D. H. Lawrence, publicada en 1928. La obra trata, con descripciones detalladas y lenguaje abierto, la sexualidad de una mujer. Durante décadas fue prohibida en muchos países del mundo.
Lawrence, D. H. 9:86b.

AMANTES DE TERUEL, LOS. Drama romántico del escritor español Juan Eugenio Hartzenbusch, estrenado en 1837. En él se recrea la leyenda de los trágicos amores de Diego Marsilla e Isabel de Segura, tema tratado con anterioridad por autores como Jerónimo de Huerta, Juan Yagüe de Salas, Juan Pérez de Montalbán y Tirso de Molina.

AMANULA JAN. V. **Amanolá**.

AMAPÁ. Estado septentrional de Brasil, limitado al norte por Suriname y la Guayana Francesa, al sur y oeste por el est. de Pará, al nordeste por el Atlántico y al sudeste por el río Amazonas. Minería, maderas. Cap. Macapá. 142.385 km^2. 439.781 hab. (1999).

AMAPOLA. Planta herbácea anual de la familia de las papaveráceas y perteneciente al género *Papaver.* Dicotiledónea. Fruto capsular. Contiene alcaloides. Extendida por diferentes partes del mundo.
1:260a; Angiospermas 1:355b; *ilustración* 1:260a.

AMARANTITA. Sulfato natural de hierro hidratado. Cristaliza en el sistema triclínico. Color rojo amarillento.

AMARANTO. Planta herbácea de la familia de las amarantáceas y del género *Amarantus.* Dicotiledónea. Comprende varias especies, también conocidas como crestas de gallo. Flores generalmente verdosas. En algún caso éstas son rojizas y se utilizan como motivo ornamental.

AMARAVATI. Ciudad del sudeste de la India, en el est. de Andhra Pradesh, junto al río Krishna. Antiguo centro budista de la región, son famosas sus esculturas en relieve, que decoraban una gran *stupa* (monumento funerario), y que actualmente se encuentran dispersas en los museos de Madrás y Calcuta y en el Museo Británico de Londres.

AMÁRICO. V. **Amhárico.**

AMARILIS (BOTÁNICA). Planta de la familia de las amarilidáceas y del género *Amaryllis.* Varias especies. Monocotiledónea. Provistas de bulbo, del que salen hojas estrechas y alargadas. Flores grandes y de diversos colores. Se utilizan como ornamentales.

AMARILIS (LITERATURA). Seudónimo con el que se conoce a una poetisa peruana de principios del siglo XVII, posiblemente Marta de Alvarado, de la que únicamente se conserva una *Epístola a Belardo,* dirigida a Lope de Vega y que el dramaturgo español incluyó en su obra *Filomena* (1621).

AMARILLO. Ciudad de los Estados Unidos, en el norte del est. de Texas. Colegio universitario, centro artístico. Petróleo, helicópteros, refinería de cobre. Productos agropecuarios. 169.588 hab. (1996).

AMARILLO, MAR. Brazo del Pacífico occidental, limitado al norte y oeste por China y al este por la península de Corea.
1:260b; Pacífico, océano 11:198a.

AMARILLO, RÍO. Curso fluvial de China, el segundo en extensión. Nace en las tierras altas del Tíbet y desemboca en el mar Amarillo tras recorrer 4.845 km. También se conoce como Huanghe o Huang Ho.
1:261a; China 4:145a; *mapa* 1:261a; *ilustración* 1:261b.

AMARNA, ESTILO DE. Corriente estética que floreció en la ciudad de Aketatón (Tell al Amarna), fundada hacia 1375 a.C. por el faraón Amenofis IV, o Akenatón. Numerosos palacios, templos y edificios públicos. Las decoraciones y estelas se caracterizan por el vivo realismo de sus escenas y una libertad expresiva alejada del hieratismo predominante hasta entonces.

AMARRABOLLO. V. **Marraboyo.**

AMAR Y BORBÓN, ANTONIO DE (n. h. 1745). Militar y administrador colonial español. Último virrey de Nueva Granada. Depuesto y apresado por una junta gubernativa popular el 30 de julio de 1810, fue enviado a España.
Nueva Granada, Virreinato de 11:38b.

AMASIS (siglo VI a.C.). Ceramista ateniense. Activo entre el 555 y el 530 a.C., realizó preferentemente ánforas y vasos. Las pinturas que decoran sus obras pertenecen al período de las figuras negras. «Dionisio y las Ménades», «Apolo y Heracles».

AMAT, FÉLIX (1750-1824). Religioso español. Profesor de filosofía, participó en 1786 en la fundación de la Sociedad de Amigos del País de Tarragona. Durante la guerra de independencia española defendió las posturas regalistas y afrancesadas, motivo por el que fue relegado en 1814. Autor de un diccionario catalán-castellano-latín. *Observaciones pacíficas sobre la potestad eclesiástica* (1819-1822).

AMAT, MANUEL (h. 1710-1782). Militar español. Virrey del Perú, fortaleció el poderío militar y económico del virreinato.
1:261b; O'Higgins, Ambrosio 11:87b.

AMATERASU. En la religión sintoista japonesa, personificación del sol. Protectora de la casa imperial, es venerada en el templo Naiku y en el monte Fuji. Las tinieblas cubrieron el mundo cuando Amaterasu, enfrentada con su hermano Susanoo, el dios de la tempestad, se encerró en una cueva.
Japón 8:342b.

AMATEUR. Deportista que no percibe emolumento alguno por la práctica del deporte o que no pertenece a la categoría profesional. También se denomina aficionado.

AMATI, FAMILIA. Familia de constructores italianos de violines afincados en Cremona, de donde todos ellos fueron naturales: Andrea (h. 1520-h. 1611), Antonio (h. 1550-1638), Girolamo (1551-1635) Niccolò (1596-1684) y Girolamo (1649-1740). Niccolò Amati instruyó en la técnica a Andrea Guarnieri y Antonio Stradivarius. Los instrumentos construidos por la familia, de gran belleza y perfección, son muy apreciados.
Violín 14:323b.

AMATISTA. Variedad de cuarzo transparente, de coloración violeta. En la antigua Grecia se le atribuía la virtud de evitar la embriaguez. Muy apreciada en joyería.

AMATITLÁN, LAGO DE. Lago de Guatemala, a 1.186 m de altura. Tiene una longitud de 19 km y 4 km de ancho. Profundidad máxima de 40 m. Los ríos Villalobos y Michatoya son sus afluentes. Aguas termales.

AMATO, GIULIANO (n. en 1938). Político italiano. Miembro del Partido Solialista, fue primer ministro entre 1992 y 1993. Tras ocupar diversos cargos ministeriales en sucesivos gabinetes, en 2000 volvió a encabezar el gobierno sucediendo a Massimo D'Alema.

AMATO, PASCUAL (1878-1942). Barítono italiano. Obtuvo importantes éxitos en los principales teatros de ópera de Europa y América durante las primeras décadas del siglo XX.

AMAURY I. V. **Amalrico I.**

AMAURY II. V. **Amalrico II.**

AMAYA, CARMEN (1913-1963). Bailarina española. De familia gitana, debutó en Barcelona en 1917, acompañada de su padre. En 1929 formó el trío Amaya. Basó su estilo en la fuerza y pasión interpretativa. Protagonizó la película *Los Tarantos* (1962).

AMAZONAS (BRASIL). Estado del noroeste de Brasil, el más extenso del país, limitado al noroeste por Colombia y al norte por Venezuela. Selva tropical de la cuenca del Amazonas. Rica fauna. Explotación forestal, agricultura; ganadería. Cap. Manaus. 1.567.954 km^2. 2.580.860 hab. (1999).

AMAZONAS (COLOMBIA). Dpto. del sudeste de Colombia, limitado al este por Brasil y al sur por el Perú, en la cuenca del Amazonas. Ríos Caquetá, Apaporis y Putumayo. Explotación forestal. Pesca y agricultura. Cap. Leticia. 109.665 km^2. 39.651 hab. (1993).

AMAZONAS (MITOLOGÍA). Según la tradición griega, mujeres guerreras legendarias.
1:262a; Ares 2:35b.

AMAZONAS (VENEZUELA). Estado del sur de Venezuela, limitado al este y sur por Brasil y al oeste por Colombia. Ríos Orinoco y Negro, afluente del Amazonas. Escasos cultivos. Productos forestales. Cap. Puerto Ayacucho. 175.750 km^2. 66.668 hab. (1995).
Venezuela 14:260b.

AMAZONAS, RÍO. Curso fluvial de América del sur; el primero del mundo por su caudal (180.000 m^3/sg) y por la extensión de su cuenca (7.000.000 km^2).
1:262a; América 1:274b; Brasil 3:148a; Mamoré, río 9:318a; Orellana, Francisco de 11:134a; Perú 11:358a; Río 12:378a; *mapa* 1:263; *ilustraciones* 1:264a; 1:265b; 1:266a.

AMAZONIA. Región natural de América del sur, abarca la mayor parte de la zona septentrional del subcontinente. La riegan el río Amazonas –del que recibe su nombre– y sus afluentes. Clima y flora tropicales.
Amazonas, río 1:262b; Brasil 3:149a; Ecuador 5:287a; Selva 13:193b.

AMAZONITA. Feldespato de color verde, en tonalidades desde el amarillo verdoso hasta el verde azulado, generalmente opaco. Utilizada para la fabricación de cuentas y adornos.

ÁMBAR. Resina fósil de consistencia pétrea y color generalmente acaramelado o amarillento.
1:267a; *ilustración* 1:267b.

ÁMBAR GRIS. Sustancia grasa del intestino de la ballena, utilizada principalmente en perfumería.
Ámbar 1:267b; Cachalote 3:257a.

AMBARTSUMIÁN, VÍKTOR AMAZASPÓVICH (1908-1971). Astrónomo y astrofísico soviético, famoso por sus teorías sobre el origen y la evolución de las estrellas y los sistemas estelares.

AMBATO. Ciudad del Ecuador, cap. de la prov. de Tungurahua, a orillas del río Ambato a unos 2.600 m de altura. Amenazada de erupciones volcánicas y terremotos, fue parcialmente destruida por uno en 1949. Catedral, mausoleo de Juan Montalvo, hijo de la ciudad. Ferrocarril. Carretera panamericana. Agricultura, curtidurías, textiles. 160.302 hab. (1997).

AMBEDKAR, BHIMRAO RAMJI (1893-1956). Político indio. Líder de los *harijans* o casta de los intocables, defendió activamente el derecho de las minorías hindúes a ocupar cargos en la administración pública. Entre 1947 y 1951 desempeñó la cartera de justicia. En 1956 renegó del hinduismo y se convirtió al budismo en una ceremonia pública celebrada en Nagpur.

AMBERES. Ciudad de Bélgica, cap. de la prov. homónima, en el estuario del río Escalda. 455.852 hab. (1996).
1:267b; Bélgica 2:391a; *ilustraciones* 1:267b; 1:268a.

AMBIORIX (siglo I a.C.). Jefe de la tribu belga de los eburones que participó en la sublevación de los galos contra los romanos y fue derrotado por Julio César en el año 54 a.C.

AMBIVALENCIA. Término psicoanalítico creado por Eugen Bleuler y retomado por Sigmund Freud, que define un estado emocional en el que existen dos tendencias o sentimientos opuestos, como la relación amor-odio, atracción-repulsión, con respecto a un mismo objeto o persona.

AMBLIGONITA. Fluofosfato de aluminio y litio, de color blanco verdoso a pardo. Importante fuente de litio.

AMBOINA. V. **Ambon** (Geografía).

AMBOISE. Ciudad de Francia, en el dep. Indre-et-Loire, a orillas del Loira. Aparece mencionada por primera vez en el siglo VI. Castillo gótico. Ayuntamiento del siglo XVI. Industria química, calzado. 10.823 hab. (1982).

AMBOISE, JACQUES D' (n. en 1934). Joseph Jacques Ahearn, bailarín y coreógrafo estadounidense. Primer bailarín en el New York City Ballet, se caracterizó por su estilo enérgico y viril al interpretar papeles clásicos y comedia musical. Intervino en la película *Siete novias para siete hermanos* (1954).

AMBON (GEOGRAFÍA). Isla de Indonesia perteneciente al archipiélago de las Molucas, situada 11 km al sudoeste de la isla de Ceram. Colonizada en 1521 por los portugueses, fue ocupada por los holandeses en 1605. Cultivos de maíz, café; copra, azúcar. Cap. Ambon. 761 km^2. 650.927 hab. (1980).

AMBÓN (RELIGIÓN). En las iglesias cristianas, púlpito o pupitre situado en uno de los laterales del altar mayor desde el que se predicaba o se leían los textos sagrados.

AMBRE, CABO. Cabo situado en el extremo norte de la isla de Madagascar, en el océano Índico. Domina la entrada al canal de Mozambique.

AMBRIOGI, MICHELOZZO DEGLI. V. **Melozzo da Forlì.**

AMBROA, PEDRO DE (siglo XIII). Poeta galaico-portugués. Ejerció como juglar en la corte de Alfonso X el Sabio y fue autor de cantigas de amor y de maldecir, composiciones estas últimas en las que destacó.

AMBROGI, ARTURO (1878-1936). Escritor salvadoreño. Autor costumbrista de crónicas regionales.
1:268b.

AMBRONA. Localidad española, en la prov. de Soria, comunidad autónoma de Castilla y León. Importante centro prehistórico correspondiente al período acheulense. Agricultura.

AMBROSÍA. En la mitología griega, alimento de los dioses. También, nombre de una de las híades, ninfas trasformadas por Zeus en estrellas.

AMBROSIANA, BIBLIOTECA. Biblioteca ubicada en Milán desde su fundación en 1602 por el cardenal Federico Borromeo. Recibió su nombre en honor a san Ambrosio. A su rica serie de manuscritos e incunables se añade una importante colección de arte.

AMBROSIANO, CANTO. Forma de canto que acompaña la liturgia, instituida por san Ambrosio en la diócesis de Milán a finales del siglo IV. Sucesivas innovaciones y aportaciones de otros cantos sacros se superpusieron al modo original. En la actualidad, en la liturgia milanesa se interpretan variantes de dicho canto.
Canto 3:349b.

AMBROSIO, SAN (h. el 340-397). Padre y doctor de la iglesia romana. A él se debe la conversión de san Agustín de Hipona y la creación de la liturgia latina.
1:269a; Agustín, san 1:128a.

AMBROTIPO. Método de fotografía desarrollado por F. Scott Archer y Peter W. Fry en 1851. Consistía en la formación de un negativo en una emulsión de colodión sobre vidrio, que aparecía como positivo al examinarlo por reflexión contra un fondo negro.

AMBULACRAL, APARATO. Aparato hidrolocomotor característico de los equinodermos (estrellas y erizos de mar). Está lleno de agua y su función primordial es la de servir de medio de locomoción gracias a unas finas prolongaciones que de él salen, los denominados pies ambulacrales.
Erizo de mar 6:23b; Estrella de mar 6:172b.

AMEBA. Protozoo de la clase de los rizópodos y de la familia de los amébidos. Caracterizado por su modo de locomoción basado en la emisión de seudópodos o alargamientos eventuales del protoplasma. Se designa también como amiba.
1:269b; Invertebrados 8:251b; Protozoos 12:169b; *ilustración* 1:269b.

AMEBIASIS. Enfermedad parasitaria producida por amebas (*Entamoeba histolytica*), que se caracteriza principalmente por la disentería y se complica frecuentemente con abscesos (hígado, pulmones, riñones). Se conoce en algunos países como amibiasis.
1:270a; Ameba 1:269b; Parasitología 11:281b; *cuadro* 1:270a.

AMECA, RÍO. Curso fluvial de México. Nace en el est. de Jalisco, donde recibe el nombre de Ahuisculco, y atraviesa a lo largo de 260 km los est. de Jalisco y Nayarit, a los que sirve de frontera. Vierte sus aguas en la bahía de Banderas. Su cuenca abarca 14.000 km^2.

AMECAMECA. Municipio mexicano, en el est. de México. Volcanes Popocatépetl e Iztaccíhuatl. Claustro del siglo XVI. Centro turístico invernal. Explotación forestal, industrias papeleras. 36.333 hab. (1990).

AMEGHINO, FLORENTINO (1853-1911). Paleontólogo, antropólogo y geólogo argentino de origen italiano. Su descubrimiento en la Pampa de más de 6.000 especies de fósiles lo llevó a elaborar la teoría, duramente criticada en los círculos científicos de la época, de que todos los animales mamíferos, incluyendo al hombre, tuvieron su origen en esta zona.

AMEIXIAL, BATALLA DE. Conflicto armado que tuvo lugar el 8 de junio de 1663 en el transcurso de la guerra de independencia de Portugal con respecto a la corona española. Enfrentó a las fuerzas españolas, al mando de Juan José de Austria, y a las portuguesas, dirigidas por el conde de Vila Flor y el general francés Frédéric-Armand Schomberg. La victoria portuguesa frustró las pretensiones españolas al trono del país vecino.

AMELOT, MICHEL (1655-1724). Político francés, marqués de Gournay. Embajador de Luis XIV en España, colaboró en la reforma de la hacienda de Felipe V. Las medidas que emprendió desde este cargo lo enemistaron con la nobleza y los sectores populares, por lo que fue destituido en 1709.

AMENDOLA, GIOVANNI (1882-1926). Escritor, periodista y político italiano. En 1915 apoyó la entrada de Italia en la primera guerra mundial y, después de la contienda, ocupó diversos cargos políticos. Tras la subida al poder de Benito Mussolini se convirtió en el principal opositor al nuevo régimen, al que atacó desde las páginas de *Il Mondo*, periódico que había fundado en 1922, y agrupó a las diversas fuerzas antifascistas en la Unión Democrática Nacional. *La democracia italiana contra el fascismo* (1922-1924).

AMENEMES I. Faraón egipcio (reinó del 1991 al 1962 a.C.), fundador de la XII dinastía. Reorganizó la administración egipcia y restauró la unidad del país. Trasladó la capital de Tebas a Lisht. Asoció en el trono, desde 1971 a.C., a su hijo Sesostris I.

AMENEMES III (siglos XIX-XVIII a.C.). Faraón de la XII dinastía egipcia. Durante su reinado (1842-1797 a.C.), alcanzó su máximo esplendor el imperio medio. Realizó importantes obras para ampliar el regadío en Fayum e impulsó el comercio y la minería.
Egipto 5:334b.

AMENEMHET. V. **Amenemes.**

AMENGUAL, RENÉ (1911-1954). Compositor chileno. Profesor y director del Conservatorio Nacional de Santiago, fue autor de creaciones musicales en las que aunó influencias tanto del impresionismo como del neoclasicismo y el dodecafonismo. *Sonatina* (1938), *Concierto para piano* (1941), *Concierto para arpa* (1950).

AMENHOTEP. V. **Amenofis.**

AMENOFIS I (siglo XVI a.C.). Segundo faraón de la XVIII dinastía egipcia. Sucedió a su padre, Ahmés I, y reinó del 1546 al 1526 a.C. Extendió la frontera meridional de Egipto hasta la segunda catarata del Nilo.
Egipto 5:334b; Tebas (Egipto) 13:413a.

AMENOFIS II (siglo XV a.C.). Faraón de la XVIII dinastía egipcia, que reinó del 1450 al 1425 a.C. Hijo y sucesor de Tutmosis III, mantuvo las conquistas militares de su padre y completó las construcciones iniciadas por él.
Egipto 5:334b.

AMENOFIS III (siglos XV-XIV a.C.). Faraón de la XVIII dinastía egipcia, que reinó del 1417 al 1379 a.C. Era hijo de Tutmosis IV y su reinado fue un período de paz y prosperidad en el que las artes alcanzaron un alto grado de refinamiento. Su archivo de correspondencia se conserva en las conocidas tabletas de Amarna.
Akenatón 1:136a; Egipto 5:334b; Luxor 9:252a.

AMENOFIS IV. V. **Akenatón.**

AMENORREA. Falta completa de la menstruación. Cuando se presenta entre la menarquía y la menopausia, es uno de los síntomas del embarazo. Otros motivos posibles son alteraciones del sistema endocrino, ginecológicas o de morbidez general. También denominada amenia.

AMENTO. Inflorescencia en racimo, por lo general alargado y colgante, típica de muchas especies arbóreas, entre ellas los álamos, sauces, abedules, alisos, avellanos y castaños.
Inflorescencia 8:197b.

AMÉRICA. Continente del hemisferio occidental comprendido entre el océano Glacial Ártico y el cabo de Hornos y entre los océanos Atlántico y Pacífico. 42.000.000 km^2. 750.000.000 hab. (1996).
1:270b; Americana, prehistoria 1:285b; Amerindias, lenguas 1:288a; Amerindios, pueblos 1:291b; Colonialismo 4:281b; Continente 4:369b; Español o castellano 6:98b; Mestizaje 10:88b; Panamericanismo 11:248a; Panamericanos, juegos 11:250a; *mapas* 1:271; 1:273b; 1:275b; 1:276a; 1:277b; 1:278a; 1:280a; 1:281b; 1:282a; *cuadros* 1:274a; 1:276b; *ilustraciones* 1:270b; 1:272; 1:273b; 1:275a; 1:277b; 1:279b; 1:280a; 1:281a.

AMÉRICA, DESCUBRIMIENTO DE. Llegada de europeos a las tierras del otro lado del Atlántico, usualmente fechada en 1492, acontecimiento que dio inicio a las exploraciones, conquista y colonización europeas del continente.
1:282b; Argentina 2:51a; Bahamas 2:307b; Colón, Bartolomé 4:277a; Colón, Cristóbal 4:278b. Colonialismo 4:282a; Hiapanoamericana, literatura 8:3b; España 6:74b; Exploraciones geográficas 6:214b; Latinoamérica, conquista de 9:78b; Panamá 11:242a; Ponce de León, Juan 12:81b; Renacimiento 12:329a; Tordesillas, tratado de 14:90b; *mapa* 1:283b; *ilustraciones* 1:284a; 1:285a.

AMÉRICA CENTRAL. Territorio que se extiende entre los istmos de Tehuantepec (México) y de Panamá.
América 1:271a; Centroamérica, Provincias Unidas de 4:78b.

AMÉRICA DEL NORTE. Parte septentrional del continente americano que se extiende desde el círculo polar ártico hasta el extremo norte del istmo de Tehuantepec (México). Comprende Canadá, los Estados Unidos (excepto Hawaii) y la mayor parte de México.
América 1:271a; Amerindias, lenguas 1:288b; Amerindios, pueblos 1:293a.

AMÉRICA DEL SUR. Parte meridional del continente americano. Se extiende desde el límite sur del istmo de Panamá hasta el cabo de Hornos. Comprende las repúblicas de Colombia, Ecuador, Venezuela, Guyana, Perú, Bolivia, Chile, Argentina, Uruguay, Paraguay, Brasil, Suriname y la Guayana Francesa.
América 1:271a; Amerindias, lenguas 1:290b; Amerindios, pueblos 1:298b.

AMÉRICA HISPANA. V. **Hispanoamérica.**

AMÉRICA LATINA. V. **Latinoamérica.**

AMERICANA. Ciudad de Brasil en el est. de São Paulo, junto al río Piracicaba. Fundada en 1868 por inmigrantes de la secesionista Confederación de Estados Americanos refugiados allí. Agricultura, productos alimenticios. 167.790 hab. (1996).

AMERICANA, PREHISTORIA. Período comprendido entre la aparición del hombre en América (40000-20000 a.C.) y el surgimiento de las culturas preclásicas en Mesoamérica y la zona andina (h. el 1500 a.C.).
1:285b; América 1:280b; Amerindios, pueblos 1:292b; Andinas, civilizaciones 1:335a; Mesoamericanas, civilizaciones 10:80b; Piedra, edad de 11:397a; Precolombino, arte 12:121b; *cuadro* 1:287; *ilustraciones* 1:285b; 1:286a; 1:287b.

AMERICAN FEDERATION OF LABOR-CONGRESS OF INDUSTRIAL ORGANIZATIONS. V. **AFL-CIO.**

AMERICANISMO. Vocablo, giro, rasgo fonético, gramatical o semántico característico de América. El término se emplea tanto en español como en inglés.

AMERICANOS, ORGANIZACIÓN DE ESTADOS. V. **Organización de Estados Americanos.**

AMERICIO. Elemento químico transuránico. Número atómico 95. Obtenido por bombardeo del uranio. Elemento artificial, con isótopos del 237 al 246, todos ellos radiactivos. Utilizado en diagnóstico para análisis de huesos. Símbolo, Am.
Actínidos 1:39.

AMÉRICO, PEDRO (1843-1905). Pintor brasileño. Alumno de Joan-Auguste-Dominique Ingres, fue autor de cuadros de batallas y de escenas costumbristas, dentro de un marcado estilo realista. «Batalla de Avai» (1875), «Batalla de Campo Grande» (1875).

AMERINDIAS, LENGUAS. Lenguas habladas por los indígenas del continente americano, de las que existían más de 900 en el siglo XVI. Actualmente todavía se hablan más de un centenar. Se caracterizan por su gran diversidad, sin que tengan un sustrato común como las europeas.
1:288a; América 1:287b; Amerindios, pueblos 1:297b; Argentina 2:46a; Español o castellano 6:98b; Lenguas, clasificación de las 9:111a; México 10:123a; *mapas* 1:289b; 1:290a; *cuadro* 1:288a.

AMERINDIO, ARTE. Denominación global del conjunto de manifestaciones artísticas producidas por los indígenas de América.

AMERINDIOS, PUEBLOS. Conjunto de pueblos originarios del continente americano.
1:291b; América 1:276a; Americana, prehistoria 1:285b; Araucana, cultura 2:21a; Arizona 2:76a; Bolivia 3:93b; Canadá 3:317a; Colombia 4:268a; Costa Rica 4:413b; Chibcha, cultura 4:123a; Ecuador 5:209b; Esclavitud y servidumbre 6:38b; Guatemala 7:253b; Honduras 8:59a; Maya, cultura 10:3a; Mesoamericanas, civilizaciones 10:79b; México 10:127b; Mixteca, cultura 10:201a; Mochica, cultura 10:202a; Nicaragua 10:399b; Olmeca, cultura 11:99b; Paraguay 11:271a; Patagonia 11:297a; Precolombino, arte 12:123b; Primitivo, arte 12:148b; Razas humanas 12:274a; *mapas* 1:293b; 1:299b; *cuadro* 1:292a; *ilustraciones* 1:291b; 1:295b; 1:296a; 1:297a-b; 1:298a; 1:300a; 1:301b; 1:302a.

AMERRISQUE, SERRANÍAS DE. Sistema montañoso de Nicaragua, integrado dentro de la cordillera Chontaleña. Situado en la parte nororiental del lago de Managua, en el dep. de Chontales, es de composición granítica y alcanza su máxima altitud en el monte Tumbe (994 m).

AMETLLER, FRANCISCO (1653-1726). Administrador español. Partidario de la causa borbónica durante la guerra de sucesión, fue miembro del Consejo de Castilla y de la junta superior de gobierno y justicia del principado de Cataluña, donde se encargó de establecer las bases de la reforma administrativa, de carácter centralista.

AMETRALLADORA. Arma de fuego que dispara automáticamente y con continuidad proyectiles de pequeño calibre. Inventada a mediados del siglo XIX, ha ido perfeccionándose continuamente: se ha hecho más ligera con el fusil ametrallador y ha sido instalada en unidades motorizadas y en aviones de combate.

AMÉZEGA, JUAN JOSÉ (1881-1956). Político y jurista uruguayo. Desempeñó una brillante labor como representante de su país en el extranjero. Ocupó la presidencia desde 1943 hasta 1947.
Uruguay 14:207a.

AMHARA Y TIGRÉ, PUEBLOS. Grupos humanos de origen semítico, descendientes de los primitivos pobladores de Etiopía, los cusitas, que, entre los siglos VI a.C. y I d.C., se mezclaron con diversas tribus procedentes de Arabia. Actualmente los amhara habitan las provincias etíopes de Begemdir y Simen, Gojam, Welo y Shewa, y los tigré (del sur) se distribuyen por Aksum, Tigré y Eritrea. Sus lenguas, amhárico y tigrinya, respectivamente, presentan numerosas afinidades con el dialecto gheez o etiópico. Los tigré del norte hablan tigré y son culturalmente distintos.

AMHÁRICO. Lengua oficial de Etiopía, perteneciente a la subrama meridional de la familia de lenguas semíticas. Los documentos literarios más antiguos que se conservan datan del siglo XIV.
Etiopía 6:180b.

AMHERST. Ciudad de los Estados Unidos en el est. de Massachusetts. Centro predominantemente educativo con universidad, escuelas superiores, museos y teatro. Cuna de Emily Dickinson. Granja de Noah Webster donde compuso su diccionario. Agricultura. 33.229 hab. (1980).

AMHERST, JEFFREY (1717-1797). Militar británico que participó en las guerras de sucesión de Austria y de los siete años. Conquistó Montreal y fue designado gobernador general de América del norte. Intentó reprimir la rebelión indígena de Pontiac, pero tuvo que volver a su patria, donde asumió la jefatura del ejército.

AMIANO MARCELINO (h. el 330-395). Escritor latino, de género histórico. Escribió una historia del Imperio Romano con pormenores de interés sobre las costumbres de los pueblos conquistados. *Rerum gestarum libri XXXI.*
Latina, literatura 9:77a.

AMIANTO. Mineral compuesto por un silicato hidratado de calcio y magnesio. Naturaleza flexible y fibrosa. También llamado asbesto.
1:303b; *ilustración* 1:303b.

AMIBA. V. **Ameba.**

AMIBIASIS. V. **Amebiasis.**

AMICI, GIOVANNI BATTISTA (1786-1863). Óptico, astrónomo y médico italiano. Diseñó numerosos modelos de telescopios y microscopios, y es autor del prisma de visión directa que lleva su nombre. Realizó importantes trabajos sobre sexualidad y reproducción vegetal.

AMICIS, EDMONDO DE. V. **De Amicis, Edmondo.**

AMICONI, JACOPO (1682-1752). Pintor italiano. Considerado como uno de los principales exponentes del rococó veneciano, en 1747 se estableció en Madrid donde fue designado pintor de cámara por Fernando VI. Decoró los palacios de Aranjuez y del Buen Retiro. En el museo del Prado se conservan algunas de sus obras: «Retrato de una infanta niña», «San Fernando en la rendición de Sevilla».

AMIDA. Miembro de un grupo de compuestos de nitrógeno relacionados con el amoniaco y las aminas. Son sustancias neutras, o ligeramente ácidas, en las que un grupo amino (NR_2, donde R es un átomo de hidrógeno o un grupo orgánico como el metil) reemplaza al grupo hidroxilo de un ácido.

AMIEL, HENRI-FRÉDÉRIC (1821-1881). Escritor suizo en lengua francesa. Llevó un diario de su vida que publicó bajo el título de *Fragmentos de un diario íntimo* (1833-1834), en el que reveló una profunda sensibilidad y capacidad intelectual.

AMIENS. Ciudad de Francia, cap. del dep. del Somme, en el valle de este nombre, reg. de Picardía. 135.501 hab. (1999).
1:304a; *ilustración* 1:304a.

AMIENS, CATEDRAL DE. Obra representativa de la arquitectura gótica francesa. Su construcción fue iniciada en 1220 por el arquitecto Robert de Luzarches y fue terminada cincuenta años después. La fachada contiene tres puertas e interesantes obras de escultura.
Gótico, arte 7:172.

AMIENS, TRATADO DE. Acuerdo firmado en Amiens el 27 de marzo de 1802, entre el Reino Unido, Francia, España y la República Bátava (Países Bajos) por el que se pactó una paz de catorce meses en las guerras napoleónicas.

AMÍGDALAS. Órgano par de forma ovoide situado en la pared superior de la faringe.
Otorrinolaringología 11:182b.

AMIGDALITIS. Inflamación de las amígdalas. Se manifiesta clínicamente por dolor vivo en la garganta, dificultades y dolor en la deglución, fiebre, debilidad y malestar general. El tratamiento puede ser médico (descanso y gárgaras con antisépticos suaves) o quirúrgico (amigdalectomía).

AMILASA. Fermento que convierte el almidón en azúcar. Se encuentra en el páncreas y en la saliva e interviene en los procesos de transformación del almidón vegetal.

AMÍLCAR BARCA (h. el 270-h. el 228 a.C.). General cartaginés, padre de Aníbal y suegro de Asdrúbal. Tras firmar una paz con Roma en el 241 a.C., estableció firmemente el poder de Cartago en el sur y el sudeste de la península ibérica.
1:304b; Aníbal 1:363a; Púnicas, guerras 12:210a.

AMÍN, HAFIZULÁ (1929-1979). Haffizullah Amín, político afgano. Especializado en temas educativos, llegó a ser ministro de educación y asuntos exteriores. En 1979 dio un golpe de estado, haciéndose con el poder. Fue derrocado nueve meses más tarde por una intervención militar soviética. Murió ejecutado.
Afganistán 1:86b:

AMIN, IDI (n. en 1924/1925). Idi Amín Dada Oumee, militar ugandés. Miembro de la tribu kakwa, fue oficial del ejército antes de la independencia (1962) y jefe de las fuerzas aéreas y terrestres de 1966 a 1970. Un golpe de estado lo llevó a la presidencia en 1971, siendo nombrado presidente vitalicio en 1976. Fue derrocado en 1979.
Uganda 14:173a.

AMINA. Miembro de un grupo de compuestos orgánicos con nitrógeno derivados del amoniaco o vinculados con éste. Las aminas incluyen a los alcaloides y a los aminoácidos. Algunos tienen importantes aplicaciones industriales. Son alcalinas.

AMINOÁCIDO. Compuesto orgánico que posee un grupo ácido (–COOH) y un grupo amino ($-NH_2$) en su molécula.
1:304b; Albúmina 1:150a; Metabolismo 10:91a; Nucleicos, ácidos 11:31b; Nutrición 11:55b; Prótidos 12:168a; *cuadro* 1:305b.

AMINOALCOHOL. Compuestos químico que consta de una o varias funciones alcohólicas y una o varias funciones amínicas.

AMINOPLÁSTICOS. Resinas sintéticas que se endurecen con el calor y ofrecen propiedades aislantes.
Polímero 12:57a.

AMINTAS III (m. h. el 369 a.C.). Rey de Macedonia, padre de Filipo II.

AMIS, KINGSLEY (1922-1995). Novelista, poeta y crítico literario británico. Perteneció a la generación de la década de 1950 conocida como la de los «jóvenes airados» (*the angry young men*) y al grupo poético El Movimiento. *Lucky Jim* (1954), *Muchacha* (1971), *La alteración* (1976).

AMISH. Secta menonita fundada en Alemania por Jakob Ammann en el siglo XVII. Hacia 1720, miembros de la secta emigraron a los Estados Unidos, donde establecieron grandes asentamientos en Pennsylvania y, posteriormente, se distribuyeron por Ohio, Indiana, Iowa, Nebraska y Kansas. Su doctrina se caracteriza por su severidad, patente en los austeros hábitos de sus comunidades, y por su rechazo a la civilización moderna.

AMISTADES PELIGROSAS, LAS. Novela del escritor francés Pierre Choderlos de Laclos, considerada como una de las obras maestras de la literatura erótica del siglo XVIII.

AMITABHA. En el panteón del budismo *mahayana*, el cuarto de los cinco Budas de contemplación que han existido eternamente. El culto a Amitabha, deidad redentora y protectora, se originó hacia el año 650 en China y se extendió a Japón, donde en los siglos XII y XIII dio lugar a la formación de la escuela de la Tierra Pura. También se le conoce con los nombres de Amitayus o Amida.

AMITOSIS. División celular directa por simple separación, sin cariocinesis o mitosis. Constituye el modo más elemental de división, sin duplicación de material genético, y con un mero reparto del material y los orgánulos de la célula madre.

AMMAN. V. **Amán.**

AMMANNATI, BARTOLOMMEO (1511-1592). Arquitecto y escultor italiano. Considerado uno de los principales representantes del manierismo de su país. En su obra fue patente la influencia de Jacopo Sansovino y de Miguel Ángel. Autor del «Neptuno» de la plaza de la Signoria de Florencia (iniciado en 1563). Remodeló el palacio Pitti.

AMMONITES. Fósiles de cefalópodos abundantes en los terrenos de los períodos devónico al cretácico.
Animales prehistóricos 1:368b.

AMNESIA. Pérdida o insuficiencia patológica de la memoria, que puede ser permamente o transitoria.
1:306a.

AMNIOCENTESIS. Práctica obstétrica que consiste en realizar una punción en el vientre de la mujer embarazada para obtener líquido amniótico a fin de conocer la composición cromosómica del feto y detectar posibles enfermedades metabólicas.
Diagnóstico prenatal 5:166a; Down, síndrome de 5:237b.

AMNIOS. Membrana que rodea al embrión a modo de saco y lo separa del ambiente circundante. Constituye la cavidad amniótica, que está llena de líquido, el cual protege de la desecación y de los impactos mecánicos al embrión. La presentan los reptiles, aves y mamíferos.
Embriología 5:389a; Vertebrados 14:284a.

AMNIOTAS. Vertebrados cuyos embriones poseen una membrana, denominada amnios, que los envuelve a modo de protección. Son los reptiles, aves y mamíferos.
Embriología 5:389a; Reptiles 12:339a.

AMNISTÍA. Olvido o perdón jurídicos que concede un gobierno a aquellas personas culpables de un delito usualmente político (traición, rebelión, sedición, etc.).

AMNISTÍA INTERNACIONAL. Organización no gubernamental fundada en 1961 con la finalidad de informar a la opinión pública mundial de las violaciones de los derechos humanos producidas en cualquier país o región del planeta.
1:306b; Organizaciones no gubernamentales 11:144a.

AMÓN. En la mitología egipcia, deidad tebana. Asociada durante la XII dinastía al dios del sol Ra de Heliópolis (Amón-Ra).
1:307b; Akenatón 1:136a; Egipcia, religión 5:324b; Karnak 9:8a; Luxor 9:252b; Ra 12:235a; Tebas (Egipto) 13:413a; Tutankamón 14:265b; Tutmosis III 14:166a; *ilustración* 1:307b.

AMONIACO. Gas incoloro, con olor pungente, de fórmula NH_3. Utilizado como refrigerante y para fabricar fertilizantes y ácido nítrico.
1:308a; Ácido y base 1:34a; Haber, Fritz 7:309a; Hidrógeno 7:398b; Nitrógeno 10:423a; Refrigeración 12:297a; *ilustración* 1:308a.

AMÓNICO, CLORURO. Compuesto que forma cristales incoloros o blancos, de sabor salino fresco. Se utiliza en la industria: tintes, mezclas refrigerantes, baños electrolíticos, soldadura, detergentes, textiles. Explosivo de seguridad. NH_4Cl.

AMÓNICO, HIDRÓXIDO. Solución de amoniaco en agua (al 28-29%). Produce vapores volátiles en la proximidad con ácidos. Detergente. Utilizada en la extracción de colorantes vegetales, fabricación de sales de amonio, anilinas, etc.

AMÓNICO, NITRATO. Sustancia que forma un polvo blanco higroscópico (absorbe y exhala humedad) usado en la fabricación del «gas hilarante», de abonos, en pirotecnia y en mezclas congelantes. En medicina se usa como expectorante y para acidificar la orina. NH_4NO_2.

AMÓNICO, SULFATO. Compuesto producido en la fabricación del gas de carbón y utilizado como fertilizante. También se usa para fabricar alumbre, ácido sulfúrico, mezclas congelantes, productos no inflamables y curtidos. $(NH_4)_2SO_4$.

AMONIO. Ion positivo derivado del amoniaco por adición de un protón de hidrógeno. No existe en estado libre, sino en disolución o combinado en forma de sales amónicas.

AMONIO SACAS (h. el 175-h. el 242). Filósofo griego. Se conocen pocos datos de su biografía. Abandonó la religión cristiana y sentó las bases de la filosofía neoplatónica, desarrollada por sus discípulos Longino, Plotino, Orígenes y toda la escuela de Alejandría.
Neoplatonismo 10:378a.

AMONITAS. Según el relato del Génesis bíblico, descendientes de Amón, hijo de Lot. Se establecieron en la margen oriental del Jordán y durante mucho tiempo se enfrentaron al reino de Israel; finalmente fueron sometidos por David.

AMONIZACIÓN. Proceso por el que, debido al efecto de los microorganismos contenidos en la tierra, las materias orgánicas nitrogenadas presentes en los estiércoles o desechos vegetales se convierten en compuestos amoniacales.

AMOR (MITOLOGÍA). V. **Cupido**.

AMOR (PSICOLOGÍA). Máximo sentimiento de afecto, atracción o deseo. Puede ser generado por los padres, por los hijos (filial), por el prójimo, por el deseo sexual o por la divinidad.

AMOR, GUADALUPE (1918-2000). Poeta y novelista mexicana. Autora de una obra teñida de hondo sentimiento religioso, en la que destacaron sus poemas *Puerta obstinada* (1947), *Décimas a Dios* (1953), *Sirviéndole a Dios de hoguera* (1958), así como su novela *Yo soy mi casa* (1957). También conocida como Pita Amor.

AMOR BRUJO, EL. Ballet en un acto del músico español Manuel de Falla. Basado en un texto de Gregorio Martínez Sierra, fue escrito para Pastora Imperio y estrenado en Madrid el 15 de abril de 1915. La magia y el mundo gitano enmarcan su trama argumental.

AMOREBIETA, CONVENIO DE. Pacto celebrado en la población vizcaína de Amorebieta, España, en 1872, durante la guerra carlista. El duque de la Torre otorgó, en virtud de este convenio, el indulto a todos los carlistas que entregaran las armas.

AMOREBIETA-ECHANO. Localidad de la prov. española de Vizcaya, comunidad autónoma del País Vasco. Industria textil, metalúrgica, manufactura de aparatos eléctricos. 15.809 hab. (1986).

AMORFO, SÓLIDO. Compuesto orgánico o inorgánico que no mantiene un patrón de cristalización y cuya disposición interna es aleatoria. Carece asimismo de punto fijo de fusión. Son sólidos amorfos el plástico, el vidrio, la parafina, etc.
Vidrio 14:304b.

AMORIM, ENRIQUE (1900-1960). Escritor uruguayo. Prolífico autor, destacan en su producción las novelas sobre los gauchos de la Pampa.
1:308b.

AMORÓS, CARLES (m. en 1549). Impresor de origen provenzal. Establecido en Barcelona en 1503, su taller de impresión se hizo pronto famoso por la calidad de sus trabajos, entre los que merece destacarse el *Vocabulario* de Elio Antonio de Nebrija y las *Obras* de Juan Boscán.

AMOROSO LIMA, ALCEU (1893-1983). Ensayista, filósofo y crítico literario brasileño, quien también usó el pseudónimo de Tristão de Athayde. Una de las figuras dominantes del intelectualismo neo-católico brasileño, en la década de 1920 se erigió en entusiasta defensor del modernismo. *El espíritu y el mundo* (1936), *Humanismo pedagógico* (1944), *En busca de la libertad* (1974).

AMORRITAS o AMORREOS. Antiguo pueblo de lengua semita, originario, probablemente, de Arabia, que dominó la historia de Mesopotamia, Siria y Palestina desde principios del segundo milenio hasta el 1600 a.C. Bajo Hamurabi, sexto rey de la primera dinastía de Babilonia fundada por este pueblo, la capital de la Mesopotamia oriental alcanzó su máximo esplendor cultural y político.
Babilonia 2:294a.

AMOR RUIBAL, ÁNGEL MARÍA (1869-1930). Filósofo, filólogo y teólogo español. Desarrolló su enseñanza y su ministerio sacerdotal en Galicia. Manifestó ciertas reservas frente al aristotelismo de la escolástica y defendió una filosofía cristiana más abierta. *Del aristotelismo y el platonismo en la evolución de los dogmas* (1897), *Introducción al estudio de la lingüística indoeuropea* (1900), *Los problemas fundamentales de la filosofía comparada* (1904-1905), *Los problemas fundamentales de la filosofía y del dogma* (1900-1945).

AMORTIGUADOR (MECÁNICA). Dispositivo empleado para mitigar los efectos de las colisiones, las trepidaciones y las oscilaciones de frecuencias de luz y de sonido. Las suspensiones de automóviles y otros vehículos están compuestas de amortiguadores hidráulicos o de líquidos y gas.

AMORTIGUADOR (QUÍMICA). Solución a la que se pueden añadir ácidos o bases fuertes sin que se registren grandes variaciones de acidez o basicidad. Se denomina también tampón o *buffer*.

AMORTIZACIÓN. Expresión contable o financiera de un proceso de pérdida de valor o depreciación de un bien.
1:309a.

AMÓS. Uno de los doce profetas judíos menores. Ejerció su actividad profética durante los reinados de Jeroboam II de Israel y de Azarías de Judá (siglo VIII a.C.). Se le conoce como el profeta de la justicia social por su defensa de los derechos de los pobres frente a la prepotencia de los ricos. Es autor del libro bíblico que lleva su nombre, en el que destaca su profundo conocimiento de la situación política del momento.

AMÓS, LIBRO DE. Uno de los textos que componen el Antiguo Testamento bíblico. Escrito por el profeta menor que le da nombre, consta de nueve capítulos en los que se suceden oráculos dirigidos contra los reinos cercanos (Damasco, Tiro, Judá, etc.) e Israel, al que amenaza con su próxima ruina, cinco visiones simbólicas y, por último, la promesa de la restauración de Israel.

AMOSIS. V. **Ahmés.**

AMPARO, RECURSO DE. Procedimiento legal de impugnación por el que se puede proteger al ciudadano contra actos de la autoridad que lesionen o violen sus derechos y libertades. Este recurso puede suplir otros (hábeas corpus, inconstitucionalidad, etc.)

AMPATO, NEVADO DE. Volcán de la cordillera Occidental de los Andes, en el dep. peruano de Arequipa. Con sus 6.310 m constituye una de las cumbres más elevadas de los Andes.

AMPELITA. Tipo de mineral de carbón que contiene sílice, alúmina y azufre. Típico del período geológico jurásico, es de color gris o negro, presenta un lustre grasiento y produce una llama brillante. Utilizado como refractario.
Carbón 3:374b.

AMPÈRE, ANDRÉ-MARIE (1775-1836). Físico francés. Pionero en el establecimiento de las teorías matemáticas sobre las relaciones entre electricidad y magnetismo.
1:309b; Ciencia 4:184a; Electricidad 5:352b; Electromagnetismo 5:361b.

AMPÈRE, JEAN-JACQUES (1800-1864). Historiador y filólogo francés. Dedicó su obra a estudiar los orígenes culturales de las lenguas occidentales europeas así como su mitología. En 1848 fue elegido miembro de la Academia Francesa. *Historia de la formación de la lengua francesa* (1841), *Historia romana en Roma* (1861-1864).

AMPÈRE, LEYES DE. Conjunto de fórmulas que expresan cuantitativamente la relación entre un campo magnético y la corriente o campo eléctrico que lo produce. James Clerk Maxwell ideó la formulación matemática y extendió el principio para incluir campos magnéticos surgidos sin una corriente eléctrica.
Ampère, André-Marie 1:309b.

AMPERÍMETRO. Instrumento para medir la intensidad de una corriente eléctrica.
Electricidad 5:354b.

AMPERIO. Unidad de la intensidad de corriente eléctrica en el sistema MKS. Su símbolo es A y corresponde al paso de una carga de un culombio durante un segundo.
Ampère, André-Marie 1:309b; Electromagnetismo 5:362a; Metrología 10:115a.

AMPLIACIÓN. En fotografía, operación que consiste en sacar una copia fotográfica de mayor tamaño que el original. El grado de ampliación varía con la distancia entre el original y el papel.
Fotografía 6:361a.

AMPLIFICACIÓN. Operación aritmética que consiste en encontrar una fracción equivalente a otra dada pero expresada con términos mayores que los de ésta.

AMPLIFICADOR. Dispositivo que permite incrementar la intensidad de una magnitud física. Se aplica más específicamente a elementos de una cadena de reproducción acústica que precede a los altavoces.
Electrónica 5:366a.

AMPLITUD. Valor máximo del parámetro que mide un fenómeno oscilatorio y determina la intensidad del mismo, como, por ejemplo, el sonido o la luz. También se habla de amplitud pico a pico, o sea, la diferencia entre valor máximo y mínimo.

AMPOLLA. Dilatación fisiológica localizada de un órgano (ampolla del recto, ampolla de Vater, ampolla de la trompa uterina). Asimismo, sinónimo de vejiga o flictena.

AMPOSTA. Ciudad española, en la prov. de Tarragona, comunidad autónoma de Cataluña, junto al delta del Ebro. Castillo del siglo XII. Cultivo de arroz. Fruticultura y horticultura; ganadería. 15.232 hab. (1996).

AMPUDIA, JUAN DE (m. en 1541). Conquistador español. Participó junto a Sebastián de Belalcázar en la fundación de Quito y dirigió diversas expediciones por el Cauca. En 1536 fue designado gobernador de Popayán. Murió en una emboscada a mano de los indios yalcones.

AMPUÉS, JUAN MARTÍN DE (m. en 1533). Militar español. Protector de los indios. Fundó en 1527 la ciudad venezolana de Coro, la primera del país.
Venezuela 14:263b.

AMPURDÁN. Comarca española en la prov. de Gerona, comunidad autónoma de Cataluña. Rodeada al norte por los Pirineos y al este por el mar Mediterráneo, se divide en dos subcomarcas claramente delimitadas por el macizo de Montgrí: el Alto Ampurdán, con cap. en Figueras, y el Bajo Ampurdán, cuya cap. es La Bisbal. Centro turístico (costa Brava). Arroz, maíz, trigo, olivos; ganadería.

AMPURIAS. Antigua colonia griega en la prov. española de Gerona, Alto Ampurdán, en las cercanías de la moderna ciudad de La Escala. Fue fundada en el golfo de Rosas hacia el 600 a.C. con el nombre de Emporion.

AMPUTACIÓN. Operación quirúrgica que consiste en cortar un miembro o segmento de miembro, o una víscera o tejido del cuerpo.

AMRATIENSE, CULTURA. Comunidad predinástica egipcia, también conocida como cultura de Nagada, que floreció en el alto Egipto durante la segunda mitad del cuarto milenio a.C. Entre sus principales restos arqueológicos destaca la necrópolis de al-Amra, en las proximidades de la ciudad de Abidos.

AMRI. V. **Omri.**

AMR IBN AL-AS (m. en el 663). Conquistador árabe de Egipto. Tras abrazar la fe islámica, fue enviado por Mahoma a Omán, donde difundió el islamismo. Participó intensamente en la lucha contra el imperio bizantino y conquistó Alejandría en el 642. Desterrado de Egipto por el califa Osmán, regresó de nuevo y tomó por la fuerza el gobierno.

AMRITSAR. Ciudad de la India, cap. del dist. de Amritsar en el est. del Panjab (Punjab). Templo Dorado, centro de la religión sikh. Institutos de estudios superiores. Textiles, productos alimenticios, conservas, curtidurías. 708.835 hab. (1991).

AMSTEL, RÍO. Curso fluvial de los Países Bajos. Atraviesa Amsterdam formando varios brazos y desemboca en el golfo de Ij tras recorrer 14 km.

AMSTERDAM. Ciudad y capital constitucional de los Países Bajos. 727.053 hab. (1999).
1:309b; Países Bajos 11:207b; *ilustraciones* 1:309b; 1:310b.

AMSTERDAM, TRATADO DE. Acuerdo firmado en 1997 por los países integrantes de la Unión Europea (UE), que constituyó un impor-

tante paso adelante en la consecución de la unidad de Europa, con el planteamiento de proyectos como la creación del concepto de política y seguridad común y los planes de reforma de las instituciones comunitarias y de ampliación del número de miembros.
Unión Europea (UE) 14:179b.

AMÚ DARIA, RÍO. Curso fluvial de Tadzhikistán, en Asia central. Nace de la unión de los ríos Vajsh y Piandzh. Forma en parte el límite entre la rep. de Tadzhikistán y Afganistán. Desemboca en el mar de Aral tras recorrer 1.415 km.
Afganistán 1:85a; Aral, mar de 2:17a.

AMULETO. Objeto al que se atribuye algún poder sobrenatural y que se utiliza como protección mágica contra diversos males.

AMUNÁTEGUI, MIGUEL LUIS (1828-1888). Filólogo y político chileno. Estudió la historia de la independencia de su país y ocupó destacados cargos políticos.
1:311a.

AMUNÁTEGUI ALDUNATE, GREGORIO VÍCTOR (1830-1899). Escritor y jurisconsulto chileno. Fue presidente de la Corte Suprema de Justicia. Colaboró con su hermano Miguel Luis en diversas obras y escribió algunas propias. *Una conspiración en 1780* (1853), *De la instrucción primaria en Chile* (1856).

AMUNÁTEGUI Y SOLAR, DOMINGO (1860-1946). Político e historiador chileno. Adscrito al partido liberal, fue ministro de justicia de 1907 a 1909 y nueve años más tarde fue elegido ministro del interior, cargo que desempeñó hasta 1923. *Nacimiento de la República de Chile, 1808-33* (1930), *Historia social de Chile* (1852), *La emancipación de Hispanoamérica* (1936).

AMUNDSEN, ROALD (1872-1928). Explorador noruego. Primer hombre en alcanzar el polo sur y uno de los primeros en cruzar el Ártico por aire.
1:311a; Antártida 1:380a; Ártica región 2:131b; Exploraciones geográficas 6:216a; *ilustración* 1:311b.

AMUR, RÍO. Curso fluvial de Asia oriental. Nace en la frontera septentrional de China y desemboca en el océano Pacífico. 2.824 km.
1:311b; Rusia 13:54a.

AMUSGO. Pueblo amerindio de México, distribuido por los estados de Guerrero y Oaxaca. Su lengua pertenece al grupo macro-otomangue y se cree que está emparentada con la familia mixteca.

AMYOT, JACQUES (1513-1593). Obispo, humanista y escritor francés. Acompañó al cardenal Tournon al concilio de Trento, en el que apoyó las pretensiones de Enrique II de Francia. Éste le confió la educación de sus hijos, los futuros Carlos IX y Enrique III. Sus traducciones de los clásicos sirvieron de inspiración a Pierre Corneille. Tradujo *Las etiópicas*, de Heliodoro; *Dafnis y Cloe*, de Longo; y una adaptación renacentista de las *Obras morales* de Plutarco.

ANA, SANTA. Según la tradición cristiana, madre de la Virgen María. Desposada con san Joaquín, permaneció durante mucho tiempo estéril, hasta que al cabo de más de veinte años de matrimonio concibió a María. Ambos esposos, cumpliendo una antigua promesa hecha al Señor, entregaron a su hija al templo para que se consagrara al servicio divino. El culto a santa Ana se inició en Europa hacia el siglo VIII; es muy venerada en las iglesias ortodoxas.

ANABAPTISMO. Doctrina protestante surgida en Alemania durante el siglo XVI, según la cual el bautismo recibido durante la infancia carece de validez, por lo que el sacramento debe administrarse sólo a los adultos. En sus inicios el movimiento tuvo un claro componente político, pero sólo ha sobrevivido el aspecto religioso del mismo.
Menonitas 10:63a; Reforma y contrarreforma 12:294b.

ANÁBASIS. Relato histórico del militar e historiador griego Jenofonte. En él se narra, con estilo claro y sencillo, el enfrentamiento que tuvo lugar entre el rey persa Artajerjes II y su hermano Ciro el Joven (401 a.C.), la derrota de éste y la famosa retirada de los diez mil griegos del bando perdedor encabezados por el autor del relato.
Jenofonte 8:361b.

ANA BOLENA. V. **Bolena, Ana.**

ANABOLISMO. Conjunto de procesos del metabolismo por medio de los cuales las sustancias simples se convierten en compuestos orgánicos más complejos en los tejidos vivos.
Metabolismo 10:90a; Nutrición 11:54b; Vida 14:300b.

ANACAONA (m. en 1504). Reina de Jaragua en la isla de La Española. Mantuvo una política conciliadora con los conquistadores españoles.
1:312a; Reptiles 12:341b.

ANACARDO. Árbol de la familia de las anacardiáceas (*Anacardium occidentale*). Dicotiledónea. También conocido como acajú, marañón o merey. El fruto es la llamada nuez de acajú, que se utiliza como comestible. Originario de ciertas regiones tropicales de Sudamérica.

ANACLETO I. V. **Cleto I.**

ANACLETO II (m. en 1138). Pietro Pierleoni, antipapa de 1130 a 1138. Su elección fue declarada ilegítima por el concilio de Étampes, que designó a Inocencio II como sucesor de San Pedro. Con el apoyo del rey siciliano Rogelio II, Anacleto gobernó en Roma, hasta ser expulsado el siciliano de Italia por el emperador Lotario II en 1137.

ANA COMNENO (1083-1148). Princesa bizantina, patrocinadora de las artes e historiadora. En su obra *Alexiada*, biografía de su padre Alejo I, plasmó una valiosa descripción del imperio bizantino de su época. Fracasó en el intento de destronar a su hermano Juan en favor de su propio esposo.

ANACONDA. Reptil ofidio de la familia de los boidos (*Eunectes murinus*). Vive en tierra y es asimismo acuático y buen nadador.
1:312b; Serpientes 13:211a; *ilustración* 1:312b.

ANACREONTE (h. el 582-h. el 485 a.C.). Poeta lírico griego. Autor de composiciones en las que exaltaba los placeres de la vida y del amor.
1:313a; Griega, literatura 7:218b; *ilustración* 1:313a.

ANACREÓNTICA, POESÍA. Composición poética en la que se exaltan los placeres de la vida, en especial los de la mesa y el amor. Métricamente estas composiciones suelen estar escritas en estrofas cortas y versos de arte menor, casi siempre heptasílabos. Su nombre deriva de Anacreonte, poeta griego autor de una colección de poemas conocidos como *Anacreónticas*.
Anacreonte 1:313a.

ANACRONISMO. Falta de coherencia cronológica, voluntaria o accidental, consistente en situar hechos históricos, personajes, costumbres, etc., antes o después de la época que les corresponde.

ÁNADE. Ave anseriforme palmípeda de la familia de los anátidos y del género *Anas*. Diversas especies, muchas de ellas más conocidas por el nombre de patos, aunque así se llama también a otras anátidas que no son de este género.
Ave 2:251b; Pato 11:299a.

ANA DE AUSTRIA (1601-1666). Hija de Felipe III de España, casó en 1615 con Luis XIII, rey de Francia de 1610 a 1643, convirtiéndose así en reina de Francia. Mantuvo enfrentamientos con el cardenal de Richelieu y colaboró estrechamente con Julio Mazarino. Firmó la paz de Westfalia y la de los Pirineos. Redujo los poderes de los nobles y el parlamento. Regente desde 1643 a 1651, fecha de la mayoría de edad de su hijo Luis XIV.
Francia 6:391b.

ANA DE BRETAÑA (1477-1514). Duquesa de Bretaña y reina consorte de Francia en dos ocasiones. Dedicó su vida a salvaguardar la independencia y autonomía del ducado dentro del reino francés.

ANA DE INGLATERRA (1665-1714). Reina de la Gran Bretaña de 1702 a 1714. Última gobernante de la monarquía de los Estuardo. Aunque su reinado fue próspero, ella misma padeció de mala salud. Durante su régimen la Gran Bretaña combatió a Francia y España en la guerra de sucesión española.
Marlborough, duque de 9:380a; Reino Unido 12:308a.

ANA DE SABOYA (1310-1359). Emperatriz bizantina. A la muerte de su esposo, Andrónico III Paleólogo, en 1326, se hizo cargo de la regencia durante la minoría de edad de su hijo Juan V. Incapaz de reprimir la revuelta desencadenada por Juan Cantacuceno, quien se había proclamado emperador, en 1354 lo asoció al trono.

ANADR, RÍO. Curso fluvial de Rusia. Desde los montes Aldan, atraviesa la Siberia nororiental y desemboca en el mar de Bering, en la bahía de su mismo nombre, tras recorrer 1.145 km.

ANAEROBIOSIS. Tipo de vida que se desarrolla sin oxígeno libre, como ocurre en muchas bacterias.

ANA ESTUARDO. V. **Ana de Inglaterra.**

ANAFASE. Fase de la mitosis o división celular típica en la cual cada mitad de los cromosomas divididos se separa hacia uno de los dos polos del huso cromático.

ANAFILAXIA. Término acuñado en 1902 por el médico francés Charles Richet para designar un estado inverso a la inmunidad, es decir, el aumento de la sensibilidad del organismo (hipersensibilidad) tras la introducción de una sustancia extraña y después de un primer contacto con ésta.
Alergia 1:199b.

ANÁFORA. Recurso estilístico consistente en la repetición de un mismo elemento al comienzo de frases sucesivas. Por ejemplo: «Aquí fue Troya, aquí mi desdicha...».

ANAFORESIS. Tipo de electroforesis en la que las partículas cargadas se dirigen hacia el ánodo.

ANAGNI, TRATADO DE. Paz firmada en 1295 en la localidad italiana de Anagni, entre Jaime II de Aragón, la casa de Anjou y el papa Bonifacio VIII. En virtud del tratado la corona aragonesa renunciaba a la isla de Sicilia y obtenía a cambio el derecho de conquista de Cerdeña y Córcega.

ANAGRAMA. Transposición de las letras de una o más palabras, de forma tal que se formen otras diferentes. Por ejemplo: de caras, rascar. Se utiliza a menudo para la formación de seudónimos.

ANAHEIM. Ciudad de los Estados Unidos en el est. de California, en el área metropolitana de Los Ángeles. Parque de atracciones de Disneylandia, estadio de baseball y fútbol americano, importante centro de convenciones. 295.153 hab. (1998).
California 3:284a.

ANÁHUAC, MESETA DE. Originalmente, meseta volcánica de México, al norte de la capital, situada en la llamada región de las tierras frías. Actualmente suele designarse con este nombre a toda la meseta central mexicana.
México 10:121a.

ANA IVÁNOVNA (1693-1740). Emperatriz de Rusia desde 1730 hasta 1740. Persiguió al clero ortodoxo y a los campesinos y favoreció a la nobleza. Poco dada a los asuntos de estado, los puso en manos de su amante Ernst Biron y un grupo de consejeros alemanes, quienes involucraron al país en la guerra de sucesión polaca y en la guerra contra los turcos de 1736-1739.

ANA KARÉNINA. Novela del escritor ruso Liev Tolstói, publicada entre 1875 y 1877. Relata el enamoramiento entre el conde Vronski y Ana Karénina. La pasión de Ana se hará cada vez más obsesiva y la conducirá al suicidio. Profundo estudio psicológico y humano de la aristocracia de la época.
Tolstói, Liev 14:77b.

ANAL, FASE. Según la teoría psicoanalítica de la sexualidad infantil, fase de la organización libidinal que sigue a la oral y en la que la primacía erógena pasa de la boca a la zona anal. Puede situarse entre los dos y los cuatro años y coincide con el aprendizaje y dominio del control de los esfínteres.

ANALECTAS. V. **Florilegio.**

ANALÉCTRICO. Dícese del elemento que no se carga de electricidad al frotarlo.

ANA LEOPÓLDOVNA (1718-1746). Regente de Rusia (1740-1741). A la muerte de su tía, la zarina Ana Ivánovna, asumió la regencia en nombre de su hijo, Iván VI. Su gobierno autoritario y dominante provocó una revuelta palaciega encabezada por la hija de Pedro I el Grande, Isabel, quien destronó y desterró a Ana y a su hijo.

ANALES. Relación de sucesos y acontecimientos históricos que sigue un desarrollo secuencial por años. Conocidos por los pueblos mesopotámicos, entre los griegos y los romanos los anales se cultivaron más que la crítica histórica; en el Medievo conservaron una amplia difusión. Conocidos también en las culturas china y japonesa.
Historia 8:19a; Tácito 13:375a.

ANALFABETISMO. Carencia de una persona de los conocimientos necesarios para leer y escribir su propia lengua.
1:313b; Alfabetización 1:201b; Lectura 9:93b; *ilustraciones* 1:313b; 1:314a.

ANALGESIA. Supresión de la sensibilidad al dolor. Puede ser espontánea o provocada. A diferencia de la anestesia, afecta solamente a la sensación de dolor, no a la conciencia o sensibilidad general.

ANALGÉSICO. Medicamento que alivia o suprime el dolor, en principio sin alterar los demás tipos de sensibilidad.
1:315a; Alcaloides 1:152b; Ginecobstetricia 7:133a; Medicamentos 10:23a; Opiáceos 11:117b; *cuadro* 1:315b.

ANÁLISIS. Acción de descomponer una sustancia o un problema en sus elementos constitutivos para facilitar su examen o comprensión. Esta técnica se emplea en la filosofía y en una amplia variedad de disciplinas científicas.
Bioelectrónica 3:27a; Metodología científica 10:111a.

ANÁLISIS CUALITATIVO. Análisis químico cuya finalidad consiste en el conocimiento de los elementos químicos que constituyen un compuesto. Se utilizan principalmente dos métodos: el de la vía seca y el de la vía húmeda.
Análisis químico 1:320a.

ANÁLISIS CUANTITATIVO. Análisis químico que se centra en la especificación de cada uno de los componentes de un compuesto. Para ello se utilizan principalmente tres métodos: el gravimétrico, el volumétrico y el gasométrico.
Análisis químico 1:320a.

ANÁLISIS DE SISTEMAS. Disciplina que estudia las actividades, los procedimientos y las técnicas de trabajo sobre un sistema (de producción, de informática, etc.). Persigue el enfoque óptimo de planteamiento y realización de las operaciones requeridas.

ANÁLISIS ESPECTRAL. Uso de los espectros electromagnéticos de las radiaciones para el estudio de elementos y propiedades. Se emplea para determinar la composición de los astros, su temperatura, velocidad, edad, etc.
Astrofísica 2:163a.

ANÁLISIS MATEMÁTICO. Rama de las matemáticas que estudia las relaciones entre diferentes magnitudes cambiantes (variables, funciones). El cálculo (diferencial, integral) constituye una de sus herramientas principales.
1:316b; Cálculo 3:272b; Límites, teoría de los 9:160b; Matemáticas 9:408a; *ilustraciones* 1:317; 1:318.

ANÁLISIS QUÍMICO. Disciplina que estudia a las sustancias por medio de su descomposición en componentes. Sus métodos son opuestos a los de la síntesis.
1:320a; Bacteria 2:301b; Cromatografía 5:27a; Diagnóstico, métodos de 5:163a; Electroforesis 5:360a; Espectroscopia 6:103b; Histoquímica 8:18a; Química 12:227a; *ilustraciones* 1:320a; 1:321b.

ANÁLISIS VOLUMÉTRICO. Determinación de cantidades de sustancias en solución por valoración con soluciones de reactivos.
Análisis químico 1:321a.

ANALÍTICA, FILOSOFÍA. Conjunto de concepciones filosóficas surgidas en el siglo XX que se interesaba por los aspectos formales del conocimiento y buscaba determinar los principios de todo juicio lógico.
1:322a; Positivismo 12:104b; Wittgenstein, Ludwig 14:370a; *ilustración* 1:322a.

ANALÍTICA, GEOMETRÍA. Rama de la geometría que estudia los elementos geométricos refiriéndolos a sistemas de coordenadas en los que aquéllos y sus propiedades y relaciones fundamentales se expresan mediante ecuaciones.
Fermat, Pierre de 6:262a; Geometría 7:104b.

ANALIZADOR. Elemento de diversos tipos de sistemas que ejerce funciones de análisis. Hay analizadores diferenciales, que resuelven problemas matemáticos, de gases, de espectro electrónico, de ondas, etc.

ANALOGÍA (BIOLOGÍA). Semejanza en la morfología, estructura interna o funcionalidad de órganos o individuos que poseen un origen distinto.

ANALOGÍA (FILOSOFÍA). Relación entre dos o varias cosas semejantes. En la metafísica escolástica, a través de la analogía del ser se abordan los problemas de la accesibilidad a Dios.

ANALÓGICA, MEDICIÓN. Sistema de cálculo cuyo fundamento estriba en la analogía que existe entre los valores que adoptan las magnitudes físicas o geométricas que intervienen en un proceso dado y las condiciones de resolución de un problema numérico. Un dispositivo analógico permite la representación de los valores numéricos de forma física, como ocurre con la subida del mercurio en un termómetro.

ANALOGISTAS. Escuela de gramáticos de la Grecia y Roma clásicas que defendían la analogía como único medio de formación de las palabras. A ellos se oponían los anomalistas que admitían la posibilidad de anomalías o excepciones.

ANÁLOGOS, ÓRGANOS. Órganos diferentes entre sí por su origen y desarrollo, pero semejantes por adaptación, aspecto y funciones.

ANAMNESIS. Historial clínico recordado por el propio paciente. Resulta indispensable para la realización de un diagnóstico acertado, en especial cuando los síntomas no son muy evidentes.
Diagnóstico, métodos de 5:162b; Diagnóstico prenatal 5:165b; Medicina 10:28a.

ANAMNIOTAS. Vertebrados cuyos embriones carecen de amnios (membranas protectoras), como son los ciclóstomos, peces y anfibios. Necesitan el medio acuático para su reproducción, y sobre todo para su desarrollo embrionario, con el fin de evitar la desecación del huevo.

ANAMORFOSIS. Deformación en la imagen que se produce cuando el sistema óptico que permite pasar de un objeto a su imagen amplifica de modo distinto la dimensión horizontal y vertical del objeto. Este fenómeno es utilizado tanto en el cine y la fotografía como en la pintura.

ANANÁ. V. **Piña.**

ANÁN BEN DAVID (siglo VIII). Judío persa, fundador de una secta antirrabínica y herética, llamada ananismo y posteriormente caraísmo, que aceptaba la *Torá (Biblia)*, aunque según su propia interpretación, y rechazaba la enseñanza del *Talmud*.

ANANÍAS. Personaje bíblico, cuya historia aparece relatada en el libro del profeta Daniel.
1:323a.

ANAPLASMA. Protozoo esporozoario del orden de los hemosporidios, familia de las anaplasmatáceas. Los anaplasmas se alojan en el interior de los eritrocitos (glóbulos rojos) en forma de gránulos esféricos.

ANÁPOLIS. Ciudad de Brasil en el est. de Goiás, a orillas del río Corumbá. Aeropuerto. Importante centro comercial. Agricultura y ganadería. Minas de cobre, titanio, oro y diamantes. 244.670 hab. (1996).

ANARANJADO DE METILO. Sustancia en forma de polvo o cristales de color amarillo o naranja que en solución acuosa al 0,1% se utiliza como indicador del pH (rojo a 3,1-amarillo a 4,5). También sirve como colorante de impresión.

ANARCOSINDICALISMO. Forma de anarquismo que atribuye a los sindicatos el papel principal en la emancipación de la clase obrera. Sus fundamentos quedaron establecidos en la constitución de la Confederación General del Trabajo (CGT) francesa, aprobada en 1906 en Amiens (Francia).
Anarquismo 1:324a.

ANARMONICIDAD. Vibración mecánica en la que la fuerza restauradora actuante sobre un sistema presenta una alteración no lineal al desplazarse desde la posición de equilibrio.

ANARQUISMO. Doctrina que propugna la absoluta libertad de los individuos y la destrucción de cualquier traba política (el estado) o social (la religión, la propiedad privada, las leyes, etc.) que impidan la consecución de dicha libertad.
1:323a; Bakunin, Mijaíl 2:314b; Estado 6:124b; Obrero, movimiento 11:63b; Proudhon, Pierre-Joseph 12:170b; Socialismo 13:275b; *ilustraciones* 1:323b; 1:324a.

ANARTRIA. Perturbación de la función del lenguaje caracterizada por la emisión defectuosa de las palabras o la incapacidad para coordinarlas lógicamente.
Habla 7:311a.

ANÁS. Según los evangelios y los Actos de los Apóstoles de la *Biblia*, sumo sacerdote judío, suegro también del sumo sacerdote Caifás, ante quien fue conducido Jesús para ser interrogado tras ser prendido en el monte de los Olivos. Su nombre es forma abreviada de Ananías.

ANASAGASTI Y ALGÁN, TEODORO DE (1880-1938). Arquitecto español. Destacó por sus renovadoras concepciones urbanísticas. Entre sus realizaciones destaca la Casa de Correos de Málaga. Autor de diversos ensayos: *Arquitectura popular* (1929) y *Grandes estafas de la construcción* (1931).

ANASAZI, CULTURA. Denominación que agrupa las manifestaciones culturales de varios pueblos amerindios del sudoeste de los Estados Unidos, fundamentalmente los cesteros y los pueblo.
Americana, prehistoria 1:288a; Amerindios, pueblos 1:294b.

ANASTASIO I, SAN (m. en el 401). Papa del año 399 al 401. Durante su pontificado combatió a los cristianos seguidores de Donato y Orígenes, reprobando con dureza su severidad e intransigencia.

ANASTASIO I DE ORIENTE (h. el 430-518). Emperador bizantino desde el 491. Perfeccionó el sistema monetario del imperio, acrecentó su tesoro y se mostró como un administrador capaz, tanto de los asuntos internos como externos.
Bizantino, imperio 3:62b.

ANASTASIO II (m. en el 498). Papa del 496 al 498. Una confusa tradición acusó a este pontífice de haberse dejado conducir por el diácono Fontinus hacia opiniones heréticas sobre la divinidad de Jesucristo.

ANASTASIO II DE ORIENTE (m. en el 721). Emperador de Bizancio del 713 al 715. Fue derrocado por su propio ejército y sustituido por Teodosio III.

ANASTASIO III (m. en el 913). Papa desde el 911 hasta su muerte. Tuvo escasa autoridad y libertad de acción debido a que su pontificado se desarrolló bajo el control de la casa de Teofilactus.

ANASTASIO IV (h. el 1073-1154). Corrado di Suburra, papa de 1153 a 1154. Durante su breve reinado acordó la paz con el emperador Federico I Barbarroja y se erigió en defensor de la orden hospitalaria de San Juan.

ANASTASIO EL BIBLIOTECARIO (h. el 810-h. el 878). Erudito y cardenal romano. Encargado de la biblioteca de la iglesia de Roma, tradujo del griego al latín las actas de los concilios de Nicea (787) y Constantinopla (869-870). Se vio implicado en intrigas que llevaron a su nombramiento como antipapa en el 855, aunque posteriormente se reconcilió con la curia romana.

ANASTIGMÁTICO, OBJETIVO. Lente en la que se han corregido los defectos ópticos del astigmatismo (diferencia de nitidez entre las líneas horizontales y verticales). El primer objetivo anastigmático fue inventado por Paul Rudolph y comercializado en 1889.

ANASTOMOSIS. Comunicación entre dos vasos sanguíneos y, por extensión, entre dos nervios o conductos de idéntica naturaleza. En cirugía, abocamiento de dos conductos o cavidades.

ANATEXIA. Proceso de metamorfismo que se realiza a altas temperaturas y por el cual las rocas plutónicas del interior de la corteza se funden y regeneran como magma.

ANATOLIA. Península del Asia menor que abarca aproximadamente el 90% de Turquía. Rodeada por los mares Negro al norte, Egeo al oeste y Mediterráneo al sur.
Hititas 8:28b; Metales, edad de los 10:95a; Otomano, imperio 11:177a; Turquía 14:161a.

ANATOMÍA. Ciencia que tiene por objeto el estudio de la forma, estructura y relaciones de los diferentes elementos que constituyen el cuerpo humano.
1:325a; Biología 3:38a; Fisiología 6:317a; Histología 8:17b; Medicina 10:29b; Oído, sentido del 11:89a; Olfato, sentido del 11:93a; Osteología 11:173b; Patología 11:299a; Psicofisiología 12:174a; Taxidermia 13:406b; Vesalio, Andreas 14:285a; Vista, sentido de la 14:331b; *ilustraciones* 1:325b; 1:326a-b; 1:317a.

ANATOXINA. Sustancia microbiana que ha perdido su carácter tóxico. Las anatoxinas se emplean en medicina como antígenos, es decir, para producir reacciones inmunológicas.

ANAWRAHTA (siglo XI). Rey de Birmania. Fundó la dinastía de Pagan en el 1044. Expulsó a los sacerdotes de la secta ari e impuso la religión budista pura. Construyó múltiples pagodas y templos en Pagan, la capital.

ANAXÁGORAS (h. el 500-h. el 428 a.C.). Filósofo griego. Postuló un principio ordenador como causa del movimiento.
1:327b; Filosofía 6:295a.

ANAXIMANDRO (h. el 610-h. el 545 a.C.). Filósofo griego de la escuela jonia. Discípulo de Tales de Mileto y, como él, gran conocedor de astrología, geografía y matemáticas. Para Anaximandro, el infinito es el principio de la realidad. De ese fundamento, imperecedero e indeterminado, surgen el calor y el frío por separación y se constituyen lo fluido, la tierra, el aire, los astros. En el seno de este infinito nace y perece toda la realidad.
Biología 3:36b; Evolución 6:208a; Filosofía 6:295a; Metafísica 10:92a; Mileto, escuela de 10:165b.

ANAXÍMENES DE MILETO (h. el 550-480 a.C.). Filósofo griego. Fue uno de los tres miembros de la escuela de Mileto, junto a Tales y Anaximandro. Frente a éstos defendió que la sustancia esencial de las cosas era el aire, que en diferentes grados de concentración daba lugar a diversos tipos de materia.
Aire 1:131a; Mileto, escuela de 10:165b.

ANAYA, CARLOS (m. en 1862). Político uruguayo. Participó activamente en el proceso de independencia de Uruguay y desempeñó diversos cargos relevantes en la nueva república.

ANAYA, PEDRO MARÍA (1795-1854). Militar y político mexicano. Presidente interino en dos ocasiones (1847, 1847-1848). Defendió el convento de Churubusco (1847) durante la invasión estadounidense y, al ser capturado, respondió ante la exigencia de que entregara las municiones de la plaza: «Si hubiera parque, no estarían ustedes aquí».

ANBASA IBN SUHAIN AL-KALBI (siglo VIII). Emir de al-Ándalus. En el 725 emprendió una expedición a la Galia conquistando Carcasona y Nimes. Durante su emirato se produjo en Asturias el levantamiento de don Pelayo, que dio origen a la Reconquista.

ANC. V. **Congreso Nacional Africano.**

ANCASH Dep. Del centro oeste del Perú. Terreno montañoso; cultivos de caña de azúcar, algodón y arroz en la costa; siderurgia. Parques nacionales de Raimondi y Huascarán. Cap. Huaraz. 35.813 km². 1.014.00 hab. (1998).
1:328a; *ilustración* 1:328a.

ANCHIETA, JOSÉ DE (1534-1597). Sacerdote jesuita, poeta, dramaturgo y erudito español. Evangelizador de Brasil. Considerado uno de los fundadores de la literatura nacional de ese país.
1:328b; Brasileña, literatura 3:164b.

ANCHIETA, JUAN DE (1462-1523). Sacerdote y compositor español. Autor de un *Magnificat*, varias misas, motetes y villancicos.

ANCHIETA, JUAN DE (h. 1540-1588). Escultor español, muy influido por Miguel Ángel. De sus principales obras se conservan «La Asunción» y «La coronación de la Virgen» en el retablo de la catedral de Burgos, y el retablo de la Trinidad, en la catedral de Jaca.

ANCHOA. Término con el que se designa al boquerón salado y en conserva.
Boquerón 3:107b.

ANCHO DE BANDA. Término informático que, en su uso específico en el ámbito de Internet, define la cantidad de datos e información que puede atravesar una línea de comunicación en un tiempo dado.

ANCHORAGE. Ciudad y puerto de los Estados Unidos en el est. de Alaska, a orillas del Pacífico. Sufrió un fuerte terremoto en 1964. Base aérea, convertida en aeropuerto intercontinental que une Europa con los Estados Unidos y el lejano oriente. Universidad. Explotaciones petrolíferas, pesquerías. Turismo. 254.982 hab. (1998).
Alaska 1:141b.

ANCHOVETA. Pez de la familia de los engráulidos, emparentado con la sardina. Abunda en las costas del Perú, donde constituye la materia prima de la llamada harina de pescado, útil como alimento de animales. La pesca e industrialización de la anchoveta son importantes fuentes de recursos para el Perú.

ANCHURA DE BANDA. Intervalo de frecuencias que se asigna a un canal de comunicaciones para la transmisión de señales codificadas. Se expresa en unidades de frecuencia (hercio y sus múltiplos). Los canales con mayor anchura de banda poseen superior capacidad de transmisión. También recibe el nombre de carril de comunicaciones.

ANCILLON, CHARLES (1659-1715). Erudito francés y dirigente de los hugonotes, protestantes franceses. En su obra *Reflexiones políticas* (1686) argumentó contra la revocación del Edicto de Nantes promulgada por Luis XIV que desencadenó las persecuciones contra los seguidores de su fe.

ANCILLON, JOHANN PETER FRIEDRICH (1767-1837). Pastor protestante prusiano, preceptor de Federico Guillermo IV. Realizó estudios políticos orientados a mantener el orden internacional establecido por el príncipe de Metternich.

ANCIRA, CARLOS (1929-1987). Actor mexicano. Estudió arte dramático en la ciudad de México. Actuó en teatro, cine y televisión representando papeles de autores universales clásicos y modernos. Sus actuaciones le valieron numerosos premios. Durante 25 años presentó el monólogo *Diario de un loco*, sobre la obra de Nikolái Gógol.

ANCÍZAR Y BASTERRA, MANUEL (1812-1882). Escritor y político colombiano. Fundó en 1848 el periódico *El Neogranadino*, fue ministro de relaciones exteriores, y describió los pueblos del norte en su *Peregrinación de Alfa*.

ANCO MARCIO (siglo VII a.C.). Según la leyenda, cuarto rey de Roma (642-616 a.C.). Amplió los dominios romanos hasta el mar, ordenó la construcción del puente Sublicio y fundó el puerto de Ostia.

ANCÓN. Ciudad de Panamá, en la prov. de Panamá, convertida prácticamente en un barrio residencial de la capital. Hospital especializado en enfermedades tropicales. 28.113 hab. (1983).

ANCÓN, TRATADO DE. Acuerdo firmado por Chile y el Perú por el que se puso fin a la guerra del Pacífico en 1883. Chile recibía la provincia de Tarapacá, productora de nitratos, y ocupaba Arica y Tacna durante diez años.
Pacífico, guerra del 11:197b; Perú 11:364a.

ANCONA. Ciudad de Italia, cap. de la prov. homónima y de la reg. de Las Marcas, a orillas del Adriático. Arco de Trajano (siglo II), edificios góticos, catedral de los siglos XII-XIII. Museo arqueológico y pinacoteca. Astilleros e industrias diversas. 99.074 hab. (1998).

ANCUD, GOLFO DE. Bahía del litoral de Chile situada entre la isla de Chiloé y el continente. Se extiende hacia el norte por el golfo de Reloncaví y se une con el Pacífico a través del estrecho de Chacao.

ANDACOLLO, NUESTRA SEÑORA DE. Advocación de la Virgen María especialmente venerada en Chile. Su santuario, erigido en Andacollo, región de Coquimbo, es centro de importantes manifestaciones religiosas.
Marianas, advocaciones 9:366b.

ANDAGOYA, PASCUAL DE (1495-1548). Descubridor español. Participó en la exploración y conquista de los territorios de Panamá y Colombia.
1:329a; Colombia 4:268b.

ANDALUCÍA. Región de España que forma la comunidad autónoma de Andalucía, en el sur del país. Comprende ocho provincias. Cap. Sevilla. 87.599 km². 7.234.873 hab. (1996).
1:329b; Cádiz 3:260b; España 6:64b; Granada (España) 7:190a; Málaga 9:298a; Sevilla 13:216b; *ilustraciones* 1:329b; 1:330a.

ANDALUCITA. Mineral de silicato de aluminio. De brillo vítreo y distintos colores, está presente en las rocas metamórficas. Común en la región española de Andalucía. Cristaliza en sistema rómbico.

ÁNDALUS, AL-. Denominación árabe de la España musulmana de la edad media. Aparece en un dinar acuñado en latín y árabe en el 716.
Andalucía 1:330b; España 6:73a; Islam, historia del 8:286a.

ANDALUZ, DIALECTO. Variedad de la lengua castellana, hablada en Andalucía. Se caracteriza por diversos rasgos fonológicos, como el ceceo y el seseo, su entonación y su léxico peculiar.
Español o castellano 6:99a.

ANDAMÁN, MAR DE. Porción nororiental del océano Índico, limitada al norte por el delta del Irawadi en Myanmar, al este por la península Birmana, Tailandia y Malasia, al oeste por las islas Andaman y Nicobar, y al sur por Sumatra y el estrecho de Malaca. Sus puertos principales son el de Pinang (Malasia) y el de Rangún (Myanmar). 798.000 km^2.
Índico, océano 8:168b.

ANDAMÁN Y NICOBAR, ISLAS. Archipiélagos de la India, en el golfo de Bengala, separados entre sí por el canal Ten Degree. El grupo de Andamán está formado por 204 islas e islotes con tres principales, conocidas como Gran Andamán. El de Nicobar lo componen doce islas habitadas y siete deshabitadas. Extensión total 8.249 km^2. 322.000 hab. (1994).

ANDA Y SALAZAR, SIMÓN DE (1710-1776). Gobernador colonial de Filipinas. Ocupó el cargo de oidor de la audiencia de Manila hasta que, tras repeler la invasión británica de 1761, accedió a la gobernaduría.

ANDECA. Rey suevo de Galicia. Destronó en el 583 a Eborico, quien había reconocido la hegemonía de Leovigildo, rey visigodo del resto de España. Proclamado rey (584), Andeca fue derrotado por Leovigildo (585), quien se anexó el reino suevo.

ANDERS, WLADYSLAW (1892-1970). General polaco que tomó parte en la primera guerra mundial en el ejército ruso y que, en la segunda, mandó las tropas polacas que combatieron en el norte de África contra el ejército alemán de Erwin Rommel.

ANDERSEN, HANS CHRISTIAN (1805-1875). Escritor danés, maestro en el género del relato infantil.
1:330b; Escandinava, literatura 6:33a; *ilustración* 1:331.

ANDERSON, CARL DAVID (1905-1991). Físico estadounidense. Recibió el Premio Nobel en 1936 por el descubrimiento del positrón, la primera antipartícula conocida. Participó en el descubrimiento del muón. Fue pionero en los estudios de rayos cósmicos con la cámara de niebla magnética, junto con Robert A. Millikan.
Materia y antimateria 9:412b.

ANDERSON, LINDSAY (1923-1994). Director de cine británico. Fundador del Free Cinema, movimiento cinematográfico de la década de 1950. Realizó documentales y filmes como *If...* (1968), premiada en el festival de Cannes, y *Britannia Hospital* (1982), dura crítica de la sociedad de su país.

ANDERSON, MARIAN (1902-1993). Contralto estadounidense. Se inició en el coro de su iglesia y estudió con Giuseppe Boghetti. Debutó en Londres y se presentó en el Metropolitan de Nueva York con *Un ballo in maschera,* de Giuseppe Verdi, en 1955. Especializada en *lieder* y cánticos espirituales.

ANDERSON, MAXWELL (1888-1959). Dramaturgo estadounidense. Cultivó el teatro histórico en prosa y verso y la comedia musical. Ganó el Premio Pulitzer en 1933 por su obra *Vuestras dos casas.* Algunas de sus obras han sido llevadas a la pantalla. *La reina Isabel* (1930), *Winterset* (1935), *La mala semilla* (1954).

ANDERSON, PHILIP W. (n. en 1923). Físico estadounidense. Premio Nobel en 1977 por sus investigaciones sobre los circuitos electrónicos.

ANDERSON, SHERWOOD (1876-1941). Escritor estadounidense. Influyó poderosamente sobre escritores como Ernest Hemingway y William Faulkner.
1:331b.

ANDERSON IMBERT, ENRIQUE (n. en 1910). Escritor argentino. Redactó cuentos mágico-realistas y novelas, así como historias y ensayos literarios. Fue profesor en Harvard, Estados Unidos. *Fuga* (1953), *Las pruebas del caos* (1946), *La originalidad de Rubén Darío* (1967), *Historia de la literatura hispanoamericana* (1971), *La botella de Klein* (1975).

ANDERSSON, BIBI (n. en 1935). Actriz sueca. Una de las actrices favoritas del director Ingmar Bergman, con quien rodó *El séptimo sello* (1956), *Fresas salvajes* (1957), *El rostro* (1959) y *Persona* (1966). Actuó también con otros directores, como André Cayatte *(El amor en cuestión,* 1978) o John Huston *(La carta del Kremlin,* 1969).

ANDERSSON, HARRIET (n. en 1932). Actriz sueca. Formó parte de una compañía de teatro dirigida por Ingmar Bergman, con el que colaboró en numerosos filmes, entre ellos *Gritos y susurros* (1972), *Fanny y Alexander* (1983). Actuó también a las órdenes de otros directores, como Sydney Lumet *(Llamada para el muerto,* 1966).

ANDES. Sistema montañoso en la franja occidental del subcontinente sudamericano. Tiene una extensión de 7.500 km y una altura máxima de 6.959 m (Aconcagua).
1:332a; Aconcagua, pico 1:34b; Altiplano andino 1:253a; Amaronas, río 1:263a; América 1:272b; Arequipa, departamento de 2:35a; Argentina 2:42b; Bolivia 3:88b; Cauca 4:48b; Colombia 4:262b; Chile 4:128b; Chimborazo 4:141a; Ecuador 5:286b; Lagos, Los 9:49b; Lambayeque 9:52b; Libertad, La 9:146b; Lima, departamento de 9:159a; Mendoza, provincia de 10:59a; Nariño 10:352a; Norte de Santander 11:11a; Paz, departamento de La 11:305b; Perú 11:356b; Pichincha 11:391b; Piura 12:9a; Risaralda 12:382b; Santiago, región metropolitana de 13:146b; Terciaria, era 14:29a; Titicaca, lago 14:67b; Venezuela 14:258a; *mapa* 1:332b; *cuadro* 1:333; *ilustración* 1:334a.

ANDESITA. Roca de grano muy fino y origen volcánico compuesta de plagioclasa y pequeñas cantidades de minerales oscuros. Es el equivalente efusivo (volcánico) de la diorita.
Rocas 12:399b.

ANDHRA PRADESH. Estado de la India, en el sudeste del país, a orillas de la bahía de Bengala. Lluvias monzónicas. Arrozales, tabaco, caña de azúcar. Explotaciones forestales. Minería. Cap. Hyderabad. 275.045 km^2. 71.800.000 hab. (1994).

ANDINAS, CIVILIZACIONES. Conjunto de culturas que se desarrollaron, entre el cuarto milenio a.C. y la conquista del imperio inca por los españoles, en una amplia zona comprendida entre el sur de Colombia, el norte de Chile y el noroeste de la Argentina.
1:334b; Administración pública 1:69b; Americana, prehistoria 1:286b; Amerindios, pueblos 1:299a; Andes 1:334a; Ciudad 4:217a; Chavín, cultura de 4:111b; Chimú, imperio 4:142a; Huari, cultura 8:79b; Inca, imperio 8:141a; Mochica, cultura 10:202a; Nazca, cultura de 10:369b; Paracas 11:266b; Perú 11:361a; Precolombinas, literaturas 12:120b; Precolombino, arte 12:123a; *mapa* 1:335b; *ilustraciones* 1:335; 1:336a; 1:337; 1:338a.

ANDINO, PACTO. V. **Cartagena, Acuerdo de.**

ANDOAIN. Población española de la prov. de Guipúzcoa, en la comunidad autónoma del País Vasco. Avenada por los ríos Oria y Leizarán, es rica en fruticultura. Central eléctrica e industrias papeleras, químicas, textiles y alimentarias. 15.961 hab. (1986).

ANDORRA. Principado independiente de Europa, en los Pirineos, limítrofe con Francia y España. Cap. Andorra la Vella. 468 km^2. 66.700 hab. (2000).
1:338b; Europa 6:198a; Pirineos 12:4a; *cuadros* 1:339b.

ANDORRA LA VELLA. Andorra la Vieja en castellano, cap. del principado de Andorra, en el valle Gran Valira, vertiente sur de los Pirineos. Centro comercial y turístico. La Casa de les Valls, sede del Consell General, data del siglo XVI. 21.513 hab. (1999).
Andorra 1:339a.

ANDO TADAO (n. en 1941). Arquitecto japonés, autor de obras que sintetizan la tradición de su país y las tendencias occidentales. Galardonado con el Premio Pritzker en 1995.
1:338a.

ANDRA. Dinastía que alcanzó su apogeo en el siglo I a.C. en la costa sudoriental de la India. Tuvo como capital a Amaravati, donde se desarrolló un arte exclusivamente budista en el que destacaban las formas escultóricas.
Indio, arte 8:170a.

ANDRADA, JOSÉ BONIFÁCIO DE (h. 1763-1838). Naturalista y geólogo brasileño. De ideas políticas liberales, colaboró en la independencia de su país. Fue tutor del emperador Pedro II.
1:340a; Brasileña, literatura 3:164b; Pedro I de Brasil 11:317b.

ANDRADE, CARLOS DRUMMOND DE. V. **Drummond de Andrade, Carlos.**

ANDRADE, DOMINGO ANTONIO DE (h. 1639-1712). Arquitecto y sacerdote español. A partir de 1676 asumió la dirección de las obras de la catedral de Santiago. Su obra más destacada en esta ciudad es la torre del reloj. Autor del tratado *Excelencias de la arquitectura* (1695).

ANDRADE, IGNACIO (1839-1925). Político venezolano. Designado para la presidencia por Joaquín Crespo en 1898, fue derrocado en 1901 por una sublevación militar de carácter liberal. Tras varios años de exilio fue ministro de relaciones exteriores.

ANDRADE, MÁRIO DE (1893-1945). Poeta y musicólogo brasileño. Una de las primeras figuras del modernismo en su país, introdujo en sus obras el lenguaje coloquial de las distintas regiones brasileñas.
1:340b; Brasileña, literatura 3:166b; Negroafricanas, literaturas 10:374a; *ilustración* 1:340b.

ANDRADE, OLEGARIO VÍCTOR (1839-1882). Poeta argentino de origen brasileño. Ejerció diversos cargos públicos. Hijo de exiliados, su obra de carácter épico y fuertemente influida por Victor Hugo, cantó las glorias de la nación argentina. «El nido de cóndores», «Atlántida».

ANDRADE, OSWALD DE (1890-1954). Novelista y poeta brasileño. Fundador del movimiento literario antropofágico, adscrito al modernismo, que se inspiró en la rica tradición cultural del folclor brasileño. *Memorias sentimentales de João Miramar* (1924), *Pau-Brasil* (1925).
Brasileña, literatura 3:166b.

ANDRADE, RAÚL (n. en 1905). Escritor y político ecuatoriano. Publicó asiduamente artículos de crítica política, recogidos luego en *Cocktail's* (1934), *Gobelinas de niebla* (1943) y *El perfil de la quimera* (1951).

ANDRADITA. Mineral de silicato férrico cálcico, de color pardo hasta negro. Presente en las rocas metamórficas. Pertenece al grupo de los granates.

ANDRÁSSY, GYULA (1823-1890). Político húngaro. Fue primer ministro y ministro de asuntos exteriores. Colaboró en la creación de una forma de gobierno dualista austro-húngaro y

creó, con el canciller alemán Otto von Bismarck, la alianza austro-alemana de 1879.
Austro-húngaro, imperio 2:235b.

ANDREA DE FLORENCIA (h. 1337-1377). Andrea di Bonaiuti, pintor florentino. Autor de frescos en la iglesia florentina de Santa Maria Novella. Su estilo se caracteriza por cierto hieratismo al modo bizantino.

ANDREA DEL CASTAGNO (h. 1421-1457). Andrea di Bartolo de Bargilla o Andreino degli Impiccati, pintor italiano. Influido por Donatello, realizó frescos de gran fuerza expresiva y monumentalidad.
1:340b; *ilustración* 1:341a.

ANDREA DEL SARTO (1486-1530). Andrea d'Agnolo, pintor italiano, uno de los máximos representantes del estilo florentino-romano del siglo XVI.
1:341a; *ilustración* 1:341b.

ANDREA DI BONAIUTI. V. **Andrea de Florencia.**

ANDREANI, ANDREA (h. 1580-h. 1625). Grabador italiano, especializado en las técnicas de grabado en madera. Editó estampas de obras maestras de la pintura como «El triunfo de la religión cristiana» de Tiziano y «El triunfo de Julio César» de Andrea Mantegna.

ANDRÉE, SALOMON (1854-1897). Ingeniero y explorador sueco que en 1897 intentó alcanzar el polo norte en un globo aerostático, pereciendo en la empresa.

ANDREGOTO GALÍNDEZ (m. en el 972). Hija del conde de Aragón Galindo II que reinó en Pamplona. Su casamiento con García Sánchez I rey de la ciudad navarra, permitió a su hijo, Sancho Garcés II, unir el condado de Aragón con el reino de Pamplona.

ANDRÉIEV, LEONID (1871-1919). Novelista ruso. Sus obras destacaron por su profundo pesimismo.
1:342a.

ANDRENIO (1866-1929). Eduardo Gómez de Baquero, ensayista y crítico literario español. *Letras e ideas* (1905), *El Renacimiento de la novela en el siglo XIX* (1924), *Nacionalismo e hispanismo* (1928).

ANDREOTTI, GIULIO (n. en 1919). Político italiano, designado en siete ocasiones primer ministro de su país. Miembro destacado del partido democristiano. En la segunda mitad de la década de 1990 fue procesado y absuelto por presuntas vinculaciones con la Mafia.
1:342a; *ilustración* 1:342a.

ANDRÉS II DE HUNGRÍA (1175-1235). Rey de Hungría de 1205 hasta su muerte. Su reinado estuvo marcado por disputas con los barones y los señores feudales y por la promulgación de la Bula de Oro de 1222, denominada la Carta Magna húngara.
Hungría 8:103b.

ANDRÉS III DE HUNGRÍA (h. 1250-h. 1301). Rey de Hungría de 1290 a 1301. Último gobernante de la dinastía de los Árpád. Se enfrentó a Alberto de Habsburgo, a quien derrotó, y a Carlos Martel de Anjou.

ANDRES, STEFAN (1906-1970). Novelista alemán, reflejó en su obra una profunda ética cristiana. *El hombre de Asteri* (1938), *Utopía* (1942), su obra maestra inspirada en la guerra civil española, *El caballero de justicia* (1948).

ANDRÉS APÓSTOL, SAN. Uno de los doce apóstoles elegidos por Jesús para predicar el evangelio. Hermano de Simón Pedro y discípulo de san Juan Bautista, según la tradición predicó en Asia menor y murió crucificado en Patrás (Grecia) en una cruz en forma de aspa.
Apóstoles 1:415a.

ANDRÉS DE CARNIOLA (m. en 1484). Arzobispo que defendió la supremacía de los concilios respecto al papa. Los historiadores consideran más la excentricidad de su conducta que el aporte que pueda haber realizado como precursor de la Reforma protestante. Al no obtener la dignidad cardenalicia, acusó al papa Sixto IV, por lo que fue encarcelado. Liberado por la intervención de Federico III, se asentó en Basilea donde quiso convocar un concilio para deponer al papa.

ANDRÉS DE CESAREA. Arzobispo de la ciudad de este nombre, en Capadocia, hacia finales del siglo VI. Escribió un *Comentario del Apocalipsis* que sirvió de fuente a muchos exégetas bíblicos posteriores.

ANDRÉS DE CRETA (h. el 660-740).Escritor bizantino. Autor principalmente de himnos, género que innovó al crear el *canon*, composición de carácter lírico que abandona el sentido dramático y narrativo del *kontakion*. Escribió el *Gran Canon*, con 250 estrofas.
Bizantino, arte 3:61a; Griega, literatura 7:221b.

ANDRÉS DE UZTÁRROZ, JUAN FRANCISCO (1606-1653). Historiador español, experto en heráldica, arqueología y crítica literaria. *Biblioteca de los historiadores de Aragón y Cataluña, Defensa de la poesía española.*

ANDRÉS ESTELLÉS, VICENT (n. en 1924). Escritor español en lengua catalana de la región valenciana. Se distinguió tanto en la poesía como en la novela y los trabajos periodísticos. *Doncel Amargo* (1958), *Fiestas lejanas* (1978), *La marina* (1981).

ANDRETTI, MARIO (n. en 1940). Automovilista estadounidense de origen italiano. Ganador de varios campeonatos nacionales de automovilismo en su país y del campeonato del mundo de fórmula 1 en 1978.

ANDREU, MARIANO (1888-1976). Pintor español que contribuyó notablemente al desarrollo de la escenografía teatral. Alcanzaron especial difusión sus trabajos de decorados para ballet.

ANDREU ALMAZÁN, JUAN (1891-1965). Militar y político mexicano. Se unió a la revolución de Francisco I. Madero, pero después apoyó el golpe de Victoriano Huerta. Fue secretario (ministro) de comunicaciones. Se postuló como candidato de oposición a la presidencia, pero fue aparentemente derrotado por Manuel Avila Camacho en elecciones señaladas por irregularidades.

ANDREWES, LANCELOT (1555-1626). Teólogo y obispo de la iglesia anglicana. Fue capellán de la reina Isabel I y de Jacobo I. Colaboró en la traducción al inglés de la *Biblia. Manual de devoción, Modo de visitar a los enfermos, Los derechos de los príncipes, los diezmos y la usura.*

ANDRIĆ, IVO (1892-1975). Escritor y diplomático yugoslavo. Sus obras están ambientadas preferentemente en su tierra natal, Bosnia. Premio Nobel de literatura en 1961. *Un puente sobre el Drina* (1945), *La señorita* (1945), *La corte maldita* (1954).
Yugoslavia, literaturas de la antigua 14:399a.

ANDRINÓPOLIS. V. **Edirne.**

ANDROCEO. Órgano masculino de la flor de las plantas superiores. Está constituido por los estambres, integrados, a su vez, por los filamentos y las anteras. En el interior de estas últimas se hallan los granos de polen.
Flor 6:325b.

ANDROGÉNESIS. Desarrollo artificial de un embrión a partir de un núcleo masculino. Por este proceso se elimina o inactiva el núcleo materno tras la fecundación del huevo, de modo que el individuo conserva únicamente material cromosómico del gameto masculino.

ANDRÓGENO. Hormona de carácter predominantemente masculino, aunque presente en ambos sexos. El grupo de los andrógenos incluye androsteronas, dehidroandrosteronas y testosteronas. Se aplican en tratamientos específicos de fortalecimiento de propiedades sexuales masculinas y como elemento de acción compensatoria de los estrógenos en las mujeres.

ANDROGEO. Personaje de la mitología griega, hijo de Minos y de Pasífae. Afamado atleta, fue asesinado por orden del rey ateniense Egeo. Como expiación del crimen, Minos obligó a los atenienses a entregar siete jóvenes y siete doncellas todos los años para que fueran devorados por el Minotauro.

ANDRÓMEDA (ASTRONOMÍA). Galaxia espiral, la más cercana a la Vía Láctea (números de catálogo NGC 224 y M 31). Ubicada a dos millones de años luz de ésta, tiene un diámetro aproximado de 200.000 años luz y su forma es similar a la de la Vía Láctea. Se denomina también Andrómeda la constelación boreal en que se encuentra la galaxia.
Astronomía 2:176a; Galaxia 7:17a; Vía Láctea 14:293b.

ANDRÓMEDA (MITOLOGÍA). Hija de los reyes Cefeo y Casiopea de Jopa (llamada Etiopía en Palestina). Por instigación de las Nereidas, Poseidón envió contra Etiopía a un monstruo marino al que hubo que ofrecer como víctima a Andrómeda. Perseo la liberó y se casó con ella. Atenea la convirtió en una constelación del firmamento.

ANDRÓNICO I COMNENO (1118-1185). Emperador bizantino de 1183 a 1185. Se apoderó de Constantinopla con el pretexto de proteger al joven emperador Alejo II, librándolo de la regencia de su madre María, a quien hizo matar. Coronado coemperador, hizo estrangular a Alejo II. Intentó reformar el sistema político y con ello se atrajo la hostilidad de los nobles y terratenientes. Afirmó la independencia de la iglesia oriental. Murió a manos de una turba.
Bisantino, imperio 3:64a.

ANDRÓNICO II PALEÓLOGO (1260-1332). Emperador bizantino de 1282 a 1328. Durante su reinado el imperio declinó hasta convertirse en un estado menor confinado por los turcos en Anatolia y los servios en los Balcanes.

ANDRÓNICO III PALEÓLOGO (1296-1341). Emperador bizantino que amplió sus dominios en el Mediterráneo pero no pudo contener la presión de los turcos en Anatolia ni las conquistas de los servios en los Balcanes.

ANDRÓNICO IV PALEÓLOGO (1348-1385). Emperador bizantino. Tras varias conspiraciones logró destronar a su padre Juan V en 1376, pero a su vez fue derrocado por éste en 1379. Aunque finalmente obtuvo el gobierno de Tesalónica, siguió intentando recuperar el trono.

ANDRÓNICO DE CIRRO (siglo I a.C.). Astrónomo y arquitecto griego. Construyó en Atenas la llamada torre de los vientos con un reloj hidráulico; de forma octogonal representaba en su exterior los ocho vientos. El reloj estaba regulado por el agua de la fuente Clepsidra, que iba ascendiendo por un cilindro.

ANDRÓNICO DE RODAS (siglo I a.C.). Filósofo griego. Seguidor de la escuela peripatética, reconstruyó y editó las obras de Aristóteles.

ANDRÓPOV, YURI (1914-1984). Político soviético. Secretario general del comité central del Partido Comunista de su país desde 1982 hasta su muerte.
1:342b; Rusia 13:65a.

ANDROS. Isla griega del mar Egeo perteneciente al grupo de las Cícladas. Conserva importantes restos de los diversos pueblos que la ocuparon (persas, venecianos, turcos, etc.). Cap. Andros. 380 km². 9.020 hab. (1981).
Egeo, mar 5:322b.

ANDROS, EDMUND (1637-1714). Administrador británico en las colonias de Norteamérica. Intentó reprimir los nacientes movimientos de independencia mediante el establecimiento del llamado Dominio de Nueva Inglaterra.

ANDROS, ISLAS. Grupo de islas al noroeste del archipiélago de las Bahamas. Con sus 5.957 km², Andros es la mayor del archipiélago y la única que cuenta con manantiales. Cap. Andros. 8.397 hab. (1980).

ANDROSTERONA. Hormona masculina de gran actividad. Aislada en 1931, posee un mayor carácter virilizante que su acompañante en el grupo de los andrógenos, la testosterona.

ANDRUSOVO, TRATADO DE. Acuerdo firmado en 1667 por Rusia y Polonia, que puso fin a la guerra de los trece años entre ambos países por el control de Ucrania. Rusia recibió la parte oriental de ésta a lo largo del río Dniéper y las provincias de Smoliensk y Seversk.

ANDRZEJEWSKI, JERZY (1909-1983). Escritor polaco. Disidente político, expresó en sus obras su postura contra el régimen comunista de su país. *Cenizas y diamantes* (1948), *Las puertas del paraíso* (1960), *Tu final llegará ahora* (1976).

ANDUEZA PALACIO, RAIMUNDO (1851-1900). Político venezolano. Accedió a la presidencia en 1890. En 1892, al intentar prolongar su mandato más allá de lo constitucionalmente autorizado, fue derrocado por Joaquín Crespo, quien lo sustituyó en el cargo.
Venezuela 14:266b.

ANDÚJAR. Población española de la prov. de Jaén, en la comunidad autónoma de Andalucía. Se encuentra a orillas del Guadalquivir y en las faldas de sierra Morena. Su historia se remonta a la antigua Iliturgi romana. Del Medioevo conserva los palacios de los Niños de Don Gome y de los marqueses de Puente de la Virgen, así como dos templos góticos. Cultivos de olivares; industria alimentaria. 35.479 hab. (1996).

ANDÚJAR, MANUEL (1913-1994). Escritor español. Cultivó la narración realista y el ensayo. Públicó gran parte de su obra en México, donde se exilió hasta 1967 tras la guerra civil española. *Partiendo de la angustia* (1944), *Historias de manistoria* (1973).

ANÉLIDOS. *Phyllum* de animales invertebrados que comprende los auténticos gusanos, de cuerpo blando, con anillos o pliegues transversales. Los anélidos están dotados de ganglios cerebroideos rudimentarios, collar nervioso esofágico y cadena ventral ganglionar. Incluyen, entre otras muchas especies, a las lombrices de tierra, los poliquetos marinos y las sanguijuelas.
Cardiovascular, sistema 3:384b; Corazón 4:367b; Digestivo, aparato 5:184a; Endocrino, sistema 5:406a; Gusanos 7:295a; Invertebrados 8:250a; Locomotor, aparato 9:196a; Lombriz de tierra 9:208b; Metazoos 10:103b; Zoología 14:428a.

ANEMIA. Disminución del número o calidad de los glóbulos rojos de la sangre y, por extensión, disminución de la cifra normal de hemoglobina.
1:343a; Espinaca 6:109a; Hematología 7:356b; Nutrición 11:57b; *ilustración* 1:343b.

ANEMÓMETRO. Aparato utilizado para medir la velocidad del viento. Puede ser de empuje, de compresión o de rotación. Estos últimos, formados por una serie de semiesferas metálicas con la concavidad hacia el mismo lado, son los más conocidos y se basan en la proporcionalidad existente entre la velocidad de rotación de dichas semiesferas y la velocidad con la que sopla el viento.

ANÉMONA. Planta herbácea, vivaz, de la familia de las ranunculáceas y perteneciente al género *Anemone*. Dicotiledónea. Comprende varias especies de flor amarilla, blanca o violácea, propias de praderas y de montañas.

ANÉMONA DE MAR. V. **Actinia.**

ANENCEFALIA. Ausencia congénita de encéfalo en el feto por atrofia en el desarrollo de los hemisferios cerebrales.

ANERIO, FELICE (1560-1614). Compositor italiano sucesor de Pierluigi da Palestrina como maestro de la capilla Sixtina. Compuso misas, motetes y canciones.

ANESTESIA. Supresión total o parcial de la sensibilidad. La anestesia puede ser patológica (en determinadas enfermedades neurológicas) o provocada con fines terapéuticos.
1:344b; Acupuntura 1:51b; Cirugía 4:210b; Ginecobstetricia 7:133a; Medicamentos 10:23a; *cuadro* 1:345; *ilustraciones* 1:344b; 1:346a.

ANEURISMA. Dilatación local de los vasos sanguíneos motivada por acumulación de sangre líquida o coagulada en una región arterial o venosa reducida. Asociada a diversas enfermedades vasculares, provoca hemorragias fulminantes.

ANEXIÓN. Figura del derecho político internacional según la cual un estado o territorio queda incorporado a otro con la consiguiente anulación de sus obligaciones o derechos específicos y la asunción de los del estado anexionante.

ANFETAMINA. Fármaco estimulante del sistema nervioso central. Su forma más usual es el sulfato de anfetamina, pero existen varias sustancias similares también designadas como anfetaminas.
1:346b; Toxicomanía 14:104b.

ANFIBIOS. Clase de vertebrados anamniotas tetrápodos (sin membranas protectoras en los embriones y con dos pares de patas, en algunos atrofiadas). Se denominan también batracios y comprenden, entre otros, a las ranas, sapos, salamandras y ajolotes.
1:347a; Corazón 4:367a; Hibernación 7:391a; Huevo 8:88a; Intestino 8:242b; Locomotor, aparato 9:196b; Metamorfosis 10:102a; Olfato, sentido del 11:93b; Piel 11:400b; Primaria, era 12:142a; Pulmón 12:206b; Rana 12:260a; Respiratorio, sistema 12:347a; Riñón 12:374b; Salamandra 13:94b; Sapo 13:158a; Toxicología 14:102a; Vertebrados 14:281b; Vida 14:300a; *cuadro* 1:349; *ilustraciones* 1:347b; 1:348a.

ANFIBIOS, VEHÍCULOS. Vehículos militares que pueden desplazarse por tierra y por agua.
1:350a; Marina de guerra 9:373a; *ilustración* 1:350b.

ANFÍBOLES. Grupo de minerales caracterizados estructuralmente por una cadena interna de silicio y oxígeno. Exteriormente son semejantes a la turmalina negra, con la que se confundieron con frecuencia.

ANFIBOLITA. Roca metamórfica de color verde oscuro o negro constituida principalmente por anfíboles.
Mineral y mineralogía 10:173b.

ANFICTIONÍA. Confederación formada por las antiguas ciudades griegas para resolver asuntos de interés general. Las anfictionías más importantes fueron la de Delos y la de Delfos.

ANFÍGENO. Sustancia que disuelta en agua se comporta como ácido o base dependiendo de que el pH de la solución esté por encima o por debajo del punto isoeléctrico (neutro). Jöns Jacob Berzelius clasificó como anfígenos al oxígeno, el azufre, el selenio y el teluro.
Azufre 2:292a; Oxígeno 11:190b.

ANFINEUROS. Grupo de moluscos marinos de simetría bilateral, desprovistos de concha o con ésta formada por ocho placas imbricadas o dispuestas como un pequeño cono.

ANFINSEN, CHRISTIAN B. (n. en 1916). Científico estadounidense de origen noruego. Director del Instituto Cardiológico de Bethesda. Destacó por sus investigaciones sobre la artritis y diversas enfermedades metabólicas. Premio Nobel de química en 1972, compartido con Stanford Moore y William H. Stein, por su contribución al conocimiento de la estructura química y actividad de las enzimas.

ANFIÓN. Personaje de la mitología griega. Hijo de Zeus y de Antíope, fue rey de Tebas junto con su hermano gemelo Zeto. Esposo de Níobe, tuvo con ella dos hijos que murieron trágicamente, lo cual lo llevó a la locura y al suicidio.

ANFIOXO. Animal protocordado perteneciente al grupo de los cefalocordados y a la familia de los branquiostómidos (*Branchiostoma lanceolatum*). Marino, con aspecto pisciforme, carente de vértebras, sin aletas pares y translúcido.

ANFÍPODOS. Orden de pequeños crustáceos que se caracterizan por poseer dos tipos de patas diferentes: unas adaptadas a la natación y otras al salto. Comprende unas 600 especies.

ANFÍPOLIS. Ciudad de Macedonia en la antigua Grecia. Fue legendaria su riqueza en oro, por la proximidad de las minas de Pangeo. Importante centro comercial que abastecía a Atenas. Se identifica con la actual Neokhon.

ANFITEATRO. Construcción elíptica, y en ocasiones circular, con gradas en torno a un espacio central (arena), donde tenían lugar determinados espectáculos públicos (lucha de gladiadores y fieras). De origen romano.
1:351a; Arquitectura 2:105a; Coliseo 4:259b; *ilustración* 1:351b.

ANFITRIÓN. Personaje mítico griego, hijo de Alceo, rey de Tirinto, y esposo de Alcmena. Enamorado de Alcmena, Zeus tomó la forma de Anfitrión para seducirla y de la unión nació Heracles (Hércules). Enterado Anfitrión del engaño, perdonó a su esposa y tuvo con ella a Ificles y a Laónome.
Heracles 7:362a.

ANFOLITO. Cuerpo susceptible de experimentar al mismo tiempo dos disociaciones electrolíticas de signo contrario; por ejemplo, los aminoácidos.

ÁNFORA. Recipiente ovoidal de cerámica con dos asas y cuello que se utilizaba en la antigüedad para el transporte de aceite, granos y otros productos.
1:352a; *ilustración* 1:352a.

ANFÓTERO. Sustancia que combina caracteres opuestos, y es capaz de actuar como base o como ácido.
Antimonio 1:394a.

ANGARÁ, ESCUDO DE. Gran bloque firme de rocas cristalinas precámbricas en el continente asiático, rodeado por los ríos Lena y Yeniséi al este y oeste, y por el océano Ártico y el lago Baikal al norte y al sur.

ANGARÁ, RÍO. Curso fluvial de Rusia que nace en el lago Baikal, atraviesa la llanura central siberiana y desemboca en el río Yeniséi tras recorrer 1.779 km.

ANG DUONG (1796-1860). Rey de Camboya. Sucedió a su hermano Ang Chan II y fue coronado en 1848 con el apoyo de Siam y Vietnam, de cuya hegemonía intentó liberar a su reino. Último soberano camboyano anterior al protectorado francés sobre el país.
Camboya 3:300b.

ÁNGEL. Según el judaísmo, el cristianismo y el Islam, emisario de Dios de naturaleza espiritual.
1:352a; *ilustración* 1:352a.

ÁNGEL, SALTO DE. Cascada que forma el río Churún en Venezuela. Descubierta en 1935, está considerada como el mayor salto ininterrumpido, ya que alcanza de 978 a 979 m de altura. Recibe su nombre de James C. Angel, piloto estadounidense que se estrelló con su avión en sus proximidades en 1937.
Drogas de diseño 5:244b.

ÁNGEL AZUL, EL. Filme del director Josef von Sternberg sobre la novela *El profesor Unrat* de Heinrich Mann. Narra la degeneración de un estricto profesor deslumbrado por una cabaretera. Intervinieron en el reparto Marlene Dietrich y Emil Jannings. Rodada en 1930, fue una de las primeras cintas del cine sonoro alemán.

ÁNGEL DE LA GUARDA, ISLA. Isla de México situada en el golfo de Baja California. Tiene 76 km de longitud y 20 de anchura.

ÁNGELES, FELIPE (1869-1919). Militar mexicano, especialista en el uso de la artillería. Combatió para el ejército del presidente Francisco I. Madero y fue subsecretario de guerra de Venustiano Carranza. Se unió después a las tropas rebeldes de Francisco Villa. Murió fusilado por las fuerzas de Carranza.

ÁNGELES, FRAY JUAN DE LOS (1536-1609). Escritor español. Perteneció a la orden franciscana. Autor de obras de carácter místico y religioso. *Lucha espiritual y amorosa entre Dios y el alma* (1600), *Tratado de los soberanos misterios de la misa* (1604).

ÁNGELES, LOS (CHILE). Ciudad de la reg. chilena de Biobío. Carretera panamericana. Productos alimenticios, vinos, aserraderos. 142.136 hab. (1995).

ÁNGELES, LOS (EUA). V. **Los Ángeles.**

ÁNGELES, NUESTRA SEÑORA DE LOS. Advocación de la Virgen María especialmente venerada en la ciudad costarricense de Cartago, donde existe una imagen de ella en el lugar donde, según la tradición, se apareció.

ÁNGELES, VICTORIA DE LOS (n. en 1923). Victoria López Cima, soprano española. Estudió en el conservatorio del Liceo de Barcelona. Actuó en conciertos y debutó con *Las bodas de Fígaro* de Wolfgang Amadeus Mozart en 1945.

ÁNGELES ORTIZ, MANUEL (1895-1984). Pintor español. Conocedor de la obra de Pablo Picasso, formó parte de la escuela neocubista surgida en París en la década de 1920. Evolucionó hacia el expresionismo abstracto.

ANGÉLICA. Planta herbácea de la familia de las umbelíferas (*Angelica sylvestris*). Dicotiledónea. Hojas compuestas y flores blanquecinas. Se utiliza por sus propiedades tónicas y estimulantes.
Aromáticas, plantas 2:92b.

ANGÉLICO, FRA (h. 1400-1455). Fra Giovanni da Fiesole o Guido di Pietro, pintor italiano. Representante de la escuela florentina, en su obra destacan la sencillez, el fervor místico y la suavidad de colores.
1:352b; Renacimiento 12:331a; *ilustraciones* 1:353.

ÁNGELIS, PEDRO DE (1798-1860). Editor argentino de origen italiano. Militó en el bando de Juan Manuel Ortiz de Rosas, del partido federal, gobernador de Buenos Aires. Publicó el periódico *El Archivo Americano* y una *Colección de obras y documentos relativos a la historia antigua y moderna de las provincias del río de la Plata.*

ANGELOTE. Pez escualiforme de la familia de los escuatínidos (*Squatina squatina*). Aspecto semejante a tiburones y rayas, longitud en torno a dos metros, cuerpo aplastado y piel provista de dentículos en la región vertebral. Se alimenta de peces y plantas. Vive en fondos arenosos. Comestible.

ANGELUS SILESIUS (1624-1677). Johann Scheffler, poeta religioso alemán. Médico luterano, se convirtió al catolicismo e ingresó en los jesuitas. Autor de *Querubín peregrino* (1674), obra impregnada de profundo misticismo.

ANGELL, NORMAN (1873-1967). Periodista y economista británico, premio Nobel de la paz en 1933. Su gran obra, *La gran ilusión* (1910), mostraba las trágicas consecuencias de la guerra total.

ANGERS. Ciudad de Francia, cap. de la prov. de Maine-et-Loire, reg. del Loira. Castillo del siglo XIII; catedral del XII. Museo de tapices y arqueología. Aparatos fotográficos. 151.279 hab. (1999).
Loira, río 9:207b.

ANGEVINA, DINASTÍA V. **Plantagenet, familia.**

ANGEVINO, IMPERIO. Conjunto de territorios que al final del siglo XII componían los dominios de la dinastía de Anjou: Enrique II de Inglaterra y sus sucesores Ricardo I Corazón de León y Juan sin Tierra. Se extendían desde Escocia hasta los Pirineos. Los territorios continentales fueron heredados por Enrique antes de su ascensión al trono inglés (1154): ducado de Normandía, condados de Anjou, Maine y Touraine, ducados de Aquitania, Gasconia, Poitou y Auvergne. En las islas logró el dominio sobre Gales, Irlanda y Escocia.

ANGINA. Inflamación aguda de la faringe, casi siempre localizada exclusivamente en las amígdalas. Se caracteriza clínicamente por disfagia (dificultad para tragar), con dolor, fiebre y malestar general. El tratamiento es local (gargarismos, pulverizaciones de antibióticos o antisépticos) o general (antibióticos).

ANGINA DE PECHO. Crisis dolorosa violenta, constrictiva, de la región del corazón, que sobreviene como resultado de un esfuerzo o una emoción o por acción del frío. Suele tratarse con nitroglicerina u otras sustancias vasorrelajantes.
Cardiología 3:382b.

ANGIOCARDIOGRAFÍA. Técnica radiológica para examinar el tabique cardiaco y la conexión entre la circulación superior e inferior. Basada en la inoculación y seguimiento de una sustancia de contraste en los vasos sanguíneos. Se utiliza principalmente en la detección de cardiopatías congénitas.

ANGIOGRAFÍA. Radiografía de los vasos sanguíneos tras la inyección de sustancias opacas a los rayos X.
Cardiología 3:382a; Diagnóstico, métodos de 5:164b.

ANGIOLIERI, CECCO (1260-1312). Poeta italiano de estilo satírico y realista que contrastaba con el *dolce stil nuovo* de la época. Mantuvo con Dante Alighieri una controversia en forma de poesía burlesca. Su obra quedó recogida en *El cancionero.*

ANGIOLILLO, MICHELE (1872-1897). Anarquista italiano que asesinó en 1897 al presidente del gobierno español, Antonio Cánovas del Castillo. Murió ejecutado a garrote vil.

ANGIOLINI, GASPARO (1731-1803). Coreógrafo y compositor italiano. Fue uno de los promotores de la integración de la danza, la música y el argumento en los ballets dramáticos. Maestro del ballet de la corte de Viena y posteriormente en el teatro imperial de San Petersburgo, trabajó en colaboración con Cristoph Willibald Gluck en los ballets *Don Juan o el convidado de piedra, Semíramis* y, el más significativo por la integración de todos sus elementos, *Orfeo y Eurídice.*

ANGIOLOGÍA. Rama de la ciencia que estudia los vasos sanguíneos y el sistema linfático.
Cardiología 3:382a.

ANGIOSPERMAS. Plantas superiores en las cuales los óvulos están encerrados en una cavidad u ovario que da lugar, tras la fecundación, a un verdadero fruto. Piezas florales protectoras (cáliz y corola) patentes en la mayoría y reducidas en algunos grupos. Constituyen la mayoría de las fanerógamas.
1:353a; Botánica 3:130a; Flor 6:325a; Gramíneas 7:186b; Herbáceas 7:364b; Hoja 8:39b; Planta 12:20a; Reproducción 12:226a; Semilla 13:197a; Terciaria, era 14:29a; Vida 14:300a; *cuadros* 1:354; 1:355; *ilustraciones* 1:353b; 1:354a; 1:355b; 1:356a.

ANGIULLI, ANDREA (1837-1890). Pedagogo y filósofo italiano de pensamiento positivista. Propugnó la igualdad de la mujer en su educación. Fundó la revista *Rassegna Critica* y escribió *La filosofía y la investigación positiva,* y *La pedagogía, el estado y la familia.*

ANGKOR. Antigua capital del imperio jmer, en Camboya. Zona arqueológica.
1:356b; Camboya 3:300b; Indochina 8:174b; Jmer 8:374a; Oriental, arte 11:150a; Tailandia 13:381a.

ANGLADA CAMARASA, HERMENEGILDO (1872-1959). Pintor español. Estudió en Barcelona y en París. Autor de escenas costumbristas y de retratos de estilo postimpresionista. «Retrato de la duquesa de Dúrcal», «Romería del arroz» (1954).

ANGLERÍA, PEDRO MÁRTIR DE (1459-1526). Pietro Martire d'Anghiera, humanista italiano. Capellán de la corte de los Reyes Católicos, pasó a formar parte del Consejo de Indias de Carlos V (1518). Escribió *De orbe novo decades octo,* una historia del Nuevo Mundo en ocho partes.

ANGLESEY. Isla británica en el mar de Irlanda, junto a la costa norte de Gales, de la que la separa el estrecho de Menai. Cubre una superficie de 676 km^2. Atravesada de norte a sudoeste por una cadena de colinas bajas.

ANGLESITA. Roca de sulfato de plomo. Es incolora o ligeramente amarillenta; se presenta en cristales tabulares o prismáticos del sistema rómbico o en masas terrosas. Aparece como mineral secundario en la zona de oxidación de los yacimientos de plomo.

ANGLICANISMO. Nombre genérico con el que se designa el conjunto de doctrinas, ritos e instituciones de la Iglesia de Inglaterra y de otras surgidas de ésta. El anglicanismo se inició como consecuencia de la ruptura de Enrique VIII con el papa Clemente VII.
1:356b; Episcopal, Iglesia 6:13a; Reforma y contrarreforma 12:295a; Reino Unido 12:306b; *ilustraciones* 1:357b; 1:358a.

ANGLICANO, CANTO. Forma melódica adoptada por la iglesia anglicana para el recitado de los salmos y algunos cantos litúrgicos. Se asemeja al canto gregoriano, del que procede, por su cadencia intermedia y final.

ANGLICISMO. Vocablo o giro de la lengua inglesa empleado en otro idioma.

ANGLO-NEERLANDESAS, GUERRAS. Combates navales que sostuvieron Inglaterra y los Países Bajos entre los siglos XVII y XVIII. Las tres primeras guerras tuvieron como origen la lucha por la supremacía comercial marítima, que finalmente obtuvo Inglaterra. La cuarta se debió a la interferencia de los Países Bajos en la revolución de Norteamérica y marcó la decadencia del poderío holandés.

ANGLONORMANDA, LITERATURA. Documentos y crónicas escritas entre el siglo XI y el XVI en la lengua resultante del francés de los conquistadores normandos y el inglés primitivo local. Su primer testimonio lo constituyen las leyes de Guillermo el Conquistador (1070).

ANGLONORMANDAS, ISLAS. Archipiélago británico en el canal de la Mancha, al oeste de la península de Cotentin (Francia), en la entrada del golfo de Saint-Malo. Está compuesto de cuatro islas principales (Jersey, Guernsey, Alderney y Sark) y gran número de islotes y rocas.
Reino Unido 12:299a.

ANGLOS. V. **Anglosajones.**

ANGLOSAJÓN, ARTE. Estilo característico de la arquitectura y de los miniaturistas ingleses desde el siglo VII hasta la conquista de los normandos en el 1066. En el primer período (hasta el siglo IX) destacaron en la ilustración de los códices las escuelas de Canterbury y la de Northumbria, la primera influida por los misioneros de la iglesia romana y la segunda por el estilo celta aportado por los monjes irlandeses. El segundo período se inició con la invasión danesa; las construcciones adoptaron modelos continentales y en las miniaturas destacó la escuela de Winchester, que imitaba el estilo carolingio aunque con mayor expresividad.

ANGLOSAJONA, HEPTARQUÍA. Nombre dado al conjunto de los siete reinos principales organizados en la Gran Bretaña por los invasores germánicos (jutos, sajones y anglos) que se establecieron en dicha isla a mediados del siglo V.

ANGLOSAJONA, LEY. Cuerpo legal que predominó en Inglaterra desde el siglo VI hasta la conquista normanda en el 1066. Escrito en lengua vernácula, se desarrolló con independencia del derecho romano, si bien recibió alguna influencia a través de las instituciones eclesiásticas. Estaba compuesto por tres grupos de leyes: las promulgadas por el rey, las costumbres establecidas, y colecciones privadas de normas o resoluciones.

ANGLOSAJONES. Pueblos germánicos que habitaron y gobernaron Inglaterra desde el siglo V hasta la conquista normanda en el 1066.
1:358b; Británica, literatura 3:173b; Edad media 5:298b; Inglesa, lengua 8:211b; Normandos 11:9a; Reino Unido 12:305a; *ilustración* 1:358b.

ANGLOSAJONES, CRÓNICA DE LOS. Relato cronológico de los acontecimientos de la Inglaterra anglosajona y normanda. Fuente principal de la historia de Inglaterra, fue compuesta entre el 871 y el 899, bajo el reinado de Alfredo el Grande.
Anglosajones 1:359a.

ANGOLA. País de África, en la zona ecuatorial. Cap. Luanda. 1.246.700 km^2. 10.145.000 hab. (2000).
1:359a; África 1:94; Congo, río 4:338a; Luanda 9:228a; Namib, desierto de 10:340a; Zambeze, río 14:405a; *mapa* 1:360a; *cuadro* 1:360a; *ilustraciones* 1:360b; 1:361a.

ANGORA (GEOGRAFÍA).V. **Ankara.**

ANGORA (ZOOLOGÍA). Denominación aplicada en zootecnia a aquellos animales que presentan un gran desarrollo del pelo que, además, mantiene mayor suavidad de la habitual. El tipo zoológico se obtuvo a partir de una especie híbrida de conejo en 1723.

ANGOSTURA. V. **Bolívar, Ciudad.**

ANGOSTURA, BATALLA DE LA. Combate mantenido durante la guerra mexicano-estadounidense el 22 y 23 de febrero de 1847 en el desfiladero mexicano de La Angostura, cercano a Saltillo, entre las tropas del general Zachary Taylor y el ejército mexicano del presidente Antonio López de Santa Anna. Aun obteniendo victorias parciales, éste hubo de ceder ante la superioridad artillera de los invasores. También conocida como batalla de Buenavista.

ANGOSTURA, CONGRESO DE. Asamblea convocada en 1819 por Simón Bolívar en la ciudad venezolana de Angostura (posterior Ciudad Bolívar). En ella se creó la República de la Gran Colombia, formada por Venezuela y Nueva Granada (Ecuador y Colombia). Se dictó una constitución de inspiración inglesa y Bolívar fue proclamado presidente.

ANGRA MAINYU. V. **Ahrimán.**

ANGSTROM. Unidad de medida de longitud que se aplica a las ondas luminosas y a las dimensiones atómicas. Equivale a 10^{-10} m. Su símbolo es Å y su denominación evoca al físico sueco Anders Jonas Ångström.

ÅNGSTRÖM, ANDERS JONAS (1814-1874). Físico sueco, notable por sus aportaciones en termoconducción y espectroscopia.

ANGUERA DE SOJO, ORIOL (1878-1956). Político español. Miembro de Acción Popular Agraria, ocupó diversos cargos públicos y fue ministro de trabajo bajo la presidencia de Alejandro Lerroux.

ANGUIANO, DANIEL (1882-1964). Político español, secretario del Partido Socialista Obrero Español, que organizó la huelga general de 1917. Condenado por ello a 30 años de reclusión, fue liberado al ser elegido diputado. Murió durante su exilio en la Unión Soviética.

ANGUIANO, RAÚL (n. en 1915). Pintor y muralista mexicano. Cultivó una pintura de raigambre nacionalista. Fue miembro del Taller de Gráfica Popular creado en 1936, identificado plenamente con la tradición realista.

ANGUILA (GEOGRAFÍA). Isla del grupo de las islas de Sotavento (Reino Unido), en el mar Caribe, situada en el norte del archipiélago. A su territorio pertenecen las islas de Scrub, Seal y Dog. Cría y exportación de ganado. Turismo. 91 km^2. 7.300 hab. (1990).
San Cristóbal y Nieves 13:120a.

ANGUILA (ZOOLOGÍA). Pez osteictio de la familia de los anguílidos (*Anguilla anguilla*). Aspecto alargado; distribuyen su vida entre el mar, donde nacen y acuden a desovar, y los ríos. Carne comestible, muy apreciada.
1:361b; Migraciones animales 10:157a; *ilustración* 1:361b.

ANGUILA ELÉCTRICA. Pez osteictio de la familia de los electrofóridos (*Electrophorus electricus*). Vive en los ríos de América tropical. Presenta órganos eléctricos con los cuales paraliza y mata a sus presas.

ANGUISSOLA, SOFONISBA (1527-1625). Pintora italiana. Trabajó en la corte española de Felipe II como retratista de cámara y dama de honor de Isabel de Valois. «La partida de ajedrez», «Retrato Triple».

ANGULA. Cría de la anguila; de color fusco, de 6 a 8 cm de largo y 3 a 4 mm de grueso, que desde el mar penetra por las rías en grandes cantidades. Cocida se vuelve blanca, y es un pescado muy apreciado.
Anguila 1:362a.

ANGULAR, MOMENTO. V. **Momento angular.**

ANGULAR, VELOCIDAD. V. **Velocidad angular.**

ANGULEMA. Ciudad de Francia, cap. del dep. de Charente, en una meseta sobre los ríos Charente y Anguienne. Catedral del siglo XII. Ayuntamiento del siglo XIX con dos torres medievales del antiguo castillo condal. Fundiciones, papel. 45.495 hab. (1982).

ANGULEMA, CARLOS DE VALOIS, DUQUE DE (1573-1650). Hijo natural de Carlos IX de Francia, militó como coronel de caballería durante el reinado de Enrique IV. Fue encarcelado por conspirador, pero volvió de nuevo al ejército. *Memorias.*

ANGULEMA, CASA DE. Nombre de las familias nobiliarias que gobernaron el condado francés de Angulema. La primera surgió en el siglo IX y se extinguió a finales del XII. La segunda fue fundada por Juan de Orleans (1399-1467).

ANGULEMA, LUIS ANTONIO DE BORBÓN, DUQUE DE (1775-1844). Príncipe francés. Designado delfín (heredero) de Francia a la muerte de Luis XVIII, renunció a sus derechos al trono. Participó en la expedición de los «cien mil hijos de san Luis» para restaurar a Fernando VII en España.

ANGULEMA, MARÍA TERESA CARLOTA, DUQUESA DE (1778-1851). Hija de Luis XVI de Francia y de María Antonieta, fue conocida como *Madame* Royale. Fue encarcelada en el curso de la revolución y vio morir decapitados a sus padres. Pudo exiliarse en Viena y contrajo matrimonio con el duque de Angulema. En 1814 volvió con Luis XVIII a París. Defendió Burdeos contra Napoleón, quien dijo de ella «que era el único hombre de la familia Borbón». Escribió un *Diario* de los años 1789-1792.

ÁNGULO. Porción de plano comprendida entre dos semirrectas que poseen un mismo origen.
Trigonometría 14:127a.

ANGULO, DIEGO EUCLIDES (1841-1917). Político y periodista colombiano, desempeñó los ministerios de la Guerra y de Gobierno y, en 1908, la presidencia de la república. Publicó y rigió *El Colombiano*, periódico perteneciente al Partido Conservador.

ANGULO GURIDI, JAVIER (1816-1884). Militar y escritor dominicano. Luchó por la independencia de su país. *Ensayos poéticos* (1843), *La campana del negro* (1866), *Silvio* (1867).

ANGULO Y PULGAR, MARTÍN DE (siglo XVII). Escritor español defensor de la poesía de Luis de Góngora. *Epístolas satisfactorias, Égloga fúnebre a don Luis de Góngora de versos entresacados de sus obras.*

ANGUSTIA Y ANSIEDAD. Estados psíquicos de intranquilidad, agitación o temor ante un peligro real o imaginario. Usualmente la angustia es considerada como una manifestación extrema de la ansiedad.
1:362a; Bulimia nerviosa 3:224a; Depresión 5:134b; Dolor 5:216a; Fobia 6:338a; Neurosis 10:393a; Psicosomáticas, enfermedades 12:182b.

ANHÍDRIDO. Compuesto obtenido por eliminación de una molécula de agua en otro compuesto. Al unirse con el agua forma ácidos.

ANHÍDRIDO CARBÓNICO. V. **Carbono, dióxido de.**

ANHIDRITA. Sulfato natural de calcio anhidro. Difiere químicamente del yeso en su carencia de agua de cristalización. Color blanco o gris, o incoloro. Vítreo y exfoliable.

ANHUI. Provincia de China en el interior del país, también denominada Anhwei. Se extiende por la meseta del norte de China y el valle del Yangzi en el sur. Canales de riego. Arrozales, té, sericultura. Ganadería. Cap. Hefei. 139.000 km^2. 60.130.000 hab. (1990).

ANÍBAL (247-183/182 a.C.). General y estadista cartaginés. Consiguió con sus tropas repetidas victorias frente a Roma durante la segunda guerra púnica.
1:362b; Cartago 3:420a; Púnicas, guerras 12:210b; *ilustración* 1:363a.

ANICETO, SAN (siglo II). Papa, probablemente desde el 155 hasta el 166. Son dudosos los datos acerca de su origen. Considerado mártir. Se enfrentó a los gnósticos y otros herejes.

ANILINA. Base orgánica que se utiliza para la elaboración de tintes, fármacos, explosivos, plásticos, sustancias fotográficas y productos químicos. Químicamente es una amina primaria aromática y su fórmula es $C_6H_5NH_2$.

ANILLAS. Disciplina de la gimnasia olímpica que consiste en la realización de ejercicios en dos aros de unos 18 cm que cuelgan, sostenidos por cadenas o cuerdas, a una altura de 2,5 m. El atleta realiza en ellas diferentes ejercicios obligatorios y libres. La disciplina se llama también anillos.

ANILLEROS, SOCIEDAD DE LOS. Nombre popular que se dio a la Sociedad de los Amigos de la Constitución, grupo político español formado por Francisco Martínez de la Rosa, el conde de Toreno y otros liberales moderados durante el trienio constitucional (1820-1823).

ANILLO. En matemáticas, conjunto de por lo menos dos elementos en el que se han definido dos leyes de composición interna (normalmente llamadas aditiva y multiplicativa, aunque no corresponden, necesariamente, a la suma y al producto aritméticos). Para su primera ley, el conjunto cumple con las propiedades de grupo abeliano (asociativa, conmutativa, elemento neutro e inverso aditivo). La segunda ley es asociativa, y distributiva con respecto a la adición.

ANILLO DEL NIBELUNGO, EL. Tetralogía musical de Richard Wagner formada por las óperas *El oro del Rin, La valkiria, Sigfrido* y *El crepúsculo de los dioses,* escritas entre 1852 y 1874.

ANILLOS. V. **Anillas.**

ANIMACIÓN. Técnica cinematográfica con la que se consigue dar a dibujos u objetos inanimados sensación de movimiento.
1:363b; Cinematografía 4:201a; Disney, Walt 5:208a; Historieta 8:26b; *ilustraciones* 1:364a; 1:365a.

ANIMAL. Ser vivo heterótrofo (incapaz de generar sustancias orgánicas a partir de inorgánicas). El término se usa en contraposición al de planta, pero en grupos inferiores las diferencias se vuelven en cierta medida inexistentes o poco notorias.
1:365b; Biología 3:34a; Comportamiento animal 4:302a; Crecimiento 5:1b; Domesticación 5:217a; Embriología 5:388b; Metamorfosis 10:101a; Metazoos 10:102b; Nutrición 11:54b; Planta 12:19a; Toxicología 14:102a; Vertebrados 14:281a; Veterinaria 14:290a; Zoología 14:424b; Zoológico 14:430a; Zootecnia 14:432b; *ilustraciones* 1:366a-b; 1:367b; 1:368a.

ANIMALES PREHISTÓRICOS. Seres vivos ya desaparecidos que habitaron la Tierra durante los períodos geológicos anteriores al actual.
1:368a; Anfibios 1:347a; Ave 2:248a; Caballo 3:248b; Cocodrilo 4:245a; Cuaternaria, era 5:48a; Fósil 6:355b; Insectívoros 8:220b; Mamíferos 9:313b; Paleontología 11:227a; Primaria, era 12:104b; Reptiles 12:339a; Secundaria, era 13:183b; Terciaria, era 14:30a; *ilustraciones* 1:368; 1:369.

ANIMISMO. Creencia religiosa según la cual se atribuye un espíritu o alma a los objetos, orgánicos o inorgánicos, y a los fenómenos naturales.
1:370a; Fetichismo 6:275b; Religión 12:319a; Sintoísmo 13:257b; *ilustración* 1:370b.

ANIÓN. Ion con carga negativa atraído por el ánodo durante la electrólisis. Se produce por disociación iónica de una sustancia en agua. Se combina con los iones positivos presentes para formar sales.
Electroquímica 5:369b.

ANIQUILACIÓN. En física nuclear, transformación total o parcial en energía de una masa, en función de la relación a la que se someten las partículas y antipartículas de la misma masa. Formulada a partir de las teorías de la relatividad desarrolladas por Albert Einstein.

ANÍS. Planta herbácea anual de la familia de las umbelíferas (*Pimpinella anisum*). Dicotiledónea. Frutos ovalados muy aromáticos, utilizados en la elaboración de confituras, licores, etc.
1:371a; Aromáticas, plantas 2:92b.

ANISOTROPÍA. Cualidad de una sustancia cristalina cuyas propiedades varían según su dirección de propagación por el interior de los cristales que la componen.
Mineral y mineralogía 10:174b.

ANJESENAMEN. Reina de Egipto entre el 1362 y el 1351 a.C. Hija de Akenatón y Nefertiti, contrajo matrimonio con su padre y con Tutankamón. A la muerte de este último intentó llevar a cabo un golpe de fuerza con ayuda de los hititas.

ANJOU. Antigua provincia de Francia que comprende el actual departamento de Maine y Loira. Territorio regado por el río Loira en su descenso desde la cuenca de París. Se constituyó en condado durante la época carolingia y en 1360 se convirtió en ducado.

ANJOU, CASAS DE. Dinastías nobiliarias francesas que dominaron la vida política de Francia entre los siglos IX al XV.
1:371b; *ilustración* 1:371b.

ANJOU, FRANÇOIS, DUQUE DE (1554-1584). Príncipe francés, hijo de Enrique II. Luchó contra su hermano Enrique III en apoyo de los calvinistas, pero al ser nombrado duque de Anjou se volvió contra estos últimos. Su temprana muerte convirtió al protestante Enrique de Borbón en presunto heredero de la corona francesa.

ANJOUAN. Isla más oriental de las tres que forman la República Federal e Islámica de Comores, al norte del canal de Mozambique. De origen volcánico (volcán N'Tingui, 1.600 m). En 1997 el nombre oficial fue cambiado a Nzwani. Cap. Mutsamudu. 424 km^2. 211.900 hab. (1995).
Comores, islas 4:298b.

ANKARA. Capital de Turquía, en la parte noroccidental de Anatolia. 2.984.099 hab. (1997).
1:372a; Turquía 14:164a; *ilustración* 1:372a.

ANKARA, TRATADO DE. Pacto firmado el 20 de octubre de 1921 entre el gobierno de Francia y la Gran Asamblea Nacional de Turquía, por el que se reconoció a ésta como poder soberano frente a la autoridad del sultán otomano Mehmet VI.

ANKERITA. Mineral pardo o negro, compuesto por carbonato férrico y manganeso. Variedad de la dolomita, análoga a la ternelita.

AN LUSHAN (703-757). General chino que promovió una sublevación en el año 755 y se proclamó emperador. Durante su breve reinado introdujo importantes reformas sociales y económicas. Fracasó en su intento de fundar una nueva dinastía.

ANNABA. V. **Bona.**

ANNALES D'HISTOIRE ÉCONOMIQUE ET SOCIALE. Revista fundada en 1929 que promovió una nueva orientación en los estudios históricos. Fue impulsada por Lucien Febvre y Marc Bloch.

ANNALES MAXIMI. Recopilación oficial de documentos de la historia de Roma desde su fundación hasta el siglo II a.C.

ANNAM. Región central de Vietnam, entre el río Ma y el cabo Ba Kiem en el mar de la China meridional. Hué es su centro cultural más importante.
Indochina 8:174b.

ANNAMITAS. Habitantes de Annam, región de Vietnam, en la costa oriental de Indochina.

ANNAN, KOFI (n. en 1938). Político de Ghana. Elegido secretario general de las Naciones Unidas en 1996.
1:372b; *ilustración* 1:373a.

ANNA PERENNA. Antigua divinidad de la mitología romana, identificada por Ovidio con la luna. Su festividad, de carácter alegre y licencioso, se celebraba el 15 de marzo. Se la solía representar como una anciana.

ANNAPOLIS. Capital del est. de Maryland, Estados Unidos, en la bahía de Chesapeake. Fundada en 1649. Academia naval, laboratorio oceanográfico. Puerto pesquero y comercial. 31.740 hab. (1980).

ANNAPURNA. Macizo montañoso del Himalaya, en el centro septentrional de Nepal. Se extiende desde las cuencas del Kali Gandak y el Marsyandi. Su punto más alto es el Annapurna I (8.091 m).
Himalaya 7:415b.

ANN ARBOR. Ciudad de los Estados Unidos en el est. de Michigan, en las cercanías de Detroit. Importante centro médico y universitario. Institutos de investigación. Cojinetes de bolas, maquinaria e instrumentos de precisión. 109.967 hab. (1998).

ANNOBÓN. Isla volcánica perteneciente a Guinea Ecuatorial. Llamada Pagalu entre 1973 y 1980. 17 km^2. Altitud máxima 671 m. Cap. San Antonio de Palé.
Guinea Ecuatorial 7:289b.

ANNUAL, DESASTRE DE. Derrota sufrida en julio de 1921 por la guarnición española, al mando del general Manuel Fernández Silvestre, estacionada en la localidad marroquí de Annual, frente a los rifeños dirigidos por Abd al-Krim.

ANNUNZIO, GABRIELE D'. V. **D'Annunzio, Gabriele.**

ANO. Orificio inferior del tubo digestivo, al final del recto. Su oclusión, fuera de los períodos de defecación, corre a cargo de un músculo circular, el denominado esfínter del ano.

ANODIZACIÓN. Tratamiento electroquímico para formar sobre ciertos metales una capa de óxido resistente al desgaste y la corrosión.

ÁNODO. Electrodo positivo terminal por el que la corriente de una fuente de energía eléctrica entra en un electrólito, un tubo de gas o una válvula termoiónica, y al que se dirigen los iones negativos o aniones.
Electricidad 5:355a.

ANOFELES. Mosquitos de la familia de los culícidos y del género *Anopheles,* huéspedes del organismo productor del paludismo (malaria), enfermedad que transmiten por su picadura.
Paludismo 11:235a.

ANOMALÍA. En astronomía, movimiento aparente no uniforme de los cuerpos celestes. También, ángulo de las líneas Sol-planeta y Sol-perihelio. La anomalía excéntrica es el ángulo excéntrico definido en geometría cónica.

ANOMALÍSTICO, MES. Período que transcurre desde el momento en que la Luna entra en su perigeo hasta que regresa a él, y que equivale a 27 días 13 h. 18 min. 33,1 seg. solares.

ANOMÍA. Concepto que designa una situación social de incertidumbre, inestabilidad, incoherencia o ausencia de normas sociales. Según el sociólogo estadounidense Robert King Merton, los fenómenos de anomía surgen con mayor frecuencia en las sociedades en donde existe una disparidad entre los fines considerados legítimos y los medios para conseguirlos.

ANONA. Árbol de pequeño porte de la familia de las anonáceas (*Anona squamata*). Dicotiledónea. Fruto comestible.
1:373a.

ANÓNIMA, SOCIEDAD. Sociedad empresarial por acciones. El capital queda dividido y es representado por títulos. Esta estructura libera a los socios de responder, con sus activos personales, de las deudas de la sociedad.
Empresa 5:397b; Sociedades civiles y comerciales 13:280a.

ANÓNIMO. Término que designa a una obra literaria cuyo autor es desconocido o al autor mismo. El anonimato puede ser accidental o premeditado.
1:373b; *ilustración* 1:373b.

ANOPHELES. V. **Anofeles.**

ANOPLUROS. Insectos ápteros (sin alas) de pequeño tamaño que están provistos de apéndice bucal chupador. Parásitos de los mamíferos. Son parásitos del hombre las especies *Pediculus humanus* y *Phtirus pubis,* conocidos como piojos y ladillas, respectivamente.
Piojo 11:421b.

ANOREXIA. Inapetencia, falta de apetito de origen fisiológico o psíquico.
Depresión 5:134b.

ANOREXIA NERVIOSA. Rechazo del alimento por miedo obsesivo a aumentar de peso. Se presenta casi siempre en mujeres adolescentes con graves conflictos emocionales. Suele ir acompañada de síntomas depresivos y tendencia al aislamiento.
1:374a; Bulimia nerviosa 3:223b.

ANORTITA. Mineral del grupo de los feldespatos, silicato natural de aluminio y calcio. Presente en las rocas eruptivas básicas.

ANORTOCLASA. Mineral del grupo de los feldespatos, silicato natural de aluminio, potasio y sodio. Es frecuente en las regiones escandinavas.

ANOSMIA. Pérdida total o parcial del sentido del olfato.

ANOUILH, JEAN (1910-1987). Dramaturgo francés. Una de las personalidades más importantes del teatro francés del siglo XX.
1:374b; *ilustración* 1:375a.

ANOXIA. Oxigenación insuficiente de los tejidos, de consecuencias graves si es duradera.
Asfixia 2:143b.

ANOYA. Comarca española de la prov. de Barcelona, comunidad autónoma de Cataluña. Formada por la cuenca del río Anoya. Cap.

Igualada. Agricultura e industria (textil, papelera, etc.), radicada principalmente en la capital.

ANQUETIL, JACQUES (1934-1987). Ciclista francés. Especializado en pruebas contra reloj y carreras por etapas. En 1956 batió el récord de la hora (46,159 km). Ganador en nueve ocasiones del Gran Premio de las Naciones, en cinco de la Vuelta a Francia, en dos de la de Italia y en una ocasión de la de España.

ANQUETIL-DUPERRON, ABRAHAM-HYACINTHE (1731-1805). Orientalista francés. Viajó por la India y Persia y recogió los textos sagrados del hinduismo y el zoroastrismo. Publicó en 1771 la primera traducción al francés del *Avesta*, libro sagrado persa, y en 1802 el *Oupnekhat*, que recogía numerosos *Upanishads*. Su obra influyó poderosamente en el romanticismo y la filosofía del siglo XIX.

ANQUILOSIS. Limitación de la movilidad de una articulación, debida a la existencia de lesiones óseas o articulares.

ANQUILOSTOMIASIS. Enfermedad parasitaria debida a la presencia en el duodeno de pequeños gusanos nematodos (anquilostomas), que son hematófagos (se alimentan de sangre) y acaban provocando una duodenitis, con dolores ulcerosos y anemia crónica.
Parasitología 11:280a.

ANQUISES. En la mitología griega, príncipe troyano, hijo de Capis y Temiste. Afrodita se enamoró de él y, bajo la forma de una princesa frigia, lo sedujo. De esta unión nació Eneas, quien salvó a su padre en la destrucción de Troya.
Eneida 5:409a.

ÁNSAR. Ave acuática de la familia de las anátidas y del género *Anser*. Diversas especies, entre ellas *Anser anser*, de la cual deriva el ganso.

ANSCARIO, SAN (h. el 801-865). Misionero nacido en el reino franco de Austrasia, primer arzobispo de Hamburgo y patrón de Escandinavia. Establecido en el 826 en Schleswig, fue nombrado en el 831 abad de Corbie y obispo de la recién creada diócesis de Hamburgo. Obispo de Bremen en el 847, evangelizó Dinamarca.
Dinamarca 5:190b.

ANSCHLUSS. Unión política de Austria con Alemania alcanzada a través de la anexión realizada por Adolf Hitler en 1938.
Austria 2:230b.

ANSELMI, MICHELANGELO (h. 1481-h. 1555). Pintor italiano. Residió durante algún tiempo en Siena, donde estudió con il Sodoma. Su obra denota claramente la influencia de Correggio. Decoración en la Madonna della Steccata, Parma.

ANSELMO, SAN (1033/1034-1109). Monje benedictino italiano. Abad en Normandía (1078) y arzobispo de Canterbury (1093). Considerado el fundador de la teología escolástica.
1:375a; Escolástica 6:40b; Teología 14:21b; *ilustración* 1:375b.

ANSERIFORMES. Orden zoológico al que pertenece un grupo de aves acuáticas caracterizadas por tener el pico ancho, el plumaje espeso y las patas cortas y palmeadas. Comprende la subfamilia de los anserinos (gansos y cisnes) y la de los anátidos (patos).

ANSERMET, ERNEST (1883-1969). Director de orquesta suizo. Estudió en Lausana, donde fue profesor de matemáticas. Alumno del compositor Ernest Bloch, conoció a Ígor Stravinski en la década de 1910 y dirigió los ballets rusos de Serguéi Diaghilev. En 1918 creó la orquesta de la Suisse Romande, de la que fue director hasta 1967.

ANSHAN (CHINA). Población china que pertenece a la prov. de Liaoning, en la parte nororiental del país. Importante centro metalúrgico e industrial (químicas, cemento, papeleras, maquinaria agrícola). 1.285.849 hab. (1999).

ANSHÁN (PERSIA). Ciudad y territorio del antiguo Elam, en Irán. Importante zona arqueológica. Muestras de escritura elamita.

ANSIEDAD. V. **Angustia y ansiedad.**

ANSIOLÍTICOS. Productos farmacológicos que intentan controlar o disminuir la angustia o ansiedad que se presenta en algunas enfermedades y que se caracteriza por impedir el descanso en el paciente.
Psicotropos 12:184b.

ANSKY, S. (1863-1920). Judío ruso, escritor e investigador del folclor hebreo. Perteneció a grupos revolucionarios y tuvo que exiliarse en París. Publicó quince volúmenes sobre temas judíos.

ANTAGONISMO. Propiedad farmacológica por la que se consigue la inhibición de la acción colateral de un fármaco cuando se administra simultáneamente con otro, con el que se complementa o interacciona. La quimioterapia intenta la interacción entre la composición química de un fármaco y la composición química de las células parásitas.

ANTAKYA. V. **Antioquía.**

ANTÁLCIDAS (siglo IV a.C.). General espartano que negoció en el 387 a.C. la paz, que lleva su nombre, con el rey persa Artajerjes.

ANTÁLCIDAS, PAZ DE. Tratado firmado el año 387 a.C. entre el general espartano Antálcidas y el rey persa Artajerjes II. El acuerdo obligaba a los griegos a abandonar el Asia menor y Chipre, a excepción de tres colonias atenienses. Esparta esperaba así obtener la supremacía sobre Grecia.

ANTÁLGICO. V. **Analgésico.**

ANTALYA. Ciudad del sudoeste de Turquía, en la costa mediterránea, cap. de la prov. de Antalya. Conocida en griego como Attalia o Adalia. Fue fundada en el siglo II a.C. por Atalo II. Minería; cítricos; turismo. 258.193 hab. (1985).

ANTANANARIVO. Capital de Madagascar. Fundada en el siglo XVII. Catedrales anglicana y católica. Universidad, observatorio, institutos de investigación, biblioteca. Productos alimenticios, tabaco, artículos de cuero, prendas de vestir. 1.052.835 hab. (1993).
Madagascar 9:268a.

ANTANARIVO. V. **Antananarivo.**

ANTAR, ROMANCE DE. Relato de las aventuras del legendario Antara ibn Shadad, poeta y guerrero árabe anterior al Islam. Se cree que fue compuesto por el filólogo al-Asmai en el siglo IX, a partir de una tradición anónima desarrollada entre los siglos VIII y XII.

ANTARES. La estrella más brillante de la constelación de Escorpión. Situada a unos 400 años luz de la Tierra. De diámetro varios centenares de veces el del Sol y mil veces más luminosa que él, es de tipo rojo supergigante.

ANTÁRTICA. Continente que rodea el polo sur, con una masa terrestre casi totalmente cubierta de hielo que alcanza un grosor medio de 2.000 m. Dividido en dos subcontinentes: Antártica oriental y Antártica occidental.
1:376a; Amundsen, Roald 1:311a; Argentina 2:42b; Byrd, Richard E. 3:239b; Continente 4:361a; Exploraciones geográficas 6:215b; *mapa* 1:377b; *ilustraciones* 1:376a; 1:377; 1:378; 1:379b; 1:389a.

ANTÁRTICA, PENÍNSULA. Región que se extiende unos 1.300 km al norte de la Antártica, frente al continente americano. Zona montañosa y cubierta de hielo, su pico más alto es el monte Comán (3.657 m).

ANTÁRTICA, REGIÓN. Una de las cinco regiones zoogeográficas de la Tierra que abarca el continente antártico, en el hemisferio austral. Su riguroso clima impide casi por completo la vida animal, reducida a su franja costera (algunos tipos de aves y cetáceos). En el interior del continente sólo viven animales y plantas inferiores.
Biogeografía 3:30b.

ANTÁRTICO, OCÉANO GLACIAL. Nombre con el que se conocen las porciones meridionales de los océanos Pacífico, Atlántico e Índico que rodean la Antártica. En su zona atlántica, la Argentina lo denomina oficialmente océano Atlántico sur.
Antártida 1:376a.

ANTÁRTICO, TRATADO. Acuerdo firmado en Washington en 1959 por el que se otorgaba a la Antártida un estatuto de internacionalidad y la desmilitarización del continente. Los países firmantes fueron la Argentina, Australia, Bélgica, Chile, los Estados Unidos, Francia, Japón, Noruega, Nueva Zelanda, Reino Unido, Sudáfrica y la Unión Soviética.
Antártida 1:378b.

ANTE. V. **Alce.**

ANTE, ANTONIO (siglos XVIII-XIX). Político ecuatoriano promotor de la independencia de su país. Descubierto en 1817 su plan para asesinar al jefe realista, fue apresado y desterrado a Ceuta, donde murió.

ANTEDON. V. **Estrella de mar.**

ANTELAMI, BENEDETTO (h. 1150-h. 1230). Escultor y arquitecto italiano, figura importante del románico en su país. Trabajó en la catedral y el baptisterio de Parma.

ANTE MERIDIEM. V. **A. M.**

ANTEMIO, PROCOPIO (siglo V). Emperador romano de occidente (467-472), nieto del prefecto del pretorio Antemio. Estuvo dominado por el jefe suevo Ricimero, quien finalmente lo derrocó y mandó ejecutar.

ANTEMIO DE TRALLES (siglo VI). Matemático, arquitecto y naturalista bizantino de origen lidio. Autor de los planos de la basílica de Santa Sofía, así como de estudios sobre mecánica y óptica.
Bizantino, arte 3:59b.

ANTENA (TELECOMUNICACIÓN). Dispositivo que sirve para emitir o para recibir ondas electromagnéticas.
Electrónica 5:367a; Radar 12:242a; Radiocomunicación 12:249a; Televisión 14:7a.

ANTENA (ZOOLOGÍA). Cada uno de los apéndices articulados, variables en forma y longitud, insertos en la región prebucal de la cabeza de los onicóforos, crustáceos, insectos y miriápodos. Tienen misión sensorial, principalmente olfativa y táctil.

ANTENA PARABÓLICA. Equipo de emisión y recepción de ondas radioeléctricas dotado de un reflector parabólico. Se usa principalmente en comunicaciones por satélite.
1:380b; Electrónica 5:367b; *ilustraciones* 1:381b.

ANTEO. Gigante de la mitología griega, hijo de Poseidón y Gea (la Tierra). Al caer en una lucha, el contacto con su madre le infundía nuevas fuerzas y volvía al combate. Heracles descubrió su fuente de poder y, al combatir con él, lo levantó del suelo abrazándolo y lo ahogó.

ANTEQUERA. Ciudad española de la prov. de Málaga, situada en la depresión intrabética. Denominada Anticaria por los romanos, fue conquistada por los árabes y reconquistada en 1410 por Pedro I de Castilla. Centro de comunicaciones. Agricultura; industrias de transformación. 40.732 hab. (1986).

ANTEQUERA, JOSÉ DE (1689-1731). Abogado y político hispanoamericano. Defendió a los criollos de Asunción (Paraguay) en su enfrentamiento con el gobernador.
1:382a.

ANTEQUERA Y BOBADILLA, JUAN BAUTISTA (1824-1890). Contraalmirante español y ministro de marina. Participó en la guerra de África y en los combates de Valparaíso y El Callao durante la guerra del Pacífico.

ANTERA. Parte apical (en punta) engrosada de los estambres de la flor. Se compone de una serie de cavidades o tecas en el interior de las cuales se forman los granos de polen.
Flor 6:326a; Polen 12:52b.

ANTERO, SAN (m. en el 236). Papa desde finales del 235 hasta principios del 236. Accedió al pontificado en tiempos del emperador Maximino. Murió martirizado.

ANTEROZOIDE. Gameto masculino de las plantas. Producido en el anteridio, fecunda el gameto femenino, u oosfera, en los procesos de reproducción sexual. Suele ser móvil y estar provisto de cilios.
Musgo 10:310a; Reproducción 12:337b.

ANTHURIUM. Planta herbácea vivaz de la familia de las aráceas perteneciente al género *Anthurium*. Monocotiledónea. Diversas especies, originarias de las regiones tropicales americanas, muchas de ellas cultivadas como plantas ornamentales.

ANTIÁCIDO. Sustancia generalmente alcalina o producto que sirve para neutralizar o controlar la excesiva acidez existente en partes del organismo humano, sobre todo por la acción de los jugos gástricos.

ANTIATLAS. Cadena montañosa de Marruecos, al sur de los montes Atlas. Su altitud media es de 1.500 m, pero en varios puntos se rebasan los 1.800 m. Pico volcánico de Yébel Sirwa (3.304 m).

ANTIBES. Ciudad y puerto de Francia, dep. de los Alpes Marítimos, en la bahía de Anges, costa Azul. Castillo del siglo XIV, convertido en museo de obras de Pablo Picasso. Floricultura, turismo. 62.427 hab. (1982).

ANTIBIOGRAMA. Procedimiento por medio del cual se determina *in vitro* (en el laboratorio) la sensibilidad de un microorganismo ante la acción de diferentes antibióticos.
Antibiótico 1:383b.

ANTIBIÓTICO. Sustancia natural o sintética que tiene el poder de inhibir e incluso destruir las bacterias y otros microorganismos. Los antibióticos no surten ningún efecto sobre los virus.
1:382a; Medicamentos 10:24b; Medicina 10:31b; Quimioterapia 12:230a; *cuadro* 1:383b; *ilustraciones* 1:382a; 1:383a.

ANTICICLÓN. Zona de la atmósfera en la que reinan condiciones de alta presión. En su área central, dicha presión es máxima, y en torno a ella giran los vientos en el sentido de las agujas del reloj en el hemisferio norte y en sentido contrario en el hemisferio sur.
Clima y climatología 4:232a; Meteorología 10:107a.

ANTICLERICALISMO. Actitud, tendencia o movimiento contrarios a la influencia del clero en los asuntos políticos y sociales.
1:383b; *ilustración* 1:384a.

ANTICLINAL. En geología, pliegue formado por capas convexas hacia arriba.

ANTICOAGULANTE. Sustancia o medicamento que sirve para anular o retardar la coagulación de la sangre del organismo humano. Suelen utilizarse los anticoagulantes en el tratamiento de síndromes que indican una coagulabilidad sanguínea alta, sobre todo en las trombosis vasculares.

ANTICODÓN. Triplete o grupo de tres bases nitrogenadas de un ARN de transferencia que, en el proceso de biosíntesis de proteínas, interacciona con el codón específico del ARN mensajero.

ANTICOMINTERN, PACTO. Acuerdo firmado inicialmente por Alemania y Japón (1936) y, posteriormente, por ambos países e Italia (1937), dirigido contra la Internacional Comunista (Comintern) y, en especial, contra el comunismo soviético.

ANTICONCEPTIVA, PÍLDORA. Fármaco administrado por vía oral que impide la ovulación y, por tanto, la fecundación. Se basa en la acción de dos hormonas: los estrógenos y la progesterona.
Natalidad, control de la 10:356a.

ANTICONCEPTIVOS, MÉTODOS. Conjunto de procedimientos que tienen por objeto impedir de forma temporal y reversible la fecundación y, más generalmente, el embarazo (preservativos masculinos y femeninos, espermicidas químicos, dispositivos intrauterinos, etc.).
Natalidad, control de la 10:355a.

ANTICORROSIVO. Sustancia empleada para proteger las superficies metálicas contra los ataques atmosféricos y otros agentes externos. Diversos tipos, en función del material que deben proteger. El minio se emplea como anticorrosivo del hierro, además de las pinturas bituminadas y los barnices celulósicos.

ANTICRISTO. Figura presentada en la religión cristiana como símbolo del mal y de carácter apocalíptico.
1:384b; *ilustración* 1:385a.

ANTICUCHOS. Especie de brocheta de trozos de carne o hígado de vaca ensartados en un palito o en una caña. Una vez aderezada, se asa o fríe. Plato típico peruano en el que suele usarse el corazón de la res.

ANTICUERPOS. Sustancias protídicas (globulinas) elaboradas por los linfocitos de la sangre como reacción a la introducción en el organismo de otras sustancias que le son extrañas, denominadas antígenos.
1:385b; Alergia 1:198b; Antígeno 1:387a; Grupo sanguíneo 7:241a; Inmunología 8:216b; Prótidos 12:169a; *ilustración* 1:386a.

ANTICUERPO MONOCLONAL. Sustancia producida en laboratorio equivalente a la que genera el organismo como reacción defensiva ante el ataque de un elemento extraño o antígeno. Desarrollada a partir de un clon o conjunto de células genéticamente idénticas derivadas de una misma unidad celular, tiene importancia en el tratamiento de procesos tumorales.
Anticuerpo 1:386b; Biotecnología 3:54b.

ANTIDEPRESIVO. Sustancia o medicamento que sirve para eliminar o aliviar en el paciente un estado depresivo.
Psicotropos 12:184b.

ANTÍDOTO. Sustancia que neutraliza los efectos tóxicos de otra. Es sinónimo de antifármaco y contraveneno.

ANTIESPASMÓDICO. Agente que elimina o aminora las fases espasmódicas de las fibras musculares. Indicado particularmente para la musculatura lisa. Son antiespasmódicos frecuentes el butilbromuro de escopolamina y la homatropina.
Belladona 2:401b.

ANTIFERROMAGNETISMO. Tipo de magnetismo en algunos sólidos, como el óxido de manganeso, en que los iones adyacentes se alinean alternativamente en sentidos opuestos –o antiparalelos–, de manera que no se manifiesta magnetismo bruto exterior. Por arriba de cierta temperatura –temperatura de Néel, diferente en cada material– desaparece esta propiedad.

ANTIFÓN (h. el 480-411 a.C.). Orador griego adversario de la democracia. Fue condenado a muerte por su participación en la violenta restauración de la oligarquía.

ANTÍFONA. Melodía breve del canto litúrgico que se interpreta como acompañamiento de los salmos. Significa *contracanto,* término derivado de la costumbre original de disponer dos coros que se contestaban alternativamente. También se denomina antífona al pasaje de la vida de un santo, tomado de las Escrituras y cantado en su festividad.

ANTÍFRASIS. Figura retórica que consiste en aplicar irónicamente a alguien o algo una expresión de significado contrario a su cualidad real.

ANTIFRICCIÓN. Aleación formada básicamente a partir de metales blandos (plomo o estaño) que se utiliza en la industria mecánica para revestir cojinetes o piezas que por su fricción están sujetas a continuo desgaste. Utilizada desde mediados del siglo XIX.

ANTÍGENO. Sustancia extraña a un organismo que, al penetrar en éste, puede provocar en él la aparición de un factor de reacción específico denominado anticuerpo.
1:387a; Alergia 1:198b; Anticuerpo 1:385b; Autoinmunidad 2:238a; Grupo sanguíneo 7:241a; Inmunología 8:216a.

ANTÍGONA (MITOLOGÍA). Personaje legendario griego. Fruto del incesto de Edipo con Yocasta y hermana de Polinice, Eteocles e Ismena. Pese a la prohibición expresa de su tío, el tirano Creonte, intentó enterrar el cadáver de su hermano Polinice; sorprendida, fue encerrada en el mausoleo de sus antepasados, donde se suicidó. Simboliza el amor fraternal.

ANTÍGONA (TEATRO). Tragedia de Sófocles (siglo V a.C.) que convirtió a la Antígona mitológica en símbolo de la ley natural no escrita frente a la razón de estado representada por el tirano. Su figura ha sido tratada y reelaborada por diversos dramaturgos (Vittorio Alfieri, Jean Anouilh, Salvador Espriu).

ANTIGÓNIDAS. Dinastía macedonia que se mantuvo en el poder entre el siglo IV y el siglo II a.C. Fue fundada por el sucesor de Alejandro, Antígono I Monoftalmos, proclamado rey en el 306 a.C. Finalizó con la derrota del rey Perseo en la batalla de Pidna (168 a.C.) frente a los ejércitos romanos.

ANTÍGONO I MONOFTALMOS (382-301 a.C.). Rey de Macedonia del 306 al 301. Sátrapa de Frigia en el 333 a.C. en tiempos de Alejandro Magno, a la muerte de éste trató de reunificar el imperio. Junto con su hijo, Demetrio Poliorcetes, se proclamó rey y fundó la dinastía de los antigónidas (306-168 a.C.).
Seléucida, reino 13:192a.

ANTÍGONO II GONATAS (h. el 319-239 a.C.).Rey de Macedonia del 276 al 239. Nieto de Antígono I, defendió su reino de las incursiones de los celtas, lo sacó de la anarquía y consiguió la hegemonía sobre Grecia.
Macedonia 9:260a.

ANTÍGONO DE JUDEA (siglo I a.C.). Sumo sacerdote y rey de los judíos desde el año 40 al 37 a.C. en que fue derrotado por Herodes Antípatro, apoyado por los romanos. Fue condenado a muerte por Antonio.

ANTIGORITA. Mineral perteneciente a las serpentinas hojosas. Agregados monocristalinos. Es blanda y presenta un color verde cercano al jade.

ANTIGUA GUATEMALA. Ciudad de Guatemala, cap. del dep. de Sacatepéquez. Fundada en 1527, fue destruida por una erupción volcánica y reconstruida en 1542. Edificios coloniales, catedral del siglo XVII. Antigua capitanía general hasta el terremoto de 1773, tras el que se trasladó la capitalidad a la nueva Guatemala. Centro turístico, especialmente en Semana Santa. Industrias diversas. Café, caña de azúcar, licores. 27.014 hab. (1981).
Guatemala 7:254a.

ANTIGUA Y BARBUDA. País del Caribe, en las Antillas menores, formado por tres islas. Cap. Saint John's. 441,6 km^2. 71.000 hab. (2000).
1:388b; América 1:276b; *cuadros* 1:388b; 1:389b; *ilustración* 1:389b.

ANTIGUO TESTAMENTO. Conjunto de escritos bíblicos anteriores al nacimiento de Jesús de Nazaret. Constituye la primera parte de la *Biblia* para los cristianos y la única para los judíos. El canon católico distingue en él tres grupos de libros: históricos, proféticos y sapienciales o poéticos.
Biblia 3:10a; Cábala 3:241a; Dios 5:200b; Hebrea, literatura 7:344a; Salomón, rey 13:100a.

ANTIHELMÍNTICO. Agente farmacológico utilizado para expulsar o destruir los nematodos intestinales. Hay variedades antinematoideas o vermicidas, contra lombrices cilíndricas, como piperacina y papaína; y anticestoideas o tenicidas, como el extracto de helecho, contra la solitaria y otras lombrices planas.

ANTIHISTAMÍNICO. Sustancia que contrarresta o se opone a los efectos de la histamina en el organismo. Se utiliza como tratamiento en alergias, pero tiene efectos secundarios negativos.

ANTIINFLAMATORIO. Sustancia farmacológica capaz de combatir las distintas manifestaciones de la inflamación. Históricamente, el tratamiento de la inflamación, en diferentes fases, se realizaba con la aplicación de frío y calor. Las principales sustancias antiinflamatorias son los corticoides y sus derivados.
Analgésicos 1:315a.

ANTIKOMINTERN. V. **Anticomintern, pacto.**

ANTILÍBANO. Cadena montañosa del cercano oriente paralela a los montes Líbano y separada de ellos por el valle de la Bekaa. Su cumbre más elevada es el Talat Musa (2.629 m).

ANTILLAS. Conjunto de islas de América central situadas entre el mar Caribe y el océano Atlántico.
1:390a; América 1:271a; Amerindios, pueblos 1:300a; Antigua y Barbuda 1:388b; Barbados 2:345b; Bermudas 2:422b; Caribe, mar 3:388b; Cuba 5:49b; Dominica 5:220a; Dominicana, República 5:221b; Granada (Antillas) 7:188b; Guadalupe 7:246a; Haití 7:316b; Jamaica 8:333a; Martinica 9:396a; Puerto Rico 12:196a; San Cristóbal y Nieves 13:119a; San Vicente y las Granadinas 13:152b; Santa Lucía 13:141b; Trinidad y Tabago 14:131b; *mapa* 1:391; *ilustraciones* 1:390a; 1:391b; 1:392a; 1:392b.

ANTILLAS, MAR DE LAS. V. **Caribe, mar.**

ANTILLAS MAYORES. Parte septentrional del archipiélago de las Antillas. Comprende las islas de Cuba, La Española (Haití y la República Dominicana), Jamaica y Puerto Rico.
Antillas 1:390a.

ANTILLAS MENORES. Parte oriental y meridional del archipiélago de las Antillas. Comprende los estados de San Cristóbal y Nieves, Antigua y Barbuda, Barbados, Dominica, Santa Lucía, San Vicente y las Granadinas, Granada y Trinidad y Tabago, así como diversos territorios insulares bajo soberanía del Reino Unido, Francia, los Países Bajos, los Estados Unidos y los países ribereños del Caribe.
Antillas 1:390a.

ANTILLAS NEERLANDESAS. Grupo de cinco islas pertenecientes a los Países Bajos, en el archipiélago antillano. Las islas de Curaçao y Bonaire se encuentran frente a Venezuela; Saba, Sint Eustatius y Sint Maarten forman parte de las Antillas menores. Aruba formó parte del grupo hasta 1986, cuando se separó para constituir otra colonia. Cap. Willemstad. 800 km^2. 197.069 hab. (1994).
Antillas 1:392b; Curaçao 5:78a; Países Bajos 11:206b.

ANTILLÓN Y MARZO, ISIDORO DE (1778-1814). Geógrafo español y activo político del Partido Liberal. Colaboró en periódicos como *Semanario Patriótico* y *Aurora Patriótica Mallorquina. Elementos de la geografía astronómica, natural y política de España y Portugal* (1808).

ANTILOGARITMO. Número que corresponde a un logaritmo dado, o sea, que es su función inversa. Así, si log$_N$x *c*, *x* sería el antilogaritmo correspondiente a *c*.

ANTÍLOPE. Mamífero artiodáctilo rumiante de la familia de los bóvidos, de cornamenta persistente. Incluye numerosas especies, que viven en Asia y África principalmente. Destacan, entre otros, el oryx, el impala, el saiga, el hipotrago y el damalisco.
1:393a; Predación 12:124a; *cuadro* 1:393a; *ilustraciones* 1:393; 12:124a.

ANTÍLOPE AMERICANO. V. **Berrendo.**

ANTIM, IVIREANUL (1660-1716). Eclesiástico rumano que contribuyó, con publicaciones de textos religiosos, y con sus propios escritos, a la formación de la literatura rumana.

ANTÍMACO (siglo V a.C.). Poeta griego. Con su poema *La tebaida* introdujo la épica de estilo culto, diferenciada de la épica popular. Su poema *Lyde* abre nuevos caminos en el género elegíaco.

ANTIMATERIA. Entidad física complementaria de la materia, de carga eléctrica opuesta. Materia y antimateria no pueden coexistir, pues ello conduciría a su mutua destrucción. A cada partícula de materia corresponde una de antimateria: antiprotón, antineutrón, antielectrón o positrón.
Materia y antimateria 9:413b.

ANTIMITÓTICO. Sustancia que inhibe la mitosis o proceso de división celular. De utilidad en la lucha contra el cáncer.

ANTIMONIO. Elemento químico del grupo del nitrógeno. Símbolo, Sb. Utilizado en aleaciones por su brillo metálico blanco plateado.
1:394a; *cuadro* 1:394a; *ilustración* 1:394a.

ANTIMONITA. Sesquisulfuro nativo de antimonio que se encuentra en masas fibrosas. Intenso brillo metálico y de color gris. Mena de antimonio.
Antimonio 1:394a.

ANTINOMIA. Etimológicamente, conflicto entre leyes. En sentido amplio, oposición entre ideas, actitudes, proposiciones, etc. Para Immanuel Kant era la contradicción e incompatibilidad entre las dos soluciones de los problemas fundamentales de la cosmología racional *(Crítica de la razón pura).*

ANTÍNOO (h. el 110-130). Favorito del emperador Adriano (reinante del 117 al 138). Figura emblemática de la estatuaria romana en el siglo II, presentó un canon de belleza muy cercano al desarrollado por Praxíteles.
Adriano 1:75b.

ANTINOÓPOLIS. Antigua ciudad de Egipto, próxima a Hermópolis, fundada por el emperador romano Adriano en el año 130 en recuerdo de su favorito el joven Antínoo, que se ahogó en el Nilo.

ANTÍOCO I SÓTER (324-h. el 261 a.C.). Rey de la dinastía seléucida. Hijo de Seleuco I, rechazó una invasión de los galos y perdió numerosas posesiones frente a Eumenes de Pérgamo y a Tolomeo II Filadelfo.
Seléucida, reino 13:192a.

ANTÍOCO II THEOS (h. el 287-246 a.C.). Rey de los dominios seléucidas del cercano oriente del 261 al 253 a.C. Se alió con el rey de Macedonia, Antígono II Gonatas, y venció a Tolomeo II Filadelfo. Abdicó en favor de la reina Jaodice.

ANTÍOCO III EL GRANDE (242-187 a.C.). Rey seléucida del 223 al 187 a.C. Reconstruyó el imperio de Alejandro en oriente, pero no consiguió frenar la influencia romana en los reinos helénicos de Europa y Asia menor.
Persia 11:352a; Seléucida, reino 13:192a.

ANTÍOCO IV EPIFANES (h. el 215-164 a.C.). Rey seléucida del 175 al 164 a.C., hijo de Antíoco III y sucesor de Seleuco IV. Trató de conseguir la helenización de su reino, lo que provocó revueltas por parte de los judíos.

ANTÍOCO VII SIDETES (h. el 159-129 a.C). Rey de los dominios seléucidas de Siria. Hijo de Demetrio Sóter, destronó al usurpador Trifón en el 139. Sometió la región de Judea y murió en lucha con los partos.

ANTÍOCO DE ASCALÓN (h. el 120-68 a.C.). Filósofo griego. Dirigió la Academia Nueva que buscó reencauzar a un platonismo puro. Intentó conciliar esta doctrina con el aristotelismo y el estoicismo atribuyendo las discrepancias a una mera diferencia de expresiones. Su eclecticismo ejerció gran influjo en Cicerón y otros autores latinos.

ANTÍOCO HIÉRAX (h. el 263-226 a.C.). Pretendiente al trono seléucida del cercano oriente. Hijo de Antíoco II y de Laódice, y hermano menor de Seleuco II, se sublevó contra este último y fue derrotado (guerra de los hermanos, 239-236 a.C.). Expulsado de Anatolia por Atalo de Pérgamo, murió en lucha contra los gálatas.

ANTÍOPE. En la mitología griega, mujer de extraordinaria belleza poseída contra su voluntad por Zeus en la forma de un sátiro. De esta unión procreó a Anfión y Zeto.

ANTIOQUÍA. Antigua ciudad del sur de Turquía cuyo nombre moderno es Antakya. Fue un importante centro religioso y alcanzó su máximo esplendor en las épocas helenística, romana y bizantina.
1:394b; Cruzadas 5:37a.

ANTIOQUIA (COLOMBIA). Departamento del noroeste de Colombia entre las cordilleras Central y Occidental de los Andes. Cap. Medellín. 63.312 km^2. 4.919.619 hab. (1993).
1:395a; Medellín 10:21b; *ilustración* 1:395b.

ANTIOXIDANTE. Sustancia química utilizada para proteger un cuerpo o superficie contra la acción del oxígeno. Los antioxidantes más utilizados son pinturas, aceites, barnices, revestimientos metálicos (minio), etc.

ANTIPALÚDICO. Fármaco empleado para combatir el paludismo (malaria) y sus manifestaciones. Entre las antipalúdicos más usuales se cuentan las aminoquinoleínas, la pirimetina y el sulfato de quinina.

ANTIPAPA. En la historia de la Iglesia Católica, sumos pontífices considerados ilegítimos.
1:396a; *cuadro* 1:396b.

ANTIPARASITARIO. Sustancia utilizada para combatir los parásitos. Son antiparasitarios algunos antibióticos, como la terramicina y la aureomicina.
Enfermedades de transmisión sexual 5:417a.

ANTIPARTÍCULA. Partícula elemental de antimateria. Se trata de una entidad con la misma masa que su partícula de materia asociada, pero con carga eléctrica y momento magnético opuestos. Al combinarse una partícula con su antipartícula, ambas se desintegran liberando energía pura.
Materia y antimateria 9:412b; Partículas subatómicas 11:289b.

ANTÍPATRO (m. en el 43 a.C.). Procurador romano de Judea. Obtuvo el cargo (47 a.C.) gracias al apoyo de Julio César. Fue padre de Herodes el Grande. Llamado también Antípater el Idumeo.

ANTÍPATRO DE MACEDONIA (h. el 397-319 a.C.). General del ejército macedonio, ocupó la regencia entre el 334 y el 323 a.C., durante la ausencia de Alejandro. A la muerte de éste, el ejército lo nombró nuevamente regente, cargo que ocupó hasta el 319 a.C. Fue sucedido por Poliperconte.

ANTIPIRÉTICO. Fármaco utilizado para eliminar la fiebre, como el ácido acetilsalicílico, la fenacetina y el paracetamol.
Fiebre 6:280b.

ANTIPIRINA. Sustancia orgánica básica de origen sintético, de nombre químico fenildimetilpirazolona. Sólido blanco cristalino, soluble en agua y alcohol, con ligero sabor amargo. Carácter analgésico, antirreumático y antipirético. Se utiliza en numerosas aplicaciones terapéuticas y como reactivo analítico.
Fiebre 6:280b.

ANTIPSICÓTICO. Fármaco psicotropo cuya administración ejerce un efecto sedante sobre la mente. Empleados en el tratamiento de la psicosis y de estados maniacodepresivos.

ANTIPSIQUIATRÍA. Movimiento opuesto a los conceptos psiquiátricos tradicionales, especialmente los de enfermedad mental, normalidad y curación.
1:397a; Laing, R. D. 9:50b; Locura 9:200a.

ANTIRRINO. Planta herbácea anual de la familia de las escrofulariáceas (*Antirrhinum majus*). Dicotiledónea. También conocida como boca de dragón e hierba becerra. Diversas variedades que difieren en el color de la flor, que va del amarillo al púrpura. Utilizada en jardinería.

ANTISEMITISMO. Movimiento, actitud o teoría contrarios a la religión, cultura o influencia de los judíos. Los movimientos antisemitas se han dado de forma intermitente desde la antigüedad, y alcanzaron su punto culminante con el genocidio realizado por los nazis durante la segunda guerra mundial.
Dreyfus, Alfred 5:243b.

ANTISEPSIA. Conjunto de prácticas médicas encaminadas a suprimir los microorganismos capaces de provocar infecciones.
Cirugía 4:211a; Lister, Joseph 9:178b.

ANTISÉPTICO. Sustancia que impide la proliferación de los gérmenes patógenos y los destruye.
1:397a; Desinfectante 5:154b; Fenol 6:261a; Primeros auxilios 12:146b; *cuadro* 1:397b.

ANTÍSTENES (h. el 444-h. el 365 a.C.). Filósofo griego. Discípulo de Gorgias y Sócrates. Se le atribuye la fundación de la escuela cínica, en la que Diógenes fue su principal continuador.
Cinismo 4:204a; Diógenes 5:197b.

ANTITÉRMICO. V. **Antipirético.**

ANTÍTESIS (FILOSOFÍA). Idea o proposición que niega o se opone a otra. La voz se emplea para designar el segundo término de la antinomia de Immanuel Kant y el segundo paso en los procesos dialécticos postulados por G. W. F. Hegel y el marxismo.
Dialéctica 5:167a.

ANTÍTESIS (LITERATURA). Figura retórica que consiste en asociar deliberadamente dos palabras, frases o pensamientos de significados contrarios, con el fin de dotar de mayor efecto expresivo a la composición. Frecuente en las obras barrocas.
Redacción 12:286b.

ANTITIROIDEO. Sustancia farmacológica inhibidora de la acción del tiroides. Principalmente empleado en la enfermedad de Basedow. Entre los antitiroideos se incluyen el tiuracilo y sustancias afines.

ANTITOXINA. Sustancia capaz de neutralizar la acción de una toxina. Las antitoxinas son anticuerpos elaborados progresivamente por el organismo como respuesta a la acción de las toxinas microbianas.
Anticuerpo 1:386a; Inmunología 8:215b.

ANTIVIRUS. Programa que al incorporarse a una computadora detecta la presencia de virus informáticos que pueden dañar la información que contiene. A partir de la generalización del uso del correo electrónico en la década de 1990, los antivirus requieren constantes actualizaciones, de manera que puedan actuar sobre los nuevos virus que se ponen en circulación por este medio.
Virus (informática) 14:328b.

ANTOFAGASTA (CIUDAD). Población de Chile, a orillas del Pacífico. 243.038 hab. (1999).
1:398a; Chile 4:131a; *ilustración* 1:398a.

ANTOFAGASTA (REGIÓN). División administrativa de Chile (II región). Incluye las prov. de Antofagasta, El Loa y Tocopilla. Se ubica en la zona árida del norte del país. Minas de cobre, bórax, azufre. Cap. Antofagasta. 126.444 km^2. 415.487 hab. (1995).
Atacama 2:185b.

ANTOFALLA (SALAR DE). Desierto salado de la Argentina, en la prov. de Catamarca. Forma parte de la puna de Atacama. Limita al este con la cordillera de Calalaste y al oeste con las de Antofalla y Alto de los Colorados. 573 km^2.

ANTOFALLA (VOLCÁN). Volcán de la Argentina, situado al oeste del salar homónimo. 6.409 m de altura.

ANTOFILITA. Mineral que interviene de manera accesoria en la formación de rocas y que pertenece al grupo de los asbestos.

ANTOFITAS. V. **Fanerógamas.**

ANTOINE, ANDRÉ (1858-1943). Actor, director teatral y crítico francés. Fundador del Théâtre Libre.
1:398b; Teatro 13:411a.

ANTOLÍNEZ, FRANCISCO (h. 1644-h. 1700). Pintor español. Influido por Bartolomé Esteban Murillo. Mostró especial gusto por el paisaje. En el Museo del Prado de Madrid y en su ciudad natal, Sevilla, se conservan varias pinturas suyas. «La presentación de la Virgen», «La huida a Egipto».

ANTOLÍNEZ, JOSÉ (1635-1675). José Antolín, pintor español. Una de las figuras más prestigiosas del barroco madrileño. Su obra reflejó la influencia de Tiziano y Petrus Paulus Rubens. Abordó preferentemente la temática religiosa. «Adoración de los pastores», «La oración del huerto».

ANTOLOGÍA. Colección de textos íntegros o fragmentos de obras de diversos autores, reunidos con la intención de mostrar características propias de un estilo, época o grupo literario que mantiene planteamientos afines. Frecuente en el género poético.

ANTONELLI, FAMILIA. Ingenieros italianos de finales del siglo XVI y comienzos del XVII. Trabajaron para la corona española, durante el reinado de Felipe II, en proyectos civiles y de carácter militar en las posesiones americanas (fortificaciones de Cartagena de Indias, Santo Domingo, etc.). Entre los integrantes de la familia destacaron Juan Bautista (m. en 1588) y Bautista (h. 1550-1616).

ANTONELLI, GIACOMO (1806-1876). Cardenal romano y secretario de estado de Pío IX. Defendió el poder temporal del papa frente al movimiento liberal que pedía una constitución para los Estados Pontificios.

ANTONELLO DA MESSINA (h. 1430-h. 1479). Antonio di Antonio, pintor italiano. Difundió en Italia la técnica flamenca de la pintura al óleo.
1:399a; Bellini, Giovanni 2:402b; *cuadro* 1:399b; *ilustración* 1:399a.

ANTONESCU, ION (1882-1946). General y estadista rumano. Formó un gobierno pronazi en su país durante la segunda guerra mundial. En 1944 fue depuesto por un golpe de estado. Condenado a muerte, fue ajusticiado.

ANTÓNIMO. Palabra que expresa una idea opuesta o contraria a otra. Por ejemplo: virtud y vicio.

ANTONINO, MARCO AURELIO. V. **Marco Aurelio.**

ANTONINO PÍO (86-161). Emperador romano del 138 al 161, de la influyente familia de los Antoninos. Sucedió a Adriano. Su reinado constituyó una época de paz y prosperidad que marcó el apogeo del imperio.
Adriano 1:75b; Marco Aurelio 9:355b.

ANTONINOS, DINASTÍA DE LOS. Dinastía de emperadores romanos que ocuparon el trono del imperio entre el 96 y el 192. Sucedió a la dinastía Flavia (69-96) y estuvo compuesta por: Nerva (96-98), Trajano (98-117), Adriano (117-138), Antonino Pío (138-161), Marco Aurelio (161-180) y Cómodo (180-192).
Roma antigua 12:423b.

ANTONIO (1921-1996). Nombre artístico del bailarín y coreógrafo español Antonio Ruiz Soler. Se inició en el baile en 1930. Creó su compañía en 1953. Se distinguió por su zapateado. Fue director artístico del Ballet Nacional español entre 1977 y 1983.

ANTONIO, CAYO (h. el 80-42 a.C.). Político romano, partidario de Julio César. Hermano de Marco Antonio, apoyó a éste tras la muerte de César. Fue vencido y ejecutado por Marco Junio Bruto.

ANTONIO, MARCO. V. **Marco Antonio.**

ANTONIO, NICOLÁS (1617-1684). Primer historiador de la literatura española. Fue inquisidor en Roma y en el reino de las Dos Sicilias y miembro de la orden de Santiago. *Biblioteca hispana* (1672 y 1696), *Censura de historias fabulosas* (1742).

ANTONIO, PRIOR DE CRATO (15311595). Eclesiástico y pretendiente al trono de Portugal, que no pudo asumir pese a la ayuda armada de Francia e Inglaterra.
1:399b.

ANTONIO ABAD, SAN (251-356). Eremita cristiano. Retirado desde los veinte años en la Tebaida (Egipto), fundó después numerosos monasterios. Uno de los iniciadores de la práctica monástica en la tradición cristiana. Se le atribuyen las célebres «tentaciones», acaecidas durante sus primeros años de vida en soledad.
Monasterios y conventos 10:224b.

ANTONIO DE BORBÓN (1518-1562). Duque de Vendôme y rey consorte de Navarra; padre de Enrique IV de Francia. Convertido al protestantismo, volvió luego a la Iglesia Católica y murió en lucha contra los hugonotes ante la fortaleza de Ruán.

ANTONIO DE GUEVARA, FRAY. V. **Guevara, fray Antonio de.**

ANTONIO DE KIEV (m. en 1073). Fundador del monasticismo ruso según la tradición de los ermitaños del monasterio griego ortodoxo del monte Athos.

ANTONIO DE PADUA, SAN (1195-1231). Franciscano portugués. Doctor de la iglesia.
1:400a; *ilustración* 1:400a.

ANTONIO JRAPOVITSKI (1863-1936). Prelado ruso. Obispo desde 1897, ocupó el obispado de Járkov entre 1914 y 1917. Fue nombrado metropolitano de Kiev en 1917. Ocupó desde 1920 la dirección de la Iglesia Ortodoxa Rusa en el exilio. Renovador de la teología rusa.

ANTONIO MARÍA CLARET, SAN. V. **Claret, San Antonio María.**

ANTONIONI, MICHELANGELO (n. en 1912). Director de cine italiano. Representa una cinematografía opuesta al neorrealismo.
1:400b; *ilustración* 1:400b.

ANTONOV-OVSEIENKO, VLADÍMIR(1883-h. 1938). Militar y político ruso. Estuvo al frente de los bolcheviques en el asalto al Palacio de Invierno. Desempeñó diversos cargos públicos, entre ellos el de cónsul general en España durante la guerra civil de este país. Fue acusado de trotskista y probablemente ejecutado tras los procesos de Moscú de 1938.

ANTOÑETE (n. en 1934). Antonio Chenel, matador de toros español. Tomó la alternativa en 1953, de manos de Julio Aparicio. Representante del toreo purista.

ANTOZOOS. Clase de animales cnidarios carentes de fase medusoide y formados únicamente por pólipos coloniales o aislados. Presentan cavidad gástrica y vascular única con septos finalizados en las gónadas. Provistos de seis u ocho tentáculos que definen su clasificación en hexacoralarios y octocoralarios.
Coral 4:373b.

ANTRACENO. Hidrocarburo sólido, incoloro con fluorescencia azul, obtenido en la destilación del alquitrán de hulla. Utilizado en la fabricación de tintes, antraquinonas y colorantes alizarínicos. Su fórmula es $C_{14}H_{10}$ y su peso molecular 178,22.
Hidrocarburos 7:396a.

ANTRACITA. Carbón que arde con llama azul pálida, no produce humo y posee grandes propiedades caloríficas. Su proporción en materias volátiles es reducida. De color negro; aspecto resinoso, vítreo o de brillo semimetálico.
Carbón 3:374b; Carbono 3:376a; Combustible 4:290a.

ANTRAQUINONA. Sustancia orgánica del grupo de las cetonas, producto de oxidación del antraceno. Sólido amarillo cristalino, algo soluble en agua y disolventes orgánicos. Base de una gran cantidad de colorantes textiles. Utili-

dad farmacológica como origen de purgantes antraquinónicos.
Benceno 2:408b.

ANTRAQUINÓNICOS, COLORANTES. Productos sintéticos obtenidos a partir de la antraquinona. Utilizados en tejidos de algodón, seda, etc., presentan una toxicidad baja y una gran resistencia de color.

ÁNTRAX. V. **Carbunco.**

ANTROPOFAGIA. Práctica de algunos pueblos de comer carne humana, tanto por necesidades alimenticias como por motivos religiosos.
Canibalismo 3:342a.

ANTROPOGEOGRAFÍA. Nombre con que el geógrafo alemán Friedrich Ratzel designó los estudios sobre geografía humana, o ciencia del conocimiento de las relaciones del hombre con el medio.
Ratzel, Friedrich 12:265a.

ANTROPOIDES. Grupo de primates que incluye a los simios más evolucionados, como el gorila, orangután, chimpancé y gibón.
Homínidos 8:53a; Primates 12:143a.

ANTROPOLOGÍA. Ciencia que trata del hombre en su doble aspecto, físico y cultural.
1:401a; Aculturación 1:50b; Boas, Franz 3:77a; Danza 5:95a; Dios 5:199a; Etnología 6:184b; Fetichismo 6:275b; Folclor 6:339b; Hombre 8:47a; Incesto 8:144b; Malinowski, Bronislaw 9:307b; Matriarcado y patriarcado 9:415a; Matrimonio y divorcio 9:417a; Mestizaje 10:88b; Mito y mitología 10:196a; Morgan, Lewis Henry 10:266a; Nomadismo 11:5a; Política 12:60b; Radcliffe-Brown, A. R. 12:242b; Razas humanas 12:272b; Róheim, Géza 12:410b; *ilustraciones* 1:401b; 1:402a-b; 1:403b; 1:404a; 1:405b.

ANTROPOLOGÍA FÍSICA. Rama de la ciencia antropológica que se ocupa del estudio del ser humano desde el punto de vista de sus características biológicas. Comprende tanto las investigaciones acerca del lugar que ocupa el hombre dentro de la clasificación animal como las diferentes categorías en que se divide el género humano.
Antropología 1:401a; Antropometría 1:406b.

ANTROPOMETRÍA. Estudio de las medidas y proporciones físicas del cuerpo humano.
1:406a; Metrología 10:112b; Razas humanas 12:272a; *ilustración* 1:406a.

ANTROPOPITECO. V. **Pithecanthropus.**

ANTROPOZOICA, ERA. Denominación que se aplica a la era cuaternaria y hace referencia a la aparición del hombre.
Cuaternaria, era 5:46b.

ANTROPOZOONOSIS. Enfermedades zoonóticas en las que el hombre actúa como mero hospedador intermediario del parásito, que sólo desarrolla en él su forma larvaria.

ANTUNES, JOÃO (siglos XVII-XVIII). Arquitecto portugués. Trabajó en diversos edificios religiosos de su país, como la iglesia de Louriçal y la iglesia lisboeta de Santa Engracia.

ANTÚNEZ, CARLOS (1847-1898). Político chileno que desempeñó diversos ministerios e introdujo importantes reformas en la agricultura de su país.

ANTÚNEZ, NEMESIO (n. en 1918). Pintor chileno. En sus composiciones abstractas se observa la influencia de Paul Klee. Colaboró en la decoración mural del edificio de las Naciones Unidas de Nueva York. Trabajó también como arquitecto.

ANU. Deidad suprema de la antigua Mesopotamia, cabeza de la tríada que formaba junto con Bel y Ea. Representaba la luz y era considerado padre de numerosos dioses.
Mesopotámicas, religiones 10:84b.

ANU, CHAO (1767-1829). Gobernante del reino laosiano de Vientiane. Intentó, sin éxito, lograr la independencia de la región central y meridional de Laos, frente a la dominación siamesa. Fracasada su insurrección, fue capturado y ejecutado.

ANUAK. Pueblo que habita entre el sudeste de Sudán y Etiopía, originario de los grandes lagos africanos. Participó en la guerra civil de 1954-1972 en defensa de un estado negro independiente en el sur de Sudán.

ANUAL, PLANTA. Especie vegetal cuyo ciclo de vida es de un año, período durante el cual la planta crece, se desarrolla, florece, fructifica y, cuando sus frutos han madurado, muere. En condiciones especiales puede vivir una estación más.

ANUBIS. Dios egipcio de ultratumba.
1:406b; Egipcia, religión 5:324b; Osiris 11:169a; *ilustración* 1:407a.

ANUNCIACIÓN. En la tradición cristiana, mensaje que transmitió el arcángel san Gabriel a María, anunciándole que iba a ser la madre del Mesías. La Iglesia Católica conmemora el acontecimiento el 25 de marzo.

ANUNCIACIÓN A MARÍA, LA. Obra dramática del escritor francés Paul Claudel, publicada en 1912, de contenido religioso y poético, que alcanzó gran renombre en su época.

ANUNCIACIÓN DE AIX-EN-PROVENCE, MAESTRO DE LA. Autor anónimo del retablo del mismo nombre de la iglesia de la Magdalena en Aix-en-Provence, Francia. La obra procede de mediados del siglo XV y denota una gran influencia del arte flamenco.

ANURIA. Ausencia total o casi total de orina en la vejiga, al menos varias horas después de la última micción. La anuria puede ser mecánica o excretoria y verdadera o secretoria.

ANUROS. Orden de anfibios que carecen de cola en estado adulto. Comprende a las ranas y sapos. Los anuros experimentan una metamorfosis notable al pasar del estado larvario al adulto.
Anfibios 1:349a; Rana 12:260a; Sapo 13:158a.

ANVARI (h. 1126-h. 1189). Awhad al-Din, poeta persa. Autor de casidas (odas) y de notables panegíricos. Entre sus composiciones destaca el poema elegíaco *Llanto de Jurasán,* o *Las lágrimas de Jurasán.* También se conoce al autor como Enreri, Anwari o Auhad-Adín.

ANYI. Pueblo africano que habita en Costa de Marfil (Côte d'Ivoire) y Ghana. Pertenece lingüísticamente a la rama kwa de la familia nigerocongoleña. Practica la agricultura y mantiene sistemas de descendencia matrilineal.

ANZA, JUAN BAUTISTA DE (1735-1788). Explorador español, fundador de la misión de San Francisco y pionero de la ruta terrestre hacia California. Fue gobernador de Nuevo México desde 1777 hasta su muerte.

ANZANO, TOMÁS DE (m. en 1795). Escritor español que promovió, desde diversos cargos públicos, reformas económicas, especialmente en la agricultura. *Reflexiones económico-políticas sobre las causas de la alteración de precios* (1728), *Discurso sobre los medios que pueden facilitar la reconstrucción de Aragón* (1768).

ANZOÁTEGUI. Estado del nordeste de Venezuela, a orillas del mar Caribe. Cap. Barcelona. 43.300 km^2. 1.028.097 hab. (1995).
1:407a; Venezuela 14:260b.

ANZOÁTEGUI, JOSÉ ANTONIO (1789-1819). General venezolano de origen español. Fue jefe de la guardia de honor de Simón Bolívar y luchó con él en Boyacá.

ANZUS. Siglas con que se conoce el tratado de seguridad del Pacífico firmado en 1951 entre Australia, Nueva Zelanda y los Estados Unidos. Su finalidad era la defensa mutua en caso de agresión y la solución pacífica de los contenciosos.
Alianzas militares 1:229a; Nueva Zelanda 11:45a; Organismos internacionales 11:138a.

AÑASCO. Municipio de Puerto Rico, a orillas del río Grande de Añasco, en la costa occidental del país. 23.952 hab. (1985).

AÑASCO, PEDRO DE (siglo XVI). Conquistador español. Bajo las órdenes de Sebastián de Belalcázar fundó en 1538 la ciudad de Timaná (Colombia) y sometió a los indios yalcones. Mandó quemar al hijo de la cacica Gaitana, y ésta vengó su muerte derrotando a Añasco y ejecutándolo en un lento suplicio.

AÑASCO, RÍO. Curso fluvial de la vertiente occidental de Puerto Rico. Discurre con una longitud de 65 km. Nace en la cordillera Central y desemboca en la bahía de Añasco.

AÑIL. Arbusto perenne de la familia de las leguminosas. De sus tallos y hojas se obtiene por maceración un colorante azul oscuro. El nombre añil designa también a este colorante.

AÑO. Unidad de tiempo que corresponde al período que tarda la Tierra en completar una revolución alrededor del Sol. El año civil común es de 365 días y el bisiesto de 366. Este último acontece cada cuatro años debido a que el valor en días del año común no es exacto y sobran en él aproximadamente seis horas. El año se divide en meses; da comienzo el 1 de enero y finaliza el 31 de diciembre.
Calendario 3:279a.

AÑO BISIESTO. Año de 366 días.
Calendario 3:280b.

AÑO LUZ. Unidad de medida astronómica, conocida por las siglas AL, correspondiente a la distancia recorrida por la luz durante un año sidéreo (365,2564 días). Un AL equivale a 9,4605 x 10^{12} km.
Astronomía 2:177a.

AÑO SANTO. En la Iglesia Católica, período de un año que comienza el día de Navidad, durante el cual el papa concede indulgencia plenaria a los peregrinos que acuden a Roma o a determinadas iglesias de otros lugares. Se celebra cada 25 años y fue instituido en 1300 por el papa Bonifacio VIII.

AORISTO. Pretérito de la conjugación griega distinto, por su aspecto, tanto del imperfecto como del perfecto.

AORTA. Tronco arterial principal del organismo, del que nacen todas las arterias del sistema circulatorio. A la altura de la cuarta vértebra lumbar, la aorta se bifurca en sus ramas terminales, las iliacas primitivas y la sacra media.
Corazón 4:367b.

AÓRTICA, COARTACIÓN. Enfermedad cardiaca que resulta del estrechamiento congénito o accidental de la arteria aorta. Existen dos tipos principales: la coartación de tipo infantil y la de tipo adulto.

AÓRTICA, ESTENOSIS. Enfermedad cardiaca debida a una insuficiencia ventricular izquierda producida por el estrechamiento de la válvula aórtica. Los cuatro tipos existentes son: congénita, reumática, calcificante bicuspidea y calcificante senil.

AÓRTICA, INSUFICIENCIA. Incapacidad de funcionamiento correcto de la válvula aórtica. Se produce al no cerrar la válvula por cierre insuficiente de sus valvas semilunares, lo que provoca una regurgitación o expulsión retrógrada de la sangre, en cada diástole, al ventrículo izquierdo.

AÓRTICA, VÁLVULA SEMILUNAR. Repliegue semilunar del orificio aórtico del corazón que impide el reflujo de la sangre.
Corazón 4:377a.

AÓRTICO, SÍNDROME DEL ARCO. Conjunto de desórdenes, determinantes de un estado patológico, causado por una arteritis o inflamación de las arterias, que afectan a la salida de los vasos del cayado de la aorta o arco aórtico. Producido por el síndrome de Takayasu, la sífilis, etc.

AORTITIS. Lesión de la aorta de carácter inflamatorio. Originada por causas reumáticas o sífilis, puede dar lugar a estenosis o insuficiencia aórtica si se presenta en el extremo de salida. La aortitis luética o sifilítica ocasiona aneurismas.

AOSTA, VALLE DE. Región de Italia en los Alpes, regada por el río Dora Baltea. Autónoma desde 1945, es mayoritariamente de habla francesa. Productos lácteos, centrales hidroeléctricas, turismo. Cap. Aosta. 3.262 km^2. 114.760 hab. (1989).

AOUN, MICHEL. (n. en 1935). Político y militar cristiano libanés. Nombrado jefe de un gobierno militar provisional en 1988, rechazó un año más tarde la nueva constitución del país y ofreció resistencia armada en el Palacio Presidencial de Beirut hasta su rendición en 1990. Se exilió posteriormente en Francia.
Líbano 9:140b.

APACHES. Pueblo amerindio que a partir del siglo x se asentó en la zona sudoccidental de los Estados Unidos, procedente de la región nórdica del Yukón-Mackenzie. De hábitos nómadas, su subsistencia se basaba en la caza y en la recolección de frutas y plantas. A partir de 1914 se instaló en reservas de Arizona, Nuevo México y Oklahoma.
Amerindios, pueblos 1:294b.

APALACHES, INDIOS. Tribu extinguida de indios de Norteamérica, que ocupaba el territorio noroccidental de Florida. Los apalaches fueron evangelizados por franciscanos españoles, pero en 1703 fueron atacados y dispersados por una fuerza británica apoyada por guerreros de la tribu creek.

APALACHES, MONTES. Sistema montañoso de América del norte que se extiende a lo largo de más de 1.900 km desde la península de Gaspesia (Canadá) hasta el estado de Alabama (EUA).
1:407a; Estados Unidos 6:126b.

APALACHIENSE, PLEGAMIENTO. Movimiento tectónico de la era primaria que dio origen a los montes Apalaches, sistema montañoso que recorre la zona oriental de los Estados Unidos. Corresponde al plegamiento herciniano europeo. El relieve apalachiense es el resultado de una erosión diferencial sobre materiales duros y blandos, y se caracteriza por presentar sucesiones de crestas de similar altura separadas por valles longitudinales.

APAMEA, PAZ DE. Acuerdo firmado el año 188 a.C. en la ciudad frigia de Apamea entre Roma y el monarca seléucida Antíoco III tras la derrota de este último en la batalla de Magnesia (189 a.C.).

APAMEA CIBOTO. V. **Apamea de Frigia.**

APAMEA DE FRIGIA. Antigua ciudad del Asia menor, próxima a Pisidia. Fue fundada por Antíoco Soter en el siglo III a.C. Actualmente se denomina Dinar. Fue un importante centro comercial en las rutas de la antigüedad entre el este y el oeste. En el año 188 a.C. se firmó allí la paz de Apamea, por la que el seléucida Antíoco III se retiró del Asia menor en favor de Roma. Conocida también como Apamea Ciboto.

APANTALLAMIENTO. Efecto por el que un electrón ve disminuida la fuerza electrostática atractiva del núcleo por la acción de otros electrones que ejercen sobre él fuerzas repulsivas, debidas a la igualdad de sus cargas.

APARCERÍA. En agricultura, convenio por el que el propietario de la tierra cede su explotación a otra persona que debe repartir con aquél el producto obtenido.
Agricultura 1:111a; Tierra, formas de posesión de la 14:59a.

APARECIDA, NUESTRA SEÑORA DE LA. Advocación de la Virgen María, patrona de Brasil. El santuario erigido en su honor en la ciudad de São Paulo es centro de importantes peregrinaciones religiosas.

APAREJO. Término que designa, de una manera general, los instrumentos necesarios para la navegación. El aparejo de los veleros comprende los palos, vergas, jarcias y velas.

APARICIO, BEATO SEBASTIÁN DE (1502-1600). Ingeniero español. Vivió en México gran parte de su vida, y a avanzada edad ingresó en la orden de los franciscanos. Destacó por su piedad y virtudes cristianas. Beatificado por Pío VI.

APARICI Y MERCADER, JOSÉ (16551731). Geógrafo y político español que realizó importantes estudios sobre la división territorial administrativa de Cataluña. Publicó un mapa y el estudio *Nueva descripción geográfica del principado de Cataluña.*

APARIENCIA. En filosofía, término con el que se expresa el aspecto exterior que manifiesta una realidad, de la cual se diferencia. Estudiado desde la antigüedad clásica por autores como Parménides, Platón y Aristóteles.

APARISI Y GUIJARRO, ANTONIO (1815-1872). Orador y político español del Partido Tradicionalista. Dirigió las revistas de su partido, defendió los intereses de la iglesia y el poder temporal del papa. Trabajó por la reconciliación de Carlos de Borbón e Isabel II. *Observaciones sobre el estado político y religioso de España* (1844), *La cuestión dinástica* (1869).

APARTHEID. Sistema de discriminación racial establecido en la República de Sudáfrica por la minoría blanca que imponía la total separación de los individuos de raza negra; a estos últimos les negaba importantes derechos civiles y trataba de confinarlos en determinadas zonas (bantustanes). Abolido formalmente en 1991 y definitivamente anulado en 1996.
Namibia 10:342a; Racismo 12:240b; Sudáfrica, República de 13:334b; Tutu, Desmond 14:166a.

APARTHOTEL. Modalidad de hospedaje consistente en la oferta al cliente de apartamentos con los servicios que habitualmente se prestan en un hotel.

APASTRO. Punto perteneciente a una elipse que se halla a la máxima distancia de uno de los focos de ésta.

APATITO. Mineral de fosfato de calcio fluorado o clorado. Cristaliza en el sistema hexagonal y es de dureza media. Colores azul, verde, rosa y violeta. Utilizado como fertilizante y como fuente de fósforo.
Abono 1:13b.

APATOSAURUS. V. **Brontosaurus.**

APATZINGÁN. Población del est. de Michoacán, México. Agricultura, industrias agropecuarias, minas de plata. La primera constitución mexicana fue promulgada en Apatzingán (1814). 101.173 hab. (municipio; 1990).

APEC. V. **Cooperación Económica Asia-Pacífico.**

APEL, KARL OTTO (n. en 1922). Filósofo alemán. Ejerció su magisterio en las Universidades de Kiel y Sarrebruck, finalizando su carrera docente en 1990 en la Universidad de Francfort del Meno. Autor de numerosos ensayos, presididos por la problemática de la comunicación social a través del lenguaje y de otros medios.

APELACIÓN. Impugnación de la sentencia de un juez o tribunal ante otro superior para que la anule o enmiende por estimarse que viola los derechos de la parte o partes litigantes.

APELDOORN. Municipio de los Países Bajos, prov. de Gelderland. Palacio real del siglo XVII. Papel, productos químicos y farmacéuticos. Nudo ferroviario, canal navegable. 150.915 hab. (1996).

APELES. Pintor griego del siglo IV a.C. Retratista de Filipo y de Alejandro Magno.
1:408a; Griego, arte 7:230a; *ilustración* 1:408a.

APENDECTOMÍA. Extirpación quirúrgica del apéndice ileocecal o vermiforme. También se denomina apendicectomía.
Apendicitis 1:409a.

APÉNDICE. Dícese de todo elemento que completa o prolonga un órgano. El término se emplea casi exclusivamente para designar al apéndice ileocecal o vermiforme, que es un divertículo del ciego del intestino grueso.
Apendicitis 1:408b.

APENDICECTOMÍA. V. **Apendectomía.**

APENDICITIS. Inflamación aguda o crónica del apéndice ileocecal o vermiforme.
1:408b; Gastroenterología 7:59b; Intestino 8:243a; *ilustración* 1:409a.

APENINOS. Cadena montañosa que recorre de norte a sur la península italiana.
1:409a; Italia 8:302a; Po, río 12:40b; *ilustración* 1:409b.

APERCEPCIÓN. Percepción consciente. Gottfried Wilhelm Leibniz desarrolló su significado específico como el conocimiento de las propias percepciones. Immanuel Kant estableció dos tipos, la apercepción empírica o conciencia de una representación en cuanto es referida al yo, y la apercepción pura o conciencia del yo, que acompaña a todas las representaciones. En el siglo XIX este concepto fue muy usado en la teoría del aprendizaje por la pedagogía y la psicología.

APEREA. V. **Cuy.**

APERTURA (JUEGO). Movimientos iniciales en una partida de ajedrez. Hay aperturas cerradas, abiertas, semicerradas y semiabiertas, según la estrategia desarrollada por el jugador de blancas y la defensa del que lleva las negras.

APERTURA (ÓPTICA). Máximo diámetro que puede alcanzar una haz de luz al atravesar un sistema óptico (por ejemplo, el objetivo de una cámara fotográfica). Sus dimensiones están limitadas por el tamaño de la montura que sostiene el componente óptico o el del diafragma que atraviesa el haz de luz. A mayor apertura se produce mayor definición en la imagen.

APEZTEGUÍA, JULIO, MARQUÉS DE (m. en 1902). Político cubano. Diputado en las Cortes de Madrid por la isla, fue partidario de la soberanía española y colaboró con el ejército español en la guerra de la independencia.

API. Siglas de *Application Program Interface,* denominación con la que se alude en informática a la normativa convencional de carácter internacional que es utilizada para acceder desde un programa a una cierta función del mismo.

APIA. Capital y puerto de Samoa Occidental en la isla de Upalu, a orillas del Pacífico. Observatorio, casa de Robert Louis Stevenson, hoy residencia del jefe del estado. Copra, cacao, plátanos (bananas), café. 38.000 hab. (1999).

APIA, VÍA. Calzada que unía la ciudad de Roma con Brindisi. Se inició su construcción bajo Apio Claudio en el 312 a.C.
Camino y carretera 3:305b.

APIANO DE ALEJANDRÍA (siglo II). Historiador griego. Escribió en la época del emperador romano Antonino Pío una historia de Roma que constituye una valiosa fuente sobre los pueblos conquistados por dicha ciudad, notablemente los españoles, y sobre las guerras civiles romanas.

APICAL, CONSONANTE. Fonema que se pronuncia apoyando el ápice de la lengua en el paladar, como la *l* o la *t* en castellano.

APICULTURA. Técnica de cría de las abejas, y de obtención y comercialización de sus productos.
1:409a; Abeja 1:8b; *ilustración* 1:410a.

APILADOR. Máquina empleada para el apilado de carga o mercancías.

APIO. Planta herbácea bienal de la familia de las umbelíferas (*Apium graveolens*).
1:411a; *ilustración* 1:411b.

APIS. En la mitología egipcia, divinidad solar de Menfis. Era adorado bajo la forma de un toro o buey real, elegido por ciertas características. Según la leyenda, fue engendrado por un rayo en una vaca virgen.

APISONADORA. Vehículo pesado utilizado para aplanar o compactar el suelo.

APIZACO. Población del est. de Tlaxcala, México. Nudo ferroviario. 51.763 hab. (municipio; 1990).

APLASIA. Inhibición o destrucción de las células que dan origen a los eritrocitos (glóbulos rojos) en la médula ósea. Provoca manifestaciones anémicas. Se desencadena, entre otras causas, por la ingestión de agentes tóxicos, la exposición a radiaciones radiactivas o las secuelas de procesos infecciosos.
Anemia 1:344a.

APLICACIÓN. Nombre genérico para designar cualquier programa ejecutable en una computadora.

APLITA. Roca filoniana de grano fino compuesta principalmente de cuarzo y feldespato alcalino. Se utiliza en la fabricación de vidrios y esmaltes.

APOCALIPSIS. Libro religioso de carácter simbólico y profético sobre el futuro de la humanidad.
1:411b; Biblia 3:11b; Cristianismo 5:21a; Juan Evangelista, san 8:393a; *ilustraciones* 1:411b; 1:412a.

APOCINÁCEAS. Familia de plantas dicotiledóneas, perteneciente al orden de las contortas, que agrupa unas mil especies arbóreas, arbustivas o herbáceas. Se desarrollan en climas tropicales o cálidos, tienen hojas perennes, flores compuestas y son, por lo general, venenosas. *Nerium deander* (adelfa).

APÓCOPE. Supresión de uno o varios fonemas al final de una palabra, por razones fonéticas, estilísticas o de eufonía.

APÓCRIFOS, EVANGELIOS. Narraciones de la vida de Jesucristo no aceptadas canónicamente. Son muy numerosas y algunas revisten gran valor literario e histórico.
Evangelio 6:204a.

APOCROMÁTICO, OBJETIVO. Lente en la que se han corregido las aberraciones de cromatismo y curvatura. Los objetivos apocromáticos utilizados en los sistemas de reproducción de color y en microscopios están corregidos para las luces primarias rojas, verdes y azules.

APODEMA. Cada una de las invaginaciones tegumentarias, quitinosas, del cuerpo de los artrópodos, que sirven para dar rigidez a los anillos de que están formados, para la inserción de los músculos y como sostén de diversos órganos.

APODÍCTICO. En lógica, término con el que se designa el silogismo cuyas premisas son verdaderas y, por tanto, su conclusión (Aristóteles). Denota también los juicios de modalidad cuya afirmación o negación se considera de necesidad (Immanuel Kant).

APODIFORMES. Orden natural de las aves, que comprende fundamentalmente dos familias: los apódidos (vencejos, *Apus apus* y *Apus melba*) y los troquílidos (pájaro mosca, *Stellula*). Se caracterizan por su pequeño tamaño, la rapidez de su vuelo y por presentar alas puntiagudas.

ÁPODOS. Orden de los anfibios que se caracteriza por la carencia de extremidades. A él pertenecen las denominadas cecilias, algunos de cuyos especímenes pueden alcanzar un metro de longitud. Los ápodos se conocen también como gimnofiones.
Anfibios 1:350a.

APOGEO. Punto de la órbita de un satélite de máximo alejamiento respecto del planeta principal. En el sistema Luna-Tierra, la mayor distancia mutua es de unos 406.000 kilómetros. El concepto opuesto al apogeo es el perigeo.

APOLINARISMO. Corriente herética del siglo IV practicada por los seguidores de Apolinar de Laodicea el Joven. Defendía que, en Jesucristo, el Verbo Divino había ocupado el lugar del alma racional y, por tanto, la humanidad de Cristo era imperfecta. Influyó en el desarrollo del monofisismo.

APOLLINAIRE, GUILLAUME (1880-1918). Wilhelm Apollinaris de Kostrowitzki, poeta francés. Figura destacada de los movimientos vanguardistas de principios del siglo XX.
1:412b; Cubismo 5:63a; Francesa, literatura 6:375b; Rousseau, Henri 13:27b; Surrealismo 13:366a; *ilustraciones* 1:412b; 6:375b.

APOLLO. V. **Apolo** (ASTRONÁUTICA).

APOLO (ASTRONÁUTICA). Programa estadounidense destinado a la investigación de la Luna. Iniciado en 1961, la última misión fue realizada por el Apolo XVII en diciembre de 1972. El Apolo XI consiguió en julio de 1969 colocar un módulo tripulado sobre la superficie lunar.
Astronáutica 2:170a.

APOLO (ASTRONOMÍA). Pequeño cuerpo del Sistema Solar perteneciente al cinturón de asteroides. Descubierto en 1932, es el único asteroide cuya órbita converge con la terrestre.
Asteroide 2:162a.

APOLO (MITOLOGÍA). Dios griego del sol, de la música, de los dones intelectuales y de la profecía.
1:413a; Artemisa 2:162b; Delfos 5:115a; Griega, religión 7:225b; Hermes 7:374b; Oráculo 11:125a; Orfeo y Eurídice 11:134b; *ilustración* 1:413b.

APOLOBAMBA, CORDILLERA DE. Cadena montañosa de los Andes bolivianos, al norte del lago Titicaca. En el punto donde se inicia la cordillera Real de Bolivia forma un macizo llamado Nudo de Apolobamba, cuyo monte más alto es el Coololo (5.370 m).

APOLO DE BELVEDERE. Escultura de bulto redondo, del arte clásico griego tardío, cuya autoría se atribuye a Leocares o, según otras fuentes, a Eufranor, discípulos ambos de Praxíteles. Representa al dios Apolo en actitud de disparar el arco. Se conserva una copia romana en mármol en el Museo Vaticano.

APOLODORO (siglos V-IV a.C.). Pintor ático. Su dominio de la técnica del claroscuro le valió el sobrenombre de Skiágrafos, o pintor de sombras. Pionero en la pintura sobre lienzo, consiguió el relieve en las figuras mediante el juego de luces y sombras y el uso de la perspectiva. Influyó decisivamente en la evolución de la pintura griega posterior.

APOLODORO DE ATENAS (siglo II a.C.). Erudito griego. Discípulo de Aristarco, fue el supuesto autor de *Biblioteca de Apolodoro*, obra de importante valor documental para el estudio de la mitología griega.

APOLODORO DE DAMASCO (m. en el 129). Arquitecto sirio de la época imperial romana. Su originalidad radica en la utilización de elementos inspirados en la tradición helenística combinados con los romanos. Trabajó en Roma bajo los auspicios de Trajano, para quien construyó, entre otras obras, los puentes sobre el Danubio y, en Roma, el foro de Trajano. Cayó en desgracia con Adriano, quien lo mandó asesinar en el año 129 por haber criticado su diseño de un templo. Escribió la *Poliorcética*, tratado sobre máquinas de guerra y técnicas de asedio.

APOLOGÉTICA. Disciplina de la teología cristiana cuyo objetivo es defender los dogmas de fe y refutar los ataques a la doctrina y a sus fuentes. Los primeros apologistas datan del siglo II y defendían las verdades y la moral cristianas contra el paganismo.
Teología 14:21a.

APOLOGÍA. Discurso oral o escrito por el que se ensalza o defiende a un personaje –generalmente una figura pública– o a una idea, o bien con el que el propio autor intenta justificar sus actos o pensamientos.

APÓLOGO. Relato corto, en prosa o en verso, escrito con intención didáctica y moralizante. De origen oriental, alcanzó gran difusión durante la edad media. Entre las numerosas colecciones de apólogos destacan *Calila e Dimna* (siglo VIII) y el *Conde Lucanor*, del infante don Juan Manuel (1328-1335).

APOLONIO, LIBRO DE. Poema anónimo español, del mester de clerecía, compuesto por 2.624 versos. Data aproximadamente de 1235-1240. El manuscrito, que se conserva en El Escorial, contiene además la *Vida de santa María Egipciaca* y el *Libre del tres Reys d'Orient*.

APOLONIO DE ATENAS. Escultor griego de la época de Augusto (siglo I a.C.). Autor de la estatua en bronce conocida como «El pugilista» y del célebre «Torso de Belvedere» que se conserva en el Museo Vaticano.

APOLONIO DE PÉRGAMO (h. el 262-h. el 190 a.C.). Matemático griego célebre por su estudio de las cónicas (elipse, hipérbola, parábola), las cuales demostró derivaban de practicar diferentes secciones en un mismo cono.

APOLONIO DE RODAS (h. el 295-h. el 230 a.C.). Poeta griego. Autor del poema épico *La argonáutica*, que narra las aventuras de Jasón y los argonautas. Fue notable también su actividad como gramático.
Griega, literatura 7:220a.

APOLONIO DE TIANA (siglo I d.C.). Filósofo neopitagórico. Se convirtió en héroe mítico del Imperio Romano gracias a una biografía, en gran parte ficticia, que sobre él escribió Filístrato por encargo de la emperatriz Julia.

APOLONIO DE TRALLES (siglo II a.C.). Escultor helenístico perteneciente a la escuela de Rodas. Se le atribuye la realización, junto con su hermano Taurisco, del grupo escultórico del «Toro Farnesio», en bronce, donde se refleja la intensidad dramática característica de dicha escuela a través del suplicio de Dirce. Una copia romana del siglo III, en mármol, se conserva en el Museo Nacional de Nápoles.

APOLONIO DÍSCOLO (siglo II). Gramático griego de la época helenística, adscrito a la corriente filológica aristotélica-peripatética de Alejandría. Fue el primero en ocuparse del estudio de la sintaxis de una manera científica, así como de la gramática, de la que realizó una primera sistematización que influiría en posteriores estudiosos, incluso en la época renacentista. De su obra se conservan tres breves opúsculos, y los cuatro libros de *De la sintaxis*. Su hijo Elio Herodiano fue también un importante gramático.

APOMIXIA. Proceso a partir del cual se produce un embrión sin fecundación previa. Es una modalidad de partenogénesis.

APONEUROSIS. Membrana formada por tejido conjuntivo fibroso que rodea los músculos o grupos musculares. De color blanco y naturaleza resistente, sirve como elemento de envoltura (aponeurosis de envoltura) o de unión (aponeurosis de inserción).

APONTE, JOSÉ ANTONIO (m. en 1812). Rebelde cubano de raza negra. En 1812 participó en una conspiración que, siguiendo el ejemplo de Haití, pretendía conseguir la emancipación de su raza en Cuba. Murió ahorcado junto con ocho de sus compañeros.

APONTE, PEDRO DE (siglos XV-XVI). Pintor español. Trabajó en Aragón entre 1492 y 1511. Probable discípulo de Juan de Borgoña, fue pintor de la corte de Fernando el Católico. Se le atribuye el retablo de San Lorenzo de Huesca.

APOPLEJÍA. Interrupción brutal y más o menos completa de todas las funciones del cerebro debida a una hemorragia de los vasos del encéfalo. Determina la aparición de un coma profundo.

APOPTOSIS. Mecanismo biológico propio de los organismos animales que propicia la muerte programada de las células, que son fagocitadas por otras células circundantes. A un desajuste en este mecanismo se atribuye la proliferación de células tumorales.
1:413b.

APORÍA. Incertidumbre insoluble que aparece en un discurso lógico. Son célebres las aporías de Zenón de Elea. El significado literal, «sin camino», permite usar el término con el sentido de duda, perplejidad.

APOSICIÓN. Reunión, sin conjunción, de dos o más sustantivos o frases sustantivas. Puede ser explicativa («Buenos Aires, capital de la Argentina»), cuando los dos términos denotan la misma cosa, o especificativa («Córdoba, ciudad española»), cuando distingue a un término de otros similares (en el ejemplo, de otras ciudades denominadas Córdoba).

APÓSITO. Material de cura que se aplica sobre una lesión, fijándolo por medio de un algodón, gasa, venda, etc. Puede contener medicamentos activos o simplemente vaselina, parafina, etc.
Primeros auxilios 12:146b.

APOSTASÍA. Abandono total de la fe o las creencias religiosas en las que una persona ha sido educada. Se contrapone a la herejía, que es la negación o interpretación diferente a la establecida de algunos puntos de la religión.
Cisma 4:212b; Herejías 7:369a.

APÓSTOLES. Los doce discípulos elegidos por Jesucristo para predicar el Evangelio y propagar su iglesia: Andrés, Santiago el Mayor, Santiago el Menor, Bartolomé, Mateo, Juan, Pedro, Tomás, Felipe, Simón, Judas Tadeo y Judas Iscariote. Matías fue elegido para sustituir a Judas Iscariote.
1:414b; Católica, Iglesia 4:44a; Cristianismo 5:21b; Jesucristo 8:369b; Juan Evangelista, san 8:393a; Mateo, san 9:409a; Misión y misionero 10:189b; Papado 11:256a; Pedro, san 11:316b; Santiago el Mayor 13:149a; *ilustración* 1:415b.

APÓSTROFE. Figura retórica que se produce cuando la persona que habla interrumpe la frase o la narración para dirigirse, directamente o con vehemencia, a otra persona presente o ausente. Por ejemplo: Francisco, ¿me oyes?
Redacción 12:286b.

APÓSTROFO. Signo ortográfico (') que denota la omisión de una o algunas letras en un escrito. Es común en catalán, francés e inglés, pero raro en castellano. En inglés se emplea también para señalar el caso posesivo.

APOTEMA. Recta perpendicular que une el centro de un polígono regular a uno cualquiera de sus lados. La mitad del producto del perímetro por la apotema da el área de dicho polígono.

APOTEOSIS. Ceremonia con la que en la antigüedad pagana se concedía la dignidad de dios a un personaje humano después de su muerte o por la que se le tributaban honores divinos. En la Roma imperial era conocida con el nombre de *consecratio*, procedimiento usual para divinizar a los emperadores muertos. Dicha ceremonia se realizaba en el Campo de Marte.

APOXIOMENO, EL. Obra escultórica del artista griego Lisipo (370-310 a.C.). Representa a un atleta que se limpia de polvo y grasa con un rascador (*strigilo*). Existe una copia romana en el Museo Vaticano.
Lisipo 9:178a.

APPEL, KAREL (n. en 1921). Pintor neerlandés. Creó una obra vigorosa y colorida, de naturaleza semiabstracta. Participó en la fundación de Reflex, precursor del grupo expresionista Cobra de la Europa septentrional. Mural en el edificio de la UNESCO en París.

APPELL, PAUL-ÉMILE (1855-1930). Matemático francés. Fue profesor de mecánica racional en la Facultad de Ciencias de París. Creador de las denominadas ecuaciones de Appell y de las funciones con multiplicador de Appell. *Tratado de mecánica racional, Tratado de mecánica elemental* y *Tratado de análisis*.

APPIA, ADOLPHE (1862-1928). Teórico y escenógrafo suizo. Sus ideas y realizaciones para el teatro lírico significaron el principio de la escenografía moderna, y fueron llevadas a la práctica en la puesta en escena de algunas óperas wagnerianas. Defendió la escena tridimensional, la libertad del escenógrafo y la importancia de la iluminación, logrando una fusión armoniosa de los diferentes elementos de un espectáculo. *Música y escenificación*.

APPIANI, ANDREA (1754-1817). Pintor italiano. Alumno de Carlo Maria Giudici. En 1796 Napoleón lo nombró pintor oficial del reino de Italia, cargo que desempeñó hasta 1814. Fue famoso por la realización de pinturas al fresco, actividad que desarrolló especialmente en Milán, donde decoró el Palacio Real. «Apoteosis de Napoleón», «Parnaso».

APPLE. Compañía estadounidense dedicada a la producción de *hardware* y *software* informáticos. Ocupó durante algún tiempo un lugar preeminente en el sector, pero el imparable desarrollo de Microsoft, empresa propiedad de Bill Gates, hizo que pasara a ocupar una posición secundaria en los inicios del siglo XXI.

APPLET. Término inglés que designa un pequeño módulo de programación destinado a acciones puntuales y específicas, como efectos de animación o funciones de interactividad en aplicaciones informáticas de mayor envergadura. Se utiliza principalmente en el ámbito de las grandes redes de telecomunicaciones, como Internet.

APPLETON, EDWARD VICTOR (1892-1965). Físico británico. Premio Nobel en 1947 por su descubrimiento de la capa de la atmósfera que lleva su nombre. Destacó además por sus investigaciones sobre las características de la ionosfera y la propagación en ella de ondas electromagnéticas.

APPONYI, ALBERT, CONDE DE (1846-1933). Estadista húngaro. Su filosofía política mezclaba las tradiciones conservadoras de su educación con el nacionalismo de su país. Representó a Hungría en la Conferencia de Paz de 1919-1920.

APRA. Siglas de la Alianza Popular Revolucionaria Americana, partido político peruano fundado en 1924 en México por Víctor Raúl Haya de la Torre. Pese a haber sido el partido mayoritario peruano durante largos períodos, no logró obtener la presidencia –en buena medida por la oposición de los militares– hasta 1985, cuando la asumió Alan García.

APRAXIA. Trastorno de la memoria, originado por una alteración de la corteza cerebral, consistente en la incapacidad para realizar determinados movimientos habituales (vestirse, usar los cubiertos, conducir, etc.), ya sea por falta de coordinación o adecuación de los movimientos al objetivo o por no reconocer los objetos y su forma de utilizarlos.
Alzheimer, enfermedad de 1:258b; Habla 7:311b.

APRENDIZAJE. Modificación relativamente estable de la conducta que se adquiere con el ejercicio de la misma.
1:415b; Comportamiento animal 4:304a; Educación 5:311a; Enseñanza 6:2a; Frustración 6:415b; Lectura 9:93b; Lenguaje 9:104b; Mental, retraso 10:64a; Psicofisiología 12:174b; Psicología 12:176b; Realidad virtual 12:278b; Red neuronal 12:290b; Reflejo 12:293a; *ilustraciones* 1:416a; 1:417a.

APRONUC. Fuerza de paz de las Naciones Unidas en Camboya. Se desplegó en 1992 para garantizar el final de las hostilidades entre las distintas fuerzas combatientes en el país.

APROPIACIONISMO. Escuela artística que basa su actividad en la reutilización de artículos empleados habitualmente en la vida diaria, previamente reciclados. Es una tendencia de origen estadounidense que posee elementos del arte *pop*. Son representantes de ella, entre otros, Jeff Koons y Haim Steinbach.

APTERIGÓGENOS. Grupo de insectos caracterizados por carecer de alas y tener un desarrollo directo. Muy primitivos, presentan un aspecto larvario.
Insectos 8:222b.

APTERIGOTOS. Suborden de insectos muy primitivos, masticadores, sin alas, que sufren ligeras metamorfosis o carecen de ellas. Incluye a los pececillos de plata, proturos y colémbolos.

ÁPTEROS. Cualquier animal que carece de alas, bien porque no las ha desarrollado en el curso de la evolución, bien debido a que las ha perdido secundariamente.

APTITUD. Disposición natural para la realización de determinados tipos de actividades.
1:417b; Inteligencia 8:231a.

APU ILLAPU. En la mitología incaica, representación del trueno y el rayo.
1:417b; Inca, religión 8:143a.

APULEYO (h. el 124-h. el 170). Escritor latino. Notable figura de la literatura, la retórica y la filosofía platónica de su tiempo.
1:418a; Latina, literatura 9:77a; Novela y cuento 11:18b; *ilustración* 1:418a.

APULEYO SATURNINO, LUCIO (m. en el 100 a.C.). Tribuno romano. Apoyó leyes agrarias y otras medidas de carácter popular. El cónsul Cayo Mario luchó contra él y lo venció.

APULIA. Región del sudeste de Italia, a orillas del Adriático (en italiano Puglia). Comprende las prov. de Foggia, Bari, Brindisi, Lecce y Tarento. Agricultura, vinos, pesquerías; ganado lanar. Cap. Bari. 19.348 km^2. 4.082.953 hab. (1996).

APURE. Estado del sudoeste de Venezuela, limitado al sur y oeste por Colombia y al este por el río Orinoco. Ganadería, productos cárnicos. Cap. San Fernando de Apure. 76.500 km^2. 376.220 hab. (1995).
Venezuela 14:260b.

APURE, RÍO. Curso fluvial de Venezuela. Nace en la cordillera de Mérida, atraviesa la región de los Llanos, formando la principal zona de pastoreo del país. Desemboca en delta en el Orinoco tras recorrer 820 km.

APURÍMAC, RÍO. Curso fluvial del Perú. Nace en la altura de Pampahuasi, a 5.000 m de altitud, dep. de Arequipa. Mantiene el nombre de Apurímac hasta su unión con el Mantaro, cuando pasa a designarse Ene. Tras confluir con el Perené se denomina Tambo. Es una de las cabeceras del río Amazonas.

ÁQABA, AL-. Ciudad y puerto de Jordania en el dist. de Ma'an, a orillas del mar Rojo. Exportación de fosfatos. Pesquerías. 26.999 hab. (1979). También conocida como Ákaba.

ÁQABA, GOLFO DE. Brazo nororiental del mar Rojo que penetra entre Arabia Saudita y la península del Sinaí. Su anchura varía entre los 19 y 27 km y tiene una longitud de 160 km.

AQIBA BEN YOSEF (50-135). Erudito judío de Palestina. También conocido como Rabí Aqiba. Considerado como uno de los fundadores del rabinismo. Discípulo de Eliezer ben Hircano, fue uno de los principales transmisores de la *Mishná* y realizó una segunda redacción de la misma, sistematizándola y dividiéndola en secciones. Inspiró espiritualmente la sublevación de Barcoquebas, y al fracasar ésta fue hecho prisionero y desollado.

AQUAPLANNING. Movimiento anormal de un vehículo sobre un suelo mojado por el que, abandonando su trayectoria rectilínea, se desliza lateralmente. Se debe a una pérdida de contacto entre el suelo y el neumático al interponerse entre ambos una capa de agua.

AQUAVIVA, CLAUDIO (1543-1615). Jesuita italiano. Hijo del duque de Atri, ingresó en la Compañía de Jesús en 1567, orden de la que llegó a ser general. Su habilidad administrativa y diplomática permitió el gran desarrollo de la Compañía de Jesús en el siglo XVII.

AQUEA, LIGA. Confederación de doce ciudades del Peloponeso fundada en el siglo IV a.C. para luchar contra los piratas. Fue disuelta por Roma el año 146 a.C.
Aqueos 1:419b.

AQUELOO. En la mitología griega, dios-río, hijo de Océano y de Tetis, o, según otras versiones, de Helio y de Gea. Se le rindió culto en toda Grecia. Fue el padre de las sirenas.
Sirenas 13:259a.

AQUEMENES (siglo VII a.C.). Nombre del legendario creador de la dinastía persa preislámica de los aqueménidas (559-330 a.C.). Se le atribuyó la unificación de las tribus persas. A su muerte, su hijo Teispes heredó el reino.

AQUEMÉNIDA, DINASTÍA. Antiguo linaje persa, cuyos orígenes se remontan a Aquemenes (siglo VII a.C.). Con Cambises II (529-521 a.C.) y Darío I el Grande, el imperio persa alcanzó su máxima expansión.
1:418b; Ciro el Grande 4:207b; Darío I el Grande 5:98b; Persépolis 11:349a; Persia 11:350a; *ilustración* 1:419a.

AQUENIO. Tipo de fruto seco perteneciente al grupo de los indehiscentes. En él el pericarpio se mantiene independiente de la semilla.
Fruto 6:148a.

AQUEOS. Pobladores de la región de Acaya, en la antigua Grecia, mencionados por Homero entre los sitiadores de Troya.
1:419a; Arcadia 2:27a.

AQUERONTE. Según la mitología griega, río de los infiernos, en cuyas orillas el barquero Caronte recogía las almas de los fallecidos. Frontera entre el mundo de los vivos y el de los muertos.

ÁQUILA. V. **Akhila.**

AQUILEA (BOTÁNICA). Planta herbácea de la familia de las compuestas (*Achillea millefolium*) ampliamente distribuida por Europa. Inflorescencias en umbela, blancas o rosadas, de olor característico. Se utiliza en infusión con fines medicinales. Su aceite esencial contiene cineol y proazuleno. También conocida como milenrama.
Medicinales, plantas 10:33a; *ilustración* 10:33a.

AQUILEA (GEOGRAFÍA). Ciudad italiana, prov. de Udine (en italiano Aquileia). Fundada en el 181 a.C., fue más tarde residencia imperial. Atila la destruyó el año 452. A partir del 554 se convirtió en patriarcado eclesiástico (1981).

AQUILEGIA. Planta herbácea vivaz de la familia de las ranunculáceas (*Aquilegia vulgaris*). Dicotiledónea. Denominada también aguileña o pajarillo. Hoja compuesta y flor azulada, provista de un espolón curvo. Distribución eurasiática.

AQUILES. Héroe griego, protagonista de la *Ilíada*.
1:419b; Ilíada 8:123b; *ilustración* 1:419b.

AQUILES, PINTOR DE (siglo V a.C.). Pintor ateniense de cerámica. Desarrolló su actividad en la época de Pericles, dentro del período clásico pleno de la cerámica ática de figuras rojas. Sus pinturas, sobre grandes vasos, se caracterizan por presentar figuras de gran tamaño y aspecto noble. También decoró lequitos (vasos funerarios). «Aquiles y Briseida», «Ánfora Vulci».

AQUILES, TENDÓN DE. Tendón, el más voluminoso del organismo humano, por medio del cual los músculos de la pantorrilla (sóleo y gemelos) se insertan en el calcáneo, provocando al contraerse la extensión del pie sobre la pierna. Su nombre deriva del héroe mitológico griego, cuyo tendón era su única parte vulnerable.

AQUILIO GALO, CAYO (siglo I a.C.). Jurista romano, gran innovador del derecho civil. Fue tribuno durante el consulado de Pompeyo y pretor junto con Cicerón.

AQUINO, BENIGNO S. (1932-1983). Político filipino. Jefe de la oposición al presidente Ferdinand E. Marcos. Condenado a muerte en 1977 por supuesto apoyo a los rebeldes comunistas, le fue conmutada la pena en 1980 y se permitió su exilio a los Estados Unidos. Regresó en 1983, siendo asesinado, al parecer por militares afectos a Marcos, cuando llegaba al aeropuerto de Manila.
Filipinas 6:289a.

AQUINO, CORAZÓN (n. en 1933). Política filipina. Esposa del asesinado Benigno S. Aquino, se presentó como candidata a las elecciones presidenciales de 1986. Tanto Ferdinand E. Marcos, quien ocupaba la presidencia, como Corazón Aquino afirmaron haber ganado. Presionado por los Estados Unidos, Marcos partió hacia el exilio. La señora Aquino asumió la presidencia en 1986 y promulgó una nueva constitución (1987). Enfrentó, sin embargo, una fuerte inestabilidad política. Abandonó la presidencia en 1992.
Filipinas 6:289a.

AQUINO, SANTO TOMÁS DE. V. **Tomás de Aquino, santo.**

AQUISGRÁN. Ciudad de Alemania. 245.969 hab. (1998).
1:420a; Arquitectura 2:107a; Carlomagno 3:394b; *ilustración* 1:420a.

AQUISGRÁN, CONGRESO DE. Primera reunión de la Santa Alianza, celebrada en 1818. Francia, Austria, Prusia y Rusia acordaron que las tropas de los ejércitos aliados abandonasen Francia, permitiendo el acceso de ésta en el concierto europeo.

AQUISGRÁN, TRATADO DE. Acuerdo de paz firmado en 1748 para poner fin a la guerra de sucesión austriaca. Sus principales consecuencias fueron el reconocimiento de la integridad del imperio austriaco y el nacimiento de Prusia.
Yugoslavia 14:395a.

AQUITANIA. Región de Francia. Comprende los dep. de Dordogne, Gironda, Landas, Lot-et-Garonne y Pyrénées-Atlantiques. A orillas del golfo de Vizcaya, limítrofe con España. Maderas, maíz, tabaco, frutas; viticultura. Cap. Burdeos. 41.309 km^2. 2.886.300 hab. (1990).
Burdeos 3:266a; Francia 6:384a.

AQUITÓFEL. Consejero del rey David de Israel, a quien traicionó en favor del hijo de éste, Absalón. Cuando pareció que padre e hijo se reconciliarían, Aquitófel se ahorcó. También conocido como Ajitófel.

ARA. V. **Guacamayo.**

ARAB, SHAT-AL-. V. **Shat-al-Arab.**

ÁRABE, ALFABETO. Sistema de escritura propio de la lengua árabe. Se basa en el antiguo alfabeto nabateo, enriquecido por el siríaco y perfeccionado a partir del siglo VII. Consta de 28 consonantes (dos de ellas semiconsonantes) y tres vocales que pueden ser largas o breves. Se escribe de derecha a izquierda.
Alfabeto 1:203.

ÁRABE, CABALLO. Raza equina perteneciente al tipo asiático. Son caballos resistentes, veloces, de poderosa y elegante constitución utilizados en cruzamientos para la creación de numerosas razas, entre ellas el pura sangre inglés y el anglo-árabe.
Caballo 3:248a.

ÁRABE, LENGUA. Lengua del grupo semítico, hablada en una extensa zona que comprende el norte de África, gran parte de la península arábiga y áreas del cercano oriente. Se distingue entre el árabe clásico –la lengua del *Corán*– y el árabe moderno.
Español o castellano 6:96b.

ÁRABE, LIGA. Organización formada en 1945 por varios estados árabes para la protección de sus intereses comunes.
Arabia Saudita 2:11a.

ÁRABE, LITERATURA. Conjunto de la producción literaria escrita en lengua árabe desde la época preislámica (siglo VI). Incluye la producción en lengua árabe de los autores musulmanes españoles.
1:420b; Averroes 2:225a; Avicena 2:263b; Batuta, Ibn 2:370b; Corán 4:375b; Egipto 5:339a; Irak 8:260b; Irán 8:264b; Islam 8:282a; Mahoma 9:293a; Mil y una noches, Las 10:169b; Novela y cuento 11:19a; Persa, literatura 11:347b; *ilustraciones* 1:421b; 1:422; 1:423b; 1:424.

ÁRABE-ISRAELÍ, CONFLICTO. Serie de enfrentamientos suscitados a raíz de la creación del Estado de Israel en 1948.
2:1a; Arafat, Yasir 2:14a; Autoridad Nacional Palestina (ANP) 2:246b; Begin, Menahem 2:382a; Ben-Gurion, David 2:411b; Egipto 5:337b; Israel 8:299a; Jerusalén 8:366b; Jordania 8:383a; Judío, pueblo 8:406a; Meir, Golda 10:42a; Naser, Gamal Abdel 10:354b; Palestina 11:230b; Sadat, Anwar al- 13:83a; *ilustraciones* 2:1b; 2:2a.

ARABESCO. En pintura y escultura, motivo ornamental formado por figuras geométricas, cintas, espirales y hojas entrelazadas. Es característico del arte árabe y se utiliza sobre todo en la decoración de frisos, techos, cenefas y zócalos.

ÁRABE UNIDA, REPÚBLICA. Estado constituido en 1958 por la unión de Siria y Egipto, disuelto en 1961. Egipto mantuvo la designación oficialmente hasta 1971.
2:2b; Egipto 5:337b; Siria 13:263a.

ARABI, IBN AL-. V. **Ibn al-Arabi.**

ARABIA. Península del sudoeste de Asia, una de las mayores del mundo.
2:3a; Arabia Saudita 2:8a; Emiratos Árabes Unidos 5:390b; Islam, historia del 8:282b; Katar 9:9b; Mahoma 9:293a; Oman 11:102a; Yemen, República de 14:383b; *mapa* 2:3b; *ilustraciones* 2:4a; 2:5b; 2:6a; 2:7b.

ARABIA, DESIERTO DE. Gran región desértica que ocupa la práctica totalidad de la península arábiga, en el sudoeste asiático. Está rodeado por el desierto de Siria (norte), el mar Arábigo, el golfo Pérsico y el de Omán (este) y el mar Rojo (oeste). 2.331.000 km^2.
Desierto 5:152a.

ARABIA DEL SUR. V. **Yemen.**

ARABIA SAUDITA. País de la península arábiga. Cap. El Riad. 2.248.000 km^2. 22.024.000 hab. (2000).
2:7b; Arabia 2:3a; Asia 2:150; Ibn Saúd 8:116b; Meca, La 10:10b; Pérsico, golfo 11:353a; Rojo, mar 12:414a; *mapa* 2:8a; *cuadros* 2:8b; 2:9b; *ilustraciones* 2:9b; 2:10a; 2:11b; 2:12a.

ARABI BAJÁ (1839-1911). Militar y político egipcio. Jefe del movimiento nacionalista que aspiraba a expulsar del suelo egipcio a turcos, británicos y franceses. Fue derrotado por los británicos en Tel-al-Kebir (1882). Después de pasar veinte años confinado en Ceilán, fue amnistiado y regresó a su país.

ARÁBIGA, PENÍNSULA. V. **Arabia.**

ARÁBIGO, MAR. Sección noroccidental del océano Índico. 3.860.000 km^2.
2:12a; Índico, océano 8:168b; *mapa* 2:12b.

ARÁBIGOS, NÚMEROS. Serie de cifras que tuvieron su origen en la India y fueron más tarde introducidas en Europa por los árabes y que se utilizan en la actualidad casi universalmente para la representación numérica. A los nueve guarismos iniciales, 1, 2, 3, 4, 5, 6, 7, 8 y 9, los árabes añadieron el 0.

ARABISMO. Palabra o giro propio de la lengua árabe cuando se utiliza en otro idioma.

ARACAJU. Ciudad y puerto de Brasil, cap. del est. de Sergipe, en la desembocadura del río Continguiba al Atlántico. Industria química, alimentaria y cueros. 428.194 hab. (1996).

ARAÇATUBA. Ciudad de Brasil en el est. de São Paulo. Aeropuerto. Productos alimenticios, cerámica, calzados. 157.773 hab. (1996).

ARACNÉ. Doncella legendaria de la antigua Grecia. Hija de un tintorero, destacaba por su habilidad como tejedora y bordadora. Llegó a retar a la diosa Atenea, quien castigó su soberbia convirtiéndola en araña.

ARÁCNIDOS. Clase de artrópodos quelicerados, que se caracterizan por presentar el cuerpo dividido en dos regiones: cefalotórax y abdomen.
2:13a; Araña 2:19b; Artrópodos 2:137a; Escorpión 6:42b; Garrapata 7:52a; Tarántula 13:401b; Toxicología 14:102a; *ilustraciones* 2:13a-b.

ARACNODACTILIA. Enfermedad hereditaria conocida también como síndrome de Marfan. Se caracteriza por la extremada longitud y delgadez de los miembros, especialmente de los dedos.
Hereditarias, enfermedades 7:369a.

ARACNOIDES. Membrana intermedia que envuelve el aparato cerebroespinal, situada entre la duramadre y la piamadre. Entre ella y la membrana piamadre circula el líquido cefalorraquídeo.

ARAD. Ciudad de Rumania, cap. del dist. homónimo, en el valle del Mures. Nudo ferroviario. Teatro de marionetas, museo. Herramientas eléctricas, textiles, destilerías, muebles. Centro comercial. 184.619 hab. (1997).

ARADO. Instrumento agrícola con el que se levanta la tierra y se abren los surcos que posteriormente se usarán para la siembra.
Agrícolas, implementos 1:104b.

ARADOR DE LA SARNA. Ácaro parásito que produce la sarna (*Sarcoptes scabiei*). Tamaño casi microscópico. La hembra penetra en la epidermis y deposita los huevos, que provocan la enfermedad, transmitida por contacto directo o por objetos infestados.

ARAFAT, YASIR (n. en 1929). Político palestino. Presidente de la Organización para la Liberación de Palestina (OLP).
2:14a; Autoridad Nacional Palestina (ANP) 2:246b; Palestina 11:231b; Peres, Shimon 11:335b; *ilustraciones* 2:14a; 11:231a.

ARAFURA, MAR DE. Mar de escasa profundidad del Pacífico occidental, entre las costas del norte de Australia, y el sur de Nueva Guinea. 650.000 km^2. Gran abundancia de arrecifes coralinos.
Pacífico, océano 11:198a.

ARAGALL, JAIME (n. en 1939). Tenor lírico español. Estudió en Barcelona y Milán. Recibió la medalla de oro del Círculo de Bellas Artes en 1963-1964.

ARAGO, FRANÇOIS (1786-1853). Físico francés que descubrió el principio del desarrollo de magnetismo por rotación de un conductor no magnético. Destacó por sus trabajos sobre electromagnetismo y la teoría ondulatoria.

ARAGO, JEAN (1788-1836). Militar francés. Acusado de malversación de fondos en Francia, se trasladó a Nueva York, donde conoció a Francisco Javier Mina. Participó en la guerra por la independencia mexicana y alcanzó el grado de general.

ARAGÓN. Región del nordeste de España. 47.720 km^2. 1.187.546 hab. (1996).
2:14b; España 6:64a; Reconquista 12:284a; Zaragoza 14:410a; *ilustración* 2:15b.

ARAGÓN, CAMPAÑAS DE. Serie de enfrentamientos bélicos que se sucedieron en marzo y abril de 1938 tras la batalla de Teruel, en el curso de la guerra civil española. Las campañas se desarrollaron en torno al curso medio y bajo del Ebro y se saldaron con el avance de las tropas nacionalistas hasta el Mediterráneo. Éstas se hicieron con el control de toda la región aragonesa y aislaron Cataluña del resto de la España republicana.

ARAGÓN, CORONA DE. Conjunto de países dependientes de los reyes de Aragón y condes de Barcelona. La denominación se inició con Pedro el Grande, en el siglo XIII. Abarcó el reino de Aragón, el principado de Cataluña, Valencia, Murcia, las Baleares, Sicilia, Cerdeña, Nápoles y los ducados griegos de Atenas y Neopatria.

ARAGÓN, JUAN DE (m. en 1530). Arzobispo de Zaragoza, relató el sínodo diocesano celebrado en Zaragoza en 1520. Fue visitado por el papa en 1522.

ARAGON, LOUIS (1897-1982). Poeta, novelista y ensayista francés. Uno de los principales representantes del surrealismo.
2:16a; Francesa, literatura 6:376b; *ilustración* 2:16a.

ARAGÓN, PASCUAL DE (1625-1677). Eclesiástico y político español. Fue embajador en Roma, donde obtuvo el capelo cardenalicio, durante el reinado de Felipe IV. Fue también virrey de Nápoles e inquisidor general, y ocupó un cargo en la junta de gobierno española tras la muerte del rey. Nombrado arzobispo de Toledo, debido a su oposición al nuevo valido, Fernando Valenzuela, se retiró de la vida política hasta que fue llamado en 1676 para formar una nueva junta de gobierno que utilizó para elevar al poder a Juan José de Austria y expulsar a Valenzuela.

ARAGÓN, PEDRO ANTONIO DE (siglo XVII). Político español. Fue preceptor del príncipe Baltasar Carlos hasta 1646 y luego embajador en Roma. Nombrado virrey de Nápoles en 1666 en sustitución de su hermano, Pascual de Aragón, tuvo que luchar contra la coalición entre Francia y el Vaticano, y más tarde contra los turcos otomanos. En 1681 entró a formar parte del consejo de estado.

ARAGÓN, RÍO. Curso fluvial español nacido en los Pirineos orientales (valle de Canfranc) que atraviesa Huesca, Zaragoza y Navarra, y desemboca en el Ebro tras un recorrido de 192 km.

ARAGONÉS. Dialecto romance, actualmente casi extinguido, que se hablaba en la región española de Aragón y en parte de la de Navarra.

ARAGONITO. Mineral, forma estable del carbonato cálcico. De dureza baja y cristalización en el sistema rómbico. Presenta coloraciones grises, amarillas, rojas o azuladas.

ARAGÓN Y ESCOBAR, ALONSO DE (1415-1485). Militar y político español, primer duque de Villahermosa. Conocido como el Ulises aragonés, destacó en importantes campañas que afianzaron a su padre, Juan II, en el trono de Aragón y proporcionaron a su hermano, Fernando el Católico, el reino de Castilla.

ARAGÓN Y LEÓN, AGUSTÍN (18701954). Filósofo, ingeniero y ensayista mexicano. Fue diputado con Porfirio Díaz. Fundó la *Revista Positiva, Filosófica, Social y Política* (1900-1914).

ARAGUA. Estado del norte de Venezuela, a orillas del mar Caribe. Cap. Maracay. 7.014 km^2. 332.888 hab. (1990).
2:16b.

ARAGUAIA, RÍO. Curso fluvial de Brasil. Nace en las tierras altas del país, cerca de la ciudad de Alto Araguaia, en el Mato Grosso. Vierte sus aguas en el río Tocantins tras recorrer 2.627 km.

ARAHAL, EL. Población española de la prov. de Sevilla. Olivares, cereales; industrias alimentarias. 17.011 hab. (1985).

ARAI HAKUSEI (1657-1725). Estadista japonés. Tutor de Tokugawa Ienobu (*shogun* entre 1709 y 1712), impulsó los estudios geográficos, filosóficos y jurídicos en Japón e influyó en la vida política del shogunato. Se retiró al acceder al poder Tokugawa Yoshimune (1716).

ARAIZ, ÓSCAR (n. en 1940). Bailarín y coreógrafo argentino. Director del ballet del teatro bonaerense de San Martín entre 1968 y 1973, dirigió posteriormente el ballet de la ópera de Munich y el del Gran Teatro de Ginebra. Coreografió obras de Serguéi Prokófiev y Francis Poulenc, entre otros.

ARAKAN. Estado de Myanmar, situado en la costa oriental del golfo de Bengala. También conocido como Rakhine. Constituyó un reino independiente a fines del siglo XIII. Cap. Akyab (o Sittwe). Agricultura (arroz, tabaco, etc.). 36.778 km^2. 2.482.000 hab. (1994).

ARAKCHÉIEV, ALEXÉI ANDRÉIEVICH, CONDE DE (1769-1834). Militar y estadista ruso. Dominó los asuntos internos de Rusia durante la última década de la regencia de Alejandro I.

ARAKI SADAO (1877-1966). Militar japonés. Participó en la guerra ruso-japonesa en 1904 y en la ocupación de Manchuria en 1931. Fue uno de los portavoces de la fracción ultraconservadora en el ejército japonés. Acusado de crímenes de guerra, estuvo en prisión entre 1945 y 1955.

ARAKS, RÍO. V. **Aras, río.**

ARAL, MAR. Gran lago salado del Asia central, al este del mar Caspio. 66.458 km^2.
2:17a; *ilustración* 2:17b.

ARALAR, SIERRA DE. Sierra española de los montes Vascos. Situada en Navarra, en el límite con Guipúzcoa. Altura máxima de 1.506 m, correspondiente al monte Araz.

ARALIÁCEAS. Familia de plantas leñosas o trepadoras que pertenece al orden de las umbelífloras. Característica de los climas tropicales. El cáliz de las flores suele estar poco desarrollado y su corola es caediza. Entre ellas se encuentra la *Hedera helix* (hiedra), la *Panax ginseng* y la *Fatsia japonica.*
Hiedra 7:403a.

ARAM, EUGENE (h. 1704-1759). Escritor británico. Autor de obras filológicas sobre las lenguas inglesa, latina, griega, hebrea y celta. Murió en la horca acusado del asesinato de su amigo Daniel Clark. Su historia sirvió de argumento para un poema de Thomas Hood y para la novela de Bulwer-Lytton, *Eugene Aram.*

ARÁMBARRI, JESÚS (1902-1960). Músico español. Fundador de la Orquesta Municipal de Bilbao, dirigió la Banda Municipal de Madrid en los últimos siete años de su vida. *Castilla, Ofrenda a Falla, Cuarteto en re mayor, Ocho canciones vascas.*

ARAMBOURG, CAMILLE (1885-1969). Paleontólogo francés. Realizó excavaciones en África del norte, donde descubrió restos del homínido *Atlanthropus mauritanicus.*

ARAMBURU, PEDRO (1903-1970). General y político argentino. Participó en el derrocamiento del general Juan Domingo Perón y fue presidente provisional entre 1955 y 1958.
2:17b.

ARAMEA, LENGUA. Subrama de las lenguas semíticas occidentales actualmente extinguida. Una de sus modalidades, el siríaco, pervive en diversos dialectos del Asia anterior.

ARAMEOS. Confederación de tribus que entre los siglos XI y VIII ocuparon la tierra de Aram, en la parte norte de Siria. Se tienen noticias de ella desde el siglo XVI a.C. Su historia está recogida en la *Biblia* hasta el siglo VII a.C. Entre sus divinidades se incluían dioses cananeos, babilonios y asirios.

ARÁN, VALLE DE. Comarca española de la prov. de Lérida, comunidad autónoma de Cataluña. Situada en los Pirineos, en la vertiente que da a Francia, su difícil comunicación con el resto de España ha configurado un carácter particular, expresado en la pervivencia de un dialecto propio: el aranés. Arquitectura románica. Cap. Viella. Ganadería; estaciones de esquí.

ARANA, CARLOS (n. en 1918). Militar y político guatemalteco. Ocupó la presidencia de 1970 a 1974.
2:18a; Guatemala 7:256a.

ARANA, FELIPE DE (1786-1865). Político argentino. Tras estudiar leyes en Chile, luchó en su patria por la independencia en el movimiento de 1810. Fue nombrado ministro de relaciones exteriores y gobierno en el segundo régimen de Juan Manuel de Rosas, a quien sustituyó en algunas ocasiones.

ARANA, MARIANO (n. en 1933). Arquitecto uruguayo. Especializado en la conservación del patrimonio urbano y en el diseño de viviendas sociales. Entre 1985 y 1989 presidió la comisión de patrimonio artístico del país.

ARANA Y GOIRI, SABINO (1865-1903). Político nacionalista vasco. En 1894 fundó el Euzkaldun Batzokiya de Bilbao, uno de los primeros círculos vascos destinados a propagar el nacionalismo. Autor de diversos estudios sobre la cultura y la lengua vascas.

ARANAZ CASTELLANOS, MANUEL (1875-1925). Escritor costumbrista y dramaturgo español nacido en la Habana. Dirigió *El Liberal* de Bilbao. Se suicidó por problemas económicos.

ARANCEL. Tarifa en la que se recogen los impuestos que gravan la importación de mercancías, y en la que se distingue entre derechos específicos, atendiendo a la naturaleza de la mercancía, y derechos *ad valorem,* sobre el valor.
Comercio 4:295b.

ARANDA, CONDE DE (1718-1798). Pedro Pablo Abarca de Bolea, estadista español. Inspiró el reformismo ilustrado.
2:18a; Carlos III de España 3:398a; Olavide, Pablo de 11:91b.

ARANDA, DIEGO DE (siglo XVI). Escultor español discípulo de Diego de Siloé, con quien colaboró en Granada. Esculturas de la portada de la iglesia de Santa Ana, relieve en la portada de San Ildefonso y esculturas en San Jerónimo y la catedral.

ARANDA, FRANCISCO DE (siglo XVI). Conquistador español. Intervino en la conquista de Colombia y en la fundación de la ciudad de Vélez.

ARANDA DE DUERO. Población de la prov. de Burgos, España. Centro de una comarca agrícola irrigada por el río Duero. Cereales, remolacha, viñedos; industrias. 28.552 hab. (1986).
Duero, río 5:250b.

ARANDA MATA, ANTONIO (1888-1978). Ingeniero, geógrafo y general español. Recibió la laureada de San Fernando por su intervención, del lado nacionalista, en la resistencia de Oviedo al inicio de la guerra civil. Nombrado capitán general de Valencia en 1939. En 1949 fue pasado a la reserva por su apoyo a Juan de Borbón. Rehabilitado, en 1976 fue nombrado teniente general.

ARÁNDANO. Arbusto de la familia de las ericáceas (*Vaccinium myrtillus*). Dicotiledónea. Hojas ovaladas, flor rosada y fruto en baya, esférico y azulado, de sabor agridulce y comestible. Propio del hemisferio norte.

ARANGO, DOROTEO. V. **Villa, Francisco.**

ARANGO, GERÓNIMO (1928-1999). Empresario mexicano. Fundador del consorcio Cifra, desarrolló un poderoso emporio empresarial en el ámbito de las cadenas de centros comerciales y de restaurantes.

ARANGO, RAMIRO (n. en 1946). Pintor argentino. Sus cuadros constituyen una distorsión irónica de obras de grandes maestros de la historia del arte sobre perspectivas de recreación vanguardista.

ARANGO PARREÑO, FRANCISCO (1765-1837). Economista y político cubano. Desde sus cargos en la administración colonial española favoreció el desarrollo de la agricultura de la isla y se opuso al comercio de esclavos.

ARANGO Y ESCANDÓN, ALEJANDRO (1821-1883). Político y escritor mexicano. Fue miembro del Consejo de Estado durante el gobierno del emperador Maximiliano de Habsburgo y ocupó el cargo de segundo director de la Academia Mexicana de la lengua. *Proceso del maestro fray Luis de León* (1854).

ARANGUREN, JOSÉ LUIS LÓPEZ (1909-1996). Escritor y filósofo español. Fue catedrático de sociología y ética de la Universidad Complutense de Madrid de 1953 a 1965 y de nuevo a partir de 1976. Entre sus obras destacan *Ética* (1958) y *Moral y sociedad* (1966).

ARANHA, JOSÉ PEREIRA DA GRAÇA. V. **Graça Aranha, José Pereira da.**

ARANHA, OSWALDO (1894-1960). Político y diplomático brasileño. Fue titular de varias carteras durante el gobierno del presidente Getúlio Vargas y embajador en los Estados Unidos. En 1947 presidió la Asamblea General de las Naciones Unidas. En 1954 abandonó la política.

ARANJUEZ. Localidad de España, situada a orillas del río Tajo, 47 km al sur de Madrid. 36.687 hab. (1986).
2:18b; Tajo, río 13:387b; *ilustración* 2:18b.

ARANJUEZ, MOTÍN DE. Insurrección del pueblo de Aranjuez, Madrid, acaecida la noche del 17 de marzo de 1808 y encabezada por el conde de Montijo, contra el favorito Manuel Godoy. Obligó a Carlos IV a abdicar en favor de su hijo Fernando.
Aranjuez 2:19a.

ARANJUEZ, PALACIO DE. Construcción situada en la localidad madrileña de Aranjuez. Fue terminada en 1778 por el arquitecto Francisco Sabatini, después de sufrir varios incendios. El palacio primitivo se inició en el siglo XVI. Alberga una importante colección de tesoros y de obras de arte.
Aranjuez 2:18b.

ARANY, JÁNOS (1817-1882). Poeta épico húngaro. Figura fundamental de la literatura de su país.
2:19a; Húngara, literatura 8:99b.

ARANZAZU, JUAN DE DIOS (1798-1845). Jurisconsulto, político y escritor colombiano. Gobernador de Antioquia y miembro de la Convención de Nueva Granada en 1831. Fue presidente de la república en 1841 y presidente del consejo de estado.

ARAÑA. Arácnido pulmonado del orden de los araneidos. Numerosas especies. Suele segregar una sustancia sedosa con la que atrapa a sus presas, por lo general insectos.
2:19a; Arácnidos 2:13a; Artrópodos 2:138a; *ilustraciones* 2:19b; 2:20a.

ARAÑA, CUEVA DE LA. Gruta con pinturas prehistóricas rupestres, situada en el municipio español de Bicorp, provincia de Valencia. Las figuras pintadas de animales y seres humanos corresponden al estilo levantino. Se descubrieron en 1919.

ARAOZ, ANDRÉS DE (siglo XVI). Escultor español que ejerció una gran influencia en el País Vasco y Navarra. Algunas de las obras acusan la influencia del estilo de Miguel Ángel.

ARAOZ DE LAMADRID, GREGORIO (1795-1857). Militar argentino. Participó en las guerras de la independencia. Luchó con los unitarios contra los federalistas de Juan Manuel de Rosas. Fue el principal artífice de la victoria de Caseros.

ARA PACIS. Monumento erigido en el campo de Marte, Roma, y consagrado el año 9 a.C. en tiempos del emperador Augusto. Su nombre significa «altar de la paz». El recinto, cuadrado, estaba decorado en su exterior con relieves de la familia imperial, senadores y magistrados, así como con representaciones mitológicas y vegetales. Reconstruido cerca de su ubicación original.

ARAPAHOS. V. **Arapajos.**

ARAPAIMA. Pez osteictio de la familia de los osteoglósidos (*Arapaima gigas*). Es la mayor especie piscícola de agua dulce que se conoce.
2:20b.

ARAPAJOS. Grupo de tribus indias de Norteamérica. Pertenecen al grupo lingüístico de los algonquinos. Ocupaban, en el siglo XIX, la zona comprendida entre los ríos Platte y Arkansas. Establecidos a partir de 1867 en reservas de Oklahoma y Wyoming.

ARAPILES, BATALLA DE LOS. Enfrentamiento bélico librado el 22 de julio de 1812 durante la guerra de la independencia española. Las tropas francesas del mariscal Auguste Marmont fueron derrotadas por una fuerza británica apoyada por una división española y otra portuguesa bajo la dirección del duque de Wellington. Como consecuencia los franceses abandonaron Madrid y Andalucía.

ARAQUISTÁIN Y QUEVEDO, LUIS (1886-1959). Político y periodista español. Afiliado al Partido Socialista Obrero Español, perteneció a su comité central y fue nombrado subsecretario de trabajo durante la segunda república. Fue embajador en Berlín y en París. Dirigió las revistas *España* y *Leviatán* y el periódico *Claridad. El arca de Noé* (1926), *La revolución mexicana* (1929), *El pensamiento español contemporáneo* (1962).

ARARAT, MONTE. Macizo de origen volcánico situado en el extremo oriental de Turquía. Es el punto más alto del país, con 5.139 m en el Gran Ararat. Tradicionalmente identificado con el monte en que encalló el arca de Noé tras el diluvio.
Turquía 14:161a.

ARAS, RÍO. Curso fluvial que nace en las montañas Bingöl Daglari, en la Armenia turca. Fluye hacia el este formando la frontera entre Armenia y Azerbaiján, por el norte, y Turquía e Irán, por el sur. Vierte sus aguas en el río Kura, tras recorrer 1.071 km.

ARASON, JÓN (1484-1550). Héroe nacional y religioso islandés, último de los obispos católicos de Islandia. Contrario a la Reforma, murió decapitado por orden del rey Cristián III de Dinamarca al oponerse a la implantación del luteranismo. Autor de una obra poética de exaltación religiosa y nacionalista. Introductor de la imprenta en Islandia.
Escandinava, literatura 6:30b.

ARATO (h. el 315-h. el 245 a.C.). Escritor griego autor del poema didáctico *Fenómenos,* escrito en hexámetros y referido a temas de astronomía.

ARATO DE SICIÓN (271-213 a.C.). Militar griego. Acabó con la tiranía de Nicocles en Sición, en el año 251, y después de establecer la democracia dirigió la Liga Aquea contra los macedonios.

ARAU, ALFONSO (n. en 1932). Cineasta mexicano. Formado como bailarín, su carrera cinematográfica incluyó diferentes facetas como guionista, actor, productor y director. *El águila descalza* (1971), *Como agua para chocolate* (1992), *Un paseo por las nubes* (1995).

ARAUCA (CIUDAD). Municipio de Colombia, fronterizo con Venezuela, cap. del dpto. de Arauca, a orillas del río de este nombre. Aeropuerto. Agricultura y ganadería. 42.829 hab. (1993).

ARAUCA, RÍO. Curso fluvial tributario del Orinoco, que fluye por Venezuela y Colombia. Nace en la cordillera Oriental de los Andes. En su curso forma frontera entre estos dos países y desemboca en el Orinoco, en Venezuela, tras recorrer 800 km.

ARAUCANA, CULTURA. Conjunto de tradiciones de las distintas tribus del Arauco (región central de Chile), las cuales conforman una unidad lingüística.
2:21a; Caupolicán 4:52a; Chile 4:133b; Latinoamérica, conquista de 9:18a; Precolombino, arte 12:123b; *ilustración* 2:21b.

ARAUCANA, LA. Poema épico del escritor español Alonso de Ercilla. Obra compuesta por 37 cantos, en octavas reales, dividida en tres partes publicadas en 1569, 1578 y 1589. Canta las acciones guerreras de los indios araucanos contra los españoles.

Caupolicán 4:52a; Epopeya 6:15b; Ercilla, Alonso de 6:19a; Hispanoamericana, literatura 8:4b; Lautaro 9:84b; Siglo de Oro español 13:238b.

ARAUCANA, LENGUA. Grupo lingüístico amerindio al que pertenece el mapuche, hablado por más de 250.000 indios araucanos de Chile y la Argentina.

ARAUCANÍA. División administrativa de Chile (IX región). En el sur del país, bañada por los ríos Biobío y Toltén. Comprende las prov. de Cautín y Malleco. Agricultura; ganadería. Cap. Temuco. 31.858 km^2. 853.187 hab. (1995).

ARAUCANOS. Pueblo amerindio que habita en Chile y la Argentina. La unidad entre las distintas tribus (picunche, mapuche, huiliche y pehuenche) es más lingüística que antropológica. Su resistencia a la colonización española fue ensalzada por Alonso de Ercilla en su poema *La araucana.*
Americana, prehistoria 1:288a; Amerindios, pueblos 1:300a; Lautaro 9:84b.

ARAUCARIA. Árbol del grupo de las coníferas y de la familia de las araucariáceas perteneciente al género *Araucaria.* Gimnosperma. Varias especies, la mayor parte originarias de las regiones meridionales de Sudamérica. Algunas se distribuyen por Australia y Nueva Zelanda.
2:22a; *ilustración* 2:22a.

ARAUCO. Provincia de la costa de Chile perteneciente a la reg. del Biobío. Comprende siete comunas. Cap. Lebu. Minería de carbón y agricultura. 5.204 km^2.
Biobío 3:24a.

ARAUJO, LOÍPA (n. en 1943). Bailarina cubana. Primera bailarina del Ballet Nacional de Cuba desde 1967, interpretó en Europa diversas obras del coreógrafo Roland Petit.

ARAUJO, MANUEL ENRIQUE (18591913). Político salvadoreño. Electo en 1911 presidente de la república, emprendió una serie de drásticas reformas fiscales. Murió asesinado.

ARAÚJO DE AZEVEDO, ANTÓNIO DE (1754-1817). Político portugués. Fue ministro de estado y embajador, y tras la invasión francesa de la península ibérica persuadió a Juan VI de que se trasladara a Brasil (1807), adonde marchó él mismo acompañando a la corte real.

ARAÚJO Y RÍO, JOSÉ DE (siglo XVIII). Funcionario español nacido en Lima (Perú). Fue presidente de Quito y después gobernador de Guatemala.

ARAÚS Y PERA, MARIANO (1836-1901). Periodista y diputado español de ideología republicana. Fundador de *La República Democrática* y de *El Liberal.*

ARAWAK. Pueblo amerindio compuesto por numerosas tribus que habitaban en las Antillas y en la zona septentrional y occidental de la cuenca del Amazonas.
Trinidad y Tabago 14:132b; Venezuela 14:263a; Vírgenes, islas 14:325a.

ARAWAK, LENGUAS. Grupo de lenguas amerindias habladas antes de la conquista española por los pueblos que habitaban en el Caribe y en el norte de América del sur. También llamadas arauac.
Amerindias, lenguas 1:291a.

ARAYA-PARIA, PENÍNSULA DE. Península en el nordeste de Venezuela, entre el golfo de Cariaco y el Caribe. Descubierta en 1499. Salinas.

ARBA, RÍO. Curso fluvial español. Nace en la sierra de la Peña de Santo Domingo y desemboca en el Ebro después de recorrer 124 km de la provincia de Zaragoza.

ARBASIA, CESARE (1550-1607). Pintor y decorador italiano. Participó en la fundación de la Academia de San Lucas en Roma. Vivió en España. Capilla de la catedral de Málaga, palacio de Álvaro de Bazán, fresco de la catedral de Córdoba.

ARBAUD, JOSEPH D'. V. **D'Arbaud, Joseph.**

ARBELAS, BATALLA DE. V. **Gaugamela, batalla de.**

ARBENZ, JACOBO (1913-1971). Militar y político guatemalteco. Electo presidente en 1950, fue derrocado por opositores a su política reformista.
2:22b; Guatemala 7:255b.

ARBITRAJE (DERECHO). Decisión en un litigio adoptada por un tercero imparcial a quien previamente se le ha conferido autoridad para ello. Jurisdicción 8:415a.

ARBITRAJE (ECONOMÍA). Especulación económica consistente en realizar de forma simultánea venta y compra de bienes, títulos o valores inmobiliarios, etc., similares en diferentes mercados bursátiles. Intenta servirse de la diferencia de precios existente entre estos diversos mercados.

ARBÓ, SEBASTIÁN JUAN (1902-1984). Novelista español. Escribió en catalán y en castellano. Premio Ciudad de Barcelona en 1936, Miguel de Unamuno en 1964 y Vicente Blasco Ibáñez en 1966. *Terres de l'Ebre, Camins de la nit, Sobre las piedras grises, Entre el mar y la tierra, El segundo del Apocalipsis.*

ARBOGASTO (m. en el 394). General bárbaro del Imperio Romano. *Magister equitum* (jefe de caballería) de los ejércitos de Teodosio, ayudó a Valentiniano II en sus enfrentamientos contra Máximo (388). Asesinó posiblemente a Valentiniano y estableció como emperador a Eugenio (392). Vencido y muerto este último en combate, se suicidó.

ÁRBOL (BOTÁNICA). Planta superior, vivaz y de tallo leñoso denominado tronco, que a menudo alcanza gran altura y grosor y del cual parten una serie de ramas.
2:23a; Bosque 3:121b; Jardinería 8:354b; Madera 9:270b; Secuoya 13:184a; Silvicultura 13:246a; *cuadro* 2:25b; *ilustraciones* 2:23b; 2:24a; 2:25a; 2:26a.

ÁRBOL (INFORMÁTICA). Estructura que relaciona entre sí diversos conjuntos de datos. Su forma general es un núcleo principal o nodo al que se unen otros núcleos, que, a su vez, pueden también poseer estructura expandida en ramas, pero que, en todo caso, no poseen datos comunes.

ARBOLADURA. Conjunto de palos o mástiles de una embarcación. Cada uno de ellos recibe su propio nombre según la función que desempeña o el lugar en que se encuentra situado.

ÁRBOL DE LA VIDA. Árbol del grupo de las coníferas y de la familia de las cupresáceas (*Thuja orientalis*). Gimnosperma. Denominado también tuya. Hoja semejante a la del ciprés. Originario del lejano oriente.

ÁRBOL DE LEVAS. Eje o barra de una máquina, dotado de proyecciones o levas, para convertir un movimiento circular en excéntrico o irregular.

ÁRBOL DEL PAN. Árbol de la familia de las moráceas (*Artocarpus altilis*). Dicotiledónea. Hojas ovaladas y coriáceas. Fruto comestible. Ampliamente cultivado en las regiones tropicales.

ARBOLEDA, JULIO (1817-1862). Poeta, orador y político colombiano. Representó una posición conservadora en la política y romántica en la literatura.
2:26b.

ARBOLEYA MARTÍNEZ, MAXIMILIANO (1870-1951). Sacerdote, sociólogo y escritor español. Creó los Sindicatos Obreros Independientes en Oviedo, de cuya catedral era deán. Director de *Renovación Social.* Luchó por la popularización de la prensa católica. *La misión social del clero, Cartas a un seminarista.*

ÁRBOL FILOGENÉTICO. Sistema gráfico en el que se establece la subdivisión taxonómica de un grupo animal o vegetal. La mayor o menor longitud de sus ramas determina distinciones en la evolución.

ÁRBOL VACA. Árbol de la familia de las moráceas (*Brosimum galactodendron*). Dicotiledónea. También denominado árbol de la vaca o de la leche, por el sabor dulce del látex que produce. Abundante en Venezuela.

ARBORICULTURA. Disciplina relacionada con el cultivo de las especies arbóreas y arbustivas consideradas individualmente.

ARBÓS Y TOR, JAIME (1824-1882). Sacerdote, químico y escritor español. Miembro de la Academia de Ciencias, trabajó en la técnica de alumbrado por gas y trajo a España el motor de gas. *Tratado fundamental de química y física, con arreglo a las doctrinas de santo Tomás de Aquino sobre la materia y la forma, El clero y la ciencia moderna.*

ARBOTANTE. Arco rampante que transmite los empujes de la bóveda a un contrafuerte, sobre el que se apoya su arranque inferior. Apareció a fines del siglo XIII, convirtiéndose en elemento fundamental de la arquitectura gótica.

ARBOVIRUS. Grupo de especies víricas, que comprende más de tres centenares, transmitidas a través de los artrópodos. Son responsables, entre otras patologías infecciosas, de la fiebre amarilla y el dengue.

ARBULO DE MARGUVETE, PEDRO (m. en 1608). Escultor español de estilo manierista. Retablos de la iglesia de San Asensio (Logroño) y de la catedral de Santo Domingo de la Calzada.

ARBUSTO. Planta de tallo leñoso y mediana altura que presenta ramificaciones desde su base, de manera que no presenta un tronco principal definido.
Jardinería 8:354b.

ARBUTHNOT, JOHN (1667-1735). Médico, matemático y escritor escocés Miembro fundador, junto con Jonathan Swift, Alexander Pope y John Gay, del Scriblerus Club, de carácter crítico-satírico. Su colección de panfletos se publicó bajo el título *La historia de John Bull* (1712-1727).

ARCABUZ. Arma de fuego semejante a los fusiles que se empleaba entre los siglos XIV y XVI. Se cargaba por la boca con balas esféricas de hierro y se encendía la pólvora mediante mecha o chispa.

ARCA DE NOÉ. Según el Génesis, nave construida por Noé, para salvarse del diluvio con su familia y una pareja de cada especie animal. Tras cesar la lluvia, el arca se posó, de conformidad con una tradición no bíblica, en el monte Ararat.
Noé 11:3b.

ARCADIA. Región de la antigua Grecia, idealizada por la literatura, que representaba el país donde reinaban la felicidad y la paz pastoril.
2:27a; *ilustración* 2:27a.

ARCADIO (h. el 377-408). Emperador romano de oriente. Compartió la dignidad imperial con su padre, Teodosio I el Grande, del 383 al 395, y en el 402 asoció al trono a su hijo Teodosio II. El gobierno efectivo estuvo en manos de sus ministros y de su esposa Eudoxia.
Bizantino, imperio 3:62b; Teodosio I el Grande 14:19b.

ARCADIOCHIPRIOTA. Variedad lingüística del grupo dialectal aqueo, dentro de la lengua griega clásica. Hablado en Arcadia y Chipre.

ARCAICA, ERA. V. **Precámbrica, era.**

ARCAÍSMO. Palabra o giro de un texto literario propio de una época bastante anterior a la de dicho texto.
Poesía 12:46a.

ARCÁNGEL (GEOGRAFÍA). Ciudad portuaria de Rusia, a orillas del Duina septentrional, cerca del mar Blanco. Primer puerto exportador de madera del país. Astilleros, aserraderos; pulpa y papel; pesca. Instituto forestal. 374.000 hab. (1995).

ARCÁNGEL (RELIGIÓN). Espíritu angélico perteneciente al coro o clase inmediatamente superior al de los ángeles, según el orden ascendente de perfección. La *Biblia* cita a Gabriel, Rafael y Miguel.

ARCE. Árbol de la familia de las aceráceas y del género *Acer.* Dicotiledónea. Diversas especies, propias de climas fríos y templados del hemisferio norte.
2:27b; Azúcar 2:290a; *ilustración* 2:27b.

ARCE, ANICETO (1824-1906). Ingeniero y político boliviano. Dirigente del Partido Conservador, ocupó la presidencia de 1888 a 1892. Durante su período de gobierno impulsó el desarrollo de los ferrocarriles y reprimió con dureza a sus enemigos.

ARCE, BALTASAR DEL (m. en 1564). Arquitecto español, ayudante de Diego de Siloé. Decoración de la catedral de Granada.

ARCE, JOSÉ (1881-1968). Médico y político argentino. Rector de la Universidad de Buenos Aires, vicepresidente primero de la Cámara de Diputados de la nación y primer embajador de su país en China (1945). Fue jefe de la delegación argentina en las Naciones Unidas. Premio de la Comisión Nacional de Cultura por su actividad médica (1939-1941).
Salvador, El 13:107b.

ARCE, JOSÉ DE (m. en 1666). Escultor español de origen flamenco. Trabajó en Sevilla a partir de 1637. Su obra reflejó la influencia de Juan Martínez Montañés, con quien colaboró en ocasiones, y por Gian Lorenzo Bernini. Retablo de la Cartuja de Jerez.

ARCE, MANUEL JOSÉ (1786-1847). Estadista salvadoreño. Primer presidente de las provincias Unidas de Centroamérica.
2:27b; Centroamérica, Provincias Unidas de 4:78b; Morazán, Francisco 10:261b; Salvador, El 13:107b; San Salvador 13:136a; Valle, José Cecilio del 14:226b.

ARCEDIANO. V. **Archidiácono.**

ARCEDIANO DE ALCOR, EL (1475-1559). Religioso y erudito español. Atraído por el humanismo renacentista, tradujo al castellano el *Enchiridion* de Erasmo de Rotterdam.

ARCEO, FRANCISCO (1494-1575). Médico español. Alumno de Benito Arias Montano, se especializó en las prácticas quirúrgicas. Su fama se extendió a Francia e Inglaterra. Creador del bálsamo de Arceo, utilizado para el tratamiento de heridas. *De recta curandorum vulnerum ratione libellus* (1574).

ARCESILAO (h. el 315-h. el 241 a.C.). Filósofo griego. Representante del escepticismo de la Academia nueva. Admitió como criterio de verdad «lo razonable», pero refutó que pueda aceptarse o negarse la certeza en el conocimiento.
Escepticismo 6:36a.

ARCE Y REINOSO, DIEGO (1586-1660). Prelado español. Fue inquisidor general del reino y obispo de Tuy, Ávila y Plasencia.

ARCHAEOPTERYX. V. **Arqueópterix.**

ARCHENA. Población española de la prov. de Murcia, en la vega del Segura. Restos de las culturas ibérica, romana y árabe. Cereales, cítricos, hortalizas; ganadería; industria conservera. 13.152 hab. (1996).

ARCHER, FREDERICK SCOTT (1813-1857). Inventor británico. Creador del primer proceso fotográfico práctico para hacer más de una copia de una imagen.
Fotografía 6:357b.

ARCHER, THOMAS (h. 1668-1743). Arquitecto británico. Exponente de un barroco sumamente extravagante en el contexto inglés. Sus obras, de gran dinamismo y exuberancia, reflejaron la influencia de los maestros italianos Gian Lorenzo Bernini y Francesco Borromini. Iglesias de San Felipe (Birmingham, 1709-1715), San Pablo (Deptford, 1712-1730) y San Juan (Westminster, 1714-1728).

ARCHIDIÁCONO. Dignidad de los cabildos catedralicios. Antiguamente se llamaba así al diácono principal de una iglesia. También se le llama arcediano.

ARCHIE. Sistema electrónico de precisión que se utiliza en Internet para recoger información y distribuirla posteriormente. También permite la organización de los datos de acuerdo a criterios alfabéticos, temáticos o de otro tipo.

ARCHILLA Y ESPEJO, SIMÓN (1836-1890). Matemático español. Profesor de las universidades de Madrid y Barcelona. *Principios fundamentales del cálculo infinitesimal.*

ARCHIMANDRITA. En la escala jerárquica de las iglesias ortodoxas, superior de uno o varios monasterios o abadías. Es la dignidad inmediatamente inferior al obispo. Antiguamente se aplicaba este título a cualquier superior eclesiástico.

ARCHIPENKO, ALEXANDER (1887-1964). Escultor estadounidense de origen ruso. Instalado en París en 1908, participó desde 1910 en el movimiento cubista. En sus primeras composiciones representó la figura humana con formas convexas y cóncavas («Mujer caminando»). De 1912 datan sus famosos «Medranos», «escultopinturas» –según propia denominación del artista– en las que mezcló materiales tan diversos como vidrio, madera, metal o cemento.

ARCHIPIÉLAGO. Grupo, generalmente numeroso, de islas. Se diferencian dos tipos: continentales (cerca de las costas de los continentes) y pelágicos (grupos de islas del océano Pacífico).

ARCHIVO. V. **Fichero.**

ARCHIVO GENERAL DE INDIAS. Biblioteca histórica instalada en la antigua Lonja de Sevilla, España. Reúne toda la documentación referente a la América colonial hispana, desde el descubrimiento hasta la independencia. Fue creada en 1781 por Carlos III.

ARCILA FARÍAS, EDUARDO (n. en 1912). Historiador venezolano. Se especializó en el estudio de la historia económica de su país y la Hispanoamérica colonial. *Economía colonial de Venezuela* (1946), *Ensayos sobre la colonización en América.*

ARCILLA. Roca sedimentaria poco consolidada compuesta fundamentalmente de silicatos hidratados de aluminio.
2:28a; Cemento 4:71a; Cerámica 4:80b; Escultura 6:49b.

ARCIMBOLDO, GIUSEPPE (h. 1527-1593).Pintor italiano. Autor de obras alegóricas en las que compuso figuras humanas con elementos vegetales.
2:28a; *ilustración* 2:28b.

ARCINIEGA, CLAUDIO DE (siglo XVI). Arquitecto y escultor español. Se afincó en México, donde diseñó la planta de la catedral.
Arquitectura 2:112a.

ARCINIEGAS, GERMÁN (1900-1999). Escritor, historiador, diplomático y estadista colombiano.
2:28b.

ARCINIEGAS, ISMAEL ENRIQUE (1865-1938). Poeta colombiano, perteneciente al movimiento modernista. Fue también periodista, político y diplomático. *Poesías, Antología poética, Paliques.*

ARCINIEGAS, ROSA (n. en 1909). Escritora peruana, la figura más representativa del realismo en el siglo XX en su país. Entre sus obras figuran *Jaque mate* (1933), *Mosko Strom* (1933) y *Vidas de celuloide* (1935).

ARCIPRESTE. En sus orígenes, el principal de los presbíteros de una iglesia, por llevar más tiempo ordenado o por nombramiento específico del obispo. En la actualidad, dignidad de los cabildos catedralicios.

ARCIPRESTE DE HITA. V. **Hita, arcipreste de.**

ARCIPRESTE DE TALAVERA. V. **Talavera, arcipreste de.**

ARCO (ARQUITECTURA). Elemento constructivo y de sostén, de forma generalmente curva, que cubre un vano entre dos puntos fijos.
2:29a; Arquitectura 2:100b; *ilustraciones* 2:29a-b.

ARCO (GEOMETRÍA). Porción de una circunferencia limitada por una recta (cuerda) que corta la circunferencia.

ARCO, TIRO CON. Deporte consistente en disparar flechas con un arco, generalmente a una diana fija.
2:30a; *ilustración* 2:30a.

ARCOCOSECANTE. Cosecante del ángulo que corresponde a un arco dado.

ARCOCOSENO. Coseno del ángulo que corresponde a un arco dado.

ARCOCOTANGENTE. Cotangente del ángulo que corresponde a un arco dado.

ARCO DE TRIUNFO. Monumento de origen romano, erigido para celebrar una victoria o cualquier otro hecho relevante. Compuesto por uno, tres o más vanos sobre los que se alzan las estatuas y relieves que aluden al personaje o hecho que se celebra.
Arco 2:29b.

ARCO IRIS. Fenómeno atmosférico que consiste en una semicircunferencia de bandas con todas las fases cromáticas del espectro visible. Producido por la reflexión o refracción de los rayos solares en las gotas de lluvia.
2:30b; *ilustraciones* 2:30a-b.

ARCOLE, BATALLA DE. Enfrentamiento bélico librado en 1796 en la aldea italiana del mismo nombre entre el ejército francés de Napoleón y las tropas austriacas, que tuvieron que retirarse después de tres días de combate. Los franceses adquirieron así el control sobre la Lombardía.

ARCONADA, CÉSAR MARÍA (1900-1964). Escritor español. Redactor jefe de la *Gaceta Literaria* de Madrid, en 1939 se exilió en la Unión Soviética. *En torno a Debussy, La turbina* (1930), *Cuentos de amor para tardes de lluvia.*

ARCONTE. En la antigua Grecia, magistrado o magistrados encargados del gobierno de una ciudad. Con carácter vitalicio al principio, en el año 752 a.C. se restringió el cargo en Atenas a diez años, y en el 683 se repartieron sus atribuciones entre nueve funcionarios elegidos anualmente.

ARCO REFLEJO. Estructura anatómica base de los actos reflejos. Compuesta por las neuronas sensoriales o receptoras que transmiten el impulso nervioso a las de asociación o intermediarias, las cuales lo envían a las neuronas motoras, último eslabón del proceso y responsables del movimiento del órgano o músculo receptor.
Reflejo 12:292a.

ARCOS, SANTIAGO (1822-1874). Militar, escritor y político chileno. Vivió en la Argentina, España y Francia. En 1854 se unió al movimiento liberal español. *La Plata, Memoria sobre el grave problema de sujetar los indios a la civilización.*

ARCOSA. Roca sedimentaria formada por partículas del tamaño de granos de arena con una elevada proporción de feldespato, además de cuarzo y otros minerales detríticos.

ARCOS DE LA FRONTERA. Población española de la prov. de Cádiz. Conquistada a los moros por Fernando III. En 1820 fue sede de las tropas de Rafael del Riego, que se sublevaron en favor de la constitución de 1812. Producción de aceite, vino y harina. 26.781 hab. (1986).

ARCOSECANTE. Secante del ángulo que corresponde a un arco dado.

ARCOSENO. Seno del ángulo que corresponde a un arco dado.

ARCOS Y MORENO, ALONSO DE (1700-1760). Mariscal de campo español. Gobernador de Santiago de Cuba, defendió esta ciudad contra un ataque británico en 1747. Fundó la ciudad de Holguín. En 1754 fue nombrado capitán general de Guatemala.

ARCOTANGENTE. Tangente del ángulo que corresponde a un arco dado.

ARCO VOLTAICO. Rayo de luz que se produce al momento de separarse, uno de otro, los electrodos sometidos a una corriente eléctrica. El arco produce altas temperaturas que se utilizan para soldar, así como intensa luz, propia para reflectores.

ARCTINO DE MILETO (siglo VIII a.C.). Poeta griego, a quien se atribuyen *La destrucción de Ilión* y la *Etiópida*, poemas épicos relacionados con la leyenda de Troya.

ARCUEIL, ESCUELA DE. Movimiento formado por músicos jóvenes seguidores de Erik Satie. El grupo se reunió en la localidad francesa de Arcueil, donde se retiró Satie en 1898.

ARCULFO (siglo VII). Obispo franco. Viajó a tierra santa y escribió un libro, *De los santos lugares*, en el que se recogía la primera descripción de un europeo sobre el cercano oriente después de la aparición del Islam.

ARDANAZ Y UNDABARRENA, CONSTANTINO (1820-1873). Ingeniero y político español. Profesor de la Escuela de Caminos. Ministro de hacienda durante el gobierno del general Juan Prim.

ARDANZA, JOSÉ ANTONIO (n. en 1941). Político español. Licenciado en derecho por la Universidad de Deusto, ocupó la alcaldía de Mondragón entre 1979 y 1983, dentro de las filas del Partido Nacionalista Vasco. En enero de 1985 sustituyó como presidente del gobierno vasco a Carlos Garaicoechea.

ARDASHIR I (siglo III). Primer rey persa (224-241) de la dinastía sasánida. Era hijo de Babak (a su vez hijo o descendiente de Sasán), vasallo del rey de Persis, Gochihr. Babak asesinó a Gochihr mientras Ardashir establecía control militar sobre la zona. Ardashir fue coronado rey de Persis tras derrotar a Shapur, el rey parto, y después conquistó el resto de Irán (Persia). Asumió el título de «rey de reyes» en el 224. También conocido como Ardacher.
Persia 11:352b.

ARDEMANS, TEODORO (1664-1726). Arquitecto, pintor y escultor español. Fue discípulo de Claudio Coello. Pintor de cámara de Felipe V. Maestro mayor de las catedrales de Granada y Toledo. Autor del palacio, la capilla y los jardines de San Ildefonso. *Tratado de construcción.*

ARDEN, ELIZABETH (1878-1966). Florence Nightingale, cosmetóloga estadounidense de origen canadiense. Su nombre ha estado unido al del cuidado y la belleza femenina desde que en 1910 inauguró un salón de belleza en Nueva York.

ARDEN, JOHN (n. en 1930). Dramaturgo británico. En sus obras se intercalan poemas y canciones y se plantean problemas sociales. *La vida del hombre* (1956), *Vivir como cerdos* (1959), *El asno del hospicio* (1963).

ARDENAS. Departamento del nordeste de Francia, junto a la frontera de Bélgica. Reg. Champaña-Ardenas. Comprende el margen sudoriental de la meseta de las Ardenas y las llanuras regadas por el Mosa y el Aisne. 5.229 km^2. 292.000 hab. (1995).
Bélgica 2:390b; Francia 6:383b.

ARDENAS, BATALLA DE LAS. Contraofensiva alemana (diciembre de 1944-enero de 1945) en el frente occidental tras la invasión aliada de Normandía. Dirigida por el general Gerd von Rundstedt, fue detenida por el contraataque de las tropas del general estadounidense George Patton.

ARDERIU, CLEMENTINA (1893-1976). Poetisa española en lengua catalana. En 1916 contrajo matrimonio con el poeta catalán Carles Riba. *L'alta llibertat* (1920), *Sempre i ara* (1946).

ARDERIUS, JOAQUÍN (1890-1969). Novelista español. Luchó contra la dictadura de Miguel Primo de Rivera y en el ejército republicano durante la guerra civil. Al acabar ésta se exilió en Francia y México. *Mis mendigos, Yo y tres mujeres*, de su primera época; *Vida de Fermín Galán, Ley de fugas*, de su segunda época, caracterizada por la denuncia social.

ARDÉVOL, JOSÉ (1911-1981). Compositor cubano nacido en España, residente en la Habana desde 1930. *Suite* para treinta instrumentos de percusión y *Scherzo* para tres pianos y orquesta.
Cuba 5:61a.

ARDIGÓ, ROBERTO (1828-1920). Filósofo italiano. Considerado el fundador del positivismo italiano y uno de sus principales representantes, abandonó el sacerdocio atraído por este sistema de pensamiento. *La moral de los positivistas, La ciencia experimental, Perennidad del positivismo.*

ARDILA, RÍO. Curso fluvial español. Nace en Calera de León, sierra de Tudia, prov. de Badajoz, entra en Portugal y, después de 102 km, desemboca en el Guadiana.

ARDILLA. Mamífero roedor de la familia de los esciúridos.
2:31b; Bioma 3:44a; Mamíferos 9:315b; Roedores 12:409a; *ilustraciones* 2:32a; 9:315b; 12:409a.

ARDITO BARLETTA, NICOLÁS (n. en 1938). Político y economista panameño. Tras desempeñar importantes cargos políticos, fue elegido presidente de su país en 1984 con el apoyo de la guardia nacional. Dimitió en 1985, al perder el respaldo de ésta.
Arias, Arnulfo 2:66a.

ARDUINO (955-1015). Marqués de Ivrea, a la muerte de Otón III (1002) fue elegido rey de Italia. Destronado por el emperador Enrique II en el 1004, se retiró a un convento, donde murió.

ARDUINO, GIOVANNI (1714-1795). Científico italiano, padre de la geología en su país. Estableció las bases de la cronología estratigráfica mediante la clasificación de los cuatro principales estratos terrestres como primario, secundario, terciario y cuaternario.

ÁREA (GEOMETRÍA). V. **Superficie.**

ÁREA (METROLOGÍA). Unidad de medida de superficie equivalente a 100 m^2. Corresponde a un cuadrado de 10 m por lado.
Metrología 10:113b.

ÁREA DE LIBRE COMERCIO DE LAS AMÉRICAS (ALCA). Iniciativa lanzada en la Cumbre de las Américas de Miami, en 1994, por todos los países americanos, excepto Cuba, para crear una zona de libre comercio en el continente antes del año 2005.
2:32a; Tratado de Libre Comercio de América del Norte (TLC) 14:119b.

ÁREA VARIABLE, REGISTRO DE. Sistema de grabación de sonido en película. Una banda transparente de distintas amplitudes estimula, al paso de la luz, una fotocélula según las pulsaciones sonoras originales.

ARECA. Planta de la familia de las palmáceas perteneciente al género *Areca*. Monocotiledónea. Diversas especies, originarias de Australia y Asia. Fruto en drupa, que constituye la llamada nuez de areca.
Palma 11:233a.

ARECHACA Y CASAS, JUAN DE (1637-1695). Jurista y funcionario colonial español nacido en Cuba. Catedrático de derecho en la Universidad de Salamanca, fue gobernador de la Nueva España y capitán general de Yucatán.

ARECHAVALETA, JOSÉ DE (1838-1912). Médico y naturalista español. Catedrático de historia natural de la Universidad de Montevideo y director del Museo Nacional de Uruguay, país al que se trasladó muy joven. *Lecciones de botánica en abstracto, Las gramíneas uruguayas.*

ARECHE, JOSÉ ANTONIO (siglo XVIII). Funcionario español en América. Desempeñó diversos cargos en la Nueva España y en 1776 fue nombrado intendente y visitador general del Virreinato del Perú. Aumentó los impuestos y combatió la rebelión de Túpac Amaru. Fue destituido en 1783.

ARECIBO. Municipio de Puerto Rico, el más grande del país. Regado por el río Arecibo. Caña de azúcar, café. 329 km^2. 102.976 hab. (1998).

ARECIBO, OBSERVATORIO DE. Centro astronómico situado a 16 km al sur de la ciudad puertorriqueña de Arecibo. Iniciada su utilización en la década de 1960, se dedica principalmente a estudios aeronómicos y espaciales. Está formado por un reflector compuesto por 38.778 paneles de aluminio y sostenido por cables.

ARECIBO, RÍO GRANDE DE. Curso fluvial de Puerto Rico. Nace en la cordillera Central, en las proximidades del municipio de Adjuntas, y desemboca en el océano Pacífico, al este de la ciudad de Arecibo. Central hidroeléctrica de Dos Bocas. Su curso es de 65 km.

AREF, ABD AL-RAHMÁN (n. en 1916). Militar y político iraquí. Apoyó el golpe de estado antimonárquico del 14 de julio de 1958 y el que colocó a su hermano Abd al-Salam Aref en el poder (8 de febrero de 1963). Sucedió a este último a su muerte (1966) como presidente del país. Depuesto por un golpe de estado militar en julio de 1968.

AREF, ABD AL-SALAM (1921-1966). Militar y político iraquí. Participó en la revolución de 1958 y ocupó los puestos de viceprimer ministro, ministro del interior y jefe de las fuerzas armadas. El 8 de febrero de 1963 dirigió un golpe de estado que acabó con el gobierno y la vida de Abdul Karim Kasem. Convertido en presidente de la república, tuvo que hacer frente al problema del nacionalismo kurdo. Murió en un accidente de aviación.
Irak 8:259a.

AREILZA, JOSÉ MARÍA (1909-2000). Diplomático, economista, ingeniero y escritor español. Fue alcalde de Bilbao en 1934, director general de industria en 1938, catedrático de política económica en Madrid (1944-1947) y embajador en la Argentina (1947-1950), los Estados Unidos (1954-1960) y Francia (1960-1964). Tras la restauración de la democracia fue ministro de asuntos exteriores, cofundador de Alianza Popular (1977) y presidente de la Asamblea Parlamentaria del Consejo de Europa (1981-1983). *Reivindicaciones de España, Crónica de la libertad.*

ARELLANO, JUAN DE (1614-1676). Pintor español. Destacó en la representación de flores. Varias obras suyas se conservan en el Museo del Prado de Madrid.

ARENA (ARQUITECTURA). En el mundo clásico, espacio libre en el centro del anfiteatro, circo, estadio, etc., en donde tenían lugar luchas y combates, así como representaciones públicas.

ARENA (MINERALOGÍA). Conjunto de partículas procedentes de la disgregación de rocas. A menudo constituido por cuarzo. Distintos tipos: arcillosa, bituminosa, ferruginosa, calcárea, etc. Se destina a numerosos usos, como construcción, fundición y moldeado.

ARENAL, CONCEPCIÓN (1820-1893). Socióloga y penalista española. Destacó en su lucha por los derechos de los obreros, contra la discriminación de la mujer y por la reforma del sistema penitenciario.
2:33a; Feminismo 6:257a.

ARENARIA. Planta herbácea anual de la familia de las cariofiláceas (*Arenaria rubra*). Dicotiledónea. Rastrera, de hoja simple y flores blanquecinas o rosadas.

ARENAS, BRAULIO (1913-1987). Poeta chileno. Fue fundador del grupo surrealista Mandrágora y editor de la revista *Leitmotiv. El mundo y su doble* (1941), *La casa fantasma* (1962), *Los esclavos de sus pasiones* (1975).

ARENAS, JOAQUÍN (siglo XIX). Religioso mexicano de origen español. Preparó en 1827 una conspiración con la que intentaba la restauración del gobierno español en México. Fue detenido y fusilado.

ARENAS, JUAN PABLO (m. en 1810). Político y abogado ecuatoriano. Participó en el levantamiento del 10 de agosto de 1809 contra el dominio español.

ARENAS, REINALDO (1943-1990). Narrador cubano. Siguió la tradición literaria neobarroca de José Lezama Lima. Exiliado desde 1980 en los Estados Unidos. *Celestino antes del alba* (1967), *El palacio de las blanquísimas mofetas* (1980).

ARENAS MOVEDIZAS. Masas de arena de granos finos, redondeados y lisos, con poca tendencia a adherirse entre sí y generalmente muy saturados de agua. Ceden fácilmente a la presión y engullen rápidamente los objetos pesados que se encuentran en su superficie.

ARENDT, HANNAH (1906-1975). Pensadora y escritora estadounidense de origen alemán. Tras el ascenso de Adolf Hitler al poder huyó a París y, posteriormente, se estableció en los Estados Unidos. En su monumental obra *Los orígenes del totalitarismo* (1951) expuso un detallado estudio de los regímenes totalitarios, cuya aparición era considerada como el producto de los movimientos antisemitas y del imperialismo, surgidos durante el siglo XIX, así como de la desintegración del concepto tradicional de nación-estado.

ARENISCA. Roca sedimentaria compuesta de granos de arena aglutinados por un cemento de arcilla, sílice, carbonato cálcico u óxido de hierro.
2:33a; Cuarzo 5:45b.

ARENQUE. Pez osteictio de la familia de los clupeidos (*Clupea harengus*). Vive en el Atlántico norte.
2:33b; *ilustración* 2:33b.

ARENYS DE MAR. Localidad española de la prov. de Barcelona, enclavada en la costa Dorada. Centro turístico; hortalizas, vid, flores; industria textil. 10.269 hab. (1986).

AREO I (h. el 320-265 a.C.). Rey de Esparta. Sucesor de Cleómenes II, se opuso a los macedonios y al rey Pirro de Epiro. Murió en el curso de una expedición de apoyo a Atenas.

AREÓMETRO. Instrumento utilizado para medir la densidad o concentración de una solución. Se basa en el empuje hidrostático que sufre todo cuerpo introducido en un líquido. Tiene forma cilíndrica, con un lastre en su parte basal que lo mantiene vertical y una escala graduada en su parte superior.

AREÓPAGO. Colina situada al noroeste de la Acrópolis de Atenas en la que se reunía un tribunal aristocrático que tomó su nombre.

AREQUIPA. Ciudad del sur del Perú, cap. del dep. de Arequipa. 710.103 hab. (1998).
2:34a; Arequipa, departamento de 2:35a; Perú 11:359a; *ilustración* 2:34a.

AREQUIPA. Dep. del sur del Perú. Se diferencian en él una banda litoral y de pampas y una vertiente andina. Producción de arroz, caña de azúcar y trigo. Cap. Arequipa. 63.344 km^2. 710.103 hab. (1998).
2:34b; Arequipa 2:34b.

ARES. En la mitología griega, dios de la guerra. Es el Marte de los romanos.
2:35a; Afrodita 1:100a; *ilustración* 2:35b.

ARESTI, GABRIEL (1933-1975). Poeta español. Uno de los especialistas más destacados de la lingüística euskera, lengua vernácula de los vascos. *Cuesta abajo* (1960), *Piedra y pueblo* (1964).
Vasca, literatura 14:241a.

ARETAS III (h. el 87-h. el 62 a.C.). Rey nabateo. En el 66 a.C. tuvo que ceder el control de Damasco a los romanos que, dirigidos por Pompeyo, habían incorporado Siria a sus dominios.

ARETEO DE CAPADOCIA (siglo II). Médico griego. Vivió en Roma y es considerado como uno de los mejores médicos de la antigüedad. Perteneció a la escuela ecléctica, y sus doctrinas se basaron en las de Arquímedes. *Causas, signos y curación de las enfermedades agudas y crónicas.*

ARETINO, GUIDO. V. **D'Arezzo Guido.**

ARETINO, PIETRO (1492-1556). Poeta y dramaturgo italiano. Autor de comedias y obras de estilo epistolar en las que satirizaba a los poderosos.
2:35b; Humor, literatura de 8:97b.

ARÉVALO. Población española de la prov. de Ávila. Arquitectura medieval y mudéjar. En su castillo estuvo presa la reina doña Blanca, esposa de Pedro I de Castilla. Cereales y hortalizas; ganado ovino; industrias alimentarias. 7.267 hab. (1996).

ARÉVALO, FAUSTINO (1747-1824). Jesuita y literato español. Fue himnógrafo pontificio y teólogo. *Himnos hispánicos, Scriptores hispani in inventariis Bibliothecae Vaticanae indicati.*

ARÉVALO, JUAN DE (siglo XVI). Colonizador español. Intervino en la conquista de Colombia. Fue el primer alcalde ordinario de Santa Fe de Bogotá.

ARÉVALO, JUAN JOSÉ (1904-1990). Político guatemalteco. Ocupó la presidencia de 1945 a 1951, elegido con el respaldo de los sindicatos y los grupos de izquierda.
2:36a; Guatemala 7:255b.

ARÉVALO MARTÍNEZ, RAFAEL (1884-1975). Poeta y novelista guatemalteco. Creador de un género que denominó «psicozoológico».
2:36a.

AREZZO. Ciudad italiana de la prov. de su mismo nombre, en la Toscana. Antigua Arretium, famosa por su cerámica en época de Augusto. Manantiales de aguas alcalinas, ferruginosas y gaseosas. Centro de comunicaciones; agricultura; industria ferroviaria. 90.907 hab. (1998).

AREZZO, GUIDO D'. V. **D'Arezzo, Guido.**

ARFE, ANTONIO DE (siglo XVI). Orfebre español. Perteneciente a una familia de orfebres de origen alemán, fue autor de las custodias de la catedral de Santiago de Compostela (1539-1545) y de la iglesia de Santa María de la población vallisoletana de Medina de Rioseco (h. 1552-1554).

ARFE, ENRIQUE DE (h. 1475-h. 1545). Orfebre español de origen alemán. Se estableció en 1500 en León, en donde realizó custodias de estilo flamígero tardío para diversas catedrales, entre ellas las de Córdoba (1518) y Toledo (1515-1524). Inició la que sería la más notable dinastía de orfebres españoles.

ARFE, JUAN DE (1535-1603). Escultor y orfebre español. Realizó las custodias de las catedrales de Ávila, Sevilla, Burgos y Valladolid. Fue ensayador de la Casa de la Moneda con Felipe II. Escribió diversos libros de arte. Estatua orante de don Cristóbal de Rojas y Sandoval.

ARGA, RÍO. Curso fluvial español de la prov. de Navarra. Nace en el valle de Baztán, en los Pirineos, pasa por Pamplona y desemboca en el río Aragón; 151 km.

ARGAIZ, FRAY GREGORIO DE (siglo XVII). Religioso y escritor español. Perteneciente a la orden benedictina, escribió diversas vidas de santos. *Vidas de san Benito y san Isidro de Madrid* (1671).

ARGALÍ. Mamífero de la familia de los bóvidos (*Ovis ammon*). Oveja salvaje de gran tamaño, con gran cornamenta en los machos, patas largas y delgadas finalizadas en altas pezuñas. Gregario. Originario de las altas planicies del Asia central y el Tíbet.

ARGANDA. Villa española, cap. del municipio de su nombre, en la prov. de Madrid. Fue comprada por el duque de Lerma en 1613, a lo que siguió un motín de la población. En ella está instalada una emisora de Radio Nacional de España. 23.940 hab. (1986).

ARGANTONIO (m. h. el 550 a.C.). Rey de Tartessos, en el sudoeste de la península ibérica. Aparece mencionado en las obras de Herodoto y otros autores griegos. También conocido como Arganthonios.

ARGAÑA, LUIS MARÍA (1932-1999). Político y jurista paraguayo. Fue presidente de la Corte Suprema (1983-1988) y ministro de asuntos exteriores (1989-1990). Vicepresidente del Paraguay entre 1998 y 1999, año en que murió asesinado.

ARGAR, CULTURA DE EL. Etapa de la edad del bronce del sudeste de la península ibérica que ha tomado su nombre del yacimiento arqueológico de El Argar, provincia de Almería, fechado hacia el 1500 a.C.
Metales, edad de los 10:95b.

ARGÉADAS. Dinastía macedonia que se mantuvo en el poder desde el año 700 a.C., aproximadamente, hasta el 311 a.C. Pérdicas I fue su fundador. Los argéadas, entre los que destacaron Alejandro I, Arquelao, Filipo II y Alejandro III (Magno), consiguieron extender el dominio macedonio por todos los territorios griegos.

ARGEL. Capital y puerto de Argelia, a orillas del Mediterráneo. 1.519.570 hab. (1998).
2:36b; Argelia 2:37b; Barbarroja 2:347b; *ilustración* 2:37a.

ARGELIA. País de África, a orillas del Mediterráneo. Cap. Argel. 2.381.741 km^2. 30.554.000 hab. (2000).
2:37a; Abdelkader 1:6a; África 1:94; Argel 2:36b; Atlas, montes 2:197a; Ben Bella, Ahmad 2:407a; Boumediene, Houari 3:134a; Francia 6:394a; Magreb 9:289b; *mapa* 2:37b; *cuadros* 2:38b; 2:39b; *ilustraciones* 2:38a; 2:39b; 2:40a; 2:41a.

ARGENS, JEAN-BAPTISTE BOYER, MARQUÉS DE (1703-1771). Escritor francés que contribuyó a divulgar con sus escritos las ideas escépticas de la Ilustración sobre los temas filosóficos, religiosos e históricos. *Cartas judías* (1738), *Cartas cabalísticas* (1741), *Cartas chinas* (1739-1740).

ARGENSOLA, BARTOLOMÉ LEONARDO DE (1562-1631). Poeta clasicista español, contrario a la poesía barroca del Siglo de Oro.
2:41b.

ARGENSOLA, LUPERCIO LEONARDO DE (1559-1613). Poeta español de la escuela aragonesa. Fue secretario del duque de Villahermosa. De personalidad menos acusada que su hermano Bartolomé, quemó la mayoría de sus manuscritos. Los poemas de ambos fueron publicados con el título de *Rimas* (1634).

ARGENSON, RENÉ DE VOYER, CONDE DE (1596-1651). Diplomático francés. Consejero del parlamento de París (1620), fue destinado por el cardenal de Richelieu para ocupar el puesto de intendente general del ejército francés en Cataluña y gobernador del principado (1641-1643). Defendió los intereses franceses en la zona y expulsó a los obispos de Barcelona y Gerona.

ARGENSON, RENÉ-LOUIS DE VOYER DE PAULMY, MARQUÉS DE (1694-1757). Político francés. Nombrado secretario de estado en asuntos extranjeros en 1744, su decidida oposición a la casa de Austria motivó su destitución en 1747. Perteneció al grupo de ilustrados y fue autor de obras políticas y económicas. *Consideraciones acerca del gobierno de Francia* (1764).

ARGENTA, ATAÚLFO (1913-1958). Director de orquesta y pianista español. Estudió en los conservatorios de Madrid y Lieja (Bélgica). Nombrado director de la Orquesta Nacional de

España en 1947, desempeñó el cargo hasta su muerte.

ARGENTÁN. Aleación de cobre al 60% y zinc y níquel ambos al 20%. Blanda y de color blanco semejante a la plata. Utilizada para la fabricación de cubiertos y otros utensilios.

ARGENTE, BALDOMERO (1877-1965). Político, periodista y escritor español. Ejerció diversos cargos políticos dentro de las filas del Partido Liberal durante el reinado de Alfonso XIII. Director del diario *El Sol* y traductor de la obra de Henry George. *Henry George, su vida y su obra.*

ARGENTEUIL. Ciudad de Francia, dep. Val-d'Oise a orillas del Sena. Basílica de Saint-Dénis. Industria pesada. 94.019 hab. (1999).

ARGENTINA. País de América del sur, a orillas del Atlántico. Cap. Buenos Aires. 3.761.274 km^2, incluida la Provincia de Tierra del Fuego, Antártida e Islas del Atlántico Sur (Ley 23.775). 37.032.000 hab. (2000).
2:41b; América 1:273a; Amerindios, pueblos 1:299b; Andes 1:332a; Buenos Aires 3:213a; Chaco, Gran 4:98b; Cinematografía 4:198a; De la Rúa, Fernando 5:112b; Gaucha, literatura 7:64a; Uguazú, cataratas del 8:122b; Independencia de Hispanoamérica 8:146a; Malvinas, islas 9:313a; Pampa 11:236a; Paraguay, río 11:275b; Paraná, río 11:278a; Patagonia 11:296b; Pilcomayo, río 11:406b; Plata, Provincias Unidas del Río de la 12:28a; Plata, río de la 12:28b; Plata, Virreinato del Río de la 12:29a; Puna 12:209a; Plata 12:26b; Tierra del Fuego, Isla Grande de 14:59a; Tucumán 14:143a; Videla, Jorge Rafael 14:301b; Viedma 14:305b; Yrigoyen, Hipólito 14:390a; *mapas* 2:42a-b; 2:52a; *cuadros* 2:43b; 2:47a-b; 2:51; *ilustraciones* 2:44a; 2:45b; 2:46a; 2:47b; 2:49b; 2:50b; 2:51b; 2:53b; 2:54a; 2:55; 2:56a; 2:57b; 2:58b; 2:59b; 2:60a; 2:61.

ARGENTINA, IMPERIO (n. en 1906). Magdalena Nile del Río, actriz cinematográfica y cantante española, nacida en Buenos Aires. Máxima estrella del cine español durante las décadas de 1930 y 1940. Su filmografía incluye *Nobleza baturra* (1935), *Morena Clara* (1936), *Carmen la de Triana* (1939), *Goyescas* (1942). Retirada del cine, reapareció en 1987 con *Tata mía*, de José Luis Borau.

ARGENTINA, LA (1890-1936). Antonia Mercé y Luque, bailarina y coreógrafa española. Nacida en Buenos Aires, debutó muy joven en el Ballet del Teatro Real de Madrid. En 1929 creó la primera compañía de ballet español en París.

ARGENTINITA, LA (1895-1945). Encarnación López, bailarina y coreógrafa española. Nacida en Buenos Aires, se inició en España como cantante. Su estilo estaba basado en el baile andaluz. Fundó en 1932, junto a Federico García Lorca, el Ballet de Madrid.

ARGENTINO, LAGO. Depósito lacustre de la prov. argentina de Santa Cruz, en las estribaciones orientales de los Andes. Tiene 125 km de largo por 25 de ancho. De origen glacial, recibe las aguas del lago Viedma por el río Leona y desagua por el Santa Cruz. Centro turístico.

ARGENTINO-BRASILEÑA, GUERRA. Conflicto bélico que enfrentó a la Argentina y Brasil entre 1825 y 1828. Motivado por la disputa de la Banda Oriental, acabó con la firma de la paz, el 27 de agosto de 1828, por la que se establecía la República Oriental del Uruguay.

ARGENTITA. Mineral de sulfuro de plata de color gris plomo con tendencia al negro. Cristaliza en el sistema cúbico. Maleable, se puede cortar con cuchillo. También se denomina argirosa.

ARGERICH, COSME (1758-1820). Médico y patriota argentino. Rector de la Escuela de Medicina de Buenos Aires, apoyó el movimiento independentista y participó en el cabildo abierto del 22 de mayo de 1810. Atendió a José de San Martín de las heridas recibidas durante el combate de San Lorenzo (3 de febrero de 1813).

ARGERICH, MARTHA (n. en 1941). Pianista argentina. Su carrera musical estuvo jalonada de importantes premios nacionales y extranjeros. Intérprete principalmente de música del siglo XIX.

ARGHEZI, TUDOR (1880-1967). Ion N. Teodorescu, escritor rumano. Autor fundamentalmente de poesía, escribió también artículos periodísticos y novelas. Su producción estuvo marcada por un sentido autobiográfico. *La puerta negra* (1930), *Versos vespertinos* (1936), *Cadencias* (1964).

ARGININA. Aminoácido existente de forma natural en proteínas vegetales y animales. Cristaliza en forma de prismas en disoluciones acuosas y en forma de placas anhidras en alcohol. Alcanza su descomposición a los 244 °C. Utilizado en productos farmacológicos.
Aminoácido 1:305a.

ARGIRODITA. Mineral de sulfuro de plata y germanio. Cristaliza en los sistemas rómbico y seudocúbico.

ARGIROPIRITA. Mineral de sulfuro natural de plata e hierro.

ARGIROSA. V. **Argentita.**

ARGÓLIDA. Tradicional comarca del Peloponeso (Grecia) comprendida entre los golfos de Argos y Egina y con centro en la ciudad de Argos. 2.214 km^2.
Argos 2:63a.

ARGOMEDO Y MONTERO, JOSÉ GREGORIO DE (1767-1830). Político chileno. Uno de los principales impulsores del movimiento político en la lucha por la independencia chilena. Fue vicepresidente y presidente de la Corte Suprema.

ARGÓN. Elemento químico del grupo de los gases nobles. El más abundante de éstos, y el más útil industrialmente, se encuentra en el aire y en los gases de algunos manantiales. Producido comercialmente por destilación fraccionada de aire líquido, se usa para rellenar lámparas eléctricas, válvulas de radio y tubos de vacío. Símbolo Ar, peso atómico 39,948, número atómico 18.

ARGONAUTA. Molusco cefalópodo octópodo marino perteneciente a la familia de los argonáutidos (*Argonauta argo*).

ARGONAUTAS. Nombre de los héroes mitológicos griegos que acompañaron a Jasón en su expedición a la Cólquida para conquistar el vellocino de oro. El nombre proviene de la nave «Argos».
Jasón 8:355a; Medea 10:21a; Orfeo y Eurídice 11:134b.

ARGOS (ASTRONOMÍA). Constelación austral situada entre el Can o Perro Mayor y la Cruz del Sur. Tiene forma de nave y evoca la que condujo a Jasón y los argonautas a la conquista del vellocino de oro. Su estrella más brillante es Canopo, de primera magnitud.

ARGOS (GEOGRAFÍA). Ciudad de Grecia, en el dep. de la Argólida, junto al golfo de Nauglia, en el Peloponeso. Necrópolis micénica, ruinas griegas y romanas. Centro agrícola y comercial. Industria alimentaria. Cuna de Policleto. 20.702 hab. (1981).

ARGOS (MITOLOGÍA). Nombre de varios personajes de la mitología griega. El más célebre es Argos Panoptes, al que los autores atribuyen un sinfín de ojos; muerto por Hermes, Hera inmortalizó sus ojos en el plumaje del pavo real. También se llamaba Argos el constructor de la nave de igual nombre en la que embarcaron los argonautas. Otro Argos, hijo de Zeus y Nisbe, fundó la ciudad de su nombre.

ARGOT. Lenguaje característico de personas de un mismo oficio o profesión, o un grupo social definido. También es conocido como jerga, germanía, etcétera.

ARGOTE DE MOLINA, GONZALO (1549-1596). Escritor español. Luchó en las Alpujarras contra la insurrección de los moriscos. Fue cronista de Felipe II y bibliógrafo. *Nobleza de Andalucía, Libro de la montería, El conde Lucanor.*

ARGÜEDAS, ALCIDES (1879-1946). Escritor y político boliviano. Dirigió el Partido Liberal y fue autor de ensayos, novelas y obras históricas.
2:63b.

ARGÜEDAS, JOSÉ MARÍA (1911-1969). Novelista, antropólogo y folclorista peruano. Defensor del indigenismo en su país.
2:63b.

ARGÜEDAS Y FLORES, CASTRO (m. en 1866). Militar y político boliviano. Dirigió en 1848 la sublevación que permitió la toma del poder por el general Manuel Isidoro Belzú. Siendo coronel, se alzó en armas en 1865 contra el presidente Mariano Melgarejo, quien seis meses más tarde lo derrotó en la batalla de Letanías (1866).

ARGÜELLES, AGUSTÍN (1776-1843). Político y orador español. Diputado de las Cortes de Cádiz, fue condenado a prisión por Fernando VII y liberado tras la revolución de 1820. Ministro de la Gobernación de 1820 a 1823. Desempeñó el cargo de tutor de Isabel II.

ARGÜELLES, HUGO (n. en 1933). Dramaturgo mexicano. Estudió medicina, arte teatral y letras españolas en la ciudad de México. Algunas obras suyas fueron llevadas al cine y la televisión. *Los prodigiosos* (1957), *Los cuervos están de luto* (1958), *El tejedor de milagros* (1962), *Doña Macabra* (1963), *Medea y los visitantes del sueño* (1969), *Los amores criminales de las vampiras Morales* (1983).

ARGÜELLO, LEONARDO (1875-1947). Médico y político nicaragüense. Alcanzó la presidencia en 1947 con el apoyo de Anastasio Somoza García, quien lo obligó a abandonar su cargo 25 días después.
Somoza García, Anastasio 13:299b.

ARGÜELLO, SANTIAGO (1872-1940). Poeta y crítico literario nicaragüense. Defendió en sus obras la unidad espiritual de su continente natal.
2:64a.

ARGUETA, MANLIO (n. en 1935). Escritor salvadoreño de la llamada generación comprometida. Escribió novela de carácter social, centrada en la lucha en favor de los trabajadores. *Valle de las hamacas* (1970), *Un día en la vida* (1980).

ARGUIBEL, ANDRÉS D'. V. **D'Arguibel, Andrés.**

ARGUIJO, JUAN DE (1560-1623). Poeta español. Fue mecenas de otros artistas. Autor de un centenar de sonetos y diversos cuentos. Su mejor obra es una silva conocida como *A la vihuela.*

ARGUMENTO (CINEMATOGRAFÍA). Texto que narra una historia con vistas a su filmación. Se distingue del guión en que carece de especificaciones técnicas.

ARGUMENTO (LÓGICA). Razonamiento que apoya una conclusión. En ocasiones se formula de manera que la conclusión se deriva de premisas. Un argumento erróneo es una falacia.

ARGUMENTO (MATEMÁTICAS). Ángulo formado por el eje de abscisas y el vector que representa gráficamente a un número complejo.

ARGUMOSA Y GÁNDARA, TEODORO VENTURA DE (siglo XVIII). Economista español. Propugnó una política mercantilista para el comercio con las colonias americanas.

ARGYLL, ARCHIBALD CAMPBELL, OCTAVO CONDE DE (1607-1661). Político escocés. Apoyó al partido antimonárquico en Escocia durante la guerra civil que enfrentó a los parlamentarios y al rey Carlos I. La ejecución del monarca y las presiones exteriores lo obligaron a coronar rey a Carlos II. Colaboró posteriormente con Oliver Cromwell. Restaurada la monarquía, fue detenido y ejecutado.

ARHUACOS. V. **Aruacos.**

ARIA. Composición musical monódica, habitualmente de espíritu melódico, que denota los pasajes solistas interpretados en la ópera.
2:64b.

ARIADNA. Heroína griega, hija de Minos y de Pasífae. También es conocida como Ariana.
2:65a; Minotauro 10:182b; *ilustración* 2:65b.

ARIANE, PROGRAMA. Proyecto de la Agencia Espacial Europea con objeto de dotar de autonomía de lanzamiento de satélites y aeronaves a los países de Europa occidental. Participación mayoritaria alemana y francesa.

ARIAS, ABELARDO (1918-1991). Novelista y dramaturgo argentino. Trató a sus personajes desde una visión psicológica, con estilo clásico en el diálogo y con riqueza poética. *Álamos talados* (1942), *El gran cobarde* (1956), *Polvo y espanto* (1972).

ARIAS, ARNULFO (1901-1988). Político panameño. Ocupó brevemente la presidencia en 1940-1941, 1949-1951, y 1968, siendo derrocado las tres ocasiones.
2:65b; Moscoso, Mireya 10:272b; Panamá 11:243b; Torrijos, Omar 14:97a.

ARIAS, CÉLEO (1835-1890). Político hondureño. Fue ministro del interior durante la segunda presidencia del general José María Medina, a quien derrocó en 1872. En 1879 fue destituido por Ponciano Leiva, quien lo sucedió.

ARIAS, HARMODIO (1886-1962). Jurista y político panameño, hermano de Arnulfo Arias. Presidió el gobierno provisional que se estableció tras el derrocamiento de Florencio H. Arosemena. Elegido presidente por derecho propio en 1932, negoció con los Estados Unidos un tratado sobre el canal de Panamá. Abandonó la presidencia en 1936, pero siguió ejerciendo una considerable influencia en la vida política desde sus periódicos y emisoras de radio y televisión.

ARIAS, IMANOL (n. en 1956). Actor español de cine, teatro y televisión. *Laberinto de pasiones* (1982), *El Lute, camina o revienta* (1987), *El amante bilingüe* (1992). En 1995 dirigió la película *Un asunto privado.*

ARIAS, RICARDO M. (1912-1993). Político panameño. Ocupó diversos cargos políticos y fue embajador de su país en los Estados Unidos antes de su elección como presidente de Panamá (1955-1956). Candidato presidencial por el partido Coalición Patriótica Nacional en las elecciones de 1960 y 1964.

ARIAS DE ÁVILA, PEDRO. V. **Pedrarias Dávila.**

ARIAS DE SAAVEDRA, HERNANDO. V. **Hernandarias de Saavedra.**

ARIAS FERNÁNDEZ, ANTONIO (h. 1614-1684). Pintor español, perteneciente a la escuela de Madrid. Estilo arcaizante y monumental. Retratos de Carlos V y Felipe II de la Universidad de Granada (1639), «La moneda del César» (1646).

ARIAS MONTANO, BENITO (1527-1598). Sacerdote y hebraísta español. Fue nombrado por el rey Felipe II catedrático de lenguas orientales de El Escorial.
2:66a; *ilustración* 2:66a.

ARIAS NAVARRO, CARLOS (1908-1989). Político español. Desempeñó diversos cargos con el régimen del general Franco. Presidente del gobierno, desde 1973, presentó su dimisión al rey Juan Carlos I en 1976.
Suárezs, Adolfo 13:326b.

ARIAS SÁNCHEZ, ÓSCAR (n. en 1941). Político costarricense, miembro del Partido de Liberación Nacional. Presidente de su país (1986-1990) le fue concedido el Premio Nobel de la paz en 1987.
2:66a; Costa Rica 4:416b.

ARIAS TEIJEIRO, VEREMUNDO (1741-1824). Prelado español. Perteneció a la orden de los benedictinos. Obispo de Pamplona y arzobispo de Valencia. Se opuso a la supresión de la Inquisición y a las reformas liberales, lo que le ganó el favor de Fernando VII.

ARIAS TEJEIRO, JOSÉ (1800-1867). Político y naturalista español. Apoyó primero a Fernando VII y después al movimiento carlista, en el que alcanzó el cargo de ministro universal del pretendiente Carlos. Exiliado en Francia, alcanzó fama como entomólogo.

ARIAS TRUJILLO, BERNARDO (1905-1939). Escritor colombiano. Revivió en sus obras el folclor y el habla del zambo (mestizo de negro e indio) y el mulato (de negro y blanco). *Luz corta* (1924), *Risaralda* (1935).

ARIBAU, BUENAVENTURA CARLOS (1798-1862). Escritor español en lenguas española y catalana. Iniciador del renacimiento literario catalán y difusor del romanticismo. Hizo importantes estudios sobre Leandro Fernández de Moratín, Miguel de Cervantes y la novela del Siglo de Oro español. *Oda a la patria, Biblioteca de autores españoles.*

ARICA. Ciudad y puerto de Chile, cap. de la prov. del mismo nombre, reg. de Tarapacá, a orillas del Pacífico. Fundada en 1570. Peruana hasta 1879. Aeropuerto internacional. Carretera panamericana. Ferrocarril de La Paz (Bolivia). Oleoducto. Productos alimenticios. Turismo. 178.547 hab. (1999).
Chile 4:130a.

ARICARA. Pueblo indígena norteamericano perteneciente al grupo caddo, asentado inicialmente entre los ríos Missouri y Yellowstone. En 1860 fueron concentrados en la reserva de Fort Berthold, en Dakota del Norte.

ARIDEZ. Rasgo climático definido por la escasez de precipitaciones. Es propio de las zonas desérticas, cálidas o frías, y determina un desarrollo muy limitado de la vegetación.
Desierto 5:151b.

ARIDJIS, HOMERO (n. en 1940). Escritor, diplomático y ecologista mexicano. Destacó por sus largos poemas narrativos. Con *Mirándola dormir* (1964) ganó el Premio Xavier Villaurrutia. Fue embajador en Suiza y los Países Bajos, y vocero del Grupo de los Cien de defensa de la ecología.

ARIEL. Satélite de Urano, descubierto por William Lassell en 1851. Dista 192.000 km de Urano. Tiene 800 km de diámetro y su masa es 0,0177 veces la de la Luna.
Satélite 13:163b.

ARIES. Constelación del zodiaco, también conocida como Carnero. Primera parte del zodiaco que el Sol recorre durante un mes desde el equinoccio de primavera. El punto Aries, vernal o equinoccial de primavera, es la posición que ocupa el centro del Sol en el instante en que dicho centro atraviesa el ecuador terrestre.
Astrología 2:165b; Zodiaco 14:422a.

ARIETE. Dispositivo mecánico o hidráulico empleado para producir un impacto o para impulsar un líquido. En la antigüedad, los arietes eran pesadas vigas de madera con remates metálicos que se empleaban para derribar puertas y murallas en combates. Se daba también este nombre a buques provistos de espolón cuya función era hundir barcos enemigos por impacto directo. En la industria, los arietes hidráulicos son dispositivos diseñados para elevar agua u otros líquidos.

ARILAMINA. Amina o componente orgánico de nitrógeno, derivado del amoniaco, incluido en el grupo de las aminas aromáticas. Pertenece al tipo de las anilinas y tiene aplicaciones prácticas muy importantes (colorantes, medicamentos, industria del caucho).

ARINNA. Deidad femenina principal del panteón hitita. Su esposo, el dios Tesup, ocupaba el segundo lugar.

ARIOBARZANES I (m. en el 360 a.C.). Rey del Ponto. Sátrapa de Frigia desde el 387 a.C., en el 366 se sublevó contra el rey persa Artajerjes II y estableció el reino independiente del Ponto. Abandonado por sus seguidores, fue crucificado.

ARIOS. Pueblo de lengua indoeuropea que en el segundo milenio a.C. se extendió desde Europa oriental hacia la India, Irán y el Asia menor. El nazismo usó esta denominación para designar una supuesta raza, mal definida científicamente, destinada a imponerse a las demás.
Asiáticos, pueblos 2:156a; India 8:157a; Indoeuropeos, pueblos 8:178b.

ARIOSTO, LUDOVICO (1474-1533). Poeta épico italiano. Expresó en sus composiciones la actitud espiritual del Renacimiento italiano.
2:66b; Italiana, literatura 8:319b; *ilustración* 2:67a.

ARIOVISTO (siglo I a.C.). Jefe del pueblo germánico de los suevos. Fue derrotado por César en el año 58 a.C. en la llanura de Alsacia.

ARISHIMA TAKEO (1878-1923). Escritor japonés. Perteneciente a una familia aristocrática, fue autor de novelas, ensayos y piezas dramáticas. Su obra presenta una concepción personal de la vida basada en el humanismo idealista. Se suicidó. *La descendencia de Caín* (1917), *Una mujer* (1919).

ARISMENDI, JUAN BAUTISTA (1775-1841). Héroe de la independencia venezolana. Mantuvo la insurrección patriótica en la isla Margarita hasta 1815, cuando cedió ante las fuerzas españolas de Pablo Morillo. Sin embargo, en noviembre de ese año reanudó la lucha. Ocupó la vicepresidencia en el Congreso de Angostura (1819).

ARISTA. Cualquiera de los segmentos que unen los vértices de un poliedro.

ARISTA, CASA DE. Primera dinastía de Navarra, iniciada en el 824 por Jimeno, conde de Navarra, quien se rebeló contra Ludovico Pío, emperador franco. Se extinguió con Sancho VII en 1234. Fue el tronco de los reyes navarros y luego de los castellanos y aragoneses.

ARISTA, ÍÑIGO. V. **Íñigo Arista.**

ARISTA, MARIANO (1802-1855). Militar y político mexicano. Tomó parte en el movimiento independentista. Fue nombrado presidente por el Congreso en 1851 y dimitió en 1853.

ARISTÁGORAS. Tirano de la ciudad jonia de Mileto. Ocupó el poder a fines del siglo VI a.C. Provocó una sublevación de toda Jonia contra Darío I de Persia.

ARISTARAIN, ADOLFO (n. en 1943). Director de cine argentino. *Un lugar en el mundo* (1992), *La ley de la frontera* (1995), *Martín (Hache)* (1997). Ganador de múltiples premios, entre ellos la Concha de Oro de San Sebastián en 1992.

ARISTARCO DE SAMOS (h. el 310-230 a.C.). Astrónomo griego, primer defensor de la teoría heliocéntrica, según la cual la Tierra gira alrededor del Sol. Por métodos geométricos determinó los tamaños y distancias del Sol y la Luna.
Universo 14:184b.

ARISTARCO DE SAMOTRACIA (h. el 217-145 a.C.). Filólogo y crítico griego. Director de la biblioteca de Alejandría después de Aristófanes de Bizancio. Fundó una escuela de filólogos, primero en Alejandría y luego en Roma. Realizó una edición de las obras de Homero.

ARISTEO. Personaje mítico griego, hijo del dios Apolo y de la ninfa Cirene. Venerado como divinidad campestre, se le atribuye la enseñanza de la apicultura a los hombres. Enamorado de Eurídice, causó su muerte involuntariamente y hubo de sufrir la venganza de las ninfas.

ARISTIDE, JEAN BERTRAND (n. en 1953). Político haitiano. Fue elegido presidente de su país en 1990, aunque depuesto al año siguiente

por un pronunciamiento militar. En 1994 recuperó el cargo, que ejerció hasta finales de 1995.
2:67a; *ilustración* 2:67b.

ARÍSTIDES (h. el 530-468 a.C.). Político y estratega griego, apodado el Justo. Venció a los persas en Salamina (480) y Platea (479) y fundó la confederación marítima de Delos.
2:68a.

ARÍSTIDES, ELIO (129-189). Escritor griego. Enseñó retórica en la corte imperial romana y solicitó de Marco Aurelio la reconstrucción de la ciudad de Esmirna, destruida por un movimiento sísmico en el año 178.

ARÍSTIDES DE ATENAS (siglo II). Filósofo ateniense cristiano. Está considerado como uno de los primeros apologistas cristianos. Fue autor de una *Apología* dedicada al emperador Antonino Pío.

ARÍSTIDES DE MILETO (150-100 a.C.). Escritor griego. Autor de una obra perdida, las *Fábulas milesias,* de carácter erótico, que fueron muy conocidas en la antigüedad.

ARISTIPO DE CIRENE (h. el 435-366 a.C.). Filósofo griego. Discípulo de los sofistas y Sócrates. Fundó la escuela cirenaica, que defendía como virtud la búsqueda del placer corporal y espiritual, conseguido gracias a la sabiduría y prudencia, que indican cómo huir del dolor.
Hedonismo 7:346b.

ARISTÓBULO (siglo II). Filósofo judío de Alejandría. Interpretó la *Biblia a la luz de la filosofía griega.*

ARISTÓBULO I (m. en el 103 a.C.). Rey de Judea entre los años 105 y 104. Perteneciente a la dinastía de los asmoneos. Ocupó el cargo de sumo sacerdote, pero no el poder civil, que ejerció como regente. Fue el primero de su dinastía que adoptó el título de rey.

ARISTÓBULO II (m. en el 49 a.C.). Rey de Judea (67-63 a.C.). Perteneciente a la dinastía de los asmoneos. Luchó por el poder contra su hermano Hircano, protegido de Pompeyo, quien atacó Jerusalén y sometió la región de Judea en el 63. Aristóbulo II intentó recuperar el poder en el 56, pero fue apresado y enviado a Roma, donde murió.

ARISTÓBULO DE CASANDRIA (siglo III a.C.). Escritor griego. Narró las expediciones de Alejandro Magno, en las que participó. Su obra sirvió de base a la *Expedición de Alejandro,* de Arriano.

ARISTOCRACIA. Forma de gobierno en la que unos pocos elegidos, considerados los mejores, detentan el poder.
2:68a; Grecia antigua 7:207b; *ilustraciones* 2:68b; 2:69a.

ARISTÓFANES (h. el 450-h. el 388 a.C.). Comediógrafo griego. Autor de más de cuarenta comedias, plenas de gracia, lirismo e ironía.
2:69b; Griega, literatura 7:219a; Humor, literatura de 8:97a; Sócrates 13:287b.

ARISTÓFANES DE BIZANCIO (257-180 a.C.). Gramático alejandrino. Fue director de la biblioteca de Alejandría después de Apolonio de Rodas. En su obra *Sobre la analogía* estableció los fundamentos de la declinación. Realizó otros trabajos sobre gramática y lexicografía.

ARISTOGITÓN (siglo VI a.C.). Noble ateniense que, junto con su hermano Harmodio, protagonizó la conjura que acabó con la vida del tirano Hiparco. Harmodio murió en el curso de la conjura, mientras que Aristogitón fue ejecutado posteriormente. Ambos inspiraron el grupo escultórico de «Los tiranicidas», erigido en la acrópolis de Atenas.

ARISTÓMENES (siglo VII a.C.). Tirano mesenio. Dirigió a su pueblo contra los espartanos. Tras la victoria de Esparta, abandonó Mesenia y se refugió en Rodas, donde murió.

ARISTÓTELES (384-322 a.C.). Filósofo griego. Discípulo de Platón, preceptor de Alejandro Magno y fundador de la escuela peripatética.
2:70a; Absoluto 1:18b; Alberto Magno, san 1:149a; Alejandro Magno 1:167a; Alma 1:236a; Astronomía, historia de la 2:178b; Averroes 2:255a; Biología 3:36b; Ciencia 4:183b; Clasicismo 4:221b; Constitución 4:348b; Derecho 5:239a; Economía 5:278b; Educación 5:312a; Escolástica 6:40a; Esencia 6:51a; Estado 6:123a; Estética 6:155a; Ética 6:177b; Filosofía 6:296a; Gravitación 7:199b; Griega, literatura 7:220a; Historia 8:22a; Hombre 8:45b; Humanismo 8:91b; Infinito 8:195b; Lógica 9:203a; Lógica matemática 9:204a; Materia 9:410a; Materia y antimateria 9:412a; Metafísica 10:91b; Metodología científica 10:110a; Mineral y mineralogía 10:174a; Ontología 11:110b; Poderes, división de 12:42a; Política 12:62a; Racionalismo 12:239a; Retórica 12:352b; Ser 13:208a; Silogismo 13:244b; Sofistas 13:289b; Sófocles 13:291a; Sueño (psicología) 13:350b; Sustancia 13:367b; Teología 14:20a; Tiempo 14:52b; Tomás de Aquino, santo 14:80a; Tomismo 14:81b; Trabajo 14:106a; Tragedia 14:109a; Veterinaria 14:290b; Zoología 14:427b; *ilustraciones* 2:71.

ARISTOTELISMO. Concepción filosófica basada en las doctrinas de Aristóteles, filósofo griego del siglo IV a.C. Entre sus seguidores en el mundo antiguo destacaron Teofrasto, Eudemo de Rodas, Andrónico de Rodas y Alejandro de Afrodisia. Influyó decisivamente en el pensamiento escolástico medieval.

ARISTOXENO (siglo IV a.C.). Musicólogo griego, nacido en Tarento. Escribió diversos tratados, entre ellos *Los elementos armónicos* y *Los elementos rítmicos,* recuperados en la Italia moderna y publicados en Venecia en 1785.

ARITMÉTICA. Parte de la matemática que se ocupa del estudio elemental de los números, de las relaciones entre ellos y de las técnicas de realización de operaciones sencillas.
2:72a; Ábaco 1:2b; Logaritmo 9:200b; Matemáticas 9:407a; Número 11:48b; *ilustraciones* 2:72a; 2:73b.

ARIZARO, SALAR DE. Desierto salado de la prov. argentina de Salta. Depósitos de sales de sodio. 2.735 km^2.

ARIZONA. Estado del sudoeste de los Estados Unidos. Cap. Phoenix. 295.275 km^2. 4.554.966 hab. (1997).
2:75b; Amerindios, pueblos 1:294b; Desierto 5:152a; Estados Unidos 6:126a; Gran Cañón del Colorado 7:193b; *ilustración* 2:75b.

ARJÁNGUELSK. V. **Arcángel** (geografía).

ARJÉ. Entre los filósofos milesios, sustancia primera de la que están compuestas todas las cosas del mundo, y a la que regresan después de su disolución.
Demócrito 5:125b; Mileto, escuela de 10:165b.

ARJONA, MANUEL MARÍA (1771-1820). Poeta español adscrito a la escuela sevillana. Fundador de la Academia de Letras Humanas de Sevilla. *Las ruinas de Roma, La diosa del bosque.* Su *Historia de la Iglesia* quedó inconclusa.

ARJUNA. Héroe mítico del *Mahabharata,* texto épico indio. Al dudar ante el comienzo de una batalla el dios Krishna le habló sobre el deber y la rectitud de los actos humanos. El discurso fue recogido en el *Bhagavadgita.*
Mahabharata 9:291a.

ARKANSAS. Estado del sudoeste central de los Estados Unidos, bañado por el río Mississippi y diversos lagos. Noroeste montañoso. Produce el 95% de la bauxita del país; agricultura y ganadería; centrales nucleares. Cap. Little Rock. 137.741 km^2. 2.522.819 hab. (1997).

ARKANSAS, RÍO. Curso fluvial de América del norte. Nace en la cordillera de Sawatch, montañas Rocallosas (Rocosas); atraviesa Kansas, Oklahoma y Arkansas, y desemboca en la margen derecha (occidental) del Mississippi tras recorrer 2.330 km.

ARKÉ. V. **Arjé.**

ARKWRIGHT, RICHARD (1732-1792). Industrial inglés. Uno de los artífices de la industria algodonera de su país.
2:76b.

ARLEQUÍN. Personaje de la comedia del arte que representaba a un criado cínico y perezoso, caracterizado grotescamente con un traje a cuadros o rombos de distintos colores, mascarilla negra y sombrero gris.

ARLES. Ciudad de Francia, dep. de Bouches-du-Rhône. Puerto fluvial sobre el Ródano. Murallas romanas y anfiteatro de la época de Augusto. Iglesia de San Trófimo (siglos XI y XII). Agricultura. Turismo. 37.554 hab. (1982).
Sal 13:92a.

ARLES, CONCILIO DE. Primer concilio de los obispos de occidente, convocado en el 314 por Constantino el Grande para discutir las teorías de la secta donatista surgida en Cartago. Dichas teorías fueron condenadas, pero sus seguidores acudieron al emperador en su defensa, creando un precedente para la injerencia del poder terrenal en los asuntos eclesiásticos.

ARLINGTON (TEXAS). Ciudad de los Estados Unidos, en el est. de Texas, en la aglomeración urbana Dallas-Fort Worth. Universidad. Industria aeroespacial y automovilística. Estadio de baseball (Texas Rangers). 306.497 hab. (1998).

ARLINGTON (VIRGINIA). Condado de los Estados Unidos, en el est. de Virginia. Forma parte del área metropolitana de Washington (D. C.). Sede del Pentágono. Aeropuerto. Cementerio Nacional. 177.275 hab. (1998).

ARLINGTON, HENRY BENNET, CONDE DE (1618-1685). Secretario de estado de Carlos II de Inglaterra. Con la creación del «partido de la corte» (los futuros *tories*) en la Cámara de los Comunes contribuyó al desarrollo del sistema de partidos en Inglaterra.

ARLT, ROBERTO (1900-1942). Escritor argentino. Expresó en su obra una constante preocupación por los problemas sociales.
2:77a.

ARMA BACTERIOLÓGICA. Denominación genérica de un tipo de armas ofensivas de carácter biológico cuya finalidad consiste en generar enfermedades infecciosas entre la población y las tropas enemigas o en producir hambrunas mediante la destrucción de cultivos y ganado por este mismo medio. Para ello se desarrollan variedades específicas de virus y bacterias resistentes a los medios terapéuticos convencionales y se lanzan sobre el objetivo generalmente mediante misiles balísticos. El derecho internacional prohíbe la utilización de estas armas.

ARMADA. V. **Marina de guerra.**

ARMADA INVENCIBLE. Nombre con que se conoció en España la flota enviada por Felipe II contra Inglaterra en 1588.
2:77a; Felipe II de España 6:251b; *ilustración* 2:77b.

ARMADILLO. Mamífero desdentado de la familia de los dasipódidos, cuya característica fundamental es la de presentar el cuerpo protegido por placas dérmicas soldadas hasta formar una especie de armadura.
2:78a; *ilustración* 2:78a.

ARMADURA. Conjunto de las armas y piezas de hierro con que se cubrían el cuerpo los combatientes medievales.
2:78b; Guerra 7:265b; *ilustraciones* 2:79a-b.

ARMAGEDÓN. Según el Apocalipsis de san Juan Evangelista, lugar donde se congregarán las fuerzas del bien y del mal para librar la batalla final del gran día de Dios todopoderoso, preludio del establecimiento definitivo del reino de Cristo.

ARMAGNAC. Región histórica de Francia. Regida por los condes de Armagnac, estableció su carácter autónomo en la segunda mitad del siglo X y alcanzó su máximo desarrollo en el siglo XV, cuando su territorio llegó a abarcar desde el Garona a los Pirineos y parte del macizo Central. Entró a formar parte de la corona francesa en 1607. Forma parte del departamento de Gers.

ARMAGNACS. V. **Orleanistas.**

ARMANI, GIORGIO (n. en 1934). Modisto italiano. En 1974 lanzó, junto a Sergio Galeotti, su propia firma de moda. De estilo cuidado y perfeccionista, su contribución al diseño lo hizo merecedor de diferentes condecoraciones como la Orden al Mérito de la República italiana.

ARMAS. Instrumentos utilizados para atacar a un eventual enemigo o defenderse de él.
2:79b; Artillería 2:133a; Balística 2:323a; Bomba (arma) 3:101b; Guerra 7:264b; Infantería 8:192a; Tiro 14:65a; *cuadro* 2:81a; *ilustraciones* 2:80a; 2:81b; 2:82a; 2:83b; 2:84a.

ARMAS CHITTY, JOSÉ ANTONIO (n. en 1908). Escritor venezolano. Autor de novelas, cuentos y poesías, destacó por sus investigaciones en el campo de la historia. Secretario general de la Academia Venezolana de la Historia. *Retablo* (1950), *Origen y formación de algunos pueblos de Venezuela* (1951).

ARMAS DE FUEGO. Armas ofensivas que utilizan la fuerza expansiva de la pólvora inflamada para disparar sus proyectiles.
Armas 2:84a; Caza y pesca deportivas 4:54b; Cohete, misil y proyectil 4:252b; Guerra 7:265b; Infantería 8:193a; Marina de guerra 9:371b.

ARMAS MARCELO, JUAN JESÚS (n. en 1946). Escritor y periodista español. Perteneció a la denominada generación del 68 y practicó en sus inicios la novela experimental. *Estado de coma* (1976), *Así en La Habana como en el cielo* (1998).

ARMAS NUCLEARES. Armas basadas en la liberación de la energía procedente de reacciones en el interior del núcleo atómico.
2:84a; Armas 2:83a; Guerra 7:267b; Nuclear, energía 11:28b; Oppenheimer, J. Robert 11:120b; *ilustraciones* 2:85b; 2:86a.

ARMAS QUÍMICAS Y BIOLÓGICAS. Ingenios capaces de difundir agentes agresivos de naturaleza química y orgánica, respectivamente.
2:87a; Armas 2:83a; Guerra 7:267a; *ilustraciones* 2:87b; 2:88a.

ARMAS Y CÁRDENAS, JOSÉ DE (1866-1919). Patriota y crítico literario cubano que firmó con el seudónimo de Justo de Lara. Sus informaciones ganaron simpatizantes a la revolución cubana de 1895 en el extranjero. *El Quijote de Avellaneda y sus críticos* (1884), *Los cuatro triunfadores* (1895).

ARMBRUSTER, PETER (n. en 1931). Físico alemán. Director científico del Instituto de Investigación de Iones Pesados (GSI). Logró crear en laboratorio, junto a sus colaboradores, los elementos con número atómico comprendido entre el 107 y el 112.

ARMENDÁRIZ, JOSÉ DE. V. **Castelfuerte, José de Armendáriz, marqués de.**

ARMENDÁRIZ, PEDRO (1912-1963). Actor mexicano. Alcanzó fama internacional con películas dirigidas por Emilio (el Indio) Fernández, tales como *Flor Silvestre* (1943) y *María Candelaria* (1943), obteniendo con esta última el premio de interpretación de Cannes, 1946. Tuvo como principal compañera en sus filmes a Dolores del Río. Enfermo de cáncer, se suicidó en Los Ángeles, California. Actor sobrio y dúctil, destacó sobre todo en papeles de charro mexicano.

ARMENIA (ASIA). República independiente de Transcaucasia, limítrofe con Turquía e Irán. Cap. Yereván (antes Ereván). 29.800 km^2. 3.810.000 hab. (2000).
2:89a; Asia 2:150; Azerbaiyán 2:279b; Cáucaso 4:49a; Islam, historia del 8:284a; Metales, edad de los 10:96a; Turquía 14:163b; Unión Soviética 14:180a; *mapa* 2:89b; *cuadro* 2:89b.

ARMENIA (COLOMBIA). Ciudad de Colombia, cap. del dep. de Quindío, en la ladera occidental de la cordillera central de los Andes, entre los ríos Espejo y Quindío. Aeropuerto. Ferrocarril. Café, maíz, frijoles (judías), caña de azúcar. Industrias manufactureras. 288.977 hab. (1999).

ARMENIA, IGLESIA APOSTÓLICA. Iglesia ortodoxa de Armenia. Evangelizada la región, según la tradición, por los apóstoles Bartolomé y Tadeo, se convirtió definitivamente al cristianismo en el siglo III por obra de san Gregorio el Iluminador. Defensora del monofisismo, rompió con la iglesia latina en el concilio de Dvin (506). Regida por los patriarcados de Echmiadzin, Sis, Jerusalén y Constantinopla.

ARMENIA, IGLESIA CATÓLICA. Comunidad de la Iglesia Católica Romana en Armenia. Escisión de la Iglesia Apostólica Armenia. La separación tuvo lugar en 1740, bajo la dirección del patriarca de Sis, y permitió su reincorporación a la disciplina romana. Su patriarca reside en Beirut. Mantiene liturgia propia en lengua armenia.

ARMENIA, LENGUA. Rama independiente del grupo occidental de la familia lingüística indoeuropea. Fue introducida en la región de Transcaucasia por pueblos procedentes de los Balcanes a fines del segundo milenio a.C.
Asiáticas, lenguas 2:153b; Indoeuropeas, lenguas 8:176b.

ARMENIA, LITERATURA. Conjunto de obras literarias escritas en lengua armenia. Estrechamente ligada al desarrollo de la cultura cristiana en la zona, alcanzó su máxima brillantez en los siglos V y VI, época considerada como la edad de oro de la literatura armenia.

ARMENIAS, MATANZAS. Masacres cometidas por los turcos otomanos sobre la población armenia en dos momentos de su historia: entre 1894 y 1896; y entre 1914 y 1918, en el transcurso de la primera guerra mundial. Motivadas por conflictos políticos y sentimientos xenofóbicos.

ARMENIOS. Pueblo de lengua indoeuropea y de religión cristiana (católica u oriental). El territorio que ocupó en el siglo VIII a.C. y al que dio nombre (Armenia) está incorporado a la rep. de Armenia, Turquía e Irán. Su lengua ha producido una abundante literatura desde el siglo V.
Asiáticos, pueblos 2:156a; Siria 13:260a.

ARMFELT, GUSTAF MAURITZ (1757-1814). Estadista sueco. Favorito del rey Gustavo III de Suecia, estableció relaciones con Catalina II de Rusia (1783) y con Dinamarca (1787). Se exilió en Rusia a raíz de la revolución de 1809 y ejerció gran influencia sobre el zar Alejandro I.

ARMILLA. Municipio español de la prov. de Granada. Cereales, remolacha, aceitunas; ganado ovino y porcino; industria de la construcción. 11.743 hab. (1986).

ARMINIANISMO. Doctrina creada por el teólogo protestante holandés Jacobus Arminius en el siglo XVII, opuesta al dogma calvinista de la predestinación. Sus tesis principales, así como sus defensores, fueron condenados en el sínodo de Dordrecht (1618). Pese a ello, el arminianismo mantuvo su influencia tanto en los Países Bajos como en Inglaterra.

ARMINIO (h. el 18 a.C.-19 d.C.). Dirigente germano. Jefe de la tribu de los queruscos, pese a su inicial apoyo a los ejércitos romanos, acaudilló la rebelión germana del año 9 de la era cristiana contra el gobernador Quintilio Varo, a quien venció en el bosque de Teotoburgo. Arminio fue derrotado por Germánico en el 16. Héroe nacional alemán en la literatura del siglo XIX.

ARMINIUS, JACOBUS (1560-1609). Teólogo protestante holandés. Profesor de teología en Leiden, se opuso a las ideas defendidas por Franciscus Gomarus y propuso un sistema doctrinal (arminianismo) basado en la negación del principio calvinista de la doble predestinación.

ARMIÑÁN, JAIME DE (n. en 1927). Director de cine y guionista de cine y televisión español. *Mi querida señorita* (1972), *El amor del capitán Brando* (1974), *En septiembre* (1982), *La hora bruja* (1985), *El palomo cojo* (1995).

ARMIÑO. Mamífero carnívoro de la familia de los mustélidos (*Mustela erminea*). Su piel se emplea para abrigos y estolas.
2:90a; *ilustración* 2:90a.

ARMISTICIO. Suspensión de las hostilidades en un conflicto bélico. Esta figura jurídica fue regulada en el convenio de La Haya en 1907. Se caracteriza por ser una situación provisional, o intermedia, sin llegar a la capitulación o al tratado de paz, aunque a veces surta los mismos efectos.

ARMLEDER, JOHN (n. en 1948). Diseñador de origen suizo. Fundador del grupo artístico Écart, afín al movimiento Fluxus. Son notables sus composiciones, impregnadas de valores artísticos típicos de la modernidad, en las que une elementos mobiliarios de avanzado diseño con otros pictóricos de carácter abstracto.

ARMONÍA. Arte musical que dicta las normas de formación y articulación de los acordes de una composición.
2:90b; Acorde 1:35a; Composición musical 4:305b; Contrapunto 4:352a; Melodía 10:47b; Música 10:317a; Música, teoría de la 10:319a; Musicales, formas 10:322a; Tonalidad y atonalidad 14:84a.

ARMÓNICA, ONDA. V. **Sinusoidal, onda.**

ARMÓNICA DE BOCA. Instrumento musical compuesto por una plancha que dispone de diversas lengüetas sujetas y está protegida por dos tapas de metal u otro material. El sonido se obtiene al introducirse aire procedente de los labios por los orificios adecuados de cada lengüeta.

ARMÓNICO. Sonido que tiene una frecuencia de un múltiplo entero sobre otro sonido, al cual se denomina fundamental.

ARMONIO. Instrumento musical formado por un depósito de aire, lengüetas y teclado, carente de tubos. También se denomina armonio a un órgano pequeño de fuelle accionado con los pies.

ARMONIZACIÓN. Término empleado en telecomunicación con el que se designa un acuerdo para lograr una normativa que, al ser comúnmente aceptada, sirva para determinar sin confusión ciertas características y calidades. Ello permite, además, conocer la compatibilidad de elementos de distinta procedencia para trabajar ensamblados.

ARMORICANO, MACIZO. Penillanura (superficie de erosión) del noroeste de Francia. Rodeada por el Sena y la cuenca de París al norte, la llanura del Loira al sur y el Atlántico al oeste. Conjunto de montes bajos (417 m de altura máxima) cortado por valles. Cubre una superficie de 65.000 km^2.
Francia 6:383b.

ARMSTRONG, EDWIN H. (1890-1954). Inventor estadounidense que contribuyó al desarrollo de la radiodifusión por modulación de frecuencia y el método de realimentación en circuitos.

ARMSTRONG, LOUIS (1900-1971). Músico estadounidense nacido en Nueva Orleans. Destacado trompetista y cantante, uno de los intérpretes fundamentales de la era clásica del *jazz.*
2:91b; Jazz 8:358a; *ilustración* 2:91b.

ARMSTRONG, NEIL (n. en 1930). Astronauta estadounidense. Primer hombre en pisar la Luna. Participó en la operación Gemini VIII (1966) y fue comandante de la misión Apolo XI, que el 20 de julio de 1969 realizó el primer alunizaje de una nave tripulada.
Astronáutica 2:170b.

ARN. Ácido ribonucleico, molécula de alto peso molecular formada por una sola cadena de nucleótidos. Cada nucleótido está constituido

por un azúcar de cinco átomos de carbono (pentosa), una ribosa, una molécula de ácido fosfórico y una base nitrogenada que puede ser púrica (adenina o guanina) o pirimidínica (citosina o uracilo). Existen tres tipos diferentes según su estructura y función: ARN ribosómico (ARNr), ARN mensajero (ARNm) y ARN de transferencia (ARNt).
Bioquímica 3:49b; Biosíntesis 3:53a; Genoma 7:79a; Nucleicos, ácidos 11:31a.

ARNAL, ENRIQUE (n. en 1932). Pintor boliviano. Sus lienzos, claramente constructivos, combinaron el expresionismo y el surrealismo. En sus obras, de lenguaje llano y directo, reflejó los tipos humanos de su país, especialmente mineros y campesinos.

ARNALDO DE BRESCIA (m. en 1155). Reformador religioso italiano. Se opuso al poder temporal de los papas y encabezó en Roma una efímera república. Condenado por herejía, fue ejecutado por orden del emperador Federico I Barbarroja.

ARNALDO DE VILANOVA (1238/1240-1313). Médico y científico español. Ejerció la medicina, la cual le dio fama internacional, en la corte aragonesa. Traductor de obras científicas árabes al latín. Escribió en latín y en catalán tratados sobre medicina, alquimia, etc.

ARNAULD, ANGÉLIQUE (1591-1661). Religiosa francesa. Conocida como madre Angélique, asumió la labor emprendida por su familia en favor de la doctrina jansenista. Ocupó el cargo de abadesa de Port-Royal-des-Champs sin haber cumplido aún los doce años de edad. Llevó a cabo la reforma del convento cisterciense de esa localidad.

ARNAULD, ANTOINE (1612-1694). Teólogo francés. Se convirtió en uno de los líderes del jansenismo por influencia de Jean Duvergier de Hawanne, abad de Saint-Cyran, a quien sucedió como director espiritual de las religiosas de Port-Royal. Se exilió en Flandes y los Países Bajos para escapar de la persecución desatada contra los jansenistas. *Sobre la comunión frecuente* (1643), *Lógica.*
Jansenismo 8:337b.

ARNAUT DANIEL (floreció 1180-1200). Poeta y trovador provenzal. Cultivó el *trobar ric*, estilo basado en la utilización de métricas complicadas, ritmos difíciles y palabras elegidas por su sonoridad.

ARNDT, ERNST MORITZ (1769-1860). Escritor y patriota alemán. Exponente del despertar nacional de su patria durante la época napoleónica. Fue miembro del primer parlamento alemán tras el estallido revolucionario de 1848. Ocupó la cátedra de historia en Greiswald y en Bonn. *El espíritu del tiempo* (1808). *Recuerdos de la vida externa* (1840).

ARNE, THOMAS (1710-1778). Compositor inglés. Abandonó los estudios de leyes por la música, en la que cumplió una formación autodidacta. Escribió múltiples canciones, como «Rule, Britannia»; el oratorio *Judith* (1761); la ópera *Artaxerxes* (1762); y música incidental para obras de William Shakespeare.

ARNEDO. Población española de la prov. de Logroño, comunidad autónoma de la Rioja. Castillo y murallas; iglesias góticas. Cereales, olivos, vid; ganadería ovina; industria textil. 12.267 hab. (1986).
Rioja, La 12:381b.

ARNHEM. Ciudad de los Países Bajos, cap. de la prov. de Güeldres a orillas del Rin. Ayuntamiento del siglo XVI, iglesias católica y protestante del XV. Museos y acuario. Metalurgia, astilleros, productos textiles. 137.222 hab. (1999).

ÁRNICA. Planta de la familia de las compuestas, *Arnica montana.* Raíz perenne, hojas ásperas y flores amarillas. Semilla parda rodeada de un vilano. Su tintura se utiliza en medicina para tratar contusiones, esguinces, torceduras, etc. También denominada talpica o flor del tabaco.

ARNICHES, CARLOS (1866-1943). Autor de teatro español. Residente desde su juventud en Madrid, reelaboró en sus obras el lenguaje del pueblo madrileño. Autor de libretos de zarzuelas, sainetes y comedias. *La señorita de Trévelez* (1910), *Es mi hombre* (1921), *El casto José* (1934).
Sainete 13:89b; *ilustración* 13:89b.

ARNIM, ACHIM VON (1781-1831). Karl Joachim Friedrich Ludwig von Arnim, dramaturgo, poeta y folclorista alemán. Autor de una recopilación de canciones populares de su país (*El cuerno mágico del muchacho,* 1805-1808) que tuvo gran influencia en el romanticismo alemán.

ARNIM, BETTINA VON (1785-1859). Escritora alemana. Esposa y desde 1831 viuda del poeta Achim von Arnim, fue autora de novelas epistolares y estudios en los que reflejaba su preocupación por la situación de la mujer y la clase trabajadora. *Epistolario de Goethe con una niña* (1835), *Conversaciones con los demonios* (1852).

ARNO, RÍO. Curso fluvial de Italia. Nace en la falda del monte Falterona, en los Apeninos toscanos. Tras atravesar las ciudades de Florencia, Empoli y Pisa, desemboca en el Mediterráneo. 240 km.
Pisa 12:5b.

ARNOLD, BENEDICT (1741-1801). Militar angloestadounidense. Sirvió al ejército rebelde en la lucha por la independencia de las colonias británicas en Norteamérica y desempeñó a partir de 1778 el cargo de gobernador de Filadelfia. En 1780 reveló secretos militares y ayudó a la causa británica. Huyó a la Gran Bretaña en 1781.

ARNOLD, MATTHEW (1822-1888). Poeta y crítico británico. Censuró los gustos y actitudes de la Inglaterra victoriana.
2:92a.

ARNOLDO DE BRESCIA. V. **Arnaldo de Brescia.**

ARNOLDSON, KLAS PONTUS (18441916). Político sueco. Figura prominente en la solución de los problemas de la unión sueco-noruega. Compartió el Premio Nobel de la paz de 1908 con el político danés Fredrik Bajer.

ARNOLFO DI CAMBIO (h. 1245-1302). Arquitecto y escultor italiano a quien se atribuye la creación del estilo gótico florentino. Diseñó la catedral de Florencia, muestra de la transición entre el gótico tardío y el arte renacentista. Monumento funerario del cardenal de Braye en Orvieto.

ARNON, DANIEL (n. en 1910). Bioquímico estadounidense de origen polaco. Consiguió en 1951, junto con otros investigadores, aislar los cloroplastos u orgánulos celulares que realizan las funciones de fotosíntesis en las plantas, ciclo que él reprodujo en el laboratorio.
Fotosíntesis 6:362b.

ARNS, PAULO EVARISTO (n. en 1921). Prelado brasileño. Franciscano, fue arzobispo de São Paulo desde 1970 y cardenal desde 1973. Secretario del sínodo de obispos desde 1983.

ARNULFO (m. en el 899). Duque de Carintia. Depuso a su tío, Carlos el Gordo, emperador del Sacro Imperio Romano. Elegido rey de Germania en el 887, ocupó brevemente el trono imperial (896-899).

ARO. Planta herbácea de la familia de las aráceas y perteneciente al género *Arum.* Dicotiledónea. Hojas por lo general grandes e inflorescencias en espádice. Diversas especies, propias de zonas tropicales, algunas de ellas utilizadas como ornamentales.

AROLAS, JUAN (1805-1849). Poeta y traductor español. Ingresó en la orden de los escolapios y tradujo a *Lord* Byron. *Poesías religiosas, caballerescas y amatorias orientales.*

AROMÁTICAS, PLANTAS. Plantas de porte herbáceo o arbustivo del grupo de las angiospermas, por lo general de climas cálidos y secos, que acumulan en las hojas y otros órganos diversas esencias y sustancias aromáticas. Muchas de ellas, como el romero o la lavanda, se utilizan para la obtención de perfumes.
2:92b; Anís 1:371a; Perejil 11:335a; *ilustraciones* 2:93a.

AROMÁTICOS, COMPUESTOS. Compuestos químicos que proceden principalmente del petróleo y el alquitrán de hulla. Caracterizados por su fuerte olor. Se clasifican en homocíclicos (anillos compuestos únicamente por elementos de carbono) y heterocíclicos (anillos con otros elementos además del carbono).

ARON, RAYMOND (1905-1983). Ensayista y filósofo social francés. Defensor de la alianza occidental, criticó el marxismo en varias de sus obras. Premio Erasmo en 1982. *Introducción a la filosofía de la historia* (1938), *El opio de los intelectuales* (1955), *Memorias* (1983).

AROSA, RÍA. Entrante del mar en la costa de Galicia, en España, de más de 25 km de recorrido, con una anchura que varía entre 31 y 128 m. Profundidad máxima de 70 m. En sus orillas existen fábricas de conservas de pescado.

AROSEMENA, ALCIBÍADES (1883-1958). Diplomático y político panameño. Tras la destitución de Arnulfo Arias, ocupó la presidencia de la república de 1951 a 1952.

AROSEMENA, CARLOS JULIO (n. en 1920). Político ecuatoriano. Fue designado presidente por el Congreso en 1961 para sustituir a José María Velasco Ibarra, de cuyo gobierno había sido vicepresidente. Intentó desarrollar una política de independencia nacional, alejándose tanto de los Estados Unidos como de los países socialistas. En 1963 fue derrocado por los militares.
Velasco Ibarra, José María 14:253b.

AROSEMENA, FLORENCIO HARMODIO (1872-1945). Ingeniero y político panameño. Elegido presidente en 1928, fue derrocado en 1931 por un movimiento apoyado por Arnulfo Arias, que después designó como presidente a Harmodio Arias.
Arias, Arnulfo 2:65b.

AROSEMENA, JUAN DEMÓSTENES (1879-1939). Político panameño, hermano de Florencio Harmodio Arosemena. Fue elegido presidente en 1936. Firmó un tratado con los Estados Unidos. Murió antes de concluir su período de gobierno.

AROSEMENA, JUSTO (1817-1896). Diplomático, jurisconsulto y político colombiano (nacido en Panamá). En 1863 presidió la convención de Rionegro, en la que se constituyeron los Estados Unidos de Colombia.
2:93b.

AROSEMENA, PABLO (1836-1920). Político panameño. Desde 1875 y durante diez años ocupó la presidencia de Panamá, perteneciente por entonces a los Estados Unidos de Colombia. Tras proclamarse la independencia de Panamá, fue electo presidente de la república, cargo que desempeñó de 1910 a 1912.

AROSEMENA GÓMEZ, OTTO (1922-1984). Abogado y político ecuatoriano. Ocupó la presidencia de la república entre 1966 y 1968.

AROUET, FRANÇOIS-MARIE. V. **Voltaire.**

ARP, HANS. V. **Arp, Jean.**

ARP, JEAN (1887-1966). Hans Arp, escultor, pintor y poeta francés. Transitó por los movimientos artísticos abstraccionista, dadaísta y surrealista, realizando *collages* hasta 1930-1931. A partir de entonces se dedicó predominantemente a la escultura, que trabajó a base de volúmenes redondeados y planos lisos. «Concreciones humanas» (1933-1935), «Interregnum» (1949). Su obra poética la escribió tanto en francés (*Jours effeuillés,* 1966) como en alemán (*Unsern täglichen Traum,* 1955).
Dadaísmo 5:83b.

ARPA. Instrumento musical de cuerda existente desde las civilizaciones antiguas. Su forma clásica es el triángulo.
2:93b; Música 10:311a; Zabaleta, Nicanor 14:401a; *ilustración* 2:94a.

ARPA. Abreviatura de *Advanced Research Projects Agency* (Agencia de Proyectos de Investigación Avanzada), organismo encargado por el gobierno estadounidense de conjuntar todos los avances tecnológicos de la industria nacional a fin de ponerlos al servicio del Departamento de Defensa. Su trabajo fue decisivo en la carrera espacial y en el diseño de redes de comunicación entre centros militares y políticos de valor estratégico.

ARPAD. Dinastía que gobernó Hungría desde finales del siglo IX hasta 1301. Durante este período la nación húngara pasó de ser una confederación de tribus magiares a convertirse en un poderoso estado de Europa oriental.
Hungría 8:103b.

ARPANET. Sistema informático, diseñado por la Advanced Research Projects Agency (ARPA), que conectaba entre sí centros controlados por dicho organismo. Constituyó el antecedente inmediato de Internet.

ARPC. Siglas con las que se designa el análisis de riesgos y control de puntos críticos, método que se emplea en la industria para lograr procesos de elaboración de alimentos que garanticen las condiciones higiénicas y de salubridad del producto envasado.

ARPEGIO. Ejecución sucesiva de las notas de un acorde. Su notación musical es variable, según el compositor: a veces, una barra oblicua en la cola de la nota inferior, si es ascendente, o superior si es descendente; otras, una línea ondulada.

ARPÍAS. Seres que en la mitología griega primitiva eran espíritus del viento y fantasmas.
2:94a; *ilustración* 2:94a.

ARPINO, CABALLERO DE. V. **Cesari, Giuseppe.**

ARPINO, CAVALIER D'. V. **Cesari, Giuseppe.**

ARPÓN. Lanza dotada de lengüetas que se emplea para la pesca de mamíferos acuáticos y peces de gran tamaño. Antiguamente, la captura de ballenas, atunes y otros animales se realizaba con lanzamiento manual del arpón; posteriormente se introdujeron cañones y lanzaderas.
Ballena 2:325a; Pesca 11:370a.

ARQUEGONIO. Órgano vegetal que contiene el gameto femenino. Propio de las algas, briófitos, pteridófitos y algunas plantas gimnospermas. Forma acampanada.

ARQUELAO (m. en el 399 a.C.). Rey de Macedonia (413-399 a.C.). Su reinado sentó las bases del posterior poderío macedonio. Mecenas de numerosos artistas griegos. Murió asesinado.

ARQUELAO DE JUDEA (siglo I). Etnarca de Judea, Idumea y Samaria durante nueve años. Era hijo de Herodes el Grande. Destituido por incapacidad en el año 6, fue desterrado a las Galias.

ARQUELAO DE PRIENE (siglos II-I a.C.). Escultor griego de la escuela de Rodas, autor del bajorrelieve «Apoteosis de Homero».

ARQUENTERÓN. Cavidad que se forma durante la etapa de crecimiento de los embriones animales conocida como gastrulación. Constituye la fase primaria para el posterior desarrollo del intestino del animal.
Embriología 5:388a.

ARQUEOCIATOS. Fósiles del período cámbrico inferior, de organización análoga a la de las esponjas y de forma cilíndrica o cónica. Su esqueleto estaba formado por dos láminas concéntricas perforadas unidas mediante tabiques radiales y tábulas transversales también con orificios.

ARQUEOLOGÍA. Ciencia que se ocupa del estudio de los restos materiales de las civilizaciones del pasado.
2:94b; Antropología 1:401b; Estratigrafía 6:168b; Prehistoria 12:126a; Restauración de obras de arte 12:351a; Winckelmann, Johann 14:369b; *ilustraciones* 2:95b; 2:96; 2:97a-b.

ARQUEOMETRÍA. Parte de la arqueología que se ocupa de la aplicación a ella del método científico. Son ejemplo de sus aplicaciones la datación por medio del carbono 14, la utilización de la geología a fin de establecer la edad de los estratos en que se ha realizado un hallazgo, etc.

ARQUEÓPTERIX. Ave fósil cuyos restos se descubrieron en calizas litorales del período jurásico. La única especie conocida es *Archaeopteryx lithographica* y en ella se puede observar una mezcla de caracteres reptilianos y orníticos (de ave).

ARQUEOZOICA, ERA. V. **Precámbrica, era.**

ARQUETIPO. Según la filosofía platónica, acumulación de experiencias ancestrales o reflejo del mundo superior de las ideas, caracterizadas por su inmaterialidad e inmutabilidad. Para la escuela psicoanalista, el arquetipo corresponde a un inconsciente colectivo o a una disposición del hombre a plasmar en imágenes aquello que ha servido para formar su esquema mental. Estudiado por la psicología y la filosofía del conocimiento.
Mito y mitología 10:195a.

ARQUIDAMO II (m. en el 427 a.C.).Rey de Esparta, de la familia de los Euripóntidas. Invadió el Ática en tres ocasiones e hizo frente a una sublevación de los ilotas mesenios.

ARQUÍLOCO (712-h. el 664 a.C.). Poeta lírico griego. Autor de elegías, himnos y sátiras. Se le considera uno de los creadores de la lírica griega y de los primeros poetas en expresar en su obra sus sentimientos. Inventor del verso yámbico (de sílabas breve y larga alternadas).
Griega, literatura 7:218a.

ARQUÍMEDES (h. el 290/280-h. el 212/211 a.C.). Matemático y físico griego, autor de fundamentales estudios sobre geometría, hidrostática y el funcionamiento de las palancas.
2:98a; Ciencia 4:185a; Mecánica 10:11b; Mecánica de fluidos 10:17a; *ilustración* 2:98b.

ARQUÍMEDES, PRINCIPIO DE. Principio de hidrostática, descubierto por Arquímedes en el siglo III a.C., que afirma que todo cuerpo sumergido en un fluido experimenta un empuje hacia arriba igual al peso del fluido que desaloja.
Arquímedes 2:98b; Densidad 5:131a.

ARQUÍMEDES, TORNILLO DE. Artefacto empleado para elevar agua, consistente en un cilindro con una espiral. Sumergido en el líquido, provoca el ascenso de éste por giro helicoidal. Inventado por Arquímedes (siglo III a.C.).
Arquímedes 2:99a; Riego 12:369b.

ARQUITAS DE TARENTO (h. el 430-h. el 360 a.C.). Filósofo y político griego. De tendencia pitagórica, fue gran conocedor de las matemáticas, la mecánica, la física, la astronomía y la teoría musical. Para él, los principios de la realidad eran el número y la magnitud. Fue el primero en aplicar las matemáticas a la mecánica y en utilizar el cubo en geometría.

ARQUITECTURA. Arte y técnica de proyectar y construir edificios y monumentos.
2:99a; Aalto, Alvar 1:1a; Alberti, Leone Battista 1:147a; Ando Tadao 1:338a; Arco 2:29a; Arte 2:123a; Barragán, Luis 2:353b; Barroco, arte 2:358a; Bauhaus 2:371b; Bernini, Gian Lorenzo 3:2b; Biblioteca y biblioteconomía 3:16a; Bizantino, arte 3:59a; Bóveda 3:135a; Casa 4:7a; Castillo y palacio 4:22a; Catedral y basílica 4:38b; Columna 4:287b; Construcción 4:350a; Cúpula 5:77a; Diseño 5:205a; Edificio inteligente 5:306b; Egipcio, arte 5:326a; Fehn, Sverre 6:249a; Folclor 6:341a; Foster, Norman 6:356a; Gaudí, Antonio 7:65a; Gehry, Frank 7:71b; Gótico, arte 7:171b; Griego, arte 7:228a; Gropius, Walter 7:237a; Islámico, arte 8:288b; Le Corbusier 9:91b; Mesopotámico, arte 10:86a; Mies van der Rohe, Ludwig 10:156a; Moneo, Rafael 10:227b; Niemeyer, Oscar 10:406a; Oriental, arte 11:147b; Piano, Renzo 11:387a; Precolombino, arte 12:122a; Restauración de obras de arte 12:351a; Rococó 12:402a; Románico, arte 13:4b; Romano, arte 13:6b; Romanticismo 13:11b; Tange Kenzo 13:395b; Tecnología 13:414b; Torre 14:93a; Vitrubio 14:340a; Wright, Frank Lloyd 14:372b; *ilustraciones* 2:99a-b; 2:100a; 2:101b; 2:102; 2:103; 2:104b; 2:105b; 2:106a; 2:107b; 2:108a; 2:109a-b; 2:110a; 2:111b; 2:112a; 2:113a-b; 2:114a.

ARQUITECTURA CLIENTE-SERVIDOR. Estructura distribuida de un sistema de información computarizado. Se basa en el empleo coordinado de computadoras dedicadas a la administración de servicios compartidos por numerosos puestos de trabajo, llamadas servidores, y otras específicas para tareas individuales más próximas al trabajo de los usuarios finales, denominadas clientes. Existen servidores para la administración del correo electrónico, la impresión o las comunicaciones, en actividades que son aprovechadas por las computadoras clientes a ellos conectadas.

ARQUITECTURA DEL PAISAJE. Arte de transformar y organizar los elementos físicos naturales para su disfrute por el hombre.
2:115a; Burle Marx, Roberto 3:220b; Jardinería 8:353a; Le Nôtre, André 9:113b; *ilustraciones* 2:115b; 2:116a; 2:117a.

ARQUITRABE. Parte inferior de un entablamento, o elemento horizontal, sobre el que descansa el friso y que se apoya directamente sobre columnas y otros elementos sustentantes.
Arquitectura 2:100b.

ARQUIVOLTA. Grupo de molduras que, a manera de faja curva, forman la cara exterior frontal de un arco; en plural, conjunto de arcos insertos unos en otros que forman una portada abocinada.

ARRABAL, FERNANDO (n. en 1932). Dramaturgo, poeta y novelista español. Participó activamente en el movimiento pánico.
2:117b; Absurdo, teatro del 1:23b; *ilustración* 2:117b.

ARRABAL, REBELIÓN DEL. Revuelta protagonizada en el año 818 por la población del arrabal del sur de Córdoba. Los artesanos, cristianos y musulmanes, y los estudiantes, alentados por los alfagníes o teólogos, se sublevaron contra los nuevos impuestos decretados por Alhacam I, quien reprimió duramente la rebelión.

ARRABIO. Hierro obtenido en la primera fusión de un alto horno. Duro y quebradizo, posee un elevado porcentaje de carbono. Se emplea para producir acero y piezas fundidas.
Hierro y acero 7:406b.

ARRACACHÁ. Planta herbácea vivaz de la familia de las umbelíferas *(Arracacia xanthorrhiza).* Dicotiledónea. Propia de la zona andina. Raíces comestibles.

ARRAS. Ciudad de Francia, cap. del dep. de Pas-de-Calais, antigua cap. de Artois. Industria lanera desde el siglo IV. Ayuntamiento gótico del XVI. Metalurgia, tejidos, aceites vegetales. Mercado agrícola. 41.736 hab. (1982).

ARRAU, CLAUDIO (1903-1991). Pianista estadounidense de origen chileno. Estudió en el conservatorio de Santiago de Chile y amplió su formación en Alemania. Debutó en 1924 con la orquesta sinfónica de Boston. Actuó en las salas de conciertos de todo el mundo y completó una abundante discografía.

ARRAYÁN. Arbusto de la familia de las mirtáceas (*Myrtus comunis*). Dicotiledónea. Tiene hojas compuestas, aromáticas, flores blancas y frutos azulados. Cultivada en jardinería por su aroma y por adaptarse a la formación de setos. Se conoce también como mirto.

ARRAZOLA Y GARCÍA, LORENZO (1797-1873). Político, jurista y catedrático español. Rector de la Universidad de Valladolid, diputado y senador en las Cortes desde 1836. Varias veces ministro de justicia. Presidente del consejo de ministros (1864) y del Tribunal Supremo.

ARRECIFE (GEOGRAFÍA FÍSICA). Banco rocoso que se forma en zonas oceánicas poco profundas. Los más usuales son los de coral, orlados, bancales y atolones.
Coral 4:373b.

ARRECIFE (GEOGRAFÍA POLÍTICA). Población española de la prov. de Las Palmas, en la isla canaria de Lanzarote. Centro turístico, agricultura, pesca, industria conservera. Centro polidimensional de arte. 33.398 hab. (1996).
2:118a; *ilustración* 2:118a.

ARREDONDO, INÉS (1928-1990). Escritora mexicana. Fue maestra de literatura y ensayista, pero se distinguió principalmente como cuentista. *La señal* (1965), *Río subterráneo* (1979).

ARREDONDO, JOSÉ MIGUEL (1832-1904). Militar y político uruguayo que intervino en las luchas políticas argentinas. En 1874 participó en la insurrección contra Domingo Faustino Sarmiento y posteriormente se levantó en Uruguay contra el gobierno de Máximo Santos, quien lo derrotó en 1886.

ARREDONDO, NICOLÁS ANTONIO DE (1725-1802). Militar español, gobernador de Cuba y de la audiencia de Charcas, y virrey del río de la Plata entre 1789 y 1794, donde fomentó el desarrollo económico de la colonia. Fue capitán general de Valencia.
Plata, Virreinato del Río de la 12:29b.

ARRENDAJO COMÚN. Pájaro de la familia de los córvidos (*Garrulus glandarius*). Se distribuye por zonas boscosas de gran parte de Eurasia y África y se alimenta principalmente de los frutos de diversos árboles.
Ave 2:249b.

ARRENDAMIENTO. Contrato en el que una parte (arrendador) cede el disfrute de una cosa, o se compromete a prestar un servicio, a otra (arrendatario), recibiendo de ésta, a modo de compensación, el pago de una cuota o precio.
2:118b; Tierra, formas de posesión de la 14:59a.

ARREOLA, JUAN JOSÉ (1918-2001). Escritor mexicano. Destacó especialmente como cuentista.
2:119a.

ARRESTO. Privación de libertad a una persona. Se diferencia entre el arresto mayor (entre un mes y un día y seis meses) y el arresto menor (de uno a treinta días). Se emplea también el término para designar la detención provisional de un presunto reo.

ARRHENIUS, FÓRMULA DE. Expresión matemática que descubre la relación existente entre el aumento de la temperatura en una reacción química y su velocidad de realización. Toma su nombre del científico sueco Svante August Arrhenius, aunque fue formulada por J. J. Hood.

ARRHENIUS, SVANTE AUGUST (1859-1927). Físico y químico sueco cuya principal contribución a la ciencia fue la teoría iónica, que explicaba cómo muchas sustancias en solución se disocian en átomos dotados de carga eléctrica, denominados iones.
2:119a; Ácido y base 1:31b; Ion 8:256a; Sal 13:92a; Venus (astronomía) 14:272a.

ARRHENIUS, TEORÍA DE. Formulación científica que establece que los ácidos se disocian en agua dando lugar a átomos o moléculas con carga eléctrica (iones) y que las bases se ionizan en agua para dar lugar a iones de hidróxido. Conocida también como teoría de la disolución electrolítica, fue establecida por el científico sueco Svante Arrhenius.
Arrhenius, Svante August 2:119a.

ARRIAGA, CAMILO (1862-1945). Ingeniero y político mexicano. Participó en la revolución de 1910 encabezada por Francisco I. Madero. Se exilió tras el golpe de Victoriano Huerta y tras su regreso (1920) formó parte de varios grupos políticos progresistas.

ARRIAGA, JUAN CRISÓSTOMO (1806-1826). Compositor español de ópera y música instrumental. Pese a su corta vida, escribió numerosas composiciones, entre las que destaca la ópera *Los esclavos felices*.

ARRIAGA, MANUEL DE (1841-1917). Político portugués. Miembro del Partido Liberal y rector de la Universidad de Coimbra. Elegido primer presidente constitucional de la república, de 1911 a 1915. Durante su gobierno tuvo que hacer frente a conspiraciones monárquicas, una huelga general y una insurrección armada.

ARRIAGA, PONCIANO (1811-1863). Político y legislador mexicano. Representante en el congreso constituyente de 1855, durante el gobierno de Ignacio Comonfort, ejerció la presidencia de la junta preparatoria y la cámara y participó en la redacción de la constitución liberal del 5 de febrero de 1857.

ARRIANISMO. Herejía que tomó su punto de partida de las doctrinas difundidas por Arrio, presbítero de Alejandría, en el siglo IV. Negaba la naturaleza divina de Jesucristo. El concilio de Nicea (325) la condenó, postura refrendada por el concilio de Constantinopla (381).
Ambrosio, san 1:269a; Concilio 4:324b; Gregorio Nacianceno, san 7:214a; Gregorio Niseno, san 7:214b; Herejías 7:370b; Recaredo I 12:282a; Teodosio I el Grande 14:19a; Trinidad 14:121b.

ARRIANO, FLAVIO (siglo II). Escritor, geógrafo y funcionario griego que sirvió a los emperadores de Roma. Gobernador de Capadocia. *Expedición de Alejandro, Historia de la India, La circunnavegación del mar Negro.*

ARRIAZA, JUAN BAUTISTA (1770-1837). Poeta y militar español. Ascendió hasta el grado de teniente de fragata y tomó parte en las luchas contra afrancesados y liberales opuestos al absolutismo de Fernando VII. Abandonó las armas para dedicarse a la literatura. *La profecía del Pirineo, Los defensores de la patria.*

ARRIETA, EMILIO (1823-1894). Compositor español. Estudió en los conservatorios de Madrid y Milán. Pese a reticencias iniciales, cultivó el género de la zarzuela y obtuvo su principal éxito con *Marina* (1871), reescrita como ópera en 1887.

ARRIETA, PEDRO DE (m. en 1738). Arquitecto español o mexicano. Construyó obras de un barroco relativamente sencillo. Basílica de Guadalupe (1695-1709), iglesia de Santa Teresa la Nueva (1701-1704).

ARRIETA, RAFAEL ALBERTO (1889-1968). Escritor y traductor argentino. Destacó como traductor de poesía inglesa y francesa, y escribió poesía y ensayo. Premio Nacional de poesía. Entre sus colecciones de poesía se cuentan *Fugacidad* (1921) y *Tiempo cautivo* (1947), y entre sus ensayos *Dickens y Sarmiento* y *La literatura argentina y sus vínculos con España* (1948).

ARRIO (h. el 250-336). Presbítero de Alejandría. Predicó una doctrina herética (arrianismo) según la cual Jesucristo no era verdadero Dios, dada su naturaleza finita.
Concilio 4:324b.

ARRITMIA. Término que se emplea principalmente para designar las alteraciones del ritmo cardiaco. La arritmia completa, de origen degenerativo, se debe a fibrilación auricular, en tanto que la respiratoria es fisiológica y responde a un aumento del ritmo cardiaco durante la respiración.
Cardiología 3:380b.

ARROBA. Medida de peso utilizada en diferentes lugares de España que equivale aproximadamente a once kilos y medio, si bien en ciertas regiones este valor varía.

ARROLLAMIENTO. Sistema de espiras de alambre en forma de bobina continua. Se emplea en transformadores, relevadores (relés) y otros dispositivos electromagnéticos. Denominado también devanado.

ARROW, KENNETH J. (n. en 1921). Economista estadounidense. Especializado en la aplicación de las matemáticas a la teoría del equilibrio general. Premio Nobel de economía en 1972. *Elección social y valores individuales* (1951).

ARROYO. Municipio de Puerto Rico, a orillas del mar Caribe. Caña de azúcar. Destilerías de ron. 38,85 km^2. 18.328 hab. (1985).

ARROYO, EDUARDO (n. en 1937). Pintor español. Introducido en la pintura tras ejercer el periodismo deportivo, vivió exiliado en París entre 1958 y 1977. Autor de pintura figurativa en la que, con una clara intencionalidad política y social, recreó en forma seriada temas y personajes. Premio Nacional de las artes plásticas en 1982. «25 años de paz» (1965).

ARROYO DEL RÍO, CARLOS ALBERTO (1893-1969). Abogado y político ecuatoriano. Presidente de 1940 a 1944, durante su gobierno tuvo lugar la guerra con el Perú.
2:119b.

ARROZ. Planta herbácea anual de la familia de las gramíneas (*Oryza sativa*). Monocotiledónea. Fruto en cariópside. Originaria del sudeste asiático.
2:120a; Alcohólicas, bebidas 1:158a; Cereal 4:85a; Gramíneas 7:187a; *cuadro* 2:120b; *ilustraciones* 2:120a.

ARRUDA, DIOGO (siglo XVI). Arquitecto portugués. Perteneciente a una familia de arquitectos, los Arruda, creadores del estilo manuelino, dirigió la construcción del Palacio Real de Lisboa.

ARRUGA, HERMENEGILDO (1886-1972). Oftalmólogo español. Con sus trabajos y descubrimientos permitió el desarrollo y la práctica de técnicas quirúrgicas oftalmológicas nuevas en España. *Cirugía ocular* (1946).

ARRUPE, PEDRO (1907-1991). Jesuita español. Ingresó en la Compañía de Jesús en 1927. Ejerció su labor religiosa en los Estados Unidos y Japón, país este último en el que vivió desde 1938 hasta 1965 (provincial de la orden desde 1958). Superior general de los jesuitas entre 1965 y 1981, cargo que abandonó por motivos de salud.

ARRURRUZ. Planta herbácea vivaz de la familia de las marantáceas *(Maranta arundinacea)*. Monocotiledónea. Hojas ovaladas, rizomas alargados de los que se obtiene almidón.

ARRUZA, CARLOS (1920-1966). Carlos Ruiz Camino, matador de toros mexicano. Debutó en 1934 y tomó la alternativa en 1940. Fue destacado banderillero. Se retiró en 1953.

ARSACES I (siglo III a.C.). Rey de los partos (h. el 250-211 a.C.) y fundador de la dinastía arsácida, la cual se mantuvo en el poder hasta que el reino parto fue conquistado por el persa Ardashir (224).
Persia 11:352a.

ARSÁCIDA, IMPERIO. Entidad política de la antigua Persia que estuvo dirigida por la dinastía del mismo nombre, fundada hacia el 250 a.C. por el rey parto Arsaces I. Además de Arsaces, destacaron los reyes partos Mitrídates II y Fraates III. Fue desplazada por el imperio persa sasánida, en el 224 de la era cristiana.
Persia 11:352a.

ARS ANTIQUA. Período de la música polifónica en Europa occidental comprendido entre 1230 y 1320. Representada principalmente por la escuela de Notre-Dame de París, se caracterizó por la utilización de los ritmos ternarios, la notación mensural cuadrada y el motete como forma musical principal.
Música 10:312a.

ARSENIATOS. Sales oxigenadas de arsénico, derivadas de la combinación de oxiácidos de arsénico con elementos metálicos. De carácter triácido, forman variedades inorgánicas denominadas orto, piro y metaarseniatos.
Arsénico 2:121a; Mineral y minerología 10:177a.

ARSÉNICO. Elemento químico metaloide gris de peso atómico 74,92. Su número atómico es 33. Se encuentra libre en la naturaleza (agua del mar, por ejemplo) y en algunos minerales. Muy venenoso. Sus sales orgánicas se usan en medicina. Símbolo, As.
2:121a; *cuadro* 2:121b.

ARSENIO EL GRANDE (h. el 354-h. 455). Religioso romano. Procedente de la nobleza romana, se retiró como monje al desierto libio, donde su vida ascética ejerció gran influencia entre los eremitas cristianos.

ARSENIURO. Combinación química de arsénico con un cuerpo simple, normalmente de carácter metálico. Por combustión los arseniuros producen trióxido de arsénico.
Mineral y mineralogía 10:176b.

ARSENOLAMPRITA. Arsénico nativo que contiene pequeñas cantidades de bismuto.

ARSINOE II (h. el 316-270 a.C.). Reina de Egipto. Hija de Tolomeo I Sóter, casó primero con Lisímaco de Tracia y luego con su hermano Tolomeo II Filadelfo, rey de Egipto. Alcanzó gran poder y fue divinizada.

ARS NOVA. Etapa de la música polifónica que, como reacción a la denominada *ars antiqua*, se impuso en la polifonía de Europa occidental hacia 1320. Tomó su nombre del título de un tratado escrito por el poeta y músico francés Philippe de Vitry. Caracterizada por su ritmo vivo, el uso del compás binario y la aparición de una nueva notación.
Música 10:312a; Polifonía 12:56a.

ARTABÁN III (siglos I a.C.-I d.C.). Rey parto. Accedió al trono hacia el 12 d.C., tras obligar a abdicar a Vonones I. Depuesto por una sublevación que, con ayuda romana, colocó como rey a Tirídates III, recuperó el trono en el 36. Reinó hasta el 38, aproximadamente.

ARTABÁN V (siglo III). Último rey arsácida de los partos. Reinó desde el 213 hasta el 224, año en que fue vencido y muerto por Ardashir I.

ARTAJERJES I (m. en el 425 a.C.). Rey aqueménida de Persia desde el 465 hasta su muerte. Hizo frente a varias insurrecciones en el interior de su reino. Firmó la paz con los griegos el año 448.
Persia 11:351a.

ARTAJERJES II (siglos V-IV a.C.). Rey aqueménida de Persia, hijo y sucesor de Darío II. Durante su reinado (404-359 a.C.) hizo frente a una rebelión encabezada por su hermano Ciro el Joven, perdió el dominio de Egipto e impuso a los griegos la paz de Antálcidas.
Persia 11:351b.

ARTAJERJES III (m. en el 338 a.C.). Rey aqueménida de Persia desde el 359 hasta su muerte. Mandó asesinar a los príncipes reales al ascender al trono. Reconquistó Egipto con ayuda de mercenarios griegos.
Persia 11:351b.

ARTAUD, ANTONIN (1896-1948). Actor y poeta surrealista francés.
2:121b; Actor y actuación 1:42a; *ilustración* 2:121b.

ART BRUT. Corriente artística de la década de 1940 encabezada por el pintor francés Jean Dubuffet. Proponía como creadores a personas totalmente ajenas al mundo del arte, afectadas en la mayoría de los casos por trastornos mentales.
Dubuffet, Jean 5:248a.

ART DECO. Movimiento estilístico surgido a principios de la década de 1920 y consagrado en la Exposición Internacional de Artes Decorativas e Industriales Modernas (París, 1925). Alcanzó especial importancia en las artes decorativas y el diseño industrial. Su aparición coincidió con la decadencia del modernismo. Entre los artistas que cultivaron el *art deco* destacaron Jacques Ruhlmann y Maurice Dufrène en el diseño de mobiliario, Jean Puiforcat en la orfebrería, Erté en diseño de moda, Chiparus en escultura, etc. El Rockefeller Center, el Empire State Building y el Chrysler Building son obras arquitectónicas de Nueva York representativas de este estilo.

ARTE. Actividad humana que, a partir de la utilización de diversos materiales, imágenes o sonidos, logra crear una manifestación de tipo estético.
2:122a; Abstracto, arte 1:19b; Arquitectura 2:99a; Barroco, arte 2:356b; Bizantino, arte 3:58b; Cinematografía 4:201a; Cinético, arte 4:203b; Clasicismo 4:221a; Conceptual, arte 4:321b; Constructivismo 4:352a; Cubismo 5:62a; Dadaísmo 5:83a; Danza 5:94b; Egipcio, arte 5:326a; Erotismo 6:28a; Estética 6:155a; Expresionismo 6:217a; Impresionismo 8:136a; Islámico, arte 8:288a; Literatura 9:180a; Mito y mitología 10:195b; Modernismo 10:206a; Oriental, arte 11:146b; Pop art 12:84a; Precolombino, arte 12:121a; Prehistórico, arte 12:126b; Primitivo, arte 12:147a; Realismo 12:280a; Religioso, arte 12:322a; Renacimiento 12:330b; Restauración de obras de arte 12:350a; Rococó 12:402a; *ilustraciones* 2:122b; 2:123a-b; 2:124a-b; 2:125b; 2:126a.

ARTEAGA, ÁNGEL (1928-1984). Compositor español. Autor de óperas, obras orquestales y composiciones corales, recreó textos de autores como Ramón Gómez de la Serna, Saint-John Perse, etc. *La mona de imitación* (1958), *Elogios* (1963), *Himnos medievales* (1974).

ARTEAGA, ESTEBAN DE (1747-1799). Jesuita y literato español. Editó los poemas de Horacio y Catulo. Desterrado de España, se radicó en Italia, donde publicó las *Investigaciones filosóficas sobre la belleza ideal* y otras obras de crítica estética y musical.

ARTEAGA, JOSÉ MARÍA (1827-1865). Militar mexicano. Luchó contra la dominación francesa y fue nombrado gobernador de Querétaro. Prisionero en la batalla de Santa Anna de Amatlán, murió fusilado.

ARTEAGA ALEMPARTE, DOMINGO (1835-1880). Poeta, periodista y traductor chileno. Fundador de la revista *La Semana* y colaborador de periódicos humorísticos. *Los Andes del genio, Las constituyentes chilenas*, versión de la *Eneida*.

ARTEAGA ALEMPARTE, JUSTO (1834-1882). Político y escritor chileno, que junto con su hermano Domingo renovó la literatura de su país. *El charco, La España moderna, La reforma.*

ARTECHE, MIGUEL (n. en 1926). Poeta chileno. Escribió obras marcadas por la tradición española, imbuidas de los problemas del tiempo y con una visión católica. *La invitación al olvido* (1947), *Solitario, mira hacia la ausencia* (1952).

ARTE DE AMAR, EL. Obra en verso del escritor latino Publio Ovidio publicada alrededor del año 1 a.C. Dividida en tres libros, en los dos primeros trata de enseñar a los hombres cómo seducir a las mujeres, y en el tercero cómo deben éstas conservar el amor de aquéllos.
Ovidio 11:186a.

ARTEIXO. Municipio español de la prov. de La Coruña. Cereales, legumbres y frutas; pastizales; minas de estaño; industria alimentaria. 16.904 hab. (1986).

ARTEJO. Cada uno de los segmentos o piezas que constituyen los apéndices (antenas, patas, etc.) de los artrópodos.
Artrópodos 2:137a.

ARTE MAYOR, VERSO DE. Denominación genérica que reciben los versos de más de ocho sílabas (eneasílabo, decasílabo, endecasílabo, dodecasílabo, etc.).

ARTE MENOR, VERSO DE. Nombre dado en general a los versos que tienen no más de ocho sílabas (bisílabos, trisílabos, tetrasílabos, pentasílabos, etc.) y uno o dos acentos rítmicos.

ARTEMIDORO DE ÉFESO (siglo I a.C.). Geógrafo y viajero griego, cuya *Geografía* en once libros se conserva parcialmente a través de Estrabón y Esteban de Bizancio. Recorrió diversas regiones del mundo antiguo, desde la península ibérica hasta el océano Índico.

ARTEMISA (BOTÁNICA). Planta herbácea de la familia de las compuestas (*Artemisia vulgaris*). Dicotiledónea. Hojas hendidas y flores agrupadas en capítulos en forma de panícula.

ARTEMISA (GEOGRAFÍA). Ciudad de Cuba, en la prov. de la Habana, en la parte occidental de la isla. Centro comercial regional. Caña de azúcar, tabaco, piña tropical; fábricas de licor y jabón, refinerías de azúcar. 45.689 hab. (1981).

ARTEMISA (MITOLOGÍA). Diosa de la mitología griega, amante de la caza y protectora de los animales y las parturientas. Equivale a la Diana de los romanos.
Apolo 1:413a; Griega, religión 7:224b.

ARTE POÉTICA. Preceptiva poética escrita en forma epistolar por el poeta latino Horacio hacia el 19 o 18 a.C. y titulada por el autor *Epístola a los Pisones.*

ARTERIA (ANATOMÍA). Vaso sanguíneo que distribuye por el organismo la sangre oxigenada procedente del corazón.
Arteriosclerosis 2:127a; Cardiología 3:380a; Cardiovascular, sistema 3:383b; Corazón 4:377a.

ARTERIA (INFORMÁTICA).Canal que, conectado a diversos equipos informáticos, recibe y transporta los datos procedentes de los mismos, utilizando para ello tecnologías de multiplexión.

ARTERIOGRAFÍA. Radiografía del sistema arterial. Se obtiene tras inyectar al paciente una sustancia en la sangre que se muestra opaca ante los rayos X. Utilizada para la localización de ateromas, aneurismas o tumores cerebrales.

ARTERIOSCLEROSIS. Dolencia del sistema circulatorio que se caracteriza por un engrosamiento y pérdida de elasticidad de las paredes de las arterias.
2:127a; Cardiología 3:382b; Geriatría 7:112a; *ilustración* 2:127b.

ARTERITIS. Inflamación de las arterias. Causas diversas, entre las que destacan la sífilis, el reumatismo y el paludismo. Puede ser deformante, hiperplásica (con formación de nuevo tejido conjuntivo), nudosa, obliterante o verrugosa.
Arteriosclerosis 2:127a.

ARTESA. Recipiente de metal o madera, cuadrangular y con las paredes inclinadas, más estrecho por el fondo que por la boca, empleado en el amasado del pan.

ARTESANÍA. Actividad consistente en producir objetos de diverso tipo con un trabajo esencialmente manual.
2:128b; Alfombra y tapete 1:206b; Bauhaus 2:372a; Bordado 3:111a; Cerámica 4:80b; Encaje 5:398b; Folclor 6:340b; Plata 12:26a; *ilustración* 2:128b.

ARTES GRÁFICAS. Técnicas y métodos relacionados con la reproducción impresa de textos e ilustraciones.
Imprenta y artes gráficas 8:132a.

ARTESIANO, POZO. Perforación generalmente profunda que se practica en el suelo para extraer agua, la cual brota por su propia presión. Practicada desde la antigüedad, es útil para la extracción de aguas en el desierto y en prospecciones petrolíferas superficiales.
Acuífero 1:50a; Agua 1:120a; Pozo 12:110a.

ARTETA, AINHOA (n. en 1964). Soprano española. Discípula de Renata Scotto. En la década de 1990 se constituyó en una de las más afamadas figuras femeninas de la interpretación operística española, en la generación que sucedió a las grandes divas, como Montserrat Caballé, Victoria de los Ángeles o Teresa Berganza.

ARTETA, AURELIO DE (1885-1943). Pintor y decorador español. Decoró el vestíbulo del Banco de Bilbao, en Madrid. Emigrado a México, decoró también varias residencias privadas y destacó como retratista.

ARTEVELDE, JACOB VAN (h. 1295-1345). Dirigente flamenco. Desempeñó un importante papel en la fase inicial de la guerra de los cien años (1337-1453). Alió a los flamencos con el rey Eduardo III de Inglaterra contra Francia y el condado de Flandes. Murió asesinado.

ARTHUR, CHESTER A. (1830-1886). Presidente de los Estados Unidos entre 1881 y 1884. Ocupó la presidencia tras la muerte en atentado del presidente James A. Garfield.

ARTIBONITE, RÍO. Curso fluvial de la isla La Española. Nace en la cordillera Central, República Dominicana, y atraviesa Haití hasta desembocar en el golfo de la Gonâve, mar Caribe. 220 km, de los que unos 160 son navegables para barcos de poco calado.

ÁRTICA, REGIÓN. La zona más septentrional de la superficie terrestre, centrada en el polo norte.
2:129a; Groenlandia 7:235b; *ilustraciones* 2:129b; 2:130a; 2:131b.

ÁRTICO, CÍRCULO POLAR. Línea de latitud alrededor de la Tierra, aproximadamente a 66°33′N. Marca el límite meridional de la zona en la que durante un día o más al año no se pone el sol (21 de junio) o no sale (21 de diciembre).

ÁRTICO, OCÉANO GLACIAL. Nombre por el que se conoce al más pequeño de los océanos, que rodea al círculo polar ártico. Unido al Pacífico por el estrecho de Bering y al Atlántico. Rodeado por Rusia, Alaska, Canadá, Groenlandia e Islandia y la península escandinava. Su mayor profundidad es de 5.502 m. 12.257.000 km^2.
Ártica, región 2:130a; Blanco, mar 3:69a; Groenlandia 7:235b.

ARTICULACIÓN. En anatomía, sistema de unión de dos o más huesos.
2:132a; Artritis 2:136b; Gota 7:170b; Hueso 8:86b; Locomotor, aparato 9:197b; Ortopedia 11:165b; Osteología 11:173b; Reumatología 12:355a; *ilustración* 2:132a.

ARTÍCULO. Parte de la oración que sirve para determinar el número, género y extensión semántica del nombre al cual se antepone. En castellano puede ser determinado (*el, la, lo, los, las*) o indeterminado (*un, una, unos, unas*).

ARTIGAS (DEPARTAMENTO). División administrativa de Uruguay limitada al norte y este por Brasil y al oeste por la Argentina. Uno de los menos poblados del país. Predominantemente ganadero. Agricultura. Cap. Artigas. 11.928 km^2. 75.786 hab. (1996).

ARTIGAS, JOSÉ GERVASIO (1764-1850). Caudillo de la independencia uruguaya. Dirigió la oposición frente a la hegemonía bonaerense sobre la Banda Oriental (Uruguay).
2:133a; Argentina 2:53a; Independencia de Hispanoamérica 8:146a; Plata, Provincias Unidas del Río de la 12:27b; Sarratea, Manuel de 13:162a; Suárez, Joaquín 13:327b; Uruguay 14:206a.

ARTILLERÍA. Arte o ciencia de la construcción y el uso de armas, máquinas y municiones bélicas.
2:133a; Armas 2:82b; Blindados, vehículos 3:71b; Bomba (arma) 3:101b; Cañón (arma) 3:353b; Cohete, misil y proyectil 4:252b; Ejército 5:346a; Marina de guerra 9:371b; Mina (milicia) 10:171b; *ilustraciones* 2:133b; 2:134a.

ARTIODÁCTILOS. Orden de mamíferos ungulados provistos de un número par de dedos. Comprende tres subórdenes: suiformes, tilópodos y rumiantes.
2:135a; Alce 1:154b; Alpaca 1:245a; Bisonte 3:58a; Cabra 3:252b; Cebú 4:58b; Cerdo 4:83b; Antílope 1:393a; Búfalo 3:216b; Camello 3:302a; Ciervo 4:188a; Guanaco 7:247b; Gacela 7:13b; Gamo 7:34b; Gamuza 7:34b; Hipopótamo 8:1a; Jabalí 8:327a; Jirafa 8:373b; Llama 9:188b; Mamíferos 9:316a; Pecarí 11:309b; Reno 12:333a; Rumiantes 13:40b; *cuadro* 2:135; *ilustraciones* 2:135b; 2:136a.

ARTÍS I BALAGUER, AVELÍ (1881-1961). Escritor español en lengua catalana, dedicado especialmente al teatro y al periodismo y autor de comedias de tono humorístico y costumbrista. Exiliado en México desde 1938 hasta su muerte. *El padre Pedaç, La mainada, Les ales del temps.*

ART LANGUAGE. Grupo de artistas británicos y nombre de la revista por ellos fundada. Creado en 1969, se inspiró en las teorías del arte conceptual.
Conceptual, arte 4:322a.

ART NOUVEAU. Término francés con el que se conoce el modernismo en el arte, desarrollado entre 1880 y 1910. El movimiento tomó su nombre de la galería parisiense en la que se exhibían numerosas obras pertenecientes a tal estilo.
Cartel 3:421b; Decoración 5:106a; Diseño 5:205b; Modernismo 10:206b; Mueble 10:289b; Van de Velde, Henry 14:233a.

ARTOIS. Antigua provincia del norte de Francia. Su capital era Arrás. Perteneció a los Países Bajos españoles hasta la paz de Utrecht (1713). Actualmente integra el departamento francés de Paso de Calais.

ARTÔT, DÉSIRÉE (1835-1907). Mezzosoprano belga perteneciente a la famosa familia de músicos Montagney. Mantuvo relaciones con Piotr Chaikovski, que interrumpió para casarse con el barítono español Mariano Padilla. Gozó de especial fama en Francia. Actuó en Italia, Alemania y Rusia.

ARTRITIS. Término con el que se designan genéricamente todos los procesos inflamatorios, agudos o crónicos, que afectan a las articulaciones.
2:136b; Articulación 2:132b; Geriatría 7:112a; Reumatología 12:355a.

ARTRÓPODOS. *Phyllum* de animales metazoos celomados, dotados de simetría bilateral, con el cuerpo segmentado y provistos de exoesqueleto quitinoso. Apéndices articulados formados por diferentes piezas o artejos. El *phyllum* incluye, entre otros, a los insectos, arácnidos, crustáceos y miriápodos.
2:137a; Arácnidos 2:13a; Camarón 3:296a; Cangrejo 3:340b; Cardiovascular, sistema 3:383b; Ciempiés 4:180b; Corazón 4:367b; Crustáceos 5:31b; Endocrino, sistema 5:406a; Escorpión 6:42b; Estómago 6:158b; Insectos 8:221a; Intestino 8:242b; Invertebrados 8:250b; Langosta (crustáceo) 9:56a; Locomotor, aparato 9:196b; Metazoos 10:104a; Nervioso, sistema 10:384b; Parasitología 11:282a; Primaria, era 12:141a; Respiratorio, sistema 12:347a; Toxicología 14:102a; vida 14:300a; Zoología 14:428a; *cuadro* 2:137; *ilustraciones* 2:137; 2:138a.

ARTROSCOPIA. Procedimiento de endoscopia mediante el cual se accede a una articulación a fin de explorarla o de intervenirla quirúrgicamente. Su aplicación requiere la anestesia, local o total, del paciente. Es un procedimiento que minimiza los riesgos postoperatorios y el tiempo de recuperación.

ARTROSIS. Enfermedades crónicas de las articulaciones en las que se produce degeneración del hueso o del cartílago.

ARTS AND CRAFTS. Movimiento estético británico de la segunda mitad del siglo XIX que mantenía como objetivo primordial el desarrollo de las artes decorativas y la artesanía tradicional. Iniciado por William Morris y Charles Robert Ashbee en 1861, se unieron al grupo el arquitecto Philip Webb y los pintores Ford Madox Brown y Edward Burne-Jones.
Arquitectura 2:113b; Artesanía 2:129a; Bauhaus 2:372a; Bordado 3:111b; Cartel 3:421b; Decoración 5:107a; Diseño 5:205a; Joyería y orfebrería 8:389b; Modernismo 10:206a; Morris, William 10:268b.

ARTURO. Estrella más brillante de la constelación de Boyero. Luminosidad de primera magnitud.

ARTURO, LEYENDAS DEL REY. Conjunto de relatos sobre las supuestas hazañas del legendario rey britano Arturo y sus caballeros de la Mesa o Tabla Redonda compuestos a partir del siglo XII.
2:138b; Británica, literatura 3:174a; Caballería, libros de 3:244a; Troyes, Chrétien de 14:137b; *ilustración* 2:138b.

ARTURO, REY. Personaje legendario, protagonista del ciclo de leyendas que lleva su nombre. Se le supone fruto de los amores adúlteros del rey Uther con la esposa del duque de Cornualles, Ingern, y nacido gracias a las artes del mago Merlín. Su famosa espada Excalibur, su esposa Ginebra y los caballeros de la Mesa o Tabla Redonda forman parte importante de las leyendas. También conocido como rey Artús.
Arturo, leyendas del rey 2:138b.

ARTÚS, REY. V. **Arturo, rey.**

ARUACOS. Pueblo amerindio del norte de Colombia. Habita en la sierra Nevada de Santa Marta. Pertenece al grupo lingüístico chibcha. Practica una agricultura primitiva y la pesca.

ARUBA. Isla de las Antillas, en el mar Caribe, 80 km al oeste de la isla de Curaçao y 24 km al norte de Venezuela. Cubre una superficie de 193 km^2 y es predominantemente llana. Colonia de los Países Bajos. Fue parte de las Antillas Neerlandesas hasta 1986. 72.100 hab. (1994).
Países Bajos 11:206b.

ARÚSPICE. En la antigua Etruria, adivino que predecía el futuro e interpretaba los designios de los dioses mediante la observación de los fenómenos meteorológicos y las entrañas de animales sacrificados. Durante el Imperio Romano, las actividades proféticas de los arúspices experimentaron una paulatina decadencia.

ARUSPICINA. Arte adivinatoria antigua basada en el análisis de las vísceras de los animales ofrecidos en sacrificio. Procedente de Babilonia, se desarrolló en Grecia y Roma, en este último caso por herencia etrusca.
Adivinación 1:61a.

ARVEJA. Planta herbácea de la familia de las leguminosas (*Vicia sativa*). Dicotiledónea. De tallo trepador y hojas compuestas. Flores de color violeta o blanquecinas y frutos en legumbre, utilizados como alimento de aves. El término designa en Sudamérica al guisante (o chícharo).

ARVELO LARRIVA, ALFREDO (1883-1934). Poeta venezolano de raíz modernista. Su obra refleja identificación con su tierra, aire nativista y sencillez. *Sones y canciones* (1909), *Salmos a los brazos de Carmen* (1922).

ARVELO LARRIVA, ENRIQUETA (1886-1963). Poetisa venezolana. Perteneció a la generación poética de 1918. *Voz aislada* (1939), *Poemas perseverantes* (1963).

ARZE Y ARZE, JOSÉ ANTONIO (1904-1955). Sociólogo, político y ensayista boliviano, introductor de la escuela marxista en su país. Catedrático de las universidades de Sucre y La Paz. Líder del Partido de Izquierda Revolucionaria. *Bosquejo sociodialéctico de la historia de Bolivia.*

ARZOBISPO. En la jerarquía católica, obispo metropolitano con autoridad delegada del papa para ejercer su jurisdicción sobre varios obispos y sus diócesis correspondientes. Sus signos son el palio y la cruz. El título se menciona por primera vez en las obras de san Atanasio (siglo IV).

ARZÚ, ÁLVARO (n. en 1946). Político guatemalteco. Nombrado presidente de la nación en 1996 como candidato del Partido de Avanzada Nacional (PAN).
2:139b; Guatemala 7:256b; *ilustraciones* 2:139b; 7:257b.

ARZUAGA, JOSÉ MARÍA (n. en 1930). Director de cine español, afincado en Colombia. Se dio a conocer en 1963 con *Raíces de piedra.* Dos años más tarde rodó *Pasado el meridiano,* prohibida por la censura, en la que reflejaba una dura imagen del país. En régimen cooperativo realizó *El cruce.*

ASAD, BACHAR AL. Político y militar sirio. En 1994 fue designado para sucederlo en el poder por su padre, Hafiz al Asad, tras la muerte en accidente de automóvil del primogénito Basel al Asad, inicialmente nombrado como sucesor. Accedió a la jefatura del estado sirio tras la muerte de su padre en junio de 2000, iniciando un proceso de modernización política y social en su país.

ASAD, HAFIZ AL- (1928-2000). Político y militar sirio. Ministro de defensa en 1966, accedió a la presidencia de Siria en 1971. Mantuvo una política de línea dura ante Israel e intervino militarmente en el Líbano, pero apoyó a la alianza internacional en la guerra del golfo Pérsico (1991) contra Irak. Su nombre también se escribe Hafez.
Siria 13:263a; *ilustración* 13:263b.

ASAHARA, SHOKO (n. en 1955). Líder japonés de la secta budista Verdad Suprema. Convencido de ser una reencarnación de Buda, auguró que la llegada del fin del mundo tendría lugar en 1997. Su triste salto a la fama tuvo lugar durante el mes de mayo de 1995, cuando un grupo de miembros de su secta asesinó a doce personas e hirió a otras seiscientas tras colocar en el metro de Tokyo varios recipientes con un gas tóxico denominado Sarín.

ASAM, COSMAS (1686-1739). Pintor, decorador y arquitecto alemán. Junto a su hermano Egid Quirim (1692-1750), fue uno de los más brillantes representantes del barroco en el sur de Alemania durante la primera mitad del siglo XVIII. Claustro de la iglesia de Weltenburg (1716-1721), iglesia de San Juan Nepomuceno, Munich (1733-1746).

ASAMBLEA GENERAL. Organismo jurídico que reúne a todos los miembros de una asociación. En particular se denomina Asamblea General al órgano de las Naciones Unidas que reúne anualmente a los representantes de todos los estados miembros.
Naciones Unidas 10:336a.

ASAMBLEAS DE DIOS. Iglesia protestante pentecostista estadounidense. Formada en 1914 tras la unión de diversos grupos de pentecostistas en Hot Springs, Arkansas. Mantiene el bautismo por inmersión y un sentido carismático de la religión.

ASAMÉS. V. **Assamés.**

ASANSOL. Ciudad de la India en el dist. de Burdwan, est. de Bengala Occidental. Escuelas universitarias. Carbón, centro ferroviario; textiles, industrias siderometalúrgicas. 262.188 hab. (1991).

ASARHADÓN. Rey de Asiria (680-669 a.C.), descendiente de Sargón II. Se anexionó el bajo Egipto en el año 671.

ÁSARO. Planta herbácea de la familia de las aristoloquiáceas (*Asarum europaeum*). Dicotiledónea. Hojas con forma arriñonada, gruesas. Flor de color rojo oscuro. También denominada oreja de fraile. Propiedades vomitivas.

ASBAJE, JUANA DE. V. **Juana Inés de la Cruz, sor.**

ASBESTO. V. **Amianto.**

ASBESTOSIS. Afección debida a la inhalación de polvo de amianto. Variedad de la neumoconiosis, se considera enfermedad profesional. Provoca alteraciones fibrosas en los pulmones que dificultan la respiración. También llamada amiantosis.
Amianto 1:303b.

ASCALÓN. Ciudad histórica de Palestina. Fue capital del reino cananeo y una de las cinco ciudades fenicias. Pasó en el 701 a.C. a manos de los asirios y en el 604 a.C. fue destruida por Nabucodonosor. Corresponde a la actual ciudad israelí de Ashqelon, que fue ocupada por inmigrantes judíos tras la guerra árabe-israelí de 1948-1950. 53.500 hab. (1982).

ASCÁRIDO. Gusano nematelminto del grupo de los nematodos. Numerosas especies parásitas del intestino de los vertebrados.
Lombriz intestinal 9:209a.

ASCASO, FRANCISCO (1901-1936). Anarquista español, compañero de Buenaventura Durruti. Participó en el asesinato del arzobispo de Zaragoza y actuó en varios países latinoamericanos. Dirigente de la Federación Anarquista Ibérica y la Confederación Nacional del Trabajo. Murió en un enfrentamiento en Barcelona al comienzo de la guerra civil.

ASCASUBI, HILARIO (1807-1875). Poeta argentino. Reflejó en sus obras el momento social y político de la Argentina durante el período postindependentista.
2:140a; Gaucha, literatura 7:64a; Hispanoamericana, literatura 8:6b.

ASCÁSUBI, MANUEL (m. en 1869). Político ecuatoriano. Ocupó la presidencia en 1849 y fue depuesto en 1850 por el general José María Urbina.

ASCENSIÓN (GEOGRAFÍA). Isla volcánica del Atlántico sur situada a unos 1.100 km al sudeste de Santa Elena, pequeña colonia británica a la que pertenece. Importante base de aprovisionamiento naval. 88 km^2. 1.038 hab. (1981).

ASCENSIÓN (RELIGIÓN). Según la Iglesia Católica, subida milagrosa de Jesucristo a los cielos, en cuerpo y alma, en presencia de sus discípulos. La festividad se celebra cuarenta días después de la Pascua de Resurrección.

ASCENSOR. Cabina accionada por cables para elevar personas y materiales a los pisos superiores de una edificación. Se llama también elevador.
2:140a.

ASCESIS. Entrenamiento permanente de la voluntad, ejercicio metódico de renuncia encaminado a la purificación y perfeccionamiento y dominio propios para la consecución de un ideal, casi siempre espiritual.

ASCETISMO. Observancia de una vida de renuncia de los goces terrenales con el fin de conseguir la perfección espiritual.
2:140b; Hinduismo 7:418b; *ilustración* 2:141b.

ASCH, SHOLEM (1880-1957). Escritor estadounidense de origen polaco. Autor en lengua yiddish, sus obras analizan los problemas del pueblo judío en un amplio contexto social.
2:141b; Yiddish, literatura 14:388a.

ASCIDIA. Protocordado marino del grupo de los urocordados. Presenta forma de urna, y está cubierto de una túnica rugosa de tunicina en la que se abren dos sifones, uno bucal y otro cloacal. Diversas especies de vida sedentaria. Las ascidias son hermafroditas.

ASCIDIOSAS, PLANTAS. Plantas carnívoras, entre ellas las de los géneros *Nepenthes* y *Sarracenia,* provistas de un órgano en forma de urna, denominado ascidio, derivado de una modificación foliar.

ASCII. Siglas de *American Standard Code for Information Interchange* (código estándar estadounidense para el intercambio de información). Se trata de un código alfanumérico utilizado para la transmisión de caracteres entre una memoria informática y una terminal. Emplea una base de ocho *bits,* siete de los cuales identifican el carácter y el restante sirve para establecer un control de paridad.
Informática 8:204b.

ASCITIS. Acumulación de líquido seroso (hidropesía) en la cavidad del peritoneo que se manifiesta en una distensión del abdomen. Asociada a diversas causas, como enfermedades hepáticas, renales o cardiacas. También denominada hidropesía peritoneal.

ASCLEPÍADES DE BITINIA (124-h. 40 a.C.). Médico griego que ejerció en Roma. Atomista, se opuso a la teoría humoral de Hipócrates. Sostuvo que se podía restaurar la armonía del cuerpo a través del aire fresco, una dieta adecuada, hidroterapia, ejercicio y masajes.

ASCLEPIO. Deidad de la mitología griega, hijo de Apolo y de Coronis. Dios de la medicina, se le representaba sosteniendo una vara con una serpiente enroscada. Los romanos lo llamaron Esculapio.
2:142a; Oráculo 11:125b; *ilustración* 2:142a.

ASCOMICETES. Clase de hongos que se caracteriza por presentar hifas (filamentos que forman el talo o cuerpo) provistas de tabiques y órganos productores de esporas denominados ascos. En este grupo se incluyen, entre otros, los géneros *Morchella* (colmenillas) y *Claviceps* (cornezuelo).
Hongo 8:66b; Levadura 9:131b.

ASCÓRBICO, ÁCIDO. V. **Vitamina C.**

ASDRÚBAL (h. el 270-221 a.C.). Militar cartaginés. Cuñado de Aníbal, acompañó a Amílcar Barca en la ocupación del sur y el sudeste de la península ibérica y lo sucedió a su muerte. Fundó Cartago Nova, la moderna Cartagena española.
2:142a; Cartago 3:420a; Púnicas, guerras 12:210a.

ASDRÚBAL BARCA (h. el 245-207 a.C.). General cartaginés. Hermano de Aníbal, a quien sucedió al frente de las tropas cartaginesas en la península ibérica cuando éste marchó contra Roma. Fue vencido y muerto por los romanos cuando acudía en apoyo de su hermano.
2:142b.

ASENCIO, GRITO DE. Levantamiento de los patriotas uruguayos contra el dominio español. Comenzó a orillas del arroyo del mismo nombre, en el sudoeste del país, el 28 de febrero de 1811. Venancio Benavides y Pedro Viera fueron los caudillos del grupo de patriotas que, de este modo, iniciaron el movimiento de independencia.

ASÉNIDAS. Dinastía búlgara reinante de 1186 a 1280, fundada por los hermanos Juan I y Pedro II Asen, señores feudales de Tivorno que se independizaron de Bizancio. Entre sus más destacados descendientes figuran Kalojan (1197-1207), combatiente de servios, griegos y húngaros, y Juan Asen II (1218-1241), que llevó a su esplendor el segundo imperio búlgaro.

ASEPSIA. Ausencia de cualquier germen microbiano y de cualquier elemento susceptible de provocar una infección. Método por el que se previenen las infecciones, al destruir o evitar los agentes de éstas.

ASERRADERO. Instalación de máquinas para cortar materiales, generalmente madera, mediante sierras. El proceso normal convierte troncos en tablones, vigas y listas.

ASESINATO. Delito cometido al dar muerte de forma ilegal a una persona con circunstancias que agravan la pena (alevosía, precio, recompensa o promesa, premeditación, ensañamiento, provocando un accidente).
Homicidio 8:51a.

ASESINATO EN LA CATEDRAL. Tragedia poética del escritor británico T. S. Eliot, publicada en 1935. Está basada en la figura de Tomás Becket, arzobispo de Canterbury que fue asesinado en 1170 por defender la autonomía de la iglesia frente al rey.

ASFALTO. Material bituminoso empleado principalmente en pavimentación.
2:143a; Alquitrán 1:250b; Camino y carretera 3:306b; *ilustración* 2:143a.

ASFIXIA. Dificultad o imposibilidad de respirar, que puede provocar en casos extremos la muerte por anoxia (falta de oxígeno en la sangre) o hipercapnia (exceso de anhídrido carbónico en la sangre).
2:143b; Accidentes 1:26b; Primeros auxilios 12:146a; *ilustración* 2:143b.

ASFÓDELO. Planta herbácea de la familia de las liliáceas (*Asphodelus fistulosus*). Monocotiledónea. También denominada gamón. Hojas alargadas y flores blancas con líneas rojizas. Utilizada en el tratamiento de diferentes dermatosis.

ASGARD. En la mitología escandinava, fortaleza de los dioses. Dividida en doce estancias, una de las cuales era el Valhalla. En éste residían los héroes muertos en combate, los cuales eran agasajados por las valkirias.

ASHANTI. Grupo de pueblos del sur de Ghana y zonas adyacentes de Togo y Costa de Marfil. Hablan el twi, lengua del subgrupo kwa perteneciente al grupo nigerocongoleño. Organización social de base matriarcal. En los siglos XVIII y XIX constituyeron un importante imperio con capital en Kumasi.
Ghana 7:121b.

ASHARI, ABÚ AL-HASÁN AL (873/874-h. el 935/936). Teólogo islámico. Nacido en Irak, fue el fundador de la doctrina islámica ortodoxa conocida como asharita. Opuesto a la doctrina de Mutaziliti, planteó la necesidad de integrar el racionalismo metodológico de la teología especulativa en la ortodoxia islámica.

ASHBEE, CHARLES ROBERT (1863-1942). Arquitecto, diseñador y escritor británico. Fundador del movimiento Arts and Crafts junto con William Morris, creó en Londres en 1888 una importante escuela de artes aplicadas.
Diseño 5:205b.

ASHCROFT, PEGGY (1907-1991). Actriz británica. Alcanzó gran renombre por sus interpretaciones tanto en el teatro clásico y moderno como en el cine. Accedió en 1965 a la dirección de la Royal Shakespeare Company. *Sunday Bloody Sunday* (1971), *Pasaje a la India* (1984).

ASHER, JACOB BEN. V. **Jacob ben Asher.**

ASHER BEN YEHIEL (h. 1250-1327). Talmudista hebreo. Tras huir de la persecución judía en Alemania se instaló en la ciudad española de Toledo, donde fundó una escuela rabínica. Autor de un compendio talmúdico realizado entre 1307 y 1314.

ASHIKAGA, TADAYOSHI (1306-1352). Militar y gobernante japonés. Hermano de Ashikaga Takauji, apoyó la revuelta de este último con la que estableció, en 1338, el shogunato Ashikaga. Se enfrentó posteriormente a Takauji, quien lo hizo prisionero y posiblemente envenenó.

ASHIKAGA, TAKAUJI (1305-1358). Guerrero y estadista japonés. Fundador del shogunato Ashikaga (dictadura militar hereditaria) que gobernó Japón durante más de dos siglos. Hombre muy cultivado, compuso poemas y construyó templos para la secta budista *zen* en todo el país, contribuyendo al desarrollo de esta religión.

ASHIKAGA, YOSHIMITSU (1358-1408). *Shogun* (dictador militar) de Japón. Logró la estabilidad política del shogunato establecido por su abuelo, Ashikaga Takauji, conocido en adelante como período Muromachi. Ocupó diversos ministerios y reorganizó por completo el gobierno civil. Hizo frente a varias revueltas y acabó con la piratería de los señores feudales del sudoeste, que impedía el comercio con China.

ASHJABAD. Ciudad de Asia, cap. de la rep. de Turkmenistán, en el oasis de Ajal, muy cerca de la frontera iraní. Fuerte militar del siglo XIX. Universidad e Instituto del Desierto. Vidrio, alfombras, hilados. Ferrocarril transcaspiano. 525.000 hab. (1999).

ASHKENAZI. Nombre con el que se designa a los judíos de origen germano, a fin de distinguirlos respecto a los de origen latino o sefardí (sefarditas). El término probablemente deriva de Askenaz, según el Genésis descendiente de Jafet. También se escribe askenazi.
Judaísmo 8:402b; Judío, pueblo 8:405b; Semitas, pueblos 13:200b; Yiddish, literatura 14:387a.

ASHKENAZI DE JANOV, JACOB BEN ISAAC (siglo XVI). Escritor judío. Autor de una adaptación en yiddish del Pentateuco, el *Talmud* y otros libros sagrados conocida como *Salid y mirad* (1608), que se convirtió en uno de los libros en prosa más leído por la población judía hasta principios del siglo XX.
Yiddish, literatura 14:387b.

ASHQELON. V. **Ascalón.**

ASHTON, FREDERICK (1906-1988). Bailarín y coreógrafo británico. Estudió baile en Londres con Léonide Massine, Nicholas Legat y Marie Rambert. Designado director del Real Ballet Británico en 1963, coreografió los ballets *La Cenicienta, Sylvia* y el filme *Los cuentos de Hoffmann* (1951).

ASHTON UNDER LYNE. Ciudad del Reino Unido, en Lancashire (Inglaterra), dentro de la aglomeración urbana de Manchester. Maquinaria y tejidos. Minas de hulla. 50.200 hab. (1982).

ASIA. El más grande de los continentes, con una superficie de 44.614.399 km². Limitado al norte por el océano Glacial Ártico, al este por el Pacífico, al sur por el Índico y al oeste por los montes Urales. 3.244.000.000 hab. (1991).
2:144a; Asiáticas, lenguas 2:153a; Asiáticos, pueblos 2:155a; Colonialismo 4:281b; Continente 4:360b; Mestizaje 10:88b; Pacífico, océano 11:197b; *mapas* 2:145; 2:147; 2:148; 2:149; 2:150; 2:151; *cuadros* 2:147b; 2:150; *ilustraciones* 2:144a; 2:146a; 2:148a; 2:151b; 2:152a.

ASIA MENOR. V. **Anatolia.**

ASIÁTICAS, LENGUAS. Conjunto de lenguas habladas en el continente asiático. Se dividen en varios grandes grupos: camitosemítico, indoiranio, dravídico, uraloaltaico, chinotibetano, malayopolinesio, japonés, coreano, etc.
2:153a; Asia 2:149b; Chinotibetanas, lenguas 4:162b; Japonesa, lengua 8:349a; *cuadro* 2:154a.

ASIÁTICOS, JUEGOS. Juegos regionales organizados por la Federación Atlética Amateur Internacional (FAAI). Intervienen atletas de ambos sexos de los países asiáticos afiliados. Se celebran desde 1951.

ASIÁTICOS, PUEBLOS. Grupos étnicos pertenecientes al continente asiático, en los que se integra una amplia variedad de razas y culturas.
2:155a; Asia 2:149b; Bután 3:237b; Razas humanas 12:273; *cuadro* 2:157; *ilustraciones* 2:157; 12:273.

ASIENTO DE NEGROS. Contrato que, desde comienzos del siglo XVI a mediados del XVIII, acordaba la corona española con una persona o un estado, a los que se concedía el monopolio del comercio de esclavos negros con destino a las colonias americanas. En 1713, en virtud del Tratado de Utrecht, una compañía británica obtuvo el más importante asiento de negros.

ASÍ HABLÓ ZARATUSTRA. Poema en prosa del filósofo alemán Friedrich Nietzsche, publicado en 1883-1885. En él desarrolla sus principales teorías.
Nietzche, Friedrich 10:407b.

ASILO, DERECHO DE. Privilegio por el que la persona que se acoge a un lugar que goza de inviolabilidad (religiosa, territorial o diplomática) queda temporalmente libre de las acciones que se pudieran ejercer contra ella.
2:158a; Internacionales, relaciones 8:238a; *ilustración* 2:158a.

ASIMETRÍA. Carencia de propiedades simétricas en una figura o cuerpo. V. **Simetría.**

ASIMILACIÓN (BIOLOGÍA). Proceso que permite que los elementos nutrientes obtenidos del ambiente se integren en las células de un ser vivo y, tras los procesos de digestión y absorción, se transformen en compuestos orgánicos complejos.

ASIMILACIÓN (SOCIOLOGÍA). Proceso por el que individuos pertenecientes a clases sociales o grupos étnicos determinados, al establecerse en espacios que mantienen comportamientos diferentes a los suyos, adoptan las formas sociales y mentales de la colectividad en la que se integran.
Minorías y grupos étnicos 10:182a.

ASIMOV, ISAAC (1920-1992). Escritor estadounidense de origen ruso. Autor de novelas de ciencia-ficción y de obras de divulgación científica.
2:158b; *ilustración* 2:159a.

ASÍNDETON. Recurso retórico opuesto al polisíndeton, consistente en eliminar las conjunciones copulativas, disyuntivas o subordinantes entre los elementos de una frase o entre las cláusulas oracionales para resaltar determinados efectos expresivos.

ASINIO POLIO, CAYO (76 a.C.-4 d.C.). Orador, poeta e historiador romano. Autor de una historia contemporánea que nos ha llegado en parte gracias a Polibio y Apiano.

ASÍN PALACIOS, MIGUEL (1871-1944). Sacerdote y arabista español que puso de manifiesto la influencia árabe en las obras de Dante Alighieri, Ramón Llull y otros autores cristianos. *El averroísmo teológico de santo Tomás de Aquino* (1904), *La escatología musulmana en la Divina Comedia* (1919), *Influencias evangélicas en la literatura del Islam, Orígenes de la literatura musulmana.*

ASÍNTOTA. Curva o recta que se aproxima indefinidamente a una línea cuando ambas tienden hacia el infinito.
Análisis matemático 1:319a.

ASIRIA. Reino del norte de Mesopotamia que fue centro de uno de los grandes imperios antiguos del cercano oriente.
2:159a; Asurbanipal 2:148b; Babilonia 2:294b; Mesopotamia 10:83b; Mesopotámicas, religiones 10:84a; Mesopotámico, arte 10:87a; Nínive 10:419b; Persia 11:350a; Sargón II de Asiria 13:160a; Tiglat-Pileser III 14:60b; *ilustraciones* 2:159b; 2:160a.

ASIRIA, RELIGIÓN. Conjunto de creencias religiosas, con raíces sumero-acadias y babilónicas, observadas por los asirios, habitantes de la parte septentrional de Mesopotamia.
Asiria 2:160b.

ASÍS. Ciudad de Italia, en la prov. de Perugia, Umbría. Cuna de san Francisco. Iglesias de San Francisco, superior e inferior, con notables pinturas del siglo XIII (Giotto, Cimabue). Centro de peregrinación y turismo. 24.400 hab. (1981).

ASKENAZI. V. **Ashkenazi.**

ASKIA, DINASTÍA DE LOS. Familia musulmana que gobernó el imperio songhai, en África occidental, entre 1492 y 1591. Sus miembros más destacados fueron Mohamed I Askia, fundador de la dinastía, Askia Musa, Askia Ismail y Dawud Askia.
Songhai, imperio 13:301b.

ASKOLD (m. en el 882). Jefe de la tribu escandinava de los varegos, pueblo asentado en Rusia desde el siglo IX. Emprendió una expedición contra Constantinopla y se convirtió al cristianismo. Príncipe de Kiev, de la que se había apoderado en el 860, hasta su muerte, a manos de Oleg, jefe varego pagano.

ASLV. Siglas de *Advanced Satellite Launch Vehicle,* nombre con el que se designa un moderno sistema propulsor indio capaz de vencer la gravedad y colocar en órbita satélites y módulos aerospaciales.

ASMA. Enfermedad respiratoria que se caracteriza por crisis de disnea aguda (dificultad

para respirar), frecuentemente nocturnas, debidas a la constricción brusca de los bronquios y bronquiolos como consecuencia de un espasmo, un edema y una hipersecreción bronquial.
2:160b; Neumología 10:389a; Respiratorio, sistema 12:349a.

ASMARA. Capital de Eritrea. Aeropuerto internacional. Catedral católica, gran mezquita. Universidad. Textiles, calzado, curtidurías. Mercado agrícola. 431.000 hab. (1995).
Eritrea 6:22a.

ASMODEO. Demonio o espíritu del Antiguo Testamento (Libro de Tobías) bíblico, que mató a siete esposos de Sara. Tobías lo ahuyentó con un perfume de pescado por consejo del arcángel Rafael. Luego, Salomón lo obligó a participar en la construcción de su templo.

ASMONEOS. Dinastía de sacerdotes y reyes de la antigua Judea que gobernaron del 134 al 37 a.C. Descendientes de los Macabeos.

ASNO. Mamífero perisodáctilo de la familia de los équidos (*Equus asinus*). Se utiliza desde épocas antiguas como bestia de carga por su sobriedad y resistencia.
2:161a; Caballo 3:248b; Domesticación 5:217a; Ganadería 7:36b; Mula 10:294a; Perisodáctilos 11:343a; Transporte 14:113b; *ilustración* 2:161b.

ASNO DE ORO, EL. Nombre con el que se conoce la novela simbólico-picaresca en once libros *Metamorfosis*, del escritor latino Apuleyo. Escrita en primera persona, contiene una magnífica sátira de las costumbres de la época, con un trasfondo filosófico y esotérico.
Novela y cuento 11:19b.

ASOCIACIÓN (DERECHO). Agrupación de individuos que tiene el propósito de perseguir un fin común. Las asociaciones pueden ser políticas, civiles (por ejemplo, con fines de beneficiencia), sindicales, comerciales o profesionales.

ASOCIACIÓN DE ESTADOS CARIBEÑOS. Foro internacional para la promoción de los intereses económicos de diversas naciones del Caribe. Su creación en 1994 fue iniciativa de estructuras anteriores, como el G-3, el Caricom y el Mercado Común Centroamericano, colaborando también otras pequeñas naciones de la zona.

ASOCIACIÓN DE IDEAS. V. **Asociación mental.**

ASOCIACIÓN DE MAYO. Sociedad secreta argentina fundada en 1837, durante el gobierno de Juan Manuel de Rosas, opuesta a la política autoritaria de éste y en la que participaron destacados intelectuales de Buenos Aires. Su fundador fue Esteban Echeverría.

ASOCIACIÓN DE NACIONES DEL SUDESTE DE ASIA. Organización fundada en 1967 por Filipinas, Indonesia, Malasia, Singapur y Tailandia. Pretende el desarrollo económico y la estabilidad política de la zona y tiene su sede en Yakarta (Indonesia). Conocida por las siglas ASEAN (Association of South-east Asian Nations).
Organismos internacionales 11:137b.

ASOCIACIÓN EUROPEA DE LIBRE COMERCIO. V. **EFTA.**

ASOCIACIÓN INTERNACIONAL PARA EL DESARROLLO (AID). Entidad financiera adscrita al Banco Mundial. Fundada en 1960, concede préstamos a tipos de interés reducido a los gobiernos de países pobres para la realización de proyectos de desarrollo.

ASOCIACIÓN LATINOAMERICANA DE INTEGRACIÓN (ALADI). Organismo establecido en 1980 con el propósito de promover una mayor integración económica de los países latinoamericanos sin establecer plazos específicos para ello.
Organismos internacionales 11:137b.

ASOCIACIÓN LATINOAMERICANA DE LIBRE COMERCIO (ALALC). Organismo creado en 1960 por el tratado de Montevideo con la finalidad de conseguir un área de libre comercio entre sus once miembros (Argentina, Brasil, México, Chile, Colombia, Perú, Uruguay, Venezuela, Bolivia, Ecuador y Paraguay). Fue sustituida en 1980 por la Asociación Latinoamericana de Integración (ALADI).

ASOCIACIÓN MENTAL. Conexión establecida en la conciencia entre dos contenidos psíquicos de la misma o de diferente naturaleza (ideas, sensaciones, emociones, imágenes, recuerdos, etc.). Este proceso, por el cual la aparición en la conciencia de un contenido psíquico provoca o favorece el surgimiento de otros, está en la base de la actividad de la memoria. En la técnica psicoanalítica, el método de asociación libre constituye la regla fundamental que ha de seguir el paciente y uno de los caminos más directos de acceso al inconsciente.

ASOCIATIVA, PROPIEDAD. En matemáticas, propiedad que posee una operación dada por la cual se pueden asociar varios elementos consecutivos y sustituirlos por el resultado de la operación parcial realizada con los mismos sin que el resultado final varíe.

ASOKA (m. h. el 238 a.C.). Último gran emperador de la dinastía Maurya de la India. Favoreció la expansión del budismo y renunció a las armas como método para ampliar su reino después de las primeras conquistas. También llamado Ashoka.
Indio, arte 8:169b; Política 12:62a.

ASONANCIA. Repetición de vocales desde la última acentuada en las terminaciones de dos o más versos.

ASPARAGINA. Aminoácido derivado del ácido aspártico que interviene en la composición de muchos alcaloides vegetales. Sólido blanco cristalino, soluble ligeramente en agua. Activo ante la luz. Presente en las semillas del espárrago y el altramuz, en las raíces del regaliz y, en general, en partes vegetales desarrolladas en la oscuridad.
Aminoácido 1:305a.

ASPÁRTICO, ÁCIDO. Aminoácido existente de forma natural en las proteínas. Es soluble en agua e insoluble en alcohol y éter. Da lugar a los compuestos dextrógiro de ácido aspártico (D-aspártico), levógiro de ácido aspártico (L-aspártico) y racémico de ácido aspártico (DL-aspártico).
Aminoácido 1:305a.

ASPASIA (siglo V a.C.). Cortesana de Mileto que casó con Pericles. Desempeñó un papel destacado en la vida ateniense.

ASPERGILLUS. Género de hongos *Deuteromycetes*, formado por mohos comunes y patógenos. En estado perfecto o sexual corresponde al orden de los eurotiales. Especies: *Aspergillus auricularis, Aspergillus niger, Aspergillus terreus*, etc.

ASPERSIÓN. Método de riego que utiliza medios mecánicos para rociar el agua sobre las plantas.
Riego 12:370a.

ÁSPID. Reptil que pertenece al género *Aspis* y a la familia de los elápidos. Forma parte de este grupo el áspid de Egipto (*Naja haje*), serpiente de cabeza alargada y color variable, muy venenosa.

ASPIDISTRA. Planta herbácea de la familia de las liliáceas y del género *Aspidistra*. Monocotiledónea. Comprende diversas especies de hojas grandes, alargadas y lustrosas. Originarias de Asia.

ASPIRADA, CONSONANTE. Fonema que se pronuncia expulsando con fuerza el aire por la garganta en oclusión, como la *h* inglesa y la *j* española.

ASPIRADORA. Aparato eléctrico para limpiar en seco alfombras y cortinajes, de los que extrae el polvo mediante succión.

ASPIRINA. V. **Acetilsalicílico, ácido.**

ASPLUND, ERIK GUNNAR (1885-1940). Arquitecto sueco. Iniciado en el clasicismo (biblioteca de Estocolmo, 1924-1927), desde 1930 cambió hacia un estilo moderno caracterizado por el empleo de columnas para dar ligereza a las estructuras. Tribunales de Göteborg (1934-1937), crematorio de Estocolmo (1935-1940).

ASQUELMINTOS. *Phyllum* de animales metazoos invertebrados, seudocelomados, muchos de ellos microscópicos, de aspecto similar al de los gusanos. Simetría bilateral, con cutícula tegumentaria. Incluye entre otros grupos el de los nematodos, donde se encuentran las triquinas y las lombrices intestinales.
Gusanos 7:295a; Invertebrados 8:250a; Lombriz intestinal 9:209a; Metazoos 10:103b; Nervioso, sistema 10:384a; Zoología 14:428a.

ASQUITH, HERBERT HENRY (1852-1928). Primer ministro liberal del Reino Unido entre 1908-1916. Responsable de la ley parlamentaria de 1911, por la cual se limitaba el poder de la Cámara de los Lores. Gobernó durante los dos primeros años de la primera guerra mundial.

ASSAD, HAFEZ AL-. V. **Asad, Hafiz al-.**

ASSAM. Estado de la India en el nordeste del país, limitado al norte por el est. independiente de Bután, en el valle del río Brahmaputra. Arrozales, té, yute, frutas. Petróleo y gas natural. Minería. Cap. Pragjyotisapura. 78.438 km^2. 24.200.000 hab. (1994).
Brahmaputra, río 3:142a; India 8:152b.

ASSAMÉS. Lengua indoeuropea, oficial en el estado indio de Assam. Mantiene influencias de las lenguas tibetobirmanas. Se conocen textos escritos en assamés desde el siglo XIV. Entre sus literatos destacó, en el siglo XVI, el poeta místico Sankaradeva. También se escribe asamés.

ASSEMBLAGE. Técnica artística del arte contemporáneo basada en la conjunción de varias piezas u objetos hasta formar una composición abstracta en la que se combinan la pintura y la escultura. Utilizada tanto por el constructivismo como por los cubistas, el *pop art* o los nuevos realistas.

ASSIS, JOAQUIM MARIA MACHADO DE. V. **Machado de Assis, Joaquim Maria.**

ASSO Y DEL RÍO, IGNACIO JORDÁN DE (1742-1814). Naturalista y jurista español. Erudito de ideas ilustradas, cultivó la historia, la agronomía, etc. Fue profesor en Zaragoza y Madrid, cónsul en Amsterdam y participó en la defensa de Zaragoza contra los franceses. *Historia de la economía política de Aragón* (1798).

ASSUÁN. V. **Asuán.**

ASTAIRE, FRED (1899-1987). Actor y bailarín estadounidense. Formó con Ginger Rogers la pareja de danza más popular de la década de 1930. *Volando hacia Río de Janeiro* (1933), *Sombrero de copa* (1935).

ASTARTÉ. Divinidad de los fenicios y cananeos, de origen mesopotámico, conocida también como Ashera, Ishtar y Astoret. Era la diosa del amor, la fecundidad y la reproducción. Su culto era notablemente licencioso y sus representaciones casi siempre eróticas. Sus sacerdotisas ejercían la prostitución ritual. También se reconocía en ella a la diosa de la guerra. Venerada en occidente en zonas de dominación fenicias y cartaginesas.
Siria y Palestina, religiones de 13:264a.

ASTATO. Elemento químico halógeno. Radiactivo. De sus 14 isótopos ninguno es estable (los de vida media más larga son el de peso atómico 210 –8,3 horas– y el de peso atómico 211 –7,5 horas–). Muy volátil, se separa del bismuto por destilación. Símbolo, At; número atómico, 85.
Halógenos 7:324a.

ASTBURY, JOHN (1688-1743). Ceramista británico. Fue el primero de los grandes ceramistas de Staffordshire y pionero de la tecnología cerámica británica. Alcanzó fama, principalmente, por su loza plumbífera, sobre todo las vasijas de color pardo con decoración, y por sus figuritas de arcilla de colores contrastados y de gran ingenuidad. También conocido como Ashbury de Shelton.

ASTENIA. Fatiga o falta de fuerzas. Se designan con este término todos aquellos casos en los que el organismo no reacciona convenientemente a los estímulos exteriores.

ASTÉNICO, TIPO. Individuo caracterizado por su extremada delgadez, gran altura y tórax muy estrecho. Corresponde al grado máximo del tipo leptosómico de Ernst Kretschmer.

ASTENOSFERA. Zona del interior de la Tierra, situada inmediatamente por debajo de la corteza terrestre, donde tienen lugar los reajustes isostáticos.

ÁSTER. Planta herbácea vivaz o anual de la familia de las compuestas y del género *Aster*. Dicotiledónea. Diversas especies. En su mayor parte originarias de América.

ASTERISCO. En lingüística, signo de puntuación (*) que suele anteponerse a una palabra o a una frase para indicar que se trata de formas hipotéticas o agramaticales. Se emplea también el asterisco en la composición de libros y revistas para señalar notas al pie de página.

ASTEROIDE. Cuerpo planetario menor del Sistema Solar. Las órbitas de la mayoría de los asteroides se encuentran situadas entre las de Marte y Júpiter.
2:161b; Sistema Solar 13:267a.

ASTIAGES (siglo VI a.C.). Último rey del imperio medo (585-550 a.C.). Fue vencido por Ciro el Grande, que se proclamó rey de los persas y los medos.
Persia 11:350a.

ASTIGMATISMO. Trastorno de la visión debido a la asimetría de la curvatura del ojo.
Oftalmología 11:86a; Vista, sentido de la 14:334a.

ASTILLERO. Instalación industrial dedicada a la construcción y reparación de barcos. Sus elementos básicos son la grada de construcción, plano inclinado donde se compone el esqueleto de la embarcación, y las dársenas de reparación. Los astilleros de buques de guerra se denominan arsenales.
Embarcación 5:386b.

ASTILLERO, EL. Novela del escritor uruguayo Juan Carlos Onetti, publicada en 1961. Presenta, en un mundo sofocante y atemporal, una serie de personajes que se debaten por hallar un sentido a su existencia.

ASTLEY, PHILIP (1742-1814). Empresario y artista de circo británico. Antiguo jinete del regimiento británico de dragones, inauguró en 1770 en su Anfiteatro Astley la que sería considerada primera pista de circo moderno. Al espectáculo, basado inicialmente en acrobacias a caballo, se fueron añadiendo otros elementos.
Circo 4:205a.

ASTOLFO (m. en el 756). Rey lombardo, desde el 749 hasta su muerte. Continuó la política expansiva de sus antecesores. Conquistó Ferrara, Ravena y Espoleto. Sus avances forzaron una alianza del papa Esteban II con el rey franco Pipino III el Breve, legitimando la dinastía carolingia. Derrotado por Pipino, Astolfo devolvió los territorios papales.

ASTON, FRANCIS WILLIAM (1877-1945). Científico británico que desarrolló el espectrógrafo de masas, valioso instrumento físico que le permitió descubrir isótopos de elementos no radiactivos. Premio Nobel de química en 1922.
Isótopo 8:294b.

ASTORET. V. **Astarté.**

ASTORGA. Ciudad española de la prov. de León. La antigua Asturica o Asturica Augusta fue sucesivamente capital de los vándalos y los cántabros. Posee una interesante catedral gótica construida entre 1471 y 1692. Fábricas de chocolate, cerámica, harinas, sombreros y dulces. 12.524 hab. (1986).

ASTRACÁN (ARTES PRÁCTICAS). Piel de lana rizada de cordero karakul nonato o recién nacido. Sus colores naturales son negro, gris o pardo, aunque la mayor parte de las pieles se tiñen.

ASTRACÁN (GEOGRAFÍA). Ciudad y puerto fluvial de la rep. de Rusia, en el delta del Volga. Catedral y castillo del siglo XVI. Institutos técnicos. Conservas de pescado, caviar, astilleros. 490.000 hab. (1997).

ASTRACANITA. Sulfato hidratado natural de magnesio y sodio. Brillo vítreo y color blanco translúcido.

ASTRÁGALO (ANATOMÍA). Hueso corto del pie, que se articula con los huesos de la pierna (tibia y peroné) y con otros del tarso (calcáneo y escafoides); interviene esencialmente en los movimientos de flexión y extensión del pie.

ASTRÁGALO (BOTÁNICA). Planta perteneciente a la familia de las leguminosas y al género *Astragalus*. Dicotiledónea. Comprende numerosas especies, algunas herbáceas y otras arbustivas, entre ellas el tragacanto, del que se extrae una sustancia gomosa.

ASTRAJÁN. V. **Astracán** (GEOGRAFÍA).

ASTRANA MARÍN, LUIS (1889-1959). Escritor, dramaturgo, periodista y crítico literario español. Editor de las obras de Francisco de Quevedo y traductor de las obras de William Shakespeare. *Vida azarosa de Lope de Vega, Ensayos, Cristóbal Colón.*

ASTRINGENTE. Sustancia química que contrae los tejidos y reduce las secreciones. Utilizada para tratamientos del tejido epitelial. Protege la piel inflamada, detiene las hemorragias capilares y disminuye la acumulación grasosa del cuero cabelludo. Son astringentes el acetato de plomo, el subacetato de plomo, los sulfatos de zinc y cobre, etc.
Cosmético 4:402b.

ASTROBIOLOGÍA. Disciplina biológica que estudia la vida en relación con los astros, sus composiciones químicas y sus condiciones físicas.

ASTROFILITA. Mineral de silicato natural constituido por titanio, circonio, hierro, manganeso, sodio y potasio. Color amarillo oscuro en forma de láminas.

ASTROFÍSICA. Disciplina astronómica que estudia las propiedades y la estructura de los objetos del cosmos, incluido el universo en su totalidad.
2:162a; Astronáutica 2:169b; Astronomía 2:174b; Eddington, Arthur Stanley 5:305b; Rayos cósmicos 12:270a; *ilustraciones* 2:162b; 2:163b; 2:164a.

ASTROFÍSICA RELATIVISTA. Aplicación de la teoría einsteniana de la relatividad y de la física cuántica al estudio de diversas cuestiones ligadas con la física de altas energías o con los campos gravitatorios de elevado valor que aparecen como consecuencia de importantes acumulaciones de materia.

ASTROGEODESIA. Rama de la geodesia que permite establecer cálculos de la posición, órbitas y desplazamientos de los astros en relación con la Tierra. Para ello se sirve de un sistema de coordenadas entre puntos de la Tierra y los cuerpos celestes.
Geodesia 7:84b.

ASTRÓGRAFO. Equipo astronómico que combina un telescopio con un dispositivo fotográfico. De tiempo de exposición indefinido, obtiene detalles no apreciables mediante la observación visual. Efectúa registros gráficos que permiten mediciones precisas posteriores.
Astrofísica 2:162b; Astrometría 2:169a; Astronomía, historia de la 2:181b; Lente 9:114a.

ASTROLABIO. Antiguo instrumento de origen griego empleado para medir altitudes de cuerpos celestes. Consta esencialmente de un disco colgado de un anillo y provisto de una alidada o regla diametral giratoria.
Tolomeo, Claudio 14:76b.

ASTROLOGÍA. Rama de la adivinación que predice los sucesos de la Tierra y los relaciona con las posiciones y movimientos de los cuerpos celestes.
2:165a; Adivinación 1:60b; Ocultismo 11:76b; Zodiaco 14:422b; *ilustraciones* 2:165.

ASTROMETRÍA. Disciplina astronómica que se ocupa de la medición de distancias entre cuerpos celestes.
2:166b; Astronomía 2:175; Azimut 2:281a; *ilustraciones* 2:167a-b; 2:168a-b; 2:169a.

ASTRONAUTA. En los programas espaciales, persona que forma parte de un vuelo astronómico. En Rusia recibe el nombre de cosmonauta.
Astronáutica 2:169b; Glenn, John 7:143a.

ASTRONÁUTICA. Ciencia que estudia la navegación entre los cuerpos celestes.
2:169a; Aeronáutica 1:81b; Aviación 2:260a; Braun, Wernher von 3:168a; Espacio 6:62b; Glenn, John 7:143a; Luna 9:244a; Oberth, Hermann 11:60b; Piloto automático 11:407b; Realidad virtual 12:279a; Retropropulsión 12:354b; Transbordador espacial 14:110b; Tsiolkovski, Konstantín 14:141a; *cuadro* 2:171; *ilustraciones* 2:170; 2:171b; 2:172a; 2:173b.

ASTRONAVE. Vehículo con el que se puede viajar por el espacio interplanetario.

ASTRONOMÍA. Ciencia que estudia el origen, la composición, la evolución, la distancia y el movimiento de los cuerpos celestes.
2:174b; Astrofísica 2:162a; Astrometría 2:166b; Astronáutica 2:169b; Astronomía, historia de la 2:178a; Azimut 2:281a; Bessel, Friedrich Wilhelm 3:6b; Brahe, Tycho 3:141b; Cassini, Gian Domenico 4:13b; Ciencia 4:186a; Cometa 4:296b; Constelación 4:346b; Cosmogonía 4:403a; Cosmología 4:404b; Cuásar 5:45b; Eclipse 5:265b; Espacio 6:62a; Estaciones del año 6:117b; Estrella 6:168b; Nebulosa 10:370a; Observatorio 11:64b; Órbita 11:127b; Planeta 12:15a; Plutón (astronomía) 12:38b; Púlsar 12:208a; Radar 12:242a; Sol 13:291b; Telescopio 14:3a; Tiempo, medición del 14:54a; Tolomeo, Claudio 14:76a; Universo 14:185b; Vía Láctea 14:292b; *cuadro* 2:175; *ilustraciones* 2:174b; 2:175b; 2:176a; 2:177b.

ASTRONOMÍA, HISTORIA DE LA. Disciplina histórica que estudia la evolución de los conocimientos humanos sobre astronomía.
2:178a; Alfonso X el Sabio 1:214b; Telescopio 14:3b; Tolomeo, Claudio 14:76a; Vía Láctea 14:292b; *ilustraciones* 2:178b; 2:179a-b; 2:180b; 2:181b.

ASTURIAS. Región de España a orillas del mar Cantábrico. Forma la comunidad autónoma de Asturias, uniprovincial. Cap. Oviedo. 10.604 km^2. 1.087.885 hab. (1996).
2:182a; España 6:64b; *ilustración* 2:182b.

ASTURIAS, MIGUEL ÁNGEL (1899-1974). Poeta y novelista guatemalteco. El escritor de mayor renombre internacional de Guatemala, ganador del Premio Nobel de literatura en 1967.
2:183b; Guatemala 7:257b; Hispanoamericana, literatura 8:13b; Uslar Pietri, Arturo 14:211a; *ilustración* 2:183b.

ASTURIAS, REINO DE. Primer reino cristiano de la península ibérica (718-910), formado por nobles visigodos que habían sido desplazados a Asturias por la invasión musulmana. A lo largo de los siglos VIII y IX amplió sus fronteras para incluir en sus dominios Galicia, Cantabria y la cuenca del Duero. Tras la muerte de Alfonso III en el 910, el reino fue dividido entre sus hijos.
Alfonso II de Asturias 1:209b; Alfonso III de Asturias 1:210a; Pelayo 11:321b; Reconquista 12:283b.

ASTURIENSE. Cultura prehistórica de las zonas cantábricas de la península ibérica. Se inició en el mesolítico y se caracteriza por las acumulaciones de conchas en la entrada de las cuevas y por el uso de instrumentos de piedra apuntados.

ASUÁN. Ciudad de Egipto, cap. de la prov. homónima a orillas del Nilo, aguas abajo de la primera catarata. Presa. Aeropuerto internacional. Complejos siderúrgicos, abonos químicos, cemento, canteras de granito y mármol. Pesquerías. 219.017 hab. (1996).
Egipto 5:331a; Nilo, río 10:417a.

ASUÁN, PRESA DE. Embalse construido en Egipto, a orillas del Nilo, a unos 6 km de Asuán y a 949 de El Cairo. La presa original se terminó en 1902, y se elevó su altura en 1912 y 1934. En 1971 se inauguró una nueva presa, 6 km río arriba, cuyas aguas generaron el lago Naser.
Abú Simbel 1:24a; Egipto 5:331b; Nilo, río 10:417b.

ASUKA, PERÍODO. Lapso de la historia y el arte de Japón que abarca desde el año 552 al 645. Se inició con la introducción del budismo, procedente de Corea, y culminó con la adopción de una forma centralizada de gobierno inspirada en el modelo chino. Las mejores muestras artísticas del período son sus templos budistas.

ASUNCIÓN (CIUDAD). Capital de Paraguay a orillas del río Paraguay. 502.426 hab. (1992).
Paraguay 11:269b; Paraguay, río 11:275b; Salazar de Espinosa, Juan de 13:96a.

ASUNCIÓN (DEPARTAMENTO). División administrativa de Paraguay, sede de la capital del país y coextensiva con ella. 117 km^2.

ASUNCIÓN (RELIGIÓN). Dogma de fe de la doctrina católica, según el cual la Virgen María, después de su muerte, fue elevada al cielo por obra de Dios en cuerpo y alma para su mayor glorificación. La festividad se celebra el 15 de agosto. El dogma fue proclamado el 1 de octubre de 1950.

ASUNCIÓN, LA. Ciudad de Venezuela, cap. del est. Nueva Esparta en la isla Margarita, mar Caribe. Fundada en 1524. Castillo de Santa Rosa y catedral coloniales. Destilerías, algodón, productos alimenticios. 16.585 hab. (1990).

ASUR (HISTORIA). Antigua capital religiosa de Asiria (posterior Qalat Sargat, Irak) en la ribera occidental del Tigris. Fue destruida por los babilonios el año 614. Entre sus numerosos monumentos destacaban varios templos consagrados a Ishtar (Astarté).
Meopotamia 10:83b; Mesopotámico, arte 10:87a.

ASUR (MITOLOGÍA). Dios supremo de los asirios, protector de los reyes, señor de las restantes deidades y divinidad de la guerra. Conocido también como Assur o Ashur.

ASURBANIPAL (siglo VII a.C.). Último de los grandes reyes de Asiria, cuyo gobierno (668-627 a.C.) supuso el apogeo del imperio.
2:184b; Asiria 2:159b; *ilustración* 2:185a.

ASURNASIRPAL II (siglo IX a.C.). Rey de Asiria (883-859 a.C.). Consolidó las conquistas realizadas por su padre, Tukulti-Ninurta II. Reconstruyó la ciudad de Kalju (posterior Nimrud, Irak).
Asiria 2:160a; Mesopotámico, arte 10:87a; Nínive 10:419b.

ASUR-UBALIT I. Rey de Asiria (1365-1330 a.C.). Creador del primer imperio asirio. Estableció relaciones con Egipto e intervino en los asuntos internos de Babilonia.
Asiria 2:159b.

ASYUT. Ciudad de Egipto, cap. de la prov. de su mismo nombre en el alto Egipto, a orillas del Nilo. Universidad. Chalés típicos adornados con plata; cerámica, alfombras. Central hidroeléctrica, abonos químicos, textiles. 343.498 hab. (1996).

ATACAMA (GEOGRAFÍA FÍSICA). Extensa región situada en el noroeste de la Argentina y el norte de Chile que comprende el desierto y la puna de su mismo nombre.
Chile 4:129a; Desierto 5:152a.

ATACAMA (GEOGRAFÍA POLÍTICA). División administrativa (III región) del norte de Chile. Comprende las prov. de Chañaral, Copiapó y Huasco. Cap. Copiapó. 75.573 km^2. 202.802 hab. (1995).
2:185b; *ilustración* 2:185b.

ATACAMAS. Pueblo amerindio de las regiones chilenas de Tarapacá y Antofagasta, en el desierto de Atacama. Asimilado a la población blanca y aimara.

ATACAMEÑOS. V. **Atacamas.**

ATACAMITA. Mineral de oxicloruro de cobre hidratado. Color verde esmeralda. Cristaliza en el sistema rómbico. Extraído principalmente en el norte de Chile (su nombre proviene de Atacama). También se denomina esmeraldocalcita.

ATAHUALPA (h. 1500-1533). Último soberano del imperio inca.
2:186a; Cajamarca 3:265b; Ecuador 5:291a; Huáscar 8:80b; Huayna Cápac 8:81b; Inca, imperio 8:141b; Latinoamérica, conquista de 9:80b; Perú 11:361b; Pizarro, Francisco 12:10b; Rumiñahui 13:42b; Soto, Hernando de 13:306b; *ilustración* 2:186a.

ATAHUALPA, JUAN SANTOS (h. 1710-1756). Rebelde peruano. Acaudilló entre 1742 y 1756 una rebelión contra las fuerzas españolas y se hizo fuerte en la región montañosa de Tarma y Huánuco. Atacó varias misiones franciscanas.

ATALA. Narración breve del escritor francés François-Auguste-René de Chateaubriand, publicada en 1801 e incluida un año después en su obra *El genio del cristianismo.* Relata la liberación de Chactas por Atala, hija del jefe de la tribu enemiga de aquél, y el conflicto que se establece en la joven entre el amor humano y el espiritual.

ATALANTA. Según la mitología griega, doncella experta en el arte de la caza y la carrera. Abandonada por su padre de recién nacida, fue criada por una osa. Enemiga del matrimonio, sólo accedió a casarse con quien la venciera en una carrera. Hipómenes, valiéndose de un ardid, lo consiguió. Ambos fueron convertidos en leones por atreverse a yacer juntos en un templo consagrado a Deméter o, en otras versiones, a Zeus.

ATALÍA. Reina de Judá del 841 al 835 a.C. Según el relato bíblico (II Reyes), a la muerte de su hijo Ocozías, y para asegurarse el poder, mandó asesinar a todos los posibles herederos del trono. No consiguió su propósito, pues su nieto Joás escapó de la matanza y, tras seis años de reclusión en el templo, fue proclamado rey. Atalía, que había favorecido el culto al dios fenicio Baal, murió asesinada por la muchedumbre.

ATALO I SÓTER (269-197 a.C.). Rey de Pérgamo entre el 241 y el 197 a.C. Se alió a Roma contra Filipo V de Macedonia. Fundador de la biblioteca de Pérgamo y protector de literatos y artistas.

ATALO II FILADELFO (220-138 a.C.). Rey de Pérgamo. Intervino en distintas campañas militares contra Seleuco y los gálatas durante el reinado de su hermano Eumenes II. A la muerte de éste (159 a.C.) ocupó el trono de Pérgamo. Ayudado por Roma venció a Prusias II de Bitinia.

ATAMANTE. Legendario rey griego, hijo de Eolo y Enáreta. Casó con Néfele, Ino y Temisto. De su primera unión tuvo a Frixo y a Hele, quienes, perseguidos por Ino, huyeron a la Cólquide sobre un carnero de vellocino de oro, que sería después buscado por los argonautas.

ATANAGILDO (siglo VI). Rey visigodo desde el 554 hasta el 567. El apoyo de los bizantinos le permitió acceder al trono, frente a su rival Agila, pero a cambio de ceder a aquéllos la Bética y la mayor parte de la Cartaginense. Se estableció en Toledo, y casó a sus hijas con reyes francos para lograr su apoyo. Logró liberar Sevilla de la dominación bizantina, pero murió antes de conseguir su propósito de unificar toda la península.

ATANARICO (m. en el 381). Jefe visigodo desde el 364 al 376. Desencadenó feroces persecuciones contra los cristianos de Dacia (moderna Rumania). Derrotado por los hunos huyó a Transilvania y posteriormente se refugió en Constantinopla, donde lo sorprendió la muerte.

ATANASIO EL GRANDE, SAN (h. el 293-373). Doctor de la iglesia y obispo de Alejandría, su ciudad natal. Luchó encarnizadamente contra el arrianismo, lo que le valió varios destierros por orden de los emperadores Constantino y Constancio. Fue uno de los primeros en formular la doctrina católica sobre la Trinidad.

ATANASIO I (1230-1310). Patriarca de Constantinopla. Defendió la separación entre la iglesia latina y la griega pese al decreto de reunificación presentado en el concilio de Lyon (1274). Nombrado patriarca de Constantinopla por Andrónico II en 1289, llevó a cabo una serie de medidas reformistas cuyas críticas motivaron su separación del cargo entre 1293 y 1304.

ATAPASCOS. Pueblos indios de América del norte cuyo nombre procede de las tribus que habitaban en las orillas del lago Athabasca, en el moderno Canadá. De amplia dispersión geográfica, llegaron hasta el norte de México. Lingüísticamente pertenecen al grupo na-dené.
Amerindios, pueblos 1:294a.

ATAPUERCA, HOMBRE DE. Restos fósiles de seis individuos de características humanas cuya antigüedad fue datada en 800.000 años. La denominación proviene del pueblo burgalés de Atapuerca, en España, en cuyas inmediaciones tuvo lugar el descubrimiento en 1997. Su importancia radica en haber ofrecido la primera prueba de asentamientos humanos en Europa con una antigüedad superior al medio millón de años. Sus descubridores propusieron para el hallazgo la denominación científica de *Homo antecessor.*
Atapuerca, yacimiento de 2:187a; Homínidos 8:54b.

ATAPUERCA, YACIMIENTO DE. Localidad de la provincia de Burgos (España) en la que se hallaron desde 1976 restos humanos prehistóricos de gran interés paleoantropológico fechados en más de 300.000 años de antigüedad.
2:186b; *ilustración* 2:187b.

ATAQUE MASIVO. Técnica utilizada por los piratas informáticos en las redes de comunicaciones que persigue inutilizar el servicio de redes, servidores o grupos de computadoras mediante el envío deliberado de una ingente cantidad de mensajes y peticiones de trabajo a una dirección electrónica determinada.

ATARAXIA. Término griego que significa «sin inquietud». Fue usado preferentemente por epicúreos y estoicos, que consideraban la ataraxia una actitud de imperturbabilidad espiritual encaminada al logro de la felicidad y la libertad.
Epicuro y epicureísmo 6:9b.

ATATÜRK. V. **Kemal, Mustafá.**

ATAUJÍA. V. **Damasquinado.**

ATAÚLFO (m. en el 415). Rey visigodo del 410 hasta su muerte. Invadió el sur de la Galia, estableciendo su corte en Burdeos. Casó con la princesa romana Gala Placidia y se retiró a Barcelona, donde fue asesinado.
Godos 7:149b.

ATAVISMO. Fenómeno de la transmisión hereditaria consistente en la aparición en las nuevas generaciones de caracteres genéticos de antepasados, desaparecidos en las generaciones intermedias. El término se usa también para designar mantenimiento de conductas o costumbres ancestrales.

ATAXIA. Trastorno de la motricidad voluntaria, debido a una incoordinación de los movimientos de origen nervioso alto, sin lesión muscular.

ATEHORTUA, BLAS (n. en 1933). Compositor colombiano. Director del conservatorio de música de Santafé de Bogotá. Autor de diversas obras de cámara y de orquesta. *Cántico delle creature.*

ATEÍSMO. Negación de la existencia de Dios.
2:187b; Agnosticismo 1:102b; Deísmo 5:111b; Dios 5:201a; Hombre 8:47b; *ilustraciones* 2:187b; 2:188a.

ATELECTASIA. Retracción de los alveolos pulmonares por ausencia de ventilación, mientras que la circulación sanguínea se mantiene normal. Es el estado usual de los pulmones del feto; después del nacimiento es siempre patológica y responde a una obstrucción bronquial.

ATENAS. Ciudad de Grecia, cap. del país, en la reg. del Ática. 784.110 hab. (1991).
2:189b; Acrópolis 1:36a; Alcibiades 1:144a; Arístides 2:68a; Esparta 6:100b; Grecia 7:201b; Grecia antigua 7:207b; Lisandro 9:176a; Médicas, guerras 10:25b; Milcíades 10:164b; Peloponeso, guerras del 11:323b; Pericles 11:342a; Persia 11:351a; Pisístrato 12:6a; Solón 13:296a; Tebas (Grecia) 13:413b; Temístocles 14:9b; Urbanismo 14:192b; *ilustraciones* 2:189b; 2:190a.

ATENAS, DUCADO DE. Principado establecido por los franceses en Grecia en 1204 en los territorios del Ática, Fócida, Beocia y luego Nauplia y Argos. Feudo del Imperio Romano de oriente, estuvo sucesivamente en manos de los catalanes, los sicilianos y los aragoneses, hasta que fue conquistado por los turcos en 1458.

ATENCIÓN. Capacidad de concentración en la observación de un objeto, proceso, tarea, idea, etc., con exclusión de todo aquello que no se relacione con lo observado.
Percepción 11:332a.

ATENEA. En la mitología griega, diosa de las artes, la sabiduría y las ciencias. Es la Minerva de los romanos.
2:191a; Ares 2:35a; Griega, religión 7:224b; Zeus 14:415b; *ilustración* 2:191b.

ATENODORO DE RODAS (siglo II a.C.). Escultor griego de la época helenística, adscrito a la escuela rodia. Se conserva de él el célebre grupo de «Laocoonte», firmado conjuntamente con Agesando y Polidoro (Museos Vaticanos).

ATENUACIÓN, COEFICIENTE DE. Parámetro que determina la disminución de la intensidad de un proceso oscilatorio al pasar por un medio. Se mide en decibelios.

ATENUADOR. Transductor empleado para reducir la amplitud de una onda sin producir distorsiones apreciables. Puede ser fijo o regulable.

ATENUANTES, CIRCUNSTANCIAS. Condiciones que disminuyen la responsabilidad penal. Suelen ser estados o situaciones que de alguna manera inclinan a la acción delictiva por falta de autocontrol en quien la comete.

ATEROMA. Lesión producida por la existencia en las paredes arteriales, especialmente en el espesor de la íntima, de placas grasientas o tejidos cicatriciales. Entre las causas que la producen se encuentra el exceso de colesterol en la sangre, el tabaco, la inactividad física, etc.
Arteriosclerosis 2:127a.

ATETOSIS. Trastorno motor de origen nervioso caracterizado por movimientos continuos involuntarios, lentos y extravagantes, de dedos y manos, principalmente. Consecuencia de procesos patológicos, como hemiplejías, y típico de la paraplejía espasmódica infantil. Se acentúa con períodos emotivos o de mayor actividad y se reduce durante el reposo y el sueño.

ATGET, EUGÈNE (1857-1927). Fotógrafo francés. Recopiló, con un fin meramente testimonial, escenas de la vida cotidiana parisiense (escaparates, vendedores, etc.), en cerca de 4.600 placas. Sus motivos influyeron en pintores como Maurice Utrillo, André Derain, Maurice de Vlaminck o Moïse Kisling. Su obra fue adquirida y difundida por la también fotógrafa Bernice Abbott.

ATHABASCA, LAGO. Lago de Canadá, en la frontera de Alberta y Saskatchewan, al sur de los Territorios del Noroeste. Longitud 335 km, anchura 51 km; cubre una superficie de 7.936 km^2.

ATHABASCA, RÍO. Curso fluvial de Canadá. Nace en las montañas Rocallosas o Rocosas, en el glaciar Columbia, y tras atravesar la prov. de Alberta y el Parque Nacional de Jasper desemboca en el lago Athabasca. En su curso, de 1.231 km, abundan los rápidos.

ATHOS, MONTE. Montaña del norte de Grecia. Ocupa el más oriental de los tres promontorios (Aktí) de la península Calcídica, que se proyecta desde Macedonia hasta el mar Egeo. En él se encuentran veinte monasterios ortodoxos. 2.033 m de altura.

ATIBACIÓN. Acción de rellenar con tierra, escombros u otros materiales, las excavaciones mineras que no deban dejarse abiertas.

ÁTICA. Región de Grecia bañada por los golfos de Corinto y Sarónico al sur y por el mar Egeo al este y norte. Aceitunas, uvas, algodón, plantas aromáticas; ganadería; minas de hierro, zinc, plata; canteras de mármol. 3.808 km^2. 3.523.407 hab. (1991).

ÁTICO, TITO POMPONIO (109-32 a.C.). Quinto Cecilio Pomponio, escritor romano amigo de Cicerón, con quien se había educado. Se trasladó a Grecia para escapar de las guerras civiles. Editó los varios centenares de cartas que le escribió Cicerón.

ATILA (siglo V). Rey de los hunos del 434 al 453. Invadió en repetidas ocasiones el Imperio Romano.
2:191b; Hunos 8:107a; *cuadro* 2:192a.

ATITLÁN, LAGO DE. Lago del sudoeste de Guatemala, en el dep. de Sololá. Profundidad de 320 m, 19 km de largo, 9,6 de ancho. Superficie de 127,7 km^2.

ATKINSON, ROWAN (n. en 1955). Actor británico. Trabajó tanto en el cine como en la televisión, en comedias cómicas a las que imprimió su original sentido del humor. Obtuvo un gran éxito internacional con la serie *Mr. Bean* (1990), donde encarnaba un singular y atribulado personaje.

ATL, DOCTOR (1875-1964). Gerardo Murillo, pintor y escritor mexicano. Destacado paisajista y muralista de temática popular y social.
2:192a; Muralismo 10:300a; Orozco, José Clemente 11:157a.

ATLANTA. Capital del est. de Georgia, Estados Unidos. 401.907 hab. (1996).
2:192b; Estados Unidos 6:131a.

ATLANTE. V. **Atlas** (MITOLOGÍA).

ATLANTHROPUS. Género de homínidos propuesto por Camille Arambourg a partir de restos protohumanos encontrados en el norte de África y que corresponderían al pleistoceno medio. Junto a ellos han aparecido instrumentos de piedra clasificados dentro de las industrias líticas del paleolítico inferior.

ATLANTIC CITY. Ciudad y puerto de los Estados Unidos en el est. de Nueva Jersey, a orillas del Atlántico, en la isla Absecon, unida al continente por autopista y ferrocarril. Casinos. Centro balneario. Pesquerías. 37.986 hab. (1991).

ATLÁNTICO. División administrativa del noroeste de Colombia en la desembocadura del río Magdalena. Cap. Barranquilla. 3.388 km^2. 1.837.468 hab. (1993).

ATLÁNTICO, BATALLA DEL. Enfrentamientos navales de la segunda guerra mundial entre el Reino Unido (y los Estados Unidos a partir de diciembre de 1941) y Alemania por el control de las rutas marinas. Concluyeron en 1944 al caer en manos aliadas las bases de submarinos alemanas.

ATLÁNTICO, DEPARTAMENTO. Departamento del noroeste de Colombia, integrado en la llanura septentrional. Cap. Barranquilla, 3.338 km^2, 1.837.468 hab. (1993).
2:193a; Barranquilla 2:354a.

ATLÁNTICO, OCÉANO. Masa de agua salada que cubre aproximadamente la quinta parte de la superficie terrestre y separa los continentes de Europa y África al este y de América al oeste.
2:193b; Bahamas 2:306a; Barbados 2:345b; Bermudas 2:422b; Cabo Verde 3:251b; Canarias, Islas 3:333a; Cantábrico, mar 3:347a; Caribe, mar 3:388b; Cuba 5:50b; Dominica 5:220a; Dominicana, República 5:222a; Europa 6:192b; Groenlandia 7:235b; Isla 8:277a; Islandia 8:290b; Malvinas, islas 9:313a; Mancha, canal de la 9:321a; Mediterráneo, mar 10:37b; México, golfo de 10:141b; Norte, mar del 11:10a; *mapas* 2:193b; 2:196a; *ilustraciones* 2:194a; 2:195a-b.

ATLÁNTICO NORTE, CORRIENTE DEL. Parte de un sistema de corrientes oceánicas que se extiende desde el sudeste de Terranova (Canadá) hasta el mar de Noruega, al noroeste de Europa. Se caracteriza por su temperatura cálida, alta salinidad y una velocidad de desplazamiento de 0,2 nudos.

ATLÁNTIDA (GEOGRAFÍA). Departamento del norte de Honduras, a orillas del mar Caribe. Agricultura y ganadería; explotación forestal. Cap. La Ceiba, activo puerto. 4.251 km^2. 255.000 hab. (1991).

ATLÁNTIDA (MITOLOGÍA). Isla legendaria que los antiguos griegos creían situada en el Atlántico, frente a las columnas de Hércules (estrecho de Gibraltar).
2:196b.

ATLANTIS. Transbordador espacial estadounidense. Lanzado al espacio por primera vez a mediados de la década de 1980, en 1991 realizó el primer aterrizaje nocturno de una nave de la Agencia Nacional de Aeronáutica y del Espacio.
Astronáutica 2:170b.

ATLAS (BALÍSTICA). Misil balístico intercontinental, adecuado como cohete propulsor en proyectos espaciales. Lanzador base del programa Mercury, se utilizó también en el proyecto Gemini y en el lanzamiento de las sondas Pioneer.

ATLAS (MITOLOGÍA). Gigante de la mitología griega, hijo de Clímene y de Japeto, conocido también como Atlante. Participó en la guerra de los titanes contra los dioses olímpicos, por lo que Zeus lo castigó a llevar eternamente sobre sus hombros la bóveda celeste. Cuando Perseo le mostró la cabeza de la Gorgona, quedó convertido en piedra (según la leyenda, sería la cordillera africana que lleva su nombre).

ATLAS, MONTES. Cadena montañosa del noroeste de África. Se extiende unos 2.000 km de nordeste a sudoeste atravesando Marruecos, Argelia y Túnez.
2:197a; África 1:89a; Argelia 2:37b; Marruecos 9:382b; *ilustración* 2:197b.

ATLAS CELESTE. Cartas geográficas utilizadas para el conocimiento de los astros. Se conoce su utilización desde principios del siglo XVII, cuando el astrónomo alemán Johann Bayer publicó su obra *Uranometría* (1603).
Astronomía, historia de la 2:181b.

ATLÉTICO, TIPO. Según la tipología de Ernst Kretschmer, individuo de constitución musculosa y fuerte, de hombros anchos, abdomen tenso, pelvis estrecha y poca grasa.
Caracterología 3:369b.

ATLETISMO. Conjunto de pruebas deportivas de competición que se desarrolla en dos categorías: pista y campo.
2:197b; *ilustraciones* 2:198a; 2:199b; 2:200a-b.

ATLIXCO. Municipio mexicano del est. de Puebla. Industrias laneras y algodoneras, destilerías y fábricas de bebidas gaseosas. Carreteras a México, Oaxaca y Puebla. Aeropuerto. 104.186 hab. (1990).
Puebla, estado de 12:190b.

ATM. Siglas de *Asynchronous Transfer Mode* (modo de transferencia asincrónica), sistema de transmisión de datos que permite la eliminación de embotellamientos de datos tanto en las redes de área local (LAN, por sus siglas en inglés) o de área amplia (WAN). Se utiliza fundamentalmente para el control del flujo de información en los cajeros automáticos.
Red digital de servicios integrados (RDSI) 12:289a.

ATMÓLISIS. Proceso de separar dos gases mediante una membrana porosa.

ATMÓSFERA (METEOROLOGÍA). Capa gaseosa que rodea a la Tierra, formada principalmente por nitrógeno y oxígeno y, en proporciones ínfimas, por argón, dióxido de carbono, hidrógeno y diferentes gases inertes. Se compone, a su vez, de una serie de capas que, de abajo a arriba, son: troposfera, estratosfera, mesosfera, ionosfera y exosfera.
2:201b; Biosfera 3:51b; Clima y climatología 4:231b; Contaminación 4:357a; El Niño, corriente de 5:380b; Estrella 6:170a; Meteorología 10:105b; Ozono 11:193a; Tierra 14:56b; Viento 14:307b; *ilustraciones* 2:201b; 2:202a; 2:203a.

ATMÓSFERA (METROLOGÍA). Unidad de presión equivalente al peso de una columna de mercurio de 760 mm de altura, al nivel del mar y a una temperatura de 0° C.
Presión 12:132a; Presión atmosférica 12:132b.

ATMOSFÉRICA, HUMEDAD. V. **Humedad atmosférica.**

ATMOSFÉRICA, PRESIÓN. V. **Presión atmosférica.**

ATMOSFÉRICAS, PRECIPITACIONES. V. **Precipitaciones atmosféricas.**

ATOLÓN. Anillo coralino que encierra una laguna en cuyo interior no hay tierras emergidas. Los de mayor tamaño alcanzan cincuenta kilómetros de diámetro. Son formaciones propias de algunas áreas de la zona intertropical.
Arrecife 2:118a.

ATÓMICA, BOMBA. Artefacto bélico cuyo gran poder explosivo es debido a la energía liberada por la desintegración nuclear en cadena de los átomos. Para ello se emplea uranio 235 o plutonio 239. Fue utilizada por primera vez en una acción de guerra por los Estados Unidos de América contra Japón en 1945.
Armas nucleares 2:86a; Guerra mundial, segunda 7:277a; Nuclear, energía 11:26b; Oppenheimer, J. Robert 11:120b; Tecnología 13:415b.

ATÓMICA, ENERGÍA. V. **Nuclear, energía.**

ATÓMICAS, ARMAS. V. **Armas nucleares.**

ATÓMICO, PESO. V. **Peso atómico.**

ATOMISMO. Doctrina que considera la realidad como un compuesto de partículas indivisibles.
2:203b; Átomo 2:204b; Ciencia 4:186b; Demócrito 5:125b; Materialismo 9:410b; Materia y antimateria 9:412a; *ilustración* 2:204a.

ÁTOMO. La parte más pequeña de un elemento químico que retiene sus caracteres. Consta de un núcleo cargado positivamente (formado por protones y neutrones) rodeado de electrones negativos.
2:204b; Actínidos 1:38b; Armas nucleares 2:86a; Atomismo 2:204b; Bohr, Niels 3:84b; Cuántica, teoría 5:41b; Electricidad 5:352a; Elemento 5:376a; Enlace 5:418b; Espectroscopia 6:104a; Ion 8:255b; Isómero 8:293a; Isótopo 8:294a; Materia y antimateria 9:412a; Mecánica ondulatoria 10:20a; Molécula 10:241a; Nuclear, energía 11:25b; Orbitales moleculares 11:128a; Partículas subatómicas 11:288b; Peso atómico y molecular 11:373b; Química 12:266a; Radiación 12:243b; Radiactividad 12:244b; Reacción química 12:276a; *ilustraciones* 2:205a-b.

ATÓN. Dios de los antiguos egipcios, cuyo culto, instaurado por el faraón Akenatón (1379-1362 a.C.), supuso una de las primeras manifestaciones importantes de monoteísmo. Era el supremo hacedor y se le representaba como un disco o globo solar del que partían rayos finalizados en manos.
Akenatón 1:136a; Egipcia, religión 5:324b; Tutankamón 14:165b.

ÁTONA, SÍLABA. Se dice de la sílaba que se pronuncia sin acento prosódico.

ATONALIDAD. Estilo armónico y melódico empleado por diversas escuelas modernas de composición musical que reemplaza las funciones tonales tradicionales para explorar todos los recursos de la escala cromática (sucesión de semitonos).
Dodecafonismo 5:214a.

ATONÍA. Debilidad o falta de tono en los tejidos orgánicos, especialmente en los de naturaleza contráctil. Frecuente sobre todo en el estómago, el recto y el sistema muscular.

ATOTONILCO EL ALTO. Municipio mexicano del est. de Jalisco. Cítricos, frutales; ganadería; industrias alimentarias. 46.422 hab. (1990).

ATP. Siglas inglesas del trifosfato de adenosina (*adenosin triphosphate*), sustancia compuesta por una molécula de adenina, una molécula de ribosa y tres de ácido fosfórico. Interviene en forma destacada en el metabolismo como compuesto energético. Se utiliza en numerosos tratamientos médicos.
Biosíntesis 3:52b; Fermentación 6:264a; Fósforo 6:354b; Fotosíntesis 6:364a.

ATPasa. Tipo de hidrolasa o enzima hidrolítica capaz de escindir un grupo fosfato del ATP convirtiéndolo en ADP. Su acción resulta fundamental para el mantenimiento de las funciones vitales de la célula.

ATRACCIÓN ELECTROSTÁTICA. Fuerza con la que tienden a aproximarse dos cuerpos con cargas eléctricas estáticas de signo opuesto. Se rige por la ley de Coulomb.
Enlace 5:419a.

ATRAPAMOSCAS. Planta carnívora de la familia de las droseráceas (*Dionaea muscipula*). Dicotiledónea. Captura insectos valiéndose de sus hojas, que se cierran por su parte media cuando aquéllos rozan el borde de las mismas.

ATRATO, RÍO. Curso fluvial de Colombia. Nace en las laderas de la cordillera Occidental de los Andes. Atraviesa el dep. de Chocó y forma frontera entre éste y el de Antioquia. Tras recorrer 670 km desemboca en el mar Caribe.

ATREO. En la mitología griega, hijo de Pélope e Hipodamia. Asesino de su hermanastro Crisipo con la complicidad de su otro hermano, Tieste, mantuvo con este último una eterna rivalidad que llevó a ambos a cometer crímenes horrendos. Fundador de la estirpe de los atridas, tuvo por hijos a Agamenón y Menelao.

ATREO, TESORO DE. Monumento funerario griego de la antigua Micenas, datable en la última fase de la civilización micénica. Está formado por una gran cúpula, un *dromos* o corredor, el *tholos* o habitación circular cubierta y un espacio rectangular vecino donde se hallaban los sepulcros.

ATRESIA. Oclusión de una abertura natural del organismo. En el humano, puede darse en el ano y en la pupila. Normalmente requiere tratamiento quirúrgico.

ATRIBUTO. Adjetivo que enuncia alguna cualidad del sujeto de una proposición y completa su significado, especificándolo a veces y otras explicándolo.

ATRIO. Del latín *atrium* (sala de entrada), núcleo central de la casa romana, habitualmente rodeado de columnas y abierto por la parte central de la cubierta para permitir la recogida del agua de la lluvia en el *impluvium*. En la arquitectura paleocristiana y románica, patio abierto frente a una iglesia, generalmente un recinto de forma rectangular, circundado por columnas.

ATROFIA. Disminución de peso y volumen de un tejido, órgano o miembro, como consecuencia de una nutrición insuficiente. También pérdida de alguna facultad.

ATROPINA. Alcaloide principal de la belladona. La atropina es un parasimpaticolítico, es decir, inhibe los efectos del sistema parasimpático y sobre todo del nervio neumogástrico o vago. Sirve como antiespasmódico, antisecretor y sedante.
Belladona 2:401b.

ATTANASSOV, CIRIL (n. en 1941). Cyril Attanasoff, bailarín francés de origen búlgaro. Entre sus interpretaciones destacaron su recreación de *Giselle,* de Adolphe Adam, *La consagración de la primavera,* con coreografía de Maurice Béjart, e *Iván el Terrible,* de Y. Grigórovich.

ATTENBERG, LÍMITES DE. Clasificación de los distintos tipos de suelo en relación con su contenido de humedad: estado sólido, plástico, semiplástico y líquido.

ATTENBOROUGH, *SIR* RICHARD (n. en 1923). Director de cine, productor y actor británico. *Parque Jurásico* (1993), *Milagro en la ciudad* (1994), *En el amor y en la guerra* (1996).

ATTERBOM, PER DANIEL AMADEUS (1790-1855). Poeta romántico y crítico literario sueco. Perteneció a la sociedad literaria Aurora, de Uppsala, que publicó la revista *Phosphorus*. *El pájaro azul* (1814), *La isla de la felicidad* (1824-1827), *Visionarios y poetas suecos* (1841-1855).
Escandinava, literatura 6:32b.

ATTLEE, CLEMENT (1883-1967). Primer ministro laborista británico de 1945 a 1951. Introdujo reformas económicas y sociales hasta su derrota en las elecciones de 1951. Concedió la independencia a la India, Pakistán, Birmania (actual Myanmar), Ceilán (actual Sri Lanka). Dimitió de la jefatura de su partido en 1955.
Reino Unido 12:311a.

ATUM. Deidad del antiguo Egipto, manifestación del Sol. Compartía con el dios Ra este carácter celeste, estableciéndose diferencias entre ambos por sus atributos o por la altura del disco solar sobre el horizonte a lo largo del día.
Egipcia, religión 5:324b.

ATÚN. Pez osteictio de la familia de los escómbridos (*Thunus thynnus*). Mide de dos a tres metros de largo y puede llegar a pesar más de 300 kg. Es común en los mares de Europa, y su carne es muy apreciada.
2:206b; *ilustración* 2:207a.

ATUNERA. Modalidad de pesca del atún en la que se acorralan los bancos en bahías y zonas de playa, con la intervención de numerosos barcos y el empleo de grandes redes.
Atún 2:207b.

ATXAGA, BERNARDO (n. en 1951). Escritor español, autor de obras tanto en lengua castellana como en lengua vasca. *Oborbakoak* (1988), *El hombre solo* (1994), *Lista de locos y otros analfabetos* (1998).

AUB, MAX (1903-1972). Escritor español de origen francés. Cultivó varios géneros literarios, en los que recogió influencias de diversos movimientos artísticos de vanguardia.
2:207b; Veintisiete, generación del 14:250a.

AUBUISSON, ROBERTO D'. V. **D'Aubuisson, Roberto.**

AUBUSSON. Ciudad de Francia, en el dep. de Creuse, reg. de Lemosín. Manufactura de alfombras y tapices desde el siglo XVI. Escuela nacional de artes decorativas fundada en 1869. 5.326 hab. (1982).

AUCKLAND. Ciudad y puerto de Nueva Zelanda, en la isla del Norte. Aeropuerto internacional. Universidad, colegios universitarios. Museos, galería de arte. Gasoducto. Siderurgia, astilleros. Conservas, pesquerías, productos alimenticios. 353.670 hab. (1996).
Nueva Zelanda 11:43a.

AUDAGHOST. Antigua ciudad beréber del sudoeste del Sahara. Importante centro de la ruta de caravanas transaharianas, alcanzó su apogeo entre los siglos IX y XI. Se encontraba, probablemente, en el lugar que ocupa la moderna ciudad mauritana de Tegdaoust.

AUDEN, W. H. (1907-1973). Poeta y dramaturgo estadounidense de origen británico. Su obra enlazó la problemática social con la religiosidad existencialista.
2:208a.

AUDIBERTI, JACQUES (1899-1965). Dramaturgo, poeta y novelista francés. Notablemente influido por el simbolismo y el surrealismo, escribió una veintena de obras sobre el conflicto entre el bien y el mal. Autor también de varios libros de poesía. *El retorno de lo divino* (1943), *Doncella* (1950), *El halcón* (1956).

AUDICIÓN. Aptitud sensorial por la que el ser vivo puede captar sonidos. Éstos son recibidos por el oído, tras de lo cual un complejo sistema neuronal transmite el mensaje al cerebro.

AUDIENCIA. Tribunal colegiado español, que entiende las causas incoadas en determinado territorio. Las audiencias aparecieron a medida que se configuraban los diversos reinos hispanos, y fueron la base del sistema judicial de las colonias españolas. Por extensión, definen el territorio en el que operan.

AUDÍFONO. Instrumento destinado a incrementar la percepción auditiva e integrado por un micrófono, un amplificador y un auricular.
Otorrinolaringología 11:183a; Sordera 13:305a.

AUDIOELECTRÓNICA. Rama de la electrónica que estudia la reproducción, procesamiento y grabación de las señales acústicas.

AUDIOMETRÍA. Especialidad científica incluida en el campo de la audiología o estudio del oído. Se ocupa de medir la capacidad auditiva y las alteraciones de ésta en los individuos. Dividida en audiometría tonal y audiometría vocal.
Otorrinolaringología 11:181a.

AUDIÓN. Denominación que se aplicó inicialmente a la lámpara de triodo. Sirve como detector o amplificador en transmisiones de larga distancia.
Radiocomunicación 12:248b.

AUDIOVISUAL, MATERIAL. Medios didácticos que se valen conjuntamente de grabaciones acústicas y de imágenes visuales para facilitar la comprensión de un concepto o de una situación. Estos sistemas se van haciendo más completos y complejos, como la conexión entre el disco compacto, la computadora (ordenador) y el vídeo.
Autopistas de la información 2:244a; DVD 5:258b; Educación 5:318a; Enseñanza 6:4a; Multimedia 10:295a.

AUDITORÍA. Verificación mediante procesos técnicos específicos de los libros contables y documentación de una empresa que han servido de base a los apuntes contenidos en los mismos, para emitir posteriormente un dictamen sobre su veracidad o falsedad.
2:208b.

AUDRAN, GÉRARD II (1640-1703). Grabador francés, miembro de una importante familia de artistas. Realizó numerosos aguafuertes y estampas para el taller de grabados de la Manufactura Real de Francia. *Las batallas de Alejandro* (1672-1678).

AUDUBON, JOHN JAMES (1785-1851). Naturalista estadounidense. Destacó por su exhaustivo estudio de la fauna ornítica norteamericana.
2:209a.

AUER, LEOPOLD (1845-1930). Violinista húngaro a quien Piotr Chaikovski dedicó originalmente su *Concerto para violín*. En el ámbito de la enseñanza musical, contó entre sus alumnos con los más tarde célebres Jascha Heifetz y Efrem Zimbalist.

AUGITA. Mineral de silicato alumínico de calcio, hierro y magnesio. Pertenece al género piroxeno. Componente esencial, junto con el feldespato, del basalto. Color verde oscuro o negro.

AUGSBURGO. Ciudad de la Rep. Fed. de Alemania, est. de Baviera, en la confluencia de los ríos Wertach y Lech. Catedral del siglo X. Iglesias medievales, universidad. Industria textil, química; papel, calzado. 256.625 hab. (1998).

AUGSBURGO, CONFESIÓN DE. Documento redactado por Philipp Melanchton donde se recogían los principios básicos de la Reforma protestante. Fue presentado a Carlos V (I de España) en 1530, durante la Dieta celebrada en la ciudad alemana de Augsburgo. Aunque admitía las doctrinas de la eucaristía y del pecado original, rechazaba el celibato, los votos monásticos y, sobre todo, la autoridad papal.

AUGSBURGO, DIETAS DE. Asambleas celebradas en la ciudad alemana de Augsburgo en 1518, 1530, 1547-1548 y 1555 para debatir diversos asuntos en torno a la Reforma protestante. La cuarta concedió libertad religiosa a católicos y protestantes.
Zwingli, Huldrych 14:440b.

AUGSBURGO, ÍNTERIM DE. Documento redactado durante la Dieta de Augsburgo de 1548, que intentaba reconciliar a católicos y protestantes aceptando anular el celibato sacerdotal, aunque dejando subsistir los sacramentos, el culto de la Virgen y la doctrina de la transustanciación. El texto fue rechazado por los extremistas de ambos bandos y no logró reunificar a los cristianos romanos y reformados.

AUGSBURGO, LIGA DE. Unión de potencias europeas aliadas contra Francia, de 1686 a 1697. Inicialmente fue un acuerdo de defensa mutua entre los príncipes alemanes, el emperador Leopoldo I y los reyes de España y Suecia, ampliado más tarde a otros estados.

AUGSBURGO, PAZ DE. Acuerdo firmado por los católicos y luteranos alemanes el 25 de septiembre de 1555 y promulgado por la Dieta del Sacro Imperio Romano germánico, por el que se toleraba la coexistencia entre ambas confesiones en el imperio.

AUGUR. En la antigua Roma, sacerdote que presagiaba el porvenir interpretando el vuelo de las aves, su canto, su forma de comer y los signos escondidos en fenómenos naturales tales como el rayo y el trueno. Los augures estaban organizados en colegios y tenían un poder político considerable.

AUGUSTO (63 a.C.-14 d.C.). Cayo Julio César Octaviano, primer emperador romano. Concentró todo el poder en su persona, manteniendo las leyes e instituciones republicanas.
2:209a; Agripa 1:118a; Cleopatra 4:230a; Eneida 5:408b; Horacio 8:69a; Latina, literatura 9:75a; Livio, Tito 9:187b; Marco Antonio 9:355a; Persia 11:352b; Roma 12:417a; Roma antigua 12:422b; Romana, religión 13:2a; Tiberio 14:49b; Trieste 14:125a; Virgilio 14:326a; Yugoslavia 14:395a; *cuadro* 2:209b; *ilustración* 2:209b.

AUGUSTO I DE SAJONIA (1526-1586). Elector de Sajonia y cabeza de la Alemania protestante. Para reconciliar a sus asociados luteranos con los emperadores católicos romanos de Habsburgo, aceptó las condiciones impuestas por la paz de Augsburgo de 1555.

AUGUSTO II DE SAJONIA (1670-1733). Elector de Sajonia y rey de Polonia, llamado el Fuerte. Renunció al protestantismo para hacerse con el trono de este país. Destronado por Carlos XII de Suecia, recuperó el trono polaco en 1710 con la ayuda del zar Pedro I el Grande.
Carlos XII de Suecia 3:401b; Polonia 12:74b.

AUGUSTO III DE SAJONIA (1696-1763). Elector de Sajonia y rey de Polonia. Accedió al trono en 1733, durante la guerra de sucesión de Polonia. Apoyó a Austria frente a Prusia en la guerra de sucesión austriaca (1742) y en la guerra de los siete años (1756).
Polonia 12:74b.

AULARD, FRANÇOIS-ALPHONSE (1849-1928). Historiador francés. Profesor en la universidad parisiense de la Sorbona (1887-1922), destacó como especialista en el estudio de los aspectos políticos de la revolución francesa. *Historia política de la revolución francesa* (1910).

AULA REGIA. Institución del estado visigodo español, formada por dignatarios civiles y militares, que asesoraba al rey tanto en el gobierno como en la elaboración de las leyes.

AULENTI, GAE (n. en 1927). Diseñadora italiana. Especializada en la creación de mobiliario y en la organización de espacios interiores para exposiciones, museos y oficinas. Autora también de escenografías teatrales. Arquitectura interior del Museo de Orsay de París (1986).

AULO GELIO (h. el 130-h. el 180). Gramático y erudito latino. Autor de *Noches áticas*, extensa obra en veinte volúmenes que constituye un valioso documento acerca del saber de la época.

AUMENTATIVO. Terminación que se añade a una palabra para acrecentar su significado en tamaño o intensidad.

AUNG SAN (h. 1914-1947). Patriota de Birmania (actual Myanmar). Aliado de los japoneses desde 1942 hasta 1945 (ministro de defensa entre 1943 y 1945), fundó en 1945 la Liga Antifascista para la Libertad del Pueblo (AFPFL). Obtuvo la victoria en las elecciones de abril de 1947 para la asamblea constituyente, pero murió asesinado tres meses más tarde.

AUNG SANG SUU KYI (n. en 1945). Activista política de Myanmar. Fundó la Liga Nacional para la Democracia (LND), coalición de organizaciones políticas contrarias al régimen militar del general Than Shwe. En 1991 recibió el Premio Nobel de la Paz. Bajo arresto domiciliario desde 1989, en 1990 se presentó a unas elecciones en las que la LND obtuvo una aplastante mayoría que el general Than Shwe no respetó. En 1995 fue puesta en libertad, aunque sin poder abandonar el país. En 1997 protagonizó varios encierros en su automóvil, en protesta por la ausencia de libertades.
2:210b; *ilustración* 2:210b.

AUNÓS PÉREZ, EDUARDO (1894-1967). Escritor y político español. Desempeñó diversos ministerios antes y después de la guerra civil española. Sus viajes como embajador en Bélgica y la Argentina le proporcionaron materia para sus libros sobre viajes y ciudades y para sus comentarios políticos: *España en crisis, Cartas al príncipe, Viaje a la Argentina, Estampas de ciudades.*

AURA. Ave rapaz que pertenece a la familia de las catártidas, orden falconiformes (*Cathartes aura*). Especie americana, presenta cabeza y cuello rojizos y sin plumaje. Carroñera; vive en bandadas.

AURA, ALEJANDRO (n. en 1944). Escritor, dramaturgo y actor mexicano. Desarrolló una importante labor al frente del Instituto de Cultura de la ciudad de México, que dirigió desde su constitución en 1998. *Volver a casa* (1973) poesía; *Margarita, sinfonía tropical* (1991) teatro.

AURANGZEB (1618-1707). Último gran emperador mogol de la India. Durante su reina-

do el imperio alcanzó su máxima extensión, con la conquista de los reinos de Bijapur y Golconda, en el Decán, y Tanjore y Trichinopoly (posteriores Thanjavur y Tiruchchirappalli), en el sur de la India.
Mogola, dinastía 10:209b.

AURELIANO (h. el 215-275). Lucio Domicio Aureliano, emperador romano del 270 al 275. Combatió a los bárbaros y restauró la unidad del imperio por lo que adoptó el sobrenombre de *restitutor orbis*. Introdujo reformas administrativas.
Roma 12:417a; Roma antigua 12:424a; Roma, religión 13:2a.

AURELIO, MARCO. V. **Marco Aurelio.**

AUREOMICINA. Antibiótico de amplio espectro y acción bacteriostática (que impide el desarrollo de las bacterias) del grupo de las tetraciclinas. Presenta buenos niveles de absorción por vía oral, pero produce alteraciones de la flora intestinal.

AURIC, GEORGES (1899-1983). Compositor francés. Escribió partituras para ballets de Serguéi Diaghilev y Jean-Louis Barrault, así como bandas musicales de películas, entre las que destacó *Moulin Rouge*. Compuso canciones y música de cámara.

AURÍCULA. Cada una de las dos cavidades musculares del corazón, situadas en su parte superior, que reciben la sangre de las venas y la vierten en el ventrículo correspondiente.
Corazón 4:377a.

AURIGA DE DELFOS, EL. Escultura en bronce de la primera mitad del siglo V a.C. (h. el 475 a.C.). Primera obra del arte clásico griego realizada en bronce. Formaba originalmente parte de un conjunto. Se conserva en el Museo de Delfos.

AURIÑACIENSE, CULTURA. Industria lítica del paleolítico superior caracterizada por la gran variedad y especialización de sus herramientas. Es la primera cultura con una tradición artística completa. Un ejemplo son las pinturas de la cueva de Lascaux (Francia). Su nombre procede del yacimiento de Aurignac (Francia).
Piedra, edad de 11:396a; Prehistórico, arte 12:127b.

AURIOL, VINCENT (1884-1966). Presidente de la cuarta república francesa entre 1947 y 1954. Luchó contra la recesión económica, llevó a cabo una política de conciliación entre las diversas facciones del gobierno y hubo de hacer frente a la guerra de Indochina.

AUROBINDO, SRI (1872-1950). Filósofo indio. Recibió su formación en el Reino Unido. Después de un período de intensa actividad política como dirigente nacionalista, se consagró a la vida espiritual y fundó en Pondichéry (posterior Pondicherry) una escuela religiosa (1914). Su doctrina metafísico-teológica, de tendencia emanatista y evolucionista, contenía elementos de los *Vedas*, del yoga y de la tradición idealista occidental. *La vida divina* (1940), *El ideal de la unidad humana* (1949).

AURORA (GEOGRAFÍA). Ciudad de los Estados Unidos en el est. de Colorado, forma parte del área urbana de Denver. Centro médico militar y base aérea de la guardia nacional. Industria ligera. 250.604 hab. (1998).

AURORA (METEOROLOGÍA). Conjunto de fenómenos atmosféricos luminosos que acompañan la salida del sol, por lo general con coloraciones rosáceas del cielo.
2:211a; *ilustración* 2:211b.

AURORA (MITOLOGÍA).V. **Eos.**

AURORA POLAR. Fenómeno luminoso de coloración predominantemente verde y rojiza que se observa en sus diversas formas en el cielo nocturno de las zonas cercanas a los polos terrestres. Es consecuencia de la penetración en la atmósfera de protones procedentes de las capas superficiales del Sol.

AUSCHWITZ. Campo de concentración y exterminio, el mayor creado por la Alemania nazi, en las inmediaciones de la ciudad polaca de Os'wisecim. Comandado por oficiales de las SS, el cuerpo de élite del partido nazi. En sus cámaras de gas y hornos crematorios murieron, según estimaciones, entre 1.000.000 y 2.500.000 personas.

AUSCULTACIÓN. Método de examen físico que consiste en escuchar e interpretar los sonidos que se producen dentro del cuerpo, especialmente en el corazón, el aparato respiratorio y el abdomen.
Diagnóstico, métodos de 5:163a.

AUSENTISMO. V. **Absentismo.**

AUSONIO, DÉCIMO MAGNO (h. el 310-h. el 395). Poeta latino nacido en Burdigalia, la posterior Burdeos. Tuvo como discípulos al emperador Graciano y a san Paulino de Nola. Al retirarse de la vida pública se convirtió al cristianismo. *Églogas, Idilios, Epístolas*; destaca, por su valor descriptivo, su poema «Mosela».

AUSTEN, JANE (1775-1817). Novelista británica. Recreó en sus obras el ambiente de la clase media rural del sur de Inglaterra.
2:211b; Británica, literatura 3:182a.

AUSTENITA. Solución sólida de carbono y otras sustancias en el hierro gamma. Componente micrográfico del acero, estable a temperaturas elevadas. El acero obtenido de la austenita se emplea para fabricar cubiertos, material quirúrgico, etc.

AUSTER, PAUL (n. en 1947). Escritor y periodista estadounidense. En sus obras juega con el azar, la soledad y los mitos, apareciendo siempre el amor como redentor. *La ciudad de cristal* (1985), *El país de las últimas cosas* (1987), *Timbuktú* (1998).
2:212a; *ilustración* 2:212a.

AUSTERLITZ, BATALLA DE. Combate librado el 2 de diciembre de 1805 entre las tropas napoleónicas y los ejércitos de Austria y Rusia bajo el mando del general Mijaíl Kutúzov. La victoria de Napoleón supuso la firma del armisticio entre Francia y Austria y el retiro de las tropas rusas a Polonia.
Estrategia y táctica militares 6:167b.

AUSTIN (GEOGRAFÍA). Capital del est. de Texas, Estados Unidos. Universidades, museos. Centro de investigación de la defensa. Industrias agropecuarias. 5521.434 hab. (1998).

AUSTIN (INDUSTRIA). Marca de automóviles de la Austin Motor Company, empresa que, tras otras fusiones, se unió en 1968 a la Leyland, formando la British Leyland Motor Corporation.

AUSTIN, JOHN (1790-1859). Jurista británico. Considerado como el fundador de la escuela analítica de jurisprudencia.
2:212b.

AUSTIN, JOHN LANGSHAW (1911-1960). Filósofo británico. Uno de los principales representantes de la rama de la filosofía analítica conocida como filosofía del lenguaje común. *Ensayos filosóficos* (1961), *Sentido y percepción* (1962).
Analítica, filosofía 1:322b.

AUSTIN, STEPHEN FULLER (1793-1836). Político estadounidense. En 1822 se estableció en Texas, entonces territorio mexicano, y fundó varias colonias. Participó de forma decisiva en la creación de la República de Texas.

AUSTRAL. Moneda argentina que se empleó de 1985 a 1991.

AUSTRAL, GRUPO. Conjunto de arquitectos argentinos formado en 1939 por los arquitectos Kurchan, Ferrari Hardoy, Ungar, Lepera, Zalva y Antonio Bonet (este último español, aunque miembro activo del grupo). Influidos por Le Corbusier y su llegada a Buenos Aires en 1929, el grupo inició la recuperación del racionalismo en toda su pureza y antidogmatismo. La influencia de sus postulados se extendió hasta la década de 1950. Casa de apartamentos en Buenos Aires, calle del Pino, 2.664, de Ferrari Hardoy (1943); urbanizaciones estivales de Punta del Este (Uruguay), de Antonio Bonet.

AUSTRALASIA. Término geográfico que designa el conjunto formado por Australia, Nueva Zelanda y Nueva Guinea.

AUSTRALIA. País de Oceanía, situado en el hemisferio sur, entre los océanos Pacífico e Índico. Para algunos constituye por sí solo el menor de los continentes. Cap. Canberra. 7.682.300 km^2. 19.165.000 hab. (2000).
2:214a; Australia y Nueva Zelanda, literaturas de 2:224b; Estepa 6:153b; Exploraciones geográficas 6:215a; Eyre, lago 6:220a; Melbourne 10:44b; Murray, río 10:305b; Oceanía 11:67b; Pacífico, pueblos del 11:200b; Papúa Nueva Guinea 11:264b; Sydney 13:369b; Tasmania 13:401b; *mapa* 2:213b; *cuadros* 2:214a; 2:219b; 2:221; *ilustraciones* 2:215a-b; 2:216; 2:217b; 2:218a; 2:219a; 2:20b; 2:223b; 2:224a.

AUSTRALIA MERIDIONAL. Estado australiano que ocupa la porción central del sur del continente. Agricultura, minería, pesca e industria. Cap. Adelaida. 984.000 km^2. 1.427.936 hab. (1996).
Australia 2:218b; Murray, río 10:305b.

AUSTRALIANA, CORDILLERA. Conjunto de mesetas y macizos montañosos que recorren Australia desde la península del cabo York hasta Tasmania. Antiguo macizo herciniano desgastado por la erosión y rejuvenecido en la era terciaria. La cima más alta es la del monte Kosciusko (2.228 m).

AUSTRALIANA, GRAN BAHÍA. Ensenada de grandes dimensiones que forma el océano Índico en la costa meridional de Australia. Se extiende entre los cabos Pasley y Carnot (1.159 km). En su sector central, la costa es escarpada; hacia el oeste, baja y arenosa.
Golfo y bahía 7:157a; Índico, océano 8:168b.

AUSTRALIANA, REGIÓN. Una de las cinco regiones zoogeográficas de la Tierra, que comprende Australia, Nueva Zelanda, Nueva Guinea y las islas tropicales del Pacífico.
Biogeografía 3:30b.

AUSTRALIANOS, ABORÍGENES. Pueblos del grupo racial australoide que llegaron a Australia hace entre 25.000 y 40.000 años. Actualmente se encuentran muy reducidos y viven en reservas del norte y del centro del país. Se caracterizan por tener la piel oscura y ser dolicocéfalos. Fabrican armas de piedra tallada y de madera, y cuentan con un arte decorativo muy rico.
Australia 2:216a; Oceanía 11:69b; Pacífico, pueblos del 11:201a; Primitivo, arte 12:147b; Razas humanas 12:273b; *ilustración* 12:273b.

AUSTRALIA OCCIDENTAL. Estado australiano que ocupa la región occidental del continente. Ganadería, explotación forestal, minería; industria en el área metropolitana de Perth. Cap. Perth. 2.525.500 km^2. 1.726.095 hab. (1996).
Australia 2:218b.

AUSTRALIA Y NUEVA ZELANDA, LITERATURAS DE. Conjunto de las obras literarias compuestas por autores australianos y neozelandeses. En ambos casos se trata de producciones recientes, pues ninguna de ellas se remonta más allá de la primera mitad del siglo XIX.
2:224a; Nueva Zelanda 11:45b; Prichard, Katherine Susannah 12:139a; *ilustraciones* 2:225b; 2:226a.

AUSTRALOPITECOS. Primates de la familia de los homínidos que vivieron en el pleistoceno inferior y medio. Los restos encontrados guardan semejanza con la especie humana en cuanto a la forma de la pelvis y la columna vertebral, la capacidad craneana y los caracteres de la dentadura.
Cuaternaria, era 5:48b; Homínidos 8:53a; Piedra, edad de 11:395b.

AUSTRASIA. Reino franco, el más oriental en el período merovingio (siglos VI-VIII) de la Europa medieval. Su nombre, derivado de un término germánico que significaba «este», pretendía diferenciarlo de Neustria, el reino occidental. Ocupaba el actual nordeste de Francia y zonas del centro y oeste de Alemania. Su capital fue Metz.
Merocingios 10:76b.

AUSTRIA. País de Europa, en el centro del continente. Cap. Viena. 83.857 km^2. 8.091.000 hab. (2000).
2:226b; Alpes 1:245b; Austro-húngaro, imperio 2:235a; Danubio, río 5:93b; Europa 6:198a; Italia 8:308b; Modernismo 10:207a; Napoleónicas, guerras 10:346b; Otomano, imperio 11:178b; Rin, río 12:372b; Tirol 14:65a; Viena 14:305b; *mapa* 2:227b; *cuadros* 2:228a; 2:229a-b; *ilustraciones* 2:227a; 2:229b; 2:230a; 2:232a-b.

AUSTRIA, CASA DE. Nombre con el que se designa a la rama española de los Habsburgo, reinantes desde 1516 hasta 1700.
2:233a; Carlos II de España 3:397a; España 6:76a; Felipe el Hermoso 6:250a; Habsburgo, casa de 7:311b; *cuadro* 2:233; *ilustración* 2:233b.

AUSTRIA, DON JUAN DE (1545-1578). Hijo bastardo de Carlos V y Bárbara Blomberg. Mandó la escuadra aliada en la batalla de Lepanto (1571).
2:234a; Alpujarras, guerra de las 1:247b; Lepanto, batalla de 9:124b; Requesens, Luis de 12:344b; *cuadro* 2:234b; *ilustración* 2:234a.

AUSTRIA, JUAN JOSÉ DE (1629-1679). Príncipe español. Hijo natural de Felipe IV, intervino sin demasiada fortuna en diversas misiones militares europeas. Intrigó contra la regente Mariana de Austria y, apoyado por los nobles descontentos, marchó con un ejército sobre Madrid en diciembre de 1677 y obtuvo de su hermano Carlos II el nombramiento de primer ministro. Tuvo que firmar en desastrosas condiciones la paz de Nimega con Luis XIV de Francia.

AUSTRIACA, LITERATURA. Conjunto de obras escritas en alemán en territorios de soberanía austriaca a partir del siglo XIX, cuando Austria empezó a ser considerada una entidad distinta de Alemania.
Austria 2:233a; Hofmannstahl, Hugo von 8:35b.

AUSTROASIÁTICAS, LENGUAS. Familia lingüística en la que se engloban tres grupos de lenguas: munda, mon-jmer y annamita-muong.
Asiáticas, lenguas 2:155a; India 8:154a; Lenguas, clasificación de las 9:110b.

AUSTRO-HÚNGARO, IMPERIO. Unión dinástica de los territorios de los Habsburgo en la Europa central, surgida del compromiso constitucional (*Ansgleich*) de 1867 entre Austria y Hungría, hasta su desaparición en 1918.
2:235a; Austria 2:229b; Francisco José I, emperador 6:400b; Guerra mundial, primera 7:270b; Hungría 8:104a; *mapa* 2:235b; *ilustraciones* 2:236; 2:237b.

AUSTRONESIAS, LENGUAS. V. **Malayopolinesias, lenguas.**

AUSTRO-PRUSIANA, GUERRA. Conflicto armado, también llamado guerra de las siete semanas, que enfrentó en 1866 a Prusia e Italia, por un lado, y a Austria, Baviera, Sajonia y varios pequeños estados alemanes, por otro. La victoria prusiana supuso la exclusión de Austria de la Confederación Germánica y la pérdida de su hegemonía política en la zona en favor de Prusia.
Austro-húngaro, imperio 2:235a.

AUTANT-LARA, CLAUDE (1901-2000). Director de cine francés. Criticó en sus filmes al ejército, a la religión y a la clase media. Dirigió varias películas en los Estados Unidos. *El diablo en el cuerpo* (1947), *El rojo y el negro* (1954), *Travesía de París* (1956), *Gloria* (1977).

AUTARIO (siglo VI). Rey lombardo del 584 al 590. Emprendió la reforma administrativa del reino, cuyas fronteras defendió de los constantes ataques de bizantinos y francos.

AUTARQUÍA. Poder para gobernarse a sí mismo que detenta un territorio o una organización. Se dice también del régimen económico que pretende bastarse por sí solo con una economía cerrada.

AUTILLO. Ave rapaz nocturna de la familia de los estrígidos (*Otus scops*). Es de pequeño tamaño y anida en agujeros en el suelo.

AUTISMO. Trastorno mental caracterizado por el retraimiento afectivo del individuo, el refugio en un mundo fantástico interior y la ruptura, al menos aparente, del contacto con la realidad.
Esquizofrenia 6:116b; Tinbergen, Nikolaas 14:63b.

AUTO ACORDADO DE 1713. Decreto promulgado por el rey español Felipe V durante la guerra de sucesión. Derogaba la ordenanza, vigente desde la ley de las Partidas, que excluía a las mujeres de la sucesión a la corona mientras hubiera otros descendientes varones.

AUTOANTICUERPO. Anticuerpo generado por el organismo en respuesta a la producción de un autoantígeno.

AUTOANTÍGENO. Sustancia generada por el sistema inmunitario y que actúa como un antígeno, es decir, como un factor extraño que ataca al propio organismo.

AUTOBIOGRAFÍA. Narración en la que el autor relata su propia vida o los aspectos más relevantes de la misma. También se conoce con el nombre de *Memorias.*

AUTOBÚS. Vehículo automóvil de gran capacidad dedicado al transporte urbano colectivo con trayectos fijos.
Urbano, transporte 14:196a.

AUTOCLAVE. Recipiente estanco para esterilizar instrumental quirúrgico mediante vapor a alta presión. En la industria se emplea para cocer a temperaturas elevadas, en húmedo o en seco.

AUTOCONSERVACIÓN, INSTINTO DE. Conducta psicológica por la que un ser vivo intenta prolongar su existencia evitando los peligros. Según Sigmund Freud, pertenece al grupo de los instintos del eros o de la vida, frente a los instintos tanáticos o de la muerte.

AUTOCRACIA. Sistema político en el que un solo hombre detenta todo el poder que, por consiguiente, no tiene ninguna limitación exterior.
Políticos, sistemas 12:66a.

AUTOCROMA, EMULSIÓN. Preparación fotográfica expuesta a través de un mosaico o retícula cromática de elementos microscópicos de filtrado y sometida al proceso de inversión para darle transparencia en colores aditivos.

AUTO DE FE. Ceremonia pública y solemne organizada por la Inquisición, principalmente de España y de Portugal, durante la cual se proclamaban y ejecutaban las sentencias del tribunal.
Inquisición 8:218b.

AUTO DE LOS REYES MAGOS. Primera pieza teatral escrita en lengua castellana; procede de finales del siglo XII. De carácter religioso, representa la historia bíblica de los reyes magos.

AUTODETERMINACIÓN. Decisión que asumen los pobladores de un territorio con respecto a su estatuto político. La autodeterminación se ejerce principalmente cuando se vota por la independencia, por una determinada relación con una potencia, o por un régimen particular de gobierno.

AUTODIAGNÓSTICO. Capacidad de una instalación automatizada de examinarse a sí misma advirtiendo por medio de una señal de aviso la existencia de anomalías en el correcto desempeño de su cometido.

AUTOEDICIÓN. Serie de programas y dispositivos que permiten la edición por computadora.

AUTOFUNDENTE. Mineral que por la composición de su ganga se funde con facilidad sin tener que añadir ningún otro material al horno de tratamiento.

AUTOGAMIA. Sistema de autofecundación de organismos primitivos como algas, hongos y protozoos. Verificada por la unión de dos masas de cromatina de distinto sexo procedentes del mismo núcleo celular. No existe fusión celular. Término también aplicado a la autopolinización de una flor hermafrodita.

AUTOGESTIÓN. Sistema de administración de empresas en el que los propios trabajadores se convierten en empresarios y dirigen la marcha de los negocios y de la producción.

AUTOGIRO. Aeronave provista de una hélice de giro alrededor de un eje horizontal y sustentada por un rotor vertical impulsado por la corriente de aire. Inventada en 1923 por el ingeniero español Juan de la Cierva. Fue precursora del helicóptero.
Aviación 2:258b; Helicóptero 7:353b; La Cierva, Juan de 9:43b.

AUTOGRAFÍA. Procedimiento de impresión que permite trasladar dibujos, escritos o caracteres realizados con una tinta grasa o litográfica, sobre un tipo específico de papel conocido como reporte, a una piedra tipográfica o plancha de zinc.

AUTOINDUCCIÓN. V. **Inductancia.**

AUTOINMUNIDAD. Manifestación patológica caracterizada por la reacción inmunitaria del individuo frente a sus propios tejidos o células.
2:238a; Anticuerpo 1:386b; Antígeno 1:388a; Apoptosis 1:414b.

AUTOLUBRICACIÓN. Acción de engrase sin empleo de lubricantes externos. Fenómeno experimentado por metales porosos y portadores de aceites internos que se rezuman al someterse a calentamiento.

AUTOMACIÓN. V. **Automatización.**

AUTÓMATA. Máquina que, accionada por un sencillo mecanismo que le confiere movimiento, reproduce gestos o comportamientos humanos. Realizados desde tiempos antiguos, los autómatas alcanzaron un gran desarrollo desde finales del siglo XVII hasta finales del siglo XIX.

AUTOMÁTICA. Disciplina técnica de ingeniería encargada del diseño y fabricación de máquinas de funcionamiento autorregulado. La automatización presenta diversos grados, desde la máquina de labor meramente repetitiva hasta el robot capaz de analizar problemas y adoptar soluciones idóneas.

AUTOMATIZACIÓN. Operación mecánica en la cual las tareas humanas –incluyendo ciertas funciones intelectuales– se llevan a cabo mediante instrumentos y procesos tecnológicos.
2:238b; Automóvil 2:241a; Biofísica 3:28b; Cibernética 4:175b; Ciencia 4:187a; Correo 4:397a; Edificio inteligente 5:306b; Ergonomía 6:20a; Industria 8:186a; Máquina 9:341a; Ofimática 11:83a; Robot 12:395a; Seguridad industrial 13:178b; Sistemas, ingeniería de 13:267b; *ilustraciones* 2:239b; 2:240a.

AUTOMÓVIL. Vehículo autopropulsado, por lo general de cuatro ruedas, cuyo movimiento se deriva usualmente de un motor de combustión interna. Destinado principalmente al transporte de pasajeros.
2:240b; Automatización 2:239a; Automóviles, carreras de 2:243b; Camino y carretera 3:306a; Diseño 5:206a; Motor 10:280a; Robot 12:395b; Tecnología 13:415a; Transporte 14:114a; Urbano, transporte 14:195b; *ilustraciones* 2:241b; 2:242a.

AUTOMÓVILES, CARRERAS DE. Deporte en el que participan, en distintas modalidades, conductores al volante de vehículos automóviles.
2:243a; Automóvil 2:241a; Fangio, Juan Manuel 6:277b; *ilustraciones* 2:243b; 2:244a.

AUTONOMÍA. Capacidad de un grupo u organización para darse sus propias leyes o normas. Puede afectar a lo político, lo administrativo o lo económico. En España, determinadas unidades territoriales, denominadas comunidades autónomas, gozan de capacidad legal para organizar sus asuntos internos.

AUTOPISTA. Carretera acondicionada para el tránsito rápido de vehículos, con dos direcciones separadas y con desviaciones a distinto nivel.
Camino y carretera 3:306b.

AUTOPISTAS DE LA INFORMACIÓN. Sistemas informáticos y de comunicaciones que ofrecen informaciones en formatos multimedia a través de grandes redes de comunicaciones a las que puedan acceder usuarios de cualquier parte del mundo con una computadora y un sencillo equipo de transmisión telefónica. Su ejemplo paradigmático es Internet.
2:244a; Autor, derechos de 2:246a; Ciberespacio 4:172b; Correo electrónico 4:397a; Informática 8:202a; Internet 8:239a; Lenguajes de programación 9:108a; Realidad virtual 12:278b; Telecomunicación 13:421b.

AUTOPOYESIS. Organización interna del ecosistema que se registra como consecuencia de la evolución por selección natural de las especies que alberga.

AUTOPSIA. Examen médico-anatómico de un cadáver que determina las causas de la muerte, para ver si en ellas se ha dado alguna circunstancia delictiva o extralegal.
Anatomía 1:325b; Legal, medicina 9:95b; Medicina 10:30a; Muerte 10:291b.

AUTOR, DERECHOS DE. Leyes y normativas que se ocupan de defender los intereses económicos y morales de los autores de obras de creación, en lo que se refiere a la venta, reproducción y publicación de las mismas.
2:245b.

AUTORIDAD. Potestad de una persona o institución para mandar o imponer normas a otros que le están subordinados. Se puede distinguir la autoridad considerada como el poder jurídico, conferido por el orden legal o por una entidad superior, y la autoridad nacida del prestigio de que goza alguien ante otros.
Policía 12:53a.

AUTORIDAD NACIONAL PALESTINA (ANP). Entidad política encargada de la administración de los territorios autónomos cedidos por Israel en 1994 al pueblo palestino en régimen de soberanía.
2:246b; Árabe-israelí, conflicto 2:2b; Arafat, Yasir 2:14b; *ilustración* 2:246b.

AUTORITARISMO. Sistema de gobierno en el que quien ejerce el poder exige una sumisión incondicional por parte de los subordinados.
Caciquismo 3:258b.

AUTO SACRAMENTAL. Composición dramática alegórica de temática religiosa, propia de la literatura española.
2:247b; Calderón de la Barca, Pedro 3:277a; Zarzuela 14:412b; *ilustración* 2:247b.

AUTOSERVICIO. Método de compra por el que el cliente selecciona personalmente los productos de entre una amplia oferta.

AUTOSOMA. Cada uno de los cromosomas que no intervienen en la determinación del sexo.

AUTOTIPO. Copia impresa auténtica de un original. Por extensión, se aplica también a la única edición realizada de una obra.

AUTÓTROFO. Organismo capaz de formar su propia materia orgánica a partir de sustancias inorgánicas, como sucede con las plantas. Se contrapone a los heterótrofos.
Bacteria 2:302a; Ecosistema 5:284a; Fotosíntesis 6:362a; Nutrición 11:54b.

AUVERNIA. Región de Francia que comprende los dep. de Allier, Puy-de-Dôme, Cantal y Haute-Loire. Zona montañosa. Ganadería, agricultura; neumáticos, maquinaria, ordenadores. Balnearios. Cap. Clermont-Ferrand. 26.013 km². 1.315.400 hab. (1995).

AUXINAS. Hormonas vegetales que controlan el crecimiento de las plantas y la caída estacional de hojas y frutos, además de estimular el desarrollo de las raíces, frutos y flores de muchas plantas.
Endocrino, sistema 5:405b; Hormona 8:71a.

AUZA, ATLIANO (n. en 1928). Compositor y violinista boliviano. Formó parte de la Orquesta Sinfónica Nacional de Bolivia. Entre sus obras más destacadas figuran *Anfiblástula* y *Cinco epigramas griegos.*

AUZANGATE, NEVADO DE. Montaña del Perú, en la cordillera de Vilcanota, dep. de Cusco (o Cuzco). Situada al oeste de la laguna de Sibinacocha y al sudeste de la localidad de Ocongate. 6.384 m de altitud.

AVA, REINO DE. Antiguo estado birmano (en la actual Myanmar) cuya capital, Ava, a orillas del río Irawadi, fue la sede de la dinastía de origen shan que en 1364 sucedió en el poder al reino de Pagan.

AVAL. Firma por la que una persona garantiza el pago de una letra de cambio u otro documento, en el caso de que la persona obligada a él no lo efectúe en el plazo de tiempo prescrito.

AVARICIA. Filme realizado en 1924 por Erich von Stroheim, sobre la novela *McTeague,* del escritor naturalista estadounidense Frank Norris. En ella relata la progresiva degradación del protagonista influido por su ambiciosa esposa.
Stroheim, Erich von 13:326a.

AVARO, EL. Comedia del escritor francés Molière estrenada en 1668. Escrita en prosa, desconcertó a los espectadores habituados a los grandes dramas en verso. El argumento se basó en la *Aulularia* de Plauto.
Molière 10:216a.

ÁVAROS. Pueblo de origen indeterminado, posiblemente turco o iranio, que penetró en Europa en el siglo VI y llegó a dominar amplios territorios entre los mares Adriático y Báltico. Fracasó en sus intentos de tomar Constantinopla (626) y fue derrotado por Carlomagno en el 805.

AVE. Animal vertebrado, tetrápodo, ovíparo, de respiración pulmonar y homeotermo. Presenta pico córneo y el cuerpo cubierto de plumas. Las extremidades anteriores están transformadas en alas, adaptadas al vuelo. Algunos han perdido secundariamente la capacidad de volar.
2:248a; Corazón 4:367b; Domesticación 5:217b; Estómago 6:159a; Huevo 8:87b; Intestino 8:242b; Locomotor, aparato 9:196b; Migraciones animales 10:157b; Pájaros 11:215a; Piel 11:401a; Pulmón 12:206b; Rapaces 12:261b; Respiratorio, sistema 12:348a; Riñón 12:374b; Ruiseñor 13:33b; Vertebrados 14:281b; Vida 14:300a; *cuadro* 2:251; *ilustraciones* 2:248a-b; 2:249b; 2:250a; 2:251b; 2:252.

AVEBURY. Localidad del Reino Unido, en el condado de Wiltshire (Inglaterra), a orillas del río Kennet. Famosa por su gran *cromlech,* el cual, junto con el de Stonehenge, constituye uno de los monumentos megalíticos más notables de este tipo.

AVE DEL PARAÍSO. Pájaro de la familia de los paradiseidos, propio de Nueva Guinea e islas próximas. Diversas especies. Los machos presentan un plumaje de vivos colores que forman grandes penachos laterales. Destacan los géneros *Paradisca* y *Parotia.*

AVEFRÍA. Ave zancuda de la familia de los caradridos (*Vanellus vanellus*), de color verde oscuro, con alas y pico negros y un penacho de cinco plumas en la cabeza. Distribución eurasiática.

AVEIRO. Distrito del noroeste de Portugal, a orillas del océano Atlántico, regado por el río Vouga. Minas de carbón y plomo, sal, madera de pino; productos agrícolas, vinos; pesquerías. Cap. Aveiro. 2.808 km². 658.400 hab. (1993).

AVEIRO, DUQUE DE (1708-1759). José Mascarenhas y Lancaster, noble portugués. Opositor de las reformas del Marqués de Pombal. Participó en la conspiración de Tavora contra el rey José I en 1758. Condenado a muerte, fue cruelmente torturado.

AVELLANEDA. Partido del Gran Buenos Aires, Argentina. 353.047 hab. (1998).
2:253a; Buenos Aires, provincia de 3:216a.

AVELLANEDA, ALONSO FERNÁNDEZ DE. Probable seudónimo con el que apareció firmada en 1614 una continuación apócrifa del *Quijote.* Nada se sabe de la personalidad de este escritor. Miguel de Cervantes, al publicar en 1615 la segunda parte auténtica del *Quijote*, señaló la falsedad del nombre y el posible origen aragonés del autor.

AVELLANEDA, GERTRUDIS GÓMEZ DE. V. **Gómez de Avellaneda, Gertrudis.**

AVELLANEDA, NICOLÁS (1837-1885). Jurisconsulto y político argentino. Presidente de 1874 a 1880, se esforzó por conseguir la conciliación política y la estabilidad económica.
2:253a; Roca, Julio Argentino 12:397a.

AVELLANO. Árbol de hoja caduca de la familia de las betuláceas (*Corylus avellana*). Dicotiledónea. Se distribuye por la región eurasiática y es muy apreciado por sus frutos, las avellanas.
2:253b; *ilustraciones* 2:253b.

AVE MARÍA. Oración dirigida a la Virgen María que recoge la salutación del arcángel Gabriel durante la Anunciación, la bienvenida de su prima Isabel al salir a recibirla y unas plegarias solicitando su intercesión ante el Señor.

AVEMPACE (h. 1095-1138/1139). Filósofo hispanoárabe, precursor de Averroes. Defendía la posibilidad de unión del alma humana con lo divino, opinión heterodoxa por lo que muchos de sus biógrafos islámicos llegaron a considerarlo ateo. Su obra fundamental, *Guía del solitario,* exponía los grados alcanzados por el hombre al ascender en su vida intelectual.

AVENA. Planta herbácea de la familia de las gramíneas (*Avena sativa*). Monocotiledónea. Su grano es de gran valor nutritivo y se emplea principalmente como alimento del ganado.
2:254a; Cereal 4:85a; Gramíneas 7:187a; Malta (alimentación) 9:312a; *cuadro* 2:254a; *ilustración* 2:254a.

AVENARIUS, RICHARD (1843-1896). Filósofo alemán. Profesor en la Universidad de Zürich desde 1877. Se le considera creador del empiriocriticismo. Propugnó una experiencia depurada de todo supuesto metafísico y exenta del dualismo entre el sujeto y el objeto, origen de las representaciones metafísicas. *Crítica de la experiencia pura* (1888-1890), *El concepto humano del mundo* (1891).
Positivismo 12:105a.

AVENCEBROL. V. **Ibn Gabirol.**

AVENDAÑO, FRANCISCO (1792-1870). Militar venezolano. Luchó al lado de Simón Bolívar y fue herido en la batalla de la Guayra. Desempeñó en dos ocasiones el ministerio de la guerra y fue nombrado generalísimo del ejército venezolano.

AVENTINO, MONTE. Colina situada al sudoeste de Roma. Se incorporó al recinto sagrado de la ciudad en la época del emperador Claudio.

AVENTURERO SIMPLICISSIMUS, EL. Novela del escritor alemán Hans J. von Grimmels-

hausen publicada en 1669. En ella se describe la vida en Alemania durante la guerra de los treinta años (1618-1648) a partir de un relato de aventuras.
Grimmelshausen, Hans J. von 7:233a; Picaresca, novela 11:389b.

AVENTURINA. Nombre de dos minerales, un feldespato y un cuarzo, dotados de brillos originados por las inclusiones de mica o hematita. El cuarzo es plateado, amarillo, pardo rojizo o verde. Se emplea en joyería y ornamentos.

AVERESCU, ALEXANDRU (1859-1938). Militar y político rumano. Jefe de estado mayor de su país en las guerras balcánicas de 1912-1913, en la primera guerra mundial, y en tres ocasiones durante la década de 1920.

AVERROES (1126-1198). Filósofo hispanoárabe. Sus comentarios a la obra de Aristóteles influyeron en la evolución de la escolástica cristiana.
2:255a; Árabe, literatura 1:423a; Aristóteles 2:71b; Escolástica 6:40a; Islam 8:281a; Tomás de Aquino, santo 14:80a; *ilustración* 2:225a.

AVERY, OSWALD (1877-1955). Bacteriólogo estadounidense. Uno de los fundadores de la inmunoquímica con sus investigaciones sobre los neumococos. Sentó las bases de la genética molecular al afirmar que el ADN es el material genético básico de la célula.
Ingeniería genética 8:210a.

AVESTA. Conjunto de textos sagrados de la antigua Persia que exponen la doctrina de Zoroastro (Zaratustra).
2:255b; Persa, literatura 11:347a; Zoroastrismo 14:433a.

AVESTRUZ. Ave corredora de la familia de las estruciónidas (*Struthio camelus*). Habita en las sabanas africanas situadas al sur del Sahara.
2:255b; *ilustración* 2:256a.

AVETORO. Ave de la familia de las ardeidas (*Botaurus stellaris*). Vive en las orillas de las marismas, pantanos y lagos de Europa, Asia y África y emite un sonido potente e intenso, semejante al mugido de un toro.

AVIACIÓN. Navegación aérea por medio de máquinas más pesadas que el aire y capaces de elevarse en él.
2:256b; Aeronáutica 1:80a; Aeropuerto 1:82b; Aviación militar 2:260b; Brújula 3:199b; Helicóptero 7:353b; Piloto automático 11:406b; Planeador 12:14b; Transporte 14:116a; Wright, Wilbur y Orville 14:373b; *cuadro* 2:257; *ilustraciones* 2:257b; 2:258a; 2:259a; 2:260.

AVIACIÓN MILITAR. Práctica de la navegación aérea con propósitos bélicos.
2:260b; Aeronáutica 1:80b; Armas 2:82b; Aviación 2:258a; Avión 2:269b; Bomba (arma) 3:102a; Bombardero 3:103b; Guerra 7:267a; Helicóptero 7:354b; *ilustraciones* 2:261b; 2:262a; 2:263a.

AVICEBRÓN. V. **Ibn Gabirol.**

AVICENA (980-1037). Filósofo y médico persa. Desarrolló una importante labor dentro de la filosofía islámica y la recuperación del pensamiento aristotélico.
2:263a; Alquimia 1:249b; Anatomía 1:326a; Árabe, literatura 1:423a; Biología 3:36b; Islam 8:281a; Medicina 10:29b; Mineral y mineralogía 10:174a; Química 12:225b; *ilustración* 2:263a.

AVÍCOLA, EXPLOTACIÓN. Instalación destinada a la cría y explotación de aves con fines comerciales. Mantiene sistemas que permiten realizar automáticamente parte de las funciones que precisan los animales, como el cuidado y alimentación de los mismos y la recogida de los huevos.
Avicultura 2:264a.

AVICULTURA. Parte de la ganadería dedicada a la cría y aprovechamiento de aves de corral.
2:263b; Alimentaria, industria 1:231a; Gallina 7:27a; *ilustraciones* 2:264a.

AVIENO, RUFO FESTO (siglo IV). Poeta latino. Tradujo en hexámetros los *Fenómenos* y los *Pronósticos* de Arato, poeta y astrónomo griego del siglo III a.C., así como una *Descripción de toda la tierra* de Dionisio Periegeta. Su obra *Ora maritima*, que describe las costas mediterráneas, parece ser la adaptación de un texto más antiguo.

ÁVILA (CIUDAD). Población de España, cap. de la prov. homónima, comunidad autónoma de Castilla y León. Recinto del siglo XII totalmente amurallado. Catedral gótica del siglo XI. Industria alimentaria y de vehículos de motor. Cuna de santa Teresa de Jesús. 49.000 hab. (1996).

ÁVILA (PROVINCIA). División administrativa de España en la comunidad autónoma de Castilla y León. Sierra de Gredos y de Guadarrama, valles de los ríos Alberche, Adaja y Tiétar. Agricultura, viñedos, aceite; ovejas merinas. Cap. Ávila. 8.048 km^2. 173.021 hab. (1996).
Castilla y León 4:20b.

ÁVILA, ALONSO DE (h. 1486-1542). Conquistador español. Compañero de Hernán Cortés desde sus primeras campañas en México. Participó en la expedición del virrey Antonio de Mendoza a Nueva Galicia.

ÁVILA, MAESTRO DE (siglo XV). Pintor español que trabajó en la ciudad castellana de Ávila. Estilo personal de influencias flamencas. Identificado por algunos con un pintor contemporáneo llamado García del Barco. Retablos de El Barco de Ávila y de San Pedro en la catedral de la misma ciudad.

ÁVILA, PEDRO ARIAS DE. V. **Pedrarias Dávila.**

ÁVILA, SANCHO DE (1523-1583). Capitán español, lugarteniente del duque de Alba. Fue conocido como el Rayo de la Guerra por sus brillantes campañas en los Países Bajos (sitio de Maestricht, toma de Amberes) y en Portugal (Alcántara y Oporto).

ÁVILA, SIERRA DE. Cadena montañosa española del sistema Central, situada al oeste de la ciudad de Ávila. Máxima elevación en el pico de Navas (1.772 m).

ÁVILA CAMACHO, MANUEL (1897-1955). Militar y político mexicano. Ocupó la presidencia de 1940 a 1946.
2:265a; México 10:133b.

AVILÉS. Ciudad y puerto de España, comunidad autónoma de Asturias, en la ría de Avilés. Edificios medievales. Siderurgia, vidrio, exportación de carbón de la cuenca asturiana, pesca. 86.141 hab. (1986).

AVIÑÓN. Ciudad de Francia, cap. del dep. de Vaucluse, a orillas del Ródano. Sede pontificia de 1309 a 1377. Murallas. Palacio-fortaleza papal. Catedral del siglo XII. Activo mercado. Vinos, aceites, tejidos. Festivales veraniegos. 85.854 hab. (1999).
Ródano, río 12:403b.

AVIÑÓN, PAPAS DE. Pontífices que encabezaron la Iglesia Católica en la ciudad francesa de Aviñón de 1309 a 1377: Clemente V (Bertrand de Got), papa de 1305 a 1314, en Aviñón desde 1309; Juan XXII (Jacques Duèse), de 1316 a 1334; Benedicto XII (Jacques Fournier), de 1334 a 1342; Clemente VI (Pierre Roger), de 1342 a 1352; Inocencio VI (Étienne Aubert), de 1352 a 1362; Urbano V (Guillaume de Grimoard), de 1362 a 1370; Gregorio XI (Pierre Roger de Beaufort), de 1370 a 1378, en Roma, desde 1377.

AVIÓN (AERONÁUTICA). Aeronave más pesada que el aire cuya sustentación proviene del aprovechamiento de una reacción dinámica provocada por su diseño al desplazarse a grandes velocidades.
2:265b; Aerodinámica 1:78b; Aeronáutica 1:80b; Aviación 2:258a; Aviación militar 2:261a; Retropropulsión 12:354a; Santos-Dumont, Alberto 13:152a; Transporte 14:116a; *ilustraciones* 2:265b; 2:266a; 2:267b; 2:268a; 2:269b.

AVIÓN (ZOOLOGÍA). Pájaro de la familia de los hirundínidos (*Delichon urbica*). Construye nidos de barro, adheridos a los aleros de las casas.

AVIÓN DE ALERTA TEMPRANA. Aeronave militar destinada a la localización de aviones y misiles por medio de un sistema de radar.

AVIONES DE TRANSPORTE. Aeronaves militares destinadas a realizar misiones relacionadas con el transporte de personas o material bélico; en algunos modelos las cargas superan las 100 t. Entre los existentes destacan el C-5A Galaxy, el HC-130 Hércules (EUA) y el An-11 (URSS).
Aviación militar 2:262b.

AVIONETA. Aeronave de pequeñas dimensiones y escasa potencia. El reducido espacio necesario para el despegue y el aterrizaje la convierte en un elemento idóneo para enlazar zonas de difícil acceso.
Aviación 2:260a; Avión 2:269b.

AVIRANETA, EUGENIO DE (1792-1872). Aventurero español. Participó en la guerra de la independencia a las órdenes del cura Jerónimo Merino. Posteriormente se alistó en la fallida expedición del general Isidro Barradas que intentó la reconquista de México en 1829. Realizó misiones de conspiración e intrigas, especialmente contra los carlistas.

AVÍS, DINASTÍA DE. Casa reinante en Portugal desde 1385 hasta 1581, año en que la corona pasó a Felipe II de España.
2:270a; Juan I de Portugal 8:394a; Portugal 12:92b; Portuguesa, literatura 12:99a; *cuadro* 2:270; *ilustración* 2:270.

AVÍS, ORDEN DE SAN BENITO DE. Asociación militar portuguesa fundada por caballeros de Coimbra combatientes en Évora contra los musulmanes en 1147, también llamada orden del mérito militar de Avís. Convertida en una simple condecoración al mérito por María I en 1789, pasó a Brasil al emigrar la familia real portuguesa y se emplea en ambos países.
Órdenes religiosas militares 11:133a.

AVISPA. Insecto himenóptero de la familia de los véspidos. Cuerpo de color amarillo o anaranjado con diferentes manchas y fajas negras. De costumbres sociales.
2:271a; *ilustración* 2:271b.

AVITO, MARCO MECILIO (siglo V). Emperador romano de occidente entre el 455 y el 456. Sucedió a Máximo y fue derrocado por el patricio Ricimero tras un breve gobierno. Su figura fue glosada en la *Apología* de San Sidonio Apolinar.

AVIZ, DINASTÍA DE. V. **Avís, dinastía de.**

AVOCETA. Ave zancuda de la familia de los recurvirróstridos (*Recurvirostra avosetta*). Destaca por su pico largo, delgado y encorvado suavemente hacia arriba. Habita en playas fangosas y bancos de arena.

AVOGADRO, AMEDEO (1776-1856). Conde de Quaregna y Ceretto, físico italiano. Formuló la hipótesis que facilitó la determinación de los pesos moleculares de sustancias en estado gaseoso, luego denominada Ley de Avogadro.
2:271b; Gaseoso, estado 7:56a; Molécula 10:213b; Peso atómico y molecular 11:374b; Química 12:226b; Reacción química 12:276b.

AVOGADRO, NÚMERO DE. Constante fisicoquímica que se refiere al número de moléculas que existen en una cantidad fija de moléculas gramo (mol). Fue formulada por el físico italiano Amedeo Avogadro.
Avogadro, Amedeo 2:272a.

AVON. Condado del sudoeste de Inglaterra, a orillas del estuario del Severn en el canal de Bristol. Regado por el Bristol Avon. Parques naturales. Agricultura, productos lácteos; minas. Cuna de Shakespeare. 1.346 km^2. 982.300 hab. (1995).

AVUTARDAS. Aves zancudas de la familia de las otídidas. La especie más característica es la avutarda común (*Otis tarda*). Habita en llanuras abiertas, pastizales, etc.

AVVAKUM PETRÓVICH (h. 1621-1682). Arcipreste y escritor ruso. Líder del grupo conservador conocido como «viejos creyentes», opuesto a la unificación de la Iglesia Ortodoxa. Autor de gran número de obras literarias, entre las que destaca su *Autobiografía*, realizada durante su cautiverio. Murió en la hoguera.

AWACS. Nombre que designa tanto a un sistema aerotransportado de detección de objetos voladores como al avión que lo incluye. El término proviene de las siglas de *Airborne Warning and Control System* (Sistema Aerotransportado de Vigilancia y Control) y se emplea por lo general sólo para un sistema estadounidense. La designación general es avión de alerta temprana.
Aviación militar 2:262b; Inteligencia militar 8:233b.

AXAYÁCATL. Rey azteca (1469-1481) hijo de Moctezuma I. Amplió y consolidó el poderío azteca sobre la meseta central mexicana; ordenó la realización del Calendario Azteca o «Piedra del Sol».
2:272a; Azteca, imperio 2:285a; Precolombinas, literaturas 12:120a; Tlacaélel 14:70a; *ilustración* 2:272a.

AXÉNICO. Cultivo microbiano en el que se aísla una única especie o cepa. Su utilización resulta indispensable para el estudio de la fisiología y características genéticas de los microorganismos.

AXINITA. Mineral de borosilicato de aluminio, hierro, manganeso y calcio que se encuentra en rocas metamórficas e ígneas. Cristales transparentes, de gran belleza, tallados como gemas de joyería.

AXIOLOGÍA. Término utilizado en filosofía para designar la teoría de los valores, en diferentes ámbitos disciplinarios.
2:272b.

AXIOMA. Proposición o enunciado evidente que no necesita demostración y que, junto con otros de la misma índole, permite deducir nuevos enunciados tanto en lógica como en matemáticas. Principio que sirve para formular un sistema.
Lógica 9:202b; Lógica matemática 9:205a; Matemáticas 9:408b.

AXIOMATIZACIÓN. Principio que afirma la necesidad de establecer una serie de postulados básicos simbólicos antes de plantear cualquier problema físico o matemático. Fue enunciado por el matemático alemán David Hilbert a fines del siglo XIX.

AXÓN. Prolongación de la célula nerviosa, o neurona, que junto a su funda protectora constituye una fibra nerviosa.
Nervioso, sistema 10:386b.

AXULAR, PEDRO DE (1556-h. 1640). Escritor español en lengua vasca. Párroco en el municipio francés de Sare, su obra *Gero* (1643; *Después*) está considerada el primer gran logro de la prosa vasca.

AXUM. V. **Aksum**.

AY (m. en 1348 a.C.). Faraón egipcio. Dirigió la política de Egipto durante la minoría de edad de Tutankamón y ocupó importantes puestos militares y religiosos en el reinado de este joven faraón de la XVIII dinastía. A su muerte (1352 a.C.), lo sucedió en el trono. Consolidó la religión de Amón.
Tutankamón 14:165b.

AYACUCHO (CIUDAD). Población del Perú, cap. de la prov. de Huamanga y del dep. de Ayacucho. Fundada en 1539 por Francisco Pizarro, cambió su nombre de Huamanga por el actual en 1825. Edificios coloniales, catedral del siglo XVII. Universidades, aeropuerto. Agricultura, cerámica, artesanía, textiles. Turismo. 118.960 hab. (1998).
2:272b; Ayacucho 2:273a; *ilustración* 2:273a.

AYACUCHO, BATALLA DE. Combate librado el 9 de diciembre de 1824 entre las tropas del general Antonio José de Sucre y las del virrey José de la Serna e Hinojosa. La victoria del primero supuso la definitiva emancipación del Perú.
Ayacucho 2:273a.

AYALA, DANIEL (n. en 1908). Compositor mexicano, discípulo de Silvestre Revueltas. Autor de obras sinfónicas y de cámara y ballets, entre los que destaca *El hombre maya*.

AYALA, ELIGIO (1880-1930). Político paraguayo. Ocupó la presidencia de forma interina en 1923, y como presidente constitucional de 1925 a 1928.
2:273b.

AYALA, EUSEBIO (1875-1942). Jurisconsulto y político paraguayo. Fue presidente en 1921-1923, y de 1932 a 1936.
2:273b.

AYALA, FERNANDO (1920-1997). Director de cine argentino. Fundador, junto con Héctor Olivera, de los estudios cinematográficos Aries. Cultivó el cine documental. Realizó obras que reflejaban la vida cotidiana de los argentinos. *El jefe* (1958), *Triángulo de cuatro* (1974) y *El arreglo* (1982).

AYALA, FRANCISCO (n. en 1906). Novelista, ensayista y sociólogo español. En 1932 fue designado catedrático de la Universidad de Madrid. Residió en diversos países de América. Autor muy prolífico. *Muertes de perro* (1958), *El fondo del vaso* (1962), *El jardín de las delicias* (1971), *Recuerdos y olvidos* (1982-1983).

AYALA, JOSÉ (1761-1816). Patriota colombiano. La lucha independentista fue la causa de su condena por su participación en la redacción de los *Derechos del hombre* de Antonio Nariño. Promovido a teniente coronel por la Suprema Junta. Fue apresado y fusilado por el general español Pablo Morillo.

AYALA, JOSEFA DE (h. 1630-1684). Pintora portuguesa de temática religiosa cuyo nombre también se ha transcrito como Aiala, y que fue asimismo conocida como Josefa de Óbidos. Su pintura acusó influencias de Francisco de Zurbarán. «Los desposorios místicos de santa Catalina», «Agnus Dei», «Sagrada Familia».

AYALA, PEDRO LÓPEZ DE. V. **López de Ayala, Pedro.**

AYAMONTE. Población española de la prov. de Huelva, en la comunidad autónoma de Andalucía. Está situada a orillas del río Guadiana, en la frontera con Portugal. Su economía se basa en la actividad portuaria y la pesca. Cultivos hortícolas y frutícolas. 16.745 hab. (1986).
Guadiana, río 7:247a.

AYAMONTE, MARQUÉS DE (m. en 1648). Francisco de Guzmán, marqués y gobernador de la ciudad española de Ayamonte, fronteriza con Portugal. Intervino en una conspiración destinada a conducir al trono al duque de Medina Sidonia, gobernador de Andalucía. Fue depuesto y ejecutado por orden del conde-duque de Olivares.

ÁYAX. Nombre de dos héroes de la mitología griega. Áyax Oileo, llamado el pequeño Áyax (o Ayante), fue jefe de los locrios; veloz guerrero, era muy diestro en el manejo del arco; en la toma de Troya raptó a Casandra; murió ahogado. Áyax (o Ayante) Telamón, hijo del rey de Salamina, combatió también en la guerra de Troya; vencido por Odiseo (Ulises) en la lucha por la posesión de las armas de Aquiles, enloqueció y se quitó la vida.

AYBAK (siglo XIII). Primer sultán mameluco de Egipto. Tras el asesinato del sultán Turán-sha se convirtió en jefe supremo del ejército y regente del país. Fue asesinado en 1257.

AYCINENA, JUAN JOSÉ (1793-1865). Sacerdote y patriota guatemalteco. Luchó por la emancipación de su país y en 1821 firmó la declaración de independencia. Se opuso a la federación de los países centroamericanos.

AYCINENA, MARIANO (siglos XVIII-XIX). Político guatemalteco. En 1821 firmó la declaración de independencia. Designado en 1827 presidente de Guatemala –dentro de las Provincias Unidas de Centroamérica– se opuso a la federación. Lo derrocó en 1829 Francisco Morazán, actuando en representación del gobierno federal.

AYDID, MOHAMED FARAH (1930-1996). Militar somalí, máximo dirigente de una de las facciones enfrentadas en la guerra civil que asoló el país desde 1991. En 1995, cuando sus tropas controlaban la mitad del territorio de Somalia, fue elegido presidente de la nación.

AYESTARÁN Y MOLINER, LUIS (1846-1870). Patriota cubano que trabajó por la independencia y participó en el congreso constituyente de Guáimaro en 1869. Fue hecho prisionero por los españoles y ejecutado en la Habana.

AYGUALS DE IZCO, WENCESLAO (1801-1875). Escritor y político español. Diputado liberal en diversas ocasiones, fue deportado a Baleares por sus ideas progresistas. Autor de comedias y folletines. *Dios nos libre de una vieja* (1844), *María, la hija de un jornalero* (1845-1846), *El tigre del Maestrazgo* (1849).

AYLLÓN, LUCAS VÁZQUEZ DE (h. 1475-1526). Explorador español, primer colonizador de la posterior Carolina del Sur. Fue juez en La Española (Santo Domingo) y en 1520 medió en la disputa entre Diego de Velázquez y Hernán Cortés. En 1526 encabezó una expedición a Carolina del Sur, donde estableció una efímera colonia y murió en una epidemia.

AYLLÚ. Institución precolombina que regía la organización social entre los indios aimaras y quechuas. Se basaba en la diferenciación de posesión y explotación comunitarias de las tierras.
Inca, imperio 8:142a.

AYLWIN, PATRICIO (n. en 1918). Político chileno. Adscrito a la democracia cristiana, fue presidente de su país entre 1989 y 1994.
2:274a; *ilustración* 2:274a.

AYMÁN (CIUDAD). Capital del emirato homónimo, en los Emiratos Árabes Unidos. Única ciudad de aquél, a orillas del golfo Pérsico. Se conoce también como Ajmán. Astillero para reparaciones; pesquerías; sellos y medallas conmemorativas. 36.101 hab. (1980).

AYMÁN (EMIRATO). División administrativa de los Emiratos Árabes Unidos en el golfo Pérsico. Conocida también como Ajmán. Formó parte del grupo inicial de emiratos que creó el estado independiente. Es el más pobre de los que componen la unión. Cap. Aymán. 250 km^2. 118.812 hab. (1995).
Emiratos Árabes Unidos 5:390b.

AYMARÁ, LENGUA. V. **Aimara, lengua.**

AYMARAES. V. **Aimaras.**

AYMÉ, MARCEL (1902-1967). Novelista, ensayista y dramaturgo francés. Maestro del apunte psicológico y la ironía. Satirizó a la sociedad de su tiempo en sus comedias y mezcló la realidad y la fantasía en sus novelas. Incomprendido por la crítica, fue muy apreciado entre las generaciones jóvenes de las décadas de 1950 y 1960 por su anticonformismo. *La yegua verde* (1933), *Hacia atrás* (1950), *La cabeza de los otros* (1952), *Los pájaros de la luna* (1956).

AYOLAS, JUAN DE (h. 1510-1539). Conquistador español. Exploró el río de la Plata y el Paraná.
2:274b; Latinoamérica, conquista de 9:81a; Martínez de Irala, Domingo 9:394b; Salazar de Espinosa, Juan de 13:96a.

AYORA, GONZALO DE (1466-h. 1538). Cronista y militar español. Reformó la infantería española y participó en la expedición contra Orán y Mazalquivir. Muerta la reina Isabel la Católica apoyó a Felipe el Hermoso y más tarde se unió a la rebelión de las comunidades, por lo que debió huir a Portugal. *Historia de la reina católica doña Isabel, Sobre la naturaleza del hombre.*

AYORA, ISIDRO (1879-1978). Médico y político ecuatoriano. Fue nombrado presidente en 1926, por la junta militar surgida de la revolución de 1925.
2:275a.

AYSÉN. V. **Aisén.**

AYUBÍES. Familia musulmana que sucedió en Egipto a la dinastía fatimí entre los siglos XII y XIII. Fundada por Salah al-Din Yusuf ibn Ayub (Saladino). Sus miembros resistieron los ataques de la tercera cruzada y ocuparon Jerusalén en 1187. De religión musulmana sunnita, fueron despojados del poder por los mamelucos.

AYUB KHAN, MOHAMED (1907-1974). Militar y político paquistaní, nacido en Hazara, India. Fue comandante en jefe del ejército y ministro de defensa. Derrocó al presidente Iskander Mirza y ocupó su puesto en 1958. Introdujo el sistema de «democracia básica». Reelegido en 1965, hubo de hacer frente al conflicto armado con la India, provocado por la disputa sobre Jammu y Cachemira. Renunció a su cargo en 1969.

AYUNO Y ABSTINENCIA. Privación total o parcial de la ingestión de alimentos, realizada por lo general como acto religioso de penitencia.
2:275b; Cuaresma 5:44b; *ilustración* 2:275b.

AYUTLA, PLAN DE. Proclama revolucionaria contra el gobierno de Antonio López de Santa Anna, realizada en México por el coronel Florencio Villarreal e inspirada por los generales Juan Álvarez e Ignacio Comonfort. Se hizo pública en 1854 en la ciudad de Ayutla, en el estado de Guerrero.

AYUTTHAYA. Ciudad de Tailandia, también llamada Phra Nakhon Si Ayutthaya, cap. de la prov. homónima. Fundada en 1350 por el rey Ramadipathi, fue capital del reino de Ayutthaya. Canales, ruinas de templos. Museo Nacional Chao Sam Phraya. Centro comercial y turístico. 47.189 hab. (1980).
Tailandia 13:381a.

AYUTTHAYA, REINO DE. Dinastía thai, con sede en la ciudad de Ayutthaya, que se estableció en los valles de los grandes ríos del centro de Tailandia en el siglo XIV y dominó la vida política de la zona hasta su conquista por los birmanos en 1767. El reino estaba gobernado por un monarca divinizado.

AZA, VITAL (1851-1911). Articulista y comediógrafo español. Colaboró en diversos periódicos y revistas, y escribió comedias, sainetes y libretos de zarzuelas. *El sombrero de copa* (1887), *Los lobos marinos* (1887), *El rey que rabió* (1892).

AZABACHE. Mineral, variedad de lignito negro. Color negro brillante. Muy apreciado como gema tallada en joyería. Propiedades combustibles.

AZAFRÁN. Planta herbácea iridácea (*Crocus sativus*). Monocotiledónea. De los estigmas de sus flores se obtiene el producto comercial del mismo nombre utilizado como condimento.
2:276a; *ilustración* 2:276b.

AZAHAR. Flor del naranjo y del limonero, de la cual se obtiene la llamada esencia de azahar, utilizada en perfumería.

AZAILA. Poblado ibérico español de la prov. de Teruel, en el paraje conocido como Cabezo de Monleón. El centro, en el que se conservan varias necrópolis, se mantuvo activo hasta el siglo I a.C.

AZALEA. Arbusto de la familia de las ericáceas (*Rhododendron indicum*). Dicotiledónea. Originario de la India, se utiliza como planta ornamental.
2:276b; *ilustración* 2:277a.

AZAÑA, MANUEL (1880-1940). Escritor y político español. Presidente de la segunda república española al iniciarse la guerra civil de 1936.
2:277a; República española 12:343a; *ilustración* 2:277b.

AZAR, HÉCTOR (n. en 1930). Dramaturgo, poeta y ensayista mexicano, organizador de la Compañía Nacional de Teatro y del Centro de Arte Dramático (Cadac). Premio Xavier Villaurrutia en cinco ocasiones, fue galardonado con las Palmas Académicas de Francia. *La apasionata* (1958), *Las vacas flacas* (1959), *Los juegos de Azar* (1973).

AZAR, JUEGOS DE. Juegos en los que interviene la suerte y en los que es habitual realizar apuestas.
2:277b; Juego 8:407b; Probabilidad y estadística 12:153b; *ilustración* 2:278a.

AZARA, FÉLIX DE (1746-1821). Naturalista español, autor de importantes estudios geográficos y zoológicos de la región del río de la Plata y Paraguay, en los que describió y estudió por vez primera un gran número de especies animales.
2:278b; Zoología 14:428b.

AZARA, JOSÉ NICOLÁS DE (1731-1804). Diplomático español. Figura destacada de la Ilustración española. Secretario de estado con Carlos III, participó en la disolución de la Compañía de Jesús y fue embajador en París con Carlos IV. Depuesto de su cargo, Manuel Godoy lo rehabilitó en 1801.

AZARÍAS. Décimo rey de Judá (h. el 791-739 a.C.), sucesor de su padre Amasías. Según la tradición bíblica, accedió al trono a los 16 años y reinó durante 52, consiguiendo una gran prosperidad para su pueblo. Murió de lepra. Lo sucedió su hijo Yotam o Jotam. Se le conoce también como Ozías.

AZARQUIEL (1029-1100). Abú Ishaq Ibrahim ibn Yahya al-Naqás, astrónomo hispanoárabe, descubridor del movimiento del apogeo solar y de la azafea o escala graduada de medida de la altura de los astros. Autor de las *Tablas toledanas* y de tratados de trigonometría.

AZCAPOTZALCO. Población integrada dentro del área metropolitana de la ciudad de México. Antigua capital del rey tepaneca Tezozómoc, quien vivió entre mediados del siglo XIV y principios del XV. Conserva importantes vestigios de sus etapas precolombina y colonial. 474.905 hab. (1990).
Tezozómoc 14:44b.

AZCÁRATE, GUMERSINDO DE (18401917). Jurisconsulto y político español. Catedrático de legislación comparada en la Universidad de Madrid, presidente del Instituto de Reformas Sociales y director de la Institución Libre de Enseñanza. Militó en el Partido Republicano al lado de Nicolás Salmerón. *El régimen parlamentario en la práctica* (1885).

AZCÁRRAGA, MARCELO (1832-1915). General y político español. Fue ministro de guerra con Antonio Cánovas del Castillo y, tras la muerte de éste, ocupó en varias ocasiones la presidencia del consejo de ministros, siempre durante breves períodos.

AZCÁRRAGA, EMILIO (1930-1997). Empresario mexicano. Centró su actividad principalmente en televisión, radio y telecomunicaciones.
2:279a; *ilustración* 2:279a.

AZCÁRRAGA VIDAURRETA, EMILIO (1895-1972). Empresario mexicano. Fundó en 1930 la XEW, primera de un conjunto de emisoras radiofónicas que cubrirían el territorio de México. A principios de la década de 1950 empezó a operar un canal de televisión que después se incorporaría a la cadena Telesistema Mexicano, que dominaría el mercado de televisión del país.

AZCOITIA. Población española de la prov. de Guipúzcoa, en la comunidad autónoma del País Vasco. Su economía se basa en los bosques y canteras que la rodean. Horticultura, fruticultura; ganadería. 10.704 hab. (1986).

AZCONA HOYO, JOSÉ (n. en 1927). Político hondureño. Fue líder del Frente de Acción Liberal (1962-1974) y ocupó diversos cargos ministeriales (1981-1985) bajo un gobierno del Partido Liberal. Presidente de Honduras de 1986 a 1990, enfrentó dificultades económicas y permitió el establecimiento de bases rebeldes nicaragüenses en su país.
Honduras 8:61b.

AZCUÉNAGA, MIGUEL DE (1754-1833). Militar argentino. Tuvo una participación decisiva en el movimiento independentista y en los primeros años de la nueva república.
2:279b.

AZERBAIJÁN. V. **Azerbaiyán.**

AZERBAIYÁN (HISTORIA). País histórico de la vertiente sudoriental del Cáucaso, en Asia occidental. Dividido entre la rep. de Azerbaiyán e Irán. Los azeríes (o azerbaiyanos) son un pueblo de etnia turca y lengua distintiva que profesan mayoritariamente el Islam.

AZERBAIYÁN. República independiente de Asia occidental en las estribaciones de los montes del Cáucaso, junto al mar Caspio. Cap. Bakú. 86.600 km^2. 8.051.000 hab. (2000).
2:279a; Armenia 2:90a; Asia 2:150; Cáucaso 4:49a; Unión Soviética 14:180a; *mapa* 2:280a; *cuadro* 2:280a; *ilustración* 2:280b.

AZERBAIYÁN OCCIDENTAL. Provincia de Irán limitada al norte por la rep. de Azerbaiyán y al oeste-noroeste por Irak y Turquía. Población predominantemente turca. Cuna, según la tradición, de Zoroastro. Agricultura y ganadería. Alfombras. Cap. Orumiye. 39.216 km^2. 2.284.208 hab. (1991).

AZERBAIYÁN ORIENTAL. Provincia del noroeste iraní, limitada por la rep. de Azerbaiyán al norte y el lago Urmia al oeste. Población turca y armenia. Agricultura; industria pesada. Cap. Tabriz. 67.102 km^2. 3.278.718 hab. (1991).

AZEVEDO, ALUÍSIO (1857-1913). Novelista brasileño, iniciador de la narrativa naturalista de su país. Combatió la esclavitud y fue vicecónsul en Buenos Aires. *O mulato* (1881), *Casa de pençao* (1884), *O cortiço* (1890).

AZIDOTIMIDINA. Compuesto químico empleado en el tratamiento del síndrome de inmunodeficiencia adquirida (SIDA), también conocido por el acrónimo AZT y también denominado zidovudina. Aunque sus efectos beneficiosos fueron comprobados en numerosos pacientes y se constituyó en el tratamiento más eficaz conocido contra la enfermedad, presenta ciertos efectos secundarios. A partir de 1997, se desarrollaron los llamados «cocteles» de fármacos que combinaban, entre otras, AZT, didesoxiinosina (ddI) y didesoxicitidina (ddc), que mejoraron el resultado de los tratamientos.
SIDA 13:232a.

AZILIENSE, CULTURA. Industria lítica del paleolítico superior y el mesolítico inferior europeo, caracterizada por la fabricación de pequeñas herramientas llamadas microlitos. Los yacimientos arqueológicos de esta etapa se concentran principalmente en la región pirenaica.

ÁZIMOS, FIESTA DE LOS. Celebración con que los judíos conmemoraban anualmente su salida de Egipto. Posteriormente se asimiló a la celebración de la Pascua, festividad que dura siete días (desde la víspera del 15 de nisán hasta el atardecer del 22) y durante la cual la ley mosaica prescribe el uso del pan sin levadura o ázimo.

AZIMUT. Coordenada de posición astronómica y geodésica. Se define como la distancia angular que existe entre un punto del plano del

observador tomado como referencia y otro punto donde se sitúa el objeto de observación o su proyección sobre dicho plano.
2:281a; *cuadro* 2:281b.

AZINCOURT, BATALLA DE. V. **Agincourt, batalla de.**

AZNAR, JOSÉ MARÍA (n. en 1953). Político español. Como candidato del conservador Partido Popular (PP), accedió a la presidencia del gobierno de España en 1996, siendo reelegido en 2000.
2:281b; España 6:80b; *ilustración* 2:281b.

AZNAR, JUAN BAUTISTA (1860-1933). Militar y político español. Participó en la guerra de Marruecos y fue ministro de marina en 1922-1923. Tras sustituir a Dámaso Berenguer en febrero de 1931 como jefe del gobierno, convocó elecciones municipales para abril de ese mismo año. La victoria en ellas de las fuerzas republicanas supuso la implantación en España de la segunda república.
República española 12:342b.

AZNAR GALINDO I (m. en el 838). Primer conde de Aragón bajo el patrocinio de Carlomagno. Derrocado por su yerno García el Malo, obtuvo del rey franco los condados de Cerdaña y Urgel.

AZOGUE. V. **Mercurio.**

AZOGUES. Ciudad del Ecuador, cap. de la prov. de Cañar. Carretera panamericana. Ferrocarril. Minas de mercurio, plata y cobre. Productos alimenticios, curtidurías. 13.840 hab. (1983).

AZOICOS, COMPUESTOS. Colorantes que se obtienen a partir de la reacción de una amina aromática primaria con ácido nítrico y un ácido mineral (diazotación), y por copulación con otros compuestos orgánicos. Es un grupo cromóforo (–N=N–) y cubre un amplio campo de colorantes.

AZOOSPERMIA. Carencia total o parcial en el proceso de formación de espermatozoides contenidos en el semen.

AZOR. Ave rapaz de la familia de los accipítridos (*Accipiter gentilis*), distribuida por Eurasia y Norteamérica.
Rapaces 12:262a.

AZORA. V. **Sura.**

AZORES, ANTICICLÓN DE LAS. Gran centro de altas presiones atmosféricas sobre el Atlántico norte. Constituye una célula subtropical de altas presiones intensificada que se desplaza hacia el norte. A veces se divide en una segunda célula, el anticiclón de las Bermudas.
Atlántico, océano 2:195b; Azores, islas 2:282b.

AZORES, ISLAS. Archipiélago portugués en el Atlántico norte. Compuesto por nueve islas principales divididas en tres grupos. 2.247 km^2.
2:282a; Portugal 12:88b; *ilustración* 2:282b.

AZORÍN (1874-1967). José Martínez Ruiz, ensayista y crítico literario, autor también de novelas, cuentos y obras de teatro. Perteneció a la generación del 98, término acuñado por él.
2:283a; Española, literatura 6:93b; Noventa y ocho, generación del 11:21b; *ilustración* 2:283b.

AZOTEA. Cubierta plana de una edificación y normalmente rodeada de un pretil o balaustrada; es un sistema de construcción propio de las zonas mediterráneas o calurosas. En la Argentina, Paraguay y Bolivia, casa de adobe con techo plano.

AZOV, MAR DE. Extensión del mar Negro, entre las rep. de Ucrania y Rusia. Está unida a aquél por el estrecho de Kerch. Cubre una superficie de 38.000 km^2.
2:283b; *ilustración* 2:284a.

AZPEITIA. Población española de la prov. de Guipúzcoa, en la comunidad autónoma del País Vasco. Está situada en la confluencia del Régil con el Urola. Fue la cuna de san Ignacio de Loyola y en ella se construyó en el siglo XVII un santuario. Ferias agropecuarias; industria siderometalúrgica. 13.205 hab. (1986).

AZPILCUETA, MARTÍN DE (1493-1586). Teólogo español, conocido como el Doctor Navarro. Desempeñó diversos cargos docentes y ocupó una cátedra en la Universidad de Coimbra durante 16 años. Fue penitenciario apostólico en Roma.

AZT. V. **Azidotimidina.**

AZTECA, IMPERIO. Conjunto de estados mesoamericanos que, bajo la hegemonía azteca, alcanzó su máximo esplendor a comienzos del siglo XVI.
2:284a; Acamapichtli 1:25b; Ahuízotl 1:130a; Amerindios, pueblos 1:297a; Axayácatl 2:272a; Camino y carretera 3:305b; Cortés, Hernán 4:400b; Cuauhtémoc 5:48b; Cuitláhuac 5:70a; Chichimeca, cultura 4:126b; Guatemala 7:253b; Ixtlilxóchitl 8:326a; Latinoamérica, conquista de 9:79b; Mesoamericanas, civilizaciones 10:82a; México 10:128a; México, ciudad de 10:138a; Mixteca, cultura 10:201a; Moctezuma I Ilhuicamina 10:203a; Moctezuma II Xocoyotzin 10:203b; Oaxaca 11:59b; Precolombinas, literaturas 12:120a; Precolombino, arte 12:123a; Tlacaélel 14:70a; *mapa* 2:285b; *cuadro* 2:285a; *ilustraciones* 2:284b; 2:285b; 2:286a; 2:287.

AZTECA, LENGUA. V. **Náhuatl.**

AZTECA, RELIGIÓN. Conjunto de creencias religiosas de los mexicas o aztecas, que dominaron el centro de México desde el siglo XIV hasta 1521.
2:288a; Azteca, imperio 2:287a; Huitzilopochtli 8:90a; Mito y mitología 10:198b; Mixcóatl 10:200b; Precolombinas, literaturas 12:120a; Quetzalcóatl 12:220b; Tezcatlipoca 14:44b; Tonacatecutli y Tonacacíhuatl 14:83b; Tonantzin 14:84b; *ilustraciones* 2:288a-b; 2:289a.

AZUA (CIUDAD). Población de la República Dominicana, cap. de la prov. de Azua. Fundada en 1504 en la costa del Caribe, destruida por un terremoto, fue trasladada más al interior. Caña de azúcar, café, maíz. 31.481 hab. (1981).

AZUA (PROVINCIA). División administrativa del sudoeste de la República Dominicana, a orillas del mar Caribe. Agricultura de regadío; ganadería, explotaciones forestales; minas de oro y plata. Cap Azua. 2.532 km^2. 194.209 hab. (1993).

AZUAGA. Población española de la prov. de Badajoz, en la comunidad autónoma de Extremadura. Castillo árabe e iglesia gótica. Minas de plomo e industrias de maquinaria y alimentarias. 9.995 hab. (1996).

AZUAY. Provincia del sur del Ecuador, en las sierras andinas del país. Agricultura, ganado vacuno, ovejas, aves de corral. Carretera panamericana de norte a sur. Cap. Cuenca. 8.125 km^2. 597.798 hab. (1997).

AZÚCAR. Sólido cristalizable, de color blanco y sabor dulce, soluble en agua y alcohol. Está formado por un carbohidrato (sacarosa). Utilizado principalmente en la industria alimentaria, se extrae de la caña de azúcar y la remolacha.
2:289b; Alimentaria, industria 1:231a; Arce 2:27b; Caña de azúcar 3:352b; Carbohidratos 3:371b; Remolacha 12:327a; *cuadro* 2:289b; *ilustraciones* 2:289b; 2:290a.

AZUCENA. Planta herbácea de la familia de las liliáceas (*Lilium candidum*). Monocotiledónea. Originaria del cercano oriente, es muy utilizada como ornamento.
2:291a; Angiospermas 1:354a; Lirio 9:175b; *ilustración* 2:291b.

AZUCHI-MOMOIAMA. Etapa de la historia del Japón que se desarrolló entre 1574 y 1600, y que coincidió con los gobiernos de Oda Nobunaga y Toyotomi Hideyoshi. Las actividades artísticas alcanzaron un gran desarrollo, marcadas por un estilo muy elaborado y decorativo.
Japonesa, literatura 8:351b.

AZUELA, ARTURO (n. en 1938). Escritor mexicano. Maestro en ciencias matemáticas y doctor en historia por la Universidad Nacional Autónoma de México, se inició como novelista con *El tamaño del infierno* (1973), obra seguida por *Un tal José Salomé* (1975), *Manifestación de silencios* (1979), *La casa de las mil vírgenes* (1983), *El don de la palabra* (1985) y *El matemático* (1988).

AZUELA, MARIANO (1873-1952). Novelista mexicano. Iniciador de la novela de la revolución mexicana.
2:291b; Hispanoamericana, literatura 8:12b; Revolución mexicana, novela de la 12:358b.

AZUELA, SALVADOR (1902-1984). Político y ensayista mexicano. Doctor en derecho por la Universidad Nacional Autónoma de México. Desempeñó diversos cargos políticos y académicos. *Francisco Giner de los Ríos* (1936), *Universidad y humanismo* (1937), *La idea liberal de José María Luis Mora* (1963).

AZUERO, PENÍNSULA DE. Región física de Panamá que penetra en el océano Pacífico entre el golfo de Panamá al este y el de Montijo al oeste. Mide 100 km de este a oeste y 92 km de norte a sur.

AZUERO PLATA, VICENTE (1787-1844). Jurisconsulto y político colombiano. Participó en la lucha por la independencia de su país y, tras pasar algunos años en prisión, ocupó diversos cargos políticos. Defendió la instauración de una república democrática y civil. Intervino en la redacción de la constitución de la república de la Gran Colombia (1821).

AZUFRADO. Técnica plaguicida en la que se dispersa azufre en polvo sobre las plantas con el fin de prevenir enfermedades parasitarias o de otros gérmenes malignos.

AZUFRE. Elemento químico de la familia del oxígeno (grupo VIa de la tabla periódica). Símbolo, S; peso atómico, 32,064; número atómico, 16.
2:292a; Petroquímica 11:385a; *cuadro* 2:292a; *ilustración* 2:292.

AZUFRE, DIÓXIDO DE. Gas procedente de la combustión del azufre o de la reacción del cobre y el ácido sulfúrico. Conservador de alimentos y medicamentos. Contaminante del aire. Símbolo, SO_2.
Lluvia ácida 9:191b.

AZUL, CORDILLERA. Cadena montañosa de los Andes peruanos que conforma un canal de comunicación con la depresión del Amazonas.

AZUL, RÍO. V. **Yangzi, río.**

AZULEJO (CONSTRUCCIÓN). Ladrillo pequeño, vidriado, de varios colores y que puede estar decorado con dibujos; se utiliza para pavimentos y revestimientos de zócalos, fachadas, etc. Originario del cercano oriente, el azulejo llegó a su apogeo con el arte islámico y el Renacimiento.

AZULEJO (ORNITOLOGÍA). Ave paseriforme (pájaro) de coloración azul. El nombre se emplea para especies distintas de familias diversas. Son características la *Trampis sayaca* (sudamericano), la *Coracias garrulus* (carraca española) y la *Sialia mexicana*, entre otras.

AZURITA. Carbonato natural de cobre básico. Localizado frecuentemente con la malaquita en la zona oxidada de los lodos cúpricos. De color azul, se emplea como pigmento desde la antigüedad.

B

B-1. Bombardero estadounidense. Alcanza dos veces la velocidad del sonido, se eleva a 15.000 m de altitud y cubre un radio de acción de 10.000 km.

B-17. Bombardero estadounidense utilizado durante la segunda guerra mundial; también llamado «fortaleza volante», alcanzaba 462 km/h.

B-29. Bombardero estadounidense utilizado durante la segunda guerra mundial. Fueron B-29 los aviones que, el 6 y 9 de agosto de 1945, lanzaron las primeras bombas atómicas sobre las ciudades japonesas de Hiroshima y Nagasaki.

B-52. Bombardero estadounidense de largo alcance, con velocidad máxima de 957 km/h. Empleado desde 1952, y en especial en la guerra de Vietnam.

BAADE, WALTER (1893-1960). Astrónomo estadounidense de origen alemán que tuvo gran influencia en las investigaciones sobre agrupaciones estelares. Sus estudios condujeron a una revisión de las medidas del universo.
Vía Láctea 14:293b.

BAADER, FRANZ XAVER VON (1765-1841). Filósofo y teólogo alemán. Publicó *Fermenta cognitionis*, en la que refutó la filosofía moderna. Según él, la fe y la tradición de la iglesia deben complementar la razón, y ésta elucidar las verdades que la revelación y la autoridad eclesiástica apuntan.

BAAL. Entre los fenicios y cananeos, nombre con el que se designaba al señor de los dioses.
2:293a; Cartago 3:420b; Elías 5:378a; Siria y Palestina, religiones de 13:264a.

BAALBEK. Ciudad del Líbano, en el valle de la Bekaa, depresión situada entre los montes del Líbano y del Antilíbano. Conocida desde la conquista griega de Siria (332 a.C.). Perteneció a Egipto bajo los Tolomeos, con el nombre de Heliópolis. Arzobispados católicos de rito maronita y de rito griego.

BAAL SHEM. Título judío otorgado a hombres señalados por la realización de grandes obras y curas con la mediación del conocimiento secreto de los inefables (inexplicables con palabras) nombres de Dios. Ya en el siglo XI Benjamín ben Zerah, poeta judío, empleó los nombres místicos de Dios en sus trabajos, convencido de su eficacia. Los Baal Shem proliferaron en los siglos XVII y XVIII en el este europeo. Fueron criticados por las autoridades rabínicas y por los ilustrados judíos.

BAAL SHEM TOV (h. 1700-1760). Israel ben Eliezer, escritor ucraniano judío, conocido también como Besht. Su sobrenombre significa en hebreo «señor del nombre divino». Fundador carismático del movimiento espiritual judío denominado hasidismo, cuyas características son el misticismo y la oposición a los estudios seculares y al racionalismo judíos. Sus enseñanzas populares aportaron un sentido inmediato de religión a los campesinos judíos de la Rusia meridional.

BAARGELD, JOHANNES THEODOR (1891-1927). Alfred Grünewald, artista alemán. Considerado como uno de los personajes más destacados del movimiento dadaísta de Colonia, se consagró a la propaganda política y defendió la destrucción de los valores estéticos tradicionales. La mayoría de sus producciones fueron anónimas y formaron parte de obras colectivas.

BAAZ, PARTIDO. Organización socialista y panarabista. Fue fundada en 1953, en Damasco, por Michel Aflaq, y se extendió por muchos países árabes. En la década de 1960 alcanzó el poder en Siria y, posteriormente, en Irak. Las ramas siria e iraquí del partido, sin embargo, eran rivales.
Irak 8:259b; Siria 13:263a.

BAB (1819/1820-1850). Nombre adoptado por Mirza Alí Mohamed de Shiraz, reformador del Islam y fundador en Persia del babismo. El término proviene de *bab-ud-din,* que en árabe significa «puerta de acceso a la fe». Sus ataques contra la ortodoxia musulmana provocaron inquietud en la jerarquía religiosa y civil, por lo que fue perseguido y finalmente fusilado.
Babismo y bahaísmo 2:297a.

BABAHOYO. Ciudad del Ecuador, cap. de la prov. de Los Ríos. Universidad. Productos alimenticios, destilerías, perfumes. 42.583 hab. (1983).

BAB AL-MANDAB. Estrecho que une el mar Rojo con el golfo de Adén, entre Yibuti y la República de Yemen.
Yibuti (estado) 14:385b.

BABANGIDA, IBRAHIM (n. en 1941). Militar y político de Nigeria. Asumió el poder (1985) en un golpe de estado. Enfrentó dificultades por la caída de los precios del petróleo (1986) y por conflictos étnicos.
Nigeria 10:415a.

BABBAGE, CHARLES (1792-1871). Matemático inglés, precursor de la ingeniería automática de máquinas. Se le considera autor de un primer modelo de calculadoras automáticas.
Informática 8:200b.

BABBITT, METAL DE. Aleación antifricción inventada por el estadounidense Isaac Babbitt y ampliamente usada en la fabricación de rodamientos y cojinetes.

BABBITT, MILTON (n. en 1916). Compositor estadounidense. Discípulo de Roger Sessions, su obra llevó los principios seriales a todos los aspectos musicales, incluidos el ritmo, la dinámica y la elección de instrumentos. *Música para misa, Composición para doce instrumentos, Música para viola y piano.*

BABCOCK, HORACE WELCOME (n. en 1912). Astrónomo estadounidense. Director de los observatorios de Palomar y Mount Wilson (1964-1978) y de Las Campanas (Chile). Realizó importantes investigaciones sobre el campo magnético solar y de otras estrellas.

BÁBEL, ISAAK (1894-1941). Escritor ruso. Autor de relatos breves, caracterizados por su crudeza y pesimismo.
2:293a.

BABEL, TORRE DE. Según el relato bíblico del Génesis, torre que los descendientes de Noé intentaron edificar en una llanura de Sinar, Babilonia, con la intención de que llegara hasta el cielo. Pretendían con ello crearse un nombre famoso y no ser dispersados sobre la tierra, pero Yahvé castigó su ambición confundiendo su lengua de modo que no pudieran entenderse entre ellos; de esta confusión surgieron los diversos idiomas y la dispersión de los hombres por todo el orbe.

BABENBERG, CASA DE. Familia nobiliaria que gobernó Austria a lo largo de los siglos X-XIII. Desde el 976 tuvo en su poder el territorio austriaco, denominado entonces la Marca Oriental. Con la muerte en 1246 del duque Federico II se extinguió la línea sucesoria masculina.

BABENCO, HÉCTOR (n. en 1946). Director de cine argentino afincado en Brasil. *El beso de la mujer araña* (1985), *Jugando en los campos del Señor* (1992), *Foolish heart* (1997).

BABER (1483-1530). Emperador de la India. Fundador de la dinastía mogola.
2:293b; India 8:158b; Mogola, dinastía 10:209b; Tamerlán 13:394a; Turca, literatura 14:155b.

BABEUF, FRANÇOIS-NOËL (1760-1797). Teórico socialista y revolucionario francés, también llamado Gracchus. Reclamó la abolición de la propiedad privada para instaurar la «república de los iguales». Fundó un incipiente comunismo activo, conocido como babuvismo. Murió en la guillotina por conspirar para derrocar al Directorio.
Anarquismo 1:323b; Comunismo 4:318b; Francesa, revolución 6:381a; Socialismo 13:275a.

BABIECA. Nombre del caballo del Cid Campeador, según aparece en el *Cantar de mío Cid.*

BABILONIA. Antigua ciudad del sur de Mesopotamia que fue capital del reino de su mismo nombre y del posterior imperio neobabilonio.
2:294a; Asiria 2:159b; Hamurabi 7:329a; Hititas 8:28b; Irak 8:258b; Jerusalén 8:366a; Judaísmo 8:402a; Judío, pueblo 8:404b; Mesopotamia 10:83b; Mesopotámico, arte 10:87a; Metrología 10:112b; Nabucodonosor II 10:331b; Persia 11:350a; Sargón II de Asiria 13:160b; Tiglat-Pileser III 14:61a; *ilustraciones* 2:294a; 2:295; 2:296a.

BABILONIA, CAUTIVIDAD DE. Exilio sufrido en el siglo VI a.C. por el pueblo judío en Babilonia. Como consecuencia de la conquista de Jerusalén por Nabucodonosor II en el 587-586 a.C., la población cautiva fue deportada a la capital del imperio babilónico donde permaneció hasta la conquista de Ciro (539 a.C.). Este suceso inspiró a Giuseppe Verdi su ópera *Nabucco.*
Babilonia 2:295b; Judaísmo 8:402a; Judío, pueblo 8:404b; Nabucodonosor II 10:332a.

BABILONIA, JARDINES COLGANTES DE. Conjunto arquitectónico considerado como una de las siete maravillas del mundo antiguo. Los jardines, construidos por la reina Semíramis (siglo VIII a.C.) o por Nabucodonosor II (siglo VI a.C.), formaban una serie de terrazas.
Arquitectura del paisaje 2:115a; Babilonia 2:296a; Maravillas del mundo, las siete 9:350a.

BABILÓNICA, RELIGIÓN. Conjunto de creencias religiosas de los antiguos babilonios. Éstos creían en un gran número de divinidades, la ma-

yoría personificaciones de los fenómenos y fuerzas de la naturaleza (Anu, Ramán, Ea, Enlil, etc.). Entre las más veneradas destacaban Marduk, dios de Babilonia, e Ishtar, diosa del amor. La clase sacerdotal era maestra en el arte adivinatorio y en astrología; el ritual incluía sacrificios cruentos de animales. Al parecer, en la mitología babilónica se encuentra el origen de algunos de los relatos del Génesis de la *Biblia.*
Babilonia 2:296b.

BABINGTON, ANTHONY (1561-1586). Conspirador inglés, cabecilla del fracasado «complot de Babington» para asesinar a la reina Isabel I y coronar a María Estuardo. Tanto él como el resto de los conjurados fueron ajusticiados.

BABINI, JOSÉ (1897-1984). Ingeniero argentino. Fue docente en la Universidad del Litoral. *Ejercicios de matemáticas especiales para físicos y químicos* (escrito junto con Julio Rey Pastor), *Aritmética práctica.*

BABIRUSA. Mamífero artiodáctilo de la familia de los suidos (*Babyrussa babyrussa*). Habita en Malasia y se parece al jabalí, aunque es mayor y sus colmillos sobresalen por encima de la jeta.

BABISMO y BAHAÍSMO. Movimientos religiosos derivados del Islam, fundados en Persia en el siglo XIX por Mirza Alí Mohamed, llamado Bab, y Bahá Ulá, respectivamente.
2:297a.

BABITS, MIHÁLY (1883-1941). Literato húngaro. Director de la revista *Nyugat.* Escribió poesía, novela y ensayo. *Problemas literarios* (1917), *El valle de la inquietud* (1920), *Los hijos de la muerte* (1927). Tradujo al húngaro la *Divina comedia* de Dante.

BABI YAR. Barranca cercana a Kiev, en Ucrania, donde se produjo una de las mayores matanzas de la segunda guerra mundial. Entre 1941 y 1943 las escuadras alemanas de las SS asesinaron a más de cien mil personas, en su mayoría judíos, aunque también se contaba cierto número de oficiales soviéticos y prisioneros rusos. Evgueni Yevtushenko se inspiró en este suceso para escribir el poema *Babi Yar* (1951) al que puso música Dmitri Shostakóvich.

BABLE. Dialecto leonés hablado en el Principado de Asturias. La constitución de Asturias como comunidad autonómica del estado español impulsó su cultivo, produciéndose, de acuerdo con las normas ortográficas de la Real Academia de la Llingua Asturiana, una creciente literatura.

BABOR. Costado izquierdo de una embarcación, mirando de popa a proa.
Embarcación 5:385a.

BABOSA. Molusco gasterópodo pulmonado. Diversas especies agrupadas en varios géneros, entre ellos el *Arion.* Algunas de éstas tienen la concha reducida y recubierta por el manto y otras carecen de ella. Es un molusco terrestre. Se conoce también como limaco.
Moluscos 10:218a.

BABUCHA. Especie de zapatilla, generalmente sin talón ni tacón, usada en los países árabes. Su origen se supone que data de la edad media, cuando las empezaron a llevar los musulmanes.

BABUR. V. **Baber.**

BABUVISMO. Doctrina político-social inspirada por François-Noël Babeuf en el siglo XVIII. Surgida al calor de la revolución francesa, propugnaba la igualdad social de todos los ciudadanos y la abolición de la propiedad privada. Contenida en el *Manifiesto de los iguales.* Precursora de las teorías comunistas.

BACAB. Nombre dado en la mitología maya a cada una de las divinidades encargadas de sostener el universo. Se representaban como ancianos, situados en cada uno de los cuatro puntos cardinales.

BACAIRÍ. Tribu caribe sudamericana. Se extiende por Brasil entre los ríos Xingú, Arinos y São Manuel.

BACALAO. Pez osteictio de la familia de los gádidos (*Gadus morhua*). Es omnívoro y durante la puesta se hace muy gregario. Propio del Atlántico y comestible.
2:297b; Aceites comestibles 1:27a; *ilustración* 2:297b.

BACALL, LAUREN (n. en 1924). Actriz estadounidense. Estuvo casada con Humphrey Bogart, con quien trabajó en varios filmes. Actuó, entre otras cintas, en *Las modelos* (1943), *El sueño eterno* (1946), *Cayo Largo* (1948) y *Cómo casarse con un millonario* (1953).

BACALLAR Y SANNA, VICENTE (1669-1726). Historiador y diplomático español. Marqués de San Felipe. Intervino en la firma del Tratado de Utrecht (1713). Embajador en Génova y La Haya. En 1717 dirigió la ocupación militar de Sicilia. *Monarquía hebrea* (1719), *Comentarios de la guerra de España e historia de su rey, Felipe V el Animoso* (1725).

BACANAL. Fiesta de carácter religioso que se celebraba en la antigüedad en Grecia y Roma en honor al dios Dioniso o Baco. Caracterizada por los excesos orgiásticos de sus participantes. Suspendida en el 186 a.C. por orden del Senado romano. Tema de frecuente inspiración artística (Tiziano y Peter Paulus Rubens).

BACANTES. En la mitología griega, mujeres que formaban parte del cortejo de Dioniso en su expedición para la conquista de la India. También son así llamadas las ninfas que criaron al dios, sus sacerdotisas y las mujeres que participaban en su culto y en las bacanales.
Griega, religión 7:224b.

BACARÁ. Juego de naipes de origen italiano. Desde un cajetín se reparten las cartas mezcladas de tres, e incluso seis, barajas de 52 naipes. Los jugadores deben contabilizar nueve puntos, o aproximarse a esta cifra, para ganar cada partida. Salvo las figuras y el 10, que valen 0 puntos, los restantes naipes poseen el valor que marcan. El juego también se conoce como Bacarrá.

BACARDÍ, EMILIO (1844-1922). Industrial cubano. Cofundó la industria productora de ron que lleva su nombre. Alcalde de su ciudad natal, Santiago de Cuba, a la que donó un museo y una biblioteca. Escribió novelas, entre ellas *Crónica de Santiago de Cuba (1516-1902),* de carácter histórico.

BACARISSE, MAURICIO (1895-1931). Literato español. Ejerció la enseñanza desde su cátedra de literatura. Participó en las tertulias del madrileño café Pombo. Poeta modernista y ultraísta y traductor de Paul Verlaine. Premio Nacional de literatura en 1930. *El esfuerzo* (1917), *El paraíso desengañado* (1928).

BACARISSE, SALVADOR (1898-1963). Compositor español. Discípulo de Conrado del Campo. Perteneció a la llamada generación de la república, trabajó como crítico musical y residió en París desde 1939. *La nave de Ulises, Corrida de feria, El tesoro de Boabdil.*

BACĂU. Ciudad rumana, situada al nordeste de Bucarest. Cap. del distrito de Bacău, junto a la confluencia de los ríos Bistricta y Siret. Tradicionalmente ha sido puesto aduanero y nudo de comunicaciones. Fue cuartel general rumano en la segunda guerra mundial. Importante centro de la industria de construcción de aviones de combate. 209.689 hab. (1997).

BACCIO D'AGNOLO (1462-1543). Bartolomeo d'Agnolo Baglioni, escultor y arquitecto italiano. Trabajó en Florencia, donde decoró la iglesia de Santa Maria Novella y el palacio Vecchio. Diseñó el campanile del Santo Spirito y el palacio Bartolini. A su taller asistieron como discípulos Miguel Ángel y Rafael.

BACCHELLI, RICARDO (1891-1985). Poeta, dramaturgo, novelista y crítico italiano. Colaboró en diversas revistas literarias. Publicó *Poemas líricos* en 1914, cuando entró en el ejército como oficial de artillería en la primera guerra mundial. Después colaboró en la revista *La Ronda.* Defendió a los maestros del Renacimiento y a los escritores del XIX frente a las innovaciones de los escritores de vanguardia. Su obra más importante es *El molino del Po* (1950), sobre el trasfondo de las agitaciones políticas en Italia desde Napoleón hasta la primera guerra mundial.

BACH, CARL PHILIPP EMANUEL (1714-1788). Compositor alemán, hijo de Johann Sebastian Bach. Precursor del romanticismo, fue un renovador del género sinfónico. Clavecinista de la corte de Federico II de Prusia. Su literatura musical incluye numerosas partituras de música religiosa, conciertos, sinfonías, música de cámara, etc.
Bach, familia 2:298a; Música 10:313b; Sinfonía 13:253a.

BACH, FAMILIA. Familia de músicos alemanes, cuyos orígenes se remontan al siglo XIII, que incluyó miembros tan destacados como Johann Sebastian y Carl Philipp Emanuel.
2:298a.

BACH, JOHANN CHRISTIAN (1735-1782). Músico alemán, hijo de Johann Sebastian Bach. Se formó en Leipzig y Berlín. Fue organista en la catedral de Milán, y en 1762 se instaló en la Gran Bretaña. Compuso óperas, representadas con éxito en el King's Theatre de Londres, sinfonías, un *Requiem* y conciertos para piano.
Bach, familia 2:298a.

BACH, JOHANN SEBASTIAN (1685-1750). Compositor alemán. El más famoso de los músicos de la familia Bach. Revolucionó los conceptos de la armonía y la composición musical.
2:298a; Bach, familia 2:298a; Barroco, arte 2:361a; Cantata 3:348a; Coral, músuca 4:374a; Fuga 7:1a; Música 10:313a; Música, teoría de la 10:319a; Orquesta 11:158a; Tono 14:86a; Villa-Lobos, Heitor 14:317b; *cuadro* 2:298b; *ilustraciones* 2:298b; 7:1a.

BACH, WILHELM FRIEDEMANN (1710-1784). Compositor alemán, hijo primogénito de Johann Sebastian Bach. Marcó la transición entre el barroco y el rococó. Instruido musicalmente por su padre, estudió violín y fue organista de la iglesia de Santa Sofía, en Dresde (1733), y en la Liebfrauenkirche, en Halle (1746). En 1774 se trasladó a Berlín. La mayor parte de sus composiciones son piezas para piano y cantatas.

BACHARACH, BURT (n. en 1928). Compositor estadounidense. Acompañó a Marlene Dietrich en sus números musicales. Estuvo asociado con Hal David desde 1962 y compuso canciones que alcanzaron gran popularidad. *Qué tal, Pussycat?* (1965), *Promises, Promises* (1968).

BACHATA. Tipo de canción romántica creada en los suburbios de los municipios dominicanos a principios de la década de 1970. Entre sus principales intérpretes destacaron Juan Luis Guerra, Luis Segura y Leonardo Paniagua.

BACHELARD, GASTON (1884-1962). Filósofo francés. Profesor en las Universidades de Dijon y la Sorbona. Cultivó la filosofía de las ciencias naturales. Consideró la complejidad de las teorías científicas un reflejo de la diversidad de las estructuras de lo real, y ello lo acercó a teorías cognoscitivas inspiradas en el aproximativismo y el probabilismo. *El nuevo espíritu científico* (1934), *El racionalismo aplicado* (1949).

BACHILLER Y MORALES, ANTONIO (1812-1889). Jurista y economista cubano. Defensor del liberalismo económico preconizado por Adam Smith. Ejerció la docencia en el Seminario de San Carlos, en la Habana. *Cuba primitiva, Elementos de filosofía del derecho, Prontuario de agricultura general para la isla de Cuba.*

BACHMAN, INGEBORG (1926-1973). Escritora austriaca. Autora de libros de poesía de carácter intimista, en los que destacan los temas de la muerte y la angustia del hombre moderno. En 1971 se publicó su novela *Malina.*

BACHMANN, CARLOS J. (1869-1938). Periodista y geógrafo peruano. Fundó y dirigió el diario *La Prensa* y colaboró en *El Comercio. Demarcación política del Perú, Diccionario hipsométrico del Perú, De Lima a Puerto Maldonado.*

BACHOFEN, JOHANN JAKOB (1815-1887). Historiador del derecho y antropólogo suizo. Profesor de derecho romano en Basilea, escribió varias obras que analizaban símbolos e instituciones del mundo clásico. *El matriarcado* (1861) lo consagró como primer investigador del tema.
Familia 6:226b.

BACHUÉ. En la mitología chibcha precolombina, diosa madre del universo y de los hombres que surgió del agua y volvió a ella convertida en serpiente.

BACICCIA (1639-1709). Giovanni Battista Gaulli, pintor barroco italiano. Discípulo de Luciano Borzone y de Gian Lorenzo Bernini, sus retratos y frescos se caracterizan por el magistral tratamiento del color y del claroscuro. «La gloria del nombre de Jesús» (iglesia del Gesú, Roma, fresco terminado en 1684).

BACILO. Variedad de bacterias que tienen la forma de un fino bastoncito.
Bacteria 2:300b; Microbiología 10:151a; Tuberculosis 14:141b.

BACKGAMMON. Juego de suerte y habilidad en el que dos jugadores, provistos cada uno con quince fichas, blancas o negras, las hacen avanzar por un tablero dividido en cuatro secciones, lanzando alternativamente dos dados. Gana aquel que consigue meter sus quince fichas en la casilla de salida del adversario y sacarlas fuera del tablero.

BACK-UP. Reproducción de uno o más ficheros que se almacena en cualquier soporte adecuado (disquete, cinta magnética, etc.) para poder recuperarlos en caso de avería o error.

BACKUS, JOHN (n. en 1924). Informático estadounidense. Realizó investigaciones en el Centro Thomas J. Watson (1959-1963). Trabajó en IBM desde 1963 hasta 1991. Diseñó la primera versión del lenguaje de programación de alto nivel FORTRAN.

BACO. Dios romano del vino, las vides y el delirio místico. Las fiestas religiosas en su honor recibían el nombre de bacanales. Se le representaba como un joven medio desnudo y con racimos de uva en la cabeza.
Dioniso 5:198a.

BACOLOD. Ciudad de Filipinas, cap. de la prov. de Negros Occidental en la isla de Negros. Universidad, aeropuerto. Centro de la producción azucarera del país. 402.345 hab. (1995).

BACON, FRANCIS (1909-1992). Pintor estadounidense de origen irlandés. En sus obras expresó la angustia y la soledad del hombre del siglo XX.
2:299a; Arte 2:124a; Británica, literatura 3:177a; *ilustración* 2:299b.

BACON, ROGER (h. 1220-1292). Filósofo y teólogo británico. Defendió la importancia de la investigación científica y la práctica experimental en la búsqueda del conocimiento.
2:299b; Filosofía 6:297a.

BACON, SIR FRANCIS (1561-1626). Filósofo británico. Creador de una metodología científica experimental e inductiva, alternativa al sistema aristotélico, que sentó las bases del empirismo.
2:300a; Criptografía 5:16a; Educación 5:314a; Empirismo 5:394a; Enciclopedia 5:402b; Ensayo 6:1b; Filosofía 6:297b; Historia 8:22a; Metodología científica 10:110b; Química 12:225b; Termodinámica 14:32b; *ilustración* 2:300a.

BACONTHORPE, JOHN (h. 1290-h. 1345). Teólogo inglés. Llamado también John Bacon, Johannes de Baconthorpe o Johannes de Anglicus, y apodado Doctor Resolutus. Elogiado por los averroístas renacentistas debido a su interpretación y sus citas de Averroes, a pesar de no suscribir su doctrina. Se opuso a teólogos como santo Tomás de Aquino, Juan Duns Escoto y Enrique de Gante, y comentó las obras de Aristóteles, san Agustín, Pedro Lombardo, etc. Considerado como el maestro escolástico capital de la orden de los carmelitas, a partir de sus ideas se desarrolló la filosofía *ad mentem Baconis.*

BACTERIA. Microorganismo procariótico (carente de membrana nuclear) que posee un único cromosoma e interviene en multitud de procesos biológicos. Muchos de ellos son patógenos y producen graves afecciones en el hombre y los animales. Otros dan lugar a las fermentaciones.
2:300b; Antibiótico 1:382a; Bioluminiscencia 3:42b; Biosfera 3:51a; Microbiología 10:148b; Patología vegetal 11:300a; Vacuna 14:219b; Vida 14:300a; *cuadro* 2:203b; *ilustraciones* 2:301a-b; 2:302a.

BACTERIEMIA. Descarga de bacterias en el torrente circulatorio a partir de un foco séptico (que contiene gérmenes dañinos).

BACTERIÓFAGO, VIRUS. Virus que vive a expensas de las bacterias, en cuyo interior penetra perforando la pared bacteriana. Una vez en el interior dirige los procesos replicativos de la bacteria para formar así nuevos virus. También se denomina fago.

BACTERIOLOGÍA. Ciencia que se ocupa del estudio de las bacterias. En ocasiones, el término se aplica también a la investigación sobre otros microorganismos, como los virus y las rickettsias, es decir, a la microbiología en general.
Biología 3:38a; Medicina 10:30b; Microbiología 10:148b; Preventiva, medicina 12:137b.

BACTRIANA. Antigua región de Asia central situada entre la cordillera del Indu Kush y el río Amú Daria. Fue durante muchos siglos una encrucijada comercial, religiosa y cultural entre oriente y occidente.

BADA, JOSÉ DE (1691-1755). Arquitecto español. Figura destacada de la arquitectura rococó andaluza del siglo XVIII. Intervino en las fachadas de la catedral de Málaga (1724-1747) y de la iglesia del Sagrario de Granada. Su obra principal es la sacristía de la Cartuja, también en la capital granadina (1730-1742).

BADAJOZ (CIUDAD). Capital de la prov. española homónima en la comunidad autónoma de Extremadura, a orillas del río Guadiana. Murallas, museo arqueológico. Productos alimenticios. Cereales, remolacha, oliva. Cuna de Luis de Morales («el Divino»), Manuel Godoy y Pedro de Alvarado. Activo paso fronterizo con Portugal. 134.710 hab. (1998).
Extremadura 6:219b; Guadiana, río 7:246b.

BADAJOZ (PROVINCIA). División administrativa de España en la comunidad autónoma de Extremadura, fronteriza con Portugal, regada por el río Guadiana. Llanura de Tierra de Barros productora de cereales, vino, aceite. Ganadería. Conservas vegetales. Cap. Badajoz. 21.657 km^2. 648.654 hab. (1996).
Extremadura 6:219a.

BADAJOZ, JUAN DE (EL MOZO) (1493-1555). Arquitecto español, hijo del también arquitecto Juan de Badajoz. Difundió el estilo plateresco por la provincia de León. Trabajó en el trascoro y el claustro de la catedral y en el convento de San Marcos de dicha ciudad.

BADAJOZ, PAZ DE. Tratado firmado en Badajoz (España), en 1801, con el que se puso término a la llamada «guerra de las naranjas». Instigada por Napoleón, España declaró la guerra a Portugal para que renunciara a su alianza con Inglaterra, penetrando en el territorio portugués. El 6 de junio se firmó la paz, por la que España obtuvo la plaza de Olivenza.

BADALONA. Ciudad de España en la prov. de Barcelona, comunidad autónoma de Cataluña, en la desembocadura del río Besós. Suburbio industrial de la capital catalana. Monasterio del siglo XV, museo. 209.606 hab. (1998).

BADARIENSE, CULTURA. Período de la prehistoria de Egipto correspondiente al eneolítico, o fase de transición al uso de los metales, hacia el año 4.000 a.C. Debe su nombre al yacimiento arqueológico de Badari. Se caracteriza por el uso de objetos de cobre forjado, piedra y marfil. Cerámica con decoración estriada de color rojizo o pardo y pequeñas figurillas de rasgos femeninos.
Egipto 5:333a.

BADEN, ESCUELA DE. Círculo filosófico neokantiano alemán. También conocida como escuela de Friburgo o axiológica. Fundada por Wilhelm Windelband (1848-1915) y Heinrich Rickert (1863-1936), profesores de la Universidad de Baden. Supuso una revisión de las ideas de Immanuel Kant centrada en la importancia de los valores.

BADEN-BADEN. Ciudad de Alemania en el est. de Baden-Württemberg. Famoso balneario. Aguas termales y radiactivas. Baños romanos de Caracalla. Museo, casino. 50.761 hab. (1989).

BADENI, KASIMIR FELIX, CONDE DE (1846-1909). Político austriaco. Gobernador de Galitzia, en 1895 fue nombrado presidente del consejo de ministros. Concedió a los checos el uso de su idioma en Bohemia y en Moravia, lo que provocó la reacción de los políticos de habla alemana, que lo forzó a dimitir.

BADEN-POWELL, ROBERT (1857-1941). Oficial del ejército británico. Considerado héroe nacional por su defensa, durante 217 días, de Mafeking, en la guerra contra los bóers (1899-1902). Fundador de la asociación de *boy scouts* y muchachas guías. En 1929 recibió el título de barón.

BADEN-WÜRTTEMBERG. Estado de Alemania, fronterizo con Francia y Suiza. Cap. Stuttgart. Uno de los más variados, geográficamente, del país. Ríos Danubio, Rin y Meno (Main), lago Constanza. Selva Negra, Alpes. Madera, ganadería, turismo. 35.752 km^2. 10.319.400 hab. (1996).
Alemania 1:183b; Heidelberg 7:349b.

BADIA I MARGARIT, ANTONI MARÍA (n. en 1920). Lingüista y filólogo español. Catedrático de lengua española en la Universidad de Barcelona (1948), y desde 1977 de gramática histórica catalana. Sus primeros trabajos se centraron en el estudio del dialecto aragonés. *Gramática histórica catalana* (1950), *La lengua catalana de ayer y de hoy* (1973).

BADÍA Y LEBLICH, DOMÈNEC (1767-1822). Aventurero español que, con el nombre de Alí Bey, recorrió África del norte, Grecia, Chipre y Arabia por cuenta del monarca español Carlos IV. *Viajes.*

BADINGS, HENK (n. en 1907). Compositor holandés, nacido en la isla de Java. Introdujo en su música sonidos electrónicos y utilizó grabadoras en combinación con instrumentos convencionales. *Orestes* (1954).

BADIS (siglo XI). Monarca del reino taifa de Granada entre 1038 y 1073. Enfrentado con Zuhayr de Almería, acabó venciéndolo en 1038. Defendió las fronteras de su reino de los abadíes sevillanos. Conquistó Málaga en 1057.

BADLANDS. Término inglés usado en topografía para describir un terreno abarrancado por la acción de lluvias esporádicas de carácter torrencial sobre zonas desprovistas de manto vegetal, en las que afloran rocas sueltas e impermeables endurecidas por la sequedad.

BADMINTON. Juego individual o por parejas que se practica con raquetas de peso ligero y un pequeño volante en una cancha similar a la del tenis.
2:302b; *ilustración* 2:303a.

BADOGLIO, PIETRO (1871-1956). Militar italiano. Jefe del estado mayor en 1919 y, nuevamente, en 1925, fue gobernador de Libia (1928-1934) y dirigió la ocupación de Etiopía en 1935. Durante la segunda guerra mundial y tras la caí-

da de Benito Mussolini encabezó el gobierno que, en 1943, firmó el armisticio con los aliados.
Guerra mundial, segunda 7:276a; Italia 8:313a; Víctor Manuel III de Italia 14:298b; *ilustración* 8:313b.

BAD WATER. Región del sudeste de California, Estados Unidos, en el valle de la Muerte. Es una depresión a 85 m por debajo del nivel del mar, la zona más baja del continente americano.

BAECK, LEO (1873-1956). Teólogo alemán de religión judía. Líder espiritual de los judíos alemanes durante el período nazi, fue el principal pensador judío de tendencia liberal en su tiempo. Influyeron en su obra el judío Hermann Cohen y el neokantismo. *La esencia del judaísmo* (1905), *El pueblo de Israel: el significado de la existencia judía* (1955), escrito durante su reclusión en un campo de concentración nazi.

BAEDEKER, KARL (1801-1859). Editor alemán. Fundador de una editorial famosa por sus guías turísticas. Realizaba sus trabajos viajando de incógnito para conocer de primera mano los lugares que reseñaba. Empleó por primera vez «estrellas» para calificar los servicios hoteleros.

BAENA. Ciudad española de la prov. de Córdoba, comunidad autónoma de Andalucía. Situada en la comarca de la Campiña y regada por el Guadajoz. Fue conquistada a los moros en 1237 por Fernando III el Santo. Arquitectura mudéjar y plateresca. Cereales e industrias harineras. 20.453 hab. (1996).

BAENA, JUAN ALFONSO DE (1406-1454). Poeta español. Judío de origen, se convirtió al cristianismo. Dedicó poemas a Álvaro de Luna y a Juan II de Castilla, de quien fue secretario. En 1445 el rey le encargó la compilación de un cancionero de poesía, el *Cancionero de Baena*, que recoge obras de poetas líricos de los siglos XIV y XV.

BAENA SOARES, JOÃO CLEMENTE (n. en 1931). Político y diplomático brasileño. En la década de 1960 dirigió la delegación brasileña en las diversas conferencias de países no alineados. En 1979 ocupó la vicecancillería de su país. En 1984 fue elegido secretario general de la Organización de Estados Americanos (OEA).

BAER, KARL ERNST VON (1792-1876). Naturalista ruso de origen alemán, considerado como el creador de la embriología. Realizó también investigaciones en antropología y geografía.
2:303b.

BAETULO. Antigua población romana de la provincia Tarraconense. Su emplazamiento coincide con la actual Badalona. Fue fundada el año 100 a.C. En ella se establecieron veteranos licenciados del ejército de Cayo Mario. En el siglo I de la era cristiana adquirió la categoría de municipio romano. Las excavaciones realizadas han sacado a la luz numerosos restos arqueológicos romanos, entre ellos el torso femenino conocido como «Venus de Badalona» y restos de edificios públicos.

BAEYER, ADOLF VON (1835-1917). Químico alemán, discípulo de Robert Bunsen. Autor de la importante teoría de las tensiones, fue Premio Nobel en 1905 por su desarrollo de la química de los colorantes.
2:304a.

BÁEZ, BUENAVENTURA (1810-1884). Político dominicano. Entre 1849 y 1878 ocupó cinco veces la presidencia de su país. Propuso un proyecto de anexión a los Estados Unidos.
2:304a; Dominicana, República 5:227a.

BÁEZ, CECILIO (1862-1941). Jurista, escritor y político paraguayo. Difundió las ideas liberales y la filosofía positivista. Fue presidente provisional de 1906 a 1907. *La tiranía en el Paraguay* (1903), *Historia diplomática del Paraguay* (1931-1932).

BAEZ, JOAN (n. en 1941). Cantante estadounidense. Revitalizó en sus composiciones las canciones populares del folclor anglosajón y se destacó por sus actividades políticas en defensa de los derechos humanos y la paz.

BAEZA. Ciudad española de la prov. de Jaén, situada en el valle del Guadalquivir, en la comunidad autónoma de Andalucía. Antiguo asentamiento romano. Conquistada a los árabes en 1237 por Fernando III el Santo. Olivo, cereales; avicultura, ganado caballar. Catedral renacentista. 17.691 hab. (1996).

BAEZA, RICARDO (1890-1956). Literato y diplomático español. Nació en Bayamo (Cuba). Actividades diplomáticas en Chile y Australia. Colaboró en el diario *El Sol*. Tras la guerra civil española se instaló en Buenos Aires. *Clasicismo y romanticismo* (1930), *Comprensión de Dostoievski y otros ensayos* (1935).

BAFFIN, BAHÍA DE. Brazo del Atlántico norte que se extiende hacia el sur desde el Ártico, entre la costa de Groenlandia (este) y la tierra de Baffin (oeste). Longitud 1.450 km; su anchura varía de 112 a 644 km.
Ártica, región 2:129b.

BAFFIN, TIERRA DE. Isla de Canadá, entre Groenlandia y la península del Labrador. Longitud 1.500 km. Cubre una superficie de 507.451 km^2. Alcanza los 2.057 m de altura.
Canadá 3:321b.

BAFFIN, WILLIAM (h. 1584-1622). Marino inglés. Realizó diversas expediciones al océano Glacial Ártico en busca de un paso por el noroeste. Fue el primero en atravesar el estrecho de Davis. Descubrió en 1615 un mar que fue llamado bahía de Baffin. En 1616 volvió, sin éxito, a buscar el paso hacia el Pacífico. Fue pionero en las mediciones en el mar mediante observaciones astronómicas.

BAGARÍA, LUIS (1882-1940). Caricaturista español y dibujante humorístico. De estilo muy personal e intencionado, colaboró en la revista *España* (1914-1917) y en los diarios *El Sol* (1917-1931), *Luz* (1931-1936) y *La Vanguardia* (1936-1939). Sus dibujos contribuyeron a desprestigiar la dictadura de Miguel Primo de Rivera y la monarquía.

BAGAZO. Cascarilla o residuo que queda después de triturar o exprimir frutos como la aceituna, la uva o la caña de azúcar.
Caña de azúcar 3:353a.

BAGDAD. Ciudad y cap. de Irak, a orillas del río Tigris. 4.478.000 hab. (1997).
2:304b; Abasí, dinastía 1:4b; Irak 8:257a; Islam, historia del 8:285a; Islámico, arte 8:289a; Siria 13:261b; *ilustraciones* 2:304b; 2:305b.

BAGÉ. Ciudad de Brasil en el est. de Río Grande do Sul. Aeropuerto. Productos cárnicos, lana, ganadería. 94.695 hab. (1996).

BAGEHOT, WALTER (1826-1877). Economista británico. Discípulo de David Ricardo, fue director de *The Economist* e investigó sobre el sistema político, financiero y bancario de su país. *La constitución inglesa* (1867), *Leyes científicas del desarrollo de las naciones* (1869).

BAGIRMI, REINO DE. Estado musulmán del África ecuatorial fundado en el siglo XVI en la región situada al sudeste del lago Chad. Su capital era Masenia. Mantuvo la independencia frente a los hostiles reinos vecinos, hasta que en 1897 se convirtió en protectorado francés.

BAGLIONI, FAMILIA. Nobles originarios de Umbría (Italia), muchos de ellos crueles y hábiles *condottieri* (jefes mercenarios), que dominaron Perugia entre 1488 y 1534. Otros nobles y el papado se les opusieron constantemente.

BAGNOLD, ENID (1889-1981). Novelista y dramaturga inglesa. Por su matrimonio con *Sir* Roderick Jones (1920), presidente de la agencia Reuters, Ltd., tomó el nombre de *Lady* Jones. *Fuego de juventud* (1935; *National Velvet*), *El jardín de la greda* (1955).

BAGRATIÓN, PIOTR IVÁNOVICH (1765-1812). General ruso. Descendiente de una familia real de Armenia, en 1799 tomó parte en la campaña contra Napoleón en Italia y Suiza. En 1805 dirigió con destreza la retirada del ejército ruso a Moravia, y combatió posteriormente en Austerlitz, Eylau, Heilsburg y Friedland. En 1812, durante la nueva campaña contra Napoleón dirigió el segundo ejército ruso del oeste, y fue herido de muerte en Borodino, cerca de Moscú.

BAGRE. Pez osteictio de la familia de los bágridos (*Bagre arius*). Cabeza aplanada y ancha; en la aleta dorsal posee un robusto aguijón. De carne sabrosa y con pocas espinas, abunda en los ríos de América y África ecuatorial.
2:305b; Peces 11:312b; *ilustración* 11:312b.

BAGUETTE. Tipo de barra de pan francesa muy alargada.

BAGUÍO. Ciudad filipina, en la isla de Luzón, prov. de Benguet. Situada en las estribaciones del Santo Tomás. Fue cap. de verano del país entre 1898 y 1976. Minería del oro; frutas y verduras. 222.639 (1995).
Filipinas 6:289b.

BAGYIDAW (m. en 1846). Rey de Birmania entre 1819 y 1837. Séptimo monarca de la dinastía Konbaung o Alaungpaya. Aconsejado por su general Maha Bandula continuó la política de expansión agresiva de su abuelo Bodawpaya, que reinó de 1782 a 1819. Hizo tributarias de Birmania a Assam y Manipur después de conquistarlas. En 1824 los británicos le declararon la guerra y lo derrotaron. Lo sucedió su hermano Tharrawaddy Min en 1837.

BAHADUR SHA II (1775-1862). Último rey mogol de la India. Hijo de Akbar Sha II, ocupó el trono en 1837. Apoyó la revuelta de los cipayos, lo que motivó que el gobierno británico lo depusiera en 1858 y lo obligara a exiliarse en Birmania. Destacó como poeta, músico y calígrafo.
Mogola, dinastía 10:210a.

BAHAÍSMO. V. **Babismo y bahaísmo.**

BAHAMAS. País insular del Atlántico occidental, al norte de las Antillas. Cap. Nassau. 13.939 km^2. 295.000 hab. (2000).
2:306a; América 1:272a; *cuadros* 2:306b; 2:307b; *ilustraciones* 2:307a; 2:208a.

BAHAMONTES, FEDERICO MARTÍN (n. en 1928). Ciclista español. Destacó en las etapas de montaña. Vencedor del Tour de Francia en 1959.
Ciclismo 4:178a.

BAHASA INDONESIA, LENGUA. Lengua oficial de la República de Indonesia. Su sustrato es la lengua malaya que, desde tiempos antiguos, se hablaba en las islas Java y Sumatra. De tipo aglutinante, carece de las categorías gramaticales de género y número.

BAHÁ ULÁ (1817-1892). Nombre adoptado por Mirza Husein Alí Nuri, continuador de la reforma religiosa iniciada por Bab y creador del bahaísmo. Fue perseguido, deportado y encarcelado varias veces. Pese a ello redactó más de un centenar de escritos sobre su doctrina. A su muerte lo sucedió su hijo.
Babismo y bahaísmo 2:297a.

BAHCALL, JOHN NORRIS (n. en 1934). Científico estadounidense. Autor de importantes trabajos en astrofísica de neutrinos, campo en el que ideó un sistema para el estudio de las características de estas partículas cuando proceden del Sol. Son también notables sus trabajos en otras áreas de la astrofísica como los agujeros negros y el origen del corrimiento hacia el rojo, al que atribuye causas distintas al efecto Doppler.

BAHÍA (CIUDAD). V. **Salvador.**

BAHÍA (GEOGRAFÍA FÍSICA). V. **Golfo y bahía.**

BAHÍA, ESTADO DE. División administrativa del este de Brasil, a orillas del Atlántico. Cap. Salvador. 566.978 km^2. 12.993.011 hab. (1999).
2:308b; Brasil 3:149a; Carnaval 3:403a; Salvador, El 13:103b.

BAHÍA, ISLAS DE LA. Departamento de Honduras formado por el pequeño archipiélago homónimo, en el mar Caribe. Cap. Roatán. Ganadería, pesca, agricultura. Turismo. 261 km^2. 24.000 hab. (1991).

BAHÍA BLANCA (CIUDAD). V. **Blanca, Bahía** (CIUDAD).

BAHÍA BLANCA (GEOGRAFÍA FÍSICA). V. **Blanca, bahía** (GEOGRAFÍA FÍSICA).

BAHÍA DE COCHINOS. V. **Cochinos, bahía de.**

BAHÍA MONTEGO. V. **Montego Bay.**

BAHMANÍES. Dinastía de un sultanato musulmán del Decán, que gobernó entre 1347 y 1518. Su fundador, Alá al-Din Bahmán Sha, se rebeló contra el sultán de Delhi, Mohamed ibn Tugluq y estableció su capital en Ahsanabad (Gulbarga). Mohamed I dividió el reino en cuatro provincias. Desde 1425 la capital fue Muhammadabad (Bidar). Los sultanes bahmaníes ejercieron un férreo dominio sobre la población hindú.

BAHORUCO. Provincia del sudoeste de la Rep. Dominicana. Cap. Neiba. Caña de azúcar, plátanos (bananos), café. También llamada Baoruco. 1.283 km^2. 101.742 hab. (1993).

BAHORUCO, SIERRA DEL. Sistema montañoso de la isla antillana de La Española (Santo Domingo). Recorre la isla desde la bahía dominicana de Neiba, al este, hasta la costa haitiana de Puerto Príncipe. También se conoce como sierra del Baoruco. Máxima altura en el pico La Selle (2.680 m).

BAHR, HERMANN (1863-1934). Literato austriaco. Viajó por Europa y África. Contrario al naturalismo de Émile Zola, en sus obras reflejó la vida de la decadente Viena imperial. Escribió artículos, comedias y relatos. *Fin de siglo* (1890), *Crítica de la modernidad* (1891), *El concierto* (1909).

BAHREIN. País formado por el archipiélago homónimo, en el golfo Pérsico, junto a la península arábiga. Cap. Manama. 694 km^2. 691.000 hab. (2000).
2:309a; Asia 2:150; Katar 9:10a; Pérsico, golfo 11:353a; *cuadros* 2:309b.

BAHYA BEN YOSEF IBN PAKUDA (siglo XI). Teólogo y filósofo judeoespañol. En su obra *Deberes del corazón* (1080), escrita en árabe, expuso los deberes de la vida moral y la íntima religiosidad del judaísmo. Recogió la influencia del neoplatonismo en lo que se refiere a la naturaleza de Dios y del alma a través de los místicos islámicos.

BAÏF, JEAN-ANTOINE DE (1532-1589). Poeta francés miembro del grupo La Pléiade. Fue compañero de estudios de Pierre de Ronsard. Intentó adaptar en Francia el verso de la poesía antigua y reformar la ortografía. Fundó la Academia de Poesía y Música. *Los amores de Melina* (1552), *El amor de Francina* (1555), *Obras en rima* (1573).

BAIKAL, LAGO. Lago de Rusia, en la parte meridional de Siberia. Es la masa de agua continental más profunda de la tierra, con 1.620 m. Superficie 31.500 km^2.
2:310b; Lago 9:47b; Rusia 13:53a; Siberia 13:228b; Yeniséi, río 14:383b; *ilustración* 2:310b.

BAIKONUR, COSMÓDROMO DE. Base de lanzamiento de naves espaciales situada en Kazajstán.

BAILE DE SAN VITO. V. **Corea.**

BAILÉN. Ciudad española de la prov. de Jaén. Enclavada en sierra Morena, en sus cercanías se libró en 1808 una batalla entre tropas francesas y españolas, que resultó decisiva para el desarrollo posterior de la guerra de la independencia. Plomo; cereales, legumbres, olivo; ganado caprino. 16.853 hab. (1991).

BAILÉN, BATALLA DE. Episodio de la guerra de independencia española contra Napoleón. Librada entre el 19 y 22 de julio de 1808, concluyó con victoria española.
2:311a.

BAILEY, DONOVAN (n. en 1967). Deportista canadiense de origen jamaicano. Cultivador del atletismo, en el que destacó como corredor en carreras de velocidad. Ganador del campeonato del mundo de los 100 m de Goteborg (1995) y en los Juegos Olímpicos de Atlanta (1996).

BAILEY, JAMES ANTHONY (1847-1906). Empresario circense estadounidense. Asociado desde 1871 con Phineas Taylor Barnum, creó el mayor espectáculo circense del momento. A la muerte de Barnum, en 1891 se hizo cargo de la empresa y dirigió sus actividades a Europa, donde alcanzó un gran éxito.
Circo 4:205b.

BAILEY, LIBERTY HYDE (1858-1954). Botánico estadounidense. Fundamentó la investigación, enseñanza y práctica de la horticultura. Fue investigador en la Universidad Harvard y profesor de horticultura en el Colegio Agrícola del Estado de Michigan, donde estableció el primer laboratorio de horticultura de los Estados Unidos.

BAILLY, JEAN-SYLVAIN (1736-1793). Astrónomo francés. Famoso por su cómputo de una órbita del cometa Halley (1759) y por sus estudios de cuatro satélites de Júpiter. Escribió varios tratados. Fue alcalde de París en 1789. Murió guillotinado. *Memorias sobre las irregularidades de la luz de los satélites de Júpiter* (1771).

BAILY, FRANCIS (1774-1844). Astrónomo británico. Descubrió, durante un eclipse anular de sol en 1836, las llamadas cuentas de Baily: puntos de luz en la superficie lunar producidos por la incidencia de rayos solares en los cráteres del satélite durante los eclipses. Fundador de la Real Sociedad Astronómica.

BAIN, ALEXANDER (1818-1903). Filósofo, psicólogo y educador británico (escocés). Investigó los procesos mentales y aplicó un método científico a la psicología. Fundó *Mind* (1876), la primera revista dedicada a la psicología. *Estudio del carácter* (1861), *Mente y cuerpo: teorías sobre sus relaciones* (1873), *Ciencia de la educación* (1879).
Psicología 12:176a.

BAINBRIDGE, KENNETH TOMPINKS (1904-1996). Físico estadounidense. Formado en el Instituto Tecnológico de Massachusetts y en la Universidad Princeton, fue profesor de Harvard, aunque sus mayores logros los obtuvo como colaborador del Departamento de Defensa en el diseño de sistemas de radar y en el Proyecto Manhattan, dedicado a la fabricación de la bomba atómica. Supervisó personalmente la prueba de Álamo Gordo que demostró la viabilidad de este ingenio bélico.

BAINITA. Estructura acicular (con forma de aguja) formada por cristales de ferrita y carburo de hierro, presente en los aceros. Se obtiene a partir del templado de la austenita.

BAINVILLE, JACQUES (1879-1936). Historiador y literato francés. Exponente de los ideales conservadores entre la primera y la segunda guerra mundial, previno acerca de la amenaza de una Alemania fuerte y unida y propugnó la restauración monárquica en Francia. *La república de Bismark o los orígenes alemanes de la tercera república* (1905), *L'as consecuencias políticas de la paz* (1920), *La tercera república* (1935).

BAIRD, JOHN LOGIE (1888-1946). Físico británico (escocés). Considerado como el inventor de la televisión. En 1926 logró la primera transmisión y, dos años más tarde, presentó un prototipo de televisión en color.
Televisión 14:5a.

BAIRD, TADEUSZ (1928-1981). Compositor polaco, autor de diversas obras para orquesta, canciones, música de películas y música incidental. Entre sus composiciones destaca *Variaciones sin tema.* Fue uno de los fundadores del Grupo 49, movimiento musical de vanguardia.

BAIRE, GRITO DE. Proclama revolucionaria, inicio de la guerra de la independencia (1895-1898) de Cuba. Dada el 24 de febrero de 1895 en la población de Baire, en la región oriental de la isla.
Cuba 5:54b.

BAIRÉN, BATALLA DE. Choque armado que tuvo lugar en el camino de Albaida a Gandía (España) en el año 1097 entre los almorávides y las tropas del Cid y Pedro I de Aragón. Los cristianos, atacados por tierra y desde la costa, consiguieron vencer a los musulmanes.

BAIXERAS, DIONISIO (1862-1943). Pintor español. Autor de marinas y paisajes montañosos. Decoró la techumbre del paraninfo de la Universidad de Barcelona. «Barqueros en el puerto de Barcelona», «Escenas de la montaña».

BAJA CALIFORNIA, PENÍNSULA DE. Saliente de tierra, en el noroeste de México. Limita al norte con los Estados Unidos, al sur y al oeste con el océano Pacífico, y al este con el golfo de California. 143.790 km^2.
2:311a; Baja California (Norte) 2:312a; Baja California (Sur) 2:313a; Desierto 5:152b; México 10:122a; *mapa* 2:311b.

BAJA CALIFORNIA. Estado del noroeste de México, entre el golfo de California al este y el Pacífico al oeste. Cap. Mexicali. 69.921 km^2. 2.329.685 hab. (1999).
2:312a; Baja California, península de 2:311a; Mexicali 10:117a; *ilustración* 2:312a.

BAJA CALIFORNIA SUR. Estado del noroeste de México, al sur de Baja California. Cap. La Paz. 73.475 km^2. 399.180 hab. (1999).
2:313a; Baja California, península de 2:311a; *ilustración* 2:313b.

BAJAMAR. Estado del mar en el que la marea registra su máximo descenso.
Mar 9:345a; Marea 9:358b; Oceánicos, movimientos 11:71b.

BAJA NORMANDÍA. Región del noroeste de Francia a orillas del canal de la Mancha. Comprende los dep. de Calvados, Manche y Orne. Clima húmedo y lluvioso. Población predominantemente rural. Ganado vacuno, caballos. Productos lácteos. Cap. Caen. 17.589 km^2. 1.412.600 hab. (1995).

BAJA SAJONIA. Estado de Alemania, a orillas del mar del Norte, fronterizo con los Países Bajos. Incluye doce islas. Cap. Hannover. Río Weser, lagos Steinhuder Meer y Dümmersee. Agricultura, ganadería, explotación forestal. 47.610 km^2. 7.780.400 hab. (1996).
Alemania 1:183a.

BAJA VERAPAZ. Departamento del centro de Guatemala en el valle del río Panimá y las sierras de Chuacús y de las Minas. Agricultura. Cap. Salamá. 3.124 km^2. 205.481 hab. (1995).

BAJER, FREDRIK (1837-1922). Reformador y político danés. Defensor de una política de neutralidad para su país, en 1882 fundó la Asociación Danesa por la Paz. Fue galardonado, junto con Klas Pontus Arnoldson, con el Premio Nobel de la paz en 1908.

BAJÍO, EL. Altiplanicie del centro de México. Ocupa una zona aluvial bañada por el río Lerma y sus afluentes en los est. de Guanajuato y Michoacán. Área fértil de gran desarrollo agrícola.
2:313b; Guanajuato 7:248a.

BAJO. Nombre que se aplica en música al más grave de los registros de la voz humana o de los instrumentos de una familia.
Ópera 11:116a.

BAJOALEMÁN. Lengua originada en Alemania entre los siglos IX y XI, muy influida por el latín. En su evolución fue superada por el alto alemán, que se convirtió en la base del alemán moderno. El límite que separa el alto y el bajoalemán –cuyos dialectos se emplean en el norte de Alemania– va desde Aquisgrán, a través de Colonia, Benrath, Kassel y Magdeburgo, hasta Francfort del Oder.

BAJO CIFRADO. Notación abreviada del acompañamiento musical. En ella se señala la parte de bajo con cifras indicativas de los acordes que debe realizar el ejecutante.

BAJO CONTINUO. Parte de una composición correspondiente al acompañamiento, en especial para música de cámara. Normalmente la interpreta el clave o el órgano.
Música 10:313a.

BAJO EL VOLCÁN. Novela del escritor británico Malcolm Lowry, publicada en 1947. Profundo estudio de la soledad, la desesperación amorosa y la lucha contra el subconsciente. Se escenifica en Cuernavaca, México.

BAJO LA MÁSCARA DEL PLACER. Filme realista alemán, dirigido por G. W. Pabst en 1925, y protagonizado por Greta Garbo. Relata la situación de miseria en Viena durante los años siguientes a la primera guerra mundial.

BAJO LATÍN. Nombre que se aplica al latín escrito a partir de la caída del Imperio Romano y durante la edad media europea, hasta que, desde comienzos del siglo XII, fue paulatinamente desplazado por la literatura escrita en lenguas vernáculas.

BAJO LOS TECHOS DE PARÍS. Primer filme sonoro del director francés René Clair, rodado en 1930. Su trama discurre en los bajos fondos parisienses y narra, con acentuado tono poético, la historia de un cantante callejero y su amante.

BAJORRELIEVE. Técnica escultórica en la que las figuras representadas resaltan del fondo sobre el que se ha trabajado. Utilizada ya en las culturas mesopotámicas y egipcias.

BAJTARÁN. Ciudad y cap. de la prov. de Bajtarán, en el oeste de Irán, en el valle del río Qare. Situada en la antigua ruta de caravanas entre el Mediterráneo y el Asia central. Fundada en el siglo IV a.C. por Bahram IV, de la dinastía sasánida. Industrias alimentarias, manufacturas textiles, refinerías de petróleo. 692.986 hab. (1996).

BAJTIARI. Pueblo de Irán que ocupa unos 65.000 km^2 de llanuras y montañas en las regiones de Vuzistán y Chahar Mahal-e Bajtiari del oeste del país. Su lengua es el dialecto luri del persa, y su religión la musulmana. Lo conforman dos grupos: uno nómada y otro sedentario, formado por pequeños núcleos urbanizados en torno a las explotaciones del petróleo. Desde 1949 poseen un mismo jefe, el il-Kan.

BAKER, AUGUSTINE (1575-1641). Monje benedictino y teólogo inglés. Escribió tratados sobre ascética y mística. Su doctrina ascética se basó en sus lecturas y experiencia personal. Fue muy atacado por su método de mortificación. Fue nombrado director de las monjas benedictinas inglesas en Cambray (Francia). *Sancta Sophia, Secretum.*

BAKER, JAMES (n. en 1930). Político estadounidense. Estudió derecho en la Universidad de Texas y desempeñó diversos cargos en los gobiernos de Gerald Ford y Ronald Reagan. En 1988 organizó la campaña presidencial de George Bush, y en noviembre de ese mismo año fue nombrado secretario de estado del nuevo presidente. En la década de 1990 actuó en diversas misiones como mediador de las Naciones Unidas.

BAKER, JANET (n. en 1933). Mezzosoprano británica. Estudió en Londres y Salzburgo. Perteneció al English Opera Group. Intérprete de obras de Henry Purcell, Benjamin Britten, Hector Berlioz y Gustav Mahler.

BAKER, JOSEPHINE (1906-1975). Danzarina y cantante francesa nacida en los Estados Unidos. Debutó en París en 1925 con «La revista negra». Fue galardonada con varias condecoraciones militares por su actuación en la resistencia durante la ocupación alemana.

BAKER, LAFAYETTE CURRY (1826-1868). Funcionario estadounidense. Fue director del servicio secreto de la unión durante la guerra civil, donde se distinguió por su capacidad y su desprecio por los derechos civiles de los ciudadanos. Capturó a John Wilkes Booth, asesino del presidente Abraham Lincoln.

BAKER, RÍO. Curso fluvial de Chile, en la reg. XI, Aisén del General Carlos Ibáñez del Campo. Tiene su origen en el lago General Carrera. Desemboca en el Pacífico, cerca de la isla Merino Jarpa. Recibe por la izquierda al Chacabuco. Tiene 440 km de longitud.

BAKER, SAMUEL WHITE (1821-1893). Aventurero británico. En 1861 comenzó a explorar el alto Nilo con el fin de encontrar sus fuentes. En 1864 descubrió el lago Alberto (posterior Mobuto Sese Seko). El jedive otomano de Egipto requirió en 1869 sus servicios para que acabara con el comercio de esclavos en los territorios de Sudán, donde desempeñó el cargo de gobernador general.

BAKERSFIELD. Ciudad de los Estados Unidos en el est. de California, valle de San Joaquín. Colegio universitario. Productos petrolíferos, algodón. Extensos viñedos. Turismo. 210.284 hab. (1998).

BAKRI, ABÚ UBAYD AL- (1040-1094). Geógrafo hispanoárabe. Vivió en la corte taifa de Almería. Discípulo del historiador Ibn Hayán y del geógrafo Ahmad Ibn Umar al-Udri. En su obra *Libro de los reinos y de los caminos* (1068), que se ha conservado de forma fragmentaria, describe zonas de África y España. También escribió libros sobre filosofía y botánica.

BAKST, LÉON (1866-1924). Liev Samóilevich Rosenberg, pintor y escenógrafo ruso. Célebre innovador del arte decorativo escénico. De 1909 a 1921 diseñó la escenografía de los ballets rusos de Serguéi Diaghilev «Cleopatra», «Sherezade» y «Dafnis y Cloe».
Chagall, Marc 4:102a.

BAKÚ. Capital de la rep. de Azerbaiyán. El puerto más importante del mar Caspio. Fundada en el siglo IX. En 1806 pasó de Persia a Rusia. Hallazgos prehistóricos en la zona. Antiguas murallas. Mezquita y palacio del siglo XI. Explotaciones petrolíferas. Astilleros, industrias petroquímicas y diversas. Universidad, academia de ciencias. Sede del parlamento de Azerbaiyán. 1.727.200 hab. (1997).
Azerbaiyán 2:280b; Caspio, mar 4:12b.

BAKUNIN, MIJAÍL (1814-1876). Teórico político ruso. Una de las máximas figuras del anarquismo en el siglo XIX.
2:314a; Anarquismo 1:323b; Obrero, movimiento 11:63b; Socialismo 13:275b; *ilustración* 2:314a.

BALA. Proyectil de pequeñas dimensiones que puede o no ser macizo y es utilizado en las armas de fuego. Entre sus variedades destacan la normal, la perforante, la trazadora, la explosiva y la perforante-incendiaria.
Cohete, misil y proyectil 4:253b.

BALA, LANZAMIENTO DE. V. **Peso, lanzamiento de.**

BALAAM. Adivino no israelita mencionado en el Antiguo Testamento. Fue llamado por Balac, rey de Moab, para que maldijera a los hebreos debido a las incursiones que éstos hacían en su reino. De camino hacia el reino moabita, Yahvé le envió un ángel que hizo hablar al asno sobre el que montaba. Balaam, al llegar a Moab, bendijo al pueblo de Israel.

BALADA. Poema musical cantado, que se popularizó en Europa durante la edad media, caracterizado por su tono popular o amoroso y la repetición de un estribillo que resume el argumento central de la composición.
2:314b; Folclor 6:341a; Musicales, formas 10:323b; *ilustración* 2:315a.

BALAGUER. Ciudad española, de la prov. de Lérida, comunidad autónoma de Cataluña, a orillas del Segre. Cap. del condado de Urgel en la edad media. En 1640 su población se levantó en contra del gobierno del conde-duque de Olivares, y en 1869 la ciudad participó en el movimiento republicano. Centro agrícola e industrial. Arquitectura gótica. 13.086 hab. (1996).

BALAGUER, JOAQUÍN (1906-2002). Político dominicano. Ocupó la presidencia en 1960, 1966, 1970, 1974, 1986, 1990 y 1994.
2:315a; Dominicana, República 5:227a; Trujillo, Rafael Leónidas 14:139b; *ilustración* 2:315b.

BALAGUER, VÍCTOR (1824-1901). Literato y político español. Nacionalista catalán. Fundador y director de los diarios *La Corona de Aragón* y *El Conceller.* Escritor de estilo romántico, fue diputado progresista y ministro de ultramar y de fomento. *Historia de Cataluña* (1860).

BALAKIREV, MILI (1837-1910). Compositor ruso. Destacado miembro del grupo de «Los Cinco», impulsor del nacionalismo musical, del que formaban parte Nikolái Rimski-Kórsakov Alexandr Borodín, César Cui y Modest Musorgski.
Musorgski, Modest 10:325b; Rimski-Kórsakov, Nikolái 12:372a.

BALAKOVO. Ciudad situada en la región administrativa de Sarátov, en el sudoeste de la república de Rusia. Mercado de trigo y puerto fluvial del Volga; astilleros, industrias químicas y de maquinaria hidroeléctrica. 206.000 hab. (1995).

BALALAIKA. Instrumento ruso de cuerda, de la familia del laúd. Desarrollado en el siglo XVIII a partir de instrumentos populares del Asia central, se construye en seis tamaños distintos. Su caja es triangular. En la época moderna surgieron orquestas de balalaikas de gran popularidad.

BALANCE. En contabilidad, confrontación del activo y el pasivo de una empresa para determinar la situación económica de la misma en un momento dado.
Administración de empresas 1:65; Contabilidad 4:356.

BALANCE DE RADIACIÓN. Cifra que se obtiene restando la cuantía de la energía radiante solar recibida por la Tierra y la que reexpide nuestro planeta al espacio exterior.

BALANCHINE, GEORGE (1904-1983). Georgi Melitónovich Balanchivadze, bailarín y coreógrafo estadounidense de origen ruso. Maestro del ballet abstracto del siglo XX.
2:315b; Ballet 2:326b; *ilustración* 2:315b.

BALANDIER, GEORGES (n. en 1920). Antropólogo francés. Conocedor en profundidad de los distintos países africanos y sus culturas, estudió las relaciones entre las civilizaciones africanas y las potencias colonizadoras. Creador de numerosos centros para la difusión de la cultura africana. *Sociología actual del África negra* (1955), *Sentido y poder: las dinámicas sociales* (1971).
Aculturación 1:51a.

BALANDRO. Embarcación fina y alargada que tiene un solo palo con vela cangreja y foque. Se usa para prácticas deportivas.

BALANO. Crustáceo cirrípedo marino de la familia de los balánidos perteneciente al género *Balanus.* Carece de pedúnculo, a diferencia de los percebes, y vive fijo sobre las rocas.

BALANZA (ASTRONOMÍA). V. **Libra.**

BALANZA (METROLOGÍA). Aparato utilizado para la medición de pesos. En el laboratorio se emplean las llamadas balanzas de precisión, capaces de detectar décimas de miligramo. Mayor sensibilidad aún tienen las balanzas analíticas.
Peso 11:373b.

BALANZA COMERCIAL. Estado comparativo del valor de las exportaciones y las importaciones de un país. Forma parte de la balanza de pagos. En algunas cuentas nacionales incluye sólo productos, pero en otras se amplía para cubrir también servicios (como regalías, seguros, fletes, etc.). La balanza es favorable (positiva o supercavitaria) cuando las exportaciones rebasan a las importaciones y desfavorable (negativa o deficitaria) en caso contrario.
Balanza de pagos 2:316b.

BALANZA DE CAPITAL. Estado comparativo de los flujos de capital (inversiones y préstamos) hacia dentro y hacia fuera de un país. La balanza de capital considera flujos de corto y largo plazo, y divide las inversiones extranjeras en directas (en activo fijo) y de cartera (instrumentos financieros). Los préstamos del exterior se contabilizan como ingresos y las amortizaciones como egresos, pero el servicio de deuda (intereses) no se incluye en esta balanza sino en la cuenta corriente.
Balanza de pagos 2:317a.

BALANZA DE PAGOS. Estado comparativo de todas las transacciones económicas de un país con otras naciones. Incluye los flujos registrados por la balanza comercial y la de servicios (que en conjunto forman la cuenta corriente) y por la balanza de capital así como las modificaciones de las llamadas cuentas compensatorias (como la variación de las reservas internacionales).
2:316a; *ilustraciones* 2:316a; 2:317b.

BALANZA ELECTRÓNICA. Aquella que emplea un procesador y permite la medición no sólo del peso sino también de la masa, el contenido de humedad y otras propiedades del objeto.

BALART, FEDERICO (1831-1905). Político y escritor español. Diputado y senador durante la primera república. Crítico teatral en *La Verdad* y *La Democracia.* Poeta posromántico con obras como *Dolores* (1889) y *Horizontes* (1897). Escribió también crítica literaria.

BALASSI, BÁLINT (1554-1594). Poeta húngaro. A la par de su vida aventurera y guerrera, realizó una obra poética que, influida por los escritores renacentistas italianos, renovó la lírica húngara y la ayudó a salir de sus estructuras medievales. Su métrica propia (versos de seis a ocho sílabas), conocida como «estrofa de Balassi», fue utilizada por gran número de escritores de la literatura húngara. Murió en combate frente a los turcos en el sitio de Esztergom.
Húngara, literatura 8:98b.

BALASTO. Lecho de grava en los tendidos de las vías férreas que sirve de sujeción a las traviesas.

BALATA. Árbol de la familia de las sapotáceas (*Manilkara bidentata*). Dicotiledónea. Hojas elípticas y coriáceas, flor blanquecina. La balata es originaria de Centroamérica; de ella se obtiene un látex gomoso.
Caucho 4:51b.

BALATÓN, LAGO. Lago de Hungría, al pie de los montes Bakony, 80 km al sudoeste de Budapest. El más grande de Europa central, con 77 km de longitud y 14,5 km de anchura. Cubre una superficie de 596 km^2.

BALAZOTE, BICHA DE. Escultura ibérica, del siglo VI a.C. Es una figura compuesta de cabeza humana con barba y cuerpo de toro en reposo. Influencias orientalizantes. Debió de tener un sentido funerario. Descubierta en el siglo XIX, se colocó para su exposición en el Museo Arqueológico de Madrid. Longitud 93 cm, altura 73 cm.

BALBÁS, JERÓNIMO (siglo XVII). Artista barroco español. Realizó el retablo para la capilla del Sagrario en la catedral de Sevilla, hoy desaparecido. Marchó a México, donde introdujo el exuberante barroco andaluz. Su obra capital es el retablo de la capilla de los Reyes en la catedral de la ciudad de México (1718).

BALBIANI, ANILLO DE. Cada uno de los abultamientos temporales de gran tamaño presentes en los cromosomas gigantes de ciertas células. De intensa actividad génica, su estudio permitió la localización de la actividad de los genes. Descubiertos en el siglo XIX por Édouard Balbiani.

BALBÍN, RICARDO (1904-1981). Político argentino. Desde muy joven militó en las filas radicales. Elegido diputado en 1931. Uno de los fundadores, en 1958, de la Unión Cívica Radical del Pueblo. Se presentó, por tres veces, como candidato a la presidencia de la Argentina (1958, 1962 y 1973). En sus últimos años apoyó las posturas de Raúl Alfonsín frente al gobierno militar.

BALBINO, DÉCIMO CELIO CALVINO (178-238). Emperador romano. Nombrado en el 238 por el Senado, junto con Pupieno, para ocupar el trono frente a Maximino, que había sido elegido por el ejército en el 235. Fue asesinado, así como su compañero, por los pretorianos, que nombraron emperador a Gordiano III.

BALBO, CESARE (1789-1853). Escritor político italiano. Liberal, aunque cauto constitucionalista, fue muy influyente durante el *Risorgimento.* Primer ministro de Cerdeña-Piamonte durante la constitución del 5 de marzo de 1848. Fue autor de *Esperanzas de Italia* (1844), muestra de la naturaleza antirrevolucionaria de su patriotismo y liberalismo.

BALBO, ITALO (1896-1940). Militar y político fascista italiano. Intervino en la marcha sobre Roma con Benito Mussolini. Famoso por sus vuelos transatlánticos. Ministro del aire y gobernador de Libia, tuvo una gran influencia en la organización del ejército del aire italiano. Murió en Tobruk, al ser derribado su avión por las propias baterías italianas tras un error de reconocimiento.

BALBO, LUCIO CORNELIO (siglo I). Político romano, originario de Gades (Cádiz, España). Cneo Pompeyo le concedió la ciudadanía romana por sus servicios contra Quinto Sertorio en Hispania. Influyó de forma decisiva en la constitución del primer triunvirato. Fue secretario privado de Julio César, después de cuya muerte tomó partido por Octavio. En el año 40 fue nombrado cónsul.

BALBOA (GEOGRAFÍA). Puerto de la prov. de Panamá, en la embocadura meridional del canal. Instalaciones portuarias, astilleros, diques secos. 1.952 hab. (1980).

BALBOA (METROLOGÍA). Unidad monetaria de Panamá, dividida en cien centésimos.

BALBOA, SILVESTRE DE (1570-1640). Poeta español. En su poema épico en dos cantos *Espejo de Paciencia* narra el secuestro del obispo de Cuba, Morel de Santa Cruz, y su posterior rescate. Su léxico y ambientación autóctonos hacen que sea considerada como una de las obras fundacionales de la poesía hispanoamericana.

BALBOA, VASCO NÚÑEZ DE. V. **Núñez de Balboa, Vasco.**

BALBUCEO. Emisión de sonidos articulados, sin sentido alguno, que los niños pequeños realizan por el mero placer de ejercitar los órganos vocales y de la audición. Constituye la fase primaria del desarrollo del lenguaje. Se denomina también balbuceo la emisión de palabras con dificultad, repeticiones e interrupciones por un adulto.

BALBUENA, BERNARDO DE (1568-1627). Poeta español. Desarrolló su actividad literaria en Hispanoamérica.
2:318a; Hispanoamericana, literatura 8:4b; Novo, Salvador 11:23a.

BALBUENA, GERARDO (1879-1955). Político liberal peruano. Participó en el movimiento contra el presidente Andrés Avelino Cáceres y apoyó a Nicolás de Piérola en su ascenso al poder (1895). En 1909 se levantó contra Augusto Leguía. Desde 1913 desempeñó diversos cargos públicos, entre ellos el de ministro de hacienda (1931).

BALCANES. Nombre derivado de la cadena montañosa homónima con el que, por extensión, se conoce a la península balcánica y al conjunto de países que la integran.
2:318a; Bulgaria 3:219a; Islam, historia del 8:287b; Macedonia 9:260b; Otomano, imperio 11:178a; *mapa* 2:319; *ilustraciones* 2:318a; 2:320a.

BALCANES, MONTES. Principal cadena montañosa de la península balcánica y de Bulgaria; prolongación del pliegue alpino-cárpato. Se extiende 530 km en dirección este desde el valle del río Timok (Yugoslavia) hasta el mar Negro. Máxima altura, pico Botev (2.376 m).

BALCÁNICA, PENÍNSULA. La península más oriental de Europa, al sur del continente. Sus fronteras naturales son: al norte el bajo Danubio y el Sava; al sur los mares Mediterráneo, Egeo y de Mármara; al este el mar Negro y al oeste el mar Adriático y el Jónico. Forman la península Albania, Bulgaria, Grecia, Rumania, la Turquía europea, Croacia, Eslovenia, Bosnia y Herzegovina, Macedonia y Yugoslavia (Servia y Montenegro).

BALCÁNICAS, GUERRAS. Nombre que se da a dos conflictos militares sucesivos, debidos a disputas territoriales, que aumentaron la tensión en los Balcanes justo antes del estallido de la primera guerra mundial. La primera (octubre 1912) enfrentó a Servia, Bulgaria, Grecia y Montenegro contra Turquía. La segunda (julio 1913) a Servia, Grecia, Turquía y Rumania contra Bulgaria.
Balcanes 2:320b; Bulgaria 3:222a; Yugoslavia 14:395a.

BALCARCE. Ciudad argentina, en la prov. de Buenos Aires. Cap. del partido de Balcarce. Yacimientos de caolín, cereales, ganado vacuno y ovino.

BALCARCE, ANTONIO GONZÁLEZ. V. **González Balcarce, Antonio.**

BALCH, EMILY GREENE (1867-1961). Socióloga, economista y pacifista estadounidense. Se opuso a la entrada de los Estados Unidos en la primera guerra mundial y ejerció el liderazgo del Movimiento de las Mujeres por la Paz durante y después de la contienda. Participó en la fundación de la Asociación Internacional de Mujeres por la Paz y la Libertad. Aprobó la participación de su país en la segunda guerra mundial. Premio Nobel de la paz junto con John Raleigh Mott (1946).

BALDAQUÍN. Dosel o palio que se suspendía sobre un altar o tumba, realizado con lujosas telas de oro y seda procedentes de Baldac (antigua denominación de la ciudad de Bagdad). Posteriormente se elaboraron con madera, mármol o piedra.

BALDAQUINO. En arquitectura, estructura en forma de dosel, sustentada por columnas y dispuesta sobre un altar o una tumba. El término procede de Baldac, nombre dado en la edad media a Bagdad, en donde se elaboraba un paño de seda llamado baldaquín.

BALDER. Dios de la mitología germánica, hijo de Odín y Friga. Lo mató su hermano Hoder, inducido por el maléfico dios Loki. Personificaba la bondad, la belleza y la justicia. Se le conocía también como Baldr o Baldur.

BALDESSARI, JOHN (n. en 1931). Pintor e historiador del arte estadounidense. Destacó en el denominado arte conceptual. En sus obras interrelacionó la pintura, la escritura y la fotografía. Realizó también pintura abstracta y antiminimal, y compuso ritmos musicales.

BALDO DEGLI UBALDI (h. 1327-1406). Jurisconsulto italiano. Discípulo de Bártolo de Sassoferrato, perteneció a la corte del papa Urbano II, a quien ayudó en su enfrentamiento con el antipapa Clemente VII. Su influencia fue menor que la de su maestro y posteriormente opositor Bártolo, debido a la inestabilidad de sus opiniones. *De practis, De vi turbativa.*

BALDOMIR, ALFREDO (1884-1948). Político uruguayo. Ocupó la presidencia de la república desde 1938 hasta 1942. Promovió una serie de reformas constitucionales.
Terra, Gabriel 14:36b; Uruguay 14:207a.

BALDOVINETTI, ALESSO (h. 1425-1499). Pintor italiano. Autor de numerosos frescos en los que se observa la influencia de Domenico Veneziano y la pintura colorista de los artistas florentinos. Trabajó también en la decoración con mosaicos. «La Natividad» (iglesia de Santissima Annunziata, Florencia).

BALDRICH, GABRIEL (1814-1885). Militar y político español. Intervino en todos los movimientos de carácter liberal de su tiempo. Fue gobernador militar de Tarragona y capitán general de Cataluña y Puerto Rico después de triunfar la revolución de 1868 y ser ascendido a general.

BALDUINO I (siglo IX). Apodado «Brazo de Hierro». Primer señor de Flandes. Raptó a Judit, hija de Carlos II el Calvo de Francia, en el 862, casándose con ella. Obtuvo del rey, una vez que éste lo hubo perdonado, los condados de Flandes y Gante, entre otros. Tuvo que organizar continuas defensas de su costa, saqueada por los vikingos.
Alberto II de Bélgica 1:148b; Brujas 3:196b; Flandes 6:322a.

BALDUINO I DE BÉLGICA (1930-1993). Rey de los belgas. Asumió el trono en 1951. Ayudó a restablecer la confianza popular en la monarquía tras el tormentoso reinado de su padre, Leopoldo III. Concedió la independencia al Congo el 30 de junio de 1960. Ese mismo año contrajo matrimonio con la española Fabiola de Mora y Aragón.
Bélgica 2:395a.

BALDUINO I DE CONSTANTINOPLA (1172-1205). Conde de Flandes y de Hainaut y uno de los jefes de la cuarta cruzada. En 1204 fue coronado primer emperador latino de Constantinopla. Derrotado y encarcelado en 1205 por el zar búlgaro Juan II Kalojan, murió en prisión.
Latino de oriente, imperio 9:82a.

BALDUINO I DE JERUSALÉN (h. el 1058-1118). Rey de Jerusalén del 1100 hasta su muerte. Hijo de Eustaquio II, conde de Boulogne, acompañó a su hermano Godofredo de Bouillon en la primera cruzada (1095-1099). A la muerte de Godofredo en Jerusalén, los nobles lo nombraron su sucesor. Amplió y aseguró el reino. Murió en el sitio de Tiro.
Cruzadas 5:37b.

BALDUINO II DE CONSTANTINOPLA (1217-1273). Último emperador latino de Constantinopla. Perdió el trono en 1261 cuando Miguel VIII Paleólogo reinstauró la dominación griega (bizantina) en la capital. Trató de recuperarlo, con la ayuda de Carlos de Anjou, sin conseguirlo.
Latino de oriente, imperio 9:82b.

BALDUINO II DE JERUSALÉN (m. en 1131). Sucedió en el trono de Jerusalén a su primo Balduino I en 1118. Participó con éste y con Godofredo de Bouillon en la primera cruzada. Los turcos lo capturaron y fue liberado por Jocelyn de Courtenay. En 1131 dejó el trono a su yerno.

BALDUINO III DE JERUSALÉN (1131-1162). Rey del estado cruzado de Jerusalén de 1143 a 1162. Nieto de Balduino II. Tomó parte en los asuntos de los estados cristianos de Trípoli y Antioquía. En 1153 conquistó Ascalona a los fatimíes egipcios, pero no pudo evitar que al año siguiente los musulmanes tomaran Damasco. Casado con Teodora (1158), sobrina del bizantino Manuel I Comneno, se unió a éste para combatir a los turcos y organizó la segunda cruzada.

BALDUINO IV DE JERUSALÉN (1161-1185). Rey de Jerusalén de 1174 a 1185, llamado el Rey Leproso por la enfermedad que soportó durante su breve vida. Contaba trece años cuando fue coronado rey, cuatro días después de la muerte de su padre, Amaury I. Raimundo III, conde de Trípoli, ejerció la regencia hasta 1177. Su reino se vio debilitado por el nacimiento de facciones entre los nobles latinos, mientras Saladino extendía la influencia musulmana desde Siria hasta Egipto. En 1183 coronó rey a su sobrino con el nombre de Balduino V.

BALDUNG-GRIEN, HANS (h. 1484-1545). Pintor, grabador y dibujante alemán, representante del Renacimiento en Alemania.
2:321a; *ilustración* 2:321b.

BALDWIN, JAMES (1924-1987). Novelista y dramaturgo estadounidense. Se convirtió en el portavoz de los problemas sociales y la lucha por los derechos civiles de los negros de su país. *Ve y dilo sobre la montaña* (1953), *El diablo busca trabajo* (1976), *Justo encima de mi cabeza* (1979).

BALDWIN, STANLEY (1867-1947). Político conservador británico, tres veces primer ministro entre 1923 y 1937. Fue jefe del gobierno durante la huelga general de 1926, la crisis de Etiopía de 1935 y la abdicación de Eduardo VIII en 1936.
Reino Unido 12:310b.

BALEARES, ISLAS. Comunidad autónoma insular de España, situada en la parte occidental del Mediterráneo. Cap. Palma de Mallorca. 4.992 km². 760.379 hab. (1996).
2:321b; España 6:64b; *ilustraciones* 2:322a-b.

BALENCIAGA, CRISTÓBAL (1895-1972). Modista español. Formado en España, se instaló en París en 1937. Su estilo, basado en la sobriedad y en la suntuosidad de los trajes de noche, se impuso en la moda internacional de la década de 1950.

BALÉNIDOS. Familia de mamíferos del orden de los cetáceos y del suborden de los misticetos. Entre ellos se encuentra la ballena de Groenlandia, con una longitud de hasta veinte metros.

BALENOPTÉRIDOS. Familia de mamíferos del orden de los cetáceos y del suborden de los misticetos. A ella pertenecen los rorcuales o ballenas azules, que con más de treinta metros de longitud son los animales más grandes del mundo.

BALFOUR, ARTHUR JAMES (1848-1930). Estadista británico. Líder del Partido Conservador durante cinco décadas. Primer ministro de 1902 a 1905 y ministro de asuntos exteriores de 1916 a 1919. Autor de la declaración de Balfour.
Israel 8:299a.

BALFOUR, DECLARACIÓN DE. Nombre con el que se conoce la carta dirigida, el 2 de noviembre de 1917, por Arthur James Balfour, ministro británico del exterior, a *Lord* Rothschild, a instancias de los líderes sionistas Chaim Weizmann y Nahum Sokolow. En ella se prometía el apoyo británico para la creación en Palestina de una patria judía. Adoptada en 1922 por los aliados, constituyó el antecedente legal de la inmigración judía a Palestina y de la fundación del Estado de Israel.
Árabe-israelí, conflicto 2:1a; Israel 8:299a; Palestina 11:230b.

BALI. Isla y prov. de Indonesia, en el archipiélago de las Sonda menores, al este de Java. Relieve montañoso, que alcanza su cumbre más elevada en el monte Agung (3.142 m). Cap. Denpasar. 5.561 km². 2.902.200 hab. (1995).
Indonesia 8:179a.

BALI IBN BISHR AL-QUSHAIRI (m. en el 742). Decimoséptimo emir de al-Ándalus. Era sobrino del general que dirigió las fuerzas sirias enviadas por el califa de Damasco para sofocar la revolución beréber del norte de África. El ejército sirio fue derrotado y el emir de al-Ándalus requirió la ayuda de Bali para acabar con la rebelión. Una vez dominada, el ejército sirio depuso al emir de al-Ándalus y entregó el poder a Bali (741). Murió en la batalla de Aqua Portora (742).

BALISTA. Máquina de guerra empleada para arrojar piedras de mucho peso o cualquier otro tipo de proyectiles, con un alcance de hasta 500 m. Utilizada en la antigüedad clásica.

BALÍSTICA. Ciencia que estudia el movimiento de los proyectiles.
2:323a; Cohete, misil y proyectil 4:253a; *ilustración* 2:323b.

BALIZA. Señal flotante o fija que se coloca en los puertos o aeropuertos para señalar un peligro o para delimitar un camino. Pueden ser ópticas, sonoras o radioeléctricas.

BALJASH, LAGO. Lago de la parte oriental de la rep. de Kazajstán. Su superficie varía dependiendo de la cantidad de agua almacenada.

BALL, HUGO (1886-1927). Escritor, actor, crítico y dramaturgo alemán. Uno de los fundadores del movimiento dadaísta. *Flametti o del dandismo de los pobres* (1918), *Crítica de la inteligencia alemana* (1919), *Hermann Hesse, su vida y su obra* (1927).
Dadaísmo 5:83b.

BALL, JOHN (m. en 1381). Clérigo inglés. Fue excomulgado en 1366 por sus sermones revolucionarios, en los que defendía una sociedad sin clases. Fracasada la rebelión de los campesinos de 1381, durante la que instó al pueblo a la matanza de nobles y prelados, fue juzgado y ahorcado.

BALLA, GIACOMO (1871-1958). Pintor e ilustrador italiano, miembro fundador del movimiento futurista en pintura. Son muy notables sus estudios sobre la descomposición de la luz y el movimiento. En París recibió la influencia de los pintores puntillistas. En Roma (1901) asumió los principios del poeta milanés Filippo Marinetti, fundador del futurismo literario, y en 1910 publicó el *Manifiesto técnico de la pintura futurista*. Tras la primera guerra mundial tendió hacia un estilo más tradicional. «Niña comiendo en un balcón», «Dinamismo de un perro con correa».
Futurismo 7:10b.

BALLADUR, ÉDOUARD (n. en 1929). Político y empresario francés. Tras ocupar durante años diversos puestos como asesor de importantes figuras políticas francesas, en 1986 fue elegido miembro de la Asamblea Nacional. Durante la década de 1980 fue ministro de Economía y Finanzas. En 1993, siendo candidato del partido Gaullista, fue nombrado primer ministro de Francia.

BALLAGAS, EMILIO (1908-1954). Poeta cubano. Su obra se encuadra en el llamado negrismo, por sus reivindicaciones y temática social de raíz africana. *Cuaderno de poesía negra* (1934), *Nuestra Señora del Mar* (1943), *Mapa de la poesía negra americana* (1946).

BALLANTYNE, ROBERT MICHAEL (1825-1894). Novelista británico. Autor de relatos de aventuras, dedicados preferentemente al público juvenil. *La isla de coral* (1858), *El mundo de hielo* (1859).

BALLARD, FAMILIA (siglos XVI al XVIII). Impresores franceses de partituras musicales, cuya edición monopolizaron en Francia desde 1560 hasta 1750. El fundador de la dinastía fue Robert Ballard, a quien se le concedió la primera patente como impresor de Enrique II en 1552. Sus sucesores obtuvieron las patentes de Enrique IV y Luis XIII. El nieto de Robert poseyó la firma desde 1640 hasta 1679. Las publicaciones de Ballard se caracterizan por su belleza y cuidada presentación.

BALLARD, ROBERT (n. en 1942). Oceanógrafo y arqueólogo marino estadounidense. En 1985 saltó a la fama tras descubrir los restos del *Titanic* en el fondo del Atlántico norte. En 1997 realizó un nuevo hallazgo frente a las costas de Túnez, al descubrir un yacimiento submarino en el que aparecieron cinco navíos romanos del s. II a.C. y otros dos árabes del s. XVII.

BALLENA (ASTRONOMÍA). Constelación que se extiende por ambas partes del ecuador celeste. Situada entre Aries y Piscis. Contiene las estrellas variables Mira Ceti (Maravilla de la Ballena) y Menkar, que bordean el ecuador. Nombre latino: Cetus.

BALLENA (ZOOLOGÍA). Mamífero cetáceo del grupo de los mistacocetos y de la familia de los balénidos. Se caracteriza por su gran tamaño, su carencia de dientes y la posesión en su lugar de láminas córneas llamadas barbas, filtradoras de plancton. Diversas especies de familias distintas.
2:323b; Cetáceos 4:95a; Pesca 11:370a; *ilustraciones* 2:324a.

BALLENA, BAHÍA DE LA. Sección del litoral oriental de Costa Rica. Localizada en la parte meridional de la península de Nicoya. Playas de gran calidad y muy arenosas. Puerto de Tambor.

BALLENA AZUL. Mamífero cetáceo de la familia de los balenoptéridos (*Balaenoptera musculus*). Es el animal más grande que existe, con un peso de hasta 130 toneladas y más de 30 m de longitud. Vive tanto en el Atlántico como en el Pacífico, aunque predomina en los mares australes. Se llama también rorcual gigante.
Ballena 2:324a; Cetáceos 4:95a; Mamíferos 9:318a; *ilustración* 9:318a.

BALLENA FRANCA. Mamífero cetáceo mistacoceto de la familia de los balénidos (*Balaena mysticetus*). Se denomina también ballena de Groenlandia.
Ballena 2:325a; Cetáceos 4:95a.

BALLENA GRIS. Mamífero cetáceo mistacoceto de la familia de los estrictiidos (*Eschrichtius robustus*). Habita en aguas del Pacífico Norte.
Ballena 2:325a; Cetáceos 4:95a.

BALLENAS, BAHÍA DE. Ensenada de la costa oeste de la península de Baja California, en México. Se extiende desde punta Abreojos hasta la laguna de San Ignacio.

BALLENAS, CANAL DE LAS. Paso marino situado entre el territorio peninsular de Baja California y la isla del Ángel de la Guarda, en el golfo de California. Tiene una longitud de 72 km y una anchura media de 20 km. Máxima profundidad, 300 m.

BALLESTA (ARMA). Antiguo instrumento de guerra, perfeccionamiento del arco. Arrojaba flechas y otros proyectiles por medio de un dispositivo mecánico que tensaba una cuerda y la liberaba más tarde para propulsar el proyectil. Algunas ballestas eran portátiles y otras se asentaban en el suelo.

BALLESTA (MECÁNICA). Muelle o resorte formado por láminas que constituye la suspensión de automóviles y otros vehículos. Se une al chasis por ambos extremos y al eje de las ruedas por su parte central.

BALLESTER, MANUEL (n. en 1919). Científico español. Se formó en Barcelona y en la Universidad Harvard. Dirigió la sección de química del Consejo Superior de Investigaciones Científicas de Barcelona. Especialista en química orgánica.

BALLESTEROS, SEVERIANO (n. en 1957). Jugador de golf español. Cobró popularidad al ganar el trofeo de la Orden del Imperio Británico en 1977. Fue uno de los principales golfistas del mundo en las décadas de 1980 y 1990.

BALLESTEROS Y BERETTA, ANTONIO (1880-1949). Historiador español. Ejerció la docencia desde su cátedra en las universidades de Sevilla y Madrid. Miembro de la Real Academia de Historia. *Historia de España y su influencia en la historia universal* (1918-1941) y *Sevilla en el siglo XIII*.

BALLET. Forma de danza escénica que se fundamenta usualmente en una técnica académica definida (la *danse d'école*) y en una coreografía desarrollada con acompañamiento de «música culta».
2:325b; Alonso, Alicia 1:243a; Balanchine, George 2:315b; Bausch, Pina 2:373a; Béjart, Maurice 2:385b; Bocca, Julio 3:78a; Danza 5:96b; Nijinski, Váslav 10:416b; Nureyev, Rudolf 11:53a.

BALLEZA, MARIANO (m. en 1812). Religioso y patriota mexicano. Era vicario de la localidad de Dolores cuando el cura Miguel Hidalgo lanzó el grito de Dolores, inicio de la independencia. Alcanzó el rango de teniente general en la rebelión. Cayó prisionero en Acatita de Baján y fue fusilado por los españoles en la hacienda de San Juan de Dios.

BALLHAUS, MICHAEL (n. en 1935). Director de fotografía alemán. Inició su carrera en la televisión para pasar luego al cine. Colaboró con Fassbinder en la década de 1970. En la década de 1980 siguió su carrera profesional en los Estados Unidos. *Sleepers* (1996).

BALLIN, ALBERT (1857-1918). Empresario y armador alemán. Su gestión convirtió a la compañía naviera transoceánica Hamburgo/América en la más importante de la época. Pese a las numerosas ofertas recibidas, no quiso participar en política.

BALLIOL, FAMILIA. Familia de origen normando que en los siglos XII y XIII desempeñó un importante papel en la historia escocesa. Sus miembros más destacados fueron Guy de Balliol, Bernardo y Juan, este último rey de Escocia.

BALLIVIÁN, ADOLFO (1831-1874). Político boliviano, hijo de José Ballivián. Exiliado en diversas ocasiones, accedió a la presidencia en 1873. Obtuvo un préstamo internacional para resolver los problemas financieros del país. Ante la resistencia del congreso, y una enfermedad, renunció poco antes de morir.

BALLIVIÁN, JOSÉ (1804-1852). Militar y político boliviano. Venció al ejército peruano en Ingavi en 1841. Ocupó la presidencia del país de 1842 a 1847.
2:327a.

BALLIVIÁN, LAGO. Cuenca prehistórica localizada en la frontera entre Bolivia y el Perú, formada durante el pleistoceno. Es el predecesor del actual lago Titicaca. Cuando el antiguo lago Ballivián se desecó se formaron dos más pequeños: el Titicaca al norte, y el Minchín, antecesor del Poopó, al sur. Su superficie pudo haber estado al menos cien metros por encima de la actual del Titicaca.

BALLIVIÁN, MANUEL VICENTE (1848-1921). Geógrafo y político boliviano. Fue presidente de la Sociedad Geográfica de La Paz y ministro de colonización y de agricultura. Autor de diversas obras sobre la geografía de Bolivia. *Exploraciones y noticias hidrográficas de los ríos del norte de Bolivia* (1890).

BALLIVIÁN Y ROJAS, VICENTE (n. en 1810). Político e historiador boliviano. Fue nombrado ministro plenipotenciario en París en 1870. Escribió *Archivo boliviano*, obra fundamental para el conocimiento de la historia precolombina de Bolivia.

BALLON, JEAN. V. **Balon, Jean.**

BALLOU, HOSEA (1771-1852). Teólogo estadounidense. Convertido en 1789 a la creencia de la salvación universal, fue nombrado en 1817 pastor de la Segunda Iglesia Universalista de Boston. Se le ha llamado «padre del universalismo estadounidense». Fundó las revistas *The Universalist Magazine* (1819) y *The Universalist Expositor*.

BALMACEDA, JOSÉ MANUEL (1840-1891). Político chileno. Accedió a la presidencia en 1886 y fue derrocado en 1891.
2:327b; Chile 4:136a.

BALMAIN, PIERRE (1914-1982). Modista francés. Iniciado en la costura con Lucien Lelong, en 1945 abrió casa propia. Sus modelos se caracterizaron por su intachable factura, sobre todo en trajes de noche, y combinaban feminidad con una imponente elegancia. En 1975 creó su línea *prêt-à-porter*.

BALMES, JAIME (1810-1848). Filósofo español. Representante de la corriente de reafirmación de la neoescolástica.
2:327b; *ilustración* 2:327b.

BALOMPIÉ. V. **Fútbol.**

BALON, JEAN (1676-1739). Bailarín francés. En 1708 adaptó un drama de Pierre Corneille para crear *Los Horacios*, antecedente de los ballets con argumento. Su estilo, ligero y elástico, dio lugar a la utilización del término *ballon* para describir los saltos realizados sin aparente esfuerzo. Su apellido también se escribe Ballon.

BALONCESTO. V. **Basquetbol.**

BALONMANO. Juego de pelota en el que se impulsa el esférico con las manos. Intervienen dos equipos de siete jugadores en una cancha rectangular.
2:328a; *ilustraciones* 2:328a-b.

BALONVOLEA. V. **Voleibol.**

BALSA (BOTÁNICA). Árbol de la familia de las bombacáceas (*Ochroma pyramidale*). Dicotiledónea. Originario de las regiones tropicales americanas, su madera es de gran ligereza y tiene múltiples aplicaciones.

BALSA (TRANSPORTE). Especie de embarcación rústica que consiste en una plataforma formada por maderos o troncos unidos entre sí.

BÁLSAMO (BOTÁNICA). Árbol de hojas compuestas de la familia de las papilonáceas (*Toluifera pereirae*). Dicotiledónea. Mide entre 15 y 20 metros de altura. De su tronco se extrae el bálsamo peruviano. También se designa bálsamo a varios árboles que producen resinas y a la madera de *Myroxylon balsamun*, mejor conocido como sándalo.

BÁLSAMO (INDUSTRIA). Producto de la exudación de varios árboles, y especialmente el homónimo, formado por una mezcla de resinas, aceites esenciales y ácidos cinámico y benzoico. Se emplea con fines medicinales.

BALSAS, DEPRESIÓN DEL. Región mexicana, entre la sierra Madre del sur y la cordillera Neovolcánica. Formada por las cuencas de los ríos Balsas y Papaloapan. Elevada altitud media (1.000 m). Maíz, café, algodón, caña de azúcar. Escasa red de transportes a causa de la difícil orografía.

BALSAS, RÍO. Curso fluvial de México. Desde el est. de Puebla, donde nace y recibe el nombre de río Atoyac (Poblano), recorre 771 km, atravesando el est. de Guerrero, hasta desembocar en el Pacífico.
México 10:121b; Puebla, estado de 12:190a.

BALSERO. Término aplicado a los emigrantes cubanos que intentan llegar clandestinamente a los Estados Unidos a través del estrecho de Florida en precarias y frágiles embarcaciones, arriesgando su vida en el mar.

BALTA, JOSÉ (1814-1872). Militar y político peruano. Participó en diversos pronunciamientos militares contra gobiernos liberales y en 1868 fue elegido presidente.
2:329a.

BALTASAR. Según la tradición cristiana, uno de los tres reyes magos o sabios que acudieron de oriente a Judea para honrar a Jesús, recién nacido. En la iconografía se le representa normalmente como de raza negra.

BALTASAR CARLOS DE AUSTRIA (1629-1646). Príncipe de Asturias. Hijo de Felipe IV de España y de Isabel de Borbón. Heredero de la corona española desde 1632. Se concertó su enlace con la duquesa Mariana de Austria, pero su temprano fallecimiento lo impidió. Inmortalizado en los lienzos de Diego Velázquez.

BALTASAR DE BABILONIA (m. h. el 539 a.C.). Según el relato bíblico del Libro de Daniel, príncipe corregente de Babilonia. El profeta Daniel le aclaró el sentido de unas misteriosas inscripciones que aparecieron en un muro de su palacio y que profetizaban la destrucción de la ciudad. Murió después de la rendición de Babilonia al general persa Gobryas.

BALTHUS (1908-2001). Balthasar Klossowski, pintor francés. Revitalizó las categorías tradicionales de la pintura europea (paisaje, bodegón, retrato), con un estilo próximo al surrealismo. Director de la Academia Francesa en Roma (1961-1977). «Lección de guitarra», «La montaña», «Los gatos mediterráneos».

BÁLTICAS, LENGUAS. Subgrupo lingüístico, perteneciente al grupo baltoeslavo de la familia indoeuropea, compuesto de los idiomas lituano, letón o latvio y antiguo prusiano (ya extinto), hablados respectivamente en Lituania, Letonia o Latvia y antiguamente en Prusia oriental, territorios integrados después de la segunda guerra mundial en la Unión Soviética.

BÁLTICO, GUERRA DE LIBERACIÓN DEL. Conflicto bélico desarrollado desde 1918 a 1920, en el que Estonia, Letonia (o Latvia) y Lituania rechazaron los ataques de Alemania y la Rusia bolchevique. Después de una serie de ofensivas y contraofensivas, las repúblicas bálticas, que se habían separado de Rusia tras la revolución comunista, lograron el reconocimiento de su independencia por los tratados de Tartu, Moscú y Riga (1920).

BÁLTICO, MAR. El brazo de agua salada más grande del mundo. Se extiende desde Dinamarca hasta el círculo ártico. 420.000 km^2.
2:329b; Atlántico, océano 2:194a; Letonia 9:130b; Polonia 12:69b; *ilustración* 2:329b.

BÁLTICOS, PAÍSES. Nombre con el que se conoce a Estonia, Letonia (o Latvia) y Lituania, países situados en la costa oriental del mar Báltico, entre Polonia y Rusia. Independientes en el Medievo, estuvieron bajo dominio alemán, danés, sueco y polaco antes de ser absorbidos por Rusia en 1795. Nuevamente independientes entre 1918 y 1940, fueron absorbidos por la Unión Soviética. En 1990 declararon su independencia, la cual fue reconocida por la URSS y la comunidad internacional en 1991.

BALTIMORE. Ciudad y puerto de los Estados Unidos, en el est. de Maryland, a orillas de la bahía de Chesapeake. Universidades, museos. Primera catedral católica del país (1806). Aeropuerto. Astilleros, industrias diversas. 645.593 hab. (1998).
Estados Unidos 6:131a.

BALUARTE, RÍO. Curso fluvial mexicano, en el est. de Durango. Nace en la sierra Madre occidental con el nombre de Quebrada de Guadalupe y luego adquiere la denominación de Espíritu Santo. Al confluir con el Pánuco se convierte ya en el río Baluarte, que desemboca en la costa de Sinaloa, en el Pacífico. En sus orillas se encuentra la ciudad de Rosario. Cuenca 5.380 km^2.

BALUCHISTÁN. V. **Beluchistán.**

BALZAC, HONORÉ DE (1799-1850). Escritor francés. Ayudó a establecer la novela decimonónica clásica, con acontecimientos en secuencia lógica, personajes coherentes y diálogos sólidos.
2:330a; Francesa, literatura 6:373a; Realismo 12:281b; *ilustración* 2:330b.

BAMAKO. Capital de Malí, puerto a orillas del río Níger. Aeropuerto. Institutos de investigación, jardín botánico, zoológico. Artesanía, agricultura. Productos petrolíferos, cemento. 809.552 hab. (1996).
Malí 9:305a; Níger, río 10:410a.

BAMBA. Danza mexicana de origen cubano. Pertenece al género del son jarocho. El cantante y el acompañamiento utilizan simultánea o alternativamente los compases 6/8 y 3/4.

BAMBARA. Tribu mandinga. Originaria de Malí y Senegal, entre los ríos Senegal y Níger. En su arte destacan las esculturas con parejas de figuras humanas que simbolizan el origen de la vida y las máscaras con ciervos de amplias cornamentas. Escritura propia.
Malí 9:305a.

BAMBOCHADA. Género pictórico caracterizado por la representación de escenas de la vida cotidiana y popular. Se inició en Roma a mediados del siglo XVII con la obra del pintor holandés Pieter van Laer (1592/1595-1642), conocido como Bamboccio. Criticada en su época, la bambochada se revalorizó en el siglo XIX como precedente del estilo realista.

BAMBÚ. Planta de la familia de las gramíneas perteneciente a diversos géneros, entre ellos *Bambusa* y *Dendrocalamus.*
2:331a; Gramíneas 7:186b; Papel 11:263a; *ilustración* 2:331b.

BAMIÁN. Ciudad de Afganistán, situada en el valle de Bamián, al noroeste de Kabul, a una altura de 2.590 m. Desde el siglo II fue lugar de encuentro para las caravanas provinientes de la India y China hacia occidente. Importante centro histórico y arqueológico, donde se encuentran dos grandes figuras de Buda esculpidas en la roca de las montañas, así como numerosas grutas construidas por el hombre. En 1840 se libró en Bamián la primera guerra anglo-afgana. También llamada Bamiyán. 50.817 hab. (1984).

BAMILEKE. Etnia negra del sudoeste de Camerún que comprende unos noventa pueblos. Su lengua pertenece al grupo nigerocongoleño. Descendencia, sucesión y herencia de tipo patrilineal. Economía basada en la agricultura sedentaria. La religión predominante es el culto a los ancestros, aunque algunos bamileke se han convertido al Islam o al cristianismo.

BAMIYÁN. V. **Bamián.**

BAMUM. Pueblo negro del sudoeste de Camerún, también llamado mum. Su lengua se incluye en el grupo nigerocongoleño. En el siglo XVIII formó un reino cuyo sistema político y social era muy similar al del pueblo bamileke, pero cuyas estructuras estatales estaban mucho más desarrolladas. Los bamum practican la agricultura sedentaria, la caza y la pesca. Destaca su artesanía.

BANANO. V. **Plátano.**

BANATO. Región histórica de Europa central rodeada por Transilvania y Valaquia al este, el río Tisza al oeste, el Mures al norte y el Danubio al sur. En 1920 fue dividida entre Rumania, Yugoslavia y Hungría.

BANCA. Actividad económica que consiste principalmente en la custodia de recursos financieros del público y en la concesión de créditos con éstos. El término también designa al conjunto de instituciones (bancos) que se dedican a esta actividad.
2:331b; Crédito 5:5a; Dinero 5:194b; Préstamo 12:134a; *cuadro* 2:333a; *ilustraciones* 2:332a; 2:333b; 2:335b.

BANCA ON LINE. Término que se emplea para designar el conjunto de servicios bancarios que se realizan a través de la red de Internet y que, en los primeros años de la década de 2000, eran casi equiparables a los convencionales.
Banca 2:331b.

BANCARROTA. Cese de las actividades de un negocio por no poder hacer frente a sus compromisos de pago. Quiebra.
2:336a.

BANCES CANDAMO, FRANCISCO ANTONIO (1622-1704). Poeta y dramaturgo español. Representante de la literatura de la última fase del barroco. Autor de dramas, comedias y autos sacramentales. *En esta vida todo es verdad y todo es mentira, El esclavo en grillos de oro, El gran químico del mundo.*

BANCHS, ENRIQUE (1888-1968). Poeta argentino. Dueño de un estilo personalísimo y depurado, realizó prácticamente toda su obra en su juventud.
2:336b.

BANCO. Institución individual que realiza actividades de banca. V. **Banca.**

BANCO, EL. Ciudad colombiana, a orillas del río Magdalena, en el dep. de Magdalena. Ganadería y pesca; oleoducto Barranquilla-Cartagena; centro portuario.

BANCO CENTRAL EUROPEO. Entidad bancaria de la Unión Europea e institución emisora del Euro o moneda única europea. Fue creado oficialmente el día 1 de julio de 1998, y se concretó como una síntesis del Sistema de Bancos Centrales Europeos con el objetivo de emprender una política monetaria unificada para toda la Unión. Su primer presidente fue el neerlandés Wim Duisenberg.
Banca 2:335a; Duisenberg, Wim 5:251b; Unión Europea (UE) 14:178b.

BANCO DE DATOS. Conjunto de datos almacenados por medios informáticos y organizados de manera que se facilite su utilización para determinados fines específicos.

BANCO DE SANGRE. Reserva de sangre, debidamente clasificada, que mantienen algunos centros hospitalarios para su empleo en intervenciones quirúrgicas.

BANCO EUROPEO DE INVERSIONES (BEI). Entidad financiera de la Unión Europea (UE), fundada en Luxemburgo en 1958. Otorga préstamos a corporaciones públicas y privadas de la UE, así como a diversos países en desarrollo.
Banca 2:336a; Organizaciones financieras internacionales 11:142b.

BANCO EUROPEO PARA LA RECONSTRUCCIÓN Y EL DESARROLLO (BERD). Institución creada en Londres en 1990 con el fin de proporcionar apoyo financiero a los países europeos del Este que emprendieron su transición desde el antiguo régimen comunista hacia una economía libre de mercado.
Organizaciones financieras internacionales 11:142b.

BANCO INTERAMERICANO DE DESARROLLO (BID). Institución de crédito fundada en 1959 con la participación de la mayoría de los gobiernos americanos. Creada fundamentalmente para el desarrollo económico de los países latinoamericanos. Su sede oficial está en la ciudad de Washington (EUA).
Banca 2:336a; Organizaciones financieras internacionales 11:142b.

BANCO INTERNACIONAL DE RECONSTRUCCIÓN Y DESARROLLO (BIRD). Institución financiera internacional creada en 1944 en la Conferencia de Bretton Woods (EUA) y que inició operaciones en 1946. Tiene como objetivos la concesión de créditos para la financiación de proyectos en los países en vías de desarrollo y la prestación de ayuda técnica. Se conoce también como Banco Mundial.
Banca 2:335a; Organizaciones financieras internacionales 11:142a; Naciones Unidas 10:337a.

BANCO MUNDIAL. V. **Banco Internacional de Reconstrucción y Desarrollo** (BIRD).

BANCOS CENTRALES O DE EMISIÓN. Instituciones financieras dependientes del gobierno de una nación que cumplen entre otras las funciones de emitir dinero, servir de financiación y tesorería al estado, asesorar al gobierno sobre la política monetaria, y controlar e inspeccionar las diferentes entidades financieras privadas.
Banca 2:333a.

BANCOS COMERCIALES. Empresas financieras dedicadas a la concesión de préstamos a particulares, a la custodia de los recursos del público y a la creación de cuentas corrientes que permiten disponer del dinero depositado a partir de cheques.
Banca 2:333a.

BANCOS INDUSTRIALES. Entidades financieras que dedican sus recursos a promover el desarrollo de las empresas o a la creación de las mismas, a partir de la realización de préstamos a largo plazo y a la compra de acciones u obligaciones de las sociedades prestatarias. En 1852 Jacob-Émile Pereire (1800-1875) creó el primer banco industrial con la fundación del Crédit Mobilier.
Banca 2:334a.

BANCROFT, GEORGE (1800-1891). Historiador y político estadounidense. Se formó en la Universidad Harvard. Militó en las filas del Partido Democrático y fue secretario de marina y embajador en Londres y Berlín. Como secretario temporal de guerra ordenó en 1845 la invasión de Texas, lo que provocó la guerra con México. *Historia de los Estados Unidos* (1834-1874).

BANDA. Pueblo negro de la República Centroafricana, Rep. Dem. del Congo, Camerún y Sudán, también llamado togbo. Su lengua pertenece al nigerocongoleño. En la década de 1880 los banda combatieron contra los musulmanes sudaneses, y posteriormente lucharon contra la colonización belga y francesa. Habitan en aldeas agrícolas dispersas, gobernadas por un jefe. Los hombres cazan y pescan, mientras las mujeres se dedican a las faenas agrícolas. En las últimas décadas se ha registrado una intensa emigración hacia zonas urbanas.

BANDA, HASTINGS KAMUZU (1902-1997). Político de Malawi. Médico en el Reino Unido y Ghana, participó en la fundación del Partido del Congreso de Nyasalandia, de signo independentista. Primer ministro en 1963, declaró la independencia del país en 1966 y se proclamó presidente del mismo, cargo que ostentaría de forma vitalicia desde 1971.
Malawi 9:302a.

BANDA, ISLAS. Archipiélago indonesio, en el mar de Banda, de origen volcánico. Ocupadas por los portugueses en 1512, las islas fueron conquistadas en el siglo XVII por los holandeses, quienes tuvieron que defender su posesión frente a los británicos. Se practica el cultivo de frutos tropicales. La mitad de la población vive en Bandanaria, cap. de la isla del mismo nombre. 13.638 hab. (1971).

BANDA BASE. Conjunto de los valores de todas las frecuencias usadas para modular ondas por parte de un transmisor de radio.

BANDA DE MÚSICA. Agrupación musical formada por instrumentos de viento y percusión. Algunas bandas modernas incorporan instrumentos de cuerda.
2:337a; Orquesta 11:158b; *ilustración* 2:337b.

BANDARANAIKE, SIRIMAVO (1916-2000). Estadista de Ceilán (posterior Sri Lanka). Primera mujer en el mundo en ocupar el cargo de primer ministro (1960). Su marido, Solomon Bandaranaike, que había ocupado el mismo puesto, había sido asesinado en 1959. Derrotada en las elecciones de 1977, tres años más tarde fue expulsada del Parlamento y desposeída de sus derechos civiles, bajo la acusación de abuso de poder.
Sri Lanka 13:315a.

BANDARANAIKE, SOLOMON DIAS (1899-1959). Político cingalés. Formado como abogado en la Universidad de Oxford, propugnó el desarrollo de la cultura, la lengua y las costumbres de Ceilán (posterior Sri Lanka). En 1952 fundó el Partido de la Libertad de Sri Lanka y obtuvo la victoria en las elecciones de 1956. Logró que se retirasen las fuerzas británicas de Ceilán y llevó a cabo una política de aproximación a la India. En 1958, una revuelta tamil lo obligó a declarar el estado de excepción. Murió asesinado por un monje budista.
Sri Lanka 13:315a.

BANDAR SERI BEGAWAN. Capital de Brunei, en la isla de Borneo, puerto fluvial a orillas del Brunei en su desembocadura al mar de la China meridional. Aeropuerto internacional, museo. Agricultura. 21.484 hab. (1991).
Brunei 3:201a.

BANDEIRA, MANUEL (1886-1968). Poeta brasileño. Destacado representante de la escuela modernista de su país.
2:337b; Brasileña, literatura 3:166b.

BANDEIRA, PICO DE. Montaña de Brasil, en la frontera de los estados de Espírito Santo y Minas Gerais, al este del país. Forma parte de la Serra do Caparaó. 2.890 m

BANDEIRANTES. Grupos de portugueses que durante los siglos XVII y XVIII organizaron expediciones a la selva brasileña en busca de esclavos, más allá de los límites fijados en el tratado de Tordesillas. Su centro principal de irradiación fue São Paulo. La primera *bandeira* fue organizada en 1628 por Antonio Raposo.
Brasil 3:156a; Sao Paulo 13:154a; Uruguay 14:205b.

BANDELIER, ADOLPH (1840-1914). Arqueólogo y antropólogo estadounidense de origen suizo. Sus estudios se centraron en la cultura española de México y Nuevo México entre 1880 y 1892. También realizó investigaciones en el Perú y Bolivia. En 1913 viajó a España para continuar su trabajo y murió allí al año siguiente. *Informe final sobre las investigaciones entre los indios del sudoeste de los Estados Unidos* (1890-1892), *Las islas de Titicaca y Koati* (1910).

BANDELLO, MATTEO (1485-1561). Escritor italiano. Fue fraile, cortesano, diplomático y soldado. Se le considera como una de las figuras de la prosa narrativa del Renacimiento italiano. Sus *Novelle,* novelas cortas a la manera de Giovanni Boccaccio que reflejaron la sociedad italiana, ejercieron influencia sobre figuras como William Shakespeare y Félix Lope de Vega. También escribió poesías, y tradujo al italiano la tragedia de Eurípides *Hécuba.*

BANDERA. Insignia que consiste en una tela, generalmente rectangular, con determinados colores y símbolos emblemáticos del país u organismo al que representa.
2:338a; *ilustraciones* 2:338a.

BANDERAS, ANTONIO (n. en 1960). Actor español. Conocido internacionalmente, comenzó su carrera con el director de cine español Pedro Almodóvar. *Laberinto de pasiones* (1982), *Matador* (1985), *Entrevista con el vampiro* (1994), *Evita* (1996), *La máscara del zorro* (1998). En 1999 debutó como director con *Locos en Alabama.*

BANDERAS, BAHÍA DE. Ensenada del oeste de México, en la costa del Pacífico, entre los est. de Jalisco y Nayarit. Se extiende desde la punta de Mita, al norte, al cabo Corrientes, al sur. En ella desemboca el río Ameca, al norte de Puerto Vallarta.

BANDERAS, QUINTÍN (1845-1906). Patriota cubano. Tomó parte en las luchas independentistas y llegó al grado de general. Se unió en 1906 al Partido Liberal en la insurrección contra el presidente Tomás Estrada Palma. Murió asesinado por las fuerzas gubernamentales.

BANDERILLAS. Palos adornados con papel de colores y provistos de lengüetas de hierro que, en número par, se clavan en el lomo de los toros de lidia, en lo que constituye una de las suertes de la tauromaquia.
Tauromaquia 13:405a.

BANDERILLERO. Persona encargada de clavar las banderillas al toro en el segundo tercio de la corrida. Suelen ser los peones de la cuadrilla, pero algunos toreros dominan especialmente la suerte y la llevan a cabo ellos mismos.

BANDIERA, ATTILIO Y EMILIO (1810-1844 y 1819-1844). Patriotas italianos. Tras ejercer la carrera militar en la marina, fundaron en 1841 la sociedad secreta Esperia. Decididos defensores de la unidad italiana, intentaron unirse a las fuerzas que habían provocado el levantamiento del reino de Nápoles. En su expedición a Cosenza fueron capturados y fusilados como consecuencia de la traición de uno de sus hombres.

BANDINELLI, BACCIO (h. 1493-1560). Escultor italiano. Admirador de Miguel Ángel, gozó de la protección de los Medici, quienes le encargaron el grupo «Hércules y Caco» (1534), expuesto en la plaza de la Signoria de Florencia. Concibió los monumentos funerarios de los papas León X y Clemente VII. «Baco» y busto de «Cosme de Medici».

BANDOLERISMO. Forma de delincuencia y criminalidad llevada a cabo generalmente por cuadrillas de forajidos y caracterizada por la realización de asaltos a mano armada con finalidad de robo, generalmente en zonas despobladas.

BANDONEÓN. Instrumento musical, similar al acordeón pero más grande. Fue inventado en 1840 por el alemán Heinrich Band e introducido en la Argentina, donde se convirtió en uno de los instrumentos fundamentales de la música popular y, en particular, del tango.
Acordeón 1:35b.

BANDUNG. Ciudad de Indonesia, cap. de la prov. de Java Occidental, en la isla de Java. Universidades, instituto tecnológico, centro de investigación nuclear. Aeropuerto. Textiles, caucho, maquinaria; quinina. 2.368.200 hab. (1995).

BANDURRIA (MÚSICA). Instrumento de cuerda derivado del laúd pero de menores dimensiones. Tiene doce cuerdas y se toca con púa.

BANDURRIA (ZOOLOGÍA). Ave ciconiforme sudamericana, parecida al ibis por la forma del pico, pero de menor tamaño. Diversas especies. Familia de los tresquiorniótidos.

BANDURRILLA. Pájaro insectívoro de la familia de los furnáridos y de los géneros *Upucerthia* y *Ochetorhynchus.* Vive en América meridional.

BANDY. Juego similar al hockey sobre hielo que se practica en los países escandinavos y en los bálticos, así como en Mongolia. Cada equipo consta de ocho a once jugadores con patines y palos curvados para golpear una bola. La cancha es de tamaño variable, generalmente más amplia que la de hockey (100 m por 55 m).

BANÉR, JOHAN (1596-1641). Mariscal de campo sueco. Uno de los militares más sobresalientes de la guerra de los treinta años (1618-1648). En 1636 derrotó a las tropas imperiales en Wittstock.

BANERJEA, SURENDRANATH (1848-1925). Político y periodista indio. Participó en la fundación del Congreso Nacional Indio, y lo presidió en 1895 y 1902. Posteriormente se apartó del partido y creó un grupo político liberal. Promovió la autonomía de la India con respecto al imperio británico. En 1921 fue nombrado ministro de Bengala.

BANES. Población de la prov. de Holguín, Cuba, situada a orillas del Atlántico. Plátanos, caña de azúcar; ganado vacuno. 31.300 hab. (1987).

BANGALORE. Ciudad de la India, cap. del estado de Karnataka y del dist. de Bangalore. Sede de la administración británica de 1831 a 1881. Universidades, institutos técnicos, jardín botánico. Industrias diversas. 2.660.088 hab. (1991).

BANGKOK. Capital de Tailandia, a orillas del río Chao Phraya. 5.647.799 hab. (1999).
2:338b; Tailandia 13:380a; *ilustración* 2:338b.

BANGLADESH. País de Asia a orillas de la bahía de Bengala, limítrofe con Myanmar y la India. Cap. Dhaka. 147.570 km^2. 129.194.000 hab. (2000).
2:339a; Asia 2:150; Bengala 2:410b; Brahmaputra, río 3:142a; Ganges, río 7:41a; India 8:152b; Pakistán 11:220b; *mapa* 2:339b; *cuadros* 2:339b; 2:341b; *ilustraciones* 2:340a-b; 2:341b.

BANGUI. Capital y puerto fluvial de la República Centroafricana, a orillas del río Ubangi. Universidad, institutos de investigación, museos. Centro comercial. Jabón, bebidas. 553.000 hab. (1995).
Centroafricana, República 4:77b.

BANÍ. Ciudad de la República Dominicana, cap. de la prov. de Peravia, a orillas del mar Caribe. Café, productos alimenticios. Ganadería. 36.705 hab. (1981).

BANI SADR, ABOLHASÁN (n. en 1933). Político iraní. Fue líder de un movimiento estudiantil de carácter nacionalista y en 1963 se exilió en Francia. Se unió al movimiento del ayatolá Jomeini y en 1979 regresó a Irán, después de la revolución islámica. Fue ministro de economía y hacienda y de asuntos exteriores, pero fue destituido en 1981. A continuación abandonó el país y organizó desde París un grupo progresista de oposición.

BANIYAS. V. **Cesarea.**

BANJA LUKA. Ciudad de Bosnia y Herzegovina, a orillas del río Vrbas. Fue ocupada por los turcos en el siglo XVI, quienes construyeron la mezquita de Ferhad Bajá. También existen restos de tumbas y termas romanas. Centro industrial (alimentación, mecánica y textil), agrario y comercial. 160.000 hab. (1997).

BANJO. Instrumento de cuerda de origen africano, alcanzó gran popularidad en el folclor estadounidense y en la música de *jazz* de principios del siglo XX. Compuesto por una caja cubierta con una membrana, lleva de cinco a nueve cuerdas, según el modelo.

BANJUL. Capital y puerto de Gambia en la isla de St. Mary junto a la desembocadura del río Gambia en el Atlántico. Aeropuerto internacional. Escuela superior, instituciones médicas. Aceites vegetales, artesanía, turismo. 42.407 hab. (1993).
Gambia 7:32a.

BANKS, ISLA. La isla más occidental del archipiélago Ártico canadiense, al noroeste de la isla Victoria, distrito de Franklin. Separada de tierra firme por el golfo de Amundsen. Longitud 440 km, anchura de 176 a 288 km. Cubre una superficie de 70.028 km^2.

BANKS, JOSEPH (1743-1820). Naturalista británico. Acompañó a James Cook en su expedición por Australia y el Pacífico. Viajó también a Islandia, la península del Labrador y Terranova. Legó al Museo Británico sus importantes colecciones botánicas y su biblioteca.
Australia 2:220b; Brown, Robert 3:193a.

BANNOCKBURN, BATALLA DE. Decisiva batalla en la historia de Escocia (23-24 de junio de 1314), por la que los escoceses recuperaron su independencia y coronaron en su trono a Robert the Bruce con el nombre de Roberto I.

BANQUETE, EL. Título de uno de los diálogos de Platón. La obra está estructurada en seis discursos, puestos en boca de Agatón, el anfitrión del banquete, Aristófanes, Fedro, Erisímaco, Pausanias y Sócrates, que versan todos ellos sobre el amor, el bien, la belleza y la felicidad.
Eros 6:24b.

BANQUISA. Capa de hielo que se forma en los mares cercanos a los polos. La que se constituye de modo permanente suele hacerlo alrededor de las tierras emergidas.

BAN SHIGERU (n. en 1957). Arquitecto japonés. Cursó estudios en los Estados Unidos e inició su carrera profesional en ese país. A mediados de la década de 1990 se estableció en Japón, donde trabajó en favor de las víctimas del devastador terremoto de Kobe.

BANTENG. Mamífero artiodáctilo rumiante, familia de los bóvidos (*Bos javanicus*). Parecido al búfalo por la disposición de la cornamenta, que es bastante reducida. Habita en los bosques de Myanmar, Malasia e Indonesia.

BANTING, FREDERICK GRANT (1891-1941). Médico y fisiólogo canadiense. Recibió, junto con John Macleod, el Premio Nobel en 1923 por aislar la insulina, hormona vital para el tratamiento de la diabetes.
2:342a; *ilustración* 2:342a.

BANTÚES, LENGUAS. Subgrupo de más de 200 lenguas, integradas en el grupo lingüístico nigero-congoleño, caracterizadas por su condición de tonales y por afijos que indican el singular y el plural. Se hablan en el África central y meridional, y las más importantes son el swahili, el ruanda, el sotho y el zulu-ngoni.
Negroafricanas, literaturas 10:374b; Uganda 14:172a.

BANTÚES, PUEBLOS. Conjunto de pueblos negroides de África central y meridional. Abarca numerosos grupos étnicos, unidos por un tronco lingüístico común y claramente diferenciado de los de bosquimanos y hotentotes.
Africanos, pueblos 1:98b; Angola 1:360b; Botswana 3:131a; Burundi 3:234b; Malawi 9:301b; Mozambique 10:283b; Sudáfrica, República de 13:336b; Tanzania 13:398a.

BANTUSTÁN. Cada uno de los diez territorios asignados para las poblaciones negras de la República de Sudáfrica. Declararon su independencia Transkei en 1976, Bofutatswana en 1977, Venda en 1979 y Ciskei en 1981. Estas independencias, sin embargo, sólo eran reconocidas por la República de Sudáfrica. Desaparecieron con la implantación de un régimen multirracial en el país en la década de 1990.

BANU ZIRI. Dinastía beréber granadina. Reinó durante el siglo XI. Su fundador fue Zawi, que actuó a las órdenes de los hamudíes de Málaga y Algeciras. Su sobrino, Habús ibn Maksán, reinó desde el 1025 al 1038 en la región de Elvira. Badís (m. en el 1077) venció a los hamudíes de Málaga, y Abdalá ibn Bulugín (1077-1090) fue destronado por Yusuf ibn Tasfín.

BÁNZER SUÁREZ, HUGO (1926-2002). Político boliviano, presidente de su país de 1971 a 1978 y de nuevo en 1997. De formación militar, Bánzer asumió el poder en la primera ocasión mediante un golpe apoyado por formaciones de derecha y fue depuesto por otro golpe militar. Tras una breve estancia en Argentina, regresó a Bolivia y aspiró cinco veces a llegar a la presidencia mediante elecciones. No lo logró hasta 1997, cuando ocupó el cargo el 6 de agosto para un período de cinco años, aunque en 2001 se vio obligado a renunciar por motivos de salud, siendo sucedido por Jorge Quiroga.
2:342b; Bolivia 3:96a; Sánchez de Lozada, Gonzalo 13:118a; *ilustración* 2:342b.

BÁÑEZ, DOMINGO (1528-1604). Teólogo dominico español. Discípulo de Melchor Cano y Pedro de Sotomayor. Fue profesor de teología en Alcalá de Henares, Valladolid y Salamanca. Estuvo presente en el concilio de Trento (1563). Participó en las controversias doctrinales de *auxiliis* entre jesuitas y dominicos, en las que polemizó con el jesuita Luis de Molina sobre la predestinación del hombre y la gracia, defendiendo la *gratia efficiens*, que anula el libre albedrío. Fue confesor de santa Teresa. *Un comentario a la Summa de santo Tomás.*

BAÑO DE PARO. Solución empleada en fotografía para detener el efecto del revelador antes de pasar al fijador. Contiene entre el 2 y 5 por 100 de ácido acético o cítrico.

BAÑO ELECTROLÍTICO. Baño de galvanización en que se coloca el electrólito que va a sufrir la acción de la corriente eléctrica.

BAÑO FINLANDÉS. V. **Sauna.**

BAÑOLAS. Municipio español de la prov. de Gerona, comunidad autónoma de Cataluña, cap. de la comarca del Pla de l'Estany. El municipio está situado en la parte sudoriental del lago de Bañolas y se llama Banyoles en catalán. Agricultura de regadío y de secano; ganadería; industria textil y mecánica; turismo. Establecimientos termales de aguas minerales sulfurosas-cálcicas frías. 11.870 hab. (1996).

BAÑOLAS, LAGO DE. Depósito lacustre de la comarca de Pla de l'Estany, en la prov. española de Gerona, comunidad autónoma de Cataluña. Situado junto a la villa de Bañolas, su origen es cársico y tectónico. Tiene 2.150 m de longitud, 775 m de anchura máxima y 235 m de anchura mínima, con una superficie total de 1.074.300 m^2. El fondo lo configuran un conjunto de seis cubetas con profundidades entre 10 y 62 m. Tiene como emisario al río Terrí, y sus aguas proceden del valle del Llierca y del Borró. En una toba del lago se descubrió en 1887 la llamada mandíbula de Bañolas, que perteneció a un hombre de Neanderthal. Centro de deportes náuticos.

BAÑOS, RICARDO (1882-1939). Camarógrafo, técnico y director español de cine. Pionero del cine español, inició sus trabajos como operador en tiempos del cine mudo. En América (1910-1914) rodó documentales, y de nuevo en España filmó películas de temática diversa. En 1926 fundó, junto con otros cineastas, los Laboratorios Cyma, en Barcelona. *La campaña de Melilla* (1909), *La vida de Cristóbal Colón y su descubrimiento de América* (1916), *Don Juan Tenorio* (1922).

BAÑO TURCO. Baño de vapor en el que la temperatura se va elevando progresivamente. Termina con masajes y con una ducha caliente seguida de una ducha fría.

BAOBAB. Árbol de la familia de las bombacáceas y del género *Adansonia*. Dicotiledónea. Originario de África, destaca por su envergadura y el notable grosor de su tronco.

BAODAI (1913-1997). Monarca y político vietnamita. Emperador de Vietnam desde 1926, abdicó en 1945 tras la revolución protagonizada por el Viet Minh. En 1946 huyó a Hong Kong y en 1949 regresó a su país para presidir un gobierno provisional dependiente de Francia. Un referéndum lo obligó a abandonar el poder en 1955. Se estableció en la costa Azul francesa.
Vietnam 14:312a; Vietnam, guerra de 14:313b.

BAORUCO. V. **Bahoruco.**

BAORUCO, SIERRA DEL. V. **Bahoruco, sierra del.**

BAPTISTA, MARIANO (1832-1907). Político y diplomático boliviano. Presidente de 1892 a 1896, con apoyo de Aniceto Arce. Buscó un acercamiento con Chile, país que había derrotado a Bolivia en la guerra del Pacífico (1879-1883). Ofreció una amnistía a sus opositores, pero no logró erradicar la turbulencia política del país.

BAPTISTERIO. Parte del templo donde tiene lugar la ceremonia del bautismo. Ocasionalmente es un edificio exento –separado– de pequeñas dimensiones y planta central, que suele estar junto al templo.

BAQUEDANO GONZÁLEZ, MANUEL (1826-1897). General del ejército chileno. Obtuvo importantes triunfos frente al Perú (Moquegua, cuesta de los Ángeles, campo de la Alianza y Miraflores) en la guerra del Pacífico. Ocupó en 1891, por unos días, la presidencia de Chile tras ser derrocado José Manuel Balmaceda.

BAQUELITA. Material plástico similar al caucho endurecido, resistente al calor e inerte ante numerosas sustancias químicas. Se utiliza para la fabricación de múltiples objetos. Inventado en 1909 por el estadounidense Leo H. Baekeland.
Plástico 12:23b.

BAQUERIZO MORENO, ALFREDO (1859-1950). Novelista y político ecuatoriano que ocupó la presidencia de la república de 1916 a 1920. Durante su mandato mejoró la situación financiera del país e impulsó la enseñanza primaria. Durante un corto período (1931-1932) ocupó de nuevo la presidencia.

BAQUERO, GASTÓN (1916-1997). Poeta cubano. Autor de numerosos libros de poemas cuya producción compaginó con el periodismo. Tras el triunfo de la revolución castrista se exilió a España, país en el que trabajó como profesor de la Escuela de Periodismo. Su obra poética, prohibida en Cuba durante años, pudo publicarse de nuevo en la isla caribeña a partir de 1994. *Magias e invenciones* (1984), *Poemas invisibles* (1991).

BAQUIJANO Y CARRILLO, JOSÉ (1751-1818). Jurista y economista peruano. Conde de Vistaflorida. Fue oidor de la Real Audiencia de Lima y miembro del consejo supremo de Castilla. Defensor del mercantilismo, achacaba la precaria situación económica del Perú a la política de libre comercio.

BAQUÍLIDES (siglo V a.C.). Poeta griego. Contemporáneo y rival de Píndaro, fue autor de numerosas composiciones líricas, entre las que cabe destacar los ditirambos, poemas corales a los que dotó de gran refinamiento.
Griega, literatura 7:218b.

BAR. Unidad de presión atmosférica, equivalente a 10^6 dinas/cm^2. Suele utilizarse en meteorología un submúltiplo suyo, el milibar, igual a 0,001 bar. Un milímetro de mercurio equivale a 1,33 milibar.
Presión 12:132a.

BARA, THEDA (1890-1955). Theodoisa Goodman, actriz estadounidense, una de las máximas estrellas del cine mudo, y la primera vampiresa del cine mundial. Actuó en más de cuarenta películas en menos de tres años. *Romeo y Julieta* (1916), *Camille* (1917), *Cleopatra* (1917), *Salomé* (1918). Se retiró en 1920.

BARACALDO. Ciudad de España en la prov. de Vizcaya, comunidad autónoma del País Vasco. Suburbio industrial de Bilbao, a orillas del río Nervión. Siderurgia, industria pesada. 98.649 hab. (1998).

BARACOA. Ciudad y puerto atlántico de Cuba, en la prov. de Guantánamo. Primer asentamiento urbano fundado en la isla por Diego de Velázquez en 1512. Minería. 11.459 hab. (1982).
Guantánamo 7:249a.

BARADERO. Ciudad argentina de la prov. de Buenos Aires, situada a orillas del río Baradero, uno de los brazos del Paraná. Fue fundada en 1616 por Hernandarias de Saavedra. Puerto fluvial. Maíz, frutas; industrias alimentarias.

BARAGUA, SIERRA DEL. Sistema montañoso venezolano, en el est. Lara. Forma parte de las sierras de Falcón. Alcanza alturas superiores a los 1.000 m. Pico Sirarigua (1.451 m). Minería.

BARAHONA. Provincia del sudoeste de la República Dominicana a orillas del mar Caribe. Caña de azúcar, café. Sal de roca, mármol. Explotación forestal. Cap. Barahona, activo puerto. 1.739 km^2. 157.772 hab. (1993).

BARAHONA, SANTA CRUZ DE. Ciudad y puerto de la República Dominicana, cap. de la prov. de Barahona, en la bahía de Neiba, mar Caribe. Aeropuerto. Pesquerías, productos alimenticios. 49.334 hab. (1981).

BARAHONA DE SOTO, LUIS (1548-1595). Escritor español. Poeta de estilo italianizante influido por la métrica de Ovidio y Ludovico Ariosto. Publicó la fábula de *Vertumno y Pomona*, pero su mejor obra fue *Las lágrimas de Angélica* (1586), elogiada por Miguel de Cervantes y continuada por Lope de Vega.

BARAJA, JUEGOS DE. Juegos de mesa en los que se utilizan naipes españoles o franceses, como el póquer, el bacará, la canasta, etc.
2:343a; Azar, juegos de 2:278a; Juego 8:407b; Mesa, juegos de 10:77b; *ilustraciones* 2:343; 2:344a.

BARAK, EHUD (n. en 1942). Político y militar israelí. Desarrolló una brillante carrera en el ejército, en el que llegó al rango de general. Adscrito al Partido Laborista, tras las elecciones de 1999 se convirtió en primer ministro.
2:344b; Árabe-israelí, conflicto 2:2a; Autoridad Nacional Palestina (ANP) 2:274b.

BARALT, RAFAEL MARÍA (1810-1860). Periodista, filólogo y político venezolano. Participó en movimientos separatistas antibolivarianos y realizó actividades diplomáticas en Londres. Se nacionalizó español en 1843. Dirigió *La Gaceta de Madrid. Historia antigua y moderna de Venezuela* (1841), *Diccionario de galicismos* (1855).

BARANDIARÁN Y AYERBE, JOSÉ MIGUEL DE (1889-1991). Escritor y sacerdote español. Fue rector del seminario Aguirre, en Vitoria, director de la revista *Gymnásium* y fundador de la sociedad Eusko-Folklore. *Nuevos hallazgos de arte magdaleniense en Vizcaya, El hombre primitivo del País Vasco.*

BARANTE, BARÓN DE (1782-1866). Amable-Guillaume-Prosper Brugière, estadista francés, historiador y escritor político. De tendencia liberal, desempeñó diversos cargos durante la época de la restauración borbónica, hasta que fue destituido por el duque de Richelieu. Apoyó el gobierno de Luis Felipe de Orleans, pero a partir de la caída de la monarquía (1848) se retiró de la política. Escribió *Historia de los Duques de Borgoña*, gracias a la cual obtuvo el ingreso en la Academia Francesa. *Historia de la Convención Nacional, Historia del directorio de la república francesa.*

BÁRÁNY, ROBERT (1876-1936). Médico austriaco. Recibió el Premio Nobel en 1914 por sus trabajos sobre el vértigo y el aparato vestibular del oído.

BARAYA, ANTONIO (1768-1816). General colombiano. Luchó contra el ejército español por la independencia de su país.
2:345a.

BARBA. Volcán de Costa Rica. Forma parte de la cordillera Volcánica central. Su cráter inactivo aloja lagunas de las que nace el río Sarapiquí. 2.906 m.

BARBA, PEDRO (1590-1650). Médico español. Fue profesor en la Universidad de Valladolid y médico del rey Felipe IV. Utilizó por vez primera la quina para combatir la fiebre.

BARBA, RAMÓN (1767-1831). Escultor español. Estudió en la Academia de San Fernando de Madrid y vivió en Roma. Estilo neoclásico con influencias barrocas. Estatuas de Carlos IV y la reina María Luisa.

BARBA AZUL. Personaje del cuento homónimo de Charles Perrault, publicado en *Historias y cuentos de antaño* (1697). Su nombre se derivaba del peculiar colorido de su barba. Casado siete veces, había degollado a sus primeras seis mujeres por ser demasiado curiosas. La última, que quiso abrir con una llave una habitación prohibida, fue liberada por sus hermanos, y Barba Azul fue muerto.

BARBACANA. Obra de fortificación, aislada y avanzada, usada principalmente para la defensa de accesos (puentes, puertas, etc.). También se conoce con ese nombre a las galerías corridas que coronaban los muros o torres para permitir la vigilancia del pie de los mismos.

BARBACENA. Ciudad de Brasil, estado de Minas Gerais, en la Serra da Mantiqueira. Textiles, maíz, arroz, café. 88.336 hab. (1996).

BARBACENA, FELISBERTO CALDEIRA BRANT PONTES (1772-1841). Político y militar brasileño. Destacó en la lucha por la independencia de su país. Diputado en las cortes constituyentes de 1823. Jefe de gobierno y ministro de hacienda con Pedro I, se opuso a su política absolutista.

BARBACOA. Parrilla utilizada para asar carne o pescado al aire libre. También, alimentos preparados con esta parrilla, o en un hoyo abierto en la tierra, y calentado a modo de horno.

BARBACOA, PUEBLO. Tribu de Sudamérica, cuya lengua pertenece al grupo dialectal talamanca-barbacoa. Localizado en el sur de Colombia y en el norte del Ecuador, entre los ríos Magdalena y Cauca. Construyen sus casas sobre palafitos.

BARBADOS. País de las Antillas menores, en la isla homónima. Cap. Bridgetown. 430 km^2. 267.000 hab. (2000).
2:345b; América 1:276b; *cuadros* 2:345b; 2:346a; *ilustración* 2:346b.

BARBA JACOB, PORFIRIO (1883-1942). Poeta colombiano cuyo verdadero nombre era Miguel Ángel Osorio. Una de las figuras cumbres del modernismo en Colombia.
2:347a.

BÁRBARA DE BRAGANZA (1711-1758). Reina de España. Hija de los monarcas portugueses Juan V y María Ana. Contrajo matrimonio en 1729 con el que luego sería Fernando VI. De carácter afable y melancólico, influyó en las decisiones políticas de su marido, sobre todo en el nombramiento de algunos altos cargos.

BARBARELLI, GIORGIO. V. **Giorgione.**

BARBARISMO. Deformación del lenguaje que consiste en escribir o pronunciar mal las palabras, en emplear vocablos inadecuados o en usar voces de otras lenguas.

BÁRBAROS, PUEBLOS. Conjunto de poblaciones del centro y norte de Europa que, independientes a la autoridad del imperio romano, se introdujeron en éste a principios de la era cristiana y acabaron por provocar su caída. Se consideró como tales a los anglosajones, francos, godos, hunos, suevos y vándalos, entre otros.
Vándalos 14:232a.

BARBARROJA (siglo XVI). Jayr al-Din, legendario pirata turco.
2:347b; Argelia 2:40a; Solimán el Magnífico 13:296a.

BARBASTRO. Población de la prov. de Huesca, España. Cereales, olivos, almendros, vid; industria ligera. Edificios de interés histórico y artístico. 15.050 hab. (1987).

BARBATE. Municipio español de la prov. de Cádiz, situado en las estribaciones de la sierra de Retín. Río Barbate y laguna de La Janda. Agricultura y pesca; industria conservera, astilleros navales; central térmica. 21.400 hab. (1996).

BARBECHO. Tierra de labranza que se deja en reposo (sin cultivar) durante cierto tiempo para favorecer la regeneración de los elementos nutritivos.
Agricultura 1:108b.

BARBER, SAMUEL (1910-1981). Compositor estadounidense, uno de los más destacados representantes de la música lírica y romántica de su país. Escribió numerosas partituras entre las que destacan sus conciertos para piano, opus 38, para violín, opus 14, y para violonchelo, opus 22, y sus sinfonías, además de las óperas *Vanessa* y *Antony and Cleopatra*.

BARBERINI, FAMILIA. Aristocrática familia italiana de los siglos XVI y XVII, procedente de Barberino en el valle de Else. Sus miembros más poderosos e influyentes fueron Maffeo (1623-1644), que sería el papa Urbano VIII, Francisco (1597-1679) y Antonio el joven (1608-1671), cardenales. Protectores de grandes artistas, el palacio Barberini de Roma posee excelentes ejemplos de arte de la época.

BARBERINO, FRANCESCO DA (1264-1348). Poeta italiano, autor de poemas alegóricos y obras didácticas. *Enseñanzas de amor, Conducta y costumbres de la mujer* (1318-1320).

BARBERO DE SEVILLA, EL. Ópera de Gioacchino Rossini con libreto de Cesare Sterbini, basada en la comedia de Pierre-Augustin de Beaumarchais. Estrenada en Roma en 1816. Una de las óperas bufas del autor, con pasajes de gran comicidad.
Rossini, Gioacchino 13:24a.

BARBEY D'AUREVILLY, JULES-AMÉDÉE (1808-1889). Novelista y crítico literario francés. Árbitro de las modas sociales y los gustos literarios de su época. Autor de *Las diabólicas* (1874), serie de seis novelas cortas.

BARBIE, KLAUS (1913-1991). Dirigente nazi y jefe de la Gestapo alemana en Lyon, Francia, de 1942 a 1944. Llamado el carnicero de Lyon. Responsable de la muerte de 4.000 personas y la deportación de varios miles más. Fue juzgado como criminal de guerra en 1987.

BARBIERI, FRANCISCO ASENJO (1823-1894). Compositor español. Uno de los principales representantes del género chico dentro de la zarzuela española. El amplio catálogo de sus obras incluye *Pan y toros, El barberillo de Lavapiés, Jugar con fuego* y *Los diamantes de la corona.*
Zarzuela 14:412b.

BARBIERI, GATO (n. en 1935). Leandro Barbieri, músico argentino. Destacado saxofonista, su estilo recibió la influencia de John Coltrane. Trabajó con Don Cherry. En la década de 1970 fundó la banda de *jazz* Latin America. Compuso música para filmes.

BARBIERI, GIOVANNI FRANCESCO. V. **Guercino.**

BARBIERI, VICENTE (1903-1956). Escritor argentino. Destacada obra poética de inspiración clásica. *Fábula del corazón* (1939), *El río distante* (1945), *El bailarín* (1953). Fue autor, además, de varias novelas, como *Desenlace de Endimión* (1951), *El intruso* (1958).

BARBITÚRICO. Cualquiera de los medicamentos sintéticos derivados del ácido barbitúri-

co o malonilurea y utilizados en terapéutica por su acción sedante e hipnótica.
2:347b; Anestesia 1:345b; Psicotropos 12:184b; Toxicomanía 14:10b; *ilustración* 2:347b.

BARBIZON, ESCUELA DE. Grupo de pintores franceses que entre 1830 y 1860 se establecieron en la localidad francesa de ese nombre para pintar paisajes directamente del natural. Destacaron Théodore Rousseau, Alexandre Decamps y Charles-François Daubigny.
Realismo 12:281b.

BARBO. Pez osteictio cipriniforme de la familia de los ciprínidos, perteneciente al género *Barbus.* Alcanza hasta 4 o 5 kg de peso. Presenta de dos a cuatro barbillas cortas en el maxilar superior. Es comestible. Abunda en los ríos europeos.

BARBO, PIETRO. V. **Paulo II.**

BARBOSA, DUARTE (1480-1521). Marino y geógrafo portugués. Viajó a la India y participó en la expedición de Fernando de Magallanes alrededor del mundo. Su crónica de esta aventura, *Libro en que da relación de lo que vio y oyó en oriente,* se publicó en 1813 en Lisboa. Murió en Cebú a manos de los indígenas, junto a Magallanes.

BARBOSA, RUI (1849-1923). Político y jurista brasileño. Figura destacada en la implantación de la república en Brasil.
2:348a.

BARBOSA DU BOCAGE, MANUEL MARIA. V. **Bocage, Manuel Maria Barbosa du.**

BARBUSSE, HENRI (1873-1935). Escritor francés. Su novela *El fuego: diario de un pelotón* (1916), de carácter naturalista y antimilitarista, obtuvo el Premio Goncourt. Su pertenencia al Partido Comunista Francés condicionó el talante revolucionario del resto de su producción literaria. *Claridad* (1919), *Stalin* (1935).

BARCA, AMÍLCAR. V. **Amílcar Barca.**

BARCA, ANÍBAL. V. **Aníbal.**

BARCA, ASDRÚBAL. V. **Asdrúbal Barca.**

BARCALA, WASHINGTON (n. en 1920). Pintor uruguayo. Afincado en Madrid y París desde 1974, su estilo se enmarcó en la corriente constructivista de su país, caracterizándose por el empleo de soportes y materiales novedosos.

BARCAROLA. Composición vocal o instrumental, de breve desarrollo, que evoca el balanceo de las barcas. De probable origen veneciano. Durante los siglos XVIII y XIX se incluyeron barcarolas en las partituras de numerosas óperas.
Musicales, formas 10:323b.

BARCE, RAMÓN (n. en 1928). Músico español. Se formó en el Conservatorio de Madrid. Fundó el grupo Nueva Música en 1958 y, un año después, el Aula Musical del Ateneo madrileño. Composiciones dodecafónicas y atonales. *Objetos sonoros* (1964), *Concierto de Lizara* (1965).

BARCELÓ, ANTONIO R. (1868-1938). Político puertorriqueño. Dirigió el Partido Liberal y luego la Unión de Puerto Rico. Fue elegido senador y llegó a ocupar la presidencia del Senado isleño.

BARCELÓ, PERE JOAN (m. en 1682). Guerrillero español, conocido como Carrasclet. Luchó en la guerra de sucesión en las filas del archiduque Carlos. Organizó una guerrilla contra el ejército del nuevo monarca Felipe V, que llegó a contar con ocho mil hombres. En sus últimos años sirvió también al emperador austriaco.

BARCELONA (CIUDAD, ESPAÑA). Ciudad de España, cap. de Cataluña. 1.505.581 hab. (1998).
2:348b; Cataluña 4:37a; *ilustraciones* 2:348b; 2:349.

BARCELONA (PROVINCIA, ESPAÑA). División administrativa de España en la comunidad autónoma de Cataluña, a orillas del Mediterráneo. Río Llobregat. Lignito, cemento, potasa, sal; cereales, vinos; industrias textiles. Cap. Barcelona. 7.733 km². 4.690.996 hab. (1995).
Cataluña 4:36a.

BARCELONA (VENEZUELA). Ciudad de Venezuela, cap. del estado Anzoátegui junto al río Neverí, cerca del mar Caribe. Fundada en 1671. Ruinas, edificios coloniales. Importante centro comercial. Textiles, caña de azúcar, cacao. Complejo petroquímico y minas de carbón próximos. 311.475 hab. (2000).

BARCELONA, CASA DE. Familia que reinó en Barcelona, otros señoríos catalanes y el sur de Francia. Fundada por Wifredo el Velloso en el 874, se extinguió con Martín I el Humano en 1410. Reinó también en los territorios de la corona de Aragón a partir de Ramón Berenguer IV.

BARCELONA, CONDADO DE. Entidad política fundada en el 801 tras la reconquista franca de la ciudad de Barcelona. En el siglo XIII se asoció a la corona de Aragón merced a la boda entre el conde Ramón Berenger IV y la princesa aragonesa Petronila. La dignidad de conde de Barcelona es uno de los títulos de la casa real española.
Marca Hispánica 9:352a.

BARCELONETA. Municipio de Puerto Rico a orillas del río Grande. 19.729 hab. (1985).

BÁRCENA, CATALINA (1890-1978). Actriz española nacida en Cienfuegos, Cuba. Se inició en el teatro en la compañía de María Guerrero. Alcanzó notables éxitos en Hispanoamérica bajo la dirección de Gregorio Martínez Sierra. Intervino en varios filmes: *Primavera en otoño* (1932), *Julieta compra un hijo* (1935).

BARCIA, ROQUE (1823-1885). Político y literato español. Partidario de la causa republicana, intervino en la insurrección cantonalista de Cartagena. Fundador del diario *El Demócrata Andaluz.* Autor de novelas y teatro. Escribió además el *Diccionario general etimológico de la lengua española.*

BARCIA Y TRELLES, AUGUSTO (1881-1961). Escritor y político español. Diputado reformista (1916-1923). Ocupó altos cargos durante la segunda república: ministro de estado y embajador en Uruguay. Tras la guerra civil marchó a la Argentina. Fue ministro de hacienda en el gobierno republicano en el exilio.

BARCIA Y ZAMBRANA, JOSÉ DE (m. en 1696). Moralista y escritor español. Sus sermones, traducidos a distintos idiomas, ejercieron gran influencia en épocas posteriores. *Despertador cristiano de sermones doctrinales sobre varios asuntos* (1677-1684) y *Cuaresma de sermones doctrinales.*

BARCO. Medio de transporte de madera o metal que flota y se desliza en el agua. Impulsado por distintos medios.
Marina mercante 9:376b; Transporte 14:111a.

BARCO, VIRGILIO (1921-1997). Político colombiano, presidente de 1986 a 1990.
2:350a.

BARCO CENTENERA, MARTÍN DEL (1535-1605). Poeta español. Participó en la exploración del interior argentino, dirigida por Juan Ortiz de Zárate. En *Argentina y conquista del río de la Plata con otros acaecimientos de los reinos del Perú, Tucumán y estado del Brasil,* escrito en octavas reales, relató los hechos del fundador de Buenos Aires, Juan de Garay, y la vida de los aborígenes de la Pampa.

BARCO DE RUEDA. Embarcación cuyo sistema de propulsión consiste en un motor que mueve una o varias ruedas de álabes o cangilones que actúan a modo de remos.

BARCO DE VAPOR. Embarcación impulsada por una o varias máquinas de vapor. Aunque habían existido proyectos anteriores, fue en 1807 cuando el ingeniero estadounidense Robert Fulton remontó el río Hudson con un barco de vapor desde Nueva York hasta Albany; en 1819 el «Savannah» cruzó el Atlántico.
Marina de guerra 9:372a; Marina mercante 9:376b; Transporte 14:115a.

BARCO DE VELA. Embarcación impulsada por la acción del viento sobre las velas. Éstas son piezas de lona, o de algún tejido fuerte, que ofrecen una gran superficie al viento.
Marina de guerra 9:371a.

BARCOKEBAS. V. **Bar Kojba.**

BARDAJÍ Y AZARA, EUSEBIO (1776-1842). Político y diplomático español. Fue secretario de las Cortes de Cádiz y varias veces ministro. Durante la regencia de María Cristina ocupó por unos meses la presidencia del gobierno (agosto-diciembre de 1837) tras la renuncia del general Baldomero Espartero.

BARDEEN, JOHN (1908-1991). Físico estadounidense. Compartió dos Premios Nobel: en 1956 por su investigación sobre el transistor y en 1972 por su teoría sobre superconductividad. También contribuyó al conocimiento de los semiconductores.
Semiconductor 13:196b.

BARDEM, JUAN ANTONIO (n. en 1922). Director de cine español. Su obra se situó dentro de la temática política y social.
2:350b; Berlanga, Luis García 3:419b.

BARDI, FAMILIA. Aristocrática familia italiana, afincada en Florencia. Tuvo gran influencia financiera y bancaria entre 1250 y 1345. Sufragó la lucha de Eduardo III, rey de Inglaterra, contra Francia, y de Florencia contra la ciudad toscana de Luca (Lucca), pero el esfuerzo los llevó a la quiebra.

BARDO. Cantor de composiciones heroicas y líricas, muy popular entre los galos, bretones y otros pueblos celtas. Sus tradiciones se conservaron especialmente en Irlanda y Gales, aun cuando sólo contribuyeron con algunos aires populares a la historia de la música.
Celta, cultura 4:66b.

BARDO, TRATADO DE EL. Acuerdo firmado entre Francia y Túnez en 1881. Ante el peligro expansionista de Italia en el norte de África, Francia ocupó Bizerta y obligó al rey tunecino, Mohamed al-Saduq, a firmar en las proximidades de El Bardo un tratado que colocaba a Túnez en la órbita colonial francesa.

BARDOT, BRIGITTE (n. en 1934). Actriz cinematográfica francesa. Se hizo popular con *Y Dios creó la mujer,* dirigida en 1956 por Roger Vadim, con quien estaba casada. Su filmografía incluye *Vida privada* (1961), *El desprecio* (1963), etc. Tras abandonar el cine se retiró a St. Tropez y se dedicó a la defensa de los animales.

BAREA, ARTURO (1897-1957). Novelista español. Se exilió en Londres al término de la guerra civil. Su obra cumbre es la trilogía autobiográfica *La forja de un rebelde* –integrada por *La forja, La ruta* y *La llama*–, publicada originalmente en inglés entre 1941-1944 y que no sería traducida al español hasta diez años más tarde.

BAREILLY. Ciudad de la India, centro administrativo del dist. del mismo nombre, en el estado de Uttar Pradesh. Fundada en 1537. Mezquitas; fuerte del siglo XVII. Productos agrícolas. 587.211 hab. (1991).

BARENBOIM, DANIEL (n. en 1942). Pianista y director de orquesta israelí de origen argentino. Director de la Orquesta Sinfónica de Chicago desde 1991.
2:351a.

BARENTS, MAR DE. Porción exterior del océano Glacial Ártico, rodeada por los archipiélagos de Svalbard y Tierra de Francisco José (norte), las costas noruegas y rusas (sur), el archipiélago de Nueva Zembla (este) y el mar de Groenlandia (oeste). 1.300 km de longitud, 1.100 km de anchura. Cubre una superficie de 1.405.000 km².

BARENTS, WILLEM (h. 1550-1597). Navegante holandés. Buscó por los mares helados del norte de Europa una ruta hacia China. Descubrió Nueva Zembla en 1594. Llegó a la isla de los Osos y a Spitzberg en 1596. En su memoria se llamó mar de Barents a la porción exterior del océano Glacial Ártico.

BARÈRE, BERTRAND (1755-1841). Revolucionario francés. Inició su actividad revolucionaria uniéndose a los jacobinos en 1789. Durante el gobierno de la Convención, secundó la política de Maximilien de Robespierre en contra del poder monárquico en Europa y publicó el *Informe a la nación francesa* (1793). Este mismo año participó en la formación del primer Comité de Salvación Pública, del que fue secretario y en el que propugnó la persecución de los monárquicos. En 1794, tras la muerte de Robespierre, fue detenido y deportado (1795). Amnistiado por Napoleón, fue elegido diputado durante el gobierno de los cien días del emperador, en 1815.

BARGA, CORPUS (1888-1975). Andrés García de la Barga y Gómez de la Serna, escritor y periodista español. Fue director del diario *El Sol* y de la escuela de periodismo en Lima. Cultivó también la novela. *La vida rota* (1908-1910), *Pasión y muerte, apocalipsis* (1930), *Los galgos verdugos* (1973).

BARGELLO. Palacio medieval florentino, sede del museo nacional italiano de escultura. Fresco del *Juicio final* por Giotto.

BARGUEÑO. Nombre dado a un tipo de escritorio característico del mobiliario español de los siglos XVI y XVII. Compuesto por una caja cerrada por una tapa frontal, e interiormente dividida en cajoncillos, y un cuerpo bajo que le sirve de soporte.

BAR HEBRAEUS (1226-1286). Erudito sirio. Su nombre latino fue Gregorius. Compiló colecciones de textos clásicos de filosofía y teología, considerando la astronomía y la naturaleza del universo en relación con la existencia de Dios. Realizó una enciclopedia de filosofía en la que comentó todas las ramas del conocimiento humano siguiendo la tradición aristotélica. Dividió la filosofía en teórica (lógica, metafísica y teología) y práctica (ética, economía y política).

BAR HIYA, ABRAHAM (h. el 1065-h. 1136). Filósofo y astrónomo judeoespañol cuya obra fue uno de los primeros testimonios científicos en lengua hebrea. *Tratado de medidas y cálculos*, traducido al latín en el *Liber embadorum* (1145).

BARI. Ciudad y puerto de Italia, cap. de la prov. del mismo nombre en la región de Apulia, a orillas del Adriático. Citada ya en el siglo II a.C. Catedral románica del XII, castillo normando. Universidad, museos. Productos alimenticios, tabaco. 333.550 hab. (1998).

BARICENTRO. Punto interior de un triángulo donde se cortan las tres medianas del mismo.

BARIGUÍ. V. **Jején.**

BARILLAS, MANUEL LISANDRO (1844-1907). Político guatemalteco. Ocupó la presidencia de 1886 a 1892. Murió asesinado.

BARILOCHE, SAN CARLOS DE. Ciudad de Argentina en la prov. de Río Negro. 105.093 hab. (1999).
2:351b; *ilustración* 2:351b.

BARINAS (CIUDAD). Localidad de Venezuela, cap. del estado homónimo, a orillas del río Santo Domingo. Aeropuerto. Productos cárnicos y lácteos, cacao, tabaco. 228.598 hab. (2000).

BARINAS (ESTADO). Entidad administrativa del oeste de Venezuela en la región de los Llanos. Sequías e inundaciones alternadas. Ríos Guárico y Apure. Cap. Barinas. Importante región ganadera. Agricultura; petróleo, oleoducto. 35.200 km^2. 516.789 hab. (1995).
Venezuela 14:260b.

BARINAS, DEPRESIÓN DE. Cuenca venezolana. Se extiende por los est. Barinas, Portuguesa, Cojedes, Guárico y Apure. Afluentes del Orinoco. La zona está sometida a fuertes procesos de erosión y sedimentación.

BARING, FAMILIA. Familia británica de ascendencia alemana, famosa por sus empresas mercantiles y financieras desde la segunda mitad del siglo XVIII. La firma familiar, denominada originalmente John & Francis Baring & Company, ayudó financieramente a la Gran Bretaña en su esfuerzo bélico contra la Francia revolucionaria.

BARIO. Elemento químico alcalinotérreo. Metal plateado, blando y maleable, que se oxida fácilmente al aire. Presente en la naturaleza en forma de sales (barita, sulfato bárico). Preparado por Humphry Davy en 1808 como amalgama con mercurio. Símbolo, Ba; peso atómico, 137,36; número atómico, 56.

BARIÓN. Entidad que conforma la subclase de partículas elementales constituida por hadrones de masa pesada. Incluye como principales integrantes a los nucleones o partículas del núcleo atómico (protón y neutrón) y a sus correspondientes antipartículas.
Partículas subatómicas 11:289a.

BARISANO DA TRANI. Escultor italiano de la segunda mitad del siglo XII. Realizó en bronce las puertas de la catedral de Trani (1175), Ravello (1179) y Monreale (1185). Utilizó la técnica del damasquinado y del relieve a la manera de los cofres bizantinos.

BARISHNIKOV, MIJAÍL (n. en 1948). Bailarín estadounidense de origen soviético. Estudió coreografía en Riga y Leningrado (actual San Petersburgo). Residente en los Estados Unidos desde 1974, fue primer bailarín del American Ballet Theatre de Nueva York y en 1980 accedió a la dirección del mismo.

BARITINA. Mineral de sulfato de bario. Dureza baja. Cristaliza en sistema rómbico. Incoloro o blanco, amarillo, verde o rojo.

BARÍTONO. Voz masculina de tesitura comprendida entre la de tenor y la de bajo, para la que se han escrito innumerables partituras de ópera, zarzuela y opereta.
Ópera 11:116a.

BARJÁN. Duna móvil de forma semicircular o falciforme. Es frecuente en los desiertos americanos y asiáticos, pero no en los africanos.

BARJOLA, JUAN (n. en 1919). Pintor español. En sus obras de carácter figurativo reflejó con acentos dramáticos las tensiones de la sociedad del siglo XX. «Descanso» (1961), «Mundo sórdido» (1977).

BARKHAUSEN, HEINRICH GEORG (1881-1956). Físico alemán. Autor de trabajos sobre mecánica, radiotécnica y electromagnetismo, fue el primero en obtener ondas decimétricas. Descubridor del efecto que lleva su nombre, según el cual la imantación de las sustancias ferromagnéticas se realiza de forma discontinua.

BARKLA, CHARLES GLOVER (1877-1944). Físico británico. Premio Nobel en 1917 por su trabajo sobre la desviación que sufren los rayos X al chocar con los electrones de algún material. Esta técnica permitió un mejor conocimiento de las estructuras atómicas.

BARKLEY, CHARLES (n. en 1963). Jugador de baloncesto estadounidense. Formó parte de los *Sixers* de Filadelfia y de los Soles de Phoenix, y desde 1996 de los Cohetes de Houston. Como miembro de la selección estadounidense, obtuvo la medalla de oro en los Juegos Olímpicos de Atlanta en 1996.

BAR KOJBA (siglo II). Simón, jefe de la insurrección judía producida durante el reinado de Adriano, entre los años 132-135. Reputado como descendiente de David, fue aclamado como mesías por Akiba ben Yosef, quien le dio el título de Bar Kojba, «hijo de la estrella». Tomó el título de príncipe y llegó a acuñar monedas con la leyenda: «Año I de la libertad de Jerusalén». La revuelta fue reprimida por los romanos, y Bar Kojba pereció en la lucha.

BAR KOSBA. V. **Bar Kojba.**

BARLACH, ERNST (1870-1938). Escultor y escritor alemán. Su obra, en gran parte destruida por los nazis, se encuadró dentro de la corriente expresionista. Inspirado en las obras del gótico tardío, dominó con singular maestría la técnica de la talla en madera. «Los abandonados» (1913), «La muerte» (1925).

BARLETTA, LEÓNIDAS (1902-1975). Literato argentino. Fundador del Teatro del Pueblo. Su estilo se aproximó al realismo poético. Escribió novelas, cuentos, piezas de teatro y ensayos. *La ciudad de un hombre* (1943), *El hombre que daba de comer a su sombra* (1957), *De espaldas a la luna* (1964).

BARLETTA, NICOLÁS ARDITO (n. en 1939). Político y economista panameño. Entre 1973 y 1978 desempeñó el cargo de ministro de planificación, durante el gobierno de Omar Torrijos. Fue presidente de la república entre 1984 y 1985.

BARLOVENTO. Término utilizado, sobre todo en náutica, para designar el punto del que procede el viento en relación con un lugar dado.

BARLOVENTO, ISLAS DE. Grupo de islas de las Antillas menores en el este del mar Caribe, entre los 12o y 16o N de latitud, y los 60° y 62° O de longitud. Incluye, de norte a sur: Dominica, el dep. francés de Martinica, Santa Lucía, San Vicente y Granada; entre estas dos últimas se encuentra el conjunto de islas llamadas Granadinas.
Granada (Antillas) 7:188b; San Vicente y las Granadinas 13:152b.

BARLOW, PETER (1776-1862). Físico y matemático británico. Perfeccionó el telescopio acromático y la brújula magnética y se interesó sobre cuestiones de transporte ferroviario y marítimo. Corrigió los catálogos estelares existentes e ideó la rueda de Barlow, uno de los primeros tipos de motores eléctricos. *Tratado sobre los materiales de construcción* (1851).

BARMAKÍES. Familia persa a la que pertenecieron diversos gobernantes en los inicios del califato abasí. Descendientes de Barmak, sumo sacerdote budista de la época omeya, los barmakíes alcanzaron su mayor poder en el siglo VIII. Protegieron la cultura y defendieron la libertad religiosa. Su influencia declinó a comienzos del siglo IX.

BARMECÍES. V. **Barmakíes.**

BAR MITZVÁ. Ceremonia judía, también llamada Mitzwa. Quiere decir «hijo de los mandamientos». En su celebración se reconoce la madurez religiosa de un niño al cumplir los trece años. A partir de ese momento se le considera capacitado para cumplir todos los mandamientos, y debe ponerse la filacteria (símbolos religiosos sobre la frente y brazo izquierdo) para realizar sus oraciones.

BARNACK, OSKAR (1879-1936). Fotógrafo y diseñador industrial alemán. Construyó la primera cámara miniatura de precisión que estuvo a la venta comercialmente, la llamada Leica I, lanzada en 1924 por Ernst Leitz.

BARNACLA. Grupo de aves anseriformes de la familia de las anátidas, género *Branta*. Gran tamaño y características variadas en función de las especies. La barnacla carinegra (*Branta bernicla*) presenta un rico colorido y pico pequeño terminado en uña; vive en el norte de Europa y emigra en invierno. Especies adaptables a la cautividad.

BARNARD, CHRISTIAAN (1922-2001). Médico y cirujano sudafricano. Tras realizar estudios en los Estados Unidos, introdujo en Sudáfrica las operaciones «a corazón abierto» y llevó a cabo en 1967 el primer trasplante de corazón.

BARNARD, ESTRELLA DE. Estrella situada en la constelación de Ofiuco, a una distancia de la Tierra de seis años luz. Está considerada como la estrella más cercana al Sistema Solar después del sistema Alfa Centauro. Su movimiento y progresivo acercamiento al Sol permite prever que para el año 11800 se encontrará a 3,85 años luz de distancia. Descubierta en 1916 por el astrónomo estadounidense Edward Emerson Barnard.

BARNAÚL. Ciudad asiática de Rusia, cap. del territorio de Altái, a orillas del río Ob. Centro ferroviario. Puerto fluvial. Institutos técnicos. Industrias diversas. 591.000 hab. (1997).
Ob, río 11:60a.

BARNAVE, ANTOINE (1761-1793). Político francés. Importante figura del período inicial de la revolución de 1789. Hábil orador y agudo po-

lítico, fue uno de los miembros más respetados de la Asamblea Nacional.
Maria Antonieta 9:364a.

BARNES, DJUNA (1892-1982). Escritora estadounidense, autora de novelas, obras teatrales y poesía de carácter vanguardista. *El bosque de la noche* (1936), *La antífona* (1958). Fue también pintora.

BARNES, JULIAN (n. en 1946). Periodista y escritor británico. *El loro de Flaubert* (1984), *El puercoespín* (1992).

BARNET, JOSÉ A. (1864-1945). Político y diplomático cubano. Fue presidente interino de su país durante los meses anteriores a las elecciones de 1936.

BARNET, MIGUEL (n. en 1940). Escritor cubano. Su obra se incluye dentro de la novela testimonial y narra a través de ella la historia de su país a partir de la guerra de la independencia cubana. *Biografía de un cimarrón* (1968), *La canción de Rachel* (1969), *Gallego* (1982), *La vida real* (1986). Como poeta escribió *La Sagrada Familia* (1967) y *Cartas de noche* (1978).

BARNIZ. Solución de materia resinosa en un disolvente aceitoso o volátil. Aplicada en forma líquida, adquiere al secarse gran dureza sin perder totalmente su transparencia.
Aceites industriales 1:28b; Cerámica 4:82b; Pictóricas, técnicas 11:394a; Resina 12:345a.

BARNSLEY. Ciudad del Reino Unido, cap. del condado metropolitano de South Yorkshire (Inglaterra), a orillas del río Dearne. Escuelas técnicas. Minería de carbón. Mercado agrícola. 220.937 hab. (1999).

BARNUM, PHINEAS TAYLOR (1810-1891). Empresario circense estadounidense. Asociado en 1871 con James A. Bailey, desarrolló el mundo del circo hasta convertirlo en un gran espectáculo comercial en el que introdujo la publicidad y el reclamo como elementos esenciales de su éxito. Autor de *Los charlatanes del mundo* (1865), *Lucha y triunfo* (1869).
Circo 4:205b.

BAROCCI, FEDERICO (h. 1526-1612). Federico Fiori da Urbino, pintor italiano. Considerado uno de los predecesores del barroco, en sus obras, de gran sensibilidad y exquisita suavidad cromática, se observa la influencia de Correggio. «La huida a Egipto» (1563), «Natividad» (1597).
Manierismo 9:328a.

BAROJA, PÍO (1872-1956). Escritor español. Uno de los más destacados novelistas de su país, integrante de la generación del 98.
2:352a; Española, literatura 6:94a; Noventa y ocho, generación del 11:22a; *ilustración* 2:352a.

BAROJA, RICARDO (1871-1953). Pintor, grabador y escritor español. Hermano del literato Pío Baroja. Cultivó el paisaje y las escenas costumbristas. Como grabador sobresalió en la técnica del aguafuerte. Autor de novelas, teatro y ensayos. *La última corrida* (1930), *El Dorado* (1945), *Gente del 98* (1952).

BARÓMETRO. Aparato con el que se mide la presión atmosférica, o peso de la capa de aire que rodea la Tierra.
2:353a; Presión atmosférica 12:132b; *ilustración* 2:355a.

BARÓN. Título nobiliario cuya jerarquía ha variado con el tiempo y de manera distinta en cada país. En Alemania y Francia, de representar el más alto nivel de nobleza, cayó a uno intermedio. En Inglaterra los barones tuvieron un papel legislativo en la *Curia regis*. En Navarra y Aragón constituyeron la alta nobleza. En León y Castilla el término designaba a los magnates.

BAROYECA, SIERRA DE. Sistema montañoso mexicano, en el est. de Sonora. Forma parte de la sierra Madre occidental. Minería de plata y plomo.

BARQUISIMETO. Ciudad de Venezuela, cap. del est. Lara. 875.790 hab. (2000).
2:353b; Lara 9:64b.

BARR, MURRAY LLEWELLYN (n. en 1908). Genetista canadiense, al que se debe el descubrimiento de los corpúsculos de Barr, manchas de cromatina presentes en el núcleo de las neuronas de las hembras de mamíferos y que posibilitan la detección del sexo en el feto.

BARRA, EDUARDO DE LA (1839-1900). Ingeniero y escritor chileno. Utilizó a veces el seudónimo Rubén Rubí. Fundó la Academia de Estudios Científicos de Valparaíso. Su estilo muestra la influencia romántica de Gustavo Adolfo Bécquer. *Micropoemas, Poesías subjetivas, Poesías objetivas.*

BARRABÁS. Según los Evangelios, malhechor condenado a muerte juntamente con Jesús. Con motivo de la Pascua fue indultado por Pilatos en lugar de Jesús, a petición del pueblo.

BARRACA, LA (NOVELA). Obra del escritor español Vicente Blasco Ibáñez (1867-1928), publicada en 1898. Perteneciente a su primera etapa, describe el medio rural valenciano con acusado tono naturalista.

BARRACA, LA (TEATRO). Grupo español fundado en 1931 por Federico García Lorca y Eduardo Ugarte. Vinculado a la política cultural del gobierno de la segunda república, se dedicó a difundir las obras clásicas del teatro español, revisadas y actualizadas, por las zonas rurales.

BARRACUDA. V. **Picuda.**

BARRADAS, RAFAEL (1890-1929). Artista uruguayo. Inició su formación en París y Milán. En 1918 se instaló en Madrid, participando en los círculos artísticos y literarios. Expuso por vez primera en Barcelona en 1920. Pintor cubista y futurista, realizó además ilustraciones, carteles y decorados de teatro.

BARRA DE EQUILIBRIO. Aparato gimnástico, empleado en competiciones femeninas, formado por una barra de madera de 5 m de largo por 10 cm de ancho, a 120 cm del suelo. Sobre él, las gimnastas ejecutan rutinas que duran de 80 a 105 segundos.

BARRA DE TORSIÓN. Pieza elástica en forma alargada que hace flexión al girar en torno a su propio eje. Se emplea en las suspensiones de vehículos.

BARRA FIJA. Aparato gimnástico, empleado en competiciones masculinas, formado por una pieza de acero bruñido, de 2,8 cm de diámetro y 2,35 a 2,5 m de longitud. Se fija a una altura de 2,5 m. Los gimnastas realizan ejercicios en él.

BARRAGÁN, LUIS (1902-1988). Arquitecto mexicano. Construyó obras tendentes a la integración de las formas en el paisaje.
2:353b.

BARRAGÁN, MIGUEL (1789-1836). General y político mexicano. Desempeñó un destacado papel en el movimiento independentista. Sustituyó al general Antonio López de Santa Anna al frente de la presidencia entre enero de 1835 y febrero de 1836.

BARRAL, CARLOS (1928-1989). Escritor y editor español. Dirigió la editorial Seix-Barral, que introdujo en España la narrativa latinoamericana y tradujo las más importantes novelas extranjeras del siglo XX. Procesado por el régimen franquista. Senador socialista en 1982. *Las aguas reiteradas* (1952), *Metropolitano* (1957), *Años de penitencia* (1975).

BARRAL, EMILIANO (1896-1936). Escultor español. Inició su formación artística en París. Estilo realista y tradicional. Notable por la expresividad de sus retratos. «Mausoleo de Pablo Iglesias», «Antonio Machado», «Monumento a Daniel Zuloaga».

BARRA MANSA. Ciudad de Brasil en el estado de Río de Janeiro, a orillas del río Paraíba do Sul. Productos alimenticios, chocolate. 162.495 hab. (1996).

BARRANCABERMEJA. Ciudad de Colombia en el dep. de Santander a orillas del río Magdalena. Ferrocarril. Puerto fluvial. Refinería de petróleos, oleoducto. Productos cárnicos. 180.653 hab. (1997).
Magdalena, río 9:283b.

BARRANCO. Ciudad del Perú perteneciente al área metropolitana de Lima-El Callao. Academia aeronáutica, museo colonial. Playas. 46.388 hab. (1981).

BARRANQUILLA. Ciudad del norte de Colombia. 1.226.292 hab. (1999).
2:354a; Atlántico, departamento 2:193a; Colombia 4:267b; Magdalena, río 9:283a; *ilustración* 2:354a.

BARRAQUER, IGNACIO (1881-1965). Médico oftalmólogo español. De 1919 a 1923 fue catedrático de oftalmología de la Universidad de Barcelona y jefe del servicio de oftalmología del Hospital de la Santa Cruz y San Pablo de Barcelona. Creador de modernos métodos operatorios, especialmente la extracción de cataratas por aspiración o facoéresis. Fundador del Instituto Barraquer en 1947. *Conjuntiva y sus afecciones, Extracción ideal de la catarata.*

BARRAQUER, JOSÉ ANTONIO (1852-1924). Primer catedrático de oftalmología de la Universidad de Barcelona. Fue director de la clínica oftalmológica del Hospital Clínico de Barcelona. Se preocupó por impulsar esta especialidad en España. *El injerto de tejido adiposo y la cápsula de Tenon para facilitar la prótesis ocular.*

BARRAQUER, LUIS (1855-1928). Médico neurólogo español. Pionero en el estudio de la neurología entre los médicos españoles. Descubrió el llamado signo de Barraquer (prensión fuerte del pie) y una lipodistrofia denominada enfermedad Barraquer-Simons.

BARRAS, PAUL-FRANÇOIS-JEAN-NICOLAS, VIZCONDE DE (1755-1829). Uno de los más importantes miembros del Directorio durante la revolución francesa. Entre 1794-1795 formó parte del comité para la salud pública. En 1796 fue junto a Talleyrand, Fouché y Constant uno de los miembros del círculo constitucional. Dirigió un golpe de estado contra los realistas, pero el 18 de Brumario Napoleón lo apartó del poder.

BARRAUD, HENRY (n. en 1900). Compositor francés. Discípulo de Paul Dukas. Sus composiciones se caracterizan por el uso de escalas modales y elementos folclóricos. En 1969 recibió el Premio Nacional de Música. Es autor de obras musicológicas. *El misterio de los Santos Inocentes* (1946, oratorio), *Numancia* (1955, con textos de Miguel de Cervantes), *Tres estudios para orquesta* (1967).

BARRAULT, JEAN-LOUIS (1910-1994). Actor y director teatral francés. Representó con igual rigor obras de los repertorios clásico y moderno.
2:354b; Pantomima 11:256a; *ilustración* 2:355a.

BARRE, RAYMOND (n. en 1924). Político francés. En 1967 fue nombrado vicepresidente de la comisión ejecutiva de la CEE. En 1976 ocupó el cargo de ministro de comercio exterior en el gobierno de Jacques Chirac, y sustituyó a éste como primer ministro, puesto que mantuvo hasta 1981. Catedrático de economía política en la Facultad de Derecho y Ciencias Económicas de París. *Economía política* (1956), *El desarrollo económico* (1958).

BARRE, SIAD. V. **Siyad Barrah, Mohamed.**

BARREDA, GABINO (1818-1881). Médico, filósofo y político mexicano. Fundó en 1868 la Escuela Nacional Preparatoria. Entusiasta propagador del positivismo de Auguste Comte.
2:355a.

BARREIRO. Ciudad de Portugal, suburbio industrial de Lisboa en la orilla sur del estuario del Tajo. 50.745 hab. (1981).

BARREIRO, CÁNDIDO (m. en 1880). Político paraguayo. Elegido presidente en 1878, logró sofocar una insurrección revolucionaria. Murió antes de que terminara su mandato.
Caballero, Bernardino 3:245a.

BARREIRO, MIGUEL (1780-1861). Político uruguayo. Luchó por la independencia junto al líder José Artigas. Gobernador de Montevideo, tuvo que defender la ciudad de los ataques portugueses, siendo hecho prisionero en 1818. Intervino en la redacción de la constitución uruguaya de 1829.

BARRENECHEA, ANA MARÍA (n. en 1913). Filóloga argentina. Profesora de literatura en la Universidad de Buenos Aires y en varias universidades estadounidenses. Reestructuró la enseñanza del lenguaje en la Argentina. *La literatura fantástica en la Argentina* (1957), *Estudios lingüísticos y dialectológicos* (1979).

BARRENECHEA, JULIO (1906-1979). Escritor y político chileno. Militó en el partido socialista, siendo elegido diputado. Ocupó el cargo de embajador en Colombia entre 1946 y 1952. *El mitin de las mariposas* (1930), *El espejo del sueño* (1935), *Mi ciudad* (1945), *Diario morir* (1954).

BARRERA, CLAUDIO (1912-1971). Poeta hondureño. Una de las principales figuras de la poesía hondureña del siglo XX, en su obra se perfilan influencias de César Vallejo y Pablo Neruda. Ahondó en sus creaciones en la problemática social. *Poesía completa* (1956).

BARRERA, ISAAC J. (1884-1970). Historiador ecuatoriano. Fundador de la revista *Renacimiento* y de la Casa de Cultura Ecuatoriana. *Simón Bolívar* (1930), *Historia de la literatura ecuatoriana* (1944), *De nuestra América* (1956), *Historiografía del Ecuador* (1957).

BARRERA, JUAN DE LA (1828-1847). Cadete mexicano, uno de los seis «niños héroes» que perecieron defendiendo el castillo de Chapultepec de los invasores estadounidenses el 13 de septiembre de 1847. Hijo de militar, perteneció al ejército mexicano desde los doce años. En 1843 solicitó y obtuvo el ingreso al Colegio Militar. Como miembro del batallón de zapadores, ayudó a fortificar el cerro en 1847 con grado de teniente. Murió defendiendo una batería a la entrada del bosque de Chapultepec.

BARRERA ACÚSTICA. Muro a modo de pantalla que aísla calles y carreteras de mucho tránsito evitando que el sonido de los vehículos llegue a las zonas colindantes.

BARRERA DEL SONIDO. Punto de súbito incremento de la resistencia aerodinámica ante el vuelo de un cuerpo. Se produce cuando éste se aproxima a la velocidad del sonido (330 m/s).

BARRÈS, MAURICE (1862-1923). Escritor y político nacionalista francés. Su pensamiento impregnó a toda una generación. Escribió dos trilogías de novelas, autoanalítica la primera, *El culto del yo* (1888-1891), y nacionalista la segunda, *La novela de la energía nacional* (1897-1902).

BARRETO, ALFONSO HENRIQUES LIMA. V. **Lima Barreto, Alfonso Henriques de.**

BARRETO DE MENESES, FRANCISCO (siglo XVII). Oficial del ejército portugués. Luchó contra los holandeses en Pernambuco y contra los españoles en Portugal y Brasil. Se le encomendó la gobernación de Bahía y la capitanía general de Pernambuco.

BARRETOS. Ciudad de Brasil en el estado de São Paulo, junto al río Pardo. Aeropuerto. Mercado ganadero, agricultura. Aguas minerales, calzado, muebles. 95.689 hab. (1996).

BARRIE, JAMES (1860-1937). Dramaturgo y novelista británico. Autor de relatos sobre la vida en su ciudad natal (Kirriemuir, Escocia), se dedicó luego a escribir para la escena. Alcanzó gran fama por su obra *El admirable Crichton* (1902) y, sobre todo, por haber creado para la escena el personaje de *Peter Pan* (1904), protagonista de varias narraciones.

BARRIENTOS, MARÍA (1884-1946). Soprano ligera española. Estudió en la Escuela Municipal de Música de Barcelona y debutó en la misma ciudad a los catorce años con *La sonámbula*, de Vincenzo Bellini. Perfeccionó sus estudios en Milán. Cantó en los grandes teatros de ópera del mundo.

BARRIENTOS, RENÉ (1919-1969). Militar y político boliviano. De 1964 a 1965 presidió la junta militar que derrocó al presidente Víctor Paz Estenssoro. Fue elegido presidente en 1966. Murió en un accidente de aviación.
Bolivia 3:95b; Ovando Candía, Alfredo 11:184b.

BARRIOBERO, EDUARDO (1880-1939). Político y escritor español. Como abogado trabajó al servicio de la Confederación Nacional del Trabajo (1911). En 1936 se le designó jefe de la Oficina Jurídica de Cataluña y fue nombrado fiscal general de la república. Tras el triunfo del general Francisco Franco en la guerra civil fue condenado a muerte y ejecutado. Tradujo obras de François Rabelais, Suetonio, G. W. F. Hegel, etc. También fue autor de novelas, como *Guerrero y algunos episodios de su vida milagrosa, El hermano Rajao, De Cánovas a Romanones;* relató sus experiencias jurídicas en *Un tribunal revolucionario* (1937).

BARRIONUEVO, JERÓNIMO DE (1587-1671). Literato español. Se formó en las universidades de Alcalá de Henares y Salamanca. Recorrió Italia al servicio del marqués de Santa Cruz y fue tesorero en la catedral de Sigüenza. *El laberinto del amor* (comedia), *La venganza del hermano* (teatro), *Avisos* (género epistolar).

BARRIO OBRERO INDUSTRIAL. Localidad del Perú perteneciente al área metropolitana de Lima-El Callao, a orillas del río Rímac. Universidad. Industria ligera.

BARRIOS, AGUSTÍN (1885-1944). Músico paraguayo. Guitarrista y compositor de obras para su instrumento. En sus presentaciones usaba el nombre de Nitsuga Mangoré. *La catedral, Allegro sinfónico, Estudios y preludios, Danza paraguaya.*

BARRIOS, ARMANDO (n. en 1920). Pintor venezolano. Su actividad pictórica se inició dentro del movimiento cubista, para posteriormente integrarse en la abstracción geométrica. A partir de 1954 su obra pasó a ser figurativa pero sin abandonar el geometrismo.

BARRIOS, DANIEL LEVÍ DE (1635-1701). Escritor español. De ascendencia judía, ejerció su actividad religiosa en Amsterdam. Escribió obras de carácter doctrinal, como la *Historia universal judía*, y político-histórico, como *Triunfo del gobierno popular y de la antigüedad holandesa.* Sus comedias fueron incluidas en los volúmenes *El coro de las musas* y *Flor de Apolo.*

BARRIOS, EDUARDO (1884-1963). Escritor chileno. Aunó en sus obras el estudio psicológico con la temática social.
2:355b.

BARRIOS, GERARDO (h. 1813-1865). Político salvadoreño. Tras dos presidencias interinas, fue electo en 1860.
2:355b.

BARRIOS, JUSTO RUFINO (1835-1885). Militar y político guatemalteco. Presidente del país de 1873 hasta su muerte, invadió El Salvador en un intento de imponer la unidad centroamericana.
2:356a; García Granados, Miguel 7:44b; Guatemala 7:254b; Zaldívar, Rafael 14:404b.

BARRIOS DE CHAMORRO, VIOLETA (n. en 1929). Política nicaragüense. Esposa de Pedro Joaquín Chamorro, opositor al régimen somocista que murió asesinado en 1978, ocupó la presidencia de la nación entre 1990 y 1996.
2:356a; Nicaragua 10:402b; *ilustración* 2:356a.

BARROCO, ARTE. Estilo artístico que sucedió al manierismo y que prevaleció en Europa desde principios del siglo XVII hasta bien entrado el XVIII.
2:356b; Alegoría 1:164a; Aleijadinho 1:165a; Alemana, literatura en lengua 1:178a; Aranjuez 2:18b; Arquitectura 2:111a; Bach, Johann Sebastian 2:298a; Bernini, Gian Lorenzo 3:2a; Borromini, Francesco 3:117b; Brasileña, literatura 3:164b; Canaletto 3:332a; Cano, Alonso 3:342b; Caravaggio 3:370a; Castillo y palacio 4:25a; Catedral y basílica 4:43a; Churrigueresco, estilo 4:171b; Clave, clavicordio y clavicémbalo 4:226b; Culteranismo 5:70b; Cusco 5:80b; Dresde 5:242b; Ecuador 5:291b; Escultura 6:48b; Española, literatura 6:91a; Francesa, literatura 6:371a; Francia 6:396a; Haendel, Georg Friedrich 7:315a; Hals, Frans 7:325a; Hernández, Gregorio 7:376a; Herrera, Francisco (el Mozo) 7:385a; Herrera, Francisco (el Viejo) 7:385b; Hispanoamericana, literatura 8:5a; Jardinería 8:354a; Joyería y orfebrería 8:389b; Juana Inés de la Cruz, sor 8:397a; Maderno, Carlo 9:272a; Madrid, escuela de 9:277b; Manierismo 9:328b; Marino, Giambattista 9:377b; Mueble 10:289a; Murillo, Bartolomé Esteban 10:304a; Música 10:312b; Peralta Barnuevo, Pedro 11:331b; Pergolesi, Giovanni Battista 11:341b; Pietro da Cortona 11:404a; Pintura 11:414b; Plaza 12:34a; Polaca, literatura 12:49b; Polifonía 12:56a; Portuguesa, literatura 12:101b; Reforma y contrarreforma 12:296a; Religioso, arte 12:323a; Rembrandt 12:326a; Reni, Guido 12:332b; Retablo 12:352a; Ribera, José de (El Españoleto) 12:364a; Rococó 12:402a; Sevilla, escuela de 13:217a; Siglo de Oro español 13:237a; Teatro 13:410b; Templo e iglesia 14:14a; Tiepolo, Giovanni Battista 14:55a; Tiziano 14:69a; Valdés Leal, Juan de 14:221b; Velázquez, Diego 14:253b; Veronés 14:278a; Villalpando, Cristóbal de 14:317b; Zurbarán, Francisco de 14:438a; *ilustraciones* 2:357a-b; 2:358; 2:359; 2:360a; 2:361a-b.

BARRÓN, EDUARDO (1858-1911). Escultor español. Cultivó la temática histórica, dentro de un estilo academicista. Su grupo «Nerón y Séneca» fue galardonado con medalla de oro en la Exposición Nacional de 1904. Se especializó en la realización de monumentos: «Cristóbal Colón» (Salamanca), «Hernán Cortés» (Medellín), «Emilio Castelar» (Cádiz), «Alfonso XII» (Madrid).

BARROS, JOÃO DE (h. 1496-1570). Historiador, orientalista y humanista portugués. Autor de la *Crónica del emperador Clarimundo* (1520) y de la monumental crónica sobre las conquistas portuguesas en oriente *Décadas de Asia* (publicada entre 1552 y 1615).
Portuguesa, literatura 12:100b.

BARROS ARANA, DIEGO (1830-1907). Historiador, educador y diplomático chileno. De ideas liberales, promovió reformas en la enseñanza pública.
2:362a.

BARROS BORGOÑO, LUIS (1858-1943). Político chileno. Ocupó interinamente la presidencia durante los meses siguientes a la dimisión de Arturo Alessandri, en 1925.

BARROS GREZ, DANIEL (1834-1904). Escritor chileno. Su estilo recibió influencias de Walter Scott y Miguel de Cervantes. Autor de novelas históricas como *Pipiolos y pelucones* (1876) y de relatos picarescos como *El huérfano* (1881) y *Primeras aventuras maravillosas del perro Cuatro Remos en Santiago* (1898). Escribió además obras de teatro.

BARROS LUCO, RAMÓN (1835-1919). Político chileno. Desempeñó diversos cargos de gobierno. Ocupó la presidencia entre 1910 y 1915.

BARROS SIERRA, JAVIER (1915-1971). Educador mexicano. Ingeniero y maestro en ciencias, tomó parte en la construcción de numerosas obras públicas. Como rector de la Universidad Nacional Autónoma de México (1966-1970), introdujo importantes reformas en la misma. Durante el conflicto de 1968 entre los estudiantes y el gobierno del presidente Gustavo Díaz Ordaz se negó a ceder ante las presiones gubernamentales y defendió la autonomía universitaria.

BARROSO, ARI (1903-1964). Músico popular brasileño. Saltó a la fama mundial con *Acua-*

rela de Brasil (1939), que innovó el género conocido como samba-exaltación.

BARROT, ODILON (1791-1873). Político francés. Monárquico liberal, fue el líder de la reforma electoral de 1847. Promovió la resistencia contra el gobierno reaccionario de la restauración borbónica. En 1830 apoyó a Luis Felipe de Orleans como rey de Francia. Entre 1830 y 1848 encabezó la izquierda dinástica en la Cámara de los Diputados. Después de 1848 se unió a los republicanos moderados y fue nombrado primer ministro por Luis Napoleón. En 1849 dimitió, y en 1851 se retiró de la vida política.

BARROW, CABO. V. **Point Barrow.**

BARROW, ISAAC (1630-1677). Erudito inglés. Se dedicó al estudio de los clásicos, de la teología y las matemáticas. Creó un método para determinar tangentes y descubrió que los procesos de integración y diferenciación en cálculo son operaciones inversas. En 1660 se ordenó pastor anglicano. Fue profesor de griego en la Universidad de Cambridge (1660-1663), y de geometría en el Gresham College de Londres. Tradujo los *Elementos de Euclides* (1660) y escribió *Lectiones geometricae* (1670).
Newton, Isaac 10:395b.

BARRUNDIA, JOSÉ FRANCISCO (1784-1854). Político guatemalteco. Tras ocupar en 1829-1830 la presidencia de las Provincias Unidas de Centroamérica, en la que mantuvo una política anticlerical, desempeñó diversos cargos en los gobiernos de Guatemala y Honduras.

BARRUNDIA, JUAN (m. en 1854). Político guatemalteco, hermano de José Francisco Barrundia. Elegido presidente de Guatemala en 1824, fue depuesto por Manuel José Arce, presidente federal. En 1836 fue nombrado presidente del consejo federal.
Centroamérica, Provincias Unidas de 4:79a.

BARRY, CONDESA DU (1743-1793). Marie-Jeanne Bécu, última amante del rey Luis XV de Francia. Muy impopular, contribuyó al desprestigio de la corona. Murió guillotinada durante la revolución francesa.

BARRY, CHARLES (1795-1860). Arquitecto británico, representante del renacimiento gótico inglés. Construyó obras de influencia italiana y de estilo Tudor. Su trabajo más importante fue la reconstrucción (1840-1860) del antiguo palacio de Westminster, en Londres, que concluyó su hijo Edward Middleton Barry y que se convirtió en sede del Parlamento.

BARRY, JOHN (n. en 1933). Músico estadounidense de origen británico. Célebre por sus composiciones para la industria del cine. Consiguió su fama con la banda sonora de *Doctor No* (1962), siendo durante veinte años el compositor de todas las películas de la serie protagonizada por James Bond. Logró un Óscar por *Nacida libre* (1966) y *Memorias de África* (1985).

BARRYMORE, ETHEL (1879-1959). Actriz estadounidense. Debutó profesionalmente en la ciudad de Nueva York en 1894 y se consagró en Londres con *Las campanas* y *Pedro el Grande* (1897-1898). En 1928 abrió el Teatro Ethel Barrymore en Nueva York con la obra *El reino de Dios.* Como actriz de cine realizó *Rasputín y la emperatriz* (1933), entre otras.

BARRYMORE, JOHN (1882-1942). Actor cinematográfico estadounidense, miembro de una importante familia de actores. *Don Juan* (1926), *Moby Dick* (1930), *Romeo y Julieta* (1936).

BARRYMORE, LIONEL (1878-1954). Actor cinematográfico estadounidense. Hijo y hermano de actores, debutó en el teatro junto a sus padres. Aquejado de parálisis, trabajó hasta el final de su vida impedido en una silla de ruedas. *Gran hotel* (1932), *¡Qué bello es vivir!* (1946), *Duelo al sol* (1947).

BARSA, ENCICLOPEDIA. Título de dos obras de consulta, una en español y la otra en portugués, editadas, respectivamente, por Encyclopaedia Britannica Publishers, Inc. y Encyclopaedia Britannica do Brasil. La obra en español se publicó de 1957 a 1989. La primera edición en lengua portuguesa data de 1964.
Enciclopedia 5:403a.

BAR SAUMA, RABÁN (1220-1294). Viajero chino perteneciente a la secta cristiana de los nestorianos. A la edad de 23 años se hizo monje nestoriano y ganó fama como maestro y asceta. Posteriormente fue nombrado visitador general de las congregaciones nestorianas del este. En 1287 fue enviado a Europa por Arghun, el hijo del Kan mongol de Persia, para pactar con los reyes cristianos y luchar con ellos en tierra santa para expulsar a los musulmanes. Realizó un diario escrito en lengua persa que ofrece una visión original de la Europa medieval.

BARTH, HEINRICH (1812-1865). Geógrafo alemán. Explorador de África. Viajó a las costas de Túnez y Libia y publicó sus observaciones. En 1850 participó en la expedición británica hacia el Sudán occidental junto con James Richardson y Adolf Overweg. Exploró las zonas sur y sudeste del lago Chad y realizó mapas de las riberas altas del río Benue. A su regreso publicó *Viajes y descubrimientos en el norte y centro de África entre los años 1849-1855.* Fue profesor en la Universidad de Berlín (1863).

BARTH, JOHN (n. en 1930). Escritor estadounidense. Sus novelas, complejas y de gran profundidad filosófica, contienen grandes dosis de sátira y de humor negro. *La ópera flotante* (1956), *Quimera* (1972).

BARTH, KARL (1886-1968). Teólogo protestante suizo. Uno de los principales representantes del ecumenismo moderno. Fue depuesto como profesor de la Universidad de Bonn por su oposición a Adolf Hitler. Iniciador de la teología dialéctica. *Dogmática eclesiástica* (1932-1951).
Protestantismo 12:167a.

BARTHÉLEMY-SAINT-HILAIRE, JULES (1805-1895). Filósofo, escritor, político y traductor francés. Opuesto a Carlos X, participó en la fundación del diario *Le Bons Sense* bajo el reinado de Luis Felipe y, tras su abdicación, fue electo diputado. Ocupó diversos cargos políticos, incluso el de ministro de relaciones exteriores (1880-1881). Tradujo en 35 volúmenes las obras de Aristóteles (1833-1895) y publicó otras traducciones importantes y ensayos.

BARTHES, ROLAND (1915-1980). Ensayista, crítico literario y lingüista francés. Amplió el campo del estructuralismo lingüístico a otros ámbitos disciplinarios.
2:362a; Francesa, literatura 6:377a.

BARTHOU, LOUIS (1862-1934). Político francés. Estadista conservador y colaborador de Raymond Poincaré, fue nombrado primer ministro en 1913. Murió asesinado, junto con el rey Alejandro de Yugoslavia, en un atentado croata contra este último, que se encontraba de visita en Francia.

BARTLETT, FREDERIC (1886-1969). Psicólogo británico. Director desde 1922 del laboratorio psicológico de Cambridge, profundizó en los estudios sobre la memoria. *El recuerdo: estudio de psicología experimental y social* (1932), *El pensamiento: estudio experimental y social* (1958).

BARTÓK, BÉLA (1881-1945). Compositor húngaro. De estilo profundamente nacionalista, supo combinar los elementos populares con las técnicas musicales contemporáneas.
2:362b; Folclórica, música 6:342b; Modo musical 10:209a; Música 10:314b; *ilustración* 2:362b.

BARTOLACHE Y DÍAZ DE POSADAS, JOSÉ IGNACIO (1739-1790). Científico mexicano. Doctor en medicina, se interesó en las matemáticas, las ciencias naturales y la filosofía. Publicó en 1772 la primera revista médica de la Nueva España, titulada *El Mercurio Volante,* así como diversas obras científicas.

BÁRTOLO DE SASSOFERRATO (1314-1357). Jurista italiano. Profesor de derecho romano y consultor del emperador Carlos IV. Sus comentarios del derecho romano fueron muy estimados, y constituyen una de las fuentes del derecho internacional.

BARTOLOMÉ, SAN. Uno de los doce apóstoles de Jesús, natural de Galilea. Su nombre apenas aparece en el Nuevo Testamento. San Juan lo llamó Natanael. Tradiciones posteriores afirman que predicó en la India, Etiopía y el cercano oriente. Murió martirizado.
Apóstoles 1:415a.

BARTOLOMÉ GUTIÉRREZ, BEATO (1580-1632). Religioso agustino mexicano. Dedicó su vida al apostolado. Misionero en Japón, murió allí martirizado. Fue beatificado en 1867.

BARTOLOMÉ LAUREL, BEATO (1599-1627). Religioso franciscano mexicano. Fue misionero en Filipinas y Japón.
2:363a.

BARTOLOMEO, DOMENICO DI. V. **Veneciano, Domenico.**

BARTOLOMEO, FRA (1472-1517). Baccio della Porta, pintor italiano. Se le considera como uno de los artistas de transición entre la pintura del *quattrocento* y la del alto Renacimiento. «Anunciación» (1497), «Los desposorios místicos de santa Catalina» (1512).

BARTOLOZZI, FRANCESCO (1727-1815). Grabador italiano. Alumno en Venecia de Joseph Wagner, en 1764 empezó a trabajar para el rey británico Jorge III. Introdujo en la Gran Bretaña la técnica del grabado por puntos o punteado. Murió en la ciudad de Lisboa, a la que se había trasladado en 1802 para hacerse cargo del puesto de director de la Academia Nacional.

BARTON, DEREK HAROLD RICHARD (n. en 1918). Químico británico. Estudió la posible relación entre la conformación preferida por ciertas moléculas orgánicas complejas y sus propiedades fisicoquímicas. Premio Nobel de química en 1969, compartido con Odd Hassel, por sus estudios moleculares mediante difracción por rayos X y electrones.

BARTRA, AGUSTÍ (1908-1982). Escritor español. Publicó en España, en catalán, un libro de cuentos (*L'oasi perdut*) y otro de poesía (*Cant corporal*). Exiliado en México en 1941, dirigió la revista catalana *Lletres* (1944-1948). Tradujo al español poesía de autores en lengua inglesa y francesa. Profesor de poesía hispanoamericana en los Estados Unidos, regresó a España en 1970. *Odiseo* (1955), *Cristo de 200.000 brazos* (1958), *Quetzalcóatl* (1960), *Marsias y Adila* (1962), *Ecce homo* (1964).

BARTRA, ROGER (n. en 1942). Sociólogo mexicano, hijo de Agustí Bartra. Catedrático de la Universidad Nacional Autónoma de México y de la Universidad de los Andes (Venezuela). Autor de numerosas obras sobre el campesinado mexicano. Dirigió el suplemento cultural *La Jornada Semanal.*

BARTRINA, JOAQUÍN MARÍA (1850-1880). Escritor español. Republicano y catalanista, colaboró en el diario *El Diluvio* y fundó el Ateneo Libre. Autor de *Algo* (1874), obra poética de tono pesimista con influencias de Ramón Campoamor. Póstumamente se publicó *Obras en prosa y verso* (1881).

BARTTER, SÍNDROME DE. Alteración electrolítica y hormonal, caracterizada por la pérdida renal de sales y electrólitos. Se debe a una disfunción en la reabsorción de cloro y potasio. Es una anomalía de carácter hereditario y se manifiesta en adultos jóvenes que sufren polidipsia, poliuria y deshidratación por vómitos frecuentes.

BARÚ. V. **Chiriquí.**

BARUCH, LIBRO DE. Uno de los libros proféticos que componen el Antiguo Testamento de la *Biblia* según el canon católico. Su autor fue discípulo y secretario de Jeremías. El libro consta de un preámbulo, una oración por los des-

terrados de Babilonia, dos poemas y una carta de Jeremías.
Biblia 3:11b.

BARUTA. Ciudad de Venezuela en el estado de Miranda, suburbio de Caracas. Agricultura. 213.373 hab. (2000).

BARYE, ANTOINE-LOUIS (1796-1875). Escultor y acuarelista francés. Su obra se encuadra dentro del romanticismo y de ella destacan las representaciones escultóricas de animales salvajes. Fue académico de bellas artes desde 1866. «Tigre devorando a un gavial» (1831), «El centauro y el lapita» (1850).

BARZANALLANA, MARQUÉS DE (1817-1892). Manuel García, político y periodista español. Militó en el partido moderado. Desde 1846 fue diputado a Cortes, centrando su actividad política en cuestiones económicas. En 1857-1864 y 1866 fue ministro de hacienda. Presidió la Cámara Alta y la Academia de Ciencias Morales y Políticas.

BARZANI, MULLA MUSTAFÁ (1902-1979). Político iraquí de origen kurdo. Se enfrentó a británicos e iraquíes. Fundador de la efímera República de Mahabad en 1945. Luchó por conseguir una patria para los kurdos. Murió exiliado en los Estados Unidos.

BASA. En arquitectura, elemento estructural de una columna sobre la cual se apoya el fuste y que mantiene contacto directo con el suelo. Pueden entrar a formar parte de la basa el toro, moldura de forma semicircular; el listel, moldura lisa, larga y estrecha; el filete, faja lisa y estrecha que separa dos molduras; o el plinto, cuerpo cilíndrico situado en la parte inferior.

BASADRE, JORGE (1903-1980). Historiador y jurisconsulto peruano. Ejerció la docencia en la Universidad de San Marcos, en Lima. Fue ministro de instrucción pública en 1945 y dirigió la biblioteca Nacional. *Historia del derecho peruano* (1937), *Historia de la república del Perú* (1939) y *El azar en la historia y sus límites* (1973).

BASALDELLA, AFRO (n. en 1912). Pintor italiano. Su obra se encuadró dentro del arte abstracto, con clara influencia de Picasso y Georges Braque. Gran parte de su producción se encuentra en los Estados Unidos.

BASALDÚA, HÉCTOR (1895-1976). Pintor argentino. Estudió en Europa y dirigió, desde 1933 hasta 1950, el teatro Colón de Buenos Aires. Su estilo se inspiró en el cubismo y en la técnica impresionista.

BASALTO. Roca efusiva, pesada, rica en feldespato, de grano fino y colores gris oscuro, negro o azul oscuro.
2:363b; *ilustración* 2:363b.

BASAR IBN BURD (h. 714-783). Poeta árabe. Renovador y modernizador de la poesía en lengua árabe, realizó numerosas composiciones líricas que se encuadraban dentro de la temática amorosa y de glorificación de los placeres cultivada por los poetas de la corte de Bagdad.

BASAURI. Localidad española de la prov. de Vizcaya, País Vasco, a orillas del Nervión. Integrada en el área metropolitana del Gran Bilbao. Centro industrial (siderometalurgia y química). 50.395 hab. (1996).

BÁSCULA. Balanza de brazos desiguales utilizada para la medición de grandes pesos.

BASE (MATEMÁTICAS). Denominación que recibe en las operaciones de potenciación el número que se eleva a un exponente dado.

BASE (QUÍMICA). V. **Ácido y base.**

BASE DE DATOS. Colección de datos informatizados relacionados entre sí y accesibles según una gran diversidad de criterios de selección.
Administración de bases de datos 1:62a; Disco compacto 5:204a; Ofimática 11:84a.

BASE IMPOSITIVA. Importe sobre el que gira el tipo impositivo de las distintas clases de impuestos. En el impuesto directo sobre la renta es la diferencia entre ingresos y gastos fiscalmente aceptados menos exenciones; en los impuestos indirectos es, generalmente, el importe de la transacción.
Impuesto 8:140a.

BASE NITROGENADA. Molécula orgánica de naturaleza aromática y con nitrógeno en su composición, capaz de funcionar como aceptor de protones y que constituye la base de la estructura del ADN y ARN.

BASES, LEY DE. Delegación expresa del parlamento al gobierno para regular determinadas materias a partir de un marco genérico. Las especificaciones se establecen mediante otros tipos de disposiciones legales.

BASHIR SHIHAB II (1767-1850). Príncipe libanés. Ocupó el puesto de emir en 1788. Controló la vida política del Líbano durante la etapa en la que el país estuvo sujeto a la administración turca y, a partir de la década de 1830, en la época de soberanía egipcia. En 1840 una rebelión acaudillada por fuerzas drusas y cristianas lo alejó del poder.
Líbano 9:139b.

BASHKORTOSTÁN. República autónoma de Rusia entre el sur de los Urales y los países del Volga. Petróleo. Cap. Ufá. 143.600 km^2. 4.097.000 hab. (1996).

BASHO, MATSUO (1644-1694). Matsuo Munefusa, poeta japonés del período Tokugawa. Maestro del *renga* (poema libre encadenado) y del *haiku* (poema de 17 sílabas).

BASIC. Lenguaje de programación ideado para su utilización por estudiantes en un primer nivel de conocimiento de la informática. Constituye el lenguaje fundamental de los microordenadores. Usa términos ingleses y expresiones matemáticas.
Lenguajes de programación 9:107a.

BASIDIOMICETES. Grupo de hongos caracterizados por la presencia de basidios, órganos generadores de esporas, que se forman en número de cuatro en posición apical. A este grupo pertenecen las setas.
Hongo 8:66b; Seta 13:214b.

BASIE, COUNT (1904-1984). William Basie, pianista y compositor estadounidense, cultivador de diversos estilos de *jazz*. Uno de los más grandes directores de orquestas de *jazz*, a las que pertenecieron destacados intérpretes como la cantante Billie Holiday y el saxofonista Lester Young.
Jazz 8:358b.

BASILEA. Ciudad de Suiza, cap. del semicantón de Basilea-Ciudad (Basel-Stadt), a orillas del Rin. Importante puerto fluvial. Edificios medievales. Universidad. Museos. Industrias químicas y farmacéuticas. 168.735 hab. (1999).
Rin, río 12:372b; Suiza 13:356a.

BASILEA, CONCILIO DE. Concilio que se desarrolló entre julio de 1431 y abril de 1449. Con sucesivas alternativas y traslados a otras ciudades –entre 1438 y 1445 se celebró paralelamente el concilio ecuménico de Ferrara-Florencia–, la reunión de cardenales y obispos trató predominantemente la cuestión de la supremacía papal o conciliar y el problema de la herejía husita.
Concilio 4:325a.

BASILEA, TRATADOS DE. Acuerdos de paz suscritos en 1795 entre Francia y Prusia, por una parte, y Francia y España, por otra. El primero se firmó el 5 de abril, y dio por finalizada la guerra entre Francia y Prusia, estableciendo la cesión por parte de la última de sus territorios en la orilla izquierda del Rin a cambio de obtener libertad de acción en Polonia. El segundo, firmado el 22 de julio, hizo recuperar a España las plazas conquistadas por los republicanos franceses en territorio español, a cambio de la parte española de la isla de Santo Domingo y del reconocimiento de privilegios comerciales para Francia.

BASILEUS. Nombre con el que los griegos de la antigüedad denominaban a los monarcas persas. Alejandro Magno asumió el título en el 330 a.C., y posteriormente lo adoptaron los monarcas seléucidos, partos y persas sasánidas. Desde el año 630, fecha de la victoria de Heraclio sobre los persas, fue adoptado por los emperadores bizantinos.

BASÍLICA. Edificio utilizado por los antiguos romanos para la celebración de diversas actividades públicas. De planta rectangular generalmente terminada en ábside, su interior está dividido en tres naves por columnas. La planta basilical fue adoptada por los cristianos en la construcción de las primeras iglesias.
Arquitectura 2:105a; Catedral y basílica 4:38b; Romano, arte 13:6b.

BASÍLICAS, LAS. Compilación de leyes romanas realizada en el imperio bizantino. Fue redactada en griego en sesenta libros para poner al día la legislación promulgada por Justiniano I en el siglo VI. Las Basílicas fueron iniciadas por mandato del emperador Basilio I el Macedonio y promulgadas por su hijo León VI el Filósofo (siglo IX).

BASÍLIDES (siglo II). Filósofo gnóstico. Se sabe que vivió en Alejandría y que tuvo muchos seguidores en Egipto y en Europa meridional. Sus teorías, recogidas por san Ireneo, san Clemente de Alejandría y san Hipólito, intentaron conciliar el cristianismo con el aristotelismo y otros sistemas filosóficos.

BASILIO I EL MACEDONIO (h. el 826-886). Emperador bizantino del 867 hasta su muerte. Fundador de la dinastía macedonia. Formuló el código legal conocido como Basílicas. Fue notable jefe militar y en su reinado se inició una nueva etapa de expansión bizantina por oriente.
Bizantino, imperio 3:64a.

BASILIO II BULGARÓCTONO (h. el 957-1025). Emperador bizantino del 976 al 1025. Extendió el poder imperial en los Balcanes (sobre todo en Bulgaria), Mesopotamia, Georgia y Armenia y aumentó su autoridad interna, atacando los intereses de la aristocracia militar y de la iglesia. Tras una de sus victorias mandó cegar a miles de prisioneros búlgaros.

BASILIO EL GRANDE, SAN (h. el 329-379). Uno de los padres de la iglesia cristiana, natural de Cesarea (Capadocia), de donde fue obispo (370). Fundador de numerosas comunidades, se le considera el iniciador de la vida cenobítica (monástica). Sus reglas de convivencia monástica están aún vigentes en las iglesias ortodoxas. Es autor, entre otras obras, del *Hexameron*.
Bizantino, arte 3:61a; Gregorio Nacianceno, san 7:214a; Gregorio Niseno, san 7:214b; Monasterios y conventos 10:224b.

BASILISCO. Animal monstruoso legendario de cuerpo de serpiente, alas dentadas y patas de ave. Su mirada y su aliento podían ser mortales.

BASINGER, KIM (n. en 1953). Actriz estadounidense. Inició su carrera como modelo infantil y, posteriormente, como actriz de televisión, destacando en el cine por su atractivo físico. *Nueve semanas y media* (1986), *Cita a ciegas* (1987), *L. A. Confidential* (1997).

BASKETBALL. V. **Basquetbol.**

BASO, AHMAD IBN (siglo XII). Arquitecto hispanoárabe. Trabajó en Sevilla donde construyó la mezquita mayor y abrió los cimientos de su minarete (Giralda). La obra quedó paralizada entre 1148 y 1188. Fue retomada y finalizada por Alí de Gomara.

BASORA. Ciudad y puerto de Irak, cap. de la prov. y región homónima, a orillas del Shat-al-Arab, cerca del golfo Pérsico. Aeropuerto. Textiles, cuero, productos alimenticios. Sufrió grandes daños en la década de 1980 durante la guerra irano-iraquí y en 1991 en la guerra del golfo Pérsico. 406.296 hab. (1987).
Irak 8:258a.

BASOV, NIKOLÁI (1922-2001). Físico soviético. Premio Nobel compartido en 1964, por sus investigaciones en electrónica cuántica.

BASQUETBOL. Deporte de equipo que se practica con una pelota que debe introducirse en una canasta elevada.
2:363b; *ilustraciones* 2:364a; 2:365.

BASS, ESTRECHO DE. Canal que une el océano Pacífico y el Índico entre el extremo sudoriental de Australia y la isla de Tasmania. Tiene 240 km de anchura máxima y 50-70 m de profundidad.

BASSA, FERRER (h. 1285-1348). Pintor español. Introductor en Cataluña del estilo italogótico.
2:366b; *ilustración* 2:366b.

BASSA, PEDRO NOLASCO (1790-1835). Militar español. Participó en la guerra de la independencia dirigiendo un contingente de guerrilleros. En 1835 fue nombrado capitán general de Cataluña y colaboró con Manuel Llauder. En la revolución liberal de julio de 1835 se unió con sus tropas a los insurgentes. Murió asesinado en su despacho.

BASSANI, GIORGIO (1916-2000). Novelista italiano. Escribió narraciones de profundo valor lírico.
2:367a; Lampedusa, Giuseppe Tomadi di 9:53a.

BASSANO, FAMILIA. Pintores venecianos descendientes de Francesco da Ponte, el Viejo (1475-1539), que adoptaron como sobrenombre el topónimo Bassano por la localidad donde se encontraba su taller. Jacopo Bassano (h. 1517-1592) heredó el color de la escuela veneciana y siguió la composición manierista; cultivó en sus cuadros los motivos bíblicos, «Adoración de los pastores» (1580), y bucólicos; muchos de sus trabajos los hizo en colaboración con dos de sus hijos, Francesco Bassano, el Joven (1549-1592), y Leandro Bassano (1557-1622). Francesco continuó la tradición de la pintura rural, «Faenas campestres», y Leandro prefirió el género del retrato, «El rico avariento y el pobre Lázaro».

BASSEIN. Ciudad y puerto fluvial de Myanmar, cap. del estado de Irawady a orillas del río Bassein. Pagoda del siglo X. Escuelas superiores, aeropuerto. Aserraderos, cerámica, sombrillas y paraguas. 356.000 hab. (1983).

BASSETERRE. Ciudad de la isla de San Cristóbal, cap. del estado caribeño de San Cristóbal y Nieves. Puerto principal y centro de distribución comercial del país y las islas próximas. Industria azucarera; exportaciones de ron, algodón y azúcar. 12.605 hab. (1994).
San Cristóbal y Nieves 13:119b.

BASSO, VICENTE (1889-1961). Escritor uruguayo adscrito a la corriente simbolista. Autor de poemas y ensayos. *Tragedia de la imagen* (1930).

BASSOLS, NARCISO (1897-1959). Jurista y político mexicano. Fue director de la Escuela Nacional de Jurisprudencia, secretario de educación pública, gobernación y hacienda, y embajador en Londres, en París, en Moscú y en la Sociedad de Naciones, donde se manifestó en contra del fascismo. *La ley agraria, Garantías y amparo.*

BAST. Diosa de la mitología egipcia, que de su inicial vinculación con el hogar pasó a adquirir un carácter guerrero. Se la solía representar con cabeza de gata. Conocida también con el nombre de Bastet.

BASTERRA, RAMÓN DE (1888-1928). Poeta y diplomático español. Representante del lirismo cerebral y neobarroco de su época. Interesado por temas hispanos y por los mitos culturales, estudió el influjo del espíritu español en las épocas antigua y moderna. Se adentró en temas futuristas. Realizó libros en prosa: *Los navíos de la Ilustración, La obra de Trajano;* y en verso: *Las ubres luminosas, La sencillez de los seres, Vírulo.*

BASTIA. Ciudad francesa situada en el nordeste de la isla de Córcega, en el mar Mediterráneo. Capital del departamento de la Alta Córcega. Importante centro comercial, principalmente por su actividad portuaria. Destacado foco cultural y social en el siglo XIX. 43.502 hab. (1982).
Córcega 4:378b.

BASTIAT, CLAUDE-FRÉDÉRIC (1801-1850). Economista francés. Representante de la escuela económica optimista, según la cual los individuos, al perseguir sus propios intereses, aseguran simultáneamente los colectivos. Su teoría está expuesta en *Las armonías económicas* (1850).

BASTIDAS, RODRIGO DE (1460-1526). Navegante y explorador español. Recorrió la desembocadura del río Magdalena, el golfo de Urabá y las costas de Darién.
2:367a; Colombia 4:268b.

BASTIDE, ROGER (1898-1974). Sociólogo y etnólogo francés. Estudió las relaciones culturales entre las sociedades tradicionales y las modernas, especialmente en lo referido a la religión y su interrelación con la economía. Fue profesor universitario en São Paulo, en la Sorbona y en el Centro Charles Richet. *Elementos de sociología religiosa* (1935), *Las religiones africanas en Brasil* (1960).

BASTIEN-LEPAGE, JULES (1848-1884). Pintor francés. Autor de numerosos retratos, cultivó preferentemente el paisajismo, siendo notables sus escenas campestres. En su estilo se observa la influencia del naturalismo de Jean-François Millet. «Trabajadores del heno» (1878), «Juana de Arco».

BASTILLA, LA. Fortaleza medieval de la parte oriental de París. Cárcel estatal durante los siglos XVII y XVIII, en ella estuvieron presos importantes personajes, acusados de ofensas al estado. Su asalto y toma por un grupo de parisienses armados el 14 de julio de 1789, al iniciarse la revolución francesa, se convirtió en símbolo de la rebeldía ante el despotismo.
Francesa, revolución 6:377b.

BASURA. Nombre genérico de la suciedad y los desperdicios.
2:367b; Contaminación 4:358a; *ilustraciones* 2:367b; 2:368a.

BASURTO, LUIS G. (1921-1990). Dramaturgo mexicano. Colaboró en periódicos y condujo programas de televisión en su país. En teatro se desempeñó como empresario, director, actor y autor. *Laberinto* (1942), *Miércoles de ceniza* (1956), *Con la frente en el polvo* (1968), *Cada quien su vida* (1970), *El candidato de Dios* (1986).

BASUTO. Etnia de raza negra perteneciente al grupo bantú, también conocida como sotho. Establecida en el África austral, se divide en basuto del sur, que forma la población de Lesotho; basuto del norte, pueblo situado al nordeste del Transvaal; y basuto occidental o tswana, que forma la población de Bostswana.
Lesotho 9:127a.

BASUTOLANDIA. V. **Lesotho.**

BATA. Ciudad de la República de Guinea Ecuatorial, situada en el golfo de Biafra, en la costa atlántica. 27.000 hab. (1983).
Guinea Ecuatorial 7:289b.

BATABANÓ. Municipio de Cuba situado en el sur de la prov. de la Habana, sobre el golfo homónimo. Ríos Quivicán, Santa Bárbara y San Felipe. Caña de azúcar, legumbres, ganado, pesca. 21.360 hab. (1987).

BATABANÓ, GOLFO DE. Golfo de Cuba, en el mar Caribe, al sur de la isla. Se extiende desde la prov. de Pinar del Río hasta la costa de Matanzas y la península de Zapata.

BATAILLE, GEORGES (1897-1962). Ensayista y novelista francés. Dirigió las influyentes revistas *Documents* y *Critique*. Su pensamiento perseguía una reinterpretación de la naturaleza humana mediante principios como el ateísmo y el erotismo. *El erotismo* (1957), *La literatura y el mal* (1957), *Las lágrimas de Eros* (1961).
Sade, marqués de 13:83b.

BATAILLON, MARCEL (1895-1977). Hispanista francés. Se dedicó fundamentalmente al estudio de la cultura española del Renacimiento.
2:368b.

BATAK. Nombre de varios grupos étnicos del centro de Sumatra, Indonesia, estrechamente relacionados entre sí. Poseen lenguaje escrito propio. Son descendientes de un pueblo protomalayo que vivió en aislamiento en las tierras altas del lago Toba, Sumatra, hasta 1825.

BATALHA. Ciudad portuguesa donde se encuentra la abadía dominica de Santa Maria da Vitória. Obra representativa del estilo manuelino (siglo XVI), la abadía, planeada originalmente por Alfonso Domingues, se fundó probablemente en 1388 para conmemorar la victoria portuguesa en la batalla de Aljubarrota sobre los castellanos.

BATALLÓN. Unidad táctica del ejército, compuesta por varias compañías, y bajo el mando de un comandante o mayor, grado inmediatamente superior al de capitán.
Infantería 8:193a.

BATANI, AL- (h. el 858-929). Astrónomo árabe. Compiló un catálogo de estrellas fijas, descubrió el movimiento del apogeo del Sol y calculó la precesión anual o balanceo de los polos, análogo al de una peonza o trompo, y la inclinación de la eclíptica, ángulo que forman la órbita terrestre y el ecuador. Demostró la posibilidad de los eclipses anulares de Sol.
Trigonometría 14:127b.

BATATA. Planta herbácea vivaz de la familia de las convolvuláceas (*Ipomoea batatas*), conocida también como camote o boniato. Dicotiledónea. En sus raíces se producen tubérculos comestibles ricos en carbohidratos.
2:369a; *ilustración* 2:369a.

BÁTAVA, REPÚBLICA. Estado instaurado en los Países Bajos desde 1795, tras la invasión del ejército revolucionario francés. Con una constitución basada en la que promulgara en Francia el Directorio, pervivió hasta 1806, cuando Napoleón nombró rey de Holanda a su hermano Luis Bonaparte.
Países Bajos 11:210b.

BATAVIA. Fuerte fundado en 1619 por la Compañía Neerlandesa de las Indias Orientales, a cuyo alrededor se erigió la capital de la Java holandesa. Pasó a llamarse Djakarta (la posterior Yakarta o Jakarta) tras la independencia cabal de Indonesia en 1949.

BÁTAVOS. Antiguo pueblo germano que habitaba en la desembocadura del Rin. Su capital, Niviomagus, sería la posterior Nimega.

BATE. En beisbol y otros deportes, bastón o pala de madera que se utiliza para golpear la pelota.

BATEA. Embarcación de poca altura y fondo plano empleada para reparar o pintar los costados de los buques, así como para labores de carga y descarga.

BATEADOR. Jugador que en el beisbol tiene la misión de golpear con el bate la pelota arrojada por el *pitcher* (lanzador) contrario.

BATERÍA DE TESTS. Conjunto de pruebas psicotécnicas de diversa índole para perfilar las cualidades y aptitudes de un individuo.

BATERÍA ELÉCTRICA. Acoplamiento de dos o más pilas en serie (el polo positivo de cada pila con el polo negativo de la siguiente) o en paralelo (los polos del mismo signo unidos entre sí). También puede tener un acoplamiento mixto.

BATES, HENRY WALTER (1825-1892). Naturalista británico. Exploró la región del alto Amazonas y describió más de 8.000 especies nuevas de plantas e insectos. Fue el primero en estudiar la coloración mimética.
Amazonas, río 1:267a; Mimetismo 10:170b.

BATES, KATHY (n. en 1948). Actriz estadounidense. Obtuvo un Óscar por su interpretación en la película *Misery* (1990). *Tomates verdes* *fritos* (1991), *Jugando en los campos del señor* (1992), *Primary Colors* (1997).

BATESON, WILLIAM (1861-1926). Biólogo británico. Destacó en el campo de la genética, a la que dio su nombre actual. Demostró que la herencia de ciertos caracteres depende de dos o más genes.

BATET MESTRES, DOMINGO (1872-1936). Militar español. Ocupó la Generalitat de Cataluña en nombre del gobierno de Madrid, tras la revuelta catalanista del 6 de octubre de 1934. Leal al gobierno establecido, como comandante militar de Burgos, no secundó el alzamiento militar del año 1936. Murió fusilado por los nacionalistas.

BATH. Ciudad del Reino Unido en el condado de Avon (Inglaterra), a orillas del río Avon. Famosa estación balnearia desde la época romana (Aquae Sulis). Abadía del siglo XVI, edificios medievales. Museos. Industrias ligeras, editoriales. 84.200 hab. (1982).
Reino Unido 12:305a.

BA'TH, PARTIDO. V. **Baat, partido.**

BÁTHORY, FAMILIA. Familia húngara, a la que pertenecieron los descendientes de Bereczk Briccius, que vivió en el siglo XIII. Miembros destacados de ella fueron Esteban I (1533-1586), rey de Polonia, y Segismundo Báthory (1572-1613), príncipe de Transilvania, tras cuya muerte se extinguió el linaje.

BATHURST. V. **Banjul.**

BATIAL, DOMINIO. Región de los océanos comprendida entre los 200 y los 2.000 m de profundidad, entre los dominios nerítico y abisal. La acción mecánica de las olas es allí prácticamente nula.

BATIK. Procedimiento de coloración de origen oriental. Consiste en cubrir la tela con una cera impermeable, dejando descubiertas sólo las zonas que se desean teñir. Para conseguir las grietas características de este tipo de decoración, se cuartea la cera antes de aplicar el tinte; una vez conseguidos todos los colores por sucesivas impregnaciones, se funde la cera para retirarla. El nombre se emplea también para el tejido decorado con este proceso.

BATISCAFO. Navío de inmersión utilizado para la exploración submarina a gran profundidad. Consta de una esfera en la que van los exploradores, un flotador, lastre para regular el descenso y el ascenso y hélices propulsoras. Se diferencia de la batisfera porque tiene autonomía de movimiento y no está sujeto a un anclaje en la superficie. El primer batiscafo fue construido en Bélgica por el suizo Auguste Piccard y descendió en 1948 con piloto automático hasta 1.380 m.

BATISISMO. Terremoto cuyo hipocentro se encuentra a gran profundidad.

BATISTA, FULGENCIO (1901-1973). Político y militar cubano. Presidente de la república de 1940 a 1944 y de 1952 a 1958.
2:369a; Castro, Fidel 4:28a; Cuba 5:56b; Grau San Martín, Ramón 7:198a; Prío, Carlos 12:150a; *ilustración* 2:369b.

BATISTA I ROCA, JOSEP MARIA (1895-1978). Historiador y político español. Se le encargó la realización del inventario de la obra de Ramon Llull en la Universidad de Barcelona. Durante la segunda república apoyó el nacionalismo catalán. Después de la guerra civil se exilió en el Reino Unido, donde promovió la creación de la Anglo-Catalan Society y del Consell Nacional Catalá.

BÁTIZ, ENRIQUE (n. en 1942). Director de orquesta mexicano. Estudió en México, en la escuela Julliard de Nueva York y en el conservatorio de Varsovia. Director fundador de la Orquesta Sinfónica Juvenil de México (1970) y de la Orquesta Sinfónica del Estado de México (1971-1983). Director huésped de importantes orquestas internacionales y titular, a partir de 1983, de la Orquesta Filarmónica de la Ciudad de México. Grabó decenas de discos.

BATLLE, JORGE (n. en 1927). Político uruguayo. Miembro del Partido Colorado, accedió a la presidencia del país sudamericano tras su victoria en la segunda vuelta de las elecciones de 1999 frente al candidato izquierdista Tabaré Vázquez.
2:369b; Sanguinetti, Julio María 13:126b; *ilustración* 2:370a.

BATLLE, LORENZO (1810-1887). Militar y político uruguayo. Participó de forma destacada en la defensa de la nueva república frente a una intervención militar bonaerense. Ocupó la presidencia desde las elecciones de 1868 hasta 1872.

BATLLE BERRES, LUIS (1897-1964). Político uruguayo, sobrino de José Batlle y Ordóñez. Ocupó la presidencia de 1947 a 1951 y de 1955 a 1956.
Uruguay 14:207b.

BATLLE PLANAS, JUAN (1911-1966). Pintor argentino. Vinculado al movimiento surrealista. Realizó su primera exposición de *collages*, denominados «Radiografías paranoicas», en 1939. En su taller se formaron importantes artistas.

BATLLE Y ORDÓÑEZ, JOSÉ (1856-1929). Político uruguayo. Considerado como el padre del Uruguay moderno.
2:370a; Saravia, Aparicio 13:159a; Uruguay 14:207a; *ilustración* 2:370a.

BATLLISMO. Movimiento político uruguayo. Fundado sobre los principios ideológicos de su creador, José Batlle y Ordóñez: laicismo, democracia, socialización y una estructura colegiada de gobierno. Defendió la conveniencia de que los gobernantes salieran del propio pueblo. Constituyó una corriente dentro del Partido Colorado, que se definió como autónoma a partir de las elecciones de 1916, a las que presentó su propia candidatura.
Batlle y Ordóñez, José 2:370b.

BATOLITO. Masa de rocas plutónicas (volcánicas) que aflora en grandes extensiones. Su formación se debe a intrusiones magmáticas en masas rocosas preexistentes o a la transformación de los sedimentos profundos de los geosinclinales.

BATON ROUGE. Ciudad de los Estados Unidos. Cap. del estado de Louisiana. Puerto a orillas del Mississippi. Universidades. Refinería de petróleos, industrias diversas. 211.251 hab. (1998).

BATRACIOS. V. **Anfibios.**

BATRES JÁUREGUI, ANTONIO (1847-1930). Político, jurista, historiador y filólogo guatemalteco. Fue catedrático de derecho en la Universidad de Guatemala, magistrado del Tribunal de Justicia Internacional de La Haya, ministro de relaciones exteriores y presidente de la Academia de Guatemala. *Vicios del lenguaje, Los indios, su historia y su civilización, Literatura hispanoamericana, Derecho mercantil.*

BATRES MONTÚFAR, JOSÉ (1809-1844). Poeta guatemalteco. Ejerció la profesión de ingeniero. Traductor de Horacio y Ovidio. Autor de originales evocaciones de la época colonial. *San Juan, Tradiciones de Guatemala.*

BATTANI, AL-. V. **Batani, al-.**

BATTENBERG, FAMILIA. Nombre de una dinastía de condes alemanes extinguida en 1314. El castillo de Kellerburg, junto a Battenberg (Hesse), fue su residencia. En 1851, al casarse morganáticamente Alejandro, hijo de Luis II, gran duque de Hesse, con la polaca Julia Theresa von Hauke, se recuperó el título.

BATTENBERG, VICTORIA EUGENIA DE (1887-1969). Reina de España. Nieta de la reina Victoria y nacida en el Reino Unido, contrajo matrimonio con el monarca español Alfonso XIII el 31 de mayo de 1906. El 15 de abril de 1931, proclamada la república, marchó al exilio. Abuela del rey Juan Carlos I de España.

BATTHYÁNY, FAMILIA. Familia de poderosos terratenientes húngaros originarios de Batthyány, que ascendieron a la nobleza a fines del siglo XIV. Sus miembros más importantes fueron Carlos José (1698-1772), Luis (1806-1849), presidente del primer parlamento húngaro y mártir de la independencia nacional, y Casimiro (1807-1854).

BATU (m. h. 1255). Príncipe mongol. Nieto de Gengis Kan y sobrino de Ogoday, invadió Europa Central y saqueó los territorios rusos (incendió Kiev en 1240), polacos y silesios, derrotó a los húngaros y recorrió Valaquia, Bulgaria y Moldavia. Fundó el kanato de la Horda de Oro, con capital en la ciudad de Sarai.
Rusia 13:59a.

BATUMI. Capital de la rep. autónoma de Adzharia, en la rep. de Georgia. Jardín botánico. Puerto sobre el mar Negro. Refinería de petróleo, astilleros, industrias diversas. 137.100 hab. (1994).

BATUTA, IBN (1304-h. 1368). Viajero árabe. Autor de *Viajes,* libro clásico que describe sus expediciones a través de casi todos los países musulmanes, China e India.
2:370b.

BAUCIS Y FILEMÓN. Según la leyenda griega, anciano matrimonio que cobijó a Zeus y Hermes cuando éstos visitaron la tierra como simples viajeros. En premio a su hospitalidad, los dioses les concedieron su deseo de vivir el mismo tiempo y servirles como sacerdotes. A su muerte quedaron convertidos en árboles (tilo y roble respectivamente). Simbolizaban el amor conyugal.

BAUDELAIRE, CHARLES (1821-1867). Poeta y crítico francés. Introdujo una nueva poética en la literatura del siglo XIX.
2:371a; Francesa, literatura 6:373a; Simbolismo 13:248a; *cuadro* 2:371b; *ilustración* 2:371b.

BAUDIO. Medida informática usada para reflejar la velocidad de transmisión de datos y que expresa los momentos eléctricos (unidades formadas por uno o más bits) por segundo que circulan por un sistema, personal o en red.

BAUDÓ, RÍO. Curso fluvial colombiano, en el dep. de Chocó. Nace en el Alto del Buey y desemboca en el Pacífico al sur de cabo Corrientes, después de recorrer 150 km. Tramos navegables para pequeñas embarcaciones. Sus afluentes más importantes son el Berreberre y el Pepé.

BAUDÓ, SERRANÍA DE. Macizo montañoso del dep. colombiano de Chocó, en su zona occidental. Situado entre las costas del Pacífico y los valles recorridos por los ríos Atrato y San Juan. Su altura máxima es Alto del Buey (1.810 m), donde nace el río del Buey.

BAUDOT, ÉMILE (1845-1903). Inventor francés. Presentó en 1874 un aparato de telegrafía que permitía la transmisión múltiple a partir de un alfabeto binario; las señales estaban compuestas por cinco momentos sucesivos de igual duración. En 1894 inventó el retransmisor automático.
Telegrafía 14:1a.

BAUDOUIN, PIERRE-ANTOINE (1723-1769). Pintor francés. Autor de aguadas con atrevidas escenas galantes, muchas de las cuales escandalizaron a sus coetáneos. «La esposa indiscreta», «El peligro de la intimidad».

BAUDOUIN DE COURTENAY, JAN NIECISLAW (1845-1929). Lingüista polaco. Considerado como uno de los precursores de la fonología por su teoría del fonema, al que definió como equivalente psíquico del sonido. *Ensayo sobre una teoría de la alternancia fonética* (1895).

BAUER, GEORG. V. **Agricola, Georgius.**

BAUER, OTTO (1881-1938). Teórico del Partido Social Democrático Austriaco y estadista. Propuso resolver el problema de las nacionalidades en el imperio austro-húngaro mediante la creación de naciones-estado. Principal defensor de la unificación de Austria con Alemania. Se exilió en 1934.

BAUHAUS. Escuela de arte, diseño y arquitectura fundada por Walter Gropius que funcio-

nó en Alemania entre 1919 y 1933. Pretendía fusionar las artes y la industria en un nuevo tipo de artesanado.
2:371b; Abstracto, arte 1:21a; Arquitectura 2:114a; Cartel 3:422a; Decoración 5:107a; Diseño 5:205b; Gropius, Walter 7:237b; Kandinsky, Wassily 9:3a; Klee, Paul 9:30b; Moholy-Nagy, László 10:210b; Van de Velde, Henry 14:233a; *ilustración* 2:372a.

BAUHIN, GASPARD (1560-1624). Médico y botánico suizo. Autor de una de las obras de anatomía más importante de su tiempo, identificó una válvula intestinal (válvula de Bauhin). Estableció una clasificación de las plantas según un sistema binomial. *Theatrum anatomicum* (1605), *Pinax theatri botanica* (1623).

BAÚL, CERROS DE EL. Zona montañosa de Venezuela, en el est. Cojedes. Alturas de 150 a 200 m. Divide las cuencas de los ríos Cojedes y Pao.

BAUMGARTEN, ALEXANDER (1714-1762). Filósofo alemán. Dio el nombre de estética a la ciencia de la belleza, diferenciándola de las otras ramas de la filosofía, y la definió como «ciencia del conocimiento sensible». *Estética* (1850-1858).
Estética 6:156a.

BAUPRÉS. Palo grueso que sobresale de la proa del buque, en posición casi horizontal, a fin de asegurar en él las velas y los estayes del trinquete.

BAUR, FERDINAND CHRISTIAN (1792-1860). Teólogo protestante e historiador alemán. Fue profesor de la Universidad de Tubinga y fundó una escuela teológica. Discípulo de G. W. F. Hegel, intentó fundamentar la historia del cristianismo antiguo a través de la filosofía de la historia de su maestro. Su investigación se centró en tres aspectos: filosofía de la religión, cristianismo bíblico e historia de la iglesia. Criticó la *Biblia*, con ideas revolucionarias y extremistas. *Pablo, el apóstol de Jesucristo* (1845), *Historia de la iglesia cristiana* (1853-1863).

BAURU. Ciudad de Brasil en el estado de São Paulo, junto al río Batalha. Aeropuerto, agricultura, textiles, cerámica, calzado. 287.530 hab. (1996).

BAUSCH, PINA (n. en 1940). Bailarina y coreógrafa alemana. Una de las principales figuras del ballet del siglo XX.
2:373a.

BAUSCHINGER, EFECTO. Fenómeno que se produce en el acero por el que la aplicación de una tensión compresiva en un punto no produce una compresión elástica en otro, sino una línea curva inelástica.

BAUTA. Municipio de la prov. cubana de la Habana, situada 16 km al noroeste de la capital. Importancia comercial y manufacturera; cultivos de tabaco y caña de azúcar; ganado vacuno. Antiguamente se denominaba Hoyo Colorado. 26.826 hab. (1981).
Habana, provincia de 7:308b.

BAUTISMO. Ceremonia en la cual se aplica un sacramento (signo) que borra el pecado original e inicia a quien lo recibe en la vida cristiana.
2:373b; Bautista, iglesia 2:374b; Sacramento 13:79b; *ilustración* 2:373b.

BAUTISTA, AURORA (n. en 1922). Actriz española. Trabajó principalmente en papeles de gran fuerza dramática. *Locura de amor, Agustina de Aragón, Pequeñeces.*

BAUTISTA, FRANCISCO (1594-1679). Arquitecto barroco español. Creó la cúpula encamonada (con armazón de cañas o listones). Colegio Imperial (San Isidro) de Madrid (1629), iglesia del Sacramento de Madrid (1671).

BAUTISTA, IGLESIA. Rama religiosa protestante, denominada también baptista, cuyo rasgo más característico es la administración del bautismo sólo a los adultos y por inmersión.
2:374a; *ilustración* 2:374b.

BAUTISTA, JULIÁN (1901-1961). Compositor español. Fue profesor en Madrid, en la Argentina, donde se estableció en 1940, y en Puerto Rico de 1956 a 1960. *Ballet juerga, Obertura para una ópera grotesca, Cuarteto para instrumentos de arco, Tercer cuarteto de cuerdas.*

BAUX, CASA DE. Familia noble provenzal. Su origen se remonta al siglo IX. En el siglo XII la casa de Baux disputó a los condes de Barcelona el dominio sobre la Provenza. Después de Beltrán I (m. en 1181) esta casa se dividió en tres ramas: Baux, Berre y Orange.

BAUXITA. Roca sedimentaria, mezcla parda de hematites, minerales arcillosos, cuarzo e hidróxidos de aluminio. Dureza baja. Principal mena del aluminio.
2:375a; Aluminio 1:254a; *cuadro* 2:375b; *ilustración* 2:375b.

BAUZÁ, FELIPE (1764-1834). Político, navegante y geógrafo español. Diputado por Mallorca (1822). Como cartógrafo realizó el *Atlas marítimo de España* y varias *Cartas de las costas y mares de América meridional.* En 1822 se aprobó un proyecto suyo sobre la división en provincias del territorio español. Tras la caída del régimen constitucional en 1823 se exilió en el Reino Unido, donde murió.

BAVIERA. Estado de Alemania, el más extenso del país, fronterizo con Checoslovaquia y Austria. Ríos Danubio y Meno (Main). Alpes bávaros. Industrias diversas, artesanía; agricultura. Cap. Munich. Turismo. 70.551 km². 11.993.500 hab. (1996).
Alemania 1:186b; Munich 10:297a; Nuremberg 11:52b.

BAX, ARNOLD (1883-1953). Compositor británico. Realizó sus estudios musicales en la Real Academia de Música. Fue nombrado maestro de la capilla real por Jorge VI, y confirmado por la reina Isabel en 1952. Compuso la marcha interpretada en la ceremonia de coronación de Isabel II. También fue autor de sinfonías, sonatas, ballets y música coral.

BAYA. Fruto carnoso de epicarpo fino y mesocarpo y endocarpo pulposos, del que constituyen ejemplos el tomate y la uva.
Fruto 6:418a.

BAYA, IBN. V. **Avempace.**

BAYACETO (siglo XVII). Hijo del sultán otomano Ahmet I. A fin de asegurarse la sucesión, su hermano Murat IV ordenó su ejecución y la de su otro hermano, Solimán, en 1635.

BAYACETO I (1360-1403). Sultán otomano que fijó las bases del estado otomano centralizado, basado en las instituciones turcas y musulmanas. Conquistó Bosnia y Bulgaria, e intentó someter Hungría. Tamerlán lo derrotó y cautivó cerca de Ankara en 1402.
Otomano, imperio 11:177b; Tamerlán 13:394a.

BAYACETO II (h. 1447-1512). Sultán otomano. Consolidó el poder de su país en los Balcanes y Asia menor. Conquistó Herzegovina y otros territorios y combatió a la flota veneciana.
Otomano, imperio 11:178a.

BAYAMO. Ciudad de Cuba, cap. de la prov. de Granma, a orillas del río Bayamo. Fundada en 1513. Aeropuerto. Industrias lácteas, curtidurías, azulejos. Tabaco, azúcar, café. 118.854 hab. (1988).

BAYAMÓN. Ciudad de Puerto Rico perteneciente al área metropolitana de San Juan. Universidad. Zona frutícola, industrias diversas. 233.797 hab. (1998).
Puerto Rico 12:197b.

BAYANISMO. Herejía del siglo XVII, precursora del jansenismo. Doctrina creada por Miguel Bayo. Atribuyó al hombre en estado de inocencia original capacidad para la vida sobrenatural por la propia naturaleza humana, no como don. Fue condenada por Pío V, Gregorio XIII y Urbano VIII.

BAYANO, RÍO. V. **Chepo, río.**

BAYAR, CELÂL (h. 1883-1986). Político y general turco. Fue ministro de economía (1921-1922) en el gobierno de la Asamblea Nacional. En 1937 accedió al cargo de primer ministro, que abandonó después de la muerte de Atatürk (1938). En 1946 fundó el Partido Democrático con Adnan Menderes y fue vencedor en las elecciones de 1950. Sucedió en ese año a Ismet Inönü como presidente de la república. Derrocado en 1960 por la revolución militar, fue condenado a cadena perpetua y después indultado (1966).

BAYARD, HIPPOLYTE (1801-1887). Fotógrafo francés. Desde 1837 experimentó con la cámara oscura y con papel fotosensible. A partir de 1842 compitió con los calitipistas británicos y en 1855 inauguró un estudio fotográfico para retratos.

BAYARD, SEÑOR DE (h. 1473-1524). Pierre Terrail, militar francés al que se dio el apelativo de «el caballero sin miedo y sin tacha». Acompañó a Carlos VIII de Francia en la campaña de Italia, y luchó luego contra españoles e ingleses. Nombrado lugarteniente general por Francisco I, murió en la campaña del Milanesado.

BAYAZID. V. **Bayaceto.**

BAYBARS I (1223-1277). Sultán mameluco de Egipto, accedió al trono tras su brillante victoria sobre los mongoles en 1260. Recuperó la soberanía militar de Egipto en la zona y conquistó a los cruzados el reino latino de Jerusalén. Organizó también la política económica y las obras públicas del país.
Egipto 5:336b.

BAYER, JOHANN (1572-1625). Astrónomo alemán. En su obra *Uranometría* (1603) publicó uno de los primeros catálogos descriptivos de las estrellas. Introdujo las letras griegas para la denominación de las estrellas de las constelaciones.

BAYERN. V. **Baviera.**

BAYES, THOMAS (1702-1761). Matemático británico. Destacó por sus estudios sobre el cálculo de probabilidades. Autor del teorema que lleva su nombre.

BAYEU, FRANCISCO (1734-1795). Pintor español. Cuñado de Goya y discípulo de Alejandro González Velázquez y de Anton Raphael Mengs. Su estilo evolucionó del rococó inicial hacia el clasicismo. Autor de retratos, frescos y cartones para tapices. «Feliciana Bayeu, hija del pintor» (1788).
Goya, Francisco de 7:176b.

BAYEUX, TAPIZ DE. Famoso bordado sobre tela, conocido también como el tapiz de la reina Matilde de Francia, en cuyo museo se conserva. Ejecutado sobre una tela de 70,34 m 50 cm de ancho, data del siglo XI y representa la conquista de Inglaterra por los normandos.

BAYEZID. V. **Bayaceto.**

BAYLE, PIERRE (1647-1706). Escritor francés. Su *Diccionario histórico y crítico* (1697), en el que llevó a cabo una radical defensa de la libertad ideológica y la tolerancia religiosa, es considerado como una de las grandes obras precursoras de la Ilustración.

BAYLEY, EDGARD (n. en 1919). Poeta argentino. Adscrito a la tendencia poética del invencionismo, fue codirector de la revista *Poesía Buenos Aires. En común* (1949), *La vigilia y el viaje* (1961).

BAYO, MIGUEL (1513-1589). Michel de Bay, teólogo católico y filósofo francés. Creador de la doctrina herética llamada bayanismo, que trata sobre la cuestión de la gracia y de las relaciones entre la naturaleza y la gracia. Rechazó el sistema especulativo de la escolástica y favoreció una reforma de los estudios que centraban la Sagrada Escritura y los santos padres, especialmente san Agustín. *Sobre el libre albedrío, Justicia y justificación, Los sacramentos.*

BAYONA. Ciudad de Francia en el dep. de Pirineos Atlánticos, región de Aquitania, puerto en el estuario del río Adour. En ella se promulgó la primera constitución española (1808), redactada por Napoleón. Catedral del siglo XIII, murallas, museo. Forma una conurbación con la localidad turística de Biarritz. Industrias diversas. 40.088 hab. (1982).

BAYONA, ABDICACIONES DE. Capitulación de los monarcas españoles Carlos IV y Fernando VII en el año 1808, en favor de José Bonaparte. Tras la abdicación de Carlos IV, a consecuencia del motín de Aranjuez, en favor de su hijo Fernando, éste acudió a Bayona en busca del reconocimiento imperial. Allí Napoleón lo obligó a devolver la corona a Carlos IV, quien a su vez cedió al emperador sus derechos al trono de España y las Indias.

BAYONA, CONSTITUCIÓN DE. Texto de una constitución para España y sus dominios coloniales presentado por Napoleón a una asamblea de notables reunida el 7 de julio de 1808 en la ciudad francesa de Bayona. Fue aprobada, pero nunca estuvo en vigor ni en España ni en América. José Bonaparte juró el documento y fue reconocido como José I, rey de España, por el Consejo de Castilla. La constitución era moderadamente liberal; establecía dos cámaras legislativas, el principio de la responsabilidad ministerial, la uniformidad de los códigos legales y ciertos derechos individuales.

BAYONA, PAZ DE. Acuerdo firmado en Bayona, Francia, en 1290, entre el monarca de este país Felipe IV y el castellano-leonés Sancho IV. Con él se solucionó la sucesión de Blanca de Castilla, y el problema de los infantes de la Cerda.

BAYONETA. Arma blanca que se adapta junto a la boca del fusil. Fue fabricada por primera vez en Bayona (Francia) a mediados del siglo XVII. Con la orden de «a bayoneta» se indica un ataque cuerpo a cuerpo en el que los proyectiles son sustituidos por el arma blanca.

BAYONNE. Ciudad y puerto de los Estados Unidos en el estado de Nueva Jersey, en la parte occidental de la bahía de Nueva York. Fundada en 1646 por holandeses. Refinerías de petróleo, oleoductos. Maquinaria, productos químicos, textiles. Astilleros. 65.047 hab. (1980).

BAYO Y SEGUROLA, CIRO (1860-1939). Escritor español. Realizó numerosos trabajos de temática americana durante su estancia en Sudamérica, unos sobre las costumbres y otros sobre el lenguaje criollo. Colaboró con el diario argentino *Buenos Aires.* Viajó por lugares poco conocidos de España, experiencia que dio lugar a sus primeros escritos. También fue destacado su interés por la picaresca clásica. Trató con los escritores de la generación del 98. *Romancerillo del Plata, Por la América desconocida, Bolívar y sus tenientes, Manual del lenguaje criollo de Centro y Sudamérica, Lazarillo español.*

BAYREUTH. Ciudad de Alemania en el estado de Baviera, a orillas del río Roter Main. Teatro fundado por Richard Wagner, sede de festivales anuales de música. Universidad. Industrias diversas. 70.957 hab. (1983).
Wagner, Richard 14:349b.

BAYYA, IBN. V. **Avempace.**

BAZA. Población de la prov. de Granada, España. Agricultura, tejidos. Importante ciudad (Basti) de la Bética prerromana. 20.519 hab. (1991).

BAZA, DAMA DE. Escultura de bulto redondo perteneciente a la cultura ibérica. Fue hallada en la Hoya de Baza, en una necrópolis de los siglos VI al III a.C. Realizada en piedra caliza y con restos de policromía, representa el busto de una mujer sentada que parece cumplir las funciones de sacerdotisa.

BAZA, SIERRA DE. Macizo montañoso de España, en el sistema Penibético. Nace en las proximidades de la ciudad andaluza de Baza, prov. de Granada, y entra en la provincia de Almería por el término de Fiñana. Su cima máxima es el pico de Santa Bárbara (2.269 m). Contiene minas de plomo y de hierro.

BAZAINE, ACHILLE (1811-1888). Mariscal francés. Tras un relevante servicio durante el segundo imperio y en la intervención en México, fue condenado a muerte por la rendición de Metz ante los prusianos, el 27 de octubre de 1870. Conmutada la pena por veinte años, consiguió escapar. Murió en España.

BAZÁN, ÁLVARO DE (1526-1588). Marino español, marqués de Santa Cruz. Destacado en la batalla de Lepanto (1571), colaboró decisivamente en la ocupación de Portugal y de las Azores. Designado para mandar la que sería llamada Armada Invencible (1588), la muerte le impidió hacerlo.
Armada Invencible 2:77b; Lepanto, batalla de 9:124b.

BAZILLE, FRÉDÉRIC (1841-1870). Pintor francés unido al grupo de artistas que formarían la génesis del movimiento impresionista, participó en los salones de 1866 y 1868 con obras en las que se apuntaban los valores lumínicos y coloristas del nuevo estilo francés. Murió en combate en la guerra franco-prusiana. «Reunión familiar».
Renoir, Pierre-Auguste 12:334a.

BAZIN, ANDRÉ (1918-1958). Crítico francés de cine. Todos sus textos críticos se recogieron en su antología póstuma: *¿Qué es el cine?* (1958-1961). Ciertas corrientes modernas de crítica cinematográfica se iniciaron a partir de sus ideas, influyendo en el nacimiento de la Nouvelle Vague. Fundó la revista *Cahiers du Cinéma* (1952).

BAZIN, HERVÉ (1911-1996). Escritor francés. Su obra está caracterizada por una fuerza satírica intensa cuyo trasunto son las opresiones familiares y sociales. Tras la segunda guerra mundial, en la que participó como miembro de la resistencia, fundó el grupo literario La Coquille (1946). *La muerte del caballito* (1950), *Víbora en el puño* (1951), *Un fuego devora otro fuego* (1978).

BAZO. Órgano linfoide del abdomen, situado en el hipocondrio izquierdo. El bazo elabora linfocitos y monocitos, y fabrica anticuerpos. Desempeña un papel muy importante en el almacenamiento y destrucción de los glóbulos rojos viejos de la sangre.
Inmunología 8:216a.

BAZUCA. Arma portátil para lanzar proyectiles autopropulsados. Fue introducida por los estadounidenses para atacar tanques durante la segunda guerra mundial.

BAZ Y PALAFOX, JUAN JOSÉ (1820-1887). Político mexicano. Organizó en 1847 la defensa de la ciudad de México durante la intervención estadounidense. Propugnó la libertad religiosa y la desamortización de los bienes de la iglesia. Fue gobernador del Distrito Federal en cuatro ocasiones y ministro de gobernación.

BBC. British Broadcasting Corporation, organismo público británico que desde su fundación en 1922 (como servicio público desde 1927) se dedicó a la emisión de programas de radio y televisión. Perdió su carácter de monopolio de la televisión en 1952, y en 1972 de la radio.

BBS. Siglas de *Bulletin Board System* (tablón de anuncios electrónico). Conjunto de bases de datos, programas y computadoras que prestan un servicio de archivo e intercambio de datos.

BCG, VACUNA. Cultivo atenuado del bacilo tuberculoso bovino Calmette-Guérin. Se emplea para la prevención de la tuberculosis.
Lepra 9:126a.

BEACONSFIELD, CONDE DE. V. **Disraeli, Benjamin.**

BEADLE, GEORGE W. (1903-1989). Biólogo estadounidense. Por sus trabajos genéticos sobre la intervención de los genes en el control de los procesos químicos vitales, realizados en unión de E. L. Tatum, compartió, con éste y J. Lederberg, el Premio Nobel de medicina y fisiología del año 1958.
Genética 7:75a; Ingeniería genética 8:209b.

BEAGLE. Nombre del navío británico en el que, entre 1831 y 1836, Charles Darwin dio la vuelta al mundo, y realizó las observaciones a partir de las cuales redactó *El origen de las especies,* base de la teoría de la selección natural.
Darwin, Charles 5:99b.

BEAGLE, CANAL DEL. Canal del extremo austral de Sudamérica. Tiene una longitud de 240 km y una anchura de 3 a 7 km. Las islas Picton, Nueva y Lennox, situadas al sur de él, fueron objeto de disputas territoriales entre Chile y Argentina, hasta el laudo arbitral de 2 de mayo de 1977, que otorgó las islas a Chile.

BEAGLE, RAZA. Perro de caza, de cuerpo robusto, orejas largas y pelo corto de color variable, aunque predomina el blanco con manchas negras o tonos castaños.

BEAMON, BOB (n. en 1946). Deportista estadounidense. En los Juegos Olímpicos de 1968, en México, rompió la marca mundial de salto de longitud por más de 51 cm, y la colocó en 8,90 m. Este récord, considerado en un principio insuperable, se mantuvo vigente hasta 1991.

BEARD, CHARLES AUSTIN (1874-1948). Historiador estadounidense. Entre 1904 y 1917 fue profesor de historia y política en la Universidad Columbia, y fundó la New School for Social Research. Su obra se centró en el estudio del ideario político de los partidos y en la dinámica de los conflictos y cambios socioeconómicos. *Interpretación económica de la constitución de los Estados Unidos* (1913), *El origen económico de la democracia de Jefferson* (1915).

BEARDSLEY, AUBREY (1872-1898). Ilustrador británico, el más conocido en su país en la década de 1890. Su estilo aunaba las suaves curvas del arte modernista con el sobrio sentido del diseño japonés.
2:375b; Modernismo 10:207a; *ilustración* 2:376a.

BÉARN. Región histórica del sudoeste de Francia, en el dep. de los Pirineos Atlánticos entre el Gave de Pau, los Pirineos centrales y el País Vasco francés. Su cap. es Pau. Fue poblada por los aquitanos. En el siglo I estuvo bajo dominio romano. En el siglo V fue dominada por los visigodos, y posteriormente por francogascones y árabes. En ella tuvo su origen el vizcondado de Béarn (siglo IX), que desde el siglo XI fue independiente, con capital en Lescar y posteriormente en Pau.

BÉART, EMMANUELLE (n. en 1965). Actriz cinematográfica francesa. Consiguió el galardón a la mejor actriz en el Festival de Moscú (1996). *La bella mentirosa* (1991), *Nelly y el Sr. Arnaud* (1995), *Misión imposible* (1996).

BEASAÍN. Población española que pertenece a la prov. de Guipúzcoa, comunidad autónoma del País Vasco. Centro industrial de primer orden (altos hornos, plantas químicas, maquinaria). 12.089 hab. (1996).

BEAT, GENERACIÓN. Nombre que se da al conjunto de los miembros del movimiento social y literario estadounidense de las décadas de 1950 y 1960, centrado especialmente en las comunidades bohemias de San Francisco y Nueva York. A los miembros individuales se les denominó *beatniks.* Miembros destacados fueron Allen Ginsberg, Jack Kerouac y Lawrence Ferlinghetti.
Burroughs, William 3:233b.

BEATLES. Grupo británico de música ligera nacido en Liverpool e integrado por John Lennon, Paul McCartney, George Harrison y Ringo Starr. Formado en 1960, alcanzó renombre mundial. Se disolvió en 1971.
2:376a; Pop, música 12:83a; Rolling Stones 12:416a; *ilustración* 2:376a.

BEATNIK. V. **Beat, generación.**

BEATO DE LIÉBANA. Monje español del siglo VIII, profesó en Liébana, Asturias. Autor de *Comentarios al Apocalipsis,* libro que generó una escuela debido a sus singulares miniaturas. Los manuscritos de dicho texto, llamados «beatos», constituyen obras maestras de la miniatura románica y mozárabe.
Códices 4:247b.

BEATRIZ. Personaje central de la *Divina comedia* y la *Vida nueva,* obras del poeta italiano Dante Alighieri. El autor idealizó en ellas a la joven Beatrice Portinari.
Divina comedia 5:211b.

BEATRIZ DE HOLANDA (n. en 1938). Reina de los Países Bajos, ascendió al trono en 1980, al abdicar la reina Juliana. Durante la segunda guerra mundial vivió exiliada en el Reino Unido y Canadá. En 1966 contrajo matrimonio con Claus Geert von Amsberg, de cuya unión nacieron Guillermo Alejandro (1967), Johan-Frisco (1968) y Constantino (1969).
Países Bajos 11:211a.

BEATRIZ DE PORTUGAL (h. 1241-1303). Reina de Portugal. Hija bastarda de Alfonso el Sabio, monarca castellano. Contrajo matrimonio en 1253 con el rey portugués Alfonso III, que recibió como dote el Algarve. Su hijo Dionís heredó el trono, no sin que surgieran desavenencias con su madre.

BEATRIZ DE SUABIA (m. en 1235). Reina de Castilla. Hija del emperador de Alemania Felipe de Suabia y de la princesa bizantina Irene Ángelo, contrajo matrimonio en Burgos el 30 de noviembre de 1220 con Fernando III de Castilla. Madre de Alfonso X el Sabio.

BEATTY, DAVID (1871-1936). Almirante británico. Comandante de un escuadrón de cruceros durante la primera guerra mundial, participó en la batalla de Jutlandia (1916). Poco después fue designado comandante en jefe de la gran flota británica. Ocupó el cargo de primer *Lord* del almirantazgo de 1919 a 1927.

BEATTY, WARREN (n. en 1937). Director y actor de teatro y cine estadounidense. *Esplendor en la hierba* (1961), *Bonnie y Clyde* (1967), *Rojos* (1981), *Bugsy* (1992), *Un asunto de amor* (1995).

BEAUCHAMP, PIERRE (1636-1705). Bailarín, maestro de baile y coreógrafo francés. Perteneció a una familia de músicos y bailarines, y llegó a ser director de la Real Academia de Danza, en donde fijó las reglas de la danza cortesana. Coreografió comedias de Molière (*El burgués gentilhombre*).
Ballet 2:326a.

BEAU DE ROCHAS, CICLO DE. Proceso de funcionamiento de los motores de combustión interna obtenido por compresión previa del combustible. Inventado por el ingeniero que le dio nombre en 1862, Alphonse Beau de Rochas.

BEAUFORT, ESCALA DE. Escala ideada en 1805 por el almirante británico Francis Beaufort para establecer una clasificación de la fuerza de los vientos. Posteriormente fue adaptada y completada con otras observaciones geográficas que ampliaban el mero estudio de la intensidad. Originalmente ordenaba de 0 a 12 la acción del viento, según una graduación de límites bien definidos; más tarde se añadieron valores hasta 17.
Oceánicos, movimientos 11:71a.

BEAUFORT, FRANCIS (1774-1858). Marino y meteorólogo británico. Ideó la escala de medición de la intensidad del viento que lleva su nombre.

BEAUFORT, FRANÇOIS DE VENDÔME, DUQUE DE (1616-1669). Militar y político francés, dirigente de la Fronda, movimiento antiabsolutista. Dedicado desde temprana edad al ejército, tuvo que exiliarse a Inglaterra tras ser detenido como miembro de un complot contra el poder del cardenal Julio Mazarino. En 1649 se unió como general a la Fronda de París. En el reinado de Luis XIV fue nombrado almirante de la flota francesa en el Mediterráneo.

BEAUFORT, HENRY (1374-1447). Prelado y político inglés. Hijo de Juan de Gante. Fue obispo durante 48 años, y llegó al cardenalato. En tres ocasiones (1403-1404, 1413-1417, 1424-1426) fue canciller de Inglaterra y, tras la muerte de Enrique V, primer ministro (1422). En 1431 coronó en París a Enrique VI como rey de Francia. También fue legado del papa de Inglaterra, actuando como mediador en el concilio de Constanza.

BEAUFORT, MAR DE. Porción del océano Ártico al norte de Canadá y Alaska. Se extiende en dirección nororiental desde Point Barrow, Alaska, hasta el mar de Chukchi. 476.000 km^2.

BEAUFRE, ANDRÉ (1902-1975). Militar francés. Participó en la segunda guerra mundial, en la campaña de Indochina y en los enfrentamientos del canal de Suez (1956). Autor de diversas obras sobre estrategia militar. *Introducción a la estrategia* (1963), *La naturaleza de la historia* (1974).
Estrategia y tácticas militares 6:166b; Guerrilla 7:279b.

BEAUHARNAIS, EUGÈNE DE (1781-1824). Militar y político francés. El matrimonio de su madre, Joséphine Tascher, con Napoleón favoreció su rápida carrera militar. Acompañó a Napoleón como general en la campaña de Egipto en 1798, y obtuvo el cargo de virrey de Italia en 1805. Intervino también en las campañas de Rusia y Austria. La caída de Napoleón le hizo perder su virreinato, y se retiró a la corte de Baviera.

BEAUJOLAIS. Comarca francesa del borde oriental del macizo Central, entre el río Loira y el Saona, atravesada por los montes de Beaujolais. Su cap. es Beaujeu. Región productora de renombrados vinos tintos.

BEAUJOYEULX, BALTHAZAR DE (h. 1500-1587). Baltazarini di Belgioioso, compositor y coreógrafo italiano. Desarrolló su carrera en la corte francesa. En 1581 presentó su obra *Ballet cómico de la reina,* antecedente del género operístico.
Ballet 2:326a.

BEAUMARCHAIS, PIERRE-AUGUSTIN CARON DE (1732-1799). Comediógrafo francés. Representante de la comedia crítica durante el período prerrevolucionario francés.
2:376b; Francesa, literatura 6:372a; *ilustraciones* 2:377a; 6:374.

BEAUMONT. Ciudad y puerto fluvial de los Estados Unidos en el estado de Texas, a orillas del río Neches. Universidad. Complejos petroquímicos, astilleros, almacenes de granos. Arroz. 109.841 hab. (1998).

BEAUMONT Y FLETCHER. Francis Beaumont (h. 1584-1616) y John Fletcher (1579-1625), dramaturgos ingleses considerados los creadores de la comedia de equívocos en Inglaterra.
2:377a.

BEAUMONT, FRANCIS. V. **Beaumont y Fletcher.**

BEAUVAIS. Ciudad de Francia, cap. del dep. de Oise, reg. de Picardía, en la confluencia de los ríos Thérain y Avelon. Catedral (siglos X-XVI). Fábrica de tapices. 51.542 hab. (1982).

BEAUVAIS, VINCENT DE (h. 1190-1264). Dominico francés. Consejero de san Luis IX. Escribió la más importante enciclopedia en lengua latina de la edad media, *Speculum maius,* obra de consulta utilizada ampliamente hasta mediados del siglo XVIII.

BEAUVOIR, SIMONE DE (1908-1986). Novelista y ensayista francesa. Vinculada al existencialismo, pero con una posición independiente, se destacó por su lucha en favor de los derechos de la mujer.
2:377b; Feminismo 6:257a; Francesa, literatura 6:376b; Sartre, Jean-Paul 13:162b; *ilustraciones* 2:377b; 6:375a.

BEBÉ DE PROBETA. V. **Fertilización in vitro.**

BEBEL, AUGUST (1840-1913). Socialista alemán. Cofundador del Partido Social Demócratico Alemán y su dirigente más influyente y popular durante más de cuarenta años. Una de las figuras más sobresalientes en la historia del socialismo europeo occidental. Autor de obras sobre teoría socialista: *La mujer y el socialismo* (1883).
Liebknecht, Wilhelm 9:153b.

BEBIDAS ALCOHÓLICAS. V. **Alcohólicas, bebidas.**

BEBOP. Movimiento musical de finales de la década de 1940 que revolucionó el mundo del *jazz* y al que pertenecieron destacados intérpretes como el trompetista Dizzy Gillespie y el saxofonista Charlie Parker.
Davis, Milles 5:104a; Jazz 8:358b; Parker, Charlie 11:285a.

BECACINA. Ave zancuda de la familia de los escolopácidos (*Capella gallinago*) de ámbito europeo. Más pequeña que la chocha o becada y de pico más largo. Habita en lugares pantanosos. Se alimenta de los animales que captura en el fango. También llamada agachadiza.

BECCARIA, CESARE (1738-1794). Jurista y economista italiano. Su obra *De los delitos y las penas* fue fundamental para la concepción moderna del derecho penal y del proceso criminal.
2:378a; Delito 5:119a; Italiana, literatura 8:322b; Pena 11:326a; Penitenciarios, sistemas 11:327b.

BECERRA, FRANCISCO (1545-1605). Arquitecto español. En 1573 se trasladó a México, e instaló su taller en Puebla. En la ciudad de México construyó el coro del convento de San Francisco y el de la catedral, los conventos de Santo Domingo y de San Agustín. En Puebla diseñó el colegio de San Luis. Obras suyas se encuentran también en Quito, Lima y Cusco (o Cuzco).

BECERRA, GASPAR (h. 1520-1570). Pintor y escultor español. Alumno de Miguel Ángel, desde 1563 fue pintor de corte de Felipe II, para cuyo servicio realizó los frescos para los palacios de El Pardo y el alcázar de Madrid. Escultor manierista, realizó el retablo mayor de la catedral de Astorga (1558-1562).

BECERRA, GUSTAVO (n. en 1925). Compositor chileno. Profesor de análisis y composición de la Universidad de Chile. Practicó variedad de estilos, entre ellos el serial, el aleatorio y el electrónico. Entre 1954 y 1956 trabajó en Europa, regresando después a su país.

BECERRA, JOSÉ CARLOS (1936-1970). Poeta mexicano. Considerado la figura más importante de su generación, su carrera se vio truncada al morir en un accidente automovilístico en Italia. Influido por José Lezama Lima. *Oscura palabra* (1965), *Relación de los hechos* (1967), *El otoño recorre las islas* (1973).

BECERRA Y BERMÚDEZ, MANUEL (1823-1896). Político y matemático español. Apoyó la revolución de 1854, la sublevación de los sargentos de San Gil (1866) y la revolución de 1868. Ocupó el cargo de ministro de fomento (1873) y tras la restauración borbónica se incorporó al Partido Fusionista liderado por Práxedes Mateo Sagasta, con el que fue ministro de ultramar (1888, 1890, 1894).

BECERRIL, MAESTRO DE (siglo XVI). Pintor español, probablemente establecido en Becerril de Campos, Palencia. Su pintura, de temas predominantemente religiosos y mitológicos, acusa la influencia de Pedro Berruguete y de Juan de Flandes. Retablo de san Pelayo.

BECERRO. Toro joven en el período comprendido desde el destete hasta que cumple un año o dos.

BECHER, JOHANN JOACHIM (1635-1682). Químico alemán. De vida itinerante, defendió posturas alquimistas y estudió las minas alemanas y británicas. Descubrió el etileno. Precursor de la teoría del flogisto.
Química 12:226a.

BECHET, SIDNEY (1897-1959). Saxofonista estadounidense, uno de los grandes solistas de la música de *jazz*. Se inició como clarinetista. Viajó por todo el mundo con la Southern Syncopated Orchestra. Se trasladó a París a finales de la década de 1940.
Jazz 8:358a.

BECHUANALANDIA. V. **Botswana.**

BECK, JULIAN (1925-1985). Actor y director de escena estadounidense. Fundador en 1951, junto con Judith Malina, de la compañía Living Theater, creada para la puesta en escena de un teatro experimental y de confrontación de carácter radical. Su primer éxito lo obtuvieron con *La conexión* (1959), de Jack Gelber. Su tendencia final a borrar la distinción entre teatro y vida terminó con la dispersión del grupo en 1970.

BECKENBAUER, FRANZ (n. en 1945). Futbolista alemán, de técnica muy depurada. Jugó en el equipo Bayern y en la selección germanooccidental, con la que obtuvo la Copa del Mundo (1974) y la Copa Europea de Naciones (1972, 1976). Como entrenador de la selección fue subcampeón (1986) y campeón mundial (1990).

BECKER, BORIS (n. en 1967). Tenista alemán. Adquirió fama tras ganar, como adolescente, el Torneo de Wimbledon en 1985. Triunfó en muchos otros campeonatos desde entonces.

BECKET, SANTO TOMÁS. V. **Tomás Becket, santo.**

BECKETT, SAMUEL (1906-1989). Dramaturgo y crítico irlandés, que escribió en inglés y en francés. Uno de los creadores y principales representantes del teatro del absurdo.
2:378b; Absurdo, teatro del 1:23a.

BECKFORD, WILLIAM (h. 1760-1844). Escritor británico. Su fama literaria se basa en su novela *Vathek* (en francés 1782, en inglés 1786), obra maestra del gótico de invención fantástica, exuberante en el detalle. Trabajó también en el campo arquitectónico.

BECKMANN, MAX (1884-1950). Pintor alemán. Uno de los máximos representantes del expresionismo alemán de entreguerras.
2:379a; *ilustración* 2:379a.

BÉCQUER, GUSTAVO ADOLFO (1836-1870). Gustavo Adolfo Domínguez Bastida, poeta romántico español. Considerado uno de los artífices de la renovación literaria en su país.
2:379b; Española, literatura 6:92b; Romanticismo 13:12a; *ilustraciones* 2:379b; 13:12a.

BECQUEREL, HENRI (1852-1908). Físico francés. Premio Nobel en 1903, junto con los esposos Curie, por su descubrimiento de la radiactividad.
2:380a; Curie, Pierre y Marie 5:79a; Radiactividad 12:244b; Uranio 14:190a.

BECUADRO. Notación musical (♮) que indica la vuelta de una nota previamente alterada con un bemol o un sostenido a su estado natural.

BEDA EL VENERABLE (h. el 673-735). Monje benedictino inglés. Recopiló el saber de la cultura antigua de Inglaterra y en especial la de los siglos VII y VIII.
2:380b; *ilustración* 2:380b.

BEDFORD, JOHN PLANTAGENET, DUQUE DE (1389-1435). Militar y político inglés. Hijo de Enrique IV de Inglaterra, fue nombrado duque de Bedford por su hermano Enrique V. Fue jefe de las fuerzas inglesas en la guerra de los cien años. En 1423 se alió con Felipe el Bueno de Borgoña y obtuvo el control del noroeste de Francia. En 1429 se vio obligado a levantar el sitio de Orleans y retirarse ante el avance francés.

BEDIA VALDÉS, JOSÉ (n. en 1959). Pintor cubano. Miembro de la nueva vanguardia cubana iniciada con la exposición Volumen I (1981). Su pintura muestra una clara influencia de la cultura afrocubana y de los indios americanos.

BÉDIER, JOSEPH (1864-1938). Medievalista francés. Sus estudios sobre las diversas versiones de la leyenda de Tristán e Isolda y sobre el *Cantar de Roldán* contribuyeron al conocimiento de la literatura medieval francesa. Ingresó en la Academia Francesa en 1921.
Filología 6:293b.

BEDMAR, MARQUÉS DE (1572-1655). Alonso de la Cueva, diplomático y religioso español. Embajador de la corte de Felipe III en Venecia (1607), París (1611) y Bruselas (1618). Nombrado cardenal en 1622, renunció al título de marqués. Obispo de Málaga y Oviedo.

BEDREGAL, JUAN FRANCISCO (1883-1944). Escritor boliviano. Fundó la academia boliviana de la lengua y ocupó diversos cargos políticos. Su obra está impregnada de gran sentido irónico. *Estudio sintético sobre la literatura boliviana* (1925), *La máscara de estuco* (1926).

BEDUINOS. Árabes nómadas que habitan en los desiertos de África del norte, Siria, Jordania, Irak y Arabia Saudita. Practican el pastoreo. La unidad básica de organización es el clan patriarcal.
Arabia 2:6b; Islam, historia del 8:283a.

BEECHAM, THOMAS (1879-1961). Director de orquesta británico de fama internacional. Debutó en Londres en 1905 y formó la Nueva Orquesta Sinfónica, cuya dirección alternó con muchas otras. Introductor de los ballets rusos en su país.

BEERBOHM, MAX (1872-1956). Literato y caricaturista británico. Formó parte del círculo de Oscar Wilde y Arthur Beardsley. Su primera obra fue un volumen de ensayo titulado *Las obras de Max Beerbohm* (1896), de carácter humorístico. En la novela *Zuleika Dobson* (1911) realizó una sátira de las costumbres de Oxford. Caricaturizó con agudeza a diversos personajes contemporáneos. Trabajó como crítico teatral en la revista *Saturday Review*.

BEERNAERT, AUGUSTE-MARIE-FRANÇOIS (1829-1912). Estadista belga. Primer ministro de Bélgica, presidió la Asociación de Derecho Internacional de 1903 a 1905. Premio Nobel de la paz, compartido, en 1909.

BEERSHEBA. Ciudad de Israel en la región del Neguev, cap. del dist. Meridional. Citada en la *Biblia*. Universidad e instituto técnico. Productos químicos, porcelana, azulejos, textiles. 163.700 hab. (1999).

BEERY, WALLACE (1885-1949). Actor estadounidense. Su filmografía entre 1913 y 1949 abarca más de 250 películas. *El campeón*, por la que ganó el Óscar en 1931, *¡Viva Villa!* (1934), *La isla del tesoro* (1934).

BEETHOVEN, LUDWIG VAN (1770-1827). Compositor alemán. Figura clave de la transición del período clásico al romántico.
2:381a; Concierto 4:323b; Haydn, Joseph 7:342b; Marchas e himnos 9:353b; Música 10:313b; Ópera 11:114a; Orquesta 11:158a; Romanticismo 13:12b; Schiller, Friedrich von 13:147a; Sinfonía 13:253a; Sonata 13:301a; *cuadro* 2:381b; *ilustraciones* 2:381.

BEETS, NICOLAAS (1814-1903). Clérigo y escritor neerlandés. Profesor de la Universidad de Utrecht. Autor, con el seudónimo de Hildebrand, de *Camera obscura* (1839), una colección de relatos que se convirtió en clásico de la literatura de su país.
Países Bajos, literatura de los 11:214b.

BEGIN, MENAHEM (1913-1992). Líder sionista y primer ministro de Israel. Premio Nobel de la paz, compartido con el egipcio Anwar al-Sadat, en 1978.
2:382a; Árabe-israelí, conflicto 2:2a; Israel 8:300b; Sadat, Anwar al- 13:83a; Shamir, Yitzhak 13:223b.

BEGONIA. Planta herbácea de la familia de las begoniáceas y del género *Begonia*. Dicotiledónea. Comprende diversas especies, muchas de las cuales se cultivan como ornamentales.
2:382b; *ilustración* 2:382b.

BEHAN, BRENDAN (1923-1964). Escritor irlandés. Su narrativa, en su mayoría autobiográfica, muestra el sentido trágico del hombre moderno, dependiente de las ideologías y de las instituciones. Como dramaturgo se vio influido por Bertolt Brecht, y su estilo se caracterizó por una gran vitalidad escénica y un lenguaje vehemente. *Borstal Boy* (1958), *El rehén* (1958), *Confesiones de un irlandés rebelde* (1965).

BÉHANZIN (1844-1900). Rey de Dahomey (posterior Benin). Conocido como príncipe Kondo, sucedió en el trono a su padre, Glé-Glé, en 1890 y adoptó el nombre de Béhanzin. Incumplió un tratado firmado con Francia e intentó la ocupación de la zona costera. Capturado y depuesto en 1894, fue deportado a Argelia.

BEHAVIORISMO. V. **Conductismo.**

BEHETRÍA. Institución medieval que permitía a un campesino libre, dueño de una heredad, elegir a su propio señor, buscando su protección a cambio de determinados servicios.

BEHISTUN. V. **Bisitún.**

BEHRENS, PETER (1868-1940). Arquitecto alemán. Fue uno de los primeros en rechazar lo ornamental en provecho de principios funcionalistas. Fábrica de turbinas AEG (1909-1912); embajada de Alemania en San Petersburgo (1911-1912).
Diseño 5:205b; Mies van der Rohe, Ludwig 10:156a.

BEHRING, EMIL VON (1854-1917). Médico y bacteriólogo alemán. Considerado el fundador de la inmunología, descubrió las antitoxinas (1889) y sus aplicaciones en sueroterapia. Recibió el Premio Nobel en 1901.

BEHZAD (h. 1455-h. 1536). Pintor persa. De formación tradicional, se distinguió por su talento como dibujante y por su naturalismo: sus pinturas suelen ser escenas de la vida cotidiana en las que intenta reflejar los gestos característicos de cada personaje. También dominó la miniatura, de colores puros y disposición plana y yuxtapuesta. Desde 1488 fue pintor de la corte de Herat, para pasar en 1510 a la corte de los safawíes, de la que fue bibliotecario y pintor oficial.

BEIDERBECKE, BIX (1903-1931). Leon Bismarck Beiderbecke, trompetista de *jazz* y compositor estadounidense. El más original entre los intérpretes de raza blanca de su especialidad. Realizó múltiples grabaciones discográficas y trabajó con Louis Armstrong.

BEIJING. V. **Pekín.**

BEINUM, EDUARD VON (1901-1959). Director de orquesta e intérprete de viola neerlandés. Estuvo al frente de diversas orquestas en Europa y los Estados Unidos.

BEIRA (MOZAMBIQUE). Ciudad y puerto del océano Índico, cap. de la provincia de Sofala. Pesquerías, conservas de pescado. Oleoducto. Importante terminal ferroviaria. 298.847 hab. (1991).
Mozambique 10:283b.

BEIRA (PORTUGAL). Provincia histórica portuguesa limitada por el océano Atlántico, la frontera con España y los ríos Duero y Tajo.

BEIRUT. Capital y puerto del Líbano, a orillas del Mediterráneo. 1.100.000 hab. (1994).
2:383a; Líbano 9:138b; *ilustración* 2:383b.

BEISBOL. Deporte que se practica entre dos equipos de nueve jugadores. El objeto es golpear una pelota con un bate, y mientras ella esté en juego correr sobre un terreno para anotar una carrera.
2:383b; *ilustraciones* 2:384a; 2:385a.

BEJA. Distrito de Portugal, el más extenso del país, en el Alentejo, regado por el río Guadiana. Aceitunas, aceite, cereales, corcho; productos lácteos; ganadería; minas. Cap. Beja. 10.223 km^2. 166.500 hab. (1993).

BÉJAR. Población de la prov. de Salamanca, España. Cereales, leguminosas, hortalizas, tejidos. Monumentos medievales, palacio ducal. 17.027 hab. (1996).

BÉJAR, FELICIANO (n. en 1920). Artista plástico mexicano. A partir de 1947 participó en exposiciones individuales o colectivas, tanto en su país como en el extranjero. Premio de escultura en México (1973). Participó activamente en el movimiento ecologista.

BÉJAR, SIERRA DE. Sistema montañoso español situado en la cordillera Central, entre las sierras de Gredos y Gata. Presenta restos de la erosión glacial (lagunas de Béjar y del valle del Trampal). Su máxima altitud la alcanza el pico Calvitero (2.401 m).

BEJARANO, LÁZARO (siglo XVI). Escritor español. Residió en Santo Domingo y escribió poesías y sátiras, que no se han conservado. En su *Diálogo apologético* dejó constancia de su apoyo a las poblaciones indígenas americanas. Fue acusado ante el Santo Oficio por sus ideas afines al erasmismo.

BÉJART, FAMILIA. Familia francesa de actores de teatro del siglo XVII. Sus miembros formaron parte de la compañía de Molière. Madeleine Béjart (1618-1672) colaboró con aquél desde la creación del Illustre Théâtre (1644). Su hermana Armande (1642-1700) fue protagonista de numerosas comedias de dicho autor, con quien contrajo matrimonio en 1662.

BÉJART, MAURICE (n. en 1927). Bailarín y coreógrafo francés. Destacó por su carácter innovador y revolucionario en el mundo de la danza.
2:385b; Ballet 2:327a.

BEJTEREV, VLADÍMIR MIJÁILOVICH (1857-1927). Neurólogo y psicofisiólogo ruso. En su obra *La psicología objetiva* (1907) intentó explicar el comportamiento humano a partir de los reflejos condicionados.

BEJUCAL. Municipio de Cuba, prov. de la Habana, al sur de la cap. provincial. Lomas de Bejucal. Ríos Govea y Quivicán. Primer ferrocarril en el mundo de habla hispana (Habana-Bejucal), inaugurado en 1837. Agricultura, ganado. 18.627 hab. (1987).
Habana, provincia de 7:308b.

BEKAA, VALLE DE LA. Valle del centro del Líbano, entre las montañas homónimas y el Antilíbano. Tiene una extensión de 120 km^2 en dirección NE-SO. En él se encuentran casi la mitad de las tierras de labor del país.

BÉKÉSY, GEORG VON (1899-1972). Físico y fisiólogo estadounidense de origen húngaro. Especialista en acústica, descubrió la manera mediante la cual el sonido es analizado y comunicado por el caracol del oído interno. Premio Nobel de medicina en 1961.

BEL (METROLOGÍA). Unidad acústica equivalente a diez decibelios.

BEL (MITOLOGÍA). Término acadio que significa «señor», equivalente al fenicio Baal. Título aplicado a todas las divinidades acadias.

BÉLA III DE HUNGRÍA (m. en 1196). Rey de los húngaros de 1173 a 1196. Bajo su reinado el país se convirtió en la nación más poderosa de la Europa central meridional. Adoptó el catolicismo.

BÉLA IV DE HUNGRÍA (1206-1270). Rey de los húngaros de 1235 hasta su muerte. Durante su reinado los invasores mongoles arrasaron el país. Derrotado, hubo de huir, pero regresó y reconstruyó su reino.

BELALCÁZAR, SEBASTIÁN DE (h. 1495-1551). Conquistador español. Participó en la conquista de Panamá y Nicaragua, y en 1531 acompañó a Francisco Pizarro en la conquista del Perú. En 1533 emprendió una expedición contra Quito, ciudad de la que se apoderó al año siguiente tras vencer al jefe inca Rumiñahui. En 1535 fundó Popayán (Ecuador) y en 1537 Guayaquil (Colombia).
Alvarado, Pedro de 1:256a; Andagoya, Pascual de 1:329a; Cali 3:281a; Colombia 4:269a; Ecuador 5:291a; Jiménez de Quesada, Gonzalo 8:373a; Latinoamérica, conquista de 9:81a; Quito 12:234a.

BÉLANGER, FRANÇOIS-JOSEPH (1744-1818). Arquitecto francés, el más elegante dentro del estilo Luis XVI y principal diseñador de jardines en su país: jardín de la Bagatelle, jardín del Hôtel de Brancas. Autor de la primera cúpula de cristal y hierro para el mercado de granos de París (1808-1813).

BELARMINO, ROBERTO (1542-1621). Teólogo italiano. Uno de los principales impulsores de la contrarreforma, fue nombrado cardenal en 1599. Su *Catecismo* (1597) ejerció gran influencia sobre los autores católicos posteriores. Intervino en la corrección de la *Vulgata* y formó parte del Santo Oficio. Canonizado por la iglesia Católica.
Reforma y contrarreforma 12:295b.

BELARRÚS. República independiente de Europa oriental. Cap. Minsk. 207.595 km^2. 9.989.000 hab. (2000).
2:386a; Dniéper, río 5:212b; Europa 6:193a; Rusia 13:63a; Unión Soviética 14:180a; *mapa* 2:386a; *cuadro* 2:386b; *ilustración* 2:387a.

BELASCO, DAVID (1853-1931). Dramaturgo, director de escena y empresario estadounidense. Destacó por los efectos escénicos y la suntuosidad de sus representaciones. *Madame Butterfly* (1900), *La chica del oeste dorado* (1905).

BELASCOAIN, BATALLAS DE. Enfrentamientos bélicos acaecidos en enero de 1838 y mayo de 1839, en la población navarra de Belascoain (España), en el transcurso de la primera guerra carlista. Involucraron a los ejércitos gubernamentales, dirigidos por Diego de León, y a los carlistas, comandados por Joaquín Elío. La toma final de la población supuso la victoria del ejército isabelino.

BELAU. V. **Palau.**

BELAUNDE TERRY, FERNANDO (1912-2002). Político peruano. Presidente de su país de 1963 a 1968 y de 1980 a 1985.
2:387a; Morales Bermúdez, Francisco 10:259b; Perú 11:364b; Velasco Alvarado, Juan 14:253a.

BEL CANTO. Expresión italiana por la que se conoce una forma operística de cantar, basada en el virtuosismo del solista, nacida de la música polifónica de Italia de finales del siglo XVI. Se convirtió en ópera a lo largo de los tres siglos siguientes y se prolongó hasta los albores del XX.
Canto 3:350a; Ópera 11:116a.

BELCEBÚ. Término hebreo derivado de Baalzebub, una de las formas del dios fenicio y cananeo Baal. El Nuevo Testamento lo identifica con el príncipe de los demonios.
Demonología 5:129a.

BELCHITE, BATALLA DE. Enfrentamiento bélico que tuvo lugar durante el mes de agosto de 1937, en el transcurso de la guerra civil española. Encuadrado dentro de la ofensiva republicana por frenar el avance de los insurrectos por el norte, finalizó con la entrada de las tropas gubernamentales en la población zaragozana de Belchite el día 6 de septiembre.
Española, guerra civil 6:86a.

BELDA, JOAQUÍN (1880-1937). Escritor español. Autor de narraciones cortas de tono cómico-erótico que alcanzaron un gran éxito popular. *Memorias de un suicida* (1910), *Más chulo que un ocho* (1917), *Se ha perdido una cabeza* (1929).

BELÉM. Ciudad y puerto de Brasil, cap. del estado de Pará en la Bahía de Guajará. Fundada en 1616. Principal centro comercial del norte del país. Iglesia de Santo Alexandre, siglo XVII. Universidad. Museo. Instituto de investigación de enfermedades tropicales. Aeropuerto internacional. 851.705 hab. (1996).
Amazonas, río 1:265b.

BELEMNITES. Fósiles de moluscos cefalópodos decápodos, de terrenos secundarios, principalmente de los períodos jurásico y cretácico. Consisten en conchas internas, rectas y cónicas.
Animales prehistoricos 1:368b.

BELÉN. Ciudad de la antigua Judea (Palestina), anexionada por Jordania en 1950 y ocupada por Israel en 1966. Supuesta cuna del rey hebreo David. Citada en el Nuevo Testamento de la *Biblia* como lugar de nacimiento de Jesucristo. Iglesia de la Natividad construida por Justiniano (siglo VI). Universidad. Artículos religiosos; centro de peregrinación y turismo. 20.000 hab. (1984).

BELEÑO. Planta herbácea anual o bienal de la familia de las solanáceas (*Hyosciamus niger*). Dicotiledónea. De distribución eurasiática, tiene propiedades medicinales similares a las de la belladona.

BELEÑO, JOAQUÍN (n. en 1922). Escritor panameño. Autor de novelas principalmente, trató de reflejar en sus obras la difícil situación social de los sectores más desfavorecidos de la población del país. *Luna verde* (1951), *Los forzados de Gamboa* (1960), *Flor de banana* (1970).

BELEROFONTE. En la mitología griega, héroe corintio, hijo de Poseidón o de Glauco, según las distintas versiones, que tras cometer un homicidio involuntario se expatrió a Tirinto. Allí se enamoró de él Estebenea, esposa del rey, quien, despechada, lo acusó ante su marido de haber intentado seducirla. En castigo fue enviado al rey de Licia con el fin secreto de que aquél lo matara. Obligado a enfrentarse con la monstruosa quimera, la venció montado a lomos de Pegaso. Fueron tales sus hazañas posteriores, que consiguió el favor del rey licio.
Pegaso 11:319b.

BELFAST. Ciudad y puerto del Reino Unido, cap. de Irlanda del Norte, a orillas del río Lagan en su desembocadura en el mar de Irlanda. Restos de fuertes de la edad del hierro. Astilleros. Universidad fundada en 1845. Tabaco, productos alimenticios, textiles. 297.200 hab. (1999).
Reino Unido 12:302a.

BELGA, CABALLO. Raza caballar que suele alcanzar una gran talla, entre 1,40 m y 1,60 m, y es del tipo de los caballos de tiro pesado.

BELGA, LITERATURA. Conjunto de obras escritas en francés o flamenco (forma regional del neerlandés) por autores de nacionalidad belga.
2:387b; Maeterlinck, Maurice 9:279a; *ilustraciones* 2:388; 2:389a.

BELGAS. Habitantes de la Galia, que ocupaban los territorios al norte de los ríos Sena y Marne. Al parecer, el nombre se lo dio Julio César. Formaron una coalición contra el anterior en la primera guerra de las Galias, pero fueron subyugados. Algunas tribus emigraron a las islas británicas.

BÉLGICA. País de Europa, a orillas del mar del Norte. Cap. Bruselas. 30.528 km^2. 10.249.000 hab. (2000).
2:389b; Europa 6:193a; Flandes 6:322a; Guerra mundial, primera 7:271a; Lieja 9:155b; Modernismo 10:206b; Países Bajos 11:206b; *mapa* 2:389b; *cuadros* 2:390a; 2:391b; 2:393; *ilustraciones* 2:390a; 2:392a; 2:394a; 2:395b; 2:396a.

BELGOROD. V. **Biélgorod.**

BELGRADO. Capital de la república de Servia. 1.194.878 hab. (2000).
2:396b; Danubio, río 5:93b; *ilustración* 2:397a.

BELGRADO, CONFERENCIA DE. Reunión de países neutralistas celebrada en Belgrado, en septiembre de 1961. Fue convocada por los presidentes Tito, de Yugoslavia, y Gamal Abdel Naser, de Egipto. Se adoptaron diversos acuerdos anticolonialistas y se hizo un llamamiento en favor de la paz.

BELGRANO. Isla del continente antártico situada frente a la costa occidental de la península antártica, al norte de la bahía Margarita. También conocida como Adelaida.

BELGRANO, MANUEL (1770-1820). Militar argentino. Personaje destacado de la lucha por la independencia de su país.
2:397b; Argentina 2:53b; Rosario 13:20b; Salta 13:100b; San Martín, José de 13:132b; San Miguel de Tucumán 13:133b; Tucumán 14:143a; *ilustración* 2:397b.

BELI, ANDRÉI (1880-1934). Boris Nikoláievich Bugáiev, poeta ruso. Su obra literaria se integró dentro del simbolismo ruso, aunque relacionada con el realismo. Desde la revolución de 1905 este realismo se acrecentó. Tras la revolución de octubre participó en el movimiento de renovación cultural a través de sus lecciones de poética. *Oro en azul, Cenizas, El palomo de plata, Moscú.*

BELICE (CIUDAD). Núcleo urbano y puerto de Belice, cap. del dist. homónimo, a orillas del Haulover Creek, en el delta del río Belice, mar Caribe. Capital del país, la antigua Honduras Británica, hasta 1970. Catedral anglicana del siglo XIX. Instituto de arte dramático, escuelas de magisterio. Pesquerías, aserraderos. Ganadería. 52.670 hab. (1997).
Belice 2:398b.

BELICE (PAÍS). Nación de América central, a orillas del mar Caribe. Cap. Belmopan. 22.965 km^2. 253.000 hab. (2000).
2:398a; América 1:276b; Guatemala 7:251a; Maya, cultura 10:3a; *cuadros* 2:398a; 2:399b; *ilustraciones* 2:399b; 2:400a.

BELICE, RÍO. Curso fluvial de Guatemala. Nace en Guate con el nombre de Mopán, cruza Benque Viejo y desemboca en el mar Caribe, junto a la ciudad de Belice, después de recorrer 290 km. Navegable para embarcaciones de poco calado.
Belice 2:399b.

BELIN, ÉDOUARD (1876-1963). Inventor francés. Desarrolló, junto con Arthur Korm, la transmisión telefotográfica, e inventó, en 1907, el belinógrafo, aparato que permitió por primera vez la transmisión de documentos por medio de circuito telefónico y enlaces radioeléctricos.

BELINSKI, VISSARIÓN GRIGÓRIEVICH (1811-1848). Crítico literario ruso. Frecuentó círculos literarios estudiantiles y escribió la comedia *Dmitri Kalinin*, que por sus ataques contra la servidumbre le supuso la expulsión de la Universidad de Moscú. Desde entonces se dedicó a la crítica periodística. Colaboró en *Telescop* y dirigió *Moskovski Nabljudate'l*. Apoyó con sus críticas a Nikolái Gógol, Alexandr Pushkin y Mijaíl Lérmontov. Fue el creador de la crítica literaria rusa, y padre de la *intelligentzia* (grupo de intelectuales reformistas).

BELIO. V. **Bel.**

BELISARIO (h. 505-565). General bizantino. Conquistó la Italia ostrogoda y el norte de África. **2:400b;** Bizantino, imperio 3:63a; Túnez 14:150b; Vándalos 14:232a.

BELKIN, ARNOLD (n. en 1930). Pintor y grabador mexicano de origen canadiense. Autor de numerosos murales, con técnica que aprendió de David Alfaro Siqueiros. Premio de la Segunda Bienal de Grabado latinoamericano de San Juan, Puerto Rico (1975), Gran Premio Wilfredo Lam en la Primera Bienal de la Habana (1984).

BELL, ALEXANDER GRAHAM (1847-1922). Científico estadounidense de origen británico. Inventor del teléfono.
2:401a; Telecomunicación 13:422a; Teléfono 13:424a; *ilustración* 2:401a.

BELL, DANIEL (n. en 1919). Sociólogo estadounidense creador del concepto de sociedad postindustrial, según el cual el saber técnico-científico y sus repercusiones en la economía provocan un cambio en la estructura social que influye en la cultura y la política de los grupos. Fue profesor de sociología en Harvard. *El advenimiento de la sociedad postindustrial* (1973), *Las contradicciones culturales del capitalismo* (1976).

BELL, ERIC TEMPLE (1883-1960). Matemático estadounidense de origen escocés. Sus estudios se centran en la teoría de los números, parte de la matemática que se ocupa de los problemas con números enteros. Se licenció en la Universidad Standford y se doctoró en la Universidad Columbia. Fue profesor en la Universidad de Washington y en el Instituto de Tecnología de California. Su trabajo «Paráfrasis aritméticas» recibió el Premio Bôcher en 1921. *Aritmética algebraica* (1927), *El desarrollo de las matemáticas* (1940).

BELLADONA. Planta herbácea vivaz de la familia de las solanáceas (*Atropa belladona*). Dicotiledónea. Sus órganos aéreos contienen diversos alcaloides utilizados en medicina.
2:401b; *ilustración* 2:401b.

BELLA DURMIENTE DEL BOSQUE, LA. Ballet con música de Piotr Ílich Chaikovski y coreografía de Marius Petipa, integrado por un prólogo y tres partes, estrenado en San Petersburgo en 1890 y basado en el cuento de Charles Perrault del mismo título. Junto con el *Cascanueces* y *El lago de los cisnes*, el tercer gran ballet de Chaikovski.

BELLAMY, EDWARD (1850-1898). Escritor estadounidense. Fue periodista, ensayista, novelista y activo propagandista de las políticas económicas de estatificación y de las ideas socialistas. *El año 2000* (1888), *Igualdad* (1897).

BELLARMINO, SAN ROBERTO V. **Belarmino, Roberto.**

BELLAS ARTES. Denominación con la que se hace referencia desde el siglo XIX a la pintura, la escultura, la arquitectura y el grabado, distinguiéndolos globalmente de la música y la literatura.
Arte 2:125b.

BELLAS ARTES, PALACIO DE. Edificio de la ciudad de México dedicado a presentaciones artísticas. Fue proyectado en 1904 por el arquitecto italiano Adamo Boari, quien inició su construcción al año siguiente. Interrumpida la obra, se encargó su continuación en 1932 a los arquitectos Ignacio Mariscal y Antonio Muñoz y al ingeniero Alberto J. Pani. Se advierte en este edificio una mezcla de estilos que refleja los cambios de gusto durante su construcción.

BELLAY, GUILLAUME DU (1491-1543). Militar y diplomático francés. Intervino en las campañas militares de Francisco I y ejerció como embajador en diversas capitales europeas y como gobernador en el Piamonte.

BELLAY, JEAN DU (1492-1560). Cardenal y diplomático francés. Hermano de Guillaume, ejerció como embajador en Londres y Roma. Su política estuvo caracterizada por su espíritu liberal y el intento de conciliación con las posiciones protestantes. Tuvo como médico a François Rabelais, a quien protregió.

BELLAY, JOACHIM DU (h. 1522-1560). Poeta francés. Representante del clasicismo francés del siglo XVI, formó parte del grupo de La Pléiade.
2:401b.

BELL BURNELL, SUSAN JOCELYN (n. en 1943). Astrónoma y profesora de física británica. Participó en el desarrollo de un radiotelescopio sensible al parpadeo de las radiofuentes, que permitió en 1968 el descubrimiento de los púlsares.

BELLEAU, RÉMY (1528-1577). Poeta francés. Miembro del grupo poético de La Pléiade, fue autor de versos didácticos, poesía pastoral y amorosa, himnos, comedias líricas y poesía de estilo lapidario medieval. *Pequeñas invenciones* (1556), *La pastoral* (1565), *Los amores y nuevas metamorfosis de las piedras preciosas* (1576).

BELLI, CARLOS GERMÁN (n. en 1927). Poeta peruano. En sus obras emplea una enorme variedad de recursos lingüísticos. *El pie sobre el cuello* (1964), *El restante tiempo terrenal* (1988).

BELLI, GIOCONDA (n. en 1948). Novelista y poetisa nicaragüense. Comprometida con el sandinismo y los temas femeninos, sus obras tienen un carácter vitalista y sensual. *Sobre la grama* (1972), *Línea de fuego* (1978), *Waslala* (1996).

BELLI, GIUSEPPE GIOACCHINO (1791-1863). Poeta italiano. Autor de más de dos mil sonetos en dialecto romano, compuestos la mayoría entre 1830-1839, que describen de forma satírica la vida en la Roma papal de principios del siglo XIX.

BELLINGSHAUSEN, MAR DE. Porción del extremo sudeste del océano Pacífico que bordea la Antártida. Se extiende a lo largo de 1.100 km desde la isla de Thurston hasta la península Antártica. Su profundidad varía desde los 180 m hasta más de 4.000 m.

BELLINI, GENTILE (h. 1429-1507). Pintor italiano, hijo de Jacopo y hermano de Giovanni Bellini. Trabajó en el taller paterno y estudió también con Andrea Mantegna. Fue retratista de la corte del sultán Mohamed II de Turquía. Autor de obras monumentales, en las que reflejó con singular maestría escenas de la vida pública. Introductor del orientalismo y el exotismo en la pintura veneciana de la época. «Procesión en la plaza de San Marcos» (1496), «Milagro de la cruz en el puente de San Lorenzo» (1500).
Bellini, Giovanni 2:402b; Carpaccio, Vittore 3:408a.

BELLINI, GIOVANNI (h. 1430-1516). Pintor italiano. Considerado uno de los maestros de la escuela veneciana en el tratamiento de la luz y el color.
2:402a; Giorgione 7:135a; Tiziano 14:69a; *ilustración* 2:402a.

BELLINI, JACOPO (h. 1400-h. 1470). Pintor italiano, padre y maestro de Gentile y de Giovanni Bellini y suegro de Andrea Mantegna. Introductor de la estética renacentista en Venecia. Se conservan muy pocas creaciones suyas, entre las que cabe destacar los dos cuadernos de bocetos sobre los que posteriormente trabajaron sus hijos. «La Virgen y el Niño» (1448), «Cristo en la cruz».
Bellini, Giovanni 2:402a.

BELLINI, VINCENZO (1801-1835). Compositor italiano de ópera. Influyó sobre muchos compositores posteriores, operísticos e instrumentales.
2:402b.

BELLMAN, CARL MICHAEL (1740-1795). Poeta y compositor de canciones sueco. Iniciado en el campo de la poesía, destacó por sus canciones, de gran popularidad. Éstas fueron recogidas en las obras *Epístolas de Fredman* (1790) y *Cantos de Fredman* (1791).

BELLO. Ciudad de Colombia en el dep. de Antioquia, a orillas del río Porce. Forma parte del cinturón industrial de Medellín. Textiles, brochas, caña de azúcar, café. 340.910 hab. (1999).
Antioquia (Colombia) 1:395b.

BELLO, ANDRÉS (1781-1865). Crítico, poeta y gramático venezolano. Autor de *Gramática de la lengua castellana*, obra fundamental para el conocimiento del castellano durante el siglo XIX. Redactó el código civil chileno de 1855.
2:403a; Cuervo, Rufino José 5:67b; Chile 4:139b; Hispanoamericana, literatura 8:6a; Ortografía 11:165b; Venezuela 14:269b; *ilustración* 8:8a.

BELLOC, HILAIRE (1870-1953). Escritor inglés. Cultivó la poesía, el ensayo y la crítica. *Dantón* (1899), *Emmanuel Burden* (1904), *La condición esclava* (1912), *Europa y la fe* (1920). Representó al Movimiento Católico de Inglaterra.

BELLO CODESIDO, EMILIO (1868-1963). Abogado y político chileno. Participó en la organización del Partido Liberal Democrático y fue ministro de defensa con el presidente Arturo Alessandri.

BELLOCQ, ADOLFO (1899-1972). Grabador y xilógrafo argentino. Ilustró obras de la literatura nacional argentina como *Martín Fierro* y *La guerra gaucha*. Fue profesor de la Escuela Superior de Bellas Artes a partir de 1939. Parte de su obra se encuentra en museos de la Argentina, Brasil y el Perú.

BELLONI, JOSÉ LEONCIO (1882-1965). Escultor uruguayo. Estudió en Europa, donde recibió la influencia del naturalismo italiano. Su obra reflejó de forma predominante la vida del campesinado. «Monumento a los gauchos», «La carreta» (1929).

BELLOTTO, BERNARDO (1720-1780). Pintor italiano. Sobrino y alumno de Giovanni Antonio Canal (Canaletto), continuó el estilo de su maestro, aunque introdujo variaciones personales. Viajó por Europa y trabajó en diferentes cortes reales. Realizó numerosos paisajes, especialmente de las ciudades de Dresde y Varsovia.

BELLOW, SAUL (n. en 1915). Novelista estadounidense. Premio Nobel de literatura en 1976.
2:403b.

BELLPUIG DE LES AVELLANES. Monasterio español, situado en Os de Balaguer, provincia de Lérida, comunidad autónoma de Cataluña. Fundado en el siglo XII por Hermenegildo VII de Urgel. Prosperó por la ayuda de los condes de Urgel y otros nobles. De esta época conserva claustros. El resto del monasterio es del siglo XVI. Estuvo ocupado por la orden del Císter y posteriormente por los hermanos maristas.

BELLUGA, LUIS ANTONIO DE MONCADA Y (1662-1743). Prelado y político español. Apoyó a Felipe V en la guerra de sucesión y organizó una fuerza armada desde su diócesis de Cartagena. Virrey y capitán general de Valencia y Murcia, fue uno de los prelados más cultivados de la España del siglo XVIII. Fue nombrado cardenal en 1719. *Defensa de los derechos de Felipe V a la corona de España.*

BELLVER, CASTILLO DE. Fortaleza española situada en Palma de Mallorca (Baleares). Fue mandada construir por Jaime II y finalizada en 1314. De estilo gótico, su peculiaridad estriba en su trazado circular en planta. Sirvió como residencia de los reyes de Mallorca y posteriormente pasó a ser cárcel del estado.

BELLVER Y RAMÓN, RICARDO (1845-1924). Escultor español. Estudió en Italia y trabajó preferentemente para encargos oficiales. Considerado como una de las principales figuras de la escultura española de fines del siglo XIX. «Ángel caído» (1878), en el parque del Retiro de Madrid; monumento a Juan Sebastián Elcano, en Guetaria.

BELMONDO, JEAN-PAUL (n. en 1933). Actor cinematográfico francés. Sus filmes de acción, con no poco de comedia, alcanzaron gran popularidad. *Al final de la escapada* o *Sin aliento* (1959), *Pierrot el loco* (1965), *El profesional* (1981).

BELMONTE, JUAN (1892-1962). Matador de toros español. Tomó la alternativa en Madrid en 1913. Dueño de un arte emotivo y dramático, formó con Joselito la pareja más famosa del toreo de su tiempo. Primero en aguantar quieto ante el toro.
Tauromaquia 13:404b.

BELMONTE Y BERMÚDEZ, LUIS DE (1587-1650). Escritor español. Dentro del teatro clásico castellano escribió dramas históricos y comedias costumbristas. Narró la expedición de Pedro Fernández de Quirós a Oceanía. Sobre la conquista de Sevilla a los moriscos escribió el poema en octavas *Hispálica. El diablo predicador, El gran Jorge Castriota.*

BELMOPAN. Capital de Belice, a orillas del río Belice. Designada cap. del país tras la parcial destrucción de la antigua capital, Belice, por el huracán «Hattie» en 1961. Construida con ayuda económica del Reino Unido. Las dependencias gubernamentales fueron trasladadas en 1970. 7.105 hab. (1998).
Belice 2:398b.

BELO HORIZONTE. Ciudad de Brasil. 2.080.068 hab. (1996) (municipio). 3.056.498 hab. (1985; área metropolitana).
2:404a; Minas Gerais 10:172b.

BELON, PIERRE (1517-1564). Naturalista francés. Estudioso del mundo animal, fue el primer naturalista que trató el tema de la embriología. Realizó también investigaciones en el campo de la arqueología y etnología. *Historia natural de los extraños peces marinos* (1551).

BELT, GRAN. Estrecho danés que une el Cattegat y el mar Báltico. 60 km de longitud y anchura de 16 a 30 km. Separa las islas de Sjaelland y Fionia.

BELT, PEQUEÑO. Estrecho danés que une el Cattegat y el mar Báltico. 65 km de longitud. Anchura máxima de 15 km. Separa la isla de Fionia de la península de Jutlandia.

BELTER, JOHN (1804-1863). Johann Heinrich Belter, ebanista alemán. Formado como tallador en Wurtemberg, en 1844 emigró a los Estados Unidos, instalándose en Nueva York. Creó soberbios muebles de estilo rococó victoriano.

BELTRÁN, LOLA (1929-1996). Cantante y actriz mexicana, cuyo verdadero nombre era Lucila Beltrán Ruiz. Destacada intérprete de rancheras, grabó un centenar de discos y actuó en sesenta películas.

BELTRÁN, MANUELA (siglo XVIII). Heroína colombiana. Cigarrera en la ciudad de Socorro (Nueva Granada), se opuso públicamente (el 16 de marzo de 1781) a las nuevas normas establecidas por el visitador-regente. Tal acción provocó la revuelta de los comuneros y la posterior supresión de las nuevas tasas.

BELTRÁN, PEDRO GERARDO (1897-1979). Economista, periodista y político peruano. Tras ejercer la diplomacia en distintos foros internacionales, ocupó entre 1956 y 1961 la cartera de finanzas y comercio. Fue director del diario *La Prensa* entre 1950 y 1972.

BELTRANEJA, JUANA LA. V. **Juana la Beltraneja.**

BELTRANENA, MARIANO (siglo XIX). Político guatemalteco. Firmó el 15 de septiembre de 1821 el acta de independencia de su país. Fue vicepresidente de Guatemala en 1825 bajo el gobierno de Manuel José Arce. La victoria de los ejércitos hondureños de Francisco Morazán provocó su destierro en 1829.

BELTRÁN FLÓREZ, LUCAS (n. en 1911). Economista español. Ejerció la docencia en diversas universidades españolas y fue director de la revista *Moneda y Crédito* (1964-1966). *La industria algodonera española* (1943), *Historia de las doctrinas económicas* (1961), *Lecciones de derecho fiscal* (1961).

BELTRÁN MASSÉS, FEDERICO ARMANDO (1885-1949). Pintor español. En su obra pictórica se combinan la técnica impresionista y la temática romántica. En 1929 se trasladó a París y se convirtió en retratista de la aristocracia. «Confidencia», «La maja marquesa», «Noche de Eva».

BELTRÁN Y RÓZPIDE, RICARDO (1852-1928). Geógrafo y catedrático español. Impulsó una concepción moderna de la geografía en España. En 1902 fue nombrado miembro de la Real Academia de la Historia y secretario de la Real Sociedad Geográfica. *Los pueblos hispanoamericanos en el siglo XX, Formación de la nacionalidad española.*

BELUCHIS. Etnia que vive en Pakistán, Afganistán, Irán, Turkmenistán, Uzbekistán, Kirguizistán, la India y emiratos del golfo arábigo-persa, aunque fundamentalmente reside en el Beluchistán pakistaní e iraní. Habla el beluchi, lengua indoirania en su rama irania. Mantiene tradiciones y sistemas sociales tribales y practica la religión musulmana sunní.
Beluchistán 2:404a.

BELUCHISTÁN. Tradicional país de los beluchis, en el Asia sudoccidental, modernamente dividido entre Pakistán e Irán.
2:404a; Pakistán 11:217b; *ilustración* 2:404b.

BELUGA. Mamífero cetáceo odontoceto de la familia de los delfínidos (*Delphinopterus leucas*), propio de las regiones árticas. Se denomina también delfín blanco por el color de su piel.

BELVEDERE. Término italiano que designa una estructura arquitectónica construida sobre un paraje elevado, bien en la parte superior de un edificio o apartado de éste, desde el que se domina un amplio panorama. Elemento constante del arte italiano desde el Renacimiento, a menudo adopta la forma de una *loggia* o galería abierta.

BELVEDERE, TORSO DE. Célebre obra escultórica de Apolonio de Atenas (siglo I a.C.). Se trata de una escultura exenta de un torso masculino. Se conserva una copia del siglo II en el Museo Vaticano.

BELZARES, FAMILIA. V. **Welser, familia.**

BELZÚ, MANUEL ISIDORO (1808-1865). Militar y político boliviano. Ocupó la presidencia entre 1848 y 1855.
2:405a.

BEMBERG, María Luisa (1922-1995). Guionista, directora de cine y teatro argentina. En sus textos reflejó el esfuerzo de la mujer argentina por defender sus derechos y obtener la igualdad. En 1980 decidió dirigir sus propios largometrajes al no mostrarse conforme con la interpretación que habían recibido sus textos en películas anteriores. Fue fundadora de la Unión Feminista Argentina.

BEMBÉZAR, RÍO. Curso fluvial español. Nace en sierra Morena, en las proximidades de Azuagas, y tras atravesar el embalse del mismo nombre (inaugurado en 1961) desemboca en el mar Mediterráneo. Su curso es de 126 km.

BEMBO, PIETRO (1470-1547). Erudito y cardenal italiano. Humanista que redactó la primera gramática de la lengua italiana.
2:405b; Italiana, literatura 8:319a.

BEMOL. Designación de la nota musical con entonación un semitono inferior a su sonido natural. Se llama también así el signo (b) que la marca un pentagrama.
Música 10:316b; Música, teoría de la 10:320a; Musical, notación 10:321a; Tono 14:86a.

BENACERRAF, BARUJ (n. en 1920). Biólogo estadounidense de origen venezolano. Investigó las enfermedades autoinmunes y otros procesos inmunitarios. Premio Nobel de fisiología y medicina en 1980, compartido con George Snell y Jean Dausset.

BENACERRAF, MARGOT (n. en 1926). Directora cinematográfica venezolana. Aportó al cine de su país una película fundamental, *Araya,* realizada en 1958, galardonada con dos premios en el festival de Cannes de dicho año. Sus películas se inspiraron en el estilo documental del estadounidense Robert Flaherty.

BENALCÁZAR, SEBASTIÁN DE. V. **Belalcázar, Sebastián de.**

BEN ALÍ, ZINE AL-ABIDINE (n. en 1936). Militar y político tunecino. Arrebató el gobierno de Túnez a Habib Bourguiba en 1987. Promovió una unión aduanera magrebí y un acercamiento con Europa.
Bourguiba, Habib 3:143b; Túnez 14:151a.

BENALMÁDENA. Población española que pertenece a la prov. de Málaga, comunidad autónoma de Andalucía. Enclave defensivo fundado en el siglo XV por los Reyes Católicos. Museo Arqueológico. Agricultura, turismo. 19.727 hab. (1986).

BENARÉS. Ciudad de la India, a orillas del Ganges. 929.270 hab. (1991).
2:405b; Ganges, río 7:41a; *ilustración* 2:406a.

BENARÓS, LEÓN (n. en 1915). Escritor argentino. Autor de poesía y ensayos históricos y musicales, su obra poética se encuadra dentro del grupo de escritores neorrománticos de la generación de 1940. *El rostro inmarcesible* (1944), *Romancero argentino* (1959), *El río de los años* (1964).

BENAVENTE. Población española de la prov. de Zamora, comunidad autónoma de Castilla y León. Agricultura, industria alimentaria, ganadería. Conserva arquitectura de los siglos XII y XVI. 13.663 hab. (1986)

BENAVENTE, FRAY TORIBIO DE. V. **Motolinía.**

BENAVENTE, JACINTO (1866-1954). Dramaturgo español. Destacado autor de teatro durante las tres primeras décadas del siglo XX. Obtuvo el Premio Nobel en 1922.
2:406a; Española, literatura 6:94a; Noventa y ocho, generación del 11:22a.

BENAVIDES, MANUEL DE (1895-1947). Escritor español. Autor de novelas, comedias y artículos periodísticos. Orientó su producción preferentemente hacia la novela política. Se exilió en México al finalizar la guerra civil española. *Lamentación* (1922), *El último pirata del Mediterráneo* (1934), *La escuadra la mandan los cabos* (1944).

BENAVIDES, ÓSCAR (1876-1945). Militar y político peruano. Presidente provisional de 1914 a 1915 y presidente electo por el Congreso de 1933 a 1939.
2:406b; Perú 11:364b.

BENAVIDES, VENANCIO (m. en 1813). Patriota uruguayo. En 1811 participó, con Pedro Vieira, en el grito de Asencio y, posteriormente, en diversos episodios de la lucha por la independencia.

BENAVIDES, VICENTE (h. 1785-1822). Militar chileno. Partidario inicialmente de las teorías independentistas, apoyó después a los realistas. Organizó un ejército montonero-español e intentó, sin conseguirlo, conquistar Santiago. Hecho prisionero por los rebeldes en Topocalma, fue ahorcado.

BENAVIDES Y DE LA CUEVA, DIEGO (1607-1666). Militar y administrador español. Fue gobernador de Galicia y virrey de Navarra. Como ministro plenipotenciario, firmó en 1659 el tratado de paz de los Pirineos, que puso fin a la guerra con Francia. En 1661 fue nombrado virrey del Perú, donde intentó poner justicia en las explotaciones mineras. Sostuvo disputas con los dominicos y reforzó la autoridad de los alcaldes corregidores.

BEN BARKA, MEHDI (1920-h. 1965). Político revolucionario marroquí. Ingresó en el partido del Istiqlal, que abandonó en 1959 para fundar la Unión Nacional de Fuerzas Populares, partido de izquierda. Condenado a muerte en rebeldía por un supuesto complot contra el rey Hasán II, se exilió a París, donde desapareció el 29 de octubre de 1965.

BEN BELLA, AHMED (n. en 1918). Político argelino. Líder destacado de la guerra de independencia frente a Francia.
2:407a; Argelia 2:40b.

BENCÉNICOS, HIDROCARBUROS. Hidrocarburos derivados del benceno, con fórmula general C_nH_{2n-6}. Muchos proceden de la destilación seca de la hulla. Muy consumidos para fabricar colorantes, explosivos, herbicidas, plásticos y fármacos.

BENCENO. Hidrocarburo líquido obtenido por destilación del alquitrán, del gas de hulla y del petróleo. Utilizado como disolvente de grasas y resinas, combustible de motores, y en la síntesis orgánica de colorantes y medicamentos.
2:407a; Hidrocarburos 7:394b; Isómero 8:294a; *ilustraciones* 2:407b; 2:408a.

BENCINA. Término empleado para designar a la gasolina y otros derivados líquidos del petróleo, especialmente cuando se empleaban como disolventes. Su uso ha sido reemplazado por voces más precisas.

BENEDETTI, MARIO (n. en 1920). Novelista y ensayista uruguayo. Uno de los más destacados narradores de su país.
2:408b; *ilustración* 2:408b.

BENEDETTO, ANTONIO DI (1922-1986). Escritor argentino. Autor de una obra marcadamente existencialista.
2:409a.

BENEDICT, RUTH (1887-1948). Etnóloga y antropóloga estadounidense. Sus estudios sobre las relaciones entre el desarrollo de la personalidad del individuo y su entorno social ejercieron gran influencia en la antropología cultural. En 1928 fundó el *Journal of American Folklore*. Escribió *Pautas de cultura* (1934), *El crisantemo y la espada* (1946).
Antropología 1:404b.

BENEDICTINA, ORDEN. Organización monacal, la más antigua del mundo occidental. Sus orígenes se remontan a la fundación de la abadía de Montecassino (529), cerca de Nápoles, y a la redacción de la regla de san Benito, su fundador. Se subdivide en numerosas congregaciones autónomas, entre las que cabe destacar la camaldulense, la cisterciense y la cluniacense.
Benito de Nursia, san 2:413b; Edad media 5:302a; Órdenes religiosas 11:131a.

BENEDICTO I (m. en el 579). Papa del 574 o 575 al 579. Sucesor de Juan III, en el transcurso de su pontificado se sucedieron las invasiones y el hambre. Murió durante un sitio de Roma por los lombardos.

BENEDICTO II (m. en el 685). Papa del 684 al 685. Durante su pontificado, el emperador bizantino Constantino IV delegó en el exarca de Ravena su derecho a ratificar la elección pontificia. Restauró varias iglesias romanas. Canonizado.

BENEDICTO III (m. en el 858). Papa del 855 al 858. Sucedió a León IV. El emperador Luis II no confirmó su elección y nombró a Anastasio el Bibliotecario. Finalmente fue consagrado y restauró las iglesias destruidas por los sarracenos en el 846.

BENEDICTO IV (m. en el 903). Papa del 900 al 903, uno de los períodos más oscuros de la historia pontificia. Excomulgó a Balduino II, conde de Flandes, por ordenar el asesinato de Fulk, arzobispo de Reims, y coronó a Luis III como emperador del Sacro Imperio Romano germánico.

BENEDICTO V (m. en el 966). Papa del 964 al 966, llamado el Gramático. Se enfrentó al emperador Otón I, quien lo depuso y condenó al destierro.

BENEDICTO VI (m. en el 974). Papa del 973 al 974. Fue elegido con el beneplácito del emperador Otón I el Grande. A la muerte de éste, fue encarcelado por orden de la familia Crescenti. Murió asesinado.

BENEDICTO VII (m. en el 983). Papa del 974 al 983. Fomentó el monaquismo y condenó la simonía (venta de indulgencias) en una encíclica del 981.

BENEDICTO VIII (m. en 1024). Papa de 1012 a 1024. Teofilatto, primer pontífice de la poderosa familia italiana de los condes de Túsculo. En el 1014 coronó como emperador del Sacro Imperio Romano germánico a Enrique II. Restableció la autoridad papal en Campania y la Toscana romana por la fuerza de las armas.

BENEDICTO IX (m. h. 1055). Teofilatto, papa en tres ocasiones: de 1032 a 1044, de abril a mayo de 1045 y de 1047 a 1048. Último pontífice de la familia condal de Túsculo. Se retiró finalmente a un monasterio en 1048.

BENEDICTO X (m. h. 1080). Giovanni Mincio, antipapa desde abril de 1058 hasta enero del año siguiente. Elevado al solio pontificio merced a la influencia de los condes de Túsculo, fue expulsado por el monje Hildebrando, posterior papa Gregorio VII. Murió en prisión.

BENEDICTO XI (1240-1304). Niccolò Boccasini, papa elevado al solio pontificio en 1303. Su breve pontificado se caracterizó por los problemas heredados de Bonifacio VIII, al que había sucedido. Fue beatificado por Clemente XII (1736).

BENEDICTO XII (m. en 1342). Jacques Fournier, papa de 1334 a 1342. Fue el tercero de los que residieron en Aviñón y a él se debe el inicio de la construcción del Palacio Papal. Se esforzó por conciliar las iglesias griega y romana y combatió la simonía (venta de indulgencias).

BENEDICTO XIII (1649-1730). Pierfrancesco Orsini, papa de 1724 a 1730. Decretó la bula *Unigenitus* (1725).

BENEDICTO XIII (antipapa). V. **Luna, Pedro de.**

BENEDICTO XIV (1675-1758). Prospero Lambertini, papa de 1740 a 1758. Fue arzobispo de Ancona y de Bolonia. Favorecedor de las ciencias y las letras, a él se debió la catalogación de los manuscritos de la Biblioteca Vaticana. De entre sus numerosos escritos destaca *De servorum Dei beatificatione et beatorum canonizatione* (1734-1738).

BENEDICTO XV (1854-1922). Giacomo della Chiesa, papa de 1914 a 1922. Tuvo que enfrentar durante su pontificado los problemas derivados de la primera guerra mundial.
2:409b; Canónico, derecho 3:344a; *ilustración* 2:409b.

BENEDITO, MANUEL (1875-1963). Pintor español. Estudió en Valencia en la Escuela de San Carlos y fue alumno de Joaquín Sorolla. Su obra está inserta dentro del academicismo más puro, teniendo como temas paisajes, bodegones y retratos. «El infierno de Dante», «Familia bretona», «Pastora Imperio».

BENEFACTOR. V. **San Juan de la Maguana.**

BENEFICIO. Ganancia obtenida en una empresa en una operación económica durante un período de tiempo determinado. Las diversas escuelas económicas lo han asimilado a lo largo de la historia bien al interés (Adam Smith), bien al grado de riesgo (E. H. Knigh), bien como la principal manifestación de explotación del capitalismo (Karl Marx).
Administración de empresas 1:64b; Capitalismo 3:362b; Empresa 5:396b.

BENEGASI Y LUJÁN, JOSÉ JOAQUÍN (1707-1770). Poeta y dramaturgo español. Incluyó la obra poética de su padre, Francisco Benegasi, en su libro *Poesías líricas, y joco-serias* (1743-1744). *Llámenla como quieran, La campana de descansar.*

BENELUX. Comunidad de naciones formada por Bélgica, los Países Bajos y Luxemburgo, a partir de 1943, con fines económicos.

BENEMAN, GUILLAUME. Ebanista alemán de fines del siglo XVIII y principios del XIX. Establecido en París, sustituyó a Jean-Henri Riesener en la corte francesa, donde impuso su estilo grandilocuente y ornamental.

BENEŠ, EDVARD (1884-1948). Estadista checoslovaco. Presidente de la república, fue el artífice de la moderna Checoslovaquia. Inclinado políticamente a los aliados en las dos guerras mundiales, capituló ante las exigencias de Adolf Hitler en 1938. En 1948 tuvo que aceptar un gabinete comunista, cuyo primer ministro era Klement Gottwald. Se instauró una república socialista cuya constitución se negó a firmar.
Checa, República 4:117a; Checoslovaquia 4:119a.

BENET, JUAN (1927-1993). Novelista español. Considerado uno de los renovadores de la narrativa española. Autor de relatos y ensayos. *Volverás a Región* (1967), *El aire de un crimen* (1980), *Herrumbrosas lanzas* (ciclo narrativo iniciado en 1983).

BENÉT, STEPHEN VINCENT (1898-1943). Escritor estadounidense, autor de célebres poemas, novelas y cuentos. *La balada de William Sycamore* (1923), *El cuerpo de John Brown* (1928), *A Book of Americans* (1933). Su cuento más conocido fue el humorístico «El diablo y Daniel Webster» (1937).

BENET I JORNET, JOSEP MARÍA (n. en 1940). Autor teatral español en lengua catalana. Premio nacional de literatura dramática (1995). Escribió también literatura infantil y guiones de series televisivas. *Deseo* (1989), *E.R.* (1994).

BENETÚSSER. Población española de la prov. de Valencia, comunidad autónoma de Valencia. Situada a 5 km de la capital autonómica. Industria del mueble; agricultura de regadío. Iglesia parroquial del siglo XVII. 14.004 hab. (1991).

BENEVENTO. Ciudad y cap. de la prov. italiana de Benevento, en la reg. de Campania. Está situada en la confluencia del Calore y el Sabato, al nordeste de Nápoles. Fue ciudad samnita denominada *Maleventum*; ocupada en época romana en el siglo III a.C. pasó a llamarse Beneventum. Vinos, aceite; industrias de maquinaria agrícola, relojes y ladrillos. 61.443 hab. (1981).

BENEVENTO, BATALLA DE. Enfrentamiento armado que tuvo lugar en el año 275 a.C., en las proximidades de la ciudad italiana de Benevento, y que contrapuso a los ejércitos de Pirro, rey de Epiro, contra las tropas romanas del cónsul Mario Curio Dendato. Supuso una derrota total para el rey heleno.

BENGALA. Región histórica situada en el nordeste de la India. Ocupa los cursos inferiores de los ríos Ganges y Brahmaputra.
2:409b; Bangladesh 2:339a; Calcuta 3:273a; Pakistán 11:220a; *ilustraciones* 2:410a-b.

BENGALA, GOLFO DE. Bahía de grandes dimensiones pero poco profunda del nordeste del océano Índico. Cubre una superficie de 2.172.000 km^2.
2:411a; Ganges, río 7:41a; Golfo y bahía 7:157a; Índico, océano 8:168b; Myanmar 10:327b.

BENGALA OCCIDENTAL. Estado de la India, a orillas del golfo de Bengala. Limita al norte con Bután y al este con Bangladesh. Arroz, té; minerales. Cap. Calcuta. 88.752 km^2. 73.600.000 hab. (1994).

BENGALA ORIENTAL. V. **Bangladesh.**

BENGALÍ. Lengua indoeuropea del grupo indoiranio que se habla en Bangladesh y en el estado indio de Bengala Occidental.
Bangladesh 2:340a.

BENGASI. Ciudad y puerto de Libia en el golfo de la gran Sirte. De origen griego. Aeropuerto internacional. Refinería de petróleo; cemento; pesquerías; productos alimenticios. 804.000 hab. (1997).
Libia 9:147b.

BENGUELA, CORRIENTE DE. Rama de la corriente sudatlántica que baña las costas del sudoeste de África. Aguas frías, de baja salinidad y muy ricas en plancton.
Oceánicos, movimientos 11:73a.

BENGUEREL, XAVIER (n. en 1905). Escritor español en lengua catalana. Vivió exiliado en Chile desde 1939 hasta 1954. Su narrativa se centró en el análisis psicológico. *Pàgines d'un adolescent* (1930), *La família Rouquier* (1953), *Appassionata* (1983).

BENGUEREL, XAVIER (n. en 1931). Compositor español. Integrado en el dodecafonismo. Autor de la obra *Astral* para guitarra e instrumentos de percusión, estrenada en 1979.

BEN-GURION, DAVID (1886-1973). Estadista y líder político sionista. Fue el primero en ocupar el cargo de primer ministro en Israel.
2:411a; Israel 8:299b.

BENI. Departamento del nordeste de Bolivia limítrofe por el este con Brasil. Región llana sujeta a inundaciones, bañada por los ríos Mamoré y Beni y sus afluentes. Ganado vacuno, caballos; productos cárnicos; explotación forestal. Cap. Trinidad. 213.564 km^2. 336.633 hab. (1997).

BENI, RÍO. Curso fluvial de Bolivia. Nace de la confluencia de los ríos Santa Elena y Boopi, en la cordillera Real, y desemboca en el Madeira tras recorrer 1.700 km.

BENICARLÓ. Población española de la prov. de Castellón, comunidad autónoma de Valencia, en la costa del mar Mediterráneo. Agricultura, ganadería, pesca, industria ligera. 18.460 hab. (1996).

BENIDORM. Población española de la prov. de Alicante, comunidad autónoma de Valencia. Agricultura, playas turísticas. 75.322 hab. (1996).
España 6:71b.

BENIFAIÓ. Población española de la prov. de Valencia, comunidad autónoma de Valencia. De origen musulmán, conserva iglesia parroquial del siglo XVIII. Agricultura de regadío; ganadería; artesanía del mimbre. 12.171 hab. (1986).

BENIMERINES. Tribu berberisca que dominó Marruecos los siglos XIII al XV tras vencer a los almohades. Ayudó al reino moro de Granada contra los cristianos. Alfonso XI de Castilla la derrotó en 1340 en la batalla del río Salado.

BENIN. País de África, en el golfo de Guinea. La antigua Dahomey. Cap. Porto Novo. 112.680 km^2. 6.396.000 hab. (2000).
2:411b; África 1:94; Guinea, golfo de 7:287a; Lagos 9:48b; Nigeria 10:413b; *mapa* 2:412a; *cuadros* 2:412a-b.

BENIN, ARTE DE. Arte del antiguo reino de Benin, situado al oeste del delta del Níger (en el posterior territorio de Nigeria). El arte de Benin está esencialmente representado por objetos de bronce y tallas de madera y marfil; sus primeras producciones se sitúan entre los siglos XV y XVI.

BENÍTEZ, FERNANDO (1912-2000). Escritor mexicano. Cultivó múltiples géneros (ensayo histórico, novela, etc.). Director de *El Nacional*, colaboró en otros periódicos. Premio Mazatlán en 1969. *La ruta de Hernán Cortés* (1950), *En la tierra mágica del peyote* (1968), *Viaje al centro de México* (1975).

BENÍTEZ, JUSTO PASTOR (1896-1963). Escritor y político paraguayo. Desempeñó diversos cargos políticos y diplomáticos. Vivió exiliado en Brasil desde 1947. *La vida solitaria del Dr. José Gaspar de Francia, dictador del Paraguay* (1937), *Formación social del pueblo paraguayo* (1955).

BENITO. Río de Guinea Ecuatorial. Nace en Gabón y desemboca en el golfo de Biafra. Poco profundo, no es apto para la navegación de grandes barcos. Cataratas de Asok-Birolome. 320,5 km.

BENITO DE NURSIA, SAN (h. el 480-547). Fundador de la orden de los benedictinos y creador de la regla que lleva su nombre.
2:413b; Monasterios y conventos 10:224b; Órdenes religiosas 11:131a; *ilustración* 2:413b.

BENJAMÍN. Según el Antiguo Testamento de la *Biblia*, hijo menor de Jacob, nacido de su unión con Raquel, como José, y origen de la tribu que llevó su nombre.

BENJAMIN, WALTER (1892-1940). Filósofo marxista alemán, especialmente dedicado a la estética. Perteneciente a la corriente filosófica alemana del período de entreguerras, su obra, publicada en parte póstumamente, ejerció acusada influencia sobre la crítica artística y literaria del siglo XX. De origen judío, se suicidó en Pau (Francia) para evitar ser entregado a las autoridades nazis. *El origen del drama trágico alemán* (1928), *La obra de arte en la época de su reproducción técnica* (1935-1936), *Iluminaciones* (1961).

BENJAMÍN DE TUDELA (siglo XII). Rabino español. El primer viajero occidental, al parecer, que llegó a la frontera china. Su obra *El itinerario de Benjamín de Tudela* permite conocer la situación de los judíos de su época en Europa y Asia.

BENJEDID, CHADLI (n. en 1929). Político argelino. Participó en la guerra de liberación de su país durante el proceso de descolonización de Francia (1962). Apoyó a Houari Boumediene en el golpe de estado que derrocó en 1965 a Ahmed Ben Bella. En 1979 accedió a la presidencia de la república tras la muerte de Boumediene, y fue reelegido en 1984. Promovió una política de liberación económica y social de Argelia y de un acercamiento a los países vecinos del norte de África y occidentales.
Argelia 2:40b.

BEN JELLOUN, TAHAR (n. en 1944). Poeta y narrador marroquí en lengua francesa. *Harrouda* (1973), *La noche sagrada* (1987), *El hombre roto* (1994).

BENJUÍ. Árbol de la familia de las estiracáceas (*Styrax benzoin*). Dicotiledónea. Originario de Java, Sumatra y Malaca, de él se extrae una resina aromática conocida como goma de benjuí, utilizada en la elaboración de perfumes y cosméticos.

BENLLIURE, MARIANO (1862-1947). Pintor y escultor español. Nacido en el seno de una familia de artistas valencianos, trasladó su residencia a Madrid, donde obtuvo el primer premio en la exposición de bellas artes de 1887. Su estatuaria, de estilo realista, abarcó una variada temática.

BENN, GOTTFRIED (1886-1956). Poeta y ensayista alemán. Alternó la escritura con la medicina. Sus poemas se encuadran dentro de la estética expresionista. El gobierno nazi prohibió sus obras en 1937. *Poemas estáticos* (1948), *Doble vida* (1950).

BENNET, ARNOLD (1867-1931). Novelista, dramaturgo y ensayista británico. Sus mejores obras son un nexo entre la narrativa inglesa y las corrientes realistas europeas. *Un hombre del norte* (1898), *Ana de las cinco ciudades* (1902), *Hotel Imperial* (1930).

BENNET, LOU (1926-1997). Músico de jazz estadounidense. Desde 1960 residió en Francia. Destacó en su interpretación de melodías al órgano, instrumento del cual llegó a fabricar un nuevo modelo.

BENNET, RICHARD BEDFORD (1870-1947). Abogado y político canadiense. En 1911 accedió al Parlamento y en 1921 se le nombró ministro de justicia. Fue jefe del Partido Conservador y primer ministro de 1930 a 1935. Hasta 1938 mantuvo el liderazgo de la oposición.

BENNETT, WENDELL CLARK (1905-1953). Arqueólogo estadounidense. Estudió las culturas de la cuenca del lago Titicaca. Realizó investigaciones arqueológicas también en Venezuela, México y Colombia.

BEN NEVIS, PICO. Montaña de las islas británicas, situada en las tierras altas de Escocia. El pico más alto de las islas (1.343 m). Su cima es una meseta de 40 ha.

BENTHAM, GEORGE (1800-1884). Botánico inglés, autor de exhaustivos estudios sobre la flora de la India, Australia y diversos países de Europa.

BENTHAM, JEREMY (1748-1832). Abogado y filósofo británico. Fundador de la escuela utilitarista.
2:413b; Delito 5:119b; Hedonismo 7:347a; Pena 11:326a; Política 12:63b; Utilitarismo 14:212b.

BENTINCK, WILLIAM (1774-1839). Gobernador general británico de Madrás (India) de 1828 a 1835. Reformó las finanzas, estableció oficinas judiciales y administrativas para los indios. Fue, en la práctica, gobernador general de la India. Prohibió el *suttee* o *sati*: costumbre de incinerar vivas a las viudas junto con el cadáver del marido.

BENTIVOGLIO, FAMILIA. Poderosa dinastía italiana que controló Bolonia durante la segunda mitad del siglo XV. Sus miembros más sobresalientes fueron Juan II (1443-1508) y Guido (1579-1644), cardenal y nuncio del papa Pablo V.

BENTLEY, ARTHUR F. (1870-1957). Filósofo estadounidense. Dedicó especial atención al estudio de la lingüística y el desarrollo de la metodología conductual en las ciencias políticas. *El proceso de gobierno* (1908), *Análisis lingüístico de las matemáticas* (1932).

BENTLEY, RICHARD (1662-1742). Erudito inglés. Figura destacada en el estudio de la literatura clásica griega y latina en Inglaterra. Desde 1700 fue director del Trinity College de Cambridge. Publicó ediciones críticas de obras clásicas.

BENTON, WILLIAM (1900-1973). Editor estadounidense. Vicepresidente de la Universidad de Chicago, adquirió en 1941 los derechos para la edición y publicación de la *Encyclopaedia Britannica* de la que fue editor desde 1943 hasta su muerte.

BENTOS. Conjunto de seres vivos que habitan en los fondos de las aguas marinas, lacustres o fluviales. Pueden presentarse móviles o bien fijos al sustrato mediante diferentes tipos de órganos radicantes, semihundidos o hundidos.
Ecología 5:271b.

BENZ, CARL (1844-1929). Ingeniero alemán. Uno de los primeros constructores de motores de explosión. Patentó en 1886 su primer automóvil con un motor de cuatro tiempos. En 1926 fusionó su compañía con la Daimler Motoren Gesellschaft.
Tecnología 13:415a; Urbano, transporte 14:195b.

BENZOICO, ÁCIDO. Compuesto orgánico cristalino, de la familia de los ácidos carboxílicos, usado ampliamente como conservador de alimentos y como ingrediente de cosméticos, tintes, plásticos y repelentes de insectos. Fórmula, C_6H_5COOH. Existe en forma natural en muchas plantas. Industrialmente se obtiene de la oxidación del tolueno.

BENZOL. Compuesto orgánico aromático, fenilmetil alcohol, empleado en perfumería, revelado de películas cinematográficas y tinte de fibras sintéticas. Fórmula, $C_6H_5CH_2OH$. Natural en algunas plantas, se produce industrialmente por hidrólisis de cloruro de bencilo en presencia de sodio o potasio.
Intoxicación 8:244b.

BEN-ZVI, ITZHAK (1884-1963). Político israelí. Pionero de la política sionista en Palestina, colaboró en la creación del Consejo Nacional Judío y fue presidente de Israel desde 1952 hasta 1963.

BEOCIA. Región histórica de Grecia situada entre el golfo de Corinto y el de Eubea. En ella asentó su hegemonía la ciudad-estado de Tebas.
Tebas (Grecia) 13:413b.

BEOWULF. Poema épico, compuesto a principios del siglo VIII, el más antiguo conservado de la literatura anglosajona.
2:414a; Británica, literatura 3:174a; Epopeya 6:15b.

BERA (siglo IX). Primer conde de Barcelona. Participó en el año 801 en la conquista de la ciudad de Barcelona por el rey carolingio Ludovico Pío. Fue nombrado en esta fecha conde de Barcelona, título que mantuvo hasta el 820, cuando fue destituido.

BERAIN, JEAN (1637-1711). Arquitecto y decorador francés. Jefe de diseño real de Luis XIV tras la muerte de Charles Le Brun, sus muebles, chimeneas, etc., crearon una decoración ligera y elegante que ejerció gran influencia en los muebles de estilo Luis XVI.

BÉRANGER, PIERRE-JEAN DE (1780-1857). Poeta y escritor de canciones francés. Fue encarcelado en 1821 por publicar una serie de poemas que exaltaban a Napoleón y criticaban al gobierno de la restauración borbónica. Sus canciones se hicieron muy populares entre el campesinado y los grupos liberales de París. Tras la revolución de 1848 fue elegido representante en el nuevo parlamento democrático.

BERAZATEGUI. Partido del Gran Buenos Aires, Argentina, en el estuario del Río de la Plata. Vidrio, textiles, hilados. 244.796 hab. (1991).

BERBEO, JUAN FRANCISCO (h. 1713-1795). Comerciante de Nueva Granada que participó en una sublevación criolla contra el régimen español.
2:414b; Comuneros, revoluciones de los 2:414b.

BERBERECHO. Molusco lamelibranquio del género *Cardium*. Valvas unidas, diámetro de 2 a 8 cm. Vive en fondos arenosos. Numerosas variedades.
Moluscos 10:220b.

BERCEO, GONZALO DE (h. 1198-h. 1265). Poeta y clérigo español. Es el primer autor conocido del verso castellano y el más genuino representante del mester de clerecía.
2:415a; Española, literatura 6:87a.

BERCHTOLD, LEOPOLD, CONDE DE (1863-1942). Político húngaro. Ministro de asuntos exteriores de Austria-Hungría, su ultimátum a Servia (23 de julio de 1914) fue seguido por la primera guerra mundial. En enero de 1915 se vio obligado a dimitir de sus cargos.

BERDIÁIEV, NIKOLÁI ALEXANDRÓVICH (1874-1948). Filósofo ruso. De inspiración cristiana, sufrió dos deportaciones por sus ideas (en la segunda se instaló definitivamente en París, 1925). Influido en su primera etapa por el marxismo, evolucionó luego hacia un pensamiento asistemático y místico centrado en la espiritualidad humana y el sentido de la historia. *Espíritu y libertad* (1927), *El destino del hombre* (1931), *Autobiografía espiritual* (1949).

BERDICHEVSKI, MICAH YOSEF (1865-1921). Escritor judío, representante de la generación conocida como «corazones desgarrados».
2:415a; Hebrea, literatura 7:346a.

BERÉBERES. Grupo étnico caucasoide del norte de África, base del poblamiento norteafricano antes de la dominación árabe. En general, mantiene formas sociales, lengua y expresiones religiosas propias, distintas de las árabes implantadas en los países de la región.
Africanos, pueblos 1:97b; Argelia 2:39a; Magreb 9:289b; Marruecos 9:383a; Sahara, desierto del 13:87a.

BÉRÉGOVOY, PIERRE-EUGÈNE (1925-1993). Político francés, líder del ala moderada del Partido Socialista Francés. Ocupó el puesto de ministro de Finanzas entre 1984-1986 y 1988-1992. Durante el ejercicio de su cargo aplicó una estricta política monetaria. Fue jefe del gobierno francés durante un breve período de tiempo (1992-1993).

BERENGARIO I (m. en el 924). Rey de Italia del 888 al 924 y emperador de occidente del 915 hasta su muerte, nieto por línea materna del emperador carolingio Ludovico Pío. Murió asesinado por uno de sus hombres.

BERENGARIO II (h. el 900-966). Margrave de Ivrea y rey de Italia. Nieto del emperador Berengario I, invadió Italia en el 945 y ocupó el trono en el 950 a la muerte de Lotario, reteniendo como prisionera a su viuda, Adelaida de Borgoña. Conquistado el reino por Otón de Alemania, posterior emperador Otón I el Grande, fue depuesto de su cargo en el 952.
Otón I el Grande 11:180a.

BERENGARIO DE TOURS (h. el 1000-h. el 1088). Teólogo francés. Mantuvo a partir del 1047 una teoría sobre la eucaristía que negaba la transustanciación del pan y el vino. Después de repetidas condenas, se retractó de su teoría en Burdeos en 1080. *La Santa Cena* (1070).

BERENGUELA, INFANTA (n. en 1253). Hija de Alfonso X de Castilla y León y de doña Violante de Aragón. Fundó el convento de Santa Clara y fue abadesa del monasterio de Las Huelgas.

BERENGUELA DE CASTILLA (1181-1246). Reina de Castilla. Casada con Alfonso IX de León, fue regente de Castilla durante la minoría de edad de su hermano Enrique I. Accedió más tarde al trono y abdicó en favor de su hijo Fernando III el Santo, que unió Castilla y León.
Alfonso IX de León 1:213b.

BERENGUELA DE CASTILLA Y LEÓN (1108-1149). Reina de Castilla y León, esposa de Alfonso VII. Activa participante en los asuntos de gobierno, contribuyó a estrechar los lazos entre su marido y los condes de Barcelona. Defendió Toledo ante los árabes.

BERENGUER, DÁMASO (1878-1953). Militar español. Fue ministro de la guerra y alto comisario de España en Marruecos. Los reveses bélicos motivaron su procesamiento y separación del servicio. Jefe del gobierno en 1930, se vio obligado a ceder el poder en febrero de 1931, dos meses antes de proclamarse la república.
República española 12:342b.

BERENGUER, LUIS (1923-1979). Poeta y novelista español. Destacó por su estilo claro e incisivo. Su novela *El mundo de Juan Lobón* (1966), recibió el Premio de la Crítica de 1967. *Marea escorada* (1969), *La noche de Catalina Virgen* (1976).

BERENGUER DE MARQUINA, FÉLIX (1738-1826). Marino español. Gobernador de Filipinas hasta 1797, fue virrey de Nueva España de 1800 a 1803.

BERENGUER RAMÓN I EL CURVO (h. 1006-1035). Conde de Barcelona. Sucedió a su padre, Ramón Borrell I. Concedió privilegios a los barceloneses y llevó a cabo una política interna de pacificación.

BERENGUER RAMÓN II EL FRATRICIDA (h. 1053-h. 1097). Conde de Barcelona. Sucedió a su padre, Ramón Berenguer I, junto con su hermano gemelo Ramón Berenguer II. Asesinó a éste en el 1082, quedándose con el condado. En el 1097 renunció en favor de Ramón Berenguer III, hijo del asesinado.

BERENICE. Antigua ciudad egipcia, fundada por Tolomeo II Filadelfo en el 275 a.C. Tomó su nombre de la madre de Tolomeo, Berenice, famosa por su belleza. Importante puerto comercial del mar Rojo durante la época helenística.

BERENICE (EGIPTO). Nombre de varias princesas o reinas egipcias de la familia de los Tolomeos. Berenice II (h. el 269-221 a.C.), originaria de Cirene, reunificó su país con Egipto tras un matrimonio con Tolomeo III; dedicó su cabellera a Afrodita, quien supuestamente la convirtió en la constelación de dicho nombre. Berenice III (n. en el 80 a.C) se convirtió en reina al fallecer su segundo marido, Tolomeo XI; su hijo Tolomeo Alejandro, de su primer matrimonio con Tolomeo X, la ofreció en matrimonio al dictador romano Lucio Cornelio Sila; al negarse Berenice al matrimonio, Tolomeo Alejandro ordenó su asesinato; fue la última gobernante legítima de los Tolomeos.

BERENICE (PALESTINA) (n. h. el 28). Princesa judía. Hija de Herodes Agripa I, mantuvo una aparente relación incestuosa con su hermano Agripa II. Arriesgó su vida para interceder ante los romanos en la matanza de judíos en Israel en el año 65. Fue amante en Roma del emperador Tito.

BERENJENA. Planta herbácea anual de la familia de las solanáceas (*Solanum melongena*). Dicotiledónea. Fruto en baya, comestible. Originaria del sudeste asiático.
2:415b; *ilustración* 2:415b.

BERENSON, BERNARD (1865-1959). Historiador estadounidense del arte de origen lituano. Autor de numerosos estudios y monografías sobre la pintura italiana, en especial la primitiva y la renacentista. *Estética e historia en las artes visuales* (1948), *Los pintores italianos del Renacimiento* (1952).

BERETERBIDE, FERMÍN HILARIO (1899-1979). Urbanista y arquitecto argentino. En la década de 1920 diseñó la casa colectiva de Flores, y en la de 1950 el conjunto Hogar Obrero de Buenos Aires. Primer premio del concurso del plan regulador de Mendoza (1940).

BEREZINÁ, PASO DEL. Hecho de armas ocurrido en noviembre de 1812 entre las tropas napoleónicas, en retirada, y el ejército ruso junto al río Berezina. Una estratagema de Napoleón consiguió romper un cerco.

BERG, ALBAN (1885-1935). Compositor austriaco nacido en Viena. Autor de composiciones en estilo atonal, heredero de la escuela dodecafónica de Arnold Schoenberg.
2:416a; Dodecafonismo 5:214a; Música 10:314b; Ópera 11:114b; Schoenberg, Arnold 13:175b; Webern, Anton von 14:358a.

BERG, MAX (1870-1947). Arquitecto alemán. Urbanista de la ciudad polaca de Wroclaw, realizó en ella (1912-1913) una sala de exposiciones circular, cubierta por una cúpula con estructura de hormigón aparente. Su estilo expresionista prefiguró algunas de las ideas desarrolladas posteriormente en la construcción con hormigón.

BERG, PAUL (n. en 1926). Bioquímico estadounidense. Investigó sobre el ARN y su función en la síntesis proteica y estudió los virus animales. Fue uno de los pioneros en la investigación sobre la recombinación genética *in vitro*. Premio Nobel de química en 1980, compartido con Walter Gilbert y Frederick Sanger.
Ingeniería genética 8:210a.

BERGA. Población española de la prov. de Barcelona, comunidad autónoma de Cataluña. Plaza fuerte medieval, destacó como importante centro de industria textil en el siglo XIX. Agricultura; industria textil y metalúrgica. 13.905 hab. (1991).

BERGADÁ, GUILLEM (m. h. 1196). Trovador catalán. Barón y vizconde de Berga, convirtió su obra literaria en instrumento para expresar sus pasiones y satirizar a sus rivales políticos.

BERGAMÍN, JOSÉ (1895-1983). Escritor español de la generación del 27. Fundador y director de la revista *Cruz y raya*. Se exilió en México tras la guerra civil española. *El arte de birlibirloque* (1930), *Las fronteras infernales de la poesía* (1954), *El clavo ardiendo* (1972).
Veintisiete, generación del 14:250a.

BÉRGAMO. Ciudad de Italia, cap. de la prov. homónima, región de Lombardía, en las estribaciones de los Alpes. Data del siglo II a.C. Catedral románica, capilla Colleoni (siglo XV). Centro industrial. Cuna de Gaetano Donizetti. 117.619 hab. (1998).

BERGAMOTO. Arbusto de la familia de las auranciáceas (*Citrus bergamia*). Dicotiledónea. De sus frutos se obtiene una esencia utilizada en perfumería.

BERGANTÍN. Buque de dos palos y velas cuadradas que se utilizaba generalmente en misiones de escolta y vigilancia; la navegación a vapor supuso el inicio de su decadencia.

BERGANTÍN, MACIZO. Sistema montañoso de Venezuela. Situado en la parte nororiental del país, pertenece a la cadena montañosa del Caribe o cordillera de la Costa. Alcanza su máxima altitud con el monte Turimiquire (2.696 m).

BERGANZA, TERESA (n. en 1936). Mezzosoprano española. Estudió con Lola Rodríguez de Aragón y debutó en 1957 en el festival de Aix-en-Provence con la ópera *Così fan tutte*, de Wolfgang Amadeus Mozart.

BERGEL, MENY. (n. en 1925). Médico, farmacólogo e investigador argentino nacido en la ciudad de Rosario. Reconocido en el ámbito internacional por su Teoría Metabólica de la Lepra (1960) –según la cual el bacilo de Hansen es sólo un germen oportunista que aprovecha las condiciones de un trastorno metabólico previo– se mantuvo por cincuenta años al frente del Instituto de Investigaciones Leprológicas de Argentina y contribuyó a la labor desarrollada por la Madre Teresa de Calcuta en la India. Fue el primer farmacólogo del mundo que destacó la actividad antioxidante de las medicinas empleadas para combatir ese mal, así como la tuberculosis, la aterosclerosis y las enfermedades relacionadas con el colágeno. Autor de los volúmenes *Elementos de leprología experimental, Leprosy as a metabolic Disease, Leprosy: Ethiology. Pathogenesis and Treatment* entre casi doscientas publicaciones especializadas.

BERGEN. Ciudad y puerto de Noruega, cap. del condado de Hordaland, a orillas del océano Atlántico. Data del siglo XI. Antigua ciudad hanseática. Edificios medievales. Universidad. Cuna de Edvard Grieg. Construcción naval, pesca, industrias alimentarias y mecánicas. 227.276 hab. (1999).
Hanseática, Liga 7:331b; Noruega 11:13a.

BERGIUS, FRIEDRICH (1884-1949). Químico alemán, inventor de un procedimiento para fabricar carburantes artificiales (berginización). Premio Nobel de química en 1931, compartido con Carl Bosch, por sus trabajos sobre la influencia de las altas presiones en las reacciones químicas.

BERGMAN, HJALMAR (1883-1931). Dramaturgo y novelista sueco. Sus obras conformaron un universo literario fantástico y sobrecogedor.
2:416b.

BERGMAN, INGMAR (n. en 1918). Director de cine sueco. Figura clave del cine intimista y personal.
2:416b; Cinematografía 4:198a; *ilustración* 2:417a.

BERGMAN, INGRID (1915-1982). Actriz cinematográfica sueca. Debutó en el cine de su país en 1935. Se trasladó a los Estados Unidos para interpretar *Intermezzo* (1939), con Leslie Howard. Se convirtió en una de las estrellas más populares de Hollywood y ganó tres Óscares de la Academia. *Casablanca* (1942), *Luz de gas* (1944), *Las campanas de Santa María* (1945), *Stromboli* (1950).
Rossellini, Roberto 13:23a.

BERGMAN, TORBERN OLOF (1735-1784). Químico y naturalista sueco. Estudió los fenómenos del arco iris y la aurora boreal. Hizo avanzar la teoría de la estructura de los cristales.

BERGSON, HENRI (1859-1941). Filósofo francés. Representante del vitalismo espiritualista en la filosofía del siglo XX.
2:417b; Filosofía 6:299a; Hombre 8:46a; Maritain, Jacques 9:379a; Metafísica 10:93a.

BERIA, LAVRENTI (1899-1953). Director de la policía soviética. Desempeñó un importante papel en las purgas decretadas por Stalin. A la muerte de éste, fue detenido, procesado en secreto y ejecutado.

BERIBERI. Enfermedad endémica y epidémica debida a la carencia de vitamina B_1. Se manifiesta principalmente por trastornos nerviosos (polineuritis).
Vitamina 14:336a.

BERILIO. Elemento químico, del grupo de los metales alcalinotérreos, grupo IIa de la tabla periódica. Metal blanco y duro, se emplea en metalurgia como endurecedor y tiene aplicaciones en las industrias aeroespacial y nuclear. Presente en el aluminio, silicatos, piedras preciosas (esmeralda, aguamarina y crisoberilo) y en ciertos minerales. Símbolo, Be; peso atómico, 9,013; número atómico, 4.

BERILO. Mineral compuesto de silicato de aluminio y berilio (Be3Al2(SiO3)6). Algunas variedades se emplean como gemas, entre ellas la aguamarina y la esmeralda. Diversas aplicaciones químicas y metalúrgicas. Fuente de berilio.
Piedras preciosas 11:398b; Silíceos, minerales 13:242a.

BERING, ESTRECHO DE. Brazo de mar que comunica el océano Glacial Ártico con el Pacífico. A la altura del cabo Dezhniov tiene una anchura aproximada de 85 km.

BERING, MAR DE. Porción más septentrional del océano Pacífico. Abarca una superficie de 2.304.000 km^2.
2:418a; Pacífico, océano 11:198a; *mapa* 2:417a.

BERING, VITUS JONASSEN (1681-1741). Navegante danés que exploró Alaska y demostró que Asia y América no están unidas.
2:418b; Alaska 1:141a; Bering, mar de 2:418a; Siberia 13:229b.

BERIO, LUCIANO (n. en 1925). Compositor italiano. Figura destacada de la música del siglo XX, incorporó en sus composiciones las más avanzadas técnicas de la música electrónica.
2:418b; Música 10:315a.

BERISSO. Ciudad y puerto de la Argentina a orillas del río de la Plata, al sudeste del Gran Buenos Aires. Pesquerías, conservas. Industrias diversas. 58.833 hab. (1980).

BERKELEY. Ciudad y puerto de los Estados Unidos en el est. de California, a orillas de la bahía de San Francisco. Universidad, institutos de investigación. 108.101 hab. (1998).

BERKELEY, GEORGE (1685-1753). Filósofo idealista irlandés, creador de la teoría del «inmaterialismo».
2:419a; Idealismo 8:119a; *ilustración* 2:419b.

BERKELIO. Elemento químico transuránico (sintético), de la serie de los actínidos, en el grupo IIIb de la tabla periódica. Se obtuvo en 1949 por bombardeo de americio con iones de helio en un ciclotrón, de la Universidad de California en Berkeley (EUA). Símbolo, Bk; isótopo más estable, 247; número atómico, 97; vida media, 314 días.
Actínidos 1:39.

BERLAGE, HENDRIK PETRUS (1856-1934). Arquitecto neerlandés. Inició la arquitectura moderna en los Países Bajos. Se caracterizó por el empleo de nuevos materiales (hierro, vidrio, hormigón) y por el rechazo de lo ornamental. Bolsa de Amsterdam (1897-1903).

BERLANGA, LUIS GARCÍA (n. en 1921). Director de cine español. Destacado por sus películas de corte satírico.
2:419b; *ilustración* 2:419b.

BERLICHINGEN, GÖTZ VON (1480-1562). Caballero alemán. Conocido también como Mano de Hierro, apodo debido a la prótesis de ese metal que ocupaba el lugar de su mano derecha, que perdió en el sitio de Landshut. Fue jefe de una partida de rebeldes durante la guerra de los campesinos, y posteriormente combatió en los ejércitos de Carlos V (I de España) contra los turcos y contra Francia. Johann Wolfgang Goethe inmortalizó su nombre en el drama que escribió sobre él.

BERLÍN. Capital de Alemania, atravesada por el río Spree. 3.425.759 hab. (1998).
2:420a; Alemania 1:187a; Socialismo 13:274b; *ilustraciones* 2:420a; 2:421a.

BERLÍN, CONFERENCIA DE. Reunión diplomática celebrada en Berlín en 1884-1885 para dirimir los litigios territoriales surgidos entre las potencias coloniales por el dominio de la cuenca del Congo, en África central. Sentó las bases de un nuevo reparto de África.

BERLÍN, CONGRESO DE. Reunión diplomática celebrada en Berlín en 1878 con participación de las potencias europeas para resolver la crisis internacional surgida tras la firma del tratado de San Stefano entre Rusia y Turquía. Los acuerdos supusieron un deterioro de la estabilidad política en los Balcanes y en el Mediterráneo.
Balcanes 2:320b.

BERLIN, IRVING (1888-1989). Israel Baline, compositor estadounidense nacido en Rusia, de origen judío. Autor de canciones populares, revistas musicales y música para películas. Entre sus más famosas composiciones destacan *Navidades blancas, Sombrero de copa* y *Alexander's Ragtime Band*.

BERLIN, ISAIAH (1901-1997). Ensayista e historiador británico de origen letón. De origen judío y defensor del sionismo, fue uno de los más activos opositores al sistema comunista imperante en la Europa occidental. En su obra rechazó la idea de determinismo y estableció los conceptos de libertad positiva y negativa. *Elogio de la libertad* (1969), *Impresiones personales* (1980).

BERLÍN, MURO DE. Barrera que rodeó el sector occidental de Berlín, Alemania. Comenzó a construirse en la noche del 12 al 13 de agosto de 1961, por acuerdo de la cámara popular de Alemania oriental, para frenar la emigración, especialmente de obreros especializados, hacia la zona aliada. Medía 1.368 km y 3 m de altura. El

10 de noviembre de 1989 fue decretada su demolición.
Berlín 2:421a.

BERLÍN, TRATADO DE. Convenio firmado el 13 de julio de 1878, auspiciado por Otto von Bismarck, con la participación del Reino Unido, Austria, Francia, Italia, Rusia y el imperio otomano. El resultado fue la redistribución de gran parte de Europa oriental y Asia occidental.

BERLINER, EMIL (1851-1929). Inventor estadounidense de origen alemán. En 1877 creó un transmisor telefónico que además podía actuar como receptor. Inventó también el disco horizontal para el gramófono y un motor ligero que fue ampliamente utilizado en aeronáutica.
Sonido e imagen, grabación y reproducción de 13:302a.

BERLINER ENSEMBLE. Compañía teatral germanooriental fundada en 1949 por Bertolt Brecht. Después de la muerte de éste, en 1956, la dirigió su esposa, Hélène Weigel. La compañía se basó en el trabajo colectivo y en la búsqueda de un enfoque social de la representación escénica.
Actor y actuación 1:42a.

BERLINGUER, ENRICO (1922-1984). Político italiano. Secretario general del Partido Comunista Italiano desde 1972 hasta su muerte. Luchó por la independencia del partido frente a Moscú y en general por la adaptación del marxismo a las condiciones locales. Se le considera uno de los forjadores del «eurocomunismo».

BERLIOZ, HECTOR (1803-1869). Compositor francés del período romántico. Autor de óperas y música para orquesta, célebre por la *Sinfonía fantástica.*
2:421b; Música 10:314a; Sinfonía 13:253b; *ilustración* 2:421b.

BERLUSCONI, SILVIO (n. en 1936). Político y empresario italiano. Primer ministro de Italia en 1994 como dirigente del partido conservador Forza Italia, hubo de dimitir en diciembre de ese mismo año por falta de apoyo parlamentario.
2:422a; *ilustración* 2:422a.

BERMEJA, SIERRA. Sistema montañoso español, situado en el sudeste de la prov. andaluza de Málaga. Pertenece a la cordillera Penibética y alcanza su máxima altitud con el pico Encintas (1.472 m).

BERMEJO, BARTOLOMÉ (siglo XV). Bartolomé de Cárdenas, pintor español, activo entre 1474 y 1495. Fue una de las figuras más representativas de la pintura de la edad media española y un maestro de la técnica del óleo. Su estilo muestra influencia de la escuela flamenca. «San Miguel», «Santo Domingo de Silos».

BERMEJO, RÍO. V. **Desaguadero, río.**

BERMEO. Población española de la prov. de Vizcaya, comunidad autónoma del País Vasco, junto al mar Cantábrico. Puerto pesquero. Monumentos medievales. 18.111 hab. (1996).

BERMUDAS. Islas del océano Atlántico, colonia británica con autogobierno, al este del cabo Hatteras. Cap. Hamilton. 54 km^2. 61.700 hab. (1997).
2:422b; *ilustración* 2:423a.

BERMUDAS, ANTICICLÓN DE LAS. Centro de altas presiones atmosféricas veraniegas sobre el Atlántico norte. Se forma a partir del anticiclón de las Azores, y al oeste del mismo.

BERMÚDEZ, FRAY JERÓNIMO DE (h. 1530-1599). Escritor español. Firmó con el seudónimo de Antonio de Silva. Dominico, fue autor de dos dramas poéticos de estructura clásica que recreaban el personaje de doña Inés de Castro. *Nise lastimosa* (1571), *Nise laureada* (1577).

BERMÚDEZ, JUAN (n. en 1495). Navegante español. En 1522 llegó a las Bermudas, archipiélago al que, según el historiador Gonzalo Fernández de Oviedo, dio nombre.
Bermudas 2:423a.

BERMÚDEZ, PEDRO PABLO (1793-1852). Militar y político peruano. Participó en la lucha por la independencia y en 1834 ocupó durante cuatro meses la presidencia de la república.

BERMÚDEZ DE PEDRAZA, FRANCISCO (1585-1655). Historiador y jurisconsulto español. Catedrático y rector de la Universidad de Granada y canónigo de la catedral de esta ciudad andaluza. *Historia eclesiástica de Granada* (1638).

BERMUDO I (m. h. el 797). Rey de Asturias (788-h. el 791), llamado «el Diácono». Vencido por las tropas de Yusuf ibn Bujt en la confluencia de los ríos Valcárcel y Burbia, abdicó en favor de su sobrino Alfonso II.

BERMUDO II (h. el 956-999). Rey de Galicia y León, llamado «el Gotoso». La nobleza gallego-portuguesa, sublevada contra Ramiro III, lo elevó al trono. Conquistó León apoyado por Almanzor. Enemistado con éste, se vio forzado a refugiarse en Galicia. Recuperó León en el 990, pero fue atacado de nuevo.

BERMUDO III (1016-1037). Rey de León. Hijo de Alfonso V. Urraca de Navarra, su madrastra, fue reina regente hasta su mayoría de edad (1032). Su breve reinado fue una continua lucha contra la rebeldía de los navarros de la corte leonesa y el rey Sancho III el Mayor de Navarra. Se refugió en Galicia. Recuperado su reino, se enfrentó a Fernando I de Castilla y murió en combate.

BERMUDO, JUAN (h. 1510-h. 1565). Musicólogo español. Perteneciente a la orden franciscana, estudió en la Universidad de Alcalá de Henares y fue autor de obras sobre teoría musical. Relacionado con el compositor sevillano Cristóbal Morales. *Declaración de instrumentos* (1549-1555).

BERNA. Capital de Suiza. 123.254 hab. (1999).
2:423b; *ilustración* 2:423b.

BERNA, CONVENCIÓN DE. Acuerdo sobre derechos de autor, adoptado en 1886 para la protección internacional de los derechos literarios y artísticos. En 1896 fue modificado y completado con un acta y una declaración internacional. Sufrió nuevas enmiendas adicionales con las actas de Berlín (1908) y Roma (1928).
Autor, derechos de 2:245b.

BERNABÉ, SAN (siglo I). Misionero cristiano. De origen chipriota, fue tío del apóstol san Marcos. Se convirtió al cristianismo y acompañó a san Pablo en su apostolado en Antioquía, en donde posiblemente fundó su comunidad. Posteriormente viajó con san Marcos a Chipre.

BERNADES, MIGUEL (1708-1771). Botánico español. Ejerció como médico del rey Carlos III y fue director del jardín botánico de Madrid. *Principios de botánica* (1767).

BERNADETTE DE LOURDES, SANTA (1844-1879). Marie-Bernarde Soubirous, campesina francesa que, a partir de 1858, tuvo visiones de la Virgen que convirtieron a la población de Lourdes en uno de los más importantes centros de peregrinación de la Europa católica. En 1866 ingresó en las hermanas de la Caridad de Nevers. Fue canonizada en 1933 por el papa Pío XI.

BERNADOTTE, FOLKE, CONDE DE (1895-1948). Militar, filántropo y diplomático sueco. Como cabeza de la Cruz Roja sueca salvó la vida a más de veinte mil reclusos en los campos alemanes de concentración en la segunda guerra mundial. Mediador de las Naciones Unidas en la guerra de 1948 entre árabes e israelíes en Palestina, fue asesinado por extremistas judíos.

BERNADOTTE, JEAN-BAPTISTE (1763-1844). Mariscal de Napoleón. Participó en varias campañas entre 1805 y 1809. En 1813 se unió a los suecos e intervino en la batalla de Leipzig en alianza con Rusia, el Reino Unido y Prusia. Cinco años más tarde fue coronado rey de Suecia y Noruega, tras la muerte de Carlos XIII. Accedió al trono con el nombre de Carlos XIV Juan. Fundador de la dinastía Bernadotte.
Suecia 13:345a.

BERNAL, EMILIA (1884-1964). Escritora cubana. Autora de poesías: *Alma errante* (1916), *Como los pájaros* (1919); y ensayos: *Cuestiones cubanas* (1928), *Martí por sí mismo* (1935).

BERNAL, HERACLIO (h. 1855-1888). Guerrillero mexicano, conocido como el Rayo de Sinaloa. De origen minero, participó en rebeliones y realizó numerosas acciones de sabotaje contra compañías mineras, preferentemente extranjeras. Fue capturado y muerto tras haberse ofrecido una recompensa por su rescate.

BERNÁLDEZ, ANDRÉS (h. 1450-1513). Historiador español. Párroco de la pequeña población sevillana de Los Palacios, fue autor de una crónica del reinado de los Reyes Católicos, *Historia de los Reyes Católicos*, publicada en 1856. Mediante un estilo claro, la obra intentaba llegar al pueblo llano.

BERNALDO DE QUIRÓS, CESÁREO (1879-1968). Pintor argentino. Creador de cuadros de grandes dimensiones en los que plasmaba figuras y paisajes de su tierra natal, Entre Ríos. Fue becario en Roma y permaneció algún tiempo en España y Francia. Presidente de la Academia Nacional de Bellas Artes (1937-1938). «Lanzas y guitarras», «Tortas y carretas», «El juez federal».

BERNALDO DE QUIRÓS, CONSTANCIO (1873-1960). Sociólogo y jurista español. Exiliado a América en 1939, fue profesor de criminología y derecho penal en Santo Domingo y en México. *Las nuevas teorías de la criminalidad* (1898), *Criminología del campo andaluz: el bandolerismo* (1934).

BERNALES, JOSÉ CARLOS (1864-h. 1943). Político peruano. Ocupó en diferentes momentos el puesto de senador en el período comprendido entre 1901 y 1919, y en 1917 fue elegido presidente del Senado. Intentó acceder a la presidencia del país en 1919. Fue desterrado al triunfar el golpe militar de Augusto Bernardino Leguía.

BERNAL GARCÍA, IGNACIO (1910-1992). Arqueólogo y antropólogo mexicano. Profesor universitario, director de la Escuela Nacional de Antropología e Historia y del Museo Nacional de Antropología de México, ganó fama internacional por sus excavaciones en el yacimiento zapoteca de Monte Albán.

BERNAL JIMÉNEZ, MIGUEL (1910-1956). Compositor y musicólogo mexicano. Autor de varios ballets, como *Navidad en Pátzcuaro* y *Tingambato*, y del poema sinfónico *Noche en Morelia.* Destacado organista.

BERNANOS, GEORGES (1888-1948). Novelista francés. Uno de los escritores católicos más originales e independientes de su tiempo, en su obra literaria abordó principalmente el tema de la lucha del hombre contra las fuerzas del mal, conflicto que constituyó la trama argumental de su novela más famosa, *Diario de un cura rural* (1936).
Poulenc, Francis 12:109a.

BERNAOLA, CARMELO ALONSO (1929-2002). Compositor español. Desarrolló una importante labor en la vanguardia musical española, principalmente en la música de escena y cinematografía. Recibió el Premio Nacional de Música en 1962. *Picolo concerto, Constantes, Sinfonietta progresiva.*

BERNARD, CLAUDE (1813-1878). Médico francés, autor de notables contribuciones a la fisiología como ciencia independiente y experimental.
2:424a; Fisiología 6:317b; Inseminación artificial 8:224b; Medicina 10:30b; *ilustración* 2:424a.

BERNARD, ÉMILE (1868-1941). Pintor francés. Integrante de la escuela de Pont-Aven, desarrolló una técnica pictórica basada en la utilización de colores planos sobre contornos marcados. Perteneció al círculo de amigos de Paul Gauguin, Vincent van Gogh y Paul Cézanne, con quienes estableció una interesante correspondencia.

BERNARDES, ARTUR DA SILVA (1875-1955). Abogado y político brasileño, presidente de la república entre 1922 y 1926. Durante su gobierno, Brasil abandonó la Sociedad de Naciones.
Brasil 3:159b.

BERNARDES, DIOGO (1530-1605). Poeta portugués, servidor en la corte de Lisboa. El rey Felipe II le concedió una pensión tras rescatarlo de la prisión de Alcazarquivir, Marruecos. Su obra reflejó influencias de Petrarca, Garcilaso de la Vega, Juan Boscán y Virgilio. *Varias rimas al buen Jesús* (1594), *Flores de Lima* (1596).

BERNARDES, MANUEL (1644-1710). Escritor y predicador portugués. Perteneció a la congregación de san Felipe Neri. *Nueva floresta, Luz y calor.*
Portuguesa, literatura 12:102a.

BERNARDES, SÉRGIO (n. en 1919). Arquitecto brasileño. Autor entre otras obras del pabellón de Brasil de la Exposición Universal de Bruselas (1958) y del Centro de Recursos Humanos de Brasilia (1971-1972), está considerado como una de las figuras más destacadas del panorama arquitectónico brasileño del siglo XX. *Ciudad; la supervivencia del poder* (1975).

BERNÁRDEZ, FRANCISCO LUIS (1900-1979). Poeta argentino. Destacó por su obra lírica de temática religiosa.
2:424b.

BERNARDIN DE SAINT-PIERRE, JACQUES-HENRI (1737-1814). Escritor francés. Su amistad con Jean-Jacques Rousseau influyó grandemente en su obra *Estudios de la naturaleza* (1784). Su obra más conocida es *Pablo y Virginia* (1788), en donde exaltó el amor natural y primitivo.

BERNARDO DE CHARTRES (m. en 1130). Humanista y filósofo francés, cuyo pensamiento se conoce a través de las obras de sus discípulos. Su doctrina, denominada realismo metafísico, acusaba una notable influencia de Platón. Canciller de Chartres entre 1119 y 1124.

BERNARDO DE CLARAVAL, SAN (1090-1153). Doctor de la iglesia y fundador de la abadía cisterciense de Claraval (Clairvaux), Francia.
3:1a; Misticismo 10:193a; Órdenes religiosas 11:131a; Órdenes religiosas militares 11:132b; *cuadro* 3:1b; *ilustración* 3:1a.

BERNARDO DE CLUNY (siglo XII). Poeta y moralista neoplatónico francés. Monje de la abadía de San Salvador de Aniane, desde 1125 residió en la abadía benedictina de Cluny. Autor de la obra poética *De contemptu mundi* (h. 1140) y de la colección de normas monásticas *Consuetudines cluniacenses.*

BERNARDO DE HOLANDA (n. en 1911). Príncipe de los Países Bajos. Perteneciente a la familia Lippe-Biesterfeld, contrajo matrimonio en 1937 con la princesa Juliana (reina 1948-1980). Durante la segunda guerra mundial fue comandante en jefe del ejército holandés y, tras la ocupación, participó activamente en la resistencia contra los alemanes. Estudioso de la cultura hispánica, fue nombrado académico honorario de la Real Academia Española, y fundó en su país el Instituto de Estudios Hispánicos.

BERNARDO DEL CARPIO. Héroe legendario español, puesto en duda como personaje real por los historiadores. Su leyenda y hazañas están recogidas en la *Crónica general* de Alfonso X el Sabio. La tradición lo señala como el héroe que dio muerte a Roldán en Roncesvalles. Sirvió de inspiración para literatos como Félix Lope de Vega, Bernardo de Balbuena y Juan de la Cueva, entre otros.

BERNARDO DE SEPTIMANIA (m. en el 844). Noble franco, conde de Barcelona y otros territorios de Cataluña y el sur de Francia. Contuvo una insurrección de nobles catalanes apoyados por fuerzas musulmanas y apoyó al emperador franco Ludovico Pío en las luchas contra sus hijos. Carlos el Calvo lo capturó en Tolosa y lo mandó ejecutar.

BERNART DE VENTADORN (m. h. 1195). Trovador provenzal. Su poesía está considerada como la más bella realizada en esta lengua. Se desconocen los datos de su vida, excepto que residió en la corte de Leonor de Aquitania. Escribió gran número de trovas, de las que perduran 45, y 19 composiciones musicales.

BERNHARD, THOMAS (1931-1989). Escritor austriaco. Ofreció en sus narraciones una visión dramática de la sociedad del siglo XX y especialmente de los problemas de los marginados. Escribió también obras teatrales y poesía. *In ora mortis* (1958), *Hielo* (1963), *Antes del retiro* (1979), *El sobrino de Wittgenstein* (1988).

BERNHARDT, SARAH (1844-1923). Henriette-Rosine Bernard, actriz francesa. Una de las máximas figuras de la escena teatral europea.
3:1b; Actor y actuación 1:42a; *ilustración* 3:1b.

BERNI, ANTONIO (1905-1981). Pintor argentino, muy influido por la pintura renacentista italiana y el muralismo mexicano. Sus cuadros, de gran tamaño, acusan fuerte realismo: «Paisajes», «Chacarero» y «La plaza de la aldea» son sus principales obras.

BERNI, FRANCESCO (1498-1535). Poeta italiano. Estudió en Florencia, donde estuvo al servicio del cardenal Bernardo Dovizi da Bibbiena. Su primer trabajo fue la *Refundición del «Orlando enamorado».* Posteriormente se inició su período más prolífico bajo el mecenazgo de Hipólito de Medicis. Su obra se caracteriza por su viveza estilística y gran inventiva, a veces de carácter cómico, llegando a la sátira en algunos de los personajes de sus *Sonetos. La Catrina* (1567), *Diálogo contra los poetas* (1527).

BERNINI, GIAN LORENZO (1598-1680). Arquitecto, escultor, decorador y pintor italiano. Figura dominante del barroco del siglo XVII.
3:2a; Arquitectura 2:111b; Barroco, arte 2:357b; San Pedro de Roma 13:143b; Urbanismo 14:193a; *ilustración* 3:2a.

BERNIS, FRANCISCO (1877-1933). Profesor y economista español. Catedrático de economía política en la Universidad de Salamanca. Autor de tratados y monografías de economía española. Doctor en derecho. *Consecuencias económicas de la guerra* (1923), *La capacidad de desarrollo de la economía española* (1925).

BERNIS, FRANÇOIS-JOACHIM DE PIERRE DE (1717-1794). Prelado y estadista francés. Secretario de negocios extranjeros (1757-1758) y embajador en Roma (1769-1794), fue nombrado cardenal en 1758 y arzobispo de Albi en 1764. Intervino en la supresión de la Compañía de Jesús en 1773 y fue un firme opositor de la constitución civil del clero impuesta tras la revolución francesa.

BERNOULLI, DANIEL (1700-1782). Físico, matemático y médico suizo. Hijo de Johann Bernoulli, fue profesor en San Petersburgo (Rusia) y Basilea (Suiza) en distintas materias científicas. Sus estudios sobre hidrodinámica le llevaron a enunciar los que son conocidos como teoremas de Bernoulli.
Bernoulli, familia 3:3a; Mecánica de fluidos 10:17a.

BERNOULLI, FAMILIA. Familia de científicos suizos a la que pertenecieron varios destacados matemáticos y físicos, entre ellos Jakob Bernoulli (1655-1705), célebre por sus aportaciones en el campo del cálculo de probabilidades, y Daniel Bernoulli (1700-1782), autor de notables estudios en hidrodinámica.
3:2b; *ilustración* 3:2b.

BERNOULLI, JAKOB (1655-1705). Matemático suizo. Profesor en la Universidad de Basilea, desarrolló sus investigaciones sobre materias como el cálculo infinitesimal, los logaritmos, las ecuaciones diferenciales, las probabilidades, etc. Enunció el teorema de Bernoulli. *Pensamientos sobre el firmamento* (1682), *Análisis del gran problema del isoperímetro* (1701), *El arte de conjeturar* (1713).
Bernoulli, familia 3:2b.

BERNOULLI, JOHANN (1667-1748). Matemático suizo. Sucedió a su hermano Jakob como profesor de matemáticas en la Universidad de Basilea. Fundador del cálculo exponencial y estudioso del cálculo diferencial (ecuación diferencial de Bernoulli). Maestro de Leonhard Euler.
Bernoulli, familia 3:3a.

BERNOULLI, TEOREMA DE. En hidrodinámica, relación entre la presión, la velocidad y la elevación en un fluido en movimiento. Postulado en 1738 por el físico suizo Daniel Bernoulli, el teorema implica que la energía mecánica total de un fluido en movimiento se mantiene constante.
Bernoulli, familia 3:3a.

BERNSTEIN, BASIL (n. en 1924). Sociolingüista británico. Estudioso de la relación entre la utilización del lenguaje y las diferencias sociales, dedicó especial atención al lenguaje de los niños de las clases trabajadoras. *Clase social, lenguaje y comunicación* (1971-1977).
Sociolingüística 13:282b.

BERNSTEIN, EDUARD (1850-1932). Economista alemán. Rebatió en sus estudios la teoría marxista sobre la caída del capitalismo.
3:3a; Luxemburgo, Rosa 9:251b; Marxismo 9:401a; Obrero, movimiento 11:64a; Socialismo 13:276a.

BERNSTEIN, ELMER (n. en 1922). Compositor estadounidense. En sus inicios trabajó para la televisión y la radio y luego se dedicó a componer música para películas cinematográficas. Destacó por la espectacularidad de sus arreglos musicales y se inspiró en la música estadounidense del siglo XX. *El hombre del brazo de oro* (1955), *Hoodlum* (1997).

BERNSTEIN, LEONARD (1918-1990). Director de orquesta y compositor estadounidense. Autor de muy diversas composiciones, alcanzó extraordinaria popularidad con su comedia musical *West Side Story* (1957; *Amor sin barreras*).

BERNSTORFF, FAMILIA. Poderosa familia alemana-danesa de los siglos XVIII y XIX. Destacaron en ella: Andreas Peter (1735-1797), ministro danés de asuntos exteriores; Christian Günther (1769-1835), diplomático tanto para Dinamarca como para Prusia, arquitecto de la unión aduanera alemana; Johann-Heinrich (1862-1939), diplomático alemán que trató de impedir la entrada de los Estados Unidos en la primera guerra mundial.

BEROSO (siglo III a.C.). Historiador y astrónomo caldeo. Difundió sus conocimientos sobre la civilización mesopotámica en *Babilónicas,* tratado de historia en tres libros que se conoce por fragmentos en obras de Flavio Josefo y Eusebio de Cesarea.

BERREDO, HILTON (n. en 1954). Artista brasileño. Exponente del nuevo surrealismo conceptual, aplicado al arte de instalación. Emplea el caucho como material de construcción.

BERRENDO. Mamífero artiodáctilo de la familia de los antilocápridos (*Antilocapra americana*). Es el único antílope que muda los cuernos con regularidad. Vive en ciertas regiones de pradera de Norteamérica.
Artiodáctilos 2:135.

BERRETA, TOMÁS (1875-1947). Político uruguayo. Elegido presidente de la república en 1947, murió poco después de tomar posesión.

BERRÍO, PEDRO JUSTO (1827-1875). Político colombiano, muy activo durante la guerra civil de 1860, en el bando de Mariano Ospina Rodríguez. Gobernador del estado de Antioquia entre 1863 y 1873, impulsó notablemente el desarrollo de esa región.

BERRO. Planta herbácea de la familia de las crucíferas (*Nasturtium officinale*). Dicotiledónea. Hojas compuestas de sabor picante que se consumen en ensaladas. Crece en las proximidades de cursos de agua y terrenos húmedos.

BERRO, BERNARDO (h. 1800-1868). Político y escritor uruguayo. Ocupó la presidencia de la república de 1860 a 1864. Murió asesinado en Montevideo.
Flores, Venancio 6:331a.

BERROCAL, MIGUEL ORTIZ (n. en 1933). Escultor español. Autor del monumento a Pablo Picasso en los Campos Elíseos de París. Sus obras se caracterizan por ser desmontables o compuestas por varias piezas. Autor de serigrafías.

BERRUGUETE, ALONSO (h. 1488-1561). Pintor y escultor español. Hijo de Pedro Berruguete, fue uno de los grandes maestros de la escultura renacentista española.
3:3b; Manierismo 9:328b; Salamanca 13:94a; *ilustración* 3:3b.

BERRUGUETE, PEDRO (h. 1450-1504). Pintor español, introductor en Castilla de las técnicas renacentistas italianas.
3:4a; Berruguete, Alonso 3:3b; *ilustraciones* 3:4a-b.

BERRY. Antigua provincia francesa, cuya capital era Bourges. Actualmente se encuentra repartida entre los departamentos de Cher e Indre. En 1101 los vizcondes de Bourges vendieron el territorio a la corona francesa. Enrique II de Inglaterra lo anexionó posteriormente, hasta que volvió a Francia después de 1360 como dependencia real. En 1601 se integró definitivamente en el reino.

BERRY, CHUCK (n. en 1926). Charles Edward Anderson Berry, compositor y cantante de música popular, pionero del *rock and roll.* Dirigió un trío de *blues* en Saint Louis y Chicago. Actuó en el cine. Autor de *Roll over Beethoven* y *Memphis.*

BERRY, JUAN DE FRANCIA, DUQUE DE (1340-1416). Tercer hijo del rey Juan II el Bueno y gran mecenas de las artes. Controló casi un tercio del territorio francés durante el período intermedio de la guerra de los cien años (1337-1453).

BERRYMAN, JOHN (1914-1972). Poeta estadounidense. Estudió en la universidad británica de Cambridge y fue profesor en la Universidad Estatal Wayne. *Poemas* (1942), *Homenaje a la señora Bradstreet* (1956), *Amor y fama* (1970).

BERSABEE. V. **Beersheba.**

BERTHELOT, MARCELLIN (1827-1907). Químico francés, autor de diversos trabajos sobre química orgánica y termoquímica.
3:5a; Werner, Alfred 14:363a; *ilustración* 3:5a.

BERTHOLLET, CLAUDE-LOUIS (1749-1822). Químico francés, descubridor de las propiedades decolorantes del cloro y los efectos explosivos de los cloratos.
3:5b.

BERTILLON, ALPHONSE (1853-1914). Policía francés. Creó un sistema de identificación criminal, llamado «bertillonaje» o antropometría judicial, que alcanzó un extenso uso en Francia y otros países.

BERTO, AL (1948-1997). Poeta portugués, de inspiración intimista. *Trabajo de mirar* (1982), *Una existencia de papel* (1985).

BERTOIA, HARRY (1915-1978). Escultor y diseñador estadounidense de origen italiano. Emigrado a los Estados Unidos en 1930, diseñó en 1952 la famosa silla que lleva su nombre. Realizó esculturas monumentales y pantallas escultóricas de metal, así como «esculturas sonoras», estructuras móviles que, accionadas manualmente o por el viento, emiten sonidos.

BERTOLUCCI, BERNARDO (n. en 1940). Director cinematográfico italiano. Su polémica película *El último tango en París* lo convirtió en una de las figuras más discutidas del cine mundial.
3:5b; *ilustración* 3:6a.

BERTONI, MOISÉS (1857-1929). Naturalista paraguayo. Estudió en Suiza y destacó por sus investigaciones y estudios sobre botánica, arqueología y etnología de Paraguay. *Descripción física del Paraguay, Civilización guaraní.*

BERTRANA, PRUDENCI (1867-1941). Novelista y dibujante español. Cultivó un estilo vigoroso en su narrativa, y escribió también algunas obras de teatro, aunque con menor éxito. En 1931 ganó el Premio Creixells por su novela *El heredero.* Colaboró con varios periódicos, como *La Veu de Catalunya. Josafat* (1905), *Naufrags* (1907), *Ernestina* (1910), *Proses Bàrbares* (1909).

BERTRAND, ALOYSIUS (1807-1841). Louis Bertrand, escritor francés. Su obra más conocida es *Gaspar de la noche,* publicada en 1842, que introdujo en las letras de su país el poema en prosa e inspiró a Charles Baudelaire y a los poetas simbolistas.

BERTRAND, FRANCISCO (m. en 1926). Político hondureño. Presidente provisional en 1911, y constitucional desde 1913 hasta 1919. Su gobierno se caracterizó por una política conciliadora.

BERTRÁN DE BORN (h. 1140-h. 1214). Trovador de Aquitania. Se opuso a Enrique II de Inglaterra en favor del hijo de éste, Enrique. De su producción se conservan algunas poesías de tema sentimental y político.

BERTSOLARISMO. Tradición poética vasca, de carácter popular y en lengua vascuence, basada en improvisación de cantos y poemas entre varias personas. De temas variados, se improvisa como una pugna en verso a partir de la intervención de uno de los bertsolaris. Desde 1930 se organiza a modo de concurso público.

BERUETE Y MORET, AURELIANO (1845-1912). Pintor y crítico de arte español. Alumno de Carlos Haes, su pintura sobresale especialmente por los paisajes, realizados con una técnica muy personal y una paleta rica en colores. Como crítico de arte escribió una obra sobre Diego Velázquez, así como diversos libros sobre Francisco de Goya. «Orillas del Manzanares», «Vista de Toledo».

BERUTTI, ANTONIO LUIS (1772-1842). Político argentino, redactor de la petición al cabildo de Buenos Aires de constituir una Junta para gobernar el virreinato del Río de la Plata. Adscrito al bando unitario, fue gobernador de la provincia de Tucumán y ministro de guerra. Intervino con José de San Martín en las guerras independentistas argentinas. Prisionero después de la batalla de Rodeo del Medio, murió un año después.

BERUTTI, ARTURO (1862-1938). Compositor argentino. Se formó en el conservatorio de Leipzig. Dio a conocer en su país una serie de óperas de estilo italiano, aunque inspiradas en motivos vernáculos; algunas de ellas tenían libreto en italiano. *Vendetta, Sinfonía argentina, Yupanqui* y *Los héroes.*

BERZELIUS, JÖNS JACOB (1779-1848). Químico sueco, considerado como uno de los creadores de la química moderna.
3:6a; Elemento 5:376b; Silicio 13:243a.

BES. En la mitología egipcia de la época helenística, genio protector de los recién nacidos y de las parturientas. También se conoce con el mismo nombre al dios de la alegría.

BESALÚ, CONDADO DE. Territorio histórico ubicado en la provincia española de Gerona, que perteneció a la Marca Hispánica. Lo recibió Wifredo el Velloso en el año 898, y pasó a Ramón Berenguer, conde de Barcelona, en el 1112.

BESANÇON. Ciudad de Francia, cap. del dep. de Doubs, reg. del Franco Condado, a orillas del río Doubs. Una de las más antiguas de las Galias. Industria relojera. Museo de bellas artes, universidad. Cuna de Victor Hugo. 117.304 hab. (1999).

BESANT, ANNIE (1847-1933). Teósofa británica. Fue presidenta de la Sociedad Teosófica durante más de veinte años. Escribió numerosas obras sobre teosofía y cristianismo y fundó el Colegio Central de Benarés (India).

BESANTE. Moneda bizantina de gran difusión en Europa en la época de las cruzadas.

BESARABIA. Región de Moldova (Moldavia), a orillas del mar Negro, regada por los ríos Prut y Dniéster. Limítrofe con Rumania, de la cual formó parte hasta 1940. Agricultura, viñedos; ganado bovino.
Moldova (Moldavia) 10:213a; Rumania 13:38a; Rusia 13:64a.

BESAYA, RÍO. Curso fluvial español de la prov. de Santander. Nace en Reinosa y desemboca en el Cantábrico a través de la ría de Suances. 34 km de recorrido.

BESHT. V. **Baal Shem Tov.**

BESSA LUÍS, MARIA AGUSTINA (n. en 1922). Novelista portuguesa. Autora de relatos breves fuertemente influidos por Marcel Proust y Franz Kafka. Su novela *La sibila* (1954) fue galardonada con el premio Eça de Queirós. *Los incurables* (1956), *La muralla* (1957).
Portuguesa, literatura 12:103a.

BESSARION, JUAN (1403-1472). Humanista y teólogo bizantino. Arzobispo de Nicea en 1437, fue nombrado cardenal (1439) por el papa Eugenio IV y, posteriormente, se convirtió en patriarca de Constantinopla (1463). Defendió la unión de las iglesias ortodoxa y romana (concilio de Ferrara-Florencia). Gracias a la donación de sus libros se inició la Biblioteca de San Marcos en Venecia.

BESSEL, FRIEDRICH WILHELM (1784-1846). Astrónomo y matemático alemán. Aportó notables contribuciones a la astronomía posicional, la geodesia y la mecánica celeste.
3:6a.

BESSEMER, HENRY (1813-1898). Ingeniero británico, inventor del método de fundición que lleva su nombre.
3:6b.

BESSEMER, MÉTODO. Primer procedimiento inventado para la producción masiva de acero a partir del hierro. Convierte el arrabio fundido procedente de la mena férrica en acero mediante un baño metálico y la inyección de aire.
Bessemer, Henry 3:6b; Hierro y acero 7:406b; Tecnología 13:415a.

BESSENYEI, GYÖRGY (1747-1811). Escritor húngaro. De familia protestante, entre 1765 y 1782 vivió en la corte vienesa, en donde se adentró en el pensamiento y las nuevas ideas europeas de la época. Fue autor de obras teatrales, ensayos filosóficos y una novela escrita en lengua húngara que introdujeron las formas y concepciones de la Ilustración en su país. *La tragedia de Agis* (1772), *El viaje de Tarimenes* (1802-1804), *El ermitaño de Bihar* (1811).
Húngara, literatura 8:99a.

BESSO (m. h. el 329 a.C.). Gobernador aqueménida de las satrapías de Bactriana y Sogdiana durante el reinado de Darío III de Persia, a quien asesinó. Ocupó el trono con el nombre de Artajerjes IV. Vencido por Alejandro, murió ejecutado, acusado de regicidio.

BEST, CHARLES H. (1899-1978). Fisiólogo canadiense. Participó con Frederick Banting en el aislamiento de la insulina. Desde 1922 trabajó en el laboratorio de investigación médica de la Universidad de Toronto. Fue profesor de fisiología y sucedió a Banting en su cátedra. *Secreciones internas del páncreas* (1922).
Banting, Frederick Grant 2:342b.

BESTEIRO, JULIÁN (1870-1940). Político español. Fue catedrático de lógica de la Universidad de Madrid de 1912 a 1936. Perteneciente al Partido Socialista Obrero Español, fue procesado y condenado a cadena perpetua en 1917. Elegido diputado a Cortes en 1918, fue liberado. Durante la guerra civil participó activamente en el Consejo de Defensa Nacional, encargado de negociar una rendición digna con las tropas nacionales. Murió en prisión.

BEST-SELLER. Expresión inglesa aplicable a los libros que, por su calidad, temática o apoyo publicitario, han alcanzado fuertes ventas.

BESUGO. Pez osteictio perciforme de la familia de los espáridos (*Pagellus centrodontus*). Su carne es blanca y de sabor delicado.

BETA. Segunda letra del alfabeto griego que corresponde a la *b* latina (B, r).

BETA, RAYOS. Electrones emitidos por determinados átomos, bien espontáneamente o por excitación externa.
Blindaje contra radiaciones 3:73b; Radiactividad 12:245b.

BETABEL. V. **Remolacha**.

BETANCES, RAMÓN EMETERIO (1830-1898). Médico y político puertorriqueño. Luchó por la emancipación de Puerto Rico y Cuba y por la abolición de la esclavitud.

BETANCOURT, RÓMULO (1908-1981). Político venezolano. Cofundador del partido Acción Democrática y presidente por elección desde 1959 hasta 1964.
3:7a; Leoni, Raúl 9:122a; Venezuela 14:267a; *ilustración* 3:7b.

BETANCUR, BELISARIO (n. en 1923). Periodista y político colombiano. Ocupó la presidencia de la república de 1982 a 1986.
3:7b; Turbay Ayala, Julio César 14:153b; *ilustración* 3:7b.

BETANZOS. Población española de la prov. de La Coruña. Se levanta al lado de la ría de Betanzos. Producción de cereales, papas o patatas y hortalizas; ganado bovino y porcino; industrias textiles. 11.871 hab. (1996).

BETANZOS, FRANCISCO DE (h. 1491-1549). Misionero español. Fue el introductor de la orden dominica en México y Guatemala. Renunció al cargo de obispo de Guatemala y fue provincial de la orden entre 1535 y 1538.

BETANZOS, JUAN DE (h. 1510-1576). Historiador y traductor español. Muy joven marchó al Perú, donde se desempeñó como intérprete de Cristóbal Vaca de Castro. Recopiló las tradiciones peruanas y bolivianas en un volumen llamado *Suma y narración de los incas*. Tradujo el *Catecismo* al quechua.

BETATRÓN. Acelerador circular de partículas que produce electrones o rayos X de millones de electronvoltios sin usar voltajes excesivamente altos. Opera por el principio de inducción. Se usa en investigación física, en la industria para obtener radiografías de alta penetración y en medicina para el tratamiento del cáncer.

BETEL (BOTÁNICA). Nombre de dos plantas (*Areca catechu* y *Piper betle*) cuyas nueces y hojas se mastican como estimulantes en Asia meridional y sudoriental.

BETEL (HISTORIA). Santuario situado al norte de Jerusalén e identificado con la actual población de Beitin. En él se adoraba a Bet-El y albergaba una encina sagrada; posteriormente los israelitas introdujeron el culto a Yahvé. Allí acampó Abraham y tuvo lugar la visión de Jacob.

BETELGEUSE. La estrella más brillante de la constelación de Orión. Supergigante rojo-amarilla, variable entre primera y segunda magnitud. Dista unos 500 años luz del Sol.

BETHE, HANS ALBRECHT (n. en 1906). Físico estadounidense de origen alemán. Premio Nobel en 1967 por su contribución a la teoría de las reacciones nucleares, referente a la producción de energía en las estrellas.

BETHENCOURT, JUAN DE (h. 1359-1442). Navegante francés, explorador de las islas Canarias. En 1403 conquistó el archipiélago para Enrique III de Castilla, que lo hizo rey feudatario. Quince años después, vendió sus posesiones al duque de Niebla.

BETHENCOURT Y MOLINA, AGUSTÍN (1758-1824). Ingeniero español. Desempeñó sus actividades en Rusia, donde brilló bajo el patronato del emperador Alejandro I. Construyó el mercado de Nijni-Nóvgorod y el Picadero de Moscú y organizó el Colegio de Ingenieros Hidráulicos y la Escuela de Ciencias. *Memoria sobre la fuerza expansiva del vapor de agua* (1790).

BETHLEN, ISTVÁN (1874-1946). Político húngaro. Acaudilló la oposición al régimen comunista de Béla Kun. Derrocado este último, fue nombrado primer ministro durante la regencia de Miklós Horthy, puesto que ocupó entre 1921 y 1931. Llevó a cabo una política conservadora e intentó la revisión del Tratado de Trianon (1920), por el que Hungría había perdido territorio. Fue deportado a la Unión Soviética en 1945.
Hungría 8:104b.

BETHMANN-HOLLWEG, THEOBALD VON (1856-1921). Canciller imperial alemán antes y durante la primera guerra mundial. Fue el primer representante de la burocracia administrativa alemana que accedió a este cargo. Se opuso a la declaración de guerra (agosto, 1914).

BÉTICA. Provincia romana en la región meridional de la Península Ibérica regada por el Betis (Guadalquivir). Sus límites correspondían, aproximadamente, a los de la actual Andalucía.

BÉTICAS, CORDILLERAS. Sistema montañoso español que se extiende desde el estrecho de Gibraltar hasta el cabo de la Nao, y en el que se eleva el pico más alto de la península ibérica, el Mulhacén (3.478 m), en sierra Nevada. A lo largo de su recorrido, en sentido nordeste-sudoeste, presenta un aspecto caótico e informe. Las cordilleras Béticas incluyen los sistemas Subbético y Penibético y forman el borde sur de la meseta castellana.
España 6:64b.

BETSABÉ. Según el Antiguo Testamento de la *Biblia*, mujer israelita, esposa de Urías. Atraído por su belleza, David provocó la muerte de su marido y la desposó. De esta unión nacieron varios hijos, entre ellos Salomón.
Salomón, rey 13:100a.

BETTELHEIM, BRUNO (1903-1990). Psicólogo estadounidense de origen austriaco. Tras pasar dos años en un campo de concentración nazi, marchó a los Estados Unidos donde, como investigador de la Universidad de Chicago, estableció novedosos métodos terapéuticos para ayudar a niños con problemas emocionales, en especial los que padecían de autismo. Se suicidó. *Con amor no basta* (1950), *La fortaleza vacía* (1967).

BETTI, UGO (1892-1953). Dramaturgo italiano. Inició su carrera teatral en 1927 con la obra *El ama*. En 1941 obtuvo el premio de teatro de la Academia de Italia. En sus obras analiza al hombre y a la sociedad para tratar de conocer su naturaleza. También escribió poesía y narrativa, si bien destacó especialmente en el drama lírico-simbolista que iniciara Luigi Pirandello. *Derrumbe en la estación Norte* (1933), *Corrupción en el Palacio de Justicia* (1949), *La fugitiva* (1953).
3:8a.

BETÚN. Compuesto líquido, sólido o pastoso producido por mezcla de diversos hidrocarburos, constituidos por carbono e hidrógeno. Se emplea en pintura y otros usos. Entre sus múltiples variedades destaca el betún de Judea.

BEUST, FRIEDRICH VON (1809-1886). Político austriaco. Primer ministro y titular de la cartera de exteriores de Sajonia (1858-1866) y del imperio austriaco (1867-1871). Negoció en 1867 el establecimiento de la monarquía austro-húngara.

BEVAN, ANEURIN (1897-1960). Político británico. Brillante orador, pero controvertida figura pública. Artífice del servicio nacional de sanidad y líder del ala izquierda del Partido Laborista.

BEVILACQUA, ALBERTO (n. en 1934). Escritor italiano creador de un personal estilo de referencias neorrealistas. *La califa* (1964), *Carta a mi madre sobre la felicidad* (1995).

BEVILÁQUA, CLÓVIS (1859-1944). Jurista brasileño. El código civil de Brasil, vigente desde 1917 y el más original de los países latinoamericanos, se inspiró en su obra *Proyecto del código civil brasileño* (1900).

BEVIN, ERNEST (1881-1951). Político y sindicalista británico. Uno de los dirigentes más poderosos de los sindicatos del país en la primera mitad del siglo XX. Ocupó la cartera de trabajo durante la segunda guerra mundial y la de asuntos exteriores en los años inmediatamente posteriores.

BEWICK, THOMAS (1753-1828). Grabador británico. Se le considera un auténtico innovador de la técnica del grabado en madera. Junto con su hermano John, ilustró numerosos libros, en especial de historia natural.

BEYLE, MARIE-HENRI. V. **Stendhal.**

BÈZE, THÉODORE DE (1519-1605). Teólogo francés. Fue discípulo del helenista luterano Melchor Wolman, a través del cual conoció a Juan Calvino, a quien sucedió en la dirección de la iglesia de Ginebra. Se dedicó a la teología y escribió numerosas obras contra el catolicismo. Participó en las guerras de religión francesas como canciller del príncipe de Condé. *Historia eclesiástica de las iglesias reformadas en el reino de Francia* (1580).

BÉZIERS. Ciudad de Francia en el dep. de Hérault, reg. de Languedoc-Rosellón, a orillas del Orb y del canal del Midi. Antigua fortaleza gala. Industrias vinícolas. Catedral del siglo XIII. 74.114 hab. (1982).

BEZRUČ, PETR (1867-1958). Vladimir Vašek, poeta checoslovaco. Uno de los cantores más notables del pueblo de Silesia, elaboró una obra poética de carácter nacionalista. *Cantos silesios* (1956).

BHAGAVADGITA. Poema anónimo escrito en sánscrito que forma parte del *Mahabharata*. Compuesto por 700 versos, constituye uno de los textos sagrados del hinduismo. Versa sobre las enseñanzas filosóficas del dios Visnú al héroe Arjuna.
3:8b; Hinduismo 7:417a; India, literatura 8:164a.

BHARATIYA JANATA (BNP). Partido político de la India. De ideología nacionalista y fundamentalista hindú, alcanzó el poder por primera vez en las urnas en 1998.

BHAVABHUTI (siglo VIII). Dramaturgo indio. Escritor en lengua sánscrita, perteneció a la corte del rey Yasovarman y realizó obras teatrales inspiradas preferentemente en la leyenda de Rama. Mantuvo en sus creaciones un gran lirismo e interés por el desarrollo y utilización del lenguaje. *Las hazañas del gran héroe*, *Las últimas hazañas de Rama*, *Malati Madhava*.
India, literatura 8:165a.

BHOPAL. Ciudad de la India, cap. del dist. del mismo nombre y del est. de Madhya Pradesh. En 1984 se produjo en ella el mayor accidente industrial de la historia por una fuga de gases tóxicos. Aeropuerto. Industrias diversas. 1.062.771 hab. (1991).

BHUTAN. V. **Bután**.

BHUTTO, BENAZIR (n. en 1953). Política paquistaní. Hija del que fuera primer ministro de su país Zulfikar Alí Bhutto, ejerció como presidenta del gobierno de Pakistán en los períodos 1988-1990 y 1993-1996.
3:9b; Pakistán 11:220b; *ilustración* 3:9b.

BHUTTO, ZULFIKAR ALÍ (1928-1979). Político y estadista paquistaní. Miembro del Partido Popular, ocupó varios ministerios y fue elegido presidente en 1971. Mantuvo políticas populistas. Depuesto en 1977, fue ejecutado acusado de abuso de poder.
Pakistán 11:220b.

BIAFRA. Región de Nigeria, en el este del país. De mayoría ibo, se proclamó independiente en 1967, adoptando el nombre de República de Biafra. Invadida por las tropas del gobierno de Lagos, capituló en enero de 1970.
Nigeria 10:414b.

BIAGGI, MAX (n. en 1971). Motociclista italiano. Entre 1994 y 1997 ganó cuatro campeonatos consecutivos del mundial de 250 cc. Debutó en los 500 cc en 1998.

BIALIK, HAYYIM NAHMÁN (1873-1934). Escritor judío nacido en Rusia, impulsor del renacimiento literario hebreo.
3:10a; Hebrea, literatura 7:346a.

BIALYSTOK. Ciudad de Polonia, cap. de la prov. del mismo nombre. Fundada en el siglo XIV. Escuela técnica. Industrias textiles y alimentarias. 283.937 hab. (1999).

BIANCIOTTI, HÉCTOR (n. en 1930). Novelista argentino, nacionalizado francés. Literato original y de cuidado estilo, ahonda en sus obras en la búsqueda de la propia identidad. *Los desiertos dorados* (1968), *La busca del jardín* (1996).

BIANUAL, PLANTA. Nombre que se aplica a toda especie vegetal cuyo ciclo de vida es de dos años. Durante el primero de ellos la planta nace y se desarrolla; en el segundo, florece, fructifica y muere.

BIARRITZ. Ciudad de Francia en el dep. de Pirineos Atlánticos, reg. de Aquitania, a orillas del golfo de Vizcaya. Centro turístico. Está conurbada con Bayona. 26.579 hab. (1982).

BIATLÓN. Modalidad deportiva que se realiza sobre un terreno nevado y en el que se combina el esquí con el tiro. En las modalidades olímpicas, sobre distancias de 20 km para pruebas individuales y de 7,5 para relevos, el deportista ha de realizar varias paradas en distintos puntos del recorrido en los que efectúa cinco disparos. Se puntúa según el tiempo empleado y los aciertos en la ejecución de los tiros.
Invierno, deportes de 8:255a.

BIBIENA, GALLI DA. Familia de escenógrafos italianos de los siglos XVII y XVIII. Iniciada con Giovanni Maria Galli (1625-1665), contó entre sus continuadores a su hijo Ferdinando Galli Bibiena (1657-1743), sus nietos Alessandro (1687-1769), Giuseppe (1696-1757) y Antonio (1700-1774) y su bisnieto Carlo Galli Bibiena (1728-1787). Trabajaron para las principales cortes europeas.

BIBLIA. Colección de textos sagrados para los judíos y los cristianos.
3:10a; Abraham 1:14b; Adán y Eva 1:57b; Alegoría 1:163b; Ángel 1:352b; Anticristo 1:385a; Apocalipsis 1:411b; Brujería 3:197b; Creación 4:423a; Dios 5:200b; Espíritu Santo 6:112a; Exorcismo 6:213a; Hebrea, literatura 7:345a; Judaísmo 8:401a; Judío, pueblo 8:404a; Mandamientos, diez 9:324a; Mesías y mesianismo 10:78a; Profeta 12:160b; Protestantismo 12:165b; Teología 14:20a; Traducción 14:108b; *cuadro* 3:11b; *ilustraciones* 3:10b; 3:12a; 3:13a-b.

BIBLIOGRAFÍA. Descripción de un libro o manuscrito precisando sus datos de edición, impresión, etc. También se llama así a la relación o catálogo de libros y escritos de una materia determinada. Como ciencia, la bibliografía es una rama de la bibliología que busca registrar todos los escritos publicados y crear instrumentos de trabajo intelectual llamados repertorios bibliográficos.

BIBLIOTECA Y BIBLIOTECONOMÍA. Se denomina biblioteca a toda colección, privada o pública, de obras escritas para la lectura, el estudio y la recreación, y también a los locales y muebles que alojan dichos volúmenes. Biblioteconomía es la disciplina que se ocupa de la organización, racionalización, conservación y servicio de las bibliotecas.
3:14b; Libro 9:151a; *ilustraciones* 3:15b; 3:16a.

BIBLOS. Antigua ciudad portuaria de Fenicia (moderna Yabayl, Líbano). Fue un importante centro comercial desde el cuarto milenio a.C. Alcanzó su máximo apogeo en el siglo XI a.C.
Fenicia 6:258b; Líbano 9:140b.

BICAMERAL, SISTEMA. Organización política constitucional que establece dos cámaras legislativas. En su forma moderna, se implantó en el siglo XVII en el Reino Unido y a fines del XVIII en el continente europeo y los Estados Unidos; la mayoría de los países latinoamericanos adoptaron el sistema en el siglo XIX.

BICAPA LIPÍDICA. Estructura formada por dos capas de moléculas de lípidos, constituyente fundamental de las membranas biológicas como la celular o la nuclear y de la cubierta de los virus envueltos.

BÍCEPS. Músculo con dos cabezas, o dos grupos independientes de tendones, en uno de sus extremos; en el cuerpo humano se distinguen dos: el bíceps braquial (músculo de la región anterior y superficial del brazo) y el bíceps crural (músculo de la parte posterior del muslo).

BICHAT, MARIE-FRANÇOIS-XAVIER (1771-1802). Fisiólogo francés, profesor de anatomía, cirugía y fisiología experimental en París. Considerado el padre de la histología. Desarrolló una teoría según la cual la enfermedad se asienta en los tejidos y enfermedades semejantes producen cambios similares en la misma clase de tejidos, independientemente del órgano de que forman parte; los síntomas de las enfermedades serían manifestaciones de esos cambios.
Histología 8:16a; Patología 11:299b.

BICICLETA. Vehículo de dos ruedas, usualmente de igual tamaño, provisto de un mecanismo propulsor compuesto por un eje, pedales y una cadena.
3:17a; Motocicleta 10:276b; Urbano, transporte 14:194b; *ilustraciones* 3:17b; 3:18a.

BICLARO, JUAN DE (siglo VI). Religioso e historiador hispanovisigodo, contemporáneo de Isidoro de Sevilla. Fue elegido obispo de Gerona hacia el año 590. Escribió una *Crónica* sobre la historia de los visigodos en España.

BICUADRÁTICA, ECUACIÓN. Ecuación algebraica de cuarto grado en la que la incógnita presenta sólo potencias pares. Obedece a la forma general: $ax^4 fbx^2 fc=0$.

BID. V. **Banco Interamericano de Desarrollo (BID).**

BIDASOA. Río de España. Nace en los collados de Berderitz e Izpegui (Navarra) y desemboca en el golfo de Vizcaya tras recorrer 60 km. En la parte final de su curso forma frontera entre España y Francia.

BIDAULT, GEORGES (1899-1983). Dirigente de la resistencia francesa durante la segunda guerra mundial y ministro de asuntos exteriores en tres ocasiones. Se opuso decididamente a la política argelina del general Charles de Gaulle y se vio forzado a exiliarse, acusado de conspirar contra el estado.

BIDDLE, JOHN (1615-1662). Teólogo inglés. Padre del unitarismo en Inglaterra, se opuso a las teorías trinitarias y lideró el grupo conocido como de los unitarios o socinianos. Fue deportado y murió en la cárcel. Sus ideas fueron expuestas en los *Doce argumentos* (1654).

BIEDMA, JAIME GIL DE. V. **Gil de Biedma, Jaime.**

BIELA. Pieza recta y alargada que, integrada en un sistema mecánico, conecta un punto que mantiene un movimiento lineal alternativo con otro punto en el que existe un movimiento circular.

BIELA, COMETA DE. Cuerpo celeste descubierto y analizado con detalle en 1826 por el astrónomo austriaco Wilhelm von Biela. En su reaparición en 1846 se observó su fragmentación en dos, estado que fue nuevamente contemplado en 1852. Desaparecido desde 1866, se le supone desintegrado en una lluvia de meteoritos.

BIELA, WILHELM VON (1782-1856). Astrónomo austriaco que dio nombre al cometa por él observado en 1826.

BIELEFELD. Ciudad de Alemania, en el est. de Renania del Norte-Westfalia. Castillo, iglesias góticas. Fundiciones, industrias mecánicas y textiles. 323.223 hab. (1998).

BIÉLGOROD. Capital de la provincia homónima en la república de Rusia. Centro ferroviario y ciudad industrial situada en la zona minera de la cuenca alta del Donets. 331.000 hab. (1997).

BIELORRUSIA. V. **Belarrús.**

BIELSKO-BIALA. Ciudad del sudoeste de Polonia, cap. de la prov. del mismo nombre, a orillas del río Biala. Centro textil; turismo. 180.307 hab. (1998).

BIELYI, ANDRÉI (1880-1934). Borís Nikoláievich Bugáiev, novelista y poeta ruso. Su obra puede encuadrarse dentro del simbolismo ruso. *El oro en el azul* (1904), *Cenizas* (1909), *La paloma de plata* (1910) y la trilogía *Moscú* (1922-1930).

BIENAL, PLANTA. V. **Bianual, planta.**

BIENAVENTURANZAS. Conjunto de sentencias pronunciadas por Jesús en el sermón de la montaña, en las que manifiesta los caminos para alcanzar la felicidad celestial. Todas empiezan con la expresión «Bienaventurados los...».

BIENES. Conjunto de cosas o derechos capaces de formar parte de un patrimonio. Este concepto suele concretarse determinando la categoría a la que pertenece: bienes inmuebles, comunes, mostrencos, etc.
Capital 3:360b; Consumo 4:353a.

BIENESTAR, ESTADO DEL. Denominación con que se conoce la situación en la que el estado desempeña un papel fundamental en la protección y promoción del bienestar económico y social de sus ciudadanos. Tiene su origen en el concepto de economía del bienestar, introducido por algunos economistas británicos a comienzos del siglo XX.
Neoliberalismo 10:376b.

BIENVENIDA, ANTONIO (1922-1975). Matador de toros español. Tomó la alternativa de manos de su hermano José Bienvenida en 1942. Cultivó un estilo de toreo clasicista. Se retiró de los ruedos en 1966, reapareciendo en 1971.

BIERCE, AMBROSE (1842-1914). Escritor estadounidense. Cultivó el periodismo, la sátira y el relato breve sobre temas de horror y misterio; su propia muerte es un enigma no resuelto. Destaca en su producción la colección de relatos *En mitad de la vida* (1891), *¿Puede ocurrir esto?* (1893) y *El diccionario del diablo* (1906).
Humor, literatura de 8:98a.

BIERMANN, WOLF (n. en 1936). Escritor y cantante alemán. Autor de poesías, teatro y narrativa, cultivó en especial la lírica en composiciones que recreó musicalmente y en las que expresaba su oposición a todo autoritarismo. Vivió en la Alemania oriental entre 1953 y 1976. *El arpa de alambre espinoso* (1965), *Con la lengua de Marx y de Engels* (1968), *Ícaro prusiano. Canciones, baladas, poesías y prosa* (1978).

BIERUT, BOLESLAW (1892-1956). Político polaco. Militante del Partido Comunista polaco desde 1918, fue presidente de Polonia entre 1945 y 1952, y desde esta última fecha hasta 1954 presidente del consejo de ministros. Fiel aliado de la política estalinista de la Unión Soviética.
Polonia 12:75b.

BÍGARO. Gasterópodo marino de la familia de los litorínidos. Especie principal *Littorina littorea*. Concha oscura y carne comestible.
Caracol 3:369a; Moluscos 10:220a.

BIGATTI, ALFREDO (1898-1964). Escultor argentino, decorador del pabellón de su país en la exposición internacional de París de 1937.

En esa ocasión ganó el Gran Premio de Escultura con su obra «Mujer». Colaboró en el monumento a la Bandera, en la ciudad argentina de Rosario.
3:18a.

BIG BANG. Teoría cósmica sobre la génesis del Universo, según la cual éste procede de una gran explosión inicial. Fue apuntada por primera vez por George Anthony Gamow en 1948. En 1965 se hallaron radiaciones residuales que la confirmaron, y continúa vigente en la actualidad.
3:18b; Cosmogonía 4:404b; Cosmología 4:406b; Galaxia 7:18b; Hawking, Stephen 7:339a; Universo 14:185b; Vía Láctea 14:294a; *cuadros* 3:19b.

BIG BEN. Nombre de la campana, instalada para dar las horas, del reloj de la Torre del Parlamento británico, en Westminster, Londres. Por extensión, el reloj correspondiente. Diseñado por Edmund Beckett.
Londres 9:211b; Reino Unido 12:314a.

BIG CRUNCH. Teoría cosmológica que predice el fenómeno inverso al *Big Bang*. Una vez finalizada la expansión del universo, éste comenzaría a contraerse hasta lograr de nuevo la unidad física espacio-temporal.

BIGNONE, REYNALDO (n. en 1928). Militar y político argentino. Participó en el golpe de estado de 1976. Accedió a la presidencia en 1982, tras la guerra de las Malvinas. Restableció el sistema democrático y se retiró en 1983.

BIHAR. Estado del nordeste de la India limítrofe con Nepal. Formado por las llanuras del Ganges y la meseta de Chota Nagpur. Arroz. Minerales. Cap. Patna. 173.877 km^2. 93.080.000 hab. (1994).

BIJA. V. **Achiote.**

BIJAGÓS, ISLAS. Archipiélago de Guinea-Bissau en el océano Atlántico, a unos 48 km de la costa, compuesto por quince islas principales. Destacan Caravela, Carache, Formosa, Uno y Orango. También llamadas Bissagos.
Guinea-Bissau 7:287b.

BIKINI, ATOLÓN DE. Islotes coralinos del sector occidental del archipiélago de las Marshall, en Micronesia, situados en torno a una laguna de 518 km^2. Las islas mayores son Bikini y Enyu. Los Estados Unidos realizaron allí experimentos nucleares entre 1946 y 1958.

BILABIAL, CONSONANTE. Sonido cuya pronunciación se realiza mediante la oclusión o acercamiento de los dos labios, como la *b* y la *p*. También, la letra que representa este sonido.

BILAC, OLAVO (1865-1918). Poeta brasileño. Representante del parnasianismo en la literatura de su país.
3:20b.

BILBAO. Ciudad de España en la comunidad autónoma del País Vasco. 358.467 hab. (1998).
3:20b; Vasco, País 14:242b; *ilustración* 3:21a.

BILBAO, FRANCISCO (1823-1865). Ensayista y pensador político chileno. Difundió el racionalismo y las ideas democráticas del socialismo utópico. *Boletines del espíritu* (1850), *América en peligro* (1862), *Evangelio americano* (1864).
3:21b.

BILBAO, MANUEL (1827-1895). Novelista chileno. Cultivó la biografía y el ensayo político. Vivió desterrado en la Argentina y el Perú. *El inquisidor mayor* (1852), *Vida de Francisco Bilbao* (1866).

BILBAO Y MARTÍNEZ, GONZALO (1860-1938). Pintor español, autor de diversas obras sobre temas populares sevillanos y de retratos. Sus obras se conservan en el Museo Romántico de Madrid y en museos de Bilbao, Córdoba y Cádiz.

BILBATÚA, DEMETRIO (n. en 1935). Cineasta mexicano nacido en España. Destacó como documentalista y periodista cinematográfico. Sus filmes turísticos y ecologistas fueron objeto de elogios. Recibió numerosos premios nacionales e internacionales. *Mil rostros de México* (1974).

BILDERDIJK, WILLEM (1756-1831). Poeta holandés. Situado entre el final del período clásico y el principio del romántico, ejerció considerable influencia intelectual y social en su país. Su mejor obra es el poema épico inacabado *El fin del primer mundo* (1810).
Países Bajos, literatura de los 11:214a.

BILDT, CARL (n. en 1949). Político sueco. Ocupó el cargo de primer ministro desde 1991 hasta 1994. Durante su mandato incentivó la liberalización económica con objeto de afrontar la recesión económica del país.
Suecia 13:346a.

BILFINGER, GEORG BERNHARD (1693-1750). Filósofo alemán. Seguidor de las ideas filosóficas de Christian Wolf y Gottfried Wilhelm Leibniz, aunó los principios teóricos de estos dos autores en una metafísica propia. Cultivó también otras áreas científicas, como las matemáticas, la botánica y la astronomía.

BILHARZIOSIS. V. **Esquitosomiasis.**

BILINGÜISMO. Uso corriente de dos lenguas o idiomas por parte de una persona, un grupo, una región o una nación. Fenómeno mundial tan antiguo como la civilización, se produce donde conviven personas que hablan diferentes lenguas o por efecto de viajes o migraciones.
Canadá 3:317b; Diccionario 5:167a.

BILIRRUBINA. Compuesto que forma parte de la bilis. Circula en el plasma, es recogido en el hígado por las células biliares y se excreta al intestino delgado, participando en los procesos digestivos.

BILIS. Líquido viscoso, amargo, de color amarilloverdoso, secretado por el hígado, que se acumula en la vesícula biliar y se vierte en el duodeno por las vías biliares en el momento de la digestión.
Hígado 7:408b.

BILL, MAX (n. en 1908). Pintor, escultor, arquitecto, diseñador industrial y ensayista suizo. Formado en la Bauhaus, posteriormente se trasladó a Ulm, Alemania, en donde sus enseñanzas ejercieron una poderosa influencia. Realizó sus obras a partir de formas geométricas puras. «Superficie engendrada por una espiral» (1974). Autor de *El pensamiento matemático en el arte de nuestro tiempo* (1949).

BILLAR. Juego de salón que se practica con un número variable de bolas y un bastón, llamado taco, sobre una mesa rectangular.
3:22a; *ilustración* 3:22a.

BILLAUD-VARENNE, JEAN-NICOLAS (1756-1819). Revolucionario francés. Fue diputado de la Convención y miembro del Comité de Salvación Pública. Partidario inicialmente de Maximilien de Robespierre, intervino después en el golpe de estado que lo derrocó (1794). En 1795 fue deportado a la Guayana, y en 1816 se estableció en Haití, donde murió.

BILLETE DE BANCO. Instrumento de pago en papel moneda, de aceptación forzosa dentro del país, emitido por los bancos centrales o de emisión. Además de la capacidad legal de pago, tiene poder liberatorio de deudas.
Banca 2:332a.

BILLINGHURST, GUILLERMO (1851-1915). Político peruano. Tuvo una brillante actuación como diplomático durante el gobierno de Nicolás de Piérola. Elegido presidente en 1912, fue derrocado en 1914 por Óscar Benavides.

BILLINGS, WILLIAM (1746-1800). Compositor estadounidense, una de las figuras principales del estilo primitivo del país en la tradición folclórica. Autor de múltiples y variadas composiciones. Sus himnos *Chester* y *The Rose of Sharon* alcanzaron gran popularidad durante la guerra de independencia frente a la dominación británica.

BILLINI, FRANCISCO GREGORIO (1844-1898). Escritor y político dominicano. Ocupó la presidencia de la república de 1884 a 1885. Autor de novelas de costumbres, *Baní o Engracia y Antoñita* (1892), y de obras dramáticas.

BILL OF RIGHTS. Expresión inglesa que significa bula o declaración de derechos. Es famosa la presentada por el Parlamento inglés a Guillermo III en 1689. Con el mismo título se designa en los Estados Unidos a las primeras enmiendas a la constitución que fueron aprobadas en 1791.

BIMETALISMO. Sistema monetario por el que sirven como patrón de moneda dos metales (oro y plata generalmente), estableciéndose una proporción determinada entre ellos.

BINARIAS, ESTRELLAS. Sistemas de dos estrellas. Se consideran tres categorías según el modo de observación: visuales, contempladas en el telescopio; espectroscópicas, detectadas por observación de la velocidad radial; y eclipsantes, analizadas por las variaciones de luz que provoca el tránsito de una sobre la trayectoria de la otra.
Eclipse 5:267a.

BINARIO, SISTEMA. Sistema de numeración fundamental en informática basado en dos guarismos, el 0 y el 1.
Computación, teoría matemática de la 4:306b; Digitalización de imagen 5:185b; Información teoría de la 8:199b; Informática 8:202b; Número 11:48a; Proceso de datos 12:156b; Red digital de servicios integrados (RDSI) 12:288b.

BINCHOIS, GILLES (h. 1400-1460). Compositor flamenco de música sacra. Incorporó a su música canciones seculares inglesas y francesas. Uno de los representantes más destacados de la escuela flamenca, de estilo comparable al de Guillaume Dufay.

BINET, ALFRED (1857-1911). Médico y psicólogo francés. Colaborador de Jean-Martin Charcot y uno de los padres de la psicología experimental.
3:22b; Inteligencia 8:230b; Psicología 12:176b; Psicometría 12:179b.

BINGHAM, HIRAM (1875-1956). Arqueólogo estadounidense que, en 1911, descubrió el emplazamiento de la ciudad inca de Machu Picchu, en una zona casi inaccesible de los Andes peruanos.
3:23a; Machu Picchu 9:264b.

BINGO. Juego de azar en el que pueden intervenir simultáneamente varias personas. Cada jugador debe adquirir uno o más cartones con varios números que se van cantando. Gana el jugador que complete antes su cartón. También obtiene premio el primero en llenar una línea.

BIN LADEN, OSAMA (n. en 1957). Activista islámico nacido en Arabia Saudita. Millonario gracias a los negocios de construcción de su familia, fue expulsado de su país natal y privado de la nacionalidad en 1994, por sus críticas contra el gobierno. Al frente de la organización Al Qaeda, «la base» en árabe, fue el inspirador de los atentados aéreos suicidas contra las Torres Gemelas de Nueva York y el Pentágono de Washington del 11 de septiembre de 2001.

BINOCHE, JULIETTE (n. 1964). Actriz francesa. Su carrera cinematográfica comenzó en 1983. *Mala sangre* (1986), *Los amantes del Pont Neuf* (1992). Obtuvo un Óscar a la mejor actriz secundaria con *El paciente inglés* (1996).

BINOCULAR. Instrumento óptico de doble tubo que permite observar los objetos distantes. Disponible en forma de microscopio, telescopio y anteojo.

BINOMIAL, DISTRIBUCIÓN. Agrupamiento de los datos estadísticos basada en un álgebra de dos sucesos: uno de ellos, *A*, es el fenómeno estudiado que se cumple, y el otro, el complementario o *no A*, el que no se cumple.

BINOMIO. Polinomio o expresión algebraica que consta de dos términos, por ejemplo: $x^2+f\,3x$.

BINSWANGER, LUDWIG (1881-1966). Psiquiatra suizo. Sentó las bases del análisis existencial, de gran importancia en la psicoterapia del siglo XX.
3:23b.

BIOACUMULACIÓN. Acumulación en los organismos vivos de sustancias tóxicas, como pesticidas y metales pesados, que se ingieren a través de los alimentos y bebidas.

BIOACÚSTICA. Área de la biología dedicada al estudio del sonido en relación con los seres vivos.

BIOBALÍSTICA. Técnica de ingeniería genética consistente en el bombardeo de las células con microproyectiles recubiertos de material genético.

BIOBÍO. Región del centro de Chile, limítrofe con la Argentina al este y el Pacífico al oeste. 36.929 km^2. 1.753.662 hab. (1995).
3:24a; Concepción (Chile) 4:320b.

BIOBÍO, RÍO. Curso fluvial de Chile. Nace en la cordillera de los Andes, en el este de la prov. de Cautín y fluye en dirección noroccidental a través de las prov. de Malleco, Biobío y Concepción. Desemboca en el golfo de Arauco, océano Pacífico, tras recorrer 380 km.

BIOCENOSIS. Conjunto de especies de animales, vegetales y microorganismos que coexisten y se relacionan en un determinado entorno o hábitat. Conforman la parte orgánica de un ecosistema.
Biogeografía 3:29b; Ecología 5:269a; Ecosistema 5:284a.

BIOCLIMÁTICA. Técnica arquitectónica que pretende el control del ambiente de un edificio mediante soluciones constructivas y materiales aislantes.

BIODEGRADABILIDAD. Capacidad de descomposición de la materia orgánica por acción de los agentes físicos y químicos que caracterizan a un medio natural. Permite la reintroducción de esta materia orgánica en los ciclos bioquímicos de la naturaleza.

BIODEGRADABLE. Material susceptible de ser descompuesto y, por tanto, eliminado por acción de los microorganismos y, en consecuencia, no agresivo para el medio.

BIODIVERSIDAD. Concepto de la ecología que refiere la variabilidad del número de especies que habitan en un cierto ecosistema.
3:24b; Alimentos transgénicos 1:233b; Clonación 4:237b; Deforestación 5:109a; Zoogeografía 14:424b; *mapa* 3:25; *ilustraciones* 3:25b; 3:26a.

BIOELECTRICIDAD. Presencia de un flujo de corriente eléctrica en un tejido vivo. Aunque generalmente es imperceptible y sólo detectable por aparatos especializados, en algunos animales (rayas, anguilas, etc.) tiene una función ofensiva o defensiva.

BIOELECTRÓNICA. Área de la biología molecular dedicada al estudio de las interacciones electrostáticas en el interior de las células.
3:26b; *ilustración* 3:26b.

BIOESPELEOLOGÍA. Estudio de las especies animales y vegetales que habitan en las grutas.

BIOÉTICA. Disciplina que analiza las consecuencias morales y éticas de los desarrollos tecnológicos relacionados con las investigaciones genéticas y biomédicas.
3:27b; Biología 3:40a; Biología molecular 3:41b; Biotecnología 3:56a; Clonación 4:238b; *ilustración* 3:27b.

BIOFERTILIZANTE. Microorganismo que incrementa la fertilidad del suelo. Son fundamentalmente bacterias fijadoras del nitrógeno, pertenecientes al género *Rhizobium,* que al instalarse en las raíces de las plantas proporcionan el aporte de nitrógeno que éstas necesitan.

BIOFÍSICA. Disciplina científica que persigue aplicar los principios de la física a los sistemas biológicos. Se usa principalmente en métodos terapéuticos y de diagnóstico médico.
3:28a; Biología 3:38a; *ilustraciones* 3:28b; 3:29b.

BIOGEOGRAFÍA. Ciencia que estudia la distribución geográfica de los seres vivos, así como las causas y factores que la han determinado.
3:28b; Biodiversidad 3:25a; Geografía 7:90a; Geomorfología 7:105b; Zoogeografía 14:423b; *mapa* 3:31; *ilustraciones* 3:31b; 3:32a-b.

BIOGRAFÍA. Narración en la que se relata la vida de una persona. Con frecuencia, además del retrato del perfil humano del biografiado, cabe destacar en este tipo de obras su importante contenido histórico. Las *Vidas paralelas* de Plutarco constituyen el paradigma de este género literario, que alcanzó gran difusión en la edad media en forma de crónicas de la vida de los monarcas. A partir del siglo XVI comenzaron a aparecer biografías de personajes de la época, iniciándose un importante giro en la concepción del género biográfico.

BIOHERBICIDA. Seres vivos empleados en la destrucción de malas hierbas. Suelen ser insectos depredadores o plantas y hongos parásitos que impiden el crecimiento o la reproducción de las hierbas que asolan los cultivos.

BIOINDICADOR. Organismo vivo cuya presencia o ausencia indica el grado de contaminación de una determinada zona terrestre o acuática.
3:33a; *cuadro* 3:33b.

BIOINGENIERÍA. V. **Ingeniería genética.**

BIOKO. Isla volcánica de Guinea Ecuatorial, a unos 100 km de la costa de Nigeria, en el océano Atlántico. Antes llamada Fernando Poo. 2.017 km^2. 67.920 hab. (1987).
Guinea Ecuatorial 7:289b.

BIOLOGÍA. Ciencia que trata del estudio de los organismos vivos y de los fenómenos vitales en todos sus aspectos.
3:34a; Biofísica 3:28a; Biología molecular 3:40a; Botánica 3:124b; Cromatografía 5:17b; Ecología 5:272b; Educación 5:318b; Embriología 5:387a; Fisiología 6:316b; Histología 8:16a; Huevo 8:87a; Ingeniería genética 8:209b; Microbiología 10:148b; Muerte 10:291a; Parasitología 11:279b; Red neuronal 12:290b; Taxonomía 13:406b; Vida 14:299b; Zoología 14:424b; *cuadro* 3:38a; *ilustraciones* 3:34a; 3:35a-b; 3:36a; 3:37b; 3:39b.

BIOLOGÍA ESPACIAL. Estudio del comportamiento y fisiología de los seres vivos en el espacio.
Biología 3:38a.

BIOLOGÍA MARINA. Parte de la biología dedicada al estudio de los seres vivos que habitan mares y océanos.

BIOLOGÍA MOLECULAR. Especialidad de la biología que estudia los procesos biológicos a escala molecular y sus estructuras químicas relacionadas.
3:40a; Biotecnología 3:53b; Clonación 4:236b; Oncología 11:106b; Terapia génica 14:26b; *cuadro* 3:41a; *ilustraciones* 3:40b; 3:41b.

BIOLÓGICAS, ARMAS. V. **Armas químicas y biológicas.**

BIOLUMINISCENCIA. Fenómeno por el que algunos seres vivos emiten energía luminosa, para lo cual se sirven de la energía química almacenada en forma de ATP (adenosín trifosfato o trifosfato de adenosina).
3:42a; Biofísica 3:28b; Luciérnaga 9:235a; *ilustración* 3:42a.

BIOMA. Unidad ecológica que conforma un conjunto homogéneo de especies animales y vegetales que se desarrollan en condiciones climáticas y ambientales semejantes en diversas regiones del planeta. El desierto o la selva, entendidos en sentido genérico, son ejemplos de biomas.
3:43a; Biodiversidad 3:25b; Ecología 5:270b; *mapa* 3:43; *ilustraciones* 3:44a.

BIOMAGNETISMO. Influencia de un campo magnético en un ser vivo. Existente en el cuerpo humano de forma imperceptible, algunas especies animales o vegetales (insectos, algas, etc.) presentan un poder de atracción magnética acusado.

BIOMASA. Masa global de los seres vivos dentro de un espacio físico concreto. En sentido amplio, a veces se incluyen también en la biomasa los restos de organismos muertos.
3:44a; Biosfera 3:51b; Ecología 5:269a; Energía 5:413b; *ilustración* 3:45a.

BIOMATERIAL. Material utilizado para sustituir, evaluar o tratar tejidos u órganos del cuerpo humano. Pueden ser materiales metálicos, cerámicos o poliméricos, como las siliconas.

BIÓN (siglo II a.C.). Poeta griego. Autor de composiciones bucólicas y amatorias. *Lamentación por Adonis.*

BIONDO, FLAVIO (1392-1463). Humanista e historiador del Renacimiento italiano. Autor de una de las primeras historias de Italia (*Italia ilustrata,* 1448-1458), desarrollada de acuerdo con un esquema cronológico que comprende una noción embrionaria de la edad media y diversas crónicas de la antigua Roma. *Historiarum ab inclinatione romanorum imperii decades* (1439-1453), *De Roma instaurata* (1444-1446).

BIÓNICA. Disciplina tecnológica que estudia el diseño y la fabricación de sistemas artificiales con características propias de los seres vivos.
3:45b; *ilustración* 3:46a.

BIOPSIA. Extracción de un fragmento de tejido en un ser vivo para examinarlo microscópicamente, habitualmente con fines diagnósticos.
3:46a; Anatomía 1:327b; Diagnóstico prenatal 5:166a; Diagnóstico, métodos de 5:164b; *ilustración* 3:46.

BIOPSIA COLPOSCÓPICA. Tipo de biopsia que emplea un visualizador llamado colposcopio, que permite una visión detallada del área de la lesión. Utilizada sobre todo para la toma de muestras de cuello uterino.

BIOPSIA DE VELLOSIDADES CORIÓNICAS. Toma de muestras de las vellosidades del corion para la elaboración del diagnóstico prenatal.

BIOPSIA ENDOSCÓPICA. Modalidad de biopsia que hace uso de un endoscopio, tubo dotado de una fibra óptica para la localización de la lesión y de un dispositivo para la toma de la muestra.

BIOPSIA ESCISIONAL. Tipo de biopsia consistente en la completa extracción de las áreas lesionadas, como los ganglios de tumores linfáticos o de mama.
Biopsia 3:46b.

BIOQUÍMICA. Rama de la biología que estudia la composición y fenómenos químicos implicados en los procesos biológicos.
3:47b; Biología 3:38a; Bioluminiscencia 3:42b; Carbohidratos 3:371b; Electroforesis 5:359b; Filogenia 6:291a; Fisiología 6:318b; Fotosíntesis 6:362a; Metabolismo 10:90b; Nucleicos, ácidos 11:29b; Oncogenes 11:105b; Oncología 11:106b; Prótidos 12:169a; Psicofisiología 12:174a; Química 12:227a; *ilustraciones* 3:47b; 3:48a; 3:49a-b; 3:50a.

BIORRITMO. Transformación, alteración o cambio producido de forma periódica y estable en un ser vivo animal o vegetal. Puede ser producto de agentes externos (clima, movimientos astrales) o agentes internos (de origen genético).

BIOSENSOR. Elemento empleado para la detección y medición de fenómenos biológicos.
Bioelectrónica 3:26b.

BIOSFERA. Parte de la esfera terrestre donde se manifiesta la vida.
3:50b; Ecología 5:269a; Tierra 14:57a; *mapa* 3:51; *ilustración* 3:50b.

BIOSÍNTESIS. Proceso de formación que tiene lugar en algunos seres vivos de compuestos

orgánicos a partir de elementos y compuestos inorgánicos.
3:52a; *ilustración* 3:52a.

BIOT, JEAN-BAPTISTE (1774-1862). Físico francés. Trabajó junto con D. F. J. Arago en el estudio de la densidad del aire y los gases, elaboró una teoría sobre la propagación del sonido en los sólidos, formuló junto con Félix Savart una ley sobre electromagnetismo y creó una técnica para el análisis de las soluciones azucaradas.

BIOTA. Conjunto de especies animales y vegetales que habitan un área determinada.

BIOTECNOLOGÍA. Disciplina científica y técnica que obtiene productos de interés industrial, comercial o de investigación a partir del cultivo y el desarrollo de microorganismos y células animales y vegetales.
3:53a; Bioelectrónica 3:26b; Bioética 3:27b; Desarrollo sostenible 5:149a; Tecnología 13:414a; Terapia génica 14:27b; *cuadro* 3:55b; *ilustraciones* 3:53b; 3:54a.

BIOTIPOLOGÍA. V. **Caracterología.**

BIOTITA. Mica comúnmente negra que se compone de filosilicato de hierro, potasio, magnesio y manganeso, con flúor e hidroxilos. Cristaliza en el sistema monoclínico y se presenta en láminas elásticas.

BIOTOPO. Medio abiótico constituido por una gran diversidad de factores fisicoquímicos en el que se asienta una comunidad de seres vivos o biocenosis.
Ecología 5:269a; Ecosistema 5:284a.

BIOT Y SAVART, LEY DE. Ley física establecida en 1820 por los científicos Jean-Baptiste Biot y Félix Savart. Permite conocer el valor de un campo magnético producido por una corriente eléctrica rectilínea.

BIÓXIDO DE CARBONO. V. **Carbono, dióxido de.**

BIOY CASARES, ADOLFO (1914-1999). Escritor argentino. Autor de obras de temática fantástica. Premio Cervantes en 1990.
3:56a; Borges, Jorge Luis 3:112b; Hispanoamericana, literatura 8:13b; *ilustraciones* 3:56a; 8:13b.

BIPARTICIÓN. Modalidad de división celular en la que una célula madre se escinde en dos células hijas que reciben, cada una, la misma cantidad de material nuclear y citoplasmático, por lo que presentan un tamaño muy semejante.
Reproducción 12:337a.

BIPE. V. **Quirote.**

BIPLANO. Avión con cuatro alas que forman dos planos paralelos a cada uno de sus lados.

BIPS. Siglas en inglés de billones de instrucciones por segundo. Unidad que expresa las instrucciones por segundo que puede tratar un determinado sistema informático, por lo que constituye una expresión de la potencia del mismo.

BIQUIR. Pez osteictio de la familia de los poliptéridos y del género *Polypterus*. La especie más conocida vive en aguas del Nilo (*Polypterus bichir*). Se desplaza arrastrándose por el suelo gracias a unas modificaciones especiales de las aletas pectorales.

BIRD. V. **Banco Internacional de Reconstrucción y Desarrollo (BIRD).**

BIRD, VERE CORNWALL (n. en 1910). Estadista de Antigua y Barbuda. Líder del Partido Laborista de Antigua, ocupó la jefatura del gobierno entre 1960 y 1971, y entre 1976 y 1981. Al acceder el estado asociado del Reino Unido a la total independencia en 1981, fue designado primer ministro del país. Reelegido en el cargo en 1984. Se retiró en 1994, siendo sustituido por su hijo Lester Bird.
Antigua y Barbuda 1:389b.

BIRDIE. En el juego de golf, realizar un hoyo con un golpe por debajo del par.

BIRGER JARL (m. en 1266). Regente de Suecia de 1248 hasta su muerte. Al morir Erik XI sin dejar herederos, Birger obtuvo la elección de su propio hijo Valdemar como futuro rey. Estableció nexos con Dinamarca y Noruega. Durante su gobierno, Estocolmo se convirtió en el centro administrativo del país.

BIRIMBAO. Instrumento musical formado por una barra de acero en forma de herradura que lleva en la parte central una lengüeta que se hace vibrar. También se denomina guimbarda.

BIRKHOFF, GEORGE DAVID (1884-1944). Matemático y físico norteamericano que destacó por sus aportaciones al estudio de las ecuaciones diferenciales lineales y a la teoría de la relatividad.

BIRMANIA. V. **Myanmar.**

BIRMINGHAM (EUA). Ciudad de los Estados Unidos en el est. de Alabama. Universidades y colegios universitarios. Importante centro médico. Minería, fundiciones, industrias metálicas. Aviones, productos químicos, textiles. 252.997 hab. (1998).

BIRMINGHAM (REINO UNIDO). Ciudad del Reino Unido, distrito del condado metropolitano de West Midlands (Inglaterra). 961.041 hab. (1999).
3:56b; Reino Unido 12:302a; *ilustración* 3:57a.

BIRREFRINGENCIA. Propiedad que caracteriza a algunos cuerpos cristalinos, consistente en producir, al incidir sobre ellos un rayo, dos rayos refractados que se transmiten con diferente velocidad y dirección. Se conoce también como doble refracción.

BIRREME. Embarcación utilizada en la antigüedad que mantenía dos filas de remos en cada costado.
Marina de guerra 9:371b.

BIRRI, FERNANDO (n. en 1927). Cineasta argentino. Autor de obras documentales.
3:57a.

BIRUNI, AL- (973-1048). Científico árabe. Hombre de gran cultura, realizó sus investigaciones en campos como el de la astronomía, las matemáticas, la física, la medicina, la historia, etc. Mantuvo una importante correspondencia con el filósofo Avicena. *Cronología de las naciones antiguas, Elementos de astrología.*
Botánica 3:125b; Trigonometría 14:127b.

BISAYAS. V. **Visayas.**

BISECTRIZ. Elemento geométrico que divide en dos partes iguales una región del plano o del espacio, por ejemplo un ángulo.

BISELADO. Efecto obtenido por corte oblicuo de un material para formar un contorno que no sea una arista en ángulo recto.

BISHKEK. Capital de la rep. asiática de Kirguizistán, al pie de los montes Kirguiz. Academia de ciencias, universidad, institutos superiores, teatros. Maquinaria, metalurgia; productos alimenticios. Denominada Frunze durante la época soviética. 619.000 hab. (1999).
Kirguizistán 9:28a.

BISHOP, ELIZABETH (1911-1979). Poetisa estadounidense. Las experiencias vividas en México y especialmente en Petrópolis, ciudad brasileña en la que residió durante las décadas de 1950 y 1960, crearon la línea argumental de su obra literaria. *Norte-sur* (1946).

BISITÚN. Pueblo y precipicio situados al pie de los montes Zagros, Irán. También llamados Behistun. En la pared rocosa se encuentra un bajorrelieve que contiene una inscripción conmemorativa en tres idiomas, babilonio, antiguo persa y elamita, sobre la ascensión de Darío I el Grande al trono persa. La inscripción resultó esencial para descifrar la escritura cuneiforme.
Darío I el Grande 5:98b.

BISMARCK. Capital del est. de Dakota del Norte (EUA), a orillas del Missouri. Escuelas universitarias, museo. Productos agropecuarios. 44.485 hab. (1980).

BISMARCK, ARCHIPIÉLAGO DE. Grupo de islas melanesias que pertenecen a Papúa Nueva Guinea. Son de origen volcánico o coralino y están cubiertas de espesa selva. Las islas mayores son Nueva Bretaña y Nueva Irlanda; la ciudad principal, Rabaul. 49.658 km^2. 314.308 hab. (1980).
Melanesia 10:44a.

BISMARCK, OTTO VON (1815-1898). Príncipe von Bismarck-Schönhausen, canciller del imperio alemán y primer ministro de Prusia.
3:57b; Alemania 1:192a; Franco-prusiana, guerra 6:403a; Guillermo I de Prusia 7:282b; *cuadro* 3:57b; *ilustración* 3:57b.

BISMUTINITA. Mineral, sulfuro de bismuto. Color grisáceo y cristalización en el sistema rómbico.

BISMUTITA. Mineral, carbonato de bismuto hidratado. Color amarillo claro a verdoso y cristalización en el sistema tetragonal.

BISMUTO. Elemento metálico de la familia del nitrógeno (grupo Va de la tabla periódica). De color blanco rojizo. Se utiliza en la producción de moldes metálicos, fusibles, soldaduras especiales y equipos de detección de incendios. En medicina se emplean sus sales insolubles para proteger las mucosas del tracto digestivo y como astringente o antiséptico cutáneo. Símbolo, Bi; número atómico, 83; peso atómico, 209.
Intoxicación 8:244b.

BISONTE. Mamífero artiodáctilo rumiante de la familia de los bóvidos y del género *Bison*. Se conocen dos especies: una americana (*Bison bison*) y otra europea (*Bison bonasus*).
3:58a; Rumiantes 13:41b; *ilustraciones* 3:58a; 13:41b.

BISSAU. Capital y puerto de Guinea-Bissau, a orillas del Atlántico. Aeropuerto internacional. Universidad, instituto de investigación. Pesquerías, instalaciones frigoríficas. 274.000 hab. (1999).
Guinea-Bissau 7:287b.

BIT. Unidad de información utilizada en los sistemas informáticos y basada en el sistema binario. Adopta cualquiera de los dos valores 0 o 1. El término proviene de la contracción de la expresión inglesa *binary digits* (cifras binarias).
Computación, teoría matemática de la 4:307a; Información, teoría de la 8:199b; Informática 8:202b.

BITÁCORA. Caja en que va situada la brújula, suspendida de tal modo que se mantenga siempre horizontal a pesar de los movimientos del barco. Se denomina cuaderno de bitácora el libro en el que cada oficial registra todos los datos de la navegación durante su tiempo de guardia.

BITINIA. Antigua región del noroeste de Anatolia, en la posterior Turquía, a orillas del mar de Mármara, el Bósforo y el mar Negro. Ocupada por tribus tracias en el segundo milenio a.C., fue ocupada por los persas en el siglo VI a.C. Tres siglos después se convirtió en un reino helenístico, y en el año 74 a.C. su último soberano, Nicomedes IV, cedió el territorio a los romanos.

BITNET. Red informática internacional que engloba las bases de datos de instituciones educativas y de investigación de todo el mundo. Su finalidad es la de facilitar el intercambio de conocimientos.

BITÓN. Matemático griego del siglo III a.C. Autor de un tratado sobre máquinas bélicas que dedicó al rey de Pérgamo.

BITONTO, BATALLA DE. Victoria de los españoles sobre los austriacos (1734), a raíz de la cual los primeros se apropiaron de Nápoles, durante la guerra de la sucesión de Polonia.

BITTETI, ERNESTO (n. en 1943). Guitarrista argentino. Profesor de la Universidad del Litoral y de la Escuela Superior de Música.

BITUMINOSAS, ARENAS. Depósitos arenosos que contienen gran cantidad de betún. La extracción de este material se efectúa mediante los procesos de adición de agua caliente, destilación e hidrogenación.

BITUMINOSO, CARBÓN. Forma de carbón con un 50 a un 85 por ciento de carbono y de un

50 a un 15 por ciento de materias bituminosas. De color marrón oscuro o negro, es utilizado sobre todo como combustible.

BIUNÍVOCA, APLICACIÓN. Correspondencia entre dos conjuntos *A* y *B* tal que a todo elemento de *A* se le asocia uno en *B* y a todo elemento de *B* le corresponde uno en *A*.
Grupos, teoría de los 7:241a.

BIVALVOS. Clase de moluscos, llamados también lamelibranquios y pelecípodos, a la que pertenecen, entre otros, almejas, ostras, mejillones, navajas y vieiras. Se caracterizan por presentar una concha formada por dos valvas.
Mejillón 10:43a; Moluscos 10:220a; Ostra 11:174a.

BIYECTIVA, APLICACIÓN. V. **Biunívoca, aplicación.**

BIZANCIO. V. **Estambul.**

BIZANTINA, LITERATURA. Conjunto de la producción literaria registrada entre los siglos IV y XV en el imperio bizantino. Escrita en una lengua griega sujeta a continuas transformaciones por las influencias externas, constituye la expresión de la evolución de la cultura grecorromana bajo la influencia del cristianismo y de las tradiciones del cercano oriente.
Bizantino, arte 3:61a; Griega, literatura 7:221a.

BIZANTINO, ARTE. Conjunto de manifestaciones artísticas producidas en el Imperio Romano de oriente y difundidas por toda Europa entre los siglos V y XV.
3:58b; Arquitectura 2:105a; Bizantino, imperio 3:62a; Castillo y palacio 4:24b; Catedral y basílica 4:40a; Cúpula 5:77a; Joyería y orfebrería 8:389b; Mosaico 10:271a; *ilustraciones* 3:59; 3:60; 3:61b.

BIZANTINO, IMPERIO. Entidad geopolítica fundada en el siglo IV por el emperador romano Constantino el Grande. Correspondió originalmente al Imperio Romano de oriente, pero sobrevivió al de occidente que le había dado origen.
3:62a; Alejo I Comneno 1:171a; Belisario 2:400b; Bulgaria 3:221a; Cruzadas 5:36b; Edad media 5:298a; Educación 5:313b; Egipto 5:336a; Estambul 6:152a; Europa 6:198a; Grecia 7:203a; Guerra 7:265a; Italia 8:308a; Justiniano I 8:417a; Latino de oriente, imperio 9:82a; Macedonia 9:260a; Marina de guerra 9:371b; Ortodoxas, iglesias 11:162b; Otomano, imperio 11:177a; Palestina 11:229b; Papado 11:258b; Pintura 11:412b; Roma antigua 12:424b; *mapa* 3:63; *cuadro* 3:65; *ilustraciones* 3:62a; 3:63b; 3:65b.

BIZANTINO, RITO. Ceremonial religioso característico de las iglesias cristianas orientales, derivado de los usos rituales de la antigua corte de Constantinopla. Abunda en él el culto a las imágenes y la himnografía. Las liturgias usadas con mayor frecuencia son la de san Juan Crisóstomo y la de san Basilio el Grande.

BIZERTA. Ciudad y puerto de Túnez, cap. de la prov. del mismo nombre a orillas del Mediterráneo. Antigua base naval francesa, rodeada de murallas. Aeropuerto. Refinería de petróleo, conservas de pescado. 412.700 hab. (1986).

BIZET, GEORGES (1838-1875). Compositor francés autor de diversas óperas, entre ellas *Carmen,* y de música orquestal.
3:66a; *ilustración* 3:66a.0

BJERKNES, VILHELM F. (1862-1951). Meteorólogo y físico noruego, uno de los fundadores de la moderna ciencia de las previsiones meteorológicas. Elaboró una teoría sobre las masas de aire y la formación de los ciclones.

BJÖRLING, JUSSI (1911-1960). Johan Björling, tenor sueco, intérprete de los repertorios italiano y francés y notable por su gran musicalidad. Debutó en 1930 con *Don Giovanni,* de Wolfgang Amadeus Mozart. Perteneció desde 1946 al elenco de la Metropolitan Opera House de Nueva York.

BJØRNSON, BJØRNSTJERNE (1832-1910). Poeta y dramaturgo noruego. Conocido como uno de los «cuatro grandes» de la literatura de su país, sus composiciones constituyeron un canto apasionado a Noruega.
3:66b; Escandinava, literatura 6:32b; *ilustración* 3:66b.

BJÖRNSTRAND, GUNNAR (n. en 1909). Actor cinematográfico sueco. Amigo personal del director Ingmar Bergman, interpretó a sus órdenes *Noche de circo* (1953), *El séptimo sello* (1956) y *Como en un espejo* (1961), entre otros muchos filmes.

BLACHER, BORIS (1903-1975). Compositor alemán de música instrumental, óperas y ballets, nacido en China. Entre sus principales obras figuraron las óperas *Romeo y Julieta* (1943) y *Rosamunde Floris* (1960), de inspiración surrealista. Compuso *Variaciones sobre un tema de Paganini* (1947), para orquesta.

BLACK, JOSEPH (1728-1799). Físico y químico escocés. Sus trabajos fueron la base del análisis cuantitativo. Desarrolló la teoría del calor latente y puso de manifiesto que cada sustancia tiene un calor específico distinto de las demás.
Termodinámica 14:32b.

BLACKBURN. Ciudad del Reino Unido, en el condado de Lancashire (Inglaterra). Importante centro textil desde el siglo XIII. Museo de muebles y armas. Industrias mecánicas. 136.612 hab. (1999).

BLACKETT, PATRICK M. S. (1897-1974). Físico británico. Premio Nobel en 1948 por sus descubrimientos sobre radiaciones cósmicas. Introdujo mejoras en la cámara de Wilson y diseñó la cámara de niebla controlada por contador.

BLACK HAWK. V. **Halcón Negro.**

BLACK MOUNTAIN, ESCUELA DE. Conjunto de poetas estadounidenses de la década de 1950 formado en torno al Black Mountain College. Destacaron Robert Duncan, Robert Creeley, Denise Levertov y Charles Olson. En sus obras intentaron una mayor aproximación al lector.

BLACKOUT. Vocablo inglés que designa, en telecomunicaciones, al bloqueo de la información.

BLACKPOOL. Ciudad y puerto del Reino Unido, en el condado de Lancashire (Inglaterra), a orillas del mar de Irlanda. Playas. Construcciones aeronáuticas. 151.200 hab. (1999).

BLACKSTONE, WILLIAM (1723-1780). Jurista británico. Autor de *Comentarios sobre las leyes de Inglaterra,* base de la educación legal posterior en su país y en los Estados Unidos.
3:66b.

BLACKTON, STUART (1875-1941). Cineasta estadounidense de origen británico. Creó junto con Albert E. Smith en 1896 la empresa Vitagraph, que se convirtió en la más importante de los Estados Unidos en la década de 1910. Renovó las técnicas del encuadre cinematográfico y las del cine de animación.
Animación 1:364a.

BLADES, RUBÉN (n. en 1948). Cantante, actor y político panameño. Como músico alcanzó fama internacional por su particular fusión de la música rock con los ritmos latinos, uniendo a ello letras cargadas de sentido social. Tras la invasión estadounidense de Panamá se presentó a las elecciones como candidato del movimiento Papá Egoró (madre tierra), con el que obtuvo el 17% de los votos.
Tropical, música 14:135a.

BLAINE, JAMES G. (1830-1893). Político estadounidense. Fue congresista y fallido candidato a la presidencia (1884). Durante el gobierno de James Garfield (1881) ocupó el puesto de secretario de estado (ministro de relaciones exteriores), que siguió desempeñando bajo Benjamin Harrison (1889-1893). Su intensa política exterior tuvo por resultado la celebración de la Conferencia Panamericana de 1889 en la ciudad de Washington.

BLAINVILLE, HENRY DUCROTAY DE (1777-1850). Naturalista francés. Destacó por sus trabajos en zoología y anatomía comparada. Fue el primer zoólogo que diferenció los marsupiales de los restantes mamíferos.

BLAIR, ERIC. V. **Orwell, George.**

BLAIR, FRANCIS PRESTON, HIJO (1821-1875). Político estadounidense. Partidario de las doctrinas abolicionistas, fue un decidido defensor de la Unión en la guerra civil y apoyó al presidente Abraham Lincoln en el plan de reconstrucción nacional. Abandonó en 1865 el Partido Republicano y fue candidato a la vicepresidencia en 1868 por el Partido Demócrático.

BLAIR, TONY (n. en 1953). Político británico. Impulsor del llamado nuevo laborismo, fue elegido primer ministro del Reino Unido en 1997.
3:67a; Reino Unido 12:312a; *ilustración* 3:67b.

BLAIZE, HERBERT (1918-1989). Político de Granada. Fundador del Nuevo Partido Nacional, entró en el parlamento en 1957 y ocupó diversos puestos ministeriales. Fue primer ministro de 1984 a 1989.
Granada (Antillas) 7:189b.

BLAKE, ROBERT (1599-1657). Almirante británico. Comandante de la armada de Oliver Cromwell, fue uno de los marinos más célebres de la historia inglesa. En 1657 destruyó una escuadra española anclada en Tenerife.

BLAKE, WILLIAM (1757-1827). Poeta, pintor e ilustrador británico. Su postura anticonformista y su visión profética de los males generados por la sociedad industrial, así como su concepción del arte como única expresión de verdades eternas, conformaron una producción poética sumamente original.
3:67b; Británica, literatura 3:178b; Romanticismo 13:12a; *cuadro* 3:67b; *ilustración* 3:68a.

BLAKEY, ART (1919-1990). Abdullah ibn Buhaina, músico estadounidense. Destacado intérprete de la batería, fundador del quinteto Jazz Messengers. Compuso música para el cine.
Jazz 8:359a.

BLANC, LOUIS (1811-1882). Socialista francés, famoso por sus teorías laborales.
3:68b; Obrero, movimiento 11:63b.

BLANCA, BAHÍA (CIUDAD). Población de la Argentina en la prov. de Buenos Aires, con varios puertos subsidiarios a orillas del Atlántico, en la bahía de su nombre. Universidad, biblioteca, museos. Complejo petroquímico. 281.161 hab. (1999).
Argentina 2:49b; Buenos Aires, provincia de 3:216a.

BLANCA, BAHÍA (GEOGRAFÍA FÍSICA). Entrante de la costa argentina en la prov. de Buenos Aires. Las islas Trinidad, Bermejo y Monte protegen su entrada. En él se encuentra el importante puerto argentino de Bahía Blanca.

BLANCA, CORDILLERA. Subsistema de la cordillera Occidental de los Andes peruanos, también llamada cordillera Nevada, que se extiende desde el nudo de Mollepata hasta el lago de Conococha, para unirse hacia el sur con la cordillera Negra. 6.768 m en el nevado Huascarán.
Ancash 1:328a.

BLANCA I DE NAVARRA (1385-1441). Reina de Navarra entre 1425 y 1441, después de su casamiento con Martín el Joven. En 1402 contrajo matrimonio con Martín el Joven, rey de Sicilia y heredero de Aragón. Blanca fue regente de Sicilia entre 1405 y 1409, durante la estancia de su marido en Cataluña. Tras la muerte de Martín el Joven, en 1419 Blanca contrajo segundas nupcias con Juan de Aragón (futuro Juan II). La política del rey aragonés, enfrentado a Castilla, fue ruinosa para Navarra.

BLANCA II DE NAVARRA (1424-1464). Reina de Navarra (1461-1464), hija de Blanca I de Navarra y Juan II de Aragón. En 1440 contrajo matrimonio con el futuro Enrique IV de Castilla, del que se divorció sin tener descendencia. Durante su reinado se recrudecieron las luchas entre los bandos navarros de agramonteses y beaumonteses.

BLANCA DE BORBÓN (h. 1335-1361). Reina de Castilla, hija de Pedro de Borbón e Isabel de Valois. Casó con Pedro I de Castilla, que fue obligado por sus nobles a celebrar este matrimonio, cuando esperaba un hijo de su amante María de Padilla. Tras diversas reclusiones pasó gran parte de su vida en Medina Sidonia, donde murió al parecer ejecutada por orden del rey.

BLANCA DE CASTILLA (1188-1252). Reina de Francia, hija de Alfonso VIII de Castilla y esposa de Luis VIII de Francia. A la muerte de éste (1226) se hizo cargo de la regencia hasta la mayoría de edad de su hijo Luis IX (san Luis) en 1234. Pacificó el reino oponiéndose o aliándose con diversos nobles que se enfrentaban a su posición de regente.
Luis, san 9:236b.

BLANCANIEVES. Personaje del cuento de los hermanos Jakob y Wilhelm Grimm «Blancanieves y los siete enanitos» (o «... los siete enanos»). Abandonada inerme por el cazador al que su madrastra había ordenado darle muerte, se refugia en la casa de los enanitos. Envenenada posteriormente con una manzana, el beso de un príncipe le devuelve la vida.

BLANCAS, JERÓNIMO DE (h. 1540-1590). Historiador español. Cronista del reino de Aragón desde 1581, sucedió en el cargo a Jerónimo Zurita. *Comentarios de las cosas de Aragón* (1588), *Coronaciones de los serenísimos reyes y reinas de Aragón* (1583).

BLANCHARD, MARÍA (1881-1932). María Gutiérrez Blanchard, pintora española. Se estableció en París, en 1908. Del cubismo inicial evolucionó hacia una pintura de rasgos angulosos y estilo austero. Destacó en la técnica del pastel. «Bretona» (1928), «La convaleciente» (1930).

BLANCHOT, MAURICE (n. en 1907). Escritor francés, amigo y colaborador de Georges Bataille, dedicó una parte importante de su obra a dilucidar la propuesta estética de la literatura moderna, desde el punto de vista de la filosofía del lenguaje. Autor de novelas herméticas como *Tomás el oscuro* (1941), su obra ensayística obtuvo renombre internacional. *El espacio literario* (1951), *La amistad* (1971), *El diálogo inconcluso* (1980).

BLANCO. Diana colocada a distancia para ejercitarse en el tiro y la puntería, adiestrar la vista en la medición de distancias y graduar el alcance de las armas.

BLANCO, ANDRÉS ELOY (1897-1955). Escritor y político venezolano. Basó su producción, de estilo modernista, en las raíces de su pueblo.
3:69a.

BLANCO, CABO (SAHARA). Cabo de África en la costa atlántica que delimita la frontera entre el territorio del Sahara occidental y Mauritania.

BLANCO, CABO (TÚNEZ). Cabo del norte de África en la costa mediterránea, punto más septentrional del continente. En árabe, Ras al-Abyad.

BLANCO, JORGE SALVADOR (n. en 1926). Político dominicano. Fue presidente (1982 a 1986) por postulación del Partido Revolucionario Dominicano. Estableció una política proteccionista y de alto gasto público, que hubo de modificar al verse obligado a recurrir al apoyo del Fondo Monetario Internacional.

BLANCO, JOSÉ FÉLIX (1782-1872). Político y eclesiástico venezolano. Intervino en la guerra de la independencia y fue diputado en 1821, ministro de guerra y marina en 1835 y de hacienda en 1847. En 1846 intentó acceder a la presidencia del país, pero fue vencido en las elecciones por José Tadeo Monagas. Escribió una biografía de Simón Bolívar.

BLANCO, LUCIO (1879-1922). Revolucionario mexicano. De origen campesino, participó en el movimiento antirreeleccionista dirigido por Francisco I. Madero. Tras el asesinato de éste, se pronunció contra el gobierno de Victoriano Huerta. Ocupó Matamoros e inició el reparto de tierras en la región. Venustiano Carranza lo trasladó a Hermosillo, donde recibió el mando de la caballería. Fugazmente secretario de gobernación (1915), se exilió en dos ocasiones en los Estados Unidos. En 1922 intentó una insurrección contra Álvaro Obregón y murió fusilado.

BLANCO, MAR. Mar litoral del océano Glacial Ártico que penetra en la zona rusa de la Europa septentrional. Conectado con el norte por el mar de Barents. 90.000 km^2.
3:69a; Onega, lago 11:109a.

BLANCO, MONTE. Macizo montañoso y pico más alto de los Alpes, 4.807 m, a lo largo de la frontera franco-italiana.
3:69b; Alpes 1:246a; Italia 8:303a; *ilustración* 3:69b.

BLANCO, PARTIDO. Uno de los dos partidos políticos tradicionales de Uruguay. Se formó en los años siguientes a la independencia, en torno al general Manuel Oribe. Accedió al poder tras las elecciones de 1958, 1962 y 1989.
Uruguay 14:206b.

BLANCO, PEDRO (1795-1829). Militar boliviano. Luchó por la independencia americana. Accedió a la presidencia en 1828 y fue derrocado cinco días después. Murió asesinado.

BLANCO, RÍO. Curso fluvial mexicano, que nace en las sierras de Acultzingo y desemboca en la laguna de Alvarado, con una cuenca que abarca 3.800 km^2. Sus desniveles lo hacen muy propicio para la generación de energía eléctrica.

BLANCO AMOR, EDUARDO (1897-1979). Escritor español. Vivió largos años en la Argentina. Profesor universitario, fue nombrado miembro de la Real Academia Gallega en 1970, tras su regreso a España. Autor de novelas y poesía en gallego y de *La catedral y el niño* (1956) y *Los miedos* (1963), en castellano.
Gallega, literatura 7:25b.

BLANCO ENCALADA, MANUEL (1790-1876). Militar y político chileno. Partidario de la independencia, organizó con el marino escocés Thomas Cochrane la escuadra de su país. Ocupó brevemente la presidencia de la república en 1826. En 1837 tuvo a su cargo la jefatura del ejército en la guerra contra la confederación peruano-boliviana.

BLANCO FOMBONA, HORACIO (1889-1948). Político y escritor venezolano. Luchó contra la intervención estadounidense en la República Dominicana (1916-1924) y contra el gobierno de Juan Vicente Gómez en su país. Fue presidente del Partido Revolucionario de Venezuela. *Estalactitas, En las garras del águila, Crímenes del imperialismo norteamericano.*

BLANCO FOMBONA, RUFINO (1874-1944). Escritor venezolano. Decidido difusor de la literatura hispanoamericana en Europa.
3:70a; *ilustración* 3:70a.

BLANCO WHITE, JOSÉ MARÍA (1775-1841). José María Blanco y Crespo, escritor y sacerdote español. Emigró a Londres, donde se convirtió al anglicanismo y fundó la revista *El Español*. Autor de múltiples obras en inglés y español. *Cartas de España* (1822).

BLANCO Y ERENAS, RAMÓN (1833-1906). Militar español. Marqués de Peña Plata, participó en distintas campañas militares en América y Filipinas e intervino en la tercera guerra carlista. Último gobernador militar español en Cuba antes de la independencia de la isla en 1898.

BLANCO Y NEGRO. Revista ilustrada española, fundada en 1891 por Torcuato Luca de Tena, notable por su moderno diseño, según modelos británicos y estadounidenses. Su publicación se interrumpió en 1936, y se reanudó en 1957.

BLANES. Municipio y puerto pesquero español de Santa Coloma de Farnés, en la prov. de Gerona, comunidad autónoma de Cataluña. Industria del corcho, salazones, fábricas de seda artificial. Iglesia del siglo XIV, ruinas del palacio de los condes de Cabrera. 25.663 hab. (1991).

BLANES, JUAN MANUEL (1830-1901). Pintor uruguayo. Fue uno de los mejores representantes de la pintura hispanoamericana durante el siglo XIX. Dentro de un estilo naturalista, trabajó la pintura histórica, principalmente sobre temas de la independencia americana, y la pintura de género, realizada esta última en pequeño formato y con pincelada suelta. «La muerte del general Carrera», «La batalla de Sarandí».

BLANQUEO. Proceso dirigido a eliminar el color de diversos productos, como tejidos, alimentos, etc. En artes gráficas, sistema de disolución de la plata negativa de las fotografías positivas. En los negocios, operaciones realizadas para dar apariencia de origen legal al dinero obtenido mediante transacciones ilegítimas, como el tráfico de estupefacientes.

BLANQUI, ADOLPHE (1798-1854). Economista francés. Hermano del revolucionario Auguste Blanqui, sus ideas se encuadraron dentro de la corriente clásica del liberalismo económico de Adam Smith. *Historia de la economía política en Europa* (1837-1838).
Historia 8:23a.

BLANQUI, AUGUSTE (1805-1881). Revolucionario socialista francés, legendaria figura del radicalismo de su país.
3:70a; Comuna de París 4:312a; Comunismo 4:319a; Obrero, movimiento 11:63b; Socialismo 13:275b.

BLANQUILLA, ISLA. Isla de Venezuela, en el mar de las Antillas. Durante algunos meses del año es punto de reunión de las aves migratorias. Puertos naturales. 32 km^2.

BLANTYRE. Ciudad de Malawi, cap. del dist. del mismo nombre. Forma un conglomerado urbano con Limbe. Universidad. Tabaco, calzado, productos alimenticios. 446.800 hab. (1994).

BLASCO, EUSEBIO (1844-1903). Político, periodista y comediógrafo español, colaborador de varios periódicos madrileños y parisienses. Se exilió durante la restauración, pero posteriormente aceptó los principios monárquicos y llegó a desempeñar diversos cargos públicos. *El joven Telémaco, El pañuelo blanco, Pablo y Virginia.*

BLASCO, JESÚS (n. en 1919). Dibujante de historietas (tebeos) español, creador de populares personajes como Cuto, e historietas como *Zarpa de Acero* y *Los guerrilleros.*

BLASCO IBÁÑEZ, VICENTE (1867-1928). Novelista, abogado y periodista español, coetáneo de la generación del 98. Representante del naturalismo en la literatura española.
3:70b; Noventa y ocho, generación del 11:22a; *ilustración* 3:70b.

BLASI, OCTAVIO (n. en 1960). Pintor argentino. Sus obras tienen como referencia al neoexpresionismo, con la superposición de planos y el empleo de diversos materiales a modo de *collage. Christie's* (1990).

BLASKA, FÉLIX (n. en 1941). Bailarín y coreógrafo francés de origen polaco. En 1969 fundó los Ballets Félix Blaska y, entre 1978 y 1980, el grupo Crownest Trio de danza moderna. Colaboró con Martha Clarke y coreografió *Le Fou d'Elsa* (1976).

BLASÓN. Escudo de armas de una ciudad, región o linaje y arte de analizar cada una de las piezas heráldicas que lo componen.
Heráldica 7:364a.

BLASTEMA. Conjunto de células indiferenciadas que, mediante su proliferación, llegan a constituir cada uno de los tejidos orgánicos diferenciados.

BLASTOCELE. Cavidad central existente en el embrión de los animales, presente en el estado de blástula. Desaparece con el estado de gastrulación. Mantiene un líquido blastocélico, de reacción alcalina.
Embriología 5:388a.

BLASTODERMO. Capa celular embrionaria que aparece en los primeros estadios de la segmentación de la célula huevo. Ocupa una posición superficial.
Embriología 5:388a.

BLASTÓMERO. En embriología animal, cada una de las células primitivas que se forman en el embrión durante la segmentación. Los blastómeros se ordenan formando una esfera (mórula) y pueden establecer una primitiva diferenciación corporal (comportamiento en mosaico), o bien llegar a producir individualmente un embrión completo (regulación).
Embriología 5:388b.

BLASTOPORO. Orificio que aparece en los primeros estadios embrionarios de la mayoría de los grupos animales y que representa la abertura del intestino primitivo o arquenterón. En los protóstomos dará lugar a la boca definitiva, mientras que en los deuteróstomos constituirá el ano.
Embriología 5:388a.

BLÁSTULA. Fase del desarrollo embrionario animal originado a partir de la mórula y consistente en una masa esférica hueca formada por una sola capa de células indiferenciadas, que forman el blastodermo.
Embriología 5:388a.

BLAUE REITER, DER. «El Jinete Azul», grupo de artistas alemanes, fundado en Munich en 1911 por Wassily Kandinsky y Franz Marc, que marcó el desarrollo del arte alemán del siglo XX en sus diferentes tendencias: expresionismo, cubismo, abstracción, etc.
Cinematografía 4:192b; Expresionismo 6:218a; Kandinsky, Wassily 9:2b.

BLAVATZKI, HELENA PETROVNA (1831-1891). Teósofa rusa. Fundadora, junto con Henry Steel Olcott, de la Sociedad Teosófica. Conoció en profundidad la filosofía y creencias tibetanas, lo que habría de marcar notablemente su pensamiento. *Isis desvelada* (1877), *La doctrina secreta* (1888).

BLAY, MIGUEL (1866-1936). Escultor español. Se formó en Madrid, París y Roma. Fue profesor y director de la Escuela Especial de Pintura, Escultura y Grabado de Madrid, director de la Escuela Española de Bellas Artes de Roma y académico de la Real Academia de San Fernando. «Los primeros fríos», monumento a Mariano Moreno (Buenos Aires), monumento a Federico Rubio (Madrid).

BLAY, PEDRO (m. en 1620). Arquitecto español. Autor de la fachada y el salón de San Jorge del Palacio de la Generalitat de Barcelona y de la capilla del Sacramento de la catedral de Tarragona.

BLEFARITIS. Inflamación del párpado y más especialmente de su borde libre.
Oftalmología 11:86b.

BLENDA. Mineral de sulfuro de zinc. Se produce en vetas con otros sulfuros. Dureza media baja. Cristaliza en sistema cúbico. De color amarillento o pardo, se denomina también esfalerita.

BLENHEIM, BATALLA DE. Encuentro bélico acaecido en las inmediaciones de la aldea de Blenheim, en Baviera, Alemania, el 13 de agosto de 1704, en el transcurso de la guerra de sucesión española. Enfrentó a las tropas austriacas y británicas con las francesas y bávaras. Supuso la derrota y retirada de los ejércitos de Francia y Baviera del sur de Alemania.

BLENKINSOP, JOHN (1783-1831). Inventor británico. Creador, en 1812, del primer sistema de locomoción por ferrocarril con una aplicación práctica. Utilizaba un sistema de dos ejes unidos a una rueda dentada que accionaba una cremallera, la cual se desplazaba sobre raíles (rieles).
Ferrocarril 6:272b; Stephenson, George 13:320a.

BLENORRAGIA. V. **Gonorrea.**

BLÉRIOT, LOUIS (1872-1936). Piloto francés. Primer aviador que atravesó el canal de la Mancha, de Calais a Dover, en 1909.

BLEST, ALBERTO (1830-1920). Escritor chileno. Cultivó preferentemente la novela costumbrista.
3:71a; Hispanoamericana, literatura 8:7a.

BLEST GANA, GUILLERMO (1829-1904). Político y escritor chileno, adscrito a la escuela romántica y muy influido por Alfred de Musset. Varias veces desterrado, fue embajador en la Argentina. Catedrático de filosofía y colaborador de la *Revista del Pacífico. Lorenzo García, La conjuración de Almagro, Noches de Luna.*

BLEULER, EUGEN (1857-1939). Psiquiatra suizo. Importante investigador de los fenómenos mentales e introductor del término esquizofrenia, con el que intentó poner de manifiesto que la disociación constituía el síntoma fundamental de este grupo de psicosis: *Demencia precoz* (1911).

BLIER, BERNARD (1916-1989). Actor francés, cultivó el teatro y el cine. Su filmografía la componen películas tales como *En legítima defensa* (1947), *Antes del diluvio* (1954) y *El expediente negro* (1955).

BLIER, BERTRAND (n. en 1939). Director cinematográfico francés. Hijo del actor Bernard Blier, fue ganador de un Óscar en 1978 por su filme *¿Quieres ser el amante de mi mujer?* Sus películas eran usualmente iconoclásticas y eróticas.

BLIGH, WILLIAM (1754-1817). Marino británico. Siguiendo la ruta del capitán James Cook, capitaneó la nave «Bounty», cuya tripulación, a las órdenes de Fletcher Christian, se sublevó contra él, refugiándose en la isla Pitcairn, en 1789. Abandonado en un bote con otros tripulantes, consiguió regresar al Reino Unido.

BLINDADOS, VEHÍCULOS. Conjunto de vehículos bélicos acorazados. Se emplean tanto para ataque como para transporte de tropas.
3:71b; *cuadro* 3:72b; *ilustraciones* 3:71b; 3:72a.

BLINDAJE CONTRA RADIACIONES. Barrera física interpuesta entre una fuente de radiación ionizante –rayos gamma, rayos X, etc.– y personas o aparatos sensibles, con objeto de evitarles daños.
3:73a; *ilustración* 3:73b.

BLISS, ARTHUR (1891-1975). Compositor británico, autor de música para orquesta, ballets, música de cámara y una ópera, *Los olímpicos.* Estudió con Ralph Vaughan Williams.

BLITZKRIEG. Estrategia bélica que consiste en el lanzamiento de una ofensiva vigorosa y rápida. El término, alemán, significa «guerra relámpago» y empezó a ser utilizado durante la segunda guerra mundial (1939-1945) para designar las ofensivas iniciales alemanas con vehículos blindados que llevaron en unas cuantas semanas a las derrotas de Polonia, Bélgica, los Países Bajos y Francia.

BLIXEN, KAREN. V. **Dinesen, Isak.**

BLOCH, ERNEST (1880-1959). Compositor estadounidense de origen suizo. Su música aunó elementos de las tradicionanes judías y de la música posromántica. Entre sus obras destacan la sinfonía *Israel* (1916) y la rapsodia épica *América* (1926). Profesor en los conservatorios de Nueva York, Cleveland y San Francisco.

BLOCH, FELIX (1905-1983). Físico estadounidense nacido en Suiza. Premio Nobel en 1952, compartido con Edward M. Purcell, por el desarrollo del método para medir el campo magnético del núcleo atómico, mediante inducción nuclear.
Resonancia magnética nuclear 12:345b.

BLOCH, KONRAD (n. en 1912). Bioquímico estadounidense de origen alemán. Compartió el Premio Nobel de medicina en 1964 con Feodor Lynen, por la biosíntesis del colesterol.

BLOCH, MARC (h. 1886-1944). Historiador francés. Impulsó en Francia la interpretación de la historia como una ciencia de la sociedad humana entendida según su evolución jurídica y social, ideas que expuso en la revista *Annales,* de la cual fue fundador. Durante la ocupación alemana fue encarcelado y fusilado. *La sociedad feudal* (1939-1940), *Apología de la historia* (1949).
Historia 8:18b.

BLOC OBRER I CAMPEROL. Agrupación política obrera catalana de corte marxista creada en 1930. Durante la república intentó unir a las organizaciones de los trabajadores para defender el nuevo régimen. Su unión con Esquerra Comunista de Andreu Nin (1935) dio origen al Partido Obrero de Unificación Marxista (POUM), de tendencia trotskista.

BLOEMFONTEIN. Capital del Estado Libre de Orange y cap. judicial de la República de Sudáfrica. Universidad, observatorio astronómico. Minas de oro. 126.867 hab. (1991).

BLOIS. Ciudad de Francia, cap. del dep. de Loire-et-Cher, a orillas del río Loira. Castillo, donde en 1588 fue asesinado el duque de Guisa. Industria ligera, turismo. 46.925 hab. (1982).
Loira, río 9:207b.

BLOIS, CONDADO DE. Territorio histórico francés, situado en la zona comprendida entre los ríos Loira y Sena, que alcanzó un gran desarrollo en la edad media. En el 940, Teobaldo I el Viejo fue el primero en titularse conde de Blois. En 1391 pasó a manos del duque de Orleans, Luis I de Francia.

BLOIS, TRATADOS DE. Acuerdos firmados en la ciudad francesa de Blois entre 1504 y 1512, los cuales determinaron las relaciones entre España, Francia y la casa de Austria. El primero fue firmado el 22 de septiembre de 1504, el segundo el 12 de octubre de 1505, el tercero el 12 de diciembre de 1509 y el cuarto el 1 de diciembre de 1512.

BLOK, ALEXANDR (1880-1921). Poeta y dramaturgo ruso. Máximo representante del simbolismo en su país.
3:74b; Rusia 13:68b.

BLOMBERG, HÉCTOR PEDRO (1890-1955). Escritor argentino. Autor de poesía, novelas, cuentos y obras teatrales, trató preferentemente en sus obras la temática marinera. *Las puertas de Babel* (1920), *Gaviotas perdidas* (1921), *La otra pasión* (1925).

BLONDA. Tipo de encaje de bolillos muy lujoso, hecho desde comienzos del siglo XVIII con seda cruda y más tarde también con seda blanca o negra. De probable origen español, se utiliza fundamentalmente para la fabricación de mantillas.
Encaje 5:398b.

BLONDEL (siglo XII). Uno de los primeros troveros del norte de Francia. No se conocen detalles de su vida, pero se conservan diversos manuscritos de sus canciones. *Relatos de un ministril de Reims.*

BLONDEL, JACQUES-FRANÇOIS (1705-1774). Arquitecto y teórico francés, cuyas enseñanzas y escritos contribuyeron a desarrollar la arquitectura. Fundó la primera escuela de esta disciplina en su país. Publicó *L'Architecture française* (1752-1756).

BLONDEL, MAURICE (1861-1949). Filósofo francés, formulador de la «filosofía de la acción». Ésta no era una cuestión filosófica concreta, sino aquella sin la cual no podía haber ninguna otra. Su filosofía era un reflejo de las contradicciones del pensamiento de principios del siglo XX. *La acción* (1893), *El pensamiento* (1934).

BLOOMFIELD, LEONARD (1887-1949). Lingüista estadounidense. Fundó la lingüística estructuralista norteamericana.
3:74b; Estructuralismo 6:172b; Lenguaje 9:104a; Lingüística 9:167a.

BLOOMSBURY, GRUPO DE. Nombre con el que se conoce a los escritores, poetas y filósofos que solían reunirse, entre 1907 y 1930, en casa de los hermanos Bell y de Virginia Woolf, en el distrito londinense de Bloomsbury. Entre sus principales integrantes destacaron John Maynard Keynes, Bertrand Russell, Aldous Huxley y T.S. Eliot. Constituyó el grupo intelectual más influyente en el pensamiento británico del primer tercio del siglo XX.
Woolf, Virginia 14:371b.

BLOQUEO CONTINENTAL. Conjunto de disposiciones adoptadas por Napoleón I en el decreto de Berlín el 21 de noviembre de 1806, por las que se cerraba el tráfico comercial del continente con el Reino Unido. El bloqueo nunca se logró cabalmente.

BLOQUEO Y SITIO. Tácticas militares que consisten en interceptar las vías de comunicación del enemigo hasta que se agoten sus municiones o vituallas.
3:75a; *ilustración* 3:75b.

BLORE HEATH, BATALLA DE. Combate librado en la guerra de las dos rosas en Market Drayton, Inglaterra, el 23 de septiembre de 1459. El segundo en importancia de dicha guerra. Vencieron los partidarios de York, mandados por Salisbury.

BLOW, JOHN (1649-1708). Compositor británico, destacado creador de música sacra. Organista titular y posteriormente director del coro infantil de la abadía de Westminster, Henry Purcell estuvo entre sus alumnos. Su obra *Venus y Adonis* (h. 1682) puede considerarse la primera ópera inglesa.

BLOY, LÉON (1846-1917). Escritor francés. Su escritura de tono visionario y pesimista expresaba la repulsa del autor hacia la sociedad francesa del momento. *El desesperado* (1886), *El peregrino del absoluto* (1910-1912), *Meditaciones de un solitario* (1916).

BLÜCHER, GEBHARD LEBERECHT VON (1742-1819). Mariscal prusiano conocido por la dureza y rigidez de sus operaciones bélicas. Participó en las guerras napoleónicas.
3:76a.

BLUEFIELDS. Ciudad y puerto de Nicaragua, cap. del dep. de Zelaya en la desembocadura del río Escondido al mar Caribe. Semidestruida por un huracán en 1988. Aeropuerto. Pesquerías, industria ligera. 15.926 hab. (1982).
Nicaragua 10:398b.

BLUE RIDGE, MONTES. Sección de los montes Apalaches, en los Estados Unidos. Se extiende a lo largo de 990 km, desde Carlisle, Pennsylvania, hasta el monte Oglethorpe, Georgia. Su punto más alto es el Mitchell (2.005 m).

BLUES. Canción popular del folclor negro estadounidense, originada en la música espiritual. Data de las primeras décadas del siglo XX, y tuvo notable influencia en la música de *jazz.*
Jazz 8:357b; Pop, música 12:82b.

BLUM, LÉON (1872-1950). Político francés creador del Partido Socialista moderno de su país. Primer presidente de la coalición Frente Popular de 1936 a 1937. Detenido en 1940 por el gobierno de Vichy y entregado tres años después a los alemanes, fue liberado por los aliados en 1945.

BLUMBERG, BARUCH S. (n. en 1925). Investigador médico estadounidense. Realizó importantes estudios sobre medicina genética y descubrió el antígeno de la hepatitis de tipo B (antígeno Australia). Compartió en 1976 el Premio Nobel de medicina y fisiología con Carleton Gajdusek.

BLUMENAU. Ciudad y puerto fluvial de Brasil en el est. de Santa Catarina, a orillas del Itajaí. Fundada por colonos alemanes en 1852. Universidad, aeropuerto. Textiles. 198.862 hab. (1996).

BLUMENBACH, JOHANN FRIEDRICH (1752-1840). Antropólogo alemán. Considerado como el padre de la antropología física, realizó la que es considerada como una de la primeras clasificaciones de la raza humana. Fue el primero en considerar las diferencias anatómicas para el estudio del hombre. *Sobre los distintos orígenes del hombre* (1775), *Colección de cráneos de distintas razas* (1790-1828).
Razas humanas 12:272b.

BMW. Siglas de la compañía automovilística alemana Bayerische Motoren Werke. Fundada en Munich en 1916, desde 1950 produjo automóviles de gama alta. En 1994 adquirió la empresa británica Rover.

BOA. Reptil ofidio de la familia de los boidos y del género *Boa*. La especie más conocida es la boa constrictora (*Boa constrictor*), que vive en Sudamérica.
3:76a; Anaconda 1:312b; Serpientes 13:209b; *ilustración* 3:76b.

BOABDIL. V. **Mohamed XI de Granada.**

BOACO. Departamento de Nicaragua, en la meseta central, limitado por el río Grande de Matagalpa al nordeste y el lago Nicaragua al sudoeste. Ganadería. Productos lácteos. Cap. Boaco. 4.982 km^2. 97.432 hab. (1985).

BOADICEA (m. en 60). Reina de los icenos, antiguo pueblo de la Gran Bretaña, que se sublevó contra los romanos el año 60.

BOAS, FRANZ (1858-1942). Antropólogo y etnólogo estadounidense de origen alemán. Su labor resultó decisiva para establecer la antropología como una disciplina científica.
3:77a; Antropología 1:404a; Lingüística 9:167a; Razas humanas 12:273a; Sapir, Edward 13:157b.

BOAT PEOPLE. Palabras inglesas («gente de las barcas») con que se denominó a los refugiados del sudeste de Asia (mayormente vietnamitas) que huyeron de sus países en embarcaciones inadecuadas desde fines de la década de 1970 como consecuencia de la instalación de regímenes autoritarios. Llegaron por cientos de miles a países como Malasia y Hong Kong, pero muchos perecieron en el intento.

BOA VISTA. Ciudad y puerto fluvial de Brasil, cap. del estado de Roraima, a orillas del río Branco. Aeropuerto. Minas de diamantes, oro, bauxita. Productos cárnicos, forestales y metalúrgicos. 43.131 hab. (1980).
Amazonas, río 1:266a.

BOBADILLA, EMILIO (1862-1921). Escritor cubano. Conocido por el seudónimo de fray Candil, fue autor de novelas, artículos periodísticos, ensayos de tipo satírico y poesía neorromántica. *Fiebres* (1889), *Capirotazos: sátiras y críticas* (1890), *A fuego lento* (1903).

BOBADILLA, FRANCISCO DE (m. en 1502). Funcionario de la administración colonial española. Apresó y llevó a España a Cristóbal Colón y sus hermanos.
Colón, Cristóbal 4:279a.

BOBA o PIQUERO. Ave adaptada a la vida marina perteneciente a la familia de las súlidas. También se conoce como alcatraz.
3:77a; *ilustración* 3:77b

BOBBIO, NORBERTO (n. en 1909). Jurista y filósofo italiano. Defensor en sus obras de la democracia, los derechos humanos y la tolerancia. *Derecho y lógica* (1938), *De Hobbes a Gramsa* (1985), *Autobiografía* (1997).

BOBINA. Devanado de un hilo conductor de la electricidad mediante el cual se consigue un aumento de los efectos inductivos de la corriente eléctrica.
Circuitos eléctricos y electrónicos 4:124b; Electrónica 5:335a.
Electrónica 5:366a.

BOBINA DE INDUCCIÓN. Dispositivo para inducir, desde una bobina primaria con corriente continua a baja tensión, otra alterna de alta tensión en una bobina secundaria. Sistema elemental de comunicación de campos electromagnéticos.

BOBINAS, ENCAJE DE. V. **Bolillos, encaje de.**

BOBO, PÁJARO. Ave marina de la familia de los súlidas, también conocida como alcatraz. El nombre se emplea también para otras especies.

BOBO-DIOULASSO. Ciudad de Burkina Faso, cap. del dep. de Hauts-Bassins. Colegio universitario, institutos de investigación. Bicicletas, cigarrillos. Productos alimenticios. Artesanía de marfil, hierro y bronce. Aeropuerto. 300.000 hab. (1993).
Burkina Faso 3:229b.

BOBSLED. Deporte, también denominado bobsleigh, consistente en deslizarse por una pendiente cubierta de hielo natural o artificial en un trineo de cuatro patines para dos o cuatro pasajeros. La pista para competiciones internacionales tiene una longitud de 1.500 m y una inclinación del 8 al 15%.
Invierno, deportes de 8:253b.

BOCA. Abertura de acceso al aparato digestivo que, en los animales superiores, se halla en la parte inferior de la cabeza e interviene también en la función respiratoria.
Digestivo, aparato 5:184b; Gastroenterología 7:59a; Reptiles 12:340b.

BOCA DE DRAGÓN. V. **Antirrino.**

BOCAGE, MANUEL MARIA BARBOSA DU (1765-1805). Poeta lírico portugués, renovador de la lírica de su país en el siglo XVIII.
3:77b; Portuguesa, literatura 12:102b.

BOCANA. Denominación que se aplica a un canal estrecho entre una isla y la costa de tierra firme, a la entrada de un puerto, y, en Hispanoamérica, a la desembocadura de un río.

BOCANEGRA, FRANCISCO GONZÁLEZ. V. **González Bocanegra, Francisco.**

BOCANEGRA, JOSÉ MARÍA (1787-1862). Político mexicano. Presidente interino en 1829, sólo desempeñó el cargo durante cinco días.

BOCANEGRA, PEDRO ATANASIO (1638 1689). Pintor español, discípulo de Alonso Cano. Fue uno de los mejores coloristas de la escuela española de la época. Se conservan obras suyas en Granada y Sevilla. «Doctores de la iglesia griega y latina», «La Virgen y san Bernardo».

BOCÁNGEL, GABRIEL (1603-1658). Poeta, prosista y dramaturgo español. Uno de los representantes del culteranismo en España, cultivó en sus obras, entre las que destacaron *Rimas y prosas* (1627), *La lira de las musas* (1637) y la comedia *El emperador fingido*, un estilo culto y refinado no exento de originalidad y gran riqueza imaginativa.

BOCA RATON. Población estadounidense situada en el sudeste de la península de Florida, en la costa atlántica. Centro de recreo fundado en la década de 1920, se convirtió en ciudad en 1957. Industria ligera. Universidad. 573.125 hab. (1980).

BOCAS DEL TORO (CIUDAD). Población y puerto de Panamá, cap. de la prov. homónima en la isla de Colón, mar Caribe. Fundada en el siglo XIX por inmigrantes negros. Cacao, abacá, caucho. 2.515 hab. (1980).

BOCAS DEL TORO (PROVINCIA). División administrativa de Panamá limitada por el mar Caribe al nordeste y Costa Rica al oeste. Incluye el archipiélago de Bocas del Toro. Agricultura. Cap. Bocas del Toro. 8.745 km^2. 123.655 hab. (1996).

BOCCA, JULIO (n. en 1967). Bailarín argentino. Destacado intérprete de ballet clásico y de

danzas inspiradas en la música popular de Argentina.
3:78a; *ilustración* 3:78a.

BOCCACCIO, GIOVANNI (1313-1375). Escritor italiano. Su obra estableció los cimientos del humanismo renacentista e impulsó el nacimiento de la narrativa en lengua italiana moderna.
3:78b; Italiana, literatura 8:318a; Renacimiento 12:332a; Talavera, arcipreste de 13:388a; *cuadro* 3:79a; *ilustraciones* 3:79b; 8:320a.

BOCCANEGRA, FAMILIA. Poderosa familia genovesa que desempeñó un destacado papel en las revoluciones de 1257 y 1339. Dio a Génova y España varios almirantes. Sus miembros principales fueron Simon, Egidio y Ambrosio.

BOCCHERINI, LUIGI (1743-1805). Compositor y violonchelista italiano, maestro de cámara de la corte de Madrid. Desarrolló los recursos instrumentales del cuarteto y del quinteto.
3:79b.

BOCCIONI, UMBERTO (1882-1916). Escultor y pintor italiano, teórico del futurismo. A partir de 1910, fecha de aparición del «Manifiesto de los pintores futuristas», en el que se exaltaba la belleza de la máquina como símbolo de la moderna tecnología, sus cuadros expresaron este dinamismo («La ciudad que sube», 1910-1911). En 1912 publicó el «Manifiesto de la escultura futurista», en donde defendía el uso de dicha técnica para expresar la simultaneidad del tiempo y el espacio, mediante el uso de motores eléctricos y luces.
Futurismo 7:10b.

BOCETO. En pintura, ensayo que se realiza antes de la ejecución definitiva de una obra, a modo de prueba. En escultura, figura de muestra, modelada sin detalle, realizada en barro o cera.
Dibujo 5:173b.

BOCHICA. En la mitología chibcha de la Colombia prehispánica, dios de la civilización y de las artes, y personificación del bien. Rival del dios de los mercaderes, Chibchachum, y de la diosa lunar, Chía.

BOCHUM. Ciudad de Alemania en el est. de Renania del Norte-Westfalia, en la cuenca del Ruhr. Fundada en el siglo XIII. Universidad. Siderometalurgia, automóviles. Cerveza. 395.837 hab. (1998).

BOCIO. Enfermedad del sistema endocrino, caracterizada por un aumento anómalo de tamaño del tiroides, una glándula situada en la parte anterior del cuello.
3:80a; Endocrinología 5:408b; *ilustración* 3:80a.

BÖCKLIN, ARNOLD (1827-1901). Pintor suizo. Estudió en Alemania y París y se estableció en Italia. Autor de pinturas de género, paisajes y escenas mitológicas, de estilo romántico y notable contenido poético. «El dios Pan en los juncos» (h. 1857), «La isla de los muertos» (1880).

BOCUSE, PAUL (n. en 1926). Cocinero francés. Miembro de una antigua familia de cocineros, impulsó desde su restaurante de Collonges la que fue conocida como *nouvelle cuisine*, basada en un tratamiento revolucionario de la alta cocina francesa.

BODAS DE FÍGARO, LAS. Comedia de Pierre-Augustin Caron de Beaumarchais, estrenada en 1784, que continúa la acción de *El barbero de Sevilla*. Mozart compuso una ópera que lleva el mismo título, estrenada en 1786.

BODE, JOHANN (1747-1826). Astrónomo alemán. Director del observatorio de Berlín y autor de la ley astronómica que lleva su nombre. Este postulado matemático permite predecir, mediante cálculos geométricos, la distancia al Sol de los planetas del Sistema Solar.
Sistema Solar 13:265b; Urano (astronomía) 14:190b.

BODEGA Y QUADRA, JUAN FRANCISCO (1743-1794). Marino español. Participó en la exploración al noroeste del continente americano para investigar la expansión rusa en aquella zona. En 1792, junto al británico George Vancouver, se dirigió a la bahía de Nutka para intentar resolver el conflicto que enfrentaba a España y la Gran Bretaña por la posesión de este territorio. La solución al litigio se logró con el tratado de El Escorial, que fijaba en 48° N el límite de las posesiones españolas. La isla de Vancouver, que recibió este nombre en honor del marino inglés, se llamó durante cierto tiempo Vancouver-Bodega.

BODEGÓN. V. **Naturaleza muerta.**

BODHIDHARMA (siglo VI). Monje indio budista, misionero en China, donde se le conoce como Ta Mo. Es considerado como el fundador de la secta zen del budismo mahayana. Predicó en Cantón y Nankín.

BODHISATTVA. Según el budismo, ser que, por haber alcanzado un determinado grado de perfección, puede llegar a la «iluminación», convirtiéndose así en buda tras terminar la cadena de reencarnaciones.
Budismo 3:211a.

BODIN, JEAN (1530-1596). Filósofo francés, teórico del estado moderno. Defendió la libertad de cambio y ciertas restricciones al poder absoluto respecto a los impuestos y a los bienes de los súbditos. *Methodus ad facilem historiarum cognitionem* (1566), *República* (1576).
Absolutismo 1:17b; Estado 6:124a; Historia 8:25a; Soberanía 13:273b.

BODINO, JUAN. V. **Bodin, Jean.**

BODMER, JOHANN JAKOB (1698-1783). Crítico literario suizo. Sentó las bases para el desarrollo de las letras alemanas en Suiza y propuso un modelo literario en el que la imaginación y la fantasía constituían elementos complementarios de la razón. *De lo maravilloso en la poesía* (1740).

BODONI, GIAMBATTISTA (1740-1813). Tipógrafo italiano. Director desde 1768 de la imprenta del ducado de Parma, fue el creador de los caracteres tipográficos que llevan su nombre. Le dieron gran celebridad sus impresiones de obras de autores clásicos. *Manual tipográfico* (1788).

BODY ART. Corriente artística nacida en la década de 1960 que buscaba el máximo de integración del artista en la obra de arte, por lo que consideraba su propia persona como el elemento básico de la creación. Se desarrolló tanto en los Estados Unidos como en Europa, y entre sus representantes se encontraban Otto Muehl, Rudolf Schwarzkoger, Vito Acconci y Gilbert and George.
Conceptual, arte 4:322a.

BOECIO (h. el 470-h. el 524). Filósofo romano. Su pensamiento, de carácter ecléctico, recogió elementos estoicos, neoplatónicos y otros de la tradición griega y cristiana.
3:81a; Escolástica 6:40a; Filosofía 6:296a; Latina, literatura 9:77a; Teodorico I el Grande 14:19a; Teología 14:21b; *ilustración* 3:81a.

BOECKLIN, ARNOLD. V. **Böcklin, Arnold.**

BOEING COMPANY, THE. Sociedad estadounidense de construcción de aviones, helicópteros, misiles, satélites y otros vehículos y productos diversos. Fundada en 1916 por William E. Boeing.
Astronáutica 1:81a.

BOERHAAVE, HERMANN (1668-1738). Médico holandés. Fue profesor de botánica, medicina y química en Leiden. Se mostró partidario de la mecanoterapia. *Institutiones medicae* (1708), *Elementa chemiae* (1724).

BOERO, FELIPE (1894-1954). Compositor argentino. Estudió en los conservatorios de Buenos Aires y París. Incorporó a su obra elementos del folclor argentino. Autor de las óperas *Tucumán* (1918), *Ariadna y Dionisos* (1920) y *Raquela* (1923). Su obra culminante, *El Matrero* (1929), fue estrenada en el Teatro Colón bonaerense.

BÓERS. Colonos de origen neerlandés y francés establecidos en África del sur durante el siglo XVII.
3:81b; Sudáfrica, República de 13:335b; Johannesburgo 8:376a; Kruger, Paulus 9:37a; Lesotho 9:127b; Rhodes, Cecil 12:363a; Sudáfrica, República de 13:337a.

BÓERS, GUERRA DE LOS. Enfrentamiento armado que tuvo lugar desde el 11 de octubre de 1899 hasta el 31 de mayo de 1902 entre el Reino Unido y las repúblicas bóers del Transvaal y el Estado Libre de Orange. El descubrimiento de oro y diamantes en Witwatersrand, Transvaal, que provocó la afluencia masiva de británicos a la zona, empleados como mineros por la Compañía Británica Sudafricana, y la oposición de Paulus Kruger a las pretensiones del Reino Unido sobre la república sudafricana, fueron los principales detonantes de este conflicto. Mediante la paz firmada en Pretoria, el 31 de mayo de 1902, el gobierno británico se anexionó las repúblicas sudafricanas.
Bóers 3:81b; Johannesburgo 8:376a; Kruger, Paulus 9:37a.

BOESAK, ALLAN (n. en 1946). Clérigo sudafricano. Ordenado sacerdote por la Iglesia Reformada Holandesa en 1968, se opuso a la política de *apartheid* mantenida por el gobierno sudafricano y fundó en 1983 el Frente de Unidad Democrática (UDF).

BOÉTIE, ÉTIENNE DE LA. V. **La Boétie, Étienne de.**

BOETTGER, JOHANN FRIEDRICH (1685-1719). Ceramista alemán. Inventor de la porcelana europea de pasta blanca (porcelana blanca traslúcida elaborada con arcilla refractaria de Colditz). Casi todas sus piezas imitaban la plata en la forma y en la decoración.

BOFARULL Y DE BROCÁ, ANTONIO DE (1821-1892). Historiador y novelista español. Participó en la Renaixença, movimiento de recuperación literaria de la lengua catalana. *Historia crítica (civil y eclesiástica) de Cataluña* (1878), *Historia de la guerra civil de siete años en Cataluña, L'orfeneta de Menargues o Catalunya agonitzant* (1862).

BOFARULL Y MASCARÓ, PRÓSPERO (1777-1859). Abogado e historiador español. Dirigió el Archivo de la Corona de Aragón y participó en la publicación de la *Crónica* de Jerónimo Pujadas. *Los condes de Barcelona vindicados* (1836), *Cronología y genealogía de los reyes de España.*

BOFF, LEONARDO (n. en 1938). Teólogo brasileño. Perteneciente a la orden franciscana, fue considerado como una de las figuras más destacadas del movimiento religioso y social conocido como teología de la liberación. *Jesucristo libertador* (1974).

BOFFRAND, GERMAIN (1667-1754). Arquitecto y decorador francés. Destacado representante del rococó. Construyó en París numerosas residencias particulares y remodeló el edificio de los archivos nacionales. Construyó también el Hospice des Enfants del Hospital General de París (1727). Autor de *Libro de arquitectura* (1745).

BOFILL, RICARDO (n. en 1939). Arquitecto y urbanista español. Aplicó nuevas técnicas de construcción con hormigón. Autor del proyecto del Mercado de Les Halles, París, y de la ciudad olímpica de Barcelona.

BOFUTATSWANA. V. **Bophuthatswana.**

BOGARDE, DIRK (1920-1999). Derek van den Bogaerd, actor británico. Trabajó en cine y teatro, a las órdenes de directores como Joseph Losey (*El sirviente,* 1963), Luchino Visconti (*La caída de los dioses,* 1969; *Muerte en Venecia,* 1971), Liliana Cavani (*Portero de noche,* 1973).
Visconti, Luchino 14:330b.

BOGART, HUMPHREY (1899-1957). Actor estadounidense. Se especializó en personajes duros y de trama policiaca. Estuvo casado con la actriz Lauren Bacall. *El halcón maltés* (1941), *Casablanca* (1942), *El sueño eterno* (1946), *El tesoro de Sierra Madre* (1948) y *La reina africana* (1951), filme que le valió un Óscar de la Academia de Hollywood al mejor actor.

BOGAVANTE. Crustáceo malacostráceo marino decápodo (*Homarus gammarus*), con el abdomen o pleon bien desarrollado. Presenta grandes pinzas delanteras. Es comestible.
Crustáceos 5:33a; Langosta (crustáceo) 9:56b.

BOĞAZKÖY. Ciudad del norte de Turquía en la que se han encontrado los restos de Hatusa, antigua capital del reino hitita, que se extendió por Anatolia y el norte de Siria en el segundo milenio a.C.
Hititas 8:28b.

BOGDÁNOVICH, IPPÓLIT FIÓDOROVICH (1744-1803). Poeta ruso. Precursor del movimiento literario conocido como sentimentalismo, reacción contra el clasicismo imperante en la época. *Dúshenka* (1778-1783).
Rusa, literatura 13:46b.

BOGDANOVICH, PETER (n. en 1939). Director de cine estadounidense. Buscó recrear en varias cintas el estilo peculiar de las comedias cinematográficas de las décadas de 1930 y 1940. *La última película* (1971), *Luna de papel* (1973), *Todos rieron* (1981).

BOGOMILOS. Herejes cristianos surgidos en Tracia hacia el siglo x cuyas teorías, de origen maniqueo, tuvieron una notable expansión por la zona de los Balcanes hasta el siglo xv. Negaban los sacramentos, la Santísima Trinidad, el culto a María y a los santos, y sostenían que Lucifer era también hijo de Dios.

BOGOTÁ, CARTA DE. Nombre con que se conoce el documento de constitución de la Organización de Estados Americanos (OEA).
Organización de Estados Americanos 11:139a; Panamericanismo 11:249b.

BOGOTÁ, SABANA DE. Altiplanicie colombiana, en el dep. de Cundinamarca, donde se encuentra la ciudad de Santa Fe de Bogotá. Tiene una extensión de 1.100 km² y una altitud media superior a los 2.500 m. El río Bogotá riega la llanura, donde se practica la ganadería y la agricultura.

BOGOTÁ, SANTAFÉ DE. Capital de Colombia, en la cordillera Oriental de los Andes. 6.276.428 hab. (1999).
3:81b; Colombia 4:265b; Cundinamarca 5:76a; Jiménez de Quesada, Gonzalo 8:373a; Nueva Granada, Virreinato de 11:37a; *ilustraciones* 3:82a.

BOGRÁN, LUIS (siglo xix). Político y militar hondureño. Elegido presidente en 1883, hizo frente durante su gobierno a varias insurrecciones. Reelecto en 1887, a los cuatro años transmitió el poder al general Ponciano Leiva.

BOGUE. Tipo de mineral de carbón que presenta unas características similares a las de la ampelita y que produce una gran cantidad de alquitrán y aceite después de un proceso de destilación.
Carbón 3:374b.

BOHÈME, LA. Ópera de Giacomo Puccini inspirada en *Escenas de la vida bohemia*, de Henri Murger, con libreto de Luigi Illica y Giuseppe Giacosa. Indudablemente una de las más destacadas piezas de la ópera italiana posverdiana. Se estrenó en 1896. Otra ópera de Ruggiero Leoncavallo lleva el mismo título.

BOHEMIA. Región histórica del centro de Europa. Fue reino independiente durante varios siglos, pero quedó incorporada a Checoslovaquia en 1918. En 1993 pasó a formar parte de la nueva República Checa.
3:83b; Checa, República 4:116b; Praga 12:112a; *ilustración* 3:84a.

BOHEMIA, ESCUELA DE. Escuela artística desarrollada en la ciudad de Praga en la segunda mitad del siglo xiv en torno a la figura del rey de Bohemia (1346) y emperador alemán (1355-1378) Carlos iv. Sus creaciones fueron principalmente en los campos de la arquitectura y la pintura al fresco y de caballete.

BOHEMIA, SELVA DE. Masa boscosa que cubre las tierras altas sudoccidentales del macizo bohemio, en la frontera de Alemania con la Rep. Checa. Se extiende desde el valle superior del río Ohre hasta el valle del Danubio.

BOHEMUNDO I (h. 1055-1111). Príncipe de Otranto y Antioquía. Uno de los jefes de la primera cruzada, conquistó por asalto la ciudad de Antioquía (1098). Mantuvo una enconada rivalidad con el emperador bizantino Alejo i Comneno durante más de tres décadas. Casó con Constanza, hija de Felipe i de Francia, que le dio dos hijos, uno de los cuales sería más tarde príncipe de Antioquía.

BÖHL DE FABER, CECILIA. V. **Caballero, Fernán.**

BÖHL DE FABER, JUAN NICOLÁS (1770-1836). Hispanista alemán, padre de la novelista Cecilia Böhl de Faber, conocida como Fernán Caballero. Establecido en Cádiz como cónsul de Alemania, introdujo en España las ideas del romanticismo. Tradujo las *Reflexiones sobre el teatro*, de August Wilhelm von Schlegel, y sostuvo el valor del romancero y del barroco español. *Floresta de rimas antiguas castellanas* (1821-1823), *Teatro español anterior a Lope de Vega* (1832).

BÖHM, KARL (1894-1981). Director de orquesta austriaco, uno de los grandes intérpretes de la música de Wolfgang Amadeus Mozart. Estrenó varias obras de Richard Strauss. Dirigió la ópera de Viena hasta 1956.

BÖHM-BAWERK, EUGEN VON (1851-1914). Economista austriaco. Fue profesor de economía política y dos veces ministro de hacienda. Representante del marginalismo económico, enunció una teoría sobre el interés del capital. *Capital e interés: historia y crítica de las teorías sobre el interés* (1884), *Algunas cuestiones dudosas de la teoría del capital* (1889).
Capital 3:361a.

BÖHME, JAKOB (1575-1624). Filósofo alemán. Protestante, le preocupaba la existencia del mal y buscaba en la esencia y acción de Dios una solución a tal problema. Sus ideas influyeron en la mística alemana poskantiana. *De los tres principios de la esencia divina* (1616), *De signatura rerum* (1622).

BOHR, NIELS (1885-1962). Físico danés. Autor de un notable modelo teórico del átomo, por el cual recibió el Premio Nobel en 1922.
3:84b; Átomo 2:205b; Cuántica, teoría 5:42b; Heisenberg, Werner 7:351a; Planck, Max 12:13b; Química 12:226b; Reacción química 12:276b; Rutherford, Ernest 13:72a.

BOHRIO. Elemento químico artificial, perteneciente al grupo de los transuránidos. Sintetizado por primera vez en 1981. Número atómico 107, peso atómico 262.

BOIARDO, MATTEO MARIA (1440-1494). Poeta italiano. Autor de numerosas obras, tanto en latín como en italiano, entre las que destacó *Orlando enamorado*, poema romanesco y caballeresco en 69 cantos que dejó inconcluso. El conocido *Orlando furioso* de Ariosto se considera una secuela del mismo.
Italiana, literatura 8:319a.

BOICOTEO. Término inglés castellanizado que designa la presión ejercida sobre una persona o entidad aislándola y privándola de toda relación comercial o social a fin de obligarla a ceder en una negociación. Su origen es el bloqueo aplicado contra Charles Boycott (1832-1897), administrador británico, por no respetar las determinaciones de la Liga Agraria Irlandesa.

BOÍL, BERNAT (h. 1445-1520). Religioso español, primer representante del papado en América y fundador del primer templo cristiano en el Nuevo Mundo, en la isla de La Española.

BOILEAU, NICOLAS (1636-1711). Escritor francés. En su *Arte poética* (1674) puso de manifiesto su teoría sobre la creación literaria, la cual constituyó el ideario de los literatos neoclásicos.
3:85a; *ilustración* 3:85b.

BOISE. Capital del est. de Idaho, Estados Unidos, a orillas del río Boise. Una de las primeras ciudades del país que utilizó la aviación comercial (1926). Universidad. Explotaciones forestales, productos agropecuarios. 157.452 hab. (1998).

BOITO, ARRIGO (1842-1918). Enrico Giuseppe Giovanni Boito, poeta y compositor italiano. Escribió libretos para óperas de Giuseppe Verdi como *Otello* y *Falstaff*, y de Amilcare Ponchielli (*La Gioconda*). Compuso la ópera *Mefistofele*. Usó el seudónimo de Tobia Gorrio.

BOJ. Arbusto de hoja perenne de la familia de las buxáceas (*Buxus sempervirens*). Dicotiledónea. Hojas elípticas y coriáceas. Propio del área mediterránea, se utiliza como ornamental.

BOJADOR. Cabo de África, en la costa atlántica del Sahara. Zona de arrecifes. Pertenece a la prov. marroquí de Boujdour.

BOKASSA, JEAN-BÉDEL (1921-1996). Militar y político de la República Centroafricana. Presidente en 1976, se autoproclamó emperador de su país en 1977, denominándolo Imperio Centroafricano. Depuesto por un golpe militar en 1979, se exilió a Costa de Marfil (Côte d'Ivoire). Regresó a su país en 1987, e ingresó en prisión para ser sometido a juicio. Condenado a muerte, su sentencia le fue conmutada por la de prisión perpetua.
Centroafricana, República 4:78b.

BOLÁN, DESFILADERO DE. Paso natural de Pakistán, en la prov. de Beluchistán, formado por una serie de estrechos valles que se extienden a lo largo de 89 km. Su punto más ancho se encuentra en la planicie de Laleji (25 km).

BOLAÑOS, ENRIQUE (n. en 1928). Político y empresario nicaragüense. Accedió a la presidencia de Nicaragua tras la victoria en las urnas del Partido Liberal Constitucionalista (PLC) en noviembre de 2001, sucediendo a Arnoldo Alemán.

BOLAÑOS, FRAY LUIS (1539-1629). Religioso y misionero español, apodado «el apóstol del Paraguay». Con Juan Ortiz de Zárate llegó hasta el río de la Plata, y desde 1575 centró su actividad en Asunción del Paraguay. En *Notas y apuntes* recogió sus experiencias en la región.

BOLCHEVIQUES. Ala revolucionaria del Partido Social Democrático Obrero Ruso, dirigida por Lenin, que tomó el poder en Rusia en octubre de 1917 (noviembre según el calendario gregoriano). El grupo bolchevique («mayoría», pese a ser minoría en el partido) se originó en 1903 y alcanzó gran popularidad entre los obreros y soldados que se levantaron en 1917 contra el régimen zarista, circunstancia que aprovechó para acabar con sus opositores. En 1918 los bolcheviques constituyeron el Partido Comunista Ruso.
Lenin 9:112a; Stalin 13:316b; Rusa, revolución 13:49b; Rusia 13:62b; Socialismo 13:276a; Trotski, León 14:135b; Unión Soviética 14:180b.

BOLDREWOOD, ROLF (1826-1915). Thomas Alexander Browne, escritor australiano de origen británico. Asentado en Australia en 1830, desempeñó diversos oficios antes de dedicarse a la literatura. Adscrito a la tendencia romántica, reflejó en sus obras la vida de los pioneros australianos. *Robo a mano armada* (1888), *Los derechos del minero* (1890), *La última oportunidad* (1905).
Australia y Nueva Zelanda, literaturas de 2:225a.

BOLEADORAS. Instrumento de caza usado en América del sur. Se compone de dos o tres bolas de un material pesado (plomo, hierro o piedra), forradas de cuero y unidas por cuerdas a otra cuerda común. Las boleadoras se enredan en las patas o pescuezo de la presa para derribarla.

BOLENA, ANA (h. 1507-1536). Reina de Inglaterra, segunda esposa de Enrique VIII, quien ordenó su decapitación.
3:85b; Enrique VIII de Inglaterra 5:424a; *ilustración* 3:85b.

BOLERO. Composición musical, para canto y danza, de origen español. Con ritmo de 3/4, tiene su antecedente en las seguidillas. Fue adoptado por compositores de música sinfónica, como Maurice Ravel, quien logró con su *Bolero* una de sus piezas más conocidas popularmente. El bolero hispanoamericano, surgido en Cuba, es por completo diferente y se trata de un tipo de música lenta y romántica. Entre los compositores de boleros hispanoamericanos destacó Agustín Lara y entre los intérpretes el trío Los Panchos.
Tropical, música 14:134b.

BOLESLAO I (h. el 966/967-1025). Duque y luego rey de Polonia (992-1025), llamado «el Bravo», que expandió el territorio de su país al incluir Pomerania, Lusacia y por un tiempo Bohemia. Creó una iglesia polaca autónoma del control germano.
Bohemia 3:83b; Polonia 12:73b.

BOLESLAO II (1039-1081). Duque y luego rey de Polonia (1058-1079), apodado «el Atrevido». Luchó por reconquistar Bohemia, Hungría y el reino de Kiev. Apoyó al papa Gregorio VII contra el emperador Enrique IV en la querella de las investiduras. Tras una revuelta de los nobles, apoyados por el obispo de Cracovia San Estanislao, a quien había ordenado asesinar, perdió el trono y hubo de exiliarse.
Bohemia 3:84a.

BOLESLAO III BOCATORCIDA (1085-1138). Duque de Polonia desde 1102. Compartió el trono con su hermano Zbigniew, a quien condenó a muerte después de que protagonizara una insurrección. Combatió con éxito a húngaros, alemanes y pomeranios. Dividió a Polonia entre sus tres hijos mayores.

BOLET, JORGE (1914-1990). Pianista cubano. Cursó estudios musicales en el Instituto Curtis de Filadelfia. Diplomático en la embajada cubana en Washington y profesor en la Escuela de Música de Indiana, Estados Unidos (1968-1977).

BOLILLOS, ENCAJE DE. Encaje realizado con numerosas hebras (once para los tipos más sencillos, treinta para el tipo honitor), arrolladas en pequeños husos de madera de boj (los bolillos), trenzadas y torsionadas entre sí de muchas maneras.
Encaje 5:399a.

BOLINGBROKE, HENRY SAINT JOHN (1678-1751). Político conservador británico, uno de los más importantes ministros durante el gobierno de la reina Ana. Principal opositor al Partido *Whig* (liberal) que presidía *Sir* Robert Walpole.

BOLÍVAR (ECUADOR). Provincia del Ecuador en la cordillera Occidental de los Andes. Agricultura: maíz, caña de azúcar, tabaco, café. Ganadería. Cap. Guaranda. 4.142 km^2. 178.706 hab. (1997).

BOLÍVAR (METROLOGÍA). Unidad monetaria de Venezuela, dividida en cien céntimos.

BOLÍVAR, CERRO. Uno de los centros mineros más importantes de Venezuela. Situado en el norte del estado Bolívar.
Bolívar, estado 3:86b.

BOLÍVAR, CIUDAD. Población de Venezuela, capital del estado Bolívar, en la ribera meridional del río Orinoco. Fundada en 1764, fue denominada comúnmente Angostura hasta 1846. En 1819 Simón Bolívar proclamó en ella la independencia de la Gran Colombia. Universidad, aeropuerto. Centro industrial y turístico. Activo puerto fluvial. Puente sobre el Orinoco. 312.691 hab. (2000).
Bolívar, estado 3:86b; Cauca 4:48b; Orinoco, río 11:151b; Venezuela 14:261b.

BOLÍVAR, DEPARTAMENTO DE. División administrativa del noroeste de Colombia, a orillas del mar Caribe. Cap. Cartagena. 25.978 km^2. 1.702.188 hab. (1993).
3:85b; Cartagena (Colombia) 4:418a; *ilustración* 3:86a.

BOLÍVAR, ESTADO. División administrativa de Venezuela, limitada al norte y oeste por el Orinoco, al oeste por Colombia, al sur por Brasil y Amazonas (Venezuela) y al este por Delta Amacuro y Guyana. El estado más extenso del país. Salto Ángel (979 m). Selvas vírgenes. Mineral de hierro en cerro Bolívar, diamantes, oro, manganeso, bauxita. Cap. Ciudad Bolívar. 238.000 km^2. 1.122.975 hab. (1995).
3:86b; Venezuela 14:256b.

BOLÍVAR, PICO. Montaña de Venezuela, situada en la sierra Nevada de Mérida, al este de la ciudad del mismo nombre. Es la cumbre más alta de la sierra. 5.007 m.
Andes 1:332a; Mérida (Venezuela) 10:75a; Venezuela 14:258a.

BOLÍVAR, SIMÓN (1783-1830). Militar y político venezolano, conocido como «el Libertador». Fue uno de los artífices principales de la independencia hispanoamericana.
3:87a; Boyacá 3:139a; Carabobo 3:366a; Caracas 3:366a; Colombia 4:271b; Colombia, República de (la Gran) 4:276b; Gamarra, Agustín 7:31a; Hispanoamericana, literatura 8:6a; Ibarra, Diego 8:113b; Independencia de Hispanoamérica 8:145a; Junín 8:412b; López, Hosé Hilario 9:216b; Miranda, Francisco de 10:184b; Nariño, Antonio 10:353a; Olmedo, José Joaquín 11:101a; Organización de Estados Americanos 11:138b; Páez, José Antonio 11:203a; Panamá 11:243a; Panamá, canal de 11:246a; Panamericanismo 11:248b; Perú 11:362b; Piar, Manuel Carlos 11:387b; Sáenz, Manuela 13:84a; San Martín, José de 13:132a; Santa Cruz, Andrés 13:139a; Sucre, Antonio José de 13:334a; Torres, Camilo 14:94b; Urdaneta, Rafael 14:196b; Venezuela 14:265a; *cuadro* 3:87b; *ilustraciones* 3:87b; 11:138b.

BOLÍVAR ZAPATA, FRANCISCO (n. en 1940). Biólogo mexicano. Destacó en sus investigaciones en biología molecular, especialmente en la expresión y clonación del ADN. Cofundador y asesor de Genetech, empresa de ingeniería genética. Director del Centro de Biología Molecular de Cuernavaca.

BOLIVIA. País de América del sur. Capital administrativa La Paz; judicial, Sucre. 1.098.581 km^2. 8.329.000 hab. (2000).
3:88b; Altiplano andino 1:253a; Amazonas, río 1:262b; América 1:276b; Amerindios, pueblos 1:300b; Andes 1:332a; Chaco, Gran 4:98b; Chaco, guerra del 4:99b; Guaporé, río 7:249b; Independencia de Hispanoamérica 8:147a; Mamoré, río 9:318a; Pacífico, guerra del 11:196b; Paraguay 11:273a; Paraguay, río 11:275b; Paraná, río 11:278a; Paz, La 11:306a; Perú, Virreinato del 11:367b; Pilcomayo, río 11:406b; Plata, Provincias Unidas del Río de la 12:27b; Plata, río de la 12:28b; Plata, Virreinato del Río de la 12:29a; Sucre, Antonio José de 13:334a; Titicaca, lago 14:67b; *mapa* 3:89b; *cuadros* 3:88b; 3:91b; 3:95b; *ilustraciones* 3:90a; 3:91a; 3:92a; 3:93b; 3:94a; 3:96a-b.

BOLIVIANO. Unidad monetaria de Bolivia que fue sustituida en 1963 por el peso boliviano, el cual es igual a mil bolivianos. En 1987 se reintrodujo el boliviano, con un valor de un millón de pesos.

BÖLL, HEINRICH (1917-1985). Escritor alemán. Retrató en sus novelas el cambio de la psicología de los alemanes durante y después de la segunda guerra mundial.
3:97a; *ilustración* 3:97b.

BOLLÉE, AMÉDÉE (1844-1917). Inventor francés. Constructor de diversos prototipos de automóviles impulsados por vapor. Su modelo *L'Obéissant* realizó el 9 de octubre de 1875 el trayecto París-Le Mans. Sus hijos Léon y Amédée continuaron la tradición familiar en la fabricación de vehículos.

BOLLULLOS PAR DEL CONDADO. Municipio español de la prov. de Huelva, en la comarca de El Condado. Vid, olivo, cereales; vinos. 12.304 hab. (1986).

BOLO ALIMENTICIO. Masa de alimentos masticados e impregnados de saliva, preparados para ser deglutidos.

BOLOGNA, EL. V. **Primaticcio, Francesco, Il.**

BOLOGNESI, FRANCISCO (1816-1880). Militar peruano. Se distinguió en la guerra contra Chile, especialmente por su heroica defensa de la plaza de Arica, en la que murió.

BOLÓMETRO. Instrumento utilizado para medir la energía proveniente de las radiaciones electromagnéticas que inciden sobre una superficie. Se basa en la variación de la resistividad de un conductor originada por el calentamiento producido por la radiación incidente.

BOLONIA. Ciudad de Italia, cap. de la prov. homónima y de la región de Emilia-Romaña. Universidad, la más antigua de Europa. Feria del libro infantil. Palacios medievales, conjunto urbano monumental. Automóviles, industrias químicas, textiles. 383.761 hab. (1998).
Italia 8:305a; Universidad 14:183a.

BOLONIA, ESCUELA DE. Grupo de juristas, también llamados glosadores, asentados en la ciudad italiana de Bolonia durante los siglos XII y XIII. Comentaron el derecho romano, ejerciendo una gran influencia en el pensamiento jurídico occidental.

BOLONIA, JUAN DE. V. **Giambologna.**

BOLOS, JUEGO DE. Deporte consistente en lanzar una bola contra un grupo de diez bolos dispuestos en triángulo con el objeto de derribarlos.
3:97a.

BOLÓTNIKOV, IVÁN (m. en 1608). Siervo ruso que encabezó en 1606 un levantamiento contra Vasili Shúiski, quien se había proclamado zar con apoyo de un grupo de boyardos (señores feudales). Participaron en la revuelta cosacos y campesinos del sur y del este. Derrotados, sus dirigentes fueron ajusticiados.

BOLSA (ECONOMÍA). Mercado en el que se compran y venden documentos representativos de invasiones financieras, capital de empresas, mercancías, etc. Las bolsas pueden ser de mercancías (metales, cereales, café y otros productos) o de valores (títulos de crédito, acciones empresariales y demás).
3:98a; Mercado 10:64b; *ilustraciones* 3:98a; 3:99b; 3:100a-b.

BOLSHÓI, BALLET. Compañía de ballet clásico del Teatro Bolshói de Moscú. Heredera de la compañía del ballet imperial creada a fines del siglo XVIII, mantiene la tradición de la danza francesa e italiana.

BOLSHÓI, TEATRO. Compañía de ópera y ballet de la ciudad de Moscú. Tras una serie de incendios y reconstrucciones que tuvieron lugar durante el siglo XIX, el edificio donde se asienta fue reconstruido en 1856, obra del arquitecto A. K. Kavos. En 1924 se añadió un auditorio al teatro, y en 1961 se habilitó el Palacio de Congresos del Kremlin para grandes producciones.
Rusia 13:69b.

BOLTON. Ciudad del Reino Unido en el Gran Manchester (Inglaterra). Textiles. 258.584 hab. (1999).

BOLTON, HERBERT EUGENE (1870-1953). Historiador estadounidense. Profesor de historia en las universidades de Texas, Stanford y Berkeley, dirigió entre 1916 y 1940 la Biblioteca Bancroft. Se dedicó principalmente al estudio de la etapa colonial americana. *Los límites territoriales españoles* (1921).

BOLTON, JOHN GATENBY (1922-1993). Astrónomo australiano. Nacido en el Reino Unido, emigró a Australia en 1946. Identificó las primeras radiogalaxias y realizó importantes aportaciones en el estudio de los quásares.

BOLTRAFFIO, GIOVANNI ANTONIO (1467-1516). Pintor italiano. Estudió con Leonardo da Vinci, cuyo estilo ejerció una notable influencia en sus creaciones. La mayor parte de su obra se encuentra en su ciudad natal, Milán. «Virgen de la familia Casio» (1500).

BOLTZMANN, CONSTANTE DE. Constante física universal expresada mediante la letra *k*. Igual al cociente de la constante universal de los gases y el número de Avogadro. Su valor es 1,380662 x 10-16 erg/K (donde K significa kélvines). Se emplea a menudo en termodinámica y en mecánica estadística.
Boltzmann, Ludwig Eduard 3:101a; Gaseoso, estado 7:57a.

BOLTZMANN, LUDWIG EDUARD (1844-1906). Físico austriaco. Sus mayores logros fueron el desarrollo de la mecánica estadística y la explicación de la segunda ley de la termodinámica por la teoría de probabilidades.
3:101a; Probabilidad y estadística 12:153a; Termodinámica 14:33a.

BOLYAI, FARKAS (1775-1856). Matemático húngaro. Profesor en el colegio protestante de Marosvásárhely, intentó demostrar el axioma del paralelismo de Euclides. Autor también de obras poéticas y dramáticas. *Intento para introducir a jóvenes estudiosos a los elementos matemáticos* (1832).

BOLYAI, JÁNOS (1802-1860). Matemático húngaro, uno de los investigadores más destacados en el campo de la geometría no euclidiana.

BOLZANO. Ciudad de Italia, cap. de la prov. homónima en la región de Trentino-Alto Adigio, en los Alpes. Austriaca hasta 1918. Centro industrial y turístico. 97.073 hab. (1998).

BOLZANO, BERNHARD (1781-1848). Matemático y filósofo checo. Sacerdote católico, enseñó filosofía de la religión en la Universidad de Praga. Se opuso a la metafísica de Immanuel Kant, proponiendo una de carácter pluralista y cercana a la doctrina de las mónadas de Gottfried Wilhelm Leibniz. Su contribución principal a la ciencia matemática fue el estudio de los números reales y la revisión de los conceptos de conjunto finito e infinito. *Teoría de la ciencia* (1837), *Paradoja de lo infinito* (1851).
Conjuntos, teoría de los 4:342b.

BOMARZO. Novela del escritor argentino Manuel Mujica Lainez (1910-1984), publicada en 1962. De carácter histórico, está centrada en la Italia del Renacimiento, durante el siglo XVI.
Mujica Lainez, Manuel 10:293b.

BOMBA (ARMA). Proyectil aéreo cargado de potentes explosivos que estalla mediante un detonador. Por extensión, ingenio destinado a generar una explosión.
3:101b; Bombardero 3:103b; *ilustraciones* 3:102a-b.

BOMBA (FÍSICA). Máquina que se utiliza para mover o elevar fluidos líquidos y gaseosos.
3:103a; Máquina 9:343a; Vacío 14:218b; *ilustración* 3:103b.

BOMBA CENTRÍFUGA. Máquina provista de un dispositivo giratorio que transmite al moverse una fuerza centrífuga capaz de empujar un líquido hacia arriba.
Bomba (física) 3:103a.

BOMBA DE AIRE. Artefacto que se utiliza para insuflar aire en los neumáticos. Designa además el mecanismo extractor de agua por presión de aire formado por dos tuberías.

BOMBA DE COBALTO. Máquina empleada en radioterapia para el tratamiento de los tumores.
Cáncer 3:336a; Cobalto 4:241b.

BOMBA DE FLUJO. Generador de corriente continua que, enfriado a 4 K (kélvines), convierte una pequeña corriente alterna de entrada en una señal continua de salida de mayor intensidad.

BOMBA DE PISTÓN. Sistema que aplica movimiento y presión a los fluidos mediante un pistón alternativo situado dentro de un cilindro. También denominada bomba alternativa.

BOMBA DE VACÍO. Dispositivo para extraer gases de un recipiente. Puede ser de pistón o rotatorio, de una o más etapas. Para altos grados de vacío se emplea la bomba de difusión de mercurio.
Bomba (física) 3:103b.

BOMBA LÓGICA. Modalidad de virus informático que se caracteriza por actuar una sola vez, con graves efectos sobre el disco duro y los archivos.

BOMBAL, MARÍA LUISA (1910-1980). Novelista chilena. Premio de la Academia Chilena de la Lengua en 1977. *La última niebla* (1935), *La maja y el ruiseñor* (1960).

BOMBARDA (MILICIA). Arma de fuego de ancho calibre, provista de una recámara de ignición y proyectiles de piedra, empleada en los siglos XIV y XV. Si bien las bombardas eran poco precisas y peligrosas para quienes las empleaban, constituyeron un antecedente importante de la artillería.

BOMBARDA (MÚSICA). Instrumento de viento, fabricado en madera, de tubo cónico y doble lengüeta, precursor del oboe.

BOMBARDERO. Modelo de avión diseñado específicamente para transportar y arrojar bombas.
3:103b; Aviación militar 2:260b; *ilustración* 3:104a.

BOMBARDINO. Instrumento de viento, fabricado en metal. Inventado por Adolphe Sax, lleva pistones o cilindros y forma una familia que incluye la tuba y el bombardón, además de otros cinco instrumentos.

BOMBA TERMODINÁMICA. Máquina que permite transferir el calor desde un recipiente de baja temperatura hasta otro de mayor temperatura y utilizar la energía calorífica desprendida en el proceso.
Bomba (física) 3:103a.

BOMBAY. Ciudad y puerto de la India, capital del estado de Maharashtra, a orillas del mar Arábigo. 9.925.891 hab. (Gran Bombay) (1991).
3:104b; India 8:153b; *ilustración* 3:105a.

BOMBITA (1879-1936). Ricardo Torres Reina, matador de toros español. Tomó la alternativa de manos del Algabeño en 1899. Junto con Machaquito, dominó el toreo de la primera mitad del siglo XX. Fundó en 1909 el montepío de toreros.

BOMBO. Instrumento de percusión con forma de gran tambor. La caja puede ser de madera o metal. Lleva membranas de piel por ambas caras tensables a voluntad mediante clavijas.

BOMBOIS, CAMILLE (1883-1970). Pintor francés. Representante del estilo *naïf*, ejerció la pintura a partir de 1922, después de desempeñar diversos oficios ajenos a la vida artística. Reflejó en sus obras la vida cotidiana francesa y diversas facetas de sus experiencias personales. «Artista de circo».
Naïf, arte 10:338b.

BON, CABO. Prominencia del nordeste de Túnez, entre los golfos de Túnez y Hammamet, en el Mediterráneo.

BONA. Ciudad y puerto de Argelia, cap. de la prov. homónima, a orillas del Mediterráneo. De origen fenicio. Mezquita del siglo XI, museo. Aeropuerto internacional. Siderurgia, abonos, mineral de hierro y fosfatos. Agricultura, pesca. 348.554 hab. (1998).

BONACHEA, RAMÓN LEOCADIO (1849-1885). Político y militar cubano. Se negó a aceptar el pacto del Zanjón, después de la guerra de los diez años (1868-1878), y mantuvo la lucha contra los españoles hasta 1879, cuando se exilió a Jamaica. Al regresar a Cuba en 1884, fue capturado y fusilado.

BONACOLSI. Familia italiana que controló despóticamente Mantua, Módena y Carpi durante los siglos XIII y XIV. Sus principales miembros fueron Otolino de Bonacosa, fundador de la estirpe, su hijo Gandolfo y su nieto Martino.

BONAIRE. Isla de las Antillas Neerlandesas frente a la costa de Venezuela. Clima caluroso y seco. Recursos principalmente agrícolas (sisal, agrios y dividivi). Superficie 288 km^2.

BONALD, LOUIS-GABRIEL-AMBROISE, VIZCONDE DE (1754-1840). Político y ensayista francés, ideólogo destacado del absolutismo monárquico. Exiliado durante la revolución, regresó con la restauración borbónica y fue par de Francia y miembro de la Academia Francesa. *Teoría del poder político y religioso* (1796), *Demostración filosófica del principio constitutivo de la sociedad* (1830).

BONAMPAK. Centro arqueológico de la cultura maya situado en el estado mexicano de Chiapas. Son notables los frescos (h. el 800) que adornan las salas de uno de los templos.
Maya, cultura 10:5.

BONAPARTE, CARLOS LUIS NAPOLEÓN. V. **Napoleón III.**

BONAPARTE, FAMILIA. Familia de origen italiano (Buonaparte), que en el siglo XII se estableció en Florencia, dividiéndose dos siglos más tarde en las ramas de San Miniato y Sarzana. Francesco Buonaparte, miembro de esta última, se estableció en Córcega a mediados del siglo XVI. De esta rama procederían los miembros más famosos de la familia: Napoleón, emperador de Francia (1804-1815), José, Lucien, Luis, Carlos Luis Napoleón, Jérôme, Elisa, Paulina y Carolina.

BONAPARTE, FRANCISCO CARLOS JOSÉ. V. **Napoleón II.**

BONAPARTE, JÉRÔME (1784-1860). Rey de Westfalia y mariscal de Francia. El más joven de los hermanos de Napoleón I. Gracias a él la línea Bonaparte se extendió a los Estados Unidos.

BONAPARTE, JOSÉ. V. **José I Bonaparte.**

BONAPARTE, LUCIEN (1775-1840). Segundo hermano de Napoleón I. Presidente del Consejo de los Quinientos, el 10 de noviembre de 1799 hizo que se eligiera a su hermano como cónsul.

BONAPARTE, LUIS (1778-1846). Hermano de Napoleón I, nombrado rey de Holanda (1806-1810) por el emperador.
3:105a.

BONAPARTE, NAPOLEÓN. V. **Napoleón Bonaparte.**

BONAPARTE, NAPOLÉON-JOSEPH-CHARLES-PAUL (1822-1891). Político y militar francés, hijo de Jérôme Bonaparte y primo de Napoleón III. Participó en las campañas militares de Crimea e Italia y fue ministro de Argelia y las colonias (1858). Sus ideas liberales le impidieron liderar el partido bonapartista a la muerte de Napoleón III.

BONAPARTISMO. Tendencia política europea que defendía los reclamos a diversos tronos de los miembros de la familia Bonaparte. Preconizaba un sistema autoritario de gobierno emanado, sin embargo, de la voluntad popular.

BONAVAL, BERNAL DE (siglo XIII). Poeta gallego del que se conservan unas 16 composiciones en las que intentó conservar la tradición lírica galaico-portuguesa frente a las innovaciones provenzales.

BONDARCHUK, SERGUÉI (1920-1994). Actor y cineasta soviético. Destacó como actor en películas tales como *La joven guardia* (1948) y *Otelo* (1956). Dirigió *El destino de un hombre* (1959), *Guerra y paz* (1963-1967), *Borís Godunov* (1986).

BONDERACIÓN. Método de preservar de la oxidación los productos férricos. Consiste en fosfatar el producto para formar una delgada película protectora. Del inglés *bond,* ligado.

BONDI, HERMANN (n. en 1919). Astrónomo y matemático británico. Profesor de matemáticas en la Universidad de Cambridge y el King's College de Londres, fue director de la organización europea de investigación espacial. Junto con Thomas Gold formuló la teoría del modelo estacionario en la interpretación del origen y evolución del universo. *Cosmología* (1952).
Universo 14:186a.

BONET, JUAN PABLO (1560-1620). Sacerdote español, autor de un innovador método para enseñar a hablar y escribir a los sordomudos. *Reducción de las letras y arte para enseñar a hablar a los mudos.*

BONETE, CERRO. Pico de la cordillera andina que se alza entre las prov. argentinas de La Rioja y Catamarca. Nombre común a dos cerros: Chico, 6.759 m., y Grande, 5.943 m.

BONETE CHICO. Cerro montañoso de la Argentina en la cordillera de los Andes, situado en la provincia de La Rioja. A su falda se extiende la Laguna Brava (6.759 m).
Andes 1:333a.

BONETE GRANDE. Cerro montañoso de la Argentina situado en la frontera entre las provincias de La Rioja y Catamarca, al norte del Bonete Chico (5.943 m).
Andes 1:333a.

BONET Y CASTELLANI, ANTONIO (n. en 1913). Arquitecto español. Vivió en la Argentina, donde proyectó la Casa de Cristal (Buenos Aires) y el edificio Rivadavia (Mar del Plata). En Barcelona erigió el edificio Mediterráneo.

BONFIL BATALLA, GUILLERMO (1935-1991). Antropólogo mexicano. Criticó los métodos de la antropología tradicional y propuso nuevas formas para el estudio de las comunidades indígenas latinoamericanas, basadas en el derecho de las etnias a crear su propias políticas. *Los amuzgos* (1962), *Él es dios* (1965), *De eso que llaman antropología* (1970).

BONGO. Mamífero artiodáctilo rumiante de la familia de los bóvidos (*Taurotragus euryce-rus*). Uno de los mayores antílopes africanos. Los cuernos son lisos, muy próximos entre sí y dirigidos hacia arriba y atrás, describiendo una amplia trayectoria helicoidal. Los bongos viven en los bosques del África occidental.

BONGO, OMAR (n. en 1935). Segundo presidente de la República Gabonesa. Sucedió en el cargo en 1967 a Leon M'Ba, a la muerte de éste. Fue uno de los principales impulsores de la Comunidad Económica de Estados de África Central, creada en 1983.
Gabón 7:13a.

BONHEUR, GABRIELLE. V. **Chanel, Coco.**

BONHEUR, ROSA (1822-1899). Marie-Rosalie Bonheur, pintora francesa. Célebre por sus cuadros de animales, entre los que destaca «Feria de caballos» (1853-1855), que adquiriría el Museo Metropolitano de Nueva York.

BONHOEFFER, DIETRICH (1906-1945). Teólogo protestante alemán. Denunció las injusticias sociales de la Alemania de entreguerras y se opuso decididamente al régimen de Adolf Hitler. Abogó por la secularización de la iglesia. Fue detenido por el régimen nacional socialista y fusilado en un campo de concentración. *Actos y ser* (1931), *El precio de la gracia* (1937), *Resistencia y sumisión* (publicado en 1951).

BONIATO. V. **Batata.**

BONIFACIO, ESTRECHO DE. Paso del mar Mediterráneo entre las islas de Córcega (Francia) y Cerdeña (Italia). Tiene una anchura de 12 km en su parte más angosta y conduce por su parte oriental al mar Tirreno.

BONIFACIO I, SAN (m. en el 422). Papa desde el 418 hasta su muerte. Durante su pontificado hubo de enfrentarse al antipapa Eulalio, cuya elección dio lugar a un cisma que provocó el caos en Roma. Apoyó a san Agustín en su lucha contra el pelagianismo, herejía que rechazaba el pecado original.

BONIFACIO II (m. en el 532). Papa del 530 al 532, de ascendencia gótica. Fue el primer pontífice germánico y sucedió en el solio a Félix IV. En el segundo concilio de Orange, Francia, condenó la herejía semipelagiana, que postulaba la universalidad del pecado original como fuerza de corrupción en el hombre.

BONIFACIO III (m. en el 607). Papa desde el 19 de febrero hasta el 12 de noviembre del 607. Enviado en el 603 como legado pontificio a Constantinopla por san Gregorio Magno, consiguió que el emperador bizantino Focas promulgara un edicto por el que la sede de Roma se instituía en cabeza de todas las iglesias.

BONIFACIO IV (m. en el 615). Papa desde el 608 hasta su muerte. Con el apoyo del emperador bizantino Focas, convirtió el Panteón romano en la iglesia de santa María Rotonda. Tanto política como eclesiásticamente, su pontificado sufrió grandes vicisitudes. Se retiró a un monasterio, donde murió, siendo enterrado en san Pedro de Roma.

BONIFACIO V (m. en el 625). Papa desde el 619 hasta su muerte. Se vio forzado a organizar una Italia arrasada por la guerra con Eleuterio, el exarca de Ravena. Estableció el derecho de asilo en un intento de aplicar la ley canónica a la civil. Impulsó en gran medida la expansión del cristianismo en Inglaterra.

BONIFACIO VI (m. en el 896). Papa nombrado en abril del 896 como sucesor de Formoso. Fue asesinado por su sucesor, Esteban VI.

BONIFACIO VII (m. en el 985). Papa, o antipapa, de junio a julio del 974 y, después, de agosto del 984 hasta julio del año siguiente. Apoyó durante su pontificado a la poderosa y poco escrupulosa familia romana de los Crescenti. Ordenó el asesinato de su antecesor, Benedicto VI, y fue muerto por el populacho romano.

BONIFACIO VIII (1235/1240-1303). Benedict Caetani, papa de 1294 a 1303. Accedió al pontificado tras la abdicación de Celestino V, a quien mandó aislar para evitar posibles cismas. Se enfrentó a Felipe IV de Francia y defendió encarnizadamente el poder espiritual sobre el temporal. Durante su pontificado se celebró el primer año jubilar (1300).
Felipe IV de Francia 6:253b.

BONIFACIO IX (1355-1404). Pietro Tomacelli, papa desde 1389 hasta su muerte. Segundo pontífice de Roma durante el cisma de occidente. Sucedió a Urbano VI, quien provocó la discordia. Excomulgó a Clemente VII, el antipapa de Aviñón.

BONIFACIO, SAN (h. el 675-754). Wynfrid o Wynfrith, misionero y reformador inglés, llamado el apóstol de los germanos por su participación en la cristianización de ese pueblo. Fue monje benedictino. Recibió la orden sacerdotal a los treinta años. Predicó en Frisia y en Turingia y fue arzobispo de Maguncia. Tomó parte en la reforma de la iglesia franca, fundó numerosos monasterios, entre ellos el de Fulda, donde se halla su tumba, y coronó a Pipino el Breve. Murió mártir, asesinado por los paganos de Frisia.

BONIFAZ NUÑO, RUBÉN (n. en 1923). Poeta y latinista mexicano. Investigador en la Universidad Nacional Autónoma de México y traductor de poetas clásicos. Evolucionó desde el neoclasicismo hasta un barroquismo que intentaba recuperar la tradición clásica, adaptándola a la realidad del siglo XX. *La muerte del ángel* (1945), *Fuego de pobres* (1961), *Tres poetas de antes* (1978).

BONILLA, MANUEL (1849-1913). Político y militar hondureño. Ocupó la presidencia de la república de 1903 a 1907, período durante el que asumió poderes dictatoriales y sostuvo una enconada disputa con Nicaragua por los límites fronterizos entre ambos países. Reelecto en 1912, murió al año siguiente.

BONILLA, POLICARPO (1858-1926). Político y jurista hondureño. Ocupó la presidencia de 1894 a 1898. Intentó, sin éxito, convertir América central en una república federada.

BONIN, ISLAS. Archipiélago de Japón, en el océano Pacífico, formado por más de treinta islas e islotes volcánicos que pueden dividirse en tres grupos: Chichijima-retto, Mukojima-retto y Hahajima-retto. Su punto más alto se encuentra en Hahajima (450 m).

BONITO. Pez osteictio del océano Atlántico de la familia del atún. De color azul negruzco en la parte superior y plateado en la inferior, con distintivas bandas en los costados. Apreciado por su carne.

BONN. Ciudad de Alemania, en el est. de Renania del Norte-Westfalia. Fue capital provisional de la Rep. Fed. de Alemania de 1949 a 1991. 304.841 hab. (1998).
3:105b; Alemania 1:187a; Rin, río 12:373a; *ilustración* 3:105b.

BONNARD, PIERRE (1867-1947). Pintor francés. Integrante del grupo de los Nabis y figura destacada en el tratamiento de temas intimistas.
3:106a; *ilustración* 3:106b.

BONNAT, LÉON (1833-1922). Pintor romántico francés. Muy relacionado con España, fue discípulo de Federico Madrazo. Desempeñó el cargo de director de la Escuela de Bellas Artes de París. Retratos de Ernest Renan, Louis-Adolphe Thiers, Victor Hugo.

BONNEFOY, YVES (n. en 1923). Poeta y ensayista francés. Gran Premio de poesía de la Academia Francesa en 1981. *Ayer reinando desierto* (1958), *Piedra escrita* (1959), *La nube roja* (1977).

BONNET, CHARLES (1720-1793). Filósofo y naturalista suizo. Descubrió la partenogénesis de los pulgones. Defensor de la teoría de la preexistencia y evolución de los gérmenes, refutó la generación espontánea. *Ensayo de psicología* (1754), *Consideraciones sobre los cuerpos organizados* (1762).

BONNEVILLE, LAGO. Lago de origen prehistórico situado entre los estados de Utah, Nevada y Idaho (EUA). En sus deltas y cañones se fundaron las principales ciudades de Utah. Cubre una superficie de 49.210 km^2.

BONNIER, GASTON (1853-1922). Botánico francés. Profesor de la Universidad de la Sorbona y director del laboratorio de biología vegetal de Fontainebleau, fue el fundador de la *Revue générale de botanique.* Estudió las funciones de las plantas y su relación con la altitud. *Nueva flora para la determinación fácil de las plantas* (1887).

BONO. Título de crédito emitido por las empresas o por el propio estado para obtener recursos financieros a plazo medio (entre tres y cinco años generalmente). Como las obligaciones, los bonos se emiten a tipo de interés fijo.

BONPLAND, AIMÉ (1773-1858). Médico y naturalista francés. Acompañó al naturalista alemán Alexander von Humboldt en 1799 en sus exploraciones por Latinoamérica. Fruto de éste y otros viajes suyos por distintas zonas del continente americano fue su colección de numerosas especies vegetales, que recopiló en su obra *Plantas equinocciales* (1805).
Amazonas, río 1:267a; Caldas, Francisco José de 3:174b; Humboldt, Alexander von 8:93a.

BONSAI. Árbol cultivado en maceta que mantiene, a partir de la utilización de diversas técnicas, todas las características de un ejemplar normal, excepto el tamaño, que queda considerablemente reducido. El cultivo de bonsais se inició en China y fue introducido en Japón a fines del siglo XI. Vinculado estrechamente con los principios religiosos del budismo *zen.*

BONYNGE, RICHARD (n. en 1930). Director de orquesta australiano. Casado con la soprano Joan Sutherland. Especializado en dirección del repertorio operístico italiano, especialmente de compositores como Donizetti y Bellini.

BOOGIE-WOOGIE. Estilo musical jazzístico derivado del *blues* que se interpreta al piano. Sobre un acompañamiento repetitivo de la mano izquierda, la derecha toca variaciones de un tema del *blues* sincopado. Originario del sur de Chicago, el boogie-woogie alcanzó popularidad en todos los Estados Unidos en la década de 1930.

BOOK. Vocablo inglés que designa al álbum de fotografías utilizado por modelos de pasarela y actores de publicidad como material de presentación.

BOOKMARK. Señal electrónica que puede dejarse en páginas o lugares de Internet para volver a ellos más adelante.

BOOLE, GEORGE (1815-1864). Matemático británico que centró sus estudios en el campo de la lógica matemática, donde realizó notables aportaciones.
3:106b; Informática 8:201a; Lógica matemática 9:204b; Matemáticas 9:408a.

BOOLEANA, ÁLGEBRA. Sistema algebraico formulado en el siglo XIX por el matemático británico George Boole. Base metodológica del cálculo lógico binario, sus aplicaciones han sido decisivas en el desarrollo de las computadoras electrónicas (ordenadores).
Boole, George 3:107a.

BOOMERANG. Arma arrojadiza a modo de lámina curvada, la cual, lanzada con movimiento giratorio, vuelve al punto de partida. Es utilizada por los indígenas de Australia.

BOONE, DANIEL (h. 1734-h. 1820). Colonizador estadounidense. Exploró en 1769 los territorios de Kentucky, donde fundó la primera colonia. En los últimos años de su vida se retiró a una cabaña a orillas del río Missouri. Diversos escritores convertirían en leyenda su figura.

BOORMAN, JOHN (n. en 1933). Director cinematográfico británico. *A quemarropa* (1967), *El hereje* (1977), *La selva esmeralda* (1985), *Más allá de Rangún* (1994).

BOOTH, EDWIN (1833-1893). Actor estadounidense. Reformó el teatro clásico en los escenarios de su país.
3:107a.

BOOTH, JOHN WILKES (1838-1865). Actor estadounidense que asesinó a Abraham Lincoln. Durante la guerra civil luchó con el bando secesionista. Disparó contra el presidente durante una representación teatral en abril de 1865 y fue muerto en la persecución.

BOOTH, WILLIAM (1829-1912). Predicador metodista británico. En 1864 fundó junto con su esposa Catherine Booth una misión cristiana que en 1878 se convertiría en el Ejército de Salvación. *En la más tenebrosa Inglaterra, y la salida* (1890).

BOOTHIA, PENÍNSULA DE. Prominencia de Canadá, la porción más septentrional de tierra firme de América del norte. Superficie 32.330 km^2, anchura 195 km. Penetra 170 km en el océano Glacial Ártico.

BOOZ. Según el Antiguo Testamento de la *Biblia,* pariente de Noemí, quien planeó el matrimonio de aquél con su nuera Rut, la moabita. De esta unión nació Obed, abuelo del rey David.
Rut 13:71b.

BOPHUTHATSWANA. Estado formado por siete unidades territoriales separadas entre sí, en el sur de África. Establecido por la República de Sudáfrica, no obtuvo reconocimiento internacional. Autogobierno desde 1977. Platino, oro, hierro, cromo. Se disolvió como entidad administrativa en 1994 integrándose en la República de Sudáfrica. Cap. Mmabatho. 44.000 km^2. 1.206.000 hab. (1993).

BOPP, FRANZ (1791-1867). Lingüista alemán. Estableció las bases del método comparativo, consistente en la comparación sistemática de características fonéticas, morfológicas, sintácticas y lexicológicas. Estudió con este método el sánscrito y su relación con las restantes lenguas indoeuropeas.
Etimología 6:178b; Indoeuropeas, lenguas 8:177b; Lingüística 9:165a.

BOQUERÓN (GEOGRAFÍA). Departamento de Paraguay, situado en la región Occidental del país, en la frontera con Bolivia y la Argentina. Agricultura. Cap. Doctor Pedro P. Peña. 46.708 km^2. 16.900 hab. (1989).

BOQUERÓN (ZOOLOGÍA). Pez osteictio clupeiforme de la familia de los engráulidos (*Engraulis encrasicholus*). Se denomina también anchoa. De costumbres gregarias, es muy común en el Mediterráneo.
3:107b.

BORACITA. Cloroborato de magnesio que presenta dos estados isomórficos; uno cristaliza en el sistema cúbico y el otro en el rómbico.

BORANOS. Serie de compuestos que forma el boro con el hidrógeno. De gran interés químico por el carácter inusitado de sus enlaces atómicos. Poco estables al calor; algunos se inflaman espontáneamente.

BORAO Y CLEMENTE, JERÓNIMO (1821-1878). Lingüista, historiador y catedrático español. Fue profesor de literatura y rector de la Universidad de Zaragoza. *Diccionario de voces aragonesas* (1859), *Historia de la Universidad de Zaragoza* (1869).

BORÅS. Ciudad de Suecia en el condado de Ålvsborg, a orillas del río Viskan. Museo. Escuela de hilado. Principal centro textil del país. 101.231 hab. (1990).

BORASO. Género de grandes palmeras, de la familia de las palmáceas. Madera apreciada en construcción de instrumentos, por su resistencia a la carcoma. Diversas variedades en la isla de Madagascar y Asia oriental y tropical.
Palma 11:233a.

BORATO. Combinación química ternaria de boro, oxígeno y un elemento metálico. Resultante de la reacción de ácido bórico con una sal.
Mineral y mineralogía 10:176b.

BÓRAX. Nombre común del borato de sosa hidratado, $Na_2B_4O_7.10H_2O$. Compuesto incoloro, inodoro, de sabor algo dulce. Utilizado en la fabricación de cristal, soldadura de metales, curtidos, productos de limpieza, conservador, etc. Antiséptico débil en medicina.
Boro 3:116b.

BORBÓN, CASA DE. Una de las dinastías reales más antiguas e importantes de Europa que ha dado reyes a varios países, principalmente a Francia y España.
3:107b; Carlos II de España 3:397b; Carlos X de Francia 3:401a; Enrique IV de Francia 5:423a; España 6:77a; Felipe V de España 6:254a; Fernando VI de España 6:269b; Fernando VII de España 6:270a; Francia 6:391a; Juan Carlos I de España 8:397b; Luis XVIII de Francia 9:239b; Luis Felipe I de Francia 9:240a; Orleans, casa de 11:152a; Restauración 12:349a; *cuadros* 3:108; 3:109; *ilustraciones* 3:107b; 3:108; 3:109.

BORBÓN, JUAN DE (1913-1993). Pretendiente a la corona española, hijo del rey Alfonso XIII. Emigró a Francia al ser destronado su padre en 1931. Ingresó en la armada británica. La renuncia de sus hermanos mayores lo convirtió en heredero de la corona española, de cuyo derecho abdicó en 1977 en favor de su hijo, el rey Juan Carlos I. Ostentó el título de conde de Barcelona.

BORBÓN Y BRAGANZA, SEBASTIÁN GABRIEL DE (1811-1875). Infante español. En 1836 retiró su apoyo inicial a Isabel II y fue general de las fuerzas carlistas. En 1858 reconoció a la reina y posteriormente intentó reunir a las dos ramas de los Borbones.

BORCHGREVINK, CARSTEN EGEBERG (1864-1934). Explorador noruego. Al frente de una expedición organizada por su país, fue el primero en llegar a la Antártida (1894). Condujo otra expedición, ésta británica (1898-1900), que invernó en el continente y descubrió el movimiento meridional del escudo del mar de Ross.

BORDABERRY, JUAN MARÍA (n. en 1928). Político uruguayo. Elegido presidente en 1972, disolvió el parlamento, prohibió los partidos marxistas y suspendió las libertades civiles. Fue depuesto por el ejército en 1976.
3:110b; Uruguay 14:208a.

BORDADO. Decoración que se realiza sobre un tejido con aguja e hilo.
3:111a; Encaje 5:398b; *ilustraciones* 3:111a-b.

BORDAS VALDÉS, JOSÉ. General y político dominicano. Fue presidente provisional de la república de 1913 a 1914, tras la renuncia de su predecesor en el cargo, el arzobispo Adolfo Alejandro Nouel.

BORDEN, ROBERT (1854-1937). Político canadiense. Fue jefe del Partido Conservador (1901-1920) y primer ministro (1911-1920). Desempeñó un papel fundamental en la independencia de Canadá.

BORDET, JULES (1870-1961). Médico y microbiólogo belga. Descubrió con Octave Gengou el bacilo de la tos ferina (1906). Fue profesor de la Universidad de Bruselas. Premio Nobel en 1919.

BORDING, ANDERS (1619-1677). Escritor danés. Fundó *El Mercurio Danés* (1666), considerado el primer periódico de Dinamarca, escrito en versos alejandrinos.
Escandinava, literatura 6:32a.

BÓREAS. En la mitología griega, dios del viento del norte, hijo de Eos y de Astreo. Se unió con Oritía, hija de Erecteo, con la que tuvo varios hijos. Se caracterizaba por su temperamento violento y variable. Se le representa como un anciano con los cabellos cubiertos de nieve.

BOREL, ÉMILE (1871-1956). Matemático francés, autor de diversos estudios en el campo del análisis matemático. Formuló una teoría de las funciones integrales y la distribución de sus valores.

BORELLI, GIOVANNI ALFONSO (1608-1679). Médico, matemático y físico italiano. Fundó la yatrofísica o yatromecánica, que aplicaba las leyes mecánicas a la fisiología del aparato óseo-muscular de los animales. Estudió la contracción muscular y el vuelo de los pájaros. Inventó el heliostato y descubrió la órbita parabólica de los cometas. *Sobre el movimiento de los animales* (1680-1681).

BORG, BJÖRN (n. en 1956). Deportista sueco que dominó el tenis mundial a fines de la década de 1970 y principios de la de 1980. Primer ganador del campeonato de Wimbledon cinco veces consecutivas (1976-1980). Consiguió el Roland Garros en seis ocasiones, dos el Masters y una la copa Davis. Se retiró del tenis de competición en 1983, aunque intentó infructuosamente un regreso en 1991.

BORGE, TOMÁS (n. en 1930). Político nicaragüense. Fue uno de los fundadores del Frente Sandinista de Liberación Nacional y formó parte del gobierno como ministro del interior tras la victoria de la revolución nicaragüense en 1979.

BORGEN, JOHAN (1902-1979). Novelista, cuentista, dramaturgo y ensayista noruego. Interesado en la profundización psicológica y en la temática de la enajenación (alienación) y la identidad personal. Trilogía *Lillelord* (1955-57), *El reino de la infancia* (1965).
Escandinava, literatura 6:33a.

BORGES, FRANCISCO (1833-1874). Militar uruguayo que luchó en el ejército argentino. Participó en la guerra contra Paraguay (1864-1870). Murió en la batalla de La Verde.

BORGES, JORGE LUIS (1899-1986). Escritor argentino. Una de las figuras de mayor alcance internacional de las letras hispanoamericanas.
3:112a; Argentina 2:61b; Bioy Casares, Adolfo 3:56a; Fantástica, literatura 6:229b; Hispano-

americana, literatura 8:11a; Novela y cuento 11:19b; Torre-Nilsson, Leopoldo 14:93b; Ultraísmo 14:175b; *cuadro* 3:112a; *ilustraciones* 3:112; 8:9b.

BORGES, JOSÉ (1813-1861). Guerrillero carlista español. Combatió en las dos primeras guerras carlistas y en 1861 intentó restaurar al rey de Nápoles, para lo cual llegó a desembarcar en Calabria, pero fue apresado y fusilado.

BORGES, NORAH (n. en 1903). Pintora argentina, hermana del escritor Jorge Luis Borges y casada con el crítico español Guillermo de la Torre. Sus obras muestran un tono a la vez intimista y onírico.

BORGESE, GIUSEPPE ANTONIO (1882-1952). Poeta, dramaturgo, crítico y periodista italiano. Profesor de estética en la Universidad de Milán y en la de Chicago. *Vivos y muertos, La ciudad desconocida, El peregrino apasionado, El sentido de la literatura italiana,* etc.

BORGES NAVARRO, MANUEL (1827-1869). Guerrillero y pedagogo cubano. Fue hecho prisionero tras los levantamientos de Narciso López y Joaquín Agüero. En 1868 se unió a la sublevación de Carlos Manuel de Céspedes, pero, nuevamente apresado por los españoles, fue muerto por la escolta que lo guardaba.

BORGHESE, FAMILIA. Familia italiana, originaria de Siena, que adquirió un gran poder en Roma tras la elección en 1605 de Camilo Borghese como papa con el nombre de Paulo V. Sus miembros destacaron como protectores de las artes y las letras.

BORGHESE, VILLA. Palacio italiano, situado en el norte de la ciudad de Roma. Fue construido en 1615 por el arquitecto Jan van Zaus para el cardenal Scipione Caffarelli Borghese. Aloja una importante colección de pintura y escultura. Son célebres sus jardines, diseñados por Domenico Savino.

BORGIA, ALONSO. V. **Calixto III.**

BORGIA, CÉSAR (h. 1475/1476-1507). Hijo natural del papa Alejandro VI, el más famoso de los príncipes renacentistas.

3:113a; Alejandro VI, papa 1:170b; Borgia, familia 3:114a; Borgia, Lucrecia 3:114b; Maquiavelo, Nicolás 9:338b; San Marino 13:131b.

BORGIA, FAMILIA. Descendientes de una línea dinástica procedente de Valencia, España, que marcó notablemente la historia italiana de los siglos XV y XVI. Su nombre original era Borja.

3:113bb; Alejandro VI, papa 1:170b; Borgia, César 3:113a; Borgia, familia 3:114a; *ilustración* 3:113b.

BORGIA, LUCRECIA (1480-1519). Noble italiana, una de las figuras más controvertidas del Renacimiento.

3:114a; Alejandro VI, papa 1:170b; Borgia, familia 3:114a; *ilustración* 3:114b.

BORGIA, RODRIGO. V. **Alejandro VI, papa.**

BORGIA, SAN FRANCISCO DE. V. **Francisco de Borja, san.**

BORGLUM, GUTZON (1867-1941). Pintor y escultor estadounidense. Su técnica se apoyaba en un estudio profundo y en la adaptación de rasgos del escultor francés Auguste Rodin. Su obra se caracterizó por el gusto por lo gigantesco. Fue autor de las cabezas talladas en granito en el monte Rushmore (Dakota del Sur), representando a los presidentes Washington, Jefferson, Lincoln y Theodore Roosevelt.

BORGOÑA. Región histórica de Francia que en el siglo V fue sede del poderoso reino de los burgundios.

3:114b; Carlos el Temerario 3:395a; *ilustraciones* 3:115a-b.

BORGOÑA, CASA DE (ESPAÑA). Dinastía castellano-leonesa iniciada en España en 1126 por Alfonso VII, hijo de Raimundo de Borgoña, noble francés, y de Urraca, hija de Alfonso VI de Castilla y León. Su último representante fue Pedro I el Cruel, muerto en 1369.

BORGOÑA, CASA DE (PORTUGAL). Primera dinastía portuguesa, fundada por Enrique de Borgoña, conde de Portugal, en el 1095. Su hijo, Alfonso I Enríquez, sería el primer rey. Concluyó en 1385, siendo sucedida por la casa de Avís.

BORGOÑA, ENRIQUE DE. V. **Enrique de Borgoña.**

BORGOÑA, JUAN DE (h. 1465-h. 1536). Pintor español de origen francés. Tras probables estancias en Italia, se estableció en Toledo. En su obra, típicamente cuatrocentista, destacó el dominio de la luz y la monumentalidad. Frescos de la sala capitular de la catedral de Toledo.

BORGOÑO, JOSÉ MANUEL (1792-1848). Político y militar independentista chileno. Luchó junto con José de San Martín y Bernardo O'Higgins y fue gobernador republicano de Lima y ministro de guerra. Negoció el tratado de independencia entre Chile y España.

BORGOÑO, JUSTINIANO (1836-1929). Militar y político peruano. Participó en la guerra del Pacífico (1879-1884) y en las luchas civiles posteriores. Fue ministro de guerra y marina, vicepresidente segundo de la república y presidente interino en 1894, por muerte de Remigio Morales Bermúdez.

BORGOÑONES. Facción formada en torno a Juan sin Miedo, duque de Borgoña, durante la guerra de los cien años. Partidarios de la paz, eran proingleses, defensores del papa Clemente VII y con arraigo en el pueblo y las universidades. Sus rivales, los armagnac, eran belicistas y estaban apoyados por la nobleza.

Suiza 13:357a.

BÓRICO, ÁCIDO. Compuesto que forma cristales blancos, solubles en agua, alcohol y glicerina. Se utiliza para fabricar cemento, en cerámica, como conservador de alimentos y en medicina como antiséptico. Fórmula, H_3BO_3.

Boro 3:117a.

BORING, EDWING. (1886-1968). Psicólogo estadounidense. Profesor en la Universidad Harvard, se especializó en los estudios sobre estimulación sensorial y la investigación del desarrollo histórico de la psicología. *Historia de la psicología experimental* (1929), *Sensación y percepción en la historia de la psicología experimental* (1942).

Inteligencia 8:230a.

BORÍS I DE BULGARIA (m. en el 907). Rey de Bulgaria del 852 al 889. Su prolongado reinado fue testigo de la conversión de sus súbditos al cristianismo, la creación de una iglesia autocéfala, el advenimiento de la literatura en su país y el establecimiento de la lengua eslava.

BORÍS II DE BULGARIA (h. el 949-979). Zar de Bulgaria del 969 al 972, hijo del zar Pedro I. Fue derrotado por las tropas rusas de Sviatoslav y por los griegos en Arcadiápolis. Su abdicación supuso la abolición temporal del patriarcado y la desaparición de Bulgaria como estado soberano.

BORÍS III DE BULGARIA (1894-1943). Rey de Bulgaria de 1918 hasta su muerte. Sus últimos cinco años de reinado se caracterizaron por el establecimiento de un régimen dictatorial. Aliado a las potencias del Eje durante la segunda guerra mundial, participó en las invasiones de Grecia y Yugoslavia, pero se mostró reacio a declarar la guerra a la Unión Soviética. Murió, posiblemente asesinado, tras celebrar una tormentosa entrevista con Adolf Hitler.

Bulgaria 3:222a.

BORÍS GODUNOV. Trilogía del escritor ruso Alexandr Pushkin, publicada en 1831. Inspirada en *Historia del imperio de Rusia,* de Nikolái Mijáilovich Karamzin, describe la actitud de los boyardos (señores feudales) al ser proclamado zar Borís Godunov. Modest Musorgski basó en ella su ópera homónima.

Pushkin, Alexandr 12:212a; Rusa, literatura 13:46b.

BORJA, ALONSO. V. **Calixto III.**

BORJA, ANA DE (1635-1706). Noble española, hija del duque de Gandía. Casó con el conde de Lemos, virrey del Perú. Durante la rebelión de Puno, en ausencia de su marido, gobernó con acierto el virreinato.

BORJA, FAMILIA. V. **Borgia, familia.**

BORJA, RODRIGO (n. en 1935). Político ecuatoriano. Dirigente del partido Izquierda Democrática, fue elegido presidente de la República en 1988. Su gobierno se mantuvo gracias al establecimiento de una coalición con fuerzas tan dispares como la Democracia Cristiana-Democracia Popular y la alianza de partidos Frente Amplio de Izquierda. En 1992 fue sucedido por Sixto Durán.

BORJA, RODRIGO. V. **Alejandro VI, papa.**

BORJA, SAN FRANCISCO DE. V. **Francisco de Borja, san.**

BORJA CEVALLOS, RODRIGO (n. en 1936). Político ecuatoriano. Profesor de ciencia política en la Universidad Central del Ecuador desde 1963, en 1968 participó en la fundación del partido Izquierda Democrática. Se presentó a las elecciones presidenciales en 1978 y 1984, y en 1988 fue elegido presidente al vencer sobre el candidato Abdalá Bucaram. Impulsó un programa de austeridad para paliar las dificultades económicas del país.

BORJA Y ARAGÓN, FRANCISCO DE (h. 1577-1658). Administrador colonial español conocido como príncipe de Esquilache por su casamiento con la princesa Ana de Borja. Nombrado virrey del Perú por Felipe III en 1614, defendió el virreinato de los ataques corsarios y reorganizó la administración de la colonia. Protector de la cultura, fue autor de algunas obras literarias. *Nápoles recuperada por el rey don Alonso* (1651).

BORJA Y VELASCO, GASPAR DE (1582-1645). Religioso, diplomático y político español. Fue arzobispo de Milán, Sevilla y Toledo. En 1620 ocupó el cargo de virrey de Nápoles, y después fue embajador ante el Vaticano.

BORLAUG, NORMAN ERNEST (n. en 1914). Científico estadounidense. Autor de diferentes investigaciones en el campo de la fitopatología y uno de los impulsores de la llamada «revolución verde», que buscaba modernizar la producción agrícola en países subdesarrollados. En 1970 fue galardonado con el Premio Nobel de la paz.

BORMAN, FRANK (n. en 1928). Astronauta estadounidense que realizó la primera circunvalación de la Luna, en 1968, a bordo de la nave Apolo VIII. Fue después presidente de Eastern Airlines.

BORMANN, MARTIN (n. en 1900). Político alemán. Jefe de la cancillería nazi y uno de los lugartenientes de Adolf Hitler. Desapareció de Berlín en 1945, fue condenado a muerte en rebeldía (en ausencia) en los juicios de Nuremberg. Permaneció el resto de su vida en paradero desconocido.

BORN, MAX (1882-1970). Físico alemán. Premio Nobel en 1954, compartido con Walther Bothe, por sus estudios estadísticos acerca de la conducta de las partículas atómicas. En 1926 formuló las primeras leyes de la mecánica cuántica enunciada por Max Planck.

Heisenberg, Werner 7:351a; Mecánica ondulatoria 10:21a.

BORNEO. Isla del archipiélago malayo, al sudeste de la península de Malaca. Una de las mayores del mundo, se encuentra rodeada por el mar de China meridional (noroeste) y hacia el este por los mares de las Célebes y del Sulú, el estrecho de Makasar y el mar de Java. 755.000 km^2.

Indonesia 8:179a; Malasia 9:298b.

BORNEO SEPTENTRIONAL. V. **Sabah.**

BORNHOLM. Isla de Dinamarca en el mar Báltico a 169 km de Copenhague y a 35 de Suecia. Cubre una superficie de 588 km^2.

Dinamarca 5:188a.

BORNITA. Sulfuro de cobre y hierro, uno de los principales minerales de cobre. Dureza baja. Debe su nombre al austriaco Ignaz von Born. Color amarillo bronce al rojo cobre. Cristaliza en el sistema cúbico. Abundante en Chile.

BORNIZO. Corcho que se obtiene al desprender la corteza del alcornoque por primera vez.

BORNO (BORNU). Estado del nordeste de Nigeria, el más extenso del país. 116.400 km^2. 4.343.230 hab. (1995).

BORO. Elemento químico, metaloide ligero del grupo IIIa de la tabla periódica. Esencial para el crecimiento de las plantas. Utilizado como absorbente de neutrones en química, en aleaciones para endurecer otros metales y en medicina. Símbolo, B; peso atómico, 10,82; número atómico, 5.
3:116a; *cuadro* 3:116b.

BOROBUDUR, TEMPLO DE. Uno de los principales monumentos budistas del mundo, construido en Java hacia el año 800. Combina las formas simbólicas del estilo *stupa* (monumento funerario, en forma semiesférica, en el que se veneraba alguna reliquia) y del *mandala* (diagrama ritual que representaba el universo, utilizado en ceremonias sagradas y como instrumento de meditación). Manifiesta influencias del arte gupta indio.

BORODÍN, ALEXANDR (1833-1887). Compositor ruso nacionalista. Formó parte del llamado grupo de «Los Cinco».
3:117a; Música 10:314a.

BORODINÓ, BATALLA DE. Sangriento combate entre las tropas de Napoleón Bonaparte y las imperiales rusas el 7 de septiembre de 1812. La batalla, librada en las inmediaciones del pueblo ruso que le da nombre, culminó con la victoria francesa y ocasionó decenas de miles de muertos por ambos bandos.

BORON, ROBERT DE. Trovero normando de finales del siglo XII y principios del XIII. Conocedor de la literatura bizantina, relacionó las tradiciones celtas con los principios del cristianismo. Autor del ciclo *Historia del Grial*, obra en la que vinculó las escenas de la pasión de Cristo con la leyenda profana del Grial.

BORORÓ. Grupo de tribus indígenas del centro del Mato Grosso. Su lengua pertenece a la familia macro-ge. Su régimen social es matriarcal, y su religión de características totémicas. Cazadores y recolectores, practican la agricultura y poseen rudimentarias industrias.
Brasil 3:151.

BORRACHUDO. V. **Jején.**

BORRAJA. Planta herbácea de las borragináceas (*Borago officinalis*). Dicotiledónea. Abundantes pilosidades que la hacen áspera al tacto. Hojas ovaladas y flores azuladas o blanquecinas. Comestible cuando es joven.

BORRÁS, ENRIQUE (1863-1957). Actor de teatro español. Interpretó con gran éxito obras en catalán y en castellano. Obtuvo el Premio Nacional de Teatro, y en su honor se dio nombre al Teatro Borrás de Barcelona. Estrenó obras de Eduardo Marquina, José María Pemán, etc., y fue un reconocido intérprete del teatro clásico español (Lope de Vega, duque de Rivas, etc.).

BORRASCA. Masa de aire sometida a depresiones atmosféricas. Baja presión, comúnmente asociada a tiempo inestable y tormentoso. También denominada ciclón.
Meteorología 10:107a.

BORRASSÀ, LLUÍS (h. 1360-h. 1425). Pintor español. Su vasta producción es de desigual calidad, debido a los numerosos ayudantes que colaboraron en ella. Introdujo en Cataluña el estilo europeo de la época. «Santo Entierro» (1410), retablo de santa Clara (1414).

BORREGO. V. **Oveja.**

BORREGO, ANDRÉS (1802-1891). Político historiador y periodista español, fundador de *El Español* y *El Correo Nacional*. Perseguido por Fernando VII y el gobierno de Baldomero Espartero, tuvo que exiliarse dos veces en Francia. Fue diputado de 1837 a 1858 y gobernador de Madrid. *Historia de las Cortes españolas del siglo XIX, Diario del sitio de París*, etc.

BORRELIOSIS. V. **Fiebre recurrente.**

BORRELL I. V. **Wifredo II.**

BORRELL II (h. el 915-992). Conde de Barcelona (947-992). Sucedió a su padre, junto con su hermano Miró (este último murió en el 966), como señor de Barcelona, Gerona y Ausona (Vich). Almanzor le arrebató Barcelona en el 985, pero logró recuperar la plaza. Adquirió el condado de Urgel.
Marca Hispánica 9:352a; *ilustración* 9:352a.

BORRELL III. V. **Ramón Borrell.**

BORRERO, MANUEL MARÍA. Político y escritor ecuatoriano. En 1938 fue presidente interino de la república.

BORRERO Y CORTÁZAR, ANTONIO (1827-1912). Escritor y político ecuatoriano. Sucedió en la presidencia de la república a Gabriel García Moreno, asesinado en 1875, y él mismo fue derrocado un año después, durante la sublevación militar de Ignacio de Veintemilla.

BORRERO Y ECHEVERRÍA, ESTEBAN (1849-1906). Médico y poeta cubano. Luchó por la independencia de su país y fundó escuelas en áreas insurrectas. *Poesías* (1877), *Arpas amigas* (1878).

BORROMEO, SAN CARLOS. V. **Carlos Borromeo, san.**

BORROMINI, FRANCESCO (1599-1667). Francesco Castelli, arquitecto italiano. Llevó el barroco a una nueva dimensión por sus audaces soluciones.
3:117b; Arquitectura 2:111b; Barroco, arte 2:357b; *ilustración* 3:117b.

BORROW, GEORGE (1803-1881). Viajero, lingüista y prosista británico. Viajó por Noruega y España, donde difundió la *Biblia* y encontró su patria literaria. *Los Zíncali: los gitanos en España* (1841), *La Biblia en España* (1842), *Lavengro* (1851).

BORZOV, VALERI (n. en 1949). Atleta soviético. Ganador de las medallas de oro de 100 y 200 m en los Juegos Olímpicos de Munich en 1972. En 1969, 1974 y 1975 batió los récords europeos, y entre 1969 y 1976 fue campeón de Europa y de la Unión Soviética. Considerado el mejor velocista blanco de la historia.

BOS, CORNELIS (siglo XVI). Grabador y editor flamenco. Establecido en Roma, se dedicó al comercio de estampas y a reproducir obras de Rafael, Tiziano y Julio Romano. Grabó una plancha, de la serie compuesta por Maerten van Heemskerck, conmemorando hechos de la vida de Carlos V (Carlos I de España).

BOSBOOM-TOUSSAINT, ANNA (1812-1886). Escritora de los Países Bajos. Encuadrada dentro de la literatura romántica del siglo XIX, fue autora de novelas históricas en las que reflejó sus ideas ortodoxas calvinistas. *El conde Leicester en los Países Bajos* (1845-1846).
Países Bajos, literatura de los 11:214b.

BOSCÁN, JUAN (h. 1490-1542). Poeta español. Introductor del clasicismo italianizante en la lírica española del siglo XVI.
3:118a; Española, literatura 6:90a; *ilustración* 3:118a.

BOSCH, ALBERTO (1848-1900). Político y ensayista español. Fue alcalde de Madrid y ministro de fomento en 1895, cargo que perdió como consecuencia de las protestas populares que suscitó su política. Partidario de Antonio Cánovas, a la muerte de éste se dedicó a escribir. *La agricultura española en el siglo XIX.*

BOSCH, CARL (1874-1940). Químico alemán, Premio Nobel en 1931. Adaptó la síntesis de amoniaco a partir de nitrógeno e hidrógeno al proceso de fabricación de abonos artificiales.

BOSCH, HIËRONYMUS. V. **Bosco, el.**

BOSCH, JUAN (1909-2001). Escritor y político dominicano. Elegido presidente en 1963, fue depuesto siete meses después por un golpe militar.
3:118b; Dominicana, República 5:227b.

BOSCH GIMPERA, PEDRO (1891-1974). Historiador y político español. Fue catedrático de prehistoria en la Universidad de Barcelona y doctor *honoris causa* en la de Heidelberg. Consejero del gobierno de Cataluña durante la segunda república, se exilió después de la guerra civil. Posteriormente fue catedrático en Oxford y en las universidades de México y Bogotá. *Prehistoria catalana, El hombre primitivo y su cultura, La cultura ibérica en el bajo Aragón.*

BOSCH Y LABRÚS, PEDRO (1827-1894). Político, economista y hombre de negocios español. Partidario del proteccionismo, se opuso a las reformas económicas impulsadas tras la revolución de 1868 y fue presidente de la asociación Fomento de la Producción Nacional. De 1876 a 1886 y de 1891 a 1893 fue diputado a Cortes por Vich y Barcelona. *Discursos y escritos.*

BOSCO, EL (h. 1450-1516). Hiëronymus van Aeken, también conocido como Jerónimo Bosch, pintor flamenco. Considerado el maestro por excelencia de la pintura fantástica y simbólica.
3:118b; Países Bajos 11:212a; *cuadro* 3:119b; *ilustración* 3:119a.

BOSCO, HENRI (1888-1976). Escritor francés. En sus obras describió los paisajes mediterráneos y las costumbres de su Provenza natal. Autor también de poesía y literatura infantil. *Pierre Lampedouze* (1924), *Antonin* (1952).

BÔSCOLI, RONALDO (1929-1994). Compositor popular brasileño. Letrista, participó en el inicio del movimiento de la *bossa nova*. Trabajó sobre todo con Roberto Menescal. *O barquinho* (1961), *Você* (1966).

BOSCOP, CRÁNEO DE. Casquete de cráneo hallado en el Transvaal (Sudáfrica) que presenta caracteres bosquimanoides, con una amplia frente que determina una gran capacidad craneana. Se calcula que tiene una antigüedad de más de 40.000 años.

BOSCOVICH, RUGGERO GIUSEPPE (1711-1787). Matemático y astrónomo italiano nacido en Dalmacia. De la orden jesuita, fue profesor en Pavia y Milán. Midió el arco de meridiano entre Roma y Rímini y desarrolló una teoría dinámica de la materia, que propugnaba atracciones y repulsiones alternativas entre las masas en función de la distancia. *Teoría de la filosofía natural* (1758).

BOSÉ, LUCÍA (n. en 1931). Actriz italiana. Desarrolló su carrera cinematográfica en Italia y España. Casada con el torero español Luis Miguel Dominguín y madre del cantante Miguel Bosé. *Crónica de un amor* (1950), *La muerte de un ciclista* (1955).

BOSE, SUBHAS CHANDRA (h. 1897-1945). Revolucionario indio. Fue comentarista de radio en Alemania al acceder Adolf Hitler al poder y declarado partidario del nazismo. Fundador de la Liga para la Independencia de la India, con apoyo de los japoneses penetró en el país, siendo derrotado.

BÓSFORO. Estrecho que une los mares Negro y de Mármara y separa zonas de la Turquía asiática de la europea. Longitud, 30 km; anchura mínima 750 m.
3:119b; Estambul 6:152a; Mediterráneo, mar 10:38b.

BOSNIA Y HERZEGOVINA. República de los Balcanes, separada del mar Adriático por la Dalmacia croata salvo un pequeño tramo de 20 km de costa. Integrada en la federación de Yugoslavia de 1945 a 1992. Cap. Sarajevo. 51.129 km^2. 3.836.000 hab. (2000).
3:120a; Austro-húngaro, imperio 2:236b; Balcanes 2:318b; Croacia 5:26b; Europa 6:198a; Milosevic, Slobodan 10:168b; Yugoslavia

14:393b; *mapa* 3:120b; *cuadro* 3:120b; *ilustración* 3:121a.

BOSÓN (m. en el 887). Rey de la Borgoña provenzal. Cuñado de Carlos el Calvo, ocupó el trono en el 879. Se enfrentó a los carolingios.

BOSQUE. Formación vegetal en la que predominan las especies arbóreas. Puede ser de diversos tipos, según el clima en el que se desarrolle, e incluye la selva tropical, el bosque mediterráneo, el caducifolio y el de coníferas.
3:121b; Árbol 2:23b; Biogeografía 3:30b; Bioma 3:44a; Deforestación 5:108b; Ecología 5:270b; Selva 13:193b; Silvicultura 13:245b; *ilustraciones* 3:121b; 3:122a.

BOSQUIMANOS. Pueblo negroide de la raza khoi-san, que originariamente vivía en el sur y el este de África. Sus características difieren de las de los demás pueblos africanos (pequeña estatura, piel pardoamarillenta). Cazadores y recolectores, los bosquimanos están organizados en hordas. Fueron empujados por los bantúes y los colonos blancos hacia el desierto de Kalahari.
Africanos, pueblos 1:99a; Zimbabwe 14:419a.

BOSSANO, JOE (n. en 1938). Político gibraltareño. Primer ministro laborista de Gibraltar desde 1988 hasta 1996, año en que le sucedió Peter Caruana.

BOSSA NOVA. Movimiento renovador de la música popular brasileña en las décadas de 1950 y 1960. La *bossa nova* conjugaba elementos del samba tradicional y del *jazz* estadounidense, en un ritmo sincopado lento con armonías disonantes. Destacaron en el movimiento Antônio Carlos Jobim (compositor), Vinícius de Morais (letrista) y João Gilberto (intérprete).
Samba 13:111b.

BOSSCHAERT, AMBROSIUS. V. **Dubois, Ambroise.**

BOSSI, UMBERTO (n. en 1941). Político italiano. Líder del grupo independentista Liga Norte, en 1996 solicitó la separación del norte de Italia (la Padania) del resto del país, alegando sus diferencias culturales y económicas. Aunque su proclamación de independencia no tuvo éxito, sí consiguió importantes apoyos de cara a la proclamación de una república federal en Italia.

BOSSUET, JACQUES-BÉNIGNE (1627-1704). Teólogo y escritor francés. Difundió los derechos de la iglesia francesa ante el papado y adquirió fama por sus trabajos literarios.
3:123a; *ilustración* 3:123a.

BOSTON. Capital del est. de Massachusetts, Estados Unidos, a orillas del Atlántico. 555.447 hab. (1998).
3:123b; Estados Unidos 6:131a; *ilustración* 3:123b.

BOSUSTOW, STEPHEN (n. en 1911). Dibujante y productor de cine estadounidense de origen canadiense. Despedido junto con otros trece dibujantes en 1941 de la empresa de Walt Disney, fundó en 1943 la United Production of America (UPA), dedicada a la creación de cine de animación con un estilo menos clásico que el empleado por la Disney.

BOSWELL, JAMES (1740-1795). Literato escocés. Autor de la famosa biografía *Vida de Samuel Johnson.*
3:124b; Johnson, Samuel 8:377b.

BOTÁNICA. Ciencia que se ocupa del estudio del reino vegetal en sus diversos aspectos.
3:124b; Angiospermas 1:353a; Árbol 2:23b; Biología 3:38a; Evolución 6:211a; Fisiología 6:317a; Flor 6:325a; Fruto 6:417a; Inflorescencia 8:197a; Longevidad 9:212b; Planta 12:19a; Raíz 12:253a; Semilla 13:197b; Tallo 13:390a; Taxonomía 13:407b; *cuadro* 3:129b; *ilustraciones* 3:125a-b; 3:126a; 3:127b; 3:128a; 3:129b.

BOTERO, FERNANDO (n. en 1932). Pintor y escultor colombiano. Autor de una obra figurativa en la que destacó por su utilización de las formas redondeadas.
3:130a; *ilustración* 3:130a.

BOTERO, GIOVANNI (1533-1617). Político y economista italiano. Se considera que su obra *Causas de la grandeza y magnificiencia de las ciudades* es precursora de la de Thomas Malthus. Sus *Relaciones universales* constituyen un vasto resumen de los conocimientos geográficos de su época.

BOTETI, RÍO. Corriente fluvial que se encuentra en el sudeste de África, en Botswana. Nace cerca de Maun y a lo largo de 305 km fluye por el desierto del Kalahari hasta alcanzar la región de Makgadikgadi.
Kalahari, desierto de 8:424b.

BOTHA, LOUIS (1862-1919). Militar y político sudafricano. Ejerció el mando del ejército bóer que en 1900 luchó contra los británicos. Elegido primer ministro de la Unión Sudafricana en 1910, apoyó al Reino Unido en la primera guerra mundial y colaboró en la ocupación del África del Sudoeste alemana.

BOTHA, P. W. (n. en 1916). Político sudafricano. En 1984 accedió a la presidencia de la República de Sudáfrica, tras haber ocupado desde 1978 el puesto de primer ministro. Reprimió violentamente a los nacionalistas negros de su país y de la ocupada Namibia (África del sudoeste), en aplicación de la política de *apartheid* (separación racial). En 1989 renunció al cargo, siendo sustituido al frente del gobierno por Frederick W. de Klerk.
Sudáfrica, República de 13:338b.

BOTHE, WALTHER (1891-1957). Físico alemán. Premio Nobel en 1954, compartido con Max Born, por su invención del método de coincidencia, aplicable a la detección de partículas subatómicas.

BOTHWELL, JAMES HERPBURN, CONDE DE (1535-1578). Tercer marido de María Estuardo, reina de Escocia, a cuyo segundo esposo hizo asesinar. Este hecho precipitó la revuelta de los nobles escoceses. María buscó refugio en Inglaterra, donde fue encarcelada por Isabel I y más tarde ejecutada.
Estuardo, María 6:175b.

BOTI, REGINO (1878-1958). Poeta cubano. Destacó por su esteticismo, dentro de las nuevas tendencias modernas. *Arabescos mentales* (1913), *El mar y la montaña* (1921), *La nueva poesía en Cuba* (1927).

BOTNIA, GOLFO DE. Brazo septentrional del mar Báltico, entre Suecia y Finlandia. Con una superficie de 117.000 km^2, mide 725 km de norte a sur y de 80 a 240 km de este a oeste.
Finlandia 6:307b; Golfo y bahía 7:156a; Suecia 13:341a.

BOTO. Delfín de agua dulce, adscrito a la familia de los platanístidos, que habita en el río Amazonas. *Inia geoffroyensis.*

BOTÓN DE ORO. V. **Ranúnculo.**

BOTSWANA. País de África. La antigua Bechuanalandia. Cap. Gaborone. 581.730 km^2. 1.576.000 hab. (2000).
3:130b; África 1:94; Sudáfrica, República de 13:337b; *mapa* 3:131a; *cuadros* 3:131b.

BOTTA, PAUL-ÉMILE (1802-1870). Arqueólogo y diplomático italiano. Fue cónsul en Alejandría, Mosul y Trípoli. En Jorsabad descubrió partes del palacio de Sargón II, en la antigua Nínive. Su obra contribuyó al desciframiento de la escritura asiria. Envió al Louvre los relieves que inauguraron la colección asiria de ese museo. *Monumentos de Nínive, Inscripciones descubiertas en Jorsabad.*

BOTTICELLI, SANDRO (1445-1510). Alessandro di Mariano Filipepi, pintor italiano. Uno de los más notables representantes del Renacimiento en Florencia.
3:132a; Capilla Sixtina 3:358b; Renacimiento 12:331a; Sixto IV 13:268b; *cuadro* 3:132a; *ilustración* 3:132b.

BOTULISMO. Intoxicación producida en el hombre y los animales por el bacilo *Clostridium botulinum.* En el hombre suele adquirirse por ingerir alimentos conservados en malas condiciones y la enfermedad se debe a una potente neurotoxina que causa diplopía (doble visión), disfagia (dificultad para tragar), debilidad muscular e insuficiencia respiratoria. La condición puede ser fatal.
Intoxicación 8:245a; Microbiología 10:151a.

BOUCHER, FRANÇOIS (1703-1770). Pintor, grabador y decorador francés. Representante del estilo rococó en Francia en el siglo XVIII.
3:133a; Fragonard, Jean-Honoré 6:367a; Rococó 12:402b; Pintura 11:414a; *ilustración* 3:133b.

BOUCHER DE PERTHES, JACQUES (1788-1868). Arqueólogo y escritor francés. Fue el primero en proponer la idea de que la prehistoria puede ser dividida atendiendo a los períodos del tiempo geológico. *Antigüedades célticas y antediluvianas* (1847-1864).
Arqueología 2:95a.

BOUDIN, EUGÈNE (1824-1898). Pintor francés. Estudió en El Havre y en París. Contemporáneo y amigo del pintor Camille Corot, es considerado el antecesor más directo del movimiento impresionista. Desde sus inicios se especializó en la creación de marinas, escenas de playa y temas portuarios, destacando en todos ellos la extensión y luminosidad de los cielos. Maestro de Claude Monet, participó en la primera exposición de pintores impresionistas (1874). «En la playa de Deauville» (1869).

BOUDJEDRA, RACHID (n. en 1941). Escritor argelino. Autor en lengua francesa, fue el principal representante de las nuevas tendencias experimentales en la literatura argelina posterior a la revolución. *El repudio* (1969), *La insolación* (1972), *Los 1.001 años de la nostalgia* (1979).

BOUGAINVILLE, LOUIS-ANTOINE DE (1729-1811). Navegante francés. Exploró zonas del Pacífico sur, comandando la primera escuadra francesa que navegó alrededor del mundo (1766-1769). Escribió *Viaje alrededor del mundo* (1771).
Pacífico, océano 11:200a; Samoa Estadounidense 13:113a.

BOULANGER, GEORGES (1837-1891). Militar y político francés. Respaldado por los grupos republicanos y nacionalistas más radicales y amplios sectores del ejército y la población, creó el partido Comité Republicano Nacional, cuyo éxito en las elecciones de 1880 alarmó al gobierno de la tercera república, ante el temor de que se produjera un levantamiento popular. Acusado de conspirar contra el estado y condenado a muerte, se exilió en Bruselas.

BOULANGER, NADIA (1887-1979). Directora y profesora de música francesa, de gran influencia en las escuelas del siglo XX. Estrenó la *Sinfonía para órgano y orquesta* de su discípulo Aaron Copland. Dirigió las orquestas de Boston, Nueva York y Filadelfia.
Copland, Aaron 4:373a; Santoro, Cláudio 13:151a.

BOULE, MARCELLIN (1861-1942). Paleontólogo, geólogo y antropólogo francés. Llevó a cabo detallados estudios de restos fósiles humanos procedentes de Europa, África del norte y el cercano oriente. En 1908 reconstruyó por primera vez el esqueleto de un homínido de Neanderthal encontrado en La Chapelle-aux-Saints, Francia. *Hombres fósiles* (1921).

BOULEZ, PIERRE (n. en 1925). Compositor, director y pianista francés. Autor de música vanguardista y difusor de los distintos estilos del siglo XX.
3:133b; Aleatoria, música 1:162b; Música 10:315a.

BOULLE, ANDRÉ-CHARLES (1642-1732). Primer gran ebanista francés y el más celebrado de los mueblistas y diseñadores de Luis XIV. Sus muebles se distinguen por la nobleza y monumentalidad de sus formas arquitectónicas, por su compleja marquetería y por la calidad de sus aplicaciones de bronce dorado.

BOULLÉE, ÉTIENNE-LOUIS (1728-1799). Arquitecto francés, representante del «neoclasicismo revolucionario». Su interés por las estructuras monumentales del pasado reinterpretadas en formas geométricas masivas, como en el «Proyecto para el cenotafio de Newton» (1784), prefiguró la arquitectura del siglo XX.

BOULOGNE-BILLANCOURT. Suburbio de París, Francia. Fábricas de automóviles. 106.367 hab. (1999).

BOULTON, MATTHEW (1728-1809). Ingeniero inglés, colaborador de James Watt en la fabricación de máquinas de vapor, e inventor de máquinas a vapor para acuñar moneda.
Watt, James 14:356b.

BOUMEDIENE, HOUARI (1927-1978). Militar y político argelino. Accedió a la presidencia de Argelia en 1965 tras un golpe de estado.
3:134a; Argelia 2:40b; Ben Bella, Ahmed 2:407a; *ilustración* 3:134a.

BOUNCE. Término de Internet que significa literalmente «rebote», y que se emplea para referirse a la devolución de un envío de correo electrónico debido a un error en la entrega al destinatario.

BOURASSA, HENRI (1868-1952). Político y periodista francocanadiense. En 1896 fue electo al Parlamento por el Partido Liberal. En 1899 dimitió como protesta por la participación canadiense en la guerra de los bóers, pero volvió de nuevo en 1900 y 1904 por aclamación popular. Defendió la emancipación política de Canadá del Reino Unido. Entre 1910 y 1932 dirigió el periódico *Le Devoir.*

BOURDELLE, ANTOINE (1861-1929). Escultor francés, discípulo y ayudante de Auguste Rodin. Autor de una fecunda producción, estudió la figura humana y la expresión de sus pasiones. Se inspiró en la monumentalidad de las obras griegas arcaicas. Destacó también como pintor y dibujante. «Palas Atenea» (1905), «Heracles arquero» (1909).
Bigatti, Alfredo 3:18a; Brecheret, Vítor 3:170a; Giacometti, Alberto 7:124a.

BOURDICHON, JEAN (h. 1457-1521). Pintor y miniaturista francés. La única obra de pintura que se le conoce es el tríptico «La Virgen entre los dos Juanes». Su fama se basa en sus miniaturas, que dieron renombre a este género en Francia. «Tríptico» (1491-1494), «Libro de horas de Ana de Bretaña» (h. 1500-1507).

BOURDIEU, PIERRE (1930-2002). Sociólogo francés. De formación marxista, definió la estratificación social a partir del estilo de vida o de la utilización de bienes de consumo.

BOURDON, SÉBASTIEN (1616-1671). Pintor francés. Participó en 1648 en la fundación de la Real Academia Francesa, de donde llegó a ser rector en 1655. Pintor de cámara de la reina Cristina de Suecia, su eclecticismo lo llevó a cultivar tanto el paisaje como la pintura al fresco de tema mitológico o el retrato. «Cristina de Suecia» (varias versiones; 1652).

BOURGET, PAUL (1852-1935). Novelista y poeta francés, cuyos relatos, con marcados perfiles psicológicos, le proporcionaron gran éxito entre el público femenino. Colaborador de la *Revue des Deux Mondes. Cruel enigma* (1885), *André Cornélis* (1887).

BOURGUIBA, HABIB (1903-2000). Político tunecino. Artífice de la independencia de su país y primer presidente de Túnez (1957-1987).
3:134b; Túnez 14:150b.

BOURKE-WHITE, MARGARET (1906-1971). Fotógrafa estadounidense, una de las máximas figuras del fotoperiodismo norteamericano. Trabajó en la revista *Life* y colaboró con su marido, el escritor Erskine Caldwell, en reportajes periodísticos sobre temas políticos y sociales.

BOURNEMOUTH. Ciudad del Reino Unido en el condado de Dorset (Inglaterra), a orillas del canal de la Mancha. Estación balnearia. Turismo. Centro de convenciones. 160.700 hab. (1999).

BOURNONVILLE, AUGUST (1805-1879). Bailarín y coreógrafo danés. Hijo de un bailarín francés, marchó a París en 1824, en donde estudió con Auguste Vestris. A su regreso a Dinamarca obtuvo el título de solista y coreógrafo del Real Ballet Danés, el cual dirigió durante cincuenta años, estableciendo el sistema danés, caracterizado por su expresividad.

BOUSOÑO, CARLOS (n. en 1923). Poeta y ensayista español con honda inquietud religiosa. Estudió las corrientes poéticas del siglo XX en obras como *Teoría de la expresión poética* (1960). Entre sus volúmenes de poesía se cuentan *Primavera de la muerte* (1946), *Selección de mis versos* (1980).

BOUTERSE, DÉSI (n. en 1946). Militar y político de Suriname (antigua Guayana Holandesa). Tras un golpe de estado, gobernó el país de 1980 a 1988. Desde la jefatura de las fuerzas armadas siguió ejerciendo influencia.
Suriname 13:365b; *ilustración* 13:365b.

BOUTROS-GHALI, BOUTROS (n. en 1922). Diplomático egipcio. Miembro de una distinguida familia copta, fue profesor de derecho y periodista. Ministro de relaciones exteriores. Secretario general de las Naciones Unidas a partir de 1992 y hasta 1996.

BOUTS, DIRCK (h. 1400-1475). Dieric o Thierry Bouts, pintor flamenco. Considerado como uno de los máximos exponentes de la pintura primitiva flamenca. En Haarlem fue discípulo de Rogier van der Weyden, cuya influencia es notoria en sus primeros trabajos. Se estableció hacia 1450 en Lovaina, en donde maduró como artista para dar a su obra una personalidad propia en la que el carácter sacro del tema adquiere gran majestuosidad: «El descendimiento», «Retablo de la Eucaristía».

BÓVEDA. Estructura, usualmente de albañilería, que cubre, de forma arqueada, un espacio entre muros, pilares o columnas.
3:135a; Arquitectura 2:100b; Capilla Sixtina 3:359a; Catedral y basílica 4:39a; Cúpula 5:77a; *ilustraciones* 3:135.

BOVES, JOSÉ TOMÁS (1783-1814). Militar español. Dirigió las tropas realistas que se enfrentaron en Venezuela a los independentistas americanos. Venció en la primera batalla de La Puerta (1813) a Vicente Campo Elías y en la segunda batalla de La Puerta (1814) a Simón Bolívar. Murió en lucha contra José Félix Ribas.
Piar, Manuel Carlos 11:387b; Venezuela 14:265a.

BOVET, DANIEL (1907-1992). Farmacólogo italiano de origen suizo. Recibió el Premio Nobel de medicina en 1957 por sus trabajos sobre los antihistamínicos y los curarizantes (fármacos que actúan como el curare).

BÓVIDOS. Familia de mamíferos artiodáctilos rumiantes, con cuernos óseos cubiertos por estuche córneo no caedizos. Incluye, entre otras especies, al ganado vacuno, al búfalo, al bisonte, a la cabra y a la oveja.
Antílope 1:393a; Artiodáctilos 2:135; Bisonte 3:58a; Cabra 3:252b; Cebú 4:58b; Gacela 7:13b; Gamuza 7:34b; Oveja 11:185a; Rumiantes 13:40b; Vaca 14:217b; Yak 14:377a.

BOW, CLARA (1905-1965). Actriz cinematográfica estadounidense. Fue famosa en la época del cine mudo, pero su acusado acento de Brooklyn le cerró el paso al sonoro. Gozó de especial popularidad a partir de su película *It* (1927), sobre una novela de Elinor Glyn. Protagonizó también *Pelirroja* (1928).

BOWEN, ELIZABETH (1899-1973). Escritora británica. Nacida en Dublín, fue autora de novelas y cuentos en los que recreó, de forma sensible, la relación entre la conducta humana y el ambiente en donde ésta se inscribe. *El hotel* (1927), *La muerte del corazón* (1938), *El amante del demonio* (1945).

BOWEN, NORMAN LEVI (1887-1956). Geólogo canadiense que llevó a cabo en los Estados Unidos importantes estudios sobre el origen y la evolución de las rocas ígneas.
3:136a.

BOWIE, DAVID (n. en 1947). Compositor, cantante de música popular y actor británico. Caracterizado por sus frecuentes cambios de imagen, se convertiría en una de las grandes figuras del *rock'n roll. Space Oddity, Heroes, Let's Dance.* Como actor cinematográfico intervino en los filmes *Gigolo* (1979), *Feliz Navidad, Mr. Lawrence* (1982) y *El ansia* (1983).

BOWLES, PAUL (1910-1999). Escritor y compositor estadounidense. Relacionado con la generación beat, estableció su residencia en Tánger, Marruecos, en la década de 1940. *El cielo protector* (1949), *La casa de la araña* (1955), *Memorias de un nómada* (1972), *Muy lejos de casa* (1992).

BOWLES, WILLIAM (h. 1721-1780). Científico irlandés al servicio de España. Dedicado a la investigación minera, se instaló en España en 1752, en donde supervisó diversas explotaciones mineras y realizó estudios de geografía y botánica. *Introducción a la historia natural y a la geografía física de España* (1775).

BOWLEY, ARTHUR LYON (1869-1957). Economista y matemático británico. Estudió las condiciones de vida y los ingresos de la clase trabajadora y la renta nacional británica. *El fundamento matemático de la economía* (1924), *¿Ha disminuido la pobreza?* (1925).

BOWMAN, CÁPSULA DE. Dilatación capsular que rodea al glomérulo o corpúsculo de Malpighi (órgano de filtración) y forma el comienzo del tubo urinífero dentro del riñón. Debe su denominación a William Bowman.
Riñón 12:375a.

BOWMAN, WILLIAM (1816-1892). Cirujano e histólogo británico. Autor de teorías sobre la secreción renal, descubrió la cápsula de envoltura del corpúsculo de Malpighi, que lleva su nombre. Inventó una sonda para el cateterismo de las vías lagrimales.

BOXEO. Deporte que consiste en un combate entre dos contendientes que sólo pueden servirse para la lucha de los puños protegidos con guantes.
3:136b; *ilustración* 3.137b.

BÓXER. Raza de perro alemán de mediano tamaño, color pardo y pelo corto; parecido al bulldog, pero de mayor alzada.

BÓXERS. Nombre occidental dado a la sociedad secreta Yihetuan que, a fines del siglo XIX, luchó por arrojar a los extranjeros del territorio chino.
3:137b; China 4:152a; *ilustración* 3:138a.

BOYA. Cuerpo flotante anclado en el mar o en lagos para señalar un peligro o un camino para la navegación. Puede ser óptica, sonora o radioeléctrica. Tanto su cuerpo exterior como su anclaje son muy variados.

BOYACÁ. Departamento de Colombia en las tierras altas andinas. Cap. Tunja. 23.189 km^2. 1.315.579 hab. (1993).
3:138b.

BOYACÁ, BATALLA DE. Combate entre las tropas realistas españolas y las de Simón Bolívar que tuvo lugar en 1819. La victoria de Bolívar aseguró la independencia de Nueva Granada (Colombia y Venezuela).
Boyacá 3:139a; Santander, Francisco de Paula 13:143b.

BOYARDOS. Nombre de los antiguos nobles rusos, que desempeñaron un importante papel dentro del ejército y la administración hasta que Pedro el Grande puso fin a su influencia.
Rusia 13:60a.

BOYCE, WILLIAM (1710-1779). Compositor, organista y editor musical británico. Destacado autor de música sacra, compuso también ocho sinfonías y otras obras. Entre 1760 y 1773 publicó *Cathedral Music*, primera colección de música religiosa aparecida en Inglaterra después de la restauración.

BOYCOTT, CHARLES CUNNINGHAM (1832-1897). Capitán del ejército británico. A su jubilación pasó a administrar las fincas del tercer conde de Erne, en County Mayo, Irlanda, donde su actuación represiva provocó la hostilidad del campesinado. El término boicoteo o boicot procede de su apellido.

BOYD, AUGUSTO (1879-1957). Político, médico y escritor panameño. Se hizo cargo de la presidencia de la república de 1939 a 1940, entre la muerte de Juan Demóstenes Arosemena y la elección de Arnulfo Arias.

BOYER, CHARLES (1897-1978). Actor cinematográfico estadounidense de origen francés. Debutó a los 21 años y se trasladó a Hollywood al empezar el cine sonoro. Destacó principalmente en papeles de galán. *Maria Walewska* (1937; *Conquest*), *Argel* (1938), *Luz de gas* (1944).

BOYER, JEAN-PIERRE (1776-1850). Político haitiano. Luchó por la independencia de su país y la unidad de la isla de La Española.
3:139a; Haití 7:319b.

BOYER, PAUL (n. en 1918). Bioquímico estadounidense. Profesor de la Universidad de California y miembro de la Academia Nacional de Ciencias, sus estudios sobre la síntesis de la enzima ATP le valieron en 1997 la obtención del Premio Nobel de Química, galardón que compartió con su compatriota John E. Walker y el danés Jen C. Skon.

BOYERO. Constelación boreal próxima a la Osa Mayor. Su estrella más brillante es Arturo, en el vértice de un pentágono irregular. Posee un sistema doble, compuesto de una estrella amarilla y una azul. Nombre latino: Bootes.

BOYLE, ROBERT (1627-1691). Físico y químico anglo-irlandés. Fue uno de los pioneros en el estudio cuantitativo de las propiedades de los gases y de la moderna teoría de los elementos químicos.
3:139a; Aire 1:131a; Elemento 5:376a; Gaseoso, estado 7:55b; Química 12:225b; Termodinámica 14:32b; *ilustración* 3:139b.

BOYLE-MARIOTTE, LEY DE. Principio de la termodinámica que postula que, a temperatura constante, el producto de la presión a la que está sometido un gas por su volumen es también constante. Descubierto por el anglo-irlandés Robert Boyle (1662) y el francés Edme Mariotte (1670)

BOYNE, BATALLA DE. Combate librado a orillas del río Boyne, Irlanda, el 11 de julio de 1690 entre las fuerzas de Guillermo III de Inglaterra y el anterior monarca, Jacobo II. La victoria de aquél puso fin al intento de Jacobo, quien había sido obligado a abdicar en 1688, por recuperar el trono.

BOY SCOUTS. Asociación juvenil educativa y deportiva en la que se practica, sobre todo, la vida al aire libre o escultismo. Fundada en 1908 por el británico Robert Baden-Powell.

BOZEN. V. **Bolzano.**

BPS. Siglas de bits por segundo. Unidad utilizada para expresar la velocidad de transmisión de un sistema de telecomunicación; por ejemplo, un módem.

BRABANTE, DUCADO DE. Territorio feudal formado tras la división del imperio carolingio en el siglo IX. En el siglo XI los condados de Bruselas y Lovaina se unieron para constituir el ducado de Brabante. Repartido desde 1830 entre el reino de Bélgica y los Países Bajos.
Lovaina 9:226a.

BRABANTE FLAMENCO (PROVINCIA, BÉLGICA). Disgregada del Brabante Valón en 1995. Agrupa a la población de habla flamenca. Equinos de raza, industria textil, refinerías de azúcar. Cap. Lovaina. 2106 km^2. 999.186 hab. (1996).
Bélgica 2:395b; Bruselas 3:202b; Lovaina 9:226a.

BRABANTE SEPTENTRIONAL. (PROVINCIA, PAÍSES BAJOS). Manufactura de tabacos. Cap. Hertogenbosch. 4.938 km^2. 2.290.400 hab. (1996).

BRABANTE VALÓN (PROVINCIA, BÉLGICA). Disgregada del Brabante Flamenco en 1995. Agrupa a la población de habla francesa. Industria manufacturera, ganado vacuno. Cap. Wavre. 1.091 km^2. 339.062 hab (1996).
Bélgica 2:395b.

BRACAMONTE Y GUZMÁN, GASPAR DE (h. 1595-1676). Diplomático y estadista español, conde de Peñaranda. Ayudado por el conde-duque de Olivares, conservó su posición a la muerte de éste, siendo ministro plenipotenciario, virrey de Nápoles y director de la política exterior de Carlos II. Formó la Alianza de La Haya contra Francia. Presidente del consejo de Italia desde 1674 hasta poco antes de morir.

BRACCO, ROBERTO (1862-1943). Dramaturgo y periodista italiano. Partidario de un teatro en el que el texto tuviera una importancia esencial, sus personajes y las situaciones que aborda son muy variadas y con cierta carga psicológica. *Perdidos en la oscuridad* (1901), *Los fantasmas* (1906), *El pequeño santo* (1911).

BRACHO, JULIO (1909-1978). Director y crítico mexicano de cine y teatro. Fundador del Teatro Orientación, colaboró con el periódico *El Nacional*. En cine dirigió *¡Ay, qué tiempos, señor don Simón!* (1941) y *La sombra del caudillo* (1946).

BRACTON, HENRY DE (m. en 1268). Jurista inglés. Magistrado y canciller del obispado de Exeter. Autor de *De legibus et consuetudinibus Angliae*, donde aplicó al derecho inglés principios derivados de los derechos romano y canónico.

BRADBURY, MALCOLM (n. en 1932). Crítico y escritor británico. En sus novelas describe el ambiente universitario y docente. Profesor de la Universidad de East Anglia desde 1970. *La novela británica moderna* (1993).

BRADBURY, RAY (n. en 1920). Escritor estadounidense. Cultivó la ciencia ficción, el teatro, la poesía, etc. Autor también de guiones cinematográficos. *El hombre ilustrado* (1951), *Farenheit 451* (1951), *Jeroglíficos gemelos nadan en el río* (1978).

BRADFORD. Ciudad del Reino Unido, cap. de West Yorkshire (Inglaterra). Forma una conurbación con Leeds y otras ciudades. Iglesia del siglo XV. Universidad. Industrias textiles, fibras sintéticas. 457.344 hab. (1999).

BRADLEY, F. H. (1846-1924). Filósofo británico de la escuela idealista, notable por su oposición a la filosofía inglesa tradicional. Su idealismo rechazó el empirismo de John Locke y David Hume. *Principios de lógica* (1883), *Apariencia y realidad* (1893), *Ensayos sobre la verdad y la realidad* (1914).

BRADLEY, JAMES (1693-1762). Astrónomo británico. Descubrió la aberración de la luz y el movimiento de nutación terrestre, pequeño balanceo de los polos. Corrigió las tablas de los eclipses de los satélites de Júpiter.

BRADLEY, OMAR (1893-1981). General estadounidense que estuvo al mando del 12° grupo de ejércitos durante la segunda guerra mundial. Esta unidad desempeñó un destacado papel en el avance aliado en Europa.

BRADSTREET, ANNE (h. 1612-1672). Escritora estadounidense. Fue una de las primeras poetisas que escribió en inglés en las colonias británicas de América del norte. Sus poemas se publicaron en Inglaterra bajo el título *La décima musa ha nacido en América* (1650).

BRADY, MATHEW B. (h. 1823-1896). Fotógrafo estadounidense. Captó fotográficamente la guerra de secesión estadounidense. Retrató a numerosas personalidades de la época –incluyendo a varios presidentes de su país– y reunió estos trabajos en el libro *Galería de estadounidenses ilustres* (1850).

BRAGA. Ciudad del norte de Portugal, cap. del dist. homónimo. Fundada hacia el 296 a.C. por los cartagineses, fue la Bracara Augusta romana. Catedral del siglo XII. Industria electrónica, textil. Ferias de ganado. 63.033 hab. (1981).
Portugal 12:91a.

BRAGA, RUBEM (1913-1990). Escritor brasileño. Fue corresponsal de guerra en la segunda guerra mundial. *El conde y el pajarillo* (1936), *¡Ay de ti, Copacabana!* (1960).

BRAGA, TEÓFILO (1843-1924). Poeta, crítico y estadista portugués. Ocupó en 1910 y 1915 la presidencia de la república. Su obra literaria, influida por el positivismo de Auguste Comte y el rigor sistemático del pensamiento filosófico en boga, giró en torno a la historia de la literatura de su país. *Historia de la literatura portuguesa* (1870-1873), *Camões* (1873-1875), *La visión de los tiempos* (1864) y *Los torrentes* (1869).

BRAGANZA. Ciudad del nordeste de Portugal, cap. del dist. de su mismo nombre, a orillas del río Sabor, en la sierra de la Culebra. Ayuntamiento del siglo XII. Catedral renacentista. Centro agrícola: vino, aceite, cereales. 14.662 hab. (1981).

BRAGANZA, CASA DE. Dinastía portuguesa fundada por Juan IV. Reinó en Portugal y Brasil.
3:139b; *cuadro* 3:140; *ilustraciones* 3:140.

BRAGG, LAWRENCE (1890-1971). Físico británico de origen australiano. Premio Nobel en 1915, por sus análisis de estructuras cristalinas mediante rayos X (el galardón fue concedido *ex aequo* a su padre, William Bragg). En 1912 enunció la ley que lleva su nombre y que expresa la condición bajo la cual puede ser reflejado con mayor intensidad un haz de rayos X por un cristal.

BRAGG, LEY DE. Ley formulada por el físico británico *Sir* Lawrence Bragg en 1912. Permite conocer el ángulo de reflexión y la condición que debe mantener un plano cristalino sobre el que inciden los rayos X para producir un máximo de intensidad.

BRAGG, WILLIAM (1862-1942). Físico británico que destacó por sus estudios de la estructura cristalina mediante el uso de rayos X, así como por sus investigaciones sobre varios fenómenos radiactivos. En 1915 recibió el Premio Nobel de física junto con su hijo Lawrence Bragg.

BRAHE, TYCHO (1546-1601). Astrónomo danés. Sentó importantes bases metodológicas para el estudio de los cuerpos celestes.
3:141b; Astronomía, historia de la 2:179b; Kepler, Johannes 9:21b; *ilustración* 3:141b.

BRAHMA. Uno de los principales dioses del hinduismo. Forma parte de la trinidad o Trimurti hindú, junto con Visnú y Siva.
Hinduismo 7:417b; Mito y mitología 10:198b.

BRAHMAN. En la filosofía hindú de los *Upanishads*, la realidad o entidad suprema. Si bien los conceptos e interpretaciones sobre ésta varían según las distintas sectas, hay consenso en su definición como eterna, consciente, irreducible, infinita y omnipresente.
India 8:157b; Upanishads 14:187b.

BRAHMÁN. Miembro de la casta sacerdotal del hinduismo, la más alta de las cuatro de esta religión. El término significa «poseedor del Brahman o del conocimiento sagrado». Los brahmanes son los encargados del estudio de los *Vedas* y de la ejecución de los rituales religiosos.
Buda 3:208a; Casta 4:14a.

BRAHMANAS. Conjunto de comentarios en prosa hechos a los *Vedas*, las más antiguas composiciones sagradas de la religión hindú. Fechados entre los siglos X al VIII a.C., fueron realizados en el norte de la India. Consisten en una serie de explicaciones sobre ritos de sacrificios y actos simbólicos, así como observaciones teológicas.
Vedas 14:248b.

BRAHMANISMO. Sistema religioso y social propio de la India del que derivan todas las formas del hinduismo actual. Comprende un conjunto muy diverso de creencias y filosofías, todas ellas desarrolladas a partir de los principios contenidos en los *Vedas* y los *Upanishads*.
Hinduismo 7:416a.

BRAHMAPUTRA, RÍO. Curso fluvial de Asia central y del sur. Nace en el Himalaya tibetano y desemboca en el río Ganges tras recorrer 2.900 km.
3:142a; India 8:154a; Tíbet 14:50b; *ilustración* 3:142a.

BRAHMO SAMAJ. Movimiento teísta de la religión hindú fundado en la ciudad de Calcuta en 1828 por Rammoham Ray (1772-1833). Influido por el cristianismo y el Islam se oponía al sistema de castas, el politeísmo, la idolatría y diversas prácticas religiosas. Alcanzó gran importancia social y política.

BRAHMS, JOHANNES (1833-1897). Compositor alemán, uno de los más destacados representantes del período romántico.
3:142b; Música 10:314a; Orquesta 11:158a; Schumann, Robert 13:178a; Sinfonía 13:253b.

BRAID, JAMES (1795-1860). Médico británico. Pionero en la investigación de la hipnosis, término que introdujo en el estudio del comportamiento mental humano. Influyó en el desarrollo de la neuropsiquiatría francesa. *Neurohipnología o la racionalidad del sueño nervioso* (1843).
Relajación 12:315a.

BRÂILA. Ciudad y puerto fluvial de Rumania, cap. del dist. homónimo, a orillas del Danubio. Astilleros, maquinaria, productos alimenticios. 234.648 hab. (1997).

BRAILLE, LOUIS (1809-1852). Educador francés. Ciego desde los tres años, dedicó su vida a la enseñanza de los invidentes. Perfeccionó un sistema de escritura codificada en relieve y de lectura al tacto que habría de obtener aceptación universal y que lleva su nombre.
Brasille, sistema 3:143b.

BRAILLE, SISTEMA. Alfabeto formado por puntos en relieve, creado por Louis Braille, para posibilitar la lectura a los ciegos.
3:143a; Ceguera 4:60b; *ilustración* 3:143b.

BRAINSTORMING. Vocablo inglés que designa el método de búsqueda de ideas originales dentro de un grupo, dando rienda suelta a la imaginación de sus miembros mediante la expresión de asociaciones mentales espontáneas.

BRAMAH, JOSEPH (1748-1814). Inventor británico, creador de la prensa hidráulica, de una máquina para numerar billetes de banco y de un elevador de bodega a mostrador para bares. Perfeccionó el retrete.

BRAMANTE, DONATO (1444-1514). Donato di Pascuccio d'Antonio, arquitecto italiano. Introdujo el clasicismo del alto renacimiento en el arte de Italia.
3:144a; Arquitectura 2:110b; Clasicismo 4:222a; Rafael 12:252b; Renacimiento 12:331b; *cuadro* 3:144a; San Pedro de Roma 13:134a; Sforza, Ludovico 13:221b; *ilustración* 3:144b.

BRAMANTINO (h. 1455-1536). Bartolommeo Suardi, pintor y arquitecto italiano. Trabajó en el Vaticano y para las familias milanesas Sforza y Trivulzio. Su expresivo estilo pictórico contrastaba con el clasicismo de Leonardo da Vinci. «Huida a Egipto», «Crucifixión».

BRAMPTON. Ciudad de Canadá en la prov. de Ontario. Automóviles, calzado, artículos de óptica, curtidurías. Floricultura, explotaciones forestales. 268.251 hab. (1996).

BRANAGH, KENNETH (n. en 1960). Actor, director teatral y cineasta británico. Una de las figuras más importantes del teatro contemporáneo del Reino Unido, llevó al cine diferentes versiones de obras de Shakespeare y de otros autores. *Enrique* V (1989), *Mucho ruido y pocas nueces* (1993), *Frankenstein* (1994), *Hamlet* (1996).

BRANCATI, VITALIANO (1907-1954). Novelista, dramaturgo y ensayista italiano. Crítico de la política fascista, sus obras reflejaron la sociedad burguesa siciliana durante el período de entreguerras. *Don Juan en Sicilia* (1942), *El bello Antonio* (1949), *Pablo el ardiente* (1955).

BRANCO, CABO. Saliente de Brasil, en el est. de Paraíba, costa atlántica. Es el punto más oriental del continente sudamericano. Situado 8 km al sudeste de João Pessoa, cap. del est.

BRANCO, RÍO. Curso fluvial de Brasil formado por la confluencia del Uraricoera, que nace en la sierra Parima, junto a la frontera venezolana, y el Takutu, que parte de la sierra Pacaraima. Desemboca en el río Negro tras recorrer 775 km, poco después de pasar Carvoeiro.

BRANCUSI, CONSTANTIN (1876-1957). Constantin Brîncuşi, escultor francés de origen rumano. Perteneciente a la escuela de París, su estilo evolucionó del academicismo a la más absoluta simplificación y estilización de formas.
3:145a; Coronel, Pedro 4:394a; Modigliani, Amedeo 10:208a; Rumania 13:40a; *ilustración* 3:145a.

BRANDEBURGO (CIUDAD). Población alemana situada en el est. de Brandeburgo, a orillas del río Havel. En 1157 dio su nombre al margraviato fundado por Alberto I el Oso. Importante centro siderúrgico. 82.460 hab. (1998).

BRANDEBURGO (ESTADO). División administrativa de Alemania, en el nordeste del país. Cap. Potsdam. Antiguo margraviato o marca y posterior electorado del Sacro Imperio Romano germánico, que, convertido en el núcleo de una poderosa línea dinástica, daría lugar al nacimiento de Prusia. En 1952, Brandeburgo perdió su antigua identidad administrativa con la nueva reorganización en distritos de los estados alemanes orientales. En 1990 se configuró de nuevo como *Land* dentro de la Alemania unificada. Papas o patatas, cereales, remolacha azucarera. 29.479 km^2. 2.542.000 hab. (1996).

BRANDEBURGO, PUERTA DE. Arco de triunfo de Berlín, construido en 1788-1791 por el arquitecto Carl G. Langhans, en estilo neoclásico. Se inspira en los propileos de Atenas y está coronado por la cuadriga de la victoria. Símbolo de la reunificación de Berlín en 1990.

BRANDENBURGO. V. **Brandeburgo.**

BRANDES, GEORG (1842-1927). Crítico literario danés. Defensor en los países escandinavos de la literatura naturalista.
3:145b.

BRANDO, MARLON (n. en 1924). Actor estadounidense, uno de los más importantes miembros del Actors Studio de Lee Strasberg. Intérprete de amplio registro y gran dramatismo en sus representaciones, intervino en filmes como *Un tranvía llamado deseo* (1951); *Viva Zapata* (1952); *La ley del silencio* (1954), que le valió un Óscar al mejor actor; *El Padrino* (1972), por el que consiguió su segundo Óscar; *El último tango en París* (1973); y *Apocalypse now* (1979).
Strasberg, Lee 13:323a; Williams, Tennessee 14:368a.

BRANDT, BILL (1904-1983). William Brandt, fotógrafo británico. Discípulo de Man Ray. Se distinguió sobre todo por sus fotografías de la vida en las islas británicas durante la década de 1920, así como por sus insólitos desnudos con deformaciones ópticas. Su estilo se caracterizó por los fuertes contrastes entre blancos y negros.

BRANDT, WILLY (1913-1992). Karl Herbert Frahm, político alemán. Canciller de la República Federal de Alemania de 1969 a 1974.
3:146a; *ilustración* 3:146a.

BRANDY. Bebida alcohólica elaborada a partir del vino blanco que se destila por dos veces en calderas de cobre. De ello resulta un líquido incoloro, *bonne chauffe*, que envejece en toneles de madera de roble. Recibe el nombre de coñac el brandy producido en la región francesa de Cognac.
Alcohólicas, bebidas 1:158a.

BRANNERITA. Mineral de óxido de titanio y uranio. Dureza media. Cristaliza en el sistema rómbico o tetragonal. Color negro brillante.

BRANQUIA. Cada una de las expansiones tegumentarias, o membranosas, que forman parte del aparato respiratorio de numerosos grupos de animales acuáticos. Su superficie está recorrida por vasos sanguíneos que transportan al agua el bióxido de carbono procedente del metabolismo y toman de ella el oxígeno que necesitan.
Peces 11:311a; Respiratorio, sistema 12:347a; Vertebrados 14:283a.

BRANT, JOSEPH (1742-1807). Jefe indio mohawk, llamado también Thayen-da-Negea. Actuó como portavoz de su pueblo y fue también misionero cristiano y oficial británico durante la guerra de independencia estadounidense (1775-1783).

BRANT, SEBASTIAN (h. 1458-1521). Poeta y humanista alemán nacido en Alsacia. Introducido en la corte del emperador Maximiliano I en Estrasburgo, escribió poesía religiosa y obras jurídicas. Alcanzó fama internacional con su sátira *La nave de los locos*, escrita en lengua alsaciana y publicada en 1494.

BRANTA. Género de aves del orden de los anseriformes y de la familia de los anátidos. Incluye diversas especies, semejantes a los gansos, que reciben también la denominación de barnaclas.

BRANTING, KARL HJALMAR (1860-1925). Estadista sueco, pionero de la social democracia, al que se concedió en 1921 el Premio Nobel de la paz por su diplomacia conciliatoria durante los primeros veinte años del siglo XX.

BRANTÔME, PIERRE DE (h. 1540-1614). Soldado y cronista francés. Los relatos de su vida y su tiempo, francos e ingenuos, fueron publicados después de su muerte bajo el título genérico de *Memorias del señor Pierre de Bourdeille* (1665-1666).

BRAÑAS, CÉSAR (1900-1976). Escritor guatemalteco, autor de libros para niños. *Sor Candelaria, Paulita, Figuras en la arena.*

BRAQUE, GEORGES (1882-1963). Pintor francés. Fundador y máximo exponente, junto con Pablo Picasso, del cubismo.
3:146a; Abstracto, arte 1:20b, Cubismo 5:62a, Fauvismo 6:241b; *ilustración* 3:146b.

BRAQUICÉFALO. Tipo de cráneo cuyo diámetro anteroposterior supera en menos de un cuarto al transversal.

BRAQUIÓPODOS. Animales invertebrados metazoos, celomados, que presentan un caparazón bivalvo. A pesar de su semejanza con algunos grupos de moluscos, no están emparentados con ellos. Son marinos y sedentarios; se fijan directamente al suelo o por medio de un pedúnculo carnoso. Están relacionados evolutivamente con los briozoos y con los anélidos.

BRAQUIOSAURIO. Reptil prehistórico que habitó en la Tierra hace unos cien millones de años, durante el mesozoico. Pertenecía al grupo de los dinosaurios y constituía uno de los animales terrestres de mayor volumen, con 13 m de altura, 24 m de envergadura y 80 t de peso. Era herbívoro.
Animales prehistóricos 1:369b.

BRÁS, VENCESLAU (1868-1966). Político brasileño. Elegido diputado en 1892, desempeñó diversos cargos políticos, entre ellos el de secretario de interior y justicia de Minas Gerais (1898-1902). Nombrado presidente de la república (1914-1918), gracias a la alianza de los políticos de São Paulo y Minas Gerais, favoreció las exportaciones de materias primas.
Brasil 3:159a.

BRÁSIDAS (m. en el 422 a.C.). General espartano. Se distinguió durante la guerra del Peloponeso.
Tucídides 14:142b.

BRASIL. País de América del sur, que ocupa casi la mitad del subcontinente. Cap. Brasilia. 8.547.404 km². 166.113.000 hab. (2000).
3:147a; Amazonas, río 1:262b; América 1:272a; Amerindios, pueblos 1:300b; Brasilia 3:167a; Cinematografía 4:198b; Guaporé, río 7:249b; Guayanas, macizo de las 7:261a; Uguazú, cataratas del 8:122b; Latinoamérica, conquista de 9:81b; Mamoré, río 9:318b; Modernismo 10:205b; Paraguay, río 11:275b; Paraná, río 11:278a; Plata, río de la 12:28b; Portugal 12:93b; Portuguesa, lengua 12:98b; Río de Janeiro 12:378b; Sao Paulo 13:154a; Sousa, Martím Afonso de 13:308a; Vargas, Getúlio 14:236b; *mapa* 3:147; *cuadros* 3:148b; 3:152a-b; 3:159; *ilustraciones* 3:148a; 3:149b; 3:150a; 3:151; 3:153b; 3:154a; 3:155b; 3:156a; 3:157b; 3:158a-b; 3:160a; 3:161b; 3:162a; 3:163b.

BRASIL, CORRIENTE DEL. Rama de la corriente cálida sudecuatorial que fluye hacia el sur en el Atlántico, a lo largo de la costa este de Sudamérica. Alcanza desde el cabo de San Roque (Brasil) hasta el principio de la corriente de las Malvinas.
Oceánicos, movimientos 11:72a.

BRASIL, VIRREINATO DEL. Unidad administrativa que creó Portugal en 1763 para sus colonias americanas. Sus fronteras correspondían aproximadamente con las del posterior Brasil. En 1815 fue elevado a la categoría de reino.

BRASILEÑA, LITERATURA. Conjunto de obras escritas por autores brasileños.
3:164a; Taunay, Alfredo d'Escragnolle 13:403b; *cuadro* 3:165; *ilustraciones* 3:164a; 3:166a.

BRASILEÑO, ESCUDO. Formación rocosa precámbrica en el continente americano que abarca prácticamente todo el territorio de Brasil. Apenas afectado por acontecimientos posteriores, el escudo tiene entre 1.000 y 3.500 millones de años.

BRASILIA (CIUDAD). Capital federal de Brasil, en el interior del país. 1.692.248 hab. (1996).
3:167a; Brasil 3:151b; Costa, Lúcio 4:407a; Niemeyer, Oscar 10:406a; *ilustración* 3:167b.

BRASILIA (DISTRITO FEDERAL). División administrativa de Brasil rodeada por el estado de Goiás, en el nacimiento de los ríos Tocantins, Paraná, São Francisco y Corumbá. Cap. Brasilia. 5.814 km². 1.969.868 hab. (1999).

BRASILSAT. Serie de satélites artificiales brasileños lanzados en la década de 1980 para ampliar el alcance de las telecomunicaciones en todo el país sudamericano.

BRAŠOV. Ciudad de Rumania, cap. del dist. de Brašov, en Transilvania. Data del siglo XIII. Murallas, catedral gótica. Universidad, museos. Industria metalúrgica, mecánica. Textiles, productos químicos. 317.772 hab. (1997).

BRASSAÏ (1899-1984). Gyula Halász, poeta, dibujante, escultor y fotógrafo francés de origen húngaro. Establecido en París en 1924, donde trabajó como escultor, pintor y periodista, sus fotografías compusieron un vívido y dramático retrato de la vida nocturna parisiense que, reunidas en dos volúmenes, *Paris de nuit* (1933) y *Placeres de París* (1935) lo consagraron mundialmente.

BRASSENS, GEORGES (1921-1981). Cantante popular francés. Escribió e interpretó canciones irreverentes, aunque de rigor clásico en sus letras, que revelaban un espíritu anárquico.

BRASSEUR, PIERRE (1905-1972). Actor teatral y cinematográfico francés. Alcanzó gran celebridad con filmes tales como *El muelle de las brumas* (1938), *La puerta de las lilas* (1957), *Muros de obstinación* (1958).

BRÂTIANU, FAMILIA. Familia rumana a la que pertenecieron importantes estadistas y políticos, cuya labor fue decisiva en la configuración de la Rumania moderna. Sus más destacados representantes fueron Ion (1821-1891), Ionel (1864-1927) y Constantin (1866-h. 1952).

BRATISLAVA. Capital de Eslovaquia, a orillas del Danubio. Castillo del siglo XVII, catedral gótica. Centro universitario y cultural. Industrias diversas. 451.395 hab. (1998).
Eslovaquia 6:56b.

BRATTAIN, WALTER H. (1902-1987). Físico estadounidense. Premio Nobel en 1956 por sus investigaciones en semiconductores y por el desarrollo del transistor.
Semiconductor 13:196b.

BRAUCHITSCH, WALTHER VON (1881-1948). Mariscal de campo alemán, comandante en jefe del ejército alemán durante la fase inicial de la segunda guerra mundial. Planificó y realizó campañas en distintos frentes. Hitler lo separó del mando tras la retirada de Moscú.

BRAUDEL, FERNAND (1902-1985). Historiador francés, profesor del Colegio de Francia (1949-1984). Continuador de la obra de Marc Bloch, participó activamente en la revista *Annales* (1956-1968). *El Mediterráneo y el mundo mediterráneo en la época de Felipe II* (1949).
Historia 8:21b.

BRAULIO DE ZARAGOZA, SAN (siglo VII). Religioso y teólogo español, obispo de Zaragoza. Fue colaborador de san Isidoro de Sevilla, de quien editó las *Etimologías*. Asistió a dos de los concilios de Toledo y respondió al papa Honorio cuando reprochó a los obispos españoles su tolerancia hacia los judíos.

BRAUN, ALEXANDER CARL HEINRICH (1805-1877). Botánico alemán. Amigo y colaborador del biólogo Karl Schimper, planteó una teoría sobre el crecimiento en espiral de las plantas. Encabezó una escuela de filosofía natural que planteaba una interpretación de los fenómenos naturales a partir de términos especulativos. *La partenogénesis en las plantas* (1857).

BRAUN, EVA (1912-1945). Amante y esposa de Adolf Hitler. Compañera del *Führer* desde 1930, contrajo matrimonio con él el 29 de abril de 1945. Un día después se suicidó junto con él.

BRAUN, FERDINAND (1850-1918). Físico alemán, pionero de la telegrafía sin hilos, por lo que obtuvo el Premio Nobel en 1909, compartido con Guglielmo Marconi. Descubrió los rectificadores de cristal, inventó el sistema «acoplado» que mejora la transmisión inalámbrica y en 1897 diseñó el tubo que lleva su nombre.
Marconi, Guglielmo 9:356a.

BRAUN, WERNHER VON (1912-1977). Ingeniero alemán, uno de los pioneros en el desarrollo de los cohetes militares y espaciales.
3:168a; Astronáutica 2:169b; Oberth, Hermann 11:60b; *ilustración* 3:168a.

BRAUNITA. Mineral de silicato de manganeso. Cristales pequeños tetragonales de color pardo intenso.

BRAUNSCHWEIG. V. **Brunswick.**

BRAVO, GUILLERMINA (n. en 1923). Coreógrafa y bailarina mexicana. Estudió en la ciudad de México (en la Escuela Nacional de Danza y en el Conservatorio Nacional de Música). Formó la Academia de Danza Mexicana (1946) y la compañía Ballet Nacional (1948), con la cual efectuó presentaciones en decenas de países. Fecunda creadora de coreografías, trabajó con música de grandes compositores internacionales y mexicanos. Recibió importantes reconocimientos por su labor.

BRAVO, IGNACIO (1835-1918). Militar mexicano. Luchó del lado liberal durante las guerras de reforma (18571860). Combatió la intervención francesa, cayó prisionero y fue deportado a Francia. De regreso en México, continuó la lucha contra el imperio de Maximiliano. General de la república desde 1884, reprimió una insurrección en Guerrero (1893) y sometió a los mayas (1901), quedando a cargo (1903) del gobierno del nuevo territorio federal de Quintana Roo, separado de Yucatán un año antes, donde hizo fortuna por medios reprobables. Destituido a la caída de Porfirio Díaz, apoyó después a Victoriano Huerta y murió exiliado en los Estados Unidos.

BRAVO, JUAN (m. en 1521). Noble castellano. Se alzó, junto con Francisco Maldonado y Juan de Padilla, contra las pretensiones de Carlos V (I de España) de obtener el subsidio destinado a sufragar los gastos de su coronación en Alemania y de sus guerras europeas de las Cortes castellanas. Derrotados en Villalar, Valladolid (1521), los jefes comuneros fueron ejecutados en la plaza pública.
Comunidades, sublevación de las 4:317a.

BRAVO, LEONARDO (1764-1812). Hacendado y patriota mexicano. Se unió al dirigente independentista José María Morelos, a quien prestó valiosos servicios como organizador y por sus conocimientos técnicos en lo referente al material de guerra. Apresado por las fuerzas realistas, fue condenado a muerte y ejecutado.

BRAVO, NICOLÁS (h. 1786-1854). Militar y político mexicano. Participó en la lucha por la independencia y en la vida política de las primeras décadas del país autónomo.
3:168b.

BRAVO, RÍO. Curso fluvial de México y los Estados Unidos, donde se le conoce también como Grande o Grande del Norte.
3:169a; Estados Unidos 6:129a; México 10:122b; Tamaulipas 13:391b.

BRAVO, SOLEDAD (n. en 1943). Cantante venezolana de origen español. Grabó varios discos con melodías originales compuestas sobre textos de Mario Benedetti, León Felipe, Gabriel Celaya y otros poetas, así como canciones sefardíes.

BRAVO DE ACUÑA, PEDRO (m. en 1606). Militar español. Desde 1603 fue gobernador de Filipinas, donde firmó tratados con Japón; sometió a los musulmanes del sur del archipiélago y atacó a los holandeses asentados en las Molucas.

BRAVO MURILLO, JUAN (1803-1873). Político y economista español. Abandonó la carrera religiosa para dedicarse a la abogacía y a la política. Fue varias veces diputado y en 1847 entró en el gobierno como ministro de justicia. Pasó luego al Ministerio de Obras Públicas, desde donde impulsó la construcción del canal de Isabel II. Presidente del gobierno en 1851, su proyecto de ordenamiento financiero del país encontró la oposición del parlamento. Presidente del Congreso en 1858 y senador en 1863. *La desamortización, El pasado, presente y porvenir de la hacienda pública.*

BRAZA (METROLOGÍA). Medida de longitud utilizada en náutica. La braza española equivale a 1,6719 m; la inglesa a 1,83 m; y la argentina a 1,733 m.

BRAZA (NATACIÓN). Estilo de natación en el que los brazos y las piernas impulsan el cuerpo en movimientos laterales hacia abajo y hacia atrás, manteniendo en todo momento alguna parte de la cabeza por encima del agua. También llamado nado de pecho.
Acuáticos, deportes 1:45a.

BRAZAL. Pieza de la armadura que cubría el brazo.

BRAZALETE. Cerco de metal u otro material, adornado o no con piedras preciosas, que rodea la muñeca o alguna parte del brazo. Quizá sea el ornamento más primitivo de los usados por el hombre.

BRAZZA, PIERRE SAVORGNAN DE (1852-1905). Explorador y colonizador francés de origen italiano. A partir de 1875 exploró Gabón, sentando las bases para las posteriores expediciones que, entre 1880 y 1882, llevarían a cabo la colonización del Congo francés. Fundó Brazzaville. En 1886 fue nombrado comisario general del Congo, cargo que desempeñaría hasta 1898.
Congo, República del 4:334a.

BRAZZAVILLE. Capital y puerto fluvial de la República del Congo, a orillas del río Congo.

Fundada en 1883 por Pierre Savorgnan de Brazza. Aeropuerto internacional. Universidad, institutos técnicos, escuela de arte africano. Industrias diversas. Importante centro administrativo. Puerto de tránsito para otros países centroafricanos. 937.579 hab. (1992).
Congo, República del 4:333b.

BRAZZAVILLE, CONFERENCIA DE. Reunión celebrada en la ciudad congoleña de Brazzaville en enero de 1944 entre Francia y representantes de sus colonias del África. En ella se estipuló que después de la segunda guerra mundial las colonias se beneficiarían con el acceso de los nativos a la administración, la introducción de mejoras en las condiciones laborales y la creación de una red de servicios sanitarios y educativos.

BREA. Sustancia resinosa que se obtiene por destilación de alquitranes, de hulla y de madera. Contiene carbono, betunes y antraceno. Empleada en pavimentación y calafateo de barcos.
Asfalto 2:143a.

BRÉAL, MICHEL (1832-1915). Lingüista francés. Profesor de gramática comparada en el Colegio de France, fue secretario de la Sociedad Lingüística de París. Unificó el funcionalismo de la escuela alemana y el racionalismo francés. Introdujo la semántica en los estudios de gramática o lingüística general. *Ensayo de semántica* (1897).

BRECCIA, ALBERTO (1918-1993). Dibujante de cómics uruguayo. Trabajó en la Argentina en la década de 1950 con otros dibujantes de vanguardia como Hugo Pratt y Arturo del Castillo. Cofundador del Instituto de Arte de Buenos Aires.

BRECHA. Roca sedimentaria constituida por gránulos detríticos angulosos de más de dos milímetros unidos por un cemento de naturaleza variable.

BRECHERET, VÍTOR (1894-1955). Escultor brasileño. Combinó el estilo europeísta con la tradición popular indígena.
3:169b.

BRECHT, BERTOLT (1898-1956). Eugen Berthold Friedrich Brecht, poeta y dramaturgo alemán. Su producción teatral revolucionó la escena del siglo XX.
3:170a; Actor y actuación 1:42a; Alemana, literatura en lengua 1:181b; Piscator, Erwin 12:6a; Teatro 13:411b; Weiss, Peter 14:360a; *cuadro* 3:170a; *ilustración* 3:170a.

BRÉCOL. Planta herbácea de la familia de las crucíferas (*Brassica oleracea* var. *botrytis*). Dicotiledónea. Similar a la coliflor, se cultiva como hortaliza para aprovechar sus inflorescencias, que tienen una estructura ramificada.
Col 4:257b.

BREDA. Ciudad de los Países Bajos, prov. de Brabante Septentrional. Inmortalizada en el cuadro «La rendición de Breda», de Diego Velázquez. Museos. Industrias mecánicas y alimentarias. 159.042 hab. (1999).

BREDA, COMPROMISO DE. Documento que plasmaba la resistencia de los nobles flamencos a la orden de Felipe II de 1564 en la que se imponían en Flandes los decretos del Concilio de Trento. En 1566 una reunión de más de 2.000 nobles firmó en la ciudad de Breda este acuerdo, presentado después a la gobernadora Margarita de Parma. Felipe II prometió estudiar las peticiones y suspender la Inquisición, pero retuvo al embajador de los flamencos, lo que hizo que estallara una rebelión reprimida por el duque de Alba.

BREDERO, GERBRAND ADRIAENSZOON (1585-1618). Escritor holandés. Autor de poesías cómicas, farsas y comedias. Su obra poética no fue sino reflejo de su gran poder de observación. Escribió tres tragicomedias basadas en romances españoles y tres farsas. *La farsa del molinero* (1612), *El brabanzón español* (1617), *Gran cancionero burlesco, amoroso y edificante* (publicada póstumamente en 1622).
Países Bajos, literatura de los 11:214a.

BRÉGUET, LOUIS-CHARLES (1880-1955). Piloto y constructor de aeronaves francés. Uno de los pioneros en la fundación de compañías de construcción y transporte aéreo en Francia (Societé des Ateliers d'Aviation Louis Bréguet, Compagnie des Messageries Aériennes).

BREITINGER, JOHANN JAKOB (1701-1776). Crítico literario suizo en lengua alemana. Se unió a la oposición de las teorías racionalistas de Johann Cristoph Gottsched defendidas por Jakob Bodmer y expresó la necesidad del genio y la imaginación en la creación literaria. Influido por los escritores anglosajones. *Tratado crítico de la naturaleza, propósitos y usos de la metáfora* (1740), *Crítica del arte poético* (1740).

BREKER, ARNO (1900-1991). Escultor alemán. Tras formarse en Düsseldorf y París, se estableció en Roma. En sus creaciones se observa la influencia de Auguste Rodin y del arte clásico y renacentista. Son notables sus bustos de personajes famosos (Jean Cocteau, Marcel Pagnol, etc.).

BREL, JACQUES (1929-1978). Compositor y cantante popular belga, establecido buena parte de su vida en París. Alcanzó fama con canciones de melodías sencillas y poéticos versos que exploraban temas íntimos o sociales.

BREMEN. Ciudad de Alemania, cap. del est. homónimo. 546.968 hab. (1998).
3:171a; Alemania 1:183a; *ilustración* 3:171b.

BREMERHAVEN. Ciudad y puerto fluvial de Alemania, en el estuario del Weser y el est. de Bremen. Museos. Instituto oceanográfico. Astilleros. Pesca. 126.915 hab. (1998).

BRENAN, GERALD (1894-1987). Escritor e hispanista británico. Relacionado en su juventud con el grupo de Bloomsbury. Residió largos años en España, país al que dedicó la mayoría de sus obras. *El laberinto español* (1943), *Al sur de Granada* (1957).

BRENES, ROBERTO (1874-1947). Poeta, político y pedagogo costarricense. Fue profesor en Costa Rica y en los Estados Unidos. *Pastorales y jacintos* (1917), *Poemas de amor y muerte* (1943).

BRENES JARQUIN, CARLOS. Político nicaragüense. En 1936 ocupó la presidencia de la república con carácter interino.

BRENNERO, PASO DEL. Uno de los pasos más bajos e importantes que atraviesan los Alpes, en la frontera austroitaliana. Separa los Alpes de Oetzthal y los del Zillertal. Forma la línea divisoria entre las cuencas de los mares Adriático y Negro. 1.370 m.

BRENTANO, BETTINA. V. **Arnim, Bettina von.**

BRENTANO, CLEMENS (1778-1842). Poeta, novelista y dramaturgo alemán. Fue uno de los fundadores de la escuela romántica de Heidelberg. *Crónica de un estudiante vagabundo* (1818), *Historia del bravo Gaspar y de la bella Ana* (1817).

BRENTANO, FRANZ (1838-1917). Filósofo alemán. Considerado uno de los principales impulsores del realismo crítico.
3:171b.

BRERA, PINACOTECA DE. Museo de pintura instalado en el palacio Brera de Milán, sede también de una academia de bellas artes y de una magnífica biblioteca. La pinacoteca recoge una de las colecciones más importantes de pintura italiana, con obras de Carpaccio, Rafael, Mantegna, Piero della Francesca, etc.

BRESCIA. Ciudad de Italia, cap. de la prov. homónima, en la reg. de Lombardía. Ruinas romanas, catedral del siglo XI, castillo del XIV. Museos. Fabricación de armas de fuego, maquinaria, textiles. 190.518 hab. (1998).

BRESCIA, ARNALDO DE. V. **Arnaldo de Brescia.**

BRESLAU. V. **Wroclaw.**

BRESSON, ROBERT (1907-1999). Director cinematográfico francés. Mostró especial predilección por temas literarios. *Los ángeles del pecado* (1943), *Las damas del bosque de Boulogne* (1945), *El diario de un cura rural* (1950).

BREST (BELARRÚS). Ciudad y puerto fluvial de Belarrús, cap. de la prov. de Brest, a orillas del Bug. Disputada históricamente por Polonia, Lituania y Rusia. Industria ligera, textil. Nudo de comunicaciones. También conocida como Brest-Litovsk. 297.000 hab. (1998).

BREST (FRANCIA). Ciudad y puerto de Francia en el dep. de Finistère, reg. de Bretaña, a orillas del Atlántico. Astilleros, mecánica de precisión, equipos electrónicos. Academia y base naval. Parcialmente destruida en la segunda guerra mundial. 149.634 hab. (1999).

BREST-LITOVSK, TRATADO DE. Acuerdo firmado en la ciudad bielorrusa de Brest-Litovsk el 3 de marzo de 1918 entre las potencias centrales y la Rusia revolucionaria, que puso fin a las hostilidades entre estos países durante la primera guerra mundial. El estado ruso reconocía las conquistas alemanas en Polonia y renunciaba a sus posesiones bálticas y polacas, Finlandia y Ucrania.
Rusia 13:62b.

BRETAÑA. Región de Francia a orillas del océano Atlántico. Comprende los dep. de Ille-et-Vilaine, Morbihan, Côtes-du-Nord y Finistère. Montañas de Arrée. Clima oceánico. Ganadería, aves de corral; cereales, pastos; leche y productos lácteos. Cap. Rennes. 27.209 km^2. 2.846.900 hab. (1995).

BRETAÑA, MATERIA DE. Conjunto de textos poéticos y novelescos medievales, que narran historias guerreras y lances amorosos de héroes de los países celtas, como Gales, Irlanda y Bretaña. Son obras de diversos autores y se escalonan desde el siglo IX hasta el XIV. Entre ellos figuran el *Cuento del grial* y *La muerte de Arturo.*
Francesa, literatura 6:369b.

BRÉTIGNY, PAZ DE. Acuerdo firmado en 1360, en la aldea francesa de Brétigny, que puso fin a la primera parte de la guerra de los cien años. Francia, arruinada por la guerra, renunció a Aquitania, Gascuña, el Lemosín y otras regiones teniendo que pagar un elevado rescate por la libertad de su rey Juan II. A cambio Eduardo III renunciaba al trono de Francia.

BŘETISLAV I (h. el 1005-1055). Príncipe de Bohemia desde el 1034 hasta su muerte. Estableció la sucesión al trono por el derecho de primogenitura y anexionó Moravia a su principado.

BRETON, ANDRÉ (1896-1966). Poeta y ensayista francés. Principal promotor y uno de los creadores del movimiento surrealista.
3:172a; Francesa, literatura 6:376b; Humor, literatura de 8:98a; Surrealismo 13:366a; Vallejo, César 14:228a; Veintisiete, generación del 14:250a; *ilustración* 3:172a.

BRETÓN, CICLO. V. **Arturo, leyendas del rey.**

BRETÓN, TOMÁS (1850-1923). Compositor español. Cursó estudios en Madrid con Emilio Arrieta. Autor de óperas (*La Dolores*) y música instrumental, favoreció el género de la zarzuela con *La verbena de la Paloma* (1884).
Zarzuela 14:412b.

BRETÓN DE LOS HERREROS, MANUEL (1796-1873). Comediógrafo y poeta romántico español. Cultivó preferentemente la comedia burguesa de costumbres.
3:172b.

BRETONNEAU, PIERRE-FIDÈLE (1778-1862). Médico francés. Describió la difteria y la fiebre tifoidea. Formuló la doctrina de la especificidad de las enfermedades infecciosas.

BRETTON WOODS, CONFERENCIA DE. Reunión monetaria y fiduciaria organizada por las Naciones Unidas en julio de 1944 y celebrada en la población del mismo nombre, en Nue-

va Hampshire (EUA). De la misma surgieron el Fondo Monetario Internacional (FMI) y el Banco de Reconstrucción y Desarrollo (BIRD) o Banco Mundial.
Dinero 5:196b.

BREUER, JOSEF (1842-1925). Médico y psicólogo vienés. Creó un método de sugestión e hipnosis. Publicó, junto con su discípulo y colega Sigmund Freud, *Estudios sobre la histeria* (1895). Está considerado uno de los precursores del psicoanálisis.
Freud, Sigmund 6:409b.

BREUER, MARCEL (1902-1981). Diseñador y arquitecto húngaro. Representante del estilo internacional. Estudió y enseñó en la Bauhaus de Dessau (1920-1928). Inició el diseño de muebles tubulares. Se dedicó a la arquitectura a partir de 1928 en Berlín. Se estableció en Nueva York en 1946 y colaboró con Pier Luigi Nervi y Bernard Zehrfuss en la construcción de la sede de la UNESCO en París (1953-1958).

BREUIL, HENRI (1877-1961). Religioso francés que se dedicó al estudio de la prehistoria. Son especialmente apreciados sus trabajos sobre el arte rupestre paleolítico de Europa y el norte de África. *La cueva de Altamira* (1906), *Cuatrocientos siglos de arte rupestre* (1952).
Prehistórico, arte 12:127a.

BREVIARIO. En la Iglesia Católica, compendio que contiene una recopilación abreviada –de ahí su nombre– de textos de otros libros que se usan en los oficios. El primer breviario apareció en el siglo XI y su uso fue muy difundido por los franciscanos.

BREVIARIOS, ILUSTRACIÓN DE. Arte de ilustrar libros de oración y sagrados. Hasta la aparición de la imprenta, la forma más característica era la miniatura, enriquecida con abundantes motivos ornamentales. Entre los ejemplos más bellos que se conservan cabe citar el *Breviario Grimani* (1510) y el de *Belleville* (siglo XIV).

BREVÍSIMA RELACIÓN DE LA DESTRUCCIÓN DE LAS INDIAS. Obra escrita por Bartolomé de Las Casas en 1542. Su gran difusión dio lugar a polémicas sobre la exactitud de los hechos históricos que relata.

BREWSTER, DAVID (1781-1868). Físico escocés. Miembro de la Royal Society desde 1815, fue director de la Universidad de Edimburgo desde 1859. Destacó por sus descubrimientos en el campo de la óptica y la polarización de la luz.
Polarización 12:52a.

BRÊZAN, JURIJ (n. en 1916). Escritor alemán en lengua soraba y en alemán, perseguido por los nazis. Novelas, poemas, teatro.

BRÉZHNEV. V. **Náberezhnie Chiolni**.

BRÉZHNEV, LEONID (1906-1982). Político soviético. Secretario general del Partido Comunista desde 1964 hasta su muerte.
3:172b; Rusia 13:65a; Unión Soviética 14:181a; *cuadro* 3:173b; *ilustración* 3:173.

BRĔZINA, OTAKAR (1868-1929). Václav Jebavý, poeta checoslovaco. Su obra influyó poderosamente en el desarrollo de la poesía espiritual checoslovaca del siglo XX. Pasó de un pesimismo metafísico a un amor positivo por la humanidad. Su abundante obra lírica está recogida en cinco libros: *Lontananzas misteriosas* (1895), *Alba en occidente* (1896), *Los vientos de los polos* (1897), *Los constructores del templo* (1899) y *Las manos* (1901).
Checa, literatura 4:113b.

BREZO. Arbusto o mata de la familia de las ericáceas de los géneros *Calluna* y *Erica*. Dicotiledónea. Hoja perenne, coriácea. Flor campaniforme, rosácea.

BRIAL. Vestido de tela rica que usaban las mujeres, y faldón de seda u otra tela que llevaban los hombres de armas desde la cintura hasta encima de las rodillas. Usado desde el siglo XI por la nobleza.

BRIAN BORU (941-1014). Rey de Irlanda desde 1002 hasta su muerte. Aplastó a los daneses y noruegos en la batalla de Clontarf, donde fue muerto por un grupo de noruegos que asaltó su tienda, desde donde dirigía la batalla, pues su avanzada edad le impedía tomar parte activa en ella.

BRIAND, ARISTIDE (1862-1932). Político francés. Ocupó innumerables cargos ministeriales, entre ellos once veces el de primer ministro. Sus esfuerzos en pro de la paz mundial y la Liga de las Naciones lo hicieron merecedor del Premio Nobel de la paz en 1926.

BRIAND-KELLOGG, PACTO. Acuerdo internacional propuesto por el ministro de asuntos exteriores francés Aristide Briand y el secretario de estado norteamericano Frank B. Kellogg, firmado en agosto de 1928 por más de sesenta países, en el que se condenaba el recurso a la guerra como instrumento de política internacional.

BRIANSK. Ciudad de Rusia, capital de la prov. homónima. Gran centro industrial. 462.000 hab. (1995).

BRICEÑO MÉNDEZ, PEDRO (1794-1835). Político, militar y diplomático venezolano. Muy vinculado a Simón Bolívar, con cuya sobrina contrajo matrimonio. Fue secretario de guerra y marina en el gobierno de la Gran Colombia, jefe de Ecuador y ministro plenipotenciario durante el Congreso de Panamá.

BRICOLAJE. Labor manual casera, generalmente realizada como distracción.

BRIDGE. Juego de naipes que se juega por parejas entre cuatro jugadores, empleando una baraja francesa. Cada jugador recibe trece cartas, cuyos valores van del as al dos, en orden descendente. Se juega subastando las cartas y gana la pareja que haya obtenido más puntos.
Baraja, juegos de 2:344a.

BRIDGEPORT. Ciudad y puerto de los Estados Unidos en el est. de Connecticut. Fundada en 1639. Universidades, escuela de ingeniería. Equipos de transporte y eléctricos, metalurgia. 137.425 hab. (1998).

BRIDGETOWN. Capital y puerto de Barbados en la bahía Carlisle, en el sudoeste de la isla. Fundada en 1628. Catedral anglicana del siglo XVIII construida en roca coralina. Colegio universitario. Diques secos, pesquerías, refinerías de azúcar, ron. Turismo. 6.070 hab. (1990).
Barbados 2:346a.

BRIDGMAN, P. W. (1882-1961). Físico estadounidense. Premio Nobel en 1946 por sus extensas investigaciones sobre las propiedades de la materia en condiciones de alta presión y alta temperatura.

BRIEFING. Voz inglesa que designa al documento en el que se especifica la colaboración entre una agencia de publicidad y su cliente, con la determinación de los términos y de las técnicas que configurarán la campaña publicitaria.

BRIENNE, JUAN DE (h. 1148-1237). El caudillo más importante de la quinta cruzada. Fue nombrado rey de Jerusalén (1210-1225) y, posteriormente, emperador latino de Constantinopla (1231-1237).
Cruzadas 5:39a.

BRIGADA. Término militar que designa a una unidad orgánica del ejército formada por varios regimientos o batallones.

BRIGADAS INTERNACIONALES. Cuerpo de voluntarios de diversos países que lucharon en la guerra civil española (1936-1939) en defensa del gobierno de la república. Formado por rusos, italianos, polacos y nacionales de otros países de Europa, incluyó a la Brigada Lincoln de los Estados Unidos.
Española, guerra civil 6:85b.

BRIGADAS ROJAS. Organización terrorista italiana de extrema izquierda, fundada en 1969. A mediados de la década de 1970 declaró la guerra al gobierno y llevó a cabo una larga serie de atentados contra personas e instituciones que culminaron en 1978 con el secuestro y asesinato del ex primer ministro democratacristiano Aldo Moro. La falta del apoyo popular, y el desmembramiento a que fue sometida a partir de 1982 por la policía, minaron a la organización, que a finales de la década de 1980 había desaparecido.
Terrorismo 14:39b.

BRIGADIER. Antiguo grado militar correspondiente al actual general de brigada o al contraalmirante en la marina. En algunos ejércitos se denomina brigadier a un grado de suboficial.

BRIGGS, HENRY (1561-1630). Matemático inglés que estudió por vez primera los logaritmos decimales o de base diez, también denominados de Briggs. Elaboró completas tablas logarítmicas publicadas con el título de *Trigonometria britannica*.
Logaritmo 9:201a.

BRIGHELLA. Personaje de la comedia del arte italiana. De características semejantes a las de Pierrot, aparecía siempre vestido con traje blanco de listas verdes.

BRIGHT, JOHN (1811-1889). Político reformista británico. Destacado impulsor en las primeras campañas victorianas en favor del libre mercado y el abaratamiento del grano. Hizo campaña en pro de la reforma parlamentaria.

BRIGHTON. Ciudad y puerto del Reino Unido en el condado de East Sussex (Inglaterra), a orillas del canal de la Mancha. Pabellón real, hoy museo. Universidad, sanatorios. Turismo. Industrias diversas, pesca. 245.000 hab. (1999).

BRIGIT. Diosa de la mitología irlandesa, hija de Dagda. Era venerada como patrona de los herreros, de los poetas y de los médicos. Conocida también como Anu o Dana.

BRILLANTE. Talla redondeada del diamante, la más popular entre las existentes, para lograr el máximo brillo y destello de la piedra. Data del siglo XVII. Empleada en el engaste de joyas.

BRINDISI. Ciudad y puerto de Italia, cap. de la prov. homónima, reg. de Apulia, a orillas del Adriático. Ruinas romanas, edificios medievales. Museo arqueológico. Centro comercial, refinería de petróleos. 94.429 hab. (1998).

BRINES, FRANCISCO (n. en 1932). Poeta español. Perteneciente a la que es conocida como generación de los 50. *Las brasas* (1960), *El otoño de las rosas* (1986).

BRIÓFITAS. Grupo de plantas criptógamas que incluye a los musgos y las hepáticas. Son de pequeño tamaño, carecen de tejidos conductores leñosos y de verdaderas raíces. Propias de zonas húmedas.
Musgo 10:310a; Vida 14:300a:

BRIÓN, LUIS (1782-1821). Comerciante holandés al servicio de Colombia. Defendió la isla de Curaçao frente a un ataque británico y participó en la lucha por la independencia americana. Fue nombrado por Simón Bolívar almirante de Colombia y presidente del consejo de gobierno.

BRIONES, PAZ DE. Tratado firmado en 1379 por Carlos II de Navarra y Enrique II de Castilla en la población española de Briones (La Rioja). En él se acordó el fin de la guerra que enfrentó a ambos monarcas desde el año anterior, así como la ruptura de la alianza entre Navarra e Inglaterra.

BRIOT, FRANÇOIS (h. 1550-h. 1616). Metalista francés. Hugonote, se trasladó a Montbéliard en 1579, en donde trabajó como grabador, ocupándose principalmente en la producción de monedas y medallas. Realizó el «Plato de la templanza» (1585-1590). Trabajó en peltre (aleación de estaño).

BRIOZOOS. Grupo de animales invertebrados y celomados. Acuáticos, forman colonias y están recubiertos por una envoltura quitinosa.

Alrededor del orificio bucal presentan una corona de tentáculos.

BRISBANE. Ciudad y puerto de Australia, cap. del est. de Queensland, en la desembocadura del río Brisbane al Pacífico. Universidades, museos. Industrias alimentarias, de automoción, astilleros. 1.574.600 hab. (1998).
Australia 2:222a.

BRISCA. Juego de naipes español. Se reparten tres cartas a cada jugador, y se descubre otra que determina el palo de triunfo. Se toman cartas en cada jugada, que se resuelve en favor de quien lanza la carta de más valor. Gana quien haya conseguido más puntos.

BRISEIDA. Patronímico de Hipodamia, hija de Brises o Briseo, sacerdote de Apolo. Fue raptada por Aquiles, a quien posteriormente se la arrebató Agamenón, episodio con el que comienza la *Ilíada* y que ocasionó la momentánea retirada de Aquiles de la guerra de Troya.

BRISTOL. Ciudad y puerto del Reino Unido, cap. del condado de Avon (Inglaterra), a orillas del río Avon. Catedral del siglo XII, teatro real del XVIII. Astilleros; vidrio, porcelana, productos alimenticios. 399.600 hab. (1999).

BRITANIA. Nombre que dieron los romanos a la Gran Bretaña y que deriva del de sus primitivos ocupantes, los britanos (britones o bretones).

BRITÁNICA, LITERATURA. Conjunto de obras escritas por los autores de las islas británicas. Suelen incluirse en este grupo también los trabajos de muchos escritores que vivieron en colonias británicas pero que mantuvieron fuertes vínculos con la metrópoli.
3:173b; Anglosajones 1:359a; Beowulf 2:414a; Celta, cultura 4:65b; Humor, literatura de 8:97b; Irlanda 8:270a; Novela y cuento 11:19b; Realismo 12:280b; Robin Hood 12:394a; Shakespeare, William 13:222a; Shaw, George Bernard 13:225b; Shelley, Percy Bysshe 13:225b; Spenser, Edmund 13:311a; Stevenson, Robert Louis 13:321b; Wilde, Oscar 14:366a; Woolf, Virginia 14:371b; Wordsworth, William 14:372a; *cuadros* 3:180; 3:181; *ilustraciones* 3:174a; 3:175a-b; 3:176a-b; 3:177b; 3:178a; 3:179b; 3:180; 3:181; 3:182a; 3:183b; 3:184a.

BRITÁNICA DE NACIONES, COMUNIDAD. Asociación libre de estados soberanos que comprende al Reino Unido y sus antiguas dependencias coloniales y que reconocen al monarca británico como cabeza simbólica de dicha asociación.
3:185a; Británico, imperio 3:186b; Reino Unido 12:310b; *cuadro* 3:185b; *ilustración* 3:185b.

BRITÁNICAS, ISLAS. Archipiélago situado al noroeste de Europa, en el océano Atlántico, separado del continente por el canal de la Mancha. Lo integran las islas de la Gran Bretaña, Irlanda, Anglesey, Man, Wight y los archipiélagos menores de las Hébridas, las Órcadas y las Shetland.

BRITÁNICO, IMPERIO. Conjunto de territorios y estados que a lo largo de casi tres siglos estuvieron sometidos a la corona británica.
3:186b; Administración pública 1:70b; Británica de Naciones, Comunidad 3:185a; Colonialismo 4:282a; India 8:158b; Pakistán 11:219b; Reino Unido 12:308a; Victoria de Inglaterra 14:297a; *ilustraciones* 3:186b; 3:187b.

BRITÁNICO, MUSEO. Museo de Londres, uno de los más importantes del mundo por la riqueza y variedad de las colecciones que alberga. Contiene los bajorrelieves del Partenón, magníficas muestras del arte y la cultura egipcias, antigüedades asirias y la biblioteca Grenville, entre otros tesoros.
Biblioteca y biblioteconomía 3:15b.

BRITÁNICO, TIBERIO CLAUDIO (41-55). Hijo del emperador Claudio y de Mesalina. Murió envenenado por orden de Nerón, lo que permitió el acceso de este último al poder imperial.

BRITÁNICO DEL OCÉANO ÍNDICO, TERRITORIO. V. **Índico, Territorio Británico del Océano.**

BRITANNICA, ENCYCLOPAEDIA. Obra de consulta, la más antigua y grande publicada en lengua inglesa. Inició su publicación en 1768 en la ciudad escocesa de Edimburgo, de donde pasó a Londres. A partir de 1943 se establecieron las oficinas editoriales principales en Chicago (EUA). A partir de su decimoquinta edición (1974) adoptó una estructura en varias partes que dividía las funciones enciclopédicas (consulta rápida, lectura prolongada, etc.).
Enciclopedia 5:403a.

BRITANOS. Habitantes de la antigua Britania dominada por Roma hasta el 450. Sometidos luego a los anglosajones hasta el 1066, cuando fueron conquistados por los normandos.

BRITISH BROADCASTING CORPORATION. V. **BBC.**

BRITISH COLUMBIA. V. **Columbia Británica.**

BRITISH MUSEUM. V. **Británico, Museo.**

BRITTEN, BENJAMIN (1913-1976). Compositor británico, renovador de la música de su país.
3:188a; Ópera 11:114b; *ilustración* 3:188a.

BRIVIESCA, CORTES DE. Reunión de los procuradores castellanos en la población burgalesa de Briviesca en 1387, convocados por el rey Juan I a fin de obtener fondos para la corona. Reguló diversos aspectos referidos a la economía y la administración del reino.

BRIZOLA, LEONEL (n. en 1922). Político brasileño de tendencia laborista. Gobernador de Río Grande do Sul (1958) y diputado por Río de Janeiro (1962), apoyó el gobierno de su cuñado João Goulart, derrocado por los militares en 1964. Exiliado hasta 1979, fue electo gobernador de Río de Janeiro en 1982. Tras una fallida campaña como candidato presidencial, se le eligió nuevamente como gobernador de Río de Janeiro en 1990.

BRNO. Ciudad de la República Checa, cap. de la prov. de Moravia Meridional en la confluencia de los ríos Svratka y Svitava. Castillo fortaleza del siglo XIV, monasterio agustino. Universidad. Centro industrial, textiles. 384.727 hab. (1999).

BROADCAST. Término usado en Internet para definir una variedad específica de paquete multidifusión que puede recibirse en cualquier nudo de la red. Su significado literal es «emisión» o «difusión».

BROADWAY. Famosa avenida de Nueva York que atraviesa Manhattan de norte a sur. En ella se encuentran los teatros más importantes del país, cuyas representaciones alcanzan eco internacional.

BROCA. Pieza de máquina utilizada para practicar taladros o perforaciones. Existe principalmente en dos variedades: plana, que actúa sobre un orificio grúa; y helicoidal, en forma cilíndrica con estrías.
Herramienta 7:383b.

BROCA, PAUL (1824-1880). Cirujano francés. Realizó importantes contribuciones al desarrollo de la antropología física. Descubrió que el centro del lenguaje articulado está en la tercera circunvolución frontal izquierda del cerebro, a la que se ha dado su nombre. Ello supuso un notable avance en el estudio de la afasia o pérdida patológica de la expresión hablada o escrita.
Antropometría 1:406b.

BROCÁ I DE MONTAGUT, GUILLEM MARÍA DE (1850-1918). Jurisconsulto e historiador español. Participó en la preparación del Código Civil de Cataluña, y fue autor de obras sobre los juristas catalanes de la edad media. *Biografía de Ramón Llàtzer de Dou, Historia del derecho de Cataluña.*

BROCAR, ARNAU GUILLÉN DE (siglos XV-XVI). Impresor español. Establecido en Logroño (1503) y Alcalá de Henares (1511), publicó, entre otras obras, la *Biblia políglota complutense,* en la que mezcló los caracteres góticos con los renacentistas.

BROCENSE, EL (m. en 1600). Francisco Sánchez de las Brozas, humanista, filósofo y filólogo español. Desarrolló una intensa labor docente y propugnó la adopción de métodos racionalistas en la enseñanza y las disciplinas científicas. *El arte de hablar, Gramática griega, Minerva o las causas de la lengua latina.*
Siglo de Oro español 13:237a.

BROCH, HERMANN (1886-1951). Novelista y ensayista austriaco. Innovó la técnica narrativa con sus novelas «multidimensionales».
3:188b.

BROCHA. Escobilla formada por un haz de cerdas unidas a un mango que se utiliza para pintar y extender barnices.

BROCHADO. Mecanización de piezas mediante una herramienta en forma de barra con múltiples dientes. También se llama mandrinado.

BROCKEN, ESPECTRO DE. Fenómeno de difracción que produce una serie de anillos de luz coloreada en torno a la sombra que el observador proyecta sobre una nube baja, generalmente desde lo alto de una montaña. Su nombre procede del monte Brocken, situado en el macizo del Harz, en Alemania, donde se descubrió el fenómeno en 1780.

BROCKHOUSE, BERTRAM (n. en 1918). Físico canadiense. Miembro de las universidades de Toronto y Hamilton (Ontario). Recibió en 1994 el Premio Nobel de Física, galardón que compartió con el estadounidense Clifford G. Shull, por sus trabajos sobre el análisis de la estructura de la materia mediante el uso de radiación de neutrones.

BRÓCULI. V. **Brécol.**

BROD, MAX (1884-1968). Editor, novelista y ensayista checoslovaco de lengua alemana. Amigo de Franz Kafka, editó sus principales obras. Huyó a Palestina en 1939 al invadir los nazis Checoslovaquia. *El camino de Tycho Brahe hacia Dios* (1916), *El maestro* (1951), *Una vida de lucha* (1960).
Kafka, Franz 8:396a.

BRODKEY, HAROLD (n. en 1930). Escritor y periodista estadounidense, seudónimo de Aaron Roy Weintraub. Su estilo literario combinaba la introspección y los detalles autobiográficos con el análisis de diversos aspectos de la sociedad actual. *Mujeres y ángeles* (1985), *Amistad profana* (1994).

BRODSKY, JOSEPH (1940-1996). Poeta y ensayista estadounidense de origen ruso. Perseguido en la URSS por el carácter considerado «decadente» de su obra, se exilió a los Estados Unidos en 1972. En 1987 recibió el Premio Nobel de Literatura.
Rusa, literatura 13:45; *ilustración* 13:45.

BROGLIE, ALBERT, CUARTO DUQUE DE (1821-1901). Estadista francés. Partidario de la restauración monárquica, ocupó diversos cargos políticos tras la caída en 1873 de Adolphe Thiers y el ascenso a la presidencia del conservador mariscal Edmé de Mac-Mahon. Encargado en 1877 de formar gobierno, disolvió el 16 de mayo la cámara de diputados y convocó elecciones. Dimitió tras la derrota obtenida en los comicios.

BROGLIE, LOUIS DE (1892-1987). Séptimo duque de Broglie, físico francés. En 1929 obtuvo el Premio Nobel por su descubrimiento de la naturaleza ondulatoria del electrón. Fueron importantes sus investigaciones sobre la teoría cuántica.
3:189a; Mecánica ondulatoria 10:20b; *ilustración* 3:189a.

BROGLIE, MAURICE, SEXTO DUQUE DE (1875-1960). Físico francés. Realizó trabajos sobre física molecular e ionización de los gases

y descubrió el efecto fotoeléctrico celular, de gran utilidad en el estudio de la estructura atómica. Escribió *Átomos, radiactividad y transmutaciones* (1939).
Broglie, Louis de 3:189a.

BROGLIE, VICTOR, TERCER DUQUE DE (1785-1870). Político francés. Integrante de la cámara de los pares desde 1814, defendió el sistema constitucional liberal durante los reinados de Luis XVIII y Carlos X. Tras la revolución de 1830 fue nombrado ministro de educación y asuntos exteriores y, entre 1835 y 1836, ocupó el puesto de primer ministro.

BROMARGIRITA. Bromuro de plata de color amarillo o verde oscuro. Sistema cúbico.

BROMATOLOGÍA. Ciencia que estudia los alimentos.
3:189b; *ilustración* 3:189b.

BROMELIÁCEAS. Familia de plantas monocotiledóneas que comprende más de un millar de especies, situadas principalmente en zonas tropicales. Son epífitas o rupícolas, con fruto capsular o abayado y con hojas duras, planas y a veces espinosas. Incluyen a la guajaca (*Tillandsia usneoides*), la puya (*Puya raimondii*) y el ananá o piña americana (*Ananas sativus*).
Piña 11:419a.

BROMHÍDRICO, ÁCIDO. Bromuro de hidrógeno, gas incoloro, picante. Reactivo en síntesis orgánica. Usado en medicina (al 10%) por sus efectos sobre el sistema nervioso central (sedante, control de la epilepsia). Fórmula, HBr.
Bromo 3:190a.

BROMO. Elemento químico, del grupo VIIa (halógenos) de la tabla periódica. Símbolo, Br, número atómico, 35, peso atómico, 79,909.
3:190a; Halógenos 7:324a; *cuadro* 3:190b; *ilustración* 3:190a.

BRONCE. Aleación de cobre y estaño a la que, a veces, se añaden otros elementos.
3:191a; Brancusi, Constantin 3:145a; Cobre 4:243a; Escultura 6:49b; Estaño 6:153a; Metales, edad de los 10:95a; Metalistería 10:97a; *ilustración* 3:191b.

BRONCE, EDAD DEL. Fase del desarrollo de la cultura material humana inmediatamente posterior al neolítico. Fue el primer período en que se utilizaron preferentemente los metales. Se desarrolló entre el cuarto y el segundo milenios antes de la era cristiana.
Bronce 3:191a; Cerámica 4:81a; Joyería y orfebrería 8:389a; Metales, edad de los 10:95a; Prehistoria 12:125a; Prehistórico, arte 12:128a.

BRONCONEUMONÍA. Proceso inflamatorio de los pulmones que se inicia en el nivel bronquial y forma zonas o focos de condensación diseminada por bronquiolos y pulmones. Sus síntomas principales son fiebre, tos y disnea (dificultad respiratoria). Enfermedad casi siempre de carácter agudo, afecta especialmente a niños y ancianos.

BRØNDAL, VIGGO (1887-1942). Lingüista danés. Fundador, junto con Louis Hjelmslev, del Círculo Lingüístico de Copenhague, en 1931. Sus teorías sobre el lenguaje se encuadraron dentro del estructuralismo. Firmó el manifiesto de presentación de la revista *Acta Lingüística*. Escribió *Ensayos de lingüística general* (1943).
Lingüística 9:167a.

BRONQUIO. Cada uno de los dos conductos cartilaginosos que nacen por bifurcación de la tráquea, penetran en los pulmones y se ramifican dentro de éstos, formando el árbol bronquial.
Pulmón 12:207a; Respiratorio, sistema 12:347b.

BRONQUIOLO. Ramificación terminal de los bronquios, que desemboca en los alveolos pulmonares.
Respiratorio, sistema 12:348b.

BRONQUITIS. Inflamación de la mucosa de los bronquios. Se trata de una afección respiratoria muy frecuente, que puede ser aguda o crónica, y responde en ambos casos a un origen bacteriano o vírico.

BRØNSTED, JOHANNES NICOLAUS (1879-1947). Físico y químico danés. Formuló en 1923, de la misma manera que el científico británico Thomas Martin Lowry, la concepción de la dualidad ácido-base. Interesado por los estudios de termodinámica.
Ácido y base 1:32a; Sal 13:92a.

BRØNSTED-LOWRY, TEORÍA DE. Teoría postulada para explicar los aspectos físicos de la acidez y la basicidad. Propone que los ácidos y las bases son, respectivamente, sustancias donadoras y receptoras de protones. Fue formulada en 1923 por el químico danés Johannes Nicolaus Brønsted y el británico Thomas Martin Lowry.
Ácido y base 1:32a.

BRONSTEIN, LIEV DAVÍDOVICH. V. **Trotski.**

BRONSTON, SAMUEL (1909-1989). Productor cinematográfico estadounidense de origen rumano. Sus filmes se caracterizaron por su grandiosidad. *55 días en Pekín* (1962), *La caída del imperio romano* (1965).

BRONTË, ANNE (1820-1849). Escritora británica. Hermana de Charlotte y Emily, compartió sus inquietudes literarias. Escribió poesía y dos novelas –*Agnes Grey* (1847), *El granjero de Wildfell Hall* (1848)– en un estilo romántico en el que se manifiestan preocupaciones religiosas.
Brontë, Charlotte 3:192a.

BRONTË, CHARLOTTE (1816-1855). Novelista británica. La mayor de las hermanas Brontë, dio verosimilitud a la narrativa romántica victoriana.
3:192a; *ilustración* 3:192a.

BRONTË, EMILY (1818-1848). Novelista y poetisa británica. Escribió una sola novela, *Cumbres borrascosas* (1847), de gran dramatismo y elegante prosa.
3:192b; Brontë, Charlotte 3:192a.

BRONTOSAURIO. Género de reptiles fósiles, herbívoros, del grupo de los dinosaurios saurópodos. El *Brontosaurus excelsus*, especie del período jurásico que vivió en América del norte, fue uno de los vertebrados terrestres de mayor talla que han existido.
Animales prehistóricos 1:369b; Secundaria, era 13:183a.

BRONX. Barrio de Nueva York, separado de Manhattan por el río Harlem, pero unido a dicha isla por túneles y puentes. Universidades, zoológico, *Yankee Stadium*. 1.169.115 hab. (1980).
Nueva York 11:41b.

BRONZINO, EL (1503-1572). Agnolo di Cosimo, pintor italiano. Notable exponente de la escuela manierista. Trabajó al servicio de los Medici. Autor de cuadros mitológicos y religiosos, destacó también como retratista. «Cosme I», «Lorenzo el Magnífico».
Manierismo 9:328a.

BROOK, PETER (n. en 1925). Productor y director teatral británico. Recreó gran número de obras de la literatura clásica universal y fundó en 1970 el Centro Internacional de Investigaciones Teatrales. Sus producciones fueron fundamentales para el desarrollo de la vanguardia teatral en el siglo XX. *Marat-Sade* (1964), *Ubu rey* (1977), *Marco Antonio y Cleopatra* (1979).

BROOKE, RUPERT (1887-1915). Poeta británico. Prematuramente muerto en la primera guerra mundial, su obra más conocida es *1914* (1915), una secuencia de sonetos que expresan el idealismo frente a la muerte.

BROOKLYN. Barrio de Nueva York en Long Island, separado de Manhattan por el río East. Famoso puente. Universidades, jardín botánico, parque de atracciones (*Coney Island*), museos. Cuna de George Gershwin, Arthur Miller y Norman Mailer. 2.300.664 hab. (1990).
Nueva York 11:41b.

BROOKS, GWENDOLYN (n. en 1917). Poetisa estadounidense. Premio Pulitzer en 1949. *Una calle en Bronzeville* (1945), *El tigre que llevaba guantes blancos* (1974).

BROSCHI, CARLO. V. **Farinelli.**

BROSSA, JOAN (n. en 1919). Escritor español que escribió en lengua catalana. Cofundador de la revista *Algol*. Poesía: *El bell lloc* (1961), *Septet visual* (1978); teatro: *El gran Francaroli* (1972).

BROTE. Parte apical de una rama en desarrollo. Renuevo de una planta.

BROUWER, ADRIAEN (h. 1605-1638). Pintor flamenco. Plasmó en sus obras el ambiente de los bajos fondos. Destaca la delicadeza cromática de sus creaciones. Ejerció una clara influencia en Jan Steen y David Teniers. «Fumadores y bebedores», «La conversación», «La taberna». Su nombre también se escribe Brauwer.

BROUWER, L. E. J. (1881-1966). Matemático neerlandés fundador del intuicionismo. Realizó trabajos sobre topología y superficies geométricas.
Matemáticas 9:409a.

BROWN, ARTHUR (1886-1948). Aviador británico. En 1919, y en compañía de W. Alcock, realizó el primer vuelo trasatlántico sin escalas, desde Terranova hasta Irlanda.

BROWN, GUILLERMO (1777-1857). Marino argentino de origen irlandés. Participó activamente en la lucha por la independencia, haciéndose cargo de la defensa naval del movimiento insurgente.
3:192b; *ilustración* 3:192b.

BROWN, JOHN (1800-1859). Abolicionista estadounidense. Desde 1855 se enfrentó directamente a los esclavistas y organizó un grupo armado en Osawatomie (Kansas). Detenido cuando intentaba apoderarse de las armas del arsenal de Harper's Ferry (Virginia), fue juzgado y ahorcado.

BROWN, LANCELOT (1715-1783). Diseñador británico de jardines, apodado Capability Brown. Sus trabajos se caracterizaron por su apariencia natural: daban la impresión de no haber sido planeados. Castillo de Warwick (1750), Nuneham Courtenay (1778).
Arquitectura del paisaje 2:116b.

BROWN, MICHAEL (n. en 1941). Especialista estadounidense en genética. Trabajó junto con Joseph L. Goldstein en investigaciones sobre los factores genéticos y su relación con el colesterol en el organismo humano. Ambos recibieron en 1985 el Premio Nobel de medicina o fisiología.

BROWN, ROBERT (1773-1858). Botánico escocés. Descubridor del movimiento continuo de partículas diminutas en suspensión que lleva su nombre (movimiento browniano).
3:193a; Botánica 3:127a.

BROWN, THOMAS (1778-1820). Filósofo británico. Ejerció como médico y profesor de moral filosófica. Encabezó un grupo de filósofos escoceses que orientaron sus investigaciones hacia las percepciones sensoriales. *Lecciones sobre la filosofía de la mente humana* (1820).
Psicología 12:176a.

BROWNE, THOMAS (1605-1682). Científico y escritor inglés. Estudió medicina en Leiden y se estableció en 1637 en Norwich. Recopiló en diferentes obras sus opiniones científicas y reflexiones filosóficas, así como sus investigaciones sobre floricultura y botánica. *La religión del médico* (1643), *Errores vulgares* (1646), *El jardín* (1658).
Británica, literatura 3:177a.

BROWNIANO, MOVIMIENTO. Movimiento de las partículas que se hallan en suspensión en un líquido o un gas, producido por la agitación de las moléculas del líquido o gas. Descubierto en 1827 por el botánico escocés Robert Brown, constituyó un punto de partida

para la moderna teoría atómica y la mecánica estadística.
Antena parabólica 1:381a; Brown, Robert 3:193b.

BROWNING, ELIZABETH BARRETT (1806-1861). Poetisa británica, esposa de Robert Browning. Su frágil salud y carácter solitario configuraron una obra poética de extraordinaria sensibilidad.
3:193b; Browning, Robert 3:194a.

BROWNING, ROBERT (1812-1889). Escritor británico. Escribió poemas dramáticos de gran profundidad psicológica.
3:193b; Browning, Elizabeth Barrett 3:193b; *ilustración* 3:193b.

BROWSER. Navegador o visor. Nombre de una aplicación usada en Internet para navegar y visualizar documentos del protocolo WWW, aunque sus versiones avanzadas permiten trabajar con otros formatos.

BROZ, JOSIP. V. **Tito** (YUGOSLAVIA).

BRU, ANYE (siglo XVI). Pintor de origen alemán que desarrolló su actividad creadora en Cataluña. De su producción sólo se conoce «El martirio de san Cucufate» (1502-1506), en donde se combina el arte germánico con el de la escuela veneciana.

BRUANT, LIBÉRAL (1635-1697). Arquitecto francés de gran prestigio en la corte. Entre los numerosos edificios que proyectó en París destaca el Hospital de los Inválidos (h. 1670-1677), cuya cúpula sería añadida con posterioridad.

BRUBECK, DAVE (n. en 1920). Pianista y compositor estadounidense de *jazz*. Alumno de Darius Milhaud y de Arnold Shoemberg, introdujo elementos de música clásica al *jazz*. Formó y dirigió de 1951 a 1967 el Cuarteto de Dave Brubeck. «Take Five», «Blue Rondo a la Turk», «The Duke».

BRUCE, DAVID (1855-1931). Médico australiano. Descubrió el germen de la brucelosis, o fiebre de Malta, y el de la melitococia.
Brucelosis 3:194a.

BRUCE, JAMES (1730-1794). Explorador británico. Tras un arriesgado viaje a través de Etiopía, alcanzó la cabecera del Nilo Azul. Nombrado cónsul en Argelia, estudió gran cantidad de antigüedades norteafricanas, que plasmó en maravillosos dibujos. *Viaje a las fuentes del Nilo durante los años 1768-1773* (1790).

BRUCE, ROBERT V. **Roberto I Bruce.**

BRUCELOSIS. Enfermedad de los seres humanos y algunos animales producida por organismos del género *Brucella*. También se conoce por fiebre de Malta y fiebre mediterránea.
3:194a; Microbiología 10:151a; *ilustración* 3:194a.

BRUCH, MAX (1838-1920). Compositor alemán, especialmente destacado por sus virtuosos conciertos para violín. Compuso también óperas y oratorios. *La bella Elena* (1867), *Odiseo* (1872).
Rubinstein, Artur 13:31b.

BRUCITA. Mineral compuesto por hidróxido de magnesio. Es transparente e incoloro y cristaliza en el sistema rómbico.

BRÜCKE, DIE. «El Puente», grupo de artistas alemanes, fundado en Dresde en 1905, de carácter revolucionario que marcó el estilo expresionista germano. Algunos de sus integrantes destacados fueron Ernst Ludwig Kirchner, Erich Heckel y Karl Schmidt-Rottluff. El grupo se disolvió hacia 1913.
Cinematografía 4:192b; Expresionismo 6:218a.

BRUCKNER, ANTON (1824-1896). Compositor, violinista, organista y profesor de música austriaco. Seguidor del estilo wagneriano en su faceta instrumental.
3:195a; Orquesta 11:158a; Sinfonía 13:253b; *ilustración* 3:195a.

BRUEGHEL, JAN (1568-1625). Pintor flamenco, conocido por el sobrenombre de *Brueghel de Velours* (de terciopelo). Hijo del también pintor Pieter Brueghel el Viejo. Residió en Amberes, donde colaboró con Petrus Paulus Rubens. Autor de paisajes y alegorías de exquisita delicadeza cromática. «La batalla de Arbèles» (1602), «Alegoría de la vista» (1617).

BRUEGHEL, PIETER (EL JOVEN) (h. 1564-1638). Pintor flamenco conocido también como Brueghel del Infierno. Hijo de Pieter Brueghel el Viejo, imitó la obra de su padre con gran maestría. Sus temas preferidos fueron el fuego y los tormentos infernales.

BRUEGHEL, PIETER (EL VIEJO) (h. 1525-1569). Pintor flamenco. Representante de la pintura paisajística y de género del arte flamenco del siglo XVI e iniciador de la familia de pintores Brueghel.
3:195b; Historiera 8:26b; Renacimiento 12:331b; *cuadro* 3:195b; *ilustración* 3:196a.

BRUGMANN, FRIEDRICH KARL (1849-1919). Filólogo alemán. Cofundador, en torno a 1870, de la escuela lingüística denominada de los jóvenes gramáticos o de los neogramáticos, la cual sentó las bases del posterior desarrollo lingüístico. Perfeccionó el método comparativo para el estudio de las lenguas indoeuropeas. *Principios de gramática comparada de las lenguas indoeuropeas* (1886-1893).

BRUHN, ERIK (1928-1986). Belton Evers, bailarín danés. Alumno del Real Ballet Danés. Poseedor de una depurada técnica clásica, recreó, sobre todo, obras románticas del siglo XIX: *La Sílfide*, *Giselle*. Fue director del ballet de la Real Ópera Sueca de 1967 a 1972.

BRUJAS. Ciudad de Bélgica, cap. de la prov. de Flandes Occidental. 115.500 hab. (1997).
3:196b; Flandes 6:322b; *ilustración* 3:196b.

BRUJERÍA. Conjunto de prácticas ejercidas por las brujas o brujos, a los que se supone dotados de poderes sobrenaturales, generalmente maléficos.
3:197a; Demonología 5:129a; Magia 9:284a; Ocultismo 11:76b; *ilustraciones* 3:197b; 3:198a.

BRÚJULA. Aparato para determinar la dirección del polo magnético terrestre, o polo norte.
3:198b; Avión 2:268b; Navegación 10:366b; Transporte 14:114b; *ilustración* 3:199.

BRULL, MARIANO (1891-1956). Poeta cubano. Introductor de la poesía vanguardista en su país.
3:199b.

BRUM, BALTASAR (1883-1933). Político uruguayo. Ocupó la presidencia de 1919 a 1923, período durante el que emprendió la reforma del sistema educativo y sanitario del país. Se suicidó al proclamarse la dictadura de Gabriel Terra.

BRUMARIO. Segundo mes del calendario republicano francés. Comprendía parte de octubre y noviembre.

BRUMARIO, GOLPE DEL 18. Golpe de estado que tuvo lugar en Francia del 9 al 10 de noviembre (18 al 19 de brumario) de 1799 que supuso el derrocamiento del Directorio francés y dio paso al Consulado y al despotismo de Napoleón Bonaparte. Constituyó el fin efectivo de la revolución francesa.

BRUN, RUDOLF (h. 1300-1360). Político suizo. Fue primer burgomaestre y virtual dictador de Zurich. Sus esfuerzos por mantener su poder personal hicieron que la ciudad se integrara en la Confederación Helvética.

BRUNA, PABLO (1611-1679). Músico y compositor español, apodado «el ciego de Daroca». Compositor favorito de Felipe IV.

BRUNDTLAND, GRO HARLEM (n. en 1939). Política noruega. Primera ministra de su país en varias ocasiones hasta 1996. Un año después fue nombrada directora general de la Organización Mundial de la Salud (OMS).
3:200a; *ilustración* 3:200a.

BRUNEI. Sultanato islámico independiente, en la costa noroccidental de la isla de Borneo. Cap. Bandar Seri Begawan. 5.765 km^2. 336.000 hab. (2000).
3:200b; Asia 2:150; *cuadros* 3:200b; 3:201b; *ilustración* 3:201a.

BRUNEI TOWN. V. **Bandar Seri Begawan.**

BRUNELLESCHI, FILIPPO (1377-1446). Arquitecto y escultor, uno de los grandes iniciadores del Renacimiento.
3:201b; Arquitectura 2:110b; Catedral y basílica 4:40a; Perspectiva 11:356a; Renacimiento 12:330b; Templo e iglesia 14:13b; *ilustración* 3:202a.

BRUNEQUILDA. V. **Brunilda.**

BRUNET, MARTA (1901-1967). Novelista chilena. Desempeñó el cargo de cónsul de su país en La Plata y Buenos Aires. Premio Nacional de literatura en 1961. Cultivó el género criollista y el relato breve. *Montaña adentro* (1923), *Humo hacia el sur* (1946), *Raíz de sueños* (1949).

BRUNILDA (HISTORIA) (h. el 534-613). Hija del rey visigodo Atanagildo y reina de los francos de Austrasia por matrimonio con Sigiberto I. Una de las más destacadas figuras del período merovingio y famosa por el odio entre ella y Fredegunda, reina de Soissons. Tras la muerte de Sigiberto ejerció la regencia durante un tiempo. La nobleza de Austrasia la entregó a sus enemigos de Neustria, por los que fue cruelmente torturada y asesinada. También conocida como Brunequilda.

BRUNILDA (MITOLOGÍA). Personaje mitológico, reina virgen de Islandia, hija favorita de Odín. Gracias al apoyo de Sigfrido, Gunderico consiguió vencerla y casarse con ella. Inmortalizada en la epopeya germana del *Cantar de los nibelungos*. También conocida como Brunhilda.
Nibelungos, Cantar de los 10:396a.

BRÜNING, HEINRICH (1885-1970). Estadista alemán de ideología conservadora. Fue canciller y ministro de asuntos exteriores de 1930 a 1932, antes de que Hitler subiera al poder. Murió exiliado en los Estados Unidos.

BRUNNER, EMIL (1889-1966). Teólogo suizo. Representante de la moderna teología protestante, está considerado como uno de los padres de la teología-dialéctica o neoortodoxia, que se erigió como opositora del protestantismo liberal y el sentimentalismo. *La mística y la palabra* (1928), *Dios y su rebelde: una antropología teológica* (1958).
Protestantismo 12:167a.

BRUNO, GIORDANO (1548-1600). Filósofo italiano. Defendió la infinitud del universo, en términos que permitieron calificar a su filosofía de panteísta.
3:202a; Humanismo 8:92a.

BRUNO, SAN (h. 1030-1101). Religioso alemán, fundador de la orden de los cartujos en 1084 que siguió, aunque con algunas modificaciones, la regla benedictina. Fue primero maestro y después consejero de Urbano II. Canonizado en 1514.
Órdenes religiosas 11:131a.

BRUNSCHVICG, LÉON (1869-1944). Filósofo francés. Fundó en 1893 la *Revue de métaphysique et de morale* y fue profesor en la Sorbona durante treinta años. Está considerado como un racionalista, pero con actitud crítica ante las posibilidades de la razón. *Etapas de la filosofía matemática* (1912), *El progreso de la conciencia en la filosofía actual* (1927).

BRUNSWICK. Ciudad de Alemania, en el est. de Baja Sajonia. Catedral románica, edificios medievales. Universidad tecnológica, institutos de investigación. Aeropuerto. Industrias diversas. 248.944 hab. (1998).

BRUSCO. Planta de la familia de las liliáceas (*Ruscus aculeatus*). También denominada rusco. Monocotiledónea. Flor blanca. Propia de la región mediterránea.

BRUSELAS. Capital de Bélgica. 133.845 hab. (1997). Aglomeración urbana: 948.122 hab. (1996).
3:202b; Bélgica 2:391a; *ilustración* 3:203b.

BRUSELAS, TRATADO DE. Acuerdo de carácter defensivo, secuela de la segunda guerra mundial, entre el Reino Unido, Francia y los países del Benelux. Su objetivo era la coordinación de los ejércitos de estos países bajo el mando de un estado mayor conjunto. Fue suscrito el 17 de marzo de 1948.
OTAN 11:175a.

BRUSÍLOV, ALEXÉI ALÉXEIEVICH (1853-1926). General ruso. Dirigió la última ofensiva contra Austria en 1916, durante la primera guerra mundial. Bajo el gobierno bolchevique dirigió la ofensiva soviética contra Polonia en 1920.

BRUTALISMO. Tendencia en la arquitectura de la segunda mitad del siglo XX a construir edificios funcionales libres de artificios decorativos y de todo intento de disimular los materiales empleados. Iniciado en 1954 por los arquitectos británicos Peter y Alison Smithson en la construcción de la escuela de Hunstanton, el movimiento brutalista pronto se extendió a otros países.

BRUTO, MARCO JUNIO (85-42 a.C.). Escritor y político romano. Participó activamente en la conspiración organizada para asesinar a Julio César, de quien había sido protegido.
3:203b.

BRUTON, JOHN (n. en 1947). Político irlandés. Perteneciente al partido Fine Gael, ascendió en 1994 al puesto de primer ministro. En 1997 fue sustituido por Bertie Ahern.

BRUYÈRE, JEAN DE LA. V. **La Bruyère, Jean de.**

BRYAN, WILLIAM JENNINGS (1860-1925). Político estadounidense de tendencia populista. Representó los intereses del centro agrario ante los poderes de la costa este del país. Fue legislador y secretario de estado, y tres veces trató sin éxito de ser electo presidente. Promovió la política del bimetalismo para reemplazar el patrón oro monetario e influyó en la adopción de medidas como el impuesto a la renta, la prohibición de las bebidas alcohólicas y el sufragio femenino.

BRYAN-CHAMORRO, TRATADO DE. Tratado entre los Estados Unidos y Nicaragua, firmado el 5 de agosto de 1914, por el que se permitía al primer país construir un canal en Nicaragua para unir los océanos Atlántico y Pacífico. Además, Nicaragua arrendaba las islas del Maíz y permitía a los Estados Unidos construir una base naval en la bahía de Fonseca. El tratado se ratificó en 1916 y fue objeto de protestas por parte de El Salvador y Costa Rica.

BRYANT, WILLIAM CULLEN (1794-1878). Poeta, prosista y periodista estadounidense. Director editorial del *Evening Post* de Nueva York, defendió ideas progresistas y se opuso a la esclavitud. *Poemas* (1821).

BRYCE, JAMES (1838-1922). Político, jurista e historiador británico. Estudió las instituciones políticas estadounidenses y el papel del Reino Unido en las relaciones internacionales.
3:204a.

BRYCE ECHENIQUE, ALFREDO (n. en 1939). Escritor peruano. Su obra constituyó un fiel reflejo del mundo hispanoamericano y, en especial, de la sociedad limeña.
3:204b; *ilustración* 3:204b.

BRYGGMAN, ERIK (1891-1955). Arquitecto finlandés. Inició la corriente funcionalista en su país. Instituto deportivo de Vierumäki (1930-1936). En Turku, biblioteca de la Academia (1935), capilla del cementerio (1938-1941).

BRYNNER, YUL (1920-1985). Actor cinematográfico estadounidense de origen ruso. Trabajó preferentemente en papeles en los que encarnaba a personajes duros. Se caracterizaba por su cabeza afeitada. *Anastasia* (1956), *El rey y yo* (1956), *Los hermanos Karamazov* (1958).

BUARQUE DE HOLANDA, CHICO (n. en 1944). Músico popular y escritor brasileño. Ejerció una gran influencia sobre la música de su país. Junto a Vinícius de Morais y Toquinho compuso *Samba de Orly*. Autor de la música de varias películas y de obras literarias como *Hacienda Modelo* (1974) y *Estorbo* (1991).

BUBER, MARTIN (1878-1965). Filósofo israelí de origen austriaco. Su filosofía, marcada por lo religioso, se interesó por el tema de la fe y las relaciones humanas.
3:205a.

BUBKA, SERGUÉI (n. en 1963). Atleta ucraniano. Se proclamó por seis veces campeón del mundo de pértiga. Batió el récord mundial en varias ocasiones.

BUCARAM, ABDALÁ (n. en 1952). Político ecuatoriano. Elegido presidente de la nación en 1996, fue destituido al año siguiente por el Parlamento.
3:205a; Alarcón, Fabián 1:139b; *ilustración* 3:205b.

BUCARAMANGA. Ciudad de Colombia, al pie de la cordillera Oriental de los Andes. 520.874 hab. (1999).
3:205b.

BUCARE. Árbol de hoja caduca de la familia de las leguminosas perteneciente al género *Erythrina*. Dicotiledóneo. De hoja compuesta y flor campaniforme, es originario de las regiones tropicales americanas y se cultiva como ornamental.

BUCARELI, ANTONIO MARÍA (1717-1779). Político y militar español. Virrey de la Nueva España desde 1771 hasta su muerte.
3:206a; Nueva España, Virreinato de la 11:35a; *ilustración* 3:206a.

BUCAREST. Capital de Rumania. 2.027.512 hab. (1997).
3:206b; Rumania 13:37b; *ilustración* 3:207a.

BUCAREST, TRATADO DE. Acuerdo de paz firmado el 7 de mayo de 1918 entre los imperios centrales y Rumania. En él, Rumania debía devolver Dobrudja meridional a Bulgaria, ceder a Austro-Hungría el control de los pasos fronterizos de los Cárpatos y otorgar el monopolio de sus pozos petrolíferos a Alemania durante 90 años. La victoria aliada anuló su vigencia. Durante las guerras balcánicas del siglo XIX se firmaron otros tratados homónimos.

BUCÉFALO. Nombre del caballo favorito de Alejandro Magno. Murió el 326 a.C. durante la expedición a la India, y Alejandro fundó en su honor la ciudad de Bucefalia, junto al río Hidaspes.

BUCEO. Cualquiera de las formas de descender en el agua, sea como diversión, para la pesca submarina o para realizar trabajos que requieran labores subacuáticas.

BUCERO, MARTIN (1491-1551). Teólogo alemán. Partidario de la reforma protestante, se refugió en Inglaterra y fue profesor de la Universidad de Cambridge. Famoso por su habilidad para conciliar diferencias entre los grupos reformistas.
Zwingli, Huldrych 14:440b.

BUCEROTES. Grupo de aves coraciformes de la familia de los bucerótidos. Son de tamaño mediano y se caracterizan por su enorme pico en forma de sable provisto de una protuberancia o «casco». Son omnívoros, y algunos, necrófagos. Incluyen a los cálaos.

BUCHANAN, GEORGE (1506-1582). Prelado, humanista y latinista escocés, profesor de las universidades de París y Coimbra. Opositor de María Estuardo y preceptor de Jacobo VI. *De jure regni apud Scotos* (1579), *Rerum Scoticarum historia* (1582).

BUCHANAN, JAMES (1791-1868). Político estadounidense. Afiliado al Partido Demócrático, ocupó varios cargos diplomáticos y representativos y, entre 1857 y 1861, fue presidente de los Estados Unidos. Intentó sin éxito atenuar las diferencias entre nordistas y sudistas que desembocarían en la guerra de secesión.
Santos del Último Día, Iglesia de Jesucristo de los 13:151b.

BUCHNER, EDUARD (1860-1917). Químico alemán. Premio Nobel en 1907 por su descubrimiento de la fermentación en ausencia de células vivas; demostró que la fermentación alcohólica se debe a la acción de las enzimas llamadas zimasas.

BÜCHNER, GEORG (1813-1837). Dramaturgo alemán. Uno de los más importantes precursores de la estética expresionista.
3:207a.

BUCK, PEARL S. (1892-1973). Novelista estadounidense. Educada en China, ambientó en ese país la mayor parte de su obra. Premio Nobel de literatura en 1938. *Viento del este, viento del oeste* (1930), *La buena tierra* (1931), *La estirpe de dragón* (1942).

BUCKINGHAM, GEORGE VILLIERS, PRIMER DUQUE DE (1592-1628). Estadista inglés. Favorito del rey Jacobo I y de su sucesor, Carlos I. La Cámara de los Lores lo acusó de corrupción y mala administración. Murió asesinado por John Felton, un marino a su mando que creía equivocadamente actuar en defensa de la Cámara de los Comunes.

BUCKINGHAM, GEORGE VILLIERS, SEGUNDO DUQUE DE (1628-1687). Político inglés. Apoyó a los realistas en la guerra civil y tras la restauración monárquica (1660) fue consejero privado de Carlos II y ministro desde 1667 hasta 1673. Su oposición a Henry Bennet de Arlington, su defensa de la tolerancia religiosa y las críticas contra él dirigidas en el Parlamento provocaron su destitución en 1674.

BUCKINGHAM, PALACIO DE. Residencia londinense de los reyes británicos. Toma su nombre del palacio construido a comienzos del siglo XVIII para los duques de Buckingham. Fue adquirido en 1761 por Jorge III para su esposa.

BUCKLEY, WILLIAM F. (n. en 1925). Pensador estadounidense. Fundador en 1955 de la revista *National Review*, sus artículos y opiniones en éste y otros medios influyeron decisivamente en el desarrollo del pensamiento político conservador en los Estados Unidos durante la segunda mitad del siglo XX.

BUCKMINSTER FULLER, R. V. **Fuller, R. Buckminster.**

BUCLE. Subprograma informático, constituido por una serie de instrucciones que se ejecutan de forma repetitiva hasta que una cláusula prefijada determina su cierre y consiguiente finalización.

BUCÓLICAS. Título de una de las composiciones poéticas más importantes de Virgilio, escrita en torno al año 40 a.C. Consta de diez poemas, inspirados en la lírica pastoril de Teócrito, en los que el autor alcanza gran originalidad y perfección métrica y estilística.
Virgilio 14:326a.

BUCOVINA. Región de Europa en los Cárpatos, repartida desde 1947 entre Rumania y la rep. de Ucrania.

BUDA. Término que significa «el iluminado» y que se aplica en el budismo al individuo que alcanza la máxima perfección. El título designa por antonomasia a Siddharta Gautama (h. el 563-h. el 483 a.C.), fundador del budismo.
3:207b; Budismo 3:210a; India, literatura 8:164b; Indio, arte 8:170b; Nirvana 10:421a; Sri Lanka 13:315b; *cuadro* 3:207b; *ilustración* 3:208a.

BUDAPEST. Capital de Hungría. 1.838.753 hab. (1999).
3:208b; Danubio, río 5:93b; Hungría 8:102a; *ilustración* 3:209a.

BUDÉ, GUILLAUME (1467-1540). Pedagogo francés. Diplomático y bibliotecario real, fue el fundador del Colegio de Francia, originalmente para el estudio del griego, el latín y el hebreo. Escribió numerosos tratados. *Comentarios sobre la lengua griega* (1529), *Institución del príncipe* (publicado en 1547).

BUDÍN. V. **Pudding.**

BUDISMO. Doctrina filosófica y religión fundadas por Siddharta Gautama (Buda) en la India en el siglo VI a.C.

3:209b; Ascetismo 2:141a; Benarés 2:406a; Buda 3:207b; Corea, República de 4:390a; China 4:156b; China, literatura 4:158a; Dios 5:200b; Hinduismo 7:416b; India 8:158a; India, literatura 8:164b; Japón 8:343a; Lucha, deportes de 9:232b; Mesías y mesianismo 10:79b; Misión y misionero 10:198a; Misticismo 10:192b; Mito y mitología 10:198a; Monasterios y conventos 10:225b; Naturaleza 10:357a; Nirvana 10:420b; Oriental, arte 11:146b; Peregrinación 11:333b; Religión 12:320a; Religioso, arte 12:323b; Sintoísmo 13:258a; Sri Lanka 13:314b; Taoísmo 13:399a; *ilustraciones* 3:209b; 3:210a; 3:211b; 3:212a.

BUDISMO TIBETANO. Rama del budismo que se desarrolló en el Tíbet a partir de las doctrinas y rituales mahayana, theravada y devajrayana (budismo tántrico) de la India y las prácticas chamánicas de la región. Entre los siglos X y XIV, gracias a un minucioso estudio de los textos búdicos sánscritos, el budismo tibetano estructuró sus propios cánones y se estableció como religión independiente.

BUDORCAS. Mamífero artiodáctilo rumiante de la familia de los bóvidos (*Budorcas taxicolor*). Vive en el Himalaya oriental y otras regiones de China, en zonas montañosas. Se denomina también takin.

BUELNA, RAFAEL (1891-1924). Revolucionario mexicano. Participó en la insurrección de Francisco I. Madero contra Porfirio Díaz. Al tomar el poder Victoriano Huerta, organizó un grupo armado que se apoderó de Tepic, Nayarit. Se unió a Francisco Villa, con el cual rompió después. En 1924 participó en la rebelión de Adolfo de la Huerta y logró algunos éxitos militares, pero tras tomar Morelia murió a resultas de heridas que había recibido en el combate.

BUENA ESPERANZA, CABO DE. Lengua de tierra del sur de África, en el océano Atlántico. Da nombre a Ciudad de El Cabo, República de Sudáfrica.

BUENAVENTURA. Ciudad y puerto de Colombia, dep. de Valle del Cauca, en la isla Cascajal, a orillas del océano Pacífico. Fundada en 1540. Aeropuerto. Ferrocarril. Pesquerías, oleoducto. 263.137 hab. (1999).

BUENAVENTURA, BAHÍA DE. Ensenada de la costa colombiana del Pacífico, en el dep. de Valle del Cauca. Tiene forma abolsada y su profundidad permite la entrada de buques de gran calado. En ella se halla la isla Cascajal con el importante puerto de Buenaventura, a orillas del río Dagua.

BUENAVENTURA, SAN (h. 1217-1274). Giovanni di Fidanza, teólogo y místico italiano. General y reformador de la orden de los franciscanos.

3:212b; Escolástica 6:40b; Teología 14:22a.

BUENDÍA, MANUEL (1926-1984). Periodista mexicano. Colaboró en numerosos diarios mexicanos, en los que publicó columnas políticas, entre ellas la titulada «Red privada», que alcanzó notable influencia. Ocupó cargos públicos en el área de comunicación. Fue autor de varios libros, como *Red privada* (1981), *La* CIA *en México* (1983) y *La ultraderecha en México* (1984). Premio Nacional de periodismo (1977). Murió asesinado, presuntamente por instrucciones del jefe de la policía política mexicana.

BUENO, MANUEL (1873-1936). Literato español. De ideas conservadoras, cultivó la narrativa, la comedia, el periodismo y la crítica literaria. *Almas y Paisajes* (1900), *Corazón adentro* (1906), *El sabor del pecado* (1935).

BUENOS AIRES (CIUDAD AUTÓNOMA). Capital de la República Argentina, a orillas del río de la Plata. 3.046.663 hab. (2000). 200 km^2 (Capital Federal). Se denomina Gran Buenos Aires a la zona urbana que rodea a la Ciudad Autónoma de Buenos Aires y comprende 25 partidos o municipios. 8.867.351 hab. (1998).

3:213a; Argentina 2:43b; Avellaneda 2:253a; Buenos Aires, provincia de 3:215a; Plata, La 12:27a; Plata, Provincias Unidas del Río de la 12:27b; Plata, río de la 12:29a; Plata, Virreinato del Río de la 12:29b; *ilustraciones* 3:213b; 3:214a.

BUENOS AIRES, LAGO. Depósito lacustre situado en los Andes de la Patagonia, en la frontera entre Chile y la Argentina. En el primero de estos países recibe el nombre de General Carrera. Está dominado por altas montañas, y desagua por dos ríos, el Baker hacia el Pacífico y el Deseado hacia el Atlántico. 400 km^2.

BUENOS AIRES, PROVINCIA DE. División administrativa de la Argentina a orillas del Atlántico. Dividida en 127 partidos o municipios. Cap. La Plata. 307.571 km^2. 14.214.701 hab. (2000).

3:215a; Mar del Plata 9:357b; Pampa 11:236b; Plata, La 12:27a; Plata, Virreinato del Río de la 12:29b; *ilustración* 3:215b.

BUERO VALLEJO, ANTONIO (1916-2000). Dramaturgo español. Sus obras se caracterizaron por un profundo análisis de las frustraciones de sus personajes. Premio Nacional de teatro en 1980 y Miguel de Cervantes en 1986. *Historia de una escalera* (1949), *En la ardiente oscuridad* (1950), *El concierto de San Ovidio* (1962).

BUEU. Municipio español de la prov. de Pontevedra, comunidad autónoma de Galicia. Cultivos de vid, cereales y hortalizas; pesca; industrias alimentarias. 11.506 hab. (1996).

BUEY. Macho vacuno castrado que sirve para las labores del campo.
Domesticación 5:217b.

BÚFALO. Mamífero artiodáctilo rumiante de la familia de los bóvidos.

3:216b; Predación 12:124a; Rumiantes 13:41b; *ilustraciones* 3:216b; 12:124a; 13:41b; 13:42a.

BUFFALO. Ciudad y puerto de los Estados Unidos en el est. de Nueva York, a orillas del lago Erie, en el río Niágara. Universidades, museos. Centros de investigación nuclear y aeroespacial. Industrias diversas. 300.717 hab. (1998).

BUFFALO BILL (1846-1917). William F. Cody, explorador y militar estadounidense. Tras la guerra de secesión (1861-1865), durante la que fue guía del ejército unionista (norte), combatió a los indios sioux y cheyenne y, en 1867, trabajó en la construcción del Unión Pacific Rail road abasteciendo de carne de búfalo a los trabajadores del ferrocarril: en ocho meses mató 4.280 búfalos. A partir de 1883 organizó una exhibición de circo sobre la vida en el oeste que alcanzó gran popularidad.
Circo 4:205b.

BUFFER (INFORMÁTICA). Memoria empleada para almacenamiento temporal de datos que se autolibera una vez que éstos han sido utilizados. Generalmente, se emplea como intermediario entre dos dispositivos, de los que uno es el destinatario de la información y otro el emisor de la misma.

BUFFER (QUÍMICA). V. **Amortiguador** (QUÍMICA).

BUFFET, BERNARD (n. en 1928). Pintor francés. Su obra figurativa, influida por el expresionismo y el miserabilismo, se caracterizó por el trazado rectilíneo y anguloso del dibujo y el predominio de los grises. «Los horrores de la guerra» (1954), «El canal Saint-Martin» (1956).

BUFFIER, CLAUDE (1661-1737). Filósofo francés. Jesuita, fue profesor de filosofía y teología en Ruán y de literatura en París. Está considerado como el representante de la filosofía del sentido común. *Tratado de las verdades primarias y de las fuentes de nuestros juicios* (1724), *Elementos de metafísica* (1725).

BUFFON, CONDE DE (1707-1788). Georges-Louis Leclerc, naturalista y escritor francés, autor de una obra enciclopédica, *Historia natural,* en la que recopiló gran parte del saber de su época en lo relativo a las ciencias naturales.

3:217a; Evolución 6:208a; Hombre 8:45b; Razas humanas 12:272b; Zoología 14:428b; *ilustración* 3:217b.

BUFÓN. Personaje histriónico de las cortes medievales y posteriores. Generalmente era un enano entrenado en las artes burlescas y diversiones de salón que vivía permanentemente en la corte.

BUG. Nombre de dos ríos que fluyen en el territorio de Ucrania. El Bug occidental es afluente del Vístula (830 km). El Bug oriental desemboca en el estuario del Dniéper, mar Negro (750 km).

BUGA. Ciudad de Colombia en el dep. de Valle del Cauca. Fundada en 1650. Centro de peregrinación. Escuela de agricultura. Café, algodón, arroz, tabaco. Ganadería. 125.240 hab. (1999).

BUGANVILIA. Planta arbustiva de la familia de las nictagináceas y del género *Bougainvillea.* Dicotiledónea. Originaria de Sudamérica, se cultiva como ornamental.

BUGEAUD, THOMAS-ROBERT (1784-1849). Mariscal de Francia. Se unió a la guardia imperial de Napoleón y tuvo actuaciones importantes en España y en la guerra de los cien días. Se destacó en la conquista de Argelia en 1836 y 1844.

BUGGE, SOPHUS (1833-1907). Filólogo noruego. Profesor de la Universidad de Christiania (Oslo), realizó una compilación de canciones populares noruegas (1858) y otra de inscripciones antiguas (1891), y preparó una edición crítica de los *Edda* escandinavos medievales (1867).

BUGI. Pueblo malayo de las islas Célebes y adyacentes (Indonesia). Habla la lengua del mismo nombre y pertenece al grupo étnico indonesio. Profesa el Islam.
Malasia 9:300a.

BÚHO. Ave rapaz nocturna estrigiforme perteneciente a la familia de las estrígidas. Diversas especies, muchas de ellas incluidas en el género *Bubo.* Se caracteriza por presentar dos penachos de plumas erectas, con aspecto de orejas.

3:217b; Ave 2:251b; Rapaces 12:262b; *ilustración* 3:217b.

BUIN, BATALLA DE. Combate entablado en el puente de Buin (Chile), durante la guerra de Chile contra la confederación peruano-boliviana, el 6 de enero de 1839. El general boliviano Andrés de Santa Cruz no logró cortar el paso del chileno Manuel Bulnes en el puente. Algunos días después, el 20 de enero, Bulnes puso fin a la guerra con su victoria en Yungay.

BUISSON, FERDINAND-ÉDOUARD (1841-1932). Educador y político francés. Impulsor del sistema educativo laico en la tercera república, participó en la fundación en 1898 de la Liga de los Derechos del Hombre. Fue diputado por el Partido Radical-Socialista entre 1902 y 1923. Obtuvo el Premio Nobel de la paz en 1927, junto con el pacifista alemán Ludwig Quidde.

BUITRAGO, FANNY (n. en 1940). Novelista y cuentista colombiana. Su obra adquiere un carácter neorrealista y está marcada por la influencia caribeña. *El hostigante verano de los dioses* (1963), *Los pañamanes* (1979), *Señora de la miel* (1997).

BUITRAGO, PABLO (siglo XIX). Político nicaragüense. Nombrado presidente por el Congreso en 1841, trató de restablecer la unidad política centroamericana. Abandonó su cargo en 1843.

BUITRE. Ave rapaz diurna falconiforme de la familia de los accipítridos y perteneciente a los géneros *Gyps* y *Aegypius*, entre otros. Cabeza y cuello desnudos y uñas romas.
3:218a; Rapaces 12:262a; *ilustración* 3:218a.

BUITRE LEONADO. Ave rapaz de la familia de los accipítridos, se denomina también buitre común (*Gyps fulvus*). Se distribuye por Europa meridional y parte de África y Asia.

BUITRE NEGRO. Ave rapaz de la familia de los accipítridos (*Aegypius monachus*). Distribución eurasiática.

BUJARÁ. Ciudad de Uzbekistán, perteneciente al *oblast* (provincia) de Bujará. Capital de los samaníes entre los siglos IX y X, entró en 1753 a formar parte del imperio persa. Ocupada por el ejército rojo en 1920, se mantuvo como capital de la República Popular Soviética de Bujará hasta 1924, cuando se integró en Uzbekistán. Industria alimentaria y textil (lana de Karakul). 238.200 hab. (1996).
Tadzhikistán 13:377a; Uzbekistán 14:216a.

BUJARI, AL- (810-870). Abú Abdalá Mohamed ibn Ismail al-Bujari, filósofo y religioso musulmán. Realizó la más importante colección del Hadiz, o fuentes de información del mensaje y los actos de Mahoma, conocida como el *Libro de la auténtica colección*. Esta obra constituye para los sunníes la segunda fuente del derecho canónico después del *Corán*.
Islam 8:278b.

BUJARIN, NIKOLÁI IVÁNOVICH (1888-1938). Teórico marxista e importante líder de la III Internacional Comunista. Expulsado en 1937 del Partido Comunista de la Unión Soviética, acusado de espionaje y actividades contrarrevolucionarias, fue declarado culpable y ejecutado.
Marxismo 9:401a; Planificación económica 12:17b.

BUJÍA. Dispositivo que se coloca en los cilindros de los motores de explosión para producir la chispa que inflama la mezcla explosiva contenida en éstos. Consta de aislante y de dos electrodos, uno central, que se conecta al delco, y el otro a la masa.

BUJONES, FERNANDO (n. en 1955). Bailarín estadounidense de origen cubano. Estudió en el American Ballet Theatre y en la Julliard School of Music. Primer bailarín del American Ballet desde 1974. Elogiado por su técnica y elegancia.

BUJUMBURA. Capital de Burundi y de la prov. homónima. Puerto a orillas del lago Tangañica. Aeropuerto internacional. Universidad, museo. Textiles, productos químicos, papel; agricultura. 300.000 hab. (1994).
Burundi 3:235a; Tangañica, lago 13:395a.

BUKOWSKI, CHARLES (1920-1994). Poeta, novelista y guionista cinematográfico estadounidense de origen alemán. Su talento como escritor no fue descubierto hasta una etapa tardía, cuando aparecieron publicados algunos de sus poemas en la revista *Harlequin*. Su estilo literario se caracterizó por el análisis corrosivo e incluso violento de la sociedad urbana moderna. *Escritos de un viejo indecente* (1969), *Shakespeare nunca hizo eso* (1979).

BULA. Documento oficial emitido por el papa. Las bulas son disposiciones de variada naturaleza sobre cuestiones doctrinales, jurídicas o administrativas. Se redactan en latín y se designan por su palabra inicial.

BULA DE LA SANTA CRUZADA. Documento pontificio que otorgaba indulgencias y ciertos privilegios a los habitantes de España. Inicialmente (1073) se concedió a los que luchaban en la Reconquista contra los musulmanes o cooperaban con sus limosnas. Desde el siglo XVI adquirió carácter permanente e incluía una mitigación de los preceptos de la abstinencia y el ayuno. La nueva ordenación de la constitución *Paenitemini* de Paulo VI (1966) abolió los privilegios de esta bula.

BULA DE ORO. Acta del 25 de diciembre de 1356 por la que se reguló la elección del emperador en el Sacro Imperio Romano germánico. Así llamada porque se autentificó con el oro del sello imperial de Carlos IV. Consagraba la monarquía como una federación aristocrática con siete electores. Estuvo en vigor hasta 1806.
Sacro Imperio Romano 13:82a.

BULAWAYO. Ciudad de Zimbabwe, cap. de la prov. de Matabeleland Norte, a orillas del río Matsheumlope. Centro ferroviario. Escuelas de magisterio, museo. Neumáticos, textiles, aparatos de radio; productos alimenticios. Tumba de Cecil Rhodes. 790.000 hab. (1998).

BULBO. Tallo subterráneo de forma globosa que poseen algunas plantas herbáceas y donde se acumulan diferentes sustancias de reserva.
Tallo 13:389b.

BULBO RAQUÍDEO. Parte inferior del tronco cerebral, situada entre la protuberancia anular por arriba y la médula espinal debajo.
Cerebro 4:86b; Nervioso, sistema 10:385a; Respiratorio, sistema 12:348b.

BULBUL. Pájaro de la familia de los pignonótidos y del género *Pycnonotus*, del tamaño de un mirlo. Gregario y de canto agradable. Existen diversas especies del sudeste asiático y del África tropical.

BULÉ. Consejo político en la antigua Grecia, especialmente en Atenas. Creado por Solón a principios del siglo VI a.C., el ateniense estaba formado por un número variable de miembros y cumplía funciones legislativas y jurídicas en relación con la asamblea de los ciudadanos (*ecclesia*).

BULFINCH, CHARLES (1763-1844). Arquitecto estadounidense que imprimió una orientación neoclásica a la construcción oficial en su país. Monumento Beacon, Boston (1789); University Hall, Harvard; State House, Boston (1795-1798).

BULGÁKOV, MIJAÍL AFANÁSIEVICH (1891-1940). Dramaturgo y novelista soviético. De estilo satírico y humorístico, sus obras fueron prohibidas en su país desde la década de 1930 hasta la de 1960. *La guardia blanca* (1925), *Molière* (1936), *El maestro y Margarita* (1966-1967).

BULGANIN, NIKOLAI ALEXÁNDROVICH (1895-1975). Estadista soviético. Industrial y economista, presidió el consejo de ministros de la Unión Soviética de 1955 a 1958. Acusado de ser contrario al Partido Comunista, se retiró de la vida pública.

BÚLGARA, LENGUA. Grupo lingüístico perteneciente a la rama del eslavo meridional de la gran familia de lenguas indoeuropeas, hablado en Bulgaria y en algunas regiones de Rumania, Grecia y Yugoslavia. En la edad media fue la lengua culta de un amplio ámbito de países.
Eslavas, lenguas 6:54b.

BULGARIA. País de Europa a orillas del mar Negro. Cap. Sofía. 110.994 km^2. 8.172.000 hab. (2000).
3:218b; Balcanes 2:318b; Danubio, río 5:93b; Europa 6:198a; Macedonia 9:260b; *mapa* 3:219a; Sofía 13:288b; *cuadros* 3:219b; 3:220a; *ilustraciones* 3:220a-b; 3:221b; 3:222a; 3:223a.

BÚLGAROS. Tribu de guerreros bárbaros que invadió occidente junto con los hunos, alrededor del año 370. Probablemente procedían de una tribu turca de Asia central llegada a Europa por el Volga.
Bulgaria 3:220a.

BULIMIA. Sensación desmesurada de hambre que acompaña a ciertos trastornos psíquicos y que suele estar originada por estados de ansiedad.

BULIMIA NERVIOSA. Trastorno nervioso caracterizado por episodios compulsivos de ingestión rápida e incontrolada de comida en grandes cantidades. Relacionado con la anorexia nerviosa.
3:223b; *ilustración* 3:224a.

BULL, JOHN (h. 1562-1628). Compositor y organista inglés, enlace entre la música holandesa y la inglesa. Profesor de música en el Gresham College de Londres. Apenas sobrevivieron más que sus obras para virginal y órgano publicadas en 1951 en *Musica britannica*.

BULLDOG. Raza canina de presa, de cuerpo y cuello gruesos y cortos, pecho ancho, cabeza redonda, hocico obtuso, orejas pequeñas, patas robustas y pelaje blanco, negro y rojizo, corto y recto. Es un perro de guarda y defensa.

BULLRICH, SILVINA (1915-1990). Escritora argentina. Trató frecuentemente en sus relatos los temas sociales. *La redoma del primer ángel* (1944), *Los pasajeros del jardín* (1971), *Los despiadados* (1978).

BULNES, FRANCISCO (1847-1924). Político e historiador mexicano de tendencia positivista. Su obra histórica revistió particular importancia.

BULNES, MANUEL (1799-1866). Militar y político chileno. Participó en la lucha por la independencia y ocupó la presidencia de su país de 1841 a 1851.
3:224b; Chile 4:135a; Pérez, José Joaquín 11:337b.

BÜLOW, BERNHARD, PRÍNCIPE DE (1849-1929). Canciller del imperio alemán y primer ministro de Prusia entre 1900 y 1909, fue uno de los principales impulsores del pangermanismo que generaría la primera guerra mundial.

BÜLOW, FRIEDRICH WILHELM (1755-1816). General prusiano. Figura importante del ejército durante las guerras de liberación antinapoleónicas. En Dennewitz, junto al general Tanenzien, infligió una severa derrota al mariscal Michel Ney. Tuvo un importante papel en la batalla de Leipzig, inicio de la retirada de los franceses.

BÜLOW, HANS, BARÓN DE (1830-1894). Pianista y director de orquesta alemán especializado en las obras de Richard Wagner. Cursó estudios con Friedrich Wieck y contrajo matrimonio con Cosima, hija de Franz Liszt, que lo abandonó para unirse a Wagner.
Wagner, Richard 14:349a.

BULTMANN, RUDOLF (1884-1976). Teólogo y exegeta (intérprete de la *Biblia*) luterano alemán. Durante treinta años fue profesor en Marburgo. Defendió la desmitificación de cuanto de sobrenatural aparece en la *Biblia* y subrayó la importancia del Jesucristo trascendente ante el histórico. *Jesús* (1926), *Revelación e historia sagrada* (1941).

BUMEDIÁN, HUARI. V. **Boumediene, Houari.**

BUMERANG. V. **Boomerang.**

BUNDESRAT. Cámara alta del parlamento bicameral alemán. Formada por los representantes de los estados, tiene carácter principalmente asesor. Su nombre, en alemán, significa Consejo Federal.

BUNDESTAG. Cámara baja del parlamento bicameral alemán. Representa a toda la nación y se elige cada cuatro años por sufragio directo. La cámara, a su vez, elige al primer ministro. Su nombre, en alemán, significa Dieta Federal.
Alemania 1:195b.

BUNDI, PINTURA. Taller de pintura india del siglo XVII a fines del XIX. Junto con el taller Mewar, perteneció a la escuela Rajasthani, escuela de arte indígena hindú opuesto a la corriente musulmana. Desarrolló su labor principalmente en la miniatura.

BUNGALOW. Casa de una sola planta. El término proviene de una palabra indostana que se usaba para las casas, generalmente de madera y con galería cubierta, que utilizaban en la India los administradores británicos.

BUNGE, MARIO (n. en 1919). Filósofo y físico argentino. Enseñó física teórica en universidades argentinas y estadounidenses desde 1957; filosofía de la ciencia en Buenos Aires, Montreal y México. Propugnó un modo de hacer filosofía que respetaba la actividad científica y reconocía que la filosofía tiene problemas propios profundos y debe hacer frente a cuestiones básicas de sociología y ética. *La investigación científica* (1969), *Materialismo y ciencia* (1980).

BUNIN, IVÁN (1870-1953). Poeta y novelista soviético. Uno de los más grandes estilistas de las letras de su país. Fue el primer escritor soviético galardonado con el Premio Nobel de literatura, en 1933. A partir de 1920 fijó su residencia en Francia. *La aldea* (1910), *Los sueños de Chang* (1916), *El Amor de Mitia* (1925).
Rusia 13:68b.

BUNKER HILL, BATALLA DE. Enfrentamiento armado ocurrido el 17 de junio de 1775 durante la guerra de independencia de los Estados Unidos. La victoria de los insurgentes sobre las tropas británicas dio nuevas alas a la causa revolucionaria.
Boston 3:124a.

BUNSEN, MECHERO DE. Aparato de laboratorio que produce llama con mezcla de gas procedente de un fino orificio y aire que entra a través de un regulador variable.

BUNSEN, ROBERT WILHELM (1811-1899). Químico alemán. Constructor de la pila eléctrica y el mechero que llevan su nombre. Inventor del espectroscopio junto con Gustav Kirchhoff.
Litio 9:183b; Química 12:226b.

BUNYAN, JOHN (1628-1688). Escritor británico. Autor de obras de inspiración puritana.
3:225a; Británica, literatura 3:177b.

BUÑUEL, LUIS (1900-1983). Director cinematográfico español. Sus filmes se caracterizaron por un enfoque crítico de la sociedad.
3:225a; Cinematografía 4:193a; Dalí, Salvador 5:86b; Ripstein, Arturo 12:382a; Saura, Carlos 13:169a; Surrealismo 13:367a; *cuadro* 3:225b; *ilustración* 3:225b.

BUONAPARTE, FAMILIA. V. **Bonaparte, familia.**

BUONARROTI, MICHELANGELO. V. **Miguel Ángel.**

BUONINSEGNA, DUCCIO DI. V. **Duccio di Buoninsegna.**

BUQUE. Embarcación con cubierta cuya solidez y potencia le permite cumplir una amplia diversidad de funciones, que van desde las relacionadas con las actividades bélicas hasta las del transporte de mercancías (mercantes) o viajeros (paquebotes).
Marina de guerra 9:372a; Marina mercante 9:374b.

BUQUE FANTASMA, EL. Legendario navío maldito en el que viajaba el holandés errante, condenado a vagar por los mares hasta que encontrara una mujer capaz de redimirlo con su amor. Al fin encuentra a Senta, quien, tras numerosas aventuras, acaba por arrojarse al mar, momento en el que se hunde el navío y ascienden al cielo los amantes. Richard Wagner compuso una ópera tomando como base argumental dicha leyenda.
Wagner, Richard 14:349a.

BURBAGE, RICHARD (h. 1567-1619). Actor inglés, llamado Roscius por sus coetáneos. Fundó el teatro El Globo, donde interpretó las obras de William Shakespeare.

BURCKHARDT, JACOB (1818-1897). Historiador suizo. Logró fama con su obra *La cultura del Renacimiento en Italia* (1860), en la cual interpretó la historia del período basándose en hechos de la vida cotidiana.
3:226a; Renacimiento 12:328b; Meyer, Conrad 10:142b.

BURDÉGANO. Híbrido de caballo y burra, de características más próximas a las de la madre. Como los mulos, es estéril y muy resistente.

BURDEN, CHRIS (n. en 1946). Artista estadounidense. Abarcó diferentes géneros y técnicas como el vídeo y el arte corporal. Comprometido ecológica y socialmente, criticó la guerra fría y las agresiones a la naturaleza.

BURDEOS. Ciudad de Francia. Cap. del dep. de Gironda, reg. de Aquitania. 215.118 hab. (1999).
3:226a; Garona, río 7:51b; *ilustración* 3:226b.

BUREN, MARTIN VAN. V. **Van Buren, Martin.**

BURETA. Tubo de cristal provisto de una llave para verter líquidos gota a gota. Graduado en décimas de centímetro cúbico, mide el volumen vertido.

BURGAS. Ciudad y puerto de Bulgaria, cap. de la prov. homónima, a orillas del mar Negro. Pesquerías, minas de cobre, sal, productos alimenticios. 194.301 hab. (1998).
Bulgaria 3:220a.

BURGENLAND. Provincia federal de Austria, fronteriza con Hungría. Lago Neusiedl, zona septentrional montañosa, bosques. Cereales, viñedos, frutas y hortalizas; ganadería; minas de lignito y antimonio; madera. Cap. Eisenstadt. 3.966 km^2. 274.000 hab. (1995).
Austria 2:226b.

BÜRGER, GOTTFRIED AUGUST (1747-1794). Escritor alemán. Uno de los creadores de la balada literaria romántica en su país, realizada en lenguaje sencillo e ingenuo. Su obra influyó profundamente en el romanticismo europeo. Adaptó del inglés las *Aventuras del barón de Münchhausen* (1786). Autor de *Leonora* (1773).

BURGESS, ANTHONY (1917-1993). John Burgess Wilson, novelista y crítico literario británico, también conocido como Joseph Kell. Fijó su interés en los comportamientos sociales y políticos de la sociedad del siglo XX.
3:227a.

BURGO DE OSMA. Población española de la prov. de Soria, comunidad autónoma de Castilla y León. Importante ciudad romana y medieval, conserva monumentos que dan testimonio de su larga historia. Hoy es un pequeño poblado agrícola, ganadero e industrial. 5.059 hab. (1986).

BURGOS (CIUDAD). Capital provincial de la comunidad autónoma española de Castilla y León. 161.984 hab. (1998).
3:227a; *ilustración* 3:227b.

BURGOS (PROVINCIA). División administrativa provincial de España en la comunidad autónoma de Castilla y León, regada por los ríos Ebro y Duero. Incluye el condado de Treviño (enclavado en Álava). Pastos y bosques. Cereales; ganadería; explotación petrolífera de Ayoluengo. Cap. Burgos. 14.269 km^2. 355.646 hab. (1996).
Atapuerca, yacimiento de 2:186b; Burgos 3:227a; Castilla y León 4:20b; Ebro, río 5:263b.

BURGOS, JOSÉ (1837-1872). Religioso filipino. Profesor en Manila, se opuso a la política colonial española en las Filipinas. Fue detenido y ejecutado, por lo que se le considera mártir del movimiento revolucionario filipino.

BURGOS MAZO, MANUEL DE (1862-1946). Político y escritor español. Miembro del Partido Conservador, desempeñó diversos ministerios, en los que propició fórmulas sociales inspiradas en los principios del papa León XIII. Escribió dramas como *Martín Alonso Pinzón, La calumnia, El otro yo;* y estudios históricos como *La cuestión tradicionalista, El verano de 1919 en Gobernación.*

BURGOS SEGUÍ, CARMEN (1878-1932). Escritora española. Conocida también por el seudónimo de Colombine, fue autora de ensayos y estudios sobre la situación de la mujer y novelas de estilo naturalista y postromántico. *La hora del amor* (1916), *Los anticuarios* (1921), *Quiero vivir mi vida* (1931).

BURGUESÍA. Clase social, surgida durante la edad media, que alcanzó su configuración definitiva a partir de la revolución industrial en el siglo XIX.
3:228a; Absolutismo 1:17b; Aristocracia 2:69a; Capitalismo 3:363a; Comunismo 4:319a; Económica, historia 5:282b; Edad media 5:302b; Francesa, revolución 6:377b; Liberalismo 9:142a; Nacionalismo 10:333a; Obrero, movimiento 11:63b; Proletariado 12:161b; Socialismo 13:274b; *ilustración* 3:228a.

BURGUIBA, HABIB. V. **Bourguiba, Habib.**

BURGUNDIOS. V. **Borgoñones.**

BURIAN, EMIL FRANTIŠEK (1904-1959). Autor, compositor, dramaturgo y director checoslovaco de teatro y cine. Se caracterizó por su eclecticismo al adoptar las diversas corrientes y técnicas del momento. Fundó la compañía D34 (la numeración cambiaba anualmente).

BURIATOS. Pueblo de raza mongol que desde el siglo XIII habita en Siberia a orillas del lago Baikal. En la década de 1990 sumaban un total de 400.000 individuos, aproximadamente. Su forma de vida ha sustituido la ganadería y la caza transhumante por la agricultura y la ganadería sedentaria. Practican el budismo. Su territorio fue incorporado a la Unión Soviética como una república autónoma en 1923, y quedaría dentro de Rusia tras el desmembramiento de la URSS en 1991.

BURIDAN, JEAN (h. 1300-1358). Filósofo francés. Discípulo de Guillermo de Ockham, fue dos veces rector de la Universidad de París. Se interesó por los temas de lógica. Analizó el principio de causalidad sosteniendo la libertad de elección ante dos opciones idénticas de consecuencias distintas. Revisó la física aristotélica, en especial su mecánica.

BURIL. Instrumento que utilizan los grabadores para trazar líneas y abrir surcos en el metal. Suele ser de acero y con forma de prisma terminado en una punta fina.
Herramienta 7:382b.

BURJASOT. Población española de la prov. de Valencia, en la Comunidad Valenciana, junto al río Turia. Industrias textiles y alimentarias. 34.595 hab. (1996).

BURKE, EDMUND (1729-1797). Político y escritor británico. Desempeñó importantes cargos en el partido *whig*, combatió los abusos de los funcionarios reales en la metrópoli y en las colonias y se opuso a la revolución francesa. Creó en 1758 el *Annual Register*, crónica de la vida de la época. *Investigaciones filosóficas sobre el origen de nuestras ideas de lo sublime y de lo bello* (1757), *Vindicación de la sociedad natural* (1759), *Reflexiones sobre la revolución en Francia* (1790).

BURKINA FASO. País de África. El antiguo Alto Volta. Cap. Uagadugu (Ouagadougou). 274.400 km^2. 11.946.000 hab. (2000).
3:229a; África 1:94; Volta, río 14:346a; *mapa* 3:229b; *cuadros* 3:229a; 3:230a; *ilustración* 3:230a.

BURKITT, DENIS PARSONS (n. en 1911). Médico irlandés. Especializado en epidemiología, realizó importantes trabajos en África central, donde diagnosticó y describió una patología oncológica que se denomina en su honor linfoma de Burkitt. Sus estudios permitieron determinar que el consumo de dietas carenciales en fibra es un factor de riesgo para el cáncer de colon.

BURLADA. Municipio español de la comunidad autónoma uniprovincial de Navarra. Forma parte del área urbana de Pamplona. Manantial de aguas medicinales. Industria textil, calzado. 15.003 hab. (1991).

BURLADERO. Parapeto algo separado de la barrera de un coso taurino. Es utilizado por los participantes en la lidia para protegerse del toro.

BURLADOR DE SEVILLA, EL. Drama del escritor español Tirso de Molina, publicado en

1630, que lleva por primera vez al teatro la figura de don Juan Tenorio, que con el tiempo se convertiría en un tema clásico. Inspiró obras de José Zorrilla, Antonio de Zamora, Molière, Carlo Goldoni y otros.

BURLE-MARX, ROBERTO (1909-1994). Arquitecto paisajista brasileño. Autor de gran número de parques y espacios ajardinados que acompañan a modernas construcciones. Creó, entre otros, el jardín de Araxá (1943), el de la UNESCO de París (1963) y el de la embajada de los Estados Unidos en Brasilia (1967).
3:230b; Arquitectura del paisaje 2:117a.

BURLESCO. Género literario que hace referencia a alguna situación seria en forma de burla jocosa. Se ha desarrollado desde la antigüedad en formas poéticas o escénicas, principalmente. La parodia es una modalidad de carácter más crítico.

BURLINGTON. Ciudad y puerto de los Estados Unidos en el est. de Vermont, a orillas del lago Champlain. Fundada en 1763. Universidad, museo. Armamento para aviación, equipos electrónicos. Explotación forestal. 37.712 hab. (1980).

BURLÓN, PÁJARO. Pájaro de la familia de los mímidos (*Mimus polyglottus*). Es propio de México y de las Antillas y su canto imita al de otros pájaros. Se denomina también sinsonte o cenzontle.

BURÓTICA. V. Ofimática.

BURMEISTER, HERMANN CARL-CONRAD (1807-1892). Naturalista alemán. Destacó por sus trabajos científicos sobre la flora y la fauna argentinas.

BURNABY. Ciudad de Canadá en la prov. de Columbia Británica. Forma parte del área urbana de Vancouver. Universidad. Oleoducto, gasoducto. Equipos electrónicos, explotación forestal. 179.209 hab. (1996).

BURNE-JONES, EDWARD (1833-1898). Pintor británico. Seguidor del movimiento prerrafaelista, fue autor de dibujos para tapices y vidrieras, decorados y pintura de caballete. Su temática preferida fue la religiosa y literaria. Vidrieras de la catedral de Oxford, «El espejo de Venus» (1867-1877).
Beardsley, Aubrey 2:275b; Morris, William 10:268b; Prerrafaelismo 12:130a.

BURNET, MACFARLANE (1899-1985). Médico australiano. Compartió el Premio Nobel en 1960 con Peter Brian Medawar por sus trabajos sobre la tolerancia inmunológica adquirida en los trasplantes de tejidos. *Principios de virología animal* (1955).

BURNETT, FRANCES ELIZA (1849-1924). Novelista y autora teatral estadounidense de origen británico. Autora de más de cuarenta novelas y de varias comedias, su obra más destacada fue *El pequeño Lord Fauntleroy* (1886).

BURNEY, CHARLES (1726-1814). Compositor y organista británico, autor de importantes estudios sobre historia de la música. Escribió diversas obras entre las que destaca su recopilación de obras musicales francesas e italianas.

BURNHAM, DANIEL H. (1846-1912). Arquitecto estadounidense. Perteneciente a la escuela de Chicago, se asoció con John Wellborn Root en 1873, con quien construyó los edificios Reliance (1890) y Monadnock (1891). Como urbanista realizó el plan para la ciudad de Chicago (1907-1909).

BURNHAM, FORBES (1923-1985). Político guyanés. Llevó a Guyana a su independencia en 1966 y fue primer ministro hasta 1980, cuando asumió el cargo de presidente que conservaría hasta su muerte. De carácter autoritario. Nacionalizó las industrias de la bauxita y del azúcar.
Guyana 7:304a.

BURNS, ROBERT (1759-1796). Poeta escocés. Cantó en sus obras su profundo amor a la naturaleza y las tradiciones de su país.
3:231a; Británica, literatura 3:178b.

BUROCRACIA. Conjunto de funcionarios y empleados públicos y actividad desempeñada por los mismos; por extensión, aparato administrativo de cualquier empresa o grupo social.
3:231a; Administración pública 1:69b; *ilustraciones* 3:231b; 3:232a.

BURR, AARON (1756-1836). Abogado y político estadounidense. Luchó contra los ingleses en la guerra de la independencia y alcanzó el grado de teniente coronel. Miembro del Partido Republicano, fue elegido senador en 1791 y ocupó la vicepresidencia en 1801. Tras dejar el cargo planeó una invasión de la Nueva España (México) para crear allí un gobierno independiente.

BURRI, ALBERTO (1915-1995). Pintor italiano. Comenzó su carrera en los Estados Unidos. De regreso a Italia se unió al movimiento neorrealista y más tarde al *Origine*. Su obra queda definida por un estilo informal, alejado de la abstracción decorativa, utilizando materiales como la arpillera o la chapa metálica.

BURRIANA. Población española de la prov. de Castellón, Comunidad Valenciana. Naranjas, hortalizas; ganado lanar; industria ligera; turismo. 25.671 hab. (1991).

BURRO. V. **Asno.**

BURRO, SERRANÍAS DEL. Cadena montañosa de México, en el est. de Coahuila. Formada por caliza y esquistos plegados. Se extiende en dirección noroeste-sudeste al sur de la cuenca del río Bravo. Es una de las alineaciones de la sierra Madre oriental.

BURRO, SEXTO AFRANIO (m. en el 62). Prefecto pretoriano romano que, junto con Séneca, actuó como consejero del emperador Nerón y manejó así la política imperial y la administración pública.

BURROUGHS, EDGAR RICE (1875-1950). Novelista estadounidense. Creador del famoso personaje Tarzán. Fue autor también de novelas de ciencia ficción. Corresponsal de guerra de *Los Angeles Times* en la segunda guerra mundial. *Tarzán de los monos* (1914), *La princesa de Marte*.

BURROUGHS, WILLIAM (1914-1997). Escritor estadounidense. Autor de novelas experimentales admiradas por la generación *beat*.
3:233b; Kerouac, Jack 9:22a; *ilustración* 3:233b.

BURSA. Ciudad de Turquía, cap. de la prov. homónima en el noroeste de Anatolia. Gran mezquita y mausoleo del siglo XV. Museo arqueológico. Universidad, aeropuerto. Fuentes termales. Turismo. Tejidos de seda. 1.066.559 hab. (1997).

BURSTER. Foco de emisión de rayos X que, posiblemente, procede de procesos termonucleares causantes de la producción de flujos de neutrones.

BURTON, RICHARD (1925-1984). Richard Walter Jenkins, actor británico. Intérprete de Shakespeare en el teatro, pasó al cine encarnando importantes papeles en *Cleopatra* (1963), *¿Quién teme a Virginia Woolf?* (1966), *Equus* (1977), *1984* (1984). Estuvo casado con Elizabeth Taylor.

BURTON, ROBERT (1577-1640). Escritor, clérigo y pedagogo británico. Su obra cumbre, *Anatomía de la melancolía* (1621), es un compendio de las ideas filosóficas y psicológicas de su época.

BURTON, SIR RICHARD (1821-1890). Explorador y orientalista británico. Fue el primer europeo que avistó el lago Tangañica y penetró en las hasta ese momento ciudades prohibidas musulmanas.
3:234a; Mil y una noches, Las 10:170a.

BURTON, TIM (n. en 1958). Productor y director de cine estadounidense. Se inició como diseñador de dibujos animados en los estudios Disney. *Batman* (1989), *Eduardo Manostijeras* (1990), *Marte ataca!* (1996) y *Sleepy Hollow* (1999).

BURUNDI. País de África. Cap. Bujumbura. 27.816 km^2. 6.055.000 hab. (2000).
3:234a; África 1:94; Nilo, río 10:417a; Ruanda 13:30a; *cuadros* 3:234b; 3:235b; *ilustración* 3:235b.

BUS. Nombre con el que se designa en informática cualquier dispositivo capaz de canalizar y transmitir información entre elementos de captación de datos con sistemas capaces de procesar y controlar éstos. La comunicación que establecen permite el flujo en ambos sentidos.
Informática 8:203b.

BUSCADOR. En Internet, elemento que sirve para localizar un tema, una página o una dirección. Se trata de una herramienta de gran utilidad para navegar por la red, dada la densidad de información que ésta posee.

BUSCAPERSONAS. Sistema de localización basado en una central receptora de mensajes que está en comunicación con un conjunto de personas, a las que transmite dichos mensajes por medio de unos receptores portátiles de señales que éstas llevan consigo.

BUSCH, GERMÁN (1904-1939). Militar y político boliviano. Se distinguió en la guerra del Chaco. Ocupó la presidencia desde 1937 hasta su muerte.
3:236a.

BUSH, GEORGE H. (n. en 1924). Político estadounidense. Asumió la presidencia de los Estados Unidos en 1989.
3:236a; Estados Unidos 6:141b; Tratado de Libre Comercio de América del Norte (TLC) 14:119a; *ilustración* 3:236a.

BUSH, GEORGE W. (n. en 1946). Político estadounidense. Candidato del Partido Republicano, accedió a la presidencia de los Estados Unidos tras las elecciones de 2000 en las que el mínimo margen de votos que lo separó del candidato democrático, Al Gore, dio lugar a una serie de apelaciones y recursos finalmente zanjada por el Tribunal Supremo en favor de Bush.
3:236b; Estados Unidos 6:142a,

BUSHEL. Medida de capacidad utilizada en la Gran Bretaña y los Estados Unidos para la medición de grano, equivalente a 35,23 l.

BUSON, TANIGUCHI. V. **Taniguchi Buson.**

BUSONI, FERRUCCIO (1866-1924). Pianista y compositor italiano, hijo y nieto de músicos, de ascendencia alemana. Inició estudios con su madre y los amplió en Viena y Leipzig. Enseñó música en Helsinki. Escribió varias óperas –*Arlecchino, Turandot* y *Doktor Faust* (esta última incompleta)–, conciertos y otras obras.

BUSTAMANTE, ALEXANDER (1884-1977). Político jamaiquino (jamaicano). Defensor de los intereses industriales y mineros del país, en 1943 fundó el Partido Laborista Jamaiquino. Ocupó los cargos de ministro de comunicaciones (1943-1953) y primer ministro (1953-1955 y 1962-1967).
Jamaica 8:335b.

BUSTAMANTE, ANASTASIO (1770-1853). Militar y político mexicano. Ocupó el poder desde 1830 hasta 1832, y desde 1837 hasta 1841.
3:236b; Guerrero, Vicente 7:279a.

BUSTAMANTE, BARTOLOMÉ DE (1501-1570). Arquitecto español. Cultivó un estilo clasicista de gran pureza. Proyectó el hospital de San Juan Bautista y el palacio arzobispal en Toledo. A los 51 años entró en la Compañía de Jesús y dirigió la construcción de las iglesias de la orden en Córdoba, Sevilla y Trigueros.

BUSTAMANTE, CARLOS CALIXTO (siglo XVIII). Escritor peruano, al parecer de ascendencia inca. Firmó con el seudónimo Concolorcorvo la obra *Lazarillo de ciegos caminantes* (1773), considerada por algunos una nueva redacción de las memorias del visitador Alonso de Carrión de la Bandera.

BUSTAMANTE, CARLOS MARÍA (1774-1848). Político e historiador mexicano. Luchó por la independencia de su país junto a José María Morelos. Se opuso a Agustín de Iturbide y defendió la república centralista. *Cuadro histórico de la revolución de la América mexicana* (1823-1832), *Historia de la invasión de los angloamericanos en México.*

BUSTAMANTE, MANUEL BASILIO (siglo XIX). Político uruguayo. Fue presidente interino de la república de 1855 a 1856.

BUSTAMANTE, RICARDO JOSÉ (1821-1886). Poeta boliviano. Conocido por sus compatriotas como el Víctor Hugo boliviano, debido a la elegancia de sus versos. Desempeñó cargos diplomáticos y políticos. Es autor del himno nacional de Bolivia. *Oda a Bolívar, Bendición a mi hija Angélica, Gotas de llanto a mi madre.*

BUSTAMANTE RIVERO, JOSÉ LUIS (1894-1989). Político y abogado peruano. Perteneciente al Frente Democrático Nacional, fue elegido presidente de la república con la ayuda del APRA en 1945, y depuesto por un golpe militar en 1948. Entre 1961 y 1970 desempeñó el cargo de juez del Tribunal Internacional de La Haya. *Tres años de lucha por la democracia en el Perú, Una visión del Perú, Elogio de Arequipa.*
Haya de la Torre, Víctor Raúl 7:342a; Odría, Manuel 11:81a.

BUSTAMANTE Y SIRVÉN, ANTONIO SÁNCHEZ DE. V. **Sánchez de Bustamante y Sirvén, Antonio.**

BUSTELLI, FRANZ ANTON (1723-1763). Modelador de porcelanas suizo. Figura importante del estilo rococó, modeló gran número de figuras de gran elegancia (chinos, turcos, amorcillos, etc.). Lo mejor de su obra es la serie de 16 actores de la comedia del arte.

BUSTILLO ORO, JUAN (1904-1989). Escritor, productor y cineasta mexicano. Su obra se centró en la revolución mexicana y en la temática social. *Dos Monjes, Huapango, El ángel negro, Canaima.*

BUSTOS, JUAN BAUTISTA (1779-1830). Militar y político argentino. Se unió a la revolución bonaerense de 1810, y en 1816 venció a Juan Francisco Borges, que se había sublevado en Santiago del Estero. Fue jefe del estado mayor del ejército del norte desde 1817 y gobernador de Córdoba desde 1820 a 1828.

BUTADIENO. Gas incoloro petroquímico que se emplea en la fabricación de caucho sintético, nailon (nylon) y otros productos. Obtenido por deshidrogenación de butenos producidos por el proceso de craqueo (*cracking*) o ruptura de moléculas de petróleo.
Goma 7:158a.

BUTÁN. País de Asia. Cap. Timbú. 47.000 km². 667.000 hab. (2000).
3:237a; Asia 2:150; Himalaya 7:413b; *cuadros* 3:237a; 3:238a; *ilustración* 3:237b.

BUTANO. Hidrocarburo saturado gaseoso (C_4H_{10}) que se encuentra en el gas natural y se obtiene de la refinación del petróleo.
Hidrocarburos 7:394b.

BUTEFLIKA, ABDELAZIZ (n. en 1937). Político argelino. Ocupó diversos cargos ministeriales bajo las presidencias de Houari Boumediene y Chadli Bendjedid. En 1999 salió victorioso de las elecciones presidenciales, logrando un importante éxito político al alcanzar un compromiso de abandono de la lucha armada por parte de los islamistas radicales que mantenían Argelia en un estado de guerra civil no declarada desde 1992.
Argelia 2:40b.

BUTENANDT, ADOLF (1903-1995). Bioquímico alemán. Premio Nobel de química en 1939, compartido con Leopold Ruzicka, por sus estudios sobre las hormonas sexuales.

BUTÍRICO, ÁCIDO. Ácido graso saturado que se presenta como un líquido incoloro de olor desagradable. Se encuentra en el queso y la mantequilla. Utilizado en la fabricación de ésteres que son base de saborizantes artificiales (dulces, licores), y en la fabricación de barnices. Fórmula, $CH_3CH_2CH_2COOH$.
Fermentación 6:264a.

BUTLER, BENJAMIN (1818-1893). Militar y político estadounidense. Participó en la guerra de secesión y fue miembro de la Cámara de Representantes.
3:238a.

BUTLER, HORACIO (1897-1983). Pintor argentino. Introductor en su país de las corrientes vanguardistas del siglo XX. Autor de una producción artística enmarcada en el movimiento fauvista. Realizó también escenografía teatral. «El camelote» (1947), «La siesta».

BUTLER, JOHN (n. en 1920). Bailarín y coreógrafo estadounidense. Alumno de Martha Graham, interpretó con ella varios papeles (*Appalachian Spring*). Trabajó como coreógrafo en el Ballet de la Ópera de Nueva York. Coreografió *Intégrales* (1973), *Facets* (1977).

BUTLER, NICHOLAS MURRAY (1862-1947). Político, educador y publicista estadounidense. Profesor en la Universidad Columbia de Nueva York, que presidió desde 1901 hasta 1945. Sus publicaciones de ciencia política y social dejan ver su pensamiento liberal. Premio Nobel de la paz, compartido con Jane Addams, en 1931. *El significado de la educación* (1898), *Libertad, igualdad, fraternidad* (1942).

BUTLER, SAMUEL (1835-1902). Novelista, ensayista y crítico británico. Autor de numerosas obras en las que criticó las costumbres y el pensamiento de la sociedad inglesa durante la época victoriana.
3:238b.

BUTO. Diosa de origen egipcio, identificada por los griegos con Leto, la madre de Apolo. Dio nombre a una ciudad antigua del bajo Egipto, donde, según la leyenda, Isis se escondió de Set y crió a Horus.

BUTOR, MICHEL (n. en 1926). Novelista y ensayista francés. Uno de los más importantes representantes del *nouveau roman,* movimiento vanguardista de la novela francesa en la segunda mitad del siglo XX.
3:239a.

BUTT, CLARA (1872-1936). Contralto británica, casada con el barítono Kennerly Rumford. Destacada intérprete de oratorios y baladas. Apenas cantó ópera, donde destacó en *Orfeo y Eurídice,* de Christoph Willibald Gluck, en el papel de Orfeo. Fue designada dama del imperio británico en 1920.

BUTTERFIELD, WILLIAM (1814-1900). Arquitecto británico. Perteneciente a la corriente neogótica, basó su estilo en los efectos coloristas y sentó la moda de la última época victoriana. Iglesias de Todos los Santos (1849-1859) y de Saint Alban (1859-1963), ambas de Londres.

BUWAYHÍES. V. **Buyíes.**

BUXTEHUDE, DIETRICH (1637-1707). Compositor de música sacra y organista danés. Inició sus estudios con su padre. Autor de tocatas, fugas y preludios, entre los que destaca una obra en la que Johann Sebastian Bach se inspiró para su *Passacaglia en do menor.*

BUYÍES. Dinastía islámica chiita de origen persa. Fundada en el 946 por Alí, Hasán y Ahmad, hijos de Buyé (Buyá o Buwayhi), quienes derrotaron al califa abasí al-Qahir. Los buyíes (o buwayhíes) fomentaron una cultura de tendencia persa. Fueron derrocados en 1055 por los turcos selyúcidas.

BUYOYA, PIERRE (n. en 1949). Presidente de Burundi. En 1996 accedió al cargo tras un golpe de estado, con el apoyo de parte del ejército, con el que expulsó del poder a Sylvestre Ntibantunganya.

BUZAMIENTO. Ángulo que forma con la horizontal un plano de estratificación, esquistosidad o fractura.

BUZO, CAMPANA DE. Aparato empleado para realizar trabajos submarinos. Existen diversos modelos capaces de albergar uno o más personas. La campana desciende por medio de una grúa y permanece unida al buque nodriza por conductos de aire.

BUZÓN ELECTRÓNICO. Sector de memoria, asociado al correo electrónico, en el que se acumulan mensajes dirigidos a una determinada dirección. Puede servir también como archivo de mensajes emitidos por dicha dirección.

BUZONEO. Técnica de publicidad consistente en distribuir octavillas o folletos propagandísticos en los buzones personales de los inquilinos de un edificio.

BUZZATI, DINO (1906-1972). Periodista, dramaturgo, novelista y autor italiano de relatos breves. Creador de una obra profundamente influida por la de Franz Kafka.
3:239a; *ilustración* 3:239b.

BYDGODSZCZ. Ciudad de Polonia, cap. de la prov. de Bydgodszcz a orillas del canal de su nombre, junto a la confluencia de los ríos Brda y Vístula. Museo. Institutos técnicos. Industrias diversas. 386.855 hab. (1999).

BYRD, RICHARD E. (1888-1957). Marino, pionero de la aviación y explorador estadounidense. Sobrevoló el polo norte e inició la exploración de la Antártida.
3:239b; Antártida 1:380a; *ilustración* 3:239b.

BYRD, TIERRA DE. Isla de la Antártida al noreste del escudo helado de Ross, dependencia de Ross (Nueva Zelanda), descubierta en 1934 por el explorador estadounidense Richard Evelyn Byrd. Llamada también isla Roosevelt.

BYRD, WILLIAM (1543-1623). Compositor y organista británico, célebre por su desarrollo del madrigal y autor de música para virginal y órgano. Destacó por sus obras para las iglesias católica y anglicana.
Madrigal 9:279a.

BYRNE, BONIFACIO (1861-1936). Poeta cubano. Destacó por sus poesías de inflamado patriotismo, tales como *Mi bandera;* y obras teatrales como *El anónimo* y *Rayo de sol.*

BYRON, LORD (1788-1824). George Gordon Byron, sexto barón de Byron, poeta británico. Su poesía y su personalidad marcaron el romanticismo inglés.
3:240a; Británica, literatura 3:182a; Novela y cuento 11:20b; *cuadro* 3:240b; *ilustración* 3:240a.

BYTE. Término de informática que designa un conjunto de varios bits, por lo general ocho, en cuyo caso recibe la denominación de octeto.
Informática 8:204b.

BYTOM. Ciudad de Polonia en la prov. de Katowice. Data del siglo XI. Uno de los centros mineros más importantes de la Alta Silesia. Industria pesada, acería. Extracción de carbón, plata, zinc y plomo. 205.560 hab. (1999).

C

C, LENGUAJE. En informática, lenguaje de programación aplicable a una amplia variedad de sistemas operativos y de equipos. Tiene un amplio uso por su relativa simplicidad.

C++, LENGUAJE. Perfeccionamiento del lenguaje C, al que añade algunos de los elementos que a éste le faltan como, por ejemplo, los operadores. Hay dos versiones, de las que la segunda es una mejora de la primera, lograda también por la adición de nuevos componentes.

CAABA, LA. V. **Kaaba, la.**

CAACUPÉ. Ciudad de Paraguay, cap. del dep. de Cordillera, región Oriental. Instituto agronómico. Centro de peregrinación. Naranjas, tabaco, caña de azúcar. Industria cerámica. 9.105 hab. (1982).

CAACUPÉ, NUESTRA SEÑORA DE. Advocación de la Virgen María, conocida también como Nuestra Señora de los Milagros. Especialmente venerada en Caacupé, ciudad de Paraguay. La imagen data del siglo XVI.
Marianas, advocaciones 9:366b.

CAAGUAZÚ. Departamento de Paraguay, en la región Oriental del país. Cordillera de Caaguazú al este, selvas en el norte, sabana al sur. Tabaco, azúcar de caña; ganadería; explotaciones forestales. Cap. Coronel Oviedo. 11.474 km^2. 386.412 hab. (1992).

CAAMAÑO, JOSÉ MARÍA PLÁCIDO (1838-1901). Político ecuatoriano. Fue presidente de la república de 1883 a 1888.

CAAMAÑO, ROBERTO (n. en 1923). Compositor y pianista argentino. Profesor en el conservatorio de Buenos Aires, en 1960 accedió a la dirección musical del Teatro Colón. Sus obras escénicas y sinfónicas recogieron a menudo elementos folclóricos.

CAAMAÑO DEÑÓ, FRANCISCO (1933-1973?). Político y militar dominicano. Un pronunciamiento lo hizo presidente provisional en 1965. Agregado militar en Londres, se exilió a Cuba en 1967. Fue dado por muerto en 1973 tras un enfrentamiento entre el ejército dominicano y un grupo guerrillero, en el que presuntamente participó.

CAATINGA. Vegetación que se desarrolla en los medios secos de las regiones del nordeste de Brasil. Es una formación no uniforme de árboles de escasa altura y hoja delgada.

CAAZAPÁ. Departamento del sur de Paraguay, región Oriental, entre la cordillera de Caaguazú y el valle del río Tebicuary, afluente del Paraguay. Agricultura, ganadería, explotación forestal. Cap. Caazapá. 9.496 km^2. 129.352 hab. (1992).

CABA, ANTONIO (1838-1907). Pintor español. Discípulo de Federico Madrazo en Madrid y de Hippolyte Delaroche en París, se especializó en retratos y pintura histórica. Dirigió la Escuela de Bellas Artes de Barcelona (1887-1901). «Retrato de Vayreda», «La heroína de Peralada» (1864).

CABA ALBA, IRENE (1899-1957). Actriz española. Descendiente de una familia de actores, formó con su marido, el también actor Emilio Gutiérrez, una compañía especializada en el género cómico.

CABADA, JUAN DE LA (1903-1985). Escritor mexicano. Sus relatos costumbristas poseen una acusada inspiración indígena. *Paseo de mentiras* (1940), *La Guaranducha* (1970), *El brazo fuerte* (guión cinematográfico, editado en 1964).

CABAGA, CERRO. Pico situado entre los dep. bolivianos de Oruro y Potosí, en la subcordillera de los Azanaques; en el macizo andino. Alcanza una altitud de 5.000 m.

CABAIGUÁN. Ciudad cubana, situada en la prov. de Sancti Spíritus. Importante centro manufacturero. Plantaciones de tabaco; ganadería bovina y porcina; refinería de petróleo. 36.544 hab. (1981).

CABAL, JOSÉ MARÍA (1770-1816). Militar y científico colombiano. Acompañó a José Celestino Mutis en la expedición botánica de 1783. Participó en las luchas de la independencia colombiana y fue jefe de estado mayor de Antonio Nariño en 1814. General en jefe del ejército nacional, fue apresado y fusilado por los españoles.

CÁBALA. Sistema teosófico esotérico desarrollado por el judaísmo que pretende descubrir la naturaleza de Dios y del universo mediante la interpretación geométrica o aritmética del Antiguo Testamento.
3:241a; Adivinación 1:61b; Hebrea, literatura 7:344b; Hermenéutica 7:374b; Judaísmo 8:402b; Magia 9:284a; Misticismo 10:193a; Ocultismo 11:76b; *ilustración* 3:241a.

CABALGADA. Ataque o correría de tropas a caballo. Su finalidad, durante la edad media, era la de atemorizar al enemigo o efectuar incursiones de pillaje.

CABALGAMIENTO. Fenómeno tectónico por el que una masa rocosa avanza sobre otra siguiendo un plano de deslizamiento de escasa inclinación.

CABALLA. Pez osteictio perciforme de la familia de los escómbridos (*Scomber scombrus*), próximo a los atunes, pero de menor tamaño, color azul verdoso con bandas negras y carne pálida. Abunda en los mares cálidos y templados. También llamado macarela.
Longevidad 9:212b.

CABALLÉ, MONTSERRAT (n. en 1933). Cantante de ópera española. Galardonada en 1991 con el Premio Príncipe de Asturias.
3:241b; *ilustración* 3:242a.

CABALLERÍA. Cuerpo de soldados a caballo que forma parte de un ejército.
3:242a; Caballeros 3:246a; Ejército 5:346a; Guerra 7:265a; Infantería 8:193a; *ilustraciones* 3:242b; 3:243b.

CABALLERÍA, LIBROS DE. Conjunto de obras de la literatura europea, especialmente de la época medieval, en las que se ensalzaban hechos de armas de legendarios caballeros.
3:244a; Arturo, leyendas del rey 2:138b; Fantástica, literatura 6:228b; Novela y cuento 11:19b; Portuguesa, literatura 12:99a; Quijote, El 12:222a; Siglo de Oro español 13:237b; *ilustraciones* 3:244a-b.

CABALLERO, ANTONIO (1602-1669). Misionero español. Perteneciente a la orden franciscana, ejerció el apostolado en China, en donde llegó a ser prefecto apostólico. Se opuso a los jesuitas en la tolerancia de éstos con respecto a los ritos chinos (mantenimiento de prácticas confucionistas entre los cristianos del país). *Catecismo cristiano* (1666), *Declaración de principio y fin de todas las cosas* (1667).

CABALLERO, BERNARDINO (1840-1912). Militar y político paraguayo. Ejerció la presidencia de 1880 a 1886.
3:245a.

CABALLERO, FERNÁN (1796-1877).Cecilia Böhl de Faber, escritora española. Su obra se encuadró dentro del realismo costumbrista.
3:245a; *ilustración* 3:245b.

CABALLERO, JOSÉ ANTONIO, MARQUÉS DE (1770-1821). Político español. De tendencias ultraconservadoras y enemigo declarado de los reformistas, intervino en la destitución de Melchor Gaspar Jovellanos y Francisco Saavedra y fue un opositor acérrimo de Manuel Godoy. Instigó el motín de Aranjuez y participó en la caída de Carlos IV. Reconoció como rey de España a José I Bonaparte y se exilió cuando Fernando VII regresó al país en 1814.

CABALLERO, MANUEL FERNÁNDEZ (1835-1906). Músico español. Integrante y director de varias orquestas madrileñas, fue autor de zarzuelas, género musical con el que alcanzó un gran éxito. *Gigantes y cabezudos, El dúo de la africana, Los sobrinos del capitán Grant.*

CABALLERO, PEDRO JUAN (1786-1821). Militar paraguayo. Se distinguió en la lucha por la independencia de su país.
3:245b; Yegros, Fulgencio 14:380a.

CABALLERO BONALD, JOSÉ MANUEL (n. en 1928). Escritor español. Cultivó la novela y la poesía. *Las horas muertas* (1957), *Ágata ojo de gato* (1974), *Laberinto de fortuna* (1984), *Tiempo de guerras perdidas* (1995).

CABALLERO CALDERÓN, EDUARDO (1910-1993). Escritor colombiano. Autor de novela y ensayo. Sus obras reflejan un realismo de compromiso social. En 1966 recibió el Premio Nadal con su obra *El buen salvaje. El Cristo de espaldas* (1953), *La penúltima hora* (1955), *Historia de dos hermanos* (1977).

CABALLERO DE LA TORRE, JOSÉ AGUSTÍN (1771-1835). Sacerdote cubano. Redactor y director del primer periódico de la Habana (*Papel Periódico de la Habana*). Escribió para las Cortes de Cádiz el primer proyecto de autonomía política para Cuba. Su ocupación principal fue la enseñanza de la filosofía, e introdujo en Cuba las principales corrientes de la época.

CABALLERO DE OLMEDO, EL. Obra del dramaturgo español Félix Lope de Vega publicada en 1641. El tema, basado en un cantar popular, narra en tono sombrío y enigmático una historia de amor y venganza. Una de las obras de mayor lirismo trágico del teatro español.

CABALLEROS. Miembros de las órdenes de caballería, instituciones de carácter militar típicas de la edad media. Se accedía a una orden después de que el aspirante era armado por un miembro de la institución en una solemne ceremonia.
3:246a; Caballería 3:243a; Edad media 5:303a; *ilustraciones* 3:346a-b.

CABALLEROS, SANTIAGO DE LOS. V. **Santiago de los Caballeros.**

CABALLERO Y GÓNGORA, ANTONIO (1723-1796). Prelado español. Fue virrey de Nueva Granada de 1782 a 1788. Impulsó las instituciones pedagógicas y culturales.
Nueva Granada, Virreinato de 11:37b.

CABALLERO Y MORGAY, FERMÍN (1800-1876). Escritor, geógrafo y político español. Realizó los planos topográficos de varias ciudades españolas. Fue catedrático de geografía en la Universidad de Madrid y el primer presidente de la Sociedad Geográfica de Madrid. En 1843 fue nombrado alcalde de Madrid y ministro de la gobernación. *Diccionario manual geográfico administrativo de la monarquía española, Nomenclatura geográfica de España.*

CABALLETE. En pintura, bastidor de madera sustentado sobre tres pies, con una tabla horizontal sobre la que se coloca el cuadro y una pequeña agarradera en la parte superior para impedir que éste se mueva. En pintura al aire libre suelen ser plegables y están dotados de unos pinchos metálicos en las patas para clavarlos en el terreno.

CABALLO (AJEDREZ). Pieza del juego del ajedrez, única que puede saltar sobre las demás gracias a su movimiento en ángulo recto. Cada jugador cuenta con dos caballos, que inicialmente se colocan entre el alfil y las torres del rey y de la dama.
Ajedrez 1:133.

CABALLO (ZOOLOGÍA). Mamífero ungulado perisodáctilo de la familia de los équidos (*Equus caballus*).
3:247a; Ganadería 7:36b; Hípicos, deportes 7:421b; Mula 10:294a; Perisodáctilos 11:343a; Transporte 14:113b; *ilustraciones* 3:247b; 3:248a.

CABALLO CRIOLLO. Raza descendiente de los primeros caballos y yeguas llevados al río de la Plata en el año 1536. Cabeza de base ancha y vértice fino; frente amplia. Antebrazo y pierna largos y musculosos; cañas cortas. Eficacia muy notable como animal de trabajo, deporte o paseo.

CABALLO DE MAR. V. **Hipocampo.**

CABALLO DE VAPOR. Unidad de potencia equivalente a 75 kilográmetros por segundo o 736 vatios. Su abreviatura en castellano es CV y en inglés HP, siglas que corresponden a la denominación *horse power.*

CABALLOS, CARRERAS DE. Deporte de competición en el que se cruzan apuestas. Intervienen principalmente caballos de pura sangre, por lo general en pista lisa, aunque también se celebran pruebas de obstáculos, como el Grand National británico.

CABANEL, ALEXANDRE (1823-1889). Pintor francés. Trabajó en la corte de Napoleón III. Destacó como retratista, aunque también cultivó la temática histórica dentro de un estilo academicista. «Retrato de Catherine Lorillard» (1876), «Historia de san Luis» (1878).

CABANELLAS FERRER, MIGUEL (1862-1938). Militar español. Participó en las guerras de Cuba y de Marruecos y en 1926 pasó a la reserva. Con la llegada de la segunda república fue rehabilitado y nombrado capitán general de Andalucía y director de la guardia civil. Apoyó la sublevación del 18 de julio de 1936 y presidió la junta nacional de defensa en Burgos. Posteriormente pasó a ser inspector de hospitales del ejército.

CABANILLAS ENRÍQUEZ, RAMÓN (1876-1960). Poeta español. Escribió, en lengua gallega, poesía y teatro, convirtiéndose en un clásico de la literatura autóctona. *En el destierro* (1913), *La rosa de cien hojas* (1927), *Caminos del tiempo* (1949).

CABANILLAS Y MALO, RAFAEL (1778-1853). Científico español. Especialista en minería, fue director de varios centros de extracción minera y de la Escuela de Minas de Madrid (1835-1840), así como vicepresidente de la Junta Superior Facultativa de Minería. *Reforma de la ley de minas de 1825* (1837).

CABANILLES, JUAN (1644-1712). Compositor español. Organista de la catedral de Valencia, donde se ordenó sacerdote, fue uno de los mayores instrumentistas de su tiempo. Sus composiciones para órgano (tientos de falsas, tocatas, gallardas) incluyen elementos del barroco y del estilo renacentista.

CABANIS, PIERRE-JEAN-GEORGES (1757-1808). Médico, filósofo y literato francés. Figura destacada del grupo de los «ideólogos», intentó profundizar en el estudio de las relaciones entre los aspectos físicos y morales del hombre. Fue profesor de higiene en París y miembro del Instituto de Francia durante la revolución. *Tratado de física y moral del hombre* (1802).

CABANYES, MANUEL DE (1808-1833). Poeta español. En su obra, de gran perfección formal y gusto clásico, se aprecia la característica inquietud espiritual prerromántica. Influido por fray Luis de León, Ugo Foscolo, Vittorio Alfieri y James Thompson. *Preludios de mi lira* (1833).

CABAÑA DEL TÍO TOM, LA. Novela de la escritora estadounidense Harriet Beecher Stowe publicada en 1852. Alcanzó fama por su rechazo del esclavismo.

CABAÑAS (CUBA). Localidad portuaria de la prov. cubana de Pinar del Río, al norte del país. Fundada alrededor de 1812. Su actividad principal está relacionada con el cultivo de la caña de azúcar y del café.

CABAÑAS (EL SALVADOR). Departamento salvadoreño, en la zona norte central del país, valle del río Lempa. Agricultura, ganadería, productos lácteos. Cerámica. Cap. Sensuntepeque. 1.104 km^2. 138.426 hab. (1992).

CABAÑAS, JOSÉ TRINIDAD (1805-1871). Militar y político hondureño. Elegido presidente de su país en 1852, trató de reorganizar la confederación centroamericana. Creó las primeras misiones diplomáticas hondureñas. Fue derrocado en 1855 por Rafael Carrera, presidente de Guatemala.

CABAÑAS, LUCIO (m. en 1974). Guerrillero mexicano. Inició a partir de 1964 un movimiento guerrillero de corte agrarista conocido bajo el nombre de Brigada Campesina del Partido de los Pobres. Murió en un enfrentamiento con el ejército.

CABARET. Establecimiento nocturno de diversión. Los cabarets son originarios de Francia, y en ellos se suelen ofrecer números satíricos, musicales y de danza.

CABARI (m. en 1707). Cacique charrúa. Luchó contra los españoles al mando de una tribu uruguaya. Murió en el transcurso de un enfrentamiento con los indios guaraníes.

CABARRÚS, FRANCISCO (1752-1810). Político y financiero español de origen francés. Sugirió a Carlos III la fundación del Banco Nacional de San Carlos, del que fue primer director, y ocupó numerosos cargos públicos.
3:249a.

CABECERA. Franja que encabeza la primera página de un periódico, en la que figura el título. También, la orla o adorno que decora la parte superior de la página en la que comienza un capítulo.

CABELLERA DE BERENICE. Nube de galaxias a la que pertenece el cúmulo de Virgo, dentro del cual se integra la Vía Láctea. Nombre latino: Coma Berenices.

CABELLO DE CARBONERA, MERCEDES (1845-1909). Novelista peruana. Fuertemente influida por Émile Zola y la corriente naturalista. *El conspirador* (1892), *Los amores de Hortensia* (1897).

CABELLO DE VENUS. Helecho de la familia de las polipodiáceas (*Adiantum capillus veneris*). También denominado culantrillo del pozo. Propio de las regiones templadas y tropicales de numerosas zonas del mundo. Utilizado por sus propiedades medicinales.

CABESTRILLO. Vendaje anudado alrededor del cuello y destinado a sostener una mano o brazo heridos o lastimados.
Primeros auxilios 12:145b.

CABESTRO. Buey manso utilizado para atraer a los toros de lidia o conducirlos hacia direcciones determinadas.

CABET, ÉTIENNE (1788-1856). Político francés. Afiliado a los carbonarios, participó en la revolución de 1830. Escribió *Viaje a Icaria* (1840), donde esbozó una teoría del comunismo con influencias de Tomás Moro y de Robert Owen. Fracasó en su intento de fundar en los Estados Unidos una comunidad socialista.

CABEZA ARTICULAR. Extremo más o menos esférico de un hueso por el cual se articula con otro.

CABEZA DE VACA, ÁLVAR NÚÑEZ (h. 1490-h. 1560). Explorador y conquistador español. Participó en la expedición de Pánfilo de Narváez a la Florida y fue gobernador de la región del río de la Plata.
3:249b; Dorantes, Pedro 5:233b; Hispanoamericana, literatura 8:4a; Martínez de Irala, Domingo 9:394b; Narváez, Pánfilo de 10:353b; Salazar de Espinosa, Juan de 13:96b.

CABEZAL. Mecanismo del torno en el que se monta el árbol giratorio. El término designa además a las cabezas móviles de determinadas máquinas.

CABEZALERO, JUAN MARTÍN (1633-1673). Pintor español. Se formó en Madrid en el taller de Juan Carreño. Su obra, encuadrada dentro del estilo barroco madrileño, se caracterizó por su gran realismo. Realizó frescos y también obra de caballete. Decoró varias iglesias de Madrid. «El juicio de un alma», «Asunto místico», «El calvario», «La crucifixión».

CABEZAS, FRAY FRANCISCO (1709 1773). Franciscano, arquitecto y matemático español. Realizó un gran número de conventos para su orden. Su obra principal fue el proyecto de la iglesia de San Francisco el Grande, en Madrid (1761), cuya construcción dirigió hasta 1768, continuándola Francisco Sabatini.

CABEZAS DE SAN JUAN, LAS. Población española, en la prov. de Sevilla, comunidad autónoma de Andalucía. Situada en las estribaciones de la sierra de Gibaldín y bañada por el río Guadalquivir. Cereales, algodón, vid, olivo; explotación ganadera porcina y lanar. 15.113 hab. (1991).

CABEZAS DE SAN JUAN, PRONUNCIAMIENTO DE. Alzamiento liberal encabezado en enero de 1820 por el comandante Rafael del Riego. Éste impidió el embarque de las tropas españolas destinadas a América y proclamó la constitución de 1812. Punto de partida del trienio liberal (1820-1823) durante el reinado de Fernando VII.

CABEZÓN, ANTONIO DE (1510-1566). Compositor y organista español. Titular del órgano de la capilla real con Carlos I y Felipe II. Autor de numerosas composiciones, su austero empleo de la polifonía influyó en toda Europa. Se le considera un precursor de las variaciones instrumentales.
Órgano 11:146a.

CABEZÓN, PACTOS DE. Acuerdos firmados en 1464 entre el rey Enrique IV de Castilla y la nobleza. Por estos pactos, el monarca reconocía a su hermano, el infante Alfonso, como heredero de la corona, a condición de que se uniese en matrimonio a Juana la Beltraneja, y se formaba una comisión para gobernar el reino, en la que estarían representados ambos bandos.

CABILDO. Antiguo nombre del consejo municipal en Castilla. La institución cobró gran importancia en las colonias españolas de América, donde su papel fue fundamental en el proceso de la independencia. El término se aplica también en las islas Canarias a la corporación que representa a los pueblos de cada isla y administra sus intereses.

CABIMAS. Ciudad y puerto de Venezuela en el est. de Zulia, a orillas del lago de Maracaibo. Importante centro petrolífero. Refinerías, oleoductos. 214.000 hab. (2000).
Maracaibo, lago de 9:348b.

CABINDA. Provincia de Angola. Enclave entre la Rep. del Congo y la Rep. Dem. del Congo. Café, cacao, madera, marfil. Cap. Cabinda, puerto pesquero en la desembocadura del Congo. 7.270 km^2. 119.000 hab. (1990).

CABLE COAXIAL. Cable empleado en transmisiones de alta frecuencia, de hasta un millón de herzios, habitual en enlaces telefónicos a larga distancia. Está formado por un conducto principal aislado con una envoltura metálica en cuyo interior discurre otro conducto con aislamiento dieléctrico.
Electrónica 5:367a.

CABLE ELÉCTRICO. Conjunto de conductores en forma de cordón. Los hilos eléctricos son de cobre y suelen estar protegidos por una cubierta aislante. Los cables para el transporte de la energía son de cobre o de aluminio sin revestir. Otros tipos son el coaxial y el de fibra óptica.
Aluminio 1:254a.

CABLE SUBMARINO. Tendido que se coloca bajo la superficie marina con el objeto de establecer enlaces intercontinentales. El primer cable telegráfico submarino fue colocado a través del Atlántico en 1866, y desde entonces se ha venido utilizando esta tecnología fundamentalmente en las comunicaciones telefónicas.

CABO. En la escala militar, grado inmediatamente superior al de la clase de tropa.

CABO, CIUDAD DE EL. Capital legislativa de Sudáfrica, junto al cabo de Buena Esperanza. 2.350.157 hab. (1991).
3:205a; Sudáfrica, República de 13:336a; *ilustración* 3:250a.

CABO BRETÓN. Isla de Nueva Escocia, Canadá, separada de tierra firme por el estrecho de Canso. 177 km de longitud, 120 km de anchura. Extensión 10.280 km^2.

CABOCHE, SIMON (siglo XV). Agitador francés demagógico cuyas revueltas provocaron el fracaso de las reformas de la administración real. Ayudó al duque de Borgoña contra los orleanistas.

CABO HAITIANO. Ciudad y puerto de Haití, cap. del dep. Norte en la bahía de Manzanillo, océano Atlántico. Pesquerías, caña de azúcar, cacao. 107.026 hab. (1997).

CABO OCCIDENTAL, PROVINCIA DE EL. División administrativa de la República de Sudáfrica que delimita las aguas de los océanos Atlántico e Índico. Regada por el río Orange. Ciudades más importantes: ciudad de El Cabo (cap. legislativa del país y cap. de la provincia) y Port Elizabeth. 129.370 km^2. 4.118.000 hab. (1996).

CABORCA, ACCIÓN DE. Batalla entre las tropas mexicanas y un grupo de filibusteros estadounidenses que ingresaron a la zona norte de Sonora. Fueron vencidos por los mexicanos el 6 de abril de 1857 en Caborca, municipio del estado de Sonora.

CABO ROJO. Municipio de Puerto Rico en la costa occidental de la isla. 35.806 hab. (1985).

CABOT, ESTRECHO DE. Canal entre Terranova y el norte de la isla Cabo Bretón, en Nueva Escocia (Canadá). Une el golfo de San Lorenzo con el océano Atlántico. Anchura 97 km.
Caboto, Giovanni 3:250b.

CABOT, JOHN. V. **Caboto, Giovanni.**

CABOTO, GIOVANNI (h. 1450-h. 1499). Navegante italiano. Realizó viajes y exploraciones por América del norte en nombre de la corona británica.
3:250b; Canadá 3:320a; Exploraciones geográficas 6:215a.

CABOTO, SEBASTIANO (h. 1476-1557). Navegante, explorador y cartógrafo británico. Acompañó a su padre, Giovanni Caboto, en el primer viaje organizado por su país a América del norte. Fue autor de un notable mapamundi (1544), del que sólo se conserva un ejemplar en la Biblioteca Nacional de París. Trabajó también para la corona española en servicios realizados desde 1512 hasta 1516 y desde 1519 hasta 1547. En este último período exploró la región sudamericana del río de la Plata.
Uruguay 14:205b.

CABO VERDE. País de África. Archipiélago atlántico, frente a las costas de Senegal y Mauritania. Cap. Praia, 4.033 km^2. 401.000 hab. (2000).
3:251a; África 1:94; *cuadros* 3:251a-b; *ilustraciones* 3:251b; 3:252a.

CABRA (ASTRONOMÍA). Sexta estrella más brillante del cielo, situada en la constelación del Cochero (Auriga). Sistema binario espectroscópico. La separación de sus dos componentes fue medida en 1919 con el espectómetro de Michelson. Distancia al Sol de unos 45 años luz.

CABRA (GEOGRAFÍA). Población española de la prov. de Córdoba, comunidad autónoma de Andalucía. Monumentos históricos. Papas o patatas, remolacha, olivares. 20.306 hab. (1991).

CABRA (ZOOLOGÍA). Mamífero artiodidáctilo rumiante de la familia de los bóvidos perteneciente al género *Capra.*
3:252b; Artiodáctilos 2:135b; Domesticación 5:217b; Ganadería 7:36b; Leche 9:89a; *ilustración* 3:253a.

CABRACHO. Pez osteictio perteneciente al orden perciformes de la familia de los escorpénidos (*Scorpanea scrofa*). Cuerpo comprimido y fuerte cabeza con espinas. Color rojizo o rojo con manchas oscuras. Vive en los fondos arenosos o entre las rocas en aguas cálidas del Atlántico oriental y del Mediterráneo. Comestible.

CABRA DE ANGORA. Raza de cabra de Anatolia (*Capra falconeri*), de pelo muy fino y apreciado, que se aprovecha industrialmente.
Cabra 3:252b.

CABRAHÍGO. Higuera silvestre, perteneciente a la familia de las moráceas (*Ficus silvestris*). Originaria del cercano oriente, se presenta de forma espontánea en las regiones mediterráneas. Produce tres clases de higos, repartidos entre los frutos de invierno, primavera y verano.
Higuera 7:412b.

CABRAL, ANTÓNIO BERNARDO DA COSTA (1803-1889). Político liberal portugués. Conde y marqués de Tomar, en 1842, tras un golpe de estado, restauró la antigua constitución de Pedro IV. Publicó, asimismo, el Nuevo Código Administrativo. En 1846 una sublevación absolutista lo hizo abandonar el gobierno. En 1849 fue embajador en Madrid. Un movimiento militar, en 1851, lo obligó a retirarse de los cargos políticos.

CABRAL, JOSÉ MARÍA (1819-1899). Militar y político dominicano. Luchó por la independencia de su país primero frente a Haití y luego frente a España. Ocupó la presidencia de 1866 a 1868.

CABRAL, MANUEL DEL (n. en 1907). Escritor dominicano. Cultivó la novela y la poesía. *Los huéspedes secretos* (1951), *Historia de mi voz* (1964), *El presidente negro* (1973).

CABRAL, PEDRO ÁLVARES (h. 1467-h. 1520). Almirante portugués. Al frente de una expedición comercial alcanzó la costa de Brasil y tomó posesión del territorio en nombre de la corona portuguesa.
3:253a; Brasil 3:155a; Dias, Bartolomeu 5:169a.

CABRAL DE MELO NETO, JOÃO (1920-1999). Escritor y diplomático brasileño. Uno de los poetas más prestigiosos de su generación.
3:253b.

CABRA MONTÉS. Denominación de varias especies de cabra salvaje, entre ellas la cabra montés alpina (*Capra hibex*), europea. Otras se encuentran en África y Asia central.
Cabra 3:253a.

CABRÉ, JUAN (1882-1948). Arqueólogo español. Destacó por sus estudios sobre las pinturas prehistóricas peninsulares y participó en las excavaciones de los yacimientos de Collado de los Jardines y la necrópolis de Las Cogotas, entre otras. *El arte rupestre en España* (1915), *El castro y la necrópolis del hierro céltico de Chamartín de la Sierra (Ávila)* (1950).

CABRERA, ÁNGEL (1879-1960). Zoólogo argentino de origen español. Especialista en mamíferos en general y en caballos, realizó expediciones científicas por España, Portugal y Marruecos. Residió en Argentina desde 1925. Fue profesor en la facultad de agronomía de la Universidad de Buenos Aires y jefe de paleontología de vertebrados del museo de La Plata. *Los mamíferos de la fauna ibérica* (1914), *Los mamíferos de Marruecos* (1932), *Mamíferos sudamericanos* (1940).

CABRERA, BERNARDO DE (1298-1364). Noble y político aragonés. Fue consejero del rey Pedro el Ceremonioso desde 1347, en cuyo beneficio venció a la nobleza rebelde y combatió a los genoveses. Partidario de la paz con Castilla, las intrigas de Enrique de Trastámara y Carlos de Navarra condujeron a su prisión y ejecución.

CABRERA, BERNAT DE (1352-1423). Almirante catalán. Vizconde de Cabrera y conde de Módica, fue nombrado almirante del reino de Aragón en 1392. Instauró en el trono siciliano a Martín el Joven, de quien fue consejero principal.

CABRERA, CRISTÓBAL DE (siglo XVI). Religioso y erudito español. Notario apostólico en México en 1535, se trasladó posteriormente a Roma, donde fundó un hospital para mujeres, sobre todo para peregrinas venidas de España. *Flores de consolación.*

CABRERA, FRAY ALONSO DE (h. 1549-1606). Teólogo dominico español. Profesor de teología en la universidad de Osuna, destacó por el sermón que dedicó a Felipe II en los funerales que le dedicó la villa de Madrid (1598). *Consideraciones sobre los evangelios de la cuaresma* (1601).

CABRERA, GERAU DE (siglo XII). Trovador catalán de mediados del siglo XII. Autor de una *Enseñanza* dirigida a su juglar, que constituye una fuente importante para el estudio de la literatura medieval catalana.

CABRERA, ISLA DE (ESPAÑA). Isla española, en el archipiélago de las Baleares, que pertenece al municipio de Palma. De terreno montañoso, es utilizada principalmente con fines militares. 20 km^2.
Baleares, islas 2:321b.

CABRERA, JERÓNIMO LUIS DE (1528-1574). Conquistador español, nacido en Sevilla. Fundó San Jerónimo de Valverde en el valle peruano de Ica, y, más tarde, Córdoba de la Nueva Andalucía. Fue gobernador de Tucumán.
Córdoba (Argentina, ciudad) 4:379b.

CABRERA, LUIS (1876-1954). Político, abogado y escritor mexicano. Uno de los ideólogos más destacados del agrarismo constitucionalista mexicano, fue secretario (ministro) de hacienda (1919-1920).

CABRERA, MIGUEL (1695-1768). Pintor mexicano. Representante de la corriente nacional en el arte mexicano del siglo XVIII.
3:254a.

CABRERA, RAIMUNDO (1852-1923). Escritor y periodista cubano. Manifestó un acentuado talante crítico, lo que le valió ser perseguido tanto por las autoridades españolas como por las de la Cuba independiente. Editor de la revista *Cuba y América*. *Episodios de la guerra de independencia, Mis buenos tiempos, La campaña autonomista*.

CABRERA, RÍO. Curso fluvial de Colombia. Nace en la cordillera de Altamira, y tras servir durante varios kilómetros de límite entre los dep. de Huila y Tolima, desemboca en la orilla derecha del río Magdalena.

CABRERA DE CÓRDOBA, LUIS (1559-1623). Historiador español. Fue diplomático en Italia y Flandes. A partir de 1598 inició su labor como autor de obras históricas caracterizadas por su rigor y objetividad. *De historia, para entenderla y escribirla* (1611), *Historia de Felipe* II (1619). *Relaciones de las cosas sucedidas en la corte de España* (póstumamente, 1857).

CABRERA INFANTE, GUILLERMO (n. en 1929). Novelista cubano, nacionalizado británico. Representante del estilo neobarroco latinoamericano. Premio Cervantes en 1997.
3:254a; Humor, literatura de 8:98a; *ilustración* 3:254a.

CABRERA Y FELIPE, BLAS (1878-1945). Físico español. Fue profesor de electricidad y magnetismo en la Universidad de Madrid y miembro de las academias de ciencias y lengua. Se exilió en México en 1939.

CABRERA Y GRIÑÓ, RAMÓN (1806-1877). Militar español. Ingresó en las filas carlistas en 1833, alcanzando el grado de coronel y, más tarde, el de comandante general del bajo Aragón. El fusilamiento de su madre por los liberales desató tal represión de su parte que lo apodaron «el tigre del Maestrazgo», en alusión a la zona geográfica donde actuaba. Intervino destacadamente en la segunda guerra carlista. Murió en el exilio.
Carlistas, guerras 3:392b.

CABRESTANTE. Torno vertical empleado para mover piezas de mucho peso mediante una maroma o cable que se enrolla en él. Se usa especialmente en los barcos para elevar el ancla.

CABRIA. Máquina elevadora formada por dos mástiles, sistema de poleas, cadena y torno.

CABRILLA. Pez osteictio de la familia de los serránidos (*Epinephelus maculosus*). Se considera venenoso, pero en realidad es comestible mientras no alcanza gran desarrollo.

CABRILLA ESPAÑOLA. Pez teleósteo acantopterigio de la familia de los serránidos (*Serranus cabrilla*). De boca grande con muchos dientes, color azulado oscuro, con fajas encarnadas a lo largo del cuerpo y la cola mellada.

CABRINI, MADRE. V. **Francisca Javier Cabrini.**

CABRIOLÉ. Carruaje ligero, sin puertas, con capota extensible, tirado por un caballo. Surgido en Francia en el siglo XVIII.

CABRITO. Cría de la cabra en el período comprendido desde el nacimiento hasta el destete.

CACAHUAMILPA, GRUTAS DE. Conjunto de cavernas situadas al pie del cerro de la Corona, entre los estados mexicanos de Guerrero y Morelos. En las rocas calizas que constituyen su interior, las aguas del río San Jerónimo han formado llamativas formas y grandes cavidades.

CACAHUATE. Planta herbácea de la familia de las leguminosas (*Arachis hypogaea*). Se llama también cacahuete o maní.
3:254b; Aceites comestibles 1:28a; Leguminosas 9:97b; Oleaginosas, plantas 11:92b; *ilustración* 3:254b.

CACAMATZIN (h. 1494-1520). Último rey independiente de Texcoco. Aliado de los españoles a la llegada de Hernán Cortés, fue hecho prisionero por ellos poco después y murió asesinado.
Ixtlilxóchitl 8:325b.

CACAO. Árbol de la familia de las esterculiáceas (*Theobroma cacao*).
3:255a; Chocolate 4:166b; *cuadro* 3:255b; *ilustraciones* 3:255b.

CACATÚA. Ave psitaciforme de la familia de las psitácidas. Incluye a diversos géneros. Suele presentar un penacho de plumas eréctiles en la cabeza y el pico muy robusto, alto y por lo común comprimido. Propia de Australia.

CACCIARI, MASSIMO (n. en 1944). Político y filósofo italiano. Diputado por el Partido Comunista y alcalde de Venecia en 1993. Sus escritos filosóficos tienen un carácter marcadamente pesimista. *El ángel necesario* (1986).

CÁCERES (CIUDAD). Población de España, cap. de la prov. del mismo nombre, comunidad autónoma de Extremadura. Murallas romanas y árabes. Arquitectura civil de los siglos XIV al XVI. Corcho, cerámica, productos agrícolas. 77.768 hab. (1996).
Extremadura 6:219b.

CÁCERES (PROVINCIA). División administrativa de España en la comunidad autónoma de Extremadura, fronteriza con Portugal. Río Tajo. Montes de Toledo y sistema Central. Parque nacional. Agricultura; ganadería; corcho. Cap. Cáceres. 19.945 km^2. 413.396 hab. (1996).
Extremadura 6:219a.

CÁCERES, ALONSO DE (siglo XVI). Militar español. Afianzó el dominio español sobre el territorio de Honduras. Fundó Comayagua en 1537.
3:256b; Honduras 8:59a; Lempira 9:101a.

CÁCERES, ÁNDRES AVELINO (1833-1923). Político peruano. Dirigente del Partido Constitucional, ocupó la presidencia de 1886 a 1890 y de 1894 a 1895, año en que fue derrocado por Nicolás de Piérola. Durante sus gobiernos reorganizó las finanzas y canceló la deuda externa.

CÁCERES, ESTHER DE (1903-1971). Poetisa uruguaya. Su obra se caracterizó por su intensidad religiosa. Autora de varios libros de poemas y estudios literarios. *Las ínsulas extrañas* (1929), *El alma y el ángel* (1937), *Vaz Ferreira y la cultura uruguaya* (1944), *Paso de la noche* (1957).

CÁCERES, RAMÓN (1868-1911). Militar y político dominicano. Tomó parte activa en el asesinato del presidente Ulises Heureaux. Presidió el país entre 1906 y 1911, dictando una constitución y consiguiendo cierta calma política. Murió asesinado.

CÁCERES DÍAZ DE ARISMENDI, LUISA (1799-1866). Heroína independentista venezolana. Participó en la huida de los habitantes de Caracas, dirigida por Simón Bolívar, al ser sitiada la ciudad por José Tomás Boves (1814). Apresada por las tropas españolas y enviada a Cádiz (1816), rechazó su libertad por no renunciar a las ideas independentistas. En 1818 fue indultada y volvió a su país.

CACHALOTE. Mamífero cetáceo del grupo de los odontocetos y de la familia de los fisetéridos (*Physeter catodon*).
3:256b; Cetáceos 4:95b.

CACHEMIRA. Región de Asia, en el norte del subcontinente indio. Reclaman su soberanía la India y Pakistán, que controlan una porción cada uno. La parte paquistaní se denomina Azad (libre) Cachemira y la india Jammu y Cachemira, que constituye un estado especial de la federación india. China ocupa una porción al norte.
3:257a; Himalaya 7:413b; India 8:152b; Pakistán 11:219b; *ilustraciones* 3:257b.

CACHÍ, NEVADO DE. Cumbre de los Andes argentinos, en la prov. de Salta, rodeada por los ríos Calchaquí y Luracatao. Pertenece a la sierra de Pastos Grandes. Posee minas de oro y plata. 6.500 m de altura.
Andes 1:333.

CACHOEIRA DO SUL. Ciudad y puerto fluvial de Brasil en el est. de Río Grande do Sul, a orillas del río Jacuí. Aeropuerto. Arroz, lana, cereales, fruta. 86.266 hab. (1996).

CACHOEIRO DE ITAPEMIRIM. Ciudad de Brasil, en el est. de Espírito Santo, a orillas del río Itapemirim. Centro fabril. Ganadería. 127.450 hab. (1996).

CACHUA. Danza andina propia de los indios del Perú, el Ecuador y Bolivia. Los participantes, agrupados en parejas, se deslizan en círculos. El compás es pausado. Se baila suelto y con zapateado; tiene tres figuras.

CACHUPÍN. V. **Gachupín.**

CACIQUE. Jefe de tribu entre los indios americanos. Las Leyes de Indias reglamentaron las atribuciones del cacique como intermediario ante el corregidor. Por extensión el término se aplica también a un personaje que abusa de su influencia política en un territorio limitado.
Caciquismo 3:258a.

CACIQUE DE DORSO AMARILLO. Ave del orden de los pájaros (*Icterus xanthornus*), notable por sus bellos colores y por las plumas que adornan su cabeza. Propio de México.

CACIQUISMO. Sistema político basado en una influencia social abusiva por parte de una oligarquía rural para influir en votaciones o en medidas administrativas.
3:258a.

CACOFONÍA. Deformación del lenguaje consistente en la repetición frecuente de unos mismos sonidos (sílabas o fonemas).

CACOMITE. Planta mexicana (*Tigridia pavonia*) de la familia de las iridáceas. Tiene hojas opuestas y ensiformes, y flores grandes y hermosas en forma de copa, rojas y amarillas. La raíz es un tubérculo feculento que, cocido, es comestible.

CACOMIXTLE. Mamífero carnívoro mexicano (*Bassaricus astutus*), parecido al coatí, de la familia de los prociónidos. Mide de 60 a 100 cm de largo y pesa un kilogramo. Color gris pardo por encima, más claro por debajo, con manchas blancas sobre los ojos; cola larga y peluda con anillos blancos y oscuros alternados. La cara es pequeña, con orejas largas y hocico algo aguzado. Es arbóreo, nocturno, y se alimenta de animales pequeños y vegetales. También llamado basáride o cacomiztle.

CACTÁCEAS. Familia de plantas dicotiledóneas propias de ambientes áridos, cuyas hojas se hallan reducidas a espinas y que acumulan agua en sus tejidos. Comprende numerosas especies y entre los géneros más conocidos destacan *Opuntia, Echinocactus* y *Cereus*.
Cacto 3:259a.

CACTO. Planta suculenta (jugosa) incluida en la familia de las cactáceas.
3:259a; Desierto 5:153b; *ilustraciones* 3:259.

CACZOLTZIN (siglo XVI). Nombre genérico de los reyes tarascos de Michoacán, México, que los españoles aplicaron específicamente a Tangaxhuán II, ocupante del trono en el momento de su llegada.

CADALSO Y VÁZQUEZ, JOSÉ (1741-1782). Escritor español, figura destacada del estilo neoclásico y precusor del romanticismo.
3:260a; Española, literatura 6:92b.

CA'DA MOSTO, ALVISIO (1432-1488). Explorador veneciano. Mercader y autor de uno de los primeros tratados sobre el África occidental. Fue, al parecer, el primer europeo que alcanzó las islas de Cabo Verde hacia 1456.

CAD/CAM. Diseño y fabricación asistidos por computadora. El término abarca proyectos arquitectónicos e industriales (aeronáutica, automóviles, etc.) y surge de las siglas de la expresión inglesa *computer-aided design/computer-aided manufacture*.
Diseño industrial 5:207b; Infografía 8:198b; Informática 8:201b.

CADDO. Pueblo indígena norteamericano, localizado en el centro y sur de los Estados Unidos. Incluía tres grupos: aricaras (Alto Missouri), panis (valle del Kansas) y caddos (valle del río Rojo). Su economía se basaba en la agricultura (maíz) y en la caza del bisonte. Su sociedad era matriarcal y poligámica. En el siglo XIX se estableció en la reserva del río Washita (o Ouachita).

CADENA ALIMENTARIA. V. **Cadena trófica.**

CADENA DE MONTAJE. Sucesión de máquinas y otros elementos necesarios para la producción de un artículo o parte de él. Durante el proceso, se ensamblan las piezas progresivamente hasta obtener el producto final.
Automatización 2:239a; Industria 8:186a.

CADENA RESPIRATORIA. Proceso metabólico de transporte de hidrógeno y electrones desde una serie de moléculas donadoras hacia el oxígeno a través de diferentes intermediarios. Tiene lugar en las mitocondrias de las células eucarióticas y en los mesosomas bacterianos.

CADENA TRANSFER. Sistema de automatización industrial basado en la existencia de una cadena de montaje continua en el que diferentes máquinas automáticas se suceden en sus operaciones en una relación interdependiente. Utilizado en un amplio sector del campo industrial.
Automatización 2:239b.

CADENA TRÓFICA. Línea de relaciones alimenticias establecida entre los distintos seres vivientes. La base de la cadena trófica son los productores primarios, fundamentalmente las plantas y el plancton, de los cuales se alimentan los consumidores primarios o fitófagos. En estratos secundarios se hallan los carnívoros o predadores, sobre éstos los necrófagos y cerrando el ciclo los descomponedores, por lo general organismos microscópicos.
Ecología 5:271b.

CADENCIA. Expresión musical que indica el final de una frase, sección o composición. Las cadencias pueden ser perfecta, semicadencia o imperfecta.

CADETE. Alumno de una academia militar. Su creación data de 1682, en Francia, durante el reinado de Luis XIV; en España fueron instituidos por Felipe V en 1722.

CADEVALL Y DIARS, JUAN (1846-1921). Botánico español. Dirigió la Escuela Elemental de Industrias de Tarrasa. Escribió obras de carácter científico y didáctico. *Flora del Vallés* (1897), *Botánica popular* (1907), *Flora de Cataluña* (1915-1936).

CADÍ, SIERRA DE. Sistema montañoso español, situado en el Prepirineo central, entre las prov. de Lérida y Barcelona. Su altura máxima es el Puig de la Canal Baridana (2.647 m). De composición caliza, se halla cubierta de bosques de pino negro y abeto.

CADILLA, CARMEN ALICIA (n. en 1908). Poetisa puertorriqueña. Dirigió la revista *Alma latina*. Su obra se caracterizó por un sereno intimismo de raíz religiosa. *Canciones en flauta blanca* (1934), *Alfabeto del sueño* (1956).

CADILLAC, ANTOINE L. DE LA MOTHE (1658-1730). Militar y administrador colonial francés en América. Fundó Detroit en 1701. Fue comandante de esta plaza hasta 1710, fecha en la que se le nombró gobernador de Louisiana, donde permaneció hasta 1717.
Detroit 5:158a.

CÁDIZ (CIUDAD). Población y puerto de España, comunidad autónoma de Andalucía. 143.129 hab. (1998).
Andalucía 1:330a.

CÁDIZ (PROVINCIA). División administrativa de España en la comunidad autónoma de Andalucía, a orillas del Atlántico y el Mediterráneo. Ríos Guadalete y Barbate; sistema Penibético; laguna de la Janda. Vinos, fruta, sal; pesquerías. Cap. Cádiz. 7.394 km^2. 1.105.762 hab. (1996).
3:260b; Cádiz 3:269b; *ilustración* 3:260b.

CÁDIZ, BAHÍA DE. Ensenada situada en el golfo de Cádiz, en la costa atlántica de la península ibérica, entre el Puerto de Santa María al norte y la ciudad de Cádiz al sur. Cerrada con la península de Trocadero y con la isla del León, su costa es alta y rocosa. Son puertos destacables los de Cádiz, San Fernando, Puerto Real y La Carraca.

CÁDIZ, CONSTITUCIÓN DE. Ley española promulgada el 14 de marzo de 1812 por las Cortes de Cádiz. Texto básico para el desarrollo constitucional español.
3:261a; Independencia española, guerra de la 8:152a; *ilustración* 3:261b.

CADMIADO. Método de preservar metales contra los efectos corrosivos de medios ricos en salinidad mediante un recubrimiento de cadmio. Utilizado en construcción naval, automóviles y otras aplicaciones industriales.

CADMIO. Elemento químico, metal blando, de color blanco plateado, del grupo IIb (grupo del zinc) de la tabla periódica. Se emplea, electrochapado, para proteger otros metales de la corrosión, como ánodo en pilas, como componente de aleaciones y como amortiguador en reactores nucleares. Símbolo, Cd; número atómico, 48; peso atómico, 112,41.

CADMO. Héroe de la mitología griega, hijo del rey fenicio de Tiro, Agenor, y hermano de Europa, en cuya búsqueda partió cuando fue raptada por Zeus. Esposo de Harmonía y padre, entre otros, de Sémele y Agavé. Legendario fundador de Tebas y supuesto introductor del alfabeto en Grecia.

CADUCIFOLIO. Árbol o arbusto que pierde sus hojas al comenzar la estación fría.
Árbol 2:24b; Roble 12:394b.

CAEDMON (siglo VII). Poeta anglosajón. Los fragmentos conservados de su himno a la creación constituyen un ejemplo característico de la adaptación del verso heroico anglosajón tradicional a la temática cristiana.

CAEM. V. **Consejo de Asistencia Económica Mutua.**

CAEN. Ciudad y puerto fluvial de Francia, cap. del dep. de Calvados, a orillas del Orne, Baja Normandía. Universidad, iglesias románicas del siglo XI. Minas de hierro; automóviles, electrónica. 113.987 hab. (1999).

CAETANO, MARCELO JOSÉ DAS NEVES ALVES (1906-1980). Político portugués. Fue primer ministro desde septiembre de 1968, como sucesor de António de Oliveira Salazar, hasta la revolución del 25 de abril de 1974, cuando fue destituido.
Portugal 12:95b; Salazar, António de Oliveira 13:96a; Sampaio, Jorge 13:113vb; Soares, Mário 13:273a.

CAFÉ. Arbusto de la familia de las rubiáceas y del género *Coffea*.
3:262a; Salvador, El 13:107b; *cuadro* 3:262a; *ilustraciones* 3:262b.

CAFÉ FILHO, JOÃO (1899-1970). Político brasileño. Vicepresidente de la república en 1951, ocupó la presidencia de 1954 a 1955, a la muerte de Getúlio Vargas.

CAFEÍNA. Alcaloide relacionado con la purina de fórmula $C_8H_{10}N_4O_2$ H_2O. Se encuentra en las hojas del té, del mate, en las semillas del café y en la nuez de kola. Usado en medicina como estimulante del sistema nervioso central y antídoto de hipnóticos. Estimula el miocardio; produce vasodilatación y diuresis. También conocido como trimetilxantina 1, 3, 7.
Alcaloides 1:152a; Café 3:263a.

CAFFIÉRI, JACQUES (1678-1755). Escultor y orfebre francés, perteneciente a una familia de artesanos. Protegido de Luis XV, dio nuevo vigor y espontaneidad al rococó. Entre sus obras destacan dos arañas de bronce dorado (colección Wallace de Londres).

CAFRES. Habitantes de Cafrería, en la costa sudeste de África. El nombre de esta región, utilizado por los historiadores de los siglos XVII y XVIII, hacía referencia a la denominación árabe (*kafir*) para los no musulmanes, que se empleó en un principio para los pobladores de toda el África situada al sur de la línea ecuatorial y más tarde se restringió a algunas etnias bantúes.

CAFRES, GUERRAS. Enfrentamientos entre colonos holandeses y tribus bantúes (cafres) del sudeste de África. Se prolongaron hasta la derrota de los zulúes en 1879.

CAFRUNE, JORGE (1938-1978). Folclorista argentino, intérprete de canciones populares que acompañaba con la guitarra. Destacaron «Zamba de mi esperanza» y «Virgen india». Murió en un accidente mientras cabalgaba.

CAFTÁN. Especie de túnica larga con mangas. Fabricada en seda o algodón de vivos colores, posee remotos orígenes mesopotámicos y fue muy utilizada por los turcos. Se introdujo a partir del siglo XIII en la indumentaria de Rusia, Polonia y Hungría.

CAGANCHO, JOAQUÍN RODRÍGUEZ (1903-1984). Torero español. Tomó la alternativa de manos de Rafael el *Gallo* en 1927 en el coso de Murcia. Se retiró en 1953.

CAGATAY. V. **Yagatay.**

CAGAYAN DE ORO. Ciudad de Filipinas, en la isla de Mindanao. Fundada como misión en el siglo XVII. Aeropuerto internacional, universidad. Centro comercial. 320.000 hab. (1995).

CAGE, JOHN (1912-1992). Compositor estadounidense, precursor de la música aleatoria e introductor del piano preparado en la orquesta.
3:263a; Aleatoria, música 1:162b; Música 10:315a.

CAGE, NICHOLAS (n. en 1964). Actor cinematográfico estadounidense. Sobrino de Francis F. Coppola. En 1995 obtuvo un Óscar al mejor actor. *La ley de la calle* (1983), *Arizona Baby* (1987), *Cara a cara* (1997), *Al límite* (1999), *60 segundos* (2000).

CAGLIARI. Ciudad y puerto de Italia, cap. de la isla de Cerdeña. De origen fenicio. Edificios medievales, universidad del siglo XVII, basílica de San Saturnino (siglo VI). Pesca, sal, minerales. 170.786 hab. (1998).
Cerdena 4:83a.

CAGLIOSTRO, ALESSANDRO, CONDE DE (1743-1795). Giuseppe Balsamo, charlatán, mago y aventurero italiano. Logró una extraordinaria fama entre la alta sociedad parisiense en los años que precedieron a la revolución francesa. Murió en prisión en Roma tras ser procesado por la Inquisición.

CAGNEY, JAMES (1899-1986). Actor estadounidense que se especializó en la interpretación de películas del género negro, destacando en *Enemigo público* (1931) y *Al rojo vivo* (1949). Dentro del género musical interpretó *Yankee doodle dandy* (1942) y, en la comedia, *Uno, dos, tres* (1961).

CAGUA. Municipio de Venezuela, en el est. Aragua. A orillas del río Aragua, pertenece a la cuenca del lago Valencia. Café, caña de azúcar, tabaco y frutales.

CAGUAMA. Nombre de varias especies de tortugas pertenecientes al género de los quelonios (*Chelonia cauano* y *Chelonia mydas*). Viven en el mar, son más grandes que la tortuga carey. Sus huevos son más apreciados que los de ésta, pero su consumo está prohibido a nivel internacional.

CAGUÁN. V. **Galeopiteco.**

CAGUAS. Municipio de Puerto Rico en el valle de Caguas. Caña de azúcar, tabaco. 150 km^2. 140.114 hab. (1996).
Puerto Rico 12:198a.

CAHÍTA. Grupo tribal amerindio que vivía en la zona que se extiende entre los ríos Sinaloa y Yaqui, en México. Perteneciente lingüísticamente a la familia uto-azteca. Las tribus mayo y yaqui son prácticamente las únicas sobrevivientes.

CAHI-YMOX (siglo XVI). Rey de los cachiqueles, pueblo de América central, que fue depuesto por Pedro de Alvarado y cuya suerte se desconoce después de ese incidente.

CAHUACHI. Yacimiento arqueológico de la cultura nazca, en el curso del río Nazca, en el Perú. Consta de enormes plataformas piramidales de adobes, algunas estructuras rectangulares y numerosas tumbas, en las que han sido hallados tejidos y cerámicas.
Nazca, cultura de 10:369b.

CAHUAPANA. Pueblo amerindio, perteneciente a una familia lingüística cuyas tribus se extienden por la parte alta de la cuenca amazónica, en las orillas de los ríos Pastaza, Potro, Huallaga y Chambira. Practican la agricultura y la pesca y mantienen una religión de tipo chamánico.

CAIBARIÉN. Población costera de la prov. de Villa Clara, Cuba. Pesca, ganadería, fabricación de azúcar. 32.100 hab. (1987).

CAICEDO, DOMINGO (1783-1843). General y político colombiano. Participó en el movimiento independentista y ocupó interinamente la presidencia en 1831.

CAICEDO FLÓREZ, FERNANDO (1756-1832). Sacerdote y patriota colombiano. Rector del colegio del Rosario de Bogotá, fue nombrado arzobispo de esta ciudad en 1827. Su adhesión a la causa de la independencia le costó una larga prisión en España. *Manifiesto en defensa de la libertad y la inmunidad eclesiásticas.*

CAICEDO ROJAS, JOSÉ (1816-1898). Educador, poeta y periodista colombiano. Perteneció a la generación romántica. Sus narraciones describen las costumbres populares. *Apuntes de ranchería* (1845), *Miguel de Cervantes* (1849), *Juana la Bruja* (1894).

CAICEDO Y CUERO, JOAQUÍN (1773-1813). Héroe del movimiento independentista colombiano. Presidió la junta de gobierno de Popayán en 1811. Después de obtener varias victorias sobre los realistas, fue apresado y murió fusilado.

CAICEDO Y CUERO, MANUEL JOSÉ (1769-1852). Sacerdote y político colombiano. Participó en la insurrección antiespañola de 1809, por lo que fue apresado y desterrado a Filipinas. Fundador de la Universidad de Cauca y rector del Colegio de Santa Librada.

CAICOS, ISLAS. Conjunto de islas del extremo sudeste de las Bahamas. Cubre una superficie de 200 km^2. Junto con las islas Turcos forma una colonia británica.

CAIFÁS. Según el Nuevo Testamento de la *Biblia,* sobrenombre de José, sumo sacerdote judío, yerno y sucesor de Anás, y presidente del Sanedrín (tribunal) que condenó a Jesús a la crucifixión.

CAILLAUX, JOSEPH (1863-1944). Político francés. Ocupó numerosos cargos antes y después de su encarcelamiento en 1917 por presunta connivencia con el enemigo durante la primera guerra mundial. Posteriormente fue ministro de hacienda en 1925 y 1935.

CAILLETET, LOUIS-PAUL(1832-1913). Físico y metalúrgico francés. Llevó a cabo trabajos sobre la licuefacción de los gases llamados permanentes. Por el método de cascada de temperaturas obtuvo oxígeno, nitrógeno y monóxido de carbono líquidos.

CAIMÁN. Reptil crocodiliano de la familia de los aligatóridos, perteneciente a los géneros *Caiman* y *Melanosuchus.*
3:263b; Cocodrilo 4:246a; *ilustración* 3:263b.

CAIMÁN, FOSA. Zanja submarina en el oeste del mar Caribe, entre Jamaica y las islas Caimán. Se extiende desde el paso de los Vientos, en la punta sudeste de Cuba, hasta Guatemala. Su zona más profunda es de 7.686 m.

CAIMÁN, ISLAS. Grupo insular del mar Caribe, al sur de Cuba, formado por tres islas: Gran Caimán, Pequeño Caimán y Caimán Brac. Abundancia de tortugas. Colonia británica. Centro bancario. 259 km^2. 25.900 hab. (1990).

CAIN, JAMES M. (1892-1977). Novelista estadounidense. Sus obras, violentas y ambientadas en el mundo del hampa, fueron características de la «novela dura» estadounidense de las décadas de 1930 y 1940. *El cartero siempre llama dos veces* (1934), *Doble indemnización* (1936), *Mildred Pierce* (1941).
Visconti, Luchino 14:330b.

CAINE, MICHAEL (n. en 1933). Actor cinematográfico británico. Óscar al mejor actor secundario en 1986 y premio de interpretación en el Festival de Cine de San Sebastián (1996). *Alfie* (1966), *Lío en Río* (1984), *Hannah y sus hermanas* (1986), *La muerte os sienta tan bien* (1992). En 2000 obtuvo un Óscar por su papel en *Las normas de la casa de la sidra.*

CAINGANGUE. Grupo tribal amerindio, perteneciente a la etnia de los guayanás, familia tupí-guaraní, que habita en la cuenca del río Paraná, en la parte sur de Brasil y en la región de Misiones, en la Argentina. Practican la caza y la pesca y su religión es animista.

CAÍN Y ABEL. Según el Génesis de la *Biblia,* primogénito y segundo hijo, respectivamente, de Adán y Eva.
3:246a; Adán y Eva 1:58a; *ilustración* 3:264a.

CAIRNES, JOHN ELLIOTT (1823-1875). Economista británico. Profesor de economía política en el Trinity College de Dublín, fue uno de los representantes de la economía clásica. Su principal aportación fue la introducción en el sistema económico del concepto de los grupos no competitivos. *El carácter y el método lógico de la economía política* (1857), *Algunos principios fundamentales de economía política nuevamente expuestos* (1874).

CAIRO, EL. Capital de Egipto, a orillas del Nilo. 6.789.479 hab. (1996).
3:246b; Egipto 5:330b; Nilo, río 10:417a; *ilustración* 3:265a.

CAJA DE AHORROS. Institución financiera, intermediaria entre el pequeño ahorro y los inversionistas, que se caracteriza por los fines sociales a los que se destinan los beneficios conseguidos con su actividad.

CAJA DE IMPRENTA. Espacio que corresponde al texto impreso en una página. Inicialmente se aplicaba este término al receptáculo en que se guardaban los caracteres de imprenta.

CAJAMARCA (CIUDAD). Población del Perú, cap. de la prov. de Cajamarca a orillas del río homónimo. Universidad técnica, aeropuerto. Edificios coloniales. Minería, agricultura, turismo. Fuentes termales. 108.009 hab. (1998).
3:265b; Huari, cultura 8:79b; Perú 11:359a; *ilustración* 3:265b.

CAJA NEGRA. Equipo que llevan las aeronaves que permite registrar las incidencias acaecidas en el vuelo.

CAJEME, JOSÉ MARÍA (1839-1887). Guerrillero mexicano. Perteneciente a la etnia yaqui, se opuso a la ocupación francesa de México de 1862. Sublevado posteriormente contra el gobierno mexicano, fue hecho prisionero y fusilado.

CAJERO AUTOMÁTICO. Equipo electrónico dependiente de un banco que permite realizar a sus clientes de forma automática distintas operaciones, como la extracción de dinero o la solicitud de información acerca del estado de la cuenta.

CAJIGAL, JUAN MANUEL (1802-1856). Matemático venezolano, autor de diversas obras sobre cálculo integral, mecánica y astronomía. Fundador del observatorio astronómico de Caracas.

CAJIGAL DE LA VEGA, FRANCISCO ANTONIO (1695-1777). Político y militar español. Capitán general de Caracas y gobernador de Santiago de Cuba, rechazó en 1742 a los ingleses, que intentaban ocupar la isla. Gobernador general de Cuba entre 1747 y 1760, en este último año fue nombrado virrey de la Nueva España, donde aplicó medidas favorables al comercio. Participó en la guerra hispano-británica de 1762.

CAL. Óxido de calcio (símbolo CaO), base de gran número de sustancias minerales, ampliamente utilizado en la construcción.
3:266a; Calcio 3:268a; Desinfectante 5:155a; *ilustración* 3:266a.

CALA. Planta herbácea de la familia de las aráceas (*Zantedeschia aethiopica*). Monocotiledónea. Hojas basales, grandes, y flor constituida por una espata blanca que rodea a un eje florífero amarillo. Cultivada como ornamental, es originaria de Sudáfrica.
Lirio 9:175b.

CALABAR, DOMINGO FERNANDES (m. en 1635). Guerrillero brasileño. De raza mulata, prestó servicios al gobierno portugués contra las incursiones holandesas. En abril de 1632 desertó y pasó a integrarse en los ejércitos holandeses. Apresado por Matias Albuquerque, fue ahorcado.

CALABAZA. Planta herbácea o parcialmente lignificada de la familia de las cucurbitáceas y del género *Cucurbita.*
3:266b; Angiospermas 1:356a; *ilustración* 3:266b.

CALABOZO. Ciudad de Venezuela, en el est. Guárico, a orillas del río Guárico. Fue capital del estado. Catedral barroca del siglo XVIII. Aeropuerto. Arroz, pesca fluvial, ganadería. 102.000 hab. (2000).

CALABRIA. Región del sur de Italia, incluye las prov. de Catanzaro, Cosenza y Reggio di Calabria, a orillas de los mares Tirreno y Jónico. Región montañosa. Agricultura; ganado lanar y cabrío; madera. Cap. Catanzaro. 15.080 km^2. 2.075.842 hab. (1996).

CALADO (ARTESANÍA). Labor de aguja de coser o de bordar en alguna tela, sacando o juntando hilos, con que se imita el encaje. Existen dos clases: los calados deshilados y los de hilos añadidos.
Bordado 3:112a.

CALADO (NAVEGACIÓN). En construcción naval, distancia que existe entre la parte inferior de la quilla (pieza longitudinal que recorre la eslora en la parte interior del casco de un buque) y la línea de flotación.
Embarcación 5:385a.

CALAFATEADO. Operación mediante la cual se cubren las junturas de las maderas de las embarcaciones con estopa y brea para que no entre el agua.

CALAHORRA. Población española, la Calagurris romana, en la prov. de Logroño, comunidad autónoma de La Rioja. Situada en las proximidades de la sierra Cebollera (sistema Ibérico), está regada por los ríos Ebro y Cidacos. Cereales, leguminosas, vid, industria conservera y azucarera. 18.926 hab. (1996).
Rioja, La 12:381b.

CALAIS. Ciudad y puerto de Francia en el paso del mismo nombre, dep. de Pas-de-Calais, a 34 km de la costa británica (Dover). Disputada históricamente por su importancia estratégica, perteneció a Inglaterra hasta 1558. Nudo de comunicación entre el continente europeo y la Gran Bretaña, registra un intenso movimiento de transbordadores. Iglesia gótica. Museo con el estudio de Auguste Rodin y su grupo escultórico «Los burgueses de Calais». 77.333 hab. (1999).

CALAIS, PASO DE. Brazo de mar entre la Gran Bretaña (al noroeste) y Francia (al sudeste). Conecta el canal de la Mancha con el mar del Norte. De 30 a 40 km de anchura con una profundidad media de 35 a 55 m.
Mancha, canal de la 9:321a.

CALAKMUL. Ciudad maya del estado mexicano de Campeche. Notable por sus 103 estelas de piedra, algunas con excelentes relieves, que presentan indicaciones cronológicas que van desde el siglo VI hasta el X.

CALAMA. Ciudad de Chile, cap. de la prov. de El Loa, reg. II de Antofagasta, a orillas del río Loa. Ciudad oasis en una región extremadamente árida de los Andes. Observatorio solar. Minería. 121.326 hab. (1999).

CALAMAR. Molusco cefalópodo decápodo del género *Loligo*, provisto de diez tentáculos, dos de ellos más largos.
3:267a; Moluscos 10:220b; *ilustración* 3:267b.

CALAMBRE. Contracción involuntaria, dolorosa y transitoria, de un músculo o grupo de músculos.

CALAMIDES (siglo V a.C.). Escultor griego. Su actividad se desarrolló entre los años 480 y 450. Fue uno de los mayores exponentes del arte severo que precedió al clasicismo en la escultura griega clásica. De su obra, hoy perdida, restan copias. «Apolo Alexikakos», «Afrodita Sosandra», «Victoria áptera».

CALAMINA. Denominación genérica que se aplica a los minerales utilizados como mena de zinc.

CALAMÓN. Ave zancuda gruiforme de la familia de las rállidas y del género *Porphyrio*. Presenta la cabeza roja, el dorso verde y el vientre violáceo. Habita en zonas del litoral.

CALANCHA, ANTONIO DE LA (1584-1654). Religioso agustino peruano. Célebre predicador, viajó por todo el Perú en labor pastoral. Autor de *Crónica moralizada del orden de San Agustín en el Perú* (1653), en dos volúmenes, que dejó incompleta.

CALANDRIA (INDUSTRIA). Máquina formada por rodillos o placas cuyo objeto es adelgazar, suavizar o satinar los materiales que la atraviesan, en una operación que se denomina calandrado.

CALANDRIA (ZOOLOGÍA). Pájaro de la familia de los aláudidos (*Melanocorypha calandria*). Habita en áreas secas del sur de Europa y en África.

CALANDRIA, LA. Novela del escritor mexicano Rafael Delgado publicada en 1891. De tono sentimental, gira en torno a las desventuras de una hermosa joven dotada de bella voz, a la que apodan la Calandria.

CÁLAO. V. **Bucerotes.**

CALARCÁ (1570-1605). Cacique de los indios pijaos. En 1602 protagonizó un levantamiento contra las ciudades españolas del Nuevo Reino de Granada (Colombia). Los españoles, ayudados por los indios colimas y coyaimas, lo derrotaron y le dieron muerte.

CALAR DEL MUNDO. Serranía de España, en la cordillera Penibética, en el sudoeste de la prov. de Albacete, entre los partidos judiciales de Yeste y Alcázar. Nacimiento del río Mundo. Alcanza su máxima altitud en el pico de Argel (1.694 m).

CALASANZ, SAN JOSÉ DE (1556-1648). Religioso español. Fundador de la orden de las escuelas pías, dedicada en su origen a la educación e instrucción de niños menesterosos. Murió en Roma y fue canonizado durante el pontificado de Clemente XIII (1767).

CALATAÑAZOR, BATALLA DE. Combate acaecido supuestamente en el 1002, en la localidad española de Calatañazor, en el que una coalición de tropas cristianas venció a Almanzor. De resultas de las heridas, éste murió poco después en Medinaceli. Historiadores modernos refutan el hecho de armas, aunque la muerte del caudillo árabe y el lugar de ésta están comprobados.

CALATAYUD. Población de la prov. de Zaragoza, comunidad autónoma de Aragón, España. Centro industrial y de comunicaciones. De origen celtibérico, fue la Bílbilis romana. Patria de Marcial y de Baltasar Gracián. 17.078 hab. (1996).

CALATAYUD, ALEJO (m. en 1730). Caudillo indígena peruano que organizó la sublevación de Cochabamba en 1730. Fue ejecutado por orden del alcalde español de la ciudad.

CALATRAVA, JOSÉ MARÍA (1781-1847). Jurisconsulto y político español. Luchó en la guerra de la independencia y fue diputado en las Cortes de Cádiz. Encarcelado entre 1814 y 1820 por sus ideas liberales, fue nombrado en este último año ministro de gracia y justicia. Vivió en el exilio entre 1823 y 1833 y presidió el consejo de ministros entre agosto de 1836 y agosto de 1837.

CALATRAVA, ORDEN DE. Institución militar y religiosa española. Tuvo su origen en la defensa de la fortaleza de Calatrava frente a los musulmanes en 1158. La orden fue oficialmente reconocida por el papa en 1164.
Órdenes religiosas militares 11:133a.

CALATRAVA, SANTIAGO (n. en 1951). Arquitecto español. Entre sus obras destacan la estación de Spandau (1991) en Berlín y la estación de Oriente (1998), en Lisboa. Autor del proyecto del aeropuerto de Sondika, Bilbao, y de la ciudad de las ciencias en Valencia.

CALCAGNO, FRANCISCO (1827-1903). Historiador y ensayista cubano. Autor del notable *Diccionario biográfico cubano* (1878-1884), su obra cumbre. *Poetas de color* (1878).

CALCANTE. V. **Calcas.**

CALCANTITA. Sulfato de cobre, también denominado caparrosa azul. Sistema triclínico.

CALCAÑO, JOSÉ ANTONIO (1827-1894). Poeta venezolano. Autor de tendencia religiosa y estilo romántico, influido por el español José Zorrilla. *El santo huésped, A la reunión del concilio Vaticano.*

CALCAÑO, JULIO (1840-1918). Poeta y crítico venezolano. Antólogo y autor de novelas y cuentos románticos. Fundó la Academia Venezolana de la Lengua (1883). *Parnaso venezolano* (1892), *El castellano en Venezuela* (1897).

CALCARENITA. Roca sedimentaria formada por partículas calcáreas depositadas mecánicamente, no por solución, y consistentes en materiales fósiles, gránulos de roca de carbonato, etc.

CALCAS. Personaje de la mitología griega. Fue augur y gran sacerdote en la expedición griega a Troya. Vaticinó que el sitio de Troya duraría diez años y que Agamenón debería sacrificar a Ifigenia para que pudiera avanzar su flota, detenida en Áulida por los vientos. Se quitó la vida por sus rivalidades con el augur Mopso. También conocido como Calcante.

CALCEDONIA (HISTORIA).Antigua ciudad de Bitinia, en Asia menor, fundada por los colonos megarenses en el siglo VII a.C. Es la moderna Kadiköy, Turquía.

CALCEDONIA (MINERALOGÍA). Variedad de sílice (SiO_2). Coloración diversa: roja, parda y varias tonalidades de verde. Su variedad ágata es muy apreciada en joyería.
Silíceos, minerales 13:242b.

CALCEDONIA, CONCILIO DE. Cuarto concilio ecuménico, convocado por el emperador Marciano y el papa León I en el año 451. En él se condenó el monofisismo y al heresiarca Eutiques y se reconoció la doctrina de la doble naturaleza de Cristo, divina y humana.

CALCEOLARIA. Género de plantas de la familia de las escrofulariáceas que comprende un gran número de especies, de entre las que destaca la *Calceolaria rugosa*. Arbustiva y bianual, presenta hojas opuestas y flores de color blanco, anaranjado y rojo.

CALCHAQUÍ. Tribu amerindia, de la familia diaguita, que habitaba en la zona del valle de Calchaquí y en el sur del Chaco, en las posteriores provincias argentinas de Tucumán y Santiago del Estero. Mantenían un sistema político de cacique y desarrollaron un estilo de cerámica propio (estilo Santa María).

CALCHAQUÍ, JUAN (siglo XVI). Cacique indígena calchaquí. Después de oponerse tenazmente a los españoles, colaboró con ellos en la fundación de diversas ciudades en el noroeste de la posterior Argentina.

CALCHAQUÍES, CUMBRES. Sierra del noroeste de la Argentina, perteneciente al sistema del Aconquija. Está situada en las prov. de Salta y Tucumán y entre los valles de los ríos Santa María y Sali. Zona de transición entre los Andes y la Pampa. Alcanza su máxima altitud en el monte de Las Lagunas (4.570 m).

CÁLCICA, CIANAMIDA. Cal nitrogenada ($CCaN_2$). Peso molecular 80,11. En estado puro no es volátil ni combustible. La sustancia comercial contiene carburo cálcico y produce acetileno. Utilizada como fertilizante, herbicida y defoliante, y en la fundición y refinación del hierro.

CALCÍDICA, PENÍNSULA DE LA. Península de Grecia, sobre el mar Egeo. Sobresale de Macedonia y se prolonga en el sudeste con tres promontorios: Cassandra, Sithonia y Áyion Óros o monte Athos.

CALCINACIÓN. Acción de calcinar o quemar. Secado o reducción a un polvo que consiste en materia inorgánica por exposición al calor intenso.

CALCIO. Elemento químico alcalinotérreo. Símbolo, Ca; número atómico, 20; peso atómico, 40,08.
3:267b; Raquitismo 12:263a; *cuadro* 3:268a.

CALCIO, CARBONATO DE. Compuesto presente en las rocas calizas y las conchas de los moluscos. Se obtiene puro por precipitación de una solución de cloruro o nitrato cálcico con otra de carbonato sódico o amónico. Se usa en medicina como antiácido y en la industria para preparar dióxido de carbono. Fórmula, CO_3Ca.

CALCIO, HIPOCLORITO. Compuesto químico comercial. Usado como algicida, desodorante, desinfectante, oxidante y blanqueador; se emplea también para refinar azúcar. Fórmula, $CaCl_2O_2$.

CALCIO, NITRATO DE. Compuesto químico comercial. Se emplea en la fabricación de fertilizantes, cerillas, productos pirotécnicos, ácido nítrico y tubos de radio; es inhibidor de la corrosión en combustibles Diesel. Fórmula, CaN_2O_5.

CALCITA. Forma mineral más abundante del carbonato de calcio natural. Dominante en la composición de la cal y el mármol. Presente en las conchas de los invertebrados. Generalmente incolora.
Calcio 3:268a; Calizas, rocas 3:286b.

CALCOLÍTICO. V. **Eneolítico.**

CALCOMANÍA. Procedimiento de decoración que consiste en transferir imágenes a superficies de vidrio, cerámica, etc. Practicado por primera vez en la fábrica de esmaltes de Battersea (Londres), en 1753, implica entintar con color cerámico una lámina de cobre grabada que, después de impresa sobre papel, se aplica al objeto que se quiere decorar.

CALCOMENITA. Mineral de selenito natural de cobre. Cristaliza en el sistema rómbico. Fórmula, $CuSeO_3\ 2H_2O$.

CALCOPIRITA. Mineral de sulfuro de hierro y cobre. Cristaliza en el sistema tetragonal. Presenta color negro azulado o amarillo latón. Es la mena de cobre más común. Fórmula, $CuFeS_2$.

CALCOSINA. Mineral de sulfuro de cobre. Dureza media baja. Cristaliza en el sistema rómbico. Color gris oscuro. La más apreciada mena de cobre. Fórmula, Cu_2O.

CALCULADORA. Máquina que ejecuta automáticamente operaciones de cálculo matemático mediante procedimientos mecánicos o electrónicos.

CÁLCULO (MATEMÁTICAS). Rama de las matemáticas que estudia problemas en los cuales intervienen cantidades variables. Comprende di-

versas disciplinas y se aplica a diferentes áreas de estudio, entre ellas el cálculo integral y diferencial, el tensorial o el vectorial.
3:268a; Ábaco 1:2b; Álgebra 1:219a; Algoritmo 1:223b; Análisis matemático 1:317a; Matrices 9:416b; Matemáticas 9:406b; Número 11:47b; *ilustraciones* 3:269b; 3:270a; 3:272a.

CÁLCULO (MEDICINA). Concreción sólida de sales minerales o materias orgánicas, que se forma en un órgano, un conducto o una glándula y susceptible de provocar diversos trastornos. Los más frecuentes son los urinarios y los biliares.
Litotricia 9:184a.

CALCUTA. Ciudad de la India, cap. del est. de Bengala Occidental. 4.399.819 hab. (1991).
3:273a; Bengala 2:410a; *ilustración* 3:273b.

CALDAS. Departamento de Colombia en la cordillera Central de los Andes. Cap. Manizales. 7.888 km^2. 1.030.062 hab. (1993).
3:273b; *ilustración* 3:274a.

CALDAS, FRANCISCO JOSÉ DE (1771-1816). Geógrafo y naturalista colombiano. Discípulo de José Celestino Mutis, estableció las bases de la geografía y la botánica de Hispanoamérica.
3:274a; Caldas 3:274a.

CALDAS, VALTÉRCIO (n. en 1946). Diseñador y escultor brasileño. Perteneciente al denominado arte conceptual. *La forma ciega* (1982), *El jardín instantáneo* (1989).

CALDAS BARBOSA, DOMINGO (1740-1800). Poeta brasileño. Cofundador en Lisboa de la publicación *Nova Arcádia.* Sus obras son de estilo popular. *Viola de Lereno* (1798).

CALDAS DE MONTBUY. Población española de la prov. de Barcelona, comunidad autónoma de Cataluña. Situada en las estribaciones del monte San Llorens del Munt, está regada por el río Caldas. Conserva termas de época romana. Frutas, legumbres, industria textil y metalúrgica. 11.293 hab. (1991).

CALDEA. Antiguo nombre de la baja Mesopotamia. La región fue conquistada por los asirios en el siglo IX a.C. En el año 625 a.C. una dinastía caldea conquistó el poder en Babilonia, la principal ciudad de la región, y lo mantuvo hasta la invasión persa del 539 a.C.
Semíticas, lenguas 13:201a.

CALDER, ALEXANDER (1898-1976). Escultor y pintor estadounidense. Representante del arte cinético en la escultura del siglo XX.
3:274b; Abstracto, arte 1:21b; Caricatura 3:391b; Cinético, arte 4:204a; *ilustración* 3:275a.

CALDERA. Recipiente que forma parte de un dispositivo generador de vapor, en el que se calienta o se hace hervir el agua u otros líquidos.
Calefacción 3:278b.

CALDERA, RAFAEL (n. en 1916). Político venezolano. Ejerció la presidencia de 1968 a 1974, llevando a cabo un programa de corte reformista. De nuevo presidente desde 1994 a 1998.
3:275b; Venezuela 14:267b; *ilustración* 3:275b.

CALDERÓN. Signo musical, semicírculo con un punto en el centro, que indica el alargamiento de una nota o un silencio. Usualmente duplica la duración del signo que afecta, pero el intérprete puede modificar esta relación.
Musical, notación 10:321b.

CALDERÓN, ABDÓN (1804-1822). Héroe de la independencia ecuatoriana. Combatió bajo el mando de Antonio José de Sucre y tuvo un comportamiento heroico en la batalla de Pichincha, en la que murió.

CALDERÓN, ALBERTO (1920-1998). Matemático argentino. Destacó por sus investigaciones sobre análisis de funciones y cálculo infinitesimal.
3:275b.

CALDERÓN, BATALLA DE. Combate librado el 17 de enero de 1811 entre las tropas mexicanas independentistas, mandadas por el cura Miguel Hidalgo, y el ejército realista del virrey de la Nueva España, Félix María Calleja. Este último venció y fue nombrado conde de Calderón.

CALDERÓN, CLÍMACO (1852-1913). Economista colombiano. Fue presidente interino en 1882. *Tratado de la hacienda pública.*

CALDERÓN, FERNANDO (1809-1845). Escritor mexicano. Cultivó el género teatral y la poesía, dentro de un estilo romántico que contribuyó a difundir en su país. *Zadig, Ana Bolena* (1842), *Obras poéticas* (1844).

CALDERÓN, RODRIGO (1570-1621). Cortesano español. Favorito del valido del rey Felipe III, el duque de Lerma, su suerte fue pareja a la de éste. A la caída del duque, fue encarcelado y ahorcado por orden de Felipe IV.

CALDERÓN, SERAPIO (1843-1922). Abogado y político peruano. En 1904 asumió la presidencia de la república a la muerte del presidente Manuel Candamo.

CALDERÓN, SILA MARÍA (n. en 1942). Política puertorriqueña. Encabezando la candidatura del Partido Popular Democrático (PPD), opuesto a la plena integración de Puerto Rico en los Estados Unidos, accedió al cargo de gobernadora de la isla en enero de 2002, como sucesora de Pedro J. Roselló.

CALDERÓN COLLANTES, SATURNINO (h. 1799-1864). Político español. Diputado en las Cortes liberales de 1820, dimitió tras la implantación del régimen absolutista en 1823. Fue posteriormente ministro en los gobiernos de Baldomero Espartero, Ramón María Narváez y Leopoldo O'Donnell. Como ministro de estado defendió en 1863 la intervención del general Juan Prim en la expedición a México.

CALDERÓN DE LA BARCA, PEDRO (1600-1681). Dramaturgo español. Figura cumbre del Siglo de Oro.
3:276a; Auto sacramental 2:248a; Española, literatura 6:92a; Rojas Zorrilla, Francisco de 12:413a; Siglo de Oro español 13:236b; Teatro 13:411b; Tragedia 14:109b; Zarzuela 14:412b; *cuadro* 3:276a; *ilustración* 3:276a.

CALDERÓN FOURNIER, RAFAEL (n. en 1949). Político costarricense. Presidente de Costa Rica entre 1990 y 1994.
3:277a; Costa Rica 4:416a; *ilustraciones* 3:277b; 4:461a.

CALDERÓN GUARDIA, RAFAEL ÁNGEL (1900-1970). Político costarricense. Presidente de 1940 a 1944 por el Partido Republicano Nacional, mantuvo su influencia política en años subsecuentes. Su derrota en las elecciones de 1948, desconocidas por el Congreso, provocó una guerra civil que lo llevó al exilio. Encabezó varias invasiones infructuosas, pero en 1958 retornó al país como diputado. Fue una vez más candidato presidencial (1962).
Costa Rica 4:415a.

CALDERÓN SOL, ARMANDO (n. en 1948). Político conservador salvadoreño. Presidente de El Salvador entre 1994 y 1999.
3:277b; *ilustración 3:277b.*

CALDERÓN Y ARANA, LAUREANO (1847-1894). Químico español. Inventó el estauroscopio, instrumento para determinar la refracción de los minerales transparentes. Separado de su cátedra de la universidad de Santiago de Compostela por sus inclinaciones republicanas, marchó a Francia, donde estudió con Marcellin Berthelot.

CALDERS, PERE (n. en 1912). Narrador español en lengua catalana. Combinó con gran imaginación realismo y fantasía. Estuvo exiliado hasta 1963 en México, país al que dedicó parte de su obra. *Ronda naval bajo la niebla* (1966), *Todos los cuentos* (1968), *Todo se aprovecha* (1983).

CALDWELL, ERSKINE (1903-1987). Novelista estadounidense. Describió en su obra las condiciones infrahumanas de los pobres del sur rural de su país. *La ruta del tabaco* (1932), *Disturbio en julio* (1940), *Tierra trágica* (1943).

CALEDONIA. Antigua región de la Gran Bretaña correspondiente a la moderna Escocia. Habitada por un pueblo picto, los caledonios, su parte meridional fue ocupada por los romanos en el año 82.

CALEDONIA, NUEVA. V. **Nueva Caledonia.**

CALEDONIANO, PLEGAMIENTO. Fase de la orogénesis (formación de montañas) acaecida durante el período silúrico (hace 430-395 millones de años), dentro de la era primaria o primitiva. Dividida en las fases de tacónica y ardénica. Afectó a zonas de Escocia, Escandinavia, Groenlandia, etc.
Primaria, era 12:141a.

CALEFACCIÓN. Sistema empleado para incrementar la temperatura de edificios y locales.
3:278a; *ilustraciones* 3:278a.

CALENDARIO. Sistema para dividir el tiempo en períodos regulares. Por extensión se llama calendarios a las representaciones gráficas de tales sistemas.
3:279a; Tiempo, medición del 14:54b; Tierra 14:55b; *ilustraciones* 3:279b; 3:280a.

CALENDARIO AZTECA. Sistema de cómputo del tiempo utilizado por los aztecas y que presentaba dos formas: el calendario ritual, que constaba de 260 días, agrupados en veinte períodos de trece días cada uno; y el solar, de 360 días distribuidos en 18 meses de veinte días, a los que había que añadir los cinco últimos días del año, considerados de mal augurio.
Axayácatl 2:272a; Azteca, imperio 2:287b; Calendario 3:279b.

CALENDARIO GREGORIANO. Sistema de cómputo del tiempo utilizado actualmente en los países cristianos y que sustituyó al calendario antiguo o juliano en 1582, año en que fue introducido por el papa Gregorio XIII para corregir las imprecisiones del sistema anterior. En dicho año se saltaron diez días (del 4 de octubre al 15 del mismo mes), y se fijó la duración del año en 365 días, 5 horas y 55 minutos. La fracción de día sobrante por año se acumulaba y constituía un día extra cada cuatrienio que se añadía al último año de éste dando lugar al año bisiesto, de 366 días, pero no serían bisiestos los años 1700, 1800 y 1900.
Calendario 3:279a.

CALENDARIO HEBREO. Sistema de cómputo del tiempo utilizado por el pueblo hebreo que intentaba corregir el desfase existente entre el calendario lunar y el solar. Para ello adoptaba el ciclo denominado de Metón, ciclo lunar de 19 años solares, los cuales equivalen a 235 lunaciones. Estas lunaciones se agrupaban en doce años de doce meses cada uno y otros siete de trece.
Calendario 3:280a:

CALENDARIO JULIANO. Sistema de cómputo del tiempo establecido por Julio César en el año 46 a.C., basado en la duración del año trópico calculada por los egipcios. Ésta era de 365,25 días y la fracción resultante se acumulaba para añadirse al último año de cada cuatrienio, año que era por tanto bisiesto, de 366 días. El error existente en dicha fracción determinó un desfase a lo largo de los siglos que fue corregido por la reforma del calendario gregoriano.
Calendario 3:280b.

CALENDARIO MAYA. Sistema de cómputo del tiempo usado por los mayas que combinaba dos calendarios distintos, uno religioso o lunar, de 260 días, y otro civil o solar de 360 días, agrupados en 18 meses de veinte días. A este último se añadían cinco días más, que eran independientes de cualquier mes.
Calendario 3:279b; Maya, cultura 10:5a.

CALENDARIO MUSULMÁN. Sistema de cómputo del tiempo empleado por los árabes y basado en el ciclo lunar. Se divide en doce meses que tienen alternativamente 29 y 30 días.
Calendario 3:280b.

CALENDARIO REPUBLICANO FRANCÉS. Calendario adoptado en Francia en 1793, tras la proclamación de la primera república. Lo integraban doce meses de treinta días cada uno más otros cinco días añadidos al final del año, y un sexto, conocido como día de la república, para

los bisiestos. El año se iniciaba en el equinoccio de otoño y los nombres de los meses eran: vendimiario, brumario, frimario, nivoso, pluvioso, ventoso, germinal, floreal, pradial, mesidor, termidor y fructidor.
Calendario 3:280b.

CALENDAS. Nombre que recibían los primeros días de cada mes en el calendario romano y en el eclesiástico.

CALÉNDULA. Planta herbácea anual de la familia de las compuestas (*Calendula arvensis*). Dicotiledónea. Hojas lanceoladas y capítulos florales de color anaranjado. Propia de la región mediterránea.
Herbáceas 7:365a; Jardinería 8:354a.

CALEPINO, AMBROGIO (h. 1440-1510). Lexicógrafo italiano. Monje agustino, publicó en 1502 su *Diccionario latino-italiano*. Añadió lenguas en subsecuentes ediciones, hasta completar once.

CALESA. Carruaje de dos o cuatro ruedas, de caja o habitáculo abierto por delante, con dos o cuatro asientos y capota de cuero.

CALGARY. Ciudad de Canadá, prov. de Alberta, en el extremo occidental de las grandes llanuras. Fundada como fuerte de la policía montada (1875), creció como nudo de comunicaciones y centro de una vasta región agrícola y ganadera. Universidades. Rodeo anual. Refinerías de petróleo, explotación forestal. Productos cárnicos. 768.082 hab. (1996).

CALHOUN, JOHN CALDWELL (1782-1850). Pensador y político estadounidense. Secretario de guerra, vicepresidente del país (1825-1832) en las presidencias de John Quincy Adams y Andrew Jackson, secretario de estado (ministro de asuntos exteriores) con John Tyler. Teorizó sobre la naturaleza del estado federal, defendiendo la soberanía de los estados federados frente al poder central. *Disquisiciones sobre el gobierno* (1847).
Federalismo 6:244b.

CALI. Ciudad de Colombia. 2.110.571 hab. (1999).
3:281a; Colombia 4:265b; Valle del Cauca 14:227a.

CALIAS, PAZ DE. Compromiso alcanzado el año 449 a.C. por Persia y Atenas, representada por el acaudalado comerciante Calias, que significó el fin de las guerras médicas.
Médicas, guerras 10:26a.

CALIBRADO. Acción de corregir o acabar las formas de una pieza mecánica para obtener las dimensiones y tolerancias necesarias.

CALIBRE. Diámetro interno de un cilindro, y en especial de los cañones de las armas de fuego y de los proyectiles. Las armas portátiles no llegan a los 13 mm; las piezas ligeras de artillería oscilan entre 37 y 105 mm; los calibres superiores a 200 mm son de difícil transporte, y por lo tanto más vulnerables, por lo que se emplean en emplazamientos fijos.

CALICHE. Estrato de roca calcárea que se forma en algunas zonas de clima árido o semiárido por precipitación de carbonato cálcico y otras sales que ascienden disueltas en agua como consecuencia de la intensa evaporación.

CALÍCRATES (siglo V a.C.). Arquitecto griego de la Atenas de Pericles. Proyectó, junto con Ictinos, el Partenón (447-438 a.C.). Diseñó el elegante templo jónico de Atenea Niké (427-424). También edificó las partes meridional y central de los Muros Largos, desde Atenas hasta El Pireo.
Acrópolis 1:37a.

CALICUT. V. **Kozhikode.**

CALIDASA. V. **Kalidasa.**

CÁLIDO, FRENTE. Fenómeno meteorológico que se origina cuando una masa de aire cálido penetra en otra de aire frío.

CALIDOSCOPIO. Instrumento óptico basado en un juego de espejos y vidrios de colores en el interior de un tubo. Produce cambiantes imágenes geométricas.

CALIFA. Título del jefe supremo del Islam, considerado como el sucesor de Mahoma, que ejercía el poder espiritual y temporal. Posteriormente se invistieron con el título de califa ciertos jefes locales, como Abderramán III en Córdoba (califa del 929 al 961).
Califato 3:281b.

CALIFATO. Período histórico, dividido en varias etapas dinásticas, durante el cual los árabes, unificados y convertidos al Islam, extendieron su dominio desde Arabia por el norte de África hasta el sur de Francia y por oriente hasta el río Indo, bajo la soberanía de los sucesores de Mahoma (califas).
3:281b; *ilustraciones* 3:281b; 3:282a.

CALIFORNIA. Estado del sudoeste de los Estados Unidos, a orillas del Pacífico. Limítrofe con México. Cap. Sacramento. 410.895 km^2. 32.268.301 hab. (1997).
3:283a; Amerindios, pueblos 1:294a; Desierto 5:152a; Estados Unidos 6:125b; Los Ángeles 9:224b; San Diego 13:121b; San Francisco 13:123b; *ilustraciones* 3:283b; 3:284; 3:285a.

CALIFORNIA, BAJA. V. **Baja California, península de.**

CALIFORNIA, CORRIENTE DE. Corriente oceánica, continuación de la Aleutiana, que discurre en dirección sur a lo largo de la costa occidental de América del norte. La temperatura y salinidad de sus aguas varían con las estaciones, aunque alcanzan los 26 °C y el 34,5 por mil, respectivamente.

CALIFORNIA, GOLFO DE. Golfo situado entre la península de Baja California y la costa noroccidental del México continental. 1.100 km de longitud y de 90 a 230 km de anchura. También se denomina mar de Cortés.
3:285a; Golfo y bahía 7:155b; México 10:121a; *ilustración* 3:285b.

CALIFORNIA, RESERVA DE LA BIOSFERA DE LAS ISLAS DEL GOLFO DE. Espacio natural mexicano de 360.000 hectáreas, situado en el golfo de California y conformado por 53 islas en las que existe una importante variedad de fauna y flora. En ella habitan especies en peligro de extinción, como la tortuga carey y la totoaba. Presenta endemismos de interés como las iguanas, y en las aguas circundantes se encuentran mamíferos marinos como el lobo marino y la ballena jorobada. Se declaró como reserva de la biosfera en 1994.

CALIFORNIO. Elemento químico sintético, de la serie de los actínidos y del grupo IIIb de la tabla periódica. Se obtuvo por vez primera en 1950 por bombardeo del curio 242 con iones de helio. Todos los isótopos del californio son radiactivos. Símbolo, Cf; número atómico, 98.
Actínidos 1:39.

CALIGRAFÍA. Arte de la escritura. Se desarrolló notablemente en la antigua China, donde se separó de la práctica usual de la escritura y pasó a formar parte de la plástica, y en el mundo islámico, por la prohibición del arte figurativo. En occidente fue muy cultivada en la edad media, pero decayó con la invención de la imprenta de tipos móviles.

CALÍGULA (12-41). Cayo César, emperador romano del 37 al 41 que sucedió a Tiberio. Las extravagancias que caracterizaron su reinado lo hicieron muy impopular.
3:286a; Herodes Antipas 7:379a; *ilustración* 3:286a.

CALILA Y DIMNA. Recopilación de relatos alegóricos hindúes. Fue difundida a través de una versión del sánscrito en persa medio, de donde se vertió al árabe y, en la edad media, a varias lenguas occidentales. Se supone originalmente escrita hacia el siglo V.

CALIMA, RÍO. Curso fluvial del sudoeste de Colombia, en el dep. de Valle del Cauca. Nace en la cordillera Occidental, en el cerro de Calima, y tras permitir sus aguas la navegación, el regadío y su aprovechamiento hidroeléctrico, desemboca en el río San Juan. En su valle se han descubierto yacimientos arqueológicos correspondientes a una cultura desarrollada entre los siglos VIII y IX.

CALÍMACO (h. el 305-h. el 240 a.C.). Poeta y tratadista griego. Autor muy prolífico, maestro de la escuela helenística alejandrina. Sólo se conservan algunos fragmentos de sus obras, entre las que destacan diversos epigramas y, sobre todo, *Causas* (también llamada *Orígenes*).
Griega, literatura 7:220b.

CALÍOPE. En la mitología griega, musa protectora de la poesía épica. Según las distintas versiones, se la consideraba madre de las sirenas, de Orfeo y de Lino. Medió en la disputa mantenida entre Perséfone y Afrodita por Adonis.
Musas 10:306b.

CALIPO DE CÍCICO (siglo VI a.C.). Astrónomo griego. Uno de los más destacados de la escuela de Cícico. Continuador de los trabajos de Eudoxo sobre los sistemas de esferas homocéntricas y cónicas. Definió el período calípico, rectificación del ciclo de Metón, al incluir un ciclo de 19 años y suprimir un día del total.

CALIPSO. Según la *Odisea*, ninfa o diosa de la isla mediterránea de Ogigia. Enamorada de Odiseo (Ulises), retuvo junto a ella siete años al héroe griego, a quien prometió la inmortalidad si no regresaba a Itaca. Al fin lo dejó partir merced a la intervención de Atenea ante Zeus.
Odisea, La 11:78b.

CALÍSTENES (h. el 360-327 a.C.). Historiador griego nacido en Olinto, sobrino de Aristóteles. Acompañó a Alejandro Magno en su expedición a Asia como historiador oficial. A causa de su oposición a ciertas medidas de Alejandro fue acusado de traición, encarcelado y ejecutado. Entre sus obras conservadas destaca la crónica *Helénicas*.

CALISTO. Satélite de Júpiter, el más exterior de los conocidos. Diámetro de 4.848 km y distancia orbital al planeta de cerca de 2.000.000 km. Sistema de anillos concéntricos en latitudes ecuatoriales.
Júpiter (ASTRONOMÍA) 8:413b; Satélite 13:163b.

CALITIPIA. Procedimiento de obtención de negativos de papel en la cámara fotográfica. Se emplea un papel recubierto de yoduro de plata, tratado con una solución de nitrato de plata, ácido acético y ácido gálico poco antes de la exposición y revelado en la misma solución. Inventado en 1841 por el británico Fox Talbot. También denominado calotipia.
Fotografía 6:357b.

CALITRÍCIDOS. Familia de primates de pequeño tamaño. Cola larga, cabeza diminuta y extremidades de cinco dedos. Poco evolucionados. Propios de la selva sudamericana. El ejemplar más conocido es el tití.

CÁLIX, FRANCISCO (1870-1898). Político y abogado hondureño. Sus ideas liberales lo obligaron a exiliarse durante el gobierno del general Domingo Vázquez. En 1894 apoyó a las fuerzas del caudillo liberal Policarpo Bonilla y ocupó un puesto en su gobierno, desde donde fomentó la cultura y el progreso. Sus escritos políticos quedaron recogidos en la revista *La Regeneración*.

CALIXTLAHUACA. Pueblo del est. de México en cuyas proximidades se encuentra la más importante zona arqueológica de la cultura matlatzinca.

CALIXTO I (m. en el 222). Papa desde el 217 hasta su muerte. Durante su pontificado se produjo el cisma del antipapa Hipólito. Hasta que se descubrió la obra de éste, *Philosophumena*, panfleto dirigido contra el papa, la vida de Calixto I fue poco conocida.

CALIXTO II (m. en 1124). Guido (o Guy) de Borgoña, papa desde 1119 hasta 1124. Celebró un sínodo en Reims en el que se condenó al

antipapa Gregorio VIII. Convocó el primer concilio lateranense ratificando el concordato entre la iglesia y el Sacro Imperio Romano en torno a la querella de las investiduras.
Investiduras, querella de las 8:252b.

CALIXTO III (1378-1458). Alfonso de Borja o Borgia, papa de 1455 a 1458. Nació en Játiva (España) y fue obispo de Vich y de Valencia. Como pontífice favoreció a su familia; uno de sus sobrinos, Rodrigo Borgia (Alejandro VI), accedió al papado en 1492. Promovió sin éxito una cruzada contra los turcos.
Borgia, familia 3:113b.

CALIXTO III, ANTIPAPA (siglo XII). Giovanni di Struma, antipapa de 1168 a 1178 cuyo pontificado apoyó Federico I Barbarroja. Fue elegido como opositor a Alejandro III.

CÁLIZ. Uno de los elementos fundamentales de protección de la flor de las angiospermas. Ausente en algunos casos. Suele ser de color verde y se compone de una serie de piezas denominadas sépalos.
Flor 6:325a.

CALIZAS, ROCAS. Agrupaciones minerales formadas fundamentalmente por carbonato cálcico, muy extendidas sobre la superficie terrestre.
3:286a; Mármol 9:380b; Orografía 11:156b; Rocas 12:399b; *ilustración* 3:287a.

CALLAGHAN, JAMES (n. en 1912). Político británico, perteneciente al Partido Laborista. Primer ministro de 1976 a 1979. Su gobierno sufrió graves daños por varias huelgas, especialmente la del invierno de 1978 a 1979 que supuso la caída de los laboristas.

CALLAGHAN, MORLEY (1903-1990). Novelista canadiense. Cronista de la vida urbana canadiense y de los problemas sociales de la misma.
Canadiense, literatura 3:327b.

CALLAHAN, HARRY (1912-1999). Fotógrafo estadounidense. Contribuyó a fundar el departamento de fotografía de la Escuela de Rhode Island, en Providence, donde fue profesor entre 1961 y 1976. En su obra combinó la tradición pictórica, la documental y la abstracción pura. Retrospectiva del Museo de Arte Moderno de Nueva York en 1976.

CALLAHUAZO, JACINTO (siglo XVIII). Cacique e historiador ecuatoriano. Su obra *Las guerras civiles del inca Atahualpa con su hermano Atoco, llamado Huáscar Inca* fue quemada por las autoridades españolas, aunque él mismo redactó luego un resumen.

CALLAO. Provincia constitucional del Perú a orillas del Pacífico. Aeropuerto internacional. Escuelas naval y militar. Cap. El Callao. 147 km^2. 589.000 hab. (1990).
Callao, El 3:287a.

CALLAO, BOMBARDEO DE EL. Incidente de la guerra que enfrentó a España contra Chile y el Perú, acaecido el 2 de mayo de 1866. Después de atacar a la ciudad chilena de Valparaíso, el almirante español Casto Méndez Núñez hizo lo mismo con El Callao, en el Perú, una plaza muy bien fortificada. El enfrentamiento se saldó con numerosas bajas, pero sin una victoria clara para ninguno de los bandos.

CALLAO, EL. Ciudad del Perú. Forma parte del área metropolitana Lima-Callao. 407.904 hab. (1998).
3:287a; Lima 9:157b; Lima, departamento de 9:159a; Perú 11:359a.

CALLAS, MARIA (1923-1977). Maria Cecilia Sophia Anna Kalogeropoulos, soprano griega nacida en Nueva York. Una de las cantantes de ópera más destacadas del siglo XX.
3:287b; *ilustración* 3:287b.

CALLEJA, FÉLIX MARÍA (h. 1755-1828). Militar y político español. Virrey de la Nueva España de 1813 a 1816, organizó el ejército que combatió el movimiento independentista.

CALLEJAS, RAFAEL LEONARDO (n. en 1943). Político hondureño. Miembro destacado del Partido Nacional, obtuvo la presidencia de la República de Honduras en las elecciones de noviembre de 1989, con una cómoda mayoría absoluta, tras haber perdido los anteriores comicios. Estableció una política de moderación para sanear las finanzas nacionales. Derrotado en los comicios de 1993, fue sucedido en la presidencia del país por Carlos Roberto Reina.

CALLEROS, MANUEL. Político uruguayo. Presidió, entre 1825 y 1826, el primer gobierno nacional tras la proclamación de la independencia por Juan Antonio Lavalleja.

CALLES, PLUTARCO ELÍAS (1877-1945). Político mexicano. Ocupó la presidencia de 1924 a 1928 y creó el Partido Nacional Revolucionario en 1929, el cual dio estabilidad política al país.
3:288a; Cárdenas, Lázaro 3:379b; México 10:133a; Ortiz Rubio, Pascual 11:162b.

CALLO. Endurecimiento de la piel con hipertrofia de la capa córnea, provocada por el roce o la presión, que se localiza preferentemente en los dedos de manos y pies.

CALLOSA DE SEGURA. Población española de la prov. de Alicante, en la comunidad autónoma de Valencia. Situada en las proximidades de la sierra de Callosa, en un valle regado por el río Segura. Agricultura de regadío, industrias del cáñamo y de la alimentación. 15.230 hab. (1996).

CALLOT, JACQUES (h. 1592-1635). Grabador y dibujante francés. Estudió y trabajó en Italia, país en el que realizó grabados de los pintores renacentistas y manieristas. Desarrolló posteriormente su labor en Francia y los Países Bajos, donde impuso su técnica del aguafuerte, dentro de un estilo muy expresivo y marcado por escenas burlescas, carnavalescas y dramáticas. *Los caprichos* (1617), *El mercado de la Impruneta* (1620), *Grandes miserias de la guerra* (1633).
Historieta 8:26b.

CALMAR, UNIÓN DE. V. **Kalmar, Unión de.**

CALMAS ECUATORIALES, ZONA DE. Área de vientos de fuerza escasa o nula, donde se producen importantes movimientos ascendentes de aire.

CALMETTE, ALBERT (1863-1933). Médico francés. Discípulo de Louis Pasteur, fueron notables sus investigaciones en el campo de la bacteriología, entre las que destaca el descubrimiento, junto con Camille Guérin, del bacilo BCG (bacilo Calmette-Guérin). Realizó experimentos de vacunación preventiva contra la tuberculosis.

CALMETTE-GUERIN, VACUNA. V. **BCG, vacuna.**

CALMOYOTE. V. **Tórsalo.**

CALMUCO, PUEBLO. Pueblo del grupo paleosiberiano, conocido también como mongol occidental. Se localizan en el sudoeste de Siberia, entre los montes Altai y el valle alto del Ural. De vida nómada, practican el budismo tibetano, y hasta la revolución rusa de 1917 mantuvieron una organización de tipo feudal. En 1935 se constituyeron en república autónoma dentro de la Unión Soviética. La república desapareció durante la segunda guerra mundial, y se restableció en 1958.

CALÓ. Lenguaje jerga de los gitanos españoles, relacionado con distintos idiomas orientales, principalmente los indostánicos.
Gitanos 7:138a.

CALOMARDE, FRANCISCO TADEO (1773-1842). Político español. Formó parte de las secretarías de Indias, de gracia y de justicia, y colaboró durante la etapa absolutista de Fernando VII en la lucha contra el liberalismo. Consiguió que el monarca confirmara la Ley Sálica en favor de su hermano, el infante don Carlos. Calomarde fue destituido de todos sus cargos a la muerte del rey, y huyó a Francia.

CALOMELANOS. Compuesto insoluble de cloruro mercurioso. Usado como purgante aunque sus dosis excesivas son venenosas. Otros usos: luces de bengala, papel de calomelanos, mezclado con oro para decorar porcelana, electrodos de calomelanos, fungicida y para control de caracoles en coles y cebollas. Fórmula, HgCl.
Mercurio (química) 10:74a.

CALONNE, CHARLES-ALEXANDRE DE (1734-1802). Político francés. Sus esfuerzos por reformar las finanzas y la administración de su país precipitaron la crisis de gobierno que dio lugar a la revolución francesa de 1789.
Francesa, revolución 6:378a.

CALOOCAN. Ciudad de Filipinas en la prov. de Rizal. Forma parte de la Gran Manila. Fundada en 1762. Productos alimenticios, textiles, construcción. 1.023.159 hab. (1995).

CALOR. Energía transferida de un cuerpo a otro como consecuencia de una diferencia en sus temperaturas.
3:288b; Aislante 1:132b; Calefacción 3:278a; Caloría 3:209b; Energía 5:140b; Fuerza 6:424b; Horno 8:72a; Temperatura 14:10a; Termodinámica 14:32b; *ilustraciones* 3:289a-b.

CALOR ESPECÍFICO. Capacidad calorífica referida a la unidad de masa en diversos tipos de transformación. Relacionado habitualmente con un volumen o una presión constante.
Calor 3:289a.

CALORÍA. Centésima parte de la cantidad de calor necesaria para elevar la temperatura de un gramo de agua desde 0 °C hasta 100 °C.
3:290b; Energía 5:411b; Nutrición 11:56b.

CALORIMETRÍA. Rama de la termodinámica cuyo objeto de estudio es el conjunto de fenómenos físicos relacionados con el calor. De gran importancia histórica en el desarrollo de la física, constituye un importante apoyo para el análisis de los procesos energéticos involucrados en las transformaciones biológicas.
Termodinámica 14:33a.

CALORÍMETRO. Aparato utilizado para determinar el calor específico de un cuerpo.
Calor 3:289a.

CALOSTRO. Líquido secretado por las glándulas mamarias antes de la leche, durante el embarazo y en los días siguientes al parto, rico en albúmina y anticuerpos.
Gestación y parto 7:118a.

CALOTIPIA. V. **Calitipia.**

CALPULLI. Unidad social del imperio azteca, en la que se ordenaba la vida familiar, política, económica y militar de un clan. Estaba regida por un consejo de cabezas de familia, el cual regulaba la distribución de las tierras y el trabajo entre los miembros del grupo, realizaba registros de población, establecía vigilancia y ofrecía ayuda económica a los necesitados.

CALTZONZIN. V. **Caczoltzin.**

CALUMNIA. Acusación falsa destinada a dañar la reputación de una persona. En derecho penal se dice de la imputación falsa de un hecho punible constitutivo de delito perseguible de oficio.
Delito 5:118b.

CALVET, AGUSTÍN (1887-1964). Periodista y escritor español de lengua castellana y catalana. Fue corresponsal del periódico barcelonés *La Vanguardia* durante la primera guerra mundial y desde 1933 director de este diario. *Diario de un estudiante en París* (1915), *Todos los caminos llevan a Roma, Historia de un destino* (1958).

CALVICIE. Ausencia de cabellos por caída de éstos, definitiva y total o parcial.
3:291a; *ilustraciones* 3:291b.

CALVIN, CICLO DE. Serie de reacciones bioquímicas que se producen en la fase oscura de la fotosíntesis y mediante las cuales los organismos vegetales sintetizan los carbohidratos que precisan.

CALVIN, MELVIN (n. en 1911). Bioquímico estadounidense que recibió el Premio Nobel de química en 1961 por el descubrimiento del ciclo que lleva su nombre y que constituye una de las partes fundamentales del proceso de la fotosíntesis.
Fotosíntesis 6:363a.

CALVINISMO. Doctrina religiosa de Juan Calvino, expuesta en *Instituciones de la religión cristiana* (1536).
3:292a; Calvino, Juan 3:294a; Presbiterianas, iglesias 12:130b; Protestantismo 12:166a; Religión, guerras de 12:321a; *ilustraciones* 3:292a; 3:293a.

CALVINO, ITALO (1923-1985). Novelista, periodista y autor de narraciones cortas italiano. Escribió obras fantásticas y alegóricas.
3:293b; *ilustración* 3:293b.

CALVINO, JUAN (1509-1564). Teólogo y reformador francés, creador de la doctrina protestante conocida como calvinismo.
3:293b; Calvinismo 3:292a; Hugonotes 8:88b; Knox, John 9:32a; Presbiterianas, iglesias 12:130b; Protestantismo 12:165a; Reforma y contrarreforma 12:294b; Servet, Miguel 13:213a; Suiza 13:357b; *cuadro* 3:294a; *ilustración* 3:294a.

CALVO, BARTOLOMÉ (1815-1889). Jurista y político colombiano. Ocupó interinamente la presidencia de la república en 1861, en plena guerra civil. Tras el triunfo del general Tomás Mosquera huyó a los Estados Unidos.

CALVO, CARLOS (1824-1906). Diplomático y jurista argentino. Publicó diversas obras sobre derecho internacional e historia de América. Se opuso al cobro de reclamaciones contra un estado por extranjeros mediante fuerza ejercida por el estado del reclamante. *Derecho internacional teórico y práctico* (1868).

CALVO, LAÍN (m. en el 928). Noble español. Ocupó el puesto de juez supremo y jefe de las fuerzas militares de Castilla, y junto con su yerno Nuño Rasura promovió las libertades de los estamentos castellanos frente al autoritarismo de la corona.

CALVO, MARIANO ENRIQUE (m. en 1842). Político y jurisconsulto boliviano. Adscrito al partido de Andrés de Santa Cruz, fue vicepresidente de la confederación peruano-boliviana (1837) y ocupó brevemente la presidencia de Bolivia en 1842.

CALVO, RICARDO (1844-1895). Actor español. Primer actor de la compañía de María Guerrero. En su repertorio predominaron las interpretaciones de piezas clásicas y de autores del romanticismo.

CALVO ASENSIO, PEDRO (1821-1863). Político, periodista y dramaturgo español. Fundador del periódico *La Iberia* (1851), fue representante de Valladolid en las Cortes por el Partido Progresista. Autor de obras teatrales de corte romántico. *Valentina Valentona, Fernán González, La acción de Villalar.*

CALVO DE ROZAS, LORENZO (h. 1780-h. 1850). Político español. Segundo de José Rebolledo de Palafox en la guerra de la independencia, fue corregidor e intendente durante los sitios de Zaragoza (1808 y 1809). En el gabinete de Álvaro Flórez Estrada (1823) obtuvo la cartera de hacienda. Defensor del republicanismo, participó en la fundación del Partido Progresista Democrático.

CALVO SOTELO, JOAQUÍN (1905-1993). Periodista y dramaturgo español. Autor de piezas teatrales de intencionalidad política y comedias. Miembro de la Real Academia Española y de la Sociedad de Autores. *Plaza de Oriente* (1947), *La muralla* (1954), *Una muchachita de Valladolid* (1957).

CALVO SOTELO, JOSÉ (1893-1936). Político conservador español. Desempeñó diversos cargos públicos. Al proclamarse la segunda república (1931) se exilió a París. Regresó acogiéndose a la amnistía de 1934. Miembro del parlamento, destacó por su defensa del fascismo frente a la república. Murió asesinado el 13 de julio de 1936.

CALVO SOTELO, LEOPOLDO (n. en 1926). Político español. Ingeniero de profesión, desempeñó diversos cargos durante el régimen franquista. Ministro con Carlos Arias y Adolfo Suárez en la transición política, tras la dimisión de este último accedió a la presidencia del gobierno (1981). La victoria del Partido Socialista Obrero Español en 1982 le arrebató la presidencia.
Suárez, Adolfo 13:327a.

CALVO Y ROSALES, JOAQUÍN BERNARDO (1799-1865). Político y abogado costarricense. Fue magistrado de la Corte Suprema, ministro de relaciones exteriores y presidente del Senado. Fundó el *Noticiero Universal de Costa Rica.* Tras su participación en la rebelión de 1836, hubo de refugiarse en Nicaragua.

CALZADA DE LOS GIGANTES. Área natural protegida situada en el nordeste de Irlanda del Norte. Se encuentra en la costa y está formada por enormes columnas basálticas de origen volcánico. Por su valor geológico fue declarada patrimonio de la humanidad en 1986.

CAM. En el Antiguo Testamento, hijo de Noé. De él se hacen descender en el Génesis los pueblos del norte de África. Por reírse de Noé cuando éste se embriagó, su hijo, Canaán, recibió la maldición de ser esclavo de la estirpe de Sem.
Noé 11:4a.

CAMACÁN. Tribu amazónica que habitó la zona oriental de Brasil, al norte del río Pardo. Su economía se basaba en la caza, la recolección y la pesca. El jefe de la tribu se elegía entre los cabezas de familia y vivían en poblados construidos en torno a una gran plaza. En la actualidad, los camacán se encuentran extinguidos.

CAMACHO, EULOGIO MARCELINO (n. en 1918). Sindicalista español. Se afilió de joven al Partido Comunista de España y, tras la guerra civil, estuvo encarcelado en Tánger. Se exilió y regresó a España en 1957. Fue uno de los principales dirigentes y organizadores de Comisiones Obreras y resultó elegido como diputado a Cortes en 1977 y en 1979 por el Partido Comunista.

CAMACHO, JOAQUÍN (1776-1816). Jurista y escritor colombiano. Tuvo una destacada actuación en la lucha por la independencia. Murió fusilado. *Relación territorial de la provincia de Pamplona.*

CAMACHO, JOSÉ LEOCADIO (1833-1914). Político y periodista colombiano. Participó en las guerras civiles de 1861 y 1876. Fundador de varios periódicos obreros (*El Grito del Pueblo, El Obrero*) y de sociedades de socorros mutuos. *Contra soberbia, humildad, El plan de un drama.*

CAMACHO, JUAN FRANCISCO (1817-1896). Político español. Militó en el Partido Liberal y participó en la revolución de septiembre de 1868. Fue ministro de hacienda en cuatro ocasiones (1872, 1874, 1881-1883, 1885-1886). En 1877 fue nombrado senador vitalicio.

CAMACHO RAMÍREZ, ARTURO (n. en 1910). Poeta colombiano. Fue uno de los participantes del grupo Piedra y Cielo. Cultivó la poesía pura. *Espejo de naufragio* (1935).

CAMACHO ROLDÁN, SALVADOR (1827-1900). Político, abogado y escritor colombiano. Acusó públicamente al general José María Obando por la conspiración militar que promovió en 1854. Fue presidente interino de la república (1868-1869), ministro de hacienda y de fomento y gobernador de Panamá. Como escritor realizó en sus obras un análisis profundo de los problemas sociales de su país. *Notas de viaje.*

CAMACHO ZAMBRANO, BARTOLOMÉ (h. 1510-h. 1592). Conquistador español. Exploró lo que sería la provincia de Santa Marta, en Nueva Granada, y participó en la fundación de las ciudades de Santa Fe (Bogotá) y Tunja con Gonzalo Jiménez de Quesada.

CAMACHUELO. Pájaro de la familia de los fringílidos (*Pyrrhula pyrrhula*), de pico muy robusto. Plumaje de color rosado. Distribución eurasiática.

CAMA ELÁSTICA. Aparato gimnástico compuesto por una armadura metálica, o de otro material resistente, cubierta de tela o malla flexible, sobre la que el gimnasta realiza sus ejercicios. También llamada trampolín.

CAMAFEO. Figura grabada en relieve en piedra preciosa con fondo generalmente oscuro sobre el que forma contraste. Aunque la piedra más utilizada es el ágata y sus variedades, también se han hecho camafeos de ámbar, concha, coral, azabache, etc.

CAMAGÜEY (CIUDAD). Población de Cuba, cap. de la prov. homónima. 293.961 hab. (1993).

CAMAGÜEY (PROVINCIA). División administrativa del este de Cuba, a orillas del Atlántico. Cap. Camagüey. 15.990 km^2. 744.744 hab. (1990).
3:294b; Camagüey 3:294b; Cuba 5:52a.

CAMAHUAS. Antigua tribu india que vivía en las orillas del Ucayali (Perú).

CAMALDULENSES. Miembros de la congregación de monjes eremitas de la Camáldula, fundada por san Romualdo de Rávena en 1012 en Italia. Siguen la regla de san Benito y la casa matriz se halla en la ermita de Camaldolí (Italia). En Monte Corona (Italia) existe una congregación reformista de esta orden.

CAMALEÓN. Reptil escamoso del grupo de los saurios y de la familia de los camaleónidos (*Chamaeleo chamaeleon*).
3:295a; Pigmentación 11:405a; Reptiles 12:340a; *ilustraciones* 3:295a; 11:405a; 12:340a.

CÁMARA, HELDER (1909-1999). Prelado brasileño. Arzobispo de Olinda-Recife desde 1964. Fundó varias instituciones de carácter humanitario; destacó por su compromiso social y su actitud en defensa de los necesitados de su país.

CÁMARA, MÚSICA DE. Denominación de toda composición musical destinada a ser interpretada por pequeños conjuntos y orquestas.
3:295b; Orquesta 11:158b; *ilustración* 3:296a.

CÁMARA, SIXTO SÁENZ DE LA (1825-1859). Socialista utópico español. Colaborador de Fernando Garrido, con quien fundó diversos periódicos de talante democrático, apoyó la unión entre España y Portugal, así como las ideas orientadas a la introducción de reformas sociales, sobre todo las de Charles Fourier. Participó en la organización de insurrecciones populares en Madrid (1854) y en Málaga (1856), por lo que tuvo que huir a Portugal. *Espíritu moderno* (1848), *La unión ibérica.*

CÁMARA ALTA. En el sistema parlamentario bicameral, asamblea de la nobleza (cámara de los lores) o de los representantes designados o de elección restringida (senado). A veces representa divisiones administrativas. En los estados federales está constituida por los representantes de los estados miembros.

CÁMARA BALÍSTICA. Dispositivo fotográfico capaz de realizar multitud de exposiciones en un solo soporte sensible, con lo que es capaz de captar la trayectoria de un cuerpo que se desplace a gran velocidad, como un proyectil o un cohete.

CÁMARA CINEMATOGRÁFICA. Máquina utilizada para la obtención de secuencias de imágenes fotográficas que, al proyectarse a determinada velocidad, den la impresión de continuidad en los movimientos. Contiene una cámara oscura perforada por un orificio en el que se sitúa el objetivo, y un obturador que permite la entrada de un haz de luz que impresiona una película que corre entre dos bobinas.
Cinematografía 4:201b.

CÁMARA CLARA. Dispositivo óptico que permite proyectar sobre una pantalla una imagen con el fin de dibujar sus contornos. Ideada por William Wollaston.

CÁMARA DE CONDENSACIÓN. Cilindro metálico con tapa de vidrio, dotado de un pistón cuyo impulso ascendente convierte la humedad del aire en vapor. Invención del británico Charles Thompson Rees Wilson.

CÁMARA DE DIPUTADOS. V. **Diputados, cámara de.**

CÁMARA DE IONIZACIÓN. Recipiente repleto de gas a una presión adecuada en el que se disponen dos electrodos y un galvanómetro interpuesto. Utilizado para la determinación o detección de radiaciones capaces de ionizar el gas, como rayos X y partículas elementales.
Partículas, detector de 11:288a.

CÁMARA DE NIEBLA. Recinto cerrado que contiene vapor sobresaturado y permite observar las trayectorias de partículas ionizantes que cargan eléctricamente a los átomos, por la estela de condensación que forman al desplazarse.
Partículas, detector de 11:288b.

CÁMARA DE ROTACIÓN. Instrumento empleado en el estudio de estructuras cristalinas mediante difracción de rayos X o neutrones (partículas subatómicas eléctricamente neutras).

CÁMARA DE TELEVISIÓN. Aparato utilizado para registrar escenas y convertirlas en señales televisivas, mediante un tubo que transforma las intensidades luminosas de la imagen en señales eléctricas.
Televisión 14:7a:

CÁMARA DE VÍDEO. Aparato semejante a la cámara de televisión, que graba la imagen sobre una cinta magnética para su posterior proyección en la pantalla del televisor.
Electrónica 5:367b.

CÁMARA DE WILSON. Dispositivo utilizado en física nuclear y de partículas para fotografiar la trayectoria de los corpúsculos. Ideado en 1912 por Charles Wilson. Consiste en un recipiente cerrado repleto de un gas puro saturado de vapor de agua. El paso del corpúsculo produce la condensación local del gas, que dibuja así su trayectoria.
Radiactividad 12:245b.

CÁMARA DIGITAL. Aparato para grabar imágenes fijas o en movimiento que quedan registradas en soporte electrónico y pueden ser reproducidas en un monitor de computadora o un televisor, impresas sobre papel fotográfico o enviadas por correo electrónico.
Digitalización de imagen 5:187a.

CÁMARA ESTEREOSCÓPICA. Instrumento fotográfico dotado de dos objetivos distanciados entre sí unos centímetros. Empleado para obtener dos imágenes bidimensionales que, contempladas juntas, presentan un aspecto tridimensional.

CÁMARA FOTOGRÁFICA. Aparato para registrar la imagen de un objeto formada cuando los rayos de luz que atraviesan un objetivo se enfocan en una superficie plana. El primer dispositivo fue inventado por Nicéphore Niépce en 1826.
Fotografía 6:358b.

CÁMARA FOTOGRÁFICA DIGITAL. Cámara que permite el procesado digital de imágenes, quedando éstas almacenadas en una tarjeta gráfica o pasando a un ordenador.

CÁMARA OSCURA. Caja totalmente cerrada con un orificio pequeño practicado en una de sus caras. En el lado opuesto se forma la imagen invertida de cualquier objeto situado delante de la cara donde se halla el orificio. Este último se puede sustituir por una lente convergente.

CAMARES, CERÁMICA DE. Estilo artístico desarrollado en la isla de Creta entre el 2200 y el 1600 a.C. aproximadamente, que alcanzó su máxima expresión en los artículos de cerámica. Toma su nombre de los hallazgos efectuados en la gruta de Camares, en el monte Ida, en el centro de la isla. Caracterizado por su gran finura, su rica policromía y la diversidad de formas decorativas utilizadas.
Minoico, arte 10:180b.

CAMARGO (CHIHUAHUA). Municipio de México, en el est. de Chihuahua. Manganeso; cultivos de algodón, trigo y frutales; ganadería; industria textil y harinera. 45.346 hab. (1990).

CAMARGO (ESPAÑA). Población española de la prov. de Santander, comunidad autónoma de Cantabria. Situada al sur de la bahía de Santander, a 7 km de dicha ciudad, es un importante centro industrial y de minería de hierro. 22.311 hab. (1996).

CAMARGO (TAMAULIPAS). Municipio del nordeste de México, en el est. de Tamaulipas. Fronterizo con los Estados Unidos, está regado por los ríos Bravo y San Juan. Posee yacimientos petrolíferos. En este municipio fueron derrotados los ejércitos imperiales por los generales Mariano Escobedo y Servando Canales. 8.007 hab. (1990).

CAMARGO, JORACI (1898-1973). Dramaturgo brasileño. Colaborador de diversos periódicos y de la radio, para la que escribió guiones. Su obra cumbre fue *Dios se lo pague* (1932). *La niña de los ojos* (1923), *María Cachucha* (1937).

CAMARGO, JOSÉ VICENTE (m. en 1816). Patriota boliviano. Tuvo una actuación destacada en diversos episodios de las luchas de independencia.

CAMARGO, MARIE (1710-1770). Bailarina francesa. Triunfó en la Ópera de París (1726-1751) con obras de Jean-Philippe Rameau, André Campra y Jean Mouret. Introdujo en los papeles femeninos pasos antes reservados a los hombres. Fue la eterna rival de Marie Sallé.

CAMARGO, SERGIO (1832-1907). Militar y político colombiano. Fue presidente interino de la república en 1877.

CAMARGO, SERGIO (1930-1990). Escultor brasileño. Tras su período de formación en Argentina y Europa, se incorporó a la corriente constructivista. Más tarde, en París (1960-1974), inició una época no figurativa, combinando la geometría cúbica con los relieves de madera y mármol. Recibió varios premios internacionales, entre ellos el de escultura de la bienal de París (1963).

CAMARGO GUARNIERI, MOZART. V. **Guarnieri, Camargo.**

CAMARILLO DE PEREYRA, MARÍA ENRIQUETA (1872-1968). Escritora mexicana, más conocida por María Enriqueta. Cultivó múltiples géneros. Vivió durante años en Madrid. *Rincones románticos* (1922), *El misterio de su muerte* (1926), *Del tapiz de mi vida* (1931).

CAMARLENGO. En la Iglesia Católica, título de dignidad que se concede al cardenal que administra el tesoro del Sacro Colegio y al que preside la junta de la cámara apostólica.

CAMARÓN. Crustáceo malacostráceo del grupo de los decápodos macruros y del género *Palaemon.*
3:296a; Crustáceos 5:33a; *ilustración* 3:296a.

CAMARÓN Y BORONAT, JOSÉ (1730-1803). Pintor español. Se formó en Valencia y en Madrid. Pintó cuadros de temática religiosa y alegórica, retratos y escenas costumbristas. Fue director de la Academia de San Carlos de Valencia. «El martirio de Santa Catalina», «Minerva recibiendo a la ciudad de Valencia», «Carlos III fundador y protector de la Academia».

CAMAS. Población española de la prov. de Sevilla, en la comunidad autónoma de Andalucía. Centro industrial productor de aceites, vinos, metales y productos químicos. En el cerro de El Carambolo, situado en el término de Camas, se encontró un importante tesoro prehistórico. 25.679 hab. (1996).

CAMBA, FRANCISCO (1885-1948). Novelista español. Su obra se centró en narraciones de carácter histórico-político. En 1919 recibió el premio de la Real Academia Española por su obra *La revolución de Laíño.* Hermano de Julio Camba, se exilió en México tras la guerra civil española. *Los españoles en el centenario argentino* (1910), *Los nietos de Ícaro* (1911).

CAMBA, JULIO (1882-1962). Periodista y escritor español. Trabajó en varios periódicos de Galicia y Madrid, como *Diario de Pontevedra, España Nueva* y *El Mundo,* y fue autor de obras de carácter humorístico, en las que predominaba la ironía y la sátira. Recibió el Premio Mariano de Cavia por *Las plumas de avestruz* (1951), *La rana viajera* (1920), *Aventuras de una peseta* (1923), *Haciendo república* (1934).

CAMBACERES, EUGENIO (1843-1890). Novelista argentino. Atacó en sus obras las costumbres de la alta sociedad porteña, lo que lo condenó al ostracismo. Introductor del naturalismo en la Argentina. *Potpurri* (1881), *Sin rumbo* (1885), *En la sangre* (1887).
Hispanoamericana, literatura 8:7a.

CAMBACÉRÈS, JEAN-JACQUES-RÉGIS DE (1753-1824). Abogado y político francés. Diputado en la Convención Nacional de 1792, votó la muerte del rey y apoyó la persecución contra los girondinos. Elaboró el Código Civil de 1802 e integró el Consejo de los Quinientos. Napoleón Bonaparte hizo que fuera nombrado segundo cónsul.

CAMBAY, GOLFO DE. Brazo del mar Arábigo, en el est. de Gujarat, India occidental. Tiene una anchura de 190 km en su boca. En él desagüan los ríos Mahi, Tapti y Narmada, entre otros.

CAMBIASO, LUCA (1527-1585). Pintor italiano. Se le considera como uno de los máximos representantes de la escuela genovesa de pintura manierista. Autor de numerosos frescos, entre los que cabe citar los de la bóveda del monasterio de San Lorenzo de El Escorial, en España.

CAMBIO, TIPO DE. Precio al que se puede comprar moneda de diferentes países, en función de su mutua convertibilidad. El tipo de cambio puede fluctuar libremente, en función del valor de un patrón internacional y de la oferta y demanda de divisas; o estar controlado por el estado, que pone unos límites a la compra y venta de moneda extranjera para evitar grandes fluctuaciones.
Banca 2:334b.

CAMBIO CLIMÁTICO. Variación sostenida de las condiciones del clima de una región o de todo el planeta. En sentido restringido, el término se aplica a las modificaciones del clima producidas como consecuencia de la actividad industrial humana.
3:296b; Clima y climatología 4:235a; Deforestación 5:109a; Ecosistema 5:286a; El Niño, corriente de 5:381a; *cuadro* 3:297b; *ilustraciones* 3:297b; 3:298a.

CAMBISES I (siglo VI a.C.). Rey de Anshan (o Anzán), región de Elam (Irán). Sucedió a su padre Ciro I y gobernó entre el 600 y el 559 a.C. Casado con una hija del rey medo Astiages, fue padre de Ciro II el Grande, quien fundó el imperio persa aqueménida.

CAMBISES II (siglo VI a.C.). Rey aqueménida de Persia, hijo de Ciro II. Reinó del 529 al 522. Conquistó Egipto y fracasó en su intento de someter a Cartago.
Persia 11:350b.

CÁMBIUM. En botánica, tejido meristemático (no diferenciado) secundario típico que determina el engrosamiento de los tallos y raíces por engendrar nuevos sistemas vasculares.
Crecimiento 5:1a; Tallo 13:90a.

CAMBON, JOSEPH (1756-1820). Administrador financiero francés. Alcanzó considerable éxito al estabilizar las finanzas del estado revolucionario francés entre 1791 y 1795. Elegido para la legislatura napoleónica durante los cien días, Luis XVIII lo envió al exilio.

CAMBOYA. País del sudeste asiático, en la parte sudoccidental de la península de Indochina. 181.035 km². 12.371.000 hab. (2000).
3:299a; Asia 2:150; Indochina 8:173a; Jmer 8:374a; Mekong, río 10:43a; Oriental, arte 11:150a; Vietnam 14:312a; *mapa* 3:299b; *cuadros* 3:299a; 3:300a; *ilustraciones* 3:300a; 3:301b.

CAMBÓ Y BATLLE, FRANCISCO (1876-1947). Político español. Profundamente catalanista, tuvo destacada intervención en la Lliga Regionalista, fue diputado y ministro de fomento (1918) y de hacienda (1921). Tras formarse Acció Catalana, escisión de la Lliga, dimitió de sus cargos. Apoyó a Alfonso XIII, pero aceptó la república, en la que fue diputado por Barcelona, defendiendo el estatuto de Cataluña presentado por la oposición regional.

CAMBRAI. Ciudad y puerto fluvial de Francia, dep. de Nord, reg. de Nord-Pas-de-Calais, a orillas del Escalda. Catedral del siglo XVIII. Tejidos, cerveza. Mercado agrícola. 35.070 hab. (1982).

CAMBRAI, LIGA DE. Alianza política europea establecida el 10 de diciembre de 1508 entre el papa Julio II, Francia, el Sacro Imperio y Aragón, aparentemente para defenderse de los turcos. En realidad, se unieron contra Venecia.

CAMBRAI, PAZ DE. Tratado firmado el 3 de agosto de 1529 en la ciudad francesa de Cambrai entre Luisa de Saboya, como representante de su hijo Francisco I de Francia, y Margarita de Austria, en representación de su sobrino, el emperador Carlos V (I de España). Por este tratado, el rey francés se comprometía a un rescate por sus hijos, retenidos en España, y a contraer matrimonio con Leonor de Austria. Por su parte, Carlos dejaba de amenazar territorialmente a Francia y consolidaba sus posiciones en Italia. Se conoce también como paz de las damas.

CAMBRE. Población española de la prov. de La Coruña, comunidad autónoma de Galicia. Situada a orillas del río Mero. Iglesia románica de Santa María del siglo XII. Agricultura (cereales, leguminosas); industrias de alimentación, construcción y madera; canteras. 12.330 hab. (1991).

CAMBRELING, SYLVIAN (n. en 1948). Director de orquesta francés. Especializado en la obra de Mozart, lo que lo llevó a ser nombrado en 1990 director del Festival de Salzburgo.

CÁMBRICO, PERÍODO. Primer período de la era primaria, situado entre el precámbrico y el ordovícico. Se extendió desde hace 570 millones de años a 500 millones. Los fósiles de las rocas cámbricas son marinos, en su mayoría invertebrados; los trilobites son los más representativos.
Paleontología 11:226b; Primaria, era 12:141a.

CAMBRIDGE (EUA). Ciudad del est. de Massachusetts, a orillas del río Charles, frente a Boston. Sede de la Universidad Harvard, el Instituto Tecnológico de Massachusetts y el Observatorio Astrofísico Smithsoniano. 93.352 hab. (1998).

CAMBRIDGE (REINO UNIDO). Ciudad de Cambridgeshire (Inglaterra). 117.000 hab. (1996).
3:301b; Universidad 14:183a; *ilustración* 3:302a.

CAMBRIDGE, ESCUELA DE. Grupo de filósofos que formaron parte del movimiento conocido como filosofía analítica; se denomina también escuela analítica de Cambridge. Sus máximos representantes fueron Bertrand Russell, G. E. Moore y Ludwig Wittgenstein.

CAMDEN TOWN, GRUPO DE. Escuela pictórica británica surgida en la ciudad de Camden, cerca de Londres, en 1911. Estaba formada por un grupo de pintores postimpresionistas reunido en torno al taller de Walter Sickert, y entre los que se encontraban Harold Gilman, Frederick Spencer Gore, Lucien Pissarro y Augustus John. En 1913 el grupo quedó absorbido por el Grupo de Londres.

CAMELIA. Árbol o arbusto de la familia de las teáceas y del género *Camellia*. Dicotiledónea. Comprende diversas especies, de origen asiático y uso ornamental.

CAMELLO. Mamífero artiodáctilo de la familia de los camélidos y del género *Camelus*. Animal característico de las estepas y desiertos.
3:302a; Artiodáctilos 2:135a; Domesticación 5:217a; Mamíferos 9:316; Transporte 14:113b; *ilustraciones* 3:302a-b; 9:316.

CAMELLO BACTRIANO. Mamífero artiodáctilo de la familia de los camélidos (*Camelus bactrianus*). Presenta dos gibas. Vive en Asia central, Mongolia y Turkestán. Debido a su sobriedad y a su resistencia a la sed y a la fatiga ha sido el animal doméstico por excelencia utilizado en aquellas regiones para atravesar desiertos y estepas.
Camello 3:302b.

CAMEMBERT. Queso hecho con leche de vaca, de pasta blanda ligeramente salada. Está recubierto de una costra suave de moho de color blanco. Recibe el nombre de la población francesa en donde se inició su fabricación, en el siglo XVII.

CAMERALISMO. Escuela hacendística que adquirió gran importancia en los estados alemanes y en Austria entre los siglos XVI y XVIII. Desarrolló notablemente los conceptos y las técnicas presupuestarias y estudió la relación entre el patrimonio social y el patrimonio del estado.
Finanzas públicas 6:300a.

CAMERARIUS, RUDOLPH JAKOB (1665-1721). Botánico alemán. Profesor de filosofía natural en la Universidad de Tubinga, estudió el problema de la herencia genética y descubrió e identificó el carácter sexual de las plantas. *Carta sobre el sexo de las plantas* (1694).
Botánica 3:126b.

CAMERON, JULIA MARGARET (1815-1879). Fotógrafa británica. Bajo la influencia de la pintura prerrafaelista realizó una serie de retratos románticos, tanto de personalidades famosas como de grupos alegóricos.
Fotografía 6:358a.

CAMERON, VERNEY LOVETT (1844-1894). Explorador británico. Realizó viajes científicos por África y se le encomendó en 1872 la búsqueda de David Livingstone, a quien halló muerto. Apoyó la supresión de la trata de esclavos negros en el África oriental. *A través de África* (1877), *Nuestra futura ruta a la India* (1880).

CAMERÚN. País de África a orillas del golfo de Guinea. Cap. Yaoundé. 475.442 km². 15.422.000 hab. (2000).
3:303a; África 1:94; Congo, río 4:338a; Guinea, golfo de 7:287a; *mapa* 3:303b; *cuadros* 3:303b; 3:304a; *ilustración* 3:304a.

CAMILLE, ROUSSAN (n. en 1915). Poeta haitiano. Defensor de los derechos de las poblaciones negras de Haití, se integró en 1946 en el grupo de escritores que en torno a la revista *Los Hechiceros* intentaron conseguir una reforma política y cultural del país. *Asalto nocturno* (1940).

CAMILO, FRANCISCO (h. 1615-h. 1673). Pintor español. Alumno de Francisco de las Cuevas, su obra, dentro del estilo barroco madrileño, se caracteriza por su gran colorido. Fue protegido por el conde-duque de Olivares, quien le encargó diversas pinturas para el palacio del Buen Retiro. También realizó los frescos del Alcázar Real de Madrid, con escenas mitológicas. «Martirio de san Bartolomé», «Ascensión de Cristo» (1651).

CAMILO, MARCO FURIO (m. en el 365 a.C.). Militar y político romano, también llamado Escriboniano. Conocido como el segundo fundador de Roma. En dos ocasiones luchó contra los galos (387 y 367), y reconstruyó Roma tras el saqueo de éstos. Conquistó Antium y se apoderó de las proas de bronce de las naves a las que venció. Acabó con la revuelta de Manlio Capitolino. Fue dictador en cinco períodos.

CAMINATA. V. **Marcha atlética.**

CAMINO. Nombre con el que se designa en informática la ruta a seguir para pasar de una situación a otra. En realidad, un camino se compone de una serie de directorios o de instrucciones, a través de los cuales se tiene acceso desde una determinada situación a un archivo concreto o a un cierto programa.

CAMINO, MIGUEL ANDRÉS (1877-1944). Poeta argentino. Autor que alcanzó gran popularidad con sus poesías de temática regionalista. *Chacayaleras* (1921), *Chaquirás* (1926), *El paisaje, el hombre y su canción*.

CAMINO, PACO (n. en 1941). Matador de toros español. Recibió la alternativa de manos de Jaime Ostos en 1960. De estilo depurado y elegante. Se retiró en 1973, reapareciendo un año después, para retirarse definitivamente en 1982.

CAMINO DE SANTIAGO. V. **Santiago, camino de.**

CAMINO Y CARRETERA. Vías de tránsito y comunicación utilizadas por los peatones o los vehículos de tracción mecánica o animal.
3:304b; Asfalto 2:143a; *ilustraciones* 3:305a-b; 3:306a.

CAMINO Y GALICIA, LEÓN FELIPE. V. **León Felipe.**

CAMIÓN. Vehículo a motor de cuatro o más ruedas que se emplea para transportar cargas pesadas. Las diferentes cajas de carga determinan los diversos tipos de camiones: volquete, cuba, furgón, isotermo o el compuesto de tractor y remolque.
Transporte 14:114a.

CAMITAS. Denominación que se daba a los pueblos del norte de África considerados descendientes de Cam, hijo de Noé. Como clasificación etnográfica, está en desuso por su carácter poco científico.

CAMITOSEMÍTICAS, LENGUAS. Familia lingüística hablada en el sudoeste de Asia y África septentrional y subdividida en dos grupos: camítico (ramas egipcia, líbicobereber y cusita) y semítico. Las principales lenguas camitosemíticas son el árabe, el hebreo, el copto, el amárico y el beréber.
Asiáticas, lenguas 2:153a; Lenguas, clasificación de las 9:110b.

CAMOATÍ. Insecto himenóptero de la familia de los melipónidos (*Melipona interrupta*), propio de la Mesopotamia argentina.

CAMÕES, LUÍS DE (h. 1525-1580). Poeta portugués. Soldado y navegante, su poema *Los Lusíadas* (1572) es una de las cumbres de la literatura portuguesa.
3:307b; Portuguesa, literatura 12:99b; *cuadro* 3:307b; *ilustraciones* 3:307b; 12:100a.

CAMOMILA. V. **Manzanilla.**

CAMÓN AZNAR, JOSÉ (1899-1979). Historiador, crítico de arte y escritor español. Catedrático de historia del arte en las universidades de Salamanca, Zaragoza y Madrid, fue miembro de la Academia de Bellas Artes de San Fernando (1956) y de la Academia de la Historia (1960), y director del Museo Lázaro Galdiano. Recibió el Premio Nacional de literatura en 1947 por su libro *Influencia de Goya en la pintura universal*. *Dominico Greco* (1950), *Picasso y el cubismo* (1956), *Velázquez* (1965).

CAMORRA. Sociedad secreta italiana. Se creó en Nápoles en 1820 como hermandad de prisioneros políticos. Su disciplina interna se fundamentó en la existencia de una jerarquía de jueces y oficiales y en el juramento de guardar silencio sobre sus actividades. En 1848 se opuso al liberalismo, pero posteriormente apoyó el movimiento de unificación italiano. Después de 1861 el gobierno persiguió a los camorristas, y en la década de 1910 muchos de ellos emigra-

ron a los Estados Unidos. Hacia 1920 la organización fue absorbida por la Mafia.
Crimen organizado 5:11b.

CAMOTE. V. **Batata.**

CAMPA, GUSTAVO (1863-1934). Compositor mexicano, autor de diversas obras orquestales y de la ópera *El rey poeta.* Escribió varios tratados y críticas musicales.

CAMPALANS I PUIG, RAFAEL (1887-1933). Político español. Director de la Escuela del Trabajo, fue uno de los principales representantes de la corriente socialista en Cataluña. Fundó en 1923 la Unión Socialista de Cataluña y fue elegido diputado por Barcelona en las cortes constituyentes en 1931. *Palabras castellanas de un diputado por Cataluña* (1933).

CAMPANA (INDUSTRIA). Pieza de fundición empleada en las columnas de destilación para forzar el borboteo del vapor ascendente en el líquido descendente.

CAMPANA (MÚSICA). Instrumento musical de percusión, uno de los más antiguos que existen. Generalmente es metálico, aunque también puede estar hecho de cristal, madera u otros materiales.
3:308a; *ilustraciones* 3:308a-b.

CAMPANA, DINO (1885-1932). Poeta italiano. Precursor de las tendencias vanguardistas, gran parte de su vida estuvo aquejado de locura, por lo que su obra es corta. *Cantos órficos* (1914), *Taccuino* (1949).

CAMPANA EXTRACTORA. Placa para extracción de humos y vapores que se utiliza habitualmente en cocinas y laboratorios.

CAMPANARIO. Torre elevada, adosada o exenta, que sirve de soporte a las campanas, generalmente en una iglesia. Apareció en Europa entre los siglos VII y X, aunque en principio fue más usada la espadaña (de una sola pared).
Torre 14:93a.

CAMPANELLA, TOMMASO (1568-1639). Filósofo italiano. Su pensamiento intentó conjugar el platonismo renacentista con la teología cristiana.
3:309a; Comunismo 4:318b; Italiana, literatura 8:322a; Utopías 14:213b.

CAMPANERO. Pájaro de la familia de los cotíngidos (*Procnias tricarnuculata*) propia de la Guayana. Su canto sonoro y vibrante recuerda el tañido de una campana.

CAMPANIA. Región de Italia, a orillas del mar Tirreno. Comprende las prov. de Avellino, Benevento, Caserta, Nápoles y Salerno. Zona montañosa, Vesubio. Ríos Volturno y Sele. Agricultura, vinos, pesquerías, artesanía. Turismo. Cap. Nápoles. 13.595 km^2. 5.762.518 hab. (1996).
Italia 8:305a; Nápoles 10:349a; Vesubio 14:289b.

CAMPANIFORME, CULTURA DEL VASO. Cultura del eneolítico, extendida por la península ibérica y Europa. Su denominación alude a la forma acampanada de sus vasos, cuya decoración se caracteriza por incisiones en zigzag, círculos concéntricos o bandas paralelas. Fue la primera cultura europea que conoció la metalurgia del bronce y está relacionada con la aparición del megalitismo.
Metales, edad de los 10:95b.

CAMPANILLA. V. **Úvula.**

CAMPANILLA DE LAS NIEVES. Planta herbácea de la familia de las amarilidáceas (*Galanthus nivalis*). Monocotiledónea. Bulbosa, de hojas alargadas y flores blancas. Propia de la región eurasiática.

CAMPÁNULA. Planta herbácea de la familia de las campanuláceas, también llamada farolillo (*Campanula medium*). Originaria de zonas mediterráneas, tiene hojas dentadas y flores acampanadas, azules o blancas.

CAMPAÑA, PEDRO DE (1503-1580). Pieter de Kempeneer, pintor flamenco, establecido en España (Sevilla) desde 1537 hasta 1563. Fue una de las figuras más representativas del manierismo y uno de los padres de la escuela sevillana. «Purificación» (1555), «Descendimiento de la Cruz».

CAMPBELL. Isla del océano Pacífico meridional situada a 644 km al sur de la isla Sur. De origen volcánico, fue descubierta en 1810 por el velero «Perseverance». Regida administrativamente por Nueva Zelanda. Estación meteorológica. 106 km^2.

CAMPBELL, WILLIAM WALLACE (1862-1938). Astrónomo estadounidense. Director del observatorio de Monte Hamilton y presidente de la Universidad de California, estudió la rotación de la corona solar y los anillos de Saturno. Fue el primero en aplicar el efecto Doppler a la determinación de la velocidad radial de las estrellas.

CAMPBELL-BANNERMAN, HENRY (1836-1908). Político británico. Miembro del Partido Liberal desde 1868, sucedió a William Harcourt como jefe de esta formación política en 1899. Tras dimitir en 1905 el gabinete de Arthur James Balfour, el rey Eduardo VII lo designó para la formación de gobierno. En 1906 fue nombrado primer ministro. Concedió la autonomía al Transvaal (1906) y al Estado Libre de Orange (1907).

CAMPECHE (CIUDAD). Población y puerto de México, cap. del estado de Campeche, en el sudeste del país (a orillas de la bahía homónima). Fundada en 1540 en el emplazamiento de un poblado maya (Kimpech), del que existen restos. Universidad, ferrocarril, aeropuerto. Edificios coloniales. Centro de servicios de una amplia zona petrolífera. 178.160 hab. (1995; municipio).
Campeche 3:309b.

CAMPECHE (ESTADO). Estado de México en la península de Yucatán. Cap. Campeche. 50.812 km^2. 696.752 hab. (1999).
3:309b; *ilustración* 3:309b.

CAMPECHE, BAHÍA DE. Parte del golfo de México que baña las costas de la península de Yucatán, en los est. de Campeche, Tabasco y Yucatán. Su extensión es de 15.540 km^2. También se la conoce como sonda de Campeche.
Tehuantepec, istmo de 13:419a.

CAMPECHE, JOSÉ (1751-1809). José de Rivafracha y Jordán, pintor puertorriqueño. Le fue ofrecido el título de pintor de cámara del rey de España, pero no aceptó para no abandonar su país. Trabajó principalmente el retrato.

CAMPENY Y ESTRANY, DAMIÁN (1771-1855). Escultor español. Discípulo de Salvador Gurri, realizó estudios en Barcelona y Roma (1797), en donde trabajó con Conti Barsani como restaurador de los museos pontificios. Influido por Antonio Canova, su obra se encuadra dentro de la corriente neoclásica. Miembro de la Academia de Bellas Artes de San Fernando. Fue escultor de cámara de la reina Isabel II. «Lucrecia moribunda», «Himeneo», «Cleopatra agonizante».

CAMPERO, NARCISO (1815-1896). Militar y político boliviano. Ocupó la presidencia de 1880 a 1884.
3:310a; Bolivia 3:94b.

CAMPESINADO. Clase social de los campesinos, la cual presenta especiales características por su importancia económica y sus tendencias culturales y políticas.
3:310a; Cultura 5:75a; *ilustración* 3:310b.

CAMPESINOS, GUERRA DE LOS. Levantamiento del campesinado de Suabia y Franconia entre 1524 y 1525 contra las desigualdades sociales y económicas del feudalismo alemán. Sus reivindicaciones se reflejaron en el manifiesto de los Doce Artículos. Fueron cruelmente reprimidos en Königshofen.

CAMPILLO, NARCISO (1835-1900). Escritor español. Su obra literaria estuvo influida por fray Luis de León y los escritores románticos españoles. Su estilo se situó en una posición intermedia entre lo clásico y lo romántico. Cultivó la poesía y el género costumbrista. Colaboró en varias publicaciones periódicas. *Poesías* (1858 y 1867), *Una docena de cuentos* (1878), *Cuentos y sucedidos* (1893).

CAMPILLO Y COSSÍO, JOSÉ DEL (1693-1743). Político español del reinado de Felipe V. Participó en el reforzamiento de la armada desde sus cargos en distintos astilleros. Fue secretario de diversos ministerios y lugarteniente del infante Felipe. Autor de varios ensayos económicos.

CAMPILLO Y MARCO, ANTONIO (siglo XVIII). Médico y botánico español. Autor de tratados de química y álgebra, contribuyó a catalogar unas cinco mil especies vegetales. *Faro médico espagírico teórico y práctico, Mapa etéreo, Arte de elocuencia oratoria, poética y civil.*

CAMPIN, ROBERT (h. 1378-1444). Pintor flamenco, activo en Tournai a principios del siglo XV. Identificado a menudo con el maestro de Flémalle, se supone que tuvo como discípulos a Rogier van der Weyden y a Jacques Daret. Destaca el realismo de sus obras. «Natividad» (1430).

CAMPINA GRANDE. Ciudad de Brasil en el est. de Paraíba. Universidad, museo, aeropuerto y ferrocarril. Textiles, metalurgia, plásticos, productos farmacéuticos. Agricultura. 326.016 hab. (1996).

CAMPINAS. Ciudad de Brasil en el est. de São Paulo. Instituto agronómico. Universidades, museos, orquesta sinfónica. Aeropuerto internacional. Industrias diversas. 872.652 hab. (1996).

CAMPINO, ENRIQUE (1794-h.1880). Militar chileno. Se distinguió en las luchas por la independencia. En 1827 ejerció brevemente el poder supremo.

CAMPIÓN, ARTURO (1854-1937). Escritor español. Fue uno de los principales representantes de la Asociación Euskara de Pamplona. Cultivó el género histórico, los estudios sobre lingüística vasca y la novela de corte naturalista. *Euskarianas, Gramática de los cuatro dialectos literarios de la lengua euskara* (1884), *La bella Easo* (1909).

CAMPION, EDMUND (1540-1581). Jesuita inglés. Fue diácono anglicano hasta 1573, momento en el que ingresó en la Compañía de Jesús. Predicó el catolicismo en Inglaterra y después de publicar su célebre folleto *Diez razones,* contra el anglicanismo, fue juzgado por sedición y ahorcado. Canonizado en 1970 por el papa Paulo VI.

CAMPISTEGUY, JUAN (1859-1937). Político uruguayo. Ejerció la presidencia de la república de 1927 a 1931.

CAMPO, ÁNGEL DE (1868-1908). Escritor y periodista mexicano. Reunió su producción, relatos costumbristas y sociales publicados bajo los seudónimos Micrós y Tick-Tack, en tres volúmenes. Escribió una novela, *La rumba,* (1891-1892), publicada primero como folletín y luego en libro. *Ocios y apuntes* (1890), *Cosas vistas* (1894), *Cartones* (1897).

CAMPO, CONRADO DEL (1876-1953). Compositor español. Amplio catálogo de obras que incluye sinfonías, cuartetos, conciertos y varias óperas, entre ellas *La dama desconocida, El Avapiés* (1919) y *Lola la piconera* (1949). Profesor de composición del conservatorio de Madrid.
Roldán, Amadeo 12:414b.

CAMPO, ESTANISLAO DEL (1834-1880). Escritor y político argentino. Uno de los principales representantes de la poesía gauchesca. Participó activamente en las luchas civiles y ocupó cargos políticos. *Fausto: impresiones del gaucho Anastasio el Pollo en la representación de esta ópera* (1866).
Gaucha, literatura 7:64a.

CAMPO, RAFAEL (1813-1890). Político salvadoreño. Fue presidente de la república de 1856 a 1858.

CAMPOAMOR Y CAMPOOSORIO, RAMÓN DE (1817-1901). Poeta español. Político conservador, fue gobernador de Alicante y Valencia. Perteneció a la Real Academia (1861). Autor de obras dramáticas y poemas. *Doloras* (1842), *El drama universal* (1869), *Humoradas* (1886-1888), *El licenciado Torralba* (1888).

CAMPO DAVID, ACUERDOS DE. Tratados firmados en Campo David, residencia de descanso de los presidentes de los Estados Unidos, por Anwar al-Sadat, de Egipto, y Menahem Begin, de Israel, para establecer la paz entre ambos países, en septiembre de 1978, a instancias del presidente estadounidense Jimmy Carter.
Árabe-israelí, conflicto 2:2a; Arafat, Yasir 2:14b.

CAMPO DE CRIPTANA. Población española de la prov. de Ciudad Real, comunidad autónoma de Castilla-La Mancha. Vid, cereales; ganadería lanar, producción de quesos. Declarada de interés turístico por encontrarse en la ruta del Quijote. 13.727 hab. (1991).

CAMPO DE FUERZAS. Zona espacial en la que un cuerpo ejerce una influencia con diversos tipos de fuerza sobre otro cuerpo, dependiendo para ello de su posición y de las dimensiones del cuerpo actuante.
Campos, teoría de los 3:312a; Fuerza 6:422b.

CAMPO DE LA CRUZ. Municipio del dep. colombiano de Atlántico, en la parte noroccidental del país. A orillas del río Magdalena, el canal del Dique permite el cultivo de regadío en amplias zonas. Arroz, maíz, yuca, algodón; ganadería.

CAMPO ELÉCTRICO. Campo de fuerzas producido por una carga eléctrica o un sistema de cargas. Es conservativo y la intensidad en cada punto se rige por la ley de Coulomb.
Campos, teoría de los 3:312a; Electricidad 5:353b; Electromagnetismo 5:361b; Electrónica 5:367a.

CAMPOFORMIO, TRATADO DE. Acuerdo de paz firmado el 17 de octubre de 1797 entre Francia y Austria, como consecuencia de la derrota de ésta a manos de Napoleón Bonaparte en su primera campaña de Italia. Francia obtuvo la Lombardía, Bélgica y la zona de la margen izquierda del Rin. Austria se quedó con Istria, Dalmacia y Venecia.

CAMPO GRANDE. Ciudad de Brasil, cap. del est. de Mato Grosso do Sul en la Sierra Maracaju. Aeropuerto, ferrocarril, Universidad. Agricultura y ganadería. Industrias cárnicas, cueros. 592.007 hab. (1996).

CAMPO GRAVITATORIO. Campo creado por la fuerza de atracción de una masa sobre las que la rodean. Es conservativo y su intensidad se rige por la ley de Newton.
Astronomía 2:177b; Campos, teoría de los 3:312a; Einstein, Albert 5:342b; Gravitación 7:200a.

CAMPO LARRAHONDO, MARIANO (1772-1860). Escritor, sacerdote y político colombiano. Participó en el levantamiento antiespañol de 1810, por lo que fue encarcelado. Autor de una *Carta* sobre el arte de traducir. *Rasgos morales, filosóficos, históricos y políticos.*

CAMPO MAGNÉTICO. Magnetismo que provoca la Tierra sobre los objetos imanados. Sus polos se sitúan próximos a los polos geográficos y su campo de acción es bastante regular y está dividido en dos componentes, uno vertical y otro horizontal.
Campos, teoría de los 3:312a; Electromagnetismo 5:362a; Electrónica 5:367a; Magnetismo 9:288a; Tierra 14:57a.

CAMPOMANES, CONDE DE (1723-1803). Político y economista español. Destacado por sus esfuerzos reformistas culturales y económicos.
3:311a; Carlos III de España 3:398a; Sociedades económicas de amigos del país 13:280a; *ilustración* 3:311a.

CÁMPORA, HÉCTOR (1909-1980). Político argentino. Presidente en 1973, renunció para dejar la presidencia a Juan Domingo Perón.
3:311b.

CAMPOS. Ciudad y puerto fluvial de Brasil en el est. de Río de Janeiro, a orillas del Paraíba do Sul. Cacao, caña de azúcar, café. Destilerías de ron, industrias alimentarias y metalúrgicas. 333.604 hab. (1996).

CAMPOS, AUGUSTO DE (n. en 1931). Poeta y crítico brasileño. Fundó con Décio Pignatari y su hermano Haroldo el movimiento concretista, que lanzó las revistas *No igrandes* e *Invenção.* Tradujo a Ezra Pound, a E.E. Cummings y, en colaboración, a Vladímir Maiakovski.

CAMPOS, HAROLDO (n. en 1931). Crítico y poeta brasileño. Fundó el movimiento concretista con su hermano Augusto y Décio Pignatari. Escribió *Servitud de pasaje* y *Teoría de la poesía concreta.*

CAMPOS, RUBÉN M. (1876-1945). Escritor, folclorista y compositor mexicano. Cultivó varios géneros. Autor de la ópera *Zulema, Claudio Oronoz, El bar, El folclor literario de México.*

CAMPOS, TEORÍA DE LOS. Rama de la física que estudia los fenómenos naturales en función de las perturbaciones de diversa índole que provocan en su entorno. Se fundamenta en modelos matemáticos de elevada complejidad.
3:312a; Física 6:315a; *ilustración* 3:312a.

CAMPOS CATALÁUNICOS, BATALLA DE LOS. V. **Cataláunicos, batalla de los.**

CAMPOS CERVERA, HÉRIB (1908-1953). Poeta paraguayo. Colaborador de diversas publicaciones literarias, fue uno de los introductores del surrealismo en su país. *Ceniza redimida* (1950), *Palabras del hombre secreto* (1955).

CAMPOS DE CASTILLA. Colección de poesías de Antonio Machado, publicada en 1912, en las que ensalza el alma y el paisaje castellanos, en especial las tierras de Soria.

CAMPOS DE URNAS, CULTURA DE LOS. Grupos de asentamientos humanos de la edad del bronce (desde el año 1400 a.C.). Desarrollados inicialmente en la Europa oriental, los Balcanes y el valle del Danubio, se caracterizaron por la práctica de la incineración como ritual de enterramiento y por la utilización de urnas para depositar las cenizas. Dichas urnas aparecen enterradas en profundos hoyos. Esta cultura penetró en la península ibérica a través de Francia. Relacionada, en la Europa occidental, con la cultura celta.
Celtas 4:67.

CAMPOS ELÍSEOS. En la mitología grecolatina, lugar del infierno reservado a las almas nobles y heroicas, que podían disfrutar de una vida ultraterrena plena de dicha.

CAMPO SERRANO, JOSÉ MARÍA (1836-1915). Militar y político colombiano. De 1886 a 1887 fue presidente de la república.

CAMPOS SALES, MANUEL FERRAZ DE (1841-1913). Abogado y político brasileño. Luchó por la abolición de la esclavitud y la instauración de la república. Fue presidente de 1898 a 1902.
Brasil 3:158b.

CAMPO VISUAL. Diámetro angular de un objeto que llena justamente la zona de amplitud visual de un telescopio en un instante dado. Ángulo aparente subtendido por la imagen del objeto en el ojo, igual al producto del campo de visión por el aumento.

CAMPO Y RIVAS, MANUEL DEL (1750-1839). Jurisconsulto, funcionario e historiador colombiano. Miembro de la Audiencia de Guatemala, se opuso al movimiento emancipador de José María Morelos, pero acató la monarquía de Agustín de Iturbide, quien lo nombró presidente de la audiencia. *Compendio histórico de la fundación, progresos y estado actual de la ciudad de Cartago.*

CAMPRA, ANDRÉ (1660-1744). Compositor y profesor de música francés, maestro de música de Notre-Dame. Se le considera iniciador de las óperas ballet. Escribió libros de motetes, salmos y varias misas y cantatas. Óperas *Eneas y Dido* (1714) y *Las bodas de Venus* (1740).

CAMPRODÓN, FRANCESC (1815-1880). Escritor español. Autor de poesía, obras teatrales y libretos de zarzuelas de corte romántico, escribió en castellano y catalán. Participó en la vida política española, en las filas de los grupos liberales. *Emociones* (1850), *Flor de un día* (1851), libreto de la zarzuela *Marina* (1877).

CAMPS, VICTORIA (n. en 1941). Filósofa española. Destacó con sus ensayos de ética. *Ética, retórica y política* (1988), *Virtudes públicas* (1990), *Paradojas del individualismo* (1993).

CAM RANH. Ciudad y puerto de Vietnam, a orillas del mar de China meridional. Base naval, aeropuerto. Pesquerías, salinas. 114.041 hab. (1989).

CAMUFLAJE. Práctica militar que consiste en ocultar la presencia de tropas o armamento bajo otras apariencias.
3:312b; *ilustración* 3:313a.

CAMUS, ALBERT (1913-1960). Novelista, dramaturgo y ensayista francés. Representó un existencialismo preocupado principalmente por la soledad del hombre.
3:313b; Absurdo, teatro del 1:23a; Escepticismo 6:36a; Francesa, literatura 6:377a; Novela y cuento 11:21a; Sísifo 13:264b; *ilustración* 3:313b.

CAMUS, MARCEL (1912-1982). Director cinematográfico francés. Fue ayudante de dirección de Luis Buñuel y Jacques Feyder. De su filmografía destacan *Orfeo negro* (1958), galardonada con varios premios, entre ellos el Óscar, *El pájaro del paraíso* (1961), *Otalia de Bahía* (1976).

CAMUS, MARIO (n. en 1935). Director de televisión y cine español. *La colmena* (1982), *Los santos inocentes* (1984), *Sombras en una batalla* (1993), *El color de las nubes* (1997), *La ciudad de los prodigios* (1999).

CANÁ. Antigua ciudad de Galilea, de discutida ubicación en la actualidad, donde, según el evangelio de san Juan, Jesús realizó su primer milagro; invitado junto con su madre y sus discípulos a una boda, convirtió el agua en vino al terminarse éste.

CANAÁN. Según la *Biblia,* la tierra prometida por Dios a los judíos. Encrucijada de diversas culturas, fue conquistada por Josué a los cananeos hacia el 1250 a.C. Comprendía los territorios de Palestina y Fenicia.
Josué 8:387a; Noé 11:4a.

CANACOS. Pobladores indígenas melanesios del territorio francés de ultramar de Nueva Caledonia. Mantienen una economía agrícola basada en los cultivos por irrigación. Los clanes están representados y regidos por un jefe. Conservan una religión animista primitiva. Cifrado el número de sus individuos en unos 65.000. También se llaman neocaledonios.
Nueva Caledonia 11:32a; Pacífico, pueblos del 11:202a.

CANADÁ. País del norte de América, fronterizo con los Estados Unidos. Cap. Ottawa. 9.970.610 km^2. 30.770.000 hab. (2000).
3:314a; América 1:273b; Amerindios, pueblos 1:294a; Apalaches, montes 1:407b; Columbia, río 4:287a; Chrétien, Jean 4:169a; Grandes lagos 7:194b; Mackenzie, río 9:265b; Montreal 10:254b; Niágara, cataratas del 10:395b; Ottawa 11:183a; Quebec, provincia de 12:214a; Rocallosas, montañas 12:397b; Toronto 14:91b; Trudeau, Pierre Elliott 14:138a; *mapa* 3:315; *cuadros* 3:314b; 3:318a-b; 3:321; *ilustraciones* 3:316a; 3:317a-b; 3:318a; 3:319b; 3:321; 3:322a; 3:323; 3:324a; 3:325b; 3:316a.

CANADÁ, ANTICICLÓN DE. Zona de altas presiones que se forma sobre los glaciares de Groenlandia. Es consecuencia del enfriamiento de los estratos más bajos de la atmósfera, producido por el contacto con la superficie de hielo subyacente.

CANADIENSE, ESCUDO. El elemento más antiguo de la estructura geológica de América del norte. Ocupa una gran proporción de la superficie de Canadá.
América 1:272b.

CANADIENSE, LITERATURA. Conjunto de obras escritas en inglés o francés por autores canadienses.
3:326b; Leacock, Stephen 9:87b; MacLennan, Hugh 9:266a; Pratt, E.J. 12:114a; Richler, Mordecai 12:367b; Roberts, Charles G.D. 12:392b; *ilustración* 3:327b.

CANAL. Cauce artificial que une dos brazos de agua, para regadío, navegación u otros usos.
3:329a; Acueducto 1:47a; Riego 12:369b; *ilustraciones* 3:329b; 3:330a; 3:331b.

CANAL, ISLAS DEL. V. **Anglonormandas, islas.**

CANAL, ZONA DEL. Antigua entidad administrativa estadounidense enclavada en territorio panameño. Era una franja de 16 km, a lo largo del canal de Panamá, entre los océanos Atlántico y Pacífico. Bajo jurisdicción estadounidense desde 1903, en 1979 fue reintegrada a la soberanía panameña.
Panamá, canal de 11:246a.

CANAL DE TELEVISIÓN. Banda por la que se emiten programas televisivos. Las emisoras transmiten por uno o varios canales con límites de frecuencia muy definidos para eliminar las interferencias.

CANAL DE TRANSMISIÓN. Zona del espectro electromagnético que se asigna en radio y telecomunicación como medio a través del cual se produce la transmisión codificada.

CANALEJAS, JOSÉ (1854-1912). Estadista liberal español. Uno de los políticos más representativos del siglo XIX.
3:332a; *ilustración* 3:332a.

CANALES, ANTONIO (n. en 1962). Bailarín español de flamenco. Trabajó en el Ballet Nacional de España y en la compañía de Manuela Vargas. Posteriormente fundó su propia compañía.

CANALES DE DISTRIBUCIÓN. Conjunto de vías y operadores mediante los que se llevan a cabo la distribución de un determinado bien o servicio.

CANALETTO (1697-1768). Giovanni Antonio Canal, pintor italiano. Activo en Italia e Inglaterra, es considerado como uno de los maestros del paisajismo veneciano.
3:332a; *ilustración* 3:332b.

CANAL FEIJOO, BERNARDO (1897-1982). Poeta, investigador y dramaturgo argentino. Su poesía se orientó hacia los temas nacionales y en su prosa se proyectó la investigación folclórica. *La rueda de la siesta* (1930), *Mitos perdidos* (1938), *Pasión y muerte de Silverio Seguizamón* (1944).

CANALIZACIÓN. Sistema de conductos destinados a distribuir fluidos o energía eléctrica en poblados e instalaciones. En la canalización de agua se emplean tuberías de hierro, plomo, cobre y cemento.
Alcantarillado y saneamiento 1:153b.

CANALIZO, VALENTÍN (1794-1850). Militar y político mexicano. Colaborador de Antonio López de Santa Anna, fue presidente de la república de 1843 a 1844.

CANALS, ANTONI (h. 1352-1415/1419). Escritor catalán. Discípulo de san Vicente Ferrer, tradujo a los latinos Valerio Máximo y Séneca. Representante del Renacimiento en Cataluña. *Escala de contemplaciones* (1399-1400).

CANALS, RICARDO (1876-1931). Pintor español. Residió durante algún tiempo en París donde recibió la influencia del impresionismo. Destacó como retratista. «La pradera», «Retrato de la señora M. P.» (1922).

CANALS Y MARTÍ, JUAN PABLO (1730-1788). Economista, botánico y químico español. Influido por la obra del agrónomo francés Duhamel du Monceau, inició el cultivo de plantas tintóreas y promovió la industria de la tintorería en España. En 1763 creó una compañía para la comercialización y exportación de tintes. En 1765 fue nombrado director general de las Fábricas y Tintes del Reino. Realizó estudios botánicos sobre la obtención y propiedades de los tintes. *Colección de lo perteneciente al ramo de la rubia o granza de España* (1779).

CANAL TORÁCICO. El más voluminoso de todos los troncos linfáticos del cuerpo. Situado en el lado izquierdo, asciende desde la cisterna de Pecquet hasta desembocar en la confluencia de las venas subclavia y yugular interna izquierdas.

CANANEA. Población mexicana, situada en el est. de Sonora. A orillas de los ríos San Pedro y Cocosperoa. Minas de cobre y oro; industrias metalúrgicas; cereales, legumbres, frutales; ganadería.

CANANEA, HUELGA DE. Incidente ocurrido en la ciudad mexicana de Cananea, en junio de 1906, a causa de las diferencias salariales que la empresa Cananea Consolidated Copper Co. aplicaba entre sus obreros estadounidenses y mexicanos, en perjuicio de estos últimos. Los mexicanos iniciaron una huelga, con graves enfrentamientos, en los cuales intervinieron guardabosques estadounidenses.

CANANEOS. Antiguos habitantes de las tierras de Canaán (Palestina y Fenicia) entre el tercer y el segundo milenio antes de la era cristiana. Mantenían una lengua, una religión y un arte particulares. Lingüísticamente pertenecían al grupo semítico.
Baal 2:293a.

CANARIAS, CORRIENTE DE LAS. Brazo de la corriente del Atlántico norte. La frialdad de sus aguas, aminorada por la influencia cálida sahariana, se debe al flujo de las zonas profundas ocasionado por los vientos procedentes del continente.

CANARIAS, ISLAS. Archipiélago y comunidad autónoma de España en el océano Atlántico, frente a las costas del Sahara. Cap. Santa Cruz de Tenerife y Las Palmas de Gran Canaria. 7.351 km². 1.606.534 hab. (1996).
3:333a; España 6:65a; Palmas, Las 11:233b; Santa Cruz de Tenerife 13:139b; *ilustración* 3:333b.

CANARIO. Pájaro de la familia de los fringílidos (*Serinus canaria*), originario de las islas Canarias.
3:334a; Pájaros 11:216a; *ilustraciones* 3:334a; 11:216a.

CANARREOS, ARCHIPIÉLAGO DE LOS. Grupo de islas y cayos al sur de Cuba. Destacan en él la isla de la Juventud (o isla de Pinos) y cayo Largo.
Juventud, isla de la 8:420b.

CANASTA. Juego de naipes en el que, generalmente, participan cuatro jugadores, por parejas. Se emplean dos barajas de 52 naipes más cuatro comodines. Tras repartirse 11 naipes para cada jugador, la carta número 45 se descubre y las restantes quedan boca abajo. Sucesivamente los jugadores van tomando cartas y descartándose. Gana la pareja que consigue reunir más puntos formando combinaciones de más de tres naipes iguales hasta completar siete con comodines.
Baraja, juegos de 2:344a.

CANASTERA. Ave caradriforme de la familia de las glareólidas (*Glareola pratincola*). Linícola.

CANATLÁN. Población mexicana del est. de Durango. Situada a orillas del río Canatlán. Su economía depende de la agricultura de regadío; explotación forestal y ganado vacuno y caballar. 39.935 hab. (1990; municipio).

CANBERRA. Capital de Australia, a orillas del río Molonglo. Construida a partir de 1913 en un emplazamiento ya habitado desde 1824. Iglesia de 1845. Universidad, institutos técnicos, observatorios, museo, casa de moneda. Posee algunas industrias, pero su función es predominantemente administrativa. Turismo. 308.100 hab. (1998).
Australia 2:217b.

CANCÁN. Baile escénico francés, protagonizado por mujeres, que se puso de moda en París en la década de 1830 y se cultivó hasta principios del siglo XX. El cancán, cuyos acrobáticos movimientos de piernas dejaban al descubierto la ropa interior de las bailarinas, por lo que se consideraba escandaloso, sirvió de tema para pintores como Georges Seurat y Henri de Toulouse-Lautrec.

CANCELA, ARTURO (1892-1956). Escritor y dramaturgo argentino. Recreó personajes típicos de Buenos Aires con fino humorismo y un lenguaje sutil y característico. *Cacambo* (1920), *Tres relatos porteños* (1922), *Alondra* (1950).

CÁNCER (ASTRONOMÍA). Constelación boreal del zodiaco, también conocida como Cangrejo, situada entre Leo y Géminis. Nombre latino: Cancer.
Zodiaco 14:422a.

CÁNCER (MEDICINA). Término general con el que se designan los tumores malignos. Proliferación anárquica de células anormales a partir de un foco primitivo; puede recidivar (reaparecer) localmente una vez extirpado y diseminarse a distancia (metástasis).
3:334b; Anticuerpo 1:386b; Apoptosis 1:414b; Biopsia 3:47a; Dermatología 5:146b; Hematología 7:357a; Medicina 10:32a; Neumología 10:389b; Oncogenes 11:104b; Oncología 11:105b; Otorrinolaringología 11:182b; Quimioterapia 12:230a; Radioterapia 12:251a; Tabaco 13:372a; Terapia génica 14:28b; Tumores y quistes 14:146b; *cuadros* 3:336b; 3:338a; *ilustraciones* 3:335a-b; 3:336a; 3:337b.

CÁNCER, TRÓPICO DE. Paralelo situado al norte del ecuador terrestre (23° 27′ N). Corresponde a la declinación más septentrional de la eclíptica solar hacia el ecuador celeste. Alrededor del 21 de junio, en el solsticio de verano, el Sol alcanza su mayor declinación y se sitúa directamente sobre el trópico de Cáncer.

CANCERBERO. V. **Cerbero.**

CÁNCER Y VELASCO, JERÓNIMO DE (h. 1600-1655). Comediógrafo español. Cultivó especialmente el género burlesco, con entremeses y comedias satíricas. Autor también de dramas y poesía. *Los ciegos, La visita de la cárcel, El mejor representante, san Ginés.*

CANCHAL. Terreno formado por la acumulación de fragmentos de rocas sin cohesionar, producidos generalmente en zonas de alta montaña por la meteorización de las paredes rocosas, a cuyo pie suele hallarse.

CANCHA RAYADA, SORPRESAS DE. Llanura de Chile, próxima a la ciudad de Talca, donde se libraron dos batallas en el transcurso de la guerra de la independencia chilena. La primera, acaecida el 29 de marzo de 1814, supuso la derrota de los ejércitos del chileno Manuel Blanco Encalada. La segunda, que tuvo lugar el 19 de marzo de 1818, significó un nuevo fracaso para las tropas chilenas, comandadas en esta ocasión por José de San Martín y Bernardo O'Higgins.

CANCILLER. Alto funcionario público que antiguamente desempeñaba el oficio de secretario, notario o guardián del sello real. En la carrera diplomática, funcionario de los embajadores. En algunos países europeos (Alemania federal, Austria), designa al jefe del gobierno. En ciertos países de América, secretario o ministro a cargo de las relaciones exteriores.

CANCIO LUNA, LEOPOLDO (1851-1927). Político y economista cubano. Miembro fundador del Partido Autonomista en 1878, fue profesor de economía y hacienda pública, y durante el gobierno de Tomás Estrada Palma ocupó las carteras de gobernación e instrucción pública (1902). A él se debe la creación de una moneda cubana (1915) cuando fue ministro de hacienda en el primer gobierno de Mario García Menocal.

CANCIÓN. Composición musical para una o varias voces, con o sin acompañamiento, que suele adaptarse a un texto poético.
3:338b; Canto 3:349b; Serenata 13:208b; *ilustración* 3:339b.

CANCIÓN DE GESTA. V. **Gesta, cantares de.**

CANCIONEIROS. Colección de poemas medievales galaico-portugueses, especialmente los de *Ajuda*, de la *Biblioteca Vaticana* y de *Colocci-Brancuti*. Entre los géneros representados pueden citarse las *Cantigas de amor* y las *Cantigas de amigo*.

CANCIONERO. Colección de poesía de una época o autor determinado. Son famosos, dentro de las literaturas española y portuguesa, los cancioneros de *Ajuda*, de *Baena*, de la *Vaticana*, de *Palacio* y otros, con obras que abarcan varios siglos, a partir del XIII.
Portuguesa, literatura 12:99a; Romance y romancero 13:2b.

CANCÚN. Ciudad mexicana situada en el nordeste de la península de Yucatán, en el estado de Quintana Roo. Habitada históricamente la zona por la civilización maya, la ciudad moderna data de la década de 1970 y está dedicada fundamentalmente al turismo. 297.183 hab. (1995).
Quintana Roo 12:231b.

CANDAMO, CUEVA DE. Yacimiento del arte prehistórico español situado en la localidad asturiana de San Román de Candamo. En su interior se pueden observar pinturas y grabados rupestres con representaciones de animales, que se remontan a los períodos auriñaciense, solutrense y magdaleniense del paleolítico superior.
Piedra, edad de 11:396a.

CANDAMO, MANUEL (1842-1904). Político peruano. En 1895 presidió el gobierno provisional formado tras una insurrección popular. Fue elegido presidente de la república en 1903.

CANDELA. Unidad de la intensidad luminosa, representada con la abreviatura cd. Corresponde a la magnitud emitida por una sección de un centímetro cuadrado de cuerpo negro en dirección perpendicular y a la temperatura de fusión del platino (1.772 °C). Introducida a raíz de la décima conferencia del Comité Internacional de Pesas y Medidas, en 1948.
Fotometría 6:361b; Metrología 10:115a.

CANDELA, FÉLIX (1910-1997). Arquitecto mexicano. De origen español, emigró a México en 1939. Alumno de Eduardo Torroja, sus estructuras se caracterizaron por las techumbres hiperbólicas de hormigón, que permitían cubrir grandes espacios a reducido costo. Instituto de Radiación en la Universidad Nacional Autónoma de México (1950), capilla de los Misioneros del Espíritu Santo de Coyoacán (1956). Premio de Arquitectura Auguste Perret en 1961.

CANDELARIA. En la Iglesia Católica, festividad con la que se conmemora la presentación de Jesús en el templo y la purificación de la Virgen. Se celebra el 2 de febrero.

CANDELARIA, CULTURA DE LA. Cultura precolombina del noroeste de Tucumán y el este y sur de Salta, en la Argentina. Se caracteriza por la utilización de la piedra tallada para la fabricación de instrumentos y por la presencia de urnas cinerarias de cerámica decoradas con motivos geométricos, punteados y figuras humanas y animales. Algunos de los yacimientos más importantes son El Quebrachal, El Molino, Huananacocha y Santa Lucía.

CANDELARIA, RÍO. Curso fluvial de Guatemala y México (est. de Campeche). Tiene su desembocadura en la laguna salada de Términos. De régimen torrencial, en la época de lluvias crece su caudal, con avenidas que inundan grandes zonas.

CANDELA ROMANA. Artificio formado por un tubo largo y resistente que lleva en su interior grupos de estrellas pirotécnicas de colores. Mediante cargas de pólvora se proyecta cada grupo en sucesión.

CANDELILLA. V. **Luciérnaga.**

CANDÍA. V. **Iráklion.**

CANDIDA. Género de hongos blastoporos parecidos a las levaduras. La especie más importante es la *Candida albicans*, que provoca moniliasis o candidiasis cutáneo-mucosas.

CANDIDIASIS. Enfermedad causada por los hongos pertenecientes al género *Candida*. También conocida como moniliasis, la candidiasis puede afectar a la piel, a las mucosas o a diversos órganos, y se manifiesta de muchas maneras: afección de la mucosa oral o muguet, vaginitis, estomatitis angular, e incluso afecciones renales, pulmonares, etc.

CÁNDIDO. Novela del escritor francés Voltaire, publicada en 1759. Ridiculiza, a través de las interminables vicisitudes del protagonista, las ideas del filósofo G. W. Leibniz y, en general, el desbordado optimismo del siglo XVIII.
Voltaire 14:346b.

CÁNDIDO, JERÓNIMO JOSÉ (1770-1839). Torero español. Discípulo y continuador del estilo de Pedro Romero, enseñó su arte en la Escuela de Tauromaquia de Sevilla. Introdujo diversas innovaciones en la lidia, como la estocada al encuentro del toro.

CANDILEJAS. Luces situadas en la parte delantera del escenario y a ras del suelo para iluminar a los actores y al decorado. También se denominan batería.

CANDIRU. Pez osteictio siluroideo de la familia de los tricomictéridos (*Vandellia cirrhosa*). Es el único parásito vertebrado del hombre. Vive en Sudamérica.

CANDOLLE, AUGUSTIN PYRAME DE (1778-1841). Botánico suizo. Destacó por sus estudios de sistemática del reino vegetal. Considerado uno de los fundadores de la geografía botánica. *Teoría general de la botánica* (1813).
Botánica 3:127a; Mociño, José Mariano 10:203a.

CANDOMBE. Ritmo típico de Uruguay, representado fundamentalmente durante el carnaval. De origen africano, era interpretado en su origen por esclavos negros, quienes escenificaban la coronación de los reyes Congo, de forma similar a las *conoadas* de Brasil.

CANDOMBLÉ. Conjunto de rituales de un culto fetichista que celebran algunas sectas negras de Bahía, Brasil. Sincretismo de ritos africanos, espiritismo brasileño y religiones europeas. Básicamente se realiza a partir de la danza.
Macumba 9:267a.

CANDRAGUPTA (siglos IV-III a.C.). Fundador de la dinastía Maurya y primer emperador que unificó la mayor parte de la India. La muerte de su padre desmembró su familia y fue vendido a un pastor. Pasó luego a manos de un político, que lo educó militar y artísticamente. Ascendió al trono hacia el 325 a.C., amplió su imperio hasta las fronteras con Persia. Ayunó hasta morir al no poder combatir el hambre que asoló su país.

CANÉ, MIGUEL (1851-1905). Escritor y diplomático argentino. Embajador en diversos países, fue autor de ensayos, textos autobiográficos y libros de viajes. *En viaje* (1881), *Juvenilia* (1884), *Prosa ligera* (1903).

CANEA, LA. Provincia de Grecia a orillas del golfo de Canea, en la isla de Creta, mar Mediterráneo. Cítricos, aceite de oliva, vinos. Cap. Canea. 125.856 hab. (1981).
Creta 5:7a.

CANELA. Especia de color rojizo obtenida fundamentalmente de la corteza del árbol denominado canelo de Ceilán.
3:339b; Especia 6:103a; *ilustración* 3:340a.

CANELO. Tribu indígena de la zona del río Napo, en el Ecuador, integrante de la familia záparo. Perdida su lengua originaria, los canelos adoptaron el quechua. También se conocen como canelas.

CANELONES. Departamento del sur de Uruguay que limita por el sur con el río de la Plata. Horticultura, viñedos, ganadería. Suministra al mercado de la cap. del país, Montevideo. Hipódromo, playas. Cap. Canelones. 4.536 km². 410.524 hab. (1996).

CANELLAS, VIDAL DE (m. h. 1252). Obispo de Huesca desde 1238, fue consejero de Jaime I de Aragón, al que acompañó durante el cerco de Valencia (1238), y por orden de quien redactó en latín el *Código de Huesca* (1247), fuente del derecho territorial aragonés.

CANENDIYÚ. Departamento de Paraguay limitado al norte y este por Brasil. Zona selvática y grandes praderas. Agricultura y ganadería. Cap. Salto del Guairá. 14.667 km². 103.785 hab. (1992).

CANETTI, ELÍAS (1905-1994). Escritor de origen búlgaro y afincado en Austria. Su obra es una crítica a la sociedad burguesa. En 1981 recibió el Premio Nobel de literatura. *Masa y poder* (1960), *La antorcha en el oído* (1980).
3:340b.

CANEY, COMBATE DE. Enfrentamiento bélico acaecido el 1 de julio de 1898 entre las tropas españolas y estadounidenses, en el transcurso de la guerra de Cuba. Las fuerzas españolas, comandadas por el general Vara de Rey, fueron derrotadas y diezmadas tras resistir en el fuerte El Viso.

CANGA ARGÜELLES, JOSÉ (1770-1843). Político y economista español. Contador mayor del ejército en 1804, participó de forma muy activa en la guerra de la independencia. Desterrado por Fernando VII, el nuevo régimen constitucional le reservó el Ministerio de Hacienda (1820). *Diccionario de hacienda* (1826-1827).

CANGAS DE NARCEA. Población española de la prov. de Oviedo, comunidad autónoma de Asturias. Hortalizas, cereales, vid, maíz; ganadería; central eléctrica. 19.225 hab. (1991).

CANGREJO. Crustáceo malacostráceo del orden de los decápodos. Diversos géneros y especies, entre ellos el cangrejo de mar común (*Carcinus maena*) y cangrejos de río, del género *Potamobius*.
3:340b; Artrópodos 2:137b; Crustáceos 5:33a; *ilustración* 3:341a.

CANGREJO ERMITAÑO. V. **Paguro.**

CANGURO. Mamífero marsupial, de la familia de los macropódidos. Diversos géneros y especies, entre ellos el canguro rojo (*Macropus rufus*) y los canguros arborícolas del género *Dendrolagus*.
3:341b; Marsupiales 9:389b; *ilustraciones* 3:341b; 9:389a.

CANIBALISMO. Hábito de una especie animal cualquiera de depredar otros miembros de su misma especie con fines alimenticios. Cuando se produce entre miembros de la especie humana se denomina antropofagia.
3:342a; *ilustración* 3:342a.

CANIBALISMO GALÁCTICO. Efecto de captura de una galaxia por otra adyacente, del que resulta un aumento de su luminosidad.

CANICAS. Juego infantil, del que existen innumerables variedades, en el que se utilizan bolitas de barro cocido, vidrio, mármol u otra materia dura. Se denomina canica a cada una de dichas bolas.

CANICHE. Raza canina descendiente del barbet, de pelo rizado o lanoso. Conocida también como *french poodle*.
Perro 11:346a; *ilustración* 11:346a.

CÁNIDOS. Grupo de animales fisípedos carnívoros que conforma una familia de mamíferos. Tamaño medio, hocico en punta y perfil esbelto. Digitígrados. Solitarios o en pareja, en ocasiones forman manadas. Entre ellos, el lobo, el perro y el chacal.
Carnívoros 3:405a; Chacal 4:97b; Coyote 4:419b; Diente 5:181b; Lobo 9:194a; Mamíferos 9:318a; Perro 11:345a; Zorra 14:434a.

CANIGÓ. Poema épico en lengua catalana, escrito por Jacinto Verdaguer y publicado en 1886. Compuesto por doce cantos y un epílogo, es de tono nacionalista y religioso. A través de los avatares del conde Tallaferro, exalta los orígenes de Cataluña.

CANILLERA. V. **Greba.**

CANINOS. Dientes angulares, situados entre los premolares y los incisivos, portadores de una sola raíz. Dos en cada maxilar.

CAN MAYOR. V. **Perro Mayor.**

CAN MENOR. V. **Perro Menor.**

CANNA. Planta herbácea perenne de la familia de las cannáceas y del género *Canna*. Monocotiledónea. Comprende numerosas especies. Flores rojizas o amarillas. Se conoce también como achira. Propia de América del sur.

CANNABIS. V. **Marihuana.**

CANNAS, BATALLA DE. Combate entre las tropas romanas y cartaginesas en el año 216 a.C., en el curso de la segunda guerra púnica. Los romanos sufrieron una grave derrota.
Estrategia y táctica militares 6:166a; Púnicas, guerras 12:210b.

CANNES. Ciudad y puerto turístico de Francia en la Riviera, dep. de Alpes Marítimos, región de Provenza-Costa Azul. Casinos, famoso festival de cine. Floricultura, turismo. 71.888 hab. (1982).

CANNING, CHARLES JOHN (1812-1862). Político británico. Diputado en la Cámara de los Comunes, y en la de los Lores tras recibir el título de vizconde de Warwick (1837), fue gobernador de la India en 1857 y primer virrey de dicha colonia entre 1858 y 1862.

CANNING, GEORGE (1770-1827). Político británico. Secretario de asuntos exteriores en varias ocasiones, fue primer ministro durante cuatro meses en 1827. Apoyó los movimientos independentistas de Grecia y las colonias españolas de América.

CANNIZARO, STANISLAO (1826-1910). Químico italiano. Rescató del olvido la teoría de Avogadro y estableció la diferencia existente entre peso atómico y molecular.

CANNON, WALTER (1871-1945). Fisiólogo estadounidense. Doctor en medicina y psicología, realizó investigaciones en el campo de la fisiología, en donde trató de las relaciones entre las funciones y los factores psíquicos. Autor de la teoría de la homeostasis sobre el equilibrio de los mecanismos funcionales. *Cambios corporales en el dolor, hambre, miedo y rabia* (1915).
Afectividad 1:84a; Emoción 5:392b; Homeostasis 8:49a.

CANO, ALONSO (1601-1667). Pintor, escultor y arquitecto español. Representante del estilo barroco en España.
3:342a; Sevilla, escuela de 13:217b; *ilustración* 3:343a.

CANO, FRAY MELCHOR (1509-1560). Teólogo español. Dominico, fue profesor en diversas universidades españolas, participó en el concilio de Trento (1551-1552) y ocupó, aunque brevemente, el obispado de Canarias. *Las fuentes de la teología* (1563).

CANO, JOSÉ LUIS (n. en 1912). Crítico literario y poeta español. Director de la colección *Adonais* y secretario de la revista *Ínsula*, impulsó la poesía española con sus estudios y antologías. *Sonetos de la bahía* (1942), *Otoño en Málaga* (1960), *La poesía de la generación del 1927* (1970).

CANO, LUIS (1885-1950). Periodista y político colombiano. Dirigió *La Gaceta Republicana* y *El Espectador*. Reconocido como uno de los grandes periodistas del siglo XX, mostró pasión por Colombia en sus editoriales. *Semblanzas y editoriales* (1936).

CANOA. Embarcación ligera y estrecha, de igual forma en la proa que en la popa, impulsada por un remo provisto de una o dos palas. Existen las modalidades de canoa canadiense y *kayak*, utilizadas en diversas disciplinas dentro de los deportes náuticos: descenso por aguas bravas, regatas, etc.
Náuticos, deportes 10:361b.

CANOAS. Ciudad de Brasil en el est. de Rio Grande do Sul, próxima a Porto Alegre. Base aérea militar. Refinería de petróleos. Vidrio, productos químicos y farmacéuticos. Industrias cárnicas. 284.059 hab. (1996).

CANO DE APONTE, GABRIEL (1665-1733). Militar y administrador colonial español. Se distinguió en las campañas de Francia y Flandes. Nombrado gobernador de Chile (1717), implantó numerosas reformas, aplastó la rebelión araucana (1723) y reunió a los caciques indígenas mediante el parlamento de Negrete.

CANO DE LA PEÑA, EDUARDO (1823-1897). Pintor español. Profesor de la Escuela de Bellas Artes de Sevilla, fue autor principalmente de pintura histórica, dentro del estilo romántico. «La conferencia de Colón en La Rábida», «Entierro de don Álvaro de Luna», «Regreso de la guerra de África».

CANOGAR, RAFAEL (n. en 1935). Pintor español. Discípulo de Daniel Vázquez Díaz, junto con Manolo Millares, Luis Feito, Manuel Rivera y Antonio Saura fundó en 1957 el grupo El Paso. Su obra, primordialmente figurativa, se mantuvo dentro de la temática política y social. «Fraternidad» (1970), «Cuadrado humano» (1975).

CANO MASAS, LEOPOLDO (1844-1934). Militar y dramaturgo español. Luchó contra los sublevados carlistas y llegó a formar parte del estado mayor del ejército. Autor de obras teatrales en las que se conjuga el melodrama y la temática social. *La opinión pública* (1878), *La pasionaria* (1883), *Mater dolorosa* (1904).

CANON (ARTE). Regla o modelo según la cual ha de realizarse cualquier actividad, por ejemplo, la ejecución de un edificio o un dibujo, o una composición musical. En escultura, el primer canon fue establecido por Policleto en el siglo V a.C., como ideal de proporciones en la representación del cuerpo humano.

CANON (ECONOMÍA). Precio que ha de satisfacer periódicamente la persona o entidad que tiene en usufructo algún bien o explota mediante licencia o franquicia algún negocio. Se paga al propietario del bien o al que ha concedido la licencia.

CANON (MÚSICA). Composición musical en la que los diversos instrumentos o voces se suceden repitiendo cada uno la melodía del anterior.

CANÓNICO, DERECHO. Conjunto de preceptos y leyes que regulan los asuntos eclesiásticos.
3:343b; Concilio 4:326a; Derecho 5:142a; *ilustraciones* 3:343b; 3:344a.

CANONIZACIÓN. Declaración por la que el papa proclama la santidad de un fiel difunto, previamente beatificado, y lo incluye en el conjunto de los dignos de culto. Constituye el final de un largo proceso de investigación sobre los méritos de la persona propuesta.

CANONJÍA. En la Iglesia Católica, dignidad y beneficio de canónigo, título otorgado a los eclesiásticos que forman parte del capítulo o cabildo de una catedral o colegiata.

CANOPE (HISTORIA). Antigua ciudad egipcia en la costa occidental del delta del Nilo. Alcanzó su máximo esplendor en la época alejandrina.

CANOPE (ASTRONOMÍA). Estrella de primera magnitud de la constelación Argos. Es la más brillante del firmamento después de Sirio.

CANOTAJE. Práctica deportiva del piragüismo. Se realiza con canoas, en las dos modalidades de canoa canadiense y *kayak*.
Náuticos, deportes 10:361b.

CANOVA, ANTONIO (1757-1822). Escultor italiano. Máximo representante de la escultura neoclásica de la Europa meridional.
3:345a; Clasicismo 4:223a; *ilustración* 3:345a.

CÁNOVAS DEL CASTILLO, ANTONIO (1828-1897). Político e historiador español. Líder de los conservadores liberales, consolidó la restauración de la dinastía borbónica en la persona de Alfonso XII.
3:345b; Alfonso XII de España 1:215b; España 6:78b; República española 12:342b; Restauración 12:349a; Sagasta, Práxedes Mateo 13:85b; *ilustraciones* 3:345b; 12:349b.

CANSINOS ASSENS, RAFAEL (1883-1964). Novelista, poeta, crítico literario y traductor español. Integrante de las corrientes vanguardistas de principios del siglo XX (dadaísmo, ultraísmo). Mantuvo una estrecha amistad con Jorge Luis Borges. *El pobre Baby* (1915), *La huelga de los poetas* (1921) y, póstumamente, *La novela de un literato* (1983).
Ultraísmo 14:175b.

CANTABRIA. Región de España que comprende la prov. de Santander, a orillas del mar Cantábrico. Es comunidad autónoma. Cap. Santander. 5.289 km^2. 527.437 hab. (1996).
3:346a; España 6:64b; *ilustración* 3:346a.

CANTÁBRICA, CORDILLERA. Cadena montañosa de España que se extiende por la costa septentrional a lo largo de 300 km. Sus montañas son de origen similar a las de los Pirineos, aunque se clasifican como una formación separada.
Asturias 2:182a; España 6:63b.

CANTÁBRICO, MAR. Extensa entrada del Atlántico norte que recorta las costas de Europa occidental. Forma un triángulo de 223.000 km^2 rodeado al oeste por Francia y al sur por España.
3:347a; *ilustración* 3:347b.

CÁNTABROS. Antiguos habitantes de la comunidad autónoma española de Cantabria. Citados en textos de autores latinos, eran muy belicosos y ofrecieron gran resistencia a la dominación romana. Octaviano (el futuro Augusto) los sometió en el 38 a.C., pero sólo quedaron realmente sojuzgados por Marco Agripa, en el 19 a.C.

CANTACUCENO, JUAN VI. V. **Juan VI Cantacuceno.**

CANTANDO BAJO LA LLUVIA. Película musical estadounidense de 1952. Dirigida, al igual que otros célebres filmes del género, por Stanley Donen y Gene Kelly, y protagonizada por este último.

CANTANTE DE JAZZ, EL. Filme dirigido por Alan Crosland e interpretado por Al Jolson. Se estrenó el 6 de octubre de 1927. Fue el primer filme comercial sonoro.

CANTAR DE LOS CANTARES. Uno de los libros que integran el Antiguo Testamento de la *Biblia*. Atribuido durante mucho tiempo a Salomón, fue escrito con posterioridad al siglo V a.C., aunque conserva versos anteriores. Es un poema de acusada sensualidad que la tradición judeocristiana interpreta como una alegoría del amor divino a los hombres.
Biblia 3:11b.

CANTARELO. Hongo del grupo de los basidiomicetes, también conocido como rebozuelo. Se incluye en el género *Cantharellus*. Diversas especies comestibles.

CANTARES DE GESTA. V. **Gesta, cantares de.**

CÁNTARO. Vasija de barro, angosta por la boca, ancha de cuerpo, estrecha por el pie y con una o dos asas para sujetarla. El cántaro griego y romano, usado para beber, tenía dos asas y forma de copa.

CANTATA. Composición musical cantada, principalmente de inspiración religiosa, derivada del madrigal renacentista.
3:348a; Coral, música 4:374a; Musicales, formas 10:322b; *ilustración* 3:348a.

CANTAUTOR. Músico vocal intérprete de sus propias canciones. Los cantautores alcanzaron gran popularidad en la segunda mitad del siglo XX.

CANTEMIR, ANTIOCH. V. **Kantemir, Antioj.**

CANTERA. Excavación a cielo abierto para la extracción de minerales.
Minería 10:179b.

CANTERAC, JOSÉ (1787-1835). Militar español de origen francés. Participó en la guerra de la independencia española y en el Perú combatió el movimiento de liberación de las colonias hispanas. Capitán general de Castilla la Nueva desde 1833, murió en Madrid al hacer frente a la sublevación militar de Cayetano Cardero.

CANTERBURY. Ciudad del Reino Unido en el condado de Kent (Inglaterra). 136.000 hab. (1996).
3:348b; *ilustración* 3:348b.

CANTERBURY, ARZOBISPO DE. Jefe de la Iglesia de Inglaterra. Es el primado de la Gran Bretaña, miembro de la Cámara de los Lores, consejero de la corona y encargado de coronar a los reyes. El primero fue san Agustín de Canterbury (597-604).
Anglicanismo 1:358a; Tomás Becket, santo 14:79b.

CANTERBURY, CUENTOS DE. V. **Cuentos de Canterbury.**

CANTERÍA. Arte de ejecutar la operación de corte y labra de piedras, según las indicaciones de la estereotomía. También, construcción de piedra labrada.

CANTH, MINNA (1844-1897). Escritora finlandesa. Autora de novelas y obras teatrales, en sus creaciones de técnica realista, alejadas del romanticismo en boga, planteó la situación social del momento, en especial la mantenida por la mujer. *La mujer del obrero* (1885), *Pobre gente* (1886), *La familia del pastor* (1891).

CÁNTICO AL SOL. Himno de alabanza compuesto por san Francisco de Asís. En él, Dios es loado por sus criaturas, el «hermano Sol», la «hermana Luna», la «hermana Muerte», etc. Su verso es rítmico y su rima irregular.

CÁNTICO ESPIRITUAL. Poema del escritor místico español san Juan de la Cruz (1542-1591), publicado en 1630. Contiene cuarenta estrofas, con comentarios en prosa del autor para explicar el significado de los versos. Las 12 primeras tratan de la vía purgativa, de la 13 a la 21 de la iluminativa, y de esta última al final de la vía unitiva. Es pues un pequeño tratado de sabiduría mística y una pieza magnífica de la lírica de todas las épocas.

CANTIDAD DE MOVIMIENTO. Magnitud vectorial igual al producto de la masa de un cuerpo por su velocidad. Se relaciona con la fuerza por el segundo axioma de Newton: la fuerza que actúa sobre un cuerpo es igual a la derivada de la cantidad de movimiento con relación al tiempo.

CANTIGA. Forma poética medieval, concebida para el canto y característica de la lírica galaico-portuguesa, que recogía leyendas amorosas y religiosas, en una rica variedad de formas métricas. Destacan las famosas *Cantigas de santa María* del rey castellano Alfonso X el Sabio.
Gallega, literatura 7:24b.

CANTIGAS DE SANTA MARÍA. Obra poética, la más importante de Alfonso X el Sabio de Castilla. Narra en 420 cantigas y en lengua gallega los milagros de la Virgen. Se conservan cuatro códices, dos en El Escorial, uno en Florencia y otro en Madrid, con el texto poético, la música y unas delicadas miniaturas.
Alfonso X el Sabio 1:214b.

CANTILLON, RICHARD (h. 1680-1734). Economista y financiero irlandés. Realizó importantes operaciones financieras en distintos países europeos. Publicó el que puede considerarse como uno de los primeros tratados de economía política: *Ensayo sobre la naturaleza del comercio en general*, escrito entre 1730 y 1734 y publicado por el marqués de Mirabeau en 1755.

CANTINELA. Canción o poema breve, considerada por algunos estudiosos como el origen de los cantares de gesta medievales. Conocido también como cantilena.

CANTINFLAS (1911-1993). Mario Moreno, actor mexicano que alcanzó gran popularidad con sus películas cómicas.
3:349a; *ilustración* 3:349b.

CANTO. Parte melódica de una composición musical interpretada por la voz humana.
3:349b; Bautista, iglesia 2:374b; Canción 3:339a; Gregoriano, canto 7:212b; Música 10:311b; Polifonía 12:55b; *cuadro* 3:350a; *ilustración* 3:350a.

CANTO GENERAL. Obra poética del escritor chileno Pablo Neruda, publicada en 1950. Dividida en ocho partes: *La lámpara en la tierra, Alturas de Machu Picchu, Los conquistadores, Los libertadores, La arena traicionada, El fugitivo, El gran océano* y *Soy yo.* De corte social, es un canto a Hispanoamérica.
Neruda, Pablo 10:383a.

CANTO GREGORIANO. V. **Gregoriano, canto.**

CANTO LITÚRGICO. V. **Litúrgico, canto.**

CANTÓN (CIUDAD). Población del sur de China. 3.306.277 hab. (1999).
3:351a; China 4:145a; *ilustración* 3:351a.

CANTÓN (DIVISIÓN ADMINISTRATIVA). Unidad territorial administrativa que reviste diferente importancia o autonomía en diversos países. En Suiza alcanza categoría de estado confederado, en Francia es superior al municipio, mientras que en ciertos países de Sudamérica corresponde al municipio.

CANTÓN (ISLA). Atolón del archipiélago Phoenix, en la Polinesia, perteneciente a Kiribati. Escala aérea entre América del norte y Australia. Guano. 9 km^2.

CANTÓN, WILBERTO (1923-1979). Dramaturgo mexicano. Sus obras, acusadas a veces de ser excesivamente comerciales, recogen, sin embargo, profundas inquietudes sociales. *Saber morir* (1950), *Los malditos* (1958), *Nosotros somos Dios* (1962).

CANTONALISMO. Sistema político que propugna la división del estado en cantones autónomos federados. Por extensión se aplica también a una situación de debilitamiento del poder central del estado.

CANTONALISTA, INSURRECCIÓN. Levantamiento federalista español que estalló en Cartagena el 12 de julio de 1873, durante la primera república, y a la que pronto se unieron las regiones de Valencia, Murcia y Andalucía. La sublevación logró derribar varios gobiernos centrales, hasta que fue sofocada por el de Emilio Castelar en 1874. Destacó en la rebelión el cantón de Cartagena, que organizó un gobierno y una fuerza militar propios y fue el último en ser aplastado.

CANTOR, GEORG (1845-1918). Matemático alemán, creador de la teoría de conjuntos y de la matemática transfinita.
3:351b; Conjuntos, teoría de los 4:342a; Lógica matemática 9:204b; Matemáticas 9:406a; Número 11:48a; *ilustración* 9:204a.

CANTOR, MORITZ BENEDIKT (1829-1920). Matemático e historiador alemán. Profesor de la Universidad de Heidelberg, fue autor de obras históricas sobre el desarrollo de las matemáticas y biografías de sus estudiosos. *Contribución de las matemáticas a la vida cultural de los pueblos* (1863), *Lecciones sobre la historia de las matemáticas* (1880-1908).

CANTORBERY. V. **Canterbury.**

CANTUESO. Planta de la familia de las labiadas (*Lavandula stoechas*). Dicotiledónea. De hojas estrechas y flores de color morado. Aromática.

CANUTO I EL GRANDE (h. el 995-1035). Rey de Inglaterra, Dinamarca y Noruega, forjador de un vasto imperio.
3:352a; Dinamarca 5:191a; Reino Unido 12:305b; Suecia 13:344a.

CANUTO II (h. 1043-1086). Rey de Dinamarca, desde 1080 hasta su muerte. Llamado el Santo, protegió a la iglesia, en la que se apoyó frente a los intereses de la nobleza. Intentó una reforma administrativa y reclamó el trono de Inglaterra. Asesinado junto con su hermano, fue canonizado en 1101.

CANUTO III (m. en 1157). Rey de Dinamarca de 1146 hasta su muerte. Hubo de enfrentarse a Sven III y Valdemar I en una guerra civil que, tras la muerte de Canuto a manos de Sven, finalizaría con la victoria de Valdemar.

CANUTO IV (1163-1202). Hijo de Valdemar I, sucedió a su padre en el trono de Dinamarca en 1182. Convirtió a su país en una de las primeras potencias del Báltico. Reafirmó la independencia de su reino respecto al Sacro Imperio Romano.

CANYAMÀS, JOAN DE (m. en 1492). Campesino catalán que, descontento con las disposiciones que ordenaban la *remensa* (redención de los campesinos con respecto al régimen señorial), intentó asesinar en Barcelona al rey Fernando el Católico. Murió descuartizado.

CANZONE. Forma lírica italiana, considerada usualmente la más importante del Medievo tardío y el Renacimiento en el país. Deriva, quizá, de la canción provenzal. Era acompañada con música polifónica. Dante Alighieri, Francesco Petrarca y Torcuato Tasso escribieron *canzoni*. Se conoce también como *canzona*.

CANZONETTA. Composición musical polifónica italiana de raíz popular, muy extendida en toda Europa durante los siglos XVII y XVIII. Entre sus cultivadores destacaron los italianos Paolo Quagliati y Claudio Monteverdi, el alemán Hans Leo Hassler y el inglés Thomas Morley.

CAÑA. Tallo típico de las plantas de la familia de las gramíneas, generalmente hueco y constituido por una serie de nudos.
Bambú 2:331a.

CAÑADA. Vías por las que transita el ganado ovino trashumante en busca de pastos.

CAÑA DE AZÚCAR. Planta herbácea perenne de la familia de las gramíneas (*Saccharum officinarum*). Originaria de Nueva Guinea o la India, se extendió por el sudeste de Asia y Polinesia, y posteriormente por América.
3:352b; Azúcar 2:290a; Gramíneas 7:186b; Papel 11:262b; *ilustración* 3:352b.

CAÑAMAZO. Tejido empleado para bordar, fabricado con hilos de cáñamo, lino o algodón, que forman mallas cuadradas o rectangulares, dobles o sencillas, y que sirven para dirigir o recubrir un bordado, seda o lana de color.
3:353b; Bordado 3:112a; *ilustración* 3:353b.

CÁÑAMO. Planta herbácea anual de la familia de las moráceas (*Cannabis sativa*).
Marihuana 9:369b; Toxicomanía 14:104a.

CAÑAR. Provincia del Ecuador en la cordillera andina Central, valle del río Naranjal. Ruinas incas. Carretera panamericana. Posee el depósito de carbón más importante del país; ganadería. Cap. Azogues. 3.122 km^2. 210.340 hab. (1997).

CAÑAS, ANTONIO (m. en 1844). Político y militar salvadoreño. Fue presidente de su país en 1839, 1840 y 1842. Perteneció al Partido Conservador.

CAÑAS, CANTE DE. Uno de los géneros más antiguos del cante flamenco, nostálgico y arrebatado.

CAÑAS, JOSÉ MARÍA (1809-1860). Militar salvadoreño. Luchó por la unidad centroamericana con el apoyo del presidente de Costa Rica Juan Rafael Mora. Ambos fueron fusilados por las tropas que derrocaron a éste.

CAÑAS, JUAN JOSÉ (1826-1900). Político y escritor salvadoreño. Fue un destacado poeta, autor de la letra del himno nacional de su país: «Mi patria». Combatió contra los filibusteros estadounidenses. *La nación más grande.*

CAÑAS, JUAN MANUEL DE. Militar español del siglo XIX. Fue el último gobernador de Costa Rica. Cesó en su cargo al proclamarse la independencia de Centroamérica en 1821.

CAÑAS-TRUJILLO, MANUEL DE (1777-1850). Marino español. Participó en las campañas militares contra los ingleses, los rebeldes venezolanos y los carlistas. Fue ministro de marina en 1837 y consejero real en 1845. En 1845 alcanzó el grado de teniente general.

CAÑAS Y BARRO. Novela regionalista del escritor español Vicente Blasco Ibáñez (1867-1925), publicada en 1902, cuya acción se desarrolla en la Albufera valenciana. Trágica historia de amores adúlteros entre dos jóvenes, destaca por su vigor descriptivo y tono realista.

CAÑAS Y PORTOCARRERO, DIEGO DE (1755-1832). Político y diplomático español. Participó en el motín de Aranjuez y en la asamblea de Bayona, pero luego apoyó a la Junta Suprema y dirigió el ejército castellano, con diversa fortuna. Embajador en París (1814) y partidario del gobierno liberal, presidió las Cortes durante el trienio constitucional.

CAÑAS Y VILLACORTA, JOSÉ SIMEÓN (1767-1838). Sacerdote salvadoreño. Luchó por la emancipación de los esclavos en América central. Fue vicerrector del colegio-seminario de Guatemala y rector de la Universidad de San Carlos de ese mismo país.

CAÑAVERAL, CABO. Saliente de tierra en la costa oriental de la península de la Florida, Estados Unidos. Alberga las instalaciones originales de lanzamiento de cohetes y satélites del programa espacial estadounidense, que se han extendido a islas vecinas. En 1963 se le dio el nombre de cabo Kennedy, pero revirtió a su designación original en 1973.
Astronáutica 2:169b.

CAÑEDO, JUAN DE DIOS (1786-1850). Político y diplomático mexicano. Representó a México en las Cortes Españolas de 1813 y contribuyó a redactar la constitución mexicana de 1824. Fue ministro de relaciones exteriores y embajador en Brasil. Murió asesinado.

CAÑIZARES, JOSÉ DE (1676-1750). Dramaturgo español. Trabajó para la casa de Osuna y fue autor de comedias históricas, de figurón y de santos. Heredero de la tradición barroca, sus obras fueron realizadas sobre adaptaciones de otras anteriores. *La más ilustre fregona, El picarillo en España, A cual mejor, confesada y confesor.*

CAÑIZARES, MANUELA (siglo XIX). Patriota ecuatoriana. En su casa se tramó la revolución antiespañola de 1809, en la que ella participó. Fue condenada a muerte, aunque se ignora si la sentencia fue cumplida.

CAÑÓN (ARMA). Pieza de artillería que consiste en un tubo alargado, a través del cual pasa el proyectil, y los elementos de fijación y de puntería.
3:353b; Artillería 2:133b; Aviación militar 2:261a; *ilustraciones* 3:354a-b.

CAÑÓN (GEOGRAFÍA). Valle encajado entre laderas escarpadas, formado por la poderosa erosión de un río.
3:355a; *ilustración* 3:355b.

CAÑÓN (ZOOLOGÍA). Parte hueca intrategumentaria del raquis de las plumas de las aves.

CAÑOVANAS. Municipio de Puerto Rico, en el nordeste de la isla. 34.289 hab. (1985).

CÃO, DIOGO (siglo XV). Navegante portugués. Enviado en 1482 por Juan II a explorar las costas de África, fue el primer europeo que visitó la desembocadura del río Congo.
Angola 1:360b; Congo, República Democrática del 4:336b.

CAOBA. Árbol de hoja perenne de la familia de las meliáceas (*Swietenia mahagoni*). Dicotiledónea. Originario de América tropical, su madera (también llamada caoba) es muy apreciada en ebanistería.
3:355b; *ilustración* 3:356a.

CAO KY, NGUYÊN (n. en 1930). Militar y político de Vietnam del sur. Comandante de la fuerza aérea sudvietnamita en 1964, durante la guerra de Vietnam, fue designado primer ministro (1965-1967) y vicepresidente del país (1967-1971). Promovió el aumento de la intervención militar en su país. Se exilió en 1975.

CAOLÍN. Mineral de silicato alumínico hidratado. Se encuentra en la naturaleza y se usa para fabricar porcelanas y cerámicas. Purificado, se utiliza en medicina como absorbente y protector en forma de polvos. También para filtrar y purificar líquidos. Fórmula, $Al_2O_3 \cdot 2SiO_2 \cdot 2H_2O$.

CAOLINITA. Mineral de filosilicato de aluminio. Se presenta en masas terrosas de color blanco, gris o amarillento. Constituyente principal del caolín y las arcillas caoliníticas. Fórmula, $Al_4(OH)_8Si_4O_{10}$.

CAONABÓ (m. en 1496). Cacique indio de La Española. Esposo de Anacaona, ambos recibieron a Cristóbal Colón en 1492 cuando éste realizó su primer viaje a tierras americanas. Destruyó durante la ausencia del almirante el fuerte La Navidad y se enfrentó a las fuerzas de Alonso de Ojeda. Derrotado, fue enviado a España y murió en el transcurso del viaje.
Anacoana 1:312a.

CAOS, TEORÍA DEL. Hipótesis matemática según la cual los sistemas sometidos a leyes precisas y simples se comportan a veces de manera aleatoria (irregular e imprevisible). Esto sucede con las variaciones del clima, con el comportamiento del mercado bursátil, con la variación de ciertas órbitas de valores iniciales próximos o con las «acrobacias» de cuerpos celestes de forma irregular, como Hiperión, satélite de Saturno.
Fractales 6:366a.

CAPA. Prenda de abrigo suelta y sin mangas, que se ensancha gradualmente desde el cuello hasta la parte inferior.

CAPA, ROBERT (1913-1954). Andrei Friedmann, fotógrafo estadounidense de origen húngaro. Reportero de guerra y cofundador, en 1947, del grupo Magnum Photos, primera agencia cooperativa internacional de fotógrafos independientes.
3:356a; Cartier-Bresson, Henri 3:424b.

CAPABLANCA, JOSÉ RAÚL (1888-1942). Ajedrecista cubano. Ganó el campeonato mundial a Emanuel Lasker en 1921 y lo perdió frente a Alexandr Alekhine en 1927.

CAPACIDAD ELECTROSTÁTICA. Cantidad de electricidad que puede almacenar un conductor o sistema de conductores. Depende de la estructura del conductor y del medio en que se halla. Es igual al cociente entre la carga y el potencial.

CAPACIDAD JURÍDICA. Condiciones requeridas para ser sujeto de derechos y obligaciones. Son condiciones fundamentales de esta aptitud la inteligencia y la voluntad; por eso, cuando existe modificación o alteración de estas facultades, la capacidad de una persona puede ser condicionada, limitada o negada por la ley.
Persona 11:353b.

CAPACITACIÓN. Acción por la que se adquiere aptitud y habilidad para realizar algo. Se dice también del efecto obtenido por dicha acción.

CAPACITANCIA. Medida de la capacidad para almacenar carga eléctrica. La unidad empleada es el faradio, igual al cociente entre un culombio y un voltio.

CÁPAC YUPANQUI (siglo XIV). Quinto soberano del imperio inca. Durante su reinado prosiguió la política de conquistas iniciada por su antecesor, Mayta Cápac.

CAPADOCIA. Región del centro del Asia menor bañada por el río Kizilirmak, cuna del imperio hitita. Antiguo distrito de Anatolia. Fue un aliado importante de Roma hasta que en el 17 d.C. pasó a ser parte del imperio.

CAPADOCIA, ESCUELA DE. Tradición pictórica que se desarrolló en las iglesias rupestres de la región turca de Capadocia desde el siglo VIII hasta el siglo XIII. De carácter popular y narrativo, imprimía a sus obras una gran expresividad estilística. Son representativas de su arte las iglesias de Tavcanle, Tokali Kiuise y Karamlik Kilise.

CAPANAPARO, RÍO. Curso fluvial de Colombia y Venezuela, afluente del río Orinoco. Nace en la intendencia colombiana de Arauca, pero su trayecto, de 650 km, lo realiza principalmente por el est. venezolano de Apure.

CAPDEVILA, ARTURO (1889-1967).Poeta, historiador, polígrafo y ensayista argentino. Obtuvo en 1920 y 1921 el Premio Nacional de literatura. Estudioso de las religiones orientales. Autor de poemas y ensayos sobre lingüística. *Melpómene* (1912), *El oriente jurídico* (1942), *Musa cívica* (1951).

CAPDEVILLA, LLUÍS (1895-1980). Escritor y periodista español. Autor en lengua catalana, fue director del periódico *La Humanitat* y de la revista *L'Esquella* y autor de novelas. Se exilió en Francia en 1939. *La balada de las siete hermanas* (1912), *Libro de Andorra* (1958), *Historia de mi vida y mis fantasmas* (1968).

CAPE BRETON. V. **Cabo Bretón.**

ČAPEK, KAREL (1890-1938). Narrador, dramaturgo y ensayista checoslovaco. Cultivó los géneros fantástico y satírico.
3:356b; Checa, literatura 4:113b.

CAPETOS, DINASTÍA DE LOS. Casa gobernante en Francia entre el 987 y 1328.
3:357a; Borgoña 3:115b; Edad media 5:300b; Felipe II de Francia 6:251b; Francia 6:391a; *ilustración* 3:357a.

CAP-HAÏTIEN. V. **Cabo Haitiano.**

CAPIBARA. V. **Carpincho.**

CAPILAR. Vaso sanguíneo extremadamente fino (semejante a un cabello). El capilar se dispone entre una arteriola aferente y una vénula eferente. La función de la circulación capilar es la de nutrir los tejidos, aportándoles metabolitos energéticos y oxígeno.
Cardiovascular, sistema 3:383b.

CAPILARIDAD. Fenómeno de elevación o descenso de líquidos en tubos delgados o en espacios pequeños entre superficies sólidas, como tejidos y materiales porosos.
3:357b.

CAPILAR LINFÁTICO. Una de las ramas microscópicas que constituye el comienzo de los vasos linfáticos originados en el espacio linfoideo.

CAPILLA SIXTINA. Parte del conjunto arquitectónico del Vaticano famosa por las pinturas al fresco de Miguel Ángel y otros grandes artistas del Renacimiento italiano.
3:358a; Miguel Ángel 10:161a; Vaticano 14:245a; *ilustraciones* 3:358a; 3:359a-b.

CAPIROTE. Gorro alto de mujer llevado en occidente en el siglo XV, consistente en un largo cucurucho recubierto de tela y con velos que caían sobre los hombros y llegaban hasta el suelo.

CAPITAL. Parte de la riqueza producida que se aplica a la producción de más riqueza.

3:360a; Crecimiento económico 5:3a; Empresa 5:397a; Producción 12:159b; Renta 12:334b; *ilustraciones* 3:360a; 3:361b.

CAPITAL, EL. Obra fundamental de Karl Marx sobre economía política. Consta de tres tomos, de los que solamente el primero se publicó en vida de su autor (1867).

CAPITALISMO. Sistema económico caracterizado por el funcionamiento libre de los mecanismos de mercado y por la propiedad privada de los medios de producción.
3:362a; Burguesía 3:228b; Clases sociales 4:220a; Comunismo 4:319a; Economía 5:227a; Económica, historia 5:282b; Empresa 5:396b; Francfort, escuela de 6:382a; Imperialismo 8:131a; Industria 8:185b; Industrial, revolución 8:187b; Marxismo 9:400a; Obrero, movimiento 11:63b; Planificación económica 12:17a; Proletariado 12:162a; Propiedad 12:163b; Publicidad 12:187b; Renta 12:335a; Schumpeter, Joseph 13:178a; *ilustraciones* 3:362a; 3:363b; 3:364a.

CAPITÁN. Oficial de ejército que manda una compañía, un escuadrón o una batería. En la edad media se daba este título a cualquier jefe de una partida armada. Hasta la creación de los ejércitos regulares, los capitanes reclutaban y ascendían a sus hombres.

CAPITANÍA GENERAL. Mando supremo militar en un territorio. Durante la época colonial de Hispanoamérica constituyó un importante órgano de poder civil y militar.
3:364a.

CAPITEL. Parte o elemento superior de una columna, pilastra y, por extensión, de un muro. Se compone de molduras y elementos decorativos, que establecen las diferencias entre los órdenes. Sobre el capitel descansa el arquitrabe o se apoya el pie de un arco.
Arquitectura 2:103a.

CAPITO, WOLFGANG FABRICIUS (1478-1541). Wolfgang Köpfel, reformista religioso alemán. Predicador en la catedral de Basilea y Maguncia, en 1523 se sumó a la reforma protestante. En colaboración con Martin Bucer, organizó en Estrasburgo la escuela y la iglesia luteranas. *Confesión tetrapolitana* (1530).

CAPITOLIO. Antiguo santuario amurallado de la ciudad de Roma que se edificó sobre el monte Capitolino.
Washington 14:353a.

CAPITULACIÓN. Pacto sobre un asunto importante. En derecho civil se usa en plural para hablar del convenio de los futuros esposos en relación con los bienes presentes o futuros de la sociedad conyugal.

CAPITULACIONES DE SANTA FE. Acuerdo firmado por los Reyes Católicos y Cristóbal Colón el 17 de abril de 1492, por el cual se le otorgaba a este último el título de almirante y se le concedían grandes facultades políticas y judiciales en las tierras que conquistara, así como el diez por ciento de las riquezas que vinieran de ellas. El tratado fue notoriamente incumplido por la corona española.
América, descubrimiento de 1:283a.

CAPÍTULO. En botánica, tipo de inflorescencia que está formado por un gran número de flores que rodean un eje central floral (receptáculo). Característico de las plantas de la familia de las compuestas (margarita, girasol, etc.)
Flor 6:327a; Inflorescencia 8:197b.

CAPMANY Y DE MONTPALAU, ANTONIO DE (1742-1813). Militar, historiador y lingüista español. Abandonó pronto la milicia y ocupó altos cargos en Madrid durante el reinado ilustrado de Carlos III. Fue vocal de la Junta Consultiva de las Cortes de Cádiz durante la guerra de la independencia. *Discurso analítico sobre la formación y perfección de la lengua, y de la catalana en particular* (1776), *Memorias históricas sobre la marina, comercio y artes de la antigua ciudad de Barcelona* (1779-1792), *Cuestiones críticas sobre varios puntos de historia económica, política y militar* (1807).

CAPO. Voz italiana que designa al jefe de una banda o familia mafiosa y que, por extensión, ha pasado a definir a quien ejerce el mando de cualquier organización criminal.
Crimen organizado 5:12a.

CAPOC. V. **Miraguano.**

CAPODISTRIA, JUAN, CONDE DE. V. **Kapodístrias, Joánnis Antónios.**

CAPONE, AL (1899-1947). Alphonse Capone, *gangster* estadounidense, hijo de inmigrantes italianos. Durante la ley seca, en la década de 1920, organizó en Chicago una red de tráfico de bebidas alcohólicas. En 1931 se le encarceló acusado de defraudar al fisco; fue puesto en libertad en 1939.
Crimen organizado 5:11b.

CAPORETTO, BATALLA DE. Desastre militar italiano de la primera guerra mundial. El 24 de octubre de 1917, la ofensiva austro-alemana en el frente de Isonzo, al noroeste de Trieste, puso en fuga o apresó a casi 600.000 italianos.

CAPOTE. Especie de capa que sirve para el abrigo y la lluvia, con mangas y menos vuelo que la capa común. También, capa corta, con esclavina y de color vivo, que usan los toreros en la lidia.
Tauromaquia 13:404b.

CAPOTE, TRUMAN (1924-1984). Truman Streckfus Persons, escritor estadounidense. Cultivó la narrativa de ambiente sureño y la temática social.
3:364b; Estadounidense, literatura 6:151a; *ilustración* 3:365a.

CAPRA, FRANK (1897-1991). Director cinematográfico estadounidense de origen italiano. Famoso representante de la comedia estadounidense de la década de 1930. *Sucedió una noche* (1934), *Vive como quieras* (1938), *Caballero sin espada* (1939), *Arsénico por compasión* (1942).

CAPRI. Isla de Italia, al sur de la bahía de Nápoles, en la prov. de Nápoles, reg. de Campania. Está situada frente a la península de Sorrento. Es un solo bloque de caliza de 6,25 km de longitud, 2 km de anchura máxima y 10 km^2 de superficie. Cuenta con diversas grutas de gran belleza.

CAPRICHO. Forma musical, con o sin canto, en la que predomina la fantasía del compositor en cuanto a sus aspectos formales. Destacan los realizados por Johann Sebastian Bach, Joseph Haydn, Niccolò Paganini y Nikolái Rimski-Kórsakov, entre otros.

CAPRICHOS, LOS. Primera colección de grabados de Francisco de Goya, dibujados entre 1792 y 1799. Su tema central es la ignorancia y las supersticiones de la España de su época. Con frecuencia muestran tonos sombríos y escenas fantásticas.

CAPRICORNIO. Constelación del zodiaco, entre Sagitario y Acuario. Cuando el Sol alcanza el solsticio de invierno y entra en este signo, se sitúa directamente encima del círculo de Capricornio. Nombre latino: Capricornus.
Zodiaco 14:422a.

CAPRICORNIO, TRÓPICO DE. Paralelo situado al sur del ecuador terrestre (23° 27′ S). Corresponde a la declinación más meridional de la eclíptica del Sol hacia el ecuador celeste. Alrededor del 21 de diciembre, en el solsticio de invierno, el Sol se encuentra directamente sobre este trópico.

CAPRIMULGIFORMES. Orden de aves caracterizadas por tener un plumaje delicado, cráneo ancho y achatado, pico y patas cortos y alas largas. El color de sus plumas les permite camuflarse entre las hojas secas.

CAPRINO, GANADO. V. **Cabra.**

CAPRIVI, CONDE DE (1831-1899). Militar y político alemán. Sucedió a Otto von Bismarck en 1890 como canciller alemán. Firmó acuerdos y tratados comerciales con diversos países europeos (Rusia, Austria, el Reino Unido), se opuso a la política proteccionista mantenida por su predecesor y llevó a cabo una reforma en el ejército. La oposición suscitada en diversos grupos sociales conservadores forzó su dimisión en 1894.
Guillermo II de Alemania 7:283b.

CÁPSIDE. Cubierta proteica, constituida por subunidades o capsómeros, que envuelve y protege el ácido nucleico de un virus, y determina la forma de éste. Se denomina también cápsida.

CAPSIENSE, CULTURA. Grupo humano prehistórico del norte de África, en la región de Gafsa o Capsa (Túnez), que se desarrolló entre el año 8000 y el 2700 a.C. Se incluye dentro de la etapa mesolítica y se caracteriza por la fabricación de microlitos (pequeños útiles de piedra) y grandes hojas de dorso rebajado. La cultura capsiense sucedió cronológicamente a la iberomauritana.

CÁPSULA. En botánica, tipo de fruto seco perteneciente al grupo de los dehiscentes. Policarpelar, se abre por opérculos, porosidades, etc. Se clasifica, según la forma de abrirse, en cápsula septicida, loculicida, septífraga, ventricida y biscida.
Fruto 6:418a.

CAPUA. Principal ciudad de Campania, Italia, en la antigüedad. Fue fundada hacia el 600 a.C., probablemente por los etruscos.

CAPUANA, LUIGI (1839-1915). Escritor italiano. Influido por el naturalismo francés, orientó sus novelas, obras teatrales y ensayos hacia el análisis de la realidad social italiana, especialmente de la región siciliana. Perteneciente al movimiento literario conocido como *verismo*. *Perfume* (1890), *El marqués de Roccaverdina* (1901), *La vida* (1913).
Verga, Giovanni 14:275b.

CAPUCHINA. Planta herbácea de la familia de las tropeoláceas (*Tropaeolum majus*). Dicotiledónea. Hojas de forma casi circular y flores anaranjadas. Originaria de Sudamérica.

CAPUCHINOS. Frailes menores, pertenecientes a la orden monástica fundada por fray Matteo Bassi (da Bascio) en Urbino (Italia) en 1525. Constituye una rama autónoma de los franciscanos, notable por su austeridad y dedicación a los pobres y las misiones.
Franciscanos 6:397b.

CAPULÍN. Planta arbórea, perteneciente a la familia de las rosáceas (*Prunus capuli*), que se encuentra en el continente americano. Con flores blancas y frutos de color negro-rojizo, es comestible.
Cerezo 4:88a.

CAPULLO (BOTÁNICA). Botón floral que está a punto de abrirse o en estado muy avanzado. Distribuido por diferentes puntos de la rama de la planta, da lugar a la flor.
Flor 6:327b.

CAPULLO (ZOOLOGÍA). Envoltura que construyen las larvas de diversos grupos de insectos para pasar la fase de pupa o crisálida que los transformará en iruagos o individuos adultos.

CAPUZ, FAMILIA. Linaje de escultores italianos que trabajaron en la región española de Valencia durante los siglos XVII y XVIII. Iniciada con Julio Capuz a mediados del siglo XVII, la familia contó entre sus integrantes a Leopoldo Julio (1660-1731), Raimundo (h. 1665-1743) y Francisco (h. 1665-1727). Representantes del estilo barroco italiano en España.

CAQUETÁ. Departamento del sudeste de Colombia, limitado al sur por el río Caquetá y al noreste por el Apaporis. Tierras bajas boscosas excepto al oeste, cordillera Oriental de los Andes. Agricultura y ganadería. Cap. Florencia. 88.965 km^2. 367.898 hab. (1993).

CAQUETÁ, RÍO. Afluente del Amazonas de más de 2.000 km de longitud, que atraviesa Colombia y Brasil. Nace en el primero de estos países, cerca de Puerto Umbría, y sirve de límite entre los departamentos de Caquetá, Amazonas y Putumayo. En Brasil, donde recibe el nombre de Japurá, desemboca en el Amazonas cerca de Tefé.

CAQUEXIA. Desnutrición aguda que se presenta en combinación con diversas enfermedades. La caquexia de Simmonds, o hipofisiaria, se debe a una necrosis del lóbulo anterior de la hipófisis. También en las fases finales del cáncer, la tuberculosis, el alcoholismo y la drogadicción se manifiestan casos de caquexia.

CAQUI (BOTÁNICA). Planta arbórea de la familia de las ebenáceas (*Diospyros kaki*). Tallo leñoso, hoja caduca y entera. Fruto en baya, de color naranja, comestible, dulce y carnoso. Originaria de China y Japón.

CARABAÑO, FERNANDO Y MIGUEL. Patriotas venezolanos. Hermanos de Francisco Carabaño, a las órdenes de Francisco de Miranda participaron en los combates de Valencia y Puerto Cabello. Tras la derrota, marcharon a las Antillas, pero regresaron para participar en la continuación de la insurgencia. Prisioneros del general Pablo Morillo, fueron ejecutados en 1816.

CARABAÑO, FRANCISCO (1783-1848). Patriota venezolano. Se educó en España y participó en la emancipación de Venezuela. Gobernador de Caracas (1812), cayó prisionero y fue deportado a España, donde participó en el alzamiento de Rafael del Riego (1820) y fue hecho diputado por Venezuela. En su país integró el Consejo Constituyente de 1829 y fue ministro de la guerra (1830).

CARABAO. Mamífero artiodáctilo de la familia de los bóvidos (*Bubalus bubalis*). Es la principal bestia de tiro en Filipinas. Se aprovechan también su carne y leche.
Búfalo 3:216b.

CARABAYA, CORDILLERA. Sistema montañoso de la cordillera Oriental de los Andes Peruanos, en el dep. de Puno. Con dirección oeste-este, se inicia en el Perú, en el nudo de Vilcanota, y se adentra después en la vecina Bolivia. Alcanza su máxima altitud en el monte Allincapac (5.780 m).

CARABELA. Antigua embarcación larga y estrecha, con una sola cubierta, espolón a proa, tres mástiles y vela latina. Su gran rapidez y maniobrabilidad la hicieron especialmente apta para las expediciones de exploración.

CARABINA. Arma de fuego parecida al fusil pero de menor longitud, por lo que resultaba más adaptada para la caballería.
Tiro 14:65a.

CARABOBO. Estado de Venezuela a orillas del mar Caribe. Cap. Valencia. 4.650 km^2. 1.807.542 hab. (1995).
3:365b; *ilustración* 3:365b.

CARABOBO, PRIMERA BATALLA DE. Enfrentamiento militar librado el 28 de marzo de 1814, cerca de la ciudad venezolana de Valencia, entre las tropas de Simón Bolívar y el ejército español de Juan Manuel Cajigal y José Ceballos, que fue derrotado.
Carabobo 3:366a.

CARABOBO, SEGUNDA BATALLA DE. Encuentro armado entre las tropas de Simón Bolívar y el ejército realista al mando de Miguel de La Torre, el 24 de junio de 1821. La victoria de Bolívar, apoyada en el destacamento de llaneros de José Antonio Páez, decidió la independencia de Venezuela.
Carabobo 3:366a; Venezuela 14:265a.

CÁRABO COMÚN. Ave rapaz estrigiforme de la familia de las estrígidas (*Strix aluco*). Se encuentra en Eurasia y las regiones septentrionales de África.

CARACAL. Mamífero carnívoro de la familia de los félidos (*Lynx caracal*). De tamaño medio y color leonado, se distribuye por zonas secas de África y Asia.

CARACALLA (188-217). Marco Aurelio Severo Antonio Augusto, emperador romano del 211 al 217. Construyó unas grandiosas termas en Roma y extendió la ciudadanía romana a todos los habitantes libres del imperio.
3:366a; Ulpiano 14:175a; *ilustración* 3:366a.

CARACARÁ. Ave rapaz diurna de la familia de las falcónidas (*Polyborus brasiliensis*). Se alimenta de animales muertos, insectos, reptiles, etc. Se encuentra en diversas regiones de Sudamérica. También llamada carancho y chimango.

CARACAS. Capital de Venezuela a 17 km del mar Caribe. 1.975.787 hab. (2000).
3:366a; Bolívar, Simón 3:87a; Miranda 10:183b; Venezuela 14:260a; *ilustraciones* 3:367a; 3:367b; 3:368a.

CARACAS, COMPAÑÍA GUIPUZCOANA DE. Compañía de comercio y navegación fundada en la ciudad venezolana de Caracas en 1725 y dirigida a controlar de forma monopolística el comercio existente entre la colonia americana y la metrópoli.
Venezuela 14:264a.

CARACCIOLI, CÁRMINE NICOLÁS (siglo XVIII). Noble y diplomático español. Embajador en Roma y Venecia, fue virrey del Perú entre 1716 y 1720. Protector de los indígenas, se opuso a sus trabajos forzosos en las minas de azogue.

CARACENA, LUIS BENAVIDES, MARQUÉS DE (siglo XVII). Militar español. La reputación obtenida en las campañas de Italia le valió el nombramiento de gobernador de Flandes en 1659. Posteriormente tomó el mando del ejército del frente portugués, pero su grave derrota en la batalla de Montes Claros (1665), frente a tropas lusitanas y británicas, abortó la proyectada invasión de Portugal.

CARACOL. Molusco gasterópodo. Numerosas familias, géneros y especies, muchos terrestres, entre ellos los del género *Helix*, y otros marinos.
3:368a; Agricultura 1:115; Moluscos 10:218a; *ilustración* 3:369a.

CARACTERES HEREDITARIOS. Cada uno de los rasgos biológicos que un ser vivo transmite a su descendencia. Los factores que portan estos caracteres son los genes de los cromosomas.
Eugenesia 6:188b; Evolución 6:208b; Genética 7:73b; Mendel, Gregor Johann 10:54a.

CARACTERES MORALES, LOS. Opúsculo del filósofo y naturalista griego Teofrasto, discípulo de Aristóteles. Data de fines del siglo IV a.C. Profundo estudio de treinta tipos humanos en estilo elegante y sencillo.

CARACTEROLOGÍA. Rama de la psicología que estudia el carácter.
3:369a; *ilustraciones* 3:369b.

CARAFFA, EMILIO (1863-1939). Pintor argentino. Mostró una marcada predilección por la temática histórica y religiosa. «El obispo», «El paso del Paraná por el general Justo José de Urquiza».

CARAFFA, GIAN PIETRO. V. **Paulo IV.**

CARAÍTA. Miembro de la secta disidente judía fundada por Anán ben David en el siglo VIII. Los caraítas son famosos por su rigidez en el cumplimiento de las leyes y por su austeridad de vida; rechazan la tradición rabínica y sólo aceptan la autoridad de las Sagradas Escrituras.

CARAJÁS. Pueblo amerindio asentado en las orillas del río Araguaia, en el centro de Brasil. Su economía se basa en la pesca y la agricultura, complementadas con la caza y la recolección. La organización social tiene como núcleo el poblado.

CARAMBOLA. Jugada de algunas modalidades del billar. En ella la bola que se golpea con el taco debe tocar a las otras dos en juego. En ciertas modalidades, llamadas a dos o tres bandas, la bola golpeada debe chocar con dos o tres lados de la mesa antes de tocar a la tercera bola. En algunos países se llama también carambola al billar francés.
Billar 3:22b.

CARAMBOLO, TESORO DE EL. Conjunto de 21 piezas de oro, halladas en el término municipal de Camas, cerca de Sevilla, que posiblemente data del siglo IV a.C. Incluido dentro del ámbito cultural de Tartessos, muestra rasgos orientalizantes.

CARAMELO. Golosina en cuya composición entra como base fundamental el azúcar, al que se agregan otros ingredientes para producir gustos y sabores variados.

CARAMUEL Y LOBKOWITZ, JUAN (1606-1682). Matemático, teólogo y filósofo español. Perteneciente a la orden de Císter, fue obispo de Ypres, Kömgratz y Vigevano y arzobispo de Tarento. Intervino en las principales controversias filosóficas y políticas de su época. Su obra abarca unos 200 volúmenes, entre los que destacan los estudios sobre matemáticas, arquitectura y astronomía. *Cursus mathematicus* (1667-1668).

CARAMURU (m. h. 1557). Diogo Álvares Correia, explorador portugués. Naufragó en 1510 frente a las costas de Bahía y vivió entre los indios durante años. Aplicó sus conocimientos de la lengua y las costumbres indígenas para apoyar la labor colonizadora de Tomé de Sousa y los jesuitas. Contrajo matrimonio con una india.

CARANCHO. V. **Caracará.**

CARAN D'ACHE (1858-1909). Emmanuel Poiré, dibujante francés. Colaboró en diferentes publicaciones (*La Vie militaire, La Caricature*) con escenas y figuras militares. Fundó y participó, junto con Jean-Louis Forain, en la revista satírica *Le Psst...!*, que defendió ideas nacionalistas y antisemitas, y atacó a Alfred Dreyfus.

CARANDE, RAMÓN (1887-1986). Historiador y economista español. Catedrático de economía política de la Universidad de Sevilla, fueron notables sus estudios sobre la historia económica española en el siglo XVI. *Carlos V y sus banqueros* (publicado en tres volúmenes en 1943, 1949 y 1967).

CARÁNGANO. Instrumento musical, especialmente popular en Colombia y Bolivia, que funciona como bajo. Se trata de una tira larga de una especie de bambú con un trozo de corteza que se golpea con un palito. También llamado caranga.

CARAPICUÍBA. Ciudad de Brasil, en la parte occidental de la aglomeración urbana de São Paulo, a orillas del río Tiete. 327.882 hab. (1996).

CARARE, RÍO. Curso fluvial de Colombia. Nace en la cordillera Central, en el dep. de Cundinamarca, y tras mantener una dirección surnorte, desemboca en la orilla derecha del río Magdalena, en la localidad de Puerto Carare. Su curso es de 450 km.

CARATASCA, LAGUNA DE. Acumulación lacustre de Honduras, en el dep. de Gracias a Dios, a orillas del mar de las Antillas. Contiene varias islas, la más grande de las cuales es Tansín. Unida al Atlántico por una pequeña boca. Puerto Lempira es su población principal.

CARATHÉODORY, CONSTANTIN (1873-1950). Matemático alemán de origen griego. Profesor en las universidades de Hannover (1909), Breslau (1910-1913), Gotinga (1913-1918), Berlín (1918-1920) y Munich (desde 1924), destacó por su contribución a la teoría de las funciones, a los cálculos de variaciones y a la teoría de la integración. *Lecciones sobre funciones reales* (1918).
Termodinámica 14:33a.

CARAUSIO, MARCO AURELIO VALERIO (h. el 250-293). Militar romano. Se autoproclamó emperador de Britania alrededor del año 290, durante el co-reinado de los emperadores Maximiano y Diocleciano. Su poderosa flota le permitió mantenerse en el poder hasta que fue asesinado por su oficial jefe, Alecto.

CARAVACA DE LA CRUZ. Población española de la prov. de Murcia, comunidad autónoma de Murcia. Castillo del siglo XV y edificios religiosos y civiles renacentistas. Agricultura de regadío (frutales, hortalizas) y secano. 21.296 hab. (1991).

CARAVAGGIO (1573-1610). Michelangelo Merisi, pintor italiano. Figura principal del tenebrismo barroco de su país.
3:370a; Barroco, arte 2:360a; Pintura 11:414b; Rembrandt 12:326a; Reni, Guido 12:332b; Ribera, José de (El Españoleto) 12:364a; *cuadro* 3:370a; *ilustración* 3:370b.

CARAVANA. Agrupación de viajeros con sus medios de transporte para marchar juntos a fin de protegerse mutuamente durante el camino. En la antigüedad fueron frecuentes las caravanas de mercaderes, especialmente en los largos caminos de Asia y del norte de África por sus dificultades naturales y los peligros de fieras o bandidos. Por extensión se aplica actualmente a una hilera de vehículos que circulan muy próximos y a velocidad reducida a causa de la densidad del tráfico.

CARAYÁ. Primate aullador, de considerable tamaño (70 cm de longitud sin la cola, que es prensil). Pertenece a la familia de los cébidos (*Alouatta caraya*), y vive en la Argentina, Paraguay, Bolivia, Colombia y Brasil.

CARAZO. Departamento del sudoeste de Nicaragua, a orillas del Pacífico. Cadena volcánica al este. Café, tabaco, maíz. Fruticultura y horticultura. Cap. Jinotepe. 1.050 km^2. 149.407 hab. (1995).

CARAZO, EVARISTO (1822-1889). Político nicaragüense. Ejerció la presidencia desde 1887 hasta su muerte.

CARAZO, RODRIGO (n. en 1926). Político costarricense. Ejerció la presidencia de la república de 1978 a 1982.
3:371a; Costa Rica 4:416a.

CARBAJAL, MARÍA ISABEL (1880-1949). Pedagoga y escritora costarricense. Modificó la enseñanza primaria en su país, fundó la Biblioteca Nacional y escribió notables libros de texto escolares. Vivió desterrada en México desde 1947. *Cuentos de mi tía Panchita, Fantasías de Juan Silvestre, Vida y pasión de Jorge Isaacs.*

CARBALLIDO, EMILIO (n. en 1925). Escritor mexicano. Uno de los autores de teatro más prolíficos de su país. También escribió novela y cuentos. *La zona intermedia* (1948), *El viaje de Nocresida* (1953), *Las noticias del día* (1967), *Conversación entre las ruinas* (1971), *Ceremonia en el templo del tigre* (1983).
3:371b.

CARBALLO, JESÚS (n. en 1976). Gimnasta español. Logró importantes premios en barra fija, especialidad con la que conquistó el campeonato del mundo y otros títulos.

CARBALLO CALERO, RICARDO (1910-1990). Escritor español en lengua gallega. Destacado autor de ensayos sobre literatura gallega, cultivó diversos géneros literarios. *La gente de Barreira* (1951), *Historia de la literatura gallega contemporánea* (1975), *Libros y autores gallegos* (1979).
Gallega, literatura 7:25b.

CARBÓ, SERGIO (1892-1972). Periodista y político cubano. Fundó en 1927 la publicación política *La Semana*. Se opuso al gobierno de Gerardo Machado y fue miembro de la Pentarquía (ejecutivo colegiado de cinco personas) en septiembre de 1933. Posteriormente estableció el diario *Prensa Libre*, que combatió a Fulgencio Batista y fue clausurado por Fidel Castro. Murió en el exilio.

CARBÓ CARMENATI, LUIS (1859-1905). Periodista cubano. Propició la lucha por la independencia cubana desde su participación en varios periódicos isleños, como *El Día* o *La Tribuna*, y en el semanario *Mocho Malo*.

CARBOHIDRATO. Compuesto orgánico natural formado por carbono, oxígeno e hidrógeno. Los carbohidratos se clasifican en monosacáridos, oligosacáridos y polisacáridos, según su complejidad molecular.
3:371b; Azúcar 2:290b; Bioquímica 3:49a; Biosíntesis 3:52b; Celulosa 4:70a; Metabolismo 10:90a; Nutrición 11:55a; Prótidos 12:167b; *cuadro* 3:373; *ilustraciones* 3:373a-b.

CARBOLOY. Acero para herramientas que contiene níquel, cobalto y tungsteno. Utilizado en la fabricación de cuchillas, fresas, troqueles y en aplicaciones resistentes a la corrosión y desgaste.

CARBÓN. Combustible mineral de carbono del que existen diversas variedades, como la hulla, la antracita y el lignito.
3:374a; Alquitrán 1:250a; Carbono 3:377b; Combustible 4:290a; Energía 5:411b; Minería 10:179b; Plástico 12:25a; *cuadro* 3:375a; *ilustraciones* 3:375b.

CARBONARIOS. Sociedad secreta italiana afín a la masonería, de tendencias liberales y patrióticas. Los carbonarios fueron los principales oponentes de los regímenes conservadores impuestos en Italia por los aliados victoriosos sobre Napoleón Bonaparte en 1815. Su influencia preparó el camino para el *Risorgimento*.

CARBONATOS. Combinaciones químicas ternarias conformadas por átomos de carbono, oxígeno y elementos metálicos. Los carbonatos de calcio representan una parte esencial de la corteza terrestre, como principales constituyentes de las rocas calizas.
Mineral y mineralogía 10:176b.

CARBONCILLO. Palo pequeño de sauce, brezo, sarmiento de parra o cualquier otra madera ligera, carbonizado sin aire, que se utiliza para dibujar. Generalmente se emplea sobre papel. Deja un trazo muy negro que se borra con facilidad y se matiza con el difumino. También, obra resultante de la utilización de esta técnica.

CARBONELL, ALONSO (m. en 1660). Arquitecto y escultor español. Colaboró en la construcción del palacio del Buen Retiro de Madrid, intervino en el diseño del Panteón de El Escorial y proyectó el convento de las dominicas de Loeches (Madrid).

CARBONELL, JOSÉ MARÍA (h. 1791-1816). Patriota colombiano. Alentó a la insurrección contra los españoles desde Bogotá.
3:375b.

CARBONELL, PERE MIQUEL (1434-1517). Humanista catalán. Notario de los reyes de Aragón y Castilla, fue una de las figuras principales del Renacimiento en Cataluña. Su correspondencia con colegas españoles e italianos reviste un notable interés. *Crónica de España* (ed. 1547), *Hombres ilustres de Cataluña.*

CARBONERA. Pila que se forma con leña en varias capas, se cubre con tierra y se somete a combustión para obtener carbón vegetal. El proceso se llama carbonización.

CARBONERO. Pájaro de la familia de los páridos, perteneciente al género *Parus*. Numerosas especies, que deben su denominación al tono oscuro que tiñe su cabeza. Frecuente en los bosques eurasiáticos.

CARBÓNICO, ANHÍDRIDO. V. **Carbono, dióxido de.**

CARBONÍFERO, PERÍODO. Quinto período de la era primaria comprendido entre el devónico y el pérmico. Duró aproximadamente 65 millones de años y concluyó hace 280 millones de años. Debe su nombre a los grandes depósitos de hulla encontrados en las formaciones geológicas de esta época.
Paleontología 11:227a; Primaria, era 12:142a.

CARBONITRURACIÓN. Procedimiento para cementar acero mediante el aumento del contenido superficial de carbono y nitrógeno a temperaturas de 700 a 850 grados centígrados.

CARBONIZACIÓN. Proceso de conversión de materias orgánicas, por lo general madera, en carbón mediante un proceso de combustión.
Carbón 3:374a.

CARBONO. Elemento químico no metálico del grupo IVA de la tabla periódica. Pese a su relativa escasez en la naturaleza, forma más compuestos que todos los demás elementos juntos.
3:376a; Hidrocarburos 7:394a; Isómero 8:293a; Vida 14:299b; *cuadro* 3:377; *ilustraciones* 3:376a; 3:377b.

CARBONO 14. Isótopo radiactivo de carbono. Su grado de concentración en un cuerpo fósil o sedimento con suficiente contenido de materia orgánica permite determinar la antigüedad de éste. Muy utilizado en arqueología y astrofísica.
Arqueología 2:97b; Carbono 3:378a.

CARBONO, DIÓXIDO DE. Gas incoloro formado por oxígeno y carbono (CO_2). Se encuentra en pequeñas cantidades en la atmósfera. Es producido por la combustión de materiales que contienen carbono y por la respiración; las plantas lo emplean en la fotosíntesis. Se conoce también como bióxido de carbono o anhídrido carbónico.
Aire 1:130b; Deforestación 5:109b; Respiratorio, sistema 12:348b.

CARBONO, HIDRATO DE. V. **Carbohidrato.**

CARBONO, TETRACLORURO DE. Compuesto que se presenta en forma de líquido incoloro, transparente y volátil, con olor característico y sabor ardiente. Usado como agente limpiador y en extintores, su empleo supone un riesgo pues su inhalación produce intoxicación. Llamado también tetraclorometano.

CARBORUNDO. Carburo de silicio, abrasivo extremadamente duro fabricado calentando carbono y sílice juntos en un horno eléctrico. Utilizado en odontología. Fórmula SiC.

CARBOXILACIÓN. Reacción enzimática mediada por una carboxilasa, mediante la cual se incorpora un grupo carboxilo a determinadas moléculas orgánicas de importancia metabólica.

CARBOXILASA. Enzima que cataliza la adición de un grupo carboxilo a un compuesto orgánico.

CARBOXILO. Radical monovalente, –COOH, que se encuentra presente en todos los ácidos orgánicos y que permite la basicidad de dichos ácidos. En él, el carbono se une al oxígeno y grupo oxhidrilo por un doble enlace y al grupo hidróxilo por enlace simple.
Ácido y base 1:31a.

CARBUNCO. Lesión inflamatoria y supurada de la piel, debida a una infección por el estafilococo dorado, que afecta a varias formaciones pilosebáceas y al tejido subcutáneo adyacente.
Microbiología 10:151a; Pasteur, Louis 11:295b.

CARBURADOR. Aparato para la mezcla automática de aire y vapor producido por el combustible de un motor de explosión. Actúa además como regulador de dicha mezcla.
Motor 10:280a.

CARBURO DE CALCIO. Compuesto formado cuando se somete a elevada temperatura el carbonato cálcico mezclado con carbón. En el comercio se encuentra en forma de masa dura, agrisada, que se descompone en presencia de la humedad. Se usa para fabricar cianamida cálcica, un fertilizante casi equivalente al nitrato sódico.

CARBURO POTÁSICO. Compuesto binario de carbono y potasio. Con el agua produce acetileno.

CARBUROS. Combinaciones químicas del carbono con elementos simples, habitualmente metálicos. En la industria son especialmente útiles los de calcio y silicio. El estudio de los de hidrógeno o hidrocarburos representa una de las áreas principales de la química orgánica.

CARCAIXENT. Población española de la prov. de Valencia, comunidad autónoma de Valencia. También denominada Carcagente. Agricultura de regadío (cítricos); industrias de conservas alimenticias, mecánicas, de la construcción y metalúrgicas. 20.208 hab. (1991).

CÁRCAMO, JACOBO V. (1916-1959). Poeta hondureño. De destacable lirismo, formó parte de la generación poética de 1935. Vivió parte de su vida en México, donde falleció. *Brasas azules* (1938), *Laurel de Anáhuac* (1950).

CARCASONA. Ciudad de Francia, cap. del dep. de Aude, en la reg. de Languedoc-Rosellón, a orillas del río Aude. Fortificaciones medievales que rodean totalmente la ciudad antigua. Catedral románica. Centro turístico. 38.379 hab. (1982).
Edad media 5:302a.

CARCINÓGENO. Cualquier agente o sustancia que produce cáncer, acelera el desarrollo de éste o actúa sobre una población para cambiar su frecuencia total de cáncer en término de número de tumores o distribución por territorio o edad.
Cáncer 3:335b; Oncología 11:106b.

CARCINOMA. Cáncer de los tejidos epiteliales que tiende a crear tumores secundarios distantes (metástasis). Los cánceres de piel, mamas, membranas mucosas, pulmón y otros órganos internos y glándulas pueden ser carcinomas, mas no así los de los sistemas nervioso, linfático, sanguíneo, óseo y muscular.

CÁRCOVA, ERNESTO DE LA (1866-1927). Pintor argentino. Tras estudiar en Roma, dirigió la Academia y después la Escuela Superior de Bellas Artes (1923) de su país. En 1904 fue premiado en la Exposición de San Luis (Estados Unidos) por su obra «Sin pan y sin trabajo».

CARCHI. Provincia del Ecuador limitada al norte por Colombia. Zona montañosa. Carretera panamericana. Agricultura; ganado vacuno y lanar. Cap. Tulcán. 3.605 km². 160.983 hab. (1997).

CARDA. Instrumento o máquina que se emplea en la preparación de hilado de textiles. La carda está compuesta por el tomador, el gran tambor, el peine batiente o serreta, y el depósito o bote.

CARDAMOMO. Planta perteneciente a la familia de las zingiberáceas (*Elettaria cardamomum*). Arbustiva, presenta tallos que alcanzan los tres metros y de cuyo fruto se obtiene la especia homónima utilizada en confitería, fabricación de licores y medicina. Originaria de la India y Sri Lanka.
Especia 6:103a.

CARDÁN, ARTICULACIÓN. Mecanismo de empalme que permite transmitir movimientos de rotación entre ejes no alineados, cuyas posiciones pueden variar. Se emplea en los automóviles como junta de dos árboles giratorios. La articulación fue inventada por Gerolamo Cardano.

CARDANO, GEROLAMO (1501-1576). Médico, matemático y filósofo italiano. Estudió, entre otras cuestiones, la resolución de las ecuaciones de tercer grado y obtuvo la fórmula que lleva su nombre.
Álgebra 1:219a.

CARDARELLI, VINCENZO (1887-1959). Nazareno Caldarelli, escritor italiano. Fundador de la revista *La Ronda*, dirigió luego *La Fiera letteraria*. Premio Bagutta, en 1929, por *El sol a pique*, obra escrita en prosa y en verso. *Solitario en Arcadia* (1947).

CARDENAL (RELIGIÓN). En la Iglesia Católica, prelado componente del Sacro Colegio o Colegio de Cardenales. Los cardenales son nombrados por el papa, actúan como consejeros suyos y, reunidos en cónclave, eligen al sucesor del sumo pontífice al fallecimiento de éste. Ostentan el título honorífico de obispos, presbíteros o diáconos.

CARDENAL (ZOOLOGÍA). Pájaro de la familia de los fringílidos. Diversas especies, entre ellas el cardenal de Virginia (*Richmondena cardinalis*), de plumaje rojo.

CARDENAL, ERNESTO (n. en 1925). Poeta, político y sacerdote nicaragüense. Fue ministro de cultura en su país y dirigente del grupo Cristianos por el Socialismo.
3:378a; *ilustración* 3:378a.

CARDENALES, COLEGIO DE. Llamado también Sacro Colegio, cuerpo integrado por los cardenales de la Iglesia Católica. Se constituyó como tal a partir del siglo XII y durante el Medievo tuvo una gran importancia política.

CÁRDENAS. Ciudad y puerto de Cuba en la prov. de Matanzas, a orillas del Atlántico. Famosa playa de Varadero. Refinerías de azúcar, destilerías de ron. Turismo. 65.585 hab. (1981).

CÁRDENAS, ADÁN (1836-1916). Político nicaragüense. Ejerció la presidencia de 1883 a 1887.

CÁRDENAS, BARTOLOMÉ DE. V. **Bermejo, Bartolomé.**

CÁRDENAS, CUAUHTÉMOC (n. en 1934). Político mexicano. Destacado opositor al Partido Revolucionario Institucional (PRI), en 1997 fue elegido jefe de gobierno de la ciudad de México.
3:378b; Zedillo, Ernesto 14:413b; *ilustración* 3:378b.

CÁRDENAS, LÁZARO (1895-1970). Militar y político mexicano. Participó en la revolución y ejerció la presidencia de la república de 1934 a 1940.
3:379a; México 10:133b; Michoacán 10:147a; Ruiz Cortines, Adolfo 13:34a; *cuadro* 3:379b; *ilustración* 3:379b.

CÁRDENAS, LÁZARO (GEOGRAFÍA). V. **Lázaro Cárdenas**.

CÁRDENAS ZAPATA, ÍÑIGO DE (m. en 1617). Diplomático español. Enviado en 1609 a la corte francesa de María de Médicis, sus éxitos diplomáticos permitieron que se firmara la alianza con España. Su carrera culminó con la consecución del doble casamiento, en 1615 entre Luis XIII y la princesa española Ana de Austria, por una parte, y el futuro Felipe IV e Isabel de Borbón por la otra.

CARDERERA, MARIANO (1816-1893). Educador español. Fue director de las escuelas normales de Huesca y Barcelona. Se interesó especialmente por la educación de la mujer. *Curso elemental de pedagogía* (1855), *Diccionario de la educación y métodos de enseñanza* (1883-1886).

CARDERERA Y SOLANO, VALENTÍN (1796-1880). Pintor español. Autor del *Catálogo monumental de la nación*, fue director del Museo Nacional (1839) y publicó una *Iconografía española* (1855-1864) y un *Informe sobre los retratos antiguos de personajes ilustres españoles y extranjeros* (1877).

CARDIACA, FIBRA. Fibra muscular estriada del corazón, la única en la economía de contracción involuntaria.

CARDIACO, PARO. Interrupción súbita de las contracciones del corazón (de las ventriculares sobre todo), que determina el cese de las funciones circulatorias y respiratorias.
Chagas, mal de 4:103a.

CARDIAL, CERÁMICA. Variedad de cerámica prehistórica, correspondiente al neolítico mediterráneo. Se caracteriza por la decoración de sus vasijas con motivos geométricos producidos por la impresión en el barro fresco de conchas marinas del tipo *cardium*. Fechada entre el 4700 y el 4300 a.C.
Cerámica 4:81a.

CARDIFF. Ciudad y puerto del Reino Unido, cap. de Gales, en el canal de Bristol. Castillo y catedral del siglo XII. Principal puerto exportador de carbón del mundo hasta 1963. Industria ligera. 315.040 hab. (1999).

CARDIN, PIERRE (n. en 1922). Diseñador de ropa francés de origen italiano. Colaborador de Christian Dior (1947-1950), abrió en 1950 su propia casa de modas. En 1959 presentó su primera colección femenina *prêt-à-porter* y en 1960 una masculina. Influido por la moda japonesa, obtuvo de ésta una visión singular del *kimono* y su sentido del color. La firma Pierre Cardin ofreció también complementos (accesorios), tanto para hombre como para mujer.

CARDINALE, CLAUDIA (n. en 1939). Actriz cinematográfica italiana. Fue dirigida por importantes directores del cine mundial. *La chica de la maleta* (1960), *Rocco y sus hermanos* (1960), *El gatopardo* (1963), *Ocho y medio* (1963), *Fitzcarraldo* (1982).

CARDING. Término inglés aplicado a una técnica de programación informática que genera productos especializados en el rastreo de transacciones comerciales realizadas en el ámbito de las grandes redes de comunicaciones, como Internet. Su finalidad primordial es descubrir números de tarjetas de crédito personales y apropiarse de ellos en beneficio propio.

CARDIOLOGÍA. Especialidad médica que se ocupa del estudio de las enfermedades del corazón.
3:380a; Electrocardiografía 5:356b; Infarto 8:194b; Medicina 10:32a; *cuadro* 3:381; *ilustraciones* 3:380a; 3:381; 3:382a.

CARDIOVASCULAR, SISTEMA. Sistema formado por el corazón y el conjunto de los vasos sanguíneos.
3:383b; Cardiología 3:380a; Corazón 4:376a; Fisiología 6:317b; Hipertensión 7:240a; *ilustraciones* 3:383b; 3:394a; 3:385; 3:386a.

CARDO. Nombre de diferentes plantas herbáceas, bienales o vivaces, de la familia de las compuestas y pertenecientes a diversos géneros, como *Carduus, Cirsium, Cynara* y *Onopordon*. Los capítulos en que se reúnen las flores poseen brácteas espinosas. Algunas especies se consumen como verdura.
Planta 12:19b; *ilustración* 12:19b.

CARDONA, CASA DE. Noble linaje catalán, que remonta sus orígenes al siglo X. A él pertenecieron notables figuras de la historia política, militar y eclesiástica de Cataluña. En el siglo XVIII el matrimonio de la heredera del condado, Catalina, con el duque de Medinaceli, hizo pasar el título a esta última familia.

CARDONA, JENARO (1863-1930). Novelista y poeta costarricense. Narrador del ambiente social y urbano de su país. *El primo* (1905), *La esfinge del sendero* (1916).

CARDONA PEÑA, ALFREDO (n. en 1917). Escritor y profesor de literatura costarricense. Premio Nacional de literatura en 1963. Autor de una amplia obra poética y de varios volúmenes de cuentos. *El mundo que tú eres* (1944), *Poemas del retorno* (1962), *Cuentos de magia, misterio y horror* (1966).

CARDONA TORRANDELL, ARMAND (1928-1995). Pintor español. Empezó su carrera influido por el expresionismo y el cubismo. Mediante notas cablegráficas incluidas en sus obras manifiesta claras influencias literarias. En la década de 1960 inició una pintura más informal.

CARDOSO, FERNANDO HENRIQUE (n. en 1931). Político brasileño. Presidente de Brasil en 1994-1998, en este último año fue reelegido para un segundo mandato presidencial.
3:387a; Brasil 3:162a; *ilustración* 3:387a.

CARDOSO, LINDEMBERGUE (n. en 1939). Compositor brasileño. Profesor de composición, etnomusicología y teoría en la Universidad de Bahía. Compuso música de cámara, orquestal y vocal. Evolucionó hacia una obra de carácter vanguardista.

CARDOSO, VANDERLEI (n. en 1945). Músico popular brasileño. Cantante y compositor, destacó en la década de 1960 como exponente de la llamada Joven Guardia.

CARDOSO PIRES, JOSÉ (1925-1998). Escritor portugués, autor de novelas, cuentos y obras

teatrales. Considerado uno de los grandes literatos en lengua portuguesa de la segunda mitad del siglo XX.
3:387b; Portuguesa, literatura 12:101b; *ilustraciones* 3:387b; 12:101b.

CARDOZA Y ARAGÓN, LUIS (1904-1992). Escritor guatemalteco. Fue miembro del Colegio de México, crítico de arte, ensayista y poeta. *Pintura mexicana contemporánea* (1953), *La nube y el reloj* (1959), *Quinta estación* (1972), *Poesías completas y algunas prosas* (1977).

CARDOZO, BENJAMIN NATHAN (1870-1938). Jurisconsulto estadounidense. Fue ministro de la Suprema Corte (1932-1938). Tuvo gran influencia por sus decisiones sobre procedimientos legales.

CARDOZO, EFRAIM (1906-1973). Historiador, político y diplomático paraguayo. Ministro de justicia e instrucción pública, fue el representante por su país en la conferencia de paz posterior a la guerra del Chaco. Autor de obras históricas sobre la vida política paraguaya contemporánea. *Historiografía paraguaya* (1959), *Hace 100 años: crónicas de la guerra de 1864-1870* (1967-1972).

CARDUCCI, GIOSUÈ (1835-1907). Poeta italiano. Defensor del clasicismo grecolatino en la literatura de la Italia unificada, ganó el Premio Nobel en 1906.
3:387b; Italiana, literatura 8:323a.

CARDUCHO, BARTOLOMÉ (h. 1560-1608). Pintor italiano. Residió en España desde 1585. Trabajó en los frescos de El Escorial y llegó a ser pintor de cámara de Felipe III (1598). Representante de la escuela toscana de finales del siglo XVI. «Descendimiento» (1595), «Última Cena» (1605).

CARDUCHO, VICENTE (1578-1638). Vincenzo Carducci, pintor español de origen italiano. Trabajó para la casa de Austria y realizó encargos para iglesias y conventos. «La victoria de Fleurus» (1634), «La expugnación de Rheinfelden» (1634).

CARELIA. República autónoma de Rusia, a orillas del mar Blanco, limítrofe con Finlandia. Lago Ladoga. Es zona boscosa y pantanosa. Pesquerías; escasa agricultura; explotaciones forestales, minas. Cap. Petrozavodsk. 172.400 km^2. 785.000 hab. (1996).
Rusia 13:52a.

CARENA, DIQUE DE. Parte del puerto dedicada a la reparación en seco del casco de las embarcaciones.

CARES (m. h. el 324 a.C.). General y almirante ateniense. Renombrado estratega, fue general de la flota frente a Filipo II de Macedonia y comandante de las fuerzas atenienses en Queronea (338 a.C.). Alejandro Magno lo desterró, y pasó a servir al rey persa.

CAREY. Tortuga de un metro de longitud (*Eretmochelis imbricata*) de la familia de los quelónidos. Habita en todos los mares cálidos. Sus placas córneas, de bello color amarillo jaspeado de negro, han sido usadas para hacer cajas, peines, armazones de gafas, etc.

CAREY, WILLIAM (1761-1834). Misionero, políglota y gramático británico. Fundó en 1792 la sociedad misionera bautista inglesa y un año más tarde se trasladó a la India, en donde llevó a cabo una importante labor religiosa y científica. Destacó por sus estudios sobre lingüística. *Gramática mahratta* (1805), *Gramática sánscrita* (1806).

CARGA ALAR. Relación entre el peso total de un avión y la extensión superficial de sus alas, calculada en kilogramos y metros cuadrados. Cuanto mayor es la carga alar, más veloz deberá ser el avión.

CARGA ELÉCTRICA. Cantidad de electricidad existente en un cuerpo.
Circuitos eléctricos y electrónicos 4:206a; Electricidad 5:352a.

CARIACO, GOLFO DE. Entrante marino en la zona nororiental de Venezuela, est. de Sucre. Con una longitud de 60 km y anchura máxima de 15 km, permite la penetración del mar Caribe en una amplia zona de territorio.
Sucre (Venezuela) 13:295b.

CARÍAS, TIBURCIO (1876-1969). Militar y político hondureño. Ejerció la presidencia de la república de 1933 a 1948.
3:388a; Honduras 8:61a.

CARÍAS REYES, MARCOS (1905-1949). Escritor hondureño. Sus novelas y cuentos tienen un marcado carácter indigenista. *La heredad* (1931), *Crónicas frívolas* (1939).
Honduras 8:63a.

CARIÁTIDE. Escultura femenina vestida que se emplea como soporte en la estructura arquitectónica, en lugar de una columna o pilastra; generalmente corona su cabeza con un elemento a manera de capitel, sobre el que soporta un arquitrabe.
Columna 4:288a.

CARIBDIS. Personaje mitológico griego. Hija de Poseidón y de Gea, fue convertida por Zeus en una gruta o remolino situado en el estrecho de Mesina, frente a la roca de Escila. Varias veces al día tragaba el agua que la rodeaba y todo cuanto había en ella. Odiseo (Ulises) escapó dos veces de su voracidad, según la *Odisea*.

CARIBE, COMUNIDAD Y MERCADO COMÚN DEL. Organismo internacional fundado en 1973. Tuvo su origen en la Organización del Caribe (1967). Establecido por doce ex colonias británicas antillanas y por Montserrat, que era aún posesión británica. Conocido también como Caricom, su objetivo es lograr una zona de libre comercio regional.

CARIBE, CORRIENTE DEL. V. **Golfo, corriente del.**

CARIBE, ISLAS DEL. V. **Antillas.**

CARIBE, MAR. Región del océano Atlántico, también llamada mar de las Antillas, situada al norte de la línea del ecuador en el hemisferio occidental. Baña las costas septentrionales de Sudamérica y las del este de América central, así como parte de México. Las Antillas son su límite por el norte y el este. Cubre un área de 2.640.000 km^2.
3:388b; Antillas 1:390a; Atlántico, océano 2:194b; Dominica 5:220a; Dominicana, República 5:222a; Jamaica 8:333a; Venezuela, golfo de 14:270b; *mapa* 3:389b; *ilustración* 3:389b.

CARIBES. Grupo de pueblos amerindios que hasta la llegada de los españoles dominaban las Antillas menores y se extendían hasta el Mato Grosso (Brasil). Actualmente han quedado reducidos al alto Amazonas.
Americana, prehistoria 1:288a; Granada (ANTILLAS) 7:189a; Trinidad y Tabago 14:132b; Venezuela 14:263a; Vírgenes, islas 14:325a.

CARIBÚ. Mamífero artiodáctilo rumiante de la familia de los cérvidos (*Rangifer caribou*). Es muy similar al reno europeo, aunque de mayor tamaño.
Reno 12:333a; Rumiantes 13:41b; *ilustración* 13:41b.

CARICATURA. Representación exagerada, deformada o alterada, de una persona, circunstancia política o social, generalmente como crítica o burla.
3:390a; Daumier, Honoré 5:101b; Historieta 8:26b; *ilustraciones* 3:390a; 3:391a-b.

CARICOM. V. **Caribe, Comunidad y Mercado Común del.**

CARIDAD. Tercera de las virtudes teologales, por la cual se ama a Dios sobre todas las cosas y al prójimo como a uno mismo. Por extensión, actitud de generosidad con los demás.

CARIES. Afección dentaria dada por una destrucción progresiva del diente, que progresa desde la superficie (esmalte) hacia la profundidad (dentina). También, la necrosis molecular del hueso, de naturaleza tuberculosa.
Estomatología 6:161a.

CARILLÓN. Instrumento musical formado por tubos o láminas de acero afinados en distintos tonos. Antiguamente eran campanas desprovistas de badajo que se golpeaban con martillos. Los actuales carillones suelen ser eléctricos.

CARINO, MARCO AURELIO (m. en el 285). Emperador romano del 283 al 285. Tras su victoria sobre Diocleciano, fue asesinado por sus propias tropas.

CARINTIA. Provincia federal de Austria, limítrofe con Eslovenia e Italia. Zona alpina, múltiples ríos y lagos. Glaciar Pasterze de 10 km de longitud. Explotaciones forestales, agricultura; minería. Cap. Klagenfurt. 9.533 km^2. 561.000 hab. (1995).
Austria 2:226b.

CARIÓPSIDE. Tipo de fruto seco perteneciente al grupo de los indehiscentes. Monospermo, su pericarpo se mantiene unido a la semilla. Característico de las gramíneas.
Fruto 6:418a.

CARIOTIPO. Conjunto de los cromosomas de una especie dispuestos por pares homólogos y cuya imagen se obtiene por fotografía microscópica. La forma, tamaño, posición del centrómero y número de los cromosomas son constantes para cada especie, por lo que el estudio del cariotipo permite detectar diferentes anomalías, como es el caso del mongolismo.
Cromosomas 5:29b; Genética 7:77b.

CARIPE, MACIZO DE. Sistema montañoso de Venezuela, situado entre los est. Sucre y Monagas. Alcanza los 1.500 m en el monte San Bonifacio. Sus laderas, de suave pendiente, permiten el asentamiento de numerosas poblaciones.

CARISMA. Concepto de origen cristiano que designa un don gratuito, perceptible y extraordinario, que el Espíritu Santo comunica a algún miembro en beneficio de toda la comunidad (sabiduría, valor, fuerza de persuasión, profecía). Por extensión se aplica también a una cualidad extraordinaria de una persona que arrastra a los demás.

CARISSIMI, GIACOMO (1605-1674). Compositor italiano, maestro de capilla y organista. Autor de numerosos motetes, cantatas y oratorios, como *Jefté, Baltasar, Historia de Abraham* y *El juicio de Salomón*.
Aria 2:65a.

CÁRITES. En la mitología griega, hijas de Zeus y compañeras de las musas, Afrodita, Apolo y Dioniso. Personificación del encanto y la alegría, corresponden a las tres gracias romanas.

CARJAT, ÉTIENNE (1828-1906). Fotógrafo, caricaturista y escritor francés. Sus retratos fotográficos de personajes célebres (Charles Baudelaire, Gustave Courbet, Sarah Bernhardt, Victor Hugo) constituían verdaderos estudios de carácter. Editor de la revista *Le Boulevard*.

CARLET. Población española de la prov. de Valencia, comunidad autónoma de Valencia. Situada a orillas del río Magro. Cítricos, vides, algarrobos; industria alimentaria, material de construcción. 13.959 hab. (1986).

CARLIN, MARTIN. Ebanista alemán de finales del siglo XVIII. Afincado en París desde 1759, fue uno de los más elegantes mueblistas de estilo Luis XVI. Realizó piezas de pequeñas dimensiones y generalmente decoradas con placas de Sèvres.

CARLINGA. Sector de los aviones donde se ubican los pasajeros y los tripulantes.

CARLISMO. Movimiento político español que apoyaba los derechos del infante Carlos María Isidro de Borbón al trono de España contra los de la regente María Cristina y su hija Isabel II. De tendencia absolutista y tradicionalista, el carlismo arraigó sobre todo en los medios rurales del País Vasco, Navarra, Aragón y Cataluña, y por tres veces durante el siglo XIX se levantó en armas contra el gobierno de Madrid (guerras carlistas). Opuestos a la segunda república (1931), los carlistas crearon bajo ella el

Partido Tradicionalista Carlista y las formaciones armadas de los requetés. Apoyaron la sublevación del general Francisco Franco (1936) y se integraron en la Falange, aunque conservando siempre sus propios postulados.

CARLISTAS, GUERRAS. Nombre de los tres enfrentamientos entre los partidarios de la reina española María Cristina y sus descendientes, y los seguidores del pretendiente al trono, don Carlos (1833-1839; 1846-1849; 1872-1875).
3:391b; Alfonso XII de España 1:215b; España 6:78a; Espartero, Baldomero 6:102a; Isabel II de España 8:274a; María Cristina de Borbón 9:364a; Martínez Campos, Arsenio 9:394a; Narváez, Ramón María 10:353b; Zumalacárregui, Tomás de 14:437b; *ilustraciones* 3:392a-b.

CARLOMAGNO (h. el 742-814). Rey de los francos y los lombardos. Sus conquistas unieron casi toda la Europa occidental cristiana en un poderoso imperio.
3:393b; Alemania 1:189b; Aquisgrán 1:420a; Aragón 2:15b; Carolingios 3:407a; Córdoba, califato de 4:382b; Cristianismo 5:22b; Checa, República 4:116b; Edad media 5:299a; Europa 6:198b; Francia 6:390b; Hungría 8:103b; Lombardía 9:208b; Ludovico Pío 9:235b; Países Bajos 11:209b; Pipino III el Breve 11:421b; Reconquista 12:284a; Roncesvalles 13:15a; Sacro Imperio Romano 13:80b; Yugoslavia 14:395a; *mapa* 3:394a; *cuadro* 3:393b; *ilustraciones* 3:393b; 3:394.

CARLOMÁN (h. el 715-754). Hijo de Carlos Martel y hermano de Pipino el Breve, fue administrador del reino de Austrasia. Sus inclinaciones religiosas lo llevaron a recluirse en el monasterio de Montecasino, dejando el trono a Pipino.

CARLOMÁN (751-771). Hermano menor de Carlomagno. A instancias de su padre, Pipino III el Breve, reinó conjuntamente con aquél. A su muerte, Carlomagno heredó la totalidad del reino franco.
Carlomagno 3:393b.

CARLOMÁN DE BAVIERA (828-880). Rey de Baviera e Italia. Ocupó el trono bávaro en el 876 y fue reconocido por el papa y por los señores feudales italianos como rey de Italia en el 877. Poco después de aceptar la sumisión de éstos, se retiró enfermo a Alemania.

CARLOS, PRÍNCIPE DE GALES (n. en 1948). Primogénito de la reina Isabel II de Inglaterra y del príncipe Felipe de Edimburgo. Designado príncipe de Gales, heredero de la corona, en el castillo de Carnarvon el 1 de julio de 1969. Casado en 1981 con *Lady* Diana Frances Spencer.

CARLOS I, EMPERADOR. V. **Carlomagno.**

CARLOS I DE ANJOU (1226-1285). Rey de Nápoles y Sicilia desde 1266 hasta su muerte. Primero de la dinastía angevina, creador de un gran imperio mediterráneo de escasa duración. Ayudó a su hermano, Luis IX de Francia, en la octava cruzada.
Anjou, Casas de 1:371b.

CARLOS I DE AUSTRIA (1887-1922). Emperador de Austria y rey de Hungría de 1916 a 1918. Último soberano de la monarquía austrohúngara. Fracasó en su intento de mantener a Austria al margen de la primera guerra mundial. Murió en Madeira, en el exilio, a donde marchó al proclamarse la república (1918).
Austro-húngaro, imperio 2:237b.

CARLOS I DE ESPAÑA. V. **Carlos V, emperador.**

CARLOS I DE INGLATERRA E IRLANDA (1600-1649). Monarca británico desde 1625 hasta su muerte. Su política opuesta al Parlamento provocó una guerra civil que culminó con su decapitación.
3:396a; Cromwell, Oliver 5:30a; Irlanda 8:268b; Estuardo, dinastía 6:174b; Reino Unido 12:306b; Rubens, Petrus Paulus 13:31a; Van Dyck, Antoon 14:233b; *ilustración* 3:396a.

CARLOS I DE NAVARRA. V. **Carlos IV de Francia.**

CARLOS I DE PORTUGAL (1863-1908). Rey de Portugal desde 1889 hasta su muerte. Sufrió el acoso del Reino Unido a causa de las colonias portuguesas en África.
3:397a; Portugal 12:95a.

CARLOS I DE RUMANIA. V. **Carol I de Rumania.**

CARLOS I ROBERTO (1288-1342). Rey de Hungría. Fue coronado en 1301. Convirtió su reino en una gran potencia, lo enriqueció y civilizó. En 1335, aliado con Polonia, venció al sacro emperador romano Luis IV.

CARLOS II, EMPERADOR. V. **Carlos II el Calvo.**

CARLOS II DE ANJOU Y DE SICILIA (1254-1309). Rey de Sicilia, conocido como el Cojo. Ocupó el trono en 1285, al suceder a su padre Carlos I de Anjou. Influyó a través de sus hijos en la política del norte de Italia, de la península balcánica y de Hungría. Sin embargo, no pudo reconquistar Sicilia de manos de los aragoneses. Influyó en la elevación del papa Clemente V al solio pontificio.

CARLOS II DE ESPAÑA (1661-1700). Rey de España desde 1665 hasta su muerte, al que se denominó el Hechizado. Último representante de la casa de Austria en España.
3:397a; Austria, casa de 2:234a; Borbón, casa de 3:110a; España 6:76b; Sucesión española, guerra de 13:332a; *ilustración* 3:397b.

CARLOS II DE INGLATERRA E IRLANDA (1630-1685). Rey británico. Hijo de Carlos I, fue llamado del exilio en 1660. Su reinado, conocido como la restauración, destacó por sus excelentes relaciones con el Parlamento. Durante su permanencia en el trono se produjo el gran incendio de Londres (1666). Su adaptabilidad política le permitió gobernar con éxito.
Estuardo, dinastía 6:174b; Irlanda 8:268b; Reino Unido 12:308a.

CARLOS II DE NAVARRA (1332-1387). Rey de Navarra desde 1349 hasta su muerte, de sobrenombre el Malo. Su reinado se caracterizó por los continuos intentos de expansión de sus dominios en Francia y España. Aliado con Inglaterra combatió contra Carlos, el delfín francés, por Normandía. En España se puso al lado de Pedro I el Cruel contra Enrique II de Trastámara, para cambiar posteriormente de bando.

CARLOS II DE RUMANIA. V. **Carol II de Rumania.**

CARLOS II EL CALVO (823-877). Rey de Francia y emperador carolingio. Hijo del emperador Ludovico Pío, obtuvo la parte occidental del imperio en el reparto que siguió al tratado de Verdún (843). A la muerte del emperador Luis II (875) se hizo coronar emperador en Roma. Durante su reinado se sucedieron las incursiones normandas y se desarrolló el sistema feudal.
Carolingios 3:407a; Ludovico Pío 9:235b.

CARLOS III, EMPERADOR (839-888). Emperador franco llamado el Gordo. Coronado emperador en Roma en el 881, tras la rebelión de su sobrino Arnulfo fue derrocado en el 887 por Eudes, conde de París, hecho que marcó la desintegración del imperio de Carlomagno.

CARLOS III DE ESPAÑA (1716-1788). Rey de España desde 1759 hasta su muerte. Representante español del despotismo ilustrado del siglo XVIII.
3:397b; Aranga, conde de 2:18a; Argentina 2:51b; Borbón, casa de 3:110b; Campomanes, conde de 3:311a; Despotismo ilustrado 5:156a; España 6:77a; Floridablanca, conde de 6:334b; Gálvez, José de 7:29b; Indias, leyes de 8:168a; Madrid 9:276a; Nápoles 10:349b; Plata, Virreinato del Río de la 12:29b; Reducciones 12:291b; *cuadro* 3:397b; *ilustración* 3:398a.

CARLOS III DE FRANCIA (879-929). Rey de Francia, llamado el Simple. Accedió al trono en el 893 y reinó hasta el 922. Aunque fue el último carolingio con autoridad en toda Francia, tuvo que conceder gran parte de Normandía al cabecilla vikingo Rollon. Sus conflictos con los nobles de Neustria lo condujeron a la derrota y la pérdida de la Lorena. Desde el 923 estuvo encarcelado por sus enemigos.
Normandos 11:9a.

CARLOS III DE NAVARRA (1361-1425). Rey de Navarra desde 1387 hasta su muerte, llamado el Noble. Su política, totalmente opuesta a la de su padre Carlos II el Malo, se caracterizó por el establecimiento de buenas relaciones con sus vecinos castellanos y franceses. Ricardo II de Inglaterra le devolvió Cherburgo, que a su vez, junto con otros territorios, cedió en 1404 a Carlos VI de Francia a cambio de Nemours. De los nueve hijos que tuvo con Leonor de Trastámara tan solo Blanca de Navarra no murió tempranamente. Hizo construir el palacio de Olite.

CARLOS IV, EMPERADOR (1316-1378). Rey de Germania y Bohemia, emperador germánico desde 1355 hasta su muerte, llamado Carlos de Luxemburgo. Considerado uno de los soberanos más capacitados de su época, convirtió a Praga en el centro político, económico y cultural de Europa. Fundó la universidad de dicha ciudad.

CARLOS IV DE ESPAÑA (1748-1819). Rey de España de 1788 a 1808. Su política permitió la entrada de las tropas napoleónicas francesas en España.
3:398b; España 6:77a; Godoy, Manuel 7:150a; Goya, Francisco de 7:176b; Independencia española, guerra de la 8:151a; *ilustración* 3:398b.

CARLOS IV DE FRANCIA (1294-1328). Rey de Francia y de Navarra (como Carlos I) desde 1322. Llamado el Hermoso. Su reinado estuvo marcado por la invasión de Aquitania, gran parte de cuyo territorio arrebató a los ingleses. No tuvo descendencia, por lo que la corona francesa pasó a la rama de los Valois.

CARLOS V, EMPERADOR (1500-1558). Emperador del Sacro Imperio Romano y rey de España con el título de Carlos I. Dominó extensos territorios en tres continentes.
3:399a; Adriano VI 1:76a; Alemania 1:191a; Austria, casa de 2:233b; Clemente VII 4:229a; Comunidades, sublevación de las 4:316b; Consejo de Indias 4:344b; Enrique VIII de Inglaterra 5:424b; España 6:76a; Felipe el Magnánimo 6:250a; Felipe II de España 6:250b; Francisco I de Francia 6:399b; Fugger, familia 7:2a; Germanías, rebelión de las 7:113b; Habsburgo, casa de 7:313a; Malta 9:311a; Margarita de Austria 9:361b; María Tudor 9:369b; Maximiliano I de Alemania 10:1b; Otomano, imperio 11:178b; Países Bajos 11:210a; Panamá, canal de 11:246a; Pavía, batalla de 11:302b; Protestantismo 12:165a; Reforma y contrarreforma 12:295a; Renacimiento 12:329b; Sacro Imperio Romano 13:82a; Siglo de Oro español 13:236b; Smalkalda, Liga de 13:270b; Tiziano 14:69a; Welser, familia 14:362a; *mapa* 3:400; *cuadro* 3:399b; *ilustración* 3:399b.

CARLOS V DE ESPAÑA. V. **Carlos María Isidro de Borbón.**

CARLOS V DE FRANCIA (1338-1380). Rey de Francia, llamado el Sabio. Accedió al trono en 1364. Logró una extraordinaria recuperación de su país tras la devastación ocasionada por la primera fase de la guerra de los cien años. Reprimió un movimiento campesino. Su decisión de apoyar a Clemente VII contribuyó a desencadenar el cisma de occidente.
Cien años, guerra de los 4:181b; Pedro I el Cruel 11:318a; Pedro IV de Aragón 11:319b.

CARLOS VI, EMPERADOR (1685-1740). Emperador del Sacro Imperio Romano desde 1711 y, como Carlos III, rey de Hungría y archiduque de Austria. Fue pretendiente al trono de España, disputándolo a Felipe V en la llamada guerra de sucesión. Dictó en 1713 la Pragmática Sanción para permitir que su hija María Tere-

sa le sucediera como representante de la casa de Habsburgo.
Habsburgo, casa de 7:313a.

CARLOS VI DE ESPAÑA. V. **Carlos de Borbón y de Braganza.**

CARLOS VI DE FRANCIA (1368-1422). Rey de Francia, llamado el Bienamado. Accedió al trono en 1380. Durante su minoría de edad un consejo de los doce, formado sobre todo por tíos del rey con una gran rivalidad entre sí, gobernó el país. Su reinado estuvo salpicado por intermitentes ataques de locura y una administración desafortunada. Durante el mismo se desarrolló el enfrentamiento entre los borgoñones, a las órdenes del duque de Borgoña Juan sin Miedo, y los partidarios de la casa de Armagnac. También se registró la revuelta de Simón Caboche.

CARLOS VII, EMPERADOR (1697-1745). Elector de Baviera desde 1726, fue proclamado emperador del Sacro Imperio Romano en 1742 con el apoyo de España y Francia en oposición a Francisco, gran duque de Toscana. Dominado por la coalición antiaustriaca.

CARLOS VII DE ESPAÑA. V. **Carlos de Borbón y Austria-Este.**

CARLOS VII DE FRANCIA (1403-1461). Rey de Francia, llamado el Bien Servido. Accedió al trono en 1422. Con la ayuda de Juana de Arco triunfó sobre los ingleses, a los que arrojó de suelo francés. Fue mecenas de las artes y supo rodearse de hombres de letras. Impuso su autoridad al clero mediante la Pragmática Sanción de Bourges, de 1438.
Cien años, guerra de los 4:182b; Juan sin Miedo 8:393b; Juana de Arco 8:396a.

CARLOS VIII DE FRANCIA (1470-1498). Rey de Francia desde 1483 hasta su muerte. Personaje de escasa salud e inteligencia, promovió diversas campañas en Italia, donde reclamaba el trono de Nápoles. Para facilitar sus pretensiones firmó con Austria el Tratado de Senlis, con Inglaterra el de Étaples y con Aragón el de Barcelona. Tomada Nápoles, fue obligado a retirarse de ella por la Santa Alianza.
Francia 6:391a; Maximiliano I de Alemania 10:1b; Sforza, Ludovico 13:221b.

CARLOS VIII DE SUECIA (h. 1408-1470). Rey de Suecia, país del que había sido regente, en tres períodos distintos: 1448-1457, 1464-1465 y 1467-1470. Su reinado sufrió serias oposiciones por parte de los nobles suecos que buscaban la unión con Dinamarca.

CARLOS IX DE FRANCIA (1550-1574). Rey de Francia. Accedió al trono en 1560, aunque fue su madre, Catalina de Médicis, la que ejerció el poder durante los primeros años de su reinado. Inteligente aunque de salud débil, protegió a los hugonotes, protestantes franceses, pero consintió la matanza de San Bartolomé, en la noche del 23 al 24 de agosto de 1572. Cultivó la poesía.
Hugonotes 8:89b; Religión, guerras de 12:321b; Ronsard, Pierre de 13:16b.

CARLOS IX DE SUECIA (1550-1611). Regente de Suecia desde 1599, accedió al trono en 1607. Gobernante enérgico, dominó con autoridad a la nobleza y unificó religiosamente el país, reafirmando el luteranismo. Su política exterior agresiva, que lo llevó a atacar a Rusia, culminó en las guerras contra Polonia (1605) y Dinamarca (1611).
Suecia 13:344b.

CARLOS X DE FRANCIA (1757-1836). Rey de Francia desde 1825 a 1830, que marcó la decadencia de la rama borbónica en su país.
3:401a; Francia 6:392b; *ilustración* 3:401a.

CARLOS X GUSTAVO DE SUECIA (1622-1660). Rey de Suecia desde 1654 hasta su muerte. Dirigió la primera guerra del norte, que se prolongó de 1655 a 1660, contra una coalición formada principalmente por Polonia, Rusia, los Países Bajos y Dinamarca. Su intento era el de formar un estado septentrional unificado. Murió cuando trataba de obtener medios para proseguir la lucha.

CARLOS XI DE SUECIA (1655-1697). Rey de Suecia. Fue proclamado rey en 1660 y hasta su toma de poder en 1672 un consejo regente formado por nobles aumentó enormemente el poder aristocrático. El reinado de Carlos XI abrió un período absolutista en la monarquía sueca que acabaría con la muerte de Carlos XII en 1718. Decretó la confiscación de parte de los bienes de la nobleza. En política exterior mantuvo una política de alianzas encaminada a garantizar la neutralidad del país.

CARLOS XII DE SUECIA (1682-1718). Rey de Suecia desde 1697. Monarca absolutista, defendió durante 18 años su país en la gran guerra del norte.
3:401b; Suecia 13:345a.

CARLOS XIII DE SUECIA Y NORUEGA (1748-1818). Rey de Suecia desde 1809 y de Noruega desde 1814 hasta su muerte. Regente tras la muerte de Gustavo III, asesinado en 1792, cedió el trono a Gustavo IV en 1796. La revolución de 1809 lo llevó al poder, firmó la paz con Dinamarca, Rusia y Francia. Designó sucesor al mariscal francés Jean-Baptiste Bernadotte.
Suecia 13:345a.

CARLOS XIV DE SUECIA. V. **Bernadotte, Jean-Baptiste.**

CARLOS XV DE SUECIA (1826-1872). Rey de Suecia y Noruega. Accedió al trono en 1859 como sucesor de su padre, Óscar I. Aunque fue un eficaz e inteligente gobernante, durante su reinado el poder de la monarquía se vio bastante mermado por el poder legislativo. Promotor y defensor de ideas liberales, estableció un sistema bicameral.

CARLOS XVI GUSTAVO DE SUECIA (n. en 1946). Rey de Suecia desde 1973. Designado príncipe heredero en 1950 al acceder al trono su abuelo Gustavo VI Adolfo. Cursó estudios en diversas academias militares y civiles. En 1976 contrajo matrimonio con Silvia Sommerlath. Su papel, de acuerdo con la constitución de 1973, era meramente representativo.
Suecia 13:346a.

CARLOS ALBERTO (1798-1849). Rey de Cerdeña. Acaudilló el movimiento de independencia contra Austria. Permaneció en el trono desde 1831 hasta 1849, año en que, tras la derrota de Novara el 23 de marzo de 1849, abdicó en favor de su hijo Víctor Manuel II.

CARLOS AUGUSTO DE SAJONIA (1757-1828). Gran duque de Sajonia. Ocupó el trono del gran ducado en 1775, al suceder a su padre, Constantino de Sajonia, y tras 18 años de regencia de su madre. Opositor de la dominación napoleónica y derrotado por el emperador, ingresó en la gran alianza antifrancesa, por lo que a la caída de Napoleón Bonaparte amplió notablemente sus posesiones. De espíritu liberal, apoyó a intelectuales y artistas (Johann Wolfgang von Goethe, Friedrich von Schiller, etc.).

CARLOS BORROMEO, SAN (1538-1584). Cardenal y arzobispo italiano. Sobrino de Pío IV, se entregó a los necesitados y se esforzó por fortalecer la disciplina del clero. Fundó la congregación de los Oblatos de San Ambrosio e intervino en el concilio de Trento. Fue canonizado en 1610.
Reforma y contrarreforma 12:295b.

CARLOS DE AUSTRIA (1545-1568). Hijo de Felipe II y de María de Portugal, heredero de la corona española. Enfrentado con su padre, pretendió huir a Flandes. Enterado Felipe II mandó encarcelarlo en el alcázar de Madrid, donde murió unos meses después.

CARLOS DE BÉLGICA (1903-1983). Príncipe belga. Hijo de Alberto I y hermano de Leopoldo III, se distinguió por dirigir el movimiento de resistencia contra los alemanes durante la segunda guerra mundial. Como regente (1944-1950), organizó la reconstrucción del país después de la contienda.

CARLOS DE BLOIS (1319-1364). Duque de Bretaña y conde de Guisa. Ocupó el ducado bretón desde 1341. Luchó contra la ocupación de Bretaña por Juan de Monfort, durante la guerra de los cien años. Los ingleses lo hicieron prisionero durante la batalla de la Roche-Derrien (1347); fue liberado en 1356.

CARLOS DE BORBÓN Y AUSTRIA-ESTE (1848-1909). Pretendiente carlista a la corona de España, también conocido como Carlos VII. Se proclamó en 1866, desde el exilio, jefe del bando carlista y en 1868 obtuvo la abdicación de su padre, el infante Juan Carlos de Borbón y de Braganza. Titulado como duque de Madrid, inició la tercera guerra carlista, que finalizó con su marcha a Francia en febrero de 1875.
Carlistas, guerras 3:393a.

CARLOS DE BORBÓN Y DE BRAGANZA, JUAN (1818-1861). Pretendiente carlista a la corona de España. Hijo de Carlos María Isidro de Borbón, fue reconocido con el título de conde de Montemolín y, para los carlistas, como el rey Carlos VI. Contempló la posibilidad de contraer matrimonio con la reina Isabel II. Fracasado el intento, se sublevó e inició la segunda guerra carlista (1846-1849).
Carlistas, guerras 3:392b.

CARLOS DE HABSBURGO (1771-1847). Archiduque de Austria y duque de Teschen. Mariscal de campo, reformador del ejército, teórico militar y brillante vencedor de Jean-Baptiste Jourdan y Victor-Marie Moreau en la campaña de 1796, que supuso uno de los mayores reveses de los ejércitos napoleónicos. Conocido como el archiduque Carlos.

CARLOS EL BUENO (h. 1083-1127). Conde de Flandes. Se hizo cargo del condado en 1119, al suceder a Balduino VII Hapkin. Logró ampliar notablemente sus dominios, participó en las cruzadas y fue propuesto como rey de Jerusalén en 1124, pero rechazó esa dignidad.

CARLOS EL TEMERARIO (1433-1477). Duque de Borgoña, último de la dinastía, bajo cuyo gobierno su estado conoció el máximo esplendor.
3:395a; Borgoña 3:116a; Flandes 6:322b; Luis XI de Francia 9:237b; *ilustración* 3:395b.

CARLOS FEDERICO DE BADEN (1728-1811). Gran duque, elector y margrave de Baden-Durlach. Estableció una alianza con Napoleón Bonaparte y fomentó el comercio y la agricultura. Gobernó siguiendo las ideas de la Ilustración.

CARLOS MANUEL I DE SABOYA (1562-1630). Duque de Saboya. Sucedió a su padre, Manuel Filiberto, en 1580. Durante su largo gobierno pretendió sin éxito ampliar sus dominios a costa de Francia y los estados italianos, pero logró, en cambio, afianzar la independencia de su país. Su alianza con España fue decisiva durante la guerra de sucesión de Mantua.

CARLOS MARÍA ISIDRO DE BORBÓN (1788-1855). Pretendiente a la corona española. Hijo de Carlos IV y hermano de Fernando VII, acaudilló la fracción ultraconservadora durante el reinado de este último. Derogada la Pragmática Sanción, por la que él debería hacerse cargo de la corona de España, y concedida ésta a la hija de Fernando VII, Isabel, el 1 de octubre de 1833 adoptó el título de rey de España con el nombre de Carlos V. Su acción provocó la primera guerra carlista (1833-1839).
Carlistas, guerras 3:391b; María Cristina de Borbón 9:364a.

CARLOS MARTEL (h. el 688-741). Rey de los francos que detuvo el avance de los árabes en Poitiers en el 732.
3:395b; Carolingios 3:406b.

CARLOTA (1840-1927). Emperatriz de México, esposa de Maximiliano I. Hija de Leopoldo I de Bélgica. En 1866 se trasladó a Europa para solicitar el apoyo de Napoleón III y de Pío IX. Perdió la razón y murió retirada cerca de Bruselas.

CARLOTA DE LUXEMBURGO (1896-1985). Gran duquesa de Luxemburgo. Accedió al trono en 1919 tras la abdicación de su hermana María Adelaida. Favoreció la evolución de su país hacia un estado moderno y socialdemocrático. Abdicó en 1964 en favor de su hijo Juan.

CARLOTA JOAQUINA DE BORBÓN (1775-1830). Infanta de España. Hija de Carlos IV, fue reina consorte de Portugal entre 1806 y 1826 por su matrimonio en 1785 con Juan VI, contra el que organizó numerosas conspiraciones. En 1807 pasó a Brasil tras la ocupación francesa. A su regreso a Portugal en 1821, organizó varias intentonas revolucionarias de signo absolutista.

CARLOWITZ, PAZ DE. Acuerdo entre Austria, Venecia, Polonia y Turquía, firmado el 26 de enero de 1699, por el cual la primera se apoderó de casi toda Hungría, Transilvania, Eslovenia y Croacia, Venecia recibió Dalmacia y el Peloponeso, y Polonia logró Podolia y una parte de Ucrania, todo ello a costa del imperio otomano.
Otomano, imperio 11:179a; Rumania 13:38a.

CARLSBAD. V. **Karlovy Vary.**

CARLSSON, INGVAR (n. en 1934). Político sueco. Integrante del Partido Social Democrático y asesor del primer ministro Olof Palme, sucedió a éste, tras su asesinato el 28 de febrero de 1986, como jefe del gobierno sueco. Abandonó el cargo de primer ministro en 1991, pero volvió a ocuparlo entre 1994 y 1996.
Suecia 13:346a.

CARLYLE, THOMAS (1795-1881). Crítico literario, historiador y filósofo británico. Autor de numerosas biografías y libros de historia en los que imperó su idea de lo heroico y lo divino.
3:402a; *ilustración* 3:402a.

CARMAN, BLISS (1861-1929). Poeta canadiense. Su poesía está teñida de hedonismo y naturalismo. *Bajamar en Grand Pré* (1893), *Cantos de Vagabondia* (1894, 1896, 1901), *Safo* (1904).

CARMELITAS. Religiosos y religiosas de la orden del Carmelo. El origen de los frailes carmelitas se remonta a san Bertoldo, fundador de la primera casa en el monte Carmelo (Palestina) en el siglo XII. La orden de las monjas carmelitas fue fundada en el siglo XV por el beato Jean Soreth. Ambas ramas fueron reformadas por san Juan de la Cruz y santa Teresa de Jesús (siglo XVI), dividiéndose en calzados y descalzos.
Juan de la Cruz, san 8:392b; Órdenes religiosas 11:132a; Teresa de Jesús, santa 14:31a.

CARMELO, MONTE. Pequeña cadena montañosa de Israel, de 26 km de largo, donde, según la tradición, el profeta Elías estableció una comunidad de eremitas. Allí fundó san Bertoldo (siglo XII) la primera casa de frailes carmelitas.

CARMEN. Ópera de Georges Bizet, estrenada en París en 1875. La obra, en cuatro actos, está basada en la novela homónima de Prosper Merimée. La acción se desarrolla en Sevilla. Frecuentemente representada, existen versiones de concierto que gozan de gran popularidad. Supuso la introducción del realismo en la ópera.
Bizet, Georges 3:66a.

CARMEN, CIUDAD DEL. Población del est. de Campeche, México, situada en la isla del Carmen. Frijoles, maíz, arroz, frutales, tabaco; bosques; industrias de la pesca y curtidos; centro de control de la producción petrolera de la sonda de Campeche. 179.011 hab. (1990; municipio).
Campeche 3:309b.

CARMEN, ISLA DEL. Territorio insular del est. mexicano de Campeche, situado en el sudoeste del golfo de México, en la salida de la laguna de Términos. 153 km^2 de superficie. Costas accidentadas por el sur y arrecifes coralinos por el norte. Clima y vegetación tropicales. Importante puerto y centro petrolero en Ciudad del Carmen.

CARMEN, NUESTRA SEÑORA DEL. Nombre dado popularmente a Nuestra Señora del Monte Carmelo, advocación de la Virgen María especialmente venerada por los primeros cristianos. Su festividad se celebra el 16 de julio, fecha en que, según la tradición, se apareció a Simón Stok y le entregó un escapulario (siglo XIII). Es patrona del mar y de los marineros.
Marianas, advocaciones 9:366b.

CARMEN DE BOLÍVAR, EL. Población de Colombia, en el dep. de Bolívar, en el noroeste del país. Río San Jacinto. Plátanos (bananos), frutales, tabaco; centro ganadero. 23.392 hab. (1987).
Bolívar, departamento de 3:86b.

CARMENTA. En la mitología romana, hija del rey Ladón de Arcadia. Tuvo amores con Mercurio y poseía el don de la profecía y el de la transformación. Sus fiestas, las carmentales, se celebraban el 15 de enero.

CARMINA BURANA. Manuscrito de la primera mitad del siglo XIII que incluye casi 250 composiciones latinas de los goliardos y 50 alemanas de todo tipo, desde cantos al vino y el juego hasta motivos religiosos. Carl Orff se inspiró en él para su oratorio homónimo.
Orff, Carl 11:135a.

CARMONA. Población española de la prov. de Sevilla, comunidad autónoma de Andalucía. Gran necrópolis romana y arquitectura religiosa mudéjar. Hortalizas, agrios; ganadería; industria del calzado. 25.266 hab. (1996).

CARMONA, ANTONIO ÓSCAR DE FRAGOSO (1869-1951). Estadista y mariscal portugués. Alcanzó notoriedad política durante el levantamiento militar de 1926. Ejerció la presidencia del país entre 1928 y 1951, período coincidente con el gobierno de António de Oliveira Salazar.
Portugal 12:95a.

CARMONA, LUIS SALVADOR (1709-1767). Escultor español. Teniente director de la Academia de San Fernando de Madrid, realizó obras para el Palacio Real de Madrid, pero destacó como autor de imaginería religiosa, dentro de la escuela barroca castellana del siglo XVIII. «Asunción», «Virgen de las Angustias».

CARMONA, MANUEL SALVADOR (1734-1820). Grabador y dibujante español. Hermano de Luis Salvador, estudió en Madrid y París, donde trabajó para Luis XV. Fue director de grabado de la Real Academia de Bellas Artes de San Fernando (1777). «Autorretrato», retrato de «Margarita Legrand».

CARNAC. Localidad de la región francesa de Bretaña en cuyas proximidades se encuentran varios conjuntos de alineaciones megalíticas formadas por más de tres mil menhires.

CARNALITA. Mineral de cloruro de potasio y magnesio. Cristaliza en el sistema rómbico. Es incoloro o diversamente coloreado, según su pureza. Se utiliza para la obtención de fertilizantes. Fórmula, $KMgCl_3 \bullet 6H_2O$.

CARNAP, RUDOLF (1891-1970). Filósofo de la ciencia, uno de los principales representantes del positivismo lógico. Opuesto a las afirmaciones de tipo metafísico dentro del campo científico, su interés abarcó no sólo la lógica y la física sino también otras áreas como la semántica.
Empirismo 5:394b; Epistemología 6:15a.

CARNARVON, GEORGE HERBERT, QUINTO CONDE DE (1866-1923). Egiptólogo británico. Participó, en asociación con Howard Carter, en el descubrimiento de la tumba del faraón Tutankamón (1922).

CARNAUBA. Árbol de la familia de las palmáceas (*Copernecia cerifera*). Monocotiledóneo. También denominado carandaí. Originario de Sudamérica, de sus hojas se obtiene una sustancia cérea conocida como cera de carnauba.
Cera 4:80a; Palma 11:233a.

CARNAVAL. Fiesta con máscaras, desfiles y bailes, que se celebra durante los días anteriores al miércoles de ceniza, en el que comienza la cuaresma.
3:402a; Cuaresma 5:44a; Samba 13:111a; *ilustración* 3:402b.

CARNAVALITO. Danza de origen incaico que se baila en las provincias norteñas del Perú en época de carnaval. Consta de tres partes, en compás de 6/8, y se baila por parejas que forman rondas.

CARNE. Conjunto de tejido muscular, conjuntivo y graso de los animales.

CARNÉ, MARCEL (1909-1996). Director cinematográfico francés. Fue ayudante de René Clair en el rodaje de *Bajo los techos de París* (1930). De su filmografía destacan *El muelle de las brumas* (1938) y *El aire de París* (1954).

CARNÉADES (h. el 215-h. el 129 a.C.). Filósofo griego. El más célebre de los representantes de la Academia nueva, negó la existencia de criterios definitivos y seguros en cualquier ámbito del conocimiento. Gran orador, no escribió ninguna obra.
Escepticismo 6:36a.

CARNEGIE, ANDREW (1835-1919). Industrial, filántropo y escritor estadounidense de origen escocés. Después de fundar varias empresas metalúrgicas de gran importancia para el desarrollo de la nación, se retiró y se dedicó a fundar instituciones de investigación y de carácter social. *Democracia triunfante*, (1886), *El imperio de los negocios* (1902).

CARNER, JOSEP (1884-1970). Escritor español. Escribió en lengua catalana poemas, prosa y obras teatrales. Erudito y traductor, su obra supo integrar la tradición mediterránea con la apertura a otras concepciones estéticas. *La ofrenda inútil* (1924), *Nabí* (1941), *Misterio de Quanashuata* (1951).

CARNERO (ASTRONOMÍA). V. **Aries.**

CARNERO (ZOOLOGÍA). Mamífero artiodáctilo rumiante de la familia de los bóvidos (*Ovis aries*), también conocido como carnero común. El macho presenta cuernos encorvados hacia atrás. La hembra es la oveja, animal domesticado desde tiempos remotos y de la que se obtiene lana, leche y carne.
Oveja 11:185a.

CARNERO MONTÉS. V. **Muflón.**

CARNICER, MANUEL (1790-1835). Militar español. Comandante de los sublevados carlistas de Aragón, fue derrotado en Mayals (1834) y posteriormente detenido y fusilado.

CARNICERO, ALEJANDRO (1693-1756). Grabador y escultor español. Realizó pasos procesionales para iglesias de Valladolid y Salamanca. En Madrid esculpió algunas de las estatuas de reyes que adornan el Palacio Real. Fundador de una familia de grabadores y escultores.

CARNICERO, PÁJARO. V. **Alcaudón.**

CARNÍVOROS. Orden de mamíferos euterios unguiculados depredadores y dotados de muelas carnívoras. Varias familias, entre ellas las de los cánidos, félidos, úrsidos, mustélidos y vivérridos.
3:403a; Biosfera 3:51b; Coatí 4:240a; Comadreja 4:289a;Coyote 4:419b; Gato 7:62b; Hiena 7:403b; Jaguar 8:330a; León 9:116a; Leopardo 9:123b; Lince 9:161a; Lobo 9:194a; Mamíferos 9:316a; Mapache 9:338a; Marta 9:390a; Nutria 11:53b; Ocelote 11:75a; Oso 11:171b; Perro 11:345a; Puma 12:208b; *cuadro* 3:404; *ilustraciones* 3:403b; 3:404.

CARNOT, CICLO DE. Ciclo ideal de un sistema, compuesto por cuatro procesos consecutivos reversibles: expansión isoterma con toma de calor; expansión adiabática (que no proporciona o recibe calor); compresión isoterma con cesión de calor; compresión adiabática hasta recobrar el volumen primitivo. Es el ciclo de máximo rendimiento posible.
Motor 10:280a; Termodinámica 14:33a.

CARNOT, LAZARE (1753-1823). Político francés. Hizo la carrera militar, en la que alcanzó el grado de general. Desempeñó cargos ministeriales durante la revolución francesa y fue miembro del Directorio. También ocupó cargos públicos bajo Napoleón Bonaparte.

CARNOT, SADI (1796-1832). Físico francés, hijo mayor de Lazare Carnot. Destacó por sus estudios sobre el calor. El llamado ciclo de Carnot, que determina que la eficiencia de una máquina reversible depende de las temperaturas entre las que trabaja, es fundamental en termodinámica.
Diesel, Rudolf 5:183a.

CARNOT, SADI (1837-1894). Ingeniero y político francés, nieto de Lazare Carnot. Fue el cuarto presidente de la tercera república francesa. Su presidencia (1887-1894) se vio perturbada por agitación política y laboral. Murió asesinado por un anarquista italiano.
Termodinámica 14:33a.

CARNOTITA. Mineral radiactivo, uranilovanadato hidratado de potasio. Dureza media baja. Cristaliza en sistema monoclínico. Color amarillo verdoso. Importante mena de vanadio y uranio. $K_2(UO_2)_2(VO_4)_2 \bullet 3H_2O$.

CARO, ANNIBALE (1507-1566). Poeta y satírico italiano. Conocido, especialmente, por su traducción de la *Eneida,* de Virgilio, escribió una de las comedias más originales de su época: *Los harapientos* (1544).

CARO, JOSÉ EUSEBIO (1817-1853).Escritor y político colombiano. Cofundador del semanario *La Estrella Nacional.*
3:405b.

CARO, MARCO AURELIO (m. en el 283). Emperador romano. Fue proclamado emperador por sus tropas en Retia, en el 282, con posterior acuerdo del Senado. Dividió el imperio entre sus hijos, Carino y Numeriano, y emprendió una guerra contra los persas, en cuyo transcurso murió, tras ocupar Ctesifonte.

CARO, MIGUEL ANTONIO (1843-1909). Escritor y político colombiano. Presidente de la república y figura destacada de las letras colombianas en el siglo XIX.
3:405b.

CARO, RODRIGO (1573-1647). Escritor español. Sacerdote, tuvo amistad con Francisco de Quevedo, Francisco de Rioja y otros personajes importantes de su época. Notable erudito de temas clásicos. Entre sus obras, dedicadas en su mayoría a Sevilla, alcanzó gran celebridad la silva «Canción a las ruinas de Itálica».

CARO BAROJA, JULIO (1914-1995). Etnólogo e historiador español, sobrino del escritor Pío Baroja, y autor de numerosos estudios antropológicos y lingüísticos sobre los pueblos de España y sus costumbres. *Los vascos* (1949), *Los judíos en la España moderna y contemporánea* (1961).

CAROBRONCE. Bronce fosforoso. Utilizado en siderurgia industrial para la producción de rodamientos.

CAROCA. Decoración de lienzos y bastidores con escenas graciosas que se colocaba en calles y plazas durante ciertos festejos públicos, o en teatros ambulantes, sobre todo en las fiestas del Corpus.

CAROL, MARTINE (1922-1967). Marie-Louise-Jeanne Mourer, actriz cinematográfica francesa. Realizó su primera película como protagonista en 1948, llegando a ocupar durante más de una década el puesto más importante en la cinematografía de su país. *Madame du Barry* (1954), *Lola Montes* (1955).

CAROL I DE RUMANIA (1839-1914). Rey de Rumania desde 1881 hasta su muerte. Reconocido como príncipe gobernante en 1866, alcanzó la independencia durante la guerra rusoturca de 1877-1878. Logró un notable desarrollo para su país, tanto en el campo militar como en el económico.
Rumania 13:38b.

CAROL II DE RUMANIA (1893-1953). Rey de Rumania. Debido a diversos escándalos, en 1925 renunció como príncipe heredero al trono y se exilió. Regresó en 1930 y fue proclamado rey. Abdicó en 1940 debido a la presión de la ultraderecha y a su descrédito por la cesión de territorios a la Unión Soviética, Hungría y Bulgaria.
Rumania 13:39a.

CAROLINA. Municipio de Puerto Rico. Forma parte de la zona metropolitana de San Juan. En la desembocadura del río Loíza. Caña de azúcar, tabaco; industrias textiles. Aeropuerto internacional. 125 km². 188.427 hab. (1996).

CAROLINA, LA. Población española de la prov. de Jaén, comunidad autónoma de Andalucía. Fue fundada por Carlos III en un intento por revitalizar la región de sierra Morena. Plomo y plata; cereales, leguminosas y olivos; industrias textiles y alimentarias. 15.048 hab. (1996).

CAROLINA DEL NORTE. Estado del sudeste de los Estados Unidos, a orillas del océano Atlántico. Limita al oeste con los montes Apalaches. Tabaco, maíz, soya o soja; explotación forestal; minería, con una de las mayores reservas de fosfato del país. Cap. Raleigh. 136.420 km². 7.425.183 hab. (1997).

CAROLINA DEL SUR. Estado del sudeste de los Estados Unidos, a orillas del océano Atlántico. Bañado por varios ríos. Clima subtropical. Tejidos de algodón; agricultura, pesquerías; turismo. Cap. Columbia. 80.593 km². 3.760.181 hab. (1997).

CAROLINAS, ISLAS. Archipiélago de Micronesia, en el Pacífico sur. 1.295 km² repartidos en varios centenares de islas, en gran parte volcánicas y coralinas. Las principales son Yap, Ponape, Truk y Kosrae.
3:406a; Micronesia 10:152a; Micronesia, Estados Federados de 10:153a; Palau 11:222b; *ilustración* 3:406a.

CAROLINGIO, ARTE. Conjunto de manifestaciones artísticas y cánones estéticos propios de la civilización carolingia (siglos VIII-IX) y, en especial, los creados durante el imperio de Carlomagno (768-814). Algunas muestras significativas de este arte son la capilla del palacio real de Aquisgrán y el oratorio de Teodulfo en Germigny-des-Près. El arte carolingio presenta obras maestras de orfebrería y miniaturas.
Arquitectura 2:107a; Carolingios 3:407a.

CAROLINGIO, CICLO. Conjunto de escritos que relatan las gestas de Carlomagno. Llamado también ciclo de los reyes de Francia. Data de los siglos XII al XIII.

CAROLINGIOS. Dinastía franca que rigió en Europa occidental entre el 751 y el 887.
3:406b; Alemania 1:189b; Borgoña 3:115b; Carlomagno 3:393b; Edad media 5:299a; Francia 6:390b; Francos 6:404b; Marca Hispánica 9:352a; Países Bajos 11:209b; Pipino III el Breve 11:421b; *ilustración* 3:407a.

CARON, LESLIE (n. en 1931). Actriz cinematográfica francesa. Alcanzó el triunfo en Hollywood con filmes tales como *Un americano en París* (1951), *Papá piernas largas* (1955) y *Gigi* (1958).

CARONÍ, RÍO. Curso fluvial de Venezuela, en el est. Bolívar, el más extenso de los que afluyen al Orinoco. Nace en las laderas occidentales del Roraima, en la sierra Pacaraima. Su gran caudal lo convierte en uno de los ríos con mayor potencial hidroeléctrico del mundo. Desemboca en la orilla derecha del Orinoco, en las proximidades de Ciudad Guayana. Su curso es de 690 km.

CARONTE (ASTRONOMÍA). Satélite natural de Plutón. Descubierto en 1978 por James W. Christy. Órbita aparentemente estacionaria con respecto a la superficie del planeta, de unos 20.000 km de diámetro orbital. Masa del orden de 400 veces inferior a la terrestre.
Plutón (ASTRONOMÍA) 12:39a; Satélite 13:163b.

CARONTE (MITOLOGÍA). En las leyendas griegas y romanas, barquero del mundo subterráneo, encargado de transportar al Hades, sobre las aguas de las corrientes infernales, las almas de los difuntos sepultados. Rechazaba a los vivos y a los insepultos. Se le representaba como un anciano andrajoso.

CAROSSA, HANS (1878-1956). Médico y escritor alemán. Ejerció la medicina en varias ciudades alemanas y fue autor de poesías y novelas de corte idealista que revelan un profundo pesimismo sobre la condición humana. *El fin del Dr. Bürger* (1913), *Los secretos de la vida madura* (1936), *Mundos desiguales* (1951).

CARO SUREDA, PEDRO (1761-1811). Militar español. Enviado en ayuda de Napoleón Bonaparte en 1807 al norte de Europa, desertó y pasó a integrar las fuerzas que se opusieron a la ocupación francesa. Obtuvo notables victorias en Galicia. Enemistado con los liberales españoles, fue privado del mando, aunque lo recuperó en 1810.

CAROTENO. Hidrocarburo complejo no saturado que pigmenta la zanahoria. Hay tres formas: alfa (ópticamente activa), beta (presente en el aceite de nuez y palma, pimiento y espinacas) y gamma (presente en algunas bacterias y más rara en las plantas). El hígado lo transforma en vitamina A. Fórmula, $C_{40}H_{56}$.

CAROTENOIDES. Pigmentos amarillos contenidos en las células vegetales que realizan las fotosíntesis. Son polímeros del isopreno y dan color a las hojas, frutos y raíces (tomate, zanahoria, etc.). También la yema de huevo contiene caroteno. Se considera como provitamina A.
Pigmentación 11:405a.

CARÓTIDAS, ARTERIAS. Cada una de las dos arterias que llevan la sangre a la cabeza a través del cuello. Se denominan carótida primitiva derecha y carótida primitiva izquierda. La primera nace del tronco braquiocefálico y la segunda del cayado de la aorta. Ambas se bifurcan en dos ramas terminales, externa e interna.

CAROTINA. V. **Caroteno.**

CARPA. Pez osteictio cipriniforme de la familia de los ciprínidos (*Cyprinus carpio*).
3:407b; *ilustración* 3:407b.

CARPACCIO, VITTORE (h. 1460-h. 1525). Pintor italiano. Plasmó con singular maestría la vida cotidiana y los paisajes de Venecia.
3:408a; *ilustración* 3:408a.

CARPANI, RICARDO (1930-1997). Pintor argentino, conocido a partir de la década de 1950 como muralista. Autor de murales, lienzos y carteles caracterizados por la reivindicación social. Escribió libros como *Arte y revolución en América Latina* (1961).

CÁRPATOS, MONTES. Cadena montañosa del centro oriental de Europa con una longitud aproximada de 1.450 km.
3:408b; Hungría 8:101a; Polonia 12:69b; Rumania 13:36a.

CARPE. Árbol de hoja caduca de la familia de las betuláceas (*Carpinus betulus*), a la que también pertenece el abedul. Dicotiledóneo. Su madera se utiliza en construcción.

CARPEAUX, JEAN-BAPTISTE (1827-1875). Escultor y pintor francés. Rompió con la frialdad academicista, dotando a su obra de gracia y movimiento. Considerado predecesor de Auguste Rodin. «Busto de la princesa Matilde» (1861), «La danza» (1869).

CARPELO. Hoja modificada que configura el gineceo u órgano femenino de la flor de las angiospermas. Forma una cavidad u ovario, en el interior de la cual están los óvulos, y en su parte superior tiene una prolongación alargada, el estilo, terminada en una abertura o estigma, por donde penetran los granos de polen en el proceso de fecundación.
Flor 6:326a.

CARPENTARIA, GOLFO DE. Gran escotadura de la costa del norte de Australia, entre la

península del cabo York y la tierra de Arnhem. 310.000 km^2; profundidad máxima, 70 m.
Índico, océano 8:168b.

CARPENTER, MARY (1807-1877). Filántropa y reformadora social británica. Su labor se extendió a la creación de escuelas para niños sin recursos, tarea en la que colaboró con su padre y que posteriormente puso en práctica en la India, a la reforma de las prisiones y a los derechos de la mujer.

CARPENTIER, ALEJO (1904-1980). Novelista cubano. Uno de los narradores de habla hispana más importantes del siglo XX.
3:409a; Hispanoamericana, literatura 8:13b; Realismo 12:281a; *ilustración* 3:409b.

CARPI, UGO DA (h. 1480-h. 1525). Grabador italiano. Considerado como el inventor del claroscuro y uno de los introductores de la utilización de tres planchas para la realización de un grabado. Su obra está basada principalmente en pinturas de autores famosos de la época, como Rafael.
Grabado 7:178b.

CARPINCHO. Mamífero roedor de la familia de los hidroquéridos (*Hidrochoerus hydrachaeris*).
3:409b; Roedores 12:409b; *ilustración* 3:410a.

CARPINI, GIOVANNI DA PIAN DE (h. 1180-1252). Religioso franciscano italiano. Primer europeo que viajó al imperio mongol, enviado por el papa Inocencio IV.
3:410a.

CARPINTERÍA Y EBANISTERÍA. Técnicas de transformación de la madera en objetos útiles o decorativos. La carpintería se dedica en general a la elaboración de piezas para construcción de viviendas y toda clase de mobiliario, mientras que la ebanistería centra su actividad en la creación de muebles hechos con maderas de calidad.
3:410b; Caoba 3:355b; Ébano 5:261a; *ilustraciones* 3:411a-b; 3:412a.

CARPINTERO, PÁJARO. Ave de la familia de los pícidos. Diversas especies, entre ellas las incluidas en los géneros *Picus* y *Gecinus*. Pico potente con el que perforan la corteza de los árboles en busca de insectos.
3:412a; *ilustración* 3:412a.

CARPIO, BERNARDO DEL. Personaje mítico de la literatura medieval española (*Romancero, El Bernardo o la victoria de Roncesvalles,* etc.) que, según la leyenda, ayudó a derrotar a Carlomagno durante la invasión de la península ibérica por los francos.

CARPIO, MANUEL (1791-1860). Poeta y médico mexicano. Representante del estilo clasicista, frecuentó los temas religiosos e históricos. Existe de él una recopilación publicada por su coetáneo José Joaquín Pesado.

CARPO. Región de la parte superior de la mano, o muñeca, formado por ocho huesos cortos dispuestos en dos filas (escafoides, semilunar, piramidal, pisiforme, trapecio, trapezoide, hueso grande y ganchoso).

CARPZOW, BENEDIKT (1595-1666). Jurista alemán. Llevó a cabo una sistematización del derecho germánico que integraba elementos del *Corpus iuris civilis* y de la escuela de los comentaristas con las costumbres sajonas.

CARR, E. H. (1892-1982). Historiador británico. Entre 1950 y 1978 publicó su obra cumbre, *Historia de la Rusia soviética,* en diez volúmenes.
3:412b.

CARR, EMILY (1871-1945). Pintora y escritora canadiense. Destacó por sus pinturas de la costa oeste norteamericana. Profesora en Vancouver, llevó a cabo frecuentes viajes para realizar bocetos del natural. Al final de su vida escribió seis libros autobiográficos.

CARR, JOHN DICKSON (1906-1977). Novelista estadounidense. Uno de los más conocidos autores de novelas policiacas. Usó también el seudónimo Carter Dickson. *La cámara ardiente* (1936), *La vida de Sir Arthur Conan Doyle* (1949), *La novia de Newgate* (1950).

CARRÀ, CARLO (1881-1966). Pintor italiano. Fue uno de los iniciadores del futurismo, estilo que abandonó progresivamente para dotar a su obra de un mayor realismo. Junto con Giorgio de Chirico, sentó las bases de la llamada pintura metafísica. «Funerales del anarquista Galli» (1911), «La musa metafísica» (1917).
Chirico, Giorgio De 4:166a; Futurismo 7:10b.

CARRACA. Antigua embarcación de transporte de grandes dimensiones y, en sentido despectivo, barco lento o viejo. Antiguamente designaba también el lugar donde se construían los barcos.

CARRACCI, AGOSTINO (1557-1602). Pintor y grabador italiano. Trabajó junto con su hermano Annibale en el palacio Farnesio, en Florencia. En su obra se observa la influencia de Correggio y de los artistas venecianos, así como una paulatina superación del manierismo. «Comunión de san Jerónimo» (1591-1593).
Caricatura 3:390a; Carracci, Annibale 3:413a; Rembrandt 12:326a; Reni, Guido 12:332b.

CARRACCI, ANNIBALE (1560-1609). Pintor italiano. El más destacado de los artistas de la familia Carracci. Su visión de la composición y el color fue fundamental para el desarrollo del arte barroco.
3:413a; Domenichino 5:217a; Pintura 11:414a; Rembrandt 12:326a; Reni, Guido 12:332b; *ilustración* 3:413b.

CARRACCI, LODOVICO (1555-1619). Pintor italiano. Participó junto con sus primos Agostino y Annibale en la fundación de la Accademia degli Incamminati, en Bolonia. En sus obras se observa la influencia de los pintores toscanos y venecianos. Anticipó algunas de las propuestas estéticas del barroco. «Conversión de san Pablo» (1587-1588), decoración del palacio Fava (Bolonia, 1584) y del palacio Magnani (Bolonia, 1588).
Carracci, Annibale 3:413a; Domenichino 5:216b.

CARRAGENINA. Polímero natural de naturaleza glucídica, formado por unidades de galactosa, y que se encuentra en ciertas especies de algas rojas. Se emplea como espesante en la industria farmacéutica, cosmética y alimentaria.

CARRANZA, BARTOLOMÉ DE (1503-1576). Dominico y teólogo español. Arzobispo de Toledo, asistió al concilio de Trento y destacó por sus ideas progresistas y su apoyo a la introducción de reformas en la iglesia. Acusado de luteranismo, fue objeto de un escandaloso proceso, aunque resultó absuelto después de pasar muchos años en prisión. *Controversia sobre la necesidad de la presencia personal de los obispos* (1547), *Catecismo español, Comentarios sobre el catecismo cristiano* (1558).

CARRANZA, EDUARDO (1913-1985). Poeta y crítico colombiano. Dirigió la *Revista de las Indias* y promovió el grupo Piedra y Cielo. *Canciones para iniciar una fiesta* (1936), *El olvidado* (1949), *Hablar soñando* (1974).

CARRANZA, VENUSTIANO (1859-1920). Militar y político mexicano. Ejerció la presidencia de 1917 a 1920.
3:413b; Aguascalientes 1:112b; Calles, Plutarco Elías 3:288a; Mexicana, revolución 10:118b; México 10:133a; Obregón, Álvaro 11:62a; Ruiz Cortines, Adolfo 13:34a; Sinaloa 13:250a; Veracruz 14:273b; Villa, Francisco 14:316b; Zapata, Emiliano 14:408b; *cuadro* 3:413b.

CARRANZA RAMÍREZ, BRUNO (1822-1891). Político costarricense. Fue presidente interino de la república en 1870.

CARRARA. Ciudad de Italia en la región de Toscana, al pie de los Alpes apuanos. Catedral del siglo XII. Escuela de Bellas Artes. Famosas canteras de mármol. 68.460 hab. (1981).

CARRARA, FAMILIA. Familia medieval italiana. Gobernaron primero como señores feudales en Carrara y en Padua, y posteriormente como déspotas en la capital paduana durante el siglo XIV.

CARRARA, FRANCESCO (1805-1888). Jurista y político italiano. Profesor en varias ciudades italianas, apoyó como diputado y senador los ideales del *Risorgimento.* Participó en la elaboración del código penal de su país. Su *Programa del curso de derecho criminal* (1867-1870) constituyó una obra fundamental de la teoría penalista clásica.

CARRAS, BATALLA DE. Combate librado en el año 53 a.C., cerca de la población de Carras, en Asia menor, entre el ejército romano, al mando de Marco Licinio Craso, y las tropas del imperio parto. Finalizó con la retirada romana y la muerte de Craso.

CARRASCO, EDUARDO (1779-1865). Marino y matemático peruano. Participó activamente en la lucha por la independencia. *Sinopsis astronómica.*

CARRASCO, MANUEL (1890-1938). Político español. Representante del nacionalismo catalán en el parlamento de la segunda república, militó en Acció Catalana y en Unió Democratica de Catalunya. Capturado por los nacionalistas en el transcurso de la guerra civil, fue condenado a muerte y ejecutado.

CARRASPIQUE. Planta herbácea de la familia de las crucíferas. Dicotiledónea. Comprende diversas especies del género *Iberis.*

CARRASQUILLA, TOMÁS (1858-1940). Novelista colombiano. Entre sus obras destacan *Frutos de mi tierra* (1896) y la trilogía realista *Hace tiempo* (1935-1936).

CARRASQUILLA MALLARINO, EDUARDO (1887-1956). Escritor colombiano. Colaborador de la revista parisiense *Mundial,* junto con Rubén Darío, fue autor de novelas y poesías. *La Europa roja* (1914), *Los caprichos del amor, Canto a México* (1922).

CARRATALÁ, JOSÉ (1781-1854). Militar español. Luchó en la guerra de la independencia y luego en las colonias americanas contra los independentistas. Intervino en la represión de la sublevación carlista, fue capitán general de Valencia y Extremadura y ministro de la guerra (1837).

CARRÉ, FERDINAND (1824-1900). Ingeniero francés, diseñador de numerosas fábricas frigoríficas. Construyó la primera máquina frigorífica de compresión y aplicó el amoniaco como sustancia inductora del fenómeno de frigorización. Defendió la conservación criogénica de alimentos.
Refrigeración 12:297a.

CARREL, ALEXIS (1873-1944). Médico, cirujano y fisiólogo francés. Realizó numerosas investigaciones sobre la sutura de vasos sanguíneos y el cultivo de tejidos animales. Premio Nobel en 1912.
3:414a.

CARREL-DAKIN, SOLUCIÓN DE. V. **Dakin, solución de.**

CARREÑO, MARIO (n. en 1913). Pintor cubano. Incorporado a la vida artística chilena, sus abstracciones geométricas culminaron en el mural realizado para el colegio de San Ignacio, en Santiago, Chile.

CARREÑO, TERESA (1853-1917). Pianista venezolana. Nieta de Cayetano Carreño y discípula de Anton Rubinstein, fue solista de la Orquesta Filarmónica de Boston. Junto a sus numerosas interpretaciones como concertista de piano, sobresalió como cantante, directora de orquesta y compositora. *Himno a Bolívar* (1883).

CARREÑO DE MIRANDA, JUAN (1614-1685). Pintor español. Uno de los máximos representantes del barroco madrileño, e importante retratista en la corte de Carlos II.

3:414b; Madrid, escuela de 9:177b; *ilustración* 3:415a.

CARREÑO VALDÉS, EDUARDO (1817-1841). Médico y naturalista español. Alumno de Mariano de La Gasca, se estableció en París en 1838, en donde colaboró con los principales naturalistas franceses del momento. Participó como redactor en el *Diccionario de botánica*. Legó sus colecciones zoológicas al Museo de Ciencias Naturales de Madrid. *Noticias sobre la vida y escritos del botánico español don Mariano de La Gasca* (1840).

CARRERA, JOSÉ MIGUEL (1785-1821). Militar y político chileno. En 1811 se convirtió en jefe de la insurrección antiespañola que se había iniciado el año anterior.
3:415a.

CARRERA, MARTÍN (1807-1871). Militar mexicano. Participó en las luchas por la independencia. En 1855 ocupó durante un mes la presidencia de la república.

CARRERA, RAFAEL (1814-1865). Militar y político guatemalteco. Asumió el poder ejecutivo de 1844 a 1848 y de 1851 hasta su muerte. En 1854 fue nombrado presidente vitalicio.
3:415b; Centroamérica, Provincias Unidas de 4:79a; Guatemala 7:254b; Montúfar, Lorenzo 10:257a; Morazán, Francisco 10:261b.

CARRERA ANDRADE, JORGE (1903-1978). Poeta y ensayista ecuatoriano. Uno de los más importantes escritores del siglo XX en su país.
3:416a.

CARRERAS. Pruebas atléticas en pista cubierta o al aire libre, en sus variedades para hombres y mujeres, que cubren las distancias entre 100 y 10.000 m. Al aire libre, las pruebas usuales son: 100 m planos (lisos), 100 m vallas femenino, relevos 4 100 m, 110 m vallas masculino, 200 m planos, 400 m planos, relevos 4 × 400 m, 400 m vallas masculino, 800 m planos, 1.500 m planos, 3.000 m obstáculos, 5.000 m planos, 10.000 m planos y maratón (42,195 km).
Atletismo 2:198b.

CARRERAS, JOSÉ (n. en 1946). Tenor español, destacado intérprete de ópera. Creador de una importante fundación contra la leucemia, enfermedad que el cantante logró superar a finales de la década de 1980.
3:416b; Domingo, Plácido 5:219a; Pavarotti, Luciano 11:302a; *ilustración* 3:416b.

CARRERAS ARTAU, TOMÁS (1879-1954). Filósofo y humanista español. Representante en España de la doctrina filosófica del sentido común, acentuó en sus obras la importancia del medio nacional como forma de comprensión de las producciones culturales de cada pueblo. *Concepto de una ética hispana* (1913), *Balmes y la filosofía de la historia* (1947).

CARRERAS CANDI, FRANCISCO (1862-1937). Historiador, periodista y abogado español. Miembro de las Reales Academias de Historia y Buenas Letras de Barcelona, realizó estudios históricos, preferentemente sobre temas medievales, así como geográficos. *Miscelánea histórica catalana* (1905-1907), *Geografía general de Cataluña* (1913-1918), *Geografía general de Galicia* (1988).

CARRERE, EMILIO (1880-1947). Escritor español. Autor de poesías, novelas y narraciones, fue una de las figuras simbólicas dentro del modernismo español de principios de siglo. En sus obras plasmó la vida bohemia y costumbrista de Madrid. *El caballero de la muerte* (1909), *Dietario sentimental* (1916), *Las sirenas de la lujuria* (1923).

CARRERO BLANCO, LUIS (1903-1973). Militar y político español. Participó en la guerra civil española del lado de Francisco Franco, con quien le unió estrecha amistad. Almirante en 1966, ocupó diversos cargos gubernamentales. Era presidente del gobierno cuando fue asesinado por la ETA (grupo independentista vasco).

CARRETERA. V. **Camino y Carretera.**

CARRETERO NOVILLO, JOSÉ MARÍA (1890-1951). Novelista y periodista español. Autor de obras de carácter sentimental que alcanzaron gran popularidad en su tiempo. Apoyó la dictadura de Miguel Primo de Rivera y la sublevación militar de 1936. *La virgen desnuda* (1910), *Con el pie en el corazón* (1922), *Te esperaré siempre* (1943).

CARRIEGO, EVARISTO (1883-1912). Escritor argentino. Ejerció el periodismo y la dramaturgia (*Los que pasan*), pero se distinguió fundamentalmente como poeta. Retrató en sus poesías los personajes y circunstancias del suburbio porteño. *Misas herejes* (1908), *La canción del barrio* (1913), *Flor de arrabal* (1927).

CARRIERA, ROSALBA (1675-1757). Pintora italiana. Autora principalmente de retratos, realizados con la técnica del pastel, trabajó en las principales cortes europeas y perteneció, desde 1703, a la Academia de San Lucas de Roma. «Retrato del duque de Wharton».

CARRIL. Camino estrecho. También, huella que dejan las ruedas de un carro, camino de carros, barra de acero o hierro que forma la vía del ferrocarril o banda longitudinal de una carretera señalizada para el avance de una fila de vehículos.

CARRIL, HUGO DEL (1912-1989). Cineasta argentino. Actor y destacado cantante, protagonizó *Cuando canta el corazón* (1941) y *La cumparsita* (1947). Se distinguió, igualmente, como director, sobre todo en el filme *Las aguas bajan turbias*, de carácter social, rodado en 1953 en el alto Paraná.

CARRIL, SALVADOR MARÍA DE (1798-1883). Político y abogado argentino. Gobernador de la provincia de San Juan, fue miembro de los congresos constituyentes de 1826 y 1853, vicepresidente de la república (1854-1860) y ministro de la Corte Suprema (1862).

CARRILLO, ALFONSO (1410-1482). Religioso español. Obispo de Sigüenza y arzobispo de Toledo, encabezó varias revueltas contra Enrique IV de Castilla e intervino en las negociaciones para el casamiento de los Reyes Católicos, aunque luego pasó al bando de Juana la Beltraneja. Vencido por Isabel y Fernando, se retiró a Alcalá de Henares.

CARRILLO, BRAULIO (1800-1845). Político costarricense. Ejerció la presidencia de la república de 1835 a 1842.

CARRILLO, FRANCISCO (1851-1926). Político y militar cubano. Combatió en la guerra de los diez años (1868-1878), en la guerra chiquita (1879-1880) y en la insurrección de 1895-1898. Tras la independencia fue gobernador de la provincia de Santa Clara y vicepresidente de la nación (1920).

CARRILLO, JULIÁN (1875-1965). Compositor mexicano, de ascendencia india. Uno de los más destacados exponentes de la música microtonal, introdujo una innovadora división de la octava (sonido trece). Compuso sinfonías, misas, música orquestal, de cámara, etc. Escribió artículos sobre música y varios libros, entre ellos su autobiografía.

CARRILLO, SANTIAGO (n. en 1915). Político español. Ingresó en las Juventudes Socialistas en 1928, desempeñando diversos cargos, entre ellos el de secretario general, en 1934. En 1936 se afilió al Partido Comunista de España. Tras acceder al secretariado general del mismo en 1960, permaneció en el cargo hasta 1982. Vivió en el exilio desde 1939 hasta la transición política, regresando en 1976.

CARRILLO, WENCESLAO (1889-1963). Sindicalista, político y periodista español. Vinculado al Partido Socialista Obrero Español (PSOE), en el que desempeñó diversos cargos, así como a la Unión General de Trabajadores (UGT), fue director general de seguridad y consejero de gobernación en el Consejo Nacional de Defensa (1939). Exiliado después de esa fecha, siguió interviniendo activamente en el PSOE.

CARRILLO DE ALBORNOZ, GIL ÁLVAREZ. V. **Albornoz, Gil Álvarez Carrillo de.**

CARRILLO DE MENDOZA Y PIMENTEL, DIEGO (m. h. 1624). Gobernante español. Fue virrey de la Nueva España entre 1621 y 1624.

CARRILLO FLORES, ANTONIO (1909-1986). Jurisconsulto y político mexicano. Ejerció la cátedra en las facultades de derecho y economía de la Universidad Nacional de México. Fue secretario (ministro) de hacienda (1952-1958) y de relaciones exteriores (1964-1970).

CARRILLO FLORES, NABOR (1911-1967). Ingeniero civil mexicano. Estudió en la Universidad Nacional de México y en Harvard. Trabajó con Karl Terzaghi y llegó a ser, como éste, una autoridad en la mecánica de suelos.

CARRILLO PUERTO, FELIPE (1872-1924). Político mexicano. Participó en la vida política mexicana a partir de la revolución de 1910.
3:417a.

CARRILLO Y SOTOMAYOR, LUIS (h. 1583-1610). Poeta español. Perteneciente a una familia noble, fue notable tratadista y traductor de los clásicos latinos. Su poesía se considera un precedente del culteranismo. *Libro de la erudición poética* (1611), *Fábula de Acis y Galatea*.
Culteranismo 5:71a.

CARRINGTON, LEONORA (n. en 1917). Pintora mexicana de origen británico. Su producción pictórica se encuadró dentro del movimiento surrealista. Fue notable también su actividad como escenógrafa y diseñadora de tapices. «Lepidópteros» (1969).

CARRIÓ DE LA VANDERA, ALONSO. V. **Concolorcorvo.**

CARRIÓN, ALEJANDRO (n. en 1915). Escritor ecuatoriano. Fundador de las revistas literarias *Letras del Ecuador* y *La Calle*. Desarrolló una importante carrera política en su país. Autor de poesía de carácter simbolista, narrativa y artículos periodísticos. *Poesía de la soledad y el deseo* (1945), *El tiempo que pasa* (1963), *La llave perdida* (1970).

CARRIÓN, BENJAMÍN (1897-1980). Escritor ecuatoriano. Fue ministro de educación y embajador.
3:417a.

CARRIÓN, DANIEL (1859-1885). Estudiante de medicina peruano que descubrió la identidad de dos enfermedades consideradas distintas: la verruga peruana y la fiebre de Oroya. Para demostrarlo se inoculó sangre infectada por la enfermedad, que desde entonces se designa a menudo con su nombre.

CARRIÓN, ENFERMEDAD DE. V. **Verruga peruana.**

CARRIÓN, INFANTES DE. Nombre dado a Diego y Fernando Gómez en el *Cantar de mío Cid*. Casaron con las hijas del Campeador contra la voluntad de éste. Abandonaron a sus esposas tras azotarlas y, derrotados en duelo, huyeron.
Cid, Cantar de mío 4:179b.

CARRIÓN, JERÓNIMO (1812-1873). Político ecuatoriano. Fue presidente de su país de 1865 a 1867.

CARRIÓN, MIGUEL DE (1857-1929). Escritor y médico cubano. Autor de novelas y artículos periodísticos, en su obra, realizada bajo el influjo del naturalismo de Émile Zola, se refleja la condición social de la mujer. *El milagro* (1904), *Las honradas* (1918), *Las impuras* (1919).

CARRIÓN DE LOS CONDES. Población española de la prov. de Palencia, comunidad autónoma de Castilla y León. Arquitectura religiosa medieval. Cereales, leguminosas, remolacha; ganadería; industrias alimentarias. 2.519 hab. (1991).

CARRIÓN Y CARRIÓN, PASCUAL (1891-1976). Economista, agrónomo y político español. Secretario del Comité de Reforma Agraria

(1931-1932), fue uno de los mayores especialistas españoles en las ciencias agrarias. Catedrático de su especialidad en la Escuela de Ingenieros Agrícolas entre 1935 y 1939. *La reforma agraria, problemas fundamentales* (1931), *Los latifundios en España* (1932).

CARRIZO. Planta perteneciente a la familia de las gramíneas (*Phragmites communis*). Formada por cañas que alcanzan los cinco metros de altura, se desarrolla en los bordes de las aguas y lugares encharcados. Utilizada para la fabricación de escobas y para forraje.
Gramíneas 7:187b.

CARROCERÍA. Parte de los automóviles que se asienta sobre el chasis o bastidor y que constituye la caja o habitáculo para las personas, la carga y el motor.
Automóvil 2:241b.

CARRO DE COMBATE. Vehículo blindado y armado de artillería que puede maniobrar en todos los terrenos. Los denominados ligeros pesan unas 30 t y alcanzan los 50 km/h; los pesados llegan hasta 80 t. Se llaman también tanques.
Armas 2:80a; Blindados, vehículos 3:71b.

CARROLL, LEWIS (1832-1898). Charles Lutwidge Dodgson, novelista británico conocido por el estilo imaginativo e innovador de su obra *Alicia en el país de las maravillas* (1865).
3:417b; Británica, literatura 3:183a; Fantástica, literatura 6:229a; *ilustración* 3:417b.

CARROZA. Medio de transporte urbano utilizado preferentemente por las clases nobiliarias durante los siglos XVII y XVIII. Consistía en un coche de cuatro ruedas tirado por varios caballos. El estilo barroco desarrolló un importante arte constructivo en la creación de carrozas, realizadas con materiales nobles y ricamente decoradas.

CARRUAJE. Nombre genérico de los diversos tipos de vehículos acoplados sobre ruedas y acondicionados para transportar personas o cosas.

CÁRSICO, SISTEMA. Relieve geomorfológico que se produce por disolución, debido a la acción de las rocas que contienen yesos, anhidritas, calizas, dolomitías, etc., aunque su presencia más numerosa se encuentra sobre terrenos calizos o dolomíticos. Toma su nombre de Karst o Carso, región caliza de la costa de Croacia.

CARSIFICACIÓN. Proceso geológico por el que la acción del agua subterránea o superficial sobre el carbonato cálcico de las piedras calizas produce relieves especiales o formas peculiares en cuevas o galerías. El término procede de la primera región en que se estudió este fenómeno: el macizo calcáreo de Karst o Carso (Croacia).
Cueva 5:68b.

CARSON CITY. Capital del est. de Nevada, Estados Unidos. Antigua casa de moneda, hoy museo. Colegio universitario. Casino, turismo. Ganadería, región minera. 40.443 hab. (1990).

CÁRSTICO, SISTEMA. V. **Cársico, sistema.**

CARTA DE CRÉDITO. Medio de pago que permite a sus beneficiarios, a título nominal y a condición de presentar los documentos requeridos, disponer de crédito en una entidad bancaria en razón de una cantidad fijada de antemano por el banco dador hacia los otros bancos.
Crédito 5:5b.

CARTA DE LAS NACIONES UNIDAS. Documento firmado el 26 de junio de 1945 por 51 países. Consta de 111 artículos, más un anexo de otros 70 que forma el estatuto del Tribunal Internacional de Justicia. Entró en vigor el 24 de octubre de 1945 y constituye la base del ordenamiento de las Naciones Unidas. Conocido también como carta de San Francisco.
Alianzas militares 1:227b; Naciones Unidas 10:335a; Organización de Estados Americanos 11:139a.

CARTA DEL ATLÁNTICO. Declaración firmada por el presidente estadounidense Franklin D. Roosevelt y el primer ministro británico Winston Churchill en agosto de 1941. En ella se establecían los principios de la política de ambos países durante la segunda guerra mundial.
Churchill, Winston 4:170b; Naciones Unidas 10:335a; Roosevelt, Franklin D. 13:17b.

CARTAGENA (COLOMBIA). Capital del dep. de Bolívar, a orillas del mar Caribe. Llamada también Cartagena de Indias. Fuerte del siglo XVII. Industria química, cemento, alimentos, calzado. 877.238 hab. (1999).
3:418a; Bolívar, departamento de 3:86a; Colombia 4:267b; Heredia, Pedro de 7:367a; *ilustración* 4:418b.

CARTAGENA (ESPAÑA). Población y puerto de la comunidad autónoma de Murcia. Fundada en el siglo III a.C. por los cartagineses. Murallas, castillo del siglo XII. Museo arqueológico. Base naval. Fundiciones, vidrio. 175.628 hab. (1998).
Murcia 10:302b.

CARTAGENA, ACUERDO DE. Tratado de integración subregional que dio origen al Pacto Andino. Firmado en Cartagena, Colombia, en 1969 por Bolivia, Colombia, Chile, el Ecuador y el Perú. Venezuela se unió en 1973. Chile quedó excluido en 1976.
Venezuela 14:262b.

CARTAGENA, ACUERDOS DE. Convenio firmado el 8 de abril de 1907 en la población española de Cartagena entre el Reino Unido, España y Francia. Por los acuerdos de Cartagena se reconocía la posesión española del sector costero del norte de Marruecos y se fijaba la obligación de esas potencias de emprender acciones militares si se amenazaba la situación creada en este último país.

CARTAGENA, ALFONSO DE (h. 1384-1456). Religioso español de origen judío. Obispo de Burgos, fue uno de los precursores del renacimiento en Castilla a través de sus traducciones de los clásicos latinos. Participó en la vida política durante el reinado de Juan II. *Defensorium unitatis christianae, Doctrinal de caballeros* (1487).

CARTAGENA, SIERRA DE. Sistema montañoso español de poca altura (unos 500 m), que conforman el eje del cabo de Palos, en el este de la península, y que se prolonga en las islas del mar Menor. Importantes yacimientos de mineral de hierro, muy explotados sobre todo en el siglo XIX.

CARTAGINESAS, GUERRAS. V. **Púnicas, guerras.**

CARTAGO (CIUDAD, COLOMBIA). Término municipal del dep. colombiano de Valle del Cauca. Tabaco, caña de azúcar, industria alimentaria, aeropuerto. 130.988 hab. (1999).

CARTAGO (CIUDAD, COSTA RICA). Población de Costa Rica. Cap. de la prov. de Cartago. Fundada en 1563, fue la capital del país hasta 1823. Basílica de Nuestra Señora de los Ángeles, centro nacional de peregrinación. 27.929 hab. (1983).
Costa Rica 4:415b; San José 13:127b.

CARTAGO (HISTORIA). Antigua ciudad del norte de África fundada por los fenicios de Tiro en el siglo IX a.C. Fue la capital de un imperio comercial que luchó contra Roma por el dominio del Mediterráneo occidental.
Aníbal 1:363a; Púnicas, guerras 12:209b; Roma antigua 12:420b; Túnez 14:150a.

CARTAGO (PROVINCIA). División administrativa del este central de Costa Rica, en su mayor parte en las cordilleras Central y de Talamanca. Granja experimental del Instituto Interamericano de Ciencias Agrícolas. Café, papas o patatas. Cap. Cartago. 3.125 km^2. 378.188 hab. (1996).
3:419a; Costa Rica 4:409b; *ilustraciones* 3:419; 3:420a.

CARTA MAGNA. Documento impuesto por la nobleza inglesa al rey Juan sin Tierra en junio de 1215, garantizando los derechos señoriales.
3:421a; Edad media 5:303b; Juan sin Tierra 8:394a; Reino Unido 12:305b; *ilustración* 3:421a.

CARTAS, JUEGOS DE. V. **Baraja, juegos de.**

CARTAS FILOSÓFICAS. Obra publicada en 1734 por el pensador francés Voltaire, conocida también como *Cartas sobre los ingleses*. Compuesta por 26 cartas en las que el autor exponía sus opiniones sobre temas religiosos, políticos, artísticos, etc., y realizaba una valoración de la filosofía racionalista.
Voltaire 14:346b.

CARTAS MARRUECAS. Obra póstuma del escritor español José Cadalso, aparecida en el *Correo de Madrid* en 1789 y como libro, con algunas variaciones, en 1793. Considerada su mejor obra, escrita al modo de las *Cartas persas* del barón de Montesquieu. Los imaginarios viajes del moro Gazel por España sirven al autor para realizar una crítica de las costumbres del país.
Cadalso y Vázquez, José 3:260a.

CARTAS PERSAS. Colección de 160 cartas del barón de Montesquieu, escritas entre 1711 y principios de 1720 y publicadas anónimamente en 1721. Relatan las impresiones de dos ficticios amigos persas en viaje por Europa, recurso que permite al autor una sátira de la sociedad de su tiempo. Constituyó un modelo muy imitado.

CARTA SOCIAL EUROPEA. Acuerdo adoptado en 1989 por once de los estados que en esa fecha constituían la Comunidad Europea (todos menos el Reino Unido), en el que se establecieron unas mínimas condiciones laborales para los trabajadores de los países firmantes.

CARTEL (ECONOMÍA). Acuerdo mediante el cual las empresas que realizan el mismo tipo de producción se organizan de forma centralizada. El acuerdo puede recaer sobre la fijación de precios o sobre la limitación o asignación de cuotas de ventas a las empresas comprometidas. Usualmente tiene propósitos monopólicos. Se designa también como cártel.
Empresa 5:398b.

CARTEL (PUBLICIDAD). Papel, pieza de tela o cualquier otro material con inscripciones, dibujos o figuras, colocado en lugar visible, generalmente como aviso de productos comerciales.
3:421b; Publicidad 12:187; *ilustraciones* 3:422a-b; 3:423a.

CÁRTER. En el automóvil, caja protectora que contiene el lubricante de los respectivos mecanismos: cárter del motor, del aceite, de la distribución, del cambio o del diferencial.

CARTER, ELLIOTT (n. en 1908). Compositor estadounidense. Obtuvo el Premio Pulitzer de música en 1960 y 1973. Estudió en París con Nadia Boulanger. Prolífico autor, escribió conciertos, sonatas, cuartetos de cuerda y otras composiciones.

CARTER, HOWARD (1873-1939). Arqueólogo británico. Trabajó desde su juventud en Egipto, donde descubrió y excavó las tumbas de Tutmosis IV y la reina Hatsepsut (1902), así como la de Tutankamón (1922) en colaboración con el conde de Carnarvon. *La tumba de Tutankamón* (1923-1933).
Arqueología 2:96a; Tutankamón 14:165b.

CARTER, JIMMY (n. en 1924). Político estadounidense, presidente de los Estados Unidos de 1977 a 1981.
3:423b; Estados Unidos 6:141b; Torrijos, Omar 14:97b; *ilustración* 3:423b.

CARTERET, PHILIP (m. en 1796). Navegante británico. Descubridor de las islas Pitcairn y del Almirantazgo, entre otras, en el Pacífico.

CARTESIANA, COORDENADA. V. **Coordenadas cartesianas.**

CARTESIANISMO. Doctrina filosófica derivada del pensamiento de René Descartes. Se desarrolló en Francia y otros países en los siglos XVII y XVIII.
Descartes, René 5:149a.

CARTIER, JACQUES (1491-1557). Marino francés. Sus exploraciones de las costas de América del norte y del río San Lorenzo establecieron las bases para las posteriores penetraciones francesas en Canadá.
3:424a; Canadá 3:320a; Exploraciones geográficas 6:215a; San Lorenzo, río 13:130a.

CARTIER-BRESSON, HENRI (n. en 1908). Fotógrafo francés. Figura dominante de la fotografía espontánea de estricta composición estética.
3:424b; Capa, Robert 3:356b; *ilustración* 3:424b.

CARTÍLAGO. Tipo especial de tejido conectivo, resistente y elástico, a partir del cual se forma el esqueleto del feto y que sólo persiste en el adulto en el pabellón auricular, la nariz y el extremo de los huesos, en los que recubre las superficies articulares.
Articulación 2:132b; Histología 8:17a; Hueso 8:85b.

CARTISMO. Movimiento obrero reformista del Reino Unido. Recibió este nombre por la Carta del Pueblo presentada en 1838 por la Asociación de Trabajadores de tendencia radical. Sus seis demandas eran: sufragio universal, voto secreto, abolición del requisito de propiedad, igualdad de distritos electorales, retribución de los parlamentarios y parlamentos anuales. Celebró dos convenciones (1839, 1842). Se extinguió en la década de 1850.
Obrero, movimiento 11:63a.

CARTOGRAFÍA. Técnica de representar gráficamente sobre un mapa o carta una zona geográfica determinada.
4:1a; Coordenadas geográficas 4:368a; Cosa, Juan de la 4:401b; Geografía 7:86b; Geología 7:93a; Mercator, Gerardus 10:71a; Navegación 10:366b; Topografía 14:87a; *mapa* 4:2a; *ilustraciones* 4:1b; 4:3b.

CARTOMANCIA. Arte que pretende predecir el futuro por medio de naipes. Se utilizan barajas española, francesa o del tarot, especialmente concebida esta última para tal fin.
Adivinación 1:60b.

CARTÓN (PAPEL). Producto fabricado con varias capas de pasta de papel adheridas entre sí para darle grosor (más de 224 g/m^2) y consistencia. Se fabrica con maquinaria idéntica a la de elaboración de papel.
Papel 11:262b.

CARTÓN (PINTURA). Dibujo previo a la ejecución de un cuadro, tapiz, fresco o vidriera, realizado sobre papel grueso, para ser posteriormente reportado a un muro, lienzo, tabla, etc. Algunos famosos son los de Rafael, Leonardo, Miguel Ángel y Francisco de Goya.

CARTONÉ. Encuadernación en tapas de cartón con una cubierta de papel, generalmente en colores.

CARTUCHO. Tubo de cartón o de metal cargado con pólvora y municiones o bala para el disparo de las armas ligeras.

CARTUJA. Edificio monástico donde residen los religiosos de la orden de los cartujos. Compuesto por habitáculos independientes con una iglesia, un taller, una pequeña biblioteca, una despensa y el dormitorio.

CARTUJA DE PARMA, LA. Última novela del escritor francés Stendhal. Publicada en 1839, relata las vicisitudes del marqués Fabrizio del Dongo en el ambiente de las guerras napoleónicas y tras la derrota de Waterloo.
Stendhal 13:319b.

CARTUJOS. Monjes de la orden fundada por san Bruno en 1084 en la Gran Cartuja, próxima a Grenoble (Alpes franceses). Adscritos a la regla de san Benito, se dedican a la oración, la meditación, el estudio y las labores manuales; guardan silencio y abstinencia y sólo se reúnen para la misa y la celebración de los oficios. La rama femenina se creó en 1147.
Órdenes religiosas 11:131a.

CARTWRIGHT, EDMUND (1743-1823). Inventor británico. Introdujo la máquina de vapor en la industria textil, incorporándola a un telar mecánico, lo cual tuvo una enorme trascendencia en el desarrollo de la industria textil. Diseñó también un sistema mecánico de cardar lana, además de otros inventos.

CARTWRIGHT, JOHN (1740-1824). Político y marino inglés. Se negó a combatir a los rebeldes de las colonias norteamericanas, por lo que abandonó la marina. Lideró el sector más reformista en la vida parlamentaria inglesa. *La independencia americana: la gloria y la utilidad de la Gran Bretaña* (1774).

CARUANA, PETER (n. en 1956). Político gibraltareño. Elegido dirigente del conservador Partido Social Democrático de Gibraltar en 1991. Primer ministro de la colonia desde 1996, fue reelegido en 2000.
Gibraltar 7:125a.

CARUARU. Ciudad de Brasil en el est. de Pernambuco, a orillas del río Ipojuca. Ferias agrícolas y ganaderas. Industria ligera, productos alimentarios. 199.209 hab. (1996).

CARUCCI, JACOPO. V. **Pontormo, Jacopo da.**

CARÚNCULA. Cualquier pequeña excrecencia carnosa, normal o anormal.

CARÚPANO. Ciudad y puerto de Venezuela en el est. Sucre, a orillas del Caribe. Aeropuerto. Cacao. Explotaciones mineras. Alfarería, ron, fibras vegetales. 121.892 hab. (2000).

CARUSO, ENRICO (1873-1921). Tenor italiano, nacido en Nápoles, el más admirado de su época y el primero en realizar grabaciones fonográficas.
4:3b; *ilustración* 4:3b.

CARVAJAL (siglo XV). Poeta español. Lo único que de él se conoce es su apellido y algunos poemas recopilados en el siglo XX. Autor de tono cortesano, fue uno de los precursores de la lírica renacentista en España.

CARVAJAL, BERNARDINO LÓPEZ DE (1456-1523). Religioso y diplomático español. Obispo de Astorga, Badajoz, Plasencia y Cartagena, fue nuncio papal en España y embajador español en los Estados Pontificios. Convocó el concilio cismático de 1511 para destituir al papa Julio II, pero se retractó luego y siguió ocupando altos cargos diplomáticos.

CARVAJAL, FRANCISCO DE (1464-1548). Militar español. Participó junto con Francisco Pizarro en la conquista del Perú. Insurrecto, murió a manos de las tropas virreinales.

CARVAJAL, GASPAR DE (1500-1584). Dominico español, cronista de Indias. Participó en la expedición al Amazonas organizada por Francisco de Orellana y Gonzalo Pizarro. *Relación del nuevo descubrimiento del famoso río Grande de las Amazonas.*

CARVAJAL, JACINTO DE. Religioso español del siglo XVII. Participó en el descubrimiento del río Apure, en Venezuela, de lo cual dejó una crónica llamada *Jornadas náuticas*, continuada por el capitán Miguel de Ochogavía, de la que sólo se conserva la primera parte. Contiene interesantes observaciones sobre los accidentes y los naturales del país.

CARVAJAL, JUAN DE (m. en 1546). Conquistador español. Instalado en Venezuela en 1544 como lugarteniente del gobernador Juan de Frías, en ausencia de éste se autoproclamó gobernador y mandó ejecutar a Bartolomé Welser y Felipe de Hutten, nombrado gobernador por los banqueros Welser. La corona, enterada de estos sucesos, lo sustituyó y nombró en su puesto a Juan Pérez de Tolosa, quien decretó su ejecución.

CARVAJAL, LUIS DE (1534-1607). Pintor español. Autor de trípticos y frescos para el monasterio de El Escorial, la iglesia madrileña de Santo Domingo el Real y la catedral de Toledo. Fue pintor de cámara de Felipe II. «Retrato del arzobispo Carranza» (1578), «Adoración de los Reyes», «Adoración de los pastores» (1587).

CARVAJAL Y LANCÁSTER, JOSÉ DE (1696-1754). Político español. Fue director de la Real Academia Española, ministro plenipotenciario y secretario de estado. Propugnó la paz con la Gran Bretaña, estableció un concordato con la Santa Sede y mantuvo la neutralidad española en el conflicto entre la Gran Bretaña y Francia por las colonias americanas.

CARVAJAL Y MANRIQUE, JOSÉ DE (1771-1828). Político y diplomático español, duque de San Carlos. Miembro del séquito de Fernando VII, participó en el motín de Aranjuez y acompañó al príncipe a Valençay. En 1814, tras la vuelta de Fernando VII, fue nombrado secretario de estado y se encargó de desmantelar la legislación liberal de las Cortes de Cádiz y de restablecer la Inquisición. Destituido en ese mismo año, posteriormente fue director de la Real Academia Española y embajador en Londres, Lisboa y París.

CARVAJAL Y MENDOZA, LUISA (1568-1614). Poetisa mística española. Perteneciente a una noble familia, su obra poética y sus actividades como fundadora de centros religiosos estuvieron consagradas al progreso del catolicismo en Inglaterra, en donde se estableció en 1605. *Poesías espirituales de la venerable doña Luisa de Carvajal y Mendoza: muestras de su ingenio y de su espíritu.*

CARVALHO, ELEAZAR DE (1912-1996). Director de orquesta brasileño. Comenzó su formación musical en la banda de la Escuela de Marina. En 1935 ingresó en la Orquesta Sinfónica Brasileña, de la que más tarde sería director. Dirigió también la Orquesta Sinfónica de Boston, en 1947, y en 1973 fundó la Orquesta Sinfónica de São Paulo.

CARVALHO, RONALD DE (1893-1935). Poeta y crítico literario brasileño. Compaginó la carrera diplomática con su labor cultural.
4:4a.

CARVALHO, VICENTE DE (1866-1924). Poeta brasileño. Considerado como uno de los mejores representantes del parnasianismo de su país. Partidario del abolicionismo y de la república. *Rosa, rosa de amor, Poemas y canciones.*

CARVER, GEORGE WASHINGTON (h. 1860-1943). Científico estadounidense. Introdujo el cultivo del cacahuate (maní o cacahuete) en su país. Autor de monografías sobre ese vegetal, sobre la papa o patata y la nuez y sobre los subproductos del algodón que permitieron la transformación agrícola del sur de los Estados Unidos. Hijo de esclavos negros, fundó una institución en Tuskegee, Alabama, dedicada a la formación educativa de la población de color.

CARVER, RAYMOND (1933-1988). Poeta y escritor de relatos cortos estadounidense. Recreó el ambiente y las relaciones sociales de su país en la década de 1980. Entre sus obras destacan *Catedral* (1983), libro de relatos, y *Ultramarina* (1987).

CARY, ARTHUR JOYCE (1888-1957). Novelista británico. Recreó en sus obras sus experiencias en el África occidental. Creador de un tipo de trilogía en el que cada volumen es narrado por uno de los tres protagonistas, como su famosa Trilogía de Londres que conforman *El prisionero de la gracia* (1952), *El joven Nimmo* (1953) y *Sin gloria, sin honra* (1955).

CASA. Construcción o edificio destinado a ser habitado.
4:4b; Carpintería y ebanistería 3:410b; *ilustraciones* 4:5; 4:6a-b; 4:7b.

CASA BLANCA. Residencia oficial del presidente de los Estados Unidos en la ciudad de Washington. El amplio edificio fue construido a partir de 1792, en estilo neoclásico, por el arquitecto James Hoban.

CASABLANCA (CINE). Filme estadounidense, dirigido en 1943 por Michael Curtiz e interpretado por Humphrey Bogart e Ingrid Bergman. La acción se desarrolla durante la segunda guerra mundial en la ciudad marroquí que da nombre a la película, refugio de huidos del régimen nazi que esperaban la oportunidad de alcanzar algún país aliado.

CASABLANCA (CIUDAD). Población de Marruecos, a orillas del Atlántico. 2.523.279 hab. (1994).
4:7b; Marruecos 9:383a; *ilustración* 4:7b.

CASABLANCA, CONFERENCIA DE. Encuentro celebrado en Casablanca a principios de 1943 entre el presidente estadounidense Franklin D. Roosevelt y el primer ministro británico Winston Churchill, en el que se establecieron la estrategia militar de los aliados y la exigencia de una rendición incondicional a las potencias enemigas en la segunda guerra mundial.

CASABLANCAS, FERNANDO (1874-1960). Inventor español. Diseñó el primer sistema para aplicar grandes estirajes a la hilatura del algodón. Mediante su procedimiento, las mechas de fibra adelgazan pasando entre dos mangas o bolsas y dos rodillos de salida.

CASACA. En la indumentaria masculina, prenda de vestir con mangas, que se abotona y cubre hasta las corvas. Derivada de la indumentaria persa, fue introducida en Europa en el siglo XVII y se transformó progresivamente en una prenda de uniforme y en la chaqueta del traje moderno.

CASACCIA, GABRIEL (1907-1980). Escritor paraguayo. Considerado uno de los más importantes del siglo XX. Se exilió a la Argentina tras la guerra del Chaco (1932-1935). *La llaga* (1963), *Los exiliados* (1966), *Los herederos* (1975).
Paraguay 11:275a.

CASA CELESTE. Cada una de las doce secciones en las que se divide el cielo, correspondiente, en astrología, a cada uno de los signos del zodiaco: Aries, Tauro, Géminis, Cáncer, Leo, Virgo, Libra, Escorpio, Sagitario, Capricornio, Acuario y Piscis.

CASA DE BERNARDA ALBA, LA. Tragedia del poeta y dramaturgo español Federico García Lorca, escrita en 1936 y estrenada en 1945. En ella se enfrenta el amor espontáneo contra un ambiente de asfixiantes costumbres rurales.

CASA DE CONTRATACIÓN. V. **Contratación, Casa de.**

CASADO, GERMINAL (n. en 1934). Bailarín, coreógrafo y escenógrafo francés. Trabajó con Maurice Béjart en el Ballet-Teatro (1957-1959) y en el Ballet del Siglo XX, en este último como bailarín y escenógrafo. Coreografió *Kindertotenlieder,* de Gustav Mahler (1974). Designado director del ballet de la Ópera de Karlsruhe (RFA), en 1977.

CASADO, SEGISMUNDO (1893-1968). Militar español. Jefe del estado mayor general de los ejércitos republicanos durante la guerra civil española, formó en marzo de 1939 un Consejo Nacional que intentó negociar la rendición, en contra de la política de resistencia defendida por el presidente Juan Negrín. Exiliado en 1939, regresó a España en 1961. *Los últimos días de Madrid* (1939).

CASADO DEL ALISAL, JOSÉ (1832-1886). Pintor español. Alumno de Federico de Madrazo, en 1855 obtuvo una beca para estudiar en Roma. Destacó como autor de cuadros históricos, aunque también cultivó el retrato. «La leyenda del rey monje», «La rendición de Bailén».

CASAL, JULIÁN DEL (1863-1893). Poeta cubano. Uno de los inspiradores del modernismo en Cuba.
4:8a.

CASAL, JULIO J. (1889-1954). Poeta y diplomático uruguayo. Ejerció como diplomático en España, en donde fundó la revista *Alfar* (1923-1926). Iniciado en el modernismo, se adscribió posteriormente al movimiento ultraísta. *Cielos y llanuras* (1914), *La colina de la música* (1933), *Recuerdo del cielo* (1949).

CASALDÁLIGA, PEDRO (n. en 1928). Religioso español. Adscrito al movimiento conocido como teología de la liberación, realizó una labor misionera y humanitaria entre las clases pobres de Brasil, país en el que se estableció en 1968. *Yo creo en la justicia* (1975), *Airada esperanza* (1979).

CASALDUERO, JOAQUÍN (n. en 1903). Crítico literario español. Profesor en universidades españolas y extranjeras, destacó por sus estudios sobre literatura española, especialmente sobre la figura de Miguel de Cervantes. *Sentido y forma de las novelas ejemplares* (1943), *Sentido y forma del teatro de Cervantes* (1951), *Estudio sobre literatura española* (1962).

CASALS, PAU (1876-1973). Violonchelista y director de orquesta español, exiliado de España al término de la guerra civil.
4:8b; *ilustración* 4:8b.

CASALS, PEDRO (n. en 1944). Novelista y profesor español. Escribió novelas de intriga. *Las hogueras del rey* (1989), *Las amapolas* (1995), *El club de los ciberchavales* (1996-1997).

CASAL Y CHAPÍ, ENRIQUE (1909-1977). Compositor y pedagogo musical español. Director musical del Teatro Escuela de Arte (1933-1937), dirigió la Orquesta Sinfónica Nacional de la República Dominicana (1940-1945) y ocupó la dirección de la Radiodifusión Nacional de Uruguay. *Romanza del mozo y la calavera, Las aguas del Manzanares.*

CASANDRA. Adivina de la mitología griega, hija de los reyes troyanos Príamo y Hécuba, castigada por Apolo a que sus profecías no fueran creídas. Así ocurrió en el transcurso de la guerra de Troya. Raptada por Áyax Oileo, fue entregada a Agamenón, de quien concebiría a Teledamo y a Pélope.

CASANOVA, GIOVANNI GIACOMO (1725-1798). Aventurero y escritor italiano. Prototipo del libertino en la sociedad del siglo XVIII.
4:9a.

CASANOVAS, ENRIQUE (1882-1948). Escultor español. Alumno de José Llimona, su obra muestra las influencias de Constantin Meunier, la corriente mediterraneísta y el clasicismo griego. «La poesía» (1926), «Arte antiguo y occidente».

CASANOVA Y COMES, RAFAEL (1660-1743). Jurisconsulto y político catalán. *Conseller en cap* (consejero en jefe) de la ciudad de Barcelona durante el asedio de las tropas de Felipe V, se distinguió por su valor, sus dotes administrativas y su espíritu patriótico. Herido el 11 de septiembre de 1714, vivió oculto hasta 1719. Símbolo del nacionalismo catalán.

CASARES, CUEVA DE LOS. Yacimiento prehistórico situado en las proximidades de la población de Riba de Saelices, en la provincia española de Guadalajara. Destacan en ella las pinturas que representan figuras antropomórficas y animales. Corresponde posiblemente al período auriñaciense, en el paleolítico superior.

CASARES, JULIO (1877-1964). Lexicógrafo, musicólogo y poligloto español. Representó a España en distintas ocasiones en varios organismos de la Sociedad de Naciones. *Diccionario ideológico de la lengua española* (1943).

CASARES, MARÍA (1922-1996). Actriz francesa de origen español. Hija del político Santiago Casares Quiroga, marchó al exilio durante la guerra civil española. Destacada intérprete de la Comedia Francesa y de diversas películas: *Las damas del bosque de Boulogne* (1945), *Orfeo* (1949) y *El testamento de Orfeo* (1959).

CASARES QUIROGA, SANTIAGO (1884-1950). Político español. Enviado en diciembre de 1930 a Jaca para impedir la sublevación del capitán Fermín Galán, no llegó a tiempo; el oficial fue fusilado y Casares encarcelado por el gobierno monárquico. Fue ministro de marina en el primer gobierno republicano y jefe del gobierno en 1936, en vísperas de la guerra civil. Murió en el exilio.
República española 12:344a.

CASAROLI, AGOSTINO (1914-1998). Cardenal italiano perteneciente a la Iglesia Católica. Fue designado como tal por el papa Juan Pablo II, quien también le encargó la secretaría de Estado del Vaticano. Fue sucedido, tras su jubilación, por el cardenal Angelo Sodano.

CASA ROSADA. Palacio residencial de los presidentes de la Argentina desde 1911. Se levanta en un extremo de la avenida de Mayo con fachada a la plaza de este nombre, en Buenos Aires.
Argentina 2:56a.

CASAS, BARTOLOMÉ DE LAS. V. **Las Casas, Bartolomé de.**

CASAS, FRANCISCO DE LAS. V. **Las Casas, Francisco de.**

CASAS, IGNACIO MARIANO (n. en 1720). Arquitecto mexicano. Autor de diversos edificios religiosos y retablos en la ciudad de Querétaro, de la que está considerado como uno de los mejores representantes dentro del estilo barroco. Iglesia de Santa Rosa, capilla de los terceros de Santo Domingo.

CASAS, LUIS DE LAS. V. **Las Casas, Luis de.**

CASAS, RAMÓN (1866-1932). Pintor español. Representante del modernismo catalán. De sus obras destacan los paisajes pintados al aire libre, los retratos al carboncillo y los carteles. «La carga», «Garrote vil» (1895), «Retrato de Isaac Albéniz».
Cartel 3:422b.

CASAS CASTAÑEDA, JOSÉ JOAQUÍN (1865-1951). Escritor, político y diplomático colombiano. Ministro de instrucción pública y de relaciones exteriores, ocupó la vicepresidencia de la república en 1922. Fue miembro de las academias colombianas de historia y lengua. Fundador de la Biblioteca Nacional de Historia. *Crónicas de la aldea, Semblanza de José Manuel Marroquín.*

CASAS GRANDES. Yacimiento arqueológico mexicano situado en el estado de Chihuahua. Se han hallado en él diversas casas comunes de varios pisos, un juego de pelota y restos de toscos edificios de piedra, junto con un elaborado sistema de transporte de aguas desde un manantial hasta las habitaciones. El asentamiento se fundó hacia el año 1050, y fue incendiado y abandonado hacia 1340, cuando el valle del río Casas Grandes fue ocupado por los suma.

CASASÚS, JOAQUÍN DE (1858-1916). Político, economista y diplomático mexicano. Profesor de economía política en la Escuela de Ingenieros de México, fue diputado por el estado de Tabasco, integrante de varios congresos internacionales sobre temas económicos, embajador en los Estados Unidos y vicepresidente del Congreso de la Unión (1902). *La cuestión de los bancos a la luz de la economía política y del derecho constitucional* (1885), *Estudios monetarios* (1896).

CASAS VIEJAS, REBELIÓN DE. Insurrección campesina acaecida entre el 11 y el 12 de enero de 1933 en la aldea de Casas Viejas, en la provincia española de Cádiz. Los planes de expropiación de los latifundios cercanos que estudiaba el gobierno republicano provocaron la sublevación de la población campesina, que aisló la villa, proclamó el comunismo libertario y procedió de inmediato al reparto de las haciendas. La aniquilación de los rebeldes por tropas del gobierno provocó una grave crisis en el gobierno de Manuel Azaña.

CASAS Y NOVOA, FERNANDO DE (m. en 1794). Arquitecto español. Señalado representante del estilo barroco en Galicia, fue autor de la fachada de la catedral de Santiago de Compostela (el Obradoiro, 1738-1750) y del claustro de la catedral de Lugo (1711-1714).

CASAS Y ROMERO, LUIS (1882-1950). Militar y compositor cubano. Autor de numerosas partituras que recogen todos los géneros musicales y que alcanzaron gran popularidad en la década de 1920. *Marcha fúnebre, La vida, Carmela, Camagüeyana,* etc.

CASCADA. Salto de agua sobre un desnivel brusco del terreno.
4:9a; *ilustración* 4:9b.

CASCADAS, MONTES DE LAS. Cadena montañosa del reborde occidental de América del norte. Se extiende a lo largo de 1.100 km desde Lassen Peak, California (EUA), hasta el río Fraser, en la Columbia Británica (Canadá).
Estados Unidos 6:128a.

CASCALES, FRANCISCO (h. 1564-1642). Escritor español. Militar, viajó por Flandes, Francia e Italia. Autor de poesías, estudios históricos y estéticos; gran conocedor de los clásicos, se opuso al gongorismo. *Tablas poéticas* (1617), *Cartas filológicas* (1634).

CASCALLS, JAUME (siglo XIV). Arquitecto español. Representante de la escuela gótica catalana, fue maestro mayor de la catedral de Lérida desde 1360 y diseñó los sepulcros reales de los miembros de la familia del rey Pedro el Ceremonioso. Su obra maestra es el retablo de Cornellá de Conflent, de tema mariano.

CASCANUECES (ZOOLOGÍA). Pájaro de la familia de los córvidos (*Nucifraga caryocatactes*), de color pardo con manchas blancas y alas negras. Habita en los bosques de coníferas de las regiones montañosas de Europa central y oriental.

CASCANUECES (MÚSICA). Ballet en dos actos de Piotr Chaikovski. La obra tiene un libreto de Marius Petipa basado en la versión francesa de un cuento del alemán E.T.A. Hoffmann. La coreografía original era obra de Lev Ivanov.

CASCO (MILICIA).Pieza protectora de la cabeza que se ha usado en los ejércitos de las más variadas civilizaciones. En la edad media formaba parte de la armadura y portaba los distintivos personales de cada jefe; decayó en el siglo XVII, y resurgió con distintas características en el siglo XX.

CASCO (NAVEGACIÓN). Estructura exterior que recubre la armadura de una embarcación. Está dividida en dos partes por la llamada línea de flotación.
Embarcación 5:385a.

CASCOS AZULES. Cuerpo militar de paz de las Naciones Unidas, creado en 1956. Galardonado con el Premio Nobel de la paz de 1988.
4:10a; *ilustración* 4:10a.

CASEÍNA. Sustancia proteínica característica de la leche. De alto valor nutritivo por su alto contenido de aminoácidos esenciales. Se separa de la leche por acidificación o por acción enzimática de la renina o fermento lab. Se utiliza en la elaboración de quesos y de hidrolizados textiles.
Queso 12:219b.

CASELLA, ALFREDO (1883-1947). Compositor, director, profesor y pianista italiano. Autor de sinfonías, obras orquestales y ballets, además de una *Missa solemnis.* Realizó numerosas grabaciones al piano con obras de Johann Sebastian Bach, Ludwig van Beethoven y Wolfgang Amadeus Mozart.

CASEMENT, ROGER D. (1864-1916). Líder nacionalista irlandés. Con ayuda alemana intentó desembarcar en 1916 en Irlanda, provisto de armas y municiones, para sublevar a la población. Acusado de alta traición, murió ejecutado.

CASERÍO. Vivienda rural típica del País Vasco. Caracterizada por su amplia cubierta a dos aguas y la alternancia en la utilización de la piedra y el enfoscado de paredes encaladas. Se erige generalmente aislada en el campo y cumple las funciones de vivienda, establo y dependencia agrícola.

CASERO, ANTONIO (1873-1936). Escritor y dramaturgo costumbrista español. Autor de sainetes y poesías en los que describe la vida popular madrileña. *Los castizos, La musa de los madriles, Los holgazanes.*

CASEROS. Partido del Gran Buenos Aires, Argentina. Colegio militar, museo. Industrias metálicas, papel, vidrio, perfumería. Cereales y ganadería. 349.221 hab. (1991).

CASEROS, BATALLA DE. Combate que tuvo lugar en 1852, en el curso de las luchas civiles de la Argentina. La derrota de Juan Manuel de Rosas por el general Justo José de Urquiza puso fin al régimen del primero.
Argentina 2:54a.

CASERTA. Ciudad de Italia, cap. de la prov. homónima en la Campania. Catedral del siglo XII. Palacio real de los Borbones del XVIII. Mercado agrícola, vidrio. 65.732 hab. (1985).

CASH, JOHNNY (n. en 1932). Cantante estadounidense. Cultivó el género *country,* con influencias de otros estilos como el *rock and roll. The man in black* (1971).

CASH FLOW. V. **Flujo de efectivo.**

CASIANO, JUAN (h. el 360-432). Anacoreta y teólogo cristiano. Viajó por occidente, después de formarse entre los monjes egipcios, y fundó varios monasterios en la ciudad francesa de Marsella. Precursor del monacato occidental y de la orden de san Benito. *Instituciones de los cenobitas y sus veinticuatro conferencias.*

CASIDA. Composición poética que contiene de 30 a 150 versos, divididos en dos hemistiquios, los últimos de los cuales son monorrimos. Es de origen preislámico y propia de la poesía árabe y persa. El poema incluye un canto amoroso o elogio de la mujer, un elogio de la persona a la que está dedicado y un tercer canto de tono guerrero.

CASIMIR, EFECTO. Comportamiento de dos espejos que, enfrentados en paralelo en el vacío, se atraen debido a la existencia del campo electromagnético espacial frente a la situación de mínima energía que supone ese vacío. Fue vaticinado por Hendrik Casimir y comprobado por M. Spaarnay en 1958.

CASIMIR, HENDRIK BRUGT GERHARD (n. en 1909). Físico neerlandés. Trabajó para Philips, empresa en la que fue nombrado director general de investigación. Sus actividades se centraron en las características magnéticas y caloríficas de los superconductores.

CASIMIRO I DE POLONIA (1016-1058). Duque de Polonia, llamado el Renovador. Logró anexionarse las antiguas provincias polacas de Silesia, Mazovia y Pomerania y restableció el gobierno central.

CASIMIRO II DE POLONIA (1138-1194). Duque de Polonia desde 1177, llamado el Justo. Uno de los gobernantes más poderosos del país, luchó continuamente contra su hermano Mieszko III por extender sus dominios.

CASIMIRO III DE POLONIA (1310-1370). Rey de Polonia, llamado el Grande. Accedió al trono en 1333. De extraordinaria capacidad pacificadora y agudo diplomático, logró anexionarse tierras de la Rusia occidental y de Alemania oriental. Modificó el sistema de gobierno unificándolo, codificó leyes y fundó en Cracovia (1364) la primera universidad de Polonia.
Polonia 12:73b.

CASIMIRO IV DE POLONIA (1427-1492). Gran duque de Lituania desde 1440 y rey de Polonia, a cuyo trono accedió en 1447. Consiguió la unión de ambos dominios y recuperó otras tierras que su reino había perdido. Se impuso sobre los caballeros teutónicos y convirtió a Polonia en un importante exportador de grano.
Polonia 12:74a.

CASIMIRO V DE POLONIA. V. **Juan II Casimiro de Polonia.**

CASINO. Local público en el que se realizan juegos de azar, como ruletas, naipes y otros. Los más famosos del mundo son los de Las Vegas (Nevada, EUA) y el de Montecarlo (Mónaco).
Azar, juegos de 2:278a; Baraja, juegos de 2:344b.

CASIODORO (h. el 490-h. el 585).Teólogo, monje e historiador latino. Trató de conciliar el saber clásico con la teología cristiana.
4:11a; Teología 14:21b.

CASIO LONGINO, CAYO (m. en el 42 a.C.). Político romano que organizó la conjura contra Julio César y participó en su asesinato (44 a.C.).

CASIOPEA. Constelación del hemisferio norte, entre Andrómeda y Cefeo, cercana a la estrella polar. Fácilmente reconocible por el grupo de cinco estrellas que forman una w irregular. En ella estalló en 1572 la supernova observada por Tycho Brahe. Nombre latino: Cassiopeia.

CASIO QUEREAS (m. en el 41). Tribuno de la guardia pretoriana que asesinó al emperador Calígula. Fue ejecutado por orden del emperador Claudio.

CASIQUIARE, RÍO. Curso fluvial del sur de Venezuela. Nace de una bifurcación del río Orinoco cerca de Esmeralda. Tras recorrer 225 km se une al curso del río Guainía para formar el Negro, un afluente mayor del Amazonas. De este modo, comunica las cuencas del Orinoco y del Amazonas.
Venezuela 14:259a.

CASITAS. Pueblo asiático procedente de los montes Zagros que se asentó en Babilonia y fundó la tercera dinastía de reyes de la ciudad en el siglo XVI a.C. Su gobierno coincidió con un período de decadencia. Los asirios acabaron con su reinado en el siglo XIII.
Babilonia 2:294b.

CASITERITA. Mineral de dióxido de estaño. De dureza media alta, cristaliza en sistema tetragonal. Colores negro, pardo o amarillento. La más importante mena del estaño. Se encuentra en Myanmax (Indonesia), Bolivia, el Reino Unido y Alemania. Fórmula, SnO_2.
Mineral y mineralogía 10:174a.

CASIVELAUNO (siglo I a.C.). Rey britano. Resistió la segunda invasión de la Gran Bretaña por Julio César (54 a.C.). Al apoderarse éste de la capital del reino, Casivelauno aceptó la paz y consintió el pago de un tributo a Roma.

CASO. Forma que adopta un nombre o pronombre para desempeñar una determinada función en la frase, y que se expresa mediante desinencias en las lenguas de flexión o preposiciones en las aglutinantes.

CASO, ALFONSO (1896-1970). Arqueólogo e historiador mexicano que dirigió las excavaciones de Monte Albán (Oaxaca).
4:11b; Arqueología 2:96b; Mesoamericanas, civilizaciones 10:80b; Precolombino, arte 12:121b; Tonacatecutli y Tonocacíhuatl 14:83b.

CASO, ANTONIO (1883-1946). Filósofo mexicano. Representante de la corriente filosófica que, partiendo de una oposición al positivismo, buscaba la recuperación de los valores humanistas.
4:12a; Ramos, Samuel 12:258b.

CASONA, ALEJANDRO (1903-1965). Alejandro Rodríguez Álvarez, dramaturgo español. Director del Teatro del Pueblo y del apartado teatral de las misiones pedagógicas durante la segunda república española (1931-1936). Se vio forzado a exiliarse durante la guerra civil. En sus obras se mezclan la fantasía y el lirismo poético. *La sirena varada* (1934), *Nuestra Natacha* (1936), *La dama del alba* (1944).
Veintisiete, generación del 14:250a.

CASOS, FERNANDO (1829-1882). Político y literato peruano. Diputado y senador del Partido Radical, colaboró con la dictadura de Tomás Gutiérrez (1872). Al caer ésta se refugió en Francia. *Los amigos de Elena* (1848), *Los hombres de bien* (1874).

CASPA. Descamación del epitelio cutáneo frecuente en el cuero cabelludo. Producida por la dermatitis seborreica que usualmente aparece en cueros cabelludos grasosos.

CASPE, COMPROMISO DE. Acuerdo establecido por los reinos de la corona de Aragón para solucionar el fallecimiento sin sucesión de Martín el Humano, último soberano de la casa de Barcelona. Tras largas negociaciones, nueve jueces, reunidos en Caspe, Zaragoza, del 18 de abril al 24 de junio de 1412, otorgaron la corona a Fernando de Antequera, príncipe de Castilla.

CASPIO, DEPRESIÓN DEL. Tierras bajas llanas, en la República de Kazajstán. La mayor parte se encuentra por debajo del nivel medio de los mares, en el extremo septentrional del mar Caspio. Es la zona de este tipo más extensa del país, con 200.000 km^2.

CASPIO, MAR. El mar interior más extenso del mundo, situado al este del Cáucaso.
4:12a; Irán 8:261a; Lago 9:47a; Rusia 13:54a; Volga, río 14:344b; *mapa* 4:13a; *ilustración* 4:12b.

CASSADÓ, GASPAR (1897-1966). Violonchelista español, discípulo de Pau Casals. Compuso un concierto, oratorios y música de cámara. Realizó transcripciones para violonchelo.

CASSATT, MARY (1844-1926). Pintora estadounidense. Dentro del movimiento impresionista, realizó sus obras preferentemente sobre el mundo femenino.
4:13a; *ilustración* 4:13b.

CASSAVETES, JOHN (1929-1989). Director y actor cinematográfico estadounidense. Dirigió *Sombras* en 1960 y varios filmes más, entre ellos *Gloria* (1980). Como actor intervino en *Código del hampa* (1964) y *La semilla del diablo* (1967). Oso de Oro de Berlín en 1984 por *La extravagante Sara.*

CASSETTE. Caja de plástico que encierra dos bobinas de cinta magnética en la cual es posible grabar y reproducir sonidos o imágenes por medio de códigos electromagnéticos.
Sonido e imagen, grabación y reproducción de 13:302b.

CASSIN, RENÉ (1887-1976). Jurista francés. Presidió el Tribunal Europeo de los Derechos Humanos. Principal impulsor de la Declaración Universal de los Derechos del Hombre de las Naciones Unidas. Premio Nobel de la paz en 1968.

CASSINI, GIAN DOMENICO (1625-1712). Primer miembro de cuatro generaciones de astrónomos directores del observatorio de París. Fue el primero que calculó la distancia entre la Tierra y el Sol.
4:13b; Cartografía 4:2b.

CASSIRER, ERNST (1874-1945). Filósofo alemán. Uno de los principales representantes, junto a Hermann Cohen y Paul Natorp, de la escuela neokantiana de Marburgo, continuadora de la gran tradición idealista alemana. Sus intereses intelectuales se movieron en una amplia gama: ciencias naturales, sociales, antropología, historia. *El problema del conocimiento en la filosofía y en la ciencia moderna* (1906-1920), *Filosofía de las formas simbólicas* (1923-1929).
Hombre 8:46a.

CASSOLA, CARLO (1917-1987). Novelista italiano. Retrató a su Toscana natal en diversas obras. *Fausto y Anna* (1952), *Un corazón árido* (1961), *El cazador* (1964).

CASSOLA, MANUEL (1838-1890). Militar y político español. Participó en las campañas de Santo Domingo y Cuba y en la tercera guerra carlista (1872-1876). Fue capitán general de Granada y ministro de guerra durante el gobierno de Práxedes Mateo Sagasta. Impulsó importantes reformas en el ejército español.

CASSOU, JEAN (1897-1986). Crítico de arte y novelista francés. Director del Museo de Arte Moderno de París (1946-1965), fue un activo miembro de la resistencia francesa contra la ocupación alemana. Destacó por sus estudios sobre la cultura española. *Elogio de la locura* (1925), *Panorama de la literatura española* (1929), *El hermoso otoño* (1950), *La vecindad de las cavernas* (1971).

CASTA. Grupo de personas que comparte determinado rango o nivel social, definido mediante la procedencia familiar, el trabajo desarrollado, los vínculos matrimoniales establecidos, etc.
4:14a; Hinduismo 7:417b; India 8:157b; *cuadros* 4:14b; 4:15a.

CASTAGNO, ANDREA DEL. V. **Andrea del Castagno.**

CASTANEDA, ALFREDO (n. en 1938). Pintor mexicano. En su obra destacan las representaciones inverosímiles de la realidad como expresión de las contradicciones de la sociedad mexicana. Es autor de varios autorretratos. *El gran parto.*

CASTANEDA, CARLOS (1925-1998). Antropólogo y escritor estadounidense de origen peruano. Alcanzó renombre durante la década de 1960 por su trilogía *Las enseñanzas de don Juan*, en las que describía el empleo de hongos alucinógenos en la tribu de los indios yaqui de México. *Fábulas del poder* (1975), *El segundo anillo de poder* (1977).

CASTANEDA CASTRO, SALVADOR (1888-1965). Militar y político salvadoreño. Elegido presidente en 1945, fue depuesto en 1948 por una junta militar.

CASTAÑEDA, JORGE C. (n. en 1953). Politólogo mexicano. Catedrático en la Universidad Nacional Autónoma de México y en la Universidad de Nueva York. Asesor del gobierno de su país. *Sorpresas te da la vida: México 1994* (1995), *La vida en rojo: una biografía del Che Guevara* (1997).

CASTAÑEDA CHORNET, JOSÉ (n. en 1900). Economista español. Vinculado a la escuela marginalista, fue el introductor de la econometría en su país. Catedrático de la facultad de economía de la Universidad de Madrid y director de la sección de econometría del Consejo Superior de Investigaciones Científicas. *Lecciones de teoría económica* (1967).

CASTAÑO. Árbol de hoja caduca de la familia de las fagáceas (*Castanea sativa*). Dicotiledónea. Cultivado por su fruto, la castaña, y por su madera.
4:15a; *ilustraciones* 4:15a.

CASTAÑOS, FRANCISCO JAVIER (1756-1852). Militar español. Al declararse la guerra de la independencia fue nombrado capitán general de Andalucía. Se enfrentó a las tropas del general Pierre Dupont en Bailén, consiguiendo una victoria completa, en julio de 1808, lo que le valió el título de duque de Bailén y el desempeño de diversos cargos.
Bailén batalla de 2:311a.

CASTAÑUELAS. Instrumento de percusión formado por dos piezas de madera, marfil u otros materiales que se repican con los dedos, sujetas en el pulgar, en determinadas regiones, y del dedo corazón en otras. De origen popular español, ha sido introducido en conciertos por diversos autores.

CASTEDO Y PALERO, SEBASTIÁN (1874-1953). Economista y político español, fue director general de economía durante la dictadura de Miguel Primo de Rivera y ministro del mismo sector en 1930. *Tratado de tecnología industrial, Filosofía física.*

CASTELAO (1886-1950). Alfonso Rodríguez, escritor y político español en lengua gallega, impulsor del movimiento nacionalista de Galicia.
4:15b; Gallega, literatura 7:25a.

CASTELAR, EMILIO (1832-1899). Político español. Uno de los parlamentarios más elocuentes de su época, decidido defensor de la democracia.
4:16a; República española 12:342b; *ilustración* 4:16a.

CASTELFRANCO, GIORGIO DA. V. **Giorgione, El.**

CASTELFUERTE, JOSÉ DE ARMENDÁRIZ, MARQUÉS DE (siglo XVIII). Militar y funcionario colonial español. Intervino en la guerra de sucesión y en las de Cerdeña y Sicilia. Capitán general de Guipúzcoa y luego virrey del Perú (1724-1736), donde defendió a la corona contra las pretensiones eclesiásticas. Reprimió la rebelión comunera del Paraguay y la de Cochabamba.

CASTEL GANDOLFO. Localidad de Italia en la prov. de Roma, reg. del Lacio, a orillas del lago Albano. Residencia veraniega papal. El palacio, cuya construcción inició Urbano VIII en el siglo XVII, es parte del Estado de la Ciudad del Vaticano. En la Villa Barberini se halla el Observatorio Vaticano. 6.508 hab. (1984).

CASTELLANI, RENATO (1913-1985). Cineasta italiano. Integrante de la corriente de los caligrafistas, se adentró posteriormente en el neorrealismo. Trató preferentemente argumentos que reflejaban la vida popular. *Bajo el sol de Roma* (1948), *Primavera* (1949), *Romeo y Julieta* (1954).

CASTELLANO. V. **Español o castellano.**

CASTELLANOS, AGUSTÍN (n. en 1902). Médico estadounidense de origen cubano. Especializado en cardiología, ejerció la docencia en la Universidad de Miami y realizó investigaciones sobre las arritmias cardiacas.

CASTELLANOS, JUAN DE (1522-1607). Cronista y religioso español. Fue a América como soldado, pero se hizo sacerdote en 1554. Su obra más importante, *Elegías de varones ilustres de Indias* (1589), constituida por unos 15.000 endecasílabos, no tiene mucho valor poético, pero es importante por los datos y las referencias a costumbres indígenas que contiene.

CASTELLANOS, JULIO (1905-1947). Pintor mexicano. Su obra se integró en la corriente neorrealista de la pintura de su país. «El diálogo» (1936), «La lluvia» (1946).

CASTELLANOS, ROSARIO (1926-1974). Escritora mexicana. Cultivó la poesía, la novela, el relato breve y el ensayo.
4:16b.

CASTELLANOS Y VILLAGELIÚ, JESÚS (1879-1912). Escritor cubano. Cultivó el cuento, la novela y la crítica literaria. *La conjura* (1908), *La manigua sentimental* (1909), *Los optimistas* (1914).

CASTELLAR DEL VALLÉS. Población española de la prov. de Barcelona, comunidad autónoma de Cataluña. Cereales, papas o patatas, hortalizas; industria textil. 13.500 hab. (1991).

CASTELLDEFELS. Población española de la prov. de Barcelona, comunidad autónoma de Cataluña. Próxima a la ciudad de Barcelona, está situada en el delta del río Llobregat, a orillas del mar Mediterráneo. Cultivos de frutas y verduras; industria; turismo. 33.017 hab. (1991).

CASTELLI, JUAN JOSÉ (1764-1812). Abogado y político argentino. Participó activamente en el movimiento de emancipación de su país.
4:16b.

CASTELLO, GIAMBATTISTA (h. 1509-1569). Pintor y escultor italiano, conocido en España como Bergamasco. Autor del palacio Doria de Génova (1564). En España, adonde se trasladó en 1567, decoró el palacio de El Pardo y diseñó la gran escalera de El Escorial.

CASTELLÓN. Provincia de España en la Comunidad Valenciana, a orillas del Mediterráneo. Zona montañosa del Maestrazgo y sierra de Espadán. Ríos Mijares y Palancia. Agricultura, ganadería, explotaciones forestales, pesquerías; turismo. Cap. Castellón de la Plana. 6.679 km^2. 446.774 hab. (1991).

CASTELLÓN, FRANCISCO (m. en 1855). Político nicaragüense. Tras el derrocamiento del gobierno de Laureano Pineda, que él integraba, recuperó el poder con la ayuda de Honduras. Bajo la presidencia de Frutos Chamorro tramó en 1853 una nueva intervención hondureña que provocó la partición del país. Derrotado en las elecciones de 1854, contrató a los mercenarios estadounidenses Byron Cole y William Walker para combatir al gobierno.

CASTELLÓN DE LA PLANA. Ciudad y puerto de España en el Mediterráneo, cap. de la prov. de Castellón, Comunidad Valenciana. Rodeada de fértiles huertas. Iglesia gótica del siglo XIV. Exportación de cítricos, cerámica. 137.741 hab. (1998).

CASTELLS, MANUEL (n. en 1942). Sociólogo español. Profesor del Centro Superior de Investigaciones Científicas (CSIC) en Barcelona y catedrático de sociología en la Universidad de Berkeley. *La ciudad y las masas* (1983), *La era de la información: economía, sociedad y cultura* (1996).

CASTELLS Y ROSSELL, JUAN (1802-1891). Militar español. Participó en las tres guerras carlistas en el bando de los sublevados. Vencedor en la batalla de Pont de Rabentí (1848), alcanzó el grado de teniente general de los ejércitos carlistas en 1875.

CASTELNUOVO-TEDESCO, MARIO (1895-1968). Compositor estadounidense de origen italiano. Alumno de Edgardo del Valle y de Ildebrando Pizzetti, residió desde 1939 en los Estados Unidos. Representante del estilo neorromántico, fue autor de óperas, ballets, obras corales y orquestales. *Baco en Toscana* (1931), *Concertino para arpa y siete instrumentos* (1937), *El mercader de Venecia* (1961).

CASTELO BRANCO. Distrito de Portugal en la reg. de Beira Baixa, fronterizo con España. Río Ponsul, montes Estrela y Guardunha. Ganadería; agricultura; corcho. Cap. Castelo Branco. 6.675 km². 223.700 hab. (1988).

CASTELO BRANCO, CAMILO (1825-1890). Novelista portugués. Su estilo evolucionó desde el romanticismo al realismo.
4:17a; Portuguesa, literatura 12:102b; *ilustración* 4:17a.

CASTELO BRANCO, HUMBERTO (1900-1967). Militar y político brasileño. Presidente provisional de su país de 1964 a 1967.
4:17b; Brasil 3:161a; Kubitschek, Juscelino 9:38a; *ilustración* 4:17b.

CASTEL-RODRIGO, BATALLA DE. Combate librado el 6 de julio de 1664, cerca de la localidad portuguesa de Castel-Rodrigo, entre los ejércitos españoles comandados por el duque de Osuna y las tropas portuguesas dirigidas por Pedro Jacques Magalhães. La derrota de los españoles incidió de forma decisiva en la recuperación de la independencia por parte de Portugal.

CASTICISMO. Empleo del lenguaje castellano en toda su pureza, evitando el empleo de voces y giros de otros idiomas. Designa también el uso de formas locales castellanas en contraste con el español internacional.

CASTIELLA, FERNANDO MARÍA (1907-1976). Diplomático español. Catedrático, director del Instituto de Estudios Políticos, embajador y ministro de asuntos exteriores de 1957 a 1969. Trabajó por reforzar al régimen franquista en el exterior y renovó en dos ocasiones el acuerdo sobre las bases estadounidenses en España.

CASTIGLIONE, BALDASSARE (1478-1529). Poeta, diplomático y cortesano italiano. Árbitro de los modales aristocráticos y la actividad de los hombres políticos durante el Renacimiento.
4:18a; Italiana, literatura 8:319a; *ilustraciones* 4:18a; 8:320.

CASTIGO. V. **Pena.**

CASTILHO, ANTÓNIO FELICIANO DE (1800-1875). Poeta y pedagogo portugués. Ciego desde los seis años, fundó varias revistas y editoriales y promovió la reforma de la enseñanza. Su poesía, de gran perfección formal, evolucionó del neoclasicismo al romanticismo, que contribuyó a difundir. *Cartas de Eco a Narciso* (1821), *Los celos del bardo* (1838).
Portuguesa, literatura 12:102b.

CASTILLA, LEOPOLDO (n. 1947). Ensayista, poeta, narrador y crítico literario argentino. *Generación terrestre* (1974), *Versión de la materia* (1982), *Baniano* (1995).

CASTILLA, RAMÓN (1797-1867). Militar y político peruano. Elegido presidente de su país en 1845, y de nuevo en 1858.
4:18a; Perú 11:363a; Prado, Mariano Ignacio 12:111a.

CASTILLA DEL ORO. Nombre histórico de una región americana situada entre el extremo oriental del istmo de Panamá y el golfo de Urabá. Fue descubierta en 1501 por Rodrigo de Bastidas. Motivo de conflicto entre Vasco Núñez de Balboa y Pedrarias Dávila cuando este último fue nombrado gobernador de la zona en 1513.
Pedrarias Dávila 11:316a.

CASTILLA DEL PINO, CARLOS (n. en 1922). Ensayista, psiquiatra y narrador español. Premio Internacional de Ensayo Jovellanos en 1998. *El humanismo imposible* (1968), *Celos, locura, muerte* (1995), *Pretérito imperfecto* (1997).

CASTILLA-LA MANCHA. Comunidad autónoma de España. Comprende las prov. de Albacete, Ciudad Real, Cuenca, Guadalajara y Toledo. Cap. Toledo. 79.225 km². 1.712.529 hab. (1996).
4:18b; España 6:63b; **Toledo 14:73b;** *ilustraciones* 4:19a-b; 4:20a.

CASTILLA LA NUEVA. Región histórica de España que incluía las prov. de Ciudad Real, Cuenca, Guadalajara, Madrid y Toledo. A partir de 1982, las provincias, con excepción de Madrid, se integraron a la comunidad autónoma de Castilla-La Mancha, que incluye también la prov. de Albacete. Madrid se convirtió en comunidad autónoma uniprovincial.
Castilla-La Mancha 4:20a.

CASTILLA LA VIEJA. Región histórica de España que incluía las prov. de Ávila, Burgos, Logroño, Palencia, Santander, Segovia, Soria y Valladolid. Desde 1983, Logroño constituyó la comunidad de La Rioja, Santander la de Cantabria y las restantes provincias se integraron a la de Castilla y León, que incluyó también las prov. de León, Salamanca y Zamora.
Castilla y León 4:21a.

CASTILLA Y LEÓN. Comunidad autónoma de España. Comprende las prov. de Ávila, Burgos, León, Palencia, Salamanca, Segovia, Soria, Valladolid y Zamora. Cap. Valladolid. 94.010 km². 2.508.496 hab. (1996).
4:20b; Burgos 3:227a; España 6:63b; Valladolid 14:225b; Zamora 14:407a; *ilustraciones* 4:21a-b; 4:22a.

CASTILLEJA DE LA CUESTA. Población española de la prov. de Sevilla, comunidad autónoma de Andalucía. A 6 km de la ciudad de Sevilla. Cultivos oleícolas; repostería. 15.095 hab. (1991).

CASTILLEJO, CRISTÓBAL DE (h. 1490-1550). Poeta y monje cisterciense español. Fue paje de don Fernando, nieto de Fernando el Católico, y dejó la vida conventual para convertirse en su secretario. Máximo representante de la oposición a Garcilaso y su poesía italianizante, defendió las estrofas tradicionales castellanas. *Contra los que dejan los metros castellanos y siguen los italianos, El canto de Polifemo, Diálogo de mujeres* (1544).

CASTILLEJO, JOSÉ (1877-1945). Pedagogo español. Alumno de Francisco Giner de los Ríos, fue secretario de la Junta de Ampliación de Estudios entre 1907 y 1934 y director de la Fundación Nacional para Investigaciones Científicas hasta 1938. Integrante del sector reformista surgido con la Institución Libre de Enseñanza. A raíz de la guerra civil española se trasladó al Reino Unido. *La educación en Inglaterra* (1910), *Educación y revolución en España* (1937).

CASTILLEJOS, BATALLA DE LOS. Combate librado el 1 de enero de 1860 entre las tropas españolas del general Juan Prim y las del ejército marroquí. La victoria española permitió la posterior ocupación de la ciudad de Tetuán.

CASTILLETE. Armazón colocado sobre un pozo, del que penden las poleas del cable de extracción. Fabricado en metal o madera. Por analogía, estructura metálica, generalmente de acero, que soporta tendidos eléctricos, cables de teleférico, etc.

CASTILLO. V. **Castillo y palacio.**

CASTILLO, ALONSO DEL (h. 1520-h. 1596). Médico y traductor español. Morisco granadino, fue intérprete oficial de Felipe II. Se le considera autor de la *Colección de Sacromonte* y del *Documento de Torre Turpiana*, que intenta conjugar el cristianismo y la religión islámica.

CASTILLO, ANTONIO DEL (1616-1668). Pintor español. Uno de los principales representantes de la escuela barroca cordobesa, autor de pintura religiosa, retratos, paisajes y dibujos. Decoró la catedral de Córdoba y la iglesia de Jesús Nazareno. «Historia de José», «Adoración de los pastores» (1651).

CASTILLO, EL. Novela del escritor checo Franz Kafka, publicada en 1926, después de la muerte de su autor. Alegoría de la incomunicación y soledad humanas, relata los inútiles esfuerzos de un agrimensor para ser recibido por los dueños de un castillo.

CASTILLO, FLORENCIO M. (1828-1863). Novelista mexicano. Defensor del liberalismo y opositor de la intervención francesa en su país, fue encarcelado en San Juan de Ulúa, Veracruz, donde murió. Autor de obras encuadradas dentro del romanticismo sentimental. *Amor y desgracia u horas de tristeza, Corona de azucenas, Dolores ocultos.*

CASTILLO, FRANCISCA JOSEFA DEL (1671-1742). Monja y escritora colombiana. Una de las más altas figuras de la mística colonial. Sus dos obras principales fueron editadas después de su muerte: *Vida de la venerable madre Francisca Josefa de la Concepción* (1817) y *Sentimientos espirituales* (1848).

CASTILLO, FRANCISCO DEL (1716-1770). Poeta y dramaturgo peruano, denominado «el ciego de la Merced». Entre sus dramas cabe destacar *Mitrídates, rey del Ponto.* Escribió las comedias *Todo el ingenio lo allana, La conquista del Perú, Entremés de justicia y litigante,* y *Bailes y jácaras.*

CASTILLO, HEBERTO (1928-1997). Político mexicano. Cofundador, junto a Cuauhtémoc Cárdenas, del Partido de la Revolución Democrática (PRD). Su oposición al gobernante Partido Revolucionario Institucional durante los sucesos estudiantiles de 1968 le costaron ingresar en la cárcel.

CASTILLO, IGNACIO B. DEL (1886-1966). Escritor y periodista mexicano. Fue jefe del departamento de historia del Museo Nacional, amén de otros cargos culturales. *Cuauhtémoc: su ascendencia, su edad, su descendencia* (1907), *Bibliografía de la revolución mexicana de 1910 a 1917.*

CASTILLO, IGNACIO MARÍA DEL (1817-1893). Militar español. Participó en la expedición de Manuel Gutiérrez de la Concha a Portugal (1847) y en la tercera guerra carlista (1872-1876), en la que su defensa de Bilbao le valió el título de conde de dicha plaza. Fue ministro de la guerra en uno de los gobiernos de Práxedes Mateo Sagasta (1886-1888).

CASTILLO, JOSÉ DEL (1737-1793). Pintor español. Educado en Roma, decoró algunas iglesias madrileñas (San Francisco el Grande) y el palacio de El Escorial. Sus mejores obras son los cartones que realizó para la Real Fábrica de Tapices, en los que reflejó a la sociedad madrileña de la época. «El estanque del Retiro», «El paseo de las Delicias».

CASTILLO, JOSÉ ROGERIO (1845-1925). Militar colombiano. Después de luchar en su país con Tomás Cipriano Mosquera, se puso a las órdenes de José Martí en Cuba, en donde llegó a ser inspector general del ejército.

CASTILLO, MICHEL DEL (n. en 1933). Escritor francés de origen español. Hijo de exiliados españoles, vivió en un campo de concentración en Francia durante la segunda guerra mundial. Obtuvo en 1981 el Premio Renaudot por su obra *La noche del decreto. Tanguy* (1953), *La muerte de Tristán* (1959), *Los cipreses mueren en Italia* (1979).

CASTILLO, RAMÓN (1873-1944). Político argentino. Fue catedrático de las universidades de Buenos Aires y La Plata, ocupó diversos cargos públicos y fue ministro de justicia, instrucción pública e interior. Asumió la presidencia en 1940 a la muerte de Roberto M. Ortiz. Un movimiento revolucionario encabezado por el general Arturo Rawson lo derribó en 1943.
Argentina 2:55a.

CASTILLO, RICARDO (1894-1967). Compositor guatemalteco. Alumno en París de Paul Vidal, fue autor de obras sinfónicas y ballets y ejerció desde 1938 la enseñanza en el Conservatorio Nacional de Música. *Homenaje a Ravel* (1920), *Cuculcán* (1945), *Estelas de Tikal* (1948).

CASTILLO ARMAS, CARLOS (1914-1957). Militar y político guatemalteco. Conspiró contra el presidente Jacobo Arbenz. Exiliado en la Habana, no cejó en sus intentonas golpistas. Apoyado por los Estados Unidos se hizo con el poder en 1954. Murió asesinado por uno de sus guardias personales.
Guatemala 7:256a.

CASTILLO DE GONZÁLEZ, AURELIA (1842-1920). Escritora cubana. Partidaria de la independencia de la isla, fue desterrada a España. Traductora de Gabrielle D'Annunzio. Su obra incluye poemas, cuentos, fábulas y libros de viajes. Fundadora de la Academia de Artes y Letras de Cuba. *Fábulas* (1879), *Un paseo por Europa.*

CASTILLO DUANY, DEMETRIO (1856-1922). Militar cubano. Participó en la guerra de la independencia cubana y ayudó a la invasión estadounidense. Encarcelado durante el gobierno de Tomás Estrada Palma, fue liberado durante la segunda intervención estadounidense. Secretario de guerra en 1921.

CASTILLO INTERIOR, O LAS MORADAS. Obra de la escritora mística española santa Teresa de Jesús (1515-1582). Publicada en 1588 y escrita diez años antes, en una época de dificultades para los carmelitas descalzos. Pretendía mostrar a las religiosas de su orden el camino espiritual de la unión con Dios.

CASTILLO MONTERROSO, JESÚS (1877-1946). Musicólogo y pianista guatemalteco. Fue miembro de la Academia de Bellas Artes de Francia y se dedicó al estudio del folclor de su país. Autor de poemas sinfónicos y ópera. *Vartizanic, Quiché Vinac.*

CASTILLO NÁJERA, FRANCISCO (1886-1954). Médico, militar, escritor y político mexicano. Director de varios hospitales de su país, fue ministro de relaciones exteriores (1945), delegado ante la Sociedad de las Naciones y las Naciones Unidas y embajador en los Estados Unidos y Francia. *Albores, Un siglo de poesía belga, Treguas líricas.*

CASTILLO PUCHE, JOSÉ LUIS (n. en 1919). Escritor español. Autor de novelas, ensayos y crónicas, en sus obras intentó profundizar en los problemas espirituales y sociales de su época. Premio Nacional de Literatura en 1954 por su novela *Con la muerte al hombro. Paralelo 40* (1963), *El amargo sabor de la retama* (1979), *Conocerás el pozo de la nada* (1982).

CASTILLO SOLÓRZANO, ALONSO DE (1584-h. 1648). Escritor español. Cultivó, entre otros géneros, la novela picaresca y la novela corta al estilo cervantino. *Teresa de Manzanares* (1632), *El bachiller Trapaza* (1637), *La garduña de Sevilla* (1642).
Picaresca, novela 11:389b.

CASTILLO VELASCO, FERNANDO (n. en 1918). Arquitecto chileno. En su obra, de marcado carácter funcionalista, destacan los proyectos de viviendas comunitarias. En 1989 fue condecorado con el Premio América de arquitectura.

CASTILLO Y PALACIO. Construcciones arquitectónicas erigidas por motivos defensivos o como residencia de las clases poderosas.
4:22a; Barroco, arte 2:358a; Creta 5:9a; Fortificación 6:350b; Luis II de Baviera 9:237b; Oriental, arte 11:148a; Palenque 11:223b; *ilustraciones* 4:23; 4:24a; 4:25b.

CASTILLO Y RADA, JOSÉ MARÍA DEL (1776-1835). Político colombiano. Integrante del colegio constituyente de 1811, presidió el consejo de ministros durante el gobierno de Simón Bolívar.

CASTLE, VERNON E IRENE. Vernon Blythe (1887-1918) e Irene Foote (1893-1969), matrimonio de bailarines de exhibición estadounidenses. Crearon danzas propias (*castle walk, castle polka*) y popularizaron bailes como la machicha y el tango. Autores de *El baile moderno* (1914) y, ya sólo Irene Castle, *Mi marido* (1919).

CASTLEREAGH, ROBERT STEWART, VIZCONDE DE (1769-1822). Ministro de asuntos exteriores británico que colaboró en la gran alianza contra Napoleón Bonaparte.
4:26a.

CÁSTOR (ASTRONOMÍA). Aparentemente, una de las dos estrellas más brillantes de la constelación de Géminis (Gemelos). En realidad, sistema múltiple de al menos seis estrellas, cuyos miembros de mayor luminosidad son espectroscópicamente dobles.

CASTOR (ZOOLOGÍA). Mamífero roedor de la familia de los castóridos. Comprende dos especies: el castor americano (*Castor canadensis*) y el europeo (*Castor fiber*).
4:26a; Roedores 12:409a; *ilustración* 4:26b.

CASTÓREO. Secreción que se acumula en dos bolsas de los castores, próximas a los órganos genitales. De olor muy penetrante, se emplea en perfumería.

CASTORIADIS, CORNELIUS (1922-1997). Filósofo francés. Nacido en Turquía y educado en Grecia, se trasladó a Francia en 1945. En sus escritos realizó una aguda crítica del sistema soviético. *La sociedad burocrática* (1973), *Capitalismo moderno y revolución* (1979).

CÁSTOR Y PÓLUX. Héroes de la mitología griega, gemelos, llamados Dioscuros, hijos de Leda y hermanos de Helena y de Clitemnestra. Según la mayoría de las versiones, Leda concibió a todos la misma noche: a Cástor y Clitemnestra de su marido Tíndaro, y a Pólux y Helena de Zeus, encarnado en un cisne. Entrañablemente unidos, Cástor y Pólux lucharon juntos en numerosas ocasiones y participaron en la expedición de los argonautas. En una disputa por el amor de unas doncellas, Cástor resultó muerto por sus rivales, pero a instancias de Pólux, que era inmortal, Zeus los convirtió a ambos en la constelación de Géminis. Se les rindió culto en Grecia y en Roma y se les consideraba protectores de la juventud.

CASTRACANI, CASTRUCCIO (1281-1328). Capitán de mercenarios que gobernó Lucca, Italia, desde 1316 hasta su muerte. Sirvió sucesivamente a franceses, ingleses y lombardos y dirigió a los gibelinos contra los güelfos. Fue excomulgado dos veces por Juan XXII.

CASTRACIÓN. Ablación de los testículos en el hombre y de los ovarios en la mujer, con el propósito de suprimir la acción de las glándulas genitales.

CASTRACIÓN, COMPLEJO DE. Según la teoría psicoanalítica freudiana, complejo basado en la fantasía de castración que surge durante la fase fálica y guarda estrecha relación con el complejo de Edipo, especialmente con su vertiente prohibitiva. Surge de la creencia infantil de la presencia del pene en ambos sexos y se estructura de diferente forma en el niño y en la niña.

CASTRIES. Capital y puerto de la isla de Santa Lucía en el mar Caribe. Aeropuerto. Plátanos (bananos), caña de azúcar, cacao, ron. Estación de experimentación botánica. Fortaleza en el monte Fortune. Hermosas playas. Turismo. 16.187 hab. (1997).
Santa Lucía 13:142a.

CASTRILLO, GARCÍA DE HARO Y GUZMÁN, CONDE DE (1585-h. 1688). Político español. Figura destacada de la vida política española durante el reinado de Felipe IV. Fue rector de la universidad salmantina, miembro y, posteriormente, presidente del Consejo de Castilla y, entre 1653 y 1658, virrey de Nápoles.

CASTRILLÓN. Población española de la prov. de Oviedo, comunidad autónoma de Asturias. En 1833 inició en esta zona su desarrollo la Real Compañía Asturiana de Minas. Extracción de zinc; cereales, legumbres; ganadería, industria metalúrgica; turismo. 21.235 hab. (1991).

CASTRO, ALFONSO DE (1495-1558). Jurista español. Perteneciente a la orden franciscana, fue profesor de la Universidad de Salamanca y predicador real de la corte de Felipe II. Destacó por su dedicación al estudio del derecho penal. *De justa haereticorum punitione* (1547), *De potestate legis poenalis* (1550).

CASTRO, AMÉRICO (1885-1972). Filólogo, historiador y crítico literario español. Estudió la formación de la cultura hispánica.
4:27a; Sánchez Albornoz, Claudio 13:117a; *ilustración* 4:27a.

CASTRO, CIPRIANO (1858-1924). Militar y político venezolano. Presidente de su país de 1899 a 1908.
4:27a; Gómez, Juan Vicente 7:159a; Venezuela 14:266b.

CASTRO, EUGÉNIO DE (1869-1944). Poeta portugués. Introductor de nuevas concepciones poéticas en la lírica portuguesa del siglo XX.
4:27b.

CASTRO, FELIPE DE (1711-1775). Escultor español. Alumno de Diego de Sande, Miguel de Romay y Pedro Cornejo, trabajó para la casa real y fue director de la Real Academia de Bellas Artes de San Fernando (1752). Aunó la estética neoclásica con el sentido decorativo del rococó.

CASTRO, FERNANDO DE (1814-1874). Pedagogo español. Sacerdote franciscano, se opuso al tradicionalismo religioso y defendió una concepción liberal de las relaciones iglesia-estado. Apoyó las reformas educativas postuladas por los krausistas. *Caracteres históricos de la iglesia española* (1866).

CASTRO, FIDEL (n. en 1927). Político cubano. Líder del movimiento revolucionario que derrocó al presidente Fulgencio Batista en 1959. Mantuvo un régimen socialista que en la década de 1990 afrontó un período de grave crisis tras la disgregación de la Unión Soviética.
4:28a; Batista, Fulgencio 2:369b; Cuba 5:57a; Guevara, Ernesto *Che* 7:280b; Revolución 12:357b; Santiago de Cuba, provincia de 13:148b; *ilustraciones* 4:28a; 5:57b; 12:357b.

CASTRO, FRANCISCO DE (1857-1901). Médico y poeta brasileño. Fue elegido para la Academia Brasileira de Letras, pero no tomó posesión de su cargo. Entre sus obras profesionales, el *Tratado de clínica propedéutica* fue la más divulgada.

CASTRO, GUILLÉN DE (1569-1631). Escritor español. Prolífico autor, conocido sobre todo por *Las mocedades del Cid* (h. 1599).
4:28b; Española, literatura 6:92a.

CASTRO, INÉS DE. V. **Inés de Castro.**

CASTRO, JOÃO DE (1500-1548). Navegante, científico y administrador colonial portugués. Intervino en diferentes campañas militares y sucedió en 1545 a Martim Afonso de Soussa como gobernador de la India. En 1548 fue nombrado virrey de las colonias indias por sus servicios a la corona. Autor de obras científicas y geográficas.

CASTRO, JOSÉ AGUSTÍN DE (1730-1814). Escritor mexicano. Autor de obra poética y piezas teatrales. Reflejó en sus creaciones en prosa la vida y costumbres de la América colonial de fines del siglo XVIII. *Miscelánea de poesías sagradas y humanas* (1797-1809).

CASTRO, JOSÉ MARÍA (1818-1892). Político costarricense. Presidente de la república desde enero de 1847, durante su etapa presidencial Costa Rica alcanzó la total independencia de la federación de las Provincias Unidas de Centroamérica (30 de agosto de 1848). Abandonó la presidencia en 1849, pero retornó a ella en 1866. Fue derrocado dos años después por un golpe de estado militar.

CASTRO, JOSÉ MARÍA FERREIRA DE (1898-1974). Escritor portugués. Autor de novelas, libros de viaje y artículos periodísticos. Fundador de la revista *A Hora* (1922), y *Civilização* (1928-1930). Sus obras están marcadas por la preocupación social. *Los emigrantes* (1928), *La selva* (1930), *Maravillas artísticas del mundo* (1958-1961).

CASTRO, JOSUÉ DE (1908-1973). Sociólogo brasileño. Ocupó la presidencia de la FAO entre 1952 y 1956. Dedicó principalmente sus esfuerzos al estudio del problema del hambre y la pobreza en el mundo, especialmente en Brasil. *Geopolítica del hambre* (1952), *El nordeste de Brasil* (1965).

CASTRO, JUAN JOSÉ (1895-1968). Compositor y director de orquesta argentino, una de las principales figuras musicales de su país.
4:29a.

CASTRO, JULIÁN. Político venezolano. Ocupó diversos cargos políticos y fue presidente de su país de 1858 a 1859.

CASTRO, LUISA (n. en 1966). Novelista y poetisa española en castellano y gallego. *Los hábitos del artillero* (1988), *La fiebre amarilla* (1994).

CASTRO, RAÚL (n. en 1932). Militar y político cubano. Hermano de Fidel Castro, participó junto a éste en el asalto al cuartel de Moncada (26 de julio de 1953). Ocupó la jefatura de las fuerzas armadas tras la victoria de la revolución. Designado vicepresidente de la república en 1976.
Castro, Fidel 4:28a.

CASTRO, RICARDO (1855-1919). Político, militar y escritor colombiano. Coronel del ejército liberal, ocupó la prefectura de Medellín y fue secretario del tesoro. *Páginas históricas colombianas.*

CASTRO, RICARDO (1864-1907). Músico mexicano, alumno de Melesio Morales. Actuó como concertista en los Estados Unidos y Europa. Director del Conservatorio Nacional. Escribió óperas (*La leyenda de Rudel, Satán vencido*) y dos sinfonías.

CASTRO, ROSALÍA DE (1837-1885). Poetisa española. Figura cumbre de las letras gallegas.
4:29a; Española, literatura 6:92b; Gallega, literatura 7:25a; *ilustración* 4:29b.

CASTRO ALVES, ANTÔNIO DE (1847-1871). Poeta brasileño. Sus poemas, dentro de la tendencia romántica, cantaron la liberación de los esclavos.
4:29b.

CASTRO BARROS, PEDRO IGNACIO DE (1777-1849). Político argentino. Partidario de la revolución de 1810, fue representante de La Rioja en el Congreso de Tucumán y rector de la Universidad de Córdoba. Implantó modernos métodos de enseñanza en la provincia. Opositor de Juan Manuel de Rosas, marchó al exilio en 1833.

CASTRO E ALMEIDA, EUGÉNIO DE (1869-1944). Poeta portugués. Rector de la Universidad de Coimbra, fue autor de libros de poesía que lo vinculan estéticamente con el simbolismo y la escuela parnasiana francesa. *Cristalizaciones de la muerte* (1884), *Canciones de esta negra vida* (1922).

CASTRO LEAL, ANTONIO (1896-1981). Diplomático y escritor mexicano. Ejerció diversos cargos diplomáticos en conferencias internacionales y fue delegado mexicano en la UNESCO. Rector de la Universidad Nacional Autónoma de México y académico de la lengua. Autor de obras de erudición y crítica literaria. *Juan Ruiz de Alarcón, su vida y su obra* (1943).

CASTRO MADRIZ, JOSÉ MARÍA (1818-1892). Abogado y político costarricense. Fue presidente de su país de 1847 a 1849 y de 1866 a 1868.
4:30a.

CASTROS, CULTURA DE LOS. Civilización prehistórica de la edad de bronce, asentada en la meseta castellana y la parte noroccidental de la península ibérica. Se caracteriza por las construcciones de castros o recintos amurallados. Existen marcadas diferencias entre la cultura desarrollada en la zona de la meseta (cultura de los verracos) y la de la zona noroccidental (cultura castreña).

CASTROTERREÑO, DUQUE DE (1761-h. 1860). Prudencio de Guadalfájara y Aguilera, militar y político español. Ayudante de campo de Manuel Godoy, participó en la guerra luso-española conocida como «guerra de las naranjas» y en la de la independencia. Capitán general de Extremadura y de Castilla la Vieja, fue ministro de la guerra (1835) y virrey de Navarra.

CASTRO-URDIALES. Población española de la prov. de Santander, comunidad autónoma de Cantabria. Antigua ciudad romana, formó parte, desde el siglo XV hasta el XIX, del Corregimiento de las Cuatro Villas. Minería del hierro; maíz, papas o patatas; ganadería, pesca. 15.167 hab. (1996).
Cantabria 3:346b.

CASTROVIEJO, AMANDO RICARDO (1874-1934). Economista español. Catedrático en la Universidad de Santiago de Compostela, dedicó especial atención al estudio de la situación laboral de los trabajadores españoles desde una perspectiva ideológica democristiana. *El trabajo y el salario* (1907), *La asociación agraria, socialista y ácrata* (1911).

CASTROVIEJO, JOSÉ MARÍA (1909-1983). Escritor español. Representante de la generación del 36, fue autor de poesía y artículos periodísticos en lenguas castellana y gallega, en donde recreó la vida y los personajes de Galicia. *Altura* (1938), *Los paisajes iluminados* (1945), *La ciudad de Santiago* (1954), *Galicia: guía espiritual de una tierra* (1960).

CASTROVIEJO, RAMÓN (1904-1987). Oftalmólogo español. Perfeccionó la operación que lleva su nombre (trasplante de córnea). Realizó sus investigaciones principalmente en los Estados Unidos.

CASTRO Y ROSSI, ADOLFO DE (1823-1898). Erudito e historiador español. Autor del libro titulado *El buscapié*, que presentó como perteneciente a la familia del genealogista sevillano G. A. de Molina, y donde pretendía que se hallaba el verdadero sentido del *Quijote*. Miembro de las academias de la lengua, de la historia y de ciencias morales. *Historia de Cádiz, Historia de Jerez de la Frontera.*

CASTRO Y SERRANO, JOSÉ (1829-1896). Escritor español. Autor de crónicas y relatos cortos. Sus obras son un reflejo de las costumbres y vida social española durante la segunda mitad del siglo XIX. Académico desde 1889. *España en Londres* (1863), *Cuadros contemporáneos* (1866), *Historias vulgares* (1871).

CÁSTULA. Prenda que formaba parte del vestido interior de las mujeres romanas. Se ponía sobre la piel, atándose por debajo del pecho, y se cubría con otra túnica que caía desde los hombros.

CASUARINA. Árbol de la familia de las casuarináceas y del género *Casuarina*. Dicotiledóneo. Diversas especies, originarias de Oceanía. Su madera es de gran dureza y su corteza es rica en tanino, sustancia utilizada como curtiente.

CASUARIO. Ave corredora, de la familia de las casuáridas (*Casuarius Casuarius*). Protuberancia ósea en la frente. Vive en Nueva Guinea y regiones septentrionales de Australia.

CASUÍSTICA. Disciplina teológica que trata de la aplicación de normas morales universales a casos particulares de conciencia. Especialmente desarrollada en la teología moral católica.

CATA, ALFONSO (n. en 1937). Bailarín estadounidense de ballet, de origen cubano. Trabajó para las compañías de Roland Petit y del marqués de Cuevas. Dirigió el ballet del Gran Teatro de Ginebra y el de Francfort.

CATABOLISMO. Fase del metabolismo en la cual las moléculas complejas experimentan una degradación progresiva hasta dar lugar a moléculas más sencillas. Gracias a este proceso, el organismo asimila los nutrimentos tomados del exterior y los incorpora para formar sus propias estructuras.
Biosíntesis 3:52a; Metabolismo 10:90a; Nutrición 11:54b; Vida 14:300b.

CATACUMBAS. Cementerios subterráneos donde las primeras comunidades de cristianos se reunían para orar y huir de las persecuciones. Constan de innumerables galerías, con nichos excavados en las paredes cerrados con losas de mármol, y pequeñas capillas decoradas con murales. Las más famosas están en Roma.

CATAFORESIS. Técnica de análisis químico del grupo de la electroforesis, basada en el paso de partículas cargadas eléctricamente hacia un polo negativo o cátodo.

CATALÀ, VÍCTOR (1873-1966). Caterina Albert, escritora española en lengua catalana. Sus novelas eran crudas y objetivas, notables por la efectividad de su lenguaje. *Dramas rurales* (1902), *Soledad* (1905).
Catalana, literatura 4:33a.

CATALÁN, MIGUEL ÁNGEL (1894-1957). Físico español. Colaborador de Alfred Fowler en Londres y de Arnold Sommerfeld en Alemania, sus investigaciones científicas se centraron en los espectros de los átomos o espectroscopia atómica. *La órbita fundamental de los átomos* (1923).

CATALANA, LENGUA. Idioma románico nacido en Cataluña en la edad media, que se habla en Cataluña, Andorra, en algunas zonas de Aragón, en Alguer (Cerdeña) y en el sur de Francia (departamento de los Pirineos Orientales). En la región valenciana y en las islas Baleares se hablan también dialectos del catalán.
4:30b; Catalana, literatura 4:31b; España 6:67a; *ilustración* 4:31a.

CATALANA, LITERATURA. Conjunto de obras escritas en lengua catalana por autores de Cataluña, Baleares, parte del reino de Valencia y el Rosellón francés.
4:31b; Espriu, Salvador 6:113b; Llull, Ramón 9:190b; Maragall, Joan 9:349a; March, Ausiàs 9:353a; Muntaner, Ramon 10:298a; Ors, Eugenio d' 11:160b; Pla, Josep 12:11b; *ilustraciones* 4:31b; 4:32a; 4:33b.

CATALANISMO. Movimiento nacionalista surgido desde la primera mitad del siglo XIX en España en defensa de la cultura y la autonomía política catalana. Entre sus principales valedores destacaron Valentí Almirall, Enric Prat de la Riba, Francisco Cambó, etc.

CATALÀ ROCA, FRANCESC (n. en 1922). Fotógrafo español. Destacó en el género publicitario y en el retrato. Premio Nacional de Fotografía en 1983.

CATALÁUNICOS, BATALLA DE LOS CAMPOS. Combate librado en el año 451, en un lugar impreciso de la región francesa de Champaña. Una fuerza mixta romano-visigoda comandada por Aecio y Teodorico I (quien murió en la batalla) derrotó a Atila y los hunos y frenó su invasión de la Galia.

CATALEPSIA. Síndrome neurológico, presente en la esquizofrenia, la histeria y otras psicosis, en que el paciente sufre la pérdida relativamente prolongada de la voluntad motora. No se produce rigidez corporal, sino parálisis interrumpida por movimientos reflejos.

ÇATAL HÜYÜK. Asentamiento neolítico de la provincia turca de Konya que estuvo habitado entre los años 6700 y 5650 a.C.
Cerámica 4:80b; Piedra, edad de 11:397b.

CATALINA I DE RUSIA (1684-1727). Emperatriz desde 1725 hasta su muerte. De origen campesino, probablemente lituano, fue amante de Pedro el Grande, antes de convertirse en su segunda esposa. Tras la muerte de éste en 1725 la guardia imperial impuso su nombramiento como emperatriz. Durante su mandato disminuyó el poder del Sínodo y el Senado y lo entregó a un consejo privado.
Rusia 13:60b.

CATALINA II DE RUSIA. V. **Catalina la Grande.**

CATALINA DE ALEJANDRÍA, SANTA. Mártir cristiana que, según la tradición, puesta en duda por algunos autores, fue torturada y decapitada en el año 305 por orden del emperador Maximino. Fue eliminada del calendario católico en 1969. Representada con una palma y una rueda dentada.

CATALINA DE ARAGÓN (1485-1536). Hija de los Reyes Católicos, Fernando e Isabel. Casó con Arturo, príncipe de Gales y, al quedar viuda, fue desposada por el hermano de Arturo, Enrique VIII de Inglaterra. Aunque tuvo varios hijos con él, no sobrevivió ningún varón. Esta circunstancia hizo que el rey solicitara el divorcio y provocó la ruptura con Roma y el nacimiento del anglicanismo.
Enrique VIII de Inglaterra 5:424a.

CATALINA DE BRAGANZA (1638-1705). Princesa portuguesa. Hija del rey Juan IV, contrajo matrimonio en 1662 con Carlos II de Inglaterra. Muerto el monarca en 1685, regresó a Portugal en 1692. Ocupó en 1704 la regencia durante la ausencia de su hermano, el rey Pedro II.

CATALINA DE FOIX (1468-1518). Reina de Navarra desde 1483 hasta 1513. Hija de Gastón de Foix y Magdalena de Francia, contrajo matrimonio con Juan de Albret (Juan II de Navarra). Catalina heredó el trono a la muerte de su hermano Francisco Febo (1483), con la oposición de su tío Juan, que invocaba la Ley Sálica. Su intento de casar al príncipe de Viana, Enrique, con una hija de Luis XII de Francia fue aprovechado por Fernando el Católico para apoderarse de Navarra (1512). Catalina y Juan de Albret tuvieron que refugiarse en la Navarra francesa, cuyo trono permaneció en poder de la casa de Albret.

CATALINA DE LANCASTER (1373-1418). Reina de Castilla desde 1390 hasta 1406. Nieta de Pedro I el Cruel, contrajo matrimonio con el que sería rey castellano Enrique III, de acuerdo con el Tratado de Bayona. Ello puso fin a las desavenencias entre la casa de Trastámara y los descendientes de Pedro I el Cruel. A la muerte de su esposo heredó el trono Juan II, hijo menor de Catalina. Las cortes de Segovia (1407) otorgaron la regencia conjuntamente a Catalina y a Fernando de Antequera.

CATALINA DE MÉDICIS (1519-1589). Reina de Francia, esposa de Enrique II. Una de las personalidades más influyentes en las luchas entre hugonotes y católicos franceses.
4:34a; Hugonotes 8:89b; Medici, familia 10:27a; Religión, guerras de 12:321b; Tabaco 13:371a; *ilustración* 4:34a.

CATALINA DE NAVARRA. V. **Catalina de Foix.**

CATALINA DE SIENA, SANTA (1347-1380). Caterina Benincasa, religiosa dominica italiana. Doctora de la iglesia, tuvo una importante intervención en los asuntos políticos y religiosos de su época.
4:34b; *ilustración* 4:34b.

CATALINA HOWARD (h. 1522-1542). Quinta esposa de Enrique VIII de Inglaterra, con quien contrajo matrimonio en privado el 28 de julio de 1540. Enterado el rey de sus relaciones prematrimoniales, el Parlamento la condenó a muerte por impudicia. Fue decapitada, en la torre de Londres, el 13 de febrero de 1542.

CATALINA LA GRANDE (1729-1796). Emperatriz de Rusia que introdujo a su país en la vida política y cultural de Europa occidental.
4:35a; Despotismo ilustrado 5:156a; Polonia 12:74b; Rusia 13:60b; *cuadro* 4:35b; *ilustración* 4:35a.

CATÁLISIS. Modificación de la velocidad de una reacción química, usualmente su aceleración. La provocan pequeñas cantidades de sustancias (catalizadores) que se mantienen inalteradas en el proceso reactivo.
4:35b; Enzima 6:7b.

CATALIZADOR. Sustancia que produce catálisis. El catalizador es negativo si retrasa la velocidad de una reacción química o un proceso físico y positivo si los acelera.
Catálisis 4:35b; Enzima 6:7a.

CATÁLOGO. Lista de objetos ordenada con criterio científico. Facilita el uso y el conocimiento de los objetos existentes en bibliotecas, museos, establecimientos comerciales, etc.
Biblioteca y biblioteconomía 3:16b.

CATALPA. Árbol de hoja caduca de la familia de las bignoniáceas (*Catalpa bignonioides*). Dicotiledóneo. Hojas anchas y fruto en silicua. Originario de Norteamérica, se cultiva como ornamental.

CATALUÑA. Comunidad autónoma de España. Comprende las prov. de Barcelona, Girona, Lleida y Tarragona. Cap. Barcelona. 32.113 km^2. 6.090.040 hab. (1996).
4:36a; Barcelona 2:348b; España 6:64b; Española, guerra civil 6:86b; Gótico, arte 7:173a; Macià, Francesc 9:265a; Modernismo 10:207b; Pirineos 12:4a; Reconquista 12:284b; *ilustraciones* 4:36b; 4:37b; 4:38a.

CATAMARÁN. Especie de balsa empleada por los nativos de la costa oriental de la India. Consiste en una quilla y en dos piezas de madera o dos flotadores que sostienen la plataforma en la que van los remeros.

CATAMARCA. Provincia de la Argentina separada de Chile por los Andes. Montañosa, en general, con valles fértiles y áridos, según la zona. Fue parte del imperio inca. Escasa agricultura; minería. Cap. San Fernando del Valle de Catamarca. 102.602 km^2. 318.147 hab. (2000).

CATAMARCA, SAN FERNANDO DEL VALLE DE. Población de la Argentina, cap. de la prov. de Catamarca, a orillas del río Valle. Fundada en 1558 por Juan Pérez de Zurita y trasladada a su actual emplazamiento en 1683. Agricultura, ponchos. 140.000 hab. (1999).

CATAMAYO, HOYA DEL. Territorio ecuatoriano flanqueado por las cordilleras de Celica y Santa Rosa, en la prov. de Loja. Atravesado por el río Catamayo. Importante centro agrícola y minero.

CATAMAYO, RÍO. Curso fluvial del Ecuador y el Perú, conocido en este último país como río Chira. Nace en la cordillera ecuatoriana de Celica, en la prov. de Loja, y, tras unirse al río Alamor, discurre por el territorio peruano hasta desembocar en el Pacífico. Su curso es de 350 km.

CATANDUVA. Ciudad de Brasil en el est. de São Paulo, al noroeste de la capital estatal. Ferrocarril, aeropuerto. Café, algodón, arroz; industrias alimentarias, cueros. Feria de ganados. 64.813 hab. (1980).

CATANIA. Ciudad de Italia, cap. de la prov. de su mismo nombre, en Sicilia, en la costa del mar Jónico. Ruinas griegas y romanas. Castillo del siglo XIII, hoy museo. Centro industrial y puerto exportador de azufre, almendras y naranjas. Turismo. 342.275 hab. (1998).
Etna 6:184a.

CATAÑO. Municipio de Puerto Rico a orillas de la bahía de San Juan, océano Atlántico. 26.334 hab. (1985).

CATAPULTA (AERONÁUTICA). Dispositivo mecánico para lanzar aviones desde un navío de guerra. Consiste en una plataforma debajo de la cual corre un gancho accionado por vapor o aire comprimido que tira del avión y le da la velocidad necesaria para iniciar su vuelo.

CATAPULTA (MILICIA). Máquina de guerra que se usó durante la antigüedad y la edad media para lanzar piedras, saetas, u objetos incendiarios. La tensión para impulsar la cuchara lanzadora se conseguía retorciendo las cuerdas que la sujetaban.
Ejército 5:344b.

CATARATA. V. **Cascada.**

CATARATA (MEDICINA). Opacidad del cristalino o de su cápsula, que pierde la transparencia y altera la visión. Puede ser congénita o adquirida.
Ceguera 4:59b; Oftalmología 11:78a; Vista, sentido de la 14:334a.

CATARI, TOMÁS (siglo XVIII). Indígena rebelde del Perú. Junto con sus hermanos Dámaso y Nicolás pretendía hacerse con el poder en un cacicazgo en la zona de Charcas. Hecho prisionero por la audiencia de Charcas, fue despeñado por sus captores tras un intento de los indios por liberarlo.

CÁTAROS. Miembros de una secta religiosa surgida en los siglos XII y XIII. Profesaban un dualismo neomaniqueo, influido por la doctrina de los bogomilos, y pretendían una absoluta pureza de vida (abstinencia, ayuno, castidad, ascetismo, etc.). Conocidos también como albigenses, patarinos o publicanos.
Herejías 7:371a; Reforma y contrarreforma 12:294a.

CATARRINOS. Simios altamente evolucionados, suborden de los primates. Orificios nasales frontales y orientados hacia la base, cola ausente o de carácter no prensil. El pulgar de los pies se opone a los restantes dedos. Distribuidos por África y Asia.

CATARROJA. Población española de la prov. de Valencia, comunidad autónoma de Valencia. Situada en la huerta valenciana, muy cerca de la capital. Agricultura de regadío (arroz, cítricos), industria diversa. 20.627 hab. (1996).

CATARSIS (ESTÉTICA). Término usado por Aristóteles, y adaptado más tarde por otros pensadores, que busca explicar el efecto que produce la tragedia entre los espectadores. Literalmente significa purificación.

CATARSIS (PSICOLOGÍA). Según la teoría psicoanalítica, liberación psíquica que se produce como consecuencia de la concienciación y expresión verbal de un contenido inconsciente reprimido causante de un conflicto emocional.
Psicoterapia 12:183a.

CATASTRO. Padrón o lista en la cual se registran los inmuebles o fincas –rurales y urbanos– de una localidad o país. También, conjunto de las actividades que se realizan para precisar el valor, la extensión y la calidad de los bienes raíces.

CATÁSTROFE BARIÓNICA. Situación que impide la viabilidad de los actuales modelos del cosmos, por la interacción entre protones, neutrones e hiperones, es decir, bariones, y la materia no detectable por radiación electromagnética o materia oscura.

CATÁSTROFES, TEORÍA DE LAS. Demostración geométrica presentada por el matemático francés René Thom en 1972, según la cual, en topología, leves variaciones de factores pueden producir grandes discontinuidades. El principio se ha aplicado a otras ciencias, como la biología, la geología y la lingüística.

CATASTROFISMO. Hipótesis que buscaba explicar las diferencias en fósiles de distintos estratos geológicos como consecuencia de cataclismos. Fue postulada en el siglo XIX por el francés Georges Curier.
Geología 7:95b.

CATATONIA. Forma de la esquizofrenia caracterizada por la alteración grave de la psicomotricidad del paciente, con pérdida de la expresividad (gestos congelados) y del dominio de las estereotipias posturales y de movimientos. En algunos casos puede llevar incluso a la inmovilidad total.
Esquizofrenia 6:117a.

CATATUMBO, RÍO. Curso fluvial de Colombia y Venezuela. Nace en la cordillera Oriental colombiana, en el dep. Norte de Santander, y al este de Puerto Barco penetra en territorio venezolano. Desemboca en la parte sudoeste del lago Maracaibo, en el est. Zulia. Su curso es aproximadamente de 300 km.

CATCH. Forma abreviada de la expresión inglesa *catch-as-catch-can* («atrapar como se pueda») que designaba un espectáculo deportivo practicado por profesionales. Se practicaba principalmente en los Estados Unidos y el Reino Unido. Dio origen a la lucha libre.
Lucha, deportes de 9:231b.

CATCHER. En beisbol y críquet, jugador equipado con guantes y máscara protectora que se sitúa detrás del bateador para recoger las pelotas falladas por éste. En beisbol, también se llama receptor.
Beisbol 2:384b.

CATEAU-CAMBRÉSIS, TRATADOS DE. Acuerdos firmados el 3 de abril de 1559 entre España y Francia, por los que se puso fin a 65 años de conflictos entre ambos países por el control de Italia. La paz, conseguida tras las victorias españolas de San Quintín (1557) y Gravelinas (1558), consolidó el predominio de la casa de Austria en Italia en los siguientes 150 años.
Saboya, casa de 13:76b; San Quintín, batalla de 13:135b.

CATECISMO. Manual que recoge los principios fundamentales de la doctrina y la moral cristianos, destinado a la instrucción elemental de los no iniciados. Suele estar redactado en forma de preguntas y respuestas.

CATEDRAL Y BASÍLICA. Edificios religiosos cristianos destinados al culto colectivo de los fieles.
4:38b; Arquitectura 2:105a; Barroco, arte 2:358b; Bizantino, arte 3:59b; Cúpula 5:77a; Gótico, arte 7:171b; *ilustraciones* 4:39a-b; 4:40a-b; 4:41; 4:42a-b; 4:43b.

CATEGORÍA. En filosofía, concepto que denota las propiedades más generales de la realidad o del conocimiento de ésta. Para Aristóteles, las categorías eran los «predicados» (cantidades, sustancias, relaciones, estados) que distinguían a un sujeto de otro. Inmanuel Kant las consideró conceptos puros del entendimiento y funciones del juicio.

CATEGORÍA GRAMATICAL. Clasificación de las palabras según las funciones que cumplen en la oración. Existen categorías primarias (sustantivo, adverbio, verbo, adjetivo, etc.) y secundarias (género, caso, voz, modo, tiempo).
Gramática 7:184b.

CATEMACO. Población del est. mexicano de Veracruz, a orillas del lago del mismo nombre. Fundada en 1744. Actividades agropecuarias, comercio, turismo. Famosa por su concentración de brujos. 40.434 hab. (1990; municipio).

CATENA, VINCENZO (h. 1470-1531). Pintor italiano. Influido por las obras de Giovanni Bellini y Giorgione, formó parte de la escuela veneciana del siglo XVI. «La Virgen con el Niño y los santos» (h. 1506), «Martirio de santa Cristina» (1520).

CATEQUESIS. Transmisión verbal del mensaje de Jesucristo e instrucción religiosa cristiana que se da como preparación para recibir el bautismo o la eucaristía.

CATERING. Servicio consistente en la preparación de comidas para servir a domicilio o en comedores públicos, fiestas y convenciones.

CATÉTER. Instrumento tubular que se introduce en un conducto corporal con fines diagnósticos o terapéuticos para instilar líquidos, explorar fístulas o medir presiones.
Cardiología 3:382a.

CATETO. Cada uno de los lados que configuran el ángulo recto de un triángulo rectángulo.

CATGUT. Hilo que se emplea en cirugía para realizar ligaduras o suturas. También para cuerdas de violín. Es de origen animal (intestino de carnero).

CATHER, WILLA (1873-1947). Novelista estadounidense. Fue directora de la revista *Mc Clure's*. Cultivó la poesía y el relato breve. Su obra *Uno de nosotros* (1922) obtuvo el Premio Pulitzer. Autora de *El puente de Alejandro* (1912) y *Mi Antonia* (1918), ésta sobre las penalidades de los primeros inmigrantes a los Estados Unidos.

CATIA LA MAR. Población de Venezuela en el Distrito Federal, a orillas del mar Caribe, al noroeste de la capital.

CATILINA, LUCIO SERGIO (h. el 108-62 a.C.). Patricio romano que organizó una conjura contra la república durante el consulado de Cicerón.
Cicerón 4:176b; Salustio 13:103b.

CATILINARIAS. Nombre de cuatro discursos de Cicerón, probablemente los más famosos del autor, en los que denunció la conjura de Catilina. Los pronunció ante el Senado romano en el año 63 a.C.
Cicerón 4:176b; Latina, literatura 9:72a.

CATÍO. Pueblo amerindio que habita en zonas aisladas de la parte occidental de Colombia. En épocas precolombinas ocupaba extensos territorios de la zona comprendida entre los ríos Porce y Nechi. Pertenece a la familia lingüística chibcha. Economía agrícola.

CATIÓN. Ión portador de cargas positivas, que se deposita en el cátodo durante la electrólisis.
Electroquímica 5:369b.

CATITA. Ave americana de la familia de las psitácidas. Diversos géneros, entre ellos *Aratinga*. Gregaria.

CATOCHE, CABO. Promontorio de México, en el vértice nordeste de la península de Yucatán, frente a la isla de Holbox, en el estado de Quintana Roo.

CÁTODO. Electrodo negativo. Terminal por el que la corriente eléctrica sale de un electrolito, un tubo de gas o una válvula termoiónica para volver a la fuente de energía y al que se dirigen los iones positivos o cationes.
Electricidad 5:355a.

CATÓLICA, IGLESIA. Comunidad de cristianos jerárquicamente organizados bajo la autoridad del papa, sucesor de san Pedro.
4:43b; Antipapa 1:396a; Ayuno y abstinencia 2:276a; Canónico, derecho 3:343b; Concilio 4:324a; Cruz 5:34b; Dios 5:199a; Dogma 5:214b; Ecumenismo 5:296b; Encíclica 5:400b; Herejías 7:369a; Inquisición 8:218a; Liturgia 9:186a; María, Virgen 9:363a; Marianas, advocaciones 9:365b; Milagro 10:162a; Misa 10:187a; Misión y misionero 10:190b; Newman, John Henry 10:394b; Órdenes religiosas 11:132a; Ortodoxas, iglesias 11:162b; Papado 11:256a; Protestantismo 12:165a; Reforma y contrarreforma 12:295a; Renacimiento 12:328b; Ritos 12:386a; Sínodo 13:255b; Trento, concilio de 14:122b; Vaticano 14:244b; Vaticano II, concilio 14:245b; *ilustraciones* 4:44a-b; 4:45b; 4:46; 4:47b.

CATÓLICA, LIGA. V. **Santa Liga.**

CATOLICISMO. Religión que profesan los fieles de la Iglesia Católica, los cuales creen en Jesucristo como el Mesías prometido, aceptan la validez del Antiguo y del Nuevo Testamento y se someten a la autoridad del papa en todas las cuestiones de fe, moral y gobierno.
Fundamentalismo religioso 7:6b.

CATÓN DE ÚTICA, MARCO PORCIO (95-46 a.C.). Político romano. Bisnieto de Catón el Censor, lideró el bando aristocrático de los *optimates* y apoyó en todo momento a Cneo Pompeyo en su lucha contra Julio César. Victorioso este último en la batalla de Tapso (46 a.C.), Catón de Útica se suicidó.

CATÓN EL CENSOR (234-149 a.C.). Marco Porcio Catón, político y orador romano. Primer autor importante de la prosa latina.
4:47b; Latina, literatura 9:74a.

CATTEGAT, ESTRECHO DE. Brazo de mar que separa Suecia (al norte) de Jutlandia (al sur). 220 km de longitud y entre 60 y 141 km de anchura. 25.485 km^2 de superficie y profundidad media de 26 m.

CATTEL, JAMES MCKEEN (1860-1944). Psicólogo estadounidense. Pionero de la investigación psicométrica y de la aplicación de la psicología en los ámbitos laboral y escolar. Fue profesor de la Universidad Columbia y dirigió numerosas revistas de psicología aplicada, entre ellas, *School and Society* (1915-1939).
Personalidad 11:355a.

CATTELL, RAYMOND B. (n. en 1905). Psicólogo estadounidense de origen británico. Considerado como uno de los principales impulsores en el estudio de la teoría y metodología de las escalas psicológicas. *Personalidad y psicología social* (1964).
Psicometría 12:179b.

CATULO (h. 84-h. 54 a.C.). Poeta latino. Autor de numerosas composiciones amatorias de estilo culto, refinado y de carácter intimista.
4:48a; Latina, literatura 9:74b.

CAUCA. Departamento de Colombia. Se extiende por el sudeste del país, desde el Pacífico. Cap. Popayán. 29.308 km^2. 1.127.678 hab. (1993).
4:48b; *ilustración* 4:48b.

CAUCA, RÍO. Curso fluvial de Colombia. Nace cerca de Popayán. Atraviesa hacia el norte las cordilleras Occidental y Oriental de los Andes hasta verter sus aguas en el río Magdalena, al norte de Mompós, tras recorrer 1.349 km.
Antioquia (Colombia) 1:395a.

CAUCÁSICA, RAZA. Nombre que se da a la raza blanca por suponerla originaria del Cáucaso.
Razas humanas 12:272b.

CAUCÁSICAS, LENGUAS. Familia de lenguas de la región del Cáucaso. Incluye entre 30 y 40 lenguas, las cuales se clasifican usualmente en tres grupos: el meridional, en que destaca el georgiano; el noroccidental, que comprende el abjasio, y el nororiental, con el chechén. Sólo el georgiano posee una tradición literaria importante.
Asiáticas, lenguas 2:155a; Lenguas, clasificación de las 9:110a; Rusia 13:55a.

CÁUCASO. Región y sistema montañoso del ángulo suroriental del oeste de Rusia, en la frontera con Georgia y Azerbaiján, entre los mares de Azov, Negro y Caspio. Longitud aproximada de la cordillera, 1.210 km.
4:49a; Armenia 2:89a; Rusia 13:52b; *ilustración* 4:49b.

CAUCENO (siglo II a.C.). Caudillo lusitano rebelde a Roma. Tras sus primeras victorias en el sur de la península ibérica intentó atraerse a los celtíberos, pero hubo de huir a Ocile, posterior Arcila, Marruecos, donde Lucio Mummio lo derrotó.

CAUCHO. Producto elástico obtenido del látex destilado por diversos árboles tropicales.
4:50b; Árbol 2:26a; Goma 7:157b; Plástico 12:24a; *cuadro* 4:51b; *ilustraciones* 4:51a.

CAUCHO REGENERADO. Material obtenido del reciclamiento de artículos de caucho inutilizados.

CAUCHO SINTÉTICO. Producto artificial de características muy parecidas a los del caucho natural. Existen numerosas variedades.

CAUCHY, AUGUSTIN-LOUIS, BARÓN DE (1789-1857). Matemático francés, uno de los creadores del análisis matemático moderno. Estudió, entre otras cuestiones, los criterios de convergencia de series, las funciones de variable compleja y los sistemas de ecuaciones diferenciales.

CAUCIÓN. En derecho, medida de prevención por la que se constituye un depósito destinado a asegurar la obligación contraída. También, libertad provisional decretada por la autoridad judicial hasta la declaración de la sentencia.

CAUDILLISMO. Sistema político basado en la figura de un líder carismático que concentra en su persona el poder.
Dictadura 5:178b.

CAUPOLICÁN (m. en 1558). Jefe araucano. Luchó contra Pedro de Valdivia durante la conquista española de Chile.
4:52a; Araucana, cultura 2:21b; *ilustración* 4:52a.

CAURA, RÍO. Curso fluvial de Venezuela. Nace en el macizo de Guayana y, tras recorrer de sur a norte el est. Bolívar, desemboca en la margen derecha del Orinoco. Su curso es de 570 km.

CAUREL, SIERRA. Sistema montañoso español. Pertenece al macizo Galaico y se alza en la línea divisoria entre las prov. de Lugo y Léon. Su máxima altitud es el monte Faro (1.645 m).

CAUSALIDAD. Relación entre la causa y su efecto. Es un concepto fundamental desde los comienzos de la filosofía, utilizado con frecuencia para explicar el origen, el principio y la razón del mundo. Su comprensión a lo largo de la historia del pensamiento ha sufrido diversas transformaciones en la medida en que se analizan desde diversas perspectivas la naturaleza, implicaciones y formas de la causalidad. Los filósofos antiguos y medievales consideraron la relación causa-efecto en un sentido ontológico (teoría del ser); posteriormente se la estudió también desde una dimensión gnoseológica (teoría del conocimiento).
Determinismo 5:158a.

CAUSTICIDAD. Propiedad de ciertas sustancias de corroer los tejidos orgánicos, como si los quemaran.

CAUTERIZACIÓN. Destrucción o revulsión de tejidos orgánicos por aplicación de calor, frío, sustancias cáusticas o corrientes de alta frecuencia. Curación de heridas o enfermedades con un cauterio.

CAUTÍN. Provincia de Chile en la reg. de Araucanía, en el sur del país. Carretera panamericana. Estación de esquí en el volcán Llaima. Cultivo de cereales; explotaciones de oro, cobre y carbón; ganado vacuno y ovino. Cap. Temuco. 18.377 km^2. 775.000 hab. (1992).

CAUTO, RÍO. Curso fluvial de Cuba en las prov. de Granma y Santiago. Nace en la sierra Maestra, desemboca en el golfo de Guacanayabo, mar Caribe, tras recorrer 250 km. Es el más largo del país.

CAVA. Bodega subterránea donde se guarda el vino. También, vino espumoso español elaborado según el método de fabricación del champaña.

CAVACO SILVA, ANÍBAL (n. en 1939). Político portugués. Líder del Partido Social Democrático (PSD) desde mayo de 1985, consiguió su elección como primer ministro con la victoria electoral de octubre de 1985. Renovó el cargo tras el triunfo del PSD en las elecciones del 19 de julio de 1987. Fue sucedido en 1995 por el socialista Antonio Guterres.
Portugal 12:96a; Sampaio, Jorge 13:113b; Soares, Mário 13:273a.

CAVAFY, CONSTANTIN (1897-1933). Poeta griego que combinó en su obra el antiguo espíritu helénico y el lenguaje moderno.
4:52a; Griega, literatura 7:224a.

CAVAILLÉ-COLL, ARISTIDE (1811-1899). Constructor de órganos francés. Introdujo mejoras en el mecanismo y tubos del instrumento para aproximarlo al sonido orquestal. Sus innovaciones influyeron sobre compositores como César Franck y Camille Saint-Saëns.

CAVALCANTI, ALBERTO (1897-1982). Cineasta brasileño. Cultivó las obras de creación y el género documental.
4:52b; Cinematografía 4:198b.

CAVALCANTI, GUIDO (h. 1255-1300). Poeta italiano. Escribió en el denominado *dolce stil nuovo.* Se le considera como el poeta más brillante en la Italia del siglo XIII, después de Dante Alighieri.
Dante Alighieri 5:91b.

CAVALIER D'ARPINO. V. **Cesari, Giuseppe.**

CAVALIERE, EMILIO DEL (h. 1550-1602). Compositor italiano, uno de los primeros en escribir música dramática. La Camerata de Florencia, a la que perteneció, impulsó la ópera. Compuso pastorales, oratorios, intermedios. Su obra cumbre es *La representación del alma y el cuerpo,* que prefiguraba elementos del oratorio y la ópera.
Ópera 11:113a.

CAVALLI, FRANCESCO (1602-1676). Pier Francesco Caletti-Bruni, compositor italiano, destacado en el campo operístico. Estudió con Claudio Monteverdi. Sus obras más notables son *Dido* (1641) y *Egisto* (1646), con la que se inició la rivalidad entre los estilos francés e italiano.

CAVALLINI, PIETRO (h. 1250-h. 1330). Pintor y mosaísta romano. Aunque vinculado a la tradición estética bizantina, supo dotar a sus obras de una expresividad y naturalidad que anunciaban las formas renacentistas. Mosaicos de Santa Maria in Trastevere (1291), «Último juicio» (1293).

CAVALLI-SFORZA, LUIGI LUCA (n. en 1922). Médico italiano. Especialista en investigación genética de poblaciones, campo en el que descubrió el paralelismo existente entre la evolución del material cromosómico y diversas habilidades humanas. En 1991 fue nombrado director de las investigaciones sobre diversidad del genoma humano. *La historia de la diversidad humana* (1993).

CAVALLÓN, JUAN DE (s. XVI). Conquistador español. Fue el primer explorador del territorio de Veragua, posterior Costa Rica. Primer alcalde mayor del territorio, ocupó posteriormente diversos cargos como administrador de justicia en la audiencia de México.
Costa Rica 4:414a.

CAVANI, LILIANA (n. en 1937). Directora cinematográfica italiana. Su amplia filmografía incluye *Portero de noche* (1973), *Más allá del bien y del mal* (1977), en torno a la vida de Friedrich Nietzsche, y *La piel* (1981), esta última según la célebre novela de Curzio Malaparte.

CAVANILLES, ANTONIO (1805-1864). Historiador y eclesiástico español. Usó los seudónimos de Nicolás Tena Oliván y Nicasio Antón Valle. Fue miembro de las academias de la historia y de las ciencias morales, y autor de obras y estudios históricos. *Discurso sobre la historia de los pueblos primitivos, Discurso sobre los árabes españoles y el califato de Córdoba, Diálogos políticos y literarios y discursos académicos* (1861-1863).

CAVANILLES, ANTONIO JOSÉ (1745-1804). Botánico español. Alumno en París de Antoine Laurent de Jussieu, inició en 1791 un inventario de la flora de la península ibérica. Director del Jardín Botánico desde 1801.

CAVATINA. Forma musical utilizada principalmente en ópera, aunque también en cantatas y música instrumental. Aria de carácter brillante, fue utilizada por Wolfgang Amadeus Mozart, Gioacchino Rossini y otros compositores.

CAVAZOS, ELOY (n. en 1950). Matador de toros mexicano. Una de las grandes figuras de la tauromaquia de su país, a quien se le reconoce el mérito de haber cortado en ocho ocasiones los máximos trofeos, dos orejas y rabo, en la plaza Monumental de México, la última de ellas en la temporada de 2000.

CAVAZOS, LAURO (n. en 1927). Político estadounidense de origen mexicano. Secretario de educación entre 1988 y 1990, bajo la administración de George Bush. Primer político hispano en alcanzar un cargo de rango ministerial en el gobierno de los Estados Unidos.

CAVE. Habitáculo dotado de visión y sonido tridimensionales que se emplea para la transmisión lúdica de sensaciones de realidad virtual. Sólo requiere del usuario el empleo de unas especiales gafas ligeras.
Realidad virtual 12:279b.

CÁVEA. Parte del teatro, anfiteatro o circo romano destinada a los espectadores. Horizontalmente se dividía en tres partes reservadas a distintos estamentos sociales. Verticalmente estaba segmentada por escalerillas.

CAVENDISH, HENRY (1731-1810). Físico y químico inglés. Analizó el aire atmosférico y determinó la densidad media de la Tierra. Descubrió la composición del agua y dio a conocer las propiedades del hidrógeno. Fue el primero en aislar el argón. Descubrió el ácido nítrico y anticipó muchos de los descubrimientos luego desarrollados por Charles de Coulomb y Michael Faraday.
4:53a; Electricidad 5:353b; Electromagnetismo 5:361a; Gravitación 7:199b.

CAVESTANY, JUAN ANTONIO (1861-1924). Dramaturgo, poeta y político español. Varias veces miembro de las Cortes por el Partido Conservador, ingresó en la academia de la lengua en 1902. *Grandezas humanas, Despertar en la sombra, La duquesa de La Vallière.*

CAVIA, MARIANO DE (1855-1919). Escritor, abogado y periodista español. Autor de numerosos artículos periodísticos sobre temas varios en diarios como *El Liberal, El Sol,* etc. Está considerado como una de las principales figuras del periodismo español de fines del XIX y principios del siglo XX.

CAVIAR. Hueva de esturión aderezada mediante un prolongado baño en salmuera.
Esturión 6:175b.

CAVIDAD INTERNA DE ROSE. Zona comprendida entre superficies equipotenciales en un sistema estelar influenciable por las fuerzas de marea.

CAVITACIÓN. Formación de burbujas gaseosas en un líquido debido a los cambios de presión generados por el paso de una onda sonora.

CAVITE. Ciudad de Filipinas, en el sur de la isla de Luzón. Base naval. 92.641 hab. (1995).

CAVITE, BATALLA DE. Acción naval de la guerra hispano-estadounidense en la bahía homónima, Filipinas, el 1 de mayo de 1898. Terminó con la completa victoria de los Estados Unidos. El arsenal y la plaza de Cavite se rindieron durante los dos días siguientes.

CAVOUR, CONDE DE (1810-1861). Político piamontés, uno de los principales promotores de la unificación de Italia.

4:53a; Italia 8:310b; Risorgimento 12:383b; Víctor Manuel II de Italia 14:298a; *ilustración* 4:53b.

CAXÉS, EUGENIO (1575-1634). Pintor español. Alumno y seguidor de su padre, Patricio Caxés, fue pintor de cámara de Felipe III. Integrante de la escuela madrileña, en algunas de sus obras se anticipa un sentido realista muy característico de la pintura española del siglo XVII. «Crucifixión de san Pedro» (1615), «Anunciación» (1622).

CAXÉS, PATRICIO (h. 1544-1611). Patricio Cascese, pintor italiano. Vivió en España desde 1567 al servicio de la corona. Colaboró en la decoración del monasterio de San Lorenzo de El Escorial. Pintor real de Felipe III. Se ha perdido la mayor parte de su obra.

CAXIAS, DUQUE DE (1803-1880). Luíz Alves de Lima Silva, estadista brasileño. Presidente del consejo de ministros en 1866 y 1875-1878, fue mariscal y jefe de las tropas aliadas brasileñas, argentinas y uruguayas en la guerra con Paraguay. Tras la captura de Asunción (1869) recibió el título de duque.

CAXIAS DO SUL. Ciudad de Brasil en el est. de Rio Grande do Sul. Fundada en 1875 por colonizadores italianos. Universidad. Industrias metalúrgicas, viticultura. 293.725 hab. (1996).

CAXTON, WILLIAM (h. 1422-1491). Impresor y traductor inglés, introductor de la imprenta en Inglaterra. Estudió el oficio en Colonia y se estableció en 1476 en su país natal, convirtiéndose en el editor de gran número de libros de temática diversa. Tradujo y publicó *La recopilación de las historias de Troya,* de Raoul le Fèvre, primer libro impreso en inglés (1475).
Inglesa, lengua 8:213a.

CAYAMBE, MONTE. Volcán del Ecuador, en el límite entre las prov. de Pichincha y Napo. Situado en la cordillera Central de los Andes. Es el tercero más alto del país (5.842 m). Apagado desde hace siglos.
Andes 1:332a.

CAYAPA. Pueblo amerindio del Ecuador. Perteneciente al grupo barbacoa de la familia chibcha, habita en la provincia de Esmeraldas. Los cayapas se consideran descendientes de los pueblos de la cordillera andina. Practican la agricultura, así como la pesca y la caza. Su religión es una mezcla de catolicismo y creencias paganas.

CAYAPÓS. Tribu amerindia del noroeste de Brasil que vive en la ribera del río Araguaia. Pertenece al grupo lingüístico ge. Su economía es predominantemente agrícola.

CAYENA. Capital de la Guayana Francesa en la isla de Cayena, océano Atlántico. Fundada en 1643. Antiguo penal francés. Aeropuerto internacional. Puerto en el estuario del río Mahury. Exporta conservas de piña tropical, mariscos, caña de azúcar, ron, maderas. 50.594 hab. (1999).
Guayana Francesa 7:260a.

CAYEPUTÍ. Planta de porte arbustivo o arbóreo de la familia de las mirtáceas (*Melaleuca leucodendron*). Dicotiledónea. Su madera, convertida en láminas, se utiliza como materia impermeable por su impenetrabilidad al agua.

CAYETANO, CARDENAL (1469-1534). Tommasso de Vio, prelado italiano. Dominico, fue nombrado cardenal en 1517. Intentó conciliar a Martín Lutero con la Iglesia Católica y apoyó la elección del papa Adriano VI. Autor de escritos filosóficos sobre el pensamiento escolástico y sobre temas de economía. *Acerca de los comentarios de Tomás de Aquino sobre el ente y la esencia* (1495).

CAYEY. Municipio de Puerto Rico en la sierra de Cayey. Tabaco. 130 km^2. 43.300 hab. (1984).

CAYLEY, ARTHUR (1821-1895). Matemático británico, autor de la teoría de invariantes algebraicas. Contribuyó a la creación de la teoría de las matrices y la de los grupos, entre otras.
4:53b.

CAYO, SAN (m. en el 296). Papa desde el 283 hasta su muerte. Se cree que fue pariente de Diocleciano. En el cementerio de Calixto se halló su epitafio.

CAYO HUESO. Ciudad de Florida, Estados Unidos, en el cayo homónimo (Key West), el más occidental y el más próximo a Cuba de los cayos de la Florida. Base naval. 24.292 hab. (1980).

CAYO LARGO. El más importante de los cayos del archipiélago de los Canarreos, en el oriente de la isla de la Juventud (o isla de Pinos), al sur de Cuba, país al que pertenece. Turismo.

CAYO ROMANO. Isla de la costa septentrional de Cuba, en la prov. de Camagüey. Forma parte del archipiélago de Sabana-Camagüey. 800 km^2. 100 km de longitud en su eje mayor, 8 km de anchura. Pastos, madera, henequén, salinas, pesca.

CAYROL, JEAN (n. en 1911). Escritor francés. Autor de poesías, novelas, guiones cinematográficos y ensayos, en sus obras anticipa el movimiento vanguardista de la literatura francesa de los años cincuenta: el *nouveau roman.* Colaboró con la resistencia y estuvo internado en un campo de concentración alemán. *Poemas de la noche y de la niebla* (1945), *Vivo el amor de los otros* (1947-1950), *Las cuatro estaciones* (1977).

CAZABOMBARDERO. Avión de combate que utiliza diversos tipos de armamentos (ametralladoras, cañones, bombas, etc.) y sistemas (radares de seguimiento, iluminación por láser o infrarroja, etc.) que permiten controlar y derribar objetivos terrestres y prestar apoyo a fuerzas de superficie.
Armas 2:80a; Aviación militar 2:260b.

CAZALLA, AGUSTÍN DE (1510-1559). Religioso español. Predicador y capellán de Carlos V (I de España) fue canónigo de la catedral de Salamanca (1552). Se adhirió a la Reforma protestante, de la que fue uno de sus principales valedores en la ciudad de Valladolid. Detenido por la Inquisición, fue ejecutado.

CAZAMOSCAS. Especies europeas de pájaros de la familia de los muscicápidos y del género *Muscicapa* (*Muscicapa striata*). Pico ganchudo en la punta, robusto y no muy largo, ancho en la base; cola mediana, poco escotado y color uniforme. Mancha blanca grande en el ala y el plumaje negruzco y blanco; moño amarillo o negro, frente y vientre blancos. Cazan moscas y otros insectos.

CAZA Y PESCA DEPORTIVAS. Búsqueda, persecución y muerte de aves y animales terrestres o peces y mamíferos marinos sin fines comerciales.
4:54a; Deporte 5:131b; *ilustraciones* 4:54a; 4:55b.

CAZENEUVE, JEAN (n. en 1915). Sociólogo francés. Estudioso de los aspectos sociológicos de los medios de comunicación. A su actividad docente en Alejandría, Egipto, unió el desempeño de importantes cargos en canales televisivos franceses y en la Academia de Ciencias Morales y Políticas gala. *La vida en la sociedad moderna* (1982), *La televisión en siete procesos* (1992).

CAZORLA, SIERRA DE. Sistema montañoso español que se alza en la prov. de Jaén, Andalucía. Pertenece al macizo Subbético. Parque natural con importante reserva de animales. Sus principales altitudes son el cerro de las Empanadas (2.107 m), Cabañas (2.036 m) y Las Banderillas (2.000 m aprox.).

CAZORLA, TRATADO DE. Acuerdo suscrito en marzo de 1179 entre Alfonso II de Aragón y Alfonso VIII de Castilla, por el que se establecieron los límites de ambos reinos para la reconquista de territorios peninsulares.
Alfonso VIII de Castilla 1:212b.

CCD. Siglas que corresponden a la expresión inglesa *Charge Coupled Device* (dispositivo de acoplamiento de carga). Componente electrónico que transforma señales luminosas en eléctricas. Se utiliza principalmente en cámaras fotográficas digitales, cámaras de vídeo y televisión y escáneres para digitalización de textos e imágenes.

CD-FOTO. Sistema de captación y reproducción de imágenes fijas por medio de un disco compacto. Desarrollado a mediados de la década de 1990, sus aplicaciones permiten un alto grado de tratamiento y manipulación de las imágenes fotográficas. Su principal novedad, no obstante, radica en el hecho de suprimir la película tradicional como soporte fotográfico.

CD-ROM. Siglas en inglés de *Compact Disk-Read Only Memory* (disco compacto-memoria sólo para leer). Sistema de almacenamiento binario de datos consistente en un disco de aluminio reflectante que es posible leer por medio de un dispositivo láser.
Computadora 4:310a; Diccionario 5:176b; Digitalización de imagen 5:187a; Disco compacto 5:204a; Enciclopedia 5:403a; Imprenta y artes gráficas 8:135a; Infografía 8:198a; Informática 8:204a; Multimedia 10:295b.

CD-RW. Siglas de la expresión en inglés *Compact Disc Rewritable.* Es el disco compacto sobre el que se pueden, además de leer, grabar y borrar datos.

CEA, RÍO. Curso fluvial de las prov. españolas de León y Zamora, subafluente del Duero. Nace en la vertiente sur de la sierra de Peña Prieta y, tras cruzar la Tierra de Campos, desemboca en la orilla izquierda del río Esla, al sur de la población zamorana de Benavente. Su curso es de 160 km.

CEÁN BERMÚDEZ, JUAN AGUSTÍN (1749-1829). Historiador de arte español. Alumno como pintor de Anton Raphael Mengs, fue miembro de las academias de San Fernando y de historia. *Diccionario histórico de los más ilustres profesores de las bellas artes en España* (1800), *Noticias de los arquitectos y arquitectura en España* (1829).

CEARÁ. Estado del nordeste de Brasil, a orillas del Atlántico. Región semiárida con prolongadas sequías. Importante zona productora de algodón. Recursos minerales; pesca, ganadería. Cap. Fortaleza. 145.694 km^2. 7.106.605 hab. (1999).
Brasil 3:153a; Fortaleza 6:348b.

CEAUSESCU, NICOLAE (1918-1989). Político rumano. Gobernó autocráticamente más de veinte años, aislando y empobreciendo a Rumania.
4:56a; Crimen organizado 5:12a; Rumania 13:39a.

CEBADA. Planta herbácea anual de la familia de las gramíneas (*Hordeum vulgare*).
4:56b; Cereal 4:85a; Cerveza 4:91b; Gramíneas 7:187a; Malta (ALIMENTACIÓN) 9:312a; *cuadro* 4:56b; *ilustración* 4:56b.

CEBALLOS, JUAN BAUTISTA (1811-1859). Político mexicano. Ocupó diversos cargos, alcanzando la presidencia interina del gobierno en 1853. Disolvió el Congreso el 19 de enero, dos semanas después de acceder al cargo, lo que provocó la intervención del ejército, que lo depuso.

CEBELLINA. V. **Marta.**

CÉBIDOS. Familia de monos sudamericanos platirrinos de cola a veces prensil y tabique internasal ancho. Incluye, entre otras, a las especies de mono ardilla, mono araña, capuchino, uakarí, sakis y mono lanudo.

CEBOLLA. Planta herbácea de la familia de las liliáceas (*Allium cepa*).
4:57a; *ilustración* 4:57b.

CEBOLLERA, SIERRA. Sistema montañoso español que pertenece al sistema Ibérico. Establece la línea divisoria entre las prov. de Soria y

Logroño. De formación calcárea, su punto más elevado es el pico de la Mesa (2.159 m).

CEBORUCO. Volcán del est. mexicano de Nayarit, en la sierra Madre occidental. Posee tres cráteres de tres épocas de actividad distintas. En sus laderas hay aguas termales. Alcanza una altitud de 2.164 m.

CEBRA. Mamífero perisodáctilo de la familia de los équidos y del género *Equus*.
4:57b; Bioma 3:44a; Mamíferos 9:314a; Perisodáctilos 11:343a; Predación 12:124a; *ilustraciones* 4:58a; 9:314a; 12:124a.

CEBRIÁN Y AGUSTÍN, PEDRO (1687-1752). Administrador colonial español. Virrey de la Nueva España entre 1742 y 1746, llevó a cabo durante su etapa de gobierno una importante labor en el campo del urbanismo y las comunicaciones y proyectó las colonizaciones de sierra Gorda y Florida. Ostentó el título de conde de Fuenclara.

CEBÚ (CIUDAD). Población y puerto de Filipinas, cap. de la prov. de Cebú en la isla homónima. El emplazamiento español más antiguo del país, en él desembarcó Fernando de Magallanes en 1521. Universidades, aeropuertos. Industrias diversas. Pesquerías. 662.299 hab. (1995).
Filipinas 6:286a.

CEBÚ (ISLA). Provincia insular de Filipinas, en el centro del archipiélago, rodeada por el mar de las Visayas (norte), el estrecho de Bohol (sudeste), el mar de Camotes (este) y el estrecho de Tanon (oeste). Longitud 196 km, anchura máxima 32 km. Superficie 4.411 km^2.

CEBÚ (ZOOLOGÍA). Mamífero artiodáctilo rumiante de la familia de los bóvidos (*Bos indicus*).
4:58a; *ilustración* 4:58a.

CECA (NUMISMÁTICA). Antiguo nombre de los establecimientos donde se acuñaba moneda. Proliferaron en España tras su implantación por Abderramán II y sobre todo en los reinos de taifas.

CECA (ORGANIZACIÓN). V. **Comunidad Europea del Carbón y del Acero.**

CECEO. Fenómeno fonético del castellano, caracterizado por pronunciar del mismo modo las grafías *s, c* y *z,* como una *c* predorso-interdental sorda. El ceceo se extiende por el sur de Huelva, parte occidental de Granada y la Alpujarra.

CECIDIA. V. **Agalla** (BOTÁNICA).

CECIL, ROBERT, CONDE DE SALISBURY. V. **Salisbury, conde de.**

CECIL, ROBERT, MARQUÉS DE. V. **Salisbury, marqués de.**

CECIL, WILLIAM (1520-1598). Primer consejero de la reina Isabel I de Inglaterra durante gran parte de su reinado. Auténtico maestro de la política renacentista. Su talento en diversos campos político-económicos fructificó en varios cargos y en su nombramiento como par.
Isabel I de Inglaterra 8:272b.

CECILIA, SANTA. Virgen y mártir romana del siglo III. Casó contra su voluntad con un pagano al que logró convertir. Murió en martirio. Su cuerpo fue hallado en el siglo IX. Es la patrona de los músicos y en la iconografía suele representarse tocando un instrumento, por lo general el órgano. Su festividad se celebra el 22 de noviembre.

CECILIAS. Anfibios ápodos de la familia de los cecílidos y del género *Cecilia.* De cuerpo subcilíndrico, algo ahusado en ambos extremos, carente de miembros y dividido en segmentos por estrechamientos anulares. Viven en América, África tropical y sudeste asiático, en terrenos húmedos que excavan.
Anfibios 1:349a.

CECÍLIDOS. Familia de anfibios ápodos, vermiformes, de ojos muy reducidos y sin oído, que viven generalmente excavando galerías en la tierra húmeda de muchas zonas tropicales.

CECINA. Carne salada y desecada al sol, aire o humo.

CÉCROPE. Héroe de la mitología griega. Según la tradición, nació de la madre Tierra. Celebrado por su genio político, se le atribuye la fundación de Atenas, la invención de la escritura, la instauración de los cultos incruentos, la creación del censo y la formulación de las leyes del matrimonio. Conocido también como Cécrops.

CEDA. V. **Confederación Española de Derechas Autónomas.**

CEDAR RAPIDS. Ciudad de los Estados Unidos en el est. de Iowa, a orillas del río Cedar. Colegios universitarios, museo de la masonería. Industria universitarios, maquinaria para productos lácteos, equipos electrónicos. 114.563 hab. (1998).

CEDEÑO, MANUEL (1781-1821). Militar venezolano. Participó en el movimiento independentista. Alcanzó el grado de segundo jefe de Santiago Mariño. Murió en combate con los realistas en la segunda batalla de Carabobo.

CEDILLA. Letra de la antigua escritura española, que se transcribe también como zedilla, y que se representa por la c con una virgulilla debajo (ç). También se denomina cedilla a esta misma virgulilla. Se usa en la escritura de diversas lenguas (francés, portugués, etc.).

CEDRÁS, RAOUL (n. en 1949). Militar haitiano. Fue director de la Academia Militar de Puerto Príncipe y comandante en jefe del ejército haitiano desde 1990. Un año más tarde encabezó un golpe de estado contra el presidente democrático Jean-Bertrand Aristide. En 1994, ante la inminencia de una invasión estadounidense para restablecer el gobierno democrático, renunció a sus poderes y se exilió en Panamá.

CEDRELA. Nombre de diversas especies de plantas de porte arbóreo pertenecientes a la familia de las meliáceas y al género *Cedrela,* de hojas compuestas y flores campaniformes. Dicotiledóneas. Propias de regiones tropicales.

CEDRO. Árbol de hoja perenne del grupo de las coníferas y de la familia de las pináceas, perteneciente al género *Cedrus.*
4:58b; Árbol 2:25b; Coníferas 4:340a; *ilustración* 4:59a.

CEDROS. Isla de México, cercana a la península de Baja California septentrional. Cierra la entrada a la bahía de Sebastián Vizcaíno y está separada de la península por el estrecho de Natividad. 343 km^2.

CÉDULA. Pergamino o papel en el que figura escrita alguna cosa. Particularmente se usa para aquellos documentos acreditativos de los datos personales de una persona, los que reflejan la existencia de una deuda o los que comunican una citación de la autoridad judicial.

CEE. V. **Comunidad Económica Europea.**

CEFALEA. Dolor de cabeza intenso, de diversos tipos y debido a distintas causas: cíclica, ciega, de repetición, por tensión, psicogénica, reumática, vascular, vasomotora, etc.
Neurología 10:392b.

CÉFALO. En la mitología griega, héroe hijo de Hermes y Hersa o de Dión y Diomede, según las versiones. Fue secuestrado por Eos y posteriormente casó con Procris, a la que en una cacería hirió mortalmente al confundirla con un animal.

CEFALONIA, ISLA. Una de las islas jónicas griegas al oeste del golfo de Patrás. Terreno montañoso. Ganadería. Importante centro de la cultura micénica. 746 km^2. 27.649 hab. (1981).

CEFALÓPODOS. Grupo de moluscos marinos con cuerpo simétrico, cabeza grande con fuertes mandíbulas y una corona de tentáculos o brazos con ventosas; el verdadero pie forma embudo en el extremo anterior del manto. En la mayoría hay una bolsa con tinta. Se incluyen sepias, jibias, calamares, pulpos y nautilos.
Calamar 3:267a; Invertebrados 8:250b; Moluscos 10:220b; Nervioso, sistema 10:384b; Pulpo 12:207b.

CEFALORRAQUÍDEO, LÍQUIDO. Sustancia serosa en la que está inmerso el sistema nervioso central (cerebro y médula espinal) y que lo separa de las envolturas óseas (cráneo y conducto raquídeo).
Cerebro 4:87b; Nervioso, sistema 10:385a.

CEFEIDAS. Clase de estrellas variables caracterizadas por la regularidad de su comportamiento. Su luminosidad varía en períodos definidos. Deben su nombre a la estrella Delta de la constelación de Cefeo.
Astronomía 2:176b.

CEFEO. Constelación del hemisferio norte, cercana a la Osa Mayor. Su estrella Delta Cefeo es prototipo de las estrellas de luminosidad de variación regular llamadas cefeidas. Nombre latino: Cepheus.

CÉFIRO. Según la mitología griega, personificación del viento del oeste, hijo de Eos y hermano de Euro, Bóreas y Noto. Se le atribuía la paternidad de los caballos de Aquiles.

CEFISO, BATALLA DE. Enfrentamiento bélico acaecido en marzo de 1311 en las orillas del río Cefiso, en la Beocia griega. Enfrentó a las tropas de Gautier V de Brienne, duque de Atenas, y a las de los almogávares catalanes. El ejército francés fue derrotado y Gautier murió en el combate. Permitió el asentamiento de la compañía catalana en el ducado ateniense.

CEGESIMAL, SISTEMA. Sistema de medidas científico basado en tres unidades fundamentales: el centímetro, de longitud; el gramo, de masa; y el segundo, de tiempo.
Metrología 10:114b.

CEGUERA. Pérdida de la vista, transitoria o permanente.
4:59a; Braille, sistema 3:143a; Oftalmología 11:85b; Vista, sentido de la 14:334a; *ilustración* 4:60a.

CEHEGÍN. Población española de la prov. de Murcia, comunidad autónoma de Murcia. Minería del hierro, canteras de mármol; cereales, frutales, almendros; ganadería. 13.614 hab. (1991).

CEIBA. Árbol de la familia de las bombacáceas (*Ceiba pentandra*). Dicotiledónea. Hojas compuestas, palmeadas. Flores rojizas y fruto en cápsula, de cuyas semillas se obtiene una sustancia aceitosa. Originaria de Sudamérica, se utiliza también por su madera y por sus flores, de las que se extrae un tinte.

CEIBA, LA. Ciudad y puerto de Honduras, cap. del dep. de Atlántida, a orillas del mar Caribe. Fundada en 1872. Aeropuerto internacional. Puerto exportador de plátanos (bananos) y frutas tropicales. Industrias diversas. Pesquerías. 103.400 hab. (1999).
Honduras 8:57b.

CEIBA, LANA DE. V. **Miraguano.**

CEIBO. Árbol de la familia de las leguminosas (*Erythrina cristagalli*). Dicotiledóneo. Hoja compuesta formada por tres foliolos. Flores rojas y fruto en vaina. Originario de Sudamérica.

CEILÁN. V. **Sri Lanka.**

CEJA. Borde supraorbitario óseo y piel y pelos que lo cubren.
Vista, sentido de la 14:334a.

CEJADOR, JULIO (1864-1927). Jesuita y erudito español. Catedrático de lenguas orientales de la Universidad de Madrid, fue autor de diversas obras sobre crítica literaria española. *La lengua de Cervantes* (1905-1906), *Historia de la lengua y literatura castellanas* (1915-1922).

CELA, CAMILO JOSÉ (1916-2002). Novelista español. Innovó la narrativa española tras la guerra civil. Ganó el Premio Nobel de literatura en 1989.
4:60b; Española, literatura 6:95a; *ilustración* 4:60b.

CELACANTO. Pez osteictio crosopterigio, único miembro existente de la familia de los celacántidos (*Latimeria chalumnae*). Se caracteriza por sus aletas pedunculadas a manera de pequeños muñones escamosos.
Peces 11:312b.

CELADÓN. Porcelana de origen oriental que toma su nombre del protagonista de la novela pastoril de Honoré d'Urfe, *Astrea*. De color verdoso o azulado, alcanzó gran desarrollo durante el reinado de Luis XIV de Francia.

CELAN, PAUL (1920-1970). Paul Antschel, poeta rumano en lengua alemana. Impulsó la literatura alemana de la posguerra, aunque nunca vivió en Alemania. Su poesía reflejó sus aflicciones como judío. Dejó nueve volúmenes de poemas. *Amapola y memoria* (1952), *De umbral en umbral* (1955), *Parte de nieve* (1971).

CELASTRALES. Orden de plantas leñosas. Entre las familias que lo integran se encuentran las aquifoliáceas como el acebo (*Ilex aquifolium*) y el mate (*Ilex paraguayensis*); las quelastráceas, como el bonetero (*Evonymus europaeus*); las salvadoráceas; y las coriariáceas.

CELAYA. Ciudad de México en el est. de Guanajuato, en la reg. del Bajío. Fundada en 1571. Monumentos neoclásicos. Regadíos. Ganadería. Productos lácteos, caramelos, textiles. 251.724 hab. (1995).
Guanajuato 7:248b.

CELAYA, BATALLA DE. Enfrentamiento armado acaecido en abril de 1915 en la ciudad mexicana de Celaya, en el estado de Guanajuato. Enfrentó a las fuerzas de Álvaro Obregón y a las de Pancho Villa, en el transcurso de la revolución mexicana. Acabó con la derrota de las fuerzas de Villa y su retirada a la región norte.

CELAYA, GABRIEL (1911-1991). Rafael Múgica, poeta español. Uno de los grandes representantes de la poesía social.
4:61a; *ilustración* 4:61b.

CÉLEBES. Isla de Indonesia, la mayor del archipiélago de las Célebes y una de las cuatro grandes de la Sonda. Comprende cuatro penínsulas que forman tres golfos principales. Tiene una longitud costera de 5.478 km y cubre una superficie de 227.654 km^2.
Indonesia 8:179a.

CÉLEBES, MAR DE LAS. Porción del Pacífico occidental comprendida entre Célebes, Borneo y Mindanao. 280.000 km^2; profundidad máxima, 6.220 m.
Pacífico, océano 11:198a.

CELEMÍN. Medida de capacidad para áridos utilizada en ciertos lugares de Castilla y que equivale a 4,625 l.

CELENTERADOS. Grupo de animales invertebrados metazoos de vida acuática, caracterizados por presentar una cavidad gastrovascular y un anillo de tentáculos en torno a la boca. Poseen células urticantes. También se denominan cnidarios.
Coral 4:373b; Digestivo, aparato 5:184a; Estómago 6:158b; Nervioso, sistema 10:384a.

CELERÍFERO. Ingenio desarrollado en la década de 1770 y que sirvió de precursor a la moderna bicicleta. Constaba de dos ruedas montadas sobre un bastidor sin pedales.
Bicicleta 3:17a.

CELESTA. Instrumento de percusión en forma de pequeño piano vertical, con teclado, y un conjunto de pequeños martillos que golpean pequeñas y estrechas placas. Posee cuatro o cinco octavas. Inventado por Victor Mustel, y patentado por su hijo Augusto en 1886, en París.

CELESTINA, LA. Nombre con el que se conoce popularmente la obra de Fernando de Rojas *Tragicomedia de Calisto y Melibea*.
4:61b; Española, literatura 6:90a; Rojas, Fernando de 12:411a; *ilustración* 4:62a.

CELESTINO I (m. en el 432). Tebaldo Buccapeco, papa desde el 422 hasta su muerte. Combatió a Nestorio, cuya condena aceptó el concilio de Éfeso (431). Condenó el pelagianismo y envió a san Germano y san Lupo a combatirlo en Inglaterra.

CELESTINO II (m. en 1144). Guido di Città di Castello, papa de 1143 hasta su muerte. Retiró el interdicto contra Luis VII de Francia.

CELESTINO III (h. 1106-1198). Giacinto di Pietro di Bobone, papa desde 1191 hasta su muerte. Coronó como sacro emperador romano a Enrique IV, con el cual disputó el reino de Sicilia.

CELESTINO IV (m. en 1241). Goffredo Castiglioni, papa del 25 de octubre al 10 de noviembre de 1241. El primero elegido en cónclave, murió dos semanas después en el curso de una controversia entre el papado y el sacro emperador romano Federico II.

CELESTINO V (h. 1209-1296). Pietro da Morrone, papa elevado al pontificado el 5 de julio de 1294, abdicó el 13 de diciembre de dicho año, siendo el primero que renunciaba al solio. Fundó la orden de los celestinos, rama de los benedictinos.

CELÍACA, ENFERMEDAD. Diarrea profusa provocada por la intolerancia intestinal al gluten, que se observa principalmente en los lactantes. Es sinónimo de infantilismo intestinal y esteatorrea idiopática.

CELIBATO. Estado de soltería. En muchas religiones la contención del impulso sexual se considera como una forma de ascetismo para alcanzar la perfección espiritual. En la Iglesia Católica los sacerdotes están obligados a castidad perpetua.

CELIBIDACHE, SERGIU (1912-1996). Director de orquesta rumano. Especialista en las obras del romanticismo alemán y el impresionismo francés.
4:62b.

CELIDONIA, BATALLA DE. Conflicto naval acaecido en el cabo chipriota de Celidonia entre el 14 y el 16 de julio de 1616. Enfrentó a las tropas españolas de Francisco de Ribera contra las turcas. Terminó con el rechazo total de la armada española al ataque turco.

CÉLINE, LOUIS-FERDINAND (1894-1961). Louis-Ferdinand Destouches, médico y escritor. Innovó técnicamente la narrativa francesa.
4:63a; Francesa, literatura 6:376b.

CELLINI, BENVENUTO (1500-1571). Orfebre y escultor italiano. Figura destacada del humanismo renacentista florentino del *Cinquecento*.
4:63b; Escorial, El 6:42b; Fontainebleau, escuela de 6:346a; Italiana, literatura 8:319a; Joyería y orfebrería 8:389b; Manierismo 9:328a; *ilustración* 4:63b.

CELMAN, MIGUEL JUÁREZ. V. **Juárez Celman, Miguel.**

CELO, ÉPOCA DE. Período del ciclo biológico anual de gran número de animales durante el que tienen lugar las uniones sexuales. En la mayor parte de las especies existen pocas épocas de celo a lo largo del año, generalmente sólo una, y, además, son de corta duración. Durante la época de celo se producen modificaciones del comportamiento, así como secreción de sustancias con olor característico, todas ellas para indicar al congénere del sexo opuesto la disponibilidad reproductiva.

CELOFÁN. Película delgada que se obtiene por tratamiento de celulosa con álcali cáustico, bisulfuro de carbono y agua. De gran utilidad como envoltorio de productos.

CELOMA. Cavidad general del cuerpo que presentan los animales más desarrollados, tanto los vertebrados como diferentes grupos de invertebrados, y que se forma al ahuecarse el mesodermo o capa intermedia de células del embrión.
Metazoos 10:103b.

CELOMADOS. Animales metazoos poseedores de celoma o cavidad general del cuerpo. Se dividen en dos grandes grupos: protóstomos, en los que la boca se forma a partir del blastóporo o desde el borde anterior del mismo, y deuteróstomos, cuyo orificio bucal se abre en el extremo opuesto al blastóporo.

CELOTES. Miembros de una antigua secta religiosa judía de carácter integrista y radical, más estrictos y vehementes que los fariseos. Creían que el reino del Mesías se impondría por medio de la violencia. Impulsaron la sublevación contra Roma del año 66.

CELSIUS, ANDERS (1701-1744). Astrónomo sueco creador de la escala centígrada de temperatura. Publicó una colección de 316 observaciones de la aurora boreal. Participó en la expedición para medir un arco de meridiano en Laponia.
Temperatura 14:10b.

CELSIUS, ESCALA DE TEMPERATURA. V. **Centígrada de temperatura, escala.**

CELSO, AULO CORNELIO (siglo I). Erudito romano. En activo durante el gobierno de Augusto, fue autor de un tratado enciclopédico sobre diversas materias, entre las que destacó la parte dedicada a la medicina. Sus textos médicos fueron descubiertos en 1426 por Guarino Veronese, y tuvieron una considerable influencia en el Renacimiento.

CELTA, ARTE. Conjunto de la producción artística de las antiguas tribus celtas del centro y occidente de Europa y, en especial, de las de la Galia y las islas británicas.
Celta, cultura 4:65a.

CELTA, CULTURA. Conjunto de expresiones artísticas y sociales de los pueblos celtas, quienes ocuparon gran parte del continente europeo entre los siglos V y III a.C.
4:64a; Celtas 4:67a; *ilustraciones* 4:64a; 4:65a-b; 4:66a.

CELTA, LITERATURA. Conjunto de escritos en lengua gaélica y en idioma galés, así como en otros dialectos célticos.
Celta, cultura 4:65b.

CELTA, RELIGIÓN. Conjunto de creencias y prácticas religiosas de los pueblos que habitaban las islas británicas y gran parte de Europa occidental.
Celta, cultura 4:64b.

CELTAS. Conjunto de pueblos de origen indoeuropeo creador de una antigua civilización cuya influencia se expandió por Europa desde fines del segundo milenio hasta el siglo III a.C.
4:66b; Celta, cultura 4:64a; España 6:72a; Europeos, pueblos 6:202a; Galia 7:10a; Iberos 8:114b; Indoeuropeos, pueblos 8:178b; Irlanda 8:267b; Metales, edad de los 10:95b; *ilustración* 4:67.

CELTAS, LENGUAS. Conjunto de lenguas de la familia indoeuropea que hablaron antiguamente los celtas, procedentes de Europa central, y que se expandieron además por el oeste y sudoeste de Europa y parte de Anatolia. De ellas derivan el irlandés, el gaélico de Escocia, el bretón, el galés y el dialecto de Cornualles.
Indoeuropeas, lenguas 8:177a; Reino Unido 12:302a.

CELTÍBERA, LENGUA. Idioma hablado por los celtíberos, pueblo que se asentó en la península ibérica en época prerromana. Lingüísticamente pertenece a la familia de las lenguas celtas. Se conoce por las inscripciones halladas en el yacimiento de Peñalba de Villastar.

CELTÍBEROS. Pueblo que habitó la península ibérica primitiva, formado por la fusión de celtas e iberos. Formaban grandes tribus como los pelendones, arévacos, titos, belos y lusones. Vivían en ciudades independientes regidas por reyezuelos o asambleas colectivas.
Numancia 11:47a.

CELTIS, CONRADUS (1459-1508). Conrad Pickel, humanista alemán. Autor de obra poética en latín, epigramas, piezas teatrales y estudios literarios. En 1497 fue nombrado por Maximiliano I profesor de retórica y poesía en Viena. Impulsó el estudio de la literatura clásica en Alemania. *Amores* (1502), *Rapsodia* (1505).

CÉLULA. Unidad primordial de los seres vivos dotada de capacidad reproductiva. La pro-

tege del exterior una membrana citoplásmica constituida por proteínas y fosfolípidos. En su interior se dispone la masa protoplásmica con los diferentes órganos litoplásmicos y el núcleo.
4:67b; Apoptosis 1:413b; Biología 3:37a; Clonación 4:238a; Cromosoma 5:29a; Fisiología 6:318b; Genética 7:74b; Histología 8:16b; Oncogenes 11:104b; Ósmosis y diálisis 11:171a; Planta 12:19a; Protozoos 12:169b; Reproducción 12:336a; Respiratorio, sistema 12:348b; Vida 14:299b; *ilustraciones* 4:68a-b; 4:69b.

CÉLULA DE SEGURIDAD. Estructura de acero para amortiguar el impacto de accidentes, evitando que los pasajeros de un vehículo queden atrapados en el interior del mismo.

CELULAR, RESPIRACIÓN. Intercambio de sustancias gaseosas (oxígeno y bióxido de carbono) entre las células que forman el tejido del cuerpo humano y la sangre. Conocida también como respiración interna o hística.

CELULASA. Proteína enzimática, secretada por algunos hongos y bacterias, que hidroliza la celulosa en celobiosa.

CELULITIS. Inflamación del tejido celular subcutáneo, con formación de induraciones dolorosas. Por extensión, este término designa un estado particular de invasión grasa o adiposa del tejido conjuntivo.

CELULOIDE. Material preparado a partir de nitrocelulosa y alcanfor que se presenta en forma de una masa amorfa incolora. Inflamable. Soluble en acetona, se ablanda en agua. Se emplea como material plástico para fabricar juguetes, películas, etc. Sustituto del ámbar, el marfil, la ebonita y la concha. En cirugía para vendajes y en odontología. Sustituto de la goma.
Plástico 12:24a.

CELULOSA. Carbohidrato polisacárido presente en la membrana de las células vegetales. Se utiliza como materia prima en la fabricación del papel y para la obtención de múltiples productos, entre ellos ciertas fibras como el rayón.
4:70a; Carbohidratos 3:371b; Papel 11:261b; Plástico 12:25a; *ilustraciones* 4:70.

CEMENTACIÓN (GEOLOGÍA). Unión de materiales, por una sustancia de cohesión, para formar una roca compacta. En particular la que tiene lugar en sedimentos detríticos por medio de carbonato de calcio o de sílice disueltos en agua.

CEMENTACIÓN (METALURGIA). Procedimiento por el cual se impregna la superficie de un metal con otra sustancia para endurecerlo.

CEMENTERIO MARINO, EL. Poema del escritor francés Paul Valéry realizado en versos decasílabos y publicado en 1922. Recoge sus recuerdos de adolescencia junto al Mediterráneo, reflexionando sobre la vida y la muerte.
Valéry, Paul 14:225b.

CEMENTITA. Componente del acero de gran dureza y fragilidad con un gran contenido en hierro, superior a las nueve décimas partes, y el resto de carbono.

CEMENTO. Sustancia en polvo que, mezclada con agua, se endurece extraordinariamente.
4:71a; Cal 3:266b; Embalse 5:384a; *cuadro* 4:71b; *ilustraciones* 4:71b; 4:72.

CEMENTO DENTAL. Capa de tejido óseo que recubre la raíz de un diente.
Diente 5:182b.

CEMENTO PORTLAND. Cemento artificial obtenido a base de caliza y arcilla. Su nombre deriva de la ciudad británica donde se fabricó por primera vez.
Cemento 4:72a.

CEMPOALA. Ciudad totonaca del México precolombino. En abril de 1519, el conquistador Hernán Cortés recibió el apoyo de su jefe, el cacique Gordo, deseoso de liberar a su pueblo del dominio azteca.

CENCI, BEATRICE (1577-1599). Noble joven romana. Su condena a muerte por el papa Clemente VIII, acusada del asesinato de su padre, que la maltrataba brutalmente manteniéndola encarcelada, provocó las simpatías generales y que se le dedicaran poemas, dramas y otros escritos.

CENDRARS, BLAISE (1887-1961). Frédéric Sauser, escritor francés de origen suizo. Representó al artista vitalista y aventurero. Gran Premio Literario de la Ciudad de París en 1961. *Pascuas en Nueva York* (1912), *Moravagine* (1926), *El hombre fulminado* (1945).

CENICIENTA. Personaje del cuento homónimo de Charles Perrault, quien lo tomó del acervo popular, y lo incluyó en *Cuentos de mamá la oca* (1697). Inspiró a compositores tales como Gioachino Rossini, y fue objeto de numerosas interpretaciones literarias, cinematográficas, etc.

CENIZA, BOCAS DE. Desembocadura formada por el río colombiano Magdalena en su salida al mar Caribe. La imposibilidad de navegar por la zona ante la gran cantidad de materiales de aluvión existentes motivó la construcción de un canal y de dos rompeolas (tajamar occidental y tajamar oriental).

CENNINI, CENNINO (h. 1370-h. 1440). Pintor italiano. Autor de uno de los primeros tratados de pintura en lengua italiana, *El libro del arte* (1437), en el que expuso las técnicas de la escuela de Giotto y, en general, de la pintura al temple.
Dibujo 5:174a.

CENOBIO (BIOLOGÍA). Colonia formada por protozoos flagelados y cuya forma y número de células es característica de cada especie.

CENOBIO (RELIGIÓN). Comunidad de religiosos (monasterio). Los primeros cenobios cristianos eran chozas sencillas, agrupadas, con una zona común de reunión. Con el posterior auge del monaquismo proliferó la construcción de grandes edificios.
Órdenes religiosas 11:131a.

CENOBITAS. Monjes que viven en comunidad, por oposición a los que se retiran a vivir solitarios (eremitas o anacoretas). Por lo general se dedican al estudio, la oración, la meditación y el trabajo manual, bajo una estricta regla de disciplina. Impulsores de la vida cenobítica fueron san Pacomio (siglo IV), autor de la primera regla, san Basilio el Grande (siglo IV) y san Benito de Nursia (siglo VI).

CENOTAFIO. Monumento funerario dedicado al recuerdo de un personaje, pero que no contiene su cadáver.

CENOTE. En México, pozo natural formado por el derrumbamiento de una cueva de morfología cársica. Su existencia fue muy importante para el asentamiento de la población maya en la región de Yucatán, que se servía de los cenotes para el suministro de agua. Algunos cenotes se empleaban para fines rituales y de sacrificio.

CENOZOICA, ERA. V. **Terciaria, era.**

CENSO. Registro oficial de los habitantes, bienes, o ambas cosas, de un país o región.
4:73b; Demografía 5:128a; *ilustración* 4:73b.

CENSOR. En la antigua Roma, magistrado que se encargaba de llevar a cabo el censo de los ciudadanos y de sus bienes, así como de preparar la lista de los senadores, de establecer el presupuesto de la ciudad, y de vigilar la conducta de los ciudadanos. Eran dos, elegidos cada cinco años, por un tiempo no superior a los 18 meses.

CENSURA. Control que ejerce la autoridad pública sobre cualquier actividad en la que se expresan ideas contrarias a los principios morales, políticos o religiosos que dicha autoridad considera ortodoxos.
4:74a; *ilustraciones* 4:74a; 4:75a.

CENTAURO (ASTRONOMÍA). Constelación austral al occidente de Lobo y debajo de Virgo. Rica en estrellas brillantes y enjambres globulares. Las estrellas Alfa y Beta de Centauro (o Alpha y Beta Centauri), de primera magnitud, están cercanas a la Cruz del Sur. La Próxima Centauro (Proxima Centauri) es la estrella más cercana a la Tierra (4,28 años luz). Nombre latino: Centaurus.

CENTAURO (MITOLOGÍA). Animal fabuloso con cuerpo de hombre y de caballo.
4:75b; *ilustración* 4:75b.

CENTAVO. Centésima parte de la unidad monetaria en numerosos países latinoamericanos y en los Estados Unidos, Canadá y otras naciones de habla inglesa *(cent).*

CENTCELLES. Monumento paleocristiano que se alza en las proximidades de la ciudad española de Tarragona. Fechado a mediados del siglo IV, fue erigido como mausoleo y es uno de los mejores ejemplos de arte paleocristiano conservado en España.

CENTELLEO ESTELAR. Fenómeno que sufren las imágenes de las estrellas (movimientos oscilatorios irregulares o variaciones de luz y color), producidos tanto por la composición de la atmósfera terrestre como por las variaciones locales de la densidad atmosférica. También conocido como parpadeo astronómico.

CENTENO. Planta herbácea anual de la familia de las gramíneas (*Secale cereale*).
4:76a; Alcohólicas, bebidas 1:158a; Cereal 4:85a; Gramíneas 7:187a; Malta (ALIMENTACIÓN) 9:312a; *cuadro* 4:76a; *ilustraciones* 4:76b.

CENTENO, DIEGO (1505-1549). Conquistador español. Llegó al Perú en 1534 formando parte de la expedición de Pedro de Alvarado. Aliado inicialmente con Francisco Pizarro, se enfrentó a éste, siendo vencido. Se refugió en las montañas. Con ayuda de Pedro de la Gasca, enviado de Carlos V (I de España), conquistó Cusco (o Cuzco) y pacificó el país. Murió envenenado.

CENTÍGRADA DE TEMPERATURA, ESCALA. Patrón termométrico creado por Anders Celsius y dividido en cien partes, en el cual el punto de congelación del agua se toma como origen o cero y el de ebullición como 100.
Temperatura 14:10a; Termómetro 14:36a.

CENTÍGRAMO. Submúltiplo del gramo igual a la centésima parte de éste.

CENTILITRO. Submúltiplo del litro igual a la centésima parte del mismo.

CENTÍMETRO. Submúltiplo del metro igual a la centésima parte de éste.

CÉNTIMO. Centésima parte de la unidad monetaria de diversos países entre ellos España, El Salvador y Costa Rica.

CENTOLLO. Crustáceo malacostráceo decápodo del grupo de los braquiuros (*Maia squinado*). Caparazón cefalotorácico y numerosas prominencias y espinas dorsales. Vive entre las rocas marinas, en el Mediterráneo y el Atlántico, y es muy apreciado en gastronomía.
Crustáceos 5:33a.

CENTRAL. Departamento del sur de Paraguay, región Oriental, limítrofe con la Argentina por el oeste. Fértiles llanuras productoras de arroz, caña de azúcar, algodón. Lagos Ypacaraí e Ypoá. Región fuertemente industrializada. Cap. Asunción. 2.465 km^2. 866.856 hab. (1992).

CENTRAL, ALTIPLANICIE. Altiplano guatemalteco situado en la zona comprendida entre la sierra Madre de Chiapas y la región volcánica de la costa del Pacífico. Con alturas que van de los 1.500 a los 2.000 m, acoge a las ciudades más importantes del país.

CENTRAL, CORDILLERA (ANDES). Alineación montañosa de América del sur, uno de los tres brazos de los Andes. Se extiende de norte a sur desde el nudo de Pasto, en Colombia, hasta el altiplano boliviano, aunque desaparece en el tramo intermedio, en los Andes del Ecuador.

CENTRAL, CORDILLERA (REPÚBLICA DOMINICANA). Conocido también como cordillera de Cibao, sistema montañoso de la República Dominicana y Haití. Está situado en la parte

central de la isla de La Española. Alcanza su máxima altitud en el pico Duarte (3.175 m).
Dominicana, República 5:222a.

CENTRAL, CORDILLERA (PUERTO RICO). Sistema montañoso de Puerto Rico. Se extiende de este a oeste de la isla, desde Aibonito hasta Maricao. Está situado a unos 20 km de la costa caribeña y a 35 de la del Pacífico. De origen volcánico, destacan en sus altitudes el cerro de Punta (1.338 m), el monte Jayuya (1.310 m) y el cerro Rosa (1.267 m).
Puerto Rico 12:196a.

CENTRAL, SISTEMA. Cordillera de España. Constituye uno de los sistemas montañosos principales de la península ibérica. Se extiende en dirección sudoeste-nordeste desde el valle del Tajo en la frontera hispano-portuguesa hasta el norte de la provincia española de Guadalajara. Divide Castilla la Vieja (más elevada) de la Nueva. Su máxima altitud es el pico Almanzor (2.592 m).
España 6:63a.

CENTRAL, VALLE. Región chilena que se extiende entre Santiago y Puerto Montt. Regada por los ríos Maule y Biobío, se suceden en ella las zonas desérticas con otras de gran riqueza agrícola. Eje del asentamiento urbano del país.

CENTRAL DE PROCESAMIENTO, UNIDAD. V. **Procesamiento, unidad central de.**

CENTRAL ELÉCTRICA. Instalación destinada a transformar energía en electricidad. Se clasifican según su fuente de energía. Las principales son las termoeléctricas (combustibles fósiles), las hidroeléctricas (agua en presas, saltos de agua), nucleares (fisión de núcleos atómicos) y geotérmicas (vapor del subsuelo). Menos usuales son las eólicas (viento) y maremotrices (mareas).

CENTRAL FRANCÉS, MACIZO. Conjunto de territorios elevados, situado en el centro-sur de Francia, entre el valle del Ródano al este y las llanuras atlánticas al oeste. Ocupa unos 90.000 km^2, con una altitud que oscila entre 600 y 1.000 m, y culmina en el Puy de Sancy (1.885 m).

CENTRALISMO DEMOCRÁTICO. Tipo de organización política característico de los regímenes y partidos comunistas. Según el centralismo democrático, la cúpula dirigente del partido o cualquier organismo político es elegido por mayoría después de una discusión democrática entre todas las fuerzas representadas. En teoría, los órganos elegidos son revocables por la base y, una vez efectuada la votación, no se admite la existencia de fracciones.

CENTRALISTA, INSURRECCIÓN. Conjunto de levantamientos revolucionarios que tuvieron lugar en España entre septiembre de 1843 y enero de 1844. Pretendían la instauración de una junta central de carácter democrático. La insurrección centralista se inició en Barcelona, en donde se conoció con el nombre de Jamancia. La intervención del ejército acabó con el movimiento.

CENTRALIZACIÓN. Sistema político o administrativo que consiste en la concentración del poder en uno o muy pocos organismos. El proceso de centralización fue determinante en la formación de los estados nacionales y posteriormente del absolutismo. Se contrapone a los sistemas descentralizados.

CENTRAL OBRERA NACIONAL SINDICALISTA. Sindicato obrero fundado en 1934 por el partido nacionalsindicalista Falange Española y de las JONS. Estuvo dirigido hasta 1935 por Ramiro Ledesma Ramos, momento en el que pasó a manos de Manuel Mateo. Base de la posterior Central Nacional Sindicalista (CNS).

CENTRAL TELEFÓNICA. Instalación en la que están concentradas las conexiones de la red de teléfonos de una zona o de un edificio.

CENTRÍFUGA, FUERZA. En un movimiento curvilíneo, impulso que induce a un cuerpo a alejarse de su centro de movimiento. Tiene su origen en la inercia o resistencia que opone el móvil a los cambios de dirección, y es igual y opuesta a la fuerza centrípeta.

CENTRIFUGADORA. Máquina que, mediante un movimiento centrífugo producido por un motor, consigue la separación de diferentes sustancias líquidas o de un sólido con respecto a un líquido. Utilizada industrialmente en diversos servicios (industrias lácteas, azucareras, químicas, etc.) y en funciones domésticas.

CENTRÍOLO. Orgánulo citoplásmico presente en la región del centrosoma de las células animales y algunos vegetales. Se duplica antes de la división mitótica y cada porción da lugar a uno de los polos del huso mitótico.
Célula 4:69b.

CENTRÍPETA, FUERZA. Impulso que es necesario aplicar a un móvil para obligarlo a describir una trayectoria circular. Se dirige siempre hacia el centro y es igual al cociente de dividir el producto de la masa por el cuadrado de la velocidad del móvil entre el radio de curvatura.

CENTRO. Región de Francia que comprende los dep. de Cher, Eure-et-Loire, Indre, Indre-et-Loire, Loiret y Loir-et-Cher. Regada por el río Loira. Agricultura, viñedos; altos hornos, siderurgias. Cap. Orleans. 39.151 km^2. 2.433.200 hab. (1995).

CENTRO ACTIVO. Región de una enzima a la que se une el sustrato y que es directamente responsable de la transformación catalítica de éste.

CENTROAFRICANA, REPÚBLICA. País de África, al norte del ecuador y al sur del Sahel. Cap. Bangui. 622.436 km^2. 3.513.000 hab. (2000).
4:77a; África 1:94; Congo, río 4:338a; *mapa* 4:77a; *cuadros* 4:77b; 4:78a; *ilustración* 4:78a.

CENTROAMÉRICA. V. **América central.**

CENTROAMÉRICA, PROVINCIAS UNIDAS DE. Federación de los territorios de la antigua capitanía general de Guatemala, que se mantuvo desde 1823 hasta 1838. De su disolución nacieron las repúblicas de El Salvador, Honduras, Nicaragua, Costa Rica y Guatemala.
4:78b; Arce, Manuel José 2:27b; Costa Rica 4:414b; Delgado, José Matías 5:116a; Gálvez, Mariano 7:30a; Guatemala 7:254b; Honduras 8:59b; Independencia de Hispanoamérica 8:147a; Morazán, Francisco 10:261a; Nicaragua 10:400b; Salvador, El 13:197b.

CENTROAMERICANAS, CIVILIZACIONES. V. **Mesoamericanas, civilizaciones.**

CENTROAMERICANOS Y DEL CARIBE, JUEGOS DEPORTIVOS. Competición deportiva que empezó a celebrarse en 1926, con participación de los países del área.
4:79b; Beisbol 2:384b.

CENTRO DE SIMETRÍA. Punto medio de un segmento con respecto al cual los distintos puntos situados a ambos lados de aquél son simétricos dos a dos.

CENTRÓMERO. Parte no tangible del cromosoma. Recibe la tinción que se asocia con las fibras del huso acromático en ciertas fases de la división celular (mitosis o meiosis), facilitando la emigración de las cromátidas o los cromosomas hacia los polos de la célula en la anafase.
Cromosoma 5:29a.

CENTROSOMA. Región del citoplasma de la célula en la que se encuentra el centríolo.

CENTROSPERMAS. Grupo de plantas dicotiledóneas, por lo general de porte herbáceo y hojas simples. Las flores son radiales y el fruto suele adoptar la forma de cápsula o baya. Integra especies como el clavel, la arenaria, la espinaca, la acelga y las buganvillas.

CENTURIA. Unidad militar romana que estaba compuesta por cien hombres mandados por un centurión. Cada legión se dividía en sesenta centurias (inicialmente 42), agrupadas de dos en dos en un manípulo. La centuria como unidad militar procedía de la división política instaurada por el rey Servio Tulio en el siglo VI a.C.
Ejército 5:345a.

CENTURIÓN. Oficial del ejército romano encargado de mandar una centuria. El *centurio prioris centuriae* se situaba en la parte derecha del manípulo o reunión de dos centurias, mientras que en la parte izquierda se colocaba un centurión de menor categoría. Su símbolo de mando era una vara de sarmiento.

CENTURIÓN, EMILIO (1894-1971). Pintor argentino. Comenzó su carrera artística como ilustrador y caricaturista. Destacan sus pinturas por su gran individualidad y la riqueza de su colorido. «Venus criolla», «Tipos cuzqueños».

CENÚ, INDIOS. Indígenas de Colombia que habitaban la región norte del país antes de la ocupación española. Pertenecían lingüísticamente al grupo caribeño. Practicaban la agricultura, la poligamia y el canibalismo. En ocasiones las mujeres gobernaban los poblados.

CEOLITA. V. **Zeolita.**

CEPA. Parte del tronco de una planta que se encuentra debajo de la tierra. En el caso de la vid se emplea para designar también a toda la planta y, muy especialmente, su viduño o vidueño (casta).

CEPAL. V. **Comisión Económica para América Latina.**

CEPEDA, BATALLAS DE. Combates librados el 5 de febrero de 1820 y el 22 de octubre de 1859 en Cepeda, provincia de Buenos Aires, Argentina. En la primera, un ejército federal derrotó a las tropas unitarias de José Rondeau. En la segunda, las tropas confederadas de Justo José de Urquiza vencieron al ejército de Buenos Aires que comandaba Bartolomé Mitre.

CEPEDA SAMUDIO, ÁLVARO (1926-1972). Escritor colombiano. Autor de cuentos y novelas, recreó en sus obras las injusticias sociales y la difícil situación del hombre en la sociedad del siglo XX. *Todos estábamos a la espera* (1954), *La casa grande* (1962).

CEPEDA Y AHUMADA, TERESA DE. V. **Teresa de Jesús, santa.**

CEQUÍ. Antigua moneda de oro, acuñada en diversos reinos europeos en el siglo XII, principalmente en Venecia. Circuló con profusión en el norte de África.

CERA. Éster o mezcla de ésteres de un ácido graso o un alcohol, ambos de cadena larga. Suele contener ácidos y alcoholes libres. Ceras vegetales (de corteza de *Myrica cerifera*), minerales (ceresina) y animales (de abeja).
4:80a; Abeja 1:8b; Lípidos 9:171a.

CERA DE ABEJA. Sustancia sólida segregada por las abejas y utilizada por éstas para formar las celdillas de los panales. De color amarillento, se endurece con el frío. Se emplea en la fabricación de velas, cirios, etc.
Abeja 1:8b; Apicultura 1:411a.
Metalistería 10:97a.

CERAM. Isla de Indonesia, en el archipiélago de las Molucas, rodeada por el mar de Ceram (norte), el mar de Banda (sur), Nueva Guinea (este) y el archipiélago de las Célebes (oeste). 17.148 km^2.

CERÁMICA. Arte de fabricar objetos con arcilla cocida. Incluye la alfarería, la loza, el gres y la porcelana.
4:80b; Ánfora 1:352a; Arcilla 2:28a; Arte 2:122b; Bizantino, arte 3:59a; Griego, arte 7:227b; Minoico, arte 10:180b; Mochicha, cultura 10:202b; Oriental, arte 11:148b; Precolombino, arte 12:123a; Restauración de obras de arte 12:351a; *ilustraciones* 4:80b; 4:81a-b; 4:82a.

CERA PERDIDA. Método utilizado en metalistería para la realización de objetos artísticos. La cera rellena el espacio entre las dos capas de un modelo de arcilla, el cual, al someterse a cocción, funde la cera y permite su sustitución por un metal fundido.

CERATOMORFOS. Suborden de los perisodáctilos que comprende las familias de los tapíridos y rinoceróntidos.

CERBATANA. Arma de caza empleada por algunos pueblos indios americanos, que consiste en un tubo en el que se introduce un proyectil que es lanzado al soplar con fuerza por un extremo. La artillería ligera europea de los siglos XV y XVI empleó también cerbatanas de hierro forjado que disparaban dardos de hierro o sustancias inflamables.

CERBERO. En la mitología griega, nombre del perro tricéfalo que guardaba las puertas del Hades e impedía la salida de los muertos y la entrada de los vivos. Se representaba con cola de dragón y serpientes sobre el lomo. Conocido también como Cancerbero (can Cerbero).

CERCANO ORIENTE. Grupo de países ribereños del Mediterráneo oriental al sur de Turquía (Siria, Líbano, Israel y Egipto). Se ha hecho común también incluir en la denotación a países alejados del Mediterráneo, pero con vínculos políticos o culturales con los primeros, como Jordania, Irak, Irán y los estados del golfo Pérsico. La región se conoce también como próximo oriente u oriente medio.
Casa 4:4b.

CERCEAU, FAMILIA DU. Dinastía de arquitectos franceses de los siglos XVI y XVII. Entre sus miembros más distinguidos figuran Jacques (h. 1520-h. 1585), Baptiste (1545-1590), Jacques II (h. 1550-1614), Jean I (h. 1585-h. 1649).

CERCOPITÉCIDOS. Familia de monos catarrinos, que comprende la mayoría de los monos del Viejo Mundo. Sus extremidades anteriores son generalmente más cortas que las posteriores, presentan cola y están provistos de callosidades isquiáticas (en los glúteos).

CERDA, INFANTES DE LA (siglos XI-XII). Alfonso y Fernando de la Cerda, hijos de Fernando de la Cerda y de Blanca de Francia, nietos de Alfonso X el Sabio. Despojados de sus derechos al trono castellano por Sancho IV, fueron pretexto de diversos enfrentamientos entre reinos españoles durante los siglos XI y XII.

CERDÁ, JORDI (n. en 1949). Artista español. Cultivó el diseño, la composición y el cine, insertándose en la corriente del arte conceptual.

CERDA, MANUEL ANTONIO DE LA (m. en 1829). Insurgente nicaragüense. Presidente de su país en 1825, fue depuesto por Juan Argüello. Murió ejecutado.

CERDAÑA. Comarca catalana perteneciente a Francia, dep. de Pirineos Orientales, y a España, prov. de Gerona y Lérida, regada por el río Segre. Enclave español de Llivia en la zona francesa.

CERDÁ Y SUÑER, ILDEFONSO (1816-1876). Urbanista y político español. Diputado (1850) y vicepresidente de la Diputación Provincial catalana (1873-1874), realizó una importante labor como urbanista, destacando en la realización del plan de ensanche de la ciudad de Barcelona (1859), según un modelo inspirado en el urbanismo francés del siglo XIX. *Teoría general de la urbanización y aplicación de sus doctrinas a la reforma y ensanche de Barcelona* (1867).
Barcelona 2:349a.

CERDEÑA. Isla y reg. de Italia, en el Mediterráneo occidental, la segunda en tamaño de esta zona del mar después de Sicilia. Agricultura mediterránea, industria petroquímica, turismo. Cap. Cagliari. 24.090 km^2. 1.660.701 hab. (1996).
4:83a; Italia 8:301b; Púnicas, guerras 12:209b; Tirreno, mar 14:66a; *ilustración* 4:83b.

CERDEÑA, REINO DE. Estado constituido en 1720 bajo el reinado de la casa de Saboya. Comprendía la isla de Cerdeña, Saboya, el Piamonte y Monferrato. Fue el núcleo del que se creó el reino de Italia a mediados del siglo XIX.

CERDO. Mamífero ungulado artiodáctilo de la familia de los suidos (*Sus scrofa domestica*).
4:83b; Artiodáctilos 2:136a; Domesticación 5:217b; Ganadería 7:36b; Mamíferos 9:316a; *cuadro* 4:84a; *ilustraciones* 4:84; 9:316a.

CERDO HORMIGUERO. Mamífero tubulidentado de la familia de los oricterópidos (*Orycteropus afer*), de forma rechoncha, cola larga y cónica, hocico largo, cilíndrico y truncado, lengua larga y protáctil y patas terminadas en uñas excavadoras. De hábitos nocturnos, ataca los termiteros. Vive en África del sur. Se denomina también oricteropo.

CEREAL. Cualquiera de las plantas gramíneas de cuyas semillas se puede hacer harina.
4:85a; Agricultura 1:106b; Arroz 2:120a; Avena 2:254a; Cebada 4:56b; Centeno 4:76a; Harina 7:333b; Maíz 9:296a; Malta (ALIMENTACIÓN) 9:312a; Pan 11:237b; Pienso 11:402b; Sorgo 13:305b; Trigo 14:125b; *ilustraciones* 4:85.

CEREBELO. Órgano del encéfalo situado en la fosa cerebral posterior, debajo del cerebro y encima y por detrás del tronco cerebral. Interviene en el control del tono muscular, del equilibrio y de la coordinación de los movimientos.
Cerebro 4:86b; Nervioso, sistema 10:385a.

CEREBRAL, PARÁLISIS. Pérdida total o parcial de la motilidad de uno o varios músculos al producirse una lesión en el tejido nervioso del cerebro. Existen la forma espástica, atetósica, atáxica, temblorosa, rígida y atónica o mixta.
Ortopedia 11:167a.

CEREBRO. Órgano principal del sistema nervioso, que ocupa la parte superior del cráneo, por encima del tronco cerebral y el cerebelo. Centro de todas las funciones superiores (lenguaje, inteligencia, memoria, conciencia, etc.).
4:86a; Hernia 7:378b; Nervioso, sistema 10:385a; Vertebrados 14:283a; *ilustraciones* 4:86a; 4:87b.

CEREBROESPINAL, LÍQUIDO. V. **Cefalorraquídeo, líquido.**

CEREBRÓSIDO. Grupo de lípidos complejos o lipoides nitrogenados. Carecen de fósforo, que ha sido sustituido por una molécula de azúcar (galactosa o glucosa). Se encuentran en el sistema nervioso y, principalmente, en la masa encefálica.
Lípidos 9:172a.

ČERENKOV, PÁVEL ALEXÉIEVICH. V. **Cherenkov, Pável Alexéievich.**

CEREROLS, JOAN (1618-1680). Compositor español. Monje en el monasterio catalán de Montserrat, fue alumno de Joan March y autor de obras corales para la escolanía de la abadía. Destacó por sus villancicos. Su obra está influida por la de Tomás Luis de Victoria y la de Claudio Monteverdi.

CERES (ASTRONOMÍA). Primer asteroide descubierto en el Sistema Solar y el de mayores dimensiones. Observado por Giuseppe Piazzi en 1801. Diámetro de 700 km.
Sistema Solar 13:266a.

CERES (MITOLOGÍA). En el panteón romano, diosa de los cereales y la agricultura en general. Tenía un templo en el Aventino. Sus fiestas religiosas se celebraban entre el 12 y el 19 de abril. Corresponde a la diosa griega Deméter.

CEREZO. Árbol de hoja caduca de la familia de las rosáceas (*Prunus avium*).
4:88a; Fructicultura 6:416; *ilustración* 4:88a.

CEREZO, MATEO (h. 1626-1666). Pintor español. Estudió con Juan Carreño de Miranda. Uno de los máximos representantes de la escuela madrileña de mediados del siglo XVII. Autor de cuadros religiosos y naturalezas muertas. «Los desposorios místicos de santa Catalina» (1660), «Magdalena» (1661).
Madrid, escuela de 9:178a.

CEREZO, VINICIO (n. en 1943). Político guatemalteco. Miembro de la Democracia Cristiana, fue electo democráticamente a la presidencia tras treinta años de regímenes militares. Emprendió una política de conciliación nacional. En 1991 entregó pacíficamente el poder a un presidente proveniente de la oposición, Jorge Serrano.
Guatemala 7:256a.

CERIÑOLA, BATALLA DE. Combate librado el 28 de abril de 1503 entre las tropas españolas al mando de Gonzalo Fernández de Córdoba y las francesas del duque de Nemours, que pereció en el encuentro. Los españoles se habían hecho fuertes en Ceriñola, Apulia, Italia, donde fueron atacados por los franceses, a los que derrotaron.

CERIO. Elemento químico, el más abundante de los metales de tierras raras del grupo IIIb de la tabla periódica. De color gris, está presente en las tierras de cerita y arenas de monazita. Se usa en aleaciones pirofóricas (encendedores, balas de rastreo), lámparas de arco, aleaciones para motores de aviones. Símbolo, Ce; número atómico, 58; peso atómico, 140,12.
Lantánidos 9:57a.

CERMET. Mezcla de productos cerámicos y óxidos metálicos de la que se obtienen los cermetales, materiales refractarios que contienen un 70% de aluminio y un 30% de cromo. Resistente a altas temperaturas. Utilizado en instalaciones atómicas.

CERNA, VICENTE (1816-1885). Militar y político guatemalteco. En 1865 sucedió al presidente Rafael Carrera, cuya política autoritaria continuó. Tras un fallido golpe de estado en 1870, fue derrocado un año más tarde.

CERNAN, EUGENE A. (n. en 1934). Astronauta estadounidense. En junio de 1966, dentro de la misión de la Gemini IX, permaneció durante dos horas fuera de la nave espacial. Participó también en la Apolo X y la Apolo XVII.

CERNÍCALO. Ave rapaz falconiforme de la familia de los falcónidos (*Falco tinnunculus*). Diversas especies distribuidas por los distintos continentes.
Rapaces 12:262a.

CERNUDA, LUIS (1902-1963). Poeta español. Autor perteneciente a la generación del 27 en la poesía española del siglo XX.
4:88b; Española, literatura 6:94b; Veintisiete, generación del 14:249b; *ilustración* 4:88b.

CERNUNNOS. Deidad de los celtas, también conocida como Cernunnus o Cernuno. Se la representaba con cuerpo humano, orejas de cérvido, cuernos y torque (collar) celta en el cuello. Dios de los animales y de la naturaleza.

CERO. Símbolo utilizado en los sistemas de numeración para indicar la inexistencia de unidades.

CERO ABSOLUTO. Punto de la escala termométrica que señala la temperatura más baja posible de un cuerpo, a la cual cesa todo movimiento molecular, y que se fija en los –273,15 °C.

CERONE, PIETRO (1566-1625). Teórico musical italiano. Fue maestro de capilla en las cortes españolas de Felipe II y Felipe III y en la de Nápoles. Autor de un muy extenso tratado sobre la música de su tiempo, *El melopeo y maestro*.

CERQUERO, JOSÉ SÁNCHEZ (1784-1850). Marino y astrónomo español. Ingeniero naval del ejército, dirigió desde 1825 el observatorio de San Fernando. Por el desempeño de esta misión, y en mérito a su gran dedicación y valía, le fue concedida la Cruz de Comendador de Carlos III en 1843.

CERRALBO, MARQUÉS DE (1845-1922). Enrique de Aguilera y Gamboa, político y arqueólogo español. Fue diputado (1890-1898) y jefe del partido carlista. Trabajó en numerosas campañas arqueológicas y fue miembro de la Real Academia de la Historia. El importante patrimonio artístico y arqueológico que reunió se conserva en el museo madrileño que lleva su nombre.

CERRALVO. Isla mexicana situada frente a la costa de la península de Baja California. 29 km de longitud y 7 km de anchura.

CERRO DE LAS MESAS. Centro arqueológico mexicano situado en el estado de Veracruz. En 1941 se descubrieron en él importantes piezas de la cultura olmeca. Destacan las estelas de piedra y las figurillas de barro.
Olmeca, cultura 11:100a.

CERRO DE LOS SANTOS. Yacimiento arqueológico español situado en el término de Montealegre, en la provincia de Albacete, Castilla-La Mancha. Perteneciente a la cultura ibérica durante la etapa de dominación romana, destaca por sus esculturas, especialmente la conocida como «Gran dama oferente» del Museo Arqueológico Nacional de Madrid.

CERRO DE PASCO. Ciudad del Perú, cap. de la prov. de Pasco. Una de las ciudades más altas del mundo (4.338 m). Minas de cobre, oro, plata, zinc. Ferrocarril. 71.558 hab. (1981).
Perú 11:359a.

CERRO GORDO, BATALLA DE. Combate librado por las tropas mexicanas del general Antonio López de Santa Anna, el 18 de abril de 1847, contra las invasoras estadounidenses al mando del general Winfield Scott. Vencidos los defensores, perdieron poco después Puebla.

CERROJILLO. Pájaro de la familia de los páridos (*Parus ater*). El plumaje del macho es negro en el dorso, cabeza y cola. Común en ciertas regiones de Europa.

CERRO LARGO. Departamento del nordeste de Uruguay limitado al nordeste por Brasil y al este por la laguna Merín. Carretera panamericana. Uranio; agricultura y ganadería. Cap. Melo. 13.648 km^2. 81.218 hab. (1996).

CERRUTO, ÓSCAR (1907-1981). Escritor boliviano. Autor de poesía, novelas, ensayos y cuentos, fue director de los periódicos *El Diario* y *Última Hora* y miembro de la Academia Boliviana de la Lengua. *Aluvión de fuego* (1935), *Cifra de la rosa y siete cantares* (1957), *Reverso de la transparencia* (1975).

CERULARIO, MIGUEL (h. el 1000-h. 1059). Patriarca de Constantinopla. Excomulgado por León VI, al no someterse a Roma, culminó en 1054 el cisma oriental. Conspiró contra el emperador bizantino Miguel VI, a quien obligó a abdicar, pero posteriormente el nuevo emperador, Isaac I Comneno, lo llevó a prisión, donde murió.
Cisma 4:213a.

CERUSITA. Carbonato de plomo de la serie del aragonito, blanco o incoloro. Aparece como mineral secundario en las zonas oxidadas de los yacimientos de sulfuros. Cristaliza en el sistema rómbico. Se utiliza para la extracción de plomo. Fórmula, $PbCO_3$.

CERVANTES, IGNACIO (1847-1905). Compositor cubano de tendencia nacionalista. *Danzas cubanas.*

CERVANTES, MIGUEL DE (1547-1616). Escritor español. Figura cumbre de las letras hispanas.
4:89a; Entremés 6:6a; Española, literatura 6:91b; Novela y cuento 11:20a; Quijote, El 12:222a; Siglo de Oro español 13:236b; *cuadro* 4:89b; *ilustraciones* 4:88; 6:6a; 13:238.

CERVANTES, PREMIO. Galardón de literatura instituido en España en 1976 que se concede a los escritores de lengua castellana por el conjunto de su obra.

CERVANTES DE SALAZAR, FRANCISCO (h. 1514-1575). Escritor español. Trasladado a México en 1551, fue profesor en la universidad de la capital desde su fundación y rector de dicha institución desde 1567. Autor de una *Crónica de la Nueva España*, publicada en 1914, y de obra poética en latín y castellano. *Túmulo imperial de la gran ciudad de México.*

CERVELLÓ, JORDI (n. en 1935). Compositor español. Autor principalmente de obras orquestales, trabajó también para música de cámara. *Sinfonía concertante* (1969), *Ana Frank, un símbolo* (1971), *Variaciones sobre un tema hebreo* (1973), *Meditaciones* (1980).

CERVERA. Población española de la prov. de Lérida, comunidad autónoma de Cataluña. Sus habitantes defendieron la causa borbónica durante la guerra de sucesión española, motivo por el que Cervera obtuvo el título de ciudad. Universidad del siglo XVIII. Cereales, olivos, hortalizas; industrias alimentarias, textiles y de la construcción. 6.951 hab. (1991).

CERVERA, ANTONIO IGNACIO (1825-1860). Dirigente obrero español. Perteneciente a la fracción socialista del Partido Demócrata Español, participó en el movimiento revolucionario de 1854 y fundó diversas asociaciones obreras y periódicos para los trabajadores (*El Trabajador, La Tribuna del Pueblo*, etc.).

CERVERA, JUAN (1870-1952). Marino español. Intervino en las campañas militares de las Filipinas, Cuba (1895-1897) y Marruecos (1921). Apoyó la sublevación militar de 1936 y ocupó desde este momento la jefatura del estado mayor de la armada. Fue nombrado almirante en 1939.

CERVERA BAVIERA, JULIO (1854-1936). Militar y geógrafo español. Participó en la guerra carlista y en la de Cuba, y desarrolló una importante labor como geógrafo en Marruecos. *Geografía militar de Marruecos.*

CERVERA Y TOPETE, PASCUAL (1839-1909). Marino español que ocupó el cargo de ministro de marina en el gobierno de Práxedes Mateo Sagasta. Dirigió como contraalmirante la flota española derrotada en Cuba por los estadounidenses en 1898. Por este motivo fue juzgado y absuelto en consejo de guerra. Nombrado senador vitalicio en 1903.
Santiago de Cuba 13:148a.

CERVERÍ DE GIRONA (siglo XIII). Guillermo de Cervera, trovador catalán. Fue juglar en las cortes de Jaime I y Pedro II de Aragón. Autor de una extensa producción poética, en la que alternó la poesía culta con la popular. *Fábula del ruiseñor.*

CERVEZA. Bebida alcohólica que se obtiene por la fermentación de cereales germinados, especialmente cebada, a los que se añade lúpulo, del que recibe su sabor amargo característico.
4:90b; Alcohólicas, bebidas 1:157b; Cebada 4:57a; Fermentación 6:264a; Levadura 9:132a; Lúpulo 9:246b; Malta (ALIMENTACIÓN) 9:312a; *cuadro* 4:91b; *ilustraciones* 4:91a; 4:92.

CERVI, GINO (1901-1974). Actor italiano. Entre su abundante filmografía, más de 110 títulos, destacan sus interpretaciones del alcalde comunista Pepone, oponente del cura don Camilo en la obra de Giovanni Guareschi.

CERVINO. V. **Matterhorn.**

CÉSAIRE, AIMÉ (n. en 1913). Poeta, dramaturgo y político de Martinica. Con Léopold Sédar Senghor fundó el movimiento de la negritud, tendente a restablecer la identidad cultural negra. *Discurso sobre el colonialismo* (1955), *Una estancia en el Congo* (1966).
Haitiana, literatura 7:322a; Negroafricanas, literaturas 10:373b; *ilustración* 10:373b.

CESALPINO, ANDREA (1519-1603). Filósofo, médico y botánico italiano. Director del jardín botánico de la Universidad de Pisa, trabajó como médico del papa Clemente VIII y fue profesor en la Universidad de Roma. Autor del primer libro de texto de botánica. Su sistema filosófico apareció expuesto en *Cuestiones peripatéticas* (1571). Estableció una clasificación de las plantas basada en los caracteres de la flor, el fruto y el embrión.
Botánica 3:126a.

CESAR. Departamento del norte de Colombia, limitado al nordeste por Venezuela y al sudeste por el río Magdalena. Abarca desde la sierra Nevada de Santa María y la serranía de Perijá hasta el valle del Magdalena. Agricultura y ganadería. Cap. Valledupar. 22.905 km^2. 827.219 hab. (1993).

CÉSAR, JULIO (100-44 a.C.). General y estadista romano. Una de las máximas personalidades de la antigua Roma.
4:92b; Bruto, Marco Junio 3:203b; Caballería 3:242b; Cicerón 4:176b; Cleopatra 4:229b; Galia 7:10a; Historia 8:24b; Latina, literatura 9:74b; Marco Antonio 9:355a; Países Bajos 11:209b; Política 12:60a; Pompeyo, Cneo 12:80a; Roma antigua 12:422a; Salustio 13:103b; Suetonio 13:352a; *cuadro* 4:93b; *ilustraciones* 4:93; 9:73b; 12:60a.

CESAREA (HISTORIA). Nombre de diversas ciudades antiguas situadas en distintas regiones: Cilicia, Frigia, Capadocia, Palestina y África del norte.

CESÁREA (MEDICINA). Operación que consiste en la extracción del feto por vía abdominal, previa apertura quirúrgica de la cavidad uterina.
Ginecobstetricia 7:133b.

CESÁREO DE ARLES, SAN (470-543). Prelado francés. Ocupó el obispado de Arles en el 502 y presidió diversos concilios franceses (Agde, 506; Arles, 525; Carpentrás, 527; etc.). En el 514 fue nombrado vicario apostólico de la Galia y de España.

CESARI, GIUSEPPE (1568-1640). Pintor italiano, conocido también como caballero de Arpino o cavalier d'Arpino. Protegido de la aristocracia romana, fue uno de los principales representantes del manierismo tardío en esta ciudad. Acusó influencias de otros pintores (Rafael, Caravaggio, etc.). Trabajó principalmente en frescos, con un manifiesto carácter decorativo. «Canonización de san Francisco de Paula», «Andrómeda».
Caravaggio 3:370b.

CÉSARMAN, EDUARDO (n. en 1931). Cardiólogo mexicano de origen chileno. Se graduó como médico cirujano en la Universidad de México en 1954. Realizó su internado en el Instituto Nacional de Cardiología de la capital mexicana. Posteriormente trabajó en prestigiosos centros médicos de los Estados Unidos y en instituciones médicas públicas y privadas de México. También impartió clases de su especialidad en diversas universidades, ocupó cargos públicos relacionados con su profesión y escribió para publicaciones científicas.

CÉSARMAN, TEODORO (n. en 1923). Cardiólogo mexicano. Médico cirujano por la Universidad de México. Trabajó en diversas instituciones médicas de la capital mexicana y fue profesor universitario de su especialidad.

CÉSARO (siglo II a.C.). Caudillo lusitano. En el 153 a.C. venció a Lucio Mummio, pretor de la Hispania Ulterior, pero un contraataque posterior de éste causó la muerte de Césaro en batalla.

CESAROTTI, MELCHIORRE (1730-1808). Poeta, ensayista, traductor y crítico literario italiano. Fue profesor de griego y hebreo en la Universidad de Padua, impulsó el romanticismo en Italia y criticó el autoritarismo de las academias sobre el uso de la lengua. Protegido de Napoleón Bonaparte, a quien glosó en un poema. *Ensayo sobre la filosofía del lenguaje* (1788).

CESENÀ. Población italiana de la prov. de Forli, en la reg. de Emilia-Romaña. Conserva restos de la antigua ciudad romana y medieval. Importante centro agrícola de la región. 88.487 hab. (1998).

CESIO. Elemento químico, metal alcalino, del grupo IA de la tabla periódica. De color blanco plateado, el cesio es el más reactivo y tal vez blando de los metales. Fuertemente fotoeléctrico (pierde electrones con la luz), se usa en celdas fotoeléctricas y cámaras de televisión para formar imágenes. Símbolo, Cs; número atómico, 55; peso atómico, 132,9.

ČESKÉ BUDĚJOVICE. Ciudad de la Rep. Checa, cap. de Bohemia Meridional. Arquitectura medieval. Centro industrial (cerveza, lápices, porcelana). 92.800 hab. (1987).
Checa, República 4:116a.

CÉSPED. Hierba que se mantiene en forma tupida y con escasa altura gracias a los cuidados de las técnicas de jardinería. Se utiliza para adornar jardines o parques y para la realización de diversas actividades recreativas.
Jardinería 8:354b.

CÉSPEDES, ALBA DE (n. en 1911). Escritora italiana. Autora de novelas, poesías y obras teatrales, fundó la revista *Mercurio.* Residió durante largos años en América (Cuba, Estados Unidos). *Nadie vuelve atrás* (1938), *La muchacha de mayo* (1969), *La oscuridad de la noche* (1976).

CÉSPEDES, AUGUSTO (1904-1997). Escritor boliviano. Político y embajador, fundó con otros correligionarios el Movimiento Nacional Republicano. Su obra está concebida como un juego verbal para encontrar la armonía entre el hombre y la naturaleza. *Sangre de mestizos* (1936), *Crónicas heroicas de una guerra estúpida* (1975).

CÉSPEDES, CARLOS MANUEL DE (1819-1874). Político cubano. Fue el primer presidente de la república en armas.
4:94a; Aguilera, Francisco Vicente 1:124b; Cuba 5:54b; Independencia de Hispanoamérica 8:147a; Zenea y Fornaris, Juan Clemente 14:414b.

CÉSPEDES, FRANCISCO JAVIER (1821-1903). Militar cubano. Fue presidente de la república en armas de octubre a diciembre de 1877.

CÉSPEDES, GONZALO DE (1585-1638). Escritor español. Protegido del conde-duque de Olivares, consiguió el título de historiador del rey Felipe IV. Autor de novelas de corte picaresco muy imaginativas. *Poema trágico del español Gerardo, y desengaño del amor lascivo* (1615), *La varia fortuna del soldado Píndaro* (1626), *Historia de Felipe IV* (1631).

CÉSPEDES, PABLO DE (h. 1538-1608). Pintor y escritor español. Trabajó sobre todo en Sevilla y en su ciudad natal, Córdoba. Su obra pictórica se encuadra dentro del estilo manierista. Autor de la poesía didáctica *Poema de la pintura.* «Virtudes» (1592), «La última Cena» (1595).

CÉSPEDES QUESADA, CARLOS MANUEL DE (1871-1939). Político cubano. Ocupó diversos cargos políticos y diplomáticos, y fue presidente de la república en 1933.

CESTERÍA. Fabricación de cestas, una de las artesanías más antiguas. Las primeras muestras que se conocen proceden de Mesopotamia, hace 5.000 años. Tipos existentes: cestería en espiral, en trenzado y en entretejido.

CESTERO, TULIO MANUEL (1877-1955). Diplomático y escritor dominicano. Ejerció la carrera diplomática en Europa y América y fue autor de novelas y poesía de estilo modernista. *El jardín de los sueños* (1904), *La ciudad romántica* (1911), *La sangre* (1914).

CESTEROS, INDIOS. Pueblo prehistórico del sudoeste de los Estados Unidos, en la región del río San Juan, que entre los siglos I y VII desarrolló una cultura propia. Su denominación procede del uso que hacían de la cestería para sustituir a la cerámica.

CESTI, PIETRO ANTONIO (1623-1669). Compositor italiano, uno de los más destacados del siglo XVII. Estudió en Roma y Venecia. Maestro de capilla del archiduque Fernando de Austria, en Innsbruck. Su obra maestra es la ópera *Dori* (1661). Escribió, además, *Orontea, La manzana de oro* y muchas otras. Cultivó la cantata y la música sacra.

CESTODOS. Grupo de gusanos platelmintos, parásitos intestinales de vertebrados, entre los cuales se incluyen las tenias.
Invertebrados 8:250a.

CESURA. En poesía, corte o pausa que se hace en el verso después de cada uno de los acentos métricos reguladores de la armonía.

CETÁCEOS. Orden de mamíferos marinos y de agua dulce que incluye dos subórdenes: misticetos y odontocetos.
4:94b; Ballena 2:324a; Cachalote 3:256b; Delfín 5:114a; Mamíferos 9:314b; Orva 11:130a; *cuadro* 4:95; *ilustraciones* 4:95a-b.

CETEWAYO. V. **Cetshwayo.**

CETINA, GUTIERRE DE (1520-h. 1557). Poeta y soldado español. Su obra fue el nexo de unión entre la poesía de Garcilaso de la Vega y la de Fernando de Herrera.
4:95b.

CETOGÉNESIS. Término bioquímico aplicado a la producción de cuerpos cetónicos en el organismo, por oxidación de las grasas y algunos aminoácidos.

CETONA. Cuerpo procedente de la primera fase oxidativa de un alcohol secundario, con fórmula general R-CO-R′, donde R y R′ deben ser al menos radicales metilos y CO es el grupo funcional cetónico. Tiene propiedades parecidas a los aldehídos, pero carece del poder reductor de éstos. Por oxidación, las cetonas se transforman en ácidos.

CETRERÍA. Arte de criar y amaestrar halcones, azores y otras aves para la persecución y caza de animales. Según las cualidades del ave, la conformación de sus alas y las características de su vuelo, se clasifican en nobles (halcón, azor, etc.) e innobles (águila, thogrol, etc.).
Caza y pesca deportivas 4:54b; Halcón 7:322b.

CETSHWAYO (h. 1826-1884). Rey de los zulúes (1872-1879). Dotado de gran habilidad militar y política, reconstruyó temporalmente el poder y el prestigio del pueblo zulú. En 1879 se enfrentó a las fuerzas coloniales británicas de Sudáfrica. Tras una dura lucha, Cetshwayo fue derrotado y apresado. En 1883 recuperó el trono, pero fue derrocado por otros caudillos zulúes.

CEUTA. Ciudad de soberanía española situada en el norte de África, a orillas del Mediterráneo, a la entrada del estrecho de Gibraltar. Colegios universitarios. Metalurgia; pesquerías; turismo. 68.796 hab. (1996).
España 6:65a; Marruecos 9:384b.

CEVALLOS, PEDRO DE (1715-1778). Militar español. Gobernador de Buenos Aires en 1757, fue el primer virrey del Río de la Plata, puesto que ocupó en 1776. Luchó contra Portugal, arrebatándole la isla de Santa Catalina y la colonia de Sacramento. Estableció el libre comercio en Buenos Aires.
Plata, Virreinato del Río de la 12:29b; *ilustración* 12:29b.

CEVALLOS, PEDRO FERMÍN (1812-1893). Historiador y filósofo ecuatoriano. Fue político y profesor universitario. Autor de la primera historia de su país: *Resumen de la historia del Ecuador desde su origen hasta 1845* (1870).

CEVALLOS GUERRA, PEDRO (1764-1840). Político español. Ministro de estado de Fernando VII tras el motín de Aranjuez, participó en la redacción de la Constitución de Bayona (1808) y fue ministro de negocios extranjeros con José I. Ministro de estado nuevamente en 1814 y de gracia y justicia en 1816. *Exposiciones de los hechos y maquinaciones que prepararon la usurpación de la corona de España* (1808).

CÉVENNES, MONTES. Cadena montañosa del sur de Francia, sobre el valle del Ródano y la llanura de Languedoc. Forma parte del borde meridional del macizo Central. Sobrepasa los 1.500 m de altitud.

CÉZANNE, PAUL (1839-1906). Pintor francés. Su obra se encuadró dentro del impresionismo. Su tratamiento especial de las formas y del color lo convirtieron en un predecesor de la técnica cubista.
4:96a; Abstracto, arte 1:20a; Fauvismo 6:241a; Impresionismo 8:136b; Oller, Francisco 11:99b; Perspectiva 11:356a; Pintura 11:415b; Postimpresionismo 12:106b; *ilustración* 4:96a.

CFC. V. **Clorofluorocarbonos.**

CHABACANO. V. **Albaricoquero.**

CHABAN-DELMAS, JACQUES (1915-2000). Político francés. Participó activamente en la resistencia contra la ocupación alemana durante la segunda guerra mundial. Primer ministro (1969-1972), presidente de la Asamblea Nacional (1978-1981, 1986-1988).

CHABRIER, EMMANUEL (1841-1894). Compositor francés. Establecido en París en 1956, trabajó en el Ministerio del Interior hasta que decidió dedicarse por completo a la música. Fue maestro de coros de la asociación Noveaux Concerts y, fiel seguidor de la línea musical de Richard Wagner, compuso sinfonías, óperas, operetas, tres valses para dos pianos a cuatro manos y otras piezas para piano. *España* (1883), *Gwendoline* (1886).

CHABROL, CLAUDE (n. en 1930). Cineasta francés, uno de los iniciadores del movimiento conocido como *nouvelle vague. El bello Sergio* (1958), *El carnicero* (1969), *La década prodigiosa* (1971), *La sangre de los otros* (1982), *Madame Bovary* (1991), *No va más* (1997).

CHAC. En la mitología maya del México precolombino, deidad benévola asociada a la lluvia, el viento y la fertilidad.
4:97a; Maya, religión 10:7a; *ilustración* 4:97a.

CHACABUCO, BATALLA DE. Enfrentamiento librado el 12 de febrero de 1817, cerca de Santiago, Chile, entre el ejército español y las tropas independentistas de José de San Martín. La victoria del segundo constituyó un hito decisivo en el proceso emancipador.

CHACAL. Mamífero carnívoro de la familia de los cánidos (*Canis aureus*).
4:97b; Perro 11:345b; Predación 12:124a; *ilustraciones* 4:97b; 12:124a.

CHACAO. Municipio de Venezuela en el est. Miranda. Antiguo centro comercial, hoy suburbio de Caracas. 101.900 hab. (1981).

CHACARERA. Danza popular campesina de parejas originaria del Río de la Plata. Se inicia con el zapateo o escobillado, durante el cual el baile se acompaña con voz y guitarra. Se alternan compases de 6/8 con 3/4.

CHACEL, ROSA (1898-1994). Escritora española, vinculada a la *Revista de Occidente* y a José Ortega y Gasset. Vivió en el exilio tras la guerra civil. Premio de la Crítica en 1976 por *Barrio de maravillas* y Premio Nacional de literatura en 1987. *La sinrazón* (novela), *Alcancía: ida* y *Alcancía: vuelta* (diarios), *Versos prohibidos* (poesía), *Teresa* (biografía).

CHA-CHA-CHA. Baile cubano popularizado por el músico Enrique Jorrín y la orquesta Aragón en la década de 1950.

CHACHALACA. Ave galliforme de la familia de los crácidos (*Ortalis poliocephala*). Propia de Sudamérica.

CHACHANI, NEVADO. Volcán extinguido del Perú, situado al sur de la cadena montañosa de los Andes. 6.084 m. Nieves perpetuas.

CHACHAPOYA. Pueblo amerindio de la cordillera Central peruana, establecido al este del curso alto del río Marañón. Su lengua era el chinchasuyo, dialecto quechua. Los chachapoyas se conocen también como chachas y chachapuyas.

CHACHAPOYAS. Ciudad del Perú, cap. de la prov. homónima y del dep. de Amazonas. Fundada en 1538. Aeropuerto. Destilerías, sombreros. Caña de azúcar, cacao, coca. Ganadería. 11.853 hab. (1981).

CHAC-MOOL. Nombre que recibe un tipo de figuras yacentes propias del arte maya y tolteca. Se presentan recostadas, con las piernas dobladas, el rostro vuelto y las manos sobre el vientre, en donde sujetan una vasija. Entre las más célebres se encuentra la descubierta en 1874 en Chichén Itzá.
Chac 4:97a.

CHACMULTÚN. Ciudad maya del estado mexicano de Yucatán. Destacan las pinturas murales que albergan algunas construcciones.

CHACO (ARGENTINA). Provincia de la Argentina limítrofe por el este con Paraguay. Cap. Resistencia. 99.633 km². 951.795 hab. (2000).
4:98a; Argentina 2:43a; Santa Fe, provincia 13:141a; Tucumán 14:143a; *ilustración* 4:98a.

CHACO (PARAGUAY). Departamento de Paraguay limitado al norte y oeste por Bolivia. En zona boscosa carente de agua potable. Escenario de la batalla decisiva de la guerra del Chaco. Cap. Mayor Pablo Lagerenza. 36.367 km². 300.000 hab. (1985).

CHACO, GRAN. Extensa llanura de sabanas que cubre territorios de Bolivia, la Argentina y Paraguay.
4:98b; Bolivia 3:89a; Paraguay 11:268a; *ilustración* 4:99b.

CHACO, GUERRA DEL. Conflicto bélico que enfrentó a Bolivia con Paraguay durante tres años (1932-1935).
4:99b; Busch, Germán 3:236a; Chaco, Gran 4:99b; Estigarribia, José Félix 6:156b; Paraguay 11:273a.

CHACO, PUEBLOS DEL. Conjunto de pueblos amerindios que habitan en la región del Chaco. Las familias lingüísticas guaicurú, mascoi, lulevillela, mataco-macán y zamuco pertenecen a este conjunto, al que se añaden algunos arawak, tupí-guaraníes y otros. Combinan la agricultura con la recolección y la caza.

CHACO BOREAL. Región septentrional del Chaco, caracterizada por tener una vegetación propia que alterna zonas de bosque y de sabana. Se encuentra repartida entre Paraguay, que posee la mayor parte, y Bolivia. Separada del Chaco central por el río Pilcomayo, cubre una extensión de 259.000 km². Paraguay y Bolivia llegaron a la guerra (1932-1935) por el dominio de la zona y, a su término, Paraguay obtuvo casi todo el territorio.

CHACÓN, GONZALO (h. 1429-1507). Cronista y político español. Integrante de la corte de Juan II de Castilla, escribió la *Crónica de don Álvaro de Luna* (1445-1460), personaje del que fue camarero y privado. El libro se imprimió en Milán en 1546. Más tarde, Chacón fue contador mayor al servicio de la princesa y futura reina Isabel.

CHACÓN, LÁZARO (1873-1931). Militar y político guatemalteco. Presidente provisional de la república en 1926, tras la muerte de José María Orellana, fue confirmado en 1927. Tres años más tarde hubo de dimitir por una grave enfermedad, dando paso a la presidencia de Baudilio Palma.

CHACONA. Danza de los siglos XVII y XVIII. Se adoptó preferentemente en España y Francia, donde adquirió gran popularidad en la corte. Empleada como forma de variación por François Couperin, Johann Sebastian Bach y otros célebres músicos. Se bailaba con acompañamiento de castañuelas y coplas. Ritmo lento, en compás 3/4.

CHAD. Estado de África central. Cap. Djamena. 1.284.000 km². 8.425.000 hab. (2000).
4:100a; África 1:94; *mapa* 4:101a; *cuadros* 4:100b; 4:101b; *ilustración* 4:101b.

CHAD, LAGO. Lago de África. Cubre una extensión de 25.760 km² entre las repúblicas de Chad, Camerún, Nigeria y Níger. Fue un mar antiguo y es el lago más grande de África occidental. Aguas saladas. Formado por dos cuencas separadas por la Gran Barrera.
Nigeria 10:410b.

CHADWICK, JAMES (1891-1974). Físico británico. Premio Nobel en 1935 por el descubrimiento del neutrón. Estudió con Ernest Rutherford la transmutación de elementos por bombardeo con partículas alfa e investigó la naturaleza del núcleo atómico. Con estos experimentos identificó el protón y dedujo que el núcleo del hidrógeno es constituyente de otros átomos.
Radiactividad 12:245a; Rutherford, Ernest 13:72a.

CHAFARINAS, ISLAS. Archipiélago español integrado por Isabel II, Congreso y Rey, tres pequeños islotes rocosos de la costa de Marruecos, en el mar Mediterráneo, frente a la ciudad de Melilla.

CHAGALL, MARC (1887-1985). Pintor francés de origen ruso. Sus obras combinaban elementos fantásticos, oníricos, religiosos y folclóricos.
4:102a; *ilustración* 4:102a.

CHAGAS, CARLOS (1879-1934). Médico brasileño. Describió la tripanosomiasis americana, también denominada mal de Chagas.
4:102b.

CHAGAS, MAL DE. Enfermedad parasitaria de las regiones tropicales de Sudamérica, causada por un protozoo flagelado, el *Trypanosoma cruzi.*
4:103a; Chagas, Carlos 4:102b; Parasitología 11:282a; *ilustración* 4:103b.

CHAGOS, ARCHIPIÉLAGO DE. Grupo de islas del océano Índico. Ocupa una extensión de 60 km². La más importante es Diego García. Pertenece al Reino Unido bajo el nombre de Territorio Británico del Océano Índico. Importante base naval anglo-estadounidense.

CHAGRES, RÍO. Curso fluvial de Panamá. Nace en la cordillera de San Blas. En su recorrido marca la frontera entre las prov. de Colón y Panamá. Se ensancha para formar la presa de Madden, y más abajo se une al canal de Panamá. Desemboca en el mar Caribe al oeste de la bahía de Limón.

CHAGUARAMAS, TRATADO DE. Acuerdo firmado en la localidad homónima de Trinidad y Tabago el 4 de julio de 1973 entre los cancilleres de este país y los de Barbados, Guyana y Jamaica para crear la Comunidad del Caribe.

CHAIKOVSKI, NIKOLÁI (1850-1926). Político ruso. Impulsó el movimiento populista en su país. Emigró a los Estados Unidos en 1879, de donde regresó en 1909 para organizar el sistema cooperativista. Miembro del partido de los socialistas populares, durante la revolución de 1917 luchó por contrarrestar la hegemonía de los bolcheviques y fue presidente de un gobierno contrarrevolucionario establecido en el norte de Rusia. Posteriormente se exilió en París.

CHAIKOVSKI, PIOTR (1840-1893). Compositor ruso. Escribió conciertos, sinfonías y música para ballet, entre otros géneros.
4:103b; Música 10:314a; Rajmáninov, Serguéi 12:254a; Rusia 13:69a; *cuadro* 4:104a; *ilustración* 4:104a.

CHAIN, ERNST BORIS (1906-1979). Bioquímico británico de origen alemán. Realizó investigaciones sobre las enzimas y continuó, en colaboración con Howard Walter Florey, los trabajos de Alexander Fleming sobre la penicilina y sus aplicaciones clínicas. Premio Nobel de medicina en 1945, compartido con los citados.

CHAJÁ. Ave sudamericana de la familia de los anhímidos, de los géneros *Chauna* y *Anhima.*
4:104a; *ilustración* 4:104b.

CHALATENANGO (CIUDAD). Centro urbano de El Salvador, cap. del dep. del mismo nombre, a orillas de los ríos Tamulasco y Cholco. Feria agrícola anual. Alfarería, cuerdas, añil. 28.675 hab. (1980).

CHALATENANGO (DEPARTAMENTO). División administrativa de El Salvador limítrofe con Honduras por el norte. Valles de los ríos Lempa y Supul. Principal productor de trigo del país. Agricultura y ganadería; minerales. Cap. Chalatenango. 2.017 km². 177.320 hab. (1992).

CHALCATZINGO. Yacimiento arqueológico de México, situado en el estado de Morelos. Pertenece a la cultura olmeca y su fecha de datación corresponde al primer milenio a.C. Relieves con representaciones zoomorfas.

CHALCHÍHUATL. Nombre con que se denominaba en la mitología de los antiguos aztecas a la sangre que servía de alimento a las divinidades de su panteón.

CHALCHIUHTLICUE. En el panteón de divinidades aztecas, diosa asociada a las aguas corrientes y lagos y también a la fecundidad. Hermana o pareja del dios de la lluvia, Tláloc, se la solía representar con la frente adornada por una franja bicolor y dos borlas a ambos lados de la cara.

CHALCHUAPA. Población de El Salvador en el dep. de Santa Ana, a orillas del río Chalchuapa. Pirámide precolombina de Tatzumal. Agricultura y ganadería; productos lácteos.

CHALCO. Municipio mexicano del est. de México. Tradicional centro agrícola y ganadero, adquirió un carácter crecientemente urbano e industrial por su incorporación gradual al área metropolitana de la ciudad de México. Lago desecado en el siglo XIX. Zonas arqueológicas y monumentos coloniales. 283.076 hab. (1990).

CHALECO (1788-1827). Francisco Abad, guerrillero español. Durante la guerra de independencia española participó en numerosas acciones contra los franceses desde 1809. En 1812 ascendió al grado de coronel. Acabada la guerra mostró sus tendencias liberales, uniéndose a los constitucionalistas que se alzaron en 1820 al mando de Rafael del Riego. Restaurado el absolutismo de Fernando VII, sufrió prisión en 1823 y murió ahorcado.
Astronáutica 2:170b.

CHALIAPIN, FIÓDOR (1873-1938). Cantante bajo ruso. Se integró en 1896 en una compañía de ópera privada, en la que reunió un nutrido repertorio. Abandonó la Rusia soviética en 1921 y actuó repetidamente en el Covent Garden de Londres y la Ópera Metropolitana de Nueva York.

CHALLENGER. Transbordador espacial estadounidense. Hizo explosión 73 segundos después de su primer lanzamiento, el 28 de enero de 1986, lo que supuso la muerte de sus siete ocupantes.

CHALLENGER, FOSA. Sima submarina de las islas Marianas, con una profundidad de 10.800 m. Debe su nombre a la corbeta británica «Challenger II», que determinó su profundidad en 1952.

CHALMA. Pueblo del municipio mexicano de Malinalco, en el est. de México. Centro de peregrinación para la veneración de la imagen del Señor de Chalma, situada en el santuario del mismo nombre. Tradicionales danzas de ofrenda al Cristo.

CHÂLONS-SUR-MARNE. Capital del dep. de Marne, en la Champaña, Francia. La ciudad fue creada en 1856 por Napoleón. Centro industrial y administrativo. Mercado de cereales y ganado. Monumentos antiguos. 49.941 hab. (1982).

CHAMA. Tribu sudamericana que habita en el noroeste de Bolivia. Pertenece al grupo lingüístico tacana, vinculado a la familia arawak.

CHAMÁN. En sentido estricto, hechicero del norte de Asia con supuestos poderes sobrenaturales de predicción, comunicación con los espíritus y curación de enfermedades. En general, sacerdote hechicero de cualquier culto animista.
Chamanismo 4:104b.

CHAMANISMO. Conjunto de creencias y de prácticas de magia y hechicería propias de los chamanes.
4:104b; Esoterismo 6:61a; *ilustración* 4:105a.

CHAMBERLAIN, ARTHUR NEVILLE (1869-1940). Político británico. Primer ministro de 1937 a 1940, conocido por su política de negociación con la Alemania nazi antes de la segunda guerra mundial.
4:105b; Reino Unido 12:310b.

CHAMBERLAIN, HOUSTON STEWART (1855-1927). Teórico político alemán de origen británico, defensor de la ideología pangermanista de los nacionalsocialistas. Estudioso de

la obra de Richard Wagner y la cultura germánica, defendió la primacía de la raza aria sobre las demás. Con sus obras preconizó las teorías racistas del período de entreguerras. *Los fundamentos del siglo* XIX (1899), *Raza y personalidad* (1925).
Racismo 12:240b.

CHAMBERLAIN, JOSEPH (1836-1914). Político británico. Acaudalado financiero, tras preconizar desde diversos cargos públicos la necesidad de reformas sociales formó en 1886 el Partido Liberal Unionista, escisión del Partido Liberal. Entre 1895 y 1903 ostentó el cargo de ministro de las colonias, en cuyo desempeño llevó a cabo una ardiente defensa del imperialismo británico.

CHAMBERLAIN, OWEN (n. en 1920). Físico estadounidense. Premio Nobel compartido con Emilio Segrè en 1959 por el descubrimiento del antiprotón. Estudió, además, la desintegración de la partícula alfa, la difracción de neutrones en líquidos y la dispersión de nucleones de alta energía. En 1956 confirmó la extensión del antineutrón.

CHAMBERLAIN, WILT (1936-1999). Wilton Norman Chamberlain, jugador estadounidense de basquetbol. Integrante del equipo de la Universidad de Kansas (1956-1958), ingresó en la liga profesional estadounidense (National Basketball Association, NBA) con los Guerreros de Filadelfia (1959-1965), y se retiró en 1973 tras seis años con los Lakers de Los Ángeles. Considerado como uno de los mejores pivotes (centros) de la historia del basquetbol.

CHAMBERS, EPHRAIM (h. 1680-1740). Enciclopedista inglés. En 1728 publicó, con gran éxito de público, su *Ciclopedia o diccionario universal de las artes y las ciencias*, obra que influyó de forma decisiva en el trabajo de los enciclopedistas franceses. Autor también de libros sobre crítica literaria y temas científicos.
Enciclopedia 5:402b.

CHAMBERS, WILLIAM (1726-1796). Arquitecto británico de origen sueco. Arquitecto real –junto con Robert Adam–, su estilo fue ecléctico, basado en el palladiano inglés, pero suavizado por el neoclasicismo de Germain Soufflot. Somerset House (1776-1786); pagoda de Kew Gardens (1757-1762).

CHAMBÉRY. Ciudad francesa, cap. del dist. de su nombre y del dep. de Saboya. Situada a orillas del río Leysse. Antigua Camberiacum romana, fue capital de los duques de Saboya. Catedral gótica de los siglos XV-XVI. Industria textil, vidrio, metalurgia. Universidad. 49.465 hab. (1982).

CHAMBO, HOYA DEL. Región del Ecuador situada en la prov. de Chimborazo. Es avenada por el río Chambo, que permite una feraz agricultura. La ciudad más importante es Riobamba, situada a 2.750 m de altitud.

CHAMBORD, CASTILLO DE. Castillo del Renacimiento francés, al este de Blois. Es el más grande del grupo del Loira. Pabellón de caza de los condes de Blois, fue reconstruido por Francisco I y Enrique II.
Arquitectura 2:111b.

CHAMFORT, SÉBASTIEN-ROCH-NICOLAS DE (1740/1741-1794). Escritor francés. Autor de máximas y obras teatrales, fue miembro de la Academia Francesa, a pesar de lo cual escribió un discurso contra ella: *Discurso sobre las academias* (1791). Se adhirió a la revolución, pero sus duras críticas al sistema provocaron su arresto y suicidio. *El mercader de Esmirna* (1770), *Máximas, pensamientos y anécdotas* (1795).

CHAMISSO, ADELBERT VON (1781-1838). Louis-Charles-Adélaïde Chamisso de Boncourt, escritor alemán de origen francés. Su familia huyó a Berlín durante el período revolucionario (1792). Escribió en alemán, lengua en la que destacó como notable lírico romántico y autor de narraciones fantásticas, entre ellas la célebre *Historia maravillosa de Peter Schlemihl* o *El hombre que perdió su sombrero* (1814).

CHAMIZAL, EL. Territorio de México en el municipio de Ciudad Juárez. Bajo administración de los Estados Unidos desde 1868, fue devuelto a México el 30 de octubre de 1967.

CHAMONIX-MONT-BLANC. Localidad de Francia, dep. de Alta Saboya, reg. de Ródano-Alpes, a 1.037 m de altitud. Punto de ascenso al monte Blanco. Teleférico, estación de esquí. Turismo. 7.406 hab. (1982).

CHAMORRO, DIEGO MANUEL (m. en 1923). Político nicaragüense. Accedió a la presidencia de la república en 1921 como sucesor de su tío Emiliano Chamorro. Permaneció en el cargo hasta su muerte.
Nicaragua 10:401a.

CHAMORRO, EMILIANO (1871-1966). Político y militar nicaragüense. Presidente de la república en dos ocasiones.
4:106a; Nicaragua 10:410a.

CHAMORRO, FRUTOS (1806-1855). Militar y político nicaragüense de origen guatemalteco, estuvo al frente de la confederación formada por Nicaragua, Guatemala, El Salvador y Costa Rica. Líder de los legitimistas o conservadores frente a los democráticos de Francisco Castellón, las luchas con estos últimos lo obligaron a retirarse a Granada, donde sufrió asedio. Al retirarse sus enemigos recuperó el poder, aunque falleció poco tiempo después.

CHAMORRO, PEDRO JOAQUÍN (1818-1890). Militar y político nicaragüense. Presidente de la república entre 1874 y 1878, durante su gobierno promovió la cultura y el progreso.
4:106a; Barrios de Chamorro, Violeta 2:356a; Somoza Debayle, Anastasio 13:199a.

CHAMORRO, PEDRO JOAQUÍN (1925-1978). Político y periodista nicaragüense. Director y fundador del periódico *La Prensa*, sus críticas al gobierno de Anastasio Somoza y su destacado papel como líder opositor provocaron su asesinato por fuerzas parapoliciales el 10 de enero de 1978.

CHAMOUN, CAMILLE (1900-1987). Político libanés. Cristiano maronita, ocupó diversos cargos de gabinete y desempeñó la presidencia de la república (1952-1958) e, interinamente, la jefatura del gobierno (1976). Se opuso a la intervención siria en su país.

CHAMPA, REINO DE. Antiguo estado del sudeste de Asia, surgido a fines del siglo II, que se situaba en la costa de Annam. Se enfrentó al imperio jmer, a los annamitas y a los chinos, y alcanzó su máximo desarrollo en los siglos IX y X. La presión del reino de Annam provocó su paulatino repliegue hacia el sur de la península de Indochina.
Indochina 8:174a.

CHAMPAGNE. V. **Champaña-Ardenas.**

CHAMPAIGNE, PHILIPPE DE (1602-1674). Pintor francés de origen flamenco. Trabajó para María de Médicis y para el cardenal de Richelieu. Destacó como retratista oficial. «Retrato de Luis XIII coronado por una victoria» (1635), «Exvoto» (1662).
Poussin, Nicolas 12:109b.

CHAMPÁN. V. **Champaña.**

CHAMPAÑA. Vino espumoso, blanco o rosado, que toma su nombre de la región francesa de Champaña. La peculiar efervescencia de este vino se debe a la nueva fermentación a la que se somete después de embotellado.

CHAMPAÑA-ARDENAS. Región de Francia que comprende los dep. de Marne, Ardenas, Haute-Marne y Aube; fronteriza con Bélgica. Famosa por sus vinos espumosos. Cap. Châlons-sur-Marne. 25.596 km². 1.352.500 hab. (1995).

CHAMPERICO. Ciudad y puerto del dep. guatemalteco de Retalhuleu, en la costa del Pacífico. Actividad portuaria y salinas. 14.837 hab. (1981).

CHAMPIÑÓN. Hongo basidiomicete de la familia de las agaricáceas (*Agaricus campestris*). Seta muy apreciada como comestible.

CHAMPLAIN, SAMUEL DE (h. 1567-1635). Navegante y colonizador francés. Formó parte de una expedición que en 1608 visitó la región del río San Lorenzo, en Canadá, y fundó la ciudad de Quebec en 1608. Fue nombrado teniente general y gobernador de Canadá.
Canadá 3:320b; Ottawa 11:183b; Quebec 12:213b.

CHAMPOLLION, JEAN-FRANÇOIS (1790-1832). Arqueólogo francés. Conocido por haber descifrado la escritura jeroglífica egipcia, basándose en la piedra de Rosetta encontrada en la región del Nilo en 1799.
4:106b; Alfabeto 1:202b; Arqueología 2:95a; Escritura 6:43b; *ilustración* 4:106b.

CHAMULA. Municipio del sudeste de México, perteneciente al est. de Chiapas. Agricultura cerealista; ganadería bovina y equina; explotación maderera. 51.691 hab. (1990).

CHAMULAS. Pueblo amerindio del estado mexicano de Chiapas, descendiente de la población aborigen que se localizaba en el actual municipio de Chamula, en el área de la cultura maya.

CHANCAY. Cultura de la costa central peruana desarrollada en los siglos XIII y XV, fruto del desmembramiento del imperio de Tiahuanaco y el consiguiente resurgir de culturas regionales. Destacan sus cerámicas pintadas en negro sobre fondo blanco, de formas diversas (a veces antropomorfas) y los tejidos.

CHANCELADE, HOMBRE DE. Restos humanos del paleolítico superior, período magdaleniense, descubiertos en 1888 en el abrigo Raymonden, Chancelade (Francia). Durante varias décadas se creyó que el tipo Chancelade constituía una raza específica, pero luego se demostró que era una variedad de la Cro-Magnon.

CHANCHÁN. Antigua capital del imperio chimú (siglos XIV y XV) en las inmediaciones de Trujillo, Perú, cuyas ruinas cubren unos 18 km².
Amerindios, pueblos 1:287a; Andinas, civilizaciones 1:322b; Chimú, imperio 5:48b; *ilustración* 5:49a.
Chimú, imperio 4:142a.

CHANCHÓN (siglo XVI). Cacique indígena colombiano. Perteneciente a la tribu de los guanes, luchó contra los conquistadores españoles. A pesar de vencer en algunos combates, fue definitivamente sometido por Martín Galeano.

CHANCILLERÍA. Tribunal superior de justicia que existió en Castilla entre los siglos XIV y XIX. En él se trataban no sólo pleitos, sino las apelaciones de todas las causas de los juzgados inferiores situados en las provincias incluidas en su territorio. Hubo dos chancillerías, una en Valladolid y otra en Granada. Fueron abolidas en 1834, cuando se estableció el Tribunal Supremo.

CHANCRO. Ulceración de la piel u otras partes del cuerpo, ordinariamente de origen venéreo. Existen dos tipos: el chancro duro o sifilítico y el chancro blando, venéreo pero no sifilítico, debido al bacilo de Ducrey.
Enfermedades de transmisión sexual 5:416b.

CHANDIGARH. Ciudad de la India, cap. de los est. de Haryana y Panjab (Punjab). Planificada por Le Corbusier en colaboración con arquitectos indios y británicos. Universidad e institutos superiores, museo. Industrias diversas. 504.094 hab. (1991).
Indio, arte 8:172a; Le Corbusier 9:92b.

CHANDLER, RAYMOND (1888-1959). Novelista estadounidense. Creador del detective Philip Marlowe, ampliamente popularizado por el cine. Autor también de guiones cinematográficos. *El sueño eterno* (1939), *La dama del lago* (1943), *El largo adiós* (1953).

CHANDRA. Dios hindú, encarnación personificada de la luna. Se relaciona con la alternancia de vida y muerte, por lo que sus diversas fases se consideran propiciatorias o nefastas. Se identifica con el rey Soma, fundador de la dinastía lunar.

CHANDRAGUPTA (siglo IV a.C.). Emperador de la India (h. el 321-h. el 297 a.C.). Fundó la dinastía Maurya y unificó bajo su dominio gran parte del subcontinente indio.

CHANDRASEKHAR, SUBRAHMANYAN (n. en 1910). Astrofísico estadounidense de origen indio. Por sus trabajos teóricos, que establecieron los estados evolutivos de las estrellas, recibió el Premio Nobel de física, compartido con William A. Fowler, en 1983.

CHANEL, COCO (1883-1971). Gabrielle Bonheur, modista francesa. En 1913 abrió tienda en Deauville, desde donde lanzó sus jerseys (suéteres o chompas) inspirados en prendas marineras. Inaugurado su centro de costura en París en 1916, el estilo Coco Chanel se impondría en la década de 1920 y marcaría la pauta de lo que sería un estilo propio. En 1922 lanzó al mercado el perfume Chanel n.º 5. Impuso también el pelo corto para la mujer.

CHANEL, GABRIELLE. V. **Chanel, Coco.**

CHANESES. Tribu amerindia de la familia lingüística arawak que habitaba en las cercanías del río Pilcomayo, en la cordillera de los Andes. Pervivieron algunos grupos de individuos de esta tribu en el sudeste de Bolivia.

CHANEY, LON (1883-1930). Actor de cine estadounidense. Conocido como el hombre de las mil caras por su gran habilidad para caracterizarse, participó solamente en películas mudas en las que destacó debido a su gran capacidad mímica, adquirida al comunicarse con sus padres sordomudos. *El jorobado de Notre Dame* (1923), *El fantasma de la ópera* (1925), *La casa del horror* (1927).

CHANG, MICHAEL (n. en 1972). Tenista estadounidense. Ganó en Roland Garros en 1989 y fue finalista en varios torneos del *Gran Slam.*

CHANG, SARAH (n. en 1981). Violinista estadounidense. Comenzó sus actuaciones como niña prodigio a los cuatro años de edad. Interpretó el violín con importantes orquestas del mundo y realizó grabaciones de obras de Paganini y Chaikovski.

CHANGCHUN. Ciudad de China, cap. de la prov. de Kirin, en el norte del país. Universidad, institutos de investigación. Fabricación de vehículos, máquinas, herramientas, instrumentos de precisión; productos químicos y farmacéuticos. 2.072.324 hab. (1999).

CHANGJIANG. V. **Yangzi, río.**

CHANGSHA. Ciudad y puerto fluvial de China, cap. de la prov. de Hunan, a orillas del río Xiang. Data del primer milenio a.C. Restos neolíticos. Industria pesada, cerámica, papel; productos alimenticios; bordados, marroquinería, paraguas. Universidad. 1.334.036 hab. (1999).

CHANIS, DANIEL (1892-1961). Médico y político panameño. Prestigioso cirujano, fue nombrado ministro de hacienda bajo la presidencia de Enrique A. Jiménez y, en 1948, ocupó la vicepresidencia. En julio de 1949 sustituyó en la presidencia al fallecido Domingo Díaz Arosemena, pero en noviembre de ese mismo año fue destituido tras el golpe de estado militar de José Antonio Remón.

CHANTAJE. Delito que consiste en conseguir beneficios (dinero, firmas de documentos con efecto jurídico, etc.) mediante la amenaza de divulgar o imputar actos cuya revelación perjudicaría a la víctima.

CHANTILLY. Ciudad francesa del dep. de Oise, reg. de Picardía, que ha dado nombre tanto a una porcelana como a un encaje de fama internacional. La porcelana de Chantilly procede de la fábrica creada en 1725 y desaparecida hacia 1789; el encaje responde a una finísima blonda negra (más raramente blanca) realizada desde principios del siglo XVII. 10.065 hab. (1982).

CHANTILLY BLANCO. V. **Blonda.**

CHANUTE, OCTAVE (1832-1910). Aviador estadounidense de origen francés. Interesado por los modelos de planeadores diseñados por el alemán Otto Lilienthal, creó diversos tipos de estos aparatos, sobre los que se preocupó preferentemente de los problemas del control y el equilibrio.
Planeador 12:14b.

CHAÑARAL. Población de Chile, en la región de Atacama, en la bahía de Chañaral. Minería del cobre; pesca. Importante puerto de exportación.

CHAO PHRAYA, RÍO. El más importante de los ríos tailandeses. Los ríos Ping, Wang, Yom y Nan, que nacen en las montañas del norte, unifican sus recorridos a la altura de Nakhon Sawan y forman el Chao Phraya, el cual dirige sus aguas hacia el sur hasta desembocar en el golfo de Tailandia, después de bañar la ciudad de Bangkok. Importante fuente agrícola y de comunicación. 365 km de recorrido.
Tailandia 13:379a.

CHAPA. Lámina de material duro muy delgado, que se emplea con diversos fines constructivos. Fabricada frecuentemente en madera o metal laminado en caliente.

CHAPACURAS. Pueblo amerindio de Sudamérica. Pertenece a un grupo lingüístico independiente y habita en la zona de frontera entre Bolivia y Brasil, en la cuenca del Baures. Los chapacuras practican la agricultura y cazan con arcos y cerbatanas.

CHAPADO. Aplicación de una capa metálica a una superficie de un metal de diferente composición. Se emplea en joyería y otros usos.

CHAPALA, LAGO DE. Lago de México, entre los est. de Jalisco y Michoacán. El más grande de México (77 km de este a oeste y 16 km de norte a sur) con una superficie de 1.080 km^2. Alimentado principalmente por el río Lerma.

CHAPAPRIETA Y TORREGROSA, JOAQUÍN (1871-1951). Político español. Fue diputado provincial en 1898 y tres años después diputado a Cortes, cargo que desempeñó durante dos legislaturas. Fue elegido senador y presidió la minoría liberal de la cámara alta, además de ser ministro de trabajo (1922-1923) y de hacienda (1935). Entre septiembre y diciembre de 1935 presidió el consejo de ministros.

CHAPARRAL. Formación vegetal propia de lugares secos. Constituida por arbustos y pequeños árboles adaptados a la aridez del terreno y a una pluviosidad escasa. Junto a ellos crecen cactos y otras plantas herbáceas o en forma de matorrales. Se desarrolla en el área mediterránea, el sudoeste de Norteamérica y el extremo sur de África.
Bioma 3:44a.

CHAPÍ, RUPERTO (1851-1909). Compositor español. Escribió zarzuelas como *La tempestad* (1882), *El tambor de granaderos* (1884) y *La revoltosa* (1887), y óperas entre las que destacó *Circe* (1902).
Zarzuela 14:412b.

CHAPINGO. Hacienda en la que se encuentra la Escuela Nacional de Agronomía de México. Está situada en el municipio de Texcoco, en el estado de México.

CHAPLIN, CHARLIE (1889-1977). Cineasta británico que destacó en los Estados Unidos. Una de las figuras cumbres del cine universal.
4:107a; Cinematografía 4:192a; *ilustración* 4:107b.

CHAPMAN, GEORGE (h. 1559-1634). Poeta y dramaturgo inglés. Fue autor de comedias y tragedias basadas en la historia francesa contemporánea a su época. Escribió poesía y tradujo en verso la *Ilíada* y la *Odisea*. *Todos locos* (1605), *Monsieur d'Olive* (1606), *La conspiración y tragedia de Carlos, duque de Biron* (1608).

CHAPULTEPEC. Cerro y parque de la ciudad de México, antiguo centro de recreo de los soberanos aztecas y, más tarde, residencia del emperador Maximiliano de Habsburgo.
4:107b; México, ciudad de 10:140a; *ilustración* 4:107b.

CHAPULTEPEC, ACTA DE. Acuerdo firmado por 19 estados americanos, excepto la Argentina, en marzo de 1945, por el que cualquier agresión contra uno de los firmantes sería considerada contra todos ellos. Los argentinos lo ratificaron en abril de dicho año.
Alianzas militares 1:228b.

CHAR, RENÉ (1907-1988). Poeta francés. Se inició dentro del surrealismo, pero tras su experiencia como líder de la resistencia durante la segunda guerra mundial cambió al verso moralizante. *El martillo sin dueño* (1934), *Hojas de Hipnos* (1946), *Palabras en archipiélago* (1962), *La noche talismánica* (1972).

CHARAL. Pez osteictio de la familia de los aterínidos (*Chirostoma jordani*). Es espinoso y de pequeño tamaño (de unos cinco centímetros). Su hábitat natural son los lagos y lagunas. Vive en los lagos del centro de México. Es comestible.

CHARANGO. Instrumento musical que se construye con el caparazón de un armadillo. De agudo sonido, se emplea en el folclor boliviano, chileno y peruano, entre otros. De origen indio.

CHARBONNEAU, JEAN (1875-1960). Poeta canadiense. Autor en lengua francesa, fue uno de los fundadores de la escuela literaria de Montreal, cuya historia publicó en 1935. Sus obras destacan por su gran lirismo. *Las heridas* (1912), *En los límites del pensamiento* (1952).
Canadiense, literatura 3:328b.

CHARCAS. V. **Sucre** (BOLIVIA).

CHARCAS, AUDIENCIA DE. Unidad administrativa colonial en tierras americanas. Creada en 1558 dentro del Virreinato del Perú, comprendía las provincias de La Paz, Potosí, Charcas y Santa Cruz y los territorios de Mojos y Chiquitos. Pasó al Virreinato del Río de la Plata en 1776 y fue dividida en ocho intendencias en 1782. Formó parte de la nueva República de Bolivia desde 1825.

CHARCOT, JEAN-MARTIN (1825-1893). Médico francés, uno de los pioneros de la neurología. Destacó especialmente por sus estudios sobre la histeria, que influyeron de forma notable en Sigmund Freud. *Lecciones sobre las enfermedades del sistema nervioso* (1872-1883).
Freud, Sigmund 6:409b; Hipnosis 7:422b; Histeria 8:15b; Neurología 10:390b; Psicopatología 12:180a; Relajación 12:315a; *ilustración* 12:180a.

CHARDIN, JEAN-BAPTISTE-SIMÉON (1699-1779). Pintor francés. Autor de pinturas al óleo y pastel, entre las que destacan las naturalezas muertas y las escenas costumbristas.
4:108a; Fragonard, Jean Honoré 6:367a; Rococó 12:403a; *ilustración* 4:108b.

CHARI, RÍO. Curso fluvial del África central. Nace en los montes del sur de la República Centroafricana, y tras mantener una dirección noroeste y bañar la cap. de Chad, Djamena, desemboca en el lago Chad. Navegable desde el lago Chad hasta Djamena. Su curso es de 1.400 km.

CHARLEROI. Ciudad de Bélgica, en la prov. de Hainaut, a orillas del río Sambre. Antigua fortaleza (siglo XVII), festival valón, palacio de exposiciones. Aeropuerto. Institutos superiores. Minería, maquinaria, vidrio. 204.899 hab. (1997).

CHARLES, MARY EUGENIA (n. en 1919). Política de la isla Dominica. Dirigente del Partido de la Libertad de Dominica desde 1975, ocupó el cargo de primera ministra en 1980 y fue reelegida en 1985. Durante su etapa en el gobierno intentó sanear la economía del país, combatió el tráfico de estupefacientes y apoyó la invasión de la isla de Granada por las tropas estadounidenses en 1983.

CHARLES, RAY (n. en 1932). Compositor, pianista y cantante estadounidense. Interpretó piezas de *jazz, blues* y música popular.
Pop, música 12:83b.

CHARLESTON (CAROLINA DEL SUR). Población de los Estados Unidos, en el est. de Carolina del Sur, a orillas del océano Atlántico. Fue fundada en 1670 por colonos ingleses y desempeñó un destacado papel en la guerra civil estadounidense. Importante centro portuario, industria de maquinaria, refinerías de petróleo. 87.044 hab. (1998).

CHARLESTON (DANZA). Baile de salón surgido entre los negros estadounidenses, principalmente los de Carolina del Sur, en cuya antigua capital, Charleston, se inició. Alcanzó popularidad mundial después de la primera guerra mundial.
Danza 5:96a.

CHARLESTON (VIRGINIA OCCIDENTAL). Capital del est. de Virginia Occidental, Estados Unidos. Puerto fluvial en la confluencia de los ríos Elk y Kanawha. Escuelas universitarias, museo de arte e historia natural. Centro de una rica cuenca minera. Industrias químicas. 63.968 hab. (1980).

CHARLOT. V. **Chaplin, Charlie.**

CHARLOT, JEAN (1898-1979). Pintor francés. De madre mexicana, su obra aparece muy influida por el arte maya, que conoció desde su llegada a México en 1920. Trabajó en numerosos encargos oficiales como muralista. Sus temas se basan en la historia y las creencias del México prehispánico. «Caída de Tenochtitlan» (1922), «Las lavanderas» (1923).

CHARLOTTE. Ciudad de los Estados Unidos en el est. de Carolina del Norte, junto al río Catawba. Fundada hacia 1750. Casa de moneda hasta 1913. Universidades. Maquinaria, textiles. Productos alimenticios. 504.637 hab. (1998).

CHARLOTTE AMALIE. Capital y puerto de la isla de Santo Tomás y de las Islas Vírgenes de los Estados Unidos, al este de Puerto Rico. Fundada en 1672 como colonia danesa. Base de submarinos estadounidense. Edificios coloniales. Destilerías, artesanía, turismo. 11.842 hab. (1980).

CHARLTON, BOBBY (n. en 1937). Futbolista británico. Jugador del Manchester United y de la selección nacional inglesa. En 1970 se convirtió en uno de los escasos jugadores en haber participado en cien partidos internacionales. En 1966 ganó con el equipo inglés la Copa del Mundo y en 1968 la Copa de Europa. Se retiró en 1973.

CHARNAY, DÉSIRÉ (1828-1915). Arqueólogo francés. Realizó importantes investigaciones en Madagascar (1863), América del norte (1867-1870), América del sur (1875) y Australia (1878). Destacó por sus estudios sobre las culturas precolombinas de América central y en especial de México. *Las ciudades antiguas del Nuevo Mundo* (1885).
Arqueología 2:96b; Precolombino, arte 12:121b.

CHARPENTIER, GUSTAVE (1860-1956). Compositor francés formado en el conservatorio de Lille y discípulo de Jules Massenet en el de París. Compuso *Canto de apoteosis* (1902) para conmemorar el centenario de Victor Hugo. Su obra cumbre es la ópera *Luisa* (1900).

CHARPENTIER, MARC-ANTOINE (1634-1704). Compositor francés. Estudió composición con Giacomo Carissimi. Maestro de capilla del delfín de Francia, escribió oratorios en un estilo devoto del italiano y el francés. Su ópera más importante, *Medea* (1693), se basó en un texto de Pierre Corneille.

CHARRÁN. Ave caradriforme de la familia de los láridos (*Sterna hirundo*). Tamaño mediano. Volador y zambullidor, semejante a la gaviota. Vive en zonas húmedas y de marismas y come pequeños peces e insectos. Propio de zonas templadas de Europa y Asia.

CHARRAT, JANINE (n. en 1924). Bailarina y coreógrafa francesa. Realizó su primera coreografía en 1945. Fundó su propia academia en 1952 (Ballets Janine Charrat), que se convirtió en 1955 en el Ballet de France. Desde 1978 desempeñó el cargo de directora de danza del Centro Georges Pompidou de París.

CHARRERÍA. Deporte ecuestre mexicano basado en el trabajo de quienes viven en ranchos de ganado mayor. Comprende la doma y monta de caballos, la utilización de sogas para lazar y el manejo de vacunos.
Rodeo 12:404b.

CHARRO. En México, jinete con traje tradicional, muy vistoso, hábil en la doma y manejo del caballo. En España, campesino de Salamanca.

CHARRÚAS. Grupo de tribus amerindias nómadas que en la época del descubrimiento habitaban en las orillas del río Uruguay, entre el Paraná y la costa atlántica. Conservaron su cultura hasta 1883, en que fueron definitivamente derrotados.
Amerindios, pueblos 1:302b.

CHARTRES. Ciudad de Francia, cap. del dep. Eure-et-Loir en la reg. Centro, 80 km al sudoeste de París. Catedral e iglesias góticas del siglo XIII; museo. Industrias agrícolas, perfumes, equipos electrónicos. 36.706 hab. (1982).

CHARTRES, CATEDRAL DE. Edificación en estilo gótico puro de mediados del siglo XIII. Se construyó para reemplazar la catedral del siglo XII destruida por un incendio. Destaca por la esbeltez de sus torres, sus esculturas y sus magníficas vidrieras.
Catedral y basílica 4:41.

CHASCOMÚS. Población argentina de la prov. de Buenos Aires, junto al lago homónimo. Turismo, cereales, ganadería. 38.912 hab. (1998).

CHASE, GILBERT (n. en 1906). Musicólogo estadounidense. Fue crítico musical del *Daily Mail* (edición continental) en París, así como editor de distintas revistas del género. Profesor universitario en los Estados Unidos. *La música de América* (1953).

CHASIS. Armazón de forma cuadrada o rectangular sobre el que se sostiene una estructura. En particular se aplica al soporte de la carrocería de un automóvil, o la estructura de un vagón o maquinaria.
Automóvil 2:241b.

CHASQUIS. Mensajeros del antiguo imperio inca. Destacaban por su rapidez y resistencia.

CHASSÉRIAU, THÉODORE (1819-1856). Pintor francés nacido en la República Dominicana. Fundió la pintura lineal de su maestro, el neoclásico Jean-Auguste-Dominique Ingres, con el colorido romántico de Eugène Delacroix. «Adela Chassériau» (1836), «Susana en el baño» (1840).

CHAT. Recurso de Internet que permite a sus usuarios sostener una conversación en tiempo real, vía línea telefónica, mediante el empleo del teclado.

CHATEAUBRIAND, FRANÇOIS-RENÉ DE (1768-1848). Escritor y diplomático francés. Uno de los primeros románticos de su país.
4:108b; Francesa, literatura 6:372b; Romanticismo 13:11a; *ilustración* 4:109a.

CHÂTILLON, GASPARD DE, SEÑOR DE COLIGNY. V. **Coligny, Gaspard de.**

CHATINO. Tribu amerindia del estado mexicano de Oaxaca. Pertenece lingüísticamente a la familia zapoteca, del grupo otomangue. Su economía se fundamenta en la agricultura, especialmente en el maíz. Practican una religión en la que se combinan las creencias del catolicismo y el animismo tradicional.

CHATRIAS. Casta guerrera de la India. Constituía una clase belicosa de terratenientes indoarios.

CHATTANOOGA. Ciudad y puerto fluvial de los Estados Unidos en el est. de Tennessee, a orillas del río homónimo. Universidades, galería de arte. Industrias diversas. Turismo. 147.790 hab. (1998).

CHATTERJEE, BANKIM CHANDRA (1838-1894). Escritor indio. Autor de novelas históricas en lengua bengalí sobre temas de interés nacional.
4:109a; India, literatura 8:166a.

CHATTERTON, THOMAS (1752-1770). Poeta inglés. Considerado como el precursor del movimiento romántico y uno de los iniciadores de la literatura gótica, fue autor de poesías que, bajo la autoría ficticia de Thomas Rowley, recreaban el lenguaje del siglo XV. Se suicidó. Su vida y su obra fueron tratadas por varios escritores románticos.

CHAUCER, GEOFFREY (h. 1342-1400). Poeta inglés. El más importante representante de la literatura de su país en el siglo XIV.
4:109b; Británica, literatura 3:274b; Reino Unido 12:306a; *cuadro* 4:110a; *ilustración* 4:110a.

CHAUSSON, ERNEST (1855-1899). Compositor francés, discípulo de Jules Massenet y César Franck. Autor de canciones sobre versos de Leconte de Lisle y Paul Verlaine. Compuso varias óperas, como *El rey Arturo*, y obras para orquesta.

CHAUVINISMO. Patriotismo exagerado, con fervor desmedido por las cosas de la patria y con desprecio por las extranjeras. La palabra se deriva del apellido del soldado francés Nicholas Chauvin, quien profesaba una auténtica adoración a Napoleón Bonaparte y su régimen.

CHAUVIRÉ, YVETTE (n. en 1917). Bailarina francesa. Intervino en numerosos ballets de Serge Lifar. Primera bailarina de la Ópera de París (1941). Se retiró de la escena en 1972, con *Giselle*. Fue directora artística y presidenta de la Academia Internacional de danza de París (1970-1977).

CHÁVARRI, JAIME (n. en 1943). Director español de cine. Trabajó para la televisión y desde la década de 1970 se dedicó a la cinematografía. *Los viejos escolares* (1974), *El desencanto* (1976), *Las bicicletas son para el verano* (1984), *Sus ojos se cerraron* (1997).

CHAVES, FERNANDO (n. en 1902). Escritor ecuatoriano. Autor de ensayos y novelas, está considerado como el principal impulsor de la novela indigenista en su país. Fundó la revista *Cuadernos Pedagógicos* y fue director de la Biblioteca Nacional de Quito. *La embrujada* (1923), *Plata y Bronce* (1927), *Escombros* (1928).
4:110b.

CHAVES, MANUEL (n. en 1949). Político español. Miembro del PSOE, fue elegido presidente de la comunidad autónoma de Andalucía en 1990.

CHAVES, NUFLO DE (h. 1516-1568). Colonizador español. Fundador de Santa Cruz de la Sierra, Bolivia.

CHAVETA. Clavija cónica o prismática introducida a presión en una ranura, que sirve para sujetar piezas entre sí. Construida habitualmente en madera o metal.

CHÁVEZ, ÁNGEL POLIBIO (n. en 1855). Escritor y político ecuatoriano de la segunda mitad del siglo XIX. Como periodista su aportación más interesante fue la fundación del primer diario de Quito, *Los Principios*. Defensor de la causa liberal, fue secretario de hacienda y relaciones exteriores. Fruto de sus estancias en prisión fue su obra *Ecos de la cárcel*.

CHÁVEZ, CARLOS (1899-1978). Compositor y director de orquesta mexicano. Mezcló temas folclóricos de su país con formas de vanguardia.
4:110b; Música 10:315a.

CHÁVEZ, CÉSAR (1927-1993). Sindicalista estadounidense. De ascendencia mexicana, en 1962 fundó un sindicato de jornaleros agrícolas, la National Farm Workers Association (NFWA, Asociación Nacional de Trabajadores Agrícolas), integrado desde 1967 en la AFL-CIO. En 1971 cambió su nombre por el de United Farm Workers of America (UFW, Unión de Trabajadores Agrícolas de los Estados Unidos).

CHÁVEZ, CORONADO (1807-1881). Político hondureño. Ocupó el ministerio de relaciones exteriores y accedió a la presidencia interina de la república en 1845. Su apoyo al depuesto presidente de El Salvador, general Francisco Malespín, provocó la guerra entre ambos países, a la que puso término el tratado de Sesentín (1847).

CHÁVEZ, FEDERICO (h. 1881-1970). Político y militar paraguayo. Perteneciente al Partido Colorado, fue ministro de relaciones exteriores y sustituyó a Felipe Molas en la presidencia de la república en 1949. Reelegido en 1953, fue derrocado un año después por el general Alfredo Stroessner.
Stroessner, Alfredo 13:325b.

CHÁVEZ, HUGO (n. en 1954). Político y militar venezolano. Adscrito a la corriente bolivariana del ejército, protagonizó en 1992 un fallido pronunciamiento por el que estuvo dos años en prisión. Tras las elecciones de 1998 se convirtió en presidente del país e inició una profunda transformación institucional del país. Fue reelegido en las elecciones presidenciales de 2000. En abril de 2002 fue destituido de sus funciones a causa de un pronunciamiento cívico-militar, aunque recuperó el poder en apenas unos días.
4:111a; Venezuela 14:268a; *ilustración* 4:111b.

CHÁVEZ, IGNACIO (1897-1979). Cardiólogo mexicano. Rector de la Universidad Nacional Autónoma de México (UNAM) y fundador del Instituto Nacional de Cardiología. Autor de numerosas obras de su especialidad y presidente de la Sociedad Internacional de Cardiología (1958-1962).

CHÁVEZ, JORGE (1887-1910). Conocido como Geo Chávez, piloto peruano de origen francés. En 1910 realizó la primera travesía aérea de los Alpes, a bordo de un aeroplano Blériot, en vuelo desde el Valais suizo hasta Italia. Falleció a causa de las heridas sufridas en el aterrizaje de dicho vuelo. El aeropuerto de Lima-El Callao (Perú) recibió su nombre.
Aviación 2:258a.

CHÁVEZ, JULIO CÉSAR (n. en 1962). Boxeador mexicano. Campeón mundial en las categorías de los superplumas, ligeros y superligeros. Este último título le fue arrebatado por Frankie Randall en 1994 y, tras haberlo recuperado, por Óscar de la Hoya en 1996.

CHAVÍN, CULTURA. Civilización amerindia que se desarrolló en el altiplano y el norte del Perú. Es la más antigua de las civilizaciones preincaicas.
4:111b; Amerindios, pueblos 1:299a; Andinas, civilizaciones 1:335a; Olmeca, cultura 11:100b; Paracas 11:267a; Precolombino, arte 12:123a; *ilustración* 4:111b.

CHAVÍN DE HUÁNTAR. Yacimiento arqueológico peruano, situado en la cordillera Occidental de los Andes, al este del callejón de Huaylas. Centro de la antigua cultura chavinoide, correspondiente al período primitivo de las civilizaciones andinas. Posee un conjunto arquitectónico con monumentales edificaciones piramidales. En las paredes aparece abundante decoración en relieve.
Ancash 1:328b; Chavín, cultura de 4:112a; Precolombino, arte 12:121b.

CHAYOTE. Planta herbácea anual de la familia de las cucurbitáceas (*Sechium edul*). Dicotiledónea. Hojas acorazonadas y otras transformadas en zarcillos trepadores. Flores blanquecinas y frutos carnosos piriformes. Originaria de México y Centroamérica.

CHÉBISHEV, PAFNUTI LVÓVICH (1821-1894). Matemático ruso. Realizó diferentes aportaciones en el campo de la teoría de los números primos y el cálculo de probabilidades.

CHEBOKSARI. Ciudad de Rusia, cap. de la Rep. Autónoma de Chuvashí, a orillas del Volga. Universidad, institutos superiores. Maquinaria pesada, textiles, productos químicos. 454.000 hab. (1997).

CHECA, LITERATURA. Conjunto de obras escritas en lengua checa.
4:112a; Čapek, Karel 3:356b; Seifert, Jaroslav 13:191b; *ilustraciones* 4:113b.

CHECA, REPÚBLICA. País de Europa central. Cap. Praga. 78.866 km^2. 10.273.000 hab. (2000).
4:114a; Bohemia 3:84b; Checa, literatura 4:112a; Checoslovaquia 4:119a; Elba, río 5:348b; Eslovaquia 6:57a; Europa 6:198a; Oder, río 11:77a; Praga 12:112a; *mapa* 4:114a; *cuadros* 4:115a-b; *ilustraciones* 4:115b; 4:116a; 4:117b; 4:118a.

CHECHENIA. República norcaucasiana, en el suroeste de Rusia. Hasta 1992 fue parte, junto con la vecina Ingushetia, de la república autónoma rusa de Chechen-Ingush. Con posterioridad proclamó su independencia de Rusia, lo que condujo a una sangrienta intervención armada de Moscú entre 1994 y 1996. Este último año se firmó un alto el fuego, aplazándose hasta el 2001 la discusión del estatuto final de la república. En 1999 fue atacada de nuevo por tropas rusas. Cap. Grozni. 364.000 hab. (1995).
Rusia 13:65b.

CHECHEN-INGUSH. Ex república autónoma de Rusia. Situada al norte de la cordillera del Cáucaso, su zona sur es montañosa, pero la norte corresponde a la depresión caspiana. En 1992 se dividió en las repúblicas de Chechenia e Ingushetia, la primera de las cuales proclamó su independencia de Moscú.

CHECO. Lengua del grupo de las eslavas occidentales, hablada en la Rep. Checa. Comenzó a escribirse en el siglo XIII, y adquirió un gran desarrollo literario a finales del siglo XIX.
Checa, literatura 4:112a; Eslavas, lenguas 6:54b.

CHECOS. Grupo occidental de la extensa familia eslava. Habita en la Rep. Checa.

CHECOSLOVAQUIA. País de Europa central. En 1993 se dividió entre la Rep. Checa y Eslovaquia.
4:119a; Bohemia 3:83b; Checa, República 4:116b; Eslovaquia 6:57a; Havel, Vaclav 7:337a; Masaryk, Tomás 9:402a; Praga 12:112a; *ilustración* 4:119b.

CHEEKTOWAGA. Ciudad de los Estados Unidos en el est. de Nueva York, junto al lago Erie. Área metropolitana de Buffalo. Aeropuerto internacional en sus inmediaciones. Industrias diversas. 109.442 hab. (1980).

CHEEVER, JOHN (1912-1982). Escritor estadounidense. Cultivó el cuento y la novela. Fue apodado «el Chéjov de los suburbios» por sus descripciones de tipos y situaciones. Premio Pulitzer en 1978, Medalla Nacional de Literatura en 1982. *Falconer* (1977), *Los cuentos de John Cheever* (1978), *¡Oh, esto parece el paraíso* (1982).

CHÉJOV, ANTÓN (1860-1904). El más importante dramaturgo ruso, precursor del moderno relato breve.
4:120a; Rusa, literatura 13:48a; Rusia 13:68b; Stanislavski, Konstantín 13:317b; Tragedia 14:109b; *cuadro* 4:120a; *ilustraciones* 4:120a; 13:44a.

CHELIÁBINSK. Ciudad de Rusia, cap. de la prov. homónima. Institutos de educación superior. Teatros. Maquinaria pesada. Nudo ferroviario. 1.084.000 hab. (1997).

CHELÍN. Moneda básica de Austria dividida en cien groschen. También recibe esta denominación la subunidad monetaria inglesa cuyo valor es de 0,05 libras esterlinas.

CHELIUSKIN, CABO. Extremo septentrional de la península de Taimir, en Siberia, Rusia. Es el promontorio más cercano al polo norte.

CHEMNITZ. Ciudad de Alemania, est. de Sajonia, situada en la vertiente septentrional de los montes Metálicos, a orillas del río Chemnitz. Durante el período de la República Democrática Alemana se denominó Karl-Marx-Stadt. Edificios medievales. Industrias. 259.126 hab. (1998).

CHEN BODA (1905-1989). Revolucionario chino, primer propagandista del pensamiento de Mao Zedong (Mao Tse-tung). Autor de numerosos ensayos, dirigió, desde 1958, el periódico del partido, *Bandera Roja*. Desapareció de la escena política en 1971. En 1981 fue condenado a prisión, junto con la viuda de Mao, como miembro de la denominada «banda de los cuatro».

CHENGDU. Ciudad de China, cap. de la prov. de Sichuan, en el centro del país. Se halla en la llanura del río Min, que constituye uno de los regadíos más antiguos y densamente poblados del mundo. Universidades. Industrias textil, electrónica, de aluminio. Nudo de comunicaciones. 2.146.126 hab. (1999).

CHÉNIER, ANDRÉ DE (1762-1794). Poeta francés. Símbolo de la lírica clasicista, su obra se publicó 25 años después de su muerte en la guillotina.
4:120b.

CHEN KAIGE (n. en 1952). Director cinematográfico chino. Palma de oro del Festival de Cannes (1993). *Adiós a mi concubina* (1993), *Luna tentadora* (1996).

CH'EN PO-TA. V. **Chen Boda.**

CHEPO, RÍO. Curso fluvial de Panamá. Nace, con el nombre de Bayano, en la serranía del Darién, cerca del cerro Grande. Desemboca en el golfo de Panamá entre Sabanita y Corozal de Bayano, tras recorrer 150 km. Principal río de la vertiente del Pacífico en el país.

CHEQUE. Documento que se utiliza en el tráfico bancario como instrumento o medio de pago. Jurídicamente pertenece a los denominados títulos de crédito, los cuales incorporan a un documento el ejercicio de un derecho.
Banca 2:332a.

CHERBURGO. Ciudad y puerto de Francia en el dep. de La Manche, reg. de Baja Normandía, a orillas del canal de la Mancha. Base naval. Astilleros, equipos electrónicos. 28.324 hab. (1982).

CHERBURY, HERBERT. V. **Herbert de Cherbury, Edward.**

CHERCÁN. Pájaro de la familia de los troglodítidos (*Roglodytes magellanicus*), similar al ruiseñor. Insectívoro y doméstico.

CHERÉNKOV, EFECTO. Radiación producida cuando una partícula con carga eléctrica penetra en un medio a mayor velocidad de la alcanzada por la luz en dicho medio. Las moléculas atravesadas por las partículas sufren polarización y despolarización, lo que provoca emisión electromagnética. La radiación puede ser visible. Descubierta por Pável Alexéievich Cherénkov.

CHERÉNKOV, PÁVEL ALEXÉIEVICH (1904-1990). Físico soviético. Premio Nobel en 1958, compartido con Ígor Tamm e Ilia Frank, por el descubrimiento y la interpretación del efecto que lleva su nombre.

CHERÉPOVETS. Ciudad y puerto fluvial de Rusia, en la prov. de Vologda, a orillas del río Sheksna y del canal Volga-Báltico. Metalurgia, astilleros, abonos. 321.000 hab. (1997).

CHERNA. Pez perciforme de la familia de los serránidos (*Polyprion americanum*). Color grisáceo y gran tamaño, que puede alcanzar un metro. Semejante al mero. Propio de aguas del océano Atlántico y sus mares.

CHERNENKO, KONSTANTÍN (1911-1985). Político soviético. Secretario general del Partido Comunista y presidente de la Unión Soviética desde abril de 1984 hasta su muerte. Sus logros

fueron mínimos, dada su breve estancia en el cargo, apenas once meses.
Rusia 13:65a.

CHERNISHEVSKI, NIKOLÁI G. (1828-1889). Filósofo y crítico literario ruso. Deportado a Siberia por sus actividades revolucionarias, y luego indultado, sus escritos en diversas publicaciones (*El contemporáneo*) influyeron en la intelectualidad rusa del momento. *¿Qué hacer?* (1863), *Ensayo sobre el período gogoliano de la literatura rusa* (1855-1856).
Nihilismo 10:416a.

CHERNÓBIL. Localidad de Ucrania, próxima a Kiev, donde en 1986 se produjo un grave accidente en la central nuclear allí instalada.
Rusia 13:58a.

CHERNOMIRDIN, VIKTOR STEPANOVICH (n. en 1939). Político ruso. Miembro del antiguo Partido Comunista, ocupó distintas carteras ministeriales con Mijaíl Gorbachev y Borís Yeltsin. Primer ministro desde 1992 a 1998. Fundador en 1995 del partido Nuestra Casa Rusia. En 1999 fue nombrado presidente de la gran empresa rusa gestora de la producción de gas, Gazprom.
Rusia 13:66a; Yeltsin, Borís 14:381a.

CHERNOV, VÍKTOR MIJÁILOVICH (1873-1952). Político ruso. Participó en la fundación del Partido Social Revolucionario Ruso (1902) y en 1917, tras el derrocamiento de la monarquía, formó parte durante unos meses del gobierno provisional. Opuesto a los bolcheviques, marchó al exilio en 1920.

CHERNOZIOM. Tipo de suelo rico en humus y en caliza, de color pardo o negro, característico de las estepas semiáridas de clima continental. Es especialmente apropiado para el cultivo de cereales.

CHEROKEES. Tribus amerindias del grupo lingüístico macrosiva que habitaban al sur de los Apalaches y fueron deportadas a Oklahoma y Carolina del Norte. Actualmente constituyen la tribu más numerosa e integrada de los Estados Unidos.
Amerindios, pueblos 1:295b.

CHERUBINI, LUIGI (1760-1842). Compositor francés de origen italiano, representante de la transición del clasicismo al romanticismo. Contribuyó decididamente al desarrollo de la ópera francesa. Autor de música sacra, destaca en su producción el *Réquiem en re menor.* Su ópera más destacada es *Medea* (1797).

CHESAPEAKE. Ciudad y puerto fluvial de los Estados Unidos, en el est. de Virginia, a orillas del Elizabeth. Depósitos de petróleo, siderurgia, cemento. Invernaderos, agricultura. 199.564 hab. (1998).

CHESAPEAKE, BAHÍA DE. Ensenada de la costa oriental de los Estados Unidos, entre los est. de Virginia y Maryland, en el océano Atlántico. Su longitud es de 311 km y su anchura máxima de 60 km. Desembocan en ella el río Susquehanna y sus tributarios. Baltimore es su puerto más importante.

CHESTERTON, G. K. (1874-1936). Novelista y crítico literario británico. Cultivó la poesía, el ensayo y la narración breve, dentro de un sentido irónico y en el que las motivaciones religiosas influyen poderosamente.
4:121a; Humor, literatura de 8:98a; *ilustración* 4:121a.

CHETUMAL. Ciudad y puerto de México, cap. del est. de Quintana Roo y cabecera del municipio de Othón P. Blanco, a orillas de la bahía de Chetumal en la península de Yucatán. Aeropuerto. Explotaciones forestales. 172.425 hab. (1990; municipio).
Quintana Roo 12:231b.

CHEVALIER, MAURICE (1888-1972). Cantante y actor francés. Máximo exponente del *chansonnier* (cantante de temas románticos). Actuó en múltiples películas, como *El desfile del amor* y *El teniente seductor,* en su primera época, y *Gigi* y *Fanny*, después.

CHEVIOT, MONTES. Región de las tierras altas entre Inglaterra y Escocia (Reino Unido). Cubre más de 50 km de longitud y su punto más alto es el monte Cheviot (816 m).

CHEVREUL, MICHEL-EUGÈNE (1786-1889). Químico francés estudioso de la química de las grasas. Revolucionó la fabricación de jabones y velas. Su teoría de los colores sirvió de inspiración a los pintores impresionistas.

CHEVREUSE, MARIE DE ROHAN-MONTBAZON, DUQUESA DE (1600-1679). Princesa francesa que conspiró contra el gobierno ministerial durante el reinado de Luis XIII y la regencia de Luis XIV. Exiliada por oponerse al cardenal de Richelieu, éste le permitió volver, pero salió de Francia nuevamente al revelar secretos de estado a España. Participó en los alzamientos de la Fronda (1648-1653) contra el cardenal Mazarino.

CHEVROLET, LOUIS (1878-1941). Piloto de carreras y diseñador de automóviles estadounidense de origen suizo. En 1911 construyó junto con William C. Durant el primer automóvil Chevrolet, pero luego vendió su participación a la General Motors.

CHEYENNE. Capital del est. de Wyoming, Estados Unidos. Base aérea. Colegio universitario. Rodeo anual. Productos químicos, plásticos. Ganadería. 47.283 hab. (1980).
Mississippi-Missouri, sistema 10:192a.

CHEYENNE, RÍO. Curso fluvial de los Estados Unidos, afluente del Missouri. Est. de Wyoming y Dakota del Sur. 848 km.

CHEYENNES. Pueblo amerindio del grupo lingüístico macroalgonquino. Empujado continuamente hacia el oeste por la presión de los indios sioux, a mediados del siglo XIX se dividió en dos grupos. Actualmente viven en reservas de Montana y Oklahoma (Estados Unidos).

CHEYSSON, CLAUDE (n. en 1920). Político y diplomático francés. Defendió los derechos humanos y el desarrollo del Tercer Mundo. Ministro de asuntos exteriores en 1981, miembro de la Comisión Europea en 1985.

CHIANG CHING-KUO (1910-1988). Político chino, hijo de Chiang Kai-shek. Estudiaba en la Unión Soviética (1925-1936) cuando su padre disolvió su alianza con los comunistas, por lo que fue obligado a acusarlo de traición. Ocupó diversos cargos en el gobierno nacionalista chino de Taiwán. Como primer ministro (1972-1978) intentó combatir la corrupción. Presidente de 1978 hasta su muerte.
Taiwán 13:386a.

CHIANG KAI-SHEK (1887-1975). Militar y estadista chino. Jefe del gobierno nacionalista en Taiwán.
4:121b; China 4:152b; Mao Zedong 9:337b; Taiwán 13:386a; *ilustración* 4:121b.

CHIANTI. Vino tinto cultivado en la región italiana del mismo nombre. Es característico su sabor picante, debido a que se embotella a medio fermentar. Se presenta en botellas panzudas de cuello largo y estrecho.

CHIAPA DE CORZO. Municipio del est. mexicano de Chiapas, contiguo a la capital estatal de Tuxtla Gutiérrez. Actividades agropecuarias; industria ligera; turismo. Yacimiento arqueológico con vestigios olmecas preclásicos (2000 a.C.) y mayas posteriores que llegan hasta el posclásico. 44.930 hab. (1990).

CHIAPAS. Estado de México en la costa del Pacífico. Cap. Tuxtla Gutiérrez. 74.211 km^2. 3.994.597 hab. (1999).
4:122a; Palenque 11:223a; *ilustración* 4:122.

CHIARI, ROBERTO F. (1905-1981). Político panameño. Presidente de la república de 1960 a 1964.
4:123a; Panamá 11:244a.

CHIARI, RODOLFO (1869-1937). Político panameño. Desempeñó diversos cargos públicos. Presidente de la república de 1924 a 1928, denunció el intervencionismo estadounidense en cuestiones internas de Panamá.

CHIBA. Ciudad y puerto de Japón, cap. de la prefectura de Chiba, en la isla de Honshu, a orillas del Pacífico. En la parte oriental de la bahía de Tokio, forma parte de la aglomeración urbana de la capital japonesa. Universidad. Siderurgia. Pesquerías. 856.882 hab. (1995).

CHIBÁS, EDUARDO (1907-1951). Político y diplomático cubano. Fundador de grupos de oposición al gobierno (Partido Revolucionario Cubano Auténtico y Partido del Pueblo Cubano), fue elegido representante (diputado) en 1939 y senador en 1944. Siendo embajador de Cuba en el Perú, en 1945, representó a su país en la conferencia interamericana de Chapultepec. Se suicidó mientras participaba en un programa radiofónico, desilusionado ante la imposibilidad de acabar con la corrupción política.

CHIBCHA, CULTURA. Civilización amerindia del altiplano de la cordillera Oriental colombiana.
4:123a; Colombia 4:275b; Jiménez de Quesada, Gonzalo 8:373a; Latinoamérica, conquista de 9:81a; Precolombino, arte 12:123b; *ilustración* 4:123b.

CHIBCHACHÙM. Entre los chibchas que habitaban el altiplano de la cordillera Oriental de Colombia en la época precolombina, dios de los labradores y comerciantes. Fue condenado por Bochica a sostener la tierra.

CHICAGO. Ciudad de los Estados Unidos, a orillas del lago Michigan. 2.802.079 hab. (1998).
4:124a; Estados Unidos 6:131a; Urbano, transporte 14:195a; *ilustraciones* 4:125.

CHICAGO, ESCUELA DE (ARQUITECTURA). Corriente de la arquitectura moderna surgida en Chicago en el último tercio del siglo XIX. Su principal aportación es la estructura de esqueleto metálico, que permitió levantar rascacielos prescindiendo de pesados muros portantes. Son obras representativas de la escuela el Home Insurance Building de W. Le Baron Jenney (1883-1885), el Auditorio de Chicago de Louis Sullivan (1887-1889) y el Reliance Building de Daniel H. Burnhan y John Wellborn Root (1890-1894).
Sullivan, Louis 13:361b; Wright, Frank Lloyd 14:372b.

CHICAGO, ESCUELA DE (ECONOMÍA). Grupo de economistas, pertenecientes en su mayoría a la Universidad de Chicago, que desarrolló las teorías de Milton Friedman en la segunda mitad del siglo XX. La escuela defendía el sistema de mercado y la libre empresa frente a los controles estatales y las prácticas monopolistas. Entre sus miembros figuraron Frank H. Knight, Jacob Viner y Lloyd Mints.
Friedman, Milton 6:411a; Neoliberalismo 10:376b.

CHICAMOCHA, RÍO. Curso fluvial colombiano, también llamado Sogamoso. Nace en Sumapaz y desemboca en la orilla derecha del río Magdalena. Recibe aguas del Suárez. Su curso es de 500 km.

CHICANOS. Nombre de los grupos étnicos y sociales, de origen mexicano, asentados en los Estados Unidos. Están concentrados principalmente en la zona sudoccidental del país. Entre sus principales líderes sociales destacó el sindicalista César Chávez.

CHICHA. Bebida alcohólica, de frecuente uso en Sudamérica, que se obtiene por fermentación del maíz en agua azucarada. Por extensión, se llama también chicha a la bebida fermentada de zumo de uva o de manzana.
Alcohólicas, bebidas 1:157b; Amerindios, pueblos 1:299b.

CHÍCHARO. V. **Guisante.**

CHICHARRA. V. **Cigarra.**

CHICHARRO, EDUARDO (1873-1952). Pintor español. Discípulo de Joaquín Sorolla, fundó y presidió la Sociedad de Pintores y Escultores, dirigió el Colegio Español de Roma (1913) y la Academia de San Fernando de Madrid. Cultivó el género costumbrista y los temas populares españoles. *Campesino castellano* (1912), *Las tentaciones de Buda* (1922), *La fiesta del pueblo* (1945).

CHICHÉN ITZÁ. Ciudad maya. Forma el conjunto arqueológico más importante del norte de Yucatán, México.
4:126a; Arqueología 2:96b; Maya, cultura 10:4a; Mayapán 10:8a; Precolombino, arte 12:122a; Tolteca, cultura 14:78b; Topiltzin 14:86b; Yucatán 14:391a; Uxmal 14:215a; *ilustraciones* 4:126a.

CHICHICASTENANGO. Ciudad de Guatemala en el dep. de Quiché. Centro de peregrinación. Monasterio del siglo XVI donde se encontró el manuscrito maya *Popol Vuh.* Mercado indio. Turismo. 55.730 hab. (1981).

CHICHICUILOTE. Denominación que se da a diferentes especies de aves de las familias de los falorópidos y escolopácidos. (*Lobipes lobatus, Phalaropus tricolor, Phalaropus wilsoni,* etc.). Son pequeñas aves zancudas (15 cm aproximadamente). Comen insectos. Su carne es comestible.

CHICHIMECA, CULTURA. Antigua civilización amerindia, compuesta por varias tribus, que se estableció en la meseta central de México.
4:126b; Xólotl 14:376b.

CHICKASAWS. Pueblos indios de América del norte que habitaban al norte del río Mississippi. Pertenecían lingüísticamente al grupo muskogi. Seminómadas, no mantenían unidades de población cerradas, sino que sus viviendas se extendían a lo largo de los sistemas fluviales.
Amerindios, pueblos 1:295b.

CHICLANA, FELICIANO (1761-1826). Político argentino. Participó en la revolución de mayo de 1810 y llegó a ocupar el puesto de auditor del ejército del norte. En 1811 formó parte del primer triunvirato, junto con Manuel de Serratea y Juan José Passo, pero fue destituido poco después por José de San Martín. En 1819 pacificó a los caciques indios de la Pampa.
San Martín, José de 13:132b.

CHICLANA DE LA FRONTERA. Población española de la prov. de Cádiz, comunidad autónoma de Andalucía. Conserva ruinas romanas. Fue escenario en 1811 de un enfrentamiento entre las tropas hispano-británicas y las francesas. Cereales, viñedos; industria alimentaria. 53.001 hab. (1996).

CHICLANERO, EL (1818-1853). José Redondo y Domínguez, matador de toros español. Tomó la alternativa en Bilbao en 1842, de manos de Francisco Montes, *Paquiro.* Representante de la escuela de Chiclana, fue famoso por sus volapiés.

CHICLAYO. Ciudad del Perú, cap. de la prov. del mismo nombre y del dep. de Lambayeque, al norte del país. Carretera panamericana, aeropuerto. Principal centro comercial de una rica región agrícola. Jabón, chocolate, leche condensada. Caña de azúcar, algodón, arroz. 469.200 hab. (1998).
Lambayeque 9:52b.

CHICLE. Goma para mascar, obtenida del látex del zapote, que se prepara con diversos sabores y con o sin azúcar. El látex obtenido se somete a diversos procesos y se presenta en barritas de distintos tamaños y grosores.

CHICO DE SANTA CRUZ. Curso fluvial de la Patagonia argentina. Nace en la cordillera andina y desemboca en el Atlántico, por un estuario común al Santa Cruz. Recibe aguas del Belgrano, entre otro afluentes. Su curso es de 420 km.

CHICOMECÓATL. En el panteón de divinidades de los antiguos aztecas, diosa de la agricultura y, en especial, del maíz. Todos los otoños se sacrificaba en su honor una doncella para obtener buenas cosechas.

CHICOMÓZTOC. Lugar mítico del que procedían las tribus nahuas, según las antiguas tradiciones mexicanas. También se denomina así una antigua localidad mexicana situada en la región de Tula, fundada, según algunos, por los aztecas en el siglo XII.

CHICONTEPEC. Población del est. mexicano de Veracruz. Río Calabozo. Tabaco, café, azúcar, ganadería.

CHICOZAPOTE. V. **Zapotillo.**

CHICUELINA. Lance del toreo. Se realiza con la capa por delante, moviéndola con los brazos a la altura del pecho, y rematando en dirección contraria a la que trae el toro. Debe su nombre al matador Manuel Jiménez Moreno, Chicuelo.

CHICUELO (1902-1967). Manuel Jiménez Moreno, matador de toros español. Hijo de un torero con el mismo apodo, tomó la alternativa en Madrid el 28 de septiembre de 1919, de manos de Juan y Manuel Belmonte. Cosechó grandes triunfos en México. Creador del vistoso lance de capa conocido como chicuelina. Se retiró en 1951.
Tauromaquia 13:404b.

CH'IEN-LUNG. V. **Qian-Long.**

CHIHUAHUA (CIUDAD). Capital del est. mexicano homónimo, ubicada en un valle de la sierra Madre occidental. Iglesia de San Francisco, del siglo XVIII. Monumento a Miguel Hidalgo y sus compañeros, ejecutados en la plaza principal. Universidad autónoma, aeropuerto, oleoducto. Industrias textiles, productos agropecuarios. 613.722 hab. (1995).
Chihuahua 4:127a.

CHIHUAHUA (ESTADO). Estado de México fronterizo con los Estados Unidos. Cap. Chihuahua. 244.938 km^2. 3.013.272 hab. (1999).
4:127a; Desierto 5:152b; Durango, estado de 5:254a; *ilustración* 4:127b.

CHIHUAHUEÑO, PERRO. Raza canina, caracterizada por el pequeño tamaño de sus ejemplares. Procede del norte de México. Conocido también como perro chihuahua.

CHIITAS. Miembros de una de las dos interpretaciones ortodoxas musulmanas más importantes, junto con los sunníes. Los chiitas mantienen que el legítimo sucesor de Mahoma fue su yerno Alí, y consideran a los califas que sucedieron al profeta como usurpadores. Son mayoría en Irán y minoría importante en varios países árabes.
Fundamentalismo religioso 7:6a; Islam 8:280b; Islan, historia del 8:285a.

CHIKAMATSU MONZAEMON (1653-1724). Dramaturgo japonés. Escribió unas 160 obras históricas o costumbristas, muchas de las cuales se representaban en el teatro de marionetas. Contribuyó asimismo al desarrollo del género *kabuki.* A partir de *Suicidio amoroso en Sonezaki* (1703) se impuso en su obra el tema del suicidio. Al último período de su vida pertenece su más famoso drama histórico: *Los combates de Coxinga* (1715).
Kabuki, teatro 8:421b.

CHILAM. Entre los mayas de la América precolombina, miembro de la clase sacerdotal encargado de interpretar los augurios, deshacer maleficios y oficiar en las fiestas rituales; también, en ocasiones, ejercía funciones de médico.

CHILAM BALAM. Libros antiguos de la cultura maya, escritos entre los siglos XVI y XVIII en lengua maya y alfabeto latino, encontrados en diversas localidades. Versan sobre temas religiosos, históricos y sociales. Entre los más importantes destacan los de Chumayel y Nabula.
Maya, religión 10:6b.

CHILDE, VERE GORDON (1892-1957). Historiador y arqueólogo británico de origen australiano. Estudió las culturas protohistóricas de Europa y el cercano oriente.
4:128a; Prehistoria 12:126a.

CHILDEBERTO I (h. el 498-558). Rey merovingio de París. Accedió al trono en el 511, conservándolo hasta su muerte. Colaboró en la incorporación de Borgoña al reino franco.

CHILDEBERTO II (570-595). Rey merovingio del reino franco oriental de Austrasia desde el 584 y de Borgoña desde el 592. Antes que unificar los reinos, dejó cada uno a un hijo distinto.

CHILDEBERTO III (h. el 683-711). Rey de los francos desde el 695 hasta su muerte. Su política estuvo controlada por Pipino II, bisabuelo de Carlomagno.

CHILDERICO I (m. en el 482). Rey de los francos salios del 481 al 482. Fue uno de los primeros monarcas merovingios, padre de Clodoveo I. Ayudó a los romanos a repeler a los visigodos y expulsó a los piratas sajones. En 1653 se descubrió su tumba en Tournai.
Francos 6:404b.

CHILDERICO II (649-675). Rey merovingio de Austrasia desde el 662 hasta su muerte. Fue brevemente, además, rey de todos los territorios francos. Murió asesinado.

CHILDERICO III (m. en el 755). Último de los reyes merovingios. Carlomán y Pipino III el Breve lo colocaron en el trono en el 743. En el 751 fue destronado por el primero y confinado en un monasterio, donde murió.

CHILE (BOTÁNICA). V. **Ají.**

CHILE (GEOGRAFÍA). País de América del sur, a orillas del Pacífico. Cap. Santiago. 2.006.096 km^2 (incluido el Territorio Chileno Antártico). 15.211.000 hab. (2000).
4:128b; América 1:273a; Amerindios, pueblos 1:299a; Andes 1:333a; Araucana, cultura 2:21a; Aylwin, Patricio 2:274a; Independencia de Hispanoamérica 8:145a; Lagos, Ricardo 9:49b; Oceanía 11:70b; Pacífico, guerra del 11:196b; Pascua, isla de 11:292b; Perú, Virreinato del 11:367b; Puna 12:209a; Santiago (CHILE) 13:145a; Santiago, región metropolitana de 13:146b; Tierra del Fuego, Isla Grande de 14:59a; Valparaíso 14:230a; Valparaíso, región de 14:230b; Viña del Mar 14:322a; *mapa* 4:129b; *cuadros* 4:128b; 4:131b; 4:135; *ilustraciones* 4:130a-b; 4:131a; 4:132a; 4:133a-b; 4:134a-b; 4:135b; 4:136a; 4:137b; 4:138a; 4:139b.

CHILE, CORRIENTE DE. V. **Humboldt, corriente de.**

CHILE, NITRATO DE. Mineral, nitrato sódico crudo, $NaNO_3$. Se encuentra en grandes depósitos en el norte de Chile. Contiene también yodato sódico. El puro contiene un 90 % de $NaNO_3$. Se utiliza para fabricar ácido nítrico, como catalizador en la fabricación de ácido sulfúrico o para fabricar esmaltes cerámicos, vidrio, nitrito sódico y cerillas. El de calidad técnica se emplea como fertilizante.

CHILLÁN. Ciudad de Chile, cap. de la prov. de Ñuble, reg. de Biobío. Fundada en 1580. Carretera panamericana. Agricultura. Industrias agropecuarias, aserraderos, fábricas de calzados. 162.969 hab. (1999).

CHILLÁN, NEVADOS DEL. Volcanes andinos de Chile, situados en la cordillera Central de los Andes. Alcanzan los 3.210 m de altitud.

CHILLIDA, EDUARDO (n. en 1924). Escultor español. Una de las figuras más representativas de la escultura abstracta del siglo XX.
4:140b; Abstracto, arte 1:22b; *ilustración* 4:140b.

CHILOÉ (ISLA). Isla de Chile, en la prov. meridional de Chiloé, reg. de Los Lagos. Es la más grande de la prov. (8.394 km^2). Escasamente desarrollada.

CHILOÉ (PROVINCIA). Provincia de Chile en la reg. de Los Lagos, separada del continente por el paso de Chacao. Territorio insular, formado

por multitud de islas. Cap. Castro. 12.315 km^2. 130.000 hab. (1992).
Lagos, Los 9:49a.

CHILPANCINGO. Ciudad mexicana, cap. del est. de Guerrero, a orillas del río Huacapa. Sede del congreso de 1813 que declaró originalmente la independencia del país. Universidad, aeropuerto. Productos agropecuarios y forestales. Fabricación de mezcal. 136.243 hab. (1990; municipio).
Guerrero 7:277b.

CHILPANCINGO, CONGRESO DE. Congreso constituyente que José María Morelos convocó en septiembre de 1813 y que proclamó la independencia de México (6 de noviembre, 1813). Fue disuelto dos años más tarde debido a la derrota de Morelos.

CHI-LUNG. Ciudad y puerto de Taiwán en la costa norte de la isla. Principal puerto de la cercana capital, Taipei. Escuela de tecnología náutica y oceánica. Astilleros, abonos, cemento; pesquerías; conservas de pescado. 385.201 hab. (2000).

CHIMALLI. En el México precolombino, especie de escudo con que se representaba a algunos dioses mixtecos y aztecas, en especial a los relacionados con actividades destructivas o bélicas, como Tezcatlipoca, divinidad protectora de Texcoco.

CHIMALPOPOCA (m. en 1427). Proclamado tercer rey azteca, en 1417, a partir de la fundación de Tenochtitlan. Se le atribuyen las conquistas de Tequizquiac y Chalco. Enfrentado a Maxtla, rey de Azcapotzalco, y humillado por éste, quiso hacerse inmolar, pero las tropas del monarca enemigo lo apresaron, exponiéndolo en una jaula en la que se ahorcó con su propio *máxtlatl* (ceñidor).
Azteca, imperio 2:285a.

CHIMALTENANGO (CIUDAD). Capital del dep. guatemalteco del mismo nombre. Fundada en 1526 junto a una fortaleza maya. Carretera panamericana. Ladrillos, hilados, textiles, productos agropecuarios. 27.012 hab. (1981).

CHIMALTENANGO (DEPARTAMENTO). División administrativa de Guatemala en el sudoeste del país. Café, caña de azúcar; ganadería. Carretera panamericana. Zonas altas habitadas por indios mayas. Cap. Chimaltenango. 1.979 km^2. 385.856 hab. (1995).

CHIMANGO. V. **Caracará.**

CHIMBORAZO. Volcán de los Andes situado en el Ecuador. 6.267 m.
4:141a; Andes 1:332a; *ilustración* 4:141a.

CHIMBOTE. Ciudad y puerto del Perú, cap. de la prov. de Santa en el dep. de Ancash, a orillas de la bahía de Chimbote en el Pacífico. Destruida en parte por un terremoto en 1970. Carretera panamericana, aeropuerto. Centro siderúrgico; harina y aceite de pescado, caña de azúcar, algodón. 298.800 hab. (1998).
Perú 11:359a.

CHIMENEAS, LAS. Yacimiento arqueológico, correspondiente al paleolítico superior, situado en la comunidad autónoma española de Cantabria, en Puente Viesgo. Conserva pinturas con representaciones de animales. Corresponde al período de transición entre el auriñaciense y el solutrense.

CHIMKENT. Ciudad asiática, cap. de la prov. homónima, Rep. de Kazajstán. Centro cultural e industrial. Teatros. Institutos técnicos. Industrias diversas. 393.400 hab. (1997).

CHIMPANCÉ. Primate de la familia de los póngidos (*Pan troglodytes*).
4:141b; *ilustración* 4:141b.

CHIMÚ, IMPERIO. Imperio preincaico de la zona costera septentrional del Perú que floreció entre el siglo XIV y la segunda mitad del XV.
4:142a; Amerindios, pueblos 1:299b; Andinas, civilizaciones 1:337a; Huari, cultura 8:80a; Libertad, La 9:146b; Precolombino, arte 12:123a; *ilustración* 4:142b.

CH'IN, DINASTÍA. V. **Qin, dinastía.**

CHINA. País de Asia; el tercero del mundo en extensión y el primero en población. Cap. Pekín (o Beijing). 9.572.900 km^2. 1.265.207.000 hab. (2000).
4:143a; Acupuntura 1:51b; Administración pública 1:70a; Amarillo, río 1:261a; Amur, río 1:311b; Budismo 3:211a; Cachemira 3:257a; Casa 4:5a; Ciencia 4:184a; Ciudad 4:217b; Corea, historia de 4:384a; Chiang Kai-shek 4:121b; Guerra mundial, segunda 7:273b; Hong Kong 8:63b; Indochina 8:173a; Indonesia 8:181b; Jardinería 8:353b; Jiang Zemin 8:371b; Kublai Kan 9:38b; Libro 9:150b; Lucha, deportes de 9:232b; Medicina 10:29a; Mekong, río 10:43a; Metalistería 10:97b; Metrología 10:113a; Muralla china, Gran 10:300b; Música 10:315a; Nankón 10:342b; Oriental, arte 11:147a; Pekín 11:320a; Shanghai 13:224a; Sun Zhongshan 13:362b; Taiwán 13:385b; Taoísmo 13:398b; Té 13:408b; Tianjin 14:48b; Tíbet 14:50a; Yangzi, río 14:378b; Zhao Ziyang 14:415b; Zhou Enlai 14:416a; *mapas* 4:143; 4:151b; *cuadros* 4:144b; 4:147a-b; 4:153; *ilustraciones* 4:145b; 4:146a; 4:147b; 4:148a; 4:149b; 4:150; 4:152a; 4:154; 4:155b; 4:156a; 4:157.

CHINA, ESCRITURA. Forma de escritura que utiliza el sistema logográfico, es decir, cada símbolo representa una palabra. Los caracteres están ordenados según un conjunto de 214 radicales. En cada símbolo (actualmente son más de 40.000, aunque por lo general sólo se emplea la décima parte) se encuentra un radical y otra parte con valor fonético.
Chinotibetanas, lenguas 4:163a; Japonesa, lengua 8:349b.

CHINA, GRAN MURALLA. V. **Muralla china, gran.**

CHINA, LITERATURA. Conjunto de la producción literaria de China.
4:158a; Confucianismo 4:329b; Corea, historia de 4:386b; Han Yu 7:332b; Japonesa, literatura 8:350b; Li Bo 9:149b; Lin Yutang 9:170a; Lu Xun 9:253a; Lu You 9:253b; Mao Dun 9:336b; *ilustraciones* 4:159; 4:160a.

CHINA, MAR DE. Zona del océano Pacífico, a lo largo de la costa de China, formado por el mar de la China oriental, al nordeste, y el mar de la China meridional, al sur.
4:161a.

CHINA MERIDIONAL, MAR DE LA. Zona del océano Pacífico. Al oeste lo limita el Asia continental, al sur la parte oriental del golfo de Siam y la península de Malaca, y al este Borneo, las Filipinas y Taiwán. Alcanza 5.015 m de profundidad.
China 4:145a; China, mar de la 4:161a; Pacífico, océano 11:198a.

CHINAMPA. En México, terreno creado artificialmente sobre las aguas de una laguna y destinado al cultivo. El sistema fue inventado por los aztecas y ha pervivido en algunas lagunas próximas a la ciudad de México, principalmente en Xochimilco.

CHINANDEGA. Ciudad de Nicaragua. Cap. del dep. homónimo en la llanura costera del Pacífico. En 1849 se acordó establecer en ella la capital de una fracasada federación entre El Salvador, Honduras y Nicaragua. Aserraderos, curtidurías. Muebles, perfumes. Productos agrícolas. Ferrocarril al cercano puerto de Corinto y a Managua. 67.792 hab. (1985).

CHINANTECOS. Pueblo amerindio que habita en las montañas situadas en el límite entre los estados mexicanos de Veracruz y Oaxaca. Pertenecieron a la cultura mixteca.

CHINA ORIENTAL, MAR DE LA. Zona del océano Pacífico cuya franja nororiental se prolonga hasta el mar Amarillo. Situado entre Corea, las islas Riukiu y Taiwán. Su profundidad máxima sólo supera los 2.000 m en las Riukiu.
China 4:145a; China, mar de la 4:161a; Pacífico, océano 11:198a.

CHINAS, LENGUAS. Pertenecientes a la familia chinotibetana, lenguas que se hablan en la República Popular de China, entre las que se incluyen el mandarín (la lengua más hablada), el wu (delta del Yangzi), el min (Fujian) y el cantonés (Guangdong).
Chinotibetanas, lenguas 4:163a; Taiwán 13:384b.

CHINCHA. Estado precolombino que se desarrolló en el sur del Perú, hacia los siglos XIII al XV, entre la caída del poder de Huari y la aparición de los incas. Destacó artísticamente por su cerámica policromada, decorada con motivos geométricos, y por su orfebrería.

CHINCHA, ISLAS. Islotes peruanos situados en el dep. de Ica, a 18 km de la costa. Son apreciados por sus depósitos de guano (excrementos de aves marinas). Tras el asesinato de unos colonos españoles, las islas fueron ocupadas por España en 1864 y devueltas al Perú al año siguiente.

CHINCHA ALTA. Población peruana, situada en el dep. de Ica, en el centro del país. Cap. de la prov. de Chincha. Industrias química, textil y del calzado. El puerto de Tambo de Mora sirve a la ciudad.

CHINCHASUYO. Uno de los grupos dialectales quechuas que se hablaban en el imperio inca.

CHINCHE. Insecto del grupo de los hemípteros. Se diferencian numerosos géneros como *Cimex, Hydrometra* o *Nepa.*
4:161b; Insectos 8:223a; *ilustración* 4:161b.

CHINCHILLA. Mamífero roedor de la familia de los chinchílidos, propio de los Andes (*Chinchilla*).
4:162a; Roedores 12:410b; *ilustración* 4:162a.

CHINCHIMÉN. Mamífero carnívoro de la familia de los mustélidos (*Lutra felina*). Es una nutria propia del litoral chileno.

CHINCHÓN. Juego de cartas. Se juega con baraja española. Cada jugador recibe ocho naipes; gana el que consigue reunirlos en dos grupos de cuatro iguales, cuatro y una escalera, tres y una escalera, o escalera de ocho cartas.

CHINCHÓN, CONDE DE (n. en 1647). Luis Jerónimo Fernández de Cabrera, administrador colonial español. Virrey del Perú entre 1629 y 1639, durante su etapa de gobierno se realizó la tercera expedición al Amazonas y tuvo lugar un terremoto que destruyó la ciudad de Lima. Su esposa, enferma de paludismo, decidió probar como medicina la corteza del árbol de la quina, conocida sólo por los indios. A raíz de su curación se generalizó el uso terapéutico de dicha corteza. Carlos de Linneo dio el nombre de *Cinchona* al género al que pertenece al árbol de la quina, en honor de la condesa.

CHINDASVINTO (h. el 563-653). Rey visigodo. Accedió al trono a avanzada edad, en el 642, tras derrocar al rey Tulga. Posteriormente se enfrentó a los nobles que lo habían apoyado y consolidó la autoridad real, actitud que fue aprobada por el séptimo concilio de Toledo celebrado en el 646. Le sucedió su hijo Recesvinto.
Recesvinto 12:282a.

CHINGOLO. Pájaro de la familia de los fringílidos (*Zonotrichia pileata*), más pequeño que el gorrión. Propio de la región del río de la Plata.

CHINO, ARTE. Conjunto de manifestaciones artísticas de China. Se caracteriza por su apego a la naturaleza y el reflejo de la vida cotidiana.

CHINO-JAPONESA, GUERRA. Denominación con la que se conocen dos conflictos armados entre China y Japón: el de 1894-1895, por el que Corea obtuvo su independencia temporal de China y ésta perdió Formosa (Taiwán), y el de 1935-1945, que terminó con la derrota total de Japón por las fuerzas aliadas en la segunda guerra mundial.

CHINOOK. Pueblo amerindio de los Estados Unidos, también llamado Chinuk, que habitaba en el noroeste del país, en la desembocadura del río Columbia. Su economía se basaba en la pesca, y su lengua se extendió a otras tribus del occidente norteamericano.

CHINOTIBETANAS, LENGUAS. Familia de lenguas monosilábicas habladas en Asia sudoriental. Son lenguas de tonos, en las que palabras de igual estructura fonemática tienen distintos significados según la entonación.
4:162b; Asiáticas, lenguas 2:154b; China 4:146a; Lenguas, clasificación de las 9:110b; *ilustración* 4:163b.

CH'IN SHIN. V. **Qin Shi Huangdi.**

CHIP. Placa de soporte de un circuito integrado. Fabricado generalmente de silicio, posee dimensiones de unos pocos milímetros.
Informática 8:201a.

CHIPPENDALE, THOMAS (1718-1779). Ebanista británico, el más famoso de su país en el siglo XVIII. Su apellido es sinónimo de la versión británica del rococó. En 1754 publicó *Directorio del ebanista y del caballero,* el más importante catálogo de muebles editado hasta entonces en la Gran Bretaña.
Mueble 10:289a.

CHIPPERFIELD, DAVID (n. en 1953). Arquitecto y diseñador británico. Trabajó con Norman Foster y Richard Rogers. Diseñador de reconocido prestigio internacional, fue galardonado con múltiples premios. Museo Fluvial y de Remo en Henley-on-Thames, Reino Unido (1996).

CHIPPEWA. V. **Ojibwa, pueblo.**

CHIPRE. País insular del extremo oriental del mar Mediterráneo. Cap. Nicosia. 9.251 km^2. 673.000 hab. (2000).
4:163b; Asia 2:150; Grecia 7:205a; *cuadros* 4:164a-b; *ilustración* 4:164a.

CHIQUIMULA (CIUDAD). Capital del dep. guatemalteco homónimo, a orillas del río San José. Centro agrícola y ganadero. Ferrocarril. 42.635 hab. (1981).

CHIQUIMULA (DEPARTAMENTO). División administrativa del sudeste de Guatemala, limitada al este por Honduras y al sur por El Salvador. Tierras altas. Volcanes Ipala y Quezaltepeque. Agricultura y ganadería. Centro de peregrinación de Esquipulas. Cap. Chiquimula. 2.376 km^2. 274.091 hab. (1995).

CHIQUINQUIRÁ (COLOMBIA). Población del dep. de Boyacá, en la cordillera Oriental. Ganadería; cereales, caña de azúcar. Santuario de Nuestra Señora de Chiquinquirá.

CHIQUINQUIRÁ (VENEZUELA). Localidad del est. Zulia. Forma parte de la aglomeración de Maracaibo. Pozos petrolíferos. 47.090 hab. (1982).

CHIQUINQUIRÁ, NUESTRA SEÑORA DE. Advocación de Nuestra Señora del Rosario, especialmente venerada en Venezuela y en Colombia, de donde es patrona. Su culto fue introducido por los dominicos españoles.
Marianas, advocaciones 9:366b.

CHIQUITOS. Pueblo amerindio que habita en la zona sudoriental de Bolivia. Los chiquitos hablan una lengua independiente, aunque relacionada con el guaicurú, y que presenta numerosas variantes. De economía básicamente agrícola, su población quedó muy reducida en el siglo XIX.

CHIRAC, JACQUES (n. en 1932). Político conservador, miembro del partido conservador Reagrupación para la República (RPR). Elegido presidente de la nación en 1995 y reelegido en 2002.
4:165a; Francia 6:394b; Jospin, Lionel 8:386a; Miterrand, François 10:200b; *ilustración* 4:165b.

CHIRE, RÍO. Curso fluvial de África oriental. Nace en el lago Niasa, cruza parte de Mozambique y desemboca en el río Zambeze, tras 596 km de recorrido.

CHIRICAHUAS. Pueblo indígena norteamericano, perteneciente al grupo de los apaches. Habitaban en las montañas Chiricahua y Dragoon, en el sudeste de Arizona, y en zonas de Nuevo México y el estado mexicano de Chihuahua. Intervinieron en las guerras apaches del siglo XIX.

CHIRICO, GIORGIO DE (1888-1978). Pintor italiano representante de la llamada «pintura metafísica».
4:166a; Realismo 12:281b; Surrealismo 13:367a; *ilustración* 4:166a.

CHIRIGUANOS. Pueblo amerindio de la familia tupí-guaraní que se desplazó desde el gran Chaco hacia los Andes bolivianos.

CHIRIGÜE. Pájaro de la familia de los fringílidos (*Sycalis flaveola*), propio de América del sur.

CHIRIMÍA. Instrumento de viento semejante al clarinete y a la flauta. Tiene diez agujeros y boquilla con lengüeta de caña.

CHIRIMOYA. V. **Anona.**

CHIRINO, MARTÍN (n. en 1925). Escultor español. Representante de la vanguardia escultórica española iniciada en la década de 1950, formó parte del grupo El Paso y fue autor de obra abstracta, realizada principalmente en hierro y acero, en la que intentó una aproximación al mundo de la cultura canaria y africana. Premio Nacional de Artes Plásticas en 1980. «Afro can» (1975).

CHIRIPÁ. Yacimiento precolombino boliviano, situado al este del lago Titicaca. Corresponde a los siglos VI-V a.C., y está representado por edificaciones realizadas en adobe y cerámicas de decoración geométrica.

CHIRIQUÍ. Provincia de Panamá, limitada al oeste por Costa Rica, a orillas del océano Pacífico, golfo de Chiriquí. El territorio asciende desde la costa hasta la serranía de Tabasará. Volcán Barú o de Chiriquí (3.478 m), pico culminante de Panamá. Agricultura, explotación forestal; ganadería. Carretera panamericana. Cap. David. 8.653 km^2. 412.981 hab. (1996).

CHIRIQUÍ, CULTURA. Cultura amerindia de la provincia panameña del mismo nombre y del sur de Costa Rica, que alcanzó su máximo esplendor hacia 1300. Escultura en piedra, relieves, cerámica decorada, objetos de oro fundido.

CHIRIQUÍ, GOLFO DE. Arco formado por el océano Pacífico en la costa sur de Panamá, provincias de Chiriquí y Veraguas, entre punta Burica y punta Jabalí.

CHIRIQUÍ, LAGUNA DE. Bahía panameña semicerrada, situada en la costa caribeña, en la prov. de Bocas del Toro. Limitada al norte por el mar Caribe, al este por la punta Valiente, al oeste por el archipiélago de Bocas del Toro y al sur por el continente. Comunica con el Caribe por varios canales.

CHIRIQUÍ, PICO. Volcán panameño, también llamado Barú. Punto más alto del país (3.478 m), en la prov. de Chiriquí. Integrado en la cordillera de Talamanca.

CHIRIVELLA. V. **Xirivella.**

CHIRIVÍA. Planta herbácea bianual de la familia de las umbelíferas (*Pastinaca sativa*). Dicotiledónea. Hojas compuestas y aromáticas y flores amarillas, reunidas en umbelas. Algunas variedades se cultivan por su raíz, dulce y carnosa. De distribución eurasiática.

CHIRRIPÓ GRANDE. Cerro de Costa Rica, entre las prov. de San José, Puntarenas y Limón. Forma parte de la cordillera de Talamanca. Con sus 3.832 m es la máxima elevación del país.

CHIRVECHES, ARMANDO (1881-1926). Escritor boliviano. Autor de libros de poemas de estilo modernista y de novelas naturalistas en las que criticó la sociedad de su país. *Noche estival* (1904), *La candidatura de Rojas* (1908), *Flor del trópico* (1926).

CHISSANO, JOAQUIM (n. en 1939). Político mozambiqueño. Coordinó durante diez años la guerrilla independentista (1964-1974). Miembro del Frente de Liberación de Mozambique (FRELIMO), fue primer ministro en 1975, durante la transición a la independencia, y ministro de asuntos exteriores en el primer gobierno independiente, en junio de ese mismo año. Partidario del acercamiento a los Estados Unidos y a los países occidentales, ocupó la presidencia de la república en 1986.

CHISTU. Instrumento de viento tradicional vasco. Es una flauta de madera de sonido agudo, empleada generalmente para acompañar danzas típicas, pero con la que se dan también conciertos de gran calidad interpretativa.
Flauta 6:324a.

CHITA. V. **Guepardo.**

CHITÁ. Ciudad asiática de Rusia, cap. de la prov. del mismo nombre. Nudo ferroviario del Transiberiano. Minas de lignito, industrias diversas. 320.000 hab. (1997).

CHITIMACHA. Tribu amerindia que habitaba en el sur del actual estado de Luisiana, en el lago Pontchartrain, Estados Unidos. Los chitimachas practicaban una agricultura primitiva y eran pescadores y recolectores. Desaparecieron progresivamente tras la ocupación francesa del territorio.

CHITRÉ. Ciudad panameña, cap. de la prov. de Herrera, a orillas del río de la Villa, península de Azuero. Aeropuerto. Productos agropecuarios. Hielo, destilerías. 17.000 hab. (1980).

CHITTAGONG. Ciudad y puerto de Bangladesh, cap. del dist. de Chittagong en la desembocadura del río Karnaphuli al océano Índico. Aeropuerto. Museo, universidad, escuelas superiores. Productos alimenticios, minerales. 1.599.000 hab. (1991).

CHIUSI. Población italiana de la prov. de Siena, en la reg. de Toscana. Antigua Clusium de los etruscos, está considerada como una de las ciudades más antiguas de Italia y conserva restos artísticos de su pasado etrusco. Importante centro agrícola e industrial.

CHIVILCOY. Población de la prov. de Buenos Aires, Argentina. Centro agrícola, ganadero e industrial. Nudo de comunicaciones. 59.505 hab. (1998).

CHOCANO, JOSÉ SANTOS (1875-1934). Poeta peruano. Figura importante del modernismo en el Perú.
4:166b; Hispanoamérican a, literatura 8:10a.

CHOCHA PERDIZ. Ave caradriforme de la familia de los escolopácidos (*Scolopax rusticola*). También denominada becada.

CHOCÓ. Departamento de Colombia, limitado al noroeste por Panamá, a orillas del océano Pacífico. Densa selva tropical regada por el río Atrato. Abundantes lluvias. Explotación forestal; agricultura; platino. Cap. Quibdó. 46.530 km^2. 406.199 hab. (1993).

CHOCOLATE. Alimento hecho de cacao y azúcar, al que se le suele añadir vainilla y otras especias aromáticas.
4:166b; Cacao 3:255a; *ilustración* 4:167a.

CHOCÓN, EL. Presa y central hidroeléctrica argentina sobre el río Limay (prov. de Neuquén y Río Negro). Sirve al área de Buenos Aires. Forma un gran complejo hidroeléctrico con el conjunto de Cerros Colorados, que sirve para aprovechar el río Neuquén.

CHOCÓS. Pueblo amerindio que habitaba en la costa del océano Pacífico, aproximadamente en el territorio del actual departamento colombiano de Chocó. Los chocós vivían de la caza, la pesca y una agricultura incipiente. Eran antropófagos y usaban veneno en su armamento. Practicaban una religión de tipo chamánico y animista.

CHOCRÓN, ISAAC (n. en 1933). Escritor venezolano. Autor de novelas, ensayos y obras teatrales, destacó en este último género, en el que está considerado como una de las primeras figuras en la literatura de su país. *Animales feroces* (1963), *Tric trac* (1967), *Tendencias del teatro contemporáneo* (1968), *Romperse en caso de incendio* (1975).

CHOCTAWS. Pueblos indios de América del norte que habitaban al sudeste del río Mississippi. Pertenecían al grupo lingüístico muskogi. Practicaban la agricultura. Realizaban alianzas con los franceses para enfrentarse a las fuerzas inglesas y de otros pueblos indios.
Amerindios, pueblos 1:295b.

CHOI KIU-HAN (n. en 1919). Político sudcoreano. Primer ministro en el gobierno del presidente Park Chung Hee, accedió a la presidencia provisional del país tras el asesinato de Park en octubre de 1979, cargo que hizo efectivo dos meses después. Su intento de democratización del sistema provocó una fuerte oposición y su dimisión en agosto de 1980.
Corea, República de 4:389a.

CHOISEUL. Isla situada en la parte noroccidental del archipiélago de las Salomón, en el sudoeste del océano Pacífico, a 50 km al sudeste de la isla de Bougainville. Establecimiento costero en Sasamungga. Producción de copra. Escenario de enfrentamientos bélicos durante la segunda guerra mundial. 10.349 hab. (1976).

CHOISEUL, ÉTIENNE-FRANÇOIS, DUQUE DE (1719-1785). Político francés. Tras ocupar diversos cargos fue designado ministro de relaciones exteriores del rey Luis XV, labor que desempeñó de 1758 a 1770.

CHOL. Pueblo amerindio de la época precolombina que se extendió desde el norte de Chiapas, México, hasta Honduras. Creador de gran parte de la cultura maya. Sólo sobreviven algunas tribus.

CHOLULA. Población mexicana en el est. de Puebla. Santuario de los Remedios, construido sobre una pirámide precolombina, de ladrillo, de 54 m de altura. Muy numerosas iglesias. Centro de peregrinación y turismo. Universidad. Productos agropecuarios, textiles.
México 10:136a; Puebla, estado de 12:190b.

CHOLUTECA (CIUDAD). Capital del dep. hondureño de Choluteca a orillas del río homónimo. Fundada en 1522 como centro minero. Carretera panamericana, aeropuerto. Edificios coloniales. Productos agropecuarios. Industrias diversas. 57.200 hab. (1985).
Honduras 8:57b.

CHOLUTECA (DEPARTAMENTO). División administrativa de Honduras limítrofe con Nicaragua, a orillas del Pacífico. Atravesado por el río Fonseca. Carretera panamericana. Importante zona agrícola; explotación forestal; minas de oro y plata. Cap. Choluteca. 4.211 km^2. 309.000 hab. (1991).

CHOMEDEY, PAUL DE (1612-1676). Colono francés. Dirigió en 1642 la expedición francesa que, con la intención de convertir a las tribus indias de la zona, fundó Ville-Marie de Montréal, próxima a la antigua población de los indios huronianos, Hochelaga. Posteriormente se convertiría en la ciudad canadiense de Montreal.
Montreal 10:255a.

CHOMÓN, SEGUNDO DE (1871-1929). Operador cinematográfico español. Dedicado al coloreado de películas, trabajó como operador para realizadores como Ferdinand Zecca o Giovanni Pastrone. Fue suyo el descubrimiento, en 1902, del paso de manivela, y suya también la utilización por primera vez del *travelling* o movimiento de la cámara.

CHOMSKY, NOAM (n. en 1928). Lingüista y activista político estadounidense. Considerado como el fundador de la gramática generativa transformacional.
4:167a; Gramática 7:186a; Lenguaje 9:104a; Lingüística 9:167b; Memoria 10:51a; Psicolingüística 12:175a; Semántica 13:195b; Sintaxis 13:257a; *ilustración* 4:167b.

CHONCHOL, JACQUES (n. en 1926). Político chileno. Fundador del Movimiento de Acción Popular Unitaria, organización de tendencia cristiana, fue ministro de agricultura en el gobierno de Salvador Allende (1970-1973). En 1973 abandonó su partido para unirse a Izquierda Cristiana. Se exilió en Europa y los Estados Unidos tras el golpe de estado de Augusto Pinochet.

CHONE. Población del Ecuador, en la prov. de Manabí, en la parte occidental del país. Agricultura basada en el café, caucho y azúcar. Industria alimentaria.

CHONGJIN. Ciudad y puerto de Corea del norte, cap. de la prov. de Hamgyong Septentrional, a orillas del mar del Japón. Siderurgia, astilleros, textiles, productos químicos. 520.000 hab. (1987).

CHONGQING. Ciudad y puerto fluvial de China en la prov. de Sichuan, principal núcleo industrial del centro del país. Aeropuerto, universidad, biblioteca y museo. Siderurgia, extracción de hulla, maquinaria, vehículos. Productos alimenticios, seda, papel, artesanía. 3.193.889 hab. (1999).

CHONOS. Tribu amerindia de pescadores, extinguida a fines del siglo XIX, que habitaba en el archipiélago del mismo nombre, en el sur de Chile. Su cultura, perteneciente al grupo de las de Tierra del Fuego, sufrió influencias andinas.
Amerindios, pueblos 1:302a.

CHONOS, ARCHIPIÉLAGO DE LOS. Grupo de islas de Chile, en las prov. de Chiloé y Aisén. Se extiende a lo largo de 200 km entre el golfo Corcovado y la península de Taitao. Compuesto por más de mil islotes deshabitados a los que separa del continente el canal de Moraleda.

CHONTAL. Pueblo maya de los estados mexicanos de Oaxaca y Tabasco, vinculado lingüísticamente a los chol de Chiapas y a los chortíes del este de Guatemala. Practican la agricultura y producen artesanalmente sombreros y prendas de vestir.

CHONTALEÑA, CORDILLERA. Cadena montañosa de Nicaragua, entre los valles de los ríos Grande y San Juan, que cierra la parte oriental de la cuenca del lago Nicaragua. Región despoblada, entre sus serranías destaca la de Mombachito (1.040 m).

CHONTALES. Departamento de Nicaragua limitado por el lago Nicaragua al sudoeste. Sierras de Amerique. Agricultura; explotación forestal; quesos; ganadería. Cap. Juigalpa. 6.378 km^2. 144.635 hab. (1995).

CHOONHAVAN, CHATICHAI (n. en 1922). Militar y político tailandés. Miembro del parlamento desde 1975, sustituyó a Prem Tinsulanond como primer ministro en 1988, al frente de una coalición de seis partidos. Promovió el desarrollo de la empresa privada. Derrocado por un golpe militar (1991).

CHO OYU, MONTE. Pico de la cordillera del Himalaya, uno de los más altos del mundo (8.153 m), situado en la frontera del Tíbet y Nepal. El puerto de Nangpa La, al sur del monte, forma parte de la ruta comercial entre el Tíbet y el valle de Khumbu.

CHOPIN, FRÉDÉRIC (1810-1849). Fryderyk Franciszek Szopen, compositor y pianista polaco. Uno de los máximos exponentes del romanticismo.
4:167b; Instrumentos musicales 8:228; Música 10:314a; Polonia 12:76a; Sand, George 13:120b; *cuadro* 4:168a; *ilustraciones* 4:168a; 8:228.

CHOPO. V. **Álamo.**

CHORLO. Ave de la familia de las caradrídas (*Pluvialis dominica*).
4:168b; *ilustración* 4:168b.

CHOROTEGA. Pueblo amerindio precolombino, perteneciente a la familia otomí. Vivía en Nicaragua, Costa Rica y Honduras. Los chorotegas decoraban sus obras artísticas, especialmente la cerámica, con motivos animales y colores brillantes.

CHORRERA, LA. Ciudad panameña en la prov. de Panamá, en la carretera panamericana, al sudoeste de la capital del país. Espectaculares cascadas en el área. Café, cítricos, ganado. 36.971 hab. (1980).
Panamá, provincia de 11:248a.

CHORRILLOS. Localidad peruana, en el sudeste del área metropolitana de Lima-Callao. Escuela militar. Playas. 238.739 hab. (1998).

CHORTÍ. Grupo indígena de Guatemala y Honduras, perteneciente a la familia maya. Los chortíes viven de una agricultura arcaica que produce maíz, caña de azúcar, tabaco y otros productos tropicales. Son artesanos del tejido, la cerámica y la madera.

CHORZÓW. Ciudad de Polonia en la prov. de Katowice, Alta Silesia. Museo etnográfico. Complejo minero y metalúrgico. 121.708 hab. (1999).

CHOTACABRAS. Ave caprimulgiforme. Diversos géneros y especies, entre ellos el chotacabras común (*Caprimulgus europaeus*). Pico fino y algo corvo en la punta. Gran abertura bucal. Otras especies viven en Sudamérica y Australia.

CHOTIS. Danza lenta por parejas. Nacida en el Reino Unido, fue introducida en Madrid en 1850 bajo el nombre de polka alemana. Se baila con tres pasos seguidos a la izquierda, tres a la derecha y vueltas.

CHOU, DINASTÍA. V. **Zhou, dinastía.**

CHOU EN-LAI. V. **Zhou Enlai.**

CHOU SHU JEN. V. **Lu Xun.**

CHOW-CHOW. Raza canina originaria de China. Es de cuerpo pesado, cabeza grande, orejas tiesas, rabo curvado, lengua negra y pelaje denso y de color rojo, negro o negro azulado.

CHRÉTIEN, JEAN (n. en 1934). Político canadiense. Primer ministro de Canadá desde 1993, reelegido para el cargo en 1997.
4:169a; Canadá 3:324b; *ilustración* 4:169b.

CHRÉTIEN DE TROYES. V. **Troyes, Chrétien de.**

CHRISTCHURCH. Ciudad y puerto de Nueva Zelanda, a orillas del río Avon, en la isla del Sur. Aeropuerto internacional. Universidad, museo, jardín botánico, planetario. 313.969 hab. (1996).
Nueva Zelanda 11:43a.

CHRISTENSEN, BENJAMIN (1879-1959). Director cinematográfico danés. Trabajó tanto en su país como en Suecia, Alemania y los Estados Unidos. *El misterioso X* (1914), *La noche de la venganza* (1916).

CHRISTIE, AGATHA (1890-1976). Novelista británica. La más conocida entre las escritoras de novela policiaca. Creó dos famosos personajes, la señorita Marple y Hércules Poirot. *Asesinato en el Orient-Express* (1934), *Diez negritos* (1939), *Autobiografía* (1977).

CHRISTMAS, ISLA. Pequeña isla del océano Índico situada al sur de Java y al noroeste de Australia, país al que pertenece. Está cubierta de densos bosques y posee yacimientos de fosfato. 135 km^2. 3.000 hab. (1984).

CHRISTO (n. en 1935). Christo Javacheff, escultor búlgaro, autor de controvertidos montajes como el envoltorio del Pont Neuf de París o el titulado «Islas rodeadas» con espuma de polietileno en los Bajos de Florida.

CHRISTOPHE, HENRI (1767-1820). Rey de Haití. Esclavo liberto, dirigió los primeros levantamientos de negros en Santo Domingo.
4:169b.

CHRISTUS, PETRUS (h. 1420-h. 1472). Pintor flamenco. Activo en Brujas desde mediados del siglo XV, en su obra se observa la influencia de Jan van Eyck y de Rogier van der Weyden. «Virgen de los cartujos» (1446), «La Virgen con san Jerónimo y san Francisco» (1457).

CHRYSANDER, KARL FRANZ FRIEDRICH (1826-1901). Historiador y crítico musical alemán. Fundó la *Händelgesellschaft* para estudiar y divulgar las obras de Georg Friedrich Haendel. Autor de múltiples ensayos y tratados musicales.

CHRYSLER, WALTER PERCY (1875-1940). Industrial estadounidense. Fundador de la Chrysler Corporation (1925), una de las principales empresas automotrices en los Estados Unidos.

CHRYSLER CORPORATION. Empresa automovilística fundada en 1925 por Walter Percy Chrysler. En los Estados Unidos controló otras empresas del ramo, como De Soto y Fargo, y más tarde la American Motors Corp. En Japón entró a participar en el grupo Mitsubishi.

CHU, STEVEN (n. en 1948). Físico estadounidense. Gran parte de su carrera profesional estuvo vinculada a la Universidad de Standford, en California, donde realizó importantes investigaciones sobre los efectos del láser en el comportamiento de los átomos. Estos trabajos le valieron, junto a Claude Cohen-Tannoudji y William D. Phillips, el Premio Nobel de física de 1997.

CHUANG-TZU. V. **Zhuangzi.**

CHUBUT. Provincia de la Argentina que forma parte de la Patagonia. Limita al oeste con Chile y al este con el Atlántico. Parque Nacional de Los Alerces en los Andes. Atravesada por el río Chubut. Ganado lanar; petróleo. Cap. Rawson. 224.686 km^2. 448.028 hab. (2000).
Patagonia 11:296b.

CHUBUT, RÍO. Curso fluvial de la Patagonia argentina. Nace en el Corcovado, en el macizo andino, y desemboca, tras recorrer la prov. de su mismo nombre, en el océano Atlántico, en la bahía del Engaño, junto a la ciudad de Rawson. Su principal afluente es el Chico o Senguer. Su curso es de 690 km.

CHUCARRO, ALEJANDRO (1790-1884). Político uruguayo. Participó a las órdenes de José Gervasio Artigas en la sublevación uruguaya de 1811-1814. En 1816 formó parte del Congreso de Tucumán que votó la anexión de Uruguay a Portugal, aunque más adelante defendió la independencia. Desde 1829 hasta 1847 ocupó varios ministerios. Fue presidente del Senado y en dos ocasiones presidente interino del país.

CHUCHUPA. V. **Tuza.**

CHUCUNAQUE-TUIRA, RÍO. Vía fluvial de Panamá formada por los cursos de los dos ríos que forman su nombre. Desemboca en el golfo de San Miguel, formando un amplio estuario. El Chucunaque nace entre las cordilleras de San Blas y de Darién, mientras que el Tuira nace en la segunda.

CHUECA, FEDERICO (1846-1908). Compositor español. Uno de los más destacados creadores de zarzuelas del llamado género chico. Destacan *La Gran Vía* (1886), *El año pasado por agua* (1889) y *Agua, azucarillos y aguardiente* (1897).
Zarzuela 14:412b.

CHUECA GOITIA, FERNANDO (n. en 1911). Historiador del arte y arquitecto español. Catedrático de la Escuela Superior de Arquitectura de Madrid, fue miembro de la Academia de la Historia desde 1966 y dirigió desde 1978 el Instituto de España. Como arquitecto trazó los planos para la conclusión de la catedral de la Almudena de Madrid. *Historia de la arquitectura española. Edades antigua y media* (1965).

CHULLPA. Construcción preincaica de carácter funerario, existente en diversas zonas de la cordillera andina peruana y boliviana (Ayacucho, Chiprak y Sillustani). Las diversas chullpas que se conservan presentan una unidad de estilo o forma constructiva.

CHUMACERO, ALÍ (n. en 1918). Poeta mexicano. Integrante del grupo surgido en torno a la revista *Tierra Nueva* y miembro de la Academia Mexicana de la Lengua. Cultivó también el periodismo. *Páramo de sueños* (1944), *Imágenes desterradas* (1948), *Palabras en reposo* (1956).

CHUMACERO Y CARRILLO, JUAN (1580-1660). Jurisconsulto y diplomático español. Presidente del Consejo de Castilla y miembro de la Real Cámara, en 1633 fue enviado a Roma para defender ante el papa Urbano VIII las regalías de la corona. A propósito de esta misión escribió un memorial que sirvió como fundamento de la Concordia Fachenetti o concordato de 1640.

CHUN DOO HWAN (n. en 1931). Político sudcoreano. Asumió la presidencia del país tras la dimisión en 1980 de Choi Kiu-han. Reformó el texto constitucional y fue reelegido en la presidencia de Corea del sur en 1981. En 1988 fue sustituido por Roh Tae Woo.
Corea, República de 4:389a.

CHUNGKING. V. **Chongqing.**

CHUQUICAMATA. Ciudad de Chile en la reg. de Antofagasta, a 3.000 m de altitud. Principal centro minero y de fundición de cobre del país. Ferrocarril. 29.959 hab. (1983).

CHUQUIILLA. En la mitología de los pueblos del Perú prehispánico, una de las denominaciones con que se conocía a Illapa, dios de la tempestad y brazo vengador del sol.

CHUQUISACA. Departamento de Bolivia limítrofe con Paraguay al este. Abarca parte de la cordillera Oriental de los Andes. Regado por el río Pilcomayo, las llanuras se inundan periódicamente. Sequías. Cereales, tabaco, frutas tropicales; minas de oro, plata, hierro; ganadería. Cap. Sucre. 51.524 km^2. 549.835 hab. (1997).

CHUQUISACA, TRATADO DE. Acuerdo firmado en Chuquisaca (actual Sucre) por delegaciones de los gobiernos peruano y boliviano el 31 de diciembre de 1826. Suponía la cesión de varios territorios peruanos a Bolivia, así como la creación de una federación. Al ser muy desfavorable para el Perú, el presidente Andrés de Santa Cruz se negó a ratificarlo. Este tratado había sido promovido por Simón Bolívar.

CHURCH, ALONZO (1903-1995). Matemático y lógico estadounidense. Autor de dispositivos de computación simbólica que determinaban, según la denominada tesis de Church, los límites de la computación matemática. *Introducción a la lógica matemática* (1944).
Matemáticas 9:409a.

CHURCHILL, RANDOLPH (1849-1895). Político conservador británico. Líder de la Cámara de los Comunes y canciller del *Exchequer* (ministro de finanzas). Padre de Winston Churchill. Presunto primer ministro en su momento, su carrera política se vio frenada por disensiones partidistas.

CHURCHILL, WINSTON (1874-1965). Estadista británico, forjador de la victoria de su país sobre la Alemania nazi.
4:170a; Eden, Anthony 5:306a; Reino Unido 12:311a; Yalta, conferencia de 14:378b; *cuadro* 4:170a; *ilustración* 4:170b.

CHURINGA. Objeto totémico de carácter sagrado de las tribus de Australia central. Estaba formado por piezas de madera o piedra pulimentada que se consideraban receptáculos de los espíritus de los antepasados.

CHURRIGUERA, ALBERTO (1676-h. 1740). Arquitecto barroco español. Su obra maestra fue la plaza Mayor de Salamanca (1729-1733), con cuatro pisos levantados sobre soportales. En dicha ciudad realizó también la sacristía y el coro de la catedral nueva. Proyectó también la parte superior de la fachada de la catedral de Valladolid.
Churriguera, familia 4:171a; Salamanca 13:94a.

CHURRIGUERA, FAMILIA. Dinastía de arquitectos y decoradores españoles que dominaron el estilo barroco tardío.
4:171a; *ilustración* 4:171a.

CHURRIGUERA, JOAQUÍN (1674-1724). Arquitecto barroco español. Desarrolló la mayor parte de su obra en la ciudad de Salamanca. Construyó la cúpula del crucero de la catedral nueva, destruida en el terremoto de 1775, e intervino en los colegios Calatrava y Anaya.
Churriguera, familia 4:171a.

CHURRIGUERA, JOSÉ BENITO (1665-1725). Arquitecto y escultor español. Figura representativa del barroco. Perteneciente a la familia que dio nombre al estilo churrigueresco, a él se deben la remodelación de la catedral nueva de Salamanca y el proyecto urbanístico del pueblo de Nuevo Baztán (Madrid).
Barroco, arte 2:358b; Churriguera, familia 4:171a; Churrigueresco, estilo 4:171b; Retablo 12:352a.

CHURRIGUERESCO, ESTILO. Estilo arquitectónico español de fines del siglo XVII y comienzos del XVIII.
4:171b; Arquitectura 2:112b; Barroco, arte 2:358b; Churriguera, familia 4:171a.

CHURRUCA, COSME DAMIÁN (1761-1805). Marino español. Murió en la batalla de Trafalgar.
4:171b.

CHURUBUSCO. Lugar del Distrito Federal de México. Conocido como Huitzilopochco por los aztecas, fue una población importante antes de la conquista española. El 20 de agosto de 1847 se libró una cruenta batalla en Churubusco entre las fuerzas del general Antonio López de Santa Anna y el ejército estadounidense dirigido por el general Winfield Scott, en la que venció este último. Convento del siglo XVI (Museo de las Intervenciones); estudios cinematográficos.

CHU TEH. V. **Zhu De.**

CHUTNEY. Condimento originario de la India. Existen diversos tipos de chutneys, obtenidos a partir de frutas, hortalizas o hierbas. En el curry pueden usarse uno o varios chutneys. Son muy populares en el Reino Unido desde la época del imperio colonial.

CHUVASH. República autónoma de Rusia. Enclavada en el curso medio del Volga, entre dos de sus afluentes, Sura al oeste y Viatka al este. Agricultura cerealista (centeno); yacimientos de fosforita; industria química, textil y maderera; bosque de coníferas. Cap. Cheboksari. 18.300 km^2. 1.361.000 hab. (1996).

CHUZA. En los juegos de bolos, acción de derribar, con una única bola, todos los palos de una sola vez. Se conoce también por su designación inglesa: *strike.*

CIA. V. **Agencia Central de Inteligencia.**

CIAM. Siglas del Congreso Internacional de Arquitectura Moderna. Reunido por primera vez en Suiza en 1928, buscó impulsar las nuevas tendencias de la arquitectura. La síntesis de las teorías del CIAM fue expuesta en el documento conocido como la Carta de Atenas, escrito realizado a partir de los trabajos del congreso constituido en dicha ciudad en 1933.

CIAMPI, CARLO AZEGLIO (n. en 1920). Político italiano. Tras desempeñar los cargos de primer ministro y ministro de finanzas, en 1999 fue elegido presidente de la república en sustitución de Oscar Luigi Scalfaro.
4:172a; Scalfaro, Oscar Luigi 13:171b; *ilustración* 4:172a.

CIANHÍDRICO, ÁCIDO. V. **Prúsico, ácido.**

CIANINA. Sustancia orgánica, glucósido de la cianidina. Colorante perteneciente al grupo de las quinoleínas y los indofenoles. Cristaliza en prismas monoclínicos. Pigmento natural de las hojas de la dalia y otras flores. Utilizada como sensibilizador en emulsiones fotográficas y como colorante en microscopia.

CIANO, GALEAZZO (1903-1944). Político italiano. Una de las figuras cumbres del régimen fascista de Benito Mussolini, con cuya hija, Edda, contrajo matrimonio en 1930. Tras la dimisión de su suegro fue ejecutado por orden de éste, acusado de traición.

CIANÓFITAS. Algas de coloración verdeazulada, unicelulares, que viven en aguas dulces o marinas. Fijan el nitrógeno de la atmósfera y realizan la función de fotosíntesis. Divididas en cuatro subórdenes: croococales, camesifonales, dermocapsales y oscilatoriales.

CIANÓGENO. Sustancia orgánica compuesta por carbono y nitrógeno producida como dinitrilo del ácido oxálico. Gas incoloro, de olor penetrante. Soluble en agua y alcohol, combustible y venenoso. Con los metales forma cianuros. Utilizado como arma química y en síntesis orgánicas.

CIANUROS. Sales del ácido cianhídrico que contienen el grupo monovalente –CN combinado con un metal o radical. En minería se usa un proceso para disolver el oro en sus minerales con solución de cianuro potásico. Los cianuros son venenosos al ser hidrolizados por el ácido clorhídrico del estómago y absorbidos por las células. Producen la muerte por anoxia (falta de oxígeno), debida al ácido cianhídrico formado.

CIÁTICA. Inflamación dolorosa del nervio ciático. La afección suele deberse al desplazamiento (hernia) de un disco intervertebral, que oprime el nervio.

CIÁTICO, NERVIO. Término que designa a dos conductos nerviosos (mayor y menor). El mayor es el más voluminoso del cuerpo humano; se origina en el plexo sacro, sale de la pelvis a través del agujero isquiático, corre a lo largo del muslo y se bifurca a la altura de la rodilla.

CIATO. Vaso de la antigüedad clásica empleado especialmente para sacar el vino de las cráteras y escanciarlo en las copas de los convidados en los banquetes. Generalmente de bronce, también se fabricaban en metales preciosos y marfil.

CIAXARES (m. h. el 585 a.C.).Rey de los medos que, aliado con Babilonia, destruyó el imperio asirio.
Persia 11:350a.

CIBAO. Valle en el norte de la República Dominicana. Cubre 235 km, desde la bahía de Manzanillo, al oeste, hasta la de Samaná, al este. La cordillera Septentrional y la cordillera Central lo rodean al norte y al sur, respectivamente.
Dominicana, República 5:222a.

CIBELES. Deidad originaria del Asia menor, asimilada al culto a la Tierra. Aceptada por los romanos, entró a formar parte de su panteón, reservándosele una gran variedad de atributos. Sus fiestas eran de carácter orgiástico. Identificada con la diosa griega Rea.
Romana, religión 13:1b.

CIBERESPACIO. Espacio ficticio y virtual en el que tienen lugar transacciones electrónicas e intercambios de información entre usuarios conectados a una red de comunicaciones. Término acuñado por el escritor estadounidense William Gibson en su novela de ciencia-ficción *Neuromancer.*
4:172b; Autopistas de la información 2:244b; *ilustraciones* 4:173b.

CIBERNAUTA. Persona que utiliza aplicaciones de realidad virtual, o en el ciberespacio.
Ciberespacio 4:173a.

CIBERNÉTICA. Nombre genérico de la ciencia de las comunicaciones y la electrónica.
4:174a; Información, teoría de la 8:199a; Invento 8:246b; Kolmogorov, Andréi 9:34b; Música 10:317b; Optimización, teoría de la 11:124b; Retroalimentación 12:353b; Wiener, Norbert 14:365b; *ilustraciones* 4:174a; 4:175b.

CIBOLA, SIETE CIUDADES DE. Ciudades legendarias y riquísimas mencionadas por Álvar Núñez Cabeza de Vaca y descritas por fray Marcos de Niza en el siglo XVI, aparentemente situadas en América del norte. El explorador Francisco Vázquez de Coronado, entre otros, trató de hallarlas sin conseguirlo.

CÍBOLO. V. **Bisonte.**

CIBONEY. Pueblo amerindio extinguido que habitaba en las Antillas y que, a la llegada de los españoles, había sido reducido por los arawak a enclaves aislados del oeste de La Española y de Cuba.

CICADINAS. Grupo de vegetales pertenecientes a la clase de las gimnospermas y a la familia de las cicadáceas. De tamaño no muy grande y rasgos primitivos, presentan un tronco simple rematado en un penacho de hojas pinnadas. Sus flores aparecen en posición terminal.
Gimnospermas 7:130a.

CICATRIZ. Tejido que se forma después de una solución de continuidad en un tejido (mucosa, piel) o después de una lesión en un órgano.

CÍCERO. Unidad de medida utilizada en tipografía que equivale a 4,512 mm y se divide en doce puntos.

CICERÓN (106-43 a.C.). Orador y estadista de la Roma republicana. Se le recuerda como el mejor orador romano.
4:176a; Adivinación 1:60b; Educación 5:312b; Estado 6:123b; Estoicismo 6:158a; Latina, literatura 9:74a; Lucrecio 9:235a; Política 12:62b; Retórica 12:352b; *cuadro* 4:176a; *ilustración* 4:176a.

CICERONE. Persona que acompaña a los visitantes de una localidad, monumento o museo, sirviendo de guía y explicando diversos aspectos de interés (históricos, artísticos, etc.). La palabra italiana con la que se le designa alude a la famosa elocuencia de Cicerón.

CICILIA COELLO BORJA Y GUZMÁN, JOSÉ (siglo XVIII). Economista español. Perteneciente al grupo de ilustrados, desarrolló su trabajo durante el reinado de Carlos III. Impulsor de los estudios de economía en el campo de la agricultura. *Memoria sobre los medios de fomentar sólidamente la agricultura de un país* (1777).

CÍCLADAS, ISLAS. Archipiélago de Grecia, en el mar Egeo. Cubre una superficie total de 2.523 km^2. Compuesto por unas treinta islas, casi todas de gran interés arqueológico, sobre todo las de Delos y Thera.
Egeas, civilizaciones 5:322a; Egeo, mar 5:322b.

CICLÁDICA, CIVILIZACIÓN. Cultura de la edad del bronce que se desarrolló en el archipiélago de las Cícladas, en el mar Egeo, de forma paralela a las civilizaciones minoica (Creta) y micénica (Grecia continental).

CICLAMATO. Edulcorante artificial producido a partir de las sales del ácido ciclohexansulfámico. Su utilización como edulcorante sustitutivo del azúcar ha sido desestimada por sus posibles efectos cancerígenos.

CICLAMEN. V. **Pamporcino.**

CÍCLICOS, HIDROCARBUROS. Compuestos orgánicos de cadena cerrada cuya estructura molecular puede estar formada por un anillo de átomos de carbono (isocíclicos) o por un ciclo con átomos de carbono y de otros elementos (heterocíclicos). Sus puntos de fusión y de ebullición y su densidad son más elevados que los de los alcanos correspondientes.

CICLISMO. Deporte que se practica con bicicletas y del que existen varias especialidades.
4:117a; Bicicleta 3:17a; *ilustraciones* 4:177b; 4:178a.

CICLOALCANO. Alcano cuyos átomos de carbono se unen en anillo, como, por ejemplo, el ciclopropano. Los cicloalcanos se incluyen entre los hidrocarburos alifáticos junto con los alcanos, alquenos y alquinos.
Hidrocarburos 7:395a.

CICLOALQUENO. Hidrocarburo no saturado que presenta un doble enlace y estructura anular. Fórmula, CnH2n-2.
Hidrocarburos 7:395a.

CICLOALQUINO. Hidrocarburo que presenta un triple enlace entre los átomos de carbono que lo componen.
Hidrocarburos 7:395b.

CICLOCONVERSOR. Dispositivo electrotécnico capaz de convertir una corriente alterna en otra de menor frecuencia, sin necesidad de una rectificación previa.

CICLOCONVERTIDOR. Instalación electrotécnica con la que una corriente alterna trifásica puede ser convertida en otra monofásica de menor frecuencia.

CICLO ECONÓMICO. Proceso por el que supuestamente atraviesan todas las entidades económicas y en el cual se alternan períodos de crecimiento y de declinación.
Depresión económica 5:135a.

CICLO ELÉCTRICO. En un fenómeno oscilatorio eléctrico, paso por dos puntos consecutivos de la misma fase.

CICLOGÉNESIS. Proceso por el cual se originan los ciclones como resultado del choque de dos masas de aire de diferentes características cuando entran en contacto a lo largo de un frente.

CICLOGRAMA. Estructuración secuencial de los elementos que intervienen en una labor, lograda por la fotografía estereoscópica de una señal luminosa que se mueve según lo haga el correspondiente elemento de dicha labor.

CICLOINVERSOR. Dispositivo electrónico capaz de convertir una corriente alterna en otra de mayor frecuencia, sin necesidad de rectificación previa.

CICLÓN. Fenómeno meteorológico formado por el movimiento de rotación de una masa de aire alrededor de una zona en la que reinan condiciones de baja presión. Se distingue entre los ciclones de zonas templadas, que se identifican con las borrascas, y los ciclones tropicales, que dan lugar a violentas tempestades, sobre todo en el área del Caribe, el mar de la China y el Pacífico.
Clima y climatología 4:232a; Oceánicos, movimientos 11:70b.

CÍCLOPES. En la mitología griega, seres monstruosos de enorme tamaño y un solo ojo en mitad de la frente.
4:178b; *ilustración* 4:178b.

CICLOPROPANO. Hidrocarburo cíclico con tres átomos de carbono. Gas incoloro, potente anestésico, incluso mezclado con oxígeno en grandes cantidades. Inflamable y explosivo. Se encuentra en los petróleos del Cáucaso. Utilizado en medicina como anestésico en operaciones abdominales e intratorácicas.
Anestesia 1:345a.

CICLOSIS. Movimiento de las granulaciones del protoplasma celular.

CICLOSTILO. Aparato que permite realizar numerosas copias de un escrito. Se fundamenta en el empleo de una plancha gelatinosa con una tinta especial.

CICLÓSTOMOS. Clase de vertebrados primitivos: acuáticos, sin mandíbulas, con esqueleto cartilagíneo y cuerda dorsal persistente. Sin aletas o miembros pares, con siete o más bolsas branquiales, boca chupadora y una sola abertura nasal. A ella pertenece la lamprea.
Lamprea 9:53b; Oído, sentido del 11:89a.

CICLOTEMA. Depósito detrítico sedimentario que generalmente contiene capas de carbón y corresponde a un ciclo en el que se ha producido una transgresión y una regresión marina.

CICLOTIMIA. Según Ernest Kretschmer, forma temperamental caracterizada sobre todo por las oscilaciones cíclicas del estado de ánimo, que pasa de la euforia exaltada al abatimiento y la tristeza. La forma extrema y patológica de esta oscilación constituye la psicosis maniacodepresiva.
Caracterología 3:369b.

CICLOTRÓN. Acelerador de partículas por resonancia magnética. Las partículas describen órbitas espirales planas de radio creciente en un plano perpendicular a un campo magnético homogéneo, mediante aplicaciones sucesivas de un potencial de radiofrecuencia de unos 10.000 voltios.
Acelerador de partículas 1:29b.

CICONIFORMES. Orden de aves de patas y pico largos y cabeza pequeña que se alimentan de animales acuáticos. Se integran en él las cigüeñas (*Ciconia ciconia*), los ibis (*Threskiornis aethiopica*), las garzas (*Ardea cinerea*), etc.
Cigüeña 4:189a.

CICUTA. Planta herbácea bienal de la familia de las umbelíferas (*Cicuta virosa*). Dicotiledónea. Hojas profundamente divididas y flores blancas agrupadas en umbelas. Muy tóxica. Sócrates bebió una infusión de ella para su muerte.

CID, CANTAR DE MÍO. Cantar de gesta considerado el más antiguo de la lengua castellana, narra la vida de Rodrigo Díaz de Vivar.
4:179a; Epopeya 6:15b; Española, literatura 6:87a; Gesta, cantares de 7:116a; *ilustración* 4:179b.

CID, CICLO DEL. Conjunto de obras literarias que tienen como base argumental a la figura del Cid Campeador. Iniciado con los numerosos cantares de gesta recogidos en las crónicas de los siglos XIII y XIV y con el *Cantar de mío Cid*, copiado por Per Abbat en 1307, el ciclo se mantuvo en el Siglo de Oro (*Las mocedades del Cid*, de Guillén de Castro, entre otros) y en el teatro romántico (*Leyenda del Cid*, de José Zorrilla).

CID CAMPEADOR, EL (h. el 1043-1099). Rodrigo Díaz de Vivar, caudillo castellano, héroe de la Reconquista.
4:180a; Alfonso VI de Castilla 1:211a; Cid, Cantar de mío 4:179a; Reconquista 12:284b; Romance y romancero 13:2b; Valencia 14:222b; *ilustración* 4:180a.

CIDRA (BOTÁNICA). Fruto del cidro, de forma alargada y piel verrucosa y amarilla. Su aspecto es a veces parecido al de la pera o al del limón. Pulpa ácida, empleada para preparar confituras. Utilizada con fines medicinales.

CIDRA (GEOGRAFÍA). Municipio de Puerto Rico a orillas del lago de Cidra. 29.251 hab. (1985).

CIDRO. Árbol de hoja perenne de la familia de las rutáceas (*Citrus medica*). Dicotiledónea. Semejante en muchos aspectos al limonero. Propio de la región mediterránea. Se cultiva por su fruto, la cidra.

CIEGO. Porción del intestino grueso, situada en forma de fondo de saco por encima del abocamiento del intestino delgado en el colon ascendente. En su cara interna, en el humano, se implanta el apéndice ileocecal o vermiforme.
Digestivo, aparato 5:185a; Intestino 8:243a.

CIEGO DE ÁVILA (CIUDAD). Población de Cuba, cap. de la prov. del mismo nombre, en la parte central de la isla. Caña de azúcar, frutas tropicales; cera y miel de abejas; ganadería; refinerías de azúcar. 80.010 hab. (1981).

CIEGO DE ÁVILA (PROVINCIA). División administrativa de Cuba a orillas del mar Caribe. Zona pantanosa en la costa sur. Caña de azúcar, tabaco, café, cacao. Ganado vacuno. Cap. Ciego de Ávila. 6.910 km^2. 367.489 hab. (1990).

CIELITO. Danza de los gauchos argentinos. Se baila por parejas, normalmente seis, quedando una de ellas en el centro del corro. Su origen quizá se remonte al siglo XVIII.

CIEMPIÉS. Miriápodo del grupo de los quilópodos, y en particular de los géneros *Scolopendra* y *Lithobius*.
4:180b; Artrópodos 2:137a; *ilustración* 4:180b.

CIEMPOZUELOS. Población española que pertenece a la comunidad autónoma de Madrid. En su término municipal se encuentra una necrópolis eneolítica correspondiente a la cultura de los vasos campaniformes. Cultivos de regadío en el valle del Jarama (cereales, hortalizas, remolacha); industria alimentaria. 10.076 hab. (1986).

CIÉNAGA. Ciudad y puerto de Colombia en el dep. de Magdalena, también llamada San Juan de Ciénaga. Fundada en 1518 por Martín de Fernández de Enciso con el nombre de Aldea Grande. Canteras de mármol, pesquerías, café, tabaco, frutas tropicales. 170.133 hab. (1999).

CIEN AÑOS, GUERRA DE LOS. Serie de conflictos que enfrentaron a Francia e Inglaterra en los siglos XIV y XV (1337-1453).
4:181a; Francia 6:391a; Guerra 7:265b; Juana de Arco 8:395b; Lancaster, Enrique duque de 9:45b; *mapas* 4:181b; *cuadro* 4:182a; *ilustración* 4:182a.

CIEN AÑOS DE SOLEDAD. Novela del escritor colombiano Gabriel García Márquez publicada en 1967. Relato de la historia de una familia, en un pueblo del interior de Colombia, en la que se mezcla el realismo social con un espíritu mágico.
García Márquez, Gabriel 7:47a.

CIENCIA. Conjunto de conocimientos que se refieren al mismo objeto y forman un cuerpo de saber sometido a experimentación, ordenación y comprobación según los criterios y procedimientos del método científico.
4:182b; Arqueología 2:94b; Arquitectura 2:99a; Astronomía 2:174b; Biología 3:34a; Física 6:309a; Historia 8:18b; Matemáticas 9:404b; Metodología científica 10:110a; Naturaleza 10:356b; Química 12:224b; *cuadro* 4:183b; *ilustraciones* 4:183b; 4:184a; 4:185b; 4:186a; 4:187a.

CIENCIA CRISTIANA, IGLESIA DE LA. Conjunto de fieles adeptos a la congregación fundada por Mary Baker Eddy en Boston, Estados Unidos, en 1879.
4:187b.

CIENCIA FICCIÓN. Género literario y cinematográfico que se sirve del saber científico en el desarrollo de relatos sobre tiempos futuros o mundos extraterrestres. Suele representar civilizaciones científica y tecnológicamente avanzadas a fin de reflexionar en torno a las posibles repercusiones que dichos adelantos pudieran tener en el individuo y la sociedad.
Asimov, Isaac 2:158b; Cinematografía 4:200a; Fantástica, literatura 6:229b; Novela y cuento 11:21a; Verne, Jules 14:278a.

CIEN DÍAS. Nombre por el que se conoce el período de gobierno de Napoleón comprendido entre el 20 de marzo y el 29 de junio de 1815. Napoleón, animado por sus seguidores, entró en París provocando la huida de Luis XVIII. Austria, Inglaterra, Prusia y Rusia se aliaron contra él y lo derrotaron definitivamente en Waterloo. Napoleón fue confinado en Santa Elena y el 7 de julio se repuso a Luis XVIII en el trono.

CIENFUEGOS (CIUDAD). Población y puerto de Cuba, cap. de la prov. de Cienfuegos a orillas de la bahía homónima en el Caribe. Aeropuerto. Caña de azúcar, café, tabaco; destilerías, conservas de pescado. 132.038 hab. (1994).

CIENFUEGOS (PROVINCIA). División administrativa de Cuba a orillas del mar Caribe. Bahía de Cienfuegos. Caña de azúcar, café, tabaco; ganado vacuno. Cap. Cienfuegos. 4.178 km^2. 366.531 hab. (1990).
Cuba 5:52a.

CIENFUEGOS, BAHÍA DE. Ensenada de la costa sur caribeña de la isla de Cuba, también llamada bahía de Jagua. Está situada en la prov. de Cienfuegos. Sirve de desembocadura a los ríos Damují, Salado y Caunao.

CIENFUEGOS, NICASIO ÁLVAREZ DE. V. **Álvarez de Cienfuegos, Nicasio.**

CIENFUENTES, FERNANDO DE SILVA Y MENESES, CONDE DE (h. 1670-1749). Militar español. Partidario del archiduque Carlos de Austria en la guerra de sucesión española, combatió en Aragón y Cataluña. Defendió la ciudad de Barcelona durante el asedio a que la sometieron las fuerzas de Felipe V (1706) y fue virrey de Cerdeña (1708) tras la ocupación de la isla por las tropas de Carlos de Austria.

CIEN MIL HIJOS DE SAN LUIS. Apelativo del ejército francés que entró en España en abril de 1823, al mando del duque de Angulema, para restablecer el régimen absolutista de Fernando VII. Los combates duraron hasta noviembre, mes en que Francisco Espoz y Mina, último jefe del régimen constitucional, capituló.
Santa Alianza 13:138b.

CIENO. Mezcla de materiales finos embebidos en agua que se deposita en el fondo de mares, ríos y lagos, así como en marismas y pantanos.

CIENTÍFICO, MÉTODO. V. **Método científico.**

CIENTÍFICOS. Grupo de políticos mexicanos, miembros de la Unión Liberal. Ejerció una destacada influencia en el poder político durante el gobierno de Porfirio Díaz (1876-1911). Intentó combinar las teorías filosóficas de Auguste Comte con las necesidades del país en aquel momento. Fue fundado por Francisco Bulnes, Rosendo Pineda y Manuel Romero Rubio.

CIERRE, LEY DEL. Principio formulado por la psicología de la escuela de la Gestalt que intenta explicar determinados fenómenos de agrupación de estímulos que tienden a hacer estables nuestras percepciones, imágenes, etc.

CIERVA, JUAN DE LA (1864-1938). Político español. Integrante del Partido Conservador, fue gobernador civil de Madrid (1903) y ministro durante los gobiernos de Marcelo Azcárraga, Raimundo Fernández Villaverde y Antonio Maura. Vivió en el exilio entre 1931 y 1933.

CIERVA, JUAN DE LA (1895-1936). Ingeniero español. Especializado en construcciones aeronáuticas, inventó el autogiro, precursor del helicóptero, que voló por primera vez en 1923.
Aviación 2:258b; Helicóptero 7:353b.

CIERVO. Mamífero artiodáctilo rumiante de la familia de los cérvidos, y del género *Cervus*.
4:188a; Artiodáctilos 2:135; Rumiantes 13:40b; *ilustraciones* 4:188a; 13:41b.

CIEZA. Población española de la prov. de Murcia, comunidad autónoma de Murcia. De origen árabe, en su término se hallan importantes restos arqueológicos. Cereales, frutas, verduras; ganadería ovina; industrias alimentaria y textil. 31.680 hab. (1996).

CIEZA DE LEÓN, PEDRO (h. 1520-1554). Cronista de Indias español. Combatió a las órdenes de Jorge Robledo y Sebastián de Belalcázar. Fue al Perú con Pedro de La Gasca y sus viajes por Cusco (o Cuzco) y El Callao, como etnólogo y geógrafo, le aportaron datos para su obra *Crónica del Perú*, cuya primera parte se publicó en Sevilla en 1553, aunque las tres restantes se han perdido o están incompletas.
Huari, cultura 8:79b; Tiahuanaco 14:48a.

CIFOSIS. Curvatura de la columna vertebral de convexidad posterior.

CIFRADO. En música, serie de caracteres numéricos que se escriben sobre las notas para indicar los acordes.

CIFRADOR. Sistema informático con el que se convierten los datos a transmitir en una secuencia de caracteres que se logra aplicando un código prefijado.

CIGALA. Crustáceo decápodo del género *Nephrops*. Marino, adaptado a la vida reptante o marchadora, con el cuerpo aplanado; no puede nadar. Es de tamaño mayor que el langostino y comestible.

CIGARRA. Insecto hemíptero de la familia de los cicálidos (*Cicada orni*).
4:188b; *ilustración* 4:189a.

CIGARRALEJO, EL. Santuario ibérico situado en el término municipal de Mula, en la provincia y comunidad autónoma de Murcia. Se hallaron en él restos de un santuario y una necrópolis, fechados entre el siglo V y el II a.C., con exvotos de figuras animales realizados en piedra.

CIGARRA Y LA HORMIGA, LA. Fábula del escritor francés Jean de La Fontaine (1621-1695). Exalta la virtud del trabajo y el ahorro, representada por la hormiga, frente al ocio y el despilfarro de la cigarra.

CIGARRILLO. Cilindro de papel relleno de tabaco. Es el producto más usual para el consumo del tabaco. Usado desde el siglo XVI por los conquistadores españoles, el cigarrillo adoptó la forma actual e inició su producción industrial a partir de la introducción, por James A. Bonsack, de una máquina diseñada para su fabricación (1880).
Tabaco 13:372b.

CIGARRO. Rollo cilíndrico de tabaco, generalmente de mayor longitud y anchura que el cigarrillo. Se compone de tripa, capillo y capa. Se clasifica, según el color, en claro (CCC), colorado-claro (CC), colorado (C), colorado maduro (CM) y maduro (M). También se denomina puro o cigarro puro.
Tabaco 13:372b.

CIGES APARICIO, MANUEL (1873-1936). Escritor español. Autor de novelas y ensayos, participó en la vida política española en el último período de la segunda república. Sus obras son de carácter social y autobiográfico. Murió fusilado. *El juez que perdió su conciencia* (1925), *Los caimanes* (1931), *España bajo los Borbones* (1932).

CIGOTO. Célula formada por la fusión de los gametos. Se conoce también como célula huevo.
Gestación y parto 7:116b; Huevo 8:87a; Reproducción 12:338a.

CIGÜEÑA. Ave zancuda del grupo de las ciconiformes y de la familia de las cicónidas. Comprende, entre otras especies, la cigüeña común (*Ciconia ciconia*) y la cigüeña negra (*Ciconia nigra*).
4:189a; *ilustración* 4:189b.

CIGÜEÑAL. Eje o árbol que convierte en circular el movimiento alternativo de las bielas de un motor.
Automóvil 2:241b.

CIGÜEÑUELA. Ave caradriforme de la familia de las carádridas (*Himantopus himantopus*). Menor que la cigüeña, de plumaje blanco. Vive cerca de lagunas y pantanos en diversas regiones del Viejo Mundo.

CIHUACÓATL. En la mitología azteca, diosa regidora del parto y protectora de las mujeres fallecidas en este trance y de los niños. Representaba la fecundidad de la naturaleza.

CILANTRO. Planta herbácea anual de la familia de las umbelíferas (*Coriandrum sativum*). Dicotiledónea. Hojas divididas y flores blancas, agrupadas en umbelas.
Aromáticas, plantas 2:92b.

CILEA, FRANCESCO (1866-1950). Compositor italiano, director del conservatorio de Nápoles entre 1916 y 1935. Enrico Caruso alcanzó su primer éxito con *La arlesiana* (1897) de este autor, cuya obra más destacada fue *Adriana Lecouvreur,* estrenada en 1902.

CILIADOS. Grupo de protozoos caracterizados por la presencia en su membrana de cilios, filas de pequeñas pestañas vibrátiles de función locomotora. Presentan dos núcleos y algunos alcanzan un alto grado de complejidad estructural. Incluyen, entre otros, a los estentores, paramecios y vorticelas.
Protozoos 12:169b.

CILICIA. Antigua región del sudeste del Asia menor situada en la única ruta que en la antigüedad unía Anatolia y Siria.

CILINDRO (GEOMETRÍA). Superficie generada por una recta que gira en torno a otra a la cual es paralela. También se da el nombre a un sólido con superficie cilíndrica.
Geometría 7:100a.

CILINDRO (MECÁNICA). Cavidad de los motores, cerrada en un extremo, en la que se mueve el pistón. Alberga la combustión o explosión de la mezcla combustible. Define la cilindrada, en función de la carrera del pistón y el calibre del cilindro.
Motocicleta 10:277a; Motor 10:280b.

CILINDROEJE. V. **Axón**.

CILIO. Filamento protoplásmico y vibrátil de algunas células y microorganismos, como los protozoociliados. En éstos cumple una función motora.

CILLER, TANSU (n. en 1946). Política turca. Perteneciente al Partido del Camino Verdadero. En 1993 el presidente de la república, Suleyman Demirel, le encargó formar gobierno, con lo que se convirtió en la primera mujer en la historia de Turquía en ocupar el puesto de primer ministro, que mantendría hasta 1996, cuando fue sustituida en el cargo por Necmetín Erbakán.
Turquía 14:164b.

CIMA. En botánica, tipo de inflorescencia cuyo eje central o secundario finaliza siempre en una flor. Se divide en tres tipos principales: pleocasio, dicasio y monocasio, según el número de ramas laterales que surjan del eje central.
Flor 6:327a; Inflorescencia 8:197b.

CIMABUE (h. 1251-1302). Bencivieni di Pepo, pintor italiano. Rompió con la estética bizantina, dotando a sus obras de un realismo precursor del estilo de su discípulo Giotto.
4:189b; *ilustración* 4:190a.

CIMAROSA, DOMENICO (1749-1801). Compositor italiano, uno de los máximos exponentes de la ópera bufa. Autor de la cantata *El maestro de capilla,* su obra cumbre fue la ópera *El matrimonio secreto* (1792).
Ópera 11:113b.

CÍMBALO. Antiguo instrumento de percusión. Formado por dos platos de bronce con correas de cuero para las manos, que se hacen vibrar por golpeo, frotamiento y otros métodos. Popularmente identificado con los platillos.

CIMBRIOS. Pueblo de origen germánico asentado en la península Címbrica (Jutlandia). Hacia el 120 a.C. emigró hacia el sur, invadiendo la Galia. Fue derrotado por el cónsul romano Mario en Vercelli (101 a.C.) cuando intentaba la penetración en Italia.
Roma antigua 12:421a.

CIMENTACIÓN. Parte estructural de una construcción, que se hunde en el terreno, cuyos propósitos son darle apoyo, fijarla y repartir su peso. Puede ser directa o superficial (cuando se realiza sobre la base misma de la construcción) o indirecta o profunda (cuando se alcanzan con columnas terrenos más sólidos a mayor profundidad).

CIMERIOS. Antiguo pueblo asentado al norte del mar Negro que, ante la presión de los escitas, penetró en Asia menor. Derrotado por Sargón II de Asiria, tomó en el 652 Sardes, capital de Lidia, pero pronto fue expulsado.

CIMITARRA. Tipo de sable curvo usado por los turcos y orientales.

CIMÓN (h. el 510-h. el 451 a.C.). General y político ateniense. Desempeñó un papel muy destacado en la guerra contra Persia y contribuyó activamente al esplendor de Atenas.
4:190a; Médicas, guerras 10:25b.

CINABRIO. Mineral de sulfuro de mercurio. Dureza baja. Color rojo a pardo. Cristaliza en sistema trigonal. Es la más importante mena de mercurio. Se encuentra en España, Italia, Yugoslavia y los Estados Unidos. Fórmula, HgS.
Mercurio (QUÍMICA) 10:73b.

CINALLI, RICARDO (n. en 1948). Artista argentino. Expresó su ansiedad vital a través de sus obras, en las que empleó procedimientos y materiales poco habituales. Su producción constituye una versión personal del neoclasicismo. *Premonición I* (1989), *La caja azul* (1990).

CINAMOMO. Árbol de hoja caduca de la familia de las eleagnáceas (*Eleagnus angustifolia*). Dicotiledóneo. Hojas lanceoladas y flores amarillas. Posiblemente originario de Asia, muy extendido en la región mediterránea.

CINC. V. **Zinc.**

CINCA, RÍO. Curso fluvial español. Nace en el macizo de monte Perdido, en el Pirineo de Huesca, y tras aprovecharse sus aguas en diversas centrales hidroeléctricas y regadíos en las prov. de Huesca y Lérida, desemboca en la orilla izquierda del río Ebro. Su curso es de 181 km.

CINCALCO. En la mitología azteca, lugar paradisíaco donde descansaban las mujeres fallecidas en el momento de dar a luz.

CINCEL. Instrumento utilizado por escultores y orfebres para labrar la piedra y los metales a golpe de martillo. Consta de un vástago de unos 25 cm de largo, terminado en una boca recta de doble bisel. Se usa también para raer y pulir.
Herramienta 7:382b.

CINCINATO (h. el 519-h. el 438 a.C.). General romano. Célebre por su austeridad, fue nombrado dictador para hacer frente a la amenaza de los ecuos sobre la república.
4:190b.

CINCINNATI. Ciudad y puerto fluvial de los Estados Unidos, est. de Ohio, a orillas del río Ohio. Desarrollada en la primera mitad del siglo XIX como núcleo de comunicaciones fluviales y ferroviarias. Centro cultural, universidades, museos, ópera. Zoológico. Industrias mecánicas, químicas, electrónicas, alimentarias. 336.400 hab. (1998).

CINCITA. Mineral de óxido de zinc. Cristaliza en el sistema hexagonal. Es de color anaranjado oscuro y brillo metálico. Mineral escaso en la naturaleza. Fórmula, ZnO.

CINCLO. V. **Tordo de agua.**

CINEMÁTICA. Rama de la mecánica que estudia los movimientos en sí mismos, prescindiendo de las causas que lo producen.
Física 6:311b; Mecánica 10:14b.

CINEMATOGRAFÍA. Arte y técnica de representar figuras en movimiento, fotografiadas y proyectadas sobre una pantalla.
4:190b; Actor y actuación 1:42b; Allen, Woody 1:234a; Animación 1:364a; Antonioni, Michelangelo 1:400b; Argentina 2:62a; Arte 2:125a; Auster, Paul 2:212a; Bardem, Juan Antonio 2:350b; Bergman, Ingmar 2:416b; Berlanga, Luis García 2:419b; Bertolucci, Bernardo 3:5b; Birri, Fernando 3:57a; Buñuel, Luis 3:225a; Cantinflas 3:349a; Cavalcanti, Alberto 4:52b; Clair, René 4:218a; Comunicación 4:314b; Cuba 5:61a; Danza 5:96b; De Sica, Vittorio 5:151a; Disney, Walt 5:208a; Dovzhenko, Alexandr 5:236a; Dreyer, Carl Theodor 5:243a; Eisenstein, Serguéi 5:343b; Enseñanza 6:4b; Fellini, Federico 6:254b; Fernández, Emilio (el Indio) 6:265a; Ford, John 6:347a; Francia 6:396b; Godard, Jean-Luc 7:147b; Griffith, D.W. 7:230b; Gutiérrez Alea, Tomás 7:300b; Hawks, Howard 7:339b; Hitchcock, Alfred 8:18a; Hollywood 8:43b; Huston, John 8:110b; Infografía 8:198b; Italia 8:315b; Kazan, Elia 9:13a; Kurosawa Akira 9:40b; Lang, Fritz 9:55b; Lee, Spike 9:94a; Lubitsch, Ernst 9:228b; Lumière, Auguste y Louis 9:240b; Mauro, Humberto 10:1a; Méliès, Georges 10:46a; México 10:137b; Mille, Cecil B. de 10:166a; Mizoguchi Kenji 10:202a; Murnau, F.W. 10:305a; Pasolini, Pier Paolo 11:294a; Pereira dos Santos, Nelson 11:334b; Pudovkin, Vsiévolod 12:189a; Ray, Satyajit 12:267a; Realismo 12:281b; Renor, Jean 12:333b; Ripstein, Arturo 12:382a; Rocha, Glauber 12:401a; Sonido e imagen, grabación y reproducción de 13:303a; Spielberg, Steven 13:311a; Stroheim, Erich von 13:326a; Welles, Orson 14:360b; *cuadro* 4:197; *ilustraciones* 4:191b; 4:192a-b; 4:193b; 4:194a; 4:195b; 4:196a; 4:197b; 4:198a; 4:199b; 4:200a; 4:201; 4:202a.

CINEMATÓGRAFO. Aparato que permite filmar y proyectar imágenes en movimiento gracias a una cámara oscura provista de un objetivo, un visor, un obturador y un sistema de arrastre y almacenaje de la película impresa. Fue inventado por los hermanos Lumière en 1895.
Cinematografía 4:191a.

CINÉMA VERITÉ. Movimiento cinematográfico francés de la década de 1960. A partir de métodos extraídos de la técnica del reportaje, intentaba reflejar la vida real de la sociedad del momento. Fueron representativos del movimiento los filmes *Crónica de un verano* (1961), de Jean Rouch, y *El bello mayo* (1962), de Chris Marker.

CINERAMA. Técnica cinematográfica consistente en filmar y proyectar películas con tres cámaras para producir una mayor sensación de realidad. La proyección se realiza sobre pantalla cóncava.

CINESCOPIO. Tubo de rayos catódicos del receptor de televisión. Convierte en luz los electrones para reproducir imágenes.

CINESTESIA. Sentido por el cual se percibe el movimiento, tensión, peso y posición del cuerpo a través de los músculos.

CINÉTICA. Rama de la dinámica que se ocupa de las fuerzas como productoras o modificadoras de los movimientos.

CINÉTICO, ARTE. Corriente artística que defiende la belleza del movimiento real y su inclusión como elemento integrante de una obra de arte, en especial la pictórica o escultórica.
4:203b; Abstracto, arte 1:20b; Calder, Alexander 3:274b; Le Parc, Julio 9:125a; Moholy-Nagy, László 10:210b; Op art 11:112a; Otero, Alejandro 11:176a; Soto, Jesús Rafael 13:307a; *ilustración* 4:203b.

CINGALÉS. Idioma oficial, desde junio de 1956, de Sri Lanka (antiguo Ceilán), país independiente, desde 1947, del océano Índico. Pertenece al grupo indoario de la familia de lenguas indoeuropeas.

CINGLADO. Operación consistente en eliminar la escoria de los metales, especialmente del hierro dulce. Se hace aplicando presión y calor.

CINISMO. Doctrina de los filósofos llamados cínicos, caracterizada por el desprecio a todas las convenciones sociales y por la indiferencia hacia las cosas del mundo.
4:204a; Ascetismo 2:141a; Diógenes 5:197b.

CINNA, LUCIO CORNELIO (m. en el 84 a.C.). General romano, partidario de Mario, que se enfrentó a Sila. Murió asesinado en un motín.

CINOCÉFALO. V. **Papión.**

CINO DA PISTOIA (h. 1270-1336/1337). Cino dei Sighibuldi, poeta, prosista y jurista italiano. Admirado por Dante Alighieri, influyó poderosamente en Francesco Petrarca. Fue uno de los autores más prolíficos en el *dolce stil nuovo.*

CINQUECENTO. Voz italiana que significa «quinientos» y se utiliza para designar el período histórico, artístico y cultural comprendido entre los años 1500 y 1600. Constituye la etapa de madurez del Renacimiento, con figuras tan destacadas como Miguel Ángel, Rafael, Leonardo da Vinci y Benvenuto Cellini.
Escultura 6:48b; Italiana, literatura 8:319a; Pintura 11:413a; Renacimiento 12:331a.

CINTA, PEZ. Animal del orden de los perciformes, familia de los cepólidos y género *Cepola* (*Cepola rubescens*), de cuerpo alargado y comprimido, boca pequeña y con una sola aleta. Vive en aguas fangosas de las costas del Atlántico y del Mediterráneo.

CINTA MAGNÉTICA. Dispositivo arrollado de plástico, o materias semejantes, recubierto de unas partículas magnetizables. Se emplea para registrar sonidos, imágenes o cualquier información codificada.
Electrónica, música 5:368a; Informática 8:204b; Sonido e imagen, grabación y reproducción de 13:301b.

CINTA TRANSPORTADORA. Aparato formado por una cinta de longitud y anchura muy diversas, accionada por un motor y que se desplaza sobre rodillos. Se utiliza para trasladar mercancías a lo largo de una instalación comercial o industrial.

CINTRÓN, CONCHITA (n. en 1922). Rejoneadora peruana de origen chileno. En México la apodaron «la Diosa de oro». Actuó desde 1945 hasta 1950, año en que se retiró.

CINTURA. Parte más angosta del tronco entre las caderas y las costillas.
Hueso 8:86b.

CINTURÓN DE HIERRO. Línea fortificada levantada en los alrededores de la ciudad de Bilbao en el transcurso de la guerra civil española. Destinada a frenar el avance de las fuerzas del general Francisco Franco sobre la ciudad vasca, las graves deficiencias que presentaba, así como la información que dio de ella a los nacionales su constructor, Alejandro Goicoechea, supuso la toma de Bilbao el 19 de junio de 1937.

CIORAN, E. M. (1911-1995). Filósofo y escritor francés de origen rumano. Su obra queda enmarcada en un contexto de escepticismo filosófico, con influencia de la novela alemana y la filosofía rusa de su tiempo. *Breviario de podredumbre* (1949), *El aciago Demiurgo* (1974).

CIOSL. V. **Confederación Internacional de Organizaciones Sindicales Libres.**

CIPATTOVAL. Divinidad de la antigua Nicaragua, esposa de Tamagastad y, junto con él, creadora de la Tierra, el firmamento y los seres humanos.

CIPAYOS, REBELIÓN DE LOS. Rebelión de las tropas nativas bengalíes en la India, en 1857, que causó la muerte de numerosos europeos y obligó a la Compañía de las Indias Orientales a entregar el control del ejército a la corona británica.

CIPRÉS. Árbol del grupo de las coníferas y de la familia de las cupresáceas (*Cupressus sempervirens*).
4:204b; Coníferas 4:339a; *ilustración* 4:204b.

CIPRIANO, SAN (h. el 200-258). Padre de la Iglesia. Converso ya en su madurez, fue obispo de Cartago, su ciudad natal, y mentor de los cristianos de África. Negó la validez del bautismo administrado por herejes, así como la readmisión en el ministerio de los clérigos apóstatas. Fue perseguido en tiempos de Valeriano y murió martirizado. *De la unidad de la iglesia.*
Papado 11:258b.

CÍPSELO (h. el 657-h. el 625 a.C.). Tirano de Corinto. Impulsó la prosperidad de la ciudad, haciendo del comercio su principal fuente de ingresos.

CIRCASIANOS. Pueblo del noroeste del Cáucaso (Rusia) que habla una lengua propia: el kabardino. Está repartido en dos grupos principales: los adyghians, que ocupan los *oblast* de Adygey y Karachay-Cherkess (886.000 hab.), y los kabardinos, que ocupan la república autónoma de Kabardino-Balkar (790.000 hab.).

CIRCE. En la mitología griega, hechicera hija de Helios y de la ninfa Pereis. Retuvo en su isla a Odiseo (Ulises) durante un año y convirtió a sus compañeros en cerdos, hasta que el héroe logró que les devolviera la forma humana.

CIRCO. Espectáculo, por lo general de carácter ambulante, en que se realizan actos acrobáticos, juegos malabares, rutinas con animales amaestrados, números cómicos con payasos y otras actuaciones con propósitos de entretenimiento.
4:205a; *ilustraciones* 4:205b.

CIRCONIO. Elemento químico, metal del grupo IVb de la tabla periódica. Sólido blanco grisáceo de densidad media, arde al calentarlo en contacto con el aire. Usado como material estructural en reactores nucleares y en aleaciones con el acero. Símbolo, Zr; número atómico, 40; peso atómico, 91,22.

CIRCUITO DE ACTIVACIÓN. Sistema de cables y otros elementos por el que circula una corriente eléctrica alimentadora de máquinas.

CIRCUITO INTEGRADO. Conductor depositado sobre una placa aislante empleado en electrónica para realizar conexiones. Basado en placas de semiconductores, como el silicio y el germanio.
Circuitos eléctricos y electrónicos 4:207b; Computadora 4:309a; Electrónica 5:365b.

CIRCUITO MAGNÉTICO. Dispositivo cerrado formado por las líneas de fuerza de un campo magnético.
Circuitos eléctricos y electrónicos 4:207a.

CIRCUITOS ELÉCTRICOS Y ELECTRÓNICOS. Dispositivos diversos empleados para alimentar y hacer funcionar distintos aparatos. Su funcionamiento se basa en la conducción de cargas eléctricas mediante agrupaciones ordenadas de elementos de comportamiento eléctrico definido.
4:206a; Electricidad 5:355a; Electrónica 5:364b; Electrotecnia 5:372a; Oro 11:154a; *ilustraciones* 4:206a; 4:207a.

CIRCULACIÓN ECONÓMICA. Conjunto de movimientos que se producen entre bienes y servicios, dinero y títulos de crédito.

CIRCULATORIO, APARATO. Denominación tradicional del conjunto de dos sistemas fisiológicos: el cardiovascular, encargado de la circulación sanguínea, y el linfático, su complementario, que mantiene el equilibrio de los líquidos en el cuerpo y se encarga de la defensa del organismo contra infecciones y cuerpos extraños.
Anfibios 1:348a; Animal 1:366b; Arteriosclerosis 2:127a; Artrópodos 2:138a; Ave 2:249a; Cardiovascular, sistema 3:385; Crustáceos 5:32b; Insectos 8:222a; Linfático, sistema 9:163a; Peces 11:311a; Respiratorio, sistema 12:346b; Sangre 13:124a; Servet, Miguel 13:213a; Vertebrados 14:283a.

CÍRCULO. Superficie limitada por una circunferencia. Se calcula su área multiplicando la constante (3,1416) por el cuadrado del radio de dicha circunferencia.
Geometría 7:98b.

CÍRCULO DE TIZA CAUCASIANO, EL. Drama del alemán Bertolt Brecht, estrenado en 1949, que refleja las ideas sociales del autor a partir de una historia medieval china. Una madre y una nodriza reclaman a un niño. El juez traza un círculo y les manda tirar del niño para ver quién se lo lleva. La nodriza cede para no hacerle daño; el juez le otorga a ella el niño porque «las cosas pertenecen a quien las mejora».

CÍRCULO MERIDIANO. Telescopio especialmente diseñado para medir el tiempo de paso por el meridiano y la altitud de un cuerpo celeste. Estas dos medidas determinan respectivamente la ascensión recta y la declinación, coordenadas de la posición del astro en la esfera celeste.
Astrometría 2:166b; Observatorio 11:65a.

CIRCUMPOLAR, ESTRELLA. Astro celeste cuya órbita transcurre totalmente por encima del horizonte, por lo que no tiene orto ni ocaso, debido a que su distancia con respecto al polo celeste es menor que su latitud.

CIRCUMPOLAR ANTÁRTICA, CORRIENTE. Flujo oceánico de superficie que circunda la Antártida, desplazándose de oeste a este. Su amplitud y curso son irregulares. Desplaza una cantidad de agua estimada en unos 25 millones de metros cúbicos.

CIRCUMPOLAR ÁRTICA, CORRIENTE. Corriente marina que da la vuelta, por su parte norte, al archipiélago polar ártico y a Groenlandia. Ramificación de la corriente que nace en la parte septentrional de Alaska. Estudiada por el explorador Fridtjof Nansen.

CIRCUNCISIÓN. Corte circular de una parte del prepucio. El origen de esta práctica como rito de iniciación o de sacrificio se remonta a tiempos muy remotos. Practican esta ceremonia, entre otros, los judíos, los musulmanes, diversos pueblos de África y la iglesia cristiana de Etiopía.

CIRCUNFERENCIA. Línea curva, cerrada y plana cuyos puntos equidistan de otro interior situado en el mismo plano y denominado centro.
Geometría 7:98a.

CIRCUNFLEJO, ACENTO. Acento ortográfico (^) que tiene la forma de un ángulo con el vértice hacia arriba. Muy empleado en el idioma francés.

CIRCUNMERIDIANA. Estrella sólo detectable con medios radioastronómicos por hallarse situada más allá de la bóveda celeste.

CIRCUNNAVEGACIÓN. Recorrido marítimo alrededor del mundo. El primero fue realizado por la expedición española de Fernando de Magallanes y Juan Sebastián Elcano (1519-1522). Con diferentes misiones realizaron también circunnavegaciones el inglés *Sir* Francis Drake (1577-1580) y el francés Louis-Antoine de Bougainville (1766-1769).
Drake, Francis 5:240a.

CIRCUS. Género de aves, del orden falconiformes, familia de los falcónidos, al que pertenecen los aguiluchos y otras especies.

CIRENAICA. Región histórica de Libia oriental. Zona costera, con el puerto de Bengasi, e interior desértico y pedregoso. Yacimientos petrolíferos. Pastoreo nómada. Fue colonizada por los griegos hacia el 631 a.C. bajo el nombre de Pentápolis; su denominación posterior aludía a la ciudad de Cirene.
Libia 9:148a.

CIRENAICOS, FILÓSOFOS. Escuela de filosofía fundada en el siglo V a.C. por Aristipo de Cirene. Perseguía la búsqueda del placer sensible como principio de su sistema y se sentía heredera tanto del pensamiento de Sócrates como del de los sofistas.

CIRENE. Ciudad perteneciente a la antigua Cirenaica, en la posterior Libia. Fundada en el siglo VII a.C., sufrió las invasiones de persas, griegos y romanos. Mantuvo un gobierno basado en la monarquía y alcanzó un gran desarrollo monumental, como lo demuestran los restos arqueológicos allí encontrados (templo y fuente de Apolo, teatro griego).
Libia 9:149a.

CIRERA, RICARDO (1864-1932). Científico español. Jesuita, su contribución al mundo científico estuvo centrada en el campo de la astronomía y la meteorología. Fundador del observatorio del Ebro en 1904 y de la revista científica *Iberia* (1914).

CIRÍLICO, ALFABETO. Conjunto de caracteres, desarrollado en el siglo IX por san Cirilo, empleado en las lenguas eslavas orientales y la mayoría de las meridionales. Se basa en el alfabeto griego, con elementos hebreos y de otras procedencias.
Alfabeto 1:203; Eslavas, lenguas 6:55a.

CIRILO, SAN (h. el 827-869). Evangelizador de los eslavos, junto con su hermano Metodio, traductor de la *Biblia* y creador del alfabeto cirílico, llamado así en su honor. Es venerado por la Iglesia Católica y por la Ortodoxa.
Alfabeto 1:204a; Eslavas, lenguas 6:55a.

CIRILO DE ALEJANDRÍA, SAN (h. el 380-444). Patriarca de Alejandría. Ocupó el patriarcado en el 412, al suceder a su tío Teófilo de Alejandría. Fue un decidido enemigo de la doctrina nestoriana, que combatió en el concilio de Éfeso (431). Doctor de la Iglesia Católica, fue canonizado.

CIRILO DE JERUSALÉN, SAN (h. el 315-386). Doctor de la Iglesia Católica. Ocupó el obispado de Jerusalén en el 348. Se enfrentó al emperador Valente y sufrió el exilio en varias ocasiones. Asistió al concilio de Constantinopla del 381 y escribió diversas obras catequéticas o instrucciones para catecúmenos.

CIRLOT, JUAN EDUARDO (1916-1973). Poeta español. Representante de la corriente poética surrealista, fue autor también de crítica literaria y artística. *Seis sonetos y un poema de amor celeste* (1943), *En la llama* (1945), *Arte en el siglo XX* (1972).

CIRO EL GRANDE (590/580-h. el 529 a.C.). Rey de la dinastía aqueménida de Persia. Conquistó Lidia y Babilonia, y llegó hasta el río Indo. Se distinguió por su tolerancia hacia las costumbres de los pueblos conquistados.
4:207b; Creso 5:6b; Guerra 7:264b; Mesopotamia 10:84a; Palestina 11:229b; Persia 11:350a; *cuadro* 4:208a.

CIRO EL JOVEN (h. el 423-401 a.C.). Pretendiente al trono persa. Hijo de Darío II, se enfrentó, ayudado por Esparta, a su hermano y rey de Persia Artajerjes II. Murió en el transcurso de la batalla de Cunaxa.

CIRRO. Tipo de nube alta, de aspecto laxo y difuminado, formada por cristales de hielo pequeños y dispersos.
Nube 11:24b.

CIRROCÚMULO. Nube alta formada por cristales de hielo y que presenta el aspecto de una serie de masas blanquecinas y granulares.

CIRROESTRATO. Nube originada en alturas cercanas a los 10.000 m, de poco espesor, constituida por cristales de hielo y que presenta la forma de una capa blanquecina.

CIRROSIS. Lesión de cualquier víscera consistente en la induración de los elementos conjuntivos y la atrofia de los demás. En particular, enfermedad difusa del hígado caracterizada por una lesión del hepatocito y una esclerosis.
4:208b; Alcoholismo 1:159a; Gastroenterología 7:59a; Hígado 7:409a.

CIRUELO. Árbol de hoja caduca de la familia de las rosáceas (*Prunus domestica*).
4:209a; Fruticultura 6:416; *ilustraciones* 4:209a.

CIRUELO, PEDRO SÁNCHEZ (1470-h. 1560). Pensador y matemático español. Fue profesor de matemáticas en París y de teología en Alcalá de Henares. Cultivó también otras áreas de las humanidades, como la música, la historia, etc. Preceptor de Felipe II.

CIRUGÍA. Disciplina médica que consiste en realizar, mediante técnicas manuales o instrumentales, actos operatorios en seres vivos.
4:209b; Anestesia 1:344b; Cáncer 3:338a; Cardiología 3:383a; Gastroenterología 7:58a; Laparoscopia 9:62a; Medicina 10:31a; Oftalmología 11:85a; Oncología 11:107a; Ortopedia 11:166b; Plástica, cirugía 12:22b; Radioterapia 12:251b; Realidad virtual 12:279b; Terapéutica 14:25b; Trasplante 14:116b; Traumatología 14:120b; *ilustraciones* 4:211b; 4:212a.

CIRUGÍA LÁSER. Técnica quirúrgica basada en el empleo de un haz de luz láser como instrumento cauterizador y para realizar incisiones de tamaño microscópico. Encuentra sus más importantes aplicaciones en el campo de la cirugía neurológica y ocular.
Ceguera 4:60a; Cirugía 4:210b; Medicina 10:31.

CIRUGÍA PLÁSTICA. V. **Plástica, cirugía.**

CIRUJANO, PEZ. Osteictio de la familia de los acantúridos (*Acanthurus chirurgus*). Dientes similares a incisivos, de borde recto, y un aguijón o espina movible a cada lado de la cola.

CISALPINA, REPÚBLICA. República formada en 1797 por Napoleón Bonaparte en el norte de Italia. Mantenía a la ciudad de Venecia como capital y estaba dirigida por un directorio compuesto por cinco miembros. En 1802 se constituyó como república italiana y en 1805 fue integrada en el reino de Italia.

CÍSCAR, GABRIEL (1759-1829). Marino y político español. Defensor del sistema político liberal, fue regente entre 1810 y 1814 y sufrió la cárcel y el exilio durante los períodos absolutistas del reinado de Fernando VII. Autor de importantes trabajos en el campo de las matemáticas y la naútica. *Tratado de cosmografía* (1796).

CISJORDANIA. Región del cercano oriente, parte de Palestina. Se extiende de la frontera de Israel al río Jordán. Se denomina también Margen Occidental o Judea y Samaria. Reclamada por Israel y Transjordania (posterior Jordania), quedó en poder del segundo país en 1948, tras la retirada británica de la zona. Ocupada en 1967 por Israel. Jordania retiró su reclamo territorial en 1988, afirmando que la zona debía ser base de un estado palestino. 5.500 km². 1.054.000 hab. (1993). En 1994 Israel concedió la autonomía, bajo dirección palestina, a Jericó y otras ciudades cisjordanas, que formaron la denominada Autoridad Nacional Palestina.
Árabe-israelí, conflicto 2:1a; Autoridad Nacional Palestina (ANP) 2:246b; Muerto, mar 10:292a.

CISKEI. Bantustán en la República de Sudáfrica. Situado en el sudeste de la república, a orillas del océano Índico, está habitado por pueblos xhosa. Cap. Zwelitsha. Pretoria le concedió la independencia el 4 de diciembre de 1981. Se reincorporó a Sudáfrica en 1994, tras la caída del régimen de apartheid.

CISLEITHANIA. De 1867 a 1918, una de las dos partes del imperio austro-húngaro. Era la sección austriaca, al oeste del río Leitha, e incluía también algunos territorios al norte y sudeste de ese río. Además de Austria comprendía territorios que serían checos, polacos, italianos y eslovenos.
Hungría 8:104a.

CISMA. División de la unidad de la iglesia. Según el derecho canónico, es cismática la persona que, dentro de la iglesia, rechaza la autoridad papal.
4:212b; Antipapa 1:396a; Cristianismo 5:20b; Herejías 7:369a; *ilustración* 4:213a.

CISMA DE OCCIDENTE (1378-1417). Grave escisión que se produjo en el seno de la Iglesia Católica. Se inició con el nombramiento simultáneo de dos papas y el establecimiento de dos cortes pontificias, una en Aviñón y otra en Roma. Finalizó con el concilio de Constanza (1414-1418) y la elección de Martín V.
Antipapa 1:396b; Cisma 4:213a; Concilio 4:325a; Cristianismo 5:22b; Edad media 5:304b; Herejías 7:371a; Luna, Pedro de 9:246a; Papado 11:259a; Reforma y contrarreforma 12:293b.

CISMA DE ORIENTE. Separación que se produjo en el seno del cristianismo entre las iglesias latina y griega, cuando Miguel Cerulario, patriarca de Constantinopla, y el papa León IX se excomulgaron mutuamente (1054) debido a disensiones y disputas surgidas ya en el siglo IV. Tuvo su antecedente más significativo en el breve cisma de Focio (863-867). Como un acto de acercamiento entre ambas iglesias, se anularon las respectivas excomuniones en 1965.
Cisma 4:213a; Concilio 4:325a; León IX, san 9:118a; Ortodoxas, iglesias 11:162b; Papado 11:259a.

CISNE (ASTRONOMÍA). Constelación boreal situada en la Vía Láctea entre Pegaso, Zorro, Lira y Dragón. Su estrella más brillante es Deneb, de primera magnitud. Forma la Cruz del Norte. Nombre latino: Cygnus.

CISNE (ZOOLOGÍA). Ave palmípeda anseriforme, de la familia de las anátidas (*Cygnus olor*).
4:213b; Ave 2:252; *ilustración* 4:213b.

CISNEROS, ANTONIO (n. en 1942). Poeta peruano. Representante de la poesía peruana contemporánea, introdujo en sus creaciones la ironía, la sátira y el retrato costumbrista. Premio Casa de las Américas en 1968. *Comentarios reales* (1964), *Canto ceremonial contra un oso hormiguero* (1968), *Jesús de Chilca* (1982).

CISNEROS, BALTASAR HIDALGO DE (1755-1829). Marino español. Último virrey del río de la Plata (1809-1810).
4:214a; Plata, Virreinato del Río de la 12:30a; *ilustración* 4:214a.

CISNEROS, CARDENAL (1436-1517). Francisco Jiménez de Cisneros, religioso y político español. Figura clave del Renacimiento en España, ocupó la regencia de la corona durante la minoría de edad del príncipe Carlos (posterior emperador Carlos V y I de España).
4:214a; Carlos V, emperador 3:399b; *cuadro* 4:214a; *ilustración* 4:214a.

CISNEROS, GARCÍA JIMÉNEZ DE (h. 1456-1510). Francisco Jiménez de Cisneros, religioso español. Perteneciente a la orden benedictina, participó en la reforma del monasterio de Montserrat, del que fue abad entre 1499 y 1510. Autor de diversas obras y tratados sobre normativa monástica. *Exercitatorio de la vida espiritual* (1500).

CISNEROS, LUIS BENJAMÍN (1837-1904). Poeta peruano. De estilo romántico y patriótico, fue director de la biblioteca y el archivo nacional. *Aurora amor, De libres alas.*

CISNEROS, SANDRA (n. en 1954). Escritora estadounidense de origen mexicano. Autora de novelas y colecciones de poemas. Figura destacada de la corriente literaria integrada por autores que desarrollan temáticas específicamente referidas al ámbito hispano en los Estados Unidos; *La casa de Mango Street.*

CISNEROS BETANCOURT, SALVADOR (1828-1914). Patriota cubano. Cedió todos sus bienes a la lucha independentista.
4:214b.

CISNES, RÍO. Curso fluvial de Chile. Nace en la cordillera andina, en la prov. de Aisén, y tras recorrer ésta de este a oeste desemboca en el canal de Puyuguapi, en la ciudad de Puerto Cisnes. Su curso es de 155 km.

CISOIDE. Curva geométrica de tercer grado. Ideada por Diocles para resolver el problema de la duplicación del cubo. Definida por un eje de simetría, una asíntota y un punto de retroceso.

CISPADANA, REPÚBLICA. Estado formado en diciembre de 1796 por Napoleón Bonaparte a partir de la unión de los ducados de Reggio Emilia y Módena y de las legaciones de Bolonia y Ferrara. El papado, según el tratado de Tolentino del 19 de febrero de 1797, cedió la Romaña. Incorporada a la República Cisalpina en julio de 1797.

CISPLATINA, PROVINCIA. Nombre con el que era conocido en Brasil el territorio que actualmente ocupa la República Oriental del Uruguay. En 1816 Brasil la ocupó, y en 1821 la incorporó a sus territorios, lo que motivó el enfrentamiento con la Argentina (guerra argentino-brasileña de 1825-1828), en cuya paz, firmada el 28 de agosto de 1828, se establecía la independencia de la provincia y su constitución en república independiente.

CISPLATINO, CONGRESO. Reunión del Congreso de la Banda Oriental que tuvo lugar en julio de 1821 en la ciudad de Montevideo. En ella se estudió la situación de la zona ante la ocupación de la misma por las tropas brasileñas del general Carlos F. Lecor. Decidió la incorporación de la Banda Oriental a Brasil y su sometimiento al gobierno de Portugal.

CÍSTER, ORDEN DE. Regla monástica derivada de la benedictina y fundada por san Roberto Molesmes, en Cîteaux (Císter) en 1098. Impulsada por san Alberico, san Esteban Harding y, sobre todo, san Bernardo de Claraval, alcanzó su máxima expansión en el siglo XII con la fundación de centenares de abadías (Claraval, Pontigny, Fontenay).
Órdenes religiosas 11:131a.

CISTERCIENSE, ARTE. Conjunto de obras artísticas desarrolladas durante el Medievo europeo y que tenían como base a la orden del Císter. Mantenía como principios estéticos el de la austeridad y la escasez de elementos decorativos. Introdujo el crucero ojival en construcción. Son ejemplos del mismo las abadías francesas de Cîteaux (Císter) y Pontigny y el monasterio español de las Huelgas.
Monasterios y conventos 10:226b; Religioso, arte 12:323a.

CISTERNA, LA. Localidad de Chile en la prov. de Santiago, perteneciente a la región metropolitana de la capital. 154.997 hab. (1982).

CISTICERCOSIS. Enfermedad producida por ingestión de cistecercos, quistes de la tenia (*Taenia solium*) que se encuentran en la carne del cerdo y el jabalí. Puede desarrollarse en músculos y vísceras, así como en los ojos o el cerebro.
Tenia 14:15a.

CISTITIS. Inflamación aguda o crónica de la vejiga. Puede manifestarse de forma aislada o ser el síntoma de una enfermedad del aparato urogenital.

CISTRÓN. Segmento de ADN o ARN que codifica para un producto génico específico. Se considera como unidad de funcionalidad genética.

CITACIÓN. Procedimiento por el que un juez llama a una persona a comparecer a un acto judicial, personalmente o representado legalmente por tercero.

CÍTARA. Instrumento de cuerda derivado de la lira, parecido a una guitarra pequeña. Data de la Grecia clásica y está compuesto por una caja armónica, de madera, con tres órdenes de cuerdas, de número variable entre cinco y once.

CITÉ, ISLA DE LA. Isla de París (Francia), en el curso del Sena. Primer enclave de la ciudad que en el siglo III a.C. ocupaba el pueblo galo de los *parisii.* Se encuentra unida a la ciudad por ocho puentes. Sede de importantes edificios como el palacio de justicia, la jefatura de policía, el primer hospital parisiense y la catedral de Notre-Dame.
París 11:284b.

CITERA. Isla griega situada al sudeste del Peloponeso. También llamada Cerigo. Desarrolló un importante papel durante la etapa más antigua de la cultura helénica. Era considerada como la cuna de nacimiento de la diosa Venus, de la que existía un santuario.

CITIZEN'S BAND RADIO. V. **Civil, banda.**

CITLALTÉPETL. V. **Orizaba, pico de.**

CITOCINA. Molécula de naturaleza proteica empleada como señal extracelular. Existen varios tipos, que desempeñan distintas funciones vitales como la regulación del crecimiento y la diferenciación celular, la actividad linfocitaria o la respuesta inmune.

CITODIAGNÓSTICO. Procedimiento de diagnóstico médico que se fundamenta en el análisis microscópico de las células del organismo.

CITOESQUELETO. Conjunto de microfilamentos presentes en el citoplasma de la célula eucariota, es decir, constituida por un núcleo diferenciado por una membrana. Su función es la de sostén interno y, en algunos casos, de movilidad.

CITOGENÉTICA. Rama de la biología que estudia las bases cromosómicas y moleculares de la herencia, así como sus aplicaciones en agricultura, ganadería y medicina.

CITOLOGÍA. Rama de la biología que estudia la estructura y función de la célula y sus componentes.
Biología 3:38a.

CITOMEGALOVIRUS. Grupo de virus, pertenecientes a la familia de los herpesvirus, que infectan a los vertebrados. La infección se caracteriza por la formación de grandes cuerpos de inclusión en células glandulares.

CITOPLASMA. Contenido celular situado entre la membrana plasmática y la membrana nuclear. Se distinguen en él dos fracciones: el hialoplasma y los orgánulos citoplásmicos.
Bacteria 2:301a; Célula 4:68a; Protozoos 12:169b.

CITOQUÍMICA. Rama de la biología que se ocupa del estudio de las células basándose en métodos de análisis químicos.

CITOQUININA. Miembro de un grupo de hormonas vegetales. Se sintetiza en las raíces y sube hacia el xilema pasando a las hojas y frutos, donde es necesaria para el crecimiento normal y la diferenciación celular y, junto con las auxinas, para la división celular.
Endocrino, sistema 5:405b.

CITOSCOPIA. Determinación de la naturaleza de un líquido orgánico mediante el estudio de las células que contiene.
Urología 14:196b.

CITOSINA. Componente esencial de los ácidos nucleicos, derivado de la piramidina. Es pareja de la guanina en las cadenas de ADN. Fórmula, $C_4H_5N_3O$.
Nucleicos, ácidos 11:30b.

CITOSOL. Porción líquida del citoplasma celular en la cual se encuentran en suspensión los orgánulos celulares y ciertos elementos insolubles.

CÍTRICO, ÁCIDO. Sustancia química presente en los zumos de los cítricos. Forma cristales incoloros solubles en agua. Preparado por fermentación del azúcar y a partir del zumo de limón o por tratamiento químico de la glicerina. Usado como diurético, febrífugo y anticoagulante.

CITROËN. Marca de automóviles francesa cuyos orígenes provienen de la empresa fundada en 1913 por el ingeniero André Citroën.

CITROËN, ANDRÉ (1878-1935). Industrial francés. Su primera empresa, fundada en 1913, se dedicó a la fabricación de armamento durante la primera guerra mundial. Al finalizar la contienda su actividad se centró en el sector del automóvil, y fundó en 1924 la Société Anonyme André Citroën, dedicada a la fabricación en serie de automóviles de turismo.

CITY DE LONDRES. Núcleo urbano de la ciudad de Londres, donde se concentran las principales entidades de las finanzas y negocios.
Londres 9:210b.

CIUDAD. Núcleo de población estable y organizado, de gran tamaño y con un elevado número de habitantes.
4:215a; Geografía 7:90b; Paisaje (GEOGRAFÍA) 11:206a; Urbanismo 14:192a; *ilustraciones* 4:215b; 4:216a; 4:217b.

CIUDADANÍA. Conjunto de derechos y deberes que reconoce y garantiza el estado en ciertos sistemas políticos. Sinónimo de nacionalidad en muchos países, en otros se diferencia de ella en que la nacionalidad confiere los derechos civiles y la ciudadanía los políticos. Un criterio restrictivo ha establecido a veces la distinción entre la plena ciudadanía del contribuyente, concediéndole derecho al voto, y la simple de los no contribuyentes. El derecho de ciudadanía romana, de gran trascendencia en la vida del antiguo Imperio Romano, fue extendido sucesivamente a distintos grupos y provincias, hasta que el emperador Caracalla lo concedió a todos los habitantes libres del imperio (212 d.C.).

CIUDADANO KANE. Filme dirigido y protagonizado en 1941 por Orson Welles, con Joseph Cotten y Agnes Morehead como intérpretes y aparentemente basado en la biografía de William Randolph Hearst, magnate estadounidense de la prensa.
Welles, Orson 14:357a.

CIUDAD BOLÍVAR. V. **Bolívar, Ciudad.**

CIUDAD DE DIOS, LA. Título de un tratado de san Agustín (354-430) acerca de la iglesia cristiana y escrito contra los paganos. Considerado uno de los orígenes de la filosofía de la historia, es la fuente del agustinismo político, según el cual el poder de la iglesia es superior al del estado.

CIUDAD DE EL CABO. V. **Cabo, Ciudad de El.**

CIUDAD DEL ESTE. Ciudad de Paraguay, región Oriental, cap. del dep. de Alto Paraná.

Puerto fluvial sobre el río Paraná. Puente de la Amistad entre Brasil y Paraguay. Turismo, cerámica, conservas. Antes llamada Puerto Presidente Stroessner. 133.893 hab. (1992).
Paraguay 11:269b.

CIUDAD DELICIAS. V. **Delicias.**

CIUDAD DEL SOL, LA. Obra utópica del filósofo italiano Tommaso Campanella, publicada originalmente en latín en 1623. Describe una república filosófica como modelo ideal de gobierno.

CIUDAD DE MÉXICO. V. **México, ciudad de.**

CIUDADELA (ARQUITECTURA). Fuerte con cuatro o seis bastiones que solía estar situado en el extremo de una ciudad fortificada, aunque comunicada con la misma, y que servía, en ocasiones, de refugio a una guarnición sitiada.
Fortificación 6:350b.

CIUDADELA (GEOGRAFÍA). Población española situada en la isla de Menorca, comunidad autónoma de las islas Baleares. De origen romano, conserva monumentos del siglo XVIII. Cereales, ganadería, calzado, turismo. 20.874 hab. (1991).

CIUDADELA, LA. Novela del autor británico A. J. Cronin, publicada en 1937, en la que relata la vida de un médico al que las presiones económicas desvían de sus deberes. Fue llevada al cine con gran éxito en 1938.

CIUDAD-ESTADO. Núcleo de población, con su territorio circundante, que goza de plena autonomía política. En la Grecia antigua estuvo vigente hasta la expansión macedónica.
Renacimiento 12:328a.

CIUDAD FLORES. V. **Flores, ciudad.**

CIUDAD GUAYANA. V. **Guayana, Ciudad.**

CIUDAD GUZMÁN. V. **Guzmán, Ciudad.**

CIUDAD JUÁREZ. V. **Juárez, Ciudad.**

CIUDAD MADERO. V. **Madero, Ciudad.**

CIUDAD MANTE. V. **Mante, Ciudad.**

CIUDAD NEZAHUALCÓYOTL. V. **Nezahualcóyotl, ciudad.**

CIUDAD OBREGÓN. V. **Obregón, Ciudad.**

CIUDAD OJEDA. V. **Ojeda, Ciudad.**

CIUDAD PROHIBIDA. Recinto, generalmente amurallado, cuyo acceso está reservado, por motivos religiosos o políticos, a un grupo social definido. En Pekín (Beijing), el Gugong o espacio que albergaba el palacio imperial. En Lhasa, la ciudad budista reservada al dalai lama.
Castillo y palacio 4:24a; China 4:150a; Pekín 11:320a.

CIUDAD REAL (CIUDAD). Población española, cap. de la prov. homónima, comunidad autónoma de Castilla-La Mancha, junto a los ríos Guadiana y Jabalón. Murallas del siglo XIV. Catedral gótica. Industria alimentaria. 59.932 hab. (1996).

CIUDAD REAL (PROVINCIA). División administrativa de España perteneciente a la comunidad autónoma de Castilla-La Mancha. Llanura de la Mancha, ríos Guadiana y Guadalquivir. Sierra Morena, montes de Toledo. Cereales, vinos; minas de mercurio y carbón. Cap. Ciudad Real. 19.749 km^2. 478.682 hab. (1996).
Castilla-La Mancha 4:18b.

CIUDAD RODRIGO. Población española que pertenece a la prov. de Salamanca, comunidad autónoma de Castilla y León. De origen prerromano, conserva restos de arquitectura civil y religiosa medieval y renacentista. Cereales, hortalizas, pastos; bosques; yacimientos de uranio y volframio. 14.901 hab. (1996).

CIUDAD TRUJILLO. V. **Santo Domingo.**

CIUDAD UNIVERSITARIA (ESPAÑA). Recinto universitario de la ciudad de Madrid. Situada en la zona noroeste de la capital española, se inició su construcción en la década de 1930, a partir de proyectos presentados por arquitectos como Miguel de los Santos (facultad de ciencias) o Agustín Aguirre (facultad de letras).

CIUDAD UNIVERSITARIA (MÉXICO). Conjunto de monumentales edificios construidos a partir de 1950 en el sur de la capital mexicana para servir de sede a la Universidad Nacional Autónoma de México. Es famosa por sus murales, obra de importantes artistas mexicanos.

CIUDAD VALLES. V. **Valles, Ciudad.**

CIUDAD VICTORIA. V. **Victoria, Ciudad.**

CIUDAD Y LOS PERROS, LA. Novela del escritor peruano Mario Vargas Llosa, publicada en 1963. De carácter autobiográfico, relata el internado del autor en el colegio militar Leoncio Prado de Lima, donde permaneció dos años.
Vargas Llosa, Mario 14:237b.

CIVETA. Mamífero carnívoro de la familia de los vivérridos y perteneciente al género *Viverra*. Se encuentra en África, Asia y Europa meridional.

CIVIL, BANDA. Frecuencia de radio utilizada para establecer comunicación entre particulares. Su frecuencia es de alrededor de 27 MHz. Iniciada su utilización en los Estados Unidos en la década de 1940, está extendida su aplicación a campos como el de la comunicación de teletaxis, ambulancias, viviendas particulares, etc.

CIVILIS, CAYO JULIO (siglo I d.C.). Jefe bátavo. Integrante de las tropas romanas, acaudilló en el año 69 una sublevación en la Germania romana contra el emperador Vespasiano. Las fuerzas enviadas por el emperador consiguieron abortar el levantamiento un año más tarde y la retirada de Civilis hasta los límites del imperio.

CIVILISTA, MOVIMIENTO. Tendencia política peruana de finales del siglo XIX y principios del siglo XX. Fundada en 1871 por Manuel Pardo, se oponía a toda intervención de las fuerzas militares en los asuntos políticos del país.

CIVITAVECCHIA. Ciudad y puerto de Italia, en la prov. de Roma, reg. del Lacio, a orillas del mar Tirreno. Ciudadela, obra de Donato Bramante y Miguel Ángel. Metalurgia, productos químicos, licores. 50.076 hab. (1985).

CIZALLA. Instrumento semejante a las tijeras utilizado para cortar chapa y otros materiales duros. Modelos manuales y mecánicos.
Herramienta 7:383a.

CIZALLADURA, FALLA DE. Deformación geológica causada por el desplazamiento de una formación rocosa en paralelo sobre otra.

CIZIN. Deidad maya que personificaba a la muerte. Representada en pinturas y dibujos de códices en forma de esqueleto danzante con un cigarro, figura también en numerosas representaciones simbólicas junto con el dios de la lluvia, Chac.

CLACTONIENSE, CULTURA. Industria lítica del paleolítico inferior. Se caracteriza por las lascas de sílex con plano de fractura uniforme y ancho. Yacimientos en Clacton-on-Sea (Reino Unido).
Piedra, edad de 11:396a.

CLAES, WILLY (n. en 1938). Economista y político belga. Fue ministro de asuntos exteriores de su país y presidente del Partido Socialista Europeo. En 1994 fue nombrado secretario general de la Organización del Tratado del Atlántico Norte, cargo al que tuvo que renunciar un año más tarde al verse implicado en un presunto caso de corrupción.

CLAESZ, PIETER (h. 1597-1661). Pieter Claeszoon, pintor holandés. Autor de numerosas naturalezas muertas, en las que manifestó su dominio del claroscuro y del equilibrio formal. «Naturaleza muerta con vela» (1627).

CLAI. V. **Consejo Latinoamericano de Iglesias Protestantes.**

CLAIR, RENÉ (1898-1981). Director cinematográfico francés, célebre por su combinación de ironía y lirismo.
4:218a; Cinematografía 4:193a.

CLAIRAULT, ALEXANDRE-CLAUDE (1713-1765). Matemático y astrónomo francés. Realizó investigaciones sobre la geometría analítica y estudió en Laponia la medida de un meridiano. Calculó el perihelio del cometa Halley y los efectos de Júpiter y Saturno sobre este cuerpo celeste. *Teoría de la figura de la Tierra* (1743).
Astronomía, historia de la 2:181a.

CLÁMIDE. Especie de capa o manto militar corto y ligero que usaron los griegos y que después adoptaron los romanos. En Grecia fue empleado principalmente por los guerreros y aquellos que montaban a caballo; en Roma se confundía con el manto de los emperadores (paludamento).
Vestido y calzado 14:287a.

CLAMIDOSAURO. Reptil saurio de la familia de los agámidos (*Chlamydosaurus kingi*), de cuerpo delgado y comprimido, con cola larga y a cada lado del cuello una expansión de la piel, eréctil, a modo de collar. Vive en Australia.

CLAN. Unidad social compuesta por individuos a los que unen lazos de parentesco. También, grupo social que está estrechamente unido por intereses comunes.
Gitanos 7:138a.

CLANCY, TOM (n. en 1947). Novelista estadounidense. Especializado en *thrillers* de carácter político y militar, algunos de gran éxito. *La caza del Octubre Rojo* (1984), *Tormenta roja* (1986), *Juego de patriotas* (1987), *Deuda de honor* (1994).

CLAN DE LOS CORLEONESES. Familia de la Mafia siciliana originaria de la localidad de Corleone. En la década de 1980 protagonizó una sangrienta guerra contra los poderes del estado italiano y contra las familias mafiosas tradicionales. De ella formaban parte Luciano Liggio, Salvatore *Totó* Riina y Bernardo Provenzano, quien en el año 2000 la encabezaba.

CLAPARÈDE, ÉDOUARD (1873-1940). Psicólogo suizo. Dentro de la corriente funcionalista, desarrolló sus investigaciones en la psicología infantil. Sus trabajos mostraron un interés especial por los problemas de la educación, orientación profesional y escolar. En 1912 fundó el Instituto Rousseau para la investigación de la psicología infantil. Su obra fue continuada por Jean Piaget. *Psicología del niño y pedagogía experimental* (1905), *La educación funcional* (1921), *Moral y política* (1940).
Educación 5:315a.

CLAPEYRON, BENOÎT-PAUL-ÉMILE (1799-1864). Físico francés a quien se debe la ecuación que lleva su nombre. Dio la expresión general de la función de Carnot y usó por primera vez el diagrama indicador de Watt en la discusión de problemas físicos.

CLAPEYRON, ECUACIÓN DE. Exposición aplicable a los cambios de estado de agregación de las sustancias puras. Proporciona el calor latente en el paso de una fase a otra en función de la diferencia de volúmenes entre ambas y el ritmo de variación de la presión con la temperatura.

CLARÁ, JOSÉ (1878-1959). Escultor español. Discípulo de Auguste Rodin, sufrió también influencias impresionistas y clásicas. «La diosa» (1908), «Serenidad» (1918), «Juventud» (1934).

CLARA DE ASÍS, SANTA (1194-1253). Religiosa italiana. Fundadora de la orden de franciscanas llamadas clarisas, orientada por san Francisco de Asís. Notable por su dedicación y austeridad, fue canonizada dos años después de su muerte.

CLARAMUNT, LUIS (n. en 1951). Pintor español. Influido por el expresionismo, su pintura, constituida por obras de temática urbana (ciudades mediterráneas), muestra gran colorido y luminosidad. En una etapa posterior adoptó un tono más abstracto y esquemático.

CLARAMUNT, TERESA (1862-1931). Anarquista española. Integrante del movimiento anarquista en Cataluña, vivió en el exilio tras el proceso de Montjuich de 1896 y participó y fue detenida en diversos acontecimientos revolucionarios de Barcelona (semana trágica de 1909, huelga general de 1911).

CLARA-ROSA, JOSÉ JOAQUÍN DE (1763-1822). Juan Antonio de Olabarreita, eclesiástico español. Tras ejercer su ministerio en América, fue acusado por sus escritos ante la Inquisición y se retiró del sacerdocio. A partir de este momento desarrolló una campaña anticlerical en España y Portugal. *Viaje al mundo subterráneo y secretos del tribunal de Inquisición* (1820), *Diccionario tragalalógico* (1821).

CLARASÓ, ENRIQUE (1857-1941). Escultor español. Representante de la estética modernista en la escultura catalana de principios del siglo XX. Medalla de oro de la Exposición Universal de París de 1900. «Eva» (1904), «Monumento a Jaime I» (1927).

CLARAVAL, BERNARDO DE. V. **Bernardo de Claraval.**

CLARAVAL, MONASTERIO DE. Abadía francesa de la orden del Císter. Fundada en 1115, a petición del conde de Troyes, por el abad Esteban. Regida a mediados del siglo XII por san Bernardo de Claraval, quien impulsó en gran manera su desarrollo. Perdió su carácter religioso en 1808.

CLARE, JOHN (1793-1864). Poeta británico. Perteneciente a la escuela romántica, realizó composiciones inspiradas en el folclor rural. Murió en el manicomio de Northampton. *El cantor de la aldea* (1821), *El calendario del pastor* (1827), *La musa rural* (1835).

CLARENDON, CONSTITUCIONES DE. Conjunto de 16 artículos establecidos por el rey británico Enrique II en enero de 1164 en Clarendon Park (Wiltshire). Definía las relaciones entre la iglesia y la corona y provocó el conflicto con el arzobispo de Canterbury, Thomas Becket, quien las consideraba opuestas al derecho canónico.
Enrique II de Inglaterra 5:421b.

CLARENDON, EDWARD HYDE, CONDE DE (1609-1674). Estadista e historiador inglés. Fue ministro con Carlos I y Carlos II. Desterrado en Francia por su oposición a la guerra contra los Países Bajos, murió en el exilio. *Historia de la rebelión y las guerras civiles en Inglaterra* (1704).

CLARET, SAN ANTONIO MARÍA (1807-1870). Religioso español. Fundó numerosas instituciones para misioneros, entre ellas la conocida popularmente como claretianos. Arzobispo de Santiago de Cuba (1851-1860). Fue confesor de la reina Isabel II, a quien acompañó en su destierro por propia voluntad (1868). Asistió al concilio Vaticano I (1869-1870). Canonizado en 1950.
Órdenes religiosas 11:132b.

CLARÍN (LITERATURA) (1852-1901). Leopoldo Alas y Ureña, escritor español. Gran retratista de la sociedad provinciana de finales del siglo XIX. Española, literatura 6:93a; Palacio Valdés, Armando 11:221b; Pérez de Ayala, Ramón 11:338b.

CLARÍN (MÚSICA). Instrumento semejante a la trompeta, aunque de menor tamaño y más agudo. No presenta llaves ni pistones. Muy empleado en bandas militares.
4:218b.

CLARÍN (PERIÓDICO). Diario argentino de tendencia conservadora. Fundado por Roberto J. Noble en 1945, logró una de las mayores tiradas de su país.

CLARINETE. Instrumento de viento fabricado en madera, generalmente ébano, muy utilizado en orquestas, bandas militares y conjuntos de *jazz*.
4:219a; *ilustración* 4:219a.

CLARIS, PAU (h. 1585-1641). Político español. Canónigo de la Seo de Urgel, defendió en todo momento las prerrogativas catalanas frente a la política centralista de Felipe III y Felipe IV. Elegido presidente de la Generalitat en 1638, se mantuvo al frente de las tropas catalanas durante la sublevación de 1640.

CLARISAS. Religiosas franciscanas de la orden fundada por santa Clara en 1212, cuya regla, redactada por la santa con ayuda de san Francisco de Asís, fue aprobada por Inocencio IV. Se dedican a la enseñanza.
Órdenes religiosas 11:131b.

CLARIVIDENCIA. Capacidad poseída supuestamente por ciertas personas para percibir de forma suprarracional objetos ocultos o sucesos acaecidos en otro lugar o tiempo. Si se refiere a sucesos futuros recibe la denominación de precognición o profecía.
Parapsicología 11:279b.

CLARK, JIM (1936-1968). Corredor automovilista británico. Considerado como uno de los más completos pilotos de todos los tiempos, consiguió el campeonato del mundo en 1963 y 1965. Murió en la pista de Hockenheim (Alemania federal) en una prueba de fórmula 2.

CLARK, JOHN BATES (1847-1938). Economista estadounidense. Profesor en distintos colegios y universidades de su país, fue presidente de la Asociación Económica Estadounidense y uno de los teóricos del marginalismo. *Filosofía de la riqueza: principios económicos nuevamente formulados* (1885), *La distribución de la riqueza: una teoría de los salarios, el interés y los beneficios* (1899).

CLARK, JOHN MAURICE (1884-1963). Economista estadounidense. Hijo de John Bates Clark, fue profesor en las universidades de Chicago (1915-1926) y Columbia (1926-1957) y presidente de la Asociación Económica Estadounidense. *Estudios sobre economía de los costos generales* (1923), *Factores estratégicos en los ciclos económicos* (1934), *La competencia como proceso dinámico* (1961).

CLARK, LIGIA (1920-1988) Escultora brasileña. Vinculada al movimiento del constructivismo. Concibió la escultura como un organismo vivo con independencia propia, a cuyo aspecto contribuye la propia visión del público. *Los bichos (animales máquinas), Los trepantes (gusanos trepadores), Los borrachos (gusanos de caucho).*

CLARKE, ARTHUR C. (n. en 1917). Científico y escritor británico. Autor de diversos estudios en el campo de la astronomía y presidente de la Sociedad Interplanetaria Británica, destacó, sin embargo, como autor de novelas de ciencia ficción. *2001: una odisea en el espacio* (1968), *Las fuentes del paraíso* (1979), *2010: odisea dos* (1982).
Fantástica, literatura 6:229b.

CLARKE, RONALD (n. en 1937). Corredor australiano de larga distancia. Uno de los atletas más versátiles de todos los tiempos. Batió 17 veces las marcas mundiales en las carreras de 5.000, 10.000 y 20.000 m y en todas las distancias de 2 a 10 millas (usuales en países anglosajones).

CLAROSCURO. Distribución equilibrada de luces y sombras en una obra pictórica. Introducida en el siglo XV por Leonardo da Vinci, llegó a su máxima definición con el tenebrismo de Caravaggio (siglo XVII).
Rembrandt 12:325b.

CLASE. Grupo taxonómico usado en la clasificación de los seres vivos. Agrupa a uno o varios órdenes y está incluida en un *phyllum*. Constituye uno de los táxones mayores y comprende organismos que comparten diferencias biológicas básicas y fáciles de apreciar.

CLASES PASIVAS. Conjunto de personas que reciben una pensión de la hacienda pública, sin una contraprestación laboral. Se incluye a los jubilados, inválidos, huérfanos y viudas.

CLASES SOCIALES. Cada uno de los grupos sociales diferenciados según un orden económico, político, etc.
4:219b; Aristocracia 2:68b; Caciquismo 3:258b; Campesinado 3:310b; Capitalismo 3:363a; Comunismo 4:319a; Cultura 5:73b; Demografía 5:127a; Feudalismo 6:277a; Marxismo 9:400a; Proletariado 12:161b; *ilustraciones* 4:219b; 4:220.

CLÁSICA, MÚSICA. Conjunto de composiciones musicales escritas entre 1750 y 1820, aproximadamente. En términos comunes, sin embargo, se denomina también música clásica al conjunto de sinfonías, conciertos y otras obras instrumentales escritas por grandes compositores anteriores y posteriores. En este último sentido el término suele ser sinónimo de «música culta».
Orquesta 11:157b.

CLASICISMO. Tendencia artística que se caracteriza por la búsqueda de la armonía, la proporción y el equilibrio a la manera de los modelos clásicos grecorromanos.
4:221a; Alemana, literatura en lengua 1:178b; Arquitectura 2:111a; Bellay, Joachim du 2:401b; Boileau, Nicolas 3:85a; Chénier, André de 4:120b; Derzhavin, Gavrila 5:247b; Francesa, literatura 6:370b; Griego, arte 7:229a; La Bruyère, Jean de 9:43a; La Rochefoucauld, François de 9:65b; Le Brun, Charles 9:88b; Manierismo 9:327b; Mozart, Wolfgang Amadeus 10:286a; Mueble 10:289b; Música 10:313a; Ópera 11:113b; Palacios y Sojo, Pedro 11:221b; Pintura 11:414b; Poulenc, Francis 12:108b; Possin, Nicolas 12:109b; Racine, Jean 12:237b; Realismo 12:280a; Romanticismo 13:10a; Sonata 13:300b; Versalles, palacio de 14:279b; Viena 14:306b; Wren, Christopher 14:372b; *ilustraciones* 4:221b; 4:222a; 4:223b.

CLASIFICACIÓN, TEORÍA DE LA. Ordenación sistemática de cualquier género de entidades, realizada con el fin de facilitar su estudio.
4:223b; Ciencia 4:183b; Enfermedad 5:415b; Metodología científica 10:110a; *ilustración* 4:224a.

CLASIFICACIÓN BIOLÓGICA. V. **Taxonomía.**

CLAUBERG, JOHANN (1622-1665). Filósofo alemán. Defensor de las teorías filosóficas de René Descartes, estudió las relaciones existentes entre el alma y el cuerpo y fue uno de los impulsores del ocasionalismo. *Cien ejercicios de conocimiento de Dios y nosotros mismos* (1656), *Sobre la unión del alma y el cuerpo en el hombre* (1663).

CLAUDEL, PAUL (1868-1955). Poeta, dramaturgo y ensayista francés. Sus obras se centraron en temas morales y religiosos.
4:225a; Francesa, literatura 6:376b; *ilustración* 4:225b.

CLAUDIANO, CLAUDIO (h. el 370-h. el 404). Poeta latino. Último gran lírico de la tradición clásica. Autor de poesía mitológica, epigramas y cantos patrióticos, composiciones estas últimas en las que destacó especialmente. *El rapto de Proserpina, La guerra de los godos, Sobre el consulado de Estilicón.*

CLAUDIO (10 a.C.-54). Tiberio Claudio César Augusto Germánico, emperador romano. Desarrolló la burocracia imperial, amplió las fronteras de Roma y llevó a cabo importantes obras públicas.
4:225b; Nerón 10:382a; *ilustración* 4:225b.

CLAUDIO EL CIEGO, APIO (siglos IV-III a.C.). Noble romano. Perteneciente a la clase patricia, llevó a cabo durante su etapa de gobierno en diferentes puestos (312 al 285 a.C.) una importante labor reformista con la que intentó restar fuerza a la nobleza. Construyó la vía Apia y el primer acueducto de Roma. Murió ciego.

CLAUDIO EL GÓTICO (214-270). Marco Aurelio Valerio Claudio, emperador romano del 268 hasta su muerte. Detuvo la invasión de los Balcanes por los godos en el año 269.

CLAUDIO MARCELO, MARCO (h. el 268-208 a.C.). General romano. Sometió a los galos del norte de Italia (Galia cisalpina) y tuvo una destacada participación en la segunda guerra púnica.

CLAUDIUS, MATTHIAS (1740-1815). Escritor alemán. Alternó su creación poética con la dirección del periódico *Der Wandsbecker Bote*. Sus poesías, que anuncian la estética romántica, están impregnadas de ingenuidad y fe religiosa. *Ha salido la luna, La muerte y la muchacha.*

CLAUSELL, JOAQUÍN (1866-1935). Pintor mexicano. Representante del estilo impresionista en la pintura mexicana, fue autor principalmente de paisajes en los que reflejó la naturaleza del valle de México.

CLAUSEWITZ, CARL VON (1780-1831). Militar y teórico prusiano. Fundador de la doctrina militar alemana durante el siglo XIX.
4:226a; Estrategia y táctica militares 6:166b; Guerra 7:264a.

CLAUSIUS, RUDOLF (1822-1888). Físico alemán. Contribuyó a la consolidación de la termodinámica como ciencia con sus desarrollos matemáticos y su contribución a la física molecular, a la teoría cinética de los gases y a la teoría de la electrólisis. Enunció el segundo principio de la termodinámica ligándolo al concepto de entropía.
Termodinámica 14:33a.

CLAUSTRO. Galería de arcos en torno a un patio, rectangular o cuadrado, protegida por una bóveda o cubierta; generalmente anexa a una iglesia, monasterio, abadía, etc., a donde suelen dar las dependencias.

CLAUSTROFOBIA. Miedo a los espacios cerrados (vehículos, ascensores, etc.). Es un síntoma de la neurosis fóbica.
Fobia 6:338a.

CLÁUSULA (DERECHO). Cada una de las disposiciones de un documento público o privado, como puede ser un contrato, un tratado, etc.

CLÁUSULA (MÚSICA). Género polifónico del siglo XIII. El primer gran compositor de cláusulas fue Pérotin, de la escuela de Notre-Dame de París. Corresponde al período de la música polifónica conocido como *ars antiqua*.
Música 10:312a; Polifonía 12:56a.

CLAUSURA. Forma de vida de algunas órdenes religiosas a cuyos miembros les está prohibida la salida del convento y todo contacto con el mundo exterior, salvo en casos excepcionales. También, zona del convento o monasterio de acceso prohibido a los extraños.

CLAVADOS. Exhibición deportiva que se realiza como atracción turística en el paraje de La Quebrada en Acapulco (México). Los clavadistas se lanzan al mar desde una altura de 45 m por un espacio angosto entre los acantilados. El espectáculo se inició en 1932. En México se llaman también clavados los saltos ornamentales en piscina desde plataforma o trampolín.
Acuáticos, deportes 1:46a.

CLAVE (ARQUITECTURA). En un arco, o en una bóveda, piedra situada en el centro de los empujes, generalmente el más elevado. Algunas veces presenta decoración.

CLAVE (INFORMÁTICA). Colección de características que permite en informática la relación unívoca entre dos conjuntos de datos o entre parte de ellos.

CLAVE (MÚSICA). Signo que se escribe a la izquierda de la primera línea del pentagrama para definir el nombre de los sonidos y su posición en la escala musical. En solfeo se utilizan claves de fa, sol y do.
Musical, notación 10:320b.

CLAVÉ, ANTONI (n. en 1913). Pintor español. Autor de pintura abstracta de influencia expresionista, trabajó también como decorador teatral e ilustrador. Se adentró en la escultura a partir de la década de 1960. Afincado en París desde 1936. «Tapete rojo y blanco» (1965).

CLAVE, CLAVICORDIO Y CLAVICÉMBALO. Instrumentos musicales de teclado pertenecientes a la misma familia, que se distinguen por la forma de pulsarse sus cuerdas.
4:226b; Piano 11:386a; *ilustración* 4:226b.

CLAVÉ, JOSÉ ANSELMO (1824-1874). Compositor y político español. Impulsor de la música coral en Cataluña. Participó de forma decisiva en la defensa del liberalismo político durante el reinado de Isabel II y desempeñó diversos cargos políticos en la primera república.

CLAVÉ, PELEGRÍN (1811-1880). Pintor español. Vivió y trabajó en España y México. Autor de cuadros históricos, retratos y decoración mural, dentro de un estilo cercano a las propuestas de los prerrafaelistas ingleses. «Locura de Isabel de Portugal», «Parábola del buen samaritano».

CLAVEL. Planta herbácea vivaz de la familia de las cariofiláceas (*Dianthus caryophyllus*).
4:227a; *ilustración* 4:227a.

CLAVÍCULA. Hueso largo en forma de S, que se articula en su parte exterior con el acromion (apófisis del omóplato), y en la interior con el primer cartílago costal y el esternón, al que une con los hombros.

CLAVIJERO, FRANCISCO JAVIER (1731-1787). Sacerdote e historiador mexicano. Exiliado tras la expulsión de los jesuitas (1767), escribió en Italia *Historia antigua de México.*
4:227b.

CLAVIJO, BATALLA DE. Legendario enfrentamiento del siglo IX entre las tropas de Ramiro I de Asturias y los ejércitos musulmanes. Según la tradición jacobea, el apóstol Santiago, montado en un caballo blanco, se apareció al rey cristiano y lo ayudó a vencer.

CLAVIJO, RUY GONZÁLEZ DE (m. en 1412). Diplomático y escritor español. Chambelán de Enrique III de Castilla, viajó a la corte de Tamerlán y, a su regreso a España en 1406, escribió *Embajada a Tamerlán* en dos manuscritos conservados en la Biblioteca Nacional de Madrid.

CLAVIJO Y FAJARDO, JOSÉ (1730-1806). Escritor español. Fundador del semanario satírico *El Pensador* (1762-1767), dirigió los teatros reales y el gabinete de historia natural. Representante de la escuela neoclásica española. Su relación con la hermana de Pierre-Augustin Caron de Beaumarchais sirvió de base argumental para la obra de Johann Wolfgang von Goethe, *Clavijo.*

CLAVIUS, CRISTOPHORUS (1537-1612). Matemático alemán que dirigió en 1582 la reforma del calendario por encargo del papa Gregorio XIII.

CLAVO DE ESPECIA. Flor seca y sin abrir del clavero. Destaca por su intenso aroma y su sabor picante y ácido. Es frecuente su utilización culinaria.
Especia 6:103a.

CLAVUS. Adorno que llevaba la nobleza romana en las vestiduras, consistente en dos bandas de púrpura con ricos bordados y dibujos en las mangas y en el pecho, denominándose *angusticlavus* si eran bandas estrechas y *laticlavus* si eran bandas anchas.

CLAXON. Término de origen inglés con el que se denomina la bocina del automóvil, que consiste en un disco que vibra bajo la acción de una corriente eléctrica.

CLAY, CASSIUS. V. **Muhammad Ali.**

CLAY, HENRY (1777-1852). Estadista estadounidense. Conocido como el «gran pacificador», por su compromiso de Missouri (1820), que mantuvo el equilibrio entre estados esclavistas y libres. Defendió la unidad del país.

CLAYTON-BULWER, TRATADO DE. Acuerdo firmado el 19 de abril de 1850 entre el ministro británico Henry Lytton Bulwer y el secretario de estado estadounidense John M. Clayton. Por el mismo ambas potencias renunciaban a construir un canal interoceánico en Centroamérica y se comprometían a respetar la soberanía de los países de la zona.

CLEANTES (331/330-232 a.C.). Filósofo griego natural del Asia menor. Discípulo de Zenón de Citio, fue uno de los principales representantes, junto con su maestro y su condiscípulo Crisipo, del primer período del estoicismo.
Estoicismo 6:158a.

CLEARING. V. **Compensación** (BANCA).

CLEMÁTIDE. Planta de la familia de las ranunculáceas (*Clematis vitalba*). Dicotiledónea. Hojas compuestas y flores blancas.

CLEMENCEAU, GEORGES (1841-1929). Estadista francés. Figura sobresaliente de la tercera república y firmante del Tratado de Versalles.
4:227b; Poincaré, Raymond 12:48b; Versalles, tratados de 14:280b; *ilustración* 4:227b.

CLEMENCÍN, DIEGO (1765-1834). Intelectual y político español. Vinculado a la defensa del liberalismo en España, desempeñó diversos cargos políticos durante el trienio liberal (1820-1823). Fue miembro de las academias de la lengua, historia y bellas artes, y bibliotecario real. *Elogio de la reina católica doña Isabel* (1821).

CLEMENS, SAMUEL L. V. **Twain, Mark.**

CLEMENT, RENÉ (1913-1996). Director cinematográfico francés. Entre su abundante filmografía cabe destacar *Juegos prohibidos* (1952), *¿Arde París?* (1965) y *El pasajero de la lluvia* (1969).

CLEMENTE I (siglo I). Papa del 88 al 97, o del 92 al 101. Según Tertuliano fue ordenado por san Pedro. Autor de una epístola dogmática dirigida a la iglesia de Corinto.

CLEMENTE II (m. en 1047). Papa de 1046 a 1047. Convocó el concilio de Roma de 1047 e inició una serie de reformas, pero murió repentinamente, al parecer envenenado.

CLEMENTE III (m. en 1191). Paolo Scolari, papa desde 1187 hasta 1191. Cuando fue elevado al pontificado hacía dos meses que Jerusalén había caído en poder de Saladino. Convocó la tercera cruzada. La iglesia de Escocia pasó a depender de Roma durante su pontificado.

CLEMENTE III, ANTIPAPA (1025-1100). Guiberto de Ravena, pontífice ilegítimo desde el 1080 a 1100, durante los pontificados de Víctor III y Urbano II. Coronó emperador a Enrique IV de Alemania, quien lo había entronizado en Roma el 24 de marzo del 1084.

CLEMENTE IV (m. en 1268). Gui Foulques, papa de 1265 hasta 1268. Nacido en Francia, fue consejero de Luis IX. Apoyó a Carlos de Anjou en la conquista de Nápoles, a cambio de su apoyo contra el duque Conradino de Suabia.

CLEMENTE V (1260-1314). Bertrand de Got, papa de 1305 hasta su muerte, instaló su corte en Aviñón.
4:228b; Felipe IV de Francia 6:253b; Órdenes religiosas militares 11:133a.

CLEMENTE VI (h. 1291-1352). Pierre Roger, papa desde 1342 hasta su muerte. Medió en la guerra entre Francia e Inglaterra. Impulsó la organización de la cruzada a Esmirna en 1344.

CLEMENTE VII (1478-1534). Giulio de Medici, papa desde 1523 hasta su muerte, bajo cuyo pontificado se consumó la ruptura de la Iglesia de Inglaterra con la de Roma.
4:229a; Anglicanismo 1:357a; Capilla Sixtina 3:360a; Enrique VIII de Inglaterra 5:424b; Medici, familia 10:27a; Miguel Ángel 10:161a; Trento, condilio de 14:122b; Zumárraga, Juan de 14:438a; *ilustración* 4:229b.

CLEMENTE VII, ANTIPAPA (1342-1394). Roberto de Ginebra, primer antipapa del gran cisma de occidente. Lo fue de 1378 a 1394. Tras fracasados intentos de apoderarse de Roma, se estableció en Aviñón.
Luna, Pedro de 9:246a.

CLEMENTE VIII (1536-1605). Ippolito Aldobrandini, papa desde 1592 hasta su muerte. Ordenó una edición revisada de la *Biblia* y de otros libros litúrgicos. Aceptó la abjuración de Enrique IV de Francia al protestantismo, y lo absolvió de la excomunión.

CLEMENTE IX (1600-1669). Giulio Rospigliosi, papa desde 1667 hasta su muerte. Intentó resolver el conflicto con los jansenistas promulgando la «paz clementina» en 1669. Escritor de dramas religiosos.

CLEMENTE X (1590-1676). Emilio Altieri, papa desde 1670 hasta su muerte. Supo mantenerse firme frente a las intromisiones francesas. Organizó las finanzas papales, ordenó construir el palacio Altieri de Roma y las fuentes de la plaza de san Pedro. Canonizó a santa Rosa de Lima, entre otros santos.

CLEMENTE XI (1649-1721). Giovanni Francesco Albani, papa desde 1700 hasta su muerte. Publicó dos bulas, *Vineam Domini,* en 1705, y *Unigenitus,* en 1713, contra los jansenistas, y se enfrentó a los obispos rebeldes franceses que apoyaban el galicanismo.

CLEMENTE XII (1652-1740). Lorenzo Corsini, papa desde 1730 hasta su muerte. Apoyó numerosas misiones y envió franciscanos a Etiopía. Publicó la bula *In eminenti* condenando la francmasonería.

CLEMENTE XIII (1693-1769). Carlo Rezzonico, papa desde 1758 hasta su muerte. Defensor de los jesuitas frente al absolutismo de los Borbones, exaltó los méritos de la orden en su bula *Apostolicum* de 1765. Se enfrentó a la doctrina alemana febronianista y ordenó a los obispos alemanes que la suprimieran.

CLEMENTE XIV (1705-1774). Giovanni Vincenzo Ganganelli, papa desde 1769 hasta su muerte. Dio fin al cisma de Portugal restableciendo la embajada papal. En 1773 disolvió a los jesuitas.
Jesuitas 8:371b.

CLEMENTE, ROBERTO (1934-1972). Beisbolista puertorriqueño. Jugador en el Santurce Cangrejeros hasta 1953, en 1954 ingresó en la plantilla de los Piratas de Pittsburgh de la Liga Nacional estadounidense, donde tuvo una brillante carrera. Murió en un accidente de aviación cuando llevaba socorros a Managua, Nicaragua, ciudad devastada por un terremoto.

CLEMENTE DE ALEJANDRÍA, SAN (h. el 150-h. el 215). Escritor y padre de la iglesia. Aunó en sus estudios la filosofía griega y la teología cristiana.
4:228a; Orígenes 11:150b; Teología 14:21a; *ilustración* 4:228a.

CLEMENTE Y PALACIOS, LINO DE (1767-1834). Militar y político venezolano. Participó en el acta de declaración de independencia de Venezuela y en la firma de la constitución republicana de diciembre de 1811. En la década de 1820 desempeñó diversos cargos políticos y militares en el gobierno venezolano.

CLEMENTI, MUZIO (1752-1832). Compositor y pianista británico de origen italiano. Organista a los nueve años de edad, compuso un oratorio a la edad de doce. Vivió desde 1766 en Inglaterra. Viajó por Europa y, en Viena, a instigación del emperador José II, entabló un amistoso duelo musical con Wolfgang Amadeus Mozart. Fue maestro, entre otros, de Jakob Meyerbeer. Escribió multitud de sonatas para piano.

CLEMENTIS, VLADIMÍR (1902-1952). Político comunista checoslovaco. Elegido por Eduard Benés para el Consejo Nacional Checoslovaco en el exilio en 1942. Acusado de espionaje y traición en 1950, fue condenado a muerte y ejecutado. Rehabilitado en 1963.

CLEOBIS Y BITÓN. Personajes de la mitología griega. Hijos de Cidipa, sacerdotisa del templo de Hera en Argos. Por haber ayudado a transportar a su madre hasta el templo, recibieron de la diosa el don del sueño eterno.

CLEÓFRADES (siglos VI-V a.C.). Pintor griego. Representante de la pintura tardía del período arcaico, decoró gran número de vasos y ánforas dentro de la técnica de las figuras rojas y las figuras negras.

CLEÓMENES I (m. en el 490 a.C.). Rey de Esparta del 520 al 490. Ayudó a los atenienses a derrocar a Hipias, último de los pisistrátidas, y consolidó la posición dominante de Esparta sobre el Peloponeso.

CLEÓMENES III (m. en el 219 a.C.).Rey de Esparta (235-222) que trató de restaurar la antigua grandeza de su ciudad y se enfrentó sin éxito a la liga aquea.

CLEÓN (m. en el 422 a.C.). Primer representante destacado de la clase comercial en la política ateniense. Se puso al frente del partido popular a la muerte de Pericles.
Peloponeso, guerras del 11:324a.

CLEOPATRA (69-30 a.C.). Última reina de Egipto (Cleopatra VII) de la dinastía tolemaica. Fracasó en sus intentos de mantener la independencia frente a Roma.
4:229b; Augusto 2:209b; Egipto 5:336a; Marco Antonio 9:355a; *ilustración* 4:229b.

CLEPSIDRA. Reloj de agua utilizado antiguamente para medir el tiempo. Se basaba en la relativa regularidad del descenso del agua en un recipiente con orificios en el fondo.

CLEPTOMANÍA. Propensión patológica, obsesiva e irreprimible a cometer robos.

CLERGUE, LUCIEN (n. en 1934). Fotógrafo francés. Realizó notables retratos fotográficos (Pablo Picasso) y composiciones con desnudos femeninos confundidos con la espuma del mar o entre las rocas. *Cuerpos memorables* (1957), *Nacimientos de Afrodita* (1968).

CLERMONT-FERRAND. Ciudad de Francia, cap. del dep. de Puy-de-Dôme, región de Auvernia. Catedral del siglo XII construida en toba volcánica. Centro turístico. Universidad. Neumáticos, productos farmacéuticos. 137.140 hab. (1999).

CLERMONT-FERRAND, CONCILIO DE. Concilio ecuménico que se desarrolló en la ciudad francesa de Clermont-Ferrand entre el 18 y el 28 de noviembre del año 1095. Fue convocado por el papa Urbano II y en él se proclamó la primera cruzada. Los dominios europeos de los cruzados se protegieron con la creación de la llamada «tregua de Dios».
Cruzadas 5:36a.

CLETO I (siglo I). Papa del 76 o 79 al 88 o 91, también llamado Anacleto. Segundo sucesor de san Pedro. Murió probablemente mártir en tiempos de Domiciano.

CLEVELAND. Ciudad y puerto interior de los Estados Unidos en el est. de Ohio, en la orilla meridional del lago Erie. Universidades, institutos de investigación, museos, bibliotecas. Zoológico. Industria química y farmacéutica, siderurgias, refinerías de petróleo. 495.817 hab. (1998).

CLEVELAND, BARBARA VILLIERS, DUQUESA DE (1641-1709). Dama británica de gran belleza, amante del rey Carlos II de Inglaterra. Fue una famosa cortesana antes y después de ser la favorita del monarca.

CLEVELAND, GROVER (1837-1908). Político estadounidense, presidente de 1884 a 1888 y de 1892 a 1896.
4:230a; *ilustración* 4:230a.

CLIC. Sonido propio de ciertas lenguas africanas, como las khoi-san, zulú y xhosa de la región sudafricana, que se realiza mediante dos oclusiones, una posterior, velar, y otra anterior, labial, dental o palatal.

CLIC (INFORMÁTICA). Toque por el que se acciona el pulsador del ratón informático o, en general, cualquier instrumento de control.

CLICHÉ. Placa metálica sobre la que se graba una imagen para reproducirla por impresión. También, película de impresión.

CLIFF-DWELLINGS. Nombre inglés con que se conocen las viviendas que construyeron los indios pueblo del sudoeste de los Estados Unidos desde comienzos del siglo XI hasta finales del XIII. Eran edificaciones de adobe adosadas a los acantilados de las mesetas.

CLIFT, MONTGOMERY (1920-1966). Actor estadounidense. Representante de la escuela interpretativa del Actor's Studio. Intervino en películas como *Un lugar en el sol* (1951), *Yo confieso* (1953), *De aquí a la eternidad* (1954), *Freud* (1963).

CLIMA ARTIFICIAL. Conjunto de condiciones meteorológicas y ambientales reguladas en lugares cerrados mediante técnicas de acondicionamiento. Se emplea en invernaderos y otros locales.

CLIMATERIO. Período de la vida en el que cesa el potencial reproductivo de la mujer (menopausia) y disminuye el del hombre (andropausia).

CLIMÁTICA, OSCILACIÓN. Cambio en las condiciones climáticas, determinadas por la medición de los valores medios de diversos parámetros como la temperatura, pluviosidad, etc., ocurrido en una zona en el curso de varias décadas.

CLIMA Y CLIMATOLOGÍA. El conjunto de condiciones meteorológicas que caracterizan a una determinada región o localidad se denomina clima, y su estudio constituye el objeto de la climatología.
4:230b; Agricultura 1:110a; Atmósfera 2:203b; Biodiversidad 3:24b; Biogeografía 3:31a; Bosque 3:122a; Cambio climático 3:296b; Ecología 5:270a; Ecosistema 5:285a; El Niño, corriente de 5:380b; Estaciones del año 6:119a; Geografía 7:89b; Geomorfología 7:105b; Golfo y bahía 7:156b; Hidrografía e hidrología 7:399b; Humedad atmosférica 8:96b; Köppen, Wladimir Peter 9:35a; Meteorología 10:105a; Oceánicos, movimientos 11:72b; Orografía 11:156a; Paisaje (GEOGRAFÍA) 11:206a; Precipitaciones atmosféricas 12:118b; Presión atmosférica 12:133b; Riego 12:369a; Viento 14:308a; *mapas* 4:233; *ilustraciones* 4:231b; 4:232a; 4:234a-b.

CLINKER. En construcción, masa formada por cal, sílice, alúmina y óxidos de hierro y magnesio que forman la base para la formación del cemento hidráulico.
Cemento 4:71b.

CLINÓMETRO. Aparato utilizado para medir la inclinación de un avión o, en geología, la pendiente de un terreno.

CLINTON, BILL (n. en 1946). Político estadounidense. Elegido presidente de la nación por el Partido Demócrata en 1992 y reelegido para el cargo en 1996.
4:235a; Estados Unidos 6:141b; Tratado de Libre Comercio de América del Norte (TLC) 14:119b; *ilustración* 4:235b.

CLÍO. En la mitología griega, una de las nueve musas, protectora de la historia y de la poesía épica. Madre, según diversas leyendas, de Hiacinto o Jacinto, del músico Lino y del dios Himeneo. Se la representaba a menudo portando una clepsidra o un rollo de escritura.
Musas 10:306b.

CLÍPER. Velero estrecho y largo, muy veloz, con tres o más palos inclinados hacia atrás con velas rectangulares. Aparecido en los Estados Unidos a principios del siglo XIX, era frecuentemente utilizado por compañías comerciales.

CLIPPER CHIP. Código de cifrado que el gobierno estadounidense intentó imponer en 1995 en las redes digitales de comunicaciones, para controlar el flujo de datos ocultos bajo códigos criptográficos.

CLIPPERTON. Islote deshabitado del océano Pacífico (5 km^2) situado a 1.300 km de México. Objeto de una disputa entre Francia y México, la primera obtuvo un fallo a su favor del Tribunal Internacional de La Haya (1931) y lo considera parte de la Polinesia Francesa. También llamado isla de la Pasión.

CLISÉ. V. **Cliché.**

CLÍSTENES DE ATENAS (h. el 570-h. el 508 a.C.). Estadista ateniense. Sentó las bases del régimen democrático.
4:235b.

CLÍSTENES DE SICIÓN (siglo VI a.C.).Tirano que gobernó la ciudad griega de Sición. Apoyado en la población jonia, impuso su autoridad sobre la aristocracia doria que había dominado la ciudad. Destruyó Crisa y devolvió a Delfos su rango de centro sagrado.

CLITEMNESTRA. Personaje legendario griego. Era hermana de Helena, Cástor y Pólux. Casada con Agamenón, cometió adulterio con Egisto. Al regreso de Agamenón de la guerra de Troya, los amantes lo asesinaron. Clitemnestra murió a manos de su hijo Orestes, quien había jurado vengar a su padre.
Electra 5:351b.

CLITIAS (siglo VI a.C.). Pintor griego. Realizó sus creaciones dentro de la técnica de las figuras negras. Decoró vasos y ánforas, principalmente en colaboración con el ceramista Ergótimo. Su obra más famosa es el vaso François, descubierto en 1844, y conservado en el Museo Arqueológico de Florencia.

CLÍTORIS. Pequeño órgano eréctil femenino, situado en la zona de unión anterior de los labios menores de la vulva. Es erógeno (sensible a la excitación sexual).
Urogenital, aparato 14:199a.

CLIVE, ROBERT (1725-1774). Militar y primer administrador británico en Bengala, India. Gobernador de la región entre 1755 y 1760, logró una victoria decisiva contra los bengalíes en la batalla de Plassey (1757). Pasó unos años en Inglaterra y gobernó de nuevo la colonia de 1764 a 1767.
Bengala 2:410a; India 8:158b.

CLODIO PULCRO, PUBLIO (h. el 93-52 a.C.). Político romano. Enemigo de Cicerón, obligó a éste a exiliarse. Colaboró con Julio César y alcanzó gran poder en Roma. Murió asesinado.

CLODOMIRO (h. el 496-524). Rey merovingio. A la muerte de su padre, Clodoveo I, en el 511, le correspondió la parte comprendida entre los ríos Loira y Garona en el reparto del reino francés. Se enfrentó en el 523, junto con su hermano, al rey de los burgundios, Segismundo. Murió al enfrentarse al hermano de este último, Gondomer, en la batalla de Vézeronce.

CLODOVEO I (h. el 466-511). Fundador merovingio del reino franco, que dominó gran parte de la Europa occidental en la edad media.
4:236a; Alarico II 1:140b; Edad media 5:297b; Francos 6:404b; Merovingios 10:76b; *ilustración* 4:236a.

CLON. Población genéticamente idéntica originada mediante multiplicación asexual de una unidad, sea un organismo o una célula.
Clonación 4:236b.

CLONACIÓN. Técnica de ingeniería genética consistente en obtener réplicas exactas de un ser vivo a partir de una de sus células que contenga la información genética completa. En 1997 se llevó a cabo por primera vez la clonación de un animal superior, la oveja *Dolly*, en el Instituto Roslin de Edimburgo en el Reino Unido.
4:236b; Biología 3:39b; Biología molecular 3:41b; Biotecnología 3:56a; Ingeniería genética 8:210b; *ilustraciones* 4:237; 4:238a.

CLONACIÓN BIOLÓGICA. Obtención de células u organismos pluricelulares genéticamente idénticos a partir de un único progenitor mediante procesos de reproducción no sexual.

CLONACIÓN MOLECULAR. Inserción de un fragmento de ADN de un determinado organismo en una molécula o agente transportador denominado vector, generalmente un plásmido bacteriano o un virus, cuya función es facilitar la penetración de dicho fragmento de ADN en otra célula capaz de replicar y expresar la información genética que le ha sido transferida.

CLORACIÓN. Introducción de átomos de cloro en un compuesto orgánico. Para ello se utilizan diversos métodos: el de reacción con cloro molecular, el de reacción con ácido clorhídrico y el de reacción con ácido hipocloroso. Utilizado para depuración de las aguas.
Agua, abastecimiento de 1:122a; Cloro 4:239b.

CLORHÍDRICO, ÁCIDO. Cloruro de hidrógeno, gas incoloro con numerosas y extensas aplicaciones industriales. Se prepara a partir del cloruro sódico, que se trata con ácido sulfúrico. Se utiliza para obtener el cloro, en la fabricación de clorato potásico, en la extracción de gelatina de los huesos y en metalurgia. Fórmula, HCl.
Ácido y base 1:34a; Desinfectante 5:155a; Úlcera 14:174a.

CLORITA. Grupo de filosilicatos de hierro, aluminio y magnesio que cristalizan en el sistema monoclínico, se presentan en láminas flexibles y son de color verde y brillo vítreo. Forman parte de numerosas rocas eruptivas.

CLORO. Elemento químico halógeno del grupo VIIa de la tabla periódica. Símbolo, Cl; número atómico, 17; peso atómico 35,46.
4:239a; Halógenos 7:324a; *cuadro* 4:239a.

CLOROFILA. Pigmento de color verde contenido en los cloroplastos de las células vegetales, responsable del proceso de la fotosíntesis. Presente también en determinadas bacterias.
Fotosíntesis 6:363a; Pigmentación 11:405a; Planta 12:19a.

CLORÓFITAS. Algas de coloración verde, generalmente unicelulares, que habitan principalmente en aguas dulces. Exigen una gran cantidad de anhídrido carbónico. Se distinguen tres subgrupos principales: clorofíceas o enclorofíceas, carofíceas y zigofíceas.

CLOROFLUOROCARBONOS. Denominación genérica de un conjunto de gases orgánicos derivados de la halogenización de hidrocarburos. Fueron utilizados en la industria como propelentes y refrigerantes principalmente. Su fabricación y uso fue prohibida en casi todo el mundo debido a sus devastadores efectos sobre la capa de ozono. Son llamados también CFC.
Cambio climático 3:297b; Contaminación 4:357a; Ozono 11:193a.

CLOROFORMO. Triclorometano, líquido volátil, incoloro, con olor característico y sabor ardiente. Su propiedad principal es la de deprimir el sistema nervioso central. Se utilizó como anestésico por primera vez en el siglo XIX. Uso industrial como disolvente. Fórmula, $CHCl_3$.
Anestesia 1:345a.

CLOROMICETINA. Acetamida utilizada como antibiótico y bacteriostático de acción similar a la tetraciclina. Uso externo (piel, ojos, oídos), o por vía oral.

CLOROPLASTO. Orgánulo celular característico de ciertos organismos autótrofos, donde se realiza la fotosíntesis. Contiene ADN propio.
Célula 4:69a; Fotosíntesis 6:362b.

CLOROSIS. Anemia característica de mujeres jóvenes (cloroanemia), que se manifiesta por palidez intensa debida a la disminución del hierro de los glóbulos rojos.

CLORURACIÓN. Transformación de una sustancia en cloruro. Método utilizado con los minerales auríferos no amalgamables que se lavaban con agua clorada después de haberlos tostado o se sometían a una calcinación en presencia de cloruro sódico. Actualmente se ha sustituido por la cianuración.

CLORURO. Cualquier compuesto químico en el que existe una unión entre un anión de cloro y otro compuesto. Clasificados en iónicos (cloruro de plata, talio, cobre, mercurio), covalentes (cloruro de hidrógeno) y complejos (metal de transición más ion cloruro).
Sodio 13:288a.

CLOSE, GLEN (n. en 1947). Actriz estadounidense, destacada por sus interpretaciones dramáticas en *La casa de los espíritus* (1993) o *Camino al paraíso* (1997). Fue nominada a los Óscar en varias ocasiones.

CLOTARIO I (h. el 500-561). Rey merovingio de Soissons desde el 511, y de todo el reino franco desde el 558. Realizó varias campañas contra los burgundios, visigodos y turingios, extendiendo la hegemonía franca.
Francos 6:404b; Merovingios 10:76b.

CLOTARIO II (584-629). Rey merovingio de Neustria y monarca de los francos desde el 613. Sus relaciones con la iglesia fueron reguladas por el Edicto de París del 614.
Francos 6:404b; Merocingios 10:76b.

CLOTARIO III (m. en el 673). Rey merovingio de Neustria y Borgoña desde el 657. A raíz del retiro de su madre, Batilda, a un monasterio, estuvo sometido a Ebroín, mayordomo de la corte.

CLOTARIO IV (m. en el 719). Rey merovingio de Austrasia. Carlos Martel lo colocó en el trono hacia el 715 para cerrar el paso a Chilperico II de Neustria. Su ascendencia ofrece dudas, aunque se le supone hijo de Teodorico III.

CLOUET, FRANÇOIS (h. 1520-1572). Pintor francés. Hijo del también pintor Jean Clouet, trabajó al servicio de Francisco I, Enrique II y Carlos IX, destacando como retratista. En su producción se observa la influencia de los pintores florentinos. «Retrato de Pierre Quthe» (1562), «El baño».

CLOUET, JEAN (h. 1485-1540). Pintor y dibujante. De origen al parecer flamenco, vivió en Francia casi toda su vida. Pintor titular de la corte de Francisco I, fue autor de numerosos dibujos a la sanguina y al carbón; destacó como retratista. «Retrato de Francisco I».

CLOVIS, PUNTAS. Restos arqueológicos pertenecientes a una antigua cultura americana que tomó su nombre de los hallazgos encontrados en la ciudad homónima de Nuevo México (EUA) en 1932. Resultantes de la evolución de las puntas Sandía, las puntas Clovis quedan integradas dentro del paleolítico superior americano (15000-5000 a.C.). Se caracterizan por su forma lanceolada y por presentar una acanaladura central en uno o ambos lados.
Americana, prejistoria 1:286a.

CLUB. Voz inglesa que designa una asociación voluntaria orientada a unos fines comunes que pueden ser políticos, deportivos, recreativos, etc. Por extensión se aplica también al lugar estable en que se reúnen.

CLUJ NAPOCA. Ciudad de Rumania, cap. del dist. de Cluj, Transilvania. Iglesia gótica de San Miguel. Palacio Bánffy, hoy museo. Universidad, jardín botánico. Calzado, cigarrillos. 332.792 hab. (1997).

CLUNIACENSE, ARTE. Conjunto de obras artísticas característico del arte religioso desarrollado entre los siglos X al XIV en torno a los monasterios benedictinos de la orden de Cluny. Representativos de su estilo fueron la mayor ligereza en las construcciones y el gusto por los elementos decorativos.
Monasterios y conventos 10:226b; Religioso, arte 12:323a.

CLUNY, ORDEN DE. Orden monástica que tomó su nombre de la abadía de Cluny, Borgoña, fundada por el duque Guillermo el Piadoso de Aquitania en el 910. Se establecieron en ella monjes benedictinos reformados que dependían directamente del papa. La orden alcanzó su apogeo a finales del siglo XII, con abadías en Alemania, Francia, Inglaterra y España.
Órdenes religiosas 11:131a; Románico, arte 13:4b.

CLÚSTER DE GALAXIAS. Disposición de galaxias enlazadas por sus campos gravitatorios.

CLUTCH. V. **Embrague.**

CLYDE. El más importante río de Escocia, de unos 170 km. Nace en las tierras altas del sur y desemboca en el Atlántico. Su gran estuario se extiende en unos 100 km. Los puertos más importantes de este estuario son los de Glasgow, Greenock y Ardrossan.
Glasgow 7:142b.

CNIDARIOS. Subtipo de celentéreos acelomados de simetría axial. Formados por dos clases de tejidos, externo e interno. Dotados de tentáculos. Formas sexuadas libres, como la medusa, y asexuadas fijas, como los pólipos.
Invertebrados 8:249b; Medusa (ZOOLOGÍA) 10:39b; Metazoos 10:103a; Nervioso, sistema 10:384a; Toxicología 14:102a; Zoología 14:428a.

CNIDO. Antigua ciudad griega (doria) del Asia menor, situada al sur de Mileto y en el vértice de la península de Quersoneso. Fue ocupada por los persas y posteriormente se alió a Atenas. Se conservan restos de su odeón, teatros y templos; sin embargo, se ha perdido la Afrodita de Praxíteles que presidía la ciudad.
Acrópolis 1:38b.

CNIDO, BATALLA DE. Combate naval que tuvo lugar en agosto del 394 a.C. frente a las costas de la isla de Cnido. Enfrentó a las tropas persas y a los espartanos. La derrota de la escuadra griega y la muerte de su comandante, Pisandro, supuso la pérdida del control por esta potencia del Asia menor.

CNN. Siglas de Cable Network News, cadena televisiva estadounidense de noticias cuyas emisiones por cable o satélite se reciben en prácticamente todo el mundo. En 1997 lanzó un canal de 24 horas en español.

CNOSOS. Antigua ciudad de la isla de Creta, centro principal de la civilización minoica.
Arqueología 2:95b; Arquitectura 2:102a; Creta 5:8a; Minoico, arte 10:180b.

CNT. V. **Confederación Nacional del Trabajo.**

COACERVADO. Agregado obtenido cuando dos coloides hidrófilos de signo opuesto se mezclan y forman una partícula estable, que puede constituir una fase separada.

COAGULACIÓN. Transformación de un líquido orgánico en una sustancia sólida o semilíquida. El término se refiere especialmente a la coagulación de la sangre.
Hemofilia 7:359a.

COÁGULO. Masa gelatinosa que resulta de la coagulación de la sangre u otro líquido. El coágulo sanguíneo está formado por una malla de fibrina insoluble que retiene los glóbulos rojos y el suero.

COAHUILA. Estado del norte de México limitado al norte y nordeste por los Estados Unidos. Cap. Saltillo. 149.982 km^2. 2.351.553 hab. (1999).
4:239b.

COAMO. Municipio de Puerto Rico en la ladera de la cordillera Central, regado por el río Coamo. Caña de azúcar, tabaco. 199 km^2. 31.587 hab. (1985).

COASEGURO. Seguro cuyo riesgo es compartido por varias compañías aseguradoras. Suele establecerse sobre bienes de mucho valor.

COATÁ. Mono platirrino integrado en el grupo de los monos araña y en la familia de los cébidos (*Ateles paniscus*). Cola y miembros, en especial los anteriores, muy largos. Espesa pilosidad de color negro. Arborícola, gregario y domesticable. Originario de América central. También llamado coaita y coatá negro.

COATEPEC. Población mexicana del est. de Veracruz. Situada al pie del monte Coatepec, está regada por diferentes ríos. Importante centro agrícola y ganadero; café. 61.647 hab. (1990; municipio).

COATEPEQUE, LAGO. Laguna de El Salvador, en el municipio del mismo nombre, dep. de Santa Ana. 24 km^2.

COATÍ. Mamífero carnívoro de la familia de los prociónidos y del género *Nasua*.
4:240a; *ilustración* 4:240b.

COATLICUE. En la mitología azteca, diosa de la tierra y madre del dios sol y de otras divinidades celestes. Símbolo del perpetuo ciclo de vida y muerte, era a un tiempo creadora y destructora. Su principal símbolo asociado era la serpiente.
Azteca, religión 2:289a; Tonantzin 14:84b.

COATZACOALCOS. Ciudad y puerto de México en el est. de Veracruz, en la desembocadura del río Coatzacoalcos, en la bahía homónima del golfo de México. Exportación de productos petrolíferos, refinerías, madera, cereales, industrias químicas. 222.027 hab. (1995).
Tehuantepec, istmo de 13:419b; Veracruz, estado de 14:274a.

COBÁ. Ciudad maya, a orillas de cuatro lagos en el estado de Quintana Roo, México. Entre sus ruinas, dispersas en una amplia zona boscosa, se hallaron 31 estelas, lisas y grabadas, y un altar. Pirámide del Castillo.

COBALTINA. Mineral de sulfoarseniuro de cobalto. Dureza media. Color blanco plata con matiz rojizo. Cristaliza en el sistema cúbico. Es la más importante mena de cobalto. Se encuentra en España, Alemania, Rusia y Canadá. fórmula, CoAsS.

COBALTO. Elemento químico, metal ferromagnético, del grupo VIII de la tabla periódica. Símbolo, Co; número atómico, 27; peso atómico 58,93.
4:240b; Minería 10:179b; *cuadro* 4:241a; *ilustración* 4:241a.

COBALTO 60. Ion radiactivo utilizado en el tratamiento de procesos cancerosos.

COBÁN. Población de Guatemala, cap. del dep. de Alta Verapaz, a orillas del río Cahabón. Fundada hacia 1538 junto a unas ruinas mayas de las que existen restos. Iglesia del siglo XVII. Agricultura y ganadería. 14.152 hab. (1981).

COBAYA. V. **Cuy.**

COBB, JOHN (h. 1710-1778). Tapicero y ebanista británico. Empleado como tapicero de Jorge III, realizó numerosos encargos de mobiliario con decoración al estilo Adam. Inventor de una mesa abatible de dibujo para artistas y arquitectos.

COBB, TY (1886-1961). Tyrus Raymond Cobb, beisbolista estadounidense. Una de las figuras míticas del beisbol en los Estados Unidos. Intervino durante 24 campañas en las grandes ligas estadounidenses. Sus récords de bateo se mantuvieron más de cuarenta años.

COBBETT, WILLIAM (1763-1835). Periodista británico. Ardiente defensor de la Inglaterra rural tradicional frente a los cambios que trajo la revolución industrial. En 1802 fundó el semanario *Political Register*, que años más tarde sería la publicación radical más extensamente leída.

COBDEN, RICHARD (1804-1865). Político británico. Luchó contra las leyes del maíz en 1846, defendió el libre comercio y predicó la no intervención estatal en la economía.

COBENZL, LUDWIG, CONDE DE (1753-1809). Diplomático austriaco. Ministro de asuntos exteriores, desempeñó un importante papel en la tercera partición de Polonia (1795). Negoció varios tratados con la Francia napoleónica.

COBERTURA. Extensión de territorio cubierta por un determinado sistema de telecomunicación.

COBLENZA. Ciudad de Alemania, est. de Renania-Palatinado, en la confluencia del Rin y el Mosela. Castillo fortaleza, hoy museo. Muebles, productos químicos. Puerto fluvial. 109.404 hab. (1998).
Rin, río 12:373a.

COBO, BERNABÉ (1596-1657). Cronista de Indias español. Participó entre 1595 y 1599, junto con Domingo de Vera, en una expedición en busca de El Dorado en el curso de la cual realizó estudios de la flora y fauna de la jungla. Vivió entre 1630 y 1650 en México y fue autor de una *Historia del Nuevo Mundo* (1653).

COBOL. Lenguaje de programación informática utilizado para fines comerciales, capaz de manejar grandes cantidades de datos.
Lenguajes de programación 9:107a.

COBOS, FRANCISCO DE LOS (h. 1477-1547). Político español. Figura destacada en el gobierno del emperador Carlos V (I de España), del que fue consejero y gran canciller. Se dedicó especialmente a los asuntos internos españoles y fue un decidido opositor del movimiento comunero.

COBRA (ARTE). Copenhague-Bruselas-Amsterdam, grupo artístico europeo surgido entre 1948 y 1951 y que tuvo como principales representantes a Asger Jorn, Karel Appel, Pierre Alechinsky, etc. Encuadrados estéticamente dentro del expresionismo figurativo.

COBRA (ZOOLOGÍA). Reptil ofidio venenoso de la familia de los elápidos y del género *Naja*.
4:241b; Serpientes 13:211b; Toxicología 14:102a; *ilustraciones* 4:241b; 13:211b; 14:102a.

COBRE. Elemento químico, metal del grupo IB de la tabla periódica. Símbolo, Cu; número atómico, 29; peso atómico, 63,546.
4:242a; Metales, edad de los 10:95a; Metalistería 10:97a; Minería 10:178a; *cuadros* 4:242a; 4:243a; *ilustraciones* 4:242.

COBRE, EL. Población cubana que pertenece a la prov. de Santiago de Cuba, cerca de la costa sur de la isla. Fundada en 1544, se encuentra en ella el santuario de la Virgen de la Caridad del Cobre, patrona de la isla. Agricultura, industria maderera.

COBRE, NUESTRA SEÑORA DE LA CARIDAD DEL. Advocación de la Virgen María especialmente venerada en Cuba, de donde es patrona. Según la tradición, su imagen apareció flotando sobre una tabla en la bahía de Nipe y fue recogida por Juan Moreno y Juan y Rodrigo Joyos.
Marianas, advocaciones 9:366b.

COBRE, SULFATO DE. Sal de cobre. Sustancia cristalina azul, se prepara por adición de ácido sulfúrico sobre cobre o por oxidación del sulfuro de cobre. Es un astringente fuerte que se utiliza en solución en dermatología y en forma sólida como cáustico. Fórmula, $CuSO_4\ 5H_2O$.

COBURN, ALVIN LANGDON (1882-1966). Fotógrafo británico de origen estadounidense. Famoso por sus vortografías, fotografías obtenidas con reflejos de espejos que repetían un mismo elemento, como imagen caleidoscópica. Precursor de la fotografía abstracta. Miembro fundador del grupo Photo-Secession.

COCA (BOTÁNICA). Arbusto de la familia de las eritroxiláceas (*Erythroxylon coca*). De sus hojas se elabora la cocaína.
4:243b; Toxicología 14:103b; Toxicomanía 14:104a; *ilustraciones* 4:243b; 14:103b.

COCA (GEOGRAFÍA). Población española de la prov. de Segovia, comunidad autónoma de Castilla y León. De orígenes prerromanos, conserva murallas y monumentos de los siglos XV y XVI. Pequeño poblado agrícola. 2.121 hab. (1986).

COCAÍNA. Alcaloide de la coca que se emplea usualmente como estupefaciente. Se presenta en forma de polvo blanco, cristalizado, incoloro y de sabor amargo. El clorhidrato de cocaína se utiliza en medicina como anestésico local.
Alcaloides 1:152a; Coca 4:243b; Toxicomanía 14:104b.

COCAMAMA. Entre los pueblos indígenas del Perú precolombino, deidad femenina asociada al cultivo y consumo de la coca.

COCAMAS. Tribu amerindia del Amazonas. Pertenece a la familia lingüística tupí-guaraní y habita en las orillas de los ríos Ucayali y Huallaga. Su economía es predominantemente agraria y practican la pesca. Mantienen una religión de base chamánica.

COCCEIUS, JOHANNES (1603-1669). Teólogo alemán. Representante de la iglesia reformista protestante, desarrolló un sistema teológico basado en la existencia de una doble alianza del hombre con Dios: la alianza de la naturaleza y la alianza de la gracia. Se opuso a la ortodoxia calvinista. *Summa doctrinae de foedere et testamento Dei.*

CÓCCIX. Pieza ósea triangular de base superior, que se articula con el sacro y viene formada por la soldadura de cuatro o cinco vértebras coccígeas. También se denomina coxis.

COCHABAMBA (CIUDAD). Población de Bolivia, cap. del dep. de Cochabamba. Fundada en 1574 por Sebastián Barba de Padilla con el nombre de Villa de Oropesa. Universidad, museo, biblioteca municipal. Refinería de petróleo, oleoductos. Ferrocarril. Aeropuerto. 607.129 hab. (2000).
Cochabamba 4:244a.

COCHABAMBA (DEPARTAMENTO). División administrativa de Bolivia considerada el granero del país. Cap. Cochabamba. 55.631 km^2. 1.408.071 hab. (1997).
4:244a; *ilustración* 4:244a.

COCHABAMBA, CORDILLERA DE. Sistema montañoso boliviano, situado en la parte central del país, en el dep. del mismo nombre. Su máxima altitud la alcanza con el pico Tunari (5.206 m).
Cochabamba 4:244a.

COCHERO. Constelación boreal situada entre Perseo, Tauro (Toro) y Gémini (Gemelos), en la Vía Láctea. Sus estrellas principales forman un pentágono irregular con Beta de Tauro.

COCHIN. Ciudad y puerto del sur de la India, en el dist. de Ernakulam, est. de Kerala, a orillas del mar Arábigo. Fundada en 1502 por Pedro Álvares Cabral. Iglesia del siglo XVI. Base naval. Centro comercial. 564.000 hab. (1991).

COCHINCHINA. Denominación dada por Francia a la región del sur de Vietnam a orillas del mar de la China meridional y el golfo de Tailandia. Devuelta a Vietnam en 1949.
Indochina 8:175a; Vietnam 14:311b.

COCHINILLA. Crustáceo isópodo terrestre, de figura ovalada y color ceniciento oscuro y patas muy cortas. Al ser tocado, se hace bola para protegerse. Se cría en parajes húmedos. También, insecto hemíptero de la familia de los cóccidos, perteneciente a diversos géneros. Muchas especies constituyen importantes plagas de los árboles frutales.
Crustáceos 5:33a.

COCHINO. V. **Cerdo.**

COCHINOS, BAHÍA DE. Bahía cubana situada en la prov. de Matanzas, en la costa sur de la isla. Unida históricamente al frustrado desembarco de exiliados cubanos que tuvo lugar en ella el 17 de abril de 1961, lo que supuso la consolidación de la revolución castrista.

COCHISE (m. en 1874). Jefe de los indios apaches de Norteamérica. Luchó en Arizona y Nuevo México contra el ejército estadounidense (1861-1872). Después de rendirse, al saber que el gobierno proyectaba trasladar a su pueblo, se rebeló de nuevo, hasta conseguir una reserva en Arizona.

COCHISE, CULTURA. Antigua cultura de América del norte que se desarrolló entre el 6000 y el 2000 a.C. en la región de Arizona y parte occidental de Nuevo México (EUA). Toma su nombre del antiguo lago Cochise. Perteneciente a la tradición cultural del desierto, se basó en la recolección de plantas y en la caza menor; existen pruebas de una incipiente agricultura.
Americana, prehistoria 1:286b.

COCHLAEUS, JOHANNES (1479-1552). Humanista alemán. Defensor de la ortodoxia católica en Alemania, fue uno de los principales adversarios de Martín Lutero. *Actos y escritos de Martín Lutero* (1549), *Historia de los husitas* (1549).

COCHRANE, THOMAS (1775-1860). Almirante británico, conde de Dundonald. Estuvo al servicio de las luchas independentistas de Chile, Perú, Brasil y Grecia.
4:244b.

COCIBOLCA. Antigua ciudad de Nicaragua que se levantaba en la costa oeste del lago Nicaragua, en el actual dep. de Rivas. Ocupada por las tribus indias del lago, fue abandonada a raíz de la conquista española en el siglo XVI.

COCIENTE. Resultado matemático que se obtiene al dividir una cantidad, denominada dividendo, por otra, conocida como divisor, y que representa el número de veces que el dividendo contiene al divisor.

COCIENTE INTELECTUAL. Cifra que se obtiene como resultado de dividir la edad mental de un sujeto por la edad cronológica del mismo; generalmente se multiplica por 100. Es un índice que se aplica sólo en niños. También se entiende por cociente intelectual la relación entre el nivel de inteligencia de un sujeto y el promedio de la población a la que pertenece.
Mental, retraso 10:64a.

COCITO. En la mitología griega, nombre de uno de los ríos infernales, formado por las lágrimas de los muertos insepultos a los que se negaba la entrada en el Hades. Se creía que era un afluente del Aqueronte.

COCKCROFT, JOHN DOUGLAS (1897-1967). Físico británico. Premio Nobel en 1951 por su trabajo precursor sobre la transmutación de núcleos atómicos mediante partículas atómicas aceleradas artificialmente.

COCKER SPANIEL. Raza canina de caza, de orejas largas y pelo sedoso, generalmente castaño, rojizo o negro.

COCLÉ. Provincia de Panamá a orillas del golfo de Parita, océano Pacífico. Caña de azúcar, café, cacao, arroz; caucho. Cap. Penonomé. 4.927 km^2. 191.677 hab. (1996).

COCLÉ, CULTURA. Cultura precolombina desarrollada en la provincia panameña del mismo nombre entre los siglos XIII y XV. Abundantes piezas de cerámica policromada y de orfebrería.

COCO (MICROBIOLOGÍA). Bacteria de forma esférica, aislada o agrupada en racimos (estafilococo), en cadena (estreptococo), en parejas (diplococo), etc.
Bacteria 2:300b.

COCO, ISLA DEL. Territorio insular de Costa Rica perteneciente a la provincia de Puntarenas, en el océano Pacífico, a 480 km al sudoeste de la costa continental. 24 km^2 de superficie y una altura máxima de 850 m. Refugio de piratas en la época colonial.

COCO, RÍO. Curso fluvial de Nicaragua de unos 780 km de largo que en gran parte de su recorrido marca la frontera entre este país y Honduras. Navegable durante más de 140 km de su recorrido. Desemboca en el Caribe, en el cabo Gracias a Dios, cerca de la laguna Huani.

COCODRILO. Reptil crocodiliano de la familia de los crocodílidos y del género *Crocodylus.*
4:245a; Caimán 3:263b; Reptiles 12:342a; *ilustración* 4:245b.

COCONUCOS, SIERRA NEVADA DE LOS. Sistema montañoso de Colombia, integrado en la cordillera Central del macizo andino. Con alturas superiores a los 4.000 m (4.670 m en Pan de Azúcar), es de origen volcánico.

COCOS O KEELING, ISLAS. Archipiélago australiano situado en el océano Índico, al noroeste del continente australiano. Incorporadas a Australia a raíz del referendum de abril de 1984. Cultivos de copra. Aeropuerto. 14 km^2. 600 hab. (1984).

COCOTERO. Árbol de la familia de las palmáceas (*Cocos nucifera*).
4:246a; Aceites comestibles 1:28a; Oleaginosas, plantas 11:92b; Palma 11:233a; *ilustración* 4:246b.

COCTEAU, JEAN (1889-1963). Escritor, actor, director cinematográfico y artista francés. Participó en las vanguardias artísticas que marcaron la vida francesa en la primera mitad del siglo XX.
4:246b; *ilustración* 4:246b.

COCUYO. V. **Luciérnaga.**

CODA. Pasaje final de un tiempo de sinfonía, sonata, etc. El término, italiano, significa «cola». En los cánones es el fragmento libre final; en las fugas, la prolongación del tema para dar tiempo a la respuesta. Su origen se encuentra en la edad media, cuando se usaba para enlazar piezas polifónicas relativamente simples.

CODAX, MARTÍN. Poeta español del siglo XIII en lengua galaicoportuguesa. Autor del cancionero conocido como *Las siete canciones de amor*, obra en la que el autor intentó armonizar la lírica popular con un claro acercamiento a la naturaleza y el paisaje de Galicia. Descubierta y publicada en 1914 por el bibliófilo Pedro Vindel, quien recogió también la música que acompañaba a las canciones.

CODAZZI, AGUSTÍN (1792-1859). Militar y geógrafo italiano. Fortificó las costas de Maracaibo y la Guajira por instrucciones de Simón Bolívar, para lo cual realizó un levantamiento geográfico (1828-1829). Posteriormente llevó a cabo nuevos trabajos geográficos recopilados en *Atlas físico y político de la República de Venezuela* y *Resumen de geografía de Venezuela* (1841), primeros trabajos cartográficos y geográficos completos de una nación americana. Posteriormente trabajó para el gob. de Colombia.

CODEÍNA. Alcaloide opiáceo. Soluble en agua, alcohol, éter, etc. Se extrae directamente del opio (*Papaver somniferum*). Fue obtenido por primera vez en 1832 por el químico francés Pierre-Jean Robiquet. Utilizado en medicina como hipnótico.
Analgésicos 1:315b; Opiáceos 11:117b.

CODEPENDENCIA. Alteración psicológica producida por la relación emocional con un individuo drogodependiente o alcohólico, por la que el paciente manifiesta parte de los síntomas psíquicos de aquél.

CODERA, FRANCISCO (1836-1917). Arabista español. Uno de los principales impulsores de los estudios arábigos en España. Ocupó la cátedra de árabe en la facultad de filosofía y letras de la Universidad Central madrileña (1872-1902). *Biblioteca arábigo-hispana* (1882-1895).

CODERCH, JOSÉ ANTONIO (1913-1984). Arquitecto español. Intentó vincular en sus creaciones los principios de la arquitectura racionalista con una concepción del hábitat más humana. Interesado por la arquitectura popular mediterránea. Edificio Girasol de Madrid (1967), edificios Trade de Barcelona (1968-1973), Instituto Francés de Barcelona (1973-1975).

CÓDICES. Libros manuscritos encuadernados que sustituyeron a los rollos (volúmenes) utilizados en la antigüedad. También, escritos que conservan la literatura prehispánica mesoamericana.
4:247a; Libro 9:151a; Mixteca, cultura 10:210b; Paleografía 11:224a; *ilustraciones* 4:247b; 4:248a.

CODIFICACIÓN. Sistema de comunicación que permite, a partir de una serie de señales establecidas y estructuradas en signos elementales, la transmisión de un mensaje desde un emisor hasta un receptor. Existen sistemas de codificación basados en la lógica matemática, en procesos binarios, etc.
Digitalización de imagen 5:186b; Efecto 2000 5:320b; Electrónica 5:365b; Información, teoría

de la 8:199b; Informática 8:202b; Módem 10:204b;

CODIFICADOR. Dispositivo encargado de la conversión de un mensaje en una señal eléctrica o electrónica que se transmite a través de un canal de frecuencias. Un moderno dispositivo, denominado decodificador, traduce la señal recibida en un mensaje inteligible en el punto de destino. Propio de la telegrafía y los sistemas de telecomunicación.

CÓDIGO BINARIO. Código que expresa información mediante la combinación de los dígitos 0 y 1.

CÓDIGO BUSTAMANTE. Código completo de derecho internacional privado, adoptado en 1928 por la Unión Panamericana. Lo redactó el político y jurista cubano Antonio Sánchez de Bustamante y Sirvén.

CÓDIGO DE ACCESO. Conjunto ordenado de letras y números que se utiliza como medio de identificación para autorizar a un usuario el acceso y empleo de un equipo o de un conjunto de datos.

CÓDIGO DE BARRAS. Conjunto de segmentos de ancho variable que configuran una serie de datos de un objeto al ser interpretados por un lector óptico que actúa de decodificador.

CÓDIGO DE INFORMACIÓN. Sistema que permite la ocultación de mensajes. Entre los diversos tipos existentes se encuentran el de transposición (alteración del orden de las letras que componen el mensaje) y el de sustitución (reemplazar las letras del mensaje por signos o claves especiales).
Criptografía 5:15b.

CÓDIGO DE JUSTINIANO. Recopilación de constituciones imperiales romanas, desde Adriano hasta el año 533; mandada realizar por el emperador Justiniano. Constituyó la primera parte del *Corpus iuris civilis*.
Códigos legales 4:249b; Ley 9:135a.

CÓDIGO GENÉTICO. Información contenida en los ácidos nucleicos de los seres vivos en forma de secuencias de tripletes de bases nitrogenadas y que constituye la pauta para sintetizar los diferentes aminoácidos de las proteínas de un organismo.
Genética 7:75a.

CÓDIGO INTERMEDIO. En informática, fase que se desarrolla antes o después de la elaboración del código máquina, según se trate de compilar o de ejecutar el correspondiente programa.

CÓDIGO INTERNACIONAL DE SEÑALES. Conjunto de elementos que permiten la comunicación entre buques de distinta nacionalidad en las relaciones comerciales e internacionales. Forman parte del mismo las banderas, las señales luminosas en código Morse, la radio y los signos realizados con el brazo.
Navegación 10:368a.

CÓDIGO MÁQUINA. Instrucciones expresadas en código binario y que, por tanto, son inteligibles para el *hardware*. Sirven para traducir cualquier lenguaje de programación a un idioma reconocible por la máquina.

CÓDIGO NAPOLEÓNICO. Código civil francés, elaborado a instancias e incluso con la intervención de Napoleón Bonaparte. Su valor técnico y su amplia difusión hicieron que se adoptase como punto de partida de codificaciones modernas. En la actualidad sigue vigente en numerosos países, con mayores o menores modificaciones.
Códigos legales 4:250a.

CÓDIGO POSTAL. Conjunto de caracteres alfanuméricos que sirven para identificar un determinado sector urbano o rural a efectos de distribución postal.

CÓDIGOS LEGALES. Conjuntos de leyes, organizados por especialidades y dispuestos según criterios metódicos.
4:249a; Derecho 5:137a; Historia 8:19a; Indias, leyes de 8:167b; Ley 9:136a; Usatges, Códigos de los 14:210b; *ilustración* 4:249b.

CÓDIGO TEODOSIANO. Recopilación de las constituciones imperiales romanas promulgadas desde Constantino. Fue redactada por orden de Teodosio II, entre el 435 y el 438, bajo la dirección de Antíoco.

CODO. Medida antigua de longitud, adoptada de la distancia existente desde el codo al extremo de la mano, equivalente a 41,8 cm.

CODOMINANCIA. Situación en la que dos alelos que controlan la expresión de un mismo carácter biológico manifiestan igual potencia.
Genética 7:74b.

CODÓN. Triplete de tres bases, en una molécula de ADN o ARN, que codifica un aminoácido específico.

CODONA, FAMILIA. Familia de acróbatas mexicanos. Alcanzaron fama internacional en la década de 1920. Sus dos figuras principales fueron Juan Alfredo (1893-1937) y Lalo (1896-1951), con quienes formaron grupo sucesivamente su hermana Victoria, y la primera y segunda esposas de Alfredo, Lillian Leitzel y Vera Bruce.

CODORNIZ. Ave galliforme de la familia de las faisánidas (*Coturnix coturnix*).
4:251a; *ilustración* 4:251b.

CODY, WILLIAM F. V. **Buffalo Bill.**

COECKE, PIETER (1502-1550). Pintor flamenco conocido como Van Aelst. Participó en las tendencias italianizantes y las difundió en Flandes. Fue autor de diversas versiones de la «Última Cena». Realizó también trabajos en el campo de la arquitectura y el grabado. Maestro y suegro de Pieter Brueghel el Viejo. «La Santa Cena», «El Descendimiento».
Brueghel, Pieter (el Viejo) 3:195b.

COEDUCACIÓN. Sistema que imparte un mismo modelo educativo a niños y jóvenes de ambos sexos. No debe confundirse con la educación mixta (simple agrupación de sexos en el aula). Apareció en los Estados Unidos a finales del siglo XVIII y se desarrolló con el auge de la ideología liberal.

COEFICIENTE. Expresiones numéricas o alfabéticas que en los problemas de álgebra posibilitan el realizar las distintas operaciones de cálculo (fórmulas, ecuaciones, etc.). Los coeficientes pueden ser constantes o variables, conociéndose a estos últimos por el nombre de parámetros.
Álgebra 1:220b.

COEFICIENTE DE INTELIGENCIA. V. **Cociente intelectual.**

COELHO, PAOLO (n. en 1947). Escritor brasileño. Autor de obras de gran aceptación comercial, inspiradas por motivos espirituales y esotéricos.
4:251b; *ilustración* 4:251b.

COELLO, ALONSO SÁNCHEZ. V. **Sánchez Coello, Alonso.**

COELLO, AUGUSTO (1884-1941). Escritor y político hondureño. Desempeñó diversos cargos políticos y fue director de los diarios *En Marcha* y *Pro Patria*. Autor de poesías de estilo modernista. Creador de la letra del himno nacional hondureño. *Canto a la bandera* (1934), *Un soneto me manda hacer Violante* (1941).

COELLO, CLAUDIO (1642-1693). Pintor español. El mejor representante de la escuela madrileña de fines del siglo XVII.
4:252a; Madrid, escuela de 9:278a; *ilustración* 4:252a.

COELLO DE PORTUGAL Y QUESADA, FRANCISCO (1822-1898). Militar y geógrafo español. Ingeniero militar, intervino en la realización del *Diccionario geográfico, histórico y estadístico de España* (1848-1850) de Pascual Madoz y en diversas obras cartográficas. Fue presidente de la Sociedad de Geografía y de la Sociedad Española de Africanistas y Colonialistas.

COEN, ETHAN Y JOEL (n. en 1958 y 1955 respectivamente). Cineastas estadounidenses. Dos de los más destacados representantes del cine independiente, su paso por Hollywood en 1994 no les reportó ningún éxito. Han obtenido numerosos galardones de la industria cinematográfica. *Sangre fácil* (1984), *Fargo* (1995), *O Brother* (2000).

COEN, JAN PIETERSZOON (1587-1629). Comerciante neerlandés, principal fundador del imperio comercial de su país en las Indias orientales. Nombrado gobernador de dicho dominio, estableció una sucesión de puestos fortificados, entre ellos Batavia (1619), para impedir la penetración inglesa. Murió de disentería durante el asedio al que lo sometieron los javaneses.

COENDÚ. Mamífero roedor simplicidentado de la familia de los eritozóntidos (*Coendou prehensilis*). Similar al puercoespín, aunque con larga cola. Coloración oscura con motas blancas debidas a las púas. Habita en las zonas selváticas de Sudamérica. También llamado coandú.

COENZIMA. Sustancia orgánica no proteica precisa para que ciertas enzimas desarrollen su acción. Son dializables y termoestables.
Enzima 6:7b.

COENZIMA A. Tipo de coenzima que actúa como vehículo de grupos acilo activados en numerosas reacciones metabólicas.

COESITA. Variedad de sílice producida por el sometimiento a altas presiones y temperaturas. Inexistente en la superficie terrestre a excepción de los cráteres meteoríticos. Fabricada por medios artificiales.
Silíceos, minerales 13:242a.

COEUR, JACQUES (h. 1395-1456). Poderoso mercader francés, el primero en formar parte del consejo de Carlos VII de Francia. Tenía fábricas en varios países europeos, lo cual le permitió efectuar préstamos al rey en su lucha contra los ingleses.

COEXISTENCIA PACÍFICA. Principio de política internacional propuesto por el estadista soviético Nikita Jrushchev en 1956 y aceptado posteriormente de forma general por las demás potencias. Pretendía instaurar un sistema de convivencia entre estados enfrentados por sus distintos modelos políticos y económicos y rechazaba la guerra como medio para dirimir las diferencias entre ellos.

COFA. Plataforma situada en lo alto de un palo del barco a modo de puesto de observación. En los antiguos barcos de vela servía también para facilitar la maniobra del velamen y para disparar durante los combates.

COFRADÍA. Asociación de fieles devotos que se reúnen con fines de caridad o de culto con el permiso de la autoridad eclesiástica competente. Se llama archicofradía a la que se constituye en centro de hermandades afines.

COFRE, PEZ. Osteictio de la familia de los ostraciónidos (*Ostracion tetragonus*), con el cuerpo cubierto de escudetes óseos, hexagonales y unidos entre sí.

COGENERACIÓN. Aprovechamiento de la energía calorífica generada a la par que la energía mecánica en un proceso industrial.

COGESTIÓN. Sistema de administración de empresas en el que la dirección es efectuada conjuntamente por empresarios y trabajadores. Surgida en Europa occidental en la segunda mitad del siglo XX.

COGITO, ERGO SUM. Expresión latina cuyo significado es «pienso, luego existo». Constituye la síntesis de la teoría de la duda metódica de René Descartes.
Descartes, René 5:150a.

COGNAC. V. **Coñac.**

COGNAC, LIGA DE. Acuerdo firmado el 22 de mayo de 1526 en la ciudad francesa de Cognac entre el monarca francés Francisco I y los dignatarios de los estados italianos de Milán, Venecia, Florencia y el papado. Frente común de oposición al poder hegemónico del emperador Carlos V.

COGNICIÓN. Toma de conciencia por parte de un ser vivo de los objetos y el ambiente que lo rodea. Los procesos cognitivos se extienden desde la propia percepción del objeto hasta la explicación por medio del lenguaje del mismo.
Psicología 12:177b.

COGNITIVISMO. Teoría psicológica que rechazó la consideración de la conducta y la actividad mental en términos de estímulos y respuestas (conductismo) o de la inteligencia como un mero agregado de aptitudes (factorialismo). En su empeño de ofrecer una visión unitaria de los procesos mentales, la psicología cognitiva recogió elementos de la psicología de la Gestalt, la neurociencia, la biología y la cibernética.
Inteligencia 8:231a; Pensamiento 11:329b; Psicología 12:176b.

COGNITIVOS, PROCESOS. Procesamiento mental de la información recogida del medio a través de los órganos sensoriales, para transformarla en conocimiento.

COGOTAS, LAS. Yacimiento prehistórico español de la edad de bronce, situado en las proximidades de la población abulense de Cardeñosa. Corresponde a la cultura de los castros, con las características especiales mantenidas en la Meseta (cultura de los verracos).

COGUJADA. Pájaro de la familia de los aláudidos (*Galerida cristata*), parecido a la calandria, pero con un moño o penacho en la cabeza; anida comúnmente entre los sembradíos.

COGULL. Población española que pertenece a la prov. de Lérida, comunidad autónoma de Cataluña. Importante centro arqueológico, con pinturas rupestres pertenecientes al arte levantino español. 246 hab. (1986).
Prehistórico, arte 12:128a.

COHABA. Alucinógeno americano (*Piptadenia peregrina*). También llamado yopo. Utilizado por los indios del Caribe y Sudamérica en la época de la conquista española del continente americano. Se consumía por inhalación.

COHECHO. Delito consistente en sobornar a un funcionario público.

COHEN. Sacerdote judío. Considerado como descendiente de Zadok, y a través de éste de Aarón, fundó la clase sacerdotal de Jerusalén al construirse el templo de Salomón. Puesto hereditario en el Antiguo Testamento, sufrió importantes transformaciones a lo largo de la historia del judaísmo.

COHEN, HERMANN (1842-1918). Filósofo alemán. Fundador de la escuela de Marburgo y figura destacada del neokantismo. Se propuso desarrollar al máximo el método trascendental de Immanuel Kant desde una perspectiva renovadora. Su doctrina filosófica apareció sistematizada en *Lógica del conocimiento puro* (1902), *Ética de la voluntad pura* (1904) y *Estética del sentimiento puro* (1912).

COHEN, LEONARD (n. en 1934). Poeta y músico canadiense. Autor de poesía en lengua inglesa de carácter intimista, musicó gran número de sus creaciones y alcanzó fama internacional a fines de la década de 1960 y en la de 1970.

COHEN-TANNOUDJI, Claude (n. en 1933). Físico francés de origen argelino. Fue el primer científico en conseguir una reducción del movimiento de los átomos, por medio de luz láser, hasta conseguir temperaturas cercanas al cero absoluto. En 1996 recibió el Premium Quantum Electronics, de la Sociedad Física Europea, y en 1997 le fue otorgado el Premio Nobel de física.

COHERENCIA. Propiedad de la luz emergente de transiciones de electrones entre los átomos, en los mismos niveles de su estructura, lo que estabiliza la amplitud y la frecuencia de los rayos. Produce una radiación monocromática y potente de baja dispersión en la que se basa el efecto láser.
Láser 9:68b; Óptica 11:122b.

COHESIÓN. Tendencia a la consistencia o unión entre diferentes partes de un cuerpo homogéneo debido a la existencia de fuerzas de atracción intermoleculares. La mayor o menor intensidad de dichas fuerzas determinará la composición en forma sólida, líquida o gaseosa.
Líquido, estado 9:175a.

COHETE. Artificio provisto de un sistema de propulsión (motor de propulsión, motor-cohete, etc.) que permite su elevación del suelo gracias al flujo de gases producidos por la combustión de productos propulsores sólidos o líquidos.
Cohete, misil y proyectil 4:254a; Retropropulsión 12:354b.

COHETE, MISIL Y PROYECTIL. Materiales bélicos o con otros fines que o bien son lanzados por algún tipo de arma (proyectiles) o son autopropulsados (cohete, misil).
4:252b; Armas 2:80a; Artillería 2:133b; Balística 2:323a; Bombardero 3:103b; Guerra 7:267a; *ilustraciones* 4:253a-b; 4:254a; 4:255.

COHN, FERDINAND (1828-1898). Bacteriólogo alemán. Sentó las bases para la clasificación de las bacterias basándose en sus características morfológicas y fisiológicas.
4:256a.

COHUY. En la mitología de los mixtecos del México prehispánico, dios protector del maíz.

COI. V. **Comité Olímpico Internacional.**

COIBA, ISLA. Territorio insular de Panamá, frente a la prov. de Veraguas, en el océano Pacífico. Puntas Hermosa y Adelarda en la costa oeste; una gran ensenada (bahía de las Damas), con una colonia penal, en la este. 494 km^2.

COIHAIQUE. Ciudad de Chile, cap. de la reg. de Aisén del General Carlos Ibáñez del Campo. Fundada en 1912 por colonizadores alemanes. Ganadería; productos alimenticios. 36.500 hab. (1992).

COIMBATORE. Ciudad del sur de la India, centro administrativo del dist. de Coimbatore, en el est. de Tamil Nadu, a orillas del río Noyil. Escuelas superiores, museo de la industria y el comercio. Productos agrícolas, aperos de labranza. 816.321 hab. (1991).

COIMBRA (CIUDAD). Población de Portugal. 79.799 hab. (1981).
4:256b; Portugal 12:91a; Universidad 14:183a; *ilustración* 4:256b.

COIMBRA (DISTRITO). División administrativa de Portugal a orillas del océano Atlántico. Regado por el río Mondego. Cereales, aceitunas, arroz; central hidroeléctrica. Cap. Coimbra. 3.971 km^2. 425.400 hab. (1993).
Coimbra 4:256b.

COÍN. Población española que pertenece a la prov. de Málaga, comunidad autónoma de Andalucía. Situada al pie de la sierra de Mijas. Cítricos, verduras, frutales; minería, canteras de mármol. 20.054 hab. (1986).

COIPASA, CERRO. Montaña de composición granítica situada en la gran laguna salada de Coipasa, en la parte sudoccidental de Bolivia. Alcanza una altura de 5.014 m.

COIPASA, SALAR DE. Llano desértico de Bolivia, en el altiplano, 160 km al sudoeste de la ciudad de Oruro, en la frontera con Chile. A una altitud de 3.680 km, es el segundo salar de Bolivia (tras el de Uyuni) en extensión: 2.218 km^2.
Bolivia 3:90a.

COIPO. Roedor de la familia de los caprómidos (*Myocastor coipus*) semejante al castor. Patas cortas, pies provistos de membranas interdigitales como adaptación a la natación y hocico largo. Propio de América del sur.

COITO. Ayuntamiento carnal y, más precisamente, penetración del pene dentro de la vagina, seguida de una eyaculación.

COJEDES. Estado de Venezuela regado por afluentes secundarios del Orinoco. Cap. San Carlos. 14.800 km^2. 226.684 hab. (1995).
4:257a; Venezuela 14:260b.

COJEDES, RÍO. Curso fluvial de Venezuela. Nace en la sierra de la Portuguesa y establece el límite fronterizo entre los est. de Portuguesa y Cojedes. Al sur de este último, y tras bañar la ciudad de El Baúl, desemboca en el río Portuguesa. Su curso es de 340 km.

COJINETE DE RODAMIENTO. Soporte de ejes rotatorios y otras partes móviles, formado por dos aros concéntricos separados entre sí por bolas, rodillos u otros elementos.

COJUTEPEQUE. Ciudad de El Salvador, cap. del dep. de Cuscatlán, cerca del lago Ilopango. Fundada en 1571 sobre un asentamiento indio. Refinería de azúcar, destilerías. Carretera panamericana; ferrocarril. 35.011 hab. (1980).

COKE. V. **Coque.**

COL. Planta herbácea de la familia de las crucíferas (*Brassica oleracea*).
4:257a; *ilustración* 4:257b.

COLA (ASTRONOMÍA). Prolongación de la cabellera de un cometa, en dirección opuesta a la del Sol, al acercarse a éste. Está formada por moléculas y partículas muy finas de polvo expulsadas de la cabellera por la presión de radiación solar.

COLA (INDUSTRIA). Sustancia adhesiva fabricada con diversos materiales y utilizada como pegamento. Aplicada en estado líquido, puede almacenarse en forma sólida, para fundirse en el momento de uso.
Adhesivo 1:59b.

COLA (ZOOLOGÍA). Extremo posterior, estrecho y alargado, del cuerpo y de la columna vertebral de muchos animales. También, conjunto de plumas fuertes y más o menos largas que tienen las aves en la rabadilla.

COLA, DINASTÍA. Dinastía tamil de la India, cuyos soberanos reinaron entre los siglos IX y XII. Asentada en la región del Decán, tuvo como capital a la ciudad de Kanci. Fue iniciada con Rajaraja I, quien reinó entre el 985 y el 1014. Reemplazada en 1279 por la dinastía Pandya.

COLADA. En los trabajos de fundición, momento en el que el metal, en estado líquido, es vertido en el molde que configurará al solidificarse una forma determinada. La temperatura en la que se realiza es variable, aunque generalmente no debe ser demasiado alta.
Fundición 7:7b.

COLA DE CABALLO. V. **Equiseto.**

COLA DE IMPRESIÓN. Turno de espera que se establece cuando las impresoras disponibles no son capaces de atender la demanda de sus servicios por acumulación de peticiones. Es una situación típica de redes, cuando hay menos impresoras que puestos de trabajo y éstos deciden imprimir a la vez. La situación se soluciona mediante programas diseñados específicamente para esta eventualidad.

COLA DI RIENZO (1313-1354). Nicola di Lorenzo, político italiano. Empeñado en conseguir de nuevo la grandeza para la ciudad de Roma, se erigió como líder del partido popular y dictador de la ciudad (1347). Enemigo de la aristocracia y opuesto a la iglesia, fue excomulgado (1348) y huyó de Roma. Regresó en 1354, pero una conjura aristocrática acabó con su vida. Sirvió de inspiración a Richard Wagner en su ópera *Rienzi* (1842).

COLÁGENO. Proteína estructural constituyente del tejido conjuntivo y de la sustancia orgánica de huesos y cartílagos.
Hueso 8:85b; Prótidos 12:168b.

COLANGIOGRAFÍA. Método diagnóstico que permite la exploración de las vías biliares con objeto de detectar cualquier tipo de obstrucción en las mismas.

COLANIJ. Entre los zapotecas del México precolombino, miembro de la clase sacerdotal. Su función principal era el reconocimiento e interpretación de los auspicios y la realización de prácticas rituales para ahuyentar las desgracias.

COLANTONIO (siglo XV). Antonio Niccolo, pintor italiano que trabajó en Nápoles entre 1438 y 1465. Fue maestro de Antonello da Messina y marcó el desarrollo de la escuela napolitana. En su producción se observa la influencia de los grandes pintores flamencos. «Políptico de san Vicente Ferrer», «San Jerónimo en su estudio».

COLATINA. Ciudad de Brasil en el est. de Espírito Santo, a orillas del río Doce. Café, explotaciones forestales. 81.577 hab. (1996).

COLBERT, CLAUDETTE (1905-1996). Actriz cinematográfica estadounidense de origen francés. Fue una de las más populares de su época. *El teniente seductor* (1931), *Cleopatra* (1934), *Sucedió una noche* (1934).

COLBERT, JEAN-BAPTISTE (1619-1683). Secretario de estado de Luis XIV de Francia, artífice de la reconstrucción económica de su país.
4:257b; Compañías de Indias 4:300b; Luis XIV de Francia 9:238b; Mercantilismo 10:71a; *ilustración* 4:257b.

COLBRÁN, ISABELA ANGELA (1785-1845). Cantante española. Alumna de Girolamo Crescentini y de Gaetano Marivelli, actuó en Francia e Italia y en 1822 se casó con Gioacchino Rossini, de quien interpretaría gran número de óperas.

COLCHAGUA. Provincia de Chile, región del Libertador, general Bernardo O'Higgins. Cap. San Fernando. 8.327 km^2.

COLCHESTER. Población de Gran Bretaña, situada en el condado de Essex, a orillas del río Colne. Importante ciudad romana (Camulodunum) y destacado centro portuario durante el Medievo. Centro agrícola e industrial. Universidad. 154.000 hab. (1996).

COL DE BRUSELAS. Variedad de col cultivada por sus yemas axilares, pequeñas y esféricas.
Col 4:257b.

COL DE SABOYA. Variedad de col de hojas rizadas y grandes.

COLE, NAT KING (1919-1965). Músico y cantante estadounidense. Figura representativa de la música norteamericana de la década de 1950, se inició como pianista de *jazz* y alcanzó fama internacional como cantante de baladas.

COLECISTECTOMÍA. Extirpación quirúrgica de la vesícula biliar.

COLECTIVA, SOCIEDAD. Empresa de carácter individualista, caracterizada porque los socios responden personalmente con su propio patrimonio en caso de que el de la sociedad fuese insuficiente, ante las deudas con terceros.
Empresa 5:397a.

COLECTIVISMO. Sistema económico y social basado en la propiedad pública y utilización comunal de los bienes de producción, y especialmente de la tierra. La colectividad puede ser nacional o meramente local. Este sistema es defendido, con diversas modalidades, por muchos socialistas. Parece haber sido espontáneo en las comunidades primitivas, y todavía rige en cierta medida respecto a algunos bienes como los pastos, las aguas o la pesca.

COLECTOR. Conjunto de láminas conductoras, aisladas entre sí, sometidas al frotamiento de las escobillas de un motor. Se emplea para transformar la corriente alterna en continua.

COLECTOR DE BASURA. Término que designa un sistema informático liberador de la zona de memoria que, aunque no utilizada, se encuentre ocupada por una tarea anterior.

COLÉDOCO. Porción terminal de la vía biliar principal, formada por la reunión de los conductos hepático y cístico, a través de la cual la bilis se vierte en el duodeno.

COLEGIALIDAD. En la Iglesia Católica, unidad establecida a partir de la unión de los obispos, responsables de la Iglesia Católica en el mundo y ejecutores de las órdenes emanadas por el papa. Regida según la constitución dogmática promulgada por el Vaticano II el 21 de noviembre de 1964, *Lumen gentium*.

COLEGIO MAYOR. En España, residencia de estudiantes universitarios. Entre sus competencias están la de organizar clases y actividades culturales para completar la formación de los residentes.

COLEMAN, ORNETTE (n. en 1930). Músico de *jazz* estadounidense. Autodidacta, destacó dentro del *free jazz* en la década de 1960 y mantuvo una línea vanguardista. Su forma de tocar el saxofón fue objeto de controversias entre la crítica y los profesionales.
Jazz 8:359a.

COLEMANITA. Mineral de borato cálcico. Dureza media. Cristaliza en sistema monoclínico. Incoloro o blanco. Mena de boro. Fórmula, $Ca_2B_6O_{11}\ 5H_2O$.

COLÉMBOLO. Insecto apterigógeno, que no presenta metamorfosis. De pequeño tamaño, boca masticadora y ojos sencillos. Con frecuencia posee un órgano saltador bifurcado. Vive en la hierba.
Insectos 8:222b.

COLÉNQUIMA. Tejido mecánico o de sostén de las plantas, cuyas células están parcialmente engrosadas y lignificadas. Carece casi totalmente de meatos (espacios intercelulares), por lo que es muy resistente. Se encuentra en órganos jóvenes y plantas herbáceas.

COLEÓPTEROS. Orden de insectos masticadores, con dos pares de alas; el primero de ellos o élitros, con forma de estuche, sirven para proteger al segundo, que es membranoso. Presentan metamorfosis completa. El número de especies descrito supera el cuarto de millón.
Escarabajo 6:33b; Insectos 8:223b; Luciérnaga 9:234b; Plaga 12:12b; Primaria, era 12:142a.

CÓLERA. Infección intestinal, estrictamente humana, causada por el *Vibrio cholerae,* bacilo descubierto por Robert Koch en 1882. La enfermedad se caracteriza por una fuerte diarrea y vómitos frecuentes, con el consiguiente peligro de deshidratación aguda.
Epidemia 6:10b; Microbiología 10:151b.

COLERIDGE, SAMUEL TAYLOR (1772-1834). Poeta lírico, filósofo y crítico literario británico. Autor del trabajo de crítica literaria cumbre del período romántico de su país.
4:258a; Británica, literatura 3:182a; Wordsworth, William 14:372a; *ilustración* 4:258a.

COLERIDGE-TAYLOR, SAMUEL (1875-1912). Compositor británico. Autor de obras orquestales, composiciones para piano, violín, etc. Profesor de la academia de música y director de la sociedad Haendel. Sus creaciones muestran influencias de la música del XIX y el folclor negro. *Cuento del antiguo Japón* (1911).

COLESTEROL. Lípido complejo elaborado principalmente por el hígado. Participa en la formación de las hormonas sexuales, los corticosteroides y los ácidos biliares. Su acumulación excesiva ha sido vinculada a padecimientos cardíacos.
Arteriosclerosis 2:128a.

COLETO. Vestidura usada por los soldados de infantería de los siglos XVI y XVII. Realizada en piel, con o sin mangas, cubría el cuerpo, ciñéndose en la cintura, y continuaba hasta las caderas a modo de faldones.

COLETTE (1873-1954). Sidonie-Gabrielle Colette, escritora francesa. Fue miembro de la Real Academia belga y de la Academia Goncourt y recibió la Legión de Honor. Sus obras reflejan los gozos y pesares del amor. *La vagabunda* (1910), *La gata* (1933), *Gigi* (1944).

COLHUÉ HUAPÍ, LAGO. Lago de la Argentina, en la prov. de Chubut. Uno de los mayores del interior del país (más de 800 km^2). En él desagua el lago Muster. Da origen al río Chico.

COLIBRÍ. Ave apodiforme de la familia de los troquílidos, de tamaño diminuto.
4:258b; *ilustración* 4:259a.

CÓLICO. Dolor del colon, debido generalmente a un espasmo que bloquea el intestino, provocando la distensión dolorosa de éste por encima del espasmo y acelerando el tránsito intestinal por debajo.

COLIFLOR. Variedad de col cultivada por su inflorescencia.
Col 4:257b.

COLIGNY, GASPARD DE (1519-1572). Almirante francés, dirigente de los hugonotes durante los primeros años de las guerras de religión (1562-1598). Sus actividades contribuyeron a la firma de la paz de Saint-Germain (1570), muy favorable para los hugonotes. Ejerció considerable influencia sobre la política exterior de Carlos IX, pero el rey, por influencia de Catalina de Médicis, lo hizo asesinar la noche de san Bartolomé junto a los demás dirigentes hugonotes.
Religión, guerras de 12:321b.

COLILARGA DEL SUR. Pájaro insectívoro de Chile de la familia de los furháridos (*Synallascis aegythaloides*). Cola con dos plumas más largas que el resto del cuerpo.

COLIMA (CIUDAD). Población mexicana, cap. del est. de Colima, a orillas del río homónimo y al pie del nevado de Colima. Fundada en 1522. Productos alimenticios, destilerías, cuero y calzados. Aeropuerto. Universidad. 110.997 hab. (1995).
Colima 4:259b.

COLIMA (ESTADO). División administrativa de México en la costa del Pacífico. Incluye las islas de Revillagigedo. Cap. Colima. 5.191 km^2. 533.211 hab. (1999).
4:259a; *ilustración* 4:259b.

COLIMA, NEVADO DE. Volcán mexicano integrado en la sierra Volcánica Transversal, en el est. de Jalisco, en las proximidades del est. de Colima. Actividad con fumarolas en 1991. Alcanza una altitud de 4.330 m.

COLIMACIÓN. Obtención de un haz de rayos paralelos a partir de un foco luminoso. En astronomía se efectúa mediante un anteojo montado sobre los grandes telescopios, para facilitar su precisa dirección.

COLIMBO. Ave de la familia de los gávidos y del género *Gavia*. Con membranas interdigitales completas, pico comprimido y alas cortas. Acuática. Distribución eurasiática principalmente.

COLÍN. Ave galliforme de la familia de los faisánidos, y de los géneros *Lophortyx* y *Colinus*.

COLINABO. Planta de la familia de las crucíferas (*Brassica oleracea* variedad *napobrassica*). Raíz comestible, cuyo sabor recuerda al de la col y al del nabo.
Col 4:257b.

COLINESTERASA. Enzima que hidroliza acilcolina a colina y ácido carboxílico. De importancia principal es la acetilcolinesterasa, que hidroliza acetilcolina a colina y ácido acético.

COLISEO. Anfiteatro de Roma, el más importante de los conservados de la antigüedad clásica.
4:259b; Anfiteatro 1:351a; Arquitectura 2:105a; *ilustración* 4:260a.

COLITIS. Término con el que se designan genéricamente todas las enfermedades inflamatorias del colon.
Gastroenterología 7:59b.

COLL, PEDRO EMILIO (1872-1947). Escritor venezolano. Autor de cuentos y ensayos, fue uno de los representantes del modernismo en Venezuela. Fundador de la revista *Cosmópolis* (1894-1895). *El castillo de Elsinor* (1901), *La escondida senda* (1927).

COLLAGE. Cuadro realizado con trozos de papel, tejidos u otros materiales adheridos sobre

una superficie pintada o incluso sobre un lienzo sin pintar. Esta técnica fue iniciada por los cubistas y dadaístas a finales de la primera década del siglo XX.
Cubismo 5:63b.

COLLANTES, FRANCISCO (h. 1599-1656). Pintor español. Autor principalmente de paisajes, género en el que demostró los amplios conocimientos que poseía sobre la pintura flamenca e italiana del momento. En algunas de sus obras religiosas asoma influencias del tenebrismo de José de Ribera. «La zarza ardiendo».

COLLASUYO. V. **Tahuantinsuyo.**

COLLAZOS, ÓSCAR (n. en 1942). Escritor colombiano. Profesor universitario. Premio Nacional de Cuentos en 1965 por *Las compensaciones.* Autor también de obra teatral y relatos cortos. *El soldado paz que nunca fue a la guerra* (1966), *Jóvenes, pobres, amantes* (1983).

COLLEONI, BARTOLOMEO (1400-1475). *Condottiere* italiano. Desempeñó su talento militar para la república de Venecia y para el ducado de Milán. Fue finalmente nombrado capitán general de los ejércitos venecianos (1454). Inmortalizado por Verrochio en la estatua ecuestre que de él realizó para la ciudad de Venecia.

COLLIE. V. **Pastor escocés.**

COLLINGWOOD, R. G. (1889-1943). Historiador y filósofo británico. Iniciado como historiador del mundo romano, destacó por su intento de aproximación del mundo filosófico y el conocimiento histórico. *Un ensayo sobre el método filosófico* (1933), *Idea de la naturaleza* (1945), *Idea de la historia* (1946).

COLLINS, MICHAEL (1890 1922). Héroe independentista irlandés. Miembro del partido Sinn Fein, dirigió el ejército Republicano Irlandés (IRA O ERI) y participó en las negociaciones de paz de 1920-1921. Presidió el gobierno provisional del Estado Independiente de Irlanda. Murió durante la guerra civil irlandesa.

COLLINS, MICHAEL (n. en 1930). Astronauta estadounidense. Copiloto en el Gemini X, en julio de 1969 participó, a bordo del Apolo XI, junto con Neil A. Armstrong y Edwin E. Aldrin, en la misión espacial que realizó el primer alunizaje de una nave espacial con tripulación humana.

COLLINS, PHIL (n. en 1951). Cantante y compositor de *pop* británico. Fue uno de los componentes del grupo Genesis, del que llegó a ser líder. En 1981 comenzó su carrera como solista. *Hello I Must Be Going* (1982), *Dance into the Light* (1996).

COLLINS, WILKIE (1824-1889). Novelista británico. Maestro y creador de la novela de intriga y misterio inglesa. Se asoció con Charles Dickens y se influyeron mutuamente. *La dama de blanco* (1860), *La piedra lunar* (1868).

COLLIVADINO, PÍO (1869-1945). Pintor argentino. Alternó su carrera como pintor con la de cartelista y escenógrafo. Director de la Academia de Bellas Artes de Buenos Aires desde 1908. Sus creaciones artísticas se basan fundamentalmente en la temática indiana. Decoró la capilla del Sacramento en la catedral de Montevideo.

COLLODI, CARLO (1826-1890). Carlo Lorenzini, escritor italiano. Autor fundamentalmente de artículos periodísticos y fundador de un periódico político satírico. Escribió libros para niños, entre los que destacó la novela por entregas *Las aventuras de Pinocho,* que inició su publicación en 1880.

COLLOR DE MELLO, FERNANDO (n. en 1949). Político brasileño. Presidente de la nación entre 1989 y 1992, fue destituido por su presunta implicación en un caso de corrupción.
4:260b; Brasil 3:162a.

COLLOT D'HERBOIS, JEAN-MARIE (1749-1796). Político francés. Autor de comedias teatrales, participó en el movimiento revolucionario del 10 de agosto de 1792 y entró a formar parte de la Convención. Fue miembro del Comité de Salud Pública y destacó por sus sangrientas medidas represivas. Opuesto a Maximilien de Robespierre, fue deportado a la Guayana en 1795.

COLMAN, GEORGE (EL JOVEN) (1762-1836). Dramaturgo inglés. Hijo de George Colman, el Viejo, fue autor de óperas cómicas, farsas, melodramas y comedias sentimentales. Sucedió a su padre en 1789 como director del Pequeño Teatro de Hay, en Haymarket, Londres, y ejerció como censor. *El heredero legítimo* (1797), *John Bull* (1803).

COLMAN, GEORGE (EL VIEJO) (1732-1794). Dramaturgo inglés. Autor de obras teatrales en las que arremetió contra el sentimentalismo romántico. Colaboró con el actor y empresario David Garrick y dirigió entre 1777 y 1789 el Pequeño Teatro de Hay, en Haymarket, Londres. *La mujer celosa* (1761), *El casamiento clandestino* (1766).

COLMAN, RONALD (1891-1958). Actor cinematográfico estadounidense de origen británico. Su filmografía incluye películas tan notables como *Historia de dos ciudades* (1935), *Horizontes perdidos* (1937), *El prisionero de Zenda* (1937), *Si yo fuera rey* (1938), y, sobre todo, *Doble vida* (1947), por la que obtuvo un Óscar.

COLMAR. Población francesa, cap. del dep. del Alto Rin, en la reg. de Alsacia. Arquitectura medieval y renacentista. Centro agrícola y comercial de la región, industria diversa. Cuna del escultor Frédéric-Auguste Bartholdi. 63.764 hab. (1982).

COLMEIRO, MANUEL (1818-1894). Economista y jurisconsulto español. Intervino en política y fue diputado fusionista e inspector de instrucción pública. *Derecho administrativo español* (1850), *Historia de la economía política en España* (1862).

COLMENA. Recinto de madera, corcho, paja, etc., que sirve para colocar un enjambre de abejas y donde éstas depositan la cera y la miel.
Abeja 1:9a; Apicultura 1:409b.

COLMENA, LA. Novela del escritor español Camilo José Cela. Publicada en 1951, refleja en una galería de personajes la vida dramática de la España de la posguerra. Fue llevada al cine en 1982 por el director Mario Camus.
Cela, Camilo José 4:61a.

COLMENARES, DIEGO DE (1586-1651). Historiador español. Capellán en la ciudad de Segovia, fue autor de obra poética de temática religiosa o mitológica, escrita en latín y castellano, y libros de historia. *Historia de Segovia* (1637), *Honras y funeral pompa con que la ciudad de Segovia celebró las exequias de la reina doña Isabel de Borbón* (1645).

COLMENAR VIEJO. Población española que pertenece a la comunidad autónoma de Madrid. Iglesia parroquial del siglo XVI. Cereales, legumbres; ganadería; canteras de granito. 28.328 hab. (1996).

COLMENILLA. Hongo ascomicete perteneciente al género *Morchella.* Diversas especies comestibles. Sombrerillo formado por abundantes cavidades alveolares que les dan una apariencia semejante a las celdillas de un panal.

COLMILLO. Diente agudo y fuerte, situado en cada uno de los lados de las hileras que forman los dientes incisivos de los mamíferos, entre el último de éstos y la primera muela.

COLOBO. Género de monos catarrinos, de la familia de los corcopitécidos y del género *Colobus.* Cuerpo esbelto, pelo abundante y larga cola. Desprovisto de pulgar en las manos. Vive en África.

COLOCOLO (h. 1515-1561). Cacique americano. Jefe de las fuerzas indígenas araucanas frente a la colonización española, participó en la batalla de Tucapel (2 de diciembre de 1553) y sucedió a Caupolicán como generalísimo de los ejércitos araucanos en 1551. Firmó en 1559 un tratado con los españoles, pero no respetó el pacto y murió en la batalla de Lomaco.

COLOCOTRONIS, THEODOROS. V. **Kolokotrónis.**

COLODIÓN. Fluido incoloro y viscoso producido por la disolución de diversas variedades de coloxilinas en alcohol y éter mezclados. Se emplea en fotograbado.
Fotografía 6:357b.

COLOFÓN. Antigua ciudad griega de la costa jonia del Asia menor, situada a escasa distancia de Éfeso. Fue un importante centro comercial durante los siglos VIII y VII a.C.

COLOFONIA. Sustancia residual de la trementina destilada para obtener aguarrás. Tiene diversos usos industriales y farmacéuticos.

COLOGARITMO. Logaritmo del recíproco de un número dado. De gran utilidad en el cálculo, pues permite sustituir cocientes por sumas.
Logaritmo 9:202a.

COLOIDAL, ESTADO. Forma que adoptan determinadas sustancias constituidas por partículas relativamente grandes dispersas en otras sustancias.
4:261a; *cuadro* 4:261a; *ilustración* 4:261b.

COLOM, GUILLEM (1891-1979). Escritor español en lengua catalana. Dedicado a la enseñanza, fue autor de obras teatrales y poesía, género este último en el que destacó especialmente. Representante de la que es conocida como escuela mallorquina. *Antígona* (1935), *Canciones de la tierra* (1947), *Entre el ascua y la ceniza* (1965).

COLOM, JOANOT (m. en 1523). Insurgente mallorquín español que actuó en la isla de Mallorca. Cabecilla de la rebelión antiaristocrática de la Germanía, defendió la ciudad del Palma ante el sitio al que la habían sometido las tropas imperiales. Tras rendirse la ciudad el 7 de marzo de 1523, fue hecho prisionero y ejecutado.

COLOMA, CARLOS (1567-1637). Político, militar e historiador español. Participó en diversas campañas militares en Flandes, Francia e Italia. Fue virrey de Mallorca (1611), gobernador de Cambrai, Flandes (1618) y embajador en Inglaterra (1622). Autor de una obra histórica sobre las campañas de los Países Bajos, *Las guerras de los Estados Bajos* (1622).

COLOMA, LUIS (1851-1914). Escritor español. Jesuita, fue autor de obras de carácter moralizante y didáctico, muy del gusto de los círculos aristocráticos y burgueses españoles de fines del siglo XIX. *Pequeñeces* (1891), *Jeromín* (1905-1907), *Recuerdos de Fernán Caballero* (1910).

COLOMBANO, SAN (h. el 543-615). Santo irlandés, también llamado san Columbano. Hacia el 590 marchó a la Galia, y allí erigió varios conventos y estableció una regla de gran austeridad. Expulsado en el 610 por sus ataques a la corrupción cortesana, pasó a Suiza y luego a Italia, donde fundó el influyente monasterio de Bobbio.

COLOMBIA. País de América del sur, bañado por el océano Pacífico y el mar Caribe. Cap. Santafé de Bogotá. 1.138.914 km^2. 42.299.000 hab. (2000).
4:261a; Amazonas, río 1:262b; América 1:273a; Amerindios, pueblos 1:299b; Andes 1:332a; Bogotá, Santafé de 3:82b; Colombia, República de (la Gran) 4:276b; Independencia de Hispanoamérica 8:146b; Llanos, Los 9:189a; Magdalena, río 9:283a; Medellín 10:21b; Orinoco, río 11:151a; Panamá 11:243a; Pastrana, Andrés 11:196a; Tolima 14:75b; *mapa* 4:262a; *cuadros* 4:263a; 4:266b; 4:267b; 4:271; *ilustraciones* 4:263b; 4:264a; 4:265a-b; 4:266a; 4:267b; 4:268a; 4:269; 4:270a-b; 4:271b; 4:272a; 4:273; 4:274a; 4:275; 4:276a.

COLOMBIA, REPÚBLICA DE (LA GRAN). Estado constituido en 1819 por los antiguos territorios del Virreinato de Nueva Granada (Venezuela, Colombia, Ecuador y Panamá). Se desmembró en 1830.
4:276b; Bolívar, Simón 3:87b; Colombia 4:271b; Ecuador 5:292a; Nueva Granada, Virreinato de 11:38b; Panamá 11:243a; San Martín, José de 13:133a; Santander, Francisco de Paula 13:144a; Venezuela 14:265a.

COLOMBIANA, LLANURA ABISAL. Llanura submarina que se encuentra situada en las profundidades de la parte centro-meridional del mar Caribe, en la hoya de Colombia. Alcanza su máxima depresión a los 4.347 m.

COLOMBINA. Personaje femenino de la antigua comedia del arte italiana. Es amada por Arlequín y Pierrot, y en algunas ocasiones aparece como la mujer de alguno de los dos.

COLOMBO. Ciudad y puerto de Sri Lanka, cap. administrativa del país. Situada en la costa oeste de la isla, en el océano Índico. Iglesia del siglo XVIII, edificios coloniales, templos budistas. Aeropuertos. Industrias mecánicas y alimentarias; tabaco. Centro comercial. 623.000 hab. (1991).
Sri Lanka 13:314a.

COLOMBO, MATTEO REALDO (h. 1516-1559). Médico italiano. Alumno de Andreas Vesalius, ocupó la primera plaza como profesor de anatomía en la Universidad de Pisa y en la Sapienza de Roma. Superó las teorías de su maestro y estudió el sistema circulatorio sanguíneo y la circulación de la sangre en los pulmones. *De re anatomica* (1559).

COLOMBO, PLAN DE. Reunión celebrada en 1951 en Colombo, Ceilán (posterior Sri Lanka), con participación de los gobiernos de la India, Pakistán, Australia, Nueva Zelanda, Reino Unido, Estados Unidos y otros. Su objetivo era fijar planes de desarrollo y de ayuda técnica para el sudeste asiático.

COLOMBRES, JOSÉ EUSEBIO (1778-1859). Religioso y político argentino. Participó como diputado por Catamarca en el congreso de Tucumán, que proclamó la independencia del país el 9 de julio de 1816. Obispo y gobernador de la diócesis de Gaeta.

COLOMO, FERNANDO (n. en 1946). Productor y director cinematográfico español. Inició su carrera con *Tigres de papel* (1977), película precursora de la denominada *comedia madrileña*. *¿Qué hace una chica como tú en un sitio como éste?* (1978), *Bajarse al moro* (1988), *Los años bárbaros* (1999).

COLON (MEDICINA). Segmento del intestino grueso comprendido entre el intestino delgado y el recto.
Digestivo, aparato 5:185a; Intestino 8:243a.

COLÓN (CIUDAD, CUBA). Población cubana situada en el sudeste de la prov. de Matanzas. Fue fundada en 1818 y es un importante centro agrícola. Cereales, legumbres, caña de azúcar; ganadería. 35.000 hab. (1987).

COLÓN (CIUDAD, PANAMÁ). Población y puerto de Panamá, cap. de la prov. de Colón, junto a la embocadura del canal de Panamá en el Caribe. Aeropuerto. Turismo. 54.654 hab. (1990).
Panamá 11:240a.

COLÓN (DEPARTAMENTO). División administrativa del nordeste de Honduras a orillas del mar Caribe, bañado por el río Aguán. Explotaciones forestales; plátanos (bananos), cítricos; ganadería. Cap. Trujillo. 8.875 km^2. 164.000 hab. (1991).

COLÓN (METROLOGÍA). Unidad monetaria de las repúblicas centroamericanas de Costa Rica y El Salvador, dividida en cien céntimos.

COLÓN (PROVINCIA). Prov. de Panamá en la costa del mar Caribe. Atravesada por el canal de Panamá. Cordillera andina, ríos Coclé y Chagres. Depósitos minerales. Plátanos (bananos); ganadería. Cap. Colón. 4.961 km^2. 190.697 hab. (1996).

COLÓN, ARCHIPIÉLAGO DE. V. **Galápagos, islas.**

COLÓN, BARTOLOMÉ (h. 1461-1514/1515). Navegante y cartógrafo genovés, hermano de Cristóbal Colón. Fue el primer adelantado de las Indias.
4:277a; América, descubrimiento de 1:284b; Santo Domingo 13:150a.

COLÓN, CRISTÓBAL (h. 1451-1506). Navegante genovés, descubridor del Nuevo Mundo al servicio de la corona de Castilla.
4:277b; América, descubrimiento de 1:283a; Colón, Bartolomé 4:277a; Cosa, Juan de la 4:401b; Costa Rica 4:413b; Cuba 5:53b; Dominica 5:220a; Dominicana, República 5:225a; Exploraciones geográficas 6:214a; Hispanoamericana, literatura 8:3b; Isabel la Católica 8:272a; Jamaica 8:333a; Latinoamérica, conquista de 9:178a; Ojeda, Alonso de 11:91a; Orinoco, río 11:151a; Panamá 11:242a; Pinzón, Martín Alonso 11:418a; Puerto Rico 12:199a; Renacimiento 12:330a; Trinidad y Tabago 14:132b; Venezuela 14:263a; Virreinato 14:327a; *mapa* 4:278a; *cuadro* 4:279b; *ilustraciones* 4:277b; 4:279; 8:8a.

COLÓN, DIEGO (h. 1479-1526). Hijo primogénito de Cristóbal Colón. Al morir éste (1506), se encontraba al servicio de la corte de Castilla. Logró que se le concedieran diezmos sobre los impuestos de Indias, y en 1509 llegó a éstas con el cargo de gobernador. Posteriormente obtuvo el título de virrey, pero sólo sobre los territorios insulares.
Ponce de León, Juan 12:81b.

COLÓN, HERNANDO (1488-1539). Hijo de Cristóbal Colón y Beatriz Enríquez. Paje del príncipe Juan junto con su hermanastro Diego. Acompañó a su padre en el cuarto y último viaje de éste al Nuevo Mundo. Erudito y bibliófilo, fue autor de *Historia del almirante don Cristóbal Colón*.

COLÓN, LUIS (1520-1572). Almirante español. Hijo de Diego Colón y nieto de Cristóbal Colón, fue nombrado en 1536 almirante de Indias. Ocupó entre 1540 y 1551 el puesto de capitán general de la isla de La Española.

COLONIA (BIOLOGÍA). Agrupación formada por un conjunto de células individuales u organismos de una misma especie.
Microbiología 10:150b.

COLONIA (CIUDAD). Población de Alemania, a orillas del Rin. 964.311 hab. (1998).
4:279b; Hanseñatica, Liga 7:331b; Rin, río 12:373a; *ilustración* 4:280a.

COLONIA (DEPARTAMENTO). División administrativa de Uruguay limitada por los ríos Uruguay, al oeste, y de la Plata, al sudoeste. Carretera panamericana. Posee gran variedad de aves. Productos lácteos y textiles; pesca. Cap. Colonia del Sacramento. 6.106 km^2. 117.380 hab. (1996).

COLONIA (POLÍTICA). Unidad territorial regida por un estado situado fuera de sus fronteras. El término designó originalmente a asentamientos humanos de grupos de una nacionalidad en lugares fuera de sus fronteras (colonias griegas y romanas) y más tarde se refirió a territorios conquistados y administrados desde la metrópoli (colonias británicas y españolas, entre otras).

COLONIA, CATEDRAL DE. Una de las catedrales góticas de mayores dimensiones de Europa, cuya construcción se inició en el siglo XIII para finalizarse en 1880. Imita la catedral de Amiens, ampliando el número de naves de tres a cinco.
Colonia 4:280a.

COLONIA, JUAN DE (m. en 1481). Arquitecto español de origen alemán. Asentado en España en 1440, realizó por encargo del obispo de Burgos, Alonso de Cartagena, la capilla de la Visitación de la catedral burgalesa (1440-1442) y las flechas que coronan dicho templo (1442-1458).

COLONIA, SIMÓN DE (h. 1450-1511). Arquitecto y escultor español. Representante del estilo isabelino en la arquitectura española, fue autor de la capilla del Condestable de la catedral de Burgos (1482-1498) y de la finalización de las obras de la cartuja de Miraflores (1488), iniciadas por su padre, Juan de Colonia.

COLONIALISMO. Doctrina y sistema que propugna la adquisición de colonias mediante conquista u ocupación.
4:280b; Británico, imperio 3:187a; Esclavitud y servidumbre 6:38b; Imperialismo 8:130b; Mestizaje 10:88a; Racismo 12:240a; *ilustraciones* 4:281a-b; 4:282a-b.

COLONNA, FAMILIA. Noble familia romana cuyos orígenes se remontan al siglo X. Desempeñó un papel preponderante en la iglesia, de la que varios de sus miembros fueron cardenales.

COLONNA, VITTORIA (1492-1547). Poetisa italiana. Casada en 1509 con el marqués de Pescara, Ferdinando Francesco d'Avalos, enviudó en 1525. Autora de poesía en la que asoma la influencia de Francesco Petrarca. Vinculada al mundo intelectual y cultural de la época, especialmente a la figura de Miguel Ángel. *Rimas* (1536-1546).

COLOR. Sensación que la luz produce en la vista, a partir de las radiaciones que reflejan o difunden los cuerpos.
4:283b; *ilustraciones* 4:283b; 4:284.

COLOR, ÍNDICE DE. En petrología, el porcentaje de volumen de colorido contenido en un mineral. Los minerales de colores más claros se encuentran en los feldespatos, silicios y cuarzos; los que mantienen colores más oscuros son la olivina, el piroxeno, la turmalina, el anfibol, etc.

COLORACIÓN. En ciencias biológicas, cualidad determinante de los seres vivos de presentar un tipo de coloración particular en función de la luz recibida sobre su superficie. La coloración está regulada por los pigmentos y por las características estructurales de cada especie.

COLORADO. Estado del centro oeste de los Estados Unidos, en las montañas Rocallosas (Rocosas). Importante región ganadera; turismo. Cap. Denver. 269.619 km^2. 3.892.644 hab. (1997).
Amerindios, pueblos 1:294b; Desierto 5:152b.

COLORADO, GRAN CAÑÓN DEL. V. **Gran Cañón del Colorado.**

COLORADO, PARTIDO (PARAGUAY). Asociación Nacional Republicana, agrupación política paraguaya. Fundada en 1857. Dominó la vida política del país, bajo las presidencias de Alfredo Stroessner (1954-1989) y de su sucesor, Andrés Rodríguez.
Paraguay 11:273a.

COLORADO, PARTIDO (URUGUAY). Grupo político uruguayo de filiación liberal, rival tradicional del Partido Blanco. Inspirado por los riveristas, se fundó en la primera mitad del siglo XIX; su nombre se debe a los voluntarios italianos de Giuseppe Garibaldi, que cooperaron en su lucha y usaban camisas rojas. Entre 1865 y 1958 ocupó todas las presidencias civiles.
Uruguay 14:206b.

COLORADO, RÍO (ARGENTINA). Curso fluvial de la Argentina, que forma el límite septentrional de la Patagonia. Nace de la unión de los ríos Barrancas y Grande. Atraviesa el centro del país y desemboca en el Atlántico, al sur de Bahía Blanca, tras recorrer 850 km.

COLORADO, RÍO (EUA). Curso fluvial norteamericano que nace en las montañas Rocallosas (Rocosas) de Colorado y desemboca en el golfo de California tras recorrer 2.333 km.
4:285a; Estados Unidos 6:129a; Gran Cañón del Colorado 7:193b; *ilustración* 4:285.

COLORADOS. Pueblo indígena del Ecuador que habita en las tierras bajas del noroeste, entre los ríos Esmeralda y Daule. Pertenece lingüísticamente al grupo de lenguas chibchas, en su forma capaya. Practica la agricultura y se tiñen el cuerpo con pigmentos rojos.
Andes 1:333.

COLORADO SPRINGS. Ciudad de los Estados Unidos en el est. de Colorado. Fuentes minerales. Base aérea, academia de las fuerzas aéreas, sede de la 4ª división de infantería de los Estados Unidos. Universidad y colegios universitarios. 344.987 hab. (1998).

COLORANTE. Sustancia susceptible de teñir otros materiales, en especial las derivadas de fibras animales o vegetales.
4:286a; Achiote 1:30b; Pinturas y pigmentos 11:417a; *cuadro* 4:286b; *ilustración* 4:286a.

COLORES COMPLEMENTARIOS. Dos colores que están en lados opuestos del punto blanco en el diagrama cromático, de modo que pueda hacerse una mezcla aditiva de los dos, en las proporciones adecuadas, para producir una mezcla acromática.
Color 4:185a.

COLORES PRIMARIOS. Los tres colores fundamentales con los cuales es posible obtener todos los demás. Pueden ser el amarillo, el azul y el rojo, si se emplea la llamada mezcla aditiva; o bien, el amarillo, el magenta y el cian (verde azuloso), si se emplea (como en fotografía y televisión) la llamada mezcla sustractiva.

COLORIMETRÍA. Técnica que se emplea para la identificación de sustancias y la determinación de concentraciones. Se basa en la medida de la longitud de onda y de la intensidad de la radiación electromagnética en la región visible del espectro.
Análisis químico 1:320b.

COLOR PURO. Color formado por radiación de una sola longitud de onda.
Color 4:285a.

COLOSENSES, EPÍSTOLA A LOS. Uno de los textos integrantes del Nuevo Testamento. Se trata de una carta de san Pablo a los fieles de la iglesia de Colosas, en la que los exhorta a rechazar las teorías heréticas entonces vigentes y a creer sólo en Jesucristo.

COLOSIO, LUIS DONALDO (1950-1994). Político mexicano. Fue diputado en 1985 y 1987, y en 1988 resultó elegido senador. Trabajó en la campaña presidencial de Carlos Salinas de Gortari. Designado candidato a la presidencia por el Partido Revolucionario Institucional, al que pertenecía, murió asesinado el 4 de marzo de 1994.
Zedillo, Ernesto 14:413a.

COLPOSCOPIA. Técnica de observación diagnóstica de la vagina y del cuello uterino para examinar el estado de los tejidos y detectar el desarrollo de posibles formaciones tumorales, infecciones, etc. Para efectuarla se emplea el colposcopio, dispositivo de amplificación de imagen que puede también ofrecer imágenes microscópicas, denominándose entonces colpomicroscopio.
Biopsia 3:47a.

COLSON, JAIME (1901-1975). Pintor dominicano. Representante de la escuela pictórica naturalista en su país. Estudió en Madrid y se estableció en París en la década de 1920, en donde expuso junto a los independientes.

COLTRANE, JOHN (1926-1967). Saxofonista estadounidense. Uno de los más brillantes músicos de *jazz* de las décadas de 1950 y 1960.
4:286b; Jazz 8:359a.

COLUMBIA. Transbordador espacial estadounidense. Pionero de este tipo de vehículos, cumplió en 1981 su primera misión en el espacio.
Astronáutica 2:170b.

COLUMBIA. Capital del est. de Carolina del Sur, Estados Unidos, a orillas del río Congaree. Universidades, museos. Industrias aeroespaciales, fibras sintéticas, textiles; algodón, tabaco, melocotones. 110.840. hab. (1998).

COLUMBIA, DISTRITO DE. División administrativa de los Estados Unidos, a orillas del río Potomac; incluye la capital del país, la ciudad de Washington. 176 km². 528.964 hab. (1997).
Washington 14:353a.

COLUMBIA, RÍO. Curso fluvial de América del norte, el más caudaloso de los que vierten sus aguas al Pacífico en los Estados Unidos. 1.959 km.
4:287a; Estados Unidos 6:129a; *ilustración* 4:287a.

COLUMBIA BRITÁNICA. Provincia de Canadá, la más occidental del país, a orillas del océano Pacífico. Incluye la isla de Vancouver. Región montañosa. Bosques. Minerales. Cap. Victoria. 929.730 km². 3.933.300 hab. (1996).
Canadá 3:322b; Fraser, río 6:405b.

COLUMBIFORMES. Orden de aves que mantiene como familia principal a las colúmbidas, compuesta principalmente por las palomas (*Columba livia, Columba palumbus*, etc.) y las tórtolas (*Streptopelia turtur*).

COLUMBIO. V. **Niobio.**

COLUMBITA. Mineral de óxido de niobiotantalio, nombre común de la niobita y tantalita. Dureza media alta. Color negro parduzco. Cristaliza en sistema rómbico. Importante mena de niobio y tantalio. Se encuentra en varias regiones africanas y escandinavas. Fórmula, $(FeMn)Nb_2O_6$.

COLUMBRETES. Grupo de islotes situado en el mar Mediterráneo, a 55 km de la costa española, en la prov. de Castellón (Valencia). Formado por cuatro grupos de peñones, ordenados de norte a sur en una longitud de unos 7 km. La isla más destacada es la Columbrete Mayor o Colibre. Importante reserva ecológica.

COLUMBUS (GEORGIA). Ciudad y puerto fluvial de los Estados Unidos, est. de Georgia, a orillas del río Chattahoochee. Colegio universitario. Museo Naval Confederado. Importante centro textil, industrias diversas. 182.219 hab. (1998).

COLUMBUS (OHIO). Capital del est. de Ohio, Estados Unidos, en la confluencia de los ríos Scioto y Olentangy. Ciudad universitaria, institutos de investigación, museo. Aeropuerto. Equipos electrónicos, aviones, maquinaria, vidrio. Productos alimenticios. 670.234 hab. (1998).

COLUMELA, LUCIO JUNIO (siglo I). Escritor latino. Nacido en Hispania, vivió en la península itálica, donde se dedicó a las labores agrícolas. *Sobre la agricultura.*
Veterinaria 14:290b.

COLUMNA (ARQUITECTURA). Elemento vertical de sostén y apoyo, generalmente de forma cilíndrica, que suele estar formado por basa, fuste y capitel.
4:287b; Arco 2:29b; Arquitectura 2:103a; *ilustraciones* 4:288a.

COLUMNA (IMPRENTA). Parte de un impreso, dispuesta en un espacio vertical relativamente estrecho y separado del resto mediante blancos o por una línea.

COLUMNA VERTEBRAL. Esqueleto axial del tronco formado por las vértebras. En el ser humano está constituida por siete cervicales, doce dorsales, cinco lumbares, más las piezas soldadas del sacro y el cóccix.
Hueso 8:86a.

COLUNGA, ALEJANDRO (n. en 1959). Pintor mexicano. Inspirado en imágenes del mundo infantil, en su obra destacan la profusión de los colores y las representaciones fantásticas. Toma prestados elementos pictóricos de otras culturas. *La llorona* (1989).

COLUNGE, GIL (1831-1899). Político, escritor y jurista de Panamá (cuando ésta formaba parte de Colombia). Escribió la novela *La virtud triunfante* (1850) y el poema nacionalista *28 de noviembre* (1852). Ministro de la Suprema Corte y de relaciones exteriores en Colombia, fue presidente de Panamá (1865-1866) en la federación colombiana.

COLVÍN, MARTA (1917-1995). Escultora chilena. Profesora en la Escuela de Bellas Artes de Santiago, obtuvo en 1965 el gran premio de escultura de la Bienal de São Paulo. En su búsqueda por la monumentalidad escultórica, fijó su atención en el arte de los pueblos precolombinos. «Humus» (1954), «Signo solar» (1962).

COLZA. Planta herbácea de la familia de las crucíferas (*Brassica napus* variedad *oleifera*). Dicotiledónea. Semillas ricas en grasas y empleadas para obtener un aceite de aplicación industrial.
Aceites industriales 1:28b; Oleaginosas, plantas 11:93a.

COMA. Pérdida de las funciones de relación (conciencia, movimientos voluntarios, etc.) con mantenimiento de la vida vegetativa (circulación, respiración, metabolismos diversos).
4:288b.

COMADREJA. Mamífero carnívoro de la familia de los mustélidos (*Mustela nivalis*).
4:289a; *ilustración* 4:289a.

COMALCALCO. Municipio del est. de Tabasco, México. Agricultura, petróleo, sitio arqueológico maya. 511 km². 141.211 hab. (1990).

COMANCHES. Pueblo amerindio nómada de las praderas de los Estados Unidos que habla una lengua de la familia uto-azteca. Sostuvo intensas luchas contra los colonos blancos en la década de 1860. En 1874 fue recluido en reservas.

COMANDANTE. Jefe militar inmediatamente superior al capitán. Sus atribuciones dependen del cuerpo al que pertenezca. En algunos países recibe el nombre de mayor. También se llama comandante al jefe de un puesto o fuerza militar. El comandante en jefe es la máxima autoridad militar de un país, usualmente el jefe del estado o del gobierno.

COMANDITA, SOCIEDAD EN. Asociación empresarial de tipo híbrido que participa del carácter individualista de la sociedad colectiva y del capitalista de la anónima. Los socios colectivos responden con todo su patrimonio, mientras que los comanditarios únicamente con las aportaciones efectuadas al capital de la sociedad.
Empresa 5:397a; Sociedades civiles y comerciales 13:280a.

COMANDO. Individuo o pequeño grupo de fuerzas de choque, seleccionado y entrenado para acciones especiales. Como unidad fueron institucionalizados por los británicos en la segunda guerra mundial.

COMANECI, NADIA (n. en 1961). Gimnasta rumana. La primera en conseguir la puntuación perfecta de diez puntos en unas competiciones olímpicas. En 1976, durante los Juegos Olímpicos de Montreal, consiguió siete veces dicha calificación y ganó las medallas de oro en barra de equilibrio y en asimétricas. En los Juegos Olímpicos de Moscú (1980) obtuvo otras dos medallas de oro individuales y una con su equipo nacional.

COMAS CAMPS, JOAN (1900-1979). Antropólogo mexicano de origen español. Uno de los más importantes etnógrafos del continente americano. Premio Malinowsky 1978. *Las razas humanas* (1946), *Unidad y variedad de la especie humana* (1967), *Razas y racismo* (1972).

COMAS Y SOLÁ, JOSÉ (1868-1937). Astrónomo español. Autor de importantes descubrimientos con respecto a los planetas Marte, Júpiter y Saturno y las estrellas dobles. Inventor del estereogoniómetro. Fundó y dirigió el observatorio Fabra de Barcelona (1904-1937). *Astronomía y ciencia general* (1907).

COMAYAGUA (CIUDAD). Población de Honduras, cap. del dep. de Comayagua, a orillas del río Humuya. Fundada en 1537. Primera universidad de América central (1632). Catedral barro-

ca, edificios coloniales. Aeropuerto. Carretera interoceánica. 51.578 hab. (1983).
Honduras 8:62b.

COMAYAGUA (DEPARTAMENTO). División administrativa de Honduras limitada al norte por el lago Yojoa y bañada por el río Humuya. Fértiles valles. Agricultura, ganadería, aves de corral; explotación forestal. Cap. Comayagua. 5.196 km². 257.000 hab. (1991).

COMBAS, ROBERT (n. en 1957). Dibujante y pintor francés. Formó parte del grupo de artistas de la denominada figuración libre. Su pintura, de carácter mitológico, se inspira en la iconografía religiosa y en los cómics.

COMBES, ÉMILE (1835-1921). Primer ministro francés de 1902 a 1905. Destacó por su política tendente a la separación entre estado e iglesia, culminada con el Acta de Separación (1905).

COMBINACIÓN. Cada uno de los distintos grupos que pueden formarse con cierto número de elementos dados tomando varios de estos elementos en cada grupo, de forma que dos agrupaciones varíen al menos en la naturaleza de un elemento.
Probabilidad y estadística 12:151a.

COMBINATORIA. Rama de las matemáticas cuyo objeto de estudio son las leyes de formación de grupos de elementos según el número y la ordenación de éstos. De acuerdo con sus características, dichos grupos pueden ser: combinaciones, variaciones o permutaciones.
Probabilidad y estadística 12:105b.

COMBURENTE. Cuerpo que al combinarse con otro provoca su combustión. Puede ser sólido o líquido (incorporado o separado). Los más empleados son el oxígeno líquido, agua oxigenada y ácido nítrico.

COMBUSTIBLE. Materia líquida, sólida o gaseosa susceptible de arder.
4:289b; Balística 2:323a; Carbón 3:374a; Fuego e incendio 6:419a; Hidrocarburos 7:396a; Madera 9:271b; Petróleo y derivados 11:380b; Plutonio 12:40b; *cuadro* 4:289b; *ilustraciones* 4:290a; 4:291a.

COMBUSTIBLE FÓSIL. Aquel que se origina a partir de la acumulación de restos de materia orgánica en condiciones de alta presión y temperatura durante millones de años. Los combustibles fósiles son el carbón, el petróleo y el gas natural.

COMBUSTIÓN. Oxidación de una sustancia con liberación de calor, sonido o luz o los tres a la vez. Puede ser provocada o espontánea (sin aplicación de calor externo).
4:291a; Combustible 4:289b; Contaminación 4:357a; Energía 5:412b; Nitrógeno 10:422a; Oxígeno 11:191b; Petróleo y derivados 11:382b; Química 12:225a.

COMBUSTÓLEO. Combustible derivado del petróleo, de viscosidad variable, utilizado para calefacción y otros usos. En algunos países de habla española se utiliza la voz inglesa *fuel oil* con este sentido.

COMECON. V. **Consejo de Asistencia Económica Mutua.**

COMEDIA. Obra de teatro que tiene un desenlace feliz y que describe costumbres y situaciones cotidianas.
4:291b; Aristófanes 2:69b; Drama 5:240b; Farsa 6:234b; Griega, literatura 7:218b; Humor, literatura de 8:97a; Latina, literatura 9:73a; Marivaux, Pierre 9:379b; Lope de Vega, Félix 9:215a; Menandro 10:52a; Molière 10:215b; Moreto, Agustín 10:264a; Plauto 12:33a; Terencio 14:30a; Vaudeville 14:246a; *ilustraciones* 4:292a.

COMEDIA, DIVINA. V. **Divina Comedia.**

COMEDIA DEL ARTE. Género teatral que se desarrolló en Italia desde mediados del siglo XVI hasta el siglo XVIII. Aunaba la acrobacia, la danza y la improvisación, y creó una serie de personajes arquetípicos que respondían a diversos caracteres humanos. Alcanzó gran notoriedad en Francia.
Actor y actuación 1:41b; Italiana, literatura 8:322a; Pantomima 11:255b; Teatro 13:412a.

COMEDIA FRANCESA. Sociedad teatral fundada en 1680 por Luis XIV de Francia a partir de la fusión de la compañía del dramaturgo Molière y de la compañía del *hôtel* de Bourgogne. Ocupó a partir de 1787 el teatro parisiense construido por el arquitecto Victor Louis.
Actor y actuación 1:41b.

COMEDIA HUMANA, LA. Título genérico dado en 1842 por el escritor francés Honoré de Balzac a sus novelas de costumbres, sociales y filosóficas. Incluye obras tales como *Eugenia Grandet* y *Papá Goriot,* entre las primeras, *El médico rural*, en las segundas, y *Piel de zapa* entre las filosóficas. Su publicación se inició en 1829.

COMEDIA MUSICAL. Obra teatral o cinematográfica que concede especial importancia a los números musicales y a las coreografías, a veces integrados como números musicales teatrales y otras formando parte de la historia desarrollada. Son ejemplos cinematográficos de la misma: *El desfile del amor* (1929), *Cantando bajo la lluvia* (1952), *West Side story (Amor sin barreras;* 1961), *Mi bella dama* (1964), *Sonrisas y lágrimas* (1965), *Cabaret* (1972), etc.
Rodgers, Richard 12:405a.

COMEJÉN. V. **Termita.**

COMELLA, LUCIANO FRANCISCO (1751-1812). Dramaturgo español. Opuesto al neoclasicismo del siglo XVIII, fue autor de sainetes, comedias realistas y dramas históricos. *El sitio de Calés, La familia indigente, Doña Inés de Castro.*

COMENDADOR. Ciudad de la República Dominicana, cap. de la prov. de Elías Piña en el valle de San Juan. Caña de azúcar, algodón, café. 5.962 hab. (1981).

COMENIUS (1592-1670). Jan Ámos Komenský, clérigo, humanista y pedagogo checo. Su nombre está vinculado a los comienzos de la didáctica.
4:292b; Checa, literatura 4:112b; Educación 5:314a.

COMENSALISMO. Asociación de dos organismos de especies diferentes, de la que se beneficia una de ellas, sin que la otra experimente provecho o perjuicio.
Parasitología 11:180b.

COMENTARIOS. Título de las memorias de Julio César compuestas por *Comentarios sobre la guerra de las Galias* (siete libros) y *Comentarios sobre la guerra civil* (tres libros), que constituyen por su claridad y objetividad un importante documento sobre los citados acontecimientos históricos.

COMENTARIOS DE ÁLVAR NÚÑEZ CABEZA DE VACA. Obra de Pedro Hernández en la que narra el viaje del conquistador Cabeza de Vaca por la región del río de la Plata. Se considera el primer estudio de dicha zona publicado en España.

COMENTARIOS REALES. Nombre con el que se conoce la primera de las obras históricas del Inca Garcilaso de la Vega, publicada en 1609, bajo el título de *Comentarios reales que tratan del origen de los incas.* Abarca desde los orígenes del pueblo peruano hasta la llegada de los conquistadores.
Garcilaso de la Vega, el Inca 7:49b.

COMENTARISTAS. Escuela jurídica italiana que sustituyó a la de Bolonia o de los glosadores y que alcanzó gran notoriedad durante los siglos XIII-XV. Su denominación proviene del empleo del comentario como sistema metódico de exposición. Su principal exponente fue Bártolo de Sassoferrato.

COMERCIO. Actividad económica que transfiere mediante compraventa bienes de los productores a los consumidores o a otros productores.
4:293a; Bolsa 3:98b; Burguesía 3:228a; Contabilidad 4:354b; Contrato 4:363a; Económica, historia 5:282b; Edad media 5:302b; Industrial, revolución 8:188b; Marina mercante 9:376a; Mercado 10:64b; Navegación 10:365b; *ilustraciones* 4:293b; 4:294a-b; 4:295b; 4:296a.

COMERCIO, EL. Periódico fundado en Lima por la familia Miró Quesada en 1839; el más antiguo del país y el segundo en Sudamérica. Estimado por el equilibrio y la precisión de sus informaciones.

COMERCIO AL POR MAYOR. Operación mercantil consistente en la compra por parte de un mayorista de grandes cantidades de un producto directamente desde el productor, para posteriormente vendérselas en pequeñas cantidades al minorista o comerciante encargado de abastecer al consumidor.
Comercio 4:294a.

COMERCIO AL POR MENOR. Operación mercantil consistente en la compra por parte de un minorista de productos, bien directamente a su productor o a un mayorista, para posteriormente realizar la venta al consumidor.
Comercio 4:294a.

COMERCIO ELECTRÓNICO. Venta a través de Internet. En un sentido estricto comprende la comercialización de productos y servicios transmitidos digitalmente por la red, como programas informáticos, música, películas, información, etc.
4:296a.

COMERCIO INTERIOR. Intercambio de bienes y servicios en un sistema mercantil dentro de un área geográfica de ámbito nacional. El comercio interior en un país posibilita el desarrollo regional y reduce la importación de productos de los mercados internacionales.
Comercio 4:293b.

COMERCIO INTERNACIONAL. Intercambio que se establece entre distintos países. En él las compras de bienes y servicios se denominan importaciones, y las ventas exportaciones. Se dice que un país tiene un comercio favorable cuando las exportaciones superan a las importaciones.
Balanza de pagos 2:316a; Comercio 4:293b; Organización Mundial del Comercio (OMC) 11:144b;

COMERCIO JUSTO. Tipo de relación comercial establecida entre un país rico y otro pobre, basada en el respeto a los productores. Pretende que éstos reciban un salario digno en unas condiciones laborales adecuadas, y eliminar cualquier clase de discriminación y trabajo infantil.

COMES, JUAN BAUTISTA (h. 1568-1643). Compositor español. Maestro de la catedral de Valencia desde 1613, sólo abandonó este puesto en el decenio comprendido entre 1618 y 1628, momento en el que fue maestro de capilla del Palacio Real de Madrid.

COMETA (ASTRONOMÍA). Astro que describe una órbita elíptica de enorme excentricidad en torno al Sol, con períodos muy grandes.
4:296b; Sistema Solar 13:267a; *cuadro* 4:297b; *ilustraciones* 4:297.

COMETA (JUEGO). Aparato planeador más pesado que el aire. Consta de una estructura ligera de formas diversas cubierta de papel, plástico o tela, atada a un largo cordel que se sujeta con la mano o enrollado a un tambor. Planea gracias a su resistencia al aire. También llamado papalote.

COMIC. V. **Historieta.**

COMICIOS. Asambleas del pueblo en la antigua Roma. Tenían funciones electorales, legislativas y judiciales.

COMILLAS. Signo ortográfico (« », o " ") que se sitúa al principio y fin de las frases que se intercalan en los textos como citas o ejemplos, en los títulos de poemas o artículos, y en otros casos.

COMÍN, FRANCISCO (n. en 1952). Historiador y economista español. Especialista en historia económica. *Las cuentas de la hacienda preliberal en España (1800-1855)* (1990).

COMINO. Especia que se obtiene a partir de la planta herbácea *Cuminum cyminum*, perteneciente a la familia de las umbelíferas. Cultivada desde tiempos antiguos en el próximo oriente, ha sido utilizada tanto en medicina como en la alimentación humana.

COMISIÓN ECONÓMICA PARA AMÉRICA LATINA. Organización de las Naciones Unidas creada en 1956. Se reunió por primera vez en 1958 en Santiago, Chile. Sus finalidades incluían la estructuración de un mercado común para Latinoamérica y la realización de estudios económicos. Sus trabajos constituyeron el precedente directo de la Asociación Latinoamericana de Libre Comercio (ALALC). Conocida también como Cepal.

COMISIONES OBRERAS. Organización sindical española, fundada en la década de 1960. Desde su legalización en 1977, mantuvo junto con la Unión General de Trabajadores (UGT) la mayoría de la representación sindical en España.

COMISIÓN EUROPEA. Organismo que intenta establecer políticas conjuntas entre los países de la Unión Europea en ciertas atribuciones delegadas específicamente por los gobiernos nacionales. Los comisarios son elegidos por consenso entre los gobiernos de los estados miembros.
Prodi, Romano 12:158b; Santer, Jacques 13:144b.

COMISIÓN EUROPEA DE LA ENERGÍA ATÓMICA. V. **Comunidad Europea de Energía Atómica.**

COMISO. Confiscación. Pena por la cual una persona pierde los objetos con los que comerciaba ilegalmente o por los cuales no había abonado los pertinentes impuestos, por ejemplo los de aduana.

COMISSIONA, SERGIU (n. en 1928). Director de orquesta estadounidense de origen rumano. Fundó en 1960 la Orquesta de Cámara de Israel. Fue nombrado director de diversas formaciones orquestales en los Estados Unidos y Europa.

COMITÁN. Comitán de Domínguez, población mexicana del est. de Chiapa, en el sudeste de México. Centro agrícola y comercial, industrias textiles y destilerías. 78.668 hab. (1990; municipio).

COMITÉ DE SALVACIÓN PÚBLICA. Conocido también como Comité de Salud Pública, institución francesa creada el 6 de abril de 1793. Integrada por alrededor de nueve a doce miembros, tenía como misión el establecer las medidas de control interior y exterior del país. Fue dirigida en una primera etapa por Georges-Jacques Danton y en una segunda por Maximilien de Robespierre. Suprimida en 1795.
Francesa, revolución 6:380b.

COMITÉ ECONÓMICO Y SOCIAL (CES). Institución europea de carácter consultivo creada en el Tratado de Roma. Capacitada para la emisión de dictámenes, agrupa a representantes de los distintos agentes sociales (trabajadores, empresarios, profesionales, asociaciones ecologistas y de consumidores, etc.).

COMITÉ OLÍMPICO INTERNACIONAL. Organismo fundado en 1894 que organiza los Juegos Olímpicos y establece las normas y reglas que rigen las competiciones. Conocido por las siglas COI.
Atletismo 2:201a; Deporte 5:132b; Olímpicos, Juegos 11:95b; Panamericanos, juegos 11:250a; Samaranch, Juan Antonio 13:110b.

COMITÉS REVOLUCIONARIOS. Organismos policiales creados en Francia el 21 de marzo de 1793, continuación de los comités de vigilancia de la comuna de París fundados el 10 de agosto de 1792. Se encargaban de la vigilancia y cumplimiento a escala local de las medidas revolucionarias.

COMIZÁHUAL. Diosa asociada a la luna en la mitología de los lencas, pueblo amerindio que habitaba la zona occidental de la Honduras prehispánica. Tras dictar las leyes a su pueblo, ascendió al cielo convertida en ave.

COMMON LAW. Derecho consuetudinario o conjunto de reglas establecidas por la costumbre y no reguladas de forma escrita que rige en países anglosajones. Aplicado en Inglaterra desde el Medievo, se extendió posteriormente a otros países de su área de influencia. Entre sus principales compiladores destacaron Edward Coke (1552-1634) y William Blackstone (1723-1780).
Derecho 5:144a.

COMMONWEALTH. V. **Británica de Naciones, Comunidad.**

COMNENO, ANA (1083-1148). Historiadora bizantina, hija del emperador Alejo I Comneno, restaurador de la dinastía. Su obra *Alexiada* es fuente importante de datos sobre la primera cruzada y narra las vicisitudes del reino de su padre.

COMNENO, DINASTÍA. Familia bizantina que ocupó el trono de Constantinopla durante más de un siglo. Reputados sus miembros como destacados militares, el primer monarca Comneno fue Isaac I (gobernó del 1057 al 1059), y el último Andrónico II (1180-1183). Una rama de la dinastía rigió Trebisonda hasta su caída ante los musulmanes en 1461.
Alejo I Comneno 1:171b; Bizantino, imperio 3:64a.

COMO. Población italiana, cap. de la prov. homónima, en la reg. de Lombardía. Situada junto al lago de Como. Arquitectura gótica y renacentista. Centro industrial y turístico. 87.059 hab. (1998).

COMO, LAGO DE. Lago de Italia al norte de Milán, en la reg. de Lombardía. Tiene una superficie de 145 km^2 y está rodeado por un paisaje de extraordinaria belleza.

CÓMODA. Mueble de cajones sobre patas, con un tablero plano en su parte superior. Apareció en el siglo XVII.

COMODATO. Contrato por el que una parte entrega gratuitamente a la otra una cosa no fungible para que haga uso de ella durante cierto tiempo y posteriormente se la devuelva.
Préstamo 12:134a.

CÓMODO (161-192). Emperador romano del 177 al 192, hijo de Marco Aurelio. Su arbitrario y despótico gobierno puso fin a la época de estabilidad y prosperidad que conoció Roma bajo los Antoninos.

COMODORO RIVADAVIA. Ciudad y puerto de la Argentina, prov. de Chubut, a orillas del golfo de San Jorge en el Atlántico. Base aérea, aeropuerto. Pozos petrolíferos, gasoducto. Ganadería. 144.074 hab. (1999).

COMONFORT. Municipio mexicano que pertenece al est. de Guanajuato. Regado por el río Laja. Cereales, caña de azúcar. 56.573 hab. (1990).

COMONFORT, IGNACIO (1812-1863). Militar y político mexicano. Durante su gobierno (1855-1858) se promulgaron diversas leyes de reforma.
4:298a; Juárez, Benito 8:400b; México 10:132a.

COMORERA Y SOLER, JOAN (1895-1960). Político español. Vivió en Argentina entre 1919 y 1931. Participó como militante socialista en el parlamento catalán de la segunda república y ocupó diversos cargos en el gobierno de la Generalitat. Fue secretario general del Partido Socialista Unificado de Cataluña (PSUC) entre 1936 y 1949. Detenido en 1951, murió en prisión.

COMORES, ISLAS. País de África formado por un archipiélago del océano Índico, en el canal de Mozambique. Cap. Moroni. 1.862 km^2. 578.000 hab. (2000).
4:298a; África 1:94; *cuadros* 4:298b; 4:299b; *ilustración* 4:299a.

COMORÍN, CABO. Brazo rocoso del sudeste de la India, en el estado de Tamil Nadu, sobre el océano Índico. Forma el punto más meridional del subcontinente y la punta sur de los montes Cardamomos.

COMPACT DISK. V. **Disco compacto.**

COMPAGINACIÓN. Parte del proceso editorial que consiste en ajustar las galeradas de prueba a las planas o páginas definitivas, con la correspondiente numeración, espacios o grabados.

COMPAGNONI, DEBORAH (n. en 1970). Esquiadora italiana. Ganó varias medallas de oro y plata en los Juegos Olímpicos de Albertville, en 1992; de Lillehamer, en 1994, y de Nagano, en 1998, además de diversas pruebas de los campeonatos mundiales.

COMPANYS, LLUÍS (1883-1940). Político español. Fundó y colaboró con numerosas publicaciones catalanistas. Cofundador de Esquerra Republicana de Catalunya, fue diputado a Cortes y ministro de marina en 1933. Presidente de la Generalitat en 1934, fue encarcelado en octubre de dicho año; reelegido en febrero de 1936, se exilió a Francia. Apresado por la Gestapo, fue entregado al gobierno de Francisco Franco y fusilado en el castillo de Montjuic, Barcelona.

COMPAÑÍA (ECONOMÍA). V. **Empresa.**

COMPAÑÍA (MILICIA). Primera unidad orgánica militar, formada por 100 o 200 soldados bajo el mando de un capitán e integrada en un batallón. Dispone de varias secciones con misiones complementarias y de una pequeña plana mayor con medios propios de transmisión.
Infantería 8:192b.

COMPAÑÍA DE JESÚS. V. **Jesuitas.**

COMPAÑÍA HOLANDESA DE LAS INDIAS ORIENTALES. V. **Indias orientales, compañía holandesa de las.**

COMPAÑÍA INGLESA DE LAS INDIAS ORIENTALES. V. **Indias orientales, compañía inglesa de las.**

COMPAÑÍAS DE INDIAS. Diversas organizaciones mercantiles de diferentes países europeos creadas en los siglos XVII y XVIII para comerciar con las colonias.
4:299b; *ilustraciones* 4:300a-b.

COMPARATISMO. Metodología usada en distintas ramas científicas (historia, lingüística, etc.) que permite establecer relaciones entre diversas culturas, lenguas, etc., con el fin de obtener aspectos comunes entre ellas que puedan llevar a conclusiones no particulares sino generales.

COMPÁS, CONSTELACIÓN DEL. Agrupación de estrellas visible en el hemisferio sur, al lado del triángulo austral. Nombre latino: Circinus.

COMPÁS MUSICAL. División de la duración de los sonidos en intervalos regulares distinguibles por el oído. También, forma de repartir el tiempo en intervalos iguales dividiendo el pentagrama en barras verticales.
4:301a; Composición musical 4:305b; Musical, notación 10:321a; Ritmo 12:384a; *ilustración* 4:301a.

COMPATIBILIDAD. En informática, capacidad por la que una computadora (ordenador) puede ejecutar sin modificación programas preparados para otra.
Efecto 2000 5:320b.

COMPATIBILIDAD ELECTROMAGNÉTICA. Característica de un sistema eléctrico o electrónico que le permite trabajar eficazmente y de forma simultánea con otros sistemas.

COMPENSACIÓN (BANCA). Operación mediante la cual se liquidan los valores de cheques mediante transferencias recíprocas, sin necesidad de títulos o dinero, presentados por distintos bancos a una cámara central de compensación. En algunos países el proceso se designa con el término inglés *clearing*.

COMPENSACIÓN (DERECHO MERCANTIL). Operación mediante la cual las compras y las ventas se liquidan gracias a las transferencias recíprocas, sin necesidad de títulos o dinero.

COMPETENCIA ECONÓMICA. Pugna que se establece entre productores de artículos similares para la conquista del mercado. Se dice que la competencia es perfecta cuando un artículo ofrecido por numerosas empresas es de la misma calidad.
Biotecnología 3:55a; Mercado 10:66a; Mercadotecnia 10:69b.

COMPIÈGNE, ARMISTICIOS DE. Acuerdos de paz firmados entre Francia y Alemania en las dos guerras mundiales. El primero fue firmado el 11 de noviembre de 1918 en un vagón de tren al noroeste de la localidad francesa de Compiègne. El segundo fue firmado el 22 de junio de 1940 en el mismo lugar y a bordo del mismo vagón.

COMPILADOR. En informática, programa que verifica la traducción de un programa realizado en lenguaje de alto nivel (programa fuente) a otro en lenguaje máquina.
Lenguajes de programación 9:107a.

COMPLEJO (PSICOLOGÍA). Conjunto de contenidos psíquicos (ideas, percepciones, imágenes, representaciones, etc.) conectados entre sí y de fuerte carga emocional. Pueden permanecer inconscientes o formar parte del contenido mnémico o de la conciencia del sujeto.
Jung, Carl Gustav 8:411a.

COMPLEJO (QUÍMICA). Sustancia consistente en una combinación de especies químicas y capaz de existir independientemente con propiedades que no son meramente las de las sustancias simples que la integran (incluso en solución).

COMPLEJO, NÚMERO. V. **Número complejo.**

COMPLEMENTARIEDAD, PRINCIPIO DE. Postulado de la física enunciado por el danés Niels Bohr en el que se defiende el carácter complementario de los aspectos corpuscular y ondulatorio de las partículas materiales.
Bohr, Niels 3:85a.

COMPLEMENTO. Palabra o frase en que recae la acción del verbo. El complemento puede ser directo o indirecto, según incida sobre él la acción del verbo.
Sintaxis 13:256b.

COMPLETIVA, ORACIÓN. Proposición subordinada, llamada también sustantiva, que completa el significado de la oración principal.

COMPLOT. Confabulación contra algo o alguien. Tiene carácter político o social si está dirigida contra el gobierno o contra alguna autoridad establecida.

COMPORTAMIENTO. Manera de conducirse un individuo en su medio como resultado de la experiencia individual.
4:301b; Conductismo 4:327b: Motivación 10:275b; Psicofisiología 12:174a; Psicología 12:176a.

COMPORTAMIENTO ANIMAL. Conjunto de actividades observables que el animal efectúa al relacionarse con su ambiente y con otros miembros de su especie. Su estudio se denomina etología.
4:302a; Animal 1:357a; Aprendizaje 1:416a; Lorenz, Konrad 9:222a; Migraciones animales 10:156b; Psicofisiología 12:174a; Reflejo 12:293a; Zoología 14:425b; *ilustraciones* 4:302a; 4:303; 4:304a.

COMPOSICIÓN, LEYES DE. Aplicaciones del producto de dos conjuntos (*A B*) en otro distinto, *C*, que asocian a cada par de elementos (*a, b*), resultado del producto *A B*, otro elemento *c* del conjunto *C*. Cuando los tres conjuntos son efectivamente distintos, se habla de leyes de composición externa, mientras que si se trata de un único conjunto, las leyes se denominan de composición interna.

COMPOSICIÓN DE FUERZAS. Reemplazo de un conjunto de dos o más fuerzas que actúan simultáneamente por otra fuerza equivalente en cuanto a su efecto pero diferente en cuanto a sus dimensiones.
Fuerza 6:422b.

COMPOSICIÓN INTERNA, LEY DE. Aplicación del producto de un conjunto por sí mismo en él mismo, es decir, *M M M*, por lo cual el resultado que se obtiene pertenece al mismo conjunto.
Grupos, teoría de los 7:240a.

COMPOSICIÓN MUSICAL. Arte de crear obras musicales.
4:305a; Aleatoria, música 1:162b; Balada 2:314b; Cámara, música de 3:295b; Cantata 3:348a; Concierto 4:323a; Fuga 7:1a; Instrumentación y orquestación 8:227a; Instrumentos musicales 8:227a; Música 10:316b; Pasodoble 11:294a; Polifonía 12:55b; *ilustración* 4:323a.

COMPOST. Compuestos agrícolas utilizados para la fertilización de un suelo cultivado. El compost está formado principalmente por tierra, residuos orgánicos y materias orgánicas, en una proporción variable, de forma que se facilite la descomposición de los residuos y su transformación química.
Agricultura biológica 1:117b.

COMPRAVENTA. Acción por la que una persona (vendedor) traspasa la propiedad de un bien a cambio de una cantidad de dinero. Se denomina también así el contrato legal que compromete a tal acción.
Comercio 4:293a; Mercado 10:64b.

COMPRESOR (INFORMÁTICA). Método con el que, por medio de un programa, se resume la información, con lo que se logra una mayor eficacia en su velocidad de transmisión o en su almacenamiento.

COMPRESOR (MECÁNICA). Máquina utilizada para aumentar la presión de un gas. Tres tipos generales: de pistón, centrífugo y coaxial.
Criología 5:14a; Refrigeración 12:297a.

COMPROMISO. En derecho procesal, acuerdo por el que las partes aceptan acatar la decisión de la persona a la que se somete la solución de un litigio. En derecho político, delegación que hacen los electores en uno o más de ellos para que los represente o para que designe al que ha de ocupar un cargo.

COMPTE, JAUME (1897-1934). Político español. En prisión entre 1925 y 1931 por atentar contra Alfonso XIII, fue uno de los fundadores del Partido Catalán Proletario (1934). Alejado de la línea política seguida por Francesc Maciá, murió durante los sucesos revolucionarios de octubre de 1934.

COMPTON, ARTHUR HOLLY (1892-1962).Físico estadounidense. Premio Nobel compartido con C. T. R. Wilson en 1927 por su descubrimiento del cambio de longitud de onda de rayos X al ser dispersados por la materia (efecto Compton).

COMPTON, EFECTO. Aumento en la longitud de onda de los rayos X y de otras radiaciones electromagnéticas dispersadas elásticamente por electrones. Este efecto, que constituye una de las maneras principales en que la energía radiante es absorbida por la materia, es uno de los principios fundamentales de la mecánica cuántica.
Radiación 12:244a.

COMPTON-BURNETT, IVY (1884-1969). Novelista británica. Sus obras, casi diálogos en su totalidad, exponen las relaciones en los hogares de clase media durante las primeras décadas del siglo XX. *Hermanos y hermanas* (1929), *Criados y criadas* (1947).

COMPUERTA. Especie de portón, metálico por lo general, que se eleva entre guías para regular el paso del agua en canales, ríos y otros medios.
Canal 3:330a; Támesis, río 13:394b.

COMPUESTAS, PLANTAS. Familia de plantas dicotiledóneas integrada por especies como la artemisa, el cardo, la dalia, la margarita, la manzanilla, la caléndula y el girasol. Las flores se agrupan en capítulos rodeados de brácteas.
Alcachofa 1:151a; Crisantemo 5:17b; Dalia 5:87b; Girasol 7:136a; Lechuga 9:90b; Manzanilla 9:335a; Margarita 9:361a.

COMPUESTO, ORDEN. Estilo arquitectónico romano, fusión de formas corintias (hojas y ábaco) y jónicas (volutas). Aparecido en la época imperial romana, se transformaría en el Medievo y recuperaría las formas clásicas en el Renacimiento.

COMPULSIÓN. Impulso patológico a realizar determinados actos, casi siempre de carácter ritual, pese a considerarlos absurdos. Tiene como fin liberarse de la angustia y a menudo se liga a las ideas obsesivas. Constituye el síndrome básico de las neurosis obsesivo-compulsivas.
Bulimia nerviosa 3:224a.

COMPUTACIÓN, TEORÍA MATEMÁTICA DE LA. Conjunto de elaboraciones matemáticas, centradas en el sistema binario, que permiten el funcionamiento rápido y eficaz de las modernas computadoras.
4:306b; Tecnología 13:416a; Telecomunicación 13:442b; *ilustración* 4:306b.

COMPUTADORA. Máquina que procesa datos de entrada mediante una serie de programas y operaciones predefinidas para producir en salida informaciones elaboradas. Elemento esencial de los sistemas de información automatizados. También se llama ordenador y computador.
4:307b; Administración de bases de datos 1:62a; Automarización 2:240a; Autopistas de la información 2:244a; Avión 2:269a; Cibernética 4:176a; Computación, teoría matemática de la 4:306b; Digitalización de imagen 5:186a; Diseño industrial 5:207a; DVD 5:259a; Efecto 2000 5:320a; Electrónica 5:365b; Electrónica, música 5:368b; Imprenta y artes gráficas 8:135a; Infografía 8:198a; Informática 8:201a; Inteligencia artificial 8:232b; Lenguajes de programación 9:106a; Multimedia 10:295a; Ofimática 11:82b; Piloto automático 11:407a; Proceso de datos 12:156b; Realidad virtual 12:278a; Red digital de servicios integrados (RDSI) 12:289a; Red neuronal 12:290a; Robot 12:396b; Virus (INFORMÁTICA) 14:328a; *cuadro* 4:309b; *ilustraciones* 4:307b; 4:308a; 4:310a.

COMPUTADORA ANALÓGICA. Variedad de máquinas de computación electrónica que transmite pulsos continuos de señal a los canales de transmisión. El modelo gráfico de este sistema es una onda sinusoidal.
Computadora 4:307b; Informática 8:202b.

COMPUTADORA DIGITAL. Variedad de máquinas de computación electrónica que transmite pulsos discretos o discontinuos de señal a los canales de transmisión. El modelo gráfico de la señal de este sistema es una onda cuadrada.
Computadora 4:308a; Informática 8:202b.

COMPUTADORA PERSONAL. Computadora concebida para su empleo de manera autónoma por un único usuario. Con el avance de la informática, a partir de la década de 1980 cobró una creciente importancia, al dotarse de recursos antes reservados a las grandes redes informáticas.

COMPUTADORA PORTÁTIL. Modelo de computadora de dimensiones reducidas caracterizado por la posibilidad de transportarse como un portafolio y que mantiene la misma capacidad que una computadora personal fija. Admite así la instalación de periféricos tales como CD-ROM, DVD, micrófono y cámara para videoconferencia, etc.

COMPUTER ART. Expresión artística que utiliza el ordenador como base o medio de creación.
Abstracto, arte 1:22a.

COMTE, AUGUSTE (1798-1857). Filósofo francés. Introductor del positivismo en el pensamiento del siglo XIX.
4:310b; Historia 8:21a; Materialismo 9:410b; Metafísica 10:93a; Política 12:64a; Positivismo 12:104b; Saint-Simon, Henri de 13:91a; Sociedad 13:277a; Sociología 13:283a; *ilustraciones* 4:310b; 8:20a; 12:105b.

COMUNA. Pequeña comunidad o municipio. También, agrupación social basada en la colectividad del trabajo y los medios de producción.

COMUNA DE PARÍS. Gobierno revolucionario francés formado el 18 de marzo de 1871. Fue derribado el 28 de mayo.
4:311b; Blanqui, Auguste 3:70a; Franco-prusiana, guerra 6:403b; Obrero, movimiento 11:63b; Socialismo 13:275b; Thiers, Louis-Adolphe 14:64a; *ilustración* 4:311b.

COMUNEROS, REVOLUCIONES DE LOS. Levantamientos acaecidos en Paraguay entre 1717 y 1735 para reclamar mayores libertades para los cabildos, y en Nueva Granada en 1779 contra los elevados impuestos.
Antequera, José de 1:382a; Nueva Granada, Virreinato de 11:38a.

COMUNEROS, SUBLEVACIÓN DE LOS. V. **Comunidades, sublevación de las.**

COMUNES, CÁMARA DE LOS. Asamblea del Parlamento británico formada por diputados elegidos por el pueblo, con poderes legislativos y de control del gobierno y de la hacienda. Su origen se remonta al siglo XIII, con la participación de los representantes de las comunidades, principalmente de la naciente burguesía artesana y comerciante.
Reino Unido 12:208b.

COMUNICACIÓN. Transmisión de mensajes entre dos o más personas mediante un sistema común de símbolos.
4:312a; Ciberespacio 4:173b; Correo electrónico 4:397b; Criptografía 5:15b; Invento 8:246b; Lenguaje 9:104a; Literatura 9:180b; McLuhan, Marshall 9:266a; Medios de comunicación de masas 10:36a; Opinión pública 11:119b; Prensa 12:128b; Publicidad 12:186b; Semiótica 13:198a; *ilustraciones* 4:312b; 4:313b; 4:314a.

COMUNICACIÓN, TEORÍA DE LA. Conjunto de principios y razonamientos que establecen un esquema básico de la comunicación compuesto de un emisor, un mensaje enviado mediante un código a través de un canal, y un receptor que lo decodifica y reacciona con una respuesta.
Información, teoría de la 8:199b.

COMUNICACIÓN, VÍAS DE. Rutas terrestres, marítimas o aéreas usadas para el intercambio o comercio entre los pueblos. Pueden ser pasos, caminos, carreteras, canales, vías férreas, rutas, etc. En la antigüedad, el gran impulso a las vías de comunicación fue obra del Imperio Romano, y, en la América precolombina, de los imperios maya, azteca e inca.
Industrial, revolución 8:188b; Puente 12:191a.

COMUNICACIONES, INGENIERÍA DE. Disciplina superior encargada del estudio de las diferentes técnicas de comunicación. Incluye las especialidades de telegrafía, telefonía, comunicación postal y otras ramas de la telecomunicación.

COMUNIDAD ANDINA DE NACIONES (CAN). Organización de integración económica constituida en 1996 por Bolivia, Colombia, Ecuador, Perú y Venezuela. Sucesora del Pacto Andino, en 1995 estableció su propia unión aduanera. Entre otras metas, pretende el logro de un mercado común en la región.
4:315a; *mapa* 4:315b.

COMUNIDAD DE ESTADOS INDEPENDIENTES (CEI). Organismo supranacional integrado por doce estados europeos y asiáticos, todas las antiguas repúblicas segregadas de la extinta Unión Soviética excepto Estonia, Letonia y Lituania.
4:315b; Tadzhikistán 13:377a; Turkmenistán 14:160b; Yeltsin, Borís 14:380b; *ilustración* 4:316a.

COMUNIDAD DEL CARIBE (CARICOM). Organismo internacional creado en 1973, formado por doce ex colonias británicas de las Antillas y por Montserrat, que era todavía posesión británica. Con el antecedente de la Organización del Caribe, de 1967, su objetivo es establecer un área de libre comercio en la región caribeña.
Área de Libre Comercio de las Américas (ALCA) 2:32b; Organismos internacionales 11:137b.

COMUNIDAD ECONÓMICA AFRICANA. Organización de integración económica promovida en 1991 en Abuja, Nigeria, por los países de la Organización de la Unidad Africana (OUA).

COMUNIDAD ECONÓMICA EUROPEA. Organismo internacional creado el 25 de marzo de 1957 por el Tratado de Roma, con los objetivos de conseguir un mercado común para la libre circulación de bienes, servicios, capitales y personas. Originalmente integrado por Alemania federal, Bélgica, Francia, Italia, Luxemburgo y Países Bajos, en 1973 se unieron el Reino Unido, Dinamarca e Irlanda, en 1981 Grecia, y en 1986 España y Portugal. La antigua Alemania oriental se integró en 1990 como parte de la Alemania unificada. Se conoce por las siglas CEE. La CEE cambió su denominación por la de Unión Europea (UE) a partir de 1993. En 1995 la Unión admitió tres nuevos miembros: Suecia, Finlandia y Austria.
Europa 6:201a; Organismos internacionales 11:136b; Organizaciones comunitarias europeas 11:140b.

COMUNIDADES, SUBLEVACIÓN DE LAS. Levantamiento encabezado por los nobles castellanos Juan de Padilla, Juan Bravo y Francisco Maldonado contra el emperador Carlos V (I de España) entre 1520 y 1522.
4:316b; Adriano VI 1:76a; Carlos V, emperador 3:399b; *ilustración* 4:317b.

COMUNIDAD EUROPEA DE DEFENSA (CED). Organización defensiva creada en 1952 por Alemania Occidental, Bélgica, Francia, Italia, Luxemburgo y los Países Bajos. Tuvo una muy corta existencia, siendo sucedida en 1954 por la Unión Europea Occidental (UEO).

COMUNIDAD EUROPEA DE ENERGÍA ATÓMICA. Organización internacional creada en 1957. Su propósito era contribuir al desarrollo del uso pacífico de la energía nuclear con la creación de un mercado común y la misión de facilitar la cooperación y coordinación de los estados miembros. También se conoce como Euratom.
Organismos internacionales 11:136b; Organizaciones comunitarias europeas 11:140b.

COMUNIDAD EUROPEA DEL CARBÓN Y DEL ACERO. Organización internacional creada en 1951. Significó el punto de partida de la integración europea por la vía comunitaria. Su finalidad era la instauración de un mercado único para el carbón y el acero mediante la abolición de discriminaciones en materia de precios y de transportes. Se conoce por las siglas CECA.
Organismos internacionales 11:136b; Organizaciones comunitarias europeas 11:140a; Unión Europea (UE) 14:178a.

COMUNIDAD FRANCESA. Asociación de estados formada por Francia, Madagascar y varias repúblicas africanas que habían constituido antes la Unión Francesa. Data de la constitución promulgada en Francia en 1958.

COMUNISMO. Sistema económico, político y social que pugna por la supresión de la propiedad privada, especialmente de los bienes de producción.
4:317b; Marxismo 9:400a; Obrero, movimiento 11:64a; Partido político 11:291a; Planificación económica 12:18a; Propiedad 12:164a; Socialismo 13:276b; Sociedad 13:277a; Stalin 13:316b; Tito 14:68b; *ilustraciones* 4:317b; 4:318a; 4:319b; 4:320a.

COMUNISMO, PICO. Monte de la república de Tadzhikistán (antes Unión Soviética). Con 7.945 m, es el más alto del país. Descubierto en 1928, se llamó originalmente pico Stalin.

COMUNISTA CUBANO, PARTIDO. Agrupación política de Cuba. Fundada en agosto de 1925 por Julio Antonio Mella, cambió su nombre en 1938 por el de Partido Socialista Popular (PSP). En octubre de 1965 Fidel Castro creó el nuevo Partido Comunista Cubano, único partido político permitido desde la instauración de la constitución de 1976.
Comunismo 4:320b.

COMUNISTA DE CHILE, PARTIDO. Agrupación política de Chile. Surgida en enero de 1922, a raíz del IV congreso del Partido Socialista Obrero, fue fundada por Luis Emilio Recabarren. Intervino de forma decisiva en la victoria del Frente Popular de Salvador Allende en 1970.

COMUNISTA DE CHINA, PARTIDO. Agrupación política de China. Fue fundada en julio de 1921 y dirigió la lucha que permitió la instauración de la República Popular de China el 1 de octubre de 1949. La Constitución de 1954 consagró la primacía del poder político del Partido Comunista.

COMUNISTA DE ESPAÑA, PARTIDO. Agrupación política española creada el 13 de noviembre de 1921, tras la escisión producida en el Partido Socialista Obrero Español tras su congreso de abril. Muy activo durante la segunda república y la guerra civil, vivió en la clandestinidad desde 1939 hasta 1977. Entró a formar parte de la agrupación política Izquierda Unida en 1986.

COMUNISTA DE LA UNIÓN SOVIÉTICA, PARTIDO. Agrupación política de la Unión Soviética. Surgió de la escisión bolchevique del Partido Obrero Social Demócrático de Rusia. Asumió el poder en 1917. Bajo distintos nombres fue el partido único de la Rusia soviética y de la Unión Soviética hasta 1991, cuando sus actividades fueron suspendidas poco antes de la desmembración de la URSS.
Comunismo 4:320a.

COMUNISTA FRANCÉS, PARTIDO. Partido político francés. Fundado el 29 de diciembre de 1920, tras la escisión producida en el Partido Socialista Francés durante su congreso de Tours. Entre sus principales dirigentes contó con Marcel Cachin, Jacque Duclos, Maurice Thorez y Georges Marchais. Abanderado del Frente Popular de 1936, participó en gobiernos socialistas en las décadas de 1980 y 1990.

COMUNISTA ITALIANO, PARTIDO. V. **Izquierda, Partido Democrático de la.**

CONAKRY. Capital y puerto de Guinea, en la isla de Tombo, a orillas del Atlántico. Aeropuerto internacional. Instituto y politécnicos, escuelas superiores, museo, jardín botánico. Industrias diversas; conservas de pescado. 1.764.000 hab. (1999).
Guinea 7:285a.

CONCAS Y PALAU, VÍCTOR MARÍA (1845-1916). Marino español. Como comandante del buque «Infanta María Teresa» participó en la guerra de Cuba (1898). Entró a formar parte del gobierno liberal de Segismundo Moret al frente de la cartera de marina (1905). Senador vitalicio y consejero real. *La escuadra del almirante Cervera.*

CONCEJAL. Miembro de un ayuntamiento, designado por votación popular o directamente por el poder político.

CONCENTRACIÓN (QUÍMICA). Contenido de una sustancia en una solución. Se expresa de múltiples formas, mediante la molaridad

(1 md/1 l), molalidad (1 md/1.000 g), normalidad (1 g/1 l), etc.
Disolución 5:209a.

CONCENTRACIÓN, CAMPO DE. Lugar de reclusión de prisioneros de guerra o de adversarios políticos. Establecidos por algunos regímenes no sólo para ampliar los lugares de detención, sino también para procedimientos diversos. Tristemente célebres, por sus matanzas y torturas, fueron los campos de concentración nazis.

CONCEPCIÓN (CIUDAD, CHILE). Capital de la prov. chilena del mismo nombre y de la reg. de Biobío. Fundada en 1550, en el estuario del río Biobío, fue trasladada tierra adentro en 1754 debido a los maremotos. Universidad. Minas de carbón, siderurgia, refinería de petróleo, productos químicos. Puertos. Ferrocarril. 362.589 hab. (1999).
4:320b; Biobío 3:24a; Chile 4:131a.

CONCEPCIÓN (CIUDAD, PARAGUAY). Población y puerto fluvial, cap. del dep. homónimo, a orillas del río Paraguay. Fundada en 1773. Aeropuerto. Centro económico de la región del Chaco Boreal. Puerto franco con Brasil. Aserraderos, refinerías de azúcar, curtidurías; ganadería. 22.866 hab. (1982).
Paraguay, río 11:276a.

CONCEPCIÓN (DEPARTAMENTO, PARAGUAY). División administrativa de la región Oriental de Paraguay limitada al norte por Brasil. Tierras pantanosas. Cap. Concepción. 18.051 km^2. 167.289 hab. (1992).

CONCEPCIÓN (PROVINCIA, CHILE). División administrativa de Chile a orillas del Pacífico, bañada por el Biobío. La mayor productora de carbón; agricultura, explotación forestal; pesca. Cap. Concepción. 5.701 km^2. 790.000 hab. (1982).
Concepción (CHILE) 4:320b.

CONCEPCIÓN, LAGUNA. Acumulación lacustre de Bolivia, en el dep. de Santa Cruz. Da nacimiento al río San Miguel. En determinadas épocas del año recibe las aguas del Parapetí, que habitualmente se pierden en los llanos. 80 km^2.

CONCEPCIÓN DE LA VEGA. Provincia de la parte centrooriental de la República Dominicana. Fundada en 1845. Cacao, arroz, café, tabaco; bauxita, cromo. Cap. La Vega. 2.373 km^2. 300.838 hab. (1989).

CONCEPCIÓN DEL URUGUAY. Población argentina que pertenece a la prov. de Entre Ríos. Situada a la orilla derecha del río Uruguay. Fundada en 1783, ocupó la capitalidad de la provincia en diferentes períodos del siglo XIX. Importante centro comercial e industrial. 46.065 hab. (1980).

CONCEPTISMO. Movimiento literario barroco español que llega a la complicación formal mediante la condensación expresiva.
4:321a; Barroco, arte 2:361b; Culteranismo 5:70b; Española, literatura 6:91a; Gracián, Baltasar 7:180b; Quevedo, Francisco de 12:221a; *ilustración* 4:321b.

CONCEPTUAL, ARTE. Tendencia artística, iniciada en los Estados Unidos a finales de la década de 1960, que daba prioridad a la búsqueda y expresión del concepto de arte sobre la realización material de la obra artística.
4:321b; Arte 2:125a; *ilustración* 4:322a.

CONCEPTUALISMO. En filosofía, especialmente dentro de la escolástica medieval, postura de los que consideran a los conceptos universales existentes sólo en la mente y como algo más que un mero nombre que sirve para denominar entidades concretas. El tipo de relación que se defienda entre el concepto y la realidad es el que determina que se considere realista o nominalista al conceptualismo.
Abelardo, Pedro 1:11a.

CONCERTANTE. Estilo musical caracterizado por la oposición de grupos instrumentales o vocales generalmente desiguales entre sí, en estilo brillante y virtuoso.

CONCERTANTE, SINFONÍA. Concierto en el que intervienen varios solistas. Los más populares datan de la última mitad del siglo XVIII y principios del XIX.

CONCERTINA. Instrumento musical, similar al acordeón, de forma hexagonal u octogonal, fuelle muy largo y dos teclados idénticos a cada lado. Fue inventado en 1829 por el británico Charles Wheatstone y se utiliza preferentemente en el Reino Unido.
Acordeón 1:35b.

CONCERTO GROSSO. Composición musical barroca caracterizada por el contraste entre reducidos grupos de solistas y el *tutti* orquestal. Arcangelo Corelli, Giuseppe Torelli, Antonio Vivaldi y Georg Friedrich Haendel se cuentan entre los compositores más notables del género. En el siglo XX fue recuperado por Ígor Stravinski.
Concierto 4:323a; Corelli, Arcangelo 4:392a; Música 10:313a; Orquesta 11:158a.

CONCESIVA, ORACIÓN. Proposición subordinada que indica la razón que se opone a la principal, pero que no excluye su cumplimiento. Por ejemplo: «Comeré aunque no quieras».

CONCHA. Caparazón rígido segregado por el manto de los braquiópodos y moluscos. Constitución calcárea, de formas ovaladas y espirales. De una o varias piezas, a veces denominadas valvas. Finalidad protectora de las partes blandas del animal.
Almeja 1:238b.

CONCHA, JOSÉ GUTIÉRREZ DE LA (1809-1895). Militar español, marqués de la Habana. Participó en la primera guerra carlista. Gobernador de Cuba en varias ocasiones, ministro español de la guerra y de ultramar. Ocupó la presidencia del Senado entre 1881 y 1883.

CONCHA, JOSÉ VICENTE (1867-1929). Político y jurista colombiano. Conservador progresista, se opuso a los regímenes autoritarios y al restablecimiento de las relaciones con los Estados Unidos tras el apoyo estadounidense a la independencia panameña. Presidente de la república de 1914 a 1918, mantuvo a su país neutral durante la primera guerra mundial. En el orden interno tuvo que poner en marcha una legislación social para hacer frente a las presiones de las clases más humildes.

CONCHA, MANUEL GUTIÉRREZ DE LA (1806-1874). Militar español, marqués del Duero. Brillante estratega. Combatió con las fuerzas gubernamentales en la primera guerra carlista. Participó en el levantamiento contra el general Baldomero Espartero en 1841. Capitán general de Cataluña, donde reprimió firmemente a carlistas y republicanos. Nombrado jefe del ejército del norte murió en el curso de la tercera guerra carlista.

CONCHALÍ. Localidad de Chile en la reg. metropolitana de Santiago. Yacimientos de cobre. Agricultura, ganadería.

CONCHA ORTIZ, MALAQUÍAS (1859-1921). Político chileno. Participó en la fundación del Partido Demócratico (1887), que haría posible el acceso de la clase obrera al parlamento. Diputado y senador, ocupó diversas carteras ministeriales durante el gobierno de Juan Luis Sanfuentes (1915-1920).

CONCHILLOS, LOPE DE (m. en 1521). Político español. Judío converso, participó en la camarilla del rey Fernando el Católico tras la muerte de Isabel. Alejado del poder por el cardenal Cisneros, recuperó su posición con Carlos V (I de España). Considerado como ejemplo de político intrigante. Fue secretario de Indias y recibió más de mil indios en encomienda.

CONCHOS. Río de México, en el est. de Chihuahua. Nace en la sierra Madre occidental y, tras recorrer 560 km, desemboca en el río Bravo.
Chihuahua 4:127a.

CONCIENCIA. Facultad del ser humano que lo capacita para mantener un propio conocimiento de sí mismo y de su individualidad frente a la de los demás y al resto de los objetos que lo rodean.
4:322b; Existencialismo 6:212b.

CONCIENCIA, NIVELES DE. Diferentes grados de percepción de la conciencia en el ser humano, dependiendo para ello de si el individuo se mantiene en fase consciente o si éste está dormido, en estado de coma o anestesiado con algún fármaco.

CONCIERTO. Composición musical en la que intervienen, junto con la orquesta, uno o varios instrumentos solistas.
4:323a; Música 10:313b; Musicales, formas 10:322a; *ilustración* 4:323b.

CONCILIACIÓN. Acuerdo al que llegan las partes en litigio en un acto previo al procedimiento contencioso.

CONCILIARISMO. Teoría religiosa católica desarrollada en el siglo XIV que postulaba la primacía de la autoridad de los concilios ecuménicos sobre la del papa. Fue defendida por Marsilio de Padua y por Guillermo de Ockham. Condenada definitivamente en el concilio Vaticano I (1869-1870).
Concilio 4:325a; Reforma y contrarreforma 12:293b.

CONCILIO. En la Iglesia Católica, reunión de obispos, cardenales y abades mitrados para dilucidar temas de fe, disciplina o liturgia.
4:324a; Católica, Iglesia 4:45b; Papado 11:259a; Trento, concilio de 14:123a; Vaticano II, concilio 14:246a; *cuadro* 4:325b; *ilustraciones* 4:324a; 4:325b; 4:326a.

CONCINI, CONCINO (m. en 1617). Gentilhombre italiano de la corte florentina, acompañó a María de Médicis cuando ésta se casó con Enrique IV de Francia, convirtiéndose en el favorito de la reina durante la regencia del futuro Luis XIII. Alcanzó el título de marqués de Ancre y el cargo de mariscal, pero su impopularidad provocó que Charles d'Albert de Luynes ordenara su asesinato.
María de Médicis 9:364b.

CÓNCLAVE. En la Iglesia Católica, asamblea de cardenales reunida en clausura a la muerte de un papa con el fin de elegir a su sucesor.

CONCLUSIÓN. Idea a la que se llega como consecuencia de un razonamiento. En lógica, la proposición que se deduce de las premisas.
Lógica 9:202b.

CONCOLOCORVO (h. 1715-h. 1778). Alonso Carrió de la Vandera, escritor español establecido en Lima, Perú. Hacia 1773 publicó el libro de viajes *Lazarillo de ciegos caminantes*. Este relato novelado, de carácter picaresco, destaca en la literatura hispanoamericana de fines del XVIII.
Hispanoamericana, literatura 8:5b.

CONCÓN, BATALLA DEL. Encuentro armado acaecido el 21 de agosto de 1891 en el transcurso de la guerra civil chilena. Enfrentó a las fuerzas gubernamentales del presidente Manuel Balmaceda y a los ejércitos de los congresistas. Derrotado, Balmaceda se refugiaría en la embajada argentina y posteriormente se suicidaría tras la definitiva batalla de La Placilla.

CONCORD (CAROLINA DEL NORTE). Población estadounidense que pertenece al est. de Carolina del Norte, en la parte oriental del país. Fue fundada en 1793 y años después fue centro de una fiebre del oro. Industria textil, agricultura. 16.942 hab. (1980).

CONCORD (MASSACHUSETTS). Ciudad de los Estados Unidos en el est. de Massachusetts, a orillas del río Concord. Fundada en 1635. En sus cercanías se produjeron las primeras escaramuzas entre los colonos norteamericanos y los británicos (1775). Importante centro cultural en el siglo XIX. Museo. 16.293 hab. (1980).

CONCORD (NUEVA HAMPSHIRE). Población estadounidense, cap. del est. de Nueva Hampshire, en el nordeste del país. Situada a orillas del río Merrimack. Importante centro agrícola y comercial. Industria eléctrica, textil. 30.400 hab. (1980).

CONCORDANCIA DE FASE. En fenómenos ondulatorios, situación en la que la diferencia de fase entre dos ondas es un múltiplo de 2, de modo que al interferir se suman las amplitudes.

CONCORDATO. Tratado o convenio de carácter internacional entre un estado y la Santa Sede para regular las relaciones mutuas, especialmente respecto a las materias mixtas en las que concurren las competencias de ambas partes. De suma importancia fueron los concordatos de Worms (1122), Francia (1801) e Italia (1929).

CONCORDE. Avión comercial supersónico franco-británico. Realizó su primer vuelo comercial en 1976. Si bien alcanzaba una velocidad de crucero de 2.300 km/h, muy superior a la de otros aviones comerciales, resultó un fracaso comercial.

CONCORDIA. Ciudad y puerto de la Argentina en la prov. de Entre Ríos, a orillas del río Uruguay. Aeropuerto. Salto hidroeléctrico y paso internacional de carretera y ferrocarril 32 km aguas arriba. Centro comercial, industrias diversas. 131.716 hab. (1999).
Entre Ríos 6:6b.

CONCORDIA, LIBRO DE LA. Conjunto de normativas doctrinales de las iglesias luteranas. Fue publicado en alemán el 25 de junio de 1580 y en latín en 1584. Base del luteranismo ortodoxo, se intentó con su creación mantener la unidad doctrinal en las iglesias luteranas.

CONCRETA, MÚSICA. Composición musical en la que se mezclan en cinta magnetofónica sonidos de diferente procedencia para crear un todo concreto. Surgió a finales de la década de 1940 en Francia. Entre sus cultivadores destacó Pierre Schaeffer.
Electrónica, música 5:368b.

CONCRETA, POESÍA. Estilo poético desarrollado a partir de la década de 1950 por poetas europeos y estadounidenses. Por medio de la eliminación de las barreras tipográficas intentó conseguir la libertad expresiva en la plasmación poética. Entre sus inspiradores destacaron Eugen Gomringer y Becio Pignatari.

CONCRETO. V. **Hormigón.**

CONCRETO, ARTE. Estilo artístico iniciado en la década de 1930 por el pintor holandés Theo van Doesburg. Se basaba en la utilización de formas geométricas simples y colores puros como medio para alcanzar la expresión artística. El término fue relanzado en 1945 y 1946 por Jean Arp y Alberto Magnelli.

CONCUBINATO. Cohabitación estable de un hombre y una mujer fuera de la institución del matrimonio. Algunas sociedades la han perseguido y otras la han tolerado. Las iglesias cristianas prohibieron la práctica en el Medievo. Algunas legislaciones modernas otorgan derechos similares a los del matrimonio a quienes participan en estas uniones.
Matrimonio y divorcio 9:418b.

CONCURRENCIA. En informática, simultaneidad en la realización de diversas tareas distribuidas entre varios microprocesadores que trabajan en paralelo. También existe este efecto cuando el tiempo de actuación de un solo microprocesador se fragmenta en períodos que, con la máxima inmediatez, son dedicados a tareas diferentes.

CONDE. Título nobiliario. En la antigua Roma los *comites* acompañaban al emperador; en la alta edad media se vincularon a la tierra (condados) y se hicieron hereditarios; en la edad moderna los condes se establecieron en la corte y sus títulos quedaron reducidos a designaciones honoríficas.

CONDE, CARMEN (1907-1996). Escritora española. Primera mujer miembro de la Real Academia Española (1978). Autora de poesía, obra periodística y novela. *Ansia de la gracia* (1945), *Las oscuras raíces* (1954), *Desde nunca* (1982).
Española, literatura 6:89; *ilustración* 6:89.

CONDÉ, LUIS I DE BORBÓN, PRÍNCIPE DE (1530-1569). Jefe militar hugonote (protestante) de la primera década de las guerras de religión francesas; máximo representante de la realeza, aparte del rey de Navarra, en el bando reformista.

CONDÉ, LUIS II DE BORBÓN, PRÍNCIPE DE (1621-1686). Dirigente de la última de las diversas insurrecciones francesas de la Fronda, de 1648 a 1653. Luego fue uno de los más aguerridos y famosos generales de Luis XIV.
Mazarino, Julio 10:9b.

CONDE ARNALDOS. Mito literario catalán que ha dado lugar a múltiples leyendas y amplia literatura. Es el diálogo del alma del conde con su viuda, aterrada ante su aparición, envuelto en llamas como castigo por haber sido un gran pecador.

CONDE DE MONTECRISTO, EL. Novela del escritor francés Alexandre Dumas, padre, publicada en 1844. Relata la historia de un joven, Edmond Dantès, víctima de intrigas que lo llevan a la prisión en el castillo de If, su encuentro con el abate Faria, su fuga, su enriquecimiento y su posterior venganza.

CONDE LUCANOR, EL. Obra didáctica y moralizante escrita por el infante don Juan Manuel (1282-1349) entre 1328 y 1335. Su título completo es *Libro de los ejemplos del conde Lucanor y de Patronio.* Consta de 51 capítulos o ejemplos, en los que Patronio instruye al inexperto Lucanor en los más variados temas. Se la considera como obra iniciadora de la prosa narrativa en castellano.
Novela y cuento 11:19a.

CONDELL MAZA, CARLOS (1843-1887). Marino chileno. Participó junto con los ejércitos chilenos en la guerra del Pacífico que enfrentó por cuestiones fronterizas a Chile contra Perú y Bolivia (1879-1883). Derrotó a los peruanos en las batallas de Pisagua y Arica.

CONDENADO POR DESCONFIADO, EL. Obra del dramaturgo español Tirso de Molina, publicada en 1635, que encarna la teoría del teólogo jesuita Luis de Molina sobre la gracia suficiente. Un bandido se arrepiente de sus actos y se salva, mientras que un ermitaño, atormentado por la certeza de su predestinación, cae en la mala vida, desconfía y se condena.

CONDENSACIÓN. Paso de una sustancia del estado gaseoso al estado líquido. Depende de la temperatura y de la presión.
Humedad atmosférica 8:96b; Nube 11:23a; Precipitaciones atmosféricas 12:116b.

CONDENSACIÓN, NÚCLEO DE. Partícula en suspensión en la atmósfera que actúa como centro en torno al cual se agrupa y condensa el vapor de agua saturado atmosférico y que da lugar a brumas y nieblas.

CONDENSADOR. Aparato capaz de acumular en sus armaduras cargas eléctricas de signo contrario. Existen diversos tipos: de ajuste, variable, etc.
Electrónica 5:366a; Refrigeración 12:297a.

CONDICIONAMIENTO. Aprendizaje de una respuesta o comportamiento determinados mediante la producción de reflejos condicionados; dichos reflejos quedan establecidos cuando se asocian firmemente el estímulo condicionante y el incondicionado, de tal manera que la respuesta se produce con la simple aparición del primero.
Conductismo 4:327a.

CONDICIÓN HUMANA, LA. Novela del escritor francés André Malraux, publicada en 1933 y galardonada con el Premio Goncourt. Basada en hechos históricos, narra la derrota de los revolucionarios comunistas chinos en Shanghai en 1927, frente a las tropas del Kuomintang a las órdenes de Chiang Kai-shek. Dentro de un ambiente febril analiza los grandes problemas que afectan a la conciencia moderna.

CONDILLAC, ÉTIENNE BONNOT DE (1715-1780). Filósofo francés. Amigo de los enciclopedistas y admirador de los empiristas británicos. Se interesó por la psicología y consideró la sensación fuente de todos los conocimientos, formados a partir de aquélla por medio de una serie de transformaciones sucesivas. Creó también una teoría del lenguaje y cultivó los estudios económicos. *Tratado de las sensaciones* (1754), *Lenguaje de los cálculos* (1798).

CONDIMENTOS. Sustancias que permiten la transformación del sabor de un plato de cocina. Su utilización es muy variada, y suele estar condicionada por los ingredientes habituales de la dieta y alimentación de cada pueblo.
Ají 1:135a; Ajo 1:135b; Perejil 11:335a.

CONDO, GEORGE (n. en 1957). Pintor estadounidense. Formó parte de la Factoría de Andy Warhol. En la década de 1980 inició un trabajo artístico basado en la reinterpretación de obras de grandes maestros como Matisse, Picasso, Miró o Bacon.

CONDOMINIO. Dominio conjunto de dos o más personas, físicas o jurídicas, sobre una propiedad indivisa, con una determinada proporción en sus cargas o beneficios. El derecho internacional reconoce el condominio de varios países sobre determinados territorios.

CONDÓN. V. **Preservativo.**

CÓNDOR. Ave rapaz diurna, falconiforme de la familia de las catártidas (*Vultur gryphus*).
4:326b; Rapaces 12:261b; *ilustración* 4:326b.

CÓNDOR, LEGIÓN. Unidad de las fuerzas aéreas alemanas que, dirigida por Hermann Göring, intervino en la guerra civil española a favor del ejército nacionalista. LLevó a cabo el 27 de abril de 1937 el bombardeo de la población vasca de Guernica.
Española, guerra civil 6:85b.

CONDORCANQUI, JOSÉ GABRIEL. V. **Túpac Amaru.**

CONDORCET, MARQUÉS DE (1743-1794). Marie-Jean-Antoine-Nicolas de Caritat, filósofo y político francés. Representante del pensamiento ilustrado, participó en la elaboración de la *Encyclopédie* y postuló la reforma de la enseñanza. Acusado de colaborar con los girondinos, fue encarcelado y murió en la cárcel. En su obra principal, *Bosquejo de un cuadro histórico de los progresos del espíritu humano* (1795), reflejó su concepción de la historia humana como un continuo progreso científico y moral encaminado a la conquista de la libertad ante toda clase de tiranía.
Feminismo 6:255a.

CONDORIRI, PICO. Monte integrado en la cordillera boliviana de La Paz, en la cordillera Real de los Andes. Alcanza una altitud de 6.109 m.

CONDOTTIERE. Jefe de un ejército de soldados mercenarios que ejerció un papel fundamental en la vida política de los distintos estados italianos durante los siglos XIV al XVI. De nacionalidades diversas, destacaron el inglés John Hawkwood, el catalán Ramón de Cardona o los italianos Braccio da Montone, Alberico da Bardiano o Bartolomeo Colleoni.

CONDRICTIOS. Grupo de peces cartilaginosos. Carecen de esqueleto óseo y no poseen vejiga natatoria ni opérculo verdadero. Presentan dentículos dérmicos o escamas placoideas. Incluyen, entre otros, a los tiburones, rayas y quimeras.
Diente 5:182a; Peces 11:312b; Raya 12:267b; Vertebrados 14:284a.

CONDRITAS. Clase de meteoritos compuestos por cróndulas o esférulas milimétricas de

minerales silíceos. Divididos en comunes, enstatitas y carbonáceas, en función de su composición química.
Meteorito 10:105a.

CONDUCCIÓN. En termodinámica, transmisión del calor en un cuerpo de una zona caliente a una zona fría contigua. En electricidad, paso de electrones por efecto de una diferencia de tensión.
Calefacción 3:278a; Calor 3:289b; Electricidad 5:353a; Física 6:313b; Horno 8:72b.

CONDUCTISMO. Escuela psicológica que propugna como método psicológico el estudio de los aspectos objetivamente observables del comportamiento.
4:327a; Aprendizaje 1:416a; Comportamiento 4:301b; Emoción 5:392b; Instinto 8:225b; Memoria 10:51a; Pensamiento 11:329a; Personalidad 11:355b; Psicología 12:176b; Psicoterapia 12:183a; Skinner, B.F. 13:269b; Sociología 13:285b; Watson, John B. 14:356a; *ilustración* 4:327b.

CONDUCTIVIDAD. Facilidad con que un cuerpo transmite el calor y la electricidad. Suele haber un paralelismo entre ambas, de modo que un buen conductor térmico es en general buen conductor eléctrico.
Calor 3:290a; Temperatura 14:11b.

CONDUCTUS. Forma polifónica desarrollada en la Europa occidental entre los siglos XII y XIII. Originado en Francia y de carácter procesional, interpretaba textos latinos en una, dos o tres voces. Corresponde al período de la música polifónica conocido como *ars antiqua*.
Música 10:312a; Polifonía 12:56a.

CONDYLIS, GEORGIOS (1879-1936). Militar y político griego. Participó en 1922 en el derrocamiento de Constantino I y ejerció diversos cargos políticos durante la república. Destituyó por medio de un golpe de estado en 1926 a Theodóros Pangalos y en 1935, con otro golpe de fuerza, acabó con el gobierno de Panayoti Tsaldaris. Apoyó la restauración monárquica en la figura de Jorge II.

CONECTIVO, TEJIDO. Conjunto de células de formas similares cuya función consiste en unir y sostener las distintas estructuras que componen el organismo de un ser vivo. Entre los tipos de células que pueden componer un tejido conectivo, también llamado de sostén, se encuentran los fibroblastos, las células cebadas, las plasmáticas, etc.
Histología 8:17a.

CONEJILLO DE INDIAS. V. **Cuy.**

CONEJO. Mamífero roedor lagomorfo de la familia de los lepóridos (*Oryctolagus cuniculus*).
4:328b; Ganadería 7:36b; *ilustración* 4:328b.

CONESA, EMILIO (1821-1873). Militar argentino. Se puso al frente de las fuerzas confederadas de Justo José de Urquiza que en 1859 dominaron la sublevación de la provincia de San Juan. Participó también en las campañas contra Paraguay y la insurrección de Córdoba.

CONESA, MARÍA (1892-1978). Cantante española. Hizo carrera en México, adonde llegó siendo niña, como primera tiple en teatros de revista. Era conocida como «la gatita blanca», título de la obra que le dio fama.

CONEXIÓN. Unión establecida entre dos o más elementos de una instalación. En particular, unión de conductores eléctricos en un circuito, y de tuberías o aparatos varios en sistemas hidráulicos o químicos.

CONFEDERACIÓN. Asociación política de distintos estados autónomos, unidos por un estatuto o tratado que varía sus atribuciones según su diferente constitución. Desempeñó un papel histórico determinante en la formación de naciones como Suiza (Confederación de Cantones Suizos), Alemania (Confederación Germánica) o los Estados Unidos de América (confederación de los Estados Unidos).
Políticos, sistemas 12:65a.

CONFEDERACIÓN DE ALEMANIA DEL NORTE. Unión política llevada a cabo por los antiguos componentes de la *Zollverein* (unión aduanera) y que integraba a los estados alemanes del norte. Realizada a instancias del canciller prusiano Otto von Bismarck, se mantuvo en vigencia entre 1867 y 1870.

CONFEDERACIÓN DEL RIN. Organización política de los estados alemanes surgida a instancias de Napoleón Bonaparte el 12 de julio de 1806. Controlada por el gobierno francés, llegarían a ser miembros de la misma hasta 36 estados alemanes. Fue disuelta tras la derrota francesa en Leipzig (19 de octubre de 1813).

CONFEDERACIÓN DE TRABAJADORES DE AMÉRICA LATINA. Organización sindical obrera que entre 1938, fecha de su fundación por el mexicano Vicente Lombardo Toledano, y 1965, momento en el que se decidió su disolución, aglutinó a gran número de sindicatos del área latinoamericana. Conocida por las siglas CTAL.

CONFEDERACIÓN DE TRABAJADORES DE CHILE. Organización sindical obrera fundada en 1936. Entre 1946 y 1952 se mantuvieron escindidos sus sectores comunistas y socialistas. Su recuperada unidad permitió la creación de la Central Única de Trabajadores de Chile (CUTCH).

CONFEDERACIÓN DE TRABAJADORES DE CUBA. Organización sindical cubana fundada en 1939. Controlada por el Partido Comunista, aliado originalmente con Fulgencio Batista, se mantuvo independiente entre 1944 y 1952. Pactó con Batista entonces. Reorganizada tras la revolución castrista. Conocida por las siglas CTC.

CONFEDERACIÓN DE TRABAJADORES DE MÉXICO. Organización sindical mexicana creada en 1936 por Vicente Lombardo Toledano. Expulsado éste en 1940, quedó bajo el control de Fidel Velázquez, quien la alió con el partido gobernante y la convirtió en la mayor central obrera del país. Conocida como CTM.

CONFEDERACIÓN DE TRABAJADORES DE PANAMÁ. Organización sindical obrera de Panamá. Fue fundada en 1950 y es miembro de la Confederación Internacional de Sindicatos Libres (CISL) y de la Organización Regional Interamericana de trabajadores (ORIT). Es la principal fuerza sindical de Panamá.

CONFEDERACIÓN DE TRABAJADORES DE VENEZUELA. Organización sindical obrera de Venezuela. Fue fundada en 1947 y desde 1959 está vinculada a los partidos socialdemócratas y democratacristianos, principalmente a la formación política Acción Democrática (AD).

CONFEDERACIÓN DE UNIONES OBRERAS PUERTORRIQUEÑAS. Organización sindical obrera de Puerto Rico. Mantiene una línea política izquierdista que la convierte en la fuerza opositora a la organización sindical moderada estadounidense AFL-CIO.

CONFEDERACIÓN ESPAÑOLA DE DERECHAS AUTÓNOMAS. Partido fundado en 1933 que agrupaba en torno a Acción Popular una amplia gama de grupos conservadores. Conocido por las siglas CEDA. Encabezado por José María Gil Robles logró la victoria, sin mayoría absoluta, en las elecciones de 1933, y un año después entró a formar parte del gabinete ministerial. Fue derrotado en febrero de 1936 por el Frente Popular.
República española 12:343a.

CONFEDERACIÓN GENERAL DEL TRABAJO (ARGENTINA). Organización sindical argentina. Fundada en 1930, fue en las décadas de 1940 y 1950 uno de los elementos de mayor peso en el partido justicialista de Juan Domingo Perón. Atravesó diversas crisis tras la caída del peronismo. Conocida por las siglas CGTA.

CONFEDERACIÓN GENERAL DEL TRABAJO (FRANCIA). Organización sindical francesa. Fundada el 23 de septiembre de 1895, constituye la mayor fuerza sindical de Francia. Sufrió en 1947 tras la escisión de su sector socialdemócrata, que constituiría la Confederación General del Trabajo-Fuerza Obrera (CGT-FO).

CONFEDERACIÓN GERMÁNICA. Unión de los estados alemanes instituida el 8 de julio de 1815, tras la caída del imperio napoleónico. Formada por 35 estados y cuatro ciudades libres y presidida por Austria, llevó a cabo en 1834 la unión aduanera o *Zollverein*. Las diferencias entre Prusia y Austria provocaron su disolución en 1866.
Alemania 1:191b; Austro-húngaro, imperio 2:235a.

CONFEDERACIÓN INTERAMERICANA DE TRABAJADORES. Organización sindical que agrupó desde su fundación en Lima en 1948 a aquellas formaciones obreras de carácter no comunista del área americana. Perteneciente a la Confederación Internacional de Sindicatos Libres (CISL), es conocida a partir de 1951 como Organización Regional Interamericana de Trabajadores (ORIT).

CONFEDERACIÓN INTERNACIONAL DE ORGANIZACIONES SINDICALES LIBRES. Organización sindical internacional fundada en Londres en 1949, como resultado de la separación de algunas organizaciones sindicales de la Federación Sindical Mundial, al considerar a esta última controlada por los grupos comunistas. Conocida por las siglas CIOSL.

CONFEDERACIÓN INTERNACIONAL DE SINDICATOS CRISTIANOS. Organización sindical internacional fundada en 1920 a raíz de un congreso celebrado en la ciudad holandesa de La Haya. Mantiene un programa social basado en los principios cristianos. Conocida a partir de 1968 como Confederación Mundial de Trabajo.

CONFEDERACIÓN LATINOAMERICANA DE SINDICATOS CRISTIANOS. Organización sindical de ámbito latinoamericano. Fundada en 1954 en Santiago de Chile, permaneció integrada en la Confederación Internacional de Sindicatos Cristianos. Cambió su nombre en 1971 por el de Central Latinoamericana de Trabajadores y se integró en la Confederación Mundial del Trabajo.

CONFEDERACIÓN NACIONAL DEL TRABAJO. Organización sindical española fundada en Barcelona en 1910, de tendencia anarcosindicalista. Alcanzó extraordinaria preponderancia entre el elemento obrero, en especial el catalán y el andaluz. Fue objeto de duras represiones por sus posturas radicales. Participó activamente en la guerra civil española. Tras el triunfo del general Francisco Franco pasó a la clandestinidad, y en 1977 recuperó la legalidad. Conocida por las siglas CNT.
Anarquismo 1:324b; Española, guerra civil 6:85a.

CONFEDERACIÓN NACIONAL DE TRABAJADORES DE NICARAGUA. Organización sindical obrera de Nicaragua. Fue fundada en 1953 y se conoce por las siglas CNTN.

CONFEDERACIÓN OBRERA BOLIVIANA. Organización sindical boliviana. Fundada en 1952, tuvo su base principal en el sector minero. Mantuvo una gran influencia política durante los tres primeros gobiernos de Víctor Paz Estenssoro y de Juan José Torres.

CONFEDERACIÓN OBRERA PANAMERICANA. Organización sindical de ámbito interamericano que se mantuvo en funcionamiento entre 1918 y 1930. Agrupó a organizaciones de México, Guatemala, Perú, Colombia, Costa Rica y El Salvador, de ideología no marxista, y con participación de la Federación Estadounidense del Trabajo (AFL).

CONFEDERACIÓN REGIONAL OBRERA MEXICANA. Organización sindical de México. Fue fundada en 1918 y participó en ese mismo año en la constitución de la organización sindical Confederación Obrera Panamericana. Integrada en el Bloque Nacional de Trabajadores. Conocida como CROM.

CONFEDERACIÓN SINDICAL LATINOAMERICANA. Organización sindical latinoamericana que se mantuvo en funcionamiento entre 1929 y 1939, dando paso a partir de este momento a la creación de la Confederación de Trabajadores de América Latina (CTAL).

CONFEDERACIÓN SUDISTA. V. **Estados Confederados de América.**

CONFERENCIA DE BANDUNG. Conferencia celebrada en 1955 en la localidad indonesia de Bandung, con la participación de dirigentes de 29 países africanos y asiáticos. En ella se abogó por la descolonización del Tercer Mundo y la lucha contra el subdesarrollo.

CONFERENCIA DE COOPERACIÓN Y SEGURIDAD EUROPEAS. Foro de encuentros de alto nivel entre los representantes de las naciones europeas, además de Estados Unidos y Canadá. Su objetivo principal era lograr una coexistencia pacífica entre las naciones europeas, divididas por la guerra fría. La primera conferencia tuvo lugar en Helsinki en 1975. Tras la desaparición de la Unión Soviética y los diferentes gobiernos comunistas, la IX conferencia, celebrada en Budapest en 1994, trató de establecer un proyecto de desarrollo y cooperación para las naciones europeas.

CONFERENCIA EPISCOPAL. Reunión de los obispos de la Iglesia Católica, nivel regional, nacional o internacional. Instituida a mediados del siglo XIX. Mantiene competencias sobre cuestiones referidas a las diócesis o bien sobre cuestiones pastorales generales.

CONFERENCIA EUROMEDITERRÁNEA. Foro internacional cuyo objetivo es potenciar el desarrollo comercial de los países del Mediterráneo. En la I Conferencia (1995) se trazó el plan de libre comercio entre la Unión Europea y los países de la franja sur del Mediterráneo.

CONFESIÓN (DERECHO PROCESAL). Declaración del inculpado en un proceso legal en la que éste acepta los cargos que se le hacen.

CONFESIÓN (RELIGIÓN). Para los católicos, parte del sacramento de la penitencia o reconciliación, consistente en la declaración de los propios pecados ante un sacerdote con el fin de obtener la absolución; debe acompañarse de un acto de contrición y de propósito de enmienda. Los protestantes la recomiendan, pero niegan su carácter sacramental.

CONFESIONES. Obra autobiográfica de san Agustín. Redactada en latín en torno al año 400, está compuesta por trece libros en los que el santo expone su vida pasada, el proceso de su conversión y su pensamiento filosófico y teológico.
Agustín, san 1:128a.

CONFIGURACIÓN ELECTRÓNICA. Relación espacial de los electrones en el átomo. Cada elemento tiene una configuración propia y característica que se puede deducir de su número atómico, que es el de electrones en sus órbitas alrededor del núcleo.

CONFINAMIENTO. Pena que restringe la libertad del condenado por la imposición de la residencia en un lugar determinado.

CONFINAMIENTO DE PLASMA. Aislamiento del combustible nuclear o plasma caliente de las paredes del reactor mediante la utilización de campos magnéticos.

CONFINAMIENTO INERCIAL. Método de aislamiento consistente en la implosión del material nuclear mediante la utilización de rayos láser.

CONFIRMACIÓN. Uno de los siete sacramentos de la Iglesia Católica. Se otorga al católico que ha recibido el bautismo y consiste en la imposición de las manos de la autoridad que lo imparte, generalmente el obispo, sobre la cabeza del que va a ser confirmado.

CONFISCACIÓN. Acción judicial por la que se priva a un particular de sus bienes y se adjudican al fisco.

CONFITURA. Preparación de frutas frescas cubiertas con un baño de azúcar refinado o cocidas en almíbar.

CONFLICTO. En psicología, coexistencia en un mismo sujeto de un estímulo que produce dos tendencias opuestas y totalmente incompatibles (repugnancia-apetencia, etc.). El fenómeno fue estudiado, entre otros, por los psicólogos estadounidenses Kurt Lewin y Neal Elgar-Miller.

CONFORMACIÓN. Una de las infinitas disposiciones espaciales de los átomos constitutivos de una molécula. Se produce una nueva conformación al introducirse una rotación o giro en los átomos o grupos integrantes. El análisis conformacional se ocupa de estudiar las estructuras de las moléculas según su conformación.

CONFORMISMO. Tendencia a adaptarse a las costumbres o inclinaciones grupales o sociales en detrimento de las aptitudes propias.

CONFUCIANISMO. Sistema religioso y filosófico basado en las enseñanzas de Confucio, de importancia capital en el desarrollo de la cultura china.
4:329a; Confucio 4:331b; China 4:156b; China, literatura 4:158a; Corea, República de 4:390a; Mencio 10:53a; Oriental, arte 11:147a; Taoísmo 13:398b; Zhu Xi 14:417b; *ilustraciones* 4:329b; 4:330.

CONFUCIO (551-479 a.C.). Filósofo chino, creador del confucianismo.
4:331a; Confucianismo 4:329a; Mencio 10:53a; Política 12:62a; Zhu Xi 14:417a; *cuadro* 4:331b; *ilustración* 4:331b.

CONGA. Baile de origen africano que se desarrolló en Cuba y alcanzó gran popularidad durante las décadas de 1930 y 1940. Mantiene un compás de 2/4 y se interpreta formando los bailarines largas filas.
Tropical, música 14:134b.

CONGELACIÓN (BIOLOGÍA). Fenómeno bioquímico celular que se manifiesta en las extremidades u otras partes salientes del cuerpo (orejas, manos) por exposición a temperaturas inferiores a los 0 °C y que altera la movilidad y la sensibilidad. También llamado congelamiento.
Bromatología 3:190a; Primeros auxilios 12:146a.

CONGELACIÓN (FÍSICA). Paso del agua del estado líquido al sólido y, por generalización, el mismo proceso para cualquier líquido. Depende de la temperatura y apenas influye la presión. Técnicamente también se designa como fusión.

CONGELADOR CRIOGÉNICO. Tipo de congelador que utiliza un compuesto criogénico, normalmente nitrógeno líquido. Al incorporarse en el producto a congelar, realiza una congelación muy rápida. Es utilizado para la congelación de alimentos líquidos.

CONGÉNITOS, DEFECTOS. Imperfección física o falta orgánica adquirida por el niño durante la fase de gestación.
4:332a; Biología molecular 3:41b; Ceguera 4:59b; Diagnóstico prenatal 5:165a; Down, síndrome de 5:236b; Estomatología 6:161a; Genética 7:77b; Hereditarias, enfermedades 7:367b; Ortopedia 11:166b; Pediatría 11:315a; Plástica, cirugía 12:23a; Raquitismo 12:263b; *ilustración* 4:332b.

CONGESTIÓN (MEDICINA). Retención anormal de líquido, por ejemplo sangre, dentro o fuera del lecho vascular.

CONGESTIÓN (TELECOMUNICACIONES). Sobrecarga en una red informática o de telecomunicaciones cuando el tráfico de datos es superior a su capacidad de procesado.

CONGLOMERADO. Roca sedimentaria resultante de la consolidación de gravas y pequeños fragmentos de piedra. Diversos orígenes: fluvial, glaciar, marino, lacustre y subaéreo.

CONGO, REPÚBLICA DEL. Estado de África. País interior, con la excepción de una estrecha franja costera atlántica. Cap. Brazzaville. 342.000 km^2. 2.831.000 hab. (2000).
4:333a; África 1:94; Congo, río 4:338a; *mapa* 4:333b; *cuadros* 4:333a; 4:334a; *ilustración* 4:334a.

CONGO, REPÚBLICA DEMOCRÁTICA DEL. República de África sobre la línea del ecuador, antiguo Congo belga y posterior Zaire. Cap. Kinshasa. 2.344.858 km^2. 51.965.000 hab. (2000).
4:335a; África 1:94; Congo, río 4:338a; Kabila, Laurent 8:421a; Kinshasa 9:26a; Lumumba, Patrice 9:242a; *mapa* 4:335b; *cuadros* 4:335a; 4:336a; *ilustraciones* 4:336a; 4:337.

CONGO, RÍO. Curso fluvial de África, también llamado río Zaire. Navegable, junto con sus afluentes, en una red de 14.500 km.
4:338a; África 1:87b; Congo, República del 4:333b; Congo, República Democrática del 4:335a; Río 12:377a; Stanley, Henry Morton 13:317b; *ilustración* 4:338a.

CONGOLEÑO, PUEBLO. Conjunto racial africano, de tipo negroide, que conforma las poblaciones que habitan en la región central de África, en la selva ecuatorial. Sus integrantes presentan características similares a las de los pueblos guineanos: estatura de alrededor de 1,65 m, piel menos oscura y prognatismo también menor que el de los pueblos sudaneses, cuerpo robusto y nariz ancha.

CONGRAINS MARTÍN, ENRIQUE (n. en 1932). Escritor peruano. Primer narrador de su país que cultivó el realismo urbano. *Lima hora cero* (1954), *No una sino varias muertes* (1958).

CONGREGACIÓN DEL SANTO OFICIO. Órgano de la Iglesia Católica de carácter disciplinario, establecido a partir de 1542. Su objetivo era velar por la pureza de la fe y de la moral. Actualmente recibe el nombre de Sagrada Congregación para la Doctrina de la Fe.

CONGREGACIONISTAS, IGLESIAS. Rama del protestantismo calvinista surgida en Inglaterra a finales del siglo XVI y principios del XVII.
4:338b; Protestantismo 12:166b.

CONGRESO. Reunión organizada para tratar asuntos de interés común. En política, asamblea nacional; equivale al parlamento o a una parte de éste (congreso de los diputados).

CONGRESO, BIBLIOTECA DEL. Institución del poder legislativo de los Estados Unidos que cumple la función de biblioteca nacional. Se encuentra en la ciudad de Washington. Fundada en 1800, su acervo se conservó en el Capitolio hasta 1897, cuando se trasladó a una nueva sede construida ex profeso. Su colección es considerada la más grande de las bibliotecas nacionales. Además de libros incluye películas, grabaciones, etc.

CONGRESO NACIONAL AFRICANO. Partido político nacionalista negro de Sudáfrica, fundado en 1912. Ilegal desde 1960 hasta 1990. Pretende eliminar las barreras raciales y obtener representación negra en el parlamento. Sus líderes más importantes han sido Oliver Tambo y Nelson Mandela. En 1994, tras la supresión del apartheid, el Congreso Nacional Africano ganó las primeras elecciones democráticas del país.
Sudáfrica, República de 13:338b; Tutu, Desmond 14:166a.

CONGRESO NACIONAL INDIO. Partido político de la India, fundado en 1885. De carácter independentista, reclamó la soberanía de su país desde 1906. En la primera guerra mundial colaboró con el Reino Unido tratando de lograr sus propósitos. Al fracasar en su intento, Mohandas Gandhi y Jawaharlal Nehru pusieron en marcha una campaña que culminaría con la independencia del país en 1947.

CONGREVE, WILLIAM (1670-1729). Comediógrafo británico. Alcanzó gran éxito con su primera pieza, *El solterón* (1693). Sus trabajos posteriores despertaron algunas acusaciones de inmoralidad, y tras el fracaso de su principal obra, *Así anda el mundo* (1700), que describía la frivolidad de la aristocracia, abandonó la creación dramática.

CONGRIO. Pez osteíctio anguiliforme de la familia de los cóngridos (*Conger conger*), sin escamas y con las aberturas branquiales grandes.

CÓNICA. Cada una de las curvas planas que son el resultado de practicar secciones según diversos planos en un cono. Incluye la circunferencia, la parábola, la hipérbola y la elipse.
Geometría 7:104b; Órbita 11:128a.

CONÍFERAS. Grupo de plantas gimnospermas caracterizadas por la agrupación de las flores femeninas en conos, en su mayor parte leñosos y con forma de piña. Incluye, entre otros, árboles como los pinos, secuoyas, cipreses, cedros, enebros, abetos, alerces y tuyas.
4:339a; Abeto 1:11b; Alerce 1:198a; Araucaria 2:22a; Cedro 4:58b; Ciprés 4:204b; Gimnospermas 7:129b; Pino 11:410a; Primaria, era 12:142b; Resina 12:345a; Secundaria, era 13:182b; Secuoya 13:184a; Terciaria, era 14:29b; *ilustraciones* 4:339b; 4:340a.

CONIL DE LA FRONTERA. Población española que pertenece a la prov. de Cádiz, comunidad autónoma de Andalucía. A orillas del océano Atlántico, está avenada por el río Salado. Cereales, olivos, viñedos, pesca. 14.362 hab. (1986).

CONJUGACIÓN (BIOLOGÍA). Proceso de intercambio de material genético entre dos bacterias distintas de la misma especie que se unen mediante el establecimiento de una estructura alargada a modo de puente. Tipo de fecundación de ciertas algas y protozoos.
Bacteria 2:302a.

CONJUGACIÓN (LINGÜÍSTICA). Serie ordenada de todas las voces de variada inflexión con que el verbo expresa sus diferentes modos, tiempos, números y personas. En castellano hay tres distintas clases de conjugaciones, cuyos verbos tienen infinitivos acabados en *ar, er* e *ir*.

CONJUNCIÓN (ASTRONOMÍA). Fenómeno astronómico por el que dos astros se superponen en el firmamento desde un punto de vista geocéntrico (vistos desde la Tierra). Es especialmente importante en observaciones planetarias.

CONJUNCIÓN (LINGÜÍSTICA). Parte invariable de la oración cuya función es unir dos términos de la misma o dos oraciones entre sí. Las conjunciones pueden dividirse en coordinantes, que son las que unen oraciones coordinadas, y subordinantes, que ligan una oración principal a otra subordinada. Entre las primeras existen las copulativas, las ilativas, las disyuntivas y las adversativas; entre las segundas, las condicionales, las consecutivas, las concesivas y las causales.

CONJUNTIVITIS. Inflamación de la conjuntiva (mucosa que recubre el ojo), en general de origen infeccioso. Se manifiesta por hiperemia y edema de la conjuntiva, secreción de pus, fotofobia, prurito, etc. Se trata con colirios antibióticos, corticosteroides, sulfamidas, etc.
Oftalmología 11:87a; Vista, sentido de la 14:334a.

CONJUNTOS, TEORÍA DE LOS. Área de las matemáticas derivada de los trabajos del científico alemán Georg Cantor y basada en la noción de conjunto, que se define como cualquier colección bien definida de elementos relacionados.
4:340a; Álgebra 1:221a; Aritmética 2:73a; Cantor, Georg 3:351b; Grupos, teoría de los 7:240a; Lógica matemática 9:204b; Matemáticas 9:408a; Probabilidad y estadística 12:150b; *ilustración* 4:342a.

CONJURO. Fórmula utilizada por quien realiza una práctica mágica y con la que se intenta poner en acción o invocar a las fuerzas ocultas que intervienen en la consecución del fenómeno esotérico. A veces cumple simplemente la función de recitativo de una frase simbólica.
Magia 9:285a.

CONMUTACIÓN. Sistema externo a un interruptor semiconductor que sirve para desconectarlo.

CONMUTADOR. Dispositivo que selecciona la activación de partes independientes de un circuito eléctrico en modo alternativo. En telecomunicaciones, aparato que establece la conexión entre estaciones telegráficas o abonados telefónicos.

CONMUTATIVA, PROPIEDAD. Cualidad matemática que cumple una operación dada y en virtud de la cual el orden en que se operan dos elementos no altera el resultado final.

CONNECTICUT. Estado del nordeste de los Estados Unidos, en Nueva Inglaterra, a orillas del océano Atlántico. Predominantemente industrial; escasa agricultura; pesca. Cap. Hartford. 12.966 km^2. 3.269.858 hab. (1997).

CONNECTICUT, RÍO. Curso fluvial de los Estados Unidos. Nace en el lago homónimo, al norte del est. de Nueva Hampshire, y tras atravesar los est. de Massachusetts y Connecticut desemboca en el estrecho de Long Island. Es el río más largo de Nueva Inglaterra, con 650 km de longitud.

CONNERY, SEAN (n. en 1930). Actor y productor cinematográfico británico. Se hizo famoso con el papel del espía James Bond. *Marnie la ladrona* (1964), *El hombre que pudo reinar* (1975), *Los inmortales* (1986), *La roca* (1996), *La trampa* (1999).

CONNOR, RALPH (1860-1937). Charles William Gordon, novelista canadiense de lengua inglesa. Ministro presbiteriano. Su obra, de inspiración localista, combinó los mensajes religiosos con la aventura. *El piloto del cielo* (1899), *El hombre de Glengarry* (1901).

CONNORS, JIMMY (n. en 1952). Tenista estadounidense. Ganador de los campeonatos de Australia (1974), Estados Unidos (1974, 1976, 1978, 1982, 1983), Wimbledon (1974, 1982), Masters y otros títulos del Grand Prix.

CONNOTACIÓN. Conjunto de significados –principal y secundarios– de una palabra o frase.

CONO (BOTÁNICA). Infrutescencia presente en las coníferas que mantiene una forma alargada (pino, abeto) o esférica (ciprés, arizónica). Contiene polen o rudimentos seminales.
Fruto 6:418b.

CONO (GEOMETRÍA). Cuerpo geométrico engendrado por la revolución de un triángulo rectángulo alrededor de uno de sus catetos.
Geometría 7:100a.

CONOCIMIENTO, SOCIOLOGÍA DEL. Disciplina que estudia la relación entre el conocimiento y la realidad social. Se vale para ello de otras disciplinas, como la historia, la antropología, la lingüística o la economía.

CONÓN (m. h. el 390 a.C.). Almirante ateniense famoso por su victoria al mando de una flota persa sobre los espartanos en Cnido en el 394. Levantó murallas y fortificaciones para defender el puerto de El Pireo, Atenas.

CONQUISTA DE LATINOAMÉRICA. V. **Latinoamérica, conquista de.**

CONRAD, CHARLES (n. en 1930). Astronauta estadounidense. Copiloto de la Gemini V (1965), participó también en la Gemini XI (1966), en el programa Apolo (recorrido lunar en la misión Apolo XII, en 1969) y en el Skylab II (1973).

CONRAD, JOSEPH (1857-1924). Jozef Teodor Konrad Korzeniowski, novelista británico de origen polaco. Sus obras trataron conflictos morales reflejados simbólicamente en el enfrentamiento entre hombre y naturaleza.
4:343b; Británica, literatura 3:184a; *ilustración* 4:343b.

CONRADO I DE FRANCONIA (m. en el 918). Rey germano del 911 al 918. Buscó apoyo en la iglesia en su lucha contra los duques de Lorena, Baviera y Sajonia.

CONRADO II, EMPERADOR (990-1039). Rey germano, coronado sacro emperador romano en el 1027 y fundador de la dinastía sálica. Consiguió reprimir cuantas rebeliones se alzaron contra él.
Alemania 1:190b; Sacro Imperio Romano 13:81a.

CONRADO III, EMPERADOR (1093-1152). Primer emperador germánico de la dinastía Hohenstaufen. Accedió al trono en 1138 con la oposición de Enrique el Soberbio, duque de Baviera y Sajonia, lo que precipitó la guerra con éste. Intervino en la segunda cruzada.
Cruzadas 5:37b; Hohenstaufen, familia 8:37a.

CONRADO IV DE HOHENSTAUFEN (1228-1254). Duque de Suabia, rey de los romanos desde 1237 y de Sicilia desde 1251. Consolidó sus dominios frente a sus competidores. Designado heredero del trono imperial en 1250, la oposición papal impidió su coronación.

CONRADO V DE HOHENSTAUFEN (1252-1268). Último miembro de la dinastía Hohenstaufen. Duque de Suabia, rey de los romanos y aspirante al trono de Sicilia. Derrotado tras ocupar Roma, fue entregado a Carlos de Anjou y decapitado en público. Conocido como Conradino.
Hohenstaufen, familia 8:37a; Sacro Imperio Romano 13:82a.

CONRADO EL ROJO (m. en el 955). Duque de Lorena del 944 al 953. Perdió su ducado, aunque no sus tierras de Franconia, por su oposición al emperador Otón I. Murió en combate.

CONRART, VALENTIN (1603-1675). Escritor francés. Representante e impulsor del clasicismo en Francia, fundó la Academia Francesa, cuya secretaría ocupó en forma vitalicia. *Memorias sobre la historia de mi tiempo, Cartas familiares a M. Félibieu* (1681).

CONSAGRACIÓN DE LA PRIMAVERA, LA. Ballet en dos partes de Ígor Stravinski. Creado a requerimiento de Serguéi Diaghilev, fue estrenado en el Teatro de los Campos Elíseos de París el 29 de mayo de 1913, por la Compañía de Ballets Rusos, con coreografía de Váslav Nijinski.
Stravinski, Igor 13:324b.

CONSANGUINIDAD. Parentesco genético entre individuos que descienden del mismo tronco.
Eugenesia 6:189a.

CONSCIENCE, HENDRIK (1812-1883). Novelista belga. Escribió originalmente en francés, pero después se convirtió en figura clave del renacimiento literario flamenco del siglo XIX. Cultivó la novela histórica y costumbrista. *El león de Flandes* (1838), *La guerra de los campesinos* (1853), *Los siervos de Flandes* (1882).

CONSEJO ALIADO DE CONTROL. Entidad creada por la declaración de Potsdam de 2 de agosto de 1945. Su finalidad era el control de Alemania por las cuatro potencias vencedoras de la segunda guerra mundial: Estados Unidos, Francia, Reino Unido y la Unión Soviética.

CONSEJO DE ASISTENCIA ECONÓMICA MUTUA. Organismo de cooperación económica internacional de los países del bloque soviético. Creado en 1949 por el Tratado de Sofía, incluyó a los países de Europa oriental y a otras naciones comunistas del mundo (Cuba, Vietnam). Se desintegró en 1991. También conocido como CAEM o COMECON.
Europa 6:200b; Organismos internacionales 11:137a; Planificación económica 12:16b.

CONSEJO DE CIENTO. Asamblea constitutiva de la ciudad de Barcelona. Fundada en 1249 por Jaime I, sus miembros, cuyo número era de cien, asesoraban e intervenían en la vida municipal. Fue abolido en 1714 tras la reforma administrativa emprendida por orden de Felipe V de Borbón.
Barcelona 2:349a.

CONSEJO DE ESTADO. Órgano consultivo de gobierno creado en España alrededor de 1522. Sus funciones y responsabilidades han variado con el tiempo, así como su nombre. La ley orgánica de 1980 hizo del Consejo de Estado el órgano consultivo supremo del estado español y sus autonomías a cargo de evaluar las propuestas de ley. Sus decisiones, sin embargo, no son obligatorias.

CONSEJO DE EUROPA. Entidad europea creada en 1949, con sede en Estrasburgo, Francia. Participan casi todos los países de Europa, y su finalidad es la de fomentar la unidad política y el progreso de sus miembros.

CONSEJO DE FIDEICOMISOS. Organismo de las Naciones Unidas que se ocupa del control de aquellos países que tienen territorios bajo su tutela. Está compuesto por representantes de los países con territorios en tutela, por miembros permanentes del Consejo de Seguridad y por otros elegidos durante un período de tres años por la Asamblea General.
Naciones Unidas 10:336b.

CONSEJO DE INDIAS. Organismo de la administración española creado en 1524 para asesorar a la corona sobre asuntos relacionados con los recientemente descubiertos territorios del Nuevo Mundo.
4:344a; *ilustración* 4:344a.

CONSEJO DE MINISTROS. Organismo de gobierno que reúne periódicamente a los ministros, bajo la presidencia del jefe del ejecutivo o de un delegado suyo, para resolver los principales asuntos del estado.

CONSEJO DE SEGURIDAD. Órgano ejecutivo de las Naciones Unidas en los asuntos políticos. Se compone de 15 miembros, cinco de los cuales son permanentes y tienen derecho a veto (Estados Unidos, China, Francia, Reino Unido y Rusia), mientras que los otros diez son elegidos por la Asamblea General.
Naciones Unidas 10:336a.

CONSEJO DE ULTRAMAR. V. **Consejo de Indias.**

CONSEJO ECONÓMICO Y SOCIAL. Organismo de las Naciones Unidas que se ocupa de los aspectos de tipo económico, social y humanitario de los integrantes de la organización. Está formado por 54 miembros que se reúnen dos veces por año, y entre sus organismos especiales destacan los de la UNICEF (Fondo de las Naciones Unidas para el socorro de la infancia) y el Alto Comisionado de las Naciones Unidas para los Refugiados.
Naciones Unidas 10:336b.

CONSEJO ECUMÉNICO DE LAS IGLESIAS. Comunidad religiosa que agrupa a diferentes iglesias cristianas que no están en comunión con Roma. Fue fundada en 1948, en Amsterdam, tras la fusión de los movimientos ecuménicos Fe y Constitución y Vida y Acción. En 1961 se unió al Consejo Misionero Internacional.
Ecumenismo 5:296b.

CONSEJO EUROPEO. Reunión periódica de los jefes de estado y de gobierno de los países de la Unión Europea. Se encarga de la determinación de las grandes líneas políticas de la Unión.

CONSEJO LATINOAMERICANO DE IGLESIAS PROTESTANTES. Organización encargada de coordinar la actividad de los protestantes latinoamericanos y de la difusión de su doctrina. Componen la misma más de 150 iglesias cristianas establecidas en la región.

CONSEJO NACIONAL DE GOBIERNO. Poder ejecutivo de Uruguay creado constitucionalmente en 1952. Estaba integrado por nueve miembros elegidos por el pueblo. Fue suprimido en 1967 al volver al sistema presidencialista.

CONSEJO REAL. Organismo consultivo medieval español. Creado en 1385 por el monarca castellano Juan I, aconsejaba al rey en el gobierno y la administración de su reino. Antecesor del Consejo de Estado instituido hacia 1522 por Carlos V (I de España).

CONSENSO. Acuerdo en la aceptación de una proposición o de un hecho. No se basa ni en una evidencia ni en una mera conveniencia práctica, sino en una prudente apreciación global. Se diferencia de la concertación en que no es necesario ceder ni rectificar, sino matizar las propias convicciones.

CONSERVACIÓN DE LA ENERGÍA, LEY DE LA. Principio de la ciencia física que postula que la energía no se crea ni se destruye, sino que se transforma de un estado a otro.
Mecánica 10:15a.

CONSERVADOR, PARTIDO. Designación de distintos partidos que defienden en general posiciones de centro derecha. Destacan entre ellos el británico, el colombiano y el canadiense. Algunos de ellos –como estos dos últimos– han añadido el término «progresista» a su designación para subrayar su preocupación por asuntos sociales.

CONSERVADURISMO. Ideología o tendencia política y social que defiende el orden establecido y desconfía de toda reforma. Se contrapone a la tendencia progresista.

CONSERVANTES. Sustancia natural o artificial que permite, después de su incorporación a un producto alimenticio, la disminución o inhibición de la actividad de microorganismos o toxinas que provocan alteraciones en dicho alimento. Entre los conservantes de uso común se encuentran la sal, el ácido cítrico y los antibióticos.
Alimentaria, industria 1:230b; Bromatología 3:190a.

CONSERVAS. En la alimentación industrial, productos que, envasados de forma hermética, logran una duración prolongada.

CONSERVATORIO. Institución, usualmente de carácter oficial, creada para la enseñanza de la música y artes afines. Los primeros centros datan del siglo XVI. Los conservatorios de música tienen tres niveles: elemental, superior y profesional.

CONSIDÉRANT, VICTOR (1808-1893). Pensador político francés de tendencia socialista. Tras la muerte de Charles Fourier, acaecida en 1837, pasó a ser el máximo representante de la utopía fourierista, tomando a su cargo el órgano teórico del movimiento *La Phalange*. Expuso la noción del derecho del trabajo.

CONSILIUM PRINCIPIS. Órgano consultivo en el Imperio Romano. Creado inicialmente como reunión privada que aconsejaba al emperador en diversas cuestiones, alcanzó una mayor organización y estabilidad con Adriano, Marco Aurelio y Severo Alejandro.

CONSONANCIA. Forma de rima perfecta, propia de la poesía culta. Consiste en la igualdad de sonidos (vocales y consonantes) en la terminación de los versos desde la última vocal acentuada.
Armonía 2:91b.

CONSONANTE. Sonido en cuya pronunciación los órganos de la articulación forman en algún punto del canal vocal un contacto que impide el paso del aire. Para producir el sonido, las consonantes se sirven del apoyo de las vocales.
Fonética y fonología 6:334b.

CONSPIRACIÓN. Confabulación de dos o más personas para realizar una acción contra otra persona o institución política.

CONSTABLE, JOHN (1776-1837). Pintor británico. Autor principalmente de paisajes, en los que combinó la meticulosidad del realismo y la sensibilidad romántica.
4:345a; Romanticismo 13:12a; *ilustración* 4:345a.

CONSTANCIA PERCEPTIVA, LEY DE LA. Principio de la psicología que establece que objetos sometidos a grandes variaciones pueden aparecer constantes. Es un fenómeno automático que regula la percepción.

CONSTANCIO I CLORO (m. en el 306). Emperador romano del 305 al 306. Padre de Constantino el Grande y fundador de la dinastía de los Flavios.

CONSTANCIO II (317-361). Emperador romano del 337 al 361, hijo de Constantino el Grande. Defensor del arrianismo, persiguió a paganos y católicos.
Juliano el Apóstata 8:410a.

CONSTANCIO III (m. en el 421). Emperador romano. General de las tropas del emperador Honorio, derrotó a Constantino III en el 411 y a Jovino en el 413. Casó en el 417 con la hermana de Honorio, Gala Placidia, y se convirtió en augusto en el 421. Su muerte dio por terminada la campaña emprendida contra él por Teodosio II.
Honorio, Flavio 8:67a.

CONSTANT, BENJAMIN (1767-1830). Novelista y escritor político franco-suizo. Precursor de la moderna novela psicológica.
4:345b; Staël, Madame de 13:316a.

CONSTANTÁN. Aleación de níquel y cobre dotada de alta resistencia eléctrica que varía ligeramente con la temperatura. Se emplea para fabricar pares termoeléctricos.

CONSTANTE DE IONIZACIÓN. Conocida también como constante de equilibrio de la reacción de ionización, notación empleada para la medición de la fuerza de un ácido en relación con su producción de iones hidrógenos en una solución acuosa.
Ácido y base 1:31b.

CONSTANTINA. Ciudad de Argelia, cap. de la prov. homónima. De origen prehistórico. Fortificaciones medievales. Universidad, museo. Tractores, motores diesel; artículos de cuero, textiles; agricultura. 412.187 hab. (1998).
Argelia 2:38a.

CONSTANTINO I (siglo VIII). Papa desde el 708 hasta su muerte en el 715. Defendió la supremacía de Roma frente a Félix, arzobispo de Ravena. En el 710 marchó a Constantinopla para mantener negociaciones con Justiniano II. Combatió la herejía monotelista.

CONSTANTINO I DE GRECIA (1868-1923). Rey de Grecia de 1913 a 1917 y de 1920 a 1922. Destituido en su primer reinado por la neutralidad claramente progermánica demostrada en la primera guerra mundial. En 1922 abdicó en su hijo Jorge II.

CONSTANTINO II (siglo VIII). Antipapa desde el 767 al 768. Depuesto por la aristocracia clerical, aliada con los lombardos, se retiró a un convento.

CONSTANTINO II DE GRECIA (n. en 1940). Rey de Grecia de 1964 a 1974. Exiliado durante la segunda guerra mundial, volvió a su país en 1946 y accedió al trono a la muerte de su padre, Pablo I. Tras el golpe de estado de abril de 1967, fracasó pocos meses después en un intento de contragolpe y marchó a Roma. En 1973, el régimen militar proclamó la república, y Constantino II aceptó el resultado del referéndum en el que se confirmó el cambio político.

CONSTANTINO III (m. en el 411). Emperador romano. General de las tropas de Honorio, fue elegido emperador por sus soldados de Britania en el 407. Pasó a la Galia y abandonó a los nativos británicos, lo que provocó la invasión de la isla por los pictos y las tribus germánicas. En el 411 fue derrotado por el general Flavio Constancio, cerca de la ciudad francesa de Arles, y ejecutado.
Honorio, Flavio 8:67a.

CONSTANTINO III HERACLIO (612-641). Emperador bizantino. Accedió al trono tres meses antes de su muerte, aunque había sido coemperador, primero con su padre Heraclio I y luego con su hermano Heraclio II, desde el 613. Su muerte impidió la guerra civil. Se sospecha que fue envenenado.

CONSTANTINO IV (m. en el 685). Emperador bizantino desde el 668 hasta su muerte. Durante cuatro años resistió el asedio de los árabes sobre Constantinopla, lo que resultó decisivo en la pervivencia del imperio. En su reinado se celebró el sexto concilio ecuménico de Constantinopla, del 680 al 681.

CONSTANTINO V (718-775). Emperador bizantino desde el 741 hasta su muerte. Combatió a árabes y búlgaros. Fue un decidido iconoclasta y persiguió a los monjes que no compartían sus ideas.

CONSTANTINO VI (770-?) Emperador bizantino desde el 780 hasta el 797. Reinó bajo la regencia de su madre, Irene, período en el que se celebró el concilio de Nicea (787). Fue depuesto por su madre, quien ordenó cegarlo.

CONSTANTINO VII PORFIROGÉNETA (905-959). Emperador bizantino. Accedió al trono en el 913. Sus escritos *Tratado sobre la administración del imperio*, con valiosos testimonios acerca de los pueblos eslavos y turcos, y *Tratado de las ceremonias y de la corte*, referido a las complejas ceremonias que convertían a los emperadores en símbolos sacerdotales del estado, se encuentran entre las mayores fuentes de información sobre el imperio bizantino.

CONSTANTINO VIII (h. el 960-1028).Emperador bizantino. Fue coemperador con su hermano Basilio II del 976 a 1025 y reinó en solitario desde entonces hasta su muerte. Amante de lujos y placeres, dejó en manos de otros la administración del estado.

CONSTANTINO IX MONOMACO (h. el 980-1055). Emperador bizantino desde 1042 hasta su muerte. Sus derroches financieros e ineptitud para el gobierno motivaron el estallido de varias sublevaciones y la pérdida de numerosos territorios imperiales.

CONSTANTINO X DUCAS (m. en 1067). Emperador bizantino de 1059 hasta su muerte. Redujo el ejército, descuidó las fronteras y se mantuvo al margen de las repetidas invasiones de su imperio, demostrando su incapacidad.

CONSTANTINO XI PALEÓLOGO (1404-1453). Último emperador bizantino, desde 1449 hasta su muerte. Defendió Constantinopla contra los otomanos y murió durante el sitio de la ciudad.
Bizantino, imperio 3:64b.

CONSTANTINO, GRAN DUQUE DE RUSIA (1779-1831). Hijo del emperador de Rusia Pablo I, hermano de Alejandro I y Nicolás I, actuó como regente de Polonia. Fue depuesto en noviembre de 1830 por una insurrección apoyada por el ejército polaco.

CONSTANTINO ASEN TECH (m. en el 1277). Rey de Bulgaria desde 1257 hasta su muerte. Sufrió los ataques de húngaros y bizantinos y fue ayudado por los mongoles, a los que luego hubo de combatir. Murió en el curso de una sublevación.

CONSTANTINO EL GRANDE (h. el 288-337). Emperador romano del 306 al 337. Permitió el culto cristiano y trasladó la capital imperial a Constantinopla (antes Bizancio).
4:345b; Cristianismo 5:20b; Roma antigua 12:424a; Turquía 14:163b; *cuadro* 4:346a; *ilustración* 4:346a.

CONSTANTINO LECAPENO (915-946). Emperador bizantino desde el 924 al 945. Reinaba junto con su padre, Romano I, al que derrocó con ayuda de su hermano Esteban y su cuñado Constantino VII, aunque muy influido por el general Bardas Focas y la emperatriz Elena. Destronado por su cuñado, fue desterrado y murió al año siguiente.

CONSTANTINO PAVLÓVICH (1779-1831). Gran duque de Rusia. Hijo del zar Pablo I, renunció en 1822 al trono de Rusia. Al morir su hermano, el zar Alejandro I (1825), su causa sirvió de motivo para el movimiento revolucionario de los decembristas. Apoyó la política liberal en Polonia, lo que provocó el enfrentamiento con su también hermano el zar Nicolás I.

CONSTANTINOPLA. Nombre antiguo de Estambul, en la posterior Turquía. La ciudad, fundada por Constantino el Grande en el año 330 en el emplazamiento de la antigua Bizancio, conoció su máximo esplendor entre los siglos VIII y X. Su toma por los turcos en 1453 supuso el fin del Imperio Romano de oriente.
Atila 2:191b; Bizantino, imperio 3:62a; Constantino el Grande 4:346b; Cruzadas 5:37a; Estambul 6:152a; Latino de oriente, imperio 9:82a; Mehmet II 10:41a; Otomano, imperio 11:178a; Roma antigua 12:424b.

CONSTANTINOPLA, CAÍDA DE. Victoria otomana del 29 de mayo de 1453 frente a Constantino XI Paleólogo. La ciudad, sitiada por 200.000 enemigos, dirigidos por el sultán Mehmet II, resistió varios meses de asedio con sólo 8.000 defensores. La muerte del emperador provocó la caída definitiva del imperio bizantino.

CONSTANZA (ALEMANIA). Ciudad de Alemania, en el est. de Baden-Württemberg, a orillas del lago del mismo nombre. Ayuntamiento renacentista, museo gótico. Tejidos, productos químicos. Turismo. 77.486 hab. (1998).

CONSTANZA (RUMANIA). Ciudad rumana, capital del distrito homónimo en la costa del mar Negro. Museo arqueológico. Industria alimentaria, papel. Es el primer puerto marítimo del país. Turismo, playas. 344.786 hab. (1997).

CONSTANZA, CONCILIO DE. Decimosexto concilio ecuménico de la Iglesia Católica, celebrado en la ciudad de Constanza entre 1414 y 1418. Condenó las doctrinas de John Wycliffe y de Jan Hus; logró poner fin al cisma de occidente mediante la abdicación de Gregorio XII y Juan XXIII, la deposición de Benedicto XIII, y el nombramiento de Martín V como único pontífice legítimo.
Católica, Iglesia 4:44b; Cisma 4:213a.

CONSTANZA, LAGO DE. Lago suizo limítrofe con Alemania y Austria. Ocupa la base de un antiguo glaciar a una altura de 396 m. Cubre una superficie de 541 km^2, tiene una longitud de 65 km y una anchura superior a los 14 km.

CONSTANZA DE ARAGÓN (1340-1363). Reina de Sicilia. Hija de Pedro IV el Ceremonioso, fue heredera del trono aragonés hasta que en 1350 nació su hermano, el futuro Juan I. Casó en 1361 con Federico III, rey de Sicilia.

CONSTANZA DE PORTUGAL (h. 1290-1313). Reina de Castilla. Hija del rey de Portugal, Dionís, y de Isabel de Aragón (santa Isabel), se comprometió en 1297 con Fernando IV de Castilla, si bien hasta 1307 no celebró la boda. Muerto su esposo en 1312, intervino en la regencia de Alfonso XI el Justiciero.

CONSTELACIÓN. Agrupación de estrellas que, vista desde la Tierra, mantiene una posición constante con respecto a otros cuerpos estelares.
4:346b; Estrella 6:169a; Zodiaco 14:421b; *cuadros* 4:347a-b; 4:348a; *ilustración* 4:346b.

CONSTELACIÓN DEL CINTURÓN ANDINO, RESERVA DE LA BIOSFERA. Área natural protegida de 855.000 hectáreas de extensión en los Andes septentrionales colombianos. Los ecosistemas típicos de esta zona son los bosques mixtos y de alta montaña. Comprende los parques nacionales de Puracé, Los Nevados, Nevado del Huila y Cueva de los Guácharos.

CONSTITUCIÓN. Cuerpo de normas que rigen los asuntos de una colectividad. Se aplica especialmente a la ley fundamental del estado.
4:348a; Democracia 5:122b; Derecho 5:140b; Liberalismo 9:143a; *ilustraciones* 4:349a-b.

CONSTITUCIONAL, TRIENIO. Etapa del reinado del monarca español Fernando VII comprendida entre 1820 y 1823. A resultas del pronunciamiento de Rafael del Riego, el rey juró la constitución de 1812 y estableció un gobierno de corte liberal. Finalizó con la ocupación de la península por los «cien mil hijos de san Luis», ejército enviado por la Santa Alianza.

CONSTITUCIÓN DE 1940. Uno de los documentos más importantes de la historia de Cuba, esta constitución consagró plenamente la separación de los poderes del estado, las libertades públicas y las garantías sociales en favor de las clases populares. Dejó de aplicarse en 1959 al implantarse la pena de muerte, instituirse los tribunales revolucionarios y desaparecer las elecciones populares y la separación de poderes.

CONSTITUCIÓN DE CÁDIZ. V. **Cádiz, Constitución de.**

CONSTITUCIONES IMPERIALES. Ordenamientos legislativos emitidos por los emperadores romanos en que se precisaban los derechos y obligaciones de las personas en el terreno político, civil o religioso. Adoptaban formas muy diversas.

CONSTRUCCIÓN. Arte o técnica de erigir edificios y obras diversas de arquitectura e ingeniería.
4:349b; Aislante 1:132a; Aluminio 1:255a; Arenisca 2:33a; Calizas, rocas 3:287a; Canal 3:330a; Casa 4:6b; Cemento 4:71a; Embalse 5:383b; Ingeniería 8:208b; Madera 9:270b; Máquina 9:344a; Puente 12:192a; Puerto 12:194a; Yeso 14:385a; *ilustraciones* 4:350; 4:351a-b.

CONSTRUCTIVISMO. Movimiento artístico desarrollado en Moscú entre 1915 y 1922, que ejerció notable influencia en el arte del siglo XX. Defendía el valor del espacio y la estética del volumen frente a la del plano.
4:352a; Abstracto, arte 1:20b; Calder, Alexander 3:275a; Gabo, Naum 7:11b; Pintura 11:416a; Spilimbergo, Lino 13:311b; Tatlin, Vladímir 13:403a; Torres García, Joaquín 14:95b; *ilustraciones* 4:352a-b.

CÓNSUL. En la antigua Roma, cargo público que representaba la máxima autoridad. En la época republicana eran dos, elegidos por el pueblo para un período de un año.

CONSULADO DEL MAR. Cada una de las instituciones que ordenaban el comercio marítimo entre puertos del Mediterráneo. Su carácter era mixto, con aspectos de organización profesional y de tribunal. Con las sentencias que dictaban se fue creando, posiblemente en Barcelona, el *Libro de los consulados del mar.*
Códigos legales 4:250a.

CONSUMERISMO. Movimiento social que propone un consumo racional respetuoso con el ambiente y con los valores éticos y sociales.

CONSUMIDOR. Comprador final de bienes y servicios.
Consumo 4:353a.

CONSUMO. Uso de bienes y servicios para satisfacer necesidades.
4:353a; Ahorro 1:129b; Juventud 8:419b; Producción 12:159a; Publicidad 12:186b; *ilustraciones* 4:353b; 3:354a.

CONSUMO, SOCIEDAD DE. Sistema económico y social que provoca una desmedida necesidad de adquirir nuevos productos.
Consumo 4:353a; Fetichismo 6:276a; Sociedad 13:278a.

CONTABILIDAD. Técnica de clasificación, ordenación, registro, análisis y valoración de la información económica sobre la actividad de una sociedad, una institución o un estado.
4:354b; Auditoría 2:208b; Presupuesto 12:135b; *cuadro* 4:356; *ilustraciones* 4:355b.

CONTADO, OPERACIÓN AL. Compraventa en la que el vendedor del bien o servicio recibe en el acto de la entrega o de la prestación el valor total convenido o precio determinado.

CONTADOR. Nombre con el que se designan diversos aparatos e instrumentos de medición, algunos de ellos, como los contadores de gas, de agua o de electricidad, destinados a determinar el suministro o consumo de un fluido, y otros, como los contadores de partículas, empleados para evaluar la cantidad de radiación existente en un lugar en los trabajos de física nuclear.

CONTADORA, GRUPO DE. Organización informal de los cancilleres de Colombia, México, Venezuela y Panamá que buscaba ofrecer

un plan de paz para los conflictos de Centroamérica. Creada en 1983 en la isla panameña de Contadora.
Nicaragua 10:402b.

CONTAGIO. Transmisión, directa o indirecta, de una enfermedad infecciosa de un individuo a otro (hombre o animal).
Epidemia 6:11a.

CONTAMINACIÓN. Deterioro en la calidad de vida y las condiciones del ambiente debido principalmente al vertido en éste de productos y desechos provenientes de la actividad humana.
4:356b; Basura 2:367b; Bioindicador 3:33a; Biosfera 3:52a; Cambio climático 3:298a; Clima y climatología 4:235a; Ecología 5:273b; Ecosistema 5:285b; Lluvia ácida 9:192a; Radiación 12:244b; *ilustraciones* 4:357a-b; 4:358a.

CONTAMINACIÓN ACÚSTICA. Ruido ambiental. Se considera perjudicial para la salud por encima de los 65 decibelios, según la Organización Mundial de la Salud (OMS).

CONTAMINACIÓN ESPACIAL. Presencia de partículas o elementos extraños en el espacio que dificultan la observación de la Tierra desde los satélites. Son partículas de polvo y vapor de agua, de origen natural o producto de la actividad humana.

CONTARINI, FAMILIA. Aristocrática familia veneciana, una de las doce que eligieron al primer dux (príncipe) en el 697. Dieron ocho duces a Venecia, además de varios ciudadanos eminentes.

CONTÉ, LANSANA (n. en 1934). Militar y político de Guinea. Miembro de la etnia susu, ocupó diversos cargos de responsabilidad en las fuerzas armadas de su país. A la muerte del presidente Ahmed Sékou Touré (1984) encabezó la formación del Comité Militar de Redención que tomó el poder en abril de 1984.
Guinea 7:286b.

CONTEMPORÁNEOS. Grupo literario así denominado por la revista mensual de la ciudad de México que sirvió de vehículo a sus inquietudes. La revista se publicó de 1928 a 1931. Escribieron en ella Bernardo J. Gastélum, Bernardo Ortiz de Montellano, Jaime Torres Bodet, Enrique González Rojo, Ermilo Abreu Gómez, Genaro Estrada, José y Celestino Gorostiza, Samuel Ramos, Rubén Salazar Mallén, Xavier Villaurrutia, Gilberto Owen, Jorge Cuesta, Salvador Novo, Carlos Pellicer, Elías Nandino y muchos colaboradores extranjeros de renombre.

CONTENCIÓN. Dispositivo de un equipo central de comunicaciones mediante el cual se sitúan en espera las llamadas entrantes cuando éstas desbordan la capacidad del equipo, dándoseles curso posteriormente según el orden en que se hayan recibido.

CONTENCIOSO. Materia sobre la que se debate en juicio. Se dice también del procedimiento judicial con que se dilucida la materia objeto de litigio, por contraposición al que se sigue cuando existe conformidad entre las partes, denominado procedimiento voluntario.

CONTENIDO, ANÁLISIS DE. Técnica de investigación sociológica que clasifica cualitativa y cuantitativamente los elementos del mensaje de cualquier medio de comunicación social.

CONTI, HAROLDO (1925-1976). Escritor argentino. Cultivó el relato breve. Premio Casa de las Américas por su novela *Mascaró, el cazador americano* (1976). Uno de los primeros «desaparecidos» durante el régimen militar argentino. *Todos los veranos* (1964), *En vida* (1971).

CONTINENTALIDAD. Conjunto de características climatológicas propias del interior de los continentes, consistentes en fuertes variaciones de temperatura a lo largo del año y condiciones más rigurosas que en las zonas litorales, debido a la débil influencia oceánica.

CONTINENTE. Cada una de las extensas masas terrestres continuas. Según la división sea política, física o cultural, resulta diferente su delimitación.
4:358b; África 1:87b; América 1:270b; Antártida 1:376a; Asia 2:144a; Australia 2:213a; Europa 6:191b; Wegener, Alfred 14:359a; *mapa* 4:359; *ilustración* 4:360a.

CONTINGENCIA. Posibilidad de que algo sea o suceda o de que no sea. En lógica se aplica a las expresiones modales y en metafísica indica la naturaleza del ser que no se basta por sí mismo.

CONTINUIDAD. Propiedad que cumple una función dada para un punto concreto de la misma siempre que el límite de la función en dicho punto coincida con el valor que adopta tal función en ese límite.

CONTRAALISIOS, VIENTOS. Vientos que se originan en las proximidades del ecuador y que se mueven en dirección a los polos. Se desplazan hacia el nordeste en el hemisferio norte y hacia el sudeste en el sur. Se originan por el ascenso del aire cálido en las regiones ecuatoriales.
Viento 14:308b.

CONTRAALMIRANTE. Grado jerárquico de la armada, superior al de capitán de navío e inferior al de vicealmirante. Equivale al de general de brigada en los ejércitos de tierra y del aire.

CONTRABAJO. Instrumento de cuerda de la familia de los violines. Es el de mayor tamaño y más grave sonido del grupo.
4:361a; *ilustración* 4:361a.

CONTRABANDO. Delito consistente en la importación o exportación de bienes en contravención a las leyes de un país.

CONTRACCIÓN (FÍSICA). En la teoría de la relatividad, efecto según el cual la longitud de un objeto para un observador en movimiento es menor que su longitud medida por un observador inmóvil.

CONTRACCIÓN (LINGÜÍSTICA). Una de las cuatro figuras de dicción principales, o metaplasmos, por la que de dos vocablos se forma uno solo, con omisión de la vocal en que acaba o con que empieza uno de ellos. Por ejemplo: *del,* formado por *de* y *el.*

CONTRACCIONISTAS, TEORÍAS. Postulados teóricos que se mantuvieron principalmente durante el siglo XIX y que explicaban la orogenia terrestre no tanto por la traslación de las masas continentales, sino debido a los progresivos enfriamientos y contracciones de la corteza de la tierra, lo que provocaría la creación de las cordilleras.
Geología 7:95a.

CONTRACCIÓN MUSCULAR. Encogimiento de un músculo que permite el desarrollo de una fuerza. Cuando la fuerza permanece constante, la contracción se denomina isotónica y resulta en el desplazamiento de miembros (en el caso del bíceps braqueal da lugar a la flexión del brazo). Si es la longitud del músculo la constante, se genera una creciente fuerza (al sostener un peso, por ejemplo).

CONTRACCIÓN UTERINA. Encogimiento involuntario del músculo uterino en el embarazo y el parto. Las de Braxton-Hicks se generan después del tercer mes de embarazo de manera espaciada. Las contracciones uterinas propiamente dichas son periódicas –aumentando progresivamente su ritmo– y dolorosas; dilatan el útero y provocan la expulsión del producto por vía vaginal.
Gestación y parto 7:119a.

CONTRACEPCIÓN. V. **Natalidad, control de la.**

CONTRACORRIENTE, DISTRIBUCIÓN A. Proceso utilizado en ingeniería química, consistente en hacer circular dos elementos (gases, líquidos o sólidos) en direcciones opuestas hasta conseguir un cambio mutuo de sustancias que permita un mayor grado de homogeneidad. Utilizado para lavado de sólidos, destilación, etc.

CONTRACULTURA. Fenómeno social aparecido en la década de 1950 en los Estados Unidos y posteriormente extendido al continente europeo. Nació como oposición crítica a las pautas sociales, estéticas y morales de la sociedad y la cultura capitalistas.

CONTRADANZA. Baile de origen inglés, introducido en Francia en el siglo XVIII. Se bailaba en parejas. La música para contradanza se escribía en compás de 2/4 o 6/8 y se dividía en dos partes que se iban repitiendo alternativamente. Popular en Cuba en el siglo XIX.

CONTRAFAGOT. Instrumento de viento del grupo de la madera. Se asemeja al fagot y su sonido es una octava más grave.
4:361b; Fagot 6:222a.

CONTRAFUERTE. Construcción adosada o entregada al muro, a modo de macizo vertical o machón, que funciona como refuerzo del mismo o para contrarrestar los empujes de un arco o bóveda. También llamado estribo o espolón.

CONTRAGUERRILLA. Acciones militares tendentes a combatir los focos guerrilleros y a defender o intentar impedir las acciones y el contacto de estos grupos con la población civil.
Guerrilla 7:280b.

CONTRAINTELIGENCIA. Servicio especial de las fuerzas armadas de un país que tiene como misión el prevenir y controlar las actividades de inteligencia o espionaje de un enemigo.
Inteligencia militar 8:233b.

CONTRALTO. Cantante cuya voz es más grave que la de la mezzosoprano, en el caso de la mujer, y más aguda que la del tenor, en el hombre.
Ópera 11:116a.

CONTRAPARTE. Institución o persona que garantiza la correcta gestión y aprovechamiento de las aportaciones de recursos efectuadas por otras.

CONTRAPORTADA. Parte posterior de la portada de un libro o revista. Suele contener información sobre el autor o la obra, en el caso de libros, y publicidad en las revistas.

CONTRAPROGRAMACIÓN. Técnica televisiva para captar audiencia consistente en la elaboración de la programación en función de la realizada por otras emisoras.

CONTRAPUNTO. Combinación de un tema musical con otro, al que sirve de contraste y con el que forma un conjunto armónico.
4:361b; Fuga 7:1a; Música 10:312a; Música, teoría de la 10:319a; Polifonía 12:55b.

CONTRARREFORMA. Movimiento renovador del siglo XVI emprendido por la Iglesia Católica para contrarrestar los efectos del protestantismo. Encontró su formulación definitiva en el concilio de Trento. El instrumento más activo de la contrarreforma fue la Compañía de Jesús.
Concilio 4:325b; Reforma y contrarreforma 12:295a; Renacimiento 12:330a.

CONTRARRELOJ. Carrera deportiva en la que los participantes salen de manera progresiva de la línea de salida y se les cronometra individualmente el tiempo empleado en llegar a la meta.

CONTRASEÑA. V. ***Password.***

CONTRASTE FOTOGRÁFICO. Grado de separación tonal de una imagen. Una fotografía con grandes diferencias de tono se dice que está contrastada, una con sólo una pequeña gama de tonos se dice que está poco contrastada.

CONTRATACIÓN, CASA DE. Organismo fundado por los Reyes Católicos en Sevilla, España, en 1503, para regular asuntos del Nuevo Mundo.
4:362a; Flotas y galeones, sistema de 6:335b; Nueva España, Virreinato de la 11:36a; *ilustración* 4:362b.

CONTRATO. Acuerdo entre dos o más partes que cumple ciertos requisitos formales y le-

gales, estableciendo determinadas obligaciones y compromisos entre quienes lo suscriben.
4:363a; Arrendamiento 2:118b; Préstamo 12:134a; *ilustraciones* 4:363a-b; 4:364a.

CONTRATO SOCIAL, EL. Obra de Jean-Jacques Rousseau, publicada en 1762. Defiende un sistema democrático en el que el pueblo renuncia a ciertos derechos naturales en favor del estado, a fin de que éste conjugue los derechos individuales con los de la colectividad. Ejerció gran influencia en la revolución francesa.
Ilustración 8:130a; Política 12:63b; Rousseau, Jean-Jacques 13:28a.

CONTRAVENENO. V. **Antídoto.**

CONTRAVIESA, SIERRA DE. Sistema montañoso español situado al sur de la prov. de Granada, en la parte meridional de las Alpujarras, en el sistema Penibético. Mantiene altitudes medias de alrededor de 1.000 m.

CONTRERAS, ALONSO DE (1582-1641). Militar español. Intervino en las guerras de Flandes y en diferentes campañas contra los turcos. Fruto de estas experiencias fue su obra *Discurso de mi vida*, escrita entre 1630 y 1633 y no publicada hasta 1900, verdadera crónica costumbrista de la época.

CONTRERAS, BATALLA DE. Combate librado en agosto de 1847 en Contreras, México, entre las tropas del general Gabriel Valencia y las invasoras estadounidenses de Winfield Scott. La derrota mexicana abrió a los invasores el camino hacia la capital.

CONTRERAS, FRANCISCO (1877-1932). Escritor chileno. Introdujo la literatura hispanoamericana en Francia con sus colaboraciones en la prensa parisiense. Cultivó la poesía y la narración. *Esmaltines* (1898), *Luna de la patria y otros poemas* (1913).

CONTRERAS, GLORIA (n. en 1938). Bailarina y coreógrafa mexicana. Estudió en México y en los Estados Unidos. Bailó tanto en grupos de ballet de dichos países como de Canadá. Autora de numerosas coreografías utilizadas por compañías mexicanas y extranjeras. Directora y fundadora del Taller Coreográfico de la Universidad Nacional Autónoma de México.

CONTRERAS, JERÓNIMO DE (h. 1520-h. 1585). Escritor español. Autor de una novela de estilo clasicista, *Dechado de varios sujetos* (1572), alcanzó una gran celebridad en su época por su obra *Selva de aventuras* (1565), brillante ejemplo de novela bizantina.

CONTRERAS, JESÚS (1866-1902). Escultor mexicano. Estudió en la Academia de San Carlos de la ciudad de México y en París. Autor de numerosas estatuas y bustos de personajes mexicanos que se encuentran en importantes vías públicas de las ciudades mexicanas. Primer premio de escultura en la Exposición Universal de París de 1900.

CONTRERAS, PEDRO (siglos XVI-XVII). Metalúrgico español que trabajó en el Perú. Desarrolló la técnica de los hornos de javecas para la obtención de mercurio; procedimiento que utilizó en sus minas de Huancavelica.

CONTRERAS, RODRIGO DE (h. 1502-1558). Conquistador español. Gobernador colonial de Nicaragua, fue acusado ante los tribunales españoles de enriquecimiento ilícito y de maltratar a los indígenas.
4:365a.

CONTRERAS, SALVADOR (n. en 1912). Compositor mexicano. Formó parte del vanguardista *El grupo de los cuatro*, junto con J. P. Moncayo, B. Galindo y D. Ayala. Violinista de la Orquesta Nacional Sinfónica de su país.

CONTRERAS BRUNET, IVÁN (n. en 1927). Pintor chileno. Representante del arte cinético en el panorama artístico chileno. Trabajó en los Estados Unidos y Francia y participó en 1968 en el grupo parisiense Constructivismo y Movimiento.

CONTRERAS Y SAN ROMÁN, JUAN (h. 1807-1881). Militar español. Defensor de las ideas liberales durante el gobierno de Fernando VII, ocupó el puesto de director general de caballería tras la revolución de 1868 y fue nombrado capitán general de Cataluña al proclamarse la primera república. Apoyó al movimiento cantonalista.

CONTROL, SISTEMA DE. Conjunto de instrumentos y mecanismos por los cuales una cantidad variable o grupo de cantidades variables son ajustadas a normas preestablecidas. La introducción de sistemas de control en la industria está vinculada a la automatización. La informática ha dado lugar a sistemas de gran complejidad. Los sistemas de control pueden ser abiertos o cerrados (de realimentación).
Edificio inteligente 5:306b; Retroalimentación 12:353b.

CONTROL, TEORÍA DE. Área de las matemáticas aplicadas enfocada al análisis y control de los procesos y sistemas físicos. Profundas relaciones con especialidades matemáticas como el cálculo de variaciones y la teoría de ecuaciones diferenciales.
Optimización, teoría de la 11:124b.

CONTROLADOR DE DISPOSITIVOS. Programa de computadora encargado de controlar algún elemento periférico o componente interno, como el reloj.

CONTROL DE CALIDAD. Conjunto de acciones que se desarrollan a lo largo de un proceso de fabricación para garantizar la máxima calidad del producto resultante.

CONTROL REMOTO. Uso de dispositivos de mando a distancia para el accionamiento o regulación del funcionamiento de un sistema, mecanismo o aparato.
4:365b; Hidrografía e hidrología 7:403a; *ilustración* 4:365b.

CONVECCIÓN. En meteorología, conducción del calor por el ascenso del aire que se encuentra en las capas más bajas, próximas al suelo, donde ha sufrido un calentamiento.
Calefacción 3:278b; Calor 3:290a; Física 6:313b; Horno 8:72b; Meteorología 10:106a.

CONVENCIÓN. Reunión de representantes de una organización, o bien el acuerdo logrado entre dos o más partes. En Francia se denominó así la asamblea constituyente de 1792; en los Estados Unidos recibe este nombre la reunión de los miembros de un partido para elegir a su candidato para las elecciones.

CONVENCIONALISMO. Concepción filosófica surgida a finales del siglo XIX y que mantuvo como principal teórico a Henri Poincaré. Establecía que las teorías científicas son producidas por convenciones, extraídas de las diferentes posibilidades de observación existentes, por lo que no son determinantes de la estructura real del mundo.

CONVENCIONES DE GINEBRA. V. **Ginebra, convenciones de.**

CONVENTO. Grupo de religiosos que han hecho el voto de servir a Dios. Por extensión, la casa donde se practica en comunidad la vida religiosa.
Monasterios y conventos 10:224b.

CONVENTUALES. Rama de la orden de los franciscanos, segregada en 1517, que sigue una regla menos estricta que las otras dos, frailes menores y capuchinos.
Franciscanos 6:397b.

CONVERGENCIA (MATEMÁTICAS). Propiedad mantenida por ciertas series de números reales y complejos y funciones, consistente en aproximarse en sucesiones crecientes o decrecientes a un límite.

CONVERGENCIA EVOLUTIVA. Aumento de la semejanza de ciertas características entre grupos de organismos sin parentesco próximo.

CONVERSIÓN. En informática,cambio en la manera de simbolizar la información sin alterar su contenido, lo que hace posible su uso en programas y sistemas de diferente formato.

CONVERTIBILIDAD. Propiedad de que gozan algunas monedas para ser cambiadas libremente por otras. La restricción de la libre convertibilidad suele tener como objeto prevenir fugas de capitales.

CONVERTIDOR. Aparato que se emplea para realizar operaciones de conversión. En particular, transformador de señales eléctricas a lo largo de un circuito, y de esfuerzos mecánicos en un sistema material.

CONVERTIDOR ANALÓGICO-DIGITAL. Dispositivo que convierte una señal analógica en otra digital, por lo general binaria. Se emplea en electrónica.

CONVERTIDOR DE FRECUENCIA. Instrumento electrotécnico capaz de producir corriente alterna con frecuencia variable, según las necesidades de la máquina que vaya a utilizar dicha corriente.

CONVOY. Conjunto de vehículos o buques, con escolta militar, para el transporte de tropas, heridos, armamento o víveres.

COÑAC. Aguardiente de graduación elevada producido a partir de la destilación del vino y añejado en toneles de roble, que toma su nombre de la región francesa de Cognac.

COOK, ESTRECHO DE. Brazo de mar situado entre las dos islas mayores de Nueva Zelanda. 23 km de anchura mínima y 128 m de profundidad media.
Nueva Zelanda 11:42b.

COOK, ISLAS. Archipiélago del Pacífico sur, al oeste de Tahití, perteneciente a Nueva Zelanda. Se compone de quince islas de origen volcánico y coralino. Altitud máxima, 653 m en el pico Te Manga. 236 km^2. 16.900 hab. (1989).
Nueva Zelanda 11:42b; Polinesia 12:57b.

COOK, JAMES (1728-1779). Navegante y explorador británico. Recorrió las vías marítimas y las costas de Canadá y condujo tres expediciones al océano Pacífico.
4:366b; Australia 2:220b; Hawaii 7:338b; Nueva Zelanda 11:44b; Pacífico, océano 11:200a; Sydney 13:369b; Tonga 14:85b; *ilustración* 4:366b.

COOKIE. Término inglés que designa un indicador concebido para registrar las visitas que efectúa un usuario a las diversas direcciones de una red informática. Originalmente, las *cookies* respondían a la necesidad de optimizar el ritmo de peticiones y respuestas en los recursos de las redes. Su uso pronto se hizo controvertido porque plantea riesgos de seguridad para los sistemas y permite extraer sin autorización expresa informaciones sobre las preferencias de consumo y los gustos de los usuarios de las redes.

COOL. Estilo musical jazzístico originado en los Estados Unidos a finales de la década de 1940. Caracterizado por una suave tonalidad, lentos *vibratos* y débiles percusiones. Interés por la improvisación contrapuntística entre los instrumentos melódicos. Destacaron dentro de este estilo Miles Davis, The Modern Jazz Quartet, Lester Young y Lennie Tristano.
Davis, Milles 5:104a; Jazz 8:358b.

COOLEY, CHARLES HORTON (1864-1929). Sociólogo estadounidense. Profesor en la Universidad de Michigan, fue uno de los representantes del conductismo en su vertiente del interaccionalismo simbólico. Consideró la importancia de los fenómenos mentales en el hecho social y profundizó en el estudio de las teorías grupales. *Naturaleza humana y orden social* (1902).
Grupo sociológico 7:244a.

COOLIDGE, CALVIN (1872-1933). Político estadounidense, presidente de 1923 a 1929. En 1918 fue gobernador de Massachusetts y en 1920 se le eligió vicepresidente. En 1923 ocupó la presidencia por fallecimiento del presidente Warren G. Harding y fue electo al cargo en

1924. Se opuso a la interferencia estatal en la economía. Dejó la presidencia poco antes de la gran depresión de 1929.

COOLIDGE, TUBO CATÓDICO DE. Tubo de rayos catódicos diseñado por William D. Coolidge para producir rayos X. El cátodo es un filamento de tungsteno incandescente y el ánodo una placa de tungsteno.

COOLIE. V. **Culi.**

COOPER, ASTLEY PASTON (1768-1841). Cirujano británico. Médico de Jorge IV y de la familia real, describió la aponeurosis que lleva su nombre y aplicó por primera vez la práctica quirúrgica de ligaduras de arterias en el tratamiento del aneurisma. Practicó la primera punción de tímpano. Estableció diversas técnicas de cirugía de hernias y ligamentos.

COOPER, DAVID (1931-1986). Psiquiatra británico. Fundó, con R. D. Laing, el movimiento antipsiquiátrico que, desde una posición crítica a los postulados tradicionales de la psiquiatría, consideraba la esquizofrenia como resultado de una patología social y familiar. *Muerte de la familia* (1971), *El lenguaje de la locura* (1978).

COOPER, GARY (1901-1961). Actor cinematográfico estadounidense. Uno de los más destacados intérpretes de la pantalla en su época. Protagonista de *Tres lanceros bengalíes* (1935), *Beau Geste* (1939), *El sargento York* (1941), *Por quién doblan las campanas* (1943) y *Solo ante el peligro* (1952), entre otras muchas. Ganó el Óscar en 1941 y 1952; en 1960 recibió otro por el conjunto de su obra.

COOPER, GLADYS (1888-1971). Actriz británica. Se dio a conocer en el teatro con la interpretación de Cecilia en *La importancia de llamarse Ernesto* (1911) de Oscar Wilde, y obtuvo su primer éxito cinematográfico en *Kitty Foyle* (1940). Otras renombradas interpretaciones fueron las de *Rebeca* (1940) y *La canción de Bernadette* (1943). Escribió dos libros de memorias, en 1931 y 1953.

COOPER, GORDON (n. en 1927). Astronauta estadounidense. Pionero de los vuelos en órbita terrestre, participó en la expedición espacial del Gemini V.

COOPER, JAMES FENIMORE (1789-1851). Novelista estadounidense. El más notable entre los autores de novelas de aventuras de la frontera.
4:367a; Estadounidense, literatura 6:147a; Indianismo 8:167a.

COOPER, JOHN M. (1881-1949). Etnólogo y sociólogo estadounidense. Sacerdote católico, dedicó gran parte de sus investigaciones al estudio de los grupos sociales marginales, principalmente los diversos pueblos amerindios. *Bibliografía analítica y crítica de las tribus de Tierra del Fuego* (1917), *La secuencia temporal y las culturas marginales* (1941).

COOPER, LEON N. (n. en 1930). Físico estadounidense conocido por sus trabajos teóricos sobre superconductividad. Premio Nobel, compartido con John Bardeen y J. R. Schrieffer, en 1972.

COOPERACIÓN ECONÓMICA ASIA-PACÍFICO. Organización de carácter económico que agrupa a 17 países (Australia, Canadá, Japón, Malasia, Brunei, Corea, Tailandia, Indonesia, Nueva Zelanda, Filipinas, Estados Unidos, Singapur, Taiwán, China, Papúa-Nueva Guinea, México y Chile). Fue promovida por Australia en 1989. Sus países miembros poseen una cuota superior a la mitad de la producción global mundial.

COOPERATIVA. Asociación de productores o consumidores a fin de participar más ventajosamente en un mercado, ya sea como vendedores o como compradores.
Empresa 5:397b.

COOPERATIVISMO. Sistema económico y social, opuesto al capitalismo y a la consiguiente competencia y lucro, que propugna la formación de cooperativas o asociaciones voluntarias de productores que participan con su propio trabajo y se reparten las cargas y beneficios.
Obrero, movimiento 11:63a.

COORDENADAS CARTESIANAS. Sistema de referencias introducido por René Descartes para representar puntos y otros elementos geométricos sobre un plano, para lo cual se fija un origen y dos ejes de coordenadas: el horizontal, denominado abscisa, y el vertical u ordenada. Un punto en el plano se expresa por un par de números (*x, y*), el primero de los cuales corresponde a la abscisa (distancia horizontal del punto al origen) y el segundo a la ordenada (distancia vertical del punto al origen).
Geometría 7:102a.

COORDENADAS GEOGRÁFICAS. Líneas que sirven de referencia para localizar un punto en la superficie terrestre. Se denominan paralelos y meridianos.
4:367b; Cartografía 4:1a; *mapas* 4:367b; 4:368; *ilustraciones* 4:368a; 4:369a.

COORDENADAS HORARIAS. Elementos del sistema horario astronómico, definido por el ángulo horario y la declinación o distancia polar. El plano fundamental de referencia es el ecuador celeste, y el origen, el meridiano superior del lugar. Así, el ángulo horario de un punto es el arco comprendido entre dicho origen y el círculo secundario NS que pasa por el punto, mientras que la declinación es su altura angular con respecto al ecuador.
Astrometría 2:167a.

COORDINACIÓN, COMPUESTO DE. Sustancia compleja formada por combinación de distintas especies químicas. Puede existir independientemente y tiene propiedades diferentes de las sustancias que lo integran, incluso en solución.

COORDINACIÓN, ÍNDICE DE. Número de átomos, iones o moléculas contiguos a un átomo central en un compuesto de coordinación o en un cristal. El índice de coordinación establece el tipo de unión entre los átomos de dichos compuestos. Suele variar en 2 y 9, aunque en algunos casos raros puede ser mayor.

COORDINADO, ENLACE. V. **Dativo, enlace.**

COORNHERT, DIRCK VOLCKERTSZOON (1522-1590). Humanista holandés. Representante del humanismo erasmista, tradujo al holandés obras de la literatura clásica y fue autor de piezas dramáticas, escritos moralizantes y poesía. Ejerció como grabador y se opuso en todo momento a la presencia española en la zona. *El arte de vivir bien* (1586).

COPA (ASTRONOMÍA). Constelación del hemisferio austral. Mencionada por primera vez en un tratado de astronomía de Eudoxio. Nombre latino: Crater.

COPA (BOTÁNICA). En la estructura de un árbol, la parte que componen las distintas ramificaciones del tronco manténgase o no el follaje. Su forma está condicionada por las necesidades (luz, resistencia a los agentes atmosféricos, etc.) de cada especie.
Árbol 2:24a.

COPACABANA (BOLIVIA). Cantón de Bolivia, situado en una península del lago Titicaca. Santuario de Nuestra Señora de Copacabana. Festivales populares y turismo.

COPACABANA (BRASIL). Sector urbano de Río de Janeiro, Brasil, que se extiende junto a una espectacular playa en arco a lo largo de cuatro kilómetros. Dotada de modernas instalaciones de hostelería y turismo.

COPACABANA, NUESTRA SEÑORA DE. Imagen de la Virgen de la Candelaria especialmente venerada en la ciudad boliviana de Copacabana, donde existe un importante santuario erigido en su honor, centro de numerosas peregrinaciones. La imagen data del siglo XVI y es obra del escultor Tito Francisco Yupanqui.
Marianas, advocaciones 9:366b.

COPACABANA, PENÍNSULA DE. Territorio situado en la línea fronteriza entre Bolivia y el Perú, en el lago Titicaca. Forma con la península de Huata el estrecho de Tiquina, el cual divide el lago Titicaca en dos zonas: la norte, conocida en Bolivia como lago Chucuito y en el Perú como lago Grande, y la sur, conocida en Bolivia como lago Huiñaimarca y en el Perú como lago Pequeño.

COPAHUE. Montaña de origen volcánico situada en la línea fronteriza entre la prov. argentina de Neuquén y la reg. chilena de Biobío, en la cordillera andina. Su altitud es de 2.953 m. Paso de Copahue (vertiente NE), a 2.013 m.

COPAL. Resinas fósiles extraídas de diferentes especies arbóreas de Sudamérica (*Hymenaea courbaril*) y África (*Trachylobium verrucosum*). Utilizadas en trabajos de imprenta y como barniz.
Resina 12:345a.

COPÁN (ARQUEOLOGÍA). Zona arqueológica de Honduras. Conserva los restos de una de las más importantes ciudades mayas del período clásico (300-900 d.C.).
4:369b; Copán, departamento de 4:370a; Honduras 8:62b; Maya, cultura 10:3b; *ilustración* 4:370a.

COPÁN, DEPARTAMENTO DE. División administrativa de Honduras limitada al norte y oeste por Guatemala. Cap. Santa Rosa de Copán. 3.203 km^2. 226.000 hab. (1991).
4:370a.

COPAÑO (1511-1548). Cacique chileno. Perteneciente a la tribu de los promancos, acaudilló una sublevación de las tropas indígenas frente a la ocupación española. Atacó a la ciudad de Santiago y se enfrentó a Alonso de Monroy. No cumplió el pacto firmado con Pedro de Valdivia y murió asesinado por sus aliados.

COPA RYDER. Evento anual del mundo del golf donde se enfrentan un equipo de los Estados Unidos y otro de Europa, dándose cita los más destacados jugadores de ambos lados del océano.

COPE, EDWARD DRINKER (1840-1897). Paleontólogo estadounidense. Considerado como el máximo exponente de la escuela neolamarquiana en su país. Descubrió numerosos animales fósiles americanos. De inspiración evolucionista y espíritu filosófico, defendió la evolución con influencia de la voluntad. *Relación del hombre con los mamíferos del terciario* (1875), *Los factores primarios de la evolución orgánica* (1896).

COPEAU, JACQUES (1879-1949). Escritor y director teatral francés. Introdujo nuevos conceptos escénicos en el teatro del siglo XX.
4:370b; Pantomima 11:256a.

COPELACIÓN. Proceso para separar, mediante oxidación, uno o varios elementos que poseen diferente capacidad de reacción con el oxígeno. Útil para separar la plata del plomo argentífero.

COPELLO, SANTIAGO LUIS (1880-1967). Sacerdote argentino. Obispo en 1918 y arzobispo en 1932, fue elevado al cardenalato en 1935, siendo el primero de los cardenales nombrados en Hispanoamérica.

COPENHAGUE. Capital de Dinamarca, situada sobre las islas Sjaelland y Amager a orillas del Øresund. 491.082 hab. (1999).
4:370b; Dinamarca 5:189a; *ilustraciones* 4:371a-b.

COPER, HANS (1920-1981). Ceramista alemán. Establecido en el Reino Unido en 1939, se hizo ceramista de estudio en 1946. Realizó una cerámica personal, distanciada de sus orígenes utilitarios, de forma audaz y textura tosca.

COPÉRNICO. Cráter de la Luna de grandes proporciones, situado cerca de la línea central del satélite (10° N, 20° O). De 93 km de diámetro, es fuente de rayos luminosos radiales. Visible con prismáticos, es objeto de numerosos estudios.

COPÉRNICO, NICOLÁS (1473-1543). Astrónomo polaco. La publicación de sus ideas inició en el siglo XVI una revolución científica, al preconizar que la Tierra y los planetas giran en torno a su eje y alrededor del Sol.
4:372a; Astronomía, historia de la 2:179a; Ciencia 4:185b; Cosmología 4:405b; Galileo 7:22b; Humanismo 8:91b; Matemáticas 9:405b; Revolución 12:357b; Universo 14:185a; *cuadro* 4:372a; *ilustraciones* 4:186a; 4:372a.

COPÉRNICO, SISTEMA DE. Teoría astronómica establecida por Nicolás Copérnico, basada en la concepción heliocéntrica del universo. Presentaba al Sol como eje del universo, sobre el que giraban todos los planetas, incluida la Tierra. Presentada en la obra *Seis libros sobre las revoluciones de los orbes celestes* (1543), fue condenada por la Iglesia Católica.

COPIAPÓ. Ciudad de Chile, cap. de la prov. de Copiapó y de la reg. de Atacama. Fundada en 1540 por Pedro de Valdivia, en un oasis regado por el río Copiapó. Centro de una región minera. Fundiciones, agricultura. 114.615 hab. (1999).

COPICHJA. En la mitología de los zapotecas del México precolombino, divinidad solar de atributos equivalentes a los del dios Huitzilopochtli de los aztecas.

COPIHUE. V. **Lapageria.**

COPILCO. Yacimiento arqueológico mexicano situado al sur de la ciudad de México. Iniciado su descubrimiento en 1917, los hallazgos encontrados pertenecen a una necrópolis que es posible fechar entre el 1500 y el 800 a.C.

COPÍN DE HOLANDA, DIEGO (siglos XV-XVI). Escultor español. Trabajó en la catedral de Toledo, para donde realizó las esculturas del trascoro (1491), las tumbas reales del altar mayor (h. 1507) y, junto con otros artistas, el retablo del altar mayor (1500-1504).

COPLA. Composición poética formada por una cuarteta en romance, una redondilla, una seguidilla u otra composición breve. La llamada copla de arte mayor se compone de ocho versos de doce sílabas.

COPLAND, AARON (1900-1990). Compositor estadounidense. Combinó temas inspirados en la tradición musical de su país con formas de vanguardia.
4:372b.

COPLAS A LA MUERTE DE SU PADRE. Nombre popular de la obra poética *Coplas a la muerte del maestro don Rodrigo*, realizada por el escritor español Jorge Manrique a raíz de la muerte de su padre, Rodrigo Manrique, acaecida el 11 de noviembre de 1476. Obra puente entre la estética medieval y la renacentista, está considerada como una de las cumbres de la poesía castellana.
Manrique, Jorge 9:333a.

COPLEY, JOHN SINGLETON (1738-1815). Pintor estadounidense. Representante de la pintura colonial en los Estados Unidos. Ejecutó retratos de estilo rococó. En 1774 se estableció en Londres y en 1779 ingresó en la Real Academia. Durante su período británico pintó obras históricas. «Watson y el tiburón» (1778).

COPONS Y NAVIA, FRANCISCO (1770-1842). Militar español. Se enfrentó a las fuerzas francesas en 1793 y 1795 y durante la guerra de independencia española. Fue capitán general de Cataluña durante el reinado de Fernando VII. Recibió el título de conde de Tarifa por su defensa de esta plaza en 1811.

COPPERMINE, RÍO. Curso fluvial de Canadá, en la parte norte del dist. de Mackenzie. Nace al norte del Gran Lago de los Esclavos y desemboca en el océano Ártico, en el golfo de Coronation. Descubierto en 1771 por Samuel Hearne. Su curso es de 845 km.

COPPOLA, FRANCIS FORD (n. en 1939). Director cinematográfico estadounidense. *El padrino* (1972), *La conversación* (1974), *Apocalypse Now* (1979), *La ley de la calle* (1983), *Tucker* (1988), *Legítima defensa* (1997). Fue también productor.
Cinematografía 4:199b.

COPRA. Carne del coco troceada y desecada, de la que se extrae el aceite de coco.
Aceites comestibles 1:28a; Cocotero 4:246b.

COPROCESADOR. Microprocesador especializado en el tratamiento de datos matemáticos, con los que realiza operaciones a gran velocidad. Acoplado con otros microprocesadores confiere a los equipos en que se halla una gran potencia.

COPTA, IGLESIA. Principal organización cristiana en Egipto. Tiene sus raíces en el cristianismo primitivo. Se adhiere a la doctrina monofisita, que acepta sólo una naturaleza de Cristo (la divina), lo cual la separa de las iglesias ortodoxas, con las que comparte muchos aspectos. Encabezada por «el patriarca de Alejandría y todo Egipto». Las iglesias jacobitas de Etiopía, Armenia y Siria están en comunión con la copta.
Egipto 5:336b.

COPTA, IGLESIA CATÓLICA. Organización religiosa oriental, surgida del rito alejandrino egipcio, que entró en comunión con la Iglesia Católica Apostólica y Romana a partir de 1741. Asentada en Egipto, está encabezada por «el patriarca de Alejandría y de toda la predicación de san Marcos».

COPULATIVA, CONJUNCIÓN. Parte invariable de la oración que une dos términos o dos oraciones entre sí. En castellano: *y, e, ni, que.*

COPULATIVO, VERBO. Verbo que ha perdido su verdadera función para pasar a ser un instrumento gramatical que ejerce la función de unir términos. En castellano los verbos copulativos por excelencia son *ser* y *estar.*

COPYRIGHT. Término inglés que designa internacionalmente el derecho exclusivo, legalmente protegido, sobre la reproducción o publicación de una obra literaria, musical, dramática, artística o de otro tipo.
Autor, derechos de 2:245b.

COQUE. Residuo de la destilación en seco de determinados tipos de carbón desprovistos de sus elementos volátiles. En su composición intervienen, principalmente, el carbono, el oxígeno, el hidrógeno, el nitrógeno y el agua.
Carbón 3:375a; Combustible 4:290b; Petróleo y derivados 11:383a.

COQUELIN, BENOÎT-CONSTANT (1841-1909). Actor francés. Figura destacada de la escena de su país en la segunda mitad del siglo XIX.
4:373a.

COQUIMBITA. Mineral, variedad de sulfato férrico hidratado. Debe su nombre al lugar de su descubrimiento, la provincia de Coquimbo, en Chile.

COQUIMBO (CIUDAD). Población y puerto de Chile en la prov. de Elqui, reg. de Coquimbo. Base naval. Carretera panamericana. Cemento, minerales, fertilizantes, productos agrícolas, pesquerías. 126.886 hab. (1999).

COQUIMBO (REGIÓN). División administrativa de Chile, en el norte del país, limítrofe con la Argentina por el este. A orillas del Pacífico, en la zona denominada Norte Chico. Fruta subtropical, ganadería, minería. Carretera panamericana. Cap. La Serena. 40.656 km^2. 525.432 hab. (1995).

COQUINA. Molusco lamelibranquio, perteneciente a la familia de los donácidos (*Donax trunculus*). De pequeño tamaño, su concha está formada por dos valvas ovales, finas y aplastadas. Vive en zonas fangosas.

COQUITO DE ACEITE. V. **Corozo.**

COQUI-XEE. Supremo Hacedor en la mitología zapoteca del México prehispánico. Se creía que era infinito, eterno e increado. Conocido también como Pite-Tao y Coqui-Cilla.

CORACIFORMES. Grupo de aves de colores brillantes que habitan en Europa y regiones tropicales. Está compuesto por cinco principales familias: los buceróticos, los alcedínidos (martín pescador, *Alcedo athis*), los merópidos (abejaruco, *Merops apiaster*), los upúpidos (abubilla, *Upupa epops*), los corácidos (carraca, *Coracias garrulus*).

CORAL. Celentéreo antozoo de la clase de los octocoralarios. Colonial, forma un esqueleto calizo que llega a constituir islas y arrecifes.
4:373b; Arrecife 2:118a; Invertebrados 8:249b; Piedras preciosas 11:399a; *ilustraciones* 4:373b.

CORAL, BATALLA DEL MAR DE. Conflicto armado acaecido entre el 4 y 8 de mayo de 1942 en el transcurso de la segunda guerra mundial. Enfrentó a japoneses y estadounidenses en el mar de Coral, en Nueva Guinea. Finalizó con la derrota de las tropas niponas.

CORAL, MAR DE. Porción del Pacífico sudoccidental comprendida entre Australia, Nueva Guinea, Islas Salomón, Nuevas Hébridas y Nueva Caledonia. 4.791.000 km^2. Abundancia de formaciones coralinas, a las que debe su nombre; la principal es la Gran Barrera de Arrecifes.
Pacífico, océano 11:198a.

CORAL, MÚSICA. Conjunto de composiciones musicales destinadas a ser interpretadas por varias voces armónicas.
4:374a; Canto 3:350a; *ilustración* 4:374a.

CORAL, SERPIENTE DE. Cualquiera de las numerosas especies de ofidios con bandas de colores rojo, negro y amarillo pertenecientes a la familia de los elápidos (la familia de la cobra), que se esconden en madrigueras. Son propias de América tropical y muy venenosas. Existen especies similares en Asia y África.

CORALILLO. V. **Coral, serpiente de.**

CORÁN. Libro sagrado del Islam revelado, según los musulmanes, por Dios (Alá) a Mahoma.
4:374b; Árabe, literatura 1:421a; Islam 8:278a; *ilustraciones* 4:375a-b.

CÓRAX (siglo V a.C.). Retórico griego. De Siracusa (Sicilia), fue maestro de retórica hacia el 460 a.C. y está considerado como el primero en escribir un libro sobre el arte de la retórica.
Retórica 12:352a.

CORAZA. Parte de la antigua armadura, constituida por el peto y el espaldar unidos por correas o grapas. Las primitivas eran de cuero; en Grecia se forjaron de hierro o de bronce y en la edad media fueron sustituidas por las cotas de malla, que permitían mayor flexibilidad.
Armadura 2:78b.

CORAZÓN (ANATOMÍA). Órgano principal del sistema circulatorio, víscera muscular hueca, situada en la parte izquierda del tórax, que recibe la sangre de las venas y la propulsa dentro de las arterias.
4:376a; Cardiología 3:380a; Cardiovascular, sistema 3:383b; Infarto 8:194b; Pulmón 12:207a; Sangre 13:124a; Vertebrados 14:283a; *ilustraciones* 4:376a; 4:377b.

CORAZÓN (LITERATURA). Colección de cuentos del escritor italiano Edmondo De Amicis publicada en 1886 y escrita en forma de diario de un colegial. De contenido sentimental, cargada de patriotismo y de altos rasgos morales, hizo famoso al autor hasta oscurecer el resto de su obra.

CORAZÓN, TRASPLANTE DE. Intervención quirúrgica que implica el reemplazo del corazón del paciente con el de otra persona recién fallecida. Realizada por primera vez en un humano por el sudafricano Christiaan Barnard en 1967. Si bien la técnica ha logrado un éxito considerable, su uso se ha visto limitado por su enorme costo.
Cardiología 3:383a.

CORBACHO. Obra didáctica del escritor español Alfonso Martínez de Toledo, arcipreste de

Talavera. Finalizada, según declara el propio autor en el prólogo, en 1438 con el título de *Arcipreste de Talavera*, a partir de 1498 fue conocida como el *Corbacho*, con el subtítulo «Reprobación del loco amor», por una errónea relación con *Il corbaccio* de Giovanni Boccacio.
Talavera, arcipreste de 13:387b.

CORBEIL, TRATADO DE. Acuerdo establecido en 1258 por el monarca aragonés Jaime I el Conquistador y Luis IX de Francia que supuso el fin de la expansión de la corona de Aragón al norte de los Pirineos. Se concertó el matrimonio de la hija del rey Jaime con el hijo del monarca francés, renunciando aquél a ocupar el sur de Francia, y éste a sus derechos sobre Cataluña.

CORBERA, ESTEBAN DE (m. en 1635). Historiador español. Autor de la obra *Cataluña ilustrada*, publicada en Nápoles en 1678, descripción geográfica, histórica, económica, etc. del principado catalán. Escribió también una descripción de la conquista catalana de Sicilia y diversas obras de historia política y religiosa. *Las prosperidades infelices* (1629).

CORBETA. Embarcación ligera de guerra, que antiguamente constaba de tres palos y vela cuadrada; en la armada moderna es una cañonera de escolta de tipo rápido.

CORBIÈRE, TRISTAN (1845-1875). Édouard Joachim Corbière, poeta francés. De salud enfermiza, fue autor de poesía melancólica y sarcástica que sólo fue reconocida al incluirla Paul Verlaine en su *Poetas malditos* (1883). *Los amores amarillos* (1873).

CORBULÓN, CNEO DOMICIO (m. en el 67 d.C.). Militar romano. General de los ejércitos imperiales en Germania, fue nombrado por el emperador Nerón en el año 54 legado de las prov. armenias de Galacia y Capadocia, en donde reinstauró el control romano. Enviado posteriormente a Siria, fue obligado a suicidarse tras descubrirse una conspiración contra Nerón promovida por su yerno Anio Viniciano.

CORBUSIER, LE. V. **Le Corbusier.**

CÓRCEGA. Isla y región de Francia en el mar Mediterráneo, a 170 km del territorio continental francés. 8.680 km^2. 259.700 hab. (1995).
4:378a; Púnicas, guerras 12:209b; Tirreno, mar 14:66a; *ilustración* 4:378a.

CORCHETES. Signo ortográfico [ ], equivalente a los paréntesis, que se emplea para señalar parentéticamente elementos que ya se encuentran entre paréntesis. Se utiliza también, en un sentido similar, en las expresiones matemáticas.

CORCHO. Corteza del alcornoque. Se emplea como tapón de botellas, aislante de paredes, etc.
4:378b; Alcornoque 1:160a; Árbol 2:26b; *ilustraciones* 4:379a.

CORCOVADO. Monte de Brasil, en la cordillera Carioca, que domina Río de Janeiro. Sobre su cima se encuentra una impresionante escultura, «Cristo Redentor», de 30 m de altura. Es accesible por carretera y por funicular. 704 m.

CORCOVADO, GOLFO. Entrante marino de Chile, en la prov. de Chiloé, región de Los Lagos. Al sur se encuentra la boca del Guafo, y al noroeste la isla de Chiloé.

CORDADOS. *Phyllum* de animales metazoos, de simetría bilateral, provistos de una cuerda dorsal o notocorda extendida a lo largo de la línea media dorsal del cuerpo, por debajo del sistema nervioso central. Es también característica la posición ventral del corazón y la adaptación de la parte anterior del tubo digestivo a la función respiratoria. Incluye a los protocordados y a los vertebrados.
Invertebrados 8:251b; Metazoos 10:104a; Vertebrados 14:281b; Zoología 14:428a.

CORDAY, CHARLOTTE (1768-1793). Magnicida francesa. Partidaria de las ideas republicanas, pero indignada por los excesos revolucionarios, asesinó a Jean-Paul Marat el 13 de julio de 1793 cuando éste se encontraba en el baño. Fue guillotinada cuatro días más tarde.

CORDEIRO, VALDEMAR (n. en 1925). Pintor brasileño. Pionero del arte abstracto en São Paulo, donde fundó, en 1949, el Art Club. También se dedicó a la arquitectura paisajística.

CORDEL, LITERATURA DE. Conjunto de textos literarios hispánicos en verso y prosa (romances, villancicos, canciones, refraneros, etc.) que desde principios del siglo XVI se imprimían en cuadernillos, llamados «pliegos de cordel», y se vendían en plazas y vías públicas. Muchos de dichos textos pasaron posteriormente a constituir los cancioneros y romanceros populares.

CORDEL, PESCA DE. Arte de pesca en la que, durante la noche, se largan varias líneas de fondo, unidas por una cuerda maestra que lleva numerosos sedales cortos provistos de anzuelo.

CORDELIERS, CLUB DE LOS. Una de las organizaciones populares de la revolución francesa. Creada en 1790 en París para impedir abusos de poder y las infracciones de los derechos del hombre, su denominación la debe al monasterio franciscano de los Cordeliers, lugar de su primera reunión. Entre sus líderes destacaron Georges-Jacques Danton y Jean-Paul Marat.

CORDERO, JUAN (1824-1884). Pintor mexicano. Autor de retratos, pintura histórica y rural, es representante de la etapa final de la pintura clasicista del siglo XIX. «Retrato de los escultores Pérez y Valero» (1847), «Colón ante los Reyes Católicos» (1850).

CORDERO, LUIS (1833-1912). Político y escritor ecuatoriano, de tendencia liberal. Fue uno de los presidentes del país que gobernaron breve tiempo (1892-1895) tras la prolongada presidencia de Gabriel García Moreno. Cultivó la prosa y la poesía en español y quechua. *Recuerdos patrióticos de 1883* (1883), *Poesías jocosas* (1895).

CORDERO, ROQUE (n. en 1917). Compositor panameño. Estudió en diversas universidades estadounidenses y fue director y profesor del Instituto Nacional de Música de Panamá. *Napoleón* (poema sinfónico), *Concertino para viola y orquesta de cuerda* (1968).

CORDIER, PIERRE (n. en 1933). Fotógrafo belga. Alumno de la escuela de Otto Steinert, en Saarbrücken (Alemania). Creador de los quimiogramas, imágenes no figurativas realizadas mediante pantallas utilizadas durante el revelado para contrarrestar la acción del baño.

CORDILLERA (DEPARTAMENTO). División administrativa de Paraguay, en la región Oriental, limitada al oeste por el río Paraguay. Lago Ypacaraí. Agricultura, ganadería. Turismo. Cap. Caacupé. 4.948 km^2. 198.701 hab. (1992).

CORDILLERA (GEOGRAFÍA FÍSICA). Larga cadena montañosa plegada y escarpada. Se origina por el plegamiento de una cuenca sedimentaria o geosinclinal. En América del norte, las montañas Rocallosas (o Rocosas) y la sierra Nevada, así como las montañas que se alzan entre ellas, se denominan colectivamente las Cordilleras.
Geomorfología 7:107a; Orografía 11:155b.

CORDILLERA CENTRAL (ANDES).V. **Central, cordillera** (ANDES).

CORDILLERA CENTRAL (PUERTO RICO). V. **Central, cordillera** (PUERTO RICO).

CORDILLERA DORSAL. V. **Dorsal, cordillera.**

CORDILLERA OCCIDENTAL. V. **Occidental, cordillera.**

CORDILLERA REAL. V. **Oriental, cordillera.**

CORDITA. Explosivo propulsor compuesto de nitrocelulosa, nitroglicerina y vaselina. No produce humo.

CÓRDOBA (ARGENTINA, CIUDAD). Población argentina, en el centro del país. 1.275.585 hab. (1999).
4:379b; Argentina 2:49a; Córdoba (Argentina, provincia) 4:380b; *ilustración* 4:380a.

CÓRDOBA (ARGENTINA, PROVINCIA). División administrativa de la Argentina. Importante zona ganadera. Cap. Córdoba. 165.321 km^2. 3.090.803 hab. (2000).
4:380a; Córdoba (Argentina, ciudad) 4:379b; Pampa 11:236b.

CÓRDOBA (COLOMBIA). División administrativa del noroeste de Colombia a orillas del mar Caribe y al norte de la cordillera andina. Cap. Montería. 25.020 km^2. 1.275.623 hab. (1993).
4:381a; *ilustración* 4:381a.

CÓRDOBA (ESPAÑA, CIUDAD). Población de la prov. homónima, comunidad autónoma de Andalucía. 309.961 hab. (1998).
4:382b; Córdoba, califato de 4:382a; Guadalquivir, río 7:245b; *ilustración* 4:382a.

CÓRDOBA (ESPAÑA, PROVINCIA). División administrativa de España en la comunidad autónoma de Andalucía, regada por el Guadalquivir. Sierra Morena. Agricultura y ganadería; minas de carbón, plomo y zinc; aceite, vinos. Cap. Córdoba. 13.718 km^2. 765.401 hab. (1996).
Andalucía 1:329b; Córdoba (España) 4:381b.

CÓRDOBA (METROLOGÍA). Unidad monetaria de Nicaragua dividida en cien centavos.

CÓRDOBA (MÉXICO). Ciudad mexicana en el est. de Veracruz. Fundada en 1618. En ella se firmó, en 1821, el tratado de independencia de España. Edificios coloniales. Café, caña de azúcar, tabaco. 132.091 hab. (1995).

CÓRDOBA, ÁLVARO DE. V. **Álvaro de Córdoba.**

CÓRDOBA, CALIFATO DE. Unidad política española, fundada por Abderramán III en el siglo X sobre la base del emirato de Córdoba.
4:382a; Abderramán III 1:7a; Almanzor 1:238a; Córdoba (ESPAÑA) 4:381b; España 6:73a; Islam, historia del 8:286a; Islámico, arte 8:289b; Omeya, dinastía 11:104b; Reconquista 12:284b; Taifas, reinos de 13:378a; *ilustración* 4:383a.

CÓRDOBA, EMIRATO DE. Emirato musulmán instituido en la ciudad de Córdoba, España, desde el 711, fecha de la ocupación de la península por los árabes, hasta el 912. Entre el 711 y el 756 se mantuvo bajo la autoridad de Damasco, convirtiéndose a partir de esta última fecha en emirato independiente, con Abderramán I como emir.
Abderramán I 1:6b; Abderramán II 1:7a.

CÓRDOBA, GONZALO DE. V. **Fernández de Córdoba, Gonzalo.**

CÓRDOBA, JORGE (1822-1861). Militar y político boliviano. Yerno del presidente Manuel Isidoro Belzú, sustituyó a éste en 1855. Derrocado dos años más tarde por José María Linares, volvió de su exilio peruano en 1861, pero murió en el transcurso de los sucesos de Loreto.

CÓRDOBA, JOSÉ MARÍA (1799-1830). Militar colombiano. Integrante de las fuerzas revolucionarias durante la guerra de la independencia americana, tomó el 25 de mayo de 1822 la ciudad de Quito. Fue nombrado general de división y ministro de la guerra en el gobierno de Simón Bolívar. Opuesto a la dictadura de éste, se rebeló y fue vencido y asesinado en Santuario, en el departamento de Antioquia.

CÓRDOBA, MATÍAS DE (1750-1828). Sacerdote y escritor guatemalteco. Autor de *La tentativa del león y el éxito de su empresa*, fábula de carácter moral y doctrinario.

CÓRDOBA, MEZQUITA DE. Construcción erigida en Córdoba (España), por el emir Abderramán I, en 784-786, y ampliada en los siglos IX y X. Uno de los mayores monumentos religiosos del Islam. Desde 1236 se convirtió en catedral cristiana.
Abderramán I 1:6b; Arquitectura 2:106a; Córdoba (ESPAÑA) 4:382a; Islámico, arte 8:289a.

CÓRDOBA, PEDRO DE (1482-1521). Misionero español. Perteneciente a la orden dominica, fundó el primer convento dominico en tierras americanas. Inquisidor general de Indias, apoyó las críticas a la explotación de los indios presentadas por Bartolomé de Las Casas. *Doctrina cristiana* (1544).

CÓRDOBA, SIERRAS DE. Grupo de alineaciones montañosas en las peanas de la Argentina, en la prov. de Córdoba. Forman un conjunto de unos 500 km en dirección de norte a sur. Incluye las sierras Grande, Chica, Guisapampa y Pocho. Su pico más alto es el Champaquí (2.884 m).

CÓRDOBA, TRATADOS DE. Documentos firmados el 24 de agosto de 1821 en Córdoba, Veracruz (México), por Agustín de Iturbide, jefe del «ejército trigarante», y Juan O'Donojú, último virrey español de México. Los tratados reconocieron la independencia del «imperio mexicano», en el que sería llamado a reinar el monarca español Fernando VII o, subsidiariamente, sus hermanos o quien designaran las Cortes del imperio.

CÓRDOBA Y LASSO, ANTONIO DE (m. en 1811). Marino y geógrafo español. Participó en distintas campañas europeas y americanas contra los ejércitos franceses (1789) y británicos (1798) y llevó a cabo entre 1785 y 1788 dos expediciones por el estrecho de Magallanes, fruto de las cuales fue su obra *Memoria descriptiva de un viaje de exploración al estrecho de Magallanes.*

CORDOBÉS, EL (n. en 1937). Manuel Benítez, matador de toros español nacido en Palma del Río (Córdoba). De estilo heterodoxo, fue en su momento un artista muy popular y discutido. En 1963 tomó la alternativa de manos de Antonio Bienvenida. Se retiró del toreo en 1972, actuando luego esporádicamente.

CORDÓN, FAUSTINO (n. en 1909). Biólogo español. Doctor en farmacia por la Universidad de Madrid, destacó por sus investigaciones en el campo de la biología evolutiva. Creador en 1979 de la fundación para la investigación sobre biología evolucionista. *Introducción al origen y evolución de la vida* (1958), *La naturaleza del hombre a la luz de su origen biológico* (1981).

CORDÓN, RODOLFO (n. en 1899). Abogado y jurisconsulto salvadoreño. Magistrado de la Suprema Corte, ocupó la presidencia provisional de la república de enero a julio de 1962. Fue derrocado por una junta cívico-militar.

CORDÓN UMBILICAL. Órgano largo y flexible, de unos 50 cm de largo por 1,5 cm de diámetro, que contiene los vasos (vena y arterias umbilicales), que sirven de unión entre el feto y la placenta.
Gestación y parto 7:117a.

CÓRDOVA, ARTURO DE (1908-1973). Actor mexicano. Figura destacada de la filmografía de su país, con más de 300 títulos, entre ellos *En la palma de tu mano* (1952), *Las tres perfectas casadas* (1954) y *La cigüeña dijo sí*. En la Argentina rodó *El conde de Montecristo,* entre otras.

CÓRDOVA, GONZALO S. (m. en 1928). Político ecuatoriano. Ocupó distintos ministerios y fue presidente interino de la república. Elegido presidente en 1924, un golpe de estado lo derribó en mayo del año siguiente.

CÓRDOVA, JORGE (1822-1861). Político boliviano. Presidente de la república desde 1855 hasta su derrocamiento en 1857. Fue asesinado.

CÓRDOVA, JOSÉ FRANCISCO. Político guatemalteco del siglo XIX. Fue el redactor del acta de emancipación de Centroamérica en 1823.

CÓRDOVA RIVAS, RAFAEL (n. en 1935). Político nicaragüense. Jefe político del partido Unión Democrática de Liberación, participó en el bloque de oposición a la dictadura de Anastasio Somoza. Formó parte de la Junta de Reconstrucción Nacional de 1980 a 1984.

COREA. Síndrome del sistema nervioso caracterizado por movimientos involuntarios e irregulares, desordenados, amplios y rápidos, imprevisibles y facilitados por la emoción o la atención. Sinónimo de baile o mal de san Vito o san Guido.
Neurología 10:392a.

COREA, CHICK (n. en 1941). Armando Anthony Corea, músico de *jazz* estadounidense. Heredero de la música de *jazz* de la década de 1960, en la década siguiente incorporó los modelos de la música *rock* y se convirtió en uno de los principales representantes del *jazz-rock*. Colaboró con Miles Davis y en 1972 formó el grupo Return to Forever.
Jazz 8:359a.

COREA, ESTRECHO DE. Brazo de mar en el noroeste del Pacífico que se extiende desde el mar de China oriental hasta el mar de Japón. Está situado entre la costa sur de Corea y las islas japonesas de Kiushu y Honshu.

COREA, GUERRA DE. Conflicto que enfrentó a Corea del norte y del sur entre 1950 y 1953.
4:383b; Aviación militar 2:261b; Corea, República de 4:388a; Corea, República Popular Democrática de 4:391b; Estados Unidos 6:141a.

COREA, HISTORIA DE. Evolución cultural del pueblo coreano desde los inicios de la civilización en la península de Corea, en el siglo XXIV a.C.
4:384a; Japón 8:342b; *ilustraciones* 4:384b; 4:385a-b; 4:386a.

COREA, REPÚBLICA DE. Estado de Asia que se encuentra situado en la parte sur de la península de Corea. Cap. Seúl. 99.268 km². 47.275.000 hab. (2000).
4:386b; Asia 2:150; Corea, guerra de 4:383b; Corea, historia de 4:386a; Seúl 13:215a; *mapa* 4:387b; *cuadros* 4:387a; 4:388a; *ilustraciones* 4:388a; 4:389a-b; 4:390a.

COREA, REPÚBLICA POPULAR DEMOCRÁTICA DE. Estado de Asia que ocupa la parte norte de la península de Corea. Cap. Pyongyang. 122.762 km². 21.688.000 hab. (2000).
4:390a; Asia 2:150; Corea, guerra de 4:383b; Corea, historia de 4:386a; *mapa* 4:390b; *cuadros* 4:391b; *ilustraciones* 4:391a; 4:392a.

COREANO. Lengua oficial de las Coreas. No pertenece a ningún grupo lingüístico conocido. Se caracteriza por la tendencia a la aglutinación, el empleo de sufijos, la armonía vocálica y la ausencia de género gramatical.
Asiáticas, lenguas 2:154b; Corea, historia de 4:386b.

CORELLI, ARCANGELO (1653-1713). Compositor y violinista italiano. Máximo forjador del *concerto grosso.*
4:392a; Orquesta 11:158a.

COREOGRAFÍA. Arte de la danza. La coreografía tomo carta de naturaleza propia a partir del siglo XVIII. El sistema de notación coreográfica de la danza clásica fue creado por el francés Jean-Georges Noverre a mediados del siglo XVIII, ampliándose posteriormente con las aportaciones de diversos coreógrafos.
Alonso, Alicia 1:243a; Balanchine, George 2:315b; Ballet 2:325b; Baush, Pina 2:373a; Béjart, Maurice 2:385b; Graham, Martha 7:183a; Ligar, Serge 9:156a; Petit, Roland 11:378a.

CORFÚ. Isla de Grecia, en el mar Jónico, rodeada de pequeñas islas que forman el dep. de Corfú. Situada frente a la costa del Epiro, tiene una longitud de 58 km y una anchura máxima de 27 km. Superficie 593 km².
Grecia 7:206a; Jónico, mar 8:379a.

CORI, CARL, GERTY (1896-1984; 1896-1957). Matrimonio de bioquímicos y farmacólogos estadounidenses de origen checo. Describieron el ciclo que lleva su nombre en el metabolismo de los hidratos de carbono y trabajaron asimismo en el ámbito de las enzimas. Compartieron el Premio Nobel de medicina en 1947 con Bernardo Houssay.

CORIA. Población española de la prov. de Cáceres, comunidad autónoma de Extremadura. De orígenes prerromanos, conserva murallas y monumentos de distintas épocas. Tabaco, algodón, cereales, olivos y ganadería. 11.108 hab. (1991).

CORIA DEL RÍO. Población española de la prov. de Sevilla, comunidad autónoma de Andalucía. Cereales, olivos, legumbres, hortalizas. 21.928 hab. (1991).

CORIMBO. Tipo de inflorescencia simple en el que las flores nacen a diferentes alturas pero finalizan en un mismo nivel. El término fue definido por el naturalista sueco Carlos de Linneo.
Inflorescencia 8:197a.

CORINA (siglo VI a.C.). Poetisa griega. Al parecer compitió con Píndaro en los certámenes poéticos de la época. Sólo se conservan algunos fragmentos de su obra. También se conoce como Corinna.

CORINDÓN. Mineral de óxido de aluminio, Al_2O_3, el más duro después del diamante. En su forma pura incluye el zafiro, variedad azul, y el rubí, variedad roja. Cristaliza en sistema trigonal.
Abrasivo 1:15b; Piedras preciosas 11:398b.

CORINTH, LOVIS (1858-1925). Pintor alemán. Considerado como el introductor de singulares variantes del impresionismo en Alemania, sus últimas creaciones muestran la influencia de la corriente expresionista. «Gólgota» (1909-1911).

CORINTIO, ORDEN. Último de los estilos arquitectónicos griegos, caracterizado por su capitel de hojas de acanto. La interpretación del orden corintio mantuvo su libertad en el arte helenístico y la arquitectura etrusca; no fue hasta la época de Augusto cuando se elaboró la síntesis definitiva clásica.
Arquitectura 2:103b; Columna 4:288a.

CORINTIOS, EPÍSTOLAS A LOS. Dos cartas de san Pablo a los fieles de la iglesia de Corinto, que forman parte del Nuevo Testamento. En ellas el apóstol critica la inmoralidad, habla del matrimonio, de los sacrificios a los ídolos, de la resurrección, ataca a los judaizantes y comenta la labor específica que deben realizar los cristianos.

CORINTO. Ciudad griega situada en el istmo del mismo nombre. Importante centro comercial entre los siglos VIII y IV a.C.
4:392b; Canal 3:331a; Griego, arte 7:228a; Peloponeso, guerras del 11:323b; Sísifo 13:264a; *ilustración* 4:392b.

CORINTO, BAHÍA DE. Bahía nicaragüense situada en la costa del Pacífico, en el dep. de Chinandega, en la parte noroccidental del país. Acoge a la ciudad homónima y al importante puerto situado en ella.

CORIOLANO, CNEO (siglo V a.C.). Legendario militar romano. Expulsado de Roma, encontró refugio en el país de los volscos. Unido a éstos asedió la ciudad de Roma, y sólo los ruegos de su madre y su esposa impidieron que la ocupara y destruyera.

CORIOLIS, EFECTO DE. Acción ejercida sobre una partícula en movimiento, en relación con un sistema de referencias rotatorio, que determina un desplazamiento en la trayectoria de la misma. Tiene importancia en el estudio de diversos fenómenos naturales relacionados con la rotación terrestre, entre ellos el movimiento de las masas de aire en la atmósfera.
Oceánicos, movimientos 11:72a; Viento 14:308b.

CORIOLIS, GASPARD-GUSTAVE DE (1792-1843). Físico francés. Director de la Escuela Politécnica de París. Célebre por sus trabajos sobre cambios de sistemas de referencia en los fenómenos físicos, en los que describió la existencia de una aceleración complementaria, que lleva su nombre, compuesta por el movimiento del cuerpo y el desplazamiento relativo de los sistemas desde los que se observa.

CORIÓN. Membrana embrionaria desarrollada a partir de la porción externa del pliegue

original de la pared corporal del embrión en reptiles, aves y mamíferos.
Huevo 8:87b; Vertebrados 14:284a.

CORK. Ciudad y puerto de Irlanda, cap. del condado de Cork a orillas del río Lee, en el sur de la isla. Universidad. Industrias mecánica y alimentaria. 127.092 hab. (1996).

CORMORÁN. Ave palmípeda de la familia de los falacrocorácidos y del género *Phalacrocorax*. Adaptado al medio marino, pesca en el mar y anida en las rocas y acantilados costeros. Llamado en ocasiones popularmente cuervo marino.

CORNAGO, JUAN (siglo XVI). Compositor español. Vivió en Nápoles y el reino de Aragón, en las cortes de Alfonso V el Magnánimo, Fernando I y Fernando II. Autor de villancicos, música religiosa y canciones profanas.

CORNALINA. Piedra semipreciosa. Se obtiene mediante el tratamiento de la calcedonia con sales de hierro a temperaturas elevadas.

CORNAMUSA. V. **Gaita.**

CORNARO, CATALINA (1454-1510). Reina de Chipre. Perteneciente a una importante familia veneciana, casó en 1468 con el rey de Chipre Jacobo de Lusignan, de quien quedó viuda en 1473. A la muerte en 1474 de su hijo Jacobo III retuvo el poder, pero finalmente abdicó en 1489 a favor de la república de Venecia.

CORN BELT. Región agrícola de los Estados Unidos. Cubre grandes extensiones de los estados de Indiana, Illinois, Iowa, Missouri, Nebraska y Kansas, en las que se cultiva preferentemente maíz. Se mantiene con base en sistemas de explotación familiar. Su nombre significa «cinturón de maíz».

CÓRNEA. Membrana fibrosa del ojo, que no es sino una prolongación anterior de la esclerótica, de la que sólo difiere por la transparencia.
Ceguera 4:59b; Oftalmología 11:87a; Vista, sentido de la 14:333a.

CORNEILLE, PIERRE (1606-1684). Poeta y dramaturgo francés. Considerado el creador de la tragedia clásica francesa.
4:393a; Francesa, literatura 6:371a; Ruiz de Alarcón, Juan 13:34b; Tragedia 14:109b; *ilustración* 4:393b.

CORNEJA. Pájaro de la familia de los córvidos (*Corvus cornix*). También se aplica el nombre a una rapaz estrigiforme nocturna más pequeña. *Otus scops*.

CORNEJO. Arbusto de la familia de las cornáceas y del género *Cornus*. Dicotiledóneo. Varias especies, algunas de ramas rojizas muy características. Hojas ovaladas y flores blancas o amarillas. Propio de Europa.

CORNEJO, JOSÉ MARÍA (siglo XIX). Político salvadoreño. Presidente de El Salvador desde 1829, en 1832 proclamó la independencia del país respecto a las Provincias Unidas de Centroamérica. Derrotado ese mismo año por el presidente federal, Francisco Morazán, fue encarcelado.

CORNELIA (siglo II a.C.). Dama de la antigua Roma. Hija de Publio Cornelio Escipión el Africano, casó con Tiberio Sempronio Graco, con el que tuvo doce hijos. Enviudó en el 154 y, tras rechazar en matrimonio a Tolomeo VIII de Egipto, se dedicó a la educación de sus hijos. Amante de la literatura, sus escritos fueron alabados por Cicerón.

CORNELIO, SAN (siglo I). Según los Actos de los Apóstoles, centurión de Cesarea piadoso y temeroso de Dios, a quien se le apareció un ángel ordenándole que mandara buscar a Pedro y escuchara sus palabras. Fue el primer gentil convertido al cristianismo y bautizado.

CORNELIO NEPOTE (h. el 100-h. el 25 a.C.). Historiador romano amigo de Cicerón y del poeta Catulo. Fue biógrafo de Tito Pomponio Ático. *Vidas de los excelentes capitanes.*

CORNELISZ VAN HAARLEM, CORNELIS (1562-1638). Pintor holandés. Representante del manierismo italiano en la pintura holandesa. En su última etapa acusó la influencia de la pintura barroca de Petrus Paulus Rubens. Participó en la fundación de la academia de Haarlem (h. 1587). «El pecado original» (1622).

CORNELIUS, PETER VON (1783-1867). Pintor alemán. Trabajó junto con el grupo de artistas conocidos como los nazarenos y fue director de las academias de Düsseldorf y Munich. Autor principalmente de pintura al fresco de temática histórica y religiosa. «Historias de José» (1816-1817), frescos en la iglesia de San Luis (1830-1839).

CORNELLÀ DE LLOBREGAT. Población española que pertenece a la prov. de Barcelona, comunidad autónoma de Cataluña. Integrada en el área metropolitana de la capital catalana. Industria eléctrica, electrónica, electroquímica, metalúrgica. 82.490 hab. (1996).

CORNETA. Instrumento metálico de viento, utilizado en los ejércitos.
4:393b; *ilustración* 4:393b.

CORNEZUELO DEL CENTENO. Hongo ascomicete de la familia de las hipocráceas (*Claviceps purpurea*). Parásito del centeno, sobre el que se forma a modo de cuernecillos oscuros. Principios activos usados en medicina. Produce en el hombre una intoxicación denominada ergotismo.
Agricultura 1:116; Centeno 4:76b.

CORNIELIS DE HOLANDA (siglo XVI). Escultor de origen holandés. Desarrolló su carrera principalmente en la región española de Galicia, en donde es posible encontrar obras suyas hasta mediados del siglo XVI. Trabajó en Orense, Santiago de Compostela, Lugo y Pontevedra.

CORNISA. En la arquitectura clásica, parte superior y sobresaliente de un entablamento. También se da este nombre a cualquier moldura ornamental proyectada desde la parte superior de un edificio, muro, arco, etc. que lo remata o corona.
Arquitectura 2:103a.

CORN LAWS. Medidas proteccionistas sobre los productos cerealícolas establecidas en Inglaterra a mediados del siglo XVII. Beneficiaron en gran modo a los grandes propietarios terratenientes y fueron la causa de numerosas revueltas urbanas. En 1836 Richard Cobden dirigió la liga contra las *corn laws*. Fueron abolidas en 1849.

CORNO INGLÉS. Instrumento musical de la familia de los oboes.
4:394a.

CORNU, ALFRED (1841-1902). Físico francés. Especializado en óptica y mineralogía, ideó un método de determinación de la velocidad de la luz y realizó estudios espectrales y radiométricos. Fueron determinantes sus aportaciones a la astronomía y experimentos de elasticidad. *Determinación sobre la velocidad de la luz* (1876), *Dos métodos ópticos para el estudio de la elasticidad de los cuerpos sólidos* (1900).

CORNUALLES. Condado del sudoeste de Inglaterra (Reino Unido) que ocupa una península sobre el océano Atlántico. Productos agrícolas, pesca. Turismo. 3.564 km^2. 482.700 hab. (1995).

CORNUDA. V. **Pez martillo.**

CORNWALLIS, CHARLES (1738-1805). Militar británico. Comandante adjunto del ejército británico en América del norte, dirigió las tropas que se enfrentaron a los rebeldes en la batalla de Yorktown (1781), y cuya derrota para las fuerzas inglesas supuso el final de la guerra de independencia estadounidense. Posteriormente fue nombrado gobernador de la India (1786) y virrey de Irlanda (1798). Desde 1805 ocupó el puesto de gobernador general de la India.
Independencia de los Estados Unidos 8:150b.

CORO (GEOGRAFÍA). Ciudad de Venezuela, cap. del est. Falcón, en el istmo de la península de Paraguaná. Fundada en 1527, posiblemente por Juan de Ampués. Fue base de las expediciones en busca de El Dorado. Posee la iglesia más antigua del país. Aeropuerto. Productos agropecuarios; pesquerías; refinería de petróleo. 158.763 hab. (2000).

CORO (MÚSICA). Formación musical compuesta por un conjunto de personas que interpretan bien en solitario bien como acompañamiento de una orquesta números musicales vocales. Desarrollados en la liturgia cristiana, los coros estaban presentes en las culturas más primitivas y formaban parte de las representaciones del teatro griego.
Coral, música 4:374a.

CORO, GOLFO DE. Golfo de la parte noroccidental de Venezuela, en el est. Falcón, a orillas del mar Caribe. Está limitado en su parte norte por la península de Paraguaná, en el este por el istmo de Médanos y en el sur por el continente.

COROIDES. Membrana media del ojo, situada entre la esclerótica y la retina. Muy vascularizada, tiene por función nutrir la retina y el cristalino.
Oftalmología 11:78a; Vista, sentido de la 14:333a.

COROLA. Una de las partes fundamentales de la flor de la mayoría de las angiospermas, constituida por una serie de piezas denominadas pétalos.
Flor 6:325b.

COROLEU, JOSÉ (1839-1895). Historiador y político español. Estudioso del sistema constitucional catalán en el Medievo, fue miembro de la Academia de la Historia y fundador del *Centre Catalá* (1881). *El feudalismo y la servidumbre de la gleba en Cataluña* (1878), *Los fueros de Cataluña* (1878).

COROMANDEL, COSTA DE. Amplia planicie costera del sur de la India, entre el estrecho de Palk y el delta del Godavary. Está rodeada por las planicies de Utkal (norte), la desembocadura del Cauvery (sur), el golfo de Bengala (este) y los Ghates orientales (oeste). 22.800 km^2.

COROMINAS, JOAN (1905-1997). Filólogo español, hijo de Pere Corominas, nacionalizado estadounidense. Realizó su labor de investigación sobre la lingüística catalana y castellana principalmente en el exilio. Su *Diccionario crítico etimológico de la lengua castellana* (1954) es una de las obras fundamentales en los estudios filológicos españoles.
Etimología 6:179b.

COROMINAS, PERE (1870-1939). Político y escritor español. Defensor de las tendencias nacionalistas republicanas en el panorama político catalán, presidió la Unió Federal Nacionalista Republicana y dirigió *El Poble Catalá*. Participó en la segunda república como diputado por Esquerra Republicana de Cataluña. Autor en lengua catalana y castellana. Murió en el exilio. *Cartas de un visionario* (1921).

CORÓN, BATALLA NAVAL DE. Enfrentamiento naval acaecido en 1533 en el golfo de Corón, en la costa sur del Peloponeso. Las tropas españolas, comandadas por el marino genovés Andrea Doria, conquistaron en 1532 la plaza de Corón y la defendieron en 1533 frente al ataque turco, lo que supuso un freno importante para el avance otomano por el Danubio y el Mediterráneo.

CORONA (ASTRONOMÍA). Aureola de color blanco perla que se observa alrededor del Sol durante sus eclipses totales.
Sol 13:292b.

CORONA (METROLOGÍA). Unidad monetaria de diversos países europeos, como Dinamarca, Islandia, Noruega y Suecia.

CORONA AUSTRAL. Constelación situada entre las de Sagitario y Escorpión. Nombre latino: Corona Australis.

CORONA BOREAL. Constelación situada a la izquierda del Boyero. Sus principales estrellas forman un arco cuya estrella más brillante es Margarita o la Perla, de segunda magnitud. Nombre latino: Corona Borealis.

CORONA CIRCULAR. Superficie limitada por dos circunferencias concéntricas y cuyo cálculo se efectúa restando del área circular encerrada por la circunferencia mayor el área delimitada por la circunferencia más pequeña.

CORONADO, BAHÍA DE. Bahía costarricense situada en el dep. de Puntarenas, en la costa del Pacífico. Se extiende entre la punta Quepos, por su parte norte, y la punta de San Pedro, en la península de Osa, en su parte sur.

CORONADO, CAROLINA (1823-1911). Escritora española. Representante de la poesía posromántica en la literatura española del siglo XIX. Fue autora de composiciones líricas en las que recreó, principalmente, el tema del amor y la naturaleza. Mantuvo un importante salón literario en Madrid. *Poesías* (1843). Entre sus novelas *Paquita* (1850) y *Jarilla* (1851).

CORONADO, FRANCISCO VÁZQUEZ DE. V. **Vázquez de Coronado, Francisco.**

CORONADO, JUAN VÁZQUEZ DE. V. **Vázquez de Coronado, Juan.**

CORONADO, MARTÍN (1850-1919). Dramaturgo argentino. Representante del teatro posromántico en la Argentina, en sus obras perviven a veces connotaciones románticas. Retrató los tipos y costumbres de su país. *La rosa blanca* (1877), *Justicia de antaño* (1897).

CORONEL (CIUDAD). Población y puerto de Chile en la prov. de Concepción, reg. de Biobío, a orillas del océano Pacífico. Minas de carbón, explotaciones forestales, fundiciones; ganadería. 68.880 hab. (1982).

CORONEL (MILICIA). Jefe militar que manda un regimiento del ejército de tierra o una base de la fuerza aérea.

CORONEL, JOSÉ (n. en 1906). Poeta nicaragüense. Introductor de las nuevas tendencias poéticas en la literatura de su país. Promovió el grupo Vanguardia (1928). Autor también de narraciones y ensayos. *La muerte del hombre símbolo* (1939), *Pol-lá danantas, karanta, paranta* (1970).

CORONEL, PEDRO (1923-1985). Pintor, grabador y escultor mexicano. Aunó en su obra la figuración y lo abstracto.
4:394a; *ilustración* 4:394a.

CORONEL, RAFAEL (n. en 1932). Pintor y dibujante mexicano, hermano de Pedro Coronel. Se distinguió por su técnica de dibujo. Participó en exposiciones de vanguardia, siempre dentro de una corriente figurativa. Se asoció con pintores expresionistas para editar la revista *Nueva Presencia*. Muchas de sus obras se encuentran en el museo de Zacatecas, su ciudad natal.

CORONEL OVIEDO. Ciudad de Paraguay, cap. del dep. de Caaguazú. Fundada en 1758. Refinerías de azúcar, productos agropecuarios. En la carretera de Asunción al Atlántico. 21.782 hab. (1982).

CORONIO. Hierro fuertemente ionizado (etapas de ionización X, XI, XIII, XIV, XV, XVI) que se detectó por primera vez en la corona solar.

COROPUNA, NEVADO. Montaña del Perú, en la cordillera Occidental andina, prov. de Apurímac, dep. de Arequipa. 6.425 m.
Andes 1:333a.

COROT, CAMILLE (1796-1875). Pintor francés. Su obra destacó en el especial tratamiento de la luz y el color y allanó el camino al impresionismo, al capturar imágenes rápidas del paisaje.
4:394b; Realismo 12:281b; Sisley, Alfred 13:264b; *ilustración* 4:394b.

COROZAL (BELICE). Distrito del norte de Belice. Caña de azúcar, coco, maíz; industria pesquera. Cap. Corozal. 1.860 km^2. 31.412 hab. (1987).

COROZAL (COLOMBIA). Población colombiana que pertenece al dep. de Sucre, en la reg. de Los Llanos, en la parte noroccidental del país. Fue fundada en 1774. Agricultura (frutas, maíz), ganadería.

COROZO. Árbol de la familia de las palmáceas (*Acrocomia aculeata*). Monocotiledóneo. El fruto presenta una corteza muy dura y una forma casi esférica. También llamado coquito de aceite. Originario de Sudamérica.

CORPANCHO, MANUEL NICOLÁS (1830-1863). Escritor peruano. Autor de poesía, obras dramáticas y crítica literaria. Representante de la literatura romántica, su obra poética siguió la línea mantenida por el español José Zorrilla. *El poeta cruzado* (1848), *Brisas del mar* (1853), *Ensayo literario sobre la poesía lírica en América* (1862).

CORPIÑO. Prenda ajustada y sin mangas, usada para ceñir el busto, que se sujeta con cordones por delante. Forma parte del traje típico de países como Austria y Suiza y de algunas provincias del norte de España.

CORPORACIÓN. Persona jurídica de interés público y, a veces, con carácter institucional. Constituida por individuos de la misma profesión que defienden, además de sus intereses personales, los intereses colectivos o sociales. El término se ha adoptado también en su sentido inglés, que significa sociedad jurídica, especialmente cuando denota la asociación de varias sociedades industriales.

CORPORACIÓN FINANCIERA INTERNACIONAL (CFI). Agencia de inversiones adscrita al Banco Mundial. Fundada en 1956, se encarga de la financiación de empresas privadas a través de la participación en su capital.

CORPORATIVISMO. Sistema económico y social que pretende controlar la producción económica mediante la intervención estatal y la integración de los intereses comunes de trabajadores y empresarios en asociaciones profesionales. Se desarrolló en el siglo XIX, como una vía intermedia frente al liberalismo individualista y al marxismo colectivista, y alcanzó auge en el XX.

CORPUS CHRISTI. Ciudad y puerto de los Estados Unidos en el est. de Texas, a orillas del golfo de México. Universidad. Base aeronaval. Productos petroquímicos, vidrio; pesquerías; agricultura. Turismo. 281.453 hab. (1998).

CORPUS DE SANGRE. Sucesos acaecidos en la ciudad española de Barcelona, el 7 de junio de 1640, con los que se inició el movimiento revolucionario catalán de 1640. Tuvieron lugar el día del Corpus y enfrentó al campesinado (segadores) y a las fuerzas gubernamentales del gobierno del conde duque de Olivares.

CORPUS HIPPOCRATICUM. Compendio de artículos atribuidos al padre de la medicina, Hipócrates (h. el 460-h. el 377 a.C.), pero cuya autoría se debe a fuentes diversas, que contiene una serie de principios sobre la profesión médica y consejos para el tratamiento de algunas enfermedades.
Hipócrates 7:424b.

CORPUS IURIS CANONICI. Compilación de seis colecciones del derecho canónico que abarcaba desde el siglo XII hasta el XVI. Fue realizada por primera vez en París en 1500 y reeditada en 1582 por Gregorio XIII. Reguló el derecho canónico hasta el establecimiento en 1917 del código de derecho canónico o *Codex iuris canonici*.

CORPUS IURIS CIVILIS. Sistematización de la tradición jurídica romana realizada a instancias del emperador Justiniano I. Se inició con el Código de Justiniano (529), recopilación sustituida en el 534 por una nueva edición que dirigió el jurista Triboniano, y se amplió con el Digesto (533), libro de opiniones jurídicas, Instituciones (533), estudio general de derecho, y las Novelas (565), que contenía las leyes debidas a Justiniano. Contribuyó a aumentar el prestigio del derecho romano.
Códigos legales 4:249b; Justiniano I 8:417b.

CORRAL, JUAN BAUTISTA DEL (1778-1814). Político colombiano. Siendo gobernador de Antioquia proclamó, junto con otros, la independencia de su país. Recibió el título de benemérito de la patria.

CORRAL DE VILLALPANDO, HERMANOS. Familia de artistas españoles del siglo XVI, de entre los que destacaron Jerónimo y Juan. Dedicado el primero a la escultura y el segundo a la arquitectura, realizaron entre los dos la capilla de los Benavente de la iglesia de Santa María, en la población vallisoletana de Medina de Rioseco.

CORRALES, RAÚL (n. en 1925). Fotógrafo cubano. En sus inicios se dedicó a la fotografía periodística y a la publicidad. Director del departamento central de fotografía de la Academia de Ciencias de Cuba. Premio Casa de las Américas (1981).

CORRALES EGEA, JOSÉ (n. en 1919). Escritor español. Autor de novelas, cuentos y crítica literaria. Planteó en sus obras la problemática política y social del país. *La otra cara* (1957), *La novela española actual* (1971), *Semana de pasión* (1976).

CORREA, JUAN (siglos XVII-XVIII). Pintor mexicano. Representante de la pintura barroca en México, ejerció gran influencia en su obra la pintura de Petrus Paulus Rubens. Realizó pintura religiosa para las catedrales de México y Querétaro. «Vida de san Francisco» (1675), «Vida de la Virgen» (1681).

CORREA DE ARAUXO, FRANCISCO (h. 1575-1663). Compositor español. Desarrolló toda su carrera musical en Sevilla, donde fue un destacado organista. Autor del tratado musical *Libro de tientos y discursos de música práctica y teoría de órgano* (1626).

CORREA DE VIVAR, JUAN (m. en 1566). Pintor español. Figura destacada de la escuela pictórica toledana. Su obra acusó claramente la influencia de Rafael. Dominó la técnica del *sfumato*. «El tránsito de la Virgen».

CORREA MORALES, LUCIO (1852-1923). Escultor argentino. Alumno de la Real Academia de Bellas Artes de Florencia, trabajó principalmente en encargos para monumentos y mostró gran interés por las imágenes y los tipos populares. «Monumento a fray Justo Santa María de Oro» (1895).

CORREAS, GONZALO (h. 1571-1631). Filólogo y sacerdote español. Fue catedrático de griego y hebreo en la Universidad de Salamanca. Autor de diversos estudios filológicos sobre la lengua castellana. *Vocabulario de refranes y frases proverbiales y otras fórmulas comunes de la lengua castellana* (h. 1625).

CORRECAMINOS. Pájaro de la familia de los motacílidos (*Anthus correndera*), pardo y pequeño, que hace el nido en el suelo.

CORRECTOR ORTOGRÁFICO. Programa de computadora, incluido generalmente en los procesadores de texto, que corrige automáticamente las faltas de ortografía y erratas de un texto.

CORREDERA DE PATENTE. Instrumento marinero que sirve para medir la velocidad aparente del barco. Consiste en un cable que se arroja por la popa con una hélice en su extremo libre; ésta gira obligada por el movimiento del barco y sus revoluciones son registradas a bordo. También se denomina corredera mecánica.

CORREDOR. Agente comercial o financiero que realiza una función mediadora entre compradores y vendedores. En algunos países los corredores tienen la categoría de funcionarios públicos, mientras que en otros actúan como profesionales libres.

CORREDOR POLACO. Faja de terreno entre Pomerania y Prusia Oriental, cedida por Alemania a Polonia por el Tratado de Versalles de 1919. Denominado también corredor de Danzig.

CORREGGIO (h. 1494-1534). Antonio Allegri, pintor italiano. Influido por los grandes maestros renacentistas, su obra, sin embargo, anticipó el ritmo y delicadeza del barroco.
4:395a; *ilustración* 4:395a.

CORREGIDOR. Cargo público de la administración española en la península y posesiones americanas. Surgido a mediados del siglo XIV, fue regulado por los Reyes Católicos con la pragmática del 9 de junio de 1500. De nombramiento regio, era el representante del monarca en un municipio. Desapareció en 1835, sustituido por los alcaldes electos.

CORREGIDOR, ISLA. Isla filipina situada en la entrada de la bahía de Manila, en la prov. de Cavite, en el archipiélago de Luzón. Escenario de duros enfrentamientos entre las tropas estadounidenses y japonesas en el transcurso de la segunda guerra mundial. 5 km^2 de extensión.

CORREGÜELA. Planta herbácea vivaz de la familia de las convolvuláceas (*Convolvulus arvensis*). Dicotiledónea. Tallo voluble, hojas con forma de flecha y flores blancas y rosadas.

CORREIA, RAIMUNDO (1859-1911). Poeta brasileño. Uno de los más destacados entre los parnasianos, su temática se mantuvo cercana al romanticismo. Entre sus obras destacaron *Sinfonías* (1883) y *Versos y versiones* (1887), con poemas de *Lord* Byron, Lope de Vega, Victor Hugo y otros, traducidos al portugués.

CORREIA GARÇAO, PEDRO ANTÓNIO (1724-1772). Escritor portugués. Miembro de la Arcadia Lusitana desde 1756, dirigió la *Gazeta de Lisboa*. Fue encarcelado por orden del marqués de Pombal, muriendo en prisión. Autor de poesía clasicista y una obra sobre teoría teatral. *Obras poéticas* (1778), *Teatro nuevo.*
Portuguesa, literatura 12:102b.

CORRELACIÓN, COEFICIENTE DE. Parámetro estadístico utilizado para medir el grado de ajuste de una serie de datos con respecto a una recta.

CORRELIMOS. Ave de la familia de los carádridos, perteneciente a los géneros *Calidris* y *Limicola*. Habita en playas y acantilados rocosos.

CORREO. Transporte y reparto de la correspondencia, generalmente gestionado como servicio público.
4:395b; Correo electrónico 4:397a; *ilustraciones* 4:396a-b.

CORREO ELECTRÓNICO. Sistema de envío de mensajes y ficheros, tanto de texto como de gráficos en formato digital, entre distintas computadoras. También se conoce por su abreviatura inglesa *e-mail.*
4:397a; Comercio electrónico 4:296b; Informática 8:202a; Internet 8:240b; Ofimática 11:84b; Red digital de servicios integrados (RDSI) 12:288b; Telecomunicación 13:423a; *ilustración* 4:397b.

CORRESPONDENCIA (MATEMÁTICAS). Relación matemática establecida entre los elementos de dos conjuntos que se define como el subconjunto del producto cartesiano de ambas.

CORRESPONDENCIA, PRINCIPIO DE. Conocido también como principio de Bohr, relación que el físico danés Niels Bohr estableció en la década de 1910 entre la física clásica y la física cuántica, lo que permitió el conocimiento epistemológico de esta última.

CORRETJER, JUAN ANTONIO (n. en 1908). Poeta puertorriqueño. Autor vanguardista cuya obra es un alegato contra la dominación estadounidense de la isla. *Amor de Puerto Rico* (1937), *Don Diego en el cariño* (1956), *Genio y figura* (1961).

CORRIDA. Espectáculo en el que se enfrentan un toro de lidia y un matador y que acaba con la muerte del animal después de una serie de secuencias ordenadas llamadas tercios.

CORRIDO. Romance recitado o cantado propio del folclor mexicano y de otros países hispanoamericanos.
4:398a; Canción 3:339b; Ranchera, música 12:260b; *ilustración* 4:398a.

CORRIENTE ALTERNA. Flujo eléctrico en el que la diferencia de tensión aplicada a los terminales del circuito varía con el tiempo según una función sinusoidal.
Electrotecnia 5:372a.

CORRIENTE CONTINUA. Flujo eléctrico en el que la diferencia de tensión aplicada a los terminales del circuito es constante con el tiempo.

CORRIENTE ELÉCTRICA. Desplazamiento de carga eléctrica por un conductor entre dos puntos de diferente potencia. Se denomina de conducción si se produce a través de conductos metálicos o soluciones, y de convección si se realiza por desplazamientos de cuerpos materiales electrizados.
Circuitos eléctricos y electrónicos 4:206a; Electromagnetismo 5:362a; Electroquímica 5:369a.

CORRIENTE OCEÁNICA. Desplazamiento de una porción de las aguas del mar en una dirección determinada. Las corrientes establecen patrones constantes de circulación de agua en los océanos.
Clima y climatología 4:232b; Mar 9:347a; Oceánicos, movimientos 11:72b.

CORRIENTES (CIUDAD). Población y puerto fluvial de la Argentina, cap. de la prov. de Corrientes, a orillas del Paraná. Fundada en 1588 por Juan de Torres de Vera y Aragón. Aeropuerto internacional. Universidad, edificios coloniales. Iglesia de la Cruz, centro de peregrinación. Algodón, arroz, tabaco, cítricos; astilleros. 325.628 hab. (1999).
Corrientes 4:398b; Paraná, río 11:278a.

CORRIENTES (PROVINCIA). División administrativa de la Argentina, limitada al norte por Paraguay y al sudeste por Uruguay y Brasil. Cap. Corrientes. 88.199 km^2. 921.933 hab. (2000).
4:398a; Argentina 2:45a; *ilustración* 4:398b.

CORRIENTES, CABO (COLOMBIA). Promontorio de Colombia (Chocó) en el océano Pacífico, al norte de la bahía Cuevita. La costa que queda al norte del mismo es accidentada, mientras la del sur es llana.

CORRIENTES, CABO (MÉXICO). Cabo situado en el sudoeste del est. mexicano de Jalisco, a orillas del océano Pacífico. Corresponde al extremo occidental de la sierra del Cuale, en la sierra Madre occidental. Delimitado en su parte sur por la bahía de Banderas.

CORRIENTES, DIEGO (1757-1781). Bandolero español. Desarrolló sus actividades delictivas por tierras andaluzas, donde fue muy conocido y se fraguó la imagen de bandolero humanitario. Apresado en la población portuguesa de Olivenza, fue ajusticiado.

CORRIGAN-MAGUIRE, MAIRÉAD (n. en 1944). Trabajadora social irlandesa cofundadora, con Betty Williams, de la Community for Peace People, formada por católicos y protestantes para desterrar la violencia en Ulster. Ambas recibieron el Premio Nobel de la paz en 1976.

CORRIMIENTO. En geomorfología, cabalgamiento de grandes dimensiones en el que un paquete de estratos (manto) se desliza por encima de otro en una extensión que puede alcanzar muchos kilómetros.

CORRO, JOSÉ JUSTO (1794-1864). Político mexicano. Fue ministro de justicia y presidente interino de la república, elegido por la Cámara de Diputados (1836-1837). Promulgó las Siete Leyes Constitucionales. Durante su gobierno fracasó la campaña contra la Texas independentista.

CORROSIÓN. Alteración de los metales por la acción del agua, el aire, las soluciones salinas y otros agentes. La corrosión del hierro se denomina herrumbre.

CORRUTINA. Subprograma informático dentro de un programa principal, que sirve para realizar una determinada tarea y que puede ser invocado en cualquier momento de la ejecución de dicho programa principal.

CORSÉ. Complemento de la indumentaria femenina consistente en una prenda interior que se llevaba muy ceñida al cuerpo, desde debajo del pecho hasta las ingles, y con el que se conseguía una cintura estrecha. Utilizado hasta principios del siglo XX. También llamado corset.

CORSO. Buque de la marina mercante de un país que actuaba en tiempo de paz como barco comercial y que en tiempo de guerra disponía de una autorización por parte de su gobierno (patente de corso) que le permitía apoderarse de los barcos mercantes de las potencias enemigas. Estuvo en vigencia desde el Medievo hasta el siglo XIX. De este término derivaría el de corsario.
Piratería 12:2a.

CORT, CORNELIS (1533-h.1578). Grabador neerlandés. Iniciado en el grabado con Hieronymus Cock, se trasladó posteriormente a Italia. En Venecia realizó grabados de pinturas de Tiziano, para lo que creó nuevos y más precisos instrumentos, y en Roma estableció una escuela dedicada a la enseñanza de esta técnica artística.
Grabado 7:179a.

CORTADA, JUAN (1805-1868). Escritor español. Autor de novelas, ensayos, traducciones y artículos periodísticos. Su obra queda encuadrada en la corriente romántica. Impulsor del catalanismo en la cultura española del siglo XIX. *La heredera de San Gumi (1835), Historia de España* (1841-1842), *Cataluña y los catalanes* (1860).

CORTÁZAR. Población mexicana del est. de Guanajuato. Situada en la reg. del Bajío, fue fundada en 1721. Centro comercial y manufacturero de productos agrícolas; ganadería, alcoholeras. 74.325 hab. (1990; municipio).

CORTÁZAR, JULIO (1914-1984). Novelista argentino. Su obra combinó con maestría la crítica social y la experimentación narrativa.
4:399a; Argentina 2:61b; Hispanoamericana, literatura 8:13b; *ilustración* 4:399.

CORTE INTERNACIONAL DE JUSTICIA. V. **Tribunal Internacional de Justicia.**

CORTE-REAL, FAMILIA. Navegantes portugueses de la segunda mitad del siglo XV y principios del XVI. Destacó Gaspar, quien descubrió en 1500 Terranova, llamándola a la sazón Tierra Verde. Perdido en las costas del Labrador, su hermano Miguel emprendió en 1502 una expedición en su búsqueda. Ambos murieron en sus respectivos viajes.

CORTE-REAL, JERÓNIMO (1530-1588). Poeta portugués. Participó en las campañas militares de la India y fue hecho prisionero tras la derrota de Alcazarquivir (1578). Representante de la lírica renacentista en la línea de Luís de Camões. *El segundo cerco de Diu* (1574), *La Austriada* (1578).

CORTÉS (GEOGRAFÍA). Departamento del noroeste de Honduras a orillas de la bahía de Omoa, mar Caribe. Limita al noroeste con Guatemala y al sur con el lago Yojoa. Regado por el río Ulúa. Importante zona agrícola y ganadera. Cap. San Pedro Sula. 3.954 km^2. 706.000 hab. (1991).

CORTES (HISTORIA). Asambleas convocadas por los reyes de la península ibérica a partir de la edad media para aprobar medidas legislativas o autorizar impuestos y aportaciones económicas en favor del soberano.
Alfonso IX de León 1:213b.

CORTÉS, ALFONSO (1883-1963). Poeta nicaragüense, amigo íntimo de Rubén Darío. Autor de poesía simbolista. Fue ingresado en un hospital para enfermos mentales en 1945. *Tardes de oro* (1934), *Poemas eleusinos* (1936).

CORTÉS, HERNÁN (1485-1547). Conquistador español. Sometió al imperio azteca.

4:399b; Alvarado, Pedro de 1:256a; Azteca, imperio 2:285b; California, golfo de 3:285a; Cuauhtémoc 5:48b; Cuitláhuac 5:70a; Díaz del Castillo, Bernal 5:171b; Garay, Francisco de 7:43a; Grijalva, Juan de 7:231b; Hispanoamericana, literatura 8:4a; Honduras 8:59a; Ixtlilxóchitl 8:326a; Latinoamérica, conquista de 9:79a; López de Gómara, Francisco 9:219a; Malinche 9:307a; México 10:128a; México, ciudad de 10:138b; Moctezuma II Xocoyotzin 10:203b; Narváez, Pánfilo de 10:353b; Nueva España, Virreinato de la 11:34b; Olid, Cristóbal de 11:94b; Puebla, estado de 12:191a; Santiago de Cuba 13:148a; Tabasco 13:373a; Tlaxcala 14:70a; Velázquez, Diego de 14:254b; Veracruz 14:273a; Veracruz, estado de 14:274a; Xicoténcatl el Mozo 14:375a; Xicoténcatl el Viejo 14:375a; *cuadro* 4:400a; *ilustraciones* 4:400.

CORTÉS, JERÓNIMO (h.1550-h.1615). Científico español. Realizó estudios sobre astronomía, matemáticas y ciencias naturales. *Lunario y pronóstico perpetuo* (1594), *Libro de fisonomía natural y varios efectos de naturaleza* (1598), *Aritmética práctica* (1604).

CORTÉS, JOAQUÍN (n. en 1969). Bailaor de flamenco y coreógrafo español. Solista del Ballet Nacional de España, creó su propia compañía de danza en 1992.

CORTÉS, MAR DE. V. **California, golfo de.**

CORTÉS, MARTÍN (h. 1510-1582). Cosmógrafo español. Profesor de navegación en la ciudad de Cádiz, realizó importantes investigaciones en el campo de la geografía y la cosmografía. Defendió la variabilidad de la declinación magnética con respecto al lugar de observación. *Breve compendio de la esfera y de la carta de navegar* (1551).

CORTÉS, MARTÍN (1522-1595?). Hijo ilegítimo de Hernán Cortés y la Malinche (Malintzin o doña Marina). Considerado simbólicamente como el primero de los mestizos. Llevado a España en su niñez, volvió a la Nueva España en 1563. Respaldó una conjura (1565) de su medio hermano homónimo, tras lo cual fue condenado a destierro de América.

CORTÉS, MARTÍN (1532-1589). Hijo de Hernán Cortés y Juana de Zúñiga. Nacido en México, en 1540 viajó a España, y posteriormente sirvió en las guerras de Flandes y Lepanto. Heredó el marquesado del valle de Oaxaca y la fortuna de su padre. Tenía pretensiones sobre el Virreinato de la Nueva España, lo que causó su detención y juicio en España. Condenado a destierro de las Indias y fuerte multa, murió sin regresar a América.

CORTÉS, SANTIAGO (1897-1937). Militar español. Capitán de la guardia civil, secundó el alzamiento que dio inicio a la guerra civil española en 1936. Defendió hasta su toma por las tropas republicanas, el 1 de mayo de 1937, el santuario de Santa María de la Cabeza, Andújar (Jaén), en cuyo asedio murió.

CORTESANO, EL. Obra en cuatro libros, publicada en 1528, del escritor italiano Baldassare Castiglione. Relata unas conversaciones en la corte de Urbino durante cuatro noches seguidas. Los interlocutores, todos ellos miembros destacados de la corte, disienten sobre las cualidades que habría de reunir el cortesano ideal.
Castiglione, Baldassare 4:18a.

CORTÉS CASTRO, LEÓN (1882-1946). Político costarricense. Desempeñó diversos cargos políticos y ocupó la presidencia de la república de 1936 a 1940.

CORTES GENERALES. Parlamento del estado español. Formado por dos cámaras, el Congreso de los Diputados y el Senado, ejerce la representación popular. Ejerce el voto de investidura del presidente de gobierno y la moción de censura para relevarlo; legisla, firma tratados internacionales, autoriza declaraciones de guerra o paz, etc.

CORTEZA (BOTÁNICA). Parte externa, formada por varias capas, de la raíz y del tallo de las plantas superiores. Denominada también cilindro cortical, adquiere su máximo grosor en las plantas leñosas de porte arbóreo, sobre todo las gimnospermas y dicotiledóneas.
Árbol 2:24b; Raíz 12:253b.

CORTEZA (MEDICINA). Capa periférica de determinados órganos, principalmente del cerebro y las glándulas suprarrenales. También se denomina córtex.
Cerebro 4:87a.

CORTICOSTEROIDES. Hormonas esteroides secretadas por la corteza suprarrenal y productos sintéticos que tienen acción análoga.

CORTISONA. Hormona esteroide de la corteza suprarrenal. Actúa sobre el metabolismo de los hidratos de carbono, los lípidos y los prótidos, y también sobre el sodio y el potasio.
Endocrino, sistema 5:407b.

CORTONA, PIETRO DA. V. **Pietro da Cortona.**

CORTOT, ALFRED-DENIS (1877-1962). Músico francés. Afamado pianista, recreó principalmente música romántica. Fundó la Sociedad de Conciertos y la Orquesta Filarmónica de París. Formó trío con el violinista Jacques Thibaud y el violonchelista Pau Casals.

CORUNDO. V. **Corindón.**

CORUÑA, A (CIUDAD). Población y puerto de España, cap. de la prov. de La Coruña en la comunidad autónoma de Galicia. 243.134 hab. (1998).
4:401a; *ilustración* 4:401b.

CORUÑA, A (PROVINCIA). División administrativa de España en la comunidad autónoma de Galicia, a orillas del océano Atlántico y el mar Cantábrico. Múltiples rías. Montes de Galicia. Agricultura, ganadería, explotación forestal; minerales; pesquerías, conservas. Cap. La Coruña. 7.954 km^2. 1.110.302 hab. (1996).
Coruña A 4:401a; Galicia 7:20b; Santiago de Compostela 13:147a.

CORVALÁN, LUIS (n. en 1916). Político chileno. Periodista y miembro del Partido Comunista, fue encarcelado en varias ocasiones. Secretario general del partido desde 1958. Apoyó el régimen del socialista Salvador Allende (1970-1973). Detenido por el régimen de Augusto Pinochet, fue canjeado en 1976 por un disidente soviético.

CORVEA. Derecho de los señores feudales castellanos de exigir a sus vasallos la prestación gratuita de trabajos agrícolas.

CORVERA DE ASTURIAS. Población española de la prov. de Oviedo, comunidad autónoma de Asturias. Maíz, papas o patatas, frutales, ganadería, complejo siderúrgico. 17.167 hab. (1991).

CORVINA. Pez osteictio perciforme de la familia de los esciénidos, del género *Johnius*. Vive en el Atlántico y el Mediterráneo.

CORVINO, MATÍAS. V. **Matías I Corvino.**

CORZO. Mamífero artiodáctilo rumiante de la familia de los cérvidos (*Capreolus capreolus*). La hembra es menor que el macho y no tiene cuernos. Eurasiático.

COSA, JUAN DE LA (h. 1460-1510). Cartógrafo y marino español. Autor del primer mapamundi en el que figuraba el Nuevo Mundo.
4:401b; Ojeda, Alonso de 11:91a; Venezuela 14:263a; Vespucio, Américo 14:286a.

COSACOS. Pobladores nómadas o seminómadas de las llanuras meridionales de Rusia. En el siglo XV se organizaron en comunidades militares autónomas, bajo la autoridad de un atamán, contra las invasiones tártaras y turcas. Sometidos por Pedro I y Catalina II en el siglo XVIII, fueron integrados en el ejército ruso.

COSAMALOAPAN. Municipio del est. de Veracruz, México, en la cuenca del río Papaloapan. Agricultura, ganadería, maderas. 1.008 km^2. 76.640 hab. (1990).

COSA NOSTRA. Nombre dado por los integrantes de la Mafia siciliana a su organización.

COSCOROBA. Ave americana, anseriforme del género *Coscoroba* y de la familia de los anátidos. Plumaje blanco.

COSECANTE. En un triángulo rectángulo, relación trigonométrica que existe entre la hipotenusa y el lado opuesto al ángulo agudo respectivo. Inversa del seno.
Trigonometría 14:129a.

COSECHA. Conjunto de productos que se obtienen de la explotación de la tierra. También la temporada y los trabajos de la recolección agrícola.

COSECHADORA. Máquina utilizada en las labores agrícolas que permite en una sola operación cortar y trillar la mies, separar el grano de la paja, limpiar éste y conducirlo a un lugar para su recogida, y expulsar o empaquetar la paja. Empleada principalmente para la recolección de cereales.
Agrícolas, implementos 1:106a.

COSENO. Relación trigonométrica que existe en un triángulo rectángulo entre el cateto adyacente a un ángulo agudo y el lado opuesto.
Trigonometría 14:128a.

COSENZA. Ciudad de Italia, cap. de la prov. del mismo nombre, reg. de Calabria. Catedral del siglo XII y castillo normando. Museo. Agricultura, muebles. 76.628 hab. (1998).

COS-GAYÓN, FERNANDO (1825-1898). Político español. Integrante del partido conservador de Antonio Cánovas, fue ministro de hacienda, gracia y justicia y gobernación. Director del diario *La Gaceta de Madrid. Historia de la administración pública de España.*

COSIMO, AGNOLO DI. V. **Bronzino, el.**

COSÍO, TORIBIO DE (m. h. 1729). Político español. Como presidente de la audiencia de Guatemala sofocó el alzamiento de los tzendales en 1712. Ocupó el cargo de gobernador general de Filipinas de 1721 a 1729. *Relación histórica de la sublevación y pacificación de la provincia de Tzendales.*

COSÍO VILLEGAS, DANIEL (1898-1976). Historiador, jurista y diplomático mexicano. Fundó y encabezó la editorial Fondo de Cultura Económica y el Colegio de México. Adoptó posiciones críticas frente al gobierno. *El sistema político mexicano* (1972), *El estilo personal de gobernar* (1974), *Historia moderna de México* (1955-1974; dirección).

COSLADA. Población española perteneciente a la comunidad autónoma de Madrid. Situada en las proximidades de Madrid (12 km), es un importante centro industrial del llamado corredor del Henares. 76.001 hab. (1996).

COSME I, GRAN DUQUE DE FLORENCIA (1519-1574). Noble italiano. Miembro de la familia Medici, sucedió a su primo Alejandro (asesinado en 1537) en el ducado de Florencia. Protegido por Carlos V, casó en 1539 con Eleonora de Toledo. Fundó en 1569 el ducado de Toscana. Protegió las artes.
Medici, familia 10:27a.

COSME II (1590-1621). Gran duque de Toscana. Perteneciente a la familia de los Medici, ocupó el ducado de Toscana entre 1609 y 1620, al suceder a su padre Fernando I. Llevó a cabo una política de equilibrio con Francia y España y apoyó a Galileo Galilei fomentando su actividad científica.

COSME EL VIEJO (1389-1464). Noble italiano. Fundador de una de las ramas principales de la familia Medici en Florencia, convirtió a esta ciudad en el centro cultural del Renacimiento.
4:402a; Medici, familia 10:27a; *ilustración* 4:402a.

COSMÉTICO. Nombre genérico de numerosos productos de belleza.
4:402b; Perfume 11:341a; *ilustración* 4:402b.

COSME Y DAMIÁN, SANTOS (m. h. el 303). Mártires cristianos. Hermanos, vivieron y ejercieron la medicina en Cilicia, en donde fueron hechos prisioneros y decapitados por orden del gobernador Lisias, en el transcurso de la persecución a los cristianos emprendida por el emperador Diocleciano. Patronos de los cirujanos.

CÓSMICA, MÚSICA. Tipo de música encuadrable en la denominada *new age* o *nueva era,* aparecida a mediados de la década de 1970. Relacionada con la ciencia-ficción y los temas esotéricos. Destacan en ella autores como Jean Michel Jarre, Brian Eno y Vangelis.

CÓSMICO, POLVO. Materia finamente dividida que ocupa los espacios interestelares. De los colores y espectros afectados por las nebulosas oscuras se infiere que su composición es principalmente metálica, con componentes de hierro, zinc y cobre. Otros estudios apoyan la hipótesis de composición no metálica.

CÓSMICOS, RAYOS. V. **Rayos cósmicos.**

COSMOGONÍA. Ciencia que persigue el conocimiento del origen del cosmos o universo.
4:493a; Astrofísica 2:162a; Astronomía 2:175; Big bang 3:18b; Cosmología 4:406b; Creación 4:422b; Mito y mitología 10:196a; *ilustraciones* 4:403b; 4:404a.

COSMOLOGÍA. Disciplina filosófico-científica que se ocupa de la estructura general del universo y de las leyes que lo rigen.
4:404b; Agujeros negros 1:126b; Astrofísica 2:162a; Astrometría 2:166b; Astronomía 2:174b; Big bang 3:19a; Elemento 5:376a; Espacio 6:62a; Rayos cósmicos 12:270b; Relatividad, teoría de la 12:317b; Universo 14:186a; *ilustraciones* 4:405a-b; 4:406a.

COSMOS (ASTRONOMÍA). Conjunto de objetos o fenómenos observables o supuestos que constituyen todo el universo. Integrado principalmente por las galaxias, las estrellas, los grupos estelares y las nebulosas.
Agujeros negros 1:126b.

COSMOS (BOTÁNICA). Planta herbácea, anual o vivaz, de la familia de las compuestas y del género *Cosmos.* Dicotiledónea. Varias especies originarias de Sudamérica. Flores reunidas en capítulos con un disco central amarillento y una corona blanca.

COSROES I (m. en el 579). Rey sasánida de Persia. Ocupó el trono en el 531, tras ejecutar a sus hermanos y otros descendientes. Firmó una paz perpetua con el imperio bizantino (533), pero posteriormente declaró la guerra a Justiniano y ocupó Antioquía y Lázica. También amplió sus dominios en Arabia. Ordenó un nuevo sistema de impuestos, estimuló las artes y las letras y acogió en su reino a numerosos filósofos griegos.

COSROES II (m. en el 628). Rey sasánida persa. Nieto de Cosroes I, accedió al trono de Persia en el 591 con el apoyo del emperador bizantino Mauricio, entregándole a cambio diversos territorios. Al ser destronado Mauricio, declaró la guerra a Bizancio y llevó el imperio sasánida a su máxima expansión. Encarcelado por orden de uno de sus hijos, murió asesinado en prisión.
Persia 11:352b.

COSSA, FRANCESCO DEL (1436-1478). Pintor italiano. Perteneciente a la escuela renacentista de Ferrara, influyó con su estancia en Bolonia en el desarrollo de la pintura de esta ciudad. Autor de pintura al fresco, trató el tema mitológico-simbólico y la pintura religiosa. Decoró el palacio Schifanoia de Ferrara (h. 1470) y el altar de la capilla Grifoni de la iglesia de san Pretonio de Bolonia (h. 1473).

COSSIERS, JAN (1600-1671). Pintor flamenco. Discípulo de Cornelis de Vos, cultivó temas religiosos, costumbristas y mitológicos. Muy influido por Caravaggio. «Adoración de los pastores», «Fumador», «Narciso».

COSSIGA, FRANCESCO (n. en 1928). Político italiano. Perteneciente a la Democracia Cristiana, desempeñó las carteras de administración pública y del interior. Primer ministro en dos ocasiones (1979-1980). Presidente de la república en 1985.
Scalfaro, Oscar Luigi 13:171b.

COSSÍO, JOSÉ MARÍA DE (1893-1977). Crítico literario y taurino español. Colaborador en diferentes revistas y diarios de Madrid, realizó una enciclopedia sobre el toreo, *Los toros,* escrita entre 1943 y 1961. Designado académico de la lengua en 1948.

COSSÍO, MANUEL BARTOLOMÉ (1857-1935). Pedagogo y crítico de arte español. Profesor y rector de la Institución Libre de Enseñanza, fue uno de los impulsores en España de la doctrina krausista en el campo de la pedagogía, que propugnaba el acercamiento de la cultura al pueblo. *El Greco* (1908), *De su jornada* (1929).

COSSÍO, PANCHO (1898-1970). Francisco Gutiérrez, pintor español de origen cubano. Residió en París y acusó las influencias del cubismo; posteriormente evolucionó hacia un figurativismo austero, de gran sobriedad cromática. «Retrato de la madre del artista» (1942), «La gran mesa» (1962).

COSTA, CLÁUDIO MANUEL DA (1729-1789). Poeta brasileño. Perteneciente al movimiento anticolonial Inconfidência Mineira, murió en prisión. Cultivador de un estilo clasicista y descriptivo, estuvo influido por Luís de Camões. *Obras* (1768), *Vila Rica* (1839).
Brasileña, literatura 3:164b.

COSTA, CORDILLERA DE LA (CHILE). Sistema montañoso que recorre Chile de norte a sur, desde la reg. de Tarapacá hasta la reg. de los Lagos, en Patagonia. Está separada de la cordillera andina por la depresión longitudinal. Alcanza altitudes medias de 2.000 m.
Atacama 2:186a.

COSTA, CORDILLERA DE LA (VENEZUELA). Sistema montañoso venezolano, situado en la parte centrooriental del país. Se extiende desde el valle del río Yaracuy hasta la península de Paria. Paralelo al mar Caribe, está dividido en tres zonas: el macizo de Nirgua, el tramo central y el tramo oriental.
Venezuela 14:258b.

COSTA, GAL (n. en 1945). Maria da Graça Costa Pena Burgos, cantante popular brasileña. Alcanzó la fama en 1968 como integrante del tropicalismo, al lado de Gilberto Gil y Caetano Veloso. *Baby* (1968), *Divino maravilloso* (1968), *London, London* (1969).

COSTA, JOAQUÍN (1846-1911). Jurista, político e historiador español. Representante del reformismo político y social en la España de finales del siglo XIX y primera década del siglo XX.
4:406a; *ilustración* 4:407a.

COSTA, LORENZO (h. 1460-1535). Pintor italiano. Sucedió a Andrea Mantegna como pintor de la corte de Mantua. Destacó en el retrato y la pintura religiosa. «La Virgen con cuatro santos» (1492), «Coronación de la Virgen» (1501).

COSTA, LÚCIO (1902-1998). Arquitecto brasileño. Adepto al estilo internacional, fue el introductor del funcionalismo en Brasil.
4:407a; Brasilia 3:167b; Burle Marx, Roberto 3:230b; Le Corbusier 9:92b; Niemeyer, Oscar 10:406a.

COSTA AZUL. Sector del litoral francés del Mediterráneo, entre la frontera italiana y Marsella. Debe su fama a la suavidad de su clima y sus escasas precipitaciones.
Niza 10:424a.

COSTA BLANCA. Sector del litoral español del Mediterráneo. Se extiende desde Valencia hasta el mar Menor, en Murcia. Se trata de una costa llana, salvo en el sur, donde es algo accidentada y con calas. Fuerte industria turística.

COSTA BRAVA. Región costera del nordeste de España, en la comunidad autónoma de Cataluña. Se extiende a lo largo de 120 km bordeando el mar Mediterráneo, desde Francia hasta el sur de la prov. de Gerona. Una de las zonas agrícolas más ricas del país. Es muy escarpada e irregular, con múltiples calas de aguas transparentes y gran riqueza piscícola.
Cataluña 4:37b.

COSTA DEL SOL. Sector del litoral español del Mediterráneo, en las provincias de Málaga y Granada. A lo largo de sus 300 km se sucede una concatenación de playas que han dado lugar a un intenso movimiento de turistas.

COSTA DE MARFIL (CÔTE D'IVOIRE). País del África occidental, en el golfo de Guinea. Caps.: Abidján (de facto) y Yamoussoukro (de jure). 320.763 km^2. 15.981.000 hab. (2000).
4:407b; África 1:94; Guinea, golfo de 7:287a; *mapa* 4:407b; *cuadros* 4:408a; *ilustración* 4:408b.

COSTA DE ORO. V. **Ghana.**

COSTA E SILVA, ARTUR DA (1902-1969). Militar y político brasileño. Presidente de la república de 1966 a 1969.
4:409a; Brasil 3:161b.

COSTA-GAVRAS (n. en 1933). Konstantin Gavras, cineasta francés de origen griego. Ayudante de René Clair y René Clément entre otros, fue uno de los principales representantes del cine de argumento político desde la década de 1960. *Z* (1968), *La confesión* (1970), *Estado de sitio* (1973), *Desaparecido* (1982), *Consejo de familia* (1986), *El pequeño apocalipsis* (1993).

COSTA I LLOBERA, MIQUEL (1854-1922). Poeta español en castellano y catalán. Figura eminente de la «escuela mallorquina». Su poesía catalana se caracterizó por la perfección formal inspirada en los clásicos latinos. *Tradicions i fantasies* (1903), *Horacianes* (1906).

COSTA MESA. Ciudad de los Estados Unidos en el est. de California, parte de la aglomeración urbana de Los Ángeles. Colegios universitarios, museos. Industria ligera. 102.348 hab. (1998).

COSTA RICA. País de América central, a orillas del océano Pacífico y el mar Caribe. Cap. San José. 51.100 km^2. 3.644.000 hab. (2000).
4:409b; América 1:272b; Amerindios, pueblos 1:296a; Centroamérica, Provincias Unidas de 4:78b; Independencia de Hispanoamérica 8:147a; Rodríguez Echeverría, Miguel Ángel 12:408a; San José 13:127a; San José, provincia de 13:128a; *mapa* 4:409b; *cuadros* 4:410a; 4:412a; 4:416; *ilustraciones* 4:410b; 4:411b; 4:412b; 4:413b; 4:414; 4:415b; 4:416a.

COSTER, CHARLES DE (1827-1879). Escritor belga en lengua francesa. Autor de una obra en la que, basándose en las tradiciones y leyendas de su país, reflejaba en clave realista el espíritu de exaltación nacional de la época. *Leyendas flamencas* (1858), *La leyenda y aventuras de Tyl Ulenspiegel* (1866).
Belga, literatura 2:389a.

COSTERA, CORDILLERA. Sistema montañoso que se extiende de forma paralela a la costa del Pacífico en América del norte. Con una extensión de 3.700 km, comprende desde Alaska hasta California. Su altura más importante se encuentra en el monte Logan (6.050 m), en la frontera entre Alaska y Canadá.
Canadá 3:316a.

COSTERAS CATALANAS, CORDILLERAS. Sistema montañoso español, situado en el nordeste de la península ibérica, en la comunidad autónoma de Cataluña. Paralelo a la costa mediterránea, está dividido en tres unidades principales: la cordillera litoral o serralada de Marina, la depresión prelitoral y la cordillera prelitoral o serralada prelitoral. La máxima altitud es el macizo de Montseny (1712 m).
Cataluña 4:36a; España 6:64a.

COSTILLARES (1729-1800). Joaquín Rodríguez, matador de toros español. Tomó la alternativa posiblemente en 1762. Alternó su fama con la de Pedro Romero. Creador de la suerte de matar a volapié. Elevó la categoría del toreo de muleta. Retratado por Goya.

COSTILLAS. Huesos muy alargados, en forma de arco cóncavo hacia adentro, que, en número de 24 (12 de cada lado), constituyen la caja torácica, junto con el esternón y las vértebras dorsales.
Hueso 8:86b.

COSTNER, KEVIN (n. en 1955). Productor, director y actor cinematográfico estadounidense. Especializado en películas de acción, alcanzó gran fama internacional. *Bailando con lobos* (1990), *El mensajero del futuro* (1997).

COSTO-BENEFICIO, ANÁLISIS. Método de valoración económica mediante el cual se mide la eficacia y rentabilidad de una empresa y se establece una previsión sobre la viabilidad futura de la misma. Los parámetros que se utilizan son el costo y el beneficio de la empresa en un período determinado.
Planificación económica 12:18b.

COSTO DE VIDA, ÍNDICE DE. Cálculo realizado por los institutos de estadística basado en la periódica determinación de los precios de una serie prefijada de bienes correspondientes a las necesidades previsibles de una familia media.

COSTUMBRISMO. En literatura y pintura, descripción de las costumbres, los usos, los ambientes, la vida cotidiana, los arquetipos, etc., de un lugar.
Alenza, Leonardo 1:197a; Benavente, Jacinto 2:406a; Blest, Alberto 3:71a; Caballero, Fernán 3:245b; González Zeledón, Manuel 7:167a; Mesonero Romanos, Ramón de 10:82b.

COSTURA. Técnica de confeccionar o coser prendas de vestir. La costura artesanal se realiza para uso personal, mientras la alta costura es ejecutada por profesionales de la moda que ofrecen sus diseños según períodos estacionales llamados temporadas. La confección industrial elabora ropa para consumo masivo.

COTA DE MALLA. Protección del cuerpo introducida en la edad media para sustituir a la coraza, permitiendo mayor flexibilidad de movimientos. Se usaron diversos artificios para conjugar la resistencia y la flexibilidad: tiras de cuero reforzadas, escamas sobrepuestas y, sobre todo, anillos encadenados.

COTANGENTE. Relación trigonométrica que existe en un triángulo rectángulo entre el lado adyacente a un ángulo agudo y el lado opuesto. Inversa de la tangente.
Trigonometría 14:128a.

CÔTE D'IVOIRE. V. **Costa de Marfil.**

CÔTE-D'OR. Departamento perteneciente a la reg. de Borgoña, en el centro-este de Francia. Incluye 37 cantones y 716 comunas. Importante centro vinícola. Cap. Dijon. 8.763 km^2. 507.300 hab. (1995).
Borgoña 3:115a.

COTILEDÓN. Esbozo de la hoja en el embrión de la planta de las angiospermas. Doble en las dicotiledóneas y simple en las monocotiledóneas.

COTINGA. Pájaro de la familia de los cotíngidos, de pico fuerte y plumaje vistoso. Vive en regiones tropicales americanas.

COTO. V. **Bocio.**

COTO DE DOÑANA, PARQUE NACIONAL DE. V. **Doñana, Coto de.**

COTONOU. Ciudad de Benin, en el golfo de Guinea. Primera población del país. Actividades portuarias y administrativas. Mantiene zona antigua con arquitectura colonial. 533.212 hab. (1992).
Benin 2:412b.

COTOPAXI. Provincia del Ecuador en la cordillera de los Andes. Volcán Cotopaxi en actividad. Carretera panamericana. Depósitos de cobre; agricultura; ganado vacuno y lanar. Cap. Latacunga. 6.072 km^2. 299.443 hab. (1997).

COTOPAXI, MONTE. Pico volcánico del Ecuador, cordillera Central de los Andes, entre las prov. de Cotopaxi y Pichincha. Con 5.897 m es el volcán activo más alto del mundo.
Andes 1:332a.

COTORRA. Ave psitaciforme de la familia de los psitácidos. Diversos géneros y especies. Plumaje de color variado con predominio del verde. Distribución tropical, sobre todo en Sudamérica.

COTTA, FAMILIA. Editores alemanes. La casa fundacional fue creada en 1659 por Johann Georg Cotta (1631-1692). Entre sus sucesores destacó Johann Friedrich Cotta (1764-1832), quien fue editor de Schiller, Goethe, Herder, Schlegel, Fichte y Hegel, entre otros.

COTTBUS. Ciudad de Alemania, cap. del dist. homónimo a orillas del río Spree. Restos de antiguas fortificaciones, iglesias de los siglos XIV y XV. Tejidos, equipos electrónicos. Nudo ferroviario. 118.463 hab. (1998).

COTTE, ROBERT DE (1656-1735). Arquitecto francés. Director de la fábrica real de tapices de los Gobelinos. Representante característico del estilo rococó, fue constructor y decorador de numerosos palacios (Hotel d'Estrées, París).

COTTEN, JOSEPH (1905-1994). Actor cinematográfico estadounidense. Fue ayudante de dirección de Orson Welles, con quien debutó en el cine con *Ciudadano Kane* (1941). Otras películas importantes suyas fueron *Duelo al sol* (1946) y *El tercer hombre* (1949).

COTTINGTON, FRANCIS, BARÓN DE (h. 1579-1652). Político inglés. Fue embajador en España, entre 1616 y 1617, bajo el reinado de Jacobo I. Apoyó al bando católico y fue nombrado *Lord* tesorero en 1643. Defendió a Carlos I en la guerra civil y solicitó ayuda a la corona española para la causa realista.

COTTON BELT. Región agrícola estadounidense que ha mantenido una dedicación especial al cultivo del algodón. Cubre amplias extensiones de los estados del sudeste del país: Carolina del Sur, Georgia, Alabama, Mississippi, Arkansas, Louisiana, Texas y Oklahoma.

COTTON-MOUTON, EFECTO. Aparición de un doble rayo refractado en un líquido, cuando éste se halla sometido a la acción de un campo magnético que actúa transversalmente a él.

COTUÍ. Ciudad de la República Dominicana, cap. de la prov. de Sánchez Ramírez, a orillas del río Yuna. Fundada en 1505 como centro minero. Piritas, ámbar, grafito, arroz, cacao. 16.688 hab. (1981).

COTURNO. Calzado usado antiguamente por los griegos y romanos. Con suela de corcho, cubría parte de la pantorrilla y se sujetaba con cordones. Era utilizado preferentemente por los actores de teatro para realzar su estatura.

COTY, RENÉ (1882-1962). Político francés, último presidente de la cuarta república, de 1954 a 1959. La crisis de mayo de 1958, en la que amenazó con dimitir, permitió al general Charles de Gaulle acceder a la presidencia de la quinta república.

COUBERTIN, PIERRE, BARÓN DE (1863-1937). Pedagogo francés. Reanudó en 1896 los Juegos Olímpicos, tras casi 1.500 años de suspensión. Primer presidente del Comité Olímpico Internacional, entre 1896 y 1925. Fue también el primero que preconizó en Francia la educación física.
Deporte 5:132b; Olímpicos, Juegos 11:95b.

COULOMB, CHARLES DE (1736-1806). Físico francés pionero de la teoría eléctrica. A él se debe la ley que lleva su nombre sobre fuerzas entre cargas eléctricas.
4:417b; Electricidad 5:353b; Electromagnetismo 5:361a; Magnetismo 9:287b.

COULOMB, LEY DE. Principio de la electricidad que rige el comportamiento electrostático de las cargas. Establece que la fuerza de atracción o repulsión entre dos cargas es directamente proporcional a sus valores e inversamente proporcional al cuadrado de la distancia que las separa. Esta fuerza es atractiva si las cargas poseen signos distintos, y repulsiva en caso contrario.

COUNTRY, MÚSICA. Estilo musical originario de las zonas rurales del sur de los Estados Unidos. Difundido a partir de la década de 1920, alcanzó un gran desarrollo después de la segunda guerra mundial con el establecimiento en la ciudad de Nashville, Tennessee, de importantes casas discográficas dedicadas a su comercialización.
Pop, música 12:83a.

COUPERIN, FRANÇOIS (1668-1733). Compositor e intérprete francés, autor de numerosas *suites* para clavecín.
4:418a; Música 10:313a.

COUPERUS, LOUIS MARIE ANNE (1863-1923). Novelista neerlandés. Uno de los representantes de la renovación literaria de su país en la segunda mitad del siglo XIX. Sus obras, escritas con gran versatilidad de ingenio, van del realismo de influencia francesa hasta el espíritu decadente de fin de siglo. *Eline Vere* (1889), *Psiquis* (1898), *Iskander* (1920).

COUPLES, FRED (n. en 1959). Golfista estadounidense. Formó parte del equipo de su país, ganador de la copa del mundo entre 1992 y 1995.

COURBET, GUSTAVE (1819-1877). Pintor francés. Considerado como una de las figuras más representativas de la pintura realista del siglo XIX.
4:418a; Impresionismo 8:136a; Realismo 12:281a; *ilustración* 4:418a.

COURIER, PAUL-LOUIS (1722-1825). Escritor francés. Ejerció la carrera militar hasta 1809 y realizó traducciones de autores clásicos griegos y panfletos políticos en los que atacaba la restauración borbónica. Murió asesinado. *Petición a las dos cámaras* (1816), *El panfleto de los panfletos* (1824).

COURNAND, ANDRÉ FRÉDÉRIC (1895-1988). Médico estadounidense de origen francés. Recibió el Premio Nobel en 1956, junto con Werner Forssmann y Dickinson W. Richards, por sus trabajos sobre cateterismo cardiaco y modificaciones patológicas en el sistema circulatorio.

COURNOT, ANTOINE-AUGUSTIN (1801-1877). Economista, matemático y filósofo francés. Rector de la Universidad de Grenoble (1835) y de la Academia de Dijon (1854-1862), vinculó el estudio de las matemáticas con las cuestiones económicas. Realizó trabajos teóricos sobre el cálculo de probabilidades. *Investigaciones sobre los principios matemáticos de la teoría de las riquezas* (1838).

COURRÈGES, ANDRÉ (n. en 1923). Modista francés. Alumno de Cristóbal Balenciaga, abrió casa propia en 1961 y se estableció como gran modista con la colección 1964. En sus creaciones primó el carácter juvenil y vanguardista. Trabajó en el mercado de los complementos (perfumes, etc.).

COURTRAI. Ciudad de Bélgica en Flandes Occidental, a orillas del río Lys. Iglesia de Nuestra Señora del siglo XII. Ayuntamiento gótico. Fibra de lino; muebles. 75.731 hab. (1982).

COURTRAI, BATALLA DE. Enfrentamiento bélico acaecido el 11 de julio de 1302 en las proximidades de la ciudad belga de Courtrai (Kortrijk, en lengua flamenca). Combatieron las fuerzas de las guildas flamencas, al mando de Guillermo de Juliers, contra las francesas del conde de Artois. Supuso la victoria de los ejércitos de Flandes. Conocida también como la batalla de las espuelas de oro, ya que 4.000 de ellas fueron recogidas como trofeo por los vencedores.

COUSIN, JEAN, EL JOVEN (1522-1594). Pintor francés. Hijo y alumno de Jean Cousin el Viejo, en su único lienzo conocido «El juicio final» (1585), muestra influencias de la escuela de Fontainebleau y del manierismo alemán y flamenco. Destacó como grabador.

COUSIN, JEAN, EL VIEJO (1490-1560/1561). Pintor francés. Representante de la pintura manierista en Francia, en sus obras asoma la influencia de la pintura veneciana y la escuela de Fontainebleau. «Alegoría de la caridad», «Eva, primera Pandora» (h. 1550).

COUSTEAU, JACQUES (1910-1997). Marino y oceanógrafo francés. Famoso por sus amplias investigaciones y expediciones submarinas y sus documentales de difusión mundial.
4:418b; *ilustración* 4:419a.

COUTHON, GEORGES (1755-1794). Político francés. Miembro del Comité de Salvación Pública que gobernó en la Francia revolucionaria durante la época del terror. Fue guillotinado, junto con sus correligionarios Maximilien Robespierre y Louis de Saint-Just.

COUTINHO, Paulo César (1947-1996). Director y escritor de teatro brasileño. Participó activamente en la oposición al régimen militar de su país durante la década de 1960, y tuvo que exiliarse en 1969. De regreso a su país se dedicó exclusivamente a su carrera como escritor y director teatral. *Vida de artista* (1988), *La serpiente de las plumas* (1995).

COUTO, DIOGO DO (1542-1616). Historiador portugués. Marchó en 1599 a la India y se instaló en Goa. Fue cronista de la India a las órdenes de Felipe II de España. Autor de *Soldado práctico,* continuó la obra de João de Barros *Décadas de Asia.*
Portuguesa, literatura 12:100b.

COUTO, RUI RIBEIRO (1898-1963). Poeta brasileño. Una de las figuras más representativas del movimiento modernista. Desempeñó importantes cargos diplomáticos. *Poemas de ternura y de melancolía* (1924), *Canciones del ausente* (1943), *El día es largo* (1944).

COUVE DE MURVILLE, MAURICE (1907-1999). Político francés. Desempeñó diversos puestos diplomáticos fuera de su país y ocupó la cartera de asuntos exteriores entre 1958 y 1968 y de finanzas en 1968. Primer ministro entre julio de 1968 y junio de 1969. Senador desde 1986.

COVADA. Costumbre casi extinguida en el mundo y que se practicaba en pueblos primitivos de América así como en algunas zonas españolas y francesas, consistente en representar el marido el papel de parturienta después de que su esposa hubiera realmente dado a luz. Enlaza con ritos mágicos y posibles actitudes matriarcales primitivas.

COVADONGA, BATALLA DE. Enfrentamiento de los astures, bajo las órdenes de don Pelayo, contra los musulmanes, hacia el 722. La fama de su triunfo frente a las huestes mandadas por Alcama, al que acompañaba y asesoraba Opas, arzobispo de Sevilla, se extendió por toda la península e impulsó el inicio de la Reconquista.

COVADONGA, NUESTRA SEÑORA DE. Advocación de la Virgen María especialmente venerada en Asturias (España), donde se erige un importante santuario en su honor (sierra de Covadonga). Según la tradición, a su milagrosa intervención se debieron los primeros triunfos de la Reconquista contra los musulmanes (siglo VIII).
Marianas, advocaciones 9:366b.

COVALENCIA. Característica definitoria del enlace covalente, en el que los átomos se unen por compartición de pares de electrones.
Enlace 5:419a; Sólido, estado 13:295a.

COVARRUBIAS, ANTONIO ALONSO (1488-1570). Arquitecto español. Iniciado en el estilo plateresco, adoptó en la década de 1530 una línea austera que prefiguró la obra de Juan de Herrera. Puerta Nueva de Bisagra, Toledo (1554); Hospital de Tavera, Toledo (1541-1551).

COVARRUBIAS, MIGUEL (1904-1957). Pintor, ilustrador y antropólogo mexicano. Inició su carrera en el campo de la caricatura y la escenografía, cosechando éxitos tanto en los Estados Unidos como en Europa. Autor de libros como *La isla de Bali* (1937), *El águila, el jaguar y la serpiente* (1954), *Arte indígena de México y Centroamérica* (1961).

COVARRUBIAS, SEBASTIÁN DE (1539-1613). Lexicógrafo español. Autor de *Tesoro de la lengua castellana o española,* diccionario enciclopédico y etimológico del siglo XVII.
4:419a; Diccionario 5:176b;

COVARRUBIAS Y LEIVA, DIEGO DE (1512-1577). Jurista y eclesiástico español, conocido como el Bártolo español. Enseñó cánones en Salamanca y Oviedo. Fue obispo en diversas diócesis y presidió los consejos de Castilla (1572) y de estado (1574). En el concilio de Trento redactó los decretos reformadores. Se mostró partidario del regalismo (doctrina favorable a la primacía de la corona) en el conflicto suscitado entre los derechos del papado y del imperio.

COVELLINA. Mineral de sulfuro de cobre. Cristaliza en el sistema hexagonal y tiene un característico color azul oscuro. Es un mineral secundario en la zona de oxidación de los depósitos de cobre. Fórmula, CuS.

COVENTRY. Ciudad del Reino Unido en el condado de West Midlands, Inglaterra. Sufrió grandes daños durante la segunda guerra mundial. Monumento a *Lady* Godiva; catedral (1962). Automóviles, herramientas eléctricas. Universidad. 294.387 hab. (1999).

COVILHÃ, PÊRO DA (h. 1460-1526). Viajero portugués. Comisionado por el rey Juan II para averiguar si se podía alcanzar la India circunnavegando el África meridional, visitó dicha región y hacia 1493 alcanzó Etiopía. Pasó el resto de su vida en este país, cuyas relaciones diplomáticas con Portugal ayudó a establecer.

COWARD, NOËL (1899-1973). Comediógrafo, actor y director cinematográfico británico. Se distinguió especialmente en la comedia de costumbres, aunque realizó también obras de temática histórica. Adaptó al cine algunas de sus comedias. *Torbellino* (1925), *Un espíritu burlón* (1941), *Desnudo con violín* (1962).

COWELL, HENRY (1887-1965). Compositor estadounidense. Gran innovador y prolífico autor, enseñó música en la Universidad Columbia de Nueva York. Fundó el *New Music Quarterly* para publicar partituras.

COWLEY, ABRAHAM (1618-1667). Poeta inglés. Último representante del grupo poético de los metafísicos. Fue el introductor en Inglaterra de la oda pindárica. Apoyó y conspiró para la reinstauración de la monarquía en Inglaterra. *La amante* (1647), *Versos ocasionales* (1663).

COWPER. Aparato utilizado para calentar el aire antes de que entre en un alto horno, lo que contribuye a incrementar la eficiencia del mismo. Inventado en 1860 por el británico Edward Alfred Cowper.

COWPER, WILLIAM (1731-1800). Poeta inglés. Autor muy celebrado en su época, sus composiciones recrean un mundo prerromántico marcado por la exaltación de la vida sencilla y natural y el espíritu religioso. Atravesó graves crisis mentales. *Himnos de Olney* (1779), *La divertida historia de John Gilpin* (1782), *La tarea* (1785).

COX, JEAN (1919-1980). Pintor belga. Fue uno de los fundadores del grupo Joven Pintura Belga en la década de 1940. Su producción, de extraordinaria calidad cromática y poblada por figuras fantasmagóricas, acusó la influencia del surrealismo y del expresionismo. «La Ilíada» (1975).

COXCIE, MICHIEL (1499-1592). Pintor flamenco. Imitador de la obra de Rafael durante su estancia italiana (1532-1538), fue pintor de cámara de Felipe II (1554), para quien copió el «Cordero místico» de los Van Eyck. Autor de pintura religiosa y retratos. «El nacimiento de la Virgen», «Retrato de mujer» (1562), «La última cena» (1567).

CÓXIS. V. **Cóccix.**

COYA. Mujer del emperador, soberana o princesa entre los antiguos incas.

COYANZA, CONCILIO DE. Consejo eclesiástico convocado en la población leonesa de Coyanza por Fernando I de Castilla. Culminación del proceso de reorganización interna iniciado por este rey en el 1038. Fijó legislaciones para castellanos y leoneses, junto con normas de aplicación de la justicia y de la vida religiosa.

COYOACÁN. Delegación (entidad administrativa) en el sur del Distrito Federal, ciudad de México. Edificios coloniales. 640.006 hab. (1990).

COYOLXAUHQUI. Personificación de la luna en la mitología azteca. Intentó junto con sus 400 hijos (las estrellas del sur) dar muerte a su progenitora, Coatlicue, madre también del sol naciente, Huitzilopochtli. Éste le cortó la cabeza, que clavó en la cima del monte Coatepec, lugar en donde moraba.

COYOTE. Mamífero carnívoro de la familia de los cánidos (*Canis latrans*).
4:419b; *ilustración* 4:419b.

COYPEL, ANTOINE (1661-1722). Pintor francés. Hijo y discípulo de Noël Coypel. Formado en Roma y París, fue nombrado primer pintor de Luis XIV en 1715. Representante de la pintura ornamentista francesa, decoró el Palacio Real de París y la bóveda de la capilla real de Versalles (1708-1710).

COYPEL, CHARLES-ANTOINE (1694-1752). Pintor francés. Hijo de Antoine Coypel, fue primer pintor real desde 1747 y trabajó para la fábrica de los Gobelinos, diseñando una serie de tapices sobre don Quijote. Autor también de numerosas ilustraciones de libros, retratos y cuadros de temática religiosa. «Los peregrinos de Emaús» (1746).

COYPEL, NOËL (1628-1707). Pintor francés. Fundador de una dinastía de pintores cortesanos, ingresó en la Academia en 1663. Fue influido primero por Nicholas Poussin y después por Charles Le Brun. Pintó obras decorativas para Luis XIV en las Tullerías, el Louvre y Versalles, así como trabajos religiosos. «El martirio de Santiago».

COYSEVOX, ANTOINE (1640-1720). Escultor francés. Profesor y director de la Academia desde 1702, fue autor de gran número de retratos de Luis XIV y su familia y motivos decorativos para los distintos palacios reales. «Tumba del cardenal Mazarino» (1689-1693), «Los caballos del abrevadero» (17001702), «Luis XIV arrodillado» (1715).

COYUCA DE BENÍTEZ. Población mexicana del est. de Guerrero, en la costa del Pacífico, al noroeste de Acapulco. Fruta, maíz, tabaco, ganadería, industrias textiles. 60.820 hab. (1990; municipio).

COYUCA DE CATALÁN. Población mexicana del est. de Guerrero. Situada en la sierra Madre del sur, está bañada por el río Balsas. Fruta, maíz, explotación forestal, minas de oro, plata y cobre. 43.721 hab. (1990; municipio).

COZAANA. Divinidad del panteón zapoteca del México antiguo. Se le atribuía la creación de los animales y del ser humano. También conocido como Nahuichana.

COZUMEL. Isla del est. mexicano de Quintana Roo, en el Caribe, a 16 km de la península de Yucatán. Restos arqueológicos de la cultura maya; centro turístico. 489 km^2. Se denomina también así el municipio al que pertenece la isla. 44.868 hab. (1990; municipio).

CPU. Unidad central de proceso de una computadora (ordenador), formada por la memoria central, la unidad de control y la unidad aritmético-lógica.
Computación, teoría matemática de la 4:307b.

CRACK (DEPORTE). Término de argot deportivo empleado para designar a un deportista que sobresale por sus cualidades dentro de su equipo.

CRACK (DROGA). Sustancia alucinógena, obtenida a partir de la planta de la coca (*Erythroxylum coca*), que se fuma en vez de consumirse por inhalación como la cocaína. Su reducido precio con relación a ésta ha sido factor fundamental en la popularidad de su consumo.
Coca 4:244a.

CRACK (ECONOMÍA). Término inglés que expresa el repentino derrumbamiento de un sistema económico. Se aplica especialmente a las bajas imprevistas y muy fuertes en los índices bursátiles producidos por la venta masiva de acciones y obligaciones en las bolsas de valores.

CRACKER. Término inglés aplicado a los usuarios de las redes de comunicaciones que persiguen deliberadamente violentar los sistemas de seguridad de las mismas en beneficio propio o por simple diversión. Con frecuencia, los *crackers* realizan actividades delictivas y obstaculizan el empleo de los recursos de estas redes por otros usuarios. Este afán de dañar la información distingue a los *crackers* de los *hackers*, quienes entran en las redes sin intención destructora.

CRACKING. V. **Craqueo.**

CRACOVIA. Ciudad de Polonia a orillas del Vístula. 740.666 hab. (1999).
4:420a; Polonia 12:74a; Vístula, río 14:334b; *ilustración* 4:420a.

CRAIG, EDWARD GORDON (1872-1966). Actor, escenógrafo y escritor británico. Revolucionó en Europa la técnica teatral.
4:420b; Teatro 13:411a; *ilustración* 4:421a.

CRAIOVA. Ciudad de Rumania en el dist. de Dolj, a orillas del río Jiu. Restos de una fortaleza romana de la época de Trajano. Iglesia de San Demetrio (siglo XVII), reconstruida; universidad, museo. Maquinaria pesada. 312.891 hab. (1997).

CRAMER, GABRIEL (1704-1752). Matemático suizo. Autor de notables innovaciones en la notación de ecuaciones algebraicas. Miembro de la Royal Society y la Academia de Berlín. En su obra *Introducción al análisis de las curvas algebraicas* (1750), compendió el saber de su tiempo sobre geometría analítica.

CRAMER, SISTEMA DE. Sistema algebraico desarrollado por el matemático suizo Gabriel Cramer. Establece la resolución del problema planteado ante un sistema lineal en el que se mantienen un número de ecuaciones igual al de incógnitas.

CRANACH, LUCAS (EL JOVEN) (1515-1586). Pintor alemán. Hijo de Lucas Cranach el Viejo, continuó la obra y el estilo de su padre. «La fuente de la juventud» (1546), «Augusto de Sajonia».

CRANACH, LUCAS (EL VIEJO) (1472-1553). Lucas Müller, pintor y grabador alemán. Su producción abordó casi todos los géneros, destacando especialmente como retratista.
4:421a; *ilustración* 4:421b.

CRANE, HART (1899-1932). Poeta estadounidense. Autor de una obra poética basada en una reflexión sobre el mito de la cultura de su país a partir de sus grandes símbolos. Marcado por una existencia atormentada, se suicidó a la edad de 33 años. *Para las bodas de Fausto y Helena* (1923), *Edificios blancos* (1923), *El puente* (1930).

CRANE, STEPHEN (1871-1900). Novelista estadounidense. Adoptó un estilo realista que influyó poderosamente en la literatura de principios del siglo XX en su país.

CRÁNEO. Cavidad ósea de la cabeza, formada en el ser humano por los huesos frontal, los parietales, los temporales, el occipital, el etmoides y el esfenoides, que contiene los centros nerviosos superiores (cerebro, cerebelo y tronco cerebral).
Hueso 8:86a; Reptiles 12:339b; Vertebrados 14:283a.

CRANEOTOMÍA. Operación que consiste en abrir o perforar el cráneo con fines terapéuticos. Antiguamente consistía en reducir cruentamente los diámetros de la cabeza fetal hasta hacer posible su paso a través de la pelvis materna.

CRANKO, JOHN (1927-1973). Bailarín y coreógrafo sudafricano. Primer bailarín en el ballet de Marie Rambert, el New York City Ballet y la Ópera de París. Realizó su primera coreografía, *El cuento del soldado*, en 1942. Se distinguió sobre todo por su trabajo al frente del Ballet de la Ópera de Stuttgart.

CRANMER, THOMAS (1489-1556). Religioso inglés, primer arzobispo protestante de Canterbury desde 1533 hasta su muerte. Fue consejero de los reyes Enrique VIII y Eduardo VI. Introdujo la Biblia en las parroquias y compuso una letanía que todavía se canta. La reina católica, María I (María Tudor), lo denunció como promotor del protestantismo. Convicto de herejía, murió en la hoguera.
Anglicanismo 1:357a.

CRAQUEO. Rotura en la cadena de hidrocarburos de las fracciones más pesadas del petróleo por métodos térmicos o catalíticos, a fin de obtener otras de peso molecular más reducido.
Petróleo y derivados 11:382a; Petroquímica 11:384b; Plástico 12:25a.

CRASHAW, RICHARD (1613-1649). Poeta inglés. Representante del grupo poético de los metafísicos, se convirtió al catolicismo y escribió poesía religiosa de estilo barroco. Autor muy influido por los escritores místicos españoles e italianos. *Libro de epigramas sagrados* (1644), *Peldaños al templo* (1644), *Carmen Deo Nostro* (1652).

CRASO, MARCO LICINIO (h. el 115-53 a.C.). Político romano. Junto con Julio César y Pompeyo formó el primer triunvirato en los últimos años de la república. Gobernador de Siria desde el 54, su muerte en combate contra los partos dio lugar a la guerra civil entre sus dos compañeros de gobierno.
César, Julio 4:93a; Espartaco 6:102a; Pompeyo, Cneo 12:80a; Roma antigua 12:422a.

CRÁTER. Depresión en forma de cono invertido situada generalmente en la parte superior de las elevaciones volcánicas. Se origina como consecuencia de las explosiones del volcán, en especial por la acción expansiva de los gases.

CRÁTERA. Amplia vasija con asas empleada en Grecia y Roma para mezclar el vino con el agua. Según su tipología recibe el nombre de crátera cáliz, crátera de copa o campana, o crátera con columnillas y clinos.

CRÁTER LUNAR. Accidentes de la superficie lunar, probablemente de origen meteórico o volcánico. Gran profusión de casos, a veces superpuestos unos a otros, de todos los tamaños y dispersos en casi toda la superficie.
Luna 9:244b.

CRÁTERO (h. el 370-321 a.C.). Uno de los más brillantes lugartenientes de Alejandro Magno, a quien acompañó en la expedición a Asia. Murió en las luchas que se desataron a la muerte de Alejandro.

CRATES DE ATENAS (siglo III a.C.). Filósofo ateniense. Sucedió a Polemón como director de la Academia platónica, puesto que ocupó entre el 270 y el 264 a.C. Siguió fielmente las doctrinas planteadas por sus antecesores Espeusipo y Xenócrates de Calcedonia.

CRATES DE MALOS (siglo II a.C.). Gramático griego. Adscrito al estoicismo filosófico, fue el fundador y principal exponente de la escuela literaria de Pérgamo. Defendió el sentido alegórico mantenido en la obra de Homero. Viajó a Roma en el 170 a.C. como embajador del rey de Pérgamo, Eumenes II.

CRATES DE TEBAS. Filósofo griego activo en Atenas en el siglo IV a.C. Discípulo de Diógenes, utilizó el sarcasmo y la ironía para defender los puntos de vista de la escuela cínica.

CRATINO (m. h. el 420 a.C.). Poeta cómico griego. Considerado, junto con Eupolis y Aristófanes, como uno de los tres grandes representantes de la comedia antigua en Grecia. Autor de obras en las que mezclaba la parodia mitológica con la crítica política.

CRATO, PRIOR DE. V. **Antonio, prior de Crato.**

CRATÓN. V. **Escudo** (GEOLOGÍA).

CRAWFORD, ISABELLA VALANCY (1850-1887). Poetisa canadiense de origen irlandés. Hija de un médico inmigrado, pasó su infancia en la región de los lagos en Ontario. Influida por los románticos y victorianos británicos, centró su obra en la descripción de los paisajes canadienses. *Desfile de viejos fantasmas, Katie de Malcolm y otros poemas* (1884).

CRAWFORD, JOAN (1908-1977). Actriz estadounidense. Destacó por su acusada personalidad. Entre otras películas protagonizó *Gran Hotel* (1932), *Un rostro de mujer* (1941) y *Johnny Guitar* (1953). En 1962 actuó con Bette Davis en *¿Qué fue de Baby Jane?*

CRAWL. Estilo de natación en que el nadador se desliza sobre el vientre, mientras las piernas efectúan un movimiento pendular arriba y abajo, y los brazos se introducen en el agua alternativamente.
Acuáticos, deportes 1:45a.

CRAXI, BETTINO (1934-2000). Político italiano perteneciente al Partido Socialista, cuya secretaría general alcanzó en 1976. Ocupó la jefatura del gobierno en varias legislaturas.

CRAY, SEYMOUR (1925-1996). Ingeniero electrónico estadounidense. En sus inicios, trabajó en la Engineering Research Associates (ERA). Fue uno de los fundadores en 1957 de Control Data Corporation, y en 1972 de la empresa de superordenadores Cray Research Incorporated.

CREACIÓN (ARTE). Acto que da origen a una obra artística original. Según algunos estudiosos de la estética, distingue la actividad realmente artística de la meramente artesanal.

CREACIÓN (TEOLOGÍA). Acto según el cual, de conformidad con la mayoría de las religiones, un ente divino dio origen al universo.
4:422a; Dios 5:200b; Mito y mitología 10:195a; *ilustraciones* 4:422a; 4:423; 4:424a.

CREACIONISMO. Movimiento vanguardista de la poesía lírica cuyo objeto es el poema en sí, no el tema de éste. Gerardo Diego, español, y Vicente Huidobro, chileno, se encuentran entre sus representantes más destacados.
Huidobro, Vicente 8:90a.

CREANGÂ, ION (1837-1889). Escritor rumano. Clérigo y profesor, en 1872 dejó los hábitos para dedicarse únicamente a la literatura. Amigo del poeta Mihail Eminescu, formó parte del grupo Juminea (Juventud). Su obra, publicada en la revista *Coloquios Literarios*, marcó el inicio de la prosa rumana. *Cuentos populares, Recuerdos de la infancia* (1881-1888).

CRÉBILLON, CLAUDE-PROSPER JOLYOT DE (1707-1777). Escritor francés, hijo del dramaturgo Prosper Jolyot de Crébillon. Autor de novelas de tema satírico y licencioso, en las que profundizó, sin embargo, en el estudio de la psicología de los personajes. Ejerció como censor y perteneció a la *Sociedad de la Bodega*. *El sofá* (1742), *La noche y el momento* (1755).

CRECIMIENTO. Desarrollo progresivo de un organismo hasta alcanzar sus características definitivas.
5:1a; Fisiología 6:318b; Pediatría 11:315a; *ilustraciones* 5:1b; 5:2a.

CRECIMIENTO ECONÓMICO. Proceso por el que la riqueza de una nación se incrementa en el transcurso del tiempo.
5:2a; Capitalismo 3:363a; Desarrollo sostenible 5:148a; Empleo y desempleo 5:395a; *ilustraciones* 5:3b.

CRÉCY, BATALLA DE. Combate librado por Eduardo III de Inglaterra, el 26 de agosto de 1346, contra Felipe IV de Francia, en el curso de la guerra de los cien años. Ambos ejércitos se enfrentaron en Crécy, Francia, concluyendo la batalla con la victoria inglesa.
Estrategia y táctica militares 6:167b.

CREDENCIAL. Documento acreditativo del nombramiento a un puesto público y que sirve al beneficiario para tomar posesión del mismo.

CREDI, LORENZO DI (h. 1459-1537). Pintor y escultor italiano. Alumno de Andrea del Verrochio y heredero de su taller, se sintió atraído por el estilo y la técnica de Leonardo da Vinci y la pintura flamenca. No se conserva ninguna de sus esculturas. «Autorretrato» (1488), «Madonna entre san Julián y san Nicolás» (1493), «Venus».

CRÉDITO. Transacción entre dos partes, en la que una de ellas (acreedor o prestamista) entrega dinero, bienes o servicios a cambio de la promesa de un pago futuro por la otra parte (deudor o prestatario).
5:4a; Banca 2:332b; Dinero 5:195b; *ilustraciones* 5:4b; 5:5a-b; 5:6a.

CRÉDITO BLANDO. Crédito bancario que ofrece grandes ventajas al proponer unas condiciones de pago favorables, a largo plazo e intereses muy bajos.

CREDO (RELIGIÓN). Artículos esenciales de la fe de una comunidad religiosa, contenidos en una fórmula breve.
Religión 12:320b.

CREE. Pueblo amerindio de Canadá, perteneciente al grupo lingüístico algonquino. Habita en una extensa área que cubre las zonas comprendidas entre las bahías de Hudson y James y la prov. de Alberta y el Gran Lago de los Esclavos. Dividido entre los cree de los bosques y los cree de las praderas.

CREEK. Pueblo indio de América del norte que habitaba en las praderas de Georgia y Alabama. Pertenecía lingüísticamente al grupo muskogi. Practicaban la agricultura, función realizada por las mujeres, y la caza. Sociedad guerrera muy estratificada, se agrupó durante el siglo XVIII en una confederación para hacer frente a sus enemigos indios y europeos.
Amerindios, pueblos 1:295b.

CREELEY, ROBERT (n. en 1926). Poeta estadounidense. Fue editor de la revista literaria *Black Mountain*, que sirvió como medio de difusión del grupo poético homónimo al que pertenecían también Robert Duncan y Charles Olson. *El látigo* (1957), *Fragmentos* (1969), *Poemas escogidos* (1976).

CREEP. Término inglés que identifica, en geología, el lento movimiento descendente de partículas que tiene lugar en las laderas cubiertas por materiales sueltos y erosionados. Suele producirse a causa de las influencias gravitacionales, las heladas y la expansión de las raíces vegetales y los estratos. Se llama también deslizamiento.

CREFELD. V. **Krefeld.**

CRELLE, AUGUST LEOPOLD (1780-1855). Matemático e ingeniero alemán. Dirigió la construcción de las carreteras y el tendido ferroviario en Prusia. Fundó la revista matemática *Journal für die reine und angewandte Mathematik* (*Revista de matemáticas puras y aplicadas*). Impulsor de los estudios matemáticos en la enseñanza.

CREMA. V. **Diéresis.**

CREMACIÓN. Acción de quemar. Término empleado particularmente para designar la incineración de un cadáver.
Hinduismo 7:418b.

CREMALLERA. Sistema de cierre formado por dos hileras de dientes metálicos que se abren y cierran con un cursor. En ferrocarriles, el mismo término designa un riel (raíl) dentado para engranar una rueda de la locomotora.

CREMER, WILLIAM RANDALL (1838-1908). Sindicalista y pacifista británico. Ocupó diversos cargos sindicales y fue miembro de la Cámara de los Comunes. Su campaña en pro del arbitraje internacional le valió el Premio Nobel de la paz en 1903. Se le concedió el título de *Sir* en 1907.

CREMONA. Ciudad de la reg. italiana de Lombardía, cap. de la prov. homónima. Lugar de nacimiento de Antonio Stradivarius y de gran tradición violinística. Catedral, palacios renacentistas. Agricultura, manufacturas. 80.758 hab. (1981).
Po, río 12:41a.

CREMONA, LUIGI (1830-1903). Matemático italiano. Uno de los máximos exponentes de la escuela italiana del siglo XIX. Realizó principalmente trabajos sobre geometría proyectiva, algebraica e infinitesimal. Definió las transformaciones birracionales. Activo político y hombre público, participó en las revueltas de la unificación italiana y fue vicepresidente del senado en 1897.

CRÉMOR. Polvo salino blanco ligeramente soluble en agua, cuyo nombre científico es tartrato ácido de potasio. Surge naturalmente de la producción de vino. Se usa en medicina como purgante. También se denomina crémor tártaro. Fórmula, $KHC_4H_4O_6$.

CRÉOLE. V. **Criollas, lenguas.**

CREONTE. Personaje de la mitología griega. Rey de Tebas, hermano de Yocasta y tío de Edipo, fue el responsable del suicidio de Antígona, a quien prohibió enterrar a su hermano Polinice. Murió a manos de Teseo.

CREOSOTA. Líquido obtenido en la destilación fraccionada del alquitrán de madera (principalmente de haya). Mezcla de fenoles, especialmente guayacol y cresol. Es antiséptico de las vías respiratorias y se ha utilizado en medicina para tratar la tuberculosis, y en odontología como analgésico. Parecido al fenol, pero de menor toxicidad.

CRÉPIEUX-JAMIN, JULES (1859-1940). Grafólogo francés. Desarrolló los estudios grafológicos y organizó siete especialidades para el estudio de más de un centenar de signos: continuidad, dirección, fuerza, rapidez, presión, dirección, orden. Sus 15 reglas para analizar la escritura son clásicas en este campo. *ABC de la grafología.*
Grafología 7:182b.

CRÉPY, TRATADO DE. Acuerdo firmado por Francisco I de Francia y el emperador Carlos V (I de España), en septiembre de 1544, que ponía fin a la cuarta guerra entre ambos. Los monarcas convinieron devolverse mutuamente los territorios conquistados con posterioridad a la tregua de 1538 firmada en Niza. Carlos V comprometió a su hija María con el duque de Orleans.

CRESA. Larva de algunos insectos dípteros.

CRESCAS, HASDAI BEN ABRAHAM (1340-1410). Filósofo español. Hombre de negocios de religión judía, mantuvo relaciones con la corte aragonesa de Juan I y ejerció como rabino en Zaragoza. Criticó el sistema aristotélico tradicional de Maimónedes. *Refutación de los principios del cristianismo* (1397-1398), *La luz del Señor* (1410).

CRESCENDO. Voz italiana que indica el aumento progresivo de la intensidad en una obra musical. El término apareció en el siglo XVII.

CRESCENZI, GIOVANNI BATTISTA (h. 1577-1635). Arquitecto italiano. A partir de 1617 trabajó en la ornamentación del panteón del monasterio de San Lorenzo de El Escorial, situado bajo el altar mayor, donde reposan los restos de los reyes de España.
Escorial, El 6:42a.

CRESCIMBENI, GIOVANNI MARIO (1663-1728). Escritor italiano. Fundó en 1690 la Academia de la Arcadia. Autor de poemas y novelas pastoriles como *Arcadia* (1709), destacó sobre todo por sus estudios críticos y sus trabajos pioneros sobre la historia de la literatura italiana. *Historia de la poesía italiana* (1698), *La belleza de la poesía vulgar* (1700).
Italiana, literatura 8:322a.

CRESILAS (siglo V a.C.). Escultor griego. Nacido en Creta, trabajó en Atenas durante el gobierno de Pericles y fue sucesor del estilo de Fidias. Existen copias de su busto de Pericles tocado con un casco y de su «Amazona de Éfeso».

CRESO (siglo VI a.C.). Rey de Lidia. De riqueza legendaria, dominó gran parte de Asia menor.
5:6b; Ciro el Grande 4:208a; Maravillas del mundo, las siete 9:351a; Persia 11:350a.

CRESPI, DANIELE (h. 1595-1630). Pintor italiano. Alumno de Giulio Cesare Procaccini e influido por la obra de Giovanni Battista Crespi, fue autor de pintura religiosa de estilo barroco. Artista representativo del espíritu de la contrarreforma. «La cena de san Carlos Borromeo» (1628).

CRESPI, GIOVANNI BATTISTA (h. 1575/1576-1632). Pintor italiano, conocido como *Il Cerano.* Fue director de la Academia de Milán desde 1620 y uno de los principales representantes de la escuela manierista tardía lombarda. «Vida de san Carlos Borromeo» (1602-1610), «La Misa de san Gregorio» (1615-1617).

CRESPI, GIUSEPPE MARIA (1665-1747). Pintor italiano, conocido como *Lo Spagnolo.* Autor de pintura religiosa y cuadros de género, temática esta última en la que destacó por su gran realismo. Influyó en su obra la pintura de los artistas venecianos y desarrolló ampliamente la técnica del claroscuro. Serie de «Los siete sacramentos» (1712-1715), «Confesión de la reina de Bohemia» (1743).

CRESPÍ, JOAN (m. en 1521). Artesano mallorquín. Dirigió desde su puesto de síndico del gremio de cardadores de lana el levantamiento antinobiliario de la germanía (hermandad) de Mallorca (1521). Representante de la fracción moderada del movimiento, fue depuesto por Francesc Colom y ejecutado.

CRESPO, ÁNGEL (1926-1995). Poeta español. Profesor de literatura española en la Universidad de Puerto Rico, ensayista, crítico y traductor. Autor de notables traducciones de la *Divina comedia* de Dante y de la obra de Fernando Pessoa. *En medio del camino* (1971), *El bosque transparente* (1983).

CRESPO, JOAQUÍN (1841-1898). Militar y político venezolano. Presidente de la república en dos ocasiones.
5:6b; Venezuela 14:266b.

CRESQUES, ABRAHAM (m. h. 1387). Cartógrafo judeo-español. Trabajó para la corte catalano-aragonesa de Pedro el Ceremonioso, Juan I y Martín I. Se le atribuye el *Atlas catalá,* obra de 1375 que posiblemente realizó con ayuda de su hijo Jafudá Cresques. Fue también autor de diversos estudios de náutica y relojería.
Atlántico, océano 2:196a.

CRESQUES, JAFUDÁ (h. 1350-1410). Cartógrafo judeo-español. Hijo de Abraham Cresques, se convirtió al cristianismo y adoptó el nombre de Jaume Ribes. Posiblemente participó junto a su padre en la realización del *Atlas catalá* de 1375. Trabajó en Barcelona con Francesco Beccà y en la portuguesa escuela de Sagres fundada por Enrique el Navegante.

CRESSENT, CHARLES (1685-1768). Escultor y ebanista francés. Máximo representante del estilo regencia (transición entre el barroco y el rococó), creó piezas que figuran entre las más bellas de la historia del mueble francés.

CRESTA. Carnosidad roja que tienen sobre la cabeza el gallo y otras aves, en especial los machos.

CRESTOMATÍA. Antología de textos de uno o de diferentes autores, recopilados expresamente con fines docentes.

CRESTON, PAUL (1906-1985). Giuseppe Guttoveggio, compositor estadounidense. Heredero del clasicismo musical, en algunas de sus creaciones está presente la impronta de las nuevas técnicas del polirritmo y el atonalismo. Destacó como organista. *Two Choric Dances* (1938), *Missa pro defunctis* (1938), *Fantasy* (1958).

CRETA (GEOGRAFÍA). Isla de Grecia en el mar Mediterráneo, constituye el límite sur del mar de Creta. Superficie 8.336 km^2. 540.054 hab.
5:7a; Arqueología 2:95b; Arquitectura 2:102a; Egeas, civilizaciones 5:322b; Egeo, mar 5:322b; Exploraciones geográficas 6:213b; Grecia 7:201a; Minoico, arte 10:180a; *mapa* 5:7b; *ilustraciones* 5:7a; 5:8a; 5:9a-b.

CRETA (MINERÍA). Roca caliza blanda de procedencia orgánica. Formada por conchas marítimas fosilizadas y aglutinadas en el fondo de los mares o lagos. Múltiples usos, como la fabricación de lápices de colores.

CRETÁCICO, PERÍODO. Último período de la era secundaria, situado entre el jurásico y el paleoceno. Se inició hace 135 millones de años y duró 70 millones de años. En él aparecieron los primeros mamíferos placentarios y se produjo el levantamiento de las montañas Rocallosas (o Rocosas) y los Andes.
Paleontología 11:227b; Secundaria, era 13:182b.

CRETENSE, ARTE. V. **Minoico, arte.**

CRETENSE, CIVILIZACIÓN. V. **Minoica, civilización.**

CRETINISMO. Desorden endocrino caracterizado por la ausencia casi completa de las facultades intelectuales, asociado con enanismo e infantilismo y debido a una insuficiencia del tiroides durante la gestación o los primeros días de la vida.

CREUS, CABO DE. Promontorio de España en el Mediterráneo, cercano a Cadaqués y al norte del golfo de Rosas. Es el cabo más septentrional de la costa mediterránea española.

CREUSA. Personaje de la mitología griega. Hija de Príamo y de Hécuba, casó con Eneas, con quien tuvo a Ascanio. Según las diferentes versiones, fue hecha prisionera, huyó o fue raptada por Afrodita durante la toma de Troya. Vaticinaba el futuro a Eneas, a quien se le aparecía en sombras.

CREUS Y MARTÍ, JAIME (1760-1825). Religioso español. Presidente de la junta provincial durante la guerra de independencia española, defendió, sin embargo, el sistema absolutista una vez establecida la monarquía borbónica con Fernando VII. Fue obispo de Mallorca (1815), integrante de la regencia de Urgel (1822) y obispo de Tarragona (1823).

CREUTZ, GUSTAV PHILIP (1731-1785). Poeta y diplomático finlandés que escribió en lengua sueca. Fue jefe de gobierno de Gustavo III de Suecia. Autor de poesía pastoril de estilo rococó. *Atis y Camila* (1761).

CREUTZFELD-JAKOB, SÍNDROME DE. Trastorno degenerativo del sistema nervioso central. De carácter crónico, produce un declive, tanto mental como físico, en personas de edad superior a cuarenta años. Es conocido también como encefalopatía espongiforme o «enfermedad de las vacas locas», ya que esta enfermedad se transmite al ser humano por consumir carne de ganado vacuno afectado previamente por el mal.
Encefalopatía espongiforme bovina 5:399b; Medicina 10:32a.

CREVILLENTE. Población española de la prov. de Alicante, comunidad autónoma de Valencia. Iglesia parroquial del siglo XVIII. Agricultura de secano y regadío, especialmente frutales; industria diversa. 22.694 hab. (1991).

CRIADERO. Lugar destinado a la cría de animales o al cultivo de árboles y otras plantas para su posterior trasplante.

CRIBA. Instrumento formado por un cerco, de madera o metálico, con una red o malla para cerner materiales. Emplea diversos sistemas fijos y vibratorios.

CRIBADO. Método de diagnóstico en medicina preventiva aplicado a una población de individuos asintomáticos con objeto de buscar una determinada enfermedad latente.

CRICIÚMA. Ciudad de Brasil en el est. de Santa Catarina. Extracción y exportación de carbón metalúrgico. 143.229 hab. (1996).

CRICK, FRANCIS HARRY COMPTON (n. en 1916). Biólogo británico. En 1962 compartió el Premio Nobel de medicina con su compatriota M. H. F. Wilkins y el estadounidense J. D. Watson, por sus descubrimientos de la estructura molecular de los ácidos nucleicos.

CRIMEA. Región administrativa de la Rep. de Ucrania, en la península de Crimea entre el mar de Azov y el Negro. Cereales, viñedos, tabaco; aceites esenciales. Turismo. Cap. Simferopol. 27.000 km^2. 2.205.600 hab. (1996).

CRIMEA, GUERRA DE. Enfrentamientos de octubre de 1853 a febrero de 1856 en la península de Crimea entre Rusia y una coalición de británicos, franceses y turcos, principalmente, para evitar el acceso de la primera a los Balcanes y a las vías de acceso hacia la India.
5:10a; Napoleón III 10:346a; Rusia 13:61b; *ilustraciones* 5:10a-b.

CRIMEN. Delito grave que atenta contra el orden jurídico o moral. Algunos países reservan este nombre para designar las infracciones más graves. En lenguaje ordinario se aplica a delitos en los que hay derramamiento de sangre.

CRÍMENES DE GUERRA. Violaciones contra el derecho de guerra. Comprende las cometidas por propia iniciativa (saqueos, ofensas contra personas, etc.) y las realizadas obedeciendo órdenes superiores (uso de armas prohibidas, represalias, etc.). El concepto se introdujo después de la primera guerra mundial.
Delito 5:119a.

CRIMEN ORGANIZADO. Redes de delincuencia orientadas hacia determinadas actividades ilícitas como el contrabando, el tráfico de drogas, la extorsión, etc.
5:11a; Globalización 7:144b; Mafia 9:279b; *ilustraciones* 5:11b; 5:12a; 5:13a.

CRIMEN Y CASTIGO. Novela del escritor ruso Fiódor Dostoievski, publicada en 1866. Narra, con extraordinaria profundidad psicológica, el asesinato de una usurera por el estudiante Raskólnikov, el arrepentimiento y confesión de éste, su encarcelamiento en Siberia y su purificación espiritual.
Dostoievski, Fiódor 5:235b.

CRIMILDA. Heroína del poema épico *Cantar de los Nibelungos*, cuya segunda parte protagoniza. Su nombre significa «la que lleva el casco de guerra». Era hermana de Gunderico, rey de los burgundios, y esposa primero de Sigfrido y posteriormente de Etzel (Atila). Vengó la muerte de su primer marido, pero le hecho le costó también su propia vida.
Nibelungos, Cantar de los 10:396a.

CRIMINOLOGÍA. Ciencia y estudio del crimen como fenómeno social y de los criminales en su relación con la sociedad, así como de sus pautas de actuación desde el punto de vista psicológico.
Legal, medicina 9:95b; Policía 12:54a.

CRIN. Conjunto de cerdas que presentan algunos animales en la parte superior del cuello o en la cola.

CRINOIDEO. Equinodermo pelmatozoo, de cuerpo caliciforme y con brazos radiales móviles, con ramas bifurcadas conocidas como pínulas.

CRINOLINA. En la indumentaria femenina, armazón que se colocaba debajo de la falda para mantener ésta hueca y darle volumen. Realizado inicialmente con huesos de ballena, desde 1856 se fabricó con finas tiras metálicas. Cayó en desuso a partir de 1878.

CRIOBIOLOGÍA. Estudio de los efectos de la congelación en células y tejidos.

CRIOCIRUGÍA. Empleo de la congelación para la destrucción y eliminación de un determinado tejido.

CRIOCONCENTRACIÓN. Método de concentración empleado en la industria alimentaria. Mediante la aplicación de bajas temperaturas, el agua que contiene el alimento es transformada en hielo, por lo que es posible su separación mecánica.

CRIÓFILO. Especie animal, vegetal o microbiana capaz de ejercer su actividad vital a temperaturas muy bajas.

CRIÓFITO. Especie vegetal adaptada a sobrevivir en ambientes muy fríos, resistiendo temperaturas extremadamente bajas en presencia casi permanente de hielo o nieve.

CRIOLITA. Mineral de fluoruro doble natural de aluminio y sodio. Se emplea en la metalurgia del aluminio. Brillo vítreo y variada coloración, desde blanco hasta negro con tonalidades rojizas. Fórmula, Na_3AlF_6.
Flúor 6:336a.

CRIOLLAS, LENGUAS. Idiomas que han surgido en comunidades coloniales a partir de lenguas europeas diversas. El término surgió del francés *créole*, palabra usada para designar hablas de colonias y ex colonias francesas de América y África.
Haití 7:318a.

CRIOLLOS. Denominación de los nacidos en la América hispana, hijos de padre y madre españoles.
5:13b; *ilustración* 5:13b.

CRIOLOGÍA. Parte de la termodinámica que se ocupa del estudio de los fenómenos que tienen lugar a bajas temperaturas.
5:14a; *ilustraciones* 5:14a; 5:15b.

CRIÓMETRO. Termómetro utilizado para la medición de bajas temperaturas en el que se emplean diversas sustancias líquidas como el sulfuro de carbono o el toluol.

CRIOSFERA. Porción de la biosfera donde se encuentran zonas de hielo y nieve permanentes.

CRIOSUELO. Suelo que permanece congelado todo o la mayor parte del año.

CRIOTURBACIÓN. Modificación de la disposición de las partículas o las capas del suelo debida a la expansión y contracción sucesivas provocadas por el hielo y el deshielo.

CRIPPS, STAFFORD (1889-1952). Político británico. Integrante del Partido Laborista, representó el sector más izquierdista dentro de esta facción política. Fue embajador en Moscú (1940-1942) y encabezó una misión a la India para buscar apoyo en la guerra de los grupos independentistas (1942). Como ministro de finanzas (1947-1950) aplicó una política de austeridad.

CRIPTA. Espacio subterráneo situado generalmente debajo de la capilla mayor de las iglesias y catedrales, cuya finalidad era la de conservar los restos de los santos o mártires. Fue utilizada con profusión en los primeros tiempos del cristianismo y en la arquitectura románica.

CRIPTOFÍCEAS. Algas unicelulares provistas de dos flagelos. Diversas especies de agua dulce y marinas.

CRIPTÓGAMAS. Nombre dado a las plantas inferiores, algas, musgos, líquenes, helechos y otras, por carecer de órganos florales, en contraposición a las fanerógamas (gimnospermas y angiospermas), que sí los poseen.
Botánica 3:128b; Planta 12:20a; Primaria, era 12:140b; Secundaria, era 13:182b.

CRIPTOGRAFÍA. Escritura en clave o en forma encubierta para ocultar el contenido de un mensaje a los no iniciados.
5:15b; Correo electrónico 4:398a; Inteligencia militar 8:234b.

CRIPTÓN. Elemento químico componente de la atmósfera (una parte en 900.000) del grupo 0 (gases nobles) de la tabla periódica. También llamado Kriptón. Símbolo Kr, número atómico 36, peso atómico 83,80.

CRIPTORQUIDIA. Forma más grave de ectopia testicular, en la que uno o los dos testículos quedan retenidos en el abdomen o el conducto inguinal.

CRÍQUET. Juego que se practica con bates y pelota entre dos equipos de once jugadores sobre un terreno rectangular. Hay dos *wickets,* o pequeñas porterías, una por equipo, que el contrario procura derribar.
5:16b; *ilustración* 5:16b.

CRISÁLIDA. Fase del ciclo vital de los lepidópteros equivalente a la pupa o ninfa del ciclo de los demás insectos. Durante ella la larva se transforma en mariposa.
Metamorfosis 10:102a.

CRISANTEMO. Planta herbácea vivaz de la familia de las compuestas (*Chrysanthemum hortorum*).
5:17a; *ilustración* 5:17b.

CRISIPO (h. el 281-208 a.C.). Filósofo griego. Fundamentó la mayor parte de las cuestiones debatidas en la doctrina estoica.
Estoicismo 6:158a.

CRISOBERILO. Piedra semipreciosa, aluminato de berilo. Dureza muy alta. Cristaliza en sistema rómbico. Presenta distintas variedades como el ojo de gato (de color amarillo verdoso o verdoso tornasolado) o la alexandrita (verde a la luz solar y rojo con luz artificial). Puede hallarse en Brasil, los Urales y el sur de África. Fórmula, $BeAl_2O_4$.
Piedras preciosas 11:398b.

CRISOCOLA. Mineral, silicato de cobre. Dureza baja. Color verde azulado. No cristaliza y se presenta en forma amorfa. Se encuentra en los Urales, África, Chile y Estados Unidos. Fórmula, $CuSiO_3\ nH_2O$.

CRISÓFITAS. Algas de coloración amarillenta o dorada que conforman diversos órdenes, caracterizadas por la presencia de pigmentos de esas coloraciones.
Algas 1:217b.

CRISOL. Recipiente empleado para fundir metales y otros usos. Se fabrica generalmente con tierra refractaria, alúmina y alguna aleación metálica. Designa además la parte del alto horno donde se acumula el metal en fusión.
Aleación 1:161a.

CRISÓLIDOS. Familia de mamíferos insectívoros. Comprende a los topos de pelaje dorado.

CRISÓSTOMO, SAN JUAN. V. **Juan Crisóstomo, san.**

CRISPI, FRANCESCO (1819-1901). Estadista italiano. Llegó a primer ministro de la Italia unificada, después de haber estado exiliado por sus actividades revolucionarias. Fue el jefe del gobierno en dos ocasiones (1887,1893) en las que buscó la expansión colonial de su país en Somalia y Abisinia (Etiopía).
Italia 8:311a.

CRISTAL. Sólido con una estructura integrada por unidades regulares que se repiten para construir un retículo o red tridimensional.
5:17b; Mineral y mineralogía 10:174b; Sólido, estado 13:294b; Vidrio 14:304b; *cuadro* 5:19.

CRISTAL, MONTAÑAS DE. Macizo montañoso de África occidental. Se extiende desde Guinea Ecuatorial hasta Angola, atravesando partes de Gabón y el Congo. Altitudes entre 700 y 800 m. Múltiples ríos.

CRISTAL, SIERRA DEL. Alineación montañosa de Cuba, en la zona oriental de la isla. Sigue la dirección nordeste-sudoeste hasta el Pinal de Mayarí (1.151 m). Gran parte de su terreno forma el Parque Nacional del Cristal.

CRISTAL DE ROCA. Variedad de cuarzo transparente e incoloro. Se emplea en bisutería como piedra semipreciosa, para la fabricación de ornamentos, etc.
Cuarzo 5:45a.

CRISTALINO. Lente óptica del ojo, biconvexa y transparente, situada por detrás del iris y por delante del humor vítreo.
Oftalmología 11:87a; Vista, sentido de la 14:333b.

CRISTALIZACIÓN. Solidificación en cristales de un cuerpo líquido o gaseoso. Se produce espontáneamente en la naturaleza o por medios artificiales.
Cristal 5:18a; Petroquímica 11:384b; Rocas 12:399b; Sólido, estado 13:294a.

CRISTALOGRAFÍA. Ciencia que estudia la estructura y las propiedades de los cuerpos cristalinos.
Cristal 5:18a; Geología 7:92b; Metal 10:94a. Mineral y mineralogía 10:174a.

CRISTALOGRÁFICO, SISTEMA. Cada uno de los diferentes tipos que en la ciencia de la cristalografía determinan las características que presenta la malla o unidad regular que forma el cuerpo cristalino. Se establecen siete sistemas diferentes: regular o cúbico, tetragonal, hexagonal, trigonal, rómbico, triclínico y monoclínico.
Cristal 5:18a.

CRISTALOIDE. Sustancia con propiedades similares a las de un cristal. Antes se aplicaba a las sustancias que se disolvían dando una solución real y que cristalizaban como coloides. Modernamente el término se aplica a los solutos cuyas partículas tienen un diámetro inferior a una micra.
Ósmosis y diálisis 11:170b.

CRISTALOTERAPIA. Uso terapéutico de cristales o piedras preciosas, generalmente en contacto directo con la piel mediante pulseras o colgantes. Se supone su acción curativa debido a sus propiedades energéticas o simplemente sugestivas.

CRISTEROS. Nombre que se dio a los católicos mexicanos sublevados contra el presidente Plutarco Elías Calles en 1926, por sus medidas contra la iglesia, que comprendían cierres de centros y templos, destierros y encarcelamientos. Fueron reprimidos con gran dureza. La «guerra de los cristeros» terminó en 1929.

CRISTIÁN I (1426-1481). Rey de Dinamarca desde 1448, de Noruega desde 1450, y de Suecia entre 1457 y 1467. Fundó la Universidad de Copenhague y fue el primer monarca de la dinastía oldenburguesa. Intentó mantener la unidad de las naciones escandinavas, pero su derrota ante los nobles suecos en 1471 frustró el proyecto.

CRISTIÁN II (1481-1559). Rey de Dinamarca y Noruega de 1513 a 1523 y de Suecia de 1520 a 1523, año en que los tres reinos se rebelaron contra él. Su reinado marcó el fin de la unión de Kalmar entre los tres. Fue hecho prisionero y murió sin recobrar la libertad.
Dinamarca 5:191b; Gustavo I Vasa 7:297a.

CRISTIÁN III (1503-1559). Rey de Dinamarca y Noruega desde 1534 hasta su muerte. Estableció la iglesia luterana estatal y con ello las bases de la monarquía absolutista danesa del siglo XVII.
Dinamarca 5:191b; Islandia 8:291b.

CRISTIÁN IV (1577-1648). Rey de Dinamarca y Noruega desde 1588 hasta su muerte. A lo largo de sus sesenta años de reinado luchó sin éxito en dos ocasiones contra Suecia y condujo a su país a la guerra de los treinta años (1618-1648). La capital de Noruega, Oslo, fue fundada por él y se denominó Cristianía en su honor.

CRISTIÁN V (1646-1699). Rey de Dinamarca y Noruega desde 1670 hasta su muerte. Consolidó el absolutismo en ambos países. Creó los títulos nobiliarios de conde y barón para premiar a sus servidores plebeyos. Murió en un accidente de caza.

CRISTIÁN VI (1699-1746). Rey de Dinamarca y Noruega desde 1730 hasta su muerte. Accedió al trono a la muerte de su padre, el rey Federico IV. Estableció alianzas con Gran Bretaña, Francia y Suecia. Ordenó la construcción del castillo de Christianborg.

CRISTIÁN VII (1749-1808). Rey de Dinamarca y Noruega desde 1766. Débil mental, su hermanastro Federico fue regente desde 1784 hasta la muerte del monarca. Cayó bajo la influencia del conde Struensee, quien alcanzó los más altos cargos hasta que, descubiertos sus amores con la reina, fue ejecutado.

CRISTIÁN VIII (1786-1848). Rey de Dinamarca desde 1839 hasta su muerte. Durante su reinado se produjo la afirmación de la oposición liberal al absolutismo. Murió cuando el movimiento alcanzaba su punto más candente.
Dinamarca 5:192b.

CRISTIÁN IX (1818-1906). Rey de Dinamarca desde 1863 hasta su muerte. Durante su reinado tuvo que repeler los ataques de Austria y Prusia y perder parte de los ducados en territorio alemán. La presión política lo llevó a permitir que los liberales ocuparan cargos públicos.
Dinamarca 5:192b; Islandia 8:291b.

CRISTIÁN X (1870-1947). Rey de Dinamarca e Islandia, país éste al que convirtió en reino independiente en 1918. Fue el símbolo de la resistencia de su país, a cuyo trono había accedido en 1912, contra la ocupación nazi en la segunda guerra mundial. Su discurso contra los alemanes motivó que lo encarcelaran hasta el fin de la guerra.
Dinamarca 5:193a.

CRISTIANI, ALFREDO (n. en 1947). Político salvadoreño. Empresario cafetero, fue electo presidente en 1989 por el partido derechista Alianza Republicana Nacionalista (Arena). Puso fin en 1992 a una guerra civil de doce años al firmar la paz con la guerrilla. En 1994 fue sucedido en la presidencia por Armando Calderón.

CRISTIANÍA. V. **Oslo.**

CRISTIANISMO. Religión de los seguidores de la doctrina de Jesucristo.
5:20a; Alma 1:236b; Ascetismo 2:141a; Bautismo 2:373b; Brujería 3:197a; Ciencia 4:185a; Católica, Iglesia 4:43b; Cruz 5:33b; Dios 5:200a; Dogma 5:214b; Ecumenismo 5:296a; Educación 5:312b; Europa 6:198a; Familia 6:226b; Filosofía 6:296b; Herehías 7:369a; Historia 8:24b; Hombre 8:47a; Jerusalén 8:366b; Jesucristo 8:370a; Mandamientos, diez 9:324a; Mesías y mesianismo 10:79a; Milagro 10:162a; Misa 10:187a; Misión y misionero 10:189a; Misticismo 10:193a; Moisés 10:212b; Monasterios y conventos 10:224b; Música 10:311a; Naturaleza 10:357a; Navidad 10:368a; Órdenes religiosas 11:130b; Ortodoxas, iglesias 11:162b; Paganismo 11:204a; Palestina 11:229b; Pecado 11:309a; Peregrinación 11:334a; Protestantismo 12:165a; Reforma y contrarreforma 12:293a; Religión 12:318b; Religioso, arte 13:322b; Roma antigua 12:423a; Romana, religión 13:1a; Sacro Imperio Romano 13:80b; Sínodo 13:255b; Teodosio I el Grande 14:19a; Teología 14:21b; Teología de la liberación 14:22b; Tertuliano 14:40a; Tomás de Aquino, santo 14:80a; Trinidad 14:121b; *ilustraciones* 5:20a; 5:21a-b; 5:22a-b; 4:23a-b; 5:24a.

CRISTIANO-DEMÓCRATA, UNIÓN. Partido político alemán conocido por las siglas CDU. Ascendió al poder de la República Federal Alemana en 1949, con Konrad Adenauer al frente, y lo recuperó en 1969. Tras recuperarlo en 1982 con Helmut Kohl, impulsó la reunificación de las dos Alemanias (3 de octubre de 1990).

CRISTIANO NUEVO. Nombre con el que se designaba en España y Portugal, y en sus colonias, a los moros y judíos conversos al cristianismo.

CRISTIANO VIEJO. Nombre con el que se designaba en España y Portugal, y en sus colonias, a los cristianos de origen, no conversos.

CRISTINA DE FRANCIA (1606-1663). Duquesa de Saboya. Hija de Enrique IV de Francia y de María de Médicis, casó en 1619 con Víctor Amadeo I de Saboya, de quien enviudó en 1637. Ocupó hasta 1648 la regencia del ducado en nombre de sus hijos Francisco Jacinto y Carlos Manuel, aunque siguió posteriormente gobernando.

CRISTINA DE SUECIA (1626-1689). Reina de Suecia, de cuyo trono abdicó diez años después de su coronación, en 1654. Una de las mujeres más instruidas de su tiempo, fue mecenas de las artes.
5:25a; *ilustración* 5:25a.

CRISTÓBAL I DE DINAMARCA (1219-1259). Rey de Dinamarca desde 1252 hasta su muerte. Durante su reinado intentó consolidar la supremacía real sobre la iglesia y la nobleza.

CRISTÓBAL II DE DINAMARCA (1276-1332). Rey de Dinamarca. Ocupó el trono en 1320 tras derrocar a su hermano Erik Manved. En 1325 una alianza de la nobleza lo apartó del poder, que recuperó cinco años después y que mantuvo hasta 1332, momento a partir del cual se asistió en Dinamarca a un período de ocho años sin rey efectivo en el curso del cual se sucedieron las luchas por el poder y la corona.
Dinamarca 5:191a.

CRISTÓBAL, SAN. Mártir cristiano del siglo III. De origen sirio, la tradición afirma que murió durante las persecuciones de Decio. Según una leyenda, en cierta ocasión se extrañó del peso de un niño al que había llevado a hombros sobre un río; cuando aquél le contestó que había soportado el peso de los pecados del mundo, comprendió que era Jesús. Patrono de los viajeros.

CRISTÓBAL COLÓN, PICO. Monte de la sierra Nevada de Santa Marta, Colombia, dep. Magdalena. Con sus 5.775 m, es la máxima elevación del país.
Andes 1:332a.

CRISTOBALITA. Variedad mineral de la sílice que cristaliza en el sistema tetragonal. Producto espontáneo de cristalización del cuarzo al calentarlo en ausencia de disolvente.
Silíceos, minerales 13:242a.

CRISTO DE VELÁZQUEZ, EL. Poema religioso del escritor español Miguel de Unamuno, publicado en 1920, en el que desentraña el sentido religioso y humano de Jesucristo a través del «Cristo» de Diego Velázquez.
Unamuno, Miguel de 14:176a.

CRISTÓFOL, LEANDRE (n. en 1908). Escultor español. Encuadrado dentro del grupo de artistas surrealistas, fue autor de obra figurativa y abstracta. En la abstracción se acercó con su tratamiento de las formas al arte cinético.

CRISTOFORI, BARTOLOMEO (1655-1731). Constructor de pianos italiano, considerado el inventor del instrumento, al que denominó *gravicembalo col piano e forte,* es decir, con sonidos suaves y fuertes. En Leipzig, Nueva York y la Universidad de Michigan se conservan algunos de sus ejemplares originales.
Piano 11:386b.

CRISTOLOGÍA. Estudio teológico que se ocupa de la figura y la obra de Cristo en su faceta humana, dentro del pensamiento cristiano. Iniciado su tratamiento desde las primeras comunidades cristianas, fue planteado por santo Tomás de Aquino en su *Suma teológica.*

CRITIAS (h. el 460-403 a.C.). Político y escritor ateniense. Discípulo de Sócrates y Gorgias, fue un destacado sofista. Participó en el año 411 en la instauración de la oligarquía de los 400 y, en el 403, en el gobierno de los treinta tiranos. Murió en lucha contra el defensor de la democracia, Trasíbulo.

CRÍTICA DE LA RAZÓN PRÁCTICA. Obra de Immanuel Kant, publicada en 1788, en la que se analizan las relaciones entre la moral y las pautas de actuación del ser humano.
Kant, Immanuel 9:5a.

CRÍTICA DE LA RAZÓN PURA. Obra de Immanuel Kant, publicada en 1781, donde expuso su teoría del conocimiento. Es la obra fundamental de este pensador y la que establece la filosofía llamada criticismo.
Kant, Immanuel 9:5a.

CRITICISMO. Teoría del conocimiento propuesta por Immanuel Kant, basada en una crítica de la facultad de conocer. En un sentido más general, es la actitud que propugna el conocimiento y la acción en el mundo, previo examen y crítica de los fundamentos de esas dos acciones.

CRITICÓN, EL. Novela filosófica del jesuita español Baltasar Gracián, publicada entre 1651 y 1657. Consta de un apólogo y 38 capítulos, o crisis, divididos en tres partes. Relata las andanzas de Andrenio y Critilo, el primero hombre sencillo e impulsivo, y el segundo culto y comedido.
Gracián, Baltasar 7:180b.

CRITIO (siglo V a.C.). Escultor griego. Autor, junto con Nesioto, del grupo escultórico en bronce de «Los tiranicidas», del que sólo se conserva una copia romana en mármol. Su obra inicia la transición entre el estilo arcaico y el clásico en el arte griego antiguo.

CRITZ, JOHN DE (1552-1642). Pintor y escultor inglés. Pintor de cámara de Jacobo I. Coautor del monumento a Isabel I en Westminster, junto con Maximilian Colte.

CRIVELLI, CARLO (h. 1430-h. 1493).Pintor italiano. Formado en el taller de los hermanos Vivarini, en su obra aparecen a menudo detalles que acusan la influencia gótica y bizantina. «Santa María Magdalena» (1476), «Anunciación» (1486).

CRIVILLÉ, ALEX (n. en 1970). Motociclista español. Tras competir en categorías inferiores, accedió a la categoría de los 500 cc, en la que ganó el campeonato mundial en 1999.

CROACIA. República soberana de Europa, a orillas del Adriático. Comprende los territorios de Dalmacia e Istria, así como Eslavonia. Cap. Zagreb. 55.322 km^2. 4.282.000 hab. (2000).
5:25b; Alpes 1:245b; Balcanes 2:318b; Bosnia y Herzegovina 3:120b; Danubio, río 5:93b; Europa 6:197b; Tudjman, Franjo 14:143b; Yugoslavia 14:395a; Yugoslavia, literaturas de la antigua 14:398b; Zagreb 14:404a; *mapa* 5:26a; *cuadros* 5:25b; *ilustración* 5:26a.

CROACIA-ESLAVONIA. Antigua provincia del imperio austro-húngaro que gozaba de cierta autonomía. Pasaría a formar parte de Yugoslavia.

CROATA, LITERATURA. Conjunto de textos literarios escritos en el dialecto croata de la lengua servocroata.
Yugoslavia, literaturas de la antigua 14:399a.

CROCE, BENEDETTO (1866-1952). Filósofo, crítico e historiador italiano. El más representativo filósofo del neohegelianismo y neoidealismo en su país.
5:26b; Estética 6:156a; Italiana, literatura 8:323a; Vossler, Karl 14:347a.

CROCKETT, DAVY (1786-1836). Militar, aventurero y político estadounidense. Participó en las luchas contra los indios (1813-1815) y desempeñó cargos políticos (1821-1835). En su país se hizo un personaje de leyenda por sus descripciones sobre su vida en lugares salvajes. Murió en la batalla de El Álamo entre rebeldes tejanos y el ejército mexicano, y se convirtió en héroe de leyenda.

CROCODÍLIDOS. Familia animal perteneciente al orden de los arcosaurios. Caracterizada por presentar un hocico triangular rugoso, escudos nucales separados de los dorsales y extremidades posteriores con crestas en su parte externa. Dividida en tres géneros: *Crocodylus, Osteolaemus, Tomistoma.*
Cocodrilo 4:245b; Reptiles 12:340a.

CROIX, CARLOS FRANCISCO, MARQUÉS DE (1699-1786). Militar y administrador flamenco al servicio de la corona española. Fue gobernador militar de Galicia y en 1766 pasó a ocupar el puesto de virrey de la Nueva España. Expulsó del virreinato a los jesuitas, se enfrentó a las sublevaciones de los indios de Sonora e impulsó la colonización de los territorios del norte del país. Fue sustituido en 1771 por Antonio María Bucareli.
Nueva España, Virreinato de la 11:35a.

CROIX, TEODORO DE (m. en 1791). Administrador colonial español de origen flamenco. Gobernó algunas provincias mexicanas durante el virreinato de su tío Carlos Francisco. Fue nombrado en 1784 virrey del Perú. Intervino decisivamente en el desarrollo de las ideas enciclopedistas en el virreinato y emprendió una serie de reformas urbanísticas, comerciales y sociales.

CROL. V. **Crawl.**

CROMADO. Revestimiento de una superficie metálica con cromo. Se realiza por procedimientos electrolíticos o térmicos. Ampliamente utilizado en la industria del automóvil y la aeronáutica.

CRO-MAGNON, HOMBRE DE. Raza de *Homo sapiens* que habitó en Europa occidental en el paleolítico superior. Los individuos de esta raza eran dolicocéfalos y tenían, aproximadamente, 1.600 cm^3 de capacidad craneana. Realizaron las primeras obras de arte rupestre.
Cuaternaria, era 5:48b; Homínidos 8:54a; Piedra, edad de 11:396a.

CROMÁTICA. Rama de la ciencia óptica que se ocupa del estudio de la dispersión, descomposición y recomposición luminosa en una escala cromática o de colores.
Arco iris 2:31a; Color 4:285a.

CROMÁTIDA. Cada una de las dos partes que componen un cromosoma en la mitosis y la meiosis.
Cromosoma 5:29b.

CROMATINA. Sustancia formada por ADN y proteínas básicas que se halla en el núcleo de las células eucariotas. Forma parte de una red de fibrillas y se tiñe intensamente con los colorantes de tipo básico empleados en las preparaciones microscópicas.
Cromosoma 5:29a; Nucleicos, ácidos 11:31a.

CROMATISMO. Sistema musical en el que los sonidos proceden de la sucesión de semitonos, distancia musical mínima para formar escalas e intervalos cromáticos. Cultivado de modo esporádico por Richard Wagner y sus seguidores, alcanzó su máximo grado en la vienesa escuela del dodecafonismo, creada en torno de Arnold Schönberg y cuyos máximos exponentes fueron Alban Berg y Anton von Webern.

CROMATO. Combinación química ternaria de cromo, oxígeno y un elemento de carácter metálico. Los cromatos de plomo, bario y potasio se emplean como pigmentos y colorantes.
Mineral y mineralogía 10:177a.

CROMATÓFORO. Orgánulo del citoplasma celular donde se encuentran los pigmentos fotosintéticos en bacterias y algas. En los animales, células pigmentarias del tegumento responsables de la coloración de la piel, presentes sobre todo en los artrópodos, los moluscos o los peces.

CROMATOGRAFÍA. Técnica analítica de separación de las sustancias químicas de una mezcla basada en la capacidad de adsorción distintiva de los componentes de la mezcla por parte de un grupo de dos compuestos llamados fases, de los que uno es móvil y el otro estacionario.
5:27a; Aminoácido 1:306a; Análisis químico 1:329b; *cuadro* 5:27b.

CROMEL. Aleación de níquel con hasta un 20% de cromo. Se emplea, con el alumel, para fabricar pares termoeléctricos. Marca comercial.

CROMER, EVELYN BARING, CONDE DE (1841-1917). Diplomático británico que fue durante 24 años cónsul general de su país en Egipto. Su gestión, desde 1883 hasta 1907, influyó poderosamente en la modernización del país africano y sirvió para mantener la influencia británica en el norte de África.

CROMINANCIA. Magnitud cromática de una televisión de color. Complementaria en la técnica electrónica de formación de imágenes de la luminancia o magnitud luminosa de la señal.

CROMITA. Mineral, óxido de hierrocromo. Dureza media. Color negro o negroparduzco. Cristaliza en sistema cúbico. Se encuentra en Turquía, Rusia, Zimbabwe y Sudáfrica. Es la mena más importante de cromo. Fórmula, $FeCr_2O_4$.
Cromo 5:28b.

CROMLECH. Monumento megalítico constituido por menhires dispuestos en serie y de forma circular o elíptica. Se cree que se hallaban relacionados con cultos solares. El más conocido de Europa es el de Stonehenge, Inglaterra, Reino Unido.
Megalítica, cultura 10:40a.

CROMO. Elemento químico, metal del grupo VIb de la tabla periódica.
5:28a; Minería 10:179b; *cuadros* 5:28a; 5:29a; *ilustración* 5:28a.

CROMOFOTOGRAFÍA. Imagen producida por el cromoscopio, instrumento inventado por F. E. Ives para la observación de transparencias monocromas de separación de color a través de un sistema de espejos y filtros de color para producir una fotografía de colores naturales por síntesis aditiva.

CROMOLITOGRAFÍA. Impresión en técnica litográfica que presenta varios colores. Para su realización es necesario utilizar tantas piedras o planchas como número de colores presente la litografía final.

CROMOSFERA. Región externa del Sol, de color rojizo y con una serie de proyecciones a modo de protuberancias que se originan y desaparecen con gran rapidez.
Sol 13:292a.

CROMOSOMA. Cada uno de los elementos individuales en forma de bastoncillo en los que se resuelve la cromatina del núcleo durante la mitosis y meiosis. Están compuestos fundamentalmente por ADN y son portadores de los genes en secuencia lineal.
5:29a; Down, síndrome de 5:236b; Evolución 6:209a; Genética 7:74b; Hereditarias, enfermedades 7:368a; Nucleicos, ácidos 11:31a; Reproducción 12:336b; *ilustración* 5:29b.

CROMOTERAPIA. Área de la medicina alternativa que emplea los colores con fines terapéuticos. Se basa en la creencia de que cada color comunica cierto tipo de energía vital al organismo.

CROMPTON, SAMUEL (1753-1827). Tejedor británico. Inventó en 1779 una máquina para hilar algodón que ejerció gran influencia en el incremento de la producción textil.

CROMWELL, OLIVER (1599-1658). Estadista y militar inglés. Fue *Lord* protector de Inglaterra, Escocia e Irlanda de 1653 hasta su muerte.
5:30a; Carlos I de Inglaterra e Irlanda 3:396b; Irlanda 8:268b; Milton, John 10:169a; Reino Unido 12:307a; *cuadro* 5:30a; *ilustración* 5:30a.

CROMWELL, RICHARD (1626-1712). Político y militar británico. Hijo de Oliver Cromwell, sucedió a su padre en septiembre de 1658 como *Lord* protector de Inglaterra, Escocia e Irlanda, puesto que abandonó en mayo de 1659, incapaz de controlar la difícil relación existente entre el ejército y el Parlamento.

CROMWELL, THOMAS (h. 1485-1540). Político inglés, consejero principal de Enrique VIII desde 1532. Fue el impulsor de la Reforma inglesa, de la disolución de los monasterios y reforzó la administración real. Acusado de herejía y traición, fue ejecutado.

CRONACA, IL (1457-1508). Simone del Pollaiuolo, arquitecto italiano. Seguidor de Filippo Brunelleschi y de las ideas del clasicismo renacentista, trabajó en Florencia donde construyó el patio interior y la sacristía del palacio Strozzi y la iglesia de San Salvatore al Monte.

CRÓNICA. Relato de los acontecimientos históricos de un período determinado. Como género literario, las crónicas españolas son de un valor insustituible para el estudio de la épica medieval. Algunas destacadas: *Chronica najerense* y *Chronica silense,* en latín; *Crónica general* de Alfonso X el Sabio, *Crónica abreviada* de don Juan Manuel y *Crónica de veinte reyes.*
Froissart, Jean 6:413a; Historia 8:19a.

CRÓNICAS, LIBRO DE LAS. Texto del Antiguo Testamento, escrito hacia el 350 a.C. Se divide en dos partes (libros I y II), en las que se narra la historia comprendida desde Adán hasta el edicto de Ciro que puso punto final al destierro de Babilonia. También es conocido como Paralipómenos.
Biblia 3:11b.

CRONIN, A. J. (1896-1981). Novelista británico. Junto con su carrera literaria ejerció la medicina. Escribió novelas de gran éxito, en las que combinó el realismo con el romanticismo y la crítica social. *La ciudadela* (1937), *Las llaves del reino* (1942), *Aventuras de dos mundos* (1952).

CRONISTAS DE LA CONQUISTA. Nombre con el que se conoce a los escritores españoles del siglo XVI que escribieron sobre la conquista de los distintos reinos amerindios. En su mayoría soldados, son los autores de los primeros libros en español escritos en el Nuevo Mundo.
Cortés, Hernan 4:401a; Díaz del Castillo, Bernal 5:171b; Hispanoamericana, literatura 8:4a; Historia 8:25a.

CRONOFOTOGRAFÍA. Método fotográfico basado en la toma de vistas fijas o intervalos regulares de un objeto en movimiento. También se aplica a la fotografía de gran velocidad con registrador de trazas.

CRONÓGRAFO. Instrumento que sirve para determinar con precisión intervalos de tiempo muy cortos y también para indicar la velocidad de un proyectil.

CRONOMETRÍA. Ciencia que se ocupa de la medición del tiempo. Dedica una atención especial al conocimiento temporal de la formación de la Tierra, para lo que se sirve de gran número de sistemas técnicos.
Geocronología 7:83a.

CRONÓMETRO. Reloj de gran precisión utilizado para la medición de pequeñas fracciones de tiempo. Se emplean sobre todo en el control de procesos industriales y en las pruebas deportivas.
Navegación 10:366b; Transporte 14:114b.

CRONOS. Señor de los titanes de la mitología griega, hijo de Gea y de Urano y personificación del tiempo.
5:30b; Gea 7:71a; Gigantes 7:125b; Rea 12:275b; Saturno 13:166b; Siria y Palestina, religiones de 13:264a; Titanes 14:67a; *ilustración* 5:31a.

CRONOSCOPIO. Instrumento de medición del tiempo utilizado sobre todo para determinar con precisión minutos y segundos.

CROOKES, WILLIAM (1832-1919). Físico y químico británico que llevó a cabo investigaciones sobre la naturaleza de los rayos catódicos, decisivas en el desarrollo de la física atómica, e ideó el tubo electrónico de cátodo frío que lleva su nombre. Descubrió el talio por análisis espectral.
Rayos catódicos 12:269b.

CROQUET. Juego al aire libre que se practica con mazos de madera de asa larga. Consiste en golpear una pelota con el mazo para hacerla pasar bajo una serie de aros hasta llegar a una meta. Se puede jugar individualmente o por equipos.

CROQUIS. En pintura, dibujo rápido, sin matices ni detalles, que se realiza a modo de prueba antes del diseño definitivo de una obra.

CROS, CHARLES (1842-1888). Inventor y poeta francés. Simultáneamente a Louis Ducos du Hauron publicó los principios básicos de los tres colores en fotografía (1869), e inventó un fonógrafo el mismo año en que Thomas Alva Edison hizo su primera grabación (1877). Su poemario más importante, *El cofre de sándalo* (1873), influyó en los simbolistas franceses de fines del siglo XIX y principios del XX.

CROSBY, BING (1904-1977). Cantante y letrista estadounidense de música ligera, así como actor. Trabajó con la orquesta de Paul Whiteman e intervino en su primera película, *El rey del jazz,* en 1931. A partir de entonces rodó muchas otras, entre ellas *Siguiendo mi camino* (1944) y *Navidades blancas* (1954).
Sinatra, Frank 13:250b.

CROSLAND, ALAN (1894-1936). Realizador de cine estadounidense. Creador de la primera película sonora de la historia del cine. El 6 de octubre de 1927 estrenó *El cantante de jazz,* filme con sonido *vitaphone,* producido por la Warner Brothers e interpretado por Al Jolson.
Cinematografía 4:193b.

CROSOPTERIGIOS. Orden de peces teleósteos de géneros fósiles. Única especie del grupo es el celacanto, perteneciente al género *Latimeria.* Características próximas a los anfibios, a los que se supone que precedieron en el nivel evolutivo.
Peces 11:312b.

CROSS. Voz inglesa que designa los deportes que se realizan al aire libre y sobre terreno agreste, tales como motocross, ciclocross, etc. Principalmente se utiliza para las carreras de larga distancia de campo a través (o a campo traviesa).
Atletismo 2:199a.

CRÓTALO. Instrumento musical de percusión formado por dos platos metálicos unidos por un extremo. Claude Debussy, Maurice Ravel y otros compositores lo incluyeron en sus partituras.

CROTON. Planta arbustiva o de porte arbóreo de la familia de las euforbiáceas y del género *Croton.* Dicotiledónea. Propia de regiones tropicales.

CROTONA. Ciudad portuaria de la región italiana de Calabria. Fundada por los aqueos hacia el 710 a.C., llegó a ser una de las ciudades principales de la Magna Grecia.

CROW. Pueblo indígena norteamericano. Pertenece al grupo lingüístico sioux y formaba inicialmente una unidad con los pueblos hidatsa que habitaban en el curso alto del río Missouri. Antiguos cazadores de bisontes, desde 1868 viven en reservas al sur del estado de Montana.

CROŸ, CASA DE. Familia aristocrática francesa. Dos de sus miembros, Antonio y Juan de Croÿ, fueron los auténticos dueños de Borgoña en tiempos de Felipe III el Bueno hasta su expulsión del país en 1465. En 1598 la corona francesa creó el ducado de Croÿ.

CROZET, ISLAS. Archipiélago situado al sur del océano Índico, a 2.400 km de las costas del continente antártico. Forma parte administrativamente de las tierras australes y antárticas francesas. Descubierto en 1773 por el francés Nicolas-Thomas Marion-Dufresne. Parque nacional desde 1938. Cubre un área de 505 km^2.

CROZIER, MICHEL (n. en 1922). Sociólogo francés. Trabajó en el Instituto de Estudios Políticos de París, de donde fue director desde

1975. Analizó el mundo del trabajo, en particular la burocracia, desde la perspectiva del conflicto social. *El fenómeno burocrático* (1965), *El actor y el sistema* (1977), *La sociedad no se cambia por decreto* (1979).
Burocracia 3:232b.

CRUCEIRO. V. **Cruzeiro.**

CRUCERO (ARQUITECTURA). Espacio originado por el cruce de la nave mayor de una iglesia de cruz con otra perpendicular, la cual debe ser tan ancha como la mayor, de forma que origine un cuadrado.

CRUCERO (MILICIA). Buque de guerra que realiza misiones de reconocimiento y de protección. Se caracteriza por su gran velocidad, larga autonomía de navegación y fuerte artillería, completada con lanzatorpedos y proyectiles dirigidos.
Marina de guerra 9:372b.

CRUCERO, MISILES DE. Misiles autopropulsados de alcance medio (2.500-5.000 km) que pueden llevar explosivo nuclear o convencional. Se desplazan a una velocidad próxima a la del sonido y pueden ir corrigiendo su propia trayectoria, por lo que resultan difícilmente interceptables.

CRUCES. Población cubana situada en la parte centro-oriental de la prov. de Cienfuegos. Se dedica fundamentalmente al cultivo de tabaco y caña de azúcar. 20.324 hab. (1981).

CRUCETA. Parte del mecanismo de la máquina de vapor y del motor de combustión que transmite el movimiento del émbolo al cigüeñal por medio de una biela. También, travesaño que soporta los aisladores en los tendidos eléctricos, telefónicos y telegráficos.

CRUCHAGA SANTA MARÍA, ÁNGEL (1893-1964). Poeta chileno. Artista ecléctico, cultivó tanto la estética posromántica como el simbolismo y el experimentalismo de la década de 1920. Premio Nacional de literatura en 1948. *Las manos juntas* (1915), *La ciudad invisible* (1929), *Noche de las noches* (1963).

CRUCÍFERAS. Familia de plantas dicotiledóneas que agrupa a numerosas especies, en su mayor parte herbáceas, y cuyas flores presentan una típica disposición de la corola en cruz. En ella se incluyen, entre otras, las coles, el nabo, el rábano y la mostaza blanca.
Col 4:257b; Mostaza 10:275a; Rábano 12:235b.

CRUCIFIXIÓN. Forma de pena capital en la que el reo era clavado o atado a una cruz. Conocida desde el siglo VI a.C., fue adoptada por los romanos para ejecutar a los malhechores que no eran ciudadanos romanos. A este suplicio fue sometido Jesucristo.

CRUCIGRAMA. Pasatiempo que consiste en un diagrama, normalmente cuadrado o rectangular, dividido en cuadros blancos y negros, acompañado por dos listas de definiciones, o pistas, para las palabras verticales y horizontales. Debe resolverse rellenando los cuadros blancos con las palabras definidas o sugeridas.

CRUELDAD, TEATRO DE LA. Tipo de teatro surrealista propugnado a partir del *Manifiesto del teatro de la crueldad* en 1932 por el francés Antonin Artaud. Su objetivo era hacer sentir al espectador la crueldad que las cosas y la vida ejercen sobre los hombres, retrotrayéndose en cierto modo a los orígenes de los antiguos mitos.

CRUIKSHANK, GEORGE (1792-1878). Dibujante y caricaturista británico. Desde 1811 cultivó la sátira política en *The Scourge*. De su producción destacan especialmente las ilustraciones de obras literarias de Charles Dickens, William Harrison Ainsworth y Walter Scott.

CRUISE, TOM (n. en 1962). Actor estadounidense. Creció a la par que sus películas. Su primer éxito lo obtuvo con *Rebeldes* (1983). *Top gun, ídolos del aire* (1986), *Rain Man* (1988), *Entrevista con el vampiro* (1994), *Misión imposible* (1995), *Jerry Maguire* (1996), *Eyes Wide Shut* (1999), *Misión imposible 2* (2000).

CRUSTÁCEOS. Clase de animales artrópodos de respiración branquial, principalmente acuáticos, con numerosas patas y dermatoesqueleto quitinoso, con frecuencia impregnado de sales calizas.
5:31b; Acuicultura 1:49a; Artrópodos 2:137a; Bioluminiscencia 3:42a; Camarón 3:296a; Cangrejo 3:340b; Corazón 4:367b; Estómago 6:158b; Invertebrados 8:250b; Langosta (CRUSTÁCEO) 9:56a; *cuadro* 5:32a; *ilustración* 5:31b.

CRUTZEN, PAUL (n. en 1933). Químico neerlandés. Especialista en meteorología, consiguió demostrar el efecto negativo de los óxidos de nitrógeno sobre la capa de ozono. Recibió el Premio Nobel de química en 1995.

CRUYFF, JOHANN (n. en 1947). Futbolista neerlandés. Considerado el mejor jugador mundial de la década de 1970, destacó también como entrenador al frente de los clubes Ajax de Amsterdam y F. C. Barcelona.
5:33a.

CRUZ. Símbolo de la fe cristiana, representado por el instrumento de pena capital utilizado con Jesucristo.
5:33b; *ilustraciones* 5:33b; 5:34a.

CRUZ, CABO. Promontorio meridional de Cuba, en el oeste de la prov. de Granma. Penetra en el mar de las Antillas y cierra la entrada al golfo de Guacanayabo.

CRUZ, CELIA (n. en 1929). Cantante estadounidense de origen cubano. En 1950 se dio a conocer como vocalista del conjunto La Sonora Matancera. Abandonó la isla tras la revolución castrista de 1959 y se estableció en los Estados Unidos, donde se convirtió en una de las más célebres representantes de la llamada música *salsa*.
Tropical, música 14:135a.

CRUZ, FRANCISCO (m. en 1895). Político e historiador hondureño. Desempeñó diversos ministerios. Presidente de la república de septiembre de 1869 a enero del año siguiente. *Historia de las islas de Bahía*.

CRUZ, OSWALDO (1872-1917). Médico brasileño. Investigó las enfermedades tropicales y logró erradicar de su país la fiebre amarilla y el paludismo.
5:34b.

CRUZ, RAMÓN DE LA (1731-1794). Dramaturgo español especializado en la composición de obras satíricas populares conocidas como sainetes.
5:35a; Sainete 13:89a; Zarzuela 14:412b.

CRUZ, RAMÓN ERNESTO (1903-1985). Político hondureño. Miembro del Partido Nacional, de carácter conservador. Sucedió al coronel Oswaldo López Arellano en marzo de 1971 en la presidencia de la república. Fue depuesto por aquél en diciembre de 1972.

CRUZ, SAN JUAN DE LA. V. **Juan de la Cruz, San.**

CRUZ, SEBASTIÁN DE LA (siglo XVIII). Arquitecto peruano. Representante del estilo potosino o cruce entre el barroco español y los elementos de la tradición arquitectónica indígena. Participó en la construcción del campanario de la iglesia de los jesuitas (1700-1707) y en la iglesia de san Francisco (1707-1714), en la ciudad de Potosí.

CRUZ, SOR JUANA INÉS DE LA. V. **Juana Inés de la Cruz, Sor.**

CRUZADA DE LOS NIÑOS. Movimiento religioso para liberar Tierra Santa de manos de los musulmanes, en el verano de 1212. Dirigido por visionarios, arrastró a más de 50.000 niños de Francia y Alemania, muchos de los cuales fueron vendidos como esclavos. Fue el germen de la quinta cruzada de 1218.

CRUZADAS. Nombre de las expediciones militares de la edad media para rescatar los Santos Lugares.
5:35a; Bizantino, imperio 3:64a; Caballeros 3:246b; Cristianismo 5:22a; Edad media 5:303a; Inocencio III 8:217b; Islam, historia del 8:286b; Jerusalén 8:366b; Latino de oriente, imperio 9:82a; Líbano 9:139b; Luis, san 9:237a; Órdenes religiosas militares 11:132b; Ortodoxas, iglesias 11:163a; Palestina 11:230a; Ricardo I Corazón de León 12:365a; Saladino 13:93b; Siria 13:262a; *mapa* 5:36; *ilustraciones* 5:35b; 5:37b; 5:38a; 5:39a-b.

CRUZ AGUIRRE, ATANASIO (1804-1875). Estadista uruguayo. Presidente interino de la república de 1864 a 1865, su intransigencia hizo fracasar una mediación anglo-argentina en el conflicto con Brasil.

CRUZAMIENTO. Acoplamiento de dos individuos pertenecientes a dos especies o razas diferentes. También se designa como cruce.

CRUZAT Y GÓNGORA, FAUSTO (siglo XVII). Administrador colonial español. Gobernador de Filipinas desde 1690, llevó a cabo a partir de sus Ordenanzas de Buen Gobierno una reforma de la administración y el sistema tributario de las islas. Acusado de acaparar posesiones, fue destituido en 1701.

CRUZ DEL SUR. Constelación de la Vía Láctea, entre Centauro y Abeja, cercana al polo sur. Sus cuatro estrellas principales forman una cruz. La prolongación del brazo mayor señala el polo sur. Nombre latino: Crux.

CRUZEIRO. Unidad monetaria de Brasil. Reemplazada por el cruzado en 1986, adquirió nueva vigencia en 1990.

CRUZ E SOUSA, JOÃO DA (1861-1898). Poeta brasileño. Conocido como Cisne Negro, fue la figura principal del movimiento simbolista en Brasil. Reflejó en sus poemas la difícil situación vivida en su país por la población de raza negra, a la que él mismo pertenecía. Su obra, mucha publicada póstumamente, fue reconocida a partir de la década de 1920. *Evocaciones* (1893), *Los faros* (1900), *Últimos sonetos* (1905).

CRUZ GOYENECHE, LUIS DE LA (1768-1828). Político chileno. Se enfrentó a las fuerzas realistas durante la guerra de la independencia americana y ejerció provisionalmente la presidencia del país al sustituir a Bernardo O'Higgins.

CRUZ GRIEGA, PLANTA DE. Orden arquitectónico de las iglesias cristianas formado por dos naves de iguales dimensiones que se unen en un espacio central, generalmente resaltado con una cúpula. Iniciado en el arte paleocristiano, formó parte principal de la arquitectura bizantina.
Catedral y basílica 4:39b; Románico, arte 13:5a.

CRUZ LATINA, PLANTA DE. Orden arquitectónico de las iglesias cristianas formado por una planta que tiene una nave principal larga y otra más corta (transepto) que la cruza en un espacio que se conoce como crucero. Se inició con las iglesias paleocristianas.
Arquitectura 2:107b; Catedral y basílica 4:40b; Románico, arte 13:4b.

CRUZ PRIETO, JOSÉ MARÍA DE LA (1799-1875). Militar y político chileno. Ocupó en 1838 la jefatura del estado mayor del ejército y en 1830 y 1841-1842 la cartera de guerra y marina. Dirigió en 1851 la sublevación contra el presidente electo Manuel Montt, pero fue derrotado en la batalla de Loncomilla.

CRUZ ROJA. Organización internacional de carácter humanitario y apolítico fundada en 1863 por el suizo Henri Dunant para socorrer a los heridos de guerra. En la actualidad, desarrolla también su acción en tiempo de paz (accidentes, catástrofes, etc.).
5:40a; *ilustraciones* 5:40a-b.

CRUZ VARELA, JUAN. V. **Varela, Juan Cruz.**

CSAKY, JOSEPH (1888-1971). Escultor francés de origen húngaro. Su primera producción se inscribe dentro del cubismo; posteriormente evolucionó hacia la escultura abstracta, para terminar consagrándose a la figurativa. «Figura vestida».

CSOKONAY VITÉZ, MIHALY (1773-1805). Poeta húngaro. Dueño de una gran erudición, sus ideas políticas y sus opiniones de crítica social lo llevaron a una vida errante en la que su obra resultaba de difícil publicación. De estilo elegante y considerado precursor del romanticismo, en su producción destacó su gran interés por la causa nacionalista y las ideas de la Ilustración. *Canciones a Lilla* (1793-1802), *Dorottya* (1804).
Húngara, literatura 8:99a.

CTENÓFOROS. Grupo de animales invertebrados metazoos marinos, pelágicos, hermafroditas, de cuerpo transparente y gelatinoso, semejantes a los celentéreos. Carecen de órganos urticantes y poseen ocho filas de paletas natatorias en forma de peine y un órgano sensitivo.
Metazoos 10:103a; Zoología 14:428a.

CTESIFONTE. Antigua ciudad persa situada a orillas del río Tigris, al sudeste de la actual Bagdad. Fue capital del imperio de los arsácidas en el siglo II a.C. y de los sasánidas entre el siglo III y el VII d.C. Conserva restos del palacio del rey sasánida Shapur I (241-278 a.C.).

CUADERNA. Parejas de elementos rígidos y curvos a modo de costillas, o conjunto de todos ellos, que encajan en la quilla de un barco formando el casco.

CUADERNA VÍA. Cuarteta monorrima aconsonantada, de versos alejandrinos. Llamada también tetrástrofo monorrimo, fue la estrofa usada por la escuela poética del mester de clerecía.

CUADERNOS AMERICANOS. Revista mexicana fundada en 1942 por Jesús Silva Herzog, padre, quien la dirigió hasta su muerte en 1985. Esta publicación sirvió de vehículo para dar a conocer importantes trabajos de escritores valiosos.

CUADOS. Pueblos germánicos que habitaban desde el siglo I en Moravia, en donde se fundieron con los marcomanos. Sometidos por Roma, se sublevaron repetidas veces contra el imperio. Formaron parte de las tribus germanas que invadieron la península ibérica en el siglo V.

CUADRA. Medida de longitud utilizada en diversos países hispanoamericanos, cuyo valor difiere según el lugar y que oscila entre los 100 y los 150 m. El término se emplea también para designar una manzana de casas.

CUADRA, JOSÉ DE LA (1903-1941). Escritor ecuatoriano, perteneciente al llamado grupo de Guayaquil.
5:41a.

CUADRA, PABLO ANTONIO (1912-2002). Escritor nicaragüense. Integrante de las corrientes vanguardistas en su país.
5:41a.

CUADRA, VICENTE (siglo XIX). Político nicaragüense. Presidente de la república de 1871 a 1875.

CUADRADO. Polígono de cuatro lados iguales y paralelos dos a dos.
Geometría 7:97b.

CUADRANTE. Cuarta parte de una circunferencia o círculo.

CUADRANTE MURAL. Variante del cuadrante solar o reloj de sol. El plano de proyección es un muro perpendicular al meridiano del lugar, del cual se utiliza sólo la cara que mira hacia el sur.

CUADRÁTICA, ECUACIÓN. Expresión matemática en la que el exponente máximo de la incógnita es el cuadrado (potencia 2). Es sinónimo de ecuación de segundo grado.

CUADRATURA. Situación de un cuerpo celeste en la cual forma un ángulo recto con la dirección de otro desde un punto de vista geocéntrico (visto desde la Tierra). Se aplica especialmente a la situación de los planetas y estrellas con respecto al Sol.

CUÁDRICEPS. Músculo del plano anterior del muslo formado por cuatro cabezas o porciones (recto anterior, vastos interno y externo, crural) que se insertan en la rótula por un tendón común. Su contracción permite la extensión de la pierna.

CUADRIGA. Carro tirado por cuatro caballos que se utilizó en la antigüedad en oriente y, sobre todo, en Grecia y Roma.

CUADRIPLEJÍA. Déficit motor o parálisis de las cuatro extremidades. Las cuadriplejías suelen ser la consecuencia de una lesión de la médula cervical, pero en ocasiones también de una lesión cerebral.

CUÁDRUPLE ALIANZA. Pacto establecido el 22 de abril de 1834 entre el Reino Unido, Francia y los pretendientes liberales a los tronos de España y Portugal, contra los conservadores que aspiraban a ocuparlos. Apoyaron a María Cristina contra Carlos, en España, y a Maria da Glória contra Miguel, en Portugal.
Santa Alianza 13:138b.

CUAJADA. Parte caseosa (con caseína) y grasa de la leche, que se separa del suero por acidificación microbiana (coagulación natural) o por el cuajo (coagulación artificial); se utiliza para fabricar queso o se consume directamente.
Queso 12:220a.

CUAJO. Fermento existente en el estómago de los animales rumiantes en su etapa de lactancia y que debido a la actuación de su enzima renina sobre el caseinógeno de la leche coagula a esta última.
Queso 12:220a.

CUANGO, RÍO. Curso fluvial de África central. Nace en la región septentrional de Angola y sirve de línea fronteriza entre Angola y la Rep. Dem. del Congo. Desemboca en el Kasai, afluente a su vez del río Congo. Su curso es de 1.100 km.

CUÁNTICA, TEORÍA. Disciplina teórica de la física basada en la hipótesis de los cuantos, enunciada por Max Planck.
5:41b; Átomo 2:205b; Bohr, Niels 3:84b; Calor 4:290b; Ciencia 4:186b; Einstein, Albert 5:342b; Energía 5:411b; Espectroscopia 6:104a; Heisenberg, Werner 7:351a; Luz 9:254b; Onda 11:107b; Óptica 11:121b; Partículas subatómicas 11:288b; Planck, Max 12:13a; Química 12:227b; *cuadro* 5:42a; *ilustraciones* 5:41b; 5:43b.

CUANZA, RÍO. Curso fluvial angoleño. Nace en la meseta de Bié y, tras cambiar de dirección a la altura de la ciudad de Cangandala, se dirige hacia su desembocadura en el Atlántico, al sur de la cap., Luanda. Su curso es de 960 km.
Angola 1:359b.

CUÁQUEROS. V. **Sociedad de Amigos.**

CUARCITA. Arenisca o roca dura silícea constituida principalmente por cuarzo. Se emplea para revestimientos y empedrados.

CUARENTENA. Medida profiláctica internacional que consiste en imponer un aislamiento provisional (antaño de 40 días) a las personas, barcos y mercancías procedentes de países en los que reina alguna enfermedad contagiosa. Entre las enfermedades de alto riesgo sujetas a esta medida se encuentran la fiebre amarilla, el cólera, la peste y el tifus exantemático.
Epidemia 6:12a.

CUARESMA. En la Iglesia Católica, período de penitencia preparatorio de la fiesta de la Pascua de Resurrección.
5:44a; Ayuno y abstinencia 2:267a; Carnaval 3:402b; *ilustración* 5:44a.

CUARTA INTERNACIONAL. Organización obrera fundada por el político revolucionario ruso Liev Trotski en México (1938) según su principio de «la revolución permanente». A su muerte sufrió frecuentes crisis, pero después de la segunda guerra mundial resurgió en algunos países latinoamericanos.
Obrero, movimiento 11:64a.

CUART DE POBLET. Población española de la prov. de Valencia, comunidad autónoma de Valencia. Escenario de la batalla que libró en octubre de 1094 el Cid Campeador frente a los almorávides. Viñedos, verduras, frutales. Cinturón industrial próximo a la ciudad de Valencia (5 km). 26.694 hab. (1991).

CUARTETA. Combinación de cuatro versos octosílabos, de los cuales tienen asonancias el segundo y el último.

CUARTETO (LITERATURA). Combinación de cuatro versos endecasílabos que conciertan en consonantes o asonantes.

CUARTETO (MÚSICA). Composición musical para ser interpretada por cuatro instrumentos, generalmente de cuerda, o, en el Renacimiento, por cuatro voces. El instrumental lo forman dos violines, una viola y un violonchelo, aunque pueden existir variantes.
Cámara, música de 3:295b.

CUARTILLO. Medida de capacidad para sólidos o líquidos utilizada en diferentes lugares de España. En el primer caso equivale a la cuarta parte del celemín, o sea, a 1,156 l, y en el segundo, a la cuarta parte del azumbre, es decir, a unos 0,5 l aproximadamente.

CUARZO. Mineral compuesto por dióxido de silicio o sílice, SiO_2, que constituye en sus múltiples variedades uno de los más abundantes de la corteza terrestre.
5:45a; Granito 7:196a; Mineral y mineralogía 10:174a; Rozas 12:401a; Silíceos, minerales 13:242a; Sílex 13:241b; Silicio 13:243b; *ilustración* 5:45b.

CUÁSAR. Objeto celeste que irradia enormes cantidades de energía óptica y de radio.
5:45b; Universo 14:187a; *ilustración* 5:46a.

CUASIMOLÉCULA. Situación temporal en la que dos átomos se encuentran tan próximos entre sí que presentan estructura y propiedades características de una molécula. Su estudio tiene interés en astrofísica y en la fusión termonuclear.

CUATERNARIA, ERA. Última y más reciente de las eras geológicas. Comenzó entre hace 2,5 y 1,5 millones de años.
5:46b; Animales prehistóricos 1:370a; Cambio climático 3:298a; Geocronología 7:84a; Paleontología 11:228a; Piedra, edad de 11:395b; *cuadro* 5:47; *ilustraciones* 5:47b; 5:48a.

CUATRO CANTONES, LAGO DE. V. **Lucerna, lago de.**

CUATROCIENTOS GOLPES, LOS. Filme dirigido en 1959 por François Truffaut. Fue una de las películas que impulsaron la *nouvelle vague* francesa.

CUATRO VIENTOS, SUBLEVACIÓN DE. Insurrección acaecida el 15 de diciembre de 1930 en el aeródromo de Cuatro Vientos, en las proximidades de Madrid. A raíz del fusilamiento de los protagonistas de la frustrada sublevación de Jaca, diversos aviadores, entre los que se contaba Ramón Franco, ocuparon esta base y, mientras el general Gonzalo Queipo de Llano dirigía una columna hacia los cuarteles de Carabanchel, sobrevolaron Madrid con intención de bombardear el Palacio Real y derribar la monarquía. El proyecto se vio, no obstante, frustrado y los conspiradores huyeron a Portugal.

CUAUHTÉMOC (h. 1495-1522). Último de los emperadores aztecas, defensor de Tenochtitlan contra los españoles.
5:48b; Ahuízotl 1:130a; Azteca, imperio 2:285a; Latinoamérica, conquista de 9:80b; *ilustración* 5:49.

CUAUHXICALLI. Recipiente ritual utilizado por los pueblos aztecas precolombinos. Con forma de águila u otro animal, estaba destinado a recoger la sangre y los corazones de los seres humanos sacrificados.

CUAUTLA. Población mexicana del est. de Morelos. Cercana a Cuernavaca. Caña de azúcar, maíz, ganadería, industria azucarera y del tabaco. Instalaciones turísticas. 128.781 hab. (1995).

CUAUTLA, SITIO DE. Acontecimiento bélico acaecido en la población mexicana de Cuautla en el transcurso de la guerra por su independencia. Las tropas insurgentes de José María Morelos fueron sitiadas entre febrero y mayo de 1812 por los realistas, pero lograron romper el cerco y escapar.

CUBA. País insular de las Antillas. Cap. Habana. 110.861 km^2. 11.148.000 hab. (2000).
5:49b; Alfabetización 1:201b; América 1:276b; Anticlericalismo 1:384b; Antillas 1:390b; Castro, Fidel 4:28a; Cinematografía 4:198a; Habana 7:307a; Hispano-estadounidense, guerra 8:14b; Independencia de Hispanoamérica 8:147a; Villa Clara 14:317a; *mapa* 5:50a; *cuadros* 5:49b; 5:53a-b; *ilustraciones* 5:50a; 5:51b; 5:52a-b; 5:53b; 5:54a; 5:56a; 5:57b; 5:58a; 5:59; 5:60a-b; 5:61b.

CUBA, SANTIAGO DE. V. **Santiago de Cuba.**

CUBA ELECTROLÍTICA. Recipiente en el que se desarrollan procesos de electrólisis, reacciones químicas inducidas por corriente eléctrica. Consiste en dos conductores o electrodos sumergidos en un compuesto iónico disuelto llamado electrólito. Los conductores, separados entre sí, poseen cargas eléctricas opuestas para producir la reacción.

CUBAGUA, ISLA. Isla venezolana del est. Nueva Esparta, en el dist. Díaz. Está situada al sur de la isla Margarita, en el mar Caribe. Mantiene los restos de la primera ciudad fundada en Venezuela por los españoles, Nueva Cádiz.

CUBANGO, RÍO. Curso fluvial de África ecuatorial y austral. Nace en la meseta de Bié, en la parte central de Angola, y, tras servir de línea fronteriza entre este país y Namibia, vierte sus aguas en la región pantanosa de Okavango, en el norte de Botswana. Su curso es de 1.700 km.

CUBANITA. Mineral sulfuroso ($CuFe_2S_3$) de color amarillo-bronce, su dureza es de 3,5 a 4, cristaliza en sistema rómbico y su peso específico es de 4,1. Sus más importantes depósitos se encuentran en Barracanao (Cuba). Conocido también como calmersita.

CUBAS, MARQUÉS DE (1826-1898). Francisco de Cubas y González-Montes, arquitecto español. Representante de la arquitectura historicista en el panorama artístico español del siglo XIX, trabajó principalmente en Madrid, donde proyectó el convento de las Salesas y los palacios del marqués de Alcañices (1865) y de López Dóriga. Autor de los planos iniciales de la catedral de la Almudena, también en Madrid.

CUBAS, RAÚL (n. en 1944). Político paraguayo. Presidente de la nación entre 1998 y 1999, año en que fue obligado a dimitir por su vinculación con el general Lino Oviedo, instigador en 1996 de un fallido pronunciamiento militar.
5:61b; Paraguay 11:274a; Wasmosy, Juan Carlos 14:355b; *ilustración* 5:61b.

CÚBICO, SISTEMA. Sistema cristalográfico caracterizado por tener tres ejes de referencia. Los ejes son iguales y forman ángulos rectos entre sí. Las formas cristalográficas básicas que presenta son el cubo, el octaedro, el rombododecaedro y el icositetraedro. Se presenta, entre otros, en el diamante y la pirita.
Cristal 5:18b.

CUBILOTE. Horno de cuba metálico, con revestimiento interno refractario, empleado en metalurgia para la refundición de lingotes de hierro.

CUBILLO DE ARAGÓN, ÁLVARO (h. 1596-1661). Dramaturgo español. Escritor barroco de la escuela de Pedro Calderón de la Barca, fue autor de comedias heroicas, religiosas y costumbristas. *El conde de Saldaña, Las muñecas de Marcela, El señor de las Noches Buenas.*

CUBILLO Y MURO, LUIS (1864-1926). Ingeniero de minas español. Desempeñó diversos puestos como cartógrafo y en 1924 fue nombrado director del Instituto Geográfico Español. Participó en la realización del mapa magnético de España.

CUBISMO. Movimiento artístico de principios del siglo XX que preconizó el abandono de lo figurativo para representar sólo las formas geométricas básicas de los objetos.
5:62a; Abstracto, arte 1:20b; Braque, Georges 3:146a; Dacosta, Milton 5:83a; Delaunay, Robert 5:113b; Gargallo, Pablo 7:50a; Gris, Juan 7:234b; Léger, Fernand 9:96b; Pettoruti, Emilio 11:385a; Picabia, Francis 11:388a; Picasso, Pablo 11:391a; Pintura 11:416a; Stein, Gertrude 13:318b; Tatlin, Vladímir 13:403a; Villon, Jacques 14:319b; Zadkine, Ossip 14:403a; *ilustraciones* 5:62b; 5:63a-b; 5:64a.

CÚBITO. Hueso largo del antebrazo situado por dentro del radio. Se articula por arriba con éste y con el húmero; por abajo, también con el radio y con el piramidal del carpo.

CUBÍ Y SOLER, MARIANO (1801-1875). Científico español. Vivió en los Estados Unidos, México y Cuba y fue seguidor e introductor en España de las teorías científicas de Franz Josef Gall, padre de la frenología o ciencia del estudio de la intelectualidad en función de las características externas del cráneo. Se interesó también por los estudios lingüísticos. *Sistema completo de frenología* (1843).

CUBO. Poliedro de seis caras cuadradas, doce aristas y ocho vértices. Se denomina también hexaedro regular.
Geometría 7:99a.

CUBOFUTURISMO. Movimiento artístico ruso centrado fundamentalmente en la pintura y que, en la década de 1910, integró los principios del cubismo, el futurismo y el neoprimitivismo, incorporando planteamientos de esquematismo e ingenuidad a las premisas estéticas previas a la abstracción. Destacaron dentro del movimiento Vladímir Tatlin, Igor Maliévich, Olga Rozanova y Liubov Popova.

CUCALA, PASCUAL (1816-1892). Guerrillero español. Lideró entre 1872 y 1874 una partida de campesinos que bajo la idea de la defensa del carlismo ocupó diversas poblaciones de Valencia y Alicante. Fue derrotado por los ejércitos gubernamentales.

CUCAÑA. Juego tradicional popular consistente en intentar avanzar vertical u horizontalmente por un palo untado con una sustancia grasa o jabonosa hasta conseguir un objeto situado en su parte extrema.

CUCARACHA. Insecto dictióptero, corredor, de la familia de los blátidos. Diversas especies, entre ellas la cucaracha negra (*Blatta orientalis*) y la americana (*Periplaneta americana*).
5:64a; Insectos 8:222b; *ilustración* 5:64b.

CÚCHARES, CURRO (1818-1868). Francisco Arjona Herrera, matador de toros español. Creó un estilo propio caracterizado por el manejo de la muleta con la derecha. Fue célebre su rivalidad con Chiclanero.

CUCHILLADA. En la indumentaria masculina, preferentemente en la época renacentista, aberturas que se realizaban en la camisa y el jubón y que permitían que se viese el forro o cualquier otra tela lujosa de diferente color.

CUCHILLA GRANDE. Sierra de la parte oriental de Uruguay. Cubre casi todo el país y se extiende en 350 km desde la zona comprendida entre el río Negro y la laguna Merín y la desembocadura del río de la Plata. Con alturas que apenas alcanzan los 300 m, es de formación granítica.

CUCHIVERO, RÍO. Curso fluvial de Venezuela, en el est. Bolívar. Afluente del Orinoco, nace en la mesa de Icutú, macizo de Guayana, y, tras un recorrido en dirección norte, vierte sus aguas al Orinoco por su orilla derecha. Su curso es de 240 km.

CÚCHULAINN. Héroe épico irlandés, hijo del dios Lug. Protagonizó numerosas aventuras y leyendas, entre las que destacan las referidas a su enfrentamiento con la reina Medb, en defensa de Ulster.

CUCHUMATANES, SIERRA DE LOS. Sistema montañoso de Guatemala que se extiende principalmente por el dep. de Huehuetenango. Alcanza su máxima altitud en el pico Chemal (3.800 m).

CUCHUMBÍ. Mamífero carnívoro de la familia de los prociónidos (*Potus flavus*), de color canela. Propio de Sudamérica.

CUCLILLO. Ave de la familia de los cucúlidos (*Cuculus canorus*). La hembra pone sus huevos en los nidos de otras aves y el polluelo expulsa de él a los de la especie huésped. Se denomina también cuco.

CUCULIFORMES. Orden de aves compuesto por la familia de los cucúlidos (cuco europeo, *Cuculus canorus*, etc.) y la familia de los musofágidos (turaco de pico grueso, *Turacus macrorhynchus;* turaco morado, *Musophaga violacea*, etc.). Presentan patas cigodáctilas (dos dedos hacia delante, dos hacia atrás) y pico corvo.

CUCURBITÁCEAS. Familia de plantas dicotiledóneas, en su mayoría herbáceas, cuyo fruto adopta una forma característica denominada pepónide. Incluye la calabaza, el melón y el pepino.
Calabaza 3:266b; Melón 10:48b; Pepino 11:330a; Sandía 13:121a.

CÚCUTA, SAN JOSÉ DE. Ciudad de Colombia, cap. del dep. de Norte de Santander, fronteriza con Venezuela. Fundada en 1733. Aeropuerto, universidad. Carretera panamericana. Centro de una comarca agrícola y ganadera. Yacimientos petrolíferos; oleoducto; industrias diversas. 624.215 hab. (1999).
Norte de Santander 11:11a.

CUDWORTH, RALPH (1617-1688). Filósofo y teólogo inglés. Líder de la escuela platónica de Cambridge, se opuso al puritanismo y planteó la teoría de las «materias plásticas». *El verdadero sistema intelectual del universo* (1678), *Tratado sobre la moral eterna e inmutable* (1731).

CUECA. Danza de pareja en la que ambas partes sostienen y utilizan un pañuelo, imitando el cortejo entre gallo y gallina. Danza nacional chilena.

CUECHCOCHTECHIMALLI. Adorno con el que solía representarse a Mictlantecuhtli, divinidad azteca del mundo subterráneo y de los muertos. Era de papel y de él salían figuras cuneiformes que cubrían la nuca y la frente al dios.

CUÉLLAR. Población española de la prov. de Segovia, comunidad autónoma de Castilla y León. Recinto amurallado y diversas iglesias mudéjares. Agricultura de secano, ganadería, industria diversa. 9.118 hab. (1996).

CUÉLLAR, JERÓNIMO DE (1622-1665). Dramaturgo español. Perteneciente a la escuela calderoniana, se le atribuye la pieza teatral *El pastelero de Madrigal* y fue autor de *Cada cual a su negocio y hacer cada uno lo que debe.*

CUÉLLAR, JOSÉ TOMÁS DE (1830-1894). Dramaturgo, novelista y periodista mexicano. Empleó el seudónimo de Facundo. Colaboró en distintas publicaciones. Fundador del grupo Bohemia Literaria. Autor de la serie de novelas integradas en *Natural y figura* y *La linterna mágica.*

CUELLO, FRANCISCO DE PAULA (1824-1851). Político español. Partidario de la ideología republicana, participó en los movimientos revolucionarios de la década de 1840 en Cataluña. Exiliado a Francia y deportado a Andalucía e Ibiza, murió asesinado a su regreso a Barcelona.

CUELLO UTERINO. Parte inferior y más estrecha del útero, comprendida entre el cuerpo uterino por arriba y el orificio vaginal por abajo.

CUENCA (CIUDAD, ESPAÑA). Población de España, cap. de la prov. homónima, comunidad autónoma de Castilla-La Mancha, bañada por los ríos Júcar y Huécar, a cuyas hoces se asoma la pintoresca ciudad antigua. Catedral del siglo XIII, museo de arte abstracto, «casas colgantes». 43.733 hab. (1996).
Guadiana, río 7:246b.

CUENCA (ECUADOR). Ciudad del Ecuador, cap. de la prov. de Azuay, a orillas del río Matadero. Fundada en 1557 por Gil Ramírez Dávalos sobre las ruinas de la residencia del inca Huayna Cápac. Conventos coloniales, universidades. Carretera panamericana. Sombreros, textiles, productos agropecuarios. Mercado indígena semanal. Turismo. 255.028 hab. (1997).
Ecuador 5:288b.

CUENCA (PROVINCIA, ESPAÑA). División administrativa de España en la comunidad autónoma de Castilla-La Mancha, regada por los ríos Júcar y Tajo, en la meseta Central. Formación rocosa denominada Ciudad Encantada. Agricultura, explotación forestal; ganadería. Cap. Cuenca. 17.061 km^2. 201.712 hab. (1996).
Castilla-La Mancha 4:18b.

CUENCA, CIUDAD ENCANTADA DE. Formación rocosa cársica que se encuentra en las proximidades de la población española de Cuenca, en la serranía homónima. Está formada por una erosión de tipo cársico sobre materiales calizos que produce rocas de singulares formas.

CUENCA, LUIS ALBERTO DE (n. en 1950). Ensayista, poeta e investigador español. *La caja de plata* (1985), *El hacha y la rosa* (1993), *Por fuertes y fronteras* (1996).

CUENCA, SERRANÍA DE. Región montañosa situada en el nordeste de la prov. española de Cuenca. Forma parte del sistema Ibérico y está compuesta por materiales calizos muy erosionados. Explotación forestal (pinares). Alcanza su máxima altitud con el cerro de San Felipe (1.834 m).

CUENCA DEL PLATA, TRATADO DE LA. Convenio firmado entre la Argentina, Bolivia, Brasil, Paraguay y Uruguay en 1969, en la ciudad de Brasilia, para promover el desarrollo y la integración física de la cuenca del Plata.

CUENCA HIDROGRÁFICA. Área delimitada por una línea divisoria de aguas en la que la dirección de los cursos de agua es convergente.
Hidrografía e hidrología 7:402a; Lago 9:47b.

CUENCA SEDIMENTARIA. Depresión natural de la corteza terrestre de gran extensión en la que se acumulan materiales procedentes de otros lugares, transportados hasta allí por el agua, el viento u otros medios.
5:65a; Geomorfología 7:107b; Orografía 11:156a.

CUENTA BANCARIA. Registro que el banco lleva a cada uno de sus clientes y en la que se recogen el dinero que entrega y recibe, los pagos que realiza, los intereses y las comisiones que se producen.

CUENTA CORRIENTE. Registro que recoge el movimiento de dinero entre personas, sociedades o estados. En el negocio bancario, el término designa específicamente una cuenta en la que el usuario tiene disponibilidad inmediata de sus recursos, usualmente a través de cheques.
Banca 2:331b; Crédito 5:5b.

CUENTO. Relato de corta extensión, generalmente en prosa, en el que se narra un hecho ficticio con predominio de los elementos fantásticos o imaginativos. Como género literario, los cuentos son de origen oriental y pasaron a Europa gracias a los árabes. Su finalidad suele ser didáctica o recreativa.
Andersen, Hans Christian 1:330b; Folclor 6:341a; Grimm, Jacob y Wilhelm 7:232b; Novela y cuento 11:18b.

CUENTOS DE CANTERBURY. Colección de cuentos en su mayoría en verso, del escritor británico Geoffrey Chaucer, fuertemente influidos por el *Decamerón* de Boccaccio. Como en esta obra, varios personajes, peregrinos en este caso, relatan historias en la ruta a Canterbury. Chaucer escribió los cuentos en las décadas de 1380 y 1390, pero dejó la colección incompleta a su muerte.
Británica, literatura 3:174b; Chaucer, Geoffrey 4:110a; Novela y cuento 11:19a.

CUENTOS DE LA ALHAMBRA. Colección de relatos del escritor estadounidense Washington Irving, publicados en 1832, sobre la España musulmana y las leyendas hispano-árabes. Contiene preciosas descripciones del palacio granadino y una apasionada defensa de Boabdil, el último rey moro de Granada.

CUERAUAHPERI. En la mitología de los tarascos del México precolombino, diosa madre de las múltiples divinidades de la tierra y una de las tres partes en que se hallaba dividido el mundo, junto con el cielo y la región de los muertos.

CUERDA, INSTRUMENTOS DE. Familia de instrumentos musicales formada por los violines, las violas, los violonchelos y los contrabajos. También pertenecen al grupo el arpa y la guitarra, y algunos incluyen asimismo a la espineta, el clave y el piano.
Arpa 2:93b; Clave, clavicordio y clavicémbalo 4:226b; Contrabajo 4:361a; Guitarra 7:293a; Instrumentos musicales 8:229a; Laúd 9:83b; Orquesta 11:158a; Piano 11:386a.

CUERDAS VOCALES. Ligamentos que van de delante a atrás en la laringe, capaces de adquirir más o menos tensión y de producir vibraciones, a cuyo conjunto llamamos voz.
Habla 7:310b.

CUERNAVACA. Ciudad mexicana, cap. del estado de Morelos. 311.095 hab. (1995).
5:65b; México 10:126a; Morelos 10:262a; *ilustración* 5:65b.

CUERNO. Estructura defensiva característica de ciertos órdenes de mamíferos, situada sobre la cabeza, generalmente par y en ocasiones ramificada. Los cuernos pueden ser persistentes o caedizos. Los primeros son característicos de los bóvidos y los segundos de los cérvidos.

CUERO. Piel debidamente tratada de ciertos mamíferos y especialmente del ganado bovino.
5:66a; *cuadro* 5:66a; *ilustraciones* 5:66a-b.

CUERO CABELLUDO. Tegumento de la parte superior y posterior de la cabeza y de la nuca, normalmente recubierto de cabello.
Calvicie 3:291a.

CUERO Y CAICEDO, JOSÉ (1735-1815). Religioso y patriota ecuatoriano. Fue presidente, en 1811, de la Junta Suprema de Gobierno que expidió la primera constitución del Estado de Quito. Condenado al destierro, murió antes del viaje.

CUERPO. Estructura algebraica formada por un conjunto dado *X* y dos leyes de composición interna, para la primera de las cuales el conjunto cumple las propiedades de grupo abeliano y para la segunda, las de grupo. Además, la segunda ley debe ser distributiva respecto de la primera.

CUERPO DE EJÉRCITO. Unidad militar regida normalmente por la autoridad de un teniente general y que cubre un número muy amplio de personal e incluso diferentes secciones militares. Suele constar como mínimo de dos o tres divisiones.

CUERPO GRIS. Ente físico que absorbe parcialmente cualquier radiación que incida sobre su superficie.

CUERPO LÚTEO. Estructura ovárica de carácter periódico y transitorio, con función de secreción endocrina (progesterona). En caso de embarazo, el cuerpo lúteo se hipertrofia y se hace persistente.

CUERPO NEGRO. Entidad física teórica dotada del poder de absorber íntegramente toda la radiación que sobre ella incide, sin que se produzca la más mínima reflexión.
Cuántica, teoría 5:41b.

CUERVO (ASTRONOMÍA). Constelación del hemisferio sur. Situada entre las de Virgo (la Virgen) y la Copa (Crater). Nombre latino: Corvus.

CUERVO (ZOOLOGÍA). Pájaro de la familia de los córvidos y del género *Corvus*.
5:67a; Pájaros 11:216a; *ilustraciones* 5:67a; 11:216a.

CUERVO, RUFINO JOSÉ (1845-1911). Filólogo colombiano. Considerado como uno de los más destacados lingüistas del idioma castellano.
5:67b; Caro, Miguel Antonio 3:405b.

CUERVO MARINO. V. **Cormorán.**

CUESTA, GREGORIO GARCÍA DE LA (1741-1811). Militar español. Participó en distintas campañas bélicas en la península y América y fue uno de los principales jefes militares durante la guerra de la independencia. Enfrentado a Francisco Javier Castaños y al duque de Wellington, se retiró a Mallorca.

CUESTA, JORGE (1903-1941). Escritor mexicano. Perteneció al grupo surgido en torno a la revista *Contemporáneos*.
5:68a.

CUESTA, JUAN DE LA (siglo XVII). Impresor español. Regente de la imprenta madrileña en la que, por encargo del librero Francisco de Robles, se imprimió por primera vez en 1605 la obra de Miguel de Cervantes, *Don Quijote de la Mancha*.

CUESTAS, JUAN LINDOLFO (1837-1905). Político uruguayo. Miembro del Partido Colorado, ocupó la presidencia de la república en dos ocasiones, 1897-1899 y 1899-1903.
Saravia, Aparicio 13:159a.

CUESTOR. Magistrado romano que se encargaba de administrar los fondos públicos y, en algunos casos, cumplía funciones judiciales. Su número pasó de dos en el siglo V a.C. a cuarenta en tiempos de Julio César (siglo I a.C.). Se distinguían los *quaestores urbani*, en número de dos y radicados en Roma, y los *quaestores* provinciales, quienes ejercían su cargo fuera de Italia.

CUETO, ALONSO (n. en 1954). Novelista peruano. Autor de éxito en su país, una de sus obras más destacadas es *La batalla del pasado* (1983).

CUEVA. Cavidad subterránea formada naturalmente en una roca. En muchos casos, una cueva está formada por varias cámaras, que dan lugar a cavernas.
5:68a; Espeleología 6:107a; *ilustraciones* 5:68b; 5:69a.

CUEVA, BEATRIZ DE LA (m. en 1541). Esposa de Pedro de Alvarado, gobernador de Guatemala. Perdió la razón a la muerte de éste. Pretendió la gobernación que había sido de su marido. Murió ahogada, con su hija, en una inundación.

CUEVA, BELTRÁN DE LA (h. 1440-1492). Noble castellano. Favorito del rey castellano Enrique IV, se le acusó de mantener relaciones con la reina Juana de Portugal y de haber concebido a la princesa Juana (la Beltraneja). Defendió la causa del rey Enrique frente a la rebelión nobiliaria de 1465.

CUEVA, FRANCISCO IV FERNÁNDEZ DE LA (1619-1676). Militar y político español. Octavo duque de Alburquerque, participó en distintas campañas militares durante el reinado de Felipe IV. Virrey de la Nueva España entre 1653 y 1660 y de Sicilia entre 1667 y 1670.

CUEVA, FRANCISCO V FERNÁNDEZ DE LA (m. en 1733). Décimo duque de Alburquerque. Administrador colonial español que gobernó el Virreinato de la Nueva España entre 1702 y 1711. Elevó los impuestos sobre los colonos como medida para financiar la guerra de sucesión para el trono español.

CUEVA, JUAN DE LA (h. 1550-1609). Dramaturgo y poeta español. Fue uno de los primeros que utilizó temas históricos nacionales para sus composiciones.
5:69a; Siglo de Oro español 13:239a; *ilustración* 5:69b.

CUEVA, MARIANO (1810-1882). Jurisconsulto y político ecuatoriano. Ocupó diversos puestos jurídicos y políticos en la provincia de Azuay, de donde fue gobernador, ministro de la corte suprema y rector de la corporación universitaria, etc. Ocupó la vicepresidencia de la república.

CUEVA HENRÍQUEZ, BALTASAR DE LA (1626-1686). Administrador colonial español. Conde de Castellar y marqués de Malagón, gobernó el Virreinato del Perú entre 1674 y 1678. Realizó una importante y muy discutida labor fiscal, lo que le acarreó las protestas de los comerciantes y su posterior destitución.

CUEVAS, CULTURA DE LAS. Grupo humano prehistórico de la península ibérica perteneciente a la primera edad de bronce. Caracterizado por la creación de sepulcros colectivos formados por cuevas excavadas artificialmente. Se extendió por el Guadalquivir, la región levantina, la costa atlántica y la zona del Tajo.

CUEVAS, JOSÉ LUIS (n. en 1934). Dibujante y grabador mexicano. Ejecutó obras de un vigoroso expresionismo.
5:69a.

CUEVAS, MARQUÉS DE (1885-1961). George de Piedrablanca de Guana, director de ballet estadounidense de origen chileno. Unió su propia compañía a la del Ballet de Montecarlo y fundó en 1951 el International Ballet, compañía que alcanzó gran fama hasta su disolución en 1962.

CUEVAS Y DÁVALOS, ALONSO DE (1590-1665). Religioso mexicano. Doctor en teología, capellán, canónigo magistral y obispo de Oaxaca, se le llamó «venerable». Fue arzobispo de México en 1664.

CUEVAS Y MONTESDEOCA, JOSÉ A. (1894-1961). Ingeniero mexicano. Desempeñó un importante papel en el desarrollo de las construcciones con hormigón armado en México. Fue director de obras públicas de la ciudad de México. *Los usos del cemento.*

CUEVAS ZEQUEIRA, SERGIO (1863-1926). Escritor puertorriqueño. Autor de ensayos y artículos periodísticos, vivió desde principios del siglo XX en Cuba, de cuya academia de la historia fue miembro. Fundador de la revista literaria *Las Antillas* (1921). *Pláticas agridulces* (1906), *El Quijote y el examen de ingenios* (1923).

CUGAT, XAVIER (1900-1990). Director de orquesta estadounidense de origen español. Creador de un estilo musical propio que aunaba la música de orquesta de baile con los ritmos latinos. Destacó como violinista. Intervino en numerosas películas y fue muy celebrada su actividad de caricaturista.

CUGNOT, NICOLAS-JOSEPH (1725-1804). Ingeniero francés. Inventó, en 1770, el primer vehículo automóvil a vapor. El prototipo se encuentra en el Conservatorio Nacional de Artes y Oficios de París.
Automóvil 2:240b.

CUI. V. **Cuy.**

CUI, CÉSAR (1835-1918). Compositor, crítico musical y militar ruso. Formó parte del grupo de los cinco. Autor de canciones, partituras para piano y óperas, entre ellas *La hija del capitán* y *El prisionero del Cáucaso,* basadas en obras de Alexandr Pushkin.

CUIABÁ. Ciudad y puerto fluvial de Brasil, cap. del estado de Mato Grosso, a orillas del Cuiabá. Universidad. Agricultura y ganadería, caucho, centrales térmica e hidroeléctrica. 426.903 hab. (1996).

CUICHU. En la civilización inca, nombre dado al arco iris. Era objeto de especial veneración por proceder del Sol, suprema divinidad del panteón incaico.

CUICUILCO. Yacimiento arqueológico mexicano situado al sur de la ciudad de México. A partir de las excavaciones iniciadas en la década de 1920, se descubrieron en ella restos de una ciudad precolombina que fue habitada hasta el siglo I d.C.

CUILAPA. Ciudad de Guatemala, cap. del dep. de Santa Rosa, también llamada Cuajiniguilapa. Carretera panamericana, aeropuerto. Destruida por un terremoto en 1913. Café, caña de azúcar. 17.086 hab. (1981).

CUITLÁHUAC (m. en 1520). Penúltimo emperador de los aztecas. Derrotó a los españoles en la «noche triste».
5:70a; Azteca, imperio 2:285a; Latinoamérica, conquista de 9:80a; Xicoténcatl el Mozo 14:375a; *ilustración* 5:70a.

CUITZEO, LAGO DE. Lago de México, en el estado de Michoacán, al norte de Morelia. Forma parte de la cuenca de Michoacán. Desagua en el municipio de Uriangato por el río Morelia. Sus aguas contienen sales sódicas.

CUIXART, MODEST (n. en 1925). Pintor español. En 1948 participó en la fundación del grupo vanguardista Dau al Set. Del expresionismo inicial, su obra evolucionó hacia el surrealismo y el informalismo, para tender por último a un figurativismo muy personal. «Omorka» (1957), «Montserrat» (1971).

CUJAS, JACQUES (1522-1590). Jurista francés. Fue profesor de derecho en Cahors, Bourges, Valence, Turín y París. Es el representante más cualificado de la escuela histórica. Explicó el derecho romano desde una perspectiva histórica, en contraposición a los discípulos de Bártolo, que solían adoptar un punto de vista práctico. *Observationes, Paratitla.*

CUKOR, GEORGE (1899-1983). Realizador cinematográfico estadounidense. Célebre por su dirección de actrices. *La dama de las camelias* (1936), *Historias de Filadelfia* (1940), *Luz de gas* (1944), *Mi bella dama* (1969), *Ricas y famosas* (1981).

CULANTRILLO. V. **Cabello de Venus.**

CULANTRO. V. **Cilantro.**

CULEBRA. Reptil del orden de los ofidios, perteneciente a la familia de los colúbridos.
Reptiles 12:339a; Serpientes 13:210a.

CULEBRA, BAHÍA. Ensenada costarricense situada en la prov. de Guanacaste, en la costa del Pacífico. Constituye la parte meridional del golfo de Papagayo.

CULEBRA, ISLA DE. Isla del Atlántico perteneciente a Puerto Rico, limitada al sur y al oeste por la sonda de Vieques. Aves migratorias. Pastos y pesca. Ciudad principal, Culebra. 26 km^2. 1.300 hab. (1984).
Puerto Rico 12:196a.

CULEBRA ACUÁTICA. Reptil ofidio de la familia de los colúbridos, no venenoso. La especie más común es la culebra acuática de collar (*Natrix natrix*).

CULEBRA NEGRA. Reptil ofidio del grupo de los aglifos, familia de los colúbridos (*Coluber constrictor*). Generalmente de color negro, con una mancha blanca en la parte inferior del cuello y del mentón. Su mordedura no es venenosa, y se alimenta de otras serpientes más pequeñas, sapos, ranas y ratones. Es propio de América del norte, principalmente de la región oriental de los Estados Unidos.

CULEBRA REAL. Género de reptiles ofidios, de la familia de los colúbridos (*Lampropeltis getulus*). Tienen dimensiones reducidas, la cabeza más bien pequeña y no muy bien diferenciada del cuello, los ojos con pupila circular y las escamas dorsales y caudales superiores perfectamente lisas. Son más bien crepusculares o nocturnas.

CULHUACAN. Ciudad precolombina mexicana que ocupó la parte septentrional del lago de Texcoco entre los siglos XI y XIV. Regida por un sistema monárquico, se unió a otras ciudades del valle de México y constituyeron una fuerte confederación. Fue dominada a fines del siglo XIV por los aztecas.

CULI. En China, la India y otros países del lejano oriente, peón o trabajador contratado por un salario mínimo. Su tráfico en las colonias británicas, en sustitución de los esclavos negros, se inició en la década de 1840 y concluyó a fines del siglo XIX. También conocido como coolie.

CULIACÁN. Ciudad mexicana, cap. del estado de Sinaloa, a orillas del río Culiacán en las estribaciones de la sierra Madre occidental. Fundada en 1531. Universidad autónoma. Carretera panamericana, aeropuerto. Importante centro agrícola y ganadero, posee industrias textiles y azucareras. Explotaciones mineras. 505.518 hab. (1995).
Sinaloa 13:250a.

CULINARIO, ARTE. V. **Gastronomía.**

CULLERA. Población española de la prov. de Valencia, comunidad autónoma de Valencia. A orillas del mar Mediterráneo, en la desembocadura del río Júcar. Cítricos, arroz, industria de alimentación, turismo. 20.595 hab. (1996).

CULLERA, SUCESOS DE. Hechos revolucionarios acaecidos en la población española de Cullera, en la provincia de Valencia, en septiembre de 1911. Iniciados a raíz de la huelga general decretada por el sindicato anarquista Confederación Nacional del Trabajo (CNT), el linchamiento de varios funcionarios públicos provocó una serie de condenas a muerte por parte del gobierno de José Canalejas que, en último término, fueron conmutadas.

CULLINAN, DIAMANTE. Piedra preciosa de 3.025 quilates extraída en la ciudad sudafricana del mismo nombre en 1905. El cetro y la corona británicos llevan piedras cortadas de dicho diamante.

CULOMBIO. Unidad básica de la carga eléctrica en el sistema MKS equivalente a 3.10^9 u.e.e (unidades electrostáticas).
Electromagnetismo 5:361b.

CULPA. Negligencia, imprudencia o impericia que ocasiona a otro un daño injusto. Se diferencia del dolo en que falta la intención de dañar.
5:70a; Delito 5:118b; *ilustración* 5:70a.

CULPEO. Zorra americana (*Pseudalopex culpaeus*), de color rojizo oscuro. Habita en los Andes. Se denomina también zorro colorado.

CULTERANISMO. Tendencia de la estética literaria barroca española e hispanoamericana caracterizada por la intensificación de los elementos sensoriales.
5:70b; Barroco, arte 2:361b; Conceptismo 4:321b; Española, literatura 6:91a; Góngora, Luis de 7:163a; Quevedo, Francisco de 12:221a.

CULTISMO. Palabra erudita o culta de escaso uso en el lenguaje popular. Fue uno de los elementos esenciales del culteranismo español e hispanoamericano del siglo XVII.
Español o castellano 6:96b; Etimología 6:179a.

CULTIVADORA. Máquina agrícola destinada a labores de superficie: desterronar, mullir, escardar, etc.
Agrícolas, implementos 1:104b.

CULTIVO. Conjunto de labores agrícolas destinadas a mejorar el rendimiento de la tierra.
Agricultura 1:110b.

CULTIVO BIOLÓGICO. Población de células microbianas o de tejidos vegetales o animales que crece *in vitro,* en un medio formado por

diferentes nutrientes consistentes tanto en sustancias orgánicas como minerales.
Bacteria 2:302a; Bromatología 3:189b; Microbiología 10:150b.

CULTIVO HIDROPÓNICO. Desarrollo de determinadas especies vegetales a partir de la semilla directamente sumergida en una fina capa de agua. Las plantas obtenidas son de pequeño tamaño pero ofrecen gran rendimiento productivo.

CULTO. En religión, conjunto de ceremonias destinadas a honrar a las divinidades o a aquello que se considera sagrado (culto externo, público o privado).
Azteca, religión 2:289a.

CULTURA. Conjunto de ideas, ritos, códigos sociales, creencias y formas de expresión que caracterizan a una comunidad.
5:71a; Aculturación 1:50b; Danza 5:96b; Delincuencia 5:117b; Educación 5:310b; Hombre 8:46a; Pensamiento 11:330a; *ilustraciones* 5:71b; 5:72a-b; 5:73a-b; 5:74; 5:75a.

CULTURALISMO. Corriente del pensamiento antropológico, desarrollada en los Estados Unidos, que recogió aspectos del psicoanálisis y propuso una definición de cultura como la suma total de las actitudes e ideas de los integrantes de un grupo social, así como el resultado material del mismo. Representada por Ruth Benedict, Margaret Mead, Ralph Linton y Abram Kardiner.
Antropología 1:404b.

CUMANÁ. Ciudad de Venezuela, cap. del estado Sucre, en el Caribe, en la desembocadura del río Manzanares, a escasa distancia de Puerto Sucre. Fundada en 1523 con el nombre de Nueva Córdoba. Universidad, aeropuerto. Conservas de pescado, café, cacao, caña de azúcar, tabaco; centro de una zona frutera. 269.428 hab. (2000).
Venezuela 14:263b.

CUMANÁ, MACIZO DE. Sistema montañoso de Venezuela. Se extiende de este a sur del país desde el golfo de Paria hasta los Llanos. Está compuesto por dos formaciones montañosas principales, una en su parte norte y otra en su parte sur, separadas por los golfos de Cariaco y Paria. Alcanza su máxima altitud en el pico Turimiquire (2.596 m).

CUMANAGOTOS. Tribu amerindia de la familia caribe que opuso gran resistencia a los conquistadores españoles. Actualmente está casi extinguida y habita en la zona costera de Venezuela.

CUMANAYAGUA. Municipio de la prov. de Cienfuegos, Cuba. Industria trabacalera. Fabricación de calzado. 43.013 hab. (1987).

CUMANDÁ. Novela indianista, una de las primeras de la literatura hispanoamericana, del escritor ecuatoriano Juan León Mera, publicada en 1879. Relato enmarcado en la selva ecuatoriana, lleva como subtítulo *Un drama entre salvajes.*

CUMANOS. Pueblo turco que fundó un imperio nómada en el sur de la Rusia europea a partir del siglo XI. Los rusos los llamaban *polovtsi.*

CUMAS. Ciudad fundada por griegos de Calcis (Eubea) en la Italia meridional (Magna Grecia), a orillas del mar Tirreno, en el siglo VIII a.C. Aliada de los romanos durante las guerras púnicas.

CUMBÉ. Danza originaria de los pueblos de Guinea Ecuatorial. También se denomina cumbé a la música que acompaña dicha danza.

CUMBERLAND, MESETA. Meseta de los Estados Unidos, situada en la parte sudoccidental de los montes Apalaches. Se extiende desde el sur del est. de Virginia Occidental hasta el norte del est. de Alabama, a lo largo de 725 km.
Apalaches, montes 1:408a.

CUMBIA. Danza de origen africano, muy popular en Colombia. Se bailaba originalmente con velas encendidas, las cuales eran ofrecidas por el danzante a su pareja. Existen dos variedades: la cumbia plebeya, de carácter rústico y sensual, y la cumbia de salón, con figuras y movimientos similares a los usados en la polka.

CUMBRE DE LAS AMÉRICAS. Reunión sostenida en Miami en 1994 por todos los presidentes americanos, a excepción del de Cuba. En ella se lanzó la llamada Iniciativa para las Américas, que pretende la consecución de un área de libre comercio en todo el continente en el año 2005.

CUMBRE DE RÍO. Conferencia internacional sobre ambiente y desarrollo, patrocinada por las Naciones Unidas, celebrada en Río de Janeiro en 1992. En ella se dieron cita representantes de 118 estados, con el fin de paliar el deterioro creciente de las condiciones ambientales y climáticas del planeta. Los resultados de la conferencia se consideraron insuficientes, debido al escaso compromiso mostrado al respecto por los países desarrollados.

CUMBRES BORRASCOSAS. Novela de la escritora británica Emily Brontë, publicada en 1847. Describe el enfrentamiento entre dos familias y el violento amor de Heatcliff, recogido por el dueño de una mansión campestre y educado por éste como hijo, por Catalina, hija de su protector.
Brontë, Emily 3:192b.

CUMBRES DE MONTERREY. Parque nacional de México, en la sierra Madre oriental, estado de Nuevo León. Fundado en 1939, cubre una superficie de 2.465 km^2. Entre sus atractivos principales se cuentan el cañón de Santa Catalina y la cascada Cola de Caballo.

CUMELLAS RIBÓ, JOSÉ (1857-1940). Compositor español. Organista, fundó diversas agrupaciones corales en Cataluña y fue autor de diversas composiciones que tenían como base la música popular catalana. Autor de zarzuelas en lengua catalana. *La torre* (1898), *Montserrat* (1907).

CUMMINGS, E. E. (1894-1962). Edward Estlin Cummings, escritor estadounidense. Se caracterizó por la excentricidad de su puntuación y fraseo.
5:75b.

CÚMULO (ASTRONOMÍA). Denominación genérica de los agregados o asociaciones siderales, conformados por estrellas o galaxias.
Estrella 6:172a; Galaxia 7:18a.

CÚMULO (METEOROLOGÍA). Formación nubosa densa y con contornos bien definidos, de desarrollo vertical y región superior burbujeante. Las zonas que ilumina el sol son de un blanco intenso, mientras su base está oscurecida y tiene estructura horizontal. También denominada *cumulus.*
Nube 11:24b.

CUMULONIMBO. Género de nubes densas y potentes en forma de montañas o grandes torres. Enorme dimensión vertical, con región superior lisa, fibrosa o estriada en forma de yunque o penacho. Por debajo de ella se extienden nubes bajas en jirones, unidas o separadas, que descargan finas cortinas de lluvia.
Nube 11:23b.

CUNAS. Pueblo amerindio de la familia chibcha que habita en el istmo de Panamá. Los cunas del archipiélago de San Blas conservan todavía sus costumbres tradicionales.

CUNDINAMARCA. Departamento de Colombia en la cordillera oriental de los Andes, limitada al oeste por el río Magdalena. Cap. Bogotá. 22.623 km^2. 1.875.337 hab. (1993).
5:76a; Bogotá, Santafé de 3:82b; *ilustración* 5:76a.

CUNDINAMARQUÉS, ALTIPLANO. Meseta colombiana, situada en la parte central del país, en el dep. de Cundinamarca. Integrado en la cordillera Oriental, cubre una extensión de más de 1.000 km^2 y mantiene altitudes superiores a los 2.000 m. Región muy fértil.

CUNEIFORME, ESCRITURA. Sistema de escritura compuesto por signos en forma de cuña que se utilizó en el cercano oriente desde finales del cuarto milenio a.C. hasta el siglo I d.C.
Acad 1:24b; Alfabeto 1:202b; Babilonia 2:296a; Elam 5:347b; Escritura 6:44a; Mesopotamia 10:83a.

CUNENE, RÍO. Curso fluvial de Angola. Nace al nordeste de la ciudad de Huambo. Después de mantener una dirección inicial nortesur, cambia de rumbo y establece la línea fronteriza con Namibia hasta su desembocadura en el océano Atlántico. Su curso es de 945 km.

CUNEO, JOSÉ (1889-1977). Pintor uruguayo. Introductor en su país de la estética «modernista». Autor de paisajes de estilo impresionista, realizó también incursiones en la pintura abstracta. Gran premio de pintura del Salón Nacional de 1942. «Acuarelas uruguayas».

CUNEO VIDAL, RÓMULO (1857-1931). Historiador peruano. Ejerció diversos cargos diplomáticos, fue autor de artículos periodísticos y miembro del Instituto Histórico y de la Sociedad Geográfica de Lima. *Historia de los cacicazgos del sur de Perú, Historia de la civilización peruana.*

CUNHA, EUCLIDES DA (1866-1909). Escritor brasileño. Eminente retratista de las tierras y personas de su país.
5:76b; Brasileña, literatura 3:166a; *ilustración* 5:76b.

CUNHA, JUAN (1910-1985). Poeta uruguayo. Iniciador en la década de 1940, junto con Líber Falco, de la nueva poesía uruguaya. Aunó el barroquismo expresivo con el lenguaje coloquial. *El pájaro que vino de la noche* (1929), *Cancionero de pena y luna* (1953), *A eso de la tarde* (1961).

CUNHA, TRISTÃO DA (1460-1540). Navegante portugués. Acompañó en 1506 a Álvaro de Albuquerque durante su expedición por el Atlántico sur. Descubrió el archipiélago que lleva su nombre y llegó hasta Madagascar y las Indias orientales.

CUNÍ Y MARTORELL, MIGUEL (1827-1902). Entomólogo y botánico español. Secretario de la Academia de Ciencias y Artes de Barcelona, participó en la fundación de la Institución Catalana de la Historia Natural y recopiló una muy completa colección de insectos y especies vegetales de Cataluña. *Las cuatro estaciones del año según sus plantas e insectos más característicos* (1886).

CUNNINGHAM, MERCE (n. en 1922). Bailarín y coreógrafo estadounidense. Alumno y, entre 1940-1945, primer bailarín del ballet de Martha Graham. Colaboró con el compositor John Cage y en 1952 creó su propia compañía. Se interesó en especial por el movimiento abstracto, desprovisto de emociones.

CUNO, WILHELM (1876-1933). Político alemán. Director general de la línea de navegación Hamburg-American. Fue canciller de la república de Weimar durante la invasión francobelga de la región del Ruhr. Obligado a dimitir de la cancillería en agosto de 1923, accedió a la presidencia de la compañía en 1926.

CUNQUEIRO, ÁLVARO (1912-1981). Escritor español en lenguas castellana y gallega. Figura destacada de la narrativa fantástica y el neotrovadorismo gallego. *Cantiga nueva que se llama Riveira* (1934), *Las crónicas del sochantre* (1959), *Un hombre que se parecía a Orestes* (1969).
Gallega, literatura 7:25b.

CUÑA ESFÉRICA. Porción de esfera comprendida entre las caras de un diedro cuya arista es el diámetro de la esfera.

CUOTA DE AMORTIZACIÓN. Cantidad destinada a amortizar o recuperar económicamente la pérdida de valor de un bien a causa del

paso del tiempo o de su uso. Se realiza durante el período de vida de dicho bien y permite al final de dicho período la reposición de los bienes obsoletos.
Amortización 1:309a.

CUPIDO. Dios romano del amor, hijo de Venus. No contaba con un culto propio. Se le representaba como un niño alado. Su imagen iconográfica fue muy usada desde el Renacimiento. Identificado con el Eros griego.

CUPISNIQUE, CULTURA DE. Cultura precolombina del Perú que toma su nombre de los descubrimientos efectuados en la quebrada próxima al norte del valle de Chicama. Corresponde al período formativo (800-300 a.C.) de la cultura andina y está muy relacionada con la cultura de Chavín de Huántar. Agrícola, destacó artísticamente por sus vasijas cerámicas funerarias.

CUPRITA. Mineral de óxido de cobre. Dureza media baja. Cristaliza en sistema cúbico. Color rojo pardusco o gris de plomo. Se encuentra en España, Chile, Perú, Estados Unidos y Rusia. Fórmula, Cu_2O.
Mineral y mineralogía 10:176a.

CUPROBERILIO. Aleación dura y elástica de cobre y berilio. Denominada también cuproglucinio.

CUPRONÍQUEL. Aleación de cobre y níquel empleada en numerosas aplicaciones, entre ellas la acuñación de moneda.

CÚPULA. Bóveda de desarrollo semiesférico o de sección cónica que se levanta a partir de una planta cuadrada, poligonal, circular o elíptica y que se apoya, normalmente, sobre muros, pilares o columnas.
5:77a; Arquitectura 2:104b; Bóveda 3:136a; Catedral y basílica 4:39b; *ilustración* 5:77b.

CÚPULA DE LA ROCA. V. **Omar, mezquita de.**

CÚPULA GEODÉSICA. Estructura arquitectónica diseñada por el constructor e ingeniero estadounidense R. Buckminster Fuller. Está formada por una armadura de acero cubierta con materiales metálicos o plásticos ligeros, lo que permite cubrir con ella grandes espacios.
Fuller, R. Buckminster 7:3a.

CURA, JOSÉ (n. en 1962). Tenor lírico argentino. Comenzó su actividad profesional en Italia. Tras su triunfo en 1994 en el concurso internacional de canto Operalia, inició una exitosa carrera que lo llevó a recorrer los principales escenarios del mundo.
5:77b.

CURACA. Jefe de un ayllu en el imperio inca. Cargo hereditario equivalente al del cacique antillano.
Caciquismo 3:258b.

CURAÇAO. Isla de las Antillas Neerlandesas, del grupo de las islas de Sotavento, al norte de Venezuela. 444 km^2. También se conoce como Curazao.
5:78a; *ilustración* 5:78a.

CURANA. V. **Guaraná.**

CURANDERÍA. Práctica médica no científica basada en el empleo de artes semejantes a la magia y en la aplicación de métodos tradicionales de medicina popular.

CURARAY, RÍO. Curso fluvial del Ecuador y el Perú. Nace en el macizo andino ecuatoriano y penetra en territorio peruano a la altura de Bellavista. Desemboca en el río Napo, afluente del Amazonas. Su curso es de 600 km.

CURARE. Veneno de origen vegetal y acción paralizante. Debida a un alcaloide (la tubocurarina). Los derivados sintéticos del curare, o curarizantes, se emplean en anestesia.

CURASAO. Licor fabricado con cáscaras de naranja, aguardiente y azúcar.

CURAZAO. V. **Curaçao.**

CURBIA GARCÍA, JUAN IGNACIO (siglo XIX). Poeta cubano. Participó en los movimientos revolucionarios de mediados del siglo en la colonia española y fue autor de una obra poética que publicó a partir de 1842. Murió en España.

CURCIO RUFO, QUINTO (siglo I). Historiador latino. Publicó durante el reinado del emperador Claudio (41-54) una obra histórica sobre la vida de Alejandro, de la que sólo se conservan ocho de sus diez tomos. *Historia de Alejandro Magno.*

CÚRCUMA. Nombre de diversas plantas herbáceas o vivaces de la familia de las zingiberáceas. Monocotiledóneas. Hojas lanceoladas y flores reunidas en espigas. Originarias de Asia oriental y África.
Especia 6:103a.

CURETES. Genios de la mitología griega, hijos de Gea, que con sus danzas y ruidos evitaron que Cronos oyera el llanto de Zeus recién nacido. También protegieron a Zagreo, hijo de Zeus y Perséfone. Se daba el nombre de curetes a los sacerdotes cretenses que celebraban en primavera el nacimiento del «niño divino» (Zeus).

CURI. V. **Cuy.**

CURICÓ (CIUDAD). Capital de la prov. chilena homónima, reg. de Maule, junto al río Mataquito. Fundada en 1743. Carretera panamericana. Viticultura, molinos harineros, destilerías. 103.919 hab. (1992).

CURICÓ (PROVINCIA). División administrativa de Chile en la reg. de Maule, bañada por el río Mataquito. Carretera panamericana. Agricultura; ganadería. Cap. Curicó. 5.266 km^2. 220.000 hab. (1992).

CURIE, IRÈNE. V. **Joliot-Curie, Irène.**

CURIE, PIERRE Y MARIE (1859-1906) y (1867-1934). Matrimonio de investigadores que centraron sus estudios en el campo de la radiactividad. Descubridores del radio.
5:79a; Radiactividad 12:244b; Radio (QUÍMICA) 12:247b; *cuadro* 5:79b; *ilustración* 5:79.

CURIO. Elemento químico, actínido del grupo IIIb de la tabla periódica. Sintetizado en 1945 por bombardeo del plutonio con partículas alfa en un ciclotrón. Vida media de 150 días. Símbolo, Cm; número atómico, 96.
Actínidos 1:39; Curie, Pierre y Marie 5:79b.

CURITIBA. Ciudad brasileña, capital del estado de Paraná, en el sur del país. Fundada en 1654, recibió gran cantidad de inmigrantes europeos, japoneses y sirios. Centro industrial (automóviles, cemento, tabaco, textiles, alimentos, papel) y comercial. Nudo ferroviario y de carretera; aeropuerto. 1.476.253 hab. (1996).
Paraná 11:277a.

CURL, ROBERT L. (n. en 1933). Químico estadounidense. Basándose en sus conocimientos de espectroscopia y microondas, obtuvo una forma alotrópica del carbono. Compartió el Premio Nobel de química en 1996 con R. E. Smalley y H. W. Croto.

CURLANDIA. Región sudoeste de Letonia. En el siglo XVII constituyó un ducado que estableció colonias en las Antillas (Tabago) y en África (Gambia).

CURLING. Juego similar al de los bolos, pero practicado sobre hielo. Cada equipo, formado por cuatro jugadores, lanza una piedra pulida de forma circular dotada de asa, intentando situarla lo más cerca posible de la meta.

CURRÍCULUM. Formulación de objetivos, contenidos y actividades que se desarrollan en la institución escolar para un nivel, curso o materia. También designa el programa detallado de una disciplina o relación de materias para un ciclo, seminario o cursillo. A veces el término se castellaniza como currículo. Se llama también plan de estudios.

CURROS ENRÍQUEZ, MANUEL (1851-1908). Escritor español en lenguas gallega y castellana. Representante del renacimiento cultural y político de Galicia a partir de mediados del siglo XIX. *Cartas del norte* (1877), *Aires de mi tierra* (1880), *El divino sainete* (1888).
Gallega, literatura 7:24.

CURRY. Condimento originario de la India cuyos ingredientes básicos son la cúrcuma (planta india que da su color amarillo al curry), el comino y el cilantro. Fue adaptado a la cocina británica por los colonos europeos.

CURRY, HASKELL BROOKS (1900-1982). Matemático estadounidense. Profesor de la universidad estadounidense de Pennsylvania y de la holandesa de Amsterdam, se dedicó a las investigaciones en el campo de la lógica matemática. *Fundamentos de lógica matemática* (1963), *Lógica combinatoria* (1968).

CURRY, JOHN STEUART (1897-1946). Pintor estadounidense. Estudió arte en los Estados Unidos y Europa. Cultivó preferentemente los temas regionalistas, en los que se reflejaba la sociedad tradicional de su país. «Bautismo en Kansas» (1928), «El tornado».

CURSIVA, LETRA. Tipo de letra de imprenta, también denominada bastardilla, que imita la de escritura a mano. Se presenta inclinada a la derecha.

CURSO DE LINGÜÍSTICA GENERAL. Obra fundamental de la lingüística europea, publicada en 1916 por los discípulos de su autor, el filólogo suizo Ferdinand de Saussure. Su concepción de la lengua como sistema (estructura) frente al habla (realización individual), se considera como punto de partida del estructuralismo lingüístico.
Gramática 7:185b; Lingüística 9:166a.

CURSOR. Símbolo parpadeante que indica la posición en que aparecerá en la pantalla de una computadora cualquier carácter que se vaya a representar, mediante el programa en uso en ese momento.

CURTIDO. Arte de la fabricación del cuero a partir de las pieles crudas de los animales. Proceso realizado bajo diversos métodos industriales según la clase de piel y el destino final de la misma.
Cuero 5:66a.

CURTIENTE. Producto químico sintetizado o natural con el que se realizan labores de curtido en diferentes tipos de pieles. Mientras que para las pieles de bueyes y becerros se utilizan curtientes vegetales, para las de los carneros y cabritos son precisos curtientes al cromo y para los corderos y carneros curtientes de formol.
Cuero 5:66b.

CURTIUS, ERNST (1814-1896). Historiador y arqueólogo alemán. Dirigió los trabajos de excavación en las ruinas de Olimpia, durante el curso de los cuales fue hallada, entre otros muchos tesoros, la única gran estatua de Praxiteles que ha llegado a la era moderna: «Hermes portando a Dioniso niño».

CURTIZ, MICHAEL (1888-1962). Mihály Kertész, director cinematográfico estadounidense de origen húngaro. Realizó popularísimos filmes, entre los que cabe destacar *El capitán Blood* (1935), *La carga de la Brigada Ligera* (1936), *Casablanca* (1943) y *Navidades blancas* (1954). Consiguió un Óscar por *Casablanca.*

CURUAYA, PUEBLO. Pueblo amerindio que habitaba la cuenca del Xingú, Brasil, cuyos integrantes quedaron casi extinguidos tras los ataques sufridos por los cayapó en la primera mitad del siglo XX.

CURUBETO GODOY, MARÍA ISABEL (1904-1959). Pianista y compositora argentina. Fue alumna en Viena de Theodor Leschetitzki y en Italia de Giovanni Sgambati. Autora, entre otras obras, del ballet *La Venganza de la luna* y de la obra orquestal *Tres cuadros sinfónicos.*

CURUPAITÍ, BATALLA DE. Encuentro armado acaecido el 22 de septiembre de 1866 en el transcurso de la guerra que enfrentó a Paraguay contra la triple alianza formada por la Argentina, Uruguay y Brasil. Tuvo como principal objetivo la defensa por parte del ejército paraguayo de la fortaleza de Curupaití. Acabó con la retirada de los aliados.

CURVATURA. Noción geométrica relacionada con la inflexión de la dirección recta y cuya manifestación más simple e inmediata es el círculo. Su magnitud, C, es inversa a la del radio.

CURVILÍNEO, MOVIMIENTO. Desplazamiento en el que tiene lugar un cambio en la dirección del móvil.

CURZON, GEORGE NATHANIEL, MARQUÉS DE (1859-1925). Estadista británico que desempeñó un importante papel en la política de su país. Desempeñó los cargos de virrey en la India, de 1898 a 1905, y de secretario de relaciones exteriores de 1919 a 1924. Una sugerencia suya al gobierno revolucionario ruso dio lugar a la llamada línea Curzon.

CURZON, LÍNEA. Demarcación sugerida por el marqués de Curzon para separar Polonia y la Rusia revolucionaria durante la guerra entre ambos países de 1919 a 1920. Con ligeras alteraciones, se convirtió en la frontera entre las dos naciones tras la segunda guerra mundial.

CUSA, NICOLÁS DE (1401-1464). Teólogo y filósofo alemán. Uno de los precursores de la filosofía renacentista.
5:79b; Absoluto 1:18b; Bruno, Giordano 3:202b; Panteísmo 11:254b; *ilustración* 5:80a.

CUSACHS, JOSÉ (1850-1909). Pintor español. Comandante del ejército, abandonó en 1882 la milicia y recreó principalmente en sus pinturas los temas militares e hípicos. Trabajó en España y México. Ilustró la obra de Francisco Barado *La vida militar en España* (1887). «Maniobras de división», «El asalto a Puebla».

CUSCATLÁN. Departamento de El Salvador limitado al norte por el río Lempa, y al sudeste por el Jiboa. Volcanes Guazapa y Cojutepeque. Agricultura y ganadería. Cap. Cojutepeque. 756 km^2. 178.502 hab. (1992).
Salvador, El 13:107a.

CUSCO. Capital del dep. homónimo del Perú, también llamada Cuzco o Qosqo. 278.590 hab. (1998).
5:80a; Castillo y palacio 4:24b; Cusco, departamento de 5:81a; Huari, cultura 8:79b; Inca, imperio 8:141b; Inca, religión 8:143b; Pizarro, Francisco 12:11a; *ilustración* 5:80b.

CUSCO, DEPARTAMENTO DE. División administrativa del sur del Perú, también denominada Cuzco. 76.225 km^2. 1.021.000 hab. (1989).
5:81a; Cusco 5:80a; *ilustración* 5:81b.

CUSCO, ESCUELA DE. Tendencia de pintura barroca que floreció en la ciudad de Cusco –o Cuzco–, Virreinato del Perú, durante el siglo XVII.
5:81b; Perú 11:367b.

CUSCUTA. Planta parásita de la familia de las cuscutáceas y del género *Cuscuta.* Dicotiledónea. Tallos finos, con forma de filamentos, que abrazan los tallos de las especies parasitadas. Hojas escamosas. Se alimenta de la savia de la planta huésped por medio de órganos chupadores o haustorios.

CUSHING, HARVEY WILLIAMS (1869-1939). Médico estadounidense. Instaurador de la neurocirugía como técnica quirúrgica, que desarrolló desde su base. Realizó interesantes aportaciones en la descripción de los sistemas de coordinación orgánica, fisiología renal y observación de la hipófisis. *Tumores intracraneales* (1932).

CUSHING, SÍNDROME DE. Trastorno debido a la hiperfunción de la corteza suprarrenal, en ocasiones asociada a un tumor del lóbulo anterior de la hipófisis. Se caracteriza por obesidad selectiva de cara, tronco y abdomen, estrías cutáneas, hirsutismo y osteoporosis. Debe su nombre a Harvey Williams Cushing.

CUSITAS. Pueblos caucasoides africanos que habitan en las mesetas etíopes. Su nombre procede de Cus, hijo de Cam y nieto de Noé. Los cusitas dominaron la dinastía XXV del Egipto antiguo (716-656 a.C.).

CUSITAS, LENGUAS. Una de las tres ramas del grupo camítico de las lenguas camitosemíticas. Se hablan en los territorios cercanos al mar Rojo y el océano Índico. Destacan entre ellas el somalí y el galla.

CUSTER, GEORGE ARMSTRONG (1839-1876). Militar estadounidense. Alumno de West Point, participó como oficial de caballería en la guerra civil. Combatió en 1866 a los indios cheyenes. Diez años más tarde murió en la batalla del río Little Bighorn, Montana, en el curso de una operación contra los sioux y los cheyenes mandados por Toro Sentado y como consecuencia de la cual resultaría aniquilado todo su regimiento, el séptimo de caballería.

CUTANDA, BATALLA DE. Encuentro armado acaecido en 1120 en las proximidades de la población española de Calamocha, en tierras de Teruel. Enfrentó a las tropas aragonesas de Alfonso I el Batallador y a las almorávides de Ibrahim ibn Yusuf. La victoria de las tropas cristianas permitió la conquista posterior de Calatayud.

CUTÍCULA. Cubierta orgánica, acelular, segregada por el epitelio externo de muchos invertebrados, que cumple funciones de soporte y protección.
Artrópodos 2:137b.

CUVIER, GEORGES (1769-1832). Naturalista francés. Fue uno de los fundadores de la paleontología y de la anatomía comparada.
5:82a; Agassiz, Louis 1:100b; Anatomía 1:327a; Biología 3:38a; Evolución 6:208a; Geoffroy Saint-Hilaire, Étienne 7:85a; Paleontología 11:225a; Zoología 14:429a.

CUVILLIÉS, FRANÇOIS DE (1695-1768). Arquitecto alemán de origen francés. Fue uno de los maestros del rococó bávaro. Pabellón de Amalienburg (1734-1739); Teatro de la Residencia de Munich (1750-1753).
Rococó 12:402b.

CUY. Mamífero roedor de la familia de los cávidos (*Cavia porcellus*).
5:82b; *ilustración* 5:82b.

CUYABÁ. V. **Cuiabá.**

CUYAGUATEJE, RÍO. Curso fluvial de la isla de Cuba, en la prov. de Pinar del Río. Nace próximo al cerro de las Cabras y, tras un recorrido que a veces se hace subterráneo debido a la formación cárstica del terreno, desemboca en el mar Caribe, en la ensenada de Cortés. Su curso es de aproximadamente 100 km.

CUYO. Una de las provincias integrantes del antiguo Virreinato del Río de la Plata, correspondiente a las modernas provincias argentinas de Mendoza, San Luis y San Juan. Conquistada en 1560 por Pedro del Castillo, se integró en el virreinato en 1776, y entre 1812 y 1820 se constituyó como intendencia, con capital en Mendoza.

CUYP, AELBERT JACOBSZ (1620-1691). Pintor holandés. Nacido en el seno de una familia de artistas, se inició en la pintura bajo la enseñanza de su padre, Jacob Gerritsz Cuyp. Abordó casi todos los géneros (retratos, marinas, bodegones, etc.), destacando especialmente como paisajista. Es notable su dominio de la luz y del claroscuro. «Vista de la llanura de Reinen», «Retrato de niños».

CUYPERS, P. J. H. (1827-1921). Arquitecto neerlandés. Para el Rijksmuseum de Amsterdam (1877-1885) y la estación ferroviaria (1889) exaltó la mezcla de piedra y ladrillo dentro del estilo neogótico. Se le conoce también por sus restauraciones de edificaciones góticas.

CUYUNÍ, RÍO. Curso fluvial del este de Venezuela y el norte de Guyana. Nace en el macizo de Guayana, en Venezuela, sirve de línea fronteriza entre este país y Guyana y vierte sus aguas en la orilla izquierda del río Mazaruni, en las proximidades de la ciudad de Bartica, en Guyana. Su longitud es de 650 km.

CUZA, ALEXANDRU ION (1820-1873). Primer príncipe de la Rumania unida, descendiente de boyardos. Accedió al trono de Moldavia en enero de 1859 y de Valaquia un mes más tarde, uniendo el país en 1862. Reformó la agricultura y emancipó a los campesinos. Abdicó en 1866.
Rumania 13:38b.

CUZCO. V. **Cusco.**

CUZCO, DEPARTAMENTO DE. V. **Cusco, departamento de.**

CUZMA. Palabra quechua que designa una especie de camisa de lana, sin cuello ni mangas, que cubre hasta los muslos y es usada en Hispanoamérica (Ecuador y Perú) por los indios de las serranías.

CUZZANI, AGUSTÍN (n. en 1924). Dramaturgo argentino. Con una obra antirrealista basada en la utilización de farsa y el humor corrosivo, recreó la difícil situación social de su país. *El centroforward murió al amanecer* (1955), *Los indios estaban cabreros* (1958), *Para que se cumplan las escrituras* (1965).

CUZZONI, FRANCESCA (h. 1698-1770). Soprano italiana. Alumna de Francesco Lanzi, debutó en Venecia en 1718 e interpretó gran número de óperas de Georg Friedrich Haendel. Alcanzó un gran éxito y popularidad en Londres, en donde rivalizó con la también cantante Faustina Bordoni.

CVD. Siglas de *Chemical Vapor Deposition,* referidas al proceso de deposición química de metales sobre determinado material con objeto de optimizar su calidad.

CYNEWULF (h. los siglos VIII o IX). Escritor anglosajón, autor de cuatro poemas en inglés antiguo: «Elena», «Los hechos de los apóstoles», «La ascensión» («Cristo II») y «Juliana», conservados en manuscritos de finales del siglo X.

CYRANKIEWICZ, JOSEF (n. en 1911). Político socialista (comunista) polaco. Organizó la resistencia contra el invasor alemán en la región de Cracovia en la segunda guerra mundial. De 1941 a 1945 estuvo internado en campos de concentración nazis. Presidente del consejo de ministros (1947-1952, 1954-1970) y jefe de estado (1970-1972).

CYRANO DE BERGERAC. Comedia en verso del escritor francés Edmond Rostand, estrenada en París en 1897, que alcanzó extraordinaria popularidad. Cyrano, hombre de nariz descomunal, ama a Roxane, pero se sacrificará por su amigo Christian, igualmente enamorado de ella.

CZARDAS. Danzas nacionales de Hungría. Se bailan por parejas, generalmente con acompañamiento de orquesta de zíngaros. Su movimiento, lento en principio, cobra paulatinamente vivacidad. Utilizadas por compositores nacionalistas del siglo XIX.

CZARTORYSKI, FAMILIA. Familia principesca polaca fundada por Michal Fryderyk en el siglo XVIII. Pertenecieron a ella importantes políticos y mecenas de las artes.

CZERNIN, OTTOKAR, CONDE (1872-1932). Político austro-húngaro. Como ministro de asuntos exteriores trató de apartar a su país de la primera guerra mundial, aunque no pudo impedir la disolución de la monarquía de los Habsburgo. Miembro de la Asamblea Nacional de la República de Austria.

CZESTOCHOWA. Ciudad de Polonia, cap. de la prov. del mismo nombre. Monasterio de Jasna Góra (siglo XIV), centro de peregrinación católica (pintura de la Virgen Negra). Tejidos, vidrio y papel. 257.812 hab. (1999).

D

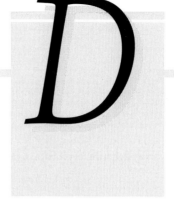

DABROWA GÓRNICZA. Ciudad de Polonia en la prov. de Katowice, alta Silesia, a orillas del río Czarna. Centro minero, carbón. 131.037 hab. (1999).

DAÇA, ESTEBAN. V. **Daza, Esteban.**

DACCA. V. **Dhaka.**

DACHAU. Ciudad alemana situada en el est. de Baviera. Entre 1933 y 1945 mantuvo un campo de concentración nazi. Industria papelera y textil, equipamientos eléctricos. 33.171 hab. (1983).

DACHSHUND. Raza canina desarrollada en Alemania para la caza del tejón. Son perros de pequeño tamaño, cuerpo alargado, patas cortas y grandes orejas. Color pardo rojizo, o negro y castaño. Llamados también salchichas, tejoneros o teckels.

DACIA. Territorio histórico situado en la margen izquierda del río Danubio, en la moderna Rumania, convertido en provincia romana en el 107 d.C. por el emperador Trajano y dividido en el 119 en Dacia superior y Dacia inferior. Poseía ricas minas de oro y hierro. El emperador Aureliano abandonó la Dacia a los godos en el 275.

DACIOS. Antiguo pueblo establecido entre el Danubio y los Cárpatos. Se dedicaba a la agricultura y la minería del hierro, la plata y el oro. Comerció con Grecia y luchó contra Roma.

DACITA. Roca efusiva compuesta de cuarzo, plagioclasa andesínica y uno o varios minerales férricos, principalmente anfíboles y biotita.

DACOSTA, MILTON (1915-1988). Pintor brasileño. Creador de pintura racionalista de carácter abstracto.
5:83a.

DACRÓN. Fibra sintética acrílica utilizada en la industria textil. Muy resistente, se emplea en la fabricación de tejidos inarrugables. Marca registrada.

DÁCTILOS. Genios frigios o cretenses asociados al culto de Rea y al de Cibeles. Variables en número, según las diferentes tradiciones, la mayoría coinciden en admitir cinco: Idas, Peoneo, Heracles, Yaso o Yasión y Epimedes.

DACTILOSCOPIA. Técnica para el reconocimiento de la identidad de una persona mediante el análisis de las huellas digitales o dactilares.
Huellas digitales 8:84a.

DADA, MOKTAR OULD (n. en 1924). Político mauritano. Presidente de la república de Mauritania desde 1961, fue reelegido para el cargo en 1966, 1971 y 1976. Impuso un gobierno unipartidista (Partido del Pueblo Mauritano) y de control presidencial. Fue derrocado en 1978 por un golpe de estado.
Mauritania 9:424a.

DADAÍSMO. Movimiento artístico cuyo objetivo era romper con lo tradicional mediante la provocación, el escándalo y lo irracional. Alcanzó su máximo esplendor entre 1916 y 1922.
5:83a; Abstracto, arte 1:22a; Cinematografía 4:193a; Duchamp, Marcel 5:249b; Ernst, Max 6:23b; Picabia, Francis 11:388a; Pintura 11:416a; Pop art 12:84b; Ray, Man 12:266b; Surrealismo 13:367a; Ultraísmo 14:175a; *ilustración* 5:83b.

DADDI, BERNARDO (h. 1290-h. 1355). Pintor italiano, en activo en Florencia a partir de 1312. Intentó compaginar el estilo de Giotto, su maestro, con algunas características de la pintura sienesa. «Tríptico de la Virgen» (1328).

DAEHLIE, BJORN (n. en 1967). Esquiador noruego. Participó en los Juegos Olímpicos de Albertville (1992), Lillehammer (1994) y Nagano (1998), en los que obtuvo varias medallas de oro y plata.

DAFNE. En la mitología griega, ninfa hija del dios-río Ladón. Rechazó el amor de Apolo y para huir del asedio de éste rogó a su padre que la transformara en un laurel. Según otra tradición, Leucipo la amaba y se disfrazó de mujer para acercarse a ella; Apolo, celoso, descubrió el engaño y el joven fue muerto por las ninfas que acompañaban a Dafne.

DAFNIS. Pastor de la mitología griega, hijo de Hermes y de una ninfa de Sicilia. Prometió amor eterno a Nomia, pero faltó a su palabra y ésta lo castigó con la ceguera. Instruido por el dios Pan en la música, se le atribuye la invención de la poesía bucólica.

DAFNIS Y CLOE. Novela griega escrita por Longo (siglos II-III), en la que se narran las vicisitudes amorosas de Dafnis y Cloe, jóvenes criados juntos desde la infancia por unas familias de campesinos. Constituye la primera muestra de literatura pastoril en prosa.

DAGA. Antigua arma blanca, de hoja corta, generalmente de doble filo, y con empuñadura y guarnición protectora.

DAGDA. Deidad de la mitología celta. Representado con el caldero de la abundancia y una maza, con la que se simbolizaba el doble poder de dar la vida y la muerte. Dios también de la música, los contratos y la amistad. Cumplía la función de druida de los dioses. Identificado con el Júpiter romano.
Celta, cultura 4:64b.

DAĞLARCA, FAZIL HÜSNÜ (n. en 1914). Poeta turco. Ejerció la carrera militar hasta 1950. En sus obras, de amplia difusión, trató preferentemente el misticismo de las épocas pasadas. *Ser turco* (1963), *La epopeya del 19 de mayo* (1969), *Nuestra lucha por Vietnam* (1976).
Turca, literatura 14:156a.

DAGLY, GERHARD (h. 1653-h. 1714). Artista belga. Protegido por el elector de Brandeburgo, Federico Guillermo, fue uno de los más destacados especialistas en el arte del lacado, que él tomó de la tradición oriental. Sus obras alcanzaron un gran éxito en la francia del siglo XVIII.

DAGOBERTO I (605-639). Último rey de la dinastía merovingia que gobernó efectivamente el reino de los francos. Su reinado (629-639) fue una época de prosperidad y de esplendor de las artes.

DAGÓN. Deidad del panteón de los pueblos semitas occidentales. Su culto estaba muy extendido por todo el cercano oriente. Padre de Baal, estaba relacionado con los cultos de fertilidad. Venerado especialmente por los filisteos.
Siria y Palestina, religiones de 13:264a.

DAGUERRE, JACQUES (1789-1851). Fotógrafo y escenógrafo francés. Desarrolló el primer procedimiento fotográfico de aplicación práctica.
5:84b; Fotografía 6:357b; Niépce, Nicéphore 10:407a; *ilustraciones* 5:84b; 6:357b.

DAGUERROTIPO. Procedimiento fotográfico inventado por el francés Jacques Daguerre en 1839. Consistía en fijar una imagen en placas metálicas sensibilizadas.
Daguerre, Jacques 5:85a.

DAGUESTÁN. República autónoma de Rusia, en la zona oriental del Cáucaso. Región muy montañosa, fue anexada por Rusia en 1813 y en 1921 se convirtió en república autónoma. En 1993 fue escenario de una revuelta armada fundamentalista contra Moscú. Cultivos de cereales, girasol, arroz y frutas; yacimientos de gas y petróleo; centrales hidroeléctricas. Cap. Majachkalá. 50.300 km^2. 2.098.000 hab. (1996).

DAHL, ROALD (1916-1990). Escritor británico. Autor de narraciones infantiles y para adultos. Sus obras más conocidas son *Los gremlins* (1943), para el primer caso, y la novela *Mi tío Oswald* (1979) y *Relatos de lo inesperado,* para el segundo. Destacó también como guionista cinematográfico.

DAHLAK, ISLAS. Archipiélago del mar Rojo, perteneciente a Etiopía. Separado de tierra firme por el canal de Mesewa. Formado por numerosas islas e islotes. Destacan Dahlak Kebir, Nora y Armil.

DAHLMANN, FRIEDRICH (1785-1860). Historiador alemán de ideas liberales. Profesor en las universidades de Kiel, Gotinga y Bonn. Realizó el borrador de la constitución de 1848, que no logró convertir a Alemania en monarquía constitucional. *Historia de la revolución inglesa* (1844), *Historia de la revolución francesa* (1845).

DAHOMEY. V. **Benin.**

DAIBUTSU DE KAMAKURA. Gran estatua de Buda que se alberga en el templo de Kotokuin de la ciudad japonesa de Kamakura. Fundida en bronce en 1252, mide 14 m de altura. El Daibutsu, en posición sedente, tiene rasgos al mismo tiempo serenos y enérgicos.

DAIGO II TENNO (m. en 1339). Emperador de Japón. Formó parte del período Namboku o de las dinastías rivales. Luchó contra el shogunato de Kamakura y el de la familia Hojo, y fue dos veces coronado emperador y dos veces derrocado (1319-1331 y 1333-1336).

DAIMBERTO (m. en 1107). Primer arzobispo de Pisa, también llamado Dagoberto. Como patriarca de Jerusalén tuvo un papel preponderante en la primera cruzada, armando una flota que salió para Tierra Santa en 1098.

DAIMIEL. Población española que pertenece a la prov. de Ciudad Real, comunidad autónoma de Castilla-La Mancha. Limitada en su parte norte por el río Guadiana, que forma varias lagunas. Agricultura (cereales, viñedos, olivos); ganadería. 16.929 hab. (1996).

DAIMIO. Nombre con el que se conoce a los poderosos magistrados terratenientes de Japón desde el siglo x en adelante. Su decadencia se inició en 1867 y, dos años más tarde, el nuevo régimen los obligó a entregar sus tierras al emperador.
Japón 8:344a.

DAIMLER, GOTTLIEB (1834-1900). Ingeniero alemán. Patentó en 1887 un motor ligero de gas de petróleo. Asociado con René Panhard y Émile Levassor, fundó en 1890 la firma Daimler Motoren Gesellshaft para la fabricación de motores de explosión.
Motocicleta 10:276b; Transporte 14:114a; Urbano, transporte 14:195b.

DAIMLER-BENZ. Empresa automovilística alemana. Fue fundada en 1926 por fusión de las compañías creadas por Gottlieb Daimler y Carl Benz. Dedicada a la fabricación de automóviles de lujo, motores para aviación, autobuses y camiones.

DAIMYO. V. **Daimio**.

DAIQUIRI. Tipo de cóctel, de origen cubano, que se elabora con ron, limonada y algo de azúcar.

DAIREN. V. **Dalian**.

DAJABÓN (CIUDAD). Población de la República Dominicana, cap. de la prov. homónima. Centro agrícola y comercial. 8.808 hab. (1981).

DAJABÓN (PROVINCIA). División administrativa de la República Dominicana regada por el río Dajabón. Limita al oeste con Haití. Ocupa las laderas y parte de la cordillera Central. Café, miel; ganadería. Cap. Dajabón. 1.021 km^2. 63.995 hab. (1993).

DAKAR. Capital de Senegal, junto al Atlántico, en la península de Cabo Verde. 1.999.000 hab. (1998).
5:85a; Senegal 13:205a; *ilustración* 5:85b.

DAKIN, SOLUCIÓN DE. Solución diluida de hipoclorito sódico a la que se añade permanganato potásico. Se emplea para la desinfección e irrigación de las heridas. También llamada solución de Carrel-Dakin.

DAKKA. V. **Dhaka.**

DAKOTA DEL NORTE. Estado del noroeste de los Estados Unidos, limítrofe con Canadá. Bañado por el río Red y diversas corrientes menores. Zona de praderas; agricultura; ganadería. Cap. Bismarck. 183.123 km^2. 640.883 hab. (1997).

DAKOTA DEL SUR. Estado del noroeste de los Estados Unidos, recorrido de norte a sur por el río Missouri. Extensas praderas. Ganadería; agricultura; turismo. Cap. Pierre. 199.743 km^2. 737.973 hab. (1997).
Estados Unidos 6:140a.

DAKOTAS. Pueblo amerindio de la familia sioux que habitaba en el alto Mississippi antes de dispersarse por las praderas estadounidenses. Luchó contra los colonos blancos y fue confinado en reservas.
Amerindios, pueblos 1:295a.

DALADIER, ÉDOUARD (1884-1970). Político francés, firmante en 1938 del pacto de Munich, que permitió a la Alemania nazi ocupar la región de los Sudetes. Miembro del Partido Radical. Fue primer ministro en 1933 y 1938, ministro de defensa desde este año hasta 1940 y diputado a partir de 1946.

DALAI LAMA. Jefe supremo de los budistas lamaístas y, hasta la intervención china de 1959, máxima autoridad religiosa y temporal del Tíbet. Tradicionalmente residía en Lhasa. El primer portador de este título fue un sacerdote del siglo XV.
Tenzin Gyatso 14:17b; Tíbet 14:51a.

DALBERG, FAMILIA. Importante casa de la nobleza alemana a la que pertenecieron, entre otros, Emmerich Joseph (1733-1833), ministro ante las cortes de Napoleón I y Luis XVIII de Francia, y Karl Theodor (1744-1817), primado de Alemania y presidente de la Confederación del Rin.

DALE, HENRY (1875-1968). Médico británico. Recibió el Premio Nobel en 1936, junto con Otto Loewi, por el descubrimiento de la función de los intercambios químicos en la transmisión del impulso nervioso.

D'ALEMA, MASSIMO (n. en 1949). Político italiano. Secretario general del Partido Democrático de la Izquierda (PDS), accedió en 1998 al cargo de primer ministro tras la victoria electoral de la coalición de centro-izquierda El Olivo.
5:85b; Italia 8:313a; *ilustración* 5:85b.

D'ALEMBERT, JEAN LE ROND (1717-1783). Matemático, filósofo y físico francés. Sus principales aportaciones científicas se centraron en el campo de la dinámica, la astronomía y el cálculo.
5:86a; Astronomía, historia de la 2:181a; Diderot, Denis 5:180b; Historia 8:22b; Ilustración 8:130a; *ilustración* 5:86a.

DALÉN, NILS G. (1869-1937). Inventor sueco. Premio Nobel de física en 1912 por la invención del «Solventin», un dispositivo capaz de encender automáticamente una llama al anochecer y apagarla al amanecer, principio de los faros marinos automáticos. También inventó el «Agamassan», un producto que absorbe acetileno sin peligro de explosión.

DALHOUSIE, CONDE Y MARQUÉS DE (1812-1860). James Andrew Broun Ramsay, político y administrador británico. Gobernador general de la India desde 1847 hasta 1856, venció a los sikhs (1849) y anexó a la corona británica un gran número de estados indios. Impuso en ellos reformas administrativas, militares y civiles a fin de fortalecer el gobierno colonial central.

DALÍ, SALVADOR (1904-1989). Pintor español. Destacado representante del movimiento surrealista.
5:86b; Buñuel, Luis 3:225a; España 6:83b; Joyería y orfebrería 8:390a; Surrealismo 13:366b; *ilustraciones* 5:87a-b.

DALIA. Planta herbácea anual de la familia de las compuestas y del género *Dahlia.*
5:87b; *ilustración* 5:88a.

DALIAN. Ciudad y puerto de China, en la prov. de Liaoning, península de Liaoning, a orillas del mar Amarillo. Escuelas técnicas. Industria pesada, productos químicos, siderurgia; pesquerías, productos alimenticios, textiles. Antigua Dairen. También conocida como Talien, Lüda o Lü-ta. 2.000.944 hab. (1999).

DALILA. Según el Antiguo Testamento, mujer del valle de Sorec que, tras averiguar que el secreto de la fuerza de Sansón residía en su cabello, hizo que se lo cortaran mientras dormía y entregó al israelita a sus enemigos, los filisteos.

DALIN, OLOF VON (1708-1763). Historiador y poeta sueco. Considerado el creador de la prosa sueca, desde 1737 desempeñó el cargo de bibliotecario real. En 1750 fue preceptor del príncipe heredero y en 1755 fue nombrado historiador del reino. *El Argos sueco* (1732-1734), *La libertad sueca* (1742), *Historia del reino de Suecia* (1747-1762).

DALLA, LUCIO (n. en 1943). Cantante italiano. En sus inicios se inspiró en la música *soul,* pasando en la década de 1970 a presentar un tipo de estilo más personal, entre la canción y el teatro. Su etapa posterior como cantautor cosechó un gran éxito.

DALLA COSTA, JUAN BAUTISTA (1823-1894). Político y diplomático venezolano. Fue gobernador y tres veces presidente del estado de Guayana y embajador de su país en los Estados Unidos. Redactó el primer código minero del estado Bolívar.

DALLAPICCOLA, LUIGI (1904-1975). Compositor italiano. Estudió en el conservatorio Luigi Cherubini, de Florencia, del que luego sería profesor. Destacado pianista. Autor de música dodecafónica. *Vuelo nocturno* (1940), *Cantos de liberación* (1955).

DALLAS. Ciudad de los Estados Unidos en el est. de Texas. 1.075.894 hab. (1998).
5:88a; Estados Unidos 6:131a; *ilustración* 5:88a.

DALMACIA. Región de Croacia, a orillas del mar Adriático. Incluye varias islas. Separada de Bosnia y Herzegovina por los Alpes dináricos. Viñedos, olivares, hortalizas; pesquerías. Turismo.
Croacia 5:25b.

DALMASES, MARQUÉS DE (1670-1718). Pablo Ignacio de Dalmases, político y literato español. Participó en la fundación de la Academia de los Desconfiados y fue el encargado de buscar apoyo inglés para el partido del archiduque Carlos. Ocupada Cataluña por los Borbones durante la guerra de sucesión española, reconoció finalmente al rey Felipe V. *La patria de Paulo Osorio.*

DÁLMATA. Raza canina de pelaje blanco con manchas negras distribuidas por todo el cuerpo, preparados para la caza, la guarda del ganado y la vivienda, etc.

DÁLMATA, LENGUA. Idioma románico extinguido que se habló en las costas del Adriático, entre la isla de Veglia y la ciudad de Ragusa (posterior Dubrovnik), en la región croata de Dalmacia.
Romances, lenguas 13:3b.

DALMAU, LUIS (m. en 1460). Pintor español. Trabajó en Valencia y en la corte de Aragón. Su obra acusa la influencia de Jan van Eyck. Fue el introductor en Cataluña de las tendencias artísticas flamencas. Retablo de la «Virgen de los consellers» (1445).

DALMAU Y OLLER, SEBASTIÁN DE (1682-1762). Militar español. Luchó en el bando del archiduque Carlos durante la guerra de la sucesión española. Alcanzó altos grados en la milicia y, cuando capituló Barcelona (11 de septiembre de 1714), no quiso reconocer como rey a Felipe V, por lo que fue encarcelado. Amnistiado luego, marchó a Austria, en cuyo ejército llegó al grado de teniente general.

DALTON, JOHN (1766-1844). Físico, químico y naturalista británico. A él se debe la ley denominada de las proporciones múltiples, fundamento de la teoría atómica.
5:88b; Átomo 2:204b; Elemento 5:376b; Gaseoso, estado 7:56a; Gay-Lussac, Joseph-Louis 7:70b; Peso atómico y molecular 11:373b; Química 12:225b; Reacción química 12:276b; *ilustración* 5:88b.

DALTON, ROQUE (1935-1975). Poeta, novelista y ensayista político salvadoreño. Miembro del Partido Comunista, fue perseguido y desterrado de su país. Murió ejecutado por el Ejército Revolucionario del Pueblo, organización a la que se había unido, por supuesta colaboración con el enemigo *El turno del ofendido* (1963), *La taberna y otros lugares* (1969), *¿Revolución en la revolución?* (1970).

DALTONISMO. Trastorno de la visión de los colores, en el que la persona no puede distinguir claramente las frecuencias cromáticas, hasta confundir los colores complementarios (rojo y verde, por ejemplo).
Dalton, John 5:89a; Genética 7:77a; Hereditarias, enfermedades 7:368b; Vista, sentido de la 14:334a.

DAM, HENRIK (1895-1976). Bioquímico danés. Recibió el Premio Nobel de fisiología y medicina en 1943, compartido con Edward A. Doisy, por el descubrimiento y aislamiento de la vitamina K.

DAMA DE ELCHE. Escultura ibérica realizada en piedra caliza que representa un busto femenino ataviado con vistoso tocado y llamativos collares. Presenta notables influencias del arte fenicio y griego. Fue hallada en 1897, y su ejecución data de los siglos IV-III a.C. Se encuentra en el Museo Arqueológico de Madrid. Arqueología 2:96b; España 6:72a.

DAMA DE IBIZA. Figura escultórica perteneciente al arte púnico (siglos VIII al III a.C.). Apareció en la necrópolis de Puig dels Molins (Ibiza, islas Baleares, España). Representa una figura femenina, posiblemente una sacerdotisa, en actitud oferente. Se encuentra en el Museo Arqueológico de Barcelona.

DAMA DE LAS CAMELIAS, LA. Novela del escritor francés Alexandre Dumas, hijo, publicada en 1848. Margarita Gautier, una cortesana, es amada por Armando Duval, contra la oposición del padre de éste, lo que conducirá a un trágico final. Giuseppe Verdi llevó la obra a la escena en la ópera *La Traviata*, cambiando el nombre de la protagonista por el de Violeta.

DAMA DUENDE, LA. Comedia del dramaturgo español Pedro Calderón de la Barca, escrita en 1629. Cuenta cómo una dama se finge duende para penetrar en el cuarto donde yace su enamorado herido en un duelo. Pertenece al ciclo de comedias de capa y espada de Calderón.

DAMAJAGUA. Planta arbórea, perteneciente a la familia de las malváceas (*Hibiscus tiliaceus*). Robusta y dotada de una corteza interior de la que se fabrican vestidos y esteras. Originaria de América del sur.

DAMALISCO. Mamífero artiodáctilo rumiante de la familia de los bóvidos y del género *Damaliscus*. Lomo con una inclinación característica, cuernos anillados en sus tres cuartas partes y pelo generalmente pardo o rojizo. Vive principalmente entre el río Senegal y el lago Chad.

DAMAN. Ciudad y puerto de la India, cap. administrativa del dist. de Daman en el territorio de la unión de Daman y Diu, a orillas del mar Arábigo. Antigua colonia portuguesa con el nombre de Damão. Pesquerías, productos lácteos, arroz. 21.003 hab. (1981).

DAMÁN. Mamífero de la familia de los procávidos, de talla inferior a la de una liebre y aspecto parecido al de una marmota. Plantígrado, posee uñas transformadas en una especie de pequeños cascos. Habita parajes rocosos de África central y septentrional.

DAMANHUR. Ciudad de Egipto, cap. de la prov. de al-Buhayra (Bahira), en el delta del Nilo. Textiles, desmotado de algodón, productos alimenticios. 212.203 hab. (1996).

DAMÃO. V. **Daman.**

DAMAS, JUEGO DE. Juego de mesa, en el que participan dos contendientes. Consiste en mover, sobre un tablero de 64 casillas, doce piezas blancas y doce negras.
5:89a; *ilustración* 5:89b.

DAMAS, PASO DE LAS. Paso natural situado en la cordillera andina. Marca la frontera entre la Argentina (prov. de Mendoza) y Chile (reg. Libertador General Bernardo O'Higgins). Tiene un recorrido de 3.000 m de longitud, y está situado a más de 3.000 m de altitud.

DAMASCIO (h. el 480-h. el 550). Filósofo neoplatónico griego. Último representante de la Academia platónica de Atenas, de la que fue director desde aproximadamente el 520 hasta el 529, fecha esta última en la que fue clausurada por el emperador Justiniano. Expuso su pensamiento filosófico en la obra *Dudas y soluciones sobre los primeros principios.*

DAMASCO (BOTÁNICA).V. **Albaricoquero.**

DAMASCO (GEOGRAFÍA). Capital de Siria. 1.549.000 hab. (1994).
5:89b; Cruzadas 5:38a; Omeya, dinastía 11:103b; Siria 13:260b; *ilustración* 5:90a.

DAMASKINOS (1891-1949). Dhimitrios Papandreou Dhamaskinós, arzobispo de Atenas. Fue regente de Grecia durante la guerra civil de 1944-1946. Su regencia se caracterizó por la reconstrucción política. Cuatro días antes de su dimisión se votó el restablecimiento de la monarquía.

DÁMASO I, SAN (h. el 304-384). Papa del 366 al 384. De origen español, tuvo que enfrentarse al antipapa Ursino, al que finalmente logró deponer y enviar al destierro. Convocó el primer concilio de Constantinopla (381), combatió el arrianismo y encomendó a san Jerónimo la revisión de la traducción de la *Biblia* conocida como *Vulgata*.

DÁMASO II (m. en 1048). Papa desde el 17 de julio de 1048 hasta su muerte, a causa del paludismo, el 9 de agosto del mismo año. Ocupó el solio pontificio en plena lucha entre los emperadores germanos y la nobleza romana para controlar el papado.

DAMASQUINA. Planta de origen mexicano, perteneciente a la familia de las compuestas (*Tagetes patula*). Sus tallos son muy ramificados y sus hojas están divididas en forma lanceolada o dentada. Sus flores, compuestas, son solitarias, con pétalos de color púrpura y amarillo.

DAMASQUINADO. Decoración de un metal, generalmente acero, hierro o cobre, con hilos de oro o de plata que se incrustan por percusión en surcos formando círculos. En el arte del damasquinado destacaron los musulmanes y los armeros italianos. También conocido como ataujía.

D'AMBOISE, JACQUES (n. en 1934). Joseph Jacques Ahearn, coreógrafo estadounidense. Inició su carrera como bailarín, incorporándose en 1950 al New York City Ballet. Obtuvo su primer éxito con la obra de Jerome Robbins *Afternoon of a Faun*; después interpretó varias obras de George Balanchine y en 1975 presentó *El Quijote*, con Suzanne Farrell. *Fantasía irlandesa* (1964), *Prologue* (1967), *You are Love* (1971), *Saltarelli* (1973).

DAMIA. Divinidad del panteón griego, frecuentemente asociada a la diosa Auxesia. En honor de ambas se celebraban ritos de fecundidad. Su culto aparece en Roma confundido con el de Bona Dea.

DAMIANA. Planta turnerácea herbácea americana. Alcanza una gran altura y presenta tallo muy ramificado y hojas grandes que, tomadas en infusión y maceradas, tonifican los músculos y el sistema nervioso; flores de color amarillo y fruto en vaina. Se le atribuyen también propiedades afrodisiacas. *Turnera opifera, Turnera ulmifolia, Turnera aphrodisiaca.*

DAMIÂO, FREI (1898-1997). Monje brasileño de origen italiano. A lo largo de su extensa vida recorrió los pueblos y ciudades más pobres del Brasil predicando y dando ayuda a las gentes más necesitadas. Con fama de hombre santo, se le atribuyeron varios milagros.

DAMIENS, ROBERT-FRANÇOIS (1715-1757). Fanático francés. Desquiciado, atentó infructuosamente contra Luis XV. Condenado por regicida, murió descuartizado tras ser torturado públicamente durante cuatro horas.

DAMIETTA. Ciudad del nordeste de Egipto, en la desembocadura del Nilo, frente a Port Said. Importante plaza militar, sufrió asedios y conquistas de los musulmanes, los cruzados, los mamelucos, los franceses y los británicos. Industrias textiles y de la alimentación. 121.200 hab. (1986).
Cruzadas 5:39a; Nilo, río 10:417a.

DAMOCLES (siglo IV a.C.). Personaje de la corte de Dionisio el Viejo, tirano de Siracusa, quien para instruirlo sobre los riesgos de los soberanos lo colocó en un trono sobre el cual pendía una espada sostenida apenas por las crines de un caballo.
5:90b.

DAMÓN Y PITIAS. Filósofos pitagóricos de la escuela de Siracusa. Condenado a muerte, Pitias pidió un plazo para arreglar asuntos, quedando como rehén su amigo Damón. Su regreso conmovió al soberano, quien lo perdonó. La anécdota ejemplifica la verdadera amistad.

DAMPIER, ESTRECHO DE. Brazo del océano Pacífico situado entre el extremo noroccidental de Nueva Guinea y la isla de Waigeo.

DAMPIER, WILLIAM (1651-1715). Pirata y explorador británico. Operó primero en el golfo de México y en el Pacífico, donde devastó varios asentamientos españoles y organizó expediciones que castigaron las costas de Chile, el Perú y México. Pasó al servicio de los holandeses y luego el gobierno británico le encargó explorar los mares del sur, donde descubrió el archipiélago y el estrecho que llevan su nombre. *Viaje alrededor del mundo* (1697).

DAMRONG RAJANUBHAB (1862-1943). Príncipe tailandés. Hijo del rey Mongkut y hermano del rey Chulalongkorn, desarrolló, desde sus puestos de ministro de educación y del interior, una importante labor en el campo intelectual y educativo, así como en la descentralización administrativa del reino. Se exilió a raíz de la revolución de 1932.

DAMROSCH, WALTER JOHANNES (1862-1950). Compositor y director de orquesta estadounidense de origen prusiano. Dirigió la orquesta de la sociedad sinfónica de Nueva York y fundó la orquesta de la Ópera Metropolitana de esta ciudad. Se especializó en óperas alemanas. Autor de *La letra escarlata* (1896), *Cyrano de Bergerac* (1913) y otras óperas.

DAN. Grupo etnolingüístico africano del golfo de Guinea. Los dan hablan la lengua mondefú y practican la agricultura (arroz, café, algodón), la caza y la pesca. Destaca el tallado de máscaras entre su manifestaciones artísticas. También se les denomina gio o yakuba.

DANA, JAMES D. (1813-1895). Geólogo, mineralogista y naturalista estadounidense. Realizó importantes estudios sobre la orogénesis (nacimiento de montañas), el volcanismo, la vida marina y el origen y estructura de los continentes y las cuencas marinas *Manual de mineralogía* (1848), *Manual de geología* (1862).

DÁNAE. Personaje de la mitología griega, hija del rey de Argos, Acrisio, y de Eurídice. Encerrada en una torre por su padre, ante el temor de éste a que se cumpliese el augurio que vaticinaba su muerte a manos de un hijo de Dánae, Zeus se metamorfoseó en lluvia de oro y la hizo madre de Perseo, el cual finalmente, de manera fortuita, mató a Acrisio.

DANAIDES. En la mitología griega, nombre de las cincuenta hijas del rey argivo Danao. Casadas con los cincuenta hijos de Egipto, hermano y rival de Danao, asesinaron a sus maridos en la noche de bodas por orden de su padre; sólo Hipermestra lo desobedeció y salvó a Linceo. Las Danaides serían condenadas a llenar incesantemente en las corrientes infernales una vasija desfondada.

DA NANG. Ciudad de Vietnam, cap. de la prov. de Quang Nam-Da Nang. Importante puerto a orillas del mar de la China meridional. Museo, escuela politécnica. Textiles, maquinaria. 382.674 hab. (1992).

DANCE, GEORGE (1741-1825). Arquitecto británico. Hijo del también arquitecto George Dance, su estilo evolucionó de un inicial neoclasicismo a una progresiva tendencia posterior hacia el historicismo de formas góticas. Arquitecto real desde 1768. Iglesia de All Hallows,

Londres (1765-1767), Guildhall, Londres (1788-1790).

DANCOURT, FLORENT CARTON (1661-1725). Comediógrafo francés. Iniciador de la comedia costumbrista en su país. Trabajó como actor de la Comédie Française entre 1685 y 1718. *El caballero moderno* (1687), *La casa en el campo* (1688), *La feria de Bezons* (1695).

DANDIN (siglos VI-VII). Escritor indio en lengua sánscrita. Autor de *Cuentos de los diez príncipes*, conjunto de historias unidas por una trama única, que, pese a estar incompleto constituye una aportación fundamental al conocimiento de la sociedad de la época. Escribió también la obra de teoría poética *Espejo de la poesía culta*.
India, literatura 8:165b.

DANDOLO, ENRICO (m. en 1205). Dux de la República de Venecia de 1192 a 1205. Su apoyo a la cuarta cruzada contribuyó al engrandecimiento de Venecia. Tomó Constantinopla, ciudad en la que murió.

DANDOLO, FAMILIA. Ilustre familia patricia veneciana, que dio cuatro dux a la república: Enrico Dandolo (m. en 1205), quien restableció la autoridad veneciana sobre los dálmatas; Giovanni Dandolo (m. en 1289), magistrado entre 1280 y 1289; Francesco Dandolo (m. en 1339), dux entre 1329 y 1339; y Andrea Dandolo (1307-1354), dux entre 1343 y 1354, primer noble veneciano con título universitario y profesor de jurisprudencia.

DANDOLO, VINCENZO (1758-1819). Químico y político italiano. Miembro del gran consejo de la República Cisalpina de Milán y gobernador de Dalmacia entre 1805 y 1809, fue admirador de Napoleón Bonaparte. Escribió varios tratados de agricultura, cultivo de vinos y cría de ganado vacuno y ovino. *Los hombres nuevos o medios para conseguir una regeneración moral* (1799).

DANERI, SANTIAGO EUGENIO (1881-1970). Pintor argentino. Cultivó preferentemente el paisaje y el retrato. En 1943 ganó el primer premio del Salón Nacional de Bellas Artes con «El Puente».

DANESA, LENGUA. Idioma de Dinamarca. Pertenece a la rama escandinava oriental de las lenguas germánicas septentrionales.

DANESA, LITERATURA. V. **Escandinava, literatura.**

DANIEL. Cuarto de los profetas mayores hebreos, deportado a Babilonia en el siglo VI a.C.
5:90b; Ananías 1:323a.

DANIEL, LIBRO DE. Uno de los textos proféticos del Antiguo Testamento. En la primera parte se narra la historia de Daniel; la segunda contiene cuatro visiones apocalípticas; y el libro termina con la historia de Susana y la destrucción del ídolo de Bel y del dragón.
Apocalipsis 1:412a; Biblia 3:11b; Daniel 5:90b.

DANIEL, SAMUEL (h. 1562-1619). Poeta inglés. Nombrado en 1599 poeta laureado, llegó a ser considerado como uno de los grandes escritores de su época en la corte de la reina Ana. *Delia* (1592), *La queja de Rosamunda* (1592), *Guerras civiles* (1595-1609).

DANIEL DE GALITZIA (1201-1264). Príncipe ruso. Hijo del príncipe Román Mstislavich, peleó contra los reyes de Hungría y Polonia y contra los mogoles y fundó varias ciudades, entre ellas la actual Chelm. Fue nombrado rey por el papa Inocencio IV en 1254.

DANIELL, JOHN FREDERIC (1790-1845). Químico y meteorólogo británico, inventor de la pila, el higrómetro de punto de rocío y el pirómetro de registro que llevan su nombre.

DANÍLOVA, ALEXANDRA (n. en 1904). Bailarina estadounidense de origen ruso. Estudió en la Escuela Imperial de Ballet de Rusia y perteneció al cuerpo de baile del estado soviético. Trabajó con Serguéi Diaghilev (1924-1929) y fue solista del Ballet Ruso de Montecarlo, tras lo cual actuó como invitada en numerosas compañías, difundiendo las técnicas dancísticas de su país de origen.

DANJON, ANDRÉ-LOUIS (1890-1967). Astrónomo francés. Fue director de los observatorios de Estrasburgo (1930-1945) y París (1945) y profesor en la Sorbona. Director del Instituto de Astrofísica de París entre 1954 y 1963. Autor de diversos inventos astronómicos y de estudios sobre planetas del Sistema Solar. *Astronomía general* (1953).

D'ANNUNZIO, GABRIELE (1863-1938). Poeta, novelista y dramaturgo italiano. Máximo exponente de la literatura italiana durante el período fascista.
5:91a; Duse, Eleonora 5:257a; Fascismo 6:235b; *ilustración* 5:91a.

DANQUAH, J. B. (1895-1965). Político de Ghana. Después de estudiar derecho y filosofía en Londres, volvió a su país y abogó por el autogobierno de la colonia británica. La represión del movimiento nacionalista lo impulsó a adoptar posturas más radicales, y en 1940 fundó el Partido Popular de la Convención. Después de la independencia se opuso a las prácticas dictatoriales del presidente Kwame Nkrumah y fue encarcelado en 1961 y en 1964.

DANTA. V. **Tapir.**

DANTAS, JÚLIO (1876-1962). Escritor portugués. Médico militar, fue autor de poesías, cuentos y obras dramáticas. *Nada* (1896), *Rosas de todo el año* (1907), *El heroísmo, la elegancia, el amor* (1923).

DANTE ALIGHIERI (1265-1321). Poeta italiano. Figura cumbre de la literatura universal.
5:91b; Alegoría 1:164a; Divina Comedia 5:211a; Italiana, lengua 8:316b; Italiana, literatura 8:371b; Poesía 12:45b; Política 12:63a; Renacimiento 12:332a; Virgilio 14:325b; *cuadro* 5:91b; *ilustraciones* 5:91b; 5:92a; 8:320a; 12:45b.

DANTÍN CERECEDA, JUAN (1881-1943). Geógrafo español. Llevó a cabo una importante renovación en el estudio de la geografía de la península ibérica. Dedicado a la enseñanza, publicó algunas obras de carácter didáctico e informativo. *Geografía moderna, Cómo se enseña la geografía, Regiones naturales de España, La vida de las plantas.*

DANTO. Ave paseriforme de la familia de los contíngidos (*Cephalopterus glabricollis*). Color negro con tintes azulados y pecho rojizo. Gran penacho en la cabeza. Garganta con saco dilatable, con la que emite su voz característica a modo de mugido. Frugívora e insectívora. Vive en las selvas de América del sur.

DANTON, GEORGES-JACQUES (1759-1794). Líder de la revolución francesa cuya oposición al régimen del terror lo llevó a la guillotina.
5:93a; Francesa, revolución 6:380a; *ilustración* 5:93b.

DANUBIANA, CULTURA. Una de las primeras etapas del neolítico en la Europa central (al norte y al oeste del Danubio). En algunos lugares corresponde a la transición al calcolítico y en otros a la aparición de la edad del bronce. Según el tipo de cerámica característica se distinguen el danubiano I, con decoración en bandas, el danubiano II, con bandas puntilladas, el danubiano III, fechado hacia el año 2000 a.C., y el danubiano IV, que es la última fase.

DANUBIO, ESCUELA DEL. Tendencia de la pintura paisajística europea que se desarrolló en Austria y Alemania durante el siglo XVI. Se caracterizó por fundir las figuras en la intensa luminosidad del ambiente. Entre sus representantes destacan Jörg Breu, Albrecht Altdorfer, Lucas Cranach el Viejo y Wolf Huber.
Cranach, Lucas (el Viejo) 4:421a.

DANUBIO, RÍO. Curso fluvial de Europa, el más largo del continente después del Volga. Nace en la Selva Negra (Alemania) y desemboca en el mar Negro, tras recorrer 2.850 km.
5:93b; Alemania 1:185b; Austria 2:227b; Balcanes 2:318a; Bulgaria 3:218b; Eslovaquia 6:57b; Hungría 8:101a; Rumania 13:36a; Viena 14:305b; *ilustración* 5:93b.

DANVILA, ALFONSO (1879-1953). Escritor y político español. Autor de novelas costumbristas e históricas, residió como diplomático en la Argentina (1930) y en Francia (1931). *Las luchas fratricidas en España* (serie de catorce novelas).

DANVILA Y COLLADO, MANUEL (1830-1906). Abogado, historiador y político español. Miembro del Partido Conservador, fue ministro de gobernación (1892), presidente del Tribunal Contencioso-Administrativo y senador. *Historia crítica y documentada de las comunidades de Castilla* (1897-1900).

DANVILA Y VILLARRASA, BERNARDO JOAQUÍN (siglo XVIII). Jurisconsulto y economista español. Catedrático de filosofía y derecho público en el Real Seminario de Nobles de Madrid, fue autor de obras jurídicas. *Lecciones de economía civil, o del comercio* (1779).

DANZA. Forma de expresión que emplea gestos y movimientos acompasados y rítmicos acompañados de música. Constituye una manifestación religiosa, ritual o artística.
5:94a; Arte 2:126a; Ballet 2:325b; Bausch, Pina 2:373a; Béjart, Maurice 2:385b; Bocca, Julio 3:78a; Duncan, Isadora 5:252a; Folclórica, música 6:342a; Graham, Martha 7:183a; Nijinski, Váslav 10:416b; Nureyev, Rudolf 11:53a; Pasodoble 11:294a; Tango 13:396a; Tropical, música 14:134b; *cuadro* 5:94b; *ilustraciones* 5:95b; 5:96a.

DANZA DE LA MUERTE. Tema artístico o literario en el que se representa a la muerte invitando a todo tipo de personas, de cualquier edad y condición, a la danza final. Cultivado en pintura (grabados de Hans Holbein el Joven), escultura o literatura (*Danza general de la muerte* de El Escorial, h. 1400) desde el siglo XV hasta fines del XVI.

DANZIG. V. **Gdańsk.**

DANZIG, CORREDOR DE. V. **Corredor polaco.**

DANZÓN. Baile cubano ejecutado por parejas entrelazadas similar a la habanera. Tuvo gran éxito desde su aparición en 1879.
Tropical, música 14:134b.

DAÑOS Y PERJUICIOS. Valor de lo que una persona pierde o deja de ganar por culpa de una acción realizada por otro sujeto y que este último debe compensar.

DAO. Conocido también como *tao*, concepto básico del confucianismo y el taoísmo. Con distinta dimensión en cada una de estas dos corrientes espirituales, en ambas se presenta, sin embargo, como el principio del cosmos, el origen y fin de todas las cosas.

DAODE JING. Libro fundamental del taoísmo atribuido al pensador chino Laozi (siglo VI a.C.). Obra compilada probablemente hacia el 300 a.C., está redactada en forma de aforismos. Por su gran popularidad, se conservan más de 350 comentarios sobre ella en chino y cerca de 280 en japonés.
Laozi 9:61b.

DAOÍZ, LUIS (1767-1808). Militar español. Tras varias acciones como oficial de artillería en la guerra de 1794, fue destinado, con el grado de capitán, al parque de Monteleón de Madrid. Con su compañero Pedro Velarde, encabezó el levantamiento popular contra los franceses, en cuya lucha murió el 2 de mayo de 1808. Símbolo de la defensa madrileña en la guerra de la independencia.

DAPHNE. Género de arbustos perteneciente a la familia de las timeláceas. Presenta inflorescencias abiertas y hojas enteras, duras y brillantes, dispuestas de forma alterna a ambos lados de la rama. Destacan el torvisco (*Daphe gnidium*), la adelfila (*Daphe laureola*) o el mezéreon (*Daphe mezereum*).

DAPHNIA. Género de crustáceos branquiópodos pequeños de agua dulce, perteneciente al grupo de los cladóceros y a la familia de los dáfnidos. La especie más conocida es la pulga de agua (*Daphnia pulex*).

D'ARBAUD, JOSEPH (1874-1950). Escritor francés, discípulo de Fréderic Mistral. Escribió en lengua provenzal. Recibió el premio de la Academia Francesa.

DARCET. Aleación de bismuto al 50% y plomo y estaño, ambos al 25%. De bajo punto de fusión, se emplea para la fabricación de fusibles.

DARDANELOS, CAMPAÑA DE LOS. Expedición militar franco-británica durante la primera guerra mundial. El 18 de marzo de 1915 el contingente aliado intentó infructuosamente atravesar el estrecho de los Dardanelos para tomar Estambul. Su fracaso supuso la evacuación total de Gallípoli casi un año después y la necesidad de abrir un frente balcánico.
Dardenelos, estrecho de los 5:97b.

DARDANELOS, ESTRECHO DE LOS. Paso, situado al noroeste de Turquía, de 61 km de longitud, que une el mar Egeo con el de Mármara.
5:97a; Mediterráneo, mar 10:38b; *ilustración* 5:97a.

DÁRDANO. Hijo de Zeus y una mortal, que la leyenda menciona como antepasado de la casa real de Troya y, a través de Eneas, de los romanos. Dárdano parece ser una figura meramente genealógica, epónima de los dárdanos de la *Ilíada* y personificación de un pueblo, el griego, inclinado a las colonizaciones ultramarinas.

DARDO. Arma arrojadiza, semejante a una lanza pequeña y delgada, que se lanza con la mano o con cerbatana. Actualmente se utiliza en prácticas deportivas.

DAR ES SALAAM. Ciudad y puerto de Tanzania, cap. de la reg. del mismo nombre, a orillas del océano Índico. Capital del África Oriental Alemana (1891-1916), de Tangañica (1961-1964) y, posteriormente, de Tanzania. En 1974 se trasladó la capitalidad a Dodoma, aunque el gobierno quedó provisionalmente en Dar es Salaam. Universidad, institutos de investigación, museo. Centro ferroviario. Productos alimenticios y textiles. 1.360.850 hab. (1988).
Tanzania 13:397b.

D'AREZZO, GUIDO (h. el 990-h. el 1050). Monje italiano, perteneciente a la orden de los benedictos, inventor del actual sistema de notación musical en países latinos. Extrajo del himno *Ut queant laxis*, dedicado a san Juan Bautista, los nombres de las notas musicales. También conocido como Arentino.
Escala musical 6:28a; Musical, notación 10:320b.

DARFUR. Región de Sudán, en la parte occidental del país. Fue un reino semiindependiente hasta 1916. Legumbres, frutas, industria alimentaria, minería. Cap. El Fasher. 508.684 km². 3.093.699 hab. (1983).

DARFUR, MACIZO. Cadena montañosa de la región de Darfur, República de Sudán, formada por mesetas de origen volcánico. El volcán Yabal Marra (3.088 m) es el pico más alto.

DARGOMIZHSKI, ALEXANDR (1813-1869). Compositor ruso. Aficionado a tocar el violín y el piano, Mijaíl Glinka lo inició en la composición. Autor de canciones, piezas orquestales y óperas, entre éstas *Esmeralda* (1839), basada en una obra de Victor Hugo, y *Rusalka* (1856), en un drama de Alexandr Pushkin.

D'ARGUIBEL, ANDRÉS (n. en 1772). Patriota argentino. Adscrito al movimiento independentista argentino, trabajó como agente secreto de los sublevados en España. Sus acciones permitieron sofocar la expedición realista de 1819.

DARIÉN. Provincia de Panamá fronteriza con Colombia por el sur. Punto de unión entre Centroamérica y Sudamérica. Agricultura, explotación forestal; ganadería. Cap. La Palma. 12.491 km². 47.055 hab. (1996).

DARIÉN, GOLFO DE. Zona meridional del mar Caribe, rodeada por Panamá al sudoeste y Colombia al sudeste y el este. En ella desemboca el río Atrato.

DARIÉN, PARQUE NACIONAL DEL. Espacio natural protegido de Panamá. Con 575.000 hectáreas, es uno de los ejemplos mejor conservados de bosque húmedo tropical. Contiene además zonas de manglar y bosque pantanoso, donde abunda el cativo, árbol de madera muy codiciada. En la reserva habitan poblaciones de especies amenazadas como el jaguar o la nutria gigante. Presenta además gran valor etnográfico por albergar varias tribus indígenas amazónicas. Es patrimonio de la humanidad y reserva de la biosfera.

DARIENSE, CORDILLERA. Formación montañosa del centro de Nicaragua. Forma parte del escudo central y constituye la línea divisoria de las aguas que se dirigen a los ríos Tuma y Grande. Su máxima altura es el Chimborazo (1.668 m). Cultivo del café y explotación maderera.

DARÍO, RUBÉN (1867-1916). Poeta nicaragüense. Su obra *Azul* marcó el nacimiento del modernismo en la literatura hispanoamericana.
5:97b; Argüello, Santiago 2:64b; Hispanoamericana, literatura 8:7b; Modernismo 10:205b; Poesía 12:45b; *cuadro* 5:97b; *ilustraciones* 5:97b; 8:10a.

DARÍO I EL GRANDE (550-486 a.C.). Rey persa del 522 al 486 a.C., de la dinastía aqueménida. Se distinguió por sus conquistas y su labor como administrador y constructor.
5:98a; Aqueménida, dinastía 1:418b; Guerra 7:264b; Persépolis 11:349a; Médicas, guerras 10:25a; Milcíades 10:164b; Pakistán 11:219b; Persia 11:350b; *ilustración* 5:98b.

DARÍO II OCOS (m. en el 404 a.C.). Rey persa de la dinastía aqueménida, llamado Notos. Subió al trono en el 423 por medio de intrigas. Su reinado se caracterizó por la corrupción. Hizo frente a una rebelión de los medos y participó indirectamente en la guerra del Peloponeso.
Persia 11:351b.

DARÍO III CODOMANO (m. en el 330 a.C.). Último rey persa (336-330 a.C.) de la dinastía aqueménida. Fue vencido por Alejandro Magno, quien tras la muerte de Darío casó con su hija Estatira y se proclamó su sucesor.
Alejandro Magno 1:168a; Persia 11:351b.

DARLEY, GEORGE (1795-1846). Escritor irlandés. Autor de novelas, libretos para óperas, poemas y estudios matemáticos. Sus creaciones, basadas en mundos imaginarios, fueron reconocidas por los escritores del siglo XX. *Lilian del valle* (1826), *Silvia o la reina de mayo* (1827), *Nepenthe* (1835).

DARLING, RÍO. Afluente del Murray, principal río de Australia. Nace en la cordillera Divisoria australiana, cerca del límite de Nueva Gales del Sur y Queensland, y corre hacia el sudoeste hasta desembocar en el Murray. Su curso es de 2.400 km y su cuenca abarca 650.000 km².

DARLINGTON, CYRIL DEAN (1903-1981). Biólogo británico. Profesor de botánica en Universidad de Oxford y autor de obras sobre demografía y genética, creó la citología nuclear como disciplina científica. *Últimos avances en citología* (1932), *La evolución de los sistemas genéticos* (1939), *La evolución del hombre y la sociedad* (1969).

DARMSTADT. Ciudad de Alemania en el est. de Hesse. Castillo del siglo XVI. Universidad, museo. Centro industrial. 137.876 hab. (1998).

DAROCA. Población española de la prov. de Zaragoza, comunidad autónoma de Aragón. Figuró destacadamente en la historia del reino de Aragón desde el siglo XII y conserva numerosos monumentos y obras de arte. Viñedos, legumbres, ganadería. 2.235 hab. (1996).

DARRAY AL-QASTALI (958-1030). Poeta hispanoárabe. Al servicio de Almanzor y luego de varios estados árabes de al-Ándalus, en sus obras poéticas recreó los acontecimientos históricos y los personajes de su época.

DART, RAYMOND A. (1893-1988) Antropólogo y paleontólogo sudafricano de origen australiano. En 1924 descubrió en Taung (Sudáfrica) el cráneo fósil de un homínido, al que denominó *Australopithecus africanus*.
Homínidos 8:53b.

D'ARTAGNAN. Personaje central de la trilogía *Los tres mosqueteros, Veinte años después* y *El vizconde de Bragelonne*, de Alexandre Dumas, padre. Joven emprendedor y ambicioso llega a París desde su Gascuña natal y consigue ingresar en el cuerpo de mosqueteros del rey.

DARVINISMO. Teoría surgida de las ideas del naturalista británico Charles Darwin. Defiende la evolución de los seres vivos y pretende explicar el origen de las especies vivientes por la transformación de unas en otras en virtud de una selección natural debida a la lucha por la supervivencia.
Racismo 12:240a; Sociología 13:285a.

DARWIN. Ciudad y puerto de Australia, cap. del Territorio del Norte. Reconstruida en dos ocasiones tras las destrucciones de la guerra (1942) y un ciclón (1974). Aeropuerto internacional. Conservas, cerámicas, aserraderos. 86.600 hab. (1998).
Australia 2:223a.

DARWIN, CHARLES (1809-1882). Naturalista británico. Su teoría sobre la evolución de los seres vivos, desarrollada en su obra *El origen de las especies* (1859), revolucionó la biología y tuvo grandes repercusiones científicas, filosóficas, sociales y políticas.
5:99a; Afectividad 1:84a; Agnosticismo 1:102a; Biología 3:38b; Botánica 3:127a; Ciencia 4:186b; Ecología 5:272b; Emoción 5:392a; Evolución 6:208b; Hombre 8:45b; Instinto 8:225b; Lamarck, Jean-Baptiste 9:51b; Sociología 13:284b; Spencer, Herbert 13:310a; Taxonomía 13:407b; Vries, Hugo de 14:347b; Wallace, Alfred Russel 14:351b; Zoología 14:429a; *mapa* 5:100a; *cuadro* 5:99b; *ilustración* 5:99.

DARWIN, CORDILLERA. Sistema montañoso chileno, situado en la parte meridional del país. Su altitud máxima corresponde al cerro Mayor o cerro Yogan (2.470 m). Presenta formaciones glaciares y grandes lagos.
Tierra del Fuego, Isla Grande de 14:59b.

DARWIN, ERASMUS (1731-1802). Científico y poeta inglés. Abuelo de Charles Darwin, en su trabajo científico más importante, *Zoonomía o las leyes de la vida orgánica* (1794-1796), anticipó la teoría evolucionista de Jean-Baptiste Lamarck. *El jardín botánico* (1794-1795).
Darwin, Charles 5:99a.

DARWIN, GEORGE H. (1845-1912). Físico y astrónomo británico, hijo de Charles Darwin. Realizó un amplio estudio sobre las mareas y desarrolló la primera teoría de la evolución del sistema Sol-Tierra-Luna basada en la aplicación del análisis matemático a la geofísica.
Luna 9:244a.

DARWINISMO. V. Darvinismo.

DASGUPTA, S. N. (1885-1952). Filósofo indio. Elaboró un sistema filosófico en el que se combinaban elementos orientales y occidentales, como la literatura vedántica, el jainismo indio, el neorrealismo británico y estadounidense y la teoría de la evolución emergente. *Historia de la filosofía india* (1922-1955).

DÁSHKOVA, YEKATERINA ROMÁNOVNA VORONTSOVA, PRINCESA (1743/1744-1810). Escritora rusa. Tercera hija del conde Román Vorontsov, estudió matemáticas y se convirtió en una destacada defensora de la emperatriz Catalina II. Fue directora de la Academia de Artes y Ciencias de San Petersburgo, y primera presidenta de la Academia Rusa. Proyectó el primer diccionario ruso, una parte del cual hizo ella misma.

DASIÚRIDOS. Familia de mamíferos marsupiales. Caracterizada por su dentadura carnívora u omnívora y la presencia de dedos completamente independientes. Comprende especies de Australia e islas cercanas, como el diablo de Tasmania y el gato de Australia.
Marsupiales 9:389b.

DASONOMÍA. Ciencia que estudia el cultivo, la reforestación y la conservación de los bosques.

DAT. Siglas que corresponden a la expresión en inglés *Digital Audio Tape* (cinta audio digital). Cinta magnética destinada a la grabación y reproducción de música, sonidos y datos informáticos por medios digitales. Esta tecnología se desarrolló en la década de 1980.

DATACIÓN CRONOLÓGICA. Procedimiento geológico y arqueológico de determinación de la antigüedad de los vestigios y yacimientos. Se utilizan varios métodos, que cubren diferentes períodos cronológicos: carbono 14, potasio-argón, torio-iridio, protactinio, etc. Todos ellos se basan en el conocimiento de los parámetros de la lenta desintegración radiactiva de estos elementos.
Arqueología 2:97a; Carbono 3:378a; Geocronología 7:82a; Historia 8:20a; Paleontología 11:225b; Prehistoria 12:126a; Prehistórico, arte 12:127a.

DATÁFONO. Servicio que permite la autorización y realización de operaciones comerciales mediante un terminal telefónico o informático.

DATARÍA. Tribunal de la curia romana para la provisión de beneficios, pensiones y dispensas matrimoniales y la enajenación de los bienes de la iglesia. Fue instituido a principios del siglo XV y suprimido por Paulo VI.

DÁTIL. Fruto en baya de la palmera datilera, de mesocarpo carnoso y comestible.
5:100b; Palma 11:233a; *ilustración* 5:101a.

DATIVO. Caso de la declinación usado para palabras con oficio de complemento indirecto. En castellano va precedido de las preposiciones *a* o *para*.

DATIVO, ENLACE. Enlace químico por el que en un ion complejo el átomo metálico central se une a algunas moléculas neutras o iones negativos. Los grupos unidos se denominan ligandos.

DATO, EDUARDO (1856-1921). Político español. Abogado de profesión, se inició en la política en las filas del Partido Liberal-Conservador. Ocupó diversos cargos, ministerios y la alcaldía de Madrid. Fue jefe de gobierno con Alfonso XIII en tres ocasiones (1913, 1917, 1920). Murió asesinado.

DATOLITA. Mineral de borosilicato hidratado de calcio. Cristaliza en el sistema monoclínico.

DATURA. Género de plantas solanáceas, de tipo herbáceo o arbustivo. Entre sus variedades principales figuran el estramonio o flor de la trompeta (*Datura stramonium*), el floripondio (*Datura suaveolens*) y el cardo cuco (*Datura ferox*). Tiene propiedades narcóticas y venenosas.

DAU AL SET. Nombre de un grupo de artistas y escritores españoles, así como de la revista que servía de órgano de difusión del mismo. Fundado en 1948 en Barcelona, e integrado, entre otros, por Joan Josep Tharrats, Antoni Tàpies, Joan Ponç, Modest Cuixart, etc., defendía los valores estéticos de vanguardia.
Tápies, Antoni 13:401a.

DAUBENTON, LOUIS-JEAN-MARIE (1716-1800). Naturalista francés. Fue profesor del College de France. Escribió el apartado de anatomía de la obra *Historia natural*, de Georges-Louis Leclerc, conde de Buffon. En 1776 introdujo en Francia la especie de oveja merina de tipo Montbard. *Diferencias esenciales entre el hombre y el orangután* (1764).
Buffón, conde de 3:217a; Geoffroy Saint-Hilaire, Étienne 7:85a.

DAUBERVAL, JEAN (1742-1806). Coreógrafo francés. Alumno de Jean-Georges Noverre, fue bailarín y maestro de ballet de la Ópera de París y director de la Ópera de Burdeos. Realizó las coreografías *Telémaco*, *La hija mal guardada* y *El desertor*. Considerado como uno de los representantes del ballet-pantomina, a la manera de Noverre.

DAUBIGNY, CHARLES-FRANÇOIS (1817-1878). Pintor francés. Influido por la escuela paisajística de Barbizon, se le considera precursor del impresionismo. «Primavera» (1857).

DÄUBLER, THEODOR (1876-1934). Escritor alemán. Vinculado tanto a la estética romántica como a los postulados expresionistas, fue gran viajero y admirador de las culturas griega e italiana. En su obra destaca la producción poética. *La aurora boreal* (1910), *Himnos a Italia* (1916), *La lucha en pro del arte moderno* (1919), *La africana* (1928).

DAUBRÉE, GABRIEL-AUGUSTE (1814-1896). Geólogo francés. Ingeniero de minas en el departamento del Alto Rin, fue profesor de mineralogía y geología en la Universidad de Estrasburgo y en el Museo de Ciencias Naturales de París. Destacó por la aplicación de métodos experimentales en el estudio de los fenómenos geológicos. *Estudios sintéticos de geología experimental* (1879), *Meteoritos y la constitución geológica del globo* (1886).

D'AUBUISSON, ROBERTO (1944-1992). Político salvadoreño. Fundador y dirigente de la derechista Alianza Republicana Nacional (Arena), se presentó sin éxito como candidato a la presidencia de la república en 1982 y 1984. En 1985 cedió la dirección de Arena a Alfredo Cristiani, pero siguió ejerciendo influencia sobre ella.

DAÚD, ABRAHAM IBN (1110-1180). Escritor judeoespañol. Utilizó en su obra las lenguas árabe y hebrea, y trató preferentemente temas referidos a la voluntad, la religión, la historia y la tradición sefardita desde un punto de vista filosófico (aristotélico y judío). *El libro de la tradición*, *La fe sublime*.

DAÚD, MOHAMED (1909-1978). Político afgano. Miembro de la familia real, ocupó el puesto de primer ministro entre 1953 y 1963. En 1973 un golpe de estado dirigido contra el rey Zahir derrocó la monarquía y estableció la república, cuya presidencia asumió. Murió a raíz del golpe de estado de 1978.
Afganistán 1:86b.

DAUDET, ALPHONSE (1840-1897). Novelista y autor francés de narraciones breves. Estudió profundamente en sus obras el comportamiento humano.
5:101a; Naturalismo 10:358a; *ilustración* 5:101b.

DAUDET, LÉON (1867-1942). Escritor, político y ensayista francés. Hijo de Alphonse Daudet y partidario de un nacionalismo radical, participó en 1908 en la fundación de Action Française. Se caracterizó en sus escritos por la violenta crítica social. Durante el caso Dreyfus apoyó a los enemigos del enjuiciado. *La lucha* (1907), *El estúpido siglo XX* (1922), *Los peregrinos de Emaús* (1928).

DAULE. Cantón del Ecuador, en la prov. de Guayas. Situado en el valle del río Daule. Arroz, caña de azúcar, café, tabaco; ganado bovino. Puerto fluvial.

DAULE, RÍO. Río del Ecuador. Nace en la cordillera Occidental de los Andes y con dirección sur atraviesa las selvas de la costa. Desemboca al norte de la ciudad de Guayaquil, donde contribuye a formar el delta del Guayas. Su curso es de 320 km.

DAUMIER, HONORÉ (1808-1879). Escultor, litógrafo y pintor francés. Representante de la corriente social en el arte del siglo XIX.
5:101b; Caricatura 3:390b; Historieta 8:26b; Realismo 12:281b; *ilustración* 5:101b.

DÁVALOS, FAMILIA. Linaje de la nobleza castellana. De origen navarro, sus miembros sirvieron a los reyes de Castilla, sobre todo a Enrique III, a quien apoyó Ruy López Dávalos (1357-1428), recibiendo a cambio importantes donaciones así como el título de condestable. Sin embargo, sus posiciones a favor de Aragón lo obligaron a abandonar Castilla, estableciéndose primero en Valencia y luego en Nápoles, donde dio origen a los Dávalos italianos.

DÁVALOS, JUAN CARLOS (1887-1959). Novelista, poeta y dramaturgo argentino. Reflejó en sus obras el carácter paisajístico y humano de su provincia natal, Salta. *Cantos de la montaña*, *De mi vida y mi tierra* (1914), *Relatos lugareños* (1930), *La Venus de los barriales* (1941).

DÁVALOS, MARCELINO (1871-1923). Escritor mexicano. Fue autor de obra poética, cuentos y piezas teatrales, género este último que cultivó de forma especial. Trató preferentemente los temas sociales. *Guadalupe* (1903), *El crimen de Marciano* (1909), *Mis dramas íntimos* (1917).

DAVAO. Ciudad y puerto de las Filipinas, cap. de la prov. de Davao del Sur, en la isla de Mindanao. Aeropuerto internacional, universidad. Textiles, fibras, madera; pesquerías, coco, arroz. Pesca deportiva. 600.000 hab. (1995).

DAVENANT, WILLIAM (1606-1668). Escritor inglés. Disfrutó de gran favor en la corte y sucedió a Ben Jonson como poeta laureado. Sus representaciones marcaron la ruptura con la antigua simplicidad del teatro inglés, al introducir el cambio de escenarios y la aparición de mujeres. *Los amantes platónicos* (1636), *El sitio de Rodas* (1656), *La crueldad de los españoles en el Perú* (1658).

DAVENPORT. Ciudad y puerto fluvial de los Estados Unidos en el est. de Iowa, a orillas del Mississippi. Maquinaria agrícola. 96.842 hab. (1998).

DAVID (ARTE). Nombre de tres célebres esculturas renacentistas, de bulto redondo, que representan al rey hebreo como pastor triunfante: la de Donatello (h. 1440), la de Verrochio (h. 1476) y la de Miguel Ángel (1504), todas ellas conservadas en Florencia.
Donatello 5:230b; Miguel Ángel 10:161a.

DAVID (GEOGRAFÍA). Ciudad panameña, cap. de la prov. de Chiriquí. Carretera panamericana, aeropuerto. Sillas de montar; productos agropecuarios; destilerías; curtidos. Centro de una importante zona frutícola. 50.621 hab. (1980).

DAVID (RELIGIÓN). Segundo rey de Israel y Judá y una de las figuras más destacadas del Antiguo Testamento.
5:102a; Jerusalén 8:366a; Judaísmo 8:401b; Salomón, rey 13:100a; Samuel 13:115a; Saúl 13:168b; Tel Aviv 13:421a; *ilustración* 5:102b.

DAVID, GERARD (h. 1460-1523). Pintor flamenco. Considerado el último gran representante de la escuela de Brujas.
5:102b; *ilustración* 5:103a.

DAVID, JACQUES-LOUIS (1748-1825). Pintor francés. Figura cumbre del neoclasicismo pictórico en Francia.
5:103a; Audubon, John James 2:209a; Clasicismo 4:223a; Safo 13:85a; *ilustración* 5:103b.

DAVID I COMNENO (m. en 1214). Emperador de Trebisonda. Nieto de Andrónico I, emperador de oriente, fundó en 1204 el imperio de Trebisonda, compartido con su hermano Alejo I el Grande. Al intentar ampliar sus dominios hacia Bitinia, entró en conflicto con el imperio de Nicea. Murió durante la conquista de Sinope por los turcos.

DAVID I DE ESCOCIA (h. el 1082-1153). Rey de Escocia. Ocupó el trono en 1124 al suceder a su hermano Alejandro I. Muy vinculado a la corona inglesa, fortaleció la monarquía, estableció un sistema judicial y favoreció la religión católica.

DAVID II COMNENO (m. en 1463). Emperador de Trebisonda. Ocupó el trono en 1458, al suceder a su padre Alejo IV. Amenazado por los turcos, buscó la ayuda de los mongoles, los borgoñones, los florentinos y el papado, pero su reino fue sometido por el sultán Mehmet II en 1461. Murió ejecutado, junto a siete hijos suyos, después de una larga prisión en Constantinopla.

DAVID II DE ESCOCIA (1324-1371). Rey de Escocia. Ocupó el trono en 1329, al suceder a su padre Roberto I Bruce. Tuvo que luchar contra el rey inglés Eduardo III para conservar su reino. Prisionero de éste tras varias derrotas, recuperó después su trono, aunque reconoció la supremacía inglesa por el tratado de Berwick (1357). Fortaleció el comercio e implantó un parlamento con representación del clero, la burguesía y la nobleza. Los intentos de su sobrino Roberto Estuardo por derrocarle fueron vanos, pero luego de la muerte de David, Roberto ascendió legítimamente al trono.

DAVID COPPERFIELD. Novela del escritor británico Charles Dickens, publicada en 1849-1850. Cuenta la vida de un niño en la sociedad británica de su época, bajo la tiranía de un padrastro despótico.

DAVID D'ANGERS, PIERRE-JEAN (1789-1856). Escultor y político francés. Se formó en París y en Roma y fue uno de los mayores representantes del romanticismo escultórico francés. Fue profesor de la Escuela de Bellas Artes de París, y reorganizó la Academia de Bellas Artes. Miembro de la Asamblea constituyente de 1848, vivió desterrado hasta 1852. Autor de numerosos retratos escultóricos o en medallas de personajes célebres de su tiempo. Reformó diversos monumentos franceses.

DAVID DE MAYRENA, MARIE-CHARLES (1842-1890). Aventurero francés. Huido de las autoridades coloniales francesas de Saigón, se introdujo en el territorio vietnamita y se hizo coronar rey de la tribu sedang con el nombre de Marie I. En 1889 declaró la guerra a Francia e intentó atraerse el apoyo de Alemania. Temeroso de las represalias francesas, huyó del territorio sedang y murió, envenenado por uno de sus seguidores o por suicidio, según las diferentes versiones.

DAVIDOVSKI, MARIO (n. en 1934). Compositor estadounidense de origen argentino. Profesor de música. Sus obras constituyen una síntesis de piezas instrumentales grabadas en vivo y elementos registrados de música electrónica.

DAVIDSON, JOHN (1857-1909). Poeta y dramaturgo británico. Representante del movimiento decadentista de fines del siglo XIX, en sus composiciones líricas y obras teatrales expresó su visión dramática del mundo. Se suicidó. *Baladas y canciones* (1894-1896), *Testamentos* (1901-1908).

DAVIES, JOHN (1569-1626). Poeta británico. Estudió derecho en Oxford y ejerció la abogacía desde 1595. En sus obras describió la correspondencia entre el orden natural y la actividad humana. *Orquesta* (1596), *Rapsodia poética* (1602).

DAVIES, PETER MAXWELL (n. en 1934). Compositor británico. Estudió música en el Reino Unido, Italia –con Goffredo Petrassi– y los Estados Unidos (Universidad de Princeton). Son importantes sus aportaciones a la pedagogía musical. Autor de música contemporánea. *O magnum mysterium* (1960), *Taverne* (1962-1968), *Sinfonía concertante* (1983).

DÁVILA, ALONSO (h. 1486-1542). Conquistador español. Compañero de Hernán Cortés en la conquista del imperio azteca, fue enviado por éste a España para defender sus asuntos ante la corona. De regreso a México, Alonso Dávila, realizó diversas expediciones entre 1527 y 1533.

DÁVILA, ANTONIO SANCHO, MARQUÉS DE VELADA Y DE SAN ROMÁN (1590-1666). Militar y alto funcionario español. Capitán general de Orán, deshizo las tramas antiespañolas de los jefes locales en el norte de África. En Flandes derrotó a los franceses en la batalla de Harcourt. Fue gobernador de Milán, presidente del Consejo de Flandes, presidente del Consejo de Órdenes y consejero de estado en Madrid.

DÁVILA, CARLOS (1887-1955). Político chileno. Perteneciente al Partido Radical, fue presidente provisional de la república en 1932 durante cien días. Marchó a los Estados Unidos, donde fue secretario general de la OEA.

DÁVILA, FAUSTO (1858-1928). Político hondureño. Fue ministro de instrucción pública (1888) y de justicia (1892), presidente de la Asamblea Constituyente y presidente interino de la república en 1924.

DÁVILA, MIGUEL (m. en 1927). Político hondureño. Ocupó la presidencia de la república en 1908 gracias al apoyo del presidente nicaragüense José Santos Zelaya. Fue derrocado tres años más tarde.
Honduras 8:60b.

DÁVILA, PEDRO ARIAS. V. **Pedrarias Dávila.**

DÁVILA, PEDRO FRANCO (1713-1785). Naturalista ecuatoriano. Residió en París, donde editó el catálogo de sus importantes colecciones. Fue director del Museo de Historia Natural de Madrid, que él fundó en 1769. *Catálogo científico del gabinete de historia natural de Madrid* (1767).

DÁVILA, SANCHO (1523-1583). Militar español. Al servicio primero del emperador Carlos V (I de España) y de Felipe II, y después del duque de Alba, participó en las campañas de Alemania contra la Liga de Smalkalda (batalla de Mühlberg, 1547), en Italia contra el papa Paulo IV y los franceses, y en las intervenciones españolas en Flandes. En 1575 derrotó a Luis de Nassau en Mook.

DÁVILA ANDRADE, CÉSAR (1918-1967). Poeta ecuatoriano. En su producción poética asoma el interés del autor por la metafísica y el lenguaje barroco. Autor también de obra en prosa. Se suicidó. *Espacio, me has vencido* (1946), *En un lugar no identificado* (1962), *Cabeza de gallo* (1966).

DÁVILA MIRANDA, FEDERICO (n. en 1901). Violinista argentino. Director del Conservatorio Nacional de Lima (1919-1920), estudió en Praga y Berlín. Fue dirigido como primer violín y solista por Ricardo Strauss Kleiber. Creador de la Asociación Argentina de Música de Cámara.

DAVIS, BETTE (1908-1989). Actriz cinematográfica estadounidense que alcanzó gran popularidad interpretando papeles dramáticos. *Servidumbre humana* (1935), *Jezabel* (1938), *La carta* (1940), *La loba* (1941), *Eva al desnudo* (1950), *¿Qué fue de Baby Jane?* (o *¿Quién mató a Baby Jane?*) (1962). Galardonada con dos Óscares (1935 y 1938) y el Emmy de televisión (1979).

DAVIS, COPA. Trofeo de tenis anual por el que compiten equipos nacionales. Recibe su nombre de Dwight F. Davis, quien en 1900 instauró una competición entre los Estados Unidos y el Reino Unido. Se juega a cinco partidos, cuatro individuales y uno de dobles.
Tenis 14:16a.

DAVIS, ESTRECHO DE. Brazo de mar del océano Atlántico, entre la isla de Baffin (Canadá) y el sudoeste de Groenlandia. Tiene una longitud de 650 km y su anchura oscila entre 330 y 650 km.

DAVIS, JEFFERSON (1808-1899). Político estadounidense, elegido presidente en 1861 por los Estados Confederados en rebeldía contra la unión.
5:104a; Secesión guerra de 13:180b.

DAVIS, JOHN (h. 1550-1605). Marino y explorador inglés. En su búsqueda de un paso hacia el noroeste por el Ártico, descubrió el estrecho que lleva su nombre y llegó luego hasta los 72° de latitud norte. En 1592 llegó a las islas Malvinas. Murió a manos de piratas japoneses en Sumatra. Inventor del octante, instrumento utilizado antes del sextante. *Los secretos del marinero* (1594), *Descripción hidrográfica del mundo* (1595).

DAVIS, MILES (1926-1991). Trompetista, director de banda y compositor de música de *jazz* estadounidense. Evolucionó constantemente de estilo, siempre a la vanguardia de las tendencias de la época.
5:104a; Jazz 8:359a; *ilustración* 5:104a.

DAVIS, RAYMOND JR. (n. en 1914). Químico nuclear estadounidense. Dedicó su vida profesional al estudio de la física de los neutrinos. Participó en varios programas científicos dedicados a la captación de neutrinos en los reactores nucleares, así como procedentes del Sol.

DAVIS, STUART (1894-1964). Pintor estadounidense. Autor de pintura semi-abstracta, su tratamiento de la forma y el color anticipó las propuestas del *hard edge* de la década de 1950 o del *pop art* de la década de 1960. Fue considerado como el primer gran pintor vanguardista estadounidense. «Lucky Strike» (1921).

DAVIS, WILLIAM MORRIS (1850-1934). Geógrafo, geólogo y meteorólogo estadounidense, fundador de la geomorfología. Creó un sistema de análisis de las formas del relieve basado en el concepto del ciclo de erosión. *Meteorología elemental* (1894), *Geografía física* (1898), *Ensayos geográficos* (1909).
Geografía 7:89b; Geomorfología 7:105b; Paisaje (GEOGRAFÍA) 11:206a.

DAVISSON, CLINTON JOSEPH (1881-1958). Físico estadounidense. Premio Nobel en 1937, junto con George P. Thomson, por el descubrimiento de la difracción de electrones. Destacó asimismo por sus trabajos sobre emisión electrónica de metales en presencia de calor. Desarrolló el microscopio electrónico.

DAVITT, MICHAEL (1846-1906). Político independentista irlandés. Miembro del movimiento Sinn Féin, fue varias veces encarcelado y desterrado. Propugnó la lucha armada contra el dominio inglés de la isla, pero luego aceptó ingresar en la Cámara de los Comunes británica y reemplazó sus ideales socialistas de nacionalización de la tierra por la entrega de parcelas a los campesinos. Fundó en 1879 la Liga Agraria de Irlanda. *Cartas de un diario de prisión* (1885).

DAVY, HUMPHRY (1778-1829). Químico inglés, descubridor del llamado «gas hilarante» (óxido nitroso) y de importantes elementos químicos.
5:104b; Calcio 3:267b; Cloro 4:239a; Faraday, Michael 6:230a; Magnesio 9:287a; Potasio 12:107a; Sodio 13:288a; *ilustración* 5:104b.

DAWES, CHARLES G. (1865-1951). Político estadounidense. Miembro de la Comisión de Reparaciones Aliadas después de la primera guerra mundial, concibió el plan que lleva su nombre. En 1925 recibió el Premio Nobel de la paz compartido con Austen Chamberlain. Fue vicepresidente durante la presidencia de Calvin Coolidge (1925-1929).

DAWES, PLAN. Acuerdo internacional para el pago de las indemnizaciones adeudadas por Alemania a los aliados tras la primera guerra mundial. Debe su nombre a Charles G. Dawes, su promotor.

DAWKINS, RICHARD (n. en 1941). Zoólogo británico. Dedicado al estudio de la etología o comportamiento animal, su obra *El gen egoísta*, publicada en 1976, constituye una concepción revolucionaria de la biología. En ella considera el material genético como director último del proceso evolutivo.

DAWSON, ISLA. Isla chilena situada en el estrecho de Magallanes, en la reg. de Magallanes y Antártica Chilena. Está formada por una línea de montañas que la unen a la península de Brunswick. Tiene una extensión de 1.700 km^2.

DAYAKS. Pueblo originario de la isla de Borneo, de cultura protoindonésica. Economía basada en la agricultura, la caza y la pesca. Practica una religión animista y politeísta.

DAYÁN, MOSHÉ (1915-1981). Militar y estadista israelí. Sus extraordinarias victorias sobre los árabes lo convirtieron en símbolo de seguridad para sus compatriotas. Desempeñó numerosos cargos políticos y parlamentarios.

DAY-LEWIS, CECIL (1904-1972). Poeta británico. Influido por el estilo de W. H. Auden, expresó sus preocupaciones políticas, de corte izquierdista, con formas tradicionales basadas en una lírica individualista. *Poema transitorio* (1929), *La montaña magnética* (1933).

DAY-LEWIS, DANIEL (n. en 1957). Actor británico. Hijo del poeta Cecil Day-Lewis. Óscar a la mejor interpretación en 1989 por *Mi pie izquierdo. Una habitación con vistas* (1986), *En el nombre del padre* (1993), *El crisol* (1996).

DAYR AL-BAHARI. Yacimiento arqueológico de Egipto, situado en la orilla occidental del río Nilo, frente a Karnak. Se halla aquí la pirámide del faraón Mentuhotep III (XI dinastía), el gran templo funerario de la reina Hatsepsut (XVIII dinastía), obra de su arquitecto Senenmut (siglo XV a.C.).

DAYR AL-MADINA. Valle egipcio situado en la orilla occidental del río Nilo, frente a Luxor, en cuyas paredes rocosas los obreros que trabajaron en el valle de los reyes y en el de las reinas excavaron sus tumbas. Los restos arqueológicos, entre los que destacan numerosos papiros, constituyen una valiosa fuente de información sobre la sociedad del antiguo Egipto.

DAYTON. Ciudad y puerto fluvial de los Estados Unidos en el est. de Ohio, en la confluencia de los ríos Stillwater y Mad. Base aérea, donde se firmaron en 1995 los acuerdos de paz de la guerra civil de Bosnia y Herzegovina. Instituto de tecnología aeronáutica. Universidad, museos. Industrias diversas. 167.475 hab. (1998).

DAYTON, ACUERDO DE PAZ DE. Tratado de paz con el que finalizó el conflicto de Bosnia-Herzegovina. Fue firmado el 21 de noviembre de 1995 en Dayton, Ohio, Estados Unidos, por los presidentes de Croacia, Bosnia y Herzegovina y Serbia.
Balcanes 2:321a.

DAZA, ESTEBAN (siglo XVI). Vihuelista español. En su libro *El Parnaso* (1576) transcribió madrigales, motetes y villancicos de distintos autores españoles.

DAZA, HILARIÓN (1840-1894). Militar y político boliviano. Ascendió de simple soldado raso a general. Siendo ministro de la guerra, se alzó en 1876, se proclamó dictador y declaró la guerra a Chile. Destituido en 1880, murió asesinado.

DAZAI OSAMU (1909-1948). Escritor japonés. Autor de una obra de marcado carácter autobiográfico y profundo pesimismo, reflejo del desencanto de su país tras la segunda guerra mundial.
5:105a; Japonesa, literatura 8:353a.

DAZIBAO. Forma de periódico mural usado en China por particulares y grupos opositores al gobierno, en los que expresan sin censura sus puntos de vista.

DdC. Fármaco también llamado desoxicitidina o zalcitabina. Inhibidor de la transcriptasa inversa utilizado en el tratamiento combinado contra el virus de la inmunodeficiencia humana (VIH), causante del SIDA.

DdI. Fármaco también llamado desoxiinosina o didanosina. Inhibidor de la transcriptasa inversa utilizado en el tratamiento combinado contra el virus de la inmunodeficiencia humana (VIH), causante del SIDA.

DDT. Diclorodifenil tricloroetano, pesticida insecticida policlorado. Muy estable en solución, por lo que resulta difícil eliminar sus residuos. Su uso como insecticida fue severamente limitado a partir de la década de 1970 por su toxicidad y estabilidad.
Toxicología 14:103b.

DEÁK, FERENC (1803-1876). Estadista húngaro. Ocupó diversos cargos ministeriales. Fue el impulsor de las negociaciones que condujeron al llamado Compromiso de 1867, por el que se estableció la doble monarquía de Austria y Hungría. Fue un decidido luchador en favor del campesinado húngaro, dando ejemplo en sus propiedades.

DE AMICIS, EDMONDO (1846-1908). Novelista italiano. Fue militar, periodista y director de *L'Italia militare*. Su obra más conocida es *Corazón* (1886), relatos sentimentales cuyos protagonistas son niños.
Italiana, literatura 8:323a; *ilustración* 8:321b.

DEAN, JAMES (1931-1955). Actor estadounidense, símbolo de la juventud rebelde de la década de 1950. Murió en un accidente de automóvil. Sólo realizó tres películas: *Al este del Edén* (1955), *Rebelde sin causa* (1955) y *Gigante* (1956).

DEARBORN. Población de los Estados Unidos, en el est. de Michigan. Museo Henry Ford de la historia industrial y artesanal estadounidense y Museo Greenfield Village. Pertenece al área suburbana de Detroit. Importante industria automovilística. 91.691 hab. (1998).

DEBATE (LITERATURA). Controversia sobre un tema entre varias personas. Como género literario, surgió en la edad media europea en torno a las preocupaciones filosóficas y teológicas. Tuvo desarrollo en la poesía trovadoresca como forma de diálogo entre rivales sobre asuntos amorosos o didácticos. El género decayó durante el Renacimiento.

DEBE. En contabilidad, parte de la cuenta en la que se anotan los cargos. En las cuentas de activo se recogen las compras de bienes y en las de pasivo los pagos efectuados a acreedores y proveedores.
Contabilidad 4:356a.

DEBENEDETTI, SALVADOR (1884-1930). Arqueólogo argentino. Discípulo y colaborador de Juan Bautista Ambrosetti, estudió con éste las culturas autóctonas del noroeste de la Argentina. *Las minas de Pucará de Tilcara (Jujuy)* (1930), *La antigua civilización de Bancales* (1931).

DEBILIDAD MENTAL. Nombre que recibe el nivel menos profundo de oligofrenia. Los débiles mentales tienen un cociente intelectual similar al de un niño de diez años (en torno a 70) y son capaces de manejar conceptos concretos pero no abstractos.

DE BONO, EMILIO (1866-1944). Militar y político italiano. Actuó en África y participó en la primera guerra mundial. Ayudó a Benito Mussolini a organizar la marcha sobre Roma (1922) y desempeñó altos cargos en el gobierno fascista (director de seguridad, comandante de la milicia, ministro de colonias). Nombrado ministro de estado en 1942, votó contra Mussolini en el Gran Consejo (24-25 julio, 1943). Posteriormente fue encarcelado y ejecutado por sus propios correligionarios.

DÉBORA. Personaje del Antiguo Testamento. Profetisa y heroína de Israel que inspiró la victoria de Baraq contra los cananeos. Se le atribuye la autoría de un célebre cántico conmemorativo (Jueces 5), considerado uno de los más antiguos textos de la *Biblia*.

DEBOURG, NARCISO (n. en 1925). Artista venezolano. Integrante en la década de 1950 del grupo parisiense de los Disidentes, su producción artística queda encuadrada dentro del arte cinético. Desde 1964 realizó investigaciones sobre variaciones luminosas con estructuras en forma de tubo.

DEBRAY, RÉGIS (n. en 1941). Escritor francés. Amigo de Fidel Castro, fue hecho prisionero en Bolivia en 1967, donde se hallaba en contacto con Ernesto *Che* Guevara. Condenado a treinta años de cárcel, a su regreso a Francia (1970) emprendió una carrera política que lo llevó a ser asesor del presidente François Mitterrand. *La crítica de las armas* (1974), *El poder intelectual en Francia* (1979), *Curso de mediología general* (1991).

DEBRÉ, MICHEL (1912-1996). Político y escritor francés. Prisionero de los alemanes en mayo de 1940, logró fugarse y se integró en la resistencia. Colaboró con los presidentes Charles de Gaulle y Georges Pompidou. *La muerte del estado republicano* (1974).

DEBRECEN. Ciudad de Hungría, cap. del condado de Hajdú-Bihar. Posee la imprenta más antigua del país (1561). Declaración de independencia húngara (1849). Universidades. Aeropuerto. Cerámica, productos farmacéuticos. 205.032 hab. (1999).

DEBRET, JEAN BAPTISTE (1768-1848). Pintor francés. Se estableció en 1816 en Brasil, donde realizó pintura histórica y retratos de la familia real. Trabajó junto con otros pintores en la organización de la Academia de Bellas Artes brasileña. Autor de *Viaje pintoresco e histórico por Brasil* (1834-1839); «Retrato de don Juan», «Aclamación de Pedro I».
Porto Alegre, Manuel de Araújo 12:88a.

DEBREU, GERARD (n. en 1921). Economista estadounidense de origen francés. En colaboración con Kenneth Arrow, trabajó en la aplicación de modelos matemáticos a la teoría del equilibrio general. Premio Nobel de economía en 1983. *Teoría del valor: un análisis axiomático del equilibrio económico* (1959).

DE BROGLIE, LOUIS. V. **Broglie, Louis-Victor, duque de.**

DEBUSSY, CLAUDE (1862-1918). Compositor francés, principal representante de la música impresionista.
5:105a; Impresionismo 8:138b; Música 10:314b; Orquesta 11:158a; *ilustración* 5:105b.

DEBYE, PETER (1884-1966). Químico y físico neerlandés. Premio Nobel de química en 1936 por su contribución al estudio de la estructura molecular. Mostró que podían emplearse las sustancias sólidas en forma de polvo en cristalografía de rayos X. Extendió al estado sólido cristalino la teoría de la ionización.

DÉCADAS. Nombre con el que es conocida la obra del escritor latino Tito Livio *Ab urbe condita*. Compuesta originalmente por 142 libros, sólo se conservan de los mismos 35 en forma íntegra. Describe la historia de Roma

desde sus orígenes hasta la muerte de Druso (9 a.C.).
Latina, literatura 9:76a; Livio, Tito 9:187b.

DECADENTISMO. Corriente literaria surgida en Francia a fines del siglo XIX que se distingue por su marcado refinamiento formal y hermetismo, así como por una temática impregnada de malestar espiritual y desencanto. Entre los decadentistas más destacados se cuentan Joris-Karl Huysmans y Paul Verlaine, en Francia; Arthur Symons y Oscar Wilde, en el Reino Unido; y Gabriele D'Annunzio, en Italia.

DECAEDRO. Poliedro de diez caras.

DECÁGONO. Polígono de diez lados.

DECAGRAMO. Múltiplo del gramo equivalente a diez gramos.

DECALESCENCIA. Enfriamiento superficial de una masa de hierro sometida al fuego cuando alcanza una temperatura determinada, debido al aumento repentino de la capacidad calorífica del metal.

DECALITRO. Múltiplo del litro que equivale a diez litros.

DECÁLOGO. V. **Mandamientos, diez.**

DECAMERÓN. Obra maestra del escritor italiano Giovanni Boccaccio, finalizada hacia 1353. Como su título sugiere, se compone de cien relatos contados a lo largo de diez días por siete damas y tres caballeros.
Boccaccio, Giovanni 3:79a; Italiana, literatura 8:138b; Novela y cuento 11:19a.

DECÁMETRO. Múltiplo del metro equivalente a diez metros.

DECÁN, MESETA DEL. Meseta triangular que abarca la mayor parte del sur de la India. Limitada al este y al oeste por los Ghates. Su altitud media es de 600 m.
5:105b; India 8:152b; *ilustración* 5:106a.

DECANTACIÓN. En química, separación de un sedimento sólido o líquido por vertido de la capa sobrenadante.

DECÁPODOS. Crustáceos malacostráceos marinos y de agua dulce. Cinco pares de patas, el primero acabado en pinzas y de función prensil. Cefalotórax con branquias pleurales en cámaras a los dos lados del caparazón. Estatocistos en las primeras antenas.
Crustáceos 5:33a.

DECÁPOLIS. Agrupación de diez antiguas ciudades griegas del norte de Palestina, formada por Pompeyo en el año 63 a.C., y colocada bajo la autoridad del gobernador romano de Siria con el objetivo de mantener su carácter helénico. Las diez ciudades eran Escitópolis, Hipo, Gadará, Rafaná, Dion, Pela, Gérasa, Filadelfia, Canatá y Damasco. Con variaciones en el número de sus componentes, la Decápolis perduró hasta el siglo II.

DECATLÓN. Competición atlética olímpica de dos días de duración en la que el atleta debe superar diez pruebas: en la primera jornada, 100 m lisos (planos), salto de longitud, lanzamiento de peso (bala), salto de altura y 400 m lisos; en la segunda, 100 m vallas, lanzamiento de disco, salto con pértiga (garrocha), lanzamiento de jabalina y 1.500 m lisos.
Atletismo 2:200a.

DECATUR. Población estadounidense, cap. del condado de Morgan, en el est. de Alabama, a orillas del río Tennessee. Industrias de maquinaria, siderurgia y textiles. Central nuclear. 41.874 hab. (1982).

DECAZES, ÉLIE, DUQUE DE (1780-1860). Político francés. Ministro de policía (1815) y del interior (1819), fue nombrado primer ministro en noviembre de 1819, durante el reinado de Luis XVIII. Permitió la entrada de los liberales en la cámara alta y promulgó una ley de carácter liberal para la prensa. Dimitió en febrero de 1820, tras el escándalo político que provocó el asesinato del duque de Berry.

DECÉBALO (m. en el 106). Rey de los dacios desde el 85. Se enfrentó a los emperadores romanos Domiciano y Trajano. Se suicidó tras la conquista de su reino por Roma.
Rumania 13:37b.

DECEMBRISTA. Movimiento protagonizado por militares rusos que se oponían a la monarquía absoluta de los zares. El 26 de diciembre de 1825, en la confusa sucesión al trono producida por la muerte de Alejandro I y la renuncia al trono del gran duque Constantino Pávlovich, se produjo una sublevación militar y la proclamación de un manifiesto revolucionario. La insurrección fue liquidada por las tropas leales al nuevo zar Nicolás I.
Rusa, literatura 13:46b.

DECENA TRÁGICA. Nombre dado a los sucesos acaecidos en la capital mexicana del 9 al 19 de febrero de 1913, cuando militares encabezados por el general Bernardo Reyes y Félix Díaz se sublevaron contra el gobierno del presidente Francisco I. Madero, lo que ocasionó cientos de muertos civiles y determinó la caída del presidente y del vicepresidente José María Pino Suárez, más tarde asesinados, y la usurpación del poder por el general Victoriano Huerta.

DECENVIROS. En la Roma antigua, cualquier cuerpo integrado por diez magistrados (como los que redactaron la Ley de las Doce Tablas), sacerdotes o ciudadanos.
Doce Tablas, Ley de las 5:123b.

DECHEPARE, BERNARD (siglo XVI). Escritor vascofrancés. Autor de los primeros poemas devotos y amatorios en lengua vasca. Fue sacerdote y párroco en la localidad francesa de Cize. *Primicias de la lengua vasca* (1545).

DE CHIRICO, GIORGIO. V. **Chirico, Giorgio De.**

DECIBEL. Unidad acústica, también denominada decibelio, igual a la décima parte de un bel.
Acústica 1:54b.

DECILITRO. Submúltiplo del litro igual a la décima parte de éste.

DÉCIMA. Estrofa, llamada también espinela, compuesta por diez versos octosílabos aconsonantados que riman según el siguiente esquema: a-b-b-a; a-c; c-d-d-c. En realidad se trata de dos redondillas enlazadas por los dos versos intermedios.

DECIMAL, NÚMERO. V. **Número decimal.**

DECIMAL, SISTEMA. Método de numeración que tiene como base el número 10. Diez unidades forman una decena, diez decenas constituyen una centena, y diez centenas un millar. Mediante posteriores multiplicaciones por diez se obtienen, sucesivamente, las decenas de millar, las centenas de millar, las unidades de millón, etc.
Computación, teoría matemática de la 4:306b: Número 11:47b.

DECÍMETRO. Submúltiplo del metro igual a la décima parte de éste.

DECIO (h. el 201-251). Emperador romano del 249 al 251. Desencadenó una persecución contra los cristianos (250) y fue derrotado por los godos en Mesia, muriendo en combate.

DECLARACIÓN DE INDEPENDENCIA DE LOS ESTADOS UNIDOS DE AMÉRICA. Texto histórico por el que se proclamaba, el 4 de julio de 1776, la independencia de las trece colonias inglesas de América del norte. Fue redactada por Thomas Jefferson, John Adams y Benjamin Franklin.
Derechos humanos 5:144b; Estados Unidos 6:137b.

DECLINACIÓN (ASTRONOMÍA). Medida en grados del arco de círculo horario comprendido entre el ecuador y el centro de un astro. Valores entre 0° y 90°, en direcciones norte o boreal si es positiva y sur o austral si es negativa.

DECLINACIÓN (LINGÜÍSTICA). Modo de expresar las diversas variaciones de un nombre sustantivo, adjetivo, artículo o pronombre, según su caso o función en la frase. La declinación se efectúa por cambios de desinencias, por variaciones de acento o por metafonías.
Alemana, lengua 1:174b.

DECLINÓMETRO. Aparato utilizado para medir la declinación magnética, magnitud determinada por el ángulo que forma el eje geográfico terrestre con su homólogo magnético.

DECODIFICADOR. Dispositivo que sirve para decodificar una señal, o sea convertir los caracteres codificados en un mensaje inteligible.

DECORACIÓN. La totalidad de la ornamentación artística de un recinto, de un edificio o de un solo objeto.
5:106a; Carpintería y ebanistería 3:411b; Casa 4:5b; Esmalte 6:59b; Espejo 6:106b; Modernismo 10:206a; Mueble 10:290a; Pinturas y pigmentos 11:416b; Prehistórico, arte 12:127a; Reloj 12:325b; Rococó 12:402a; *ilustraciones* 5:106a-b.

DECROLY, OVIDE (1871-1932). Pedagogo y médico belga. Impulsor de la «escuela nueva» y de la reforma pedagógica.
5:107a; Educación 5:314b; Lectura 9:93a.

DECUMANOS, CAMPOS. Región de la antigua Germania que abarcaba la selva Negra, la región del Neckar y el Jura. Los romanos la conquistaron a los galos entre el 74 y el 98 d.C. Desde entonces la zona sirvió como enlace entre las legiones establecidas en el Rin y en el Danubio.

DECURIÓN. En la antigua Roma, nombre de varios cargos civiles y militares. Podía ser el jefe militar de una fuerza de diez soldados, el jefe de la decuria (división de la curia), o el miembro de un municipio.

DEDALERA. V. **Digital** (BOTÁNICA).

DÉDALO. Personaje legendario griego, arquitecto, escultor y arquetipo del sabio universal. Expulsado de Atenas por haber asesinado a su sobrino Talo, se refugió en Creta, en la corte del rey Minos, donde, entre otras obras, construyó el famoso laberinto. Encerrado en él junto con su hijo Ícaro, fabricó unas alas con las que lograron huir, si bien Ícaro no sobrevivió al vuelo. Terminó refugiándose en Sicilia, donde se le atribuye la construcción de numerosos edificios.

DEDEKIND, RICHARD (1831-1916). Matemático alemán, autor de importantes aportaciones al estudio del álgebra moderna.
5:107b; Matemáticas 9:406a.

DEDUCCIÓN. Forma de razonamiento contraria a la inducción; consiste en llegar a conclusiones particulares a partir de principios generales.
Enseñanza 6:2b; Lógica matemática 9:205a; Pensamiento 11:328b.

DEEP BLUE. Computadora diseñada por la empresa informática estadounidense IBM para jugar al ajedrez, con capacidad para analizar 200.000 millones de posiciones en un tiempo de apenas tres minutos. En 1996 fue derrotada por el ajedrecista Garri Kásparov, aunque un año más tarde consiguió vencer al campeón ruso en un apretado duelo.

DEERE, JOHN (1804-1886). Inventor y fabricante estadounidense. En 1868 fundó, junto a su hijo Charles, una fábrica de arados (Deere and Company) que se convirtió con el tiempo en una de las más importantes empresas de maquinaria agrícola.

DE FACTO. Locución latina empleada con frecuencia en lenguaje jurídico para designar algo que existe de hecho aunque no se ajuste a derecho. Se opone a *de jure*.

DEFECACIÓN. Expulsión por el ano de las materias fecales, como consecuencia de un reflejo que se desencadena cuando éstas penetran en el recto.

DEFECTIVO, VERBO. Verbo que no se usa en todos los modos, tiempos o personas. Ejemplos en el español son *abolir* y *soler*.

DEFECTO DE MASA. En física nuclear, diferencia de masa entre la total del núcleo y la suma de sus partículas Equivale a la energía de ligadura necesaria para mantener unidos los nucleones, conforme a la equivalencia de masa y energía: $E = m \cdot c^2$.

DEFENESTRACIÓN DE PRAGA. Nombre de dos episodios sucedidos en la ciudad de Praga. El primero tuvo lugar el 30 de julio de 1419, cuando el pueblo arrojó por las ventanas a las autoridades municipales, dando comienzo así al levantamiento husita. El segundo se produjo el 23 de mayo de 1618, cuando corrieron la misma suerte los gobernadores Jaroslav Martinic y William Slavata, víctimas del odio de la nobleza calvinista; tal fue el origen de la guerra de los treinta años (1618-1648).
Praga 12:112b.

DEFENSA, MECANISMO DE. Concepto elaborado por la teoría psicoanalítica, con el que se designa el mecanismo utilizado por el yo para defenderse de las pulsiones del ello que entran en conflicto con la realidad o con las exigencias del superyó. Los principales mecanismos son la represión, la sublimación, la proyección, la conversión en lo contrario, la formación reactiva, la anulación retroactiva, la identificación con el agresor, la introyección y la regresión.
Psicoanálisis 12:172b.

DEFENSOR DEL PUEBLO. Institución destinada a defender los derechos de los ciudadanos ante posibles agravios de los poderes públicos.
5:107b; Administración pública 1:72b.

DEFENSOR DE OFICIO. Abogado designado por el colegio de abogados o por un tribunal para defender a un acusado.

DEFFAND, MARIE DE VICHY-CHAMROND, MARQUESA DE (1697-1780). Intelectual francesa y figura destacada de la sociedad parisiense de su época. Reunió a su alrededor a importantes figuras de la política y la cultura y mantuvo una interesante correspondencia con la duquesa de Choiseul, Voltaire y Horace Walpole.

DEFFONTAINES, PIERRE (1894-1978). Geógrafo francés. Profesor en diversas universidades americanas y europeas, entre ellas la española de Barcelona, se interesó por el estudio de las relaciones existentes entre la geografía de una región dada y los aspectos sociales y de comportamiento de sus habitantes. *Geografía y religiones* (1952), *El hombre y su casa* (1972).

DÉFICIT. Faltante financiero que se produce cuando los gastos superan a los ingresos. Se dice que existe déficit presupuestario o fiscal cuando los ingresos del sistema impositivo son insuficientes para los gastos del estado. Se habla de déficit comercial cuando las importaciones de un país superan a sus exportaciones y de déficit de pagos cuando el resultado global de la balanza de pagos es desfavorable.
Balanza de pagos 2:317a.

DEFLACIÓN (ECONOMÍA). V. **Inflación y deflación.**

DEFLACIÓN (GEOLOGÍA). Proceso geológico de arranque y transporte por el viento de materiales finos procedentes del suelo.
Erosión 6:26b.

DEFLAGRACIÓN. Combustión muy activa en un atmósfera fuertemente oxidante.
Explosivo 6:216b.

DEFOE, DANIEL (1660-1731). Novelista y periodista británico, famoso por su obra *Robinson Crusoe.*
5:108a; Británica, literatura 3:179a; Picaresca, novela 11:389b; *ilustración* 5:108a.

DE FOREST, LEE (1873-1961). Ingeniero estadounidense inventor del audion, dispositivo de radiocomunicación obtenido al interponer en la lámpara diodo un filtro de electrones como regulador de flujo y potente amplificador.
Radiocomunicación 12:248b; Sonido e imagen, grabación y reproducción de 13:302a.

DEFORESTACIÓN. Pérdida de masa forestal dentro de un área geográfica.
5:108b; Ecología 5:273b; *ilustraciones* 5:109b.

DEGAS, EDGAR (1834-1917). Pintor francés. Integrado dentro del grupo impresionista, realizó una pintura caracterizada por el perfecto estudio del movimiento y la composición.
5:110a; Dibujo 5:174a; Impresionismo 8:137b; Toulouse-Lautrec, Henri de 14:100a; *ilustración* 5:110a.

DE GASPERI, ALCIDE (1881-1954). Político italiano. Defendió la anexión del Trentino, su región natal, a Italia, y participó en la fundación del Partido Popular Italiano, de tendencia democristiana. Actuó en la resistencia antifascista durante la segunda guerra mundial y desempeñó el cargo de primer ministro entre 1945 y 1953, etapa en la que impulsó la reconstrucción material y moral de su país.

DEGLUCIÓN. Acción de pasar el bolo alimenticio de la boca al estómago, a través de la faringe y el esófago.

DEGOLLADO, SANTOS (1811-1861). Militar y político federalista mexicano. Opuesto al régimen de Antonio López de Santa Anna, participó en el levantamiento de Ayutla y representó a Michoacán en el Congreso Constituyente de 1856. Partidario inicialmente de Benito Juárez, fue gobernador de Jalisco y ministro de la guerra. En combate contra Leonardo Márquez, fue hecho prisionero y asesinado.

DEHMEL, RICHARD (1863-1920). Poeta alemán. En sus obras se advierte una profunda sensualidad, una íntima comunión con la naturaleza y una preocupación constante por los problemas sociales. Autor muy influido por el pensamiento de Friedrich Nietzsche. *Hojas de vida* (1895), *Dos seres humanos* (1903), *Entre el pueblo y la humanidad* (1919).

DEIMOS. Satélite natural de Marte. De tamaño diminuto, sigue una órbita prácticamente circular en torno al ecuador marciano. Forma elipsoidal irregular con diámetros principales de 15, 12 y 10 km.
Marte (ASTRONOMÍA) 9:391b; Satélite 13:163b.

DEIRDRE. Personaje legendario de frecuente aparición en la literatura irlandesa. Heroína de múltiples leyendas antiguas, es protagonista asimismo de los dramas homónimos de William Butler Yeats y John Millington Synge.

DEÍSMO. Doctrina religiosa de los siglos XVII y XVIII que reconoce la existencia de un Ser Supremo, pero rechaza la revelación y el valor de las Escrituras y aboga por una religión natural.
5:110b; Ateísmo 2:189a; Creación 4:424b; Dios 5:201a; Ilustración 8:129a; Religión 12:320a; *ilustración* 5:111a.

DE JURE. Locución latina empleada con frecuencia en lenguaje jurídico para designar algo que está ajustado a derecho. Se opone a *de facto.*

DEKEN, AAGJE (1741-1804). Agatha Deken, escritora neerlandesa. Colaboró con la también escritora Betje Wolff en la creación de una de las primeras novelas en lengua holandesa: *La historia de la señora Sara Burgerhart* (1782).
Países Bajos, literatura de los 11:214a.

DEKKER, THOMAS (h. 1572-h. 1632). Dramaturgo y novelista inglés. Poco se sabe de su vida, salvo que polemizó con Ben Jonson y que estuvo encarcelado por deudas en Londres. Encuadradas en el género costumbrista, sus comedias y novelas constituyen una de las más preciosas fuentes de información sobre la Inglaterra de su época. *La fiesta del zapatero* (1600), *Satiromastix* (1602), *La honesta ramera* (1604).

DE KLERK, FREDERIK W. V. **Klerk, Frederik W. de.**

DE KOONING, WILLEM (1904-1997). Pintor estadounidense de origen neerlandés. Destacado representante del expresionismo abstracto.
5:111b; *ilustración* 5:111b.

DELACROIX, EUGÈNE (1798-1863). Pintor francés. Máximo exponente de la escuela romántica de su país.
5:112a; Pintura 11:415a; Romanticismo 13:12a; *ilustración* 5:112a.

DELAGE, YVES (1854-1920). Biólogo y zoólogo francés. Trabajó fundamentalmente en el campo de la partenogénesis experimental, asunto sobre el que publicó gran número de trabajos. Fue profesor en la Sorbona y director desde 1901 del laboratorio de Roscoff. Participó en la realización del *Tratado de zoología concreta* (1896-1901), *La partenogénesis natural y experimental* (1913).

DELALANDE, MICHEL-RICHARD (1657-1726). Compositor francés, uno de los más destacados en la composición de música sacra del siglo XVIII. Organista y preceptor musical de las hijas de Luis XIV. Su obra principal se compone de 42 motetes y sus *Sinfonías para las cenas del rey.*

DE LA MADRID, MIGUEL. V. **Madrid, Miguel de la.**

DE LA MARE, WALTER (1873-1956). Escritor británico. Autor de poesía, novelas y narraciones infantiles, en las que predominan los elementos fantásticos y simbólicos. *Henry Brocken* (1904), *Pastel de pavo* (1913), *Recuerdos de una enana* (1917).

DELAMBRE, JEAN-BAPTISTE-JOSEPH (1749-1822). Astrónomo francés. Determinó, junto a Pierre Méchain, la longitud del meridiano terrestre. Autor de tablas sobre los satélites de Júpiter y Saturno.
Trigonometría 14:127b.

DÉLANO, FEDERICO JORGE (1895-1980). Director cinematográfico chileno. Realizó la primera película sonora en Latinoamérica (*Norte y sur*). En 1929 obtuvo el primer premio de cinematografía en la Exposición Iberoamericana de Sevilla con su película *La calle del ensueño.*

DÉLANO, LUIS ENRIQUE (1907-1985). Escritor chileno. Autor de novelas, poemas y ensayos, trató principalmente los temas políticos y sociales. En 1973 se exilió en México. *La niña de la prisión* (1928), *En la ciudad de los césares* (1940), *Pequeña historia de Chile* (1944), *Poesía social de Chile* (1962).

DELANY, MARTIN R. (1812-1885). Médico estadounidense. De raza negra, defendió los derechos de la población de color y de la mujer. Colaboró en la publicación de varios periódicos abolicionistas y realizó una expedición al África occidental en busca de un territorio adecuado para la colonización por parte de los negros norteamericanos. *La condición, elevación, emigración y destino de la población de color de los Estados Unidos desde el punto de vista político* (1852).

DELAROCHE, PAUL (1797-1859). Pintor francés. Cultivó el género histórico y el religioso y también el retrato. En su obra combinó con habilidad los elementos románticos y clásicos. «El asesinato del duque de Guisa» (1835).

DE LA RÚA, FERNANDO (n. en 1937). Político argentino. Miembro de la Unión Cívica Radical (UCR), fue senador y diputado en diferentes ocasiones antes de su nombramiento en 1996 como jefe del gobierno de la ciudad de Buenos Aires y un año más tarde como presidente de la UCR. En las elecciones de octubre de 1999, al frente de la coalición de centro-izquierda Alianza, derrotó al Partido Justicialista y fue elegido presidente de la república. La crisis económica y política lo obligó a presentar su dimisión en 2001.
5:112b; *ilustración* 5:113a.

DE LA RUE, WARREN (1815-1889). Astrónomo británico. Inventor del fotoheliógrafo, en

1850 construyó un telescopio de reflexión y fue el primero en conseguir fotografías lunares. Investigó la descarga eléctrica a través de los gases por medio de una batería de 14.600 pilas de cloruro de plata. Fue presidente de la Sociedad Química y de la Real Sociedad Astronómica. *Investigaciones sobre la física solar* (1865-1868).

DELÁS, JOSÉ LUIS DE (n. en 1928). Compositor español. Tras su aprendizaje en Barcelona y Munich, se trasladó a Colonia en 1959, donde dirigió y compuso melodías para instrumentos (piano, violonchelo, orquesta) que en ocasiones combinó con música electrónica. *Imago* (1965), *Nubes* (1968), *Conjuntos* (1976).

DELAUNAY, ROBERT (1885-1941). Pintor francés. Más interesado por el color que por la forma, creó el orfismo y fue precursor de la pintura abstracta.
5:113b; Abstracto, arte 1:20b; Cubismo 5:64a; *ilustración* 5:113b.

DELAWARE (ANTROPOLOGÍA). Tribu indígena de América del norte que en tiempos de la conquista anglosajona ocupaba la cuenca del río Delaware. Perteneciente al grupo algonquino, practicaba la agricultura y la pesca y mantenía un sistema social de base matrilineal. Habita en la actualidad en zonas de los estados de Oklahoma, Wisconsin y Ontario.

DELAWARE (GEOGRAFÍA). Estado del este de los Estados Unidos, a orillas del océano Atlántico. Primero en ratificar la constitución. Región muy llana. Agricultura; aves de corral; pesca. Cap. Dover. 5.247 km^2. 731.581 hab. (1996).

DELAWARE, RÍO. Curso fluvial de los Estados Unidos, en la vertiente atlántica. Nace en los montes Apalaches. Frontera entre Pennsylvania y Nueva York, Nueva Jersey y Pennsylvania, y Delaware y Nueva Jersey. Desemboca en la bahía de Delaware, tras recorrer 651 km.

DELBRÜCK, BERTHOLD (1842-1922). Lingüista alemán. Fue profesor de sánscrito y lingüística comparada en la Universidad de Jena. Trabajó preferentemente en la sintaxis de las lenguas indoeuropeas. *Sintaxis comparada de las lenguas indogermánicas* (1900), *Introducción al estudio del lenguaje* (1919).

DELBRÜCK, MAX (1906-1981). Biólogo estadounidense de origen alemán. Premio Nobel de medicina en 1969, compartido con Alfred D. Hershey y Salvador Luria, por sus investigaciones y descubrimientos relativos a los virus y las enfermedades víricas.

DELBRÜCK, RUDOLPH VON (1817-1903). Estadista alemán. En 1848 comenzó a trabajar en el Ministerio de Comercio y, consciente de la importancia de la unión aduanera de Alemania, consiguió que Hanover, Oldenburg y Schaumburg-Lippe se adhirieran al Zollverein. Presidente de la cancillería de la Confederación de Alemania del Norte desde 1867, fue el ejecutor de la política de libre comercio auspiciada por Otto von Bismarck.

DELCASSÉ, THÉOPHILE (1852-1923). Político francés. Ministro de asuntos exteriores en dos ocasiones, fue uno de los artífices del sistema de alianzas europeas anterior a la primera guerra mundial.

DELCO. Dispositivo para el encendido eléctrico de los motores de explosión. Designa una marca comercial (Dayton Engineering Laboratories Co., Ohio).

DELEDDA, GRAZIA (1875-1936). Novelista italiana. Recreó en sus obras el ambiente urbano y campesino, con una profunda carga psicológica y poética.
5:114a.

DELESCLUZE, CHARLES (1809-1871). Político francés. Participó en los movimientos revolucionarios de 1830 y 1848 y vivió el exilio y la cárcel durante la dictadura de Napoleón III. Fue un líder destacado en la Comuna de París donde actuó como delegado civil de guerra. Murió en las barricadas.

DELFE, JACOPO (1550-1603). Orfebre holandés de estilo manierista. Trabajó en la corte del gran duque Francisco I de Toscana. Su obra más famosa fue la corona de los Medici, realizada entre 1577 y 1583, y que hoy sólo se conoce por pinturas y un dibujo.

DELFÍN (ASTRONOMÍA). Pequeña constelación del hemisferio norte al este de la del Águila, cercana a la estrella Altair. Su estrella Gamma es un sistema doble, con un componente amarillo y uno azul de luminosidades medias.

DELFÍN (HISTORIA). Título que se daba al primogénito del rey de Francia como futuro heredero. El último delfín fue el hijo de Carlos X, el duque de Angulema.

DELFÍN (ZOOLOGÍA). Mamífero cetáceo de la familia de los delfínidos. Diversas especies, entre ellas el delfín común (*Delphinus delphis*).
5:114a; Acuario 1:43a; Cetáceos 4:95a; Orca 11:130a; *ilustración* 5:114b.

DELFINADO. Región histórica de Francia que incluía los dep. de Isère, Altos Alpes y Drôme, fronteriza con Italia. Alpes, río Ródano. Agricultura y ganadería.

DELFINE. En la mitología griega, dragón femenino, mitad mujer y mitad serpiente, que vivía en las cuevas de Cilicia y que ayudó a Tifón en su lucha contra Zeus, vigilando los músculos y los tendones que Tifón había arrebatado a Zeus en el transcurso de la pelea. Al final éstos le fueron arrebatados por Hermes y Pan.

DELFÍNIDOS. Familia de los mamíferos del orden de los cetáceos y del suborden de los odontocetos. Comprende los delfines y las orcas.

DELFINO, AUGUSTO MARIO (1900-1961). Cuentista y periodista uruguayo-argentino. Trató principalmente temas cotidianos, marcados de fantasía y misterio con elementos poéticos. *Márgara que venía de la lluvia* (1936), *Fin de siglo* (1939), *Cuentos de Nochebuena* (1946).

DELFINOTERAPIA. Tratamiento contra el autismo desarrollado a lo largo de la década de 1990. Sus principios se basan en la estimulación del sistema nervioso del niño autista mediante los sonidos de media y alta frecuencia emitidos por los delfines, para lo cual el paciente realiza sesiones de baño en piscinas especiales en las que habitan uno o más de estos mamíferos marinos.

DELFOS. Ciudad de la antigua Grecia, sede del más importante templo y oráculo de Apolo.
5:115a; Apolo 1:413a; Grecia antigua 7:208b; *ilustración* 5:115b.

DELFOS, ORÁCULO DE. Santuario de la antigua Grecia, en el templo de Apolo de la ciudad de Delfos. La pitia o pitonisa ofrecía predicciones que eran interpretadas por los sacerdotes. Peregrinos de toda Grecia acudían al oráculo para conocer su futuro o para tomar decisiones.
Oráculo 11:125a.

DELFT. Ciudad de los Países Bajos, prov. de Holanda Meridional, a orillas del río Schie. Fundada en el 1075. Iglesias góticas, ayuntamiento del siglo XVII. Museos. Cerámica; licores. Cuna del pintor Jan Vermeer. 86.994 hab. (1985).

DELGADILLO, LUIS (1887-1961). Compositor nicaragüense. Realizó varias giras internacionales como director de orquesta y fue profesor del Conservatorio Nacional de Panamá. *Siete cuartetos* (1909-1955), *Sinfonía mexicana* (1924), *Seis melodías indígenas* (1943), *Doce sinfonías breves* (1953-1955).

DELGADO. Localidad de El Salvador. Forma parte del área urbana de la cap. San Salvador. 104.790 hab. (1992).

DELGADO, HUMBERTO (1906-1965). General y político portugués. Derrotado en las elecciones a la presidencia de 1958, fue separado del ejército en 1959 y se exilió en Brasil. En febrero de 1965, hallándose de incógnito en España, desapareció y poco después se encontró su cadáver en Villanueva del Fresno, Badajoz.

DELGADO, JOSÉ MATÍAS (1768-1833). Religioso y político salvadoreño. Firmó las actas de independencia y se opuso a la anexión a México.
5:115b; Salvador, El 13:107b; San Salvador 13:136a.

DELGADO, PEDRO (n. en 1960). Ciclista español. Vencedor en 1985 de la vuelta ciclista a España, en 1988 consiguió el primer puesto en el *tour* de Francia, quince años después de que por segunda vez lo consiguiera otro español, Luis Ocaña.

DELGADO, RAFAEL (1853-1914). Novelista, poeta y dramaturgo mexicano. En sus relatos cultivó un realismo costumbrista.
5:116a.

DELGADO, SINESIO (1859-1928). Escritor español. Autor de obras burlescas y de carácter popular, dirigió y colaboró en periódicos y revistas y fundó el semanario *Madrid Cómico*. En 1899 creó la Sociedad de Autores de España. *Las modistillas, El baile de máscaras, La gente menuda.*

DELGADO, WASHINGTON (n. en 1927). Poeta peruano. En su poesía, de una gran sencillez, se lamenta de la indiferencia que la sociedad muestra hacia los poetas. *Formas de la ausencia* (1947), *Reunión elegida* (1988).

DELGADO CHALBAUD, CARLOS (1909-1950). Militar y político venezolano. Fue presidente de la junta militar que derrocó a Rómulo Gallegos en 1948.
5:116a; Suárez Flammerich, Germán 13:327b; Venezuela 14:267a.

DELGADO RAMOS, ÁLVARO (n. en 1922). Pintor español. Tras obtener diversos galardones en Europa e Hispanoamérica, ingresó en 1973 en la Real Academia de Bellas Artes de San Fernando. Autor preferentemente de retratos. «Leopoldo Panero», «Arlequín», «Campesino».

DELHI. Ciudad y territorio de la unión en la India norcentral. El territorio comprende a Delhi (conocida popularmente como Vieja Delhi) y a Nueva Delhi, capital de la India desde 1912, así como algunas zonas rurales. 1.483 km^2. 7.206.704 hab. (1991).
India 8:158b; Indio, arte 8:171b; Mogola, dinastía 10:209b; Nueva Delhi 11:32b.

DELHI, SULTANATO DE. Reino musulmán, el más importante del norte de la India entre 1206 y 1526. Tuvo como capital a la ciudad de Delhi. En 1192 fuerzas turcas y afganas, acaudilladas por el sultán Mohamed de Ghor, conquistaron la zona, y en 1206 se estableció una dinastía turca. La batalla de Panipat (1526) supuso el final del sultanato.

DELIBES, LÉO (1836-1891). Compositor francés. Autor de óperas, ballets y canciones, estudió en el conservatorio de París con Adolphe Adam. Sus obras más destacadas son los ballets *Copelia* (1870), basado en un cuento de E.T.A. Hoffmann, y *Silvia* (1865), de tema mitológico.

DELIBES, MIGUEL (n. en 1920). Novelista español. Uno de los más destacados representantes de la novelística de su país.
5:116b; *ilustración* 5:116b.

DELICADO, FRANCISCO (siglo XVI). Escritor español. No se tienen datos fidedignos de su vida; se sabe que fue discípulo de Elio Antonio de Nebrija y eclesiástico. Su fama procede del *Retrato de la lozana andaluza,* visión satírica de la Italia renacentista, publicado en Venecia en 1528.

DELICIAS. Ciudad mexicana del est. de Chihuahua. Área agrícola regada por el San Pedro y el alto Conchos. Productos agropecua-

ríos. Carretera y ferrocarril de la ciudad de México a Ciudad Juárez. 104.026 hab. (1990; municipio).
Chihuahua 4:127b.

DELICUESCENCIA. Proceso de licuefacción gradual por absorción de agua de la atmósfera.

DELIGNE, GASTÓN FERNANDO (1861-1913). Poeta dominicano. Considerado como uno de los más destacados representantes de la lírica de su país. Autor de poemas breves de profundo contenido psicológico. *Angustias* (1886), *En el botado* (1897), *Galaripsos* (1908).

DELINCUENCIA. Conjunto de delitos, tratados en general o referidos a una época o un país.
5:117a; Delito 5:118a; *ilustración* 5:117b.

DELIRIO. Trastorno de la conciencia de origen patológico, caracterizado por la formación de ideas, juicios o razonamientos alejados de la realidad y resistentes a cualquier argumentación lógica. Se dividen en primarios o secundarios, según deriven o no de otros síntomas. Los delirios son característicos de la esquizofrenia y de la paranoia.
Esquizofrenia 6:117a; Paranoia 11:278b.

DELIRIUM TREMENS. Delirio con temblores e intensa excitación acompañada de trastornos mentales, alucinaciones terroríficas y ansiedad, además de otros síntomas fisiológicos. Observado en el curso de enfermedades agudas, crisis etílicas e intoxicaciones por drogas.
Alcoholismo 1:159a.

DELITO. Acción ilícita sancionada con una pena grave.
5:118a; Beccaria, Cesare 2:378a; Delincuencia 5:117a; Pena 11:325b; Piratería 12:2b; Policía 12:54b; *ilustraciones* 5:119b.

DELITO INFORMÁTICO. Actividad caracterizada específicamente por un uso abusivo o fraudulento de las tecnologías informáticas y de comunicaciones. Los delitos informáticos alcanzan particular gravedad en las redes de comunicaciones, a través de prácticas como la violación de sistemas informáticos ajenos, la diseminación deliberada de virus informáticos, los ataques masivos para inutilizar redes y servidores, la sustracción y difusión de datos confidenciales computarizados, etc.

DELIUS, FREDERICK (1862-1934). Compositor británico. Autor de conciertos, canciones, música sacra y óperas. Destaca en su producción un *Réquiem* (1914-1916) sobre texto de Friedrich Nietzsche.

DELLA ROBBIA, LUCA (h. 1399/1400-1482). Escultor italiano. Pionero del estilo renacentista florentino. A partir de 1431 inició la *cantoria* de la catedral de Florencia. Realizó el tabernáculo de la iglesia de Santa Maria Nuova, en Peretola (1441) y la tumba de Benozzo Federighi (1454-1457), en la iglesia de Santa Trinità de Florencia.

DELLI, DELLO (1404-1470). Pintor italiano, que trabajó en España a mediados del siglo XV. Es identificado comúnmente con Nicolás Florentino, autor del retablo del altar mayor de la catedral vieja de Salamanca.

DELLOJOIO, NORMAN (n. en 1913). Compositor estadounidense. Alumno de Paul Hindemith. Autor de obras de estilo neoclásico, destacan su producción *Meditación sobre el Eclesiastés*, que obtuvo el Premio Pulitzer de 1957, y la ópera *El triunfo de santa Juana* (1959). Escribió, además, música de cámara y ballets.

DELLUC, LOUIS (1890-1924). Crítico, ensayista y director de cine francés. Defensor de un cine intelectualizado, concebía este arte como una síntesis de todos los demás. *Fiebre* (1921), *La mujer de ninguna parte* (1922).
Cinematografía 4:193a.

DELON, ALAIN (n. en 1935). Actor y director de cine francés. Participó como intérprete en numerosas películas, entre las que destacan *A pleno sol* (1960), *Rocco y sus hermanos* (1960), *El gatopardo* (1963), *El círculo rojo* (1970). En 1981 dirigió *Por la piel de un policía*.

DELORME, PHILIBERT (h. 1515-1570). Arquitecto y teórico francés. Su estilo aunó ciertas reminiscencias medievales con el espíritu y las formas clásicas. Casi toda su obra se ha perdido, excepto el palacio de Anet (1547-1556) y la tumba de Francisco I, en Saint-Denis (1547). *Primer tomo de arquitectura* (1567).

DELORS, JACQUES (n. en 1925). Político francés. Ocupó la presidencia de la Comisión Europea entre 1985 y 1995.
5:120a; Santer, Jacques 13:144b; *ilustración* 5:120a.

DELOS. Isla de Grecia, del archipiélago de las Cícladas, en el mar Egeo. Rodeada por la isla de Rinía al oeste y la de Mikonos al este. 3,4 km^2.

DELOS, LIGA DE. Organización de carácter defensivo fundada el año 477 a.C. por diversas ciudades griegas bajo la dirección de Atenas. El centro de la confederación era la isla de Delos.
Arístides 2:68a; Grecia antigua 7:208b; Médicas, guerras 10:25b; Peloponeso, guerras del 11:323b.

DEL REY ABAJO, NINGUNO. Comedia dramática en verso, en tres actos, del dramaturgo español Francisco Rojas Zorrilla (1607-1648). La acción se desarrolla en el siglo XIV, y es un estudio de la lucha entre dos sentimientos encontrados: el honor ultrajado y la fidelidad al rey, presunto autor del ultraje.

DEL SENTIMIENTO TRÁGICO DE LA VIDA. Obra del escritor español Miguel de Unamuno, publicada en 1912. En ella se reflejan el anhelo de inmortalidad y el conflicto entre la voluntad de creer y la imposibilidad de encontrar fundamento seguro para la fe.

DELTA. Llanura baja sedimentaria, de forma generalmente deltoide o triangular, formada por la corriente de los ríos en su desembocadura.
5:120a; Río 12:376b; *ilustraciones* 5:120b; 5:121b.

DELTA AMACURO. Estado de Venezuela a orillas del Atlántico, limítrofe con Guyana por el sudeste, situado entre los estados Monagas y Bolívar, en el delta del Orinoco. Agricultura; petróleo, bauxita. Cap. Tucupita. 40.200 km^2. 110.838 hab. (1995).
Venezuela 14:260b.

DELVAUX, ANDRÉ (n. en 1926). Director cinematográfico belga, autor de cortometrajes y de los filmes *El hombre del cráneo rasurado* (1966), *Cita en Bray* (1971), por el que obtuvo el premio Louis Delluc, *Belle* (1973) y *Mujer entre perro y lobo* (1979).

DELVAUX, PAUL (1897-1994). Pintor belga. Abandonó la tendencia expresionista de su primera época para convertirse en una de las figuras del surrealismo. En sus obras aparecen frecuentemente figuras femeninas frente a decorados clásicos u oníricos. «Venus dormida» (1944), «Amanecer en Boitsfort» (1957).
Surrealismo 13:367a.

DEMADES (h. el 380-h. el 319). Político y orador ateniense. Miembro del partido macedonio y enemigo de Demóstenes, negoció la sumisión de Atenas a Filipo II de Macedonia y se encargó de las negociaciones con su hijo, Alejandro Magno (323). Muerto Alejandro, logró la condena a muerte de Demóstenes e Hipérides, pero, acusado de traición por los macedonios, terminó condenado a muerte, al igual que su hijo.

DEMAGOGIA. Utilización de argumentos simplistas y radicales, así como de tópicos o de falsas promesas, con el fin de ganarse el voto o apoyo del pueblo.

DEMANDA. En economía, acto por el que se manifiesta el deseo y la voluntad de comprar. Se distingue entre demanda individual y colectiva, englobando esta última a cuantos pretenden adquirir un mismo artículo. Existe equilibrio entre demanda y oferta cuando la cantidad total solicitada coincide con la oferta.
Consumo 4:353b; Mercadotecnia 10:70a.

DEMANDA, SIERRA DE LA. Sistema montañoso del extremo noroccidental del sistema Ibérico, en España. Alcanza su máxima altura en el pico San Lorenzo (2.262 m). Hacia el sur se funde con el relieve de la meseta central; al norte, en cambio, se eleva sobre el valle del Ebro.

DEMARATO (siglos VI-V). Rey de Esparta. Opuesto a Cleómenes I fue depuesto por éste y se refugió en Pérgamo, en donde trató de disuadir al rey persa Jerjes de emprender una guerra contra Grecia. Al no conseguirlo, se unió a la expedición (segunda guerra médica, 480 a.C.), tal vez con la idea de recuperar el trono. Tras el fracaso de los persas, Demarato fue recompensado con el gobierno de algunas ciudades del Asia.

DEMARCACIÓN, LÍNEA DE. V. **Alejandrina, línea.**

DEMARCO, HUGO RODOLFO (n. en 1932). Pintor argentino. Sus obras, adscritas a la corriente cinética, estudian las relaciones de la luz con el color y el movimiento mediante elementos escultóricos. «Relieve del desplazamiento continuo» (1966), «Superposiciones continuas» (1968).

DEMARE, LUCAS (1910-1981). Director de cine argentino. Autor de películas de tema histórico y documentales que trataron preferentemente de asuntos de la vida cotidiana de su país. *La guerra gaucha* (1942), *Su mejor alumno* (1944), *Los isleros* (1951), *La zafra* (1958).

DEMARE, LUCIO (1902-1974). Compositor argentino de música popular. En 1927 formó un grupo propio con el que recorrió Europa hasta 1938. Se dedicó luego a componer música de películas. Autor de tangos como *Mañanitas de Montmartre* y *Sorbos amargos*.

DEMAVEND, MONTE. Pico de Irán, en la cordillera de Elbruz. Con 5.612 m, es el más alto del país. Situado a 68 km al nordeste de Teherán, es de origen volcánico. Se llegó por primera vez a su cima en 1837; la escalada la realizó el británico W. T. Thompson.

DEMENCIA. Disminución notable y permanente de la capacidad intelectual, producida por deterioro neuronal y no de origen congénito como la oligofrenia. Según la etiología del trastorno y la edad del paciente, se distinguen la demencia infantil, la senil y la esquizofrénica.
Esquizofrenia 6:117a.

DEMENCIA EPILÉPTICA. Desorden mental que afecta a algunos pacientes de epilepsia. Se le atribuyen daños neuronales provocados por los trastornos circulatorios que tienen lugar durante los ataques.

DEMENCIA SENIL. Alteración mental progresiva e irreversible caracterizada, entre otros síntomas, por períodos de confusión e irritabilidad, así como por trastornos del juicio y del pensamiento. Aparece durante la tercera edad y su causa exacta se desconoce, aunque algunas teorías la consideran una forma tardía de la enfermedad de Alzheimer.

DEMÉTER. En la mitología griega, diosa olímpica de los cereales y de la fecundidad de la tierra.
5:121b; Griega, religión 7:224b; Perséfone 11:348b; Zeus 14:415b; *ilustración* 5:121b.

DEMETRIO EL FALSO (1580-1606). Usurpador ruso que afirmó ser hijo de Iván IV el Terrible. Ayudado por Polonia, se coronó zar en 1605, tras la muerte de Borís Godunov. Se granjeó la oposición de la Iglesia Ortodoxa y de parte del ejército debido a su interés por la cultura occidental y su simpatía hacia Polonia. No obstante, se reveló como un gobernante astuto e inteligente. Fue asesinado por el boyardo Vasili Chouiski.

DEMETRIO I POLIORCETES (336-283 a.C.). Rey de Macedonia del 294 al 288 a.C. Participó en las luchas desencadenadas a la muerte de Alejandro Magno por el reparto de su imperio. Seleúcida, reino 13:192a; Seleuco 13:192b.

DEMETRIO I SOTER (h. el 187-150 a.C.). Rey seléucida de Siria del 162 al 150 a.C. Sofocó una rebelión de los macabeos en Judea.

DEMETRIO DE FALERO (h. el 350-283 a.C.). Político, orador y escritor ateniense del partido macedonio. En el 317 Casandro le encargó la formación de un gobierno para la ciudad de Atenas. Inspirado en las ideas aristotélicas, llevó a cabo una serie de reformas que favorecieron a las clases más elevadas. En el 307, Demetrio Poliorcetes lo obligó a exiliarse. Se estableció finalmente en Egipto, donde aconsejó a Tolomeo Sóter la fundación de la biblioteca de Alejandría.

DEMICHELLI, PEDRO ALBERTO (1896-1980). Político uruguayo. Miembro del Partido Blanco, fue senador, ministro del interior y vicepresidente de la república. Presidente en 1976 al derrocar el ejército a Juan María Bordaberry, creó un nuevo consejo nacional.

DEMIREL, SULEYMAN (n. en 1924). Político turco. Accedió a la presidencia de Turquía en 1993.
5:122a; Turquía 14:164b; *ilustración* 5:122a.

DE MITA, CIRIACO (n. en 1928). Político italiano. Licenciado en derecho por la Universidad Católica de Milán, se unió a la Democracia Cristiana y en 1963 ingresó en el Parlamento como diputado. Entre 1973 y 1979 dirigió varios ministerios y en 1988-1989 ocupó el cargo de primer ministro.

DEMIURGO. Voz de origen griego que significa artesano o arquitecto. En la filosofía platónica se aplica a Dios como supremo organizador del mundo, quien divide la luz y la oscuridad e ilumina la inteligencia.

DEMO. En la Grecia antigua, división administrativa, tanto rural como urbana, por medio de la cual se recaudaban los impuestos. Estaba representada por el demarca, elegido cada año, quien la administraba. Todos los ciudadanos mayores de 18 años y los extranjeros admitidos eran registrados anualmente por la asamblea de miembros del demo, los cuales se reunían en el ágora o asamblea política.

DEMOCRACIA. Sistema de gobierno en el que la soberanía es ejercida por el pueblo.
5:122a; Censura 4:75a; Defensor del pueblo 5:107b; Dictadura 5:178a; Electorales, sistemas 5:349b; Estado 6:123a; Partido político 11:290b; Política 12:61a; Políticos, sistemas 12:66a; *ilustraciones* 5:123b; 5:124a; 5:125a.

DEMOCRACIA CRISTIANA. Movimiento político, inspirado en la doctrina social católica y contrapuesto al marxismo, que dio origen a diversos partidos después de la primera guerra mundial. Ha ejercido el gobierno durante largos períodos en Italia, Alemania, Chile, Venezuela y otros países.

DEMOCRACIA EN AMÉRICA, LA. Obra histórico-política del pensador francés Alexis de Tocqueville, publicada en 1835-1840. Es un estudio de la historia política de los Estados Unidos de América desde los tiempos de la colonización británica hasta la independencia y, al tiempo, un profundo análisis del pensamiento democrático.

DEMOCRÁTICA, ACCIÓN. V. **Acción Democrática.**

DEMOCRÁTICO, PARTIDO. Junto con el Partido Republicano, una de las dos grandes formaciones políticas de los Estados Unidos. Surgió en la década de 1830 como escisión del partido de Thomas Jefferson, conocido como Democrático-Republicano. Defiende en general una mayor intervención del estado en la economía que el Partido Republicano.

DEMÓCRITO (h. el 460-h. el 370 a.C.). Filósofo griego. Primer formulador de la teoría del atomismo.
5:125b; Atomismo 2:204a; Epicuro y epicureísmo 6:10a; Filosofía 6:295a; Griega, literatura 7:223a; Materialismo 9:410b; *ilustraciones* 5:125b; 9:411b.

DEMODEX. Género de ácaros microscópicos, de la familia de los demodícidos. Presentes en las sustancias grasas y folículos sebáceos. Agentes transmisores de la lepra y otras enfermedades de la piel.

DEMODULADOR. Sistema que, actuando en un proceso inverso a la modulación, permite recuperar la información asociada a una onda portadora. Es sinónimo de detector.

DEMOGRAFÍA. Estudio de la población, tanto en su estructura como en sus aspectos dinámicos.
5:126a; Censo 4:73b; Natalidad, control de la 10:355a; *ilustraciones* 5:126a; 5:127b; 5:128a-b.

DEMOLDER, EUGÈNE (1862-1919). Escritor belga. Autor en lengua francesa, escribió narraciones cortas, críticas de arte y libros de viajes. En sus obras plasmó la sociedad y las costumbres de Francia y Flandes en distintos períodos históricos. Artista representativo del movimiento intelectual de la Joven Bélgica. *Impresiones de arte* (1889), *La ruta de esmeralda* (1899), *El jardinero de la Pompadour* (1904), *España en auto* (1906).

DEMOLINS, EDMOND (1852-1907). Historiador, pedagogo y sociólogo francés. Fundador de la escuela de Les Roches, en Normandía, en ella intentó llevar a la práctica los principios de la pedagogía británica. Autor también de obras históricas y sociales. *¿Por qué son superiores los anglosajones?* (1897), *La nueva educación* (1898), *Los franceses de hoy* (1898).

DEMONIO. Ser incorpóreo, admitido por la práctica totalidad de las religiones, de naturaleza maléfica que media entre los reinos divino y temporal.
Anticristo 1:385a; Demonología 5:128b; Exorcismo 6:213a.

DEMONOLOGÍA. Ciencia que versa sobre la naturaleza de los demonios y sus artes.
5:128b; Brujería 3:197a; Magia 9:284a; *ilustración* 5:129a-b.

DE MORGAN, AUGUSTUS (1806-1871). Matemático y lógico británico. Profesor de matemáticas en el University College de Londres, trabajó en la filosofía del método matemático y desarrolló un tratamiento filosófico de las ideas del número y la magnitud, así como del cálculo de funciones y la teoría de probabilidades. Como lógico investigó los métodos de enseñanza de la aritmética y la geometría.

DEMÓSTENES (h. el 384-322 a.C.). Orador y político que animó con sus discursos a los atenienses a hacer frente a Filipo de Macedonia y más tarde a su hijo, Alejandro Magno.
5:139b; Griega, literatura 7:219b; *cuadro* 5:130a; *ilustraciones* 5:130a; 7:223b.

DEMOSTRATIVO. Pronombre o adjetivo con el que se señalan o muestran personas, animales o cosas. Por ejemplo: *éste, ése, aquél.*

DEMÓTICA, ESCRITURA. Escritura jeroglífica de forma cursiva empleada por los antiguos egipcios que se impuso al sistema clásico en el siglo V a.C.
Jeroglífico 8:364a.

DEMÓTICO. Variedad de la lengua griega adoptada en 1976 como idioma oficial de Grecia. Conserva la estructura gramatical y fonológica del griego clásico, pero acusa una marcada influencia de otras lenguas. Sustituyó al katharevusa más apegado al griego clásico.
Griego 7:227a.

DEMPSEY, JACK (1895-1983). Boxeador estadounidense. Campeón del mundo de los pesos pesados entre 1919 y 1926. Se retiró en 1940. De los 84 combates disputados en su carrera, venció en 62, 51 de los cuales fueron por *knockout.*

DEMY, JACQUES (1931-1990). Director cinematográfico francés que aunó en su producción el realismo poético, la imaginación y la comedia musical. *Lola* (1960), *Los paraguas de Cherburgo* (1963), *Piel de asno* (1970).

DENDRITA. Prolongación del citoplasma de la neurona que recibe el impulso nervioso de la neurona precedente.
Nervioso, sistema 10:386b.

DENEB. La estrella más brillante de la constelación del Cisne, en la Vía Láctea. De primera magnitud de luminosidad.

DENEUVE, CATHERINE (n. en 1943). Actriz cinematográfica francesa. Interpretó entre otros filmes *Los paraguas de Cherburgo* (1963), *Belle de jour* (1967), *Tristana* (1970) y *El último metro* (1980).

DENEVI, MARCO (n. en 1922). Novelista, cuentista y ensayista argentino. De fecunda imaginación, su obra creció por su variedad creativa y estilística. Uno de los escritores más prolíficos de su país. *Ceremonia secreta* (1960) fue llevada al cine en 1968. *Parque de diversiones* (1970), *Salón de lectura* (1972), *Reunión de desaparecidos* (1977).

DENGUE. Enfermedad febril, infecciosa y eruptiva. Análoga a la gripe y normalmente benigna, provoca intensos dolores en los músculos y articulaciones y un exantema similar a la escarlatina. Epidémica o esporádica.

DENG XIAOPING (1904-1997). Político chino. Como hombre fuerte del país promovió, a partir de 1978, una reforma del sistema económico comunista.
5:130a; China 4:154b; Zhu Rongji 14:416b; *ilustración* 5:130a.

DENHAM, JOHN (1615-1669). Poeta inglés. Autor de poesías de carácter didáctico e impulsor, con *Cooper's Hill* (1641), de un nuevo tipo de descripción versificada del paisaje.

DENIA. Población española de la prov. de Alicante, comunidad autónoma de Valencia. Fundada por los griegos, brilló durante la dominación romana y fue después sede de un reino musulmán que conquistó las islas Baleares. Centro de una rica comarca agrícola; industrias ligeras; turismo. 27.469 hab. (1996).

DENIA, REINO DE. Reino taifa de la España musulmana, fundado por Muyahid al-Muwafaq en 1010. Desde la ciudad de Denia se extendió hasta las Baleares y Cerdeña. Los sucesores de al-Muqtadir de Zaragoza, que lo conquistó en 1076, lo perdieron a manos de los almorávides (1092).

DENIKIN, ANTÓN IVÁNOVICH (1872-1947). Militar ruso. Jefe de las fuerzas blancas, antibolcheviques, del sur de Rusia durante la guerra civil de 1918-1920. En 1920 se exilió en Francia y luego en los Estados Unidos.

DE NIRO, ROBERT (n. en 1943). Actor cinematográfico estadounidense. Trabajó a las órdenes de directores como Francis Ford Coppola (*El padrino II*, 1974), Martin Scorsese (*Taxi Driver*, 1975; *Toro salvaje*, 1980; *Uno de los nuestros*, 1990) y Sergio Leone (*Érase una vez América*, 1984).

DENIS, MAURICE (1870-1943). Pintor y ensayista francés. Representante del movimiento postimpresionista, participó en el grupo de los Nabis, del que fue uno de los principales teóricos. Escribió *Teorías*, 1912; *Nuevas teorías sobre el arte moderno y sagrado*, 1922. «Homenaje a Cézanne» (1900), «La anunciación» (1913).

DENKTASH, RAUF (n. en 1924). Político turcochipriota. Después de desempeñar varios cargos públicos en Chipre, entre ellos la vicepresidencia de la república (1973), en 1974 solicitó la ayuda militar de Turquía ante un golpe de estado auspiciado por Grecia. En 1975 fue elegido presidente del Estado Federado Turco de Chipre, y en 1981 resultó reelegido. Dos años después proclamó la República Turca de Chipre Septentrional.

DENNET, DANIEL (n. en 1942). Filósofo estadounidense. Se interesó especialmente por el estudio de la mente humana. Director del Centro de Estudios Cognitivos de la Universidad de Tufts (Massachusetts). *La libertad de acción* (1984), *La idea peligrosa de Darwin* (1995).

DENOMINADOR. Número que se escribe bajo la línea divisoria de los quebrados y que indica las partes en que se ha dividido la unidad.

DENSIDAD. Cociente entre la masa de un cuerpo y el volumen que ocupa.
5:130b; Gaseoso, estado 7:56b; Líquido, estado 9:174b; Mecánica de fluidos 10:17b.

DENSÍMETRO. Aerómetro utilizado para medir la densidad de un líquido. Recibe diferentes nombres dependiendo de cuál sea el líquido cuya densidad vaya a medirse, y en cada caso varían las escalas que determinan su concentración. Siempre se obtienen directamente valores de densidad. Son tipos especiales de densímetros la balanza de Mohr y el densímetro de Rousseau.
Densidad 5:131a.

DENSITOMETRÍA. Determinación de la densidad óptica de depósitos fotográficos para luz transmitida o luz difusa mediante un fotómetro visual o fotoeléctrico (densitómetro) que mide la intensidad de un haz de luz antes y después de atravesar el depósito.

DENTAL, CONSONANTE. Sonido en que la lengua toca los dientes superiores, como en la *t* y la *d*. También, la letra que representa este sonido.

D'ENTENÇA BERENGUER (m. en 1307). Noble catalán. Lugarteniente de Roger de la Flor en la campaña de los almogáraves en oriente. Al ser asesinado éste, llevó a cabo con sus tropas lo que se conoce como la «venganza catalana», arrasando Gallípoli y Heraclea. Cayó prisionero de los genoveses, pero fue liberado por mediación de Jaime II de Aragón. Vuelto a Gallípoli, se enfrentó a Bernardo de Rocafort, nuevo jefe de la expedición, uno de cuyos partidarios lo mató.

DENTICIÓN. Evolución fisiológica del sistema dentario, es decir, conjunto de los fenómenos de formación, erupción y crecimiento de los dientes.
Diente 5:182b; Estomatología 6:162a; Mamíferos 9:361a; Peces 11:310b; Roedores 12:409a.

DENTINA. Tejido muy duro, semejante al hueso, que constituye la sustancia principal o marfil de los dientes, en la corona y raíz de éstos.
Diente 5:182b.

D'ENTRECASTEAUX, ISLAS. Archipiélago de Papúa Nueva Guinea situado a lo largo del estrecho de Ward Hunt, frente al extremo sudoriental de la isla de Nueva Guinea. Comprende las tres islas principales de Normanby, Fergusson y Coodenough, y otras más pequeñas. Fue descubierto por el navegante francés Bruni d'Entrecasteaux. 3.142 km^2.
Papúa Nueva Guinea 11:264b.

DENVER. Capital del est. de Colorado, Estados Unidos. Al pie de las montañas Rocallosas, a 1.609 m de altitud. Base aérea, academia militar. Casa de moneda. Aeropuerto, universidades. Nudo de comunicaciones. Mercado ganadero. Turismo. 499.055 hab. (1998).
Estados Unidos 6:131a; Mississippi-Missouri, sistema 10:192a.

DEODATO. V. **Adeodato.**

DEONTOLOGÍA. Tratado de los deberes o normas morales. Se aplica especialmente a la conducta profesional.
Eutanasia 6:203a.

DE PALMA, BRIAN (n. en 1940). Director de cine estadounidense. Destacado realizador a partir de la década de 1970, alcanzó gran éxito con sus películas de suspenso y acción. *El fantasma del paraíso* (1974), *Carrie* (1975), *El precio del poder* (1983), *Los intocables* (1987).

DEPARDIEU, GÉRARD (n. en 1948). Actor cinematográfico francés. Intérprete de *Novecento* (1976), *Adiós al macho* (1978), *El último metro* (1980), *Tartufo* (1984, dirigida por él mismo), *Dantón* (1982), *Cyrano de Bergérac* (1990).

DÉPESTRE, RENÉ (n. en 1926). Poeta haitiano. Perteneciente al grupo de escritores revolucionarios agrupados en 1946 alrededor de la revista *Los hechiceros*, sus poemas sobre la situación social de Haití se expresaban en clave surrealista. Exiliado en Francia y Cuba, escribió en francés y español. *Haces de sangre* (1946), *La vegetación de las claridades* (1953), *Poeta en Cuba* (1976).

DEPORTACIÓN. Pena que consiste en trasladar al condenado a un lugar determinado, usualmente en el extranjero. También se aplica el término al confinamiento en un lugar apartado del propio país.

DEPORTE. Práctica organizada de actividades físicas por razones de competición, entretenimiento o mantenimiento del vigor personal o la salud.
5:131a; Arco, tiro con 2:30a; Atletismo 2:197b; Automóviles, carreras de 2:243a; Aviación 2:259b; Badminton 2:302b; Balonmano 3:328a; Basquetbol 2:363b; Beisbol 2:383b; Boxeo 3:136b; Caza y pesca deportivas 4:54a; Centroamericanos y del Caribe, Juegos Deportivos 4:79b; Ciclismo 4:177a; Críquet 5:16b; Esgrima 6:52b; Fútbol 7:8a; Gimnasia 7:128a; Golf 7:154a; Halterofilia 7:325b; Hípicos, deportes 7:421b; Hockey 8:33b; Invierno, deportes de 8:252b; Lucha, deportes de 9:230b; Motociclismo 10:277b; Pelota, juegos de 11:324b; Rugby 13:32b; Tenis 14:15b; Tenis de mesa 14:16b; Tiro 14:64b; Voleibol 14:343b; *cuadro* 5:133b; *ilustraciones* 5:131b; 5:132; 5:133b.

DEPÓSITO. Contrato real por el que alguien (depositario) se compromete a conservar y restituir en su tiempo el bien mueble que otro (depositante) le ha dejado para su custodia.
Banca 2:333a; 5:195b.

DEPÓSITO LEGAL. Envío obligatorio a la administración de un número determinado de ejemplares de una obra o de una publicación impresa, fotografiada o grabada.

DEPRECIACIÓN. Pérdida del valor de una cosa. Se aplica el término al deterioro del poder adquisitivo del dinero en tiempos de inflación o a la desvalorización contable de activos de una sociedad.

DEPRESIÓN. Estado de ánimo, a veces de carácter patológico, caracterizado por una falta anormal de actividad.
5:133b; Bulimia nerviosa 3:224a; Psicosis 12:182a; *ilustraciones* 5:134a.

DEPRESIÓN, GRAN. Reducción drástica de la actividad económica mundial que se inició en 1929 con la caída de la Bolsa de Nueva York. El desempleo y la pérdida de actividad económica se propagaron rápidamente a todo el mundo y se mantuvieron hasta el comienzo de la segunda guerra mundial en 1939.

DEPRESIÓN ECONÓMICA. Caída pronunciada de la actividad económica, caracterizada por la disminución de la actividad productiva, el empleo, los precios y los salarios. Constituye una forma aguda y prolongada de la recesión económica.
5:135a; Pobreza 12:41b; *ilustración* 5:135b.

DEPRETIS, AGOSTINO (1813-1887). Político italiano. Establecido como prodictador de Sicilia en 1860, fue llamado en 1876 por el rey Víctor Manuel II para la formación de un gobierno progresista, desempeñando hasta su muerte un papel relevante en la política italiana. Inspiró una táctica política que permitía la cooperación de partidos de muy distinto signo. Firmó en 1882 el tratado de la Triple Alianza.
Italia 8:311a.

DEPURACIÓN. Acción consistente en eliminar –mediante un proceso de filtración y esterilización– las impurezas contenidas en el agua para hacerla potable.
Agua, abastecimiento de 1:121b; Biónica 3:46a.

DEQUEÍSMO. Empleo inapropiado de la construcción *de que* cuando el verbo no la admite. Por ejemplo: *Pienso de que esto no está bien.*

DE QUINCEY, THOMAS (1785-1859). Escritor británico. Famoso por su obra en la que describía sus experiencias como opiómano.
5:136a; *ilustración* 5:136a.

DERAIN, ANDRÉ (1880-1954). Pintor francés. Bajo la influencia de Maurice de Vlaminck, Paul Cézanne y Henri Matisse, se inscribió en el movimiento fauvista. Su estilo evolucionó hacia el puntillismo y el cubismo hasta que, finalmente, adoptó una técnica más clásica y menos colorista. «El baile de los soldados» (1903), «Bañista» (1908).
Fauvismo 6:241a.

DERASHA. En el judaísmo, homilía o sermón, generalmente pronunciado por el rabino en la sinagoga. Los primeros *derashot* fueron las predicaciones de Ezra en el siglo V a.C., en los que trataba de explicar al pueblo judío el sentido de la Torá. Los modernos *derashot* son discursos de exhortación e instrucción basados en textos concretos de los libros sagrados.

DERBY (DEPORTE). Originalmente, carrera de caballos que se corre el primer miércoles de junio en Epsom Downs, Inglaterra, Surrey, Reino Unido. Está limitada a potros y yeguas de tres años. Tiene un recorrido de milla y media (2.414 m). El término se ha extendido a otras carreras ecuestres, como el *derby* de Kentucky (EUA).

DERBY (GEOGRAFÍA). Ciudad del Reino Unido en Derbyshire, Inglaterra, a orillas del Derwent. Porcelana famosa desde el siglo XVIII. Textiles, mercado de ganados, industrias diversas. 235.238 hab. (1999).

DERECHO. Conjunto de leyes, preceptos y normas que regulan la vida social de las personas.
5:136a; Arbitraje 2:23a; Canónico, derecho 3:343b; Códigos legales 4:249a; Contrato 4:363a; Culpa 5:70a; Empresa 5:396b; Estado 6:122b; Fuero 6:421a; Herencia 7:372a; Jurisprudencia 8:415b; Justicia 8:417a; Kelsen, Hans 9:16a; Legal, medicina 9:95a; Ley 9:134b; Ley marcial 9:136b; Patentes y marcas 11:298a; Pena 11:325b; Persona 11:353b; Proceso judicial 12:157b; Propiedad 12:163b; Recurso jurídico 12:285b; Savigny, Friedrich Karl von 13:170a; Sentencia 13:207a; Sucesión 13:331b; Testigo 14:40b; Tratado 14:118a; Ulpiano 14:175a; *ilustraciones* 5:136b; 5:137b; 5:138a; 5:139b; 5:140a; 5:141b; 5:142a; 5:143.

DERECHO ADJETIVO. Parte del derecho que sirve de cauce para el desarrollo o efectividad del derecho sustantivo, complementándolo, ya sea porque la norma sustantiva no es objeto de cumplimiento espontáneo o para determinar cuál es la norma aplicable. El derecho adjetivo comprende el procesal y el internacional privado.

DERECHO ADMINISTRATIVO. Conjunto de principios y leyes que ordenan la actuación del estado, a través de las diferentes administra-

ciones (local, regional, autonómica, estatal, central), en el cumplimiento de los fines de interés colectivo.
Administración pública 1:71b; Derecho 5:142b.

DERECHO CANÓNICO. V. **Canónico, derecho.**

DERECHO CIVIL. En un sentido amplio, derecho privado. En sentido estricto, es la parte del derecho privado que trata del estado y capacidad de las personas, del régimen de la familia y de las condiciones de los bienes y de los contratos.
Contrato 4:364b; Culpa 5:70b; Derecho 5:142b; Fideicomiso 6:279a.

DERECHO COMÚN. Rama del derecho civil aplicable a toda el área del estado en contraposición al derecho foral, que rige en determinadas regiones del mismo.
Códigos legales 4:250b; Fideicomiso 6:279a; Juez 8:408a; Jurado 8:414b; Jurisprudencia 8:415b; Ley 9:135b.

DERECHO CONSTITUCIONAL. Rama del derecho que estudia y sistematiza los preceptos constitucionales y su aplicación.
Ley marcial 9:137a; Poderes, división de 12:43a.

DERECHO CONSUETUDINARIO. Usos y costumbres jurídicas de un país, región o lugar. Recibe a veces el nombre de derecho no escrito, aunque con frecuencia existen recopilaciones escritas para su mejor conocimiento y uso.

DERECHO CONTRACTUAL. Ordenación jurídica que atiende a los diferentes contratos o modos de formalizar una asociación entre varias partes. Se desarrolló con la expansión económica y mercantil de la época medieval.
Contrato 4:363b.

DERECHO DE CRÉDITO. Relación jurídica obligatoria establecida entre acreedor y deudor desde el punto de vista del acreedor. Representa, por tanto, los deberes jurídicos que surgen cuando el acreedor puede exigir al deudor que observe determinada conducta o realice cierta prestación.

DERECHO DE GENTES. Conjunto de normas que en la Roma antigua era aplicable a los no ciudadanos. Solía consistir en normas del derecho civil romano despojadas de formalismos y aplicadas con base en la buena fe que debe regir en los tratos entre particulares. Se dice también del derecho internacional público.

DERECHO DEL TRABAJO. V. **Derecho laboral.**

DERECHO FISCAL. Conjunto de normas jurídicas que regulan la relación del estado con los particulares o habitantes de un país en cuanto a la imposición, gestión y pago de los tributos. Se codificó por primera vez en Alemania en 1919.
Derecho 5:142b.

DERECHO FORAL. Normas que se aplican en regiones que gozan de instituciones peculiares. En la España contemporánea suele limitarse al derecho civil.

DERECHO HIPOTECARIO. V. **Derecho inmobiliario.**

DERECHO INMOBILIARIO. Conjunto de normas que regulan la constitución, modificación, transmisión y extinción de las relaciones jurídicas reales que tienen por objeto un bien inmobiliario, con especial referencia a la inscripción y anotación de los actos y contratos relativos al dominio y demás derechos reales sobre inmuebles. Se denomina también derecho hipotecario.

DERECHO INTERNACIONAL PRIVADO. Conjunto de normas, acuerdos y costumbres que regulan las relaciones jurídicas internacionales privadas y se aplican en los conflictos que puedan derivarse por causa de las diferentes legislaciones de los estados.
Internacional, derecho 8:236a; Sánchez de Bustamante, Antonio 13:117b.

DERECHO INTERNACIONAL PÚBLICO. Llamado también «derecho de gentes», es el que determina las competencias entre los estados, establece las obligaciones derivadas de aquéllas y reglamenta la competencia de las instituciones internacionales.
Internacional, derecho 8:236a.

DERECHO LABORAL. Conjunto de normas que regulan las relaciones jurídicas entre patrones y trabajadores, y las de éstos con el estado, en relación con el trabajo personal que se realiza por cuenta ajena en condiciones de subordinación.
Arbitraje 2:23a; Derecho 5:143a.

DERECHO MERCANTIL. Rama del derecho privado constituida por las normas jurídicas establecidas para regular la actividad comercial.
Contrato 4:364b; Derecho 5:143a; Marina mercante 9:375b.

DERECHO NATURAL. Conjunto de principios universales, absolutos y justos, que derivan de la naturaleza humana y a cuya luz se puede valorar el derecho positivo.
Derecho 5:138b; Derechos humanos 5:144b; Ley 9:134b.

DERECHO PENAL. Normas concernientes a la represión o castigo de los crímenes o delitos.
Culpa 5:70b; Delito 5:118a; Derecho 5:142b.

DERECHO POLÍTICO. Disciplina que engloba materias tan diversas como el derecho constitucional, la sociología política, la historia de las ideas políticas y otras, pero con la unidad que le da el tratamiento jurídico que se hace de todas ellas.
Derecho 5:142b.

DERECHO POSITIVO. Conjunto de normas y preceptos establecido por leyes y sancionado o reconocido por el poder público. Se contrapone al derecho natural.
Democracia 5:125a; Derecho 5:138b.

DERECHO PRIVADO. Conjunto de normas que regulan las relaciones entre los particulares.
Derecho 5:142b; Persona 11:354a.

DERECHO PROCESAL. Conjunto de leyes que atienden al desenvolvimiento del proceso o se relacionan de forma inmediata con los actos que se derivan de él.
Derecho 5:142b.

DERECHO PÚBLICO. Conjunto de normas jurídicas que tienen por objeto la organización del estado y las relaciones del estado con sus súbditos y con otros estados.
Derecho 5:142b.

DERECHO QUIRITARIO. Rama arcaica del derecho, vigente en Roma para los ciudadanos romanos hasta el siglo III a.C. Se basaba en la institución familiar, dominada por el *pater familiae,* reflejo de una mentalidad campesina y de una naturaleza formalista y rígida.

DERECHO REAL. Facultad de actuar sobre un objeto para obtener de él una utilidad concreta.

DERECHO REGISTRAL INMOBILIARIO. V. **Derecho inmobiliario.**

DERECHO ROMANO. Conjunto de normas por las que se regía la vida del pueblo romano desde sus orígenes hasta el reinado de Justiniano I, a quien se debe el *Corpus iuris civilis,* con el que culmina la historia jurídica de Roma.
Alarico II 1:140b; Códigos legales 4:249a; Contrato 4:363b; Culpa 5:70b; Derecho 5:139a; Doce Tablas, Ley de las 5:123b; Fideicomiso 6:279a; Juez 8:408a; Jurisprudencia 8:415b; Justiniano I 8:417a; Ley 9:136a; Roma antigua 12:242b.

DERECHOS CIVILES, MOVIMIENTO DE LOS. Movimiento social que se inició en los Estados Unidos a finales de la década de 1950 y que se oponía a la segregación racial. Sus métodos de protesta estaban basados en la no violencia.

DERECHOS ESPECIALES DE GIRO (DEG). Divisa creada en 1969 por el Fondo Monetario Internacional (FMI) para aumentar la liquidez del sistema financiero mundial. Está compuesta por las monedas de los países más importantes del FMI.

DERECHOS HUMANOS. Conjunto de derechos inherentes a la persona en razón de su condición humana.
5:144a; Amnistía Internacional 1:306b; Libertad 9:145b; Organizaciones no gubernamentales 11:144b; *ilustraciones* 5:144a; 5:145a-b.

DERECHOS HUMANOS, DECLARACIÓN UNIVERSAL DE LOS. Acta que reconoce garantías fundamentales a las personas en los estados miembros de las Naciones Unidas. Fue adoptada en París el 10 de diciembre de 1948. Se inspira en la declaración similar aprobada el 26 de agosto de 1789 por la Asamblea Constituyente francesa.
Derechos humanos 5:145b.

DERECHO SUBJETIVO. Facultad reconocida y garantizada a una persona por el ordenamiento jurídico. Tiene dos aspectos: el de la posibilidad de hacer o querer conforme al imperativo y dentro de sus límites, y el constituido por la posibilidad de exigir de otros el respeto.
Derecho 5:136b.

DERECHO SUSTANTIVO. Parte del derecho que establece y regula directamente las relaciones jurídicas. Comprende, por tanto, todas las ramas del derecho menos las del derecho adjetivo, que incluye el procesal y el internacional privado.

DERIAZ, TURBINA. Forma de turbina de flujo mixto que mejora el rendimiento de máquinas de carga plena. Muy utilizada en aplicaciones de bombeo de fluidos. Fue inventada en 1956 por el ingeniero suizo Paul Deriaz.

DERIVA. Desviación de un buque del rumbo trazado debido al efecto del viento o de las corrientes marinas. El ángulo de deriva es el que forma el eje de la embarcación con su línea real de avance.

DERIVACIÓN (LINGÜÍSTICA). Proceso mediante el cual se obtiene, a partir de una base, una nueva unidad léxica (derivada). Al igual que la composición, es un sistema habitual de creación de neologismos.

DERIVA CONTINENTAL. Teoría orogénica traslacionista expuesta a principios del siglo XX por el geólogo alemán Alfred Wegener. Sostenía la existencia inicial en la superficie terrestre de una única masa continental, que en sucesivas fases se habría fragmentado y dispersado hasta formar las distintas unidades continentales.
Continente 4:360a; Geología 7:95a; Tectónica 13:416b.

DERIVADA. En una función de variable real, límite del cociente entre el incremento experimentado por la función en un punto dado y el incremento de la variable, cuando este último tiende a cero. La operación de hallar la derivada de una función en un punto se denomina derivación y tiene una amplia aplicación en todo tipo de cálculos científicos.
Cálculo 3:269a.

DERIVADOR. Equipo que, dentro de una red de telecomunicaciones, dirige la señal entrante hacia las diversas salidas.

DERIVA GENÉTICA. Fluctuación de la frecuencia génica en una población de seres vivos, la cual se realiza aleatoriamente y puede llevar a la difusión o desaparición de un determinado alelo (código alternante de la herencia genética) con independencia del valor adaptativo del mismo.

DERMÁPTEROS. Orden de insectos ortopteroides de metamorfosis incompleta. Cuerpo pequeño y alargado, con ausencia de alas o presencia de élitros (alas anteriores córneas). Boca trituradora, antenas filiformes y cola finalizada en dos fuertes pinzas características. Fitófagos, se desarrollan en lugares cálidos terrestres, normalmente alejados de la luz. Incluyen la tijereta común e insectos afines.

DERMATITIS. Inflamación de la piel producida por diversas causas (la luz, el calor, infecciones, etc.).
Alergia 1:200a; Dermatología 5:147a.

DERMATOGLIFO. En antropobiología, dibujo que presenta la piel en las extremidades. Hay dermatoglifos digitales (pulpa de los dedos), palmares (las líneas de la mano) y plantares (de las plantas de los pies).

DERMATOLOGÍA. Especialidad médica que se ocupa del estudio de las enfermedades de la piel y de su tratamiento.
5:145b; Piel 11:401b; *cuadro* 5:146b; *ilustraciones* 5:146a.

DERMATOSIS. Denominación general que se aplica a las infecciones de la piel (costras, manchas, granos, etc.).
Dermatología 5:146a.

DERMÉSTIDOS. Familia de insectos del orden de los coleópteros. Comprende más de 500 especies, distribuidas por todo el mundo, aunque preferentemente en zonas frías y templadas. En general nocivos para la agricultura, atacan a las pieles y conservas.

DERMIS. Capa intermedia de la piel, formada por el tejido conjuntivo, nervioso y vascular, las glándulas sudoríparas y sebáceas, las raíces de los pelos y las papilas sensitivas.
Piel 11:401b; Vertebrados 14:282a.

DERMÓPTEROS. Orden de mamíferos euterios dotados de una membrana cutánea, o patagio, que se extiende desde la cabeza hasta las extremidades inferiores y la cola, y les sirve para planear en sus saltos de árbol en árbol. Se alimentan de frutos y hojas. Distribuidos por Asia oriental y meridional.
Mamíferos 9:317a.

DERMOTÓXICOS, GASES. Conocidos también como vesicantes, gases tóxicos utilizados en los conflictos bélicos como armas químicas. Atacan a las células del organismo a través de la piel. Entre ellos destacan la lewisita y la iperita.
Armas químicas y biológicas 2:87b.

DEROGACIÓN. Anulación o modificación de lo que estaba reconocido como ley por medio de la promulgación de una nueva ley o precepto.

DERQUI, SANTIAGO (1810-1867). Político argentino. Abogado de profesión, libró de la pena de muerte al general José María Paz, de quien luego fue secretario y colaborador. Ocupó diversos ministerios. Subió a la presidencia de la república en 1860, intentando –sin lograrlo– unir Buenos Aires a la confederación, lo que dio lugar a la guerra civil.

DERRIDA, JACQUES (n. en 1930). Filósofo y lingüista francés. Autor de un método de análisis literario que alcanzó gran difusión. *De la gramatología* (1970), *Glas* (1974), *Dar el tiempo* (1990), *Adiós a Emmanuel Lévinas* (1997).
5:147a.

DERVICHES. Religiosos musulmanes en su mayoría mendicantes. Tienen su origen en el sufismo y se dividen en numerosas congregaciones, muy dispares desde el punto de vista de la ortodoxia doctrinal, regidas cada una de ellas por las reglas de los respectivos fundadores. Notables son la de los derviches danzantes y la de los aulladores.

DÉRY, TIBOR (1894-1977). Político, poeta y novelista húngaro. Participó en la insurrección obrera de 1934 y sufrió varias condenas de cárcel. En sus obras expresó su desencanto hacia la política y la sociedad moderna *La frase sin terminar* (1947), *Señor G. A. de X* (1964), *La princesa de Portugal* (1969), *Querido suegro* (1974).

DERZHAVIN, GAVRILA (1743-1816). Poeta ruso. Representante del clasicismo en la Rusia del siglo XVIII.
5:147b; Rusa, literatura 13:46b; Rusia 13:68a.

DESACERACIÓN. Eliminación de las cualidades de acero de un producto por calentamiento. Con ello se obtienen las propiedades del hierro exento de carbono. Empleado especialmente para grabar planchas.

DESAGUADERO, RÍO. Curso fluvial de Bolivia. Nace en el lago Titicaca, atraviesa los dep. de Oruro y La Paz, en el altiplano andino, y se introduce en el lago Poopó dando lugar a un amplio delta, tras recorrer 325 km.

DESAGÜE. V. **Drenaje.**

DESAHUCIO. Despido o expulsión del inquilino o arrendatario de una finca urbana o rústica por falta de pago, infracción de las cláusulas del contrato, etc.

DESALINIZACIÓN. Conjunto de operaciones físicas y químicas destinadas a la eliminación de las sustancias salinas del agua del mar para hacerla potable. Los procedimientos utilizados pasan tanto por la destilación como por la diálisis del agua salada.
Agua, abastecimiento de 1:121b; Destilación 5:157a.

DESAMINACIÓN. Cambio de un radical hidroxilo (OH) por un radical amino (NH_2) en una molécula. En el metabolismo, la desaminación ocurre por intervención de transaminasas que transportan los grupos aminos de todos los aminoácidos a unos pocos que luego son catabolizados o sirven como sustratos para otras reacciones de síntesis o de degradación.

DESAMORTIZACIÓN. Acción legal por la que los bienes inmuebles de entidades incapacitadas de enajenarlos –como las comunidades eclesiásticas– son liberados y pasan a contratación pública. En España destaca la desamortización de bienes de la Iglesia Católica de 1835-1836, obra de Juan Álvarez Mendizábal, y en México la de 1855, impulsada por Miguel Lerdo de Tejada, ministro de hacienda bajo Ignacio Comonfort.
Mendizábal, Juan Álvarez 10:57a; Monasterios y conventos 10:227a.

DE SANCTIS, FRANCESCO (1817-1883). Escritor y político italiano. Aplicó un planteamiento histórico y cultural al estudio de la literatura.
5:147b.

DESANI, GOVINDAS VISHNOODAS (n. en 1909). Escritor indio en lengua inglesa. Autor de una única novela con la que saltó a la fama: *Todo acerca de H. Hatterr* (1948).

DESARGUES, GIRARD (1591-1661). Militar, matemático, ingeniero y geómetra francés. Formó parte del grupo de matemáticos reunidos en torno a Marin Mersenne. Autor de un teorema que lleva su nombre y de una proposición sobre los triángulos. Su obra, parte de la cual se ha perdido, suscitó la admiración de Blaise Pascal. *Borrador proyecto de cónicas* (1639).

DESARGUES, TEOREMA DE. Afirmación matemática formulada por el francés Girard Desargues en 1639, la cual motivó el desarrollo de la geometría proyectiva en la primera mitad del siglo XIX por obra de Jean-Victor Poncelet. El teorema dice que si dos triángulos ABC y A'B'C', situados en un espacio tridimensional, se relacionan entre sí de manera que puedan verse en perspectiva desde un punto (en el que forman intersección las líneas AA', BB' y CC'), entonces los puntos de intersección de los lados correspondientes (B'C' y BC, A'C' y AC, A'B' y AB) se sitúan en línea, siempre que no sean paralelos dos de los lados correspondientes.

DESARMADOR. V. **Destornillador.**

DESARME. Propuesta emprendida a partir principalmente de la primera guerra mundial desde diferentes sectores sociales, grupos de presión o gobiernos, con la intención de buscar la reducción o eliminación de todo tipo de armamento en el mundo. Para tal fin se llevaron a cabo, después de la segunda guerra mundial, diferentes reuniones o acuerdos (conferencias generales de desarme, tratados START y SALT, etc).

DESARRAIGO. Situación sociocultural de quienes han tenido que dejar su propio ambiente y han perdido el contacto vital con sus propias raíces. Suele producir crisis de identidad e inseguridad, cuando el individuo no se integra en el nuevo ambiente.

DESARROLLO ECONÓMICO. Tendencia dinámica de un sistema económico a aumentar sus recursos en una proporción superior a la del crecimiento de su población.
Crecimiento económico 5:2b.

DESARROLLO EMBRIONARIO. Conjunto de procesos biológicos que ocurren en el cigoto desde la fecundación hasta el nacimiento del nuevo ser.
Crecimiento 5:1b.

DESARROLLO SOSTENIBLE. Modelo de desarrollo económico y social que permite la satisfacción de las necesidades de las generaciones presentes sin comprometer el crecimiento futuro y el disfrute de los recursos naturales por parte de las siguientes generaciones.
5:148a; *ilustración* 5:148a.

DESASTRES DE LA GUERRA, LOS. Serie de grabados realizados por el pintor español Francisco de Goya y fechados entre 1810 y 1820. Forman una colección de 83 aguafuertes sobre diversos temas, a menudo satíricos, en los que el artista reflejó escenas dramáticas de las fatales consecuencias de la guerra en el pueblo. Su primera edición data de 1863. Las planchas se conservan en la Calcografía Nacional de Madrid.

DESAULT, PIERRE-JOSEPH (1738-1795). Médico francés. Profesor del Hôtel de Dieu de París, donde fundó una cátedra de cirugía, fue el inventor de un vendaje para la fractura de clavícula y de un método de ligadura de la arteria femoral. *Obras quirúrgicas* (1798-1803).

DESBARBADO. Operación que consiste en quitar las rebabas o excedentes del metal de una pieza fundida o estampada.
Fundición 7:7b.

DESBOROUGH, JOHN (1608-1680). Político y militar inglés. Cuñado de Oliver Cromwell, participó en la guerra civil y fue miembro del Parlamento, durante la Commonwealth, en 1653, 1654 y 1656. Intervino, a la muerte de Cromwell, en el enfrentamiento entre el ejército y el Parlamento, que provocó la disolución de este último en abril de 1659 por el nuevo *Lord* protector Richard Cromwell.

DESBOUTIN, MARCELLIN-GILBERT (1823-1902). Grabador francés. Introductor de la técnica del grabado sobre acero. Fue amigo y colaborador de los pintores impresionistas e intelectuales de la época, a quienes retrató. Autor también de temas históricos. «El hombre de la pipa» (1879), «Edgar Degas».

DESBROCE. Limpieza de la maleza en montes y bosques para facilitar los trabajos forestales y prevenir incendios.

DESCALCIFICACIÓN. Acción de las aguas cargadas de dióxido de carbono que eliminan la caliza contenida en distintas rocas, suelos, minerales y fósiles.

DESCALZOS. Nombre que se aplica a las ramas reformadas de algunas órdenes religiosas católicas, cuyos miembros utilizan sandalias en señal de austeridad: carmelitas, trinitarios, agustinos, etc.

DESCAMISADOS. Término con el que se designaba en la Argentina a las clases sociales más desfavorecidas que apoyaban al régimen de Juan Domingo Perón (1946-1955, 1973-1974).

DESCARTES, RENÉ (1596-1650). Filósofo y científico francés. Considerado el padre de la filosofía moderna.
5:149a; Alma 1:236b; Cosmogonía 4:403b; Epistemología 6:14b; Filosofía 6:297a; Francesa, literatura 6:371a; Historia 8:22a; Idealismo 8:119a; Locke, John 9:195a; Luz 9:254a; Malebranche, Nicolas 9:303b; Matemáticas 9:405b; Metafísica 10:93a; Metodología científica 10:110b; Racionalismo 12:238b; Spinoza, Baruch de 13:312b; Sustancia 13:367b; *cuadro* 5:149b; *ilustraciones* 5:149; 5:150a.

DESCENDIMIENTO. Tema iconográfico que representa la escena del descenso de la cruz de Jesús, cuyo cuerpo es recibido por la Virgen, Magdalena y san Juan. Destacan, entre otros, los pintados por Andrea del Sarto, Rogier van der Weyden, Petrus Paulus Rubens y Rembrandt.

DESCHAMPS, EUSTACHE (h. 1346-h. 1406). Poeta francés. Estuvo al servicio de Carlos V y Carlos VI. Su vasta obra poética trata sobre temas de todo tipo. *Arte poética* (h. 1392), *Espejo del matrimonio.*

DESCLOT, BERNAT (siglo XIII). Historiador catalán. Autor de una crónica sobre el reinado de Pedro III el Grande de Aragón y los de sus antecesores a partir de la unión de Aragón y Cataluña. *Libro del rey don Pedro de Aragón y de sus antepasados.*

DESCOLONIZACIÓN. Abandono por parte de una potencia extranjera de un territorio que tenía bajo su administración en cualquiera de sus formas (colonias, protectorado, mandato), lo que permite a este territorio obtener su independencia. Al finalizar la segunda guerra mundial se produjo un movimiento general de descolonización en países africanos y asiáticos.
Mestizaje 10:89a.

DESCOLL, BERNAT (siglo XIV). Historiador catalán. Uno de los que, bajo la dirección directa de Pedro IV el Ceremonioso de Aragón, escribieron la crónica de este monarca, atribuida personalmente al soberano.

DESCOMBEY, MICHEL (n. en 1930). Coreógrafo francés. Dirigió el Studio-Ballet de la Ópera de París (1967-1969) y el ballet en las óperas de Zurich y Basilea (1970-1972). Colaboró desde 1975 con el Ballet Independiente de México. *Les Gymnopédies* (1968), *Symphonie classique* (1968), *Labyrinthus II* (1970).

DESCOMPOSICIÓN (MATEMÁTICAS). Operación aritmética que consiste, para un número dado, en hallar los distintos factores primos que, multiplicados entre sí, dan como resultado dicho número.

DESCOMPOSICIÓN (QUÍMICA). Desintegración de un compuesto en sus partes integrantes.
Reacción química 12:276a.

DESCUENTO. Cualquier rebaja que se obtiene en el precio de una compra. En economía financiera, deducción en el valor nominal de un crédito o título de crédito.

DESDÉN CON EL DESDÉN, EL. Comedia del escritor español Agustín Moreto (1618-1669) publicada en 1654. Carlos, conde de Urgel, está enamorado de Diana, a la que cortejan otros nobles. Finge desdeñarla y consigue despertar el amor de la joven.

DESDENTADOS. V. **Edentados**.

DESEADO, RÍO. Curso fluvial de la prov. argentina de Santa Cruz. Nace en el lago Buenos Aires y, tras mantener una dirección este, desemboca en el océano Atlántico, en donde forma un estuario. Su curso es de 610 km.

DESELECTRIZADOR. Aparato empleado en la industria textil para eliminar la electricidad estática de las fibras propensas a adquirirla, como la seda, la lana y las sintéticas.

DESEMPLEO. Situación en que resulta imposible encontrar empleo a personas que, por su capacidad y disposición, están en condiciones de obtenerlo. Se conoce también como paro forzoso.
Automatización 2:240b; Inflación y deflación 8:196b; Seguridad social 13:188a.

DESERCIÓN. Fuga de un militar, que abandona su ejército, en tiempos de guerra o de paz.

DESERTIZACIÓN. Degradación del medio natural, con tendencia a crear zonas desérticas, producida por diferentes causas, bien naturales o derivadas de la acción del hombre. Entre las primeras se encuentran los cambios climáticos y entre las segundas la desforestación. También llamada desertificación.
Ecología 5:273b.

DESFALCO. Apropiación o uso indebido de valores o dinero por quien está obligado a custodiarlos o a utilizarlos con un fin determinado.

DESFILE DEL AMOR, EL. Filme musical dirigido en 1929 por Ernst Lubitsch e interpretado por Jeanette MacDonald y Maurice Chevalier.

DESFOSFORACIÓN. Operación para eliminar el fósforo del hierro o del acero mediante pudelado, con el procedimiento Thomas, o por afinado en horno Martin.

DESGRAVACIÓN. En el sistema impositivo, la liberación total o parcial de la carga tributaria.

DESHIDRATACIÓN. Técnica empleada en las refinerías de petróleo para extraer el agua que puede contaminar determinados catalizadores y convertir diversos reactivos en corrosivos.

DESHIDROGENASA. Enzima oxidante que actúa como catalizadora de reacciones reversibles de deshidrogenación, principalmente en la cadena respiratoria.

DESHUMECTADOR. Aparato empleado para eliminar la humedad del aire. Utilizado en la industria térmica.

DESHUMEDECEDOR. V. **Deshumectador.**

DE SICA, VITTORIO (1901-1974). Cineasta italiano. Fue uno de los grandes realizadores del neorrealismo italiano tras la segunda guerra mundial.
5:151a; *ilustración* 5:151b.

DESIDERIO (m. h. el 774). Último rey de los lombardos. Sostuvo luchas contra Carlomagno durante su reinado, que se prolongó del 756 al 774.

DESIDERIO (h. 1430-1464). Desiderio da Settignano, escultor italiano. Dueño, junto con su hermano, de un taller de escultura en Florencia, realizó principalmente bustos de figuras femeninas y niños. Fue autor del sepulcro de Carlo Marsuppini para la iglesia de Santa Croce (1453) y del Tabernáculo del Sacramento en la iglesia de San Lorenzo (1461).

DESIERTO. Ecosistema cuya característica esencial es la extremada aridez.
5:151b; Biogeografía 3:31; Bioma 3:44a; Ecología 5:270b; Ecosistema 5:285b; Sahara, desierto del 13:86b; Sinaí, península del 13:249a; *mapa* 5:153; *ilustraciones* 5:152a; 5:153b; 5:154a.

DESIERTO, CULTURA DEL. Conjunto de civilizaciones nómadas de América del norte, asentadas en los modernos territorios estadounidenses de Utah, Arizona y Nevada y en el norte de México. Se desarrollaron entre los años 8000 y 2000 a.C., y se basaron en la práctica de la caza y la recolección y en formas incipientes de agricultura. La tradición del desierto tuvo una manifestación específica en la cultura cochise.

DESINENCIA. Variación final de los términos que se conjugan o se declinan. Las que corresponden a la conjugación se llaman verbales, y las de la declinación, nominales.

DESINFECCIÓN. Destrucción de los microorganismos patógenos en cualquier ambiente en que puedan resultar perjudiciales para la salud.
Hospital 8:76b; Primeros auxilios 12:146b.

DESINFECTANTE. Agente físico o químico capaz de destruir los microorganismos que provocan infecciones o las enzimas que generan putrefacción.
5:154b; Antiséptico 1:397b; Primeros auxilios 12:146b; *cuadro* 5:155a.

DESINFESTACIÓN. Eliminación de parásitos externos, roedores nocivos u otras plagas.

DESINTEGRACIÓN RADIACTIVA. Fenómeno físico de transformación durante el cual los núcleos atómicos se descomponen por pérdida de sus partículas en otros más simples. Puede ser espontánea o inducida por el bombardeo con partículas.
Radiactividad 12:246b.

DESKEY, DONALD (1894-1989). Diseñador industrial estadounidense. Director del departamento de diseño industrial de la Universidad de Nueva York, realizó diseños para varias ferias mundiales, incluyendo la HemisFair (1968), donde diseñó el Confluence Theater del Pabellón estadounidense, que se conserva en San Antonio (Texas).

DESLIZAMIENTO. Deformación producida sobre un sólido sujeto por una cara y sometido a una fuerza tangencial. Se denomina también cizalladura. Las tijeras, las guillotinas y las cizallas son ejemplos de herramientas que dan lugar a esta deformación.

DESLIZAMIENTO, ÁNGULO DE. Pendiente de la horizontal con el plano de contacto entre dos cuerpos cuando el superior se desliza exactamente sobre el inferior. Concepto utilizado en mecánica.

DESMAGNETIZACIÓN. Acción de eliminar la imantación de un cuerpo.

DESMÁN. Mamífero de la familia de los tálpidos (*Desmana moschata*). Cuerpo pequeño y alargado, pies palmeados y hocico en forma de trompa. Insectívoro y gran nadador, vive cerca de las corrientes de agua. Segrega una sustancia con olor a almizcle. Originario de la Europa oriental y Asia occidental.

DESMAREST, NICOLAS (1725-1815). Geólogo francés. Descubrió el origen volcánico del basalto, lo que desautorizó la teoría según la cual todas las rocas de la corteza terrestre estaban formadas por la sedimentación ocurrida bajo los antiguos océanos. *Diccionario de geografía física.*

DESMARETS DE SAINT-SORLIN, JEAN (1595-1676). Comediógrafo, poeta y gramático francés. Protegido del cardenal de Richelieu, fue uno de los primeros integrantes de la Academia Francesa (1634). Decidido defensor de la religión católica, inició con su tratado *De la comparación de la lengua y la poesía francesa con la griega y la latina* (1670) el debate que enfrentó a partidarios de autores antiguos y modernos. *Las visionarias* (1637), *Clodoveo o la Francia cristiana* (1657).

DESMARKETING. Estrategia empresarial que persigue reducir la demanda ante un incremento inatendible de ésta. Utiliza como medios, entre otros, la eliminación de promociones y el incremento de los precios.

DES MOINES. Capital del est. de Iowa, Estados Unidos, en la confluencia de los ríos Raccoon y Des Moines. Universidad, museo de agricultura. Neumáticos; maquinaria agrícola. Ganadería. 191.293 hab. (1998).

DESMOLDEO. Extracción de la pieza del molde de fundición en el que se ha colado.
Fundición 7:7a.

DESMOTADORA. Máquina que separa la semilla de la fibra de algodón. Inventada en 1793 por Eli Whitney.
Algodón 1:222b.

DESMOULINS, CAMILLE (1760-1794). Periodista demócrata moderado francés. Publicó numerosos panfletos durante la revolución francesa. Mantuvo estrechas relaciones con Georges Danton en el club de los jacobinos y en el de los *cordeliers.* Fue guillotinado el 5 de abril de 1794.

DESNATURALIZACIÓN. Pérdida de las propiedades específicas de una cosa.

DESNOES, EDMUNDO (n. en 1930). Novelista y ensayista cubano. Fue redactor de la revista *Casa de las Américas.* Representante de la nueva narrativa posrevolucionaria. *El cataclismo* (1965), *Memorias del subdesarrollo* (1965), *Para verte mejor, América latina* (1972).

DESNOS, ROBERT (1900-1945). Poeta francés, miembro destacado del grupo surrealista inicial. Se unió a André Breton y escribió en la revista *Littérature.* Murió en un campo de concentración en Checoslovaquia. *La libertad o el amor* (1927), *La suerte está echada* (1943), *Los tres solitarios* (1947).

DESNUDO. En artes plásticas, figura humana, completa o parcial, que se representa desprovista de vestimenta. Es un tipo de expresión artística que ha existido en toda la historia del arte universal, desde el auriñaciense hasta el arte moderno, pasando por el arte egipcio y las representaciones de los artistas clásicos.

DESNUTRICIÓN. Empobrecimiento del cuerpo debido a la mala alimentación o a desórdenes metabólicos e incluso psicológicos (anorexia). La desnutrición constituye un estado patológico caracterizado por el desequilibrio entre la cantidad y la calidad del alimento y las necesidades que tiene el organismo de incorporar calorías, vitaminas, minerales, etc.

DESODORANTE. Producto químico utilizado en cosmética y destinado a eliminar olores corporales. Compuesto principalmente de formol y clorofila. Se presenta en forma de aerosol, crema, etc.
Cosmético 4:402b.

DESOLACIÓN, ISLA. Isla del sur de Chile, en la prov. de Magallanes. Situada al noroeste de la península de Brunswick, está casi deshabitada.

DESOLLADOR, PÁJARO. V. **Alcaudón.**

DESORCIÓN. Separación de los gases absorbidos o adsorbidos por un sólido o un líquido mediante aplicación de calor.

DESOXIRRIBONUCLEICO, ÁCIDO. V. ADN.

DESOXIRRIBOSA. Azúcar de fórmula $C_5 H_{10} O_4$ que constituye el núcleo estructural de la molécula de ADN. Es una de las bases químicas de la codificación de la herencia genética.

DESPEÑAPERROS. Desfiladero de la sierra Morena, en España, que une la meseta con el valle del Guadalquivir, y por el que discurre el río del mismo nombre. Ha mantenido históricamente una gran importancia estratégica. Se encuentran en él yacimientos arqueológicos de la cultura ibera.

DESPEPITADORA. Desmotadora de algodón. El nombre se aplica también, en la industria alimentaria, a las máquinas que sirven para extraer las semillas de las frutas.

DES PÉRIERS, BONAVENTURE (1500-1544). Escritor y pensador francés. Sirvió como secretario a la reina de Navarra, Margarita de Angulema, y fue autor de *Cymbalum mundi,* una violenta crítica al cristianismo.

DESPERSONALIZACIÓN. En psicología, estado en el que el individuo cree que él mismo o el mundo exterior son irreales. A veces, este estado se acompaña de sensaciones como la disociación de la propia mente con respecto al cuerpo, cambios en la percepción del tamaño relativo de las extremidades corporales, contemplación de uno mismo desde fuera o creencia de que uno se ha convertido en máquina.

DESPLAZAMIENTO. En navegación marítima, peso total de un buque. Se expresa en toneladas y corresponde al volumen de agua desalojado por la embarcación.
Embarcación 5:385b.

DESPORTES, PHILIPPE (1546-1606). Poeta francés. Favorito del rey Enrique III, sustituyó a Pierre de Ronsard como principal poeta cortesano. Fue autor de sonetos y elegías, realizados a la manera de los italianos Francesco Petrarca, Ludovico Ariosto y Pietro Bembo, que influyeron en la poesía de los escritores ingleses del período isabelino.

DÉSPOTA. Gobernante que abusa de sus poderes, o persona que ejerce desconsideradamente su autoridad. Desde fines del siglo III d.C. fue el título oficial de los emperadores romanos y bizantinos.

DESPOTISMO ILUSTRADO. Forma de gobierno surgida en la segunda mitad del siglo XVIII. Fue una aplicación del reformismo y el racionalismo en la Ilustración a la estructura social del antiguo régimen.
5:155b; Austria 2:229b; Carlos III de España 3:398a; Catalina la Grande 4:35a; Federico II el Grande 6:246a; Ilustración 8:129a; María Teresa de Austria 9:369a; Pombal, marqués de 12:77a; Rusia 13:60b; *ilustraciones* 5:155b; 5:156a.

DESPREZ, JEAN-LOUIS (h. 1743-1804). Pintor y arquitecto francés. Alumno de Jacques-François Blondel, se inspiró en las obras de la arquitectura egipcia y griega y realizó decorados para el teatro y la ópera en Suecia. Su estilo se encuadra en la transición del clasicismo racional al subjetivismo neoclásico que difundieran Étienne-Louis Boullée y Claude-Nicolas Ledoux.

DESPUIG, LLUÍS (h. 1410-1482). Militar catalán. Maestre de la orden de Montesa, participó en la expedición de Alfonso el Magnánimo a Nápoles. Partidario de Juan II durante la guerra civil catalana, fue hecho prisionero por Juan de Lorena. Tras obtener la libertad gracias al rescate pagado por la orden de Montesa, fue nombrado capitán general de Valencia.

DESPUIG, RAMON (siglo XIV). Arquitecto catalán. Inició el claustro de la catedral de Vic (1324-1339). También participó en la iglesia de Santa María del Mar de Barcelona.

DESPUIG Y DAMETO, ANTONIO (1745-1813). Sacerdote y escritor español. Arzobispo de Sevilla, fue desterrado por conspirar contra Manuel Godoy y sirvió como consejero de los papas Pío VI y Pío VII, al último de los cuales acompañó en su exilio en Francia. Costeó la realización del mapa de Mallorca, su isla natal, en la que fundó una escuela de dibujo y un museo de antigüedades traídas de Italia.

DESPUJOL Y DUSAY, EULOGIO (1834-1907). Militar español. Participó en las operaciones militares de Cuba y Santo Domingo y fue nombrado conde de Caspe. Ocupó posteriormente la presidencia del Consejo Supremo de Guerra y Marina y las capitanías generales de Valencia, Cataluña y las Filipinas.

DESSALINES, JEAN-JACQUES (h. 1758-1806). Emperador de Haití. Trató de establecer un estado negro independiente.
5:156b; Christophe, Henri 4:169b; Haití 7:319b; Pétion, Alexandre 11:377b.

DESSAU. Ciudad y puerto fluvial de Alemania, en el dist. de Halle, a orillas del río Mulde. Escuela Bauhaus, museo rococó. Astilleros, vehículos, productos químicos. 88.607 hab. (1998).

DESSAU, PAUL (1894-1979). Compositor y director de orquesta alemán. En colaboración con Bertolt Brecht, escribió la música incidental de *Madre Coraje y sus hijos* (1946) y su ópera más famosa, *El proceso de Lúculo* (1949). Compuso una cantata a la muerte de Stalin (1953) y el *Réquiem para Lumumba* (1963).

DESTALONADO. Acción de retornear los dientes de herramientas tales como terrajas, fresas, etc., para que conserven su ángulo de corte.

DESTETE. Interrupción de la lactancia con objeto de empezar a nutrir al niño con alimentos consistentes.

DESTIERRO. Castigo consistente en expulsar a alguien de un país, una ciudad o un territorio. Su aplicación se inició en la Grecia antigua, como procedimiento para alejar a los adversarios políticos o a los individuos considerados peligrosos tras la conquista de un territorio.

DE STIJL. V. **Stijl, De.**

DESTILACIÓN. Proceso por el que se hierve un líquido y su vapor se condensa a continuación en otro recipiente. Cuando un compuesto es inestable a temperatura elevada o tiene un punto de ebullición demasiado alto, se realiza a vacío.
5:157a; Alcohólicas, bebidas 1:157a; *ilustración* 5:157b.

DESTILACIÓN FRACCIONADA. Destilación diferencial en la que el vapor producido se condensa en diversas fracciones correspondientes a intervalos determinados de temperaturas.
Destilación 5:157b; Nitrógeno 10:421b; Oxígeno 11:191a; Petroquímica 11:384a.

DESTINN, EMMY (1878-1930). Ema Kittl, soprano checoslovaca. Estudió con Maria Loewe-Destinn, cuyo apellido adoptó. Debutó en 1898 con *Cavalleria rusticana,* de Pietro Mascagni. De amplio registro y dramatismo interpretativo, su repertorio abarcaba las principales óperas del siglo XIX.

DESTORNILLADOR. Herramienta formada por una hoja de acero de punta plana o en cruz y un mango. Se usa para apretar o aflojar tornillos. Se conoce también como desarmador.
Carpintería y ebanistería 3:411b.

DESTORRENTS, RAFAEL (h. 1375-h. 1410). Miniaturista catalán. Hijo o nieto de Ramón Destorrents, fue autor de las ilustraciones del misal de Santa Eulalia de la catedral de Barcelona, obra maestra del género.

DESTORRENTS, RAMÓN (siglo XIV). Pintor y miniaturista catalán. Muy influido por la escuela sienesa, que gravitó poderosamente en el arte catalán, fue autor del retablo de la Almudaina de Palma de Mallorca, realizado hacia 1353.

DESTRUCTOR. Buque de guerra rápido, de entre 2.500 y 5.000 toneladas, utilizado contra los torpederos. En la armada moderna cumple misiones de exploración, defensa de los flancos de una formación naval, lanzamiento de minas o de cortinas de humo y, sobre todo, de acciones contra los submarinos.
Marina de guerra 9:372b.

DESTUTT DE TRACY, ANTOINE-LOUIS-CLAUDE (1754-1836). Filósofo y político francés. Coronel del ejército, fue elegido en 1789 diputado en los Estados Generales. Permaneció en la cárcel durante el régimen de terror; fue nombrado senador durante el consulado de Napoleón y par de Francia con la restauración. Su pensamiento filosófico muestra la influencia de John Locke. *Elementos de ideología* (1801-1815).
Ideología 8:119b.

DESULFURACIÓN. Extracción del azufre o los sulfuros contenidos en un producto. En la industria petrolífera representa una de las operaciones de refinación (refino) de los hidrocarburos.

DESVALLS, ANTONI (1666-1724). Militar español. Jefe de las tropas catalanas que se enfrentaron a los ejércitos de los Borbones en la guerra de sucesión española. Fue autor del plan que rigió las últimas maniobras del archiduque Carlos en Cataluña (1714). Al no dar resultado, capituló junto con su hermano Manuel. Abandonó Cataluña y pasó primero a Italia y luego a Austria, donde entró al servicio de Carlos VI.

DESVALLS Y DE ARDANA, JUAN A. (1740-1820). Científico español. Fundador en Barcelona de la Conferencia Física, asociación científica que más tarde se convirtió en la Academia de Ciencias y Artes. *Disertación sobre los terremotos, Un fenómeno celeste observado en Barcelona.*

DESVIACIÓN ESTÁNDAR. V. **Desviación típica.**

DESVIACIÓN MEDIA. Medida de dispersión estadística igual a la media aritmética de los valores absolutos de las desviaciones de los datos con respecto al valor central de la distribución.

DESVIACIÓN TÍPICA. Medida de dispersión estadística definida como la raíz cuadrada de la varianza (véase). Conocida también como desviación estándar.

DETALLISTA. Comerciante que vende directamente al público. También se conoce como minorista. El conjunto de detallistas dan lugar al comercio al por menor o al menudeo.

DETECTOR DE FASE. Aparato empleado en radiotécnia para la detección de las modulaciones contenidas en la corriente de alta frecuencia.

DETECTOR DE MENTIRAS. Nombre popular con el que se designa cualquier aparato de medición de las respuestas emocionales (por ejemplo, cambios en la respiración, el pulso cardiaco, la respuesta psicogalvánica) que supuestamente acompañan a la expresión de mentiras. También es conocido como polígrafo.

DETECTOR DE MINAS. Aparato utilizado para la localización de metales por procedimientos electromagnéticos. Se emplea, en general, en el rastreo de minas y metales enterrados.

DETERGENTE. Producto que tiene la facultad de disolver la suciedad para dejarla en suspensión.
Jabón y detergente 8:327b.

DETERMINANTE. Entidad matemática definida por la suma algebraica de los productos obtenidos, a partir de una matriz cuadrada de orden *n*, con todos los grupos posibles en los que interviene un único elemento de cada fila y cada columna. El resultado del determinante se obtiene asignando signos alternativos según la posición de los elementos en la matriz.
Álgebra 1:211b; Matrices 9:416a.

DETERMINISMO. Doctrina filosófica que sostiene que todos los acontecimientos del universo están completamente fijados por leyes naturales de tipo causal.
5:157b; Geografía 7:88a; Libertad 9:146a; *ilustración* 5:157b.

DETONADOR. Dispositivo empleado para provocar el estallido de un explosivo. Existen muy diversos tipos: eléctricos, retardados, mixtos, etc.

DETROIT. Ciudad de los Estados Unidos en el est. de Michigan. 970.196 hab. (1998).
5:158a; *ilustración* 5:158b.

DETROIT, RÍO. Curso fluvial de los Estados Unidos. Nace en el lago St. Clair y desemboca en el Erie tras recorrer 51 km.

DEUCALIÓN. Personaje de la mitología griega, hijo de Prometeo y de Clímene y esposo de Pirra. Junto con ésta, protagonizó la versión griega del mito del diluvio universal, enviado por Zeus para castigar a los hombres. Tras nueve días de navegación a la deriva en un arca, desembarcaron en el monte Parnaso al cesar las lluvias; por consejo divino lanzaron piedras por encima de sus hombros, de las que brotaron nuevos seres humanos.

DEUDA. Obligación que una persona o entidad, llamada deudor, tiene de pagar, satisfacer o reintegrar bienes o cantidades monetarias a otra, llamada acreedor.
Contrato 4:363b.

DEUDA EXTERNA. Endeudamiento contraído por un estado, o por las empresas e individuos del país, con otros estados, bancos extranjeros o instituciones financieras internacionales para hacer frente a la financiación de necesidades no cubiertas ni por el sistema impositivo ni por la deuda pública contraída con personas y entidades nacionales.
Ahorro 1:129b; Balanza de pagos 2:317a.

DEUDA PÚBLICA. Endeudamiento que contrae el estado para hacer frente a sus necesidades públicas (defensa, educación, etc.) cuando la financiación obtenida por el sistema impositivo es insuficiente. Incluye deuda interna (nacional) y externa (con el extranjero).
Finanzas públicas 6:300a.

DEUS, JOÃO DE (1830-1896). Poeta portugués. Última figura importante del romanticismo en Portugal y precursor de la reacción contra los excesos de este movimiento.
5:159a.

DEUS EX MACHINA. Expresión latina que significa «un dios que baja por medio de una máquina», situación que se daba en el teatro antiguo para representar las intervenciones divinas. Por comparación, factor inesperado que resuelve una situación difícil en la vida real, o abuso de recursos sobrenaturales en el arte.

DEUSTÚA, ALEJANDRO OCTAVIO (1849-1945). Filósofo peruano. Introductor en su país de las ideas filosóficas y estéticas europeas de la época.
5:159a.

DEUTERIO. Hidrógeno pesado. Isótopo del hidrógeno con peso atómico 2,0147 y símbolo químico D o ^2H. Es un núcleo de masa 2 con un electrón que gira alrededor de él.
Hidrógeno 7:398a; Isótopo 8:295a; Nuclear, energía 11:28a.

DEUTERÓN. Núcleo del átomo de deuterio o hidrógeno pesado. Empleado como proyectil atómico en el ciclotrón para producir isótopos radiactivos.

DEUTERONOMIO. Quinto de los libros que componen el Pentateuco de la *Biblia*. Contiene tres discursos de Moisés en los que recuerda la historia de Israel, las leyes dictadas por Yahvé a su pueblo y el establecimiento de la alianza. La obra termina con la despedida de Moisés y el relato de su muerte.
Biblia 3:10b.

DEUTEROSTOMA. Animal perteneciente a uno de los dos grupos de metazoos celomados que, según su desarrollo embriológico, se caracterizan porque la boca definitiva se origina lejos del blastóporo y por su sistema nervioso dorsal. Éste es el caso de los equinodermos y los cordados.

DEUTSCHER, ISAAC (1907-1967). Político e historiador británico de origen polaco. De tendencia trotskista, se exilió en el Reino Unido, en donde publicó una trilogía sobre la Unión Soviética: *Stalin, una biografía política* (1949), *Rusia después de Stalin* (1953) y *Trotsky* (1964).

DEVA, RÍO. Curso fluvial de la prov. española de Guipúzcoa. Nace en los montes de Arlabán y, tras mantener un curso de dirección norte, desemboca en el mar Cantábrico. En la comarca que lo rodea sus aguas han permitido la instalación de importantes industrias (Éibar, Elgóibar y Vergara). Su curso es de 56 km.

DEVADATTA (siglo VI a.C.). Monje budista, primo de Buda, que intentó reformar las reglas impuestas por éste. La orden que creó perduró hasta el siglo VIII.
Buda 3:208b.

DE VALERA, EAMON (1882-1975). Político irlandés. Activista revolucionario desde 1913, presidió el Sinn Féin en 1918 y fundó el partido Fianna Fáil en 1924. Fue primer ministro en 1932-1948, 1951-1954 y 1957-1959, y presidente de 1959 a 1973.
Irlanda 8:269a.

DE VALOIS, NINETTE (n. en 1898). Bailarina y coreógrafa irlandesa. Desde 1923 trabajó en la compañía de Serguéi Diaghilev, y en 1926 fundó su propia escuela, la Academia de Arte Coreográfico, en Londres, que en 1956 se convirtió en el Royal Ballet.

DEVALUACIÓN. Disminución del valor de una moneda en relación con las de los demás países. Puede adoptarse para incentivar las exportaciones o para compensar los efectos de una inflación más fuerte en el país que devalúa que en otros.

DEVANADO. Hilo de cobre provisto de envoltura aislante utilizado en el circuito de cualquier aparato eléctrico. Denominado también arrollamiento.

DEVANAGARI. Escritura india que se utiliza en algunas lenguas modernas (hindi, bengalí) y en la sánscrita y védica. Su origen se remonta al siglo XIII. Muchos de los antiguos caracteres de esta escritura han sido eliminados en la transcripción de las lenguas modernas.

DEVENIR. Término filosófico que designa el estado del ser en su proceso de constitución o de transformación.

DEVERS, GAIL (n. en 1966). Atleta estadounidense. Ganó diversos títulos mundiales de 60 m *indoor* y 100 m vallas, y los 100 m en los Juegos Olímpicos de Atlanta (1996).

DEVI, PHOOLAN (n. en 1957). Activista india. Vendida por su padre cuando niña, pasó la mayor parte de su vida en poder de diferentes grupos de bandidos rurales. Convertida en líder de una de estas bandas, su actividad armada contra los abusos de las castas superiores la convirtió en una heroína popular entre los más pobres. Detenida y condenada a once años de prisión, fue liberada en 1994. Un año más tarde fundó el partido Eklavya Manch, con la intención de proteger los derechos de las castas más desfavorecidas.

DEVLIN, BERNADETTE (n. en 1947). Política de Irlanda del Norte. Impulsora de un nacionalismo católico de izquierda, fue parlamentaria en la Cámara de los Comunes británica en 1969 y 1970-1974 y dos veces encarcelada por acusaciones de terrorismo. *El precio de mi alma* (1969).

DEVOLUCIÓN, GUERRA DE LA. Conflicto armado entre Francia y España, acaecido entre 1667 y 1668, a causa de las reclamaciones de Luis XIV sobre los Países Bajos, que decía corresponderle por su mujer, María Teresa. La intervención de Inglaterra y Suecia forzó al monarca francés a firmar la paz, aunque logró conservar Douai, Lille y nueve plazas más.

DEVÓNICO, PERÍODO. Cuarto período de la era primaria, situado entre el silúrico y el carbonífero. Se inició hace 395 millones de años y duró aproximadamente 50 millones de años. La evolución de los peces, aparecidos en el silúrico, condujo a la aparición de los anfibios. Surgieron las plantas continentales.
Paleontología 11:227a; Primaria, era 12:141a.

DEVONSHIRE. Condado del Reino Unido, en la península sudoccidental de Gran Bretaña. Comprende diez distritos. Parques nacionales. Ríos Tamar y Exe. Agricultura y ganadería; productos lácteos. Turismo. Cap. Exeter. 6.711 km². 1.058.800 hab. (1995).

DEVOTIO MODERNA. Congregación mística católica, surgida en los Países Bajos a partir del siglo XIV y fundada por Geert de Groote, que propugnaba la difusión del espiritualismo y la oración por medio de sentencias simples y obras fácilmente comprensibles. La obra característica del movimiento fue la *Imitación de Cristo*, de Tomás de Kempis.

DEVOTO, DANIEL (n. en 1916). Musicólogo, crítico y poeta argentino. Editó los *Milagros de Nuestra Señora*, de Gonzalo de Berceo, y fue autor de ensayos sobre el mismo autor y sobre Federico García Lorca. Colaboró en varias revistas literarias internacionales y ejerció la docencia en Francia. *Libro de las fábulas* (1943), *Bibliografía razonada de la historia de la música* (1947), *Contribución del folclor y de la musicología a la crítica literaria* (1970).

DEWANTORO, KI HADJAR (1889-1959). Pedagogo indonesio. Miembro de una familia noble de Jogjakarta, se adhirió a la causa nacionalista frente al dominio colonial holandés. Influido por las ideas de la educadora italiana Maria Montessori y del filósofo indio Rabindranath Tagore, creó un sistema escolar en 1922, el Taman Siswra (Jardín de Estudiantes), sistema de escuelas destinadas a promover la modernización de Indonesia sobre la base del mantenimiento de la cultura autóctona.

DEWAR, JAMES (1842-1923). Químico y físico inglés que destacó por sus estudios sobre los fenómenos a baja temperatura. Diseñó el vaso que lleva su nombre, que utilizó para almacenar gases licuados.
Criología 5:14b.

DEWEY, JOHN (1859-1952). Filósofo y pedagogo estadounidense. Creador de la filosofía instrumentalista y de la escuela activa.
5:159b; Educación 5:314b; Filosofía 6:299a; Pragmatismo 12:114a; *ilustración* 5:159b.

DEWEY, MELVIL (1851-1931). Bibliotecario estadounidense que ideó el sistema de clasificación decimal Dewey para catalogar libros y documentos en bibliotecas.
Clasificación, teoría de la 4:225a.

DEWEY, SISTEMA DE CLASIFICACIÓN. Sistema jerárquico para dividir y organizar los libros y documentos de una biblioteca, según su contenido y de conformidad con un principio decimal.

DEXTRINA. Polisacárido obtenido por hidrólisis del almidón, como producto intermedio de la transformación en monosacáridos. Es una sustancia de consistencia gomosa, insípida e incolora. Utilizada como mucílago. Fórmula, $(C_6H_{10}O_5)n$.

DEXTRO (siglo V). Nummius Aemilamus Dexter, historiador español, comentarista de san Pablo. La crítica moderna le atribuye las *Quaestiones veteris et Novi Testamenti* (anteriormente asignado a san Agustín) y la *Historia universal*, dedicada a san Jerónimo), firmada por Román de la Higuera.

DEXTROSA. Dextroglucosa (d-glucosa), azúcar de uva. Es la hexosa más importante; muy frecuente en frutas y vegetales, miel, sangre y tejidos animales. Producto de la digestión de los carbohidratos. Se utiliza en forma de suero oral o intravenoso en medicina, aparte de su valor nutritivo.

DEYANIRA. Heroína de la mitología griega, hija de Altea y Eneo y hermana de Meleagro. Fue famosa por su belleza y habilidad en las artes bélicas. Por deseo de Meleagro, Heracles (Hércules) la tomó por esposa, tras vencer a Aqueloo. Por celos, ocasionó la muerte de su marido y se suicidó.

DEYECCIÓN, CONO DE. Masa de rocas disgregadas y otros materiales que se acumula en la desembocadura de los torrentes, adoptando forma de abanico.

DEZA, DIEGO DE (1443-1523). Religioso español. Perteneciente a la orden dominica, fue amigo de Cristóbal Colón (cuyos planes apoyó) y maestro y confesor del príncipe Juan, hijo de los Reyes Católicos. Ocupó el obispado de Zamora, Jaén y Palencia y fue nombrado inquisidor general en 1486. Arzobispo de Sevilla en 1504.

DEZA, LOPE DE (1546-1625). Economista y terrateniente español. Autor de tratados de economía donde combatía las prácticas usurarias en la agricultura, defendiendo los beneficios del sistema de arrendamientos enfitéuticos (de largo plazo). Precursor de la teoría de la fisiocracia. *Gobierno político de agricultura* (1618).

DEZA, PAZ DE. Tratado firmado el 18 de mayo de 1361 en la localidad soriana de Deza, por Pedro el Ceremonioso de Aragón y Pedro I de Castilla. Se acordó la devolución a la corona aragonesa de diversas plazas conquistadas. Un año después se rompió la paz como consecuencia del ataque castellano de Calatayud.

DEZHNIOV, SEMIÓN IVANOV (siglo XVII). Navegante ruso. Realizó expediciones por Siberia, bordeó sus costas y descubrió que no estaban unidas a América. El extremo oriental de la costa siberiana, al que arribó en 1648, se denominó cabo Dezhniov en su honor.

DHAKA. Capital de Bangladesh y del dist. de Dhaka. Data del primer milenio a.C. Fuerte, posadas y templos del siglo XVII. Posee más de 700 mezquitas y otros edificios religiosos. Universidad, escuelas superiores, centro de investigación nuclear, biblioteca. Industrias diversas; muselina, sedas, bordados, orfebrería. 6.105.160 hab. (1991). Antiguamente llamada Dacca.
Bangladesh 2:340a.

D'HALMAR, AUGUSTO (1882-1950). Escritor chileno. Figura destacada de la prosa del siglo XX en su país.
5:160a.

DHAMMAPADA. Libro del canon budista Pali, segundo texto del *Khuddaka Nikaya* que forma parte del *Sutta Pitaka.* En él se encuentran todos los principios y máximas dados por Buda, distribuidos en 423 estancias integradas en 26 capítulos.

DHANBAD. Ciudad de la India, cap. del dist. homónimo, en el est. de Bigar, a orillas del río Damodar. Extracción de hulla; agricultura. 151.789 hab. (1991).

DHARMA. Palabra sánscrita que se utiliza en los textos clásicos indios para hacer referencia a los más diversos caracteres jurídicos, religiosos, sociales y metafísicos de la ley. Por extensión el término se aplica bien a la religión o bien a la existencia, sometidos a la ley de la causalidad.

DHARMA-SASTRA. Compilación jurídica hindú. Establece los principios de la conducta recta en cada situación concreta. Algunos de estos principios, basados en la tradición, son la primacía de los deberes sobre los derechos, la obligación de las mujeres de someterse a sus parientes masculinos más próximos, y el deber del rey de proteger a sus súbditos. El Dharmasastra se mantiene en la India, con modificaciones legislativas modernas, y en las comunidades hindúes de otros países, como Pakistán y Malasia.

DHAULAGIRI, MONTE. Macizo montañoso del Himalaya situado en el centro del Nepal, en la cara oriental de la cuenca del Kali Gandak. Uno de sus picos, el Dhaulagiri I, se encuentra entre los más altos del mundo (8.165 m).
Himalaya 7:415a.

DHILIYIANNIS, THEÓDOROS (1826-1905). Político griego que ocupó en cinco ocasiones la presidencia del gobierno de su país durante el último cuarto del siglo XIX. Propugnaba la liberación del pueblo griego del dominio turco por medios agresivos.

D'HONDT, LEY DE. Sistema ideado por el jurisconsulto belga Victor D'Hondt para el cómputo de votos en las elecciones parlamentarias. Tiene como fin favorecer a los partidos mayoritarios y evitar la proliferación de partidos con escasa representatividad.

DHYANI-BUDDHA. Según el budismo tántrico de Mahayana y Vajrayana, cada uno de los cinco Budas supremos que existen desde el principio de los tiempos. Sus nombres específicos son Vairocana, Aksobhya, Ratnasambhava, Amitabha y Amoghasiddhi.

DIABASA. Roca endógena, de naturaleza ofítica, perteneciente a la familia de la diorita o el gabro. Color verde y asociada generalmente a minerales no perceptibles. Presente normalmente en forma alterada.

DIABETES. Término genérico con el que se designan diversas enfermedades que tienen en común el aumento de la diuresis, con pérdida urinaria de una sustancia química orgánica, en general la glucosa.
5:160a; Coma 4:288b; Hereditarias, enfermedades 7:368b; Metabolismo 10:89b; Terapia génica 14:26b; *cuadro* 5:160a; *ilustración* 5:161.

DIABETES INSÍPIDA. Enfermedad debida a carencias en la síntesis de la hormona antidiurética (ADH o vasopresina) o a un bloqueo de su acción.
Diabetes 5:160a.

DIABETES MELLITUS. Enfermedad en la que se registra una grave alteración del metabolismo de los carbohidratos (azúcares) debido a la insuficiente producción y secreción de insulina.
Ceguera 4:60a; Diabetes 5:160a; Endocrinología 5:408b.

DIABLO, ISLA DEL. Islote de la Guayana Francesa en la costa atlántica. Situada a 16 km de tierra firme, mide 1.200 m de longitud y 400 m de anchura. Antiguo penal y leprosería.

DIABLO, PEJE. Pez osteictio perciforme de la familia de los escorpénidos (*Scorpaena scrofa*). Se conoce también como gallineta.

DIABLO COJUELO, EL. Novela picaresca y satírica del escritor español Luis Vélez de Guevara (1579-1644), publicada en 1641. Un estudiante que huye de la justicia por los tejados cae a la buhardilla de un astrónomo, libera a un diablo cojo y éste, agradecido, lo traslada volando a una torre para mostrarle la realidad de la vida levantando los tejados de las viviendas.
Vélez de Guevara, Luis 14:256a.

DIABLO DE TASMANIA. Mamífero marsupial de la familia de los dasiúridos (*Sarcophilus harrisii*). Reducido a la isla que indica su nombre. Nocturno y carnívoro.

DIABLO MUNDO, EL. Poema fantástico del poeta español José de Espronceda, escrito en 1840 e inconcluso. Visión dolorosa, irónica y filosófica del mundo a través de Fabio, viejo a quien la vida sólo ha dado desilusiones. Obra representativa del romanticismo español.
Espronceda, José de 6:114b.

DIÁBOLO. Pieza de madera en forma de dos conos unidos por sus vértices que, sumergida en aceite, sirve para engrasar las correderas de las cepilladoras mecánicas y otras herramientas eléctricas.

DIACETILO. Dicetona constituida por la combinación de dos radicales metilo en torno a dos grupos carbonilo. Líquido a temperatura ambiente y levemente soluble en agua. Característico olor a mantequilla. Obtenido por hidrólisis a partir de la isonitrosocetona formada por acción del ácido nitroso sobre la metiletilcetona. También dicho biacetilo y dimetilglioxal.

DIACETONA. Dicetona, forma más sencilla de las del grupo caracterizado por el radical $-CO-CH_2-CO-$. Líquido incoloro o levemente amarillo, que oscurece ante la luz. Soluble en agua acidificada, alcohol y benceno. Forma complejos organometálicos con los metales trivalentes. Utilizado como disolvente, y sus derivados como secantes de tintas y barnices. También denominada acetilacetona.

DIACLASA. Rotura de una masa rocosa sin que se produzca desplazamiento apreciable de los bloques originados.

DIÁCONO. En la jerarquía católica, el que ha recibido el diaconado, orden inmediatamente inferior al sacerdocio. Son ordenados por los obispos y se encargan de cuidar los objetos sagrados y de leer los Evangelios.

DIACRÍTICO. Signo gráfico añadido a una letra del alfabeto para darle un valor especial. La ortografía española, por ejemplo, utiliza la tilde superpuesta a la *n* (*ñ*) para indicar la articulación nasal palatal.

DIACRONÍA. Término atribuido a Ferdinand de Saussure para designar el estudio de la lengua a lo largo de la evolución temporal o en su desarrollo histórico. Se distingue entre diacronía subjetiva, intuida por los mismos hablantes, y diacronía objetiva, establecida por los historiadores de la lengua.
Diccionario 5:176a; Lingüística 9:166b.

DIADEMA. Localidad de Brasil en el estado de São Paulo, en el sur de la aglomeración urbana de la capital. 323.116 hab. (1996).

DIADOCO. Título que ostentaron cada uno de los generales que se disputaron el desmembrado imperio de Alejandro Magno cuando éste murió en el 323 a.C.

DIADUMENO. Término griego referido a la figura de un joven tocado con la cinta de la victoria. Sirve para dar nombre a una célebre estatua del escultor griego Policleto (siglo V a.C.), realizada originariamente en bronce, de la que se conservan diversas copias en museos de Londres, Atenas y Madrid.

DIÁFISIS. Parte cilíndrica central de los huesos largos comprendida entre sus extremos o epífisis. También conocida como caña.
Hueso 8:86a.

DIAFONÍA. Interferencia acústica debida a la concurrencia en un mismo circuito telefónico de dos conversaciones, por modulación cruzada de señales. El término también se aplica a la interacción de señales de audio y vídeo en un receptor de televisión.

DIAFRAGMA (FÍSICA). En óptica, placa con un orificio para limitar la sección de un haz luminoso. En acústica, membrana capaz de vibrar.
Fotografía 6:358b.

DIAFRAGMA (MEDICINA). Músculo plano que separa el tórax del abdomen y desempeña un papel fundamental en los movimientos respiratorios.
Hernia 7:378b; Pulmón 12:207a; Respiratorio, sistema 12:348b.

DIAGÉNESIS. Procesos fisicoquímicos por los cuales los sedimentos sueltos se convierten en rocas sedimentarias.

DIAGHILEV, SERGUÉI (1872-1929). Promotor artístico ruso. Renovó la danza clásica integrando en ella coreografías, composiciones musicales y formas artísticas vanguardistas.
5:161b; Ballet 2:326b; Picasso, Pablo 11:391a; Prokófiev, Serguéi 12:161a; Rouault, Georges 13:17a; Rusia 13:69b; Stravinski, Igor 13:324b.

DIAGNÓSTICO, MÉTODOS DE. Conjuntos de medios de identificación de procesos patológicos de toda índole a partir de la valoración de los síntomas y signos que presenta el paciente.
5:162a; Bioelectrónica 3:27a; Biofísica 3:28a; Biopsia 3:46a; Ecografía 5:268a; Electrocardiograma 5:357a; Electroencefalografía 5:358b; Enfermedad 5:415a; Inteligencia artificial 8:233a; Laparoscopia 9:62a; Medicina 10:28a; Óptica, fibra 11:124a; Preventiva, medicina 12:138a; Psicopatología 12:180a; Radiología 12:250b; Resonancia magnética nuclear 12:346a; Tomografía axial computarizada 14:83b; *cuadros* 5:163; 5:164a; *ilustraciones* 5:162a; 5:163b.

DIAGNÓSTICO PRENATAL. Detección de las posibles alteraciones en el feto durante el embarazo.
5:165a; Down, síndrome de 5:237b; Ecografía 5:268a; Ginecobstetricia 7:132a; *cuadro* 5:166a; *ilustración* 5:165b.

DIAGO, FRANCISCO (h. 1562-1615). Dominico e historiador español. Catedrático de teología en conventos de su orden e inquisidor en Barcelona y Valencia, Felipe III le encargó la realización de una crónica de la corona de Aragón (1614), tarea que cumplió con precisión y abundancia de datos. *Historia de los victoriosísimos antiguos condes de Barcelona* (1603), *Anales del Reino de Valencia* (1613).

DIAGONAL. Recta que une dos vértices que pertenecen a distintas caras en un poliedro.

DIÁGRAFO. Instrumento empleado para reproducir objetos o dibujos proyectados por una cámara clara. La técnica en particular se denomina diagrafía. Aparato provisto de un prisma de reflexión que permite ver simultáneamente la imagen reflejada y la superficie sobre la cual se dibuja.

DIAGRAMA. Representación gráfica esquemática de un fenómeno determinado. Se utiliza en estadística para confrontar sobre un plano los valores combinados de dos o más variables. Se aplica en todos los ámbitos de las ciencias naturales y sociales a la representación de resultados.
Probabilidad y estadística 12:154b.

DIAGRAMA DE FASES. Esquema de las variables intensivas de los sistemas polifásicos en equilibrio que permite determinar los cambios que se producen en las fases al modificar aquéllas. Tiene gran aplicación en el estudio de aleaciones, materiales refractarios, mezclas salinas, sales hidratadas, etc.

DIAGRAMA DE FLUJO. Representación gráfica, mediante signos convencionales, del orden en que deben aparecer las instrucciones de un programa informático. Es una herramienta empleada en el diseño de aplicaciones.

DIAGRAMA FLORAL. Representación gráfica utilizada en botánica en la que, a partir de una proyección ortogonal sobre un plano, se representa por medio de líneas sencillas la disposición de los elementos florales de una planta.

DIAGUITA-CALCHAQUÍES. Pueblos amerindios que habitaban en el extremo noroeste de la actual Argentina. Hablaban la lengua cacaga y posteriormente el quechua. Practicaban una agricultura de irrigación y el pastoreo de llamas. Religión animista. Desaparecieron en el siglo XVII.
Amerindios, pueblos 1:300a.

DIALCOHOL. Compuesto químico en el que la función alcohol, es decir, el grupo funcional OH, está presente dos veces. Cuando son de cadena corta, son muy hidrosolubles y se descomponen por trasposición pinacólica. En la industria, los de mayor aplicación son los dialcoholes alfa.

DIALÉCTICA. En filosofía clásica, arte de razonar metódica y justamente. En la filosofía hegeliana y marxista, devenir del espíritu o de la historia que a una tesis contrapone una antítesis, que luego se funde con la primera en una síntesis que constituye una nueva tesis.
5:167a; Hegel, G.W.F. 7:348b; Marxismo 9:398b; Platón 12:32b; *ilustración* 5:167b.

DIALECTO. Modalidad de una lengua con léxico, sintaxis y fonética propios.
5:167b; Lenguas, clasificación de las 9:108b; *ilustración* 5:167b.

DIALECTOLOGÍA. Tratado o estudio de los dialectos, que investiga sus relaciones con los idiomas de procedencia, sus manifestaciones literarias y sus áreas geográficas de difusión.
Alemana, lengua 1:174b; Dialecto 5:167b.

DIÁLISIS. Separación de partículas coloidales y cristaloides por paso a través de una membrana semipermeable (por ejemplo, colodión o pergamino).
Ósmosis y diálisis 11:170b; Riñón 12:375b.

DIÁLOGO. En literatura, género de obras en las que el autor finge una plática o debate entre personajes reales o ficticios. El prototipo de este género lo constituye los *Diálogos* de Platón.
Novela y cuento 11:18a; Platón 12:32a.

DIÁLOGO DE LA LENGUA. Tratado filológico del humanista español Juan de Valdés (h. 1490-1541) sobre el idioma castellano, publicado en 1737. Examina cuestiones lingüísticas y ortográficas y realiza el juicio literario de varios escritores.

DIÁLOGOS. Obras del filósofo griego Platón, inspiradas en el arte mayéutica de Sócrates. Plantea un método filosófico basado en el principio de que a través de la palabra se llega al conocimiento, mediante el método de pregunta y respuesta. Estas obras se agrupan en diálogos de juventud o socráticos, diálogos de madurez y diálogos de la vejez.
Sócrates 13:287b.

DIAMAGNETISMO. Propiedad de algunas sustancias de tomar una polaridad opuesta a la magnética, esto es, que tienen susceptibilidad magnética negativa. Los materiales diamagnéticos, como el bismuto, no son atraídos por un imán, como lo es el hierro, por ejemplo. Todos los cuerpos son magnéticos o diamagnéticos.
Electromagnetismo 5:363b; Magnetismo 9:288b; Mineral y mineralogía 10:175a.

DIAMANTE (GEOGRAFÍA). Población argentina de la prov. de Entre Ríos, en la margen izquierda del Panamá. Maíz, trigo, frutas, olivos; ganadería y avicultura; industrias harineras y destilerías. 41.590 hab. (1998).
Entre Ríos 6:6b; Paraná, río 11:278b.

DIAMANTE (MINERALOGÍA). Forma alotrópica del carbono de gran pureza, por lo que es muy apreciada en joyería. Cristaliza en el sistema cúbico. Los tipos provistos de ciertas impurezas se emplean en la industria como puntas de instrumentos cortantes.
Abrasivo 1:15b; Carbono 3:376a; Mineral y mineralogía 10:176b; Piedras preciosas 11:398b.

DIAMANTE, JUAN BAUTISTA (1625-1687). Comediógrafo español. Presbítero y miembro de la orden de san Juan, sus obras, de tono ampuloso, apelan con frecuencia a las intervenciones demoníacas. Autor también de zarzuelas como *Alfeo y Aretusa, El defensor del Peñón, El honrador de su padre* (1657), *Juan Sánchez de Talavera.*

DIÁMETRO. Recta que une dos puntos de una circunferencia pasando por el centro. Equivale al doble del radio.

DIÁMETRO APARENTE. Valor del diámetro de un cuerpo celeste, diferente del diámetro real y correspondiente a la medida registrada desde un punto de observación en la Tierra.

DIANA. En el panteón romano, diosa de la naturaleza salvaje, la caza y la fecundidad. Tenía un célebre santuario en el Lacio, cerca del lago Nemi, y un templo en el Aventino de Roma. Frecuentemente se la representaba con los elementos de la caza (el arco, los perros, etc.). Identificada con la Artemisa de los griegos.

DIANA, LA. *Los siete libros de la Diana*, novela pastoril escrita en lengua castellana por el literato de origen portugués Jorge de Montemayor (h. 1520-1561). Publicada en 1559, exponía las ideas del autor con respecto al amor como tendencia de naturaleza espiritual. Obra fundamental para el desarrollo de la novela pastoril.

DIANA DE GALES (1961-1997). Princesa británica, a raíz de su matrimonio en 1981 con el príncipe Carlos, heredero al trono de Inglaterra, de quien se separó a mediados de la década de 1990.
5:168a; *ilustración* 5:168b.

DIANA DE POITIERS (1499-1566). Favorita del rey francés Enrique II. Opuesta a los protestantes, apoyó a los duques de Guisa y al condestable de Montmorency. Muerto el rey, se exilió en Roma, donde murió. Vivió en el castillo de Anet, construido por el arquitecto Philibert Delorme.

DIANDA, HILDA (n. en 1925). Compositora argentina. Cursó estudios en su país y en Europa. Profesora de composición en la Universidad de Córdoba, Argentina. Empleó música electrónica, como en *A-7* para violonchelo y cinta magnetofónica. *Díptico, Núcleos.*

DIAPASÓN. Intervalo o distancia entre notas que abarca todos los grados de la escala, es decir, la octava. Utensilio de diversos tipos que sirve para afinar los instrumentos y la voz. El diapasón de horquilla es una barra en forma de U que suministra un tono o altura fija de sonido.
Escala musical 6:28b.

DIAPIRO. Núcleo yesoso o salino que atraviesa las rocas suprayacentes, formando en ocasiones un ligero abombamiento en la estructura.

DIAPOSITIVA. Fotografía realizada en película positiva para proyectarla sobre una pantalla o para verla por un visor iluminado. Asimismo sirve para obtener copias sobre papel o separaciones de color para impresión. También llamada transparencia.
Digitalización de imagen 5:186a.

DIARIO. Periódico o publicación impresa que aparece todos los días con noticias, informaciones y comentarios de actualidad.

DIARIO DE UN SEDUCTOR. Obra del pensador danés Søren Kierkegaard (1813-1855), publicada en 1843. Relata la visión esteticista del amor que le inspiró al autor su relación en la vida real con Regina Olsen.

DIARREA. Emisión demasiado frecuente de heces líquidas o semilíquidas, debida a un defecto de reabsorción del agua por el intestino o por una infección parasitaria.

DIAS, ANTONIO (n. en 1944). Pintor brasileño. Sus obras son, fundamentalmente, relieves confeccionados con una mezcla de técnicas. En su producción criticó el régimen militar establecido en Brasil. Posteriormente derivó hacia el denominado arte conceptual.

DIAS, BARTOLOMEU (h. 1450-1500). Navegante y explorador portugués. Condujo la primera expedición europea que rodeó el cabo de Buena Esperanza (1488).
5:168b; Cabral, Pedro Álvares 3:253b.

DIAS, CÍCERO (n. en 1908). Pintor brasileño. Influido por el surrealismo, realizó obras de carácter costumbrista, con una etapa intermedia de pintura abstracta. Residió en París y Lisboa. Premio del Salón de Arte Moderno de Lisboa (1943).

DIAS, DUARTE (siglo XVI). Escritor portugués. Autor en lengua castellana de varios sonetos, un madrigal, octavas y glosas. *Varias obras en lengua portuguesa y castellana* (1592).

DIAS, GIOCONDO (1913-1987). Político brasileño. Diputado del Partido Comunista de Brasil (PCB), su vinculación a la izquierda le supuso el exilio tras el golpe militar de 1964. En 1980 sustituyó a Luís Carlos Prestes en la secretaría general de la formación comunista.

DIAS GOMES, ALFREDO DE FREITAS (n. en 1922). Dramaturgo brasileño. Uno de los principales dramaturgos del siglo XX en las letras de su país.
5:169a.

DIÁSPORA. Término de origen griego que significa dispersión y se aplica a la que han sufrido, por motivos políticos o religiosos, algunos pueblos, y en especial el judío con posterioridad a la destrucción del Templo de Jerusalén en el año 70.
Hebrea, literatura 7:344a; Judío, pueblo 8:404b.

DIÁSPORO. Mineral de hidrato de aluminio de origen metamórfico. Incoloro y transparente. Cristaliza en el sistema rómbico.

DIASTEMA. Cisura o hendidura que puede formarse entre órganos o en el centro de un órgano. El término se aplica también, en división celular, al plano central en el que se divide el citosoma o cuerpo de la célula excluido el núcleo.

DIASTEREÓMEROS. Estereoisómeros cuyas estructuras moleculares son iguales, pero difieren en la disposición absoluta de los átomos en el espacio y no presentan imagen especular como ocurre con los enantiómeros.

DIÁSTOLE. Fase de dilatación de los ventrículos del corazón, que sigue a su contracción y corresponde al llenado de éstos con la sangre procedente de las aurículas.
Cardiovascular, sistema 3:386b; Hipertensión 7:420a.

DIASTROFISMO. Conjunto de deformaciones y dislocaciones provocadas por fuerzas geológicas endógenas (del interior de la Tierra) que afectan a extensas áreas de la corteza terrestre.
Geología 7:94b.

DIATERMIA. Método terapéutico basado en las propiedades que tienen las corrientes eléctricas de alta frecuencia de elevar territorialmente la temperatura del cuerpo.
Parálisis 11:277a.

DIÁTESIS. Inclinación congénita, individual y hereditaria, a contraer una enfermedad correspondiente a un grupo patológico determinado. Fue estudiada por el médico alemán Christian Friedrich Hahnemann.

DIATOMEAS. Algas unicelulares protegidas por un caparazón de naturaleza silícea, de aspecto vítreo al microscopio. Existen múltiples especies, tanto de agua dulce como marinas.

DIATOMITA. Roca sedimentaria de color blanquecino, porosa e incoherente, formada por acumulación de caparazones silíceos de algas diatomeas. La mayoría son de origen marino, pero también se las ha encontrado en formaciones lacustres.

DIATÓNICA, ESCALA. Sucesión de tonos y semitonos ordenados correlativamente, de un grado de la escala al inmediato, compuesta por siete notas, base tradicional de la música occidental.
Escala musical 6:28b; Música, teoría de la 10:318a.

DIATRIBA. Género literario, de origen griego, en forma de diálogo y de asunto filosófico y moral entre el maestro y los discípulos. Voltaire estableció una nueva visión y concepción del género con su *Diatriba del doctor Akakia contra Maupertius* (1752).

DIÁVOLO, FRA (1771-1806). Michele Pezza, militar italiano. Comandante de una partida guerrillera que combatió a las tropas francesas que ocupaban Nápoles. Idealizado en leyendas populares, apareció en varias novelas de Alexandre Dumas, padre.

DÍAZ, ADOLFO (1874-1964). Político nicaragüense. Presidente de la república en dos ocasiones con apoyo estadounidense.
5:169b; Nicaragua 10:401a; Sandino, César Augusto 13:122a; *ilustración* 5:169b.

DÍAZ, ALIRIO (n. en 1923). Guitarrista venezolano. Especializado en música clásica, estudió con Andrés Segovia entre 1951 y 1958 en la academia de Siena y fue su asistente hasta 1964.

DÍAZ, ANTONIO (1789-1869). Militar uruguayo de origen español. Luchó contra los ingleses en Montevideo y en la guerra de la independencia con José Gervasio Artigas. Fue ministro de hacienda (1838), de guerra con Manuel Ceferino Oribe y de guerra y marina en 1858 con Gabriel Antonio Pereira.

DÍAZ, ARMANDO (1861-1928). Militar italiano. Se distinguió durante la primera guerra mundial, donde fue el artífice de las victorias del Piave y Vittorio Veneto (1918) que llevaron a la derrota de Austria. Ministro de guerra bajo Benito Mussolini (1922-1924), alcanzó el grado de mariscal en 1924.

DÍAZ, CÉSAR (1812-1858). Político uruguayo. Ministro de guerra y marina con Juan Francisco Giró, presidente interino entre 1853 y 1854. En 1856 fue derrotado por Gabriel Antonio Pereira en las elecciones a la presidencia, contra quien se levantó en armas; vencido, fue fusilado junto a sus seguidores.

DÍAZ, EUGENIO (1804-1865). Escritor colombiano. Cofundador de la revista *El Mosaico*, fue autor de novelas costumbristas. *Pioquinta o el valle de Tenza* (1863), *Bruna la carbonera* (1879-1880), *Cuadros de costumbres* (1898).

DÍAZ, FÉLIX (1833-1872). Militar mexicano. Hermano de Porfirio Díaz, participó en diversas acciones bélicas. Fue comandante militar y luego gobernador de Oaxaca. Sublevado en noviembre de 1871 contra Benito Juárez, fue hecho prisionero y fusilado.

DÍAZ, FÉLIX (1868-1945). Militar mexicano. Sobrino de Porfirio Díaz. En 1913 encabezó, junto con Bernardo Reyes, el levantamiento militar que puso fin a la presidencia de Francisco I. Madero. Pretendió la presidencia, pero Victoriano Huerta lo envió como embajador a Japón.
Madero, Francisco I. 9:272b; Mexicana, revolución 10:118a.

DÍAZ, FRANCISCO (h. 1510-1590). Médico español, fue cirujano de cámara de Felipe II. Realizó notables estudios sobre las enfermedades urogenitales. *Compendio de Chirurgia* (1575).

DÍAZ, FROILÁN (m. en 1714). Dominico español. Confesor real de Carlos II, participó en los exorcismos que se realizaron por el supuesto hechizamiento del monarca al final de su reinado. Procesado en 1700, estuvo preso en varias cárceles inquisitoriales, hasta que quedó exculpado.

DÍAZ, GONZALO (n. en 1947). Pintor chileno. De estilo innovador y vanguardista. En su obra abundan representaciones veladas, de gran significado social para el autor, pero incomprensibles para el público en general. *Banco/marco de pruebas* (1988).

DÍAZ, JIMENA. V. **Jimena Díaz.**

DÍAZ, JORGE (n. en 1930). Dramaturgo chileno. Cultivador del teatro del absurdo.
5:169b; *ilustración* 5:169b.

DÍAZ, JOSÉ (1896-1942). Dirigente obrero español. Militó primero en el sindicato anarquista Confederación Nacional del Trabajo (CNT) y luego en el Partido Comunista, donde ocupó la secretaría general entre 1932 y 1939. Después de la guerra civil se exilió en la Unión Soviética, donde murió.

DÍAZ, LEOPOLDO (1862-1947). Poeta argentino. Alternó su actividad literaria con la carrera diplomática.
5:170a.

DÍAZ, LUIS (n. en 1939). Pintor guatemalteco. Integró su pintura en composiciones arquitectónicas e intervino en muchos proyectos de este tipo en su país (plaza del Sol, Ciudad Universitaria, etc.). Premio de la Bienal de São Paulo en 1971.

DÍAZ, MIGUEL (m. h. 1515). Conquistador español. Viajó con Cristóbal Colón en su segunda travesía. Exploró la isla de La Española (Santo Domingo).

DÍAZ, PORFIRIO (1830-1915). Militar y político mexicano. Presidente de la república en 1877-1880 y 1884-1911.
5:170a; Flores Magón, Ricardo 6:331b; Lerdo de Tejada, Sebastián 9:126a; Madero, Francisco I. 9:272b; Mexicana, revolución 10:117a; México 10:132b; México, ciudad de 10:139a; Villa, Francisco 14:316b; Zapata, Emiliano 14:408b; *cuadro* 5:170a; *ilustración* 5:170b.

DÍAZ AROSEMENA, DOMINGO (1875-1949). Político panameño. Perteneciente al Partido Liberal, ocupó diversos cargos públicos. Presidente de la república en 1948, dimitió al año siguiente por motivos de salud.

DÍAZ ARRIETA, HERNÁN (1891-1983). Escritor chileno, conocido por el seudónimo Alone. Produjo obras de crítica y ensayos biográficos. Autor de *Historia personal de la literatura chilena* (1954), sobre la base de biografías y semblanzas. *Alberto Blest Gana* (1940), *Gabriela Mistral* (1946), *La tentación de morir* (1954).

DÍAZ CALLECERRADA, MARCELO (siglo XVII). Poeta español. Fue protegido de Martín Rodríguez de Ledesma, según la dedicatoria del *Endimión*, único poema suyo que se conserva, publicado en Madrid en 1627. Autor de gusto italianizante.

DÍAZ CANEJA, JUAN MANUEL (1907-1988). Pintor español. Sus obras, lindantes con el cubismo, reflejan la sencillez y luminosidad del paisaje de Castilla. Premio Nacional de artes plásticas en 1980.

DÍAZ CASANUEVA, HUMBERTO (n. en 1905). Poeta chileno. Premio Nacional de literatura por su obra poética en 1971. Representante de la lírica surrealista en su país. Residió en Europa como embajador. *El aventurero de Salsa* (1926), *El blasfemo coronado* (1940), *Sol de lenguas* (1970), *El hierro y el hilo* (1980).

DÍAZ COVARRUBIAS, JUAN (1837-1859). Escritor mexicano. Uno de los primeros que trataron de crear una literatura nacional. Murió fusilado después de la batalla de Tacubaya. *Impresiones y sentimientos* (1857), *La clase media* (1859), *El diablo en México* (1859).

DÍAZ DE ARMENDÁRIZ, LOPE (n. h. 1575). Noble español. Destacado diplomático y virrey de la Nueva España.
5:171a.

DÍAZ DE ARMENDÁRIZ, MIGUEL (siglo XVI). Administrador colonial español. Encargado de aplicar las Leyes Nuevas en Cartagena de Indias, Santa Marta y Popayán, dirimió el pleito entre los hermanos Quesada y Alonso de Lugo, reemplazando a éste por Pedro de Ursúa. Fundador de la ciudad de Pamplona, en Nueva Granada. A su regreso a España se ordenó sacerdote y murió en el ejercicio de la canongía de Sigüenza.

DÍAZ DE GAMARRA, BENITO (1745-1783). Filósofo mexicano. Perteneciente a la congregación de los filipenses, ejerció el rectorado en San Miguel el Grande (posterior San Miguel de Allende, Guanajuato), desde donde promovió actividades literarias desconocidas entonces en América. En filosofía cultivó el pensamiento de René Descartes. *Principios de la filosofía más reciente* (1774), *Errores del entendimiento humano* (1781).

DÍAZ DE GUZMÁN, RUY (h. 1560-1629). Militar de origen español, autor de la primera crónica sobre la conquista y colonización del río de la Plata.
5:171a.

DÍAZ DE HARO, LOPE (m. en 1288). Noble español. Fue nombrado mayordomo de palacio, alférez mayor del reino y conde de Haro por Sancho IV, quien, tras fuertes enfrentamientos de poder, decidió que se le diera muerte durante las cortes de Alfaro (1288).

DÍAZ DE LA VEGA, RÓMULO (1804-1877). General mexicano. Participó en las guerras contra Francia (1830), Texas (1842) y los Estados Unidos (1847). Conspiró contra Ignacio Comonfort (1857) y ocupó varios cargos en los gobiernos conservadores y en el imperio de Maximiliano.

DÍAZ DEL CASTILLO, BERNAL (h. 1492-h. 1581). Conquistador y cronista español. Autor de *Historia verdadera de la conquista de la Nueva España* (1568).
5:171b; Hispanoamericana, literatura 8:4a; López de Gómara, Francisco 9:219b; *ilustraciones* 5:171b; 5:172a.

DÍAZ DE LEÓN, FRANCISCO (1837-1903). Tipógrafo mexicano. Fundó un taller tipográfico, junto con García Icazbalceta, después de haber sido director de la imprenta oficial durante el imperio. Dedicado a labores filantrópicas, fundó un asilo de ancianos y otros centros de beneficiencia, pero murió arruinado.

DÍAZ DE LEÓN, FRANCISCO (1897-1975). Pintor y grabador mexicano. Artífice de la renovación de la estampa mexicana y destacado grabador de madera y metal. Fue profesor en la Escuela de Bellas Artes (1920-1925), director de la Escuela de Pintura de Aire Libre de Tlalpan (1925-1932) y Premio Nacional de artes (1969).

DÍAZ DE SOLÍS, JUAN (h. 1470-1516). Marino y explorador español. Sustituyó a Américo Vespucio como piloto mayor de la Casa de Contratación de Sevilla.
5:172a; Argentina 2:51b; Uruguay 14:205b.

DÍAZ DE VIVAR, RODRIGO. V. **Cid Campeador, el.**

DÍAZ DUFOO, CARLOS (1861-1941). Escritor, periodista y economista mexicano. En Madrid colaboró con Emilio Castelar en *El Globo*. Vuelto a México, escribió en varios periódicos y fundó la *Revista Azul* (1894), órgano del modernismo. Fue diputado y director de la Escuela Superior de Comercio y Administración. *Cuentos nerviosos* (1901), *La fuente del Quijote* (1930), *Sombra de mariposas* (1936).

DIAZEPAM. Nombre comercial de un tranquilizante introducido en los años sesenta, derivado de la benzodiazepina y con propiedades espasmolíticas. Su acción se efectúa por depresión del sistema nervioso central, por lo que tomado en dosis no terapéuticas puede producir coma. Es utilizado también como anestésico y en el tratamiento de estados de origen nervioso y muscular.

DÍAZ GARCÉS, JOAQUÍN (1877-1921). Ángel Pino, escritor y periodista chileno. Fue alcalde de Santiago de Chile y director de la Escuela de Bellas Artes. Colaboró en diversas publicaciones periódicas de su país. *Páginas chilenas* (1908), *Páginas de Ángel Pino* (1917), *La voz del torrente* (1921).

DÍAZ MIRÓN, SALVADOR (1853-1928). Poeta mexicano. Marcó, dentro de un tono muy personal, la transición del romanticismo al modernismo.
5:172b.

DÍAZ ORDAZ, GUSTAVO (1911-1979). Político mexicano. Presidente de la república de 1964 a 1970.
5:173a; México 10:134a.

DÍAZ PIMIENTA, FRANCISCO (1594-1652). Marino español. Perteneciente a la orden de Santiago, fue nombrado almirante de la Real Armada de las Indias en 1641. Reconquistó la isla de Santa Catalina, que había sido capturada por los ingleses. Intervino en los sitios de Rosas y Lérida, durante la guerra de Orbitelo, y fue asesor de Juan José de Austria en 1647, a quien acompañó a Nápoles. Su última intervención fue en el sitio de Barcelona (guerra de Cataluña) en 1652.

DÍAZ-PLAJA, GUILLERMO (1909-1984). Ensayista y crítico literario español. Premio Nacional de Literatura en 1935 por *Introducción al estudio del romanticismo español*. Autor de múltiples ensayos literarios. Cultivó también la poesía. *El espíritu del barroco* (1941), *El oficio de escribir* (1969), *En torno a Cervantes* (1977).

DÍAZ PORLIER, JUAN (1788-1815). Militar y guerrillero español. Durante la invasión francesa intervino en numerosas acciones, entre las que destacó la conquista de Aguilar de Campoo. Tomó León e intervino en la reconquista de Santander y en la batalla de San Marcial. Apoyó el constitucionalismo liberal y murió ahorcado por conspirar contra el gobierno absolutista de Fernando VII.

DÍAZ RODRÍGUEZ, MANUEL (1871-1927). Escritor venezolano. Autor de estilo modernista y esteticista.
5:173a; Venezuela 14:270a.

DÍAZ SÁNCHEZ, RAMÓN (1903-1968). Escritor y periodista venezolano. Sus obras tratan preferentemente del conflicto social que provoca la presencia extranjera en su país. Director de la oficina nacional de prensa, fue Premio Nacional de literatura en 1951. *Mene* (1936), *Cumboto* (1950), *Guzmán, eclipse de una ambición de poder* (1950), *Paisaje histórico de la literatura venezolana* (1965).

DÍAZ SOTO Y GAMA, ANTONIO (1874-1967). Abogado y político mexicano. Fue profesor en la Universidad Nacional. Se opuso a Porfirio Díaz y se adhirió al movimiento agrarista de Emiliano Zapata. En 1920 fundó el Partido Nacional Agrarista, que dirigió.

DÍAZ VALCÁRCEL, EMILIO (n. en 1929). Novelista y cuentista puertorriqueño. Crítico con la colonización cultural de su país por los Estados Unidos. *Proceso en diciembre* (1963), *Figuraciones en el mes de marzo* (1972), *Mi mamá me ama* (1981).

DÍAZ VILLAMIL, ANTONIO (1897-1948). Escritor boliviano. Autor de novelas y obras teatrales, marcadas por la preocupación social, a partir de recreaciones de temas populares o históricos. *La hoguera* (1924), *Leyendas de mi tierra* (1929), *La niña de sus ojos* (1948).

DIBUJO. Arte de crear formas mediante líneas o trazos sobre una superficie que generalmente es el papel.
5:173b; *ilustraciones* 5:173b; 5:174a-b.

DIBUJOS ANIMADOS. V. **Animación.**

DICASTERIO. Cada una de las divisiones del tribunal de los heliastas en la antigua Atenas. Sus integrantes –500 en cada año– representaban al pueblo y su juicio no admitía apelación.

DI CAVALCANTI, EMILIANO (1897-1976). Pintor brasileño. Autor de una obra expresionista de contenido profundamente popular. *Cinco muchachas de Guaratinguetá, Carnaval, Pan nuestro.*
5:175a; *ilustración* 5:175a.

DICCIONARIO. Libro en que por orden comúnmente alfabético se contienen y explican las voces de uno o más idiomas, o las de una ciencia, disciplina o materia determinada.
5:175b; Covarrubias, Sebastián de 4:419a; Enciclopedia 5:402a; *ilustraciones* 5:176a.

DICENTA, JOAQUÍN (1863-1917). Escritor español. Autor de artículos periodísticos y libretos de zarzuelas, destacó, sin embargo, como dramaturgo, dentro de una línea de corte romántico, pero con un marcado interés por los problemas sociales. *El suicidio de Werther* (1888), *Juan José* (1895), *El lobo* (1914).

DICIEMBRE. Duodécimo y último mes del año según los calendarios juliano y gregoriano. Tiene 31 días.

DICKE, ROBERT HENRY (n. en 1916). Físico estadounidense. Profesor de física en la Universidad Princeton y profesor emérito de la misma desde 1984. En 1964 predijo la radiación de fondo del universo. Realizó también importantes estudios sobre la gravedad.

DICKENS, CHARLES (1812-1870). Novelista británico. Uno de los máximos exponentes de la novelística realista inglesa durante el siglo XIX.
5:177a; Británica, literatura 3:182b; Humor, literatura de 8:98a; Realismo 12:280b; *cuadro* 5:177b; *ilustración* 5:177b.

DICKINSON, EMILY (1830-1886). Poetisa estadounidense. Trató temas profundos con gran lirismo y realizó experimentos con los ritmos y las rimas.
5:178a; Estadounidense, literatura 6:150a.

DICLOROBENCENO. Grupo de derivados dihalogenados clorados del benceno, que incluye las variedades isoméricas orto, meta y para. Líquido, soluble en alcohol. Utilizado como disolvente de ceras e insecticida.

DICLOROBUTANO. Derivado dihalogenado del butano, normalmente obtenido a partir de la N-benzoilpirrolidina.

DICLOROETANO. Halocarburo saturado obtenido por dicloración del etano. Líquido pesado de olor agradable, miscible con el cloroformo. Utilizado como disolvente. También dicho cloruro de etileno y cloruro de etilideno.

DICLOROFENOXIACÉTICO, ÁCIDO. Ácido industrial preparado a partir del 2,4-diclorofenol y ácido monocloroacético en solución acuosa de hidróxido de sodio. Herbicida. Usado para aumentar la producción de látex de los ejemplares viejos de árboles del caucho. Irritante. Produce molestias gastrointestinales.

DICOTILEDÓNEAS. Grupo de plantas superiores pertenecientes a las angiospermas cuyo embrión posee dos cotiledones o esbozos foliares.
Angiospermas 1:354b; Cacto 3:259a; Leguminosas 9:97a; Semilla 13:197a.

DICROÍSMO. V. **Pleocroísmo.**

DICTADURA. Forma de organización política en la que el poder es ejercido de forma absoluta por una persona o un pequeño número de personas.
5:178a; Absolutismo 1:16b; Censura 4:75b; Políticos, sistemas 12:66a; *ilustraciones* 5:178; 5:179b.

DICTÁFONO. Dispositivo empleado para el registro de mensajes de voz en una cinta magnética.
Ofimática 11:83a.

DÍCTAMO. Planta arbustiva de la familia de las labiadas (*Origanum dictamnus*). Ramas y hojas vellosas, y flores moradas en espiga. Semejante al orégano. Utilizada en medicina como vulneraria. Ornamental.

DIDACHÉ. Tratado de enseñanza para los catecúmenos, probablemente del siglo II d.C., hallado en Constantinopla en 1873 por el metropolitano Philotheos Bryennios y publicado en 1883, que describe lo esencial de la doctrina y el ritual cristianos. También es conocido como *Instrucción del Señor a los gentiles por medio de los doce apóstoles.*

DIDÁCTICA. Ciencia, técnica o arte de los recursos que facilitan el aprendizaje. Al estar íntimamente unida a otras partes de la educación, no suele ser considerada como ciencia independiente.
Ciberespacio 4:173b; Educación 5:319a; Multimedia 10:296a.

DIDÉLFIDOS. Familia de mamíferos marsupiales. Cola prensil y pies con cinco dedos muy separados entre sí. Bolsa marsupial característica, a veces formada por dos simples pliegues a ambos lados del abdomen. Originaria de América del norte.
Marsupiales 9:389a.

DIDEROT, DENIS (1713-1784). Escritor, enciclopedista y filósofo francés. Figura clave del pensamiento ilustrado del siglo XVIII.
5:180a; Actor y actuación 1:41b; Enciclopedia 5:402b; Filosofía 6:297b; Francesa, literatura 6:372a; Ilustración 8:130a; Rousseau, Jean-Jacques 13:28a; *cuadro* 5:180a; *ilustraciones* 5:180; 8:129b.

DÍDIMA. Antigua ciudad del Asia menor, no lejos de Mileto, donde había un célebre oráculo del dios Apolo. La ciudad fue saqueada y quemada por los persas hacia el 494 a.C. Tras la conquista de Mileto por Alejandro Magno, el oráculo fue de nuevo consagrado y hacia el 300 a.C. se construyó un nuevo templo. La ciudad fue excavada entre 1905 y 1930.

DÍDIMO EL CIEGO (h. el 313-h. el 398). Teólogo cristiano. Conocido también como Dídimo de Alejandría, quedó ciego desde temprana edad y fue director de la escuela alejandrina (340-395). Apoyó a Orígenes y se opuso a la doctrina arriana. Se conserva una parte muy pequeña de su obra. *Sobre el Espíritu Santo, Sobre la Trinidad* (381 a 392).

DIDIO JULIANO (h. el 135-193). Senador romano que se proclamó emperador con el único respaldo de la guardia pretoriana. Poco después fue sustituido por Septimio Severo, que contaba con el apoyo de las legiones.

DIDO. Legendaria princesa fenicia de Tiro, esposa de Sicarbas y hermana de Pigmalión. Según la leyenda, fue fundadora y reina de Cartago. Sus amores con Eneas fueron narrados por Virgilio en la *Eneida.* También se la conoce como Elisa.
Eneida 5:409a.

DIDOT, FAMILIA. Editores y libreros franceses del siglo XVIII. Destacaron François (1689-1757), quien creó la primera librería y la primera imprenta de la familia; su hijo François-Ambroise (1730-1804), inventor de la prensa de golpe, el tipómetro, el punto tipográfico y el cícero; y el nieto de este último, Firmin (1764-1836), quien reinventó la estereotipia e hizo las primeras ediciones estereotípicas.

DIEDRO. También denominado ángulo diedro, es la porción de espacio comprendida entre dos semiplanos que se unen mediante una recta común.

DIEFENBAKER, JOHN G. (1895-1979). Político canadiense. En 1956 fue elegido presidente del Partido Conservador y de 1957 a 1963 fue primer ministro, rompiendo con 22 años de mandato del Partido Liberal. Mantuvo políticas de carácter conservador en un período de prosperidad.

DIEGO, ELISEO (1920-1994). Poeta cubano. Uno de los representantes más notables del grupo de la revista *Orígenes.* Autor también de ensayos y cuentos. *Calzada de Jesús del Monte* (1949), *El oscuro resplandor* (1966), *Versiones* (1970).

DIEGO, GERARDO (1896-1987). Poeta español. Figura destacada de la generación poética del 27.
5:181a; Veintisiete, generación del 14:249b.

DIEGO, JOSÉ DE (1866-1918). Abogado, político y poeta puertorriqueño. En 1910 fue presidente de la Cámara de los Delegados y destacó en la lucha por la independencia de su país frente a los Estados Unidos. Escribió poesía de carácter social y político y obras en prosa. Fundó el periódico *La República* y dirigió *El Liberal. Jovillos* (1916), *El plebiscito puertorriqueño* (1918), *Cantos de rebeldía y cantos de Pitirre* (1949).

DIEGO GARCÍA. Atolón de coral en el sur del océano Índico. El más extenso y meridional del archipiélago de Chagos, dependencia británica. Copra. 27 km². A fines de la década de 1970 se estableció allí una base estadounidense de comunicaciones militares.

DIEGO JOSÉ DE CÁDIZ, BEATO (1743-1801). Religioso español. Célebre por los sermones que predicó en toda España y que lo convirtieron en el orador más popular de la península en el siglo XVIII. Fue beatificado en 1894. Entre sus obras morales y colecciones de sermones destacan: *El soldado católico en guerra de religión, Colección de consultas graves, Dictado sobre asunto de comedias y bailes,* etc.

DIEGO O DIEGUILLO (siglo XVII). Filibustero cubano, conocido como el Capitán. Famoso por su intervención en el ataque a los galeones españoles en la bahía de Matanzas el 8 de septiembre, se dedicó a la piratería con el holandés Jolls (Pata de Palo), de quien fue contramaestre.

DIEGO RAMÍREZ. Grupo de islas chilenas al sudoeste del cabo de Hornos, en el extremo meridional de América. Faro. 4,5 km². 6 hab.

DIEGUEÑOS. Pueblo indígena estadounidense integrado en el grupo central de los indios yuma.

DIEGUES, CACÁ (n. en 1940). Carlos Diegues, director cinematográfico brasileño. Su obra alterna temas urbanos y rurales, caracterizados por una gran libertad de creación. *La gran ciudad* (1966), *Los herederos* (1970), *Lluvias de verano* (1978), *Días mejores vendrán* (1990).

DIELDRINA. Compuesto que contiene al menos un 85% de un compuesto clorado de fórmula $C_{12}H_8OCl_6$. Insecticida que combina la persistencia del DDT con la eficacia del hexacloruro de gamma-benceno.

DIELÉCTRICOS. Sustancias o materiales que actúan como aislantes frente al paso de la corriente eléctrica. En ellos se produce sólo un ligero desplazamiento de las cargas positivas y negativas en direcciones opuestas. Son dieléctricos el aire, la mica, la porcelana, etc.
Electricidad 5:354a.

DIELECTROTERMIA. Calentamiento de un material aislante debido a sus propias pérdidas eléctricas (dieléctricas) cuando es colocado en un campo electrostático variable. El material se coloca entre dos placas conectadas a un oscilador de 2-90 MHz. El calor se genera dentro del material.

DIELS, OTTO PAUL HERMANN (1876-1954). Químico alemán. Premio Nobel de química en 1950 junto con Kurt Alder por su trabajo sobre la síntesis de los dienos, y entre ellos el butadieno, fundamental para la fabricación del caucho sintético («buna»).

DIEMEN, ANTHONY VAN (1593-1645). Almirante y político holandés. Fue administrador colonial y gobernador general de las Indias Orientales de 1636 a 1645, consolidando el imperio de su país en aquella zona.

DIEN BIEN PHU. Localidad de Vietnam, en la prov. de Lai Chau, situada sobre una colina en la llanura que se extiende entre el río Rojo y el Mekong. Último enclave francés en Indochina, escenario de una batalla entre la guarnición francesa y el Vietminh desde diciembre de 1953 hasta mayo de 1954, fecha en que los franceses se rindieron. Su derrota marcó el fin de la guerra.
Vietnam 14:312a; Vietnam, guerra de 14:313b.

DIENCÉFALO. Masa encefálica situada en la base del cerebro, cerca del tercer ventrículo. División posterior del prosencéfalo o porción anterior de la vesícula cerebral del embrión. Compuesto por epitálamo o zona exterior; hipotálamo, responsable de las funciones vegetativas; y tálamo, que rige los movimientos automáticos.
Cerebro 4:87a.

DIENTE. Cada uno de los elementos duros, orgánicos y minerales, implantados en los alvéolos de los maxilares, que desempeñan el papel principal en la masticación.
5:181a; Salud 13:102b; *cuadro* 5:182; *ilustraciones* 5:181b; 5:182a.

DIENTE DE LEÓN. Planta herbácea vivaz de la familia de las compuestas (*Taraxacum officinale*). Dicotiledónea. Hojas basales en forma de roseta. Flores reunidas en capítulos amarillos y fruto en aquenio, provisto de un vilano plumoso para facilitar su dispersión por el viento.
Medicinales, plantas 10:33a; *ilustración* 10:33a.

DIENTES DE LECHE. Piezas dentales de la primera dentición. En número de 20 (ocho incisivos, cuatro caninos y ocho molares), aparecen gradualmente en el niño desde los cinco o seis meses hasta los tres años. Son reemplazados por los permanentes.

DIEPPE. Ciudad y puerto de Francia, dep. Seine-Maritime, reg. de Alta Normandía, en el canal de la Mancha. Castillo del siglo IV, hoy museo. Casino. Astilleros, refinería de petróleo, pesquerías. 35.658 hab. (1982).

DIÉRESIS. También llamada crema, signo ortográfico (..) que se coloca sobre determinadas letras para modificar su sonido. En castellano se pone sobre la *u* de las sílabas *güe, güi* para indicar que esta letra debe pronunciarse.

DIESBACH, CASA DE. Familia alemana de comerciantes de Berna. Hizo una gran fortuna a principios del siglo XV, adquiriendo parte de los señoríos de Diesbach. Uno de sus miembros más destacados fue Niklaus von Diesbach (1430-1475), representante de la Confederación Suiza ante la corte de Luis XI de Francia.

DIESEL, CICLO. Conjunto de cuatro procesos que se suceden en un motor de combustión interna: admisión, compresión, combustión, expulsión. La diferencia con el motor de gasolina es que la combustión es espontánea gracias a la alta temperatura debida a la elevada compresión.

Motor 10:280a.

DIESEL, MOTOR. Sistema de combustión interna que funciona con gasóleo u otros aceites pesados, inventado por Rudolf Diesel en 1890. Es de gran aplicación en los barcos, pero también en los camiones y en los automóviles, debido al menor costo del combustible.

Automóvil 2:241b; Diesel, Rudolf 5:183a; Embarcación 5:386b; Ferrocarril 6:274b; Motor 10:280b.

DIESEL, RUDOLF (1858-1913). Ingeniero alemán, inventor del motor de combustión interna de gasóleo.

5:183a; *ilustración* 5:183a.

DIESTE, ELADIO (1917-2000). Ingeniero uruguayo. Dedicado a la investigación arquitectónica, desde 1948 trabajó en revestimientos cerámicos, si bien antes de esta fecha ejerció como diseñador de máquinas y constructor de puentes. Autor de la iglesia de la estación atlántica en Canalones (1958) y de la de San Pedro en Durazno (1969-1971).

DIESTE, RAFAEL (1899-1981). Escritor español. Cultivó diversos géneros en lengua gallega y en castellano. Colaboró en la revista republicana *Hora de España. Los archivos del diablo* (1926), *Viaje, duelo y perdición* (1948), *El alma y el espejo* (1981).

Gallega, literatura 7:25a.

DIETA (ALIMENTACIÓN). Control de la alimentación que se realiza con fines higiénicos o terapéuticos.

Gestación y parto 7:119a; Obesidad 11:61a; Salud 13:102a.

DIETA (HISTORIA). Nombre con que se conoció la asamblea del Sacro Imperio Romano germánico, desde el siglo XII hasta 1806. Esta denominación se volvió a utilizar en 1871 para Alemania y se abandonó tras la segunda guerra mundial.

DIETÉTICA. Rama de la medicina que se ocupa del estudio de los regímenes alimentarios, como medida preventiva o terapéutica.

Caloría 3:291a; Nutrición 11:56b.

DIETRICH, MARLENE (1904-1992). Maria Magdalena von Losch, actriz cinematográfica estadounidense de origen alemán. Alcanzó renombre con *El ángel azul* (1930), cuyo director, Josef von Sternberg, la lanzó artísticamente en los Estados Unidos. Mostró decidida oposición al régimen nazi alemán. *Marruecos* (1930), *Fatalidad* (1931), *El expreso de Shanghai* (1932), *Sed de mal* (1958). Fue también destacada cantante.

Sternberg, Josef von 13:302b.

DIEZ, FRIEDRICH (1794-1876). Filólogo alemán. Estudioso de las lenguas romances, su metodología histórica dio un notable impulso a la lingüística comparada. *La poesía de los trovadores* (1826), *Gramática de las lenguas románicas* (1836-1844), *Diccionario etimológico de las lenguas románicas* (1853).

Etimología 6:178b.

DIEZ, GRUPO DE LOS. Agrupación, creada en 1962, de los diez principales países industrializados del mundo con economía de mercado (Estados Unidos, Alemania, Reino Unido, Francia, Japón, Italia, Países Bajos, Bélgica, Suecia y Canadá), a los que se añadió en 1985 Suiza.

DIEZ, LOS. Asociación y revista fundada en 1915 por el escritor chileno Pedro Prado, para estimular la producción literaria de su país.

DÍEZ, LUIS MATEO (n. en 1942). Escritor español. *La fuente de la edad* (1986), *Camino de perdición* (1995), *El paraíso de los mortales* (1998).

DÍEZ, MARIANO (1796-1867). Independentista venezolano. Luchó en defensa de la república, en 1811, y en 1821 participó en la revolución de independencia dominicana. De regreso a su país, intervino en varias batallas contra los realistas. Fue nombrado teniente de artillería en 1827 por Simón Bolívar y en 1864 general de brigada tanto en Venezuela como en la República Dominicana.

DÍEZ-ALEGRIA, FAMILIA. Linaje de militares y religiosos españoles que desempeñó un notable papel en la transición a la democracia tras la muerte del general Francisco Franco. Manuel (1906-1987) fue jefe de estado mayor y su interpretación profesional del ejército lo llevó a participar activamente en el proceso democratizador español. Su hermano Luis (n. en 1909) fue director de la guardia civil y jefe de la casa militar de Francisco Franco. José María (n. en 1911), hermano de los anteriores, entró a formar parte de la Compañía de Jesús y adoptó posiciones de compromiso social con los más necesitados.

DÍEZ BARROSO, VÍCTOR MANUEL (1890-1936). Dramaturgo mexicano. En sus primeras obras tendió a adaptarse a las corrientes culturales de la época. A partir de la década de 1920 se observa la influencia ejercida en el autor por las teorías freudianas. *Comedias* (*Entre cuentos, La muñeca rota, Niños;* 1914), *Las pasiones mandan* (1925), *Siete obras en un acto* (1935).

DÍEZ-CANEDO, ENRIQUE (1879-1945). Poeta, traductor y crítico literario español. Desempeñó la crítica artística y literaria en el periódico *El Sol*. Fue miembro de la Real Academia y profesor de la escuela de idiomas. Se exilió en México al término de la guerra civil. *Versos de las horas* (1906), *Los dioses del Prado* (1931).

DÍEZ-CANEDO, JOAQUÍN (1917-1999). Editor hispano-mexicano. Exiliado en México al terminar la guerra civil española, estudió en la Universidad Nacional Autónoma de México, trabajó en el Fondo de Cultura Económica y fundó la editorial Joaquín Mortiz, donde dio a conocer a decenas de jóvenes escritores mexicanos.

DÍEZ CANSECO, JOSÉ (1904-1949). Novelista peruano. Autor generalmente de narraciones cortas en las que, a partir de un tratamiento realista de los asuntos, refleja la vida urbana de las ciudades peruanas. *Suzy* (1929), *Estampas mulatas* (1931), *Duque* (1934).

DÍEZ CANSECO, PEDRO (1815-1893). Militar y político peruano. Ocupó tres veces de forma interina la vicepresidencia del país y fue presidente provisional en 1863. Organizó las revueltas de 1865 y 1867. En 1868 devolvió el poder al presidente constitucional José Baltá.

DÍEZ DE LA CALLE, JUAN (siglo XVII). Funcionario español. Ocupó un cargo destacado en el Consejo de Indias, lo que le permitió publicar un conjunto de volúmenes dedicados a los hechos acaecidos en las audiencias de Santo Domingo, la ciudad de México, Guadalajara y Santiago de Guatemala, ampliándolos ocho años más tarde al Perú. *Memorial y noticias sacras y reales del imperio de las Indias occidentales* (1646).

DÍEZ DE MEDINA, CLEMENTE (1777-1848). Patriota boliviano. Capitán de las tropas españolas, se sublevó en La Paz en 1809 en demanda de independencia. Derrotado, fue condenado al destierro. Regresó en 1810 y encabezó una nueva rebelión. Se unió a las tropas de José de San Martín.

DÍEZ DE MEDINA, EDUARDO (1881-1955). Poeta, escritor y político boliviano. Abogado y profesor de derecho internacional público, además de embajador en varios países, fue ministro de relaciones exteriores. Formuló la doctrina que lleva su nombre sobre neutralidad y negoció, entre otros, el tratado del Chaco (1938). *Paisajes criollos* (1919), *La cuestión del Pacífico y la política internacional de Bolivia* (1923), *De un siglo a otro* (1955).

DÍEZ DE RIVERA, ILDEFONSO (1777-1846). General y político español, conde de Almodóvar. Intervino en la batalla de Trafalgar y en la guerra de la independencia. Afiliado al Partido Progresista, fue acusado de liberal y de pertenecer a la masonería, lo que le valió ser encerrado en Valencia por la Inquisición, de donde salió gracias a la revolución de 1820. Fue capitán general de Valencia, diputado, ministro de guerra en 1835 y 1836, y ministro de estado durante la regencia de Baldomero Espartero.

DÍEZ DE SOLLANO, JOSÉ M. DE J. (1820-1881). Filósofo y sacerdote mexicano. Fue profesor y rector de la Universidad Pontificia, y primer obispo de León. Destacado representante del movimiento neoescolástico mexicano.

DIEZMO. Prestación que pagaban los fieles a la iglesia para ayudar a la subsistencia del culto y sus ministros. Solía representar una décima parte de los frutos de la cosecha y el ganado. Su origen se atribuye al ofrecimiento de Abraham a Melquisedec durante la guerra de la Pentápolis. En la iglesia de occidente empezó a aplicarse a partir del 581. Los países protestantes lo eliminaron con la Reforma, Francia en 1789, y las demás naciones católicas en el siglo XIX.

DIFAMACIÓN. Acción de difundir, por escrito o de palabra, afirmaciones que pueden afectar negativamente a la fama de una persona o a la opinión que se tiene de ella.

DIFENOL. Fenol derivado del benceno en el que dos átomos de hidrógeno se han sustituido por dos radicales oxidrilo. Según que la posición ocupada por ellos sea orto, meta o para, se forman los tres difenoles conocidos: pirocatequina, resorcina e hidroquinona. Tienen un carácter más ácido que los monofenoles y son más alterables al aire y la luz.

DIFERENCIA. En la operación de sustracción, número que resulta después de restar el sustraendo al minuendo.

DIFERENCIACIÓN CELULAR. Modificación progresiva de las características biológicas de las células a lo largo del desarrollo hasta alcanzar su estado funcional definitivo.

Crecimiento 5:1a.

DIFERENCIAL. Mecanismo que se usa en los automóviles para que, en las curvas, la rueda motriz que ha de recorrer el arco de mayor longitud gire con más velocidad que la otra.

Automóvil 2:242b.

DIFERENCIAL, CÁLCULO. Rama de las matemáticas cuyo objeto de estudio es la diferenciación de las funciones o cálculo de las derivadas que corresponden a las mismas.

Cálculo 3:268b; Matemáticas 9:406a.

DIFRACCIÓN. Perturbación de la propagación rectilínea de una onda originada por la acción de un obstáculo. Impide la propagación de ondas elementales.

Acústica 1:55a; Luz 9:254a; Mecánica ondulatoria 10:20a; Onda 11:109a.

DIFTERIA. Enfermedad infecciosa y contagiosa aguda, debida al bacilo de Klebs-Löffler, caracterizada por la aparición de una angina blanca con complicaciones cardiacas y neurológicas.

Otorrinolaringología 11:182b; Pediatría 11:315b.

DIFUSIONISMO. Corriente de pensamiento antropológico imperante a fines del siglo XIX y comienzos del XX. Opuesta al evolucionismo, explicaba los cambios y progresos culturales por su trasposición y migración desde su lugar de invención hasta los grupos sociales restantes.
Antropología 1:403a.

DIFUSIÓN TÉRMICA. Fenómeno termodinámico por el que las partículas más pesadas de una mezcla gaseosa no isoterma tienden a concentrarse en las regiones más frías del sistema. Empleado como método de separación de isótopos, en especial uranio.
Petroquímica 11:384b.

DIFUSOR. Conducto utilizado en mecánica de fluidos para reducir la velocidad y aumentar la presión de circulación de los líquidos y los gases.

DIGAMBARA. Secta jainista cuyos miembros rechazan todo tipo de propiedad, incluso los vestidos. Junto con los Svetambara, constituyen la principal rama del jainismo.
Monasterios y conventos 10:225b.

DIGENIS AKRITAS. Poema épico bizantino. De autor desconocido narra las luchas entre árabes y bizantinos y la vida del héroe Digenis. La versión más antigua de las conservadas es del siglo XIII.
Griega, literatura 7:222a.

DIGESTIÓN. Transformación de los alimentos en sustancias químicas simples, capaces de pasar a la circulación y ser asimiladas por el organismo.
Digestivo, aparato 5:183b; Nutrición 11:55b.

DIGESTIVO, APARATO. Conjunto de partes y órganos (boca, esófago, estómago e intestino) que intervienen en el proceso de la digestión.
5:183b; Anfibios 1:348a; Animal 1:367a; Arácnidos 2:14a; Artrópodos 2:138a; Ave 2:250a; Crustáceos 5:32a; Estómago 6:158b; Gastroenterología 7:57a; Hígado 7:408a; Insectos 8:222a; Intestino 8:241b; Mamíferos 9:316b; Moluscos 10:218a; Páncreas 11:251a; Peces 11:311a; Úlcera 14:173b; Vertebrados 14:282b; *ilustración* 5:184a.

DIGESTO. En derecho romano, recopilación metódica del derecho. Por antonomasia se designa así la que mandó hacer Justiniano y que se elaboró con textos de tratados de derecho, de comentarios sobre edictos de magistrados y de las respuestas ofrecidas por los juristas a quienes los consultaban; también llamado Pandectas.
Ulpiano 14:175a.

DIGESTOR. Aparato utilizado para la disolución de las sustancias orgánicas y la extracción de sus principios inmediatos. Especie de autoclave en el que se cuecen rápidamente las materias orgánicas.

DIGITAL (BOTÁNICA). Planta herbácea bienal de la familia de las escrofulariáceas (*Digitalis purpurea*). Dicotiledónea. Hojas ovaladas y alargadas, flores con forma de dedal y agrupadas en racimos. Se denomina también dedalera y es tóxica.

DIGITAL (MATEMÁTICAS). Denominación aplicada en informática a las computadoras (ordenadores) que utilizan cantidades discretas, expresadas en un sistema numérico dado, binario, decimal, etc.

DIGITALINA. Glucósido heteróxido obtenido de la planta llamada digital. Utilizado bajo un estricto control médico en cardiología, en forma cristalina anhidra, una dosis superior a 1 mg es un potente tóxico. Fue obtenido en 1868 por el farmacéutico francés Claude Nativelle en estado cristalino puro y su acción es selectiva sobre el músculo cardiaco.

DIGITALIZACIÓN DE IMAGEN. Tecnología de conversión de los impulsos luminosos reflejados por las imágenes en series de secuencias de código binario, con el fin de grabarlas y reproducirlas mediante equipos digitales, como las computadoras.
5:185b; Imprenta y artes gráficas 8:134a; *ilustraciones* 5:186a.

DIGITALIZADOR DE VÍDEO. Dispositivo electrónico que recoge un impulso audiovisual y lo convierte en una señal binaria apta para su procesamiento directo por medios informáticos.
Digitalizador de imagen 5:187a.

DÍGITO. Signo con que se simboliza cada uno de los números básicos que componen un sistema de numeración.

DIGITOPUNTURA. Naturoterapia de origen oriental consistente en el masaje con los dedos sobre los puntos de acupuntura para eliminar las acumulaciones de energía en el organismo y restablecer su equilibrio.
Acupuntura 1:52b; Naturopatía 10:359b.

DIGLOSIA. Bilingüismo, en especial cuando una de las dos lenguas habladas en un área geográfica goza de privilegios sociales o políticos.

DIHIGO Y MESTRE, JUAN MIGUEL (1866-1952). Filólogo cubano. Participó en la lucha por la independencia de su país. Profesor en la Universidad de la Habana, creó el laboratorio de fonética experimental y el instituto pedagógico para maestros. En 1950 fue director del archivo universitario. *Reparos etimológicos al diccionario de la lengua española, El habla popular a través de la literatura cubana, Léxico cubano.*

DIJON. Ciudad de Francia, cap. del dep. Côte d'Or y de la reg. de Borgoña, a orillas del río Ouche y del canal de Borgoña. Palacio medieval, hoy ayuntamiento y museo. Universidad. Industrias varias. 149.867 hab. (1999).
Borgoña 3:115a.

DIK-DIK. Mamífero artiodáctilo rumiante de la familia de los bóvidos, perteneciente a los géneros *Rhynchotragus* y *Madoqua*. Es uno de los antílopes más pequeños que existen, de tamaño no mayor que el de una liebre. Vive en las sabanas de África.
Antílope 1:393a.

DIKTONIUS, ELMER (1896-1961). Escritor y músico finlandés. Autor en lengua sueca, participó en los círculos vanguardistas surgidos en Finlandia en el período de entreguerras y escribió preferentemente obra poética. Fundador de la revista *Ultra* (1922). *Cantos duros* (1922), *Carbón fósil* (1927), *Hierba y granito* (1936).

DILACERADOR. Máquina de trituración usada en el saneamiento de aguas residuales, empleada como paso previo al tratamiento con depuradoras.

DILATACIÓN. Aumento del espacio que ocupa un cuerpo en todas o algunas de sus dimensiones, por la acción del calor. Puede ser lineal, superficial y cúbica.
Física 6:313b.

DILATACIÓN, COEFICIENTE DE. Incremento relativo de las dimensiones de un cuerpo cuando su temperatura aumenta un grado. En los cuerpos isótropos, toma igual valor en todas las direcciones.

DILATACIÓN DE LA PUPILA. V. **Midriasis.**

DILEMA. En general, oposición de dos supuestos, de los cuales, si uno es verdadero, el otro se ha de considerar falso. En sentido estricto es un argumento en forma de silogismo disyuntivo y condicional.

DILI. Capital de Timor Oriental, al nordeste de la isla de Timor. Escenario en 1999 de graves matanzas por parte de las milicias proindonesias tras el referéndum de autodeterminación que decidió la separación de Indonesia. 60.150 hab. (1980).

DILIGENCIA. Carruaje grande que se dedicaba al transporte regular de viajeros, arrastrado por varias caballerías y dividido en dos o tres departamentos. Había dos tipos de diligencia: la grande, con tres departamentos, y la pequeña, con sólo dos departamentos.

DILLINGER, JOHN (1903-1934). Asaltante de bancos estadounidense. Durante su corta vida de robos y huidas, de junio de 1933 a julio de 1934, se forjó una enorme fama.

DILLON, JOHN (1851-1927). Político irlandés, líder del Partido Nacionalista. Fue íntimo colaborador del más destacado nacionalista de Irlanda, Charles Stewart Parnell, aunque luego rompió con él. Protestó enérgicamente contra la dura represión inglesa después del levantamiento de Pascua en 1916 en Dublín.

DILMUN. Antiguo reino independiente sumerio que floreció en torno al segundo milenio a.C., probablemente en la actual isla de Bahrein.

DILTHEY, WILHELM (1833-1911). Filósofo e historiador alemán. Autor de importantes contribuciones a la metodología de las ciencias humanas, defendió la independencia de éstas respecto a las ciencias naturales. Desarrolló una filosofía de la vida basada en la contingencia y mutabilidad histórica del ser humano. *La esencia de la filosofía* (1907), *La estructura del mundo histórico en las ciencias del espíritu* (1910).
Mannheim, Karl 9:332b.

DILUVIO. Según el Génesis, lluvia torrencial que asoló la tierra, inundándola durante cuarenta días, como castigo de Dios por la maldad de los hombres. Sólo se salvó Noé con su familia y los animales que metió en el arca. En el mito mesopotámico de Gilgamesh se encuentra un relato muy similar sobre una tempestad que arrasó la tierra. Probablemente ambos relatos se basan en la catástrofe por inundación acaecida en Babilonia en el cuarto milenio a.C., comprobada históricamente.
Mito y mitología 10:197b: Noé 11:3b.

DIMAGGIO, JOE (1914-1999). Beisbolista estadounidense. Entre 1936 y 1951 perteneció a los Yanquis de Nueva York. Ganó diez campeonatos de la Liga Americana y nueve Series Mundiales. Se retiró en 1951 para dedicarse a las relaciones públicas y las producciones de televisión. Estuvo casado con la actriz Marilyn Monroe.

DÍMERO. Molécula formada por la unión de dos moléculas más sencillas. Puede ser sintético o natural.

DIMETILAMINA. Amina grasa secundaria con dos radicales metilo, gas de olor irritante, liquidable, soluble en agua, alcohol y éter. Presente en la gelatina alterada, levaduras descompuestas, pescado podrido, etc. Utilizada como agente acelerador en la vulcanización del caucho, perfumería, industria de detergentes y jabones, cuero y otros.

DIMINI. Yacimiento arqueológico situado en las proximidades de la ciudad griega de Volo, en la región de Tesalia, donde se halló un asentamiento neolítico del IV-III milenio a.C., con varias murallas concéntricas y un megarón, además de cerámica e ídolos cicládicos. Nombre del período neolítico que siguió al de Sesklo.
Grecia antigua 7:206b.

DIMINUTIVO. Vocablo derivado que, comparado con la palabra de origen, denota una disminución de tamaño. Por ejemplo, *salita* es diminutivo de *sala*.

DIMITROV, GEORGI (1882-1949). Político búlgaro, perteneciente al Partido Comunista. Acusado con otros líderes comunistas del incendio de la cancillería de Berlín, se defendió brillantemente y fue absuelto. Fue primer ministro de su país tras la segunda guerra mundial.
Bulgaria 3:222b.

DIMONA. Ciudad de Israel, en el Negev. Citada en la *Biblia*. Centro de investigación nuclear. Textiles, porcelana. 26.600 hab. (1985).

DIMORFISMO SEXUAL. Aspecto diferente que presentan los individuos de distinto sexo en una misma especie. El término suele restringirse a las especies que presentan diferencias ostensibles de peso, tamaño, color, etc.

DIN. Conjunto de normas, de origen alemán, empleadas internacionalmente para unificar tolerancias, tamaños y otros factores en diversas industrias, entre ellas la fotográfica y la papelera.

DINA. Unidad de fuerza del sistema cegesimal igual a la fuerza que es preciso aplicar a una masa de un gramo para que ésta adquiera una aceleración de 1 m/s cada segundo.

DINAMARCA. País del norte de Europa, a orillas del mar del Norte, al oeste, y el Báltico, al este. Cap. Copenhague. 43.094 km^2. 5.339.000 hab. (2000).

5:187b; Copenhague 4:371a; Escandinava, literatura 6:30b; Estonia 6:162b; Europa 6:196b; Groenlandia 7:235b; Guerra mundial, segunda 7:274b; Gustavo I Vasa 7:297a; Gustavo II Adolfo de Suecia 7:297a; Islandia 8:291b; Normandos 11:9a; Noruega 11:15a; Suecia 13:344b; *mapa* 5:188a; *cuadros* 5:187b; 5:189b; *ilustraciones* 5:190a; 5:191b; 5:192a-b; 5:193b; 5:194a.

DINAMARCA, ESTRECHO DE. Canal situado parcialmente en el círculo Ártico, entre Groenlandia (oeste) e Islandia (este). Se extiende a lo largo de 484 km desde el mar de Groenlandia hasta el Atlántico norte.

DINÁMICA. Rama de la mecánica que se ocupa de los movimientos y de las fuerzas que los producen.

Aerodinámica 1:78b; Física 6:312a; Fuerza 6:422b; Mecánica 10:15a.

DINÁMICA, ELECTRICIDAD. Fenómeno físico producido por el movimiento de cargas eléctricas a través de un conductor para producir corrientes eléctricas.

DINÁMICA DE GRUPOS. V. **Grupos, dinámica de.**

DINAMITA. Explosivo compuesto de nitroglicerina y una sustancia neutra que hace menos fácil la explosión.

Explosivo 6:217a; Nobel, Alfred 11:2a.

DINAMIZACIÓN. En medicina homeopática dilución de la tintura madre necesaria para obtener la microdosificación. Se realiza diluyendo al 1/100 la sustancia activa en alcohol sucesivas veces, hasta un máximo de nueve.

Homeopatía 8:48b.

DINAMO. Generador para convertir la energía mecánica en eléctrica. Consta fundamentalmente de un electroimán, un arrollamiento y un sistema de rectificación, y se aplica en general a la generación de corriente continua. Se denomina también dínamo.

Electrotecnia 5:372a.

DINAMOMETAMORFISMO. Proceso de transformación química y mecánica de las rocas que es desencadenado por grandes accidentes tectónicos producidos en la corteza terrestre.

DINAMÓMETRO. Instrumento utilizado para la medición de fuerzas sobre la base de la ley de Hooke, que afirma que las fuerzas aplicadas a un cuerpo son proporcionales a los alargamientos que producen en éste. Diversos tipos, capaces de medir fuerzas de tracción, torsión y otras.

DINAR. Unidad monetaria de diversos países, como Kuwait, Bahrein, Túnez y Argelia.

DINÁRICOS, ALPES. Zona sudoriental de los Alpes orientales. Paralela a la costa adriática de Yugoslavia, penetra en Albania. Su punto más alto es el Bolotov Kuk (2.522 m).

DINERO. Instrumento económico que cumple las funciones de medio de pago y de medida de valor de carácter abstracto.

5:194b; Electrotecnia 5:372a; Ahorro 1:129a; Banca 2:331b; Crédito 5:4b; Inflación y deflación 8:196a; Préstamo 12:134a; Renta 12:335a; Valor (ECONOMÍA) 14:228b; *ilustraciones* 5:195; 5:196a.

DINERO ELECTRÓNICO. Cantidad económica que se almacena y procesa como una información digital en archivos electrónicos como, por ejemplo, discos magnéticos. Se emplea para cumplimentar transacciones comerciales a través de las redes de comunicaciones.

DINESEN, ISAK (1885-1962). Karen Christence Dinesen, baronesa Blixen-Finecke, autora de relatos cuidadosamente elaborados e invadidos por una atmósfera enigmática y sugerente. Escribió en inglés y danés. *Siete cuentos góticos* (1934), *Memorias de África* o *África mía* (1937), *Cuentos de invierno* (1942).

Escandinava, literatura 6:33a.

DINGO. Mamífero carnívoro de la familia de los cánidos (*Canis dingo*). Parece que fue introducido en Australia por el hombre.

DINI, LAMBERTO (n. en 1931). Político italiano. Economista de prestigio, fue nombrado ministro del Tesoro por Silvio Berlusconi en 1994. Un año más tarde, y ante la grave crisis institucional que sacudía Italia, fue nombrado jefe de gobierno con la misión de elaborar un plan de saneamiento de la economía de su país.

DINIS, DON (1261-1325). Rey de Portugal de 1279 hasta su muerte, hijo de Alfonso III. Fundó en Lisboa la primera universidad portuguesa.

DINIS, JÚLIO (1839-1871). Seudónimo del novelista y médico portugués Joaquim Guilherme Gomes Coelho. Autor de obras de ambiente rural.

5:196b; Portuguesa, literatura 12:102b.

DINIS DA CRUZ E SILVA, ANTÓNIO (1731-1799). Escritor portugués. Autor de obras poéticas y sátiras, participó en la fundación de la academia lusitana y defendió la sencillez del lenguaje frente a la influencia de la literatura barroca castellana. *El hisopo* (1770-1772), *El falso heroísmo* (1775).

DINKAS. Pueblo nilótico que vive entre el Nilo Blanco y el Azul, en el sur de la República de Sudán. De elevada estatura, tradicionalmente nómadas y dedicados al pastoreo, pertenecen lingüísticamente a la familia oriental-sudanesa del grupo chari-nilótico. Vinculados etnológicamente con el pueblo nuer.

DINÓCRATES (m. en el 183 a.C.). Militar mesenio. Agente de Roma, propició la condena a muerte de Filopemén. Cuando Licortas llegó a presidir la liga aquea y exigió una reparación por ello, Dinócrates se suicidó para evitar la pena de muerte.

DINOFLAGELADOS. Organismos unicelulares de morfología muy variada, móviles por dos flagelos que les sirven para sus movimientos de traslación y rotación. Poseen cromatóforos pardos o amarillos, aunque algunos son incoloros. Su membrana externa puede estar desnuda, cubierta por una membrana celulósica, por placas también de celulosa o por valvas. Son organismos planctónicos. Algunos viven libres, otros en asociaciones mutualistas.

DINOSAURIOS. Grupo de grandes reptiles que vivieron en la era secundaria mesozoica. Se dividen en dos subórdenes: los saurisquios, de pelvis reptiliana típica, y los ornitisquios, de pelvis similar a la de las aves. Se han encontrado numerosos fósiles en diversas partes del mundo.

Animales prehistóricos 1:369b; Secundaria, era 13:182a.

DINTEL. Elemento arquitectónico horizontal que se apoya sobre dos soportes, pies derechos o jambas, organizando de esta forma un vano.

DIÓCESIS. Distrito en el que ejerce jurisdicción espiritual un obispo. Depende directamente del papa y sólo a él le compete su creación o supresión. Existen dos tipos de diócesis: las residenciales, administradas de hecho por un obispo, y las titulares, en las que ya no está organizada la Iglesia Católica.

DIOCLECIANO (245-316). Emperador romano. Contribuyó con sus reformas a retrasar el ocaso de Roma y llevó a cabo la última gran persecución contra los cristianos.

5:197a; Milán 10:163b; Roma antigua 12:424a; *ilustración* 5:197b.

DIOCLES (siglo IV a.C.). Filósofo y médico griego. Vivió probablemente entre el 375 y el 300 a.C. Autor de los primeros tratados médicos realizados en griego ático, en los que desarrolló temas de anatomía, dietética, embriología, etc. Como filósofo su pensamiento combina las influencias de las doctrinas de Hipócrates, la escuela de Sicilia y la metodología aristotélica.

DIOCLES, CAYO APULEYO (h. el 104-h. el 146 a.C.). Auriga romano originario de Hispania. Empezó a los 18 años como conductor de carros y participó, durante 24 años, en más de cuatro mil carreras, de las que venció en más de mil. Sus hazañas se inscribieron en una lápida situada en el arco de Calígula, en Roma.

DIODO. Lámpara electrónica rectificadora de la corriente, compuesta de dos polos denominados ánodo y cátodo.

Electrónica 5:365a; Radiocomunicación 12:248b.

DIODORO CRONO (m. h. el 307 a.C.). Filósofo griego. Representante de la escuela de los megarenses, fue alumno de Euclides de Megara. Su pensamiento filosófico se basaba en la tesis de que sólo es posible lo que es real, por lo que no existe lo posible.

DIODORO SÍCULO (h. el 90-h. el 20 a.C.). Historiador griego, llamado también Diodoro de Sicilia. Contemporáneo de César y Augusto, vivió largos años en Roma. Llevó a cabo numerosos viajes para documentar los cuarenta libros de su *Biblioteca histórica*, historia universal de la que restan extensos fragmentos.

Historia 8:24b.

DIOFANTO DE ALEJANDRÍA (siglo III). Matemático griego que contribuyó decisivamente al perfeccionamiento de la notación algebraica.

Álgebra 1:219a.

DIÓGENES (m. h. el 320 a.C.). Filósofo griego. Considerado el representante más sobresaliente de la escuela cínica.

5:197b; Cinismo 4:204a.

DIÓGENES DE APOLONIA (siglo V a.C.). Filósofo y anatomista griego. Discípulo de Anaxímenes, vivió en Atenas y planteó un sistema cosmogónico basado en el papel del aire como sustancia fundamental. Autor también de tratados sobre anatomía. *Sobre la naturaleza.*

DIÓGENES LAERCIO (siglo III). Escritor griego. Autor de *Vidas, opiniones y sentencias de los más ilustres filósofos,* recopilación en diez volúmenes de datos biográficos y de la mayoría de las doctrinas filosóficas griegas desde el siglo VI a.C., documento indispensable para el estudio del pensamiento helénico.

Derecho 5:139a.

DIOMEDE, MIGUEL (1902-1974). Pintor argentino. Autodidacto, sus obras se caracterizan por su singular atmósfera. Encaró con idéntica calidad el retrato, el paisaje y la naturaleza muerta. En 1958 obtuvo el Premio Internacional de la exposición de Bruselas.

DIOMEDES. Nombre de dos personajes legendarios griegos: el hijo de Tideo y Deípile, pretendiente a la mano de Helena y participante en la guerra de Troya; y el rey de Tracia, que alimentaba a sus caballos con la carne de los

extranjeros, práctica a la que puso fin Heracles (Hércules).
Ares 2:35b.

DIOMEDES, ISLAS. Dos pequeñas islas situadas en el estrecho de Bering, separadas entre sí unos 4 km. La mayor, Gran Diomedes (Ratmanov), pertenece a Rusia, mientras que la Pequeña Diomedes forma parte del estado de Alaska (EUA).

DIÓN CASIO (h. el 155-h. el 235). Historiador griego. Ocupó diversos cargos políticos, entre ellos los de procónsul de África y gobernador de Dalmacia. Escribió una *Historia romana,* en ochenta volúmenes, de los que sólo se conservan 25.

DIÓN DE SIRACUSA (h. el 408-h. el 354 a.C.). Tirano de Siracusa. Asumió el poder, en el 367, en nombre de Dionisio el Joven. Amigo de Platón, llamó a éste para que aplicara en la ciudad sus principios filosóficos. Desterrado a Grecia, realizó en el 357 una invasión y fue proclamado estratega en el 355. Murió asesinado.

DIONE. En astronomía, cuarto satélite de Saturno, de los diez que mantiene el planeta. Su diámetro es de 1.120 km y su densidad de 1,4. Fue descubierto en 1684 por el astrónomo francés Jean-Dominique Cassini.
Satélite 13:163b.

DIONISIO, SAN (m. h. el 258). Apóstol de las Galias, primer obispo de París (h. el 250) y patrón de Francia. Murió decapitado, probablemente en Catulliacus, actual Saint-Denis.

DIONISIO DE HALICARNASO (60 a.C.-10 d.C.). Historiador, retórico y crítico griego. Contemporáneo de Augusto, entre sus obras destacan *Retórica, Tratado sobre el orden de la palabras* y, sobre todo, *Antigüedades romanas,* obra de gran valor documental.

DIONISIO DE TRACIA (h. el 170-h. el 90 a.C.). Escritor griego, natural de Alejandría. A él se debe la redacción de la primera gramática griega conocida: *Tratado de gramática.*

DIONISIO EL AREOPAGITA (siglo I). Ateniense convertido al cristianismo por san Pablo y que, según se cree, fue el primer obispo de Atenas (siglo I). Se le atribuyeron escritos en los que se intenta conciliar el pensamiento griego y el cristiano desde una perspectiva neoplatónica. Hoy día se considera que su autor (el seudo Dionisio) data del siglo V o VI.

DIONISIO EL EXIGUO (siglo VI). Eclesiástico con gran reputación como teólogo, matemático y astrónomo. Vivió en Roma, donde compiló el derecho canónico vigente y estableció la era cristiana fijando el nacimiento de Jesús en el 25 de diciembre del año 753 de la fundación de Roma, con un retraso de casi cinco años sobre la fecha probable.

DIONISIO EL VIEJO (h. el 430-367 a.C.). Tirano de Siracusa. Convirtió con sus conquistas militares a esta ciudad en la más importante de la Magna Grecia. Impidió que Cartago dominara Sicilia, pero su despotismo militar perjudicó notablemente la causa del helenismo.
Damocles 5:90b.

DIONISO. En la mitología griega, dios de las viñas, el vino, la embriaguez y el delirio místico. También conocido como Dionisos, es equivalente al Baco de los romanos.
5:198a; Ariadna 2:65b; Griega, religión 7:224b; Ninfas 10:419a; Oráculo 11:125b; Orfeo y Eurídice 11:134b; Osiris 11:169b; Sátiros 13:166a; Tragedia 14:109b; *ilustración* 5:198a.

DIÓPSIDO. Mineral piroxeno, metasilicato de magnesio, calcio y hierro. Monoclínico, incoloro y transparente. Algunas variedades poseen una tonalidad gris verdosa o verde clara.

DIOPTRÍA. Unidad de potencia de una lente que tiene una distancia focal de un metro en un medio con índice de refracción igual a 1.
Lente 9:114b; Oftalmología 11:86b.

DIOR, CHRISTIAN (1905-1957). Modista francés. Destacó en la creación de alta costura después de la segunda guerra mundial. Trabajó con Robert Piguet y con Lucien Lelong. En 1947, junto a Marcel Boussac, creó su propia casa de costura en París, estableciéndose en Nueva York en 1948. A su muerte continuaron su firma Ives Saint-Laurent y Marc Boham. La casa Dior penetró en el mundo del complemento (joyería, perfumes).

DIORAMA. Lienzo dibujado por las dos caras que, al ser iluminado alternativamente, permite ver dos imágenes distintas en un mismo plano. Este sistema fue presentado por primera vez en París en 1822 por Jacques Daguerre y Charles-Marie Bouton.
Daguerre, Jacques 5:84b.

DIORI, HAMANI (1916-1989). Político de Níger. Cofundador del Partido Progresista de Níger, fue elegido diputado para la Asamblea Nacional francesa. Al proclamarse la independencia de su país fue presidente del consejo de ministros, y de 1960 a 1974 ejerció la presidencia de la república. Presidió también varias organizaciones políticas africanas.
Níger 10:409b.

DIORITA. Roca intrusiva de estructura granitoide compuesta por plagioclasa de acidez media (generalmente andesina) y, en menor proporción, biotita y anfíboles.

DIOS. En las religiones monoteístas, ser supremo y principio absoluto, creador del mundo y con dominio sobre él. En las religiones politeístas, ser superior de extraordinarios poderes sobre el mundo y los hombres.
5:198b; Agnosticismo 1:102a; Ateísmo 2:187b; Creación 4:423a; Cristianismo 5:24a; Deísmo 5:110b; Espíritu Santo 6:112a; Hombre 8:47a; Jesucristo 8:370a; Judaísmo 8:403a; Mahoma 9:293a; Mito y mitología 10:198a; Panteísmo 11:254a; Religión 12:320a; Teología 14:19b; Trinidad 14:121b; *ilustraciones* 5:199b; 5:200a; 5:201b.

DIOSCÓRIDES (h. el 40-h. el 90). Médico griego, autor del tratado *Materia médica* que fue clásico durante muchos siglos.
Botánica 3:125b; Reumatología 12:355a.

DIÓSCORO (m. en el 530). Papa, o antipapa, en el 530. La mayoría de la curia romana se opuso a la designación de Bonifacio como papa y fue elegido Dióscoro, siendo consagrados ambos simultáneamente. La muerte de Dióscoro tres semanas después puso término al cisma.

DIÓSCORO DE ALEJANDRÍA (m. en el 454). Patriarca de Alejandría. Sucedió en el 444 en el patriarcado a san Cirilo. Defensor del monofisismo, presidió el concilio de Éfeso que condenó al patriarca san Flaviano de Constantinopla y al papa León I (latrocinio de Éfeso). Luego, el concilio ecuménico de Calcedonia (450) lo depuso, y el emperador Marciano lo desterró.

DIOSCUROS. V. **Cástor y Pólux.**

DIOSDADO. V. **Adeodato.**

DIOSMA. Planta de la familia de las rutáceas (*Diosma ericoides*). Hojas alternas, muy pequeñas y lanceoladas. Flores blancas. Originaria de América del sur, donde se cultiva.

DIOTIMA. Protagonista de la novela *Hiperión,* del poeta alemán Friedrich Hölderlin, cuyo nombre alude a la sacerdotisa griega que aparece en el *Banquete* de Platón.

DIÓXIDO DE CARBONO. V. **Carbono, dióxido de.**

DI PIETRO, ANTONIO (n. en 1950). Fiscal italiano. En 1980 fue designado magistrado instructor encargado de la investigación contra el crimen organizado. En 1992, como encargado de la fiscalía de Milán, participó en la amplia operación anticorrupción denominada «Manos limpias», con la intención de sanear la vida pública italiana. Las presiones recibidas le hicieron abandonar la carrera judicial en 1994, tras lo cual se pasó al terreno de la política.

DIPLODOCUS. Reptil dinosaurio del suborden de los saurisquios (*Diplodocus carnegiei*). Vivió en el período jurásico y tenía más de 25 m de largo, la cabeza pequeña, y el cuello y la cola muy largos. Era herbívoro.
Animales prehistóricos 1:369b; Secundaria, era 13:183a.

DIPLOIDE. Individuo o célula cuya dotación cromosómica está formada por dos juegos iguales de cromosomas (2 *n*).
Cromosoma 5:29b; Embriología 5:388b.

DIPLOMACIA. Conjunto de disciplinas y actividades que se refieren a las relaciones entre los estados. El establecimiento de misiones diplomáticas permanentes en el extranjero data del siglo XV.

DIPLOPÍA. Trastorno de la visión, percepción de dos imágenes cuando existe un solo objeto, debida a una lesión de los músculos motores oculares o del cristalino.

DIPNOOS. Peces crosopterigios con algunos caracteres muy primitivos y otros evolucionados. Cuerpo alargado y aletas biseriadas, a veces reducidas a filamentos; esqueleto óseo y cartilaginoso; respiración bronquial y pulmonar.
Peces 11:312b.

DIPOLO. Conjunto de dos polos magnéticos separados por una distancia constante muy pequeña y de naturaleza magnética opuesta. Origina un campo magnético cerrado que comunica por líneas de fuerza ambos polos.
Magnetismo 9:288b.

DIPO NEGORO, PANGERAN (1785-1855). Militar javanés. Dirigió las tropas que lucharon contra los holandeses en la llamada guerra de Java. Fue capturado durante las negociaciones de paz y murió exiliado en la isla Célebes.

DIPSOMANÍA. Trastorno psicológico en el que el sujeto sufre accesos periódicos de un deseo irresistible de ingerir bebidas alcohólicas, separados por intervalos libres de la obsesión.
Alcoholismo 1:159a.

DÍPTEROS. Orden de insectos chupadores de metamorfosis completa, que sólo tienen un par de alas membranosas. Incluye, entre otros, a las moscas, mosquitos, tábanos y cínifes.
Insectos 8:223b; Jején 8:360b: Mosca 10:271b; Mosquitos 10:275a.

DÍPTICO. Pintura o bajorrelieve realizado sobre dos paneles o tablas, fijas o móviles; en este último caso suelen ir unidas por una bisagra que permite cerrar el conjunto como si se tratara de un libro. Muy frecuente en el Medievo.
Retablo 12:351b.

DIPTONGO. Unidad fonética integrada por dos sonidos vocales. En un diptongo, una de las vocales toma el carácter de semiconsonante, mientras que la otra mantiene íntegramente su carácter vocálico.

DIPUTADOS, CÁMARA DE. Órgano parlamentario cuyos miembros son elegidos por el pueblo. En el sistema bicameral, el congreso o cámara de diputados corresponde a la denominada cámara baja. En algunos países recibe el nombre de cámara de representantes.

DIQUE. Masa de roca ígnea de dimensiones muy variables, que aparece en el interior de una formación rocosa más antigua y no respeta su estructura.

DIQUE, CANAL DEL. Vía de agua que une el río Magdalena con la bahía de Cartagena, en Colombia, entre las poblaciones de Barranquilla y Cartagena. Su curso es de 120 km.

DIQUE FLOTANTE. Estructura de hierro o acero para reparación de barcos que se puede desplazar de un puerto a otro.

DIQUE SECO. Instalación a modo de esclusa en la que se introducen los barcos para repararlos.

DIQUÍS. Zona arqueológica costarricense. Abarca la costa del Pacífico, desde el valle de El

General y el río Pirrís hasta Panamá. De ella proceden gran cantidad de objetos artísticos, tanto en cerámica y piedra como trabajados en oro, así como piezas trabajadas sobre una aleación de cobre según la técnica del fundido o el laminado.

DIRAC, ECUACIÓN DE. Sistema de ecuaciones diferenciales propuesto por Paul Dirac que constituyó la primera formulación de la teoría cuántica acorde a los principios de la relatividad. Describe el electrón mediante cuatro funciones de 33 ondas, de las que se deduce su movimiento giratorio *(spin)*.
Cuántica, teoría 5:43b; Dirac, Paul 5:202a.

DIRAC, PAUL (1902-1984). Físico y matemático británico. Realizó importantes aportaciones al desarrollo de la mecánica cuántica.
5:202a; Cuántica, teoría 5:43b; Materia y antimateria 9:413a.

DIRECCIÓN ASISTIDA. V. **Servodirección.**

DIRECCIÓN ELECTRÓNICA. Identificación del usuario de correo electrónico mediante la cual éste puede enviar y recibir mensajes a través de Internet.

DIRECTIVA COMUNITARIA. Nombre que reciben las leyes de la Unión Europea que son de obligado cumplimiento para los países miembros.

DIRECTORIO. En informática, agrupación de ficheros bajo una misma denominación, lo que facilita el acceso a los mismos.

DIRECTORIO MILITAR. Gobierno provisional de carácter militar instaurado en España entre septiembre de 1923 y diciembre de 1925, después del golpe de estado de Miguel Primo de Rivera, a quien luego entregó el poder.

DIRECTORIO RAÍZ. Nombre que se da al directorio de mayor importancia de un disco duro. De él dependen el resto de directorios y algunos ficheros.

DIRECTORIO SUPREMO DE LAS PROVINCIAS UNIDAS DEL RÍO DE LA PLATA. Institución que sucedió a la junta de 1810 en el gobierno del Río de la Plata en 1813 y que, tras proclamar la independencia de las Provincias Unidas del Río de la Plata, se extinguió en 1824, al instaurarse la república.

DIRE DAWA. Ciudad de Etiopía en la prov. de Hararge. Aeropuerto. Talleres ferroviarios, textiles, cemento. Conservas de carnes, café, pieles. 164.851 hab. (1994).

DIRHAM. Tradicional moneda de plata de los países islámicos. Posteriormente, unidad monetaria de Marruecos y los Emiratos Árabes Unidos y moneda fraccionaria en Irak, Kuwait, Libia y Katar.

DIRICHLET, PETER GUSTAV LEJEUNE (1805-1859). Matemático alemán que destacó por sus aportaciones al cálculo, entre ellas la convergencia de series. Especial relevancia tuvieron también sus investigaciones en el campo de la teoría de los números.

DIRIGIBLE. Globo aerostático propulsado por uno o varios motores.
5:202a; Aviación 2:257a; Transporte 14:115b; Zeppelin, Ferdinand 14:414b; *ilustraciones* 5:202b; 5:203.

DISA. Género de plantas herbáceas de la familia de las orquídeas. Hojas lineares y alanceoladas, tubérculo recubierto de túnica y flores en espiga. Comprende más de 150 especies. Originario de África austral.

DISACÁRIDO. Denominación general de un carbohidrato formado por la unión de dos monosacáridos. Suele aplicarse a los dihexósidos, que incluyen la sucrosa, lactosa y maltosa, y tienen la fórmula general $C_{12}H_{22}O_{11}$.
Carbohidratos 3:372a.

DISARTRIA. Incapacidad para articular correctamente las palabras debida a lesiones cerebrales que afectan a la coordinación de los movimientos.
Habla 7:311a.

DISCÉPOLO, ARMANDO (1887-1971). Escritor y dramaturgo argentino. Sus obras tratan temas de contenido ciudadano y social. Inició el teatro del grotesco en obras como *Mateo* (1926) y *Stéfano* (1928).

DISCÉPOLO, ENRIQUE SANTOS (1901-1951). Compositor, autor teatral y actor argentino. Realizó una amplia labor en el campo de la música popular. Sus tangos «Cambalache», «Esta noche me emborracho» y «Uno» adquirieron vasta difusión y han sido interpretados por grandes orquestas de todo el mundo.
Tango 13:396b.

DISCÍPULOS DE CRISTO. Confesión protestante especialmente extendida por los Estados Unidos y Canadá, aunque también se encuentran algunos grupos en Asia y Latinoamérica. Fue fundada por Thomas Campbell y por su hijo Alexander en 1832. Defensores de la simplicidad y pureza del cristianismo primitivo. Se les conoce también como campbelistas.

DISCO. Pieza plana de distintos diámetros, usualmente fabricada en material plástico, en la que se graban sonidos reproducibles por un tocadiscos (fonógrafo). El disco compacto, de invención posterior, reproduce el sonido mediante incidencia de un rayo láser sobre su superficie.

DISCO, LANZAMIENTO DE. Deporte atlético que consiste en lanzar un objeto circular a gran distancia, desde un círculo de 2,5 m de diámetro. El disco tiene un diámetro de 219 mm, un grosor en el centro de 44 mm y un peso no inferior a 2 kg.
Atletismo 2:200a.

DISCO ANALIZADOR DE IMÁGENES. Dispositivo para fragmentar imágenes y transmitirlas por medio de corriente eléctrica. Fue inventado por el alemán Paul Nipkow en 1884.

DISCÓBOLO. En la Grecia antigua, nombre que recibía el atleta especializado en el lanzamiento del disco. Frecuentemente representado en la estatuaria grecorromana, el ejemplo más célebre es el de Mirón (mediados del siglo v a.C.).
Griego, arte 7:229b.

DISCO COMPACTO. Soporte de almacenamiento grabado y reproducido por medios ópticos. Utilizado originalmente para registrar música, más tarde se empleó también para datos, imágenes, texto y gráficos. También se conoce por su abreviatura en inglés CD (*compact disc*).
5:203b; Infografía 8:198a; *ilustraciones* 5:203b; 5:204a.

DISCO DURO. Dispositivo electromagnético de almacenamiento de información. Consta de unas cabezas para la lectura y reproducción de los datos grabados en el disco.

DISCO FLEXIBLE. V. **Disquete.**

DISCO INTERVERTEBRAL. Lámina cartilaginosa que separa los cuerpos de dos vértebras consecutivas. Consta de un cuerpo pulposo central rodeado de tejido fibroso.
Hernia 7:378b.

DISCONTINUIDAD (MATEMÁTICAS). Propiedad que presenta una función que carece de continuidad para un punto dado.

DISCO ÓPTICO. Dispositivo de almacenamiento de información que utiliza grabadoras y lectoras láser para el tratamiento de los datos.
DVD 5:259a.

DISCO RÍGIDO. Elemento informático de almacenamiento de datos sobre pistas magnetizadas incorporado de forma fija al sistema central de proceso.
Informática 8:204a.

DISCOVERER. Serie de satélites experimentales no tripulados que puso en órbita la agencia espacial estadounidense a partir de 1959.

DISCOVERY. Transbordador espacial estadounidense. Comenzó sus misiones al servicio de la Agencia Nacional de Aeronáutica y del Espacio (NASA, por sus siglas en inglés) en la década de 1980.
Astronáutica 2:170a.

DISCRASITA. Mineral de antimoniuro de plata, llamado también discrasa. De color blanco plateado y brillo metálico. Cristaliza en el sistema rómbico.

DISCRIMINACIÓN. Aplicación de criterios o medidas de una misma norma con diferentes parámetros según los sujetos de que se trate. Las constituciones democráticas prohíben la discriminación por razones de raza, origen nacional, creencias o sexo.
Minorías y grupos étnicos 10:181b.

DISCRIMINACIÓN POSITIVA. Tratamiento de favor aplicado a un sector social desfavorecido con objeto de corregir o paliar esta desventaja.

DISCRIMINANTE. Función característica de las raíces o soluciones de una ecuación algebraica susceptible de expresarse en términos de sus coeficientes. Si esta expresión es igual a cero, al menos dos de las raíces de la ecuación son idénticas. Aplicado particularmente a ecuaciones de segundo grado.

DISCURSO DEL MÉTODO. Obra de René Descartes, publicada en 1637, en la que expuso su método de búsqueda de la verdad en las ciencias. Propuso la duda como medio para llegar a una verdad incuestionable y el razonamiento correcto dirigido por cuatro reglas: evidencia (claridad y distinción), análisis, síntesis y enumeración.
Descartes, René 5:149b.

DISDÉRI, ANDRÉ-ADOLPHE (1819-1890). Fotógrafo francés. Patentó en 1854 un sistema para reducir el costo de producción fotográfica, tomando ocho fotografías en una sola placa y recortando posteriormente cada fotografía en un tamaño de 6 9 cm que montaba en forma de tarjeta de visita.

DISENTERÍA. Enfermedad infecciosa del colon, endémica y contagiosa, caracterizada por una diarrea mucosanguinolenta y por dolores abdominales. Las disenterías responden a causas parasitarias o bacterianas.
Amebiasis 1:270a; Gastroenterología 7:59b.

DISEÑO. Manifestación artística orientada a la planificación y proyección de formas y objetos que modifican el entorno humano.
5:204b; Bauhaus 2:372a; Diseño industrial 5:207a; Ergonomía 6:19b; Infografía 8:198b; Informática 8:201b; Ingeniería 8:209a; Morris, William 10:268b; *ilustraciones* 5:204b; 5:205b; 5:206a-b.

DISEÑO GRÁFICO. Técnicas de diverso orden, a menudo a través de computadoras, para la creación de productos iconográficos.
Infografía 8:198a.

DISEÑO INDUSTRIAL. Proceso de seleccionar los mecanismos, estructuras y sistemas que se emplearán en la fabricación de objetos en serie. El diseño industrial suele añadir consideraciones estéticas y comerciales a los proyectos de manufacturas.
5:207a; Aerodinámica 1:78b; Diseño 5:205a; Infografía 8:198b; *ilustraciones* 5:207b.

DISFASIA. Dificultad en la realización del lenguaje, que no altera, sin embargo, la comprensión del mismo. Característica de la edad infantil, corresponde a un retraso en la adquisición y desarrollo de las operaciones sobre las que se establece el funcionamiento del lenguaje.
Habla 7:311a.

DISGENESIA. Alteración congénita causada por el desarrollo embrionario anómalo de una parte del organismo.

DISGENESIA GONADAL. Anomalía grave del desarrollo embrionario de las gónadas, que impide su diferenciación total o parcial en ovarios o testículos e incapacita al organismo afectado para la reproducción.

DISLALIA. Dificultad para articular correctamente el lenguaje hablado, por lo general debida a trastornos en los órganos de fonación.

DISLEXIA. Trastorno del mecanismo de la lectura en el que ésta se efectúa deficientemente, con errores (alteración del orden silábico, confusión de letras (b por p, d por b, etc.) o deformaciones. Se presenta casi siempre en niños con una mala lateralización e insuficiente desarrollo psicomotriz. Suele ir acompañada de disgrafía (dificultad en la escritura).

DISLOCACIÓN. En geología, fractura de la corteza terrestre a lo largo de la cual uno de los bloques se ha desplazado en sentido horizontal con respecto al otro.

DISMENORREA. Irregularidad de la función menstrual, en especial la menstruación difícil o dolorosa. Es debida a causas múltiples, como congestión de útero u ovarios, contracción espasmódica uterina, inflamación del útero o sus anexos, trastornos neurovegetativos, etc.

DISMUTACIÓN. Reacción química por la cual dos átomos de una sustancia obtienen distintos grados de oxidación. Es una propiedad general, pero no exclusiva, de los aldehídos de la serie aromática conocida también como «desproporción de Cannizaro».

DISNEA. Dificultad para respirar, debida en general a afecciones pulmonares (asma, enfisema, bronquitis, etc.) pero también a lesiones del centro de la respiración situado en el bulbo raquídeo y a obstrucciones de la laringe (espasmo, edema, crup, etc.).
Asma 2:160b.

DISNEY, WALT (1901-1966). Dibujante, productor y director de cine estadounidense que alcanzó gran popularidad con sus obras de animación cinematográfica.
5:208a; Animación 1:364a; *ilustraciones* 5:208a-b.

DISNEYLANDIA. Parque de atracciones, dedicado básicamente al público infantil, abierto en Anaheim, California, Estados Unidos, a iniciativa del creador de dibujos animados Walt Disney, en 1955.
Disney, Walt 5:208b.

DISOCIACIÓN. Ruptura de la unidad interpsíquica del sujeto a partir de la desaparición de las asociaciones mentales y de alteraciones del curso normal de pensamiento. Término acuñado en 1911 por el psiquiatra suizo Eugene Bleuer para definir uno de los rasgos característicos de la esquizofrenia.

DISOLUCIÓN. Descomposición de una sustancia por la penetración de un agente que la disocia en componentes más sencillos.
5:208b; Sal 13:92a; *ilustración* 5:209b.

DISOLUCIÓN ELECTRÓNICA, TEORÍA DE LA. V. **Arrhenius, teoría de.**

DISOLVENTE. Medio, normalmente líquido, que disuelve a un soluto para producir una solución. Puede ser orgánico o inorgánico.
Disolución 5:209a; Éter 6:176b; Pictóricas, técnicas 11:393b.

DISONANCIA (MÚSICA). Intervalo o acorde que no cumple las leyes de la armonía musical sobre sucesión agradable de sonidos. Término opuesto a consonancia.
Armonía 2:91b; Música 10:316b.

DISONANCIA (PSICOLOGÍA). Teoría de la disonancia cognoscitiva que, en el campo de la psicosociología, trata de explicar los efectos que conlleva la falta de coherencia, o su ausencia, de los elementos del conocimiento. Fue elaborada por el psicólogo estadounidense Leon Festinger.

DISPAREUNIA. Trastorno femenino caracterizado por la aparición de dolor durante las relaciones sexuales. Puede deberse a causas anatómicas, fisiológicas o psicológicas.

DIS PATER. En la religión romana, dios de los infiernos, también conocido como Orco e identificado con las divinidades griegas Hades y Plutón.

DISPERSIÓN. En óptica, descomposición de la luz en sus diferentes componentes (colores) al atravesar un medio, como consecuencia de los diferentes índices de refracción para distintas longitudes de onda.
Coloidal, estado 4:261a.

DISPERSIÓN, MEDIDAS DE LA. Conjunto de parámetros estadísticos que tienen por objeto estudiar la variación experimentada por una serie de datos en relación con un valor central. Los más importantes son la desviación media, la desviación típica y la varianza.

DISPLAY. En informática, cualquier elemento periférico que permita visualizar datos, como pantallas y visores.

DISPROSIO. Elemento químico, del grupo IIIb de la tabla periódica, perteneciente a las tierras raras del grupo del itrio con siete isótopos naturales. Símbolo, Dy; número atómico, 66; peso atómico, 162,46.
Lantánidos 9:57b.

DISPUTA DEL ALMA Y DEL CUERPO. Obra poética de la literatura medieval española, de principios del siglo XIII, que trata sobre las disputas o discusiones que acontecen en un cadáver entre su alma y su cuerpo. Fue descubierta a mediados del siglo XIX por Tomás Muñoz Romero.

DISQUETE. Unidad de almacenamiento de la información utilizada en informática, similar al disco duro magnético pero manejable y de menor capacidad. También se denomina disco flexible.
Informática 8:204a.

DISRAELI, BENJAMIN (1804-1881). Político conservador británico. Fue dos veces primer ministro de la reina Victoria.
5:210a; Gladstone, William Ewart 7:140a; Victoria de Inglaterra 14:297a; *cuadro* 5:210a; *ilustración* 5:210.

DISTANCIA, MÓDULO DE. Fórmula que determina la magnitud aparente de una estrella. Relaciona la luminosidad observada; la magnitud absoluta, referida a un patrón de magnitudes; y la distancia en parsecs (unidad equivalente a 3,26 años luz).

DI STÉFANO, ALFREDO (n. en 1926). Futbolista argentino, nacionalizado español. Considerado uno de los más destacados de la historia de este deporte.
5:211a.

DISTENA. Mineral de silicato natural de aluminio. Cristaliza en el sistema triclínico, en cristales alargados en forma laminar. Transparente o traslúcido. También denominado cianita.

DISTENSIÓN. Nombre con que se conoce la atenuación de la rivalidad en las relaciones entre los Estados Unidos y la Unión Soviética de fines de la década de 1970 a la desaparición de la URSS (1991).

DISTORSIÓMETRO. Aparato electrostático que mide el grado de distorsión de una cadena de transmisión.

DISTORSIÓN. Deformación experimentada por la señal electrónica entre la transmisión y la recepción. Es debida a causas diversas, principalmente en función de las características de los dispositivos por los que atraviesa la señal.

DISTRÉS. Conjunto de alteraciones funcionales u orgánicas que generan una situación patológica. Es el caso del síndrome de distrés respiratorio o del distrés psíquico.

DISTRIBUCIONALISMO. Método de análisis lingüístico definido por la escuela estructuralista estadounidense en la década de 1930. Consiste en describir las partes o elementos constituyentes de una lengua en relación con las demás, partiendo de la observación de oraciones concretas consideradas como muestras representativas de la lengua.

DISTRIBUCIÓN MERCANTIL. Serie de fases sucesivas que experimenta todo producto desde que sale de fábrica hasta que llega al consumidor.

DISTRIBUTIVA, PROPIEDAD. Propiedad que cumple una operación dada, como la multiplicación, respecto de otra cualquiera, como la suma, por la cual un número *a*, por ejemplo, multiplicado por dos sumandos $(a+b)$ puede operarse con cada uno de éstos independientemente y sumarse después. Es decir, $a(b+c) = ab+ac$.

DISTRITO FEDERAL. En las repúblicas federativas, territorio que comprende la capital federal sin que pertenezca a ningún estado particular.

DISTRITO FEDERAL (MÉXICO). Entidad federativa de México, asiento de los poderes federales. Incluye parte de la zona metropolitana de la ciudad de México. 8.765.285 hab. (1999).

DISTRITO FEDERAL (VENEZUELA). Entidad administrativa de Venezuela. Cap. Caracas. Asiento del gobierno nacional y de los poderes públicos. 2.268.534 hab. (1995).
Venezuela 14:260a.

DISTROFIA. Trastorno de la nutrición de un tejido, un órgano o una glándula que determina modificaciones de su forma y función.

DISUASIÓN. Estrategia militar que se basa en la amenaza, por parte de una gran potencia, de una respuesta aplastante ante un posible ataque. Con la introducción de las armas nucleares se convirtió en un elemento estratégico básico.

DISYUNTIVA, CONJUNCIÓN. Partícula coordinante, parte invariable de la oración, que manifiesta la oposición entre dos oraciones, por una de las cuales hay que optar. En español: *o, u, ya, bien, sea, ora.*

DITIRAMBO. En la lírica griega antigua, composición poética dedicada al dios Dioniso. También, poema lírico breve de estilo entusiástico y marcada sensualidad.
Tragedia 14:109a.

DITTBORN, EUGENIO (n. en 1943). Artista chileno. En sus inicios dedicado a la litografía, pasó posteriormente al empleo de técnicas mixtas, incorporando la fotografía y el vídeo a sus creaciones artísticas.

DITTERSDORF, KARL DITTERS VON (1739-1799). Violinista y compositor austriaco. Intérprete de violín desde los doce años, mantuvo una estrecha amistad con Christoph Gluck. Autor de música instrumental y óperas ligeras, estableció el *Singspiel* (canto con declamación). Su obra cumbre fue *Doktor und Apotheker* (1786).

DIU. Ciudad y puerto de la India, en el territorio de Daman y Diu. Se alza en una isla del golfo de Cambay, mar Arábigo. Antigua colonia portuguesa. Pesquerías, salinas. 8.020 hab. (1981).

DIUCA. Pájaro americano de la familia de los fringílidos (*Fringilla diuca*), de color gris apizarrado, con una lista blanca en el vientre. Es poco mayor que un jilguero.

DIURÉTICO. Sustancia capaz de aumentar la formación de orina por el riñón. Puede actuar de tres formas distintas: aumentando la salida de potasio y la eliminación de agua y sodio por la orina; evitando la pérdida de potasio y ejerciendo una acción antagonista de la aldosterona; o impidiendo la reabsorción tubular, induciendo la salida de más cantidad de agua del riñón.
Hipertensión 7:421a.

DIVÁN. En literatura, recopilación de poemas de autores orientales, por lo general árabes o persas. También se da este nombre a una serie de registros de la administración musulmana.

DIVERSIFICACIÓN. Técnica empresarial destinada a distribuir la actividad del negocio entre varios sectores, minimizando así riesgos y abriendo posibilidades mercantiles.

DIVERTIMENTO. Género musical que alcanzó su apogeo en el siglo XVIII y que, a modo de ligero entretenimiento, consta de varios movimientos de cuerda, viento o ambos. Incorpora formas de sonata, variación y danza.

DIVIDENDO (ECONOMÍA). Fracción del beneficio neto de la sociedad anónima entregada a los accionistas por cada uno de los títulos o acciones de su propiedad.

DIVIDENDO (MATEMÁTICAS). Cantidad que en la división se divide por otra. Esta última se denomina divisor.

DIVIDIVI. Árbol de la familia de las cesalpiniáceas (*Caesalpinia coriaria*). Dicotiledóneo. Hojas compuestas, flores amarillas o blanquecinas y fruto en legumbre. Sudamericano. Corteza rica en tanino.

DIVINA COMEDIA. Poema del escritor italiano Dante Alighieri. Dividida en tres partes (Infierno, Purgatorio y Paraíso), es una de las obras cumbres de la literatura universal.
5:211a; Dante Aliguieri 5:92b; Italiana, literatura 8:317b; Virgilio 14:325b; *ilustraciones* 5:211b; 5:212a.

DIVINI REDEMPTORIS. Nombre de una encíclica promulgada por el papa Pío XI, dos años antes de que estallara la segunda guerra mundial (marzo de 1937). Contenía un duro ataque contra el comunismo y una exposición de la alternativa católica.

DIVINÓPOLIS. Ciudad de Brasil en el est. de Minas Gerais, junto al río Pará. Importante centro industrial. Metalurgia, textiles, curtidurías. Productos lácteos y agropecuarios. 164.600 hab. (1998).

DIVISA (ECONOMÍA). Medio de pago utilizado en el comercio internacional. Se da este nombre a todas las monedas extranjeras distintas de la del país que efectúa la transacción.
Banca 2:334b.

DIVISA (TAUROMAQUIA). Cintas de colores que se clavan en el morrillo del toro para distinguir durante la lidia las reses de cada ganadería.

DIVISIBILIDAD, CRITERIOS DE. Serie de condiciones o propiedades que debe cumplir un número para ser divisible por otro, es decir, para que una vez finalizada la división, el resto sea igual a 0.

DIVISIÓN (MATEMÁTICAS). Operación que consiste en determinar las veces que una cantidad dada, denominada dividendo, contiene a otra que recibe el nombre de divisor.
Aritmética 2:74a.

DIVISIÓN (MILICIA). Unidad militar que constituye una parte importante, y con capacidad autónoma, de un cuerpo de ejército. Consta de regimientos o brigadas de diversas armas y de servicios auxiliares, y está bajo el mando de un general de división.

DIVISIÓN MÚLTIPLE. Forma de reproducción asexual en la que una célula sufre divisiones sucesivas de su núcleo, acompañadas de un reparto paralelo de la masa protoplásmica.
Reproducción 12:337a.

DIVISOR. Cantidad por la que se divide un número, denominado dividendo, y que determina cuántas veces contiene este último a la primera.

DIVORCIO. Disolución legal de un matrimonio por dictamen de la autoridad competente.
Matrimonio y divorcio 9:149a.

DIWALI. Festival religioso de la India, en honor de Laksmi, la diosa de la riqueza, y que se celebra durante el mes de octubre en el calendario gregoriano. Se caracteriza por las filas de lamparillas que se colocan en las fachadas de las casas y templos, o en los barcos de los ríos.

DIWAN. V. **Diván.**

DIX, OTTO (1891-1969). Pintor alemán. Iniciado en el estilo impresionista, participó en la estética del expresionismo y el dadaísmo. Encabezó en la década de 1920 el grupo Neue Sachlichkeit (Neorrealismo), que buscaba la recuperación del realismo pictórico. «Los padres del artista» (1921), «Crucifixión» (1946).
Realismo 12:281b.

DIXIELAND. Estilo de música de *jazz* que se desarrolló en Nueva Orleans.

DIYA. Compensación que han de pagar, según la ley coránica, quienes han causado a otros heridas de sangre o la muerte. Tiene antecedentes en las costumbres preislámicas y en la ley del talión hebrea.

DJAMENA. V. **N'Djamena.**

DJEDDA. V. **Yida.**

DJENNÉ. Antigua ciudad musulmana situada en el territorio de Malí. Fue fundada en el siglo XIII y llegó a ser un importante centro comercial y cultural hasta que en el siglo XVIII comenzó su decadencia. Actualmente es una ciudad agrícola que conserva restos arquitectónicos de su pasado.

DJENNÉ, ARTE DE. Conjunto de manifestaciones artísticas de la ciudad de Djenné, principal centro comercial e histórico de Malí. Sus famosas estatuillas, que representan a los distintos estamentos sociales, así como animales y otros temas, se remontan hasta el siglo XVI.

DJIBOUTI. V. **Yibuti.**

DJILAS, MILOVAN (1911-1995). Político y escritor yugoslavo. Se distinguió por sus acervas críticas y abierto desafío al gobierno comunista de su país. Encarcelado repetidamente, fue amnistiado en 1966. *La nueva clase* (1957).
Burocracia 3:233a.

DJOSER. V. **Zóser.**

DJOWEYNI (1226-1283). Escritor en lengua persa. Funcionario de los soberanos mongoles, participó en las campañas militares de Hulagu y fue nombrado gobernador de la conquistada ciudad de Bagdad y del territorio de Irak y Kurdistán. Autor de la obra *Historia del conquistador del mundo* (1260), crónica de las hazañas de Gengis Kan y de toda la época mongola.
Persa, literatura 11:348a.

DMOWSKI, ROMAN (1864-1939). Político polaco. Uno de los líderes de la lucha por la liberación de su país y decidido defensor de la colaboración con Rusia para alcanzar dicho fin.

DNA V. **ADN.**

DNIÉPER, RÍO. Curso fluvial de Europa oriental (Rusia, Bielorrusia, Ucrania), el tercero más largo de Europa. 2.208 km.
5:212b; Rusia 13:54a; *ilustración* 5:212b.

DNIEPRODZERZHINSK. Ciudad de Ucrania en la reg. de Dniepropetrovski, a orillas del Dniéper. Institutos técnicos. Industrias metalúrgicas. 275.000 hab. (1998).

DNIEPROPETROVSK. Ciudad de Ucrania, cap. de la reg. de su nombre, a orillas del Dniéper. Institutos técnicos. Industria pesada, productos químicos, calzados. 1.122.400 hab. (1998).
Dniéper, río 5:213a.

DNIÉSTER, RÍO. Curso fluvial de Moldova (Moldavia) y Ucrania. Nace en los Cárpatos y desemboca en el mar Negro, tras recorrer 1.350 km.
5:213a.

DNS. Siglas que corresponden a la expresión en inglés *Domain Name System* (sistema de nombres de dominios). Procedimiento ideado para la asignación y búsqueda de direcciones electrónicas en las redes de comunicaciones, como Internet, basado en el establecimiento de correspondencias lógicas entre secuencias numéricas y nombres explícitos.

DOBAIBA. En la mitología de algunos pueblos indígenas de la moderna Colombia, diosa de la lluvia torrencial, el rayo y el trueno.

DÖBEREINER, JOHANN WOLFGANG (1780-1849). Químico alemán, precursor del desarrollo del sistema periódico de los elementos. Impulsó el conocimiento de diversas reacciones químicas por medios catalíticos.

DOBERMANN. Raza de perro de tamaño mediano, musculoso y sólido, aunque de peso relativamente escaso. Fue introducido en Alemania, a mediados del siglo XIX, por un aficionado al que le debe su nombre (Louis Dobermann), por medio de cruces. El color varía del negro al rojizo.

DOBLA. Moneda que se usó en Castilla durante la baja edad media. De oro, reemplazó al maravedí y fue utilizada hasta 1497.

DOBLADO, MANUEL (1818-1865). Político mexicano. Gobernador de Guanajuato, combatió en el bando liberal en la guerra de la reforma. Ministro de relaciones exteriores bajo Benito Juárez, negoció la suspensión de pagos con el Reino Unido y España. Tomó las armas contra la invasión francesa. Gobernador y comandante militar de Jalisco.

DOBLAJE. Técnica cinematográfica consistente en cambiar la banda sonora original de los parlamentos de una película por una versión traducida al idioma del país donde vaya a proyectarse, sincronizando las voces para que parezca que los intérpretes se expresan en dicho idioma.

DOBLES, FABIÁN (n. en 1918). Escritor costarricense. Trató en sus obras preferentemente los conflictos sociales que aquejaban a su país. *Una burbuja en el limbo* (1946), *El sitio de las obras* (1950), *Cuentos de Fabián Dobles* (1970).

DOBLESCUDO. Planta herbácea de la familia de las crucíferas (*Biscutella auriculata*). Tallo de 20 a 40 centímetros de altura, aspecto áspero y piloso, hojas lanceoladas y flores amarillas. Frutos en forma de vainillas redondas y aplastadas unidas como anteojos. También denominada anteojos de santa Lucía.

DOBLES SEGREDA, LUIS (1890-1956). Escritor, político y diplomático costarricense. Profesor en universidades estadounidenses, fue autor de novelas y relatos, poesías y obras geográficas. *El clamor de la tierra* (1917), *El libro del héroe* (1926), *Fadrique Gutiérrez, hidalgo extravagante de muchas andanzas* (1954).

DÖBLIN, ALFRED (1878-1957). Novelista y ensayista alemán. Uno de los narradores más destacados del expresionismo alemán. *Los tres saltos de Wang-Lun* (1915), *Berlin Alexanderplatz* (1929), *Hombre inmortal* (1945).

DOBLÓN. Nombre de diversas monedas antiguas utilizadas en España en diferentes épocas y acuñadas en oro.

DOBROVSKÝ, JOSEF (1753-1829). Filólogo y erudito checo. Jesuita hasta la disolución de la Compañía en 1773, fue el iniciador del estudio comparado de la lingüística eslava. *Historia de la lengua y la literatura bohemias* (1792), *Sistema de la antigua lengua eslava* (1822).
Checa, literatura 4:113a.

DOBRUDJA. Región de Europa situada entre el mar Negro y el curso bajo del Danubio. La mayor parte pertenece a Rumania, aunque la parte sur es de Bulgaria.
Rumania 13:38b.

DOBZHANSKY, THEODOSIUS (1900-1975). Biólogo estadounidense de origen ruso. Autor de estudios fundamentales para la interpretación genética de la teoría de la evolución.

DOCA. Planta solanácea de tallo rastrero, hojas dispuestas en posición opuesta, fruto comestible y flores grandes y rosadas. Se da en arenales y peñascos costeros chilenos (*Alibrexia* *tomentosa*). Existe otra forma en el Perú que pertenece a la familia de las aizoáceas (*Sesubim portulacastrum*).

DOCE, RÍO. Curso fluvial de Brasil. Nace de la unión de los ríos Carmo y Piranga, en el est. de Minas Gerais, y se dirige a Governador Valadares, Colatina y el est. de Espírito Santo, hasta desembocar en el océano Atlántico. Su curso es de 580 km.

DOCE AÑOS, TREGUA DE LOS. Acuerdo firmado el 9 de abril de 1609 entre Isabel Clara Eugenia y el archiduque Alberto de Austria por una parte y las Provincias Unidas por la otra, por el que se concedía a éstas el derecho de comerciar con los territorios coloniales españoles, así como el reconocimiento de su libertad e independencia.
Isabel Clara Eugenia 8:274b.

DOCENCIA. V. **Enseñanzas.**

DOCE TABLAS, LEY DE LAS. Codificación legal, la más antigua del derecho romano. Corresponde al período de la república y tradicionalmente se fecha entre los años 451 y 450 a.C.
5:213b; Censura 4:74b; Roma antigua 12:420a.

DOCETISMO. Doctrina herética surgida en los primeros siglos del cristianismo. Consideraba impura la materia y negaba la naturaleza humana de Jesucristo, por lo que su cuerpo, presencia, sufrimiento y muerte eran sólo apariencias.

DOCIMASIA. Prueba médica que se aplica a cadáveres. La hepática, que determina la existencia de glucógeno y glucosa en el hígado, sirve para determinar si una muerte fue rápida o lenta. La pulmonar permite definir si un recién nacido vivió fuera del medio uterino o si nunca llegó a respirar.

DOCIMASTER. Pequeña ave del orden apodiformes, familia troquílidos, con patas cortas, pico muy largo, que utiliza para obtener el néctar de las flores, y rápido batido de alas. Está distribuida en Colombia y Venezuela.

DOCTOR ARROYO. Población del est. mexicano de Nuevo León, en la sierra Madre oriental. Cultivos de frijoles, maíz, ixtle; ganadería lanar y caballar. 36.952 hab. (1990; municipio).

DOCTORES DE LA IGLESIA. En la iglesia cristiana, santos merecedores de una distinción especial por su labor apologética, de exégesis o de profundización y enseñanza doctrinales. El título lo otorga la Congregación de Ritos (Roma). Algunos destacados: san Basilio, san Juan Crisóstomo, santo Tomás de Aquino, santa Teresa de Jesús.

DOCTOR FAUSTO, EL. Novela del escritor alemán Thomas Mann (1875-1955), publicada en 1947; describe la vida en el Munich hitleriano en vísperas de la segunda guerra mundial.

DOCTOR PEDRO P. PEÑA. Localidad de Paraguay, cap. del dep. de Boquerón, a orillas del Pilcomayo, en el extremo occidental del país. 12.000 hab. (1985).

DOCTOR ZHIVAGO, EL. Novela del escritor soviético Borís Pasternak, (1890-1960) publicada en Italia en 1957, un año antes de que el autor recibiera el Premio Nobel. Refleja las transformaciones de la sociedad rusa en las primeras décadas del siglo XX.
Pasternak, Borís 11:295a.

DOCTRINA. Conjunto de principios en que se basa un sistema religioso (dogmas de fe, preceptos, etc.) y enseñanza de los mismos. En la historia de la evangelización de Latinoamérica, villa o pueblo donde se reunía a los indígenas con el fin de impartirles instrucción cristiana.
Adventismo 1:77b; Bautista, iglesia 2:375a; Budismo 3:211b; Calvinismo 3:292b; Católica, Iglesia 4:44a; Cristianismo 5:23b; Luteranas, iglesias 9:247b; Ortodoxas, iglesias 11:163b; Protestantismo 12:165a.

DOCUDRAMA. Producción cinematográfica, televisiva o radiofónica que incorpora experiencias reales, sometidas a técnicas características del género dramático.

DOCUMENTAL. Película cinematográfica en la que se captan sucesos, hechos científicos, etc.; generalmente es de corta duración, con fines informativos o de divulgación.
Cinematografía 4:199a.

DODECAEDRO. Poliedro de doce caras.

DODECAFONISMO. Estilo musical que emplea doce sonidos. Término creado por René Leibowitz para definir la creación de Arnold Schoenberg.
5:214a; Berg, Alban 2:416a; Música 10:314b; Ópera 11:114b; Santoro, Cláudio 13:151a; Schoenberg, Arnold 13:176a; Tonalidad y atonalidad 14:84b; Webern, Anton von 14:358a; *ilustración* 5:214a.

DODECÁGONO. Polígono de doce lados.

DODECANESO. Archipiélago y dep. de Grecia, en el mar Egeo. Agricultura, pesca. Cap. Rodas. 2.670 km^2. 145.071 hab. (1981).
Rodas 12:403b.

DODECASÍLABO, VERSO. Verso de arte mayor, de doce sílabas y acentuación variable; muy utilizado por los poetas modernistas.

DODERER, HEIMITO VON (1896-1966). Novelista austriaco. Autor de ideas y estilo tradicionales, alcanzó fama internacional por su descripción de la sociedad vienesa del período de entreguerras. *Los demonios* (1956), *Un camino en la oscuridad* (1957), *Los merovingios* (1962).

DODGE, BERNARD OGILVIE (1872-1960). Botánico estadounidense, investigador pionero de la genética de los hongos, sobre todo del género *Neurospora.*

DODGE, JOHN V. (1909-1991). Enciclopedista estadounidense. Fue editor ejecutivo de la *Encyclopaedia Britannica,* consejero editorial de la *Encyclopaedia Universalis* (en francés) y la *Enciclopedia Barsa* (español y portugués), y presidente del consejo editorial de la primera edición de la *Enciclopedia Hispánica.*

DODGSON, CHARLES LUTWIDGE. V. **Carroll, Lewis.**

DODO. V. **Dronte.**

DODOMA. Ciudad de Tanzania, designada capital del país en 1974. Situada en el centro de la república, a 480 km del océano Índico. Agricultura; industria maderera y alimentación. 203.833 hab. (1988).

DODONA. Santuario de la antigua Grecia situado en el Epiro y consagrado a Zeus. Su oráculo se basaba en interpretar el vuelo de las palomas, el sonido de un gong o el murmullo del viento en los árboles sagrados del santuario, y gozaba de gran fama en toda Grecia.
Oráculo 11:125a.

DODSWORTH, HENRIQUE DE TOLEDO (1895-1975). Político, médico y escritor brasileño. Fue profesor en el colegio Pedro II de 1931 a 1933, del que también fue director. Delegado de la Asamblea Constituyente en 1933, fue director de *A Notícia* de Río de Janeiro y prefecto de esta ciudad en 1937. *Los coloides en biología, Cien años de enseñanza secundaria.*

DOE, SAMUEL K. (1950-1990). Militar y político liberiano. Derrocó en abril de 1980 al presidente William R. Tolbert y se proclamó jefe del estado y del ejército. Fundó en 1984 el Partido Nacional Democrático de Liberia y en 1986 accedió a la presidencia del país. Fue derrocado y asesinado tras una cruenta guerra civil.

DOELLO-JURADO, MARTÍN (1884-1948). Naturalista argentino. Fue profesor de geología y paleontología en la Universidad de Buenos Aires, director del Museo de Historia Natural de su país y presidente de la Sociedad Argentina de Ciencias Naturales. Dirigió la revista *Physis. Estudios sobre biología, Moluscos actuales, marinos y fluviales.*

DOGMA. Doctrina que la Iglesia Católica define expresa y como solemnemente revelada por Dios.
5:214a; Canónico, derecho 3:344b; Católica, Iglesia 4:46b; Religión 12:320b; *ilustración* 5:215.

DOGMATISMO. Conjunto de verdades consideradas como principios incuestionables o actitud de quien pretende que su pensamiento se acepte como verdad definitiva. En filosofía se aplica a: (1) el realismo ingenuo, según el cual las cosas se perciben directamente tal y como son; (2) la confianza en que es posible conocer la auténtica naturaleza de las cosas por medio del ejercicio de la razón; y (3) la sumisión sin crítica a unos principios o a la autoridad que los propone.
Epistemología 6:14a.

DOGON. Pueblo melano-africano de Malí. Vive en las colinas y mesetas rocosas del distrito de Bandiagara, dedicado a la agricultura y la artesanía. De religión musulmana. Carece de sistema centralizado de gobierno.
Creación 4:423b.

DOGRIB. Tribu india perteneciente al grupo de los atabascos. Vivía en el norte del continente americano, en la región subártica, entre el Gran Lago de los Osos y el de los Esclavos. Su número quedó reducido a unos 1.200 en la década de 1970.

DOHA. Capital y puerto de Katar, a orillas del golfo Pérsico, en la península de Katar. Aeropuerto. Explotaciones petrolíferas, pesquerías. 339.471 hab. (1993).
Katar 9:10a.

DOHERTY, PETER C. (n. en 1940). Inmunólogo australiano. Sus estudios permitieron conocer la respuesta inmune frente a los virus, así como el de los linfocitos T. Fue galardonado, junto a R. Zinkernagel, con el Premio Nobel de fisiología y medicina (1996).

DOHNÁNYI, ERNST VON (1877-1960). Compositor, pianista y director de orquesta húngaro. Estudió en Budapest. Fuertemente influido por Johannes Brahms. Su música estuvo prohibida en Hungría por razones políticas. Su obra más conocida es *Variaciones sobre una canción de cuna.*

DOIDALSES (siglo III a.C.). Escultor griego. Nacido en Bitinia, fue autor del «Zeus» de Nicomedia y de la «Venus en cuclillas». Ambas obras perdidas, de la segunda se conservan copias romanas.

DOISY, EDWARD ADELBERT (1893-1986). Bioquímico estadounidense. Autor de numerosos trabajos sobre las hormonas sexuales. Estudió asimismo la vitamina K, que consiguió aislar de la harina de pescados putrefactos, sintetizándola seguidamente. Compartió el Premio Nobel de medicina en 1943 con el danés Henrik Dam.

DOKUCHÁIEV, VASILI (1846-1903). Geomorfólogo ruso, iniciador de los estudios de edafología. Trabajó en la Universidad de San Petersburgo y estableció una clasificación de los suelos de su país que destacaba la primacía de los factores climáticos sobre los petrográficos en la evolución del suelo.
Suelo 13:348b.

DÓLAR. Unidad monetaria de diversos países, entre ellos los Estados Unidos, Canadá, Australia, Nueva Zelanda, Liberia, Singapur, Belice y Barbados. El dólar estadounidense está dividido en cien centavos.
Dinero 5:195a.

DOLBY. Técnica para mitigar el ruido asociado a una señal sonora transportada por un medio material (cinta magnética, banda óptica, etc.). Se basa en minimizar, en el momento de reproducir el sonido, las señales de alta frecuencia intensificadas previamente en su registro.

DOLCE STIL NUOVO. Movimiento poético surgido en Florencia a fines del siglo XIII, que propugnaba una lírica de mayor delicadeza y refinamiento. Su nombre le fue dado por Dante en un célebre pasaje de la *Divina comedia.*
Dante Alighieri 5:91b; Italiana, loiteratura 8:317b.

DOLCE VITA, LA. Película del director italiano Federico Fellini, realizada en 1959, en la que se narra la vida de un periodista que se mueve entre el universo del cine y el de la aristocracia romana.
Fellini, Federico 6:254b.

DOLCI, CARLO (1616-1686). Pintor italiano. Uno de los últimos representantes de la escuela de pintura barroca florentina. Fue alumno de Jacobo Viguali y autor de pintura religiosa de fuertes contrastes cromáticos y formas suaves «Virgen de san Luis de Tolosa», «Martirio de san Andrés».

DOLE, ROBERT JOSEPH (n. en 1923). Político estadounidense. Perteneciente al Partido Republicano, por el que fue senador. En las elecciones presidenciales de 1996 resultó derrotado por Bill Clinton.

DOLET, ÉTIENNE (1509-1546). Humanista francés. Representante del intelectual renacentista profundamente comprometido con las nuevas ideas, estuvo en prisión varias veces al ser acusado de hereje y ateo por la Inquisición y finalmente fue torturado y ajusticiado. Se mantuvo cercano al pensamiento de Cicerón. Autor también de obras de filología latina y francesa. *Diálogos de imitación cicerómana* (1535), *Comentarios a la lengua latina* (1536-1538), *El cristiano Cato* (1538).

DOLGORUKI, FAMILIA. Linaje principesco ruso del que formaron parte algunos de los más relevantes estadistas y militares de la corte durante los siglos XVII y XVIII. Destacaron Yákov Fiódorovich (1639-1720), senador y consejero de Pedro I el Grande; Vasili Vladimírovich (1667-1746), general del ejército ruso de Persia; e Iván Mijáilovich (1764-1823), escritor y consejero de Pablo I.

DOLGORUKI, VASILI VLADIMÍROVICH (1667-1746). Príncipe ruso. Actuó como consejero del zar Pedro II y obtuvo una gran influencia para su familia. Desempeñó cargos diplomáticos en Dinamarca, Francia y Suecia.

DOLICOCÉFALO. Tipo de cráneo muy alargado, de forma oval, debido a que el diámetro anteroposterior excede en más de un cuarto al lateral.

DOLIN, ANTON (1904-1983). Patrick Healey-Kay, bailarín y coreógrafo británico. Debutó con los Ballets Rusos de Serguéi Diaghilev (1921). Junto con Alicia Markova creó las compañías Markova-Dolin (1935-1938 y 1945-1948) y London's Festival Ballet (1950). Escribió *Pas de deux: el arte del acompañamiento* (1950), *Autobiografía* (1960).

DOLINA. Forma superficial del relieve cárstico que consiste en una depresión cerrada de forma ovalada y contorno sinuoso. Se origina por disolución de la roca caliza en zonas que se encharcan tras las lluvias o por hundimiento del terreno sobre una cavidad cárstica.

DOLLFUSS, ENGELBERT (1892-1934). Canciller austriaco de 1932 a 1934. En 1933 disolvió el parlamento e instauró un régimen autoritario basado en principios católicos conservadores y en los que inspiraban el fascismo italiano. Fue asesinado durante un asalto de nacionalsocialistas austriacos a la cancillería.
Austria 2:230b.

DOLLINGER, JOHANN JOSEPH IGNAZ VON (1799-1890). Historiador y religioso alemán. Atacó en sus escritos la autoridad papal y, tras el concilio Vaticano I, fue excomulgado por Pío IX. A pesar de ello, continuó sus estudios teológicos en la corte de Luis II de Baviera.

DOLLY. Nombre dado a una oveja clonada en 1997 por un equipo científico del Instituto Roslin de Edimburgo, Reino Unido, bajo la dirección del británico Ian Wilmut. Supuso la primera réplica de un mamífero a partir de células no reproductoras o somáticas de adulto.
Clonación 4:236b; *ilustración* 4:238a.

DOLMEN. Construcción megalítica de carácter funerario compuesta por piedras verticales sobre las que se apoyan una o varias losas de cubierta. Su uso se extendió por toda la Europa neolítica.
Arquitectura 2:101b; Megalítica, cultura 10:40b.

DOLMETSCH, ARNOLD (1858-1940). Compositor y musicólogo británico de origen francés. Se especializó en el estudio, la fabricación y la ejecución de los instrumentos antiguos. *Selección de canciones y diálogos ingleses de los siglos XVI y XVII* (1912).

DOLO. Astucia o malicia empleada para engañar a una persona (dolo civil), o propósito de cometer un delito (dolo penal).

DOLOMÍA. Roca sedimentaria compuesta de dolomita y cantidades menores de calcita.

DOLOMITA. Mineral en cristales romboédricos y en masas rocosas compuesto por carbonatos de calcio y de magnesio. Su nombre procede de los montes alpinos de donde se extrae principalmente.
Cal 3:266a; Magnesio 9:287a.

DOLOMITAS, ALPES. Sistema montañoso de los Alpes orientales italianos, entre los ríos Adigio, Piave, Pusteria y Valsugana. Su monte más alto es la Marmolada, 3.342 m. De composición caliza, fue estudiado científicamente por primera vez por el geólogo francés Dieudonné Dolomieu, por quien toma su nombre, en el siglo XVIII. Importante zona turística del norte de Italia.

DOLOR. Sensación desagradable y penosa experimentada por un órgano o parte del cuerpo. Es un fenómeno que pone en funcionamiento la totalidad del sistema nervioso.
5:215b; Analgésicos 1:315a; Anestesia 1:344b; Artritis 2:136b; Quemadura 12:217a; *ilustración* 5:215b.

DOLORES, BATALLA DE. Nombre de dos enfrentamientos armados librados en el valle de Dolores, en las cercanías de Pisagua, Chile. En el primero, el 19 de noviembre de 1879, durante la guerra del Pacífico, el ejército chileno derrotó a las tropas peruano-bolivianas; en el segundo, el 17 de febrero de 1891, durante la guerra civil chilena, los ejércitos revolucionarios de Estanislao del Canto vencieron a las fuerzas que apoyaban a José Manuel Balmaceda.

DOLORES HIDALGO. Ciudad del est. de Guanajuato, México, en la que el cura Miguel Hidalgo proclamó la independencia del país el 16 de septiembre de 1810. Iglesia parroquial de estilo barroco. Agricultura, ganadería, minas. 102.200 hab. (1990; municipio).

DOLOROSA, LA. Imagen de la Virgen María afligida por la muerte de Cristo. A partir del siglo XV fue uno de los temas más utilizados por los pintores religiosos españoles. Se representaba generalmente a la Virgen de cuerpo entero, mientras que con anterioridad solía aparecer pintada a los pies de la cruz, desvanecida en brazos de san Juan.

DOMAGK, GERHARD (1895-1964). Médico alemán. Autor de numerosos trabajos experimentales sobre el cáncer, campo en el que abrió el camino a la quimioterapia con sulfamidas. Recibió el Premio Nobel en 1939.

DOMAT, JEAN (1625-1696). Jurista francés. Amigo de Blaise Pascal y poco reconocido en vida, desde el siglo XVIII fue considerado el jurista francés más importante de su época. Se inspiró en el derecho romano para clasificar y sistematizar la legislación de su país. *Las leyes civiles en su orden natural, Tratado de las leyes* (publicadas ambas entre 1689 y 1694).

DOMENCHINA, JUAN JOSÉ (1898-1959). Escritor español. Autor de poesía modernista y novelas, en el terreno político fue secretario de Manuel Azaña. Se exilió en México en 1940. *La corporeidad de lo abstracto* (1928), *Dédalo* (1932), *Poesías completas* (1936), *Pasión de sombra* (1944).

DOMÈNECH, JAIME (siglo XIV). Escritor y religioso español. Dominico, fue colaborador de Pedro IV de Aragón y tradujo al catalán el *Speculum historiale* de Vicente de Beauvais. Ocupó el puesto de segundo inquisidor en Mallorca en 1357. Autor de una obra histórica sobre los tiempos anteriores al cristianismo.

DOMÈNECH I MONTANER, LLUÍS (1850-1923). Arquitecto español. Uno de los más destacados representantes del modernismo en España. Fue profesor y director de la escuela de arquitectura de Barcelona y militante del movimiento catalanista. Proyectó y dirigió la construcción del Palacio de la Música Catalana (1905-1908) y el Hospital de San Pablo (1902-1910) en Barcelona y el instituto Pere Mata de Reus (1897-1919).

DOMENICHINO (1581-1641). Domenico Zampieri, pintor italiano. Realizó obras de un barroco clasicista.

DOMENICO VENEZIANO. V. **Veneziano, Domenico.**
5:216b; *ilustración* 5:216b.

DOMESTICACIÓN. Proceso de amansamiento y cría en cautividad de ciertas especies animales por parte del hombre, que las utiliza para extraer de ellas diversos productos o usarlas como fuerza de trabajo.
5:217a; Caballo 3:248b; Comportamiento animal 4:302a; Ganadería 7:35b; *ilustraciones* 5:217b; 5:218a.

DOMÉSTICOS, ANIMALES. V. **Domesticación.**

DOMEYKO, CORDILLERA. Alineación montañosa andina del norte de Chile, que se extiende entre el salar de Atacama y el de Maricunga. 5.160 m. Clima extremadamente árido.
Atacama 2:186a.

DOMEYKO, IGNACIO (1802-1889). Naturalista chileno de origen polaco. Después de la revolución de 1831 vivió en París y después pasó a Chile, cuya nacionalidad adquirió en 1848, contratado por el gobierno como profesor. Fue catedrático en Santiago desde 1846 y rector de su universidad desde 1867 hasta 1883. *Elementos de mineralogía, Introducción al estudio de las ciencias naturales, Elementos de física experimental y mineralogía.*

DOMICIANO (51-96). Último emperador romano de la dinastía Flavia. Llevó a cabo una política centralizadora.
5:218b; Marcial 9:354b; Suetonio 13:352a; Vespasiano 14:285b.

DOMINANCIA. Predominio, en un descendiente híbrido heterocigoto, de uno de los dos caracteres antagónicos heredados de los progenitores.

DOMINANCIA CEREBRAL. Predominio de uno de los hemisferios cerebrales sobre el otro. Cuando el hemisferio predominante sea el izquierdo el sujeto será diestro; cuando el dominante sea el derecho, el sujeto será zurdo.

DOMINANTE. En la escala musical, nota que complementa a la tónica, en una función dinámica, y cuyo acorde lleva directamente hacia la tónica. Situada en la tonalidad clásica en el quinto grado.
Tonalidad y atonalidad 14:84a.

DOMINANTE, CARÁCTER. Gen cuyo mensaje de herencia predomina en la generación siguiente enmascarando el del alelo que presenta carácter recesivo.
Genética 7:74b.

DOMINGO. Primer día de la semana, festivo, instituido en el mundo cristiano como el «día del Señor» y destinado por la Iglesia al culto.

DOMINGO, MARCELINO (1884-1939). Político español. De ideas republicanas y periodista de formación, inició su carrera política en 1909. En 1929 participó en la fundación del Partido Radical-Socialista y en 1930 tuvo que huir a Francia al ser uno de los dirigentes de la sublevación proyectada para diciembre. En 1931, con la segunda república, ocupó la cartera de instrucción pública y la de agricultura, comercio e industria. Tras la victoria del Frente Popular (febrero de 1936), fue ministro de instrucción pública con Manuel Azaña. *¿Dónde va Cataluña?* (1927), *¿A dónde va España?* (1930), *La experiencia del poder* (1934).

DOMINGO, PLÁCIDO (n. en 1941). Cantante de ópera español, considerado uno de los mejores tenores del siglo XX.
5:218b; Música 10:318b; Pavarotti, Luciano 11:302a; *ilustraciones* 5:218b; 10:317b.

DOMINGO DE GUZMÁN, SANTO (1170-1221). Religioso español. Fundador de la Orden de Predicadores.
5:219a; Misión y misionero 10:190a; Órdenes religiosas 11:131b; *ilustración* 5:219b.

DOMINGO DE RAMOS. En el calendario cristiano, domingo con el que se inicia la Semana Santa. Conmemora la entrada de Jesús en Jerusalén y el recibimiento de que fue objeto poco antes de iniciarse la Pasión.

DOMINGO MARQUÉS, FRANCISCO (1842-1920). Pintor español. Estudió en Valencia y luego en Roma y París, ciudad en la que se establecería durante años. Realizó obras de tipo histórico, y cultivó asimismo el género costumbrista. «La expulsión de los moriscos» (1867), «El estudio de Muñoz Degrain» (1867), «El último día de Sagunto» (1871).

DOMINGO SAVIO, SANTO (1842-1857). Santo italiano. Fue educado por san Juan Bosco, fundador de las escuelas salesianas, en el oratorio de Valdococo. Canonizado en 1954.

DOMÍNGUEZ, BELISARIO (1863-1913). Médico y político mexicano. Cursó sus estudios en París y defendió con ardor las posiciones democráticas. Senador con Francisco I. Madero, fue asesinado tras pronunciar un discurso en contra del usurpador Victoriano Huerta.

DOMÍNGUEZ, LORENZO (1901-1963). Escultor chileno. Profesor en diversas escuelas de bellas artes de la Argentina y Chile. Creador de una obra de volúmenes vigorosos y con influencias indígenas. «Monumento a Ramón y Cajal» (1928).

DOMÍNGUEZ, MIGUEL (1756-1830). Administrador colonial y patriota mexicano. Corregidor de Querétaro, apoyó los movimientos de independencia de México, pese a que tuvo que dictar medidas en contra de los dirigentes nacionalistas. A partir de 1824 desempeñó los puestos de magistrado y presidente de la Suprema Corte de Justicia. Su mujer, Josefa Ortiz, tomó parte activa en la lucha independentista.
Ortiz de Domínguez, Josefa 11:162a.

DOMÍNGUEZ, ÓSCAR (1906-1957). Pintor español. Integrado en el grupo surrealista parisiense desde 1934, practicó la técnica de la *décalcomanie* y el automatismo. Muy influido por Pablo Picasso y por Giorgio De Chirico. Su obra posterior abandonó el carácter onírico para acercarse a la abstracción. Era presa de frecuentes depresiones que lo empujaron al suicidio.

DOMÍNGUEZ CAMARGO, HERNANDO (h. 1601-1656). Poeta y sacerdote colombiano. Primer autor de poemas del país. Su estilo gongorino, plagado de alusiones mitológicas, expresa el barroco del período colonial y tiene ya cierto sabor criollo. Autor de *Poema heroico de san Ignacio de Loyola,* que dejó inconcluso y fue publicado en 1666.

DOMÍNGUEZ DEL CASTILLO, JOSÉ MARÍA (1765-1817). Patriota colombiano. Secretario del Congreso y secretario de hacienda del gobierno general, inició su carrera política en 1797 como alcalde de Santafé de Bogotá y regidor de su cabildo (1802). Fue elegido primer vicepresidente del estado de Cundinamarca en 1811, después de haber suscrito la primera constitución de dicho estado, y ocupó la presidencia del Serenísimo Colegio Revisor del Acta Federal en 1812.

DOMÍNGUEZ ORTIZ, ANTONIO (n. en 1909). Historiador español. Se especializó en cuestiones sociales de la vida española bajo el antiguo régimen. *Orto y ocaso de Sevilla* (1946), *La sociedad española del s.* XVIII (1955), *El régimen señorial y el reformismo borbónico* (1974).

DOMINGUÍN, LUIS MIGUEL (1926-1996). Matador de toros español. Perteneciente a una conocida estirpe de toreros, tomó la alternativa de manos de Domingo Ortega en 1944. Demostró en su toreo un gran dominio de la muleta.

DOMINICA. País insular de las Antillas menores. Cap. Roseau. 750 km^2. 76.200 hab. (2000).
5:220a; América 1:276b; Antillas 1:392b; *cuadros* 5:220a; 5:221b; *ilustraciones* 5:221a.

DOMINICANA, REPÚBLICA. País de las Antillas mayores. Ocupa la mitad oriental de la isla La Española. Cap. Santo Domingo. 48.671 km^2. 8.443.000 hab. (2000).
5:221b; Haití 7:316b; Independencia de Hispanoamérica 8:147a; Núñez de Cáceres, José 11:52a; Trujillo, Héctor 14:139a; Trujillo, Rafael Leónidas 14:139b; *mapa* 5:222a; *cuadros* 5:222b; 5:223b; 5:224b; *ilustraciones* 5:223b; 5:224a; 5:225b; 5:227b; 5:228a; 5:229b.

DOMÍNICI, ANÍBAL (1837-1897). Escritor y político venezolano. Fundador de la Academia de la Lengua Venezolana, gran divulgador de literatos franceses de su país y comentarista del código civil. Fue ministro de fomento e instrucción pública y rector de la Universidad de Caracas. *Ensayo sobre Corneille, El Cid, La viuda del pescador, Honra de la mujer.*

DOMÍNICI, PEDRO CÉSAR (1872-1954). Escritor y diplomático venezolano. Novelista de estilo parnasiano, representó a su país en el Reino Unido, España y la Argentina y era simpatizante de la causa indígena. En sus novelas cultivó temas americanos. Participó en la fundación de la revista literaria *Cosmópolis. La tristeza voluptuosa* (1899), *Dyonisos* (1912), *El cóndor* (1925).

DOMINICOS. Miembros de la Orden de Predicadores fundada en 1215 en Tolosa (España) por santo Domingo de Guzmán y aprobada por el papa Honorio III un año después.
Domingo de Guzmán, santo 5:219a; Misión y misionero 10:190a; Órdenes religiosas 11:131b.

DOMINIO (DERECHO). Poder pleno de disposición sobre personas o cosas. Derecho del propietario sobre aquello que le pertenece. Territorio sujeto a un país o a un soberano.

DOMINIO (MATEMÁTICAS). En una correspondencia establecida entre dos conjuntos dados *A* y *B,* conjunto de elementos de *A* que forman pares ordenados con los elementos de *B* que entran en dicha correspondencia.

DOMINIS, MARCO ANTONIO DE (1556-1624). Sacerdote italiano nacido en Dalmacia. Desempeñó diversos cargos eclesiásticos hasta que sus discrepancias con la iglesia romana lo llevaron a renegar de la fe católica y a establecerse en Inglaterra. Aunque se retractó públicamente, murió prisionero en el castillo de Sant'Angelo. Fue el primero en dar una explicación científica sobre la forma y la estructura del arco iris.
Arco iris 2:31a.

DOMINÓ. Juego de mesa en el que se emplean 28 fichas rectangulares, cada una dividida en dos cuadros que pueden tener de cero a seis puntos. Cada jugador (de dos a cuatro) toma 7 fichas, que debe colocar con uno de los lados junto al de otra ficha que tenga el mismo número de puntos. Gana el jugador que antes coloque todas sus fichas o el que quede con menos puntos cuando no se pueda proseguir el juego.
Mesa, juegos de 10:77b.

DOMNO (m. en el 678). Papa del 676 hasta su muerte. Su elección puso fin al cisma creado por el arzobispo Mauro de Ravena. Restauró iglesias y fue enterrado en San Pedro.

DOMO. Pliegue anticlinal que tiene una longitud y una anchura prácticamente idénticas.

DOMÓTICA. Disciplina que se basa en la combinación de la informática y de las telecomunicaciones para la regulación del funcionamiento de una vivienda con objeto de lograr las máximas prestaciones con la mayor eficacia y el menor costo.
Edificio inteligente 5:306b.

DOMUYO, VOLCÁN. Cumbre de los Andes argentinos, en el norte de la prov. de Neuquén, casi en el límite con la de Mendoza. 4.702 m.

DON, RÍO. Curso fluvial de Rusia. Nace en el lago Iván y recorre 1.870 km, en su mayor parte navegables, hasta desembocar en el mar Negro.
5:229b.

DON ÁLVARO O LA FUERZA DEL SINO. Drama del duque de Rivas (Ángel Saavedra Fajardo, 1791-1865), representado por primera vez en 1835. Don Álvaro mata fortuitamente al padre de su amada Leonor y se ve forzado a huir. A su regreso vuelve a encontrar a Leonor, quien es muerta por su propio hermano. Giuseppe Verdi compuso sobre este libro la ópera *La fuerza del destino.*
Rivas, duque de 12:388a.

DON APACIBLE, EL. Novela del escritor soviético Mijaíl Shólojov (1905-1984), que narra la historia de una familia de cosacos durante el transcurso de la revolución de 1917. Apareció entre 1928 y 1940, en varias entregas.

DONATARIO. Titular de una capitanía, concesión de tierras que se realizaba en las colonias portuguesas de ultramar. La institución sirvió para consolidar el poder de la corona portuguesa en Brasil.
Brasil 3:155a.

DONATELLO (h. 1386-1466). Donato di Nicollò Betto Bardi, escultor italiano. Fue uno de los grandes innovadores de la escultura florentina del *quattrocento.*
5:230a; Mantegna, Andrea 9:333b; Renacimiento 12:330b; Verrochio, Andrea del 14:279a; *ilustraciones* 5:230a-b.

DONATI, COMETA DE. Cometa descubierto el 2 de junio de 1858 por el astrónomo italiano Giovanni Battista Donati.

DONATISMO. Movimiento herético que se desarrolló en el norte de África durante el siglo IV y que tomó su nombre del obispo de Cartago, Donato. Mantenía la necesidad de repetir el sacramento del bautismo, rechazaba el valor de los sacramentos administrados por un pecador y la intervención del estado en los asuntos de la iglesia y presentaba a la iglesia africana como la única verdadera. Esta doctrina, condenada en los concilios de Letrán (313) y Arles (314), fue combatida por san Agustín en el siglo IV.
Argelia 2:39b; Herejías 7:369b.

DONAU, GLACIACIÓN. Primer período glaciar del pleistoceno de la Europa alpina, anterior al interglaciar Donau-Günz.

DONBASS. Cuenca hullera de la rep. de Ucrania, asiento de una importante zona industrial. Situada a orillas del río Don, mantiene grandes industrias metalúrgicas. La zona, donde también hay yacimientos de hierro, encierra importantes ciudades, como Rostov, Donetsk, Gorlovka, Voroshilovgrado. 12.205.000 hab. (1982).

DON BENITO. Población española de la prov. de Badajoz, comunidad autónoma de Extremadura. Centro de una comarca agrícola y ganadera. Industria alimentaria, química y metalúrgica. 31.022 hab. (1996).

DON CARLOS. Drama del escritor alemán Friedrich Schiller, publicado en 1787, inspirado en la figura del príncipe don Carlos, hijo de Felipe II. La obra exalta el sentido de libertad y justicia frente al poder absoluto. Entre las reelaboraciones de este mismo tema se encuentra la famosa ópera homónima de Giuseppe Verdi (1867).
Schiller, Friedrich von 13:173b.

DONCELLA. Pez osteictio de la familia de los lábridos (*Crenilabrus pavo*), caracterizado por los dobles labios carnosos que cubren sus mandíbulas.

DONDERS, FRANS CORNELIS (1818-1889). Oftalmólogo neerlandés. Analizó minuciosamente las anomalías de la acomodación y la refracción del ojo y sentó las bases físicas para el posterior desarrollo de la óptica fisiológica. *Sobre las anomalías de la acomodación y la refracción* (1864).
Oftalmología 11:85a.

DONDIEGO. Planta herbácea de la familia de las nictagináceas (*Mirabilis jalapa*). Tallos rectos y nudosos, hojas lanceoladas y opuestas y flores en corimbos de diversos colores, que abren al anochecer y se cierran al salir el sol. Fruto pardo en forma capsular. Originaria de América del sur.

DONEN, STANLEY (n. en 1924). Director y coreógrafo cinematográfico estadounidense. Colaboró con Gene Kelly en *Un día en Nueva York* (1949) y *Cantando bajo la lluvia* (1952). Dirigió, además, *Siete novias para siete hermanos* (1954), *Una cara con ángel* (1956), *Dos en la carretera* (1967).

DONETSK. Ciudad de Ucrania, cap. de la reg. homónima. Universidad, escuelas técnicas. Metalurgia, productos alimenticios. 1.065.400 hab. (1998).

DONGEN, KEES VAN (1877-1968). Cornelis van Dongen, pintor neerlandés. Miembro del movimiento fauvista, con marcadas influencias de Henri Matisse, destacó especialmente por sus retratos, en los que con frecuencia satirizaba a sus modelos. «Mujer con joyas» (1905), «Retrato de Anatole France» (1917).

DONG QICHANG (1555-1636). Calígrafo y pintor chino. Autor de un influyente tratado de pintura.
5:231a.

DONG YUAN (m. en el 962). Pintor chino. Funcionario de la corte del emperador Zhongzhu, fue autor de una pintura de paisaje y animalística en la que se manifiestan las influencias de los pintores Wang Wei y Li Sixum, sus maestros.
Oriental, arte 11:148a.

DÖNITZ, KARL (1891-1980). Marino alemán. Dirigió la flota de submarinos nazi durante la segunda guerra mundial. A la muerte de Adolf Hitler, lo sucedió en el mando y negoció la capitulación ante los aliados. Fue condenado a diez años de prisión por los tribunales de guerra.

DONIZETTI, GAETANO (1797-1848). Compositor italiano. Supuso la transición operística entre Gioacchino Rossini y Giuseppe Verdi.
5:231a; Ópera 11:114b.

DON JUAN. Personaje de ficción, libertino, osado y mujeriego, que apareció por primera vez en la literatura en *El burlador de Sevilla* (1630) de Tirso de Molina y que pronto se convirtió en uno de los arquetipos más famosos de la literatura española y en un mito recreado posteriormente por otros autores españoles y extranjeros, como José Zorrilla y Molière, y por Mozart en una ópera.
Tirso de Molina 14:67a; Zorrilla, José 14:435a.

DON JUAN TENORIO. Drama del autor romántico español José Zorrilla, representado en 1844, que alcanzó fama universal y que en España e Iberoamérica se representa usualmente la víspera del día de difuntos (1 de noviembre). La obra reelabora la figura de *El burlador de Sevilla*, de Tirso de Molina, añadiendo su arrepentimiento y salvación gracias al amor de doña Inés.
Zorrilla, José 14:434b.

DONLEAVY, J. P. (n. en 1926). Novelista irlandés de origen estadounidense. Adoptó su nueva nacionalidad en 1967. Creador del antihéroe Dangerfield. *El hombre de jengibre* (1955), *El verano más triste de Samuel S.* (1966), *Un cuento de hadas neoyorquino* (1973).

DONNE, JOHN (1572-1631). Poeta británico. Principal representante de la escuela metafísica de su país.
5:231b; Británica, literatura 3:177b; *ilustración* 5:231b.

DONO, PAOLO DI. V. **Uccello, Paolo.**

DONOSO, ARMANDO (1887-1946). Escritor chileno. Uno de los defensores del modernismo en la literatura de su país.
5:232a.

DONOSO, JOSÉ (1924-1996). Escritor chileno. Una de las figuras más importantes de la literatura hispanoamericana de las décadas de 1970 y 1980.
5:232a; *ilustración* 5:232a.

DONOSO CORTÉS, JUAN (1809-1853). Escritor y político español. Abogado de profesión, ocupó diversos cargos públicos con Juan Álvarez Mendizábal. Se ganó la confianza de la regente María Cristina. Fue embajador y defendió la ideología católica y antiliberal. Perteneció a la Real Academia Española. *Ensayo sobre el catolicismo, el liberalismo y el socialismo* (1851).

DONOSTIA. V. **San Sebastián.**

DONOSTIA, JOSÉ ANTONIO DE (1886-1956). José Gonzalo Zulaica y Arregui, compositor español. Religioso de origen vasco, fue un estudioso del folclor de su tierra, y en él se inspiró para publicar una colección de canciones vascas (*Euskal Eres Sorta*). *La vida profunda de san Francisco de Asís, Preludios vascos, Misa de réquiem.*

DON QUIJOTE. V. **Quijote, el.**

DON SEGUNDO SOMBRA. Novela del escritor argentino Ricardo Güiraldes (1886-1927), publicada en 1926. El personaje que da título a la obra es un anciano gaucho en cuyo ejemplo se mira el joven que relata la historia, prodigio de descripción de la vida cotidiana gauchesca.

DOÑA ANA, CORDILLERA DE. Sistema montañoso que se encuentra en la reg. chilena de Coquimbo, al norte del río Turbio. Tiene una altitud máxima de 5.690 m. Está formada por terrenos del terciario, con estratos superiores procedentes de emisiones volcánicas.

DOÑA BÁRBARA. Novela del escritor venezolano Rómulo Gallegos, publicada en 1929. Su protagonista es una mestiza violenta, contradictoria y llena de afán de dominio que se enfrenta al espíritu civilizador del joven Santos Luzardo.

DOÑANA, COTO DE. Parque nacional español, en el término municipal de Almonte, en la prov. de Huelva. 700 km^2. Zona de montes, marismas y dunas que se dirigen hacia el mar. Sus lagunas sirven de refugio invernal a una gran variedad de especies animales, entre las que se cuentan gamos, ciervos, jabalíes, jinetas y numerosas aves zancudas y rapaces.

DOOHAN, MICHAEL (n. en 1965). Motociclista australiano. Ganador de cinco títulos consecutivos de campeón del mundo en la modalidad de 500 cc (1994-1998).

DOON DE MAYENCE. Conjunto de cantos de gesta medievales, reunidos hacia el siglo XIII mediante la invención de un ancestro común a todos los héroes, Doon. Los personajes son casi siempre señores feudales deseosos de vengar los desprecios de sus soberanos. Entre los poemas de más renombre se cuentan *Raoul de Cambrai, La gesta de Ogier, Girart de Rousillon.*

DOPAMINA. Neurotransmisor inhibidor del sistema nervioso central y periférico, sintetizado a partir del aminoácido fenilalanina y almacenado en las vesículas sinápticas. Es degradado por acción de la monoaminooxidasa y la catecol-metil-transferasa, y sintetizado a través de dos reacciones de hidroxilación, por intervención de las enzimas tirosina-hidroxilasa y dopadescarboxilasa.
Parkinson, enfermedad de 11:285b.

DOPING. Término inglés que denota el uso de sustancias estimulantes o excitantes para conseguir mayor rendimiento en el deporte. Tal uso está prohibido, sin embargo, en el deporte organizado.

DOPPLER, CHRISTIAN (1803-1853). Físico austriaco. En 1842 publicó un artículo que describía el fenómeno conocido como efecto Doppler, lo que permitió un notable avance en diversos campos de la física. Profesor de física experimental desde 1850 en la Universidad de Viena.
Acústica 1:53a.

DOPPLER, EFECTO. Cambio en la frecuencia de las ondas recibidas debido al movimiento relativo entre el receptor y la fuente emisora. La frecuencia aumenta cuando se aproximan y disminuye cuando se alejan. El efecto fue descubierto por Christian Doppler y explicado satisfactoriamente por Armand Fizeau.
Astrofísica 2:164b; Onda 11:109a; Radar 12:241a; Universo 14:185a; Vía Láctea 14:293a.

DORADA, LA. Municipio del dep. colombiano de Caldas. Es uno de los principales puertos sobre el río Magdalena e importante centro comercial. Agricultura (trigo, maíz, cebada, frutales, cacao), ganadería, industrias de bebidas, curtidos. Aeropuerto.

DORADO. Municipio de Puerto Rico en la desembocadura del río de la Plata al Atlántico. Agricultura. 30.759 hab. (1990).

DORADO, EL. Nombre de un mítico soberano chibcha y de la comarca donde se suponía que habitaba, cerca de Santafé de Bogotá.
5:232b; Federmann, Nicolás 6:248a; *ilustración* 5:233a.

DORADO, PEZ. Osteictio de la familia de los carácidos (*Salminus maillosus*). Carnívoro, se encuentra en ciertos ríos sudamericanos.

DORADO MONTERO, PEDRO (1861-1919). Jurista español. Titular de la cátedra de derecho político y administrativo en Granada, prefirió impartir derecho penal en Salamanca. Fruto de sus años de estancia en Bolonia fue *El positivismo en la ciencia jurídica y social italiana* (1891). Su pensamiento conjugó las doctrinas positivistas, el correccionalismo y el krausismo. Para él, el derecho penal no debía tener un carácter represivo, sino tutelar. *Problemas de derecho penal* (1895), *El derecho protector de los criminales* (1916).

DORANTES, PEDRO (m. en 1580). Conquistador español. Participó en la conspiración contra Álvar Núñez Cabeza de Vaca.
5:233a.

DORAT, JEAN (1508-1588). Humanista y poeta francés, conocido como Dinemandi. Era entusiasta del helenismo y los autores clásicos, e intentó inculcar dicho entusiasmo a sus alumnos del colegio de Coqueret, quienes, con él, conformaron el grupo conocido como la Pléiade.

DORDOÑA. Departamento de Francia en la reg. de Aquitania. Fértiles valles. Yacimientos arqueológicos. Ciudades medievales. Agricultura, explotaciones forestales. Turismo. Cap. Périgueux. 9.060 km^2. 388.700 hab. (1995).

DORDOÑA, RÍO. Curso fluvial de la parte sudoccidental de Francia. Nace en el macizo central (Puy de Sancy) y recorre toda la cuenca del río Garona. Se une a este último en el Bec de Ambès, y juntos forman el estuario de la Gironda. Su curso es de 472 km.

DORDRECHT. Ciudad y puerto fluvial de los Países Bajos, en la provincia de Holanda Meridional, rodeada de ríos y canales. Edificios medievales. Museos. Industrias diversas. 119.462 hab. (1999).

DORÉ, GUSTAVE (1832-1883). Dibujante y pintor francés. Afamado por sus fantasiosas ilustraciones bibliográficas, del más puro estilo romántico.
5:233b; Grabado 7:179b; *ilustración* 5:233b.

DO REGO MONTEIRO, VICENTE (1899-1970). Pintor brasileño. Influido por el arte indígena y por el cubismo, sus pinturas simulan figuras grabadas en relieve, fruto de un estilo muy personal. *Descendimiento* (1924).

DORESTE, LUIS (n. en 1961). Regatista español. Ganador de la medalla de oro en la clase 470 en los Juegos Olímpicos de Los Ángeles (1984) y en la clase *Flying Dutchman* en Barcelona (1992).

DORGON (1612-1650). Nombre religioso de Cheng-Tsung, príncipe manchú que desempeñó un papel preponderante en la fundación de la dinastía Qing, que reinaría en China.

DORIA, ANDREA (1466-1560). Estadista, *condottiere* y marino italiano (genovés), miembro de una distinguida familia. Fue el navegante más destacado de su época y sirvió a distintos soberanos, como Francisco I de Francia y el emperador Carlos V (I de España), en favor de los intereses de Génova.
Lepanto, batalla de 9:124b.

DORIA, FAMILIA. Linaje que dominó la vida política, militar y económica de la república de Génova desde el siglo XII.

DÓRICO. Grupo dialectal del griego clásico. Era la lengua de los dorios, pueblo que entre los siglos XII y IX a.C. se estableció en el Peloponeso, las islas meridionales del Egeo y el sudoeste de Anatolia.
Griego 7:226a.

DÓRICO, ORDEN. Estilo arquitectónico clásico. Caracterizado por la fortaleza y rigidez de sus elementos: fuste sin basa, que descansa libremente sobre el basamento del edificio, capitel sin decoración y friso dividido en triglifos y metopas.
Arquitectura 2:103a; Columna 4:287b.

DORÍFORA. Insecto coleóptero de la familia de los crisomélidos (*Leptinotarsa decemlineata*), también denominado escarabajo de la papa o patata. Cuerpo elíptico de dorso convexo. Elitros amarillos adornados con cinco líneas negras longitudinales. Buen volador. Sus larvas son muy dañinas para la papa o patata, el tomate y otros cultivos. Originario de América del norte y muy extendido en la actualidad en los restantes continentes.

DORÍFORO, EL. Obra en bronce del escultor griego Policleto (siglo V a.C.), llamada el *kanon* («medida»), en la que el autor aplicó sus teorías sobre las proporciones del cuerpo humano. Se conserva una copia en mármol en el museo de Nápoles.

DORIOS. Antiguo pueblo que penetró en la Grecia peninsular en los inicios del siglo XII a.C., al final de la edad del bronce.
Indoeuropeos, pueblos 8:178b.

DORMER, DIEGO JOSÉ (h. 1640-1705). Historiador y religioso español. En 1672 fue nombrado cronista interino del reino de Aragón, cuya titularidad ocupó en 1677. A pesar de haber sido formado en derecho y filosofía, se dedicó a investigar los temas históricos en los archivos de Simancas y el resto de España. *Anales de Aragón desde el año 1525 hasta 1540* (1697), *Discursos varios de historia* (1683).

DÖRPFELD, WILHELM (1853-1940). Arqueólogo y arquitecto alemán. Participó en diversas excavaciones arqueológicas en Olimpia, Pérgamo, Tebas, etc., y entre 1882 y 1890 colaboró con Heinrich Schliemann en el descubrimiento de la antigua ciudad de Troya. *Troya e Ilión* (1902).

DORREGARAY, ANTONIO (1823-1882). Militar español. Defensor primero de los carlistas, tras acogerse al convenio de Vergara se integró en las filas borbónicas. Estuvo en África y en Cuba y en la revolución de 1868 volvió a tomar partido por los carlistas. Fue ascendido hasta el cargo de teniente general y comandante general de la región valenciana. Acompañó a don Carlos a su destierro en Francia y la Gran Bretaña, pero regresó después a España.

DORREGO, MANUEL (1787-1828). Militar y político federalista argentino. Negoció la paz de 1828 con Brasil.
5:234a; Rosas, Juan Manuel de 13:21b.

DORSAL, CORDILLERA. Elevación en forma de cordillera de los fondos de los océanos. Las dorsales delimitan las cuencas oceánicas. Destacan la dorsal atlántica, la del Pacífico y la del océano Ártico.
Atlántico, océano 2:194a; Mar 9:345b.

DORSO, ESTILO DE. V. **Espalda, natación a.**

DORTICÓS, OSWALDO (1919-1983). Político cubano. Abogado de profesión, dirigió el movimiento castrista, hasta ser detenido. Se fugó a México y regresó al triunfar la revolución. Fue ministro y presidente de la república en 1959. Miembro del buró político del Partido Comunista. Se suicidó.

DORTMUND. Ciudad y puerto fluvial de Alemania, est. de Renania del Norte-Westfalia, en el canal de Dortmund-Ems. Iglesias y castillos medievales. Importante centro industrial del Ruhr. Universidad, institutos de investigación. 594.274 hab. (1998).

DOS. V. **MS-DOS.**

DOS CAMINOS, LOS. Localidad de Venezuela, situada en la parte oriental de la zona urbana de la capital, Caracas.

DOSEL. Cubierta ornamental en forma de techo, de madera o tela, adosado a la pared, a veces con colgaduras, que se coloca sobre un altar, un trono o sitial, monumento funerario, lecho, etc. Cuando se apoya sobre columnas recibe el nombre de baldaquín.

DOS HERMANAS. Población española de la prov. de Sevilla, comunidad autónoma de Andalucía. Fundada por Fernando III de Castilla. Centro de una floreciente comarca agrícola y sede de muchas industrias. Situada en el área metropolitana de Sevilla. 91.138 hab. (1996).

DOS MIL UNO, UNA ODISEA DEL ESPACIO. Película de ciencia-ficción dirigida por Stanley Kubrick en 1968. Participó en el guión el escritor Arthur C. Clarke, autor de la novela del mismo título.

DOS PASSOS, JOHN (1896-1970). Novelista estadounidense. Miembro de la «generación perdida» de la primera mitad del siglo XX, escribió novelas realistas de crítica social.
5:234b; Estadounidense, literatura 6:150b; *ilustración* 5:234b.

DOS PUNTOS. Signo ortográfico (:) con el que se indica que ha terminado completamente el sentido gramatical, pero no el sentido lógico. Se utiliza también antes de citas.

DOS ROSAS, GUERRA DE LAS. V. **Rosas, guerra de las dos.**

DOS SICILIAS, REINO DE LAS. Nombre con que se conoce la unión del reino de Nápoles en el sur de Italia con la isla de Sicilia entre la primera mitad del siglo XV y 1860, si bien esta denominación sólo fue oficial en determinados períodos y el reino no siempre mantuvo su unidad territorial. Su historia se remonta a su fundación por los normandos y motivó muchas disputas entre franceses y españoles.

DOSSO DOSSI (h. 1479-1542). Giovanni Lutero, pintor italiano. Alumno de Lorenzo Costa di Mantua, recibió la influencia de Giorgione y Tiziano, y fue autor de retratos y pintura mitológica, dentro del estilo de la escuela de Ferrara, de la que él fue el principal representante en el siglo XVI.

DOSTOIEVSKI, FIÓDOR (1821-1881). Escritor ruso. Figura clave del análisis psicológico en la novelística rusa del siglo XIX.
5:234b; Novela y cuento 11:20b; Rusa, literatura 13:47a; Rusia 13:68a; *cuadro* 5:235b; *ilustraciones* 5:235a-b; 13:44a.

DOU, GERRIT (1613-1675). Pintor holandés. Discípulo de Rembrandt, perteneció al grupo de pintores barrocos de la escuela de Leiden. Cultivó preferentemente los cuadros de género y las escenas de personajes en ventanas, en los que demostró su gran dominio de la técnica del claroscuro. «La joven madre» (1658), «Escuela nocturna» (h. 1660), «La mujer hidrópica» (1663).

DOUAI. Población francesa situada en el dep. del Norte, junto al río Scarpe. Edificios civiles y religiosos de los siglos XIII al XVIII. Importante centro industrial (químicas, manufacturas, ingeniería) y minero. 41.576 hab. (1982).

DOUBS. Departamento de la parte oriental de Francia, en la reg. de Franche-Comté (Franco Condado). Importantes centros metalúrgicos e industrias automovilísticas en la zona de Montbéliard; ganadería; agricultura (pastos). Cap. Besançon. 5.234 km^2. 494.100 hab. (1995).

DOUGHTY, DOROTHY (1892-1962). Ceramista británica. Participó desde 1935 en la creación de diseños para la manufactura de porcelanas de Worcester (Inglaterra, Reino Unido), basándose principalmente en motivos de aves norteamericanas y británicas, así como en temas florales.

DOUGLAS, KIRK (n. en 1916). Actor estadounidense. Intervino en numerosas películas, entre ellas *El ídolo de barro* (1949), *El gran carnaval* (1951), *Espartaco* (1959) y *Siete días de mayo* (1964), en estas dos últimas también como productor.

DOUGLAS, MARY TEW (n. en 1921). Antropóloga británica. Profesora de antropología en el University College de Londres (1951-1977). Desde 1977 trabajó en distintas fundaciones de universidades estadounidenses. *Pureza y peligro. Un análisis de los conceptos de contaminación y tabú* (1966).

DOUGLAS, MICHAEL (n. en 1944). Productor y actor cinematográfico estadounidense. Hijo del célebre actor Kirk Douglas. Protagonista de filmes de acción e intriga, con incursiones en el género de comedia. *Atracción fatal* (1987), *Instinto básico* (1992), *The Game* (1997), *Un crimen perfecto* (1998).

DOUGLAS-HOME, SIR ALEC (1903-1995). Político británico, perteneciente al Partido Conservador. Ocupó diversos cargos, llegando a primer ministro en 1963. Su gobierno cayó un año más tarde y pasó a ser portavoz de la oposición en la Cámara de los Comunes para asuntos exteriores. Recibió el título de barón en 1974.

DOUGLASS, FREDERICK (1817-1895). Frederick Augustus Washington Bailey, político estadounidense. De raza negra y esclavo fugado, dedicó su vida y su obra literaria a la lucha por la abolición de la esclavitud. Fue consejero del presidente Abraham Lincoln y el primer ciudadano negro que alcanzó cargos de alto nivel en el gobierno.

DOURADO, AUTRAN (n. en 1926). Valdomiro Freitas, escritor brasileño. Uno de los novelistas más destacados del siglo XX en su país. *Tiempo de amar* (1952), *Nueve historias en grupos de tres* (1957), *Ópera de los muertos* (1972).

DOUWES DEKKER, EDUARD. V. **Multatuli.**

DOU Y DE BASSOLS, RAMÓN LÁZARO (1742-1832). Abogado, político y economista español. Ordenado sacerdote en 1795, fue profesor y cancelario de la Universidad de Cervera y primer presidente de las Cortes de Cádiz. Publicó una adaptación de *La riqueza de las naciones* de Adam Smith. *Instituciones de derecho político general de España y particular de Cataluña* (1800-1803).

DOVELA. Sillar labrado o ladrillo en forma de cuña truncada que, dispuesto radialmente junto a otros, y en número impar, forma la curva de un arco o bóveda. La dovela central del arco se denomina clave.
Arco 2:29b.

DOVER (EUA). Capital del est. de Delaware, Estados Unidos, a orillas del río St. Jones. Base aérea. Colegios universitarios, museo. Centro agrícola, industria ligera. 23.512 hab. (1980).

DOVER (REINO UNIDO). Ciudad y puerto del Reino Unido, condado de Kent, Inglaterra, en el canal de la Mancha. Famosos acantilados blancos de creta. Faro romano, castillo. Industria ligera. Transporte de pasajeros al continente europeo. 107.000 hab. (1996).
Mancha, canal de la 9:321b.

DOVER, ESTRECHO DE. V. **Calais, paso de.**

DOVZHENKO, ALEXANDR (1894-1956). Director cinematográfico ucraniano. Uno de los más grandes representantes del cine soviético.
5:236a; *ilustración* 5:236a.

DOW JONES, ÍNDICES. Promedio de precios de las contrataciones bursátiles establecido por la compañía de ediciones financieras Dow Jones & Co. Utilizados desde 1897, no representan medias aritméticas puras, sino indicadores de los precios de acciones representativos. Inicialmente aplicados sólo a industrias, pero se ampliaron progresivamente a otras áreas de la economía.

DOWLAND, JOHN (1562/1563-1626). Compositor, intérprete de laúd y cantante inglés. Uno de los músicos más famosos de su época. Estudió música en Oxford. Sirvió en las cortes de Dinamarca e Inglaterra. Su obra más conocida es *Lachrimae*, suite de pavanas para cinco violas.

DOWN, JOHN LANGDON HAYDON (1828-1896). Médico británico. Especializado en los estudios neurológicos, describió en 1866 el síndrome que lleva su nombre, también conocido como trisomía 21 o mongolismo.
Down, síndrome de 5:236b.

DOWN, SÍNDROME DE. Trastorno congénito debido a una alteración genética de la dotación cromosómica del individuo. También se conoce por trisomía del cromosoma 21.
5:236b; Alzheimer, enfermedad de 1:258b; Biología molecular 3:41b; Congénitos, defectos 4:332b; Diagnóstico prenatal 5:165a; Hereditarias, enfermedades 7:368b; Pediatría 11:315a; *ilustraciones* 5:237a-b.

DOWNING STREET. Calle de Londres, en las inmediaciones del Parlamento, en cuyo número 10 se encuentra la residencia oficial del primer ministro británico.

DOWNSIZING. Abaratamiento de costes mediante modificaciones en los sistemas informáticos para que éstos, manteniendo su capacidad, exijan un menor *hardware.*

DOWSON, ERNEST (1867-1900). Poeta británico. Uno de los más destacados representantes del llamado grupo de los decadentes, cuya intención artística buscaba esencialmente romper con los rígidos principios de la sociedad victoriana.

DOXOLOGÍA. Enunciado lógico que se limita a la reproducción de una apariencia o una opinión corriente.

DOYLE, ARTHUR CONAN (1859-1930). Novelista británico. Autor de novelas de misterio y creador del personaje de Sherlock Holmes.
5:238a; *ilustración* 5:238a.

DPI. Siglas de *Dots Per Inch.* Unidad que expresa el número de puntos por pulgada que utiliza un sistema informático para las representaciones gráficas. Es un indicador de la calidad de resolución.

DRAA. Río de Marruecos formado por los afluentes Dadès e Imini, en el alto Atlas. Forma parte de la frontera entre Marruecos y Argelia y desemboca en el océano Atlántico. Su curso, 1.100 km, permanece seco gran parte del año en las zonas más elevadas.

DRACMA. Moneda de plata de la antigua Grecia, acuñada por primera vez en Siracusa hacia el siglo VI a.C. Posterior base del sistema monetario de la Grecia moderna, dividida en cien lepta.

DRACÓN. Legislador ateniense del siglo VII a.C. Promulgó un código legal caracterizado por la dureza de las penas.
5:238a.

DRÁCULA. Personaje creado por Bram Stoker en su novela homónima de 1897, desarrollada en los Cárpatos. Drácula, un vampiro humano dotado de poderes sobrenaturales, alcanzó gran popularidad con la serie de películas realizadas sobre el tema, en especial *Nosferatu* (1922) y *Drácula* (1931).
Fantástica, literatura 6:229a.

DRAGAMINAS. Buque de pequeño calado destinado a limpiar de minas los mares, haciéndolas estallar mediante disparos, ondas sonoras o campos magnéticos.

DRAGO. Árbol de la familia de las liliáceas (*Dracaena draco*). Monocotiledóneo. Tronco grueso y de ramificación profusa. Hojas planas y flores blancas. Originario de las islas Canarias.

DRAGO, DOCTRINA. Teoría de derecho internacional que afirma la ilegitimidad de recurrir a la intervención militar en un país extranjero alegando el impago por parte de éste de sus deudas económicas.
Drago, Luis María 5:238b.

DRAGO, LUIS MARÍA (1859-1921). Jurista y político argentino. Autor de la «doctrina Drago», principio de derecho internacional.
5:238b.

DRAGÓN (ASTRONOMÍA). Constelación formada por una línea sinuosa de estrellas poco brillantes, que envuelve parcialmente a la Osa Menor y termina en un cuadrilátero llamado cabeza del Dragón. Nombre latino: Draco.

DRAGÓN (MITOLOGÍA). Reptil fabuloso de grandes proporciones, presente en la mitología de muchos pueblos.
5:239a; *ilustración* 5:239b.

DRAGONCILLO. V. **Antirrino.**

DRAGÓN DE KOMODO. Reptil saurio de la familia de los varánidos (*Varanus komodoensis*). El mayor de los lagartos conocidos, con 3,5 m de longitud. Habita en el islote de Komodo, en el archipiélago de la Sonda.
Lagarto 9:46a; Reptiles 12:341b.

DRAG QUEEN. Voz inglesa que designa al hombre vestido de mujer de una forma extravagante que, generalmente, se exhibe en locales públicos.

DRAGÚN, OSVALDO (n. en 1929). Dramaturgo argentino. Uno de los más destacados del siglo XX.
5:239b.

DRAISIANA. Vehículo de dos ruedas, ideado por el ingeniero alemán Karl Drais von Sauerbrun en 1818, que se movía impulsando los pies contra el suelo.
Bicicleta 3:17a.

DRAKE, FRANCIS (h. 1540-1596). Almirante inglés, uno de los marinos más célebres de su tiempo.
5:240a; Hawkins, John 7:339b; Piratería 12:3b; Santo Domingo 13:150a; Sarmiento de Gamboa, Pedro 13:161b; San Juan 13:128b; *ilustraciones* 5:240a; 12:3b.

DRAKE, FRANK DONALD (n. en 1930). Profesor y astrónomo estadounidense. Conocido por su búsqueda de inteligencia alienígena. Ocupó diversos cargos de dirección en el observatorio de Arecibo y en el Centro de Investigaciones Radiofísicas y Espaciales.

DRAKENSBERG. Cadena montañosa del sur de África. Se extiende desde el Transvaal oriental a través de Lesotho hasta la península de El Cabo. Su cumbre más alta alcanza 3.475 m.
Suazilandia 13:328b; Sudáfrica, República de 13:334b.

DRAM. Siglas de *Dynamic Random Access Memory.* Se trata de una memoria de acceso aleatorio y constituye el elemento principal de almacenamiento de datos de un sistema informático.

DRAMA. Género teatral, de asunto serio, intermedio entre la tragedia y la comedia. El término se utiliza también para designar cualquier obra literaria escrita para ser representada.
5:240b; *ilustración* 5:241a.

DRANG NACH OSTEN. Expresión alemana que significa «dirígete al este», originalmente referida al movimiento de los colonizadores germanos de los siglos XII y XIII. Adoptada por Adolf Hitler para describir sus planes expansionistas.
Edad media 5:303a.

DRAVA, RÍO. Curso fluvial de Europa, el principal tributario de la cuenca occidental del Danubio. Nace en los Alpes Cárnicos, Italia; atraviesa Austria y Yugoslavia y forma frontera entre este país y Hungría. Desemboca en el Danubio tras recorrer 719 km. También llamado Drave.
Tirol 14:65a.

DRAVÍDICAS, LENGUAS. Grupo de lenguas habladas en el sur de la India y norte de Sri Lanka (Ceilán) y otras regiones meridionales de Asia. Constituye el segundo gran grupo lingüístico de la India. Incluye el tamil, el malayalam, el canara, el tulu, el telugu y el gond.
Asiáticas, lenguas 2:154a; India 8:154b; India, literatura 8:165b; Lenguas, clasificación de las 9:110b.

DRAVÍDICOS. Conjunto de pueblos del sudeste asiático que hablan lenguas dravídicas. Habitaban la península indostánica antes de la invasión aria. Son de estatura mediana, piel oscura, tendencia a la dolicocefalia y complexión robusta.
Asiáticos, pueblos 2:156a.

DREISER, THEODORE (1871-1945). Novelista estadounidense. El máximo exponente de la escuela naturalista de su país.
5:241a.

DRENAJE. Conjunto de obras realizadas para mejorar las condiciones del desagüe de determinada área.
5:241b; Hidrografía e hidrología 7:401a; *ilustración* 5:241b.

DREPANOCITOSIS. Proceso anémico de tipo hemolítico en el que los eritrocitos adoptan un perfil en forma de hoz. Es una enfermedad crónica y hereditaria que afecta fundamentalmente a personas de raza negra. Se la conoce también como anemia falciforme o drepanocítica.
Anemia 1:344a.

DRESDE. Ciudad de Alemania, a orillas del Elba. 459.222 hab. (1998).
5:242a; Elba, río 5:349a; *ilustración* 5:242b.

DRESDE, CÓDICE DE. Manuscrito de la civilización maya, descubierto en 1739 y publicado por Edward King en *Antigüedades de México* (1830-1848). Consta de una larga tira de papel, plegada en forma de acordeón, en la que se registran en caracteres ideográficos numerosos datos de astronomía y mitología. Se halla en la Biblioteca Nacional de Dresde.

DRESSER, CHRISTOPHER (1834-1904). Diseñador industrial británico. Realizó numerosos diseños para toda clase de objetos domésticos, en los que se aprecia su gusto por la función y por la austeridad de las formas geométricas sencillas. *Principios del diseño* (1871-1872).

DREW, JANE (1911-1996). Arquitecta británica. Casada en 1942 con su colega Edwin Maxwell Fry, formó con él la empresa Fry, Drew & Partners (1946). Construyó principalmente en África y la India. Colaboró con Pierre Jeanneret en un vasto plan de viviendas y servicios sociales en la India.

DREYER, CARL THEODOR (1889-1968). Director cinematográfico danés cuya película *La pasión de Juana de Arco* (1928) ha quedado como perfecto ejemplo del uso de los primeros planos.
5:243a; *ilustración* 5:243a.

DREYER, JOHAN LUDVIG EMIL (1852-1925). Astrónomo danés. Su obra *Nuevo catálogo general de nebulosas y cúmulos estelares* (1888) constituyó una referencia fundamental para la astronomía hasta finales de la década de 1950. Fue rector del observatorio de Armagh. Publicó una extensa biografía de *Tycho Brahe* (1890), cuyas obras completas editó en quince volúmenes.

DREYFUS, ALFRED (1859-1935). Militar francés cuyo procesamiento y prisión por traición desató una controversia que duró doce años y marcó profundamente la historia social y política de la tercera república francesa.
5:243b; Zola, Émile 14:423b; *ilustración* 5:244a.

DREYFUSS, HENRY (1904-1972). Diseñador industrial estadounidense. Junto con Bel Geddes, Raymond Loewy y Walter Dorwin Teague fue uno de los fundadores del diseño industrial moderno. En 1930 creó un teléfono de mesa para la compañía Bell, diseño que reformó en 1950 y del que derivan casi la totalidad de los modelos existentes. Escribió *Diseño popular* (1955), *La medida del hombre* (1960).
Diseño 5:206a.

DRÍADES. Según la mitología clásica, ninfas de los árboles. Meditaban en ellos, pero su vida no estaba unida a la de éstos, como en el caso de las hamadríades.
Ninfas 10:419a.

DRIESCH, HANS ADOLF EDUARD (1867-1941). Biólogo alemán. Estudió la distribución de las sustancias y zonas formativas en el huevo y en el embrión. Uno de los fundadores de la embriología experimental.

DRIEU LA ROCHELLE, PIERRE (1893-1945). Novelista y ensayista francés. Perteneció brevemente al movimiento surrealista. Apologista de la ocupación nazi, se suicidó tras la liberación de Francia. *La comedia de Charleroi* (1934), *Socialismo fascista* (1934), *Notas para entender el siglo* (1941).

DRIVE. Espacio de una computadora utilizado para la colocación de los disquetes.

DRIVER. Controlador de los periféricos que se encuentran en conexión con la computadora.

DROGA. En general, cualquiera de las sustancias que forman parte de un medicamento. En particular, todos los productos susceptibles de determinar una toxicomanía (opio, heroína, cocaína, anfetaminas, marihuana, etc.).
Drogas de diseño 5:244a; Farmacología y farmacia 6:231b; Opiáceos 11:117a; Psicotropos 12:184b; Toxicomanía 14:104a.

DROGADICCIÓN. V. **Toxicomanía.**

DROGAS DE DISEÑO. Productos químicos, fabricados mediante síntesis en laboratorio, que causan alteraciones en el psiquismo.
5:244a; *cuadro* 5:245b; *ilustración* 5:244b.

DROGUETT, CARLOS (n. en 1912). Novelista chileno. Autor de novelas de carácter histórico en las que narra hechos políticos acaecidos en su país y obras de ficción. *Sesenta muertos en la escalera* (1954), *Cien gotas de sangre y doscientas de sudor* (1964), *Escrito en el aire* (1972).

DROMEDARIO. Mamífero artiodáctilo de la familia de los camélidos (*Camelus dromedarius*), muy semejante al camello, del cual se distingue por no tener más que una giba en el dorso. Es propio del cercano oriente y del norte de África.
Artiodáctilos 2:135b; Camello 3:302b.

DROMONA. Embarcación mixta de guerra y carga que fue utilizada entre los siglos VI al XII en el Mediterráneo, principalmente por los bizantinos.
Marina de guerra 9:371b.

DRONTE. Ave extinguida de la familia de los ráfidos (*Raphus cucullatus*). De gran peso y altura, tenía el plumaje gris y no podía volar. Vivía en la isla Mauricio y fue exterminado por la acción del hombre. Llamado también dodo.

DROSERA. Planta vivaz de la familia de las droseráceas (*Drosera rotundifolia*). Dicotiledónea. Carnívora, suple la deficiencia en elementos nitrogenados de los terrenos en que vive mediante la captura de insectos. Para ello se sirve de una serie de pelos que posee impregnados en una sustancia pegajosa a la que se adhiere el animal.

DROSOFÍLIDOS. Familia de insectos dípteros entre los que se encuentra la mosca del vinagre (*Drosophila melanogaster*), muy utilizada en experimentos de genética.

DROST, AERNOUT (1810-1834). Escritor neerlandés, primer representante destacado del romanticismo en los Países Bajos. Autor de novelas históricas y fundador de la publicación *Las musas* (1832), *Hermingard van de Eikenterpen* (1832).
Países Bajos, literatura de los 11:214b.

DROSTE-HÜLSHOFF, ANNETTE (1797-1848). Escritora alemana. Cultivó tanto la lírica como la prosa y sus cuentos se consideran antecedentes del realismo alemán del siglo XIX. Entre sus poemas destaca el ciclo de *El año espiritual* (1851); en prosa, *El haya del judío* (1842).

DROUAIS, FRANÇOIS-HUBERT (1727-1775). Pintor francés. Se formó bajo la influencia de su padre, Hubert Drouais, y de François Boucher. Trabajó en la corte de Versalles y destacó por su especial sensibilidad para el retrato infantil. «El conde de Artois y su hermana» (1763), «María Antonieta».

DROUAIS, JEAN-GERMAIN (1763-1788). Pintor francés, introductor del neoclasicismo en su país. Estudió con su padre, François-Hubert Drouais, y con Jacques-Louis David. Cultivó preferentemente la pintura de tema histórico. «Filoctetes en la isla de Lemnos».

DRU, AGUJA DEL. Pico del macizo del monte Blanco, en los Alpes franceses, perteneciente al grupo de la aguja Verde. Está compuesto por el Gran Dru (3.754 m) y el Pequeño Dru (3.733 m).

DRUCKER COLIN, RENÉ RAÚL (n. en 1937). Médico mexicano. Catedrático de fisiología celular en la Universidad Nacional Autónoma de México, introdujo, en colaboración con el doctor Ignacio Madrazo, un método quirúrgico que mejoró las perspectivas de curación para los pacientes con mal de Parkinson. Publicó numerosos estudios sobre neurología y recibió premios internacionales.

DRUIDA. Sacerdote de las tribus celtas de las Galias y las islas británicas. Los druidas creían en la transmigración de las almas y en la vida eterna, concebida como continuación de la terrena. Actuaban también como jueces y educadores.
Celta, cultura 4:64b.

DRUMLIN. Colina alargada situada en el fondo de un antiguo valle glaciar. Se compone generalmente de un núcleo rocoso recubierto de morrenas.

DRUMMOND DE ANDRADE, CARLOS (1902-1987). Poeta brasileño. Uno de los escritores de mayor influencia en la lírica de su país.
5:245b; Brasileña, literatura 3:166b.

DRUPA. Tipo de fruto en el que el mesocarpio carnoso envuelve un endocarpio leñoso o hueso. Es característico del melocotón, o durazno, la ciruela, la cereza, etc.
Fruto 6:418a.

DRUSO, NERÓN CLAUDIO (38-9 a.C.). General romano. Hijo de Livia y hermano menor de Tiberio, conocido como Germánico por sus numerosas victorias en Germania. Intervino en las campañas en las que se crearon las provincias de Retia y de Vendelicia y se anexionó el reino del Nórico. Fundó las ciudades de Augsburgo y Maguncia.

DRUSOS. Secta de origen islámico establecida en parte de Siria y del Líbano. Profesa una religión ismaelita, fundada por el califa fatimí egipcio Hakim a principios del siglo XI, con principios tomados del Islam, del cristianismo y del judaísmo. Los drusos creen en un solo Dios, reencarnado diez veces, y en la transmigración infinita de las almas.
Líbano 9:139b.

DRYDEN, JOHN (1631-1700). Poeta, dramaturgo y crítico literario británico. Su época se conoce como la «era de Dryden».
5:246a; Británica, literatura 3:178a.

DUALA. Ciudad y puerto de Camerún, cap. de la prov. de Littoral y del dep. de Wuri (o Wouri), en el estuario del río Wuri, océano Atlántico. Aeropuerto internacional. Colegio universitario, institutos de investigación, museo. Astilleros, industrias diversas. 1.200.000 hab. (1992).

DUALISMO. Doctrina que admite la existencia de dos sustancias (material y espiritual), en contraposición al monismo. En general se entiende por dualismo toda oposición de dos tendencias, principios o realidades, que sean irreductibles entre sí y no subordinables.
Dios 5:200a; Religión 12:320b.

DUARTE. V. **Eduardo de Portugal.**

DUARTE, JOSÉ NAPOLEÓN (1925-1990). Político salvadoreño. Presidente de la república en dos ocasiones.
5:246b; Romero, Óscar Arnulfo 13:13b; Salvador, El 13:108b; *ilustración* 5:246b.

DUARTE, JUAN PABLO (1813-1876). Patriota dominicano. Se le considera el padre de la República Dominicana.
5:247a; Dominicana, República 5:227a.

DUARTE, PICO. Montaña granítica de la República Dominicana, en la cordillera Central. Es el punto más alto del país. 3.175 m.
Dominicana, República 5:222a.

DUBAI. Capital y puerto del emirato homónimo, en los Emiratos Árabes Unidos. Aeropuerto internacional. Explotaciones petrolíferas, fundición de aluminio. Dique seco para superpetroleros. 669.181 hab. (1995).
Emiratos Árabes Unidos 5:390b.

DUBČEK, ALEXANDER (1921-1992). Político checoslovaco, primer secretario del Partido Comunista de su país. Las reformas que trató de introducir condujeron a la ocupación soviética de Checoslovaquia en 1968.

5:247a; Checa, República 4:117a; Checoslovaquia 4:119b; *ilustración* 5:247b.

DU BELLAY, JOACHIM (1525-1560). Poeta y ensayista francés. Miembro de la Pléiade, el movimiento encabezado por Pierre de Ronsard, expuso las ideas estéticas del grupo en su *Defensa e ilustración de la lengua francesa* (1549). *Las añoranzas* (1558), *El poeta cortesano* (1559).

DUBLÉ URRUTIA, DIEGO (1877-1967). Poeta y diplomático chileno. Fue Premio Nacional de literatura en 1958, tras desempeñar altos cargos diplomáticos y haber sido corresponsal de la Academia Chilena de la Lengua. Estudió la historia de su país y describió en sus obras la tierra y las costumbres del hombre araucano. *Veinte años* (1898), *El caracol* (1903), *Fontana cándida* (1953).

DUBLÍN. Capital de la República de Irlanda en la desembocadura del río Liffey. 480.996 hab. (1996).
5:247b; Irlanda 8:266a; *ilustración* 5:247b.

DUBOIS, AMBROISE (1543-1614). Ambrosius Bosschaert, pintor francés de origen flamenco. Trabajó para la corona francesa. Participó en la decoración del palacio de Fontainebleau, donde realizó una «Historia de Diana» casi totalmente destruida. «Tancredo bautizando a Clorinda», «María de Médicis como Minerva».
Fontainebleau, escuela de 6:346a.

DUBOIS, EUGÈNE (1858-1940). Médico y geólogo neerlandés que realizó investigaciones paleontológicas en Sumatra y en Java. En 1891 descubrió en los depósitos pleistocénicos de Trinil (Java) restos fósiles del primer espécimen identificado como *Homo erectus,* al que él denominó *Pithecanthropus erectus.*

DUBOIS, GUILLAUME (1656-1723). Cardenal francés, el ministro más importante de Felipe de Orleáns y regente de Luis XV desde 1715 hasta 1723. Fue el artífice de la alianza anglo-francesa que mantuvo la paz en Europa de 1716 a 1733.

DU BOIS, W. E. B. (1868-1963). Político y escritor estadounidense. Defensor del panafricanismo y fundador en 1910 de la Asociación Nacional para el Progreso de la Gente de Color (NAACP), fue uno de los líderes del movimiento de intelectuales de raza negra surgido en los Estados Unidos en defensa de sus reivindicaciones. Adoptó la ciudadanía ghanesa. *John Brown* (1909), *El mundo y África* (1947).

DUBOS, RENÉ (1901-1982). Microbiólogo franco-estadounidense, autor de relevantes investigaciones en el campo de los antibióticos.

DUBROVNIK. Ciudad y puerto de Croacia, en la Costa del Adriático. Fortificaciones medievales, edificios renacentistas, catedral barroca. Turismo. Licores, seda. La ciudad quedó prácticamente destruida durante la guerra contra las milicias serbias, a principios de la década de 1990. 66.131 hab. (1981).

DUBUFFET, JEAN (1901-1985). Pintor francés. Teórico del *art brut* y del arte contracultural.
5:248a; Tápies, Antoni 13:401a; *ilustraciones* 5:248a-b.

DUBY, GEORGES (n. en 1919). Historiador francés. Se dedicó al estudio de la sociedad medieval europea. *Economía rural y vida campesina en el occidente medieval* (1962), *Guerreros y campesinos en los siglos* VII *al* XII (1973).

DUCADO. Moneda antigua utilizada en diversos lugares de Europa, entre ellos la península ibérica, Italia, Polonia y Austria.

DU CANGE, CHARLES DU FRESNE, SEÑOR (1610-1688). Historiador y filólogo francés. Autor de diccionarios de griego y latín medieval cuyo tratamiento histórico del lenguaje constituía una anticipación de los modernos estudios lingüísticos. *Glosario de la media y baja latinidad* (1678).

DUCAZCAL, FELIPE (1845-1891). Político y periodista español. Fundó *El Heraldo de Madrid,* estuvo al servicio de Práxedes Mateo Sagasta y de los reyes Amadeo de Saboya y Alfonso XII y fue varias veces diputado. Colaboró en ocasiones con los socialistas de Pablo Iglesias.

DUCCIO DI BUONINSEGNA (m. h. 1318). Pintor italiano, fundador de la escuela de Siena. Sus obras son un compendio de la estética bizantina y las nuevas formas del gótico.
5:249a; *ilustración* 5:249a.

DUCE. Título atribuido oficialmente a Benito Mussolini como jefe del gobierno italiano. Significa conductor, igual que *Führer* en alemán, y su origen latino recuerda las antiguas glorias del Imperio Romano.

DUCHAMP, MARCEL (1887-1968). Pintor francés. Integrante del movimiento futurista y más tarde del dadá, fue creador a partir de 1914 de los *ready-mades.*
5:249b; Cubismo 5:63b; Dadaísmo 5:83b; Picabia, Francis 11:388a; Pop art 12:84b; Ray, Man 12:267a; Villon, Jacques 14:319b; *ilustración* 5:249b.

DUCHAMP-VILLON, RAYMOND (1876-1918). Escultor francés. Hermano de Marcel Duchamp y de Jacques Villon, su estilo evolucionó de un naturalismo inicial de clara influencia rodiniana al cubismo. «Torso de hombre joven» (1910), «Los amantes» (1913).

DUCHESNE, PÉRE. V. **Hébert, Jacques-René.**

DUCOS DU HAURON, LOUIS (1837-1920). Fotógrafo y físico francés. Publicó en 1869 su obra *Los colores en fotografía: solución al problema,* donde desarrollaba la teoría sustractiva e indicaba que la fotografía en color era posible a partir de filtros con tres colores.

DUC THO, LE. V. **Le Duc Tho.**

DUCTILIDAD. Propiedad de las sustancias que permite deformarlas en frío por métodos mecánicos entre amplios límites. Se da especialmente en los metales.

DUDAIEV, DJOKHAR (1944-1996). Político checheno. Presidente de la república y artífice de su declaración de independencia en 1991, lo que condujo al enfrentamiento con el poder central de Moscú y a su muerte cinco años después en una acción bélica.

DUDEVANT, AURORE DUPIN, BARONESA. V. **Sand, George.**

DUDLEY. Ciudad del Reino Unido en el condado metropolitano de West Midlands, Inglaterra. Fortificaciones sajonas y normandas. Minas de hulla; industria metalúrgica, electrónica. 304.615 hab. (1996).

DUDOK, WILLEM MARINUS (1884-1974). Arquitecto neerlandés. Influido por la escuela de Amsterdam y por De Stijl, su estilo se basaba en las composiciones asimétricas de bloques rectangulares, normalmente con torre y en ladrillo visto. Pabellón neerlandés de la ciudad universitaria de París (1927-1928); ayuntamiento de Hilversum (1928-1930).

DUECENTO. Voz italiana que significa doscientos y que se utiliza para designar el conjunto de acontecimientos históricos y actividades artísticas y culturales que tuvieron lugar durante el siglo XIII.
Italiana, literatura 8:317a.

DUELA DEL HÍGADO. Gusano platelminto de la clase de los trematodos (*Fasciola hepatica*). De forma oval, es parecido a una duela de tonel. En estado adulto vive parásito en el hígado de los carneros. A veces es parásito del hombre.
Gusanos 7:295b.

DUELO. Combate librado según reglas preestablecidas para dirimir una ofensa o una falta al honor. Fue importante durante la edad media y, tras varios siglos de relativo olvido, volvió a tomar auge durante el período romántico.

DUENDE. Ser sobrenatural presente en numerosas leyendas populares.
5:249b.

DUEÑAS, FRANCISCO (1811-1884). Político salvadoreño. Presidente de la república en dos ocasiones.
5:250a.

DUEÑAS, JUAN DE (m. h. 1460). Poeta español. Al servicio de Juan II de Castilla, don Álvaro de Luna y Alfonso de Aragón, fue uno de los más destacados representantes de la poesía cortesana castellana del siglo XV. *Nao de amor, El pleito que tuvo Juan de Dueñas con su amiga.*

DUEÑAS, RODRIGO DE (m. h. 1553). Político y banquero español. De origen judío, fue acreedor y arrendista de Carlos V (I de España) en numerosas empresas peninsulares y americanas y miembro del Consejo de Hacienda en 1553.

DUERO, RÍO. Curso fluvial de la península ibérica, el tercero en longitud de ésta. 895 km.
5:250b; Castilla y León 4:21a; España 6:66a; Portugal 12:90a; Río 12:377a; Zamora 14:407a; *ilustraciones* 5:250b; 12:377b.

DUETO. V. **Dúo.**

DU FAY, CHARLES-FRANÇOIS DE CISTERNAY (1698-1739). Físico y químico francés. Continuó las investigaciones de Stephen Gray sobre la conducción de la electricidad y determinó en 1733 la existencia de dos tipos de electricidad (resinosa y vítrea) y de dos tipos de fluidos eléctricos. Realizó también estudios sobre óptica cristalina.
Electricidad 5:352a.

DUFAY, GUILLAUME (h. 1400-1474). Compositor francés. Fue chantre de la capilla pontificia en Roma, Florencia y Bolonia de 1428 a 1437, con un intervalo de 1433 a 1435 en que fue maestro de la capilla del duque de Saboya. Desde 1436 ocupó el puesto de canónigo de la catedral de Cambrai. Su obra, casi toda de carácter sacro, consta de misas, motetes y canciones.

DUFY, RAOUL (1877-1953). Pintor francés. Iniciado en el impresionismo, se inclinó después por el fauvismo.
5:251a; Fauvismo 6:241b; *ilustración* 5:251a.

DUGÓN. Mamífero sirénido de la familia de los dugóngidos (*Dugong dugong*). También llamado vaca marina y dugongo. De gran peso y longitud, boca con dentadura reducida, provista de dos placas córneas trituradoras. Sin miembros posteriores y con los anteriores muy cortos. Vive en los fondos marinos litorales del mar Rojo y zonas de los océanos Índico y Pacífico.
Manatí 9:321a.

DU GUESCLIN, BERTRAND. V. **Guesclin, Bertrand du.**

DUGUIT, LÉON (1859-1928). Jurista francés, fue profesor en las facultades de derecho de Caen y Burdeos. Elaboró una influyente teoría positivista del derecho natural centrada en la noción de solidaridad social, a la que deberían subordinarse los derechos individuales. De manera similar, fundamentó el derecho administrativo en la teoría del servicio público, base del dominio y del régimen administrativo. *Tratado de derecho constitucional* (1921-1925), *El pragmatismo jurídico* (1924).

DUHALDE, EDUARDO (n. en 1941). Político argentino. Vicepresidente durante el mandato de Carlos Saúl Menem, accedió a la presidencia de la Argentina en enero de 2002 por designación de la Asamblea Legislativa, tras la crisis de gobierno que produjo la dimisión de Fernando de la Rúa y los dos efímeros mandatos presidenciales de Ramón Puerta y Adolfo Rodríguez Saa.

DUHAMEL, GEORGES (1884-1966). Escritor francés. Cultivó diversos géneros literarios. Son famosos sus ciclos de novelas *Vida y aventuras de Salavin* (cinco volúmenes, 1920-1932) y *Crónica de los Pasquier* (diez volúmenes, 1933-1945).

DUHEM, PIERRE (1861-1916). Físico, filósofo e historiador de la ciencia francés. Profesor de las universidades de Lille, Rennes y Burdeos, fue autor de una teoría de la energética y de un amplio estudio sobre la historia de la ciencia. *Tratado de energética o termodinámica general* (1911), *El sistema del mundo* (1913-1959).

DUIKER. Mamífero artiodáctilo de la familia de los bóvidos y del género *Cefalofo.* Es un pequeño antílope de color gris amarillento, con un largo mechón de pelos entre los cuernecillos. Propio de África.
Antílope 1:393b.

DUISBURG. Ciudad de Alemania, est. de Renania del Norte-Westfalia. Importante puerto fluvial en la confluencia del Rin y el Rhur, a orillas del canal Rin-Herne. Astilleros, centro minero e industrial, maquinaria pesada. 529.062 hab. (1998).
Rin, río 12:373a.

DUISENBERG, WIM (n. en 1935). Economista neerlandés. En 1996 accedió a la presidencia del Instituto Monetario Europeo (IME), desde donde dirigió el proceso de lanzamiento del euro. En 1999 se convirtió en el primer presidente del nuevo Banco Central Europeo (BCE).
5:251b; *ilustración* 5:251b.

DUITAMA. Ciudad de Colombia en el dep. de Boyacá, cordillera Oriental de los Andes, a orillas del río Chicamocha. Molinos harineros, cigarros. Minas de plata y cobre. 110.861 hab. (1999).
Boyacá 3:138b.

DUJSHEBAEV, TALAN (n. en 1967). Jugador de balonmano español de origen kirguiz. Jugó con el equipo Teka de Santander. Miembro del Equipo Unificado, ganó la medalla de oro en los Juegos Olímpicos de Barcelona (1992).

DUKAS, PAUL (1865-1935). Compositor francés. Su cantata *Velléda* obtuvo un segundo gran premio en Roma. El conjunto de su obra, no muy extensa, quedó oscurecido por la popularidad de su pieza orquestal *El aprendiz de brujo* (1897).
Messiaen, Olivier 10:87b; Rodrigo, Joaquín 12:407a.

DULCAMARA. Planta de la familia de las solanáceas (*Solanum dulcamara*). Dicotiledónea. Propia de Eurasia y el norte de África. Se utiliza en el tratamiento de diversas afecciones de la piel.

DULCE, DOMINGO (1808-1869). Militar español. Participó en la primera y segunda guerra carlista y apoyó a Leopoldo O'Donnell en el levantamiento de 1854. Capitán general de Cataluña entre 1858 y 1862 y de Cuba entre 1862 y 1866, regresó a España para conspirar contra el gobierno de Isabel II, lo que le valió el destierro hasta la revolución de 1868.

DULCE, HIERRO. Variedad de hierro de gran pureza y un contenido mínimo de carbono. Ablandado al fuego, se trabaja con gran facilidad en el yunque o la laminadora, dada su ductilidad.

DULCE, RÍO. Curso fluvial del norte de la Argentina. Nace en las cumbres Calchaquíes, con el nombre de Salí y a partir de Santiago del Estero se denomina Dulce. Tras recorrer 632 km, desemboca en la laguna Mar Chiquita.

DULCINEA. Personaje femenino de la obra de Miguel de Cervantes *El ingenioso hidalgo Don Quijote de la Mancha.* Se trata, en la novela, de un ser ideal creado por la imaginación de don Quijote.
Quijote, el 12:222b.

DULLES, JOHN FOSTER (1888-1959). Político estadounidense. En su cargo de secretario de estado (ministro de relaciones exteriores) entre 1953 y 1959, bajo el gobierno de Dwight D. Eisenhower, fue el arquitecto de una política exterior caracterizada por el anticomunismo.

DULUTH. Ciudad de los Estados Unidos en el est. de Minnesota, junto a la desembocadura en el lago Superior del río St. Louis. Importante puerto en el extremo occidental de la Vía Marítima del San Lorenzo. Mineral de hierro, carbón. Aeropuerto internacional. Universidad, instituto de tecnología, museos. Industrias diversas. Turismo. 81.228 hab. (1998).
San Lorenzo, río 13:130a.

DULZAINA. Instrumento de viento de la época medieval, de tubo cónico y doble lengüeta, que se utiliza en el folclor de algunas regiones españolas. Precursor del fagot.

DUMA. Denominación de la primera cámara de representantes establecida en Rusia por el zar Nicolás II. La cuarta y última concluyó su gestión en 1917 con el advenimiento de la revolución. La Duma fue restaurada como cámara de representantes en 1991, tras la desaparición del sistema socialista.
Rusa, revolución 13:49b; Rusia 13:62b.

DUMAS, ALEXANDRE (HIJO) (1824-1895). Novelista y dramaturgo francés. Hijo ilegítimo del célebre autor de *Los tres mosqueteros.* Creador de dramas realistas sobre problemas de la clase media, con sugerencias para remediarlos. Alcanzó el éxito con sus comedias *El hijo natural* (1858) y *Un padre pródigo* (1859), aunque su fama procede de *La dama de las camelias* (1848), su novela más conocida y adaptada por él mismo al teatro.
Francesa, literatura 6:373b.

DUMAS, ALEXANDRE (PADRE) (1802-1870). Novelista y dramaturgo francés. Uno de los autores más prolíficos y populares del siglo XIX.
5:252a; Francesa, literatura 6:374; *ilustraciones* 5:252a; 6:374.

DUMBARTON OAKS, CONFERENCIA DE. Conferencia celebrada entre agosto y octubre de 1944 en la mansión de ese nombre en Georgetown, cerca de la ciudad de Washington (EUA), con participación de representantes de China, la Unión Soviética, los Estados Unidos y el Reino Unido. En ella se planeó la creación de las Naciones Unidas.
Naciones Unidas 10:335a.

DUMITRIU, PETRU (n. en 1924). Escritor rumano. Exiliado en París desde 1960, escribió en francés y rumano novelas de fuerte contenido dramático. *Los boyardos* (1958-1960), *El hombre de ojos grises* (1968), *A un dios desconocido* (1979).

DUMONT D'URVILLE, JULES-SÉBASTIEN-CÉSAR (1790-1842). Navegante francés. Dirigió expediciones de exploración al Pacífico sur (1826-1829), y al Antártico (1837-1840). *Viaje al Polo Sur y a Oceanía,* 1837-1840 (1811-1854).

DUMOULIN, CHARLES (1500-1566). Jurista francés. Comprometido en todos los debates de su tiempo, sus ataques contra el papado lo obligaron a exiliarse en Alemania y Suiza entre 1552 y 1557. De regreso en París, publicó una dura crítica contra el concilio de Trento. Realizó importantes recopilaciones de derecho consuetudinario. *Consejo sobre el concilio de Trento* (1564).

DUMOURIEZ, CHARLES-FRANÇOIS (1739-1823). General francés. Cuando se produjo la revolución, logró señaladas victorias para la Convención. Posteriormente la traicionó pasándose a las filas austriacas.

DUMPING. Término inglés que denota la colocación en un mercado de otro país de mercancías a un precio inferior al real de producción o al que el productor otorga a la mercancías en su propio país. Se considera una práctica desleal de comercio, ya que su propósito es acabar con la competencia en el país consumidor, y suele frenarse con aranceles compensatorios o con la implantación de restricciones a la importación.

DUNA. Acumulación de arena formada por la acción del viento, de dimensiones muy variables. Es una forma móvil, característica de los desiertos de arena y las zonas litorales.

DUNANT, JEAN-HENRI (1828-1910). Filántropo suizo. La visión de los heridos en la batalla de Solferino (24 de junio de 1859) despertó en él la idea de crear un cuerpo neutral de ayuda humanitaria. En 1864 fundó la Cruz Roja. La atención a esta causa le hizo descuidar sus asuntos personales y a partir de 1867 vivió sumido en la miseria y el olvido; pero en 1901 recibió el Premio Nobel de la paz, compartido con Frédéric Passy.
Cruz Roja 5:40a.

DUNAS, BATALLA NAVAL DE LAS. Enfrentamiento mantenido el 21 de octubre de 1639 en aguas del condado británico de Kent por las flotas de España y los Países Bajos. La armada holandesa mandada por el almirante Maarten Tromp infligió una gran derrota a la española de Antonio de Oquendo.

DUNASH BEN LABRAT (h. el 920-h. el 990). Poeta y lingüista hebreo, primero en aplicar la métrica árabe al verso hebraico. Realizó también importantes estudios de gramática.

DUNAWAY, FAYE (n. en 1941). Actriz estadounidense. Procedente del mundo del teatro, pasó a la industria cinematográfica con películas de gran éxito como *Bonnie y Clyde* (1967) y *Chinatown* (1974). Con *Un mundo implacable* (1976) consiguió el Óscar a la mejor actriz. *Queridísima mamá* (1981), *En brazos de la mujer madura* (1996).

DUNBAR, WILLIAM (h. 1460-h. 1530). Poeta escocés. Monje franciscano, entró a formar parte de la corte de Jacobo IV de Escocia. Se le atribuyen más de cien poemas, muchos de ellos satíricos. *Las dos mujeres casadas y la viuda.*
Británica, literatura 3:175a.

DUNCAN, ISADORA (1877-1927). Angela Duncan, bailarina estadounidense. Sus danzas se basaban en la improvisación, fuera de las reglas clásicas.
5:252a; Ballet 2:326b; *ilustración* 5:252a.

DUNCAN I (m. en 1040). Rey de los escoceses, accedió al trono en 1034, a la muerte de su abuelo, Malcolm II. La rivalidad de Macbeth provocó un enfrentamiento que concluyó con el asesinato de Duncan. El hijo de éste mató a su vez a Macbeth y reinó como Malcolm III.

DUNDEE. Ciudad y puerto del Reino Unido, reg. de Tayside, Escocia, a orillas del mar del Norte, en el estuario del Tay. Universidad, institutos técnicos. Pesca de altura. Textiles, industrias ligeras. 146.690 hab. (1996).

DUNHAM, KATHERINE (n. en 1910). Bailarina, coreógrafa y antropóloga estadounidense. Se interesó por las danzas primitivas, especialmente las africanas y antillanas. Estableció una escuela en Chicago (1931). Coreografió obras para Broadway y películas. Escribió *Viaje a Accompong de Katherine Dunham* (1946).

DUNKERQUE. Ciudad y puerto de Francia, dep. de Norte, reg. Norte-Paso-de-Calais, en el canal de la Mancha. Histórica evacuación británica en la segunda guerra mundial. Museo. Astilleros, refinerías de petróleo. 71.756 hab. (1982).

DUNN, DOUGLAS (n. en 1942). Poeta británico. Comprometido con la clase trabajadora, en sus obras aborda temas sociales. Entre sus libros de poemas destacan *Terry Street* (1969), *Barbarians* (1979) y *Elegías* (1985).

DUNNING, GEORGE (1920-1979). Dibujante canadiense establecido en el Reino Unido. Creó un cine de animación peculiar a partir de las aportaciones anteriores al género. Autor del largometraje *Submarino amarillo* (1969), con música de los Beatles e integrado dentro del arte psicodélico de la década de 1960.
Animación 1:365a.

DUNSANY, EDWARD PLUNKETT, BARÓN DE (1878-1957). Dramaturgo y novelista irlandés. Exploró el mundo de las hadas y los dioses con una prosa colorista. *Los dioses de Pegana* (1905) y *Los dioses de la montaña* (1911).

DUNS ESCOTO, JUAN (1266-1308). Filósofo y teólogo escocés. Maestro de la escolástica y opositor de las ideas de santo Tomás de Aquino.
5:252b; Derecho 5:140a; Teología 14:22a; Tomismo 14:82a; *ilustración* 5:253a.

DUNSTABLE, JOHN (h. 1385-1453). Compositor inglés. Simbolizó la transición entre las composiciones medievales tardías y las primeras del Renacimiento. Compuso motetes y canciones profanas. Influyó en compositores como Guillaume Dufay y Gilles Binchois.

DÚO. Composición musical para dos voces o instrumentos. Autores modernos escribieron dúos instrumentales sin acompañamiento. En la escena, el dúo se utiliza ampliamente en óperas, zarzuelas, revistas musicales, etc.

DUODENO. Porción inicial del intestino delgado, situada entre el estómago y el yeyuno, que rodea la cabeza del páncreas y en la que vierten los conductos colédoco y pancreático.
Glándula 7:142b; Intestino 8:242b; Páncreas 11:251b; Úlcera 14:174a.

DUOPOLIO. Tipo de mercado dominado por dos unidades económicas. Puede ser de varios tipos: de oferta, cuando sólo existen dos productores frente a muchos demandantes; de demanda, cuando frente a muchos productores sólo dos consumidores demandan; y bilateral, cuando existen dos productores y dos consumidores.

DUPARC, HENRI (1848-1933). Henri Fouques-Duparc, compositor francés. Estudió con César Franck y tuvo amistad con Franz Liszt y Richard Wagner. Autor de canciones basadas en poemas de Charles Baudelaire, Théophile Gautier y otros, con acompañamiento orquestal, así como de dos obras para orquesta y un motete. Su obra más conocida es *Cinco melodías* (1869).

DUPERIER, ARTURO (1896-1959). Físico español. Fue profesor en la Universidad de Madrid y en el Imperial College de Londres, donde vivió exiliado entre 1939 y 1953. Inventor de nuevos procedimientos para medir los rayos cósmicos y autor de trabajos sobre la electricidad atmosférica.

DUPIN, AURORE. V. **Sand, George.**

DUPLESSIS, THOMAS (siglo XVIII). Orfebre, escritor y diseñador italiano. Establecido en París en 1742, se especializó en diseño de monturas rococó de bronce o plata para porcelanas de Vincennes y Sèvres. Su estilo es más austero que el de Juste-Aurèle de Meisonnier.

DUPLICACIÓN. Reproducción de las moléculas de ADN, que permite el reparto del material genético entre las diferentes células hijas.

DUPONT, PIERRE (1577-1640). Tapicero francés. Director desde 1627 de la primera fábrica de alfombras de Savonnerie. Inventor del *tapis façon du Levant* (tapiz a la manera del Levante) y autor del *Tratado de la fabricación de los tapices de Turquía* (1632).

DUPONT DE L'ETANG, PIERRE (1765-1840). General francés del ejército de Napoleón Bonaparte. Tuvo distinguidas intervenciones en Marengo y Ulm, pero fue derrotado en Bailén en 1809. Ministro de la guerra con Luis XVIII.
Bailén, batalla de 2:311a.

DUPRÉ, JULES (1811-1889). Pintor francés. Perteneció a la escuela de Barbizon. Destacó como paisajista dentro de un estilo que anunciaba claramente el de los impresionistas. «La pequeña carreta», «El estanque».

DUPREZ, GILBERT (1806-1896). Tenor, maestro de canto y compositor francés. Estudió en el conservatorio de París y debutó en el teatro Odeón de dicha ciudad en 1825 con *El barbero de Sevilla*, de Gioacchino Rossini. Gaetano Donizetti lo eligió para el estreno de *Lucía de Lammermoor*. Autor de seis óperas.

DUQUE. Título nobiliario del más alto rango después del de príncipe. A finales del imperio romano se atribuía a un alto jefe militar; en la alta edad media se identificó con un territorio y se hizo hereditario; en la edad moderna quedó como título fundamentalmente honorífico.

DUQUE DE CAXIAS. Ciudad de Brasil, suburbio de Río de Janeiro. Academia de Letras. Refinería de petróleo, industrias diversas. 710.624 hab. (1996).

DUQUE DE ESTRADA, DIEGO (1589-1637). Militar, escritor y aventurero español. Combatió en los ejércitos de África, Flandes y Nápoles y narró sus innumerables peripecias en la obra *Comentarios del desengañado de sí mismo, prueba de todos estados y elección del mejor de ellos.*

DUQUESNOY, FRANÇOIS (1597-1643). Escultor flamenco. Integrante de una familia de escultores se trasladó a Roma en 1618. Colaboró con Gian Lorenzo Bernini en el baldaquino de San Pedro. Para este templo realizó la estatua de san Andrés y para la iglesia de Santa María del Loreto la de santa Sabina.

DURA-EUROPOS. Antigua ciudad seléucida de Mesopotamia cuyas ruinas se encuentran en la moderna Siria.

DURALOY. Aleación de hierro, cromo y aluminio de gran resistencia. Se emplea para fabricar piezas de resistencia térmica hasta 1.100 °C. Marca comercial.

DURALUMINIO. Aleación de aluminio, ligera y de elevada resistencia mecánica, compuesta por aluminio, cobre, magnesio, manganeso, silicio y hierro en distintas proporciones. Marca registrada.

DURAMEN. Vasos leñosos muertos que permanecen lignificados en la parte interna del tronco del árbol y convertidos en un tejido duro y compacto. Su coloración es más oscura que la de la albura o porción externa del mismo tronco, que permanece aún viva.

DURÁN, AGUSTÍN (1793-1862). Escritor español. Uno de los primeros representantes del romanticismo en España, defendió la recuperación de los temas del romancero tradicional. Introdujo en su país los estudios literarios de crítica histórica. *Discurso sobre el influjo que ha tenido la crítica moderna en la decadencia del teatro antiguo español* (1828), *Colección de romances castellanos anteriores al siglo XVIII* (1849-1851).
Romance y romancero 13:2b.

DURÁN, FRAY DIEGO (h. 1537-1588). Escritor y religioso español. Profesó en la orden de los dominicos en México, donde se dedicó a la evangelización. Autor de obras sobre la historia de América antes de la colonización española. *Libro de los dioses y ritos* (1570), *Historia de las Indias de Nueva España e islas de Tierra Firme* (1867-1868).

DURÁN, SIMEÓN BEN ZEMAH (1361-1444). Rabino y escritor judeoespañol conocido por su acrónimo, Rasbas. Natural de la isla de Mallorca, huyó de ella por las persecuciones religiosas y se refugió en Argel, donde fue gran rabino. *El escudo de los antepasados.*

DURÁN BALLÉN, SIXTO (n. en 1922). Político ecuatoriano nacido en los Estados Unidos. Fue ministro de Obras Públicas en 1951 y alcalde de Quito durante la década de 1970. Intentó sin éxito alcanzar la presidencia en los comicios de 1978 y 1988. En 1992, como candidato del Partido de Unidad Republicana que él mismo había fundado, resultó finalmente elegido presidente de la República. Al frente de este cargo estableció un plan económico destinado a rebajar el déficit y la deuda externa y a fomentar la inversión. Fue sustituido en 1996 por Abdalá Bucaram.

DURAND, LUIS (1895-1954). Escritor chileno. En sus obras afrontó preferentemente el tema del criollismo rural. Director de *Atenea* y *El correo*. *Mal de amor* (1928), *Mercedes Urízar* (1934), *Frontera* (1949).

DURAND, OSWALD (1840-1906). Poeta haitiano. Influido por la literatura francesa, especialmente por Víctor Hugo y los poetas parnasianos, fue uno de los principales representantes de la lírica haitiana en la segunda mitad del siglo XIX. *Risas y lágrimas* (1890).
Haitiana, literatura 7:321b.

DURANGO (ESPAÑA). Población española de la prov. de Vizcaya, comunidad autónoma del País Vasco. Fundada en 1180 por Sancho IV de Navarra, conserva importantes monumentos de su largo pasado histórico. Centro industrial, agrícola y ganadero. 23.909 hab. (1996).

DURANGO (MÉXICO). Capital del estado mexicano del mismo nombre. 397.687 hab. (1995).
5:253a; Durango, estado de 5:253b.

DURANGO, ESTADO DE. Estado de México rico en recursos minerales. Cap. Durango. 123.181 km². 1.519.048 hab. (1999).
5:253b; Durango 5:243a.

DURAN I SANPERE, AGUSTÍ (1887-1975). Arqueólogo e historiador español. Director de los archivos históricos de Cervera y Barcelona, descubrió importantes obras literarias e históricas de la cultura catalana y trabajó para la recuperación artística y arqueológica de la ciudad de Barcelona. *Los retablos de piedra en Cataluña (ss. XIV y XV)* (1930), *Barcelona y su historia* (1972-1975).

DURÁN Y BAS, MANUEL (1823-1907). Abogado y político español. Profesor y posteriormente rector de la Universidad de Barcelona, fue diputado y senador en las filas de los partidos liberales y ministro de gracia y justicia en 1899. *Estudios políticos y económicos* (1856), *Memoria acerca de las instituciones del derecho civil de Cataluña* (1883), *Estudios morales, sociales y económicos* (1895).

DURÁN Y VENTOSA, LUIS (1870-1954). Político español. Secretario de la Lliga de Cataluña y luego de la Lliga Regionalista, fue senador y diputado en el parlamento catalán y concejal en el ayuntamiento de Barcelona. *Regionalismo y federalismo* (1905), *La esencia de los nacionalismos* (1942), *La unidad de Europa* (1953).

DURÃO, FRAY JOSÉ DA SANTA RITA (1720-1784). Poeta brasileño. Agustino, doctor en teología por Coimbra (Portugal). Autor de un poema épico sobre el descubrimiento de Bahía titulado *Caramuru* (1781).
Indianismo 8:167a.

DURÃO BARROSO, JOSÉ MANUEL (n. en 1956). Político portugués. Elegido primer ministro portugués, como sucesor de Antonio Guterres, tras la victoria del Partido Social Demócrata (PSD) en las elecciones de marzo de 2002.

DURAS, MARGUERITE (1914-1996). Seudónimo de Marguerite Donnadieu, novelista y directora de cine francesa. Vivió sus primeros años en Indochina. Cultivó diversos géneros en los que trató el problema de la comunicación y la soledad en el mundo actual. *Moderato cantabile* (1958), *Una tarde del señor Andesmas* (1962), *El amante* (1984), guión del filme de Alain Resnais *Hiroshima mon amour* (1959).
5:254a; *ilustración* 5:254a.

DURAZNO (BOTÁNICA). V. **Melocotonero.**

DURAZNO (CIUDAD). Capital del dep. uruguayo del mismo nombre, a orillas del río Yi. Base aérea militar, colegio universitario. Cemento. Productos agropecuarios. 25.811 hab. (1975).

DURAZNO (DEPARTAMENTO). División administrativa de Uruguay. Zona montañosa. Embalse del río Negro en el límite norte. Ganado bovino y lanar; mineral de hierro, uranio; mármol. Cap. Durazno. 11.643 km². 56.986 hab. (1996).

DURAZZO. V. **Durrës.**

DURBAN. Ciudad y puerto de la Rep. de Sudáfrica en la prov. de Natal. Mayoría de población de origen indio. Fuerte, hoy museo, jardín botánico, parque de las serpientes. Universidades. Refinería de petróleo, oleoducto. Azúcar, industrias diversas. Turismo (caza mayor). 715.669 hab. (1991).

DÜRER, ALBRECHT. V. **Durero, Alberto.**

DURERO, ALBERTO (1471-1528). Pintor y grabador alemán. Principal representante del arte renacentista en Alemania.
5:254b; Dibujo 5:173b; Joyería y orfebrería 8:389b; Renacimiento 12:331b; *cuadro* 5:255b; *ilustración* 5:255a.

DUREZA. Resistencia de los cuerpos a ser rayados. Se mide por comparación con determinadas sustancias de dureza progresiva, utilizando, por ejemplo, la escala de Mohs.
Mineral y mineralogía 10:174b.

DURHAM. Ciudad de los Estados Unidos en el est. de Carolina del Norte. Universidades, institutos técnicos, centros de investigación. Tabacos, textiles. 153.513 hab. (1998).
Catedral y basílica 4:40b.

DURINA. Enfermedad contagiosa de los caballos. Originada por el *Trypanosoma equiperdum.* Sus síntomas son inflamación genital y de los ganglios linfáticos y parálisis de los miembros posteriores. Se transmite por el acto sexual, por lo que recibe el nombre de mal del coito.

DURKHEIM, ÉMILE (1858-1917). Sociólogo francés. Desarrolló y sistematizó la sociología como disciplina científica.
5:255b; Antropología 1:404b; Educación 5:314b; Ética 6:177a; Familia 6:226b; Funcionalismo 7:4a; Magia 9:286a; Ritos 12:385b; Sociedad 13:277b; Sociología 13:285a; Suicidio 13:353a.

DURÓN, RÓMULO (1865-1942). Escritor hondureño. Juez y profesor de derecho en la capital hondureña, fue director y colaborador en publicaciones periódicas de carácter político (*El Trabajo, La Unión* y *La Paz*). *Ensayos poéticos* (1887), *Honduras literaria* (1896-1899), *La provincia de Tegucigalpa bajo el gobierno de Mallol* (1904), *Nicaragua ante el laudo del rey de España* (1938).

DURÓN, SEBASTIÁN (m. h. 1716). Compositor español. Maestro de capilla de la corte de Madrid, compuso himnos religiosos, zarzuelas y entremeses. Se exilió en Francia en 1712. *Muerte sin amor es la ausencia, La guerra de los gigantes, Salir el amor del mundo.*

DURRELL, LAWRENCE (1912-1990). Escritor británico. Uno de los autores más originales de la literatura británica de posguerra.
5:256a; *ilustración* 5:256a.

DÜRRENMATT, FRIEDRICH (1921-1990). Novelista y dramaturgo vanguardista suizo que escribió duras sátiras de la vida moderna.
5:256b; *ilustración* 5:257a.

DURRËS. Ciudad y puerto de Albania, cap. del dist. del mismo nombre, a orillas del Adriático. Data del siglo VII a.C. Astilleros, productos alimenticios, tabaco. 72.000 hab. (1982).

DURRUTI, BUENAVENTURA (1896-1936). Dirigente anarquista español. Fundó en Barcelona, con Francisco Ascaso, los Solidarios, grupo anarquista que se ocuparía de represalias y otras acciones. Activista en todo momento, mandó las fuerzas anarquistas barcelonesas en la guerra civil y murió en combate defendiendo Madrid.

DUSE, ELEONORA (1859-1924). Actriz italiana que alcanzó fama internacional con su total dominio de la representación.
5:257a; Actor y actuación 1:42a; D'Annunzio, Gabriele 5:91a; *ilustración* 5:257b.

DUSHANBE. Ciudad asiática, cap. de la rep. de Tadzhikistán. Academia de ciencias, universidad, institutos superiores. Teatros. Bordados, telares. 524.000 hab. (1994).

DUSSEK, JAN LADISLAV (1760-1812). Músico bohemio. Fue un prolífico compositor de obras para violín (60 sonatas) y piano (50 sonatas), instrumento este último que ejecutaba con gran maestría. Trabajó como músico de corte en Berlín, San Petersburgo, París y Londres. Autor de un notable *Método para piano* (1796).

DÜSSELDORF. Ciudad y puerto fluvial de Alemania, cap. del est. de Renania del Norte-Westfalia, a orillas del Rin, en la cuenca del Ruhr. Famosa escuela de pintura en el siglo XVIII, iglesia del siglo XIII. Museos. Universidad. Centro comercial e industrial; textiles, acerías, productos químicos. 571.030 hab. (1996).
Rin, río 12:373a.

DUTRA, EURICO GASPAR (1883-1974). Militar y estadista brasileño. Presidente de la república de 1946 a 1950.
5:257b.

DUTROCHET, HENRI (1776-1847). Naturalista, médico y físico francés. Dedicó la mayor parte de su vida a investigar los aspectos básicos de la fisiología vegetal y la embriología animal. Estudió y dio nombre a la ósmosis, paso de solventes a través de membranas semipermeables. *Investigaciones sobre el crecimiento y reproducción de las plantas* (1821), *Nuevas investigaciones sobre la endósmosis y la exósmosis* (1828).

DUTTON, CLARENCE EDWARD (1841-1912). Geólogo estadounidense, pionero de los estudios de sismología. Enunció el principio de la isostasia y le dio nombre.

DUTY-FREE. Venta de artículos, generalmente en zonas fronterizas o áreas internacionales de aeropuertos, donde se comercializan libres de impuestos.

DUVALIER, FRANÇOIS (1907-1971). Político haitiano. Presidente de la república desde 1957 hasta su muerte.
5:258a; Duvalier, Jean-Claude 5:258a; Haití 7:320b; *ilustración* 5:258a.

DUVALIER, JEAN-CLAUDE (n. en 1951). Político haitiano. Presidente de la república a partir de 1971, dimitió en 1986.
5:258a; Aristide, Jean-Bertrand 2:67a; Haití 7:320b; *ilustración* 5:258a.

DUVALL, ROBERT (n. en 1931). Actor y director de cine estadounidense. Inició su carrera con *Matar a un ruiseñor* (1963). Con *Gracias y favores* (1982) consiguió un Óscar. *El padrino* (1972), *Apocalypse now* (1979), *Gerónimo* (1993).

DUVERGER, MAURICE (n. en 1917). Sociólogo francés. Profesor y director de diferentes departamentos universitarios en la Sorbona de París, se especializó en el campo de las ciencias políticas. *Los partidos políticos* (1958), *Sociología política* (1966), *Los naranjos del lago Balatón* (1980).
Partido político 11:291a.

DUVERGIER DE HAURANNE, JEAN (1581-1643). Teólogo francés, fundador del movimiento jansenista. Fue ordenado sacerdote en 1618 y nombrado abad de Saint-Cyran en 1620. En 1634 llegó a ser director espiritual de las religiosas de Port-Royal, uno de los principales focos del jansenismo. El cardenal de Richelieu lo hizo encarcelar en 1638; fue liberado pocos meses antes de su muerte.
Jansenismo 8:337b.

DUVIVIER, JULIEN (1896-1967). Director cinematográfico francés. Entre su abundante filmografía destacan *Pépé le Moko* (1937), *Carnet de baile* (1937), *Anna Karenina* (1948) y *Bajo el cielo de París* (1950).

DVD. Siglas de disco versátil digital, sistema de almacenamiento de datos en un disco de apariencia similar al compacto, con una capacidad muy superior.
5:258b; Digitalización de imagen 5:187a; Disco compacto 5:204a; Imprenta y artes gráficas 8:135b; Infografía 8:198a; Informática 8:204a; Multimedia 10:295b; *ilustración* 5:259a.

DVD-ROM. Modalidad de DVD de sólo lectura, que almacena datos e información destinados a su empleo mediante computadoras.
Computadora 4:310a.

DVD-VÍDEO. Modalidad de DVD adaptada a los equipos de televisión. Puede almacenar hasta dos horas de vídeo y audio de alta calidad en formato digital.

DVI. Siglas de *Digital Video Interactive.* Sistema que permite a los programas informáticos la combinación de imágenes dinámicas, sonidos, etc.

DVINA OCCIDENTAL, RÍO. Curso fluvial de Rusia, Bielorrusia y Letonia. Nace a 15 km de la fuente del Volga, en Valdai. Desemboca en el golfo de Riga, mar Báltico, tras recorrer 1.020 km.

DVINA SEPTENTRIONAL, RÍO. Curso fluvial de Rusia. Nace en la reg. de Volgoda, sigue la dirección noroeste, recibe las aguas del Sújona, el Vichedga y otros ríos, y desemboca en el mar Blanco tras recorrer 744 km.

DVOŘÁK, ANTONÍN (1841-1904). Compositor checo. Máximo exponente de la música romántica basada en temas folclóricos.
5:259b; Música 10:314a; *ilustración* 5:259b.

DVOŘÁK, MAX (1874-1921). Historiador del arte checoslovaco. Director del inventario artístico de Austria desde 1907 y catedrático de la Universidad de Viena, inició el movimiento de revalorización metódica del arte gótico. *El enigma del arte de los hermanos Van Eyck* (1904), *Idealismo y naturalismo en la pintura y la escultura góticas* (1918).
Arte 2:124b.

DYCK, ANTOON VAN. V. **Van Dyck, Antoon.**

DYLAN, BOB (n. en 1941). Cantante y compositor estadounidense. Uno de los máximos representantes del movimiento pacifista y *hippy* en su país en la década de 1960.
5:260a; *ilustración* 5:260b.

DYSON, FREEMAN JOHN (n. en 1923). Físico estadounidense. Consiguió la equivalencia en lenguaje matemático entre las fórmulas de electrodinámica cuántica, lo que le permitió la explicación de fenómenos como la superconductividad de los metales o la lluvia de rayos cósmicos. Como consultor de General Atomics contribuyó al desarrollo de aplicaciones médicas de la energía nuclear.

DZERZHINSK. Ciudad de Rusia, en la prov. de Gorki. Puerto fluvial sobre el río Oká. Centro industrial. Productos químicos, fibras sintéticas. 282.000 hab. (1997).

DZHAMBUL. Capital de la reg. homónima en la rep. de Kazajstán. Llamada también Auli-ye-Ata. Museo, teatro. Institutos técnicos. Central térmica, industrias diversas. 301.800 hab. (1997).

DZHUGASHVILI, IOSIV. V. **Stalin.**

DZIBILCHALTÚN. Ruinas de una ciudad maya. Se la considera la más extensa y antigua del estado de Yucatán, México. El templo de los Siete Muñecos, uno de los escasos edificios mayas dotados de ventanas, está reconstruido.

DZUNGARIA, DEPRESIÓN DE. Región septentrional de la meseta de Xinjiang, entre los montes Diegiang y Altai, por donde pasaron las tribus turcas que luego formaron el imperio otomano y amenazaron Europa. El término puerta de Dzungaria se refiere al paso de Ili, que comunica el Sinkiang con el Asia central.

E

E, NÚMERO. Número irracional, adoptado como base de los logaritmos neperianos y escrito en minúscula *(e)*, definido como el límite de la expresión (1+ 1/n) *n* cuando n tiende a infinito. Su importancia para el cálculo es equiparable a la del número para la geometría.

EACO. En la mitología griega, uno de los jueces de los infiernos, junto con Minos y Radamanto. Era hijo de Zeus y de Egina y célebre por su piedad. Participó en la construcción de la muralla de Troya.

EADS, JAMES BUCHANAN (1820-1887). Ingeniero estadounidense. Tendió un puente metálico sobre el Mississippi, y en St. Louis, Missouri, construyó también los diques del mismo río. Durante la guerra civil se encargó del material militar del ejército de la Unión.

EAGLE. En golf, realizar un hoyo con dos golpes por debajo del par.

EAKINS, THOMAS (1844-1916). Pintor estadounidense. Alcanzó gran popularidad sobre todo por sus retratos, en los que demostró hondura y fuerza en la captación de los caracteres. Cultivó también la pintura de género, dentro de una gran objetividad y un total dominio de la técnica realista. «La clínica Gross» (1875), «La canción patética» (1881).

EAMES, CHARLES (1907-1978). Arquitecto y diseñador estadounidense. Creador de los asientos de concha de plástico, realizados en colaboración con Eero Saarinen. Introdujo un concepto moderno del mobiliario y de los materiales (plástico fundamentalmente), con un diseño organicista y escultórico.

EANES, ANTÓNIO DOS SANTOS RAMALHO (n. en 1935). Político y militar portugués. Integrante del ejército colonial, participó activamente en la revolución de 1974 y ocupó la presidencia del país entre 1976 y 1985.

EANES, GIL (siglo XV). Navegante portugués. Realizó importantes expediciones marítimas y fue el primero en doblar el cabo Bojador (África).

EAST ANGLIA. Región de Inglaterra, Reino Unido, y antiguo reino anglo. Comprendía Norfolk, Suffolk, Cambridge y la isla de Ely. Su fundación data del siglo VI.

EAST LONDON. Ciudad de la República de Sudáfrica, situada en la costa este del país, en el océano Índico, y en la desembocadura del río Buffalo. Industrias conservera y manufactureras diversas. 102.325 hab. (1991).

EAST LOS ÁNGELES. Barrio de Los Ángeles, California, Estados Unidos, en el sudeste del centro urbano.

EASTMAN, GEORGE (1854-1932). Industrial estadounidense, fundador de la casa Kodak de material fotográfico.
5:261a.

EASTMAN, MAX (1883-1969). Poeta y ensayista estadounidense. De espíritu revolucionario, fue amigo y traductor de Trotski. Dirigió la revista *The Masses* y se opuso a la entrada de los Estados Unidos en la primera guerra mundial. Fundó la publicación *The Liberator. Desde la muerte de Lenin* (1925), *La Rusia de Stalin y la crisis del socialismo* (1939), *Amor y revolución* (1965).

EASTWOOD, CLINT (n. en 1930). Actor y director cinematográfico estadounidense. Se dio a conocer en el género del *western,* aunque luego realizó otros papeles. *El bueno, el feo y el malo* (1966), *Licencia para matar* (1975), *El sargento de hierro* (1986), *Sin perdón* (1992), *Los puentes de Madison* (1995), *Medianoche en el jardín del bien y del mal* (1997), *Ejecución inminente* (1998).

EAST YORK. Localidad de Canadá, prov. de Ontario, que forma parte del área urbana de Toronto. Centro industrial y residencial. 107.822 hab. (1996).

EAU CLAIRE. Ciudad estadounidense del est. de Wisconsin, cap. del condado. Sede de un instituto tecnológico y de la Universidad de Wisconsin. Industrias alimentarias y de fabricación de cubiertas para ruedas. 51.509 hab. (1980).

EBAN, ABBA (n. en 1915). Diplomático israelí. Representante de Israel desde 1949 en las Naciones Unidas, fue embajador en los Estados Unidos entre 1950 y 1959, y ministro de educación (1960-1963) y de asuntos exteriores (1966-1974). *El mensaje de Israel* (1957), *El momento del nacionalismo* (1959).

EBANISTERÍA. Conjunto de trabajos relativos a la elaboración de muebles y trabajos finos en madera.
Madera 9:271a.

ÉBANO. Árbol de la familia de las ebenáceas (*Diospyros ebenum*).
5:261a; *ilustración* 5:261b.

EBBINGHAUS, HERMANN (1850-1909). Psicólogo alemán. Centró sus investigaciones en el campo de la memoria y en el de la recepción sensorial de los colores. Autor de un método-*test* sobre la memoria. *Principios de psicología* (1902), *Manual de psicología* (1908).
Memoria 10:50b.

EBCDIC. Siglas de *Extended Binary Coded Decimal Interchange Code.* Código de caracteres binarios de ocho bits diseñado por la empresa IBM, empleado en algunas de sus computadoras.

EBENAL. Orden de plantas angiospermas dicotiledóneas. Hojas semillas y flores actinomorfas, tetrámeras o pentámeras. Comprende cinco familias, 145 géneros y cerca de 1.700 especies de árboles y arbustos, distribuidas principalmente por las zonas tropicales.

EBERS, PAPIRO. Texto egipcio descubierto en 1873 por George Maurice Ebers en una tumba de Tebas (Egipto). Data del siglo XV a.C. y trata sobre la práctica de la medicina, basada en la observación clínica y en la experiencia.

EBERT, FRIEDRICH (1871-1925). Político alemán. Fue presidente de la república de Weimar de 1919 a 1925.
5:262a; *ilustración* 5:262a.

EBERTH, KARL JOSEPH (1835-1926). Bacteriólogo alemán. En 1880 describió por vez primera el bacilo causante de la fiebre tifoidea, al que se designó como bacilo de Eberth. Realizó importantes investigaciones sobre otras enfermedades como el cretinismo y el raquitismo.
Tifoidea, fiebre 14:59b.

EBIONITAS. Miembros de una secta herética de los primeros siglos del cristianismo. Rechazaba la divinidad de Cristo, exigía el cumplimiento de la Ley de Moisés y sólo aceptaba el evangelio de san Mateo.

EBLA. Antigua ciudad situada entre los ríos Éufrates y Orontes, que floreció en el tercer milenio a.C. Corresponde a la actual Tell Mardij, en el noroeste de Siria. Las excavaciones iniciadas en 1964 descubrieron un archivo con 15.000 tablillas. Se trataba de un centro agrícola, manufacturero y comercial, que controlaba a 17 ciudades-estado. Los reyes eran temporales y sin derecho hereditario y gobernaban junto con un consejo de ancianos. En el año 2240 fue incendiada por Naram-Sin, y dos siglos más tarde los amonitas establecieron allí su propia dinastía.

ÉBOLA, VIRUS. Microorganismo de la familia de los filovirus que provoca brotes epidémicos de una enfermedad muy virulenta caracterizada por fiebre alta y hemorragias múltiples.
5:262a; *ilustración* 5:262b.

ÉBOLI, PRINCESA DE (1540-1592). Ana Mendoza de la Cerda, aristócrata española. Uno de los personajes más influyentes de la corte de Felipe II.
5:263a.

ÉBOLI, PRÍNCIPE DE (1516-1573). Ruy Gómez de Silva, consejero de Felipe II. Duque de Pastrana y grande de España, era de origen portugués, pero creció en la corte española junto con el futuro Felipe II. Defendió una política conciliadora, tanto en los Países Bajos como entre las diversas tierras de España, por lo que se enfrentó al duque de Alba.

EBONITA. Caucho vulcanizado obtenido a partir de goma elástica, azufre y aceite de linaza. Negro, coriáceo y de gran dureza, se utiliza para aislamientos eléctricos y fabricación de peines y cajas. En la actualidad se sustituye en la mayoría de sus aplicaciones por las resinas sintéticas.

ÉBOUÉ, FÉLIX (1884-1944). Administrador colonial francés. Nació en la Guayana Francesa y asimiló tanto la cultura gala como la de los pueblos negros con los que tuvo relación. Fue gobernador de Martinica, Guadalupe, Chad y la Guayana Francesa. En 1940 logró la adhesión del África francófona al general Charles de Gaulle.

EBRO, BATALLA DEL. Episodio significativo de la guerra civil española que tuvo lugar entre el 25 de julio y el 15 de noviembre de 1938. Fue iniciada por el ejército de la república para desviar la presión que los nacionales ejercían sobre la zona de Levante. A los éxitos iniciales de la acometida siguió una guerra de desgaste y finalmente una obligada retirada de las fuerzas gubernamentales.
Española, guerra civil 6:86b.

EBRO, DEPRESIÓN DEL. Región natural de España que se extiende en torno al río Ebro, desde los Pirineos hasta el sistema Ibérico. Constituye un fértil terreno sedimentario.
Navarra 10:363b; Pirineos 12:4a.

EBRO, RÍO. Curso fluvial de España, el más largo del país. Nace en la cordillera Cantábrica y desemboca en el mar Mediterráneo tras recorrer 910 km.
5:263b; Aragón 2:14b; España 6:66b; Rioja, La 12:381a; Zaragoza 14:410a; *ilustración* 5:263b.

EBULLICIÓN, PUNTO DE. Temperatura en la que la evaporación de un líquido ocurre en toda la masa del mismo. La ebullición se presenta cuando la temperatura superficial produce una presión de vapor correspondiente igual a la presión exterior. Constante para cada tipo de sustancia.

EBULLOSCÓPICA, CONSTANTE. Elevación en el punto de ebullición producida al disolver un mol de un soluto en 1.000 g de solvente.

EÇA DE QUEIRÓS, JOSÉ MARIA DE (1845-1900). Novelista portugués. El más importante representante del realismo en la narrativa portuguesa del siglo XIX.
5:264a; Portuguesa, literatura 12:103a; *ilustración* 5:264a.

ECATEPEC. Municipio mexicano, en el est. de México. Ubicado al noreste del Distrito Federal, pertenece al área conurbada de la ciudad de México. Ciudad dormitorio. Manufacturas, metalurgia, productos químicos, papel. 1.219.238 hab. (1990).

ECBATANA. Ciudad antigua de Asia, capital del imperio de los medos que corresponde a la actual ciudad iraní de Hamadán. Herodoto la describe rodeada de siete muros, dentro de los cuales se hallaba el palacio real y el templo del Sol. Fue conquistada por Ciro, rey de los persas, hacia el 555 a.C. y luego por Alejandro Magno (331 a.C.).

ECCARD, JOHANNES (1553-1611). Compositor alemán, maestro de capilla de los electores de Brandeburgo. Autor de *Lieder* (canciones), misas, obras corales y polifónicas.

ECCE HOMO. «He aquí el hombre», palabras pronunciadas por Poncio Pilatos cuando presentó a Jesús ante el pueblo tras la flagelación. En la iconografía cristiana se representa a Jesucristo doliente con una corona de espinas, una vara en la mano a modo de cetro y un manto púrpura.

ECCEMA. La más frecuente de las dermatosis. Es una afección inflamatoria de la piel, aguda o crónica, caracterizada fundamentalmente por eritema y vesículas. Evoluciona por brotes, que cursan con edema y comezón (prurito).
Dermatología 5:146a.

ECCLES, JOHN (1903-1997). Médico y neurólogo australiano. Compartió el Premio Nobel de medicina en 1963 con Allan Lloyd Hodgkin y Andrew Fielding Huxley por sus trabajos sobre la electrofisiología de la fiebre nerviosa.

ECCLESIA. Asamblea de los hombres libres de las ciudades de la antigua Grecia, donde se discutían y votaban los asuntos políticos.

ECCLESIAM SUAM. Nombre de una encíclica publicada por el papa Paulo VI en 1964 que versa sobre el magisterio de la iglesia.

ECDÓTICA. Una de las dos ramas en que tradicionalmente se divide la filología. Consiste en la crítica de textos, que, mediante diferentes procedimientos, intenta recuperar los escritos antiguos con la mayor fidelidad posible a los originales.
Filología 6:293a.

ECEVIT, BÜLENT (n. en 1925). Político turco. Cultivó el periodismo, el ensayo y la poesía. Siendo ministro de trabajo reconoció, por primera vez en la historia de Turquía, el derecho a la huelga. Presidente del Partido Popular Republicano, ganó las elecciones de 1974 y fue designado primer ministro. Destituido pocos meses después, ocupó nuevamente el cargo, en un clima de gran tensión interna, en 1977 y 1978-1979.

ECFANTO DE SIRACUSA (siglo V a.C.). Filósofo griego. Fue discípulo de Hicetas de Siracusa y autor de una teoría atomista sobre la formación de la materia. Defendió el movimiento de rotación de la Tierra sobre su eje. Se esforzó por conciliar sus doctrinas materialistas con una intervención divina regidora del cosmos.

ECHAGÜE, JUAN PABLO (1877-1950). Escritor y crítico literario argentino. Publicó artículos de crítica teatral en *La Nación* y en *El País*, bajo el seudónimo de Jean Paul. Escribió también ensayos y novelas. *Teatro argentino* (1916), *Seis figuras del Plata* (1937), *Tierra de Huarpes* (1945).

ECHAGÜE, RAFAEL (1813-1887). Militar y político español. Luchó contra los carlistas bajo las órdenes del general Leopoldo O'Donnell y en la guerra de África se distinguió en la batalla del Serrallo, por lo que recibió el título de conde con esta misma denominación. Destacado miembro del Partido Liberal, tras la revolución de 1868 fue nombrado general en jefe de los ejércitos del norte y del centro. Logró que se levantara el cerco a Bilbao durante la tercera guerra carlista.

ECHANDÍA, DARÍO (n. en 1900). Político colombiano. Desempeñó los ministerios del gobierno, educación y relaciones exteriores. Fue embajador en el Vaticano y en Londres y presidente interino de la república en 1944. Primer ministro en el gabinete de coalición formado por Mariano Ospina Pérez y candidato a la presidencia en 1949 por el Partido Liberal.

ECHANDI JIMÉNEZ, MARIO (n. en 1915). Político costarricense. Secretario general del partido Unión Nacional, ocupó la presidencia de la república entre 1958 y 1962. En el transcurso de su mandato buscó la conciliación nacional y preconizó la reunificación centroamericana. En 1966 fue designado embajador en los Estados Unidos. Se presentó a las elecciones de 1982, pero obtuvo escasos votos.
Costa Rica 4:415b.

ECHÁVARRI, JOSÉ ANTONIO (siglo XIX). General mexicano de origen español. Hombre de confianza del general Agustín de Iturbide, tras adherirse al plan de Iguala (1821) conquistó la plaza de Querétaro. En 1827 fue desterrado como sospechoso de participar en una conspiración para restaurar la soberanía española.

ECHAVE, LOS. Dinastía de pintores mexicanos: Baltasar de Echave Orio (h. 1540-h.1620), nacido en España, su hijo Baltasar de Echave Ibía (h. 1580-h. 1660) y el hijo de éste, Baltasar de Echave Rioja (1632-1682). Al primero se deben obras influidas por el manierismo florentino («Adoración de los reyes», «Oración del huerto»); el segundo fue arcaizante y colorista («La Purísima»); el tercero fue tenebrista y barroco («Martirio de san Pedro Arbués»).

ECHEGARAY, MIGUEL (1848-1925). Comediógrafo español. Hermano del dramaturgo y Premio Nobel José Echegaray, se distinguió especialmente por sus libretos de zarzuelas. *La viejecita* (1888), *El dúo de la Africana* (1889), *Gigantes y cabezudos* (1898).

ECHEGARAY Y EIZAGUIRRE, JOSÉ (1832-1916). Dramaturgo español. Destacó en múltiples actividades: político, economista, ingeniero de caminos, financiero, ministro. Creó el Banco de España, perteneció a la Real Academia y fue Premio Nobel de literatura en 1904, compartiéndolo con Frédéric Mistral. Cultivó diversos géneros teatrales, destacándose en el melodrama. *El gran galeoto* (1881), *El hijo de don Juan* (1892), *Mancha que limpia* (1895).

ECHENIQUE, JOSÉ RUFINO (1808-1887). Militar y político peruano. Presidente de la república en 1851, con el apoyo de su antecesor, Ramón Castilla, fue derrocado cuatro años después acusado de despilfarro y corrupción. Castilla ocupó de forma provisional la presidencia.

ECHEVARRÍA, JAVIER (n. en 1932). Eclesiástico español. Secretario general del Opus Dei desde 1975 hasta 1982, fecha en que pasó a ocupar el puesto de vicario general. Nombrado prelado de la organización en 1994 y obispo en 1995.

ECHEVARRÍA, JUAN (1875-1931). Pintor español. Influido por la pintura postimpresionista francesa, fue autor principalmente de retratos, paisajes y bodegones. «Pío Baroja», «Azorín».

ECHEVARRÍA, VICTORINO (1898-1965). Compositor español. Profesor de armonía, recibió el Premio Nacional de música en 1955 por su *Quinteto en re menor*. Destacó por sus trabajos sobre pedagogía musical. *Música para muñecos de trapo* (1958), *Tocata* (1964).

ECHEVERRÍA, AQUILEO J. (1866-1909). Poeta y periodista costarricense. Conoció a Rubén Darío y fue autor de poemas costumbristas y de estilo realista y tono sentimental. *Romances* (1903), *Concherías* (1905).

ECHEVERRÍA, ESTEBAN (1805-1851). Escritor argentino. Fuertemente influido por el romanticismo francés, fue el representante de la vertiente liberal de este movimiento en su país.
5:264b; Gaucha, literatura 7:64a; Hispanoamericana, literatura 8.6b.

ECHEVERRÍA, FRANCISCO JAVIER (1797-1852). Político mexicano. Ministro de hacienda con los presidentes Antonio López de Santa Anna y Anastasio Bustamante, accedió a la presidencia de la república en 1841, pero sólo ocupó el cargo escasos días.

ECHEVERRÍA, LUIS (n. en 1922). Político mexicano. Presidente de la república de 1970 a 1976.
5:265a; López Portillo, José 9:221b; México 10:134a; *ilustración* 5:265a.

ECHINASTER. Género de animales asteroideos de la familia de los equinastéridos. Sección redondeada y cinco brazos alargados. Comprende unas quince especies distribuidas por mares templados y cálidos.

ECHO. Serie de satélites artificiales estadounidenses destinados a las comunicaciones terrestres que se sirvieron de la reflexión o eco de mensajes de radio y de televisión.
Satélite de comunicaciones 13:164b.

ÉCIJA. Población española de la prov. de Sevilla, comunidad autónoma de Andalucía. De orígenes prerromanos, conserva monumentos de su largo pasado. Centro industrial en una rica comarca agrícola. 37.292 hab. (1996).

ÉCIJA, SIETE NIÑOS DE. Partida de bandoleros que dominó con sus correrías las sierras de Córdoba y Sevilla entre 1814 y 1818. Inicialmente fue un grupo de siete vecinos de Écija que participaron en las guerrillas contra los franceses. Entre sus figuras más destacadas se encontraban fray Antonio de Legama, Pablo de Aroca y Juan Palomo.

ECK, JOHANN (1486-1543). Teólogo y apologista católico alemán. Fue el primero en oponerse a las tesis de Martín Lutero sobre las indulgencias. Nombrado nuncio papal en Alemania, participó en los coloquios de Ratisbona y de Worms.

ECKENER, HUGO (1868-1954). Aeronauta alemán. Miembro de la aeronáutica Ferdinand Graf von Zeppelin, dirigió la construcción del «Graf Zeppelin» con el que, entre 1929 y 1931, atravesó el Atlántico, realizó un viaje alrededor del mundo y emprendió una expedición por el polo norte.

ECKERMANN, JOHANN PETER (1792-1854). Escritor alemán. Secretario particular de Johann Wolfgang von Goethe, es conocido principalmente por sus *Conversaciones con Goethe en los últimos años de su vida* (1836-1848), obra en la que recogió los comentarios del poeta alemán sobre los temas de su época.

ECKERT, J. PRESPER JR. (1919-1995). Ingeniero estadounidense. Inventor en 1946 de la primera computadora (ordenador) ENIAC, sobre cuyo modelo se construyeron todos los posteriores.

ECKHART, EL MAESTRO (h. 1260-1328). Eckhart von Hochheim, filósofo y místico alemán, profesó como dominico y llegó a ser provincial de su orden en Sajonia. Se le considera uno de los padres de la filosofía alemana y precursor del protestantismo. Algunas de sus ideas fueron condenadas por heréticas. *El libro del consuelo divino.*

ECLECTICISMO. Sistema que propugna la formación de un cuerpo de doctrina utilizando las tesis más aceptables de otros sistemas filosóficos.

ECLESIASTÉS. Nombre de uno de los libros sapienciales que componen el Antiguo Testamento. Su título en hebreo significa «el predicador». Data del siglo III a.C. y constituye una exhortación a la reflexión sobre la caducidad de lo terrenal. Durante mucho tiempo se atribuyó su autoría a Salomón.
Biblia 3:11b.

ECLESIÁSTICO. Título de uno de los libros sapienciales del Antiguo Testamento, escrito por Jesús, hijo de Sirac, a principios del siglo II a.C. Contiene una serie de preceptos y reflexiones sobre la sabiduría como norma de vida.
Biblia 3:11b.

ECLESIOLOGÍA. Parte de la teología que trata sobre la Iglesia Católica. Se vio impulsada especialmente en lo que respecta a la estructura jerárquica a partir del concilio Vaticano I. En el concilio Vaticano II se desarrolló el tema eclesiológico del «pueblo de Dios».

ECLÍMETRO. Instrumento que sirve para medir la inclinación de las pendientes. Existen diversos tipos que se usan en topografía o en artillería.

ECLIPSE. Ocultación temporal, total o parcial, de un astro por la interposición de otro en la dirección visual de la Tierra.
5:265b; Sol 13:291b; *ilustraciones* 5:265b; 5:266.

ECLÍPTICA. Trayectoria aparente del Sol en la esfera celeste. Círculo máximo de dicha esfera, cuyo plano corta el ecuador según la línea Aries-Libra o línea equinoccial con un ángulo aproximado de 23° 27′. Sobre ella se verifican los eclipses de Sol y Luna.
Eclipse 5:266a; Estaciones del año 6:118b.

ÉCLOGA. Código legal redactado en lengua griega y promulgado en el siglo VIII por el emperador bizantino León III el Isáurico. Humanizó el derecho penal y el familiar por influencia de los principios cristianos.

ÉCNOMO, BATALLA DE. Victoria naval de la escuadra romana, al mando de los cónsules Marco Atilio Régulo y Manlio Vulso, sobre la de Cartago, con Amílcar y Hannón al frente, durante la primera guerra púnica. Tuvo lugar el año 265 a.C., cerca de la población de Écnomo, en la costa sur de Sicilia, y permitió a Roma el acceso a los territorios africanos.

ECO (ACÚSTICA). Sonido (o proceso ondulatorio) que llega al centro emisor algún tiempo después de ser emitido, como consecuencia de la reflexión en algún cuerpo.
5:267a; Acústica 1:55a; Radar 12:241a; *ilustración* 5:267a.

ECO (MITOLOGÍA). En la antigua Grecia, ninfa de los bosques y las fuentes, que distrajo a Hera de los amoríos de Zeus, por lo que la diosa la condenó a repetir sólo la última sílaba de las palabras.

ECO, UMBERTO (n. en 1932). Escritor y semiólogo italiano. Se distinguió en la semiótica y como novelista.
5:267b; Arte 2:125a; Italiana, literatura 8:323b; *ilustraciones* 5:267b; 8:323a.

ECOAUDITORÍA. Evaluación del cumplimiento de la normativa legal en materia de contaminación y tratamiento de residuos por parte de las empresas.

ECOCARDIOGRAFÍA. Procedimiento diagnóstico consistente en el empleo de ultrasonidos para obtener imágenes del corazón. Las ondas ultrasónicas se reflejan cada vez que hay un cambio de densidad en los tejidos que encuentran en su trayectoria, y son recogidas por un ecocardiógrafo que, gracias a un sistema informático, elabora una imagen visualizable en una pantalla.

ECOENCEFALOGRAFÍA. Estudio de las estructuras endocraneales por medio del radar. Cuando un rayo ultrasónico atraviesa el cerebro y se recogen las ondas reflejadas a su paso (ecos), se obtiene un trazado donde la distancia entre ecos indica la relación entre distintas formaciones de naturaleza acústica diferente.
Epilepsia 6:13a.

ECOETIQUETA. Indicador de que un determinado producto cumple los requerimientos que lo distinguen como ecológico.

ECOFIN. Consejo formado por los ministros de economía y hacienda de los distintos estados de la Unión Europea.

ECOGRAFÍA. Técnica de diagnóstico no invasiva que utiliza ondas ultrasónicas para obtener imágenes de estructuras profundas del organismo.
5:268a; Diagnóstico prenatal 5:166a; *ilustración* 5:268a.

ECOGRAFÍA DOPPLER. Modalidad ecográfica empleada para el análisis de las condiciones del flujo sanguíneo cardiovascular. Se basa en las diferencias de frecuencia entre la onda sonora emitida y la reflejada.

ECOLALIA. Trastorno del lenguaje característico de los débiles mentales y de los esquizofrénicos, consistente en la repetición inmediata, sin sentido y prolongada, de palabras o sonidos percibidos. También se da en pacientes afectos de afasia.

ECOLOCACIÓN. Sistema de localización de presas y de orientación utilizado por los mamíferos quirópteros, como los murciélagos, basado en la emisión de ultrasonidos. Éstos, al chocar contra los objetos y cuerpos circulantes, se reflejan y son captados por el animal, que puede determinar así la dirección y distancia de los mismos.

ECOLOGÍA. Ciencia que estudia las relaciones existentes entre los seres vivos y el medio en que habitan.
5:268a; Agricultura 1:111a; Agricultura biológica 1:117a; Águila 1:124a; Ave 2:250b; Biodiversidad 3:24b; Biogeografía 3:31a; Biología 3:38a; Bioma 3:43a; Biomasa 3:45a; Biosfera 3:50b; Biotecnología 3:54b; Bosque 3:122a; Cambio climático 3:298b; Carnívoros 3:405a; Contaminación 4:356b; Deforestación 5:109a; Desarrollo sostenible 5:148b; Ecológicos, movimientos 5:274a; Ecosistema 5:284a; Erosión 6:27a; Geografía 7:86b; Lago 9:48b; Leguminosas 9:97b; Liquen 9:173b; Lluvia ácida 9:192b; Naturaleza 10:357b; Organizaciones no gubernamentales 11:144a; Ozono 11:194a; Piraña 12:1a; Planta 12:20b; Pradera 12:110b; Rapaces 12:262b; Zoología 14:425b; *ilustraciones* 5:269b; 5:270a; 5:271; 5:273b.

ECOLOGÍA CULTURAL. Rama de la antropología creada en la década de 1950 por el estadounidense J. H. Steward. Estudia las repercusiones de la diferente adaptación al entorno de los sistemas sociales.

ECOLÓGICOS, MOVIMIENTOS. Corrientes de pensamiento y activismo social y político que persiguen la protección de los ambientes naturales ante las agresiones derivadas de la actividad industrial y la sobreexplotación de los recursos.
5:274a; *ilustración* 5:274a.

ECOLOGISMO. Doctrina y movimiento social que aboga por la defensa del ambiente natural y la utilización racional de los recursos materiales a fin de restaurar el equilibrio entre el hombre y la naturaleza.

ECONOMETRÍA. Rama de la economía que aplica los métodos del análisis matemático a los datos proporcionados por la estadística.
5:275b; Economía 5:281b; Mercadotecnia 10:69a; *ilustración* 5:275b.

ECONOMÍA. Ciencia que estudia el intercambio, la producción, la distribución y el consumo de los bienes y servicios.
5:277a; Agricultura 1:108b; Ahorro 1:29a; Capital 3:360a; Capitalismo 3:362b; Comercio 4:293a; Consumo 4:353a; Crecimiento económico 5:2a; Crédito 5:4a; Depresión económica 5:135a; Econometría 5:275b; Educación 5:318b; Empleo y desempleo 5:395a; Empresa 5:396b; Finanzas públicas 6:299a; Fisiocracia 6:316a; Geografía 7:90a; Guerra 7:269a; Industria 8:185b; Inflación y deflación 8:196a; Liberalismo 9:142a; Mercado 10:64b; Mercantilismo 10:70a; Neoliberalismo 10:376b; Planificación económica 12:16b; Producción 12:159a; Smith, Adam 13:271b; Turgot, Anne-Robert-Jacques 14:156b; Valor (ECONOMÍA) 14:228b; *cuadros* 5:277b; 5:279; *ilustraciones* 5:277b; 5:278a; 5:279b; 5:280a.

ECONOMÍA DEL BIENESTAR. Tendencia económica que tiene como finalidad difundir la satisfacción de las necesidades al mayor número posible de habitantes de un país. Los medios utilizados son la redistribución de la renta mediante la elevación de la recaudación fiscal y el incremento de la seguridad social y la educación pública.
Pobreza 12:42a.

ECONOMÍA ECOLÓGICA. Área común de la ecología y la economía que estudia las interrelaciones entre los distintos modelos económicos y ecológicos con objeto de asegurar el equilibrio entre la acción humana y la preservación del medio.

ECONOMÍAS DE ESCALA. Ahorros que obtiene una empresa al aumentar su dimensión, ya sea en su aparato productivo o en redes de distribución comercial.

ECONOMÍA SOCIAL. V. **Cooperativismo.**

ECONOMÍA SUBTERRÁNEA. Sector productivo de un país basado en una población trabajadora que no consta en ninguno de los mecanismos de control o registro de las autoridades económicas, por lo que su nivel de gastos e ingresos se mueve al margen de los programas y los cálculos económicos realizados oficialmente. Se denomina también economía informal o sumergida.
Empleo y desempleo 5:395b.

ECONOMÍA SUMERGIDA. Conjunto de actividades económicas realizadas fuera del marco regulatorio establecido, por lo que oficialmente no existen y escapan al control de las autoridades fiscales.

ECONÓMICA, HISTORIA. Estudio de los hechos económicos y de su incidencia en la historia política.
5:281b; Agricultura 1:111a; Burguesía 3:228a; Campesinado 3:310b; Capitalismo 3:363a; Crecimiento económico 5:2b; Crédito 5:5a; Cultura 5:73b; Depresión económica 5:135a; Esclavitud y servidumbre 6:39a; Historia 8:21b; Mercantilismo 10:70a; Neoliberalismo 10:376b; Numismática 11:50a; *ilustraciones* 5:281b; 5:282a; 5:283b.

ECONÓMICOS, BIENES. Relación de productos o servicios que son utilizados por el hombre para satisfacer sus necesidades. Pueden ser directos o de consumo, e indirectos o de producción.
Economía 5:277a.

ECONÓMICOS, SECTORES. Actividades con características comunes que se integran dentro de un sistema económico. Los tres sectores básicos son el primario (agricultura, ganade-

ría y minería), el secundario (industria) y el terciario (servicios que se prestan a la comunidad).
Agricultura 1:109b; Crecimiento económico 5:4a; Economía 5:277b.

ECONOMIST, THE. Revista británica de información económica y difusión mundial, fundada en Londres en 1843 por James Wilson. Tras la segunda guerra mundial comenzó a incluir secciones de información general. Empezó a editarse en castellano a principios de la década de 1970.

ECOPRODUCTO. Artículo en cuya fabricación y uso se observa un respeto al medio natural.

ECOSISTEMA. Conjunto de una comunidad de organismos vivos (biocenosis) y del hábitat o espacio físico que ocupan (biotopo).
5:284a; Árbol 2:25b; Biodiversidad 3:25a; Biosfera 3:50b; Deforestación 5:109a; Desierto 5:151b; Ecología 5:269a; Estepa 6:153b; Evolución 6:209b; Geografía 7:86a; Lluvia ácida 9:192b; Pantano 11:253b; Pradera 12:110b; Silvicultura 13:246b; *ilustraciones* 5:284a; 5:285a-b.

ECOTASA. Impuesto que pretende incluir en los precios de los bienes y servicios los costes ambientales externos generados en su producción.

ECOTONO. Zona de transición entre dos áreas biogeográficas donde se dan dos especies o grupos biológicos diferentes.
Ecología 5:269a.

ECOTOPO. Espacio físico mínimo ocupado por un ecosistema.

ECOTURISMO. V. **Turismo rural.**

ECTINITA. Tipo de rocas metamórficas recristalizadas. Estas rocas están formadas por una nueva combinación de los elementos de la roca preexistente debido a los efectos de la presión y la temperatura.

ECTOCARPAL. Orden de algas feófitas isogeneradas. Color pardo y talo filamentoso. Reproducción asexual por zoosporas y sexual por isogametos. Comprende numerosas familias, generalmente de aguas marinas.

ECTODERMO. Capa externa de células en un embrión animal, destinada a formar la epidermis, los órganos de los sentidos y el sistema nervioso.
Embriología 5:388b.

ECTOPARÁSITO. Parásito que se desarrolla en la superficie del cuerpo del huésped.

ECTOPLASMA. Capa externa periférica del citoplasma de la célula. Es más rígida, hialina (parecida al vidrio) y consistente que el endoplasma y está exenta de gránulos. De particular importancia en los organismos unicelulares y en la división celular. También denominada ectoplasto, ectosarco y exoplasma.

ECTOPROCTOS. *Phyllum* de invertebrados metazoos celomados, con tentáculos peribucales o bien dispuestos en dos series y en forma de herradura (lofóforo). Los primeros suelen ser marinos y coloniales; los últimos, de agua dulce.
Invertebrados 8:251a.

ECU. Unidad monetaria de la Comunidad Económica Europea. Sustituida por el Euro en 1997.

ECUACIÓN. Igualdad que se verifica únicamente para ciertos valores de las variables que intervienen en ella.
Álgebra 1:219b; Geometría 7:102a.

ECUACIÓN DIMENSIONAL. Formulación de una expresión matemática en la que los términos y factores son magnitudes físicas no cuantificadas. Se aplica en física para comprobar la coherencia dimensional de una expresión teórica dada.
Mecánica 10:16b.

ECUADOR (GEOGRAFÍA FÍSICA). Línea imaginaria que divide el globo terráqueo en dos hemisferios iguales, norte y sur.
5:295b.

ECUADOR (GEOGRAFÍA POLÍTICA). País de América del sur, a orillas del Pacífico; incluye las islas Galápagos. Cap. Quito. 272.045 km^2. 12.646.000 hab. (2000).
5:286b; Amazonas, río 1:262b; América 1:276b; Amerindios, pueblos 1:300a; Andes 1:332a; Colombia, República de (la Gran) 4:276b; Galápagos, islas 7:15b; Guayaquil 7:261b; Independencia de Hispanoamérica 8:147a; Noboa, Gustavo 11:3a; Quito 12:234a; Sucre, Antonio José de 13:334a; Velasco Ibarra, José María 14:253a; *mapa* 5:287b; *cuadros* 5:286b; 5:289a-b; 5:293; *ilustraciones* 5:287a; 5:288a; 5:289b; 5:290a; 5:291a-b; 5:292a; 5:293b; 5:295a-b.

ECUADOR CELESTE. Círculo máximo determinado por la intersección de la esfera celeste con el plano perpendicular al eje del mundo y que pasa por el centro de la esfera celeste. Divide a la esfera celeste en dos hemisferios: boreal o norte y austral o sur.
Ecuador (GEOGRAFÍA FÍSICA) 5:295b.

ECUADOR MAGNÉTICO. Línea imaginaria, próxima al ecuador terrestre, en la cual la aguja magnética no presenta inclinación. Por extensión, zona de un campo magnético donde la intensidad de campo es nula.
Ecuador (GEOGRAFÍA FÍSICA) 5:295b.

ECUATORIAL, CONTRACORRIENTE. Fenómeno marítimo en las inmediaciones del ecuador (3° y 10° N). Consiste en un flujo de agua oceánica opuesto a las corrientes ecuatoriales de dirección occidental de los océanos Atlántico, Pacífico e Índico y flanqueado por las mismas.
Ecuador (GEOGRAFÍA FÍSICA) 5:296a.

ECUATORIALES, CORRIENTES. Dos corrientes oceánicas que fluyen en dirección oeste, controladas principalmente por los vientos, cada una de 1.000 km de anchura, al norte y sur respectivamente del ecuador.
Ecuador (GEOGRAFÍA FÍSICA) 5:296a.

ECUMÉNICO, CONCILIO. Asamblea general de la Iglesia Católica, convocada por el papa, a la que asisten representantes (obispos, cardenales y abades mitrados) de las distintas iglesias nacionales. La Iglesia Católica reconoce 21 concilios ecuménicos, incluido el Vaticano II (1962-1965).
Concilio 4:324a.

ECUMENISMO. Movimiento consolidado a principios del siglo XX en favor de la unión de las iglesias cristianas.
5:296a; Cristianismo 5:23b; Ortodoxas, iglesias 11:163a; Protestantismo 12:167b; *ilustración* 5:296a.

ECZEMA. V. **Eccema.**

EDAD ANTIGUA. Primer período en la división convencional de la historia. Se inicia con el origen de la historia escrita y termina con la caída del Imperio Romano de occidente, en el año 476.

EDAD CONTEMPORÁNEA. Período convencional de la historia; abarca desde la revolución francesa (1789) hasta la actualidad.

EDAD DE ORO, LA. Filme de Luis Buñuel, rodado en Francia en 1930. Su estilo surrealista provocó reacciones encontradas a raíz de su estreno en París. Fue prohibida por sus ataques al catolicismo.

EDAD MEDIA. División convencional de la historia; abarca el período comprendido entre la caída del Imperio Romano de occidente (476) y la toma de Constantinopla por los turcos (1453).
5:297a; Absolutismo 1:16b; Administración pública 1:70a; Agricultura 1:108a; Alegoría 1:63b; Armadura 2:78b; Arte 2:123b; Astrología 2:166a; Astronomía, historia de la 2:179a; Biblioteca y biblioteconomía 3:15a; Biología 3:36b; Brujería 3:197b; Camino y carretera 3:305b; Cartografía 4:1b; Casa 4:6a; Castillo y palacio 4:25a; Catedral y basílica 4:40b; Católica, Iglesia 4:44b; Ciudad 4:216b; Cristianismo 5:21b; Cruzadas 5:35b; Derecho 5:140a; Educación 5:313a; Ejército 5:345b; Estado 6:123b; Europa 6:198b; Feudalismo 6:276a; Filología 6:292a; Filosofía 6:296b; Geografía 7:87a; Gremios 7:215b; Guerra 7:265a; Historia 8:24b; Impuesto 8:139a; Jardinería 8:354a; Joyería y orfebrería 8:389a; Libro 9:151a; Matemáticas 9:405a; Metrología 10:113a; Misión y misionero 10:190a; Mueble 10:289a; Museo 10:308b; Música 10:311b; Paleografía 11:223b; Propiedad 12:163b; Renacimiento 12:328a; Teatro 13:410a; *cuadro* 5:301; *ilustraciones* 5:297a-b; 5:298a; 5:299b; 5:300a; 5:301b; 5:302a; 5:303; 5:304a-b.

EDAD MENTAL. Índice creado por Alfred Binet para fijar el desarrollo mental de un sujeto. Se trata de una medida relativa que se establece por comparación con el promedio alcanzado por los individuos de una edad cronológica determinada.

EDAD MODERNA. División convencional de la historia; abarca el período comprendido entre la toma de Constantinopla por los turcos (1453) y la revolución francesa (1789).
Agricultura 1:108a.

EDAFOGÉNESIS. Parte de la edafología, o ciencia de los suelos, que estudia sus procesos de formación y desarrollo.

EDAFOLOGÍA. Disciplina que estudia el origen, la composición físico-química y la evolución del suelo como soporte del manto vegetal, así como la distribución de los distintos tipos de suelos.
Ecología 5:270b; Suelo 13:348b.

EDDA. Conjunto de antiguas obras literarias islandesas contenidas en dos libros del siglo XIII. Fuente de conocimientos de la mitología germánica.
5:305a; Escandinava, literatura 6:29b; Snorri Sturluson 13:272b; Universo 14:184b.

EDDINGTON, ARTHUR STANLEY (1882-1944). Astrónomo británico célebre por sus estudios sobre el movimiento y la composición estelar y sus aportaciones a la teoría de la relatividad.
5:305b.

EDDY, MARY BAKER (1821-1910). Fundadora de la agrupación religiosa estadounidense denominada Iglesia de la Ciencia Cristiana (Boston, EUA, 1879). Fue una profunda conocedora de la *Biblia*, en la que basó su doctrina, así como en su idea de la curación de los enfermos por la religión.
Ciencia Cristiana, Iglesia de la 4:187b.

EDEMA. Infiltración y acumulación anormal de líquido en los tejidos celulares del organismo, y particularmente en los tejidos conjuntivos.

EDÉN. Según el Génesis, lugar donde Yahvé plantó un frondoso y fértil jardín, el paraíso. En él instaló a Adán y a Eva para que lo cultivaran y cuidaran, y de él fueron éstos expulsados tras el pecado original.

EDEN, ANTHONY (1897-1977). Político británico. Primer ministro de 1955 a 1957.
5:306a; Macmillan, Harold 9:266b; *ilustración* 5:306a.

EDÉN, NILS (1871-1945). Político e historiador sueco. Profesor en la Universidad de Uppsala (1903-1920), fue elegido parlamentario por la alianza liberal y en 1917 ocupó la presidencia de un gobierno de coalición con los socialdemócratas. Abandonó el puesto en 1920 y pasó a desempeñar las funciones de gobernador de Estocolmo (1920-1938). *La revolución de 1809* (1911).
Suecia 13:345b.

EDENTADOS. Orden de mamíferos placentarios caracterizados por la ausencia o atrofia de los dientes. Incluye los subórdenes *Xenarthra* y *Palaenodonta*. Comprende especies como oso hormiguero, el armadillo y el perezoso. Especímenes distribuidos por el hemisferio occidental,

principalmente América del sur. Llamados también desdentados o maldentados.
Mamíferos 9:318a; Tamandúa 13:391a.

EDESA. Ciudad de la Mesopotamia septentrional que figuró en forma destacada en la cultura y la historia del cercano oriente desde el segundo milenio antes de Cristo. Posteriormente, con el nombre de Urfa, pertenecería a Turquía. 362.598 hab. (1995).

EDFÚ. Ciudad de la gobernación egipcia de Asuán, a orillas del río Nilo. Cap. del nomo II del alto Egipto, conserva importantes restos de un templo de Horus, del imperio nuevo, y una necrópolis del antiguo. Centro agrícola. 34.693 hab. (1976).

EDGAR ATHELING (m. h. el 1125). Príncipe anglosajón. Propuesto para el trono de Inglaterra tras la muerte de Haroldo II en la batalla de Hastings (1066), hubo de someterse a los reyes normandos Guillermo I y Guillermo II. Intervino de forma destacada en la vida política del reino de Escocia.

EDGERTON, HAROLD E. (1903-1990). Fotógrafo estadounidense. Inventor del *flash* estroboscópico, que permitió captar movimientos momentáneos, como la caída de una gota de leche sobre un plato o el impacto de una bala. Realizó trabajos fotográficos con el oceanógrafo francés Jacques-Yves Cousteau.

EDGEWORTH, FRANCIS YSIDRO (1845-1926). Economista y profesor británico. Enseñó lógica y economía política en la Universidad de Oxford, fundó el *Economic Journal* e introdujo la estadística en los estudios de economía. *Psíquica matemática* (1881), *Teoría del monopolio* (1897), *Teoría de la distribución* (1904).

EDGEWORTH, MARIA (1767-1849). Novelista y pedagoga británica. Hija del pedagogo Richard Lovell Edgeworth, inició con él la formación de una biblioteca para niños. Autora de libros infantiles y novelas en los que describe a la sociedad irlandesa de su época. *Ensayos sobre una educación práctica* (1798), *El castillo de Rackrent* (1800), *Ormond* (1817).

EDI. Siglas de *Electronic Data Interchange.* Nombre con que se designa la mutua transferencia de datos por computadora entre dos entidades a fin de eliminar soportes físicos documentales como talones, facturas, etc.

EDICIÓN (CINEMATOGRAFÍA). V. **Montaje.**

EDICIÓN (IMPRENTA). Conjunto de procedimientos mecánicos que se aplican a la impresión y publicación de una obra escrita. Por extensión se aplica también el término a los procesos de corrección y revisión de un original que será editado.

EDICTO PERPETUO (DERECHO ROMANO). Proclama de un magistrado romano en la cual expresaba las normas a que se atendría en el ejercicio de su cargo. Tuvieron especial importancia las de los pretores y ediles curules, encargados de administrar justicia. El emperador Adriano encargó a principios del siglo II al jurista Salvio Juliano la codificación de estos edictos, en adelante inalterables, lo que dio permanencia a lo que se llamaba derecho honorario o pretorio.

EDICTO PERPETUO (HISTORIA). Documento hecho público el 12 de febrero de 1577 por el gobernador de los Países Bajos, Juan de Austria, por el que éste se comprometía a retirar las tropas españolas y a respetar las libertades de las provincias flamencas a cambio de que ellas aceptaran el mantenimiento del culto católico. El pacto alcanzado no se respetó, y al año siguiente se reanudó el conflicto.
Austria, don Juan de 2:234b.

EDIFICIO INTELIGENTE. Dícese de aquel que se encuentra dotado de una serie de dispositivos de control que aseguran la optimización de la administración de las estructuras, servicios y sistemas que lo componen.
5:306a; *ilustraciones* 5:307a-b.

EDIL. En la antigua Roma, magistrado a cuyo cargo estaban las obras públicas, la dirección de los juegos públicos y el abastecimiento, la limpieza y ornato de la ciudad. En algunos países hispánicos se llama ediles a los concejales de los ayuntamientos.

EDIMBURGO. Capital de Escocia, Reino Unido, a orillas del golfo de Forth, en el mar del Norte. 450.180 hab. (1999).
5:307b; Reino Unido 12:301b; *ilustración* 5:308a.

EDIPO. Personaje legendario griego, hijo de Layo y de Yocasta. Fue inmortalizado por las tragedias de Sófocles.
5:308b; Esfinge 6:52a; Sófocles 13:290b; *ilustración* 5:308b.

EDIPO, COMPLEJO DE. Según la teoría psicoanalítica, conjunto organizado de tendencias amorosas y hostiles que el niño experimenta hacia sus progenitores. Se entra en esta fase en torno a los tres años, momento en que comienza la diferenciación de los sexos. Los sentimientos predominantes son de amor hacia el progenitor de sexo contrario y de hostilidad hacia el del mismo sexo, que es vivido como un rival. La atracción de las hijas a los padres suele designarse también como complejo de Electra.
Incesto 8:144b.

EDIPO REY. Tragedia de Sófocles, representada originalmente en el siglo V a.C., considerada la mejor del autor por Aristóteles. Recrea el mito de Edipo, quien al intentar escapar de su destino se arroja a su encuentro. La obra es un modelo clásico de estructura dramática.
Edipo 5:309a.

EDIRNE. Ciudad de la Turquía europea, antiguamente conocida como Adrianópolis. 115.083 hab. (1997).
5:309a.

EDIRNE, TRATADO DE. Pacto, firmado el 14 de septiembre de 1829, que puso fin a la guerra ruso-turca (1828-1829). Concedió Georgia y otros territorios del Cáucaso a Rusia, y abrió el estrecho de los Dardanelos y el Bósforo a la navegación rusa. Debilitó la posición del imperio otomano en los Balcanes. Se conoce también como Tratado de Adrianópolis.

EDISON, THOMAS ALVA (1847-1931). Inventor estadounidense. Ideó el fonógrafo y el principio del filamento incandescente para iluminación, entre otros ingenios.
5:309b; Acústica 1:53a; Ciencia 4:186a; Cinematografía 4:191a; Electrónica 5:365a; Iluminación y alumbrado 8:126a; Sonido e imagen, grabación y reproducción de 13:302a; Teléfono 13:424a; *ilustración* 5:309b.

EDITOR. Persona que publica mediante imprenta o procedimiento mecánico un libro, periódico, revista, etc., haciéndose cargo de sus costos y de su comercialización. En ocasiones, el término se emplea también para designar a los encargados de la realización editorial de una publicación, aun cuando trabajen por cuenta de terceros.

EDMONTON. Capital de la prov. de Alberta, Canadá, a orillas del río Saskatchewan septentrional. Universidad, instituto tecnológico, museo, planetario. Feria agrícola e industrial. Refinería de petróleo. Industrias diversas. Centro ferroviario. 616.306 hab. (1996).

EDMUNDO DE ABINGTON, SAN (h. 1175-1240). Sacerdote inglés. Nombrado arzobispo de Canterbury en 1233, fue uno de los más decididos defensores de los derechos de la iglesia ante el poder real. Murió exiliado en Francia. *Speculum ecclesiae.*

EDMUNDO DE LANGLEY, DUQUE DE YORK (1341-1402). Caudillo de la casa de York, quinto hijo de Eduardo III de Inglaterra. Fundador de la casa de York, una de las ramas de la dinastía Plantagenet. Realizó campañas en Francia, España y Portugal. Reorganizó la resistencia contra Enrique de Lancaster (posterior Enrique IV) en 1399.

EDO. Antigua aldea japonesa que se convirtió en 1600 en centro del shogunato de los Tokugawa y en 1868 en capital imperial de la dinastía Meiji, momento en el que pasó a denominarse Tokio.

EDO, ÉPOCA DE. V. **Tokugawa, shogunato.**

EDOMITAS. Pueblo semita originario del desierto siroarábigo, establecido al sur del mar Muerto hacia el 1300 a.C. Según la tradición judeocristiana, eran los descendientes de Esaú, hijo mayor de Isaac y hermano de Jacob. También llamados idumeos.

EDRISI, EL. V. **Idrisi, al-.**

EDUARDO I DE INGLATERRA (1239-1307). Rey de Inglaterra desde 1272 hasta su muerte. Su reinado se distinguió por las reformas legales y la eficacia administrativa.
5:310a; Plantagenet, familia 12:21b; Reino Unido 12:305b; *ilustraciones* 5:310a; 12:21b.

EDUARDO II DE INGLATERRA (1284-1327). Rey de Inglaterra desde 1307 hasta 1327. Luchó largamente por imponer su autoridad sobre los poderosos barones. Ausente del país, la reina y el amante de ésta, Roger Mortimer, lo destronaron. A su regreso, fue encarcelado y obligado a abdicar en su hijo, Eduardo III. Murió, se cree, de forma violenta.
Plantagenet, familia 12:22a.

EDUARDO III DE INGLATERRA (1312-1377). Rey de Inglaterra desde 1327 hasta su muerte. Sus pretensiones a la corona francesa condujeron a la guerra de los cien años (1337-1453). Hombre de enérgico temperamento, fue un admirable táctico. Su corte fue la más brillante de la Europa de su época.
Cien años, guerra de los 4:181a; Lancaster, Enrique, duque de 9:54b; Rosas, guerra de las dos 13:21a.

EDUARDO IV DE INGLATERRA (1442-1483). Rey de Inglaterra en dos ocasiones, desde 1461 hasta octubre de 1470, y desde abril de 1471 hasta su muerte. Fue uno de los participantes más destacados de la guerra de las dos rosas (1455-1485) entre las casas de York y Lancaster, a la primera de las cuales pertenecía. Sus últimos años en el trono fueron prósperos. Su colección de libros se encuentra en el Museo Británico.
Ricardo III de Inglaterra 12:366a; Rosas, guerra de las dos 13:21a.

EDUARDO V DE INGLATERRA (1470-h. 1483). Rey de Inglaterra. Accedió al trono en abril de 1483. En junio del mismo año fue destronado por su tío Ricardo III. Internado en la Torre de Londres, junto con su hermano menor, se supone que ambos fueron asesinados, a juzgar por los esqueletos hallados en 1674.
Ricardo III de Inglaterra 12:366a.

EDUARDO VI DE INGLATERRA (1537-1553). Rey de Inglaterra e Irlanda desde 1547 hasta su muerte. Fue el único hijo legítimo de Enrique VIII. Su madre, Jane Seymour, tercera esposa del rey, murió doce días después del alumbramiento. El joven rey estuvo sometido a los dictados del duque de Northumberland.
Anglicanismo 1:357b; Irlanda 8:268a; María Tudor 9:369b.

EDUARDO VII DE INGLATERRA (1841-1910). Soberano del Reino Unido de la Gran Bretaña e Irlanda desde 1901 hasta su muerte. Gozó de inmensa popularidad, siendo recordado como hombre extraordinariamente afable. En 1903 consiguió el apoyo popular francés para la Entente Cordiale entre ambos países. Secundó grandes reformas militares en su reino.
Reino Unido 12:310a.

EDUARDO VIII DE INGLATERRA (1894-1972). Soberano del Reino Unido de la Gran Bretaña e Irlanda, accedió al trono el 20 de enero de 1936. El 10 de diciembre del mismo año abdicó para contraer matrimonio con una divorciada estadounidense, Wallis W. Simpson.

Durante el resto de su vida utilizó el título de duque de Windsor.

EDUARDO, EL PRÍNCIPE NEGRO (1330-1376). Príncipe inglés, presunto heredero de Eduardo III de Inglaterra. Fue uno de los comandantes más destacados de la guerra de los cien años. Su victoria más clamorosa fue la de Poitiers en 1356. Su tumba se conserva, restaurada, en Canterbury.
Cien años, guerra de los 4:181b.

EDUARDO, LAGO. Lago del este de África, en la frontera de Uganda y la Rep. Dem. del Congo. Situado a 913 m de altitud, mide 77 km de largo por unos 40 de ancho. Unido al lago Jorge, cubren conjuntamente 2.500 km^2. Alimentados por los ríos Ruwenzori y Rutshuru.

EDUARDO DE PORTUGAL (1391-1438). Rey de Portugal. Hijo de Juan I el Grande y Felipa de Lancaster. Subió al trono en 1433, y durante su breve reinado consolidó la autoridad real mediante una reforma legislativa. Cultivador de las letras, su obra *El consejero leal* le valió el apelativo de «rey filósofo». Apoyó las iniciativas de su hermano Enrique el Navegante. Murió en una epidemia de peste.

EDUARDO EL CONFESOR (h. 1003-1066). Rey de los anglosajones desde 1042 hasta su muerte. Sus íntimos lazos con Normandía prepararon el terreno para que los normandos conquistaran Inglaterra en 1066 a las órdenes del que luego sería Guillermo I el Conquistador. Tuvo fama de piadoso. Fue canonizado en 1161.

EDUARDO EL VIEJO (m. en el 924). Rey de los anglosajones. Sucedió en el trono en el 899 a su padre Alfredo el Grande. Su reinado se caracterizó por las luchas en el interior del país con los daneses y normandos. Sus victorias aumentaron su poder. Casó a su hija Edwige con Carlos el Simple, rey de Francia, y a Edit con Otón el Grande, emperador del Sacro Imperio Romano.

EDUCACIÓN. Proceso por el cual el niño y el joven desarrollan su personalidad y asimilan el contexto sociocultural de su época.
5:310b; Enseñanza 6:2b; Escuela 6:46a; UNESCO 14:176b; Universidad 14:182a; Vocacional, orientación 14:342a; *ilustraciones* 5:311b; 5:312a; 5:313b; 5:314a; 5:315a-b; 5:316a; 5:317b; 5:318a; 5:319b.

EDUCACIÓN, SOCIOLOGÍA DE LA. Disciplina que estudia la relación entre los sistemas educacionales y la realidad de la sociedad en que se desarrollan. Ésta tiende a reproducir, mediante la educación, su propio modelo o sistema de vida.
Mannheim, Karl 9:332b.

EDUCACIÓN AMBIENTAL. Enseñanza de la mecánica que rige el funcionamiento de los diferentes ecosistemas y difusión de actitudes destinadas a minimizar el impacto de la actividad humana sobre el medio.

EDUCACIÓN ESPECIAL. Término que designa la modalidadd de enseñanza primaria impartida a niños que requieren un régimen de escolarización diferente del habitual, sea por razón de minusvalías físicas o psíquicas, sea por motivos de inadaptación social. Modernamente se tiende a integrar los planes de educación especial en centros de educación ordinaria.
Educación 5:316b.

EDUCACIÓN FÍSICA. Sistema completo de formación atlética que pretende desarrollar y cuidar armónicamente el cuerpo.
Educación 5:316b.

EDUVIGIS DE ANJOU (siglo X). Reina de Francia. Contrajo matrimonio con Carlos III el Simple. Marchó a Inglaterra con su hijo cuando Carlos cayó prisionero. Al acceder al trono aquél con el nombre de Luis IV, en el 936, regresó a Francia.

EDWARDS, JONATHAN (1703-1758). Teólogo y filósofo puritano de Nueva Inglaterra. Su obra influyó notablemente en el pensamiento religioso estadounidense anterior a la guerra civil. En su obra *Libertad de la voluntad* (1754) defendió la doctrina de la predestinación.
Estadounidense, literatura 6:146b.

EDWARDS, JONATHAN (n. en 1966). Atleta británico. Destacó en triple salto de longitud, cuyo récord mundial batió en 1995. Ganó diversos campeonatos internacionales y fue medalla de plata en 1996 en los Juegos Olímpicos de Atlanta y medalla de oro en 2.000 en los de Sydney.

EDWARDS, JORGE (n. en 1931). Escritor y diplomático chileno. Sus novelas describieron el ambiente de la alta burguesía chilena.
5:319b.

EDWARDS BELLO, JOAQUÍN (1887-1968). Novelista chileno. Su obra giró en torno a las cuestiones sociales.
5:320a.

EDZNÁ. Ciudad maya situada en el estado de Campeche, México. Floreció en el período clásico (siglos VII y VIII d.C.). Importantes monumentos.
Precolombino, arte 12:122a.

EECKHOUT, GERBRAND VAN DEN (1621-1674). Pintor holandés. Estudió con Rembrandt, cuyo estilo y técnica imitó. Su última producción acusó la influencia de Gerard Terborch. Abordó el retrato y la pintura religiosa. «Isaac bendice a Jacob», «Lección de música» (1655).

EETES. V. **Aetes.**

EFE, AGENCIA. Agencia informativa española fundada en Burgos por promoción oficial en 1939. Distribuye la información internacional en España. En 1978 unificó todas sus secciones.

EFECTIVO, FLUJO DE. V. **Flujo de efectivo.**

EFECTO 2000. Serie de errores operativos en las computadoras derivados del paso del año 1999 al 2000, debidos a fallos en la interpretación de los datos de fecha almacenados por los programas informáticos que manejaban dichos datos.
5:320a; *cuadro* 5:320b.

EFECTO DE INVERNADERO. V. **Invernadero, efecto de.**

EFECTO REACTIVO. Cambio en la conducta de los individuos que participan en un experimento social al saber que son objeto de observación externa.

EFECTOS FOTOGRÁFICOS. Modificaciones a un resultado fotográfico que suelen ser provocadas por los cambios de sensibilidad a la luz del material o por la naturaleza de la imagen final, como resultado de las condiciones de exposición, revelado o intercalación de pasos suplementarios (físicos o químicos) durante el proceso.

EFEMÉRIDES ASTRONÓMICAS. Conjunto de tablas de posiciones astronómicas en las que se anotan anualmente las coordenadas eclípticas y ecuatoriales de los planetas y las estrellas fijas y otros elementos de interés para astrónomos y navegantes.

EFEMERÓPTEROS. Orden de insectos hemimetábolos, con antenas cortas, boca masticadora apenas funcional, alas posteriores más pequeñas que las anteriores y, en algunas especies, desaparecidas; son pequeños y blandos. Los adultos viven unas horas y no se alimentan. El orden incluye las efímeras.
Insectos 8:222b.

EFESIOS, EPÍSTOLA A LOS. Carta de san Pablo integrada en el Nuevo Testamento. La tradición afirma que el apóstol la escribió durante su cautividad en Roma, pero se cree que fue obra de un discípulo. Dirigida a un grupo de iglesias del Asia menor, consta de una parte doctrinal, sobre la universalidad de la iglesia, y otra normativa sobre la vida cristiana.

ÉFESO. Antigua ciudad griega, la más importante de la costa jonia, en la actual Turquía.
5:321a; *ilustración* 5:321b.

ÉFESO, CONCILIO DE. Tercer concilio ecuménico de la Iglesia Católica. Fue convocado por el emperador Teodosio, en el año 431, y lo presidió Cirilo de Alejandría. Condenó la herejía nestoriana, definió la doble naturaleza (humana y divina) de Jesús en una sola persona y reconoció a María como madre de Dios.

ÉFESO, TEMPLO DE ARTEMISA EN. Una de las siete maravillas del mundo antiguo. Construido por Creso, rey de Lidia, hacia el 550 a.C., el templo, de estilo jónico, era famoso por su gran tamaño y las obras de arte que lo adornaban.
Maravillas del mundo, las siete 9:350b.

EFFEN, JUSTUS VAN (1684-1735). Escritor de los Países Bajos. Admirador de la prensa londinense (*The Spectator*, en particular), fundó en 1731 *De Hollandsche spectator*. Su estilo ensayístico estaba marcado por la utilización de una prosa sencilla y coloquial y un gran sentido realista.
Países Bajos, literatura de los 11:214a.

EFIALTES (h. el 500-461 a.C.). Orador y político ateniense. Se distinguió por su integridad y nobleza de ideales. Encabezó el partido democrático y combatió el poder del tribunal aristocrático del Areópago. Murió asesinado por los oligarcas, resentidos por haber sido desposeídos de sus privilegios.

EFÍMERAS. V. **Efemerópteros.**

EFLORESCENCIA. Depósito de sulfato alcalino en polvo que aparece en la superficie de muros y obras de albañilería en forma de flores.

EFLUENTE. Líquidos residuales, ya sean industriales o urbanos, que se desechan.

EFLUVIO. Desprendimiento de las partículas de un cuerpo material. Término que se aplica a cualquier tipo de emanación, irradiación o exhalación.

ÉFORO. Magistrado miembro del eforato en Esparta. Esta institución se remonta al siglo VIII a.C., y con el tiempo adquirió poderes casi dictatoriales. Estaba compuesta por cinco éforos, elegidos anualmente por la gerusía. Decidían en asuntos privados y públicos y podían destituir al rey, pero sus decisiones tenían que ser unánimes. Exceptuando algunos períodos de supresión, se mantuvo, incluso bajo la dominación romana, hasta el siglo II d.C.

EFRAÍM. Personaje bíblico. Segundo hijo del patriarca José y jefe de la tribu de Israel que lleva su nombre, asentada entre el río Jordán y el Mediterráneo.

EFRÉN, SAN (h. el 306-373). Teólogo y asceta sirio. Nacido en Nisibés, huyó en el 363 a la ciudad de Edesa, al ser ocupada la primera por los persas. Se dedicó a la ascesis (práctica de la vida ascética), fue autor de obras dogmáticas y apologéticas y dirigió una escuela filosófica. Doctor de la Iglesia Católica (1920).

EFT. Siglas de *Electronic Funds Transfer*. Método electrónico utilizado para realizar consultas financieras en red o transferencias de fondos entre cuentas.

EFTA. Asociación establecida en 1960 por varios de los países europeos no integrantes de la CEE para eliminar barreras comerciales entre ellos. Austria, Dinamarca, Noruega, Portugal, el Reino Unido, Suecia y Suiza la formaron en 1960. Finlandia se hizo miembro asociado (1961) e Islandia miembro cabal (1970). La dejaron para unirse a la CEE el Reino Unido y Dinamarca (1973), así como Portugal (1986) y Austria, Suecia y Finlandia (1995). Liechtenstein pertenece por asociación con Suiza. El nombre procede de las siglas de European Free Trade Association o Asociación Europea de Libre Comercio.
Organismos internacionales 11:136b; Organizaciones comunitarias europeas 11:141a.

EFUSIVA, ROCA. Roca eruptiva formada por enfriamiento rápido de un magma parcialmente cristalizado. Puede adoptar tres tipos de estructura: vítrea, afanítica u oculta (microcristales no

apreciables a simple vista) y mixta (material microcristalino o vítreo rodeando cristales gruesos formados con anterioridad).
Rocas 12:399a; Volcán 14:343a.

ÉGADES, ISLAS. Archipiélago situado al oeste de la costa de Sicilia. Está compuesto por las islas Levanzo, Marettimo y Favignana. En su entorno se libró una batalla naval, en el 241 a.C., en la que el cónsul romano Lutacio Catulo derrotó a los cartagineses. 39 km^2. 4.490 hab. (1981).

EGAÑA, JUAN (1769-1836). Político y escritor chileno. Colaboró en la redacción de la constitución de 1823.
5:321b; Organización de Estados Americanos 11:138b.

EGAÑA UGALDE, MARIANO (1793-1846). Jurista y político chileno. Acompañó a su padre, Juan Egaña, en su lucha por la independencia, y con él fue desterrado a la isla de Juan Fernández. Fue uno de los autores de la constitución de 1833. Desempeñó diversos ministerios y combinó sus ideas tradicionales con un espíritu renovador.

EGAS, ENRIQUE (h. 1455-h. 1534). Arquitecto español. Principal representante del gótico tardío y uno de los iniciadores del estilo plateresco. Dirigió las obras del hospital de Santa Cruz, Toledo (1504-1515), ejemplo de plateresco español, y el hospital (1511) y la capilla Real (1506-1521) de Granada.

EGAS MONIZ, ANTÓNIO (1874-1955). António Caetano de Abreu Freyre, neurocirujano portugués. Protagonizó un primer intento de terapia quirúrgica de ciertas enfermedades psíquicas. Practicó la leucotomía frontal, en la operación que lleva su nombre, para seccionar células nerviosas de la sustancia blanca cerebral con objeto de combatir trastornos mentales y epilépticos. Premio Nobel de medicina en 1949.

EGBERTO EL GRANDE (m. en el 839). Rey de Wessex, Inglaterra, desde el 802. En el 829 unió a su trono cinco reinos más: Kent, Sussex, Mercia, Essex y Surrey.

EGEAS, CIVILIZACIONES. Culturas desarrolladas durante la edad del bronce en el área del mar Egeo.
5:322a; Grecia antigua 7:206b; *ilustración* 5:322a.

EGEAS, ISLAS. Archipiélagos griegos en el mar Egeo, entre Grecia y Turquía. Geográficamente pueden ordenarse en siete grupos de norte a sur: (1) el del mar Tracio, (2) el grupo Egeo oriental, (3) las Espóradas septentrionales, (4) las Cícladas, (5) las islas Salónicas, (6) el Dodecaneso y (7) Creta.

EGEO. Rey legendario de Atenas, hijo de Pandión y Pila y padre de Teseo. Creyendo equivocadamente que su hijo había muerto en la lucha contra el Minotauro, se suicidó arrojándose al mar que lleva su nombre.

EGEO, MAR. Brazo del mar Mediterráneo, situado entre la península griega al oeste y Asia menor al este.
5:322b; Creta 5:7a; Mediterráneo, mar 10:37b; *ilustración* 5:323a.

EGER. En la mitología escandinava y germánica, dios del mar. Esposo de Ran y padre de nueve hijas, las olas. Recoge con sus inmesas redes a los ahogados, a los que ofrece un gran banquete.

EGGAN, FRED (1906-1991). Antropólogo y profesor universitario estadounidense. Realizó investigaciones sobre la población india de América del Norte e ideó la metodología de la comparación controlada. Entre 1933 y 1974 fue docente en la Universidad de Chicago y colaboró con A. R. Radcliffe-Brown.

ÉGICA. Rey visigodo (687-702). Repudió a su mujer, Cixilona, hija de Ervigio, al que había sucedido, con apoyo del XV concilio de Toledo. El XVII concilio, en el 694, le permitió desposeer a los judíos y esclavizarlos. Lo sucedió su hijo Vitiza.

EGILONA (m. h. el 716). Esposa de don Rodrigo, último rey visigodo de España. Cayó prisionera de Abd al-Aziz, luego rey de Sevilla, con quien contrajo matrimonio a condición de seguir practicando el cristianismo. Temerosos los jefes musulmanes por la influencia ejercida por Egilona, obtuvieron la aprobación del califa Suleimán para asesinar a Abd al-Aziz.

EGINA, GOLFO DE. Entrante del mar Egeo en Grecia, entre la península del Ática y la Argólida, unido al golfo de Corinto por el canal del mismo nombre. En él se encuentran la isla de Egina y los puertos de Megara, Eleusis y El Pireo. Longitud de 30 km de noroeste a sudeste.

EGINARDO (h. el 770-840). Escritor y biógrafo de Carlomagno, con el que lo unieron lazos de amistad. La obra que le dio fama fue *Vida de Carlomagno.*

EGIPCIA, LENGUA. V. **Semíticas, lenguas.**

EGIPCIA, LITERATURA. Conjunto de textos literarios del antiguo Egipto conservados en inscripciones y papiros.
5:323a.

EGIPCIA, PINTURA. Conjunto de obras pictóricas de Egipto, y especialmente del antiguo Egipto, presentes en los elementos arquitectónicos, los bajorrelieves, las estatuas, las paredes de las tumbas, etc. Se utilizaban como colores fundamentales el blanco de cal, el negro del carbón, los ocres rojos, el verde y el azul.

EGIPCIA, RELIGIÓN. Conjunto de creencias y prácticas religiosas que formaban parte integrante de la civilización del antiguo Egipto.
5:323b; Akenatón 1:136a; Amón 1:307b; Anubis 1:407a; Egipcio, arte 5:326a; Isis 8:276a; Mito y mitología 10:197a; Osiris 11:168b; Ra 12:235a; *ilustraciones* 5:323b; 5:324a; 5:325.

EGIPCIO, ARTE. Conjunto de la producción artística de Egipto y, en especial, manifestaciones artísticas del Egipto antiguo desde la época predinástica hasta el ocaso de la dinastía tolemaica.
5:325b; Abú Simbel 1:23b; Arquitectura 2:99b; Castillo y palacio 4:24a; Egipto 5:339a; Escultura 6:47a; Esfinge 6:51b; Joyería y orfebrería 8:389a; Luxor 9:252a; Menfis 10:61a; Metalistería 10:96b; Mueble 10:288b; Pintura 11:412a; Pirámides de Egipto 11:422a; Religioso, arte 12:322b; Templo e iglesia 14:12a; *ilustraciones* 5:326; 5:327a-b.

EGIPTO. País de África, a orillas del Mediterráneo. Cap. El Cairo. 997.739 km^2. 65.871.000 hab. (2000).
5:328b; Administración pública 1:69b; África 1:94; Alejandría 1:166a; Árabe Unida, República 2:2b; Árabe-israelí, conflicto 2:1a; Aritmética 2:73b; Augusto 2:210a; Biblioteca y biblioteconomía 3:14b; Cairo, El 3:264b; Ciencia 4:184b; Egipcia, literatura 5:323a; Egipcia, religión 5:323b; Egipcio, arte 5:325b; Faraón 6:230b; Fenicia 6:258b; Hititas 8:28b; Islam, historia del 8:284a; Islámico, arte 8:289a; Israel 8:300a; Jardinería 8:353a; Libro 9:150b; Magia 9:283b; Mehmet Alí 10:41a; Metrología 10:112b; Minería 10:178b; Monarquía 10:223b; Mubarak, Hosni 10:287a; Música 10:311a; Nilo, río 10:417a; Novela y cuento 11:18b; Nubia 11:25a; Número 11:47b; Ocultismo 11:76b; Otomano, imperio 11:178b; Palestina 11:229a; Persia 11:350b; Piedra, edad de 11:397b; Revolución 12:357b; Rojo, mar 12:414a; Sinaí, península del 13:249a; Tebas (EGIPTO) 13:412b; Tutankamón 14:165b; Tutmosis III 14:165b; *mapas* 5:329b; 5:333a; *cuadros* 5:328b; 5:331b; 5:335; *ilustraciones* 5:329b; 5:330a; 5:332a; 5:333b; 5:334a; 5:335b; 5:336a; 5:337a-b; 5:338; 5:339b.

EGIPTO, CAMPAÑA DE. Expedición emprendida por Napoleón Bonaparte entre 1798 y 1799 con el objeto de conquistar Egipto, dominado por los mamelucos, y tomar posiciones frente al imperio colonial británico en la India. Napoleón embarcó el 27 de mayo de 1798, conquistó Malta y Alejandría, y derrotó a los mamelucos en la batalla de las Pirámides. El almirante británico Horatio Nelson destruyó la escuadra francesa, cortando las comunicaciones de Napoleón, que tuvo que regresar a Francia en secreto y negociar la evacuación de su ejército.

EGIPTOLOGÍA. Ciencia dedicada al estudio histórico y artístico de la cultura egipcia en su etapa antigua (desde el cuarto milenio a.C. hasta la época romana). Se inició a principios del siglo XIX con la interpretación de la piedra de Rosetta.
Arqueología 2:95a; Egipto 5:332b.

EGIRINA. Mineral de silicato de hierro y sodio perteneciente al grupo de los piroxenos. De color verde, cristaliza en el sistema monoclínico.

EGISTO. Personaje legendario griego, hijo del incesto entre Tiestes y Pelopia. Sedujo a Clitemnestra mientras Agamenón, esposo de ésta, se encontraba en la guerra de Troya, y, a su vuelta, entre los dos lo asesinaron. Reinó en Micenas hasta que Orestes, hijo de Agamenón, le dio muerte.
Electra 5:351b.

EGK, WERNER (1901-1983). Werner Mayer, compositor alemán. Estudió composición con Carl Orff. Autor de óperas, música para orquesta, sonatas para piano y ballets. Fuertemente influido por Ígor Stravinski. Su ópera más popular fue *Peer Gynt* (1938), sobre texto de Henrik Ibsen.

EGLEVSKY, ANDRÉ (1917-1977). Bailarín estadounidense de origen soviético. Educado en la técnica del ballet imperial ruso, completó su educación en Londres y París (estudios con Nicholas Legat). Trabajó con numerosas compañías internacionales, y se nacionalizó estadounidense en 1937. Se le considera el principal bailarín masculino de su generación.

ÉGLOGA. Nombre que se da a las composiciones poéticas del género bucólico. Suelen ser poemas líricos dialogados, cuyos protagonistas son pastores que platican sobre la vida campestre, idealizada, y sobre el amor. En castellano destacan las del renacentista Garcilaso de la Vega.

EGMOND, LAMORAAL, CONDE DE (1522-1568). Militar flamenco, general de los ejércitos de Carlos V (I de España) y de Felipe II. Se distinguió en numerosas batallas, especialmente en la de san Quintín. Fue decapitado, acusado falsamente de traición.

EGMONT, CARLOS DE (1467-1538). Duque de Güeldres, tuvo que luchar durante toda su vida por la posesión del ducado. Logró en diversas ocasiones el apoyo de Francia frente a las reivindicaciones de la casa de Austria. Pactó con Carlos V (I de España) en 1528 la posesión del ducado bajo la soberanía del emperador, al que además nombraba sucesor si moría sin herederos. Posteriormente quiso cambiar la sucesión en favor de Francia, pero fue derrotado y perdió definitivamente sus posesiones.

EGO. V. **Yo.**

EGOCENTRISMO. Según Jean Piaget, rasgo característico del pensamiento del niño que todo lo percibe e interpreta en función de sí mismo por incapacidad para ponerse en el lugar del otro o de adoptar distintos puntos de vista. En personas normales, disminuye con la edad a medida que aumenta la socialización.

EGOÍSMO. Tendencia opuesta al altruismo y consistente en la sobrevaloración de uno mismo frente a los demás como forma de autoafianzamiento, protección, autoconservación o ampliación del campo de actuación. El egoísmo exacerbado puede ser tan patológico como el absoluto desprendimiento de uno mismo.

EGOTISMO. Afán de establecer la supremacía de la propia personalidad, de destacar, de situarse en primer plano o como punto central de referencia.

EGUÍA, FRANCISCO RAMÓN DE (1750-1827). Militar y político español. Participó en la guerra de la independencia a las órdenes de la junta suprema. Defensor de las posiciones absolutistas, en 1814 fue nombrado por Fernando VII capitán general de Castilla la Nueva para hacer cumplir el decreto de abolición de la constitución. Emigró a Francia en 1820 y regresó a España con la expedición de los «cien mil hijos de san Luis».

EGUÍA, MIGUEL DE (m. h. 1548). Impresor español. Trabajó en Alcalá de Henares a comienzos del siglo XVI, en donde participó del ambiente humanista de la ciudad. Imprimió obras religiosas y literarias, tanto en latín como en castellano, entre ellas varias de Erasmo de Rotterdam.

EGUÍA, NAZARIO (1777-1853). Militar español. Desarrolló su carrera en la guerra de la independencia. Se significó en la defensa del absolutismo y fue nombrado por Fernando VII capitán general de Galicia. En las guerras carlistas militó bajo la bandera del pretendiente don Carlos, para el que obtuvo las victorias de Balmaseda y Mercadillo. Tras el convenio de Vergara (1839) se exilió, pero posteriormente regresó a España y recuperó su título y graduación militar.

EGUILAZ, LUIS DE (1830-1874). Dramaturgo español. Trató preferentemente temas históricos y sociales de contenido moralizante. *Las querellas del rey Sabio* (1858), *La vaquera de la Finojosa* (1858), *La cruz del matrimonio* (1860).

EGUREN, JOSÉ MARÍA (1874-1942). Poeta peruano. Exponente de la corriente literaria modernista en las primeras décadas del siglo XX.
5:339b.

EGUSQUIZA, JUAN BAUTISTA (1845-1910). Político paraguayo. Presidente de la república de 1894 a 1898, promovió la conciliación nacional, dio mayor impulso al parlamento y fundó institutos y escuelas.

EGUSQUIZA, ROGELIO DE (1845-1915). Pintor español. Representante de la escuela romántica, estudió en París. Su pintura muestra influencias de Léon Bonnat, Mariano Fortuny y los Madrazo. Autor de pinturas históricas, aguafuertes y recreaciones de las obras de Richard Wagner. «El santo Grial», «Tristán e Isolda», «Jura del príncipe don Carlos en Valladolid».

EHÉCATL. Nombre de una de las divinidades más antiguas del México prehispánico. Se lo consideraba el dios del viento y con el paso del tiempo fue asimilado a una de las formas del dios Quetzalcóatl.

EHINGER, AMBROSIO. V. **Alfinger, Ambrosio.**

EHINGER, ENRIQUE Y JORGE. Empresarios alemanes que firmaron capitulaciones con Carlos V (I de España) para hacer negocios en América (1528), junto con la familia Welser. Se supone que el Ambrosio Alfinger de las crónicas españolas es el tercero de estos hermanos.

EHRENBERG, CHRISTIAN G. (1795-1876). Naturalista alemán. Realizó numerosas expediciones científicas por Egipto, Asia, Europa central, etc., recogiendo gran cantidad de muestras de plantas y animales. Se dedicó principalmente al estudio de los protozoos y los vertebrados inferiores.
Cohn, Ferdinand 4:256a.

EHRENBERG, FELIPE (n. en 1943). Artista plástico germano-mexicano. Estudió pintura y grabado en Alemania y trabajó posteriormente en Nueva York y en Londres. Expuso sus obras en numerosos países de Europa y de América con notable éxito. Se interesó por la suerte de los damnificados del sismo (seísmo) de 1985 en la ciudad de México, a quienes ayudó con su trabajo.

EHRENBURG, ILIÁ GRIGÓRIEVICH (1891-1967). Escritor y periodista soviético. Uno de los más destacados propagandistas soviéticos ante el mundo occidental. Premio Stalin en 1942 por *La caída de París*. *Las extraordinarias aventuras de Julio Jurenito* (1922), *El deshielo* (1954).

EHRHARDT, HERMANN (1881-1971). Militar alemán. Oficial de la marina alemana durante la primera guerra mundial, mereció especial reconocimiento en la batalla de Jutlandia. En 1919 organizó la brigada Ehrhardt para combatir a los espartaquistas. En 1920 fracasó en su intento de apoderarse de Berlín. Fundó organizaciones secretas de extrema derecha, pero fue encarcelado en 1922 y tuvo que huir de la persecución nazi en 1934.

EHRINGSDORF, CRÁNEO DE. Cráneo hallado en 1925 cerca de Weimar (Alemania) que se ha fechado en la segunda mitad del tercer período interglacial, hace unos 80.000 años. Se considera que es uno de los primeros representantes de *Homo sapiens neanderthalensis*.

EHRLICH, PAUL (1854-1915). Médico alemán. Sus trabajos se centraron principalmente en los anticuerpos secretados por el organismo y en la aplicación del arsenobenceno en el tratamiento de la sífilis.
5:340a; Quimioterapia 12:230a.

EHRLICH, PAUL RALPH (n. en 1932). Biólogo y ecologista estadounidense. Estudió la relación entre el crecimiento de la población y la producción de alimentos. *Una bomba poblacional* (1968).

ÉIBAR. Población española de la prov. de Guipúzcoa, comunidad autónoma del País Vasco. Núcleo industrial (máquinas-herramientas, instrumentos de precisión, motocicletas, electrodomésticos) de añeja tradición. Conserva monumentos de su pasado histórico, documentado desde el siglo XIV. 30.314 hab. (1996).

EICH, GÜNTHER (1907-1972). Escritor alemán. Autor de obras poéticas, narraciones radiofónicas y otros géneros. Escribió la recopilación de narraciones humorísticas *Un tibetano en mi oficina* (1970).

EICHBAUER, HELIO (n. en 1941). Escenógrafo brasileño. Estudió junto a Josef Svoboba, de quien fue asistente en la Ópera Nacional de Praga. Sus puestas en escena alcanzaron éxito tanto en Latinoamérica como en Europa.

EICHELBAUM, SAMUEL (1894-1967). Dramaturgo y periodista argentino. Inició en la literatura de su país el teatro psicológico y social. *La mala sed* (1920), *En tu vida estoy yo* (1934), *Subsuelo* (1966).

EICHENDORFF, JOSEPH VON (1788-1857). Poeta y novelista alemán. Uno de los grandes líricos románticos de su país.
5:340b; Schumann, Robert 13:178a.

EICHLER, AUGUST WILHELM (1839-1887). Botánico alemán. Especialista en la morfología de las flores, fue profesor en Kiel y Berlín y autor de un sistema clasificatorio de las plantas. *Diagrama de las flores* (1875-1878).

EICHMANN, ADOLF (1906-1962). Miembro del partido nazi alemán y de las SS de Heinrich Himmler. Dirigió en Viena y Praga la eliminación de los judíos y organizó la «solución final». Capturado en 1946, escapó y se refugió en la Argentina. Un grupo judío enviado a Buenos Aires lo secuestró, conduciéndolo a Israel, donde fue juzgado y ahorcado.

EÍDER. Pato de gran tamaño, de la familia de las anátidas y del género *Somateria*. En general, presenta cuerpo alargado y diversos plumajes. Se alimenta de crustáceos y moluscos. Sus principales especies, eíder común (*Somateria mollissima*) y eíder real (*Somateria spectabilis*), son propias de las costas septentrionales frías del hemisferio boreal.

EIDÉTICA, IMAGEN. Imagen que conserva con extraordinaria claridad, intensidad y nitidez los detalles de lo percibido visualmente. Este tipo de imagen es bastante frecuente en los niños y jóvenes.

EIDETISMO. En filosofía, esencia de las cosas. Según Edmund Husserl, la reducción eidética es un método por el que el filósofo se traslada desde la conciencia de los objetos individuales y concretos al plano de las esencias puras para alcanzar la intuición del *eidos* o estructura esencial de las cosas. Es concepto fundamental de la fenomenología.

EIFELIENSE. En geología, estrato inferior del devónico medio. Entre sus fósiles característicos destacan el *Anarcestes subnautilinus*, el *Agoniatitis occultus* y la *Calceola sandalina*. Toma su nombre de la meseta alemana de Eifel.

EIFFEL, GUSTAVE (1832-1923). Ingeniero francés conocido por la torre parisiense que lleva su nombre. Se interesó también por la aerodinámica.
5:340b; Eiffel, torre 5:341a; *ilustración* 5:340b.

EIFFEL, TORRE. Construcción de hierro, proyectada por el ingeniero Alexandre-Gustave Eiffel, que se levantó en París con motivo de la Exposición Internacional de 1889.
5:341a; Arquitectura 2:113a; Eiffel, Gustave 5:341a; París 11:284a; *ilustración* 5:341b.

EIGEN, MANFRED (n. en 1927). Químico alemán. Trabajó sobre cinética química y desarrolló un método para acelerar los equilibrios químicos. Premio Nobel en 1967.

EIJKMAN, CHRISTIAAN (1858-1930). Médico y fisiólogo neerlandés. Fue alumno de Robert Koch en Berlín. Se especializó en las avitaminosis y realizó diversos estudios experimentales sobre el beriberi. Premio Nobel de medicina, compartido con Frederick Hopkins, en 1929.

EILAT. Ciudad y puerto de Israel, a orillas del golfo de Aqaba, en el mar Rojo. Citada en la *Biblia*. Aeropuerto. Oleoducto. Turismo. 19.500 hab. (1982).

EIMERICH, NICOLÁS (1322-1399). Religioso español. Perteneciente a la orden de los dominicos, fue inquisidor general de la Corona de Aragón en 1356-1360 y 1366-1375. Atacó duramente a los valdenses y a los partidarios de Ramón Llull. Fue desterrado por Juan I de Aragón durante tres años. Autor de obras teológicas y del *Directorio de los inquisidores* (1503).
Inquisición 8:218b.

EINAUDI, LUIGI (1874-1961). Economista, político y periodista italiano. Profesor de economía política en Turín y Milán, fue director de la *Rivista di Storia Economica* (1936-1943) y senador (1919). Opuesto a la campaña de Etiopía y al régimen fascista, tuvo que exiliarse. Ministro de presupuesto en 1947 y presidente de la república italiana entre 1948 y 1955. *Principios de la ciencia de las finanzas* (1948).

EINDHOVEN. Ciudad de los Países Bajos en la prov. de Brabante Septentrional, a orillas del río Dommel. Iglesia gótica. Universidad técnica. Museo. Industria electrónica, vehículos, textiles. 199.877 hab. (1999).

EINEM, GOTTFRIED VON (n. en 1918). Compositor austriaco. Arrestado brevemente por el gobierno nazi, desde 1941 dirigió la Ópera Estatal de Berlín y el festival de Bayreuth. Autor de óperas y música orquestal. Entre aquéllas destaca *El proceso* (1953), basada en la novela de Franz Kafka.

EINSIEDELN. Población del cantón de Schwyz, Suiza. Famosa abadía barroca benedictina de los siglos XVII y XVIII. Deportes de invierno. 9.600 hab. (1987).

EINSTEIN, ALBERT (1879-1955). Físico estadounidense de origen alemán. Inició y desarrolló la teoría de la relatividad, que había de revolucionar las ideas de la física y de la ciencia en general.
5:342a; Astronomía 2:177b; Cosmogonía 4:404b; Cuántica, teoría 5:42b; Energía 5:410b; Fuerza 6:422a; Gravitación 7:200a; Luz 9:254a; Mecánica 10:12b; Mecánica ondulatoria 10:20a; Mercurio (ASTRONOMÍA) 10:72b; Nu-

clear, energía 11:26b; Planck, Max 12:13a; Relatividad, teoría de la 12:316a; Rotblat, Joseph 13:25a; Sol 13:293a; Universo 14:185a; *cuadro* 5:342a; *ilustraciones* 5:342; 12:316.

EINSTENIO. Elemento químico sintético radiactivo de la serie de los actínidos, grupo IIIb de la tabla periódica. Producido originalmente en 1952. Símbolo, Es; número atómico, 99.
Actínidos 1:39.

EINTHOVEN, WILLEM (1860-1927). Médico y fisiólogo neerlandés. Recibió el Premio Nobel en 1924 por su descubrimiento de la electrocardiografía.
Electrocardiografía 5:357a.

EIRE. V. **Irlanda, República de.**

EIS. Siglas de *Executive Information System.* Aplicaciones informáticas, generalmente con restricciones de acceso, que contienen datos clave de una empresa y son utilizadas por los altos ejecutivos de la misma para la toma de decisiones.

EISENACH. Ciudad alemana, en el dist. de Erfurt. Fundada en el siglo XII, conserva importantes monumentos antiguos. Museos de Lutero, Johann Sebastian Bach y Richard Wagner. Industria (piezas de automóvil, colorantes, aparatos electrónicos). 51.000 hab. (1987).

EISENHOWER, DWIGHT D. (1890-1969). Militar y político estadounidense, presidente de 1953 a 1961. Ganó fama como militar en la segunda guerra mundial.
5:343a; Estados Unidos 6:141a; Guerra mundial, segunda 7:276b; Montgomery, Bernard 10:254a; Nixon, Richard 10:423b; *cuadro* 5:343b; *ilustración* 5:343.

EISENMAN, PETER (n. en 1932). Arquitecto y profesor universitario estadounidense. Representó a los Estados Unidos en la Bienal de Venecia de 1991. Autor de viviendas unifamiliares y del Centro Aronoff de Diseño y Arte de Cincinnati (1997).

EISENSTAEDT, ALFRED (1898-1995). Fotógrafo alemán. Influido por Erich Salomon y su «fotografía cándida», en la que captaba poses no estereotipadas de celebridades (fatiga, disgusto, placer, etc.), cubrió fotográficamente la campaña de Benito Mussolini en Abisinia. Emigrado a los Estados Unidos desde 1935, trabajó para *Life.* En 1986, al cumplir cincuenta años en la revista, fue objeto de un homenaje en el Centro de Fotografía Internacional de Nueva York (EUA).

EISENSTEIN, FERDINAND GOTTHOLD (1823-1852). Matemático alemán. Profesor de matemáticas en la Universidad de Berlín, trabajó especialmente sobre el álgebra y las ecuaciones. Fue detenido tras la revolución de 1848 y apoyó el republicanismo.

EISENSTEIN, SERGUÉI (1898-1948). Director cinematográfico ruso. Máxima figura del cine soviético.
5:343b; Actor y actuación 1:42b; Cinematografía 4:193a; Rusia 13:69b; *ilustración* 5:344a.

EISLER, HANS (1898-1962). Músico alemán de origen austriaco. Discípulo de Arnold Schoenberg y Anton von Webern. Autor de música de películas, sinfonías y suites, así como del himno de la Rep. Dem. Alemana (desaparecida en 1991).

EISNER, KURT (1867-1919). Político alemán. Miembro del Partido Socialista, se opuso a la política pangermanista. Formó un gobierno bávaro y propugnó la secesión de Baviera. Escribió diversas obras de historia y de teatro. Murió asesinado.

EIXIMENIS, FRANCESC (h. 1340-h. 1409). Escritor español en lengua catalana. Religioso y teólogo franciscano. En el concilio de 1408, Benedicto XIII lo designó patriarca de Jerusalén y obispo de Elna. Autor de *El cristiano,* del que se conservan cuatro de los trece volúmenes.
Catalana, literatura 4:32a.

EJE (MATEMÁTICAS). Línea recta, real o imaginaria, alrededor de la cual giran o se puede considerar que efectúan un giro las figuras geométricas engendradas por rotación. También se denomina así cada una de las líneas básicas que sirven para determinar las coordenadas de un punto.
Geometría 7:104a.

EJE, POTENCIAS DEL. V. **Eje Berlín-Roma-Tokio.**

EJEA DE LOS CABALLEROS. Población española de la prov. de Zaragoza, comunidad autónoma de Aragón. Su origen se remonta a la antigua Segia de los vascones. Iglesia románica del Salvador. Centro agrícola de la comarca; ganadería; industrias diversas. 15.227 hab. (1996).

EJE BERLÍN-ROMA-TOKIO. Alianza política y militar mantenida por diversos gobiernos de signo totalitario. Iniciada en octubre de 1936 con el acuerdo entre Alemania e Italia, posteriormente fue ampliada con los pactos antikomintern (noviembre de 1936), del acero (mayo de 1939) y tripartito (septiembre de 1940) con otras potencias, entre ellas, la más importante, Japón.

EJECUTIVO, PODER. En la división de poderes del estado, es el que se encarga de gobernar y hacer observar las leyes.
Democracia 5:124b; Ley 9:135a; Poderes, división de 12:42b; Policía 12:53a.

EJE DE LEVAS. Barra de giro de una máquina dotada de proyecciones que convierte un movimiento circular en excéntrico o irregular. Denominado también árbol de levas.

EJE POLAR. Eje imaginario que, perpendicular al ecuador, determina la rotación de la Tierra sobre sí misma. La intersección del eje con la esfera terrestre establece la situación de los polos.

EJERCICIO ECONÓMICO. Período, generalmente un año, que se toma para medir la actividad económica de una empresa. Se computan en él todos los ingresos y pagos devengados, aun cuando algunos de éstos no se hayan hecho efectivos. Los resultados tienen efectos fiscales y sirven de base para el pago de dividendos.

EJERCICIO FÍSICO. Actividad ejercida por el hombre voluntariamente y que realizada de forma controlada facilita el funcionamiento equilibrado del organismo. Se practica tanto por su gran carácter recreativo o lúdico como por el importante papel que desempeña en la salud corporal del individuo.
Gestación y parto 7:118b; Gimnasia 7:128a; Obesidad 11:61a; Parkinson, enfermedad de 11:186b; Salud 13:102b.

EJÉRCITO. Conjunto de soldados y jefes, con sus armamentos y pertrechos, para la defensa de un país.
5:344a; Guerra 7:264b; Infantería 8:191b; *ilustraciones* 5:344b; 5:345b; 5:346a-b.

EJÉRCITO DE SALVACIÓN. Organización protestante fundada por William Booth en los barrios londinenses en 1878. Sus miembros se dedican a propagar el mensaje cristiano entre las clases sociales menos favorecidas, a la regeneración de delincuentes y a la creación de obras de beneficencia. Están extendidos por numerosos países.

EJÉRCITO REPUBLICANO IRLANDÉS. Organización paramilitar clandestina. Fue creada en 1919 por grupos de religión católica que buscaban, por medio de acciones terroristas, expulsar a los británicos de Irlanda del Norte (Ulster), zona de mayoría protestante, y lograr su integración a la república de Irlanda. También conocida como ERI O IRA.
Adams, Gerry 1:56b; Terrorismo 14:39a.

EJÉRCITO ZAPATISTA DE LIBERACIÓN NACIONAL (EZLN). Grupo político mexicano, levantado en armas en el estado de Chiapas desde el 1 de enero de 1994. Formado fundamentalmente por indígenas mayas, pedía un reparto igualitario de la tierra y la celebración de elecciones. En febrero de 1998 los zapatistas y el gobierno mexicano firmaron un acuerdo de paz tras varios años de negociaciones.

EJE VOLCÁNICO. V. **Neovolcánica, cordillera.**

EJE VOLCÁNICO GUATEMALTECO-SALVADOREÑO. Línea de volcanes que se extiende a lo largo de la costa del Pacífico, entre Guatemala y Nicaragua, y cuyas máximas alturas son el Tajumulco (4.220 m), el Tacaná (4.092 m) y el Acatenango (3.976 m).

EJIDO, EL. Población española de la prov. de Almería, comunidad autónoma de Andalucía. Importante centro agrícola de cultivos en invernaderos. 47.610 hab. (1996).

EK CHUAH. En la mitología maya, divinidad de carácter ambivalente; benefactor de los mercaderes y del cultivo del cacao, y también dios de la guerra y la destrucción.

EKELÖF, GUNNAR (1907-1968). Poeta y ensayista sueco. Influyó poderosamente sobre sus contemporáneos con su estilo radicalmente moderno. Integrado en el movimiento surrealista. *Llegada tardía a la vida* (1932), *La elegía de Mölna* (1960), *La saga de Fatumeh* (1966).

EKMAN, VAGN WALFRID (1874-1954). Oceanógrafo sueco. Destacó en el estudio de la dinámica de las corrientes marinas. Participó en diversas operaciones oceanográficas, entre ellas una a las islas Canarias (1925), y fue profesor en la universidad sueca de Lund (1909-1939).

EKOI. Pueblo africano de raza negra que habita en el sudeste de Nigeria y Camerún. Forma parte del grupo étnico guineano, y pertenece lingüísticamente al subgrupo bantú. Los ekoi se rigen por consejos de ancianos y practican la agricultura y la caza.

EL. En las lenguas semíticas, término usado para designar al señor del cielo, la divinidad benefactora de la humanidad y de la tierra. Se le representaba como un anciano con barba blanca y, a menudo, dos alas. Fue adorado por los árabes preislámicos con el nombre de Alá. El término El es utilizado en el Génesis de la *Biblia,* además de los de Elohim y Yahvé, para nombrar al dios de los hebreos.
Baal 2:293a; Siria y Palestina, religiones de 13:264a.

EL AAIÚN. V. **Aaiún, El.**

ELAGÁBAL. V. **Heliogábalo.**

ELAM. Antiguo reino situado en el sudoeste del posterior Irán. La ciudad de Susa era su capital.
5:347a; Babilonia 2:295b; Irán 8:262b; *ilustración* 5:347b.

ELAND. Mamífero artiodáctilo rumiante de la familia de los bóvidos. Es el antílope de mayor tamaño, con cerca de 1,90 m de alzada. Pertenece al género *Taurotragus* y también se conoce como alce africano o alce de El Cabo.
Antílope 1:393a.

ELASMOBRANQUIOS. V. **Condrictios.**

ELASTICIDAD. Propiedad de los cuerpos que experimentan una deformación por la acción de una fuerza y que recuperan su forma primitiva cuando cesa ésta.
5:347b; Construcción 4:350b; *cuadro* 4:347b; *ilustración* 5:348a.

ELASTICIDAD, CONSTANTE DE. Recíproco del módulo de elasticidad o de Young. Factor de proporcionalidad entre la tensión ejercida sobre un cuerpo y la deformación producida. Es una característica de cada material y sus dimensiones son las de una superficie dividida por la fuerza.

ELASTINA. Tipo de proteína estructural presente en las fibras elásticas del tejido conjuntivo.

ELASTÓMEROS. Sustancias naturales o sintéticas que se caracterizan por su gran elasticidad y ductilidad. Están compuestas por altos polímeros formados en cadena lineal, los cuales presentan una flexibilidad intrínseca muy eleva-

da y la inexistencia de grandes fuerzas intercelulares.
Caucho 4:51b.

ELA-STV. Eusko Langileen Alkartasuna (Solidaridad de Trabajadores Vascos), organización sindical de la comunidad autónoma española del País Vasco. Alineada con las posiciones nacionalistas de signo radical. Fue fundada en 1911 y hasta la década de 1970 estuvo vinculada al PNV (Partido Nacionalista Vasco).

ELÁTER. Órgano, generalmente filamentoso, de numerosas plantas pteridofitas y briofitas, destinado a conferir movimientos de proyección a las esporas y favorecer su expulsión desde las cavidades en que se encuentran confinadas. Normalmente los eláteres se distribuyen en forma espiral en torno a las esporas.

ELATÉRIDOS. Familia de insectos coleópteros. Cuerpo alargado, cabeza completamente oculta bajo el pronoto, antenas largas aserradas y fuertes y pequeñas patas. Tamaño y coloración variables. Frecuentes órganos luminiscentes en el tórax. Tanto en estado larvario como adulto pueden ser nocivos para la agricultura. Viven en zonas templadas y tropicales.

ELAYOTECNIA. Conjunto de técnicas aplicadas a la obtención, conservación y análisis de aceites. Comprende formas arcaicas, como la molienda y el prensado de la aceituna, que incluyen centrifugación para obtención de aceite virgen, y métodos químicos destinados a liberar el aceite de la pasta.

ELBA. Isla de Italia en el mar Tirreno. Vides, pesca, turismo, minas de hierro. En ella pasó su primer exilio Napoleón. Cap. Portoferraio. 223,5 km^2. 28.000 hab. (1987).
Tirreno, mar 14:66a.

ELBA, RÍO. Curso fluvial de Europa. Nace en la cordillera de los Sudetes y desemboca en el mar del Norte tras recorrer 1.165 km.
5:348b; Alemania 1:185a.

ELBERT, MONTE. Montaña de los Estados Unidos (Colorado), en los montes Sawatch. Es el punto más alto de las montañas Rocallosas (o Rocosas), 4.398 m.

ELBRÚS, MONTE. Montaña de Rusia, al sur del país, en la frontera con Georgia, la más alta de la cadena del Cáucaso. Es un volcán extinguido con conos gemelos de 5.642 m y 5.591 m. Nieves perpetuas.

ELBURZ, MONTES. Principal cadena montañosa del norte de Irán. Se extiende a lo largo de 900 km desde la frontera con Azerbaiján hasta la prov. de Jurasán. Su punto más alto se encuentra en el aislado cono del volcán extinto Damavand (5.604 m).

EL CAIRO. V. **Cairo, El.**

EL CALLAO. V. **Callao, El.**

ELCANO, JUAN SEBASTIÁN (h. 1476-1526). Navegante español. Realizó la primera vuelta al mundo (1519-1522) de la historia.
5:349a; Magallanes, Fernando de 9:282a; *cuadro* 5:349b; *ilustración* 5:349.

ELCHE. Ciudad de España en la prov. de Alicante, Comunidad Valenciana. La Ilici romana. Arqueología ibera (la «Dama de Elche») y romana. Famoso *Misterio* medieval. Palmeral, huerta mediterránea. Industrias alimentarias, calzados, textiles. 191.913 hab. (1998).

ELCHE, DAMA DE. V. **Dama de Elche.**

ELDA. Ciudad de España en la prov. de Alicante, Comunidad Valenciana. La Idella ibera. Centro agrícola, calzado, papel. 52.571 hab. (1996).

ELDORADO. V. **Dorado, El.**

ELDRIDGE, ROY (1911-1989). Trompetista, cantante y director de banda de *jazz* estadounidense. Actuó en diversas orquestas y conjuntos (Fletcher Henderson, Gene Krupa, Artie Shaw) y fue director de su propio grupo. Su estilo enlazó el clasicismo de Louis Armstrong con la fuerza y agresividad de Dizzy Gillespie. Se le conoció a menudo como Little Jazz.

ELDUAYEN, JOSÉ DE (1823-1898). Ingeniero y político español. Dirigió la construcción del ferrocarril de Langreo. Amigo y colaborador de Antonio Cánovas del Castillo, se mostró decidido partidario de la restauración de la monarquía española tras la primera república. Ocupó diversos cargos ministeriales incluso en gobiernos de coalición, dentro siempre de la fidelidad a la línea política de Cánovas.

ELEA. Antigua ciudad de la Magna Grecia, en la costa italiana del mar Tirreno. Fue fundada en el siglo VI a.C. por los griegos focenses. En ella floreció la escuela eleática, una de las bases de la filosofía clásica griega. Los latinos la denominaron Velia o Helia.

ELEATISMO. Escuela filosófica de la Grecia clásica surgida en la ciudad de Elea. Corresponde al período presocrático y sostuvo la indivisible unidad del ser. Sus principales representantes fueron Parménides y Zenón.
Parménides 11:186b.

ELEAZAR BEN YUDÁ (h. 1160-1238). Rabino y erudito judeoalemán. A pesar de sus amargas experiencias (su mujer e hijas fueron asesinadas por los cruzados ante sus ojos) se preocupó por mejorar las relaciones con los cristianos. Autor de sabios comentarios sobre los libros canónicos judíos. *Rokeah*, *El comerciante de especias.*

ELÉBORO. Planta perteneciente al grupo de las angiospermas, género *Helleborus*, familia de las ranunculáceas. Se distinguen el eléboro blanco (*Helleborus foetidus*), el eléboro negro (*Helleborus niger*) y el eléboro verde (*Helleborus viridis*). Con hojas coriáceas es utilizado por sus efectos medicinales.

ELECCIONES. Procedimiento para seleccionar, por medio del voto popular, a quienes ocuparán cargos ejecutivos o de representación legislativa en una comunidad.
Democracia 5:123a; Electorales, sistemas 5:349b.

ELECTOR (HISTORIA). Título de los príncipes y obispos que tenían el derecho de elegir al emperador del Sacro Imperio Romano germánico. Se estableció en 1273, y en 1356 la Bula de Oro promulgada por Carlos IV determinó que los electores serían los arzobispos de Tréveris, Maguncia y Colonia, el duque de Sajonia, el conde palatino del Rin, el margrave de Brandeburgo y el rey de Bohemia. Napoleón Bonaparte canceló el sacro imperio en 1806, con lo que perdió sentido el título de elector.

ELECTORALES, SISTEMAS. Diversos modos o sistemas para realizar las elecciones democráticas.
5:349b; Democracia 5:122b; Política 12:61a; *ilustraciones* 5:350a; 5:351a.

ELECTRA. Personaje de la mitología griega. Hija de Agamenón y Clitemnestra, vengó, con su hermano Orestes, la muerte de su padre a manos de Clitemnestra y su amante.
5:351b; *ilustración* 5:351b.

ELECTRA, COMPLEJO DE. En la teoría psicoanalítica, atracción erótica de las hijas hacia sus padres, paralelo al complejo de Edipo o atracción que sienten los hijos hacia las madres. Fue definido por Carl Gustav Jung.

ELECTRICIDAD. Conjunto de fenómenos derivados de la existencia de cargas eléctricas en la materia.
5:352a; Aislante 1:132b; Átomo 2:206b; Automóvil 2:242b; Campos, teoría de los 3:312a; Coulomb, Charles de 4:417b; Electrodomésticos, aparatos 5:357b; Electromagnetismo 5:361b; Electrónica 5:365a; Electroscopia 5:370a; Electrotecnia 5:371a; Energía 5:412b; Ferrocarril 6:274b; Física 6:315a; Galvani, Luigi 7:28b; Iluminación y alumbrado 8:126a; Industria 8:185a; Máquina 9:343b; Motor 10:282a; Pila y acumulador 11:405b; Polarización 12:51a; Rayo 12:268b; Rayos catódicos 12:269b; Superconductividad 13:363b; Transformador 14:112b; *cuadros* 5:355b; *ilustraciones* 5:352a; 5:353a-b; 5:354a-b; 5:355b.

ELECTRO. Aleación de oro y plata, de color ámbar, en una proporción relativa de cuatro a uno.

ELECTROACUPUNTURA. Método terapéutico que implica la aplicación de corriente eléctrica en puntos específicos del cuerpo con técnicas de acupuntura.
Acupuntura 1:52b.

ELECTROACÚSTICA. Disciplina técnica cuyo objeto de estudio es la producción, transmisión, grabación y reproducción de los fenómenos acústicos por medios eléctricos y electrónicos. Se aplica al diseño y construcción de micrófonos, altavoces y elementos similares, así como al análisis de métodos sistemáticos de integración de estos dispositivos en el ambiente.

ELECTROBIOGÉNESIS. Producción de electricidad en el cuerpo de un organismo vivo, especialmente un animal.

ELECTROCARDIOGRAFÍA. Registro gráfico de las corrientes eléctricas generadas del corazón como consecuencia de su actividad. Se lleva a cabo mediante electrodos situados en puntos determinados del cuerpo.
5:356b; *ilustraciones* 5:356b; 5:357b.

ELECTROCARDIOGRAMA. Trazado gráfico obtenido por registro de la actividad eléctrica del corazón mediante electrodos situados en puntos determinados del cuerpo.
Cardiología 3:381b; Electrocardiografía 5:356b.

ELECTROCHAPEADO. V. **Electrodeposición.**

ELECTROCHOQUES. Aplicación de descargas eléctricas a la masa encefálica de pacientes psiquiátricos. Introducida como técnica terapéutica en 1938 por los italianos U. Cerletti y L. Bini, su empleo tendió a limitarse más tarde a ciertos casos de psicosis muy graves.

ELECTROCORTICOGRAFÍA. Modalidad electroencefalográfica en la que los electrodos se insertan directamente en la corteza del encéfalo.

ELECTROCUCIÓN. Muerte real o aparente producida por una descarga eléctrica. La corriente eléctrica causante del fenómeno ha de cumplir requisitos mínimos de intensidad, tensión y frecuencia. Intervienen como factores de modificación el estado del organismo, las condiciones psíquicas del sujeto, etc.
Accidentes 1:26b.

ELECTRODEPOSICIÓN. Revestimiento por el que se deposita una capa fina de metal sobre otra mediante un proceso de electrólisis o activación de reacciones químicas por la acción de corrientes eléctricas. También llamado electrochapeado o electroplastia.

ELECTRODIAGNÓSTICO. Determinación de un diagnóstico clínico por mediación de dispositivos eléctricos. Engloba técnicas como la electrocardiografía, para diagnóstico cardiológico; la electrocirtografía, para exploraciones de la vejiga urinaria; la electroencefalografía, para evaluación de las funciones cerebrales, o la electroforesis, para realización de análisis químicos de diversa índole.

ELECTRODINÁMICA CUÁNTICA. Disciplina de la física atómica y nuclear que se ocupa de las interacciones existentes entre partículas cargadas y campos electromagnéticos, así como de las existentes entre los corpúsculos cargados entre sí. Fue definida en 1931 por el físico británico Paul Adrien Dirac.
Cuántica, teoría 5:43b.

ELECTRODISOLUCIÓN. Procedimiento para disolver mediante electrólisis, disociación química de una sustancia inducida por una corriente eléctrica.

ELECTRODO. Cuerpo conductor cuando es conectado a una fuente de potencial eléctrico.

ELECTRODOMÉSTICOS, APARATOS. Máquinas alimentadas por energía eléctrica que cumplen diversos servicios en el hogar.
5:357b; *ilustraciones* 5:357b; 5:358a.

ELECTROENCEFALOGRAFÍA. Técnica de diagnóstico médico que se basa en el registro y la interpretación de la actividad eléctrica cerebral medida con un aparato especial llamado electroencefalógrafo.
5:358a; Epilepsia 6:13a; *ilustraciones* 5:359a-b.

ELECTROFISIOLOGÍA. Disciplina de la medicina terapéutica que analiza las reacciones del cuerpo sano ante estímulos eléctricos. Utilizada en el estudio de diversas funciones orgánicas, como la cardiaca, la cerebral, la muscular, etc.

ELECTROFORESIS. Fenómeno por el cual las partículas cargadas eléctricamente experimentan un movimiento al sumergirse en el dominio de influencia de un campo eléctrico externo. Se usa en bioquímica para separación de especies químicas complejas.
5:359b; Aminoácido 1:306a; Bioquímica 3:47b; Huella génica 8:83a.

ELECTROFORMACIÓN. Procedimiento para obtener piezas por vía electrolítica a partir de un modelo.

ELECTROFUSIÓN. Procedimiento metalúrgico consistente en la obtención del estado fundido del metal o aleación por efectos de la acción de una corriente eléctrica de intensidad adecuada. Constituye una fase intermedia en el proceso de tratamiento del metal.
Metalurgia 10:99a.

ELECTROGÉNESIS. V. **Electrobiogénesis.**

ELECTROGRAFÍA. Sistema de obtención de una imagen electrostática sobre un medio aislante por procedimientos no fotográficos, sino eléctricos.

ELECTROIMÁN. Cuerpo ferromagnético rodeado por un carrete de hilo conductor por el que pasa una corriente eléctrica. Es un imán transitorio: actúa como tal sólo mientras pasa corriente eléctrica por el hilo.
Electromagnetismo 5:364a.

ELECTRÓLISIS. Reacción química producida por medio de la corriente eléctrica que proviene de dos electrodos. Descompone los compuestos químicos disociándolos en iones.
Electricidad 5:353a; Electroquímica 5:369a; Faraday, Michael 6:230b; Hidrógeno 7:397b; Ion 8:256a; Oxígeno 11:191a; Pila y acumulador 11:405b.

ELECTRÓLITO. Sustancia cuyas moléculas se disocian en iones cuando se encuentra en solución.
Pila y acumulador 11:106a.

ELECTROLUMINISCENCIA. Propiedad de ciertos cuerpos de convertirse en luminiscentes bajo los efectos de un campo o una corriente eléctrica. Utilizado en diversas técnicas de iluminación basadas en tubos contenedores de gases enrarecidos que se someten a una tensión eléctrica.

ELECTROMAGNÉTICA, RADIACIÓN. Emisión y propagación de energía en forma de ondas electromagnéticas derivada de la interacción de un campo eléctrico y otro magnético.

ELECTROMAGNÉTICO, ESPECTRO. Conjunto de radiaciones de naturaleza eléctrica y magnética que se sitúan a ambos lados del espectro de la luz visible.
5:360b; Espectroscopia 6:105a; Frecuencia 6:406b; Luz 9:255b; Radiación 12:243a; Radiocomunicación 12:248a; Rayos X 12:271a; *ilustración* 5:360b.

ELECTROMAGNETISMO. Conjunto de fenómenos en los que se hallan interrelacionados la electricidad y el magnetismo.
5:361a; Ampère, André-Marie 1:309b; Cuántica, teoría 5:42b; Electromagnético, espectro 5:360b; Electroscopia 5:370b; Electrotecnia 5:372b; Fuerza 6:423b; Hierro y acero 7:405a; Luz 9:255b; Magnetismo 9:288a; Materia y antimateria 9:412b; Óptica 11:121b; Osciloscopio 11:168b; Polarización 12:51a; Relatividad, teoría de la 12:316b; Transformador 14:112b; *cuadro* 5:363; *ilustraciones* 5:361b; 5:362a; 5:363b; 5:364a.

ELECTROMETALURGIA. Procedimiento de elaboración y afinación de metales por medio de la electricidad. Existen tres sistemas: electrotérmico, electrolítico por vía ígnea y electrolítico por vía húmeda.

ELECTROMIOGRAFÍA. Técnica utilizada para registrar la actividad eléctrica del músculo esquelético mediante la aplicación de electrodos que la detectan y la envían a un osciloscopio provisto de un amplificador. Se emplea para diagnosticar diversas alteraciones neuromusculares.

ELECTRÓN. Partícula con carga negativa que describe una órbita en torno al núcleo del átomo. Responsable de las propiedades químicas y valencia de los elementos.
Átomo 2:206a; Cuántica, teoría 5:42a; Electricidad 5:352b; Electromagnetismo 5:361b; Electrónica 5:364b; Elemento 5:376b; Enlace 5:418b; Espectroscopia 6:104a; Ion 8:255b; Luz 9:254b; Materia y antimateria 9:412b; Nuclear, energía 11:27a; Orbitales moleculares 11:128b; Oxidación y reducción 11:188b; Partículas subatómicas 11:288b; Thomson, Joseph John 14:46b; Universo 14:187a.

ELECTRÓNICA. Parte de la física, disciplina científica y técnica que estudia el comportamiento de la conducción atómica, verificada por los electrones o partículas elementales de carga eléctrica negativa. El término se emplea comúnmente para designar a la industria que fabrica dispositivos que aprovechan tales propiedades.
5:364b; Circuitos eléctricos y electrónicos 4:206b; Correo electrónico 4:397a; Electroforesis 5:359b; Electrónica, música 5:368a; Electrotecnia 5:372b; Física 6:315a; Ingeniería 8:208a; Invento 8:246b; Radar 12:240b; Retroalimentación 12:354a; Robot 12:395b; *ilustraciones* 5:364b; 5:365; 5:366b; 5:367b.

ELECTRÓNICA, MÚSICA. Conjunto de obras musicales que se interpretan con aparatos electrónicos, como sintetizadores.
5:368a; Berio, Luciano 2:418b; Fractales 6:367a; Instrumentación y orquestación 8:227a; Instrumentos musicales 8:228b; Kagel, Mauricio 8:243a; Música 10:315a; Sintetizador 13:257a; Stockhause, Karlheinz 13:322a; *ilustración* 5:368a.

ELECTRÓNICOS, COMPONENTES. Elementos que intervienen en la composición de numerosos instrumentos y aparatos de la electrónica.
Efecto 2000 5:320b.

ELECTRÓN VOLTIO. Unidad energética producida por un acelerador de partículas y equivalente a la cantidad de energía que adquiere una partícula con carga eléctrica al ser sometida a una diferencia de potencia de un voltio. Símbolo, eV. También escrita electrónvoltio y electronvoltio. Los múltiplos de esta unidad son el kiloelectrón voltio (keV), el megaelectrón voltio (MeV) y el gigaelectrón voltio (GeV).
Acelerador de partículas 1:29a.

ELECTROPLASTIA. V. **Electrodeposición.**

ELECTROPORACIÓN. Técnica usada para la creación en la membrana celular, por la acción de un campo eléctrico, de unas porosidades que permitan la introducción de ácidos nucleicos.

ELECTROQUÍMICA. Ciencia que estudia las interconversiones entre la energía eléctrica y la química.
5:368b; *ilustración* 5:369a.

ELECTROSCOPIA. Ciencia que estudia los fenómenos electrostáticos, es decir, los producidos por cargas eléctricas en reposo.
5:370a; *ilustraciones* 5:370a; 5:371a.

ELECTROSCOPIO. Aparato utilizado para detectar la presencia de electricidad. Consiste esencialmente en un par de láminas que se separan en presencia de un cuerpo electrizado.
Electroscopia 5:370a.

ELECTROSHOCK. V. **Electrochoques.**

ELECTROSTÁTICA. Rama de los estudios sobre electricidad que se dedica a las investigaciones del comportamiento de las cargas eléctricas en reposo, los campos eléctricos que éstas generan y la potencia que las mismas abarcan. Desarrollada a fines del siglo XVIII.
Electricidad 5:353a; Polarización 12:51a.

ELECTROSTÁTICA, ATRACCIÓN. V. **Atracción electrostática.**

ELECTROSTÁTICA, CAPACIDAD. V. **Capacidad electrostática.**

ELECTROTECNIA. Disciplina que estudia las aplicaciones técnicas de la energía eléctrica.
5:371a; Circuitos eléctricos y electrónicos 4:207b; Electrónica 5:367a; *ilustraciones* 5:371b; 5:372a.

ELECTROTERAPIA. Tratamiento de diversas enfermedades mediante la aplicación de corrientes eléctricas, que determinan efectos excitomotores, sedantes, térmicos, destructivos, etc.

ELECTROTIPIA. Método de reproducción, mediante galvanoplastia o técnica electroquímica aplicada a un molde hueco, de grabados y trabajos de tipografía.

ELECTROTRÉN. Tren autopropulsado por energía eléctrica.

ELEFANTE. Mamífero ungulado proboscídeo, de la familia de los elefántidos. Existen dos especies: el elefante asiático (*Elephas maximus*) y el africano (*Loxodonta africana*).
5:372b; Mamíferos 9:315b; *ilustraciones* 5:373b; 9:315b.

ELEFANTE MARINO. Carnívoro pinnípedo de la familia de los fócidos (*Mirounga leonina*). Los machos pueden alcanzar hasta 7 m de longitud y presentan un saco supranasal o corta probóscide, que pueden inflar. Las hembras son menores. Viven en los mares australes.

ELEFANTIASIS. Estado patológico de carácter crónico originado por la filaria *Wuchereria brancrofti*. Se caracteriza por la inflamación y obstrucción de los vasos linfáticos y un espesor desproporcionado del tejido subcutáneo, que afecta principalmente a las extremidades inferiores. Más frecuente en las regiones tropicales costeras. También denominado elefantía.
Parasitología 11:280a.

ELEFANTINA. Isla del Nilo situada frente a Asuán. En ella se encontraba la ciudad de Abú, que en el Egipto faraónico constituyó un importante centro para el comercio y administración de Nubia. Inició su decadencia en la época tolemaica.
Nilo, río 10:417b.

ELEGÍA. Composición poética, por lo general de carácter intimista y personal, en la que el autor se lamenta de algún acontecimiento doloroso, como la pérdida de un ser querido, un desengaño amoroso, un desastre nacional, etc. Tiene su origen en la lírica griega y ha sido cultivada por poetas de todos los tiempos.
Propercio 12:163a.

ELEGÍAS DE DUINO. Obra cumbre del poeta austriaco Rainer Maria Rilke (1875-1926). Iniciada en 1912 en Duino (Italia), la prosiguió en España y Francia, finalizándola en 1923. Representa la vida y la muerte como momentos del eterno proceso vital.

ELEMENTO (MATEMÁTICAS). En la teoría de conjuntos, objeto o ente del cual se puede afirmar si pertenece o no a un conjunto dado.

ELEMENTO (QUÍMICA). Sustancia que no puede descomponerse más por análisis químico. Sus átomos tienen el mismo número atómico, pero no necesariamente el mismo peso atómico, ya que algunos elementos manifiestan diversos isótopos.
5:373b; Átomo 2:204b; Nomenclatura química 11:6b; Mendeléiev, Dmitri Ivánovich 10:54b; *cuadros* 5:374; 5:375; 5:377.

ELEMENTOS NATIVOS. Sustancias minerales constituidas por elementos químicos simples.

Término habitualmente aplicado a las menas metálicas simples. En particular, oro, plata y platino.
Mineral y mineralogía 1ºO:176a.

ELEMÍ. Sustancia resinosa sólida de origen vegetal vario, principalmente extraída del árbol de las Filipinas *Canarium commune* y del terebinto brasileño *Icica icicariba.* Presenta un color amarillento semitransparente y es amorfa, blanda o seca. Soluble en alcohol. Se emplea en la composición de diversos bálsamos, ungüentos y barnices, y de ella se obtiene una esencia.

ELENA, SANTA (h. el 248-h. el 328). Madre del emperador romano Constantino el Grande. Esposa de Constancio Cloro, fue repudiada por éste para poder contraer matrimonio con Teodora. Constantino, al ser proclamado emperador, llamó a su madre a la corte y le dio el título de Augusta. Convertida al cristianismo, fundó iglesias en oriente, y se le atribuye el hallazgo de la santa cruz de Cristo.

ELENA DE TROYA. V. **Helena de Troya.**

ELEN-PATA. Cultura precolombina del Ecuador, en las prov. de Chimborazo y Tungurahua. Caracterizada por la cerámica con formas humanas y dibujos geométricos y por los objetos de uso doméstico.

ELEPHANTA. Pequeña isla situada en el golfo de Bombay, cerca de la ciudad homónima, en el centro-oeste de la India. Destaca por sus importantes templos hindúes situados en el interior de grutas; los principales datan de principios del siglo VIII, pertenecen al arte posgupta y presentan una gran cantidad de figuras escultóricas en diferentes tamaños.
Indio, arte 8:170b.

ELETA, JOAQUÍN DE (1707-1788). Franciscano español. Confesor de Carlos III, fue obispo de Osma (1786) y miembro de la Inquisición. Contribuyó a la expulsión de los jesuitas de los territorios de la corona.

ELEUSIS. Antigua ciudad griega anexionada por Atenas. En ella se celebraban todos los años festivales religiosos en honor de la diosa Deméter, conocidos como misterios de Eleusis.
Griega, religión 7:225a.

ELEUTERIAS. Fiestas que se celebraban en la antigua Grecia en conmemoración de la libertad (*eleutheria* significa «libertad») obtenida por alguna victoria u otro acontecimiento. Eran famosas las fiestas celebradas en Platea en conmemoración de la victoria sobre los persas. También los esclavos celebraban su fiesta al recibir la libertad.

ELEUTERIO, SAN (m. en el 189). Papa desde el 175, aproximadamente, hasta su muerte, en el 189. Durante su pontificado hubo de enfrentarse al auge del montanismo, movimiento herético cristiano surgido en Asia menor, donde se creía que nuevas revelaciones espirituales podían ser obtenidas a través de los trances extáticos de sus profetas.

ELEVADOR. V. **Ascensor.**

ELFO. Geniecillo de la mitología del norte de Europa, generalmente relacionado con los fenómenos atmosféricos, que vivía en los bosques, manantiales u otros lugares de la naturaleza. De carácter benévolo, poseía poderes mágicos y destacaba como orfebre y herrero.
Duende 5:250a.

ELGAR, EDWARD (1857-1934). Compositor británico, cuyas obras estimularon un renacimiento de la música inglesa. Empleaba la técnica musical del romanticismo de finales del siglo XIX. Su obra más popular fue *Pompa y circunstancia número 1.*

ELGÓIBAR. Población española de la prov. de Guipúzcoa, comunidad autónoma del País Vasco. Situada a orillas del río Deva. Desde el siglo XVI inició la fabricación de armas. En el siglo XIX la instalación de los altos hornos impulsó su industrialización. 10.989 hab. (1996).

ELGON, MONTE. Volcán extinguido en la frontera de Kenia y Uganda. Cráter de 8 km de diámetro. Su cresta más alta es Wagagai (4.321 m). Ríos Suam y Turkwell, entre otros menores. Al sudeste forma la meseta de Gisu.

EL GUERROUJ, HICHAM (n. en 1974). Atleta marroquí. Récord mundial en 1998 en la prueba de los 1.500 m. Campeón del mundo en Barcelona (1995), Atenas (1997) y Sevilla (1999).

ELHUYAR, FAUSTO (1755-1833). Mineralogista español. Fue nombrado en 1788 director general de minas del Virreinato de la Nueva España. Fundó la Escuela de Minería de México y regresó a España en 1821. Junto con su hermano Juan José logró aislar el tungsteno (wolframio o volframio). *Memoria sobre la formación de una ley para la minería, Explotación de minas en España.*
Tungsteno 14:152a.

ELHUYAR, JUAN JOSÉ (1754-1804). Mineralogista español. Fue discípulo de Karl Wilhelm Scheele y de Tobern Olof Bergman, quienes habían descubierto el tungsteno (wolframio o volframio). A su vuelta a España, con ayuda de su hermano Fausto, logró aislar este nuevo elemento. *Análisis químico del volframio y examen de un nuevo metal que entra en su composición* (1783).
Tungsteno 14:152a.

ELIADE, MIRCEA (1907-1986). Escritor estadounidense de origen rumano. Destacado estudioso de la mitología oriental y de la historia de las religiones, fue profesor en Bucarest, París y Chicago. *Tratado de historia de las religiones* (1949), *Lo sagrado y lo profano* (1957), *Historia de las creencias y las ideas religiosas* (1978-1985).
Mito y mitología 10:194b.

ELÍAS (siglo IX a.C.). Profeta judío. Fue uno de los principales detractores del culto al dios Baal.
5:378a; *ilustración* 5:378a.

ELÍAS, DOMINGO (1805-1867). Político peruano. Fue el primer presidente civil de su país (1844-1851).

ELÍAS, FELIU (1878-1948). Pintor y caricaturista español. Pintó naturalezas muertas y retratos. Publicó sus caricaturas con el seudónimo de Apa. En el libro *Kameraden* reunió sus caricaturas sobre la primera guerra mundial. Sus críticas de arte aparecieron bajo el seudónimo de Joan Sacs. *La escultura catalana moderna* (1926-1928). «Bodegón de antaño» (1936).

ELÍAS, HERMANO. V. **Elías de Cortona.**

ELÍAS BEN SALOMÓN (1720-1797). Rabino, gramático, filósofo y médico lituano, de religión judía. Opuesto a los *hasidim* (místicos pietistas), abogó por una dedicación razonada al conocimiento religioso del *Talmud.*

ELÍAS CALLES, PLUTARCO. V. **Calles, Plutarco Elías.**

ELÍAS DE CORTONA, FRAY (h. 1180-1253). Sucesor de san Francisco de Asís en la orden franciscana. General de la misma en 1232, fue destituido del cargo en 1239. Pasó al bando del excomulgado emperador Federico II, siéndolo él también en 1240 y 1244, pero murió reconciliado con la iglesia.

ELÍAS DE MOLINS, ANTONIO (1850-1909). Escritor y arqueólogo español. Fue director del Museo Arqueológico de Barcelona. *Diccionario biográfico y bibliográfico de escritores y artistas catalanes del siglo XIX* (1889-1895).

ELÍAS DE MOLINS, JOSÉ (1848-1928). Economista, periodista y político español. Integrante del Partido Conservador, se interesó especialmente por los temas económicos y agrícolas. Fundó el diario *La Producción Nacional. La crisis en España y sus remedios* (1904), *La asociación y cooperación agrícolas* (1912).

ELÍAS PIÑA (CIUDAD). V. **Comendador.**

ELÍAS PIÑA (PROVINCIA). División administrativa de la República Dominicana, antigua La Estrelleta, limitada al oeste por Haití. Territorio mesetario entre la cordillera Central y la sierra de Neiba. Agricultura, explotación forestal, ganadería. Cap. Comendador. 1.424 km². 59.321 hab. (1993).

ÉLIDE. Antigua región de Grecia donde se celebraban los juegos panhelénicos en honor de Zeus, a quien estaba consagrado el santuario de Olimpia.

ELIMINACIÓN. Mecanismo fisiológico que conduce a la expulsión por el organismo de aquellas sustancias que son inútiles o tóxicas. La eliminación se produce por vía cutánea, pulmonar, renal y digestiva.

ELINVAR. Aleación de hierro, níquel y cromo con una ligera adición de tungsteno. Se emplea para la fabricación de resortes de relojería.

ELÍO, FRANCISCO JAVIER (1767-1822). Militar español. Antiliberal convencido, fue uno de los pilares del absolutismo de Fernando VII.
5:378b; Uruguay 14:206a.

ELIOT, GEORGE (1819-1880). Seudónimo de la novelista británica Mary Ann Evans. Desarrolló el método de análisis psicológico para la realización de sus novelas.
5:378b; *ilustración* 5:379a.

ELIOT, JOHN (1604-1690). Misionero puritano inglés cuya traducción de la *Biblia* al algonquino fue la primera impresa en América del norte. Llevó a cabo una intensa labor evangelizadora entre los indios de la colonia de la bahía de Massachusetts.

ELIOT, JOHN (1592-1632). Puritano y parlamentario inglés. Brillante orador, desempeñó un importante papel en los conflictos iniciales entre el rey Carlos I y el Parlamento. Encarcelado por su oposición al monarca, murió en prisión, lo que lo convirtió en mártir de la causa parlamentaria.

ELIOT, T. S. (1888-1965). Poeta, dramaturgo y crítico literario británico de origen estadounidense. Figura capital en el desarrollo de la moderna literatura en lengua inglesa.
5:379a; Británica, literatura 3:183b; Estadounidense, literatura 6:150b; Woolf, Virginia 14:371b; *cuadro* 5:379b; *ilustración* 5:379b.

ELÍO Y EZPELETA, JOAQUÍN (1805-1876). Militar español. Defensor del carlismo, no aceptó el convenio de Vergara (1839) y acompañó a don Carlos en el exilio. Participó en la conspiración de 1857 y fue condenado a muerte. Indultado por la reina Isabel, prometió no luchar contra ella. En 1873 asumió la jefatura del ejército carlista.

ELIPANDO (h. el 717-h. el 808). Arzobispo de Toledo. Defendió el adopcionismo, doctrina que consideraba a Cristo como mero hombre adoptado como hijo por Dios. La herejía fue condenada en los concilios de Ratisbona (792), Francfort (794), Roma (798) y Aquisgrán (800).

ELIPSE. Curva cónica definida como el lugar geométrico de los puntos cuya suma de distancias a dos puntos fijos interiores, denominados focos, es constante.

ELIPSE DE NUTACIÓN. Elipse descrita por el punto Aries alrededor de su posición media, en un período aproximado de 18,6 años, que coincide con el período de rotación de los nodos de la Luna. Los ejes de esta elipse subtienden arcos de 18″ y 14″, respectivamente.

ELIPSIS. Figura de construcción lingüística que consiste en omitir una o más palabras, necesarias para la recta construcción gramatical pero no para que resulte claro el sentido. Por ejemplo: *¿Qué tal?* por *¿Qué tal te parece?*

ELIPSOIDE INTERNACIONAL DE REFERENCIA. Medida geodésica que mantiene valores de la Tierra de 6.356.912 m de semieje polar, 6.378.388 m de semieje ecuatorial y 1/297 de achatamiento. Fue adoptada en 1909. Se conoce también como elipsoide de Hayford.
Geodesia 7:84b.

ELISA. V. **Dido.**

ELISABETHVILLE. V. **Lubumbashi.**

ELISEO (siglo IX a.C.). Profeta judío, discípulo de Elías y sucesor suyo en la corte de Ajab. Según la tradición, presenció cómo su maestro era arrebatado por un carro de fuego y ascendido al cielo.

ELÍSEO, PALACIO DEL. Edificio de París construido en 1718 para el conde de Évreux por el arquitecto Claude Mollet. Perteneció sucesivamente a la marquesa de Pompadour, a Luis XV, a Luis XVI y a Napoleón Bonaparte. Residencia de los presidentes de la República Francesa desde 1848.

ELISHA BEN ABUYAH (siglo I). Erudito y hereje judío. Según las referencias del *Talmud*, no sólo abandonó su religión y desafió públicamente el descanso del sábado, sino que también se puso de parte de los romanos durante la persecución ordenada contra el pueblo judío por el emperador Adriano.

ELÍSIO, FILINTO (1734-1819). Francisco Manuel do Nascimento, sacerdote y poeta portugués. Fue el último de los neoclásicos. Su obra contribuyó al éxito del romanticismo. Tutor de las hijas del marqués de Alorna, se enamoró de una de ellas, la «María» de sus poemas. Descubierto por el marqués y acosado por la Inquisición, huyó a Francia. Sus *Obras completas* (1817-1819) aparecieron en París.

ELISIÓN. Supresión de la vocal con la que acaba una palabra cuando la que sigue empieza con otra vocal. Por ejemplo, en francés: *l'enfant, l'amie.*

ELITE. Galicismo muy difundido que designa a una minoría que por sus cualidades o por su formación ejerce una función directiva dentro de una comunidad.

ÉLITROS. Primer par de alas, duras y coriáceas, que durante el reposo cubren las alas posteriores de algunos insectos, como los coleópteros y los ortópteros.
Escarabajo 6:33b.

ELIXIR. Líquido que contiene fármacos activos a los que se añade jarabe, glicerina o alcohol para suavizar el sabor desagradable. También se pronuncia elíxir.

ELIZABETH. Ciudad y puerto de los Estados Unidos, est. de Nueva Jersey, a orillas de la bahía de Newark, en la aglomeración urbana de Nueva York. Fundada en 1664. Máquinas de coser, automóviles, productos químicos, textiles. Importantes operaciones portuarias. 110.661 hab. (1998).

ELIZALDE, ANTONIO (siglo XIX). Militar y político ecuatoriano. Participó en las luchas por la independencia de su país y fue senador y gobernador de la provincia de Guayas. Candidato a la presidencia al terminar Vicente Ramón Roca su período, renunció a la empresa a causa de la división popular entre sus partidarios y los de Diego Noboa. Fue desterrado tras su intento de derrocar a Noboa.

ELIZONDO, JOSÉ F. (1880-1943). Escritor mexicano. Firmó frecuentemente con los seudónimos de Kien y de Pepe Nava. Autor de obra poética y prosa de carácter satírico, escribió gran número de zarzuelas y revistas. *Crótalos* (1903), *La vida en broma* (1934), *Gansadas* (1938).

ELIZONDO, SALVADOR (n. en 1932). Escritor mexicano. Autor de novelas, cuentos y obras poéticas, su estilo se caracterizó por un gran dominio de las técnicas literarias vanguardistas inspiradas en Juan José Arreola, Stéphane Mallarmé y Paul Valéry. *Farabeuf o la crónica de un instante* (1965), *Narda o el verano* (1966), *El grafógrafo* (1975).

ELLAURI, JOSÉ (1789-1868). Abogado y diplomático uruguayo. Varias veces ministro de relaciones exteriores. Estableció tratados con diversos países europeos, entre ellos uno con Inglaterra por el que se abolía el tráfico de esclavos.

ELLAURI, JOSÉ EUGENIO (1834-1894). Político uruguayo. Presidente de la república en dos ocasiones; la primera, 1873-1875, caracterizada por su gobierno civilista, terminó con un golpe militar, y en la segunda, 1894, dimitió antes de ocupar el cargo.

ELLESMERE, ISLA. La más grande de las islas del archipiélago de la Reina Isabel, en los territorios árticos del noroeste de Canadá. Longitud 834 km, anchura de 500 km. Cubre una superficie de 196.236 km². Altura superior a los 2.600 m.

ELLINGTON, DUKE (1899-1974). Edward Kennedy Ellington, compositor, pianista y director de bandas de *jazz.*
5:380a; Jazz 8:358a; *ilustración* 5:380a.

ELLIOTT, HERBERT (n. en 1938). Corredor australiano de medio fondo. Entre 1958 y 1967 ostentó el récord de los 1.500 m y de 1958 a 1962, el de la milla. Se retiró en 1962.

ELLIS, ALFREDO (1850-1925). Político y médico brasileño. Una de las figuras más relevantes del movimiento republicano de su país, fue elegido diputado en la asamblea constituyente de 1890 y senador en 1902.

ELLO. Según la teoría psicoanalítica, una de las tres instancias que constituyen el aparato psíquico del ser humano. Fuente pulsional de la personalidad, se rige por los principios de supervivencia y placer, y opera siempre en el plano inconsciente. Entra en conflicto con el yo y con el superyó.
Psicoanálisis 12:172b.

ELLORA, CUEVAS DE. Conjunto de 34 templos del período posgupta, excavados en roca en la región india de Maharashtra, de los cuales 12 son budistas mahayana, 17 brahmánicos y 5 jainíes. Construidos entre el siglo VI y el VIII, destacan por su vigoroso conjunto escultórico.
Indio, arte 8:170b.

ELLSWORTH, TIERRA DE. Región de la Antártida, en la base de la península entre el escudo de hielo de Ronne y el mar de Bellingshausen, al este de la tierra de Marie Byrd. Su punto más alto es el Vinson Massif (5.140 m).

ELMAN, MISCHA (1891-1967). Violinista ruso, caracterizado por su gran virtuosismo. Estudió violín desde los cuatro años. A los once ingresó en el conservatorio de San Petersburgo. Compuso varias obras y arregló composiciones de Ludwig van Beethoven, Robert Schumann y otros para piano y violín.

EL NIÑO, CORRIENTE DE. Fenómeno climático observado en las regiones del océano Pacífico, que provoca una alteración de los modelos de circulación atmosférica. Se acusa especialmente en el oeste de Sudamérica y el Asia sudoriental.
5:380b; Cambio climático 3:298b; Meteorología 10:109a; *ilustraciones* 5:381b.

ELOCUCIÓN. Modo personal de utilización de la palabra escrita u oral para la expresión de los conceptos o ideas.
Redacción 12:287a.

ELOGIO (LITERATURA). V. **Panegírico.**

ELOGIO DE LA LOCURA. Obra de Erasmo de Rotterdam, publicada en 1509, donde el autor criticaba la corrupción eclesiástica, el dogmatismo de la filosofía escolástica y la superstición. Su demanda de una reforma de la iglesia tuvo amplio eco en toda Europa.

ELOHIM. Palabra hebrea con la que se designa a Dios en la *Biblia.* Es un plural mayestático (singular Eloha). Los textos bíblicos que emplean este término, a diferencia de Yahvé, se conocen como la fuente elohísta.

ELORDUY, ERNESTO (1855-1913). Músico mexicano. Estudió armonía y piano en Alemania con Clara Schumann y Artur Rubinstein. Compuso numerosas obras para piano, la opereta *Hojas de álbum* y la ópera *Zulema.*

EL PASO. V. **Paso, El.**

ELQUI, RÍO. Curso fluvial de Chile, conocido también como Coquimbo. Nace en la cordillera de los Andes, cerca del cerro del Volcán, en la confluencia de los ríos Turbio y Claro. Su curso es de 210 km y recorre la ciudad de La Serena. Desemboca en el Pacífico, en la bahía de Coquimbo.

ELS, ERNIE (n. en 1969). Jugador de golf sudafricano. Entre los mejores golfistas del mundo de la década de 1990, en 1996 logró la victoria para Sudáfrica en la copa del mundo.

EL SALVADOR. V. **Salvador, El.**

ELSSLER, FANNY (1810-1884). Bailarina austriaca. Tras actuar con éxito en numerosos países europeos se retiró de la escena en 1851, en Viena. Su estilo fogoso contrastaba con el de su rival, la etérea Marie Taglioni. Se relacionó con artistas y literatos de la época (Honoré Daumier, Théophile Gautier).

ELSTER, JULIUS (1854-1920). Físico alemán. Realizó importantes investigaciones sobre electricidad atmosférica. Enunció la ley de decrecimiento temporal exponencial negativo de la emisión radiactiva.

ELTON, CHARLES (1900-1991). Biólogo inglés, considerado como uno de los fundadores de la moderna ciencia de la ecología.
Ecología 5:272a.

ÉLUARD, PAUL (1895-1952). Eugène Grindel, poeta francés. Fue uno de los fundadores del movimiento surrealista.
5:382a; Poulenc, Francis 12:109a.

ELUCIÓN. Proceso de separación de los componentes de una mezcla de sustancias en polvo por lavado con disolventes selectivos. Si los eluidos se reabsorben luego en medios apropiados, se puede conseguir una separación completa, como ocurre en la cromatografía.

ELUVIÓN. Depósito de materiales procedentes de la fragmentación de una roca que permanecen en el mismo lugar, o son arrastrados a poca distancia. Depósitos eluviales característicos son las lateritas.

ELVAS. Ciudad portuguesa que pertenece al dist. de Portalegre, en el Alto Alentejo. Próxima a la frontera española. Conserva fortificaciones de los siglos XVII y XVIII y arquitectura civil y religiosa de los siglos XV y XVI. Centro agrícola. 13.507 hab. (1981).

ELVIRA (h. el 937-h. el 982). Princesa leonesa. Hija de Ramiro II de León y hermana de Sancho I. Entró en el convento de San Salvador, del que hubo de salir en el 967 para hacerse cargo de la regencia, junto con su cuñada Teresa, de Ramiro III.

ELVIRA GARCÍA (m. en 1027). Reina de León y de Asturias. Casada con Vermudo II de León, de quien enviudó en el 999, fue regente, junto con Menendo González, de su hijo Alfonso V. Restauró la ciudad de León, que había sido destruida por Almanzor. Al asumir su hijo la corona se retiró a un convento.

ELY, RICHARD THEODORE (1854-1943). Economista estadounidense. Profesor en la Universidad Johns Hopkins (1881-1892) y en la Universidad de Wisconsin (1892-1925), centró sus estudios en la relación entre economía y sociedad. *Introducción a la economía política* (1889).

ELYTIS, ODYSSEUS (1911-1996). Poeta griego. Autor de una obra en continua evolución que influyó poderosamente en la lírica helénica contemporánea.
5:382a; Griega, literatura 7:223b; *ilustraciones* 5:382a; 7:223b.

ELZEVIR. Familia de libreros e impresores de los Países Bajos en los siglos XVI al XVIII. Sus ediciones y caracteres tipográficos alcanzaron gran fama.

E-MAIL. V. **Correo electrónico.**

EMANATISMO. Creencia religiosa de tendencia panteísta, según la cual todo lo que existe procede de Dios por emanación.
Creación 4:424b; Mito y mitología 10:196b.

EMANCIPACIÓN. Acto por el que un individuo, un grupo o una clase social dejan de estar sometidos a una instancia superior. En la antigua Roma, la emancipación consistía en la renuncia del padre al ejercicio de la *patria potestas* o tutela sobre su hijo, por alcanzar éste la mayoría de edad, por contraer matrimonio o por otros motivos. Posteriormente el término se aplicó a otros procesos de liberación, como el de las colonias españolas en Latinoamérica o el de los esclavos en todo el continente americano.

EMAÚS. Aldea de la antigua Palestina, en las proximidades de Jerusalén. Según el evangelio de san Lucas, en ella se apareció Jesús a dos discípulos después de su resurrección. Corresponde a la actual al-Qubayba.

EMBAJADA. Representación diplomática de un país en un estado extranjero. Cubre la misión de proteger a las personas físicas y los intereses del país representado. Su personal goza de una consideración jurídica especial (inmunidad diplomática).

EMBALAJE. Cubierta para proteger las mercancías durante el transporte. Comprende cajas, sacos, recipientes de diversos tipos y contenedores. La fabricación de estos elementos es base de una importante industria.

EMBALSAMAMIENTO. Preservación de los cadáveres contra la putrefacción natural. Esta costumbre tiene orígenes religiosos y se ha practicado en muchas culturas, especialmente en el antiguo Egipto.

EMBALSE. Depósito de agua creado por represamiento de un río o arroyo.
5:382b; Agua, abastecimiento de 1:121b; Riego 12:369b; *cuadro* 5:383; *ilustración* 5:384a.

EMBARAZO. Estado de la mujer encinta, que comienza el día de la fecundación del óvulo y termina el día del parto. Es sinónimo de gestación.
Gestación y parto 7:116a; Hipertensión 7:420b.

EMBARCACIÓN. Vehículo flotante que permite el desplazamiento de personas o cosas sobre la superficie del agua. Puede adoptar muy diversas formas, materiales de construcción y métodos de propulsión.
5:385a; Carpintería y ebanistería 3:411a; Marina de guerra 9:370b; Marina mercante 9:374b; Náuticos, deportes 10:361b; Pesca 11:370a; Puerto 12:193b; Transporte 14:114a; *ilustraciones* 5:385; 5:386a.

EMBARGO. Ocupación o retención de bienes realizada por mandamiento judicial en concepto de satisfacción de responsabilidades por deudas o delitos. La ley establece limitaciones sobre el carácter de los bienes embargados, de forma que no incluyan las ropas y utensilios de trabajo necesarios para el deudor. En derecho internacional se aplica, en caso de conflicto entre dos países, a las mercancías de los barcos del país enemigo anclados en puertos del país que ejecuta el embargo, como forma de represalia.

EMBIA. Género de insectos embiópteros de la familia de los émbidos. Alados, pequeños, cuerpo alargado y patas cortas. Depredadores y típicos de regiones cálidas de todo el mundo.

EMBLEMA (LITERATURA). Género literario en el que una serie de representaciones simbólicas se acompañan de motes, versos o comentarios en prosa. Derivados de las alegorías y los bestiarios medievales, los libros de emblemas alcanzaron gran difusión en los siglos XVI y XVII. El iniciador del género fue el italiano Andrea Alciato, autor de *Emblemata* (1531).

EMBOLIA. Obliteración de un conducto natural (habitualmente un vaso sanguíneo) por un cuerpo extraño que se desplaza dentro de dicho conducto. La embolia puede ser sanguínea, microbiana, neoplásica, gaseosa, etc.

ÉMBOLO. Pieza que se mueve ajustada dentro de un cilindro comprimiendo el fluido que hay en el interior o siendo empujada por él, según los casos.
Motor 10:281a.

EMBRAGUE. Mecanismo que permite la conexión o desconexión de sistemas dotados de engranajes. Usado preferentemente en el automóvil. En algunos países de habla española se designa con el término inglés *clutch*.
Automóvil 2:242b.

EMBRIOLOGÍA. Ciencia que estudia el desarrollo de un organismo, desde la formación de la célula huevo o cigoto hasta el nacimiento.
5:387a; Baer, Karl Ernst von 2:303b; Biología 3:38a; Diagnóstico prenatal 5:165a; Down, síndrome de 5:236b; Zoología 14:425a; *ilustraciones* 5:387b; 5:388a; 5:389b.

EMBRIÓN. Producto de la concepción desde las primeras modificaciones del huevo fecundado. En la especie humana, a partir de los tres primeros meses toma el nombre de feto.
Crecimiento 5:1b; Embriología 5:387a; Fecundación in vitro 6:242a; Gestación y parto 7:116b; Reproducción 12:338a; Semilla 13:197a.

EMBUTICIÓN. Operación desarrollada para dar forma cóncava o hueca a una pieza metálica. Realizada con la denominada prensa de embutir.

EMBUTIDO. Tripa rellena de carne generalmente de cerdo, y aderezada con diversos condimentos o especias.
Alimentaria, industria 1:231a.

EMERGENCIA, ESTADO DE. V. **Excepción, estado de.**

EMERSON, PETER HENRY (1856-1936). Fotógrafo y médico británico. En oposición al movimiento pictoricista intentó desarrollar una fotografía de tipo realista, reflejo de la vida cotidiana. Creador de paisajes y escenas campesinas, sus obras denotan, sin embargo, influencias de pintores como J. M. W. Turner.

EMERSON, RALPH WALDO (1803-1882). Filósofo y escritor estadounidense. Creador del movimiento filosófico trascendentalista.
5:389b; Estadounidense, literatura 6:147a; Whitman, Walt 14:364b; *ilustración* 5:390a.

EMERSON, ROY (n. en 1936). Tenista australiano. Conquistó repetidas veces los trofeos de la Copa Davis (1961-1967, a excepción de 1963), Roland Garros (1963-1967), Wimbledon (1964, 1965), Forest Hills (1961, 1964), y de Australia (1963, 1964 y 1966).

EMETROPÍA. Estado normal de la visión con respecto a la refracción, según el cual los rayos paralelos procedentes del infinito convergen exactamente en la superficie de la retina. Opuesto a ametropía.

EMIGRACIÓN. Desplazamiento hacia otro país, principalmente por motivos económicos, para establecerse allí temporalmente o de forma estable.
Migraciones humanas 10:158a.

EMILIANA, ESCUELA. Conjunto de actividades artísticas que tuvieron como centro la región italiana de Emilia-Romaña. En los campos de la arquitectura y escultura alcanzó un gran desarrollo durante el período románico y el renacentista, y en pinturas contó con figuras como Correggio, los hermanos Carracci y Parmigianino.

EMILIA-ROMAÑA. Región de Italia que comprende ocho provincias, a orillas del mar Adriático, limítrofe con San Marino. Río Po, Apeninos. Agricultura, ganadería; industrias diversas. Cap. Bolonia. 22.123 km². 3.921.597 hab. (1990).

EMILIO, O DE LA EDUCACIÓN. Novela pedagógica del escritor francés Jean-Jacques Rousseau, publicada en 1762. Narra la vida del protagonista en la que su maestro prueba su método de enseñanza: adquirir experiencia, según el orden natural, para dar principio a una nueva sociedad.

EMIN, FIÓDOR (1735-1770). Escritor ruso. Autor de novelas en las que reflejó sus conocimientos de los diversos países por él recorridos y la situación social de Rusia. Escribió también la novela de análisis psicológico *Cartas de Ernesto y Doravra* (1776).
Rusa, literatura 13:46b.

EMÍN BAJÁ, MEHMET (1840-1892). Eduard Schnitzer, aventurero alemán. Exploró Sudán y Uganda y gobernó la provincia egipcia de Ecuatoria. Aislado en Egipto por la rebelión de los mahdíes, escapó al desastre sufrido por el gobernador general británico Charles Gordon. Regresó al África central como representante de Alemania, pero murió asesinado.
Stanley, Henry Morton 13:317b.

EMINESCU, MIHAIL (1850-1889). Seudónimo del poeta rumano Mihail Eminovici. Creó una escuela de poesía que influyó poderosamente en generaciones posteriores.
5:390a.

EMIR. Príncipe o caudillo árabe. Al principio designaba a la máxima autoridad del mundo musulmán, pero posteriormente se aplicó a los oficiales de alto rango político o militar, y más tarde a los príncipes.

EMIRATOS ÁRABES UNIDOS. Unión formada por siete emiratos de la costa este de la península arábiga. Cap. Abú Dabi (provisional). 83.600 km². 3.022.000 hab. (2000).
5:390b; Arabia 2:3a; Pérsico, golfo 11:353a; *cuadros* 5:391a-b; *ilustración* 5:392a.

EMISIÓN. Lanzamiento al exterior de partículas materiales o eléctricas por parte de un cuerpo físico. La emisión de energía en forma de ondas se llama radiación.

EMISIÓN DE DINERO. Puesta en circulación de monedas o de billetes de banco por una entidad competente, autorizada por el estado o dependiente de él.

EMISIÓN TERMOIÓNICA. Emisión de iones de un metal cuando la temperatura es suficientemente alta. Es un proceso análogo al de evaporación de moléculas en la superficie de un líquido. Se utiliza, por ejemplo, en los tubos de rayos catódicos.

EMISOR. Conjunto de aparatos utilizados para transmitir señales por medio de ondas electromagnéticas.

EMMA (h. el 880-942). Hija del conde de Barcelona Wifredo el Velloso. Primera abadesa del monasterio de San Juan de las Abadesas, logró independizar a éste de la tutela del condado y lo puso bajo la jurisdicción directa del rey de Francia. Obtuvo asimismo todas las atribuciones feudales sobre las tierras del monasterio, que amplió con la adquisición de los campos colindantes.

EMMANUEL, ARGHIRI (n. en 1911). Economista griego. Destacó por su nueva concepción del comercio internacional y, especialmente, por su teoría del intercambio desigual. *El intercambio desigual: ensayo sobre los antagonismos en las relaciones económicas internacionales* (1969), *Salario, subdesarrollo, imperialismo* (1973), *La ganancia y la crisis* (1975).

EMMANUEL, PIERRE (1916-1984). Noël Matthieu, poeta francés. De profundo sentimiento católico, su poesía aborda frecuentemente temas religiosos con gran expresividad. Autor también de novelas y ensayos. *La libertad guía nuestros pasos* (1945), *Para una política de la cultura* (1971), *La vida terrestre* (1975), *Duelo* (1979).

EMMENTHAL, QUESO DE. Queso de leche de vaca que toma su nombre del valle suizo de Emmenthal. Se caracteriza por su gran tamaño y por los numerosos agujeros de su pasta.

EMOCIÓN. Alteración afectiva agradable o desagradable que suele ir acompañada de modificaciones somáticas (corporales).
5:392a; Afectividad 1:84a; Psicofisiología 12:174b; Psicología 12:177b; *ilustración* 5:392a.

EMOLIENTE. Sustancia química utilizada para suavizar y ablandar los tejidos epiteliales.

Usado en cosmética, entre los principales se encuentran la gelatina, el almidón, etc. Conocido también como demulcente.
Cosmético 4:402b.

EMOTICÓN. Combinación resumida de caracteres tipográficos que se emplea en la transmisión de mensajes electrónicos por redes de comunicaciones para expresar actitudes emotivas. Algunos ejemplos de estos signos son: :-), alegría; :-(, tristeza; :-D, carcajada; :-I, indiferencia, etc.

EMPAQUETADORA. Máquina dotada de dispositivos apropiados para la formación de paquetes. Aparato final de múltiples cadenas de producción de artículos.

EMPARÁN, MIGUEL (siglo XIX). Militar español que encabezó diversas campañas contra los independentistas mexicanos. Fue finalmente derrotado por Ignacio López Rayón en Zitácuaro.

EMPARÁN, VICENTE (1750-1815). Marino y administrador colonial español. Gobernador de Panamá y de Cumaná y capitán general de Venezuela (1809-1810), intentó frenar el movimiento independentista venezolano en Caracas.

EMPATÍA. Capacidad de situarse en el lugar del otro, de comprender su estado de ánimo, de compartir sus emociones, por analogía con los propios procesos anímicos, por conocimiento de su estado emocional o por haber compartido las mismas situaciones o experiencias.

EMPECINADO, EL (1775-1825). Juan Martín Díaz, guerrillero español. Luchó contra el invasor francés y apoyó la sublevación del general Rafael del Riego.
5:393a; Independencia española, guerra de la 8:152a; *ilustración* 5:393b.

EMPÉDOCLES (h. el 490-h. el 430 a.C.). Filósofo griego. Propuso un principio del origen de las cosas en cuatros elementos básicos: aire, agua, tierra y fuego.
5:393b; Filosofía 6:295a.

EMPERADOR. Título que correspondía a los jefes supremos del Imperio Romano desde su constitución como tal con Augusto (27 a.C.) y que posteriormente asumieron los monarcas de diferentes culturas y países.

EMPERATRIZ. V. **Thunbergia.**

EMPIRE STATE. Rascacielos construido en 1930 por el arquitecto William Lamb. El más alto del mundo hasta 1954. Es uno de los símbolos de la ciudad de Nueva York. Tiene 102 pisos y se encuentra en la confluencia de la Quinta Avenida con la calle 34.

EMPIRIOCRITICISMO. Doctrina filosófica que rechazaba todas las nociones metafísicas (sustancia, causalidad, necesidad, etc.) por lo que definía el papel de la ciencia como un conocimiento de hechos, subjetivo y exclusivamente adecuado para interpretar la experiencia. Contó entre sus principales valedores a Richard Avenarius y a Ernst Mach.

EMPIRISMO. Doctrina filosófica que defiende que todo conocimiento tiene su origen en la experiencia, especialmente en la de los sentidos.
5:393b; Analítica, filosofía 1:322b; Bacon, *Sir* Francis 2:300b; Epistemología 6:14b; Filosofía 6:297b; Hobbes, Thomas 8:31b; Hume, David 8:94a; Ilustración 8:128b; Kant, Immanuel 9:4a; Locke, John 9:195a; Metodología científica 10:111a; Pragmatismo 12:113a; Psicología 12:176a; Racionalismo 12:239b; *ilustración* 5:394a.

EMPLEO Y DESEMPLEO. El trabajo que una persona realiza a cambio de una remuneración se conoce como empleo. En macroeconomía, el término empleo (o pleno empleo) denota una situación caracterizada por la falta de mano de obra (período de expansión en el ciclo económico). Se opone al desempleo o situación de exceso de mano de obra (período de depresión en el ciclo económico).
5:394b; Vocacional, orientación 14:341a; *ilustraciones* 5:395b; 5:396a.

EMPOLI. Ciudad italiana de la prov. de Florencia, en la reg. de Toscana, situada a orillas del río Arno. Durante la edad media fue rival de Florencia, a la que hubo de someterse en el siglo XII. Catedral del siglo XI. Museo de arte toscano. Industrias textiles y del vidrio. 44.961 hab. (1981).

EMPRESA. Organización económica dirigida a la producción de bienes o servicios para el mercado.
5:396b; Administración de empresas 1:64a; Capitalismo 3:362b; Producción 12:160a; Renta 12:335a; Sociedades civiles y comerciales 13:280a; *ilustraciones* 5:397a-b; 5:398a.

EMPRESA MULTINACIONAL. Corporación que desarrolla sus actividades productivas, comerciales y financieras en diferentes lugares del mundo. También llamada transnacional.

EMPRÉSTITO. Préstamo que toma el estado o una empresa pública o privada a un determinado plazo y con un interés fijo, mediante la emisión de deuda pública o de obligaciones.

EMPSON, WILLIAM (1906-1984). Crítico literario y poeta británico. Profesor de las universidades de Tokio, Pekín y Sheffield, estableció un nuevo método de análisis estético y fue autor de poesía metafísica. *Siete tipos de ambigüedad* (1930), *La estructura de las palabras complejas* (1951), *Poesías completas* (1955).

EMS, RÍO. Corriente fluvial de Alemania que recorre 371 km de su territorio desde su nacimiento en la selva de Teutoburgo hasta su desembocadura en el mar del Norte, en el golfo de Dollart. Excelente vía de comunicación y transporte por su importante red de navegación.

EMÚ. Ave corredora de la familia de los dromiceidos (*Dromiceius nova-hollandiae*). Pico ancho, aquillado en la punta; alas y cola atrofiadas, pies con tres dedos y uñas fuertes. Vive en las llanuras del sur de Australia.

EMULSIÓN. Líquido en el que se mantienen en suspensión pequeñas gotas o partículas de una sustancia insoluble en él.
Coloidal, estado 4:261b.

EMULSIÓN FOTOGRÁFICA. Suspensión de diminutos cristales de haluro de plata en gelatina que, aplicada a vidrio, película o papel, forma el material sensible empleado en la fotografía convencional.
Fotografía 6:360a.

ENAJENACIÓN (PSICOLOGÍA). En el ámbito psiquiátrico, fase final del proceso de despersonalización, en la cual el enfermo considera totalmente ajeno a él todo su psiquismo, dándose una pérdida total de la identidad del yo. A menudo, a esta fase le sigue un proceso de identificación del sujeto con algo o alguien distinto de él, proceso denominado personificación.

ENAJENACIÓN (SOCIOLOGÍA). Estado en el que la persona sufre extrañamiento de su naturaleza y de su entorno y pierde la propia identidad. Según el marxismo, que recogió el concepto, transformándolo, de G. W. F. Hegel, esta situación se produce en ciertas estructuras sociales entre el trabajador y su trabajo, cuando el primero no posee los medios de producción. La condición también suele designarse como alienación.

ENANA BLANCA. Cuerpo estelar formado después de que una estrella gigante roja va agotando progresivamente su combustible nuclear interno y su núcleo se va enfriando. Su aparición suele ser precedida de una explosión nuclear de la estrella, la cual adquiere el carácter de supernova.
Estrella 6:171a.

ENANISMO. Trastorno del crecimiento por el cual una persona no alcanza los niveles considerados normales de estatura. Sus causas pueden ser congénitas, endocrinas, etc.
Congénitos, defectos 4:332b; Crecimiento 5:2a; Ortopedia 11:166b; Raquitismo 12:263a.

ENANTIÓMERO. Sustancia químicamente igual a otra (isómera) pero que se distingue de ésta por su estructura invertida (como reflejo en un espejo).

ENARMONÍA. En la antigua Grecia, música referida al tetracordio, serie de cuatro notas con intervalos menores de un semitono. En la música moderna, dos tonos o intervalos en los instrumentos de teclado con el mismo sonido y notaciones distintas.
Música 10:316b.

EN BUSCA DEL TIEMPO PERDIDO. Ciclo de novelas del escritor francés Marcel Proust (1871-1922), publicado entre 1913 y 1927 y compuesto por siete títulos. El segundo, *A la sombra de las muchachas en flor*, obtuvo el Premio Goncourt. Análisis de los sentimientos del protagonista y descripción de la vida parisiense desde los inicios de la tercera república hasta la primera guerra mundial.
Proust, Marcel 12:171b.

ENCAJE (ARTES PRÁCTICAS). Labor básicamente calada de adorno cuyo material es el hilo de lino, pero también la seda, el algodón, la lana o los hilos de oro y plata, y que se realiza con bolillos, aguja o máquina.
5:398b; *ilustración* 5:399a.

ENCAJE BANCARIO. En América, reservas en caja o depositadas en el banco central que una institución bancaria debe tener para garantizar el reembolso de los depósitos a su cargo.
Banca 2:333a.

ENCARNACIÓN (CIUDAD). Población y puerto fluvial de Paraguay, cap. del dep. de Itapúa, a orillas del alto Paraná. Dividida en dos sectores, ciudad nueva y ciudad vieja. Gravemente dañada por un tornado en 1926. Institutos superiores. Explotaciones forestales. Té, tabaco, arroz. Ganadería. Carretera y ferrocarril a Asunción. Transbordador a Posadas (Argentina). Aeropuerto. 27.632 hab. (1982).

ENCARNACIÓN (RELIGIÓN). Misterio por el cual un ser espiritual toma forma humana. En la doctrina católica, unión del Verbo (segunda persona de la Trinidad) con la naturaleza humana, en la persona de Jesucristo, que nació de María.

ENCARTACIONES, LAS. Comarca española, en la parte occidental de la prov. de Vizcaya. Se extiende desde el mar Cantábrico y la prov. de Santander hasta los montes de Orduña. Su centro es Valmaseda y está cruzada por los ríos Cadagua y Somorrostro. Bosques de roble, castaños y encinas. Canteras de mármol y minas de hierro.

ENCÁUSTICA. Preparado de cera utilizado como revestimiento protector y abrillantador de maderas, pavimentos, piedras, muebles, etc.
Pictóricas, técnicas 11:394b.

ENCEFALINA. Sustancia polipeptídica endógena presente en el sistema nervioso con fuerte capacidad inhibidora del dolor, a semejanza de la endorfina y de la morfina.

ENCEFALITIS. Enfermedad inflamatoria del encéfalo, caracterizada por trastornos de la conciencia, convulsiones, parálisis de los miembros y los músculos motores oculares, causada por bacterias, espiroquetas, parásitos, tóxicos o virus.

ENCÉFALO. Conjunto de los órganos del sistema nervioso central contenidos dentro del cráneo, es decir, cerebro, cerebelo y tronco cerebral.
Cerebro 4:86b; Nervioso, sistema 10:384b; Vertebrados 14:283a.

ENCEFALOPATÍA. Término médico aplicado a cualquier enfermedad o trastorno del encéfalo. De naturaleza congénita, crónica o progresiva. Con frecuencia da lugar a degeneración de la sustancia mielínica cerebral.
Encefalopatía espongiforme bovina 5:400a.

ENCEFALOPATÍA ESPONGIFORME BOVINA. Enfermedad del sistema neurológico que

afecta al ganado vacuno. Coloquialmente conocida por mal de las vacas locas, se ha especulado con su posible relación con la enfermedad de Creutzfeld-Jakob, una afección rara de los seres humanos.
5:399b; *ilustración* 5:399b.

ENCÉLADO. Tercero por su tamaño de los satélites del planeta Saturno. Presenta un diámetro de 520 km y, con una composición del 50% de masa helada, es uno de los satélites de Saturno con menor densidad. Presenta una composición geológica compleja. Su órbita es de 1 día, 8 h, 53′ y 6,8″.
Satélite 13:163b.

ENCENDIDO, SISTEMA DE. Dispositivo que sirve para suministrar el voltaje necesario para la chispa de encendido de un motor de combustión. En los automóviles, el encendido se produce mediante una batería conectada a una bujía que hace saltar la chispa en el extremo de los cilindros de compresión.

ENCHILADA. Torta de maíz típica de Guatemala y México. Se condimenta con chile y se rellena al gusto con diversos manjares.

ENCÍA. Parte de la mucosa bucal que recubre los huesos maxilares y rodea el cuello de los dientes.
Diente 5:182b.

ENCÍCLICA. Carta solemne que el papa dirige al orbe católico o a los obispos y en la que define la postura de la iglesia sobre temas morales, disciplinarios o dogmáticos.
5:400b; *cuadro* 5:401.

ENCICLOPEDIA. Obra que busca contener todos los conocimientos humanos o los de una ciencia determinada. Estos conocimientos se exponen en artículos separados y ordenados sistemáticamente.
5:401b; Diccionario 5:176a; *ilustraciones* 5:401b; 5:402a; 5:403b.

ENCICLOPEDISMO. Ideología de talante liberal e ilustrada que inspiró a los redactores de la *Encyclopédie* francesa en el siglo XVIII y que defendieron después sus seguidores.
Rousseau, Jean-Jacques 13:28a; Voltaire 14:346b.

ENCIERRO. Acto consistente en la suelta de toros o novillos en días determinados por las calles de una localidad, normalmente durante las fiestas patronales de la misma, y que en algunas ocasiones realizan un recorrido desde su lugar de encierro hasta los toriles de la plaza de toros. Es muy famoso el de las fiestas de San Fermín de Pamplona (España) en el mes de julio.

ENCINA. Árbol de hoja perenne de la familia de las fagáceas (*Quercus ilex*).
5:403b; *ilustración* 5:403b.

ENCINA, DIONISIO (1907-1982). Dirigente comunista mexicano. Desempeñó diversos oficios. Ingresó en la Juventud Comunista en 1929. En 1936 tomó parte importante en la huelga de trabajadores agrícolas que motivó una entrega de tierras por el presidente Lázaro Cárdenas. Fue secretario general del Partido Comunista Mexicano, en el cual defendió las políticas soviéticas. Estuvo preso (1959-1967) por su apoyo a una huelga ferroviaria.

ENCINA, JUAN DEL (h. 1468-1529/1530). Músico, poeta, dramaturgo y eclesiástico español. Precursor del Renacimiento artístico en su país.
5:404a.

ENCINAR, JOSÉ RAMÓN (n. en 1954). Compositor español. Se formó con Franco Donatoni y fue su ayudante en los cursos de la Academia Chigiana. Dirigió diversas orquestas, entre ellas, el grupo Koan. *Homenaje a Cortázar* (1971), *Música para un amigo* (1976), *Opus 23* (1982).

ENCINAS, FRANCISCO DE. V. **Enzinas, Francisco de.**

ENCKE, COMETA DE. Cometa descubierto por el astrónomo alemán Johann Franz Encke, que determinó que los cometas aparecidos en 1786, 1795, 1805 y 1818 constituían reapariciones de uno mismo. Su período es de 3,3 años, el más corto conocido.

ENCKELL, RABBE (1903-1974). Poeta, dramaturgo y crítico finlandés de lengua sueca. Fue uno de los representantes del movimiento poético modernista sueco-finés de la década de 1920. Colaboró en la revista *Quosego* y escribió también novelas y obras teatrales. *La felicidad del flautista* (1925), *Orfeo y Eurídice* (1938), *Aliento de cobre* (1946).

ENCLAVE. Territorio o grupo étnico incrustado en otro mayor y de diversas características geográficas, políticas o administrativas.

ENCLOSURE. Proceso económico social que se desarrolló en Inglaterra y en otras partes de Europa occidental desde la baja edad media hasta el siglo XIX. Consistía en el cerramiento (*enclosure*) de los campos comunales, de origen feudal, por parte de propietarios individuales, a fin de incrementar los rendimientos agrícolas y crear un excedente comercializable. El proceso condujo al desarrollo de formas capitalistas de explotación agraria, lo que tuvo importantes consecuencias para la evolución de la economía europea.

ENCOFRADO. Técnica aplicada en construcción, consistente en la confección de un molde formado por tableros de madera o láminas metálicas en el que se introduce el hormigón hasta su fraguado. La operación inversa es el desencofrado.

ENCOLADO. Técnica consistente en la aplicación de cola a diversas superficies con objeto de facilitar la unión o el ensamblaje de elementos diferentes. Utilizada en la encuadernación, en las industrias textiles y del papel y, en particular, en la elaboración de chapas de madera y metálicas.

ENCOMIENDA. Institución de la América colonial española por la que la corona cedía a un súbdito la percepción de tributos o trabajos por parte de los indios a su cargo.
5:404b; *ilustración* 5:404b.

ENCUADERNACIÓN. Operación de montaje de las páginas y tapas de un libro.
Imprenta y artes gráficas 8:134b.

ENCUBIERTO, EL (m. en 1522). Personaje que pretendió ser reconocido como el príncipe don Juan, hijo de los Reyes Católicos. Apoyado y reconocido por el movimiento de las germanías en Játiva, logró algunas victorias al frente de la insurrección, pero fue derrotado en Valencia. Fue asesinado en Burjasot durante su huida.

ENCUBRIMIENTO. Figura jurídica que abarca dos o tres tipos de delitos, según las diversas legislaciones penales: ocultamiento de los delincuentes, de sus instrumentos o de sus beneficios; auxilio a los delincuentes; participación en sus beneficios.

ENCUESTA ÓMNIBUS. Cuestionario de preguntas multitemáticas de carácter periódico cuyos resultados se suministran a diversas empresas que sufragan conjuntamente su coste.

ENCUESTA SOCIOLÓGICA. Sistema de preguntas a un número determinado de personas a fin de obtener información generalizable sobre algún aspecto de incidencia social.

ENCYCLOPÉDIE. Obra de divulgación que, bajo la dirección de los franceses Denis Diderot y Jean Le Rond d'Alembert, inició el camino para la reforma del sistema cultural y social europeo en el siglo XVIII.
D'Alembert, Jean Le Rond 5:86a; Diderot, Denis 5:180a; Enciclopedia 5:402b; Francesa, literatura 6:372a.

ENDARA, GUILLERMO (n. en 1936). Político panameño. Encabezó la oposición democrática al régimen de Manuel Antonio Noriega y, tras las elecciones de mayo de 1989, reclamó su triunfo como candidato. En diciembre de ese año, la intervención estadounidense que derrocó al general Noriega permitió a Guillermo Endara acceder a la presidencia de la república. Abandonó el poder en 1994.

ENDE, MICHAEL (1929-1995). Escritor alemán. Empleó la estructura del relato infantil para ofrecer una visión simbólica del mundo moderno. *Momo* (1973), *La historia interminable* (1979).

ENDECASÍLABO. Verso de arte mayor de once sílabas y acentuación variable. Introducido plenamente en la literatura castellana en el siglo XVI.

ENDECHA. Combinación métrica que se emplea repetida en composiciones de asunto luctuoso por lo común, y que consta de cuartetos con versos de cinco, seis o siete sílabas, generalmente asonantados.

ENDECOTT, JOHN (h. 1588-1665). Colonizador inglés, pionero de la colonización de Massachusetts al frente de la Compañía de Nueva Inglaterra. Fue gobernador de la colonia de Massachusetts en varias ocasiones y fundó una iglesia separada.

ENDEMISMO. Condición por la cual las especies animales o vegetales y las enfermedades circunscriben su área de distribución a espacios geográficos limitados.

ENDERBY, TIERRA DE. Región de la Antártida, a orillas del océano Índico. Se extiende desde la costa del Príncipe Olaf, al oeste, hasta la bahía de Eduardo VIII y la costa de Kemp. Su parte central es una meseta de hielo.

ENDERS, JOHN F. (1897-1985). Bacteriólogo estadounidense. Recibió el Premio Nobel de medicina en 1954, junto con Thomas H. Weller y Frederick C. Robbins, por sus trabajos sobre cultivo del virus de la poliomielitis.

ENDIBIA. Planta herbácea de la familia de las compuestas (*Cichorium endivia*). Dicotiledónea. Cultivada como hortaliza.

ENDIMIÓN. Personaje de la mitología griega, de genealogía confusa, aunque en la mayoría de las leyendas aparece como nieto de Zeus. Pastor de gran belleza, mantuvo un apasionado idilio con Selene. Zeus le concedió permanecer siempre joven, sumido en un sueño eterno. John Keats dedicó a su figura un célebre poema.

ENDLICHER, STEPHAN LADISLAUS (1804-1849). Botánico austriaco. Conservador del Museo de Historia Natural de Viena y profesor en la universidad de la capital austriaca, estableció una clasificación de los vegetales según una diferencia entre especies talófitas y cormófitas. *Clasificación de los géneros vegetales de acuerdo al orden natural* (1836-1840).
Botánica 3:128b.

ENDOCARDIO. Membrana interna del corazón que tapiza las cavidades cardiacas.
Corazón 4:377a.

ENDOCARDITIS. Inflamación del endocardio, aguda o crónica, debida en la mayoría de los casos a agresiones microbianas.
Cardiología 3:381.

ENDOCARPO. Parte interna del pericarpo o estructura que envuelve a la semilla. Se presenta en una amplia variedad de formas, que van desde los cuerpos carnosos hasta los tejidos leñosos. Rodea a la semilla y corresponde a la epidermis superior de la hoja carpelar.
Fruto 6:417b.

ENDOCRINA, GLÁNDULA. Glándula secretora que vierte directamente en la sangre su producto de elaboración llamado hormona.
Endocrino, sistema 5:405b; Endocrinología 5:408a; Glándula 7:141.

ENDOCRINO, SISTEMA. Conjunto de todas las glándulas que secretan hormonas (tiroides, paratiroides, suprarrenales, testículos, ovarios, hipófisis, etc.).
5:405a; Crustáceos 5:32b; Endocrinología 5:408a; Fisiología 6:319a; Glándula 7:142a; Hormona 8:70b; Nervioso, sistema 10:385a; Páncreas 11:251a; Pubertad 12:186b; Vertebra-

dos 14:283a; *cuadro* 5:406b; *ilustraciones* 5:405b; 5:407b.

ENDOCRINOLOGÍA. Ciencia médica que estudia las alteraciones de las glándulas endocrinas, o de secreción interna.
5:408a; Bocio 3:80a; Diabetes 5:160b; Endocrino, sistema 5:405a; Hormona 8:70b; *ilustración* 5:408a.

ENDODERMO. Capa interna de células del embrión, que da lugar, entre otras estructuras, al epitelio de los sistemas digestivo y respiratorio.
Embriología 5:388b.

ENDODONCIA. Ciencia y práctica de la terapia del canal de la raíz en un diente del que se ha extraído la pulpa dentaria. También, rama de la odontología que se ocupa de las enfermedades de la pulpa dentaria y procesos relacionados. Se encarga de su etiología, prevención, diagnóstico y tratamiento.
Estomatología 6:161b.

ENDOGAMIA (BIOLOGÍA). Fecundación por la unión de células del mismo origen.

ENDOGAMIA (SOCIOLOGÍA). Sistema social según el cual el matrimonio tiene que realizarse entre miembros de la misma tribu o entidad social. Es propio de las sociedades primitivas, pero en cierta medida se produce también en determinadas clases sociales modernas. Se contrapone a exogamia.

ENDOMETRIO. Membrana mucosa de la cavidad del útero. Contiene glándulas y corión, tejido periglandular de naturaleza mixta vascular y conjuntiva. Sus características fisiológicas y estructurales dependen de las segregaciones de folículos y luteínas por el ovario. Su análisis por biopsia permite establecer seguimientos hormonales del organismo.
Urogenital, aparato 14:199a.

ENDOMETRIOSIS. Localización de tejido endometrial en lugares anormales, como la pared uterina o los ovarios.

ENDOMITOSIS. Multiplicación de los cromosomas en el núcleo de una célula sin que se dé el reparto de los mismos entre dos células hijas.

ENDOMORFISMO. Aplicación de una estructura algebraica en sí misma.

ENDOPROCTOS. V. **Entoproctos.**

ENDOPRÓTESIS. Tubo que, en ciertos casos de obstrucción del conducto biliar, se inserta para facilitar la salida de la bilis.

ENDOPTERIGOTOS. División de los insectos de clase pterigotos. Metamorfosis compleja, alas planas sobre el abdomen con extremidades membranosas o alas solapadas. Ojos compuestos bien desarrollados. Varios órdenes.
Insectos 8:223b.

ENDORFINA. Sustancia polipeptídica endógena obtenida de la lipotropina y presente en el encéfalo. Su actividad es similar a la de la morfina. También denominada opiáceo endógeno por su poder para controlar el dolor.

ENDORREÍSMO. Condición de las regiones cuya red hidrográfica, como consecuencia del relieve, el clima y el terreno, fluye permanentemente sin desaguar al mar. La zona central eurasiática es eminentemente endorreica.

ENDOSCOPIA. Método de diagnóstico consistente en el examen o inspección directa de una cavidad o conducto del organismo con instrumentos ópticos adecuados a la región que se explora.
Biopsia 3:47a; Diagnóstico, métodos de 5:164b.

ENDO SHUSAKU (n. en 1923). Escritor japonés. Interesado por la cultura occidental, se convirtió al catolicismo y estudió especialmente la literatura francesa. En sus obras se esforzó por acercar ambas culturas. *El hombre blanco* (1955), *La casa rosa* (1969).

ENDOSO. Negocio jurídico traslativo, en virtud del cual un título valor expedido a la orden (generalmente una letra de cambio) pasa del actual titular (endosante) a otro (endosatario) que adquiere los derechos que el título incorpora.

ENDOSPERMA. Tejido especializado para reserva y nutrición de las plantas fanerógamas. Utilizado fundamentalmente por el embrión en desarrollo.
Embriología 5:388a.

ENDOSPORAS. Estructuras corpusculares formadas por muchas especies de bacterias. Ofrecen como característica la de ser muy resistentes a las altas temperaturas y a la deshidratación.

ENDOTELIO. Membrana delgada tisular formada por un único estrato de células aplanadas, que conforma el revestimiento interno de algunas cavidades orgánicas, como la pleura y los vasos sanguíneos.

ENDOTOXINA. Toxina mantenida en el interior del cuerpo de las bacterias vivas que sólo se separa de ellas después de su muerte y de la lisis (desintegración) de su soma (cuerpo) celular. También denominada bacterioproteína.

ENDRINO. Planta arbustiva de la familia de las rosáceas (*Prunus spinosa*). Dicotiledónea. Hojas ovaladas o lanceoladas, flores blancas y fruto en drupa, comestible. Distribución eurasiática.

ENEAS. Héroe troyano legendario, inmortalizado por Virgilio en la *Eneida*. Hijo de Afrodita y Anquises, participó en la guerra de Troya. Fue amante de Dido y esposo de Lavinia, hija del rey del Lacio, Latino. La tradición lo considera el padre de la raza romana.
Eneida 5:408b; Virgilio 14:326.

ENEAS SILVIO. En la mitología romana, hijo póstumo de Eneas y Lavinia. Sucesor de Ascanio en el trono de Alba Longa.

ENEBRO. Planta arbustiva o de porte arbóreo de la familia de las cupresáceas (*Juniperus communis*), a la que pertenece el ciprés. Dicotiledónea. Hojas aciculares, flores agrupadas en estróbilos. Fruto en gálbulo, esférico y leñoso, que se usa en la elaboración de la ginebra para aromatizar ésta.
Coníferas 4:339a.

ENEIDA. Poema épico latino escrito por Virgilio. Considerado la epopeya nacional romana.
5:408b; Epopeya 6:15a; Latina, literatura 9:75a; Troya 14:137b; Virgilio 14:326a; *ilustración* 5:409b.

ENELDO. Planta herbácea anual de la familia de las umbelíferas (*Anethum graveolens*). Dicotiledónea. Hojas finas, muy divididas, y flores amarillas, reunidas en umbelas. Aromática. Utilizada por sus propiedades estomacales.

ENEMA. Inyección de un líquido en el recto, por el ano, bien para facilitar la evacuación de las materias fecales, bien con fines diagnósticos o terapéuticos.

ENEMIGO DEL PUEBLO, UN. Obra del dramaturgo noruego Henrik Ibsen, escrita en 1882. Presenta el conflicto de un médico que siente el deber de denunciar la insalubridad de las aguas de un balneario que sostiene la economía local.

ENEO. En la mitología griega, rey de Calidón y esposo de Altea, de quien tuvo varios hijos, entre ellos Toxeo, Meleagro y Deyanira. Ofreció su hospitalidad a Menelao y Agamenón. Según la leyenda, fue el primer humano a quien Dioniso le dio una vid.

ENEOLÍTICO. Período prehistórico posterior al neolítico, en el que se inició el trabajo del cobre. En las culturas de esta etapa coexiste la industria lítica con la metalúrgica.
5:410a; Metales, edad de los 10:95a.

ENEQUÉTICO, TIPO. Biotipo constitucional que se caracteriza por la lentitud y el detallismo de las manifestaciones psíquicas y la personalidad. Temperamento propio de los epilépticos. Es conocido también como tipo glisroide.

ENERGÍA. Capacidad para producir trabajo. Presenta dos formas generales: potencial, que procede de un campo de fuerzas, y cinética, que es la que posee un cuerpo en movimiento.
5:410a; Absorción 1:19a; Agua 1:121a; Biomasa 3:44a; Biosíntesis 3:52a; Calor 3:288b; Caloría 3:290b; Carbón 3:375a; Combustión 4:291a; Electricidad 5:356a; Física 6:313a; Fuerza 6:424b; Industria 8:187a; Láser 9:68b; Máquina 9:339a; Mecánica 10:13a; Motor 10:278b; Nuclear, energía 11:25b; Partículas subatómicas 11:288b; Petróleo y derivados 11:381b; Pila y acumulador 11:405b; Radiación 12:243a; Radiactividad 12:244b; Reactor nuclear 12:277a; Relatividad, teoría de la 12:317b; Temperatura 14:10a; Termodinámica 14:32b; *mapa* 5:411; *ilustraciones* 5:410b; 5:411b; 5:412a; 5:413a-b.

ENERGÍA, CONSERVACIÓN DE LA. En física, principio según el cual la energía de los cuerpos o las partículas que interactúan entre sí dentro de un sistema cerrado permanece siempre constante.

ENERGÍA ATÓMICA. Energía procedente de la liberación de partículas de los núcleos atómicos. Las más usuales son la de fisión de núcleos de uranio o plutonio por bombardeo con neutrones, y la de fusión de núcleos ligeros, como el del helio.

ENERGÍA ATÓMICA, COMISIÓN EUROPEA DE LA. V. **Comisión Europea de la Energía Atómica.**

ENERGÍA CINÉTICA. Energía que tienen los cuerpos en movimiento. Su valor es igual a la mitad del producto de la masa por el cuadrado de la velocidad.
Energía 5:411a; Gaseoso, estado 7:57a; Mecánica 10:15b.

ENERGÍA POTENCIAL. Energía que poseen los cuerpos por razón del lugar que ocupan en un campo de fuerzas (gravitatorio, eléctrico, magnético, etc.). El trabajo desarrollado (o la energía absorbida) al moverse depende sólo de los puntos inicial y final, no del camino recorrido.
Energía 5:411a; Mecánica 10:15b.

ENERGÍA RENOVABLE. Cualquier fuente de energía en la que los consumos son repuestos de forma natural sin la intervención de la mano del hombre.

ENERGÍA TERMOELÉCTRICA. Producción de energía eléctrica a través del proceso de obtención de calor por medio de la combustión de diversos productos, para posteriormente convertir esta energía calorífica en energía eléctrica.
Electrotecnia 5:371b.

ENERO. Primer mes del año de 31 días, en el calendario gregoriano en uso.

ENESCO, GEORGES (1881-1955). Violinista y compositor rumano, también conocido como George Enescu, autor de música nacionalista. Estudió en el conservatorio de Viena. Primer premio de violín en París. La ópera *Edipo* (1936) y las *Rapsodias rumanas* se cuentan entre lo más destacado de su catálogo.

ENESIDEMO DE CNOSOS (siglo I a.C.). Filósofo griego. Destacado representante del «escepticismo antiguo» en su época. Enseñó en Alejandría y se enfrentó a las corrientes del «escepticismo nuevo». Sistematizó los argumentos para la duda.
Escepticismo 6:35b.

ENFANTIN, BARTHÉLEMY-PROSPER (1796-1864). Teórico y político francés. Impulsor de un movimiento inspirado en la obra de Henri de Saint-Simon. Tuvo un importante impacto en las innovaciones económicas y tecnológicas del siglo XIX en Francia.

ÉNFASIS. Modo de hablar en el que se resalta especialmente lo que se está diciendo. En retórica, figura para dar a entender más de lo que realmente se expresa con las palabras empleadas.

ENFERMEDAD. Término genérico que indica un estado de desequilibrio y de alteración de las funciones de un organismo, debido a agentes patógenos externos o internos; físicos, químicos o mecánicos.

5:414b; Depresión 5:134a; Diagnóstico, métodos de 5:162a; Epidemia 6:10b; Hereditarias, enfermedades 7:367b; Higiene 7:410b; Hospital 8:75b; Medicina 10:28a; Patología 11:299a; Preventiva, medicina 12:137a; Salud 13:101b; Seguridad social 13:189a; Seguro 13:189b; Terapéutica 14:24b; Viruela 14:327b; Zoonosis 14:432a; *ilustraciones* 5:414b; 5:415a-b.

ENFERMEDADES DE TRANSMISIÓN SEXUAL. Término que agrupa al conjunto de patologías contagiosas transmitidas a través de las prácticas sexuales. Se distinguen toda una serie de ellas en la que la sexual es la única vía de contagio –gonorrea, sífilis, linfogranuloma venéreo, etc.– y otras en las que no lo es –síndrome de inmunodeficiencia adquirida (SIDA).

5:416a; *ilustración* 5:417b; *cuadro* 5:416a.

ENFERMEDADES POLIGÉNICAS MULTIFACTORIALES. Conjunto de diferentes patologías y malformaciones, debidas a la alteración de ciertos genes, que afectan a los recién nacidos. Entre ellas se cuentan la espina bífida, la hidrocefalia y la luxación congénita de cadera.

ENFERMO IMAGINARIO, EL. Comedia de Molière, estrenada en 1673. En ella el autor satiriza la ridícula aprensión que causa más problemas que una verdadera enfermedad. El autor murió mientras representaba una de las primeras funciones.

ENFISEMA. Infiltración de gases en un tejido celular (el subcutáneo, por ejemplo). Especialmente, aumento de volumen de los alveolos pulmonares, con destrucción de su pared.

ENFITEUSIS. Arrendamiento a perpetuidad o para un prolongado período de tiempo, cedido a cambio de un pago anual y de la realización de ciertas mejoras en el inmueble por parte del enfiteuta o arrendatario, que adquiere derechos similares a los de propiedad.

ENFOQUE. Ajuste del objetivo de la cámara, imprescindible para que la imagen fotografiada sea captada con absoluta nitidez.

Fotografía 6:359a.

ENGAÑO (DERECHO). V. **Dolo.**

ENGEL, ERNST (1821-1896). Economista alemán. Desempeñó el cargo de director de la Oficina Estadística de Sajonia, dirigió varias revistas especializadas y participó en la fundación del Instituto Internacional de Estadística. De su estudio sobre el presupuesto familiar en Bélgica dedujo las que se conocen como leyes de Engel. *El costo del hombre* (1883).

ENGELBREKT ENGELBREKTSSON (h. 1390-1436). Héroe nacional sueco de origen germano. Dirigió la rebelión contra Erik de Pomerania, rey de Dinamarca, Noruega y Suecia, iniciada en 1434. Murió asesinado.

ENGELS, FRIEDRICH (1820-1895). Filósofo y sociólogo alemán. Colaborador con Karl Marx en la elaboración de la doctrina comunista.

5:417b; Comunismo 4:319a; Familia 6:226b; Historia 8:20b; Liebknecht, Wilhelm 9:153b; Marx, Karl 9:398a; Marxismo 9:398b; Planificación económica 12:17a; Política 12:64b; Socialismo 13:275b; Sociedad 13:277a; *ilustración* 5:417b.

ENGHIEN, DUQUE DE (1772-1804). Louis Antoine-Henri de Bourbon-Condé, noble francés, último miembro de la familia Condé. Luchó en el ejército realista dirigido por su abuelo, Louis-Joseph de Condé. Fue apresado cerca de Estrasburgo bajo la acusación de preparar una conspiración contra Napoleón. Éste lo hizo juzgar por procedimiento sumarísimo, sin defensor, y fue fusilado.

ENGLER, ADOLF (1844-1930). Botánico alemán. Especializado en geografía vegetal, alcanzó la celebridad por su sistema de clasificación de las plantas. Profesor en Kiel y Breslau, dirigió el Jardín Botánico de Berlín y viajó por todo el mundo. De enorme prestigio en su tiempo, expuso sus principales ideas en *Las familias vegetales naturales*, publicada en varias entregas entre 1887 y 1911.

ENGÓMI. Antigua ciudad chipriota situada entre Salamina y Famagusta, en la parte oriental de la isla. Capital del reino de Alasia, desempeñó un importante papel durante el período micénico, y fue centro del comercio de materiales y objetos de bronce. Destruida y abandonada entre los siglos XIII y XI a.C.

ENGRANAJE. Mecanismo transmisor de movimiento relativo a otro análogo adyacente. Los elementos están dotados de dientes que se engranan con los de otros.

ENIAC. Computadora electrónica construida en 1945. Precursora de la informática moderna, permitía la ejecución de hasta cinco mil operaciones de suma por segundo.

ENJAMBRE. Grupo multitudinario de abejas u otros insectos himenópteros que se separa de la colmena y vuela en busca de un lugar apropiado para la fundación de otra colonia. Normalmente se produce tras la aparición de una nueva reina en el panal.

ENKI. Deidad sumeria, una de las que formaban la tríada principal. Conocido como Ea entre los asirio-babilónicos. Dios del agua, como representación de los mundos subterráneos, y encarnación de la sabiduría y el poder creativo del hombre. Su templo se encontraba en Eridu.

Mesopotámicas, religiones 10:84b.

ENLACE. Establecimiento de una unión entre átomos o grupos de átomos, suficientemente fuerte como para que el agregado forme una entidad distinta. Puede ser iónico, covalente o metálico.

5:418b; Disolución 5:209a; Metal 10:93b; Molécula 10:215a; Orbitales moleculares 11:129b; Pauling, Linus 11:300b; Werner, Alfred 14:363a; *ilustraciones* 5:419.

ENLACE, ENERGÍA DE. En química, energía necesaria para mantener unidos los átomos que forman una molécula.

ENLIL. Deidad integrante de la tríada principal del panteón sumerio. Hijo de Anu, dios del cielo, era el señor de los vientos y de la agricultura y regía las relaciones entre los dioses y los hombres. Se le rendía culto y era el patrono de la ciudad de Nipur.

Mesopotámicas, religiones 10:84b.

ENMASCARAMIENTO (QUÍMICA). Operación química en la que se desplaza voluntariamente en exceso una reacción hacia uno de sus miembros con objeto de hacer inapreciable o inefectiva la presencia de algún compuesto particular. Utilizada, por ejemplo, en la ocultación de iones metálicos en el curso de reacciones con quelatos.

ENMERKAR (IV-III milenio a.C.). Héroe semilegendario sumerio, señor de Erech y rival del rey de Aratta. Mencionado en algunas crónicas que relatan sus hazañas.

ENMIENDA (AGRICULTURA). Operación agrícola que consiste en corregir las deficiencias que presenta la tierra para su cultivo. La enmienda puede ser de tipo mecánico, como el drenaje o la nivelación; de tipo físico, mediante la adición o equilibrio de los elementos fundamentales; de la tierra; o de tipo químico, como el uso de las diversas clases de fertilizantes.

ENMIENDA CONSTITUCIONAL. Modificación parcial de la carta magna de un país. Mientras que la promulgación de nuevas leyes requiere usualmente una mayoría simple en el congreso, la enmienda constitucional exige un apoyo de dos tercios de los votos y, en los sistemas federales, ratificación por los estados.

ENNA. Población italiana, cap. de la prov. de Enna, en la isla de Sicilia. Escenario de la primera revuelta de los esclavos contra Roma (134-132 a.C.). Desde el Medievo hasta 1927 mantuvo el nombre de Castrogiovanni. Arquitectura medieval. Cereales, vid, olivos; yacimientos de azufre. 28.203 hab. (1983).

ENNIN (794-864). Sacerdote budista japonés. Introdujo en su país numerosos textos de literatura budista y un sistema de notación musical, aún en uso en época moderna. Creó una rama de la secta Tendai, de profundo arraigo entre el campesinado. Fue nombrado *daihoshi* o gran sacerdote en el 848.

ENNIO, QUINTO (239-169 a.C.). Poeta latino, autor del poema épico *Anales*, en 18 volúmenes, en el que recogió la historia de Roma. Escribió asimismo sátiras, poemas didácticos y tragedias al estilo griego, como *Las Euménides*.

Latina, literatura 9:73a.

ENOLOGÍA. Estudio sistematizado de la producción y crianza de vinos.

Vino 14:320a.

ENOSIS. Término griego utilizado para designar el movimiento que defiende la unión (*enosis*) de Chipre a Grecia. El arzobispo Makarios logró en 1961 la independencia de la isla, a cambio de renunciar a la *enosis*. En 1974 el golpe de estado de los oficiales griegos de la guardia nacional de Chipre intentó conseguir la *enosis*, lo que provocó la intervención militar turca.

ENQUISTAMIENTO. Formación por parte de un organismo de una envoltura externa o quiste con el fin de pasar a un estado de vida latente y defenderse de las condiciones adversas: frío, sequedad, etc.

ENRAGÉ. En francés, «encolerizado», miembro del movimiento revolucionario fundado en 1793 que abogaba en Francia por la obtención de medidas socioeconómicas que favorecieran a las clases más bajas.

ENRAIZAMIENTO. Aparición de raíces en cualquier parte de una planta separada del cuerpo principal. El enraizamiento se ve favorecido por diversos factores, como la humedad, la luz, la presencia de glúcidos, etc., y constituye el fundamento de la reproducción de vegetales por medio de esquejes.

ENRIADO. Procedimiento de remojado de fibras textiles destinadas a la fabricación de tejidos, con la finalidad de separar las materias ásperas. Útil en la industria del lino.

ENRIQUE I, EL CARDENAL. V. **Enrique I de Portugal.**

ENRIQUE I, EMPERADOR (h. el 876-936). Rey germano desde el 919 hasta su muerte, llamado el Pajarero, fundó la dinastía sajona. Devolvió Lorena al control germano en el 925 y aseguró las fronteras contra las invasiones paganas a su reino.

ENRIQUE I DE CASTILLA (1203-1217). Rey castellano desde 1214 hasta su muerte. Hijo de Alfonso VIII de Castilla y Leonor de Inglaterra. Álvaro Núñez de Lara, su tutor, pretendió casarlo con Mafalda de Portugal, pero el papa no concedió la dispensa, y más tarde con la infanta leonesa Sancha, enlace que no se produjo al morir accidentalmente Enrique. Lo sucedió Fernando III, hijo de su hermana Berenguela y de Alfonso IX de León.

ENRIQUE I DE FRANCIA (h. 1008-1060). Rey de Francia desde 1026 hasta su muerte. Su reinado se caracterizó por los continuos levantamientos de los vasallos rebeldes, especialmente Eudes y Robert de Blois. Pese a su oposición, el papa León IX celebró el concilio de Reims del 1049.

ENRIQUE I DE INGLATERRA (1069-1135). Rey de Inglaterra desde 1100 hasta su muerte. Hijo más joven de Guillermo I el Conquistador. Reforzó los poderes de la corona y, como su padre, gobernó Normandía. Logró unir el estado anglonormando creado por éste y alcanzó la paz en Inglaterra.

Investiduras, querella de las 8:252b.

ENRIQUE I DE LORENA (1550-1588). Militar y político francés. Tercer duque de Guisa, destacó por su defensa de las ideas católicas y

su oposición a los hugonotes (instigó la matanza de la noche de san Bartolomé en 1572) y a Enrique de Navarra (Enrique IV de Francia). Murió asesinado.
Guisa, familia 7:292b.

ENRIQUE I DE NAVARRA (1238-1274). Rey de Navarra, llamado el Gordo. Gobernó el reino durante la ausencia de su hermano Teobaldo II, que había marchado a la octava cruzada. Accedió al trono en 1270. Su breve reinado gozó de un período de paz.

ENRIQUE I DE PORTUGAL (1512-1580). Rey portugués. Hijo de Manuel I el Afortunado, llamado el Cardenal, fue arzobispo de Braga, inquisidor general y cardenal. Accedió al trono en 1578. Quiso nombrar heredero a Felipe II de España, sin lograrlo, y estableció una junta de regencia para que gobernara tras su muerte. Acaecida ésta, Felipe II invadió Portugal y se hizo proclamar rey.
Avís, dinastía de 2:271a.

ENRIQUE I EL PAJARERO. V. **Enrique I, emperador.**

ENRIQUE II, EMPERADOR (973-1024). Rey germano desde 1002 y emperador del Sacro Imperio Romano desde el 1014 hasta su muerte. Último de la dinastía sajona. Siguió la política de Otón I el Grande y reforzó como éste la colaboración de la iglesia con el estado. Fue canonizado en 1146.

ENRIQUE II DE AUSTRIA (h. 1114-1177). Duque de Austria, obtuvo del emperador alemán Federico I Barbarroja el *privilegium minus*, el cual implicaba una relativa independencia de Austria ante el imperio.

ENRIQUE II DE CASTILLA (h. 1333-1379). Rey de Castilla desde 1369 hasta su muerte. Hijo natural de Alfonso XI de Castilla y Leonor de Guzmán, accedió al trono tras derrocar a su hermanastro Pedro I el Cruel.
5:420b; Pedro I el Cruel 11:318a; Pedro IV de Aragón 11:319b; Trastámara, casa de 14:117b; *ilustraciones* 5:421a; 14:117b.

ENRIQUE II DE FRANCIA (1519-1559). Rey de Francia desde 1547 hasta su muerte. Su dura represión del protestantismo provocó una guerra civil en su país. A la muerte del delfín en 1536 fue proclamado heredero de la corona. Emprendió reformas administrativas. Se dejó influir por los nobles italianos que habían llegado con su mujer, Catalina de Médicis.
Alsacia-Lorena 1:251a; Catalina de Médicis 4:34a; Religión, guerras de 12:321b; San Quintín, batalla de 13:135b.

ENRIQUE II DE INGLATERRA (1133-1189). Rey de Inglaterra desde 1154 hasta su muerte. Amplió sus dominios anglofranceses.
5:421a: Alejandro III, papa 1:170a; Dublín 5:248a; Irlanda 8:268a; Juan sin Tierra 8:393b; Plantagenet, familia 12:20b; Reino Unido 12:305b; Ricardo I Corazón de León 12:365b; Tomás Becket, santo 14:79b.

ENRIQUE II DE NAVARRA (1503-1555). Rey de Navarra. Hijo de Catalina de Foix y Juan III. Heredero de la baja Navarra, ocupó con ayuda de tropas francesas los territorios que ostentaba Carlos I, pero se vio forzado a abandonarlos. Fue hecho prisionero, junto con Francisco I de Francia, en la batalla de Pavía, a la que lo había acompañado.

ENRIQUE III, EMPERADOR (1017-1056). Rey germano desde 1039 y emperador del Sacro Imperio Romano desde 1046 hasta su muerte. Fue el último emperador capaz de someter al papado e impulsó grandes reformas para purificar la iglesia occidental. Sintiéndose enfermo, en 1045, se esforzó por asegurar que la sucesión recayera en su hijo, el futuro Enrique IV.
Sacro Imperio Romano 13:81a.

ENRIQUE III DE CASTILLA (1379-1406). Rey de Castilla desde 1390 hasta su muerte, llamado el Doliente. Hijo de Juan I de Castilla y Leonor de Aragón. Su reino fue objeto de continuas disputas durante su minoría de edad, pero más tarde supo imponer su autoridad sobre la nobleza. Apoyó al papa de Aviñón. Casó con Catalina de Lancaster, poniendo fin a la lucha con Inglaterra. Conquistó las islas Canarias.

ENRIQUE III DE FRANCIA (1551-1589). Rey de Francia desde 1574 hasta su muerte. Las rivalidades dinásticas durante su reinado exacerbaron las guerras de religión. Con él terminaría la línea masculina de los Valois, y el nombramiento de Enrique de Navarra, el futuro Enrique IV, como heredero reavivó la Santa Liga que el rey había disuelto. Murió asesinado por un fraile.
Religión, guerras de 12:322a.

ENRIQUE III DE INGLATERRA (1207-1272). Rey de Inglaterra desde 1216 hasta su muerte. Su indiferencia ante las tradiciones forzó una serie de grandes reformas impuestas por la nobleza.
5:421b; Carta Magna 3:421b; Lancaster, Enrique duque de 9:54b; Luis, san 9:237a; Plantagenet, familia 12:21a; *ilustraciones* 5:421b; 12:21a.

ENRIQUE III DE SAJONIA V. **Enrique el León.**

ENRIQUE IV, EMPERADOR (1050-1106). Rey germano desde el 1056 y emperador del Sacro Imperio Romano desde el 1084 hasta poco antes de su muerte.
5:422a; Gregorio VII, san 7:215b; Investiduras, querella de las 8:252a; Sacro Imperio Romano 13:80b.

ENRIQUE IV DE CASTILLA (1425-1474). Rey de Castilla desde 1454 hasta su muerte. Aprisionó y dio muerte al condestable Álvaro de Luna.
5:422b; Isabel la Católica 8:271b; Francia 6:391a; Trastámara, casa de 14:117b; *ilustraciones* 5:422b; 14:117a.

ENRIQUE IV DE FRANCIA (1553-1610). Monarca desde 1589 hasta su muerte. Primero de los reyes borbónicos de Francia, se convirtió al catolicismo para ganar París y reunificar el país.
5:423a; Borbón, casa de 3:110a; Francia 6:391a; Hugonotes 8:89b; María de Médicis 9:364b; Religión, guerras de 12:322a; Sixto V 13:269a; *cuadro* 5:423b; *ilustración* 5:423.

ENRIQUE IV DE INGLATERRA (1366-1413). Rey de Inglaterra desde 1399 hasta su muerte. Primero de los tres monarcas de la casa de Lancaster en el siglo XV. Usurpó la corona tras derrocar a Ricardo II y consolidó su poder frente al levantamiento de la nobleza.
Plantagenet, familia 12:22a; Rosas, guerra de las dos 13:21b.

ENRIQUE V, EMPERADOR (1086-1125). Rey germano desde el 1099 y emperador del Sacro Imperio Romano desde 1111 hasta su muerte. Último de la dinastía salia. Restableció la paz en su imperio y combatió con éxito contra Flandes, Bohemia y otros estados. Mantuvo con el papado las mismas controversias que su padre, Enrique IV.
Investiduras, querella de las 8:252b.

ENRIQUE V DE INGLATERRA (1387-1422). Rey de Inglaterra desde 1413 hasta su muerte. Perteneciente a la casa de Lancaster. Convirtió Inglaterra en uno de los reinos más poderosos de Europa al vencer a Francia en la batalla de Azincourt, 1415, en la guerra de los cien años (1337-1453).
Cien años, guerra de los 4:182b; Juan sin Miedo 8:393b.

ENRIQUE VI, EMPERADOR (1165-1197). Rey germano y emperador del Sacro Imperio Romano desde 1190 hasta su muerte. Su matrimonio con Constanza I aportó a su corona el reino de Sicilia. Logró que la dieta de Würzburgo votara la sucesión hereditaria al imperio en 1196, pero la oposición desatada le obligó seis meses más tarde a renunciar a sus propósitos.
Sacro Imperio Romano 13:81b.

ENRIQUE VI DE INGLATERRA (1421-1471). Rey de Inglaterra desde 1422 hasta 1461, y desde 1470 hasta su muerte. Su incapacidad como gobernante fue una de las causas de la guerra de las dos rosas.
5:423b; Plantagenet, familia 12:22b; Reino Unido 12:306a; Rosas, guerra de las dos 13:21a; *ilustración* 5:423b.

ENRIQUE VII, EMPERADOR (h. 1269-1313). Rey germano desde 1308 y emperador del Sacro Imperio Romano desde 1312 hasta su muerte. Obtuvo el trono de Bohemia para su hijo, reforzando así la posición familiar. No consiguió, sin embargo, la firme anexión de Italia.

ENRIQUE VII DE INGLATERRA (1457-1509). Rey de Inglaterra desde 1485 hasta su muerte. Puso fin a la guerra de las dos rosas entre las casas de Lancaster y York y fundó la dinastía Tudor. Restableció la economía de su país al firmar diferentes acuerdos comerciales con otros países.
Plantagenet, familia 12:22b; Ricardo III de Inglaterra 12:366a; Rosas, guerra de las dos 13:21a.

ENRIQUE VIII DE INGLATERRA (1491-1547). Rey de Inglaterra desde 1509 hasta su muerte. Con él se iniciaron el Renacimiento y la Reforma en su país.
5:424a; Anglicanismo 1:357a; Bolena, Ana 3:85b; Clemente VII 4:229a; Irlanda 8:268a; María Tudor 9:369a; Moro, Tomás 10:268a; Reforma y contrarreforma 12:295a; Reino Unido 12:306a; Tudor, dinastía 14:144b; *cuadro* 5:424a; *ilustración* 5:424.

ENRIQUE X EL SOBERBIO (h. 1108-1139). Duque de Sajonia y Baviera, perteneciente a la casa de los Güelfos (o Welf). Contrajo matrimonio con Gertrudis, hija de Lotario III, y luchó al lado de éste contra los Hohenstaufen. Lotario lo nombró duque de Sajonia y le entregó las insignias imperiales. Sin embargo, los electores imperiales optaron por Conrado III, quien le exigió la entrega de las insignias. Al negarse Enrique, Conrado le arrebató los ducados de Sajonia y Baviera.

ENRIQUE, INFANTE DE ARAGÓN (h. 1398-1445). Hijo de Fernando I de Aragón y Leonor Urraca de Castilla. Se opuso a su hermano Juan, quien sería rey de Navarra, lo que afirmó en Castilla el poder de Álvaro de Luna. Tras diversos golpes de estado, murió en combate en Olmedo.

ENRIQUE, MAESTRO (m. en 1277). Escultor y arquitecto español. Representante del gótico francés, trabajó en las obras de la catedral de León y continuó en las de la catedral de Burgos. Para ambas realizó figuras escultóricas, como la de Nuestra Señora la Blanca de la catedral de León.

ENRIQUE DE BORGOÑA (h. 1057-1114). Conde de Portugal. Descendiente de Roberto I, duque de Borgoña. Casado con Teresa, hija natural del rey Alfonso VI de León y Castilla, luchó contra los musulmanes, habiendo recibido como dote el condado de Portucale, situado entre los ríos Miño y Tajo.

ENRIQUE DE FLANDES Y HAINAUT (h. 1174-1216). Emperador latino de Constantinopla. Segundo de los emperadores del imperio oriental creado a raíz de la cuarta cruzada, ocupó el trono en 1206 a la muerte de su hermano Balduino I de Constantinopla. Consolidó el imperio y dominó a los búlgaros y a Teodoro I Lascaris de Nicea. Murió posiblemente envenenado.
Latino de oriente, imperio 9:82a.

ENRIQUE DE GANTE (h. 1217-1293). Filósofo y teólogo, conocido como Doctor Solemnis. A su esquema aristotélico unió ideas agustinianas, especialmente en psicología, y llegó a presentar ciertos atisbos de nominalismo. *Summae quaestionum ordinariarum; XV quaestiones quodlibetales.*

ENRIQUE EL JOVEN (1155-1183). Hijo de Enrique II de Inglaterra, fue coronado el 14 de junio de 1170 por el arzobispo de York. Ello exacerbó la disputa entre Tomás Becket, arzobispo de Canterbury, que concluyó con el asesinato de éste, y el padre del recién coronado monarca, con quien teóricamente compartía el trono. En la práctica, Enrique II gobernó en solitario, y Enrique el Joven murió antes de poder heredar la corona.

ENRIQUE EL LEÓN (h. 1129-1195). Duque de Sajonia y Baviera. Colaborador de Federico I Barbarroja. Fundó la ciudad de Munich en 1157 y reforzó la posición de Lübeck. Rompió con Barbarroja en 1176 y fue desposeído de la mayor parte de sus tierras.
Munich 10:297a.

ENRIQUE EL NAVEGANTE (1394-1460). Príncipe portugués, hijo de Juan I de Portugal. Con el apoyo de su hermano Eduardo exploró las costas de África.
5:420a; Avís, dinastía de 2:270b; Juan I de Portugal 8:394b; Madeira, islas 9:270b; Portugal 12:92b; Renacimiento 12:330a; *ilustración* 5:420a.

ENRIQUE EL SENADOR (1225-1303). Infante de Castilla. Tercero de los hijos de Fernando III y Beatriz de Suabia. Sublevado contra su hermano, Alfonso X, estuvo al servicio del califa de Túnez y fue senador en Roma. Regresó a Castilla e intrigó para obtener la regencia, cedida por María de Molina, contra la que se volvería más tarde.

ENRIQUE RASPE (h. 1202-1247). Landgrave de Turingia. Ocupó el landgraviato entre 1227 y 1247. Logró que el concilio de Lyon lo proclamara emperador al ser depuesto Federico II (1246). Venció al hijo de éste, Conrado, en las cercanías de Francfort, pero murió durante la campaña destinada a conquistar Suabia de manos de los Hohenstaufen.

ENRIQUETA ANA DE INGLATERRA (1644-1670). Princesa inglesa y duquesa de Orleans. Hija de Carlos I de Inglaterra y nieta de Enrique IV de Francia, contrajo matrimonio con Felipe de Anjou, hermano de Luis XIV, a quien el rey concedió el ducado de Orleans. Por encargo de Luis XIV negoció con su hermano Carlos II de Inglaterra el tratado de Dover (1670).

ENRIQUETA MARÍA (1609-1669). Reina de Inglaterra. Hija de Enrique IV de Francia y María de Médicis, contrajo matrimonio con Carlos I de Inglaterra con la condición de disminuir la presión sobre los católicos. A la caída de Carlos I se refugió en Francia, pero volvió temporalmente con la coronación de su hijo Carlos II.

ENRÍQUEZ, ALFONSO (1354-1429). Almirante de Castilla y poseedor de muchos otros títulos. Contrajo matrimonio con Juana de Mendoza, que aportó una rica dote al matrimonio. Fue el primero en ocupar el almirantazgo castellano.

ENRÍQUEZ, CARLOS (1901-1957). Pintor cubano. Introductor de la pintura vanguardista en Cuba. Su obra se encuadra dentro de la estética postimpresionista. «Bueyes trabajando».

ENRÍQUEZ, FADRIQUE (siglo XV). Almirante de Castilla. Hijo de Alfonso Enríquez y Juana de Mendoza. Intervino decisivamente en las contiendas civiles de Castilla, oponiéndose al condestable Álvaro de Luna. Decidido defensor de su nieto, el futuro Fernando el Católico, amplió sus dominios e hizo de Medina de Rioseco la plaza fuerte de su dinastía.

ENRÍQUEZ, FAMILIA. Estirpe castellana iniciada a mediados del siglo XIV por el infante Fadrique, hijo de Alfonso XI y Leonor de Guzmán. A ella pertenecieron Alfonso, Fadrique y otros, conocidos como los almirantes de Castilla. El último en ocupar este cargo fue Juan Tomás Enríquez de Cabrera.

ENRÍQUEZ, MANUEL (n. en 1926). Compositor y violinista mexicano. Maestro concertador de la Orquesta Nacional de México. Entre sus obras más conocidas se cuentan *Transición* para orquesta, dos sinfonías y dos cuartetos de cuerda.

ENRÍQUEZ DE ALMANSA, MARTÍN (siglo XVI). Cuarto virrey de la Nueva España. En el transcurso de su gobierno (1568-1580) se creó formalmente la Inquisición, por cédula real de 1569. Expulsó a los ingleses de Veracruz. Virrey del Perú en 1581, instituyó el servicio postal.

ENRÍQUEZ DE ARANA, BEATRIZ (h. 1467-h. 1521). Dama española, amante de Cristóbal Colón. En el siglo XIX se intentó demostrar su casamiento con el descubridor. Madre de Hernando Colón, cuidó de él y de Diego, hijo legítimo del almirante. Gozó del aprecio y protección de la reina Isabel.

ENRÍQUEZ DE CABRERA, JUAN TOMÁS (1646-1705). Noble castellano, conde de Melgar. Apoyó la elevación de Inocencio XI al papado. Fue capitán general del Milanesado, virrey de Cataluña, embajador y último almirante de Castilla.

ENRÍQUEZ DE GUZMÁN, ALONSO (1499-1547). Militar y escritor español. Descendiente del príncipe portugués Enrique el Navegante. Peleó en el norte de África e Italia, participó en la represión de las germanías de Mallorca y en 1534 pasó al Perú, donde apoyó a Diego de Almagro frente a Francisco Pizarro. Se conserva un texto manuscrito en el que narró su vida: *Libro de la vida y costumbres de don Alonso Enríquez.*

ENRÍQUEZ DE GUZMÁN, ENRIQUE (siglo XVII). Administrador colonial español. Gobernador y capitán general de Guatemala, realizó una recta labor administrativa y se preocupó especialmente de atender los hospitales. Apoyó a los dominicos de Verapaz, permitiéndoles fundar un poblado con los indios choles. Hubo de hacer frente a los piratas ingleses que asolaban la costa.

ENRÍQUEZ DE GUZMÁN, LUIS (siglo XVII). Virrey de la Nueva España de 1650 a 1653, y del Perú entre 1655-1661. Tuvo conflictos con el clero e hizo frente a revueltas indígenas.

ENRÍQUEZ DEL CASTILLO, DIEGO (1443-1503). Cronista español. Capellán y embajador personal de Enrique IV, al que apoyó en la guerra civil contra su hermano Alfonso. Tras la muerte del monarca fue destituido por Isabel la Católica. Autor de *Crónica del rey don Enrique IV.*

ENRÍQUEZ DE RIVERA, PAYO (m. en 1684). Religioso y virrey español. Fue profesor de teología en varios conventos. Obispo de Guatemala, arzobispo y virrey de la Nueva España desde 1673, rechazó el ataque inglés a la península de Yucatán. Promovió las misiones del norte del país. En 1680 renunció a sus cargos.

ENRÍQUEZ GALLO, ALBERTO (1894-1962). Militar ecuatoriano. En 1937 depuso al presidente Federico Páez y ocupó interinamente la jefatura de la república hasta que la Asamblea Nacional designó en 1938 al nuevo presidente, Manuel M. Borrero.

ENRÍQUEZ GÓMEZ, ANTONIO (h. 1600-1660). Escritor español. De origen judío, vivió en constante persecución y su imagen fue quemada por la Inquisición. Autor de poesías de estilo culterano, comedias sobre temas bíblicos y obras en prosa. *Academias morales de las musas* (1642), *La prudente Abigail, El siglo pitagórico* (1644).

ENRIQUILLO (siglo XVI). Cacique dominicano. Se sublevó contra España, pero logró el perdón real y el disfrute de sus dominios.
6:1a.

ENRIQUILLO, LAGO. Lago salado de la República Dominicana. Se encuentra a 44 m bajo el nivel del mar a una distancia de 32 km de la bahía de Neiba. En él se halla la isla de las Cabras, que alberga una fuente de agua dulce. Sirvió de refugio al cacique indio Enriquillo, quien al fin hubo de someterse a los españoles. 550 km^2.

ENROQUE. En ajedrez, lance en el que por una sola vez se juega el rey al mismo tiempo que una torre. Se realiza intercambiando la posición de ambas piezas, desplazando la torre horizontalmente dos escaques (casillas) si es la de la derecha, o tres si está a la izquierda.

ENSAMBLADOR. Programa de un sistema operativo informático que se utiliza para traducir lenguajes ensambladores a otros en lenguaje máquina.
Lenguajes de programación 9:106b.

ENSAMBLAJE. Acción de montar diversos elementos entre sí para formar un todo.
Industria 8:186a.

ENSAÑAMIENTO. Circunstancia reconocida como agravante en el derecho penal. Consiste en aumentar deliberada e innecesariamente el mal causado.

ENSAYO. Composición literaria, generalmente breve y en prosa, en la que el autor expresa sus opiniones y reflexiones sobre un tema determinado (filosófico, político, artístico, histórico, etc.).
6:1a; Literatura 9:182a; *ilustración* 6:1b.

ENSAYOS. Obra del escritor francés Michel de Montaigne, publicada en 1580. En ella el pensador expone sus posiciones sobre el hombre, el gobierno, la moral, la muerte, etc. Ejerció profunda influencia en el pensamiento europeo.

ENSCHEDE. Ciudad y puerto de los Países Bajos, en la prov. de Overijssel, a orillas del canal Twente. Centro de la industria algodonera. Museos. Universidad y escuelas técnicas. 148.814 hab. (1999).

ENSENADA. Ciudad y puerto de México en el est. de Baja California (Norte), a orillas de la bahía de Todos los Santos, en el Pacífico. Aeropuerto. Pesquerías, productos agropecuarios. Turismo. 192.550 hab. (1995).
Baja California (Norte) 2:312b.

ENSENADA, MARQUÉS DE LA (1702-1781). Zenón de Somodevilla y Bengoechea, político español. Fue marino, secretario de varios ministerios y capitán general del ejército con Felipe V y Carlos III. Creó las ordenanzas de Carlos III sobre las reformas en el ejército e impulsó las obras públicas y el comercio exterior. Acusado de dirigir el motín de Esquilache, fue desterrado a Medina del Campo.
Fernando VI de España 6:269b.

ENSEÑANZA. Sistema y método para instruir que tiene como objetivo un aprendizaje eficaz.
6:2a; Comenius 4:292b; Decroly, Ovide 5:107a; Educación 5:311a; Escuela 6:44b; Realidad virtual 12:280a; *ilustraciones* 6:2a; 6:3b; 6:4a; 6:5a.

ENSEÑANZA A DISTANCIA. Método educativo que permite acceder a estudios universitarios, de formación básica o profesional por métodos de comunicación no directa con el profesorado (envíos por correo, radiodifusión, etc.).
Enseñanza 6:5a.

ENSÉRUNE. Ciudad fortificada prerromana del sur de Francia, en Languedoc. Fue ocupada entre los siglos VI y I a.C. Conserva viviendas con columnas, silos excavados y necrópolis con vasos griegos, etruscos e ibéricos. Sus habitantes se relacionaron con la costa catalana y posteriormente con griegos y celtas. La fortaleza fue destruida por los cimbrios.

ENSILAJE. Procedimiento consistente en almacenar los productos agrícolas en silos para conservarlos. El ensilaje del forraje utilizado para la alimentación del ganado fue perfeccionado a partir de mediados del siglo XIX, a fin de reducir la pérdida de peso y valor nutritivo de dicho forraje. También se denomina ensilado.

ENSOR, JAMES (1860-1949). Pintor y grabador belga. Dentro de la tradición flamenca, aunó la factura clásica con la fantasía y el lenguaje expresionistas.
6:5b; Expresionismo 6:217b; *ilustración* 6:5b.

ENSTATITA. Mineral de silicato de magnesio del grupo de los piroxenos. Se presenta en cristales prismáticos de color blanco verdoso y brillo vítreo. Forma parte de las rocas eruptivas básicas con escaso contenido de calcio, especialmente gabros y peridotitas.

ENTABLAMENTO. Cuerpo horizontal que descansa sobre las columnas y que corona los edificios en la arquitectura clásica. Está compuesto de tres franjas horizontales: el arquitrabe, el friso y la cornisa, y su forma varía en función de los distintos órdenes arquitectónicos.

ENTABLILLADO. Método que consiste en fijar con tablillas o férulas y vendajes un hueso fracturado o roto.

ENTALPÍA. Magnitud termodinámica que define el estado de un fluido. Dada por la suma de la energía interna más el producto de la presión por el volumen del fluido. En su acepción más amplia, depende tan solo de los estados inicial y final del sistema y refleja el trabajo invertido con dependencia directa de la variación de temperatura.
Termodinámica 14:34b.

ENTALLE. Procedimiento de talla de piedras preciosas y semipreciosas que aprovecha los colores para formar figuras. Se denomina también entalladura.

ENTARQUINADO. Acción de abonar terrenos con tarquín. Se denomina también enlegamado.

ENTE. El «ser» visto como objeto de la metafísica y, más precisamente, de la ontología, disciplina que se interesa por su estructura causal, su modo de existencia y su comprensión.
Ontología 11:110b.

ENTEBBE. Ciudad de Uganda a orillas del lago Victoria. Institutos de investigación, jardín botánico. Aeropuerto internacional; escenario –en julio de 1976– de una incursión israelí para liberar rehenes de los palestinos. 42.000 hab. (1991).

ENTELEQUIA. Término utilizado por Aristóteles para designar la perfección que resulta de una actualización. Es, por tanto, la culminación de un proceso cuyo término es la misma entidad.

ENTENÇA, BERENGUER D'. V. **D'entença, Berenguer.**

ENTENDIMIENTO. En filosofía, facultad de comprender. Immanuel Kant distinguió entre razón y entendimiento, de manera que la primera se referiría al pensamiento discursivo, mientras que el segundo está relacionado con el conocimiento de las experiencias sensibles y con la intuición.

ENTENDIMIENTO HUMANO, ENSAYO SOBRE EL. Tratado filosófico publicado por el filósofo inglés John Locke en 1690. Dividido en cuatro libros, en él se niega la existencia de ideas innatas en la mente y la posibilidad de acceder al conocimiento de conceptos no empíricos, como los de sustancia y esencia.

ENTENDIMIENTO HUMANO, NUEVOS ENSAYOS SOBRE EL. Obra publicada por el filósofo alemán Gottfried Wilhelm Leibnitz en 1765, donde continuó, aunque tambien criticó, la obra de John Locke *Ensayo sobre el entendimiento humano.*

ENTENTE CORDIALE. Acuerdo político establecido entre Francia y el Reino Unido, el 8 de abril de 1904, por el cual se arreglaron algunas disputas territoriales en las colonias de ambos países. Al iniciarse en 1914 la primera guerra mundial, Francia lo invocó para lograr la ayuda británica.

ENTERITIS. Inflamación del intestino, normalmente el delgado. Producida por infección de bacterias y virus y por ingestión de alimentos en mal estado. Caracterizada por dolor abdominal, náuseas, fiebre, timpanismo y diarrea. Esporádica, crónica o aguda. Su extensión al intestino grueso se denomina enterocolitis.

ENTERO, NÚMERO. V. **Número entero.**

ENTEROBACTERIAS. Familia de bacterias presentes como saprofitos en el intestino humano, el suelo y el agua. De tipo gramnegativo, aerobias o anaerobias facultativas, reducen los nitratos a nitritos. Comprenden diversos bacilos patógenos para el hombre, como *Salmonella* y *Shigella*, y posibles patógenos, como *Escherichia coli.*

ENTEROCOCOS. Grupo de estreptococos presentes en el intestino humano y de algunos animales. De tipo grampositivo, anaerobio facultativo y provisto de cápsula. Eventualmente patógeno para el hombre, es el causante de afecciones inflamatorias. Principal especie *Streptococcus faecalis.*

ENTEROGASTRONA. Hormona digestiva, producida en el intestino, que inhibe la secreción estomacal y es utilizada con fines terapéuticos.

ENTIBADO. Operación consistente en la construcción de un conjunto de obras y reparaciones destinadas a proteger galerías subterráneas, pozos y excavaciones. El entibado está constituido por pilares y vigas de madera, hormigón o metal.

ENTIERRO DEL CONDE DE ORGAZ. Obra cumbre del pintor cretense el Greco, realizada entre 1586 y 1588, que se conserva en la iglesia de Santo Tomé, en la ciudad española de Toledo. Representa el legendario entierro de Gonzalo Ruiz de Toledo por los santos Esteban y Agustín.
Greco, el 7:212a.

ENTOMOLOGÍA. Rama de la zoología que estudia los insectos y, por extensión, todos los artrópodos traqueados.

ENTOMOSTRÁCEOS. Grupo de crustáceos de pequeña dimensión y organización muy sencilla, que incluye, entre otros, a los ostrácodos, copépodos y cirrípedos.

ENTONACIÓN. Inflexión de la voz según el sentido, la emoción o el acento con que se habla.
Fonética y fonología 6:345a.

ENTOPROCTOS. *Phyllum* de animales invertebrados metazoos caracterizados por presentar tentáculos arrollables, pero no retráctiles, que forman una corona peribucal (lofóforo) dentro de la cual desemboca el ano.
Invertebrados 8:251a.

ENTORNO (INFORMÁTICA). Conjunto de peculiaridades de *hardware* y *software* de un sistema que le diferencian de otros de su clase.

ENTRADA-SALIDA, ANÁLISIS DE. Método de análisis económico basado en la teoría del equilibrio general de Léon Walras y desarrollado por Wassily Leontief. Consiste en un modelo econométrico que explica el funcionamiento económico de un país y pone de manifiesto las relaciones existentes entre los diversos sectores. También se conoce por su nombre inglés: análisis *input-output.*
Econometría 5:276b; Economía 5:278a.

ENTRAMBASAGUAS, JOAQUÍN DE (n. en 1904). Escritor y crítico literario español. Profesor en las universidades de Murcia y de Madrid, fue autor de poesía y estudios sobre el Siglo de Oro y la literatura española en general. *Las mejores novelas españolas contemporáneas* (1956), *Lope de Vega y su tiempo* (1961), *Estudios y ensayos sobre Góngora y el barroco* (1975).

ENTRECAVA. Labor agrícola que consiste en una cava ligera y poco profunda de la tierra.

ENTREDICHO. Censura canónica impuesta por la Iglesia Católica sobre una persona, un lugar o una colectividad; según los casos, se prohíbe la celebración de culto, la administración o acceso a los sacramentos, y la sepultura religiosa.

ENTRELAZAMIENTO (INFORMÁTICA). Operación consistente en asignar direcciones consecutivas a posiciones físicamente separadas en soportes de información giratorios, como tambores y cintas magnéticas, a fin de acceder con mayor rapidez a dichas posiciones separadas.

ENTREMÉS. Género teatral español formado por piezas breves de carácter jocoso que se intercalaban en los entreactos de una comedia.
6:6a; *ilustración* 6:6a.

ENTRENAMIENTO AUTÓGENO. Método de relajación personal basado en las investigaciones del psicoanalista alemán J. H. Schultz por el que se intentan reducir las tensiones inconscientes. Su desarrollo se compone de dos ciclos: uno físico y otro mental.
Relajación 12:315b.

ENTREPEÑAS. Embalse sobre el río Tajo situado en la provincia española de Guadalajara. Fue inaugurado en 1954 y mantiene una capacidad de 875 millones de m^3. Unido por medio de un túnel con el cercano embalse de Buendía.

ENTREPUENTE. Espacio que media entre las cubiertas de una embarcación, por lo que también se denomina entrecubiertas o cubierta intermedia.

ENTRE RÍOS. Provincia de la Argentina entre los ríos Paraná, al oeste, y Uruguay, al este. Cap. Paraná. 78.781 km^2. 1.113.438 hab. (2000).
6:6b; Argentina 2:54a.

ENTROPÍA. Magnitud introducida por Rudolf Clausius en el enunciado del segundo principio de termodinámica y que da una medida del estado de orden o de desorden en un sistema.
Temperatura 14:10a; Termodinámica 14:33a.

ENUCLEACIÓN. Técnica biológica consistente en la destrucción del núcleo de una célula con el fin de estudiar la influencia que las estructuras nucleares tienen sobre la fisiología celular.

ENUNCIACIÓN. Noción creada a partir de los estudios lingüísticos que se presenta como el acto de utilizar el lenguaje en forma individualizada. Constituye, pues, el conjunto de factores y actuaciones que producen un enunciado o acto de creación de la persona hablante.
Comunicación 4:313b.

ENURESIS. Emisión nocturna de orina, involuntaria y en general inconsciente, posterior a la edad de control nocturno de esfínteres (usualmente entre los tres y los cinco o seis años).
Sueño (PSICOLOGÍA) 13:350b.

ENVER BAJÁ (1881-1922). Militar y político turco. Destronó al sultán Abdulhamid II (1909) e hizo entrar a Turquía en la primera guerra mundial. La derrota turca provocó su adhesión a la causa de los bolcheviques rusos, en cuya órbita quiso introducir al país. Posteriormente defendió el panislamismo y combatió a los soviéticos.

ENVIGADO. Ciudad de Colombia en el dep. de Antioquia, cerca de la zona urbana industrial de Medellín. Aeropuerto. Productos agropecuarios. Importante industria textil. 146.406 hab. (1999).
Antioquia (COLOMBIA) 1:395b.

ENVITE. En los juegos de apuestas, jugada en la que se paga en el lance una cantidad adicional a los tantos normales. En esgrima, posición que se adopta con el arma para forzar el ataque del adversario.

ENZENSBERGER, HANS MAGNUS (n. en 1929). Ensayista y poeta alemán. Cultivó otros géneros literarios y el cine. *El interrogatorio de la Habana* (1970), *El hundimiento del Titanic* (1978), *La furia de la desesperación* (1980).

ENZIMA. Biomoléculas de naturaleza proteica que aceleran o inducen la práctica totalidad de las reacciones bioquímicas que tienen lugar en el interior de las células.
6:7a; Catálisis 4:36a; Estómago 6:159a; Ingeniería genética 8:210a; Intestino 8:243a; Metabolismo 10:90a; Prótidos 12:168b; *cuadro* 6:7; *ilustración* 6:8a.

ENZINA, JUAN DEL. V. **Encina, Juan del.**

ENZINAS, FRANCISCO DE (1520-h. 1552). Erudito protestante español. Discípulo de Philipp Melanchthon, fue perseguido por la Inquisición y ocultó su nombre bajo varios seudónimos. Realizó traducciones de los autores clásicos y del Nuevo Testamento (1543), y escribió obras históricas y libros de memorias.

ENZOOTIA. Término aplicado a cualquier tipo de enfermedad que acomete a una o más especies animales en un área concreta, por influencia o causa local. Equivalente a la endemia en los humanos.

EO, RÍO. Curso fluvial de la prov. española de Lugo. Nace en los montes de Cádabo y desemboca en el mar Cantábrico, en una ría que establece la línea divisoria entre las comunidades autónomas de Galicia (orilla izquierda) y Asturias (orilla derecha).

EO, VALLE DEL. Comarca de las prov. españolas de Lugo y Oviedo, en las comunidades autónomas de Galicia y Asturias, respectivamente, que está recorrida por el río Eo. Gran riqueza agropecuaria, industrias de salazones y conservas.

EOCENO. Segundo período de la era terciaria, situado entre el paleoceno y el oligoceno. Se inició hace 54 millones de años y duró aproximadamente 16 millones de años. En esta época aparecieron los órdenes de los mamíferos actuales.
Paleontología 11:227b; Terciaria, era 14:29a.

EOLIA. Antigua región del noroeste de Asia menor cuya ciudad principal era Mitilene.

EOLIAS, ISLAS. Archipiélago italiano situado al norte de Sicilia, en el mar Tirreno. Está formado por las islas Lípari, Vulcano, Salina, Alicudi, Filicudi, Panaria y Stromboli. En esta última se halla el volcán homónimo, aún activo. Pertenece a la prov. de Messina. Zona pobre, produce vinos, higos, olivos; pesca; piedra pómez; industria turística. 88 km^2. 10.208 hab. (1981).

EÓLICA, ENERGÍA. Fuerza energética producida por la acción del viento. Utilizada desde antiguo para el funcionamiento de molinos que permitían la extracción o achicado de agua o la molienda del grano, en la época moderna ha alcanzado un nuevo desarrollo como fuente de energía eléctrica.
Desarrollo sostenible 5:149a; Energía 5:413a.

EÓLICO. Grupo dialectal de la lengua griega clásica. Introducido en Grecia por las migraciones asiáticas del siglo XI a.C. Mantenía dialectos con características propias muy diferenciadas. Lengua de los cantos épicos.
Griego 7:226a.

EOLO. Nombre de varios personajes de la mitología griega, siendo el más conocido el hijo de Hipotes y dios de los vientos.
6:8b.

EOS. Diosa de la mitología griega, hermana del sol (Helios) y de la luna (Selene). Fue condenada por Afrodita a estar eternamente enamorada. Se la solía representar con alas, y un cántaro en el que llevaba el rocío. Identificada con la Aurora de los romanos.

EOSINA. Sustancia colorante de carácter ácido, derivado tetrabromado de la fluoresceína. Color rojo con tinte azulado o pardo. Muy soluble en agua y en alcohol; sensible a la luz. Utilizada como tinte en las industrias cosmética, de la seda, la lana y el papel, y en medicina. Nombre comercial utilizado para varios derivados halogenados de la fluoresceína.

EOSINOFILIA. Formación y acumulación de un exceso de células eosinófilas en la sangre, que muestran afinidad por los colorantes ácidos. Síntoma de numerosas afecciones de tipo alérgico, infeccioso parasitario y otros.

EÖTVÖS, JÓZSEF (1813-1871). Escritor y político húngaro. Autor de comedias, poemas, ensayos políticos y novelas, recreó en sus obras con un estilo realista la vida social de Hungría. Sus ideas liberales lo llevaron al desempeño de diversos cargos políticos, principalmente en el campo de la cultura. *El notario del pueblo* (1845), *Hungría en 1514* (1847), *Influencia de las ideas dominantes del siglo XIX sobre el estado* (1851-1854).
Húngara, literatura 8:99b.

EÖTVÖS, LÓRÁND (1848-1919). Físico y químico húngaro. Autor de notables trabajos sobre gravitación y magnetismo terrestre, tensión superficial de los líquidos y punto crítico de los gases. Construyó la balanza que lleva su nombre para mediciones geofísicas, mediante la cual realizó una precisa determinación de la constante de gravitación universal.

EPACTA. Término astronómico aplicado al número de días en que excede el año solar a doce lunaciones exactas. De la epacta se obtenían las fechas de los novilunios y las fiestas eclesiásticas móviles.

EPAMINONDAS (h. el 410-362 a.C.). General y político tebano. Acabó con el predominio militar de Esparta e intervino con sus tropas en el Peloponeso.
6:9a; Grecia antigua 7:209b; Pelópidas 11:323b; Tebas (GRECIA) 13:413b.

EPECUÉN, LAGO. Depósito lacustre de la Argentina, en la prov. de Buenos Aires. Recibe también el nombre de Carhué. Sus aguas son ricas en cloruros y sulfatos, lo que ha permitido su explotación industrial y la instalación de balnearios en sus orillas.

EPÉNTESIS. Inclusión, en el interior de una palabra, de uno o más fonemas, injustificados desde el punto de vista etimológico, que se añaden por motivos fonéticos, estéticos, analógicos, etc. Por ejemplo: «salgo», de «salir», presenta una *g* epentética.

EPERLANO. Pez osteictio clupeiforme de la familia de los osméridos (*Osmerus eperlanus*). Se halla en las zonas frías y templadas del hemisferio norte.

ÉPERNON, JEAN-LOUIS DE NOGARET DE LA VALETTE, DUQUE DE (1554-1642). Noble francés favorito de Enrique III, colaboró en el asesinato de Enrique IV y fue partidario de María de Médicis. Caído en desgracia bajo Luis XIII, en 1622 fue nombrado gobernador de Guienne, pero en 1638 el cardenal de Richelieu lo despojó de ese cargo.

ÉPICA, LITERATURA. Género de poesía narrativa de gran extensión y sumamente elaborada, compuesta, por lo general, a partir de las tradiciones históricas, religiosas o míticas de un pueblo.
Alemana, literatura en lengua 1:175a; Epopeya 6:15a; Gilgamesh, Poema de 7:126b; Griega, literatura 7:218a; Historia 8:19a; Ilíada 8:123b; India, literatura 8:164a; Juglar y juglaría 8:408b; Kalevala 9:1a; Mahabharata 9:290b; Nibelungos, Cantar de los 10:396a; Odisea, la 11:78a; Poesía 12:47a; Roldán, Cantar de 12:415a; Siglo de Oro español 13:238b.

EPICARDIO. Capa visceral del pericardio seroso; cubre el corazón y parte de la red de arterias y venas próximas a aquél.
Corazón 4:377a.

EPICARMO (h. el 530-h. el 440 a.C.). Comediógrafo griego que vivió en Siracusa. Considerado como el fundador de la comedia de Sicilia o comedia dórica. Realizó parodias de temas mitológicos. De sus obras sólo se han conservado algunos títulos y fragmentos. *El campesino, Las ollas, Ulises desertor, El cíclope.*

EPICENTRO. Lugar de la superficie terrestre donde se registra la máxima intensidad de un movimiento sísmico. En general está situado sobre el hipocentro, punto subterráneo en el que se ubica el foco del sismo.
Terremoto 14:37b.

EPICTETO (h. el 55-h. el 135). Filósofo griego. Integrante del movimiento filosófico estoico, sus ideas influyeron claramente en el misticismo cristiano.
6:9a.

EPICURO Y EPICUREÍSMO. Filósofo griego (341-270 a.C.) y escuela fundada por el mismo. El epicureísmo desarrolló una moral tendente a la consecución de la ataraxia o imperturbabilidad del espíritu.
6:9b; Ateísmo 2:188a; Atomismo 2:204a; Hedonismo 7:346b; Lucrecio 9:235a; Materialismo 9:410b; *ilustración* 6:9b.

EPIDAURO. Ciudad griega famosa en la antigüedad porque su santuario, consagrado a Asclepio, atraía a miles de enfermos que buscaban la curación.

EPIDEMIA. Fenómeno por el cual una enfermedad, por lo general infecciosa, se difunde de manera imprevista y rápida, afectando simultáneamente a un gran número de personas en una región.
6:10b; Ébola, virus 5:262b; Gripe 7:233b; Microbiología 10:151b; Peste 11:376a; Preventiva, medicina 12:137b; *cuadro* 6:11b; *ilustraciones* 6:10b; 6:11b; 6:12a.

EPIDEMIOLOGÍA. Rama de la medicina que estudia la distribución de las enfermedades en las poblaciones humanas, así como los factores que determinan dicha distribución. Emplea métodos estadísticos e intenta identificar los grupos de población que presentan un alto riesgo para contraer determinadas enfermedades, lo que permite adoptar medidas preventivas.
Epidemia 6:11b.

EPIDERMIS. Capa superficial de la piel, no vascular, que recubre la dermis. Está formada por cinco capas: basilar, cuerpo mucoso de Malpighi, capa granular de Langerhans, capa transparente de Oehl y capa córnea.
Piel 11:401a; Quemadura 12:216b; Vertebrados 14:282a.

EPIDERMÓLISIS. Estado de flaccidez o desprendimiento de la epidermis por la acción de cáusticos o de otros agentes físicos. La epidermolisis ampollar o vesicular hereditaria es una predisposición de la piel a formar ampollas por la irritación o el frotamiento.
Dermatología 5:146b.

EPIDIASCOPIO. Aparato formado por una linterna con dos objetivos en ángulo de 90° para proyectar por reflexión o transparencia. También se llama epidiáscopo.

EPIDÍDIMO. Pequeño cuerpo oblongo fijo en la parte superior del testículo. Consta de cabeza, cuerpo y cola; esta última se continúa con el conducto deferente. La arteria epididimaria es una rama de la espermática.
Urogenital, aparato 14:199a.

EPIDOTA. Mineral metamórfico compuesto por silicato hidratado de calcio, aluminio y hierro. Cristaliza en el sistema monoclínico, para formar cristales alargados y masas radiadas. Color verde y brillo vítreo. Dureza y densidad medias. Se forma normalmente en grietas cristalinas. También denominado esquerita.

EPIFANÍA. En la antigüedad clásica, aparición inesperada de una divinidad con carácter bienhechor; asimilada también en el antiguo Egipto a las visitas reales de los faraones. En la tradición cristiana conmemora la manifestación de Jesucristo al mundo, representada en la adoración de los Reyes Magos, que se celebra el día 6 de enero, y su bautismo. Las iglesias ortodoxas conmemoran la natividad en tal fecha, como se hizo en todas las comunidades cristianas primitivas.
Navidad 10:368a.

EPIFANIO, SAN (h. el 315-402). Obispo y escritor cristiano. Monje y superior del monasterio de Eleutheropolis, fue nombrado en el 367 obispo de Salamina, en Chipre. Combatió la doctrina de Orígenes y la de los apolinaristas. Autor de estudios teológicos sobre las herejías. *Panarion* (374-377), *Ancoratus* (374).

EPIFENOMENISMO. Doctrina filosófica que propugna la primacía de los procesos físicos sobre la conciencia, la cual no es sino un fenómeno secundario que acompaña a los primeros. Defendida por los filósofos positivistas británicos Thomas Huxley y William Clifford, entre otros.

EPIFENÓMENO. En psicología, fenómeno asociado a otro pero que no ejerce influencia alguna sobre el primero.

EPÍFISIS. Extremo de un hueso largo unido al cuerpo de éste (diáfisis) por cartílago durante la infancia, pero que más tarde forma parte del hueso. También se denomina epífisis a una pequeña glándula endocrina situada detrás del tercer ventrículo del cerebro.
Cerebro 4:87a; Hueso 8:85b.

EPIFITAS. Plantas que crecen sobre otras, especialmente árboles, a los que utilizan como soporte. Además de los musgos y líquenes, algunas especies de fanerógamas presentan también este biotipo.
Orquídea 11:160a.

EPIFONEMA. Figura retórica utilizada en el lenguaje literario que, en forma exclamativa, intenta al final de un texto hacer una consideración general sobre aquello que se ha dicho anteriormente.
Redacción 12:287a.

EPIGASTRIO. Región superior y media del abdomen, limitada por las costillas falsas y extendida desde el esternón hasta el ombligo, aproximadamente.

EPIGÉNESIS. Teoría embriológica que sostiene que las estructuras orgánicas nuevas se forman en el curso del desarrollo embrionario a partir de un tejido indiferenciado.
Biología 3:37a.

EPIGLOTIS. Cartílago de la laringe, delgado y flexible, que obstruye ésta durante la deglución del bolo alimenticio.
Gusto, sentido del 7:298b; Respiratorio, sistema 12:348b.

EPIGONISMO. Término genético que designa modificaciones morfológicas que, presentes de forma difusa en un individuo determinado de una especie, se fortalecen en las siguientes generaciones. Opuesto a atavismo.

EPÍGONOS. En la mitología griega, nombre de los hijos de los siete caudillos que encabezaron la primera expedición contra Tebas. Se llamaban Esténelo, Egialeo, Diomedes, Tersandro, Alcmeón, Anfíloco y Prómaco. Vengaron la derrota de sus respectivos padres, acaecida hacía diez años, y tomaron la ciudad.

EPÍGRAFE. Título, resumen o sentencia que suele anteponerse a un capítulo o apartado de un escrito para orientar sobre su contenido. Esta costumbre se inició en el siglo XVII y tuvo amplia difusión en el siglo XIX.

EPIGRAFÍA. Ciencia que estudia las inscripciones hechas en sustancias duras, como madera, metal o piedra. Se ocuparon de ella historiadores de la antigüedad como Polibio o Tucídides y alcanzó un gran desarrollo con las investigaciones modernas acerca de las civilizaciones mesopotámica y egipcia.

EPIGRAMA. En la retórica clásica, breve composición versificada que se inscribía en las tumbas, monumentos, etc. Con Catulo y Marcial adquirió carácter de composición festiva o satírica. Desde el punto de vista métrico suele tratarse de décimas, redondillas o quintillas.
Griega, literatura 7:221b; Marcial 9:354a.

ÉPILA. Población española de la prov. de Zaragoza, comunidad autónoma de Aragón. En ella tuvo lugar una batalla entre las tropas de Pedro el Ceremonioso, rey de Aragón, y las del infante Fernando y la nobleza aragonesa, siendo derrotadas estas últimas en la margen derecha del Jalón. Muralla medieval y arquitectura civil y religiosa del siglo XVIII. Cereales, olivos, frutales; industrias agrícolas. 3.957 hab. (1996).

EPILEPSIA. Enfermedad nerviosa caracterizada por crisis convulsivas paroxísticas, que se deben a la excitación simultánea de un grupo o de la totalidad de las células cerebrales.
6:12b; Electroencefalografía 5:359a; *cuadro* 6:13a.

EPÍLOGO. Parte final de una obra literaria u oratoria, en la que se suele recapitular lo dicho o cerrar el nudo de la acción.

EPIMETEO. En la mitología griega, hijo de Jápeto y de Clímene, y hermano de Prometeo. Zeus le entregó a Pandora, la primera mujer y origen de los males de la humanidad. De la unión de ambos nació Pirra.
Pandora 11:253a.

ÉPINAL. Capital del dep. de Vosgos, Francia, a orillas del río Mosela, en la reg. de Lorena. Famosa por sus estampas populares y su museo (arqueología, armas, pintura, escultura, estampas). Industria textil, del caucho, mecánica. 41.000 hab. (1987).

ÉPINAY, MADAME D' (1726-1783). Louise-Florence-Pétronille Tardieu d'Esclavelles, ensayista y novelista francesa. Mantuvo un famoso salón literario en el que se dieron cita destacados escritores y filósofos del período anterior a la revolución francesa (Denis Diderot, Jean-Jacques Rousseau, el barón Friedrich de Grimm, etc.) *Cartas a mi hijo* (1758), *Conversaciones de Emilia* (1774).

EPINEFRINA. V. **Adrenalina.**

EPINICIO. En su origen, canto entonado en honor de los vencedores de las fiestas epinicias. Se aplica en general a cualquier composición lírica de victoria (cantos triunfales, himnos, etc.).
Píndaro 11:409a.

EPIPLÓN. Repliegue del peritoneo que une entre sí a las vísceras intraabdominales y que contiene los nervios, vasos o conductos. Existen cuatro tipos: el epiplón mayor, el epiplón menor, el gastrosplénico y el pancreaticosplénico.

EPIRO. Región administrativa de Grecia. Comprende los dep. de Ioanina, Arta, Préveza y Thesprotía. Limítrofe con Albania, a orillas del mar Jónico. Zona montañosa. Agricultura e industrias escasas. Cap. Ioanina. 9.203 km². 339.728 hab. (1991).

EPIROGÉNESIS. Movimientos ascendentes o descendentes de gran radio de curvatura que afectan a extensas áreas de la corteza terrestre; se producen con mucha lentitud y tienden a restablecer el equilibrio isostático, roto por largos períodos de erosión, movimientos tectónicos o fusión de un casquete glaciar.
Geología 7:94b.

EPISCOPADO. Conjunto de los obispos de una iglesia cristiana. La institución del episcopado se remonta a las primeras comunidades cristianas, descritas en los Actos de los Apóstoles. Los *episkopoi* se encargaban de regir dichas comunidades, junto con los presbíteros y los diáconos.

EPISCOPAL, IGLESIA. Rama estadounidense de la iglesia anglicana, escindida de ella en 1789.
6:13a.

EPISODIOS NACIONALES. Colección de novelas del escritor español Benito Pérez Galdós (1843-1920). Realizada en dos bloques de varias series cada uno: el primero compuesto por 20 novelas escritas entre 1873 y 1879, el segundo por 26 novelas escritas entre 1898 y 1913. Constituye una crónica de la historia de España desde el reinado de Carlos IV hasta el gobierno de Antonio Cánovas.
Pérez Galdós, Benito 11:339b.

EPISOMAS. Elementos genéticos de la célula bacteriana que pueden hallarse como factores aislados o formando parte del cromosoma.

EPISTASIA. Alteración nerviosa funcional que depende de una mínima excitación. Produce reacciones reflejas en otros aparatos.

EPISTAXIS. Hemorragia producida a través de las fosas nasales. De origen normalmente traumático o postoperatorio, puede asociarse a estados febriles, alteraciones mecánicas del flujo sanguíneo y afecciones renales diversas.
Otorrinolaringología 11:181a.

EPISTEMOLOGÍA. Rama de la filosofía referida a la teoría del conocimiento. Se centra especialmente en la elaboración de fundamentos teóricos para la ciencia.
6:13b; Racionalismo 12:239b; *ilustraciones* 6:14a.

EPÍSTOLA. Composición literaria a manera de carta, dirigida a una persona ausente, real o ficticia. Las hay en prosa, como las *Epístolas* de san Pablo, de intención didáctica, o las *Cartas del caballero de la tenaza* –críticas y satíricas– de Francisco de Quevedo; o en verso, como la *Epístola a los pisones* de Horacio, auténtica preceptiva literaria, o la *Epístola moral a Fabio*, atribuida a Andrés Fernández de Andrada y cumbre de la poesía del Siglo de Oro. Asimismo pueden constituir el contenido de las llamadas novelas epistolares.
Plinio el Joven 12:35b.

EPÍSTOLA MORAL A FABIO. Composición española del siglo XVII, en tercetos encadenados. Fue publicada como salida de la pluma de Bartolomé Leonardo de Argensola, aunque luego se atribuyó a diversos escritores (Francisco de Rioja, Rodrigo Caro). La crítica se inclina por la autoría de Andrés Fernández de Andrada.

EPISTOLAR, LITERATURA. Género literario en el que, a partir de la utilización de una correspondencia, se narran sucesos, se instruye o se descubre la personalidad del autor de las cartas. Ejemplos del género se han dado desde la literatura clásica griega o romana hasta la del siglo XX.

EPÍSTOLAS. Cartas escritas por los apóstoles con fines didácticos y doctrinales. Contenidas en el Nuevo Testamento, comprenden 14 cartas de san Pablo y siete de otros apóstoles (Santiago, san Pedro, san Juan, san Judas).

EPISTOMA. Región comprendida entre el labro y el epicráneo. En ciertos briozoos, lóbulo preoral provisto de cilios alrededor de la boca.

EPITAFIO. En términos generales, cualquier texto inscrito o destinado a un sepulcro o monumento funerario. En literatura se denomina también así a las composiciones poéticas, por lo común de corta extensión, escritas con motivo de la defunción de alguien.

EPITALAMIO. Poema lírico compuesto en celebración de una boda. Su origen se remonta a los cantos que se entonaban en las ceremonias nupciales de la antigüedad clásica. A menudo se recitaba con música.

EPITAXIA. Propiedad cristalográfica por la que cristales pertenecientes a diferentes sustancias se orientan mutuamente por semejanzas en la ordenación atómica de la superficie de contacto.

EPITELIO. Capa celular que cubre todas las superficies externas e internas del cuerpo y se caracteriza principalmente por estar formada por células de morfología y disposición variable, sin sustancia intercelular ni vasos. Capa superficial de las mucosas.
Histología 8:17a.

EPITELIOMA. Cáncer de tejidos de la piel o de las membranas mucosas. Los epiteliomas pueden extenderse a lugares adyacentes, pero rara vez causan metástasis (tumores secundarios distantes). Constituyen un tipo de carcinoma.

EPÍTETO. Adjetivo o participio cuyo fin principal no es determinar o especificar el nombre, sino caracterizarlo. Sinónimo de explicativo.
Literatura 9:182b; Poesía 12:46a.

EPÍTOME. Texto breve en el que se recoge de forma sintetizada el contenido fundamental de una obra extensa, a menudo con intención didáctica. En retórica, repetición de las palabras iniciales de un largo discurso para lograr mayor claridad.

EPIZOOTIA. Enfermedad que ataca simultáneamente a gran número de animales. En ocasiones puede transmitirse al hombre.

EPODO. Último verso de la estancia (tipo de estrofa), repetido muchas veces. En la poesía griega, tercera parte del canto lírico, compuesto de estrofa, antistrofa y epodo. En la poesía griega y latina, combinación métrica compuesta de un verso largo y otro corto.

EPÓNIMOS. Héroes, magistrados o lugares que dan su nombre a un pueblo, a una época o a una cultura. El héroe epónimo es el supuesto fundador de una población o familia. El magistrado epónimo es aquél cuyo nombre se usa para datar los sucesos ocurridos durante su ejercicio del cargo. El lugar epónimo sirve para denominar una cultura prehistórica.

EPOPEYA. Poema épico extenso en el que se relatan hechos históricos o legendarios.
6:15a; Beowulf 2:414a; Eneida 5:408b; Poesía 12:47a; *ilustraciones* 6:15b; 6:16a.

EPOXIDACIÓN. Reacción química por la que se producen compuestos orgánicos caracterizados por contener un átomo de oxígeno unido a dos de carbono. Los productos primarios de la reacción suelen ser hidrocarburos alifáticos. Los compuestos epóxidos son de gran aplicación industrial y muestran una notable actividad.

EPPENS, FRANCISCO (n. en 1913). Pintor mexicano. Se distinguió como muralista. Sus obras pueden apreciarse en numerosos edificios públicos y privados de la capital mexicana y de otras ciudades del país. Fue también destacado escultor, grabador y dibujante.

EPPUR SI MUOVE. Expresión italiana, que se traduce literalmente como «y, sin embargo, se mueve», que denota la realización de algo tenido por imposible. La frase fue supuestamente murmurada por Galileo cuando la Inquisición lo obligó a desdecirse de su teoría que postulaba que la Tierra gira en torno al Sol.

EPROM. En informática, memoria sólo de lectura, borrable y programable. Siglas de la expresión inglesa *erasable programmable read-only memory.*
Informática 8:203b.

ÉPSILON. Quinta letra del alfabeto griego, que corresponde a la *e* en castellano (E, u).

EPSOM, SAL DE. Sulfato magnésico hidratado, $SO_4Mg.7H_2O$. Forma parte de la composición de diversas aguas minerales y se halla en los yacimientos de Stassfurt formando el mineral denominado kieserita. Puede prepararse artificialmente tratando el carbonato magnésico con ácido sulfúrico. Usado como purgante y reactivo de laboratorio. También se denomina epsomita.

EPSTEIN, JACOB (1880-1959). Escultor estadounidense nacionalizado británico. Reformador e introductor de los movimientos de vanguardia en la escultura británica del siglo XX.
6:16a; *ilustración* 6:16a.

EPSTEIN, MICHAEL ANTHONY (n. en 1921). Virólogo británico. Investigador del linfoma de Burkitt y descubridor, junto con su colaboradora Yvonne Barr, del virus de Epstein-Barr, causante de la mononucleosis infecciosa, y que se ha relacionado con el citado linfoma, y con el carcinoma nasofaríngeo, en lo que constituye la primera demostración de los procesos oncológicos de origen vírico.

EQUIALTÍMETRO. Aparato empleado para determinar la diferencia de cotas entre dos puntos, referidas ambas a un nivel prefijado.

EQUIDAD. Justicia que se hace prescindiendo de la literalidad de las normas positivas o consuetudinarias y utilizando la interpretación y aplicación de las leyes al caso, e incluso creando nuevo derecho. Por eso, el término equivale a justicia singularizada, justicia benévola, justicia extralegal, de aplicación discrecional. La defensa de la seguridad jurídica, sin embargo, impide el uso constante del principio de equidad.

EQUIDNA. Mamífero monotrema de la familia de los taquiglósidos. Dos especies principales: *Zaglossus bruijni* y *Tachyglossus aculeatus.* Tiene púas similares a las del erizo, garras excavadoras y larga lengua apropiada para alimentarse de larvas, de insectos y gusanos. Habita en Australia, Nueva Guinea y Tasmania.

ÉQUIDOS. Familia de mamíferos ungulados del orden de los perisodáctilos. Comprende los caballos, asnos y cebras.
Cebra 4:57b; Perisodáctilos 11:343a.

EQUILÁTERO. Triángulo que posee tres lados iguales. En él se cumple también la igualdad de los tres ángulos.

EQUILIBRIO. Estado de inmovilidad o inactividad de un cuerpo o un sistema por la compensación recíproca de los agentes o fuerzas que actúan en él.
Péndulo 11:326b.

EQUILIBRIO QUÍMICO. Estado estable al que tiende toda reacción, definido por la igualdad entre la velocidad de formación de una sustancia y la de su descomposición. Puede referirse a distintos procesos químicos.
6:16b; Reacción química 12:276a.

EQUINOCCIO. Época en que la duración de la noche se hace igual a la duración del día en toda la Tierra.
Estaciones del año 6:118a.

EQUINOCOCOSIS. Enfermedad infecciosa producida por equinococos, cestodos parásitos que se alojan preferentemente en el intestino del perro. Afecta al hombre y diversos animales domésticos. Provoca quistes de tamaño considerable en el hígado y los pulmones, de consecuencias graves. Se contrae por ingestión de vísceras crudas, hortalizas y aguas contaminadas. Tratamiento quirúrgico. La profilaxis en el perro incluye vigilancia en la alimentación y tratamiento antihelmíntico periódico. También se denomina hidatidosis y los quistes formados se conocen como hidatídicos.

EQUINODERMO. *Phyllum* de animales metazoos marinos, con simetría radiada, caparazón calizo, frecuentemente con púas y provistos de aparato ambulacral. Incluyen, entre otros, las estrellas y erizos de mar y las holoturias.
Endocrino, sistema 5:406a; Erizo de mar 6:23a; Estrella de mar 6:172a; Invertebrados 8:251a; Locomotor, aparato 9:186a; Metazoos 10:104a; Toxicología 14:102a; Zoología 14:428a.

EQUIPARTICIÓN. Concepto físico-matemático defendido por la estadística clásica para las moléculas de un fluido, que supone que la energía de una partícula experimenta variaciones continuas, lo que daría lugar a una repartición equitativa de dicha energía a lo largo de todo el fluido en reposo. Rechazado por la mecánica cuántica, que preconiza valores discretos (discontinuos) para estas variaciones.

EQUIPO CRÓNICA. Grupo formado por los artistas españoles Manuel Valdés (n. en 1942) y Rafael Solbes (1940-1981). Creado en Valencia en 1964. Basándose en una figuración narrativa, recreó en sus series la vida política y social de la España de las décadas de 1960 y 1970. «Guernica» (1969), «Paisajes urbanos» (1978-1979), «Crónica de transición y viajes» (1981).

EQUIPO REALIDAD. Grupo de artistas españoles que practicó una pintura realista próxima a la reproducción fotográfica en la que intentaba reflejar la vida en su cotidianidad. Fue fundado en Valencia en 1966 por Juan Cardells y Jorge Ballester. Se disolvió en 1977. «Cuadros de historia», «Retrato del retrato del retrato de un...».

EQUISETO. Criptógama perteneciente a la familia de las equisetáceas y al género *Equisetum.* Se denomina también cola de caballo. Presenta rizoma y tallos con diferentes verticilos de hojas estrechas.
Botánica 3:129a; Helecho 7:352a; Planta 12:20a; Primaria, era 12:140b.

EQUITACIÓN. Arte o deporte de montar a caballo. Entre sus especialidades están las carreras, la caza y el polo.
Caballo 3:248b; Hípicos, deportes 7:421b.

EQUIVALENCIA, RELACIÓN DE. Relación establecida entre los elementos de un conjunto en la que se verifican las propiedades reflexiva, simétrica y transitiva.

EQUIVALENTE-GRAMO. Cantidad en gramos de una sustancia que reacciona con un mol de electrones. El número de equivalentes de un soluto contenidos en un litro de solución define la normalidad de esa solución.

EQUIVALENTE QUÍMICO. Peso de combinación. Cantidad en gramos de una sustancia que se combina, desplaza o libera un gramo de hidrógeno (u ocho de oxígeno).

ERA. División del tiempo geológico que corresponde al primer orden de magnitud dentro de la jerarquía del tiempo geológico o geocronología. Cada era está formada por distinto número de períodos. Generalmente se diferencian las eras precámbrica, paleozoica o primaria, mesozoica o secundaria, terciaria, cuaternaria. Algunos incluyen estas dos en la era cenozoica. V. **Geocronología**; *cuadro* 7:57b.

ÉRARD, SÉBASTIEN (1752-1831). Constructor francés de pianos y arpas. Logró el mecenazgo de la duquesa de Villeroi. Creador del primer piano vertical y precursor de las formas modernas de éste y del arpa.

ERASÍSTRATO DE CEOS (siglo III a.C.). Médico griego. Figura relevante en la época de mayor esplendor de la medicina de Alejandría, donde trabajó hacia el 250 a.C. Conocido especialmente por sus estudios sobre los sistemas nervioso y circulatorio. Descubrió la diferencia entre nervios sensoriales y motores y afirmó que la sangre es transportada por las venas desde el corazón a diversas partes del organismo.

ERASMISMO. Movimiento ideológico originado en el siglo XVI por el humanista Erasmo de Rotterdam. Este movimiento adoptó diversas formas, dependiendo de las circunstancias históricas de cada país: como doctrina que impulsa el saber y mantiene la unidad de la fe, como una filosofía que mezcla el humanismo y el cristianismo, etc.

ERASMO (h. 1469-1536). Humanista y filósofo holandés. La figura más representativa del humanismo renacentista.
6:18a; Filología 6:292b; Humanismo 8:92b; Países Bajos, literatura de los 11:213b; Reforma y contrarreforma 12:294a; Renacimiento 12:329b; Sincretismo 13:251a; Traducción 14:108a; Valdés, Alfonso de 14:220a; Valdés, Juan de 14:221a; Vives, Juan Luis 14:341a; Zwingli, Huldrych 14:440a; *cuadro* 6:18a; *ilustraciones* 6:18a; 11:213b.

ERASO, FRANCISCO BENITO (1793-1835). Militar español. Defensor del régimen absolutista, se integró en el ejército carlista, en el que obtuvo importantes victorias para la causa del pretendiente Carlos. Nombrado comandante general de Navarra, cedió el mando a Tomás de Zumalacárregui.

ERASO, FRANCISCO DE (m. en 1570). Secretario de Carlos V (I de España) y secretario de los consejos de la Inquisición y de Indias en el reinado de Felipe II. Contó con la confianza de ambos monarcas y fue distinguido con el título de comendador de Moratalaz y señor de Mohernando.

ERASTIANISMO. Doctrina del médico y teólogo suizo Tomás Erasto, que en lo religioso negaba autonomía a la iglesia y preconizaba la subordinación de ésta a la autoridad del estado.

ERASTO, TOMÁS (1524-1583). Thomas Lüber, teólogo y médico suizo. Catedrático de la

Universidad de Heidelberg, fue enemigo de las teorías de Paracelso y partidario, dentro de la Reforma, de la subordinación de la iglesia al estado. *Explicación a las graves cuestiones* (1589).

ERATO. En la mitología griega, musa de la poesía lírica, especialmente de la amatoria. Se la solía representar con una lira. También se daba este nombre a una de las nereidas (ninfas hijas de Nereo).

ERATÓSTENES (h. el 276-194 a.C.). Científico, geógrafo y astrónomo griego. Primer hombre que calculó la circunferencia de la Tierra.
6:18b; Geografía 7:87a; Griega, literatura 7:220b; Tierra 14:55b.

ERATÓSTENES, CRIBA DE. Procedimiento para hallar los números primos menores que uno dado, para lo cual se disponen todos los números inferiores al designado como límite en una tabla y se van eliminando los que no son primos, o sea, los que son múltiplos de otro cualquiera.

ERAUSO, CATALINA (1592-1635). Dama española, conocida como la Monja Alférez. Tras huir del convento de las dominicas, se embarcó como grumete bajo el nombre de Alfonso Díaz Ramírez de Guzmán. Luchó en Chile y llegó al grado de alférez, pero al ser herida se descubrió su identidad y volvió a España. Regresó nuevamente a América y desapareció al desembarcar en Veracruz. Se desconoce si pereció o se ocultó para cambiar de nuevo su identidad.

ERB, WILHELM HEINRICH (1840-1921). Médico alemán. Especialista en enfermedades neuromusculares, fue profesor en Heidelberg y Leipzig. Estudió las distrofias musculares e identificó el síndrome de Erb, una esclerosis lateral que provoca parálisis muscular.

ERBAKÁN, NECMETÍN (n. en 1926). Político turco. Principal dirigente del Partido del Bienestar, de carácter islamista, en 1996 fue designado primer ministro de la nación por el presidente Suleyman Demirel. Su gobierno se prolongó durante apenas un año, tras el cual fue reemplazado por la conservadora Tansu Ciller.
Turquía 14:164b.

ERBEN, KAREL JAROMÍR (1811-1870). Poeta y etnógrafo checo. Representante del movimiento romántico, recogió en sus investigaciones narraciones, poemas y leyendas del folclor eslavo. Sus composiciones propias, reunidas en *Ramilletes de leyendas nacionales* (1853), destacaron por su inspiración popular y gran sensibilidad. *Canciones nacionales de Bohemia* (1842-1845), *Cuentos y leyendas populares eslavos* (1865).
Checa, literatura 4:113a.

ERBIO. Elemento químico del grupo de las tierras raras, IIIb de la tabla periódica. Metal trivalente que forma sales de color rosado. Símbolo, Er; número atómico, 68; peso atómico, 167,26.
Lantánidos 9:57b.

ERCILLA, ALONSO DE (1533-1594). Poeta español. Autor del poema épico *La Araucana*.
6:19a; Hispanoamericana, literatura 8:4b; Siglo de Oro español 13:238b; *ilustración* 6:19b.

ERCKMANN-CHATRIAN. Apellidos de los escritores franceses Émile Erckmann (1822-1899) y Louis-Alexandre Chatrian (1826-1890), con los cuales publicaron numerosas novelas que escribieron juntos y que alcanzaron gran popularidad. *El ilustre doctor Mathéus* (1859), *Historia de un hombre del pueblo* (1865), *Waterloo* (1865), *El judío polaco* (1869).

ERDMANN, BENNO (1851-1921). Filósofo alemán. Profesor en diversas universidades alemanas, se ocupó especialmente de la psicología y de la lógica y fue un gran defensor de la obra de Immanuel Kant. *Lógica I: Teoría lógica fundamental* (1892), *Hipótesis científicas sobre el cuerpo y el alma* (1907), *Conocer y comprender* (1913).

ERDMANN, OTTO LINNE (1804-1869). Químico alemán. Autor de notables trabajos sobre química analítica. Profesor en la Universidad de Leipzig. Analizó las propiedades del estaño y calculó los pesos atómicos de diversos elementos: carbono, calcio, cobre, hidrógeno.

ÉREBO. Figura de la mitología griega que personifica las tinieblas. Era hijo de Caos y de la Noche y padre del Éter y del Día. En castigo por haber ayudado a los titanes fue arrojado a los infiernos y convertido en río.

ERECCIÓN. Proceso en virtud del cual los cuerpos cavernosos de los órganos copulatorios de los mamíferos superiores se llenan de la sangre que afluye a ellos y quedan rígidos antes del coito. En el ser humano el fenómeno es especialmente importante en el pene del hombre y menos en el clítoris de la mujer.

ERECH. V. **Uruk.**

ERECTEION. Templo edificado en la Acrópolis de Atenas para honrar a Palas Atenea y a los antiguos señores de la Acrópolis: Erecteo y Cécrops.
Acrópolis 1:38a.

ERECTEO. Rey mítico de Atenas que, según una tradición, había brotado de la tierra. Instituyó el culto a Atenea y las panateneas. Venció a los eleusinos porque obedeció al oráculo y sacrificó a una de sus hijas. Fue castigado por Zeus, quien lo arrojó al seno de la tierra.

EREMITISMO. Tradición religiosa iniciada desde los primeros siglos del cristianismo. Los eremitas o ermitaños se retiraban a lugares solitarios o desérticos (*eremos*) para apartarse del paganismo y dedicarse a la oración. El primer ermitaño conocido fue san Pablo de Atenas, en el siglo III. San Pacomio inició en el siglo IV la vida comunitaria en los cenobios.
Ascetismo 2:141a; Órdenes religiosas 11:130b.

ERESMA, RÍO. Curso fluvial español, subafluente del Duero. Nace en la sierra de Guadarrama junto a Peñalara y Siete Picos. Pasa por los pinares de Balsaín, por la Granja de san Ildefonso y por Segovia. Desemboca en el Adaja, que es de menor caudal. 167 km de longitud.

ERETRIA. Antigua ciudad griega de la isla de Eubea. Fue primero aliada y luego rival de la vecina Calcis. Durante las épocas macedónica y romana perdió toda su importancia.

EREVÁN. V. **Yereván.**

EREWHON. Novela del escritor británico Samuel Butler, publicada en 1872. Describe en tono de satírica antiutopía las aventuras de Higgs, un hombre sencillo, en el país de Erewhon (anagrama del término inglés *nowhere*, «en ningún lugar»).

EREZCANO, FRANCISCO (1796-1856). Marino argentino. Luchó por la independencia de su país. Al mando del bergantín «Intrépido» participó en la expedición de Thomas Cochrane al Perú (1820). Se destacó en la toma por asalto de la ciudad de Valdivia, durante la campaña de Chile.

ERFURT. Ciudad de Alemania, cap. del dist. del mismo nombre. Catedral del siglo XII. Museos. Escuela de medicina. Floricultura, industria ligera. 205.361 hab. (1998).

ERFURT, CONFERENCIA DE. Negociaciones establecidas entre Napoleón Bonaparte y el zar Alejandro I de Rusia entre el 27 de septiembre y el 14 de octubre de 1808. El zar se comprometía a luchar junto a Francia si ésta era atacada por Austria. A cambio obtenía la secreta aquiescencia de Napoleón para sus ambiciones territoriales sobre Finlandia y las provincias de Moldavia y Valaquia, entonces bajo dominio otomano.

ERGIO. Unidad de energía utilizada en el sistema cegesimal.

ERGONOMÍA. Especialidad de la ingeniería que persigue mejorar la adaptación entre el ser humano y la máquina. También se conoce por ingeniería de los factores humanos.
6:19b; *ilustración* 6:20a.

ERHARD, LUDWIG (1897-1977). Político alemán. Desempeñó diversos cargos políticos y fue nombrado canciller de la Rep. Fed. de Alemania en 1963, al retirarse Konrad Adenauer. Permaneció en el cargo hasta 1966.

ERICÁCEAS. Plantas arbustivas o arbóreas, generalmente perennes, de reducido tamaño y flores regulares y acampanadas, con frutos en forma de bayas o cápsulas. Entre sus 1.500 especies destacan los rododendros, los brezos, el mirtilo y el madroño.
Azalea 2:277a.

ERICE, VÍCTOR (n. en 1940). Cineasta español. Autor de guiones y crítica cinematográfica, dirigió *El espíritu de la colmena*, Concha de Oro del festival de San Sebastián de 1973, y *El sur* (1983).

ERICSSON, JOHN (1803-1889). Inventor estadounidense de origen sueco. Desarrolló e inventó diversos instrumentos para la navegación a vapor y el armamento naval, y fue pionero en la utilización de la energía solar en motores.

ERÍDANO. Constelación situada en el hemisferio austral, entre Orión, Tauro y la Ballena. Su estrella más brillante es Achernar, de primera magnitud.

ERIDU. Ciudad de la antigua cultura sumeria situada al sudoeste de Ur, en la Mesopotamia meridional. Descubierta a mediados del siglo XIX. Fue fundada probablemente en el V milenio a.C.

ERIE. Ciudad y puerto interior de los Estados Unidos, est. de Pennsylvania, a orillas del lago Erie. Colegios universitarios. Astilleros, industrias diversas. 102.640 hab. (1998).

ERIE, LAGO. Lago de América del norte, en la región de los grandes lagos. Frontera entre Canadá y los Estados Unidos. Longitud 388 km, anchura 91 km. Su cuenca cubre un área de 58.770 km^2.
San Lorenzo, río 13:130a.

ERÍGENA, JUAN ESCOTO (h. el 810-h. el 877). Filósofo y teólogo irlandés. Incorporó elementos neoplatónicos al pensamiento filosófico medieval.
6:21a; Escolástica 6:40b; Panteísmo 11:254b.

ERIK I DE NORUEGA (m. en el 954). Rey de Noruega desde aproximadamente el 930 hasta el 935. Asesinó a dos hermanos suyos designados para suceder a su padre, Harald I. Su tiranía obligó a los nobles a llamar a Haakon, su otro hermano, que lo destronó. Murió en combate tras acceder al trono de Northumberland.

ERIK V KLIPPING (h. 1249-1286). Rey de Dinamarca desde 1259 hasta su muerte. Accedió al trono tras ser asesinado su padre, Cristóbal I. Reinó bajo la regencia de su madre hasta su mayoría de edad. Restableció la soberanía danesa en Jutlandia. Murió asesinado.

ERIK VII DE POMERANIA (h. 1381-1459). Rey de Dinamarca, Noruega y Suecia de 1397 a 1439. Su gobierno autocrático y las guerras con el exterior le hicieron perder los tres tronos. Se exilió a la isla de Gotland y más tarde a Pomerania.
Dinamarca 5:191a.

ERIK XIV DE SUECIA (1533-1577). Rey de Suecia. Ocupó el trono en 1560, al suceder a su padre Gustavo I Vasa. De gran cultura, invadió Tallinn y se enfrentó a la alianza de Dinamarca, Polonia y Lübeck formada contra él (guerra de los siete años). Después de sufrir un acceso de locura y asesinar incluso a miembros de su familia, fue depuesto en 1568 por su hermano Juan y murió en prisión.

ERIK EL ROJO (siglo X). Erik Thorvaldson, explorador noruego. Su padre, acusado de asesinato, tuvo que exiliarse a Islandia. Desde ahí partió Erik hacia el oeste, desembarcó en una isla a la que llamó Groenlandia y fundó una colonia. Fue padre de Leif Erikson, quien supuestamente llegó a pisar tierras americanas.
Groenlandia 7:236b.

ERIKSON, ERIK H. (1902-1994). Psicoanalista estadounidense de origen alemán. Después de estudiar psicoanálisis en Viena con Anna Freud, se trasladó a los Estados Unidos. Sus trabajos se relacionan con la maduración de la personalidad normal en relación con la historia y el medio circundante. *Niñez y sociedad* (1950), *El joven Lutero* (1958).

ERIKSON, LEIF. V. **Leif Erikson.**

ERINÁCIDOS. Familia de mamíferos insectívoros que incluye las distintas especies de erizos.

ERINIAS. Divinidades de la mitología griega, encargadas de castigar los crímenes, en especial los cometidos contra la familia. Eran tres: Tisífone, Alecto y Mégera. Corresponden a las Furias romanas.

ERIS. En la mitología griega, diosa de la discordia, hermana y esposa de Ares, que lanzó entre los invitados la manzana de oro en las bodas de Tetis y Peleo, a las que no había sido invitada. Paris fue encargado de entregar la manzana a la diosa más bella escogiendo entre Hera, Atenea y Afrodita. La elección recayó en esta última, la diosa del amor, para que Paris lograra el favor de Helena. El episodio supuso el origen de la guerra de Troya.

ERISIPELA. Infección de la dermis causada por el estreptococo y caracterizada por una inflamación aguda de la piel, con fiebre y signos de alteración del estado general.

ERÍSTICA. En filosofía, relativo a la escuela socrática de Megara, caracterizada por su retórica capciosa basada en una disputa que únicamente tiene como fin el de ganar la propia disputa, aun sin razón.
Sofistas 13:289b.

ERITEMA. Congestión cutánea de carácter difuso y en manchas rojizas que desaparecen momentáneamente con la presión. Debida a múltiples causas: prolongada exposición al calor, contacto reiterado con animales, infecciones víricas, intoxicaciones, etc. Asimismo, puede ser síntoma de enfermedades vasculares y tumorales.

ERITREA. República independiente de África oriental, a orillas del mar Rojo. Cap. Asmara. 121.100 km^2. 4.136.000 (2000).
6:21b; África 1:94; Etiopía 6:180a; Haile Selassie 7:316a; Rojo, mar 12:414a; *cuadros* 6:21b; 6:22a; *ilustración* 6:22a.

ERITRINA. Mineral de arseniato hidratado de cobalto. De color rojo, cristaliza en el sistema monoclínico.

ERITROBLASTOSIS FETAL. Presencia de eritroblastos o células precursoras de los glóbulos rojos en la sangre del feto. El proceso es propio de la incompatibilidad del factor Rh de éste y el de la madre, positivo y negativo respectivamente, y puede dar lugar a abortos. Se conoce también como enfermedad hemolítica neonatal.

ERITROCITO. V. **Hematíe.**

ERITROMICINA. Antibiótico contra los gérmenes grampositivos, sintetizado en 1952 a partir del hongo *Streptomyces erythraeus* y usado como sustitutivo de la penicilina en determinadas infecciones.

ERITROPOYETINA. Sustancia hormonal que activa la producción de eritrocitos o glóbulos rojos. Es segregada por los riñones en el individuo adulto y por el hígado en el feto. En la década de 1990 fue sometido a control su consumo como agente estimulante no permitido, por parte de deportistas de diferentes especialidades. También se conoce por su acrónimo, EPO.

ERIVÁN. V. **Yereván.**

ERIZO. Mamífero insectívoro, de la familia de los erinaceidos (*Erinaceus europaeus*).
6:22b; Insectívoros 8:221a; *ilustración* 6:23a.

ERIZO, PEZ. Pez osteictio de la familia de los diodóntidos (*Diodon hystria*). Cuerpo erizado de púas; posee un saco ventral que puede llenarse de aire, lo que permite al animal flotar con el vientre hacia arriba. Propio de los mares intertropicales.

ERIZO DE MAR. Animal equinodermo, del grupo de los equinoideos y de la familia de los equínidos. Diversos géneros y especies.
6:23a; *ilustración* 6:23b.

ERLANDER, TAGE (1901-1985). Político sueco. Integrante del parlamento sueco desde 1933 por el Partido Social Democrático, ejerció diversos cargos ministeriales y a la muerte de Per Albin Hansson en 1946 sucedió a éste como primer ministro y jefe del partido, cargos que ocupó hasta 1968.
Suecia 13:346a.

ERLANG. Unidad usada para expresar la carga de una línea telefónica. Es una variable continua que fluctúa entre 0 y 1, valores que corresponden respectivamente a la desocupación y a la ocupación total de la línea.

ERLANGEN. Ciudad y puerto fluvial de Alemania, est. de Baviera, en la confluencia de los ríos Schwabach y Regnitz. Universidad. Guantes, sombreros, aparatos eléctricos. 100.330 hab. (1998).

ERLANGER, JOSEPH (1874-1965). Fisiólogo estadounidense. Recibió el Premio Nobel de medicina en 1944, junto con Herbert Gasser, por sus trabajos sobre la diferenciación funcional de las fibras nerviosas.

ERLENMEYER, EMIL (1825-1909). Químico alemán. Profesor en las universidades de Heidelberg y Munich, fue un gran propulsor de la química en su país. Descubrió la fórmula del naftaleno y el ácido isobutírico y realizó la síntesis de la tirosina.

ERLER, FRITZ (1913-1967). Político alemán. Encarcelado y deportado en 1938, después de la segunda guerra mundial fue elegido diputado y dirigió el Partido Social Democrático junto con Willy Brandt y Herbert Wehner.

ERMAN, GEORG ADOLF (1806-1877). Físico alemán. Hijo del también físico Paul Erman, fue profesor en la Universidad de Berlín y viajó a través del mundo para recoger datos geofísicos y del magnetismo terrestre. Influyó en la célebre teoría del magnetismo terrestre de Carl Friedrich Gauss.

ERMAN, PAUL (1764-1851). Físico alemán. Autor de notables trabajos sobre electricidad y magnetismo. Demostró que la existencia de conducción eléctrica es independiente del signo de la corriente que la induce.

ERMESSENDA (972-1058). Condesa de Barcelona quien gobernó el condado de Carcasona-Coserans, en condominio con su hijo Berenguer Ramón I. Muerto éste de forma prematura fue regente de su nieto Ramón Berenguer I, con quien se enfrentaría en varias ocasiones. Durante su gobierno comenzó a gestarse la superioridad del condado de Barcelona sobre los vecinos.

ERMITA. Capilla o templo, por lo general de pequeñas dimensiones y construido en zonas despobladas, dedicado al culto cristiano. A su cuidado está el ermitaño.

ERMITAGE. Palacio de San Petersburgo, diseñado y construido por el arquitecto francés Jean-Baptiste Vallin de la Mothe en 1764 por orden de Catalina la Grande. Sede de uno de los museos más importantes del mundo y el más conocido de Rusia.
Museo 10:309b; Rusia 13:59b; San Petersburgo 13:135a.

ERMITAÑO. V. **Eremitismo.**

ERMUA. Población española de la prov. de Vizcaya, comunidad autónoma del País Vasco. A orillas del río homónimo y en la cuenca del Deva. Hortalizas, ganadería, fábricas de herramientas. En 1997, a raíz del asesinato por la organización terrorista Euskadi Ta Askatasuna (ETA) del concejal del Partido Popular Miguel Ángel Blanco, surgió en esta localidad el denominado «Espíritu de Ermua», compromiso entre las fuerzas políticas y sociales para conseguir la pacificación del País Vasco, que constituiría el germen de la tregua indefinida anunciada por ETA en 1998. 17.346 hab. (1996).

ERNST, MAX (1891-1976). Pintor alemán. Introdujo el movimiento dadá en Colonia y fue una de las máximas figuras del surrealismo.
6:23b; Abstracto, arte 1:22a; Dadaísmo 5:84a; Surrealismo 13:367a; *ilustración* 6:24a.

ERNST, PAUL (1866-1933). Escritor alemán. Reputado ensayista, alcanzó también gran popularidad como poeta, dramaturgo y autor de novelas y relatos. *El camino de la felicidad* (1903), *El camino hacia la forma* (1906), *El derrumbamiento del idealismo alemán* (1919).

EROLES, BARÓN DE (1784-1825). Joaquín Ibáñez, político y militar español. Después de distinguirse durante la guerra de la Independencia, encabezó en 1822 el ejército realista, pero fue derrotado por Francisco Espoz y Mina. Comandó luego la vanguardia de los «cien mil hijos de san Luis» y fue capitán general bajo la nueva etapa absolutista de Fernando VII.

EROS (ASTRONOMÍA). Asteroide de excepcional interés por su gran aproximación a la Tierra. Período de revolución de 642 días, excentricidad igual a 2/9, y distancia mínima a la Tierra inferior a 22,5 millones de km.
Asteroide 2:162a.

EROS (MITOLOGÍA). En la antigua Grecia, dios del amor. El Cupido romano.
6:24b; *ilustración* 6:24b.

EROSIÓN. Conjunto de procesos geológicos que desembocan en el desmantelamiento del relieve y su progresiva destrucción por desgaste del material.
6:25a; Agua 1:120b; Biosfera 3:51b; Cañón (GEOGRAFÍA) 3:355a; Cuaternaria, era 5:47b; Geología 7:93a; Geomorfología 7:107b; Glaciar 7:139b; Hidrografía e hidrología 7:402b; Orografía 11:156a; Paisaje (GEOGRAFÍA) 11:206a; Río 12:376b; Viento 14:309a; *ilustraciones* 6:25b; 6:26a.

EROTISMO. Conjunto de acciones, objetos o representaciones capaces de provocar estímulos sexuales. En arte, recreación o evocación del amor sensual o la sexualidad.
6:27a; Sexo y sexualidad 13:219a; *ilustración* 6:27.

ERQUE. Instrumento de viento de gran sonoridad. Procedente del antiguo Perú, se utiliza en este país y en determinados lugares de la Argentina y Bolivia.

ERRÁZURIZ ALDUNATE, FERNANDO (1777-1841). Político y patriota chileno. Perteneciente a la aristocracia de origen vasco, fue miembro del cabildo abierto de Santiago de 1810 y del primer congreso nacional. Cayó prisionero al reconquistar Chile los españoles, pero quedó libre al alcanzarse la independencia. Fue elegido diputado y presidente del congreso entre 1830 y 1831 y desempeñó interinamente la presidencia de la república después de la muerte de José Tomás Ovalle.

ERRÁZURIZ ECHAURREN, FEDERICO (1850-1901). Político chileno. Hijo del presidente Federico Errázuriz Zañartu, fue varias veces diputado y senador y ocupó el Ministerio de Guerra, Justicia (1890) e Instrucción Pública (1894). Presidente de la república entre 1896 y 1901. Sus conferencias con el presidente argentino Julio Argentino Roca lograron solucionar numerosos pleitos fronterizos entre ambos países.

ERRÁZURIZ ZAÑARTU, FEDERICO (1825-1877). Político chileno. De tendencias liberales, fue presidente de la república de 1871 a 1876. Durante su gobierno, promovió diversas reformas, como la estructuración de la enseñanza laica y la mayor representatividad de las minorías.

ERRO, JUAN BAUTISTA (1774-1854). Político español. Participó en la guerra de la independencia y bajo el reinado de Fernando VII fue intendente de Madrid y de Cataluña. Defensor del absolutismo, se exilió en Francia por sus discrepancias con el régimen constitucional. Volvió con los «cien mil hijos de san Luis» y formó parte de la primera junta absolutista. Desempeñó la cartera de hacienda y, muerto Fernando VII, se exilió de nuevo. Fue posteriormente ministro general y encargado de finanzas del pretendiente Carlos María Isidro.

ERROR. Parámetro o cantidad que mide la diferencia existente entre el valor obtenido en una medición o cálculo y el valor exacto de una magnitud. Puede ser absoluto o relativo.
Física 6:311a; Probabilidad y estadística 12:154b.

ERROR ALEATORIO. Tipo de error que puede aparecer de forma imprevisible en una investigación estadística.

ERSHAD, HOSSAIN MOHAMED (n. en 1930). Militar y político de Bangladesh. Acaudilló en 1982 el golpe de estado militar que derrocó al presidente electo Abdus Sattar. Ocupó la presidencia entre 1982 y 1990, en un régimen autocrático.
Bangladesh 2:341a.

ERSKINE, JOHN (1509-1591). Superintendente de la Iglesia Reformada de Escocia. Colaboró en el *Segundo libro de Disciplina* (1578) y sirvió frecuentemente de mediador entre las diversas iglesias.

ERSKINE, THOMAS (1750-1823). Abogado y político inglés. Barón y *Lord* canciller, formó parte del sector más izquierdista del partido *whig* y defendió la causa de diferentes políticos liberales que, dentro de la política represiva emprendida por William Pitt tras los sucesos revolucionarios franceses, fueron acusados de traición.

ERTÉ (1892-1990). Romain de Tirtoff, diseñador de moda francés de origen ruso. Creador de espectáculos musicales en *cafés-concert* parisienses y de escenografías y vestuarios para óperas, también diseñó joyas, escaparates de grandes tiendas, muebles, botellas de perfumes y barajas. Figurinista del Folies-Bergère de París entre 1919 y 1930.

ERTS. Siglas de *Earth Resources Technology Satellites* (Satélites tecnológicos para recursos terrestres), satélites artificiales mandados al espacio por los Estados Unidos entre 1972 y 1978 y destinados a la localización de recursos naturales en la Tierra, principalmente minerales.
Astronáutica 2:173b.

ERUPCIÓN. Emisión, frecuentemente violenta, de materias sólidas, líquidas o gaseosas de origen profundo a la superficie terrestre a través de una grieta o cráter. Existen asimismo erupciones submarinas.
Maremoto 9:360a; Volcán 14:343a.

ERUPTIVA, ROCA. Material rocoso formado por cristalización de minerales procedentes del magma (masa de silicatos fundidos). También llamada roca ígnea. Se clasifican en tres grandes grupos: efusivas, intrusivas y filonianas.
Basalto 2:363b; Magma 9:286b; Rocas 12:399a.

ERVIGIO (m. en el 687). Rey visigodo de España. Sucedió en el 680, valiéndose de una estratagema, a Wamba. El XII concilio de Toledo (681) aceptó la entronización de Ervigio, en quien veía un monarca más favorable a los intereses eclesiásticos. En el XIII concilio de Toledo (683) concedió nuevos privilegios a la nobleza.

ERZBERGER, MATTHIAS (1875-1921). Político alemán. Líder del ala izquierda del Partido del Centro, fue uno de los firmantes del armisticio que puso fin a la primera guerra mundial. Murió asesinado.

ESAGILA. El más importante complejo de templos de la antigua Babilonia erigido en honor de Marduk, dios tutelar de la ciudad. En él se alzaba el Zigurat Etemenanki, de 200 m de altura. Herodoto, que lo visitó en el siglo V a.C., refiere sus grandiosas riquezas.

ESAKI, LEO (n. en 1925). Físico japonés. Se interesó por el estudio de los semiconductores e inventó el doble diodo o diodo Esaki. Recibió el Premio Nobel de física en 1973, compartido con el estadounidense Ivar Giaevar y el británico Brian Josephson.

ESAÚ. Según la *Biblia*, hijo de Isaac y Rebeca y hermano de Jacob, a quien vendió su derecho de primogenitura por un plato de lentejas. De sobrenombre Edom, se le considera el padre de los edomitas.
Jacob 8:328b.

ESCABIOSA. Planta herbácea o arbustiva de la familia de las dipsacáceas (*Scabiosa succisa* y otras especies). Dicotiledónea. Tallo pubescente, hojas contrapuestas y flores en cabezuelas con corola en forma de embudo. Fruto aquenio. Utilizada en medicina como astringente y agente sudorífico.

ESCAFANDRA. Aparato empleado por los buzos para trabajar bajo el agua, formado por un traje impermeable, un casco hermético y tubos para recibir el aire bombeado desde el barco.
Submarinismo 13:330a.

ESCAFÓPODO. Molusco marino cuyo representante más típico es el género *Dentalium*, animal cubierto por una concha pequeña, univalva, cónica y abierta por los dos extremos.

ESCALA. Relación existente entre la distancia medida en un plano topográfico o mapa y la que corresponde a la realidad. Se representa por una fracción en la que el numerador expresa la magnitud en el mapa, y el denominador, la real. Así, en una escala 1/50.000, un centímetro del plano equivale a 500 m.
Cartografía 4:1a.

ESCALA, LA. Población española de la prov. de Gerona, comunidad autónoma de Cataluña. En el Alto Ampurdán, es un pequeño puerto pesquero en el golfo de Rosas, muy cercano a la antigua ciudad romana de Ampurias. Centro turístico. Cereales, hortalizas; pesca. 5.266 hab. (1996).

ESCALADA, ANTONIO JOSÉ DE (1753-1821). Patriota argentino. Canciller de la real audiencia durante la revolución de mayo de 1810, intervino en el cabildo abierto. Tomó parte también en la asamblea de 1813 y en la junta de Buenos Aires de 1815. Acogía en su casa a los patriotas independentistas, entre ellos al entonces teniente coronel José de San Martín, quien casó con su hija Remedios.

ESCALA MUSICAL. Ordenación de las notas musicales en una octava para obtener acordes consonantes. Las notas naturales son do, re, mi, fa, sol, la, si.
6:28a; Armonía 2:91b; Composición musical 4:305a; Folclórica, música 6:342a; Modo musical 10:209a; Música 10:316a; Música, teoría de la 10:319b; Tonalidad y atonalidad 14:84b; *ilustraciones* 6:29a.

ESCALANTE, AMÓS DE (1831-1902). Escritor español. Autor de poesías y obras en prosa, destacó especialmente en la descripción del paisaje y las costumbres populares de Santander. *Del Manzanares al Darro* (1863), *Ave Maris Stella, historia montañesa del siglo XVII* (1877), *Poesías* (1890).

ESCALANTE, JUAN ANTONIO DE FRÍAS Y (h. 1630-1670). Pintor español. Se formó con Francisco Rizi y fue uno de los representantes de la escuela barroca madrileña. Su obra está influida por la de los artistas venecianos y flamencos. «El triunfo de la fe sobre los sentidos», «El niño Jesús y san Juan», «La Inmaculada».

ESCALDA, RÍO. Curso fluvial de Europa. Nace cerca de Catelet (Francia), riega Francia, Bélgica (atraviesa Amberes) y los Países Bajos y desemboca en el mar del Norte tras recorrer 435 km.
Países Bajos 11:207a.

ESCÁLDICA, POESÍA. Género literario esencialmente cortesano cultivado por los poetas noruegos e islandeses desde el siglo X hasta finales del XIII, caracterizado por el gusto por la perífrasis y la abundancia de ornamentación.
Escandinava, literatura 6:29b.

ESCALÍGERO, JULIO CÉSAR. V. **Scaliger, Julius Caesar.**

ESCALIO. Figura jurídica, reconocida en diversos códigos o costumbres, que permite la ocupación de tierras baldías para hacerlas productivas. Tiene precedentes en el derecho romano, en el fuero *de scaliis*, proclamado por Jaime I de Aragón en 1247, y en el derecho musulmán.

ESCALÓN, PEDRO JOSÉ (1847-1907). Político salvadoreño. Presidente de 1903 a 1907. Combatió contra el presidente de Guatemala, Manuel Estrada Cabrera, en defensa de los exiliados de aquel país. Liquidó una importante deuda con los Estados Unidos.

ESCALONA. Población española de la prov. de Toledo, comunidad autónoma de Castilla-La Mancha. Castillo del siglo XV de origen musulmán. Cereales, viñedos, ganadería. 2.048 hab. (1996).

ESCALONA, JUAN (1768-1833). Patriota, militar y político venezolano. Combatiente por la independencia, formó parte del gobierno provisional de 1811 y firmó la declaración de independencia de Venezuela. Tras el tratado de Santa Ana se incorporó al ejército de Simón Bolívar, quien le encomendó misiones militares y civiles. Participó en el congreso de Angostura, fue capitán general de Venezuela y comandante de armas de Caracas tras la independencia de Colombia.

ESCAMAS. Formaciones quitinosas aplastadas que cubren las alas de las mariposas. En los peces, son formaciones de origen dérmico, de diferente estructura, que, imbricadas, suelen cubrir total o parcialmente la piel. En los vertebrados terrestres, suelen ser formaciones epidérmicas, formadas esencialmente de queratina.
Peces 11:310b; Piel 11:400b.

ESCAMBRAY, SIERRA DEL. Sistema montañoso de la región central de Cuba que culmina en el pico San Juan de 1.156 m. Dividida por el río Agabama, la sierra oriental se llama Sancti Spíritus, y la occidental, Trinidad. Sus laderas están cubiertas de bosques y cafetales.

ESCANDINAVA, LITERATURA. Conjunto de obras de autores de Dinamarca, Noruega, Suecia, Islandia y las islas Feroe.
6:29a; Andersen, Hans Christian 1:330b; Bergman, Hjalmar 2:416b; Bjornson, Bjornstjerne 3:66b; Brandes, Georg 3:145b; Dinamarca 5:194a; Edda 5:305a; Hamsun, Knut 7:328b; Holberg, Ludvig 8:42a; Visen, Henrik 8:117a; Islandia 8:291a; Lagerkvist, Pär 9:46b; Lagerlöf, Selma 9:47b; Laxness, Halldór 9:87b; Noruega 11:16a; Suecia 13:347b; *cuadro* 6:31; *ilustraciones* 6:29b; 6:31b; 6:32a.

ESCANDINAVAS, LENGUAS. Grupo de lenguas originarias de la península escandinava (Suecia y Noruega) y Dinamarca, todas ellas pertenecientes al germánico septentrional de la familia lingüística indoeuropea.
Inglesa, lengua 8:211b.

ESCANDINAVIA. Conjunto de penínsulas que se extienden por la Europa septentrional. Está limitada por los mares Báltico, del Norte, de Noruega y de Barents. Sus costas son muy accidentadas, formando fiordos. Suecia, Noruega, Dinamarca y Finlandia son los países que forman Escandinavia.
Dinamarca 5:187b.

ESCANDIO. Elemento químico del grupo de las tierras raras, IIIb de la tabla periódica. Metal trivalente parecido al aluminio por sus propiedades químicas. Símbolo, Sc; número atómico, 21; peso atómico, 44,95.
Lantánidos 9:57a.

ESCANEAR (INFORMÁTICA). Transferir una imagen a formato digital haciéndola pasar por un escáner.

ESCANEAR (MEDICINA). Realizar una exploración sobre un organismo mediante un escáner médico.

ESCÁNER. Aparato que analiza o sintetiza en lenguaje informático datos o imágenes captados por un haz electrónico. Entre sus usos se cuentan la realización de tomografías y la separación de colores para películas de impresión. También conocido por su denominación inglesa: *scanner*.
Computadora 4:310a; Diagnóstico, métodos de 5:164b; Digitalización de imagen 5:187a.

ESCANIA. Región meridional de Suecia que comprende los condados de Malmö y Kristianstad. Constituye el área más poblada del país y la principal fuente agrícola del mismo. Industria siderúrgica, química, textiles, etc. Arquitectura religiosa medieval. 11.025 km^2. 1.114.368 hab. (1997).
Suecia 13:341b.

ESCAÑO, ANTONIO DE (h. 1750-1814). Marino español. Intervino en diferentes batallas navales contra los británicos y fue designado por sus compañeros para presentar al almirante Pierre-Charles Villeneuve sus objeciones estratégicas antes de la batalla de Trafalgar. Fue miembro del consejo de regencia que convocó las cortes de Cádiz. Dejó escritas unas *Memorias*.

ESCAPE. Mecanismo regulador de las oscilaciones del volante anular o el péndulo de un reloj.

ESCARABAJO. Nombre común a muchos insectos coleópteros y aun a algunos de otros órdenes, pero más particularmente a los de la familia de los escarabeidos.
6:33b; Insecto 8:223b; Luciérnaga 9:234b; *cuadro* 6:34; *ilustraciones* 6:33b; 6:34.

ESCARABAJO DE ORO, EL. Relato del escritor estadounidense Edgar Allan Poe (1809-1849), escrito en 1843, e incluido en sus *Historias extraordinarias*. Relata el descubrimiento de un tesoro a partir de un escarabajo de especie desconocida cuyo dibujo asemeja el de una calavera.

ESCARAMUJO. Planta silvestre de la familia de las rosáceas (*Rosa canina*). Tallo liso con aguijones alternos, hojas agudas y flores encarnadas. Fruto carnoso en baya. Gran longevidad. Usos medicinales.
Medicinales, plantas 10:34a.

ESCARCELA. Bolsa usada durante los siglos XIV y XV que se llevaba suspendida del cinto. Usada tanto por hombres como por mujeres, los primeros la llevaban junto con una daga, y las mujeres, con un cuchillo y un acerico (almohada para alfileres).

ESCARCHA. Conjunto de pequeños cristales de hielo que se forman en determinados lugares, sobre todo durante las noches claras de invierno, como resultado del paso directo del vapor de agua del estado gaseoso al sólido a causa de la baja temperatura.
Precipitaciones atmosféricas 12:118b; *ilustración* 12:118a.

ESCARDA. Labor que se hace en el campo para arrancar las hierbas dañinas. También designa el instrumento con que se hace (una azada pequeña) y el tiempo propicio para este trabajo.

ESCARIADOR. Herramienta manual o mecánica de forma troncocónica y con aristas cortantes para hacer agujeros.

ESCARIFICADOR. Máquina agrícola, provista de hojas o cuchillas, que se usa para abrir surcos profundos y estrechos, romper terrones, allanar la superficie y destruir malas hierbas.
Agrícolas, implementos 1:104b.

ESCARLATINA. Enfermedad infecciosa muy contagiosa, causada por un estreptococo hemolítico, que determina una angina seguida de la erupción de placas de color rojo escarlata.
Pediatría 11:315b.

ESCARPELO. Herramienta utilizada por los escultores, talladores y carpinteros para raer y limpiar las piezas que están elaborando. Es similar a la lima.

ESCARRÉ, AURELI MARÍA (1908-1968). Sacerdote y monje benedictino español. Regresó de Italia después de la guerra civil española, y desde altos cargos de su orden, entre ellos el de prior del monasterio de Montserrat, impulsó el quehacer intelectual de Cataluña. En abierto conflicto con el general Francisco Franco, Escarré se convirtió en figura prominente del nacionalismo catalán.

ESCATOLOGÍA. Reflexión teológica sobre la realidad postrera del ser humano después de la muerte.
6:34b; Católica, Iglesia 4:46b; Mito y mitología 10:197a; Teología 14:21a; *ilustración* 6:35a.

ESCENA. Espacio en que se representa una obra teatral o lugar representado por tal espacio. También se denomina escena a cada una de las partes en que se divide cada acto de la obra.
Teatro 13:409b.

ESCENOGRAFÍA. Arte de decorar los escenarios y de dirigir el montaje de la escena teatral o cinematográfica.
Teatro 13:411a.

ESCEPTICISMO. Doctrina filosófica que sostiene que no existen conocimiento u opinión absolutamente seguros. Este postulado o modo de pensar tiene en la práctica el reflejo de rechazar toda adhesión a una determinada opinión o el de suspender el juicio ante sus propuestas.
6:35b; Agnosticismo 1:102b; Ateísmo 2:189a; Epistemología 6:14a; Nihilismo 10:416a; Pirrón 12:4b.

ESCÉVOLA, CAYO MUCIO (siglo VI a.C.). Héroe romano que, según la leyenda, evitó hacia el 509 a.C. que el rey etrusco Lars Porsena conquistara Roma.

ESCÉVOLA, PUBLIO MUCIO (m. h. el 115 a.C.). Jurisconsulto romano que participó activamente en la caída de Tiberio Graco.

ESCÉVOLA, QUINTO MUCIO (h. el 140-82 a.C.). Jurista romano, hijo de Publio Mucio Escévola. Procónsul de Asia y *pontifex maximus* en el 89. Parte de su obra se incluyó en el Digesto.

ESCHENBACH, CHRISTOPH (n. en 1940). Director de orquesta y pianista alemán. Niño prodigio, con diez años de edad ganó su primer concurso de piano. En 1965 fue galardonado con el Premio Clara Haskil de Lucerna, Suiza. Dirigió varias orquestas, entre ellas la Tonhalle de Zurich.

ESCHENBACH, WOLFRAM VON (h. 1170-h. 1220). Poeta alemán. Autor de poesías líricas y de dos epopeyas, *Titurel* y *Willehalm*, ambas incompletas. Su obra *Parzival* inspiró la ópera *Parsifal* de Richard Wagner.

ESCHER, MAURITS CORNELIS (1898-1971). Dibujante neerlandés. Sus obras se caracterizan por la utilización de efectos ópticos y geométricos. Sus imágenes han interesado no sólo al público en general, sino también a matemáticos y psicólogos. «Aire y agua» (1938), «Movimiento perpetuo» (1961).

ESCHERICHIA. Género de bacterias enterobacteriáceas presentes en el intestino humano, el suelo y las aguas contaminadas, donde viven como saprofitos. Una única especie clasificada: *Escherichia coli*, importante agente patógeno para el hombre.

ESCIFOZOOS. Grupo de animales celentereados caracterizados por el predominio de la forma medusoide sobre la polipoide. Formas marinas divididas en estauromedusas, cubomedusas y coronadas.
Medusa (ZOOLOGÍA) 10:39b.

ESCILA. Monstruo de la mitología griega. Se representaba como una criatura con seis cabezas de perro. Oculta en una roca del estrecho de Mesina, frente a Caribdis, devoraba a los navegantes que se le acercaban. Aparece en las leyendas de los argonautas, que lograron esquivarla, y en la *Odisea*.

ESCINTILOGRAFÍA. Técnica de observación e investigación gráfica de las emisiones radiactivas de un cuerpo u objeto. Basada en la capacidad selectiva de ciertos iones, especialmente los auríferos.

ESCINTILÓMETRO. Aparato apto para medir las emisiones radiactivas acumuladas en un órgano.
Electrónica 5:367b.

ESCIPIÓN EL AFRICANO (236-184/183 a.C.). Publio Cornelio Escipión, general romano que derrotó al ejército cartaginés de Aníbal en la batalla de Zama.
6:36b; Púnicas, guerras 12:210b; *ilustración* 6:36b.

ESCIPIÓN EMILIANO (185/184-129 a.C.). General romano. Puso fin a la tercera guerra púnica y completó la conquista de Hispania.
6:36b; Numancia 11:47a; Polibio 12:53a.

ESCIPIONES, TORRE DE LOS. Monumento sepulcral romano del siglo II que se encuentra cerca de la ciudad española de Tarragona, junto a Torredembarra. Se conservan el basamento y dos cuerpos del monumento, es de planta cuadrada y tiene ocho metros de altura. En el primer cuerpo, en el frente, presenta dos figuras esculpidas en piedra.

ESCITAS. Pueblo iranio procedente del Asia central que se estableció en la región de Crimea entre los siglos VIII y VII a.C. Su imperio sucumbió en el siglo II a.C.
6:37a; Persia 11:350a; *ilustración* 6:37a.

ESCLASANS, AGUSTÍ (1895-1967). Escritor español en lengua catalana. Autor de obra poética, artículos periodísticos y prosa, formó parte del círculo de artistas catalanes reunidos en *La Revista*. *Historia de la carne y de la sangre* (1928), *La ciudad de Barcelona en la obra de Jacint Verdaguer* (1937), *Poema de Cataluña* (1950-1957).

ESCLAVITUD Y SERVIDUMBRE. Sometimiento, más o menos absoluto, de una persona a otra con privación de su libertad y de otros derechos fundamentales.
6:37b; Económica, historia 5:282b; Espartaco 6:101b; Secesión, guerra de 13:180a; *ilustraciones* 6:38.

ESCLAVO, GRAN LAGO DEL. Lago de Canadá, en el Territorio del Noroeste. Alimentado por el río del Esclavo. Cubre una superficie de 27.800 km^2. También llamado gran lago de los Esclavos.

ESCLERÉNQUIMA. Tejido esquelético de las plantas. Sus células, procedentes de las parénquimas blandas, tienen una membrana totalmente lignificada y carecen de vitalidad. Contiene dos tipos de células, redondeadas o pétreas y alargadas o fibras. Proporcionan resistencia a las plantas aéreas.
Histología 8:17a.

ESCLERODERMIA. Afección de la piel caracterizada por el endurecimiento y atrofia más o menos completa de la piel. Su forma común, de carácter crónico en los adultos, se inicia con un abultamiento que se retrae progresivamente hasta atrofiarse y adherirse a las partes subcutáneas. Frecuentemente incurable. También denominada escleroderma y dermatoesclerosis.

ESCLERÓMETRO. Instrumento utilizado para medir la dureza de los minerales, aleaciones metálicas, etc. En alfarería se emplea para determinar la humedad del barro.

ESCLEROSIS MÚLTIPLE. Trastorno del sistema nervioso central producido por la aparición de focos de desmielinización o pérdida de mielina, sustancia que envuelve y protege las grandes fibras nerviosas. La enfermedad se manifiesta mediante signos como debilidad, falta de coordinación o alteraciones del habla o de la visión, que aparecen en forma de múltiples brotes seguidos de remisiones. Su curso suele durar varios años y sus causas son desconocidas.

ESCLERÓTICA, MEMBRANA. Túnica externa fibrosa del globo ocular, blanca y dura, en cuya parte anterior se engasta la córnea.
Vista, sentido de la 14:329a.

ESCLUSAS. Canales artificiales con puerta de entrada y de salida para admitir o soltar el agua a fin de hacer pasar un barco de un nivel de agua a otro superior o inferior. Las esclusas del canal de Panamá alcanzan grandes dimensiones y permiten el paso de barcos de gran calado.
Canal 3:329b; Puerto 12:195a.

ESCOBAR, JOSÉ BERNARDO (siglo XIX). Político guatemalteco. Fue presidente de la asamblea y después de la república (1848). Amnistió a los sublevados de Los Altos, pero, no pudiendo pacificar el país, renunció a su magistratura.

ESCOBAR, JOSÉ GONZALO (1892-1969). Militar y político mexicano. Se sublevó contra al presidente Venustiano Carranza en apoyo del plan de Agua Prieta de 1920. En 1929 dirigió una rebelión, conocida como de los escobaristas, en contra del presidente Emilio Portes Gil, la cual logró apoderarse de ciudades como Monterrey y Veracruz pero que al fin fue sofocada. Huyó a los Estados Unidos y no regresó a México hasta 1943.

ESCOBAR, PATRICIO (m. en 1912). Militar y político paraguayo. Combatió contra la Argentina, Brasil y Uruguay en la guerra de la Triple Alianza. Presidente de la república entre 1886 y 1890, impulsó la educación y estableció la Universidad Nacional. Durante su mandato se crearon los partidos Liberal y Colorado (republicano).

ESCOBAR Y MENDOZA, ANTONIO (1589-1669). Escritor y moralista español. Jesuita, su *Examen de confesores y práctica de penitentes* (1630) fue objeto de críticas por parte de Blaise Pascal, quien entresacó textos secundarios de la obra, acusando de laxismo a la moral de los jesuitas. *San Ignacio* (1613), *Nueva Jerusalén María Señora* (1625).

ESCOBEDO, BARTOLOMÉ DE (m. en 1563). Compositor español. Cantor en la catedral de Salamanca y en la capilla Sixtina de Roma, residió finalmente en Segovia, donde obtuvo un beneficio. *Magnificat, Philippus rex Hispaniae* (1556).

ESCOBEDO, FRANCISCO FERNANDO DE (siglo XVII). Administrador colonial español. Gobernador y capitán general de Guatemala entre 1672-1678, construyó el castillo de la Inmaculada Concepción para fortificar la costa contra los piratas. Se preocupó de la agricultura, del comercio y de la enseñanza. Erigió en universidad el Colegio de Santo Tomás. Ante acusaciones del obispo Juan Ortega y Montañés, tuvo que regresar a España.

ESCOBEDO, HELEN (n. en 1934). Escultora mexicana. Estudió en la ciudad de México y en Londres. Presentó exposiciones individuales en diversos países de América y de Europa y participó en decenas de muestras colectivas. Fue directora de varios museos en la ciudad de México, incluyendo el de Arte Moderno.

ESCOBEDO, JUAN DE (h. 1530-1578). Político español. Protegido del príncipe de Éboli, ocupó diversos cargos. Entabló amistad con Antonio Pérez y fue nombrado secretario de Juan de Austria. Persuadido el rey por Antonio Pérez de que Escobedo conspiraba contra él, consintió en su asesinato.

ESCOBEDO, MARIANO (1827-1902). Militar mexicano. Participó en numerosas campañas. Como jefe de operaciones del ejército, nombrado por Benito Juárez, luchó contra los franceses. Sitió y tomó Querétaro, último refugio de Maximiliano.

ESCOCESA, LITERATURA. Conjunto de obras escritas por autores escoceses desde la segunda mitad del siglo XIV.

ESCOCÉS Y YORQUINO. Logias masónicas mexicanas, de considerable influencia en el país durante el siglo XIX. La primera, fundada en 1806, era de signo conservador y centralista, mientras que la segunda, fundada en 1825, defendió el liberalismo y la constitución federal.

ESCOCIA. País de Europa que forma parte del Reino Unido de la Gran Bretaña e Irlanda del Norte, en el norte de la isla de la Gran Bretaña. Cap. Edimburgo. 78.783 km^2. 5.136.600 hab. (1995).
Edimburgo 5:308a; Glasgow 7:142b; Reino Unido 12:299b.

ESCOFINA. Herramienta de pulido consistente en una especie de lima de dientes gruesos y triangulares que es utilizada por albañiles, hojalateros, etc., para realizar el desbaste de diferentes superficies (baldosas, metal, etc.).
Herramienta 7:382a.

ESCOIQUIZ, JUAN DE (1747-1820). Político español. Ordenado sacerdote, adquirió cierto renombre como escritor, y Manuel Godoy lo propuso como preceptor del príncipe de Asturias, que había de reinar como Fernando VII. Fue uno de los promotores del motín de Aranjuez y aconsejó a Fernando VII su viaje a Bayona al encuentro de Napoleón. Participó en las negociaciones para el regreso del monarca pero, cuando éste se produjo, perdió el apoyo real; fue primero encarcelado y posteriormente desterrado.

ESCOLANO, GASPAR JUAN (1560-1619). Sacerdote e historiador español. Miembro de la academia de los nocturnos, elaboró durante diez años una obra que conserva un gran valor documental sobre la historia de España durante el reinado de Felipe III. *Décadas de la historia de Valencia* (1610-1611).

ESCOLAPIOS. Nombre dado a los sacerdotes pertenecientes a las escuelas pías, fundadas por san José de Calasanz; se dedican desde su origen principalmente a la enseñanza.

ESCOLÁSTICA. Filosofía y método filosófico cultivados preferentemente en la edad media y cuyo desarrollo abarcó desde la última época de la patrística hasta el siglo XVI y parte del XVII.
6:39b; Abelardo, Pedro 1:11a; Anselmo, san 1:375b; Boecio 3:81a; Derecho 5:140a; Duns Escoto, Juan 5:253a; Edad media 5:304a; Educación 5:313a; Esencia 6:51a; Filosofía 6:296b; Juan Damasceno, san 8:391b; Metafísica 10:92b; Teología 14:21b; Tomás de Aquino, santo 14:79b; Tomismo 14:81b; *ilustraciones* 6:39b; 6:40a.

ESCOLA VELHA. Escuela dramática española del siglo XVI, influida por las obras del portugués Gil Vicente. Entre sus miembros destacan Alfonso Álvares y Baltasar Dias.

ESCÓLEX. Abultamiento que forma el extremo anterior de la tenia y que está provisto de órganos adherentes, con los que el animal se fija al cuerpo de su huésped. Se llama vulgarmente cabeza.

ESCOLIOSIS. Desviación lateral de la columna vertebral o raquis.

ESCOLOPENDRA. Animal invertebrado artrópodo perteneciente al orden de los quilópodos, género *Scolopendra*. Con una longitud que alcanza los 30 cm, presenta forcípulas venenosas. Variedades *Scolopendra morsitans, Scolopendra cingulata*, etc.
Ciempiés 4:181a.

ESCOMBRERAS. Puerto petrolero español, en la isla homónima, en la costa mediterránea de la prov. de Murcia. Refinación de petróleo; central térmica.

ESCOPAS (siglo IV a.C.). Arquitecto y escultor griego. Considerado como el precursor del arte helenístico.
6:41a; Griego, arte 7:230a; *ilustración* 6:41a.

ESCOPETA. Arma de fuego con uno o dos cañones montados sobre una caja con los mecanismos necesarios para cargar y descargar. Existen escopetas de cartucho, de bala y de perdigones.

ESCOPLO. Herramienta de unos treinta centímetros de largo, terminada en boca biselada, recta o afilada, que se utiliza para tallar la madera y los metales.

ESCORA. En construcción marítima, puntal que permite mantener inmovilizado un barco mientras se está construyendo o reparando. Por extensión, se aplica también a la inclinación que sufre una nave marítima o aérea hacia un costado.

ESCORBUTO. Enfermedad debida a la carencia en la alimentación de legumbres y frutas frescas que contengan vitamina C o ácido ascórbico.
Nutrición 11:57a; Vitamina 14:336a.

ESCORIA. Residuo vítreo que se acumula en la superficie de los metales fundidos en altos hornos. Formado, principalmente, por silicatos y óxidos.

ESCORIAL, EL. Conjunto de monasterio, palacio y panteón real mandado construir por Felipe II en 1563.
6:41a; Biblioteca y biblioteconomía 3:15a; Herrera, Juan de 7:386a; *ilustraciones* 6:41b; 6:42a.

ESCORPIÓN (ASTRONOMÍA). Constelación zodiacal en el hemisferio sur, atravesada por la Vía Láctea. Una de las constelaciones más brillantes. Su estrella más luminosa es Antares, o Corazón del Escorpión, supergigante roja, a unos 170 años luz del Sol. En astrología es el octavo signo del zodiaco (24 octubre-21 noviembre). Nombre latino: Scorpius.
Zodiaco 14:416a.

ESCORPIÓN (ZOOLOGÍA). Animal invertebrado del grupo de los artrópodos. Diversos géneros y especies, entre ellas el escorpión europeo (*Buthus europaeus*) o alacrán.
6:42b; Arácnidos 2:14a; *ilustración* 6:42b.

ESCORRENTÍA. Avance de las aguas, opuesto al estancamiento, la arroyada y las infiltraciones, caracterizado por la concentración en un lecho o curso. Suele ser laminar, aunque pueden afectarle torbellinos helicoidales.

ESCORZO. Representación de la figura humana con alguna parte del cuerpo girada respecto al resto. También, representación aportada, según las leyes de la perspectiva, de los objetos situados oblicuamente al plano de la superficie sobre la que se pinta.

ESCORZONERA. Planta herbácea de la familia de las compuestas (*Scorzonera hispanica*). Tallo alto y recto finalizado en pedúnculos, hojas onduladas y de base pilosa y flores amarillas. Su raíz, gruesa y carnosa, es de uso medicinal. También denominada salsifí negro.

ESCOSURA, PATRICIO DE LA (1807-1878). Escritor y político español. Militar de profesión, ocupó numerosos cargos públicos, entre ellos el de ministro de gobernación. Miembro de la Real Academia, cultivó diversos géneros y destacó en el teatro y la novela histórica. Influido por José de Espronceda. *Ni Rey ni Roque* (1835), *La corte del Buen Retiro* (1837).

ESCOTA, NAZARIO (siglo XIX). Político nicaragüense. Tras la muerte del presidente Francisco Castellón en 1855, ocupó el poder en León. Al igual que Castellón, Escota solicitó la ayuda del filibustero estadounidense William Walker.

ESCOTO, JUAN DUNS. V. **Duns Escoto, Juan.**

ESCOTO ERÍGENA, JUAN. V. **Erígena, Juan Escoto.**

ESCOTOS. Colonos irlandeses que en el siglo VI, procedentes de la costa oriental de Ulster, se establecieron en el territorio de los pictos (actual Escocia). La labor de san Columbano, establecido a partir del 563, fue decisiva para su cristianización.

ESCREIX. Donación voluntaria que, según el derecho foral catalán, el futuro esposo hace a la novia, generalmente en reconocimiento de su virginidad. Es una costumbre de origen germánico.

ESCRIBANO (ZOOLOGÍA). Ave paseriforme de la familia de los fringílidos, del género *Emberiza* y otros afines. En general, pequeño tamaño y coloraciones discretas. Vive tanto en terrenos secos como pantanosos, y anida normalmente en el suelo o en arbustos bajos. Comprende numerosas especies europeas, asiáticas y africanas: escribano cerillo (*Emberiza citrinella*), de agua o palustre (*Emberiza schoeniclus*) y hortelano (*Emberiza hortulana*), entre otros.

ESCRIBA SENTADO, EL. Escultura del Egipto antiguo (V dinastía) que representa a uno de los altos funcionarios de la corte. Se conserva en el Museo del Louvre (París), y está realizada en piedra caliza policromada.
Egipcio, arte 5:326a.

ESCRITORIO. Nombre que se da a la pantalla del monitor en los entornos Windows y Macintosh. Muestra en iconos los diferentes recursos del sistema a los que se puede acceder por medio del ratón.

ESCRITURA (COMUNICACIÓN). Representación gráfica del lenguaje, que permitió transmitir y conservar la cultura a través del espacio y del tiempo.
6:43a; Alfabetización 1:201a; Alfabeto 1:202a; Analfabetismo 1:314a; Braille, sistema 3:144a; Comunicación 4:313b; Cultura 5:73a; Criptografía 5:15b; Grafología 7:182a; Lectura 9:93a; Libro 9:150b; Jeroglífico 8:363b; Paleografía 11:224a; *ilustraciones* 6:43; 6:44a.

ESCRITURA (DERECHO). Texto donde se estipulan los términos de un negocio jurídico. Puede ser pública o privada, según intervenga o no un notario.

ESCRIVÁ, JOAN (siglo XV). Poeta y diplomático español, conocido como el Comendador. Favorito de Fernando el Católico, fue embajador suyo ante el papa en 1497. Sus obras están recogidas en el *Cancionero general* (1514).

ESCRIVÁ DE BALAGUER, JOSÉ MARÍA (1902 1975). Sacerdote católico español. Fundador del Opus Dei. Doctor en derecho y en teología, fue prelado del papa y gran canciller de la universidad de Navarra. Beatificado en 1992. *Camino (Consideraciones espirituales)* (1939), *Conversaciones con monseñor Escrivá de Balaguer* (1968).

ESCROFULARIA. Planta herbácea de la familia de las escrofulariáceas (*Scrophularia nudosa* y otras especies). Dicotiledónea. Tallo tetragonal de base leñosa, hojas lobuladas o partidas y flores enracimadas. Fruto en cápsula. Olor agradable y sabor amargo. Venenosa. Vive en lugares húmedos. Propiedades medicinales como tónico y diurético, se emplea para combatir la escrófula.

ESCROTO. Envoltura cutánea de los testículos.

ESCRUTINIO. Examen detallado para conocer la naturaleza de una cosa. Se dice particularmente del recuento de los votos en unas elecciones.

ESCUADRA. Agrupación de barcos de guerra con una misión especial. A veces se da este nombre también a toda la armada.

ESCUADRÓN DE LA MUERTE. Nombre de diversos grupos armados de algunos países latinoamericanos, vinculados a sectores o intereses políticos de extrema derecha. Aparecieron en 1964 en Brasil, y se desarrollaron de forma semejante en Colombia, El Salvador y Guatemala.

ESCUÁLIDOS. Familia de peces elasmobranquios escualiformes. Cuerpo fusiforme de tamaño medio, cabeza grande, carencia de aleta anal y presencia de hendeduras branquiales a ambos lados. Incluye numerosas especies.

ESCUDERO. Paje o criado que llevaba el escudo al caballero. Los hijos de familias nobles solían hacer de escuderos de algún caballero mientras aprendían el manejo de las armas y se preparaban para ser armados caballeros.

ESCUDERO, FRANCISCO (n. en 1913). Compositor español. Director del Conservatorio de San Sebastián, fue autor de obras de música de cámara, oratorios, óperas, etc. *Illeta* (1951), *Castigo* (1967), *Sinfonía sacra* (1972).

ESCUDERO, GONZALO (1903-1971). Escritor, político y diplomático ecuatoriano. Fue secretario del Congreso y varias veces embajador de su país. Como escritor destacó por su obra poética. *Los poemas del arte* (1919), *Hélices del huracán y de sol* (1933), *Introducción a la muerte* (1960).

ESCUDERO, VICENTE (1892-1980). Bailarín y coreógrafo español. Consiguió un gran éxito internacional en Londres (1931). Reformó el baile flamenco, simplificando sus formas. Pareja de Antonia Mercé, *la Argentina*.

ESCUDO (ARMA). Arma individual defensiva que se llevaba al brazo a modo de parapeto para cubrirse de las armas de ataque del enemigo. Han sido fabricados de madera, cuero y bronce, de forma rectangular, ovalada, de teja o de media luna.

ESCUDO (GEOLOGÍA). Zona antigua y estable de la corteza terrestre que no ha sufrido movimientos orogénicos (de formación de montañas) importantes desde tiempos precámbricos. Los principales escudos son el canadiense, el rusobáltico, el del Decán y el angárico en el hemisferio norte; y el brasileño y el africano en el hemisferio sur.
Geomorfología 7:107b; Orografía 11:156a.

ESCUDO (MONEDA). Unidad monetaria de Portugal, dividida en cien centavos.

ESCUDO CENTRAL. Región de Nicaragua. Está constituida principalmente por una meseta y tres cordilleras (Chontaleña, Dariense e Isabelia). Por ella corren numerosos ríos, en cuyos fértiles valles se desarrolla la agricultura y la ganadería. En las cordilleras se extrae hierro, oro y cobre.

ESCUDO DE ARMAS. Campo o superficie en que se representan los blasones o símbolos distintivos de un reino, ciudad o familia.
Heráldica 7:363a.

ESCUDO DE SOBIESKI. Constelación del hemisferio austral, identificada por el astrónomo alemán Johannes Hevelius. Nombre latino: Scutum.

ESCUELA. Centro público destinado a la enseñanza, principalmente la primaria.
6:44b; Educación 5:313a; *cuadro* 6:45a; *ilustración* 6:45b.

ESCUELA MODERNA. Institución educativa, de tendencia anarquista, fundada en Barcelona en 1901 por Francisco Ferrer y Guardia. Propugnaba un sistema pedagógico racionalista y libre de prejuicios ideológicos. El centro fue cerrado en 1909, tras ser fusilado su fundador bajo la acusación de haber participado en los sucesos de la semana trágica de Barcelona.

ESCUELA VENECIANA. Término empleado para designar el conjunto de pintores del Renacimiento tardío que crearon en Venecia un estilo propio, de transición al barroco. Caracterizada por el predominio de los elementos cromáticos sobre los lineales, la escuela contó con destacados exponentes como Tintoretto, Tiziano, Giorgione, Veronés, Sebastiano del Piombo o Jacopo Bassano.
Bellini, Giovanni 2:402a.

ESCUELAS CRISTIANAS, HERMANOS DE LAS. Congregación religiosa católica fundada en 1682 por san Juan Bautista de La Salle, en Reims (Francia), de donde era canónigo. Desde su origen se dedican a la enseñanza.

ESCUELAS PÍAS. Denominación abreviada de los Clérigos Regulares Pobres de la Madre de Dios de las Escuelas Pías, también conocidos como escolapios. Esta orden religiosa fue fundada por san José de Calasanz en 1597, y aprobada definitivamente en 1621 por Gregorio XV. Dedicada a la educación infantil, estableció escuelas en numerosos países.

ESCUERZO. Anfibio anuro de la familia de los leptodactílicos y del género *Ceratophrys*, de cuerpo voluminoso y aspecto de sapo. Propios de Sudamérica.

ESCUINTLA (CIUDAD). Población de Guatemala, cap. del dep. homónimo, 45 km al sudoeste de la capital del país. Durante la colonia fue centro del comercio del índigo. Aeropuerto. Balnearios de aguas minerales. Refinerías de azúcar, conservas cárnicas. Café, cocos, frutas tropicales. 60.673 hab. (1989).
Guatemala 7:252b.

ESCUINTLA (DEPARTAMENTO). División administrativa de Guatemala a orillas del océano Pacífico por su extremo sur. Abarca desde las estribaciones de las tierras altas hasta la costa. Grandes zonas dedicadas a la cría de ganado para carne. Caña de azúcar, café, algodón, frutas tropicales. Cap. Escuintla. 4.384 km^2. 610.332 hab. (1995).

ESCULAPIO. Identificado con el Asclepio griego, dios de la medicina en el panteón romano. Tenía importante santuario en la isla Tiberina. Se le representaba como un hombre barbudo con una serpiente enrollada en una vara.

ESCULTISMO. Práctica de los *boy scouts* de carácter mundial, cuyo objetivo es la formación física, práctica, moral y cívica de los niños y adolescentes de ambos sexos. Fue creada por el británico Robert Baden-Powell.

ESCULTURA. Arte de tallar, modelar, labrar o esculpir en madera, piedra, barro, metal u otros materiales, formas o figuras en relieve o exentas.
6:46b; Abstracto, arte 1:20b; Alegoría 1:164a; Arte 2:122b; Barroco, arte 2:359a; Bernini, Gian Lorenzo 3:2a; Bizantino, arte 3:60a; Brancusi, Constantin 3:145a; Bronce 3:191b; Calder, Alexander 3:274b; Canova, Antonio 3:345a; Cinético, arte 4:203b; Chillida, Eduardo 4:140b; Donatello 5:230a; Egipcio, arte 5:327a; Escopas 6:41a; Fidias 6:279b; Gargallo, Pablo 7:50a; Giacometti, Alberto 7:124a; Gótico, arte 7:173b; Griego, arte 7:229a; Iberos 8:115a; Lipiso 9:178a; Martínez Montañés, Juan 9:395b; Mesopotámico, arte 10:86a; Miguel Ángel 10:160b; Moore, Henry 10:257a; Oriental, arte 11:148a; Policleto 12:55a; Praxíteles 12:114b; Restauración de obras de arte 12:351a; Rodin, Auguste 12:405a; Románico, arte 13:5b; Romano, arte 13:7a; Talla 13:388b; Verrochio, Andrea del 14:275a; Zadkine, Ossip 14:399a; *ilustraciones* 6:46b; 6:47b; 6:48a; 6:49a-b; 6:50a.

ESCUTIA, JUAN (1827-1847). Uno de los seis niños héroes mexicanos que perecieron defendiendo el castillo de Chapultepec de los invasores estadounidenses el 13 de septiembre de 1847. Ingresó al Colegio Militar el 8 de septiembre de 1847, días antes de su muerte. Se dice que saltó del castillo envuelto en la bandera al consumarse la derrota.

ESDRAS (siglo V a.C.). Sacerdote judío que da nombre a un libro de la *Biblia*.
6:50b; Judaísmo 8:402a; Talmud 13:390b.

ESDRAS, LIBRO DE. Uno de los textos que componen el Antiguo Testamento. Consta de dos partes (I de Esdras y II de Esdras o libro de Nehemías, según la *Vulgata*), en las que se narra la repatriación de los judíos a Jerusalén, la reconstrucción del templo y la labor de Esdras y Nehemías en este período de tiempo.
Biblia 3:11b.

ESDRELÓN, LLANURA DE. Región de Palestina que ha constituido desde antiguo una zona de paso en la ruta entre el Mediterráneo y los desiertos orientales. Su suelo volcánico, muy fértil, permitió el desarrollo de una importante agricultura. Conocida también como Megiddo, la ciudad del mismo nombre fue uno de los centros principales del pueblo hebreo.
Palestina 11:228b.

ESDRÚJULA, PALABRA. Vocablo cuyo acento prosódico cae sobre la antepenúltima sílaba. Se denomina también proparoxítono. En español siempre lleva acento ortográfico.

ESENCIA. Aquello que responde adecuadamente a la pregunta qué es una cosa y que determina su naturaleza propia y necesaria, sin la cual dejaría de ser lo que es.
6:51a.

ESENCIA DE TREMENTINA. V. **Aguarrás.**

ESENIN, SERGUÉI (1895-1925). Poeta ruso, inspirado en la tradición popular. Apoyó la revolución soviética pero no pudo adaptarse al nuevo estado socialista.
6:51a; Rusa, literatura 13:45b; *ilustración* 13:45b.

ESENIOS. Miembros de una hermandad o secta de ascetas judíos. Surgidos dos siglos antes de la era cristiana y extendidos por toda Palestina, eran notables por su estricta disciplina, su austeridad y su capacidad de trabajo. En las ruinas de una de sus comunidades, Qumrán, se hallaron los célebres manuscritos del mar Muerto.
Monasterios y conventos 10:224b.

ESEQUIBO, RÍO. Curso fluvial de Guyana. Nace en la sierra de Acaraí, y tras recorrer de sur a norte el país, desemboca en el océano Atlántico, al oeste de Georgetown. Su curso es de 1.000 km. Límite oriental de la Guayana Esequiba, zona bajo administración de Guyana reclamada por Venezuela.

ESFALERITA. V. **Blenda.**

ESFENISCIFORME. Orden de aves acuáticas marinas, incapaces de volar. Incluye a los pájaros o pingüinos antárticos. Sus especies están provistas de plumaje corto y espeso y grandes extremidades anteriores.

ESFERA. Cuerpo geométrico formado por los puntos del espacio que equidistan de otro interior llamado centro.
Geometría 7:100a.

ESFERA ARMILAR. Antigua representación de la esfera terrestre y de la posición de los astros a partir de un instrumento compuesto por diversos aros o anillos circulares.

ESFERÓMETRO. Instrumento apto para medir el radio de una esfera.

ESFINGE. Criatura de las mitologías mesopotámica, egipcia y griega. Se representaba como un león con cabeza humana.
6:51b; *ilustraciones* 6:51b; 6:52a.

ESFÍNTER. Músculo, en general circular, de contracción voluntaria o involuntaria, con el que se abre o cierra un orificio natural.
Urogenital, aparato 14:194b.

ESGRIMA. Deporte de lucha que se practica con varios tipos de arma blanca: florete, espada y sable.
6:52b; *ilustraciones* 6:53b.

ESHKOL, LEVI (1895-1969). Levi Shkolnik, estadista israelí. Emigró a Palestina en 1914 y contribuyó a la fundación de los primeros *kibbutzim.* Formó parte del Partido Laborista Sionista y fue ministro con David Ben Gurion, a quien sucedió en 1963 como primer ministro y ministro de defensa. Durante su etapa de gobierno tuvo que hacer frente a la guerra de los seis días, desencadenada en 1967. Se mantuvo en el poder hasta su muerte.
Begin, Menahem 2:382a.

ESKIL (h. 1100-1182). Arzobispo danés. Restableció la unidad de la iglesia de su país y luchó por la independencia de ésta frente a la monarquía y la nobleza, lo que le hizo entrar en conflicto con el rey Valdemar I. Tuvo que exiliarse cuando sus familiares planearon derrocar al monarca.

ESKIŞEHIR. Ciudad de Turquía, cap. de la prov. homónima. Probable origen bizantino. Importante centro industrial. Maquinaria agrícola y ferroviaria; talleres de aviación, textiles, cemento, azúcar, productos químicos. 454.536 hab. (1997).

ESLA, RÍO. Afluente del río Duero, en España. Nace en la cordillera Cantábrica, cerca de Riaño. Su caudal es aprovechado para varias centrales hidroeléctricas, especialmente en la presa de Ricobayo, y para el regadío. Su curso es de 285 km.

ESLAVA, MIGUEL HILARIÓN (1807-1878). Compositor español. Se ordenó sacerdote en Sevilla, donde fue maestro de capilla. Profesor del Conservatorio de Madrid, publicó algunas obras didácticas y una antología de la música española del Siglo de Oro. Compuso música religiosa y tres óperas. Su más famosa composición es el *Miserere. Lira sacrohispana, Escuela de armonía y composición.*

ESLAVA, MITOLOGÍA. Conjunto de mitos, leyendas, tradiciones y creencias de los antiguos moradores de las zonas central y oriental de Europa.
6:54a.

ESLAVA, RAFAEL DE (m. en 1737). Militar y gobernante español del Nuevo Reino de Granada. Durante su etapa de gobierno tuvo que someter a las tribus indias del Darién y logró pacificar todo el territorio.

ESLAVA, SEBASTIÁN DE (1684-1759). Administrador colonial español. Militar de profesión, ocupó el puesto de virrey de Nueva Granada en 1740 tras el restablecimiento del virreinato que había sido suspendido en 1723. Se enfrentó a las fuerzas británicas del almirante Edward Vernon en Cartagena de Indias. En 1748 regresó a España y posteriormente fue nombrado marqués de la Real Defensa y capitán general de Andalucía.
Nueva Granada, Virreinato de 11:37b.

ESLAVA GALÁN, JUAN (n. en 1947). Novelista, ensayista y catedrático español. *En busca del unicornio* (1987), *Yo, Nerón* (1991), *La historia de España contada para escépticos* (1995).

ESLAVAS, LENGUAS. Grupo lingüístico de la gran familia indoeuropea, que se extiende por un elevado número de pueblos en Europa central, meridional y oriental, y por Rusia y los países de la antigua Unión Soviética.
6:54b; Bulgaria 3:220a; Checa, literatura 4:112a; Indoeuropeas, lenguas 8:177a; Polonia 12:70b; *mapa* 6:55b.

ESLAVONIA. Región de Croacia. Está limitada por los ríos Drava al norte, Sava al sur y Danubio al este. En la edad media se denominaba Eslavonia al reino de Servia, parte de cuyos habitantes se refugiaron en la Eslavonia actual debido a la invasión turca. Perteneció al imperio austrohúngaro y en 1919 se integró en Yugoslavia, país del cual Croacia se declaró independiente en 1991. La presencia de una importante minoría servia en su territorio supuso tensiones y enfrentamientos armados.
Croacia 5:25b.

ESLAVOS. Miembros del grupo étnico y lingüístico más numeroso de Europa oriental: rusos, polacos, checos, croatas, búlgaros, servios y eslovenos, entre otros.
Balcanes 2:319a; Polonia 12:73a; Rusia 13:58b.

ESLIZÓN. Reptil escamoso de la familia de los escíndidos y del género *Chalcides.* En general, presenta cabeza pequeña y largo tronco, con cuatro extremidades de algunos milímetros de longitud, a veces finalizado en una cola muy larga. Ovovivíparo e insectívoro. Vive en zonas arenosas o de intensa vegetación de zonas mediterráneas y montañosas del norte de África. Inofensivo. Especie principal: eslizón común (*Chalcides chalcides*).

ESLORA. Longitud de una nave desde el codaste, en la popa, hasta la roda, en la proa, medidos por la parte de adentro.
Embarcación 5:385a.

ESLOVACA, LITERATURA. Conjunto de obras escritas en lengua eslovaca.
6:55b.

ESLOVACO. Lengua del grupo de las eslavas occidentales, hablada en Eslovaquia. Está fuertemente emparentado con el checo, con el que forma un grupo lingüístico. Desde 1920 es lengua oficial de Eslovaquia.
Eslavas, lenguas 6:54b; Indoeuropeas, lenguas 8:177a.

ESLOVAQUIA. República de Europa central, independiente desde la partición de Checoslovaquia en 1993. Cap. Bratislava. 49.036 km^2 5.403.000 hab. (2000).
6:56a; Cárpatos, montes 3:408b; Checa, República 4:118a; Checoslovaquia 4:119a; Danubio, río 5:93b; Europa 6:196b; *mapa* 6:56a; *cuadros* 6:56b; 6:57b; *ilustraciones* 6:57a-b; 6:58a.

ESLOVENA, LITERATURA. Conjunto de obras escritas en lengua eslovena.
Yugoslavia, literaturas de la antigua 14:393b.

ESLOVENIA. República de los Balcanes, a orillas del mar Adriático. Integrada a Yugoslavia en 1919, se declaró independiente en 1991. Cap. Ljubljana. 20.258 km^2. 1.963.000 hab. (2000).
6:58a; Alpes 1:245b; Balcanes 2:318b; Bosnia y Herzegovina 3:120b; Croacia 5:25b; Europa 6:198a; Yugoslavia 14:389a; Yugoslavia, literaturas de la antigua 14:392b; *mapa* 6:59a; *cuadros* 6:58a; 6:59b; *ilustración* 6:59a.

ESLOVENO. Lengua más occidental del grupo de las eslavas meridionales, hablada en la república de Eslovenia y en zonas limítrofes de Italia, Austria y Croacia. El primer texto escrito conocido, los manuscritos de Freising, data aproximadamente del año 1000.
Eslavas, lenguas 6:54b; Indoeuropeas, lenguas 8:177a.

ESMALCALDA, LIGA DE. V. **Smalkalda, Liga de.**

ESMALTE. Mezcla de sustancias vítreas fundibles (carbonato sódico, feldespato, carbonato de potasa, etc.) que sirve para adornar artísticamente objetos de cerámica, metal, etc.
6:59b; *ilustración* 6:60a.

ESMALTE DENTAL. Sustancia blanca, dura, compacta, que cubre la corona de los dientes, formada por una serie de columnas prismáticas y desarrollada a partir del órgano embrionario del esmalte.
Diente 5:182a.

ESMERALDA. Piedra preciosa de color verde muy apreciada por su belleza.
Piedras preciosas 11:398b.

ESMERALDA, MERCHE (n. en 1950). Bailaora de flamenco española. Primer premio en el concurso nacional de arte flamenco de Córdoba (1968) y premio nacional de baile (1972). Formó su propia compañía de danza en la década de 1970.

ESMERALDAS (CIUDAD). Población y puerto del Ecuador, cap. de la prov. de Esmeraldas en la desembocadura del río homónimo. Universidad técnica. Refinería de petróleos, oleoducto. Explotaciones forestales, agricultura. Turismo. 117.722 hab. (1997).

ESMERALDAS (PROVINCIA). División administrativa del Ecuador, a orillas del Pacífico, limitada al norte por Colombia, cubierta de selva tropical hasta las laderas de los Andes. Agricultura, explotación forestal; petróleo. Cap. Esmeraldas. 15.239 km^2. 389.967 hab. (1997).

ESMERALDAS, RÍO. Curso fluvial del Ecuador, formado por la confluencia del Guaillabamba y el Blanco. Riega un fértil valle y desemboca en el Pacífico. Su curso es de 330 km.
Ecuador 5:288a.

ESMEREJÓN. Ave rapaz falconiforme de la familia de los falcónidos (*Falco columbarius*). Pequeño tamaño, semejante al cernícalo. Notable por su agresividad y rapidez en la caza. Hábitos diurnos. Distribuida por las zonas templadas de Europa y Asia, emigra a África en las épocas frías. Utilizada en cetrería.

ESMERIL. Roca metamórfica compuesta de corindón. Se usa para pulimentar diversos materiales.

ESMIRNA. V. **Izmir.**

ESÓFAGO. Segmento del tubo digestivo, en forma de conducto músculo-membranoso, que une la faringe con el estómago.
Digestivo, aparato 5:184b; Gastroenterología 7:59a; Vertebrados 14:278b.

ESOPO. Nombre asignado al supuesto autor de una colección de fábulas de la antigua Grecia. Herodoto y Plutarco consideraron que vivió en el siglo VI a.C.
6:60b; *ilustraciones* 6:60a.

ESOTERISMO. Doctrina filosófica o religiosa, o parte de ella, de cuyo conocimiento se excluye a los profanos.
6:61a; *ilustraciones* 6:61a-b.

ESPACIO. Extensión que contiene y separa los distintos elementos astrales del universo.
6:62a; Astrometría 2:166b; Relatividad, teoría de la 12:316b.

ESPACIO, EXPLORACIÓN DEL. Nombre dado a la investigación del espacio exterior y, fundamentalmente, al conjunto de los vuelos espaciales, tripulados o no. Fue iniciada por la Unión Soviética y los Estados Unidos a fines de la década de 1950.
Astronáutica 2:169a; Marte (ASTRONOMÍA) 9:390b.

ESPACIO ECONÓMICO EUROPEO (EEE). Zona de libre comercio constituida en 1993 por los países de la Unión Europea y los de la EFTA, a excepción de Suiza.

ESPACIO MUESTRAL. En probabilidad y estadística, conjunto matemático constituido por todos los sucesos posibles de un fenómeno aleatorio. Cada ocurrencia de un suceso se define como un elemento del espacio muestral.
Probabilidad y estadística 12:151b.

ESPACIO-TIEMPO. Unidad conceptual en la cual la teoría de la relatividad hace converger el espacio geométrico y el continuo temporal, en una entidad matemática de cuatro dimensiones.

ESPACIO TOPOLÓGICO. Conjunto de puntos de un sistema que permanecen invariables bajo un homomorfismo o transformación existente entre los puntos próximos de un conjunto origen y las imágenes cercanas de un conjunto final.

ESPADA. Arma blanca individual, larga, puntiaguda y cortante, con guarnición o guardamano y empuñadura.
Esgrima 6:52b.

ESPADA, PEZ. Pez osteictio perciforme de la familia de los xífidos (*Xiphias gladius*), de color gris azulado, piel áspera y hasta 3 m de longitud. Su mandíbula superior se alarga, formando una prolongación a modo de espada.

ESPADÁN, SIERRA DE. Estribación del sistema Ibérico que penetra en la prov. de Castellón, España. En ella tuvo lugar la rebelión de los moriscos valencianos en 1526. Su cumbre más alta es el pico de Espadán, con 1.038 m. La atraviesan los ríos Mijares y Villahermosa.

ESPADAÑA. Planta herbácea vivaz de la familia de las tifáceas y del género *Typha*. Monocotiledónea. Propia de zonas húmedas, como lugares pantanosos, marjales, etc. Denominada también anea o bayón, sus hojas alargadas y acintadas se utilizan en cestería.

ESPAILLAT. Provincia de la República Dominicana, a orillas del Atlántico. Ocupa la parte central de la reg. de la Vega Real. Zona cafetalera; agricultura. Cap. Moca. 838 km². 197.617 hab. (1993).

ESPAILLAT, ULISES (1823-1878). Político dominicano. Se alzó contra la restauración del poder español. Presidente de la república en 1876, renunció el mismo año por los constantes levantamientos que no pudo reprimir.

ESPALDA, NATACIÓN A. Estilo consistente en nadar en posición invertida, sobre la espalda. Los movimientos de brazos y piernas son similares a los realizados en el estilo *crawl,* aunque con diferencia de colocación de los brazos, que van menos flexionados. También se llama estilo de dorso.
Acuáticos, deportes 1:45a.

ESPALDERA. Aparato gimnástico formado por barras horizontales y verticales sujetas por una armadura en la pared, que se utiliza para desarrollar los músculos, principalmente los del abdomen.

ESPALTER, JOAQUÍN (1809-1880). Pintor español. Tras diversas estancias en Francia, Alemania e Italia se instaló en Madrid. Cultivó distintos géneros (alegórico, histórico), pero destacó como retratista. «El suspiro del moro» (1855), «Retrato de dama».

ESPANTALOBOS. Planta arbustiva de la familia de las papilionáceas (*Colutea arborescens*). Dicotiledónea. Hojas compuestas y flores amarillas. Denominada también sonajas, es propia de la región mediterránea.

ESPAÑA. País de Europa en la península ibérica. Cap. Madrid. 505.990 km². 40.128.000 hab. (2000).
6:62b; América, descubrimiento de 1:282b; Anticlericalismo 1:384a; Aznar, José María 2:281b; Cinematografía 4:196b; Duero, río 5:250b; Ebro, río 5:263b; Español o castellano 6:95b; Europa 6:192a; Exploraciones geográficas 6:214b; Fuero 6:421a; Guadalquivir, río 7:245a; Guadiana, río 7:246b; Guinea Ecuatorial 7:289a; Hispano-estadounidense, guerra 8:14b; Independencia de Hispanoamérica 8:145a; Independencia de los Estados Unidos 8:149b; Independencia española, guerra de la 8:150b; Inquisición 8:219a; Italia 8:308b; Juan Carlos I de España 8:397b; Latinoamérica, conquista de 9:77b; Madrid 9:275a; Marruecos 9:382b; Misticismo 10:193a; Modernismo 10:207b; Pirineos 12:4a; Reconquista 12:283a; República española 12:342a; Restauración 12:394a; Sociedades económicas de amigos del país 13:280a; *mapas* 6:63; 6:73b; *cuadros* 6:64a; 6:69a-b; 6:75; *ilustraciones* 6:63b; 6:65b; 6:66a; 6:67; 6:68a-b; 6:70a; 6:71b; 6:72a-b; 6:74a; 6:75b; 6:76a; 6:77b; 6:78a; 6:79b; 6:80a; 6:81b; 6:82a; 6:83a-b.

ESPAÑA, APARTA DE MÍ ESTE CÁLIZ. Obra poética del escritor peruano César Vallejo, publicada en 1940. A partir de la guerra civil española, el autor profundiza en la dolorosa situación del ser humano sometido a la violencia.

ESPAÑA, CONDE DE (1775-1839). Carlos D'Espagnac, militar español de origen francés. Escapó de Francia durante la revolución y combatió en España contra los franceses en la guerra de la independencia. Solicitó, en nombre de Fernando VII, la invasión de España por la Santa Alianza para acabar con el régimen constitucional. Como capitán general de Cataluña reprimió sangrientamente a los liberales. En la primera guerra carlista tomó el mando de éstos en Cataluña. Destituido por la junta de Berga, fue asesinado cuando cruzaba la frontera francesa.

ESPAÑA, JOSÉ MARÍA (h. 1761-1799). Patriota venezolano. Su lucha por la libertad de Venezuela lo llevó al cadalso.
6:84a; Gual, Manuel 7:247a; Venezuela 14:260b.

ESPAÑOLA, GUERRA CIVIL. Contienda surgida tras la insurrección militar contra el gobierno de la segunda república española. Duró de 1936 a 1939.
6:84a; España 6:79b; Franco, Francisco 6:402a; República española 12:344a; *ilustraciones* 6:84b; 6:85b.

ESPAÑOLA, ISLA. La más meridional de las islas Galápagos mayores, en el este del océano Pacífico, a unos 965 km del Ecuador. En ella habitan grandes colonias de focas y albatros. 47 km².

ESPAÑOLA, LA. Isla de las Antillas mayores que incluye los territorios de la Rep. Dominicana y de Haití. También se llama Santo Domingo y se ha designado asimismo como Haití. 76.192 km².
Anacoana 1:312a; Dominicana, República 5:221b; Haití 7:316b; Latinoamérica, conquista de 9:78b; Santo Domingo 13:150a.

ESPAÑOLA, LITERATURA. Conjunto de obras escritas en castellano por escritores españoles.
6:86b; Celestina, La 4:61b; Cid, Cantar de mío 4:179a; Conceptismo 4:321a; Culteranismo 5:70b; Novela y cuento 11:20a; Noventa y ocho, generación del 11:21b; Picaresca, novela 11:388b; Siglo de Oro español 13:236b; Unamuno, Miguel de 14:173b; Veintisiete, generación del 14:245b; Zorrilla, José 14:428a; *cuadros* 6:88; 6:89; *ilustraciones* 6:87; 6:88; 6:89; 6:90a; 6:91b; 6:92a; 6:93b; 6:94a; 6:95a-b.

ESPAÑOLETO, EL. V. **Ribera, José de.**

ESPAÑOL o CASTELLANO. Lengua románica nacida en Castilla y extendida al resto de España, México, las grandes Antillas, América central y Sudamérica, salvo las Guayanas y Brasil. Se habla también en Guinea Ecuatorial y en diversas zonas de los Estados Unidos y Filipinas.
6:95b; Alonso, Amado 143b; Bello, Andrés 2:403a; Cuervo, Rufino José 5:67b; España 6:67a; Etimología 6:179a; Ortografía 11:164b; Portuguesa, lengua 12:97b; Romances, lenguas 13:3b; *mapa* 6:97b; *ilustraciones* 6:96; 6:97b; 6:98b.

ESPÁRRAGO. Planta herbácea vivaz de la familia de las liliáceas (*Asparagus officinalis*).
6:99b; *ilustración* 6:99b.

ESPARTA. Antigua ciudad-estado griega de Laconia, Grecia. Dirigida por una oligarquía militar, al final de la guerra del Peloponeso se impuso como primera potencia griega.
6:100a; Alcibíades 1:155a; Grecia antigua 7:208b; Licurgo 9:153a; Lisandro 9:176a; Médicas, guerras 10:25b; Peloponeso, guerras del 11:323b; Tebas (GRECIA) 13:413b; *ilustraciones* 6:100a; 6:101a.

ESPARTACO (m. en el 71 a.C.). Esclavo tracio que dirigió una revuelta de los gladiadores contra Roma, a la que se unieron miles de esclavos.
6:101b; Roma antigua 12:422a.

ESPARTACO (n. en 1962). Juan Antonio Ruiz, torero español. Tomó la alternativa en 1979. Destacó por su perfección técnica y su valor en la plaza.

ESPARTACO, LIGA. Movimiento de la extrema izquierda alemana que se formó durante la primera guerra mundial. Creado en torno a la publicación, en enero de 1916, de las *Cartas políticas,* firmadas por Spartakus, estuvo liderado por Karl Liebknecht y Rosa Luxemburgo. En 1918 dio origen al Partido Comunista Alemán. La insurrección revolucionaria que protagonizaron los espartaquistas tras la proclamación de la república fue duramente reprimida y acabó con el fusilamiento de sus principales líderes.
Luxemburgo, Rosa 9:252a.

ESPARTAQUISTAS. V. **Espartaco, Liga.**

ESPARTERO, BALDOMERO (1793-1879). Militar y político español. El más destacado defensor de la causa de Isabel II.
6:102a; Carlistas, guerras 3:392a; España 6:78a; Isabel II de España 8:274a; María Cristina de Borbón 9:364b; Narváez, Ramón María 10:354a; O'Donnell, Leopoldo 11:80a; Serrano y Domínguez, Francisco 13:212a; *ilustración* 6:102a.

ESPARTERO, EL (1865-1894). Manuel García Cuesta, torero español. Tomó la alternativa en 1885. Alcanzó gran renombre por su temeridad y por su estilo de matar al toro recibiéndolo. Murió de una cornada en Madrid.

ESPARTO. Planta herbácea vivaz de la familia de las gramíneas (*Stipa tenacissima*). Monocotiledónea. Con rizoma y largas hojas, de las cuales se obtiene una fibra empleada en la fabricación de cuerdas y sogas.
Gramíneas 7:187a; Papel 11:263a.

ESPATO DE ISLANDIA. Mineral calizo, de estructura laminar y transparente.
Calizas, rocas 3:286b; Mineral y mineralogía 10:176a.

ESPATO FLÚOR. V. **Fluorita.**

ESPATO SATINADO. Variedad de yeso o calcita. Masa fibrosa con brillo de perla o raso.

ESPÁTULA. Ave zancuda ciconiforme de la familia de los tresquiornítidos (*Platalea alba*). Pico largo, estrecho en el centro y ancho y deprimido al final, a modo de espátula.

ESPECIA. Sustancia vegetal aromática que se utiliza en la cocina como condimento. Entre las más conocidas están la canela, la pimienta, el clavo y la nuez moscada.
6:102b; Azafrán 2:276b; Canela 3:339b; Jengibre 8:360b; Pimienta 11:408a; *cuadro* 6:103; *ilustraciones* 6:103b.

ESPECIACIÓN. Formación evolutiva de las especies que ocurre por la producción de barreras que impiden el intercambio genético (aislamiento reproductivo) entre poblaciones genéticamente divergentes.
Evolución 6:210b.

ESPECIAS, ISLAS DE LAS. V. **Molucas.**

ESPECIE. Grupo de poblaciones naturales que comparten un gran número de caracteres biológicos y que son real o potencialmente capaces de compartir e intercambiar entre sí un mismo acervo genético.
Biodiversidad 3:24b; Biogeografía 3:29b; Botánica 3:127a; Razas humanas 12:271b; Taxonomía 13:406b.

ESPECIFICIDAD INMUNOLÓGICA. Propiedad de los anticuerpos formados en respuesta a un antígeno, según la cual sólo pueden reaccionar contra ese tipo de antígeno y rara vez con cualquier otro.

ESPECTADOR, EL. Conjunto de ensayos del pensador español José Ortega y Gasset, publicado entre 1916 y 1934. En ellos se plantea la superación del racionalismo y el relativismo, incorporando la perspectiva del propio autor como dato de la reflexión.

ESPECTRO. Serie, en orden decreciente, de las frecuencias de una radiación dispersada. Sistema de bandas o rayas que se producen por separación de las frecuencias de una radiación mediante refracción, difracción, absorción, etc.
Astrofísica 2:163b; Cosmología 4:406a; Espectroscopia 6:104a; Luz 9:255b.

ESPECTROFOTOGRAFÍA. Fotografía de un espectro realizada a través de una cuña neutra colocada sobre la rendija de un espectrógrafo (espectrografía de cuña). Muestra gráficamente la relación entre sensibilidad y longitud de onda del material sensible y de la fuente de luz.

ESPECTRÓGRAFO. Instrumento que registra gráficamente los espectros de radiaciones.

ESPECTROHELIÓGRAFO. Dispositivo de medición utilizado para obtener fotografías monocromáticas del disco y las protuberancias solares. Semejante al espectrómetro.

ESPECTROMETRÍA. Método utilizado en análisis fisicoquímicos, consistente en la medición del valor e intensidad de los componentes de un espectro.
Análisis químico 1:320b; Resonancia magnética nuclear 12:346a.

ESPECTROSCOPIA. Método de análisis de la estructura química de las sustancias basado en el registro de los espectros de radiaciones absorbidos o emitidos por dichas sustancias.
6:103b; Astronomía 2:177b; Estrella 6:170a; Óptica 11:123a; Peso atómico y molecular 11:374b; Resonancia magnética nuclear 12:346a; *ilustraciones* 6:104a; 6:105b.

ESPECTROSCOPIO. Instrumento utilizado para observar los espectros de radiaciones.

ESPECULACIÓN (ECONOMÍA). Actividad consistente en la adquisición de mercancías o títulos de crédito al precio de la fecha para revenderlos en el futuro, esperando que durante el intervalo experimenten un aumento de precio.
Bolsa 3:100b; Filatelia 6:284b.

ESPECULACIÓN (FILOSOFÍA). Acción y efecto de escrutar atentamente algo. Se aplica en filosofía al conocimiento teórico, que se especifica por estar orientado a la contemplación y comprensión de las cosas, en contraposición con el conocimiento práctico que se ordena a la acción.

ESPECULADOR. Persona encargada de realizar operaciones de tráfico comercial de valores o divisas en un período de corto plazo con la finalidad de obtener unos beneficios inmediatos.
Bolsa 3:99a.

ESPÉCULO DE TODOS LOS DERECHOS. Recopilación jurídica ordenada por Alfonso X el Sabio, rey de Castilla, entre 1256 y 1260. No llegó a promulgarse, pero ejerció gran influencia en la elaboración de las *Siete partidas.* Sus fuentes fueron el derecho romano, el derecho canónico, las Decretales y algunos fueros municipales. Se conservan cinco libros.

ESPEJISMO. Ilusión óptica causada por la refracción de la luz al pasar por capas de aire de densidades diferentes. Ocurre a veces en los desiertos, por recalentamiento de las capas de aire próximas al suelo.

ESPEJO. Superficie lisa que refleja todas las radiaciones que llegan a ella. Hay una gran variedad de tipos: planos, cóncavos, convexos, parabólicos, etc.
6:106a; Óptica 11:123a; Telescopio 14:3a; *ilustración* 6:106a.

ESPEJO, ANTONIO DE (m. h. 1583). Explorador español. En noviembre de 1582 inició una expedición al norte de México en busca del franciscano Agustín Ruiz. Aunque se enteró de su muerte, prosiguió su exploración, en la que recogió abundante información sobre la flora, la fauna y la mineralogía de las regiones visitadas. Regresó en julio de 1583.

ESPEJO, EUGENIO (1747-1795). Patriota ecuatoriano. Una de las figuras más destacadas de la ilustración americana.
6:106b; Ecuador 5:291b.

ESPEJO, FRANCISCO (1758-1814). Abogado y patriota venezolano. Vinculado inicialmente a las fuerzas realistas, en 1810 entró a formar parte de los grupos revolucionarios. Fue presidente de la Corte Suprema y gobernador de la ciudad venezolana de Valencia. Cayó prisionero y fue ejecutado por los realistas.

ESPELEOLOGÍA. Rama de la geología que estudia la formación de cavernas y grutas y las formas de vida que en ellas se desarrollan.
6:107a; Cueva 5:68a; *ilustración* 6:107b.

ESPERANTO. Idioma artificial, creado en 1887 por el médico polaco Ludwik Zamenhof, con idea de que pudiese servir como lengua universal.
6:108a; *ilustraciones* 6:108a; 6:108b.

ESPERANTO, DOKTORO. V. **Zamenhof, Ludwik.**

ESPERANZA DE VIDA. Probabilidad de vida que se calcula estadísticamente para una población. Los estudios demográficos calculan la esperanza de vida partiendo de las tablas de mortalidad de cada grupo de edad en un momento determinado.

ESPERMA. Líquido seminal masculino que transporta y nutre los espermatozoides. Además de éstos, el esperma contiene proteínas secretadas por las glándulas de Cowper, fructosa secretada por las vesículas seminales y enzimas procedentes de la próstata.
Fecundación in vitro 6:243b; Inseminación artificial 8:225a.

ESPERMACETI. Sustancia aceitosa existente en la cabeza del cachalote y la ballena, formada por palmitato de acetilo. Considerada desde antiguo, erróneamente, como el esperma del animal. Se emplea en perfumería.
Cachalote 3:257a; Cera 4:80a.

ESPERMAFITAS. Nombre con el que durante mucho tiempo se designó a las plantas que se reproducen por semillas y que agrupaba tanto a las gimnospermas como a las angiospermas.

ESPERMATICIDA. V. **Espermicida.**

ESPERMATOGÉNESIS. Conjunto de procesos biológicos que dan lugar a la formación de espermatozoides. Se denomina también espermatogenia.

ESPERMATOZOIDE. Célula reproductora masculina madura. Es la encargada de fecundar el óvulo y suele presentar una estructura filamentosa o flagelo que permite su desplazamiento.
Embriología 5:388b; Fecundación in vitro 6:242a; Gestación y parto 7:116b; Reproducción 12:337b; Sexo y sexualidad 13:218a; Urogenital, aparato 14:194a.

ESPERMICIDA. Sustancia que mata o destruye los espermatozoides. Los espermicidas se han propuesto como contraceptivos locales, pero su porcentaje de fracasos es muy elevado. También se denomina espermaticida.
Natalidad, control de la 10:356a.

ESPERPENTO. Conjunto de obras realizadas a partir de la década de 1920 por el escritor español Ramón María del Valle-Inclán. Retrato dramático y expresivo de la sociedad española, combinaba elementos imaginativos y distorsionados.

ESPERT, NURIA (n. en 1933). Actriz y directora teatral española. Se inició con representaciones de obras clásicas y formó su propia compañía, con la que participó en numerosos festivales nacionales e internacionales.
Teatro 13:412a.

ESPICANARDO. Planta herbácea de la familia de las valerianáceas (*Nardostachys jatamansi*). Tallo velloso, hojas pubescentes largas o sentadas y flores rojas. Fruto en caja. Raíz perenne de uso medicinal. Originaria del Asia tropical.

ESPIGA (ASTRONOMÍA). La estrella más brillante de la constelación de Virgo (la Virgen). De primera magnitud.

ESPIGA (BOTÁNICA). Inflorescencia de flores sésiles (sin pedúnculo) insertas sobre un eje principal.
Flor 6:327a; Inflorescencia 8:197a.

ESPÍN. V. ***Spin.***

ESPINA. Estructura de protección, punzante y dura, que poseen muchos vegetales, entre ellos los cactus, las acacias y los rosales.

ESPINA, ANTONIO (1894-1972). Escritor y político español. Fue gobernador civil durante la segunda república. Después de la guerra civil se exilió en México. Autor de traducciones, poesías, novelas, biografías y ensayos. *Umbrales* (1918), *Luna de copas* (1928), *Ganivet, el hombre y la obra* (1942).

ESPINA, CONCHA (1877-1955). Escritora española. Cultivó múltiples géneros literarios, especialmente la novela realista. *La esfinge maragata* (1914), *El metal de los muertos* (1920), *El más fuerte* (1947).

ESPINA BÍFIDA. Hendidura o fisura vertical congénita del raquis, que cursa con anomalías de la médula espinal y una hernia meníngea mediana, de mayor o menor tamaño.
Diagnóstico prenatal 5:165b.

ESPINACA. Planta herbácea de la familia de las quenopodiáceas (*Spinacia oleracea*).
6:109a; *ilustración* 6:109a.

ESPINAL. Población colombiana, en el dep. de Tolima. Situada en el valle del río Magdalena, es un importante centro de explotación ganadera. Tabaco, maíz, caña de azúcar, algodón. 35.000 hab.

ESPINARIO, EL. Escultura del arte griego en su etapa helenística. Representa a un muchacho que se quita una espina de un pie. Figura muy estimada por los artistas del Renacimiento. Existen copias romanas en los museos de Berlín, Louvre (París) y Británico (Londres).

ESPINAZO. V. **Columna vertebral.**

ESPINEL, VICENTE (1550-1624). Escritor y sacerdote español del Siglo de Oro, caracterizado por su estilo sencillo y espontáneo.
6:109b; Picaresca, novela 11:389a; Siglo de Oro español 13:238a.

ESPINELA (MINERALOGÍA). Mineral de tipo ferrato o aluminato combinado con un metal divalente como magnesio, zinc, hierro o manganeso. Sistema cúbico, cristaliza normalmente en octaedros. Color rojo rubí. Muy apreciado en joyería.

ESPINELA (POESÍA). V. **Décima.**

ESPINETA. Instrumento musical semejante al clave, cada una de cuyas teclas corresponde a una cuerda que se hace sonar por pulsación.
Clave, clavicordio y clavicémbalo 4:226b.

ESPINGARDA. Antiguo cañón de pequeño calibre que disparaba balas de hierro o de plomo. También recibe este nombre una escopeta de cañón muy largo usada por algunos pueblos árabes.

ESPINHAÇO, SERRA DO. Sistema montañoso de Brasil que atraviesa los est. de Minas Gerais y Bahía, en la parte oriental del país. Sus puntos culminantes son el Itambe con 2.033 m y el Itacolomi con 1.797 m. Divide las cuencas del Doce y el São Francisco. Gran riqueza mineral.

ESPINO. Nombre de diferentes plantas pertenecientes a diversos géneros, entre ellos *Crataegus,* de la familia de las rosáceas, propio de la región eurasiática, y ciertas especies de *Acacia,* de la familia de las leguminosas. Suelen ser plantas arbustivas provistas de espinas.

ESPINO, MIGUEL ÁNGEL (1902-1928). Escritor salvadoreño. Ofreció narraciones de tono costumbrista y con temas indigenistas. *La mitología de Cuscatlán* (1919), *Cómo cantan más allá* (1926).

ESPÍNOLA, AMBROSIO (1569-1630). Militar espanol de origen genovés. Luchó en Flandes contra Mauricio de Nassau y tomó Ostende en 1604, por lo que recibió el Toisón de Oro. Aconsejó la tregua de los doce años e intervino en la guerra de los treinta años, en donde tomó Breda (1625).

ESPÍNOLA, FRANCISCO (1901-1973). Escritor y periodista uruguayo. Profesor de literatura y colaborador de *El País* de Montevideo, escribió comedias surrealistas, pero destacó especialmente en sus relatos sobre los gauchos y los bajos fondos urbanos. *Sombras sobre la tierra* (1933), *Milón o el ser del circo* (1954), *Cuentos* (1961).

ESPINOSA, DIEGO DE (1502-1572). Religioso y administrador español. Profesor de derecho en Salamanca y oidor en Sevilla, gozó de la confianza de Felipe II, quien lo nombró presidente del Consejo de Castilla e inquisidor general. Cardenal desde 1568, ejecutó misiones diplomáticas en Italia y ocupó la jefatura del Consejo de Estado.

ESPINOSA, GABRIEL (m. en 1595). Conocido como el Pastelero de Madrigal, fue el protagonista de una famosa impostura urdida por fray Miguel de los Santos, portugués que rechazaba la unión de su país con España. Éste presentó al Pastelero de Madrigal como el mismo rey Sebastián de Portugal, al que se consideraba muerto, y logró que Ana de Austria fingiera reconocerlo. Descubiertos, el Pastelero y Espinosa fueron ejecutados, mientras que Ana de Austria quedó recluida en un convento.

ESPINOSA, GASPAR DE (h. 1472-1537). Explorador y administrador colonial español. Nombrado gobernador del Darién, en Panamá, por Pedrarias Dávila, llevó a cabo por orden suya un tendencioso proceso contra Vasco Núñez de Balboa. Realizó una expedición en busca de oro por el territorio de la posterior Costa Rica y fue auxiliado por Hernando de Soto cuando iba a caer en manos del cacique Urraca. Enriquecido, volvió a España, pero regresó a América como oidor de Santo Domingo, de donde pasó al Perú.

ESPINOSA, GUILLERMO (n. en 1905). Compositor colombiano. Fundador y director de la Orquesta Sinfónica de Bogotá, sus composiciones recrean preferentemente la historia y la cultura indígenas.

ESPINOSA, JAVIER (1815-1870). Político ecuatoriano. Presidente de la república en 1867, intentó gobernar de acuerdo con la constitución, pero fue derrocado por un golpe de estado en 1869.

ESPINOSA, JERÓNIMO JACINTO (1600-1667). Pintor español. Discípulo de su padre Jerónimo Rodríguez de Espinosa y de Francisco Ribalta, es uno de los principales representantes de la escuela valenciana del siglo XVII, dentro de un acusado realismo. «Aparición de la Virgen a san Pedro Nolasco» (1661), «Los jurados de Valencia ante la Inmaculada» (1662).

ESPINOSA, JOSÉ MODESTO (1833-1916). Escritor y político ecuatoriano. Ministro del interior y de relaciones exteriores durante el gobierno conservador del presidente José María Caamaño. Colaboró en diversos periódicos, en los que se distinguió como polemista político. Usó a veces el seudónimo de Setosa. *Artículos de costumbres* (1899), *Miscelánea* (1901).

ESPINOSA, NICOLÁS (siglo XIX). Político salvadoreño, proclamado benemérito por la asamblea de su país. Presidente de la república en 1835, renunció al año siguiente instigado por el presidente de las Provincias Unidas de Centroamérica, Francisco Morazán.

ESPINOSA, PEDRO DE (1578-1650). Escritor español. Capellán y rector del Colegio de San Ildefonso, en Sanlúcar de Barrameda, fue autor de obra poética, prosa satírica, moral y una importante antología de poesía. *Flores de poetas ilustres* (1605), *Fábula del Genil, El perro y la calentura, novela peregrina* (1625).

ESPINOSA MEDRANO, JUAN (1629-1682). Escritor peruano, llamado el Lunarejo. Uno de los grandes representantes de la literatura barroca hispanoamericana. Cultivó la poesía, el drama y la música. *Panegírico de santo Tomás* (1648), *Apologético en favor de don Luis de Góngora* (1662).
Hispanoamericana, literatura 8:5a.

ESPINOSA PÓLIT, AURELIO (1894-1961). Jesuita humanista ecuatoriano. Designado rector de la Universidad Pontificia Católica en 1945, fue autor de traducciones y estudios de obras clásicas y escribió varias colecciones de poemas. *Virgilio, el poeta y su misión providencial* (1932), *La fuente intermitente* (1946).

ESPINOSA Y MALO, FÉLIX DE LUCIO (1646-1691). Funcionario y cronista español. Caballero de la orden de Calatrava, fue secretario real y de estado y guerra en Sicilia. Autor de crónicas sobre los reinos peninsulares y las Indias. *Declamaciones, escarmientos políticos y morales* (1674), *Vidas de los filósofos Demócrito y Heráclito* (1676), *Relaciones históricas generales.*

ESPINOSA Y TELLO, JOSÉ (1763-1815). Marino y geógrafo español. Trazó cartas de las costas del mar Cantábrico y de diversas zonas del continente americano. Teniente general de la armada española. *Observaciones astronómicas que sirvieron para las cartas de la costa noroeste de América* (1805).

ESPINOSO. Pez gasterosteiforme, perteneciente a la familia de los gasterosteídos (*Gasterosteus aculeatus*). Vive en aguas dulces y posee espinas dorsales y laterales móviles, sin escamas, y placas alargadas en los costados. Se encuentra en los ríos de Europa, Asia y América del norte.

ESPIONAJE INDUSTRIAL. Actividad que desarrollan algunas empresas mediante agentes especialmente preparados para enterarse de las innovaciones tecnológicas o comerciales de sus competidores.
Espionaje y contraespionaje 6:110b.

ESPIONAJE Y CONTRAESPIONAJE. Actos realizados por los servicios secretos de información y contrainformación tendentes a favorecer la política internacional de los estados.
6:109b; Criptografía 5:16a; Inteligencia militar 8:234a; *ilustraciones* 6:109b; 6:11a; 6:111a.

ESPIRACIÓN. Acto de expeler el aire de los pulmones por las vías aéreas (bronquios, tráquea, nariz o boca).
Respiratorio, sistema 12:348b.

ESPIRÁCULOS. Fosas localizadas en la parte superior de la cabeza de los cetáceos a través de las que se inspira y expulsa el aire empleado en la respiración.

ESPIRAL. Curva plana caracterizada por presentar un radio polar que aumenta progresivamente mientras se mantiene el giro en una misma dirección.

ESPÍREA. Planta arbustiva de hoja caduca de la familia de las rosáceas y del género *Spiraea.* Dicotiledónea. Hoja simple y flores agrupadas en racimos de color rosa fuerte. Ornamental.

ESPIRILOS. Microbios dotados de gran movilidad y de forma más o menos espiral, del género *Spirillum.*
Bacteria 2:300b.

ESPIRITISMO. Teoría y práctica desarrollada a partir de la supuesta comunicación de los seres vivos con los espíritus de los difuntos.
6:111b; Ocultismo 11:77a; Parapsicología 11:279b.

ESPÍRITO SANTO. Estado de Brasil a orillas del Atlántico. Incluye las islas Trindade y Martin Vaz. Regado por los ríos Doce, São Mateus e Itapemirim. Agricultura, ganadería. Cap. Vitória. 45.733 km^2. 2.938.062 hab. (1999).

ESPIRITROMPA. Aparato chupador de los insectos lepidópteros (mariposas), que puede arrollarse en espiral y quedar oculto bajo la cabeza. El insecto la desenrolla para chupar el néctar de las flores.

ESPÍRITU. Ser inmaterial y dotado de razón que, según la filosofía tradicional, se identifica con el alma humana como entidad contrapuesta al cuerpo y la materia. Se aplica también a todo principio o virtud que anima algo.
Descartes, René 5:150b.

ESPIRITUALES. Estilo de música folclórica estadounidense sobre temas religiosos, comúnmente basado en los salmos. Los espirituales negros derivaron de los himnos interpretados por los blancos rurales. Entre los muchos y populares espirituales destaca «Gloria aleluya».

ESPIRITUALISMO. Tendencia filosófica que admite la primacía del espíritu para explicar los fenómenos psíquicos, y defiende metafísicamente que todos los seres están constituidos en el fondo por lo espiritual.

ESPÍRITU DE LAS LEYES, EL. Obra de pensamiento político, histórico y social del francés Charles-Louis de Secondat, barón de La Brède y de Montesquieu. Publicada en 1748, constituye uno de los escritos fundamentales para la sistematización del estado moderno.
Montesquieu, barón de 10:250b; Poderes, división de 12:42b.

ESPÍRITU DE TREMENTINA. V. **Aguarrás.**

ESPÍRITU SANTO. Una de las tres personas divinas de la Santísima Trinidad cristiana.
6:112a; Trinidad 14:121b; *ilustración* 6:112a.

ESPÍRITU SANTO, BAHÍA DE. Ensenada de la costa caribeña de México, situada en la península de Yucatán, en el est. de Quintana Roo, entre las puntas de Owen y San Lorenzo. Presenta un litoral pantanoso.

ESPIRÓMETRO. Aparato utilizado para medir la capacidad respiratoria de un individuo.

ESPLÁ, ÓSCAR (1889-1976). Compositor español de formación originalmente autodidacta, que amplió en Francia, Bélgica y Alemania. Autor de obras muy diversas, destacan su cantata *La nochebuena del diablo* (1923) y su poema sinfónico *Don Quijote velando las armas* (1925).

ESPLÉNICA, FIEBRE. Fiebre que cursa con congestión del bazo y es sintomática de una supuración profunda de dicho órgano.

ESPLIEGO. Planta de la familia de las labiadas (*Lavandula angustifolia*). Dicotiledónea. Hojas alargadas y flores azuladas agrupadas en espigas. Denominada también lavanda, de ella se obtiene una esencia utilizada en perfumería.

ESPLUGAS DE LLOBREGAT. Población española de la prov. de Barcelona, comunidad autónoma de Cataluña. Integrada en el área urbana de la ciudad de Barcelona. Cereales, verduras; polígono industrial. 48.310 hab. (1991).

ESPOLETA. Dispositivo que se utiliza para encender la carga de las bombas, granadas y torpedos en el momento oportuno. Pueden ser de percusión, que actúan en el momento del impacto; de tiempo, reguladas por un aparato de relojería; o de proximidad, detectada por emisor receptor o por una célula fotoeléctrica.
Mina (MILICIA) 10:171b.

ESPONDILOARTRITIS. Inflamación de las articulaciones de las vértebras. Especialmente grave es el tipo anquilopoyético, de evolución crónica, que aqueja en particular a hombres jóvenes y llega a inmovilizar la columna vertebral.

ESPONJA DE HIERRO. Forma porosa de hierro que se obtiene al reducir óxidos de hierro con carbón.

ESPONJAS. Animal invertebrado metazoo marino o dulceacuícola del *phyllum* de los espongiarios.
6:112b; Invertebrados 8:249b; Locomotor, aparato 9:196a; Metazoos 10:103a; Reproducción 12:337b; Zoología 14:422a; *ilustración* 6:113a.

ESPONJOSIDAD. Cualidad de algunos cuerpos para aumentar de tamaño cuando son porosos.

ESPOO. Ciudad de Finlandia en la prov. de Uusimaa, a poca distancia al oeste de Helsinki. Iglesia del siglo XV. Universidad proyectada por Alvar Aalto. Canteras de granito. 209.667 hab. (2000).

ESPORA. Célula reproductora asexual capaz de experimentar una adaptación metabólica a condiciones desfavorables del medio.
Hongo 8:65b; Musgo 10:310a; Reproducción 12:337a.

ESPÓRADAS, ISLAS. Conjunto de islas del mar Egeo que están agrupadas en dos sectores: el septentrional, frente a las costas de Tesalia (islas de Skiros, Skíathos, Skópelos, etc.), y el oriental, en las costas de Asia menor (islas de Lesbos, Quíos, Samos, Icaria, Patmos, Leros, Coos, Telos y Rodas). Forman una extensión de unos 6.499 km^2.
Egeo, mar 5:322b.

ESPORANGIO. Órgano presente en diversos grupos de plantas inferiores en el cual se producen las esporas.
Hongo 8:66a.

ESPORÓFITO. Generación vegetal que presenta esporas asexuadas en el período de alternancia reproductora de las plantas. Típico de especies vegetales biológicamente avanzadas.
Musgo 10:310a.

ESPOROGONIA. Tipo de reproducción sexual de algunos grupos de protozoos en la cual la célula madre experimenta una fragmentación múltiple.

ESPOROZOO. Grupo de protozoos, parásitos internos, sin seudópodos, pestañas ni flagelos, al menos en la fase adulta, que se reproducen por esporas.
Protozoos 12:170b.

ESPORULACIÓN. Forma de reproducción que consiste en la división espontánea de una célula en varios elementos hijos, cada uno de los cuales contiene una parte del núcleo primitivo.

ESPÓSITO, ARNALDO D' (1908-1945). Compositor argentino. Director de orquesta del Teatro Colón y profesor del Conservatorio de Buenos Aires. Autor de música para ballet, ópera y obras para piano. *Rapsodia del tango* (1934), *Cuento de abril* (1941), *Lin Calel* (1941).

ESPOZ Y MINA, CONDESA DE (1805-1872). Juana María de Vega, esposa del general español Francisco Espoz y Mina. A la muerte de su marido recibió el título de condesa y se retiró a Galicia. Entre 1841 y 1843 fue aya de Isabel II y de la infanta Luisa Fernanda. En sus memorias describió la historia contemporánea y la vida de su marido. *En honor de Mina: memorias íntimas* (1910), *Apuntes* (1944).

ESPOZ Y MINA, FRANCISCO (1781-1836). Militar español. Guerrillero contra la invasión francesa y defensor del liberalismo en la España de Fernando VII.
6:113b; Independencia española, guerra de la 8:152a; Mina, Francisco Javier 10:172a; *ilustración* 6:113b.

ESPRIELLA, RICARDO DE LA (n. en 1934). Político panameño. Vicepresidente de la república en 1978, accedió a la presidencia en 1982. Convocó referéndum para reformar la constitución. Dimitió en 1984.

ESPRIU, SALVADOR (1913-1985). Novelista, dramaturgo y poeta español en lengua catalana. Destacó por la pureza idiomática y su recreación espiritualizada del paisaje.
6:113b; Catalana, literatura 4:33b.

ESPRONCEDA, JOSÉ DE (1808-1842). Escritor español. Autor romántico por excelencia de la literatura de su país.
6:114a; Española, literatura 6:92b; *ilustración* 6:114a.

ESPUELA DE CABALLERO. Planta herbácea anual de la familia de las ranunculáceas (*Delphinium ajacis*). Dicotiledónea. Hojas divididas y flores azuladas, rosáceas o blanquecinas, reunidas en espigas. Se denomina también espuela de galán.

ESPUMA. Agrupación de burbujas gaseosas que se forma sobre la superficie de un líquido a partir de la existencia en el mismo de sustancias termoactivas. Es utilizada en la extinción de incendios y en la fabricación de materiales esponjosos.
Coloidal, estado 4:261b.

ESPUMA DE MAR. Variedad del silicato de magnesio hidratado, denominada sepiolita. De peso ligero y porosa.

ESQUEJE. Fragmento de un tallo o rama que se introduce en tierra para que prenda y multiplicar de esta forma la planta.
Agricultura 1:113a.

ESQUELETO. Armazón óseo del cuerpo de los animales vertebrados y el hombre. En éste, el número de huesos es del orden de 200, sin contar los huesecillos del oído, los huesos sesamoideos y el wormiano.
Animal 1:366a; Ave 2:250a; Hueso 8:86a; Locomotor, aparato 9:197b; Vertebrados 14:278b.

ESQUERDO, JOSÉ MARÍA (1842-1912). Médico y político republicano español. Fundó a sus expensas el manicomio de Carabanchel, en el que implantó un tratamiento más humano a los pacientes e introdujo la neuropsiquiatría. Fue diputado por Madrid y jefe del Partido Republicano. Influyó como especialista en psiquiatría en la redacción de algunos artículos del Código Penal.

ESQUERRA REPUBLICANA DE CATALUNYA. Partido político de izquierda de afirmación catalanista. Fue fundado en abril de 1931 y, al ser proclamada la república española, se convirtió en el principal partido de Cataluña. Declarado ilegal en 1939, participó en los movimientos de oposición al franquismo. En su restauración en 1976 prevaleció la corriente encabezada por Heribert Barrera, mientras que la de J. Andreu i Abelló se unió al Partit dels Socialistes de Catalunya.

ESQUÍ. Conjunto de competiciones deportivas en que el participante se desliza sobre alguna superficie sobre esquís. Se distingue el esquí acuático del invernal, que a su vez se subdivide en alpino y nórdico.
Deporte 5:133b; Invierno, deportes de 8:254b; Transporte 14:113b.

ESQUÍ ACUÁTICO. Deporte acuático en el que el practicante, arrastrado por una canoa automóvil (lancha de motor) u otro medio mecánico, se desliza sobre el agua a gran velocidad manteniéndose sobre uno o dos esquís.
Naúticos, deportes 10:363a.

ESQUÍ ALPINO. Modalidad deportiva que se realiza sobre una pista de nieve debidamente preparada; en sus variantes de descenso, slalom, slalom gigante y super slalom se persigue la obtención del menor tiempo posible en un recorrido señalado previamente.
Invierno, deportes de 8:254b.

ESQUILACHE, MARQUÉS DE (h. 1700-1785). Leopoldo de Gregorio, político italiano al servicio de España. En 1759 acompañó al rey de Nápoles cuando éste accedió al trono español como Carlos III. Principal consejero del monarca, ocupó diversos cargos y llevó a cabo una política reformista e ilustrada. El motín popular de 1766 puso fin a su influencia.
Carlos III de España 3:398a.

ESQUILACHE, MOTÍN DE. Alzamiento del pueblo de Madrid, del 23 al 26 de marzo de 1766, contra el marqués de Esquilache. La chispa que lo provocó fue la orden de éste de que se acortaran las capas y se reformaran los sombreros que ocultaban los rostros, aunque la auténtica razón fue la carestía de los alimentos.

ESQUILACHE, PRÍNCIPE DE. V. **Borja y Aragón, Francisco de.**

ESQUILO (525-456 a.C.). Poeta griego. Se le considera creador de la tragedia en su forma clásica.
6:114b; Griega, literatura 7:219a; Prometeo 12:162b; Sófocles 13:290b; Teatro 13:409b; Tragedia 14:109b; *cuadro* 6:115b; *ilustración* 6:115.

ESQUIMAL, PERRO. Raza canina propia de las regiones árticas. Se utiliza como perro de trineo, de carga y de caza.

ESQUIMALES. Pueblo nómada que ocupa las regiones árticas, sobre todo de América del norte.
6:115b; Ártica, región 2:131a; Canadá 3:317a; Precolombino, arte 12:123b; Primitivo, arte 12:148b; Razas humanas 12:274b; *ilustración* 6:116a.

ESQUINES (h. el 390-314 a.C.). Orador ateniense que estaba a favor de firmar la paz con Filipo de Macedonia, frente a la postura de resistencia defendida por Demóstenes. *Contra Ctesifonte.*

ESQUÍ NÓRDICO. Conjunto de competiciones de esquí invernal. Incluye los recorridos de 10, 15, 30 y 50 km para hombres, y 5 y 10 km para mujeres. Las pruebas de salto con esquís, pese a exigir habilidades muy distintas del competidor, suelen clasificarse también en este grupo.
Invierno, deportes de 8:254b.

ESQUIPULAS. Población de Guatemala, en el dep. de Chiquimula, cerca de la frontera hondureña. Templo barroco famoso en toda América central. Balnerario, fábricas de calzado. Sede de dos reuniones de presidentes centroamericanos (mayo de 1986, agosto de 1987) para pacificar la región. 19.164 hab. (1987).

ESQUIPULAS, ACUERDOS DE. Documentos concertados en la población guatemalteca de Esquipulas en dos ocasiones (mayo de 1986 y agosto de 1987), y en la que los presidentes de los países centroamericanos (Guatemala, Costa Rica, El Salvador, Honduras y Nicaragua) llegaron a distintos acuerdos en la búsqueda de una solución pacífica de los conflictos de la zona.

ESQUIROL, JEAN-ÉTIENNE-DOMINIQUE (1772-1840). Médico psiquiatra francés. Uno de los creadores de la psiquiatría francesa, director de la Salpêtière y del hospital de Charenton. *Alienación mental* (1832), *Las enfermedades mentales consideradas en su aspecto médico-higiénico y médico-legal* (1838).

ESQUÍS. Listones de material diverso (madera, plástico, fibra de vidrio, etc.), con una anchura variable y una longitud que depende de la altura del portador y de la modalidad deportiva con ellos realizada, que permite deslizarse sobre la nieve o el agua al estar sujetos al calzado por fijaciones o ataduras.
Invierno, deportes de 8:254b.

ESQUISTO. Término genérico aplicable a las rocas que se dividen fácilmente siguiendo planos subparalelos gracias a la orientación preferente de sus componentes mineralógicos de hábito laminar.

ESQUIÚ, MAMERTO DE LA ASUNCIÓN (1826-1883). Sacerdote, político, diplomático y orador argentino. En 1853 selló las relaciones entre el nuevo país y el Vaticano. Después de realizar varias misiones diplomáticas en Sudamérica, viajó a Europa y a los Santos Lugares. Obispo de Córdoba (Argentina) desde 1880.

ESQUIVEL, ANTONIO MARÍA (1806-1857). Pintor español. Abordó la temática religiosa, mitológica, histórica y costumbrista, pero destacó especialmente en los retratos, individuales y colectivos. «La casta Susana», «El niño Manuel Flores Calderón».

ESQUIVEL, ASCENSIÓN (1848-1927). Político costarricense. Presidente de la república de 1902 a 1906. Hizo frente a un conflicto fronterizo con Panamá.

ESQUIVEL, JUAN DE (m. h. 1513). Conquistador español que llegó a La Española en el segundo viaje de Colón. Venció al cacique Cotabanamá. Inició la conquista de Jamaica. Fue destituido como gobernador, acusado de tratar con excesivo rigor a los indígenas.

ESQUIVEL, LAURA (n. en 1950). Guionista de cine y escritora mexicana. En sus obras se reitera la temática amorosa. *Como agua para chocolate* (1989), *La ley del amor* (1994).

ESQUIVEL, MANUEL (n. en 1944). Político de Belice. Dirigente del Partido de Unidad Democrática en 1982, ocupó el cargo de primer ministro en 1984. En 1989 fue derrotado por el Partido del Pueblo Unido encabezado por George Cadle Price, pero en 1993 recuperó la jefatura de gobierno. Aplicó políticas destinadas a promover una economía de mercado.

ESQUIZOANÁLISIS. Teoría y tratamiento de las esquizofrenias diseñados por Gilles Deleuze y Félix Guattari. El esquizoanálisis se basa en el reconocimiento de la libertad de la libido del esquizofrénico frente a la conformación psíquica cerrada de lo paranoico.

ESQUIZOFRENIA. Término acuñado por Eugen Bleuler para designar el grupo de psicosis cuyo síntoma principal es la escisión del psiquismo y el distanciamiento de la realidad.
6:116a; Antipsiquiatría 1:397a; Laing, R. D. 9:50b; Psicosis 12:182a; Psiquiatría 12:185b.

ESQUIZOGAMIA. Tipo de reproducción asexuada realizada por escisión o escisparidad.

ESQUIZOIDE. Personalidad con rasgos similares a los de la esquizofrenia (tendencia al aislamiento de la realidad, dificultad para la sintonización afectiva, etc.), pero más leves. También se aplica a la constitución psíquica con predisposición a la esquizofrenia, aunque no necesariamente desemboque en ella.
Caracterología 3:369b.

ESQUIZOTIMIA. Denominación de la afectividad asociada a enfermedades psíquicas de tipo esquizoide. Caracterizada por hipersensibilidad, conducta insolidaria e inhibición.
Caracterología 3:369b.

ESSEN. Ciudad de Alemania en el est. de Renania del Norte-Westfalia. Centro industrial y minero a orillas del Ruhr y sede de las industrias Krupp. Abadía benedictina del siglo IX luego convertida en catedral. Gravemente destruida en la segunda guerra mundial. Museo. 608.732 hab. (1998).

ESSEX. Condado del Reino Unido (Inglaterra), a orillas del mar del Norte, entre los estuarios del Támesis y el Stour. Parte de él pertenece al Gran Londres. Agricultura, floricultura; ganadería. Cap. Chelmsford 3.672 km^2. 1.577.500 hab. (1995).

ESSEX, ROBERT DEVEREUX, CONDE DE (1567-1601). Noble y militar inglés. Favorito de la reina de Inglaterra Isabel I entre 1585 y 1600, era partidario de los protestantes y combatió con los hugonotes franceses. Integró la expedición a Cádiz (1596) durante la guerra contra España y luchó en Ulster, en donde fue derrotado. Privado de sus cargos, encabezó una revuelta en Londres contra la reina. Fue detenido y ejecutado.

ESTABILIDAD. Noción física y química asociada a la capacidad de un cuerpo de mantener su estado o su composición inalterados durante un tiempo relativamente prolongado.
Avión 2:266b.

ESTABILIZADOR. Dispositivos utilizados para aumentar la estabilidad de un avión o buque y amortiguar o reducir su balanceo.

ESTABLISHMENT. Voz inglesa que designa al conjunto de poderes fácticos establecidos en los órdenes sociales más influyentes, y especialmente en el económico.

ESTABULACIÓN. Sistema de mantenimiento del ganado en un recinto o establo de forma permanente o temporal. En el primero de los casos permite la reproducción intensiva y el engorde de animales en su último período; en el segundo está reservado para servir de cobijo a animales de labor.
Ganadería 7:37a.

ESTACIO, PUBLIO PAPINIO (h. el 45-96). Poeta latino. Autor de una colección de poemas denominada *Silvas* y de dos grandes poemas épicos: *La Aquileida*, inacabada, y *La Tebaida*, donde narró el enfrentamiento de Polinices y Eteocles por el trono de Tebas.
Latina, literatura 9:76b.

ESTACIONES. Revista literaria mexicana. Inició su publicación en 1956 y por su páginas desfilaron escritores de todas las tendencias. Al frente de la misma figuraron Alfredo Hurtado, Elías Nandino, Gustavo Sainz, Andrés Henestrosa, José de la Colina, Alí Chumacero y otros muchos.

ESTACIONES, LAS CUATRO. Composición del músico italiano Antonio Vivaldi, incluida en la colección de obras instrumentales *El fundamento de la armonía y de la invención*, realizada hacia 1725.
Vivaldi, Antonio 14:336b.

ESTACIONES DEL AÑO. Cada uno de los cuatro períodos en que se halla dividido el año, en los cuales la posición del eje de la Tierra con respecto al Sol varía. Son: primavera, verano, otoño e invierno.
6:117b; Tiempo, medición del 14:54b; *ilustraciones* 6:117b; 6:118a; 6:119a-b.

ESTACIÓN ESPACIAL. Instalación permanente en el espacio, con autonomía propia, destinada a la realización de investigaciones científicas y tecnológicas y a las observaciones astronómicas.
Astronáutica 2:172a.

ESTACIÓN ESPACIAL INTERNACIONAL. Base espacial puesta en órbita a finales de la década de 1990 alrededor de la Tierra, con la participación de estadounidenses, europeos, rusos, canadienses, japoneses y brasileños. Destinada a la realización de numerosas investigaciones científicas y al apoyo a futuras misiones espaciales.
6:120a; *ilustraciones* 6:120a; 6:121.

ESTACIÓN ESPACIAL MIR. Base espacial rusa puesta en órbita alrededor de la Tierra en 1986. Sirvió de plataforma para la realización de numerosos experimentos, y en ella tuvieron lugar las primeras misiones de cooperación espacial internacional. Su reentrada en la atmósfera, prevista para 1999, fue pospuesta ante el desarrollo de planes para conservarla en órbita para ser visitada por técnicos e investigadores e incluso por los primeros turistas espaciales.

ESTACIÓN METEOROLÓGICA. Instalación dotada de los elementos y aparatos necesarios para determinar los cambios climatológicos y atmosféricos.

ESTADIO. Medida empleada en el mundo antiguo. En el Egipto tolemaico equivalía a 210 m; en el mundo clásico, a 125 pasos, esto es, 600 pies griegos (177,6 m) o 625 romanos (192,27 m). Era la medida de los recintos rectangulares destinados a competiciones atléticas (estadios).

ESTADÍSTICA. Rama de las matemáticas que estudia el análisis, tratamiento y presentación de los datos numéricos que proporcionan información sobre una determinada cuestión, caracterizada por la complejidad y aleatoriedad de los fenómenos que en ella intervienen, para establecer así conclusiones válidas y criterios de certeza con respecto a la misma.
Aleatoriedad 1:163a; Censo 4:73b; Demografía 5:126b; Econometría 5:275b; Frecuencia 6:406b; Geografía 7:90a; Mercadotecnia 10:69a; Probabilidad y estadística 12:153b; Psicometría 12:179a; Red neuronal 12:290b; Sociología 13:284a.

ESTADO. Organización del poder político en un determinado territorio y sobre una población dada.
6:122a; Absolutismo 1:17a; Anarquismo 1:323b; Aristóteles 2:71b; Burocracia 3:232b; Constitución 4:348b; Cristianismo 5:21a; Derecho 5:137b; Empleo y desempleo 5:395a; Federalismo 6:243b; Internacional, derecho 8:236a; Internacionales, relaciones 8:236b; Jurisdicción 8:415a; Liberalismo 9:141b; Monarquía 10:223b; Nacionalidad y residencia 10:332a; Nacionalismo 10:333a; Planificación económica 12:16b; Poderes, división de 12:42b; Policía 12:53a; Política 12:60a; Políticos, sistemas 12:65a; Soberanía 13:274a; *ilustraciones* 6:122a; 6:123b; 6:124a.

ESTADO MAYOR. Grupo de jefes y oficiales que colaboran directamente con la jefatura superior del ejército recogiendo y elaborando la información y transmitiendo y vigilando el cumplimiento de las decisiones.

ESTADO NOVO. Período de siete años (1937-1945) durante los cuales el presidente brasileño Getúlio Vargas gobernó por decreto, después de haber sido investido con poderes especiales. El Estado Novo fue un régimen con características fascistas, aunque apoyó a los aliados en la segunda guerra mundial en contra de las potencias del Eje.
Brasil 3:160a; Vargas, Getúlio 14:232b.

ESTADOS, ISLA DE LOS. Isla subantártica argentina, prolongación oriental de la Isla Grande de Tierra del Fuego. Su punto más elevado es el monte Buckland (1.120 m). Cubierta de bosques hasta una altura de 700 m. 542 km².

ESTADOS CONFEDERADOS DE AMÉRICA. Unión política que se constituyó el 8 de febrero de 1861 y que estaba formada por los estados del sur de los Estados Unidos (Carolina del Norte, Carolina del Sur, Mississippi, Florida, Alabama, Georgia, Louisiana, Texas, Virginia, Arkansas y Tennessee) al inicio de la guerra civil del país. Finalizó en 1865 con su rendición ante los ejércitos del norte.
Secesión, guerra de 13:180b.

ESTADOS GENERALES. Asamblea francesa de representantes del reino dividida en tres órdenes: el clero, la nobleza y los burgueses o estado llano. Fue convocada por primera vez en 1302 por Felipe IV. La última, por Luis XVI en 1789.
Felipe IV de Francia 6:253b; Francia 6:392a; Luis XVI de Francia 9:239b.

ESTADOS PONTIFICIOS. V. **Pontificios, Estados.**

ESTADOS UNIDOS. País del norte de América fronterizo con Canadá, al norte, y México, al sur. Cap., la ciudad de Washington. 9.518.323 km². 275.372.000 hab. (2000).
6:125a; Administración pública 1:71a; América 1:272a; Amerindios, pueblos 1:293a; Apalaches, montes 1:407b; Astronáutica 2:169a; Bravo, río 3:169a; Cinematografía 4:192a; Clinton, Bill 4:235a; Colorado, río 4:285b; Columbia, río 4:287a; Grandes lagos 7:194b; Guerra mundial, primera 7:272b; Guerra mundial, segunda 7:273a; Hispano-estadounidense, guerra 8:14b; Independencia de los Estados Unidos 8:148a; Liberia 9:144b; Marshall, islas 9:387b; Mexicano-estadounidense, guerra 10:119a; Micronesia, Estados Federados de 10:153a; Niágara, cataratas del 10:395b; Nicaragua 10:400b; Nueva York 11:40b; Oceanía 11:70b; Palau 11:223a; Panamá 11:243a; Panamá, canal de 11:246a; Panamericanismo 11:248a; Potomac, río 12:107b; Puerto Rico 12:200b; Rocallosas, montañas 12:397b; Secesión, guerra de 13:180a; Vietnam, guerra de 14:309a; Washington 14:349b; Washington, George 14:305a; Wilson, Woodrow 14:365a; *mapas* 6:127; 6:135; *cuadros* 6:125b; 6:131a-b; 6:137; *ilustraciones* 6:125b; 6:126a-b; 6:128a; 6:129b; 6:130a; 6:132a; 6:133b; 6:134a; 6:135b; 6:136a; 6:137b; 6:138a; 6:139b; 6:140a; 6:141b; 6:142a; 6:143; 6:144a; 6:145a-b.

ESTADOS UNIDOS MEXICANOS. V. **México.**

ESTADOUNIDENSE, LITERATURA. Conjunto de obras escritas por autores de los Estados Unidos en lengua inglesa.
6:146a; Realismo 12:280b; Whitman, Walt 14:360a; Wilder, Thornton 14:362b; Williams, Tennessee 14:363b; Wolfe, Tom 14:366b; *cuadros* 6:148; 6:149; *ilustraciones* 6:147; 6:148; 6:149; 6:150a; 6:151b.

ESTAFA. Figura jurídica que ha sido definida de diversas maneras en los distintos códigos penales. Esencialmente consiste en la obtención de dinero u objetos valiosos mediante el engaño y con ánimo de lucro, e implica un perjuicio para el patrimonio ajeno.

ESTAFILOCOCO. Bacteria de forma redondeada, variedad de coco cuyos elementos se agrupan en racimos. Existen estafilococos saprofitos, pero otros son patógenos y producen abscesos, furúnculos, diarreas, septicemias, etc.
Bacteria 2:300b; Microbiología 10:151b.

ESTAING, JEAN-BAPTISTE, CONDE D' (1729-1794). Almirante francés. Participó en la guerra de la independencia de los Estados Unidos, y dirigió la escuadra francesa que sitió Nueva York (1778). En 1783 se puso al mando de una flota franco-española reunida en Cádiz. Fue gobernador general de Turena (1789) y almirante de Francia (1792). No obstante su adhesión a la revolución, fue guillotinado por haber declarado en favor de la reina María Antonieta.

ESTALA, PEDRO (siglos XVIII-XIX). Escritor y crítico literario español. Profesor de historia literaria, fue rector del Seminario de Salamanca y canónigo de Toledo. Partidario de las ideas de la revolución francesa, se secularizó, tradujo a los clásicos y escribió bajo diversos seudónimos. *Estudios críticos sobre poetas castellanos, Cuatro cartas de un español a un anglómano.*

ESTALACTITA. Concreción calcárea columnar que pende de las bóvedas de las grutas. Se forman por precipitación de carbonato cálcico disuelto en agua al evaporarse ésta.
Cueva 5:68b.

ESTALAGMITA. Concreción calcárea columnar que se asienta en el suelo de las grutas. Se forma por precipitación del carbonato cálcico disuelto en las gotas de agua que caen al suelo. Generalmente aparece debajo de una estalactita y termina por unirse a ésta formando una columna.
Cueva 5:68b.

ESTAMBRE. Órgano masculino de la flor de las fanerógamas. Consta de un filamento y de una porción apical o antera, en el interior de la cual se forma el polen.
Flor 6:325b.

ESTAMBUL. Ciudad de Turquía a orillas del Bósforo. 8.260.438 hab. (1997).
6:152a; Bósforo 3:119b; Islámico, arte 8:290b; Otomano, imperio 11:178a; Solimán el Magnífico 13:296a; Turquía 14:162a; *ilustración* 6:152a.

ESTAMENTO. Sector de la sociedad que desempeña una determinada función o goza de una situación jurídica propia. Este término se aplicaba más estrictamente a las cerradas estructuras sociales del antiguo régimen (nobleza, clero, pueblo).

ESTAMNOS. Vasija de la antigüedad griega en forma de ánfora grande, usada para contener vino o aceite, con cuello estrecho y dos asas horizontales para sujetarla.

ESTAMPACIÓN. Técnica de modelado de los metales consistente en la deformación plástica mediante moldes, o estampas, con los que se obtienen formas y tamaños próximos a los finales deseados. Utilizada en caliente o en frío.

ESTAMPIDA (MÚSICA). Canción acompañada de danza, propia de los trovadores medievales de Provenza. Se desarrolló entre los siglos XII y XIV. Una de las más famosas es la *Kalenda maya*, realizada por Raimbaut de Vaqueiras (m. en 1205).

ESTAMPÍO, EL (1880-1957). Juan Sánchez Valencia, bailaor español. Uno de los mejores bailarines flamencos de su época. Formó parte de los ballets de Serguéi Diaghilev y se caracterizó por la pureza de su estilo.

ESTANCIA (ECONOMÍA). En la Argentina y Uruguay, hacienda y, en menor medida, el cultivo de forraje. Su extensión habitual es de unas 100 ha. Su origen se remonta a 1580, con los repartos realizados por Juan de Garay entre los colonos españoles. Las estancias tuvieron gran importancia en el proceso de ocupación de la Pampa y en la historia económica de los dos países citados.

ESTANCIA (POESÍA). En métrica, estrofa compuesta por un número variable de versos endecasílabos y heptasílabos, de rima libre. Los versos se combinan a gusto del autor, si bien una vez elegida la estructura de la primera estrofa debe mantenerse a lo largo de toda la composición. Su creador fue Dante Alighieri.

ESTANISLAO I LESZCZYŃSKI (1677-1766). Rey de Polonia. Accedió al trono en 1704 y lo mantuvo hasta 1714, año en que se exilió. Regresó a su país y fue coronado de nuevo en 1733. Ello ocasionó la guerra de sucesión. Renunció en 1738 por el tratado de Viena, que puso fin a la contienda.

ESTANISLAO II AUGUSTO PONIATOWSKI (1732-1798). Último de los reyes de Polonia de 1764 a 1795. Fue amante de la gran duquesa de Rusia, la futura Catalina II. Accedió al trono apoyado por las tropas rusas. Abdicó tras la insurrección popular de 1795 y pasó el resto de su vida en Rusia.

ESTANISLAO DE KOSTKA, SAN (1550-1568). Jesuita polaco. De origen noble, estudió en Viena y en Roma, donde ingresó en la Compañía de Jesús un año antes de su muerte. Canonizado en 1726.

ESTANNITA. Mineral, sulfuro natural de estaño, hierro y cobre. Cristaliza en el sistema tetragonal.

ESTANQUE. Masa de agua sin salida que se destina al riego, la cría de peces o la realización de actividades recreativas.
Riego 12:369b.

ESTAÑO. Elemento químico de la familia del carbono, grupo IVA de la tabla periódica. Símbolo, Sn; número atómico, 50; peso atómico, 118,69.
6:152b; *cuadros* 6:153a-b.

ESTAPÉ, FABIÁN (n. en 1923). Economista español. Catedrático de las universidades de Zaragoza y Barcelona, y rector de esta última, participó en la Comisión Consultiva del Plan de Desarrollo español (durante la década de 1960). *Notas sobre la actualidad económica* (1957), *Ensayos sobre economía española* (1972).

ESTAT CATALÁ. Formación política catalana de tendencia nacionalista radical, fundada por Francesc Macià en 1922, que en 1931 se fundió con la Esquerra Republicana de Catalunya. En 1934 se reconstituyó como tendencia separatista dentro de Esquerra Republicana, y dos años después se escindió de este partido. Tuvo una participación destacada en la revolución de octubre de 1934.

ESTATERA. Moneda de oro utilizada en la antigua Grecia. Equivalente a dos o cuatro dracmas según el lugar.

ESTÁTICA. Rama de la mecánica que se ocupa del estudio de los diversos sistemas de fuerzas que inciden sobre un cuerpo en equilibrio. Es decisiva su aplicación en el campo de la creación de máquinas.
Física 6:311a; Mecánica 10:14a.

ESTÁTICA, ELECTRICIDAD. Electricidad en reposo. Cargas eléctricas estacionarias.
Electroscopia 5:370a.

ESTATOCISTO. Saco vesicular del laberinto que forma parte del órgano del equilibrio estático. En los animales invertebrados consiste normalmente en un conjunto de cavidades cerradas o comunicadas con el exterior; en los vertebrados se sitúa junto a los órganos auditivos.

ESTATÚDER. Gobernador de una provincia de los Países Bajos españoles, (siglos XVI y XVII), y posteriormente de las Provincias Unidas. En los dominios españoles era designado por el rey; en las Provincias Unidas el estatúder fue inicialmente un gobernador de provincia, pero después se instituyó el cargo de estatúder general, que asumió también el poder militar y adquirió carácter prácticamente hereditario.

ESTATUTO CATALÁN. Régimen de autonomía para las provincias españolas de Cataluña. Aprobado el primero el 9 de septiembre de 1932 por las Cortes de la segunda república, fue abolido por el general Francisco Franco en 1936. La Constitución española de 1978 permitió establecer un nuevo estatuto de autonomía, el cual entró en vigor en agosto de 1979.

ESTATUTO GALLEGO. Régimen de autonomía para las provincias españolas de Galicia. Un proyecto de autonomía gallega fue presentado a las Cortes españolas días antes del comienzo de la guerra civil, en 1936, pero no llegó a aprobarse. La Constitución de 1978 permitió establecer un nuevo estatuto de autonomía para la comunidad gallega, el cual entró en vigor en marzo de 1981.

ESTATUTO VASCO. Régimen de autonomía política para las provincias españolas del País Vasco. Las Cortes de la segunda república aprobaron uno el 1 de octubre de 1936, ya iniciada la guerra civil. En mayo de 1938 fue derogado por el gobierno del general Francisco Franco. La Constitución española de 1978 permitió la puesta en funcionamiento de un nuevo estatuto a partir de julio de 1979 (estatuto de Guernica).

ESTE, FAMILIA. Dinastía de príncipes italianos cuyo origen se remonta al siglo X. Durante el siglo XIII sus miembros se contaron entre los principales líderes güelfos en la lucha contra los gibelinos. Gobernó en Ferrara, Módena, Reggio, Rovigo y otras tierras hasta 1875, en que se extinguió la línea directa.

ESTE, HIPÓLITO DE, CARDENAL (1509-1572). Religioso y diplomático perteneciente a la familia Este. Ordenó la construcción de la famosa villa romana de su apellido en Tívoli.

ESTE, VILLA DE. Ejemplo de arquitectura civil del Renacimiento italiano. Antiguo convento de benedictinos en Tívoli, en las inmediaciones de Roma, fue transformado en villa por el cardenal Hipólito de Este. Posee un soberbio parque escalonado con fuentes, grutas y juegos de agua.

ESTEÁRICO, ÁCIDO. Ácido octodecílico. Muy abundante, acompañado del ácido palmítico y oleico, como glicérido en las grasas vegetales y animales. Forma la base de los jabones.

ESTEATITA. Variedad de talco de configuración compacta y granular. De color verde grisáceo o gris. Se emplea, especialmente, en sastrería para marcar los cortes en el tejido, donde se denomina jaboncillo.

ESTEBAN I, PAPA (siglo III). Pontífice desde el 254 hasta su muerte, en el 257. Se opuso a san Cipriano de Cartago y otros obispos que proclamaban la invalidez del bautismo de quienes habían cometido herejía. Su vida es poco conocida y existen dudas sobre su martirio durante las persecuciones de Valeriano.

ESTEBAN I DE HUNGRÍA (977-1038). Rey de Hungría desde el año 1000 hasta su muerte. La corona enviada por el papa Silvestre II como recompensa por su conversión al catolicismo y posteriores victorias, fue utilizada desde entonces en la consagración de los reyes húngaros. Fue canonizado en 1083.
Hungría 8:103b.

ESTEBAN II (siglo VIII). Papa desde el 752 hasta su muerte en el 757. Consagró rey de los francos a Pipino el Breve, quien donó el exarcado de Ravena y Pentápolis a la iglesia.
Pipino III el Breve 11:421b.

ESTEBAN III (h. el 720-772). Papa desde el 768 hasta su muerte. Convocó el concilio de Roma del 769 que condenó al antipapa Constantino II. Admitió el culto a los iconos en la iglesia oriental y en el 771 estableció una alianza con los lombardos.

ESTEBAN IV (m. en el 817). Papa durante un año, desde el 816 hasta su muerte. Consagró a Ludovico Pío en Reims.

ESTEBAN V (siglo IX). Papa desde el 885 hasta su muerte en el 891. Hizo que el emperador León VI desterrara a Focio, patriarca de Constantinopla. Empleó su fortuna personal para combatir el hambre en italia. Coronó emperador a Guido de Spoleto.

ESTEBAN VI (siglo IX). Papa desde el 896 hasta su muerte en el 897. Incitado por su familia, los poderosos Spoleto, acusó a su predecesor Formoso de usurpación, hizo exhumar su cadáver y ordenó que lo lanzaran al Tíber. Este hecho motivó una revuelta popular y murió estrangulado.

ESTEBAN VII (m. en el 931). Papa desde el 928 hasta su muerte. Confirmó privilegios a los monasterios franceses e italianos. Es posible que fuera asesinado.

ESTEBAN VIII (m. en el 942). Papa desde el 939 hasta su muerte. Favoreció la restauración carolingia en Francia y las reformas monásticas de Cluny.

ESTEBAN IX (h. 1000-1058). Federico de Lorena, papa desde 1057 hasta su muerte. Elegido siendo abad de Montecassino, convocó varios sínodos en Roma que abrieron el camino a la reforma gregoriana.

ESTEBAN, SAN (m. h. el 36). Primer mártir cristiano. Fue consagrado diácono por los apóstoles. Su defensa del cristianismo ante el Sanedrín (tribunal judío) provocó su lapidación. Tras su muerte se desencadenó la primera persecución contra los cristianos.

ESTEBAN COLLANTES, AGUSTÍN (1815-1876). Político y periodista español. Colaboró en diversos periódicos, como *La Postdata*, *El Correo Nacional* y *El Heraldo*. Su contribución a la caída de Baldomero Espartero en 1843 le valió algunos puestos en la administración. En la revolución de 1854 se exilió en Francia, y a su regreso fue absuelto del cargo de malversación de fondos. A la caída de Isabel II defendió la restauración de los Borbones en el Senado y en *El Eco de España*, periódico fundado por él.

ESTEBAN DE BLOIS (h. 1097-1154). Rey de Inglaterra que usurpó el trono desde 1135 hasta su muerte. Fue un monarca débil, cuya incapacidad motivó sucesivas contiendas civiles.

ESTEBAN ECHEVERRÍA. Municipio de la República Argentina en la prov. de Buenos Aires, al sur de la capital federal. Horticultura, productos lácteos. Su cabecera es Monte Grande. 234.188 hab. (1999).

ESTÉBANEZ CALDERÓN, SERAFÍN (1799-1867). Novelista, político y arabista español. Empleó el seudónimo de «el Solitario». Cultivó la novela histórica y la poesía. Ministro de guerra y marina en 1847. *Cristianos y moriscos* (1838), *Escenas andaluzas* (1847).

ESTEBANILLO GONZÁLEZ. Novela picaresca española, anónima, publicada en 1646. Es una obra autobiográfica que tiende a exagerar los rasgos de los personajes. El protagonista narra sus andanzas como criado, soldado, falso cirujano o ladrón por Nápoles, Barcelona, Flandes, Polonia y Moscovia.

ESTEFAN, GLORIA (n. en 1957). Cantante estadounidense de origen cubano. Sus composiciones contienen una efectiva combinación del *pop* estadounidense con los ritmos latinoamericanos. *Into the Light* (1991), *Mi tierra* (1993), *Destiny* (1996), *Gloria* (1998), *Santo, Santo* (1999), *Music of the Heart* (1999).

ESTEFANÍA, DOÑA (1146-1180). Dama española. Hija natural del rey Alfonso VII, casó con Fernando Ruiz de Castro, quien la mató por error. Su tragedia inspiró diversas obras de autores españoles del Siglo de Oro.

ESTEFANITA. Mineral de sulfoantimoniuro de plata. De color negro y brillo metálico, cristaliza en el sistema rómbico.

ESTEGOCÉFALOS. Grupo de anfibios fósiles, de gran tamaño, cabeza aplastada, cráneo cubierto de placas óseas, cola desarrollada y dientes cónicos con estructura laberíntica. Vivieron a finales de la era paleozoica.

ESTEGOSAURO. Dinosaurio del orden de los ornitisquios que vivió en los períodos jurásico y cretácico. Tenía las patas posteriores más largas que las anteriores y una cabeza diminuta en relación con el gran tamaño del cuerpo.

ESTELA. Piedra plana, por lo general de grandes dimensiones, esculpida o no, que desde el III milenio a.C. se usa en Asia, Europa y América para señalar sitios sagrados, tumbas, etc.

ESTELÍ (CIUDAD). Población de Nicaragua, cap. del dep. de Estelí, a orillas del río homónimo. Carretera panamericana. Aserraderos, curtidurías, sombreros. Agricultura. 34.200 hab. (1980).

ESTELÍ (DEPARTAMENTO). División administrativa de Nicaragua en las tierras altas del oeste central. Carretera panamericana. Agricultura, ganadería; minas de oro y plata. Cap. Estelí. 2.335 km^2 174.894 hab. (1995).

ESTELÍ, MESETAS DE. Altiplanicies de Nicaragua que se abren a ambos lados del valle del río Estelí. Su punto más alto se encuentra en las Brisas, con 1.604 m. Su formación es de origen volcánico.

ESTELITA. Aleación de cobalto, cromo, tungsteno y carbono, además de otros metales. Se emplea para cortar metal y piezas susceptibles de soportar grandes temperaturas.

ESTELLA. Población española de la comunidad uniprovincial de Navarra. A orillas del río Ega. Centro destacado durante el Medievo, desempeñó un papel decisivo en las guerras carlistas del siglo XIX. Arquitectura románica. Cereales, verduras, industria metalúrgica. 12.552 hab. (1996).

ESTELLA, FRAY DIEGO DE (1524-1578). Escritor ascético español. Religioso franciscano, fue predicador de la corte de Felipe II y consejero del príncipe de Éboli. *Libro de la vanidad del mundo* (1562), *Meditaciones devotísimas del amor de Dios* (1576), *Comentarios sobre el evangelio de san Lucas* (1578).

ESTENOSIS. Estrechez, congénita o adquirida, y más o menos completa, de un orificio, conducto u órgano hueco y que puede causar trastornos graves.

ESTENOSIS AÓRTICA. Estrechamiento de la válvula aórtica debido a la fusión de sus valvas a causa de una malformación congénita o de ciertas enfermedades como las fiebres reumáticas. La obstrucción obstaculiza la salida de la sangre del ventrículo izquierdo hacia la aorta. Entre otros trastornos, ocasiona congestión pulmonar y se manifiesta mediante signos como intolerancia al esfuerzo físico o pulso débil.

ESTENOSIS MITRAL. Estrechamiento de la válvula cardíaca mitral provocado por la adherencia de sus valvas, que obstruye el paso de la sangre de la aurícula izquierda al ventrículo izquierdo y que aparece a causa de una endocarditis reumática. Como consecuencia, parte de la sangre va quedando retenida en la aurícula, lo cual provoca un aumento de tamaño o hipertrofia de la misma y, en ciertos casos, insuficiencia cardíaca derecha y edema pulmonar. Sus síntomas característicos son cansancio, coloración azulada o cianosis y trastornos respiratorios.

ESTENOSIS PULMONAR. Estrechamiento de la válvula pulmonar o del infundíbulo, situado bajo la misma, que obstaculiza el paso de la sangre desde el ventrículo derecho hasta la arteria pulmonar. La sangre que no puede ser bombeada en cada contracción queda retenida en el ventrículo, que aumenta de tamaño. La estenosis pulmonar puede aparecer por causas diversas como las fiebres reumáticas, pero su origen es congénito en la mayor parte de los casos.

ESTENOSIS TRICUSPÍDEA. Estrechamiento de la válvula tricúspide, que obstruye el paso de sangre desde la aurícula derecha al ventrículo derecho. Se trata de un trastorno poco frecuente, generalmente de origen congénito.

ESTENOTERMOS. Dícese de los animales que requieren una temperatura estable para su supervivencia, caso de los peces, por lo que perecen ante cambios térmicos bruscos.

ESTENOTIPIA. Estenografía o taquigrafía a máquina. También máquina especial de escribir que emplea una escritura fonética con caracteres comunes a la escritura corriente, permitiendo captar en cinta la palabra humana a la misma velocidad que se habla. Tiene la ventaja sobre la taquigrafía de que cualquiera puede leer lo escrito.

ESTEPA (ESPAÑA). Población española de la prov. de Sevilla, comunidad autónoma de Andalucía. Antigua Astapa ibérica, perteneció a la orden de Santiago. Arquitectura gótico-mudejar y barroca. Cereales, olivos, legumbres; industrias alimentarias. 11.560 hab. (1996).

ESTEPA (GEOGRAFÍA FÍSICA). Zona semiárida, llana, muy extensa, con precipitaciones escasas, cubierta de vegetación discontinua y con escasos árboles.
6:153b; Biogeografía 3:30b; Ecología 5:270b; Pradera 12:110b; Rusia 13:54b; *ilustración* 6:154a.

ESTEPONA. Población española de la prov. de Málaga, comunidad autónoma de Andalucía. A orillas del mar Mediterráneo, es un importante centro turístico. Pesca, industrias derivadas, y astilleros. 37.557 hab. (1996).

ESTEQUIOMETRÍA. Parte de la química que estudia la relación de masas, la cantidad de energía implicada (calor, luz, electricidad) y el volumen de gases o productos reaccionantes implicados en el cambio químico que tiene lugar en las reacciones químicas.
Átomo 2:204b.

ÉSTER. Sal orgánica formada por la combinación de un ácido orgánico y un alcohol.
Plástico 12:25b.

ESTER. Heroína del Antiguo Testamento y figura principal de uno de sus libros más famosos: el libro de Ester.
6:154a; *ilustración* 6:154b.

ESTER, LIBRO DE. Uno de los textos que componen el Antiguo Testamento. Recibe su nombre de la protagonista del relato, la joven judía Ester, casada con el soberano persa Asuero, identificado con Jerjes I, rey del 486 al 465 a.C. El libro narra cómo Ester logró evitar la realización de un complot planeado por Hamán para exterminar a los judíos del reino.
Biblia 3:11b.

ESTERA. Tejido de juncos, esparto u otras fibras vegetales, que sirve para cubrir los suelos. Precedente de la alfombra, las primeras esteras conocidas se realizaron en Mesopotamia en el sexto milenio a.C.

ESTEREOENCEFALOGRAFÍA. Modalidad electroencefalográfica en la que los electrodos se insertan en el interior del cerebro.

ESTEREOFONÍA. Técnica de transmisión del sonido que produce en el oyente una sensación de distribución espacial del mismo, semejante a la que produce el sonido original. En la estereofonía se separan y transmiten por cauces diferentes distintos sonidos.
Sonido e imagen, grabación y reproducción de 13:303a.

ESTEREOISOMERÍA. Forma en que se disponen en el espacio los átomos de una sustancia en variedades denominadas isómeros.

ESTEREOLITOGRAFÍA. Procedimiento químico-industrial de reproducción en tres dimensiones usado para la fabricación de modelos en plástico de piezas diseñadas.

ESTEREOQUÍMICA. Parte de la química que estudia la disposición espacial de la estructura de una molécula.

ESTEREOSCOPIO. Instrumento óptico con el cual se observan dos imágenes planas de un mismo objeto, cada una con un ojo, las cuales, al superponerse por la visión binocular, dan la imagen en relieve del mismo.

ESTEREOTIPIA. Método utilizado en las artes gráficas que permite la reproducción sobre un molde de cartón de composiciones de tipo movible, con o sin grabados, o estos últimos solos, que posteriormente, en contacto con una aleación de metal fundido, crea planchas metálicas o de caucho de forma plana o curva.
Imprenta y artes gráficas 8:132b.

ESTEREOTIPO. Molde rígido conceptual que se aplica de modo uniforme a todos los individuos de una sociedad o grupo, desconociendo sus matices y divergencias. Circulan estereotipos para cada cultura, país, profesión y grupo social.

ESTERERO DE CALATRAVA, EL (siglo XI). Aventurero hispano-árabe llamado en realidad Jalaf, que se hizo pasar por el depuesto califa de Córdoba, Hisam II, huido y que según algunas crónicas pudo refugiarse en Jerusalén. El impostor Jalaf fue títere del cadí de Sevilla y de su hijo, quienes se sirvieron de él para legitimar sus pretensiones al califato y sus luchas contra los berberiscos, hasta que en 1059, no necesitándolo ya, le dieron muerte.

ESTERILIDAD. Estado de asepsia. Asimismo, estado de una persona que es incapaz de reproducirse: el hombre no puede fecundar y la mujer no puede concebir.
Fecundación in vitro 6:242a; Reproducción asistida 12:338b.

ESTERILIZACIÓN. Método que destruye todos los microorganismos en un medio determinado. También, intervención quirúrgica mediante la cual se suprime en el hombre o la mujer cualquier posibilidad de reproducirse.
Bromatología 3:189b; Leche 9:89b; Microbiología 10:150b.

ESTERNÓN. Hueso plano, impar y medio, situado en la parte anterior del tórax, que se articula con las clavículas y los siete primeros cartílagos costales.

ESTERO, SANTIAGO DEL. V. **Santiago del Estero.**

ESTERO BELLACO, BATALLA DE. Episodio de la guerra entre Paraguay y la triple alianza, ocurrido el 2 de mayo de 1866. Las fuerzas aliadas de la Argentina, Uruguay y Brasil vadearon el río Paraguay y acamparon cerca de Estero Bellaco. Los paraguayos los atacaron por sorpresa, causándoles grandes bajas.

ESTEROIDES. Sustancias químicas, naturales o sintéticas, compuestas por cadenas de 17 carbonos en cuatro anillos cíclicos. Incluyen las hormonas adrenocorticales y sexuales, los ácidos biliares y los anticonceptivos orales. De gran importancia en medicina y biología.
Lípidos 9:172a.

ESTERO REAL, RÍO. Curso fluvial de Nicaragua. Atraviesa los dep. de León y Chinandega y desemboca en el Pacífico, en el golfo de Fonseca. Su curso es de 130 km.

ESTESÍCORO (632/629-556/553 a.C.). Poeta griego de Sicilia. Su nombre verdadero era Tisias, pero fue apodado Estesícoro (maestro del coro) por la nueva y extraordinaria forma que dio a esa expresión, en la que introdujo el esquema ternario.

ESTESÍMBROTO DE TASOS (siglo V a.C.). Escritor griego. Autor de opúsculos sobre Tucídides, Temístocles y Pericles. De otra obra suya, *Sobre el fin*, sólo se conoce el título.

ESTÉTICA. Parte de la filosofía que estudia la belleza y la naturaleza del arte.
6:155a; Arte 2:122b; Bauhaus 2:371b; Danza 5:95a; Decoración 5:106a; Diseño 5:204b; Modernismo 10:205a; *ilustraciones* 6:155b; 6:156a.

ESTÉTICA, CIRUGÍA. Rama de la medicina que, con medios manuales o quirúrgicos, se propone mejorar la estética del paciente, de su cuerpo o su rostro. La especialidad conocida como cirugía plástica repara defectos, por transferencia o injerto de tejidos vivos.
Longevidad 9:213a; Plástica, cirugía 12:22b.

ESTEVA FÁBREGAT, CLAUDIO (n. en 1918). Antropólogo español. En 1939 se exilió en México. Consiguió la implantación en España del estudio de esta ciencia y creó la primera cátedra de antropología cultural en la Universidad de Barcelona (1970). *Antropología industrial* (1973).

ESTÉVANEZ, NICOLÁS (1838-1914). Militar español. Combatió en la guerra de África (1859-1860) y participó en las revoluciones de 1868 y 1869, por lo que fue expulsado del ejército. Con la república fue nombrado gobernador de Madrid y ministro de la guerra. Al caer la república se exilió en París. *Fragmentos de mis memorias* (1903).

ESTEVE, AGUSTÍN (1753-1820). Pintor español. Admirador de la obra de Francisco de Goya y de Anton Raphael Mengs, fue pintor de cámara de Carlos IV. Retrató a gran número de personalidades de la corte, la vida política y la aristocracia de la época. «Retrato de Isidro González Velázquez», «Retrato de doña Joaquina Téllez-Girón».

ESTÈVE, MAURICE (n. en 1904). Pintor francés. Autodidacta, trabajó en Barcelona (España) y fue autor de pintura abstracta en la que cobraba un verdadero protagonismo la utilización de los colores puros. Colaboró en 1937 con Robert Delaunay para la Exposición Internacional de París.

ESTEVE, MIGUEL (siglo XVI). Pintor español. Se le conoce como maestro del caballero de Colonia, debido a un cuadro sobre este suceso milagroso que se encuentra en el colegio del Patriarca de Valencia. Trabajó en Valencia, donde se conservan varias de sus obras.

ESTEVE, PABLO (h. 1730-1794). Compositor español. Autor de populares tonadillas, entreactos cortos y zarzuelas. Para sus creaciones se basó tanto en los aires populares de las diversas regiones españolas como en el estilo italiano. *La púrpura de la rosa, Los jardines de Aranjuez* (1768), *Los zagales del Genil, La isla de las pescadoras, Las flores en obsequiosa ofrenda.*

ESTEVE, PEDRO (m. en 1556). Médico y botánico español. Profesor de botánica en la Universidad de Valencia, destacó por su erudición y espíritu humanista. Tradujo y comentó el libro *Epidemias* de Hipócrates y la *Triaca* de Nicandro. *Diccionario de las hierbas y plantas medicinales que se hallan en el reino de Valencia.*

ESTÉVEZ, ABILIO (n. en 1954). Dramaturgo y novelista cubano. En sus obras manifiesta un claro compromiso con la revolución cubana. *La verdadera culpa de Juan Clemente Zenea* (1984), *Tuyo es el reino* (1997).

ESTIBINA. V. **Antimonita.**

ESTIENNE, HENRI II (1528-1598). Impresor y erudito francés. Editó los textos de Anacreonte por primera vez en la era moderna. Debió huir de Francia a causa de sus críticas a la iglesia. Gran helenista, buscó manuscritos griegos en Italia. *Thesaurus graecae linguae.*

ESTIÉRCOL. Abono natural utilizado en agricultura para enriquecer los suelos. Está formado básicamente por los excrementos animales, mezclados con paja, materias orgánicas podridas, etc.
Abono 1:12b.

ESTIGARRIBIA, JOSÉ FÉLIX (1888-1940). Militar y político paraguayo. Presidió la delegación de su país en la conferencia de paz de Buenos Aires, para dar término a la guerra del Chaco.
6:156b; Chaco, guerra del 4:100a; Paraguay 11:273a.

ESTIGIA. Nombre de uno de los ríos de los infiernos de la mitología griega llamado también Estige o Estix, y poéticamente laguna Estigia. A sus orillas se agrupaban las almas de los que habían muerto sin recibir honras fúnebres.

ESTIGMA (BOTÁNICA). Porción apical del carpelo en la flor de las angiospermas. Por él penetran en el interior del órgano femenino los granos de polen encargados de la fecundación de los ovarios.
Flor 6:326a.

ESTIGMAS. En la religión cristiana, cicatrices que aparecen en algunos santos o devotos, similares a las padecidas por Jesucristo en la cruz. Entre los estigmatizados más célebres figura san Francisco de Asís.

ESTILICÓN (h. el 365-408). Militar romano de origen germano. Actuó como regente durante la minoría de Honorio. Consiguió importantes victorias frente a los godos.
Alarico I 1:140a; Honorio, Flavio 8:67a.

ESTILÍSTICA. Disciplina que estudia el estilo de un autor o de una obra. Abarca el análisis de los aspectos formales y de contenido de la obra y la manera en que ambos se aúnan para lograr un efecto comunicativo determinado.
Literatura 9:182a; Redacción 12:287a.

ESTILO (BOTÁNICA). Región estrecha y alargada del carpelo que pone en contacto el estigma y los ovarios en la flor de las angiospermas.
Flor 6:326a.

ESTIMULANTE. Agente o medicamento que produce una reacción trófica o funcional, facilitando temporalmente un aumento de la actividad del organismo.
Café 3:263a; Medicamentos 10:24b.

ESTÍMULO Y RESPUESTA. En biología y psicología, formas de interacción entre el ser vivo y el medio que lo rodea. Estímulo es todo aquello que provoca una reacción en el organismo; respuesta es la reacción del organismo a un estímulo.
Comportamiento animal 4:303a; Conductismo 4:327a; Gusto, sentido del 7:297b; Percepción 11:332b; Psicofísica 12:173b; Psicofisiología 12:174b; Reflejo 12:292a.

ESTIPULACIÓN. Cualquier tipo de contrato o pacto. También, convenio verbal o cláusula de un contrato.

ESTIRAJE. Operación consistente en trabajar la piel para hacerla más larga y menos ancha, sin afectar la superficie total.

ESTIRENO. Hidrocarburo líquido no saturado, obtenido del estoraque o preparado industrialmente por interacción catalizada del benceno y etileno. Se polimeriza fácilmente y sus polímeros tienen aplicación como plásticos. También llamado vinilbenceno, feniletileno y cinameno.
Benceno 2:408b.

ESTIRIA. Provincia de Austria limítrofe con Eslovenia, en los Alpes. Minas de hierro, lignito, magnesita, sal. Agricultura y ganadería. Turismo. Cap. Graz. 16.388 km^2.1.206.000 hab. (1995).
Austria 2:226b.

ESTIVACIÓN. Letargo que, como mecanismo de adaptación orgánica, experimentan algunos animales, por ejemplo ciertos reptiles e insectos, en períodos de calor o durante la estación seca.

ESTOCÁSTICA, MÚSICA. Estilo musical preconizado, especialmente, por Iannis Xenakis, compositor francés de origen griego; se basa en el cálculo de probabilidades, según su obra *Músicas formales.*

ESTOCOLMO. Capital de Suecia, a orillas del mar Báltico. 736.113 hab. (1999).
6:157a; Suecia 13:342b; *ilustración* 6:157a.

ESTOICISMO. Corriente filosófica, basada en la racionalidad del universo, que nació en Grecia alrededor del siglo III a.C. y se desarrolló hasta el siglo I a.C.
6:157b; Ascetismo 2:141a; Derecho 5:139a; Epicteto 6:9a; Panteísmo 11:254b; Séneca 13:204a; *ilustraciones* 6:157b; 6:158a.

ESTOLA. Originariamente, vestido amplio y largo, con una franja que ceñía la cintura y caía por la espalda, que constituyó propiamente el vestido de la mujer romana. Posteriormente designó a la banda larga que forma parte de la indumentaria de la litúrgica cristiana.

ESTOLÓN. Brote que emiten algunas plantas desde la base del tallo y que, al desarrollar raíces, origina un renuevo. Constituye un tipo de multiplicación vegetativa.

ESTOMA. Abertura presente en el tejido epidérmico de los órganos verdes de las plantas superiores y mediante la cual se realiza el intercambio gaseoso con el exterior.

ESTÓMAGO. Órgano intraabdominal hueco, porción del tubo digestivo situado entre el esófago por arriba y el duodeno por abajo, que ejerce peculiares procesos secretorios y mecánicos, indispensables para la digestión alimenticia.
6:158a; Digestivo, aparato 5:184b; Gastroenterología 7:57a; Glándula 7:142a; Rumiantes 13:40b; Úlcera 14:171b; Vertebrados 14:278b; *ilustraciones* 6:159b.

ESTOMATITIS. Inflamación de la mucosa bucal. Caracterizada por enrojecimiento e hinchazón de las encías, aumento de salivación y sensación de ardor o dolor difuso. Asociada a diversas afecciones tanto bucales como renales, hepáticas e infecciosas en general. Se combate mediante higiene bucal, vitaminas y antibióticos.

ESTOMATOLOGÍA. Especialidad médica que se ocupa del estudio de las enfermedades de la boca.
6:159b; Diente 5:181a; Gastroenterología 7:59a; *cuadro* 6:161b; *ilustraciones* 6:160a; 6:161b.

ESTOMOCORDADOS. *Phyllum* que comprende animales metazoos invertebrados celomados. Incluyen a los enteropneustos, pterobranquios y graptolites, estos últimos fósiles. Presentan a la vez rasgos de procordados, equinodermos, anélidos y otros grupos.
Invertebrados 8:251b.

ESTONIA. República a orillas del mar Báltico, limítrofe con Rusia. Comprende unas 800 islas. Cap. Tallinn. 45.227 km^2. 1.435.000 hab. (2000).
6:162a; Europa 6:198a; Unión Soviética 14:177a; *mapa* 6:163a; *cuadros* 6:162a; 6:162b; *ilustración* 6:163b.

ESTOQUE. Espada estrecha sin filos. Se emplea en tauromaquia para matar al toro. El uso del estoque como arma de guerra se generalizó en el siglo XV, dada la posibilidad de penetrar por las zonas desprotegidas de la armadura.

ESTORAQUE. Nombre de diversas plantas de porte arbustivo o arbóreo de la familia de las estiracáceas y del género *Styrax.* Dicotiledónea. Originaria de la región mediterránea, de ellas se obtiene una resina de consistencia gomosa empleada en perfumería.

ESTORIL. Localidad de Portugal en el distrito de Lisboa, a orillas del Atlántico. Casino. Centro turístico. 15.700 hab. (1987).

ESTORIL, PACTO DE. Acuerdo firmado por el conde de Rodezno, en representación de una rama del carlismo, en esta ciudad portuguesa el 20 de diciembre de 1957. Mediante este protocolo se reconocía a don Juan de Borbón, conde de Barcelona, como pretendiente legítimo a la corona de España.

ESTORNINO. Pájaro de la familia de los estúrnidos (*Sturnus vulgaris*). Cabeza pequeña, pico largo, amarillo, alas agudas y cola corta. Plumaje negro con reflejos verdes y morados. Abunda en diversas zonas de Europa.
Pájaros 11:216b; *ilustración* 11:216b.

ESTOURNELLES DE CONSTANT, PAUL H. B. D' (1852-1924). Diplomático y político francés. Firme defensor de la solución pacífica de los conflictos internacionales, fue embajador francés en la conferencia de La Haya (1907). Premio Nobel de la paz en 1909, compartido con Auguste Beernaert. *La política francesa de Túnez, El protectorado y sus orígenes.*

ESTRABISMO. Anomalía de la visión binocular, consecutiva a un defecto de paralelismo de los ejes ópticos de los ojos, que no pueden converger simultáneamente en un mismo punto.
Oftalmología 11:86b.

ESTRABÓN (64/63-h. el 23 a.C.). Geógrafo griego. Autor de *Geografía,* fuente de conocimiento de los diversos países del mundo antiguo.
6:163b.

ESTRADA, ALONSO DE (siglo XVI). Administrador colonial español. Considerado como hijo natural de Fernando el Católico, fue enviado a la Nueva España por Carlos V (I de España) como tesorero y sustituyó al fallecido gobernador Marcos de Aguilar en 1527. El ayuntamiento designó para el cargo, sin embargo, a Gonzalo de Sandoval. El desempeño conjunto del cargo finalizó cuando el rey decidió en favor de Estrada.

ESTRADA, ÁNGEL DE (1872-1923). Poeta y escritor argentino. Amigo de Rubén Darío, fue uno de los recopiladores de su obra. Escribió poesías, narraciones, novelas y dramas. *Ensayos* (1889), *Redención* (1906), *El triunfo de las rosas* (1918).

ESTRADA, CARLOS (1909-1970). Compositor y director de orquesta uruguayo. Fue director de la Orquesta Sinfónica Municipal de Montevideo. Compuso sinfonías, música de cámara, canciones y el oratorio *Daniel.*

ESTRADA, EMILIO (1855-1911). Político ecuatoriano. Fue gobernador de Guayas. Elegido presidente de la república en 1911, falleció a los cuatro meses de asumir el cargo.

ESTRADA, GENARO (1887-1937). Diplomático mexicano. Secretario de relaciones exteriores en el gabinete del presidente Pascual Ortiz Rubio, enunció la doctrina que lleva su nombre, según la cual México no otorga reconocimientos a los gobiernos de otros países para no emitir juicios sobre la legalidad de los mismos.

ESTRADA, JOSÉ MANUEL (1842-1897). Político y escritor argentino. Como católico militante se opuso a la política educativa laica del presidente Julio Argentino Roca. *Génesis de nuestra raza* (1861), *El catolicismo y la democracia* (1862), *La política liberal bajo la tiranía de Rosas* (1873).

ESTRADA, JOSÉ MARÍA (m. en 1856). Político y escritor nicaragüense. Presidente de la república en 1855.

ESTRADA, JOSEPH (n. en 1937). Político, actor y cineasta filipino. Elegido presidente de la república de Filipinas en 1998.
6:164a; Filipinas 6:289a; *ilustración* 6:164a.

ESTRADA, JUAN JOSÉ (1865-1947). Político nicaragüense. Militar de profesión, en 1909 se rebeló contra el presidente José Santos Zelaya. Asumió la presidencia de la república de 1910 a 1911.

ESTRADA, JULIO (n. en 1943). Músico mexicano. Estudió en la Escuela Nacional de Música, con distinguidos maestros como Carlos Chávez, Gerhardt Muench, Nadia Boulanger, Oliver Messiaen, Iannis Xenakis. *Tres instantes* (1966), *Solo para uno* (1971), *Fuga en cuatro dimensiones* (1974), *Talla del tiempo* (1979), *Eva-On* (1981).

ESTRADA, SANTIAGO (1841-1891). Escritor y político argentino. Fundó el periódico *La Patagonia* y sus ideas de base católica entraron en oposición con las defendidas por los presidentes liberales Julio Argentino Roca y Miguel Juárez Celman. Miembro correspondiente de la Real Academia Española. *Estudios biográficos* (1889), *Del Plata a los Andes* (1889).

ESTRADA CABRERA, MANUEL (1857-1924). Político guatemalteco. Presidente de la república de 1898 a 1920.
6:164a; Guatemala 7:255a.

ESTRADA PALMA, TOMÁS (1835-1908). Político cubano. Presidente de la república (1902-1906). Su reelección en 1906, tachada de fraudulenta, dio lugar a la segunda intervención estadounidense (1906-1909).
6:164b.

ESTRAGÓN. Planta herbácea vivaz de la familia de las compuestas (*Artemisia dracunculus*). Dicotiledónea. Hojas lanceoladas y flores agrupadas en capítulos redondeados y amarillentos.

ESTRAMBOTE. Conjunto de versos que suele añadirse al fin de una combinación poética, normalmente del soneto. Por lo general contiene un sentido irónico o humorístico.

ESTRAMONIO. Planta herbácea de la familia de las solanáceas (*Datura stramonium*). Dicotiledónea. Hojas ovaladas y provistas de lóbulos. Flores blancas. Tóxica.

ESTRANGULADOR DE AIRE. Dispositivo de regulación de la entrada de aire en el carburador de los automóviles. Determina la mezcla de aire y combustible que alcanza los cilindros.

ESTRASBURGO. Ciudad de Francia, a orillas del Rin. 263.940 hab. (1999).
6:165a; Unión Europea (UE) 14:176a; *ilustración* 6:165a.

ESTRASBURGO, GODOFREDO DE. V. **Strasburg, Gottfried von.**

ESTRATEGIA Y TÁCTICA MILITARES. Planificación de las operaciones militares en sus grandes líneas o en sus métodos y operaciones concretas.
6:165b; Alianzas militares 1:226b; Aviación militar 2:260b; Bloqueo y sitio 3:75a; Caballería 3:242a; Camuflaje 3:312b; Clausewitz, Carl von 4:226a; Ejército 5:344b; Espionaje y contraespionaje 6:110b; Fortificación 6:349b; Guerra 7:266b; Guerrilla 7:279b; Inteligencia militar 8:233b; Logística 9:206a; Marina de guerra 9:373b; *ilustraciones* 6:166a; 6:167b.

ESTRATÉGICA, MÚSICA. Estilo musical basado en la teoría matemática de los juegos.

ESTRATIGRAFÍA. Parte de la geología que estudia la estructura y las características de las rocas dispuestas en estratos.
6:168a; Arqueología 2:97a; Geocronología 7:82b; Geología 7:92a; Paleontología 11:225b; Precámbrica, era 12:115b; Prehistoria 12:126a; Suelo 13:348b; *ilustración* 6:168a.

ESTRATO (GEOLOGÍA). Cada una de las capas minerales homogéneas, sobrepuestas en un terreno sedimentario.
Geocronología 7:82b; Paleontología 11:226a.

ESTRATO (METEOROLOGÍA). Nube que se dispone en capas horizontales, de contornos más o menos difusos.
Nube 11:24b.

ESTRATOCÚMULOS. Capas de nubes bajas de gran extensión que se sitúan por debajo de los 2.000 m.

ESTRATOPAUSA. Capa de transición atmosférica que se halla entre la estratosfera y la mesosfera.

ESTRATOSFERA. Capa de la atmósfera situada por encima de la troposfera y antes que la mesosfera y que se extiende aproximadamente entre los 12 y los 50 km de altura. En ella se encuentra la capa de ozono que filtra la mayor parte de las radiaciones ultravioletas que llegan hasta la Tierra.
Atmósfera 2:202b; Ozono 11:193a; Tierra 14:56b.

ESTRECHO. Paso entre dos tierras que pone en comunicación dos mares. Tienen gran importancia comercial y militar, por lo que su uso ha sido objeto de convenciones internacionales. En general se admite la libertad de navegación, excepto para buques de guerra cuando uno de los mares comunicados es interior de un país.

ESTRECHOS, ESTABLECIMIENTOS DE LOS. Institución colonial de Asia sudoriental establecida por el Reino Unido en 1867, que incluía la isla de Penang, la isla y la ciudad de Malaca, la isla de Singapur, la prov. de Wellesley, la isla de Pan Kor y el territorio de Dindings. En sus comienzos fue administrada por la Compañía de las Indias. Después de la segunda guerra mundial se fueron produciendo modificaciones administrativas, hasta llegar a la independencia de tales territorios.

ESTRÉES, GABRIELLE D' (1573-1599). Cortesana francesa. Amante de los reyes Enrique III y Enrique IV, con el último de los cuales tuvo tres hijos, posteriormente legitimados (César, Catherine-Henriette y Alexandre). Fundadora de la rama Vendôme en la dinastía de los borbones.

ESTRELA, SERRA DA. Cordillera portuguesa que pertenece al sistema central de la península ibérica. Se halla situada al sudeste de Coimbra. Su mayor elevación es el Cántaro delgado o Malhão de Estrela, de 1.991 m. Nacen en ella los ríos Mondego, Alva y Zezere. Gran riqueza mineral.

ESTRELLA. Cuerpo celeste que brilla con luz propia.
6:168b; Agujeros negros 1:127a; Astrofísica 2:162b; Astronomía 2:174b; Constelación 4:346b; Cosmogonía 4:404a; Cosmología 4:405b; Eclipse 5:266b; Galaxia 7:16b; Helio 7:355a; Hiparco 7:419b; Nebulosa 10:371a; Púlsar 12:208a; Rayos cósmicos 12:270b; Sol 13:291a; Universo 14:184a; *cuadro* 6:171a; *ilustraciones* 6:169b; 6:170a; 6:171b.

ESTRELLA, MIGUEL ÁNGEL (n. en 1936). Pianista argentino. Tras ganar diversos premios, se trasladó en 1965 a Europa para proseguir sus estudios musicales. En 1977 fue encarcelado en Uruguay por razones políticas. Posteriormente, trasladó su lugar de residencia a París.

ESTRELLA DE MAR. Animal equinodermo del grupo de los asteroideos. Diversos géneros y especies, entre ellas *Asterias, Astropecten,* etc.
6:172a; Reproducción 12:337a; *ilustración* 6:172a.

ESTRELLA FUGAZ. Masa sólida procedente del espacio exterior que penetra en la atmósfera terrestre a gran velocidad, por lo que se volatiliza y produce un rastro luminoso transitorio.
Meteorito 10:104b.

ESTRELLA GIGANTE. Fase de la secuencia evolutiva por la que pasa la mayoría de las estrellas. Se caracteriza por las grandes dimensiones, del orden de treinta veces el diámetro del Sol, y la alta luminosidad. Es frecuente que tengan color rojo.

ESTRELLA GUTIÉRREZ, FERMÍN (1900-1990). Escritor y periodista argentino. Profesor de literatura española en la universidad de Buenos Aires, fundó el periódico literario *Norte* y escribió poesía y obras en prosa de temática campesina. *Las canciones de la tarde* (1925), *Historia de la literatura española* (1945), *Antología poética* (1963).

ESTRELLA POLAR. V. **Polar, estrella.**

ESTRELLETA, LA. V. **Elías Piña** (PROVINCIA).

ESTREMADURA. Antigua provincia de Portugal a orillas del océano Atlántico, regada por el río Tajo. Conocida como la «Riviera portuguesa». Pesquerías, agricultura; caballos, toros de lidia. Turismo.

ESTREMOZ. Población portuguesa que pertenece al dist. de Évora, en el Alto Alentejo. En 1512 Manuel I le concedió fueros y en 1663 los portugueses rechazaron la invasión española al mando de don Juan José de Austria. Conserva gran número de edificios históricos y artísticos. Canteras de mármol. Alfarería. 18.480 hab. (1981).

ESTREÑIMIENTO. Dificultad en la evacuación de las heces por retención anormalmente prolongada de las materias fecales en el intestino.

ESTREPTOCOCO. Bacteria de forma redondeada que se agrupa formando cadenas. Suelen ser saprofitos de la piel y mucosas del hombre, pero algunos son patógenos (*Streptococcus alfa* o *viridans* y *Streptococcus beta* o *hemolítico*).
Bacteria 2:300b.

ESTREPTOMICINA. Antibiótico elaborado por un hongo (*Streptomyces griseus*) y activo contra los bacilos de la lepra y la tuberculosis y contra las bacterias gramnegativas.
Peste 11:376b; Tuberculosis 14:142a; Waksman, Selman Abraham 14:346a.

ESTRÉS. Término que designa a un tiempo los diversos agentes agresores del organismo (traumatismos, infecciones, emociones, etc.) y el conjunto de fenómenos metabólicos y viscerales a que pueden dar lugar (síndrome o reacción de adaptación).
Fatiga 6:238a; Psicosomáticas, enfermedades 12:182b; Relajación 12:316a; Úlcera 14:171b.

ESTRIADO. Formación de estrías o canales en los cantos de las monedas y otros elementos.

ESTRIBILLO. Expresión o cláusula en verso que se repite después de cada estrofa en algunas composiciones líricas, que a veces también empiezan con ella. También, voz o frase que por hábito o pobreza de vocabulario, se dice con frecuencia; se conoce en este último caso como muletilla.

ESTRIBO. El más interno de los huesecillos del oído, que se articula por su cabeza con el yunque y por su base se inserta en la ventana oval. El músculo estribo se inserta en el borde posterior de la cabeza del estribo, afloja la membrana timpánica y disminuye la presión intralaberíntica.
Oído, sentido del 11:90a.

ESTRIBOR. Lado derecho de una embarcación, en el sentido de su movimiento de avance.
Embarcación 5:385a.

ESTRICCIÓN. Reducción de la sección de una barra metálica a causa del estiramiento, antes de romperse.

ESTRICNINA. Alcaloide principal, amargo y tóxico, que existe en las plantas del género *Strychnos*. Es un veneno convulsionante, pero se emplea en terapéutica a dosis muy pequeñas, porque favorece la digestión y facilita la excitación nerviosa de los músculos.
Alcaloides 1:152a.

ESTRICTIIDOS. Familia de mamíferos del orden de los cetáceos y del suborden de los misticetos. En ella se incluye la ballena gris, de grandes barbas laminares.

ESTRIDENTISMO. Movimiento literario mexicano que suele considerarse la réplica a escala nacional del ultraísmo y el futurismo. Iniciado en 1922 por Manuel Maples Arce con la publicación de *Andamios interiores*.

ESTRIOSCOPIA. Imagen producida por las estrías o marcas debidas a ligeras diferencias de composición en la masa de un bloque de vidrio, y que da lugar a diferencias locales del índice de refracción.

ESTRÓBILO. Larva de los animales medusoides, con un pólipo fijo en la base y cavidad bucal en el extremo opuesto, rodeada de tentáculos. Multiplicación asexual, al formar medusas libres por la parte superior y regenerarse simultáneamente por la inferior.

ESTROBOSCOPIO. Instrumento que ilumina, mediante destellos regulares de luz, un cuerpo en rotación o vibración. Se aplica en ciencia (medición de la velocidad de la luz) y fotografía de alta velocidad.

ESTROFA. Parte de algunas composiciones poéticas configurada por un determinado número de versos que pueden disponerse de forma simétrica.

ESTRÓGENO. Sustancia de naturaleza hormonal. Estimula los órganos reproductores femeninos y produce el desarrollo de los caracteres sexuales secundarios. Puede ser natural o sintético.
Urogenital, aparato 14:195a.

ESTROMATOLITO. Estructura ramificada o en capas concéntricas que se encuentra en las rocas sedimentarias y se ha originado por precipitación de carbonato o silicato de calcio alrededor de tallos de algas cianofíceas.
Precámbrica, era 12:116a.

ESTRONCIANITA. Carbonato natural de estroncio. Incoloro, o de colores blanco o gris, y brillo cristalino. Al arder adquiere un color rojo, por lo que se utiliza en pirotecnia.

ESTRONCIO. Elemento químico metálico alcalinotérreo del grupo IIA de la tabla periódica. Similar al calcio por sus propiedades químicas y presente en los minerales estroncianita (carbonato) y celestina (sulfato). Presente en el agua del mar y en cantidades mínimas en tejidos humanos. Usado antiguamente en medicina. Importante en pirotecnia y en el refinado del azúcar. Símbolo, Sr; número atómico, 38; peso atómico, 87,63.

ESTRUCTURA. Conjunto de elementos relacionados entre sí, según determinadas reglas, o interdependientes funcionalmente; el conjunto se considera como un todo y no como una mera suma de elementos.
Estructuralismo 6:172b.

ESTRUCTURALISMO. Corriente de pensamiento, inspirada en la lingüística y en la antropología, que sostiene que cualquier objeto se ha de considerar como un todo cuyos elementos están íntimamente relacionados.
6:172b; Antropología 1:404b; Bloomfield, Leonard 3:74b; Filosofía 6:299a; Foucault, Michel 6:364b; Gramática 7:186a; Lévi-Strauss, Claude 9:132b; Lingüística 9:166a; Martinet, André 9:393b; Saussure, Ferdinand de 13:169b; Semiótica 13:198b; Sintaxis 13:257a; Sociolingüística 13:282a; *ilustración* 6:173b.

ESTRUP, JACOB (1825-1913). Político danés. Jefe del grupo parlamentario conservador, fue ministro del interior en 1865 y presidente del consejo de ministros entre 1875 y 1894. Debido al conflicto surgido entre las dos cámaras, prolongó su gobierno y tuvo que ejercerlo sin el apoyo legislativo.

ESTUARDO, ANA V. **Ana de Inglaterra.**

ESTUARDO, DINASTÍA. Familia heredera de la corona de Escocia y luego de la de Inglaterra.
6:173b; Reino Unido 12:306b; Tudor, dinastía 14:144b; *cuadro* 6:174; *ilustraciones* 6:174.

ESTUARDO, MARÍA (1542-1587). Reina de Escocia y, por su matrimonio con Francisco II, de Francia. Murió decapitada.
6:175a; Estuardo, dinastía 6:174a; *cuadro* 6:175b; *ilustración* 6:175b.

ESTUARIO. Desembocadura fluvial en forma de embudo con el vértice hacia tierra firme. Es una forma de modelado litoral característica de las costas bajas sometidas a fuertes mareas.

ESTUCO. Elemento decorativo de gran plasticidad usado por diversas culturas en sus manifestaciones artísticas. Suele prepararse con polvo de yeso o mármol y pulirse, esculpirse, o pintarse. Han adquirido especial renombre los de la ciudad romana de Pompeya, los renacentistas del Vaticano, los del arte musulmán y mudéjar o los del arte chino.

ESTUDIANTE DE SALAMANCA, EL. Poema narrativo del escritor español José de Espronceda, publicado en 1840. Obra que expone desde la perspectiva romántica las ideas de la rebeldía, el amor traicionado, la muerte y la fantasía.
Espronceda, José de 6:144b.

ESTUDIO. Composición, generalmente instrumental, utilizada para perfeccionar la técnica del intérprete. Cultivaron este género numerosos compositores: Frédéric Chopin, Claude Debussy y Franz Liszt, para piano; Heitor Villa-Lobos, para guitarra; y Johannes Brahms, para orquesta sinfónica.
Musicales, formas 10:323b.

ESTUDIOS, PLAN DE. Programación general para cursos y asignaturas de los objetivos, contenidos y actividades que se desarrollan en un centro educativo.
Educación 5:317a.

ESTUPEFACIENTES. Sustancias tóxicas cuya acción sedante sobre el sistema nervioso se manifiesta por un entorpecimiento de la mente y el cuerpo. Se emplean a dosis bajas para aliviar los dolores violentos. Pueden causar habituación y dependencia.

ESTUPIÑAN BASS, NELSON (n. en 1915). Poeta ecuatoriano de raza negra. Representó junto con Adalberto Ortiz la corriente racial de la lírica del Ecuador. *Cuando los guayacanes florecían* (1954).

ESTUPRO. Acceso carnal con mujer joven y doncella conseguido mediante seducción o engaño. Las distintas legislaciones establecen diferentes límites de edad y condición de la víctima para tipificar este delito.

ESTURIÓN. Pez osteictio de la familia de los acipenséridos (*Acipenser sturio*).
6:175b; *ilustración* 6:176a.

ETA (LINGÜÍSTICA). Séptima letra del alfabeto griego, correspondiente a una e larga en español. En griego moderno se pronuncia como i. Se emplea, como signo de variable, en matemáticas superiores (H,).

ETA (POLÍTICA). Siglas de la organización independentista vasca Euskadi ta Askatasuna. Surgió en 1959, de la unión entre los miembros de la revista clandestina *Egin* y las juventudes del Partido Nacionalista Vasco. Inició operaciones terroristas en el País Vasco con el asesinato de un comisario de policía el 2 de agosto de 1968 en San Sebastián. En 1973 asesinó al almirante Luis Carrero Blanco, presidente del gobierno español. Con el paso de los años reivindicó otras muchas acciones terroristas en toda España, especialmente en el País Vasco, Madrid y Cataluña. Tras una intensa actividad terrorista durante toda la década de 1990, en 1998 anunció unilateralmente un alto el fuego incondicional e indefinido.
Terrorismo 14:39a; Vasco, País 14:238a.

ETANO. Metilmetano, C_2H_6. Hidrocarburo gaseoso, saturado.
Hidrocarburos 7:394b.

ETANOL. V. **Etílico, alcohol.**

ETANOLAMINA. Compuesto químico incoloro de fórmula $NH_2(CH_2)OH$. Se emplea en el lavado químico de las corrientes de gas de petróleo y como componente de tintes, pinturas, productos farmacéuticos.

ETCHEBARNE, MIGUEL D. (n. en 1915). Poeta argentino. En su obra poética retrató la vida y los personajes de los arrabales porteños. *Lejanía* (1945), *Campo de Buenos Aires* (1948), *Juan Nadie (vida y muerte de un compadre)* (1954).

ETCHEBERRI, JOHANNES DE (1668-1749). Médico y escritor francés en lengua vasca. Quiso introducir esta lengua en la enseñanza secundaria, pero su proyecto fue rechazado y sus textos quedaron inéditos hasta 1907. Su diccionario cuatrilingüe se ha perdido, pero se sabe que el filósofo jesuita español Manuel de Larramendi lo utilizó para su diccionario trilingüe.

ETCHEPARE, JEAN (1877-1835). Escritor francés en lengua vasca. Autor de ensayos y literatura de viaje. *Espigas* (1910), *En automóvil* (1931).

ETEOCLES. Personaje legendario griego, hijo del incesto entre Edipo, rey de Tebas y su madre, Yocasta. Hermano de Polinices, ambos se dieron muerte mutuamente, cumpliéndose así la maldición lanzada sobre ellos por su padre.

ÉTER. Compuesto orgánico en que dos radicales se unen por un átomo de oxígeno, con fórmula general R-O-R. Obtenidos por eliminación de una molécula de agua procedente de dos moléculas del alcohol o alcoholes. El éter etílico se usa como anestésico, relativamente atóxico.
6:176a; Anestesia 1:345a; *cuadro* 6:176.

ETERNIDAD. Lo que trasciende el tiempo. Puede entenderse como duración infinita o como lo no medible por el tiempo porque es siempre.
Mito y mitología 10:198a.

ETHELBALDO (m. en el 757). Rey de Mercia desde el 716, fue jefe de una confederación de reinos anglosajones.

ETHELBERTO (m. en el 616). Rey de Kent (Inglaterra). Desarrolló el cristianismo concediendo privilegios a san Agustín, abad benedictino. Compiló las primeras leyes escritas de Inglaterra.

ETHELRED II (h. el 968-1016). Rey anglosajón de Inglaterra. Accedió al trono en el 978. Se exilió cuando Sven I de Dinamarca dominaba casi todo el reino. Regresó en 1014 y recuperó el trono, que conservó hasta su muerte.

ETHELWULF (m. en el 858). Rey anglosajón de Inglaterra. Padre del rey Alfredo el Grande. Gracias a una serie de alianzas pudo contener a los daneses.

ETHERNET. Protocolo usado por equipos conectados en redes locales para establecer comunicaciones entre sí.

ETHOS. Voz griega que en sociología designa al conjunto de ideas y creencias que se establecen en un grupo social delimitado y que responden a los principales problemas y dudas planteados en el mismo.

ÉTICA. Disciplina filosófica que se ocupa de la rectitud del comportamiento humano y se propone justificar los principios y normas que lo regulan.
6:177a; Aristóteles 2:71b; Dios 5:201b; Justicia 8:416a; Kant, Immanuel 9:5a; Platón 12:33a; Religión 12:321a; *ilustraciones* 6:177b; 6:178a.

ÉTICA DEMOSTRADA SEGÚN MÉTODO GEOMÉTRICO. Obra de Baruch de Spinoza, aparecida póstumamente en 1677. El nombre se debe a la disposición del texto, ordenado en axiomas, demostraciones y corolarios. En ella se intenta demostrar que el hombre puede sobreponerse a las pasiones mediante el conocimiento y alcanzar la eternidad.

ETILENO. Hidrocarburo no saturado. Gas incoloro, existente en el gas del petróleo. Arde con llama luminosa y se emplea como anestésico; aunque no es tóxico, sí es explosivo y su uso requiere precaución. También llamado eteno. Fórmula $CH_2{=}1CH_2$.
Hidrocarburos 7:394a.

ETÍLICO, ALCOHOL. Sustancia obtenida por fermentación de almidones y azúcares; presente en el alquitrán de carbón, alcohol de madera, etc. Usado como disolvente industrial, y en medicina, como anestésico y para tratamiento de neuralgias (inyectado). Se administra como estimulante, como antiséptico y astringente. También llamado etanol. Fórmula, C_2H_5OH.
Alcohol 1:155b; Vino 14:316a.

ETILO. Carburo de hidrógeno que entra en la composición del alcohol etílico. Radical orgánico, alifático, monovalente derivado del etano C_2H_5.

ÉTIMO. Raíz o vocablo del que procede otro.

ETIMOLOGÍA. Parte de la gramática que estudia el origen de las palabras, razón de su existencia, de su significación y de su forma.
6:178b; Ortografía 11:164b.

ETIMOLOGÍAS. Nombre con el que se conoce una extensa obra enciclopédica de san Isidoro de Sevilla, publicada en el siglo VII. Titulada *Originum sive etymologiarum libri XX*, consta de veinte volúmenes en los que se recoge el saber de la época.
Enciclopedia 5:402b; Isidoro de Sevilla, san 8:275b; Teología 14:21b.

ETÍOPE, MACIZO. Cadena montañosa en las mesetas occidentales de Etiopía. Su punto más alto es Deyen, de 4.620 m. Al sur del Nilo Azul forma una meseta continua.

ETÍOPE, PUEBLO. Conjunto de grupos raciales de la región etíope africana, compuesta por los abisinios de raza semítica, los gallas, somalíes y damakiles del grupo camítico, y los negros de raza nilótica, que se encuentran repartidos por varios puntos del territorio.
Etiopía 6:180b.

ETIOPÍA. País de África nororiental. En 1993 reconoció la independencia de Eritrea, perdiendo así su salida al mar Rojo. Cap. Addis Abeba. 1.133.882 km^2. 64.117.000 hab. (2000).
6:179b; Addis Abeba 1:58b; África 1:94; Eritrea 6:21b; Haile Selassie 7:316a; *mapa* 6:180a; *cuadros* 6:179b; 6:181b; *ilustraciones* 6:180b; 6:181b; 6:182a; 6:183b.

ETIOPÍA, GUERRA DE. Enfrentamiento de las tropas italianas del duque de Aosta con las británicas al mando de Alan Gordon Cunningham en la Somalia italiana durante 1940-1941. Los italianos capitularon el 19 de mayo de este último año.

ETIQUETA. Ceremonial que regula el comportamiento exterior y el trato mutuo de las personas públicas en los actos oficiales. Se desarrolló extraordinariamente en el imperio bizantino, se introdujo durante la edad media en las cortes occidentales y se mantiene actualmente de forma moderada en las casas reales y en los actos públicos. Por extensión existen también normas de etiqueta en la alta sociedad o en los actos más solemnes de la vida del ciudadano.

ETMOIDES. Hueso de la base del cráneo encajado en la escotadura frontal. Simétrico y formado por una lámina vertical que interviene en la constitución del tabique nasal y otra lámina horizontal cribosa atravesada por el nervio olfativo.

ETNA. Volcán de Italia, en la costa este de la isla de Sicilia. Es el volcán activo más alto de Europa, con 3.200 m.
6:184a; Sicilia 13:230b; *ilustración* 6:184a.

ETNOBIOLOGÍA. Ciencia que estudia los procesos de modificación o adaptación de los seres humanos a un medio físico determinado, tanto en relación a su flora como a su fauna.

ETNOCENTRISMO. Actitud de una etnia o grupo humano que se considera como centro o punto principal y por tanto como patrón de medida para comprender y valorar a todos los demás.

ETNOGRAFÍA. Rama de la antropología que estudia las razas y los pueblos.
Etnología 6:184b; Europeos, pueblos 6:201a.

ETNOLINGÜÍSTICA. Rama de la sociolingüística que estudia las lenguas desde el punto de vista etnográfico.
Sapir, Edward 13:157b.

ETNOLOGÍA. Rama de la antropología que estudia comparativamente las razas y los pueblos, desde el punto de vista de su adaptación al medio natural.
6:184b; Antropología 1:401a; *ilustración* 6:185b.

ETNOMUSICOLOGÍA. Ciencia que estudia las manifestaciones musicales de las diversas sociedades o pueblos del mundo. También llamada musicología comparada o etnología musical. El musicólogo neerlandés Jaap Kunst utilizó por primera vez este término en 1950.
Folclórica, música 6:343b; Música 10:318a.

ETOBICOKE. Ciudad de Canadá en la prov. de Ontario. Forma parte de la aglomeración urbana de Toronto. Fabricación de neumáticos. Industrias diversas. 328.718 hab. (1996).

ETOLIA. Región de la antigua Grecia situada al norte del golfo de Corinto.

ETOLIA, LIGA. Confederación de ciudades autónomas de Grecia entre los siglos IV-II a.C. Estaba regida por una asamblea popular, un consejo de los representantes de cada ciudad según su importancia, un secretario de este consejo o bulé, un consejo restringido para asuntos urgentes y un estratega militar. Los ciudadanos gozaban de sus derechos en toda la confederación. En el año 192 a.C. se aliaron con Siria para obtener mayor independencia respecto a Roma pero, tras sucesivas derrotas, la liga terminó por disolverse.

ETOLOGÍA. Rama científica que se ocupa del estudio del comportamiento de los animales y su relación con el medio en el que habitan. El término fue introducido en las primeras décadas del siglo XIX por el naturalista francés Étienne Geoffroy Saint-Hilaire.
Biología 3:38a; Comportamiento animal 4:302b; Instinto 8:226a; Lorenz, Konrad 9:222a; Tinbergen, Nikolaas 14:63a; Vertebrados 14:280a; Zoología 14:419b.

ETON, COLEGIO. Establecimiento educativo británico, el principal de carácter privado en el Reino Unido. Fue fundado por Enrique VI en 1440, y cuenta con importantes monumentos. Destacan la Upper School, la Lower School, la biblioteca y la capilla, con notables muestras de arte mural.

ETOSHA PAN. Altiplanicie de Namibia, ocupada por una inmensa salina, de 4.800 km^2, a 1.030 m de altura, en el centro del parque nacional homónimo. En el este, crecen arbustos, higueras y palmeras datileras.

ETRURIA. Antigua región de Italia dominada por los etruscos, quienes desarrollaron una civilización urbana que alcanzó su máximo esplendor en el siglo VI a.C., y tuvo influencia sobre los orígenes de Roma.
6:185b; Italia 8:307b; Roma antigua 12:419a; Romana, religión 13:1b; *ilustraciones* 6:186.

ETRUSCO, ALFABETO. Sistema de escritura de origen griego, adoptado por los etruscos de la Italia prerromana. Las inscripciones existentes, más de diez mil, pueden leerse sin dificultad por la similitud con el griego, aunque la lengua no ha sido descifrada.

ETRUSCOS. V. **Etruria.**

ETRUSCOS, SARCÓFAGOS. Retratos escultóricos realizados por los etruscos para las alcobas de los sepulcros. Normalmente los difuntos aparecen recostados sobre el lecho, aparentemente llenos de vida, solitarios o en parejas, y medio cubiertos con un manto o sudario.

ETXENIQUE LANDIRÍBAR, PEDRO MIGUEL (n. en 1950). Físico español. Especialista en física de la materia condensada, campo en el que realizó importantes descubrimientos que le valieron la concesión en 1998 del Premio Príncipe de Asturias.

EUBACTERIA. Grupo de bacterias que incluye los cocos y los bacilos, y que presenta como característica una pared celular rígida.

EUBEA. Isla de Grecia, en el mar Egeo. La más extensa del país después de Creta. Con la isla de Skyros forma el dep. de Eubea. Mide 180 km de longitud y de 6,5 a 49 km de anchura, con una superficie de 3.657 km^2.
Egeo, mar 5:323a.

EUCAÍNA. Anestésico local semejante a la cocaína, pero no tan activo como ésta. Es un cuerpo blanco y cristalino, que se emplea en solución del 2 al 5%.

EUCALIPTO. Árbol de la familia de las mirtáceas y del género *Eucalyptus.* Numerosas especies.
6:187a; *ilustración* 6:187b.

EUCARIOTAS. Células cuyo núcleo está separado del citoplasma por una membrana nuclear.

EUCARISTÍA. Sacramento principal de los católicos. Según su doctrina, el pan y el vino consagrados se convierten en el cuerpo y la sangre de Jesucristo, recibido por los fieles en la comunión. Instituido por Jesús durante la Última Cena.
Misa 10:187a; Sacramento 13:80b.

EUCKEN, RUDOLF (1846-1926). Filósofo alemán. Su metafísica neoidealista surgió en oposición al naturalismo, positivismo y criticismo, y se entroncó en la tradición filosófica alemana. Estudioso de la ética, la filosofía de la religión y de los valores, destacó la realidad del espíritu, realidad justificada plenamente e independiente, fundamento del mundo y esencia de la divinidad. Premio Nobel de literatura en 1908. *La parte de verdad contenida en la religión* (1901), *La vida, su valor y significación* (1909).

EUCLASA. Mineral de silicato de aluminio y berilio, forma concoidea, color verde o azul brillante, monoclínico, con dureza 7,5, pero de gran fragilidad. Se encuentra en los Urales, Brasil, etc.

EUCLIDES (siglos IV-III a.C.). Matemático griego que sentó con sus trabajos las bases de la geometría, disciplina a la que convirtió en una ciencia exacta. Su obra *Elementos* ha sido uno de los libros que mayor influencia han tenido en la historia de la ciencia.
6:187b; Geometría 7:95b; Matemáticas 9:405a; *ilustración* 6:188a.

EUCLIDES DE MEGARA (h. el 450-h. el 380 a.C.). Conocido también como Euclides el Socrático, fue discípulo de Sócrates y fundador de la escuela de Megara, a la que asistió Platón. En su pensamiento filosófico intentó combinar las enseñanzas de Sócrates con los principios de la doctrina eleática.

EUCTEMÓN (siglo V a.C.). Astrónomo griego. Junto a Metón, ideó el ciclo lunisolar de 19 años, o eneadecaetérido, que desde entonces rigió el calendario griego.

EUDEMO DE RODAS (siglo IV). Filósofo griego. Fue discípulo de Aristóteles, al que éste dedicó un tratado de ética (*Ética Eudemia*). De sus obras sólo nos han llegado algunos fragmentos. *Historia de la geometría, de la aritmética y de la astronomía, Sobre las categorías, Sobre la interpretación.*

EUDEMONISMO. Tendencia ética que propone como sumo bien o finalidad la búsqueda de la felicidad. Ésta puede ser considerada como bienestar, placer, actividad contemplativa, etc.

EUDES, CONDE (m. en el 898). Primer monarca del reino franco occidental que rompió la línea carolingia (888-898). Aunque la corona volvió posteriormente a descendientes de Carlomagno, la dinastía de los Capetos, que reinó en Francia del 987 a 1328, descendía del linaje de Eudes.
Carlos Martel 3:395b; Francia 6:391a.

EUDIÓMETRO. Dispositivo que sirve para analizar volumétricamente las mezclas gaseosas. Los gases, contenidos en un tubo ancho y cerrado, reaccionan al aplicárseles una chispa eléctrica.

EUDOXIA (siglo V). Hija de Teodosio II y esposa de Valentiniano III. Obligada a casarse con Petronio Máximo, asesino de su marido, pidió ayuda a Genserico, rey de los vándalos. Éste asaltó Roma y se llevó a Cartago a Eudoxia y a sus dos hijas.

EUDOXIA MACREMBOLITISSA (1021-1096). Emperatriz de Oriente. Casada con Constantino X en 1059, ejerció la regencia entre 1067 y 1071, durante la minoría de Miguel VII. Casó en 1068 con el general de la Capadocia Romano Diógenes, posteriormente Romano IV Diógenes. Al ocupar el trono Miguel VII fue recluida en un convento.

EUDOXO DE CÍCICO (siglo II a.C.). Navegante y explorador griego. Estuvo al servicio de Tolomeo Evergetes II de Egipto. Realizó dos expediciones a la India e intentó dar la vuelta a África partiendo de Cádiz. Las noticias sobre sus exploraciones nos han llegado a través de Cornelio Nepote y de Estrabón.

EUDOXO DE CNIDO (h. el 400 a.C.-h. el 350 a.C.). Matemático, astrónomo y geógrafo griego. Estableció la duración del año solar en 365 días y 6 horas y desarrolló la teoría general de las proporciones. Investigó la sección áurea y halló diversos métodos de medición de áreas y volúmenes. Formuló por vez primera la teoría cosmológica de las esferas homocéntricas.

EUFEMISMO. Forma de hablar que trata de evitar palabras consideradas desagradables. Empleada desde antiguo por los escritores clásicos. Se utiliza por cortesía, o por condicionamientos morales o sociales.

EUFONÍA. Combinación de sonidos que intervienen en un lenguaje cuando su pronunciación resulta grata y fácil con arreglo a la fonética de aquél.

EUFÓTICA, ZONA. Nivel del medio marino, situado entre la superficie y los 500 m de profundidad, en el que se desarrollan los más importantes grupos de vegetales y animales del conjunto de espacios cubiertos por el agua que forma los mares y océanos.
Mar 9:347a.

ÉUFRATES, RÍO. Curso fluvial del Asia occidental. Atraviesa las regiones orientales de Turquía y Siria y desemboca en el golfo Pérsico tras recorrer 2.700 km.
Siria 13:260a.

EUFRONIO (siglos VI-V a.C.). Ceramista y pintor griego de vasos. Activo entre el 520 y el 470 a.C., aproximadamente, es uno de los representantes del estilo llamado severo y uno de los iniciadores de las figuras rojas sobre fondo negro. Se conservan obras suyas en el Louvre («Lucha de Heracles contra Anteo»), y en el Antikensammlung de Munich («Leagros a caballo»), etc.

EUFROSINA. Asteroide del Sistema Solar, número 31 del catálogo. Inclinación aproximada con respecto a la eclíptica de 26°.

EUGENE. Ciudad de los Estados Unidos en el est. de Oregón, a orillas del río Willamette. Universidad, museo. Madera. Productos alimenticios. Turismo. 128.240 hab. (1998).

EUGENESIA. Perfeccionamiento de las especies mediante el control de su reproducción.
6:188b; Galton, Francis 7:28a; *ilustraciones* 6:188b; 6:189a.

EUGENIA DE MONTIJO (1826-1920). Emperatriz de Francia. Hija de un noble español, contrajo matrimonio en 1853 con Napoleón III, en cuya política exterior ejerció una notable influencia. Defendió el poder temporal del papado en Roma y se opuso a la candidatura prusiana al trono español. Su hijo, heredero de la corona francesa, murió en 1879.

EUGENIA GRANDET. Novela del escritor francés Honoré de Balzac, publicada en 1833. Se describe en ella, a partir de una dura crítica social, la vida en las provincias francesas del momento.

EUGENIKOS, MARKOS (h. 1392-1445). Monje y teólogo bizantino. Metropolitano de Éfeso hacia 1436, se opuso a la doctrina unionista presentada en el concilio de Florencia (1439) y fue uno de los más firmes defensores de la separación entre las iglesias de oriente y occidente.

EUGENIO DE SABOYA-CARIGNAN (1663-1736). Estadista de la casa de Saboya. Como mariscal de campo luchó contra los turcos, Francia y España en distintas contiendas, alcanzando, al servicio del emperador austriaco, justa fama como soldado.

EUGENIO DE TOLEDO, SAN (m. en el 657). Erudito, poeta y obispo español. Apoyado por el rey visigodo Chindasvinto, fue nombrado en el 646 obispo de la sede de Toledo. Presidió los concilios VII, VIII y IX de Toledo. Trabajó por la reforma del clero y compuso *Himnos* para la liturgia. Tradujo el *Hexameron* de Draconcio y escribió un tratado sobre la Trinidad (*De Trinitate*).

EUGENIO ONEGUÍN. Novela en verso del escritor ruso Alexandr Pushkin (1799-1837), publicada en 1833. El protagonista, joven indolente, malgasta su vida, rechaza el amor y mata en un duelo a su mejor amigo. Cuando quiere rehacer su vida ya es demasiado tarde.
Rusa, literatura 13:46b.

EUGENIO I, SAN (m. en el 657). Papa desde el 654 hasta su muerte. Fue elegido cuando su predecesor, san Martín I, estaba exiliado, siendo legitimado por éste. El emperador bizantino le exigió el reconocimiento del patriarca de Constantinopla, a lo que se negó por ser éste monotelita. Fue enterrado en San Pedro de Roma.

EUGENIO II (m. en el 827). Papa desde el 824 hasta su muerte. Se opuso a que reviviera la disputa teológica sobre la adoración de los iconos.

EUGENIO III (m. en 1153). Bernardo de Pisa, papa desde 1145 hasta su muerte. Presidió el concilio de Reims. Estableció las condiciones para la coronación imperial de Federico I Barbarroja, pero murió antes de coronarlo. Beatificado en 1872.
Cruzadas 5:37b.

EUGENIO IV (h. 1383-1447). Gabriele Condulmer, papa desde 1431 hasta su muerte. Durante su pontificado se produjo la lucha con el concilio de Basilea, reunido para reformar la iglesia. Su éxito en el celebrado en Ferrara-Florencia le permitió restablecer la soberanía papal.
Alberti, Leone Battista 1:147a.

EUGLENÓFITAS. Algas de coloración verde, unicelulares, que habitan principalmente en aguas dulces. Están provistas de flagelos que les permiten moverse y presentan un estigma o mancha ocular que las capacita para captar los estímulos luminosos.

EULALIO (siglo V). Antipapa desde diciembre del 418 hasta abril del 419, nombrado por una facción clerical frente a san Bonifacio I. Fue exiliado a Campania, donde murió en el 423.

EULENSPIEGEL, TILL. Legendario bufón alemán cuya historia fue escrita hacia 1500 en bajo alemán y en 1515 en alto alemán. Sus chanzas encarnan la socarronería popular frente a los burgueses y nobles. En este personaje se inspiró Richard Strauss para su poema sinfónico *Till Eulenspiegel* (1894) y Gerhart Hauptmann para su poema épico *Till Eulenspiegel* (1928).

EULER, LEONHARD (1707-1783). Matemático suizo. Destacó en el estudio de diversas cuestiones del cálculo logarítmico y diferencial, así como de las series algebraicas y la trigonometría.
6:189b; Análisis matemático 1:317; Cálculo 3:268b; Topología 14:88b; Trigonometría 14:127b; *ilustración* 6:189b.

EULER, ULF SVANTE VON (1905-1983). Fisiólogo sueco. Recibió el Premio Nobel de medicina en 1970, junto con Julius Axelrod y Bernard Katz, por sus trabajos sobre la función de los mediadores químicos (en especial, la noradrenalina) en el sistema nervioso simpático.

EULER-CHELPIN, HANS (1873-1964). Químico sueco. Investigó el contenido en carotina de algunos vegetales. Premio Nobel de química en 1929, junto con Arthur Harden, por sus estudios sobre la carotina como provitamina A.

EULER-VENN, DIAGRAMAS DE. Diagramas consistentes en líneas curvas cerradas que se utilizan para representar los conjuntos matemáticos.

EULOGIO, SAN (m. en el 859). Presbítero y escritor mozárabe. Defensor del cristianismo frente a los musulmanes. Fue la figura más destacada de la escuela de Córdoba. Autor de *Apologético* y *Memorial de santos*. Murió martirizado.

EUMENES (h. el 362-316 a.C.). Militar y estadista griego. Fue secretario de Filipo y luego de Alejandro Magno. A la muerte de éste, se pronunció a favor del regente Perdicas y contra los diádocos, quienes lograron apresarlo durante la batalla de Gadamarta y darle muerte.

EUMÉNIDES, LAS. Tragedia del dramaturgo griego Esquilo que, junto con *Agamenón y Las coéforas,* forma la trilogía llamada *Orestíada,* representada en el 458 a.C. En ella se narra la purificación de Orestes tras el asesinato de Clitemnestra y Egisto.

EUMENIO (260-311). Retórico galo. Fue secretario del emperador Constancio Cloro en Roma y director de unas *scholae* en Autun (Galia). Autor de *Discurso para la restauración de las escuelas,* en el que se describe el sistema educativo de su tiempo, y *Panegíricos,* dirigidos al emperador Constancio.

EUMOLPO. En la mitología griega, hijo de Poseidón, a la vez guerrero, legislador, sacerdote, adivino y poeta, que murió defendiendo Eleusis de los atenienses. Epónimo de la familia eleusina de los Alcmeónidas y fundador de los misterios de Deméter, en Eleusis.

EUNOMIO (h. el 335-h. el 394). Obispo arriano de Cícico. Ocupó el obispado en el 360. Defendió una doctrina que presentaba la inferioridad del Verbo con respecto al Padre. Fue desterrado por orden del emperador Teodosio.

EUNUCO. Varón castrado. Los eunucos ejercieron un importante papel en la vida política de diversos países orientales, desde época de los asirios, al creerse que eran menos ambiciosos que quienes podían tener descendencia. Pervivieron hasta el siglo XIX como guardianes de los harenes de los sultanes turcos.

EUPÁTRIDA. Miembro de la nobleza en la antigua Ática griega. Perdió gran parte de sus privilegios con las reformas de Solón, pero mantuvo su fuerza política gracias al control ejercido sobre amplios territorios agrícolas y al poder religioso que ostentaba.
Aristocracia 2:68b.

EURASIA. Conjunto de las masas terrestres de Europa y Asia. La primera está formada geográficamente por una sucesión de penínsulas que se extienden al oeste de Asia penetrando en el océano Atlántico. La línea divisoria entre los dos continentes, colocada usualmente en los montes Urales orientales, es convencional.

EURATOM. V. **Comunidad Europea de Energía Atómica.**

EURIBÍADES (siglo V a.C.). Militar espartano. Ocupó el puesto de navarca de la liga del Peloponeso entre el 481 y el 480. Dirigió la flota griega durante la segunda guerra médica y en la batalla de Salamina (29 de septiembre del 480) consiguió una importante victoria.
Médicas, guerras 10:25b.

EURICO (420-484). Rey de los visigodos de España. Convirtió a su reino en el primero de occidente. Promulgó un código para sus súbditos godos.
6:190a; Alarico II 1:140b; Godos 7:149b; *ilustración* 6:190a.

EURICO, CÓDIGO DE. Serie de leyes promulgadas por el rey visigodo Eurico, alrededor del año 475, llamado también Código de Tolosa. Compuesto por el jurisconsulto León, en latín. Se conservan medio centenar de capítulos en París.
Eurico 6:190b; Godos 7:149b.

EURÍDICE. Nombre de varias heroínas griegas de las cuales la más célebre es la esposa de Orfeo.
Orfeo y Eurídice 11:134b.

EURIMEDONTE (m. en el 413 a.C.). Estratega ateniense. En las luchas contra los peloponesos defendió Corfú (427 a.C.) y fue destinado a Sicilia (425 a.C.), misión esta última que resultó fallida al alcanzar la isla cuando ya se había firmado la paz. Murió en el sitio a Siracusa.

EURÍPIDES (h. el 484-406 a.C.). Junto con Esquilo y Sófocles, uno de los tres grandes autores trágicos griegos.
6:190b; Griega, literatura 7:219a; Medea 10:21a; Tragedia 14:109b; *cuadro* 6:191b; *ilustración* 6:191.

EURISTEO. Rey legendario de Micenas y Tirinto, nieto de Perseo y primo de Anfitrión y de Alcmena. Rival de Heracles (Hércules), le impidió entrar en Micenas y lo obligó a realizar los «doce trabajos». Murió a manos de Yolao en combate contra los atenienses.
Heracles 7:362b.

EURITERMOS. Dícese de los animales que soportan grandes oscilaciones de temperatura.

EURO. Patrón monetario de la Unión Europea. Creado el 1 de enero de 1999, en el año 2002 culminará su implantación como moneda física circulante.
Dinero 5:196b; Unión Europea (UE) 14:176b.

EUROCOMUNISMO. Modalidad política adoptada por diversos partidos comunistas europeos, para adaptarse a las circunstancias de la sociedad capitalista avanzada. Proponía la integración del proletariado en el estado capitalista, en el que se constituiría como una mayoría social. En Italia se concretó en el compromiso histórico propuesto por Enrico Berlinguer desde 1973. También participaron en esta orientación los partidos comunistas de España y Francia, dirigidos a la sazón por Santiago Carrillo y Georges Marchais, respectivamente.
Comunismo 4:320b.

EUROCONECTOR. Tipo de conector empleado en muchos televisores, con veinticuatro patillas, usado principalmente para la conexión con el vídeo.

EURODÓLAR. Depósito en dólares estadounidenses establecido en los bancos europeos, que sirve de base para el comercio internacional y operaciones financieras en Europa y otras regiones del mundo.

EUROESCÉPTICO. El que pone en duda o se manifiesta contrario al proceso de integración de la Unión Europea (UE).

EUROMED. Foro creado para la cooperación y el diálogo entre la Unión Europea y los países de la cuenca sur del mar Mediterráneo, tanto norteafricanos como del Cercano Oriente.

EUROMISILES. Misiles de alcance intermedio instalados en Europa por la OTAN, del tipo Pershing-2 y de crucero, como respuesta y disuasión frente a los misiles SS-20 del Pacto de Varsovia. Tenían un alcance de hasta 5.000 km.

EURONEWS. Emisora de televisión europea de noticias por vía satélite. Fundada en Lyón, Francia, en 1990, inició sus emisiones en 1993. Difunde noticias en cinco idiomas (español, alemán, francés, inglés e italiano).

EUROPA (ASTRONOMÍA). Satélite natural de Júpiter. Diámetro de 3.100 km y distancia media al planeta de unos 607.000 km. Ausencia de relieve visible, con identificación de algunos cráteres de impacto. Componentes volátiles en su rala atmósfera, especialmente agua.
Júpiter (ASTRONOMÍA) 8:413b; Satélite 13:163b.

EUROPA (GEOGRAFÍA). El segundo continente de menor extensión del mundo, compuesto por las penínsulas occidentales de Eurasia. Ocupa una superficie de 10.600.000 km^2. 728.936.000 hab. (1997).
6:191b; Continente 4:360b; *mapas* 6:192; 6:193b; 6:194a; 6:195b; 6:196a; 6:199b; *cuadros* 6:194a; 6:198; *ilustraciones* 6:191b; 6:193b; 6:197a-b; 6:198a; 6:199; 6:200a-b.

EUROPA (MITOLOGÍA). Princesa legendaria griega, hija de Agenor, rey de Tiro, y de Telefasa. Enamorado Zeus de su belleza, adoptó la forma de un toro blanco para acercarse a ella y después raptarla. De la unión de ambos nacieron Minos, Sarpedón y Radamanto. Posteriormente el dios la casó con Asterión, rey de Creta, el cual adoptó a los hijos habidos con Zeus. A su muerte recibió honores de diosa. Según la leyenda, el toro que la raptó quedó convertido en la constelación de Tauro.

EUROPEOS, PUEBLOS. Conjunto de pueblos de raza caucasoide, con lenguas de la familia indoeuropea y religión cristiana que constituyen la población de Europa.
6:201a; Razas humanas 12:273a; *ilustraciones* 6:201b; 12:273a.

EUROPIO. Elemento químico del grupo de las tierras raras, IIIb de la tabla periódica. Metal trivalente que forma compuestos de color rosado. Presente en los minerales del cerio. Símbolo, Eu; número atómico, 63; peso atómico, 151,96.
Lantánidos 9:57a.

EUROPOL. Organismo de la Unión Europea con sede en La Haya, Países Bajos. Su función es fomentar la cooperación e intercambio de información entre los cuerpos policiales de los distintos países miembros. Se encarga sobre todo de la investigación de redes de narcotráfico, para lo que se dotó en 1994 de una unidad especializada.

EUROTÚNEL. Nombre del túnel ferroviario submarino que conecta la localidad francesa de Calais con la británica de Folkestone. Fue abierto al tráfico en 1994. Aunque en principio fue proyectado como un túnel mixto, preparado tanto para el tránsito automovilístico como el ferroviario, las dificultades técnicas aconsejaron ejecutar sólo la última opción.
Túnel 14:148b.

EUSEBIO, SAN (m. en el 309/310). Papa durante cuatro meses hacia el 309/310. Una violenta disputa sobre la readmisión de los apóstatas hizo que el emperador lo desterrara a Sicilia. Fue enterrado en la catacumba de Calixto, en Roma. Es venerado como mártir.

EUSEBIO DE CESAREA (siglo IV). Historiador griego de religión cristiana. Teólogo, ocupó el puesto de obispo de Cesarea (Palestina) y defendió en todo momento al emperador Constantino. Autor de *Crónica*, tratado de historia general, y de *Historia eclesiástica,* obra en diez libros que presentaba la historia de la Iglesia Católica desde los tiempos de Jesucristo hasta el año 324.
Historia 8:24b.

EUSKADI. V. **Vasco, País.**

EUSKERA. V. **Vascuence.**

EUSTACIO DE TESALÓNICA (m. h. 1194). Prelado y erudito bizantino. Arzobispo de Salónica desde 1175 y profesor de la Universidad de Constantinopla, fue autor de comentarios sobre Homero y Píndaro y de una reseña del ataque normando a Salónica, que él mismo presenció (1185).

EUSTAQUIO, TROMPA DE. Conducto osteo-fibromembranoso que pone en comunicación la faringe con el oído medio. Equilibra la presión entre la caja del tímpano y el exterior.
Oído, sentido del 11:90a.

EUTANASIA. Método que procura la muerte indolora a personas aquejadas de enfermedades incurables y que sufren dolores insoportables o cuya vida es prolongada mediante medios artificiales.
6:202b.

EUTECTOIDE. En metalurgia, mezcla o compuesto eutéctico en la fase de transformación sólida, es decir, que se comporta en su solidificación como una sustancia pura al poseer un punto de cambio de estado de valor térmico constante.

EUTELSAT. Organismo europeo creado en 1985 que se encarga de las telecomunicaciones vía satélite. Desde 1983 ha desarrollado tres tipos de satélites: el Eutelsat-I, el Eutelsat-II y el Eutelsat-III.

EUTERIOS. Grupo de mamíferos caracterizados por poseer placenta para la nutrición del embrión. Comprende todos los órdenes de mamíferos actuales, con excepción de los monotremas y marsupiales.
Insectívoros 8:220a; Mamíferos 9:317a.

EUTERPE. Una de las nueve musas de la mitología griega. Inspiradora del arte de tocar la flauta, se la solía representar con una de ellas en la mano.
Musas 10:306b.

EUTIQUIANO, SAN (h. el 220-283). Papa desde el 275 hasta su muerte. En la catacumba de Calixto, en Roma, fueron hallados fragmentos de su epitafio original en griego, únicos datos conocidos sobre él.

EUTROFIZACIÓN. Acumulación excesiva de nutrientes en determinados ecosistemas como los lagos, a consecuencia de la cual se produce un aumento del número de microorganismos y una disminución de los niveles de oxígeno.

EUTROPIO (siglo IV). Historiador y funcionario latino. Secretario del emperador Constantino, acompañó a Juliano el Apóstata en su guerra contra los persas (363). Autor de un *Breviario desde la fundación de Roma,* realizado en diez tomos, que gozó de amplia difusión en el Medievo.

EUTROPIO (m. en el 399). Esclavo armenio al servicio de los emperadores Teodosio y Arcadio. Sustituto del ministro Rufino entre el 395 y el 399, fue nombrado cónsul en el 399. Sus abusos provocaron una sublevación popular, de la que lo defendió san Juan Crisóstomo, que motivó su ejecución.

EUXENITA. Óxido mineral complejo integrado por titanoniobato de itrio, cerio y uranio. De masa amorfa, por lo general, con cristales negros brillantes. Color negro y pardo.

EVA. V. **Adán y Eva.**

EVÁGORAS (m. en el 374 a.C.). Rey de Salamina, en la isla de Chipre. Mantuvo una política de amistad con Atenas y favoreció la difusión del helenismo. Su reino fue conquistado por los persas.

EVAGRIO PÓNTICO (346-399). Monje y teólogo griego. Defensor de Orígenes, participó en el concilio de Constantinopla (381) y se retiró al desierto egipcio, en donde llevó una vida eremita. Considerado como uno de los principales teólogos místicos de la iglesia oriental. *El monje o De la vida práctica, El gnóstico o De los que han merecido alcanzar la ciencia.*

EVANGELIO. Cada uno de los cuatro libros del Nuevo Testamento que narran la vida, obra, pasión, muerte y resurrección de Jesucristo.
6:203a; Apóstoles 1:415a; Biblia 3:11a; Jesucristo 8:368a; Lucas, san 9:230a; Marcos, san 9:356b; María, Virgen 9:362b; Mateo, san 9:409a; Misión y misionero 10:189b; Pedro, san 11:316b; *ilustraciones* 6:203b; 6:204a; 6:205; 6:206a.

EVANGELISMO. Doctrina de las iglesias evangélicas o reformadas, basada fundamentalmente en las Sagradas Escrituras.
6:206b.

EVANS, ARTHUR (1851-1941). Arqueólogo británico. Excavó las ruinas de la antigua ciudad cretense de Cnosos, donde encontró restos de una avanzada civilización de la edad del bronce a la que denominó minoica. *El palacio de Minos* (1921-1936).
Arqueología 2:95b; Creta 5:8b.

EVANS, FREDERICK HENRY (1853-1943). Fotógrafo británico. Sus imágenes de arquitectura, especialmente de catedrales inglesas y francesas, son consideradas como modelos del género.

EVANS, MARY ANN. V. **Eliot, George.**

EVANS, OLIVER (1755-1819). Mecánico e inventor estadounidense. Inventó diversos aparatos para hilar la lana y el algodón y para los molinos de harina y, en 1783, una máquina de vapor a alta presión y una draga de vapor, *Guía del molinero y del constructor de molinos* (1792), *Guía del joven ingeniero* (1805).

EVANS, WALKER (1903-1975). Fotógrafo estadounidense. Documentó los efectos de la depresión económica entre los campesinos del sur de su país, así como la arquitectura folclórica del siglo XIX. Expuso este último trabajo en el museo de Arte Moderno de Nueva York (1934). En 1966 publicó una serie fotográfica sobre gente en el metro neoyorquino.

EVANS-PRITCHARD, EDWARD (1902-1973). Antropólogo británico. Realizó sus investigaciones principalmente en Sudán entre los pueblos nuer y azande. Consiguió difundir la antropología social y destacó por sus estudios sobre la magia como fenómeno cultural. *Hechicería, magia y religión entre los azande* (1937), *Parentesco y matrimonio entre los nuer* (1951), *Antropología social* (1956).
Magia 9:286a.

EVANSVILLE. Ciudad y puerto fluvial de los Estados Unidos en el est. de Indiana, a orillas del río Ohio. Emplazamiento arqueológico indio. Universidad, museo. Hulla y petróleo. Agricultura. Industrias diversas. 122.779 hab. (1998).

EVAPORACIÓN. Conversión gradual de un líquido en vapor como consecuencia de la existencia en aquél de moléculas con energía cinética suficiente para vencer la cohesión o atracción del resto del líquido.
Biosfera 3:51b; Criología 5:14a; Hidrografía e hidrología 7:400b; Humedad atmosférica 8:95b; Refrigeración 12:296b.

EVAPORADOR. Dispositivo de evaporación del agua contenida en los líquidos para concentrarlos. En el frigorífico, mecanismo para evaporar el fluido y producir frío.
Refrigeración 12:297a.

EVAPORITA. Roca o depósito sedimentario formado por precipitación de las sales disueltas en aguas marinas o lacustres a causa de la evaporación del agua. No se incluyen en este grupo las calizas. La mayoría de los depósitos de importancia petrográfica se componen de sal gema, yeso y anhidrita.

EVAPOTRANSPIRACIÓN. Fenómeno terrestre consistente en que una parte del agua contenida en el suelo se evapora a la atmósfera por el efecto de la radiación del Sol y la transpiración del tapiz vegetal.

EVARISTO, SAN (m. en el 107). Papa desde hacia el 97 hasta su muerte, durante el reinado del emperador Trajano. Sucedió a san Clemente I. Se le denomina mártir, aunque su martirio no está documentado.

EVÉMERO (siglos IV-III a.C.). Escritor y filósofo griego. Expuso un sistema racionalista de interpretación de la mitología, conocido como evemerismo, según el cual los dioses habrían sido antiguos héroes y guerreros divinizados posteriormente por los hombres. Sus teorías alcanzaron una gran difusión tanto en Grecia como en Roma. Autor de una *Historia sacra* y del relato *Panquea*.

EVEREST, MONTE. Montaña de la cadena del Himalaya, en Asia. Es el punto más alto de la Tierra, con 8.848 m.
6:207a; Asia 2:144a; Himalaya 7:413b; *ilustración* 6:207b.

EVERGLADES, PARQUE NACIONAL DE LOS. Región subtropical pantanosa de Florida (EUA). Sus aguas alcanzan desde el lago Okeechobee hasta el golfo de México y la bahía de Florida. Fauna abundante, sobre todo caimanes. Cubre una superficie de 10.000 km^2.

EVERT, CHRIS (n. en 1954). Tenista estadounidense. Fue una de las jugadoras dominantes del tenis profesional entre 1970 y 1989. Seis victorias individuales en los campeonatos de los Estados Unidos y tres en los de Wimbledon, entre muchos otros títulos.

EVIA, JACINTO DE (1620-1676). Poeta ecuatoriano. Escribió un libro de versos de estilo barroco, muy formalista, en el que recogió poesías de otros autores de la época. *Ramillete de varias flores poéticas, recogidas y cultivadas en los primeros abriles de sus años por el maestro Jacinto de Evia, natural de la ciudad de Guayaquil, en el Perú.*

EVICCIÓN. Pérdida del derecho de posesión de un bien por decisión judicial, debida a la existencia de un derecho anterior sobre dicho bien. Suele aplicarse en contratos de compraventa.

EVLIYA ÇELEBI (1611-h. 1684). Escritor turco. Autor de una obra en diez tomos sobre sus viajes durante más de cuarenta años a través del imperio otomano; relato en el que el autor mezcló lo histórico y descriptivo con la ficción.

EVOLUCIÓN. Conjunto de modificaciones que experimentan los organismos vivos a lo largo del tiempo geológico y gracias a las cuales aparecen nuevas formas orgánicas y especies adaptadas a las condiciones de su entorno.
6:208a; Biogeografía 3:32a; Biología 3:38b; Botánica 3:127a; Buffon, conde de 3:217a; Ciencia 4:186b; Darwin, Charles 5:99a; Ecología 5:272a; Filogenia 6:290b; Haeckel, Ernst 7:314b; Hombre 8:45b; Homínidos 8:52a; Huxley, T.H. 8:112a; Lamarck, Jean-Baptiste 9:51b; Primates 12:142b; Spender, Herbert 13:310a; Taxonomía 13:407b; Vertebrados 14:284a; Wallace, Alfred Russel 14:351b; *cuadro* 6:210a; *ilustraciones* 6:208a; 6:209a-b.

EVOLUCIÓN CREADORA, LA. Obra del filósofo francés Henri Bergson, publicada en 1907, en la que se plantea que todos los fenómenos resultan de los cambios que experimenta una sustancia primera que se mueve por su propia naturaleza, pasando de lo simple a lo complejo.

EVOLUCIONISMO. Doctrina que afirma la existencia de un proceso continuo de transformación desde los organismos microcelulares hasta las formas animales y vegetales más avanzadas. Por extensión, se han elaborado teorías evolucionistas relativas a diferentes aspectos del desarrollo de las sociedades.
Antropología 1:402a; Filogenia 6:290b; Ritos 12:385a.

ÉVORA. Ciudad de Portugal, cap. del distrito homónimo, situada a 110 km al este de Lisboa. Su historia se remonta a la época romana. Conserva numerosos vestigios de su pasado. Agricultura; turismo. 35.117 hab. (1981).

EVORA, CESARIA (n. en 1943). Cantante popular caboverdiana. En 1985 marchó a Lisboa, donde grabó sus primeros temas y saltó a la fama. El mar es un tema recurrente en sus dulces y melancólicas canciones. *Cesaria* (1995).

ÉVREUX. Población francesa, cap. del dep. de Eure, en la parte noroccidental del país. Situada en el valle del río Iton, es un importante centro de industria textil y productos farmacológicos. Arquitectura de los siglos XII al XV. 42.215 hab. (1983).

EVTUSHENKO, EVGUENI. V. **Yevtushenko, Evgueni.**

EWALD, JOHANNES (1743-1781). Poeta lírico danés. Fue uno de los primeros en inspirarse en las sagas y los mitos escandinavos para sus poemas. De espíritu aventurero, buscó la gloria en la guerra de los siete años. Entre sus poemas destaca «El rey Christian al pie del soberbio mástil», de su obra *Los pescadores* (1779), letra del himno danés. *La muerte de Balder* (1775).

EX AEQUO. Locución latina utilizada para indicar igualdad o empate en concursos, competiciones deportivas o culturales.

EXANTEMA. Erupción de la piel y enfermedad eruptiva que acompaña a diversas afecciones de naturaleza infecciosa, como sarampión y escarlatina. Formada por manchas normalmente rojizas que desaparecen momentáneamente por presión local. Por lo general está precedida de calentura y seguida por descamación.

EXARCA. Gobernador, en nombre del soberano del Imperio Romano de oriente, de una provincia de Italia o de África conocida como exarcado, por ejemplo, el exarcado de Ravena.

EX CATHEDRA. Locución latina utilizada para poner de manifiesto el conocimiento y suficiencia sobre una materia del que habla sobre ella. También, en sentido peyorativo, cuando se hace referencia a la pedantería de alguien.
Papado 11:258a.

EXCÉLSIOR. Diario mexicano de tendencia liberal moderada. Fundado en 1917 por Rafael Alducín, alcanzó gran prestigio en la década de 1970 por su independencia.

EXCEPCIÓN, ESTADO DE. Procedimiento del derecho político y administrativo por el que un gobierno que ve seriamente amenazados los intereses de la nación suspende las garantías constitucionales. A veces implica la proclamación de la ley marcial. Se denomina también, por influencia del inglés, estado de emergencia.
Ley marcial 9:137a.

EXCHEQUER. Institución del gobierno británico que se encarga de la administración financiera. El canciller del Exchequer corresponde al ministro de hacienda de otros países. Data de principios del siglo XII y fue establecida por Enrique I Beauclerc.

EXCITACIÓN. En sistemas físicos tales como la molécula, el átomo o el núcleo atómico, paso de un estado de energía inferior a otro de energía superior o nivel excitado.
Láser 9:68b; Radiación 12:243b.

EXCLAMACIÓN, SIGNOS DE. Signos en la escritura (¡ !) que expresan una emoción intensa del ánimo, ya sea por admiración o por pasión.

EXCOMUNIÓN. Medida disciplinaria, practicada por los judíos, católicos y protestantes, por la cual se separa a un fiel de una comunidad religiosa por causar grave escándalo o haber cometido una falta importante. En general, a los excomulgados les está prohibido el acceso a los bienes espirituales de la iglesia, la participación en los ceremoniales y el trato con sus correligionarios. En la Iglesia Católica la excomunión mayor priva al excomulgado de los sacramentos, los cargos eclesiásticos, las oraciones públicas y la sepultura cristiana; la menor, hoy en desuso, privaba sólo de los sacramentos y beneficios; en ambos casos, el culpable puede ser absuelto.

EXCRECIÓN. En zoología, sistema por el que el organismo de un animal elimina aquellos productos de desecho creados por los aparatos excretores del mismo. En los crustáceos esta función incumbe a las glándulas antenales y maxilares, en los insectos y miriápodos a los tubos de Malpighi, y en los vertebrados a los riñones.
Crustáceos 5:32b; Fisiología 6:318a; Urogenital, aparato 14:197a; Vertebrados 14:283b.

EXÉGESIS. Interpretación de textos, especialmente de la *Biblia*. Puede tener un carácter filológico o doctrinal.

EXEKIAS (siglo VI a.C.). Pintor y ceramista griego. Activo entre el 550 y el 525 a.C., aproximadamente, está considerado como una de las principales figuras del estilo de pinturas negras. Realizó ánforas y vasos, conservados, entre otros, en el museo Vaticano («Aquiles y Áyax jugando a los dados») o en la Staatliche Antikensammlungen und Glyptothek de Munich («Dionisio a bordo de un barco»).

EXENCIÓN. Figura jurídica que sustrae a determinadas personas físicas o jurídicas, de una imposición o autoridad. El derecho canónico exime a las órdenes religiosas respecto al obispo local, ya que las considera al servicio general de toda la iglesia, bajo la dependencia directa del papa.

EXETER. Ciudad y puerto fluvial del Reino Unido en el condado de Devon, Inglaterra, en la desembocadura del río Exe al canal de la Mancha. Catedral normanda. Universidad. Industrias diversas. 108.000 hab. (1999).

EXFOLIACIÓN. División de un cuerpo en láminas o escamas. En particular, propiedad mineralógica por la que los cuerpos cristalizados se rompen en capas laminares, denominadas planos de exfoliación, paralelas a caras cristalinas reales o posibles. Algunos ejemplos de minerales exfoliables son el talco y el yeso.

EXHIBICIONISMO. Perversión sexual consistente en la necesidad de mostrar los genitales como manera de obtener satisfacción sexual. El exhibicionismo es característico de los hombres y, según el psicoanálisis, está estrechamente vinculado con el complejo de castración.

EXHORTO. Orden escrita por la que un tribunal o juez indica a otro de la misma categoría la necesidad de practicar una diligencia que interesa al primero.

EXHUMACIÓN. Acción de extraer un cadáver o restos humanos de su enterramiento conforme a una disposición judicial.

EXILARCA. Jefe de los judíos de Babilonia, a quienes representaba ante la autoridad y recaudaba sus tributos. Se mantuvo desde el siglo II hasta el siglo XIII. Se extinguió en 1253 al ocuparse la ciudad de Bagdad, en donde se había establecido tras su abolición en Babilonia, por los mongoles.

EXIMENO, ANTONIO (1729-1808). Musicólogo y escritor español. Jesuita, abandonó la orden poco después de su expulsión de España. Antepuso la expresividad en la música frente a las reglas estrictas y defendió la importancia de los cantos populares. Autor también de novela picaresca. *Sobre el origen de la música, con la historia de su progreso, decadencia y renovación* (1774), *Don Lazarillo Viscardi* (1782).

EXIMENTES, CIRCUNSTANCIAS. Condiciones que liberan de culpabilidad. Pueden ser o bien causas de inimputabilidad, como minoría de edad, enfermedad mental, embriaguez, etc., o causas de exclusión de culpabilidad, como violencia física o moral, legítima defensa, etc.

EXISTENCIALISMO. Corriente filosófica, nacida como reacción al idealismo, que centra su interés en la existencia y la vivencia personal antes que en una supuesta esencia del ser humano.

6:211b; Camus, Albert 3:314a; Esencia 6:51a; Filosofía 6:299a; Heidegger, Martin 7:349a; Hombre 8:47a; Jaspers, Karl 8:355b; Kierkegaard, Soren 9:23a; Marcel, Gabriel 9:352b; Metafísica 10:93a; Sartre, Jean-Paul 13:163a; *ilustración* 6:211b.

EX LIBRIS. Palabra latina que significa «de entre los libros». Viñeta que se coloca en el reverso de los libros para indicar el nombre del propietario de los mismos o la biblioteca a la que pertenecen.

EXOBIOLOGÍA. Rama de las ciencias biológicas que estudia las posibles trazas de vida extraterrestre, en especial vida inteligente, fuera de los límites del Sistema Solar.

EXOCARPO. Parte exterior del pericarpio o cubierta que envuelve a la semilla. Generalmente corresponde a la epidermis externa del fruto. Conocido también como epicarpio.

Fruto 6:417b.

EXOCITOSIS. Mecanismo por el cual la célula expulsa al exterior las partículas que no pueden atravesar la membrana por difusión. Se produce por invaginación de la membrana para formar una bolsa que se separa de ellas.

EXOCRINA, GLÁNDULA. Órgano cuya función es elaborar productos especiales a expensas de los materiales de la sangre, para verterlos directamente a la superficie del cuerpo o las mucosas.

Glándula 7:141.

ÉXODO. Emigración de los judíos de Egipto hacia la tierra prometida, dirigidos por Moisés. La historia se narra en el libro homónimo de la *Biblia,* segundo del Pentateuco, cuyos pasajes más notables son las plagas de Egipto, el establecimiento de la alianza y promulgación del Decálogo, la adoración del becerro de oro y la construcción del tabernáculo.

Aarón 1:2a; Biblia 3:10b.

EXOGAMIA. Práctica social de contraer matrimonio con una persona de otro grupo social distinto, tribu, familia o localidad diferentes. Se contrapone a endogamia. El término procede del etnólogo británico John Ferguson McLennan (1827-1881).

Matrimonio y divorcio 9:418a; Totemismo 14:99a.

EXÓMIDA. Especie de túnica usada por los griegos y romanos que constituía normalmente el vestido de trabajo y posteriórmente pasó a formar parte de la indumentaria de los esclavos.

EXONPCR. Técnica de biotecnología que, con el auxilio de programas informáticos, combina el método de la reacción en cadena de la polimerasa (PCR) con el uso de secuencias artificiales de ácido desoxirribonucleico (ADN). Persigue la búsqueda de posibles genes defectuosos causantes de enfermedades.

Biotecnología 3:54b.

EXOPTERIGOTOS. División de los insectos de clase pterigotos. Metamorfosis simple, alas desarrolladas externamente. Comprende varios órdenes.

Insectos 8:222b.

EXORCISMO. Conjunto de actos rituales tendentes a expulsar al diablo o a los malos espíritus del cuerpo de una persona o de un lugar.

6:212b; Demonología 5:129a; *ilustración* 6:212b.

EXOSFERA. Capa más externa de la atmósfera situada por encima de la ionosfera, a partir de los 500 km, y que se extiende más allá de los 1.000 km.

Atmósfera 2:203a; Tierra 14:56b.

EXOSQUELETO. Formación orgánica a modo de cubierta externa, dura y espesa, que recubre a ciertos animales. Se presenta frecuentemente en forma de conchas o caparazones, según ocurre en los moluscos y artrópodos. También aparece como una serie de piezas calcificadas u osificadas, por ejemplo las escamas de los peces y las placas de muchos equinodermos, reptiles y mamíferos.

EXPEDICIÓN REAL. Marcha de las tropas carlistas españolas desde la población navarra de Estella hasta las puertas de Madrid, realizada entre mayo y octubre de 1837. Estaba encabezada por el pretendiente al trono, don Carlos María Isidro, y dirigida por el infante Sebastián Gabriel. El general Baldomero Espartero les presentó batalla en Aranzueque y los obligó a regresar al norte.

EXPERIMENTO. Experiencia realizada bajo determinadas condiciones para descubrir, verificar o ilustrar una teoría, hipótesis o hecho.

EXPLORACIONES GEOGRÁFICAS. Conjunto de acciones realizadas por geógrafos, investigadores, etc., para determinar las características del globo terráqueo.

6:213b; África 1:94a; Alpes 1:247a; América, descubrimiento de 1:282b; Amundsen, Roald 1:311a; Andes 1:334b; Antártida 1:379b; Ártica, región 2:131b; Atlántico, océano 2:196a; Australia 2:220a; Bastidas, Rodrigo de 2:367a; Batuta, Ibn 2:380b; Bering, Vitus Jonassen 2:418b; Burton, *Sir* Richard 3:234a; Byrd, Richard E. 3:239b; Caboto, Giovanni 3:250b; Cartier, Jacques 3:424a; Colón, Cristóbal 4:277b; Cook, James 4:366b; Díaz de Solís, Juan 5:172a; Dorado, El 5:232b; Elcano, Juan Sebastián 5:349a; Enrique el Navegante 5:420a; Hudson, Henry 8:82b; Humboldt, Alexander von 8:93a; Magallanes, Fernando de 9:280b; Navegación 10:365b; Núñez de Balboa, Vasco 11:51b; Oñate, Juan de 11:111b; Peary, Robert Edwin 11:308b; Pinzón, Martín Alonso 11:418a; Pinzón, Vicente Yáñez 11:418b; Ponce de León, Juan 12:81b; Renacimiento 12:330a; *mapa* 6:213b; *ilustraciones* 6:213b; 6:214a; 6:215b; 6:216a.

EXPLORER. Navegador de Internet diseñado por la empresa estadounidense Microsoft.

Astronáutica 2:170a.

EXPLOSIVA, CONSONANTE. Fonema que se pronuncia con oclusión y explosión. Puede ser sordo, como la pe, la te y la ka, o sonoro, como la be, la de y la ge.

EXPLOSIVO. Mezcla de sustancias químicas que, debido a una reacción química, puede causar una explosión.

6:216a; Balística 2:323a; Mina (MILICIA) 10:171b; Minería 10:179b; *cuadro* 6:216.

EXPOLIO. Episodio de la vida de Jesús en el que éste es despojado de sus vestiduras antes de la Crucifixión. El tema ha sido tratado por grandes pintores y escultores. Especial mención merece «El expolio» de El Greco, óleo realizado entre 1577 y 1579, conservado en la sacristía de la catedral de Toledo.

EXPONENCIAL, FUNCIÓN. Función que asume la forma general $y = ax$, en la que la cantidad a representa una constante cualquiera.

EXPONENTE. Número que en las operaciones de potenciación se coloca encima de la cantidad que se va a operar para indicar las veces que dicha cantidad tiene que multiplicarse por sí misma con el fin de calcular la potencia.

Álgebra 1:220b.

EXPOSICIÓN (ARTES). Conjunto de obras de arte o manifestación cultural relacionada con el arte preparada para su exhibición pública, durante un período determinado, bien para la venta de dichas obras, bien para su divulgación.

EXPOSICIÓN (FOTOGRAFÍA). En técnica fotográfica, tiempo durante el cual se somete una película o placa sensible a la acción directa de la luz.

EXPOSÍMETRO. Instrumento que mide las intensidades de la luz incidente en un motivo fotográfico o reflejada por el mismo, y que indica los correspondientes ajustes de exposición de la cámara.

EXPRESIÓN. Manifestación de ideas o sentimientos con palabras u otros signos externos, como miradas, actitudes, etc., con la que una persona quiere dar a entender algo. En glosemática, lo que en un signo o en un enunciado lingüístico corresponde sólo al significante oral o escrito.

EXPRESIONISMO. Movimiento estético y artístico, surgido a principios del siglo XX, que dio prioridad a la manifestación dramática de los sentimientos.

6:217a; Abstracto, arte 1:22a; Alemana, literatura en lengua 1:181a; Beckmann, Max 2:379a; Cinematografía 4:192b; Cuevas, José Luis 5:69b; De Kooning, Willem 5:111b; Ensor, James 6:5b; Goeldi, Oswaldo 7:150b; Guayasamín, Oswaldo 7:263a; Guzmán de Rojas, Cecilio 7:305b; Kokoschka, Oskar 9:34a; Lang, Fritz 9:55b; Marin, John 9:370a; Munch, Edvard 10:296b; Nolde, Emil 11:4b; Nonell, Isidre 11:8a; Pintura 11:416a; Pop art 12:84a; Portinari, Cândido 12:87a; Rouault, Georges 13:26b; Segall, Lasar 13:186a; Soutine, Chaim 13:308a; Volpi, Alfredo 14:345b; Wiedemann, Guillermo 14:365a; *ilustraciones* 6:217b; 6:218a-b.

EXPRESIONISMO ABSTRACTO. Corriente pictórica derivada de los movimientos abstractos de las primeras décadas del siglo XX que alcanzó su máximo esplendor en fechas posteriores a la segunda guerra mundial. Rechazaba el formalismo de la abstracción geométrica y se mantenía cercano a las propuestas del automatismo psíquico de los surrealistas, lo que derivó en formas como las desarrolladas por la *action painting.* Representada por la escuela de Nueva York y sus grandes figuras: Jackson Pollock, Willem de Kooning, Robert Motherwell, Mark Rothko.

Abstracto, arte 1:22a; Expresionismo 6:218b; Rothko, Mark 13:25a.

EX PROFESO. Locución utilizada para expresar que algo se ha hecho con una finalidad determinada.

EXPROPIACIÓN. Transferencia legal de la propiedad de un particular a la administración pública o a otro particular por motivos de utilidad pública y mediante indemnización.

ÉXTASIS. Estado de privación o de arrobamiento de la persona que, ajena al mundo sensible, parece hallarse en comunicación o ante la contemplación de un ser espiritual. Es propio de la experiencia mística.

ÉXTASIS (FARMACOLOGÍA). Nombre vulgar de una droga sintética, la metilen-dioxi-metanfetamina, cuyo consumo se generalizó durante la década de 1990 entre ciertos grupos de jóvenes.
Drogas de diseño 5:244a.

EXTENSÍMETRO. Aparato eléctrico que mide la variación de las dimensiones de un sólido o diferencias de dilatación de los metales. También se denomina extensómetro.

EXTENSIÓN (INFORMÁTICA). Conjunto de caracteres que se añaden al nombre de un fichero, separados del mismo por un punto, para indicar su naturaleza: texto, imagen, etc.

EXTINCIÓN. En biología, desaparición de especies vivas por causas ambientales o por competencia de otras especies.
Ballena 2:325a; Biodiversidad 3:25b; Caza y pesca deportivas 4:54b; Deforestación 5:109b.

EXTINTOR. Aparato utilizado para sofocar fuegos pequeños. Contiene una mezcla que se eyecta a presión al abrir una válvula. Existen diversos modelos con diferentes cargas. En algunos países se denomina extinguidor.

EXTORSIÓN. Delito tipificado en el derecho penal que consiste en obtener mediante la fuerza o intimidación la firma de algún compromiso o la entrega de dinero.
Crimen organizado 5:13a.

EXTRADICIÓN. Entrega que hace un estado del acusado de un delito (o condenado por él) a otro estado que lo reclama para juzgarlo o para hacerle cumplir la condena.
Asilo, derecho de 2:158b; Internacionales, relaciones 8:238a.

EXTRANJERISMO. Palabra o giro sintáctico propios de un idioma que se emplean en otro.

EXTRANJERO, EL. Novela del escritor francés Albert Camus, publicada en 1942. En ella se expone el tema existencialista de la difícil y a veces imposible relación entre el hombre moderno y el mundo que lo rodea.

EXTRAÑEZA (MATEMÁTICAS). Número cuántico con el que se designa a ciertas partículas físicas que se hallan influidas por alteraciones fuertes.

EXTRAPOLACIÓN. Deducción de valores situados fuera de un intervalo en función de los datos de dicho intervalo sobre la base de que rigen las mismas leyes que en el intervalo conocido.

EXTRASENSORIAL, PERCEPCIÓN. Presunta capacidad de percibir independiente de los procesos sensoriales habituales. Entre los fenómenos que incluye se cuentan la telepatía (transferencia de pensamientos), la clarividencia (conciencia supranatural de objetos o sucesos) y la precognición (conocimiento del futuro).

EXTRAVERSIÓN. Actitud en la que predomina el interés por el mundo exterior. Los sujetos extravertidos son abiertos, habladores, confiados y establecen relaciones con facilidad.
Jung, Carl Gustav 8:411a.

EXTREMADURA. Comunidad autónoma de España. Comprende las prov. de Cáceres y Badajoz. Cap. Mérida. 41.634 km². 1.070.244 hab. (1996).
6:219a; España 6:63b; *ilustración* 6:219b.

EXTREMAUNCIÓN. Uno de los sacramentos de la Iglesia Católica. Se administra a los enfermos en peligro de muerte. La realiza el sacerdote ungiendo con óleo sagrado las manos, pies, ojos, oídos y boca del agonizante.

EXTREMEÑAS, SIERRAS CENTRALES. Montes de Extremadura, España, que incluyen las estribaciones occidentales de los montes de Toledo, formadas por las serranías de San Pedro, Montánchez y Santa Cruz, así como las estribaciones occidentales del macizo de Gaudalupe.

EXTREMIDADES. Apéndices laterales del tronco. Son cuatro, dos pares simétricos, y desempeñan un papel fundamental en la motricidad.
Hueso 8:86a; Locomotor, aparato 9:199a; Mamíferos 9:314b.

EXTREMO ORIENTE. V. **Lejano oriente.**

EXTROVERSIÓN. V. **Extraversión.**

EXTRUSIÓN. Proceso para la formación de piezas de metal y otros productos mediante el paso de la materia blanda por una boquilla del perfil deseado.
Aluminio 1:255a; Plástico 12:25b.

EXXON. Compañía petrolera estadounidense. Fundada en 1882 con el nombre de Standard Oil Company of New Jersey, en 1972 tomó su actual denominación. Se trata de una de las firmas petrolíferas más importantes del mundo.

EYACULACIÓN. Emisión o expulsión violenta, por el pene en erección, del semen o esperma acumulado en la uretra posterior; constituye la parte terminal del acto sexual.
Adolescencia 1:73a.

EYACULACIÓN PRECOZ. Trastorno sexual consistente en la incapacidad para contener la emisión de semen, que se da de forma rápida al principio de los juegos sexuales, antes del coito. Está estrechamente vinculado con alteraciones de tipo nervioso y afectivo.

EYADEMA, GNASSINGBE (n. en 1937). Militar y político de Togo. Sirvió en el ejército francés y en 1967 participó en el golpe de estado que otorgó el poder a los militares. Presidente del país, instauró el sistema de partido único (Asamblea del Pueblo Togolés) y declaró, en 1979, la tercera república togolesa.
Togo 14:72b.

EYBESCHÜTZ, JONATHAN (h. 1690-1764). Rabino polaco. Su disputa con su colega Jacob Emden condujo a la división de la grey judía en el siglo XVIII y a una guerra de excomuniones por ambos bandos.

EYCK, HUBERT VAN. V. **Van Eyck, Hubert.**

EYCK, JAN VAN. V. **Van Eyck, Jan.**

EYECTOR DE AIRE. Aparato de calefacción dotado de una resistencia sobre la que actúa un ventilador para difundir aire caliente. Con la resistencia apagada produce aire frío.

EYRE, LAGO. Gran extensión de agua salada situada en el nordeste de Australia meridional. Dividido en dos sectores unidos por un estrecho canal, tiene agua sólo ocasionalmente y es la zona más baja del país. 9.300 km².
6:220a; Australia 2:215b.

EYSENCK, HANS J. (n. en 1916). Psicólogo británico de origen alemán. Director de psicología del hospital Mandsley (Reino Unido), destacó por sus investigaciones en el campo de la psicometría, referida preferentemente al tema de la personalidad. *Estructura y medida de la personalidad* (1969), *Sexo, violencia y medios de comunicación* (1978).
Psicometría 12:179b.

EYSKENS, GASTÓN (1905-1988). Político belga. Catedrático de la Universidad de Lovaina y miembro del Partido Demócrata Cristiano, fue ministro de finanzas (1945-1949, 1965-1966) y tres veces jefe del gobierno del país (1949-1950, 1958-1961 y 1968-1972). En 1961 debió enfrentarse a la independencia del Congo belga.

EYZAGUIRRE, AGUSTÍN (1768-1837). Político chileno. Ocupó diversos cargos públicos hasta que alcanzó la presidencia de la república, con carácter interino, en 1826. Fue depuesto cuatro meses más tarde por un golpe militar.

EZCURRA, JUAN ANTONIO (1859-1905). Militar y político paraguayo. Presidente constitucional de la república en 1902. Un intento por derrocarlo motivó, en 1904, una guerra civil que duró cuatro meses. La presidencia pasó a manos de Juan Bautista Gaona a raíz del convenio para terminar la contienda.

EZEIZA. Municipio de la República Argentina en la prov. de Buenos Aires, al sur de la capital federal. Aeropuerto internacional. Su cabecera es José María Ezeiza. 85.534 hab. (1995).

EZEQUÍAS. Decimocuarto soberano de Judá (reinó hacia los años 715-686 a.C.) y restaurador del culto a Yahvé. Ordenó recopilar las sentencias de las Escrituras, favoreció la agricultura y el comercio y fortificó y equipó la ciudad de Jerusalén para resistir asedios.
Isaías 8:275b; Jerusalén 8:366a.

EZEQUIEL (siglo VI a.C.). Uno de los cuatro profetas mayores de los judíos, cuyas profecías recoge el libro de la *Biblia* que lleva su nombre.
6:220b; Judaísmo 8:402a; *ilustración* 6:220b.

EZEQUIEL, LIBRO DE. Uno de los libros proféticos del Antiguo Testamento. Recoge los oráculos del profeta contra Jerusalén, Judá, los gentiles y los idólatras, y las promesas de restauración de Israel.
Biblia 3:11b; Ezequiel 6:220b.

EZETA, CARLOS (1855-1903). Militar y político salvadoreño. Se alzó en 1890 contra el presidente Francisco Menéndez, y accedió al poder por la fuerza, lo cual provocó una declaración de guerra de Guatemala. Elegido constitucionalmente en 1891, gobernó con dureza hasta su derrocamiento en 1894.

EZPELETA, JOSÉ DE (1740-1823). Militar y administrador colonial español. Después de intervenir en distintas campañas militares y desempeñar el cargo de capitán general de Cuba (1785-1789), ocupó el puesto de virrey de Nueva Granada entre 1789 y 1796. Realizó en el virreinato una labor de claro signo ilustrado y ordenó la construcción del Teatro de Santa Fe.
Nueva Granada, Virreinato de 11:38a.

EZPELETA, PEDRO AINGO DE (siglo XVI). Economista y teólogo español. Autor de varias obras sobre los problemas monetarios que acontecían durante el reinado de Felipe IV. *Resoluciones prácticas, morales y doctrinales...* (1643).

EZPELETA Y ENRILE, JOAQUÍN DE (1786-1863). Militar español. Pasó la mayor parte del tiempo de la guerra de la independencia prisionero en Francia. Partidario del absolutismo, participó en la represión de Cataluña de 1827. Fue capitán general de Cataluña (1833) y Cuba (1838) y ministro de marina (1852) y guerra (1858).

EZRA. V. **Esdras.**

EZRA, ABRAHAM IBN (h. el 1092-h. 1167). Erudito judío español. Viajó extensamente por Europa y difundió en sus obras el saber de su época. Autor de obras poéticas, estudios filosóficos, lingüísticos, matemáticos y exégesis. *Comentario del Pentateuco, Fundamentos de gramática, Balanzas.*

EZRA, MOSE IBN (h. el 1060-h. 1135). Poeta hebraico-español. Aunque quizá estuvo al servicio de la corte granadina, pasó la mayor parte de su vida en la España cristiana, donde fue muy estimado. Escribió en árabe y hebreo obras poéticas y tratados de poesía. *Libro de la consideración y del recuerdo, Libro del collar.*

F

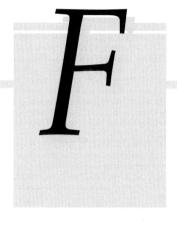

F-16. Avión militar estadounidense, destinado a realizar misiones de cazabombardero, que entró en servicio en 1974. Desarrolla una velocidad dos veces superior a la del sonido.
Aviación militar 2:262a.

F-18. Avión caza estadounidense que cumple diversas misiones y tiene como base a los portaaviones. Alcanza una velocidad 1,8 veces superior a la del sonido. Utilizado por la marina de los Estados Unidos.
Aviación militar 2:262b.

FABBIANI, JOSÉ (n. en 1911). Escritor venezolano. Premio Nacional de literatura de su país con la novela *A orillas del sueño* (1949). *El cuento en Venezuela* (1953), *Tres temas de poesía venezolana* (1966).

FABELA, ISIDRO (1882-1964). Abogado, político y diplomático mexicano. Secretario de relaciones exteriores, representante de México ante diversos países extranjeros, gobernador del estado de México y miembro del Tribunal Internacional de Justicia de La Haya. Dirigió la revista *Mundo Libre* y escribió sobre temas de relaciones internacionales.

FABERGÉ, PETER CARL (1846-1920). Orfebre y joyero ruso. Dirigió la empresa familiar que se convirtió en la principal joyería de San Petersburgo y proveedora de la casa imperial. Su fama se extendió por Europa occidental, sobre todo por el Reino Unido (abrió casa en Londres en 1906). Realizó vajillas, juegos de té, pitilleras, etc. Fue influido por el arte francés del XVIII, las artesanías rusas y, en su última etapa, por el modernismo.
Joyería y orfebrería 8:389b.

FABIÁN, SAN (m. en el 250). Papa desde el 236 hasta su muerte. Según la tradición dividió Roma en siete diaconados y fundó varias iglesias en Francia. Martirizado durante la persecución del emperador Decio.

FABIANISMO. Movimiento político socialista nacido en Londres con la fundación de la Fabian Society, en 1883, al que se incorporaron escritores como George Bernard Shaw y H. G. Wells. Su título alude a la figura del general romano Quinto Fabio Máximo Verrucoso (275-203 a.C.), quien defendió una táctica de dilación y desgaste frente a Aníbal en vez de un enfrentamiento directo. El fabianismo, por consiguiente, ha defendido un socialismo implantado con moderación y con resultados prácticos inmediatos de alcance total. Participó en la fundación del Partido Laborista y permaneció estrechamente unido a éste.

FABINI, EDUARDO (1883-1950). Compositor uruguayo. Estudió en Montevideo y Bruselas. Autor de poemas sinfónicos, como *Campo* y *La isla de los Ceibos*, el ballet *Mburucuyá*, canciones y una obertura para solistas, coro y orquesta.

FABIO MÁXIMO VERRUCOSO, QUINTO (m. en el 203 a.C.). Cónsul y dictador romano. Sus tácticas dilatorias permitieron que el ejército romano se recuperara y tomara la iniciativa frente a las tropas de Aníbal durante la segunda guerra púnica. Llamado Cunctator (el Contemporizador).

FABIUS, LAURENT (n. en 1946). Político francés. Miembro del Partido Socialista desde 1974, como primer ministro (1984-1986) buscó la modernización económica del país.

FABLIAU. Tipo de poema narrativo francés. Compuesto a lo largo del siglo XIII y primera mitad del XIV, de tema satírico, erótico o burlesco.
Francesa, literatura 6:370a.

FABRA, NILO MARÍA (1843-1903). Periodista español. En 1865 fundó en Madrid el Centro de Correspondencia, que luego se llamaría Agencia Fabra, dedicada a la información periodística. Autor de obras de geografía y política. *Alemania e Italia 1866, Compendio de geografía universal.*

FABRA, POMPEU (1868-1948). Filólogo español. Dedicado al estudio de la lengua catalana, de la que fue catedrático en Barcelona en 1932, su nombre está unido al relanzamiento del catalán y su normalización sintáctica y ortográfica. *Gramática de la lengua catalana* (1918), *Diccionario general de la lengua catalana* (1932).

FABRA Y RIBAS, ANTONIO (h. 1878-1958). Político español. Afiliado al Partido Socialista, fundó en Barcelona el periódico *La Internacional* y en 1909 intervino en la huelga barcelonesa que provocó la semana trágica. Subsecretario de trabajo en 1931, durante la guerra civil fue embajador de España en Berna. Exiliado hasta 1949, fue profesor en la Universidad de Popayán (Colombia). *La organización internacional del trabajo y el progreso social.*

FABRÉ, JAN (n. en 1958). Artista y escritor belga. A su obra se aplica la denominación *Bic art*, debido a sus dibujos confeccionados con un bolígrafo Bic azul. También realizó escenografías teatrales y esculturas de insectos y alambres.

FABRÉ, JAUME (siglos XIII y XIV). Arquitecto catalán. Maestro mayor de la catedral de Barcelona desde 1317, construyó la puerta de San Ivo y diversas estancias interiores en este templo. Se le atribuye también la construcción de la iglesia y el convento dominico de Palma de Mallorca y es posible su participación en algunos otros edificios religiosos de Barcelona (basílica de Santa María del Mar).

FABRE, JEAN-HENRI (1823-1915). Entomólogo francés. Dedicó su obra al estudio de la anatomía y conducta de los insectos.
6:221a; *ilustración* 6:221a.

FÁBREGAS, MANOLO (n. en 1921). Manuel Sánchez Navarro Schiller, actor, director escénico y empresario teatral mexicano de origen español. En el teatro protagonizó *Sexteto* y en el cine *Lagunilla mi barrio* (1980), entre cientos de otras obras y películas.

FÁBREGAS, VIRGINIA (1870-1950). María Barragán, actriz mexicana. Alcanzó grandes éxitos dentro y fuera de su país en representaciones clásicas y modernas. Creó una compañía propia. Entre sus grandes interpretaciones destacaron *Romeo y Julieta, El alcalde de Zalamea* y *La casa de Bernarda Alba.*

FABRI, ZOLTÁN (n. en 1917). Director cinematográfico y escenógrafo húngaro. Fue director artístico de los estudios Hunnia de Budapest. Evolucionó desde el realismo socialista hacia posiciones críticas con respecto al gobierno húngaro. *La joven Ana* (1958), *Veinte horas* (1964), *Las tinieblas del día* (1973).

FABRIANO, GENTILE DA. V. **Gentile da Fabriano.**

FABRICIUS, DAVID (1564-1617). Astrónomo holandés. Descubridor en 1596 de Mira Ceti, primera estrella variable del catálogo astral. Observó las manchas solares.

FABRICIUS, HIERONYMUS (1537-1619). Naturalista y anatomista italiano. Fue discípulo de Gabriello Fallopio y maestro de William Harvey. Realizó numerosas observaciones anatómicas y estudios embriológicos en el pollo y otros animales.

FABRICIUS, JOHANN ALBERT (1668-1736). Bibliógrafo alemán. Profesor en Hamburgo, fue autor de diversas obras teológicas y filosóficas y de una importante colección bibliográfica de autores clásicos griegos y latinos y literatura medieval. *Biblioteca latina* (1697), *Biblioteca griega* (1705-1728).

FABRICIUS, JOHANN CHRISTIAN (1745-1808). Entomólogo danés. Alumno de Carlos de Linneo en Uppsala (Suecia), fue profesor de ciencias naturales y economía política en las universidades de Copenhague y Kiel. Destacó por sus investigaciones sobre la taxonomía de los insectos. *Entomología sistemática* (1792-1798).

FABRITIUS, CAREL (1622-1654). Pintor holandés. Discípulo de Rembrandt y, probablemente, maestro de Jan Vermeer. Es característico de su obra el contraste de objetos oscuros sobre fondos más claros y luminosos. «El jilguero» (1654), «Autorretrato» (1654).

FABRIZI, NICOLA (1804-1885). Patriota italiano. Perteneciente al grupo de Giuseppe Mazzini, Joven Italia, fundó una sociedad secreta militar, la Legión Italiana, y participó política y militarmente en el movimiento por la unificación italiana.

FABRIZIO D'ACQUAPENDENTE, GIROLAMO. V. **Fabricius, Hieronymus.**

FABRY, CHARLES (1867-1945). Físico francés. Profesor en la Sorbona desde 1921, fue el primer director del Instituto Gamptico de París. Destacó por sus investigaciones en el campo de la óptica. Inventor del interferómetro, que permite el estudio de los rayos espectrales finos. *Aplicaciones de las interferencias luminosas* (1923).

FÁBULA. Cuento alegórico, casi siempre escrito en verso, que, mediante la personificación de animales, pretende transmitir una enseñanza moral. Aunque de origen oriental, la fábula adquirió su forma definitiva con los autores clásicos Esopo y Fedro; otros fabulistas notables son los españoles Tomás de Iriarte y Félix María

Samaniego y los franceses Jean de La Fontaine y Fénelon.
Esopo 6:60a; Fedro 6:248a; Folclor 6:341a; La Fontaine, Jean de 9:45a; Novela y cuento 11:19a.

FACHODA, INCIDENTE DE. Conflicto político y militar acaecido el 18 de septiembre de 1898 en la ciudad sudanesa de Fachoda (o Fashoda), posterior Kodok, entre las fuerzas coloniales francesas y las inglesas. Fue resuelto por el acuerdo del 21 de marzo de 1899, por el que se permitió la libre ocupación del territorio sudanés por las fuerzas británicas.

FACIES ESTRATIGRÁFICA. Conjunto de características existentes en un estrato sedimentario producidas durante distintos períodos y que permiten el estudio de las condiciones ambientales existentes en el momento de la formación del estrato.
Cuenca sedimentaria 5:65a; Geocronología 7:82b.

FACIO, JUSTO A. (1860-1932). Escritor costarricense de origen panameño. Fue ministro, periodista y fundador del Ateneo costarricense. Cultivó la poesía y el ensayo. *Mis versos* (1894), *Origen y desenvolvimiento del romance castellano.*

FACIO, SARA (n. en 1932). Fotógrafa argentina. Se especializó, desde la década de 1960, en el reportaje gráfico y los retratos. En 1973 fundó la editorial de arte argentino La Azotea.

FACSÍMIL. Reproducción exacta de un texto o dibujo. Se denomina edición facsimilar la que reproduce sin modificación de contenido ni de presentación un texto antiguo, por lo que estas ediciones son muy estimadas por los bibliófilos.

FACSIMILAR, TRANSMISIÓN. V. **Fax.**

FACTOR. Cada una de las cantidades que intervienen en la operación de multiplicar.

FACTORÍA. Establecimiento comercial en un país colonial. En algunos países de habla española, y por influencia del inglés, se emplea como sinónimo de fábrica.

FACTORIAL. Producto de los números naturales distintos de cero que son de igual o menor valor que un número *n* fijado de antemano. Se indica mediante el símbolo «!». Así, 4! (factorial cuatro) = 4 · 3 · 2 · 1 = 24.
Probabilidad y estadística 12:151a.

FACTORIAL, ANÁLISIS. Método utilizado en psicología que permite, a partir de relaciones matemáticas o estadísticas, obtener información mediante la realización de pruebas o tests. Se aplica tanto en la psicología diferencial como en los estudios sobre percepción y fisiología cerebral. Se inició con las investigaciones realizadas en 1904 por el psicólogo británico Charles Spearman.
Inteligencia 8:230b; Personalidad 11:355a.

FACTOR LIMITANTE. Principio ecológico en virtud del cual la presencia de un organismo en un hábitat viene determinada por una serie de condiciones vitales que ejercen algún tipo de control sobre el mismo.
Ecología 5:269b.

FACUNDO. V. **Cuéllar, José Tomás de.**

FADÉIEV, ALEXANDR (1901-1956). Novelista soviético. Perteneciente al Partido Comunista desde 1918, fue presidente de la Unión de Escritores Soviéticos. Principal exponente y teórico del realismo socialista que dominó la cultura rusa durante el período estalinista. *La derrota* (1927), *El último de los Udege* (1929-1941), *La joven guardia* (1946).
Rusa, literatura 13:48b.

FADER, FERNANDO (1882-1935). Pintor argentino. Autor de paisajes y escenas costumbristas dentro de la estética marcada por el impresionismo francés.
6:221b.

FADRIQUE (m. en 1438). Conde de Luna, infante de Aragón. Hijo bastardo del rey siciliano Martín I el Joven. Su abuelo Martín el Humano, rey de Aragón, legitimó su candidatura al trono aragonés que el compromiso de Caspe otorgó finalmente a Fernando de Antequera. En 1430 se rebeló contra Alfonso V y se puso al servicio de Juan II de Castilla, con quien no tardó en enemistarse. Murió, al parecer, envenenado.

FAENZA. Población italiana de la prov. de Ravena, en la reg. de Emilia-Romaña, en la parte norte del país. Antigua Faventia romana, destaca por su importante fábrica de cerámica, fundada en el siglo XV. Museo internacional de cerámica. Agricultura. 54.904 hab. (1981).

FAESI, ROBERT (1883-1972). Escritor suizo. Autor en lengua alemana, escribió poesía, obras teatrales, novelas y crítica literaria. Recreó la historia de la ciudad de Zurich en el siglo XVIII en una trilogía novelesca. *La ciudad de los padres* (1941), *La ciudad de la libertad* (1944), *La ciudad de la paz* (1952).

FAETÓN. También llamado Faetonte. Personaje mitológico griego, hijo de Helios (el Sol) y de Clímene. Hasta la adolescencia ignoró quién era su verdadero padre y, cuando al fin lo supo, le rogó a éste que le dejara conducir su carro. Helios accedió, marcándole previamente un camino. El joven, asustado, perdió el control del carro y Helios lo fulminó para evitar una catástrofe, haciéndolo caer al río Erídano.

FAGGIUOLA, UGUCCIONE DELLA (h. 1250-1319). Jefe del partido gibelino italiano. Fue sucesivamente *podestà* (magistrado) de Arezzo, Pisa y Vicenza. Se adueñó de Lucca y mandó las tropas de Cangrande della Scala.

FAGOCITOS. Células que tienen la propiedad de fagocitar, es decir, englobar y absorber cuerpos extraños (microbios, células, materiales de desecho, etc.).
Inmunología 8:215b.

FAGOCITOSIS. Fenómeno por el cual se produce la captura de partículas sólidas externas por la célula.
Absorción 1:19a; Apoptosis 1:414a; Nutrición 11:56a; Sangre 13:125b.

FAGOT. Instrumento musical de viento, construido en madera. Pertenece a la familia de los oboes.
6:222a; *ilustración* 6:222a.

FAGUNWA, D. O. (1903-1963). Daniel Olurunfemi Fagunnia, escritor nigeriano. Perteneciente a la etnia yoruba, fue autor de novelas de tipo simbólico-fantástico. Considerado como uno de los principales representantes de la literatura nigeriana del siglo XX. *La vara del guardián* (1949), *El bosque de los mil demonios* (1968).

FAHD (n. en 1922). Fahd ibn Abd al-Aziz al-Saúd, rey de Arabia Saudita. Accedió al trono en 1982 y mantuvo una política de modernización en lo económico, pero tradicionalista en lo social, político y religioso. Pidió ayuda militar estadounidense tras la invasión de Kuwait por Irak (1990) y participó con tropas en la guerra del golfo Pérsico (1991).

FAHRENHEIT, DANIEL GABRIEL (1686-1736). Físico alemán que introdujo la escala termométrica que lleva su nombre. Realizó importantes mejoras en la construcción de termómetros y se dedicó a fabricar instrumentos meteorológicos.
Temperatura 14:10b.

FAHRENHEIT, ESCALA DE TEMPERATURA. Escala termométrica utilizada en los países anglosajones en la que se fija el punto de congelación del agua en +32 grados y el de ebullición en +212.
Temperatura 14:10b; Termómetro 14:36a.

FAI. V. **Federación Anarquista Ibérica.**

FAIAL. Isla volcánica de Portugal, en el archipiélago de las Azores, océano Atlántico. Cubre una superficie total de 169 km^2. El volcán Cabeço Gordo, en el centro de la isla, registró actividad volcánica en 1957-1958.

FAIDHERBE, LOUIS (1818-1889). Militar y colonizador francés. Uno de los principales artífices del imperio colonial de Francia en África. Fundó la ciudad de Dakar. Fue gobernador de Senegal de 1854 a 1861 y de 1863 a 1865. Miembro de la Asamblea Nacional y del Senado, al que convenció para la dotación de fondos para construir el ferrocarril de Senegal.

FAIK ABASIYANIK, SAIT V. **Abasiyanik, Sait Faik.**

FAIRBANKS. Ciudad de los Estados Unidos en el est. de Alaska, a orillas del río Chena. Oleoducto, minería, explotación forestal. Mercado de pieles. Campeonato de trineos con perros. 22.645 hab. (1980).

FAIRBANKS, DOUGLAS (1883-1939). Douglas Elton Ulman, actor estadounidense. Fundador, con Charlie Chaplin y otros actores, de la United Artists Corporation. *La marca del Zorro* (1920), *El ladrón de Bagdad* (1924), *La fierecilla domada* (1929), *La última aventura de don Juan* (1934).

FAIRFAX, THOMAS (1612-1671). Militar inglés. Comandante en jefe del ejército parlamentario durante las guerras civiles entre éstos y los realistas. Artífice de numerosas victorias de sus tropas en el norte y sudoeste de Inglaterra.

FAIR PLAY. Anglicismo que se utiliza principalmente en el deporte para calificar el juego limpio.

FAISALABAD. Ciudad de Pakistán, en la división de Sargodha, prov. del Panjab (Punjab). Aeropuerto, colegios universitarios, escuela de agricultura. Fertilizantes, fibras sintéticas, productos farmacéuticos; conservas, aceite, textiles. 1.977.246 hab. (1998).

FAISÁN. Ave galliforme de la familia de las fasiánidas y del género *Phasianus.* Diversas especies, originarias del sudoeste asiático. Plumaje de brillante colorido.
6:222b; Ganadería 7:36b; *ilustración* 6:222b.

FAISANES, ISLA DE LOS. Islote situado en el río Bidasoa, en la frontera entre España y Francia, en el que se celebraron a partir del 28 de agosto de 1659 diversas reuniones que permitieron la firma, el 7 de noviembre de 1659, de la paz de los Pirineos. Ésta fue ratificada, también en este lugar, por Felipe IV y Ana de Austria, viuda de Luis XIII, el 6 de junio de 1660. Al día siguiente se concertó la boda entre la princesa española María Teresa y Luis XIV de Francia.

FAJANS, KASIMIR (1887-1975). Químico estadounidense de origen polaco, descubridor al mismo tiempo que el químico británico Frederick Soddy de las leyes del desplazamiento radiactivo. Autor de varias obras sobre radiactividad y de estudios sobre electrólitos fuertes.
Radiactividad 12:245b.

FAJARDO. Municipio de Puerto Rico en la vega del río Fajardo. Tabaco, caña de azúcar. 80 km^2. 36.882 hab. (1990).

FAJARDO, FRANCISCO (1530-1564). Conquistador español de sangre mestiza. Recorrió la costa de Venezuela y en 1559 fundó un fortín donde luego se levantaría Caracas. Fue asesinado por Alonso Cobos, justicia mayor de Cumaná.
Caracas 3:366b.

FAJARDO, LUIS DE (m. en 1617). Marino español. Capitán general de la armada del océano desde 1604, dos años después venció a una escuadra holandesa cerca del cabo de San Vicente. Destacó también en la lucha contra los corsarios turcos, a quienes venció en 1609 en La Goleta.

FAJARDO ZÚÑIGA Y REQUESENS, PEDRO (m. en 1647). Noble español. Jefe del ejército que sometió Cataluña en 1640, fue nombrado virrey de la región el mismo año. En 1641, al perder la batalla de Montjuich, fue relevado y enviado como embajador a Roma. Virrey de Sicilia en 1644, combatió la sublevación de 1647.

FAJÓN, ARCO. Elemento constructivo de la arquitectura románica (siglos X al XIII). Adosado a la bóveda de cañón de la nave central, servía de refuerzo a la misma e iba apoyado sobre columnas y pilares compuestos.

FAKIR V. **Faquir.**

FALANGE (ANATOMÍA). Cualquiera de los segmentos óseos de los dedos de las manos y de los pies. Cada dedo cuenta con tres falanges, excepto los pulgares y dedos gordos, que sólo tienen dos.

FALANGE (MILICIA). Formación de combate de la antigua Grecia. Estaba compuesta por varias filas de guerreros con lanzas y espadas, y era considerada como invencible. Por extensión se aplica también a un grupo combativo y bien cohesionado.
Ejército 5:345a; Guerra 7:265a; Infantería 8:193a.

FALANGE ESPAÑOLA. Organización de ideología fascista fundada por José Antonio Primo de Rivera. Tuvo una decidida actuación en la guerra civil española y posteriormente con el gobierno del general Francisco Franco.
6:223a; Española, guerra civil 6:85b; Primo de Rivera, José Antonio 12:149a; *ilustración* 6:223a.

FALANSTERIO. Modelo de organización social ideado por el socialista Charles Fourier en la primera mitad del siglo XIX. Cada falansterio constituiría una unidad de trabajo cuyos componentes vivirían en comunidad alternando las actividades agrícola e industrial.

FALAQUERA, SEM TOB BEN YOSEF IBN (siglo XIII). Filósofo judeoespañol. Fue autor de obras filosóficas, compilaciones, novelas morales, exégesis bíblicas y comentarios y resúmenes de obras de autores judíos. *Libro del escudriñador de la verdad.*

FALAROPO. Ave marina caradriforme de la familia de los falaropódidos y del género *Phalaropus.* Migran en invierno desde las zonas árticas a áreas más templadas. Distribución eurasiática y americana.

FALASHAS. Judíos negros de Etiopía establecidos al norte del lago Tana. Considerados, según la tradición, como descendientes de Menelik I, hijo de la reina de Saba y del rey Salomón, mantuvieron una provincia independiente durante el siglo XVII. Emigraron en gran número a Israel en la década de 1980.

FALCATA. Espada utilizada por los pueblos iberos del sur y el este de la península ibérica. Hoja de hierro curvada, con acanaladura central y ensanchamiento en el extremo. La empuñadura suele presentar motivos decorativos.

FALCÓN. Estado del noroeste de Venezuela, a orillas del mar Caribe. Incluye la península de Paraguaná, que cuenta con refinerías de petróleo cuya producción supone el 75% del total del país. Agricultura escasa dada la aridez del terreno. Cap. Coro. 24.800 km^2. 684.062 hab. (1995).
Venezuela 14:260a.

FALCÓN, CÉSAR (n. en 1892). Escritor peruano. Vivió en Europa desde 1920 y fue autor de novelas, cuentos y ensayos. Trató preferentemente en sus obras la problemática indígena y social del Perú. *El pueblo sin Dios* (1928), *El buen vecino* (1947), *Por la ruta sin horizonte* (1961).

FALCÓN, JUAN CRISÓSTOMO (1820-1870). Militar y político venezolano. Elegido presidente constitucional de la república en 1863.
6:223b; Guzmán Blanco, Antonio 7:305b.

FALCÓN, PRESA. Embalse de México, situado en el est. de Tamaulipas, alimentado por el río Bravo o Grande del Norte.

FALCONIFORMES. Orden de aves rapaces. Cabeza robusta, pico firme y alas bien desarrolladas. Depredadoras. Entre sus especies destaca el halcón.
Águila 1:123b; Cóndor 4:326b; Halcón 7:322b; Rapaces 12:262b.

FALDO, NICK (n. en 1957). Jugador británico de golf. Ganador de algunos de los más prestigiosos torneos, tanto en el circuito europeo como en el estadounidense.

FALENAS. Insecto del orden de los lepidópteros (mariposas), de la familia de los geométridos y perteneciente al género *Phalaena.* Cuerpo fino y alas anchas.

FALI. Pueblo africano de raza negra que habita en las montañas de Adamaoua, en Camerún. Los fali son agricultores y viven en aldeas cerradas que reúnen a todo un linaje familiar. En su artesanía destacan los objetos de alfarería y los tejidos.

FALIERO, MARINO (1274-1355). Dux de Venecia. Perteneciente a una antigua familia patricia, ocupó la máxima autoridad de la república en 1354. Lideró una conjura contra la clase patricia en el gobierno y fue decapitado. *Lord* Byron recreó su historia en la tragedia *Marino Faliero: Dux de Venecia* (1821).

FALKENHAYN, ERICH VON (1861-1922). Militar alemán. Ministro de la guerra de 1913 a 1915, en 1914 sucedió al general Helmuth von Moltke al frente del estado mayor durante la primera guerra mundial. Fue depuesto en 1916 al fracasar el ataque a Verdún, Francia.
Guerra mundial, primera 7:271a.

FALKLAND, ISLAS. V. **Malvinas, islas.**

FALLA. Fractura de un sector rígido de la litosfera o capa superior de la corteza terrestre, que, ante los empujes tectónicos (del interior de la tierra), reacciona separándose en dos bloques.
6:223b; Golfo y bahía 7:155b; *ilustración* 6:224a.

FALLA, ESCARPE DE. Elevación originada por el desplazamiento de una falla. Se denomina conforme cuando el sentido de la elevación es análogo al frente de la falla.
Cascada 4:9b.

FALLA, MANUEL DE (1876-1946). Compositor español, representante de la escuela nacionalista.
6:224a; Música 10:314b; Noventa y ocho, generación del 11.21b; Turina, Joaquín 14:157b; *cuadro* 6:224a; *ilustración* 6:224b.

FALLAS. Fiestas típicas de la Comunidad Valenciana, de España, que se celebran alrededor de hogueras. En la capital, Valencia, consisten en la quema de enormes muñecos artísticos (*ninots*).
Valencia 14:223a.

FALLAS, CARLOS LUIS (1909-1965). Novelista y político costarricense. Activista de la izquierda, participó en 1934 en la huelga contra la United Fruit Company. Sus obras reflejan una profunda inquietud por las cuestiones sociales. *Mamita Yunai* (1941), *Mi madrina* (1954).

FALLO ARBITRAL. V. **Laudo.**

FALLÓN, DIEGO (1834-1905). Compositor y poeta colombiano. Inventor de un nuevo sistema de notación musical en tipo común de imprenta. Autor de una escasa producción literaria, fueron notables sus composiciones poéticas *La palma del desierto* y *La Luna,* ambas de 1882.

FALLOPIO, GABRIELLO (1523-1562). Médico anatómico italiano. Sus estudios y tratados contribuyeron decisivamente al conocimiento del oído y los órganos reproductores. Descubridor de los tubos que conectan los ovarios con el útero, conocidos desde entonces como trompas de Falopio.

FALO. Órgano sexual masculino que sirve para la copulación.

FALOPIO, GABRIEL. V. **Fallopio, Gabriello.**

FALOPIO, TROMPAS DE. Conductos largos y membranosos que comunican los ovarios con la cavidad uterina y por los que discurre el óvulo fecundado por los espermatozoides para depositarse en el útero.
Urogenital, aparato 14:198b.

FÁLQUEZ Y AMPUERO, FRANCISCO (1880-1947). Poeta ecuatoriano. Uno de los seguidores de Rubén Darío. *Lujo de pobre, Hojas de acantos.*

FALSA ACACIA. V. **Robinia.**

FALSIFICACIÓN. Adulteración de una cosa en sus características fundamentales con la intención de obtener algún beneficio y con daño o perjuicio para terceros.

FALSTAFF. Ópera de Giuseppe Verdi basada en *Las alegres comadres de Windsor* de William Shakespeare. Incluye varios pasajes de *Enrique IV,* del mismo escritor. El autor del libreto fue Arrigo Boito. Estrenada en la Scala de Milán en 1893.
Verdi, Giuseppe 14:275b.

FAMAGUSTA. Ciudad y puerto del oriente de Chipre, en el área turcochipriota, a orillas del Mediterráneo. Fortificaciones medievales; catedral gótica, hoy mezquita. Agricultura, pesca, productos lácteos, cerámica, conservas vegetales. 39.400 hab. (1974).

FAMILIA (ANTROPOLOGÍA). Unidad social compuesta por una o varias parejas y los hijos de éstas.
6:225a; Adopción 1:74b; Cultura 5:73b; Educación 5:316a; Grupo sociológico 7:243b; Juventud 8:419a; Matriarcado y patriarcado 9:415a; Matrimonio y divorcio 9:416b; Taxonomía 13:406b; *ilustraciones* 6:225b; 6:226a; 6:227a.

FAMILIA (BIOLOGÍA). Nivel taxonómico subordinado al orden, que comprende a su vez uno o varios géneros.

FAMILIA, PACTOS DE. Alianzas entre las casas reales borbónicas de Francia y España durante el siglo XVIII. El primero fue firmado el 7 de noviembre de 1733 y es conocido también como el tratado de El Escorial; el segundo se firmó en Fontainebleau el 25 de octubre de 1743, y el tercero en París el 15 de agosto de 1761.

FANARIOTAS. Habitantes griegos del barrio de El Fanar, en Constantinopla, que desde el siglo XVII ocuparon importantes cargos administrativos en el imperio otomano.

FANDANGO. Danza española. Muy popular en Europa durante el siglo XVIII, sobrevive actualmente en España, Portugal, el sur de Francia y Latinoamérica. Ejecutada por parejas, con acompañamiento de guitarra y castañuelas. El jarabe y el huapango mexicanos derivan probablemente del fandango.
Flamenco (MÚSICA) 6:322a.

FANEGA. Medida de capacidad para áridos, de valores muy variables, utilizada en diferentes regiones de España.

FANELLI, GIUSEPPE (1826-1877). Anarquista italiano. Intervino en la sublevación de Milán contra los austriacos. Ardiente unitario, formó parte de los Mil de Giuseppe Garibaldi. Diputado en varias ocasiones, contribuyó a fundar los núcleos internacionalistas en España.

FANERÓGAMAS. Nombre que reciben las plantas superiores, gimnospermas y angiospermas, por poseer órganos reproductores visibles, en contraste con las criptógamas (algas, helechos, musgos, etc.), en las cuales están ocultos.
Angiospermas 1:353b; Botánica 3:128b; Gimnospermas 7:129b; Hoja 8:39a.

FANFANI, AMINTORE (1908-1999). Político italiano. Catedrático de historia en varias universidades, ocupó diversos ministerios y presidió el primer gobierno de centro-izquierda posterior a la segunda guerra mundial. Presidente de la Asamblea General de las Naciones Unidas de 1965 a 1966. Fue primer ministro tres veces más.

FANFARRIA. Término que designaba antiguamente a la música escrita para trompetas, trompas e instrumentos similares utilizados en ceremonias cortesanas, cacerías y batallas. La fanfarria evolucionó y dio paso a las grandes composiciones. Fue cultivada por Ludwig van Beethoven en su ópera *Fidelio*, Richard Wagner en *Tristán e Isolda* y Georges Bizet en *Carmen*. Aaron Copland compuso en forma de fanfarria el movimiento final de su *Sinfonía número 3*.

FANG. Pueblo bantú, también llamado pamue, que habita en Camerún, Guinea Ecuatorial y Gabón. Pertenece lingüísticamente al subgrupo bantú del grupo nígero-congoleño. Es predominantemente agrícola. Alcanzó un gran desarrollo artístico con sus esculturas de madera de época precolonial.
Guinea Ecuatorial 7:291a.

FANGIO, JUAN MANUEL (1911-1995). Automovilista argentino. Su primer gran premio fue el internacional del Norte (Buenos Aires-Lima, ida y vuelta), en 1940. Campeón del mundo de fórmula 1 cinco veces (1951, 1954, 1955, 1956 y 1957). Se retiró en 1958.
6:227b; Automóviles, carreras de 2:243a; *ilustración* 6:227b.

FA NGUM (1316-1374). Fundador y primer monarca del reino laosiano de Lan Xang. Desarrolló una importante labor en el campo militar. Fue destronado en 1373 por sus ministros.

FANINI, NILSON DO AMARAL (n. en 1932). Religioso brasileño, perteneciente a la iglesia baptista. Miembro destacado de la vida religiosa de su país, en 1995 fue elegido presidente de la Alianza Baptista Mundial, asociación a la que pertenecen más de cuarenta millones de personas en todo el mundo.

FANJUL, JOAQUÍN (1880-1936). Militar y político español. Diputado a las Cortes por Cuenca (1931 y 1933), se unió al alzamiento militar de 1936. Fue derrotado y apresado durante la rebelión del cuartel de la Montaña. Murió fusilado.

FANKUAN. Pintor chino del siglo x. Reflejó en su obra paisajes del norte de China. Su técnica de sombreado fue precursora de la impresionista. «Árboles y rocas», «Nieve a la orilla del río».

FANO. Población italiana de la prov. de Pesaro y Urbino, en la reg. de las Marcas. Conserva restos de su pasado romano (arco de Augusto) y edificios civiles y religiosos medievales y renacentistas (palacio Malatestiano, 1413-1421). Cultivo de verduras y batata o camote; puerto pesquero. 52.295 hab. (1984).

FANON, FRANTZ (1925-1961). Psiquiatra y político de Martinica. Estudió medicina y psiquiatría en la universidad francesa de Lyon y participó activamente en el movimiento independentista argelino. Analizó la situación social que provocaba el colonialismo en los países del Tercer Mundo. *Piel negra, máscaras blancas* (1952), *Por la revolución africana* (1964).

FANTÁSTICA, LITERATURA. Género literario cuya temática se compone de elementos sobrenaturales, oníricos o mágicos, y que abarca desde el cuento de terror hasta la ciencia ficción.
6:228a; Borges, Jorge Luis 3:112b; Caballería, libros de 3:244a; Carroll, Lewis 3:417b; Hoffman, E.T.A. 8:34b; Lovecraft, H.P. 9:226a; Novela y cuento 11:191b; Quiroga, Horacio 12:233a; Stevenson, Robert Louis 13:321b; Verne, Jules 14:278a.

FANTIN-LATOUR, HENRI (1836-1904). Pintor francés. Sus obras, de factura clásica, se inscriben dentro del romanticismo intimista. Sus temas preferidos fueron las naturalezas muertas, en especial los conjuntos florales, y el retrato. «Homenaje a Delacroix» (1864), «La familia Dubourg» (1878).
Romanticismo 13:12a.

FANTOMAS. Personaje de una serie de novelas escritas por Pierre Souvestre y Marcel Allain, e iniciadas en 1911. La colección, 30 tomos, relata las aventuras del prototipo del delincuente astuto y audaz que tiene continuamente en jaque a la policía.

FANZINE. Voz inglesa que designa a una revista de carácter alternativo e independiente editada sin ánimo de lucro y con escasos recursos.

FÁÑEZ, ÁLVAR. V. **Álvar Fáñez.**

FAO. Siglas que corresponden al título en inglés de la Organización para la Alimentación y la Agricultura (*Food and Agriculture Organization*). Fue creada en 1945 como organismo dependiente de las Naciones Unidas. Entre sus cometidos principales se cuentan la mejora de la nutrición a escala mundial y la supervisión de los programas de investigación y desarrollo técnico de la agricultura, la explotación forestal y la pesca efectuados por los distintos gobiernos.

FAQ. Siglas que corresponden a la expresión en inglés *Frequently Asked Questions* (preguntas más frecuentes). Término utilizado en las redes de comunicaciones para referirse a documentos o páginas que engloban un resumen de las preguntas más comunes sobre una cuestión o un ámbito de interés. Pretende facilitar la navegación de los usuarios neófitos en la Web y en los grupos de discusión.

FAQUIR. Entre los musulmanes, religioso místico que vive de la mendicidad. En la India, término que designa a los ascetas mendigos que atraen las limosnas mediante prácticas penitenciales extremas. Considerados santones con poderes milagrosos.

FARA. Ofidio de la familia de los colúbridos y género *Coronella*. Coloración gris con rayas y manchas negras. Longitud aproximada de un metro. No venenoso. Originario de África.

FARABI, AL- (h. el 878-h. el 950). Filósofo árabe. Vivió en Bagdad y Alepo y escribió obras filosóficas, tratados de música y matemáticas, escritos religiosos, etc. Intentó aunar el pensamiento de Aristóteles y el de Platón y sus estudios influyeron en la escolástica medieval occidental. *Catálogo de las ciencias, Sobre el gobierno de las ciudades.*
Música, teoría de la 10:318b.

FARADAY, MICHAEL (1791-1867). Físico y químico británico, descubridor de la inducción electromagnética, de las leyes de la electrólisis y de las relaciones fundamentales entre luz y magnetismo.
6:230a; Electricidad 5:352b; Electromagnetismo 5:361b; Electroquímica 5:369a; Óptica 11:121b; *ilustración* 6:230a.

FARADIO. Unidad de capacidad eléctrica que representa el potencial de un voltio que adquiere un condensador cuando se le comunica la carga de un culombio.

FARAÓN. Soberano del antiguo Egipto.
6:230b; Egipto 5:333b; *ilustración* 6:231a.

FAREL, GUILLAUME (1489-1565). Reformador francés. Influido por el pensamiento de Huldrych Zwingli, residió mucho tiempo en Ginebra, donde, junto con Juan Calvino, consiguió imponer la doctrina reformista. *Sumario y breve declaración de algunos puntos muy necesarios a todo cristiano* (1525), *Manera y formas debidas en los lugares que Dios ha concedido la gracia de visitar* (1533).

FAREWELL, CABO. Saliente de la costa meridional de Groenlandia, junto a la isla Egger, en el estrecho de Davis.

FARGA, RAFAEL (1844-1890). Político anarquista y periodista español. Seguidor de Mijaíl Bakunin, participó en el congreso de la Internacional en La Haya, donde se separaron los marxistas de los anarquistas (1872), y formó parte de la Federación Regional Española. Dirigió el periódico *La Federación* y fundó *El Productor*. *Historia liberal del siglo xx* (1882).

FARGUE, LÉON-PAUL (1876-1947). Poeta y traductor francés, protagonista de los movimientos vanguardistas de su época, como el dadaísmo, el cubismo y el surrealismo. Colaboró en la traducción del *Ulises* de James Joyce al francés. *Tancredo* (1911), *Banalidades* (1928), *Alta soledad* (1941).

FARIA, OTÁVIO DE (1908-1980). Escritor brasileño. Cultivó la novela, el ensayo y la comedia. Formó parte de la segunda generación modernista. *La tragedia burguesa* (obra que abarca trece títulos, desde 1936 hasta 1978), *Cristo y César* (1937), *Tres a la sombra de la cruz* (1939).

FARIA E SOUZA, MANOEL DE (1590-1649). Poeta, crítico literario e historiador portugués. Pasó gran parte de su vida en España. Fue autor de numerosas ediciones de Luís de Camões y de varias obras históricas, entre ellas *Epítome de las historias portuguesas.*

FARIAS BRITTO, RAIMUNDO DE (1862-1917). Filósofo brasileño. Basó sus estudios en la filosofía espiritualista e intentó conciliar en los mismos su orientación primigenia fatalista, a la manera de Baruch de Spinoza, con el vitalismo intuitivo del francés Henri Bergson. En su filosofía, Dios forma el centro del sistema moral. Su obra constituyó una revisión espiritual del determinismo naturalista dominante en la época. *La filosofía como actividad permanente del espíritu humano* (1895), *Filosofía moderna* (1899), *La verdad como regla de las acciones* (1905).

FARID, IBN AL- (1182-1234). Poeta egipcio. Convertido al sufismo, fue uno de los representantes de la literatura mística en lengua árabe. Venerado como santón en su época. *Viaje del peregrino.*

FARID UD-DIN ATAR (h. 1142-h. 1220). Literato persa. Uno de los representantes más destacados del misticismo sufí. Entre sus obras destacan *El lenguaje de las aves* y *Memorias de los santos.*

FARINELLI (1705-1782). Carlo Broschi, cantante italiano, que adoptaría el apellido de sus protectores, los hermanos Farina. Castrado en su infancia, era soprano y se lo considera uno de los principales cantantes en la historia de la ópera. Felipe v lo llamó a la corte de España, donde permaneció 22 años.

FARINGE. Conducto músculo-membranoso impar que comunica las fosas nasales y la boca, por arriba, con la laringe y el esófago, por abajo.
Digestivo, aparato 5:184b; Gusto, sentido del 7:298b; Otorrinolaringología 11:182a; Respiratorio, sistema 12:348a.

FARINGITIS. Inflamación aguda o crónica de la faringe, localizada muchas veces en las amígdalas. Es prácticamente sinónimo de angina.
Otorrinolaringología 11:182a; Respiratorio, sistema 12:349a.

FARINI, LUIGI CARLO (1812-1866). Político italiano. Médico y psiquiatra, participó junto al conde de Cavour en la defensa de la unidad italiana y colaboró en el periódico *Il Risorgimento*. Fue ministro de instrucción pública en el gabinete de Massimo d'Azeglio (1851-1852), y posteriormente ejerció los cargos de comisario extraordinario de Piamonte (junio de 1859-marzo de 1860) y primer ministro del reino de Italia (diciembre de 1862-marzo de 1863).

FARIÑA NÚÑEZ, ELOY (1885-1929). Escritor paraguayo. Formó parte de la corriente modernista de Buenos Aires. *Canto secular* (1911), *Mitos guaraníes* (1926).

FARISEOS. Miembros de una antigua secta judía, caracterizada por su intransigencia, celo religioso y apego formal a la ley, a los ritos y a su propia tradición, a la que consideraban tan autorizada como la ley misma. Jesús los atacó con dureza, acusándolos de hipocresía.

FARMACIA. V. **Farmacología y farmacia.**

FARMACODEPENDENCIA. Estado de necesidad psicológica u orgánica que resulta de la absorción regular de ciertos medicamentos o drogas (narcóticos, analgésicos, barbitúricos, etcétera). V. **Toxicomanía.**

FARMACOLOGÍA Y FARMACIA. Ciencias que se ocupan del estudio de los medicamentos (descripción, preparación, posología e indicaciones), y de sus efectos terapéuticos o tóxicos sobre el organismo humano.
6:231a; Alga 1:218a; Analgésicos 1:315a; Antibiótico 1:382a; Antiséptico 1:397a; Medicamentos 10:23a; Medicinales, plantas 10:34a; Psicotropos 12:184a; Quimioterapia 12:230a; Terapéutica 14:26b; Toxicología 14:101b; *cuadros* 6:231b; 6:233a; *ilustraciones* 6:232a-b.

FARMACOPEA. Libro realizado para uso de los farmacéuticos y que contiene la nomenclatura de las drogas y medicamentos simples y compuestos, así como las posologías e indicaciones de éstos.

FARMAN, HENRI (1874-1958). Piloto y constructor de aviones francés. Junto con su hermano Maurice creó en 1917 el «Goliath», primer avión de pasajeros de larga distancia, contribuyendo así al desarrollo de la aviación comercial en toda Europa.

FARNABY, GILES (h. 1560-1640). Compositor inglés, autor de obras para espineta (instrumento de teclado y cuerdas) y de madrigales que alcanzaron gran fama en su época. Estudió música en la Universidad de Oxford y completó un prolífico conjunto de composiciones.

FARNESE, ALESSANDRO. V. **Farnesio, Alejandro.**

FARNESIO, ALEJANDRO (1545-1592). Alessandro Farnese, militar italiano. Luchó al servicio de España a las órdenes de Felipe II.
6:233a; Margarita de Parma 9:362a; *ilustración* 6:233a.

FARO. Población portuguesa, cap. del dist. de Faro, en la costa atlántica. Destruida por los terremotos en 1722 y 1755, conserva, sin embargo, restos de arquitectura tradicional. Agricultura, pesca, turismo. 28.622 hab. (1981).
6:233b; *ilustraciones* 6:234a.

FAROS. Isla del Mediterráneo situada frente a la antigua ciudad egipcia de Alejandría. En ella se construyó un faro que constituyó una de las siete maravillas de la antigüedad.

FARRAGUT, DAVID GLASGOW (1801-1870). Marino estadounidense. Con el grado de almirante participó en la guerra de secesión en marina federal, y conquistó Nueva Orleans y Mobile (1862 y 1864).

FARRAR, GERALDINE (1882-1967). Soprano estadounidense, famosa por su talento dramático y hermosa voz. En la ópera berlinesa debutó con *Fausto*, de Charles Gounod, y en Nueva York, con *Romeo y Julieta*, del mismo autor. Su repertorio abarcó casi treinta obras.

FARRELL, EDELMIRO (1887-1980). Militar y político argentino. Presidente de la república de 1944 a 1946.
6:234b; Perón, Juan Domingo 11:344b.

FARRELL, JAMES T. (1904-1979). Novelista estadounidense. Cultivó el relato breve y el ensayo. Retrató fielmente la vida de la clase media baja irlandesa de su ciudad natal (Chicago). *Studs Lonigan* (trilogía), *Danny O'Neill* (tetralogía).

FARRELL, SUZANNE (n. en 1945). Bailarina estadounidense. A la edad de 16 años ingresó en el Ballet de la Ciudad de Nueva York y en 1969 se incorporó al Ballet del Siglo XX de Maurice Béjart. Desde 1975 trabajó con George Balanchine.

FARRELL, TERRY (n. en 1938). Arquitecto y profesor universitario británico. Destacó principalmente en la realización de remodelaciones y planificaciones urbanas. Autor del consulado del Reino Unido en Hong Kong y del acuario en el río Támesis.

FARROW, MIA (n. en 1945). Actriz estadounidense. Participó en muchas de las películas de su marido, Woody Allen, del que se separó en la década de 1990. *La semilla del diablo* (1968), *Hannah y sus hermanas* (1987), *Miami* (1994).

FARS. Provincia del sudoeste de Irán, también conocida como Farsistán. Está constituida por las estribaciones de las montañas de Zagros y por llanuras litorales. Reg. histórica de Irán. Yacimientos de petróleo y gas natural; industrias químicas, textiles y alimentarias. Cap. Chiraz. 126.489 km^2. 3.543.828 hab. (1991).

FARSA. Pieza de teatro de carácter cómico.
6:234b; Humor, literatura de 8:97a.

FARSALIA. Nombre con el que se conoce el poema épico del escritor latino Marco Anneo Lucano, *Bellum civile* (*La guerra civil*). Obra inacabada, está compuesta por diez libros en los que se describe la guerra entre Julio César y Pompeyo.
Epopeya 6:15b; Lucano 9:229b.

FARSALIA, BATALLA DE. Combate librado el año 48 a.C. entre las tropas de Julio César y Pompeyo en el curso de la guerra civil que puso a la república romana en manos de César.
Ejército 5:345a.

FARSI. Lengua perteneciente a la rama irania del gran grupo de lenguas indo-iranias, también llamada persa moderno. Es la lengua oficial de Irán y se utiliza en amplias zonas de Afganistán. Surgida de la evolución del persa medio o pahlaví hacia el siglo IX, adoptó el alfabeto y gran cantidad de voces árabes.
Persa, lengua 11:346b; Persa, literatura 11:348a.

FARSISTÁN. V. **Fars.**

FARUK I (1920-1965). Rey de Egipto. Hijo del rey Fuad I, accedió al trono a la muerte de su padre, en 1936. En 1952 fue depuesto por un golpe militar dirigido por Gamal Abdel Naser, quien lo obligó a abdicar. Fuad II, su hijo y sucesor, permaneció en el trono escasamente un año, y Egipto fue proclamado república.
Egipto 5:337b.

FASCÍCULO. Cada uno de los cuadernos que forman parte de un libro y que se van publicando independientemente por entregas.

FASCÍCULO DE HIS. V. **Haz de His.**

FASCISMO. Doctrina política de la primera mitad del siglo XX basada en el establecimiento de un régimen autoritario y nacionalista.
6:235a; Dictadura 5:178b; Estado 6:125a; Franco, Francisco 6:402a; Hitler, Adolf 8:31a; Italia 8:312b; Mussolini, Benito 10:326a; Nacionalismo 10:334a; Obrero, movimiento 11:64a; Partido político 11:291a; Política 12:64b; *ilustraciones* 6:235; 6:236a.

FASE. Cada uno de los estados de una misma sustancia que pueden estar uno en presencia de otro y en equilibrio (como agua y vapor de agua). Cada uno de los estados de un proceso ondulatorio.

FASES DE LA LUNA. Aspectos que la Luna presenta durante un mes lunar según su posición relativa con respecto a la Tierra y el Sol. Son cuatro las posiciones de referencia: Luna nueva o novilunio (conjunción); cuarto creciente (cuadratura); Luna llena o plenilunio (oposición); y cuarto menguante (cuadratura).
Oceánicos, movimientos 11:72a.

FASSBINDER, RAINER WERNER (1946-1982). Cineasta alemán, autor de obras de gran penetración psicológica. *Las amargas lágrimas de Petra von Kant* (1972), *El matrimonio de María Braun* (1979). Rodó para televisión *Berlin Alexanderplatz* (1980), del novelista Alfred Döblin.

FAST, HOWARD (n. en 1914). Walter Erigson, novelista estadounidense. Su obra se caracteriza por la crítica social, de inspiración marxista, acompañada de un amplio conocimiento de la historia. *El ciudadano Tom Paine* (1943), *Espartaco* (1952), *La segunda generación* (1978).

FASTENRATH, PREMIO. Galardón literario anual concedido por la Real Academia Española, por legado del hispanista alemán Johannes Fastenrath (1839-1908), y que se destina a obras poéticas, ensayos, narraciones y piezas de teatro en castellano.

FAST TRACK. Concesión al presidente de los Estados Unidos, por parte del Congreso de su país, de un mandato para negociar acuerdos de liberalización comercial por la vía rápida. Su ventaja estriba en que el Congreso sólo tiene facultad para aprobar o rechazar en bloque el acuerdo negociado por el presidente, con lo que se evitan enmiendas parciales.

FATAH, AL-. Organización política de árabes palestinos, fundada en 1958 por Yasir Arafat y otros veteranos de las guerras árabe-israelíes de 1948 y 1956. Integrada a la Organización para la Liberación de Palestina (OLP).
Autoridad Nacional Palestina (ANP) 2:246b.

FATALISMO. Teoría que defiende que cuanto acaece está predeterminado por una única causa sobrehumana. Por extensión hace referencia a la actitud de los que aceptan la irreparabilidad de los acontecimientos. El término se deriva del latín *fatum* (oráculo, vaticinio).

FATA MORGANA. Hada de las leyendas medievales. De carácter maléfico, la tradición popular le atribuía la formación de los fenómenos de espejismos que llevan su nombre, frecuentes en el estrecho de Mesina.

FATIGA (INGENIERÍA). Esfuerzo soportado por unidad de sección en un cuerpo sometido a fuerzas externas.
Construcción 4:350b.

FATIGA (PSICOLOGÍA). Sensación fisiológica o mental provocada tanto por una excesiva actividad muscular como por razones de tipo psicológico.
6:237a; *ilustración* 6:237b.

FÁTIMA. Localidad de Portugal, ayuntamiento de Vila Nova de Ourém, dist. de Santarém, en la parte central del país. Centro de peregrinación católica desde 1917. Basílica (1953) erigida en Cova da Iria, lugar donde según se dice la Virgen se apareció a unos pastores. 7.298 hab. (1981).

FÁTIMA, NUESTRA SEÑORA DE. Advocación de la Virgen María especialmente venerada en la localidad portuguesa de Fátima, donde, según la tradición, se apareció varias veces a tres pastores. En el lugar se levanta un importante santuario, centro de peregrinación.
Marianas, advocaciones 9:367a.

FATIMÍ, DINASTÍA. Rama chiita del Islam dominante en el norte de África y el oriente medio del 909 a 1171.
6:238a; Abderramán III 1:7b; Califato 3:283a; Egipto 5:336b; Islámico, arte 8:289a; Palestina 11:230a; *ilustración* 6:238b.

FATIMÍES. V. **Fatimí, dinastía.**

FAUCONNIER, HENRI-VICTOR G. LE. V. **Le Fauconnier, Henri-Victor G.**

FAULHABER, MICHAEL VON (1869-1952). Prelado alemán. Obispo de Speyer (1911-1917) y arzobispo de Munich y Freising (1917-1952), fue nombrado cardenal en 1921. Se opuso de forma decidida al gobierno nacionalsocialista de Adolf Hitler.

FAULKNER, WILLIAM (1897-1962). Novelista estadounidense. Escribió novelas de innovador lenguaje y gran profundidad psicológica sobre la vida rural en el sur estadounidense.
6:239a; Estadounidense, literatura 6:151a; Novela y cuento 11:21a; Wilson, Edmund 14:368b; *ilustración* 6:239a.

FAUNA. Conjunto de especies animales propias de un territorio, de un determinado me-

dio (terrestre, acuático, arborícola, etc.) o de un período geológico dado.
Cuaternaria, era 5:48a; Desierto 5:154b; Ecología 5:270b; Pradera 12:111a; Selva 13:193b; Zoogeografía 14:424a.

FAUNA ABISAL. Conjunto de especies animales marinas que viven a más de 200 m de profundidad.

FAUNO. En la mitología romana, divinidad protectora de los bosques. Era representado como un anciano de larga barba, vestido con una piel de cabra. La evolución posterior del mito transformó a esta deidad en una pluralidad de semidioses, de patas de cabra, cuernos y cola semejantes a los sátiros griegos.
Oráculo 11:125b.

FAUNOS. En la mitología romana, genios de los bosques y de los campos.
6:239b; Sátiros 13:166b; *ilustración* 6:239b.

FAURE, EDGAR (1908-1988). Político francés. Prominente seguidor de Charles de Gaulle durante la quinta república francesa, en cuyo gobierno ocupó diversos ministerios. Presidente de la Asamblea Nacional desde 1973 hasta 1978. Escribió obras policiacas bajo el seudónimo de Edgar Sanday.

FAURE, FÉLIX (1841-1899). Político francés. Sexto presidente de la tercera república, durante su gobierno (1895-1899) se produjo el caso Dreyfus. Su oposición a que se reabriera el caso motivó grandes agitaciones.

FAURÉ, GABRIEL (1845-1924). Compositor francés. Su música, refinada y suave, influyó en los posteriores compositores franceses. Prolífico autor, su *Misa de réquiem* (1887) es una de sus obras más interpretadas.
Saint-Saëns, Camille 13:90b.

FAUSTO (h. 1480-h. 1540). Nigromante y hechicero alemán que, según la leyenda, vendió su alma al diablo para obtener poder y conocimiento. Su figura fue inmortalizada por la literatura (Christopher Marlowe, Johann Wolfgang von Goethe) y la música (Hector Berlioz, Charles Gounod).
6:240a; Goethe, Johann Wolfgang von 7:152a; *ilustración* 6:240a.

FÁUSTULO. En la mitología romana, pastor que recogió a los gemelos Rómulo y Remo, abandonados por orden del rey Amulio, y los entregó a su esposa Aca Laurencia para que los criara. Según la tradición, murió cuando intentaba separar a los hermanos durante una disputa.

FAUVISMO. Movimiento pictórico surgido en Francia a principios del siglo XX que practicaba una pintura de colores puros y violentos.
6:240b; Dufy, Raoul 5:251a; Matisse, Henri 9:414a; Pintura 11:416a; *ilustración* 6:241a.

FAVALORO, RENÉ (1923-2000). Médico argentino. Especializado en cirugía cardiovascular, fue el creador de la técnica de revascularización miocárdica a través de la colocación de fragmentos venosos conocida como *bypass.* Se suicidó cuando atravesaba una profunda depresión, debida a la crisis económica por la que pasaba la fundación por él creada para fomentar la docencia y la investigación médicas.

FÁVILA (siglo VIII). Rey asturiano (737-739). Hijo de Pelayo, a quien sucedió en el trono. Alzó la basílica de Cangas de Onís en recuerdo de su padre, muerto en dicho lugar. Según la leyenda, murió atacado por un oso en una cacería.

FAVIO, LEONARDO (n. en 1938). Director cinematográfico, actor y cantante argentino. Sus obras se caracterizan por la temática de drama social, en ocasiones con trasfondo político. *Crónicas de un niño solo* (1964), *Soñar, soñar* (1976) *Gatica, el mono* (1992), *Perón, sinfonía de un sentimiento* (2000).

FAVRE, JULES (1809-1880). Político francés. Diputado republicano por París entre 1858 y 1863, fue un firme opositor a la política colonialista de Napoleón III. Ministro de asuntos exteriores tras la guerra franco-prusiana, firmó con Alemania, en Versalles, el armisticio del 28 de enero de 1871.

FAWKES, GUY (1570-1606). Soldado y conspirador inglés. Perteneciente a una ilustre familia de Yorkshire, participó en la conjura católica que intentó, el 4 de noviembre de 1605, hacer volar el Parlamento inglés con veinte barriles de pólvora en el momento en el que éste era visitado por el rey Jacobo I (complot de la pólvora). Fue detenido, juzgado y ejecutado.

FAX. Nombre con el que designa la transmisión facsimilar de documentos por vía telefónica. El contenido de los documentos es codificado en impulsos electrónicos, transmitido y decodificado en el punto de recepción. El término se emplea también para los equipos de transmisión facsimilar.
Ofimática 11:84a.

FAXIAN (siglos IV y V). Monje budista chino. Inició en el 399 una peregrinación a la India que le permitió a su regreso, en el 414, realizar una descripción y la traducción al chino de los textos budistas escritos en sánscrito. *Registro de los reinos budistas.*

FAYED, MOHAMED AL- (n. en 1933). Empresario egipcio. Propietario de importantes negocios como los almacenes Harrods de Londres o los hoteles Ritz, destacó por su apoyo a la elección del líder laborista Tony Blair como primer ministro del Reino Unido.

FAYED, EMAND (DODI) AL- (1955-1997). Empresario y productor de cine egipcio de origen saudí. Obtuvo notoriedad por su relación sentimental con la princesa Diana de Gales, y por el fallecimiento de ambos en 1997 en un accidente automovilístico en París. Como productor de cine destacó su participación en el filme *Carros de fuego,* película galardonada con un Oscar de la Academia de Hollywood.

FAYENZA. Nombre que se aplica a la loza con vidriado de estaño que se fabrica principalmente en Francia, Alemania, España y los países escandinavos. Al parecer su nombre deriva de la ciudad italiana de Faenza, antiguo centro productor de mayólica.

FAYOL, HENRI (1841-1925). Ingeniero e industrial francés. Pionero en la investigación y aplicación de la racionalización del trabajo a los órganos administrativos de las empresas. Estableció las siguientes reglas aplicables a cualquier procedimiento de administración: previsión, organización, coordinación y control. *Administración industrial general* (1917).
Administración de empresas 1:68a.

FAYSAL (h. 1906-1975). Rey de Arabia Saudita. Ascendió al trono en 1964 y fue una influyente figura del mundo árabe. Intervino en las guerras árabe-israelíes de 1967 y 1973. Murió asesinado por su sobrino Faysal ibn Musad.
Arabia Saudita 2:11a.

FAYSAL I (1885-1933). Rey de Irak. Líder del nacionalismo árabe al que dio gran impulso durante la primera guerra mundial. Fue declarado rey de Siria en 1918, pero se vio forzado a exiliarse en 1920. En 1921 fue coronado rey de Irak, país para el que logró plena independencia en 1932.
Irak 8:259a.

FAYSAL II (1935-1958). Rey de Irak. Accedió al trono en 1939 a la muerte de su padre, Gazi I, víctima de un accidente de tráfico. Murió asesinado durante la insurrección de Bagdad tras la que fue proclamada la república.
Irak 8:259a.

FAYUM, AL-. Ciudad de Egipto, cap. de la prov. homónima. Numerosas zonas arqueológicas, que datan de la XII dinastía (siglo XX a.C.). Retratos funerarios de época romana. Mercado y centro distribuidor de una fértil región agrícola, situada parcialmente bajo el nivel del mar. 260.964 hab. (1996).

FBI. Siglas de la Oficina Federal de Investigaciones (*Federal Bureau of Investigations*) del Departamento de Justicia de los Estados Unidos. El organismo, con oficinas centrales en la ciudad de Washington, realiza las investigaciones sobre delitos de jurisdicción federal.
Espionaje y contraespionaje 6:111a.

FE. Convicción por la cual el hombre, abdicando de su razón, admite una presunta verdad por la autoridad de la fuente de donde procede (revelación divina, educación, etc.).
Católica, Iglesia 4:46b; Luteranas, iglesias 9:247a.

FEBE. Nombre de varios personajes femeninos de la mitología griega. Los más célebres son la esposa de Cástor y la titánide hija de Urano y de Gea, de cuyo amor con Ceo nacieron Leto y Asteria.

FEBO. Epíteto o sobrenombre de Helios, dios del sol, y, sobre todo, de Apolo. Significa resplandeciente, brillante.
Apolo 1:413b.

FEBRER, ANDREU (h. 1375-h. 1440). Soldado y trovador catalán. Al servicio de los reyes de Aragón, Martín I y Alfonso V el Magnánimo, fue espléndidamente recompensado por su participación en las campañas de Córcega y Cerdeña. Traductor de la *Divina comedia* al catalán, primera traducción de la obra en cualquier idioma.

FEBRERISTA, REVOLUCIÓN. Movimiento político-militar paraguayo surgido del golpe de estado que derrocó al presidente Eusebio Ayala, el 17 de febrero de 1936, y que llevó al poder al coronel Rafael Franco. Después del golpe conservador de agosto de 1937, el febrerismo siguió vivo bajo diversos nombres, siendo por fin legalizado por Alfredo A. Stroessner en 1964 como Partido Febrerista Revolucionario.
Paraguay 11:273a.

FEBRERO. Segundo mes del año, de 28 días si se trata de un año normal y de 29 si es un año bisiesto, del calendario occidental actual.

FEBRERO, REVOLUCIÓN DE. Movimiento revolucionario desarrollado entre el 24 y el 28 de febrero (9-13 de marzo según el calendario gregoriano) de 1917 en la ciudad rusa de Petrogrado (San Petersburgo), que dio lugar a la caída de la monarquía zarista de Nicolás II y a la instauración de un gobierno provisional.

FEBRES CORDERO, LEÓN (n. en 1931). Político ecuatoriano. Ingeniero de profesión, presidió la cámara de comercio de su ciudad natal, Guayaquil. Diputado y senador, ocupó la presidencia de la república de 1984 a 1988.
Ecuador 5:293a.

FEBRÍFUGO Fármaco que elimina o disminuye la fiebre.

FEBVRE, LUCIEN (1878-1956). Historiador francés. Fundó, junto con Marc Bloch, la revista *Annales* (1929). Incorporó a los estudios históricos una visión sintética, basada en los datos aportados por las demás ciencias. *Felipe II y el Franco Condado* (1911), *La tierra y la evolución humana* (1922), *Combates por la historia* (1953).
Historia 8:18b.

FECHNER, GUSTAV THEODOR (1801-1887). Filósofo y médico alemán. Creador de la psicofísica y de la ley que lleva su nombre.
6:241b; Psicofísica 12:173b; Psicología 12:176b; *ilustración* 6:241b.

FECHNER, LEY DE. Ley fundamental de la psicofísica, llamada también de Weber-Fechner. Según la misma, la intensidad de la sensación es igual a la del logaritmo del estímulo, es decir, si el estímulo varía en progresión geométrica, la sensación lo hace en progresión aritmética. Esta ley sólo es válida para valores intermedios del estímulo.
Fechner, Gustav Theodor 6:241b; Psicofísica 12:174a.

FÉCULA. Almidón polisacárido de reserva producido en las células vegetales. Abunda sobre todo en los órganos subterráneos de ciertas especies, tales como los tubérculos.

FECUNDACIÓN. Unión de los gametos masculino y femenino, lo que da lugar al cigoto o célula huevo a partir del cual se producirán nuevos individuos.
Embriología 5:387b; Gestación y parto 7:116b; Inseminación artificial 8:224b; Reproducción 12:337b.

FECUNDACIÓN *IN VITRO*. Técnica de inseminación artificial consistente en la extracción de un óvulo del cuerpo de la mujer, mediante laparoscopia y aspiración, y en su fecundación con semen previamente recogido y conservado a baja temperatura. Una vez conseguida la fusión del óvulo y el espermatozoide, el cigoto es implantado en el útero.
6:242a; Inseminación artificial 8:225a; Reproducción asistida 12:338a; *ilustraciones* 6:242a; 6:243b.

FEDATARIO. Nombre con que se designa a los funcionarios que gozan de fe pública, especialmente los notarios.

FEDERACIÓN. Agrupación de varios estados que, manteniendo su propia autonomía, están sometidos a la autoridad de un gobierno central.
Políticos, sistemas 12:65b.

FEDERACIÓN, COPA. Torneo de tenis femenino por equipos nacionales creado en 1963. En cada eliminatoria se disputan cuatro partidos individuales y uno doble.

FEDERACIÓN ANARQUISTA IBÉRICA. Organización anarquista española fundada en Valencia en 1927 cuando la dictadura de Miguel Primo de Rivera disolvió la Confederación Nacional del Trabajo (CNT). Tuvo especial implantación en Barcelona y una destacada actuación en la guerra civil española, especialmente la columna que defendió Madrid, al mando de Buenaventura Durruti.

FEDERACIÓN SINDICAL INTERNACIONAL (FSI). Primera organización sindicalista internacional, fundada en Zurich en 1913, de tendencia socialista. Fue abandonada en 1921 por los comunistas, que crearon la Internacional Sindical Roja. En 1945, la FSI pasó a integrar la Federación Sindical Mundial.

FEDERAL, GOBIERNO. Organización política formada por la unión de varios estados federados. En esta estructura, el gobierno federal central se ocupa de los asuntos de interés común que requieren una decisión única, y muy especialmente de las relaciones internacionales. Ejemplos actuales son los Estados Unidos, Suiza, etc.
Federalismo 6:244a.

FEDERALISMO. Sistema de organización política formado por la unión de estados o unidades políticas autónomas.
6:243b; Pi y Margall, Francisco 12:9b; Políticos, sistemas 12:65b; Proudhon, Pierre-Joseph 12:170b; *ilustraciones* 6:244a; 6:245a.

FEDERALISTA, PARTIDO. Organización política estadounidense, que en la Convención de Filadelfia (1787) defendió la constitución de un gobierno fuerte. Representantes de la burguesía norteña, antiesclavista y pro-británica, los federalistas llegaron al poder con George Washington (1793) y John Adams (1797), pero su oposición a la guerra con el Reino Unido (1812) condujo el partido a la extinción.

FEDERICA DE GRECIA (1917-1981). Reina de Grecia de 1947 a 1964, por su casamiento con Pablo I. Madre de la reina Sofía de España, de Constantino II de Grecia y de la princesa Irene.

FEDERICO I BARBARROJA (h. 1123-1190). Emperador del Sacro Imperio Romano germánico. Se opuso a la autoridad papal y estableció el predominio de su reino en la Europa occidental.
6:245b; Alejandro III, papa 1:169b; Cruzadas 5:38a; Hohenstaufen, familia 8:37a; Milán 10:163b; Sacro Imperio Romano 13:81b; *ilustración* 6:245b.

FEDERICO I DE DINAMARCA (1471-1533). Rey de Dinamarca y Noruega. Ocupó el trono danés en 1523 y el noruego en 1524. Hijo de Cristián I, fue elegido rey por la nobleza danesa, opositora del poder establecido por Cristián II. Apoyó la introducción en sus territorios del luteranismo.
Dinamarca 5:191b.

FEDERICO I DE PRUSIA (1657-1713). Elector de Brandeburgo. Fue coronado primer rey de Prusia en 1701, manteniendo el trono hasta su muerte. Prosiguió la política expansionista iniciada por su padre, Federico Guillermo el Gran Elector. Fundó una universidad y diversas academias.
Berlín 2:420b.

FEDERICO II, EMPERADOR (1194-1250). Rey germano elevado al trono del Sacro Imperio Romano en 1220. Conservó ambos tronos, más el de Sicilia y el ducado de Suabia hasta su muerte. Participó en la sexta cruzada y se coronó rey de Jerusalén (1229-1243).
Güelfos y gibelinos 7:264a; Palestina 11:230a.

FEDERICO II EL GRANDE (1712-1786). Rey de Prusia desde 1740 hasta su muerte. Brillante militar y diplomático, convirtió a su reino en la primera potencia militar de Europa.
6:246a; Alemania 1:191b; Berlín 2:420b; Despotismo ilustrado 5:156a; Guerra 7:266b; Hohenzollern, familia 8:38a; Infantería 8:193a; Inteligencia militar 8:234b; Rusia 13:60b; Siete años, guerra de los 13:235b; *cuadro* 6:246a; *ilustraciones* 6:246; 8:38a.

FEDERICO II EL TUERTO (1090-1147). Pretendiente a la corona alemana por la familia Hohenstaufen. Hijo de Federico el Viejo, fundador de dicha dinastía, intentó acceder a la corona imperial a la muerte de Enrique V, pero fue vencido por el duque de Sajonia Lotario de Supplinburg (Lotario III). A la muerte de este último en 1137, lo sucedió en el trono el hermano de Federico, Conrado (Conrado III). El enfrentamiento entre ambas familias nobiliarias alemanas supuso el inicio de la disputa entre güelfos y gibelinos.
Hohenstaufen, familia 8:36b.

FEDERICO III, EMPERADOR (1415-1493). Rey germano desde 1440 y emperador del Sacro Imperio Romano desde 1452. Mantuvo ambos tronos hasta su muerte. Durante su reinado incrementó la influencia de la casa de Habsburgo en los asuntos europeos. Se interesó por la astrología y la magia y coleccionó libros y piedras preciosas.
Habsburgo, casa de 7:313a; Sacro Imperio Romano 13:80b.

FEDERICO III DE DINAMARCA (1609-1670). Rey de Dinamarca y Noruega desde 1648 hasta su muerte. Su reinado supuso el establecimiento de una monarquía absolutista que perduraría en Dinamarca hasta 1848. Estableció una nueva constitución en 1665, por la que la burguesía tuvo acceso a posiciones importantes dentro del gobierno.

FEDERICO III DE ZOLLERN (m. h. 1200). Miembro de la familia alemana Hohenzollern. Descendiente de Burgardus, quien favoreció las causas de Federico I Barbarroja y Enrique VI, aumentó sus posesiones al recibir por matrimonio el burgraviato de Nuremberg. A su muerte, sus hijos Federico y Conrado se repartieron sus posesiones.
Hohenzollern, familia 8:37b.

FEDERICO IV DE DINAMARCA (1671-1730). Rey de Dinamarca y Noruega desde 1699 hasta su muerte. Estuvo en guerra con Suecia y logró la posesión del ducado de Schleswig. Estableció escuelas elementales. Elevó a Ana Sofía, con la que contrajo matrimonio morganático, a la dignidad de reina, pese a la oposición de la familia real.

FEDERICO V DE DINAMARCA (1723-1766). Rey de Dinamarca y Noruega desde 1746 hasta su muerte. Mantuvo neutral a su país durante la guerra de los siete años (1756-1763). Logró mejorar el comercio exterior.

FEDERICO VI DE DINAMARCA (1768-1839). Rey de Dinamarca desde 1808 hasta su muerte, y de Noruega desde el mismo año hasta 1814. Instituyó diversas reformas agrícolas, sociales y económicas. Apoyó a Napoleón Bonaparte tras el bombardeo de Copenhague por parte de los ingleses. Inició la vida parlamentaria danesa.
Dinamarca 5:192b.

FEDERICO VI DE FRANCONIA (1371-1440). Miembro de la rama de Franconia de la familia alemana de los Hohenzollern. Adquirió en 1411 la Marca de Brandeburgo y Prusia, y en 1415 fue nombrado príncipe elector de Brandeburgo.
Hohenzollern, familia 8:39a.

FEDERICO VII DE DINAMARCA (1808-1863). Rey de Dinamarca desde 1848 hasta su muerte. Renunció al absolutismo y estableció un gobierno representativo con una legislatura bicameral.
Dinamarca 5:192b.

FEDERICO VIII DE DINAMARCA (1843-1912). Rey de Dinamarca desde 1906 hasta su muerte. Ayudó a su padre, Cristián IX, en los asuntos de estado antes de su coronación. Fue un monarca muy popular por su sinceridad política y su vida sencilla.

FEDERICO IX DE DINAMARCA (1899-1972). Rey de Dinamarca desde 1947 hasta su muerte. Alentó el movimiento de resistencia del pueblo danés contra los ocupantes nazis en la segunda guerra mundial. Fue encarcelado por los alemanes de 1943 a 1945 junto con su padre, el rey Cristián X. Dio enorme popularidad a la casa real danesa.

FEDERICO EL VIEJO (m. en 1105). Fundador de la dinastía de Hohenstaufen. Apoyado por el emperador Enrique IV, quien le otorgó el ducado de Suabia y le concedió la mano de su hija Agnes, entró a formar parte de la alta nobleza de Hohenstaufen, que reinó sobre el Sacro Imperio Romano germánico entre 1138 y 1208 y entre 1212 y 1254.
Hohenstaufen, familia 8:36b.

FEDERICO GUILLERMO I DE PRUSIA (1688-1740). Rey de Prusia. Transformó su país en un próspero y poderoso estado.
6:247a.

FEDERICO GUILLERMO II DE PRUSIA (1744-1797). Rey de Prusia desde 1786 hasta su muerte. Consiguió dar considerable expansión a su reino, pese a sus escasas dotes militares y políticas.

FEDERICO GUILLERMO III DE PRUSIA (1770-1840). Rey de Prusia desde 1797 hasta su muerte. Fue un monarca débil, dominado por su esposa.
6:247b; *ilustración* 6:247b.

FEDERICO GUILLERMO IV DE PRUSIA (1795-1861). Rey de Prusia desde 1840 hasta su muerte. Su política conservadora provocó la revolución de 1848. Incapacitado por un ataque cerebral en 1857, su hermano, el futuro Guillermo I, pasó a ser regente.

FEDERICO GUILLERMO, EL GRAN ELECTOR (1620-1688). Elector de Brandeburgo, restableció el dominio de los Hohenzollern tras la guerra de los treinta años (1618-1648).
6:246b; Berlín 2:420b; Hohenzollern, familia 8:38a; *ilustraciones* 6:247a; 8:38a.

FEDERLE, HELMUT (n. en 1944). Pintor suizo. Gran viajero y seguidor del movimiento iniciado a principios del siglo XX por Mondrian y

Malévich, caracterizados por el simbolismo y la abstracción espiritual.

FEDERMANN, NICOLÁS (h. 1501-1542). Explorador alemán al servicio de España. Intervino en la colonización de Venezuela.

6:248a; Colombia 4:269a; Jiménez de Quesada, Gonzalo 8:373a; Latinoamérica, conquista de 9:81a.

FEDIN, KONSTANTÍN ALEXÁNDROVICH (1892-1977). Escritor soviético. Perteneciente en su juventud al grupo de los Hermanos Serapion, fue uno de los principales valedores del sistema comunista y de la estética del realismo socialista oficial en el campo de la literatura soviética. *Ciudades y años* (1924), *El rapto de Europa* (1933-1935), *Ha llegado la hora* (1965).

FEDÓN. Título de uno de los diálogos de Platón. En él, Sócrates, poco antes de su muerte, conversa con sus discípulos sobre la inmortalidad del alma. La obra corresponde a la época de madurez del autor.

FEDRA. En la mitología griega, hija de Minos y Pasífae y esposa de Teseo. Enamorada de su hijastro, Hipólito, quien no correspondía a su amor, consiguió que su esposo lo mandara matar. Presa de desesperación y remordimiento puso fin a su vida. La tragedia de Fedra fue inmortalizada por los autores clásicos Sófocles, Eurípides, Séneca y el dramaturgo francés Jean Racine.

FEDRO (FILOSOFÍA). Título de uno de los diálogos de Platón en el que Sócrates y su discípulo Fedro hablan acerca del amor y la belleza.

FEDRO (LITERATURA) (h. el 15 a.C.-h. el 50 d.C.). Fabulista latino. Autor de numerosas fábulas, en las que satirizó las costumbres de su época y censuró la corrupción de la clase gobernante.

6:248a; Esopo 6:60b; *ilustración* 6:248b.

FEEDBACK. V. **Realimentación.**

FEHN, SVERRE (n. en 1924). Arquitecto noruego. Destacó por su gran creatividad, basándose en la tradición constructiva escandinava. Premio Pritzker en 1997. Pabellón nórdico en la Bienal de Venecia (1962), Museo de los Glaciares de Fjaerland (1989-1991).

6:249a.

FEIGL, HERBERT (n. en 1902). Filósofo alemán. Discípulo de Moritz Schlick e integrante del círculo de Viena, introdujo en los Estados Unidos el empirismo lógico. Su pensamiento filosófico destacó la primacía de lo físico sobre lo mental. *Teoría y experiencia en la física* (1929), *Lo mental y lo físico* (1967).

Materialismo 9:411a.

FEIJOO, BENITO JERÓNIMO (1676-1764). Religioso y escritor español. Su obra estuvo dedicada a superar el atraso cultural y científico de la sociedad española del siglo XVIII.

6:249a; Española, literatura 6:92b; Ilustración 8:130a; *ilustraciones* 6:249b.

FEIJOO, SAMUEL (n. en 1914). Poeta cubano. En sus composiciones de estilo neorromántico intentó reflejar la vida y el paisaje de su país. Autor también de crítica literaria. *Camarada celeste* (1944), *La hija del poeta* (1956), *Sobre los movimientos por una poesía cubana hasta 1856* (1964).

FEININGER, LYONEL (1871-1956). Pintor estadounidense. Trabajó fundamentalmente en Europa. Influido por los pintores cubistas, en especial Robert Delaunay, desarrolló un estilo propio caracterizado por la utilización de planos de color limitados por las líneas rectas. Integrado en la Bauhaus alemana desde 1919, regresó a los Estados Unidos en 1936. «El puente III».

FEIRA DE SANTANA. Ciudad de Brasil en el est. de Bahía. Feria de ganados. Bicicletas, azulejos, pieles. Conservas de carne, aceites. Agricultura. 393.943 hab. (1996).

FEITO, LUIS (n. en 1929). Pintor español. Sus primeras obras se inscribieron en el poscubismo, con predominio de los grafismos geométricos. En 1957 fue miembro fundador del movimiento El Paso, y desde entonces realizó pinturas expresionistas abstractas, caracterizadas por la superposición y yuxtaposición de planos monocromáticos, casi siempre rojos, amarillos y negros.

FELANITX. Municipio de la isla española de Mallorca, en la comunidad autónoma de Baleares. En su término se cultivan cereales y vides, y se crían cerdos y aves; alfarería, industrias vinícola y alimentaria. 14.123 hab. (1996).

FELDESPATO. Nombre genérico de un grupo de minerales formados por combinación de silicatos. Componente principal de las rocas ígneas y metamórficas.

Granito 7:196a; Piedras preciosas 11:398b.

FELGUERA, LA. Población española perteneciente al municipio de Langreo, en el Principado de Asturias, situado a orillas del río Nalón. Industrias siderúrgica, química y de la construcción. 19.816 hab. (1987).

FELGUÉREZ, MANUEL (n. en 1928). Pintor y escultor mexicano. Colaboró en París con los escultores Ossip Zadkine y Constantin Brancusi. Realizó en México esculturas y obras murales en las que intentó establecer una vinculación con las nuevas técnicas industriales.

FELIBRE. Nombre que se da a los autores modernos que escriben en lengua provenzal y también a los defensores del cultivo de la literatura en cualquiera de los dialectos occitanos.

FÉLIDOS. Familia de mamíferos del orden de los carnívoros, que incluye, entre otros, al gato, león, tigre, jaguar, puma, leopardo, lince y ocelote. Cuerpo esbelto y ágil, hocico corto y ancho. Digitígrados, con almohadillas plantares, que hacen que su marcha sea silenciosa.

Carnívoros 3:405a; Gato 7:62b; Jaguar 8:330a; León 9:116a; Leopardo 9:123b; Lince 9:161b; Mamíferos 9:317b; Ocelote 11:75a; Puma 12:209a.

FELINOS. V. **Félidos.**

FELIPE I DE BORBÓN (1720-1765). Duque de Parma, Piacenza y Guastalla desde 1748 hasta su muerte. Pretendió el Milanesado, sin lograrlo. Introdujo importantes reformas económicas, culturales y religiosas. Convirtió a Parma en importantísimo centro cultural.

FELIPE I DE CASTILLA. V. **Felipe el Hermoso.**

FELIPE I DE FRANCIA (1052-1108). Rey de Francia desde 1060 hasta su muerte. Apoyó a Roberto II Courteheuse, duque de Normandía, contra su padre, Guillermo I el Conquistador, rey de Inglaterra. Fue excomulgado por repudiar a su esposa, lo que perjudicó grandemente su autoridad.

FELIPE II DE ESPAÑA (1527-1598). Rey de España (1556-1598). Durante su reinado, la monarquía española alcanzó su máximo esplendor.

6:250b; Alemania 1:191a; Alpujarras, guerra de las 1:247b; Álvarez de Toledo, Fernando 1:257a; Antonio, prior de Crato 1:400a; Armada Invencible 2:77a; Austria, casa de 2:223b; Austria, don Juan de 2:234b; Avís, dinastía de 2:271a; Carlos V, emperador 3:400b; Éboli, princesa de 5:263a; Escorial, El 6:41a; España 6:76b; Farnesio, Alejandro 6:233a; Flandes 6:322b; Fugger, familia 7:2a; Granvela, cardenal 7:197a; Guisa, familia 7:292b; Habsburgo, casa de 7:313a; Indias, leyes de 8:167b; Isabel I de Inglaterra 8:273a; Isabel Clara Eugenia 8:274b; Madrid 9:275b; Margarita de Parma 9:362a; María Tudor 9:369b; Moro, Antonio 10:267b; Otomano, imperio 11:179a; Países Bajos 11:210a; Pérez, Antonio 11:336b; Portugal 12:93b; Reino Unido 12:306b; Religión, guerras de 12:322a; Requesens, Luis de 12:344b; San Quintín, batalla de 13:135b; Siglo de Oro español 13:236b; Teresa de Jesús, santa 14:31b; Tiziano 14:69b; Toledo, Francisco de 14:75a; Welser, familia 14:362b; *cuadro* 6:251; *ilustración* 6:251b.

FELIPE II DE FRANCIA (1165-1223). Rey de Francia desde 1179 hasta su muerte. Primero de los grandes monarcas Capetos de la Francia medieval.

6:251b; Capetos, dinastía de los 3:357b; Cruzadas 5:38a; Ricardo I Corazón de León 12:365b.

FELIPE II DE ORLEANS (1674-1723). Regente del trono francés. Hijo del hermano de Luis XIV, Felipe de Orleans, actuó brillantemente como militar y asumió la regencia en 1715 a la muerte de Luis XIV. Su etapa de gobierno estuvo presidida por su intento de restablecer la economía y las finanzas del reino, el apoyo prestado a los jansenistas y la guerra contra España. Mantuvo como primer ministro a Guillaume Dubois.

Orleans, casa de 11:152a.

FELIPE II EL ATREVIDO (1342-1404). Duque de Borgoña desde 1363 hasta su muerte. Uno de los hombres más poderosos de Francia, sus posesiones incluían los condados de Flandes, Artois, Rethel, Nevers y el Franco Condado, además de extensos territorios de Champaña y los Países Bajos. Ocupó la regencia durante la minoría de edad de su sobrino Carlos VI.

Flandes 6:322b.

FELIPE III DE ESPAÑA (1578-1621). Rey de España (1598-1621). Hijo de Felipe II. Dejó el gobierno en manos de validos y privados.

6:252a; Austria, casa de 2:234a; España 6:76b; Fugger, familia 7:2a; Madrid 9:176a; Mudéjares 10:288a; Spínola, Ambrosio de 13:312a; *cuadro* 6:252a; *ilustración* 6:252a.

FELIPE III DE FRANCIA (1245-1285). Rey de Francia desde 1270 hasta su muerte, llamado el Atrevido. Durante su reinado reforzó el poder de la monarquía y aumentó las posesiones de la corona al recibir, por el matrimonio de su hijo, el futuro Felipe IV el Hermoso, con Juana, heredera de Navarra, los condados de Champaña y Brie. A instancias del papa Martín IV, en 1284 acudió en ayuda de su tío, Carlos de Anjou, quien había sido despojado del reino de Sicilia por Pedro III de Aragón. Al año siguiente invadió Cataluña por mar, pero su escuadra fue derrotada en el golfo de Rosas por la flota de Roger de Lauria y se vio obligado a retirarse.

Lauria, Roger de 9:84b.

FELIPE III DE NAVARRA (1305-1343). Felipe de Évreux, rey de Navarra (1328-1343). Con su esposa Juana, hija de Luis X de Francia y Navarra, se convirtió en rey de Navarra, después de que la nobleza se negara a aceptar a Felipe de Valois, tras la muerte de Carlos I de Navarra (IV de Francia) sin descendencia masculina. Combatió contra Castilla y murió durante el sitio de Algeciras.

FELIPE III EL BUENO (1396-1467). Duque de Borgoña desde 1419 hasta su muerte. Incorporó nuevos territorios a su corona hasta crear un auténtico imperio. Contrajo matrimonio en tres ocasiones, logrando así nuevos dominios.

Borgoña 3:116a.

FELIPE IV DE ESPAÑA (1605-1665). Rey de España (1621-1665). Durante su reinado se inició el declive del imperio español.

6:252b; Austria, casa de 2:234a; España 6:76b; Isabel Clara Eugenia 8:274b; Olivares, conde-duque de 11:97b; Oquendo, Antonio de 11:124b; Quevedo, Francisco de 12:221b; Spínola, Ambrosio de 13:312a; Treinta años, guerra de los 14:121b; Velázquez, Diego 14:254a; *cuadro* 6:253b; *ilustración* 6:253a.

FELIPE IV DE FRANCIA (1268-1314). Rey de Francia (1285-1314), llamado el Hermoso. Considerado como un extraordinario estadista, logró afianzar la autoridad real sobre la nobleza feudal.

6:253a; Clemente V 4:228b; Órdenes religiosas militares 11:133a; *ilustración* 6:253b.

FELIPE IV EL HERMOSO. V. **Felipe IV de Francia.**

FELIPE V DE ESPAÑA (1683-1746). Rey de España (de 1700 a 1724, y de 1724 a 1746). Con él se inició la dinastía de los Borbones españoles.
6:254a; Borbón, casa de 3:110a; Capitanía general 3:364b; España 6:77a; Sucesión española, guerra de 13:332a; *cuadro* 6:254a; *ilustración* 6:254a.

FELIPE V DE FRANCIA (h. 1293-1322). Rey de Francia (1316-1322), llamado el Largo. Segundo hijo de Felipe IV el Hermoso, en 1316 asumió la regencia en nombre del hijo póstumo de su hermano, Luis X. Al año siguiente consiguió que una asamblea formada por representantes del clero, la nobleza y la burguesía lo proclamaran rey. Emprendió una amplia reforma administrativa y financiera del reino con la creación de las milicias urbanas y el tribunal de cuentas y la unificación del sistema de pesos y medidas.

FELIPE VI DE FRANCIA (1293-1350). Felipe de Valois, primer monarca francés de la casa Valois (1328-1350), tras suceder en el trono al último rey capeto, Carlos IV el Hermoso. Durante su reinado dio comienzo la guerra de los cien años (1337-1453).
Anjou, Casas de 1:371b; Cien años, guerra de los 4:181a; Orleans, casa de 11:152a.

FELIPE, DUQUE DE EDIMBURGO (n. en 1921). Hijo del príncipe Andrés de Grecia y de Alicia de Battenberg, se nacionalizó británico en 1947, renunciando a sus derechos sobre la corona griega. En noviembre de dicho año contrajo matrimonio con la futura Isabel II de Inglaterra.

FELIPE, LEÓN. V. **León Felipe.**

FELIPE, SAN (siglo I). Uno de los doce apóstoles de Jesucristo. Natural de Betsaida (Galilea), como Pedro y Andrés, a la muerte del Maestro predicó por Escitia y Frigia. Murió crucificado.
Apóstoles 1:415a.

FELIPE AUGUSTO. V. **Felipe II de Francia.**

FELIPE DE JESÚS, SAN (1572-1597). Felipe de las Casas Martínez, primer mexicano canonizado. Nació en la ciudad de México, de padres españoles. Partió para Manila (Filipinas), donde recibió los hábitos de la orden franciscana. Predicó en Japón en tiempos de persecución y fue apresado por orden del emperador y crucificado en Nagasaki. Fue canonizado en 1862 por el papa Pío IX.

FELIPE EL HERMOSO (1478-1506). Rey de Castilla por su matrimonio con Juana la Loca, hija de los Reyes Católicos, y fundador de la Casa de Austria en España.
6:250a; Juana la Loca 8:396b; Maximiliano I de Alemania 10:1b; *ilustración* 6:250a.

FELIPE EL HERMOSO (FRANCIA). V. **Felipe IV de Francia.**

FELIPE EL MAGNÁNIMO (1504-1567). Landgrave de Hesse. Defendió la independencia de los estados protestantes alemanes frente al emperador Carlos V (I de España).
6:250a.

FELIPE NERI, SAN (1515-1595). Sacerdote y místico italiano. Se ordenó en 1551 y predicó en Roma la caridad y la restauración de las virtudes cristianas, según las directrices de la contrarreforma. Fundó la Congregación del Oratorio. Canonizado en 1622.

FELIU DE LA PENYA, NARCISO (m. h. 1710/1713). Historiador y economista español. Destacado abogado al servicio, en especial, del gremio textil de Barcelona, para el que fundó la Compañía de la Santa Cruz (1690). *Anales de Cataluña* (1709).

FÉLIX I, SAN (m. en el 274). Papa desde el 269 hasta su muerte. Autor de una importante carta dogmática sobre la unidad de la persona de Cristo. Fue enterrado en la catacumba de san Calixto. Proclamado mártir erróneamente.

FÉLIX II, ANTIPAPA (m. en el 365). Antipapa desde el 355 hasta el 358. Ocupó el solio pontificio al ser desterrado por el emperador Constancio el papa reinante, Liberio, quien fue repuesto poco después.

FÉLIX III, SAN (m. en el 492). Papa desde el 483 hasta su muerte. Excomulgó a Acacio, patriarca de Constantinopla, dando lugar a un cisma que se prolongó durante 35 años.

FÉLIX IV, SAN (m. en el 530). Papa desde el 526 hasta su muerte. Convirtió un templo pagano de Roma en la iglesia de san Cosme y san Damián. Nombró como su sucesor al archidiácono Bonifacio, posterior papa Bonifacio II.

FÉLIX V, ANTIPAPA (1383-1451). Amadeo VIII, conde (1391-1416) y duque (1416-1440) de Saboya. En 1434 se retiró a un monasterio. Elegido papa en 1439 por los prelados del concilio de Basilea, fue el último de los antipapas.
Saboya, casa de 13:76b.

FÉLIX, MARÍA (1915-2002). Actriz cinematográfica mexicana. Estuvo casada con el compositor Agustín Lara. Trabajó a las órdenes de Emilio (el Indio) Fernández, Luis Buñuel, Jean Renoir y otros directores, alcanzando gran popularidad en la década de 1950. *Enamorada* (1947), *Río Escondido* (1947), *Doña Diabla* (1948).

FELLINI, FEDERICO (1920-1993). Director cinematográfico italiano. Refleja en sus obras un mundo personal, mezcla de fantasía y autobiografía.
6:254b; Buzzari, Dino 3:239b; *ilustración* 6:254b.

FEMINISMO. Movimiento social que propugna la igualdad de derechos entre el hombre y la mujer.
6:255a; Arenal, Concepción 2:33a; Beauvoir, Simone de 2:377b; *cuadro* 6:256; *ilustraciones* 6:255b; 6:257b.

FÉMUR. Hueso largo, par y asimétrico, que forma el eje del muslo. Se articula por arriba con el coxal o hueso ilíaco, y, por abajo, con la rótula y la tibia.

FENANTRENO. Hidrocarburo cristalino isomérico con el antraceno, que se encuentra también en el alquitrán. Su estructura característica con tres anillos bencénicos constituye la base del ciclopentanofenantreno sobre la que se construyen los ácidos biliares y hormonas sexuales. Fórmula, $C_{14}H_{10}$.

FENEC. Mamífero carnívoro de la familia de los cánidos (*Fennecus zerda*), muy afín a los zorros. Cabeza pequeña y grandes orejas. De costumbres nocturnas. Propio de las zonas desérticas del norte de África.

FENECH ADAMI, EDDI (n. en 1934). Político maltés. Líder del Partido Nacionalista, obtuvo la mayoría absoluta en las elecciones generales de 1981, pero no consiguió mayoría en el Parlamento debido a la ley electoral. En 1987 volvió a ganar las elecciones, y al año siguiente ocupó el cargo de primer ministro. Fomentó la reconciliación nacional, la iniciativa privada y la entrada de Malta en las Comunidades Europeas.

FÉNELON (1651-1715). François de Salignac de La Mothe-Fénelon, sacerdote, orador y escritor francés. Autor de obras de carácter didáctico, criticó en ellas el régimen absolutista y los estamentos eclesiásticos de la Francia del siglo XVII.
6:258a; *ilustración* 6:258a.

FENICE, LA. Teatro de ópera veneciano. Inaugurado en 1792. Verdi estrenó en él su ópera *La Traviata* en 1853. En 1996 fue devorado por un incendio que lo destruyó por completo.

FENICIA. Antigua región de la costa mediterránea oriental, que se extendía por el moderno Líbano y partes de Siria y Palestina, ocupada desde el 3000 a.C. por los fenicios, pueblo de origen semita procedente probablemente de la zona del Golfo Pérsico.
6:258b; Cartago 3:419a; España 6:72b; Exploraciones geográficas 6:213b; Líbano 9:139a; Puerto 12:193b; Semitas, pueblos 13:199b; *mapa* 6:259; *ilustraciones* 6:258b; 6:260.

FENICIO, ALFABETO. Sistema de escritura compuesto por 22 signos consonánticos que fue extendido por los comerciantes fenicios en todo el Mediterráneo desde, aproximadamente, el siglo XIV al siglo I a.C. Constituyó la base de los alfabetos de la mayor parte del mundo antiguo.
Semíticas, lenguas 13:201a.

FENICIOS. V. **Fenicia.**

FÉNICO, ÁCIDO. V. **Fenol.**

FÉNIX. Pequeña constelación del hemisferio sur. Su estrella más brillante es de segunda magnitud. Nombre latino: Phoenix.

FÉNIX, AVE. Animal fabuloso de la mitología egipcia. De forma parecida al águila, con las alas doradas y rojas, vivía más de mil años; cuando se sentía morir se quemaba en su nido y renacía de sus cenizas. Relacionado con el culto a Ra.

FENOCRISTAL. Cristal de grandes dimensiones, incluido en una pasta de fondo microcristalina o microlítica. Característico de los pórfidos.

FENOL. Ácido carbólico, de la serie hidrobencénica en que uno o más grupos hidroxilo se unen directamente al núcleo bencénico.
6:261a; *ilustración* 6:261a.

FENOLFTALEÍNA. Compuesto incoloro utilizado como indicador de pH y como purgante. Derivado del trifenilmetano que se obtiene al calentar el fenol con anhídrido ftálico en presencia de ácido sulfúrico concentrado. Dihidroxiftalofenona. En medicina, actúa enérgicamente sobre la pared intestinal, provocando abundante secreción de agua. Fórmula, $C_{20}H_{14}O_4$.

FENOMENISMO. Teoría filosófica que sostiene que la realidad es únicamente lo que perciben los sentidos, o, en otra variante, que el objeto del conocimiento es propiamente el fenómeno cognoscible.

FENOMENOLOGÍA. Movimiento filosófico, creado por Edmund Husserl, que persigue la búsqueda del conocimiento a través de la realidad presente en los fenómenos.
6:261b; Brentano, Franz 3:171b; Filosofía 6:299a; Husserl, Edmund 8:110a; Sartre, Jean-Paul 13:162b; Scheler, Max 13:172b; *ilustración* 6:261b.

FENOMENOLOGÍA DEL ESPÍRITU. Obra del filósofo alemán G. W. F. Hegel, publicada en 1807, y cuyo contenido es una presentación de los distintos fenómenos de la conciencia hasta llegar a la posesión del saber absoluto.

FENOSA, APEL·LES (1899-1988). Escultor español. Integrante de la vanguardia parisiense de la década de 1920, vivió en Francia y cultivó la escultura figurativa, principalmente en bronce, de formas suaves y sencillas. Autor del monumento a los mártires de Oradour-sur-Glare (1945) y del de Pau Casals (1981).

FENOSCÁNDICO, ESCUDO. V. **Rusobáltico, escudo.**

FENOTIPO. Conjunto de caracteres biológicos manifiestos en un organismo.
Genética 7:74b.

FENRIS. Lobo monstruoso y terrible de la mitología escandinava, hijo de Loki y Angerboda. Según la leyenda, permanecería encadenado hasta el momento de la última batalla, en que lograría liberarse, devoraría a Odín y perecería a manos del hijo de éste, Vidar. Llamado también Fenrir.

FENTON, ROGER (1819-1869). Fotógrafo y abogado británico. Considerado como el primer reportero gráfico, en 1855 viajó a Rusia, en la que sería la primera expedición fotográfica de la historia, para documentar la guerra de Crimea. Utilizando el procedimiento entonces vigente del colodión, tomó cerca de 360 placas sobre el conflicto.

FEOCROMOCITOMA. Tumor vascular que tiende a ser benigno y que afecta a la médula suprarrenal o a los ganglios linfáticos. Se manifiesta por la excesiva secreción de adrenalina y noradrenalina, lo que genera un persistente estado de hipertensión.

FEÓFITAS. Algas de coloración parduzca, pluricelulares, que abundan en las aguas marinas y alcanzan en ocasiones grandes dimensiones. Contienen clorofila y ficoxantina, lo que provoca su color característico.

FERAOUN, MOULOUD (1913-1962). Escritor argelino en lengua francesa. Reflejó en sus obras la vida del grupo étnico beréber. Integrante del movimiento por la independencia de Argelia, fue asesinado por fuerzas paramilitares francesas. *El hijo del pobre* (1950), *La tierra y la sangre* (1953), *Los caminos que suben* (1957).

FERASSIE, ESQUELETOS DE LA. Fósiles de homínidos descubiertos en Dordogne (Francia) entre 1909 y 1921, cuya antigüedad se estima en unos 60.000 años. Se han clasificado en la subespecie *Homo sapiens neanderthalensis.*

FERENCZI, SÁNDOR (1873-1933). Psicoanalista húngaro. Doctor por la universidad de Viena, perteneció al círculo de Sigmund Freud y destacó por su contribución al estudio de la teoría psicoanalítica. Propulsor de la técnica activa en la terapia psiquiátrica. *El desarrollo del psicoanálisis* (1924, en colaboración con Otto Rank), *Thalassa: psicoanálisis de los orígenes de la vida sexual* (1924).
Róheim, Géza 12:411a.

FERGUNSON, GUILLERMO (m. en 1828). Independentista irlandés que intervino, desde 1819, en las guerras de liberación latinoamericanas con José Antonio Páez y Rafael Urdaneta. Participó en el sitio de Cundinamarca y en la campaña del Perú. Fue ascendido a teniente coronel después de la batalla de Ayacucho (1824). Murió durante el ataque contra el palacio de San Carlos, defendiendo la vida de Simón Bolívar.

FERGUSON, ADAM (1723-1816). Filósofo y economista escocés, el primero que presentó la teoría de la división social del trabajo, idea que le fue reconocida por Karl Marx. *Ensayo sobre la historia de la sociedad civil* (1767), *Preceptos de filosofía moral* (1769).

FERGUSONITA. Mineral, óxido de metales raros, principalmente niobio, tantalio e itrio. Cristaliza en sistema tetragonal.

FERIA. Mercado celebrado anualmente en un lugar y día determinados en donde se exponen diversas mercancías, con el objeto de facilitar la compraventa de las mismas.

FERIA DE LAS VANIDADES, LA. Novela del escritor británico William Makepeace Thackeray, publicada entre 1847 y 1848. Constituye una descripción de las costumbres de las diversas clases sociales en torno a dos personajes, Becky Sharp y Amelia Sedley.
Thackeray, William Makepeace 14:45a.

FERLINGHETTI, LAWRENCE (n. en 1920). Poeta estadounidense. Promotor del movimiento *beat* en San Francisco a mediados de la década de 1950. *Cuadros del mundo ido* (1955), *¿Dónde está Vietnam?* (1965), *Amor interminable* (1981).

FERMAT, PIERRE DE (1601-1665). Matemático francés. Destacó por sus aportaciones a la teoría de los números y por su invención del cálculo diferencial.
6:262a; Aleatoriedad 1:63a; Número 11:48a; Wiles, Andrew 14:367a.

FERMAT, TEOREMA DE. Ecuación matemática propuesta por Pierre de Fermat. El teorema propone que $a^n + b^n = c^n$ no tiene solución si *n* es un número entero igual a 3 o superior. Publicado en 1637, este teorema no halló constatación definitiva de sus posibles soluciones hasta 1994.
Número 11:49b; Wiles, Andrew 14:367a.

FERMENTACIÓN. Proceso de transformación de los carbohidratos en diferentes sustancias orgánicas por la acción de diversos microorganismos.
6:262b; Alcohólicas, bebidas 1:156b; Bacteria 2:302b; Bromatología 3:189b; Cerveza 4:92a; Leche 9:89b; Levadura 9:132a; Metabolismo 10:90b; Microbiología 10:149a; Pan 11:238a; Pasteur, Louis 11:295a; Queso 12:220a; Vino 14:320a; *cuadro* 6:263; *ilustración* 6:262b.

FERMI, ENRICO (1901-1954). Físico estadounidense de origen italiano. Premio Nobel en 1938 por su descubrimiento de la radiactividad artificial inducida por neutrones y de las propiedades de los neutrones conocidos como lentos o térmicos.
6:264b; Nuclear, energía 11:26b; Rayos catódicos 12:270b; Uranio 14:190a; *ilustración* 6:264b.

FERMIO. Elemento químico sintético, de la serie de los actínidos en el grupo IIIb de la tabla periódica. Identificado en 1952 en los restos de la primera explosión de una bomba de hidrógeno. Símbolo, Fm; número atómico, 100; isótopo más estable, 257.
Actínidos 1:39

FERNANDEL (1903-1971). Fernand-Joseph-Désiré Contandin, intérprete cómico francés muy popular en su época. Intervino en *Carnet de baile* (1937), *Topaze* (1950) y realizó una memorable interpretación del cura don Camilo, teniendo como oponente al actor Gino Cervi, según la obra de Giovanni Guareschi.

FERNANDES, ANTÓNIO (1570-1642). Jesuita y explorador portugués. Posiblemente fue el primer europeo en adentrarse en Rhodesia (posterior Zimbabwe). Vivió también en Abisinia (Etiopía) y Goa (en India). Autor de una obra sobre sus experiencias personales en los lugares por él visitados. *Viaje a Gingiro.*

FERNÁNDEZ, ALEJO (h. 1475-h. 1545). Pintor español. Trabajó en Córdoba y Sevilla. Aunó en su producción las tendencias del gótico tardío con las nuevas ideas flamencas e italianas. Iniciador de la etapa renacentista en la escuela sevillana de pintura. «Virgen de los navegantes», «Virgen de la rosa».

FERNÁNDEZ, EMILIO (EL INDIO) (1904-1986). Director de cine mexicano. El más notable representante de la cinematografía mexicana de las décadas de 1940 y 1950.
6:265a; *ilustración* 6:265a.

FERNÁNDEZ, FRANCISCO (1842-1922). Dramaturgo argentino. Considerado el precursor en la escena argentina de obras de tema gauchesco. *Monteagudo, Solané* (1872).
Gaucha, literatura 7:65a.

FERNÁNDEZ, GREGORIO. V. **Hernández, Gregorio.**

FERNÁNDEZ, JUAN (h. 1536-h. 1604). Marino español. Navegó por las costas de América del sur y descubrió las islas que llevarían su nombre (archipiélago de Juan Fernández), al oeste de Valparaíso, Chile.
Juan Fernández, archipiélago 8:398b.

FERNÁNDEZ, LEONEL (n. en 1953). Político dominicano. Elegido presidente de la República Dominicana en 1996.
6:265b; *ilustración* 6:265b.

FERNÁNDEZ, LUCAS (h. 1474-1542). Dramaturgo español. Pese a recibir en su obra el influjo de la renovación italianizante impuesta en la escena castellana por Juan del Encina, su producción dramática entroncó con la más pura tradición del teatro medieval, patente en los diálogos chispeantes, el fino humor y los tipos populares que caracterizan sus obras. *Farsas y églogas al modo y estilo pastoril y castellano* (1514), *Auto de la Pasión.*

FERNÁNDEZ, MACEDONIO (1876-1952). Escritor argentino. Perteneció a la llamada generación Martín Fierro. Fundó, con Jorge Luis Borges, la revista *Proa* en su primera época. *No toda es vigilia la de los ojos abiertos* (1928), *Continuación de la nada* (1945), *Poemas* (1953).

FERNÁNDEZ, PABLO ARMANDO (n. en 1930). Poeta cubano. Cultivó el realismo poético. *Libro de los héroes* (1964), *Los niños se despiden* (1968).

FERNÁNDEZ, PRÓSPERO (1834-1885). Militar y político costarricense. Presidente del país tras las elecciones de julio de 1882, su gobierno estuvo dominado por una serie de medidas que intentaban frenar el poder de las instituciones religiosas. Murió cuando preparaba la defensa frente al ataque de las fuerzas de Guatemala.

FERNÁNDEZ, SERGIO (n. en 1926). Escritor mexicano. Autor de novelas y ensayos, trató preferentemente en estos últimos el Siglo de Oro en la literatura española. *Ventura y muerte de la picaresca* (1953), *Los signos perdidos* (1958), *Las grandes figuras españolas del Renacimiento y el barroco* (1966).

FERNÁNDEZ ALBA, ANTONIO (n. en 1927). Arquitecto y teórico de la arquitectura español. Autor de estudios sobre la integración social de la arquitectura. Diseñó el convento del Rollo y el Colegio Universitario de Salamanca, la Casa de la Cultura de Vitoria, etc. *El diseño entre la teoría y la praxis.*

FERNÁNDEZ ALMAGRO, MELCHOR (1893-1966). Historiador español. Autor de obras históricas y crítica literaria, estudió fundamentalmente los acontecimientos de la edad contemporánea en España. Académico de la historia en 1946 y de la lengua en 1950. *Vida y obra de Ángel Ganivet* (1945), *Historia política de la España contemporánea* (1955-1959).

FERNÁNDEZ ALONSO, SEVERO (1859-1925). Político boliviano. Perteneciente al Partido Conservador o constitucionalista, en 1896 sustituyó en la presidencia de la república a José Manuel Pando, del Partido Liberal. Tras el establecimiento de la capital en Sucre, hubo de hacer frente a una revuelta federalista, acaudillada por Pando, que en 1898 se hizo con el poder.

FERNÁNDEZ ARBÓS, ENRIQUE (1863-1939). Compositor español. Afamado violinista, fue director de la Orquesta Sinfónica de Madrid entre 1904 y 1936 y autor de una zarzuela y obras sinfónicas y de cámara. *El centro de la tierra* (1894).

FERNÁNDEZ ARDAVÍN, LUIS (1891-1962). Escritor español. Autor de libretos de zarzuelas, dramas históricos en verso, poesía, cuentos y traducciones. *Meditaciones* (1913), *La dama del armiño* (1922), *La vidriera milagrosa* (1925).

FERNÁNDEZ COX, CRISTIAN (n. en 1935). Arquitecto y ensayista chileno. Estudioso de la modernidad en el campo de la arquitectura. Autor del seminario pontificio de Santiago (1976) y del ensayo *Modernidad y posmodernidad en América Latina* (1991).

FERNÁNDEZ CRESPO, DANIEL (1901-1964). Político uruguayo, fundador del Movimiento Popular Nacionalista, luego Unión Blanca Democrática. Como presidente del Consejo Nacional de Gobierno (1963-1964), dio impulso a la legislación social.

FERNÁNDEZ CUENCA, CARLOS (1904-1977). Director, crítico e historiador cinematográfico español. Desempeñó los cargos de director de la Filmoteca Nacional, de la Escuela de Cinematografía y del Festival de San Sebastián. *Historia del cine, La leyenda rota* (largometraje), *Otros tiempos* (documental).

FERNÁNDEZ DE ANDRADA, ANDRÉS (siglo XVII). Poeta español. Instruido en los selectos círculos literarios de Sevilla, se le considera autor de la célebre *Epístola moral a Fabio*.
Siglo de Oro español 13:238b.

FERNÁNDEZ DE CASTRO, PEDRO (1524-1590). Noble español, conocido como el conde de Lemos. Intervino junto a Felipe II en 1580 en las campañas de Portugal.

FERNÁNDEZ DE CÓRDOBA, ANTONIO (m. en 1643). Funcionario español. Trazó los planos de la ciudad de Panamá en su actual emplazamiento. Murió sin completar su obra.

FERNÁNDEZ DE CÓRDOBA, DIEGO (1578-1630). Administrador colonial español. Virrey de la Nueva España de 1612 a 1620, emprendió una reforma agrícola y educativa, sofocó la rebelión de los indios tepehuanes y fundó Córdoba y Lerma. Nombrado en 1621 virrey del Perú, pacificó la ciudad de Potosí y defendió a Lima de incursiones piratas.

FERNÁNDEZ DE CÓRDOBA, FRANCISCO (1475-1526). Conquistador español. Colaboró con Pedrarias Dávila en la conquista de los territorios centroamericanos.
6:266a; Nicaragua 10:400a; Pedrarias Dávila 11:316b; Tamaulipas 13:392a.

FERNÁNDEZ DE CÓRDOBA, GONZALO (1453-1515). Militar español. Sus brillantes acciones lo hicieron merecedor del apelativo de Gran Capitán, con el que se le conoce.
6:266a; Alpujarras, guerra de las 1:247b; *ilustración* 6:266a.

FERNÁNDEZ DE ENCISO, MARTÍN (siglo XVI). Geógrafo español. Realizó una importante labor cartográfica, recogida en *Summa de geografía* (1519).
6:266b; Núñez de Balboa, Vasco 11:51b.

FERNÁNDEZ DE HEREDIA, JUAN (1310-1396). Historiador y compilador bibliográfico español. Gran maestre de los hospitalarios y embajador de Pedro el Ceremonioso en Navarra, Inglaterra y Francia. Partidario del reconocimiento del papa de Aviñón, fue hecho prisionero por los albaneses. Gran cartulario de la Orden del Hospital. *Gran crónica de España, Gran crónica de los conqueridores*.

FERNÁNDEZ DE JERENA, GARCI (siglo XIV). Poeta español. Trovador de Juan I de Castilla, abandonó este reino al caer en desgracia por un matrimonio con una morisca. En Granada, se convirtió al islamismo, aunque hacia el final de su vida hubo de regresar a su país. Algunas de sus poesías están recogidas en el *Cancionero de Baena*.

FERNÁNDEZ DE LA CUEVA ENRÍQUEZ, FRANCISCO (1617-1676). Virrey de la Nueva España de 1653 a 1660. Concluyó la catedral de México y ordenó la construcción de la ciudad de Alburquerque. A su regreso a España fue nombrado virrey de Nápoles.

FERNÁNDEZ DE LIZARDI, JOSÉ JOAQUÍN (1776-1827). Escritor mexicano. Ensayista y editor liberal, escribió *El periquillo sarniento* (1816), considerada la primera novela latinoamericana.
6:267a; Hispanoamericana, literatura 8:6a; Humor, literatura de 8:98a; Picaresca, novela 11:390a.

FERNÁNDEZ DE LOS RÍOS, ÁNGEL (1821-1880). Político español. Miembro del Partido Progresista, intervino en diversos actos revolucionarios, entre 1854 y 1866, que lo llevaron al exilio. Director de *La Ilustración Española y Americana* y autor de varias obras de carácter político.

FERNÁNDEZ DEL PULGAR, PEDRO (1621-1697). Sacerdote e historiador español. Sucesor de Antonio de Solís como cronista de Indias, escribió una continuación de sus *Décadas. Historia verdadera de la conquista de Nueva España por don Fernando Cortés, Descripción de las Filipinas y de las Molucas*.

FERNÁNDEZ DEL RIEGO, FRANCISCO (n. en 1913). Escritor español en lengua gallega. Autor de ensayos sobre la literatura y las tradiciones de la comunidad gallega. *Galicia en el espejo* (1954), *Letras de nuestro tiempo* (1974).

FERNÁNDEZ DE LUGO, ALONSO LUIS (m. en 1525). Conquistador español. En 1492 inició la conquista de las islas de La Palma y Tenerife, en las Canarias, de las que fue nombrado gobernador.
Santa Cruz de Tenerife 13:139b.

FERNÁNDEZ DE MORATÍN, LEANDRO. V. **Moratín, Leandro Fernández de.**

FERNÁNDEZ DE MORATÍN, NICOLÁS. V. **Moratín, Nicolás Fernández de.**

FERNÁNDEZ DE NAVARRETE, JUAN (h. 1526-1572). Pintor manierista español. Estudió en Italia y trabajó probablemente con Tiziano. Prestó servicio al rey Felipe II y colaboró en la decoración del monasterio de El Escorial. «San Jerónimo penitente», «Adoración de los pastores».

FERNÁNDEZ DE OVIEDO, GONZALO (1478-1557). Historiador español. Fue soldado a las órdenes del Gran Capitán y cronista de Indias. Autor de *Sumario de la natural historia de las Indias* (1526) e *Historia general y natural de las Indias* (1535-1557), en las que relató sus numerosos viajes al continente americano.
Zoología 14:428b.

FERNÁNDEZ DE PALENCIA, DIEGO (h. 1520-h. 1581). Militar e historiador español. Nombrado cronista del Perú, recogió la historia del virreinato en *Primera y segunda parte de la historia del Perú* (1571).

FERNÁNDEZ DE PIEDRAHITA, LUCAS (1624-1688). Historiador y sacerdote colombiano. Considerado el historiador de la conquista e inicios de la colonia. *Historia general de las conquistas del Nuevo Reino de Granada* (1688).

FERNÁNDEZ DE QUIRÓS, PEDRO (1560-1615). Navegante portugués. Realizó numerosos viajes al servicio de España. Felipe III le concedió el mando de una escuadra de tres naves en el Perú. Descubrió la isla del Espíritu Santo –a la que dio el nombre de Australia– en las Nuevas Hébridas, y fundó la ciudad de Nueva Jerusalén.

FERNÁNDEZ ESPERÓN, IGNACIO (1894-1968). Músico mexicano, conocido como Tata Nacho. Estudió en la ciudad de México, Nueva York y París. Presidente de la Sociedad de Autores y Compositores de México y de la Unión Latinoamericana de Sociedades de Autores y Compositores. Compuso decenas de canciones de gran popularidad: «Borrachita», «Adiós mi chaparrita», «Nunca, nunca».

FERNÁNDEZ FLÓREZ, DARÍO (1909-1977). Novelista español, que gozó de enorme fama como cronista de la posguerra. Su obra *Lola, espejo oscuro* (1948) alcanzó gran difusión. *Memorias de un señorito* (1956).

FERNÁNDEZ FLÓREZ, WENCESLAO (1879-1964). Novelista, periodista, cronista y político español. Sus obras, teñidas de un humor corrosivo y un profundo escepticismo, constituyeron una feroz crítica de la sociedad moderna. *El malvado Carabel* (1931), *El hombre que compró un automóvil* (1932), *El bosque animado* (1943).

FERNÁNDEZ GARCIA, ALEJANDRO (1876-1939). Cuentista venezolano. Dirigió la revista *Alma Venezolana*. Modernista, orientó su obra hacia el criollismo, en libros como *Crónicas de poeta* (1922), *Los relicarios* (1935).

FERNÁNDEZ GUARDIA, RICARDO (1867-1950). Historiador, cuentista, crítico y autor teatral costarricense. Cronista colonial, es autor de la primera comedia de ese país con tema nacional. *Hojarasca* (1894), *Historia de Costa Rica; el descubrimiento y la colonia* (1905), *Crónicas coloniales* (1921).

FERNÁNDEZ MADRID, JOSÉ (1789-1830). Político y escritor colombiano. Médico de profesión, fundó el semanario independentista *El Argos Americano*. En 1811 ocupó el cargo de procurador general de Cartagena tras su independencia. En su obra poética destacan *Canción nacional* (1814) y *Canción al padre de Colombia y libertador del Perú* (1825).

FERNÁNDEZ MIRANDA, TORCUATO (1915-1980). Político español, que ocupó cargos de responsabilidad educativa en la administración durante el gobierno del general Francisco Franco y fue secretario general del Movimiento. Presidente del gobierno interino en 1973, desempeñó un papel clave durante la transición democrática, por lo que fue designado senador por el rey Juan Carlos I y recibió además el título de duque.

FERNÁNDEZ MORENO, BALDOMERO (1886-1950). Poeta argentino. Retratista de lo cotidiano, dentro de un estilo sencillo, apartado de las tendencias vanguardistas del momento.
6:267b.

FERNÁNDEZ NAVARRETE, PEDRO (siglos XVI-XVII). Sacerdote, político y economista español. Desempeñó los cargos de canónigo de Santiago y secretario del rey. En sus glosas ante una consulta del Consejo de Castilla (1619) sobre la decadencia de España señaló como razones principales de ésta la expulsión de los árabes y los judíos, el parasitismo de la nobleza, la emigración a América y el sistema fiscal.

FERNÁNDEZ OCHOA, FRANCISCO (n. en 1950). Esquiador español. Medalla de oro de slalom especial en los Juegos Olímpicos de invierno de 1972, celebrados en Sapporo (Japón). Participó también en los de 1968, 1976 y 1980.

FERNÁNDEZ ORDÓÑEZ, FRANCISCO (1930-1992). Político y abogado español. Presidente del Instituto Nacional de Industria en 1974, fundó el Partido Socialdemócrata, que se fusionó con la Unión de Centro Democrático (UCD) en 1977. Ministro de hacienda y de justicia en el gobierno de Adolfo Suárez, abandonó la UCD en 1982. Integrado en el Partido Socialista Obrero Español (PSOE), ocupó en 1986 el cargo de ministro de asuntos exteriores.

FERNÁNDEZ RETAMAR, ROBERTO (1930-1988). Poeta y crítico literario cubano. Director de *Nueva revista cubana* y *Casa de las Américas*, reflejó en sus obras el momento político posterior a la revolución castrista. *A quien pueda interesar* (1970), *Calibán* (1971), *El son de vuelo popular* (1979).

FERNÁNDEZ SANTOS, JESÚS (1926-1989). Escritor español. Autor de novelas de ambiente rural en sus inicios, su obra posterior adquirió mayor profundidad y concisión. Cultivó también la novela corta y el cuento. *Los bravos* (1954), *Libro de la memoria de las cosas* (1971), *Extramuros* (1978), *Jaque a la dama* (1982), *Los jinetes del alba* (1984).

FERNÁNDEZ SPENCER, ANTONIO (n. en 1923). Poeta dominicano. Encuadrable dentro del surrealismo, practicó la llamada escritura automática en algunas de sus obras. *Bajo la luz del día* (1953).

FERNÁNDEZ VILLAVERDE, RAIMUNDO (1848-1905). Político español. Perteneciente al Partido Conservador, en 1899 fue nombrado ministro de hacienda, cargo desde el que emprendió una reforma tributaria, encaminada a sanear las finanzas del país tras la desastrosa guerra con Cuba, que en un principio no contó con la simpatía popular. Ocupó la jefatura del gobierno en dos ocasiones (1903 y 1905).

FERNANDO I, EMPERADOR (1503-1564). Rey de Bohemia y Hungría (1526-1564), y emperador germánico desde 1558 hasta su muerte, designado por su hermano Carlos V (I de España). Hábil gobernante, durante su reinado la casa de Austria engrandeció sus posesiones y

puso fin al conflicto religioso que dividió al imperio durante décadas.
Bohemia 3:84a; Habsburgo, casa de 7:313a.

FERNANDO I DE ARAGÓN (h. 1380-1416). Rey de Aragón (1412-1416), llamado el de Antequera. Hijo de Juan I de Castilla y Leonor, hija de Pedro IV de Aragón. Conquistó Antequera a los musulmanes en 1410. Fue elegido rey en el compromiso de Caspe, en 1412. Exigió la renuncia del papa Luna, Benedicto XIII.
Martín el Humano 9:393b.

FERNANDO I DE AUSTRIA (1793-1875). Rey de Bohemia y de Hungría de 1830 a 1848 y emperador de Austria desde 1835 hasta 1848, en que abdicó en favor de su sobrino Francisco José. Era epiléptico y débil mental, por lo que un grupo de consejeros se ocupó de los asuntos de estado. El más influyente fue el príncipe de Metternich.
Metternich, príncipe de 10:116b.

FERNANDO I DE BORBÓN (1751-1825). Rey de las Dos Sicilias (1816-1825). Hijo de Carlos III de España, en 1759 recibió de su padre los reinos de Sicilia y Nápoles, que fueron gobernados por un consejo de regencia hasta su mayoría de edad. Recuperado el trono de Nápoles tras un breve interregno francés (1806-1815), en 1816 unió los dos estados bajo una misma administración, proclamándose rey de las Dos Sicilias.

FERNANDO I DE CASTILLA (h. 1016/1018-1065). Rey de Castilla (1035-1065) y León (1037-1065). Durante su reinado se inició la unidad de los reinos cristianos peninsulares.
6:268b; Alfonso VI de Castilla 1:210b; *ilustración* 6:268b.

FERNANDO I DE NÁPOLES (1423-1494). Rey de Nápoles de 1458 hasta su muerte. Hijo natural de Alfonso V de Aragón, ocupó el trono napolitano pese a la oposición del papa Calixto III. Favoreció la industria y el comercio y emprendió importantes campañas militares contra los turcos otomanos, a los que expulsó de Otranto en 1481, y contra Venecia (guerra de Ferrara). Posteriormente hubo de hacer frente a una revuelta nobiliaria.
Lorenzo el Magnífico 9:223a.

FERNANDO I DE PORTUGAL (1345-1383). Rey de Portugal (1367-1383). Pretendió el trono de Castilla al morir Pedro el Cruel. Casó a su hija Beatriz con Juan I de Castilla. La muerte de Fernando provocó una grave crisis sucesoria que finalmente se resolvió con la instauración en el trono de una nueva dinastía, la de Avís, en la persona de Juan I de Portugal.

FERNANDO I DE RUMANIA (1865-1927). Rey de Rumania desde 1914 hasta su muerte. Pese a pertenecer a la familia Hohenzollern y a estar convencido del poderío alemán, no dudó en ponerse de parte de los aliados en la primera guerra mundial.
Rumanía 13:38b.

FERNANDO I DE SICILIA V. **Fernando I de Nápoles**.

FERNANDO II, EMPERADOR (1578-1637). Emperador germánico desde 1619 hasta su muerte. Fue, además, rey de Bohemia (de 1617 a 1619 y de 1620 a 1627) y Hungría (de 1618 a 1625). Líder de la contrarreforma católica, su política religiosa dio origen a la guerra de los treinta años.

FERNANDO II DE ARAGÓN. V. **Fernando el Católico.**

FERNANDO II DE BORBÓN (1810-1859). Rey de las Dos Sicilias desde 1830 hasta su muerte. Durante su reinado hubo de hacer frente a numerosas revueltas de carácter liberal y nacionalista, opuestas a su política autoritaria. Un año después de su muerte, el reino de las Dos Sicilias fue incorporado a Italia.

FERNANDO II DE LEÓN (1137-1188). Rey de León (1157-1188). Ocupó Segovia y Toledo a la muerte de su hermano Sancho III de Castilla. Expulsó a Alfonso II de Portugal y a su caudillo Gerardo Sempavor de Badajoz, y realizó incursiones en la España musulmana. Protegió a las órdenes de Santiago y de Calatrava.

FERNANDO III, EMPERADOR (1608-1657). Emperador germánico desde 1637 hasta su muerte. Fue coronado rey de Hungría en 1625 y de Bohemia dos años más tarde. Luchó contra los suecos, cimentó la contrarreforma emprendida por Fernando II, su padre, y negoció el tratado de Westfalia en 1648, con el que se puso fin a la guerra de los treinta años.

FERNANDO III EL SANTO (h. 1201-1252). Rey de Castilla (h. 1217-1252) y de León (1230-1252). Su reinado dio un impulso definitivo a la Reconquista.
6:268b; Alfonso IX de León 1:213b; Granada, reino de 7:191a; Reconquista 12:285a; Sevilla 13:216b; *ilustración* 6:269a.

FERNANDO IV DE CASTILLA (1285-1312). Rey de Castilla y León (1295-1312). Hijo de Sancho IV, accedió al trono a los nueve años de edad. Sufrió frecuentes intrigas para destronarlo, pero el carácter decidido de su madre, María de Molina, lo mantuvo en el trono. Fue declarado mayor de edad en 1301. Se alió con Aragón y Portugal para conquistar Granada. Enfermó durante el sitio de Alcaudete y murió poco después.
María de Molina 9:365a.

FERNANDO V DE CASTILLA. V. **Fernando el Católico.**

FERNANDO VI DE ESPAÑA (1713-1759). Rey de España (1746-1759). Hijo de Felipe V y María Luisa de Saboya. Su objetivo más importante fue sanear la economía.
6:269b; Scarlatti, Domenico 13:172a; *cuadro* 6:269b; *ilustración* 6:269b.

FERNANDO VII DE ESPAÑA (1784-1833). Rey de España (1808-1833). Intentó mantener un poder absoluto y perdió la mayor parte de las colonias americanas.
6:270a; Borbón, casa de 3:110b; Cádiz, Constitución de 3:261a; Carlistas, guerras 3:391b; Carlos IV de España 3:399a; España 6:77a; Espoz y Mina, Francisco 6:113b; Independencia española, guerra de la 8:152a; Isabel II de España 8:273b; María Cristina de Borbón 9:364a; Morillo, Pablo 10:267a; Riego, Rafael del 12:370b; Zumalacárregui, Tomás de 14:437b; *cuadro* 6:270a; *ilustración* 6:270a.

FERNANDO DE ARAGÓN (1329-1363). Noble aragonés. Heredó de su madre, Leonor de Castilla, el título de marqués de Tortosa y extensos territorios en el reino valenciano. Combatió a su hermano Pedro el Ceremonioso, mas cuando éste entró en guerra con el rey de Castilla, Pedro I el Cruel, se puso al servicio de la corona aragonesa. Acusado de traición fue asesinado por orden de su hermano.

FERNANDO DE CÓRDOBA. V. **Abén Humeya.**

FERNANDO DE LA MORA. Distrito de Paraguay en el dep. Central, cercano a la cap., Asunción. Cerámica. Agricultura, frutales. 36.834 hab. (1985).

FERNANDO DE MALLORCA (h. 1278-1316). Príncipe catalán. Padre de Jaime III, último rey de Mallorca. Participó en numerosas acciones bélicas. Murió en la batalla de Manolada.

FERNANDO DE NORONHA. Isla brasileña situada 360 km al nordeste del cabo de São Roque, en el océano Atlántico. Integrada al est. de Pernambuco en 1988. De origen volcánico, fue descubierta por los portugueses en 1504. Guano. Cap. Remedios. 26 km^2. 1.323 hab. (1980).

FERNANDO EL CATÓLICO (1452-1516). Rey de Sicilia (1468-1516), de Castilla (Fernando V, 1474-1504) conjuntamente con su esposa Isabel I, de Aragón (Fernando II, 1479-1516) y de Nápoles (1504-1516).
6:267b; Alpujarras, guerra de las 1:247b; América, descubrimiento de 1:283a; Aragón 2:16a; Cisneros, cardenal 4:214b; Consejo de Indias 4:344a; España 6:74b; Felipe el Hermoso 6:250a; Fernández de Córdoba, Gonzalo 6:266b; Granada (ESPAÑA) 7:190b; Granada, reino de 7:192a; Hermandad, Santa 7:373a; Inquisición 8:219a; Isabel la Católica 8:272a; Juan II de Aragón 8:394b; Juana la Loca 8:396b; Latinoamérica, conquista de 9:78b; Manuel I de Portugal 9:335a; Navarra 10:364b; Núñez de Balboa, Vasco 11:51b; Reconquista 12:285a; Trastámara, casa de 14:117b; *cuadro* 6:268a; *ilustraciones* 6:267b; 6:268a; 14:117b.

FERNANDO POO. V. **Bioko**.

FERNÁN GÓMEZ, FERNANDO (n. en 1921). Director cinematográfico y teatral, actor y escritor español. Premio Príncipe de Asturias de las Artes en 1995. Como actor cimentó su fama en papeles cómicos, si bien fue incorporando cada vez más roles dramáticos. Como director realizó, entre otras, *El extraño viaje* (1964), *El viaje a ninguna parte* (1986), *Las bicicletas son para el verano* (1984) o *Pesadilla para un rico* (1996).

FERNÁN GONZÁLEZ (h. el 910-970). Primer conde de Castilla (931), se enfrentó al poderoso califato de Córdoba.
6:270b.

FERNÁN GONZÁLEZ, POEMA DE. Obra perteneciente al mester de clerecía publicada en el siglo XIII. Su autoría se atribuye a un monje del monasterio de San Pedro de Arlanza. El poema relata la vida y hazañas del conde Fernán González.

FEROE, ISLAS. Archipiélago del Atlántico norte situado entre Islandia y las islas Shetland. Comunidad autónoma del reino de Dinamarca. Formado por 17 islas habitadas y numerosos arrecifes e islotes. Cap. Thorshavn. 1.399 km^2. 43.800 hab. (1997).
Dinamarca 5:188a.

FEROMONA. Sustancia química que, al liberarse en un organismo, induce un determinado comportamiento en otros miembros de su misma especie. También se denomina ferohormona.
6:271a; *ilustración* 6:271b.

FERONIA. Diosa sabino-romana de la naturaleza salvaje, cuyos santuarios se erigían en medio de los bosques (Terracina, Capena, Scorano, etc.). Su culto desapareció tras la segunda guerra púnica.

FERRÀ, BARTOLOMEU (1843-1924). Escritor y periodista español en lengua catalana. Fundador de la revista satírica *La Ignorància*. *Flores y hojas* (poesía), *Un estudiante del día*, *Comedias* (teatro).

FERRÀ, MIQUEL (1885-1947). Poeta español en lengua catalana. Hijo de Bartolomeu Ferrà, fue representante del *noucentisme* catalán, en particular de la denominada escuela de Mallorca. *Canción de ayer*, *La rosada*.

FERRÁN, FELIPE DE (1658-1715). Político y diplomático español. Tomó partido por el archiduque Carlos en su conflicto con Felipe V. Después de la guerra de sucesión fue ennoblecido con el título de conde de Ferrán. Se esforzó en crear una república catalana protegida por Austria, pero la rendición de Barcelona abortó sus planes.

FERRÁN, JAIME (1852-1929). Médico y bacteriólogo español que obtuvo vacunas contra el cólera y el tifus. Discípulo de Louis Pasteur, sobre cuyas técnicas y enseñanzas desarrolló controvertidas modificaciones. *La inoculación preventiva contra el cólera asiático*.
Vacuna 14:219b.

FERRARA. Ciudad de Italia, cap. de la prov. homónima, en la reg. de Emilia-Romaña, junto al Po di Volano. Castillo, catedral y palacios medievales. Universidad (siglo XIV) con originales de Ludovico Ariosto y Torquato Tasso. Fruta, centro industrial. 133.270 hab. (1998).

FERRARI. Marca italiana de automóviles fundada en 1939 por Enzo Ferrari, veterano corredor deportivo. Sus coches han conquistado numerosos premios y títulos mundiales en las carreras y han logrado gran prestigio, especialmente en automóviles de lujo. En 1969 se asoció a la FIAT.

FERRARI, ENZO (1898-1988). Conductor y fabricante de coches italiano. En 1939 fundó la fábrica de coches que lleva su nombre, con la que obtendría una gran cantidad de triunfos en carreras internacionales. Especializada en automóviles de lujo, en 1969 la Ferrari se asoció a la empresa FIAT.

FERRARI, GAUDENZIO (h. 1475-1546). Pintor, arquitecto y escultor italiano. Aunó las influencias germánicas con las de los grandes maestros italianos, especialmente Leonardo da Vinci, Bramantino y Correggio. Frescos para la capilla del Sacro Monte, en Varallo.

FERRARI, LUC (n. en 1929). Compositor musical francés. Discípulo de Olivier Messiaen e integrante del grupo de investigadores de la Radiodifusión Televisión Francesa (ORT), fue uno de los pioneros de la música electroacústica. *Cabeza y cola de dragón, Sonatina Elyb.*

FERRARI, LUDOVICO (1522-1565). Matemático italiano. Alumno de Gerolamo Cardano, fue asesor del cardenal Ercole Gonzaga de Mantua y profesor en la Universidad de Bolonia. Fue el primero en resolver una ecuación de cuarto grado. Mantuvo una controversia con Niccolò Tartaglia tras la publicación en 1545 de *Ars magna.*

FERRARIS, GALILEO (1847-1897). Ingeniero italiano. Profesor de la escuela de ingenieros de Turín, descubrió el campo magnético rotatorio. También ideó artefactos para la industria hidroeléctrica y el transporte de la energía eléctrica.

FERRATÉ, JOAN (n. en 1924). Escritor español en lengua catalana. Profesor en las universidades de Santiago de Cuba y Alberta, destacó por sus escritos críticos. Autor de poesía, colaboró en la edición póstuma de las obras de su hermano Gabriel Ferrater. *Las tablas de Marduk* (1970).

FERRATER, GABRIEL (1922-1972). Poeta español. Sus poemas, escritos en lengua catalana, fueron recogidos en un volumen titulado *Las mujeres y los días* (1968).

FERRATER MORA, JOSÉ (1912-1991). Filósofo y escritor español. Fue profesor en la Universidad de Santiago de Chile (1941-1946) y, desde 1949, en el Bryn Mawr College (EUA). Su filosofía se acercó a las tendencias cientifistas anglosajonas y al existencialismo. *Diccionario de filosofía* (1941), *El sentido de la muerte* (1947), *De la materia a la razón* (1979).

FERRÉ, LUIS ALBERTO (n. en 1904). Político puertorriqueño de origen cubano. Fundó el Partido Nuevo Progresista de Puerto Rico, y defendió la adhesión del país a los Estados Unidos como un estado de la Unión. Gobernador de Puerto Rico entre 1969 y 1973.

FERRÉ, ROSARIO (n. en 1938). Escritora y profesora universitaria puertorriqueña. Editora entre 1972 y 1975 de la revista literaria *Zona de carga y descarga.Fábulas de la garza desangrada* (1982), *La casa de la laguna* (1995).

FERREIRA, ALEXANDRE RODRIGUES (1756-1815). Naturalista brasileño. Dirigió una expedición científica por las selvas de Mato Grosso, Río Negro y Cuiabá.
6:271b.

FERREIRA, ANTÓNIO (1528-1569). Poeta portugués. Ejerció una influencia decisiva en la introducción del estilo renacentista en el género poético y defendió el uso de la lengua portuguesa como vehículo literario, en lugar del latín o del castellano. *Tragedia de Inés de Castro* (h. 1558).
Portuguesa, literatura 12:99b.

FERREIRA, BENIGNO (1846-1920). Militar y político paraguayo. Jefe de la guardia nacional y ministro de guerra y marina, se puso al frente de la revolución de 1904. Presidente de la república de 1906 a 1908.

FERREIRA, VERGILIO (1916-1996). Escritor portugués. Profesor en la Universidad de Coimbra, fue autor de novelas y ensayos encuadrados dentro de la corriente existencialista que dominó la literatura portuguesa tras la década de 1950. *Aparición* (1959), *De la fenomenología a Sartre* (1962), *Cuenta-corriente* (1981).
Portuguesa, literatura 12:103b.

FERREIRA ALDUNATE, WILSON (n. en 1920). Político uruguayo. Senador por el Partido Blanco, fue derrotado en las elecciones de 1971 por el candidato del Partido Colorado Juan María Bordaberry. La declaración del estado de guerra en 1972 lo decidió a abandonar el país.

FERREIRA DE CASTRO, JOSÉ MARÍA (1898-1974). Novelista portugués. Se le considera como uno de los padres del neorrealismo en la literatura de su país. *Los emigrantes* (1928), *La selva* (1930).
Portuguesa, literatura 12:103a.

FERREIRA DE VASCONCELOS, JORGE (1515-h. 1585). Dramaturgo portugués. Autor de comedias costumbristas, a imitación de *La Celestina* del escritor español Francisco de Rojas, en las que compuso un vívido retrato de la sociedad de su época. *Eufrósina, Aulegrafia* y *Ulyssipo.*

FERREIRO, CELSO EMILIO (1914-1979). Poeta español en lengua gallega. Su obra poética se inscribe dentro de la corriente de denuncia social que floreció en las letras gallegas a partir de las décadas de 1950 y 1960. *Larga noche de piedra* (1962), *Viaje al país de los enanos* (1968), *La taberna del gallo* (1978).
Gallega, literatura 7:25b.

FERRER, EULALIO (n. en 1921). Publicista hispano-mexicano. Exiliado en México al terminar la guerra civil española, fue profesor en varias instituciones de enseñanza superior y fundó Publicidad Ferrer, una de las principales agencias del ramo en México. Participó en programas televisivos y seminarios internacionales de comunicología. Publicó numerosos trabajos sobre publicidad.

FERRER, SAN VICENTE. V. **Vicente Ferrer, san.**

FERRERA, FRANCISCO (1794-1851). Militar y político hondureño. Intervino en diversas campañas. Presidente de la república de 1840 a 1845, gobernó con gran dureza. Durante el gobierno de Coronado Chávez fue ministro de guerra, y volvió a la presidencia en 1847, renunciando poco después.
Honduras 8:60a.

FERRER BASSA. V. **Bassa, Ferrer.**

FERRER GUARDIA, FRANCISCO (1859-1909). Pedagogo español. Republicano federalista, intervino activamente en política. Fundó diversas escuelas librepensadoras. Aunque no participó en la semana trágica de Barcelona, fue elegido por el gobierno conservador como chivo expiatorio y fusilado, lo que provocó la caída del gobierno de Antonio Maura.

FERRERI, MARCO (1928-1997). Director de cine italiano. Realizó sus primeras películas en España, y luego trabajó en Francia e Italia. Sus obras se caracterizaron por su humor y aguda crítica social. *El cochecito* (1961), *No tocar a la mujer blanca* (1973), *Adiós al macho* (1978), *El futuro es mujer* (1984).

FERRER MALDONADO, LORENZO (m. en 1625). Navegante español que aseguró haber descubierto el estrecho de Balabac, entre las islas Molucas y Filipinas.

FERRERO, JESÚS (n. en 1952). Escritor español. Graduado en historia antigua por la Universidad de París, cultivó la poesía y la novela, y participó en la elaboración de guiones cinematográficos. En 1986 obtuvo un notable éxito con su novela *Belver Yin.* Su obra conjuga una temática clásica y orientalista con un pensamiento eminentemente moderno. *Opium* (1987), *El efecto Doppler* (1990).

FERRI, ENRICO (1856-1929). Criminólogo y político italiano. Considerado como el padre de la sociología criminal moderna.
6:272a; Legal, medicina 9:95b.

FERRIÉ, GUSTAVE-AUGUSTE (1868-1932). Militar y científico francés. Llevó a cabo una importante labor en el desarrollo de la radiocomunicación en la vida civil francesa e introdujo el sistema telegráfico sin hilos en las campañas militares en las que intervino (Marruecos, primera guerra mundial). Miembro de la Academia de las Ciencias desde 1922, alcanzó el generalato en 1925.

FERRIER, KATHLEEN (1912-1953). Contralto británica. Pianista y profesora de piano, trabajó de telefonista hasta 1940. Ganó un concurso de canto y debutó en la ópera con *El rapto de Lucrecia* de Benjamin Britten a petición de éste. Se especializó en la música de Gustav Mahler.

FERRITA. Hierro puro, variedad alotrópica alfa. Estable a temperaturas de más de 900 °C. Útil en fabricación de elementos ferromagnéticos, como las bobinas de imanación magnética.
Níquel 10:420b.

FERRO, GREGORIO (1744-1812). Pintor español. Discípulo de Anton Mengs, fue miembro de la Academia de San Fernando y pintor de cámara. Altar mayor del convento del Sacramento, «San Agustín y el misterio de la Trinidad», «Retrato del conde de Floridablanca».

FERROALEACIONES. Denominación genérica de las aleaciones que contienen hierro. Se aplica, en particular, a las empleadas en siderurgia para afinar y fabricar aceros especiales.

FERROCARRIL. Medio de transporte que consiste en el desplazamiento sobre carriles o rieles de hierro de unos vagones arrastrados por una locomotora.
6:272b; Stephenson, George 13:319b; Stephenson, Robert 13:320a; Tecnología 13:415a; Transporte 14:114a; Túnel 14:147b; Urbano, transporte 14:195a; *ilustraciones* 6:273a-b; 6:274a; 6:275a.

FERROGRAFÍA. V. **Ferrotipo.**

FERROL, EL. Ciudad y puerto de España, prov. de La Coruña, comunidad autónoma de Galicia. Ruinas megalíticas celtas. Escuela y base naval. Astilleros, pesquerías. 83.048 hab. (1996).

FERROMAGNETISMO. Propiedad de las sustancias cuya permeabilidad magnética supera ampliamente el valor unidad. Característico del hierro y materiales similares, que conservan parte de la imantación inducida por un campo magnético, aun después de retirarlo.
Electromagnetismo 5:364a; Magnetismo 9:288b; Mineral y mineralogía 10:175a.

FERROMAGNETOGRAFÍA. Método de impresión fotográfica realizado mediante la aplicación de partículas magnéticas de hierro a una imagen magnética sobre una hoja o un tambor metálico. Se transfiere luego a papel corriente y se fija por calor, presión, etc.

FERROMOLIBDENO. Aleación de hierro y molibdeno con un porcentaje de alrededor del 80% de manganeso y del 8%, como máximo, de carbono. Se emplea para introducir manganeso y carbono en la fabricación de acero.

FERRONÍQUEL. Aleación de hierro y níquel con más del 25% de níquel. Muy resistente a la corrosión, posee multitud de usos industriales y es utilizada en medición de diversas magnitudes.

FERROPENIA. Disminución del caudal hemoglobínico. Se denomina también anemia hipocrómica y se caracteriza por la reducción de la concentración media de hemoglobina en los eritrocitos.
Anemia 1:343b.

FERROSILICIO. Aleación de hierro con un 10% al 90% de silicio. Se emplea para la fabricación de recipientes resistentes a los ácidos.

FERROSILITA. Nombre aplicado en mineralogía al silicato natural de hierro.

FERROTIPO. Fotografía positiva directa realizada en una cámara con placas de hierro con esmalte oscuro como soporte.

FERRÚS, PERO (siglo XIV). Poeta español cuya obra figura en el *Cancionero de Baena*. Sus poemas incluyen detalles sobre los judíos de su época, el *Amadís de Gaula* y los poetas caballerescos bretones. *Decir al rey don Enrique II*.

FERRY, JULES (1832-1893). Estadista francés de principios de la tercera república. Su decisiva intervención en la ampliación del imperio colonial francés, con las conquistas de Túnez, Tonkín, Madagascar y el Congo, y su política educativa anticlerical, le dieron gran notoriedad.

FERTILIDAD. Relación cuantificable en un grupo social que establece la proporción entre las tasas de natalidad y el número de mujeres en edad de procrear (15-42 años) existentes en un momento dado.

FERTILIZACIÓN *IN VITRO*. Sistema de reproducción consistente en fecundar un óvulo por inseminación artificial para su posterior reimplantación en el útero. El rendimiento satisfactorio de esta técnica se cifra en torno al 20%, aunque la probabilidad aumenta con el número de embriones viables obtenidos.

FERTILIZANTE. Abono. Es común restringir el término a los productos sintéticos. V. **Abono.**
Abono 1:12b; Alga 1:218b; Algodón 1:223b; Amoniaco 1:308b; Fósforo 6:355a.

FERTIRRIGACIÓN. Método de irrigación que permite la administración gradual, localizada y conjunta de agua y fertilizante, de acuerdo con las necesidades del cultivo correspondiente.

FÉRULA. Tablilla de madera, cartón, hierro, alambre, etc., rígida o flexible, que se utiliza para mantener inmovilizado algún miembro del cuerpo, especialmente huesos fracturados o luxados.
Primeros auxilios 12:147a.

FESTÍN DE BALTASAR. Escena bíblica en la que Baltasar, durante un banquete, ve una mano escribir unas palabras misteriosas en un muro, anuncio del próximo fin del monarca caldeo. La escena fue pintada por numerosos pintores del barroco.

FESTO. Antigua ciudad de la costa sur de la isla griega de Creta. Habitada ya desde el cuarto milenio a.C., su importancia creció a lo largo de la edad del bronce. Las excavaciones efectuadas desde principios del siglo XX sacaron a la luz gran número de piezas de cerámica, necrópolis y un palacio construido sobre primitivas construcciones palaciales.
Arquitectura 2:102a; Minoico, arte 10:180b.

FETICHISMO. Término utilizado tanto en antropología como en psicología y sociología que hace referencia a la atribución a personas u objetos de propiedades características que emanan de otros objetos o personas diferentes.
6:275b; Religión 12:319b; *ilustración* 6:275b.

FETO. Nombre con que se designa al producto de la concepción, desde el final del tercer mes del embarazo hasta el término de la vida intrauterina.
Diagnóstico prenatal 5:166a; Gestación y parto 7:116b.

FETOSCOPIA. Visualización del feto a través de un sistema óptico insertado mediante punción abdominal. Empleado en diagnóstico prenatal.
Diagnóstico prenatal 5:166b.

FETTI, DOMENICO (h. 1588-1623). Pintor barroco italiano. Trabajó en la corte de Mantua, hasta que se estableció en Venecia. Abordó preferentemente la temática religiosa, dotándola de un aire costumbrista. «La Magdalena», «La oveja perdida».

FETTING, RAINER (n. en 1949). Pintor y escultor alemán. Vinculado al neoexpresionismo, es autor de pinturas caracterizadas por el ritmo y viveza de sus colores, así como por su temática *underground*. En el campo de la escultura se interesó por la innovación técnica y material. *Casa y árbol* (1988).

FEUCHTWANGER, LION (1884-1958). Novelista y dramaturgo estadounidense de origen alemán. Fundador de una revista literaria, *Der Spiegel*. Escribió sobre los problemas del pueblo judío. Se exilió a los Estados Unidos huyendo del régimen nazi. *El judío Süss* (1925), *La guerra judía* (1932).

FEUDALISMO. Sistema social, económico y político desarrollado en Europa, principalmente entre los siglos IX y XII, con base en los feudos.
6:276a; Burguesía 3:228a; Caballeros 3:246a; Castillo y palacio 4:22b; Económica, historia 5:282b; Edad media 5:299a; Esclavitud y servidumbre 6:39a; Liberalismo 9:141b; Monarquía 10:223b; Políticos, sistemas 12:66a; *ilustraciones* 6:276b; 6:277a-b.

FEUDO. Contrato por el cual los soberanos y los grandes señores de la edad media concedían tierras o rentas en usufructo, obligándose el que los recibía a guardar fidelidad de vasallo y a prestar determinados servicios.
Edad media 5:302a.

FEUERBACH, ANSELM (1829-1880). Pintor alemán. Estudió en Alemania y Francia, estableciéndose finalmente en Italia, en donde vivió entre 1855 y 1873. Su obra, en la que destacan los retratos de la modelo Nanna Risi (1860-1865) y los cuadros de tema mitológico, fue deudora del tratamiento idealizado de la figura humana de los pintores clásicos y los artistas renacentistas italianos. «Medea» (1870), «La suegra del artista» (1878).

FEUERBACH, LUDWIG (1804-1872). Filósofo alemán. Su pensamiento evolucionó del espiritualismo al humanismo, considerando a este último como realidad absoluta y principio de toda filosofía. Se adhirió finalmente al materialismo. Influyó en Karl Marx y Friedrich Engels. *La esencia del cristianismo* (1841), *Principios de la filosofía del futuro* (1842).
Ateísmo 2:188a; Marxismo 9:399a.

FEUERBACH, PAUL (1775-1833). Jurista y criminalista alemán. Reformó el sistema judicial en el reino de Baviera, al redactar su código penal (1813): abolió la tortura y estableció el principio de tipificación previa de las leyes para el castigo de un delito. Desde 1817 presidió la corte de justicia de Ansbach.

FÉVAL, PAUL (1817-1887). Novelista y autor de melodramas francés. Escribió numerosos folletines que le proporcionaron gran popularidad. *El jorobado* (1858), *El rey de los mendigos* (1859) y la autobiografía *Las etapas de una conversión* (1877-1881).

FEYDEAU, GEORGES (1862-1921). Dramaturgo francés. Cultivó la comedia ligera y el vodevil, con los que obtuvo gran éxito. Su teatro se mostró a veces cercano al del absurdo. *La dama de chez Maxim* (1899), *Ocúpate de Amelia* (1908).
Vaudeville 14:246b.

FEYDER, JACQUES (1888-1948). Jacques Frédérix, director de cine francés de origen belga. Iniciado como actor, fue uno de los principales representantes del realismo francés en el período de entreguerras. *Historia de un humilde* (1922), *Teresa Raquín* (1928), *La kermesse heroica* (1935).

FEYERABEND, PAUL (1924-1994). Filósofo austriaco. Profesor en la Universidad de Berkeley, Estados Unidos, defendió la aplicación de los principios del anarquismo al método científico. *Contra el método* (1975), *Crítica a la teoría empírica de la ciencia* (1981), *Diálogos sobre el conocimiento* (1991).

FEYNMAN, RICHARD PHILLIPS (1918-1988). Físico estadounidense. Premio Nobel en 1965, compartido con Julian S. Schwinger y Tomonaga Schinichiro, por sus trabajos en electrodinámica cuántica, que facilitaron la descripción matemática y el tratamiento de los cambios en carga y masa entre partículas subatómicas que interaccionan.

FEZ. Ciudad de Marruecos, cap. de la prov. del mismo nombre, a orillas del río Fez. Conjunto monumental. Universidades (la más antigua del 859 d.C.). Aeropuerto internacional. Artesanía; turismo. 263.828 hab. (1994).

FEZÁN. Región de Libia, en el sudoeste del país. Zona desértica formada por mesetas calcáreas. Zonas de cultivo en los oasis. Pozos petrolíferos. Habitada por diversas tribus, entre ellas nómadas árabes y tuaregs.
Libia 9:148b.

FIALLO, FABIO (1866-1942). Escritor dominicano. Su obra recoge distintas tendencias estilísticas.
6:278a.

FIANNA FÁIL. Partido político irlandés, también denominado Partido Republicano. Fundado en 1926 por oponentes al tratado de integración con la Gran Bretaña, tuvo en Eamon de Valera a su gran líder histórico. Asumió la labor de gobierno de la República de Irlanda, con breves interrupciones, entre 1932 y 1973. Tradicionalmente preocupado por el bienestar de los trabajadores y el pequeño comercio y de marcado carácter nacionalista, desde la década de 1980 trabajó intensamente en la unión comunitaria europea. Durante la década de 1990 se convirtió en uno de los principales promotores del proceso de paz en Irlanda del norte, que en 1998 se saldó con el anuncio de un cese de las actividades armadas por parte del Ejército Republicano Irlandés.

FIANZA. Garantía que se ofrece, por medio de una persona o cosa, para el cumplimiento de una obligación. Se constituye cuando un tercero asume la responsabilidad de satisfacer la obligación en caso de no hacerlo el deudor.

FIAT. Siglas que corresponden a la Fábrica Italiana de Automóviles de Turín, el mayor complejo industrial de Italia. Fue fundada en 1899 para la fabricación de automóviles, pero pronto pasó a construir vehículos industriales, barcos y motores de aviación. Desde la segunda guerra mundial se ha expandido por Europa y América.

FIBIGER, JOHANNES (1867-1928). Médico y patólogo danés, pionero de las investigaciones experimentales sobre el cáncer. Premio Nobel de medicina o fisiología en 1926.

FIBONACCI, LEONARDO. V. **Leonardo Pisano.**

FIBRA. Elemento anatómico largo y delgado que forma parte de determinados tejidos animales o vegetales.
Agave 1:100b; Bambú 2:331a; Textil, industria 14:43a.

FIBRA ÓPTICA. Filamento de escaso diámetro fabricado con materiales silícicos que permite el transporte de señales lumínicas. Aumenta sustancialmente la capacidad de transmisión de datos y constituye la base material de las modernas redes de comunicación telefónica, a través de las cuales se encauzan también las transmisiones de Internet.

Telecomunicación 13:421b; 423b; Teléfono 424b.

FIBRA SINTÉTICA. Filamento obtenido por medios químicos que, como la fibra natural, se emplea para la fabricación de tejidos y otros usos.
Acrílico 1:36a; Textil, industria 14:43a.

FIBRINA. Proteína derivada del fibrinógeno en el proceso de la coagulación de la sangre.

FIBRINÓGENO. Proteína soluble, presente en el plasma de la sangre, la linfa, el quilo, etc., que se transforma en fibrina por acción de la trombina.
Sangre 13:125a.

FIBROCEMENTO. Material ligero y duro que está formado a partir de una mezcla de cemento Portland y fibras de mineral de amianto. Utilizado en la construcción, sistemas de alcantarillado y conducción de aguas.

FIBROÍNA. Proteína integrada por cadenas peptídicas paralelas, unidas entre sí mediante enlaces de hidrógeno y que forma la seda.

FIBROLITA. Nombre que se aplica en mineralogía a la sillimanita.

FIBROMIALGIA. Trastorno caracterizado por la aparición de dolor crónico generalizado durante al menos tres meses en puntos simétricos vertical y horizontalmente, o bien de dolor ante la presión en diversos puntos denominados gatillo, distribuidos de forma simétrica a lo largo del cuerpo. Afecta mayoritariamente a las mujeres y va acompañado de síntomas como cefaleas, trastornos intestinales y menstruales o vértigo. Se atribuye a alteraciones en la secreción de neurotransmisores o a una reducción en el umbral del dolor, aunque su origen es desconocido.

FIBROSCOPIO. Endoscopio flexible formado por haces de fibras de vidrio que permite la exploración de conductos y cavidades del organismo inaccesibles para el endoscopio rígido. Utilizado para el estudio de síntomas y manifestaciones no detectables aún por medios radiológicos, es indoloro y absolutamente inofensivo. Complementado por lo general con instrumentos ópticos y de extracción de muestras altamente sofisticados.

FIBROSIS. Proceso de formación de tejido fribroso en el organismo. Término aplicado preferentemente con sentido patológico o como referencia a fases de cicatrización de heridas.

FIBROSIS QUÍSTICA. Enfermedad hereditaria caracterizada por un aumento en la viscosidad de las secreciones de las glándulas exocrinas, fundamentalmente las del aparato respiratorio, las sudoríparas y el páncreas, que provoca obstrucción intestinal y trastornos respiratorios entre otras alteraciones. Suele diagnosticarse durante la lactancia y la primera infancia, y aparece con mayor frecuencia en la raza blanca.

FÍBULA. Pieza metálica utilizada desde la prehistoria hasta la edad media como hebilla o pasador. Su forma, material y decoración evolucionaron a lo largo de la historia, lo que permite establecer cronologías precisas en el estudio de yacimientos arqueológicos. Son especialmente conocidas las fíbulas ibéricas.

FICCIONES. Libro de cuentos del escritor argentino Jorge Luis Borges publicado en 1944, considerado su obra maestra. Incluye algunas de sus narraciones más características: «Tlön, Uqbar, Orbis Tertius», «La biblioteca de Babel», «Pierre Menard, autor del Quijote»

FICHERO. En informática, información elaborada mediante el empleo de una determinada aplicación. Los ficheros, denominados también archivos, son identificables por un nombre dado por el usuario y pueden recuperarse en cualquier momento mediante el programa que los generó para realizar modificaciones en ellos.

FICHTE, JOHANN GOTTLIEB (1762-1814). Filósofo alemán. Representante del idealismo alemán derivado del pensamiento de Immanuel Kant.
6:278a; Absoluto 1:18b; Hegel, G.W.F. 7:348a; Idealismo 8:119a; Schelling, Friedrich Wilhelm Joseph von 13:173a; *ilustración* 6:278b.

FICINO, MARSILIO (1433-1499). Filósofo y humanista italiano. Primer traductor y comentarista de la obra de Platón.
6:278b; Humanismo 8:92a; Italiana, literatura 8:318b; *ilustración* 6:278b.

FICK, AUGUST (1833-1916). Lingüista y filólogo alemán, especialista en los orígenes de las lenguas indoeuropeas y en el griego. Profesor en la Universidad de Gotinga, demostró las similitudes entre las lenguas europeas y sugirió la existencia de un núcleo inicial de habitantes indoeuropeos que trazó las líneas maestras de estas lenguas. *Diccionario comparado de las lenguas indoeuropeas* (1868).

FICOLOGÍA. Disciplina de la botánica que se encarga del estudio y la descripción de las algas y sus propiedades. También llamada algología.

FICOMICETES. Grupo de hongos, muchos de ellos microscópicos, sin tabiques en sus talos. Incluye, entre otros, a los mohos del pan, del género *Mucor.*
Hongo 8:66b; Moho 10:210a.

FICUS. Género de plantas arbóreas o arbustivas, perteneciente a la familia de las moráceas. Entre el gran número de sus especies destacan la higuera común (*Ficus carica*), la higuera de la laca (*Ficus laccifera*), el sicómoro (*Ficus sycomorus*) y la higuera del caucho (*Ficus elastica*). Propio de climas tropicales y subtropicales.

FIDEICOMISO. Disposición testamentaria por la que una persona encomienda su herencia o parte de ella a la buena fe de un tercero para que, en determinados casos, la transfiera a otro o disponga de ella según lo que se le indique. Se emplea el término también para otros tipos de entregas de bienes para su administración.
6:279a.

FIDELIDAD DE MARCA. Constancia de los consumidores en la compra de los productos de una determinada marca comercial.

FIDELIO. Ópera de Ludwing van Beethoven, compuesta en 1805 según libreto de J. N. Bouilly. Se tituló inicialmente *Leonora o el amor conyugal.* La obra se inicia en tono ligero y gracioso, para culminar con gran dramatismo.

FIDELIZAR. Acción de captar clientes para que consuman los productos de una empresa.

FIDIAS (h. el 490-h. el 430 a.C.). Arquitecto y escultor griego. Contemporáneo de Pericles, representa la transición del arte arcaico al clásico.
6:279b; Acrópolis 1:37a; Griego, arte 7:229b; Maravillas del mundo, las siete 9:350b; *ilustraciones* 6:279b; 6:280a.

FIDJI, ISLAS. V. **Viti.**

FIDÓN DE ARGOS (siglo VII a.C.). Rey de Argos. Combatió a Esparta y convirtió su ciudad en una potencia del Peloponeso.

FIDUCIARIO. Persona encargada de un fideicomiso o con la responsabilidad de hacer efectiva una fiducia.

FIEBRE. Elevación de la temperatura del cuerpo por encima de los valores normales, debido a una infección que cursa con malestar general y otros síntomas diversos.
6:280a; Brucelosis 3:194a; Ébola, virus 5:262a; Paludismo 11:235a; *cuadro* 6:280.

FIEBRE AFTOSA. V. **Aftosa, fiebre.**

FIEBRE AMARILLA. Enfermedad infecciosa de origen vírico propia de zonas tropicales de América y África. Se manifiesta en vómitos, fiebre y dolor de la región lumbar.

FIEBRE DE MALTA. V. **Brucelosis.**

FIEBRE PUERPERAL. Infección producida con posterioridad al parto o a un proceso abortivo por la acción de diversas causas patógenas.
Microbiología 10:151b.

FIEBRE RECURRENTE. Enfermedad infecciosa transmitida por diversas bacterias del género *Borrelia.*
Fiebre 6:281a; Microbiología 10:151a.

FIELDING, HENRY (1707-1754). Novelista y dramaturgo británico. Considerado uno de los fundadores de la novela inglesa.
6:281a; Humor, literatura de 8:97b; Picaresca, novela 11:390a; Richardson, Samuel 12:366b; *ilustración* 6:281b.

FIELDS, W.C. (1880-1946). William Claude Dukenfield, actor cinematográfico estadounidense. Se hizo muy popular con su interpretación del personaje del señor Micawber del filme *David Copperfield,* dirigido por George Cukor en 1935. *Poppy* (1923), *Casa internacional* (1933).

FIELTRO. Paño no tejido formado por hebras de lana o pelo comprimido prensado en caliente cuando el material está húmedo. Se emplea para la fabricación de sombreros, tapetes y otros usos.

FIERA DE MI NIÑA, LA. Filme estadounidense de comedia, de título original *Bringing Up Baby,* dirigido por Howard Hawks en 1938 y protagonizado por Katharine Hepburn y Cary Grant.

FIERRO, HUMBERTO (1890-1929). Poeta ecuatoriano. Su obra muestra una acentuada melancolía y desprendimiento de la realidad que lo rodea. Fue un seguidor de Rubén Darío. *El laúd en el valle* (1919), *Velada palatina* (1949).

FIESCHI, FAMILIA. Noble familia genovesa cuyos miembros desempeñaron importantes papeles en la política del partido güelfo. A ella pertenecieron dos papas –Adriano V e Inocencio IV– e innumerables cardenales, generales, almirantes y embajadores.

FIÉSOLE. Ciudad de la prov. italiana de Florencia, desde la cual se divisa la ciudad de Florencia. Restos etruscos, romanos y medievales. Catedral (1028), convento de San Francisco, con frescos de Matteo Rosselli. Museo etrusco, museo Bandini de pintura. 14.481 hab. (1981).

FIÉSOLE, GIOVANNI DI. V. **Angélico, fra.**

FIESTA. Novela del escritor estadounidense Ernest Hemingway, publicada en 1926. Obra representativa de la nueva generación de escritores estadounidenses de la década de 1920, relata las andanzas de unos estadounidenses en Francia y España.
Hemingway, Ernest 7:357b.

FIFA. Siglas de la Federación Internacional de Fútbol Asociación, organismo que ejerce autoridad sobre las respectivas asociaciones de diversos países. Fue fundada en París en 1904 y tiene su sede en Zurich.
Fútbol 7:9a.

FIGARI, PEDRO (1861-1938). Pintor uruguayo, cuya labor fue decisiva para la introducción de la pintura del siglo XX en su país.
6:281b.

FÍGARO. Personaje de la trilogía de Pierre-Augustin Caron de Beaumarchais *El barbero de Sevilla, Las bodas de Fígaro* y *La madre culpable.* Ha servido también de inspiración a otros escritores y compositores (Giovanni Paisiello, Wolfgang Amadeus Mozart, Gioacchino Rossini).

FÍGARO, LAS BODAS DE. V. **Bodas de Fígaro, Las.**

FIGNON, LAURENT (n. en 1960). Ciclista francés. Una de las grandes figuras del ciclismo francés durante la década de 1980. Vencedor del *Tour* de Francia en 1983 y 1984, y del *Giro* de Italia en 1989.

FIGUEIREDO, FIDELINO DE (1889-1967). Historiador y crítico literario portugués. Fundó la *Revista Histórica*, de la que fue director, y cultivó diversos géneros. *Historia de la literatura portuguesa* (1913-1917), *Las dos Españas* (1932).

FIGUEIREDO, GUILHERME (1915-1997). Escritor de teatro brasileño. Miembro de una familia de tradición militar, este hecho influiría notablemente sobre su obra escrita. Fue rector de la Universidad Federal de Río de Janeiro. *Los fantasmas* (1946), *Un dios durmió en la casa* (1949).

FIGUEIREDO, JOÃO BAPTISTA (1918-1999). Militar y político brasileño. Presidente de la república de 1979 a 1985.
6:281b; Brasil 3:161b.

FIGUEIREDO, MANUEL DE (1725-1801). Dramaturgo portugués. Integrante de la Arcádia Lusitana, fue autor de obras teatrales dentro de la preceptiva neoclásica. Vivió en España entre 1745 y 1753. *Teatro* (1804-1815).
Portuguesa, literatura 12:102b.

FIGUERAS. Ciudad de la prov. de Girona, comunidad autónoma de Cataluña, España. Centro comercial y turístico. Fabricación de máquinas-herramientas. Industria química y alimentaria. Museo Dalí. Castillo edificado en 1753 por orden de Fernando VI. 34.573 hab. (1991).

FIGUERAS, ESTANISLAO (1819-1882). Político español. Adscrito al Partido Progresista, pronto abandonó sus filas para ingresar en el Partido Republicano, convirtiéndose en un activo portavoz del mismo en el parlamento. Proclamada la república en 1873, tras la abdicación de Amadeo de Saboya, ese mismo año se hizo cargo de la presidencia. Enfrentado a los republicanos radicales encabezados por Francisco Pi y Margall, renunció poco después.
República española 12:342b.

FIGUEREDO, PEDRO (1819-1870). Revolucionario cubano, llamado Perucho. Abogado y periodista, formó parte del comité revolucionario que organizó la insurrección de 1868 contra España. Autor del himno nacional de Cuba, fue hecho prisionero y fusilado.

FIGUERES, JOSÉ (1906-1990). Político costarricense. Presidente de la república de 1953 a 1958 y de 1970 a 1974.
6:282a; Costa Rica 4:415a; Figueres Olsen, José María 6:282b; *ilustración* 6:282a.

FIGUERES OLSEN, JOSÉ MARÍA (n. en 1954). Político costarricense. Presidente de Costa Rica entre 1994 y 1998.
6:282b.

FIGUEROA, FERNANDO (1845-1919). Político salvadoreño. Militar de profesión, combatió contra Honduras y Guatemala. Ministro de guerra y marina, desempeñó el cargo de presidente interino en 1885. Elegido para la presidencia de la república en 1907, permaneció en ella hasta 1911.

FIGUEROA, FRANCISCO DE (1536-h. 1617). Poeta y soldado español, autor también en italiano. Su obra, influida por Garcilaso y Petrarca, se dio por desaparecida en su mayor parte hasta que vio de nuevo la luz en 1915, gracias al esfuerzo de Ramón Menéndez Pidal. Poesía de extraordinaria galanura y erudición, muy apreciada por Miguel de Cervantes. Entre sus poemas destacan «Los amores de Damón y Galatea» y «A los ojos de Filis».

FIGUEROA, GABRIEL (1907-1997). Operador de cine mexicano. Aficionado a la irisación de las luces, destacó por sus trabajos con el realizador Emilio Fernández. *María Candelaria* (1943), *La malquerida* (1949), *Nazarín* (1958), *El ángel exterminador* (1962).
6:283a.

FIGUEROA, LEONARDO DE (h. 1650-1730). Arquitecto español. Una de las figuras más relevantes de la escuela barroca sevillana, utilizó principalmente elementos decorativos (columnas salomónicas, estípites, volutas, etc.), a los que unió una contrastada policromía. Colegio de San Telmo, Sevilla (1724-1734); iglesia de San Pablo, Sevilla (1691-1709).

FIGUEROA ALCORTA, JOSÉ (1860-1931). Político argentino. Presidente de la república de 1906 a 1910.
6:283a.

FIGUEROA LARRAÍN, EMILIANO (1866-1931). Político chileno. Adscrito al Partido Liberal Democrático, durante la presidencia de Pedro Montt ocupó las carteras ministeriales de justicia e interior y, posteriormente, fue embajador en España y la Argentina. Presidente de la república en 1925, dimitió en 1927.

FIGUEROLA, LAUREANO (1816-1903). Político y economista español. Profesor universitario en Barcelona y Madrid, defendió el librecambismo y fundó la Sociedad Libre de Economía Política. De ideas profundamente republicanas, ocupó la cartera de hacienda en el gobierno provisional surgido tras la revolución de 1868. La reforma monetaria por él impulsada impuso la peseta como unidad monetaria.

FIGURAS DE DICCIÓN. Recurso retórico y estilístico que afecta a la colocación, combinación y forma externa de las palabras, utilizado para conferir al discurso escrito mayor elegancia o riqueza expresiva. Algunas de las figuras de dicción más importantes son el polisíndeton, el asíndeton, la repetición, la reduplicación, etc.

FIGURAS LITERARIAS. Usos particulares de las palabras y del lenguaje que, alejados de la estructura o sintaxis habitual, pretenden dar especial realce a la expresión de pensamientos o sentimientos. Entre dichas figuras se distinguen las de dicción, de pensamiento, de construcción y tropos.

FIGURATIVISMO. En arte, tendencia a representar la realidad externa que sirve de modelo para la creación del artista, ya se trate de la naturaleza, figuras humanas u objetos. Se opone al arte abstracto.
Bacon, Francis 2:299a; Botero, Fernando 3:130a; Gómez Cornet, Ramón 7:160a.

FIJACIÓN HISTOLÓGICA. Primera operación en la obtención de preparaciones permanentes de organismos o tejidos para su estudio microscópico. Tiene por objeto conservar en los tejidos su estructura primitiva, evitando las modificaciones subsiguientes producidas por la muerte y descomposición de los mismos, de tal manera que se facilite su estudio posterior.

FIJADO. Transformación en el revelado del haluro de plata de un negativo fotográfico en una serie de sales incoloras y solubles. Se realiza a partir de un baño en disolventes de tiosulfato sódico (hipo) o, en ocasiones, de cianuro sódico.

FIJADOR. Producto químico empleado en fotografía para estabilizar los haluros de plata de la película no disueltos en el revelado.
Fotografía 6:360b.

FIJI, ISLAS. V. **Viti.**

FIJISMO. Doctrina biológica que defiende la creación con carácter fijo y no evolutivo de las especies vivas. Término opuesto a evolucionismo. También denominado creacionismo.

FILABRES. Sierra de la cordillera Penibética, en la prov. española de Almería. Yacimientos de metales que incluyen plomo, hierro, zinc y cinabrio. Máxima altura en el cerro Tetica (2.080 m).

FILACTERIA. Banda o cinta con inscripciones de diversa índole que se incluye como elemento decorativo en cuadros, esculturas, escudos de armas, etc. Muy frecuentes en las pinturas medievales.
Historieta 8:26b.

FILADELFIA. Ciudad de los Estados Unidos en el est. de Pennsylvania. 1.436.287 hab. (1998).
6:283b; Estados Unidos 6:131a; *ilustración* 6:283b.

FILAMENTO (BOTÁNICA). Porción alargada y fina del estambre de la flor de las angiospermas. En su extremo suelen situarse las anteras, estructuras donde se forman los granos de polen. Falta en muchas especies.
Flor 6:325b.

FILAMENTO (FÍSICA). Hilo metálico delgado. En los tubos termoiónicos, hace de cátodo y emite electrones por calentamiento.
Óptica, fibra 11:123b.

FILANGIERI, CARLO (1784-1867). Militar napolitano. También conocido por su título de duque de Taormina. Participó en la batalla de duque de Taormina. Participó en la batalla de Austerlitz (1805) y en la guerra de independencia española (1808) al servicio de Francia. Dirigió las tropas del reino de las Dos Sicilias durante la revolución de 1848 y gobernó Sicilia hasta 1855. Fue primer ministro en 1859 con Francisco II.

FILANTROPÍA. Actitud de aquellas personas que se interesan por todo lo relacionado con el hombre y dedican su actividad y bienes en beneficio de los demás.

FILARETE (h. 1400-h. 1469). Antonio di Pietro Averulino, arquitecto, escultor y escritor italiano. Ayudante de Lorenzo Ghiberti en Florencia, realizó las puertas de bronce de la basílica de San Pedro de Roma (1433-1445) y construyó un hospital en Milán (1457-1465). Escribió un *Tratado de arquitectura* (1460-1464), inspirado en el realizado por Leon Battista Alberti, en el que describía la ciudad renacentista ideal.

FILARIA. Gusano nematodo de la familia de los filáridos. Diversas especies, parásitos tropicales del hombre y de los animales, a los que producen las enfermedades llamadas, en general, filariosis.

FILATELIA. Afición a coleccionar y estudiar los sellos de correo postal.
6:284a; Correo 4:396b; *ilustraciones* 6:284a-b.

FILE. Isla de Egipto, en el curso del río Nilo, más arriba de Asuán. Contiene importantes restos arqueológicos, muy visitados por los turistas: templo de Isis, de Hator y de Horus, pabellón de Trajano. Después de la construcción de la presa de Asuán, un dique impide su anega miento.

FILEMÓN. V. **Baucis y Filemón.**

FILEMÓN, EPÍSTOLA A. Carta de san Pablo recogida en el Nuevo Testamento. Fue escrita durante la primera prisión del apóstol en Roma (h. el 62) y en ella suplica a Filemón, cristiano de la iglesia de Colosas, que admita como hermano a su esclavo fugado Onésimo.

FILGUEIRAS LIMA, JOAO (n. en 1932). Arquitecto brasileño, que colaboró con Oscar Niemeyer en diversos edificios de Brasilia. Desarrolló numerosos proyectos basados en elementos prefabricados.

FILHO, ADONIAS. V. **Adonias, Filho.**

FILIBUSTERISMO. En la política estadounidense, táctica parlamentaria consistente en la alternancia en el podio de oradores de la minoría, que pronuncian largos discursos dilatorios con objeto de impedir la aprobación de una ley, a menos que la mayoría acceda a alguna enmienda.

FILIBUSTEROS. Piratas de los mares de las Antillas. Especialmente activos en el siglo XVII, atacaban y saqueaban los dominios españoles de América y los navíos que comerciaban con las Indias. Por extensión se denominó filibusteros a los que lucharon desde los Estados Unidos por la independencia de Cuba o por el dominio de territorios en México y Centroamérica durante el siglo XIX. Así, se consideró como tales al expedicionario Narciso López, quien en 1850 y

1851 realizó fallidas incursiones en Cuba para conseguir la independencia de la isla de España, y a William Walker, californiano que ocupó diversos territorios y fue presidente de Nicaragua entre 1855 y 1857.

FILIDE. Princesa legendaria griega hija del rey Fileo y esposa de Demofonte. Abandonada por su marido, lo maldijo y se suicidó. Años después la maldición se cumplió cuando Demofonte, enloquecido, cayó de su caballo y murió atravesado por su propia espada.

FILIGRANA. Trabajo de adornos de obras de orfebrería que, hechos con hilos de oro y plata, les confieren formas realzadas, regulares y hermosas. Término aplicado también a los dibujos de fondo de los billetes de banco.

FILIPENSES, EPÍSTOLA A LOS. Carta de san Pablo, incluida en el Nuevo Testamento, dirigida a los fieles de la iglesia de Filipo, la preferida del apóstol, escrita desde la cautividad (años 61-63). En ella exhorta a sus destinatarios a perseverar en la vida cristiana.

FILÍPICAS. Nombre con que se conocen cuatro discursos del orador griego Demóstenes, escritos entre el 351 y el 341 a.C., en los que instaba a los atenienses a hacer frente a Filipo II de Macedonia.
Demóstenes 5:129b.

FILÍPICO BARDANES (siglo VIII). Emperador de Bizancio entre el 711 y el 713. Derrocó por la fuerza a Justiniano II. Durante su reinado, el imperio se vio gravemente amenazado por los búlgaros y los árabes. Una rebelión militar lo destronó y el poder fue entregado a Anastasio II.

FILIPINAS. Archipiélago de Asia bañado por el océano Pacífico. Cap. Manila. 300.076 km^2. 76.320.000 hab. (2000).
6:285a; Aguinaldo, Emilio 1:125a; Asia 2:150; Estrada, Joseph 6:164a; Legazpi, Miguel López de 9:96a; Manila 9:329a; *mapa* 6:286a; *cuadros* 6:285b; 6:287a; 6:288a; *ilustraciones* 6:287b; 6:288a; 6:289b.

FILIPO II (382-336 a.C.). Rey de Macedonia. Dominó toda Grecia, combinando la diplomacia con la estrategia militar.
6:290a; Alejandro Magno 1:167a; Grecia antigua 7:209b; Guerra 7:265a; Tebas (GRECIA) 13:413b; *ilustración* 6:290a.

FILIPO V (238-179 a.C.). Rey de Macedonia del 221 a.C. hasta su muerte. Intentó extender su influencia por toda Grecia y fue derrotado por Roma.
Grecia antigua 7:211a.

FILIPO EL ÁRABE (h. el 204-249). Emperador romano. Descendiente de una aristocrática familia de origen árabe, ocupó el trono romano en el 244, tras asesinar a Gordiano III. Firmó la paz con el ejército persa. Una revolución de los ejércitos de las provincias danubianas, acaudillados por Decio, acabó con su vida.

FILIPOS. Nombre que adoptó la colonia tasia de Pangeos, en el norte del mar Egeo, y al este del monte Pangeo, después de su conquista por Filipo II de Macedonia (358 a.C.). En sus cercanías se libró la batalla entre los asesinos de Julio César, Casio y Bruto, por un lado, y Marco Antonio y Octavio, por otro, que ganaron los últimos (42 a.C.).

FILISOLA, VICENTE (1785-1850). Militar mexicano de origen italiano. Participó en la guerra de independencia mexicana y en 1822 pasó a Guatemala, en donde, bajo las órdenes de Agustín de Iturbide, dirigió el ejército encargado de mantener el orden durante el plebiscito que regularía la anexión de estos territorios a México. La caída de Iturbide lo obligó a convocar en 1823 un congreso que declaró la independencia de las Provincias Unidas de Centroamérica. Participó también en la campaña de Texas.
Guatemala 7:254b; Honduras 8:59b.

FILISTEOS. Pueblo de origen egeo que se estableció en la costa meridional de Palestina en el siglo XII a.C. Formó una confederación de cinco ciudades que se disolvió tras su derrota frente al rey israelita David.
Palestina 11:229a; Semitas, pueblos 13:200a.

FILITA. Roca metamórfica de grano muy fino y textura claramente esquistosa, compuesta principalmente de cuarzo, moscovita, cloritas y plagioclasas albíticas. Se subdivide fácilmente en láminas, a menudo con superficies onduladas, y es de color grisáceo.

FILLMORE, MILLARD (1800-1874). Político estadounidense, presidente de 1850 a 1853. Electo vicepresidente en 1848, dos años después se hizo cargo del gobierno a la muerte del presidente Zachary Taylor. En 1853 envió al comodoro Matthew C. Perry al Japón para forzarlo a aceptar el intercambio comercial. Adoptó una política conciliadora hacia los estados esclavistas del sur para evitar su secesión.

FILLOY, JUAN (n. en 1894). Escritor argentino. Representante de la vanguardia literaria en su país, su obra influyó en la de diversos autores argentinos, como Julio Cortázar y Jorge Luis Borges. *Balumba* (1933), *Op Oloop* (1934), *Vil y vil* (1975).

FILÓCRATES (siglo IV a.C.). Político ateniense que se pronunció por hacer la paz con Filipo II de Macedonia después de la caída de Olinto en manos de éste (348 a.C.). La paz de Filócrates, nombre con que se denominó el tratado subsiguiente, significó una seria derrota política para Atenas. En el 343 a.C., fue acusado de corrupción y, tras su huida, condenado a muerte.

FILOCTETES. Héroe legendario griego. Poseía el arco y las flechas de Heracles (Hércules), y tomó parte decisiva en la guerra de Troya, atribuyéndosele la muerte de Paris. Posteriormente regresó a su patria. Se le relaciona con la fundación de varias ciudades en Italia.

FILOGENIA. Historia del desarrollo de un tipo orgánico o especie.
6:290b; Evolución 6:210b; Taxonomía 13:406b; *ilustración* 6:290b.

FILOLAO (siglo V a.C.). Filósofo griego. Uno de los primeros pitagóricos que, según el historiador Diógenes Laercio, sistematizó el pitagorismo. Desarrolló una teoría del mundo, poniendo como centro del mismo al fuego. Se le atribuye una reducción a números de las características del espacio y de las cualidades de los cuerpos.

FILOLOGÍA. Ciencia que tiene por objeto el estudio e interpretación de los textos escritos.
6:291b; Grimm, Jacob y Wilhelm 7:232b; Lingüística 9:164b; Traducción 14:107a; *ilustraciones* 6:291b; 6:292.

FILÓN. Veta mineral que rellena una fisura del terreno a lo largo de una región. Frecuentemente formado por diversos minerales con mezcla de las rocas que lo envuelven.

FILÓN DE ALEJANDRÍA (h. el 13 a.C.-h. el 47 d.C.). Filósofo greco-judío, conocido también como Filón el Judío. Representante de la filosofía judaicoalejandrina, para su desarrollo se apoyó en una interpretación alegórica del Antiguo Testamento y en las tendencias platónicas y estoicas. Su tema preferido fue Dios y su relación con el alma. Dada la variedad de culturas que se cruzan en su obra, ésta ha tenido diversas interpretaciones, siendo la más común la que la presenta como un sincretismo cultural. *Sobre el artesano del mundo.*

FILÓN DE LARISA (h. el 144 a.C.-h. el 85 a.C.). Filósofo griego, director de la Academia Nueva. En su concepción, las primeras ideas están grabadas en el alma, pero no pueden ser percibidas por medio de los sentidos.

FILONIANA. Roca originada por intrusión del magma en hendiduras de minerales formados con anterioridad. Generalmente tiene una estructura microgranular, consecuencia del enfriamiento relativamente rápido del magma, y en ocasiones presenta algunos cristales más gruesos.

FILOSOFÍA. Búsqueda de la sabiduría y justificación racional de los principios universales de las cosas y de las ideas que el hombre elabora sobre sí mismo y su entorno.
6:293b; Absoluto 1:18b; Agustín, san 1:127b; Alberto Magno, san 1:149a; Alma 1:235b; Analítica, filosofía 1:322a; Aristóteles 2:70a; Ateísmo 2:188b; Atomismo 2:203b; Axiología 2:272b; Cinismo 4:204a; Deísmo 5:110b; Descartes, René 5:149a; Determinismo 5:157b; Dialéctica 5:167a; Dios 5:201a; Educación 5:318b; Empirismo 5:394a; Epistemología 6:13b; Escepticismo 6:35b; Escolástica 6:39b; Esencia 6:51a; Estética 6:155a; Estoicismo 6:157b; Ética 6:177a; Existencialismo 6:211b; Fenomenología 6:261b; Francfort, escuela de 6:381b; Gnosticismo 7:146a; Hedonismo 7:346b; Hegel, G.W.F. 7:347b; Hume, David 8:94a; Idealismo 8:118b; Infinito 8:195b; Kant, Immanuel 9:4a; Libertad 9:146a; Lógica 9:202a; Marx, Karl 9:397b; Materialismo 9:410b; Metafísica 10:91b; Mileto, escuela de 10:165a; Naturaleza 10:356b; Neoplatonismo 10:377b; Nietzsche, Friedrich 10:407a; Nihilismo 10:416a; Ontología 11:110b; Panteísmo 11:254a; Pitágoras 12:7a; Platón 12:31b; Positivismo 12:104b; Pragmatismo 12:113a; Racionalismo 12:238b; Schopenhauer, Arthur 13:176a; Ser 13:208a; Sócrates 13:287b; Sofistas 13:189b; Spinoza, Baruch de 13:312b; Sustancia 13:367b; Taoísmo 13:399a; Teología 14:20a; Teosofía 14:23a; Tiempo 14:53a; Tomás de Aquino, santo 14:80a; Wittgenstein, Ludwig 14:370a; *ilustraciones* 6:293b; 6:294a; 6:295b; 6:296a; 6:297b; 6:298a-b.

FILOSOFÍA DE LA CIENCIA. Parte de la filosofía que tiene como objeto determinar los principios paradigmáticos desde los cuales los científicos establecen las hipótesis que orientan sus investigaciones y justifican sus asertos científicos.
Ciencia 4:184b.

FILOSOFÍA DE LA EDUCACIÓN. Parte de la filosofía cuya reflexión se ocupa de analizar el lenguaje educativo, evaluar críticamente los contenidos de las ciencias de la educación y enfocar sistemáticamente las cuestiones ideológicas que condicionan y enmarcan el hecho educativo.

FILOSOFÍA DE LA HISTORIA. Parte de la filosofía que investiga los fundamentos de la ciencia que tiene por objeto el estudio de los acontecimientos humanos, entendidos como la tradición oral o escrita de la vida de los pueblos.

FILOSOFÍA POLÍTICA. Parte de la filosofía que se interesa por los fundamentos de las teorías que se construyen como explicación e impulso del desarrollo de las sociedades, englobando normalmente una justificación teórica del estado.

FILOVIRUS. Virus de apariencia filamentosa, cuyo material genético está constituido por ácido ribonucleico (ARN).

FILOXERA. Insecto hemíptero de la familia de los filoxéridos. Varias especies; entre ellas la filoxera de la vid (*Phylloxera vitifolii*), originaria de Norteamérica, importante plaga de los viñedos.

FILTIRÉ. Palabra de origen francés que designa un tipo de deshilado utilizado, sobre todo, en el adorno de mantelerías, dentro de recuadros de forma regular.

FILTRACIÓN. Operación consistente en hacer pasar un fluido por una materia porosa de forma que queden retenidas las partículas más grandes.
Agua, abastecimiento de 1:122a.

FILTRO (ELECTRÓNICA). Dispositivo utilizado para reformar la selección de las frecuencias. Se clasifica en cuatro grupos: filtros de paso

bajo, de paso alto, de paso-banda y de banda eliminada, según el margen de frecuencias que permitan y la banda que refuercen.
Electrónica 5:366b.

FILTRO (ÓPTICA). Dispositivo que transmite la luz, caracterizado por su absorción selectiva de ciertas longitudes de onda de la luz incidente. Consiste en un trozo de gelatina coloreada o barnizada, o gelatina entre dos láminas de vidrio coloreado.
Fotografía 6:359b.

FILTRO DE AIRE. Dispositivo colocado en la admisión de aire de los motores de explosión para retener las impurezas abrasivas en suspensión.

FILTRO DE CARTUCHO. Dispositivo para limpiar el aire de entrada a los motores de explosión. Está formado por un cartucho de tela u otra materia, sumergido en un baño de aceite, que retiene las impurezas.

FILTRO DE TAMBOR. Dispositivo para filtrar ininterrumpidamente la parafina contenida en los lubricantes. Por medio de una rasqueta fija se retiran los sólidos de deposición.

FILUM. V. **Phyllum.**

FIMOSIS. Estrechez anormal de la abertura del prepucio, que impide que se descubra el glande. Suele ser necesaria una intervención quirúrgica (circuncisión).

FINANCIAL TIMES. Periódico económico británico. Fue fundado en 1888 en Londres. En 1945 se fusionó con el *Financial News*. Es uno de los principales diarios en lengua inglesa del mundo.

FINANZAS PÚBLICAS. Administración de los recursos, ingresos y gastos necesarios para la supervivencia de una sociedad, institución o estado.
6:299a; Crédito 5:6a; Impuesto 8:138b; Presupuesto 12:136a; *ilustraciones* 6:299b; 6:300a; 6:301b.

FINCH, PETER (1916-1977). William Mitchell, actor británico. De formación clásica, en la compañía de Lawrence Olivier, protagonizó una dilatada carrera cinematográfica. *Historia de una monja* (1959), *Domingo, maldito domingo* (1971), *Un mundo implacable* (1976).

FINE GAEL. Formación política irlandesa, fundada en 1932 por William Thomas Cosgrave. De inspiración conservadora, ha sido el tradicional oponente de Fianna Fáil en la vida política de la república de Irlanda.

FINEO. Rey legendario de Salmideso, en Tracia, cuyo don de la profecía movió a los dioses a cegarlo. Los argonautas lo libraron de dos arpías que le impedían comer, y él les ofreció en recompensa excelentes consejos para su empresa.

FINÉS. Lengua de la rama finougria (o ugrofinés) del grupo lingüístico urálico, perteneciente a la familia uraloaltaica. Hablada en Finlandia, en 1863 se convirtió en la lengua oficial del país, desplazando al sueco.
Finlandia 6:304b; Finougrias, lenguas 6:308a.

FINESES. Pueblos descendientes de tribus nórdicas, pertenecientes lingüísticamente al grupo ugrofinés, que hacia el siglo I de la era cristiana se asentaron en el Báltico oriental, Finlandia y Carelia. Su religión pasó por una etapa de cultura cazadora, con espíritus protectores del bosque, el agua, etc., y una segunda de cultura agraria (Ukko, señor del cielo).

FINI, LEONOR (1908-1996). Pintora argentina. Su obra, cercana al surrealismo, está llena de figuras femeninas. Ilustró libros de escritores como William Shakespeare, Edgar Allan Poe y Gérard de Nerval. Autora de accesorios para el teatro y el cine (trajes, decorados).

FINIGUERRA, TOMMASO (1426-1464). Orfebre, escultor y pintor italiano. Coautor de las puertas de bronce del baptisterio de Florencia y de la custodia de esa iglesia, sobre diseño de Antonio Pollaiuolo. También se dedicó al óleo y al grabado.

FINIQUITO. Acción por la que se liquida una cuenta pendiente.

FINISTÈRE. Departamento de la Bretaña francesa, al noroeste del país. En el extremo oeste de la península de Bretaña, su paisaje presenta colinas y una costa muy irregular. Hay en él cultivos de cereales y de manzanos, base de una activa industria de la sidra. Ganadería y cría de aves. Industrias siderúrgicas, químicas, del papel, alimentarias y navales. La principal ciudad es Brest. Cap. Quimper. 840.600 hab. (1995).

FINISTERRE. Municipio de la prov. española de La Coruña, en la comunidad autónoma de Galicia, sobre la península del mismo nombre. Cultivos de cereales y forrajes; ganado vacuno y porcino. Pesca (calamares, mariscos, etcétera). Industrias alimentarias y madereras. 5.477 hab. (1991).

FINISTERRE, BATALLA DE. Combate naval librado en 1805 junto al cabo del mismo nombre entre las naves de la flota franco-española, comandada por Villeneuve y Gravina, y la escuadra británica. El objetivo de la armada franco-española, bajo los auspicios de Napoleón, de desbloquear los puertos de El Ferrol y Brest, se frustró con la derrota sufrida en esta batalla y, con él, la intención de invadir las islas británicas.

FINISTERRE, CABO. Cabo de España, en el litoral atlántico de Galicia, prov. de La Coruña, situado en la punta meridional de la península de Finisterre.

FINITUD. Cualidad de las cosas finitas. La filosofía griega consideró la finitud como perfecta, por su condición de determinada. Para el cristianismo, es sinónimo de contingente y opuesto a Dios, que es perfecto e infinito.

FINLANDESA, LITERATURA. Conjunto de obras escritas en lengua finesa a partir del siglo XVIII, así como las composiciones literarias realizadas por autores finlandeses en lengua sueca.
6:302a; Kalevala 9:1a.

FINLANDIA. País del norte de Europa, a orillas del mar Báltico. Cap. Helsinki. 338.145 km^2. 5.178.000 hab. (2000).
6:303a; Europa 6:193a; Guerra mundial, segunda 7:274b; Helsinki 7:355b; Lapones 9:63a; Laponia 9:63b; Unión Soviética 14:180a; *mapa* 6:303b; *cuadros* 6:303a; 6:305b; *ilustraciones* 6:304a; 6:305b; 6:306a; 6:307b.

FINLANDIA, GOLFO DE. Brazo oriental del mar Báltico situado entre Finlandia al norte, Rusia al este y Estonia al sur. Se extiende a lo largo de 400 km de este a oeste y de 19 a 130 km de norte a sur.

FINLAY, CARLOS J. (1833-1915). Médico cubano. Descubrió, antes que Arístides Agramonte, el mecanismo de transmisión de la fiebre amarilla por picadura de mosquitos.

FINNBOGADÓTTIR, VIDGÍS (n. en 1930). Política islandesa. Sin pertenecer a ningún partido político, ocupó la presidencia de la república desde 1980 y fue reelegida posteriormente en 1984 y 1988 con abrumadora mayoría. Manifestó en repetidas ocasiones su oposición a la presencia de tropas estadounidenses o de la OTAN en territorio islandés y mantuvo la estabilidad social y política de su país.

FINNEGANS WAKE. Novela del escritor irlandés James Joyce, publicada en 1939. El título procede de una canción humorística irlandesa. La obra es una alegoría de la familia humana plena de neologismos.

FINOUGRIAS, LENGUAS. Rama lingüística, encuadrada en el grupo urálico, perteneciente a la gran familia de lenguas uraloaltaicas.
6:307b; Lapones 9:63b.

FINSEN, NIELS RYBERG (1860-1904). Médico danés. Recibió el Premio Nobel en 1903 por su descubrimiento de la aplicación de los rayos luminosos en el tratamiento de enfermedades de la piel.

FINTIAS. V. **Damón y Fintias.**

FIONIA. Condado insular de Dinamarca, en la isla de Fionia, al este de la península de Jutlandia y al oeste de la isla de Sjaelland. Agricultura y ganadería; floricultura. Cap. Odense. 3.486 km^2. 470.528 hab. (1996).
Dinamarca 5:188a.

FIORAVANTI, OCTAVIO (1894-1970). Escultor y pintor italiano, nacionalizado argentino. En su producción pictórica destacan sus obras «Mujeres en la sierra» y «Tarde en el Pavaholma», mientras que como escultor realizó «Boxeador» y «Nicanora».

FIORDO. Largo brazo de mar que normalmente penetra varios kilómetros en tierra a consecuencia de las inundaciones marinas de los antiguos valles glaciares. Muchos fiordos son extraordinariamente profundos, como el Sognefjord, Noruega (1.234 m), sobre todo en sus zonas alta y media.

FIORE, JOAQUÍN DE (h. 1130-1202). Teólogo místico italiano. Fundador de la congregación «de Flore», elaboró una doctrina teológica que tomando como base la humildad y la pobreza de las gentes sencillas, criticaba los abusos eclesiásticos. Este movimiento religioso se extinguió en el siglo XVI. *Concordia de ambos Testamentos, Salterio decorado.*
Herejías 7:371a.

FIP. V. **Fuerza Interamericana de la Paz** (FIP).

FIPA. Pueblo de raza melanoafricana que vive entre Tanzania y Zambia. Organizado en torno a un monarca con poderes divinos, se dedica a la cría de animales. En sus matrimonios, la familia del novio ha de compensar a la de la novia. Su población se cifra en torno a los 15.000 individuos.

FIRDUSI (h. el 935-h. el 1020). Abú al-Qasem Mansur, poeta épico persa. Autor de la epopeya *El libro de los reyes*, extensa obra en la que, mezclando elementos reales y legendarios, relata la historia del antiguo Irán. También llamado Ferdusi o Firdawsi.
Persa, literatura 11:347b.

FIRENZE. V. **Florencia** (Italia).

FIREWALL. Programa intermediario entre dos redes informáticas que actúa como elemento de seguridad al impedir el acceso al sistema de toda persona ajena a él.

FIRMA DIGITAL. Identificador personal que añade un usuario a sus documentos o transacciones transmitidos por redes de comunicaciones para certificar su autenticidad.

FIRMILIANO DE CESAREA (m. en el 269). Sacerdote cristiano, discípulo de Orígenes y obispo de Cesarea (Capadocia). Participó en los sínodos de Antioquía y fue favorable a la reconversión de los herejes.

FIRMWARE. En informática, soporte lógico inalterable. Este término hace referencia a aquellos datos, instrucciones o programas grabados de forma permanente en el bloque de control de una ROM (memoria sólo de lectura).
Informática 8:203a.

FIRUZ III (1298-1388). Emperador musulmán de Delhi. Accedió al trono en 1351. Durante su reinado se hicieron numerosas obras públicas, se construyeron mezquitas y escuelas y se fundó la ciudad de Firuzabad.

FISAC, MIGUEL (n. en 1913). Arquitecto español, de estilo racionalista. Respetuoso con el arte popular, desarrolló diversos tratados teóricos sobre la arquitectura española. Autor de obras civiles y religiosas, obtuvo la medalla de oro del arte sacro en la exposición de Viena de 1951.

FISCAL, MINISTERIO. Órgano público español que actúa en representación del estado en los procedimientos judiciales. Entre sus objetivos principales figuran la administración de la justicia, ejerciendo las acciones pertinentes, y el mantenimiento del orden jurídico.

FISCHART, JOHANN (1546/1547-1590). Escritor alemán, destacado por sus obras satíricas sobre la contrarreforma. Hombre de gran erudición, trabajó y viajó por numerosos países europeos. Adscrito al luteranismo, atacó a la iglesia y las órdenes religiosas católicas. En su última época, profesó y defendió el calvinismo. *Geschichtsschrift* (1575).

FISCHER, BOBBY (n. en 1943). Robert James Fischer, ajedrecista estadounidense. En 1958 recibió el título de gran maestro. En 1972, en Reykjavík, Islandia, ganó el campeonato del mundo, título que perdió en 1975 al negarse a jugar contra el campeón soviético, Anatoli Kárpov.
Ajedrez 1:133a; Kárpov, Anatoli 9:9a.

FISCHER, EMIL (1852-1919). Químico alemán. Premio Nobel en 1902 por sus trabajos sobre la síntesis de los azúcares.
6:308b.

FISCHER, ERNST OTTO (n. en 1918). Químico alemán. Estudió los anillos orgánicos coordinados con metales mediante enlaces pi. Premio Nobel de esta especialidad en 1973, compartido con el químico británico Geoffrey Wilkinson.

FISCHER, HANS (1881-1945). Bioquímico alemán. Premio Nobel de química en 1930 por sus investigaciones acerca de la constitución de la hemina (pigmento de la sangre) y la clorofila.

FISCHER, LUDWIG (1745-1825). Cantante bajo alemán. Famoso porque alcanzaba una tesitura de dos octavas y media. Wolfgang Amadeus Mozart lo eligió para interpretar *El rapto del serrallo*. Compuso el *Singspiel* (obra con canciones y diálogos) titulado *Der Kritikaster und der Trinker*.

FISCHER-DIESKAU, DIETRICH (n. en 1925). Barítono alemán, eminente intérprete de *Lieder* (canciones). Debutó con *Réquiem alemán*, de Johannes Brahms. En el campo operístico interpretó principalmente obras alemanas.

FISCHER VON ERLACH, JOHANN BERNHARD (h. 1656-1723). Arquitecto austriaco. Sus palacios, mansiones e iglesias constituyeron una síntesis de elementos procedentes del clasicismo, el Renacimiento y el barroco francés e italiano. Palacio de invierno del príncipe Eugenio de Saboya (1695-1711), iglesia de San Carlos Borromeo (1715).

FISCHL, ERIC (n. en 1948). Pintor estadounidense. Inicialmente se relacionó con el movimiento de la *new image painting*. Con posterioridad se vinculó con el neoexpresionismo, inspirándose en imágenes de anuncios, revistas y libros.

FISCORNO. Instrumento de viento, construido en metal y semejante al bugle.

FISETÉRIDOS. Familia de los mamíferos del orden de los cetáceos y del suborden de los odontocetos. A ella se adscriben los cachalotes.
Cachalote 3:256b.

FISH, HAMILTON (1808-1893). Político estadounidense. Senador entre 1851 y 1857, fue titular del Departamento de Estado, entre 1869 y 1877, durante el gobierno del presidente republicano Ulysses S. Grant. Firmó con los británicos el tratado de Washington (mayo de 1871) y se opuso a la intervención militar en Cuba en apoyo de los insurrectos.

FISHER, IRVING (1867-1947). Economista estadounidense. Profesor en la Universidad Yale, elaboró sus teorías económicas a partir de métodos matemáticos. Desarrolló la teoría cuántica de la moneda. *Investigaciones matemáticas sobre la teoría del valor y de los precios* (1892), *El poder de cambio de la moneda* (1911).
Capital 3:361a.

FISHER, JOHN ARBUTHNOT (1841-1920). Almirante británico. Participó en la guerra de Crimea y en la expedición franco-británica contra China (1859-1860). Ocupó el puesto de primer *Lord* del mar entre 1904-1910 y 1914-1915. Reformó el sistema naval británico. Fue nombrado barón de Kilverstone en 1909.

FISHER, R. A. (1890-1962). Biólogo y matemático británico. Contribuyó con sus investigaciones al desarrollo del análisis estadístico, principalmente en los estudios sobre genética. *Métodos estadísticos para investigadores* (1925), *Teoría genética de la selección natural* (1930), *Método estadístico e interferencia científica* (1956).
Psicometría 12:179a.

FÍSICA. Ciencia que estudia la estructura de la materia y las interacciones entre los constituyentes fundamentales del universo observable.
6:309a; Acústica 1:53a; Aerodinámica 1:78b; Astrofísica 2:162a; Biofísica 3:28a; Campos, teoría de los 3:312a; Criología 5:14a; Cuántica, teoría 5:41b; Densidad 5:130b; Electricidad 5:352a; Electromagnetismo 5:361b; Electrónica 5:364b; Energía 5:410b; Fuerza 6:422a; Infinito 8:196a; Magnetismo 9:287b; Materia y antimateria 9:412a; Mecánica 10:11b; Mecánica de fluidos 10:16b; Mecánica ondulatoria 10:19b; Metodología científica 10:111a; Onda 11:107b; Óptica 11:121a; Partículas subatómicas 11:288b; Peso 11:373a; Peso atómico y molecular 11:374a; Red neuronal 12:290b; Relatividad, teoría de la 12:316b; Termodinámica 14:32a; Tiempo 14:53a; *cuadro* 6:309; *ilustraciones* 6:310a; 6:311b; 6:312a; 6:313b; 6:314a; 6:315b.

FÍSICA NUCLEAR. Parte de la física que estudia el núcleo atómico y las partículas elementales.
Física 6:315a; Fusión 7:8a.

FISIOADSORCIÓN. Adsorción de origen físico, favorecida por las bajas temperaturas y el aumento de la presión.

FISIOCRACIA. Escuela económica creada en Francia en el siglo XVIII que basaba el poder económico de una nación en los recursos obtenidos de la tierra.
6:316a; Economía 5:279a; Finanzas públicas 6:300a; Impuesto 8:139b; Quesnay, François 12:219a; Turgot, Anne-Robert-Jacques 14:156b; *ilustración* 6:316a.

FISIOGNÓMICA. Estudio de la fisonomía de las personas y su relación con determinados rasgos caracteriales. El objeto propio de la fisiognómica son los rasgos físicos de la cara y sus manifestaciones expresivas, si bien algunos autores, como Duchenne de Boulogne y T. Piderit, ampliaron su estudio al resto del cuerpo.
Caracterología 3:369b.

FISIOGRAFÍA. Descripción geomorfológica de las formas del relieve terrestre.

FISIOLOGÍA. Ciencia que se ocupa del estudio de las funciones de los seres vivientes.
6:316b; Bernard, Claude 2:424a; Biofísica 3:29a; Biología 3:38a; Bioquímica 4:38a; Botánica 3:126b; Digestivo, aparato 5:185b; Emoción 5:393a; Fatiga 6:237b; Homeostasis 8:49a; Nutrición 11:54b; Oído, sentido del 11:89b; Olfato, sentido del 11:93b; Psicofisiología 12:174a; Relajación 12:315a; Sueño (PSICOLOGÍA) 13:350b; Zoología 14:425a; *ilustraciones* 6:317b; 6:318a; 6:319a.

FISIÓN NUCLEAR. Escisión del núcleo atómico, por lo general en dos partes de tamaños comparables. Es la base de los reactores nucleares, donde los núcleos de uranio o plutonio se escinden por bombardeo con neutrones.
Fermi, Enrico 6:264b; Nuclear, energía 11:26b; Reactor nuclear 12:277a; Uranio 14:189b.

FISIOTERAPIA. Tratamiento terapéutico de las enfermedades mediante agentes físicos (aire, agua, calor, frío, radiaciones, luz, electricidad, etc.).
Terapéutica 14:25b.

FISÍPEDOS. Suborden perteneciente al conjunto de animales carnívoros, el cual agrupa a todas las familias terrestres existentes en esta clasificación animal. Se caracterizan por poseer garras de dedos separados. Forman parte del mismo los úrsidos, los prociónidos, los cánidos, los mustélidos, los vivérridos, los hiénidos y los félidos.
Carnívoros 3:404b.

FÍSTULA. Conducto anómalo que pone en comunicación un órgano o tejido con otra cavidad o directamente con el exterior.

FISURA (INDUSTRIA). Hendidura o grieta que se produce en un elemento mecánico como consecuencia de diversas operaciones (solidificación, laminación, estirado, etc.).

FISURA (MEDICINA). Hendidura estrecha y poco profunda, normal o patológica, de un tejido u órgano (fisura anal, fisura espinal, fisura labioalveolar, etc.).

FITA, FIDEL (1838-1917). Historiador y arqueólogo español. Jesuita, destacó por sus estudios sobre epigrafía e historia antigua. Miembro de diversas academias, presidió la de la historia. *La epigrafía romana en la ciudad de León* (1866), *Lápidas hebreas de Gerona* (1875).

FITCH, JOHN (1743-1798). Inventor estadounidense. En 1787, presentó un modelo de barco de propulsión a vapor para recorridos por el río Delaware. Desestimado su invento en Francia y los Estados Unidos, murió en la miseria.
Transporte 14:115a.

FITERO, MONASTERIO DE. Centro monástico de la orden cisterciense situado en la población navarra homónima. Fue fundado en 1152 por el abad san Raimundo Serrat. Es uno de los ejemplos más representativos en España del arte cisterciense. Suprimida su función conventual tras la desamortización de Juan Mendizábal a mediados del siglo XIX, es la actual iglesia parroquial de Santa María la Real.

FITNA. Voz árabe que significa guerra civil, especialmente si está originada por motivos político-religiosos. La fitna entre Alí y Murawiya (siglo VII) fue la más grave del Islam. En España, se aplica en particular al período anárquico posterior a la muerte de al-Muzzafar que provocó la abolición del califato omeya.

FITNESS. Voz inglesa que designa una serie de ejercicios gimnásticos realizados para estar en buena forma física.

FITOFÁRMACO. Sustancia aplicada en distintas ramas de la farmacia y la botánica para proteger a los vegetales de la acción de agentes perjudiciales y favorecer su desarrollo.

FITOGEOGRAFÍA. Rama de la biogeografía que estudia la distribución de las plantas que pueblan la Tierra.
Biogeografía 3:29b.

FITOHORMONA. Sustancia hormonal sintetizada por los vegetales que controla diversas funciones fisiológicas en zonas alejadas del punto en que se produce. Las fitohormonas se clasifican en auxinas, citocininas y gibberelinas.

FITOPATOLOGÍA. V. **Patología vegetal.**

FITOPLANCTON. Forma de plancton constituido exclusivamente por sustancias vegetales.
Plancton 12:13b.

FITOSANITARIO. Producto agrícola que permite con su uso la eliminación de los agentes parásitos o perjudiciales para el desarrollo o mayor rendimiento de un cultivo. Los productos fitosanitarios se ocupan de controlar tanto los agentes bióticos (hongos, algas, malas hierbas, etc.) como los abióticos (elementos contaminantes).
Horticultura 8:75b; Patología vegetal 11:300b.

FITOTERAPIA. Conjunto de tratamientos basados en la utilización de las diferentes partes de las plantas con fines terapéuticos.

FITTIPALDI, EMERSON (n. en 1946). Corredor automovilista brasileño. Ganador del campeonato del mundo de fórmula 1 (1972, Lotus) (1974, McLaren) y subcampeón mundial en 1975. Desde 1984 participó sólo en las temporadas automovilísticas de los Estados Unidos, donde ganó las 500 millas de Indianápolis.
Automóviles, carreras de 2:243a.

FITZGERALD, EDWARD (1809-1883). Traductor y prosista británico, que tradujo al inglés obras capitales del griego, el persa y el español. Es notable su versión del *Rubáiyat* de Omar Kayyam. *Euphramor.*
Aconcagua, pico 1:35a.

FITZGERALD, ELLA (1918-1996). Cantante estadounidense. Una de las más destacadas intérpretes de música de *jazz* del siglo XX.
6:319b; Jazz 8:358b; *ilustración* 6:319b.

FITZGERALD, F. SCOTT (1896-1940). Novelista estadounidense. Describió la vida de la alta sociedad de su país en la década de 1920.
6:320a; Estadounidense, literatura 6:150b; Stein, Gertrude 13:318b.

FITZGERALD, GEORGE FRANCIS (1851-1901). Físico irlandés que propuso avanzadas teorías sobre las ondas electromagnéticas. Precursor de la teoría de la relatividad, con su hipótesis sobre el acortamiento de los cuerpos en movimiento.
Relatividad, teoría de la 12:317a.

FITZ ROY, MONTE. Cumbre de los Andes patagónicos que se encuentra en el límite chileno-argentino, entre los parques nacionales B. O'Higgins (Ch.) y Los Glaciares (Arg.); es de composición granítica y alcanza una altitud de 3.405 m. Está integrado en el parque nacional de Los Glaciares.

FIUME. V. **Rijeka.**

FIUME, CUESTIÓN DE. Controversia suscitada al término de la primera guerra mundial entre Italia y Yugoslavia por el control del puerto adriático de Fiume, posterior Rijeka (Croacia).

FIZ, MARTÍN (n. en 1964). Atleta español. Especializado en la prueba de maratón, ganó diversos torneos internacionales, entre ellos el campeonato del mundo de Göteborg (1995).

FIZEAU, HIPPOLYTE (1819-1896). Fotógrafo y físico francés. Realizó, junto a Léon Foucault, el primer daguerrotipo de la superficie solar (1845). Estableció el primer método físico para medir la velocidad de la luz, y estudió la dilatación y propiedades ópticas de los cuerpos sólidos.

FLABELO. Abanico litúrgico que se empleaba para ahuyentar a las moscas en el altar durante la misa. A menudo presentaba una decoración lujosa (flabelo de la catedral de Hildesheim –hacia 1110-1130–, realizado en cobre, plata y piedras preciosas).

FLACIUS ILLYRICUS, MATTHIAS (1520-1575). Reformista luterano. Profesor de hebreo en 1544 en la Universidad de Wittenberg, se adhirió a la reforma luterana y se opuso a Philipp Melanchthon. Su negativa a aceptar el Ínterim de Augsburgo motivó su expulsión de la universidad en 1549. Entre 1557 y 1561 fue profesor de Nuevo Testamento en la Universidad de Jena. *Historia eclesiástica o Centurias de Magdeburgo* (1552-1574).

FLAGELADOS. Grupo de protozoos provistos de flagelos, filamentos largos y finos que tienen una función locomotora. Hay especies de agua dulce, marinas o parásitas. Incluyen, entre otros, a las euglenas y a los tripanosomas.
Protozoos 12:169b.

FLAGLER, HENRY M. (1830-1913). Empresario estadounidense. Socio de John D. Rockefeller en la Standard Oil, ocupó el puesto de director de la compañía en Nueva Jersey hasta 1911. Favoreció el desarrollo turístico en Miami.
Miami 10:144a.

FLAGSTAD, KIRSTEN (1895-1962). Soprano noruega, destacada intérprete de Richard Wagner. Cantó óperas de Ludwig van Beethoven, Christoph Gluck y Henry Purcell. En 1935 debutó en la Ópera Metropolitana de Nueva York con *Las valkirias* de Wagner.

FLAHERTY, ROBERT J. (1884-1951). Explorador y cineasta estadounidense, al que se considera padre del cine documental. Su obra cumbre fue *Hombres de Aran* (1934). Autor también de *Nanuk, el esquimal* (1922), *Louisiana Story* (1948).

FLAMBOYÁN. Árbol de hoja caduca de la familia de las papilionáceas (*Delonix regia*). Dicotiledónea.
6:320b; *ilustración* 6:320b.

FLAMBOYANT. V. **Flamígero.**

FLAMEL, NICOLAS (1330-1418). Alquimista francés. Según la leyenda soñó con un libro oculto, en el que se revelaba la forma de obtener oro, que posteriormente encontró y logró descifrar con la ayuda de un sabio judío conocedor de los misterios de la cábala.
Alquimia 1:248b.

FLAMENCA, LENGUA. Rama belga del neerlandés u holandés. Es hablada por los habitantes del norte de Bélgica, en donde se mantiene como lengua oficial, y en la zona de Dunkerque (Flandes francés).

FLAMENCO (MÚSICA). Conjunto de cantos, interpretaciones musicales y bailes populares característicos de Andalucía (España) y que muestran raíces árabes y gitanas.
6:321b; Danza 5:96b; Gitanos 7:138b; *ilustración* 6:321b.

FLAMENCO (ZOOLOGÍA). Ave zancuda fenicopteriforme de la familia de las fenicoptéridas (*Phoenicopterus roseus*). Acuático, se reúne en bandadas en lagos y marismas y se alimenta de vegetales acuáticos, crustáceos y moluscos.
6:320b; *ilustración* 6:321a.

FLAMÍGERO. Estilo gótico tardío surgido en la arquitectura francesa en el siglo XV y luego extendido a otros países, también conocido como *flamboyant.* Se caracterizó por la profusión de elementos ornamentales y su exuberante decoración.
Gótico, arte 7:172a.

FLAMINIO, TITO QUINCTIO (h. el 227-174 a.C.). Estadista romano. Tribuno militar en el 208 bajo Marco Claudio Marcelo, fue protector de Tarento (205-204) y cónsul (198). Llevó a cabo una importante labor diplomática en Grecia, en donde venció y firmó la paz con Filipo V de Macedonia. Estableció, en los juegos ístmicos del 196, la libertad de las ciudades griegas.

FLAMINIO NEPOTE, CAYO (m. en el 217 a.C.). General y político romano. Desafió repetidas veces la autoridad del Senado en su defensa de los intereses de la plebe. Murió en una emboscada tendida por Aníbal a sus tropas cerca del lago Trasimeno.

FLAMMARION, CAMILLE (1824-1925). Astrónomo y periodista científico francés, artífice y director del observatorio de Juvisy. Realizó importantes investigaciones sobre estrellas dobles, el planeta Marte y la Luna, donde pensó que podía haber vegetación. Fundador de la revista *L'Astronomie. La pluralidad de los mundos habitados* (1862), *Las tierras del cielo.*

FLAMSTEED, JOHN (1646-1719). Astrónomo inglés. Fue el primer director del observatorio real de Greenwich tras su fundación, en 1675, por Carlos II. Autor de un importante catálogo estelar, finalizado y publicado después de su muerte. *Historia celeste británica* (1725).

FLANDES. Principado medieval del sudoeste de los Países Bajos. Incluía las actuales prov. belgas de Flandes Occidental y Flandes Oriental, el dep. francés del Norte y la prov. neerlandesa de Zelanda.
6:322a; Brujas 3:196b; Países Bajos 11:210a; Tapicería 13:400a; *ilustración* 6:322a.

FLANDES, JUAN DE (siglos XV-XVI). Pintor flamenco. Trabajó en España al servicio de la reina Isabel la Católica y, más tarde, en Salamanca y Palencia, ciudad esta última en la que murió en 1519. En sus obras aunó las influencias flamencas con las italianas. Retablo de la Universidad de Salamanca (1505-1508), retablo de la catedral de Palencia (1509).

FLANDRIN, HIPPOLYTE (1809-1864). Pintor francés. Se inició en la pintura con Jean-Auguste-Dominique Ingres, y fue influido por los pintores nazarenos. Murales de las iglesias de San Vicente de Paul y Saint Germain-des-Prés, París.

FLAP. Término inglés con el que se denomina el alerón abatible colocado en los bordes de salida de las alas de los aviones y que proporciona mayor capacidad de sustentación al aparato.
Avión 2:266a.

FLASH. Aparato fotográfico que emite un destello luminoso, utilizado en la toma de instantáneas cuando existe una deficiente iluminación.
Fotografía 6:359b.

FLATHEAD. Pueblo indio que habitaba en las llanuras de la parte occidental del actual estado de Montana, en los Estados Unidos. Hablaba la lengua salish y practicaba la caza del bisonte. Desde 1872 sus escasos integrantes están concentrados en la reserva del lago Flathead.

FLAUBERT, GUSTAVE (1821-1880). Novelista francés. Considerado el primer impulsor de la escuela realista de su país.
6:322b; Francesa, literatura 6:373b; Maupassant, Guy de 9:420b; Novela y cuento 11:20a; *cuadro* 6:323b; *ilustración* 6:323.

FLAUTA. Nombre que designa a una amplia variedad de instrumentos de viento.
6:323b; Música 10:313b; *ilustraciones* 6:323b; 6:324a.

FLAUTA MÁGICA, LA. Ópera de Wolfgang Amadeus Mozart con libreto de Emanuel Schikaneder. Fue estrenada en el teatro Auf der Wieden, Viena, en 1791.

FLAUTÍN. Instrumento de viento. Se trata de una flauta, de pequeño tamaño, cuyo sonido es una octava superior al de la flauta normal. Se emplea en las orquestas sinfónicas. Se conoce también con la denominación italiana de *piccolo.*
Flauta 6:324a.

FLAUTISTA DE HAMELIN, EL. Poema del escritor británico Robert Browning, publicado en 1845, y basado en una antigua leyenda. El flautista se compromete a librar de ratas a la ciudad de Hamelin. Al negarse el alcalde a pagar lo prometido, el sonido de su flauta congrega a todos los niños, a los que lleva a una montaña, donde desaparecen tragados por ésta.

FLAVIA, DINASTÍA. V. **Flavios.**

FLAVIO, CNEO (siglo IV a.C.). Jurisconsulto romano. Secretario de Apio Claudio Caeco, publicó las reglas del procedimiento civil, hasta entonces secretas en favor de los patricios y pontífices (derecho flaviano). Su popularidad le valió llegar a ser edil curul (304 a.C.), tribuno de la plebe (303 a.C.) y senador.

FLAVIO JOSEFO. V. **Josefo, Flavio.**

FLAVIOS. Nombre de dos dinastías de emperadores romanos sin relación entre sí: la formada por Vespasiano, Tito y Domiciano (69-96 de la era cristiana) y la fundada por Constancio Cloro (césar desde el 293 y augusto en el 305), a la que pertenecieron Constantino el Grande (306-337) y Juliano el Apóstata (361-363).

FLAXMAN, JOHN (1755-1826). Escultor británico, el mayor representante del neoclasicismo inglés. Realizó obras monumentales y mausoleos, entre los que destaca el de *Lord* Mansfield, en la abadía de Westminster, Londres. Destacó también como ilustrador bibliográfico.

FLEBITIS. Inflamación de las paredes de una vena, generalmente situada en las extremidades inferiores. Provoca un edema, endurecimiento y dolor en la zona afectada. El término fue utilizado por primera vez por el anatomista francés Gilbert Breschet en 1818.

FLEBOTOMÍA. Incisión de una vena para practicar una sangría, extirpar un coágulo o introducir un catéter.

FLECHA (ARMA). Saeta arrojadiza que es disparada mediante un arco. Consta de un ástil o varilla rematada por una punta triangular dura y afilada. Suele ir provista de aletas o ganchos que la ayudan a mantener la trayectoria y a clavarse en el objetivo.
Armas 2:83b.

FLECHA (ASTRONOMÍA). Pequeña constelación del hemisferio septentrional, al norte de la de Águila. Nombre latino: Sagitta.

FLECHA, MATEO (EL JOVEN) (1530-1604). Eclesiástico y compositor español. De la orden carmelita, fue preceptor musical de los príncipes castellanos y abad de Tihany (Hungría) y la Portela (España). Autor de música religiosa basada en el estilo de su tío Mateo Flecha, llamado el Viejo. *Divinarum completarum psalmi.*

FLECHA, MATEO (EL VIEJO) (h. 1481-1553). Eclesiástico y compositor español. Ingresó en la orden carmelita y fue maestro de capilla catedralicia en Lérida y preceptor musical de las infantas castellanas y, tal vez, de Felipe II. Compuso las llamadas *Ensaladas,* canciones satíricas y festivas que su sobrino Mateo Flecha, el Joven, publicó en Praga en 1581.

FLEETWOOD, CHARLES (1618-1692). General y político inglés. Seguidor de William Cromwell, participó en las batallas de Saneby, Dunbar y Worcester y fue nombrado gobernador de Irlanda, donde expropió a los católicos. Fue destituido de sus cargos después de la Restauración.

FLEISCHER, MAX (1889-1972). Realizador de dibujos animados estadounidense de origen austriaco. Entre los personajes por él creados destacan Betty Boop, famosa vampiresa de la década de 1930 que fue prohibida por la censura, y Popeye el marino (1932-1947).

FLÉMALLE, MAESTRO DE (siglo XV). Pintor flamenco, a menudo identificado con Robert Campin, quien trabajaba en Tournai hacia 1406 y murió en 1444. Supuesto maestro de Rogier van der Weyden. Su obra se caracterizó por la viveza cromática y el tratamiento escultórico del modelado. «Desposorios de la Virgen», «Santa Bárbara».

FLEMING, ALEXANDER (1881-1955). Médico y bacteriólogo británico. Descubrió la penicilina y sus propiedades bactericidas.
6:324a; Antibiótico 1:382a; Waksman, Selman Abraham 14:350a; *cuadro* 6:324a; *ilustración* 6:324b.

FLEMING, IAN (1908-1964). Novelista británico. Popular autor de novelas, fue el creador de James Bond, agente secreto 007, protagonista de innumerables películas. *Casino Royale* (1953), *Diamantes para la eternidad* (1956), *El hombre de la pistola de oro* (1965).

FLEMING, JOHN AMBROSE (1849-1945). Ingeniero británico. Profesor de ingeniería eléctrica en la Universidad de Londres, realizó numerosas contribuciones al desarrollo de los estudios sobre electricidad, fotometría, telegrafía sin hilos, etc. Inventor del diodo. *Principios de la onda eléctrica telegráfica* (1906).
Electrónica 5:365a; Radiocomunicación 12:248b.

FLEMING, VICTOR (1883-1949). Director de cine estadounidense, muy popular en la década de 1930. *La isla del tesoro* (1934), *El mago de Oz* (1939), *El doctor Jekyll y mister Hyde* (1941). Concluyó el rodaje de *Lo que el viento se llevó* (1939).
Cinematografía 4:201.

FLENSBURG. Ciudad alemana en el est. de Schleswig-Holstein, en la parte norte del país. Perteneciente al reino de Dinamarca desde 1848, fue ocupada por los prusianos en 1864 y en 1920 votó su incorporación a Alemania. Sede del gobierno del almirante Karl Dönitz, quien se rindió allí a los aliados en mayo de 1945. Arquitectura medieval y renacentista. Industria. 85.547 hab. (1998).

FLETA, MIGUEL (1897-1938). Tenor español. Estudió en Barcelona y Milán. Debutó con *Francesca da Rimini,* de Zandonai, en Trieste. En 1926 estrenó *Turandot,* ópera póstuma de Giacomo Puccini.

FLETCHER, JOHN (1579-1625). Dramaturgo británico. Escribió la mayoría de sus obras en colaboración con Francis Beaumont y, a la muerte de este último, con otros dramaturgos (Ben Jonson, Philip Massinger, etc.). Su producción se inscribe dentro del gusto barroco por las situaciones imprevistas. *El misógino* (1607), *El pequeño picapleitos francés* (1619), *El cura español* (1622).

FLETE. Alquiler de un buque, o de una parte del mismo, para el transporte de mercancías o personas. Por extensión se dice también del alquiler de otros transportes.
Marina mercante 9:375a.

FLEURUS, BATALLA DE. El combate más importante de las guerras revolucionarias francesas, librado entre las tropas de Francia contra las coligadas de Austria y Holanda el 26 de junio de 1794. Concluyó con la victoria francesa.

FLEURY, ANDRÉ-HERCULE DE (1653-1743). Cardenal francés. Fue consejero del rey Luis XV de Francia cuyo gobierno controló desde 1726 hasta 1743. Aunque nunca utilizó el título de primer ministro, lo fue de hecho. Tuvo una destacada actuación en los asuntos internacionales: intervino en la guerra de sucesión polaca y defendió la causa de María Teresa de Austria durante la guerra de sucesión austriaca. En el interior gobernó con mano dura e instituyó una serie de reformas fiscales que consiguieron restablecer las finanzas del país.

FLEXIÓN (LINGÜÍSTICA). Proceso morfológico que expresa la función sintáctica o categoría gramatical de vocablos verbales o nominales mediante la adición de afijos o desinencias a la raíz de los mismos. Las lenguas que tienen esta característica, como las indoeuropeas, se llaman lenguas de flexión o flexivas.

FLICTENA. Erupción cutánea caracterizada por la existencia de pústulas llenas de suero de diámetros superiores a cinco milímetros. También denominada ampolla.

FLINT. Ciudad de los Estados Unidos, en el est. de Michigan. Universidad, museo. Sede de la General Motors. Automóviles, piezas y accesorios. 131.668 hab. (1998).

FLN. V. **Frente de Liberación Nacional** (FLN, ARGELIA).

FLOCULACIÓN. En química, separación de partículas sólidas de una solución para formar copos de pequeñas dimensiones.

FLOEMA. Parte de los haces liberianos constituida por vasos cribosos, células anexas y parenquimáticas que conducen en un árbol la savia elaborada y los azúcares a los diversos tejidos de la planta. El término fue propuesto por el botánico alemán Carlos Guillermo de Naegli en su obra *Investigaciones de fisiología botánica* (1855-1858).
Crecimiento 5:1a; Tallo 13:390a.

FLOGISTO, TEORÍA DEL. Antigua teoría química que suponía que la combustión, la calcinación y la respiración dependían de un fluido conocido como flogisto.
Química 12:226a.

FLOOD, HENRY (1732-1791). Estadista angloirlandés. Fundó el movimiento que en 1782 obligó a la Gran Bretaña a conceder independencia legislativa a Irlanda.

FLOPS. Unidad de potencia de una supercomputadora que expresa la cantidad de operaciones realizables en coma flotante por segundo.

FLOR. Aparato reproductor de las plantas fanerógamas. Es en las angiospermas donde alcanza su máxima vistosidad y complejidad y suele presentar cuatro partes: cáliz, corola, estambres (órganos masculinos) y pistilo (órgano femenino).
6:325a; Angiospermas 1:353b; Árbol 2:25a; Botánica 3:125b; Floricultura 6:332a; Fruto 6:417a; Inflorescencia 8:197a; Jardinería 8:354b; Polen 12:52b; *ilustraciones* 6:325b; 6:326; 6:327; 6:328a.

FLOR, ROGER DE (1280-1305). Aventurero italiano al servicio del rey de Sicilia, Federico III de Aragón. Acudió en auxilio de Andrónico II, emperador de Bizancio, al frente de tropas almogávares catalanas y aragonesas. Su asesinato provocó la llamada «venganza catalana».
Almogávares 1:240b.

FLORA (BOTÁNICA). Conjunto constituido por la vegetación de un determinado lugar.
Cuaternaria, era 5:48a; Ecología 5:270b; Selva 13:193a.

FLORA (MITOLOGÍA). Una de las divinidades más antiguas del panteón romano, diosa de la renovación primaveral de la vegetación y de las flores y plantas en general. Gracias a su intervención, Juno concibió a Marte sin participación masculina alguna. Las fiestas celebradas en su honor se llamaban Floralia.

FLORACIÓN. Momento en un ciclo vegetativo en el que se abren las flores. Las características y duración de éstas, así como la época del año en que se produce, varían según las distintas especies.
Flor 6:327b.

FLOR DE LA PASIÓN. V. **Pasionaria.**

FLOR DE PASCUA. V. **Poinsetia.**

FLOREAL. Octavo mes del calendario republicano francés que comprendía parte de abril y de mayo.

FLORECILLAS. *I fioretti di san Francesco* (*Las florecillas de san Francisco*), obra que contiene la traducción en lengua vulgar toscana de un texto latino atribuido al fraile Ugolino da Montegiorgio. En ella se relatan los hechos de san Francisco de Asís y sus acólitos.

FLORENCIA (COLOMBIA). Ciudad de Colombia, cap. del dep. de Caquetá, a orillas del río Orteguaza, en la vertiente amazónica de la cordillera Oriental de los Andes. Agricultura, productos medicinales, textiles. Ganadería. 126.680 hab. (1999).

FLORENCIA (ITALIA). Ciudad de Italia, cap. de la reg. de Toscana, a orillas del Arno. 379.687 hab. (1998).
6:328b; Güelfos y gibelinos 7:263b; Italia 8:305a; Lorenzo el Magnífico 9:222b; Medici, familia 10:26b; Savonarola, Girolamo 13:170b; Templo e iglesia 14:13b; *ilustraciones* 6:329b.

FLORES (URUGUAY). Departamento de Uruguay. Terreno accidentado regado por el río Yi y el arroyo Chapicuy Grande. Agricultura, ganado lanar. Cap. Trinidad. 5.114 km^2. 25.348 hab. (1996).

FLORES, ANTONIO (1820-1866). Escritor y periodista español, autor de artículos costumbristas. Colaborador de *El Laberinto* y *Los Españoles Vistos por sí Mismos. Fe, esperanza y caridad* (1850), en el estilo de Eugène Sue, *Ayer, hoy y mañana* (1853).

FLORES, CARLOS (n. en 1950). Político hondureño. Miembro del Partido Liberal, en 1994 fue nombrado presidente del Congreso de su país. Tras su victoria en las elecciones presi-

denciales de 1997, en 1998 accedió a la jefatura del estado.
6:330a; Honduras 8:61b; *ilustración* 6:330a.

FLORES, CIRILO (1779-1826). Político guatemalteco, presidente de la Asamblea Constituyente de su país al proclamarse las Provincias Unidas de Centroamérica. Presidente de Guatemala (1826), trasladó la capital a Quetzaltenango para no convivir con el gobierno federal. Murió asesinado por la muchedumbre durante un tumulto.

FLORES, CIUDAD. Población del norte de Guatemala, cap. del dep. de Petén, a orillas del lago Petén Itzá. Importante centro forestal y de extracción de productos arbóreos (chicle, caucho). Punto de partida para las expediciones turísticas a las ruinas de la ciudades mayas. 13.376 hab. (1981).
Petén 11:377a.

FLORES, ENRIQUE. V. **Flórez, Enrique.**

FLORES, FRANCISCO (n. en 1959). Político salvadoreño. Candidato del conservador Partido Alianza Republicana Nacionalista (Arena), en las elecciones de 1999 alcanzó la presidencia de la república en sustitución de su correligionario Armando Calderón Sol.
6:330a; Salvador, El 13:109b; *ilustraciones* 6:330a; 13:109b.

FLORES, ISLA (INDONESIA). Isla del archipiélago de la Sonda, al este de Java. Montañosa y volcánica. Población étnicamente muy mezclada. Maíz, tubérculos, cocos, café. 14.250 km^2. 1.249.052 hab. (1980).

FLORES, ISLA (PORTUGAL). Territorio insular del archipiélago portugués de las Azores, en el Atlántico norte. De origen volcánico, cubre una superficie de 142 km^2. Su punto más alto es Morro Grande (941 m), en el centro de la isla.

FLORES, JUAN JOSÉ (1800-1864). Militar ecuatoriano. Primer presidente de la república de 1830 a 1845.
6:330b; Ecuador 5:292a; Rocafuerte, Vicente 12:397b.

FLORES, JULIO. V. **Flórez, Julio.**

FLORES, LOLA (1921-1995). Bailarina, actriz y cantante folclórica española. Se formó como actriz de revista en giras por España, y trabajó con Manolo Caracol. De gran popularidad, protagonizó numerosas películas cinematográficas: *La danza de los deseos* (1954), *Morena clara, Una señora estupenda* (1973).

FLORES, MANUEL ANTONIO. V. **Flórez, Manuel Antonio.**

FLORES, VENANCIO (1809-1868). Político uruguayo. Ocupó la presidencia de la república en 1854 y 1865, imponiendo un gobierno autoritario.
6:331a; *ilustración* 6:331a.

FLORESCANO, ENRIQUE (n. en 1937). Historiador y profesor universitario mexicano. Escribió sobre la historia mexicana contemporánea. *Origen y desarrollo de los problemas agrarios en México* (1979), *Memoria mexicana* (1987), *El mito de Quetzalcóatl* (1993).

FLORES D'ARCAIS, PAOLO (n. en 1944). Filósofo italiano. En sus obras aborda cuestiones relacionadas con la política. *Existencia y libertad* (1990), *El desencanto traicionado* (1994).

FLORES DEL MAL, LAS. Colección de poemas líricos del escritor francés Charles Baudelaire, publicados en 1857. Dio lugar a un proceso de inmoralidad contra el autor, quien, en la segunda edición, suprimió los seis poemas «condenados» y añadió varios más.

FLORES JIJÓN, ANTONIO (1833-1912). Político y escritor ecuatoriano. Presidente de la república de 1888 a 1892.
6:331b.

FLORES MAGÓN, RICARDO (1873-1922). Político y periodista mexicano. Fundador del Partido Liberal y promotor de una insurrección contra Porfirio Díaz.
6:331b.

FLORETE. Arma blanca larga que se emplea en las competiciones de esgrima. Posee una hoja flexible, recta y de sección cuadrangular, con un peso inferior a los 500 g y una extensión aproximada de 110 cm. Su punta está protegida por un botón.
Esgrima 6:52b.

FLOREY, HOWARD (1898-1968). Médico australiano. Recibió el Premio Nobel de medicina en 1945, junto con Alexander Fleming y Ernst Boris Chain, por sus trabajos sobre la penicilina.

FLÓREZ, ENRIQUE (1702-1773). Historiador y teólogo español. Religioso agustino, fue rector del colegio de Alcalá y miembro de la Inquisición. Representante del saber erudito del siglo XVIII, publicó 29 tomos de su *España sagrada* (1747-1773). *Medallas de las colonias, municipios y pueblos antiguos de España* (1757-1773).

FLÓREZ, JULIO (1867-1923). Poeta colombiano. Resalta en su obra temas populares y muestra un sentimentalismo tétrico. *Horas* (1893), *Fronda lírica* (1908), *Barranquilla* (1922).

FLÓREZ, MANUEL ANTONIO (h. 1723-1799). Administrador colonial español. Virrey de Nueva Granada entre 1776 y 1782, ocupó entre 1787 y 1789 el puesto de virrey de la Nueva España dejado vacante por Alonso Núñez de Haro. Llevó a cabo una política ilustrada en asuntos económicos y culturales.
Nueva España, Virreinato de la 11:36b; Nueva Granada, Virreinato de 11:37b.

FLORIANÓPOLIS. Ciudad y puerto de Brasil, cap. del est. de Santa Catarina, en la isla homónima, unida por un puente colgante al continente. Aeropuerto. Universidades, museos. Metalurgia, aparatos electrónicos, productos farmacéuticos, perfumes. 250.657 hab. (1996).

FLORICULTURA. Rama de la agricultura dedicada al cultivo de plantas con flores.
6:332a; Horticultura 8:75a; Jardinería 8:354b; *ilustración* 6:332a.

FLORIDA (CIUDAD, URUGUAY). Población de Uruguay, cap. del dep. homónimo, 80 km al norte de Montevideo. Aeropuerto. Aserraderos, manufacturas, textiles, mosaicos. Productos agropecuarios. 65.400 hab. (1985).

FLORIDA (CUBA). Municipio de la prov. de Camagüey, al oeste de la capital provincial. Río Caonao. Ingenios azucareros. Ganado vacuno. La cabecera tiene 39.700 hab. (1987).

FLORIDA (DEPARTAMENTO, URUGUAY). División administrativa de Uruguay. Terreno accidentado que culmina en Cuchilla Grande Inferior. Ganado vacuno y lanar; agricultura, productos lácteos; canteras de granito y mármol. Cap. Florida. 10.417 km^2. 68.257 hab. (1996).

FLORIDA (EUA). Estado del sudeste de los Estados Unidos, en una península entre el océano Atlántico y el golfo de México. Cap. Tallahassee. 151.981 km^2. 14.653.945 hab. (1996).
6:333a; Estados Unidos 6:128a; Miami 10:144a; Ponce de León, Juan 12:81a; Soto, Hernando de 13:306b; *ilustraciones* 6:333b; 6:334a.

FLORIDA, CAYOS DE LA. Islotes coralinos de los Estados Unidos que se extienden en dirección sudoeste desde el extremo sudoriental de la península de Florida, en el golfo de México. Están unidos por una carretera desde Cayo Virginia, al sur de Miami Beach, hasta Cayo Hueso (Key West).

FLORIDA, CORRIENTE DE. V. **Golfo, corriente del.**

FLORIDA, ESTRECHO DE LA. Paso que une el golfo de México con el océano Atlántico. Se extiende a lo largo de 180 km entre los cayos de Florida (EUA) al norte, y Cuba y las Bahamas al sur y sudeste.
México, golfo de 10:142a.

FLORIDABLANCA. Población colombiana que pertenece al dep. de Santander, en la parte noroccidental del país. Agricultura (caña de azúcar, maíz, café), ganadería, industria. 228.749 hab. (1999).

FLORIDABLANCA, CONDE DE (1728-1808). José Moñino y Redondo, estadista español. Su intervención ante el papa Clemente XIV provocó la disolución de la Compañía de Jesús.
6:334b; Aranda, conde de 2:18b; Carlos III de España 3:398a; *ilustración* 6:335a.

FLORÍDEAS. Clase de algas rodofíceas. Reproducción asexual por esporas y sexual por anteridios y carpogonios. Normalmente marina. Comprende más de 300 géneros.

FLORILEGIO. También conocido como analectas, antología o recopilación de piezas o fragmentos escogidos de la obra de uno o varios autores.

FLORÍN. Unidad monetaria originada en Florencia durante la edad media y acuñada posteriormente en otros países, entre ellos los de la corona de Aragón. Modernamente, unidad monetaria de los Países Bajos (*guilder*) y de Hungría (*forint*).
Dinero 5:195a.

FLORIPONDIO. Planta de porte arbustivo de la familia de las solanáceas (*Datura arborea*). Dicotiledónea. Flor blanquecina, con forma de embudo y de gran tamaño.

FLORIS, CORNELIS (1514-1575). Cornelis de Vriendt II, grabador, arquitecto y diseñador flamenco. Perteneciente a una célebre familia de artistas, contribuyó a implantar el Renacimiento en el norte de Europa. A él se debe la construcción del ayuntamiento de Amberes (1561-1565), prototipo de los ayuntamientos holandeses posteriores.

FLORISTÁN, CASIANO (n. en 1926). Teólogo español. Profesor de teología en la Universidad Pontificia de Salamanca. *La vertiente pastoral de la sociología religiosa* (1960), *Teología de la acción pastoral* (1968).

FLORIT, EUGENIO (n. en 1903). Poeta cubano de origen español. Perteneció a la *Revista de Avance* y recibió la influencia de Juan Ramón Jiménez. Introdujo a la generación del 27 española en los círculos poéticos cubanos. *Trópico* (1930), *Doble acento* (1936), *Conversación a mi padre* (1949), *Asonante final* (1950), *Hábito de esperanza* (1965), *Antología penúltima* (1970).

FLORO, PUBLIO ANNIO (siglo II). Historiador latino. Autor de una historia de Roma desde su fundación hasta los tiempos de Augusto, fue el primero de los escritores nacidos en África que ejercieron gran influencia en la literatura latina. También conocido como Lucio Anneo Floro.

FLORY, PAUL J. (1910-1985). Químico estadounidense. Premio Nobel en 1974 por sus descubrimientos acerca de las macromoléculas y polímeros.

FLOTACIÓN. Acción de mantenerse un cuerpo en la superficie de un fluido debido al equilibrio entre el peso de dicho cuerpo y el empuje hacia arriba por parte del fluido que se le opone. Procedimiento utilizado en metalurgia para separar partículas sólidas.
Cobre 4:243a; Densidad 5:131a.

FLOTADOR. Cualquier cuerpo que sobrenada en el agua o en un líquido.

FLOTAS Y GALEONES, SISTEMA DE. Ordenamiento del comercio marítimo con América impuesto por España a lo largo del siglo XVI, y que persistió hasta finales del siglo XVIII, para hacer frente a la piratería y controlar al mismo tiempo las entradas y salidas de personas y mercancías.
6:335a; *ilustración* 6:335b.

FLOTOW, FRIEDRICH (1812-1883). Compositor francés de origen alemán. Estudió en París. Escribió ballets, música incidental y diversas óperas, la más famosa de las cuales fue *Martha*.

FLOURENS, MARIE-JEAN-PIERRE (1794-1867). Fisiólogo francés. Profesor en el Colegio de Francia desde 1832, trabajó en investigaciones sobre las diversas funciones del cerebro y el cerebelo. Fue secretario perpetuo de la Academia de Ciencias desde 1855. *Investigaciones experimentales sobre las propiedades y las funciones del sistema nervioso en los animales vertebrados* (1824).

FLOX. V. **Simpática.**

FLUENCIA. Deformación progresiva experimentada por un metal sometido a una carga permanente y a elevadas temperaturas.

FLUIDO. Sustancia que adopta la forma del recipiente que la contiene. En los fluidos son débiles las interacciones entre las moléculas. El término engloba a los líquidos y a los gases.
Mecánica de fluidos 10:17b.

FLUJO DE EFECTIVO. Medida contable de liquidez, o capacidad de autofinanciación, de una empresa o entidad económica. Resultado de deducir los pagos de los cobros. El flujo bruto de efectivo registra los ingresos antes de impuestos, amortizaciones y reservas, mientras que el neto no considera estos rubros.

FLUJO LUMINOSO. Cantidad de luz (energía) radiante emitida por un foco en el intervalo de la región visible del espectro electromagnético. La unidad de flujo luminoso es el lumen.
Fotometría 6:361b.

FLUJO MAGNÉTICO. Producto de la intensidad del campo magnético por el área de un plano perpendicular a la dirección del campo. La unidad de flujo magnético es el maxwell, que equivale a un gauss por centímetro cuadrado.
Magnetismo 9:288b.

FLÚOR. Elemento químico halógeno, del grupo VIIA de la tabla periódica. El más reactivo de los elementos. Símbolo, F; número atómico, 9; peso atómico, 18,9984.
6:335b; Fluorita 6:337a; Halógenos 7:324a; *cuadro* 6:336a; *ilustración* 6:336a.

FLUORACIÓN. Aplicación de una capa de alrededor de una décima de micra de espesor de un fluoruro metálico sobre un cristal óptico. Utilizada para eliminar la luz reflejada en una superficie.

FLUORESCEÍNA. Sustancia química colorante perteneciente al grupo de las ftaleínas. Muy utilizada, al igual que sus derivados, en aplicaciones médicas.

FLUORESCENCIA. Propiedad que presentan algunas sustancias de emitir en frecuencias más bajas las radiaciones electromagnéticas o corpusculares que reciben.
6:336a; Fluorita 6:337a; Fosforescencia 6:353a; Luminiscencia 9:241b; Mineral y mineralogía 10:174b; Rayos catódicos 12:269b; Televisión 14:5a; *ilustración* 6:336b.

FLUORITA. Fluoruro de calcio, CaF_2. Principal fuente de obtención de flúor.
6:337a; Flúor 6:335b; Fluorescencia 6:336b; Mineral y mineralogía 10:175b.

FLUORÍTICO. Nombre genérico de los materiales que contienen flúor.

FLUOROGRAFÍA. Técnica de grabado en vidrio basada en un dibujo obtenido por medios fotográficos. La imagen se copia sobre el vidrio y lo protege contra la acción de vapores de ácido fluorhídrico o diversos fluoruros que deslustran las partes vítreas no recubiertas.

FLUOROSCOPIO. Aparato utilizado para el estudio de órganos y tejidos profundos mediante los rayos X.

FLÚTER. Arritmia cardiaca caracterizada por taquicardia regular con ritmo auricular doble del normal. Asociada a sucesos ocasionales, paroxísticos o permanentes.

FLUVIAL, RÉGIMEN. Variación estacional que experimentan los ríos en su caudal de aguas. Depende tanto de la latitud como de la climatología, estructura del suelo sobre el que se asienta el río, etc. Existen diversos tipos de regímenes: ecuatorial, tropical, mediterráneo, monzónico, pluvial, nival.
Río 12:377a.

FLUXIONES, MÉTODO DE LAS. Método de cálculo inventado y desarrollado por Isaac Newton en su obra *Sobre los métodos de las series y las fluxiones* (1671), por el que toda magnitud finita se considera generada por un flujo continuo. En este contexto, fluxión equivale a derivada.

FLYNN, ERROL (1909-1959). Actor cinematográfico estadounidense que alcanzó gran popularidad en la década de 1930. *El capitán Blood* (1935), *La carga de la brigada ligera* (1936), *Robin Hood* (1938), *Murieron con las botas puestas* (1941).
Robin Hood 12:394a; *ilustración* 12:394a.

FLYSCH. Formación sedimentaria de gran espesor en la que alternan estratos de areniscas y arcillas; en ocasiones contiene también calizas, conglomerados y pizarras. Los depósitos de este tipo son de tono grisáceo y se originan en las cuencas geosinclinales.

FM. Siglas de un tipo de emisión radiofónica en que la amplitud de la onda se mantiene constante, pero la frecuencia se altera según las variaciones de la señal emitida. Las emisiones de FM son menos sujetas de interferencia que las de AM. Las siglas representan los términos frecuencia modulada o modulación de frecuencia.
Radiocomunicación 12:249a.

FMI. V. **Fondo Monetario Internacional** (FMI).

FMLN. V. **Frente Farabundo Martí de Liberación Nacional** (FMLN).

FNLA. V. **Frente Nacional para la Liberación de Angola** (FNLA).

FO, DARIO (n. en 1926). Dramaturgo italiano. Galardonado con el Premio Nobel de literatura en 1997.
6:337a; Italiana, literatura 8:323b; *ilustraciones* 6:337b; 8:323b.

FOBIA. Miedo patológico a un objeto o situación determinados.
6:337b; Psiquiatría 12:185b.

FOBOS. Satélite de Marte, descubierto en 1877 por el astrónomo estadounidense Asaph Hall. Dista 9.378 km del centro del planeta. Diámetro de unos 16 km. Período sideral de 7 horas 39 minutos 13,85 segundos.
Marte (ASTRONOMÍA) 9:391b; Satélite 13:163b.

FOCA. Mamífero carnívoro pinnípedo de la familia de los fócidos. Diversos géneros, entre ellos *Phoca* y *Erignathus*. Extremidades transformadas en aletas. Habita los mares fríos o templados de ambos hemisferios.
6:338b; Carnívoros 3:404a; Lobo marino 9:194b; Migraciones animales 10:157b; *ilustración* 6:338b.

FOCEA. Antigua ciudad griega de la costa jonia, fundada probablemente en el siglo X a.C. Los foceos establecieron numerosas colonias en los Dardanelos, el mar Negro y el Mediterráneo.

FOCÉNIDOS. Familia de los mamíferos del orden de los cetáceos y del suborden de los odontocetos. Comprende las diferentes especies de marsopas.

FOCH, FERDINAND (1851-1929). Mariscal francés, considerado como el principal artífice de la victoria aliada en la primera guerra mundial. En 1915 y 1916, al mando del grupo de ejércitos del norte, dirigió las operaciones de Artois y el Somme. Dos años más tarde fue designado comandante supremo de los ejércitos aliados, con la misión de coordinar la contraofensiva aliada en el frente occidental.

FOCHA. Ave gruiforme de la familia de los rálidos (*Fulica atra*). Patas con grandes dedos de forma lobulada. Acuática. Distribución eurasiática y norafricana.

FÓCIDA. Antigua región de Grecia a orillas del golfo de Corinto. Monte Parnaso (2.457 m). Agricultura, ganadería; minas de bauxita.

FOCIO (h. el 820-895). Teólogo bizantino. Patriarca de Constantinopla, se enfrentó numerosas veces a la autoridad de Roma y atacó la doctrina católica, por lo que finalmente fue depuesto y excomulgado. Con él se dio el primer paso para el cisma de oriente. Autor de obras teológicas, de erudición (*Biblioteca*) y de numerosas cartas.
Bizantino, arte 3:61b; Cisma 4:213a; Ortodoxas, iglesias 11:162b.

FOCO. Punto en donde convergen radiaciones de cualquier clase, reflejadas por espejos o refractadas por lentes. También, punto de donde sale una radiación cualquiera en distintas direcciones.

FOEHN. Viento cálido y seco que sopla en la vertiente norte de los Alpes.
Suiza 13:355a.

FOGAZZARO, ANTONIO (1842-1911). Escritor italiano. En sus obras plasmó el conflicto entre la fe y la razón, expresada esta última en los nuevos desarrollos de la ciencia moderna. Sus problemas con la jerarquía eclesiástica llegaron a la inclusión en el *Índice de libros prohibidos* de una de sus obras: *El santo* (1905). *Valsolda* (1886), *El misterio del poeta* (1888), *Pequeño mundo antiguo* (1896).
Italiana, literatura 8:323a.

FOGEL, ROBERT WILLIAM (n. en 1926). Historiador económico estadounidense. Se valió de los métodos cuantitativos en sus investigaciones sobre los Estados Unidos. Premio Nobel de economía en 1993 junto a Douglas Norr.

FOGGIA. Ciudad de Italia, cap. de la prov. del mismo nombre, en la Apulia. Residencia del emperador Federico II. Parcialmente destruida por un terremoto en 1731. Catedral, museo. Lana, cereales y quesos. 155.785 hab. (1998).

FOIE-GRAS. Pasta fabricada con el hígado de ganso, especialidad de la cocina francesa. Se denomina también así, por extensión, a la realizada con hígado de cerdo, de calidad inferior.
Ganso 7:41b.

FOIX. Ciudad del dep. francés de Ariège, al pie de los Pirineos, en la confluencia de los ríos Ariège y Arget. Condado de la misma región, que existió entre el 1002 y 1607, y que dio reyes a Navarra y a Francia. 9.212 hab. (1982).

FOIX, JOSEP VICENÇ (1893-1987). Escritor y periodista español en lengua catalana. En su obra aunó elementos procedentes de la literatura medieval y de los movimientos estéticos de vanguardia, en especial del surrealismo. Premio Nacional de literatura en 1984. *Gertrudis* (1927), *Sol, y de luto* (1947), *Obras completas* (1974).

FOKINE, MICHEL (1880-1942). Mijaíl Mijaílovich Fokine, bailarín y coreógrafo ruso. En 1909 Serguéi Diaghilev lo nombró primer bailarín y coreógrafo de su compañía, quedando como coreógrafo a partir de 1911, al ocupar Váslav Nijinski el puesto de primer bailarín. Influido por Isadora Duncan, Fokine buscó reformar el arte del ballet a partir de la expresividad en la danza. Coreografió obras de Nikolái Rimski-Kórsakov (*Scherezade*), Ígor Stravinski (*El pájaro de fuego*) y Maurice Ravel (*Bolero*).
Ballet 2:326b.

FOKKER. Empresa aeronáutica fundada por el piloto holandés Anthony Herman Gerard Fokker (1890-1939). Sus aviones de caza fueron empleados por el ejército alemán durante la primera guerra mundial. Sus diseños y construcciones dieron un enorme impulso a la aviación comercial en las décadas de 1920 y 1930.

FOLCH, JOSEP MARIA (1880-1950). Novelista, dramaturgo y periodista español en lengua catalana. Su espíritu profundamente catalanista, que difundió a través de sus actividades periodísticas en *La Atlàntida* y *La Tralla*, le significó el exilio en Francia entre 1905 y 1908. Su obra novelística (*Almas blancas, Una vida*) y dramática (*El anillo maravilloso*) es de tendencia moralizante y temática folclórica y popular.

FOLCH I CAMARASA, RAMON (n. en 1926). Novelista, traductor y dramaturgo español en lengua catalana, que reflejó con realismo en sus creaciones la vida de las clases humildes. *La visita* (1965), *Fin de semana sobre la hierba* (1967), *Sala de espejos* (1982).

FOLCLOR. Conjunto de manifestaciones de la cultura tradicional de los pueblos y ciencia que se ocupa de su estudio.
6:339a; Danza 5:96a; Folclórica, música 6:341b; *ilustraciones* 6:339b; 6:340a-b.

FOLCLÓRICA, MÚSICA. Término que designa la música tradicional de un país o región determinados, generalmente de transmisión oral.
6:341b; Corrido 4:398a; Flamenco (MÚSICA) 6:321b; Folclor 6:340b; Instrumentos musicales 8:228b; Pop, música 12:83b; Ranchera, música 12:260b; Tropical, música 14:134b; *ilustraciones* 6:341b; 6:342a; 6:343a.

FOLE, ÁNXEL (1903-1986). Escritor español en lengua gallega, cuyas obras, que adoptan una escritura de vanguardia, se vinculan, sin embargo, con un galleguismo auténtico. *A la luz del candil* (1953), *Tierra brava* (1955).

FOLENGO, TEOFILO (1491-1544). Escritor y monje benedictino italiano, representante del estilo farsesco y satírico llamado «maccheronico», por su libro *Le maccheronee* (1517), también conocido como *Baldo*.

FOLÍA. Danza popular de la península ibérica, de posible origen portugués. En el siglo XVII se extendió por toda Europa. También se conoce como folía el cante y baile típicos de las islas Canarias.

FÓLICO, ÁCIDO. Polipéptido del ácido glutámico y ácidos pteroicos, presente en las hojas verdes, hongos y levaduras, hígado y riñón. Parte del complejo vitamínico B y esencial para el crecimiento de ratas, pollos, levaduras y algunos microorganismos. Identificado como factor antianémico.

FOLÍCULO. Fruto seco monocarpelar dehiscente (se abre por medio de una sutura ventral para liberar las semillas). Polispermo.
Fruto 6:418a.

FOLÍCULO DE GRAAF. Vesícula ovárica u ovisaco que contiene el óvulo y un líquido rico en foliculina o estrina.
Urogenital, aparato 14:198b.

FOLIOLO. Cada uno de los elementos foliares que integran una hoja compuesta.
Hoja 8:40b.

FOLSOM, PUNTAS. Instrumentos puntiagudos del paleolítico superior. Se caracterizan por su forma foliácea y acanaladura central en ambos lados. Fueron descubiertos en Folsom, Nuevo México, Estados Unidos, en 1926, en un lugar en que se conservaban otros vestigios de un asentamiento humano primitivo.
Americana, prehistoria 1:286a.

FOMBONA PACHANO, JACINTO (1901-1951). Poeta, novelista y ensayista venezolano. Formó parte de los poetas de 1918. Se distinguió por la elección delicada de motivos. En *Las torres desprevenidas* (1940) muestra angustiado tono y mensaje profético. En *Sonetos* (1944) retorna a un clasicismo sencillo y formal.

FONACIÓN. Emisión de sonidos producida por el aire cuando al salir de los pulmones hace vibrar las cuerdas vocales, pliegues localizados en las caras laterales de la cavidad laríngea.
Habla 7:310b.

FONDA, HENRY (1905-1982). Actor cinematográfico estadounidense. Actuó en *Sólo se vive una vez* (1937), *Las uvas de la ira* o *Viñas de ira* (1940), *Doce hombres sin piedad* (1957). En 1978 la Academia de Hollywood le otorgó un Óscar honorífico en reconocimiento a su carrera. Poco antes de morir interpretó *En el estanque dorado* (1981), por la que recibió al año siguiente el Óscar al mejor actor.

FONDA, JANE (n. en 1937). Actriz estadounidense, hija de Henry Fonda y formada en el Actor's Studio. *Klute* (1969), *Danzad, danzad, malditos* (*They Shoot Horses, Don't They?*; 1969), *En el estanque dorado* (1981).

FONDO, COMPETICIONES DE. Término con el que se designan las pruebas de resistencia y larga distancia en distintas disciplinas deportivas: en atletismo, las carreras de 5.000 y 10.000 m planos, el maratón y la prueba de *cross* o campo a través; en esquí, las carreras de 15, 30 y 50 km; en natación, las pruebas de 800 m y 1.500 m libres, y en ciclismo, las de carretera.

FONDO DE CULTURA ECONÓMICA. Empresa editorial mexicana de carácter paraestatal encaminada a difundir en el país los acontecimientos sobre temas de economía, límite que se sobrepasó rápidamente para abarcar todo tipo de publicaciones de interés cultural. El Fondo fue fundado en la ciudad de México en 1934 por un grupo que incluía a Jesús Silva Herzog (padre), Eduardo Villaseñor y Daniel Cosío Villegas, que fue su primer director.

FONDO DE GARANTÍA DE DEPÓSITOS. Organización financiera estatal española, que realiza préstamos a las empresas financieras que se encuentran en dificultades. Creada a iniciativa del Banco de España en 1978.

FONDO DE INVERSIONES. Fórmula de inversión financiera en la que un grupo de ahorradores aúnan sus recursos para obtener una mayor seguridad y rentabilidad sobre ellos.

FONDO ESPECIAL DE LAS NACIONES UNIDAS PARA EL DESARROLLO. Organismo internacional que otorga préstamos a largo plazo a los países menos desarrollados para fines económicos. Creado bajo los auspicios de las Naciones Unidas.

FONDO EUROPEO DE DESARROLLO (FED). Institución de la Comunidad Económica Europea que concede préstamos y donaciones a países europeos no comunitarios con fines de desarrollo social y económico.

FONDO EUROPEO DE DESARROLLO REGIONAL (FEDER). Fondo constituido por los países miembros de la Unión Europea para reducir las diferencias sociales, económicas y de infraestructura que se registran entre sus estados miembros.

FONDO EUROPEO DE ORIENTACIÓN Y GARANTÍA AGRÍCOLA (FEOGA). Fondo constituido por los países miembros de la Unión Europea para sostener la renta de sus agricultores, promover nuevos cultivos y favorecer la modernización tecnológica de las instalaciones agrícolas.

FONDO MONETARIO INTERNACIONAL (FMI). Institución financiera creada en 1944 con la finalidad de estimular la cooperación monetaria internacional, facilitar la expansión del comercio, promover la estabilidad de los cambios y contribuir al establecimiento de un sistema multilateral de pagos.
Banca 2:335a; Dinero 5:196b; Naciones Unidas 10:337a; Neoliberalismo 10:377a; Organizaciones financieras internacionales 11:141a.

FONDO MUNDIAL PARA LA NATURALEZA. Organización ecologista conocida por sus siglas inglesas de WWF. Se constituyó en Suiza en 1961 con el objeto de financiar proyectos de conservación del medio ambiente planificados por la Unión Internacional para la Conservación de la Naturaleza y sus Recursos (UICN). Cuenta con secciones nacionales autónomas que desde 1993 proceden a la elección directa del consejo de administración internacional.

FONDO SOCIAL EUROPEO (FSE). Fondo constituido por los países miembros de la Unión Europea para promover la formación profesional y el empleo dentro de ésta.

FONEMA. Unidad mínima distintiva de la cadena hablada, definida por su oposición significativa con otros fonemas (por ej., *talo, palo, cabo*) y portadora de rasgos distintivos, pertinentes o funcionales (/t/, consonante oclusiva dental, /p/ consonante oclusiva labial, /k/ consonante oclusiva velar).
Fonética y fonología 6:344a; Lenguaje 9:103a.

FONÉTICA Y FONOLOGÍA. Ramas de la lingüística que estudian, respectivamente, la realización concreta de los sonidos de una lengua y su función y distribución en la cadena hablada.
6:343b; Alfabeto 1:204b; Español o castellano 6:98a; Etimología 6:179a; Lenguaje 9:103b; Lingüística 9:166b; Ortografía 11:164b; Semántica 13:195b; *ilustración* 6:344a.

FONGAFALE. Capital de Tuvalu, islas del Pacífico central, situada en el atolón de Funafuti. Exportación de copra. 6.000 hab. (1999).

FONÓGRAFO. Aparato mecánico que registra y reproduce los sonidos. El primer fonógrafo completo fue construido por Thomas Alva Edison en 1878. Consistía fundamentalmente en un diafragma metálico con una aguja de marfil que registraba (o reproducía) las vibraciones en un cilindro recubierto de cera.
Acústica 1:53a; Edison, Thomas Alva 5:309b; Electrónica, música 5:368a; Sonido e imagen, grabación y reproducción de 13:301b.

FONOLITA. Roca efusiva de estructura porfídica constituida por feldespato alcalino, potásico o sódico, con feldespatoides y minerales ferromagnésicos como componentes accesorios.

FONOLOGÍA. V. **Fonética y fonología.**

FONÓN. Partícula ideal introducida en las teorías físicas para el estudio de los sólidos cristalinos. Equivale a un cuanto de energía elástica y fue introducido a finales del siglo XX como analogía de las doctrinas de cuantificación de las partículas electromagnéticas. De enorme importancia en la física del estado sólido.

FONSECA, ALONSO I DE (1418-1473). Prelado español. Obispo de Ávila y arzobispo de Santiago y Sevilla, gozó de gran autoridad en la corte de Enrique IV de Castilla.

FONSECA, ALONSO II DE (m. en 1512). Prelado español. Nombrado presidente del Consejo y luego virrey de Castilla por los Reyes Católicos, fue arzobispo de Santiago y Sevilla, disputando esta última sede a su tío Alonso I de Fonseca.

FONSECA, ALONSO III DE (1476-1534). Prelado español. Hijo de Alonso II de Fonseca, ocupó los arzobispados de Santiago, en donde fundó el colegio que lleva su nombre, y de Toledo. Apoyó decididamente las artes.

FONSECA, GOLFO DE. Entrante marino del océano Pacífico, rodeado al noroeste por El Salvador, al nordeste por Honduras y al sudeste por Nicaragua. Longitud de casi 65 km y superficie de 1.800 km^2.
Salvador, El 13:104b.

FONSECA, GONZALO (1922-1997). Escultor uruguayo. Pasó la mayor parte de su vida en París, ciudad en la que desarrolló su peculiar estilo escultórico, influenciado por elementos extraídos de la arquitectura y la arqueología universales.

FONSECA, JOSÉ RUBEM (n. en 1925). Escritor brasileño. Intérprete de la vida cotidiana de las ciudades del sur de su país. *Los prisioneros* (1963), *Lúcia MacCartney* (1969).

FONSECA, MANUEL DEODORO DA (1827-1892). Político y militar brasileño. Primer pre-

sidente de la república en 1891 tras el derrocamiento de Pedro II de Brasil.
6:345a; Brasil 3:158b.

FONTAINE, JEAN DE LA. V. **La Fontaine, Jean de.**

FONTAINE, JOAN (n. en 1917). Actriz cinematográfica estadounidense, hermana de Olivia de Havilland. Entre sus películas destacan, principalmente, *Rebeca* (1940), así como *Sospecha* (1941) y *Carta de una desconocida* (1947); las dos primeras las dirigió Alfred Hitchcock.

FONTAINE, PIERRE (1762-1853). Arquitecto y decorador francés, máximo representante, junto con Charles Percier, del estilo imperio. Capilla expiatoria de la Madeleine (1816); arco de triunfo del Carrousel, París (1806-1810).

FONTAINEBLEAU. Ciudad de Francia, dep. de Seine-et-Marne, reg. de Île-de-France. Castillo de Luis IX (siglo XIII) reconstruido por Francisco I en 1527 y ampliado por monarcas sucesivos. Cuna de varios reyes. Jardines trazados por André Le Nôtre. 14.687 hab. (1982).

FONTAINEBLEAU, ESCUELA DE. Nombre dado al grupo de pintores manieristas italianos, cuyo centro de actividad fue el castillo de Fontainebleau, en Francia, a partir de 1530.
6:345b; *ilustraciones* 6:345b; 6:346a.

FONTANA, DOMENICO (1543-1607). Arquitecto italiano, precursor del arte barroco. En Roma, colaboró en la construcción de la cúpula de San Pedro, diseñada por Miguel Ángel, y proyectó una de las capillas de la iglesia de Santa María la Mayor, la Biblioteca Vaticana y el palacio de Letrán. En Nápoles construyó el Palacio Real.

FONTANA, LUCIO (1899-1968). Pintor y escultor argentino. Desarrolló su carrera entre Francia, Italia y la Argentina. En 1946 publicó el *Manifiesto blanco*, en donde expuso una interpretación teórica del espacialismo, tendencia fundamentada en la fusión de ritmo, color, movimiento y espacio. Su pintura se caracterizó por las incisiones realizadas directamente sobre el lienzo «Guerreros» (1949), «Conceptos espaciales» (1957).
Pintura 11:416a.

FONTANA LÁZARO, JOSEP (n. en 1931). Historiador español. Profundamente influido por el pensamiento de Karl Marx, se especializó en el estudio del siglo XIX español. Catedrático de diversas universidades españolas. *La quiebra de la monarquía absoluta, 1814-1820* (1971).

FONTANE, THEODOR (1819-1898). Novelista y poeta alemán. Es considerado el primer maestro de la narrativa realista moderna de su país. *Antes de la tormenta* (1878), *Errores y extravíos* (1888), *La señora Jenny Treibel* (1893), *Effi Briest* (1898).

FONTCUBERTA, JOAN (n. en 1955). Fotógrafo y profesor universitario español. Fundó la revista *Photovision* en 1990 y colaboró en distintas revistas especializadas. Autor de numerosas exposiciones como *Historia artificial* (1992).

FONTENELLE, BERNARD LE BOVIER DE (1657-1757). Científico y escritor francés. Figura representativa del espíritu ilustrado durante el reinado de Luis XIV.
6:346b; Francesa, literatura 6:371b.

FONTEYN, MARGOT (1919-1991). Margaret Hookham, bailarina británica. Aparte de su fama como intérprete de temas clásicos (*Giselle, El lago de los cisnes, La bella durmiente del bosque*), recreó obras coreografiadas por Frederick Ashton. Presidenta de la Real Academia de Danza en 1954, desde 1959 fue primera bailarina del Real Ballet británico. Formó pareja con Rudolf Nureyev.
Ballet 2:326.

FONT QUER, PÍO (1888-1964). Botánico, químico, farmacéutico y naturalista español. Fue catedrático de botánica en la Universidad de Barcelona y director del Instituto Botánico catalán, para el que reunió ricas colecciones. *Diccionario de botánica, Plantas medicinales.*

FONTSERÉ, EDUARDO (1870-1970). Astrónomo y meteorólogo español. Catedrático de la Universidad de Barcelona y director de varios servicios meteorológicos de dicha ciudad. De estos últimos cargos fue desposeído en 1939. *Elementos de ciencias físicas y naturales* (1912), *El cielo de Cataluña* (1935).

FONVIZIN, DENÍS (h. 1745-1792). Escritor ruso. Autor de fábulas y comedias en las que criticaba a los sectores nobiliarios. *El brigadier* (1783), *El menor de edad* (1783).
Rusa, literatura 13:46a.

FOOT. V. **Pie** (METROLOGÍA).

FOQUE. Vela triangular que se extiende entre el trinquete y el bauprés.

FORAIN, JEAN-LOUIS (1852-1931). Caricaturista francés. Reflejó en sus caricaturas la vida política y social de la Francia de fines del siglo XIX. Fundador junto con Caran d'Ache del semanario satírico *Psst!* (1898-1899).
Caricatura 3:390b.

FORAMINÍFEROS. Protozoos de la clase de los rizópodos, marinos, que presentan un caparazón calcáreo con múltiples orificios. Básicos para el desarrollo del suelo marino, aparecieron posiblemente durante el cámbrico y abundaron en el mesozoico y el terciario. Agrupados en ocho familias: astrorricídeos, fusulinídeos, buliminídeos, espirilinídeos, rotalídeos, miliolídeos, nodosarídeos, lituolídeos.
Invertebrados 8:249b; Protozoos 12:169b.

FORANS, INSURRECCIÓN DE LOS. Rebelión de los campesinos (*forans*) de la isla de Mallorca contra los *ciutadans*, oligarquía ciudadana que ocupaba el poder en Palma; tuvo lugar entre 1450 y 1454. El principal caudillo de los *forans*, Simó Ballester, fue apresado y ejecutado en 1457.

FORCADELL, DOMINGO (1798-1866). Militar español. Partidario del pretendiente Carlos María Isidro a la muerte de Fernando VII, combatió en la región de Valencia al frente de una fuerza carlista. Exiliado en Francia, regresó a España en 1848 e intervino en la segunda guerra carlista. A su término, retornó a Francia.

FORCÍPULAS. Uñas terminales de los dos apéndices del primer segmento del tronco en los miriápodos quilópodos y en la que desemboca una glándula venenosa. Funcionalmente pertenecen al aparato bucal.

FORD. Marca automovilística estadounidense producida por la Ford Motor Co., empresa fundada en 1903 por Henry Ford. Desde la aparición del modelo T en 1908, la compañía incrementó su presencia en el mercado mundial con el lanzamiento de nuevos modelos (CV-8, Lincoln, Mercury), tractores y camiones, así como con la fabricación de equipo electrónico para la industria aeroespacial.
Automóvil 2:241b.

FORD, FORD MADOX (1873-1939). Ford Hermann Hueffer, novelista británico. Influyó poderosamente sobre la literatura del siglo XX. Fue editor y crítico literario. Tetralogía *El final del desfile: algunos no* (1924), *No más desfiles* (1925), *Un hombre podría levantarse* (1926), *La última retreta* (1928).

FORD, GERALD (n. en 1913). Político estadounidense, presidente de los Estados Unidos de 1974 a 1977. Sucedió a Richard Nixon tras su dimisión por el escándalo de Watergate. El perdón que concedió más tarde a éste fue duramente criticado por el Congreso y la opinión pública, y llevó a su derrota en las elecciones de 1976.

FORD, HARRISON (n. en 1942). Actor cinematográfico estadounidense. Uno de los actores más exitosos que, a partir de la década de 1980, participó en famosas películas de acción. Cimentó su fama en las series de películas de *La guerra de las galaxias*, de George Lucas, y de Indiana Jones, de Steven Spielberg. Otros títulos que contribuyeron a aumentar su fama fueron *Juego de patriotas* (1992), *El fugitivo* (1993), *Air Force One* (1997), *Caprichos del destino* (1999).

FORD, HENRY (1863-1947). Ingeniero estadounidense, pionero de la industria automovilística.
6:346b; *ilustración* 6:347a.

FORD, JOHN (1586-h. 1639). Dramaturgo inglés de la época isabelina, posterior a William Shakespeare. Notable por su penetración psicológica y su dicción poética. *Lástima que sea una ramera, El sacrificio de amor.*

FORD, JOHN (1895-1973). Director cinematográfico estadounidense, especialmente popular por sus películas del oeste (*westerns*).
6:347a; Cinematografía 4:193b; Steinbeck, John 13:318b; *ilustración* 6:347b.

FORD, RICHARD (n. en 1944). Novelista estadounidense. Relata la vida corriente de su país. *La última oportunidad* (1981), *El día de la independencia* (1995), *Mujeres con hombres* (1997).

FOREIGN OFFICE. Nombre inglés con el que se conoce al Ministerio de Asuntos Exteriores del Reino Unido. Creado en 1782 e inicialmente reservado en su más alta dignidad a la aristocracia británica.

FOREL, AUGUSTE-HENRI (1848-1931). Neuroanatomista, psiquiatra y entomólogo suizo. Profesor en la Universidad de Zurich, destacó por sus investigaciones sobre la estructura del cerebro. En 1889 fundó un instituto para el tratamiento médico del alcoholismo.

FORENSE. Médico que asiste al juez para elaborar los informes técnicos que se le pidan en asuntos médicos legales.
Legal, medicina 9:95a.

FORESIS. Fenómeno temporal presente en ciertos insectos que se dejan transportar por otros animales durante el trayecto, al cabo del cual finaliza su relación. También denominado foresia.

FOREST, LEE DE. V. **De Forest, Lee.**

FOREST HILLS. Zona residencial de Nueva York, sede del estadio del West Side Tennis Club, en el que, desde 1915 hasta 1978, se jugó el Campeonato Abierto de los Estados Unidos sobre una cancha de arcilla (tierra).

FORFAIT. Entrada que facilita el disfrute sin limitaciones de ciertas diversiones y actividades deportivas, sobre todo de las relacionadas con el esquí.

FORINT. Unidad de la moneda húngara, adoptada en 1946. Dividida en 100 filler.

FORJA. Modelado de metales o aleaciones por medio de golpes con martillo, o por presión con ayuda de una prensa, a fin de darles forma y someter el metal a una alta temperatura que permita su maleabilidad.
Metalistería 10:96b; Metalurgia 10:100b.

FORLANINI, CARLO (1847-1918). Médico italiano. Describió el tratamiento que lleva su nombre, que consiste en la aplicación del neumotórax artificial en la tuberculosis pulmonar unilateral.

FORMA, PSICOLOGÍA DE LA. V. **Gestalt, psicología de la.**

FORMALDEHÍDO. Compuesto orgánico de aldehído fórmico, empleado a menudo en la industria química, HCHO. Gas irritante e incoloro, que se forma pasando vapor de alcohol metílico y aire sobre un catalizador de cobre caliente. Insolubiliza las proteínas protegiéndolas de la descomposición. Demasiado tóxico y corrosivo para ser usado como antiséptico o desinfectante, se utilizan sus productos de condensación, principalmente con carbohidratos, que se hidrolizan lentamente en el organismo. También llamado metanal o formol.
Desinfectante 5:155a.

FORMALISMO. Rama de la antropología fundamentada en la economía neoclásica. Se basa en el supuesto de que lo económico subyace a cualquier acción humana.
Sociología 13:285b.

FORMAN, MILOS (n. en 1932). Director cinematográfico estadounidense de origen checo. Iniciado en la dirección en su país, en 1969 se instaló en los Estados Unidos. *Alguien voló sobre el nido del cuco* (1975), *Ragtime* (1981), *Amadeus* (1984).

FORMATEAR. Dar formato a un disquete de computadora como paso previo para poder usarlo en ésta.

FORMENT, DAMIÁN (h. 1480-1540). Escultor español. Desarrolló principalmente su producción en Valencia y Cataluña. En su estilo se aúnan las tendencias renacentistas con las del gótico tardío. Autor de numerosos retablos, entre los que destacan el de la basílica del Pilar de Zaragoza y el de Santo Domingo de la Calzada.

FORMENTERA. Isla de España perteneciente al archipiélago de las Baleares y situada junto a Ibiza. Tradicionalmente dedicada a la agricultura, la pesca y la ganadería menor, desde mediados del siglo XX su principal actividad económica es el turismo. Cap. San Francisco Javier. 76,9 km^2. 5.353 hab. (1996).
Baleares, islas 2:321b.

FÓRMICO, ÁCIDO. Ácido metanoico, HCOOH. Preparado por oxidación del alcohol metílico o el formaldehído. Irritante ofensivo de las picaduras de insectos. Utilizado en la industria y en medicina.

FORMOL. V. **Formaldehído**.

FORMÓN. Herramienta de carpintería formada por un mango y una hoja de acero, ancha y afilada por el extremo, para trabajar la madera. Semejante al escoplo.
Carpintería y ebanistería 3:411b.

FORMOSA (CIUDAD, ARGENTINA). Ciudad y puerto fluvial de la Argentina, cap. de la prov. del mismo nombre, a orillas del Paraguay. Centro agrícola y ganadero. 197.057 hab. (1999).

FORMOSA (PROVINCIA, ARGENTINA). División administrativa de la Argentina situada en el Gran Chaco, limítrofe con Paraguay por el norte y este. Regada por los ríos Pilcomayo, Bermejo y Paraguay. Selvas de quebracho. Ganadería y agricultura. Cap. Formosa. 72.066 km^2. 504.185 hab. (2000).

FORMOSA (TAIWÁN). V. **Taiwán**.

FORMOSA, ESTRECHO DE. V. **Taiwán, estrecho de.**

FORMOSO (h. el 816-896). Papa desde el 891 hasta su muerte. Excomulgado en el 875 por Juan VIII, fue absuelto por Marino I ocho años más tarde. Fue objeto de un curioso juicio *postmortem* declarándose nulo su nombramiento. Su cadáver fue arrojado al Tíber.

FÓRMULA. Expresión matemática, regla o notación mediante las cuales se puede resolver un problema o efectuar un cálculo dado en ciencia. Conjunto de símbolos químicos que expresan la composición de una sustancia.
Álgebra 1:219a.

FÓRMULA 1. Definición de automóviles monoplazas de competición con un motor de hasta 3.000 cm^3. El Campeonato del Mundo de fórmula 1 constituye la competición automovilística que más interés despierta en Europa, Latinoamérica y buena parte del mundo, mas no así en los Estados Unidos.
Automóviles, carreras de 2:243a; Fangio, Juan Manuel 6:227b.

FÓRMULA DENTARIA. Combinación de símbolos para expresar el número y clase de dientes de los mamíferos.

FORNARIS Y LUQUE, JOSÉ (1827-1890). Poeta cubano. Principal representante del siboneyismo, versión cubana del indigenismo literario, exaltación de los pobladores de América anteriores a la conquista por los europeos. *Cantos del siboney* (1855), *El arpa del hogar* (1878).

FORNAX (ASTRONOMÍA). Constelación del cielo austral, entre el Taller del Escultor, el Fénix, la Ballena y Eridano, visible a simple vista y formada por 57 estrellas. También conocida por el nombre de Horno.

FÓRNAX (ZOOLOGÍA). Género de moluscos gasterópodos de la familia de los turbinados. Comprende numerosas especies. También denominado turbo.

FORNER, JUAN PABLO (1756-1797). Escritor español. Apasionado polemista, reivindicó la tradición nacional frente a las tendencias afrancesadas de la Ilustración.
6:348a; *ilustración* 6:348a.

FORO. Plaza de las antiguas ciudades romanas alrededor de la cual se agrupaban los principales edificios públicos. Constituía el centro de reunión y de negocios de la ciudad.
Arquitectura 2:105a.

FORO CÍVICO. Movimiento ciudadano y político surgido en Checoslovaquia a finales de la década de 1980 como oposición pacífica al régimen comunista gobernante. Con la llamada revolución de terciopelo de 1989, provocó la caída del gobierno y propuso como presidente de la república al dirigente histórico de la «primavera de Praga» de 1968, Alexandr Dubček. Formado por grupos de tendencias liberalizadoras de signos muy diversos, concurrió unido a las elecciones democráticas de 1990, en torno a la candidatura presidencial del escritor e intelectual Vaclav Havel, su representante más popular, que resultó triunfador.

FORONÍDEOS. *Phyllum* de animales invertebrados marinos vermiformes, que viven sedentarios en los fondos de mares someros, dentro de tubos membranosos o coriáceos que ellos mismos fabrican. Coloniales.
Invertebrados 8:251a.

FORRAJE. Plantas herbáceas, gramíneas, leguminosas, raíces o tubérculos que se dan de alimento al ganado.
Alfalfa 1:205a; Alga 1:218b; Algodón 1:223b; Batata 2:369a; Cacahuate 3:255a; Cebada 4:57a; Centeno 4:76b; Frijol 6:411b; Leguminosas 9:98a; Maíz 9:297a.

FORSITIA. Planta de porte arbustivo y hoja caduca de la familia de las oleáceas y del género *Forsythia*. Dicotiledónea. Flores amarillas que brotan antes que las hojas. Distribución eurasiática. Ornamental.

FORSTER, E. M. (1879-1970). Edward Morgan Forster, novelista, ensayista y crítico británico. Escribió gran cantidad de críticas literarias y sociales y relatos breves. Su fama internacional se debe a dos novelas, *Fin de Howard* (1910) y *Pasaje a la India* (1924), esta última llevada al cine con gran éxito.
Woolf, Virginia 14:371b.

FORSTER, WILLIAM EDWARD (1818-1886). Estadista británico. Su ley de enseñanza de 1870 instituyó el sistema de escuelas primarias en la Gran Bretaña. Secretario para Irlanda entre 1880-1882, reprimió duramente a los radicales.

FORTALEZA. Ciudad de Brasil, cap. del est. de Ceará. 1.965.513 hab. (1996).
6:348a; *ilustración* 6:348b.

FORT-DE-FRANCE. Capital y puerto del dep. francés de la Martinica, Antillas. Cuna de la emperatriz Josefina. Caña de azúcar, cacao, ron. Fuentes termales. Turismo. 94.049 hab. (1999).
Martinica 9:396b.

FORTIFICACIÓN. Técnica de reforzar mediante obras de defensa un emplazamiento.
6:349a; Cartagena (colombia) 3:418b; Castillo y palacio 4:23a; Guerra 7:265a; *ilustraciones* 6:349a-b; 6:350a-b.

FORT LAMY. V. **N'Djamena.**

FORT LAUDERDALE. Ciudad de los Estados Unidos en el est. de Florida, a orillas del Atlántico. Activo centro comercial y portuario. Universidad. Turismo. 153.728 hab. (1998).

FORTNER, WOLFGANG (1907-1987). Compositor y profesor de música alemán. Estudió en el conservatorio y la Universidad de Leipzig. Compositor de géneros muy diversos, sobresalen sus óperas, inspiradas en obras de Federico García Lorca, *Bodas de sangre* y *Amor de don Perlimplín con Belisa en su jardín*.

FORTRAN. Lenguaje de programación cuyo nombre deriva de la expresión inglesa *formula translator* (traductor de fórmulas) y que se utiliza en trabajos matemáticos y científicos.
Lenguajes de programación 9:107a.

FORTUNA. En la mitología romana, diosa del destino, regidora de las vidas humanas. Identificada con la diosa Tique griega y con la Isis de los egipcios, al parecer su culto fue introducido en Roma por el rey Servio Tulio, al que la tradición incluso le atribuye amoríos con esta divinidad. Se la solía representar ciega, con el cuerno de la abundancia y con un timón.

FORTUNATA Y JACINTA. Novela del escritor español Benito Pérez Galdós, publicada en 1886-1887. Ambientada en el Madrid de la década de 1870, describe magistralmente la época, las luchas revolucionarias y, sobre todo, dos caracteres contrapuestos: Fortunata, la materia, y Jacinta, la espiritualidad.

FORTUNATO, VENANCIO (h. el 540-h. el 600). Poeta latino y obispo de Poitiers (Francia). Sus himnos religiosos *Vexilla regis* y *Pange lingua* se consideran la más noble expresión de la lengua latina de su época.

FORTUNY, MARIANO (1838-1874). Pintor español. Artista de transición entre la pintura romántica y la realista en el panorama pictórico ibérico del siglo XIX.
6:351a; *ilustración* 6:351b.

FORT WAYNE. Ciudad y puerto fluvial de los Estados Unidos en el est. de Indiana, en la confluencia de los ríos St. Marys y St. Joseph. Universidades, institutos tecnológicos. Automóviles, equipos eléctricos, máquinas para tallar diamantes. 185.716 hab. (1998).

FORT WORTH. Ciudad de los Estados Unidos en el est. de Texas. Forma una aglomeración urbana con Dallas. Centro ganadero. Base aérea. Universidades. Industria aeroespacial, petroquímica, electrónica, de maquinaria. Rodeo anual. 491.801 hab. (1998).

FOSA. Estructura geológica conformada por áreas longitudinales hundidas en relación con los bloques laterales que las delimitan.
6:351b; *mapa* 6:352; *ilustración* 6:352a.

FOSA OCEÁNICA. V. **Oceánica, fosa.**

FOSA SÉPTICA. Oquedad practicada en el suelo para recoger desechos y aguas residuales cuando no existe alcantarillado.

FOSAS NASALES. Cavidades situadas a ambos lados de la línea media de la cara, que constituyen la porción inicial y superior de las vías respiratorias y alojan asimismo el órgano del olfato.
Olfato, sentido del 11:93b; Respiratorio, sistema 12:347b.

FOSA SUBMARINA. Depresión de la zona abisal oceánica, situada generalmente en las cercanías de los continentes. De forma estrecha y alargada, se suponen formadas por la subducción de la corteza oceánica bajo las plataformas continentales.

FOSBURY, DICK (n. en 1947). Atleta estadounidense. Creador de un estilo en el salto de altura (estilo Fosbury) consistente en franquear el listón (la barra) de espaldas. Revolucionó desde su introducción, en 1968, el salto de altura.

FOSCOLO, UGO (1778-1827). Poeta y novelista italiano. Exaltó en su obra el ideal patriótico y la lucha por la libertad.

6:352b; Italiana, literatura 8:322b; *ilustración* 6:352b.

FOSFAMINA. Sustancia química inorgánica compuesta por fosfuro de hidrógeno. Gas incoloro, venenoso e inflamable, formado por reacción del hidrógeno o hidróxido de potasio con fósforo.

FOSFATACIÓN. Recubrimiento superficial de los aceros con una capa de fosfatos complejos. Se denomina también fosfatado. Práctica anticorrosiva.

FOSFATADA, ROCA. Agregado mineral natural con elevado contenido en fosfato de calcio. Se emplea para la fabricación de fertilizantes.

FOSFATASA. Grupo de enzimas caracterizado por liberar ácido fosfórico en los distintos compuestos fosforados. Tipos ácido y básico, relacionados con diversos procesos fisiológicos y patológicos. Presente en todos los líquidos y células del organismo.
Fósforo 6:354b.

FOSFATIDILCODINA. V. **Lecitina.**

FOSFATO. Sal formada por el ácido ortofosfórico. Presente en la naturaleza en algunos minerales y formando parte del guano. Utilizado en medicina.
Fósforo 6:354b; Mineral y mineralogía 10:177a; Sahara occidental 13:88b.

FOSFATO DE CALCIO. Fosfato tricálcico que forma parte de varios minerales, de los que el más importante es la fosforita. $Ca_3(PO_4)_2$. Entra en la composición de los huesos. Usado como absorbente y reconstituyente. Existen además el dicálcico y el monocálcico, utilizados en medicina y como abono, respectivamente.

FOSFOLÍPIDOS. Lípidos complejos que contienen en sus radicales fósforo y normalmente nitrógeno. Incluye las lecitinas, las cefalinas y las esfingomielinas. También denominados fosfátidos.
Lípidos 9:171a.

FOSFORESCENCIA. Propiedad de algunos cuerpos de emitir radiaciones fluorescentes tiempo después de cesar el estímulo energético.
6:353a; Fósforo 6:354a; Luminiscencia 9:241b; *ilustración* 6:353b.

FOSFÓRICO, ÁCIDO. Ácido derivado del pentóxido de fósforo. H_3PO_4. Entre los distintos ácidos que a partir de él se forman se encuentran el ortofosfórico, el pirofosfórico y el metafosfórico. Utilizado en la producción de fertilizantes, industrias textiles, operaciones de fotograbado, etc.
Ácido y base 1:34a; Nucleicos, ácidos 11:30b.

FOSFORILACIÓN OXIDATIVA. Acoplamiento del proceso de transporte de electrones en la cadena respiratoria con la formación de derivados fosfóricos de alto contenido energético.
Metabolismo 10:91a.

FOSFORITA. Fosfato natural de calcio. Se utiliza como fertilizante agrícola.

FÓSFORO. Elemento químico no metálico de la familia del nitrógeno, grupo va de la tabla periódica. Símbolo, P; número atómico, 15; peso atómico, 30.9738.
6:353b; Abono 1:12b; Bronce 3:191a; Raquitismo 12:263a; *cuadro* 6:353b; *ilustraciones* 6:354a-b.

FOSFUROS. Combinaciones binarias de fósforo con elementos metálicos. El fosfuro de hidrógeno o fosfamina se utiliza como señal luminosa en alta mar por su propiedad de inflamarse al contacto con el agua.

FÓSIL. Restos animales o vegetales, o huellas de seres vivos, que se conservan en formaciones sedimentarias.
6:355a; Animales prehistóricos 1:368b; Atapuerca, yacimiento de 2:187a; Cuaternaria, era 5:48a; Estratigrafía 6:168b; Filogenia 6:291a; Paleontología 11:225a; Primaria, era 12:140b; *ilustraciones* 6:355a-b.

FOSILIZACIÓN. Proceso de sustitución de los tejidos, molécula a molécula, por materia mineral, generalmente carbonato de calcio o sílice. Esta petrificación sólo se produce en ausencia de aire.
Ámbar 1:267a; Fósil 6:355b.

FOSS, LUKAS (n. en 1922). Lukas Fuchs, compositor, pianista y director de orquesta estadounidense, de origen alemán. Estudió en Berlín, París y los Estados Unidos. Fundó en 1957 el Improvisation Chamber Ensemble. Famoso por sus experimentos en improvisación y música aleatoria, cultivó numerosos y variados géneros, desde sinfonías hasta óperas.

FOSSE, BOB (1927-1987). Cineasta estadounidense que trabajó como actor, director y coreógrafo. *Mi hermana Elena* (1954), *Cabaret* (1972), *Comienza el espectáculo (All That Jazz,* 1979), *Star 80* (1983).

FOSSEY, DIAN (1932-1985). Investigadora estadounidense. Realizó trabajos sobre el comportamiento de los primates. Fue asesinada por cazadores furtivos cuando se hallaba realizando una experiencia de convivencia en el seno de una comunidad de gorilas. *Gorilas en la niebla* (1983).

FOSTER, HAL (1892-1982). Harold Foster, dibujante canadiense establecido en los Estados Unidos. Realizó en 1929 una historieta basada en *Tarzán de los monos* de Edgar Rice Burroughs. En 1937 creó su propio *comic, El príncipe Valiente,* llevado después al cine.

FOSTER, JODIE (n. en 1962). Alicie Christian Foster, actriz, directora y productora cinematográfica estadounidense. Desde niña trabajó para la televisión y alcanzó gran popularidad con su interpretación en *Taxi Driver* (1975). *El silencio de los corderos* (1990), *Contact* (1997), *Ana y el rey* (1999).

FOSTER, NORMAN (n. en 1935). Arquitecto británico. Fundó varios estudios de arquitectura y siguió las líneas del estilo *high-tech* en diseños de edificios industriales. Centros de IBM en las localidades británicas de Cosham (1970) y Greenford (1975), centro de la radio en Londres (1984), metro de Bilbao (1990-1995), remodelación del Reichstag de Berlín (1995-1999).
6:356a; Edificio inteligente 5:307a; *ilustración* 6:356a.

FOSTER, STEPHEN (1826-1864). Compositor estadounidense, autor destacado de baladas sentimentales y trovas de gran popularidad. Las más famosas fueron *Oh, Susanna* y *Swanee River.*

FOTOCÉLULA. Tubo de vacío que emite un haz de electrones, partículas elementales de carga eléctrica negativa, al recibir haces de luz.
6:356b; *ilustración* 6:357a.

FOTOCERÁMICA. Porcelana, vidrio o esmalte sensibilizado para recibir la impresión de una placa fotográfica, según un procedimiento inventado en Francia en 1855.

FOTOCOMPOSICIÓN. Sistema de composición de un texto por medios fotográficos. En una placa de fondo negro se graba el texto en forma de claros que permiten pasar la luz, que a su vez imprime los caracteres sobre un papel fotosensible.
Imprenta y artes gráficas 8:133a.

FOTOCOPIA. Reproducción de una imagen o documento sobre papel o sobre película mediante diversos tipos de procedimientos: cianotipia o reproducción de planos, negativo-positivo, procedimiento réflex, microfilmes, xerografía (procedimiento electrostático), etc.

FOTODIODO. Diodo semiconductor que varía la corriente eléctrica al recibir un haz luminoso.
Fotocélula 6:357a.

FOTOELÉCTRICA, CÉLULA. V. **Fotocélula.**

FOTOELÉCTRICO, EFECTO. Liberalización de electrones que tiene lugar al medir una radiación electromagnética sobre un material, por ejemplo, un metal alcalino. Su intensidad está regulada por la proporción existente entre el número de electrones emitidos en una unidad de tiempo determinada y la intensidad de la radiación que incide sobre el material.
Cuántica, teoría 5:42b; Einstein, Albert 5:342b; Radiación 12:243b.

FOTOESTEREOSÍNTESIS. Método de obtención de una imagen fotográfica estereoscópica en relieve por superposición de varias transparencias positivas a partir de negativos enfocados en sucesivos planos del sujeto y con la misma escala de reproducción.
Lumière, Auguste y Louis 9:241a.

FOTÓFONO. Instrumento que sirve para transmitir el sonido por medio de ondas luminosas. Alexander Graham Bell construyó en 1881 un teléfono basado en este procedimiento.
Bell, Alexander Graham 2:401b.

FOTOGEOLOGÍA. Técnica auxiliar de la geología que se basa en la interpretación de fotografías aéreas.
Geología 7:93b.

FOTOGRABADO. Procedimiento de obtención de planchas para imprimir por medios fotomecánicos. Las planchas, recubiertas de material sensible, se someten a la acción de un ácido después de haberse fotografiado la imagen que debe reproducirse.
Imprenta y artes gráficas 8:133b.

FOTOGRAFÍA. Proceso técnico mediante el cual se fija una imagen en una superficie especial, gracias a la acción de la luz sobre determinados materiales fotosensibles.
6:357b; Capa, Robert 3:356a; Cartel 3:423b; Cartier-Bresson, Henri 3:424b; Cinematografía 4:191a; Daguerre, Jacques 5:84b; Eastman, George 5:261a; Holografía 8:44b; Imprenta y artes gráficas 8:133a; Lente 9:114b; Lumière, Auguste y Louis 9:240b; Niépce, Nicéphore 10:406b; Ray, Man 12:267a; Salgado, Sebastiao 13:96b; Sonido e imagen, grabación y reproducción de 13:303a; Stieglitz, Alfred 13:321b; *ilustraciones* 6:357b; 6:358a; 6:359a-b; 6:360a; 6:361a.

FOTOGRAFÍA AÉREA. También conocida como aerofotografía, obtención de imágenes del terreno desde un avión o un globo; entre sus aplicaciones está la de levantamientos topográficos, reconocimientos tácticos o militares, estudios de fallas del terreno, etc.
Cartografía 4:2b; Inteligencia militar 8:234a.

FOTOGRAFÍA DIGITAL. Técnica fotográfica consistente en registrar las imágenes por medio de datos binarios en un soporte de tipo magnético o, más corrientemente, en un disco compacto. Permite un alto grado de tratamiento de la imagen, así como un nivel de resolución mayor que el ofrecido por otros procedimientos.

FOTOGRAMETRÍA. Ciencia y técnica cuya finalidad es determinar las dimensiones reales de un objeto a partir de distintas perspectivas y tomas aéreas fotográficas del mismo. Se emplea en arquitectura, ingeniería, astronomía y, especialmente, en el levantamiento de mapas topográficos.
Agrimensura 1:118a.

FOTOINTERPRETACIÓN. Estudio de los aspectos geológicos que se manifiestan en un terreno a partir de fotografías aéreas. La fotointerpretación establece, por medio de la inducción y de la deducción, las características y composición geológicas (fallas, tipos de suelos, etcétera).

FOTÓLISIS. Escisión de un compuesto químico por la acción de la radiación, principalmente visible y ultravioleta.
Fotosíntesis 6:363b.

FOTOLITO. Cliché fotográfico empleado para elaborar placas de impresión de huecograbado u *offset*.

FOTOLITOGRAFÍA. Procedimiento de reproducción de dibujos mediante la acción química de la luz sobre una lámina debidamente preparada. La lámina, originalmente de piedra, fue sustituida después por una plancha metálica.

FOTOMECÁNICA. Procedimiento empleado para elaborar superficies de impresión, consistente en fotografiar un cliché sobre una placa, generalmente metálica, revelarla y grabarla.
Cartel 3:423b; Imprenta y artes gráficas 8:133a.

FOTOMETRÍA. Disciplina de la óptica que se ocupa de las mediciones y los cálculos referentes a la intensidad de la luz, tanto del centro emisor, del receptor y del medio que atraviesa, como de los instrumentos de medida y de las leyes que rigen los fenómenos que intervienen.
6:361b; Análisis químico 1:320b; Astrofísica 2.162b.

FOTÓMETRO. Aparato utilizado en óptica para la medición de diversas magnitudes características de los fenómenos luminosos, entre ellas la intensidad lumínica. Con este fin se emplea también en fotografía, lo que permite evaluar el tiempo de exposición.

FOTOMONTAJE. Combinación de fotografías con intenciones artísticas o publicitarias. Practicada en forma de *collage* por el movimiento dadaísta, representó un modo predilecto de expresión del arte *pop* y el neorrealismo. Cartelistas y técnicos de publicidad han aprovechado también la fuerza de su impacto visual.
Cartel 3:423b; Dadaísmo 5:84a.

FOTOMULTIPLICADOR. Dispositivo fotoeléctrico por multiplicación de electrones. Alcanza precisiones de detección de un fotón por segundo. El tubo multiplicador, inventado por Vladimir Zworykin, reúne las propiedades de las células fotoeléctricas y los sistemas electrónicos de amplificación.

FOTÓN. Partícula elemental de energía electromagnética (luz, rayos gamma, etc.).
Cuántica, teoría 5:41b; Einstein, Albert 5:342b; Energía 5:411b; Fluorescencia 6:336b; Luz 9:254b; Materia y antimateria 9:413a; Partículas subatómicas 11:288b; Radiación 12:243a.

FOTÓNICA. Técnica basada en el empleo de fotones para el transporte de datos, usando como soporte fibra de vidrio. Permite la circulación de corrientes informativas a grandes velocidades.

FOTONOVELA. Novela seriada representada por fotografías en las que se insertan bocadillos (globos) de diálogo o pies de descripción. De técnica semejante al cómic, surgió como imitación impresa de los relatos cinematográficos. Nacida en Italia durante la década de 1920, se extendió al resto de Europa y a la América hispana.

FOTOPERIODICIDAD. Respuesta funcional de un organismo a las modificaciones de intensidad lumínica durante el día y la noche.
Ecología 5:270b.

FOTOQUÍMICA. Disciplina científica que se encarga del estudio de las reacciones químicas producidas o condicionadas por la luz. Pueden distinguirse reacciones espontáneas, donde la luz actúa como acelerador, e inducidas expresamente por el agente lumínico.

FOTOSFERA. Región del Sol de donde procede la mayor parte de la luz que llega a la Tierra. En su superficie existen diversas formaciones, entre ellas las denominadas manchas solares.
Sol 13:292a.

FOTOSÍNTESIS. Proceso metabólico realizado por ciertos elementos celulares de los organismos autótrofos por el que se biosintetizan sustancias orgánicas a partir de sustancias inorgánicas, mediante la energía luminosa.
6:362a; Aire 1:130b; Botánica 3:126b; Carbohidratos 3:373a; Carbono 3:377a; Ecología 5:270a; Ecosistema 5:284a; Hoja 8:40a; Luz 9:256a; Metabolismo 10:91b; Pigmentación 11:405a; Planta 12:19a; Radiación 12:244a; *ilustraciones* 6:362; 6:363b.

FOTOTERMOMETRÍA. Registro de la temperatura de los cuerpos calientes por métodos fotográficos, y comparación de la densidad fotográfica obtenida con la de una cuña escalonada del mismo material y tratada en condiciones idénticas.

FOUCAULD, CHARLES DE (1858-1916). Religioso, ermitaño y explorador francés. Exploró el norte de África, donde se hizo monje trapense. Tras establecerse en el desierto de Argelia, se dedicó a la contemplación y a la asistencia a los tuaregs. Murió asesinado en Tamanrasset. *Itinerarios de Marruecos* (1888), *Diccionario tuareg-francés* (1923).

FOUCAULT, CORRIENTES DE. Corrientes de inducción producidas en masas metálicas situadas en un campo magnético por movimiento de las masas dentro del campo o por variación del campo magnético. Son el fundamento de los hornos de inducción.

FOUCAULT, JEAN-BERNARD-LÉON (1819-1868). Físico francés, conocido por sus trabajos experimentales sobre la luz: determinó su velocidad mediante espejos rotatorios (300.883 km/s en el aire). Descubrió la relación entre índice de refracción y velocidad de la luz. Comprobó en forma experimental la rotación terrestre mediante un péndulo.

FOUCAULT, MICHEL (1926-1984). Filósofo francés. Figura destacada de la corriente estructuralista, dedicó su obra al estudio de las pautas y códigos de comportamiento de las sociedades.
6:364a; Estructuralismo 6:173a; Locura 9:200a; *ilustración* 6:364a.

FOUCHÉ, JOSEPH (h. 1758-1820). Político francés. Fue el organizador del cuerpo de policía. Su eficacia y oportunismo le permitieron servir a todos los gobiernos desde 1792 hasta 1815. Votó la muerte del rey Luis XVI, fue ministro de policía con Napoleón Bonaparte, y acabó sus días en el exilio, acusado de regicida.

FOULQUES V (1092-1143). Conde de Anjou (1109-1131) y rey de Jerusalén desde 1131 hasta su muerte. Hijo de Foulques IV, casó en 1109 con Arenburga de Maine; de esta unión nació Godofredo de Plantagenet, posteriormente esposo de Matilde de Inglaterra, hija de Enrique I. En 1129 casó en segundas nupcias con Melisenda, hija del rey Balduino II de Jerusalén, a quien sucedió en el trono dos años después. Defendió su reino de las incursiones turcas.
Anjou, Casa de 1:371b.

FOUQUET, JEAN (h. 1420-h. 1480). Pintor y miniaturista francés. Trabajó al servicio de Carlos VII y de Luis XI. Durante su estancia en Italia recibió la influencia de Masaccio y de fra Angélico, especialmente, su tratamiento de la perspectiva y del modelado de la figura humana. «La Virgen y el Niño», miniaturas de *El libro de las horas*.

FOURIER, CHARLES (1772-1837). Socialista utópico francés. Elaboró en su obra un ambicioso proyecto de reforma social.
6:364b; Comunismo 4:318b; Marxismo 9:400a; Obrero, movimiento 11:63a; Socialismo 13:275a.

FOURIER, JOSEPH (1768-1830). Matemático y físico francés al cual se deben las series matemáticas que llevan su nombre y que son la base del análisis armónico.
6:365a; Acústica 1:53a; Onda 11:108b; Trigonometría 14:128a; *ilustración* 6:365a.

FOUTA DJALLON. Cordillera de Guinea, en el África occidental, donde nacen los ríos Senegal, Níger y Gambia. En algunos valles se practica una agricultura de subsistencia, y en las mesetas se explota el ganado bovino. Su máxima altura es el monte Loura (1.640 m).
Guinea 7:285b.

FOWLES, JOHN (n. en 1926). Novelista británico. En sus obras combinó el estudio psicológico y filosófico del comportamiento humano. *El coleccionista* (1963), *La mujer del teniente francés* (1969), *Mantissa* (1980).

FOX, CHARLES JAMES (1749-1806). Político británico. Secretario de estado para asuntos exteriores en tres ocasiones (1782, 1783 y 1806), fue famoso por su defensa de la libertad, y decidido oponente del rey Jorge III y del primer ministro William Pitt el Joven. Logró aprobar una ley que abolía la trata de negros.

FOX, GEORGE (1624-1691). Predicador y misionero británico. Fundador de la Sociedad de Amigos o cuáqueros. Dedicó su vida a la predicación, pese a las numerosas críticas y encarcelamientos de que fue objeto. En su *Diario* expuso los principios de sus teorías religiosas.
Sociedad de amigos 13:278b.

FOX, VICENTE (n. en 1942). Político mexicano. Accedió a la presidencia de México en 2000 tras alzarse con la victoria en las elecciones presidenciales de ese año al frente de la candidatura del Partido de Acción Nacional (PAN), poniendo así fin a más de siete décadas de presidentes pertenecientes al Partido Revolucionario Institucional (PRI).
6:365b; México 10:134 b; Zedillo, Ernesto 14:413b.

FOXÁ, AGUSTÍN DE (1903-1959). Escritor y diplomático español. Su poesía estuvo influida por el modernismo (*La niña del caracol*). En sus novelas, reflejó los ambientes aristocráticos a los que pertenecía y la situación española hasta la guerra civil. *Madrid, de corte a checa* (1938).

FOX TERRIER. Raza canina de pequeño tamaño (perro de busca), utilizada como perro de compañía y en la caza de ratones.

FOX-TROT. Baile de origen estadounidense, popularizado por las bandas de *jazz*. Su ritmo es sincopado, con períodos regulares de 8 compases a 4/4. Existe una modalidad rápida (charlestón) y otra lenta (*slow fox*).
Pasodoble 11:294a.

FOYT, A. J. (n. en 1935). Automovilista estadounidense. Campeón de su país en siete ocasiones, y primer ganador en cuatro ocasiones de las 500 millas de Indianápolis.

FOZ, BRAULIO (1791-1861). Escritor, político y periodista español. Fundador de *El Eco de Aragón*, participó en la guerra de la independencia. *Vida de Pedro Saputo* (1844).

FOZ DO IGUAZU. Ciudad de Brasil, en el est. de Ceará. Situada junto al río Paraná y fronteriza con Paraguay. Recursos comerciales e industriales gracias a su proximidad con respecto a la presa de Itaipú. 228.326 hab. (1996).

FRAATES IV (m. en el 2 a.C.). Rey de los partos (h. el 37-2 a.C.). Expulsó a Marco Antonio del reino de Media e invadió Armenia. Desplazado del trono por Tirídates II de Armenia, aliado de Roma, volvió a recuperarlo poco después y negoció una paz con el emperador Augusto.
Persia 11:352b.

FRACASTORO, GIROLAMO (h. 1478-1553). Médico italiano. Su tratado *De contagione et contagiosis morbis* le valió el sobrenombre de «padre de la epidemiología». En su célebre poema «Sífilis o la enfermedad francesa» (1530) describió esta enfermedad venérea.
Medicina 10:29b.

FRACCIONARIO, NÚMERO. V. **Número fraccionario.**

FRACCIONES. Números representados por dos cantidades separadas por una raya horizon-

tal, una de ellas, llamada numerador, situada encima, y otra, el denominador, debajo de aquélla. Esta última expresa las partes en que se ha dividido la unidad, mientras que la primera refleja las partes que se toman de dicha división. También se denominan números fraccionarios, quebrados o números racionales.
Número 11:48b.

FRACCIÓN MOLAR. Relación entre el número de moles de soluto o disolvente y el número total de moles de los componentes de la disolución.

FRACTALES. Objetos geométricos de dimensión fraccionaria. Se caracterizan por la propiedad de autosimilitud, según la cual la forma del objeto es igual a la de cualquiera de sus componentes elementales. Se usa para describir modelos matemáticos de estructuras complejas, como copos de nieve o pompas de jabón.
6:366a; *ilustración* 6:366a.

FRACTURA. Rotura súbita de un hueso, completa o incompleta, producida en el adulto sano por un traumatismo y, en la persona de edad avanzada, por traumatismos insignificantes o ciertas enfermedades de los huesos.
Primeros auxilios 12:145a.

FRA DIAVOLO (1771-1806). Michele Pezza, bandido y guerrillero italiano. Miembro del ejército borbónico, combatió a la república Partenopea con bandas armadas y saqueó Nápoles en 1799. Fernando IV lo nombró comandante del departamento de Itri, pero los franceses lo apresaron en 1806, y fue ejecutado en Nápoles.

FRAGA. Municipio de la prov. española de Huesca, comunidad autónoma de Aragón. En su término se cultivan cereales y plantas de regadío, gracias a las aguas del Cinca. Industrias de la alimentación y plantas químicas. 11.783 hab. (1996).

FRAGA, MANUEL (n. en 1922). Político español. Desempeñó diversos cargos durante el régimen de Francisco Franco. En 1962 ocupó la cartera de información y turismo, cargo desde el que promulgó una ley de prensa e imprenta. Fundador de la coalición Alianza Popular al producirse la transición al régimen democrático, asumió su presidencia hasta 1986, y de nuevo en 1989, tras la remodelación del partido, que pasó a denominarse Partido Popular. En 1990 tomó posesión de la presidencia de la Xunta (gobierno autonómico) de Galicia, siendo reelegido en 1994 y 1997.

FRAGATA (MILICIA). En la antigua marina, embarcación de tres palos con cofas y vergas en todos ellos, de más tonelaje que la corbeta. Las fragatas de guerra podían llevar 30 o 40 cañones. En la armada moderna son buques de escolta con defensa antiaérea y antisubmarina y dotados de misiles.
Marina de guerra 9:372a.

FRAGATA (ZOOLOGÍA). Ave pelicaniforme de la familia de los fragátidos y del género *Fregata*. Cola ahorquillada, pico largo, fuerte y encorvado en la punta. Suele anidar en las costas y se alimenta de peces que captura en vuelo a ras del agua.

FRAGONARD, JEAN-HONORÉ (1732-1806). Pintor y grabador francés. Destacó sobre todo por sus cuadros de escenas galantes.
6:367a; Rococó 12:403a; *ilustración* 6:367a.

FRAGUA. Fogón provisto de fuelle para ablandar metales con el fuego. Se denomina así, además, el taller donde se realizan tales trabajos.

FRAILECILLO. Ave caradriforme de la familia de los álcidos (*Fratercula arctica*), con pico triangular, comprimido y de colores muy vivos. Buena nadadora, habita en las costas septentrionales atlánticas.
Pingüino 11:409b.

FRAILEJÓN. Planta de porte arbustivo de la familia de las compuestas (*Speletia grandiflora*). Dicotiledónea. Hojas anchas y flores agrupadas en capítulos amarillos. Resinosa.

FRAILES MENORES. V. **Franciscanos.**

FRAMBUESO. Planta de porte arbustivo de la familia de las rosáceas (*Rubus idaeus*). Dicotiledónea. Hojas compuestas y flores verdosas agrupadas en racimos. Fruto complejo, denominado frambuesa, de color amarillento o rojizo y rico en vitamina C. Distribución eurasiática.

FRÁMEA. Arma arrojadiza de los antiguos germanos. Consistía en un asta con un hierro en la punta. Era corta y aguda.

FRANCA. Ciudad de Brasil, en el norte del est. de São Paulo. Aeropuerto. Agricultura, refinería de azúcar, vehículos, productos químicos y farmacéuticos, calzados. 261.327 hab. (1996).

FRANCART, JACOB (1582-1651). Arquitecto, pintor e ingeniero flamenco, introductor del estilo jesuítico en su país. Autor de la iglesia de la Trinidad de Bruselas y de la del Gran Beguinaje, en Malinas. Conjugó las formas góticas tradicionales de su país con elementos barrocos.

FRANCE, ANATOLE (1844-1924). Jacques-Anatole-François Thibault, novelista francés. Autor que evolucionó en su obra desde la estética parnasiana a la problemática social.
6:367b; Francesa, literatura 6:376a; *ilustración* 6:367b.

FRANCÉS, NICOLÁS (m. en 1468). Pintor francés que trabajó en España, donde introdujo el gótico internacional, contrapuesto al estilo italianizante. Pintó la capilla del Dado y el retablo de la catedral de León, así como las paredes de su deambulatorio; también diseñó una de sus vidrieras.

FRANCESA, COMUNIDAD. V. **Comunidad Francesa.**

FRANCESA, LENGUA. Lengua romance derivada del latín, que constituye el idioma oficial de Francia y de más de 25 países de todo el mundo.
6:368a; Belga, literatura 2:388b; Francia 6:386b; Negroafricanas, literaturas 10:373b; Romances, lenguas 13:3b; *mapa* 6:368.

FRANCESA, LITERATURA. Conjunto de manifestaciones literarias en lengua francesa, escritas en Francia y en los territorios francoparlantes.
6:369a; Novela y cuento 11:19a; Realismo 12:280b; Roldán, Cantar de 12:415a; Stendhal 13:319a; Surrealismo 13:366b; Troyes, Chrétien de 14:137b; Valéry, Paul 14:225a; Verlaine, Paul 14:276b; Vigny, Alfred de 14:315b; Villon, François 14:319a; Voltaire 14:346a; Yourcenar, Marguerite 14:389b; Zola, Émile 14:422b; *cuadros* 6:374; 6:375; *ilustraciones* 6:369b; 6:370a; 6:371b; 6:372a; 6:373b; 6:374; 6:375; 6:376a.

FRANCESA, REVOLUCIÓN. Movimiento revolucionario que agitó Francia entre 1787 y 1799. Sus repercusiones políticas y económicas marcaron el fin del antiguo régimen y preludiaron el nacimiento de una nueva sociedad capitalista, basada en una economía de mercado.
6:377b; Absolutismo 1:17b; Anticlericalismo 1:384a; Burguesía 3:228b; Carlos X de Francia 3:401a; Danton, Georges-Jacques 5:93a; Democracia 5:124a; Despotismo ilustrado 5:156b; Europa 6:199b; Feminismo 6:255a; Francesa, literatura 6:372b; Francia 6:392a; Guerra 7:266b; Jacobinos y girondinos 8:329b; Jurado 8:414b; Lafayette, marqués de 9:45a; Luis XVI de Francia 9:239b; Marat, Jean-Paul 9:349a; María Antonieta 9:363b; Mirabeau, conde de 10:182b; Nacionalismo 10:333a; Napoleón Bonaparte 10:344a; Napoleónicas, guerras 10:346b; Partido político 11:290a; Revolución 12:357a; Robespierre, Maximilien de 12:393a; Rousseau, Jean-Jacques 13:27b; Talleyrand, Charles-Maurice de 13:388b; Terrorismo 14:39b; *cuadro* 6:379; *ilustraciones* 6:377b; 6:379b; 6:380a; 6:381a.

FRANCESCA, PIERO DELLA. V. **Piero della Francesca.**

FRANCFORT, ESCUELA DE. Corriente filosófica, surgida en la ciudad alemana de Francfort del Meno a partir de 1930, que elaboró un pensamiento crítico de las sociedades desarrolladas.
6:381b; Habermas, Jürgen 7:309b; Marcuse, Herbert 9:357b.

FRANCFORT DEL MENO. Ciudad de Alemania, en el est. de Hesse. 643.469 hab. (1998).
6:382b; *ilustración* 6:382b.

FRANCFORT DEL ODER. Ciudad de Alemania, en el est. de Brandeburgo, cerca de la frontera polaca. Puerto sobre el río Oder y nudo de comunicaciones. Fábricas de maquinaria, muebles, zapatos, textiles e industrias alimentarias. 77.891 hab. (1998).
Oder, río 11:77b.

FRANCIA. País de Europa bañado por el océano Atlántico y el mar Mediterráneo. Cap. París. 543.965 km². 58.835.000 hab. (2000).
6:383a; Absolutismo 1:16b; Administración pública 1:70b; Alsacia-Lorena 1:250b; Anticlericalismo 1:384a; Argel 2:36b; Argelia 2:40a; Canadá 3:320b; Capetos, dinastía de los 3:357a; Chirac, Jacques 4:165a; Cien años, guerra de los 4:181a; Cinematografía 4:193a; Clasicismo 4:222b; Córcega 4:378a; Crimea, guerra de 5:10a; Europa 6:193b; Francos 6:404a; Garona, río 7:51b; Guayana Francesa 7:259b; Guerra mundial, primera 7:271a; Guerra mundial, segunda 7:273a; Guinea 7:286a; Haití 7:316b; Hugonotes 8:88b; Independencia de los Estados Unidos 8:149b; Indochina 8:175a; Italia 8:308b; Jospin, Lionel 8:386a; Jura 8:414a; Líbano 9:139b; Loira, río 9:207a; Madagascar 9:268b; Malí 9:305b; Marruecos 9:383a; Martinica 9:396a; Modernismo 10:206b; Mónaco 10:221a; Níger 10:409b; Nueva Caledonia 11:32a; Oceanía 11:70a; París 11:283b; Pirineos 12:4a; Religión, guerras de 12:321a; Rin, río 12:373a; *mapa* 6:384; *cuadros* 6:383b; 6:388a-b; 6:393; *ilustraciones* 6:385a-b; 6:386a-b; 6:387b; 6:389b; 6:390a; 6:391b; 6:393b; 6:394a; 6:395b; 6:396a.

FRANCIA, JOSÉ GASPAR RODRÍGUEZ DE (1766-1840). Político paraguayo. Nombrado dictador por el Congreso en 1814, su gobierno estuvo marcado por una política autoritaria y el aislamiento económico y diplomático del país.
6:396b; Caballero, Pedro Juan 3:245b; López, Carlos Antonio 9:215b; Paraguay 11:272a.

FRANCIA LIBRE. Movimiento de resistencia contra los alemanes a partir de la caída de Francia en manos nazis en el verano de 1940, durante la segunda guerra mundial. Fue dirigido por el general Charles de Gaulle, desde Londres.

FRANCIANO. Dialecto romance de la *langue d'oïl* hablado en la región de París en la baja edad media, del que surgió el francés moderno.
Francesa, lengua 6:368b; Inglesa, lengua 8:212b.

FRÁNCICO. Lengua de los antiguos francos, del grupo germánico occidental. También, dialectos alemanes hablados en Alemania central, Luxemburgo y Lorena.

FRANCIO. Elemento químico, el más pesado de los metales alcalinos, grupo IA de la tabla periódica, que existe sólo en formas radiactivas de corta vida. Símbolo, Fr; número atómico, 87; isótopo más estable, 223.

FRANCIS, TURBINA. Generador hidráulico de gran potencia para saltos de hasta 350 metros. Lleva el nombre de su inventor, el británico James B. Francis.

FRANCISCA JAVIER CABRINI (1850-1917). Religiosa estadounidense de origen italiano. Fundadora de la Congregación de Hermanas Misioneras del Sagrado Corazón. Enviada por el papa León XIII a los Estados Unidos para ayudar a los inmigrantes de Italia, destacó por su abnegada dedicación. Fundó numerosas escuelas y hospitales. Fue la primera estadounidense canonizada (1946).

FRANCISCANOS. Frailes menores de la orden fundada por san Francisco de Asís en el siglo XIII.
6:397a; Buenaventura, san 3:212b; Francisco de Asís, san 6:398b; Órdenes religiosas 11:131b; *ilustraciones* 6:397b.

FRANCISCO I, EMPERADOR (1708-1765). Duque de Lorena, gran duque de Toscana y emperador del Sacro Imperio Romano germánico desde 1745 hasta su muerte. Fue dominado por la fuerte personalidad de su esposa María Teresa, archiduquesa de Austria y reina de Hungría y Bohemia. Se interesó por la cultura.
Austria 2:229b.

FRANCISCO I DE FRANCIA (1494-1547). Rey de Francia desde 1515 hasta su muerte, mecenas de las artes, humanista y monarca caballeroso, se enfrentó a lo largo de su reinado al emperador Carlos V (I de España).
6:399b; Barbarroja 2:347b; Carlos V, emperador 3:400a; Clemente VII 4:229a; Fontainebleau, escuela de 6:345b; París 11:284a; Pavía, batalla de 11:302b; Religión, guerras de 12:321b; *cuadro* 6:399b; *ilustración* 6:399b.

FRANCISCO II, EMPERADOR (1768-1835). Último emperador del Sacro Imperio Romano germánico. Apoyó la política conservadora de Metternich en Alemania y Europa tras el congreso de Viena de 1815.
Habsburgo, casa de 7:313b; Metternich, príncipe de 10:116a; Sacro Imperio Romano 13:82b.

FRANCISCO II DE FRANCIA (1544-1560). Rey de Francia desde 1559 hasta su muerte. Contrajo matrimonio con María Estuardo, reina de Escocia, cuando sólo contaba catorce años. Su breve reinado estuvo dominado por la poderosa familia de Guisa. El príncipe de Condé, jefe de los hugonotes, pretendió secuestrarlo, pero fue derrotado y condenado a muerte por alta traición. La prematura muerte del rey salvó su vida y puso fin, temporalmente, a la influencia de los Guisa en los asuntos de estado.
Estuardo, dinastía 6:174a; Religión, guerras de 12:321b.

FRANCISCO DE ASÍS, SAN (1181/1182-1226). Giovanni di Pietro di Bernardone, religioso italiano. Fundador de la orden de los frailes franciscanos o frailes menores.
6:398a; Franciscanos 6:397a; Italiana, literatura 8:317a; Misión y misionero 10:190a; Navidad 10:368b; Órdenes religiosas 11:131b; *cuadro* 6:398a; *ilustración* 6:398b.

FRANCISCO DE ASÍS DE BORBÓN (1822-1902). Rey consorte de España (1846-1868), esposo de la reina Isabel II. Realizó intentos por lograr mayor poder apoyado por grupos conservadores. Sus consejeros provocaron, en parte, la caída del gobierno de Ramón María Narváez en 1851. Los cónyuges se separaron en 1868.

FRANCISCO DE BORJA, SAN (1510-1572). Noble español, cuarto duque de Gandía. Sirvió al emperador Carlos V (I de España) hasta su ingreso, en 1546, en la Compañía de Jesús. Nombrado comisario general de la orden para las provincias españolas por san Ignacio de Loyola en 1554 y tercer general en 1565, fundó nuevos colegios en Europa y estableció las provincias del Perú y de la Nueva España. Canonizado en 1671.
Borgia, familia 3:114a.

FRANCISCO DE PAULA, SAN (1416-1507). Religioso franciscano italiano. Fundador de la orden de los mínimos, cuyos miembros practican una vida de extrema austeridad. Acudió a Francia para asistir en su muerte a Luis XI. Fue canonizado por el papa León X en 1519.

FRANCISCO DE SALES, SAN (1567-1622). Religioso francés. Perteneciente a la orden de los franciscanos, desarrolló principalmente su labor apostólica en la Saboya septentrional, zona entregada al calvinismo. En 1602 fue consagrado obispo de Ginebra y en 1610 fundó, junto con santa Juana de Chantal, la orden de las religiosas de la Visitación (salesas). Fue canonizado en 1665 y nombrado doctor de la Iglesia en 1877. *Introducción a la vida devota* (1609).

FRANCISCO FERNANDO DE HABSBURGO (1863-1914). Archiduque austriaco, sobrino del emperador Francisco José I. Su asesinato en Sarajevo, el 28 de junio de 1914, a manos de un nacionalista servio, provocó la primera guerra mundial. En el atentado falleció, además, su esposa.
Austro-húngaro, imperio 2:237a; Habsburgo, casa de 7:313b; Yugoslavia 14:395a.

FRANCISCO JAVIER, SAN (1506-1552). Religioso español. Uno de los fundadores de la Compañía de Jesús, consagró su vida a las misiones.
6:399a; Ignacio de Loyola, san 8:121b; Jesuitas 8:371a.

FRANCISCO JOSÉ, TIERRA DE. V. **Nansen, archipiélago de.**

FRANCISCO JOSÉ I, EMPERADOR (1830-1916). Emperador de Austria. (1848-1916) y Hungría (1867-1916), dividió su imperio en una monarquía dual.
6:400b; Austro-húngaro, imperio 2:235a; Habsburgo, casa de 7:313b; Hungría 8:103b; *ilustración* 6:400b.

FRANCISCO MORAZÁN. Departamento de Honduras. Zona montañosa y fértiles valles. Minas de oro, plata, hierro; siderurgia en Agalteca. La cap. del dep. Tegucigalpa, lo es también del país. 7.946 km^2. 878.000 hab. (1991).

FRANCK, CÉSAR (1822-1890). Compositor y organista belga-francés. Sus enseñanzas ejercieron una gran influencia en el desarrollo de la música europea.
6:401a; Música 10:314b; Williams, Alberto 14:367b.

FRANCK, JAMES (1882 1964). Físico estadounidense de origen alemán. Premio Nobel en 1925, junto con Gustav Hertz, por sus investigaciones sobre los cambios de energía que ocurren en la colisión de átomos con electrones. Los resultados dieron la base experimental para la teoría del átomo de Niels Bohr.

FRANCMASONERÍA. V. **Masonería.**

FRANCO. Unidad monetaria de diversos países europeos, como Francia, Bélgica y Suiza, y de otros muchos del área francófona, sobre todo de África, caso de Camerún, Congo, Costa de Marfil, Chad, Gabón, etc.

FRANCO, FRANCISCO (1892-1975). Militar español que se alzó en armas contra la segunda república en julio de 1936. Gobernó España durante casi cuarenta años.
6:401b; Dictadura 5:179a; España 6:79b; Española, guerra civil 6:85b; Falange Española 6:223a; Fascismo 6:237a; Salazar, António de Oliveira 13:95b; Suárez, Adolfo 13:326b; Vasco, País 14:242a; *cuadro* 6:401b; *ilustraciones* 6:80a; 6:401b.

FRANCO, ITAMAR (n. en 1929). Político brasileño. Presidente de Brasil entre 1992 y 1994, como sucesor de Fernando Collor de Mello, que fue destituido por acusaciones de corrupción.
6:402b; *ilustración* 6:402b.

FRANCO, LUIS LEOPOLDO (1898-1990). Poeta, ensayista e historiador argentino. Cultivó una poesía cristalina y fresca en sus primeros libros. Posteriormente usó un tono más directo y hasta acusatorio, línea que se prolongó en la prosa y en su obra histórico documental. *La flauta de caña* (1920), *Libro del gay vivir* (1923), *El otro Rosas* (1945).

FRANCO, MANUEL (1875-1919). Político paraguayo, perteneciente al Partido Liberal. Presidente de la república en 1916, fundó diversas escuelas, estableció el voto secreto y dio amnistía a presos políticos. Falleció antes de concluir su mandato.

FRANCO, RAFAEL (1900-1975). Militar y político paraguayo. Participó en la guerra del Chaco. En 1936 sucedió en el gobierno de la república al presidente Eusebio Ayala, en cuyo derrocamiento intervino. Depuesto al año siguiente por una sublevación militar contraria a sus reformas, hubo de abandonar el país, al que regresó en 1946. Fue expulsado de nuevo, pero volvió definitivamente en 1964, tras la legalización de su partido, la Unión Nacional Revolucionaria (febrerista).

FRANCO, RICARDO (1949-1998). Director y productor cinematográfico español. *Pascual Duarte* (1975), *Después de tantos años* (1994), *La buena estrella* (1997).

FRANCO CONDADO. Región de Francia limítrofe con Suiza. Comprende los dep. de Doubs, Haute-Saône, Jura y el territorio de Belfort. Perteneció a Borgoña y, posteriormente, a España, que la perdió en la paz de Nimega (1678). Ganadería; productos lácteos; explotaciones forestales; minas de sal. Cap. Besançon. 16.202 km^2. 1.113.200 hab. (1995).

FRANCOLÍN. Ave galliforme de la familia de los fasiánidos y perteneciente a diversas especies del género *Francolinus* (*Francolinus francolinus*). Plumaje negro y gris, con manchas blancas en el dorso. Semejante a la perdiz, de la que se diferencia por su característico collar castaño. Vive en África y Asia menor. Carne comestible muy apreciada, por lo que es pieza codiciada de caza.

FRANCONIA. Antiguo ducado alemán repartido entre los est. de Renania-Palatinado, Baden-Württemberg, Hesse y Baviera.
Jura 8:414a; Sacro Imperio Romano 13:81a.

FRANCONIA, CASA DE. Dinastía alemana que reinó en el Sacro Imperio Romano entre 1024, año en que ascendería al trono Conrado II, y 1125. Durante este período se produjo la querella de las investiduras, a la que puso término el concordato de Worms (1122).

FRANCO-PROVENZAL. Grupo lingüístico perteneciente a las lenguas romances y a la familia indoeuropea. Hablado en la región sudoriental de Francia, Saboya, Alta Saboya, valle de Aosta y Suiza francesa. De origen incierto, fue estudiado por el lingüista italiano Graziadio Isaia Ascoli. Intermedio entre la lengua de oíl (francés del norte) y las occitanas o provenzales del sur de Francia.
Romances, lenguas 13:3b.

FRANCO-PRUSIANA, GUERRA. Conflicto bélico emprendido el 19 de julio de 1870 y concluido el 10 de mayo de 1871, que supuso el fin de la hegemonía francesa en la Europa continental y la fundación del imperio alemán, dominado por Prusia.
6:403a; Alsacia-Lorena 1:250b; Bismarck, Otto von 3:57b; Comuna de París 4:311b; Gambetta, Léon 7:31b; Napoleón III 10:346b; *ilustración* 6:403.

FRANCOS. Pueblos germánicos que invadieron el Imperio Romano occidental a partir del siglo III.
6:404a; Alemania 1:189b; Clodoveo I 4:236a; Edad media 5:297b; Francia 6:390b; Gregorio de Tours, san 7:213a; Ludovico Pío 9:235b; Merovingios 10:76b; Normandos 11:9a; Países Bajos 11:209b; *ilustraciones* 6:404a.

FRANCOVICH, GUILLERMO (n. en 1901). Ensayista, filósofo y autor teatral boliviano. Perteneció a la escuela vernacular en el campo del pensamiento. Escribió diálogos filosóficos, ensayos, historias de ideas y filosofía política. *Supay* (1939), *Los ídolos de Bacon* (1942), *El monje de Potosí* (1952).

FRANJIEH, SULEIMAN (1910-1992). Político libanés. Jefe del clan cristiano-maronita, en 1970 fue elegido presidente de Líbano gracias al apoyo de las fuerzas progresistas. Su etapa de gobierno estuvo marcada por su enfrentamiento con los palestinos y la aparición de organizaciones paramilitares de extrema derecha. Fue sustituido en 1976 durante la guerra civil que asoló al país.

FRANJU, GEORGES (1912-1987). Director cinematográfico francés. Fundador en 1937, junto con Henri Langlois, de la filmoteca de su país y renovador del cine francés de la década de 1950. Sus películas más importantes son *La cabeza contra los muros* (1958) y *Diario íntimo* (1962).

FRANK, ANNE (1929-1945). Escritora germano-holandesa de origen judío. Su *Diario* narra el encierro que ella y su familia debieron vivir durante años para escapar de la persecución nacionalsocialista. Fueron descubiertos por una delación, y Anne murió en el campo de concentración de Bergen-Belsen.

FRANK, WALDO (1889-1967). Novelista y ensayista estadounidense. Destacado hispanista, autor de *América hispana* (1931) y obras sobre Simón Bolívar, Cuba y estudios sociológicos, así como de varias novelas, entre ellas *Los invasores* (1948).

FRANKENSTEIN. Novela de la escritora británica Mary Wollstonecraft Shelley, publicada en 1818, que relata la historia de un sabio, el médico que da título a la obra, que compone un cuerpo formado con restos robados en los depósitos de cadáveres y cementerios, y le infunde vida. Más tarde, su criatura le causará la muerte.
Shelley, Percy Bysshe 13:226a.

FRANKENTHALER, HELEN (n. en 1928). Pintora estadounidense. Perteneciente a la segunda generación de pintores expresionistas abstractos, utilizó el color en tonalidades menos violentas e introdujo referencias al mundo natural. Casada con el también pintor Robert Motherwell. «Montañas y mar» (1952), «Arcadia» (1962).
Abstracto, arte 1:22b.

FRANKFORT. Capital de est. de Kentucky, Estados Unidos, a orillas del río Kentucky. Universidad. Tabaco, maíz. Electrónica, manufacturas, textiles, maquinaria. Destilerías de whisky. 25.973 hab. (1980).

FRANKFURT AM MAIN. V. **Francfort del Meno.**

FRANKFURT AN DER ODER. V. **Francfort del Oder.**

FRANKLIN, ARETHA (n. en 1942). Cantante estadounidense de *blues* y *gospel*. Grabó su primer disco a los doce años. Entre sus melodías más conocidas están «I Never Loved a Man» y «Baby, I Love You».

FRANKLIN, BENJAMIN (1706-1790). Científico, escritor, editor, diplomático y político estadounidense. Después de lograr importantes descubrimientos científicos e inventos técnicos, participó en la declaración de independencia de las colonias británicas de Norteamérica y las representó en Europa.
6:405a; Electricidad 5:352a; Independencia de los Estados Unidos 8:149b; Rayo 12:268b; Seguro 13:190b; *cuadro* 6:405b; *ilustración* 6:405.

FRANKLIN, MILES (1879-1954). Escritora australiana. Autora de novelas en las que presentó la vida campesina y las distintas transformaciones surgidas en la sociedad australiana a lo largo de su historia. *Mi brillante porvenir* (1901), *Todas esas baladronadas* (1936).

FRANQUICIA. Contrato mediante el cual una empresa adquiere el derecho a utilizar la marca de otra a cambio del pago de un canon estipulado.

FRANZÉN, FRANS MIKAEL (1772-1847). Poeta finlandés en lengua sueca. Su obra festiva y ligera en un principio, evolucionó posteriormente a una mayor profundidad y solemnidad. *Canto sobre Creutz.*

FRASCUELO (1842-1898). Salvador Sánchez Povedano, matador de toros español. Tomó la alternativa en 1867, de manos de Cúchares. Rival del torero Lagartijo. De estilo voluntarioso y valiente más que estético. Se retiró en 1889.

FRASER, RÍO. Curso fluvial del oeste de América del norte. Nace en el lago Yellowhead y desemboca en el Pacífico. Longitud 1.368 km.
6:405b.

FRAUDE. Engaño cometido para sustraerse a las obligaciones legales (ya sean penales, civiles o fiscales) y que produce un perjuicio al estado o a terceros.

FRAUNHOFER, JOSEPH VON (1787-1826). Físico alemán. Fue el primero en estudiar las líneas oscuras del espectro solar conocidas como líneas de Fraunhofer. Sus trabajos sentaron las bases de la espectroscopia.
Sol 13:291b.

FRAY BENTOS. Ciudad y puerto fluvial de Uruguay, cap. del dep. de Río Negro, a orillas del río Uruguay. Aeropuerto. Astilleros, industrias cárnicas, curtidurías. 19.569 hab. (1975).

FRAY CANDIL. V. **Bobadilla, Emilio.**

FRAY GERUNDIO. Publicación satírica española dirigida por Modesto Lafuente, editada en Madrid desde 1837 a 1842. En ella, dos émulos de don Quijote y Sancho, llamados fray Gerundio y Tirabeque, se burlan de la sociedad de la época. Muy influyente en la prensa humorística española del siglo XIX.

FRAY MOCHO. V. **Álvarez, José Sixto.**

FRAZER, JAMES (1854-1941). Antropólogo británico. Analizó la evolución histórica del pensamiento humano mediante el estudio comparativo del folclor, la mitología y las religiones.
6:406a; Magia 9:284b; Totemismo 14:99a.

FREÁTICO, MANTO. Extensión de agua subterránea acumulada sobre una capa impermeable y sometida a oscilaciones derivadas de las variaciones meteorológicas.
Hidrografía e hidrología 7:400b.

FRÉCHET, MAURICE (1878-1973). Matemático francés que destacó por la elaboración de la teoría matemática sobre los espacios abstractos. Contribuyó asimismo al avance en el estudio de diversas cuestiones de cálculo diferencial y estadístico.

FRÉCHETTE, LOUIS-HONORÉ (1839-1908). Poeta canadiense en lengua francesa. Ganó el Premio Montyon en 1880, con lo que se convirtió en el primer autor canadiense galardonado por la Academia Francesa. Fue especialmente conocido por sus poemas patrióticos. *Leyenda de un pueblo* (1887), *Poesías escogidas* (1908), *Verónica* (1908).

FRECUENCIA. Repetición periódica, a intervalos regulares de tiempo, de un fenómeno o una situación.
6:406a; Acústica 1:54a; Electromagnético, espectro 5:360b; Electrónica 5:367a; Onda 11:108a; Radiocomunicación 12:248a; Resonancia magnética nuclear 12:345b.

FREDEGUNDA (m. en el 597). Esposa de Chilperico I, rey franco merovingio de Soissons, Francia. Célebre por el odio entre ella y Brunilda (o Brunequilda), reina de Austrasia, así como por su crueldad y falta de escrúpulos.

FREDERICTON. Capital de la prov. de New Brunswick, Canadá, a orillas del río Saint John. Universidades, museo de pintura. Instituto de investigación agrícola. Calzados, derivados de la madera. 43.723 hab. (1981).

FREE JAZZ. Estilo musical de *jazz* desarrollado a partir de la década de 1960, y que contó entre sus principales representantes a los saxofonistas Ornette Coleman y John Coltrane y al trompetista Don Cherry, seguidos posteriormente por los saxofonistas Albert Ayler y Archie Shepp y el pianista Cecil Taylor. Presentaba una nueva expresividad sonora basada en la libre improvisación de los solistas.
Jazz 8:359a.

FREETOWN. Capital y puerto de Sierra Leona, a orillas del Atlántico. Nació a raíz del asentamiento de esclavos liberados en los Estados Unidos por la flota británica a partir de 1787. Aeropuerto internacional. Colegios universitarios, museo. Talla de diamantes, calzado; productos alimenticios. 822.000 hab. (1999).
Sierra Leona 13:234a.

FREEWARE. Voz inglesa que designa a un programa de computadora con un precio insignificante o gratuito y de dominio público, que generalmente sirve de promoción de otras versiones del mismo más avanzadas.

FREGE, GOTTLOB (1848-1925). Matemático y filósofo alemán. Considerado fundador de la moderna lógica matemática. En el campo filosófico intentó llevar los postulados de fundamento lógico a sus últimas consecuencias.
Lógica 9:203b.

FREI MONTALVA, EDUARDO (1911-1982). Político chileno. Presidente de la república de 1964 a 1970.
Chile 4:137b.

FREINET, CÉLESTIN (1896-1966). Pedagogo francés. Adscrito al movimiento de la «nueva educación», sus enseñanzas en el ámbito pedagógico incidieron en el carácter social y abierto del trabajo escolar, así como de la cooperación entre escolares y profesores.
Educación 5:314b; Lectura 9:93a.

FREIRE, MANUEL (1765-1834). Militar español. Tuvo una destacada actuación en la guerra de la independencia española contra las tropas napoleónicas. En 1820 reprimió duramente el levantamiento de Rafael del Riego.

FREIRE, PAULO (1921-1997). Pedagogo brasileño. Se interesó por la liberación del hombre de toda manipulación, desarrollando su capacidad crítica.
6:407a; Alfabetización 1:201b; Educación 5:315a.

FREIRE, RAMÓN (1787-1851). Militar y político chileno. Participó en numerosos hechos de armas y en el derrocamiento de Bernardo O'Higgins, al que sustituyó como director supremo, cargo para el cual fue confirmado en 1823.

FREI RUIZ-TAGLE, EDUARDO (n. en 1946). Político chileno, hijo del anterior. De filiación democratacristiana, tomó posesión de la presidencia de la república en 1994 en sucesión de su correligionario Patricio Aylwin. Se mantuvo en el cargo hasta las elecciones de 1999.
6:407b; Chile 4:138b; *ilustración* 6:407b.

FREITAS BRANCO, LUÍS DE (1890-1955). Compositor portugués. Su obra, compuesta principalmente por sinfonías y música de cámara, se inscribe dentro del impresionismo. *Paraísos artificiales.*

FREITAS DO AMARAL, DIÓGO (n. en 1941). Político y abogado portugués. Fundador del Centro Democrático Social (CDS).

FRÉJOL. V. **Frijol.**

FRELIMO. V. **Frente de Liberación de Mozambique** (FRELIMO).

FREMONT. Ciudad de los Estados Unidos en el est. de California, al sudeste de la bahía de San Francisco. Misión de San José de Guadalupe (1797). Colegio universitario. 204.298 hab. (1998).

FRENCH POODLE. V. **Caniche.**

FRENEAU, PHILIP (1752-1832). Escritor estadounidense. Llamado el «poeta de la revolución americana», participó en la guerra de independencia y fue apresado por los británicos, experiencia que relató en *La nave británica de presos* (1781).
Estadounidense, literatura 6:146b.

FRENO. Dispositivo para reducir la velocidad o inmovilizar una máquina. Existen modelos de fricción, de aire, hidráulicos, etc.
Automóvil 2:242a.

FRENOLOGÍA. Disciplina creada por el médico alemán Franz Joseph Gall (1758-1828) y que tenía por objeto el estudio de las diversas formas craneales y su posible relación con los rasgos del carácter.

FRENTE. En meteorología, superficie que señala el contacto entre dos masas de aire de diferente temperatura. Puede ser cálido o frío, y cuando las masas que se hallan próximas no se mueven, el frente recibe el nombre de estacionario.

FRENTE DE LIBERACIÓN DE MOZAMBIQUE (FRELIMO). Organización revolucionaria formada en 1962 para lograr la independencia de Mozambique respecto de la dominación portuguesa. Eduardo Mondlane, su dirigente, fue asesinado en 1969. Desde entonces fue encabezada por Samora Machel, presidente de Mozambique en su independencia (1975). A partir de la promulgación de la nueva constitución en 1990, el Frelimo se transformó en partido político.
Mozambique 10:284b.

FRENTE DE LIBERACIÓN NACIONAL (FLN, ARGELIA). Organización independentista argelina formada en 1954 para luchar contra la dominación francesa. Se convirtió en partido único después de la independencia del país (1962). En 1989 la Asamblea Nacional adoptó una nueva ley de asociaciones políticas que permitió la actividad de otros grupos.
Argelia 2:40a.

FRENTE FARABUNDO MARTÍ DE LIBERACIÓN NACIONAL (FMLN). Organización guerrillera salvadoreña de izquierda. Desde el inicio de sus actividades, en 1981, logró el control de amplias zonas del norte del país, con alternancia de campañas ofensivas y de repliegue. En 1991 se integró a la vida política formal del país tras firmar un acuerdo con el gobierno.
Salvador, El 13:109a.

FRENTE ISLÁMICO DE SALVACIÓN (FIS). Formación política fundamentalista de Argelia, ilegalizada tras su victoria electoral en 1992. A partir de ese momento, su rama militar, el Ejército Islámico de Salvación (EIS), se ensarzó en un sangriento enfrentamiento armado con las fuerzas gubernamentales. En 1997, el EIS decretó un alto el fuego unilateral tras la puesta en libertad condicional del dirigente fundamentalista Abassi Madani.

FRENTE NACIONAL PARA LA LIBERACIÓN DE ANGOLA (FNLA). Organización guerrillera fundada por Holden Roberto en 1961 para luchar contra el dominio portugués, y luego contra el gobierno del Movimiento Popular para la Liberación de Angola.
Angola 1:361a.

FRENTE POPULAR. Designación de las coaliciones realizadas en la década de 1930 en diversos países por inspiración de la Tercera Internacional (1919) para unir a los partidos de izquierda, tanto obreros como de la pequeña burguesía, a fin de oponerse al naciente fascismo. En 1936 consiguieron el poder en España y en Francia, y en 1938 en Chile.
República española 12:344a.

FRENTE SANDINISTA DE LIBERACIÓN NACIONAL (FSLN). Organización guerrillera nicaragüense, formada en 1962 para derrocar a Anastasio Somoza, objetivo que logró cuando llegó al poder en 1979. En las elecciones de 1990 fue derrotado por la candidata opositora Violeta Chamorro.
Nicaragua 10:401b; Ortega, Daniel 11:161a; Sandino, César Augusto 13:122a.

FRESA (BOTÁNICA). Planta herbácea de la familia de las rosáceas (*Fragaria vesca*). Dicotiledónea. Fruto complejo, comestible. Distribución eurasiática.
6:408a; *ilustración* 6:408b.

FRESA (INGENIERÍA). Herramienta de pulido giratoria construida generalmente en acero, dotada de aristas cortantes alrededor de un eje, utilizada para trabajar metales. Piezas similares de menor tamaño se utilizan en odontología.
Herramienta 7:382a.

FRESADORA. Máquina herramienta para trabajar metales con ayuda de fresas, consistente en una bancada, una mesa o consola y una cabeza portafresas.

FRESCO. Técnica de pintura mural consistente en la aplicación de los pigmentos de los colores diluidos en agua de cal sobre techos o paredes enlucidos con cal y aún húmedos.
Capilla Sixtina 3:359b; Muralismo 10:299b; Pictóricas, técnicas 11:394b; Pintura 11:412b; Tiepolo, Giovanni Battista 14:55a.

FRESCOBALDI, GIROLAMO (1583-1643). Organista italiano. Uno de los primeros y más eminentes compositores para órgano.
6:408b; Órgano 11:164a.

FRESNAY, PIERRE (1897-1975). Actor francés. Abandonó su carrera teatral para trabajar en el cine en 1927. *La gran ilusión* (1937), de Jean Renoir, *El cuervo* (1943), *Monsieur Vincent* (1947), *El renegado* (1954) y *Los aristócratas* (1955).

FRESNEL, AUGUSTIN-JEAN (1788-1827). Físico e ingeniero francés que se dedicó al estudio de los fenómenos de la óptica. Elaboró célebres hipótesis sobre la difracción y la interferencia de ondas luminosas, que apoyó en un conjunto de integrales matemáticas que llevan su nombre. Defensor de la teoría del éter como sustento material de la luz.
Luz 9:254b.

FRESNILLO. Municipio del est. mexicano de Zacatecas. Recorrido por la sierra de Zacatecas y el río Galera. Yacimientos de plata, cobre, oro y zinc; cultivos de maíz, trigo y frijoles; ganado lanar, caballar y vacuno; planta hidroeléctrica. 75.108 hab. (1997).

FRESNO (BOTÁNICA). Nombre de diversas especies arbóreas de hoja caduca de la familia de las oleáceas y pertenecientes al género *Fraxinus*. Dicotiledóneas. Hoja compuesta y fruto en sámara.
6:409a; *ilustración* 6:409a.

FRESNO (GEOGRAFÍA). Ciudad de los Estados Unidos, est. de California, en el fértil valle de San Joaquín. Universidad. Productos lácteos, hortofrutícolas, algodón, remolacha azucarera. Vinos. 398.133 hab. (1998).

FREUD, SIGMUND (1856-1939). Médico y psicólogo austriaco. Creador del psicoanálisis.
6:409b; Adler, Alfred 1:61b; Agresividad 1:103a; Angustia y ansiedad 1:362a; Binswanger, Ludwig 3:23b; Edipo 5:309a; Emoción 5:393a; Fetichismo 6:275b; Histeria 8:15b; Incesto 8:144b; Jung, Carl Gustav 8:411a; Memoria 10:50b; Mito y mitología 10:195a; Neurosis 10:393a; Personalidad 11:354b; Psicoanálisis 12:172a; Psicología 12:175b; Psicometría 12:179b; Relajación 12:315a; Simbolismo 13:248a; Sueño (PSICOLOGÍA) 13:351a; Suicidio 13:353a; Surrealismo 13:366b; Tabú 13:374a; *cuadro* 6:410a; *ilustraciones* 5:392a; 6:410a; 10:51b; 12:172a; 12:175b.

FREY. Dios de la paz y la fertilidad, la lluvia y el sol en la mitología escandinava. Hijo de Njörd, se casó con su hermana Freya. Luchó contra el gigante Beli. El verraco era su animal sagrado.
Germánica, religión 7:114a; Mito y mitología 10:198b.

FREYA. Diosa de la primavera, el amor y la fecundidad en la mitología escandinava. Era hermana de Frey, dios del sol, la luz y la paz. En ocasiones se la ha asimilado a la diosa Friga.
Germánica, religión 7:114b.

FREYRE, GILBERTO (1900-1987). Escritor y sociólogo brasileño. Trabajó en temas sociales y antropológicos de su país.
6:410b.

FRIABILIDAD. Propiedad de algunos materiales o estructuras que hace que sean fácilmente desmenuzables.

FRÍAS, DUQUE DE (1783-1851). Bernardino Fernández de Velasco, militar, político, diplomático y escritor español. Intervino en la guerra de la independencia y aconsejó a Fernando VII que aceptara la constitución. Consiguió que Francia reconociera a Isabel II, y formó gobierno bajo la regencia de María Cristina, en 1838. *Obras poéticas* (1857).

FRÍAS, HERIBERTO (1870-1925). Novelista mexicano. Cultivó el periodismo. Dirigió *El Correo de la Tarde*, *El Constitucional de México* y *La Voz de Sonora*. *Tomochic* (1893-1895), *El amor de las sirenas* (1908), *Miserias de México* (1916).

FRÍAS, TOMÁS (1805-1884). Político boliviano. Ocupó el Ministerio de Relaciones Exteriores durante la presidencia de José Ballivián y el de Hacienda bajo el gobierno de José María Linares. Presidente de la república de 1872 a 1873, fue reelegido en 1874 y destituido dos años más tarde. Se le conoció como el «Washington boliviano».

FRIBURGO. Ciudad de Suiza, cap. del cantón homónimo, a orillas del río Sarine. Data del siglo XII. Universidad, museos. Cervezas, maquinaria y productos químicos. 35.800 hab. (1984).

FRIBURGO DE BRISGOVIA. Ciudad de Alemania en el est. de Baden-Württemberg, junto al río Dreisam en la Selva Negra. Mercado libre en el siglo XII. Catedral gótica, museos. Vinos y madera. Centro cultural. Turismo. 199.273 hab. (1996).

FRICATIVA, CONSONANTE. Fonema en cuya articulación el aire al ser emitido produce cierta fricción en los órganos bucales. Son fricativas la *f, s, z, j*, etc. Estas consonantes también se conocen como constrictivas o espirantes.

FRICCIÓN. Fuerza que se opone al movimiento tangencial de dos cuerpos en contacto, debido a las rugosidades de las superficies y a la cohesión o adhesión entre ellas. De modo aproximado, es independiente de la velocidad, proporcional a la fuerza normal al plano de rozamiento e independiente del área de contacto. También se denomina rozamiento.

FRIED, ERICH (n. en 1921). Novelista, poeta y ensayista austriaco. Se trasladó a Inglaterra en 1938. Integrante del Grupo 47, atacó en sus obras los regímenes totalitarios. *Un soldado y una chica* (1960), *Abrir la libertad de palabra* (1972), *Poesías apátridas* (1978).

FRIEDAN, BETTY (n. en 1921). Pensadora estadounidense, promotora de la emancipación de la mujer. Autora de *La mística de la feminidad* (1963), en la que se analiza la frustración de la mujer del siglo XX al desempeñar los papeles domésticos tradicionales.
Feminismo 6:257a.

FRIEDEL, CHARLES (1832-1899). Químico y mineralogista francés. Catedrático de química orgánica y mineralogía en la facultad de ciencias de la Universidad de París y fundador del Instituto de Química de esta ciudad. Autor de un procedimiento general de síntesis para la unión de las cadenas bencénicas laterales.

FRIEDLÄNDER, MAX JACOB (1867-1958). Crítico e historiador alemán del arte. Director del Kaiser-Friedrich-Museum de Berlín, fue un reputado especialista en pintura holandesa y flamenca. *Alberto Durero* (1922), *La pintura neerlandesa antigua* (1924-1937).

FRIEDMAN, HERBERT (n. en 1916). Astrónomo estadounidense. Investigador de las radiaciones solares, entre 1958 y 1963 trabajó como director en el laboratorio del ejército estadounidense.

FRIEDMAN, MILTON (n. en 1912). Economista estadounidense. Principal representante del monetarismo de la escuela de Chicago.
6:411a; Economía 5:279b; Inflación y deflación 8:196b; Neoliberalismo 10:376b; *ilustraciones* 5:279b; 6:411a.

FRIEDRICH, CASPAR DAVID (1774-1840). Pintor alemán. Su obra se inscribe dentro del estilo romántico. El simbolismo religioso expresado en la naturaleza y la soledad del hombre fueron sus temas fundamentales. «La cruz en la montaña» (1807).
Romanticismo 13:12a.

FRIESZ, OTHON (1879-1949). Pintor francés. Se inició bajo la influencia de los impresionistas y postimpresionistas, en especial de Paul Gauguin y Vincent van Gogh, pasando posteriormente a formar parte del grupo de artistas *fauve*. Desde 1908 se alejó de los presupuestos fauvistas para realizar una pintura de cromatismo más austero y composiciones clásicas. «Retrato de Fernand Fleuret» (1907), «Vista de Méounes» (1925).
Fauvismo 6:241b.

FRIGA. Diosa de la mitología escandinava, conocida también como Frigga. Estaba casada con Odín, de quien concibió a Balder. Diosa de la fertilidad en general y protectora del amor conyugal. Identificada a veces con Freya.

FRIGÁNEA. Insectos del orden de los tricópteros, y parecidos a ciertos lepidópteros nocturnos. Larvas acuáticas eruciformes, utilizadas por los pescadores como cebo.

FRIGIA. Antigua región del centro de Anatolia en la que se estableció un pueblo de origen tracio a fines del segundo milenio antes de la era cristiana. Los frigios dominaron Asia menor entre los siglos XII y VII a.C. Su capital era Gordio.

FRIGIDEZ. Ausencia o disminución del estímulo sexual temporal o permanente. Asimismo, imposibilidad de disfrutar, para la mujer, las relaciones sexuales.

FRIGORÍFICO. Aparato capaz de producir frío. Se emplea, por lo general, para conservar alimentos, fármacos, etc. Se denomina también refrigerador.
Criología 5:15a; Electrodomésticos, aparatos 5:358a.

FRIJOL. Planta de la familia de las leguminosas y del género *Phaseolus*. Dicotiledónea. Recibe diferentes denominaciones según las localidades donde se cultiva: judía, alubia, habichuela, poroto, etc.
6:411b; Leguminosas 9:97b; Roya 13:29a; *ilustración* 6:411b.

FRIMARIO. Tercer mes del calendario republicano francés, que comprendía parte de noviembre y de diciembre.

FRINÉ (siglo IV a.C.). Cortesana ateniense, que ejerció una notable influencia en la política de su tiempo. Se cree que fue modelo de Praxíteles para la Afrodita de Cnido. Según la leyenda, al ser acusada de profanar los misterios de Eleusis, su defensor la mostró desnuda a los jueces, que no se animaron a condenar tal belleza.

FRINGÍLIDOS. Familia de pájaros de pequeño tamaño, pico corto y alas con nueve remeras primarias. Plumaje de colores vistosos, distintos en ambos sexos. Incluyen a los pinzones, jilgueros, camachuelos y verderones.
Canario 3:334a.

FRÍO. Ausencia de calor. Es un concepto relativo ligado a la temperatura. Así, se dice que un cuerpo está frío cuando da sensación de baja temperatura al tocarlo o cuando está a una temperatura inferior a otra que se toma como referencia.

FRISCH, KARL VON (1886-1982). Zoólogo austriaco. Estudió el sistema de comunicación de las abejas (comportamiento, ritmo y dirección del vuelo). Recibió el Premio Nobel de medicina en 1973.
6:412a; Tinbergen, Nikolaas 14:63a; *ilustración* 6:412a.

FRISCH, MAX (1911-1991). Dramaturgo y novelista suizo en lengua alemana. Reflexionó en su obra sobre los dilemas morales de la vida en el siglo XX.
6:412b.

FRISCH, RAGNAR (1895-1973). Economista noruego. Uno de los precursores de la econometría. Desarrolló una tipología de los modos de conducta que intentó superar la teoría de los tipos de mercado. Premio Nobel de economía en 1969, compartido con el holandés Jan Tinbergen. *Nuevos métodos para el cálculo de la utilidad marginal* (1933).
Econometría 5:275b.

FRISIA (GEOGRAFÍA GENERAL). Región de la costa europea del sudeste del mar del Norte, desde el norte de los Países Bajos hasta Dinamarca. Suelo llano recorrido por los ríos Ems, Weser y Elba, que forman en ella sus estuarios. Habitada desde la antigüedad por los frisones, fue conquistada sucesivamente por los romanos (siglos I a.C. y I d.C.), los francos (siglo IV) y el ejército de Carlomagno (781-790). Después perteneció al Sacro Imperio Romano germánico, a Sajonia y a España, y posteriormente se dividió entre los Países Bajos, Alemania y Dinamarca.

FRISIA (PAÍSES BAJOS). Provincia septentrional de los Países Bajos, Friesland en neerlandés. De suelo pobre, los diques han permitido su colonización. Papas o patatas, cereales, legumbres y pastos; ganadería lanar y bovina. Cap. Leeuwarden. 3.361 km^2. 612.000 hab. (1996).

FRISIAS, ISLAS. Archipiélago que se extiende en cadena frente a las costas de los Países Bajos y Alemania y el sur de la península de Jutlandia. Las Frisias occidentales pertenecen al primer país; las orientales, al segundo; y las septentrionales, a Alemania y Dinamarca. También se conocen como islas Frisonas.
Países Bajos 11:207b.

FRISO. Franja horizontal decorativa que forma parte del entablamento en los órdenes clásicos, entre el arquitrabe y la cornisa.
Arquitectura 2:103a.

FRISONAS, ISLAS. V. **Frisias, islas.**

FRISONES. Pueblo germánico que, hacia el siglo I de la era cristiana, se estableció en Frisia, provincia septentrional de los Países Bajos, y en la región alemana de Frisia Oriental.
Países Bajos 11:209b.

FRITH, FRANCIS (1822-1898). Fotógrafo británico. Seguidor del método fotográfico del colodión, realizó entre 1856 y 1860 viajes por Egipto y Palestina, en los que recopiló material para sus libros *El Cairo, Sinaí, Jerusalén y las pirámides de Egipto* y *Egipto* y *Palestina* (1860).

FRIULI-VENEZIA GIULIA. Región del nordeste de Italia, al este de la reg. de Véneto, fronteriza con Austria y Eslovenia. Comprende las prov. de Udine, Pordenone, Gorizía y Trieste. Población compuesta por italianos, friulianos (hablantes de un dialecto romanche) y eslavos. Minería, industria. Cap. Trieste. 7.845 km^2. 1.118.897 hab. (1996).

FROBENIUS, LEO (1873-1938). Antropólogo y explorador alemán, director del Museo de Etnología de Francfort. Autor de la teoría de los círculos culturales, según la cual la cultura nace en ciertos sitios y se propaga desde ellos. *El origen de las culturas africanas, Historia de la civilización de África, Problemas de la cultura* (1899-1901), *La voz de África* (1912-1913).

FROBERGER, JOHANN JAKOB (1616-1667). Compositor, organista y clavecinista alemán, destacado creador de música barroca. Estudió con Girolamo Frescobaldi.

FROBISHER, SIR MARTIN (1535-1594). Navegante inglés que exploró la costa nororiental de Canadá (1576-1578). Descubrió la bahía de Hudson. Combatió contra la Armada Invencible.

FROEBEL, FRIEDRICH (1782-1852). Pedagogo alemán. Creador del *Kindergarten* (jardín de niños).
6:412b; Educación 5:314b.

FROISSART, JEAN (1333-1400/1401). Poeta y cronista francés. En sus obras retrató la sociedad cortesana europea de la época.
6:413a; *ilustración* 6:413b.

FROMENT, NICOLAS (h. 1435-1484). Pintor francés, introductor del naturalismo flamenco en su país. Vivió en el sur de Francia y quizá en Italia, donde se supone pintó «La resurrección de Lázaro» (1461). «La zarza ardiente» (1475-1476).

FROMENTIN, EUGÈNE (1820-1876). Escritor y pintor francés. Autor de la novela *Dominique* (1862) y de *Los maestros de antaño* (1876), estudio crítico de los museos neerlandeses y belgas. Célebre por sus descripciones del territorio de Argelia.

FROMM, ERICH (1900-1980). Psicoanalista estadounidense de origen alemán. Intentó relacionar el psicoanálisis con los fenómenos de la dinámica socio-económica.
6:413b; Psicoanálisis 12:173b; *ilustración* 6:413b.

FRONDA, LA. Serie de alzamientos civiles ocurridos en Francia, entre 1648 y 1653, contra la política del cardenal Julio Mazarino, ministro de la reina regente Ana de Austria (madre de Luis XIV). Su fracaso preparó el camino al régimen absolutista de Luis XIV.

FRONDIZI, ARTURO (1908-1995). Político argentino. Presidente de la república de 1958 a 1962.
6:414a; Aramburu, Pedro 2:17b; Argentina 2:56a; *ilustración* 6:414a.

FRONTAURA ARGANDONA, MANUEL (n. en 1906). Ensayista, novelista e historiador boliviano. Perteneció a la escuela vernacular. *Ciudad de piedra* (1928), *Precursor* (1941).

FRONTENAC, LOUIS DE BUADE, CONDE DE PALLUAU Y DE (1622-1698). Militar francés, gobernador de Nueva Francia (Canadá) de 1672 a 1682 y de 1689 a 1698. Apoyó las exploraciones del señor de La Salle y fue uno de los artífices de la expansión francesa en el Nuevo Mundo.

FRONTERA. Límite entre dos estados.
6:414b; Internacionales, relaciones 8:237b.

FRONTÓN (ARQUITECTURA). Remate o coronamiento triangular de la fachada de un edificio, cuyos límites son la cornisa del entablamento y las dos rampas oblicuas del tejado a doble vertiente, y cuyo espacio interior triangular se denomina tímpano.

FRONTÓN (DEPORTE). Cancha con tres paredes en donde se disputan diversas modalidades de juegos de pelota.
Pelota, juegos de 11:325a.

FROST, ROBERT (1874-1963). Poeta estadounidense. Cantor de la vida cotidiana de Nueva Inglaterra.
6:414b; *ilustración* 6:414b.

FROTIS. Técnica de preparación microscópica que se realiza depositando y extendiendo una gota de líquido que se desea observar sobre un portaobjetos.

FRUCTIDOR. Duodécimo mes del calendario republicano francés, que correspondía a parte de agosto y de septiembre.

FRUCTOSA. V. **Levulosa.**

FRUCTUOSO, SAN (h. el 600-665). Noble visigodo. Organizó un gran número de monasterios en el norte y parte occidental de la península ibérica, para los que redactó dos reglas (*Regula monachorum* y *Regula communis*). Ocupó el obispado de Dumio y el arzobispado de Braga.
Monasterios y conventos 10:226b.

FRUGONI, EMILIO (1880-1969). Escritor y político uruguayo. Desempeñó diversos cargos políticos. Autor de una vasta obra poética caracterizada por su sencillez estructural y léxico simple. *Bajo tu ventana* (1900), *Los himnos* (1916), *Poemas civiles* (1944).

FRUNZE. V. **Bishkek.**

FRUNZE, MIJAÍL VASÍLIEVICH (1885-1925). Político y militar soviético. Participó en el levantamiento moscovita de 1905, y en 1919, al mando de las fuerzas soviéticas, derrotó a los cosacos; un año después venció al ejército contrarrevolucionario de Piotr Wrangel en Crimea. Fue nombrado jefe del estado mayor y director de la academia militar de Moscú que llevó su nombre. *La doctrina militar única y el ejército rojo.* Considerado uno de los padres del ejército soviético.

FRUSTRACIÓN. Estado afectivo o emocional de quien ve insatisfecho su deseo, impulso o necesidad psicológica.
6:415a.

FRUTICULTURA. Rama de la agricultura dedicada al estudio y cultivo de los árboles frutales.
6:415b; Agricultura 1:109b; Horticultura 8:75a; *cuadro* 6:416; *ilustraciones* 6:415b; 6:416a; 6:417a.

FRUTO. Estructura formada por lo general por la transformación del ovario de la flor de las angiospermas tras la fecundación.
6:417a; Árbol 2:24a; *ilustraciones* 6:417b; 6:418a.

FRY, E. MAXWELL (1899-1987). Arquitecto británico, pionero en el Reino Unido de la arquitectura racionalista de la década de 1930. Casado con la arquitecta Jane Drew, formó con ella la empresa Fry, Drew & Partners. Impington Village College (1936); viviendas en Chandigarh, India (1951-1954).

FSLN. V. **Frente Sandinista de Liberación Nacional** (FSLN).

FTÁLICO, ÁCIDO. Ácido bencenodicarboxílico, preparado por oxidación catalítica del naftaleno. Forma cristales ligeramente solubles en agua. Se usa para fabricar tintes y en síntesis orgánica.

FTP. Siglas en inglés de protocolo de transferencia de archivos. Servicio de transmisión de ficheros entre computadoras conectadas a la red Internet.
Internet 8:240b.

FUAD I (1868-1936). Ahmed Fuad, primer rey de Egipto tras la independencia del Reino Unido en 1922, aunque el país siguió sometido a una fuerte influencia británica. Durante todo su reinado luchó infructuosamente por lograr mayor independencia para Egipto y contrarrestar la creciente influencia del partido ultranacionalista Wafd.
Egipto 5:337b.

FÚCARES, LOS. V. **Fugger, Familia.**

FUCHS, LUKAS. V. **Foss, Lukas.**

FUCO. Nombre con el que se designan diferentes especies de algas pardas, de talo laminar o cilíndrico y provistas de vesículas gaseosas con las que se mantienen a flote.

FUCSIA. Planta arbustiva o de porte arbóreo de la familia de las enoteráceas y del género *Fuchsia.* Dicotiledónea. Cultivada como ornamental por sus flores, muy características, provistas de un cáliz estrecho y de largos estambres y pistilo, de color rojizo con tonalidades violáceas.

FUCSINA. Sustancia de color verde, soluble en alcohol y agua, utilizada como colorante rojo para teñir fibras textiles. También denominada magenta.

FUEGO E INCENDIO. Se entiende por fuego la combustión de un cuerpo. Cuando el fuego produce llamas y alcanza grandes dimensiones se denomina incendio.
6:418b; Biomasa 3:45a; Combustión 4:291b; Construcción 4:352a; Deforestación 5:108b; *ilustraciones* 6:419b; 6:420a.

FUEGOS FATUOS. Pequeñas llamas próximas al suelo originadas por la combustión espontánea de los gases procedentes de sustancias orgánicas en descomposición. Se da en cementerios y lugares pantanosos.

FUEL OIL. V. **Combustóleo.**

FUENTE DE LA JUVENTUD. Manantial legendario buscado en varias ocasiones por exploradores españoles en tiempos del descubrimiento de América, debido a las propiedades rejuvenecedoras que los indígenas atribuían a sus aguas. Se suponía que se hallaba en algún lugar de las Bahamas.

FUENTEOVEJUNA. Obra del dramaturgo español Félix Lope de Vega y Carpio. Está basada en un relato de una *Crónica de las órdenes militares* y se ha hecho famosa por haber enfatizado a un héroe colectivo en lugar del individual: un pueblo entero asume la responsabilidad de la muerte de un comendador.

FUENTE PONS, ALFREDO. V. **Ponce de León, Fidelio.**

FUENTERRABÍA. V. **Ondarribia.**

FUENTES, CARLOS (n. en 1928). Escritor mexicano. Analizó en su obra la identidad y la esencia de la sociedad de su país.
6:420b; Hispanoamericana, literatura 8:13b; *ilustraciones* 6:420b; 8:12a.

FUENTES, FERNANDO DE (1895-1958). Director cinematográfico mexicano. Fue una de las grandes figuras del cine de su país y alcanzó éxito internacional. *El compadre Mendoza* (1933), *Vámonos con Pancho Villa* (1935), *Allá en el Rancho Grande* (1940).

FUENTES QUINTANA, ENRIQUE (n. en 1924). Economista español, especialista en la hacienda pública. Catedrático de la Universidad Complutense de Madrid y jefe de estudios del Ministerio de Comercio (1959-1969). Técnico comercial del estado y ministro de economía durante el gobierno de Adolfo Suárez.

FUENTES Y GUZMÁN, FRANCISCO ANTONIO DE (1643-1770). Historiador y poeta guatemalteco. Barroco y gongorista, describió en estilo culterano la historia de su país y el gran amor a su patria. Fue modelo en ese campo a mediados del siglo XVII.

FUERO. Jurisdicción especial o potestad. Ordenamiento jurídico para determinados lugares.
6:421a.

FUERO JUZGO. Versión en castellano del Liber Judiciorum, código legal promulgado por el rey visigodo Recesvinto en el 654.
6:421b; *ilustración* 6:421b.

FUERTE, RÍO. Curso fluvial de México. Nace de la unión de los ríos Verde y Urique, en el est. de Chihuahua. Atraviesa el est. de Sinaloa desde la sierra Madre occidental hasta el golfo de California. Recorre 280 km.

FUERTES, GLORIA (1918-1998). Poetisa española. Autora de obras sobre temas cotidianos con fuerte sentido crítico de la realidad social. *Aconsejo beber hilo* (1954), *Historia de Gloria* (1980).

FUERTEVENTURA, ISLA. Una de las islas orientales del archipiélago de las Canarias (España), situada en el océano Atlántico, al oeste de cabo Juby, Marruecos, en la prov. de Las Palmas. La segunda en extensión del archipiélago, 1.731 km^2. De origen volcánico. 49.542 hab.
Canarias, islas 3:333a.

FUERZA. Magnitud física por cuya virtud se modifica el movimiento de los cuerpos rígidos. Se postula que las fuerzas coexistentes en un mismo punto se suman por la regla del polígono.
6:422a; Física 6:311a; Líquido, estado 9:174a; Máquina 9:339a; Mecánica 10:14a; Peso 11:372b; Presión 12:132a; *ilustración* 6:423b.

FUERZA, MOMENTO DE. Producto vectorial de la fuerza por el radio vector dirigido del punto *P* al punto de aplicación de la fuerza (*f*).

FUERZA ELECTROMOTRIZ. Diferencia de potencia existente entre dos electrodos que están conectados por conductores iónicos o bien sumergidos en un compuesto líquido disuelto (electrolito). Se abrevia como f.e.m.
Máquina 9:343b.

FUERZA MOTRIZ. Impulso o fuerza capaz de impartir movimiento. Puede ser eléctrica, hidráulica, animal, etc.
Máquina 9:340a.

FUERZAS, PAR DE. Conjunto de dos fuerzas paralelas, iguales y de sentido contrario, aplicadas a un sólido.
Fuerza 6:422b.

FUERZAS ARMADAS. En el lenguaje militar se designa genéricamente como fuerza a un contingente indeterminado de soldados y armamento. En este sentido se habla de fuerzas armadas terrestres, aéreas, navales o de seguridad.
Aviación militar 2:260b; Ejército 5:344b; Inteligencia militar 8:233b; Logística 9:206a; Marina de guerra 9:370b.

FUERZAS ARMADAS REVOLUCIONARIAS DE COLOMBIA (FARC). Organización guerrillera colombiana fundada en 1966 por Manuel Marulanda Vélez. En 1984 firmó un acuerdo con el gobierno, por el que cesó sus hostilidades y se incorporó a la vida política legal. No obstante, las desavenencias con el gobierno hicieron que prosiguiera en la década de 1990 con su actividad armada.

FUGA. Composición musical para instrumentos o voces, caracterizada por la imitación sistemática del tema principal en líneas melódicas simultáneas.
7:1a; *ilustraciones* 7:1a-b.

FUGA, PUNTO DE. V. **Punto de fuga.**

FUGGER, FAMILIA. Dinastía de comerciantes y banqueros alemanes que contribuyó, con sus préstamos, al mantenimiento del imperio español durante los siglos XVI y XVII.
7:2a; Burguesía 3:228a; *ilustración* 7:2a.

FÜHRER. Término alemán que significa caudillo. Fue adoptado por Adolf Hitler en 1934.

FUJAIRAH. V. **Fuyaira.**

FUJIAN. Provincia de China en la costa sudeste del país, al noroeste de la isla de Taiwán, a orillas del mar de la China. Región montañosa. Explotación forestal. Caña de azúcar. Cap. Fuzhou. 123.100 km^2. 32.370.000 hab. (1996).

FUJIMORI, ALBERTO (n. en 1938). Político peruano. Elegido presidente de Perú en 1990, renovó su mandato en las elecciones de 1995 y de 2000, si bien en septiembre de ese año convocó elecciones para el año 2001, anunciando que no presentaría su candidatura a esos comicios. En noviembre de 2000, Fujimori comunicó su renuncia a la presidencia desde Japón, en el curso de un viaje por Asia. El vacío de poder fue cubierto interinamente por Valentín Paniagua, quien convocó elecciones para 2001, de las que salió vencedor Alejandro Toledo. En 2002 la fiscalía de la nación acusó formalmente a Fujimori de enriquecimiento ilícito y malversación de fondos públicos, pidiendo su extradición al gobierno japonés, que no la concedió.
7:2b; Perú 11:365a; *ilustraciones* 7:2b; 11:365b.

FUJITA TSUGUHARU (1886-1968). Pintor, dibujante y grabador francés de origen japonés. Se trasladó en 1913 a Europa, donde desarrolló la mayor parte de su carrera. Su arte combinó la técnica oriental con las corrientes estéticas modernas de occidente.

FUJIWARA, CLAN. Familia nobiliaria japonesa que desarrolló un importante papel en la

vida política del país entre los siglos IX y XII. Fundada por el valido del emperador Kotoku, Nakatomi Kamatari (614-669). Fue suplantada por los clanes rivales de los Taira y los Minamoto.
Japón 8:343a.

FUJIWARA SADAIE (1162-1241). Poeta y calígrafo japonés, conocido también como Teika Fujiwara. Colaboró en la elaboración de varias antologías poéticas, siendo de destacar su *Hyakunin isshu,* recopilación de marcada intención lírica.
Japonesa, literatura 8:351a.

FUJIYAMA. Monte de Japón, junto a la costa del Pacífico, en las prefecturas de Yamanashi y Shizuoka. Es un volcán extinto cuya base mide 125 km de circunferencia, y es el punto más alto de Japón, con 3.776 m.
Japón 8:338b.

FUKUDA TAKEO (1905-1995). Político japonés, especialista en asuntos financieros. Adscrito al Partido Liberal Democrático, ocupó los cargos de ministro de economía, agricultura y asuntos exteriores en diversas legislaturas. Primer ministro japonés entre 1976 y 1978, su mandato estuvo dominado por escándalos financieros. Dimitió al descubrirse su implicación en un escándalo de corrupción.

FUKUI KENICHI (n. en 1918). Químico japonés. Premio Nobel en 1981, compartido con el estadounidense Roald Hoffmann, por su teoría del desarrollo de las reacciones químicas basado en el principio de las órbitas frontales.

FUKUOKA. Ciudad y puerto de Japón, cap. de la prefectura del mismo nombre en la isla de Kiushu, a orillas de la bahía de Hakata, mar del Japón. Universidad. Pesquerías, figuras de cerámica. 1.284.741 hab. (1995).

FULANI. Etnia distribuida por África occidental (Nigeria, Senegal, Malí, Guinea, Camerún, Níger), dotada de unidad lingüística y compuesta por dos grupos raciales, uno caucasoide y otro negroide. Se denomina también fulbe, fule, fellata o peule.
Africanos, pueblos 1:98a; Guinea 7:286a; Malí 9:305a; Níger 10:409b; Nigeria 10:413a.

FULBRIGHT, JAMES WILLIAM (1905-1995). Político estadounidense, defensor del internacionalismo ante las posiciones aislacionistas. Senador, estableció programas de educación internacional y se opuso a las persecuciones del macarthismo y al intervencionismo del secretario de estado John Foster Dulles. Atacó también el involucramiento militar estadounidense en Vietnam.

FULLER, LOIE (1862-1928). Marie-Louise Fuller, bailarina estadounidense de *music-hall.* Creó un tipo de espectáculo coreográfico de gran originalidad, en el que intervenían los efectos luminosos. Muy conocidas fueron su danza de la mariposa, del fuego, etc. Retratada por Henri de Toulouse-Lautrec.

FULLER, R. BUCKMINSTER (1895-1983). Arquitecto e ingeniero estadounidense. Desarrolló su actividad en el campo del funcionalismo arquitectónico. Creó las cúpulas geodésicas.
7:3a.

FULLER, SAMUEL (1911-1997). Novelista policiaco, periodista y director cinematográfico estadounidense. Especialista en cine de género, en el que aplicó eficaces técnicas de movimiento de cámaras. *La casa de bambú, Corredor sin retorno, Una luz en el hampa.*

FULLERENO. Nombre genérico de un tipo de moléculas orgánicas compuestas por un número de átomos de carbono superior a 32. Las moléculas de fullereno presentan una estructura atómica ordenada en poliedros regulares agrupados entre sí de forma más o menos similar a una esfera. Sus utilidades, descubiertas durante la década de 1990, son variadas, especialmente en el terreno de los lubricantes y los superconductores.

FULLERTON. Ciudad de los Estados Unidos en el est. de California. En la conurbación de Los Ángeles. Universidad. Cítricos. Industrias diversas. 121.954 hab. (1998).

FULTON, ROBERT (1765-1815). Ingeniero e inventor estadounidense. Considerado como el iniciador de la navegación a vapor.
7:3a; Navegación 10:365a; Transporte 14:115a; *ilustración* 7:3b.

FUMAROLA. Emisión de vapor de agua y otros gases a elevada temperatura que tiene lugar como manifestación volcánica atenuada o residual.

FUMIGACIÓN. Acción de combatir las plagas de insectos y de otros organismos nocivos para las plantas, a partir de la utilización de compuestos químicos en estado gaseoso.
Agricultura 1:114b; Plaga 12:12a.

FUNAFUTI. Atolón de coral de Tuvalu, en el océano Pacífico, en el que se halla su capital, Fongafale. Base militar estadounidense. Exportación de copra. 4.000 hab. (1995).

FUNAN. Reino jmer que floreció entre los siglos I y VII en Camboya. Recibió gran influencia de la India y basó su economía en el comercio. Fue absorbido por el reino de Chenla.
Camboya 3:300b.

FUNCHAL. Distrito de Portugal en las islas Madeira, océano Atlántico. Vinos, productos lácteos, pesquerías. Cap. Funchal. 794 km^2. 253.800 hab. (1993).
Madeira, islas 9:207a.

FUNCIONALISMO. Corriente de pensamiento sociológica que atribuye un valor prioritario al estudio de la función que ejercen los diversos elementos en un todo.
7:4a; Antropología 1:404a; Durkheim, Émile 5:256a; James, William 8:336b; Parsons, Talcott 11:287b; Radcliffe-Brown, A.R. 12:242b; Ritos 12:385a; Sociología 13:286a; *ilustraciones* 7:4a; 7:5a.

FUNCIONES. Relaciones matemáticas que existen entre cantidades variables. Expresan la dependencia de los valores de una cantidad con respecto a otra.
Análisis matemático 1:317a; Cálculo 3:268b; Límites, teoría de los 9:160a; Matemáticas 9:408a; Probabilidad y estadística 12:153b.

FUNDACIONES. Obra de la escritora mística española santa Teresa de Jesús, publicada en Bruselas en 1610 bajo el título de *Libro de las fundaciones de las hermanas descalzas carmelitas.* El manuscrito autógrafo se conserva en la biblioteca de El Escorial.

FUNDAMENTALISMO RELIGIOSO. Movimiento social que persigue hacerse con el poder político o influir sobre él para la implantación de leyes y tradiciones de índole religiosa. También se refiere a los grupos defensores a ultranza de la ortodoxia y pureza de su respectiva religión.
7:5b; *ilustraciones* 7:5b: 7:6a.

FUNDICIÓN. Conjunto de operaciones que permiten dar forma a los materiales metálicos mediante su fusión, moldeo, desmoldeo y acabado. Se llama así también al establecimiento donde se realiza.
7:7a; Aleación 1:161a; Hierro y acero 7:405b; Horno 8:73a; Metalistería 10:97a; *ilustración* 7:7a.

FUNDY, BAHÍA DE. Entrada del océano Atlántico entre las prov. canadienses de Nueva Brunswick (norte y oeste) y Nueva Escocia (sur y este). Penetra en tierra 151 km y mide 51 de anchura. Notable por la amplitud de sus mareas.
Golfo y bahía 7:156b.

FUNERARIOS, RITOS. Práctica característica de la especie humana, atestiguada desde el paleolítico, que manifiesta la creencia en una vida después de la muerte. Su finalidad puede ser establecer una barrera ante la muerte, disponer lo necesario para el viaje del difunto o propiciar su poder sobrehumano.
Egipcia, religión 5:324b.

FUNES, GREGORIO (1749-1829). Eclesiástico y patriota argentino. Creador de la primera historia nacional editada en su país.
7:7b.

FUNGICIDA. Cualquier sustancia que se utiliza para combatir los hongos parásitos que producen enfermedades en las plantas.

FUNICULAR. Vehículo cuya tracción se realiza mediante un cable o cadena.

FUNICULOCENTESIS. Extracción de sangre del cordón umbilical, mediante punción, para su análisis genético. Técnica empleada en diagnóstico prenatal de alteraciones fetales y malformaciones congénitas.

FUNK, ARTE. Tendencia plástica nacida en la costa oeste de los Estados Unidos en la década de 1950, y que desafiaba la estética convencional por medio de obras voluntariamente «horribles» e incluso repulsivas. Heredera del dadaísmo y el surrealismo, incorpora en sus composiciones materiales de desecho y elementos provocativos.

FUNK, WALTHER (1890-1960). Economista alemán, de ideología nacionalsocialista. Secretario de propaganda de Adolf Hitler, fue nombrado ministro de economía del Tercer Reich y presidente del Reichstag. Juzgado por el tribunal de Nuremberg, fue condenado a cadena perpetua y liberado en 1957.

FURETIÈRE, ANTOINE (1619-1688). Escritor francés, miembro de la Academia Francesa, de la que fue expulsado por componer un *Diccionario universal* realizado, según sus acusadores, con material procedente de otro diccionario que estaba preparando dicha academia. Amigo y colaborador de Jean Racine. *La novela burguesa* (1666).

FURIAS. V. **Gorgonas.**

FURPHY, JOSEPH (1843-1912). Escritor australiano. Utilizó el seudónimo Tom Collins. En sus novelas reflejó sus sensaciones y puntos de vista sobre la sociedad y la naturaleza australianas. *Así es la vida* (1903), *Romance de Rigby* (1905).
Australia y Nueva Zelanda, literaturas de 2:225b.

FURTADO, CELSO (n. en 1920). Economista brasileño. Ocupó cargos públicos importantes. Su extensa obra estuvo dedicada principalmente al estudio de la economía latinoamericana. *Economía brasileña* (1954), *Desarrollo y subdesarrollo* (1961), *Crecimiento económico de Brasil* (1963).

FURTWÄNGLER, ADOLF (1853-1907). Arqueólogo alemán, especialista en el arte griego antiguo. Profesor de arqueología en la Universidad de Munich y director de la Gliptoteca y el Antiquárium de esa ciudad. Excavó Olimpia y elaboró extensos catálogos de vasos y esculturas griegas. *Eros en la pintura de vasos, Obras maestras de la escultura griega* (1893).

FURTWÄNGLER, WILHELM (1886-1954). Director de orquesta alemán, intérprete de música romántica. Director de las mejores orquestas del mundo, sufrió tras la segunda guerra mundial un ostracismo por su supuesta complicidad con el régimen nazi.
Barenboim, Daniel 2:315b.

FUSAGASUGÁ. Municipio del dep. colombiano de Cundinamarca. Cultivos de café, trigo, frutales. Ganadería.

FUSELAJE. Cuerpo central de la estructura de un avión, al que van sujetas las alas y la cola. De forma alargada, alberga en su interior a la tripulación, los pasajeros y la carga.
Avión 2:267a.

FUSELI, HENRY (1741-1825). Johann Heinrich Füssli, pintor suizo. Residió en Alemania, Italia –en donde estudió la pintura de Miguel

Ángel– y el Reino Unido. Su obra se caracterizó por sus figuras distorsionadas en formas violentas que preconizaban los esquemas estéticos del arte romántico. «La pesadilla» (1781).
Romanticismo 13:12a.

FUSHUN. Ciudad de China en la prov. noroccidental de Liaoning. Minas de carbón, pizarra bituminosa; industrias petroquímicas, abonos, acerías, maquinaria pesada, aeronáutica; caucho, cemento. 1.271.113 hab. (1999).

FUSIBLE. Conductor eléctrico metálico que se funde con facilidad al recibir más corriente de la permitida para la seguridad del sistema en el que esté instalado. Los fusibles tienen distintos valores según su menor o mayor capacidad para dejar pasar la corriente sin fundirse.

FUSIL. Arma de fuego portátil propia de la infantería. Puede ser automático, ametrallador, etc.
Tiro 14:65a.

FUSIÓN. Paso de un cuerpo del estado sólido al líquido, en virtud del aporte de una determinada energía en forma de calor.
7:8a; Fundición 7:7a; Líquido, estado 9:174b; Sólido, estado 13:294a.

FUSIÓN, PUNTO DE. Temperatura a la cual un sólido se convierte en líquido. Temperatura a la cual están en equilibrio las fases sólida y líquida de una sustancia.

FUSIÓN DE SOCIEDADES. Unión de varias empresas en una sola, en la que desaparecen todas como entidades jurídicas para constituir una nueva. La fusión implica la renovación de la estructura productiva y de los órganos directivos de la nueva sociedad.
Banca 2:332b; Globalización 7:143b.

FUSIÓN FRÍA. Técnica en fase de experimentación para la producción de energía nuclear basada en la unión de dos núcleos atómicos ligeros para dar lugar a uno de mayor peso, proceso durante el cual se liberan ingentes cantidades de energía. Es un procedimiento inverso al de la fisión, utilizado tradicionalmente para la generación de energía eléctrica. Entre las ventajas de la fusión fría se cuentan la no producción de residuos contaminantes y la inexistencia de emisiones radiactivas.

FUSIÓN NUCLEAR. Fenómeno físico consistente en la unión de dos núcleos atómicos de determinadas especies para configurar uno de un nuevo elemento. En virtud de la ley de transformación de la masa y la energía, en el proceso se desprenden grandes cantidades energéticas.
Desarrollo sostenible 5:149a; Nuclear, energía 11:26b.

FÜSSLI, JOHANN HEINRICH. V. **Fuseli, Henry.**

FUST, JOHANN (h. 1400-1466). Orfebre e impresor alemán. Financió la prensa de tipos móviles creada por Gutenberg. Tras su ruptura en 1455, estableció su propia imprenta con la colaboración de Peter Schöffer, y terminó de imprimir el *Salterio de Maguncia* (1457), iniciado por Gutenberg. Otras obras editadas por él fueron las *Constitutiones* del papa Clemente v y *De officiis* de Cicerón.
Gutenberg, Johannes 7:299b.

FUSTE. Elemento o parte vertical de la columna comprendido entre la basa o el estilobato y el capitel; según su decoración, puede ser liso, acanalado, entorchado, etc. En la arquitectura medieval, columna adosada a un pilar o a una jamba de puerta o ventana.

FUSTEL DE COULANGES, NUMA DENIS (1830-1889). Historiador francés que explicó el pasado a partir del fenómeno religioso. Según él, el culto religioso determinó la formación de las unidades sociales desde la familia hasta los imperios. *La ciudad antigua* (1864).

FUSTER, JOAN (1922-1992). Crítico literario, ensayista y escritor español en lengua catalana y en castellano. Premio de las Letras Catalanas en 1975. Reflejó en sus obras la problemática socio-política de su Valencia natal. *Nosotros los valencianos* (1962), *La decadencia en el país valenciano* (1976), *Ahora o nunca* (1981).

FUSTER, VALENTÍN (n. en 1943). Cardiólogo español. En la década de 1970 trabajó como profesor universitario en los Estados Unidos. Director de cardiología del Hospital del Monte Sinaí (Nueva York). Destacan sus investigaciones sobre diversas enfermedades coronarias.

FUTABATEI SHIMEI (1864-1909). Hasegawa Tatsunosuke, escritor japonés. Fue uno de los primeros defensores del uso de la lengua coloquial en la literatura. Tradujo a Iván Turguéniev y a Fiódor Dostoievski. *Nubes errantes* (1887-1889), *Mediocridad* (1907).
Japonesa, literatura 8:352b.

FUTA DJALLON. V. **Fouta Djallon.**

FÚTBOL. Deporte que se practica con un balón esférico entre dos equipos de once jugadores.
7:8a; Cruyff, Johan 5:33a; Di Stéfano, Alfredo 5:211a; *ilustraciones* 7:8b; 7:9a-b.

FÚTBOL, GUERRA DEL. Conflicto armado que, en 1969, enfrentó a Honduras y El Salvador. La expulsión de quince mil trabajadores salvadoreños de territorio hondureño, coincidente con el apasionamiento desatado por varios partidos de fútbol entre las selecciones de ambos países, fue el desencadenante de la breve campaña bélica, a la que puso fin la mediación de la Organización de Estados Americanos (OEA). En 1980 se firmó un tratado en la capital peruana, Lima, por el que ambos países reanudaron plenas relaciones diplomáticas y comerciales.
Honduras 8:61a.

FÚTBOL AMERICANO. Deporte que se practica con un balón oval, entre dos equipos de once jugadores. El balón puede ser conducido por un jugador, lanzado con la mano por el aire o pateado. Una variedad muy parecida se juega en Canadá.
Fútbol 7:9b.

FÚTBOL AUSTRALIANO. Versión del rugby, mezcla de fútbol, rugby y fútbol gaélico. Se juega en Australia, con un balón oval sobre un campo de igual forma y participan dos equipos de 18 jugadores.

FÚTBOL GAÉLICO. Versión irlandesa del fútbol que consiste en el enfrentamiento de dos equipos de quince jugadores que tratan de introducir la pelota en la portería contraria con las manos o los pies, pero sin dejarla caer.

FÚTBOL SALA. Deporte semejante al fútbol que se juega entre dos equipos de cinco jugadores en una cancha de reducidas dimensiones. Sus reglas son muy similares a las de aquél.

FUTÓN. Colchón japonés enrollable hecho con tiras de algodón.

FUTURISMO. Movimiento estético y literario creado en Italia en 1909 cuyos seguidores propugnaban la acción, el dinamismo y la crítica de la cultura tradicional.
7:10a; Italia 8:315a; Italiana, literatura 8:323a; Maiakovski, Vladímir 9:294b; Marinetti, Filippo Tommaso 9:377a; Pintura 11:416a; Rusa, literatura 13:48a; *ilustración* 7:10a.

FUTUROLOGÍA. Conjunto de estudios que se proponen predecir el futuro del hombre valiéndose de análisis científicos. Este nombre procede de la obra de Ossip K. Flechteim, *Futurología, la lucha y el porvenir* (1943).

FUX, JOHANN JOSEPH (1660-1741). Compositor austriaco. Realizó trabajos sobre teoría de la música y fue maestro de capilla de la catedral de San Esteban, en Viena. Su tratado de composición y contrapunto *Gradus ad Parnasum* fue estudiado por grandes compositores posteriores, como Wolfgang Amadeus Mozart y Joseph Haydn.

FUYAIRA. Emirato integrante de los Emiratos Árabes Unidos, el único de la unión sin costa en el golfo Pérsico. Carece de petróleo y es el más pobre de los emiratos del grupo. Construcción de barcos, canteras de mármol, fábrica de azulejos. 54.425 hab. (1985).
Emiratos Árabes Unidos 5:390b.

FUZHOU. Ciudad y puerto de China, cap. de la prov. de Fujian, en el estuario del Min Chiang mar de la China oriental. Data del siglo II a.C. Escuela naval, astilleros, arsenal. Universidad, institutos superiores, academia de ciencias. Industrias diversas, lacados. 1.057.372 hab. (1999).

G

GAARDER, JOSTEIN (n. en 1953). Novelista noruego. Conocido internacionalmente por su obra *El mundo de Sofía* (1991), adaptación para lectores jóvenes de la historia de la filosofía. *El palacio de la Luna* (1983), *El misterio del solitario* (1990), *El enigma del espejo* (1993), *¿Hay alguien ahí?* (1996), *Maya* (1999).

GABARRAS, MACIZO DE LAS. Montes de las cordilleras Costeras Catalanas, en la prov. de Gerona, España. Comprende las sierras de San Miguel, de los Ángeles, Santa Pelaya y Puig de les Escombres, con alturas que no superan los 500 m.

GABES, GOLFO DE. Golfo de la costa este de Túnez, en el Mediterráneo. Mide unos 100 km de largo y otro tanto de ancho. Limitado al nordeste por las islas Kerkena y al sudeste por la isla Djerba. La marea baja deja al descubierto extensos bancos de arena.
Mediterráneo, mar 10:38b; Túnez 14:149a.

GABILONDO SOLER, FRANCISCO (1907-1990). Compositor mexicano, conocido como Cri Cri, nombre de un personaje de canciones infantiles creado por él. Persona de variadas capacidades y aficiones, fue calculista en un observatorio astronómico, capitán de corbeta, campeón de natación y de boxeo e intérprete de *jazz*. La radio popularizó sus canciones infantiles.

GABIN, JEAN (1904-1976). Actor cinematográfico francés de gran popularidad en las décadas de 1930 y 1940. *La gran ilusión* (1937), *El muelle de las brumas* (1938), *La travesía de París* (1956).

GABINETE DEL DOCTOR CALIGARI, EL. Filme alemán dirigido en 1919 por Robert Wiene. Interpretado por Conrad Veidt y Werner Krauss, marcó el comienzo del expresionismo alemán.

GABIROL. V. **Ibn Gabirol.**

GABLE, CLARK (1901-1960). Actor cinematográfico estadounidense de extraordinaria popularidad en su época. *Tierra de pasión* (1932), *Sucedió una noche* (1934), *Rebelión a bordo* (1935), *Lo que el viento se llevó* (1939), *Mogambo* (1953).
Cinematografía 4:201.

GABO, NAUM (1890-1977). Naum Pevsner, escultor estadounidense de origen ruso. Figura destacada del constructivismo soviético.
7:11a; Abstracto, arte 1:21a; Cinético, arte 4:203b; Constructivismo 4:352a; Tatlin, Vladímir 13:403a; *ilustración* 7:11a.

GABÓN. País de África occidental, en la costa atlántica. Cap. Libreville. 267.667 km². 1.208.000 hab. (2000).
7:11b; África 1:94; Guinea, golfo de 7:287a; *mapa* 7:12a; *cuadros* 7:12a-b; *ilustración* 7:13a.

GABOR, DENNIS (1900-1979). Físico británico de origen húngaro. Inventó la holografía, técnica fotográfica que permite crear imágenes tridimensionales, por lo que fue galardonado con el Premio Nobel de física en 1971. Trabajó en laboratorios técnicos en Alemania, el Reino Unido y los Estados Unidos.
Halografía 8:44b.

GABORIAU, ÉMILE (1832-1873). Novelista francés. Se le conoce como el padre de la novela policiaca. Escribió 21 novelas en 13 años. Fue secretario del también escritor Paul Féval. *El caso Lerouge* (1866), *Con la soga al cuello* (1873).

GABORONE. Capital de Botswana. Universidad, museo, galería de arte. Aeropuerto. Ferrocarril. 156.803 hab. (1993).
Botswana 3:131a.

GABRIEL. Arcángel, mensajero de Dios. Según el evangelista san Lucas, fue él quien anunció a María que concebiría a Jesús. Los musulmanes le atribuyen la revelación a Mahoma del *Corán*.

GABRIEL, JACQUES-ANGE (1698-1782). Arquitecto francés. Miembro de una familia dedicada a esta profesión, fue arquitecto real y director de la Academia de Arquitectura. Representó la transición entre las obras de Jules Hardouin-Mansart y el neoclasicismo. Plaza de la Concordia (1755-1772), Petit Trianon (1762-1764).

GABRIELI, ANDREA (h. 1510-1586). Andrea di Cannareggio, compositor y organista del Renacimiento italiano. Una de sus mejores obras es el *Magnificat* para tres coros y orquestas.

GABRIELI, GIOVANNI (h. 1556-1612). Compositor, organista y profesor de música del Renacimiento italiano. Estudió con su tío, Andrea Gabrieli, a quien sustituyó, a su muerte, en el campo de la música ceremonial. Autor de motetes, madrigales y otros géneros.

GABRIELINO. Nombre dado a tres pueblos indios de América del norte, emparentados cultural y lingüísticamente, que hablaban un dialecto del grupo uto-azteca y habitaban la franja costera e islas del sur de California. Recibieron este nombre de la misión franciscana de San Gabriel. Veneraban como supremo dios a Chungichnish y en sus ritos bebían toloache, poderoso alucinógeno que elaboraban con estramonio.

GABRIEL Y GALÁN, JOSÉ MARÍA (1870-1905). Poeta español. Fue durante años maestro de escuela. Uno de los más populares escritores de su época, escribió dentro de un estilo tradicional y trató la temática popular y campesina. *Castellanas* (1902), *Extremeñas* (1902), *Campesinas* (1904).

GABRO. Roca ígnea de coloración verde o parda y rica en plagioclasas y minerales ferromagnéticos tales como los piroxenos y anfíboles.

GACELA. Mamífero artiodáctilo rumiante de la familia de los bóvidos y del género *Gazella*.
7:13b; Predacción 12:124a; *ilustraciones* 7:13b; 12:124a.

GACETA DE MADRID, LA. Periódico oficial que comenzó a publicarse en Madrid a mediados del siglo XVII. El 22 de septiembre de 1836 se dotó a las leyes, decretos y órdenes reales publicadas en él de fuerza legal obligada. Desde 1936 lleva el nombre de *Boletín Oficial del Estado*.

GACHUPÍN. Nombre despectivo aplicado por los mexicanos a los españoles establecidos en el país.
Criollos 5:13b.

GADAFI, MUAMAR AL (n. en 1942). Militar y político libio. Presidente de la república desde 1969.
7:14a; Libia 9:149a; *ilustración* 7:14a.

GADAMER, HANS GEORG (1900-2002). Filósofo alemán. Estudioso del lenguaje en el marco de la filosofía, sus obras más notables son *Verdad y método* (1960), *La didáctica de Hegel* (1971), *La herencia de Europa* (1989) y *El estado oculto de la salud* (1993).

GADDA, CARLO EMILIO (1893-1973). Novelista y ensayista italiano. Su estilo innovador y original ha sido comparado con el de James Joyce. Autor de *El zafarrancho aquel de vía Merulana* (1957), cuyo lenguaje es conocido entre los italianos como *Il pasticciaccio,* que logró inmediata popularidad.

GADDI, TADDEO (h. 1300-h. 1366). Pintor italiano. Discípulo de Giotto y hermano del también pintor Agnolo Gaddi. Frescos de «La vida de Cristo» y «La vida de san Francisco de Asís», en la iglesia florentina de la Santa Croce (h. 1338).

GADES. Nombre griego de la colonia fenicia de Gadir, posterior ciudad de Cádiz, Andalucía, España.

GADES, ANTONIO (n. en 1936). Bailarín y coreógrafo español. Alumno de Pilar López, formó parte de su compañía hasta 1960. En 1963 creó compañía propia. Yuxtapuso la técnica académica del siglo XX con la danza española y flamenca. Actuó en las películas *Bodas de sangre* (1981), *Carmen* (1983) y *El amor brujo* (1985), dirigidas por Carlos Saura.
Saura, Carlos 13:169b.

GADOLINIO. Elemento químico, metal del grupo de las tierras raras, IIIb de la tabla periódica. Símbolo, Gd; número atómico, 64; peso atómico, 157,25.
Lantánidos 9:57a.

GADSDEN, COMPRA DE. Acuerdo firmado el 30 de diciembre de 1853, ratificado por tratado del 25 de abril de 1854, por el que los Estados Unidos se anexionaron unos 78.000 km² de territorio mexicano (La Mesilla), hoy Arizona y Nuevo México, pagando 10 millones de dólares. Debe su nombre al diplomático estadounidense James Gadsden (1788-1858).

GAÉLICAS, LENGUAS. Grupo de lenguas celtas, de la gran familia indoeuropea, habladas en Irlanda y Escocia.

GAETANI, BENEDETTO. V. **Bonifacio VIII.**

GAGARIN, YURI (1934-1968). Cosmonauta soviético. El 12 de abril de 1961 realizó el que sería el primer vuelo espacial de una nave con tripulación humana; el vuelo duró 108 minutos, efectuando una órbita alrededor de la Tierra.

Recibió la Orden de Lenin y el título de héroe de la Unión Soviética. Murió en un accidente de avión, durante un vuelo de entrenamiento.

GAGE, THOMAS (1721-1787). Militar británico. Comandante de las fuerzas inglesas en América del norte desde 1763 hasta 1774. Siendo gobernador de Massachusetts, no consiguió evitar la rebelión que culminaría con la guerra de independencia de los Estados Unidos en 1776.
Independencia de los Estados Unidos 8:149a.

GAGES, JUAN BUENAVENTURA DUMONT, CONDE DE (1682-1759). Militar belga al servicio del rey Felipe V durante la guerra de sucesión española. Por su comportamiento en la batalla de Villaviciosa obtuvo el grado de teniente general. Entre sus hazañas están la victoria de Bassignano y la toma de Milán. Fue nombrado virrey, gobernador y capitán general de Navarra (1753).

GAGINI, CARLOS (1865-1925). Novelista, filólogo y autor dramático costarricense. Narrador costumbrista, representa la línea de literatura nacional de su país. *Santa Ana* (1905), *Diccionario de costarriqueñismos* (1919), *La sirena* (1920).

GAIA. Teoría que contempla la Tierra como un ente con vida propia en el cual las condiciones ambientales son fruto de la interrelación entre las partes inertes del mismo y los organismos vivos, de manera que estos últimos son capaces de influir sobre el entorno y favorecer su desarrollo. Fue postulada por el químico británico James Lovelock y por la bióloga estadounidense Lynn Margulis, e influyó notablemente sobre los grupos ecologistas y diversos movimientos filosóficos conocidos como *Nueva Era*.

GAILLOT, JACQUES (n. en 1937). Eclesiástico francés. Su defensa de posiciones enfrentadas con las directrices morales del Vaticano, como el empleo del preservativo para prevenir el SIDA o el derecho de los sacerdotes al matrimonio, motivaron su destitución como obispo de Evreux en 1995, fecha en que fue nombrado obispo no residente de Partenia (Mauritania).

GAINES, ERNEST J. (n. en 1933). Novelista estadounidense. En su obra aborda la vida de la comunidad negra de Luisiana. *Catherine Carmier* (1964), *Autobiografía de Miss Jane Pitman* (1971), *La casa de mi padre* (1978), *Una lección antes de morir* (1993).

GAINSBOROUGH, THOMAS (1727-1788). Pintor y dibujante británico. Autor de numerosos retratos, destacó especialmente como paisajista.
7:14a; *ilustración* 7:14b.

GAÍNZA, GABINO (h. 1750-1822). Militar guatemalteco de padres españoles. Ayudó a sofocar la rebelión de Túpac Amaru en el Perú, en 1784. Derrotado en lucha contra los insurgentes chilenos, fue procesado. Nombrado jefe del estado en 1821, tras la victoria de los independentistas guatemaltecos.
Guatemala 7:254a.

GAITA. Instrumento musical de viento constituido por una bolsa de cuero al que se unen tres tubos de madera, uno de ellos horadado. Se conoce también como cornamusa.

GAITÁN, JORGE ELIÉCER (1902-1948). Político y jurista colombiano. Fundador del partido Unión Nacional Izquierdista Revolucionaria, su asesinato dio lugar a la oleada de violencia conocida como el «bogotazo».
7:15a; Gómez, Laureano 7:159b.

GAITÁN DURÁN, JORGE (1924-1964). Escritor y ensayista colombiano. Autor de una obra poética caracterizada por su tono coloquial y profundo lirismo. *Amantes* (1959), *Si mañana despierto* (1961).

GAJAH MADA (siglo XIV). Primer ministro del imperio Majapahit y héroe nacional de Indonesia. Se le considera el unificador de todo el archipiélago. Dirigió una expedición militar que conquistó Bali. Murió en 1364 en circunstancias misteriosas, al parecer envenenado. La universidad indonesia más importante lleva su nombre.

GAL. V. **Grupos Antiterroristas de Liberación.**

GALA, ANTONIO (n. en 1937). Escritor español. Autor de obra dramática, poesía, artículos periodísticos y guiones televisivos. Su producción destacó por la gran carga poética de sus temas, tanto de base histórica como de actualidad. Premio Planeta de novela en 1990 por *El manuscrito carmesí*. *Anillos para una dama* (1973), *Las cítaras colgadas de los árboles* (1974), *El cementerio de los pájaros* (1982), *Samarkanda* (1985), *La regla de tres* (1996).

GALACIA. Antigua región del centro de Anatolia que fue ocupada a principios del siglo III a.C. por tribus celtas procedentes de Europa.

GALAHAD. Conocido también como Galaad, héroe legendario del ciclo del rey Arturo, hijo de Lanzarote o Lancelot, uno de los caballeros más célebres de la Mesa o Tabla Redonda. Notable por sus virtudes y castidad, fue el único merecedor de encontrar el santo Grial.

GALAICO, MACIZO. Sistema montañoso del noroeste de la península ibérica (Galicia y el norte de Portugal). Dividido en tres grandes bloques principales: el bloque gallego, entre el valle del río Miño y la costa; el bloque miñoto, situado entre los valles de los ríos Miño y Cavado; y el bloque duriense, que ocupa la zona colindante con la meseta central.

GALAICOPORTUGUESA, LENGUA. Lengua medieval utilizada en el noroeste de la península ibérica y como lengua literaria en el resto de la península. Vehículo de expresión de una de las escuelas líricas más importantes de la cultura occidental, la cual floreció entre finales del siglo XII y mediados del siglo XIV.
Gallega, lengua 7:23b; Portuguesa, lengua 12:97b.

GALAICOPORTUGUESA, LÍRICA. Produción literaria escrita en lengua galaicoportuguesa que floreció en el noroeste de la península ibérica entre los siglos XIII y XV. De carácter semipopular recibió la influencia de la lírica trovadoresca provenzal o francesa. En el siglo XIII se difundió en la corte portuguesa. Incluía canciones de amigo, de amor, villanescas, de maldecir, de escarnio, etc., como el cancionero de Ajuda, el de Colocci-Brancuti y el del Vaticano.
Gallega, literatura 7:24a; Portuguesa, literatura 12:99a.

GALÁN, FERMÍN (1899-1930). Militar español. Participó el 24 de junio de 1926 en la Sanjuanada, levantamiento militar contra la dictadura de Miguel Primo de Rivera, motivo por el que estuvo preso durante tres años en el castillo de Montjuic. Encabezó una sublevación antimonárquica en la guarnición de Jaca el 12 de diciembre de 1930 y fue fusilado junto con el capitán Ángel García Hernández.

GALÁN, JOSÉ ANTONIO (1749-1782). Patriota colombiano. Acaudilló el movimiento de los comuneros del Socorro contra las autoridades españolas. Murió ejecutado.
7:15a; Nueva Granada, Virreinato de 11:38a.

GALÁN, JULIO (n. en 1958). Pintor mexicano. Reconocido en los Estados Unidos, su obra constituye una síntesis entre el arte colonial de su país y las nuevas corrientes artísticas de la década de 1990.

GALANTE, ESTILO. Denominación aplicada en el siglo XVIII a la música compuesta en estilo ligero y profano, contrapuesto a la solemnidad de la música sacra. Empleado por Carl Philipp Emanuel Bach y otros, el estilo sirvió de inspiración a Josef Haydn, Wolfgang Amadeus Mozart y Ludwig van Beethoven.
Música 10:313a.

GALÁPAGOS, ISLAS. Archipiélago del Ecuador, en el océano Pacífico, a 1.000 km de tierra firme. Compuesto por 19 islas, islotes y rocas que cubren una superficie total de 8.000 km^2. Conocido también como archipiélago de Colón. Declarado patrimonio natural de la humanidad por la UNESCO en 1995.
7:15b; Ecuador 5:287a; Tortuga 14:98b; *ilustraciones* 7:15b; 7:16a.

GALÁPAGOS, PARQUE NACIONAL DE LAS ISLAS. Territorio protegido de 7.500 hectáreas de extensión constituido por las Islas Galápagos, Ecuador. Se caracteriza por una amplia variedad de especies autóctonas de fauna y flora, muchas de ellas específicas de determinadas islas, entre las que destaca el galápago o tortuga gigante. Declarado patrimonio de la humanidad en 1978.

GALA PLACIDIA (h. el 388-450). Emperatriz romana, hija de Teodosio I y madre de Valentiniano III, emperador de occidente. Durante el reinado de este último ejerció una gran influencia en la vida política de Roma.

GÁLATAS, EPÍSTOLA A LOS. Carta de san Pablo dirigida a los fieles de la Iglesia de Galacia y recogida en el Nuevo Testamento. En ella defiende la fe en Cristo por encima de la ley de Moisés.

GALATEA. En la mitología griega, nombre de la estatua hecha por Pigmalión a la que Afrodita dio vida, a petición de su autor. También, hija de Nereo, amada por Polifemo y enamorada de Acis.

GALATEA, LA. Novela pastoril de Miguel de Cervantes Saavedra. Escrita en prosa y verso en seis libros, fue publicada en Alcalá de Henares en 1585. La estima en que la tenía su autor se refleja en *Don Quijote de la Mancha*: es uno de los libros que se salva de la hoguera que hacen el cura y la sobrina del ingenioso hidalgo.
Cervantes, Miguel de 4:89b; Siglo de Oro español 13:237b.

GALATI. Ciudad y puerto fluvial de Rumania, cap. del dist. de Galati, a orillas del Danubio. Devastada durante la segunda guerra mundial. Iglesia-fortaleza del siglo XV. Centro cultural. Astilleros, tejidos, productos químicos. 331.360 hab. (1997).

GALAUP, JEAN-FRANÇOIS DE. V. **La Pérouse, Jean-François de Galaup, conde de.**

GALAXIA. Sistema sideral constituido por estrellas, sistemas planetarios, polvo y radiación interestelar.
7:16b; Astronomía 2:174b; Estrella 6:172a; Nebulosa 10:370b; Universo 14:185b; Vía Láctea 14:292a; *ilustraciones* 7:16b; 7:17a-b; 7:18a.

GALAXITA. Mineral de óxido de aluminio y manganeso del grupo de las espinelas. De color rosa parduzco, cristaliza en el sistema cúbico. Presente en Virginia, Estados Unidos.

GALBA, MARTÍ JOAN DE (m. en 1490). Escritor valenciano. Considerado por la crítica literaria tradicional como el continuador de la obra de Joanot Martorell, *Tirant lo Blanc*.
Catalana, literatura 4:32b.

GALBA, SERVIO SULPICIO (3 a.C.-69 d.C.). Emperador romano que sucedió a Nerón. Adoptó medidas impopulares y murió durante una sublevación siete meses después de acceder al poder.
Nerón 10:382b; Vespasiano 14:285b.

GALBRAITH, JOHN KENNETH (n. en 1908). Economista estadounidense. Defendió un modelo económico en el que la intervención estatal pudiera estimular las fuerzas productivas y enfrentar a los grandes grupos empresariales.
7:18b; Crecimiento económico 5:4a; Trabajo 14:106b; *ilustración* 7:18b.

GALDÁCANO. Población española de la prov. de Vizcaya, comunidad autónoma del País Vasco. Iglesia parroquial de los siglos XIII-XIV. Frutales, viñedos; ganadería; industrias de explosivos, maquinaria industrial. 29.646 hab. (1996).

GÁLDAR. Población española de la prov. de Las Palmas, comunidad autónoma de las Islas Canarias, a orillas del océano Atlántico. Conserva restos de los antiguos pueblos guanches. Plataneras, hortalizas, floricultura, pesca; ganadería. 21.704 hab. (1996).

GALEANA. Municipio mexicano del est. de Nuevo León, a orillas del río Potosí, en la sierra Madre oriental. Cereales, frutales; ganadería, recursos forestales. 40.970 hab. (1990).

GALEANA, HERMENEGILDO (1762-1814). Héroe de la independencia de México, lugarteniente de José María Morelos.
7:19a.

GALEANO, EDUARDO (n. en 1940). Periodista y ensayista uruguayo. Director del diario *La Época* y fundador de la revista *Crisis. Las venas abiertas de América Latina* (1971), *Vagamundo* (1973), *Memoria del fuego* (1983).

GALENA. Mineral compuesto de sulfuro de plomo. Muy pesado, de brillo metálico gris azulado y principal mena del plomo. Contiene impurezas de plata. Históricamente empleado en la fabricación de detectores radioeléctricos, por sus propiedades semiconductoras.
Mineral y mineralogía 10:175b; Plata 12:26b; Plomo 12:36b.

GALENO (129-h. el 199). Médico griego. Estudió filosofía y más tarde medicina, que practicó en Pérgamo y Roma. Realizó importantes descubrimientos en anatomía gracias a sus disecciones de animales.
7:19b; Anatomía 1:326a; Biología 3:36b; Cardiología 3:380a; Ciencia 4:185a; Fisiología 6:317a; Medicina 10:29a; Reumatología 12:355a; Terapéutica 14:25a; *ilustración* 7:19b.

GALEÓN. Antiguo buque de velas, de gran tonelaje, con tres o cuatro palos. Realizaba la ruta de América, hacia la que zarpaba formando parte de convoyes que se protegían con cañones contra el ataque de los corsarios. El galeón de Manila realizaba el intercambio entre el archipiélago de las Filipinas y la Nueva España.
Flotas y galeones, sistema de 6:335b; Marina de guerra 9:371b.

GALEOPITECO. Mamífero del orden de los dermópteros del género *Galeopithecus.* Nocturno, arborícola y frugívoro. Posee una membrana entre las patas y el cuerpo, que le sirve para planear al lanzarse por entre el ramaje de los árboles. Propio del archipiélago malayo, se denomina también caguán.

GALEOTE. Remero de las galeras. Normalmente prisionero de guerra, delincuente o convicto, cuya condición era similar a la de los esclavos.

GALERA. Embarcación de vela y remos, de quilla larga, gran rapidez y facilidad de maniobra. Fue muy utilizada en el Mediterráneo.
Marina de guerra 9:371b.

GALERADA. Prueba de composición antes del ajuste definitivo de las páginas. En ella efectúa el corrector la primera lectura de un texto compuesto, escribiendo en un margen destinado al efecto las posibles rectificaciones. En algunos países de América latina se conoce como galera.

GALERIO (m. en el 311). Emperador romano. Nombrado césar por Diocleciano en el 293, obtuvo grandes victorias en el Danubio y rechazó una invasión persa. Fue proclamado augusto de oriente en el 305, pero ejerció una gran influencia sobre el imperio de occidente. Se mostró exigente con las poblaciones sometidas y fanático contra los cristianos, aunque al final de su vida publicó un edicto de tolerancia (30 de abril del 311).
Constantino el Grande 4:346a; Diocleciano 5:197a.

GALES. País de Europa que forma parte del Reino Unido de la Gran Bretaña e Irlanda del Norte, en la parte occidental de la isla de Gran Bretaña, a orillas del mar de Irlanda. Ríos Dee y Severn. Macizos de Brecon Beacons y Snowdon. Minas de carbón, bosques; agricultura. Cap. Cardiff. 20.768 km^2. 2.916.800 hab. (1995).
Reino Unido 12:299b.

GALÉS. Lengua perteneciente al grupo británico de las lenguas celtas que se habla principalmente en el país de Gales, en la parte occidental de la Gran Bretaña. Documentada desde el siglo VI gracias a la existencia de una abundante y variada producción literaria, a fines del siglo XX era hablada por más de medio millón de personas.

GALES, PRÍNCIPE DE. Título nobiliario que se otorga al heredero de la corona británica.

GALGO. Perro de caza, muy rápido, de cabeza pequeña, hocico puntiagudo, cuerpo muy esbelto y arqueado y cuello, cola y patas largos.

GALGOS, CARRERAS DE. Carreras en las que perros galgos persiguen un artilugio mecánico que simula una liebre. Se desarrollan en pistas denominadas canódromos o galgódromos. El animal más preciado para estas competiciones es el galgo inglés (*greyhound*).

GALÍ, FRANCISCO (1880-1965). Pintor español. Maestro del pintor Joan Miró y del ceramista Lloréns Artigas, realizó obras en las que pese a su talante figurativo y paisajístico se observa la influencia de los artistas vanguardistas de la época. «Estudiante de Vich».
Miró, Joan 10:185b.

GALIA. Antigua región limitada por los Pirineos, el Mediterráneo, los Alpes, el Rin y el Atlántico. Fue ocupada por los galos (pueblo de lengua celta) hacia el siglo V a.C.
7:20a; Francia 6:390a; Francos 6:404a; Roma antigua 12:420a.

GALIA CISALPINA. Nombre dado por los romanos a la región del norte de Italia comprendida entre los Apeninos y los Alpes. Habitada por pueblos celtas, estaba dividida por el río Po en la Galia Transpadana (Piamonte y Lombardía) y la Galia Cispadana (la Emilia actual). Fue conquistada por Roma el año 221 a.C. y convertida en provincia el año 42.

GALIAS, COMENTARIOS SOBRE LA GUERRA DE LAS. V. **Comentarios.**

GÂLIB DEDE (1757-1799). Mehmed Es'Ad, poeta turco. Principal intérprete de la poesía de *divan*, conjunto de poemas caracterizado por el misticismo religioso de su temática y el tono simbólico de su lenguaje, debe su fama al poema alegórico *Hüsn ü Ask* (*Belleza y Amor*), en el que describió las tribulaciones de una pareja de enamorados.

GÁLIBO. Arco de hierro suspendido sobre la vía férrea para comprobar la carga máxima de los vagones de plataforma. Sus medidas se corresponden con las mínimas permitidas en túneles, puentes y similares.

GALICANISMO. Tendencia nacionalista y regalista en el seno de la Iglesia de Francia entre los siglos XIV y XIX que, sin rechazar la autoridad del papa, defendió la autonomía de las iglesias locales, la supremacía de los concilios sobre el sumo pontífice, la unión de los clérigos y el rey para limitar la intervención papal en asuntos de estado y la independencia del rey de Francia para resolver asuntos temporales.
Herejías 7:371b.

GALICIA. Comunidad autónoma de España que incluye las prov. de La Coruña, Lugo, Orense y Pontevedra. Cap. Santiago de Compostela. 29.575 km^2. 2.742.622 hab. (1996).
7:20b; Celta, cultura 4:64a; Coruña, A 4:401a; España 6:64b; Santiago de Compostela 13:147a; Suevos 13:352a; *ilustraciones* 7:20b; 7:21b; 7:22a.

GALICIA, REINO DE. Estado independiente de la península ibérica que se mantuvo como tal, aunque de forma no continuada, desde principios del siglo X hasta principios del siglo XII. Fueron sus reyes Ordoño II (910-914), Sancho I (926-929), García (1065-1071), Raimundo de Borgoña, conde de Galicia (1094-1107), Alfonso VII (1111-1126).

GALICISMO. Préstamo lingüístico tomado de la lengua francesa por otra lengua.

GALÍ COLL, ALEJANDRO (1886-1969). Pedagogo y escritor español. Renovador de los sistemas educativos, fundó la escuela Valparadís de Tarrasa, donde aplicó sus ideas, y el *Boletín de Maestros*, portavoz de su renovación pedagógica. En 1931, tras restaurarse la Generalitat (gobierno de Cataluña), fue nombrado secretario del consejo de cultura catalán.

GALIENO, PUBLIO LICINIO (h. el 218-268). Emperador romano del 253 al 268. Compartió el gobierno de occidente algunos años con su padre Valeriano. Hizo frente a los germanos y los persas, que amenazaban las fronteras, y a numerosas revueltas internas. Impulsó en Roma un renacimiento cultural en el que destacó la figura de Plotino, filósofo neoplatónico.

GALILEA. Región histórica de Palestina situada en el norte de lo que sería el Estado de Israel. Zona bíblica cuyas fronteras estableció el historiador romano Flavio Josefo, y en la que Jesucristo vivió su infancia. Agricultura. Ciudades principales: Zefat (alta Galilea) y Nazaret (baja Galilea).
Israel 8:296a; Palestina 11:228b.

GALILEA, MAR DE. Lago de Israel a través del cual fluye el río Jordán. A 209 m bajo el nivel del mar. Cubre una superficie de 166 km^2. Su profundidad máxima es de 47 m. Mide 21 km de longitud y 11 km de anchura.
Jordán, río 8:381b.

GALILEO (1564-1642). Galileo Galilei, científico italiano autor de trascendentales descubrimientos en astronomía, matemáticas y mecánica física.
7:22a; Aerodinámica 1:78b; Astronáutica 2:172b; Astronomía, historia de la 2:180a; Ciencia 4:185b; Cosmología 4:405b; Humanismo 8:91b; Italiana, literatura 8:322a; Luna 9:244a; Matemáticas 9:405b; Mecánica 10:12a; Metodología científica 10:110b; Observatorio 11:65a; Péndulo 11:326a; Planeta 12:15a; Reloj 12:324b; Satélite 13:163a; Saturno 13:166b; Sol 13:291b; Telescopio 14:3a; Temperatura 14:10b; Termodinámica 14:32b; Termómetro 14:36a; Torricelli, Evangelista 14:97a; Universo 14:185a; Venus (ASTRONOMÍA) 14:271b; *cuadro* 7:22b; *ilustraciones* 7:22a; 10:12; 10:110a.

GALILEO, SONDA. Sonda lanzada en 1995 a la atmósfera de Júpiter para el estudio de diferentes características físicas y químicas del planeta.

GALÍNDEZ, JESÚS (1915-1956). Abogado, escritor y político español. Tras la guerra civil residió en la República Dominicana. Presidió la delegación vasca en Nueva York y fue observador permanente en las Naciones Unidas. Profesor en la Universidad de Columbia y en la Universidad Francesa Libre. Fue asesinado por agentes del dictador Rafael Leónidas Trujillo. *Los vascos en el Madrid sitiado* (1945), *La era de Trujillo* (1956).

GALÍNDEZ DE CARVAJAL, LORENZO (1472-h. 1525). Jurisconsulto e historiador español. Catedrático en Salamanca, fue consejero de los Reyes Católicos, de doña Juana la Loca y de Carlos V (I de España). *Glosas a las Partidas, Anales breves del reinado de los Reyes Católicos, Crónica de Enrique IV.*

GALINDO I AZNÁREZ (m. en el 867). Conde aragonés. Hijo de Aznar Galindo I, gracias a la ayuda prestada por los francos, conquistó hacia el 844 el condado de Aragón, cuyo gobierno desempeñó hasta su muerte.

GALINDO II AZNÁREZ (siglos IX-X). Conde de Aragón entre el 893 y el 922. Hijo de Galindo Aznárez I, casó a su hija con García Sánchez I, rey navarro, para cuya dote aportó el condado de Aragón, que tras su muerte, quedó unido al reino de Navarra.

GALINDO, ALEJANDRO (1906-1999). Director cinematográfico y dramaturgo mexicano. Películas: *Refugiados en Madrid* (1938), *Campeón sin corona;* obras teatrales: *Y la mujer hizo al hombre, La rebelión de los sueños.*

GALINDO, BEATRIZ (1475-1534). Humanista española, llamada la Latina. Fundó el Hospital de la Santa Cruz. Profesora de latín de Isabel la Católica.

GALINDO, BLAS (1910-1993). Compositor mexicano, discípulo de Carlos Chávez. Estudió en el Conservatorio Nacional y más tarde con Aaron Copland. Se inspiró en el folclor autóctono para obras sinfónicas, como *Sones del mariachi.* Autor de varios ballets, cantatas, etc.

GALINDO, NÉSTOR (1830-1865). Poeta y periodista boliviano. Fundador de la *Revista de Cochabamba,* su obra poética, recogida en *Lágrimas* (1856), reflejó la influencia de los poetas románticos franceses e ingleses. Murió asesinado por el general Mariano Melgarejo.

GALINDO, SERGIO (n. en 1926). Escritor mexicano. Fundador de la revista *La Palabra y el Hombre* y de la editorial de la Universidad de Veracruz. *El bordo* (1960), *La comparsa* (1964), *Nudo* (1970).

GALIO. Elemento químico del grupo de las tierras raras, IIIb de la tabla periódica. Metal blanco-plateado presente en las menas de zinc y el aluminio comercial, al que se asemeja por sus propiedades químicas. Es di o trivalente y forma sales incoloras, muchas de ellas venenosas. Símbolo, Ga; número atómico, 31; peso atómico, 69,72.

GALIPODIO. Mezcla de alquitrán, trementina de pinos marítimos, aceite y otros productos utilizada para calafatear barcos. También se conoce como galipote.

GALITZIA. Región de Europa oriental. Perteneció al imperio austro-húngaro. Bajo control polaco tras la primera guerra mundial, después de la segunda su parte oriental quedó bajo dominio soviético (Ucrania).

GALLA, PUEBLO. Grupo etnolingüístico de Etiopía, establecido desde el siglo XVI en las regiones del sur, centro y oeste del país. Constituye el 40% de la población total de Etiopía y su lengua pertenece a la rama cusita de la familia camito-semítica. Dominado históricamente por el pueblo amhara del norte También se conoce como oromo.

GALLAND, ANTOINE (1646-1715). Escritor orientalista y lingüista francés. Profesor en el Colegio de Francia, recorrió varios países asiáticos y recopiló en sus obras sus experiencias durante sus diferentes viajes. Tradujo importantes obras de la literatura oriental. *Las mil y una noches, cuentos árabes traducidos al francés* (1704-1717), *Diario* (1672-1680).
Mil y una noches, Las 10:170a.

GALLARDO, ÁNGEL (1867-1934). Naturalista y político argentino. Destacó por sus estudios sobre la división celular. Ocupó diversos cargos diplomáticos y fue ministro de relaciones exteriores y culto (1922-1928).

GALLARDO, TONY (1929-1996). Escultor español. Establecido en Venezuela en 1958 fundó en Maracaibo un grupo de muralistas con el que trató de integrar la pintura y la escultura en la obra arquitectónica. En 1961 regresó a España y promovió nuevos movimientos culturales. Empleó en su obra diversos materiales escultóricos (bronce, aluminio, alambre y lava volcánica). «Magmas», «Área rectangular».

GALLARDO Y BLANCO, BARTOLOMÉ JOSÉ (1776-1852). Escritor español de estilo mordaz y satírico. Defendió las ideas liberales. *Diccionario crítico burlesco* (1811), *Ensayo de una biblioteca de libros raros y curiosos* (1869-1889).

GALLÉ, ÉMILE (1846-1904). Vidriero francés. Uno de los iniciadores del estilo *art nouveau* en decoración y del renacimiento de la escuela francesa de vidriería. Su estilo se basaba en la ductilidad y translucidez del vidrio, con el que creaba recipientes de formas alargadas con dos o más colores.
Diseño 5:205b.

GALLE, JOHANN GOTTFRIED (1812-1910). Astrónomo alemán. Trabajó como ayudante del director del observatorio de Berlín entre 1835 y 1851. El 23 de septiembre de 1846, siguiendo las instrucciones del astrónomo francés Urbain-Jean-Joseph Le Verrier, hizo la primera observación del planeta Neptuno. Fue director del observatorio de Breslau entre 1851 y 1897.
Neptuno (ASTRONOMÍA) 10:381a.

GALLEGA, LENGUA. Idioma románico hablado principalmente en la comunidad autónoma de Galicia (España).
7:23a; España 6:67a; Portuguesa, lengua 12:97b; Romances, lenguas 13:3b; *ilustración* 7:23b.

GALLEGA, LITERATURA. Conjunto de obras escritas en lengua gallega.
7:24a; Castelao 4:15b; Castro, Rosalía de 4:29a; *ilustraciones* 7:24; 7:25b.

GALLEGO, FERNANDO (siglos XV-XVI). Pintor español. Influido por el arte flamenco y maestro de la pintura gótica, desarrolló una obra plena de expresividad y dramatismo.
7:26a; *ilustración* 7:26a.

GALLEGO, FRANCISCO (siglos XV-XVI). Pintor español, hermano y discípulo de Fernando Gallego. Perteneció a la escuela hispano-flamenca de Castilla. Autor del retablo de Santa Catalina.

GALLEGO, JUAN NICASIO (1777-1853). Escritor y sacerdote español, autor de odas patrióticas de factura neoclásica. Diputado a Cortes en Cádiz (1810), fue perseguido por Fernando VII, pero ocupó después importantes cargos públicos y fue secretario perpetuo de la Real Academia Española. Es famosa su *Elegía a la muerte de la duquesa de Frías* (1830).

GÁLLEGO, RÍO. Curso fluvial español que nace en la prov. de Huesca y marca una parte del límite entre esta provincia y la de Zaragoza. Tras recorrer 215 km, desemboca en la orilla izquierda del río Ebro a la altura de Zaragoza. Sus aguas son aprovechadas en centrales hidroeléctricas y canales de riego.

GALLEGOS, JOSÉ RAFAEL DE (1784-1850). Político costarricense. Vicepresidente de la república en 1825, accedió a la presidencia en 1833. Dimitió en 1835. Reelegido en 1845, fue derrocado al año siguiente.

GALLEGOS, RÍO. Curso fluvial de la Argentina, situado en la prov. de Santa Cruz. En la primera parte de su curso se le conoce como río Turbio. Tras atravesar un valle fértil, desemboca en el Atlántico por la bahía de su mismo nombre. Su curso es de 300 km.

GALLEGOS, RÓMULO (1884-1969). Novelista y político venezolano. Ilustrador de la realidad social, cultural y política de Venezuela en la primera mitad del siglo XX. Fue presidente de su país (1947-1948).
7:26b; Hispanoamericana, literatura 8:13a; Rivera, José Eustasio 12:389b; Venezuela 14:267a; *ilustración* 7:26b.

GALLIANO, JOHN (n. en 1960). Modisto británico. Natural de Gibraltar, a la edad de seis años marchó a Londres, donde cursó estudios de diseño de moda. Sus trabajos se inspiran en motivos históricos como la revolución francesa.

GALLI-CURCI, AMELITA (1882-1963). Soprano italiana, autodidacta y destacada por la belleza de su coloratura. Debutó en Trani con *Rigoletto,* de Giuseppe Verdi, en el papel estelar.

GALLIENI, JOSEPH-SIMON (1849-1916). Militar francés que consiguió pacificar e integrar en el imperio francés los territorios de Sudán y Madagascar.
Madagascar 9:269a.

GALLIFORMES. Orden de aves que comprende a siete familias, incluyendo las gallináceas, y cerca de 250 especies. Se caracterizan por poseer un tubo digestivo provisto de buche, alas cortas y redondas, y un acusado dimorfismo sexual (diferencias de forma entre los sexos).
Ave 2:252a; Codorniz 4:251a; Faisán 6:222b.

GALLINA. Nombre genérico de las hembras del orden de las galliformes. Se distinguen del macho por su menor corpulencia, cresta rudimentaria y carencia de espolones. Gran importancia económica por su carne y huevos.
7:27a; Avicultura 2:263b; Domesticación 5:217b; Ganadería 7:36b; *cuadro* 7:27b; *ilustración* 7:27b.

GALLINAS, PUNTA. Promontorio de Colombia, en la península de Guajira. Constituye el punto más septentrional del subcontinente sudamericano. Cierra por el norte una ramificación de bahía Honda.

GALLINAZO. Ave rapaz perteneciente a la familia de los catártidos o buitres americanos (*Cathartes aura*). Presenta un plumaje negruzco y la cabeza y el cuello son de color rojo. Es de hábitos gregarios.
Buitre 3:218b.

GALLINETA. Pez escorpeniforme de la familia de los escorpénidos (*Helicolenus dactylopterus*) de color rojizo con manchas blancas. Se encuentra en el Mediterráneo.

GALLIPATO. Anfibio urodelo de la familia de los salamándridos (*Pleurodeles waltlii*). Alcanza una longitud de hasta 30 cm y presenta en la boca dos filas de dientes. Cola comprimida y costillas salientes a voluntad. Color gris verdoso. Vive en zonas acuáticas y pantanosas del norte de África y la cuenca mediterránea.

GALLÍPOLI. Histórica ciudad turca, ubicada en la península homónima en los Dardanelos. Primera conquista otomana en Europa (h. 1356) y estratégico punto comercial y militar por siglos. La ciudad vieja fue destruida casi por completo (1915) durante la primera guerra mundial al afrontar las tropas turcas el avance aliado en la campaña de los Dardanelos.

GALLITO DE ROCA. Pájaro de la familia de los cotíngidos (*Rupicola rupicola*), del tamaño de una paloma. Los machos, más grandes, llevan en la cabeza una gran cresta semicircular. Viven en la selva amazónica, sobre las rocas que flanquean los ríos.

GALLO (AVE). Galliforme doméstico, macho de la gallina. Cabeza adornada de una cresta roja, pico corto, grueso y arqueado. Plumaje abundante y tarsos fuertes, armados de espolones largos y agudos. Su canto es sonoro y vibrante.
Gallina 7:27a.

GALLO (PEZ). Especie de pez osteictio pleuronectiforme de la familia de los pleuronéctidos *(Pleuronectes megastoma),* parecido al lenguado, de cuerpo comprimido y aletas pequeñas.

GALLO, EL (1882-1960). Rafael Gómez Ortega, matador de toros español. Hijo del también torero Fernando Gómez, el Gallo. Tomó la alternativa en 1902, de manos de Bombita. Reformador del arte del toreo, en el que incluyó nuevos elementos.

GALLO GOYENECHEA, PEDRO LEÓN (1830-1877). Político y escritor chileno. Dirigió en 1859 el movimiento contra Manuel Montt en Copiapó. Tras una victoria inicial en los Liros, fue vencido en Cerro Grande y huyó a Europa. En 1863 volvió a Chile y ocupó los cargos de diputado y senador. Entre sus poesías destaca una *Oda a O'Higgins.*

GALLOS, PELEAS DE. Espectáculo muy popular en Latinoamérica, las Filipinas y las Antillas, en el que luchan dos gallos con los espolones armados de espuelas de acero, en un recinto protegido con una tela metálica.

GALLUP, GEORGE HORACE (1901-1984). Especialista en sondeos estadísticos estadouni-

dense. Fundador del instituto que lleva su nombre y famoso por la exactitud de sus encuestas preelectorales.
Opinión, sondeos de 11:118b.

GALMÉS, SALVADOR (1878-1951). Escritor español. Sacerdote y licenciado en derecho, fue autor de crítica literaria y estudios sobre la obra de Ramón Llull, así como obras de temática costumbrista. *Flor de cardo* (1910), *La nodriza* (1923).

GALOFRE GIMÉNEZ, BALDOMERO (1849-1902). Pintor español. Muy influido por la obra de Mariano Fortuny, realizó principalmente pintura de género, paisajes y marinas. «Regatas en Sorrento», «Escenas populares andaluzas», «Costa de Levante».

GALOIS, ÉVARISTE (1811-1832). Matemático francés. Realizó notables contribuciones en el campo del álgebra, sobre todo en lo referente a los grupos algebraicos y a la resolución de ecuaciones mediante radicales.
Jordan, Camille 8:380b.

GALO MORIBUNDO, EL. Escultura del arte griego del siglo III a.C., perteneciente al grupo de esculturas realizadas para celebrar el triunfo de los reyes de Pérgamo sobre los celtas. Atribuida al escultor Epígono. Una copia romana se conserva en el Museo del Capitolio, Roma. También se llama «El gálata moribundo».

GALÓN. Medida inglesa de capacidad para líquidos con dos equivalentes: el galón estadounidense, de 3,7854 l, y el galón británico, de 4,546 l.

GALORROMANO. Lengua desarrollada como consecuencia de la evolución del latín que, introducido en la Galia en el siglo I a.C. a raíz de su conquista por Julio César, se mezcló con los idiomas célticos preexistentes. De ella derivó el francés moderno.
Francesa, lengua 6:368a.

GALOS. V. **Galia.**

GALSWORTHY, JOHN (1867-1933). Novelista y dramaturgo británico, describió en sus novelas, de forma intimista, los problemas sociales. Premio Nobel de literatura de 1932.
7:27b; *ilustración* 7:28a.

GALTIERI, LEOPOLDO (n. en 1926). Militar y político argentino. Participó en el golpe de 1976 y pasó a formar parte de la junta militar. Presidente de la república en 1981. La derrota de las Malvinas lo obligó a dimitir. En 1986 fue condenado a doce años de prisión.
Argentina 26b.

GALTON, FRANCIS (1822-1911). Biólogo británico. Destacó por sus trabajos sobre fisiología, antropología y teoría de la herencia, aplicada al hombre. Es particularmente conocido por sus escritos relativos a la eugenesia.
7:28a; Eugenesia 6:188b; *ilustración* 7:28a.

GALUPPI, BALDASSARE (1706-1784). Compositor italiano. Conocido como *il Buranello*, se le consideró el «padre de la ópera bufa». Compuso entre otras, *El filósofo de Campania* (1754) y, durante una estancia en Londres, *Ifigenia en Táuride* (1767).

GALVÁN, MANUEL DE JESÚS (1834-1910). Novelista y político dominicano. Fundador de diversos periódicos y defensor de la anexión de su país a España.
7:28b; Dominicana, República 5:229a; Indianismo 8:167a.

GALVANI, LUIGI (1737-1798). Físico y médico italiano. Precursor de las pilas químicas y de la electrofisiología.
7:28b; Biofísica 3:28b; Física 6:310a; Medicina 10:30a; Volta, Alessandro 14:345b; *ilustración* 7:29a.

GALVANIZACIÓN. Acción de aplicar una capa de zinc o estaño a ciertos metales como el hierro, por inmersión en caliente.

GALVANÓMETRO. Aparato empleado para medir la intensidad de la corriente eléctrica, así como para establecer la dirección de la misma.

GALVANOPLASTIA. Procedimiento para superponer capas metálicas sobre materiales sólidos, mediante una cuba electrolítica.

GALVANOSTEGIA. Método para recubrir un metal con una delgada capa de otro formada electrolíticamente. Se utiliza, por ejemplo, en el plateado de las cuberterías.

GALVANOTIPIA. Procedimiento galvanoplástico para realizar clichés fotográficos. Inventada en la primera mitad del siglo XIX.

GALVE, CONDE DE (m. en 1697). Gaspar de la Cerda Sandoval, administrador colonial español. Virrey de la Nueva España entre 1688 y 1696, hubo de hacer frente a las ocupaciones francesas y reconquistó Nuevo México. Reprimió la insurrección popular de 1692 en la ciudad de México.

GÁLVEZ, BERNARDO DE (1746-1786). Militar español. Gobernador de Louisiana, invadió Florida en 1780.
7:29a.

GÁLVEZ, JOSÉ DE (1720-1787). Político español. Fue nombrado visitador de la Nueva España por Carlos III. Ministro de las Indias, llevó a cabo importantes modificaciones en la administración del Nuevo Mundo.
7:29b; Nueva España, Virreinato de la 11:35a.

GÁLVEZ, JUAN MANUEL (1887-1955). Político hondureño. Tras ocupar diversos cargos, accedió a la presidencia de la república en 1949. Realizó reformas sociales y se vio implicado en la intervención estadounidense en Guatemala de 1954.
Honduras 8:61a.

GÁLVEZ, MANUEL (1882-1962). Novelista argentino. Autor de novelas, ensayos, memorias y otros géneros en los que reflejó la vida y tensiones políticas de su país.
7:30a.

GÁLVEZ, MARIANO (1794-1862). Político guatemalteco. Presidente de la república en 1831, reelegido en 1834.
7:30a; Centroamérica, Provincias Unidas de 4:79a.

GÁLVEZ, MATÍAS (m. en 1784). Militar español, hermano de José de Gálvez. Capitán general de Guatemala, destruyó los establecimientos ingleses en el golfo de Honduras. Fue virrey de la Nueva España de 1783 a 1784.

GÁLVEZ ALONSO, JOSÉ MARÍA (1834-1906). Abogado y político cubano. Fundador y presidente del Partido Liberal Autonomista, presidió el gobierno autónomo desde enero de 1897 hasta enero de 1899, fecha en la que se estableció el gobierno de intervención estadounidense.

GÁLVEZ BERRENECHEA, JOSÉ (1885-1957). Escritor y político peruano. Catedrático de literatura y decano en la Universidad de San Marcos, desempeñó misiones diplomáticas, fue ministro de justicia, educación y relaciones exteriores y ocupó la vicepresidencia de la república. Colaboró en diversos periódicos (*La Crónica, El Perú*), fundó el semanario *Justicia* y fue autor de poesías, novelas y ensayos. *Canto a España* (1909) *Jardín cerrado* (1912), *Problemas iberoamericanos* (1919).

GÁLVEZ DE MONTALVO, LUIS (1546-1591). Escritor español. Su obra más importante, *El pastor de Fílida* (1582), es una novela pastoril escrita en verso corto y redondillas. Realizó también traducción de autores clásicos.

GÁLVEZ MORENO, JOSÉ (1852-1894). Marino peruano. Se distinguió en la batalla de El Callao, en la cual quedó mutilado. En reconocimiento a su valor los chilenos lo dejaron libre. Fue diputado.

GALWAY, JAMES (n. en 1939). Flautista británico. Trabajó en la Filarmónica de Berlín como primer flauta. Destacó posteriormente como solista, alcanzando gran popularidad.

GAMA, JOSÉ BASÍLIO DA (1740-1795). Poeta brasileño. Perteneció a la Real Academia de Ciencias de Lisboa. Autor de *Uruguay* (1769), poema clasicista épico sobre los indios de Paraguay y los movimientos de oposición a España y Portugal surgidos en las misiones de los jesuitas.
Indianismo 8:167a.

GAMA, VASCO DA (h. 1460-1524). Navegante portugués, almirante de las Indias. Nombrado virrey en 1524.
7:30b; Dias, Bartolomeu 5:169a; Mozambique 10:284b; *cuadro* 7:31a; *ilustración* 7:31b.

GAMADA, CRUZ. V. **Svástica.**

GAMALIEL II (siglos I-II). Rabino judío. Nieto de Gamaliel el Viejo, sucedió a Johanan ben Zakái en la escuela de Yabné, heredera de la autoridad del Sanedrín (tribunal religioso). Contribuyó a restaurar y fortalecer el judaísmo.

GAMARRA, AGUSTÍN (1785-1841). Militar peruano. Presidente de la república en 1829 y 1839, quiso forjar un gran estado con la unión de Bolivia y el Perú.
7:31a; Castilla, Ramón 4:18b.

GAMAZO, GERMÁN (1838-1901). Político español. Ministro de fomento (1883 y 1898), ultramar (1885) y hacienda (1892-1894), perteneció al partido liberal y, junto con su cuñado, Antonio Maura, fue un firme defensor de las medidas económicas proteccionistas.

GAMBA. Crustáceo malacostráceo decápodo de la familia de los peneidos (*Parapenaeus longirostris*), semejante al langostino, pero algo menor. Habita en el Mediterráneo y es comestible.
Camarón 3:296a; Crustáceos 5:33a.

GAMBARO, GRISELDA (n. en 1928). Autora teatral y narradora argentina. Su obra, de carácter vanguardista, retrató la injusticia social. *Los siameses* (1967), *Lo impenetrable* (1984), *Lo mejor que se tiene* (1998).

GAMBETTA, LÉON (1838-1882). Estadista francés, uno de los fundadores de la tercera república.
7:31b; Franco-prusiana, guerra 6:403b; *ilustración* 7:31b.

GAMBIA. País de África occidental, regado por el río homónimo. Cap. Banjul. 10.689 km^2. 1.367.000 hab. (2000).
7:32a; África 1:94; *cuadros* 7:32b; 7:33b; *ilustración* 7:33a.

GAMBIA, RÍO. Río de África occidental. Nace en la República de Guinea y fluye hacia el oeste, atravesando Gambia, hasta desembocar en el océano Atlántico. Afluentes Sandougou y Sofianiama. 1.120 km. Único río de la zona navegable para buques de gran calado.
Gambia 7:32a.

GAMBITO. En el juego de ajedrez, sacrificio voluntario de una pieza en algún momento de la partida, sobre todo al principio, para alcanzar una posición favorable.

GAMBOA, FEDERICO (1864-1939). Escritor mexicano. Representante del movimiento literario naturalista en las letras de su país.
7:33b.

GAMBOA, FERNANDO (1911-1990). Museógrafo mexicano. Estudió pintura y escultura. Durante la presidencia de Lázaro Cárdenas (1934-1940) se inició en la museografía, especialidad en que llegó a ser una autoridad. A partir de 1937 organizó exposiciones de arte mexicano en el exterior y en el país. Tuvo a su cargo la Galería Nacional del Palacio de Bellas Artes, el Museo Nacional de Historia y el Museo Nacional de Antropología. Instaló los pabellones mexicanos en distintas exposiciones mundiales.

GAMBOA, JOSÉ JOAQUÍN (1878-1931). Dramaturgo y diplomático mexicano. En sus creaciones teatrales describió la vida y las costumbres de la sociedad mexicana de la época. *El día del juicio* (1908), *Los Revillagigedos* (1925), *El caballero, la muerte y el diablo* (1931).

GAMBOÍNOS. Nombre con el que se conocía a los partidarios del linaje alavés de Gamboa, afecto a la corona navarra, que a lo largo del siglo XV protagonizaron diversos enfrentamientos con el bando de Oñaz, noble familia alavesa que defendía la intervención castellana en el País Vasco. Finalizadas las hostilidades entre los dos grupos, a finales del siglo XV, se mantuvo, no obstante, una abierta rivalidad hasta el siglo XIX.

GAMETO. Célula sexual madura capaz de unirse a la del sexo contrario para formar el cigoto. También llamado gámeta.
Embriología 5:387a; Reproducción 12:226b.

GAMETOFITO. Fase sexual en la alternancia de generaciones de las plantas. Complementaria de la fase no sexual o esporofito. La fase gametofítica produce gametos en los órganos sexuales en los que se deposita el huevo que, al fecundarse en cigoto, se desarrolla durante la fase esporofítica.
Musgo 10:310a.

GAMETOGÉNESIS. Proceso de formación de los gametos o células sexuales en animales y plantas.
Embriología 5:388b; Reproducción 12:337b.

GAMMA, RAYOS. Radiación electromagnética de muy corta longitud de onda (1 A o menos) emitida de modo natural por algunos núcleos atómicos o producida por métodos artificiales.
Blindaje contra radiaciones 3:73b; Radiactividad 12:245b.

GAMMAGRAFÍA. Procedimiento explorador que consiste en inyectar endovenosamente una sustancia radiactiva y, por medio de un contador de destellos, determinar la localización cuantitativa de los rayos gamma en diferentes órganos.
Diagnóstico, métodos de 5:164b.

GAMO. Mamífero artiodáctilo rumiante de la familia de los cérvidos (*Dama dama*).
7:34a; *ilustración* 7:34a.

GAMONA. Sustancia secretada por los gametos que atrae a las gónadas del sexo opuesto y facilita la fecundación. Se distinguen en androgamonas y ginogamonas, según sean producidas por los gametos masculinos o femeninos, respectivamente.

GAMONAL, BATALLA DE. Enfrentamiento bélico que tuvo lugar el 10 de noviembre de 1808 en Gamonal de Riopico (Burgos, España), entre las fuerzas españolas, al mando del conde de Belveder, y las tropas francesas invasoras de Napoleón Bonaparte. La contienda finalizó con la victoria del ejército francés y la ocupación y saqueo de la ciudad de Burgos.

GAMOW, GEORGE (1904-1968). Físico estadounidense de origen ruso. Descubrió la barrera de potencial que impide la penetración de partículas en el núcleo atómico, a la que se conoce como barrera de Gamow. En astrofísica, desarrolló la hipótesis de la explosión primigenia que dio origen a la teoría del *big bang* y la posterior expansión del universo.
Big Bang 3:19a.

GAMSAJURDIA, ZVIAD (m. en 1993). Político georgiano. Elegido presidente en 1991, fue derrocado un año más tarde por una revuelta armada, tras la cual encabezó la oposición violenta contra el régimen de Éduard Shevardnadze.

GAMUZA. Mamífero artiodáctilo rumiante de la familia de los bóvidos (*Rupicapra rupicapra*).
7:34b; *ilustración* 7:35a.

GANADERÍA. Cría, mantenimiento y aprovechamiento de determinados animales domésticos en cantidades masivas.
7:35a; Agricultura 1:107a; Alimentaria, industria 1:231a; Alimentos transgénicos 1:232b; Avena 2:254b; Avicultura 2:263b; Cerdo 4:84a; Inseminación artificial 8:224a; Pienso 11:402a; Rumiantes 13:42a; Vaca 14:218a; Veterinaria 14:291b; *cuadros* 7:36a; *ilustraciones* 7:35b; 7:37b; 7:38a-b.

GANCE, ABEL (1889-1981). Director cinematográfico francés. Fue uno de los más destacados representantes del vanguardismo de su país. *Yo acuso* (1918), *Napoleón* (1927), *El fin del mundo* (1931), *Austerlitz* (1960).

GANCHILLO. Tipo de labor de encaje que se realiza con una hebra continua. También se designa con el galicismo *crochet*.

GANDA. Pueblo de agricultores que habita al oeste y el norte del lago Victoria (África central) y constituye la base de la población de Uganda.

GÁNDARA, ALEJANDRO (n. en 1957). Escritor español. Autor de narrativa y ensayo de corte contemporáneo. *La media distancia* (1984), *Ciegas esperanzas* (1992) –Premio Nadal–, *Las primeras palabras de la creación* (1998).

GÁNDARA, MIGUEL ANTONIO DE LA (m. en 1783). Religioso y político español. Intervino de forma decisiva en la vida política durante los reinados de Fernando VI y Carlos III. Alejado de la corte tras la caída del marqués de Esquilache, fue procesado y encarcelado en 1767 en Pamplona, donde permaneció en prisión hasta su muerte.

GÁNDARA DE GORTARI, MANUEL MARÍA (1801-1878). Político mexicano. Gobernador del estado de Sonora, fue alejado del cargo por Antonio López de Santa Anna. Intentó hacerse de nuevo con el poder y apoyó la ocupación francesa y el imperio de Maximiliano de Habsburgo.

GANDESA. Población española de la prov. de Tarragona, comunidad autónoma de Cataluña. Desempeñó un activo papel en la vida política del reino de Aragón durante la baja edad media. Viñedos, frutales, almendros; alcoholeras, industrias de materiales de construcción, textiles. 2.651 hab. (1991).

GANDHI, INDIRA (1917-1984). Primera ministra de la India en cuatro ocasiones, hija de Jawaharlal Nehru y madre de Rajiv Gandhi.
7:39b; India 8:160b; *ilustración* 7:39b.

GANDHI, MOHANDAS (1869-1948). Líder del movimiento nacional indio antibritánico, considerado el padre de la patria. Preconizó la no violencia.
7:40a; Casta 14:1b; India 8:160a; Nehru, Jawaharlal 10:375a; *cuadro* 7:40a; *ilustración* 7:40.

GANDHI, RAJIV (1944-1991). Político indio. Primer ministro de su país tras el asesinato de su madre, Indira, en 1984, buscó modernizar la economía. Derrotado en 1989, fue asesinado cuando parecía a punto de recuperar la jefatura del gobierno.
India 8:160b.

GANDÍA. Ciudad de España en la prov. de Valencia, Comunidad Valenciana, a orillas del mar Mediterráneo. Arquitectura civil y religiosa de los siglos XIV al XVI. Importante centro de agricultura de cítricos y hortalizas. Turismo. 51.806 hab. (1991).

GANDÍA, ENRIQUE DE (n. en 1906). Historiador argentino que manifestó especial interés en investigar la realidad de los hechos comúnmente tenidos por ciertos. *Historia crítica de los mitos y leyendas de la conquista americana* (1929), *Nueva historia de América* (1946), *La independencia americana* (1961).

GANDINI, GERARDO (n. en 1936). Compositor argentino. Estudió con Yvonne Loriod en París. Difundió en la Argentina la música vanguardista y promovió la experimentación. Destacó especialmente como pianista. *Variaciones orquestales* (1962), *Cadencias I y II* (1966), *Fases* (1970).

GANGA (GEOLOGÍA). Sustancia inútil, generalmente pétrea, que acompaña en un filón metalífero al mineral explotable.
Cobre 4:242b.

GANGA (ZOOLOGÍA). Ave columbiforme de la familia de las pteróclidas y del género *Pterocles*. Vive en el sur de Europa, norte de África y algunas regiones de Asia.

GANGES, RÍO. Curso fluvial de la India. El río sagrado de la fe hindú, con un recorrido de 2.506 km.
7:41a; Benarés 2:406a; India 8:153b; *ilustración* 7:41b.

GANGLIO. Pequeño engrosamiento situado en el trayecto de un vaso linfático (ganglio linfático) o de un nervio (ganglio nervioso).

GANGLIOS LINFÁTICOS. Órganos situados en el trayecto de los vasos linfáticos. Producen linfocitos capaces de transformarse en plasmocitos, es decir, los tipos de células que intervienen en la inmunidad celular.
Inmunología 8:216a; Leucemia 9:131b; Linfático, sistema 9:164a.

GANGLIOS NERVIOSOS. Pequeños engrosamientos que aparecen en puntos determinados del sistema nervioso. Contienen los cuerpos celulares de las neuronas, cuyos axones transmiten los impulsos nerviosos.

GANGRENA. Grave proceso de degeneración con final en necrosis (muerte del tejido), resultado de ausencia de irrigación de sangre, contusiones, arteriopatías, congelación, etc.
Microbiología 10:151a.

GANIMEDES (ASTRONOMÍA). Satélite de Júpiter descubierto en 1610 por Galileo. Dista de Júpiter algo más de 1.000.000 km. Período sideral de 7,1546 días en la misma dirección que el planeta, y diámetro de unos 5.200 km. Se le designa también como J III.
Júpiter (ASTRONOMÍA) 8:413b; Satélite 13:163b.

GANIMEDES (MITOLOGÍA). Legendario príncipe de Troya, hijo de Tros y de Calírroe. Zeus, prendado de la belleza del joven, lo raptó y convirtió en copero del Olimpo. Más tarde quedó transformado en la constelación de Acuario.

GANIVET, ÁNGEL (1865-1898). Escritor español. Criticó la sociedad de su tiempo en obras como *Idearium español* (1897) y *Cartas finlandesas* (1899). Desempeñó cargos diplomáticos en Amberes, Helsinki y Riga, ciudad en que se suicidó. Escribió también novelas.

GANSO. Ave anseriforme de la familia de las anátidas (*Anser anser*).
7:41b; Avicultura 2:264a; Ganadería 7:36b; *ilustración* 7:41b.

GANSU. Provincia de China en la región noroeste central del país. Por su corredor penetró Marco Polo en China. Terreno mesetario afectado por frecuentes terremotos. Cereales, especialmente trigo. Cap. Lanzhou. 366.500 km^2. 24.380.000 hab. (1996).

GANTE. Ciudad de Bélgica, capital de Flandes oriental. 225.469 hab. (1997).
7:42a; Bélgica 2:394a; *ilustración* 7:42a.

GANTE, JUAN DE. V. **Lancaster, Juan, duque de.**

GANTE, PACIFICACIÓN DE. Pacto de unión firmado por las provincias de los Países Bajos el 8 de noviembre de 1576 para expulsar a los españoles. Fue dirigido por Guillermo de Orange.

GANTE, PEDRO DE (1486-1572). Religioso franciscano español de origen flamenco. Desarrolló un importante apostolado entre los indios mexicanos.
7:42b.

GAO. Región de Malí, situada a orillas del río Níger, en la parte oriental del país. La ciudad homónima y capital de la región fue fundada en el siglo VII y ocupó el puesto de capital del reino de Songhai. La población es predominantemente nómada. Fosfatos. 170.572 km^2. 408.000 hab. (1995).
Malí, imperio de 9:306b.

GAO, XINGJIANG (n. en 1940). Escritor chino. Disidente de la política represiva del gobierno de su país, se exilió en Francia. Autor de novelas, obras dramáticas, poesía y también creación pictórica. Recibió el Premio Nobel de literatura en 2000. *La montaña del alma* (1982-1989), *La otra orilla* (1987).

GAONA, JUAN BAUTISTA (1846-1912). Político paraguayo. Presidente de la república en 1904, fue derribado por el Congreso a finales del año siguiente al intentar reorganizar el gabinete, contraviniendo el pacto de Pilcomayo.

GAONA, RODOLFO (1888-1975). Matador de toros mexicano. Recibió la alternativa de manos de Lorenzano en 1908. Triunfador en México y España. Fue un torero elegante, dentro de un estilo clasicista. Se retiró en 1924.

GAOS, JOSÉ (1900-1969). Filósofo español. Discípulo de José Ortega y Gasset, fue profesor en la Universidad Central de Madrid y en la Universidad Nacional Autónoma de México; en esta última formó un equipo para realizar estudios de historia de las ideas, sobre todo en Iberoamérica. *Filosofía de la filosofía e historia de la filosofía* (1947), *Filosofía contemporánea* (1962).

GAOS, VICENTE (1919-1980). Poeta español de tendencia metafísica: *Arcángel de mi noche* (1944), *Mitos para tiempos incrédulos* (1963), *Concierto en mí y en vosotros* (1963), *Última Thule* (1980). Publicó también poemas amorosos y crítica literaria.

GARAIKOETXEA, CARLOS (n. en 1939). Político español. Miembro del Partido Nacionalista Vasco fue electo *lendakari* (presidente) del gobierno autónomo del País Vasco en 1980. Reelegido en 1984, en diciembre de dicho año cesó en su cargo. Apartado del PNV, fundó Eusko Alkartasuna (Solidaridad Vasca).

GARAMOND, CLAUDE (1499-1561). Diseñador francés de los caracteres de imprenta que llevan su nombre. Por encargo de Francisco I de Francia diseñó en la década de 1540 nuevos tipos de caracteres griegos (*grec du roi*), que se hicieron famosos y cuyas matrices todavía se conservan en la Imprenta Nacional de París. Sus tipos de caracteres latinos se difundieron también por toda Europa.

GARANHUNS. Ciudad de Brasil, en la sierra de su nombre, est. de Pernambuco. Aguas minerales. Café, algodón. 96.443 hab. (1996).

GARANTÍA. Aquello que asegura o protege contra un riesgo o necesidad. Es garantía personal cuando existe compromiso de un tercero para cubrir la obligación en caso de no hacerlo el deudor; es real, cuando proviene del gravamen a un bien por sujeción al cumplimiento de una carga.
Préstamo 12:134b.

GARANTÍAS CONSTITUCIONALES. Libertades aseguradas por la constitución y que permiten el ejercicio de los derechos humanos en las relaciones de los individuos con la administración y el estado, o de unas personas con otras.

GARAŠANIN, ILIJA (1812-1874). Ilija Savic, político servio. Apoyó las pretensiones reales de Alexander Karageorgevic, quien lo nombró primer ministro en 1852. Logró la protección de las potencias de Europa occidental a la autonomía servia en el congreso de París de 1856. Primer ministro nuevamente en 1861-1867, bajo el príncipe Miguel.

GARAUDY, ROGER (n. en 1913). Político y filósofo francés. Miembro del comité central del Partido Comunista de su país e iniciador del diálogo con los cristianos. Tras la crisis de Checoslovaquia abandonó el partido (1970) y se proclamó cristiano. Teórico de una nueva civilización basada en el contacto intercultural, en 1981 abrazó el Islam. *Del anatema al diálogo* (1965), *El gran viraje del socialismo* (1970), *Por un diálogo de las civilizaciones* (1977).

GARAY, BLASCO DE (siglo XVI). Marino español. Jefe de flota con Carlos V (I de España). Se le atribuye la aplicación de la rueda de palas para la navegación en el «Trinidad» en 1543.

GARAY, FRANCISCO DE (m. en 1523). Conquistador español. Fue procurador de La Española y representante en Jamaica.
7:43a.

GARAY, JUAN DE (h. 1527-1583). Conquistador español. Fundador de la ciudad de Buenos Aires en 1580.
7:43a; Buenos Aires 3:213a; Santa Fe, provincia 13:141a.

GARAY, MARTÍN DE (1771-1822). Economista y político español. Luchó en la guerra de independencia y fue ministro de hacienda (1816-1818). Intentó reorganizar el sistema tributario, pero fue destituido y desterrado por Fernando VII. *Memorias sobre el estado de la deuda de la corona, arbitrios para satisfacerla y clasificación de ella para pagarla.*

GARBANZO. Planta herbácea anual de la familia de las leguminosas (*Cicer arietinum*).
7:43b; *ilustración* 7:43b.

GARBO, GRETA (1905-1990). Actriz cinematográfica estadounidense de origen sueco. Alcanzó gran popularidad en la década de 1930. Se retiró en 1941. *El demonio y la carne* (1927), *La reina Cristina de Suecia* (1933), *La dama de las camelias* (1936), *Ninotchka* (1939).

GARBORG, ARNE (1851-1924). Escritor noruego. Fundador del periódico *Fedraheimen*, defendió la creación de un lenguaje literario nuevo, basado en el dialecto de los campesinos (*landsmaal*). Reflejó en sus novelas una profunda religiosidad. *Un librepensador* (1878), *Los estudiantes campesinos* (1883), *El padre pródigo* (1899).

GARÇÃO, PEDRO ANTÓNIO CORREIA (1724-1772). Comediógrafo y poeta portugués. Fue uno de los fundadores de la academia Arcadia Ulyssiponense. Murió en la cárcel, tras ser detenido por orden del marqués de Pombal por motivos que se ignoran. Autor de *Teatro nuevo* (1766) y *Obras poéticas* (1778), en las que atacó la influencia italiana y española en el panorama teatral portugués, y *Asamblea o Partidos*, sátira de la vida social lisboeta.

GARCÉS, FRANCISCO (1738-1781). Misionero franciscano español que, entre 1768 y 1775, exploró las cuencas de los ríos Gila y Colorado y recorrió los territorios del suroeste de lo que serían los Estados Unidos, desde Nuevo México hasta California.

GARCI, JOSÉ LUIS (n. en 1944). Director cinematográfico español. Primer cineasta de su país en obtener un Óscar, en 1982, con *Volver a empezar*. *Asignatura pendiente* (1977), *Las verdes praderas* (1979), *Asignatura aprobada* (1987), *El abuelo* (1998).

GARCÍA I DE LEÓN (siglo X). Rey de León (910-914). Hijo primogénito de Alfonso III el Magno. Arrebató el trono a su padre en el 910, estableciendo la corte en León, reino que repobló.

GARCÍA I DE NAVARRA (h. el 851-870). Rey de Navarra. Hijo de Íñigo Arista, fue apresado por los normandos a quienes se hubo de pagar un alto precio por su rescate.

GARCÍA I FERNÁNDEZ (938-995). Conde de Castilla. Hijo de Fernán González, sucedió a su padre en el condado en el 970. Peleó contra los musulmanes y en el 975 fue derrotado en Gormaz, plaza que recuperaría poco después junto con la de Atienza. Almanzor le venció en Rueda (981) y le arrebató posteriormente Gormaz, Sepúlveda, Osma y Alcobas.

GARCÍA II SÁNCHEZ I (siglo X). Rey de Navarra (925-970). Hijo y sucesor de Sancho I Garcés. Su madre, doña Toda, gobernó durante su minoría de edad. Apresó en el 961 al conde castellano Fernán González, que fue reclamado por el califa de Córdoba. El rey se negó a entregarlo y lo puso en libertad. Derrotado por los musulmanes en el 963, perdió Atienza y Calahorra.

GARCÍA III SÁNCHEZ II (siglos X-XI). Rey de Navarra y Aragón (994-1005), conocido como el Trémulo. Enfrentado a Almanzor en el 999, según las crónicas participó en el 1002 en la victoria de Calatañazor sobre las tropas musulmanas.
Sancho III de Navarra, Castilla y León 13:118b.

GARCÍA IV SÁNCHEZ III (siglo XI). Rey de Navarra (1035-1054), llamado el de Nájera. Hijo primogénito de Sancho III. Reconquistó el reino de manos de su hermanastro Ramiro de Aragón. Vencido por su hermano Fernando, rey de Castilla, murió en la batalla de Atapuerca.
Sancho III de Navarra, Castilla y León 13:119a.

GARCÍA V RAMÍREZ (siglo XII). Rey de Navarra (1134-1150), llamado el Restaurador. Elevado al trono a la muerte de Alfonso I de Aragón. Alfonso VII de Castilla le cedió Zaragoza. Renunció poco después y atacó al rey con ayuda de Alfonso I de Portugal, aunque firmó la paz con él en 1140.

GARCÍA, ALAN (n. en 1949). Político peruano. Presidente de la república de 1985 a 1990.
7:44a; Balaunde Terry, Fernando 2:387b; Perú 11:365a; *ilustración* 7:44a.

GARCÍA, ALEJO (siglo XVI). Conquistador portugués. Acompañó a Juan Díaz de Solís en su expedición al río de la Plata, en 1516. Llegó a los Andes buscando la sierra de la Plata, siendo asesinado por los indígenas.

GARCÍA, CARLOS (siglos XVI-XVII). Escritor español. Se desconocen sus datos biográficos, excepto que vivió exiliado en París. Autor de un estudio sobre las relaciones entre el pueblo francés y el español y una novela picaresca. *Antipatía de los franceses y españoles* (1617), *La desordenada codicia de los bienes ajenos* (1619).

GARCÍA, DANIEL (n. en 1971). Deportista mexicano. Especialista en la prueba atlética de los 20 kilómetros marcha. En 1997 logró el título de campeón del mundo en Atenas.

GARCÍA, FRANCESC VICENT (1582-1625). Sacerdote y poeta español en lengua catalana. Fue doctor en teología y párroco de Vallfogona. Publicada en 1703, su obra poética mostró una clara influencia de la lírica barroca castellana y se caracterizó por su tono satírico y desmitificador, no exento de intención didáctica y moralizante. *Canto a la soledad, Canto del autor en la agonía.* Escribió también la pieza teatral *Comedia de Santa Bárbara.*

GARCÍA, LIZARDO (1842-1937). Político ecuatoriano. Desempeñó los cargos de ministro de hacienda y vicepresidente del senado. Presidente de la república en 1905, fue derrocado ese mismo año. Vivió exiliado en Costa Rica hasta 1911.
Alfaro, Eloy 1:205b.

GARCÍA, MANUEL (1805-1906). Barítono y profesor de canto español, hijo de Manuel del Popolo García. Abandonó el canto para dedicarse a la enseñanza. Fue profesor del conservatorio de París y la Academia Real de Londres.
Canto 3:350b; Otorrinolaringología 11:181a.

GARCÍA, MANUEL DEL POPOLO (1775-1832). Tenor y compositor español. También conocido como Manuel del Popolo Vicente. Gioacchino Rossini compuso para él el papel del conde de Almaviva en *El barbero de Sevilla*. Formó compañía de ópera con su hijo y dos hijas, una de ellas La Malibrán.

GARCÍA, MARÍA FELICIA. V. **Malibrán, La.**

GARCÍA, SERGIO (n. en 1980). Golfista español. Miembro del equipo europeo, se convirtió en 1999 en el participante más joven en la historia de la Copa Ryder. Ese mismo año logró el título en el Masters de Alemania y el segundo puesto en el Open británico.

GARCÍA BACCA, JUAN DAVID (1901-1992). Filósofo venezolano de origen español. Fue profesor de las universidades de Barcelona, Quito, México y Caracas. Su ideal del hombre como ser con potencia transfinita constituyó para él la posibilidad de la filosofía como metafísica. *Metafísica natural, estabilizada y problemática* (1963), *Antropología filosófica* (1982).

GARCÍA BARZANALLANA, MANUEL. V. **Barzanallana, marqués de.**

GARCÍA BELLIDO, ANTONIO (1903-1973). Arqueólogo español. Catedrático de arqueología en la Universidad de Madrid y académico de la historia, colaboró en la segunda edición de *El hombre prehistórico y los orígenes de la humanidad* de Hugo Obermaier y fue autor de importantes trabajos sobre las culturas griega y romana en la península ibérica. *Hispania Graeca* (1948), *Arte romano* (1955), *Las religiones orientales en la España romana* (1967).

GARCÍA-BELLIDO, ANTONIO (n. en 1936). Biólogo español. Investigador del Consejo Superior de Investigaciones Científicas, en el que llegó a ser jefe de la sección de genética del desarrollo. Premio Príncipe de Asturias de investigación científica en 1984.

GARCÍA BERLANGA, LUIS. V. **Berlanga, Luis García.**

GARCÍA BUSTOS, ARTURO (n. en 1926). Grabador y pintor mexicano. Estudió en México y en China. Fue profesor en Guatemala y en México. Presentó obras suyas en exposiciones realizadas en distintos países. Pintó murales en diversas ciudades de su país. Recibió muchos premios por sus grabados y carteles.

GARCÍA CALDERÓN, FRANCISCO (1834-1905). Político peruano. Durante la guerra del Pacífico fue presidente del gobierno provisional, que se había constituido en Magdalena tras la ocupación de Lima por las fuerzas chilenas, en 1881. Se opuso a las condiciones impuestas por Chile para negociar la paz y fue apresado y conducido a ese país.
Pacífico, guerra del 11:197b.

GARCÍA CALDERÓN, FRANCISCO (1883-1953). Escritor peruano. Hijo del político Francisco García Calderón. Representó a su país en la conferencia de paz de 1918 como ministro plenipotenciario. Cosmopolita admirador de Francia, no renegó, sin embargo, de su pasado indígena. Autor de obras demostrativas de su esperanza en una nueva cultura autóctona. *El Perú contemporáneo* (1907), *Las democracias latinas de América* (1912), *El panamericanismo* (1917).

GARCÍA CALDERÓN, VENTURA (1886-1959). Escritor peruano, hermano de Francisco García Calderón. Cultivó la crónica literaria, el ensayo, la poesía y otros géneros. *En la verbena de Madrid* (1920), *Cantilenas* (1920), *La venganza del cóndor* (1924).

GARCÍA CALVO, AGUSTÍN (n. en 1926). Filósofo y escritor español. Reacio a los valores éticos y políticos establecidos, abogó por la libertad interior del individuo. *¿Qué es el estado?* (1977), *Contra la pareja* (1995), *Locura* (1997).

GARCÍA CARRASCO, FRANCISCO ANTONIO (1742-1813). Administrador colonial español. Gobernador de Valparaíso y de Chile (1808-1810), durante su etapa de gobierno tuvo que hacer frente a las repercusiones de la guerra de la independencia española y a las incursiones inglesas. Sus medidas represivas hicieron estallar un motín popular, acaecido el 16 de julio de 1810, que provocó su dimisión.

GARCÍA CATURLA, ALEJANDRO (1906-1940). Compositor cubano. Cursó estudios en la Habana, y en París con Nadia Boulanger. Sus obras estaban fuertemente influidas por el folclor afrocubano, de armonía disonante para su época. Compuso varias obras para piano solo y *Tres danzas cubanas* (1937) para orquesta, entre otras.

GARCÍA CERECEDA, MARTÍN (1521-1545). Soldado y escritor español. Escribió un *Tratado de las campañas de Carlos* V *desde 1521 hasta 1545*, publicado entre 1873 y 1876 por Cruzada Villamil y el marqués de la Fuensante del Valle, que constituye una detallada crónica de la vida militar a mediados del siglo XVI.

GARCÍA DE BENABARRE, PERE (siglo XV). Pintor español. Continuador del taller de Bernardo Martorell desde 1455, sus obras responden al estilo de Jaime Huguet en su período aragonés. Autor de los retablos de san Quirico y santa Julita (museo diocesano de Barcelona), de santa Clara y santa Catalina (catedral de Barcelona) y de Bellcaire (museo de Barcelona y colección Muntada).

GARCÍA DE CASTRO, LOPE (siglo XVI). Administrador colonial español. Ocupó la presidencia de la audiencia de Lima y en 1564 fue nombrado gobernador y capitán general del Perú. Durante su etapa de gobierno se impulsaron diversas medidas sociales con respecto a la población indígena y se creó la audiencia de Quito y la casa de la moneda de Lima.

GARCÍA DE CORTÁZAR, FERNANDO (n. en 1942). Historiador español. Favorable al acercamiento de la historia al público de masas y gran conocedor del pasado del País Vasco, donde nació y desarrolló su labor docente como catedrático. *Diccionario de historia del País Vasco* (1983), *Breve historia de España* (1994), *Las palabras del rey* (1996).

GARCÍA DE ENTERRÍA, EDUARDO (n. en 1923). Jurista español. Una de las figuras del derecho más relevantes de su país, obtuvo en 1984 el Premio Príncipe de Asturias. En 1992 ingresó en la Real Academia de la Lengua.

GARCÍA DE LA HUERTA, VICENTE (1734-1787). Dramaturgo español. Perteneció a la Academia de la Historia y la de San Fernando. Estuvo diez años en prisión por atacar al conde de Aranda en unos versos satíricos. Autor de la tragedia *Raquel* (1775) y defensor de la preceptiva clasicista. *Biblioteca militar española* (1760).

GARCÍA DE LEÓN Y PIZARRO, JOSÉ (1770-1835). Político y diplomático español. Ocupó altos cargos durante el reinado de José Bonaparte y, tras la subida al trono de Fernando VII, fue designado ministro de justicia (1816-1817) y de estado (1817-1818). Su política, de corte liberal y conciliador, provocó su destitución y destierro. Fue autor de unas *Memorias* (1894-1897).

GARCÍA DE LOAIZA. V. **Loaiza, García de.**

GARCÍA DEL RÍO, JUAN (1794-1856). Escritor colombiano. Desterrado a Chile, fundó varias revistas revolucionarias, como *El Telégrafo*, labor que posteriormente continuó en Londres. *Meditaciones colombianas* (1829), *Biografía del general San Martín* (1844).

GARCÍA DE MOGUER, DIEGO (siglo XVI). Navegante español. Remontó el curso del río Paraná en busca de la mítica sierra de la Plata.
7:44b.

GARCÍA DE PAREDES, DIEGO (1466-1530). Militar español. Combatió a los musulmanes en Baeza, Málaga y Granada y fue armado caballero por Fernando el Católico. En Italia sirvió al papa Alejandro VI. Luchó en Nápoles, Canosa, Ceriñola y Garellano a las órdenes del Gran Capitán, Gonzalo Fernández de Córdoba. Escribió una relación de su vida. *Breve suma de la vida y hechos de Diego García de Paredes.*

GARCÍA DE QUEVEDO, JOSÉ HERIBERTO (1819-1871). Poeta venezolano. Colaboró con José Zorrilla en *Un cuento de amores* y *María, ira de Dios* (1849). Autor de poemas, sonetos y otras obras de carácter romántico. *Isabel de Médicis, El amor de una niña.*

GARCÍA DE QUIÑONES, ANDRÉS (siglo XVIII). Arquitecto español. Activo entre 1750 y 1755, trabajó en Salamanca, ciudad para la que construyó las torres y el patio de la clerecía y la fachada del ayuntamiento, en la plaza mayor.

GARCÍA ESCÁMEZ E INIESTA, FRANCISCO (1893-1951). Militar español. Se adhirió al alzamiento militar de 1936 y participó en diferentes frentes durante la guerra civil. Fue gobernador militar de Barcelona (1942) y capitán general de Canarias (1943). Alcanzó, en 1947, el grado de teniente general.

GARCÍA FERNÁNDEZ, SINESIO (1898-1983). Político y escritor español, conocido como Diego Abad de Santillán. Vivió muchos años en la Argentina en donde influyó decisivamente en la Federación Obrera Regional Argentina (FORA). A su vuelta a España, fue delegado de la FAI (Federación Anarquista Ibérica) y consejero económico de la Generalitat Catalana. Director de la revista *Timón*, escribió sobre temas políticos y compiló la *Gran enciclopedia argentina.*

GARCÍA GODOY, FEDERICO (1857-1923). Escritor dominicano. Recreó en sus novelas de base histórica los primeros años de la proclamación de la república en su país. Autor también de crítica literaria. *Rufinito* (1908), *El derrumbe* (1917), *Americanismo literario.*
Dominicana, República 5:229a.

GARCÍA GODOY, HÉCTOR (1921-1970). Político dominicano. Presidente provisional de la república en 1965, trató de mitigar los enfrentamientos partidistas que dieron origen a la guerra civil. El presidente electo, Joaquín Balaguer, lo sustituyó en 1966.

GARCÍA GÓMEZ, EMILIO (1905-1998). Arabista español. Fundador y director durante años de la revista *Al-Ándalus*. Miembro de las reales academias españolas de la historia y de la lengua y, desde 1980, de la Academia Real de Marruecos, se le considera una de las figuras clave en el desarrollo de los estudios arábigos en España. *Las banderas de los campeones* (1942), *Las jarchas romanas de la serie árabe en su marco* (1964), *Árabe en endecasílabos* (1975), *Sevilla en el siglo* XII (1981).

GARCÍA GONZÁLEZ, VICENTE (1833-1886). Militar y patriota cubano. Sublevó su comarca natal (Las Tunas) contra España. Depuso al presidente de la república en armas, Salvador Cisneros Betancourt, y fue nombrado para el cargo en 1877, aunque sólo ocupó la presidencia dos meses. Se expatrió a Venezuela. Murió envenenado.

GARCÍA GOYENA, RAFAEL (1766-1823). Escritor guatemalteco. Introduce la fábula como género en tierra americana. Su estilo literario era neoclásico. *Fábulas y poesías varias* (1825), *Sólo fábulas* (1859).

GARCÍA GRANADOS, MIGUEL (1809-1878). Militar y político guatemalteco. Presidente de la república en 1871, fue derrocado en 1873.
7:44b; Reina Barrios, José María 12:298a.

GARCÍA GUTIÉRREZ, ANTONIO (1813-1884). Dramaturgo español que obtuvo un gran éxito con su obra *El trovador* (1836), en pleno apogeo del drama romántico en España. Escribió también poesías y otros dramas de base histórica. *Venganza catalana* (1864), *Juan Lorenzo* (1865).

GARCÍA HERNÁNDEZ, ÁNGEL (1900-1930). Militar español. Colaboró como segundo jefe, junto al capitán Fermín Galán, en la sublevación antimonárquica de Jaca del 12 y 13 de diciembre de 1930. Fue condenado a muerte y fusilado.

GARCÍA HORTELANO, JUAN (1928-1992). Novelista español. Representante de la novela objetiva o concreta, retrató en sus obras la vida de la sociedad madrileña. *Nuevas amistades* (1959), *Tormenta de verano* (1962), *Gramática parda* (1982).

GARCÍA ICAZBALCETA, JOAQUÍN (1825-1894). Erudito mexicano. Uno de los máximos representantes de la historiografía de su país en el siglo XIX.
7:45a.

GARCÍA ÍÑIGUEZ, CALIXTO (1839-1898). Militar y patriota cubano. Participó activamente en numerosas campañas contra la presencia española en la isla.
7:45a.

GARCÍA LORCA, FEDERICO (1898-1936). Poeta y dramaturgo español. Una de las grandes figuras de las letras españolas.
7:45b; Española, literatura 6:94b; Veintisiete, generación del 14:249b; *cuadro* 7:46b; *ilustraciones* 7:45b; 7:46a; 14:249b.

GARCÍA MANRIQUE, JUAN (m. h. 1414). Prelado y político español. Arcediano de Calatrava, obispo de Orense y Sigüenza y arzobispo de Santiago, actuó como mediador entre Enrique II de Castilla y Fernando I de Portugal, sirvió al rey Juan I y fue tutor de Enrique III. Enemistado con el arzobispo de Toledo, Pedro Tenorio, huyó a Portugal y se puso de parte del rey portugués contra Enrique III.

GARCÍA MÁRQUEZ, GABRIEL (n. en 1928). Escritor colombiano. Autor de cuentos y novelas a menudo enmarcadas en el realismo mágico. Premio Nobel de literatura en 1982, escribió, entre otras, *Cien años de soledad.*
7:46b; Hispanoamericana, literatura 8:14a; Realismo 12:281a; *ilustraciones* 7:47a; 8:14a.

GARCÍA MATAMOROS, ALFONSO (h. 1490-1572). Humanista español. Rector de la Universidad de Alcalá de Henares, fue uno de los representantes del espíritu erasmista en la cultura española del siglo XVI. *De aserenda hispaniorum eruditione.*

GARCÍA MENOCAL, MARIO (1866-1941). General y político cubano. Tuvo una destacada participación en la guerra de independencia. Presidente de la república en 1913, fue reelegido en 1917. Participó en la asamblea constituyente de 1940.

GARCÍA MEROU, MARTÍN (1862-1905). Poeta, novelista, ensayista y crítico argentino. Perteneció a la generación del 80. Se destacó como crítico de sus contemporáneos. Su prosa es impresionista, al gusto de la época, pero apoyada en documentación y análisis riguroso. *Estudios literarios* (1884), *Voces íntimas* (1885).

GARCÍA MEZA, LUIS (n. en 1929). Militar y político boliviano. Comandante en jefe del ejército en 1979, fue luego destituido y repuesto en su cargo. Un golpe de estado en 1980 le dio la presidencia de la república. Obligado a dimitir, se exilió en la Argentina, para ser reclamado y encarcelado en 1986 por la justicia boliviana.
Siles Zuazo, Hernán 13:241a.

GARCÍA MOLINER, FEDERICO (n. en 1930). Físico español. Autor de relevantes trabajos en el campo de la electrodinámica. En 1992 recibió el Premio Príncipe de Asturias de investigación científica. Desarrolló su labor docente en la Universidad Autónoma de Madrid y en el Consejo Superior de Investigaciones Científicas (CSIC).

GARCÍA MONGE, JOAQUÍN (1881-1958). Escritor y pedagogo costarricense. Director de la Escuela Normal de Heredia, de la Biblioteca Nacional y ministro de educación. Fundó la revista *Repertorio Americano.* Se le reconoce una labor intensa de difusión literaria y una preocupación por conseguir la comprensión y acercamiento entre los pueblos americanos.

GARCÍA MONTERO, LUIS (n. en 1958). Escritor español. Aunque también escribió ensayo, destacó por sus aportaciones a la poesía. *El jardín extranjero* (1983), *Habitaciones separadas* (1994) -Premio Nacional de poesía-, *Completamente viernes* (1998).

GARCÍA MORALES, ADELAIDA (n. en 1946). Escritora española. Autora de novelas que destacan por su exposición profunda y emotiva de la realidad. Cursó estudios de filosofía y cine. *El sur* (1985), *La lógica del vampiro* (1990), *Nasmiya* (1996).

GARCÍA MORATO, JOAQUÍN (1904-1939). Aviador militar español. Comandante de las fuerzas nacionales durante la guerra civil española, consiguió dos cruces laureadas de San Fernando. Apenas acabada la guerra, murió en accidente de aviación mientras probaba un avión capturado al ejército republicano.

GARCÍA MORENO, GABRIEL (1821-1875). Político y escritor ecuatoriano. Presidente de la república en 1861 y en 1869. Reelegido en 1875, fue asesinado.
7:47b; Ecuador 5:292b.

GARCÍA MORENTE, MANUEL (1888-1942). Filósofo y escritor español. Influido por el neokantismo alemán, bajo el magisterio de José Ortega y Gasset se orientó a la filosofía de la razón vital. Entre sus elaboraciones personales destacaron la distinción entre proceso y progreso, que le sirvió para la crítica de Hegel y del naturalismo y positivismo, y el intento de superación del realismo e idealismo. *Ensayos sobre el progreso* (1932), *Lecciones preliminares de filosofía* (1937).

GARCÍA MORILLO, ROBERTO (n. en 1911). Compositor y director de orquesta argentino. Crítico musical en la prensa porteña y profesor de composición en el conservatorio de Buenos Aires. *Variaciones olímpicas, Mariana.*

GARCÍA NIETO, JOSÉ (1914-2001). Poeta español. Su estilo derivó desde un clasicismo inicial hacia formas neorrománticas. Premio Cervantes en 1996. *Víspera hacia ti* (1940), *La red* (1955), *Hora undécima* (1963), *Carta a la madre* (1988).

GARCÍA OLIVER, JUAN (1901-1980). Dirigente anarcosindicalista español. Participó activamente en los movimientos anarquistas españoles y fue encarcelado varias veces. Colaboró en la organización de los sindicatos de la Confederación Nacional del Trabajo (CNT). Fue ministro de justicia durante la guerra civil (1937). Vivió en el exilio entre 1939 y 1977.

GARCÍA ORDÓÑEZ (m. en 1108). Conde de Nájera por designación de Alfonso VI de Castilla. Casado con doña Urraca, hermana de Sancho IV de Navarra, acudió a Huesca en apoyo del rey moro de Zaragoza y fueron derrotados por Pedro I de Aragón. Murió en la batalla de Uclés contra los almorávides.

GARCÍA PAVÓN, FRANCISCO (1919-1986). Escritor español. Autor de una serie de relatos policiacos y de humor en torno al agente de policía Plinio, en el pueblo manchego de Tomelloso. Premio Nadal en 1969 por su novela *Las hermanas coloradas. Historias de Plinio* (1968), *El rapto de las sabinas* (1970), *Ya no es ayer* (1975).

GARCÍA PONCE, JUAN (n. en 1932). Escritor mexicano. Ofreció una narrativa urbana preocupada por las relaciones humanas y la psicología de sus personajes.
7:47b.

GARCÍA PRADA, CARLOS (1898-1987). Crítico, poeta y humanista colombiano. De obra intimista y cuidadosa del tema. Su preocupación se centra en los valores americanos. Fue uno de los mayores estudiosos del modernismo. *Teorías estéticas* (1932), *Prosas y versos de José Asunción Silva* (1942), *Ecos y sombras* (1953).
López, Luis Carlos 9:217a.

GARCÍA PRIETO, MANUEL (1859-1938). Jurisconsulto y político español. Marqués de Alhucemas, grande de España y senador vitalicio, perteneció al Partido Liberal y fue diputado y ministro de la gobernación (1906), de gracia y justicia (1906) y de estado (1910). Fue nombrado jefe del sector demócrata del Partido Liberal en 1912 y presidente del consejo de ministros en 1918 y en 1923. En el último gobierno monárquico, presidido por Juan Bautista Aznar, se hizo cargo del Ministerio de Gracia y Justicia.

GARCÍA QUEJIDO, ANTONIO (1856-1927). Dirigente obrero español. Intervino en 1879 en la fundación del Partido Socialista Obrero Español (PSOE) y en 1888 en la de la Unión General de Trabajadores (UGT). Perteneciente al ala radical del Partido Socialista, participó en 1921 en la escisión del mismo y en la formación del Partido Comunista de España (PCE), aunque regresó posteriormente a las filas del PSOE.

GARCÍA RAMOS, JOSÉ (1852-1912). Pintor español. Alumno en Sevilla de Eduardo Cano y José Giménez Aranda, estudió en Francia e Italia. Se especializó en obras de temática costumbrista andaluza. «Pelando la pava», «El contrabandista», «Mañana de invierno en el puente de Triana».

GARCÍA RIERA, EMILIO (n. en 1932). Crítico e historiador de cine hispano-mexicano. Siendo niño, su familia se exilió en México al terminar la guerra civil española. Fue investigador en distintas instituciones, incluyendo la Universidad de Guadalajara. Escribió guiones cinematográficos y ejerció la crítica de cine en numerosas publicaciones mexicanas. Autor de una extensa *Historia documental del cine mexicano* (1969-1978).

GARCÍA ROBLES, ALFONSO (1911-1991). Diplomático y jurista mexicano. Recibió el Premio Nobel de la paz en 1982, junto con Alva Myrdal, por su labor contra el armamentismo.
7:48a; *ilustración* 7:48a.

GARCÍA ROVIRA, CUSTODIO (1780-1816). Patriota colombiano. Presidente de la república en 1816, murió fusilado por el ejército realista.
7:48a; Rodríguez Torices, Manuel 12:408b.

GARCÍA RUIZ, EUGENIO (1819-1889). Político español. Defensor de las ideas republicanas, fue diputado en las Cortes de 1854 y, tras el golpe de estado del general Manuel Pavía, ocupó en 1874 la cartera de gobernación en el gobierno de Francisco Serrano. Fundador del diario *El Pueblo. Historias* (1878).

GARCÍA SABELL, DOMINGO (n. en 1909). Escritor español. Autor de obras de ensayo, escritas principalmente en lengua gallega, sobre diversos campos científicos. Fue director de la Real Academia Gallega entre 1978 y 1981 y desarrolló una importante labor en el campo de la investigación médica psicosomática. *Notas para una antropología del hombre gallego* (1966), *Roberto Novoa Santos* (1981).

GARCÍA SALINAS, FRANCISCO (1786-1841). Político mexicano. Diputado del primer congreso general, tras la independencia, fue gobernador de Zacatecas. Fomentó la explotación de las minas y estableció la obligatoriedad de la enseñanza.

GARCIASOL, RAMÓN DE (1913-1994). Miguel Alonso Calvo, poeta, ensayista y crítico español. Manifestó en sus obras un profundo sentido religioso y la búsqueda de la solidaridad humana. *Defensa del hombre* (1950), *Poemas de andar España* (1962), *Libro de Tobías* (1976).

GARCÍA TASSARA, GABRIEL (1817-1875). Poeta español. Traductor de Virgilio y Shakespeare, se incorporó al movimiento romántico, aunque mantuvo en sus composiciones un fondo clásico. De su obra poética, publicada en 1872, son notables el *Himno al Mesías* y las odas *A la traslación de los restos de Napoleón* y *A Dante.*

GARCÍA TERRES, JAIME (1924-1996). Ensayista y poeta mexicano. Trabajó en numerosos organismos oficiales relacionados con la cultura de su país. *Panorama de la crítica literaria de México* (1941), *Los reinos combatientes* (1961), *Corre la voz* (1980).

GARCÍA VELLOSO, ENRIQUE (1880-1938). Dramaturgo y crítico argentino. Autor teatral de vasta producción. Incursionó en todos los géneros. Su obra más famosa, *Mamá Culepina* (1916), estaba ambientada en la conquista del desierto.

GARCÍA Y GONZÁLEZ, VICENTE. V. **García González, Vicente.**

GARCÍA Y SARMIENTO, FÉLIX RUBÉN. V. **Darío, Rubén.**

GARCI-FERNÁNDEZ (938-995). Conde de Castilla, llamado el de las Manos Blancas. Hijo de Fernán González. Primero de los condes hereditarios de Castilla. Se enfrentó a Almanzor y resultó herido en la batalla de Osma. Murió en Córdoba.

GARCILASO DE LA VEGA (h. 1503-1536). Poeta español. Una de las figuras cumbres del Renacimiento y la lírica de España.
7:48b; Boscán, Juan 3:118a; Española, literatura 6:90a; Siglo de Oro español 13:238b; *ilustración* 7:48b.

GARCILASO DE LA VEGA, EL INCA (1539-1616). Humanista peruano. Autor de obras de carácter histórico sobre el Nuevo Mundo.
7:49a; Hispanoamericana, literatura 8:4a; *ilustración* 7:49b.

GARCILASO DE LA VEGA Y VARGAS, SEBASTIÁN (m. en 1559). Militar español. Participó en la conquista de México a las órdenes de Hernán Cortés y, en 1534, pasó a formar parte de la campaña expedicionaria al Perú dirigida por Pedro de Alvarado. Combatió al lado de Francisco Pizarro en sus luchas con Diego de Almagro y se enfrentó al virrey del Perú, a cuyo bando finalmente se unió, por lo que fue nombrado intendente de justicia y gobernador de Cusco. Fue padre del Inca Garcilaso de la Vega, fruto de su matrimonio con una princesa inca.

GARDA, LAGO. Lago de Italia, el más extenso del país, entre Lombardía, Véneto y Trentino-Alto Adigio. También llamado Benaco. Situado a una altitud de 65 m, cubre 370 km^2, con una longitud de 54 km y una anchura de 3 a 17 km.
Lombardía 9:208a.

GARDEL, CARLOS (1890-1935). Cantante, compositor y actor argentino, nacido en Toulouse (Francia). El más destacado intérprete del tango porteño.
7:49b; Tango 13:396b; *ilustración* 7:49b.

GARDEN, MARY (1874-1967). Soprano británica. Estudió en Chicago y París. Debutó con la ópera *Louise,* de Gustave Charpentier. Claude Debussy la eligió para estrenar *Peleas y Melisanda* (1902). Una de sus más celebradas interpretaciones fue la *Salomé* de Richard Strauss.

GARDENIA. Planta de porte arbustivo de la familia de las rubiáceas (*Gardenia jasminoides*).
7:50a; *ilustración* 7:50a.

GARDINER, STEPHEN (h. 1482-1555). Religioso y estadista inglés. Nombrado obispo de Winchester en 1531, fue uno de los máximos exponentes del conservadurismo en la Reforma inglesa.

GARDNER, ALEXANDER (1821-1882). Fotógrafo británico. Aprendió la técnica del colodión y trabajó en los Estados Unidos con Mathew B. Brady. Rota esta unión profesional, trabajó por sí solo en diferentes frentes de la guerra civil estadounidense, lo que le sirvió para publicar *Bocetos fotográficos de la guerra realizados por Gardner* (1866).

GARDNER, AVA (1922-1990). Actriz cinematográfica estadounidense. *Las nieves del Kilimanjaro* (1952), *La condesa descalza* (1954), *La noche de la iguana* (1964), *El juez de la horca* (1972).

GARDNER, ERLE STANLEY (1889-1970). Novelista estadounidense. Creador del famoso personaje del abogado Perry Mason. Autor de casi un centenar de títulos. *El caso del canario cojo, Donald Lam detective.*

GARELLANO, BATALLA DE. Enfrentamiento de las tropas de Fernando el Católico con las francesas de Luis XII en diciembre de 1503. La victoria puso en manos de España el reino de Sicilia. Mandaba el ejército vencedor el Gran Capitán, Gonzalo Fernández de Córdoba.

GARFIAS, PEDRO (1901-1967). Poeta español de la generación del 27. Fundador de la revista *Horizonte,* de carácter vanguardista. Premio Nacional de literatura en 1938 por *Poesías de la guerra.* Obligado a exiliarse, murió en México. *Río de aguas amargas* (1953), *De soledad y otros poemas* (1971).

GARFIELD, JAMES A. (1831-1881). Político estadounidense, presidente en 1881. Participó en la guerra civil. Electo al Congreso en 1864 y al Senado en 1880, alcanzó la presidencia postulado por el Partido Republicano. Murió como consecuencia de un atentado seis meses después de asumir el cargo.

GARGALLO, PABLO (1881-1934). Escultor español. Reformador del tratamiento dado a la escultura figurativa durante el primer tercio del siglo XX.
7:50a; *ilustración* 7:50b.

GARGANTÚA Y PANTAGRUEL. Personajes de dos novelas del escritor francés François Rabelais, generalmente integradas en una sola obra que comprende cinco volúmenes publicados entre los años 1532 y 1564. Gargantúa es un gigante bonachón; Pantagruel, su hijo, es más ingenioso y atrevido.
Rabelais, François 12:236b.

GARIBALDI, GIUSEPPE (1807-1882). Patriota italiano, artífice de la unificación e independencia de Italia.
7:50b; Italia 8:310b; Mazzini, Giuseppe 10:10a; Risorgimento 12:383b; Sicilia 13:231a; Suárez, Joaquín 13:327b; Víctor Manuel II de Italia 14:298a; *cuadro* 7:51a; *ilustración* 7:51b.

GARIBAY, ANGEL MARÍA (1892-1967). Escritor y humanista mexicano. Premio Nacional de literatura en 1965. Tradujo a los clásicos griegos y la *Biblia* hebrea y se dedicó con notable éxito al estudio de la literatura precolombina. *La poesía lírica azteca* (1937), *Historia de la literatura náhualt* (1953-1954), *La literatura de los aztecas* (1964).

GARIBAY, ESTEBAN DE (1533-1599). Historiador español. Fue bibliotecario y cronista desde 1592 de Felipe II. Autor de diversas obras históricas, en 1571 publicó su *Compendio historial de las crónicas y universal historia de todos los reinos de España,* que abarcaba desde los tiempos primitivos hasta el principio del siglo XVI.

GARIBAY, RICARDO (1923-1999). Escritor mexicano. Autor de novelas y ensayos, su producción se caracterizó por su realismo y por la investigación de nuevas técnicas narrativas. *Mazamitla* (1955), *La casa que arde de noche* (1971), *Par de reyes* (1983).

GARIN DE MONGLANE. Nombre del protagonista de tres cantares de gesta (*Las mocedades de Garin, Garin de Monglane* y *Gesta de Monglane*), fechados entre finales del siglo XIII y principios del XIV y de autoría desconocida. En ellos se glorifican las hazañas militares de Garin de Monglane y sus descendientes, entre los que figura Guillermo de Orange, en su lucha contra los sarracenos.

GARLAND. Ciudad de los Estados Unidos en el est. de Texas, en las inmediaciones de Dallas. Universidad. Equipos electrónicos, instrumentos científicos, productos químicos. Agricultura. 193.408 hab. (1998).

GARLAND, JUDY (1922-1969). Frances Gumm, actriz, cantante y bailarina estadounidense. Fue estrella de cine musical para la compañía Metro Goldwin Mayer. Obtuvo gran éxito con *El mago de Oz* (1939), de Victor Fleming. *Los hijos de la farándula* (1939), *Armonías de juventud* (1940), *Ha nacido una estrella* (1954).

GARMENDIA, SALVADOR (n. en 1924). Escritor venezolano. Colaborador del grupo Sardio y fundador del grupo El Techo de la Ballena, en sus cuentos y novelas describió la vida cotidiana en las grandes ciudades. Premio Nacional de literatura en 1973. *Los pequeños seres* (1959), *Día de ceniza* (1963), *Difuntos extraños y volátiles* (1970).

GARMISCH-PARTENKIRCHEN. Ciudad de Alemania, est. de Baviera, al pie del Zugspitze (2.963 m). Sede de los Juegos Olímpicos de invierno de 1936. Principal centro turístico de los Alpes bávaros. Mercado regional. 28.114 hab. (1983).

GARNATI, ABÚ HAMID AL- (1080-1169). Viajero hispanoárabe. Visitó las principales ciudades musulmanas, desde el norte de África hasta Rusia y Hungría, y plasmó sus experiencias en las obras *Libro de lo extraordinario sobre distintas maravillas del Magreb* y *Regalo de los corazones y selección de maravillas,* documentos de inestimable valor por los dibujos y observaciones geográficas y antropológicas que contienen.

GARNELO Y ALDA, JOSÉ (1866-1944). Pintor y crítico de arte español. Director de la Escuela Especial de Pintura, Escultura y Grabado de Madrid y subdirector del Museo del Prado. Escribió *El diapasón del claroscuro, Análisis crítico del cuadro, El entierro del conde de Orgaz.* A él se debe la decoración del techo de la iglesia de San Francisco el Grande de Madrid. Entre sus cuadros destacan «Muerte de Lucano», «La sacerdotisa de Elche», «El centauro Neso» y «Anacoreta».

GARNIER, CHARLES (1825-1898). Arquitecto francés. Del estilo imperio de la época de Napoleón III pasó a un historicismo eclecticista, del que fue ejemplo su obra fundamental, la Ópera de París (1862-1875). También construyó el teatro del casino de Montecarlo (1878).

GARNIER, ROBERT (h. 1545-1590). Poeta trágico francés. Desempeñó diversos cargos en la administración real y fue autor de tragedias en las que expresaba sus ideas morales y religiosas a partir de la utilización de temas clásicos. *Marco Antonio* (1578), *Antígona* (1580), *Bradamante* (1582), *Los judíos* (1583).

GARNIER, TONY (1869-1948). Arquitecto francés. A principios del siglo XX elaboró un proyecto urbanístico, la *Cité Industrielle,* en el que presentaba una concepción abierta y funcional del espacio, totalmente revolucionaria. Pionero, junto con Auguste Perret, en la utilización del hormigón armado. Fue arquitecto de la ciudad de Lyon entre 1905 y 1919.

GAROFALO, RAFFAELE (1851-1934). Criminalista italiano. Fundador, junto con Cesare Lombroso y Enrico Ferri, de la escuela positivista del derecho penal. *Criminología* (1885).

GARONA, RÍO. Curso fluvial de Francia. Nace en los Pirineos centrales españoles, en el macizo de la Maladeta. Desemboca en el Atlántico tras recorrer 575 km.
7:51b; Francia 6:385b; *ilustración* 7:52a.

GARRAF, MACIZO DE. Macizo español perteneciente a las cordilleras Costeras Catalanas, delimitado por la desembocadura del Llobregat al nordeste y la depresión del Penedés al noroeste. Formado por calizas cretácicas presenta una característica morfología cársica. Alcanza su máxima altura en el Montaut (633 m).

GARRAPATA. Arácnido ácaro de la familia de los ixódidos. Diversos géneros y especies (*Ixodes, Boophilus, Dermacenter,* etc.).
7:52a; Parasitología 11:280a; *ilustración* 7:52a.

GARRASTAZÚ MÉDICI, EMÍLIO. V. **Médici, Emílio Garrastazú.**

GARRETT, ALMEIDA (1799-1854). João Baptista da Silva Leitão, dramaturgo, novelista y poeta portugués. La figura cumbre del romanticismo de su país.
7:52b; Portuguesa, literatura 12:102b.

GARRICK, DAVID (1717-1779). Actor, director y dramaturgo británico. Cambió el tono declamatorio por la naturalidad en la interpretación. Escribió y adaptó también algunas comedias. *Leteo* (1740), *El criado mentiroso* (1740), *La señorita que no ha cumplido los 20* (1747).
Actor y actuación 1:41b.

GARRIDO, CELSO (n. en 1926). Compositor peruano. Se formó en Perú y en la Universidad de Chile. Autor de obras con raíces étnicas, que exponen con originalidad técnicas musicales propias de su país. *Elegía a Machu Picchu, Apu Inca Atahualpaman.*

GARRIDO, LUIS (1898-1973). Jurista y escritor mexicano. Abogado por la Escuela Nacional de Jurisprudencia, fue director de la Escuela de Derecho, presidente del Tribunal Superior de Justicia del estado de Michoacán, miembro de la comisión redactora del Código Penal del Distrito y Territorios Federales de 1931. Ocupó la rectoría de la Universidad Nacional Autónoma de México. Autor de numerosos ensayos.

GARRIDO CANABAL, TOMÁS (1890-1943). Político mexicano. Abogado de profesión, fue gobernador del est. de Tabasco (1923-1926, 1931-1934). Con sus «camisas rojas» impuso una política de terror anticlerical. Secretario de agricultura (1934-1935) bajo Lázaro Cárdenas.

GARRIDO Y TORTOSA, FERNANDO (1821-1883). Escritor y político español. Introductor de las ideas socialistas en España. Fundó periódicos de corta duración y fue perseguido, encarcelado y desterrado. Al establecerse la primera república, fue nombrado intendente general en las Filipinas. *Historia de las persecuciones políticas y religiosas* (1863-1866), *Historia de las asociaciones obreras* (1864), *Historia del reinado del último Borbón de España* (1868-1869).

GARRINCHA (1933-1983). Manuel Francisco dos Santos, futbolista brasileño. Uno de los mejores extremos derechos en la historia del fútbol. Internacional 41 veces y campeón del mundo en dos ocasiones (1958 y 1962). Jugó veinte años en el Botafogo de Río de Janeiro.

GARRO, ELENA (n. en 1920). Escritora mexicana. Autora de teatro y novela, esposa del también escritor Octavio Paz. Sus obras constituyen una crítica a las posturas conservadoras, a la vez que enfatizan el valor de los sentimientos humanos. *Un hogar sólido* (1958), *Los recuerdos del porvenir* (1963), *Un corazón en un bote de basura* (1996).

GARRO, JOSÉ DE (1623-1702). Militar español. Luchó en Cataluña y Portugal. Fue gobernador de Tucumán (1674-1678) y Buenos Aires (1678-1682) y peleó contra los portugueses, quienes se habían adueñado de Sacramento. En 1682 fue nombrado gobernador de Chile, donde emprendió una política de pacificación de los araucanos y llevó a cabo la fortificación de Valparaíso. Posteriormente desempeñó los cargos de gobernador de Gibraltar (1693-1701) y de capitán general del País Vasco (1701-1702).

GARROS, ROLAND (1888-1918). Piloto francés. Realizó la primera travesía del Mediterráneo en avión, en 1913, y desarrolló el procedimiento de tiro a través de la hélice. Murió en combate aéreo durante la primera guerra mundial. Se dio su nombre al estadio de tenis en que se efectúa el Torneo Abierto de Francia.

GARSHIN, VISIÉVOLOD MIJÁILOVICH (1855-1888). Escritor ruso. Destacado representante de la narración corta, género que gozó de enorme popularidad en el panorama literario ruso de finales del siglo XIX. Reflejó en sus relatos, caracterizados por una visión melancólica y atormentada del mundo, las experiencias vividas en la guerra ruso-turca de 1877. Aquejado de una grave enfermedad nerviosa se suicidó. *Cuatro días* (1877), *La flor roja* (1883).

GARSTANG, JOHN (1876-1956). Arqueólogo británico. Realizó importantes aportaciones al estudio de la prehistoria y la historia antigua de Asia menor y Palestina. Descubrió los archivos reales hititas y excavó las ruinas de Jericó. *La tierra de los hititas* (1910). *Mersina prehistórica* (1953).

GARY. Ciudad y puerto interior de los Estados Unidos en el est. de Indiana, a orillas del lago Michigan. Universidad. Siderurgia, industrias diversas. 108.469 hab. (1998).

GARY, ROMAIN (1914-1980). Romain Kacew, escritor francés de origen lituano. Autor de novelas, obras teatrales y ensayos teñidos de fino humor y gran fuerza dramática. Premio Goncourt en 1956 con *Las raíces del cielo* y en 1975 con *La vida ante él. La educación europea* (1945), *La comedia americana* (1966-1970), *Los payasos líricos* (1979).

GARZA. Ave ciconiforme de la familia de las ardeidas y del género *Ardea*.
7:53a; Migraciones animales 10:157a; *ilustración* 7:53a.

GARZA, LORENZO (1909-1978). Matador de toros mexicano. Discípulo de Samuel Solís recibió la alternativa en 1933. Fue famoso en México y España por su gran valor y temperamento. Se retiró en 1948.

GARZA SADA, FAMILIA. Familia de industriales mexicanos radicados en la ciudad de Monterrey, estado de Nuevo León. Destacaron en ella los hermanos Eugenio (1892-1973) y Roberto (1895-1980), quienes heredaron la cervecería Cuahtémoc y, con base en la misma, formaron el consorcio empresarial Grupo Monterrey. Participaron en la fundación de la Universidad de Monterrey y del Instituto Tecnológico de dicha ciudad.

GARZÓN, EUGENIO JOSÉ (1796-1851). General uruguayo. Participó en las luchas de independencia. Ministro del gobierno provisional de 1828, intervino en varios movimientos revolucionarios. Exiliado en la Argentina, se unió al ejército de Juan Manuel de Rosas. Electo presidente de su país, falleció sin ocupar el cargo.

GAS (FÍSICA). Cuerpo que a la temperatura ordinaria tiene la propiedad de expanderse indefinidamente.
Amoniaco 1:308a; Gaseoso, estado 7:55a; Hidrógeno 7:397b; Neón 10:377b; Nitrógeno 10:422a; Oxígeno 11:190b; Plástico 12:25a; Ramsay, *Sir* William 12:259a.

GAS (TECNOLOGÍA). Combustible natural o extraído del petróleo y otros materiales, empleado en máquinas y vehículos.
7:53b; Combustible 4:290b; Energía 5:411b; Petróleo y derivados 11:382b; *cuadros* 7:54a; *ilustración* 7:54a.

GASA. Tejido ligero y transparente formado por hilos de urdimbre, fijos y de vuelta. Muy utilizado en la práctica médica.

GASANÍES. Pueblo árabe y dinastía de príncipes que reinaron en Siria y Palestina desde el imperio romano.
Islam, historia del 8:283a.

GASCA, PEDRO DE LA (1494-1567). Presidente de la audiencia de Lima que sería conocido por su labor pacificadora en los territorios ocupados por la corona española en el Perú.
7:54b; Perú, Virreinato del 11:368a; Pizarro, Gonzalo 12:11b; *ilustración* 7:55a.

GASCOIGNE, GEORGE (h. 1525-1577). Poeta y escritor satírico inglés. Escribió la primera comedia inglesa en prosa, *Los supuestos* (h. 1566), adaptación de la obra de Ariosto, y la primera sátira en verso libre, *El espejo de acero* (1576). Luchó con las tropas de Guillermo de Orange y narró sus aventuras y apresamiento por los españoles en *Los frutos de la guerra* y *Viaje de Gascoigne a Holanda* (1575). *Cien flores o ramillete de poemas* (1573).

GASCÓN Y MARÍN, JOSÉ (1875-1962). Jurisconsulto y político español. Profesor de derecho administrativo en las universidades de Madrid, Zaragoza y Sevilla, fue diputado y ministro de instrucción pública en 1931. *Tratado de derecho administrativo* (1917-1922). *Nociones de derecho político* (1909).

GASCOYNE, DAVID (n. en 1916). Poeta británico. Influido por el movimiento surrealista de la década de 1930, participó estéticamente en esta corriente artística hasta finales de dicha década. Posteriormente cultivó una poesía más personal con connotaciones religiosas. *Una breve ojeada al surrealismo* (1935), *Colección de poemas* (1965).

GASCUÑA. Región histórica de Francia a orillas del océano Atlántico, en el golfo de Vizcaya. Comprende los dep. de Landas, Gers y Altos Pirineos completos y partes de otros, en la vertiente norte de los Pirineos. Limítrofe con España.

GAS DE CARBÓN. Producto gaseoso obtenido por calentamiento o coquización de carbón bituminoso. Se usa para quemadores industriales y domésticos y se denomina también gas de hulla.

GASEOSO, ESTADO. Fase de agregación de la materia en que son muy débiles las fuerzas de cohesión existentes entre las moléculas, las cuales se mueven libremente sin interacciones mutuas.
7:55a; Agua 1:119a; Física 6:312b; Líquido, estado 9:175b; Mecánica de fluidos 10:16b; Presión 12:132a; *ilustración* 7:55b.

GASES, MECÁNICA DE. Rama de la mecánica que estudia las propiedades de los gases desde un punto de vista macroscópico.

GASES, TEORÍA CINÉTICA DE. Disciplina de la termodinámica y la química que estudia los aspectos del movimiento y la energía cinética asociados a las moléculas que integran las sustancias gaseosas.

GASES NOBLES. Grupo de elementos químicos dotados de una acusada inercia química derivada de su gran estabilidad estructural. Incluye al helio, el neón, el argón, el kriptón, el xenón y el radón.
Elemento 5:377b; Ramsay, *Sir* William 12:259a.

GAS HILARANTE. Denominación aplicada al óxido nitroso por su propiedad de provocar hilaridad cuando se respira. Gas incoloro y ligeramente dulce, que licúa fácilmente. Muy oxidante.
Davy, Humphry 5:104b.

GAS IDEAL. Modelo teórico de sustancia en estado gaseoso en la que las fuerzas existentes entre las moléculas que lo componen es nula y el volumen de las mismas es muy reducido en relación con el volumen total del gas.
Gaseoso, estado 7:56a.

GASKELL, ELIZABETH CLEGHORN (1810-1865). Escritora británica. Su primera novela, *Mary Barton, un cuento de la vida en Manchester* (1848), le valió la amistad de Charles Dickens y la posibilidad de colaborar en su revista (*Household Words*). En su obra maestra, *Cranford* (1853), describió con humor la vida provinciana inglesa. Escribió en 1857 una biografía de su amiga íntima, Charlotte Brontë. *Ruth* (1853), *Norte y sur* (1855), *Los amantes de Silvia* (1863).

GAS LACRIMÓGENO. Sustancia gaseosa que produce intensa irritación en los ojos y lacrimales, junto con síntomas de asfixia. Es empleado por los cuerpos de seguridad.

GAS NATURAL. Mezcla gaseosa de hidrocarburos que se extrae de la corteza terrestre, solo o en combinación con petróleo. El metano forma su elemento constituyente básico, con cantidades de etano, butano, propano e hidrocarburos superiores.
Gas 7:53b; Hidrocarburos 7:394a; Petróleo y derivados 11:382a; Rusia 13:57a.

GASÓGENO. Aparato para producir gases combustibles a partir de productos sólidos o líquidos. De uso generalizado en la industria.

GASÓLEO. Producto derivado del petróleo utilizado como combustible y como disolvente. En algunos países de habla española se designa con el término inglés *gasoil*.
Petróleo y derivados 11:382b.

GASOLINA. Combustible obtenido del petróleo. Se emplea, sobre todo, para los motores de explosión de automóviles y otros vehículos.
Automóvil 2:241a; Petróleo y derivados 11:382a.

GASOMETRÍA. Método utilizado en química analítica para valorar el volumen de gas producido en una reacción. Para ello se utiliza el instrumento conocido como gasómetro.
Análisis químico 1:320b.

GASÓMETRO. Tanque empleado en la industria del gas para almacenar grandes volúmenes de éste a presión constante. También, instrumento utilizado en análisis químicos cuantitativos para valorar volúmenes de gas.

GASPAR. Según la tradición cristiana, nombre de uno de los tres magos, que acudieron desde oriente a Belén para adorar al recién nacido Jesús de Nazaret.

GASPAR, ANTONIO (h. 1521-1583). Escritor maya novohispano nacido en Maní, Yucatán, cuyo verdadero nombre era Hchi Xiú. Aprendió español y latín y fue intérprete real. *Relación histórica sobre las costumbres de los indios, Vocabulario de la lengua maya* y *Relación de Mérida,* con Martín de Palomar.

GASPAR, ENRIQUE (1842-1902). Comediógrafo español. Fue cónsul de España en Macao, Atenas, Cantón y Hong-Kong. Su amplia producción dramática, compuesta por sainetes, comedias, zarzuelas y dramas, evolucionó desde el tono satírico y costumbrista de sus primeras obras (*Corregir al que yerra,* 1860) hacia un teatro de crítica social, de claro influjo ibseniano (*El estómago,* 1874; *Las personas decentes,* 1890).

GASPERI, ALCIDE DE (1881-1954). Político italiano. Como miembro del parlamento austriaco, defendió los derechos italianos de los territorios dominados por Austria. Fue jefe de gobierno, por el Partido Demócrata Cristiano, llegando a constituir ocho gabinetes.

GASSENDI, PIERRE (1592-1655). Matemático, físico y filósofo francés que estudió, entre otros temas, la teoría atómica y su aplicación a la presión de los gases y la naturaleza corpuscular de la luz.

GASSER, HERBERT SPENCER (1888-1963). Fisiólogo estadounidense. Recibió el Premio Nobel de medicina en 1944, junto con Joseph Erlanger, por sus trabajos sobre la diferenciación funcional de las fibras nerviosas.

GASSET Y ARTIME, EDUARDO (1832-1884). Periodista y político español. Diputado en 1858 y ministro de ultramar en 1872 fundó, en 1867, el periódico *El Imparcial,* órgano del Partido Liberal.

GASSET Y CHINCHILLA, RAFAEL (1866-1927). Periodista y político español, hijo de Eduardo Gasset y Artime, a quien sucedió al frente del diario *El Imparcial.* Electo diputado a Cortes en 1891, ocupó las carteras de agricultura, obras públicas y fomento en distintos gobiernos. Su gestión ministerial estuvo dirigida a la consecución de una ley de reforma agraria y al desarrollo de un ambicioso programa de obras públicas.

GASSMANN, VITTORIO (1922-2000). Actor italiano. Uno de los más relevantes exponentes de la interpretación teatral y cinematográfica de su época. *Arroz amargo* (1949), *Ana* (1951), *Rufufú* (1958), *La familia* (1987).

GASSOL, BONAVENTURA (1894-1980). Político y poeta español en lengua catalana. Militante del partido Estat Catalá, dirigido por Francesc Macià, durante la segunda república fue consejero de cultura del gobierno de la Generalitat (1931-1934 y 1936). Publicó varios libros de poesía y poemas dramáticos. *La nave* (1920), *La Dolorosa* (1928), *Poemas* (1934).

GASTAÑAGA, MARQUÉS DE (siglo XVII). Francisco Antonio de Agurto, administrador y militar español. Gobernador en Flandes (1685-1692) y virrey de Cataluña (1694-1696), tuvo que hacer frente durante su etapa de gobierno a la invasión francesa de 1689 de los Países Bajos y a la ocupación de los territorios catalanes por los ejércitos franceses, quienes lo derrotaron en 1696 junto al río Tordera.

GASTERÓPODOS. Clase de moluscos con cabeza provista de tentáculos y ojos, pie ventral y manto indiviso, que en su mayoría segregan una concha, de ordinario en forma helicoidal. Incluye, entre otros, a los caracoles terrestres y marinos y a las babosas.
Caracol 3:368b; Moluscos 10:219a; Pulmón 12:206b.

GASTÓN I DE FOIX (1289-1315). Señor feudal francés. En 1303 heredó de su padre, Roger Bernat III, los títulos de conde de Foix vizconde de Béarn y de Castellbó. Se enfrentó a Jaime II de Aragón y apoyó al rey francés Luis X. Repartió sus territorios entre sus hijos.

GASTÓN II DE FOIX (1308-1343). Señor feudal francés. Conde de Foix, ocupó el condado en 1315 a la muerte de su padre, Gastón I de Foix. Colaboró con el rey castellano Alfonso XI en las luchas contra los musulmanes y apoyó al rey francés Felipe VI, de quien obtuvo la senescalía de Tolosa.

GASTÓN III DE FOIX (1331-1391). Señor feudal francés. Gobernó el condado de Foix, desde la muerte de su padre, Gastón II de Foix. Apoyó inicialmente al rey francés Felipe VI y se enfrentó y apresó a Juan I de Armagnac. Fue nombrado por Carlos V de Francia lugarteniente de Languedoc.

GASTÓN IV DE FOIX (1425-1472). Señor feudal francés. Conde de Foix y vizconde de Castellbó, gobernó dichos estados desde 1436. Fue nombrado en 1455 gobernador de Navarra por orden de su suegro, Juan II de Aragón, y en 1458 recibió el título de conde en recompensa por los servicios prestados al rey francés Carlos VII. Perdió el apoyo de la corte francesa al aliarse con el duque borgoñés Carlos el Temerario.

GASTO PÚBLICO. Conjunto de pagos que lleva a cabo el estado para satisfacer las necesidades colectivas a su cargo (seguridad social, educación, justicia, defensa, etc.). El gasto público se ha utilizado como instrumento anticíclico, aumentando su monto en fases depresivas de la economía para estimular la inversión por parte de la iniciativa privada.
Finanzas públicas 6:301a.

GASTRITIS. Inflamación, aguda o crónica, de la mucosa del estómago. Se manifiesta por náuseas, vómitos, dispepsia, ardores de estómago, dolores epigástricos, etc. El tratamiento es medicamentoso o quirúrgico, según los casos.
Estómago 6:159a; Gastroenterología 7:59a; Úlcera 14:174a.

GASTROENTERITIS. Inflamación simultánea de las mucosas del estómago y el intestino. Suele ser de origen infeccioso y se manifiesta por dolores abdominales, náuseas, vómitos y diarrea.

GASTROENTEROLOGÍA. Especialidad médica que se ocupa del estudio y tratamiento de las enfermedades del sistema digestivo.
7:57a; Cirrosis 4:208b; Digestivo, aparato 5:185b; Hepatitis 7:360b; Intestino 8:243b; Úlcera 14:174a; *cuadro* 7:58; *ilustraciones* 7:57a-b; 7:58a; 7:59b.

GASTRONOMÍA. Arte de seleccionar, preparar, servir y disfrutar de los alimentos.
7:60a; *ilustraciones* 7:60a; 7:61b.

GASTROTRICOS. Grupo de animales invertebrados metazoos microscópicos que se consideran emparentados con los asquelmintos. Tienen cutícula y presentan aspecto vermiforme.
Gusanos 7:296a.

GÁSTRULA. Estadio embrionario animal que sigue al de blástula formado por dos o tres capas de células.
Embriología 5:388a.

GASTRULACIÓN. Etapa en el proceso de crecimiento del embrión animal por el que se pasa del estado de blástula al de gástrula. En el mismo se forman las tres capas celulares fundamentales, desaparece el blastocele y se forma el arquenterón.
Embriología 5:388a.

GASULLA, BARRANCO DE LA. Conjunto de acantilados situados en la localidad española de Ares del Maestre, provincia de Castellón, Comunidad Valenciana, que albergan una importante muestra de arte rupestre levantino. Presenta figuras de animales y escenas de caza con arqueros, caracterizadas por su acusado sentido del movimiento y gran realismo. Data del neolítico.

GATA, SIERRA DE. Sistema montañoso español en los límites de las prov. de Salamanca y Cáceres que, en dirección sudoeste-nordeste, se extiende a lo largo de la vertiente occidental de la cordillera Central. Alcanza su máxima altitud en la Peña de Francia (1.723 m).

GATES, BILL (n. en 1955). Empresario estadounidense. Fundador y presidente de la empresa Microsoft Corporation, puntera en el sector de las aplicaciones informáticas.
7:62a; *ilustración* 7:62a.

GATES, HORATIO (h. 1728-1806). General estadounidense de origen británico que, durante la guerra de independencia, obtuvo una decisiva victoria sobre el ejército británico en la batalla de Saratoga (otoño de 1777). Respaldado por un grupo de oficiales, pretendió sustituir a George Washington como comandante en jefe del ejército colonial, pero, fracasado el plan, fue relevado de su mando. En 1780 fue derrotado por el general británico Cornwallis en Camden, Carolina del Sur.

GATESHEAD. Ciudad del Reino Unido en el condado de Tyne and Wear, Inglaterra, frente a Newcastle-upon-Tyne. Data del siglo XII. Galería de arte, museo. Escuela técnica. Industrias mecánicas y alimentarias. 199.588 hab. (1999).

GATEWAY. Elemento intermediario entre dos redes informáticas de distinta configuración que permite el intercambio de información entre ellas.

GATO (INDUSTRIA). Aparato que, situado debajo de una carga, puede elevarla a cierta altura. Existen diversos tipos: de husillo, hidráulico, neumático, etc.

GATO (ZOOLOGÍA). Mamífero carnívoro de la familia de los félidos. Varias especies, entre ellas el gato doméstico (*Felis catus*).
7:62b; Domesticación 5:217b; Vertebrados 14:281b; *ilustraciones* 7:62b; 7:63b; 14:281b.

GATO DE ALGALIA. V. **Civeta.**

GATO MONTÉS. Especie europea de gato salvaje (*Felis sylvestris*), mayor que el doméstico, de pelaje gris con bandas parduscas transversales, cola gruesa y larga. Vive en los montes del norte de España y en el centro de Europa.
Gato 7:63b.

GATOPARDO, EL. Novela del escritor italiano Giuseppe Tomasi di Lampedusa, publicada póstumamente en 1958. Centrada en la época garibaldina, describe la decadencia de la aristocracia ante el empuje de la burguesía. Fue llevada al cine por Luchino Visconti (1963).
Lampedusa, Giuseppe Tomasi di 9:53a; Visconti, Luchino 14:330b.

GATOS, MOTÍN DE LOS. Levantamiento popular ocurrido en Madrid el 28 de abril de 1699, que tuvo como fondo el enfrentamiento, por la sucesión de Carlos II, entre los defensores de la candidatura francesa (en la persona de Felipe de Anjou) y la austriaca (archiduque Carlos). El malestar provocado en el pueblo madrileño por la escasez de abastecimientos, fruto de la mala cosecha de 1698, sirvió de pretexto al bando profrancés para alentar una revuelta popular contra la camarilla austrófila y hacerse con el poder.

GATS. Organismo para promover la liberalización de los servicios en el seno de la Organización Mundial del Comercio (OMC).

GATT. Siglas (General Agreement on Tariffs and Trade) con que se conoce el Acuerdo General sobre Aranceles y Comercio. Fue creado en Ginebra en 1947 con el objeto de reducir o eliminar las barreras aduaneras entre todos los países del mundo. En 1995 quedó subsumido en la Oganización Mundial del Comercio.
Comercio 4:296a; Naciones Unidas 10:337b; Organización Mundial de Comercio (OMC) 11:144b.

GATTAMELATA (h. 1370-1443). Erasmo de Narni, *condottiere* italiano. Sirvió al papa Eugenio IV y fue generalísimo del ejército de la República de Venecia. Derrotó a Piccinino en 1439. La ciudad de Padua le dedicó una estatua ecuestre realizada en bronce por Donatello en 1453.

GATTINARA, MERCURINO, MARQUÉS DE (1465-1530). Político del Franco Condado. Diplomático al servicio del emperador Maximiliano I, pasó luego al de su nieto Carlos V (I de España). Participó en las negociaciones con el papado (1529) y emprendió la reforma de la economía española.

GATÚN, LAGO. Lago artificial de Panamá que forma parte del canal transoceánico. Alimentado por el río Chagres y sus afluentes, en el extremo norte del lago. En el centro se encuentra la isla Guacha. 430 km^2.
Panamá, canal de 11:246a.

GAUCHA, GUERRA. Nombre dado a las guerrillas campesinas, organizadas por el general argentino Martín Güemes, que combatieron al ejército español en el Alto Perú. Esta situación fue aprovechada por el general José de San Martín para reorganizar el ejército andino y emprender una expedición contra las tropas realistas.

GAUCHA, LITERATURA. Género literario del siglo XIX centrado en la vida de los gauchos de la pampa argentina y uruguaya.
7:64a; Alencar, José de 1:197a; Argentina 2:59b; Ascásubi, Hilario 2:140a; Folclor 6:340b; Güiraldes, Ricardo 7:292a; Hernández, José 7:376b; Hispanoamericana, literatura 8:6b; Lynch, Benito 9:257b; Podestá, familia 12:43b; Veríssimo, Érico 14:276b; *ilustración* 7:64a.

GAUCHOS. Tipo humano tradicional de las explotaciones ganaderas de las pampas de la Argentina, Uruguay y Río Grande do Sul (Brasil). Surgido a partir del siglo XVI, su figura ha quedado asimilada al folclor de la zona.
Argentina 2:59b; Gaucha, literatura 7:64a; Pampa 11:237a.

GAUDÍ, ANTONIO (1852-1926). Arquitecto español. Máxima figura del modernismo catalán, su obra abarcó desde el historicismo hasta las concepciones expresionistas.
7:65a; Arquitectura 2:114a; Modernismo 10:207b; *ilustraciones* 7:65b.

GAUDIUM ET SPES. Encíclica del papa Paulo VI, promulgada el 7 de diciembre de 1965. Versa sobre la iglesia en el mundo de la época y constituye el documento más extenso del concilio Vaticano II.

GAUGAMELA, BATALLA DE. Enfrentamiento que tuvo lugar el 1 de octubre del año 331 a.C. entre las tropas de Alejandro Magno y las de Darío III de Persia. La victoria de Alejandro lo convirtió en dueño del sudoeste de Asia y supuso el fin del imperio aqueménida. También conocido como batalla de Arbela.

GAUGUIN, PAUL (1848-1903). Pintor francés. Desarrolló un arte sintético, fruto de la simplificación del dibujo y el color.
7:66a; Fauvismo 6:241a; Postimpresionismo 12:106b; Simbolismo 13:248a; Van Gogh, Vincent 14:234b; *ilustración* 7:66a.

GAULLE, CHARLES DE (1890-1970). Militar frances, héroe de la resistencia contra la invasión nazi y presidente de la quinta república.
7:66b; Argelia 2:40b; Francia 6:394a; Guerra mundial, segunda 7:275a; Mendès-France, Pierre 10:55b; Pompidou, Georges 12:80a; *cuadro* 7:67a; *ilustración* 7:67b.

GAURO. Mamífero artiodáctilo rumiante de la familia de los bóvidos (*Bos gaurus*). Pelaje espeso y negruzco, parecido al buey. Vive en los bosques de la India.

GAUSS, CARL FRIEDRICH (1777-1855). Matemático y físico alemán, autor de importantes contribuciones a la ciencia, entre las que destacan las bases matemáticas del estudio de los fenómenos de electricidad y la representación por medio de vectores de los números complejos.
7:67b; Análisis matemático 1:318; Número 11:48a; Telegrafía 14:1a; Trigonometría 14:127b.

GAUTAMA, SIDDHARTA. V. **Buda.**

GAUTIER, THÉOPHILE (1811-1872). Poeta y novelista francés. Maestro del verso, precursor del parnasianismo e introductor de la teoría del arte por el arte.
7:68a; Francesa, literatura 6:373a; *ilustración* 7:68a.

GAUTIER BENÍTEZ, JOSÉ (1846-1880). Poeta puertorriqueño, cantor de su patria. Escribió *Cuadros sociales* y fue uno de los fundadores de la *Revista puertorriqueña*. Sus poesías, coleccionadas póstumamente, muestran influencia de Gustavo Adolfo Bécquer.

GAVÁ. Población española de la prov. de Barcelona, comunidad autónoma de Cataluña, en la costa del mar Mediterráneo, próxima a la ciudad de Barcelona. Viñedos, verduras, hortalizas, frutales; industrias químicas, eléctricas; turismo. 35.204 hab. (1991).

GAVIA. Vela cuadrada que se coloca en el mastelero mayor de las naves. Término aplicado también a una especie de caseta, colocada en la cabeza de los palos, en la que se situaba el vigía o gaviero.

GAVIAL. Reptil crocodiliano de la familia de los gaviálidos (*Gavialis gangeticus*) de unos siete metros de largo. Hocico prolongado y puntiagudo. Propio de los ríos de la India.
Cocodrilo 4:245a.

GAVIDIA, FRANCISCO (1863-1955). Escritor salvadoreño. Cultivó el teatro y la poesía. Fue maestro de Rubén Darío, a quien introdujo a la poesía parnasiana. *Versos y pensamientos* (1884), *Ursino de Orbaneja* (1887), *Júpiter, drama en cuatro actos* (1895).
Salvador, El 13:110b.

GAVILÁN. Ave rapaz falconiforme de la familia de las accipítridas (*Accipiter nisus*).
7:68b; *ilustración* 7:68b.

GAVILLADORA. V. **Agavilladora.**

GAVIOTA. Ave marina caradriforme de la familia de las láridas, en su mayoría del género *Larus*.
7:69a; Ave 2:252a; *ilustración* 7:69a.

GAVIOTA, LA. Obra de la escritora española Fernán Caballero (seudónimo de Cecilia Böhl de Faber), publicada en 1849. Novela de costumbres que relata la vida de una humilde muchacha, Marisalada, llamada la gaviota por su carácter vivo y bella voz que, a la larga, supondrán su ruina.

GAVIOTA SALTEADORA. Ave marina de hábitos predadores, emparentada con las gaviotas e incluida generalmente en la familia de los láridos (*Stercorarius skua*). Se alimenta de peces que roba a otras aves acuáticas, cuyos nidos también asalta. Vive en el Atlántico norte. Se denomina también skua.

GAVIOTÍN. V. **Golondrina de mar.**

GAVIRIA, BERNABÉ DE (m. en 1622). Escultor español. Establecido en Granada desde 1603, donde fue discípulo de Pedro Rojo, realizó para la catedral, si bien su autoría es dudosa, las diez esculturas del «Apostolado» (1614).

GAVIRIA, CÉSAR (n. en 1947). Político colombiano. Presidente de Colombia entre 1990 y 1994. Elegido en 1994 secretario general de la Orgańización de Estados Americanos (OEA).
7:69b; Samper, Ernesto 13:114a; *ilustración* 7:69b.

GAVOTA. Danza francesa de principios del siglo XVII. Fue puesta de moda por los ballets y óperas de Jean-Baptiste Lully. A principios del siglo XVIII formó parte de los intermedios de la *suite*.

GAWAIN. Héroe legendario, llamado también Galván, perteneciente al ciclo del rey Arturo. Sobrino del citado rey, constituye el arquetipo de las virtudes caballerescas medievales.

GAY, JOHN (1685-1732). Poeta y dramaturgo inglés. En su obra más conocida, *La ópera del mendigo* (1728), parodia de las óperas italianas, realizó una acerba crítica de la vida política y social de la época. *Deportes rurales* (1713), *La semana del pastor* (1714), *Fábulas* (1727 y 1738).

GAYA, RAMÓN (n. en 1910). Crítico de arte y pintor español. Cultivó una pintura colorista, así como el dibujo para varias publicaciones. También destacó como ensayista del mundo de la pintura, con libros como *Velázquez, pájaro solitario* (1969). Premio Nacional de artes plásticas en 1997.

GAYA CIENCIA. Obra del filósofo alemán Friedrich Nietzsche, publicada en 1882 y ampliada en 1886. Escrita en prosa y verso, está compuesta por un preludio formado por 63 epigramas, cinco libros de aforismos y un epílogo. En ella anticipa las ideas expuestas en *Así habló Zaratustra*.

GAYAL. Mamífero artiodáctilo rumiante de la familia de los bóvidos (*Bos frontalis*), parecido al gauro, aunque de frente más desarrollada y cuernos relativamente cortos y anchos en la base. Propio del sudeste asiático, donde se aprovecha su leche y su carne.

GAYANGOS, PASCUAL DE (1809-1897). Orientalista y bibliógrafo español. Catedrático de árabe en la Universidad de Madrid, fue autor de estudios históricos sobre la España musulmana y obras bibliográficas. *Historia de las dinastías mahometanas en España* (1840-1843), *Catálogo de los manuscritos españoles conservados en el Museo Británico* (1875-1877).

GAYA NUÑO, JUAN ANTONIO (1913-1976). Escritor y crítico de arte español. Considerado una autoridad en la historia del arte español y arte contemporáneo. Autor también de novelas de carácter social. *La pintura española fuera de España* (1958), *Arte español del siglo XIX* (1966), *Historia del cautivo* (1966).

GAYARRE, JULIÁN (1844-1890). Tenor lírico español, uno de los cantantes más notables de su época. Actuó en las más importantes salas del mundo con un amplio repertorio operístico.

GAY-LUSSAC, JOSEPH-LOUIS (1778-1850). Físico y químico francés. Autor de numerosas aportaciones a la ciencia de su tiempo, descubridor de la ley de la dilatación de los gases.
7:70a; Boro 3:116a; Reacción química 12:276b; *ilustración* 7:70a.

GAY-LUSSAC, LEY DE. Relación existente entre la presión, P, el volumen, V, y la temperatura, T, en un sistema gaseoso. Está expresada por la ecuación general de los gases perfectos: $PV = mRM/T$, donde m es la masa, R la constante universal de los gases y M el peso molecular del gas.
Gaseoso, estado 7:56a.

GAYO (siglo II). Jurista romano de la época de los emperadores Antonino Pío y Marco Aurelio, adscrito a la escuela de los sabinianos. De su obra, mayormente didáctica, se conservan fragmentos incorporados al *Digesto* de Justiniano y, sobre todo, las *Instituciones*, principal fuente sobre el derecho civil clásico, escritas hacia el año 161 y divididas en cuatro libros.

GAYOMART. En el zoroastrismo, el primer hombre, creado por Ormuz o Ahura Mazda.

Con una vida de 3.000 años, fue muerto por el espíritu destructor, Ahrimán o Angra Mainyu, y se convirtió en los metales y minerales de la tierra. De él procederían según tal interpretación las razas humanas.
Zoroastrismo 14:434a.

GAYUBA. Planta arbustiva de la familia de las ericáceas (*Arctostaphylos uva-ursi*). Dicotiledónea. Rastrera, de hojas ovaladas y fruto en baya, rojizo.

GAZA. C. de Palestina, cap. de la franja homónima. La franja de Gaza es un territorio situado a orillas del Mediterráneo, entre la península del Sinaí e Israel. Ocupada por Israel en 1967, durante la guerra de los seis días, fue cedido a mediados de la década de 1990 a la Autoridad Nacional Palestina (ANP), de la que forma una de las dos unidades territoriales, estando constituida la otra por determinadas áreas de soberanía palestina en Cisjordania.
Autoridad Nacional Palestina (ANP) 2:246b.

GAZA, FRANJA DE. Territorio del sudoeste de Palestina. Bajo administración egipcia en 1949-1956, 1957-1967, fue ocupada por Israel en 1967. En 1996 pasó a formar parte, junto con Jericó y otras ciudades de Cisjordania, de la Autoridad Nacional Palestina (ANP). Ciudad principal: Gaza. Agricultura. 363 km^2. 600.000 hab. (1998).
Árabe-israelí, conflicto 2:1a; Israel 8:296a.

GAZALI, ABÚ HAMID MOHAMED AL-. V. **Algazel.**

GAZI I (1912-1939). Rey de Irak. Accedió al trono en 1933 como sucesor de su padre Faysal I. Fue padre de Faysal II.
Irak 8:259a.

GAZIANTEP. Ciudad de Turquía, cap. de la prov. de Gaziantep en el sur del país. Fortaleza de Justiniano I, mezquitas de los siglos XI y XVI, escuela teológica medieval (hoy museo arqueológico). Vinos. Centro comercial. 712.800 hab. (1997).

GAZNAWÍES. Dinastía de origen turco que, a mediados del siglo X, se asentó en Afganistán, estableciendo su capital en Ghazni, y logró unificar el país. Su fundador, Mahmud de Ghazni (998-1030) creó un vasto imperio que se extendía desde el Jurasán (nordeste de Irán) hasta el Panjab (norte de la India). Sus sucesores se mostraron incapaces de conservar la integridad del imperio gaznawí, que sucumbió lentamente ante los ataques de los turcos selyúcidas. La dinastía se mantuvo independiente en la India hasta 1186.

GAZZOLA, CONDE DE (1699-1780). Arqueólogo y militar español de origen italiano, al servicio del rey Carlos III. A él se debe el descubrimiento de las ruinas de la ciudad de Paestum, importante colonia de la Magna Grecia.

GDAŃSK. Ciudad y puerto de Polonia, en la desembocadura del Vístula al mar Báltico. 458.988 hab. (1999).
7:70b; Polonia 12:71a; *ilustración* 7:70b.

GDYNIA. Ciudad y puerto de Polonia, en la prov. de Gdańsk, a orillas del Báltico. Base de la armada polaca. Museo y escuelas navales. Industrias mecánicas y astilleros. 253.521 hab. (1999).

GE, PUEBLOS. Conjunto de pueblos amerindios de América del sur que pertenecen lingüísticamente al grupo macro-ge. Habitan en las regiones orientales y meridionales de Brasil y en parte del norte de Paraguay. Poseen una religión y una estructura social muy primitivas y se dedican a la recolección y la caza como principal medio de subsistencia.

GEA. Divinidad griega personificadora de la Tierra y su fuerza engendradora.
7:71a; Gigantes 7:125b.

GEB. En la mitología egipcia, dios de la tierra. Esposo y hermano de la diosa del cielo Nut, de su amor nacieron Set, Isis, Osiris y Neftis. Se le conoce también como Keb.

GEBRESELASSIE, HAILE (n. en 1973). Deportista etíope. Destacado en diferentes especialidades atléticas. En dos ocasiones batió la marca mundial en la prueba de 10.000 m lisos, en la que logró varios títulos mundiales y la medalla de oro en los Juegos Olímpicos de Atlanta (1996).

GEDEÓN. Según el relato bíblico, juez de Israel elegido por Yahvé para liberar a su pueblo de la opresión de los madianitas. Por su lucha contra el culto de Baal se le conoce como Jerubbaal.

GEDRITA. Silicato natural de aluminio, hierro y magnesio. Pertenece al grupo de los anfíboles y debe su nombre a la localidad de Gedre, Altos Pirineos, Francia, en cuyas inmediaciones fue hallado.

GEERTZ, CLIFFORD (n. en 1926). Antropólogo estadounidense. Doctorado por la Universidad de Harvard, se apartó de los conceptos clásicos para ahondar en los aspectos más humanos de la antropología. Fue profesor en varias universidades americanas y autor de numerosos trabajos de variado contenido. *La religión de Java* (1960), *La interpretación de las culturas* (1973), *Conocimiento local* (1983).

GEFFRARD, FABRE (1806-1879). Político haitiano. Derrocó en 1859 al emperador Faustin-Élie Soulouque. Reinstauró la república de la que fue nombrado presidente. Realizó principalmente una política internacional. Sofocó en 1865 la rebelión de Silvayn Salnave, quien finalmente le derrocó en 1867.
Haití 7:320a.

GEGO (n. en 1912). Gertrudis Goldmichdt, artista venezolana de origen alemán. Tras finalizar sus estudios de arquitectura en Alemania, se estableció en 1939 en Venezuela, en donde desarrolló una obra artística en la que se conjugan los elementos escultóricos con los arquitectónicos.

GEHRY, FRANK (n. en 1929). Arquitecto canadiense afincado en los Estados Unidos. Uno de los máximos exponentes del movimiento deconstructivista. Premio Pritzker de arquitectura en 1989.
7:71b; *ilustración* 7:71b.

GEIGER, HANS (1882-1945). Johannes Wilhelm Geiger, físico alemán creador, con Walter Müller, del contador de partículas que lleva sus nombres.

GEIGER-MÜLLER, CONTADOR. Dispositivo para detectar y contar partículas ionizantes. Consiste en un cilindro, lleno de un gas enrarecido, que rodea a un alambre fino aislado eléctricamente y alimentado a alta tensión. Las partículas ionizan el gas, produciendo un impulso eléctrico que es amplificado mediante un circuito adecuado.
Electrónica 5:367b; Partículas, detector de 11:288a; Radiactividad 12:245b.

GEISEL, ERNESTO (1908-1996). Militar y político brasileño. Presidente de la república de 1974 a 1979.
7:72a; Brasil 3:161b; Figueiredo, Joao Baptista 6:282a.

GÉISER. Manantial termal que lanza de forma intermitente agua y vapor a alturas considerables.
7:72a; Agua 1:120a; Geotermia 7:110b; Manantial 9:320b; *ilustración* 7:72b.

GEISHAS. Clase profesional de mujeres en Japón, cuya ocupación es entretener a los hombres, preferentemente en fiestas y restaurantes públicos (*rioriia*), y crear en estas reuniones una atmósfera elegante y alegre, producto de una estricta educación.

GEISSLER, HEINRICH (1815-1879). Físico alemán que investigó los fenómenos de las descargas eléctricas en los gases enrarecidos. Inventó el tubo que lleva su nombre.

GEISSLER, TUBO DE. Recipiente fino de vidrio lleno de un gas enrarecido en cuyos extremos se sitúan dos ampollas o ensanches que alojan sendos electrodos. Al aplicarse energía a éstos, los electrones ionizan el gas y se ilumina el tubo. Este ingenio fue precursor de las lámparas fluorescentes.

GEL. Sistema coloidal que se da en forma de sólido más o menos elástico que incluye la fase líquida parcial o totalmente.
Coloidal, estado 4:261b.

GELABERT, FRUCTUOSO (1874-1955). Cineasta español. Fabricó en 1897 la primera cámara cinematográfica de España y rodó una serie de películas documentales: *Salida de los trabajadores de la España Industrial, Riña en un café.*

GELASIO I, SAN (m. en el 496). Papa desde el 492 hasta su muerte. Combatió el cisma provocado por el patriarca Acacio. En el 494 convirtió la lupercalia, fiesta pagana romana, en la fiesta de la purificación.

GELASIO II (m. en 1119). Giovanni da Gaetan, papa desde 1118 hasta su muerte. Falleció cuando proyectaba el concilio de Reims para luchar contra el antipapa Gregorio VIII.

GELATINA. Sustancia proteínica, traslúcida, compacta, blanda, inodora e insípida, que se obtiene de los huesos y otros órganos de los animales y que se usa en cocina para la presentación de algunos platos.

GELBER, BRUNO LEONARDO (n. en 1941). Pianista argentino. Alumno en la Argentina de Scaramuzza y en Francia de Marguerite Long, en sus giras nacionales e internacionales destacó por sus interpretaciones de las obras de Ludwig van Beethoven.

GELIMER (siglo VI). Rey vándalo. Ocupó el trono entre el 530 y el 534, después de usurpárselo a Hilderico. Se enfrentó al general bizantino Belisario, quien lo venció en las batallas de Ad Decimum y Tricamarum (533) y se apoderó de Cartago. Llevado a Constantinopla, posteriormente se estableció en los territorios que le fueron concedidos en Galacia (Asia menor).

GELIVACIÓN. Fragmentación o disgregación de una roca como consecuencia de las modificaciones de la presión interna originadas por las variaciones de volumen unidas a la congelación y el deshielo del agua que contiene.

GELLÉE, CLAUDE. V. **Lorrain, Claude.**

GELLERT, CHRISTIAN FÜRCHTEGOTT (1715-1769). Escritor alemán, uno de los más destacados representantes de la Ilustración en la literatura de su país. Profesor de filosofía moral en la Universidad de Leipzig, escribió fábulas, inspiradas en las de La Fontaine, cánticos religiosos, comedias y una novela psicológica. *Fábulas y cuentos* (1746-1748), *La vida de la condesa sueca de G...* (1747), *Odas y canciones espirituales* (1757).

GELL-MANN, MURRAY (n. en 1929). Físico estadounidense. Premio Nobel en 1969 por sus descubrimientos relativos a la clasificación de partículas elementales y sus interacciones.
7:73a; *ilustración* 7:73a.

GELMAN, JUAN (n. en 1930). Poeta argentino. Se inspiró en sus primeras composiciones en temas cotidianos que cantó con ingenuas metáforas; posteriormente, su poesía evolucionó hacia la crítica política y la denuncia social. En 2000 recibió el Premio Juan Rulfo de Literatura Iberoamericana y del Caribe. *El juego en que andamos* (1959), *Cólera buey* (1965), *Si tan dulcemente* (1980).

GELMÍREZ, DIEGO (h. 1065-1140). Prelado español, primer arzobispo de Santiago de Compostela. Concluyó la construcción de la basílica compostelana. Alfonso VI de Castilla lo distinguió con grandes privilegios.
Urraca, doña 14:202a.

GELÓN (540-478 a.C.). Tirano de las ciudades de Gela (491-485) y Siracusa (485-478), en Sicilia, que extendió la influencia de esta última ciudad por el este de la isla y frenó el avance de los cartagineses.

GELSENKIRCHEN. Ciudad y puerto fluvial de Alemania, est. de Renania del Norte-Westfalia, en el canal Rin-Herne. Situada en la cuenca minera del Ruhr. Acerías, vidrio. 286.432 hab. (1998).

GEMA. Denominación genérica de las piedras preciosas.

GEMACIÓN. Tipo de reproducción asexual consistente en la formación, en una parte de la célula o del cuerpo de un individuo, de una yema o botón que se desprende para formar un nuevo organismo.
Reproducción 12:337a.

GEMAYEL, AMÍN (n. en 1942). Político libanés. Miembro del parlamento por el partido Kataeb (falanges libanesas cristianas), fue elegido presidente de la república en 1982, tras el asesinato de su hermano Bashir. Abandonó el cargo el 23 de septiembre de 1988.
Líbano 9:140a.

GEMAYEL, BASHIR (1947-1982). Político libanés. Aglutinó a las milicias cristianas durante la guerra civil de su país, las cuales lo llevaron a la presidencia en 1982. Su asesinato, días antes de ocupar el cargo, recrudeció el conflicto.

GEMAYEL, PIERRE (1905-1984). Político libanés. Integrante del grupo cristiano maronita, en 1936 fundó el partido Kataeb o partido de las falanges cristianas. Ocupó varios cargos políticos y formó en 1975 el Frente Nacional Libanés, en el que quedaban reunidas todas las fuerzas políticas de signo cristiano-conservador. Padre de Amín y Bashir Gemayel.

GEMBLOUX, BATALLA DE. Enfrentamiento bélico acaecido el 31 de enero de 1578 en las proximidades de la ciudad belga de Gembloux. En él los ejércitos del monarca español Felipe II, al mando de Juan de Austria, derrotaron a los rebeldes flamencos.

GEMELO. Cada uno de los dos o más individuos nacidos de un mismo parto. Pueden ser bicoriales, bicigóticos y biovulares, que resultan de la fecundación simultánea de dos huevos, o monocoriales, monocigóticos y monoovulares, cuando proceden de un mismo huevo.
Gestación y parto 7:116b.

GEMELOS. V. **Géminis.**

GEMINADA, CONSONANTE. Sonido consonántico duplicado en una palabra y de duración mayor que la de uno simple. Las consonantes geminadas se dividen silábicamente en dos partes: la primera implosiva y la segunda explosiva.

GEMINI. Programa espacial estadounidense, integrado por doce naves espaciales tripuladas lanzadas entre 1964 y 1967.
Astronáutica 2:170a.

GEMINIANI, FRANCESCO (1687-1762). Compositor y violinista italiano. Autor de sonatas para violín y continuo de gran dificultad técnica, *concerti grossi* y otras obras, y del tratado *El arte de tocar el violín* (1730).

GÉMINIS. Constelación del zodiaco, también conocida como los Gemelos, situada entre las de Tauro, Cáncer y el Can Menor. Sus estrellas más brillantes son Pólux y Cástor. El sistema de Cástor consta al menos de seis estrellas. Pólux es una gigante roja.
Zodiaco 14:422a.

GEMISTO PLETÓN, JORGE (h. 1355-h. 1450). Filósofo y humanista bizantino. Por su extraordinaria erudición fue enviado como delegado al concilio de Florencia en 1438, en el que se mostró contrario a la unión con la iglesia latina. Considerado el introductor del neoplatonismo en el pensamiento filosófico renacentista. *Diferencia entre Aristóteles y Platón, Tratado sobre las leyes, Oráculos mágicos de Zoroastro.*

GEMITO, VINCENZO (1852-1929). Escultor italiano. Su obra, de factura clásica y naturalista, plena de viveza y rico pintoresquismo, se compone sobre todo de bronces y terracotas de reducidas dimensiones. «El pequeño pescador» (1876), «Niño aguador» (1881).

GEMOLOGÍA. Ciencia que estudia las piedras preciosas y técnica que describe su talla y aplicaciones.

GEN. Unidad hereditaria en que se subdivide el material genético. Consiste en un fragmento corto de ADN cromosómico y codifica la síntesis de un polipéptido o proteína, lo que da lugar a la aparición de un carácter biológico o una función bioquímica específica. También llamada gene.
Alimentos transgénicos 1:233a; Bioquímica 3:50a; Eugenesis 6:189a; Evolución 6:209a; Genética 7:74b; Genoma 7:78b; Hereditarias, enfermedades 7:368a; Ingeniería genética 8:209b; Nucleicos, ácidos 11:31a.

GENCIANA. Planta herbácea vivaz de la familia de las gencianáceas (*Gentiana lutea*). Dicotiledónea. Hojas ovaladas y flores amarillas. Propia de zonas montañosas. Propiedades medicinales.

GENE. V. **Gen.**

GENER, GUERAU (siglos XIV-XV). Pintor catalán de estilo gótico internacional. Realizó en Barcelona, donde había recibido las enseñanzas de Luis Borrassà, el retablo de san Bartolomé y santa Isabel (1401), que se conserva en la catedral y, hacia 1408, se trasladó a Valencia. En esta ciudad ejecutó los retablos de san Clemente y santa Marta y santo Domingo y los santos Cosme y Damián, destinados a la catedral.

GENER, POMPEYO (1848-1920). Escritor español. Doctor en farmacia, ciencias naturales y medicina, participó en la vida intelectual francesa y fue autor de ensayos, novelas, obras teatrales y poesía en lengua catalana, castellana o francesa. *La muerte y el diablo* (1880), *Los cien consejos del Consejo del ciento* (1890), *Pasión y muerte de Miguel Servet* (1909).

GENERACIÓN DEL 27. V. **Veintisiete, generación del.**

GENERACIÓN DEL 98. V. **Noventa y ocho, generación del.**

GENERACIÓN ESPONTÁNEA. Teoría defendida hasta el siglo XIX según la cual la formación de seres vivos podía ocurrir sin intervención de individuos preexistentes. Los experimentos de Louis Pasteur, Lazzaro Spallanzani y otros científicos la refutaron definitivamente.

GENERACIÓN PERDIDA. Grupo de escritores estadounidenses de la década de 1920, integrado, entre otros, por John Dos Passos, Ernest Hemingway y F. Scott Fitzgerald que se mostraron fuertemente críticos con la sociedad estadounidense de su época. El término fue acuñado por Gertrude Stein.
Dos Passos, John 5:234b; Fitzgerald, F. Scott 6:320a; Hemingway, Ernest 7:357b.

GENERADOR ELÉCTRICO. Máquina o aparato que produce electricidad. Puede derivar su movimiento del uso de combustibles fósiles como el combustóleo o el gasóleo, del aprovechamiento de fuerzas hidráulicas (generador hidroeléctrico) o de la energía atómica (generador nuclear).
Electricidad 5:353b; Máquina 9:341a.

GENERADOR ELECTROSTÁTICO. Máquina separadora de cargas eléctricas, capaz de producir altas tensiones.

GENERAL. Jefe militar perteneciente a las altas jerarquías del ejército. Dentro de este grado se distinguen, por orden ascendente, general de brigada, de división, teniente general y capitán general.

GENERAL, VALLE DEL. Región de Costa Rica, delimitada al noroeste por la cordillera de Talamanca y al sudeste por la cuenca del Grande de Térraba. Regada por el río General. Vegetación característica del bosque tropical húmedo, apta para la explotación. Cultivos de maíz, arroz y tabaco.

GENERAL CARRERA, LAGO. V. **Buenos Aires, lago.**

GENERAL DYNAMICS CORPORATION. Empresa estadounidense dedicada a la fabricación de aviones, naves de combate y equipos bélicos. Proveedora del ejército estadounidense, tuvo su origen en la empresa Electric Boat Company, fundada en 1899.

GENERALIFE. Palacio de los reyes nazaríes granadinos, situado cerca de la Alhambra. Fue construido entre los siglos XIII al XV, y reformado posteriormente por los reyes cristianos.
Alhambra, la 1:225b; Arquitectura del paisaje 2:115b.

GENERALITAT DE CATALUÑA. Gobierno autónomo de Cataluña instaurado en 1931. Tras un compromiso con el gobierno central republicano, en 1932 fue promulgado un estatuto de autonomía que sería abolido en 1938 por el general Francisco Franco. Fue restablecido con régimen provisional en 1977 y de forma definitiva dos años más tarde, tras la aprobación en referéndum de un nuevo estatuto de autonomía.
República española 12:343a.

GENERAL MANUEL BELGRANO, CERRO. Cumbre de la Argentina, la más alta del nevado de Famatina, prov. de La Rioja. Constituye la máxima elevación de las sierras Pampeanas. También llamado La Mexicana. 6.250 m de altura.

GENERAL MOTORS. Empresa estadounidense del sector automovilístico. Fundada en 1908 por William C. Durant (1861-1947), tomó su nombre a partir de 1916, manteniendo desde ese momento una política de fusión con diferentes empresas automovilísticas y manufactureras de Estados Unidos y Europa.

GENERAL SAN MARTÍN. Partido del Gran Buenos Aires, en la República Argentina. Textiles, carnes congeladas, cigarrillos, productos lácteos. 409.879 hab. (1999).

GENERAL SARMIENTO. Partido del Gran Buenos Aires, en la República Argentina, en el noroeste de la aglomeración urbana. 209.450 hab. (1999).

GENERATIVA, GRAMÁTICA. Sistema lingüístico formal que trata de formular una serie de reglas capaces de generar o producir todas las oraciones posibles y aceptables de un idioma a partir de un estrato común a todas las lenguas. Fue definido por el lingüista estadounidense Noam Chomsky a partir de sus obras *Estructuras sintácticas* (1957) y *Aspectos de la teoría de la sintaxis* (1965).
Gramática 7:186a; Lingüística 9:168a.

GÉNERO (BIOLOGÍA). Categoría taxonómica que incluye una o varias especies con características básicas comunes.
Taxonomía 13:406b.

GÉNERO (LINGÜÍSTICA). Accidente gramatical para indicar el sexo de las personas, de los animales o el que se atribuye a las cosas, o bien para indicar que no se les adscribe ninguno. En castellano, los géneros son masculino, femenino y neutro.

GENESARET, LAGO DE. V. **Galilea, mar de.**

GÉNESIS. Primer libro del Pentateuco de la *Biblia*. Relata la historia del origen del mundo y de la humanidad, así como la de los patriarcas Abraham, Isaac y Jacob. Termina con la historia de José.
Abraham 1:14b; Adán y Eva 1:57b; Biblia 3:10b; Caín y Abel 3:264b; Creación 4:423a; Noé 11:3b.

GENET, JEAN (1910-1986). Dramaturgo y novelista francés. Escritor que expresó en sus obras su difícil relación con la sociedad.
7:73a; Absurdo, teatro del 1:23b.

GENÉTICA. Ciencia que estudia las leyes implicadas en la herencia de los caracteres biológicos.
7:73b; Agricultura 1:109a; Antropología 1:405b; Biología 3:38a; Biología molecular

3:40b; Botánica 3:127b; Célula 4:68a; Comportamiento animal 4:302b; Congénitos, defectos 4:332b; Cromosoma 5:29a; Electroforesis 5:360a; Eugenesia 6:189a; Evolución 6:208b; Hereditarias, enfermedades 7:368a; Ingeniería genética 8:209b; Medicina 10:27b; Mendel, Gregor Johann 10:53b; Nucleicos, ácidos 11:30b; Oncogenes 11:105b; Razas humanas 12:273a; Terapia génica 14:27b; Vries, Hugo de 14:347b; *cuadros* 7:75b; 7:76a; *ilustraciones* 7:73b; 7:74a; 7:75b; 7:76a; 7:77a-b.

GENGIS KAN (h. 1162-1227). Caudillo mongol. Uno de los conquistadores más famosos de la historia.
7:77b; China 4:151a; Tamerlán 13:393b; Turkestán 14:159a; *cuadro* 7:78a; *ilustración* 7:78a.

GENIO DEL CRISTIANISMO, EL. Obra del escritor francés François-René de Chateaubriand, publicada en 1802. Dividida en cuatro partes: dogmas y doctrinas, poética del cristianismo, bellas artes y literatura y culto, es una apología, e incluye *Atala* y *René*, dos novelas cortas.

GENITIVO. Caso de la declinacion que denota relación de propiedad, posesión o pertenencia, y en español lleva siempre antepuesta la preposicion *de*.

GENJI MONOGATARI. *Historia del príncipe Genji*, novela de la escritora japonesa Murasaki Shikibu (h. el 978-h. el 1014). Obra en la que se narra la vida y aventuras del príncipe Genji, figura literaria que serviría a la autora para describir en tono realista la vida cortesana de la época.
Japonesa, literatura 8:351a; Murasaki Shikibu 10:301b; Tanizaki Jun-ichiro 13:396b.

GENNADIUS II SCHOLARIUS (h. 1405-1473). Primer patriarca de Constantinopla (1454-1464) bajo dominio turco. Impulsó inicialmente en el concilio de Florencia (1439) la unión con la iglesia latina, pero, posteriormente, mostró sus discrepancias con la teología romana sobre el Espíritu Santo. Escribió varios tratados teológicos y una *Apologética* dirigida a los musulmanes.

GENOCIDIO. Delito tipificado por el derecho internacional y que consiste en el exterminio sistemático, total o parcial, de un pueblo o grupo nacional, social o religioso por medios violentos de diversa índole (hambre, guerra, ejecuciones en masa, etc.).
Minorías y grupos étnicos 10:182a.

GENOMA. Dotación genética completa de un organismo.
7:78b; *ilustraciones* 7:79b; 7:80a.

GENOMA HUMANO. Nombre que se aplica al conjunto del contenido genético en el ser humano. Está formado por 23 pares de cromosomas que contienen alrededor de 100.000 genes. El genoma define las características de la herencia en los organismos vivos. En la década de 1990 se desarrolló el denominado proyecto genoma, destinado a trazar un mapa completo del genoma humano, con identificación de todos sus genes y de sus funciones.
Bioética 3:28a; Biología molecular 3:41a; Genoma 7:80a; Medicina 10:31a.

GENOTIPO. Constitución genética potencial contenida en los cromosomas de un individuo.
Genética 7:74b.

GÉNOVA. Ciudad y puerto de Italia, cap. de la reg. de Liguria. 647.896 hab. (1998).
7:80b; Italia 8:305a; *ilustración* 7:81a.

GÉNOVA, CONFERENCIA DE. Reunión celebrada del 10 de abril al 19 de mayo de 1922 por treinta representantes de países europeos. Su finalidad era mejorar las relaciones entre la Unión Soviética y los regímenes capitalistas europeos.

GENOVÉS, JOAN (n. en 1930). Pintor español. Fue miembro de los grupos vanguardistas Parpelló de Valencia y Hondo de Madrid. Su obra, neofigurativa, trató con visión crítica los problemas del ser humano del siglo XX. Utilizó con frecuencia la técnica del *collage*. «La captura», «El abrazo» (1976).

GENOVÉS, SANTIAGO (n. en 1923). Antropólogo y escritor mexicano de origen español. Dirigió varias expediciones oceánicas, como la Ra I, que atravesó el Atlántico con una balsa de papiro.

GENOVESI, ANTONIO (1713-1769). Economista italiano. Precursor del liberalismo económico, fue profesor de la primera cátedra de economía política creada en Europa. Autor de tratados de economía. *Metafísica* (1743-1747), *Lecciones de comercio* (1765).

GENOVEVA, SANTA (h. el 422-h. el 500). Virgen francesa, patrona de París. Según la tradición, fue bendecida y consagrada a Dios a los siete años de edad por san Germán. Cuando Atila amenazó con invadir París (451), la santa consiguió infundir valor a sus habitantes y evitar el ataque de los hunos. Su fiesta se celebra el 3 de enero.

GENSERICO (m. en el 477). Rey de los vándalos y de los alanos que conquistó gran parte de las posesiones romanas en el norte de África y las islas del Mediterráneo occidental. Saqueó Roma el año 455.
7:81b; Vándalos 14:232a.

GEN SUPRESOR DE TUMORES. Aquel que impide la proliferación de células cancerosas.

GENTILE, GIOVANNI (1875-1944). Filósofo y político italiano. Profesor en Pisa y Roma, editó con Benedetto Croce la revista *La Critica*. Definió su filosofía, una de las más significativas del posthegelianismo, como «idealismo actualista». Ministro de educación (1922-1924) e integrante del Gran Consejo fascista (1925-1929), murió a manos de guerrilleros comunistas. *Teoría general del espíritu como acto puro* (1916), *Filosofía del arte* (1931).

GENTILE DA FABRIANO (h. 1370-1427). Niccolò di Giovanni di Massio, pintor italiano. Trabajó en el palacio del dux de Venecia, así como en Florencia y en Siena. Es considerado como uno de los máximos representantes del gótico internacional. Retablo de «La adoración de los reyes magos» (1423).

GENTILESCHI, ORAZIO (h. 1562-h. 1647). Orazio Lomi, pintor italiano. Discípulo de Aurelio y Bacci Lomi, conoció en Roma a Caravaggio, de quien fue uno de sus principales seguidores. Trabajó en París para María de Médicis y fue pintor oficial del monarca inglés Carlos I. «Santa Cecilia» (h. 1610), «Anunciación» (1623).

GENTILI, ALBERICO (1552-1608). Jurista italiano. Se exilió en Londres al abrazar la confesión protestante y ocupó una cátedra de derecho civil en Oxford por concesión de la reina Isabel. Es considerado uno de los fundadores del derecho internacional. Su obra *Sobre el derecho de guerra* (1588-1598) se atuvo al derecho vigente y la moral humanista por encima de las consideraciones ideológicas.
Internacional, derecho 8:236a.

GENTÚ. Ave esfenisciforme de la familia de los esfeníscidos (*Pygoscelis papua*). Tamaño medio, plumaje gris pardusco con manchas blancas, claro en el vientre, y cola pequeña. Originario de islotes antárticos y de las islas Malvinas.

GENTZ, FRIEDRICH VON (1764-1832). Político y publicista alemán. Destacado estadista que contribuyó al lado de Metternich a equilibrar el poder en Europa a principios del siglo XIX. Promovió la idea de una Europa libre y unida frente a Napoleón.

GÉNY, FRANÇOIS (1861-1959). Jurista francés. Especialista en filosofía del derecho. Su obra *Método de interpretación y fuentes en derecho privado positivo* (1899) se considera una pieza básica de la hermenéutica jurídica.

GEOCECILIA. Anfibio ápodo de la familia de los cecílidos (*Geotrypetes seraphini*). Tamaño medio, hocico redondeado y cola corta en forma cónica. Color pardo, surcado por un centenar de anillos primarios de tonalidad amarilla. Vive en terrenos húmedos y pútridos. Originario de África.

GEOCÉNTRICA, TEORÍA. Doctrina científica que explica las posiciones y los movimientos de los astros con la concepción básica de que la Tierra es el centro del universo. Desarrollada matemáticamente por el griego Claudio Tolomeo en el siglo II, gozó de prestigio entre la sociedad europea hasta finales del siglo XVI. Refutada por Copérnico y Galileo.
Copérnico, Nicolás 4:372b.

GEOCRONOLOGÍA. Disciplina científica que se ocupa de la datación de la Tierra.
7:82a; Estratigrafía 6:168b; Geología 7:92b; Geomorfología 7:105b; Paleontología 11:225b; Precámbrica, era 12:115a; Primaria, era 12:140b; Rocas 12:399b; Secundaria, era 13:183b; *cuadro* 7:83b; *ilustraciones* 7:82a; 7:83a-b.

GEODA. Cavidad geológica reducida en cuyo interior se forman estructuras cristalinas o incrustaciones amorfas de diversos materiales. Variedad particular de drusa.
Cristal 5:18b.

GEODESIA. Ciencia que estudia la forma y las dimensiones del globo terrestre y elabora mapas consecuentes de la superficie del planeta.
7:84a; Azimut 2:281a; Geofísica 7:85b; Geografía 7:87a; Topografía 14:88a; *ilustración* 7:84a.

GEODINÁMICA. Rama de la geología que estudia los procesos que afectan a la corteza terrestre, tanto los debidos a agentes externos (erosión, transporte y sedimentación) como los originados en zonas internas de la Tierra (orogénesis, vulcanismo, etc.).
Geología 7:91b.

GEOFFREY DE MONMOUTH. V. **Monmouth, Geoffrey de.**

GEOFFROY SAINT-HILAIRE, ÉTIENNE (1772-1844). Naturalista francés. Fue uno de los primeros evolucionistas.
7:85a.

GEOFÍSICA. Estudio científico de la Tierra, incluidas la atmósfera y la hidrosfera.
7:85a; Geodesia 7:84b; Geología 7:92b; Oceanografía 11:74a; Wegener, Alfred 14:359a; *ilustración* 7:85b.

GEOGRAFÍA. Ciencia que describe y analiza los fenómenos naturales y humanos que afectan la superficie de la Tierra.
7:86a; Biogeografía 3:29b; Cartografía 4:1a; Geomorfología 7:105a; Paisaje (GEOGRAFÍA) 11:205a; Ritter, Carl 12:387a; *ilustraciones* 7:86a; 7:87b; 7:88a; 7:89b; 7:90a.

GEOIDE. Superficie matemática en la cual la función potencial, resultante de la atracción gravitatoria y la fuerza centrífuga, es constante. Superficie de referencia del globo terrestre. El nivel medio de los océanos se ajusta a esta superficie.
Geodesia 7:84b.

GEOLOGÍA. Ciencia que estudia la Tierra, en particular la composición, estructura y evolución de la corteza terrestre o litosfera.
7:91a; Agua 1:119b; Biogeografía 3:32b; Cambio climático 3:297a; Continente 4:360a; Delta 5:120b; Erosión 6:25a; Estratigrafía 6:168a; Fosa 6:351b; Geocronología 7:82a; Geodesia 7:84b; Geomorfología 7:105a; Geoquímica 7:108a; Golfo y bahía 7:155b; Hidrografía e hidrología 7:402b; Lyell, Charles 9:257a; Orogénesis 11:154b; Paleontología 11:225a; Petrografía 11:380a; Precipitaciones atmosféricas 12:119a; Robot 12:396b; Rocas 12:399a; Suelo 13:348b; Suess, Eduard 13:351b; Terremoto

14:37b; Volcán 14:343b; *ilustraciones* 7:91b; 7:92a; 7:93b; 7:94a; 7:95a.

GEOMAGNETISMO. Parte de la geofísica que se ocupa del estudio del campo magnético terrestre.

GEOMARKETING. Técnica comercial que analiza los factores geográficos que determinan la captación de nuevos clientes. Cuenta con programas informáticos que facilitan el estudio de los datos más relevantes.

GEOMETRÍA. Rama de las matemáticas que estudia las propiedades de las líneas, ángulos, superficies y cuerpos espaciales estableciendo sus interrelaciones métricas y enunciando los principios que rigen su construcción.
7:95b; Grupos, teoría de los 7:240b; Matemáticas 9:407a; Monge, Gaspard 10:229a; Riemann, Bernhard 12:370b; Topología 14:88b; Trigonometría 14:127a; *ilustraciones* 7:96a-b; 7:97a-b; 7:98a-b; 7:99a-b; 7:100a-b; 7:101a-b; 7:102a; 7:103a-b; 7:104a.

GEOMORFOLOGÍA. Rama de la geografía que estudia las formas del relieve terrestre.
7:105a; Cañón (GEOGRAFÍA) 3:355a; Continente 4:360a; Cuenca sedimentaria 5:65a; Erosión 6:25b; Fosa 6:351b; Geografía 7:89b; Geología 7:91b; Orografía 11:155b; Richthofen, barón de 12:368a; Tectónica 13:417b; *mapa* 7:107; *ilustraciones* 7:105b; 7:106a; 7:107b.

GEOPOLÍTICA. Ciencia que estudia las relaciones existentes entre la geografía y los hechos políticos y sociales. Su estudio fue iniciado a finales del siglo XIX por el alemán Friedrich Ratzel, para quien el hombre y la sociedad están influidos por el medio geográfico en que viven.
Geografía 7:88a.

GEOQUÍMICA. Rama de la geología que trata de las modificaciones de la composición de la corteza terrestre, producidas por los cambios químicos que ocurren en ella.
7:108a; Geología 7:92b; Rocas 12:400b; *ilustración* 7:108a.

GEORGE, HENRY (1839-1897). Economista estadounidense. Partidario de la propiedad social de la tierra, conseguida mediante la aplicación de un impuesto sobre la plusvalía en los bienes agrarios. Esta doctrina (georgismo) halló seguidores en los países anglosajones y escandinavos. *Progreso y miseria* (1879).

GEORGE, STEFAN (1868-1933). Poeta alemán. Figura decisiva en el renacimiento de la poesía alemana de finales del siglo XIX.
7:108b.

GEORGETOWN. Capital y principal puerto de Guyana en la desembocadura del río Demerara en el océano Atlántico. Aeropuerto internacional. Universidad, jardín botánico, zoológico. Refinerías y exportación de azúcar, frutas tropicales, oro, diamantes, bauxita. 275.000 hab. (1999).
Guyana 7:303a.

GEORGIA (EUA). Estado del sudeste de los Estados Unidos, uno de los trece originales, a orillas del océano Atlántico. Plantaciones de algodón, tabaco, cacahuate (maní). Ganadería. Explotaciones forestales. Cap. Atlanta. 152.629 km^2. 7.486.242 hab. (1997).
Atlanta 2:192b;

GEORGIA (TRANSCAUCASIA). República soberana del Cáucaso, a orillas del mar Negro. Declaró su independencia de la Unión Soviética en 1991. Cap. Tiflis (también llamada Tbilisi). En 1994 la región de Abjasia se declaró república independiente, sin que la concesión de una amplia autonomía, aprobada un año más tarde por el gobierno de Georgia, sirviera para resolver el conflicto. 69.493 km^2. 5.020.000 hab. (2000).
7:109a; Asia 2:150; Cáucaso 4:49a; Shevardnadze, Eduard 13:226b; Unión Soviética 14:180a; *mapa* 7:110a; *cuadros* 7:109b; *ilustración* 7:109a.

GEORGIAS DEL SUR, ISLAS. Archipiélago subantártico de la Argentina, formado por una isla mayor (San Pedro) y varias menores. La única instalación permanente es Grytviken, gran puerto ballenero. 3.560 km^2.

GEÓRGICAS. Título de una colección de cuatro cantos didácticos escritos por Virgilio entre el 36 y el 29 a.C. Constituye un elogio de las labores del campo (cultivo, arboricultura, ganadería y apicultura) a partir de un auténtico conocimiento científico.
Virgilio 14:326a.

GEOSINCLINAL. Depresión de la corteza terrestre, de gran extensión, donde se depositan sedimentos marinos a medida que desciende su fondo. Las rocas sedimentarias resultantes responden con plegamientos a los empujes de las placas tectónicas, dando lugar a cordilleras.
Orogénesis 11:155a.

GEOTERAPIA. Rama de la medicina natural consistente en el contacto de la piel con determinados tipos de tierra, sobre todo arcillas. En frío o en caliente, puede llevarse a cabo mediante compresas, cataplasmas o baños.
Naturopatía 10:360a.

GEOTERMIA. Rama de la geofísica que estudia los fenómenos térmicos que se producen en el globo terrestre.
7:110b; Géiser 7:72b; *ilustración* 7:110b.

GEOTÉRMICA, ENERGÍA. Fuerza energética generada a partir de las masas gaseosas liberadas por el subsuelo como consecuencia de las reacciones internas de la corteza terrestre. En algunos países de intensa actividad geológica subterránea, como Islandia, constituye una importante fuente de obtención de energía eléctrica a través de su aprovechamiento mediante turbinas.
Calor 3:289b; Energía 5:414a; Geotermia 7:110b.

GERA. Ciudad de Alemania, a orillas del Elster. Varias veces afectada por incendios. Edificios barrocos y renacentistas. Minas de uranio. Tejidos, maquinaria, aceite. 118.733 hab. (1998).

GERANIO. Nombre que se aplica a diversas plantas de los géneros *Pelargonium, Erodium* y *Geranium,* todos ellos de la familia de las geraniáceas.
7:111a; *ilustración* 7:111b.

GÉRARD, FRANÇOIS (1770-1837). Pintor francés. Alumno de Jacques-Louis David, con el que rivalizó como pintor de la corte. Abordó los temas históricos y el retrato. Luis XVIII le otorgó el título de barón. «Cupido y Psique» (1798), «Josefina Bonaparte» (1799), «Batalla de Austerlitz» (1808).
ilustraciones 8:356b, 9:212a, 13:278a.

GERBO. Roedor esciuromorfo de la familia de los dipódidos (*Jaculus jaculus*). Del tamaño de una rata. Miembros anteriores muy cortos y posteriores largos, adaptados al salto. Vive en los desiertos norteafricanos.

GERCHUNOFF, ALBERTO (1883-1950). Escritor argentino de origen ruso, refugiado de las persecuciones contra los judíos. Dirigió varios periódicos. Representó a su país en el debate sobre la creación del Estado de Israel. *Los gauchos judíos* (1910), *La jofaina maravillosa* (1922), *El problema judío* (1945).

GERE, RICHARD (n. en 1949). Actor de cine estadounidense. El atractivo de su físico le dio a conocer como protagonista de comedias románticas. Interpretó personajes de cierta complejidad emocional. *American gigolo* (1980), *Oficial y caballero* (1981), *Pretty woman* (1990), *Mr. Jones* (1993), *Chacal* (1997), *Novia a la fuga* (1999).

GERENUK. Mamífero artiodáctilo rumiante de la familia de los bóvidos, subfamilia de los antilopinos (*Litocranius walleri*). Vive en Somalia, mide 1 m y presenta color parduzco, más oscuro en el lomo. Se alimenta de hojas y tallos que consigue izándose sobre las patas traseras.
Antílope 1:393b.

GERHARD, ROBERT (1895-1970). Músico español de origen suizo. Introductor del dodecafonismo en su país. Profesor en la Escuela Normal de Barcelona, se estableció en el Reino Unido a partir de 1938. Autor de música para ballets, zarzuelas, sinfonías, música experimental y una ópera. *Ariel* (1936), *Alegrías* (1943), *Don Quijote* (1950), *El barberillo de Lavapiés* (1954).

GERHARDT, ELENA (1883-1961). Mezzosoprano alemana. Una de las más destacadas intérpretes de *Lieder* y, en especial, de las canciones de Hugo Wolf. Enseñó canto en Londres.

GERIATRÍA. Especialidad médica que se ocupa del estudio y tratamiento de las enfermedades propias de la vejez.
7:111b; Vejez 14:252a; *ilustraciones* 7:111b; 7:112a.

GÉRICAULT, THÉODORE (1791-1824). Pintor francés. Sentó las bases del movimiento romántico en la pintura francesa del siglo XIX.
7:112b; Romanticismo 13:12a; *ilustraciones* 7:113a.

GERMAIN, THOMAS (1673-1748). Platero francés. Desarrolló el estilo rococó en la plata. Orfebre real desde 1723, realizó soperas, bandejas, etc., siendo su obra más espectacular el centro de mesa para un cliente portugués, 1730 (Museo Nacional de Arte Antiguo, Lisboa).

GERMANA DE FOIX (h. 1488-1537). Reina de Aragón (1505-1516). Segunda esposa de Fernando el Católico. Recibió como dote de su tío, Luis XII de Francia, el reino de Nápoles. Contrajo segundas y terceras nupcias a la muerte de sus maridos.

GERMANÍAS, REBELIÓN DE LAS. Levantamiento de asociaciones gremiales de Valencia y Mallorca en contra de la nobleza terrateniente. Se produjo entre 1519 y 1523.
7:113a.

GERMÁNICA, RELIGIÓN. Conjunto de mitos, creencias y rituales religiosos de los antiguos pueblos de la Europa septentrional.
7:113b; Odín 11:78a; Tor 14:90a; *ilustración* 7:114.

GERMÁNICAS, LENGUAS. Grupo de lenguas indoeuropeas, procedentes del antiguo germánico, habladas en la Europa septentrional, occidental y central, como el alemán, las lenguas escandinavas, el neerlandés u holandés, el flamenco, el inglés y el frisón.
Alemana, lengua 1:174a; Indoeuropeas, lenguas 8:176b; Inglesa, lengua 8:211b; Lenguas, clasificación de las 9:109b.

GERMÁNICO, CÉSAR (15 a.C.-19). General romano, sobrino de Tiberio, quien lo adoptó, y padre de Calígula y Agripina la Menor. Restableció el orden entre las legiones germanas y adquirió gran popularidad. Murió repentinamente en Asia, adonde había sido enviado con una misión especial.

GERMANIO. Elemento químico del grupo IVA de la tabla periódica. Metaloide grisáceo parecido al estaño en sus propiedades químicas. Di y tetravalente. Se encuentra en los minerales de zinc y plata y se usa para endurecer el magnesio y aluminio. Propiedades semiconductoras. Símbolo, Ge; número atómico, 32; peso atómico, 72,60.
Semiconductor 13:196b.

GERMANISMO. Préstamo lingüístico tomado de cualquier lengua germánica por otra lengua. En el léxico español el número de germanismos (bando, espuela, heraldo, rico...), introducidos principalmente durante el bajo imperio romano, el reinado visigodo y a través del antiguo francés, es relativamente escaso.
Español o castellano 6:96a.

GERMANÍSTICA. Ciencia que estudia las lenguas germánicas, es decir, el grupo indoeuropeo que se habló en la antigua Alemania, y las relacionadas con éste que se hablan actualmente en Europa central y septentrional.

GERMANITA. Sulfuro de hierro, cobre y germanio. Cristales cúbicos y opacos, de brillo metálico. Su color, rosa violáceo, cambia a violeta intenso al sufrir alteraciones superficiales. Fórmula, Cu_6FeGeS_8.

GERMANOS, PUEBLOS. Tribus indoeuropeas denominadas germánicas o teutónicas que habitaron áreas del centro y norte de Europa.
Alemania 1:189a; Edad media 5:297b; Godos 7:148b; Países Bajos 11:209b.

GERMANO-SOVIÉTICO, PACTO. Tratado de no agresión firmado el 23 de agosto de 1939, en vísperas de la segunda guerra mundial, entre Hitler y Stalin, para dividir el este de Europa en respectivas zonas de influencia.

GERMI, PIETRO (1914-1974). Cineasta italiano, destacado representante del neorrealismo. Trabajó como actor y director. *El ferroviario* (1956), *Divorcio a la italiana* (1962), *Seducida y abandonada* (1964). Su último filme, *Amigos míos* (1974), fue terminado por Mario Monicelli.

GERMINACIÓN. Conjunto de procesos que determinan el desarrollo de una semilla hasta convertirse en una nueva planta.
Malta (ALIMENTACIÓN) 9:312a; Semilla 13:196b.

GERMINAL (HISTORIA). Séptimo mes del calendario republicano francés, que correspondía a parte de marzo y de abril.

GERMINAL (LITERATURA). Novela del escritor francés Émile Zola, publicada en 1885. Una de las más famosas del autor. Relata la miseria de los mineros de Montsou que se rebelan bajo la dirección del joven Étienne Lantier. Decimotercera obra del ciclo Rougon-Macquart.
Zola, Émile 14:423a.

GERNIKA. V. **Guernica y Luno.**

GERONA. V. **Girona.**

GERÓNIMO. V. **Jerónimo.**

GERONTOCRACIA. Gobierno ejercido por ancianos. Característico de las sociedades antiguas y tradicionales, en las que se consideraba valiosa la sabiduría y experiencia de las personas mayores para la dirección política de la comunidad.

GERONTOLOGÍA. Estudio de la vejez y sus cualidades y fenómenos.
Geriatría 7:111b.

GERSHWIN, GEORGE (1898-1937). Compositor estadounidense, creador de canciones y comedias musicales, así como de piezas orquestales.
7:114b; Música 10:315a; Ópera 11:116a.

GERSZO, GUNTHER (n. en 1915). Decorador y escenógrafo mexicano. Se formó en su país, Suiza y los Estados Unidos. Aunque abordó la escenografía teatral, se dio a conocer por su dedicación a la pintura. Su producción constituyó una síntesis de diferentes tendencias y estilos artísticos, con una exaltación de los colores.

GERUNDIO. Forma verbal invariable del modo infinitivo, cuya terminación regular en español es *ando* en los verbos de la primera conjugación, *iendo* en los de la segunda y tercera. Denota la idea del verbo en abstracto, y puede referirse a cualquier tiempo, así como a cualquier género y número, según el sentido de la frase de que forme parte.

GERZSO, GÜNTER (1915-2000). Artista plástico mexicano. Estudió escenografía en los Estados Unidos, donde se inició en la pintura. Recibió un premio en México por la escenografía de la película *Una familia de tantas* (1950). Presentó muestras de su pintura en México y otros países. Autor de una escultura de acero inoxidable en la salida de la carretera de Monterrey a Saltillo.

GESELL, ARNOLD (1880-1961). Pediatra y psicólogo estadounidense. Destacó por sus investigaciones sobre el desarrollo de la inteligencia en los primeros años de vida. *El desarrollo del niño: una introducción al estudio del crecimiento* (1947), *El niño de los cinco a los diez años* (1946).

GESNER, CONRAD (1516-1565). Médico y naturalista suizo. Autor de una famosa obra, *Historia de los animales* (1551-1587), de gran trascendencia para el desarrollo de la zoología, y de diversos tratados de botánica.
Botánica 3:126a.

GESTA, CANTARES DE. Poemas épicos medievales desarrollados entre los siglos XII y XVI y referidos a argumentos históricos de la alta edad media.
7:115a; Cid, Cantar de mío 4:179a; Francesa, literatura 6:369b; Española, literatura 6:87a; Poesía 12:47a; Roldán, Cantar de 12:415a; Romance y romancero 13:2a; Roncesvalles 13:15b; *ilustraciones* 7:115a-b.

GESTACIÓN Y PARTO. Período que se inicia con la fecundación del óvulo, y concluye en el alumbramiento.
7:116a; Aborto 1:13b; Congénitos, defectos 4:332a; Diagnóstico prenatal 5:165a; Ginecobstetricia 7:132a; Pediatría 11:314b; *cuadro* 7:116a; *ilustraciones* 7:117; 7:118a; 7:119b.

GESTALT, PSICOLOGÍA DE LA. Escuela psicológica que defiende la concepción del psiquismo como un todo (estructural y dinámicamente hablando) y no como una agrupación de elementos aislados. También conocida como psicología de la forma.
7:119b; Pensamiento 11:329b; Percepción 11:332a; Psicología 12:176b; Sociología 13:286a.

GESTAPO. Cuerpo de policía política en la Alemania nazi. Las siglas corresponden a *Geheime Staats Polizei*, o policía secreta del estado.

GESTA ROMANORUM. Colección de cuentos, leyendas, narraciones, fábulas y anécdotas de autoría desconocida, recopiladas probablemente en Inglaterra en los siglos XIII y XIV. Incluye temas procedentes de la historia clásica y de fuentes orientales. Escrita en latín, fue traducida a numerosas lenguas y sirvió de fuente de inspiración a autores como Geoffrey Chaucer, William Shakespeare y John Gower.

GESTIDO, ÓSCAR DIEGO (1901-1967). Militar uruguayo. Miembro del Partido Colorado, fue elegido jefe de estado en 1966, accediendo al cargo en el año siguiente con la vuelta al sistema presidencialista. Murió meses después.
Pacheco Areco, Jorge 11:196b.

GESTOSO, JOSÉ (1852-1917). Escritor y erudito español. Trabajó como archivero y bibliotecario y creó el Museo Arqueológico de Sevilla. Autor de obras históricas, artísticas, etc., principalmente dedicadas a la ciudad de Sevilla. *Los Reyes Católicos en Sevilla, 1472-1478* (1891), *Sevilla monumental y artística* (1899-1902), *Juan Sánchez, pintor sevillano* (1909).

GETAFE. Población situada en las cercanías de Madrid, la capital española, dentro de su área metropolitana. Núcleo industrial. Aeródromo y base militar. Universidad Carlos III. 143.629 hab. (1998).

GETSEMANÍ, HUERTO DE. Jardín situado a las afueras de Jerusalén, al pie del monte de los Olivos, donde, según los Evangelios, Jesucristo se retiró a orar y fue apresado.

GETTY, PAUL (1892-1976). Financiero estadounidense. Dedicado a los negocios petrolíferos, reunió una de las grandes fortunas mundiales de su época. Coleccionista de arte, en 1974 inauguró el Museo J. Paul Getty, en Malibú (California).

GETTYSBURG, BATALLA DE. Batalla que se libró entre el 1 y 3 de julio de 1863, durante la guerra civil estadounidense, y en la que las tropas de la Unión, a las órdenes del general George G. Meade, obtuvieron una victoria sobre los confederados del sur bajo el mando de Robert E. Lee.
Secesión, guerra de 13:181b.

GETZ, STAN (1927-1991). Saxofonista estadounidense. Heredero de la tradición jazzística de Lester Young, participó en la orquesta de Woody Herman y se destacó como intérprete de música *cool*, que dominó el *jazz* entre 1949 y 1954. En la década de 1960 ayudó a popularizar la *bossa nova* internacionalmente.

GEZELLE, GUIDO (1830-1899). Poeta belga en lengua flamenca (neerlandesa). Sacerdote, en su obra ahondó en el sentimiento nacionalista y en una visión de la naturaleza que reflejaba la espiritualidad del autor. *Flores del cementerio* (1858), *Poemas, canciones y plegaria* (1862), *Corona de tiempo* (1893).
Belga, literatura 2:388a.

GHANA. País de África, regado por el Volta, a orillas del Atlántico. Cap. Accra. 238.533 km². 19.534.000 hab. (2000).
7:120a; África 1:94; Guinea, golfo de 7:187a; *mapa* 7:121a; *cuadros* 7:120b; 7:121b; *ilustración* 7:122a.

GHANA, IMPERIO DE. Primero de los grandes imperios medievales del África occidental en los siglos IV al XIII.
7:122b; Ghana 7:121b.

GHATES. Denominación asignada a dos cadenas montañosas que forman, respectivamente, los bordes oriental y occidental de la altiplanicie del Decán, en la India peninsular. Corren paralelas a la bahía de Bengala y al mar Arábigo. Se denominan también Ghats o Gates.
Decán, meseta del 5:105b.

GHELDERODE, MICHEL DE (1898-1962). Dramaturgo belga en lengua francesa. En sus obras se manifestó una preocupación por los problemas metafísicos del hombre. *Barrabás* (1928), *Fastos del infierno* (1929), *Magia roja* (1934).
Belga, literatura 2:389a.

GHEORGHIU-DEJ, GHEORGHE (1901-1965). Político rumano. Encarcelado por sus actividades revolucionarias, organizó la resistencia ante los alemanes desde la cárcel en la segunda guerra mundial. Ocupó los puestos de ministro de comunicaciones (1944-1946), industria y comercio (1946-1952) y primer ministro (1952-1955) y fue presidente del Consejo de Estado entre 1961 y 1965.

GHERARDESCA, FAMILIA. Una de las más poderosas familias de la Toscana italiana desde principios del siglo X hasta mediados del XIV. Su más célebre miembro fue Ugolino (m. en 1289), tirano de Pisa desde 1285. Otra rama se estableció en Florencia en el siglo XVI, prolongándose hasta el XIX.

GHETTO. Barrio en el que antiguamente se alojaba la comunidad judía de cada ciudad. Por extensión se aplica a una zona urbana aislada y de población característica, en general de clase social baja. El término suele castellanizarse como gueto.

GHIANO, JUAN CARLOS (1920-1991). Escritor argentino. Ensayista, comediógrafo y narrador. *Historias de finados y traidores* (1949), *Narcisa Garay, mujer para llorar* (1959), *Actos de miedo* (1970).

GHIBERTI, LORENZO (h. 1378-1455). Escultor y orfebre italiano. La evolución de su obra refleja el paso del gótico tardío al Renacimiento en Florencia.
7:123a; Renacimiento 12:330b; Uccello, Paolo 14:169a; *ilustración* 7:123a.

GHIRALDO, ALBERTO (1874-1946). Novelista y poeta argentino. Frecuentó la tertulia bonaerense de Rubén Darío, quien prologó su libro de poemas *Fibras* (1895). Cultivó el teatro, el ensayo político y dirigió la revista *El Sol*. Fue militante anarquista. *Alma gaucha* (1909), *Humano ardor* (1923), *Cuentos argentinos* (1935).

GHIRLANDAIO, DOMENICO (1449-1494). Domenico di Tommaso Bigordi, pintor italiano. Trabajó la pintura de caballete y el fresco, en los

que introdujo técnicas nuevas y retratos de personalidades de la época.
7:123b; *ilustración* 7:123b.

GIACOMELLI, MARIO (n. en 1925). Fotógrafo italiano. Orientado al principio de su carrera hacia la creación de paisajes con una clara visión abstracta, a partir de la década de 1950 se incorporó al neorrealismo, basado en la construcción de imágenes de personajes en blanco y negro.

GIACOMETTI, ALBERTO (1901-1966). Escultor y pintor suizo. Autor de obras de volúmenes elementales, en donde la figura humana, estilizada y alargada, adquiere una dimensión simbólica.
7:124a; *ilustración* 7:124a.

GIAMBOLOGNA (1529-1608). Giovanni da Bologna, escultor y arquitecto de origen flamenco. Se formó artísticamente en Flandes y se estableció en Italia a mediados del siglo XVI. Su obra se inscribe dentro de la corriente manierista. «Rapto de las Sabinas» (1575-1580), «Mercurio».

GIAP, VO NGUYEN (n. en 1912). Militar vietnamita. Ingresó muy joven en el Partido Comunista. Al ser declarado éste ilegal, en 1939, se refugió en China. Cinco años más tarde, de regreso a su país, luchó contra los franceses, a quienes derrotó en la decisiva batalla de Dien Bien Phu. Comandante en jefe del ejército del norte durante la guerra contra los Estados Unidos, concluida ésta fue ministro de defensa (1976-1980) y viceprimerministro hasta 1986.

GIAQUINTO, CORRADO (1703-1765). Pintor italiano. Estudió con Francesco Solimena en Nápoles, hasta que se estableció en Roma. Autor de numerosos frescos y óleos de estilo rococó fue pintor de cámara de Fernando VI en Madrid, ciudad en donde dirigió la Academia de San Fernando. «Natividad de la Virgen», «Paisaje con cazadores».

GIARDINELLI, MEMPO (n. en 1947). Escritor argentino. Sus obras exponen con tono humorístico las aspiraciones interiores de unos personajes insatisfechos con la vida, a través de los que expone sus valores personales. Autor de novelas, cuentos y ensayo, también ejerció como periodista. *La revolución en bicicleta* (1980), *Vidas ejemplares* (1982), *Santo oficio de la memoria* (1991), *Imposible equilibrio* (1995).

GIAUQUE, WILLIAM FRANCIS (1895-1982). Químico estadounidense. Premio Nobel de química en 1949 por sus investigaciones sobre las bajas temperaturas. En colaboración con Herrick Johnston descubrió los isótopos del oxígeno.

GIBBON, EDWARD (1737-1794). Historiador británico. Formó parte de los círculos ilustrados europeos del siglo XVIII.
7:124a; Historia 8:22b; Renacimiento 12:328a.

GIBBONS, GRINLING (1648-1721). Escultor británico. Se le conoce básicamente por sus festones, tallados en madera de tilo, utilizados para adornar revestimientos, marcos, etc. Obras en el Trinity College de Oxford (1693-1694) y sillería y cancela del coro de la catedral de San Pablo de Londres (1696-1697).

GIBBONS, ORLANDO (1583-1625). Compositor inglés, una de las últimas grandes figuras de la música polifónica de su país. Organista de la capilla real a los 21 años. Compuso madrigales y motetes.

GIBBS, J. WILLARD (1839-1903). Físico estadounidense, autor de importantes trabajos sobre termodinámica. Ideó la regla de las fases e investigó el equilibrio de sustancias heterogéneas. Aportó un principio de equipartición de energía en mecánica cinética y elaboró notables avances sobre cálculo vectorial.
Número 11:48a; Probabilidad y estadística 12:153a; Termodinámica 14:33a.

GIBELINOS. Partido de la Italia medieval defensor de los emperadores en oposición a los güelfos, que defendían el papado y la independencia de Italia.

GIBÓN. Primate antropoide de la familia de los hilobátidos. Carente de cola y con brazos muy largos. Arborícola, se desplaza por los árboles mediante el método denominado braquiación. Vive en los bosques asiáticos.

GIBRALTAR. Enclave administrado por el Reino Unido en la península ibérica, entre el océano Atlántico y el mar Mediterráneo, que se unen por su estrecho. España reclama su soberanía. 5,8 km². 27.100 hab. (1997).
7:124b; Sucesión española, guerra de 13:333a; *ilustración* 7:124b.

GIBRALTAR, ESTRECHO DE. Canal que conecta el mar Mediterráno con el océano Atlántico, entre el sur de España y el noroeste de África. Tiene una longitud de 58 km y una anchura de 12,8 km.
Mediterráneo, mar 10:37b.

GIBRÁN, JALIL (1883-1931). Escritor libanés. Residió en Nueva York gran parte de su vida. Autor de composiciones poéticas, en árabe y en inglés, de carácter místico y romántico. Alternó su labor literaria con la pintura. *Las almas rebeldes* (1920), *El profeta* (1923).

GIBSITA. V. **Hidrargilita.**

GIBSON, CHARLES DANA (1867-1944). Ilustrador y pintor estadounidense. Después de estudiar en Nueva York colaboró en el semanario humorístico *Life.* Fue creador de un tipo ideal de joven estadounidense, conocida como *Gibson girl*, antecedente de la vampiresa de los años veinte. Ilustró libros (*El prisionero de Zenda,* de Anthony Hope) y publicó álbumes de dibujos: *La educación de Mr. Pipp* (1899).

GIBSON, MEL (n. en 1956). Actor y director de cine australiano. El dinamismo de sus personajes le confirió un gran éxito de público. En la década de 1990 se inició como realizador y director de cine. *Mad Max* (1979), *Gallipoli* (1981), *El año que vivimos peligrosamente* (1983), la serie de tres entregas de *Arma Letal* (1987, 1989 y 1992), *Braveheart* (1995) –película de la que fue actor y director y por la que obtuvo cinco Óscar–, *Conspiración* (1997), *El patriota* (2000), *Evasión en la granja* (2000).

GIBSON, RALPH (n. en 1939). Fotógrafo estadounidense. Poseedor de un estilo muy personal, imbuido de cierto surrealismo. Teórico de la fotografía con obras como *Apertura y contraluz* (1986).

GIDDENS, ANTHONY (n. en 1938). Sociólogo británico. Investigador de la evolución de las sociedades desarrolladas en el terreno político. *La teoría social, hoy* (1987), *Clase, conflicto y poder* (1990).

GIDDINGS, FRANKLIN H. (1855-1931). Sociólogo estadounidense. Profesor en la Universidad Columbia de Nueva York, está considerado como uno de los fundadores de la sociología científica en los Estados Unidos. *Principios de sociología* (1896), *Estudios sobre la teoría de la sociedad humana* (1922), *Estudio científico de la sociedad humana* (1924).

GIDE, ANDRÉ (1869-1951). Escritor francés. Ahondó en la problemática del hombre moralmente libre.
7:125a; Francesa, literatura 6:376a; *ilustración* 7:125b.

GIDE, CHARLES (1847-1932). Economista francés. Partidario de lograr la reforma social mediante la propagación del movimiento cooperativista, tendencia que fue conocida como escuela de Nîmes. *Principios de economía política* (1883), *Historia de las doctrinas económicas* (1904).

GIELGUD, JOHN (1904-2000). Actor teatral y cinematográfico británico. Uno de los más destacados intérpretes de Shakespeare. *Julio César* (1953), *Romeo y Julieta* (1954), *Ricardo III* (1955), *Carros de fuego* (1981), *Gandhi* (1982).

GIEREK, EDWARD (1913-2001). Político polaco. Uno de los organizadores del Partido Obrero Unificado Polaco (comunista), fue su primer secretario de 1970 a 1980. En 1981 fue expulsado de él.
Polonia 12:75b.

GIESEKING, WALTER (1895-1956). Pianista alemán. Compuso diversas variaciones y una sonata para flauta y piano. Destacado intérprete de Claude Debussy, Maurice Ravel, Ludwig van Beethoven y otros compositores.

GIGA. Antigua danza popular. Originaria de Inglaterra, fue muy conocida en el resto de Europa durante el siglo XVII. Escrita en compás compuesto se incorporó a las *suites* instrumentales como última pieza y frecuentemente en forma fugada.

GIGABYTE. Magnitud múltiple equivalente a mil millones de bytes. Es una unidad usada para reflejar la capacidad de memoria de discos duros o de otros elementos, como cintas, destinados al almacenamiento de datos.

GIGANTA, SIERRA DE LA. Formación montañosa de México, en la parte oriental de la península de Baja California, cercana a la costa. 1.176 m de altura. Su clima es subárido, aunque varía según la altura.

GIGANTE ROJA. Cuerpo estelar formado al agotarse el hidrógeno combustible en el centro de una estrella y sustituirse por helio, lo que provoca que el núcleo se contraiga y se caliente mientras que el exterior se expande y enfría.
Estrella 6:171a.

GIGANTES. En la mitología griega, hijos de Gea, concebidos de la sangre derramada sobre ella cuando Cronos castró a su padre Urano.
7:125b; *ilustración* 7:126a.

GIGANTISMO. Crecimiento anormal de una persona. Puede ser patológico, a consecuencia de desórdenes hormonales, o fisiológico, debido a una acentuada función de la hipófisis, glándula que determina el crecimiento. En este caso se conservan la armonía y proporción corporales.
Endocrinología 5:408b.

GIGES (m. en el 648 a.C.). Rey de Lidia que fundó la dinastía de los mermnadas y convirtió su reino en una potencia militar. Según algunas leyendas griegas, tenía un anillo con el que podía hacerse invisible.

GIGLI, BENIAMINO (1890-1957). Tenor italiano. Estudió en Roma y debutó en 1914 con *La Gioconda,* de Amilcare Ponchielli. Célebre por la ternura de su voz.

GIJÓN. Ciudad de España en la comunidad autónoma de Asturias. Uno de los puertos más activos del país (El Musel), a orillas del mar Cantábrico. Baños romanos, edificios medievales. Estudios técnicos, escuela náutica. Centro pesquero. Industria siderúrgica de maquinaria, química. Playas. 265.491 hab. (1998).
Asturias 2:183a.

GIL, GILBERTO (n. en 1942). Gilberto Passos Gil Moreira, cantante y compositor brasileño. Junto a Caetano Veloso, fue precursor en la década de 1960 del llamado movimiento tropicalista. *Refazenda* (1975), *Realce* (1979), *Superhombre* (1979). En 1993 lanzó, en colaboración con Veloso, *Tropicália 2.*

GILA, RÍO. Río de los Estados Unidos. Nace en el sudoeste de Nuevo México, en las montañas Elk, atraviesa varios poblados de Arizona y desemboca en el río Colorado tras recorrer 1.015 km.

GIL-ALBERT, JUAN (1906-1994). Escritor español. Tras la guerra civil se instaló en México, donde trabajó con Octavio Paz. Regresó a España en 1947. Autor en múltiples géneros. *Concierto en mi menor* (1964), *Crónica general* (1976), *Breviarium vitae* (1979).

GILARDI, GILARDO (1889-1963). Compositor y violinista argentino. Alumno de Arturo Berutti, fue el fundador del Grupo Renovación y autor de canciones, obras sinfónicas, de cámara y religiosas, así como piezas para violín y piano. *Ilse* (1923), *La leyenda del Urutaú* (1934), *El gaucho con botas nuevas* (1939).

GILBERT, HUMPHREY (h. 1539-1583). Militar y navegante inglés, autor de osados proyectos de colonización en ultramar. No consiguió establecer la primera colonia inglesa permanente en América del norte, pero obtuvo la anexión de Terranova. Murió al hundirse su nave en una gran tormenta atlántica.

GILBERT, ISLAS. Grupo de 16 atolones de la zona occidental del Pacífico central que forman parte de Kiribati. 286 km^2. 67.508 hab. (1990). Kiribati 9:29a.

GILBERT, WALTER (n. en 1932). Biólogo estadounidense. Premio Nobel de química, junto con Paul Berg y Frederick Sanger, en 1980, por sus estudios sobre la determinación de la secuencia de las bases en los ácidos nucleicos a partir de sus trabajos sobre el sistema celular de *Escherichia coli.*

GILBERT, WILLIAM (1544-1603). Científico británico, precursor de los estudios sobre magnetismo. Conocido también por sus investigaciones sobre la estructura del universo. Magnetismo 9:287b.

GILBERT, WILLIAM SCHWENK (1836-1911). Escritor británico. Autor de novelas y artículos periodísticos, destacó especialmente por sus libretos de óperas cómicas, musicalizadas por Arthur Sullivan. Como novelista criticó diversos aspectos de la sociedad de su país. *Proceso* (1875), *El soldado de la guardia* (1888).

GILBERTO, JOAO (n. en 1931). Compositor brasileño. Precursor del movimiento musical conocido en todo el mundo como *Bossa nova. Basta de nostalgia* (1959).

GILBERT Y SULLIVAN. William Schwenk Gilbert (1836-1911) y Arthur Seymour Sullivan (1842-1900), músicos británicos, autores de célebres operetas.
7:126a.

GIL DE BIEDMA, JAIME (1929-1990). Poeta español. Creó, con otros escritores, la revista *Colliure,* en homenaje a Antonio Machado. Cultivó el ensayo y tradujo diversas obras. Perteneciente a la que es conocida como generación de los años cincuenta. *En favor de Venus* (1965), *Colección particular* (1969), *Al pie de la letra* (1980).

GIL DE CASTRO, JOSÉ. V. **Mulato Gil.**

GIL DE HONTAÑÓN, JUAN (h. 1480h. 1526). Arquitecto español. Formado en la escuela burgalesa, cuyo estilo adaptó al de la escuela de Salamanca, simplificándolo de recargamientos. Trabajó en la catedral de Salamanca (1520) y en la de Segovia (1525).

GIL FORTOUL, JOSÉ (1861-1943). Historiador y político venezolano. Desempeñó múltiples cargos públicos. Autor principalmente de obras históricas y narraciones. *Historia constitucional de Venezuela* (1907-1909), *Discursos y palabras* (1915).

GILGAMESH, POEMA DE. Epopeya que narra las aventuras del héroe legendario asiriobabilónico Gilgamesh en su incesante búsqueda por conseguir la inmortalidad.
7:126b; Babilonia 2:296b; Epopeya 6:15b; Sumer 13:362b; *ilustración* 7:127a.

GIL GILBERT, ENRIQUE (1912-1973). Escritor ecuatoriano. En colaboración con otros autores publicó *Los que se van,* colección de cuentos. Autor de *Nuestro pan* (1942), novela en la que describe la vida de los trabajadores de los arrozales, galardonada en los Estados Unidos.

GILMAN, ALFRED GOODMAN (n. en 1941). Farmacólogo estadounidense. Investigador de los sistemas de flujo intercelular de estímulos de naturaleza química. Sus estudios condujeron al aislamiento, por primera vez, de una proteína G. Fue galardonado con el Nobel de medicina en 1994.

GIL POLO, GASPAR (m. en 1584). Escritor español. Notario y profesor de griego, escribió la novela pastoril *Diana enamorada* (1564), en prosa y verso, continuación de la *Diana* de Jorge de Montemayor. Describió en su obra la naturaleza levantina. Felipe II lo nombró contador mayor de la curia regia.

GIL-ROBLES, JOSÉ MARÍA (1898-1980). Político español. Destacado líder conservador en los años que precedieron a la guerra civil española.
7:127b.

GIL-ROBLES, JOSÉ MARÍA (n. en 1935). Político español. Afín en sus orígenes a la democracia cristiana, en 1989 fue elegido diputado del Partido Popular en el Parlamento Europeo. Revalidó su elección en 1994 y fue proclamado en 1997 presidente de dicha institución.

GILSON, ÉTIENNE (1884-1978). Filósofo francés. Profesor en la Universidad de Estrasburgo, en la Sorbona, en el Colegio de Francia y en la Universidad de Toronto. Son conocidos sus estudios sobre filosofía medieval y la influencia de ésta en pensadores modernos como Descartes. Cultivó un realismo fundamentado en la intuición sensible considerada como evidencia sobre la que se pueden establecer juicios existenciales. *La filosofía en la edad media* (1922), *El espíritu de la filosofía medieval* (1932), *El realismo metódico* (1935).

GIL TABOADA DE LEMOS, FRANCISCO (h. 1740-1810). Marino español. Miembro del Consejo Supremo de Castilla y teniente general de la real armada, fue virrey de Nueva Granada en 1789 y del Perú (1789-1796). Propició la publicación en el Perú de diversos diarios, inauguró el anfiteatro para estudios de anatomía y fundó la Academia Náutica. Ministro de marina en España (1805), formó parte de la junta de gobierno que se constituyó al partir Fernando VII a Francia (1808).

GIL Y CARRASCO, ENRIQUE (1815-1846). Escritor español. Fue secretario de embajada y cultivó la amistad del poeta romántico José de Espronceda. Autor de poesías y otros géneros, su obra más conocida es la novela histórica *El señor de Bembibre* (1844).

GIL Y ZÁRATE, ANTONIO (1793-1861). Escritor dramático español. Desempeñó diversos cargos políticos, fue académico de la lengua y de bellas artes y escribió obras teatrales en las que cultivó tanto el estilo de Leandro Fernández de Moratín como la estética neoclásica o romántica. *Cuidado con las novias* (1826), *Blanca de Borbón* (1829), *Guzmán el Bueno* (1847).

GILL, ERIC (1882-1940). Escultor, grabador, tipógrafo y escritor británico. Su estilo escultórico era sencillo y de volúmenes lineales. «Vía Crucis» de la catedral de Westminster, Londres (1914-1918), «Humanidad» (1928).

GILL, JUAN BAUTISTA (m. en 1877). Político paraguayo. Ministro de hacienda, fue destituido en 1871, acusado de malversación. Elegido presidente de la república en 1874, murió asesinado en una revuelta.

GILLESPIE, DIZZY (1917-1993). Trompetista, compositor y director de bandas de *jazz* estadounidense. Uno de los creadores del estilo denominado *bebop,* influyó sobre los posteriores trompetistas de *jazz.*
Jazz 8:358b.

GILLRAY, JAMES (1756-1815). Caricaturista británico. Planteó en sus obras tanto cuestiones políticas como sociales. Dentro del primer género, destacó en sus recreaciones de las principales figuras de la época: el rey Jorge III, William Pitt, Napoleón, etc. Dominó el dibujo y las técnicas del grabado.
Caricatura 3:390b.

GILLY, ADOLFO (n. en 1928). Ensayista político argentino nacionalizado mexicano. En su país de origen militó en partidos de izquierda. Participó después en actividades revolucionarias en Bolivia y Guatemala. Llegado a México en 1966, estuvo preso por razones políticas hasta 1973. *La revolución interrumpida, La fuerza teórica de los hechos revolucionarios, La nueva Nicaragua, Guerra y política en El Salvador.*

GIMBERNAT Y ARBÓS, ANTONIO DE (1734-1816). Cirujano y anatomista español. Ideó un método para operar las hernias crurales, conocido como operación de Gimbernat. Realizó operaciones oftalmológicas importantes y descubrió detalles de anatomía como el ligamento de Gimbernat. Catedrático de anatomía en el Colegio de Cirugía de Barcelona, colaboró en la fundación del de San Carlos de Madrid, donde estableció un gabinete anatómico y patológico. *Nuevo método de operar en la hernia crural* (1793).

GIMÉNEZ CABALLERO, ERNESTO (1899-1988). Periodista y ensayista español. Fundó *La Gaceta Literaria.* Primer premio, en 1938, del Concurso Internacional de Libros Fascistas con *Roma madre. Genio de España* (1932), *Memorias de un dictador* (1979).

GIMÉNEZ FERNÁNDEZ, MANUEL (1896-1968). Jurisconsulto y político español. Profesor de derecho canónico en la Universidad de Sevilla, fue diputado por la Confederación Española de Derechos Autónomos (CEDA) y ministro de agricultura (1933-1935). Intentó sin éxito llevar a cabo una serie de reformas agrarias de carácter liberal. *Instituciones jurídicas en la Iglesia Católica* (1953).

GIMENO, FRANCISCO (1858-1927). Pintor español. Influido por la obra de Diego Velázquez y la de los impresionistas, fue incomprendido en vida y no alcanzó el reconocimiento hasta después de su muerte. Autor de pintura de género y paisajes. «El niño y el perro» (1891), «Autorretrato con boina» (1917).

GIMFERRER, PERE (n. en 1945). Poeta y ensayista español en catalán y castellano. Crítico literario y cinematográfico. Galardonado con diversos premios: *Arde el mar* (1966) obtuvo el Nacional de Poesía. Publicó una edición bilingüe de sus escritos en *Poesía 1970-1977. Fortuny* (1983), *Mascarada* (1996).

GIMNASIA. Conjunto de actividades deportivas, para las que a menudo se emplean aparatos diversos, realizadas usualmente en un gimnasio. La gimnasia olímpica incluye una serie de disciplinas específicas.
7:128a; Halterofilia 7:325b; *ilustraciones* 7:128a-b.

GIMNOSPERMAS. Plantas fanerógamas en las cuales los elementos reproductivos están descubiertos. Incluyen, entre otras, las coníferas (pinos, cedros, abetos, secuoyas, etc.), y las lianas o bejucos.
7:129a; Botánica 3:129a; Angiospermas 1:353b; Coníferas 4:339a; Hoja 8:39b; Pino 11:410a; Planta 12:20a; Primaria, era 12:140b; Secundaria, era 13:182b; Semilla 13:197a; Vida 14:300a; *cuadro* 7:130; *ilustraciones* 7:129b; 7:130a.

GIMNOTO. Pez óseo cipriniforme de la familia de los gimnótidos (*Gimnotus electricus*). Cuerpo cilíndrico sin escamas y longitud superior a dos metros. Normalmente presenta aleta única, anal, muy desarrollada. Color verde oscuro. Sus órganos nerviosos provocan intensas descargas eléctricas, que utiliza para atrapar a sus presas. Vive en aguas dulces poco profundas. Originario de América del sur. También llamado anguila eléctrica.

GIMSON, ERNEST (1864-1919). Arquitecto y diseñador británico. Perteneciente al movimiento Arts and Crafts de William Morris, desarrolló un mobiliario en el que se marcaba el acento en la técnica y los materiales. Obras de líneas sencillas, elegantes y generalmente con incrustaciones.

GINANDROMORFISMO. Carácter fisiológico bisexual de los individuos de una especie o de uno en particular. Observado en animales con diferenciación sexual aparente intracelular no hormonal. Caracterizado por la presencia de cromosomas de ambos sexos en distintas partes del cuerpo, con predominio temporal o permanente de una de las dos tendencias. También aplicado a individuos con sexo doble o dudoso. Concepto asimilable al de hermafroditismo.

GINASTERA, ALBERTO (1916-1983). Compositor argentino. Combinó elementos tradicionales argentinos con formas características de las vanguardias musicales del siglo XX.
7:130b; Aleatoria, música 1:162b; Música 10:315a.

GINEBRA (BEBIDA). Aguardiente obtenido por fermentación de cereales (casi siempre una mezcla de maíz, malta y centeno), aromatizado con bayas de enebro y otras plantas, y destilado.
Alcohólicas, bebidas 1:158a; Centeno 4:76a.

GINEBRA (CIUDAD). Población de Suiza, a orillas del lago Leman. 172.809 hab. (1999).
7:131a; Calvinismo 3:292b; Calvino, Juan 3:294a; Reforma y contrarreforma 12:293b; Suiza 13:356b; *ilustraciones* 7:131a-b.

GINEBRA, CONFERENCIA DE. Reunión internacional que buscó solución a los conflictos de Corea e Indochina. Se celebró en la ciudad suiza de Ginebra entre abril y julio de 1954. No se alcanzó la paz en Corea, pero se consiguió un alto el fuego en el conflicto de Indochina y se estableció la independencia de Laos y de Camboya con respecto a Francia, así como la división de Vietnam.

GINEBRA, CONVENCIONES DE. Acuerdos firmados por diversas naciones entre 1864 y 1949 sobre determinados aspectos de la guerra (protección de los soldados heridos, trato de los prisioneros, protección de la población civil).
Cruz Roja 5:40b; Piratería 12:2a.

GINEBRA, LAGO DE. V. **Leman, lago.**

GINECEO. Órgano femenino de la flor. Constituido por hojas modificadas o carpelos, en número de uno o varios según las distintas especies.
Flor 6:326a.

GINECOBSTETRICIA. Especialidad médica que estudia, por una parte, los órganos sexuales femeninos y sus enfermedades y, por otra, el cuidado de la gestación, parto y puerperio en la mujer.
7:132a; Gestación y parto 7:116a; Pediatría 11:314b; *ilustraciones* 7:132a-b; 7:133b; 7:134a.

GINECOLOGÍA. Especialidad médica que se ocupa del estudio de la patología, la clínica y el tratamiento del aparato genital femenino.
Ginecobstetricia 7:132a.

GINECOMASTIA. Alteración patológica caracterizada por el abultamiento excesivo de las glándulas mamarias en el varón. Asociada normalmente a trastornos endocrinos.

GINER, SALVADOR (1832-1911). Compositor español. Profesor del Conservatorio de Valencia y director de esta institución desde 1894, compuso poemas sinfónicos, música religiosa, zarzuelas y óperas: *Feria de Valencia* (1870), *Sagunto* (1891), *El soñador* (1901).

GINER, SALVADOR (n. en 1934). Sociólogo español. Profesor de sociología en diversas universidades hispanoamericanas e inglesas, se ocupó especialmente de las estructuras sociales en el área mediterránea y del fenómeno del corporativismo. *Historia del pensamiento social* (1967), *Europa contemporánea: clases, status y poder* (1970), *La estructura social europea* (1977).

GINER DE LOS RÍOS, FRANCISCO (1839-1915). Pedagogo y escritor español. Partidario del krausismo, fundó junto con otros la Institución Libre de Enseñanza.
7:134a; Educación 5:314b.

GINER DE LOS RÍOS, HERMENEGILDO (1847-1923). Político y pedagogo español. Hermano de Francisco, con el que colaboró en la Institución Libre de Enseñanza. Partidario de la república, fue concejal y diputado. *Teoría del arte e historia de las bellas artes en la antigüedad, Manual de estética, Principios de literatura.*

GINETA. Mamífero carnívoro de la familia de los vivérridos (*Genetta genetta*). Vive en África y sudoeste de Europa.

GINÉ Y PARTAGÁS, JUAN (1836-1903). Médico e higienista español. Catedrático y decano en la Universidad de Barcelona, fue director general de higiene en Barcelona y fundador del Instituto Médico. Destacó en psiquiatría y en dermatología. Escribió novelas de carácter científico. *Viaje a cerebrópolis* (1884), *La familia de los Onkos* (1887).

GINGIVITIS. Inflamación de las encías motivada por causas diversas. Caracterizada por hinchazón, dolor y eventual formación de úlceras, puede llegar a provocar la caída del diente. Combinada frecuentemente con afta, escorbuto y otras enfermedades.

GINKGO. Árbol de hoja caduca del grupo de las coníferas y de la familia de las ginkgoáceas (*Ginkgo biloba*). Gimnosperma. Originaria de China y Japón, presenta hojas escotadas muy características. Ornamental.

GINSBERG, ALLEN (1926-1997). Poeta estadounidense. Uno de los más influyentes de la generación *beat.* Autor de *Aullido* (1956), poema por el que fue procesado, *Kaddish* (1961), *El espejo vacío* (1961).
Kerouac, Jack 9:22a.

GINSENG. Planta herbácea de la familia de las araliáceas y del género *Panax.* Dicotiledónea. De raíces aromáticas, se usa en medicina para el tratamiento de numerosas afecciones. Distribuida por Asia y Norteamérica.

GINZBERG, ASHER. V. **Ahad Haam.**

GIOCONDA, LA. V. **Mona Lisa.**

GIOLITTI, GIOVANNI (1842-1928). Político italiano. Fue primer ministro en cinco ocasiones. Bajo su mandato Italia alcanzó gran prosperidad durante la última década del siglo XIX y las dos primeras del XX. Toleró las escuadras fascistas que desembocaron en la marcha sobre Roma de octubre de 1922.
Italia 8:311b.

GIONO, JEAN (1895-1970). Novelista y dramaturgo francés. Describió líricamente los paisajes y gente de la Provenza. Acusado de colaboracionista, fue defendido por André Gide. *La mujer del panadero* (1944), *Un húsar en los tejados* (1951), *El iris de Suse* (1970).

GIORDANO, LUCA (1632-1705). Pintor italiano. Autor de frescos y pintura de caballete dentro del estilo barroco.
7:134b.

GIORDANO, UMBERTO (1867-1948). Compositor italiano. Estudió en Foggia y en Nápoles. Entre sus óperas, de carácter realista, destaca *Andrea Chénier* (1896). *Siberia* (1903), *El rey* (1929).

GIORGIONE (1477-1510). Giorgio da Castelfranco o Giorgio Barbarelli, pintor italiano. Considerado como el iniciador de la escuela veneciana de pintura.
7:135a; Renacimiento 12:331b; Tiziano 14:69a.

GIOTTINO. Pintor italiano, activo en Florencia desde mediados del siglo XIV. Al lado de Taddeo Gaddi, Bernardo Daddi y Maso di Banco, entre otros, constituyó el grupo de los *biotteschi,* o artistas del *Trecento* seguidores de Giotto. Se le atribuye la autoría del «Descendimiento» de la iglesia de San Remigio.

GIOTTO (h. 1267-1337). Giotto di Bondone, pintor, arquitecto y mosaísta italiano. Abandonó la rigidez de la estética bizantina, dotando de un mayor naturalismo a sus figuras.
7:135b; Muralismo 10:300a; Pintura 11:413a; Renacimiento 12:330b; *cuadro* 7:135b; *ilustraciones* 7:135b; 7:136a.

GIRAL, JOSÉ (1879-1962). Político y químico español. Catedrático de la Universidad de Salamanca y rector de la Universidad Complutense de Madrid, desempeñó los cargos de diputado, ministro de marina (1931-1933), de estado (1937-1938), presidente del consejo de ministros entre febrero y septiembre de 1936 y del gobierno republicano en el exilio (1945-1947). Desde 1939 vivió en México.

GIRALDA, LA. Antiguo minarete que perteneció a la gran mezquita de Sevilla (España). Se construyó en el siglo XII, dentro del estilo almohade. En 1560-1568 el arquitecto Hernán Ruiz, el Joven, le añadió un campanario renacentista y una veleta en forma de figura femenina que representa la fe.
Sevilla 13:217a; *ilustración* 13:216b.

GIRALDO, ALFONSO (1744-1812). Escultor español. Director de la Real Academia de Bellas Artes de San Fernando, trabajó en la ornamentación de Madrid promovida por el rey Carlos III y esculpió la estatua de este monarca en la plaza Mayor de Burgos.

GIRALDO, LUCAS (siglo XVI). Escultor español. Ayudante de Damián Forment en Zaragoza, se trasladó a Ávila en 1521, en donde residió hasta 1549. Colaboró en el retablo de santa Catalina de la catedral abulense y, junto con Juan Rodríguez, trabajó en las figuras del trascoro y en la sillería del coro de este mismo templo.

GIRALT, EMILI (n. en 1927). Historiador español. Discípulo de Jaime Vicens Vives, fue catedrático en las universidades de Valencia y de Barcelona y se ocupó especialmente de los movimientos sociales y agrarios de los territorios de población de lengua catalana. *El conflicto rabassaire y la cuestión agraria en Cataluña hasta 1936* (1964), *Los movimientos sociales en Cataluña, País Valenciano y Baleares, 1800-1939* (en colaboración, 1967).

GIRARDELLI, MARC (n. en 1963). Esquiador luxemburgués de origen austriaco. Ganador en varias ocasiones de la Copa del Mundo, obtuvo dos medallas de plata en los Juegos Olímpicos de Albertville (1992).

GIRARDON, FRANÇOIS (1628-1715). Escultor francés. Su producción se inscribe dentro del clasicismo de inspiración helenística. Trabajó junto con Charles Le Brun en el palacio de Versalles y fue escultor de la corte de Luis XIV. «Tumba de Richelieu» (1675-1694), «Rapto de Proserpina» (1677-1699).

GIRARDOT. Ciudad y puerto fluvial de Colombia, dep. de Cundinamarca, en la confluencia de los ríos Magdalena y Bogotá. Aeropuerto. Ferrocarril. Industrias alimentarias y textiles. 115.004 hab. (1999).

GIRARDOT, ANNIE (n. en 1931). Actriz cinematográfica francesa. *Rocco y sus hermanos* (1960), *Morir de amor* (1970), *Tratamiento de shock* (1972).

GIRARDOT, ATANASIO (1791-1813). Militar colombiano. Combatió a las órdenes de Simón Bolívar. Murió en la batalla de Bárbula.

GIRART DE ROUSSILLON. Cantar de gesta del siglo XII, escrito en un dialecto francoprovenzal. Retrato dramático y realista del feudalismo, describe la lucha entre el rey francés Carlos el Calvo y Girart de Roussillon.

GIRASOL. Planta herbácea anual de la familia de las compuestas (*Helianthus annuus*).
7:136a; Aceites comestibles 1:27a; Angiospermas 1:355b; Herbáceas 7:365a; Oleaginosas, plantas 11:92b; *ilustración* 7:136a.

GIRAUDOUX, JEAN (1882-1944). Novelista, ensayista y dramaturgo francés. Aportó a la literatura francesa del momento una importante carga lírica y poética.
7:136b; *ilustración* 7:136b.

GIRO. Circulación inherente a operaciones económicas y, en general, mercantiles. Así, el giro bancario consiste en poner a disposición de otra persona y en otro lugar una cantidad de dinero mediante los servicios de un banco u otro intermediario. También se llama giro al conjunto de operaciones de una empresa con el exterior.
Banca 2:332a.

GIRÓ, JUAN FRANCISCO (1791-1860). Político uruguayo. Ministro de gobernación, relaciones exteriores y hacienda, ocupó la presidencia de la república a partir del 1 de marzo de 1852, elegido por el Partido Blanco. Incorporó a su gobierno hombres del Partido Colorado. Sus partidarios lo abandonaron y tuvo que dejar la presidencia el 24 de septiembre de 1853.

GIROCOMPÁS. Giróstato suspendido que mantiene su eje en el plano horizontal gracias a un contrapeso. Se emplea para marcar el norte geográfico en barcos y aeronaves.

GIRO DE ITALIA. Competición ciclista de carretera, una de las más famosas del mundo. Se inicia a finales del mes de mayo.
Ciclismo 4:177b.

GIRODET-TRIOSON, ANNE LOUIS (1767-1824). Pintor francés. Adscrito al estilo neoclásico, en sus obras se observa un gusto marcado por los autores del norte de Europa. En algunas de sus composiciones preconizó el estilo romántico. «Dánae» (1799), «El entierro de Atala» (1808), «Retrato de Chateaubriand» (1809).

GIRO IDIOMÁTICO. Estructura especial de la frase o manera de estar ordenadas las palabras para expresar un concepto en una lengua determinada.

GIRÓN, PEDRO (h. 1423-1466). Noble español. Maestre de Calatrava, formó parte de la liga nobiliaria formada en oposición al monarca castellano Enrique IV. Apoyó al infante Alfonso e intentó raptar al rey, sin éxito. Su muerte le impidió contraer matrimonio con la infanta Isabel.

GIRÓN, PEDRO (m. en 1531). Noble castellano, conde de Ureña. Se enfrentó a Alfonso Pérez de Guzmán por la posesión del ducado de Medina-Sidonia, alegando los derechos de su esposa, Mencía de Guzmán. El rey Fernando el Católico y el cardenal Cisneros apoyaron a Pérez de Guzmán. Tras apelar infructuosamente al nuevo rey, el emperador Carlos V (I de España), se unió a la sublevación de las comunidades (1520), pero posteriormente se unió al bando imperial.

GIRONA (CIUDAD). Capital de la prov. española del mismo nombre, en la comunidad autónoma de Cataluña, a orillas de los ríos Ter y Oñar. A unos 30 km de la Costa Brava, en el Mediterráneo. Catedral gótica. Ciudad industrial. 70.576 hab. (1996).

GIRONA (PROVINCIA). División administrativa de España, en la comunidad autónoma de Cataluña, a orillas del mar Mediterráneo. Costa Brava. Limítrofe con Francia, en la ladera sur de los Pirineos. Ríos Ter y Fluviá. Explotaciones forestales, corcho; agricultura. Turismo. Cap. Girona. 5.886 km^2. 530.631 hab. (1996).
Cataluña 4:36a.

GIRONDA. Departamento de Francia en la reg. de Aquitania, a orillas del océano Atlántico, el más extenso del país. Ríos Gironda y Garona. Vinos; agricultura; floricultura; industrias diversas. Cap. Burdeos. 10.000 km^2. 1.263.500 hab. (1995).
Burdeos 3:226a.

GIRONDINOS. V. **Jacobinos y girondinos.**

GIRONDO, OLIVERIO (1891-1967). Poeta argentino. Publicó, en 1924, en la revista *Martín Fierro,* el primer manifiesto martinfierrista, de carácter vanguardista. *Veinte poemas para ser leídos en el tranvía* (1922), *La masmédula* (1954).

GIRONELLA, ALBERTO (1929-1999). Pintor y dibujante mexicano. Se dedicó en sus comienzos a la poesía, para volver luego su atención a la plástica. Representante en México del movimiento surrealista. «El éxtasis de la reina Mariana» (1969).

GIRONELLA, JOSÉ MARÍA (n. en 1917). Novelista español. Premios Planeta y Nadal. Sus novelas *Los cipreses creen en Dios* (1953), *Un millón de muertos* (1961) y *Ha estallado la paz* (1966), en torno a la guerra civil, alcanzaron extraordinario éxito. *Todos somos fugitivos* (1974), *El corazón alberga muchas dudas* (1995).

GIROPILOTO. Aparato para dirigir aviones y cohetes de forma automática.

GIROSCOPIO. Artefacto con doble suspensión que gira libremente alrededor de un centro de gravedad fijo. Permite estabilizar la dirección de una nave marítima o aérea.
Aeronáutica 1:81a; Avión 2:268b.

GIRRI, ALBERTO (n. en 1918). Poeta argentino. Autor de estilo simbolista.
7:137a.

GISBERT, ANTONIO (1835-1902). Pintor español. Estudió en Madrid y Roma y fue director del Museo del Prado. Representante de la pintura historicista del siglo XIX. «Los comuneros de Castilla» (1860), «El fusilamiento de Torrijos y sus compañeros».

GISCARD D'ESTAING, VALÉRY (n. en 1926). Político francés, centrista, tercer presidente de la quinta república.
7:137a; Francia 6:394b; *ilustración* 7:137b.

GISELLE. Ballet en dos actos, con música de Adolphe Adam y coreografía de Jean Coralli sobre un poema de Heinrich Heine. Representado por primera vez en la Ópera de París en 1841, constituyó el símbolo del ballet romántico.

GISH, LILLIAN (1893-1993). Actriz estadounidense de gran sensibilidad y muy dilatada carrera. *El nacimiento de una nación* (1915), *Intolerancia* (1916), *El viento* (1928), *Duelo al sol* (1947), *Los que no perdonan* (1959).
Cinematografía 4:192a.

GITANOS. Pueblo nómada, procedente al parecer del norte de la India, que se halla disperso por numerosos países.
7:137b; *ilustraciones* 7:137b; 7:138a.

GIUSTI, GIUSEPPE (1809-1850). Poeta italiano. Defensor de la causa liberal, en 1835 difundió un manuscrito sin firma de su primer poema, «Dies irae», alusivo al emperador Francisco I. Alcanzó extraordinaria popularidad con sus sátiras sociales y políticas. *La tierra de los muertos* (1841), *San Ambrosio* (1846).

GIUSTI, ROBERTO (1887-1978). Ensayista argentino de origen italiano. Fue profesor de literatura y se preocupó de dar cauce a los valores literarios argentinos de su época. Fue uno de los fundadores de la revista *Nosotros. Crítica y polémica* (1917), *Literatura y vida* (1939), *Ensayos* (1956).

GIZA. Conocida también como Gizeh, ciudad egipcia situada al sudoeste de la cap., El Cairo. Importante centro artístico, mantiene uno de los restos más importantes de la arquitectura del antiguo Egipto. Las pirámides de Keops, Kefrén y Micerinos, junto con la Esfinge o figura que representa al faraón Kefrén, son un punto obligado del turismo internacional. Universidad. Centro administrativo. 2.144.000 hab. (1992).
Egipto 5:330b.

GIZA, PIRÁMIDES DE. Conjunto funerario monumental construido en Egipto durante el imperio antiguo. Está formado por las tres pirámides de Keops, Kefrén y Micerinos.
Maravillas del mundo, las siete 9:349b; Pirámides de Egipto 11:423b.

GJELLERUP, KARL ADOLPH (1857-1919). Poeta y novelista danés. Compartió el Premio Nobel de literatura en 1917 con su compatriota Henrik Pontoppidan. Obra basada en el problema religioso. *Un idealista* (1878), *El molino* (1896), *Las ramas de oro* (1917).

GLACIACIÓN. Período en el que se produce un aumento de la extensión de las regiones terrestres ocupadas por glaciares, a consecuencia de una prolongada disminución de las temperaturas. A lo largo de las eras geológicas se produjeron muchas glaciaciones, aunque el término suele aplicarse a las cuatro glaciaciones cuaternarias por ser las mejor conocidas.
Clima y climatología 4:234b; Cuaternaria, era 5:46b; Primaria, era 12:142b.

GLACIAL ANTÁRTICO, OCÉANO. V. **Antártico, océano glacial.**

GLACIAL ÁRTICO, OCÉANO. V. **Ártico, océano glacial.**

GLACIAR. Masa de hielo y nieve que se forma en determinadas zonas de la superficie terrestre.
7:138b; Cuaternaria, era 5:47a; Erosión 6:26b; Hidrografía e hidrología 7:400a; Iceberg 8:118a; Lago 9:48a; *ilustraciones* 7:139a-b.

GLACIARES, PARQUE NACIONAL DE LOS. Paraje natural protegido de 445.900 hectáreas ubicado en la Argentina. Integrado por trece glaciares, de los que es especialmente conocido el Moreno. Con una gran riqueza de especies de flora y fauna, fue declarado patrimonio de la humanidad en 1981.

GLACIARISMO. Conjunto de fenómenos relacionados con el origen y la evolución de los glaciares, en especial con sus consecuencias sobre el modelado del relieve.

GLACIOEUSTATISMO. Variaciones del nivel general de mares y océanos que se originan por la fusión o formación de glaciares, atenuadas en parte por compensación isostática.

GLACIOLOGÍA. Rama de la geología que se ocupa del estudio de los glaciares.
Geofísica 7:85b.

GLADIADOR. Combatiente profesional de la antigua Roma. Las luchas entre gladiadores, que en su origen formaban parte de los ritos funerarios etruscos, constituyeron un espectáculo muy popular en todo el imperio hasta su abolición en el siglo V.

GLADIOLO. Nombre de diversas plantas herbáceas vivaces de la familia de las iridáceas y del género *Gladiolus.*
7:140a; *ilustración* 7:140a.

GLADSTONE, WILLIAM EWART (1809-1898). Estadista británico, dominador de la vida política de su país en la segunda mitad del siglo XIX, junto a Benjamin Disraeli.
7:140a; Victoria de Inglaterra 14:297a; *ilustración* 7:140a.

GLAGOLÍTICO, ALFABETO. Conjunto de signos gráficos difundido entre los pueblos eslavos a finales del siglo IX, basado fundamentalmente en la escritura cursiva griega. De estrecha semejanza con el cirílico cayó pronto en desuso.
Eslavas, lenguas 6:55a.

GLANDE (ANATOMÍA). Cabeza del miembro sexual masculino. Se denomina también bálano.
Urogenital, aparato 14:199b.

GLANDE (BOTÁNICA). Tipo de fruto perteneciente al grupo de los indehiscentes. Conocido como bellota, es una variante de la nuez y característico del género *Quercus* (encina, roble). Presenta en su parte inferior una formación leñosa (cúpula) que lo rodea.
Fruto 6:418a.

GLÁNDULA. Órgano cuyas células funcionales elaboran hormonas u otros productos de secreción (lágrimas, saliva, etc.).
7:140b; Hígado 7:408b; Histología 8:17a; Hormona 8:70b; Páncreas 11:251a; Piel 11:399b; *ilustración* 7:141.

GLANTZ, MARGO (n. en 1930). Escritora mexicana. Doctora en letras por la Universidad de París. Fue directora en México del Instituto Nacional de Bellas Artes y agregada cultural de la embajada mexicana en Londres. Escribió ensayos sobre literatura mexicana, cuentos y compilaciones. *Doscientas ballenas azules, La lengua en la mano, Síndrome de naufragios.*

GLAREANUS, HENRICUS (1488-1563). Heinrich Loriti, humanista suizo. Fue profesor de matemáticas, música y bellas artes. Amigo de Erasmo, se adhirió a la Reforma, pero no quiso participar en las controversias religiosas. *Descripción de Suiza* (1514-1515), *Introducción a la música* (1516), *Dodecachordon* (1547).

GLASÉ. Nombre con el que se conocen las pieles de cabra y otros animales, curtidas por un proceso especial que les imparte gran suavidad. También, tela de seda brillante.

GLASER, DONALD A. (n. en 1926). Físico estadounidense. Premio Nobel en 1960 por la invención y el desarrollo de la cámara de burbuja, instrumento para observar las partículas subatómicas. Estudió, además, los rayos cósmicos y diversos aspectos de la física nuclear.

GLASER, MILTON (n. en 1929). Artista gráfico estadounidense. Conocido por obras como el cartel del cantante Bob Dylan en 1967, el nuevo diseño de la revista *Paris-Match* (1973) y la iconografía de los supermercados Grand Union (1980).

GLASERITA. Mineral natural compuesto por sulfato de sodio y potasio. Sistema trigonal. Blanco, azulado o incoloro, de brillo vítreo. Blando y de densidad media. También denominado aftalosa.

GLASGOW. Ciudad y puerto fluvial del Reino Unido, en Escocia. 619.680 hab. (1999).
7:142b; Reino Unido 12:302a; *ilustración* 7:142b.

GLASITAS. Seguidores del reformista presbiteriano John Glas (1695-1773) y de su seguidor Robert Sandemans (1718-1771), por lo que fueron conocidos también como sandemianos. Intentaron recuperar los valores morales establecidos por el Nuevo Testamento y postularon la separación entre la iglesia y el estado.

GLASNOST. Término ruso asociado al significado de transparencia informativa. Con él se designó en la Unión Soviética el intento por parte de las autoridades del país a partir de 1985 de ofrecer una información más abierta y completa sobre los temas nacionales e internacionales.
Perestroika 11:336a; Rusia 13:65a.

GLASS, PHILIP (n. en 1939). Compositor y músico estadounidense. Representante del minimalismo, desarrolló el concepto de música aditiva. *Einstein en la bahía* (1973), *El fotógrafo* (1981).

GLAUBER, JOHANN RUDOLPH (1604-1668). Químico y farmacéutico alemán. Preparó numerosos compuestos, como el ácido clorhídrico, el sulfato de sodio hidratado y las sales que llevan su nombre. Escribió varios tratados de química, reeditados con el título *Glauberus concentratus* (1715).

GLAUBERITA. Mineral natural compuesto por sulfato doble de calcio y sodio. Sistema monoclínico holoédrico, en agregados y cristales naturales. Coloración diversa y brillo vítreo o craso. Contextura blanda y densidad media.

GLAUCO. En la mitología griega, dios marino, inicialmente de naturaleza mortal, que alcanzó la divinidad al comer unas algas marinas. Poseía dones proféticos.

GLAUCOMA. Enfermedad del ojo caracterizada por el aumento de la presión interna de éste y que se manifiesta por una dureza anormal del globo ocular cuando se palpa a través del párpado. Puede llegar a causar la ceguera absoluta.
Ceguera 4:59b; Oftalmología 11:78b.

GLAUCONITA. Mineral de silicato hidratado de aluminio y hierro. Composición muy variable. Se encuentra en rocas sedimentarias. Color verde intenso.

GLAZUNOV, ALEXANDR KONSTANTÍNOVICH (1865-1936). Compositor ruso, establecido en París en 1928. Autor de sinfonías, poemas sinfónicos, conciertos, música de cámara, etcétera. Fue profesor y director del conservatorio de San Petersburgo y maestro de Dmitri Shostakóvich.

GLEIZES, ALBERT (1881-1953). Pintor francés. Representante destacado del cubismo, escribió, en colaboración con Jean Metzinger, *Sobre el cubismo y los medios para comprenderlo* (1912), primer tratado publicado sobre el tema. En su última época eligió la temática religiosa. «Hombre en el balcón» (1912), «Brooklyn Bridge» (1915).

GLENDALE. Ciudad de los Estados Unidos, est. de California, en el valle de San Fernando. Aglomeración urbana de Los Ángeles. Aviones, instrumentos ópticos, productos farmacéuticos. 185.086 hab. (1998).
Arizona 2:76a.

GLENN, JOHN (n. en 1921). Astronauta estadounidense, el primero en la historia de este país. En 1998 formó parte de una misión a bordo del transbordador espacial *Discovery*, con lo que se convirtió en el hombre de mayor edad que viajaba al espacio.
7:143a; Astronáutica 2:170a; *ilustración* 7:143b.

GLÍA, CÉLULAS DE LA. Tejido que forma la sustancia de sostén de los centros nerviosos; es de origen ectodérmico y está compuesto por una finísima red en la que se incluyen células especiales muy ramificadas, de tres tipos: macroglia, mesoglia y microglia.
Cerebro 4:86a.

GLICÉRICO, ÁCIDO. Oxiácido natural dihidromonobásico. Obtenido por acción del ácido nítrico sobre la glicerina. En su forma dextrógira, afín al ácido málico natural. Muy soluble en agua, se descompone por calentamiento para formar ácidos pirúvico y pirotartárico.

GLICÉRIDO. Triéster de la glicerina. Composición química ternaria de carbono, hidrógeno y oxígeno. Variedades más extendidas en los ácidos grasos vegetales y animales como la estearina y la palmitina.
Lípidos 9:171a.

GLICERINA. V. **Glicerol.**

GLICEROL. Nombre químico usual de la glicerina, 1,2,3 trihidroxipropano. Obtenido por hidrólisis de aceites y grasas y como subproducto de la fabricación del jabón y en la fermentación del azúcar. Líquido siruposo, neutro y buen disolvente. Utilizado en medicina y farmacia.
Alcohol 1:156a.

GLICINA. Planta de la familia de las leguminosas (*Wistaria sinensis*). Dicotiledónea. Trepadora, de hojas compuestas y caducas y flores de color lila reunidas en racimos. Ornamental.
Aminoácido 1:305a.

GLICOL. Miembro de la familia de los alcoholes dihídricos, derivados de los hidrocarburos alifáticos. Usado principalmente como disolvente, especialmente de los fármacos insolubles en agua o inestables en solución acuosa. También se emplea con saborizante. El glicol más sencillo, etilenglicol, se utiliza en anticongelantes.
Alcohol 1:156a.

GLIÈRE, REINHOLD (1875-1956). Compositor soviético, destacado intérprete de la música folclórica de su país. Fue profesor y director de orquesta. Autor de ballets, sinfonías, poemas y otros estilos, contó entre sus discípulos con Serguéi Prokófiev.

GLIGOROV, KIRO (n. en 1917). Político macedonio. Desempeñó un papel crucial en el proceso de independencia de Macedonia y fue elegido presidente en 1991. En 1995 sufrió un atentado en el que resultó herido gravemente.

GLINKA, MIJAÍL (1804-1857). Compositor ruso, fundador de la escuela nacionalista de su país. Autor de distintos géneros, destacan sus óperas *Vida por el zar* (1836, titulada *Iván Susanin* tras la revolución) y *Ruslán y Ludmila* (1842).
Rusia 13:69a.

GLIOXAL. Aldehído glioxílico, conocido como etanodial, de fórmula CHO-CHO. Dialdehído preparado por oxidación del alcohol etílico o actaldehído, y cuya oxidación produce a su vez ácido glioxílico.

GLÍPTICA. Arte y técnica del tallado y grabado de piedras duras y preciosas. Conocido como diaglíptica, si es grabado, y anaglíptica, si relieve. Nacido en las civilizaciones de la antigüedad, experimentó una profunda decadencia durante el Medievo, para resurgir en manos de los tallistas del Renacimiento europeo. En la actualidad se emplea en la elaboración de camafeos y tallas de vidrio.

GLIPTODONTE. Género de mamíferos desdentados del orden de los xenartros, parecidos a los actuales armadillos, con caparazón hemisférico formado por placas óseas. Fósiles del final del período terciario y la época pleistocena. Algunos de ellos eran gigantescos; se han descubierto restos esqueléticos en América del sur.

GLISSANT, ÉDOUARD (n. en 1928). Poeta y novelista francés nacido en Martinica. De raza negra, reivindicó en su obra el origen africano de la cultura de su isla natal y del Caribe. *Espejos* (1954), *Muerte trágica* (1975), *El bohío del comendador* (1981).

GLIWICE. Ciudad y puerto fluvial de Polonia en la prov. de Katowice. Canal navegable al río Oder. Museo. Instituto politécnico. Fundiciones, productos químicos y alimentarios. 212.164 hab. (1999).

GLOBALIZACIÓN. Fenómeno de integración creciente de las economías nacionales y de los mercados, al amparo de los avances tecnológicos y de la progresiva liberalización mundial del flujo de mercancías, servicios y capitales.
7:143b; *mapa* 7:144.

GLOBO. Aparato formado por un balón de plástico o tela relleno de un gas más ligero que el aire, que le permite elevarse. Invento de los hermanos franceses Joseph-Michel y Jacques-Étienne Montgolfier, quienes realizaron sus primeras ascensiones en 1783.
7:145a; Aviación 2:256b; Dirigible 5:202a; Meteorología 10:106b; Montgolfier, Joseph-Michel y Jacques-Étienne 10:253b; *ilustraciones* 7:145b.

GLOBO, GRUPO. Agrupación de medios de comunicación brasileños, artífice de la televisión por cable en Brasil. Reúne diferentes periódicos –como el diario *O globo*–, revistas, sellos discográficos y emisoras de radio, así como la cadena de televisión Rede Globo.

GLOBO OCULAR. Parte principal del ojo y del órgano de la visión. Está formado por tres capas: esclerótica, coroides y retina. Contiene en su interior los medios de refringencia: humor acuoso, cristalino y humor vítreo. En la unión de la córnea y la esclerótica se halla fijo el iris, membrana circular con un agujero en el centro, la pupila.
Vista, sentido de la 14:333a.

GLOBULINAS. Proteínas caracterizadas por su insolubilidad en agua pura. Son solubles en disoluciones de cloruro de sodio al 5%. Se subdividen en alfa-, betay gammaglobulinas.
Sangre 13:125a.

GLÓBULO BLANCO. V. **Leucocito.**

GLÓBULO ROJO. V. **Hematíe.**

GLOMA, RÍO. Curso fluvial de Noruega, conocido también como Glaama, Glåma o Glommen. Nace en varios lagos y corrientes que forman el lago Aursanden y se dirige en dirección sur hacia el estrecho del Skagerrak, donde desemboca por el fiordo de Oslo. Su curso total es de 570 km. Aprovechamiento hidroeléctrico.

GLOMÉRULO. Parte de la unidad funcional del riñón (nefrona) que filtra el plasma sanguíneo y deja pasar sólo las moléculas de pequeño tamaño para formar la orina.
Riñón 12:375a.

GLOQUIDIO. Cada una de las vellosidades que cubren algunos órganos vegetales. Normalmente están dispuestas sobre tallos, hojas y frutos y presentan forma ganchuda.

GLOSADORES. Término aplicado preferentemente a los juristas de la escuela de Bolonia (mediados del siglo XI hasta 1250). Se los llama así por el trabajo que hacían de aclaración e interpretación de textos legales, especialmente del *Corpus Iuris Civilis* de Justiniano, mediante breves anotaciones (glosas). Destacaron Irnerio y Francesco Accursio.

GLOSARIO. Vocabulario de palabras raras o desusadas con su correspondiente explicación.
Diccionario 5:175b.

GLOSEMÁTICA. Teoría lingüística estructuralista, creada por Louis Hjelmslev en 1935 y desarrollada por el Círculo Lingüístico de Copenhague. El método utilizado para estudiar la lengua es deductivo y analiza e identifica todas las unidades de un texto, a la vez que establece sus relaciones mutuas.
Lingüística 9:167a.

GLOSOPEDA. V. **Aftosa, fiebre.**

GLOTÓN. Mamífero carnívoro de la familia de los mustélidos (*Gulo gulo*). Piel leonada, fuertes patas. Muy voraz. Vive en las regiones boreales de ambos hemisferios.

GLOUCESTER. Población británica, cap. del condado de Gloucestershire, Inglaterra, a orillas del río Severn. La Glevum romana, fundada por el emperador Nerva, conserva catedral gótica. Industria aeronáutica, material ferroviario y de transformación agrícola. 107.000 hab. (1996).

GLUCAGÓN. Hormona polipeptídica que constituye un factor hiperglucemiante pancreático. Producida por las células alfa de los islotes de Langerhans.
Endocrino, sistema 5:407b; Páncreas 11:251b.

GLUCEMIA. Presencia de azúcar en la sangre. El índice normal de glucemia se sitúa entre 0,8 y 1,2 gramos por litro. Las desviaciones de este intervalo, hiperglucemia en exceso e hipoglucemia en defecto, son causas de graves estados patológicos.
Diabetes 5:160b.

GLÚCIDO. V. **Carbohidrato.**

GLUCINIO. V. **Berilio.**

GLUCK, CHRISTOPH (1714-1787). Compositor alemán, célebre por sus óperas.
7:145b; Música 10:313a; Ópera 11:114a; *ilustración* 7:146a.

GLUCKSMANN, ANDRÉ (n. en 1937). Filósofo francés. Uno de los pensadores que más se opuso a la realidad social y política europea del último cuarto de siglo, duramente criticada en la mayor parte de sus ensayos. *Cinismo y pasión* (1982), *La estupidez* (1985), *La fisura del mundo* (1994).

GLUCÓGENO. Alto polímero de la glucosa que constituye la forma de reserva de los azúcares entre los organismos del reino animal. Se forma y almacena en el hígado y en los músculos.
Bernard, Claude 2:424a; Hígado 7:409a.

GLUCOLÍPIDO. Especie bioquímica de naturaleza mixta entre los glúcidos o carbohidratos y los lípidos o grasas.
Lípidos 9:170b.

GLUCÓLISIS. Catabolismo o degradación de la glucosa hasta dar ácido pirúvico o ácido láctico, según siga una ruta aerobia (en presencia de oxígeno) o anaerobia (sin él).

GLUCOSA. Carbohidrato que constituye el azúcar natural más abundante en los tejidos animales y vegetales y en los zumos de fruta. Fácilmente fermentable por las levaduras. Forma polisacáridos como el glicógeno, el almidón y la celulosa. También llamado dextrosa. Fórmula, $CH_2OH(CHOH)_4CHO$.
Diabetes 5:160b.

GLUCÓSIDOS. Derivados de la glucosa y otros monosacáridos en los que el hidrógeno del grupo hidróxido, unido al grupo aldehído, se halla reemplazado por otros grupos químicos.

GLUMA. En el grupo de las plantas gramíneas, cada uno de los dos hipsófilos o soportes estériles sobre los que descansa el raquis o eje, en el que se insertan las inflorescencias menores que forman la espiga.
Gramíneas 7:187a.

GLUMELA. Cada una de las dos brácteas menores que rodean la flor de las plantas gramíneas. Conocidas como glumela inferior o lema y glumela superior o pálea, la primera envuelve a la segunda.

GLUSBERG, JORGE (n. h. 1934). Artista y crítico argentino. Fundador del Centro de Arte y Comunicación e introductor del arte conceptual y otras vanguardias artísticas latinoamericanas, destacó en la reconstrucción fotográfica de sucesos políticos y sociales.

GLUTÁMICO, ÁCIDO. Aminoácido de estructura orgánica de tipo monoamino dicarboxílico. Su monoamida, o glutamina, es muy abundante en los vegetales. Presente en las proteínas del trigo y las melazas de la remolacha. También denominado ácido aminoglutárico o glutamínico.
Aminoácido 1:305a.

GLUTÁRICO, ÁCIDO. Sustancia química orgánica de naturaleza dicarboxílica saturada. Homólogo superior del ácido succínico. Sólido a temperatura ambiente, se descompone por encima de los 300 °C. Soluble en agua. Presente en el jugo de remolacha y las aguas de lavado de la lana de las ovejas.

GLUTEN. Conjunto de proteínas del grano de las gramíneas.
Maíz 9:297a.

GNATÓSTOMOS. Grupo de vertebrados craneados caracterizados por poseer mandíbulas y apéndices pares, en contraposición a los agnatos. Incluye a los peces, anfibios, reptiles, aves y mamíferos.

GNEIS. Rocas que se originan por metamorfismo a partir de otras, eruptivas graníticas (ortogneis) o sedimentarias ricas en cuarzo (paragneis). También se conoce como neis.

GNETÁCEAS. Familia de plantas gimnospermas arbóreas o arbustivas. Hojas laminares aovadas, flores dioicas unisexuales en inflorescencias en racimo y fruto en baya. Incluyen el género *Gnetum*, con más de treinta especies conocidas. Propias de zonas tropicales.

GNOMO. Ser fantástico, genio de la tierra imaginado por los cabalistas, al que se suponía al cuidado de los tesoros subterráneos. Suele ser representado como un enano o un ser deforme.
Duende 5:250a.

GNOSEOLOGÍA. Rama de la filosofía que estudia los problemas del conocimiento: su posibilidad, límites, origen, naturaleza y validez. Se independizó de la lógica al adquirir importancia la cuestión de la validez del conocimiento y requerir un tratamiento propio, quedando la lógica limitada al estudio de la estructura formal del conocimiento. La gran crisis de la confianza precrítica en la validez del conocimiento humano parte de la obra de Immanuel Kant.

GNOSTICISMO. Conjunto de doctrinas nacidas en el mundo antiguo, y que se desarrolló sobre todo en el siglo II d.C., que buscaba la salvación por el conocimiento de la naturaleza divina.
7:146a; Herejías 7:369b; Maniqueísmo 9:330a.

GOA. Localidad de la India, en la isla Tissuari, mar de Omán. Se halla integrada en el territorio de la unión de Goa, Daman y Diu. Conquistada por Portugal en 1512, fue capital de la India portuguesa hasta 1843, en que se fundó Panaji, de la cual actualmente Goa es un suburbio. Incorporada a la India por las armas en 1962. Basílica con el cuerpo momificado de san Francisco Javier.

GOAL AVERAGE. Expresión inglesa que indica el balance proporcional de goles a favor y en contra de cada equipo al finalizar una temporada reglamentaria. Se emplea para determinar el vencedor en caso de empate en deportes como el fútbol, rugby, etc.

GOAYTACÁ. Tribu amerindia precolombina que habitaba en la costa brasileña, entre el posterior estado de Espírito Santo y la desembocadura del Paraíba do Sul. Su economía estaba basada en la pesca. Su lengua no estaba emparentada con ningún grupo de mayor extensión en Sudamérica.

GOBELINOS. Tapices realizados en la Manufactura Nacional de Gobelinos de París. Fundada ésta en 1601 con un grupo de tapiceros flamencos instalados en el taller de los tintoreros Gobelin, fue ampliada en 1662 por el ministro de Luis XIV Jean-Baptiste Colbert.
Tapicería 13:400b.

GOBI, DESIERTO DE. Gran desierto del Asia central. Tiene una extensión de 1.300.000 km^2.
7:146b; China 4:144a; Desierto 5:152b; *mapa* 7:147a.

GOBIERNO. Conjunto de instituciones y órganos estatales encargados de conducir y administrar una sociedad. Por extensión se llama así al cuerpo de ministros o funcionarios que ejercen el poder ejecutivo.
Democracia 5:124b.

GOBINEAU, JOSEPH-ARTHUR, CONDE DE (1816-1882). Escritor, etnólogo y diplomático francés. Su obra *Ensayo sobre la desigualdad de las razas humanas* (1853-1855), en la que pretendió jerarquizar las razas humanas, influyó sobre Adolf Hitler. Sus teorías están actualmente desacreditadas. *Las Pléyades* (1874).
Racismo 12:240a.

GO-DAIGO (1288-1339). Emperador de Japón. Ocupó el trono entre 1318 y 1339. Enfrentado a los jefes del gobierno militar de Kamakura, se refugió en la isla de Oki y, apoyado por el clan Ashikaga, se alzó en 1333 con el poder. Posteriormente tuvo que hacer frente al gobierno establecido en Muromachi (Kioto) por los Ashikaga.

GODARD, JEAN-LUC (n. en 1930). Director cinematográfico francés, destacado representante de la *nouvelle vague*.
7:147b; Cinematografía 4:196a.

GODAVARI, RÍO. Curso fluvial de la India. Nace en los Ghates occidentales, atraviesa la altiplanicie del Decán y los Ghates orientales para desembocar en la bahía de Bengala, tras recorrer 1.500 km.

GODDARD, JOHN (1723-1785). Ebanista estadounidense. Sus muebles derivan de modelos británicos, pero son más sencillos. Trabajó sobre todo en la creación de piezas con frente de bloque decorado con veneras en bajorrelieve.

GODDARD, ROBERT (1882-1945). Ingeniero y físico estadounidense. Pionero en la investigación sobre los cohetes bélicos y espaciales en los Estados Unidos.
7:148a; *ilustración* 7:148a.

GODED, MANUEL (1882-1936). Militar español. Luchó en la campaña de Marruecos, donde ascendió a coronel y general. Subsecretario de guerra en 1930 y comandante militar de Baleares en 1936. En la sublevación de julio de 1936 tomó el mando de la guarnición de Barcelona, pero se rindió al gobierno de la república. Juzgado en consejo de guerra, fue condenado y fusilado.

GÖDEL, KURT (1906-1978). Matemático y filósofo estadounidense de origen austriaco. Notable investigador en el campo de la lógica matemática. A él se deben los enunciados de las llamadas pruebas de completitud y de incompletitud.
7:148b; Conjuntos, teoría de los 4:343a; Lógica matemática 9:204b; Matemáticas 9:406a.

GODIVA, LADY. Esposa del conde de Chester, Leofric (siglo XI), y protagonista de una leyenda inglesa, según la cual su marido accedió a su petición de que rebajara los impuestos a los habitantes de Coventry a condición de que ella se paseara desnuda por la ciudad. La dama cumplió la condición sin ser vista, pues ordenó a sus súbditos que se mantuvieran en sus casas.

GODOFREDO IV (1113-1151). Conde de Anjou, Maine y Turena y duque de Normandía. Casó en 1128 con Matilde, hija del rey inglés Enrique I, y en 1135 heredó el ducado de Normandía. Cedió sus territorios a su hijo, el futuro Enrique II de Inglaterra. Origen de la dinastía de los Plantagenet.
Plantagenet, familia 12:20b.

GODOFREDO IV DE BOUILLON (h. el 1060-1100). Jefe de la primera cruzada. Se convirtió en el primer gobernante del reino latino de Jerusalén tras la liberación de Palestina, hasta entonces en manos musulmanas, en julio del 1099.

GODOLPHIN, SIDNEY (1645-1712). Político inglés. Hombre de gran destreza, colaboró en gran medida a estabilizar la administración financiera de su país durante los dos decenios siguientes a la revolución de 1688.

GODOS. Pueblos germánicos que, procedentes de Escandinavia, se establecieron en las fronteras del Imperio Romano desde el siglo I a.C. y precipitaron su destrucción.
7:148b; Toledo, concilios de 14:75a; *ilustraciones* 7:149; 7:150a.

GODOWSKY, LEOPOLD (1870-1938). Pianista y compositor estadounidense de origen ruso. Estudió música en Berlín, antes de trasladarse a los Estados Unidos. Excepcional intérprete de depurada técnica.

GODOY, MANUEL (1767-1851). Político y cortesano español, llamado el príncipe de la paz. Figura destacada del reinado de Carlos IV.
7:150a; Aranda, conde de 2:18b; Cabarrús, Francisco 3:249a; Carlos IV de España 3:399a; España 6:77a; Fernando VII de España 6:270a; Floridablanca, conde de 6:335a; Independencia española, guerra de la 8:151a; *ilustración* 7:150a.

GODOY ALCAYAGA, LUCILA. V. **Mistral, Gabriela.**

GODOY CRUZ. Ciudad de la Argentina en la prov. de Mendoza, cercana a la capital provincial. Centrales hidroeléctricas. Destilerías, industrias cárnicas, conservas vegetales, aserraderos. 205.955 hab. (1999).

GODTHÅB. Capital y puerto de Groenlandia, a orillas del golfo homónimo, en la costa sudoccidental de la isla. Data de 1721. Aeropuerto, helipuerto. Escuela de magisterio. Pesquerías, conservas de pescado. Caza. Renos. 13.169 hab. (1999).
Dinamarca 5:189a; Groenlandia 7:236a.

GODUNOV, BORÍS (h. 1551-1605). Zar de Moscú. De origen tártaro, perteneció al grupo nobiliario de los boyardos y adquirió gran poder en la corte de Iván IV el Terrible. Fue consejero principal del zar Fiódor I, bajo cuyo reinado ejerció el poder de hecho sobre el principado de Moscú, donde creó un patriarcado independiente de la iglesia de Constantinopla. Ligó a los campesinos a la tierra, estableciendo su servidumbre. Tras la muerte de Fiódor, Borís Godunov fue elegido zar en 1598. Murió violentamente al comienzo de una guerra civil. Su figura fue inmortalizada por el drama de Alexandr Pushkin *Borís Godunov* (1869-1872).

GODWIN, WILLIAM (1756-1836). Filósofo y periodista británico. Sus escritos, en los que promulgaba el ateísmo, el anarquismo y la libertad personal, anticiparon el romanticismo inglés. *Investigación sobre la justicia política* (1793), *Aventuras de Caleb Williams* (1794), *Investigación sobre la población* (1820).
Anarquismo 1:323b; Shelley, Percy Bysshe 13:225b.

GODWIN AUSTEN, MONTE. V. **K2.**

GOEBBELS, JOSEPH (1897-1945). Político alemán. Ministro de propaganda nazi, responsable de ofrecer una imagen favorable del régimen al pueblo alemán. Se suicidó con su esposa después de acabar con la vida de sus seis hijos, siendo el único de los líderes nazis de la primera época del movimiento que acompañó a Adolf Hitler en sus últimos días.

GOELDI, OSWALDO (1895-1961). Grabador brasileño. Autor de tendencias expresionistas, pero con un matiz claramente poético.
7:150b.

GOEMINE THOMSON, AUGUSTO. V. **D'Halmar, Augusto.**

GOERING, HERMANN. V. **Göring, Hermann.**

GOERITZ, MATHIAS (1915-1990). Arquitecto y escultor mexicano de origen alemán. Afincado en México en 1949, se significó especialmente por su afán de socializar el arte, integrándolo en el ámbito urbano. Autor de la carretera de la amistad (1968) y del proyecto del complejo de viviendas Laberinto (1973), colaboró en la construcción del Instituto Tecnológico de Monterrey (1977-1978).

GOES, HUGO VAN DER. V. **Van der Goes, Hugo.**

GOETEL, FERDYNAND (1890-1960). Escritor polaco. Prisionero de los rusos al principio de la primera guerra mundial, fue deportado al Turquestán, desde donde huyó a Persia y la India y volvió a Polonia. Reflejó en sus obras sus experiencias personales en éstos y en otros viajes. *A través del oriente en llamas* (1921), *De día a día* (1926).

GOETHALS, GEORGE WASHINGTON (1858-1928). Ingeniero y militar estadounidense. Dirigió la construcción del canal de Panamá. El presidente estadounidense Theodore Roosevelt lo nombró presidente e ingeniero jefe de la comisión creada para dicha construcción. Primer gobernador de la Zona del Canal.

GOETHE, JOHANN WOLFGANG VON (1749-1832). Poeta, novelista, dramaturgo y filósofo alemán. Figura cumbre de la moderna literatura europea.
7:151a; Alemana, literatura en lengua 1:179a; Clasicismo 4:223b; Estética 6:156a; Fausto 6:240b; Panteísmo 11:245b; Romanticismo 13:10b; Schiller, Friedrich von 13:174a; Weimar 14:359b; *cuadro* 7:151b; *ilustraciones* 6:156a; 7:151b; 11:254a.

GÓFER. V. **Tuza.**

GOFF, BRUCE (n. en 1904). Arquitecto estadounidense. Creador de una arquitectura que conjugó lo fantástico, el impulso poético y las formas oníricas o caprichosas. Bavinger House (casa espiral), Oklahoma (1950); Umbrella House (casa paraguas), Illinois (1950).

GOFF, JACQUES LE (n. en 1924). Historiador francés. Estudioso del período medieval, analizó el papel de la historia europea en el mundo contemporáneo. *La civilización del occidente medieval* (1964), *El apogeo de la cristiandad* (1982), *Saint Louis* (1996).

GOG. Personaje regio que aparece en la literatura apocalíptica judeocristiana. Es presentado por el profeta Ezequiel como rey de los escitas, simbolizando a los enemigos de Dios. Algunos historiadores lo identifican con Gagu, jefe escita en las guerras de Asurbanipal. En el libro del Apocalipsis de san Juan, Gog y Magog simbolizan los poderes de la tierra que lucharán contra el pueblo de Dios.

GOGH, VINCENT VAN. V. **Van Gogh, Vincent.**

GOGO. Pueblo negroafricano de Tanzania, de lengua bantú. Habita en la región de Dodoma. Se divide en dos grupos, septentrional y meridional. Su economía está basada principalmente en el pastoreo de ganado bovino y en la agricultura de subsistencia.

GÓGOL, NIKOLÁI (1809-1852). Novelista y dramaturgo ruso. Sentó las bases de la gran tradición realista rusa del siglo XIX.
7:152a; Rusa, literatura 13:47a; Rusia 13:68a; Turguéniev, Iván 14:157a; *ilustración* 7:152a.

GOIÂNIA. Ciudad de Brasil, cap. del est. de Goiás, a orillas del río Meia Ponte. Aeropuerto, universidades. Minería, agricultura, ganadería. 997.500 hab. (1996).

GOIÁS. Estado de Brasil en el que se encuentra enclavada la cap. del país, Brasilia. En 1988 la parte septentrional de Goiás se convirtió en el est. de Tocantins. Meseta central, ríos Paranaíba, São Francisco y Araguaia. Agricultura y ganadería. Minas. Cap. Goiânia. 340.166 km^2. 4.848.725 hab. (1999).
Brasil 3:151b; Brasilia 3:167a.

GOIBNIU. En la mitología irlandesa, dios herrero y encargado de suministrar a las restantes divinidades el alimento de la inmortalidad. Junto con Credne y Luchta, fabricó las armas de las tribus de la diosa Danan.

GOICOECHEA COSCULLUELA, ANTONIO (1876-1953). Político español. Diputado y senador por el Partido Conservador y ministro de gobernación (1919) con Antonio Maura. Jefe del grupo monárquico Renovación Española durante la segunda república, posteriormente colaboró con el franquismo y fue gobernador del Banco de España (1938-1950).

GOICURÍA CABRERA, DOMINGO DE (1805-1870). Patriota cubano que tomó parte en los intentos insurreccionales contra España encabezados por Narciso López (1850) y Ramón Pintó (1854). En 1870 llegó a Cuba para ponerse a disposición del gobierno insurrecto, pero cayó en poder de los españoles y murió ejecutado en la Habana.

GÓIS, DAMIÃO DE (1502-1574). Escritor portugués. Adscrito a las teorías humanistas, viajó por gran número de países europeos y conoció a Erasmo de Rotterdam y a Martín Lutero. Destacó como historiador, con obras de gran sobriedad estilística. Acusado de herejía, fue juzgado por la Inquisición. *Crónica del rey don Manuel* (1566-1567), *Crónica del príncipe don Juan* (1567).
Portuguesa, literatura 12:101a.

GOITIA, FRANCISCO (1886-1960). Pintor mexicano. Plasmó en sus lienzos temas populares y costumbristas. Su pintura se inspiró en el arte americano prehispánico, interpretado con realismo y sentido dramático. «Tata Jesucristo» (1927), «Autorretrato» (1955).

GOIZUETA, ROBERTO (1931-1997). Empresario estadounidense de origen cubano. Presidente de Coca-Cola desde 1981 hasta su fallecimiento.
7:152b; *ilustración* 7:152b.

GÖKALP, ZIYA (h. 1875-1924). Sociólogo y escritor turco. Defensor de la unidad de los pueblos de ámbito cultural turco, se integró en el grupo de escritores de carácter nacionalista que tenían como eje la revista *Genç Kalemler*. *Turquización, islamización y modernización* (1918), *La nueva vida* (1923), *Historia de la civilización turca* (1926).
Turca, literatura 14:156a.

GOLA. Pieza de la armadura que se ponía sobre el peto para proteger la garganta. Constituida por una moldura de doble curva, cóncava por arriba y convexa por abajo. Conocida también como cimacio, gola recta o gola lésbica.

GOLÁN, ALTURAS DEL. Zona accidentada del extremo sudoccidental de Siria, sobre el valle del Jordán. Está rodeada por el río Jordán y el mar de Galilea (oeste), el monte Hermón (norte), el río Wadi-al-Ruqqad (este) y el Yarmuk (sur). 1.150 km^2. Ocupada en 1967 y anexionada unilateralmente por Israel en 1981.
Siria 13:259b.

GOLASECCA, CULTURA DE. Conjunto de cementerios y crematorios situados al noroeste de Milán, Italia, correspondientes a la primera edad del hierro. La cultura que dejó estos vestigios se extendió por el norte de Italia y recibió influencias de los celtas de otras regiones y de los romanos. Los restos están datados entre el 750 y el 500 a.C., y entre ellos son característicos las piezas de cerámica, las fíbulas y las espadas.

GOLD, THOMAS (n. en 1920). Astrónomo británico de origen austriaco. Ejerció diversas funciones docentes y de investigación en distintos centros estadounidenses y británicos. En la década de 1940 formuló junto con Hermann Bondi la teoría del modelo estacionario para la interpretación del origen y evolución del universo.
Universo 14:186a.

GOLDEN GATE. Estrecho de California (EUA). Conecta la bahía de San Francisco con el océano Pacífico. Longitud 5 km, anchura de 1,6 a 5 km. Sus extremos están unidos por el puente homónimo.
California 3:284a; Estados Unidos 6:129b; San Francisco 13:123b.

GOLDFADEN, ABRAHAM (1840-1908). Poeta y dramaturgo judío nacido en Ucrania, imperio ruso. Escribió en hebreo y yiddish. Vivió en Rusia, Polonia y Rumania, y en 1887 emigró a Nueva York, donde estableció una escuela de arte dramático. Está considerado como el fundador de la ópera en yiddish. *Shulamit* (1880), *Bar Kochba* (1882), *David en la guerra* (1904).

GOLDIN, NAN (n. en 1953). Artista estadounidense. Sus composiciones fotográficas ponen de manifiesto la miseria social de su país, ante la que adoptó una postura crítica.

GOLDING, WILLIAM (1911-1993). Novelista británico. Autor de parábolas sobre la condición humana. *El señor de las moscas* (1954), *Los herederos* (1955), *Ritos de paso* (1980). Premio Nobel de literatura en 1983.

GOLDMARK, PETER (1906-1977). Ingeniero estadounidense de origen húngaro que desarrolló el primer sistema de televisión en color usado comercialmente. Inventó además los discos de reproducción fonográfica de 33 1/3 revoluciones por minuto llamados *long play* (LP). Colaboró en la transmisión de imágenes televisadas desde la Luna.
Televisión 14:5b.

GOLDONI, CARLO (1707-1793). Dramaturgo italiano. Considerado el fundador de la comedia realista de su país.
7:153a; Italiana, literatura 8:322b; *ilustración* 7:153b.

GOLDSCHMIDT, VICTOR MORITZ (1888-1947). Mineralogista y petrólogo noruego. Profesor en Gotinga y Oslo, investigó la naturaleza geoquímica y cristaloquímica de los compuestos. Realizó una ordenación de los elementos según su distribución en la litosfera y estableció la frecuencia de los elementos raros.

GOLDSMITH, JERRY (n. en 1930). Compositor estadounidense. Destacó por sus arreglos orquestales y sus bandas sonoras para películas. *El planeta de los simios* (1968), *Star Trek* (1978), *Poltergeist* (1982), *Instinto básico* (1992).

GOLDSMITH, OLIVER (1730-1774). Ensayista y novelista irlandés. Cultivó los géneros más diversos. Su obra más conocida es la novela *El vicario de Wakefield* (1766).
7:153b; Británica, literatura 3:180; *ilustración* 7:153b.

GOLETA. Embarcación originaria de Norteamérica, pequeña, de bordas poco elevadas, dos palos y vela cangreja o de cuchillo. Aparejo característico de los yates de recreo actuales.

GOLF. Deporte que se practica al aire libre, con una pelota y unos palos o bastones, sobre un terreno de gran extensión y provisto de obstáculos. El objetivo es introducir sucesivamente la pelota en una serie de hoyos con un mínimo número de golpes.
7:154a; *ilustraciones* 7:154; 7:155a.

GOLFO, CORRIENTE DEL. Corriente oceánica cálida que se origina en el Caribe y el golfo de México, asciende siguiendo la costa americana y fluye luego en dirección nordeste desde el cabo Hatteras, en Carolina del Norte, y los bancos de Terranova (Grand Banks). Forma parte de un sistema de corrientes del Atlántico norte. Es conocida internacionalmente como *Gulf Stream.*
Atlántico, océano 2:195a; Cantábrico, mar 3:347b; México, golfo de 10:141b; Oceánicos, movimientos 11:72a.

GOLFO PÉRSICO, GUERRA DEL. Campaña militar en la que una coalición internacional de fuerzas, encabezada por tropas estadounidenses, atacó y derrotó al ejército iraquí entre el 17 de enero y el 28 de febrero de 1991. Las tropas iraquíes, que habían invadido Kuwait en agosto de 1990 por orden del presidente Sadam Husáyn, sufrieron unas cien mil bajas en los enfrentamientos terrestres y en los bombardeos de las fuerzas aliadas, comandadas por el general estadounidense Norman Schwarzkopf, que apenas perdieron dos centenares de efectivos.
Guerra 7:269b.

GOLFO Y BAHÍA. Términos que designan una parte del mar que se interna en la costa. La extensión y anchura del golfo es considerable; la bahía es menor y más protegida.
7:155b; *ilustraciones* 7:156.

GOLGI, APARATO DE. Estructura subcelular formada por varios sáculos membranosos y cuya función consiste en almacenar diferentes productos metabólicos de la célula, tales como proteínas, muchos de los cuales son vertidos posteriormente hacia el exterior o hacia la membrana.
Célula 4:69a.

GOLGI, CAMILLO (1844-1926). Médico italiano. Desarrolló una técnica de coloración del tejido nervioso por impregnación con nitrato de plata. Recibió el Premio Nobel de medicina en 1906, compartido con Santiago Ramón y Cajal, por sus trabajos sobre la histología del sistema nervioso.
Anatomía 1:327a; Neurología 10:390a; Ramón y Cajal, Santiago 12:257a.

GÓLGOTA. Lugar donde fue crucificado Jesucristo. En él se construyó la basílica del Santo Sepulcro.

GOLIARDOS. Clérigos o estudiantes vagabundos de vida irregular, cuyas actividades se desarrollaron durante los siglos XII y XIII en Francia, Inglaterra y Alemania. Sus obras poéticas, consideradas como la última manifestación del tipo juglaresco, recreaban los placeres de la vida (*Carmina burana, Carmina cantabrigensia*).

GOLIAT. Según el relato bíblico, gigante filisteo que retó a los soldados israelitas y fue vencido por David, quien lo mató de una pedrada.
David 5:102a.

GOLONDRINA. Pájaro de la familia de los hirundínidos (*Hirundo rustica*).
7:157a; Pájaros 11:216a; *ilustraciones* 7:157b; 11:216a.

GOLONDRINA DE MAR. Ave caradriforme de la familia de los láridos. Diversos géneros, entre ellos *Sterna*. Menor que las gaviotas, con el pico recto y puntiagudo, las alas muy largas y la cola ahorquillada. Se alimenta de pececillos y moluscos.

GOMA. Sustancia glucídica obtenida por tratamiento de exudados vegetales caracterizada por su elasticidad.
7:157b; *ilustración* 7:158.

GOMA ARÁBIGA. Sustancia extraída de la acacia. Consiste en sales de calcio, potasio y magnesio del ácido arábigo. Se emplea como emulsión y en suspensiones.

GOMAGUTA. V. **Gutagamba.**

GOMÁ Y TOMÁS, ISIDRO (1869-1940). Eclesiástico español. Canónigo de Tarragona, obispo de Tarazona, arzobispo de Toledo y cardenal, apoyó decididamente el alzamiento militar de 1936 contra la segunda república. *Carta colectiva del episcopado español* (1937), *Por Dios y por España* (1940).

GOMBAU, GERARDO (1906-1972). Compositor español. Profesor en el Conservatorio de Madrid y Premio Nacional de música en 1945, fue uno de los representantes de los movimientos de vanguardia en el panorama musical español. *Siete claves de Aragón* (1953), *Texturas y estructuras* (1965), *Los invisibles átomos del aire* (1970).

GOMBROWICZ, WITOLD (1904-1969). Novelista polaco. Cultivó el relato breve. En 1939 se exilió en la Argentina. Su obra estuvo prohibida durante el nazismo. *Ferdydurke* (1937), *Diario* (1963-1964), *Cosmos* (1965).

GOMEL. Ciudad y puerto fluvial de Bielorrusia, a orillas del río Sozh. Abonos, maquinaria agrícola, herramienta eléctrica. Institutos de ingeniería ferroviaria e investigación forestal. 513.000 hab. (1998).

GOMENSORO, TOMÁS (1810-1900). Político uruguayo. Perteneció al Partido Colorado. Elegido presidente de la república en 1872, durante su año de mandato se puso fin a la guerra civil.

GOMERA, ISLA. Isla del archipiélago de las Canarias (España), en el océano Atlántico. Forma parte de la prov. de Santa Cruz de Tenerife. 378 km^2. Su punto más elevado es el Alto Garajonay, 1.487 m.
Canarias, islas 3:333a.

GOMES, CARLOS (1836-1896). Compositor brasileño, autor de música instrumental y óperas de carácter romántico.
7:158b; Romanticismo 13:13a.

GOMES, DIOGO (siglo XV). Navegante portugués. Explorador de la costa occidental de África y presunto descubridor, hacia 1460, de las islas de Cabo Verde. Se le debe la primera mención directa del uso náutico del cuadrante.

GOMES, ESTEVÃO (siglo XVI). Navegante portugués. Participó en la expedición a las Molucas, al mando de Fernando Magallanes, y exploró la costa atlántica del norte de América hacia 1525.

GOMES COELHO, JOAQUIM GUILHERME. V. **Dinis, Júlio.**

GOMES CHARIÑO, PAIO (h. 1225-1295). Poeta español en lengua galaicoportuguesa. Participó en la conquista de Sevilla durante el reinado de Fernando III y obtuvo el título de almirante en tiempos de Sancho IV. Autor de 28 composiciones poéticas (19 cantigas de amor, 6 de amigo y 3 de escarnio o maldecir), integradas en el *Cancioneiro da Ajuda.* Murió asesinado por su sobrino Rui Pérez.

GÓMEZ, CRESCENCIO (1833-1921). Político y abogado hondureño. Profesor universitario y magistrado de la Corte Suprema de Justicia, fue ministro del interior, de hacienda y de guerra y presidente de la república durante un corto período (1876), cuando Ponciano Leiva dejó el poder tras la rebelión del general José María Medina.

GÓMEZ, JOSÉ MIGUEL (1858-1921). Político cubano. Luchó por la independencia y se opuso a la reelección de Tomás Estrada Palma. Como presidente (1909-1913) impulsó leyes de protección a los trabajadores y prohibió los partidos políticos con bases religiosas, clasistas o raciales. Combatió sin éxito la reelección del presidente conservador Mario García Menocal (1917).
Cuba 5:56b.

GÓMEZ, JUAN VICENTE (1864-1935). Militar y político venezolano. Rigió los destinos del país desde 1908 hasta su muerte.
7:159a; López Contreras, Eleazar 9:218a; Venezuela 14:266b.

GÓMEZ, LAUREANO (1889-1965). Político colombiano. Ministro en diversas ocasiones, ocupó la presidencia por el Partido Conservador en 1950 y apoyó los movimientos ultraderechistas de su país.
7:159a.

GÓMEZ, MÁXIMO (1836-1905). Patriota cubano. Colaboró con José Martí en la lucha de independencia.
7:159b; Maceo, Antonio 9:262b; Martí, José 9:392b.

GÓMEZ ARCOS, AGUSTÍN (n. en 1936). Novelista y dramaturgo español. Premio Lope de Vega en dos ocasiones, no consiguió estrenar sus obras, lo que lo llevó a exiliarse en París. Escribió en francés *El cordero carnívoro, María República, Escena de caza (furtiva).*

GÓMEZ ARIAS, MIGUEL MARIANO (1890-1950). Político cubano. Ocupó diversos cargos, entre ellos el de alcalde de la Habana. Presidente de la república en 1936, un voto de censura le derribó once meses más tarde.

GÓMEZ BECERRA, ÁLVARO (1771-1855). Político español. Miembro del Partido Progresista, fue diputado, ministro de gracia y justicia (1835-1836 y 1840-1841) y presidente del consejo de ministros en 1843. Durante su etapa de gobierno disolvió las Cortes, lo que provocó la caída del regente Baldomero Espartero.

GÓMEZ CALDERÓN, ANTONIO (m. h. 1828). Político español. Participó en el gobierno que se formó tras la entrada en España de los «cien mil hijos de san Luis» (1823), que dio fin al trienio constitucional. Durante los últimos diez años del reinado de Fernando VII fue presidente de la Junta de Fomento y del Consejo de Estado.

GÓMEZ CARRILLO, ENRIQUE (1873-1927). Novelista guatemalteco. Incansable viajero, dejó numerosas crónicas de los países visitados.
7:160a.

GÓMEZ CORNET, RAMÓN (1898-1964). Pintor argentino. Perteneciente a la escuela de París, realizó una obra basada en temas nacionalistas.
7:160a.

GÓMEZ DAMAS, MIGUEL (1785-1849). Militar español. De ideas absolutistas, combatió al gobierno del trienio constitucional (1820-1823) y participó en la primera guerra carlista al mando de una fuerza que recorrió España de norte a sur, aunque sin obtener ninguna victoria sobre las tropas gubernamentales. Se exilió en Francia hasta 1847, cuando se reincorporó a las filas carlistas.

GÓMEZ DE AVELLANEDA, GERTRUDIS (1814-1873). Escritora cubana. Cultivó la poesía, la novela y el teatro, dentro de la tradición romántica.
7:160b; Cuba 5:59b; Hispanoamericana, literatura 8:7a; *ilustración* 7:160b.

GÓMEZ DE ESPINOSA, GONZALO (siglo XVI). Marino español. Navegó con Fernando de Magallanes, sofocando una rebelión contra éste y contra Juan Sebastián Elcano.

GÓMEZ DE LA CORTINA, JOSÉ JUSTO (1799-1860). Escritor y político mexicano, conocido como el conde de la Cortina. Vivió en España y sirvió en cargos diplomáticos al gobierno español. De regreso en México, fundó el Instituto de Geografía y Estadística y enseñó geografía, historia y literatura. Fue gobernador del Distrito Federal y ministro de hacienda. Crítico literario. *Reforma del lujo sin perjuicio de la industria, Diccionario manual de voces técnicas castellanas en bellas artes.*

GÓMEZ DE LA SERNA, PEDRO (1806-1871). Político y jurista español. Profesor y rector de la Universidad de Madrid, fue ministro de gobernación (1843) y de gracia y justicia (1854). Figura destacada del mundo jurídico español del momento, apoyó a Baldomero Espartero, a quien acompañó durante tres años en su destierro.

GÓMEZ DE LA SERNA, RAMÓN (1891-1963). Escritor español. Creador de la greguería y caracterizado por lo original y diversificado de su obra.
7:161a; *ilustración* 7:161a.

GÓMEZ DE LLANO, FRANCISCO (1896-1970). Político español. Abogado del estado, fue embajador de España en los Estados Unidos y en Francia y ministro de hacienda (1951-1957).

GÓMEZ DE MORA, JUAN (h. 1580h. 1648). Arquitecto español. Discípulo de su tío Francisco de Mora, sucedió a éste como arquitecto real de Madrid en 1611. Dirigió la construcción del convento de la Encarnación (1611-1616) y del palacio de Santa Cruz (1629-1634), la reforma de la Plaza Mayor (1617-1619) y la reconstrucción del antiguo Alcázar (1619-1627).

GÓMEZ FARÍAS, VALENTÍN (1781-1858). Político mexicano. Presidente de la república en dos ocasiones, impulsó reformas progresistas.
7:161a.

GÓMEZ FERRER, JUAN GUALBERTO (1854-1933). Político cubano. Ordenó el comienzo de la insurrección contra España en 1895.
7:161b.

GÓMEZ GONZÁLEZ (m. en 1110). Noble castellano. Formó parte del grupo de cortesanos que apoyaron a la reina doña Urraca frente a su marido, Alfonso I el Batallador de Aragón; por esta causa fue muerto en el transcurso de la batalla del Campo de la Espina.

GÓMEZ HERMOSILLA, JOSÉ MAMERTO (1771-1837). Filólogo y helenista español. Integrante del círculo de protegidos de Manuel Godoy y afrancesado, comulgó con las ideas liberales, pero ocupó diversos puestos tras la restauración del absolutismo en 1823. Autor de estudios lingüísticos e históricos y traducciones de obras clásicas. *Historia de la revolución de España de 1820 a 1823* (1824), *Arte de hablar en prosa y en verso* (1826), *Principios de gramática general* (1837).

GÓMEZ-JORDANA Y SOUSA, FRANCISCO (1876-1944). Militar y político español. Alto comisario español en el protectorado de Marruecos entre 1928 y 1931, participó en la sublevación de 1936 y fue nombrado presidente del Alto Tribunal de Justicia Militar y de la Junta Técnica del estado. Ocupó el cargo de ministro de asuntos exteriores en 1938-1939 y 1942-1944.

GÓMEZ MORENO Y GONZÁLEZ, MANUEL (1834-1918). Historiador y pintor español. Profesor en la Escuela de Artes y Oficios de Granada y miembro de la Real Academia de la Historia, reflejó en sus obras pictóricas la vida popular y cotidiana de su tierra natal, Granada. Autor de estudios de historia y arte granadino. Entre sus pinturas figuran «San Juan de Dios librando a los pobres del incendio del Hospital Real», «Salida de la familia de Boabdil de la Alhambra». Escribió *Carácter de los monumentos granadinos, Las pinturas de la Alhambra, Alonso Cano.*

GÓMEZ MORENO Y MARTÍNEZ, MANUEL (1870-1970). Arqueólogo y crítico de arte español. Hijo de Manuel Gómez Moreno y González, fue académico de bellas artes y de historia, catedrático de arqueología arábiga en la Universidad Complutense de Madrid y director general de bellas artes (1930). Destacó por sus investigaciones en el campo de la arquitectura paleocristiana, el arte visigodo, la cultura ibérica, etc. Fundador de la revista *Archivo Español de Arte y Arqueología. La civilización árabe y sus monumentos en España* (1919), *El arte románico español* (1934), *Escultura medieval española* (1964).

GÓMEZ MORÍN, MANUEL (1897-1972). Político mexicano. Estudió en la escuela de jurisprudencia de la Universidad Nacional Autónoma de México, donde fue uno de los llamados «siete sabios», y fue profesor, secretario y director de dicha escuela. Desempeñó importantes cargos políticos y diplomáticos y fue rector de la mencionada universidad. Fundó en 1939 el Partido Acción Nacional (PAN), de oposición.

GÓMEZ ORTEGA, RAFAEL. V. **Gallo, El.**

GÓMEZ PALACIO. Ciudad mexicana, en el nordeste del est. de Durango. Forma parte de la conurbación de Torreón. Fundada en 1886 por el filántropo español Santiago Lavín. Centro agrícola e industrial en la zona de regadíos de Laguna. Algodón, cereales, vid, frutas; industrias de la harina y textiles, destilerías, siderurgia, jabón. 192.888 hab. (1995).
Durango, estado de 5:253b.

GÓMEZ PEDRAZA, MANUEL (1789-1851). Político mexicano. Militar a las órdenes de Agustín de Iturbide, fue ministro de guerra en 1825. Participó en la revolución de la Acordada y tuvo que exiliarse. Regresó en 1832 como presidente de la república, dimitiendo unos meses después. Ocupó luego dos ministerios y fue de nuevo candidato a la presidencia, pero resultó derrotado.

GÓMEZ PEREIRA, ALONSO (1500-1558). Filósofo y médico español. Felipe II lo llamó para asistir al príncipe Carlos. Escribió tratados de filosofía en los que se opuso a la escolástica y propugnó el uso de la experiencia y la razón. En medicina combatió las teorías de Galeno sobre las fiebres. Autor de la teoría del automatismo de las bestias, que afirma que los animales no tienen alma sensitiva. *Librito contra los árabes acerca de la preparación de los humores, Antoniana Margarita.*

GÓMEZ RESTREPO, ANTONIO (1869-1947). Escritor y político colombiano. Fue profesor de literatura en la Universidad Nacional, ministro plenipotenciario en Italia y Centroamérica, embajador en México y el Perú, senador y ministro de instrucción pública y de relaciones exteriores. Autor de crítica literaria y poesía. *Ecos perdidos* (1893), *Relicario* (1928), *Historia de la literatura colombiana* (1945-1946).

GÓMEZ Y POLO, SIMÓN (1845-1880). Pintor español. Estudió en el taller barcelonés de Eusebio Planas y en París. Fue autor de pintura de género, religiosa y retratos, en la que asoma la influencia de la pintura española del siglo XVII y de los artistas flamencos y holandeses. «Los jugadores de dados», «Viejo fumando en pipa».

GOMIS, CELSO (1841-1915). Político y escritor español. Tomó parte en los acontecimientos revolucionarios de 1868 y participó en la vida política catalana como simpatizante del anarquismo. Autor de libros para escolares y estudios sobre el folclor catalán, actividades que alternaba con su trabajo como ingeniero de caminos. *Meteorología y agricultura popular* (1888), *Zoología popular catalana* (1910).

GOMORRESINA. Sustancia proveniente del látex de ciertas plantas, compuesta por una mezcla de resina, material gomoso y aceite volátil.

GOMULKA, WLADYSLAW (1905-1982). Político polaco. Figura destacada en los órganos rectores de su país tras la segunda guerra mundial. Primer secretario del Partido Obrero Unificado Polaco (comunista) de 1956 a 1970.
Polonia 12:75b.

GÓNADAS. Órganos genitales animales, productores de gametos y hormonas. La gónada masculina se conoce como testículo y la femenina como ovario.

Endocrino, sistema 5:407b; Reproducción 12:337b; Sexo y sexualidad 13:218a.

GONAÏVES. Capital del dep. haitiano de L'Artibonite, desembocadura del río Quinte, en el golfo de Gonaïves. Puerto comercial. 34.209 hab. (1982).

GONÂVE. Isla de la república de Haití, situada entre las penínsulas del norte y del sur y separada de la península del Tiburón por el canal de Gonâve.
Haití 7:137b.

GONÇALVES, NUNO (m. h. 1492). Pintor portugués, de actividad documentada entre 1450 y 1472. Autor del «Políptico de san Vicente», obra clave de la pintura portuguesa del siglo XV.
7:162a; Portugal 12:97b; *ilustración* 7:162a.

GONÇALVES, VASCO (n. en 1921). Militar y político portugués. Participó en la revolución del 25 de abril de 1974 y, en julio del mismo año, se convirtió en primer ministro, cargo que ocupó hasta agosto de 1975.
Portugal 12:95b; Soares, Mário 13:273a.

GONÇALVES DE MAGALHÃES, DOMINGOS JOSÉ (1811-1882). Poeta y dramaturgo brasileño. Fue el iniciador del movimiento romántico de su país con su obra *Suspiros poéticos y soledades* (1837). *La confederación de los Tamoios.*

GONÇALVES DIAS, ANTÔNIO (1823-1864). Poeta brasileño. Cultivó el teatro, la filología y la historia, entre otras disciplinas.
7:162b; Brasileña, literatura 3:164b; Indianismo 8:167a; *ilustración* 7:162b.

GONCHAROV, IVÁN ALEXÁNDROVICH (1812-1891). Novelista ruso. Autor de relatos de viajes y novelas de carácter realista. *La fragata «Palas»* (1858), *Oblómov* (1859), *El declive* (1869).
Rusa, literatura 13:47b; *ilustración* 13:45b.

GONCHAROVA, NATALIA (1881-1962). Pintora rusa. Cofundadora, junto con su esposo Mijaíl Lariónov, del efímero movimiento pictórico, derivado del cubismo, conocido como rayonismo. Diseñó diversos decorados para los Ballets Rusos de Serguéi Diaghilev. «La española del abanico», «Lámparas eléctricas».

GONCOURT, EDMOND Y JULES (1822-1896 y 1830-1870). Críticos franceses. El legado del primero sirvió para fundar la Academia Goncourt y el premio literario homónimo.
7:163a.

GONCOURT, PREMIO. Galardón literario creado por la Academia Goncourt, constituida en 1903. Es el más prestigioso de los premios de novela en Francia.

GONDAR. Capital de la provincia homónima, en Etiopía. Antigua capital del país. Notable arquitectura. Centro eclesiástico. Aeropuerto. 112.249 hab. (1994).
Etiopía 6:182a.

GONDI, FAMILIA. Diplomáticos y banqueros florentinos al servicio de Francia. Sus miembros más destacados fueron Antonio (1443-h. 1486) y sus hijos Girolamo (1472-1557) y Guidobaldo (1486-1560), ambos banqueros en Lyon.

GÓNDOLA. Embarcación pequeña de recreo, protegida en ocasiones por un toldo. Se caracteriza por la curvatura de su eje longitudinal a estribor y por su proa y popa salientes y puntiagudas. Es típica de los canales de Venecia.

GONDOMAR, CONDE DE (h. 1567-1626). Diego Sarmiento de Acuña, diplomático español. Ejerció misiones diplomáticas durante los reinados de Felipe III y Felipe IV. Fue embajador en Inglaterra en 1613-1618 y 1620-1622. Llevó a cabo una política dirigida hacia el establecimiento de relaciones más estrechas entre ambos países.

GONDRA, LUIS ROQUE (1881-1946). Político y economista argentino. Desarrolló diversos cargos públicos en distintas instituciones económicas y docentes del país y fue autor de estudios sobre temas financieros. *Problemas económicos y sociales del momento* (1934), *Teorías antiguas y recientes sobre la moneda, el crédito y los ciclos económicos* (1936).

GONDRA, MANUEL (1872-1927). Político paraguayo. Escritor y catedrático, ocupó distintos ministerios. Presidente de la república en 1910, fue depuesto unos meses más tarde. Ocupó de nuevo el cargo en 1920, pero dimitió al año siguiente.

GONDWANA. Hipotético continente austral que se supone existió desde el carbonífero hasta el jurásico y abarcó la Antártida, Australia, la península del Indostán, África y Sudamérica.
Continente 4:360a; Secundaria, era 13:182b; Suess, Eduard 13:351b.

GONFAUS, MARCELINO (1814-1855). Militar carlista español, apodado Marçal. Emigró a Francia tras el convenio de Vergara (1839) y regresó a España en 1847. Tras numerosos enfrentamientos con los ejércitos gubernamentales y un nuevo exilio en Francia, tomó otra vez las armas. Hecho prisionero, fue fusilado.

GONG. Instrumento de percusión formado por un disco de bronce que se golpea con un mazo recubierto de fieltro. Procede del lejano oriente. Empleado en composiciones de carácter oriental en la orquesta sinfónica.

GÓNGORA, LUIS DE (1561-1627). Poeta español. Máximo representante del culteranismo barroco.
7:163a; Barroco, arte 2:361b; Culteranismo 5:70b; Española, literatura 6:91a; Hispanoamericana, literatura 8:4b; Portuguesa, literatura 12:101b; Quevedo, Francisco de 12:221a; Siglo de Oro español 13:230b; Tejeda de Guzmán, Luis José de 13:420b; Veintisiete, generación del 14:249b; *cuadro* 7:163b; *ilustraciones* 7:163b; 13:239b.

GONGORISMO. V. **Culteranismo.**

GÓNIMA, ERNESTO DE (1746-1821). Empresario español. Estableció una fábrica textil en 1784 y comercializó sus productos en América.

GONIÓMETRO. Instrumento óptico utilizado tanto en cristalografía como en topografía para realizar mediciones de ángulos. Existen dos tipos: el goniómetro de aplicación o contacto y el goniómetro óptico o de reflexión.
Topografía 14:88a.

GONORREA. Enfermedad venérea causada por la bacteria gramnegativa *Neisseria gonorrhoeae.* Se caracteriza por inflamación mucopurulenta de la mucosa del aparato genital; puede producir septicemia que afecte los tejidos sinoviales y las superficies serosas, causando artritis, endocarditis o meningitis. La oftalmía del recién nacido puede deberse a infección transmitida por la madre, durante el parto.
Ceguera 4:59b; Enfermedades de transmisión sexual 5:416b; Microbiología 10:151b.

GONTRÁN, SAN (h. el 545-592). Rey de Orleans y Borgoña (561-592). Hijo de Clotario I, luchó en España y Septimania contra los visigodos e intentó calmar las disensiones existentes entre sus hermanos. Por el tratado de Andelot (587) nombró como su sucesor a Childeberto II. Promovió la fe cristiana.

GONZAGA, ADEMAR (1901-1978). Cineasta brasileño. Fue uno de los fundadores de la revista *Cinearte*, creada en defensa del cine de su país, y constructor de estudios cinematográficos. *Barro humano* (1929), *Salario mínimo* (1970).
Mauro, Humberto 10:1a.

GONZAGA, FAMILIA. Dinastía de príncipes italianos. Desde el siglo XIII hasta principios del XVIII gobernaron Mantua. Pertenecieron a ella reyes, militares, políticos, eclesiásticos, etc.

GONZAGA, TOMÁS ANTÔNIO (1744-h. 1810). Poeta brasileño de origen portugués. Aunó en su obra el prerromanticismo de base nacionalista con las corrientes literarias europeas del momento.
7:164a.
Brasileña, literatura 3:164b.

GONZALES, PANCHO (1928-1995). Richard Alonzo Gonzales, tenista estadounidense. Campeón de numerosos torneos como competidor individual, dio el triunfo al equipo estadounidense en la Copa Davis de 1949.

GONZÁLEZ, ÁNGEL (1925-1999). Poeta español. Profesor de literatura en los Estados Unidos y periodista. Integrante del grupo poético de la generación del 50. *Áspero mundo* (1956), *Palabra sobre palabra* (1965), *Aproximaciones a Antonio Machado* (1982).

GONZÁLEZ, BARTOLOMÉ (1564-1627). Pintor español. Pintor de cámara de Felipe II, se dedicó especialmente a la pintura religiosa y a los retratos de los integrantes de la familia real y cortesanos. «El descanso de la Virgen», «San Juan Bautista», «Santiago el Mayor y Santiago el Menor».

GONZÁLEZ, FELIPE (n. en 1942). Político español. Secretario general del Partido Socialista Obrero Español (PSOE) y presidente del gobierno en varios períodos. En 1996 abandonó la presidencia del gobierno tras ser derrotado en las elecciones generales de ese año, aunque continuó en la política activa. Le sucedió José María Aznar.
7:164b; España 6:80b; Solana, Javier 13:293b; *ilustración* 7:164b.

GONZÁLEZ, FERNÁN. V. **Fernán González.**

GONZÁLEZ, JUAN FRANCISCO (1854-1933). Pintor chileno. Se estableció en París en 1888 y posteriormente regresó a su país, en donde introdujo el impresionismo.

GONZÁLEZ, JUAN NATALICIO (1897-1966). Político y escritor paraguayo. Presidente de la república en 1948, fue derrocado por un golpe de estado un año después. *Proceso y formación de la cultura paraguaya, Baladas guaraníes* (1925).

GONZÁLEZ, JUAN VICENTE (1811-1866). Escritor venezolano. Perseguido por la dictadura de José Antonio Páez, escribió *Eco de las bóvedas,* donde relata sus experiencias en prisión. *Biografía de José Félix Ribas* (1864).

GONZÁLEZ, JULIO (1876-1942). Escultor español. Creador de una obra, principalmente en hierro, que abarcó el realismo dramático, el cubismo y la abstracción.
7:165a; *ilustración* 7:165a.

GONZÁLEZ, MANUEL (1833-1893). Militar y político mexicano. Secretario de guerra y marina en 1878 bajo Porfirio Díaz, sirvió como presidente de transición entre 1880 y 1884 mientras Díaz preparaba el sistema que lo mantendría en el poder de 1884 a 1911. Promovió el tendido de vías férreas y reestableció relaciones con Inglaterra, rotas por problemas de deuda.

GONZÁLEZ, MANUEL MARÍA (1789-1833). Guerrillero español. En 1833, después de la muerte de Fernando VII, protagonizó uno de los primeros pronunciamientos de carácter absolutista en apoyo al pretendiente don Carlos. Fue apresado y fusilado.

GONZÁLEZ, PABLO (1879-1950). Militar mexicano. Se unió a la revolución en 1910 en apoyo de Francisco I. Madero y organizó el ejército de Coahuila. A raíz de la convención de Aguascalientes, unió sus filas a las de Venustiano Carranza y mandó las fuerzas del sur, derrotando a Emiliano Zapata. Se sublevó contra Carranza en 1920 y trató de proclamarse presidente de la república. Derrotado, fue desterrado a los Estados Unidos, en donde permaneció hasta 1940.

GONZÁLEZ, PEDRO ANTONIO (1863-1903). Poeta chileno. Su poesía de carácter preciosista está basada en el juego de la métrica y las palabras. Considerado como uno de los representantes de la poesía modernista en Chile. *Gotas de absintio* (1895).

GONZÁLEZ, ROBERTO (n. en 1924). Escultor guatemalteco. Evolucionó de un expresionismo dinámico a un arte no figurativo.
7:165b.

GONZÁLEZ, SANTIAGO (siglo XIX). Militar y político salvadoreño. Se sublevó contra el gobierno de Francisco Dueñas y ocupó la presidencia del país en 1871-1872.

GONZÁLEZ, VALENTÍN (1909-1983). Militar español, llamado el Campesino. Minero y miembro del Partido Comunista de España, mandó una brigada y luego una división en el curso de la guerra civil española. Luchó en Guadalajara, Belchite, Brunete y Teruel. Después de la guerra emigró a la Unión Soviética y a Francia, desde donde organizó acciones guerrilleras contra el régimen del general Francisco Franco. *Vida y muerte en la URSS, 1939-1949* (1950).

GONZÁLEZ ANAYA, SALVADOR (1879-1955). Literato español. Autor de poesía y novelas de carácter costumbrista, su obra se mantuvo fiel a la línea establecida por Serafín Estébanez Calderón y la literatura de exaltación del mundo andaluz. *La sangre de Abel* (1915), *Nido de cigüeñas* (1927), *Luna de plata* (1942).

GONZÁLEZ BALCARCE, ANTONIO (1774-1820). Militar y político argentino. Participó en la guerra de independencia.
7:165b.

GONZÁLEZ BALCARCE, JUAN RAMÓN (1773-1835). Militar argentino. Gobernador y capitán general de la provincia de Buenos Aires.
7:166a.

GONZÁLEZ BESADA, AUGUSTO (1865-1919). Político español. Fue diputado conservador y desempeñó los cargos de ministro de hacienda (1903, 1909, 1918), de gobernación (1905), de fomento (1907-1909) y presidente del consejo de estado, del de instrucción pública, del superior de fomento y de la Junta Central de Colonización. *Historia crítica de la literatura gallega* (1887).

GONZÁLEZ BLANCO, ANDRÉS (1888-1924). Escritor español. Colaboró en distintas revistas literarias y sobresalió como crítico y autor de novelas y poesía. *Los contemporáneos* (1907-1912), *Historia de la novela en España* (1909), *Mademoiselle Milagros* (1918).

GONZÁLEZ BOCANEGRA, FRANCISCO (1824-1861). Poeta mexicano. Cofundador y presidente del Liceo Hidalgo. Autor de la letra del himno nacional de México (1854), con música de Jaime Nunó. Escribió el drama *Vasco Núñez de Balboa* (1856).

GONZÁLEZ BRAVO, LUIS (1811-1871). Político español. Abogado y académico de la lengua y de ciencias morales y políticas, participó en el pronunciamiento de 1840 e intervino posteriormente en la caída de Baldomero Espartero. Presidió el consejo de ministros entre diciembre de 1843 y mayo de 1844 y formó parte del gobierno moderado de Ramón María Narváez como ministro de gobernación. Era jefe de gobierno cuando la revolución de septiembre de 1868 lo obligó a exiliarse.

GONZÁLEZ CAMARENA, GUILLERMO (1917-1965). Ingeniero e inventor mexicano. Estudió en el Instituto Politécnico Nacional de la ciudad de México. Creó un sistema de televisión en colores que patentó en 1938. En 1946 construyó y operó una estación experimental de televisión. Realizó en 1963 transmisiones de televisión cromática.

GONZÁLEZ CAMARENA, JORGE (1908-1980). Pintor y escultor mexicano. Restauró los frescos coloniales del convento de Huexotzingo y fue autor de numerosos murales en diferentes edificios públicos y entidades privadas mexicanas. «La vida» (1941), «México» (1950), «La revolución contra la dictadura porfiriana» (1957).

GONZÁLEZ CAMARGO, JOAQUÍN (1865-1886). Poeta colombiano. Ejerció la medicina y escribió una obra poética que denota la influencia de Gustavo Adolfo Bécquer y Heinrich Heine. *Poesías* (1889).

GONZÁLEZ CASANOVA, PABLO (n. en 1922). Sociólogo e historiador mexicano. Profesor en las universidades de México, Oxford, Cambridge y París. Rector de la Universidad Nacional Autónoma de México. Escribió numerosas obras sobre temas sociológicos, políticos e históricos, entre ellas *La democracia en México* (1965).

GONZÁLEZ DÁVILA, GIL (h. 1480-1526). Navegante español. Recorrió la costa del Pacífico, exploró los lagos Managua y Nicaragua y fundó varias poblaciones en Honduras.
Nicaragua 10:400a; Olid, Cristóbal de 11:94b; Salvador, El 13:107a.

GONZÁLEZ DE CELLORIGO, MARTÍN (siglos XVI-XVII). Eclesiástico y economista español. Fue abogado de la chancillería de Valladolid y escribió un importante tratado sobre la situación económica española, el *Memorial de la política necesaria y útil restauración de la república de España* (1600), donde negaba la capacidad de los metales preciosos para generar riqueza y analizaba las causas de la decadencia española.

GONZÁLEZ DE ESLAVA, FERNÁN (h. 1534-1601). Poeta mexicano nacido en España. Su obra se publicó en 1610 con los títulos *Coloquios espirituales y sacramentales* y *Canciones divinas y poesías profanas del divino Eslava*.
Hispanoamericana, literatura 8:4b.

GONZÁLEZ DEL CASTILLO, JUAN IGNACIO (1763-1800). Sainetista español. Autor de gran número de sainetes, en la línea inaugurada por Ramón de la Cruz, y ambientados en la ciudad andaluza de Cádiz. *Los caballeros desairados, La boda del mundo nuevo, El lugareño de Cádiz.*
Sainete 13:89a.

GONZÁLEZ DE LEÓN, TEODORO (n. en 1926). Arquitecto mexicano. Entre sus construcciones abundan los edificios de uso público, con influencia de los diseños tradicionales. Escuela de derecho de la Universidad de Tamaulipas (1966), Delegación Cuauhtémoc (1972), Museo Rufino Tamayo (1980).

GONZÁLEZ DE MENDOZA, PEDRO (1428-1495). Prelado y escritor español. Hijo del marqués de Santillana, fue obispo de Calahorra, arzobispo de Sevilla, cardenal y primado de las Españas, canciller de Enrique IV y consejero de Isabel la Católica. Intervino en las alianzas políticas con Francia (1479) y Portugal (tratado de Tordesillas, 1494) y defendió una mayor flexibilización de la ortodoxia religiosa.

GONZÁLEZ FLORES, ALFREDO (1877-1962). Político costarricense. Presidente de la república en 1914, fue depuesto en 1917 por un golpe de estado.

GONZÁLEZ GALLARZA, EDUARDO (1897-1986). Aviador militar español. Participó en la guerra de Marruecos y colaboró con las fuerzas sublevadas durante la guerra civil española. Ministro del ejército del aire entre 1945 y 1957.

GONZÁLEZ GARZA, ROQUE (1885-1962). Revolucionario mexicano. Luchó contra Porfirio Díaz y fue ayudante de Francisco I. Madero. Asesinado este último se unió a Pancho Villa, al que representó en la convención de Aguascalientes. Presidente de la república en 1915, se exilió al triunfar Venustiano Carranza. Regresó a su país en 1920.

GONZÁLEZ LANUZA, EDUARDO (1900-1984). Poeta argentino de origen español. Colaboró con Jorge Luis Borges en las revistas *Prisma* y *Martín Fierro*. Su poesía alcanza momentos de gran intensidad lírica y usó tanto las formas clásicas como las ultraístas. Autor también de ensayos y obras teatrales. *Treinta y tantos poemas* (1932), *El bastón del señor Polichinela* (1935), *Variaciones sobre la poesía* (1943), *Los martinfierristas* (1961).

GONZÁLEZ LANUZA, JOSÉ ANTONIO (1865-1917). Jurista y político cubano. Profesor y decano de la facultad de derecho de la Universidad de la Habana, fue secretario de justicia y representante ante el Congreso. Escribió interesantes obras jurídicas, entre ellas su tesis doctoral, *Derecho público de Roma en las relaciones con sus colonias.*

GONZÁLEZ LÓPEZ, LUIS ARTURO (n. en 1900). Político guatemalteco. Fue consejero de la presidencia de Carlos Castillo Armas. Presidente de lo constituyente, subió al poder ejecutivo en 1957 al ser asesinado aquél.

GONZÁLEZ MACCHI, LUIS (n. en 1947). Político paraguayo. Adscrito al Partido Colorado, en 1998 fue elegido presidente del Congreso y del Senado. Tras la dimisión en 1999 del presidente Raúl Cubas, accedió a la más alta magistratura de la república.
7:166a; Paraguay 11:274a; *ilustración* 7:166a.

GONZÁLEZ MARTÍNEZ, ENRIQUE (1871-1952). Poeta mexicano. Su ruptura con la estética modernista se convirtió en una de las claves de la literatura hispanoamericana del siglo XX.
7:166b; Hispanoamericana, literatura 8:10a.

GONZÁLEZ MORAGO, TOMÁS (m. en 1885). Dirigente obrero español, de tendencia anarquista. Grabador de profesión, en 1869 entró en contacto con Giuseppe Fanelli y organizó el primer núcleo de la Asociación Internacional de Trabajadores. Mantuvo correspondencia con Mijaíl Bakunin y fundó *El Condenado*, publicación desde cuyas páginas se opuso a las ideas marxistas. Murió en la cárcel.

GONZÁLEZ MORENO, VICENTE (1778-1839). Militar español. Luchó en la guerra de la independencia y evitó la sublevación de José María Torrijos en Málaga (1831). Capitán general de Granada, se pasó al bando carlista y al morir Tomás de Zumalacárregui fue nombrado generalísimo del ejército del pretendiente don Carlos. Rechazó el convenio de Vergara (1839) y fue asesinado por los soldados del general Rafael Maroto cuando intentaba escapar a Francia.

GONZÁLEZ NAVERO, EMILIANO (1861-1938). Político paraguayo. Uno de los fundadores del Partido Liberal. Vicepresidente de la república bajo el mandato de Benigno Ferreira, ocupó sucesivamente la presidencia y la vicepresidencia. Accedió de nuevo a aquélla durante un interinato en 1931.

GONZÁLEZ ORTEGA, JESÚS (1822-1881). Militar y político mexicano. Miembro del Partido Liberal, derrotó a Miguel Miramón en Silao (1859) y en Calpulalpan (1860). Ministro de la guerra con Benito Juárez, mandó el ejército de oriente y defendió Puebla durante 62 días en la guerra contra los franceses.

GONZÁLEZ PALENCIA, ÁNGEL (1889-1949). Escritor y arabista español. Fue catedrático de literatura arabigoespañola en la Universidad Complutense de Madrid y académico de la historia y de la lengua. *Historia de la España musulmana* (1925), *Los mozárabes de Toledo en los siglos XII y XIII* (1926-1930), *Historia de la literatura arabigoespañola* (1928).

GONZÁLEZ PEÑA, CARLOS (1885-1955). Escritor mexicano. Profesor en la Universidad Nacional Autónoma de México y miembro de la Academia Mexicana de la lengua, fundó y dirigió *El Universal Ilustrado* y fue autor de obras de crítica e historia de la literatura y novelas. *La chiquilla* (1907), *Historia de la literatura mexicana* (1928), *Claridad en la lejanía* (1947).

GONZÁLEZ PEÑA, RAMÓN (1888-1952). Sindicalista español. Jefe sindical del sector minero en la Unión General de Trabajadores (UGT), dirigió la rebelión de Asturias (1934). Condenado a muerte, le fue conmutada la pena por treinta años de cárcel. Con el triunfo del Frente

Popular en 1936 consiguió la libertad y el acta de diputado. Presidente de la UGT en 1937 y ministro de justicia en el gobierno de Juan Negrín (1938). Después de la guerra civil se exilió en México.

GONZÁLEZ POSADA, ADOLFO (1860-1944). Jurista y sociólogo español. Fue profesor de derecho político en la Universidad de Oviedo y en la de Madrid, de donde fue decano de la facultad de derecho. Seguidor de las teorías de Francisco Giner de los Ríos y el krausismo. Representó a España en la Conferencia Internacional del Trabajo (Washington, 1918). *Tratado de derecho político* (1892-1893), *La idea pura del estado* (1933).

GONZÁLEZ PRADA, MANUEL (1848-1918). Poeta peruano. Renovador de la prosa ensayística hispanoamericana.
7:167a.

GONZÁLEZ ROJAS, EUGENIO (n. en 1903). Escritor chileno. Expresó en su obra sus inquietudes políticas y sociales. *Más afuera* (1930), *Hombres* (1935).

GONZÁLEZ RUANO, CÉSAR (1903-1965). Escritor y periodista español. Siguió la corriente ultraísta en sus obras poéticas y escribió novelas y biografías. Destacó como periodista, actividad en la que fue considerado como una de las figuras principales en la prensa española del momento. *Poesía, 1924-1944* (1944), *Siluetas de escritores contemporáneos* (1949), *Cita con el pasado* (1954).

GONZÁLEZ RUIZ, NICOLÁS (1897-1965). Periodista y escritor español. Profesor de lengua y literatura española en la Universidad de Liverpool (Reino Unido), adaptó obras de William Shakespeare al castellano. Colaborador de los periódicos *Ya* y *El Debate* de Madrid. *Antología de literatura periodística* (1934), *Cuentos del pasado glorioso* (1940), *Piezas maestras del teatro teológico español* (1946).

GONZÁLEZ SALMÓN, MANUEL (m. en 1832). Político español. Fue ministro de estado en 1819 y de 1826 hasta su muerte. En 1819 se opuso a la ratificación del tratado de Washington, por el que los Estados Unidos ocuparían la parte norte del Virreinato de la Nueva España.

GONZÁLEZ SANTÍN, IGNACIO MARÍA (1840-1915). Político dominicano. Presidente de la república de 1874 a 1876, llevó a cabo una política de reformas económicas y sociales. En el terreno internacional estableció un acuerdo fronterizo con Haití y reanudó las relaciones con España.

GONZÁLEZ SUÁREZ, FEDERICO (1844-1917). Historiador y eclesiástico ecuatoriano. Profesor en la Universidad Central, fue obispo de Ibarra y arzobispo de Quito. Autor de estudios arqueológicos y de historia política y eclesiástica del Ecuador. *Historia general de la República del Ecuador* (1890-1903).

GONZÁLEZ TORRES, FÉLIX (1957-1996). Artista cubano. En sus originales composiciones, en las que empleó figuras sencillas y elementos cotidianos, pretendió sublimar la crudeza de la realidad.

GONZÁLEZ TUÑÓN, RAÚL (1905-1974). Poeta argentino. Uno de los primeros que empleó el lunfardo (jerga bonaerense) para sus poemas de inspiración social. Muy interesado por el acaecer político español. *La muerte en Madrid* (1939), *Primer canto argentino* (1945), *Una ventana que mira a la calle* (1967).

GONZÁLEZ VALENCIA, RAMÓN (1851-1928). Militar y político colombiano. Vicepresidente durante el gobierno de Rafael Reyes, fue nombrado presidente provisional por el Congreso. Permaneció en el cargo de 1909 a 1910.

GONZÁLEZ VELÁZQUEZ, ANTONIO (1723-1793). Pintor español. Teniente director de la Academia de Bellas Artes de San Fernando, estudió en Roma con Corrado Giaquinto. Realizó pinturas al fresco para la iglesia del Pilar de Zaragoza, para el Palacio Real de Madrid y para el de El Pardo.

GONZÁLEZ VELÁZQUEZ, ISIDRO (1765-1829). Arquitecto español. Discípulo de Juan de Villanueva, fue uno de los representantes del estilo neoclásico durante los reinados de Carlos IV y Fernando VII. Autor de la Casita del Labrador de Aranjuez (1802), del monumento al 2 de mayo de Madrid (1822) y de un proyecto para la reordenación de la plaza de Oriente de Madrid.

GONZÁLEZ VELÁZQUEZ, PABLO (1664-1727). Escultor español. Trabajó en Madrid, en donde realizó un bajorrelieve en el portal de la iglesia de Santa Cruz, así como diversas obras en las iglesias de San Luis y San Juan de Dios y gran parte del retablo del altar mayor de San Felipe el Real.

GONZÁLEZ VERA, JOSÉ SANTOS (1897-1970). Escritor chileno. Reflejó en sus obras la vida de las clases populares de su país. *Alhué, Estampas de una aldea* (1928), *Cuando era muchacho* (1951), *Necesidad de compañía* (1968).

GONZÁLEZ VIDELA, GABRIEL (1898-1980). Político chileno. Dirigente del Partido Radical, fue elegido diputado y presidente del Congreso. Ocupó diversos cargos diplomáticos en Europa y América. Fue presidente de 1946 a 1952. En 1975 pasó a formar parte del consejo de estado de Augusto Pinochet.
Chile 4:137a.

GONZÁLEZ VÍQUEZ, CLETO (1858-1937). Político costarricense. Fue ministro en diversas ocasiones y dos veces presidente de la república, en 1906 y 1928. Estableció un acuerdo de límites territoriales con Panamá. *Temblores, terremotos e inundaciones volcánicas en Costa Rica.*
Costa Rica 4:415a.

GONZÁLEZ Y GONZÁLEZ, LUIS (n. en 1925). Historiador mexicano. Estudió en diversas instituciones mexicanas de enseñanza superior. Profesor e investigador del Colegio de México y autor de numerosos estudios históricos. *El Congreso de Anáhuac* (1963), *Pueblo en vilo* (1968).

GONZÁLEZ ZELEDÓN, MANUEL (1864-1936). Escritor costarricense. Autor de obras de carácter popular y costumbrista.
7:167a.

GONZALO (m. en 1037). Hijo de Sancho III el Mayor, rey de Navarra, y de doña Munia de Castilla, heredó el reino de Sobrarbe y Ribagorza en 1035. Fue asesinado en Monclús por Ramonet de Gascuña y su reino quedó incorporado a la corona de Aragón.

GOODMAN, BENNY (1909-1986). Benjamin David Goodman, clarinetista y director de orquesta estadounidense. Su popularidad le valió el apelativo de «rey del swing».
7:167b; Jazz 8:358b; *ilustración* 7:167b.

GOODYEAR, CHARLES (1800-1860). Inventor estadounidense, creador del proceso de vulcanización que posibilitó el uso comercial del caucho. Logró el descubrimiento de forma casual, cuando realizaba pruebas con caucho y azufre. El invento enriqueció a otros, no a él, que al morir dejó considerables deudas.

GOOSENS, EUGENE (1893-1962). Compositor y director de orquesta británico. Hijo y nieto de directores, estudió en Brujas, Bélgica, y en Liverpool y Londres. Autor de dos óperas, música de cámara y otros estilos, fue uno de los más brillantes directores de su época. *Judit* (1929).

GÓRBACHEV, MIJAÍL (n. en 1931). Político soviético. Dirigió a la Unión Soviética desde 1985 hasta su desaparición en 1991.
7:167b; Perestroika 11:335b; Primákov, Evgueni 12:140a; Reagan, Ronald 12:278a; Rusia 13:65b; Shevardnadze, Eduard 13:226b; Unión Soviética 14:181b; Yeltsin, Borís 14:380b; *ilustraciones* 7:168a; 13:65b.

GORCHAKOV, ALEXANDER (1798-1883). Político ruso. Ministro de asuntos exteriores durante 26 años. Accedió al cargo en 1856, al término de la guerra de Crimea, y colaboró en la recuperación rusa.

GORDIANO I, MARCO ANTONIO (h. el 157-238). Emperador romano (marzo-abril del 238). De la familia de los Gracos y descendiente de Trajano, fue pretor y cónsul en la época de Caracalla y Alejandro Severo y procónsul en África. Los africanos lo nombraron emperador durante una sublevación contra Maximino. Derrotado en Cartago por el procurador de Numidia y muerto su hijo Gordiano II en la batalla, se suicidó.

GORDIANO II, MARCO ANTONIO (m. en el 238). Emperador romano (marzo-abril del 238). Asociado al imperio por su padre, murió defendiendo Cartago, sitiada por Capeliano, gobernador de Numidia. Fue un gran amante de las letras y la poesía.

GORDIANO III, MARCO ANTONIO (h. el 225-244). Emperador romano (238-244). Gobernó con el consejo de Timesiteo, prefecto del pretorio, quien terminó con la influencia que habían tenido los eunucos desde el reinado de Heliogábalo. Luchó contra los persas y los expulsó de Antioquía. A la muerte de Timesiteo (243) lo sucedió como prefecto Filipo el Árabe, quien ordenó su asesinato.

GORDIANO, NUDO. Fuerte nudo que unía el yugo y el timón del carro que el rey de Frigia, Gordias, había consagrado a Zeus en agradecimiento por su acceso al trono. Según el oráculo, quien lo deshiciera dominaría Asia. Alejandro Magno, conocedor del vaticinio, lo cortó con su espada.

GORDILLO, LUIS (n. en 1934). Pintor español. Adscrito a las técnicas vanguardistas, y con influencias del expresionismo, su obra constituye el canal de expresión de un complejo mundo interior.

GORDIMER, NADINE (n. en 1923). Escritora sudafricana, autora de novelas y narraciones cortas. Galardonada con el Premio Nobel de literatura en 1991.
7:168a.

GORDIN, JACOB (1853-1909). Dramaturgo judío. Fundador del teatro en lengua yiddish en los Estados Unidos. Tradujo a Henrik Ibsen, Liev Tolstoi, etc. Recreó obras de William Shakespeare e impuso un carácter didáctico a sus melodramas. *El rey Lear judío* (1892), *Siberia* (1894).
Yiddish, literatura 14:387b.

GORDOLOBO. Planta herbácea bienal de la familia de las escrofulariáceas (*Verbascum thapsus*). Dicotiledónea. Tallo con abundantes pilosidades semejantes a borra. Flores amarillas.

GORDON, ADAM LINDSAY (1833-1870). Poeta australiano. Educado en el Reino Unido y establecido en Australia en 1853, fue autor de baladas al estilo escocés, género que se hizo muy popular en la colonia. *Astarot* (1867), *Baladas del matorral y rimas galopantes* (1870).

GORDON, CHARLES GEORGE (1833-1885). Militar británico. Su heroica muerte frente a los rebeldes sudaneses, en Jartum, le dio renombre universal. Era gobernador general de Sudán cuando los rebeldes pusieron sitio a la ciudad, logrando penetrar en ella.

GORDON, CHARLES WILLIAM. V. **Connor, Ralph.**

GORDON, JUDA LEIB (1830-1892). Escritor lituano en lengua hebrea. Autor de poesías, ensayos y novelas, fue una de las figuras principales del movimiento reformista judío conocido como la Haskala. Sufrió persecución política. En sus obras expresó el desencanto que le causaba la vida social y religiosa del pueblo judío tradicionalista. *En las profundidades del mar.*
Hebrea, literatura 7:345b.

GORDÓN ORDÁS, FÉLIX (1885-1973). Político español. Miembro fundador del Partido

Radical Socialista, fue ministro de industria y comercio en el gobierno de Diego Martínez Barrio (1933) y diputado en varias legislaturas. Criticó al gabinete de Alejandro Lerroux por la represión de la revolución de Asturias en octubre de 1934, y fue embajador del gobierno republicano en México entre 1936 y 1938. Después de la guerra civil, formó parte del gobierno en el exilio, del que llegó a ser presidente (1951-1960).

GORE, ALBERT (n. en 1948). Político estadounidense. Accedió a la vicepresidencia del país, como número dos de la candidatura demócrata de Bill Clinton, tras las elecciones de 1992. Renovó su cargo en los comicios de 1996.

GORGAS, JOSIAH (1818-1883). Militar estadounidense. Se encargó de la producción de armas y municiones para el ejército confederado durante la guerra civil. Por un lado adquirió armas y por otro fomentó la producción interna de armamento.

GORGAS, WILLIAM CRAWFORD (1854-1920). Cirujano estadounidense que contribuyó a la construcción del canal de Panamá al introducir un programa para la erradicación de la fiebre amarilla y el paludismo.

GORGIAS (h. el 487-h. el 380 a.C.). Filósofo y retórico griego. Destacó por su elocuencia, y ejerció gran influencia sobre los oradores áticos. En su escrito *Sobre la naturaleza y el no-ser* defendió un escepticismo radical.
Sofistas 13:289b.

GORGIAS, DIÁLOGO DE. Célebre diálogo de Platón, en el cual Sócrates critica a los sofistas y establece que la retórica debe hallarse al servicio de la verdad, en contra de la elocuencia profesional de Gorgias y de la conducta cínica de Calicles.

GORGOJO. Insecto coleóptero de la familia de los curculiónidos. Cabeza alargada en pico. Muchos viven dentro de las semillas de los cereales, leguminosas, etc., y causan grandes destrozos en los granos.
Agricultura 1:115.

GORGONAS. En la mitología griega, monstruos marinos, hijas de Forcis y de Ceto, llamadas Euríale, Esteno y Medusa. Las dos primeras eran inmortales; Medusa, la Gorgona por excelencia, no lo era y, pese a su fiereza, Perseo logró abatirla.
Medusa 10:39a.

GORÍBAR, NICOLÁS JAVIER DE (1688-1736). Pintor ecuatoriano. Fue discípulo de Miguel de Santiago y trabajó como mayordomo del convento de los jesuitas de Quito. En dicho convento se conservan sus representaciones de los profetas.

GORILA. Mamífero del orden de los primates y de la familia de los póngidos (*Gorilla gorilla*).
7:168b; Primates 12:143b; *ilustraciones* 7:168b; 12:143b.

GÖRING, HERMANN (1836-1946). Político y militar alemán. Miembro del partido nazi, ayudó de manera decisiva a su encumbramiento. Promovió la reconstrucción económica y el rearme, y encabezó la *Luftwaffe* (aviación militar). Condenado a muerte como criminal de guerra tras la segunda guerra mundial, se suicidó.

GORKI. V. **Nizhni Nóvgorod**.

GORKI, MÁXIMO (1868-1936). Alexéi Maxímovich Pechkov, escritor ruso. Cultivó la novela naturalista.
7:169b; Bábel, Isaak 2:293b; Rusia 13:68b; *cuadro* 7:169b; *ilustración* 7:169b.

GORKY, ARSHILE (1904-1948). Vosdanig Manoog Adoian, pintor estadounidense de origen armenio. Influido por Picasso, los surrealistas, Joan Miró y Roberto Matta. Inició la abstracción lírica neoyorquina con un estilo personal de formas biomórficas suspendidas en un espacio de colores vivos. «Diario de un seductor» (1945), «Agonía» (1947).
Abstracto, arte 1:22a.

GORLOVKA. Ciudad de Ucrania, reg. de Donetsk. Centro minero fundado en 1867, el principal de la zona actualmente. Industria pesada, complejo químico. 309.300 hab. (1998).

GORM (h. el 860-h. el 935). Rey de Dinamarca. Ordenó mejorar las fortificaciones que protegían la ciudad de Hedeby, junto al río Eider, para impedir las invasiones del reino desde el sur.

GOROSTIZA, CARLOS (n. en 1920). Dramaturgo argentino. Planteó en la escena los problemas sociales que aquejan a su país.
7:170a.

GOROSTIZA, CELESTINO (1904-1967). Dramaturgo mexicano. Renovador del arte dramático, formó parte del grupo Contemporáneos. Afrontó principalmente en sus obras los problemas sociales. *El color de nuestra piel* (1952), *Columna social* (1955).

GOROSTIZA, JOSÉ (1901-1973). Poeta mexicano. Formó parte del grupo Contemporáneos. Desempeñó diversos cargos públicos. Su obra *Muerte sin fin* (1939) fue una obra fundamental para la poesía mexicana. Premio Nacional de Letras en 1968. *Canciones para cantar en las barcas* (1925).

GOROSTIZA, MANUEL EDUARDO DE (1789-1851). Escritor, diplomático y militar mexicano. Escribió gran número de comedias, en las que unió el estilo neoclasicista y el costumbrismo. *Indulgencia para todos* (1818), *Las costumbres de antaño* (1819), *Contigo pan y cebolla* (1833).

GÖRRES, JOSEPH VON (1776-1848). Escritor alemán. Atraído inicialmente por las ideas de la revolución francesa, posteriormente defendió en Renania el romanticismo alemán y popularizó en sus ediciones la literatura medieval germana. Fundó la revista liberal *Rheinische Merkur* y tuvo que exiliarse en Suiza. Desde 1824 se convirtió en uno de los principales valedores de la Iglesia Católica en Alemania. *Historia de los mitos del mundo asiático* (1810), *Alemania y la revolución* (1819), *La mística cristiana* (1836-1842), en cuatro volúmenes.

GORRIE, JOHN (1803-1855). Físico estadounidense que descubrió el proceso de aire frío para refrigeración. Su hallazgo resultó de sus experimentos sobre refrigeración de salas de hospital para rebajar la temperatura febril de los pacientes.
Refrigeración 12:296b.

GORRIÓN. Pájaro de la familia de los ploceidos (*Passer domesticus*).
7:170a; Ave 2:294b; *ilustración* 7:170a.

GORRITI, JUANA MANUELA (1818-1892). Escritora argentina. Hija del político José Ignacio Gorriti, huyó con él al destierro en Bolivia. Contrajo matrimonio con Manuel Isidoro Belzú, quien llegó a presidente de la república de Bolivia. Se trasladó posteriormente a Lima, donde fundó un salón literario. Autora de numerosas obras de corte romántico: *Panoramas de la vida* (1867), *Veladas literarias de Lima* (1892).

GORRO FRIGIO. Gorro cónico semejante al que usaban los libertos romanos, pero con su extremo superior inclinado hacia la frente. Adoptado e impreso en sus documentos por la revolución francesa, llegó a convertirse en un símbolo universal de las ideas republicanas.

GORTARI, ELI DE (1918-1991). Filósofo mexicano. Rector de la Universidad Nicolaíta de Morelia, Michoacán. Fue encarcelado (1968-1971) por motivos políticos. *Lógica general* (1965), *El método dialéctico* (1970).

GOSAINTHAN, MONTE. Montaña del sur de China, cerca de la frontera de Nepal, en la cadena del Himalaya. La cuenca situada al oeste es una importante ruta comercial. 8.012 m.

GOSCINNY, RENÉ (1926-1977). Guionista francés de historietas. En 1945 se trasladó a Nueva York, donde trabajó como publicista e ilustrador de narraciones infantiles. Su carrera de guionista se inició en 1954 con la serie *Lucky Luke*. Alcanzó la fama con *Astérix* (1959) y *El pequeño Nicolás* (1960). Colaboró habitualmente con el ilustrador Albert Uderzo.

GOSPLAN. Gossudarstvennyi Planovi Komitet, nombre ruso del Comité del Plan Estatal de la Unión Soviética. Fue creado en 1921, y desde 1928 se encargó de elaborar y controlar los planes quinquenales. Los avances técnicos, como la introducción de cálculos informatizados y el uso de estadísticas complejas, convirtieron al Gosplan en el principal organismo de control económico y en un importante centro de poder dentro de la estructura del estado soviético hasta su desaparición en 1991.
Planificación económica 12:18a.

GOSSAERT, JAN. V. **Mabuse.**

GOTA. Enfermedad hereditaria muy dolorosa, aguda o crónica, en la cual, por un trastorno del metabolismo, se incrementan los niveles de ácido úrico y de los uratos en la sangre.
7:170b; *ilustración* 7:171a.

GÖTEBORG. Ciudad de Suecia, cap. del condado de Gotemburgo y Bohus, en el estuario del Göta, costa occidental. El puerto de mayor tráfico del país. Fuertes, murallas y catedral del siglo XVII. Museos. Industrias diversas. 459.593 hab. (1999).
Suecia 13:344a.

GOTEMBURGO. V. **Göteborg.**

GOTHA. Ciudad de Alemania, est. de Turingia, al borde de la selva de Turingia. Palacio ducal (siglo XVIII). En ella se publica un famoso almanaque mundial desde 1763. Tradición en ediciones cartográficas. Maquinaria, tejidos, porcelana. 57.573 hab. (1984).

GOTHA, CONGRESO DE. Reunión de los socialdemócratas alemanes celebrada entre los días 22 y 27 de mayo de 1875. En ella se unió la Asociación General de los Trabajadores al Partido Obrero Social Democrático, y se adoptó el programa de Gotha, en el que se combinaban algunas teorías del marxismo con las tesis de Ferdinand Lassalle, que fueron censuradas por Karl Marx y Friedrich Engels en su *Crítica al programa de Gotha*.

GOTIA, MARCA DE. Antigua demarcación territorial del reino franco que comprendía la Septimania y parte de la Marca Hispánica. En el siglo IX el marqués Hunfrido se sublevó contra Carlos el Calvo, el cual fragmentó y repartió la marca, quedando independiente el condado de Barcelona.

GÓTICA, NOVELA. Subgénero literario en prosa muy extendido desde los inicios del período romántico. La acción de un relato de este género se desarrolla en ambientes claustrales de terror y misterio. Algunos autores destacados: Horace Walpole, Matthew Lewis y William Beckford.
Fantástica, literatura 6:229a; Novela y cuento 11:20b.

GÓTICO, ARTE. Nombre con que se designa el estilo artístico imperante en Europa desde el siglo XII hasta el Renacimiento.
7:171a; Arco 2:29b; Arquitectura 2:108b; Burgos 3:227b; Canterbury 3:348b; Castillo y palacio 4:25a; Catedral y basílica 4:41b; Duccio di Buoninsegna 5:249a; Edad media 5:304a; Escultura 6:48b; Francia 6:395b; Metalistería 10:97b; Pintura 11:413a; Portugal 12:95b; Reino Unido 12:314a; Religioso, arte 12:323a; Renacimiento 12:331b; Retablo 12:351a; *ilustraciones* 7:171b; 7:172; 7:173a-b; 7:174a; 7:175a-b.

GOTINGA. Ciudad de Alemania, est. de Baja Sajonia, a orillas del Leine. Poderoso miembro de la Liga Hanseática (siglo XIV). Murallas y casas medievales, iglesias góticas. Universidad. Industrias diversas. 127.366 hab. (1998).

GOTLAND. Isla de Suecia, en el mar Báltico. Su costa es baja, con múltiples y amplias bahías, mientras que el interior es una ondulante llanura deficientemente drenada. Cubre una superficie de 3.140 km^2 57.971 hab. (1997).
Suecia 13:344a.

GOTTFRIED VON STRASSBURG (siglos XII-XIII). Poeta medieval alemán, activo en 1210. Escribió el poema épico *Tristán e Isolda*, a partir de un modelo francés, que narra los trágicos amores de estos dos personajes. Dicha obra inspiró la ópera de Richard Wagner de idéntico título. Strassburg está considerado como uno de los grandes representantes de la poesía cortesana alemana.

GOTTHELF, JÉRÉMIAS (1797-1854). Albert Bitzius, novelista suizo. Era pastor protestante y escribió en alemán. Situó la acción de sus obras en el cantón de Berna. *Alegrías y penas de un maestro de escuela* (1838-1839), *Uli el criado* (1841), *Cuadros y leyendas de Suiza* (1842-1846), *Espíritu del tiempo y espíritu de Berna* (1852).

GOTTLIEB, ADOLPH (1903-1974). Pintor estadounidense, uno de los máximos representantes de la escuela expresionista abstracta de Nueva York. Fundador junto con Mark Rothko e Ilya Bolotowsky en 1935 del grupo The Ten, realizó en la década de 1940 la serie de pinturas abstractas conocidas como «Pictografías», inspiradas en signos mágicos de las tribus indias. Sus obras posteriores presentan mayor simplicidad. «Contrapesos», «Caligrafía roja», «Emblemas negros».

GOTTSCHED, JOHANN CHRISTOPH (1700-1766). Dramatugo, crítico y teórico literario. Introdujo en el teatro alemán el gusto por las normas neoclásicas. Sus ideas fueron muy criticadas por Gotthold Ephraim Lessing. *Catón moribundo* (1732), *Teatro alemán concebido según las reglas de los griegos y los romanos* (1741-1745), *Lingüística* (1748).

GOTTWALD, KLEMENT (1896-1953). Político comunista checoslovaco. Se dio a conocer en 1938 por su insistencia, inútil por otro lado, en que su país se opusiera a la anexión de los Sudetes por la Alemania nazi. Fue presidente del país desde 1948 hasta su muerte.
Checa, República 4:117a; Checoslovaquia 4:119b.

GOUACHE. Voz francesa con la que se designa un tipo de pintura soluble en agua, que, a diferencia de la acuarela, queda opaca al secarse.
Pictóricas, técnicas 11:394a.

GOUDA. Población de los Países Bajos, en la prov. de Holanda Meridional. Arquitectura civil y religiosa de los siglos XV al XVII. Famosa por su queso de Gouda. Industria metalúrgica y de alimentación; cerámica. 59.179 hab. (1983).

GOUGH, RESERVA DE FAUNA SALVAJE DE LA ISLA DE. Territorio protegido perteneciente al Reino Unido, situado en el Atlántico sur. Se caracteriza por albergar importantes colonias de aves entre las que se encuentran algunas especies endémicas como la polla de agua. Fue declarado patrimonio de la humanidad en 1995.

GOUJON, JEAN (h. 1510-h. 1568). Escultor francés, activo desde 1540 hasta 1562. En su escultura aunó la influencia manierista de la primera escuela de Fontainebleau con características del arte clásico griego. Ninfas de la fuente de los Inocentes, París (1547-1549), tribuna de la cariátide del palacio del Louvre (1550-1551).

GOULART, JOÃO (1918-1976). Político brasileño. Presidente de la república en 1961, fue depuesto por un golpe de estado en 1964.
7:175b; Brasil 3:161a.

GOULASH. Plato de la cocina húngara que consiste en un cocido de carne de ternera o vaca con vegetales y sazonado con pimiento picante en polvo.

GOULBURN, RÍO. Curso fluvial de Australia, afluente del Murray por la margen izquierda. Nace en el monte Singleton, al nordeste de Melbourne, en el Parque Nacional Fraser. Fluye en dirección este y luego noroeste, atravesando el est. de Victoria. Su curso es de 563 km.

GOULD, SHANE (n. en 1956). Nadadora australiana. Ganadora de tres medallas de oro, una de plata y una de bronce en los Juegos Olímpicos de Munich, 1972.
Acuáticos, deportes 1:45a.

GOULD, STEPHEN JAY (1941-2002). Paleontólogo estadounidense. Estudió en el Antioch College de Yellow Springs y en la Universidad Columbia de Nueva York, y fue profesor de biología, geología e historia de la ciencia en la Universidad Harvard. Escribió notables obras científicas con un estilo asequible al gran público. *Ontogenia y filogenia* (1977), *La sonrisa del flamenco* (1985), *Vida maravillosa* (1989).

GOUNOD, CHARLES (1818-1893). Compositor francés, destacado por sus óperas, en especial *Fausto*.
7:176a.

GOURA. Aves columbiformes de la familia de los colúmbidos (*Goura victoriae*). De patas altas y fuertes, cola larga, cabeza adornada con un gran abanico eréctil.
Paloma 11:235a.

GOURDE. Unidad monetaria de Haití, dividida en cien centavos.

GOURMET. Palabra francesa que designa a la persona conocedora y amante de la buena cocina.

GOURMONT, RÉMY DE (1858-1915). Escritor francés. Fundador de la revista *L'Imagier* y colaborador en *Mercure de France*. Poeta, novelista y crítico perteneciente al grupo simbolista. *El latín místico* (1892), *El peregrino del silencio* (1896), *La estética de la lengua francesa* (1899).

GOVERNADOR VALADARES. Ciudad de Brasil en el est. de Minas Gerais, a orillas del río Doce. Aeropuerto. Mercado de piedras preciosas. Aserraderos, productos alimenticios. Agricultura. 220.839 hab. (1996).

GOWER, JOHN (h. 1330-1408). Poeta inglés. Amigo de Geoffrey Chaucer, contribuyó a establecer la lengua literaria inglesa. Escribió en francés, latín e inglés. *El espejo del hombre* (en francés), *La voz del profeta* (en latín), *La confesión del amante* (en inglés).

GOWON, YAKUBU (n. en 1934). Militar y político nigeriano. Tomó el poder en un golpe de estado en 1966. Sofocó la secesión biafreña (1967-1970). Derrocado por un golpe de estado en 1975, se exilió en Togo.
Nigeria 10:414b.

GOYA, FRANCISCO DE (1746-1828). Pintor español. Artista de la corte de Carlos IV, abordó casi todos los géneros con un estilo en constante evolución y pleno de originalidad.
7:176a; Caricatura 3:391a; Grabado 7:179a; Tapicería 13:399b; *cuadro* 7:176b; *ilustraciones* 7:176a; 7:177.

GOYA, PREMIOS. Premios cinematográficos instaurados en 1987 por la Academia de las Artes y las Ciencias Cinematográficas de España.

GOYEN, JAN VAN. V. **Van Goyen, Jan.**

GOYENECHE, JOSÉ MANUEL DE (1776-1846). Militar español. Gobernador y presidente de la audiencia de Cusco (Cuzco). Derrotó a las tropas independentistas argentinas. De regreso a España, Fernando VII le otorgó el título de conde de Guaqui.

GOYTISOLO, JOSÉ AGUSTÍN (1928-1999). Poeta español. Integrante de la que es conocida como generación del 50, fue autor de poesía social. *Salmos al viento* (1958), *Algo sucede* (1968), *Poetas catalanes contemporáneos* (1968).

GOYTISOLO, JUAN (n. en 1931). Novelista y ensayista español. Importante figura de la narrativa española de la segunda mitad del siglo XX.
7:177b.

GOYTISOLO, LUIS (n. en 1935). Escritor español. Iniciado en el realismo social, en sus obras de madurez investigó sobre el lenguaje y la función de la escritura. *Las afueras* (1961), *Los verdes de mayo hasta el mar* (1976), *La paradoja del ave migratoria* (1987).

GOZZANO, GUIDO (1883-1916). Poeta italiano. Representante del movimiento poético conocido como crepuscularismo, su poesía melancólica y decadente mantenía influencias de escritores franceses como Paul Verlaine. *El camino del refugio* (1907), *Los coloquios* (1911).
Italiana, literatura 8:323a.

GOZZI, CARLO (1720-1806). Escritor italiano, conocido como conde Gozzi. Se mostró defensor del estilo italiano frente al gusto francés. Creó un género de fábulas dramáticas que alcanzó gran popularidad y fue ensalzado por la crítica de la época. *El amor de las tres naranjas* (1761), *Turandot* (1762), *Memorias inútiles* (1797).

GOZZOLI, BENOZZO (1420-1497). Pintor italiano. Se inició como orfebre con Lorenzo Ghiberti y más tarde fue ayudante de fra Angélico, con el que trabajó en la capilla Nicolina del Vaticano y en la catedral de Orvieto (1450). Sus obras mantienen un colorido, decoración y exotismo no exentos de valor histórico y documental. «El cortejo de los reyes magos» (1459), «Vida de san Agustín» (1463-1465).

GPS. Siglas de *Global Positioning System* (sistema de posicionamiento global). Técnica de navegación dirigida por satélites. Fija la posición de un móvil terrestre o aéreo mediante dos o tres parámetros, respectivamente, de los que los dos primeros corresponden a la longitud y latitud y el tercero a la altura. La determinación de estas coordenadas se verifica mediante relojes atómicos de altísima precisión, los cuales operan basándose en el tiempo que tarda un tren de ondas electromagnético en viajar desde el emisor hasta el receptor, que es el navegante.
Astronáutica 2:174a.

GPSS. Siglas en inglés de sistema de simulación de propósito general. Lenguaje de programación informático empleado en la construcción de modelos de simulación por computadora.

GPU. Siglas de la policía política en los primeros tiempos de la Unión Soviética. Responden a la denominación *Gosudarstvennoe Politicheskoe Upravlenne*, y data de 1922. Fue suprimida en 1934.

GQOBA, WILLIAM WELLINGTON (1840-1888). Poeta, filólogo y periodista bantú de la colonia de El Cabo, en Sudáfrica. Sus obras reflejaron la influencia de los misioneros cristianos y de la educación occidental en la cultura bantú. Autor de dos poemas didácticos: «La discusión entre el cristiano y el pagano» y «El gran debate sobre la educación».

GRAAL. V. **Grial.**

GRABACIÓN Y REPRODUCCIÓN DE SONIDO E IMAGEN. V. **Sonido e imagen, grabación y reproducción de.**

GRABADO. Técnica artística basada en la incisión por diferentes medios sobre matrices de diversos materiales, con las cuales se imprime.
7:178a; Doré, Gustave 5:234a; Durero, Alberto 5:254b; *ilustraciones* 7:178a-b; 7:179b; 7:180a.

GRABBE, CHRISTIAN DIETRICH (1801-1836). Dramaturgo romántico alemán. Sus obras anticiparon el estilo expresionista y la técnica cinematográfica. *Federico Barbarroja* (1829), *Don Juan y Fausto* (1829), *Napoleón o los cien días* (1831).

GRAÇA ARANHA, JOSÉ PEREIRA DA (1868-1931). Novelista y ensayista brasileño. Miembro fundador de la Academia Brasileña de Letras. Cultivó el teatro en francés y portugués. Su estilo pasó del tradicionalismo al modernismo. *Malazarte* (1911), *Correspondencia entre Machado de Assis y Joaquín Nabuco* (1923), *El viaje maravilloso* (1929). A título póstumo se publicó *Mi propia novela,* autobiografía inconclusa.

GRACCHUS. V. **Babeuf, François-Noël.**

GRACIÁN, BALTASAR (1601-1658). Escritor español. Una de las figuras cumbres del conceptismo barroco.
7:180b; Conceptismo 4:321b; Siglo de Oro español 13:237b; *ilustración* 7:180b.

GRACIÁN DANTISCO, LUCAS (h. 1557-h. 1600). Escritor español. Realizó una adaptación al castellano de la obra de Giovanni della Casa, *Galateo,* de carácter didáctico y moralizante. *El Galateo español, destierro de ignorancias, maternario de avisos* (1582).

GRACIANO (m. en 1160). Monje benedictino italiano. Autor de *Concordia discordantium canonum,* obra de derecho canónico publicada a mediados del siglo XII con el título de *Decretum Gratiani* y que se convirtió en texto básico de dicha disciplina hasta la publicación del primer código de derecho canónico en 1917.
Canónico, derecho 3:344a; Teodosio I el Grande 14:19a.

GRACIANO, FLAVIO (359-383). Emperador romano. Hijo de Valentiniano I, compartió el trono de occidente con su hermano Valentiniano II y nombró emperador de oriente a Teodosio I. En la última parte de su reinado se puso bajo la influencia de san Ambrosio. Murió asesinado en Galia, adonde había acudido a detener el avance de un usurpador.

GRACIAS. Ciudad de Honduras, cap. del dep. de Lempira. Fundada en 1536. Destruida por un terremoto en 1915. Aeropuerto. Aserradero. Centro agrícola. 17.204 hab. (1983).

GRACIAS, LAS. Diosas asociadas al culto de la fertilidad y a las artes. Hijas de Zeus, eran Aglae, Talía y Eufrosine.
7:181a; *ilustración* 7:181a.

GRACIAS A DIOS. Departamento de Honduras a orillas del mar Caribe, fronterizo con Nicaragua, bañado por múltiples ríos y lagunas. Selva tropical. Explotación forestal, agricultura, ganadería. Cap. Puerto Lempira. 16.630 km². 37.000 hab. (1991).

GRACIAS A DIOS, CABO. Zona de la costa caribeña, en el istmo centroamericano, entre Honduras y Nicaragua. Descubierto por Cristóbal Colón en su cuarto viaje (1502), el cabo debe su nombre al hecho de que los barcos españoles se libraran de naufragar cuando se encontraban en sus inmediaciones.

GRACIOSA. Isla volcánica de Portugal, la más septentrional de las Azores centrales, en el océano Atlántico. Forma parte del distrito de Angra do Heroísmo. El volcán de Enxôfre tiene una altura máxima de 408 m. Cubre una superficie de 60 km².

GRACO, TIBERIO Y CAYO (h. el 169-133 a.C. y h. el 160-121 a.C.). Tribunos romanos. Se opusieron al partido aristócrata en el período republicano.
7:181b.

GRADIENTE. Magnitud que expresa la variación de un campo al pasar de un punto a otro infinitamente próximo. En los campos escalares es un vector normal a las superficies de nivel. En los campos vectoriales es un tensor.
Campos, teoría de los 3:312b.

GRADO. Valor del mayor exponente al que está elevada una incógnita en una ecuación o una expresión algebraica. En geometría, unidad de medida de los ángulos y los arcos de una circunferencia.
Álgebra 1:220b; Trigonometría 14:128a.

GRAF, STEFFI (n. en 1969). Tenista alemana. Ganadora de múltiples competiciones de proyección mundial, como el open de Australia, Roland Garros, Wimbledon y el Masters. Estuvo situada a la cabeza del *ranking* mundial del tenis femenino la mayor parte de la década de 1990.

GRÁFICA. Representación de datos numéricos mediante líneas y curvas que reflejan sus interrelaciones.

GRAFILADO. Operación consistente en rodear las leyendas de las monedas con una orla formada, por lo general, por puntos y rayas con un aparato denominado gráfila.

GRAFITIZACIÓN. Procedimiento para fabricar escobillas de carbón en hornos eléctricos a altas temperaturas. Empleado en la fabricación de electrodos. Se denomina también grafitación.

GRAFITO. Mineral del carbono. Negro y exfoliable, es carbono casi puro, aunque, a diferencia del diamante, posee escasa dureza y alta opacidad. Se emplea en la fabricación de minas de lápiz y relleno de pilas secas. Industrialmente, se utiliza en ciertos aceites de engrasado y como amortiguador de partículas subatómicas en instalaciones nucleares.
Carbono 3:377b; Pinturas y pigmentos 11:418a.

GRAFOLOGÍA. Ciencia que estudia los rasgos de la personalidad y el carácter de un sujeto a través de su escritura.
7:182a; *ilustración* 7:182.

GRAF ZEPPELIN. Globo dirigible, de tipo rígido, que en 1928 realizó la travesía del Atlántico. Fue dedicado a vuelos regulares, llegando a realizar 590 vuelos comerciales.

GRAHAM, MARTHA (1893-1991). Bailarina y coreógrafa estadounidense. Figura dominante del ballet moderno.
7:183a; Ballet 2:326b.

GRAHAM, THOMAS (1805-1869). Químico británico. Considerado el padre de la química coloidal por su descubrimiento de la diálisis. Enunció además la ley de la difusión que lleva su nombre.
Coloidal, estado 4:261a; Gaseoso, estado 7:56b.

GRAHAM-SMITH, *SIR* FRANCIS (n. en 1923). Astrónomo británico. Especialista en radioastronomía, dirigió el observatorio de Greenwich y fue astrónomo real hasta su jubilación. Son importantes sus investigaciones sobre los púlsares.

GRAJA, CUEVA DE LA. Abrigo prehistórico del término municipal de Miranda del Rey, en la provincia española de Jaén. Está decorado con pinturas rupestres correspondientes a la edad del bronce, con figuras humanas y animales muy estilizados y dibujos simbólicos.

GRAJILLA. Ave paseriforme de la familia de los córvidos (*Corvus monedula*). Color negro con cabeza y vientre grises. Tamaño reducido. Vive en campanarios, edificios viejos y áreas rocosas de Europa y Asia.
Pájaros 11:216b; *ilustración* 11:216b.

GRAJO. Pájaro de la familia de los córvidos (*Corvus frugileus*). Eurasiático. También conocido como chova piquirroja.

GRAMÁTICA. Estudio de los elementos constitutivos del lenguaje y de sus relaciones, así como conjunto de reglas deducidas de este estudio y aplicadas a una lengua determinada.
7:183b; Esperanto 6:108b; Lenguaje 9:103b; Lingüística 9:165a; Morfología lingüística 10:265a; Ortografía 11:164a; Redacción 12:286a; Semántica 13:196a; Sintaxis 13:256a; *ilustraciones* 7:183b; 7:184a; 7:185.

GRAMÁTICA DE LA LENGUA CASTELLANA. Título de dos libros dedicados a la enseñanza de la gramática castellana, cuyos autores son el español Elio Antonio de Nebrija y el venezolano Andrés Bello. Nebrija publicó en 1492 la primera gramática de una lengua vulgar; Andrés Bello publicó su gramática destinada al público americano en 1847.
Nebrija, Elio Antonio de 10:370a.

GRAMÍNEAS. Familia de plantas monocotiledóneas a la que pertenecen los cereales.
7:186b; Arroz 2:120a; Avena 2:254b; Bambú 2:331a; Caña de azúcar 3:352b; Cebada 4:56b; Centeno 4:76b; Cereal 4:85a; Maíz 9:296a; Pradera 12:110b; Roya 13:28b; Sorgo 13:305b; Trigo 14:125b; *cuadro* 7:187b; *ilustración* 7:187b.

GRAMO. Unidad de masa fundamental en el sistema cegesimal o CGS. Equivale a la milésima parte del kilo.
Metrología 10:113b.

GRAMÓFONO. Aparato reproductor de sonidos. Consta básicamente de un plato accionado por un muelle o motor, un brazo fonocaptor y una o varias bocinas. El equipo ha sido objeto de constantes innovaciones técnicas.

GRAMPIANOS, MONTES. Cadena montañosa de Escocia, comprendida entre la depresión de Glenmore y el borde meridional de las tierras altas centrales. Su punto más alto es el Ben Adler (1.145 m).

GRAMSCI, ANTONIO (1891-1937). Pensador y político italiano. Desarrolló en sus escritos el marxismo como filosofía de la praxis, surgida de la relación entre el pensamiento y la acción.
7:187b; *ilustración* 7:187b.

GRANADA (ANTILLAS). País insular de las Antillas menores. Cap. Saint George's. 344 km². 102.000 hab. (2000).
7:188a; *cuadros* 7:188b; 7:189b; *ilustraciones* 7:188a; 7:189b.

GRANADA (BOTÁNICA). Fruto del granado. Contiene numerosas semillas rojizas, agrupadas en cavidades separadas por una fina membrana y rodeadas en su conjunto por un pericarpo coriáceo.

GRANADA (CIUDAD, ESPAÑA). Ciudad de España, en Andalucía. 241.471 hab. (1998).
7:190a; Alhambra, la 1:224a; Andalucía 1:330a; Islámico, arte 8:289b; *ilustración* 7:190a.

GRANADA (CIUDAD, NICARAGUA). Ciudad de Nicaragua, cap. del dep. de Granada, a orillas del lago Nicaragua. Fundada en 1524, ha conservado el aspecto colonial, con casas de un solo piso y grandes iglesias. Fábricas de muebles, ropa, jabón; destilerías, calzados; caña de azúcar, café. Ferrocarril. 88.636 hab. (1985).
América 1:276b; Nicaragua 10:398b.

GRANADA (DEPARTAMENTO, NICARAGUA). Departamento de Nicaragua limitado al este por el lago Nicaragua; incluye el grupo de las Isletas en dicho lago. Servicio portuario interior. Carretera panamericana. Agricultura y ganadería. Cap. Granada. 929 km². 155.683 hab. (1995).

GRANADA (MILICIA). Proyectil hueco de metal que contiene un explosivo u otro material destructivo. Las granadas de mano tienen el tamaño de la fruta del mismo nombre. Otros tipos se disparan con el obús, mortero, lanzagranadas o, adhiriéndole un vástago, con un fusil.
Cohete, misil y proyectil 4:253b.

GRANADA (PROVINCIA, ESPAÑA). Provincia de España en la comunidad autónoma de Andalucía, a orillas del mar Mediterráneo. Sierra Nevada, río Genil. Agricultura; minas de hierro y plomo. Turismo. Cap. Granada. 12.531 km². 808.053 hab. (1996).
Granada (España) 7:190a; Granada, reino de 7:191a.

GRANADA, FRAY LUIS DE (1504-1588). Escritor español, llamado Luis de Sarriá. Autor de obras de divulgación religiosa de renombre internacional.
7:190b; Siglo de Oro español 13:237a.

GRANADA, REINO DE. Estado musulmán en la península ibérica desde 1232 hasta 1492.
7:191a; Reconquista 12:285a; *ilustraciones* 7:191b; 7:192a.

GRANADA, TRATADO DE. Acuerdo secreto celebrado el 11 de noviembre de 1500 entre Fernando el Católico y Luis XII de Francia. Ambos monarcas se repartieron el reino de Nápoles y decidieron destronar a su rey, Federico III. El tratado se rompió poco después de producirse la conquista de Nápoles, en 1501, y un año después entraron en guerra los dos monarcas que lo habían firmado.

GRANADILLA. Fruto de varias especies de pasionarias originarias de las regiones tropicales americanas. De cáscara delgada y pulpa traslúcida y aromática.

GRANADINAS, ISLAS. Archipiélago de 600 islas o islotes perteneciente a las pequeñas Antillas. Administrativamente están divididas en dos grupos: las del norte dependen de San Vicente, e incluyen Bequia, Mosquito, Cannouan y Unión como islas principales; el grupo sur depende de la isla de Granada, y en él se encuentra la isla Carriacou, que es la mayor del archipiélago. Su economía se basa en el algodón y la cría de ganado.
San Vicente y las Granadinas 13:152b.

GRANADO. Planta de porte arbustivo o arbóreo de la familia de las punicáceas (*Punica granatum*). Dicotiledónea. Flores rojizas y fruto comestible, denominado granada. Originaria de las regiones del oeste de Asia.

GRANADOS, ENRIQUE (1867-1916). Compositor y pianista español. Uno de los impulsores del movimiento nacionalista musical español.
7:193a; *ilustración* 7:193b.

GRANATE. Nombre genérico de minerales sorosilicatos. Cristalización romboédrica y trapezoidal. Las variedades transparentes, destacadas por su bello color rojo, se utilizan en joyería.
Piedras preciosas 11:398b.

GRAN BARRERA AUSTRALIANA. Formación coralina de 2.000 km de longitud situada frente a la costa nororiental de Australia. Es la mayor masa de coral del planeta. 207.000 km².
Oceanía 11:68b.

GRAN BELT. V. **Belt, Gran.**

GRAN BRETAÑA. Isla perteneciente al Reino Unido situada frente a las costas occidentales de Europa, en el océano Atlántico. Comprende Inglaterra, Escocia y Gales.
Canadá 3:322a; Independencia de los Estados Unidos 8:147b; Industrial, revolución 8:187b; Reino Unido 12:299a.

GRAN CANARIA. Isla del archipiélago de las Canarias (España), en el océano Atlántico. Prov. de Las Palmas. 1.530 km². Su pico montañoso central, Los Pechos, alcanza 1.950 m. Playas arenosas. 713.768 hab. (1996)
Canarias, islas 3:333a; Palmas, Las 11:233b.

GRAN CAÑÓN, PARQUE NACIONAL DEL. Paraje natural protegido situado en el estado de Arizona, Estados Unidos. Alberga impresionantes formaciones geológicas, como el Gran Cañón del Colorado, y numerosas especies vegetales endémicas.

GRAN CAÑÓN DEL COLORADO. Gran depresión formada por el río Colorado en Arizona, Estados Unidos.
7:193b; Cañón (GEOGRAFÍA) 3:355a; Colorado, río 4:285b; *ilustración* 7:193b.

GRAN CAPITÁN, EL. V. **Fernández de Córdoba, Gonzalo.**

GRAN CHACO. V. **Chaco, Gran.**

GRAN COLOMBIA. V. **Colombia, República de (la Gran).**

GRAN COMORE. La isla más occidental de las tres que integran la República Federal e Islámica de Comores, al norte del canal de Mozambique, entre el continente africano y la isla de Madagascar. Cambió su nombre por el de Ngazidja. De origen volcánico, mantiene un volcán activo (Kartala, 2.361 m). La más importante de las islas del archipiélago y en donde se encuentra la capital de la república Moroni. 1.148 km²; 250.500 hab. (1995).
Comores, islas 4:298b.

GRAN CONQUISTA DE ULTRAMAR, LA. Obra literaria anónima realizada en España entre los siglos XIII y XIV a partir de textos originales franceses. Narra diversos episodios históricos y legendarios relacionados con Godofredo de Bouillon y las aventuras de las cruzadas. Destaca el relato del caballero del Cisne.

GRANDA, CHABUCA (1920-1983). María Isabel Granda, compositora y cantante peruana. Autora de canciones que alcanzaron gran popularidad, como *La flor de la canela* y *Fina estampa*.

GRAN DANÉS. Raza canina, corpulenta y fuerte, de tronco poderoso, patas altas, musculosas y ágiles. Cabeza alargada, hocico grueso y romo, cola larga y pelo corto y suave.

GRANDE, CIÉNAGA. Zona pantanosa del noroeste de Colombia, en el dep. de Córdoba. Recoge las aguas del río Sinú y de otras corrientes menores. Pesca.

GRANDE, GUERRA (ARGENTINA-URUGUAY). Enfrentamiento bélico desarrollado entre 1839 y 1852 en la Argentina y Uruguay. Juan Manuel de Rosas, apoyado por los federalistas argentinos y los blancos uruguayos, combatió a los unitarios argentinos y al presidente uruguayo, José Fructuoso Rivera, que contaban con la ayuda brasileña. Estos últimos derrotaron a Rosas en la batalla de Caseros (1852), y tras el prolongado sitio de Montevideo, los uruguayos enfrentados acordaron la paz.

GRANDE, GUERRA (CUBA). V. **Guerra de los diez años.**

GRANDE, RÍO. Curso fluvial de Brasil. Nace en la Serra da Mantiqueira, sirve de límite entre los est. de Minas Gerais y São Paulo, se une al Paranaíba y forma el Paraná. Central hidroeléctrica de Cachoeira Márimbondo. Su curso es de 1.360 km.

GRANDE, SALAR. Cuenca salina de Chile, en el oeste de la reg. de Tarapacá. Extracción de sal.

GRANDE, SIERRA. Sistema montañoso de la Argentina, que se extiende por el sector occidental de la prov. de Córdoba en dirección norte-sur. Forma parte de las sierras pampeanas. La vertiente oriental es suave, mientras que la occidental es escarpada. Su máxima altitud es el cerro Champaquí (2.884 m).

GRANDE COVIÁN, FRANCISCO (1909-1995). Bioquímico español. Especialista en nutrición, sobre todo en el estudio del metabolismo de los lípidos, trabajó en diferentes centros de investigación españoles y estadounidenses.

GRANDE DEL ESTE, CUCHILLA. Línea de colinas de la zona oriental de Uruguay que constituye la divisoria de aguas entre la cuenca del río Uruguay y la vertiente atlántica. Se orienta de norte a sur y alcanza alturas inferiores a 300 m.

GRANDE DEL NORTE, RÍO. V. **Bravo, río.**

GRANDE DE MATAGALPA, RÍO. Curso fluvial de Nicaragua. Nace en las proximidades de la ciudad de Matagalpa; limita los dep. de Matagalpa y Boaco, atraviesa el de Zelaya y desemboca en el mar Caribe. Su curso es de 435 km.

GRANDE DE SAN MIGUEL, RÍO. Curso fluvial de El Salvador. Nace en la sierra Madre en varias corrientes que confluyen a la altura de la ciudad de San Miguel. Su principal afluente es el Guayabal, y también recibe las aguas de la laguna de Olomega. Sigue un recorrido en dirección sur y desemboca en el Pacífico. Su curso es de 72 km.

GRANDE DE TÁRCOLES, RÍO. Curso fluvial de Costa Rica. Nace en la cordillera Central, sirve de límite a las prov. de Alajuela y San José, atraviesa la de Puntarenas y desemboca en el golfo de Nicoya, en el océano Pacífico. Su curso es de 70 km.

GRAN DEPRESIÓN. Crisis económica mundial que se manifestó con la caída de la cotización de valores en la Bolsa de Nueva York el 24 de octubre de 1929.

GRANDES, ALMUDENA (n. en 1960). Escritora española. Autora de novelas en las que la mujer tiene siempre un papel protagónico. *Las edades de Lulú* (1989), *Malena es un nombre de tango* (1994), *Modelos de mujer* (1996), *Atlas de geografía humana* (1998).

GRANDES ANTILLAS. V. **Antillas mayores.**

GRAN DESIERTO DE ARENA. Desierto situado en el norte de la zona occidental del continente australiano, entre la playa de las ochenta millas, en el océano Índico, y el desierto de Gibson, en el trópico de Capricornio.
Desierto 5:152b.

GRANDES LAGOS. Cadena de lagos naturales: Superior, Michigan, Hurón, Erie y Ontario, en el centro oriental de América del norte.
7:194a; Canadá 3:317b; Estados Unidos 6:129a; *mapa* 7:194a; *ilustraciones* 7:195a-b.

GRANDES LLANURAS, BATALLA DE LAS. Combate librado en el año 203 a.C. entre el ejército romano de Escipión el Africano y las fuerzas cartaginesas y númidas en una llanura del norte de Túnez. Los romanos obtuvieron una gran victoria.

GRAND JUNCTION. Ciudad de los Estados Unidos en el est. de Colorado, en la confluencia de los ríos Colorado y Gunnison. Minas de uranio, vanadio, gilsonita y pizarra bituminosa. Petróleo, gas. 28.144 hab. (1980).

GRANDMONTAGNE, FRANCISCO (1866-1936). Escritor y periodista español. Vivió muchos años en Buenos Aires y fue redactor jefe de *La Prensa*. *El Sol* de Madrid publicó sus artículos, que lo hicieron popular en España. *Orígenes del progreso argentino* (1928), *Los inmigrantes prósperos* (1933).

GRAND RAPIDS. Ciudad de los Estados Unidos en el est. de Michigan, a orillas del río Grand. Museos del mueble. Colegios universitarios, escuela de diseño. Industria maderera, muebles. 185.437 hab. (1998).

GRANER, LUIS (1863-1929). Pintor español. Alumno en Barcelona de Benito Mercadé, estudió en París y fue autor de pinturas de género y retratos. «Encendiendo la pipa», «El horno de vidrio».

GRANERO, MANUEL (1902-1922). Matador de toros español. Se presentó en los ruedos en 1919. Recibió la alternativa en 1920 en Sevilla, de manos de Rafael Gómez Ortega, el Gallo. Murió de una cornada en un ojo.

GRANETE. Elemento empleado para marcar los puntos clave de un trazado. Consiste en un cilindro grafilado de acero.

GRAN GARROTE, POLÍTICA DEL. Nombre con que se conoce la orientación del gobierno estadounidense en política exterior iniciada por el presidente Theodore Roosevelt. Inicialmente, el presidente utilizó la expresión para referirse también a su política interna, pero posteriormente la prensa la aplicó a la actitud intervencionista de los Estados Unidos, sobre todo en Centroamérica y el Caribe.
Panamericanismo 11:249a.

GRAN GATSBY, EL. Novela del escritor estadounidense F. Scott Fitzgerald, publicada en 1925. Describe el vacío emocional de un hombre que lo ha conseguido todo, menos ser correspondido por su primer amor.

GRANGER, MOVIMIENTO. Agrupación política, social y económica de granjeros estadounidenses, fundada en 1867 por Oliver Hudson Kelley. El movimiento, que incorporó rituales secretos, se opuso a las prácticas monopolistas del transporte de cereales por ferrocarril, y llegó a contar con cerca de 800.000 afiliados a mediados de la década de 1870. Posteriormente se debilitó, pero conoció cierta recuperación en el siglo XX, sobre todo en el este del país, como grupo de presión en favor de los intereses agrarios.

GRÁNICO, BATALLA DEL. Enfrentamiento que tuvo lugar en junio del 334 a.C. entre las tropas de Alejandro Magno y el ejército persa. Terminó con la victoria de las primeras.

GRANIT, RAGNAR A. (n. en 1900). Fisiólogo sueco. Recibió el Premio Nobel de medicina en 1967, junto con Haldan Keffer Hartline y George Wald, por sus trabajos sobre los procesos químicos y fisiológicos de la visión.

GRANITO. Roca ígnea cristalina, abundante en la corteza terrestre.
7:196a; *ilustraciones* 7:196a.

GRANIZO. Precipitación atmosférica constituida por granos de hielo traslúcidos y de forma redondeada, de diámetro variable, producida en los cumulonimbos.
Precipitaciones atmosféricas 12:118a.

GRANJA, LA. Población española de la prov. de Segovia, comunidad autónoma de Castilla y León. Al pie de la sierra de Guadarrama. Palacio Real del siglo XVIII con jardines y fuentes monumentales. Hortalizas; industria maderera; fábrica de vidrio; turismo. También llamada San Ildefonso. 5.110 hab. (1996).

GRANJA, MOTÍN DE LA. Pronunciamiento liberal de los sargentos de la guarnición del palacio de La Granja, en España, realizado al 12 de agosto de 1836. La reina María Cristina se vio obligada a reinstaurar la Constitución de 1812 de manera provisional, hasta que se convocaran Cortes Constituyentes.

GRANJA, SUCESOS DE LA. Nombre por el que se conocen los sucesos acaecidos en septiembre de 1832 en el palacio de La Granja, España, a causa de la pretensión del infante Carlos María Isidro de suceder en el trono español a su hermano Fernando VII, gravemente enfermo. La hija del rey, Isabel, presionada por los partidarios de don Carlos, presentó a su padre el decreto de derogación de la Pragmática Sanción, texto legal que establecía la sucesión femenina. El rey firmó el decreto, pero una vez repuesto, lo derogó y declaró que había sido obligado a aceptarlo.

GRANMA. Provincia de Cuba, a orillas del golfo de Guacanayabo. Fértiles tierras bañadas por los ríos Cauto y Salado. Arrozales, caña de azúcar, tabaco, café; ganadería; minas de cobre y manganeso. Cap. Bayamo. 8.372 km^2. 793.868 hab. (1990).
Cuba 5:52a.

GRAN MEAULNES, EL. Novela del escritor francés Alain Fournier, publicada en 1914. Describe con gran profundidad psicológica la evolución moral de Augustin Meaulnes, joven idealista cuyo matrimonio se ve abocado al desencanto.

GRAN MOGOL. Título del emperador musulmán de Delhi desde 1526. El último gran mogol fue depuesto en 1857 y el imperio cayó bajo el dominio británico.
India 8:158b.

GRANO (BOTÁNICA). Nombre con el que se designa el fruto de las plantas de la familia de las gramíneas, sobre todo de los cereales.

GRANO (FOTOGRAFÍA). Partícula de sales de plata que permanece en una emulsión fotográfica después del revelado y el fijado. Los granos forman la superficie oscura de una imagen fotográfica.
Fotografía 6:360b.

GRANO (METROLOGÍA). Unidad de peso de valor variable, según los lugares y el sistema que lo utilice. El nombre proviene del uso que en la antigüedad tenían los granos de trigo seco como unidades de peso.

GRANOLLERS. Ciudad española de la prov. de Barcelona, comunidad autónoma de Cataluña. Nudo de comunicaciones. Ganadería, avicultura, agricultura, industrias varias. 50.951 hab. (1996).

GRAN SASSO D'ITALIA. Macizo montañoso del centro de Italia, en la región geográfica de los Abruzzos. Tiene una extensión de 35 km. Su cumbre más elevada es el monte Corno (2.914 m), en los Apeninos.

GRAN SINGULARIDAD. Supuesto estado del cosmos antes del *big bang*, en el que toda la materia se concentraba en un punto del tamaño de un átomo y no existían ni el espacio ni el tiempo.

GRAN SIRTE, GOLFO DE LA. Brazo del mar Mediterráneo que penetra en la costa de Libia, en el norte de África. Se extiende por 443 km desde Misratatah hasta Bengasi. Escenario de la batalla de Sirte, que tuvo lugar en marzo de 1942, durante la segunda guerra mundial. Conocido también como golfo de Sidra.
Mediterráneo, mar 10:37b.

GRANT, CARY (1904-1986). Archibald Alexander Leach, actor cinematográfico estadounidense de origen británico. Destacado intérprete de comedias como *La pareja invisible* (1937), *La fiera de mi niña* (1938; *Bringing Up Baby), Arsénico por compasión* (1944). También trabajó en películas de aventuras como *Con la muerte en los talones* (1959).

GRANT, ULYSSES S. (1822-1885). General y político estadounidense. Participó en la guerra de secesión al mando de las tropas de la Unión, y fue presidente de 1869 a 1877.
7:196b; Secesión, guerra de 13:181a; *ilustración* 7:196b.

GRAN TEATRO DEL MUNDO, EL. Auto sacramental filosófico del dramaturgo español Pedro Calderón de la Barca, representado en 1645. Se considera uno de los grandes logros del barroco hispano. La obra concibe el mundo como una gran representación creada y dirigida por Dios, y aborda con profundidad el problema del libre albedrío.

GRANTH. Libros sagrados de la religión sikh. Comprenden el *Adi Granth*, realizado entre 1581 y 1606 por Arjun, y el *Dasam Granth*, escrito por Govind Singh hacia 1696.

GRANULOCITO. Célula sanguínea que contiene gránulos, especialmente leucocitos con gránulos basófilos o eosinófilos en su protoplasma. Su núcleo es lobulado con apariencia múltiple.
Sangre 13:125b.

GRANULOMETRÍA. Rama de la petrografía que estudia el tamaño y la forma de las partículas que componen las rocas, los sedimentos y el suelo.
Metal 10:94a.

GRANUM. Estructura situada en el interior de los cloroplastos. Vista al microscopio óptico se asemeja a un gránulo; con microscopio electrónico se observa una columna de discos aplanados. Interconectados entre sí, los grana contienen pigmentos que absorben la luz.

GRAN VALLE DE CALIFORNIA. Valle situado en el est. de California, en el oeste de los Estados Unidos. Abarca 47.000 km^2 e incluye las montañas de Klamath, Sierra Nevada, Tehachapi y las cordilleras de la costa del Pacífico. Recorrido por los ríos Sacramento y san Joaquín. Importante centro agrícola.
California 3:283a.

GRANVELA, CARDENAL (1517-1586). Antonio Perrenot, ministro de Felipe II de España. Desempeñó el puesto de gobernador de Flandes y colaboró en la anexión de Portugal.
7:197a; Margarita de Parma 9:362a.

GRANVILLE, CONDE DE (1695-1744). John Carteret, político inglés. Oponente de Robert Walpole, fue nombrado secretario de estado en 1722, cargo que ocupó hasta 1724 y, tras la caída de Walpole, entre 1742 y 1744. Condujo a Inglaterra al enfrentamiento contra Francia en la guerra por la sucesión austriaca.

GRANVILLE-BARKER, HARLEY (1877-1946). Actor, dramaturgo y teórico teatral británico. Autor de tendencias vanguardistas, introdujo en el Reino Unido a autores modernos. Profundizó en sus estudios teatrales sobre la obra de William Shakespeare y la técnica escénica. Tradujo y adaptó obras de autores españoles (Gregorio Martínez Sierra, hermanos Álvarez Quintero). *La herencia de los Voysey* (1905), *Prunella* (1906), *La casa de Madrás* (1910).

GRAPTOLITINOS. Organismos acuáticos fósiles hallados en yacimientos del cámbrico como incrustaciones en terrenos silúricos. Afines a los pterobranquios actuales, vivían en colonias y estaban protegidos por una estructura rígida. Flotantes, presentan simetría bilateral y están provistos de testáculos.

GRASAS. V. **Lípidos.**

GRASOS, ÁCIDOS. Ácidos orgánicos que se encuentran en la grasa de animales y vegetales. Son monobásicos y presentan estructura alifática o en cadena.
Ácido y base 1:34a.

GRASS, GÜNTER (n. en 1927). Poeta, dramaturgo y novelista alemán. Figura dominante de la literatura alemana contemporánea.
7:197b; Alemana, literatura en lengua 1:177; Humor, literatura de 8:98a; *ilustración* 7:197b.

GRASSMANN, HERMANN GÜNTHER (1809-1877). Matemático, lingüista y orientalista alemán. Autor de trabajos sobre geometría hiperespacial. Su principal aportación fue *Teoría de la extensión lineal, una nueva rama de las matemáticas* (1844), donde desarrolló un sistema general del cálculo vectorial. Especialista en sánscrito.

GRATTAN, HENRY (1746-1820). Político irlandés. Jefe del movimiento que forzó a la Gran Bretaña a conceder independencia legislativa a su país en 1782. Posteriormente encabezó la oposición a la unión entre Inglaterra e Irlanda.

GRAU, FRANCISCO (1638-1693). Escultor español. Integrante de una familia de escultores, fue autor del sepulcro de don Godofredo Girón de Rebolleda, en la capilla de la Concepción de la catedral de Tarragona, y del retablo de la Preciosísima Sangre de la Seo de Manresa (1689); en colaboración esta última obra con José Sunyer.

GRAU, JACINTO (1877-1958). Dramaturgo español. Autor de obras de carácter simbólico. Recreó temas y personajes literarios. Vivió en el exilio tras finalizar la guerra civil. *Las bodas de Camacho* (1903), *El señor de Pigmalión* (1921), *Unamuno y la angustia de su tiempo* (1943).

GRAU, JUAN (1608-1685). Escultor español. Radicado en la ciudad barcelonesa de Manresa, esculpió los sepulcros de los duques de Segorbe y Cardona, en el monasterio de Poblet, en los que introdujo temas arquitectónicos y figuras de estilo italiano. Padre del también escultor Francisco Grau.

GRAU, MIGUEL (1834-1879). Almirante peruano. Héroe de la guerra contra Chile, murió en combate, en la batalla de punta Angamos, al mando del «Huáscar».
Pacífico, guerra del 11:197a.

GRAU, XAVIER (n. en 1951). Pintor español. Uno de los más destacados colaboradores de la revista *Trama*. Su obra, caracterizada en un principio por una tendencia minimalista, muestra notables conexiones con el impresionismo abstracto estadounidense.

GRAU ARAUJO, ENRIQUE (n. en 1920). Pintor colombiano. Su obra abordó tanto la estética impresionista y expresionista como el cubismo.
7:197b.

GRAU DELGADO, JACINTO. V. **Grau, Jacinto.**

GRAU GARRIGA, JOSÉ (n. en 1929). Creador de tapices y pintor español. Relacionado con Jean Lurçat, introdujo en España un nuevo estilo de tapices que se extendió por Europa y América. Director artístico de la Escuela Catalana de Tapices de Barcelona.

GRAUNT, JOHN (1620-1674). Estadístico británico. Hombre de negocios y posteriormente funcionario, se interesó por los estudios de las cifras de mortalidad registradas en los boletines e ideó un sistema de tablas en las que se presentaban en cifras estos datos. Uno de los fundadores de la moderna demografía. *Observaciones naturales y políticas sobre los boletines de mortalidad* (1662).
Demografía 5:126b.

GRAUS. Población española de la prov. de Huesca, comunidad autónoma de Aragón. Arquitectura románica y edificaciones civiles del siglo XV. Cereales, viñedos, hortalizas; ganadería; industrias textiles. 3.315 hab. (1991).

GRAU SALA, EMILIO (1911-1975). Pintor español. Autor de paisajes urbanos y naturales, así como bodegones y temas populares, destacó también como ilustrador de libros y escenógrafo. En sus creaciones hay una decidida preocupación por los efectos del color.

GRAU SAN MARTÍN, RAMÓN (1887-1969). Médico y político cubano. Fue presidente provisional de 1933 a 1934; y constitucional entre 1944 y 1948.
7:198a; Batista, Fulgencio 2:369b; Cuba 5:56b; Prío, Carlos 12:150a.

GRAUVACA. Roca sedimentaria del grupo de las areniscas. Es de color gris oscuro y contiene cuarzo, feldespatos y otros minerales.

GRAVA. Fragmentos de material incoherente, originado por la descomposición de rocas, de tamaño comprendido entre 2 y 20 mm. Por cementación de las gravas origina los conglomerados.
Basalto 2:363b.

GRAVE, PALABRA. Voz cuyo acento prosódico cae sobre la penúltima sílaba. Por ejemplo: *mañana, fácil.* Llevan acento ortográfico las no terminadas en vocal ni en *n* o *s*.

GRAVEDAD. Atracción ejercida por la Tierra sobre los cuerpos que se encuentran en su superficie o proximidades; caso particular de la gravitación universal. V. **Gravitación.**
Tierra 14:56b.

GRAVELINES, BATALLA DE. Enfrentamiento bélico acaecido el 13 de julio de 1558 en la ciudad francesa de Gravelines. En él, tres contingentes españoles, dirigidos por Manuel Filiberto de Saboya y por el conde de Egmont, derrotaron al ejército francés. Los españoles contaron con el apoyo de la flota inglesa. Francia tuvo que aceptar las condiciones de los vencedores en la paz de Cateau-Cambrésis (1559).

GRAVELINES, TRATADO DE. Acuerdo mantenido entre Carlos V (I de España) y Enrique VIII de Inglaterra en julio de 1520, por el que ambos monarcas se comprometieron a colaborar frente a las pretensiones de Francia.

GRAVES, ROBERT (1895-1985). Novelista, poeta y crítico literario británico. Recreó en sus obras la antigüedad clásica y los grandes mitos occidentales.
7:198b; *ilustración* 7:198b.

GRAVIMETRÍA. Técnica de análisis químico cuyo fundamento es la determinación de la composición de las sustancias a partir de la medición de la diferencia de pesadas.
Análisis químico 1:321b.

GRAVÍMETRO. Instrumento utilizado en ciencias físicas y químicas para determinar el peso específico de los líquidos y los sólidos. Empleado en la medida de las variaciones del campo gravitatorio terrestre, es útil en la prospección de petróleo y minerales. Consiste básicamente en un peso suspendido de un muelle, cuyos alargamientos se corresponden con variaciones de peso específico.

GRAVINA, FEDERICO CARLOS (1756-1806). Marino español, nacido en Palermo. Intervino en numerosas acciones militares y su actuación contra Francia le valió el ascenso a general jefe de la escuadra. Combatió contra Horatio Nelson en dos ocasiones, frente a Cádiz en 1797 y en Trafalgar en 1805, batalla que le costó la vida.

GRAVINA, GIAN VINCENZO (1664-1718). Jurisconsulto y escritor italiano. Participó en la fundación de la Academia de la Arcadia, fue profesor de derecho romano en el colegio romano de la Sapiencia y autor de crítica literaria y tragedias. *Discurso sobre el Endimione de Alessandro Guidi* (1692), *De la razón poética* (1708), *De romano imperio* (1713).

GRAVITACIÓN. En la física mecánica clásica, fuerza universal de atracción que afecta a toda la materia. Los cuerpos se atraen recíprocamente en razón directa de sus masas e inversa al cuadrado de las distancias que los separan.
7:199a; Astronomía 2:177b; Física 6:312a; Fuerza 6:423a; Marea 9:358a; Mecánica 10:12a; Newton, Isaac 10:395a; Peso 11:372b; Planeta 12:16a; Relatividad, teoría de la 12:318a; *mapa* 7:199b; *ilustración* 7:199a.

GRAY, ASA (1810-1888). Botánico estadounidense. Se distinguió por sus estudios sobre la flora de América del norte, donde descubrió y reclasificó numerosas especies. Su obra *Manual de botánica de los Estados Unidos...* (1848) supuso un hito fundamental en la taxonomía de las plantas de esta región.

GRAY, ELISHA (1835-1901). Inventor estadounidense. Participó en la fundación de la empresa que se convertiría en la Western Electric Company. En 1876, en la misma fecha que Alexander Graham Bell presentó su teléfono, patentó un modelo del mismo aparato, aunque menos desarrollado que el primero. Se desencadenaría como consecuencia de ello una enconada controversia legal por los derechos de patente. Realizó también diversos inventos dentro del campo de la telegrafía.

GRAY, JOHN (1799-h. 1850). Economista británico. Representante de la corriente del socialismo utópico, estudió las relaciones entre el valor y el trabajo en el sistema capitalista. *El sistema social: un tratado sobre el principio del cambio* (1831), *Discursos sobre la naturaleza y el uso del dinero* (1848).

GRAY, THOMAS (1716-1771). Poeta británico. Fue precursor del movimiento romántico, con una producción poética más bien escasa en la que destaca su serenidad y melancolía. *Elegía escrita en un cementerio rural* (1751), *El bardo* (1757), *Las hermanas fatídicas* (1768).

GRAZ. Ciudad de Austria, cap. de la prov. federal de Estiria, a orillas del río Mur. Castillo del siglo XI, catedral del siglo XV. Museo de armas, universidades. Acerías, instrumentos ópticos y de precisión. 239.990 hab. (1999).

GRAZALEMA, SIERRA DE. Sistema montañoso de la prov. de Cádiz (España) formado por las sierras del Líbar, que constituye el límite entre las prov. de Málaga y Cádiz, del Pinar y del Endrinal. Forma parte de las estribaciones del sistema Penibético y es de composición caliza. Su máxima altitud la alcanza en el pico del Torreón (1.654 m).

GRAZIANI, RODOLFO (1882-1955). Militar italiano. Gobernador de la Somalia italiana (1935-1936) y virrey de Etiopía (1936-1937), fue ministro de la guerra con Benito Mussolini. A la caída de éste fue hecho prisionero por los aliados. Juzgado y condenado en abril 1950, fue puesto en libertad en agosto del mismo año.

GREAT SMOKY MOUNTAINS, PARQUE NACIONAL DE. Zona de los Estados Unidos, en el este de Tennessee y el oeste de Carolina del Norte. Se extiende en dirección sudoeste a lo largo de 87 km. Anchura 32 km. Superficie 209.371 ha^2.

GREBA. Pieza de la antigua armadura que cubría la pierna. Si la encerraba totalmente se denominaba grebón.

GREBÓN. V. **Greba.**

GRECIA. País del sudeste de Europa, a orillas del mar Mediterráneo. Cap. Atenas. Incluye numerosas islas. 131.957 km^2. 10.562.000 hab. (2000).
7:200b; Atenas 2:190b; Balcanes 2:318b; Chipre 4:164b; Europa 6:192b; Guerra mundial, segunda 7:275a; Macedonia 9:260a; Macedonia, República de 9:261a; Otomano, imperio 11:179b; Rodas 12:403b; Roma antigua 12:421a; *mapa* 7:201b; *cuadros* 7:200b; 7:202a-b; 7:204; *ilustraciones* 7:201b; 7:203b; 7:205b; 7:206a.

GRECIA ANTIGUA. Término con el que se conoce la historia de Grecia desde el segundo milenio antes de la era cristiana hasta la dominación romana (146 a.C.).
7:206b; Alegoría 1:163b; Aqueos 1:419a; Argos 2:63a; Arístides 2:68a; Aritmética 2:72a; Arte 2:123b; Asilo, derecho de 2:158a; Astrología 2:165b; Astronomía, historia de la 2:178a; Ateísmo 2:188a; Atenas 2:189b; Atletismo 2:198a; Biblioteca y biblioteconomía 3:14b; Biología 3:36b; Caballería 3:243a; Cartografía 4:1a; Casa 4:5a; Censura 4:74b; Ciencia 4:184b; Cimón 4:190a; Ciudad 4:216b; Clístenes de Atenas 4:235b; Comedia 4:291b; Danza 5:95a; Delfos 5:115a; Democracia 5:123a; Demócrito 5:125b; Demóstenes 5:129b; Deporte 5:131b; Derecho 5:138b; Educación 5:311a; Egeas, civilizaciones 5:322a; Ejército 5:345a; Epaminondas 6:9a; Esclavitud y servidumbre 6:38a; Esparta 6:100a; Estado 6:123a; Europa 6:197b; Exploraciones geográficas 6:214a; Filipo II 6:290a; Filosofía 6:294b; Geografía 7:86b; Grecia 7:203a; Guerra 7:265a; Helenismo 7:352b; Historia 8:24a; Impuesto 8:139a; Jardinería 8:353b; Libro 9:150b; Lucha, deportes de 9:231a; Magia 9:284a; Marina de guerra 9:371a; Matemáticas 9:405a; Materialismo 9:410b; Médicas, guerras 10:25a; Metrología 10:112b; Micenas 10:145a; Museo 10:308b; Música 10:311a; Música, teoría de la 10:318b; Olímpicos, juegos 11:95a; Paleografía 11:224a; Pelópidas 11:323a; Peloponeso, guerras del 11:323b; Pericles 11:342a; Persia 11:351a; Piratería 12:2b; Pisístrato 12:6a; Prostitución 12:164b; Química 12:225b; Retórica 12:352a; Sócrates 13:287b; Sofistas 13:289b; Solón 13:296a; Suicidio 13:353b; Tebas (Grecia) 13:413b; Temístocles 14:9b; *mapa* 7:210; *ilustraciones* 7:207; 7;208a; 7:209b.

GRECO, EL (1541-1614). Doménikos Theotokópoulos, pintor cretense, establecido primero en Italia (Venecia) y luego en España. Creador de un singular estilo dramático.
7:211a; España 6:82a; Manierismo 9:328b; Renacimiento 12:332a; *cuadro* 7:211b; *ilustraciones* 7:211b.

GRECORROMANA, LUCHA. Variedad de lucha en la que sólo son válidas las presas realizadas por encima de la cintura.
Lucha, deportes de 9:232a.

GREDOS, SIERRA DE. Cadena montañosa de España, perteneciente a la cordillera Central. Se extiende a lo largo de 100 km por la parte meridional de Ávila. Su punto más alto se encuentra en la Plaza del Moro Almanzor (2.592 m).

GREELEY, HORACE (1811-1872). Publicista y político estadounidense. Fue director de la revista *The New Yorker* (1834) y fundó el diario *New York Tribune* (1841). Luchó apasionadamente por la abolición de la esclavitud y compitió dentro del Partido Republicano por la presidencia de la nación. Derrotado por Ulysses S. Grant, en 1872, se retiró de la vida política.

GREEN, GEORGE (1793-1841). Matemático británico. Profesor en Cambridge, introdujo el concepto de función potencial y enunció el principio de conservación de la energía. Fue el primero en formular una teoría matemática de la electricidad y el magnetismo.

GREEN, JULIEN (1900-1998). Escritor francés de origen estadounidense. Su obra, en lengua francesa, comprende novelas, obras teatrales y un diario personal. Miembro de la Academia Francesa desde 1971. *Medianoche* (1936), *La sombra* (1956), *El otro* (1971).

GREENAWAY, PETER (n. en 1942). Cineasta británico. Autor de un cine intimista y de culto. *El contrato del dibujante* (1982), *El cocinero, el ladrón, su mujer y su amante* (1989), *El libro de la almohada* (1996).

GREENE, GRAHAM (1904-1991). Novelista británico. En su obra intervinieron de forma particular la imaginación, el sentido religioso y el tratamiento de los problemas sociales y políticos de su tiempo.
7:212a; Novela y cuento 11:21a.

GREENE, ROBERT (h. 1558-1592). Escritor inglés. Considerado como uno de los principales prosistas ingleses de finales del siglo XVI y un destacado predecesor de la dramaturgia de William Shakespeare. Autor de novelas cortas y descripciones de los bajos fondos londinenses, comedias y obras autobiográficas y moralizantes. *Pandosto* (1588), *Fray Bacon y Fray Bungay* (h. 1591), *Cuatro ochavos de ingenio comprados con un millón de arrepentimientos* (1592).

GREENOCKITA. Mineral natural de cadmio, compuesto por sulfuro de cadmio. Sistema hexagonal en eflorescencias terrosas. Color amarillo o anaranjado, al igual que su raya. Brillo resinoso. Dureza media baja.

GREENPEACE. Organización ecologista internacional creada en 1972. Realizó campañas y acciones tendentes a obstaculizar la caza de ballenas, los vertidos de residuos radiactivos en la fosa atlántica y las pruebas nucleares. Desarrolló una política de defensa de la naturaleza en todo el mundo.
Ecológicos, movimientos 5:275a; Organizaciones no gubernamentales 11:144a.

GREENSBORO. Ciudad de los Estados Unidos en el est. de Carolina del Norte. Universidades. Textiles, industrias diversas. Mercado agrícola. 197.910 hab. (1998).

GREENVILLE. Ciudad de los Estados Unidos, en el noroeste de Carolina del Sur. Universidades Furman y Bob Jones y escuela técnica. Producción de huevos, derivados lácteos, carne vacuna y melocotones; industrias textiles, químicas, de maquinaria electrónica y aeronáutica. 58.242 hab. (1980). Junto con Spartanburg forma una zona metropolitana de más de medio millón de personas.

GREENWICH. Suburbio del Gran Londres, Reino Unido, a orillas del Támesis. Meridiano cero de la Tierra. Antigua posesión (1423) del duque de Gloucester y cuna de Enrique VIII. Hospital naval. 216.100 hab. (1982).

GREENWICH, MERIDIANO DE. Línea imaginaria que atraviesa el municipio de Greenwich, hoy parte del Gran Londres, para terminar en los polos norte y sur. La Conferencia Internacional de astrónomos de 1884 lo designó el meridiano cero.
Coordenadas geográficas 4:368b.

GREENWICH, OBSERVATORIO DE. Centro astronómico fundado en 1675 con el nombre de Royal Observatory. Conserva una marca de referencia que se definió como meridiano cero desde 1884 para todo el planeta. En 1958 el trabajo astronómico del Royal Observatory se transfirió a Herstmonceux.
Tierra 14:56a.

GREGARINAS. Microorganismos protozoarios de la subclase *Gregarinia*. Parásitos de los insectos y otros invertebrados. Sus individuos sexuados se acoplan previamente a la formación de los gametos. El huésped los ingiere normalmente en forma de esporas, de las que se desprenden esporozoitos que se desarrollan en el intestino y se liberan por los excrementos.

GREGARISMO. Tendencia que muestran los individuos de diferentes especies a agruparse y mantenerse unidos como ocurre en los rebaños de muchos mamíferos herbívoros, en los cardúmenes de peces o en las nubes de langosta.

GREGORIANA, UNIVERSIDAD. Centro superior de estudios eclesiásticos, fundado en Roma por san Ignacio de Loyola en 1552. Los papas lo ampliaron a lo largo de la historia con nuevas facultades. Recibe su nombre de Gregorio XIII, quien en 1582 le otorgó el carácter pontificio. Cuenta con facultades de teología, filosofía, derecho canónico, historia eclesiástica, misiología y otros institutos adheridos.

GREGORIANO, CALENDARIO. V. **Calendario gregoriano**.

GREGORIANO, CANTO. Música litúrgica de la Iglesia Católica llamada así en honor de san Gregorio Magno.
7:212b; Canto 3:349b; Modo musical 10:208b; Música 10:311b; Musicales, formas 10:322b; *ilustración* 7:212b.

GREGORIO I. V. **Gregorio Magno, san.**

GREGORIO II (669-731). Papa desde el 715 al 731. Combatió a los iconoclastas e impulsó la evangelización de Germania. Restauró la abadía de Montecassino y fundó las basílicas de San Lorenzo y San Pablo. Fue canonizado.

GREGORIO III (m. en el 741). Papa desde el 731 hasta su muerte. Fue elegido por aclamación, pero su pontificado fue uno de los más críticos de la historia del papado, ya que condenó a los iconoclastas. Pidió ayuda a los francos contra los lombardos, iniciando así las relaciones de aquéllos con la Santa Sede.

GREGORIO IV (m. en el 844). Papa desde el 827 hasta su muerte. Promulgó la fiesta de Todos los Santos y concedió el símbolo de jurisdicción metropolitana al misionero franco san Ansgar.

GREGORIO V (972-999). Bruno de Carintia, papa desde el 996 hasta su muerte. Primer pontífice alemán en una época de gran turbulencia. Obligado a exiliarse a poco de acceder al trono, lo sustituyó el antipapa Juan XVI hasta su reposición en el 998.

GREGORIO VI (m. en 1048). Giovanni Graziano, papa de 1045 a 1046. Accedió al trono tras la abdicación de Benedicto IX, a quien acusó de comportamiento licencioso. Abdicó en diciembre de 1046.
Gregorio VII, san 7:215a.

GREGORIO VII, SAN (h. 1020-1085). Hildebrando de Soana, papa desde 1073. Figura destacada de la iglesia medieval, en cuyo pontificado se inició la «querella de las investiduras».
7:215a; Enrique IV, emperador 5:422a; Investiduras, querella de las 8:252a; Papado 11:259a.

GREGORIO VIII (m. en 1187). Alberto de Morra, papa desde octubre hasta diciembre de 1187. Inició la tercera cruzada.
Cruzadas 5:38a.

GREGORIO VIII, ANTIPAPA (m. h. 1137). Maurice Bourdin, antipapa desde 1118 hasta 1121. Enviado por el papa Pascual II a conferenciar con el emperador Enrique V, invasor de Italia, se pasó a las filas de éste y fue nombrado antipapa ante el papa Gelasio II. Murió en el exilio.

GREGORIO IX (h. 1170-1241). Ugolino de Segni, papa desde 1227 hasta su muerte. Uno de los más vigorosos del siglo XIII. Ardiente defensor de las prerrogativas papales y creador de la Inquisición. Su legislación canónica *Decretales* (1234), perduró hasta después de la primera guerra mundial.
Inquisición 8:218b.

GREGORIO X (h. 1210-1276). Tebaldo Visconti, papa desde 1271 hasta su muerte. Creó la asamblea de cardenales (cónclave) para la elección de pontífice con el documento *Ubi periculum* de 1274.

GREGORIO XI (1329-1378). Pierre Roger de Beaufort, papa desde 1370 hasta su muerte. Último de los papas franceses que residió en Aviñón. Se trasladó a Roma, a sugerencia de santa Catalina de Siena, en 1376.

GREGORIO XII, PAPA (h. 1325-1417). Angelo Correr, papa (1406-1415) durante el cisma de occidente. Hubo de enfrentarse al antipapa Benedicto XIII, con el que negoció la abdicación de ambos para poner fin al cisma. Fue nombrado obispo posteriormente.

GREGORIO XIII (1502-1585). Ugo Boncompagni, papa desde 1572 hasta su muerte. Apoyó a los jesuitas e impulsó notablemente la contrarreforma. A él se debe el calendario gregoriano (1582).
Reforma y contrarreforma 12:295b; Sixto V 13:269a; Teresa de Jesús, santa 14:31b.

GREGORIO XIV (1535-1591). Niccolò Sfondrato, papa durante diez meses, desde el 5 de diciembre de 1590. Prosiguió la reforma interna de la iglesia emprendida por sus predecesores.

GREGORIO XV (1554-1623). Alessandro Ludovisi, papa desde 1621 hasta su muerte. Introdujo el voto secreto en las elecciones papales y creó la Congregatio de Propaganda Fide para trabajo misionero. Canonizó a Ignacio de Loyola, Francisco Javier, Felipe Neri y Teresa de Ávila.
Misión y misionero 10:190b.

GREGORIO XVI (1765-1846). Bartolomeo Cappellari, papa desde 1831 hasta su muerte. Abogó por el papado ultramontano en 1787, cuando sólo era sacerdote. Impulsó las misiones. Suprimió, con ayuda de los austriacos, una revuelta en los Estados Pontificios.
Misión y misionero 10:190b.

GREGORIO DE TOURS, SAN (538/539-594/595). Obispo de Tours (Francia). Autor de numerosas obras dogmáticas, vidas de santos y libros históricos.
7:213a.

GREGORIO MAGNO, SAN (h. el 540-604). Papa desde el 590 hasta su muerte. Doctor de la Iglesia. Acrecentó el poder de la Sante Sede y consolidó su unidad. De él tomó nombre el canto gregoriano.
7:213b; Gregoriano, canto 7:212b; *ilustración* 7:213b.

GREGORIO NACIANCENO, SAN (h. el 330-h. el 389). Doctor de la Iglesia, llamado el Teólogo. Destacó por su labor de defensa del dogma de la Trinidad.
7:214a; Gregorio Niseno, san 7:214b; Navidad 10:368a; *ilustración* 7:214b.

GREGORIO NISENO, SAN (h. el 335-h. el 394). Doctor de la Iglesia. Erudito y místico. Asistió al concilio de Constantinopla (381) y combatió a los arrianos defendiendo el dogma de la Trinidad.
7:214b; Gregorio Nacianceno, san 7:214a.

GREGORY, CYNTHIA (n. en 1946). Bailarina estadounidense. Estudió en la Escuela de Ballet de San Francisco, y en 1961 entró a formar parte de la compañía de ballet de esa ciudad. En 1965 se trasladó a Nueva York e ingresó en la American Ballet Theatre, donde destacó como solista (desde 1966) y primera bailarina (desde 1967). Alcanzó fama por su actuación en *El lago de los cisnes*.

GREGORY, JAMES (1638-1675). Matemático y astrónomo escocés. Profesor de las universidades de San Andrés y Edimburgo, inventó el telescopio de reflexión y realizó importantes investigaciones matemáticas, especialmente sobre el cálculo diferencial. *Tratado de óptica* (1663), *Cuadratura verdadera del círculo y la hipérbola...* (1667), *Ensayos geométricos* (1668).
Telescopio 14:4a.

GREGUERÍAS. Figuras literarias creadas por el escritor español Ramón Gómez de la Serna, que el propio autor definía como una especie de

precipitación y disolución obtenida mezclando el contenido de todos los frascos de su laboratorio. Se basan en la unión del aforismo y la metáfora. Dos ejemplos ilustrativos: «Sifón: agua llena de oes» y «Las gaviotas nacieron de los pañuelos que dicen adiós en los puertos».
Gómez de la Serna, Ramón 7:161a.

GREIFF, LEÓN DE (1895-1977). Poeta colombiano. Director de la revista *Panida*. Ocupó cargos oficiales relacionados con la enseñanza. *Tergiversaciones* (1925), *Farsa de los pingüinos peripatéticos* (1942), *Nova et vetera* (1968).

GREMIOS. Organizaciones fundadas por artesanos europeos de distintos oficios durante el Medievo.
7:215b; Artesanía 2:129a; Edad media 5:302b; *ilustración* 7:215b.

GRENOBLE. Ciudad de Francia, cap. del dep. de Isère, en la reg. de Ródano-Alpes, sobre el río Isère. Parlamento del Delfinado (siglo XVI) hoy Palacio de Justicia. Universidades. Museo. Escuela de ingeniería electrónica. Industrias de alta tecnología. 153.317 hab. (1999).

GRENVILLE, GEORGE NUGENT, PRIMER MARQUÉS DE BUCKINGHAM (1753-1813). Político británico. Fue ministro con William Pitt, *Lord* teniente de Irlanda y primer gran maestre de la orden de San Patricio, creada por él en 1783.

GRENVILLE, RICHARD (1542-1591). Marino inglés. Al mando de una escuadra luchó contra la flota española frente a la isla Flores, de las Azores, los días 9 y 10 de septiembre de 1591. Su navío «Revenge» fue apresado y él murió a bordo del buque insignia enemigo a causa de las heridas recibidas.

GRENVILLE, WILLIAM WYNDHAM, BARÓN DE (1759-1834). Político británico. Fue elegido miembro de la Cámara de los Comunes en 1782 y tres años después ocupó la cartera de asuntos exteriores. Luchó por contener el expansionismo francés y favoreció la emancipación política de los católicos. En 1801 dimitió, junto con el primer ministro William Pitt. En febrero de 1806 Grenville presidió un gobierno de coalición, pero dimitió al año siguiente (marzo de 1807).

GRES. Material cerámico duro, denso, de color gris o rojizo, no poroso y no traslúcido, realizado por mezcla de arcilla y piedra fusible, generalmente feldespato, cocida a una temperatura lo bastante alta como para vitrificar la piedra, pero no la arcilla.
Abrasivo 1:15b; Cerámica 4:81b.

GRESHAM, LEY DE. Enunciado económico que afirma: «la moneda mala expulsa a la buena de la circulación». Si bien se atribuye el concepto original a Aristóteles, la formulación se debe a Thomas Gresham, comerciante y financiero británico.

GRESHAM, THOMAS (1519-1579). Comerciante y financiero británico. Fue consejero económico de Enrique VIII, rey de Inglaterra. Propugnó el abandono de la costumbre de reducir el oro de las monedas en beneficio de la hacienda real, ya que así se favorecía el atesoramiento de las monedas con ley no alterada. Debido a esto se le atribuye la denominada «ley de Gresham».

GRÉTRY, ANDRÉ-ERNEST-MODESTE (1741-1813). Compositor francés, uno de los impulsores de la evolución de la ópera ligera al drama musical serio. Su obra maestra fue *Ricardo Corazón de León* (1784).

GRETZKY, WAYNE (n. en 1961). Jugador canadiense de hockey sobre hielo, considerado el mejor de la historia. Con los Petroleros de Edmonton ganó cuatro veces la Copa Stanley de la Liga Nacional de Hockey (Canadá y Estados Unidos) entre 1983 y 1988. Fue nueve veces el mejor jugador de la liga. En 1988 pasó a los Reyes de Los Ángeles. En la temporada 1989-1990 se convirtió en el mayor anotador de todos los tiempos.

GREUZE, JEAN-BAPTISTE (1725-1805). Pintor francés. Alumno de Charles Grandon en Lyon, realizó pinturas de género en las que intentó, en una aplicación de los principios de Denis Diderot, ofrecer imágenes sentimentales y moralizantes. «Padre explicando la *Biblia* a sus hijos» (1755), «El hijo pródigo» (h. 1765), «Muchacha del canario muerto».

GREVILLO. Planta arbórea de la familia de las protáceas (*Grevillea robusta*). Grandes dimensiones, hojas largas y anchas, flores amarillas o rojas y semillas alargadas. Originaria de Australia. Utilizada en jardinería.

GRÉVY, JULES (1807-1891). Político francés. Su presidencia de 1879 a 1889 asentó la tercera república que se prolongó desde 1870 hasta 1940. *Discursos políticos y judiciales* (1888).

GREY, CHARLES (1764-1845). Político británico. Jefe del Partido Liberal, fue primer ministro de 1830 a 1834. Durante su mandato se aprobó la ley de reforma de 1832, por la que se modernizaban las franquicias y el sistema electoral. Contó con gran apoyo popular y logró una amplia mayoría de su partido en la Cámara de los Comunes. Se retiró de la política en 1834.

GREY, EDWARD (1862-1933). Político británico. El secretario de relaciones exteriores que más tiempo permaneció en el cargo en toda la historia británica, desde 1905 hasta 1916. Durante su gestión dio comienzo la primera guerra mundial.

GREY, GEORGE (1812-1898). Administrador colonial británico. Gobernador de Australia Meridional (1840), Nueva Zelanda (1845-1853) y El Cabo (1854-1861). Nombrado nuevamente gobernador de Nueva Zelanda (1861-1868), terminó con la rebelión de los maoríes y fue elegido primer ministro (1877-1879).

GREY, JANE (1537-1554). Reina de Inglaterra durante nueve días de julio de 1553. Fue decapitada.
7:216b; *ilustración* 7:216b.

GREY, ZANE (1872-1939). Pearl Grey, novelista estadounidense. Creador, con sus novelas del oeste, de todo un género literario, el *western*. *El espíritu de la frontera* (1905), *Los jinetes de la pradera roja* (1912), *La ley del oeste* (1934).

GRIAL. Según la tradición cristiana medieval, vaso utilizado por Jesús en la Última Cena y en el que José de Arimatea recogió la sangre de su costado. Sobre este legendario recipiente gira todo un ciclo de narraciones escritas entre los siglos XII y XIII.
Arturo, leyendas del rey 2:139a; Troyes, Chrétien de 14:137b.

GRIEG, EDVARD (1843-1907). Compositor noruego, creador de la escuela nacionalista de música de su país.
7:217a; Música 10:314b; *ilustración* 7:217a.

GRIEGA, LITERATURA. Conjunto de la producción literaria escrita en lengua griega desde la antigüedad hasta la época moderna.
7:217b; Anacreonte 1:313a; Aristófanes 2:69b; Aristóteles 2:70b; Cavafy, Constantin 4:52a; Elytis, Odysseus 5:382a; Empédocles 5:393b; Esquilo 6:114b; Hesíodo 7:389a; Homero 8:50b; Ilíada 8:123b; Isócrates 8:292b; Jenofonte 8:361b; Kazantzakís, Níkos 9:13b; Latina, literatura 9:72b; Luciano 9:234a; Menandro 10:52a; Novela y cuento 11:18b; Odisea, la 11:178a; Pantomima 11:255a; Píndaro 11:409a; Plutarco 12:38a; Seferis, Georgios 13:186a; Sófocles 13:290a; Teatro 13:409a; Teócrito 14:18a; *cuadros* 7:222; 7:223; *ilustraciones* 7:217b; 7:218; 7:219b; 7:220b; 7:221b; 7:222a; 7:223b.

GRIEGA, RELIGIÓN. Conjunto de mitos, leyendas y creencias religiosas que formaban parte de la cultura de la antigua Grecia.
7:224a; Afrodita 1:100a; Apolo 1:413a; Ares 2:35a; Ariadna 2:65a; Artemisa 2:126b; Asclepio 2:142a; Atenea 2:191a; Cronos 5:30b; Deméter 5:121b; Dioniso 5:198a; Eros 6:24b; Gea 7:71a; Hades 7:314a; Hefesto 7:347a; Hera 7:361b; Hermes 7:374b; Hestia 7:390a; Mito y mitología 10:197a; Olimpo 11:97a; Paganismo 11:204a; Pan (MITOLOGÍA) 11:238b; Perséfone 11:348b; Poseidón 12:104a; Rea 12:275b; Religión 12:320a; Romana, religión 13:2a; Zeus 14:415b; *ilustraciones* 7:224a-b; 7:225b.

GRIEGO. Lengua perteneciente al grupo helénico de la familia lingüística indoeuropea.
7:225b; Griega, literatura 7:220a; Indoeuropeas, lenguas 8:176a; Latín 9:70b; Lenguas, clasificación de las 9:110a; *cuadro* 7:226b; *ilustración* 7:226a.

GRIEGO, ALFABETO. Sistema de escritura en el que se escribió la lengua helenística, eliminando las características locales, y con el que se sigue escribiendo el griego moderno, a pesar de sus profundas diferencias fonéticas con el griego antiguo. Sus letras se usan en la actualidad para designar variables matemáticas y físicas.
Alfabeto 1:203.

GRIEGO, ARTE. Conjunto de la producción artística de Grecia, en especial la realizada desde el período arcaico (siglos VIII-VII a.C.) hasta el helenístico (siglos II-I a.C.).
7:227a; Acrópolis 1:36a; Amazonas 1:262a; Apeles 1:408a; Arquitectura 2:102b; Cerámica 4:81a; Clasicismo 4:221b; Escopas 6:41a; Escultura 6:47b; Esfinge 6:52a; Fisias 6:279b; Helenismo 7:353a; Lisipo 9:178a; Metalistería 10:97b; Mirón 10:186b; Mueble 10:288b; Pintura 11:412b; Policleto 12:55a; Praxíteles 12:114b; Religioso, arte 12:322b; Romano, arte 13:6a; Templo e iglesia 14:12b; Winckelmann, Johann 14:369b; *ilustraciones* 7:227b; 7:228a-b; 7:229b; 7:230a.

GRIFFITH, ARTHUR (1872-1922). Político nacionalista irlandés. Periodista de profesión, fue el fundador del movimiento independentista Sinn Féin. Fue vicepresidente y luego presidente de la república de Irlanda.

GRIFFITH, D. W. (1875-1948). Director cinematográfico estadounidense. Uno de los grandes maestros del cine mudo.
7:230b; Cinematografía 4:192a; Stroheim, Erich von 13:326a.

GRIFFITH, FLORENCE (1959-1998). Atleta estadounidense. Especialista en las pruebas de velocidad, obtuvo la medalla de plata en los 200 m lisos en los Juegos Olímpicos de Los Ángeles (1984) y la de oro en los 100, 200 y 4 x 100 m en los de Seúl (1988).
7:231a; *ilustración* 7:231a.

GRIFO. Animal fabuloso de las mitologías mesopotámica y griega, con cuerpo de león alado y pico de ave rapaz. Los grifos protegían el tesoro de Apolo y el vino de Dioniso.

GRIGNARD, VICTOR (1871-1935). Químico francés. Descubrió los compuestos organomagnesianos, denominados «derivados de Grignard», reactivos que permitieron sintetizar varios productos. Premio Nobel en 1912 compartido con Paul Sabatier.

GRIJALVA, JUAN DE (h. 1480-1527). Navegante español. Uno de los primeros exploradores de la costa oriental de México.
7:231b; Latinoamérica, conquista de 9:79a; Tabasco 13:373a; Veracruz 14:273a; Veracruz, estado de 14:274a.

GRIJALVA, RÍO. Curso fluvial de México. Sus cabeceras nacen en la sierra Madre de Guatemala y en la sierra de Soconusco de México. Atraviesa el est. de Chiapas y corre paralelo a la frontera con el est. de Tabasco. Desemboca en la bahía de Campeche tras recorrer 650 km.

GRILLO. Insecto ortóptero, saltador, de la familia de los grillidos. Diversas especies, entre ellas el grillo común (*Gryllus campestris*).
7:231b; *ilustración* 7:232a.

GRILLPARZER, FRANZ (1791-1872). Dramaturgo austriaco. Autor de las tragedias más importantes de la escena de su país.
7:232a.

GRIMALDI, CASA. Una de las familias más importantes de Génova (Italia), pertenecientes al partido de los güelfos. Fundada en el siglo XII, en el XIII sus representantes fueron nombrados señores de Mónaco. La dinastía continuó en el principado monegasco desde entonces.
Mónaco 10:221b.

GRIMALDI, CUEVAS DE. Yacimientos prehistóricos localizados a fines del siglo XIX entre la población francesa de Menton y la italiana de Ventimiglia. Se descubrieron en ellos restos humanos (hombre de Grimaldi) relacionados con el hombre de Cro-Magnon, y figuras escultóricas.

GRIMALDI, MARQUÉS DE (1720-1786). Jerónimo Grimaldi, diplomático y político español de origen genovés. Desempeñó varias misiones al servicio de Fernando VI y Carlos III, quien lo nombró embajador en París, donde negoció el pacto de familia de 1761. Ministro de estado y embajador en Roma. Su decidido apoyo a los ingleses motivó su enfrentamiento con el conde de Aranda.

GRIMM, JACOB Y WILHELM (1785-1863 y 1786-1859). Famosos hermanos alemanes, autores de cuentos de hadas recopilados del folclor popular, y obras de lingüística.
7:232b; Etimología 6:178b; Fantástica, literatura 6:228b; Folclor 6:339a; Indoeuropeas, lenguas 8:177b; Lingüística 9:165b; Novela y cuento 11:19a; *ilustración* 7:232b.

GRIMMELSHAUSEN, HANS J. VON (h. 1622-1676). Novelista alemán. Describió en forma satírica en sus obras la vida social durante la guerra de los treinta años (1618-1648).
7:233a; Picaresca, novela 11:389b.

GRIMSBY. Ciudad del Reino Unido en el condado de Humberside, Inglaterra, junto al estuario del Humber. Centro educativo y comercial. Importante puerto pesquero y comercial. 92.200 hab. (1983).

GRIMSHAW, NICHOLAS (n. en 1939). Arquitecto británico. Autor de construcciones enmarcadas en el funcionalismo, destacó por sus proyectos de factorías industriales. Terminal Waterloo para el Eurotúnel de Londres, Bolsa de Berlín.

GRIPE. Enfermedad viral muy contagiosa, que evoluciona por brotes epidémicos.
7:223b; Microbiología 10:151a; Otorrinolaringología 11:181b; *ilustración* 7:223b.

GRIPPO, VÍCTOR (n. en 1936). Pintor argentino. Adscrito al arte conceptual, sus pinturas incluyen juegos de imágenes y símbolos de profundo significado personal. *Analogía IV* (1972).

GRIS, JUAN (1887-1927). Juan José Victoriano González, pintor español. Considerado, junto con Georges Braque y Pablo Picasso, como una de las figuras más representativas del cubismo.
7:234b; Cubismo 5:63a; *ilustración* 7:234b.

GRISALLA. Técnica pictórica consistente en la utilización de diferentes tonos grises para crear un efecto de bajorrelieve. Fue muy practicada por los pintores flamencos del siglo XV (políptico de «La adoración del Cordero místico» de la iglesia de San Bavón, en Gante, obra de Jan van Eyck) y por los artistas neoclásicos del siglo XVIII. Se emplea también el término para la pintura de vidrio en la elaboración de vidrieras.

GRISHAM, JOHN (n. en 1955). Escritor estadounidense. Autor de novelas de suspense de gran éxito comercial. *Tiempo para matar* (1989), *La empresa* (1991), *El informe Pelícano* (1992), *El cliente* (1993).

GRISI, GIULIA (1811-1869). Soprano italiana. Debutó a los 17 años con *Zelmira* de Gioacchino Rossini. Vincenzo Bellini escribió para ella la parte de Julieta en *Capuletos y Montescos*. Cantó durante más de treinta años como intérprete de primerísima fila.

GRISOLÍA, SANTIAGO (n. en 1923). Bioquímico español. Trabajó con Severo Ochoa en los Estados Unidos, donde impartió la docencia en distintas universidades. Entre sus estudios destacan los referidos al control enzimático del metabolismo del nitrógeno. Investigador del equipo del Proyecto Genoma Humano y Premio Príncipe de Asturias de investigación científica y técnica en 1990.

GRISONES. Cantón de Suiza, en la parte oriental del país, fronterizo con Italia y Austria. Recorrido por los Alpes, en su territorio nacen los ríos Rin e Inn. Formó parte de la provincia romana de la Retia; fue conquistado por los celtas en el siglo VI y germanizado en el X. Entró a formar parte de la Confederación Suiza en 1803. Cap. Chur o Coira. 7.105 km^2. 185.063 hab. (1996).

GRISSOM, VIRGIL (1926-1967). Astronauta estadounidense, el segundo de su país que viajó al espacio (21 de julio de 1961). Murió durante una simulación de vuelo del Apolo I.

GRISÚ. Gas inflamable, compuesto principalmente de hidrocarburos, que se desprende en las minas de hulla. Altamente explosivo, se inflama con el aire cuando alcanza una concentración del 6 por ciento.

GRITO DE BAIRE. V. **Baire, grito de.**

GRITO DE DOLORES. Nombre con el que se conoce el llamado a la rebelión contra España que, en la noche del 15 al 16 de septiembre de 1810, hiciera el cura mexicano Miguel Hidalgo y Costilla, en Dolores, cerca de Querétaro. La fecha conmemora la independencia de México.
México 10:129b.

GRITO DE LARES. V. **Lares, grito de.**

GRITO DE YARA. V. **Yara, grito de.**

GROCIO, HUGO (1583-1645). Jurista, diplomático, historiador y teólogo holandés, considerado como uno de los padres del derecho internacional y creador de la escuela racionalista del derecho natural.
7:235a; Derecho 5:140a; Filosofía 6:297a; Internacional, derecho 8:236a; Vondel, Joost van den 14:347a; *ilustración* 7:235b.

GRODNO. Ciudad de la república de Bielorrusia. En el pasado perteneció a Lituania y a Polonia, y, ya a través de Bielorrusia, a la Unión Soviética hasta 1991. Centro industrial y cultural. 306.000 hab. (1998).

GROENER, WILHELM (1867-1939). Político y militar alemán. Apoyó con el ejército al gobierno moderado del socialdemócrata Friedrich Ebert para impedir una revolución comunista al término de la primera guerra mundial. Su enfrentamiento con Adolf Hitler lo obligó a retirarse.

GROENLANDÉS, ESCUDO. Capa de hielo o glaciar de una sola pieza que cubre casi el 80% de la isla de Groenlandia. Forma la masa helada más extensa del hemisferio septentrional, con una superficie de 1.833.900 km^2, una longitud de 2.530 km y una anchura máxima de 1.096 km.

GROENLANDIA. La isla más grande del mundo (si se considera a Australia como continente), en el Atlántico norte. Cubre una superficie de 2.175.600 km^2. 56.300 hab. (1997).
7:235b; Ártica, región 2:129b; Dinamarca 5:188a; Isla 8:276b; *ilustración* 7:236a.

GROENLANDIA, CORRIENTE DE. Corriente oceánica formada por la combinación de las corrientes polar y de Irminger. La salinidad y la temperatura en los meses de verano están por debajo del 30 por mil y los 2 °C, respectivamente.
Atlántico, océano 2:195a; Oceánicos, movimientos 11:72a.

GROMAIRE, MARCEL (1892-1971). Pintor francés. Influido por el expresionismo y el cubismo, destacó también como ilustrador bibliográfico y autor de tapices. «La guerra» (1925), «Desnudo de la cabellera rubia» (1957).

GROMIKO, ANDRÉI (1909-1989). Político soviético. Fue ministro de asuntos exteriores de 1957 a 1985 y presidente del presídium del Soviet Supremo de la Unión Soviética (1985-1988), lo cual lo hacía jefe del estado, destacando por su conocimiento de la política internacional y su capacidad negociadora.

GRONCHI, GIOVANNI (1887-1978). Político italiano. Fundó el Partido Popular Italiano y dirigió la Confederación de Trabajadores Cristianos. Participó en 1922 en el primer gobierno de Benito Mussolini, pero dimitió al año siguiente y pasó a la oposición. Después de la guerra volvió a la vida pública como democristiano y desempeñó diversos cargos públicos, entre ellos el de la presidencia de la república (1955-1962).

GRONINGA. Ciudad de los Países Bajos, cap. de la prov. homónima. Cuenta con múltiples canales sobre los ríos Aa y Hunse. Iglesias de los siglos XIII y XV. Universidad, museos. Centro comercial. 171.193 hab. (1999).

GROOT, JOSÉ MANUEL (1800-1878). Escritor colombiano. Ardiente defensor de la fe católica.
7:237a.

GROOT, JUAN HUGO DE. V. **Grocio, Hugo.**

GROPIUS, WALTER (1883-1969). Arquitecto, profesor y teórico de la arquitectura y del diseño alemán. Su obra influyó en los principios y vanguardias del movimiento moderno.
7:237a; Abstracto, arte 1:21b; Bauhaus 2:371b; Diseño 5:205b; Van de Velde, Henry 14:233a; *ilustración* 7:237b.

GROS, ANTOINE-JEAN, BARÓN (1771-1835). Pintor francés. Introducido en la corte francesa por Josefina de Beauharnais, fue pintor de las campañas napoleónicas. Al encargarse del taller de Jacques-Louis David adoptó un estilo neoclásico, con temas históricos y alegóricos, distanciándose del naciente romanticismo. «Napoleón en Arcole» (1799), «El combate de Nazaret» (1801), «Los apestados de Jaffa» (1804).

GROSELLERO. Planta de porte arbustivo de la familia de las saxifragáceas (*Ribes rubrum*). Dicotiledónea. Flores verdosas agrupadas en racimos y frutos en baya, comestibles. Propia de zonas boscosas de la región eurasiática.

GROSS, MICHAEL (n. en 1964). Nadador alemán. En 1981 consiguió una medalla de oro en los campeonatos de Europa, en Split (Yugoslavia). En 1982 triunfó en los campeonatos del mundo en Guayaquil (Ecuador) y, al año siguiente, en los campeonatos europeos de Roma. En los Juegos Olímpicos de Los Ángeles (1984) ganó dos medallas de oro y dos de plata.
Acuáticos, deportes 1:45a.

GROSSETESTE, ROBERT (h. 1175-1253). Filósofo y erudito inglés. Religioso franciscano y canciller de la Universidad de Oxford, promovió los métodos inductivos y experimentales y fundó una escuela de traductores que aportó un mayor conocimiento de los autores griegos. Luchó contra el autoritarismo civil y religioso.
Bacon, Roger 2:300a.

GROSSETO. Población italiana, cap. de la prov. de Grosseto, en la reg. de Toscana. A orillas del río Ombrone y próxima a la costa del mar Tirreno. Catedral del siglo XIII. Museo arqueológico. Centro agrícola y comercial. 66.669 hab. (1983).

GROSSGLOCKNER. Montaña de Austria, en el Hohe Tauern, cadena montañosa de los Alpes orientales, prov. del Tirol y Kärnten. Es el punto más alto del país, con 3.797 m de altura.
Austria 2:227a.

GROSSMANN, RUDOLF (1893-1980). Hispanista alemán de origen argentino. Profesor en la Universidad de Hamburgo, promovió en Alemania el estudio de las lenguas románicas. Profesor extraordinario de la Universidad Nacional Autónoma de México. *La lírica catalana contemporánea* (1923), *Poemas españoles de ocho siglos* (1947-1960).

GROSSO, ALFONSO (n. en 1928). Novelista español. Sus obras muestran en general, con tono crítico y realista, el ambiente y los personajes de Andalucía. *Guarnición de silla* (premio de la crítica, 1970), *Florido mayo* (premio Alfaguara, 1973), *La buena muerte* (1976).

GROSULARIA. Granate cálcico. Cristales incoloros, blancos o de tonalidades verde claro o rojo. También denominada grosulerita.

GROSZ, GEORGE (1893-1959). Dibujante y pintor estadounidense de origen alemán. Participante desde 1918 en el movimiento dadá berlinés, realizó dibujos y pinturas de fuerte contenido crítico acerca de la sociedad y la moral alemanas de la época, y, posteriormente, de las estadounidenses. «La vida de un socialista» (1920), «El espejo del burgués» (1925).
Realismo 12:281b.

GROSZ, KAROLY (1930-1996). Político húngaro. Fue miembro destacado del Partido Comunista de su país. Primer ministro durante el período 1987-1988, su política de austeridad económica aceleró el proceso de cambios que condujo a la introducción definitiva de un sistema de economía de mercado en Hungría.

GROTENFEND, GEORG FRIEDRICH (1775-1853). Filólogo alemán. Notable por sus descubrimientos arqueológicos en el cercano oriente y Anatolia. Descifró la escritura cuneiforme persa. *Nuevas contribuciones a la explicación de los cuneiformes persepolitanos y babilónicos* (1837-1840).

GROTIUS. V. **Grocio, Hugo.**

GROTOWSKI, JERZY (1933-1999). Director teatral y escenógrafo polaco. Una de las figuras más destacadas del llamado teatro experimental.
7:237b; Actor y actuación 1:42a.

GROUCHY, EMMANUEL, MARQUÉS DE (1766-1847). Militar francés. Mariscal durante las campañas napoleónicas, se le culpa de la derrota de Napoleón Bonaparte por no acudir prestamente en su ayuda en la batalla de Waterloo el 18 de junio de 1815.

GROUSSAC, PAUL (1848-1929). Escritor argentino de origen francés. Uno de los primeros en estudiar a los parnasianos. Editó la revista *La Biblioteca*. Autor de novelas, cuentos y ensayos. *Fruto vedado* (1884), *Estudios de historia argentina* (1918), *La divisa punzó* (1923).

GROVE VALLEJO, MARMADUKE (1879-1954). Militar y político chileno. Jefe del movimiento revolucionario de 1924 y 1925, fue ministro de defensa nacional (1932) tras la caída del presidente Juan Esteban Montero. Secretario general del partido socialista y presidente del Frente Popular Chileno (1938). Senador por Santiago entre 1934 y 1949.

GROZNI. Ciudad de Rusia, al norte del Cáucaso y a orillas del río Sunzha. Importantes yacimientos petrolíferos y oleoductos. Instituto del petróleo. Maquinaria. 186.000 hab. (1997).
Rusia 13:66a.

GRÚA TALAMANCA Y BRANCIFORTE, MIGUEL DE LA (n. h. 1750). Militar y funcionario español. Fue gobernador de las Islas Canarias y ocupó el puesto de virrey de la Nueva España entre 1794 y 1798. Su etapa de gobierno se caracterizó por la mala gestión administrativa.

GRUEN, VICTOR (1903-1980). Arquitecto y urbanista estadounidense de origen austriaco. Trabajó en los Estados Unidos, en donde inició la práctica de construir los grandes centros comerciales en la afueras urbanas. Realizó los proyectos de la feria mundial de Washington, el de la remodelación del centro de la ciudad de Fresno y el de la ciudad universitaria de Louvain-La-Neuve.

GRULLA (ASTRONOMÍA). Pequeña constelación del hemisferio austral. Su estrella más brillante es de primera magnitud.

GRULLA (ZOOLOGÍA). Ave del orden de las gruiformes y de la familia de las gruidas. Diversas especies, entre ellas la grulla común (*Grus grus*).
7:238a; *ilustración* 7:238a.

GRÜN, ANASTASIUS (1806-1876). Anton Alexander, conde de Auersperg, escritor y político austriaco. Perteneció al Partido Liberal y realizó escritos humorísticos en los que satirizó al gobierno del príncipe de Metternich. *El último caballero* (1830), *Paseos de un poeta vienés* (1831), *El cura de Kahlenberg* (1850).

GRUNDTVIG, NIKOLAI FREDERIK SEVERIN (1783-1872). Teólogo, pedagogo y escritor danés. De carácter independiente y romántico, se interesó por las gestas de los héroes nórdicos y las divulgó con sus escritos. Como pedagogo impulsó el estudio del danés y fundó la primera escuela de educación de adultos. *Mitología de los países del Norte* (1808 y 1832), *Nochevieja* (1811), *Crónica del mundo* (1812-1817).

GRÜNEWALD, MATTHIAS (h. 1455-1528). Mathis Gothardt, pintor alemán. Pese a conocer bien las tendencias renacentistas, su producción se inscribe dentro del gótico tardío germánico.
7:238b; Retablo 12:352a; *ilustración* 7:239a.

GRUNGE. Tipo de música *rock* nacido en Seattle, Estados Unidos, a finales de la década de 1980. Emplea sobre todo guitarras y unos acordes y ritmos cuyos orígenes se hallan en el *heavy metal*.

GRUPO ABELIANO. V. **Abeliano, grupo.**

GRUPO ANDINO. Organismo creado por Bolivia, Colombia, Chile, Ecuador y Perú, en 1969, para la cooperación interregional. Venezuela se adhirió posteriormente y Chile se separó.

GRUPO DE DISCUSIÓN. Espacio virtual de las redes de comunicaciones dedicado al debate entre múltiples usuarios sobre un tema de interés común. Es uno de los servicios habituales ofrecidos por Internet y otras redes globales. También se conoce por su denominación inglesa *newsgroup*.

GRUPO DE LOS SIETE. Organización internacional integrada por los siete países más industrializados del mundo. Es también llamada G-7, y la componen los Estados Unidos, Canadá, Japón, Reino Unido, Alemania, Italia y Francia. En 1997 se admitió a Rusia como miembro de pleno derecho, por lo que el grupo pasó a denominarse G-8.

GRUPO DE RIESGO. Colectivo que por sus hábitos o su naturaleza es especialmente propenso a padecer alguna patología o problema de índole socioeconómica o de cualquier otro tipo.

GRUPO DE RÍO. Nombre dado a una asociación de naciones latinoamericanas cuyo objetivo es el desarrollo a nivel continental y la consecución de un puesto destacado para Latinoamérica a nivel internacional. Celebra cumbres periódicas en las que se reúnen los jefes de Estado y de Gobierno de los países miembros para tratar los principales problemas que afectan al continente. En la XI cumbre, celebrada en 1997, se propuso la entrada de más de un país latinoamericano como miembro permanente del Consejo de Seguridad de las Naciones Unidas.

GRUPO ISLÁMICO ARMADO (GIA). Formación integrista islámica armada argelina que, escindido del Frente Islámico de Salvación (FIS), inició sus actividades tras la disolución en 1992 de éste. Fueron numerosos sus actos terroristas contra extranjeros y las masacres indiscriminadas practicadas contra la población civil argelina.
Terrorismo 14:39a.

GRUPO PROSTÉTICO. Componente no proteico de ciertos sistemas enzimáticos. Constituye la coenzima que tiene especificidad funcional, mientras la apoenzima es un grupo proteico con especificidad de sustrato. El conjunto forma la holoenzima.

GRUPO SANGUÍNEO. Cada uno de los cuatro tipos en que se diversifica la sangre del hombre, según su disposición para tolerar o no la transfusión de sangre perteneciente a los grupos restantes.
7:241a; Antígeno 1:387b; Hematología 7:357b; Transfusión 14:113a; *ilustraciones* 7:241b; 7:242a.

GRUPO SOCIOLÓGICO. Conjunto de personas unidas por un interés común, con sentido de cohesión interna y de distinción respecto al exterior.
7:243a; *ilustraciones* 7:243b.

GRUPOS, DINÁMICA DE. Actividad que desarrolla las fuerzas específicas e interactuantes que rigen las relaciones de los miembros de un grupo.
7:239a; Personalidad 11:355b.

GRUPOS, TEORÍA DE LOS. Área de las matemáticas que explica la formación de estructuras algebraicas según determinadas propiedades y leyes.
7:240a.

GRUPOS ANTITERRORISTAS DE LIBERACIÓN (GAL). Organización terrorista española que cometió en la década de 1980 diversos atentados, con un saldo de más de treinta muertos, contra personas supuestamente vinculadas al grupo terrorista vasco ETA. La justicia española determinó a finales de 1990 la implicación de miembros de los servicios de seguridad de este país en la actividad de la banda.

GRYPHIUS, ANDREAS (1616-1664). Poeta y dramaturgo alemán. Representante del barroco en su país, su poesía lírica refleja el sentimiento doloroso ante la caducidad de la vida. Autor de comedias y tragedias en verso. *León el Armenio* (1650), *Catalina de Georgia* (1657), *Pedro Squentz* (1657).

GSM. Siglas de *Global System for Mobile Communications*. Es un sistema de implantación internacional que permite redes de interconexión en telefonía móvil.

GUACA. V. **Huaca o guaca.**

GUACAMAYO. Ave psitaciforme de la familia de las psitácidas y del género *Ara*.
7:244a; *ilustración* 7:244a.

GUACANAGARÍ (m. en 1499). Cacique de la isla de La Española. Se alió con Cristóbal Colón y le entregó sus dominios. Colón lo dejó a cargo del único puesto español establecido en el territorio y de cuarenta hombres, que fueron asesinados por los indígenas. Al regreso de Colón de España, Guacanagarí lo convenció de su inocencia y recuperó su confianza.

GUACANAYABO, GOLFO DE. Entrante del mar Caribe en la isla de Cuba, en el sudeste del país. Se extiende 110 km, en forma de herradura, desde la costa sur de Camagüey hasta la orilla sudoeste de Granma.

GUÁCHARO. Ave caprimulgiforme de la familia de los esteatornítidos (*Steatornis caripensis*), muy próxima a los chotacabras, con pico más largo que ancho y con un diente cerca de la punta. Nocturno, vive principalmente en Venezuela, Colombia y Trinidad.

GUACHICHILES. Pueblo amerindio que habita en los estados de San Luis Potosí, Zacatecas y Coahuila (México).

GUADAIRA, RÍO. Curso fluvial de España. Nace en la sierra de Algodonales, atraviesa la prov. de Sevilla y desemboca en la orilla izquierda del río Guadalquivir, a la altura de la ciudad de Sevilla. Su curso es de 92 km.

GUADAJOZ, RÍO. Curso fluvial de España. Nace en la sierra de Priego, atraviesa la prov. de Córdoba, y desemboca en la orilla derecha del río Guadalquivir, al sudoeste de la ciudad de Córdoba. Su curso es de 114 km.

GUADALAJARA (CIUDAD, ESPAÑA). Capital de la prov. del mismo nombre, en la comunidad autónoma de Castilla-La Mancha, a orillas del río Henares. Palacio de los duques del Infantado, hoy museo; puente árabe, iglesias mudéjares. Industria agrícola. 67.108 hab. (1996).

GUADALAJARA (CIUDAD, MÉXICO). Ciudad mexicana, capital del est. de Jalisco. 1.633.053 hab. (1995).
7:244b; Jalisco 8:332a; México 10:124a; *ilustración* 7:244b.

GUADALAJARA (PROVINCIA, ESPAÑA). División administrativa de España en la comunidad autónoma de Castilla-La Mancha. Meseta Central y sierras de Guadarrama y Albarracín. Ríos Tajo, Henares, Jarama y Tajuña. Cereales, miel; ganado lanar. Cap. Guadalajara. 12.190 km^2. 157.255 hab. (1996).
Castilla-La Mancha 4:18b.

GUADALAJARA, BATALLA DE. Enfrentamiento bélico acaecido en marzo de 1937 en el transcurso de la guerra civil española. El ejército republicano venció en él a las tropas nacionalistas, apoyadas principalmente por las fuerzas del Corpo Truppe Volontarie italiano.

GUADALAJARA, PACTO DE. Tregua firmada por Sancho VII de Navarra y Alfonso VIII de Castilla el 29 de octubre de 1207.

GUADALAVIAR, RÍO. V. **Turia, río.**

GUADALCANAL. Isla del archipiélago de las Salomón. Es de origen volcánico y tiene un relieve accidentado. El punto más alto es el monte Makarakomburu, de 2.447 m. Escena de una importante batalla durante la segunda guerra mundial. Cap. Honiara. 5.336 km^2. 46.550 hab. (1989).
Salomón, islas 13:99a.

GUADALCANAL, BATALLA DE. Enfrentamiento armado librado durante seis meses, desde el 7 de agosto de 1942, entre las fuerzas japonesas, que habían invadido la isla homónima un mes antes, y el ejército estadounidense. La evacuación japonesa, en febrero de 1943, supuso su primer repliegue durante la guerra.

GUADALETE, BATALLA DEL. Enfrentamiento armado en julio del 711 sobre el río Guadalete, en que las tropas del rey visigodo Rodrigo combatieron a los musulmanes. La derrota de los cristianos supuso la desaparición del reino visigodo español. El rey Rodrigo pereció en combate, posiblemente ahogado, según la leyenda.
Rodrigo, don 12:406b.

GUADALETE, RÍO. Curso fluvial de España. Nace en la sierra de Grazalema, atraviesa la prov. de Cádiz y desemboca en el océano Atlántico, en la bahía de Cádiz. Su curso es de 157 km.

GUADALHORCE, RÍO. Curso fluvial de España. Nace en la sierra de Alhama, atraviesa y riega la prov. de Málaga y desemboca en el mar Mediterráneo. Su curso es de 116 km.

GUADALIMAR, RÍO. Curso fluvial de España. Nace en la sierra de Alcaraz, en la prov. de Albacete, y tras recorrer la prov. de Jaén desemboca en la orilla derecha del río Guadalquivir, al nordeste de Mengíbar. Su curso es de 144 km.

GUADALOPE, RÍO. Curso fluvial de España. Nace en la sierra de Gúdar, en la prov. de Teruel, recorre esta provincia y la de Zaragoza y desemboca en la orilla derecha del río Ebro, en las proximidades de Caspe. Su curso es de 194 km.

GUADALQUIVIR, DEPRESIÓN DEL. Valle regado por el río del mismo nombre, en España. Es un valle de forma triangular, comprendido entre la sierra Morena y la cordillera Penibética, con tierras muy fértiles y ciudades importantes como Córdoba y Sevilla. Desde el punto de vista geológico, es una zona de hundimiento tectónico formada durante la era terciaria, y convertida en cuenca sedimentaria.

GUADALQUIVIR, RÍO. Curso fluvial de España. Nace en la sierra de Cazorla, atraviesa Córdoba y Sevilla y desemboca en el océano Atlántico tras recorrer 657 km.
7:245a; Andalucía 1:329b; España 6:66a; Sevilla 13:216b; *ilustración* 7:245b.

GUADALUPE (ANTILLAS). Departamento francés de ultramar, formado por dos islas mayores (Basse Terre y Grande Terre) y otras más pequeñas, en las Antillas menores. Cap. Basse Terre. 1.780 km^2. 433.000 hab. (1997).
7:246a; Antillas 1:392b; *ilustración* 7:246a.

GUADALUPE (MÉXICO). Municipio mexicano, en el est. de Nuevo León, en el área metropolitana de Monterrey, Cerro de la Silla, característico de Monterrey. Centro agrícola y ganadero. 618.610 hab. (1995).

GUADALUPE, BASÍLICAS DE. Santuarios dedicados a la Virgen de Guadalupe, en la ciudad de México. Sobre la primitiva ermita del siglo XVI se construyó un templo en 1662, que a su vez fue reemplazado por una nueva basílica consagrada en 1709. En la basílica más moderna, obra de 1976, se encuentra el cuadro de la Inmaculada, la Virgen de Guadalupe, patrona de México.

GUADALUPE, ISLA. Isla de México, en el océano Pacífico, a 380 km de la costa occidental de la península de Baja California. Atravesada de norte a sur por una cadena montañosa. 264 km^2.

GUADALUPE, MONASTERIO DE. Santuario mariano en la villa española de Guadalupe, en la provincia de Cáceres. Desde el siglo XIV está regentado por los monjes jerónimos. El monasterio es de estilo mudéjar y la iglesia es gótica, del siglo XIV. En su rica pinacoteca destaca una serie de cuadros de Francisco Zurbarán.

GUADALUPE, NUESTRA SEÑORA DE. Advocación de la Virgen María especialmente venerada en México, de donde fue proclamada patrona por el papa Benedicto XIV. Según la tradición, la Virgen se apareció varias veces (9 al 12 de diciembre de 1531) al indio Juan Diego en el monte Tepeyac, lugar donde hoy se erige un importante santuario, centro de numerosas peregrinaciones.
Marianas, advocaciones 9:367a; Tonantzin 14:84b.

GUADALUPE, PLAN DE. Programa revolucionario adoptado el 26 de marzo de 1913 en la hacienda de Guadalupe, en el estado mexicano de Coahuila. Los insurgentes decidieron negar su reconocimiento al presidente Victoriano Huerta y nombraron jefe del ejército y del futuro poder ejecutivo a Venustiano Carranza.
Carranza, Venustiano 3:414a.

GUADALUPE, SIERRA. Sistema montañoso de la parte sudeste de la prov. española de Cáceres. Forma parte de los montes de Toledo y separa las aguas de los ríos Tajo y Guadiana. Alcanza su máxima altitud en el pico de Villuercas (1.600 m).

GUADALUPE HIDALGO, TRATADO DE. Pacto que, en 1848, puso término a la guerra entre México y los Estados Unidos. Al establecer la frontera sur de Texas en el río Bravo (Grande del Norte), los territorios situados al norte pasaron a manos estadounidenses. Los Estados Unidos también adquirieron California y Nuevo México a cambio de una indemnización.
Bravo, río 3:169b; California 3:285a; Mexicano-estadounidense, guerra 10:120a.

GUADARRAMA, RÍO. Curso fluvial de España. Nace en la sierra de Guadarrama, en la prov. de Madrid, y desemboca en la orilla derecha del río Tajo, en las proximidades de la ciudad de Toledo. Su curso es de 144 km.

GUADARRAMA, SIERRA DE. Cadena montañosa de España, en la cordillera Central. Se extiende desde Somosierra hasta la sierra de Gredos. Su punto más alto es Peñalara (2.430 m). Estación invernal en Navacerrada.

GUADIANA, RÍO. Curso fluvial de España que forma frontera con Portugal. Nace de la unión de los ríos Záncara y Cigüela. Desemboca en el océano Atlántico, por Ayamonte, Huelva, tras recorrer 744 km.
7:246b; España 6:66a; Portugal 12:90a; *ilustración* 7:247a.

GUADIANA MENOR, RÍO. Curso fluvial de España. Formado por la unión de diferentes ríos del nordeste de la prov. de Granada, atraviesa esta provincia y la de Jaén y desemboca en la orilla izquierda del río Guadalquivir. Su curso es de 182 km.

GUADIARO, RÍO. Curso fluvial de España. Formado por la unión de diferentes ríos de la serranía de Ronda, en la parte occidental de la provincia de Málaga, atraviesa esta provincia y la de Cádiz y desemboca en el mar Mediterráneo. Su curso es de 93 km.

GUADIX. Ciudad de España en la prov. de Granada, comunidad autónoma de Andalucía, junto al río del mismo nombre. Centro de una rica comarca agrícola (hoya de Guadix) y de importante actividad mercantil e industrial. Fundada por los romanos, conserva monumentos de su larga historia (fortaleza medieval, catedral del siglo XVIII). 20.310 hab. (1996).

GUAÍBA, RÍO. Curso fluvial de Brasil, en el estado de Río Grande do Sul. Formado por la confluencia de los ríos Jacuí, Caí, Sinos y Gravataí, desemboca en la Laguna de los Patos, tras pasar por Porto Alegre, y recorrer 60 km.
Porto Alegre 12:88a.

GUAICAPURO (m. en 1568). Cacique teque que encabezó una amplia alianza india contra los españoles en el valle de Caracas. Murió heroicamente ante las fuerzas de Diego de Losada. Su nombre ha sido perpetuado en el de un distrito del estado venezolano de Miranda.

GUAICURÚES. Familia de pueblos amerindios (mbayá, caduveo, payaguá, agaz, mocobí, pilagá y toba), también llamados guaicuríes o guaicurus, que habitan junto a los ríos Paraguay y Paraná. Muy reducidos en número, viven de la recolección y la pesca.

GUÁIMARO. Población de Cuba en la prov. de Camagüey en la que, en 1869, los insurrectos cubanos proclamaron la primera constitución de la república en armas y eligieron presidente a Carlos Manuel de Céspedes. Caña de azúcar, ganado vacuno, ingenio azucarero. 16.300 hab. (1987).

GUÁIMARO, ASAMBLEA DE. Reunión de los diputados revolucionarios cubanos que tuvo lugar entre los días 10 y 11 de abril de 1869 en la ciudad de Guáimaro. Se decidió en ella la proclamación de la república y la elección de su primer presidente, Carlos Manuel de Céspedes, así como su carta constitucional.
Agramonte Loynaz, Ignacio 1:103a.

GUAINÍA, RÍO. V. **Negro, río** (BRASIL).

GUAIPO. Ave terrícola de la familia de los tinámidos (*Rynchotus rufescens maculicollis*). Provista de alas y patas cortas, no puede volar. Se alimenta de semillas e insectos. Originaria de América.

GUAIRÁ. Departamento de Paraguay, cruzado por la cordillera de Ybytyruzú. Bañado por el río Tebicuary, afluente del Paraguay. Tabaco, caña de azúcar, algodón, mate; importantes refinerías de azúcar. Cap. Villarrica. 3.846 km^2. 161.991 hab. (1992).
Paraná 11:277b.

GUAIRA, LA. Ciudad y puerto de Venezuela, en el Distrito Federal, a orillas del Caribe. Fundada en 1577. Pesquerías. Autopista a Caracas (30 km). Playas. Cuna de Manuel Gual y José María España. 23.400 hab. (1981).

GUAIRE, RÍO. Curso fluvial de Venezuela. Nace en la cordillera de la costa, atraviesa de oeste a este el valle en que se encuentra Caracas y desemboca en el río Tuy después de recorrer 80 km.

GUAJATACA, RÍO. Curso fluvial de Puerto Rico. Nace en la cordillera Central y, tras aprovecharse sus aguas para la producción de energía hidroeléctrica (central Isabela) y el riego, desemboca en el océano Atlántico.

GUAJIRA. Canción originaria de Cuba, a la que en España, adonde llegó en el siglo XIX, se le dio cierto aire flamenco.

GUAJIRA, LA. Departamento de Colombia, a orillas del mar Caribe. Limita al este con Venezuela. Se extiende desde la sierra Nevada de Santa María hasta la península de Guajira. Agricultura, ganadería; salinas. Cap. Riohacha. 20.848 km^2. 433.361 hab. (1993).

GUAJIRA, PENÍNSULA DE LA. Territorio del extremo nororiental de Colombia y la parte más septentrional del est. venezolano de Zulia, entre el mar de las Antillas y el golfo de Maracaibo (Venezuela). Su parte oriental está formada por cerros rocosos, mientras que la occidental es llana. En ella se encuentra el punto más septentrional de Sudamérica: punta Gallinas.

GUAJOLOTE. V. **Pavo** (ZOOLOGÍA).

GUAL, ADRIÀ (1872-1942). Dibujante y escritor español en lengua catalana. Autor de carteles y dibujos de estilo modernista, fundó en 1898 el Teatre Íntim y dirigió la Escuela de Arte Dramático de la Mancomunidad de Cataluña desde 1913. Combinó en sus obras teatrales los elementos simbolistas con los naturalistas. *Misterio de dolor* (1907), *Horas de amor y tristeza* (1918), *Fuego de montaña* (1934).

GUAL, MANUEL (m. en 1801). Patriota venezolano, en 1799 formó parte de una conspiración contra España.
7:247a; Venezuela 14:264b.

GUAL, PEDRO (1784-1862). Político venezolano. Desempeñó varios cargos políticos. Precursor de la independencia de Trinidad y Tabago y presidente de Venezuela en 1861, fue depuesto por un golpe militar.

GUALANDAY. Árbol de la familia de las bignoniáceas (*Jacaranda mimosaefolia*). Dicotiledónea. Originario de las regiones tropicales americanas, es de hojas compuestas y flores azuladas o violáceas.

GUALEGUAY. Departamento de la Argentina, situado en la prov. de Entre Ríos. Ganadería vacuna y lanar; cereales, frutales; industrias alimenticias. Salida fluvial por Puerto Ruiz. 44.727 hab. (1998).

GUALEGUAYCHÚ. Departamento de la Argentina, situado en la prov. de Entre Ríos. Zona de pastos para la cría de ganado vacuno y lanar; agricultura cerealística. Puerto en el río Gualeguaychú, afluente del Uruguay.

GUALEGUAYCHÚ, RÍO. Curso fluvial de la Argentina, afluente del Uruguay, en la Mesopotamia. Posee un puerto en el departamento del mismo nombre.

GUALILLA. Mamífero roedor de la familia de los cávidos (*Stictomys taczanowski*). Color pardo negruzco, con manchas blancas en sus costados. Originario de la cordillera andina.

GUAM. Isla mayor y más meridional del archipiélago de las Marianas, en el Pacífico occidental. Es un territorio dependiente de los Estados Unidos. La zona norte de la isla es una meseta de sedimentos coralinos y la zona sur presenta elevaciones volcánicas. Clima tropical. Cap. Agaña. 541 km^2. 156.000 hab. (1997).
Marianas, islas 9:367b; Micronesia 10:152a.

GUAMO. Árbol de la familia de las leguminosas (*Inga laurina*). Dicotiledónea. Hojas compuestas y flores blancas. Su fruto es la guama, una legumbre comestible.

GUAMÚCHIL. V. **Guamo.**

GUANABACOA. Ciudad de Cuba, suburbio de la Habana. Edificios coloniales. Fuentes medicinales. Industrias. 89.741 hab. (1981).

GUANÁBANO. Árbol de la familia de las anonáceas (*Anona muricata*). Dicotiledónea. Flor amarilla y fruto carnoso, de pulpa blanquecina y dulce, comestible.

GUANABARA, BAHÍA DE. Entrante del océano Atlántico en Brasil. La ciudad de Río de Janeiro se encuentra en su orilla sudoccidental y Niterói en la sudoriental. 31 km de longitud y 30 km de anchura. Flanqueada por el pico do Pagaio y el fuerte Santa Cruz al este, el Pan de Azúcar y la fortaleza de São João al oeste.
Río de Janeiro 12:378b.

GUANABÁ ROJO. Ave de la familia de los ardeidos (*Nyctanassa violacea*). Pico recto, comprimido lateralmente, y alas anchas. Hábitos nocturnos. Originaria de América del norte y central.

GUANACASTE. Provincia de Costa Rica a orillas del océano Pacífico, limitada al norte por Nicaragua. Ocupa la quinta parte del territorio nacional. Carretera panamericana. Ganadería, escasa agricultura. Cap. Liberia. 10.141 km^2. 266.198 hab. (1996).
Costa Rica 4:410a.

GUANACASTE, CORDILLERA DE. Sistema montañoso del noroeste de Costa Rica. Se extiende hacia el sudeste a lo largo de 113 km. Su punto culminante es el volcán Miravalles (2.020 m). Vegetación tropical.

GUANACASTE, LLANOS DE. Zona de Costa Rica, en la prov. de Guanacaste, entre la cordillera del mismo nombre y el golfo de Nicoya. Bañada por los ríos Sapoá, Las Piedras, Morote, Las Cañas y Tempisque, entre otros. Suelo montañoso con volcanes (Orosí, Rincón de la Vieja y Miravalles). Minas de oro, plomo y cobre. Produce café, cacao y otros productos tropicales. Abundantes bosques.

GUANACO. Mamífero artiodáctilo de la familia de los camélidos (*Lama guanicoe*).
7:247b; *ilustración* 7:247b.

GUANAHACABIBES, PENÍNSULA DE. Territorio del extremo occidental de la isla de Cuba, en la prov. de Pinar del Río. Una de las zonas menos pobladas de Cuba. Su suelo está formado en su mayoría por calizas pleistocénicas, con vegetación de arbustos.

GUANAHANÍ, ISLA. V. **Watling, isla.**

GUANAHATABEYES. Rama de los indios ciboneyes que habitaba en la parte occidental de Cuba antes de la llegada de los españoles. También conocido como guanahacabibes. Su cultura era muy primitiva; apenas habían superado el tallado de la piedra.

GUANAJAY. Municipio cubano de la prov. de la Habana. Situado entre las estribaciones de la sierra del Jobo y la sierra de Anafe, está atravesado por el río Capellanías. Caña de azúcar, tabaco, ganadería.

GUANAJUATO (CIUDAD). Capital del est. mexicano del mismo nombre. Fundada en 1554. Extraordinario ejemplo de ciudad colonial, posee edificios de los siglos XVII y XVIII. Universidad, aeropuerto. Minas de plata y oro; explotación forestal; agricultura y ganadería; importante centro turístico. 73.108 hab. (1990; municipio).
Guanajuato 7:248b.

GUANAJUATO (ESTADO). Estado de México situado en la meseta interior. Cap. Guanajuato. 30.491 km^2. 4.648.069 hab. (1999).
7:248a; León (México) 9:116b; México 10:123b; Nueva España, Virreinato de la 11:35b; *ilustraciones* 7:248a-b.

GUANAJUATOÍTA. Mineral natural compuesto por selenisulfuro de bismuto. Cristales aciculares. Hallado en México, de uno de cuyos estados toma su nombre (Guanajuato).

GUANARE. Ciudad de Venezuela, cap. del est. Portuguesa. Fundada en 1593 por Juan Fernández de León. Aeropuerto. Centro de peregrinación a la basílica de la Virgen de Coromoto, patrona de Venezuela. Agricultura. 112.000 hab. (2000).

GUANARE, RÍO. Curso fluvial de Venezuela. Nace en la cordillera de Mérida, atraviesa los est. Barina y Portuguesa, en Los Llanos occidentales, y desemboca en la orilla derecha del río Apure, afluente del Orinoco. Su curso es de 400 km.

GUANCHES. Pueblo prehispánico de las islas Canarias compuesto por tribus emigrantes de diferentes grupos raciales (cromañoides, protoberéberes, negroides, etc.). Los que sobrevivieron a la conquista fueron absorbidos por la población española. Economía agrícola y ganadera. Organización social basada en la familia monógama patriarcal.

GUAN CORNUDO. Ave galliforme de la familia de los crácidos (*Oreophasis derbianus*). Plumaje negro con reflejos azulados. Prominencia ósea en la parte superior de la cabeza. Originario de las zonas montañosas de América central.

GUANDÚ. Planta arbustiva de la familia de las papilionáceas (*Cajanus indicus*). Altura aproximada de dos metros, hoja perenne lanceolada de envés blanquecino y flores amarillas. Fruto en vaina con semilla leguminosa comestible. Vive en las regiones tropicales de América.

GUANE. Población cubana que pertenece a la prov. de Pinar del Río. Fue fundada en 1600 a orillas del río Cuyaguateje. Tabaco, hortalizas, apicultura.

GUANERAS, AVES. Animales marinos que se alimentan principalmente de pescados y cuya acumulación de excrementos, juntamente con otros restos de animales, como plumas y huesos, da lugar a una materia de olor picante característico y color pardo más o menos oscuro, conocido como guano, que se emplea como abono. Viven generalmente en la costa occidental de América del sur.

GUANGDONG. Provincia de China en el sur del país, a orillas del mar de la China meridional; incluye la isla de Hainan. En su extremo oeste se encuentran Hong Kong, colonia británica, y Macao, territorio portugués. Cap. Cantón (Guangzhou). 197.100 km^2. 68.680.000 hab. (1996).
Cantón 3:351a.

GUANGXI. Región autónoma de China, en el sur del país. Limitada al sudoeste por Vietnam y el golfo de Tonkín. Zona montañosa, monzónica. Agricultura. Productos forestales. Cap. Nanning. 220.400 km^2. 45.430.000 hab. (1996).

GUANGZHOU. V. **Cantón.**

GUANIGUANICO, CORDILLERA DE. Sistema montañoso de la parte occidental de Cuba que recorre de este a oeste las prov. de la Habana y Pinar del Río. Está formada por las sierras de los Órganos, el Rosario, el Infierno y otras menores.

GUANÍLICO, ÁCIDO. Sustancia orgánica perteneciente al grupo de ácidos nucleínicos. Producto de la desintegración del ácido nucleínico de la levadura. Compuesta por ácido fosfórico, ribosa y guanina enlazados. Presente como nucleótido, estimula la formación en el organismo de leucocitos de la serie mieloide.

GUANINA. Base cristalina resultante de la descomposición de la nucleína. Presente en el guano y diversos tejidos animales.
Nucleicos, ácidos 11:30b.

GUANIPA, RÍO. Curso fluvial de Venezuela. Nace en la mesa de Guanipa, atraviesa los est. Anzoátegui y Monagas, en Los Llanos occidentales, y desemboca en el océano Atlántico, en el golfo de Paria. Su curso es de 340 km.

GUANO. Abono natural formado por la acumulación de los excrementos y restos de aves marinas. Los más importantes yacimientos se encuentran en las costas sudamericanas del Pacífico.
Abono 1:12b.

GUANTÁNAMO (CIUDAD). Capital de la prov. cubana del mismo nombre. Aeropuerto. Refinerías de azúcar, destilerías, sal. 207.796 hab. (1994).
Guantánamo 7:249a.

GUANTÁNAMO (PROVINCIA). División administrativa de Cuba, a orillas del océano Atlántico. Cap. Guantánamo. 6.186 km^2. 499.182 hab. (1990).
7:249a; Cuba 5:52a; *ilustración* 7:249b.

GUANTE ELECTRÓNICO. Dispositivo periférico de entrada de un sistema de realidad virtual. Consiste en un guante que contiene múltiples sensores cuya finalidad es convertir los movimientos de la mano en impulsos electrónicos digitales comprensibles por los sistemas informáticos.

GUAÑAPE. Cultura precolombina del Perú, correspondiente al horizonte formativo de la zona costera. Se desarrolló entre el año 1250 y el 850 a.C., y sus restos arqueológicos más característicos son un tipo de cerámica roja o negra y sin decorar, tejidos, útiles de hueso y piedra y tumbas con ofrendas. Incorporó el cultivo del maíz.

GUAÑIL. Planta arbustiva de la familia de las compuestas (*Proustia bacharoides*). Hojas lanceoladas y flores en panoja. Originaria de América del sur.

GUAPORÉ, RÍO. Curso fluvial de Brasil y Bolivia, cuya frontera forma durante más de 1.000 km. Desemboca en el río Mamoré tras recorrer 1.749 km.
7:249b; Mamoré, río 9:318b.

GUAQUI, BATALLA DE. Combate librado en Guaqui (o Huaqui), Bolivia, durante la guerra de la independencia del río de la Plata, entre las fuerzas realistas de José Manuel de Goyeneche y las revolucionarias de Juan José Castelli. Estas últimas fueron derrotadas, con lo que el Alto Perú quedó separado del proceso independentista rioplatense.

GUARA, SIERRA DE. Sistema montañoso de España, en la prov. de Huesca. Estribación de los Pirineos, es de formación calcárea y alcanza su máxima altitud en el Tozal de la Guara (2.077 m).

GUARANÁ. Planta de la familia de las sapindáceas y del género *Paullinia*. Dicotiledónea. Sus semillas contienen cafeína y con ellas se preparan una infusión y una pasta estimulantes.

GUARANDA. Ciudad del Ecuador, cap. de la prov. de Bolívar, al sudoeste del monte Chimborazo. Centro agrícola. Curtiduría. 67.646 hab. (1997).

GUARANÍ. Unidad monetaria de Paraguay dividida en cien céntimos.

GUARANÍ, LENGUA. Lengua amerindia prehispánica, llamada también tupí-guaraní, hablada hoy en Paraguay y regiones limítrofes, especialmente en la provincia argentina de Corrientes. Este idioma, cooficial con el español en Paraguay, cuenta con un rico repertorio de teatro popular, canciones y relatos.

GUARANÍES. Pueblo amerindio de lengua tupí que habitaba en el este de Paraguay y las zonas adyacentes de Brasil y la Argentina, al sur del Amazonas. Sus descendientes se extienden por algunas zonas de Paraguay y Brasil. Eran agricultores y practicaban una religión animista de la que formaba parte la antropofagia ritual.
Amerindios, pueblos 1:301a; Paraguay 11:271a.

GUARANTINGUETÁ. Ciudad de Brasil en el est. de São Paulo, a orillas del río Paraíba do Sul, al pie de la Serra da Mantiqueira. Textiles, explosivos, jabones. Productos alimenticios. Ferrocarril y autopista a São Paulo y Río de Janeiro. Aeropuerto. 92.107 hab. (1996).

GUARDA. Distrito de Portugal. Serra da Estrela. Minería; viñedos; ganado lanar. Regado por los ríos Duero, Mondego y Côa. Cap. Guarda. 5.540 km^2. 185.400 hab. (1993).

GUARDACOSTAS. Barco de pequeño tonelaje destinado a la vigilancia del litoral, auxilio de embarcaciones o náufragos, control de la pesca o persecución del contrabando.

GUARDAFUÍ, CABO. Saliente de la costa de la república de Somalia, a la entrada del golfo de Adén. Es el más oriental de África.

GUARDERÍA INFANTIL. Centro donde se atiende a niños de edad preescolar y cuyos padres no pueden asistirlos debidamente. Cumple un doble objetivo: asistencial y de desarrollo social, físico y psicológico del niño.

GUARDI, FRANCESCO (1712-1793). Pintor italiano. Figura destacada del paisajismo veneciano de estilo rococó.
7:250a; *ilustración* 7:250a.

GUARDIA, ERNESTO DE LA (1904-1983). Político panameño. Accedió a la presidencia de la república en 1956, con el apoyo de la Coalición Patriótica Nacional. Sofocó una sublevación y se mantuvo en el cargo hasta 1960. Fue presidente de la Academia Panameña de la Lengua.
Panamá 11:244a.

GUARDIA, RICARDO ADOLFO DE LA (1898-1969). Político panameño. Periodista de profesión, desempeñó diversos cargos públicos. Elegido presidente provisional de la república en 1941, declaró la guerra al régimen nacionalsocialista alemán a instancias de los Estados Unidos.

GUARDIA, TOMÁS (1832-1882). Militar y político costarricense. Presidente de la república en dos ocasiones.
7:250b; Costa Rica 4:414b.

GUARDIAS ROJOS. Grupos de estudiantes chinos integrados en 1966 en organizaciones paramilitares como parte de la revolución cultural. En dicho año acudieron a Pekín para entrevistarse con Mao Zedong varios millones de militantes. El movimiento empezó a declinar a finales de 1967.

GUARDIA SUIZA. Cuerpo de vigilancia de los Estados Pontificios. Compuesto en sus orígenes por mercenarios (principios del siglo XIX), se oponía a la guardia noble, integrada por aristócratas que prestaban el servicio voluntariamente.

GUARDIOLA, SANTOS (h. 1812-1862). Militar y político hondureño. Mandó los ejércitos de su país y de El Salvador contra Nicaragua. Presidente de la república en 1856 y reelegido en 1860, fue asesinado por su propia guardia.

GUARDO. Población española que pertenece a la prov. de Palencia, comunidad autónoma de Castilla y León. Cereales, productos hortícolas; ganadería; minas de antracita; industria alimentaria. 9.823 hab. (1986).

GUARENAS. Municipio venezolano perteneciente al est. Miranda. Se encuentra en una altura rodeada por la quebrada de Guarenas y el río Currupas, que forman al unirse el río Guarenas. Maíz, café, caña de azúcar, refinerías.

GUÁRICO. Estado de Venezuela limitado al sur por el río Orinoco. Regadíos. Arrozales, algodón, café, tabaco; ganadería; explotaciones petrolíferas. Cap. San Juan de los Morros. 64.986 km^2. 585.418 hab. (1995).
Venezuela 14:260b.

GUÁRICO, RÍO. Curso fluvial de Venezuela. Nace en la sierra del Interior, atraviesa los est. Carabobo, Aragua y Guárico, en Los Llanos centrales, recibe como afluentes al Paya y al Orituco y desemboca en la orilla izquierda del río Apure. Cuenta con un importante embalse, cerca de la ciudad de Calabozo. Su curso es de 362 km.

GUARIMÁN. Planta arbórea de la familia de las magnoliáceas (*Cryptocarpa canelilla*). Tronco ramoso de hasta ocho metros de altura, hojas lanceoladas persistentes y flores blancas en corimbos terminales. Fruto en baya. Originaria de América. Su corteza, de olor y sabor aromáticos semejantes a los de la canela, se emplea en medicina y como condimento.

GUARINI, GIOVANNI BATTISTA (1538-1612). Poeta italiano. Fue profesor de literatura en Ferrara y desempeñó diversas legaciones y cargos en distintas cortes. Su drama pastoril *El pastor Fido* (1582), prescindió de las normas aristotélicas y supuso una revolución estética. *Rimas* (1598), *Tratado sobre la libertad* (1599-1600).

GUARINI, GUARINO (1624-1683). Arquitecto, filósofo y matemático italiano. Monje teatino, sus construcciones, dentro del estilo barroco, mantenían un sentimiento dramático, un gusto por los elementos estructurales decorativos y por las intersecciones de espacios circulares y elípticos. Iglesia de San Lorenzo, Turín (1668-1687).

GUARNERI, FAMILIA. Constructores italianos de violines. En sus talleres de Cremona, creados por Andrea (h. 1626-1698), que trabajó con Antonio Stradivarius, laboraron sus hijos y sobrinos. El más famoso fue Giuseppe, llamado del Gesù (1687-1745), que era sobrino del fundador.

GUARNIERI, CAMARGO (1907-1993). Compositor brasileño. Sus trabajos reflejaron a menudo la música folclórica de su región. Escribió obras pianísticas (*Tocata, Ponteios*) y ópera (*Malasarte*, con libreto de Mario de Andrade).

GUARRAZAR, TESORO DE. Conjunto de objetos de orfebrería visigótica, formado por doce coronas y ocho cruces, encontrado en 1859-1861 en la Fuente de Guarrazar (Guadamur, Toledo). Actualmente se encuentran en el Museo Arqueológico Nacional de Madrid. La pieza más valiosa es la corona del rey Recesvinto.

GUARULHOS. Ciudad de Brasil en el est. de São Paulo, a orillas del río Tietê. Forma parte del área metropolitana de la ciudad de São Paulo, capital del estado. Aeropuerto. Centro industrial y agrícola. 953.210 hab. (1996).

GUAS, JUAN (m. en 1496). Arquitecto español de origen francés. Alumno y colaborador de su padre, Pedro Guas, realizó, entre otras obras, una portada para la catedral de Ávila (1461-1463), el claustro de la catedral de Segovia (1472), el palacio del Infantado de Guadalajara (1480-1483), la capilla de San Gregorio en Valladolid (1488) y, su obra principal, la iglesia de San Juan de los Reyes, en Toledo (1494). Representante del estilo isabelino.

GUASAVE. Municipio de México en el est. de Sinaloa. Cereales, algodón, ganado, pesca. 221.139 hab. (1997).

GUASTALLA. Ciudad italiana de la prov. de Reggio nell'Emilia en la reg. de Emilia-Romaña. A finales de la edad media y comienzo de la moderna dio nombre a un ducado y fue un destacado centro cultural. Catedral, palacio de los Gonzaga y estatua de Ferrante I Gonzaga. Mercado de cereales e industria manufacturera. 13.442 hab. (1984).

GUASTAVINO, RAFAEL (1845-1908). Arquitecto español. Realizó varios edificios en Barcelona. Emigró a los Estados Unidos y se estableció en Boston. Realizó la Biblioteca Pública de Boston, el hospital de San Lucas en Nueva York y el general de Buffalo.

GUATEMALA (DEPARTAMENTO DE). División administrativa de Guatemala en el centro-sur del país. Cap. Guatemala. 2.126 km^2. 2.246.170 hab. (1995).
7:258b.

GUATEMALA (PAÍS). Nación de América central, a orillas del océano Pacífico. Cap. Guatemala. 108.889 km^2. 11.385.000 hab. (2000).
7:250b; América 1:271a; Amerindios, pueblos 1:296b; Centroamérica, Provincias Unidas de 4:78b; Guatemala, ciudad de 7:258a; Honduras 8:56a; Independencia de Hispanoamérica 8:147a; Maya, cultura 10:3a; Petén 11:377a; Ti-

kal 14:62b; *mapa* 7:251b; *cuadros* 7:251a; 7:252a; 7:253a; 7:255; *ilustraciones* 7:252a; 7:253b; 7:254a; 7:255b; 7:256a; 7:257b.

GUATEMALA, CIUDAD DE. Capital de Guatemala y del dep. homónimo. 1.057.210 hab. (1989).
7:258a; Guatemala 7:252b; Guatemala, departamento de 7:258b; *ilustración* 7:258a.

GUATIMOZÍN. V. **Cuauhtémoc.**

GUAVIARE, RÍO. Afluente del Orinoco. Nace en la cordillera Oriental de los Andes y recibe el nombre de Guayabero en su curso alto. Fluye por el centro y el este de Colombia y desemboca en la orilla izquierda del Orinoco frente a San Fernando de Atabapo, Venezuela. Sus frecuentes rápidos dificultan la navegación. Su curso es de 1.500 km.

GUAVIARE, SAN JOSÉ DEL. Ciudad de Colombia, cap. del departamento de Guaviare, a orillas del río homónimo. Aeropuerto. 38.415 hab. (1993).

GUAYABERA. Camisa larga con bolsillos y alforzas verticales usada fuera del pantalón por los campesinos de la zona de Sancti Spíritus, de donde se extendió al resto de Cuba y a otros países, como México y Centroamérica.

GUAYABO. Planta de porte arbustivo o arbóreo de la familia de las mirtáceas (*Psidium guayaba*).
7:259b; *ilustración* 7:259b.

GUAYABOS, BATALLA DE. Combate librado entre las tropas del independentista uruguayo José Gervasio Artigas y las bonaerenses de Manuel Dorrego junto al arroyo de Guayabos, en la provincia de Entre Ríos, Argentina, entre el 9 y el 10 de enero de 1815. La victoria de Artigas supuso el final de la presencia de las fuerzas bonaerenses en la Banda Oriental.

GUAYACÁN. Nombre de diferentes plantas de la familia de las cigofiláceas y perteneciente al género *Guajacum*. Dicotiledónea. De porte arbustivo o arbóreo, hojas ovaladas y flores blancas. Se denomina también guayaco y se utiliza por su madera.

GUAYAMA. Municipio de Puerto Rico. Caña de azúcar, tabaco, café; refinerías de azúcar, destilerías. 168 km². 41.588 hab. (1990).

GUAYANÁ. Pueblo amerindio establecido en la zona que se extiende desde la provincia argentina de Misiones hasta el alto Paraná, en Brasil. Pertenece a la familia ge, y su lengua es el guaraní. También denominado goayaná.

GUAYANA, CIUDAD. Localidad de Venezuela en el est. Bolívar, en la confluencia de los ríos Orinoco y Caroní. Fundada en 1595 por Antonio de Berrío, agrupa desde 1961 diversos puertos fluviales y localidades de la zona minera. Centro industrial y comercial de rápido crecimiento. 704.168 hab. (2000).
Bolívar, estado 3:86b; Venezuela 14:261b; Orinoco, río 11:151b.

GUAYANA BRITÁNICA. V. **Guyana.**

GUAYANA FRANCESA. Departamento ultramarino de Francia en la costa nordeste de América del sur. Cap. Cayena. 86.504 km². 152.000 hab. (1997).
7:259b; Guayanas, macizo de las 7:261a; *ilustraciones* 7:259b; 7:260a.

GUAYANA HOLANDESA. V. **Suriname.**

GUAYANA VENEZOLANA. Sector sudoriental de Venezuela, en el est. de Bolívar. Incluye el territorio de Amazonas y parte del territorio de Delta Amacuro. 415.000 km².

GUAYANAS, CORRIENTE DE LAS. Corriente marina que bordea las costas sudamericanas y se introduce en el Caribe, hasta enlazar con la corriente del Golfo.
Caribe, mar 3:389a.

GUAYANAS, MACIZO DE LAS. Región del nordeste de América del sur que comprende los países independientes de Guyana y Suriname y el dep. de la Guayana Francesa.
7:260b; Amazonas, río 1:263b; Brasil 3:148a; Orinoco, río 11:151a; Venezuela 14:258b; *ilustración* 7:261a.

GUAYANILLA. Municipio de Puerto Rico a orillas de la bahía de Guayanila en el mar Caribe. 21.581 hab. (1990).

GUAYAQUIL. Ciudad y puerto del Ecuador, a orillas del río Guayas. 1.973.880 hab. (1997).
7:261b; Ecuador 5:287a; Guayas 7:262a; Quito 12:234a; San Martín, José de 13:133a; *ilustraciones* 7:261b; 7:262a.

GUAYAQUIL, ENTREVISTA DE. Encuentro celebrado en la ciudad ecuatoriana de Guayaquil los días 26 y 27 de julio de 1822 entre José de San Martín y Simón Bolívar, en el que se decidió que dicha ciudad permaneciera unida a la Gran Colombia y que Bolívar se encargara de la campaña del Perú.
San Martín, José de 13:133a.

GUAYAQUIL, GOLFO DE. Entrante del océano Pacífico en Sudamérica, delimitado en su extremo septentrional por la puerta de Santa Elena (Ecuador) y en el meridional por el cabo Blanco (Perú). Perteneciente en su mayor parte al Ecuador, su entrada mide aproximadamente 250 km. Costas generalmente altas y escarpadas.

GUAYAS. Provincia del Ecuador a orillas del océano Pacífico, en el golfo de Guayaquil. Cap. Guayaquil. 20.503 km². 3.201.672 hab. (1997).
7:262a; Guayaquil 7:261b; *ilustración* 7:262b.

GUAYAS, DEPRESIÓN DEL. Llanura aluvial del Ecuador. Es una antigua bahía cegada por los arrastres de numerosos ríos pertenecientes a la cuenca del Guayas y que bajan desde los Andes. Muy fértil, produce cacao y frutas tropicales. La principal ciudad es Guayaquil.

GUAYAS, RÍO. Curso fluvial del Ecuador. Nace de la confluencia de los ríos Babahoyo y Daule cerca de la ciudad de Guayaquil. Riega una de las regiones más fértiles del país y desemboca en el golfo de Guayaquil.
Ecuador 5:287b; Guayas 7:262b.

GUAYASAMÍN, OSWALDO (1919-1999). Pintor ecuatoriano. Figura destacada del expresionismo de temática indígena.
7:263a; Ecuador 5:295b; *ilustración* 7:263b.

GUAYLLABAMBA, RÍO. Curso fluvial del Ecuador que, al unirse con el Blanco, forma el Esmeraldas. Nace en la cordillera Occidental y forma la hoya de Guayllabamba, en la que se encuentran la ciudad de Quito y otros importantes núcleos de población. Su curso es de 200 km.

GUAYMAS. Ciudad y puerto de México, est. de Sonora, a orillas del golfo de California. Aeropuerto. Pesca deportiva. Pesquerías, agricultura y ganadería. Cuna de Plutarco Elías Calles. 123.438 hab. (1997; municipio).

GUAYNABO. Municipio de Puerto Rico perteneciente al área metropolitana de San Juan, la capital. Centro comercial. Fruticultura. 92.886 hab. (1990).

GUAYUBÍN. Municipio de la República Dominicana, en la prov. de Monte Cristi. La parte septentrional es de relieve montañoso; la meridional está bañada por el río Yaque del Norte. Tabaco, cacao, café.

GUAYULE. Planta arbustiva de la familia de las compuestas (*Parthenium argentatum*). Dicotiledónea. Originaria del norte de México y del sudoeste de los Estados Unidos, de sus raíces y tallos se extrae una especie de caucho.
Caucho 4:51a.

GUAZUBIRÁ. Venado salvaje de la familia de los cérvidos (*Mazama simplicicornis*). Color variable, en general canela oscuro. Originario de América del sur.

GUBBIO. Ciudad italiana de la prov. de Perugia, en la reg. de Umbria. Ruinas romanas, catedral gótica y palacio ducal del siglo XV. Festivales medievales. Cereales, olivos, tabaco; industria de cerámica. 31.986 hab. (1981).

GUBIA. Herramienta de cincelado que está formada por una especie de formón delgado y con forma de mediacaña. Se utiliza en trabajos realizados sobre materiales no duros (madera, hueso, etc.) para labrar las superficies curvas.
Carpintería y ebanistería 3:411b; Herramienta 7:382b.

GUDEA (h. 2150 a.C.). Gobernador (*ensi*) de la ciudad mesopotámica de Lagash. Bajo su gobierno la ciudad conoció una época de prosperidad y esplendor cultural.
Mesopotánico, arte 10:87a; Sumer 13:362b.

GUDEA, ARTE DE. Obras artísticas producidas entre la primera y tercera dinastías de Ur (Sumer, Mesopotamia) hacia el siglo XXII a.C. Son características de la edad de oro del arte sumerio. Las distintas representaciones del *ensi* Gudea de Lagash, de sus descendientes y príncipes, en estatuas exentas y relieves, forman lo más destacado de este arte.

GUDERIAN, HEINZ (1888-1954). Militar alemán. Experto tanquista, fue el artífice de la *blitzkrieg* o guerra relámpago. Nombrado jefe de estado mayor por Adolf Hitler tras el atentado sufrido por éste en 1944, las interferencias del *Führer* lo obligaron a dimitir pocos meses más tarde.

GUDIÑO KRAMER, LUIS (n. en 1898). Poeta y narrador argentino. Publicó sus relatos en diversos periódicos, en los que se distinguió por su agilidad narrativa y su penetración en los caracteres. *Aquerenciada soledad* (1940), *Sin destino aparente* (1959), *La creciente y otros cuentos* (1966).

GUDMUNDSSON, KRISTMANN (1901-1983). Escritor islandés. Autor de novelas, poemas y cuentos cuyo tema principal fue el del amor en la pareja. Usó en sus obras el islandés y el noruego. *La diosa y el toro* (1938), *Poemas de Kristmann* (1955), *Aventuras en el espacio* (1959).

GUDMUNDSSON, TÓMAS (1901-1983). Poeta islandés. Estudió derecho y trabajó en el instituto de estadística de su país. Su poesía se caracterizó por su atención hacia el mundo urbano y por la exaltación imaginativa y las visiones oníricas. *A orillas de azules estrechos* (1924), *Hermosa tierra* (1933), *La orilla santa* (1950).

GUDRUN (LEYENDA). Heroína de diversas leyendas nórdicas. Era hija de Grimilda, reina de los burgundios. Esta última administró una pócima a Sigfrido para que se enamorara de Gudrun, con quien se casó, abandonando a Brunilda. Gudrun reveló a Brunilda un nuevo engaño de Sigfrido y ésta, despechada, lo hizo matar.

GUDRUN (LITERATURA). Saga germánica del siglo XIII. Canta las gestas de Hagen, príncipe de Irlanda; el casamiento del rey de los frisones, Hetel, con la hija de Hagen; y el rapto de Gudrun, hija de Hetel.

GUECHO. Población española de la prov. de Vizcaya, comunidad autónoma del País Vasco. En la orilla derecha del río Nervión, es una de las zonas residenciales de Bilbao. 82.196 hab. (1996).

GUEILER, LIDIA (n. en 1921). Política boliviana. Perteneció al Movimiento Nacionalista Revolucionario de Víctor Paz Estenssoro. Tras el golpe de estado de 1979 accedió a la presidencia de la república. Depuesta en 1980 por el general Luis García Meza, tuvo que exiliarse.

GUELBENZU, JOSÉ MARÍA (n. en 1944). Escritor español. Aunque en sus inicios se interesó por los elementos innovadores de la técnica narrativa, su obra adoptó luego un tono más convencional. *El mercurio* (1968), *El pasajero de ultramar* (1976), *El río de la luna* (1981), *El sentimiento* (1995).

GÜELDRES. Provincia de los Países Bajos, en el este y centro del país. Comprende una rica comarca agrícola entre los ríos Rin y Mosa. El principal centro agrícola es Tiel; los núcleos industriales son Nimega, Apeldoorn y Zutphen. Cap. Arnhem. 4.995 km²; 1.876.300 hab. (1996).

GÜELFOS Y GIBELINOS. Facciones rivales italianas medievales, simpatizantes del papado los primeros, y del Sacro Imperio Romano los segundos.
7:263b; Milán 10:163b.

GUEMARÁ. Libro que contiene los comentarios sobre diversos asuntos teológicos de la religión judaica. Existen dos comentarios o *Guemará*: los realizados por las escuelas rabínicas de Jerusalén y Babilonia. El segundo de ellos es el más extenso y el más profundo, y por ello también el considerado como fundamental. En ocasiones se emplea el término *Talmud* como su sinónimo.
Talmud 13:390b.

GÜEMES, MARTÍN (1785-1821). Patriota argentino. Desde 1810 defendió la causa de la independencia argentina. Fue gobernador de Salta (1815-1820) y organizó las guerrillas del noroeste de la Argentina en la denominada guerra gaucha. Murió combatiendo contra los españoles.
Salta 13:100b.

GÜEMES DE HORCASITAS, JUAN FRANCISCO (1682-1768). Administrador español. Capitán general de Cuba y virrey de la Nueva España, creó la Compañía de Comercio de la capital cubana. Fue primer conde de Revillagigedo.
Nueva España, Virreinato de la 11:35a.

GÜEMES PACHECO, JUAN VICENTE DE (1740-1799). Administrador español. Nombrado virrey de la Nueva España en 1789, fue propulsor de la red viaria, el correo, la enseñanza, e introductor del cultivo de plantas textiles. Segundo conde de Revillagigedo.
Nueva España, Virreinato de la 11:35a.

GUEPARDO. Mamífero carnívoro de la familia de los félidos (*Acinonyx jubatus*). Con unos dos metros de longitud, presenta piel leonada con manchas negras. Es el más veloz de los mamíferos (hasta 110 km/h). Se encuentra en Asia central y en el continente africano. Es fácilmente domesticable y se aprecia mucho su piel. También llamado chita.
Predación 12:124a; *ilustración* 12:124a.

GUERCINO, IL (1591-1666). Giovanni Francesco Barbieri, pintor italiano. Maestro del claroscuro, su obra acusó la influencia de Lodovico Carracci y de Caravaggio. «La aurora» (1621), «Santa Petronila» (1623).

GUERICKE, OTTO VON (1602-1686). Filósofo y físico alemán, notable por sus estudios sobre la presión atmosférica. Inventó una bomba de vacío con la que efectuó el célebre experimento de los hemisferios de Magdeburgo (que no podían separarse). Predijo la periodicidad del retorno de los cometas.
Presión atmosférica 12:132b; Vacío 14:218b.

GUÉRIN, CAMILLE (1872-1961). Microbiólogo francés. Descubrió en 1921, junto con Albert Calmette, la vacuna de la tuberculosis (BCG). Trabajó en el Instituto Pasteur, de Lille, desde 1897 y obtuvo un premio de la Academia de Ciencias.

GUERNICA (PINTURA). Obra pictórica del artista español Pablo Picasso. Denuncia de los bombardeos efectuados sobre la villa española de Guernica durante la guerra civil, fue realizada en 1937 para representar al gobierno republicano en la Exposición Internacional de París. Se conserva en el Museo del Prado de Madrid.
Picasso, Pablo 11:391a; *ilustración* 11:390.

GUERNICA, BOMBARDEO DE. Acción bélica durante la guerra civil española. La legión Cóndor, enviada por Adolf Hitler en apoyo del ejército del general Franco, bombardeó la villa de Guernica, solar sagrado de los vascos, en abril de 1937, destruyéndola casi por completo. El hecho fue inmortalizado en la pintura «Guernica», de Pablo Picasso.
Bombardero 3:103b.

GUERNICA Y LUNO. Población española de la prov. de Vizcaya, comunidad autónoma del País Vasco. También llamada Gernika. Fundada en el siglo XIV por el conde don Tello, constituye el centro histórico-político del nacionalismo vasco. Casa de Juntas, símbolo de los derechos tradicionales vascos, junto al «árbol de Guernica». Sometida a un devastador bombardeo en 1937. Cerales, hortalizas, industrias diversas. 16.042 hab. (1991).

GUERNSEY. Isla del canal de la Mancha, la segunda en extensión, situada a 48 km al oeste de Normandía, Francia. De forma aproximadamente triangular, cubre una superficie de 62 km². Constituye una dependencia de la corona británica.

GUERRA. Estado de lucha armada entre naciones o pueblos.
7:264a; Clausewitz, Carl von 4:226a; Estrategia y táctica militares 6:165b; Guerrilla 7:279b; Infantería 8:191b; Ley marcial 9:136b; Logística 9:205b; Marina de guerra 9:370b; Piratería 12:2a; Política 12:61a; *ilustraciones* 7:264; 7:265b; 7:266a; 7:267b; 7:268a; 7:269b.

GUERRA, ALFONSO (n. en 1940). Político español, encabezó con Felipe González el círculo sevillano que, en 1970, desbancó a R. Llopis de la jefatura del entonces clandestino Partido Socialista Obrero Español. Como vicesecretario general del partido (1982) fue el artífice de los triunfos electorales de 1982, 1986 y 1990. Vicepresidente del gobierno desde 1982, renunció en 1991 a consecuencia del escándalo que propició el enriquecimiento ilícito de su hermano Juan.

GUERRA, JUAN LUIS (n. en 1957). Compositor y cantante dominicano. Destacó por sus éxitos en la fusión de la música pop y el jazz con los ritmos propios de la tradición caribeña como el merengue y la guaracha. *Bachata Rosa* (1980).
Dominicana, República 5:229a.

GUERRA, RUI (n. en 1931). Cineasta brasileño nacido en Mozambique. Integrante del movimiento del *cinema novo*, es autor de películas polémicas con un amplio reconocimiento internacional. *Las plumas* (1963), *La caída* (1976), *Ópera del malandrín* (1985), *Quarup* (1989).

GUERRA CIVIL ESPAÑOLA. V. **Española, guerra civil.**

GUERRA DE GRANADA, LA. Crónica del escritor español Diego Hurtado de Mendoza, dividida en tres libros y un epílogo. Relata la sublevación de los moriscos en las Alpujarras entre 1568 y 1571, en cuya represión intervino el autor. Se publicó póstumamente en Lisboa en 1627.
Hurtado de Mendoza, Diego 8:108a.

GUERRA DE LAS GALAXIAS. V. **Iniciativa de Defensa Estratégica.**

GUERRA DEL FÚTBOL. Conflicto bélico que enfrentó a los países de Honduras y El Salvador entre los meses de junio y julio de 1969. Los problemas económicos y políticos derivados de la masiva entrada de inmigrantes salvadoreños en Honduras, estallaron a raíz de un partido de fútbol celebrado entre ambos países. La intervención de la Organización de Estados Americanos (OEA) puso fin a los combates.
Salvador, El 13:108b; Sánchez Hernández, Fidel 13:118b.

GUERRA DE LOS CIEN AÑOS. V. **Cien años, guerra de los.**

GUERRA DE LOS DIEZ AÑOS. Primera guerra de independencia de Cuba (1868-1878). También llamada «guerra grande».
Agramonte Loynaz, Ignacio 1:103a; Aguilera, Francisco Vicente 1:124b; Cuba 5:54b.

GUERRA DE LOS MUNDOS, LA. Novela del escritor británico, H.G. Wells, publicada en 1897 en el *Pearson's Magazine* y un año después en forma de libro, sobre la llegada de los marcianos a la tierra. Una emisión radiofónica basada en ella, realizada por Orson Welles, provocó pánico en los Estados Unidos en 1938.
Welles, Orson 14:361a.

GUERRA DE LOS SIETE AÑOS. V. **Siete años, guerra de los.**

GUERRA DE SUCESIÓN ESPAÑOLA. V. **Sucesión española, guerra de.**

GUERRA FRÍA. Expresión acuñada para designar el estado de tensión política entre el bloque del sistema capitalista occidental y el bloque comunista de Europa oriental. Se inició poco después de terminada la segunda guerra mundial y terminó en 1991 con la desaparición de la Unión Soviética.
Bombardero 3:104a; Guerra 7:268a; Rusia 13:64b; Stalin 13:317a; Truman, Harry S. 14:139b; Varsovia, Pacto de 14:238b.

GUERRA GRANDE (ARGENTINA-URUGUAY). V. **Grande, guerra.**

GUERRA GRANDE (CUBA). V. **Guerra de los diez años.**

GUERRA JUNQUEIRO, ABÍLIO MANUEL (1850-1923). Escritor portugués. Su poesía abordó temas sociales, filosóficos y religiosos.
7:270b.

GUERRA MUNDIAL, PRIMERA. Conflicto armado que enfrentó, de 1914 a 1918, al imperio austro-húngaro, Alemania y Turquía contra una coalición formada por Francia, el Reino Unido, Rusia, Italia, Japón, los Estados Unidos y otros países.
7:270b; Alemania 1:192a; Alianzas militares 1:228a; Armas químicas y biológicas 2:88b; Austro-húngaro, imperio 2:237a; Aviación militar 2:261b; Balcanes 2:320b; Bélgica 2:394b; Blindados, vehículos 3:71b; Bomba (ARMA) 3:102b; Bombardero 3:103b; Bulgaria 3:222a; Estados Unidos 6:139b; Europa 6:200a; Fortificación 6:351a; Francia 6:392b; Guerra 7:267a; Guillermo II de Alemania 7:283b; Infantería 8:193b; Italia 8:312a; Japón 8:345b; Marina de guerra 9:372a; Palestina 11:230b; Pétain, Philippe 11:377a; Poincaré, Raymond 12:48a; Reino Unido 12:310a; Versalles, tratados de 14:280b; Wilson, Woodrow 14:369a; *mapa* 7:272a; *ilustraciones* 7:271b.

GUERRA MUNDIAL, SEGUNDA. Conflicto armado que enfrentó, de 1939 a 1945, a Alemania, Italia y Japón contra el Reino Unido, Francia, los Estados Unidos, la Unión Soviética y otros países.
7:273a; Alemania 1:192b; Alianzas militares 1:228a; Asilo, derecho de 2:158b; Aviación militar 2:261b; Balcanes 2:320b; Berlín 2:420b; Blindados, vehículos 3:72a; Bomba (ARMA) 3:102a; Bombardero 3:104a; Bucarest 3:207a; Bulgaria 3:222a; Cañón (ARMA) 3:353b; Churchill, Winston 4:170b; Eisenhower, Dwight D. 5:343a; Espionaje y contraespionaje 6:111a; Estados Unidos 6:140a; Europa 6:200a; Fortificación 6:351a; Francia 6:394a; Gaulle, Charles de 7:67a; Guerra 7:267a; Guerrilla 7:280a; Hirohito 8:2a; Hitler, Adolf 8:31a; Infantería 8:193b; Italia 8:312b; Japón 8:346a; Kamikaze 9:2a; Marina de guerra 9:372b; Montgomery, Bernard 10:254a; Naciones Unidas 10:335a; Pétain, Philippe 11:377a; Reino Unido 12:311a; Yalta, Conferencia de 14:378b; Yugoslavia 14:396a; *mapas* 7:273b; 7:274a; *ilustraciones* 7:273b; 7:275a-b; 7:276a-b.

GUERRA RELÁMPAGO. V. **Blitzkrieg.**

GUERRA SÁNCHEZ, RAMIRO (1880-1970). Pedagogo e historiador cubano. Profesor de pedagogía y director de la Escuela Normal, ocupó importantes cargos en la administración y representó a Cuba en conferencias internacionales. *Azúcar y población en las Antillas* (1927), *La educación primaria en el siglo XX* (1955), *Dos heroicos y trágicos episodios en nuestras guerras de la independencia* (1960).

GUERRA Y PAZ. Novela del escritor ruso Liev Tolstói, publicada en 1865-1869. Relata la

vida de la alta sociedad rusa durante las guerras napoleónicas de 1805 a 1814.
Tolstói, Liev 14:77a.

GUERRERO. Estado de México a orillas del océano Pacífico. Puerto de Acapulco. Cap. Chilpancingo. 64.281 km^2. 3.131.946 hab. (2000).
7:277b; Acapulco 1:26a; *ilustración* 7:277b.

GUERRERO, FRANCISCO (1527-1599). Compositor español. Estudió con Cristóbal de Morales. Maestro de capilla de las catedrales de Jaén, Málaga y Sevilla. Autor de motetes, salmos, misas, etc.
Morales, Cristóbal de 10:259a.

GUERRERO, JACINTO (1895-1951). Compositor español. Autor de obras dentro del género musical español de la zarzuela; creaciones con las que obtuvo un gran éxito popular. *Los gavilanes* (1924), *El huésped del sevillano* (1926), *La rosa del azafrán* (1930).
Zarzuela 14:412b.

GUERRERO, LORENZO (n. en 1900). Político nicaragüense. Cirujano de profesión, fue presidente interino de la república de 1966 a 1967, al fallecer el anterior mandatario René Schick.

GUERRERO, MANUEL AMADOR. V. **Amador Guerrero, Manuel.**

GUERRERO, MARÍA (1867-1928). Actriz española. Aprendió arte dramático con el actor francés Coquelin y luego formó junto con su esposo una compañía de gran renombre. Se distinguió por su sinceridad, sobriedad y elegancia. Alcanzó su mayor éxito con la interpretación de *La malquerida,* de Jacinto Benavente.

GUERRERO, VICENTE (1782-1831). Militar y político mexicano. Figura señera de la independencia de su país, acuñó la frase «la patria es primero».
7:278b; Independencia de Hispanoamérica 8:145a; Iturbide, Agustín de 8:324a; México 10:130b; *ilustración* 7:278b.

GUERRERO GALVÁN, JESÚS (1910-1973). Pintor mexicano. Destacado muralista. Reflejó en sus obras escenas cotidianas y personajes infantiles.
7:279a.

GUERRERO Y TORRES, FRANCISCO ANTONIO (m. en 1792). Arquitecto mexicano. Sucesor de Lorenzo Rodríguez, fue el representante del barroco tardío de bases clasicistas en el Virreinato de la Nueva España. Autor de la Capilla del Ponto (1771-1791) y de la iglesia de las monjas de la Enseñanza (1772-1778).

GUERRILLA. Forma de actuación armada que se caracteriza por las acciones discontinuas y sorpresivas, realizadas por pequeños comandos con gran agilidad de movimientos.
7:279b; *ilustración* 7:279b.

GUERRITA (1862-1941). Rafael Guerra Bejarano, matador de toros español. Discípulo de Lagartijo, recibió de manos de éste su alternativa en 1887. Rival de Espartero. Alternó todas las suertes del toreo, dentro de un estilo atrevido y valiente. Se retiró en 1899.

GUESCLIN, BERTRAND DU (1320-1380). Héroe militar francés. Distinguido en la primera parte de la guerra de los cien años (1337-1453), y en la guerra de sucesión en Castilla, España.

GUESDE, JULES (1845-1922). Mathieu Bazile, político francés. Fundador del periódico *L'Égalité* en 1877, creó, junto con Paul Lafargue, el Partido Obrero Socialista Francés (1880). Diputado, criticó la participación de Jean Jaurès en distintos gobiernos de ideología burguesa, pero, pese a ello, ocupó el puesto de ministro de estado entre 1914 y 1916.
Socialismo 13:276a.

GUETARIA. Población española de la prov. de Guipúzcoa, comunidad autónoma del País Vasco. A orillas del mar Cantábrico, fue cuna de Juan Sebastián Elcano. Cereales, frutas; ganadería; pesca. 2.397 hab. (1996).

GUETARIA, BATALLA DE. Enfrentamiento naval acaecido el 22 de agosto de 1638 frente a las costas de la ciudad guipuzcoana de Guetaria. En él la flota francesa derrotó a la española, en el transcurso de los combates que tuvieron lugar tras el sitio de Fuenterrabía.

GUETO. V. **Ghetto.**

GUEUX. «Mendigos», nombre con el que se conoce a los confederados de los Países Bajos que se sublevaron contra el dominio español en 1566. Los insurrectos eran miembros de la nobleza flamenca que habían presentado sus quejas a la gobernadora, Margarita de Parma, en relación con las medidas autoritarias impuestas por la corona española y la limitación de los derechos y libertades tradicionales del país. El duque de Alba se encargó de sofocar la rebelión, que se extendió a la población campesina.

GUEVARA, CARLOS DE (siglo XVI). Explorador español. Viajó en 1536 a Chaco, por el río Paraná, en compañía de Juan de Ayolas.

GUEVARA, ERNESTO «CHE» (1928-1967). Revolucionario argentino, nacionalizado cubano. Se convirtió en símbolo de las luchas guerrilleras en América latina.
7:280b; Castro, Fidel 4:28a; Cuba 5:58a; *ilustraciones* 5:56a; 7:280b.

GUEVARA, FRAY ANTONIO DE (h. 1480-1545). Religioso franciscano y escritor español. Uno de los grandes prosistas del Renacimiento español.
7:281a; Española, literatura 6:90b.

GUEVARA, MIGUEL DE (1585-1640). Religioso agustino mexicano. Autor de *Arte doctrinal y modo general para aprender la lengua matlaltzinga* (1634). Algunos autores le atribuyen el *Soneto a Cristo crucificado,* que otros consideran obra de Santa Teresa, Antonio de Rojas, etc.

GUGGENHEIM, MUSEO. Museo de arte moderno y contemporáneo. Con su emplazamiento principal en Nueva York, en 1997 abrió una nueva sede exterior en la ciudad española de Bilbao, que venía a unirse a las sedes de Venecia, Berlín y Salzburgo. Acoge obras de los más diversos estilos y tendencias del arte del siglo XX. Son célebres por sus innovadores planteamientos arquitectónicos las sedes de Nueva York, obra de Frank Lloyd Wright, y de Bilbao, creación de Frank O. Gehry.

GUGGIARI, JOSÉ PATRICIO (1884-1957). Político paraguayo. Abogado, dirigente del Partido Liberal y presidente de la república en 1928-1932. Durante su mandato se produjeron conflictos fronterizos con Bolivia y en el Chaco.

GUGUCA. Ave cuculiforme de la familia de los musofágidos (*Crinifer zonurus*). Tamaño medio, pico amarillo, larga cola y plumas puntiagudas en el cuello. Color pardo con alas negras. Originaria de África central y oriental.

GUÍA. Pieza de las máquinas empleada para dirigir el movimiento de otra pieza. También, palanca para enganchar el animal a la noria.

GUÍA DE PERPLEJOS. Obra filosófica del pensador judeoespañol Moshé ben Maimón, conocido como Maimónides. Escrita entre 1176 y 1191, fue realizada en lengua árabe. Afrontaba el tema de la identidad entre el saber filosófico y la religión para la explicación de la ciencia.

GUICCIARDINI, FRANCESCO (1483-1540). Historiador italiano. Fue diplomático y estadista de la república de Florencia.
7:281b; Historia 8:25a; Italiana, literatura 8:319a; *ilustración* 7:281b.

GUI DE LUSIGNAN (h. 1129-1194). Rey de Jerusalén (1186-1192). Contrajo matrimonio en 1180 con Sibila, hermana del rey Balduino IV, y pasó a ocupar el trono al morir el hijo del anterior esposo de Sibila, Balduino V. Fue derrotado y hecho prisionero por Saladino. Una vez liberado, fue desposeído del reino por su cuñado Conrado de Montferrato. Gui recibió en compensación el señorío de Chipre.

GUIDO, ALFREDO (1892-1967). Pintor y grabador argentino. Presente en diversas exposiciones internacionales, obtuvo medallas de oro en las de París (1937) y Nueva York (1939). Realizó grabados y litografías de temática costumbrista, y preparó también decorados de teatro e ilustraciones de famosas novelas argentinas.

GUIDO, BEATRIZ (1925-1988). Escritora argentina. Autora de *Piedra libre* (1976), llevada al cine por su marido, el director Leopoldo Torre-Nilsson, y *La invitación* (1979).

GUIDO, JOSÉ MARÍA (1910-1975). Político argentino. Elegido secretario general del Partido Radical en 1954, cuatro años más tarde fue designado para presidir el senado. Al ser destituido Arturo Frondizi en 1962, se hizo cargo de la presidencia de la república durante unos meses.
Onganía, Juan Carlos 11:110a.

GUIDO D'AREZZO. V. **Arezzo, Guido d'.**

GUIDO Y SPANO, CARLOS (1827-1918). Escritor argentino. Fue director del archivo nacional. Poeta de tendencia parnasiana, cultivó también la prosa. *Hojas al viento* (1879), *Ráfagas* (1879), *Ecos lejanos* (1895).

GUIFRED I EL PILÓS. V. **Wifredo el Velloso.**

GUIGNOL. V. **Guiñol y marionetas.**

GÜIJA, LAGO. Lago situado entre Guatemala, dep. de Jutiapa, y El Salvador, dep. de Santa Ana, al que corresponde el 80% de su superficie (45 km^2 en total). 30 km de largo por 10 km de ancho.

GUIJARRO, CULTURA DE INSTRUMENTOS DE. *Pebble culture,* industria lítica prehistórica del paleolítico inferior, propia de los australopitecos. Útiles groseramente tallados (*pebble tools*) al parecer mediante simple golpeo. Extendida por Asia y África.
Piedra, edad de 11:395b.

GUIJOU. Provincia del sudoeste de China. Terreno accidentado, entre la meseta del Tíbet y las zonas montañosas de Hunan y Guangxi. Agricultura, explotación forestal; recursos minerales. Cap. Guiyang. 174.000 km^2. 35.080.000 hab. (1996).

GUILARTE, EUSEBIO (1799-1849). Militar y político boliviano. Luchó al lado de Bolívar y lo representó en Brasil. Presidente de la república en 1847, abandonó el cargo a los pocos días y huyó al Perú. Murió asesinado por sus tropas cuando intentaba regresar a su país.

GUILBERT, YVETTE (1867-1944). Cantante francesa. Hizo su debut en el Divan Japonais (1891), y actuó en varios teatros y cafés-concierto de París. Creadora de las *diseuses,* novedosas frente a las anteriores *canzonetas.* Retratada en diversas ocasiones por Henri de Toulouse-Lautrec.

GUILDA. En el Medievo europeo, asociación de mercaderes. Aunque tuvieron antecedentes en el Imperio Romano, las guildas adquirieron sus rasgos característicos hacia el siglo XI, en relación con las actividades comerciales del Báltico y el Mediterráneo. Llegaron a agrupar a diversas ciudades, y desde el siglo XII constituyeron poderosas oligarquías urbanas. Establecían privilegios y jurisdicciones particulares, fijaban los precios y ejercían prácticas monopolistas. Entraron en decadencia en el siglo XV.

GUILDFORD. Población del Reino Unido, en el condado de Surrey, Inglaterra, situada al nordeste de Londres. Arquitectura civil y religiosa de los siglos XII al XVII. Universidad. Industrias mecánicas. 125.000 hab. (1996).

GUILFORD, JOY PAUL (1897-1988). Psicólogo estadounidense. Profesor en las universidades de Kansas, Nebraska y California, fue uno de los principales representantes de la investigación en el campo del análisis factorial para la creación de pruebas de personalidad.
Inteligencia 8:231a; Personalidad 11:355a.

GUILMÁIN, OFELIA (n. en 1921). Actriz hispano-mexicana. De origen español, se exilió en México en 1939. Desempeñó con brillantez papeles en obras teatrales españolas y mexicanas (*La Celestina, Bodas de sangre, La casa de Bernarda Alba, Ocho columnas, Trece a la mesa, Miércoles de ceniza)* o del teatro clásico griego (*Las troyanas, Medea*). También participó en películas de Luis Buñuel –*Nazarín* (1958), *El ángel exterminador* (1962)– y en numerosas telenovelas.

GUILLAUME, CHARLES-ÉDOUARD (1861-1938). Físico suizo. Premio Nobel en 1920 por su descubrimiento de las anomalías en aleaciones de níquel y acero. Realizó importantes estudios sobre el termómetro de mercurio.

GUILLAUMIN, ARMAND (1841-1927). Pintor francés. Adscrito al movimiento impresionista, tomó parte en los principales acontecimientos del grupo. Su pintura enlazó con las investigaciones volumétricas de Paul Cézanne y anticipó propuestas de los neoimpresionistas y los fauvistas. Realizó toda su obra al natural. «El puente de Louis-Philippe» (1875), «Nieve fundiéndose en el valle de la Creuse» (1898).
Oller, Francisco 11:99b.

GUILLÉN, JORGE (1893-1984). Poeta español. Representante de la poesía pura en la generación del 27.
7:281b; Veintisiete, generación del 14:249b; *ilustración* 7:281b.

GUILLÉN, NICOLÁS (1902-1989). Poeta cubano. Creador del *son,* fórmula poética basada en la música afrocubana.
7:282a; Cuba 5:60a; *ilustración* 7:282a.

GUILLÉN DE SEGOVIA, PERO (1413-h. 1474). Poeta español. Protegido de Álvaro de Luna y luego de Alonso Carrillo, arzobispo de Toledo, cantó la muerte del primero en *Decir sobre la muerte de don Álvaro de Luna. Los siete salmos penitenciales* (obra censurada por la Inquisición), *La gaya de Segovia o silva copiosísima de consonantes para alivio de trovadores.*

GUILLERMINA DE HOLANDA (1880-1962). Reina de los Países Bajos de 1890 a 1948. Se convirtió en símbolo de la resistencia de su país contra la ocupación nazi con sus alocuciones radiadas desde Londres. Su deficiente salud hizo que abdicara en favor de su hija Juliana el 4 de septiembre de 1948.
Orange, casa de 11:126a; Países Bajos 11:219b.

GUILLERMO I DE HOLANDA (1772-1843). Rey de los Países Bajos y gran duque de Luxemburgo. Hijo de Guillermo V de Orange, vivió en el exilio hasta 1812 ante la ocupación francesa de sus territorios. En 1815 fue nombrado rey de los Países Bajos. Abdicó en 1840 en favor de su hijo Guillermo al no aceptar la independencia de Bélgica, decidida por las potencias europeas en 1831.
Países Bajos 11:210b.

GUILLERMO I DE NASSAU (1533-1584). Príncipe de Orange, primer heredero de las Provincias Unidas de los Países Bajos. Fue el jefe del levantamiento de los neerlandeses contra los españoles y el líder de la lucha contra la religión católica. Murió asesinado de un disparo por un católico fanático en un antiguo convento de Delft.

GUILLERMO I DE PRUSIA (1797-1888). Rey de Prusia desde 1861 y emperador de Alemania desde 1871. Logró imponer el predominio de la monarquía en su país.
7:282b; Alemania 1:192a; Bismarck, Otto von 3:57b; Franco-prusiana, guerra 6:403a; *ilustración* 7:282b.

GUILLERMO I DE SICILIA (1120-1166). Rey normando de Sicilia desde 1154 hasta su muerte. Reprimió los numerosos levantamientos de los barones de su reino.

GUILLERMO I EL CONQUISTADOR (h. 1028-1087). Rey de Inglaterra. Uno de los más grandes soldados y estadistas de la edad media.
7:283a; Cambridge 3:301b; Londres 9:210b; Normandos 11:9a; Reino Unido 12:305b; *ilustración* 7:283b.

GUILLERMO II DE ALEMANIA (1859-1941). Rey de Prusia y *kaiser* (emperador) de Alemania. Militarista, pero vacilante político durante la primera guerra mundial.
7:283b; Alemania 1:192b; *ilustración* 7:283b.

GUILLERMO II DE INGLATERRA (h. 1056-1100). Rey de Inglaterra desde 1087 hasta su muerte, llamado el Rojo. Impidió la disolución de los lazos políticos que unían a Inglaterra y Normandía. Murió asaeteado por la espalda durante una cacería en New Forest, Hampshire, probablemente asesinado por orden de su hermano menor, el futuro Enrique I.

GUILLERMO II DE NASSAU (1626-1650). Príncipe de Orange, estatúder y capitán general de seis provincias de los Países Bajos desde 1647. Tuvo un papel predominante en las luchas por el poder en la república neerlandesa.

GUILLERMO II DE SICILIA (1154-1189). Último de los reyes normandos de Sicilia. Ostentó la regencia desde 1166 y el poder absoluto desde 1171. Su política clemente y justiciera le valió el sobrenombre de El Bueno.

GUILLERMO III DE INGLATERRA (1650-1702). Estatúder de las Provincias Unidas de los Países Bajos y rey de Inglaterra desde 1689. Afirmó el triunfo del protestantismo y del Parlamento en esta última.
7:284a; Estuardo, dinastía 6:175a; Malborough, duque de 9:380a; Orange, casa de 11:126a; Países Bajos 11:210b; Reino Unido 12:308a; *ilustración* 7:284a.

GUILLERMO IV DE INGLATERRA (1765-1837). Rey de la Gran Bretaña e Irlanda y de Hannover desde 1830 hasta su muerte. Aceptó la ley de reforma de 1832, a la que se oponía porque reducía el poder de la corona y los terratenientes sobre el gobierno.
Hannover, casa de 7:330a; Reino Unido 12:309b; Victoria de Inglaterra 14:297a.

GUILLERMO IX DE AQUITANIA (1071-1126). Guerrero y poeta provenzal. Conde de Poitiers y duque de Aquitania, luchó desafortunadamente en la primera cruzada (1101) y participó en la batalla de Cutanda (1120) contra los almorávides. Fue el primer poeta provenzal cuya obra se ha conservado. Utilizó un lenguaje muy cuidado y su temática abarcó desde asuntos mundanos hasta la expresión del amor cortés.
Rothschild, familia 13:25b.

GUILLERMO DE CHAMPEAUX (1070-1121). Filósofo francés. Obispo de Châlons-sur-Marne, fue discípulo de Anselmo de Laón y de Roscelino de Compiègne. Entre sus alumnos se encontraba Pedro Abelardo. Defendió un realismo radical en el tema de los universales, considerando lo individual como un simple accidente de lo genérico. A instancias de Pedro Abelardo, rectificó su postura, aceptando el conceptualismo.

GUILLERMO TELL. Drama en verso del escritor alemán Friedrich Schiller, estrenado en 1804. La obra está basada en la leyenda del héroe suizo condenado a disparar con su ballesta contra una manzana sobre la cabeza de su hijo. El drama exalta la rebeldía y el nacionalismo. Es también famosa una ópera sobre el mismo tema con música de Gioacchino Rossini.
Schiller, Friedrich von 13:174a.

GUILLOTINA. Instrumento para aplicar la pena capital por decapitación. Apareció en Francia durante la revolución, en 1792. La forman dos postes que guían una hoja de acero de corte oblicuo que cae violentamente sobre el cuello del condenado. Debe su nombre al médico francés Joseph-Ignace Guillotin.

GUIMARÃES. Ciudad portuguesa del dist. de Braga. Conserva el castillo que perteneció a los duques de Braganza y una iglesia del siglo XIV. Fabricación de tejidos y cuchillería, orfebrería y textiles. 22.092 hab. (1981).

GUIMARÃES, BERNARDO (1825-1884). Poeta y novelista brasileño. Principal representante de la novelística histórico-romántica de su país.
7:284b; Brasileña, literatura 3:165a; Indianismo 8:167a.

GUIMARÃES ROSA, JOÃO (1908-1967). Novelista y diplomático brasileño. Gran maestro del lenguaje en la literatura del siglo XX de Brasil.
7:285a; Brasileña, literatura 3:167a.

GUIMARD, HECTOR (1867-1942). Arquitecto y decorador francés. Representante del estilo modernista, sus creaciones responden a un intento de expresar formas naturales y simbólicas a partir de materiales como el hierro y el cristal. Castel Béranger (1895-1896), entradas para el metro en París (1899-1904).
Modernismo 10:207a.

GUIMERÀ, ÀNGEL (1845-1924). Poeta y dramaturgo español en lengua catalana. Fue uno de los fundadores de la revista *La Renaixença,* obra clave para la difusión del catalanismo. Escribió principalmente teatro, en prosa o verso, de matiz naturalista. *Judith de Welp* (1884), *Terra baixa* (1897).
Catalana, literatura 4:33a.

GUINDILLO DE INDIAS. Planta arbustiva de la familia de las solanáceas (*Capsicum baccatum*). Tallo ramoso con hojas lanceoladas. Flores blancas y muy abundantes. Fruto rojo y redondo, semejante a una guinda, comestible y picante.

GUINDO. Planta arbórea de la familia de las rosáceas (*Prunus cerasus*). Semejante al cerezo, con hojas más pequeñas. Fruto ácido y redondeado.

GUINEA (MONEDA). Antigua moneda inglesa de oro equivalente a una libra y un chelín, denominada así porque el metal con que se acuñaba provenía del territorio africano homónimo.

GUINEA (PAÍS). País de África, a orillas del Atlántico. Cap. Conakry. 245.857 km². 7.466.000 hab. (2000).
7:285a; África 1:94; Malí, imperio de 9:306b; Níger, río 10:410a; *mapa* 7:285b; *cuadros* 7:285b; *ilustración* 7:286b.

GUINEA, CORRIENTE DE. Corriente del océano Atlántico que se desplaza en dirección este, bordeando las costas del golfo de Guinea en la prolongación de la contracorriente ecuatorial. Es cálida y tiene un alto grado de salinidad.

GUINEA, GALLINA DE. V. **Pintada, gallineta.**

GUINEA, GOLFO DE. Golfo de África en el océano Atlántico, en la línea del ecuador.
7:287a; Golfo y bahía 7:157a; Lagos 9:48b; Nigeria 10:410b; Togo 14:71a; *ilustración* 7:287b.

GUINEA-BISSAU. País de África, a orillas del Atlántico. Cap. Bissau. 36.125 km². 1.286.000 hab. (2000).
7:287b; África 1:94; *mapa* 7:287b; *cuadros* 7:288a; *ilustraciones* 7:288b; 7:289a.

GUINEA ECUATORIAL. País de África, a orillas del Atlántico. Cap. Malabo. 28.051 km². 474.000 hab. (2000).
7:289a; África 1:94; Guinea, golfo de 7:287a; *cuadros* 7:289b; 7:290a; *ilustraciones* 7:290a-b.

GUINEANO, PUEBLO. Conjunto racial negroide africano que configura las poblaciones que habitan la región del golfo de Guinea. Presentan una estatura menor que los sudaneses, son de piel menos oscura y de prognatismo también menor que éstos, cuerpo robusto y nariz ancha. Representados, entre otros, por los kissi, toma, ashanti, yoruba.

GÜINES. Población de Cuba, en la prov. de la Habana. Río Mayabeque. Hortalizas, caña

de azúcar, ganado vacuno, ingenios azucareros, tabaco. 41.600 hab. (1987).
Habana, provincia de 7:308b.

GUINIZELLI DI MAGNANO, GUIDO (h. 1230-1276). Poeta italiano. Llamado el «padre de los poetas italianos» por Dante. Autor de canciones y sonetos que inspiraron el *dolce stil nuovo*.
Italiana, literatura 8:317b.

GUINJOAN, JOAN (n. en 1931). Compositor español. Crítico musical del *Diario de Barcelona*, en 1964 obtuvo el premio extraordinario del conservatorio. Fundó el grupo Diabolus in Musica y basó sus creaciones en la búsqueda de la experimentación musical. *Puntos cardinales* (1967), *Concierto para violonchelo y orquesta* (1982), *Homenaje a Carmen Amaya* (1987).

GUINNESS, ALEC (1914-2000). Actor cinematográfico británico. Uno de los más prolíficos intérpretes de su país. *Ocho sentencias de muerte* (1948), *El hombre vestido de blanco* (1951), *El quinteto de la muerte* (1955), *El puente sobre el río Kwai* (1957).

GUINOVART, CARLES (n. en 1941). Compositor español. Su obra abarca diferentes géneros musicales. Se formó en Francia, Alemania y España, donde más tarde fundó la Asociación de Compositores Catalanes.

GUINOVART, JOSEP (n. en 1937). Pintor español. Su obra evolucionó desde el figurativismo de la década de 1950 hasta la creación abstracta, marcada esta última principalmente por la exaltación de los materiales. «Homenaje a Picasso», «Cosas, sillas y personajes» (1974).

GUIÑOL Y MARIONETAS. Títeres o muñecos que se mueven con los dedos y que se utilizan en representaciones escénicas.
7:291a; *ilustración* 7:291b.

GUIÓN (CINEMATOGRAFÍA). Exposición escrita del desarrollo de una película cinematográfica, con descripción de escenas, diálogos, etc., para su realización.

GUIÓN (LINGÜÍSTICA). Signo ortográfico (-) que se pone al final del renglón que termina con una parte de una palabra, cuya otra parte, por no caber en él, se ha de escribir en el siguiente. También se utiliza para unir las dos partes de una palabra compuesta.
Bandera 2:338a.

GUIPUR. Antiguamente, labores de pasamanería que se hacían con un gancho de forma especial; en la actualidad, palabra que designa a uno de los dos grandes grupos en que se dividen los encajes de bolillos; guipures son los encajes españoles de Almagro, Camarinas, etcétera.

GUIPÚZCOA. Provincia española de la comunidad autónoma del País Vasco, a orillas del golfo de Vizcaya, limítrofe con Francia. Ríos Bidasoa, Deva y Urumea. Explotaciones forestales; agricultura; ganado vacuno; pesca; minería. Turismo. Cap. San Sebastián. 1.997 km^2. 676.208 hab. (1996).
San Sebastián 13:137b; Vasco, País 14:241b.

GÜIRA DE MELENA. Población de Cuba en la prov. de la Habana. Caña de azúcar, tabaco, papa o patata, piña, plátanos. 21.100 hab. (1987).

GÜIRALDES, RICARDO (1886-1927). Poeta y novelista argentino. Uno de los artífices de la renovación literaria en su país a principios del siglo XX.
7:292a; Gaucha, literatura 7:65a; Hispanoamericana, literatura 8:13a.

GUIRAO, RAMÓN (1908-1949). Poeta y crítico cubano. Cultivó la poesía afrocubana. *Bailadora de rumba, Cuentos y leyendas negras de Cuba, Órbita de la poesía afrocubana.*

GUIRAUT RIQUIER (h. 1230-1294). Trovador provenzal, autor de canciones de amor, pastorelas, albas y otras formas poéticas. Nacido en Narbona, Francia, sirvió en la corte de Alfonso X de Castilla.

GUIRIOR, MANUEL DE (1708-1788). Militar y administrador colonial español. Inició su carrera militar en la armada durante la guerra de los siete años. Fue virrey de Nueva Granada (1772-1776) y del Perú (1776-1780). Durante su administración se introdujeron importantes mejoras económicas, culturales e incluso religiosas en los virreinatos. Protegió a los indios y reprimió con severidad las sublevaciones internas. Denunciado por el visitador José Antonio Areche, fue destituido y rehabilitado después de su muerte.
Nueva Granada, Virreinato de 11:38b.

GUISA, ENRIQUE I DE LORENA, TERCER DUQUE DE. V. **Enrique I de Lorena.**

GUISA, FAMILIA. Destacada familia católica francesa durante las guerras de religión del siglo XVI.
7:292a; Religión, guerras de 12:321b.

GUISANDO. Población española de la prov. de Ávila, comunidad autónoma de Castilla y León. Se reunieron en ella en 1468 los nobles castellanos para nombrar sucesora al trono de Castilla a Isabel la Católica. Notables esculturas celtibéricas, conocidas como los «Toros de Guisando» (siglo II a.C.). 720 hab. (1996).

GUISANTE. Planta herbácea anual de la familia de las leguminosas (*Pisum sativum*).
7:292b; Leguminosas 9:97b; *ilustración* 7:292b.

GUISANTE DE OLOR. Planta anual de la familia de las leguminosas (*Lathyrus odoratus*). Dicotiledónea. Hojas compuestas y flores aromáticas. Ornamental.

GUITARRA. Instrumento de cuerda. Llegó a España durante la dominación árabe y de ahí se extendió al resto de Europa.
7:293a; Segovia, Andrés 13:187a; Yepes, Narciso 14:384a; *ilustración* 7:293b.

GUITERAS HOLMES, ANTONIO (1908-1935). Revolucionario cubano. Tomó parte activa en la lucha contra el presidente Gerardo Machado y fundó la organización secreta Joven Cuba. Secretario de gobernación en el gobierno de Ramón Grau San Martín (1933), inspiró la legislación social de éste. Murió a manos del ejército, encabezado entonces por Fulgencio Batista.

GUITRY, SACHA (1885-1957). Dramaturgo, cineasta y actor francés. Hijo del también actor Lucien Guitry, interpretó gran número de sus comedias y dirigió varias películas. Entre sus obras teatrales destacan *La frase de Cambronne* (1936), *Tú me has salvado la vida* (1949), y entre sus largometrajes *La novela de un tramposo* (1935), *Las perlas de la corona* (1937).

GUITTON, JEAN (n. en 1901). Filósofo y teólogo francés. Interesado en temas como el tiempo y la eternidad, y las relaciones entre razón y fe. Asistió en calidad de observador laico al concilio Vaticano II (1962). *La existencia temporal* (1949), *El seglar y la iglesia* (1963).

GUIYANG. Ciudad de China y cap. de la prov. de Guijou. Universidad, escuelas superiores. Minas de hulla y bauxita; siderurgia, maquinaria pesada, productos químicos, neumáticos; textiles, vidrio, papel. 1.320.566 hab. (1999).

GUIZHOU. V. **Guijou.**

GUIZOT, FRANÇOIS (1787-1874). Político e historiador francés. Jefe de los monárquicos constitucionales conservadores.
7:293b; Historia 8:25b; *ilustración* 8:25b.

GUJARAT. Estado de la India situado en el noroeste de la península indostánica. Arroz, algodón, tabaco. Escuela de miniaturas. Cap. Gandhinagar. 196.024 km^2. 44.235.000 hab. (1994).

GU KAIZHI (h. el 344-h. el 405). Pintor chino. Maestro de la pintura de su país en el período histórico de las seis dinastías.
7:294a; Oriental, arte 11:148a.

GULAG. Organismo soviético encargado de los centros de rehabilitación social, donde los presos políticos eran sometidos a trabajos forzados entre 1919 y 1956.
Solzhenitsin, Alexandr 13:297a.

GULDA, FRIEDRICH (n. en 1930). Músico austriaco. Aunque dominó varios instrumentos, fue conocido por sus interpretaciones al piano, que le supusieron el reconocimiento mundial. En su repertorio se incluyeron tanto obras de compositores clásicos como ejecuciones de tendencia más moderna como el *jazz*. En 1968 creó en Austria la Escuela de improvisación internacional Musikform.

GULF STREAM. V. **Golfo, corriente del.**

GULLIVER, LOS VIAJES DE. Novela del escritor británico Jonathan Swift, publicada en 1726. Relata el viaje del protagonista por varios países imaginarios: Lilliput, donde viven seres de pequeño tamaño; Brobdingnag, el reino de los gigantes, y otros. Obra de intención satírica.

GULLSTRAND, ALLVAR (1862-1930). Médico sueco. Recibió el Premio Nobel de medicina en 1911 por sus trabajos sobre la óptica física y la fisiología de las dioptrías del ojo.
Oftalmología 11:85a.

GUMMITA. Mezcla natural de óxidos de uranio que representa los estados finales de oxidación e hidratación de la uraninita. Presente en masas densas en regiones ricas en uranio. Propiedades físicas y composición química muy variables. Aspecto gomoso. Contiene con frecuencia óxidos de torio y de plomo.

GUNADHYA. Escritor indio que vivió en los primeros siglos de la era cristiana. Fue autor de la obra titulada *El gran relato*, o *Brhat-Katha*, narración escrita originariamente en lengua paisachi y en la que, a partir de un desarrollo heroico y aventurero, se recrea un mundo burlesco.
India, literatura 8:165a.

GUNDEBALDO (m. en el 516). Rey burgundio desde el 480, aproximadamente, hasta su muerte. Al morir su padre heredó Ginebra. Asesinó a sus hermanos y extendió sus dominios desde el alto Rin hasta Valence y desde el Loira hasta los Alpes. Fue derrotado por Clodoveo en Oucha (500), pero posteriormente buscó la alianza del rey franco en su lucha contra los visigodos. Publicó la Lex Gundobada para sus súbditos romanos.

GUNDER FRANK, ANDRÉ (n. en 1929). Economista estadounidense de origen alemán, especialista en el estudio de la influencia del capitalismo en los países subdesarrollados. *Capitalismo y subdesarrollo en América latina* (1967), *Acumulación dependiente y subdesarrollo* (1979), *El desafío europeo* (1983).

GUNDERICO (m. en el 428). Rey de los vándalos. Introdujo sus tropas en España en el 409 y conquistó la Bética y la Cartaginense. Murió cuando intentaba pasar a África.

GUNDISALVO, DOMINGO (siglo XII). Filósofo y lingüista español. En la tradición de la escuela de traductores de Toledo, vertió al latín importantes obras árabes. Su filosofía estuvo marcada por la interpretación árabe de Aristóteles y de Platón.

GUNN, EFECTO. Oscilación de alta frecuencia observada en la corriente eléctrica que atraviesa ciertos sólidos semiconductores. Descubierto por J. B. Gunn a principios de la década de 1960 y apreciado sólo en algunos materiales. Se emplea en un dispositivo de estado sólido, denominado diodo Gunn, para producir microondas de radio.

GÜNTEKIN, RESHAT NURI (1889-1956). Escritor turco. Autor de novelas, artículos periodísticos y obras teatrales, alcanzó una gran popularidad con su retrato de la vida de una joven maestra. *Calikusu* (1922), *La noche verde* (1928), *La vieja canción* (1951).
Turca, literatura 14:156a.

GÜNZ, GLACIACIÓN. Período glaciar del pleistoceno de la Europa alpina, posterior al interglaciar Donau-Günz y anterior al Günz-Mindel.
Cuaternaria, era 5:47.

GUOMINDANG. Partido Nacional del Pueblo, organización política china fundada en 1908 por Sung Zhongsan. Enfrentado a los comunistas en varias ocasiones, en 1949 el gobierno del Guomindang fue derrotado y tuvo que refugiarse en Taiwán. También llamado Kuomintang.
China 4:152a; Sun Zhongshan 13:362b; Taiwán 13:386b.

GUPTA, DINASTÍA. Gobernantes del estado de Magadha, en el nordeste de la India, desde principios del siglo IV hasta finales del VI. La dinastía fue fundada por Candra Gupta I. Contribuyó a las ciencias, protegió las artes y estableció el sistema decimal.
India 8:158a; India, literatura 8:164b; Indio arte 8:170b.

GURI, EMBALSE. Presa hidroeléctrica y reserva de Venezuela, sobre el río Caroní, en el estado Bolívar. Inaugurada en 1968. Capacidad 17.700 millones de metros cúbicos en la fase uno; con las dos sobrepasa los 130.000 millones de metros cúbicos. Genera una energía superior a los 6.500 Mw.

GURIDI, JESÚS (1886-1961). Compositor español. Estudió en París, Bruselas y Colonia. Enseñó en los conservatorios de Bilbao y Madrid. Autor de composiciones muy diversas, sus obras más populares fueron la zarzuela *El caserío* (1926) y *Diez melodías vascas* para orquesta.

GURIL. Papagayo de la familia de los psitácidos, que comprende varias especies del género *Trichoglossus*. Plumaje vistoso y lengua con espículas para transportar el néctar. Habita en las Molucas y en Nueva Guinea.

GURKAS. Pobladores de raza indoafgana del pequeño principado de Gurkha, en el Himalaya occidental, que en el siglo XVIII conquistaron el Nepal. Apoyaron al gobierno británico contra la rebelión de los cipayos (soldados indios). El ejército británico dispuso posteriormente de un regimiento formado por integrantes de dicho pueblo caracterizado por su arrojo en el combate.
Nepal 10:379b.

GURSEL, CEMAL (1895-1966). Político y militar turco. Derrotó al presidente Adnan Menderes en 1960, fue primer ministro y resultó elegido presidente de la república en 1961.

GURÚ. Maestro, en las religiones sikh e hindú. Puede ser el preceptor de los nobles brahmanes o el maestro espiritual. El término significa «venerable» e indica el respeto y admiración que suscita tal figura.

GURVITCH, GEORGES (1894-1965). Sociólogo francés de origen ruso. Establecido en París desde 1928, fue catedrático en las universidades de Estrasburgo y la Sorbona. Desarrolló las teorías de Émile Durkheim. *Sociología de la ley* (1942), *Dialéctica y sociología* (1962).

GUSANO DE SEDA. Larva de la mariposa de la seda, insecto lepidóptero de la especie *Bombyx mori*. Se alimenta de hojas de morera y hace un capullo de seda, dentro del cual se transforma en crisálida y después en mariposa.
7:294a; Seda 13:184b; *ilustración* 7:294b.

GUSANO ROSADO. V. **Lagarta rosada.**

GUSANOS. Animales invertebrados, alargados y blandos, de simetría bilateral, sin apéndices articulados. Pertenecen a varios grupos zoológicos, entre ellos los asquelmintos, platelmintos y anélidos.
7:295b; Digestivo, aparato 5:184a; Invertebrados 8:250a; Lombriz de tierra 9:208b; Lombriz intestinal 9:209a; Parasitología 11:280b; Plaga 12:12b; Tenia 14:14b; *ilustraciones* 7:7:295b; 7:296a.

GUSMÃO, BARTOLOMEU LOURENÇO DE (1685-1724). Sacerdote y físico brasileño. Precursor de la aviación con el invento de una máquina aerostática.
7:296b.

GUSMAO, XANANA (n. en 1946). Político timorense. Uno de los principales dirigentes de la lucha por la independencia de Timor Oriental del dominio de Indonesia. Tras la ola de violencia desatada en 1999 por el ejército y las milicias indonesias, después del referéndum de autodeterminación, Gusmao regresó a Timor desde su exilio australiano. Se convirtió en presidente de Timor Oriental tras ganar en las elecciones presidenciales de abril de 2002. Timor Oriental accedió a la independencia en mayo de este mismo año.

GUSTAVO I VASA (h. 1496-1560). Fundador de la dinastía Vasa. Independizó Suecia de Dinamarca.
7:297a; Helsinki 7:355b; Suecia 13:344b.

GUSTAVO II ADOLFO DE SUECIA (1594-1632). Rey de Suecia. Convirtió a su país en una de las potencias más importantes de Europa.
7:297a; Caballería 3:243b; Finlandia 6:306a; Guerra 7:266b; Infantería 8:193a; Suecia 13:344b; Treinta años, guerra de los 14:122a; *ilustración* 7:297b.

GUSTAVO III DE SUECIA (1746-1792). Rey de Suecia desde 1771 hasta su muerte. Reafirmó el poder real sobre el parlamento. Su reinado recibió el apelativo de la Ilustración Sueca, gracias a las múltiples reformas que introdujo en todos los campos, entre ellos la libertad de prensa.
Suecia 13:345a.

GUSTAVO IV DE SUECIA (1778-1837). Rey de Suecia desde 1792, bajo la regencia de su tío, y desde 1800 con plenos poderes hasta que un golpe de estado lo destronó en 1809. Su mala política exterior lo llevó a estar en guerra contra Napoleón, Rusia y Dinamarca-Noruega sucesivamente. Se exilió en Suiza.
Suecia 13:345a.

GUSTAVO V DE SUECIA (1858-1950). Rey de Suecia desde 1907 hasta su muerte. Demostró ser un monarca constitucional altamente capacitado. Su reinado se caracterizó por una democracia cada vez más amplia.
Suecia 13:345b.

GUSTAVO VI ADOLFO DE SUECIA (1882-1973). Rey de Suecia desde 1950 hasta su muerte. Fue el último de los monarcas suecos que tuvo auténticos poderes.
Suecia 13:346a.

GUSTO, SENTIDO DEL. Sentido que permite apreciar el sabor de una sustancia. Los receptores del gusto son unos corpúsculos situados en los bordes y cara dorsal de la lengua, que en algunas zonas se agrupan en papilas.
7:297b; *ilustraciones* 7:297b; 7:298a; 7:299a.

GUTAPERCHA. Sustancias con propiedades resinosas extraídas del látex que fluye de diferentes especies arbóreas tropicales, entre ellas las de los géneros *Eucomia* y *Palaquium*. Se utiliza con fines industriales por sus propiedades impermeabilizantes y aislantes.
Caucho 4:51b.

GUTENBERG, JOHANNES (h. 1397-1468). Impresor alemán. Considerado como el inventor de la imprenta.
7:299b; Imprenta y artes gráficas 8:132a; Libro 9:152a; Renacimiento 12:330a; *ilustración* 7:299b.

GUTERRES, ANTONIO (n. en 1949). Político portugués. En 1995 fue nombrado primer ministro de su país, como máximo dirigente del Partido Socialista que logró la victoria en las elecciones generales de ese año.
7:300a; *ilustración* 7:300a.

GUTH, ALAN HARVEY (n. en 1947). Físico estadounidense. Realizó trabajos de investigación en varias universidades de su país. Artífice de importantes estudios sobre la formación del cosmos. Elaboró la teoría del universo inflacionario, en la que se refiere a un espacio situado por encima del universo conocido.

GUTHMANN, ALFREDO (1911-1995). Poeta argentino. Autor de gran personalidad y talento. Sin obra editada, fue reconocido por artistas de su época que elogiaron la profundidad y técnica depurada de su poesía.

GUTHRIE, EDWIN RAY (1886-1959). Psicólogo estadounidense. Apoyó la teoría de la contigüidad en el aprendizaje. Se opuso a la utilización de los refuerzos, fueran éstos positivos o negativos. *La psicología del aprendizaje* (1935).
Aprendizaje 1:416b; Conductismo 4:327b.

GUTHRIE, TYRONE (1900-1971). Director teatral británico. Renovó el estilo de representación de las obras de William Shakespeare, contribuyendo notablemente a potenciar el aprecio por el teatro clásico. Fue también director escénico de varias óperas.

GUTHRIE, WOODY (1912-1967). Woodrow Wilson Guthrie, compositor y cantante estadounidense de música folclórica. Formó parte del grupo Almanac Singers. De sus más de mil canciones, una de las últimas, «This Land is Your Land», fue adoptada por el movimiento por los derechos civiles en la década de 1960.

GUTI. Antiguo pueblo originario de los montes Zagros, en la parte oriental de Mesopotamia, que en el 2150 a.C. invadieron el territorio de Acad, aunque respetaron la independencia de las ciudades sumerias. Fueron expulsados en el 2050 a.C. por Utu-khegal de Uruk, quien restableció la hegemonía sumeria.

GUTIÉRREZ, EDUARDO (1851-1889). Escritor argentino. Autor de novelas y obras teatrales, trabajó también como articulista en el periódico *La Nación Argentina*, fundado por su hermano José María. Alcanzaron gran popularidad sus melodramas de temática gauchesca, como *Juan Moreira* (1879).
Gaucha, literatura 7:65a.

GUTIÉRREZ, EULALIO (1880-1939). Militar y político mexicano. Secundó el plan de San Luis Potosí de Francisco I. Madero. Luchó contra Victoriano Huerta en 1913. Presidente interino de la república durante dos meses, se declaró contrario a Francisco Villa y Venustiano Carranza. Fue senador y gobernador de San Luis Potosí.

GUTIÉRREZ, FRUTOS (1770-1816). Revolucionario y escritor colombiano. Participó en la redacción del acta de independencia de 1810. Fue nombrado presidente de la provincia de Cundinamarca un año más tarde. Apresado por las fuerzas realistas, que habían ocupado de nuevo el país, fue fusilado. *Discurso sobre los comentarios.*

GUTIÉRREZ, GUSTAVO (n. en 1928). Teólogo peruano. Profesor de teología dogmática y ciencias sociales, fue uno de los iniciadores de la teología de la liberación en Iberoamérica. *La teología de la liberación* (1971), *La fuerza histórica de los pobres* (1982).

GUTIÉRREZ, JUAN MARÍA (1809-1878). Escritor argentino, cofundador del centro político Asociación de Mayo (1838). Se exilió a Uruguay. De 1861 a 1873 fue rector de la Universidad de Buenos Aires. *Los poetas de la revolución* (1841), *El hombre hormiga* (publicado en 1928).
Gaucha, literatura 7:64a.

GUTIÉRREZ, MARIO (n. en 1917). Político boliviano. Fundador del partido Falange Socialista Boliviana. Ministro de asuntos exteriores y embajador en las Naciones Unidas.

GUTIÉRREZ, RAFAEL ANTONIO (siglo XIX). Militar y político salvadoreño. Ocupó provisionalmente la presidencia de la república en 1894 tras la caída de Carlos Ezeta. Un año después fue elegido presidente, cargo que abandonó en 1898, al ser derrocado por Tomás Regalado.

GUTIÉRREZ, RICARDO (1838-1896). Poeta argentino. De tono retórico y romántico, y de línea byroneana, se mantuvo ligado al verso de extenso desarrollo. *La fibra salvaje* (1860), *Lázaro* (1869), *Cristián* (1880).

GUTIÉRREZ, SANTOS (1820-1872). Militar y político colombiano. Participó en el alzamiento que derrocó a José María Melo en diciembre de 1854. Diputado, senador, gobernador de Boyacá y luego de Cundinamarca, fue presidente de la república de 1868 a 1870.

GUTIÉRREZ, TOMÁS (m. en 1872). Militar peruano. Apoyó, con la ayuda de sus tres hermanos, al gobierno ultraderechista de José Balta. Ministro de la guerra, se proclamó dictador, pero fue derrocado y asesinado.

GUTIÉRREZ ABASCAL, RICARDO (1888-1963). Crítico de arte español. Con el seudónimo de Juan de la Encina escribió en los diarios madrileños *El Sol*, *La Voz* y *Madrid* y en la revista *España*. Residió en México desde 1939, donde fue profesor en la Universidad Nacional Autónoma. *Los maestros del arte moderno* (1920), *La pintura italiana del Renacimiento* (1949), *Retablo de la pintura moderna* (1953).

GUTIÉRREZ ALEA, TOMÁS (1928-1996). Director cinematográfico cubano. Trabajó en su país tanto antes como después de la revolución de 1959.
7:300b; Cuba 5:61a; *ilustración* 7:300b.

GUTIÉRREZ ARAGÓN, MANUEL (n. en 1942). Cineasta español. Después de rodar películas de gran éxito de crítica, fue designado presidente de la Sociedad General de Autores y Editores de España. *Camada negra* (1977), *Demonios en el jardín* (1982), *Malaventura* (1988), *Cosas que dejé en La Habana* (1997).

GUTIÉRREZ BLANCHARD, MARÍA. V. **Blanchard, María.**

GUTIÉRREZ COLL, JACINTO (1835-1901). Poeta venezolano. Parnasiano, traductor de *Lord* Byron y de Victor Hugo. Fundador y redactor de *La Entrega Literaria*, que apareció en Caracas hacia 1882. Cultivó una lírica reflexiva y de tono modernista.

GUTIÉRREZ GIRARDOT, RAFAEL (n. en 1928). Crítico y ensayista colombiano. Escribió numerosos trabajos sobre Ortega y Gasset, Andrés Bello, Hölderlin, Hegel y Heidegger. *La imagen de América en Alfonso Reyes* (1955), *Sobre el humanismo* (1959), *Poesía y prosa en Antonio Machado* (1969).

GUTIÉRREZ GONZÁLEZ, GREGORIO (1826-1872). Poeta colombiano. Figura destacada del romanticismo poético en la segunda mitad del siglo XIX.
7:301a.

GUTIÉRREZ GUERRA, JOSÉ (1869-1929). Político boliviano. Economista de profesión, reorganizó el sistema fiscal como ministro de hacienda. Presidente de la república en 1917, fue derrocado por un golpe de estado en 1920.

GUTIÉRREZ MELLADO, MANUEL (1912-1995). Militar español. Teniente general del ejército español al advenimiento de la democracia en 1975, reorganizó las fuerzas armadas para ponerlas al servicio de la sociedad civil.

GUTIÉRREZ NÁJERA, MANUEL (1859-1895). Poeta mexicano. Autor que influyó sobre el movimiento modernista de su país.
7:301a; Rosas, Juventino 13:22b.

GUTIÉRREZ SOLANA, JOSÉ (1886-1945). Pintor español. Cultivó una pintura expresionista, de tonos sombríos y marcada por la crítica social.
7:301b; *ilustración* 7:301b.

GUTIÉRREZ SOTO, LUIS (1900-1977). Arquitecto español. Vinculado a los principios de la arquitectura racionalista de la década de 1920, algunas de sus obras son un claro ejemplo de la arquitectura tradicional realizada al gusto de una clientela poderosa. Cine Barceló (1930), Ministerio del Aire de Madrid (1941-1951), sede de la compañía La Unión y el Fénix de Madrid (1968-1972).

GUTTUSO, RENATO (1912-1987). Pintor italiano. Su pintura, figurativa con marcadas influencias del cubismo, y en especial de Picasso, representó la cumbre del realismo social. «Dios con nosotros» (1944), «Diario mural de mayo 1968».

GUTURAL, CONSONANTE. Fonema que se produce al tocar, rozar o acercarse el dorso de la lengua a la parte posterior del velo del paladar, formando una estrechez por la que pasa el aire espirado. Son guturales las consonantes *g*, *j* y *k*.

GUYANA. País de América del sur. Cap. Georgetown. 215.083 km^2. 792.000 hab. (2000).
7:302a; América 1:276b; Guyanas, macizo de las 7:261a; *mapa* 7:302a; *cuadros* 7:302b; 7:303b; *ilustraciones* 7:303b; 7:304a.

GUY DE LUSIGNAN. V. **Gui de Lusignan.**

GUYON, MADAME (1648-1717). Jeanne-Marie Bouvier de la Motte, escritora mística francesa. Tras enviudar, difundió su versión quietista del Evangelio por Francia e Italia. Acusada de herejía, fue detenida y más tarde condenada al destierro.

GUZMÁN, ANTONIO (1911-1982). Político de la República Dominicana. Presidente desde 1978 hasta su fallecimiento.
7:304b.

GUZMÁN, ANTONIO LEOCADIO (1801-1884). Político y publicista venezolano de ideas liberales. Se formó en España con Alberto Lista. Fundó *La Lira* y *El Argos* y, posteriormente, *El Venezolano* y *El Colombiano*. Fue ministro con José Antonio Páez, con José María Vargas y con José Tadeo Monagas.
Venezuela 14:265b.

GUZMÁN, AUGUSTO (n. en 1903). Novelista y crítico boliviano. Premio Nacional de literatura en 1961, perteneció a las academias de la historia y de la lengua. Cultivó la narrativa naturalista. *La sima fecunda* (1933), *Historia de la novela boliviana* (1938), *Túpaj Katari* (1943).

GUZMÁN, CIUDAD. Localidad de México en el est. de Jalisco. Productos alimenticios, calzado, jabón, curtidurías. Minas de mercurio. 73.919 hab. (1990; municipio).
Jalisco 8:332b.

GUZMÁN, FERNANDO DE (m. en 1561). Conquistador español. Acompañó a Lope de Aguirre en la expedición al río Marañón. Nombrado príncipe del Perú por la tropa sublevada, murió asesinado.
Aguirre, Lope de 1:126a.

GUZMÁN, GONZALO NUÑO DE (m. en 1539). Gobernador español de Cuba en dos ocasiones. Nombrado en 1527, fue depuesto en 1531 por el descontento que provocó, pero recuperó el cargo en 1537.

GUZMÁN, MARTÍN LUIS (1887-1976). Escritor mexicano. Aunó el periodismo, la política y la novela, en una continua expresión del acaecer cultural y social de su país en el siglo XX.
7:305a; Revolución mexicana, novela de la 12:358b.

GUZMÁN, NUÑO BELTRÁN DE (m. h. 1550). Conquistador español. Como presidente de la Audiencia de la Nueva España ejecutó un juicio de residencia contra Hernán Cortés y Pedro de Alvarado. Amplió las conquistas a Nueva Galicia, pero tuvo que responder ante un proceso en la península, por los excesos cometidos durante su gobierno.
Sinaloa 13:250a; Sonora 13:304a.

GUZMÁN, RUY DÍAZ DE. V. **Díaz de Guzmán, Ruy.**

GUZMÁN, SILVESTRE ANTONIO. V. **Guzmán, Antonio.**

GUZMÁN BLANCO, ANTONIO (1829-1898). Militar y político venezolano. Desempeñó tres veces el cargo de presidente de la república de su país.
7:305a; Caracas 3:367a; Falcón, Juan Crisóstomo 6:223b; López, Hermógenes 9:216a; Venezuela 14:266a.

GUZMÁN DE ALFARACHE. Novela picaresca del escritor español Mateo Alemán. Se publicó en dos partes, la primera en Madrid, 1599, y la segunda en Lisboa, 1603. Narra las andanzas, contadas en primera persona, de un pícaro que ha sido condenado a galeras. Es una de las cumbres del género picaresco.
Alemán, Mateo 1:172b; Española, literatura 6:91b; Picaresca, novela 11:389a.

GUZMÁN DE ROJAS, CECILIO (1900-1951). Pintor y grabador boliviano. A partir del indigenismo como tema fundamental, desarrolló una obra artística de componentes estéticos cercanos al expresionismo y la abstracción.
7:305b.

GUZMÁN EL BUENO (1256-1309). Alonso Pérez de Guzmán, guerrero castellano, defensor de la plaza de Tarifa frente a los musulmanes.
7:306a; *ilustración* 7:306b.

GWALIOR. Ciudad del norte de la India, en el est. de Madhya Pradesh. Conserva una antigua fortaleza, así como templos y palacios. Centro comercial. Universidad. Industrias textiles y alimentarias. 690.765 hab. (1991).

GWYN, NELL (1650-1687). Eleanor Gwynn, actriz británica, amante de Carlos II. Su carácter abierto y generoso, así como sus atrevidas indiscreciones, la convirtieron en la antítesis viva del puritanismo.

GYATSO TENZIN (n. en 1935). Dirigente religioso tibetano. Reconocido a los dos años de edad como la reencarnación del Dalai Lama, fue proclamado rey-Dios en 1950. En 1959, tras casi una década de ocupación china de su país, tuvo que abandonar el Tíbet. Desde su exilio en la India se erigió en defensor de la libertad de su pueblo. Premio Nobel de la paz en 1989.

GYOKUDO, URAGAMI. V. **Uragami Gyokudo.**

GYÖNGYÖSI, ISTVÁN (1629-1704). Poeta húngaro. Introducido en el mundo de la nobleza, fue creador de poesía de estilo barroco con numerosos elementos mitológicos y heroicos. *Venus de Murány* (1664), *El fénix renaciendo de sus cenizas*.
Húngara, literatura 8:99a.

GYÖR. Ciudad de Hungría, cap. del condado de Györ-Sopron, a orillas de los ríos Rába y Rábca, afluentes del Danubio. Palacio episcopal del siglo XIII, catedral gótica y barroca, museo. Maquinaria pesada. 127.275 hab. (1999).

H

HA. Pueblo de raza negra de Tanzania que habita en el oeste del país, junto al lago Tangañica. También conocido como abaha o waha. Perteneciente étnica y lingüísticamente a la familia bantú, practica una economía de base agraria. Sometido desde principios del siglo XVIII a la aristocracia tutsi.

HAAKON I (h. el 920-h. el 961). Rey de Noruega, llamado el Bueno. Fue uno de los gobernantes escandinavos más eminentes de su época. Impulsó las instituciones políticas. Intentó, sin éxito, cristianizar el país. Reinó desde el 946, aproximadamente, hasta su muerte.

HAAKON II (1147-1162). Rey de Noruega desde 1157 hasta su muerte. Consiguió el control del norte de su país en lucha contra Inge I.

HAAKON III (m. en 1204). Rey de Noruega desde 1202 hasta su muerte. Intentó solucionar las desavenencias entre la corona y la iglesia.

HAAKON IV (1204-1263). Rey de Noruega desde 1217 hasta su muerte. Consolidó el poder monárquico, estableció la soberanía sobre Groenlandia e Islandia e inició la edad dorada de la historia medieval noruega. Fue un gran mecenas de las artes.
Noruega 11:15a; Snorri Sturluson 13:272b.

HAAKON V (1270-1319). Rey de Noruega desde 1299 hasta su muerte. Su política exterior en contra de Inglaterra abrió el camino para la dominación comercial del país por los comerciantes hanseáticos. Su reinado marcó el fin de la edad dorada de la historia medieval noruega.

HAAKON VI (1340-1380). Rey de Noruega desde 1355 hasta su muerte. Su matrimonio con la hija del rey de Dinamarca facilitó la posterior Unión de Kalmar entre las tres naciones escandinavas. Concedió diversos privilegios a los comerciantes hanseáticos.

HAAKON VII (1872-1957). Rey de Noruega. Príncipe danés, fue elegido monarca de los noruegos por el parlamento en 1905, tras la escisión entre Suecia y Noruega. Reinó durante las dos guerras mundiales. Defensor de la democracia, se exilió a Londres durante la ocupación nazi y alentó la resistencia de su país.
Noruega 11:15b.

HAARLEM. Ciudad de los Países Bajos, cap. de la prov. de Holanda Septentrional, a orillas del río Spaarne. Edificios medievales. Famosa escuela de pintura. Industrias diversas. Exportación de tulipanes. 148.262 hab. (1999).

HAAS, ERNST (1921-1989). Fotógrafo austriaco. Alcanzó fama, por sus innovaciones fotográficas en las que mezclaba los colores y los objetos y formaba con ellos sensaciones impresionistas. Destacó como reportero gráfico y publicó *Elementos*. En 1962 expuso en el Museo de Arte Moderno de Nueva York.

HAAVIKKO, PAAVO (n. en 1931). Escritor finlandés. Autor de poesías, novelas, obras dramáticas y libretos de óperas, fue uno de los principales representantes de las tendencias innovadoras y experimentales en la literatura finlandesa del siglo XX. *El palacio de invierno* (1959), *Edad de hierro* (1982).

HABA. V. **Frijol.**

HÁBA, ALOIS (1893-1973). Compositor checo. Notable por sus experimentos de música microtonal. Estudió en Praga, Viena y Berlín. Arnold Schöenberg influyó poderosamente en su variada obra. Destaca su ópera *La madre* (1931).

HABACUC, LIBRO DE. Uno de los textos que componen el Antiguo Testamento, escrito por el profeta menor que le da nombre, contemporáneo de Jeremías. La obra plantea el problema del mal en el gobierno de las naciones, maldice a los opresores del pueblo de Israel y entona un himno triunfal a Yahvé.

HABANA. Población y puerto, cap. de Cuba. 2.241.000 hab. (1994).
7:307a; Cuba 5:52a; Habana, provincia de 7:308b; *ilustraciones* 7:307b; 7:308a.

HABANA, PROVINCIA DE. División administrativa de Cuba, al oeste de la isla. Cap. la Habana. 5.731 km^2. 647.280 hab. (1990).
7:308b; Habana 7:307a.

HABANERA. Composición musical para danza o canto de origen supuestamente español. Llevada a Cuba, regresó a Europa influida por la música negra. Grandes compositores incorporaron habaneras en sus obras, como Georges Bizet en su ópera *Carmen*.
Canción 3:339b; Tropical, música 14:134b.

HABASH, GEORGES (n. en 1925). Médico palestino, de religión cristiana ortodoxa, fundador del Frente Popular para la Liberación de Palestina. Defendió posturas radicales frente a Israel, lo que provocó tensiones entre su grupo y la Organización para la Liberación de Palestina.

HABEAS CORPUS. Expresión latina que hace referencia al procedimiento judicial que tiene por objeto asegurar la libertad del individuo, impidiendo que se produzcan detenciones arbitrarias. El acusado debe comparecer ante un juez para que éste decida sobre la legalidad del arresto.
Reino Unido 12:308a.

HABER. Parte de la contabilidad que recoge el valor de las operaciones de una empresa o entidad expresado en unidades monetarias. En las cuentas de activo, los abonos se producen por la salida de bienes o pagos de la empresa, y, en las de pasivo, por las deudas que contrae.
Contabilidad 4:356a.

HABER, FRITZ (1868-1934). Químico alemán. Descubridor de un procedimiento para la obtención de amoniaco sintético. Premio Nobel de química en 1918.
7:309a; Amoniaco 1:308a; *ilustración* 7:309b.

HABERLER, GOTTFRIED VON (n. en 1900). Economista estadounidense de origen austriaco, experto en comercio internacional. Profesor en las universidades de Viena y Harvard. Destacó principalmente por su teoría sobre la coyuntura. *El comercio internacional* (1937), *Prosperidad y depresión* (1937).

HABERMAS, JÜRGEN (n. en 1929). Filósofo y sociólogo alemán. Uno de los más destacados representantes de la escuela de Francfort.
7:309b; Francfort, escuela de 6:382a; *ilustración* 7:309b.

HABIBI, EMILE (1922-1996). Escritor palestino. En su obra describe la difícil convivencia entre árabes e israelíes en suelo palestino y los conflictos derivados de tal situación. *Sucesos extraños en la desaparición de Said Abu al-Nahs al-Mutashael.*

HABIBIE, BACHARUDIN YUSUF (n. en 1936). Político indonesio. Protegido por el presidente Suharto, ocupó diversos cargos durante su régimen desde 1974. Tras su dimisión en 1998, accedió a la presidencia de la república.
7:310a; Suharto 13:353a; Ximenes Belo, Carlos 14:376b; *ilustración* 7:310a.

HABIMA. Compañía teatral hebrea nacida en Polonia en 1912. Dedicada inicialmente a la representación de obras tradicionales hebreas, asimiló progresivamente técnicas y ambiciones del arte escénico de la escuela de Konstantín Stanislavski y se especializó en el montaje de dramas bíblicos y folclóricos de gran calidad artística. Instalada en Moscú desde 1917, se trasladó definitivamente a Israel en 1931, donde fue declarada Teatro Nacional del país.
Yiddish, literatura 14:387b.

HÁBITAT. Conjunto de condiciones fisicoquímicas, climáticas, etc., que rigen en un lugar dado en el que se desarrolla la vida de una especie o de una comunidad animal o vegetal.
Biodiversidad 3:24b.

HABLA (FISIOLOGÍA). Facultad de comunicar el pensamiento mediante un sistema de sonidos articulados (lenguaje) emitidos por los órganos de la fonación. Ejercicio de dicha facultad.

HABLA (LINGÜÍSTICA). Parte individual y personal del lenguaje, producto de la propia voluntad e inteligencia del individuo, que permite, a partir de un código establecido socialmente (lengua), la comunicación interpersonal. Fue definida por la escuela estructuralista de Ferdinand de Saussure.
7:310a; Fonética y fonología 6:343b; Lenguaje 9:104a; *cuadro* 7:311b; *ilustración* 7:310b.

HABRÉ, HISSÈNE (n. en 1942). Político del Chad. Primer ministro en 1978, se proclamó presidente de la república en 1982, con ayuda de Francia y los Estados Unidos. Prosiguió la guerra civil que asolaba el país desde su independencia. Fue derrocado en 1990 en un golpe de estado apoyado por Libia.

HABSBURGO, CASA DE. Una de las más importantes dinastías reinantes en Europa desde el siglo XV hasta la segunda década del siglo XX.
7:311b; Austria 2:229a; Austria, casa de 2:233a; Austro-húngaro, imperio 2:235a; Flandes 6:322b; Maximiliano I de Alemania 10:1b; Países Bajos 11:210a; Richelieu, cardenal de 12:366b; Sacro Imperio Romano 13:82a; Solimán el Magnífico 13:296a; Treinta años, guerra

de los 14:121b; Viena 14:306a; *cuadro* 7:312; *ilustraciones* 7:312; 7:313b.

HABU. Reptil crótalo de la familia de los crotálidos (*Trimeresurus flavoviridis*). Cabeza ancha y grandes ojos. Metro y medio de longitud. Región ventral amarillenta con manchas oscuras y dorso pardo o amarillo.

HABYARIMANA, JUVÉNAL (1937-1994). Militar y político ruandés, perteneciente a la etnia hutu. En 1973 ocupó la presidencia de la República tras derrocar al presidente Grégoire Kayibanda. Declaró el partido único y promulgó una nueva constitución en 1978. Ese mismo año fue reelegido presidente. En 1983 renovó su mandato. Su muerte en atentado, en el que también murió el presidente hutu de Burundi, Cyprien Ntargamira, desató una serie de luchas étnicas que derivó en guerra civil.
Ruanda 13:30a.

HAÇAMARI. Mamífero úrsido (*Tremarctos ornatus*). Principalmente vegetariano. Originario de América del sur. También llamado oso de anteojos.

HACHA, PEZ. Osteictio cipriniforme de la familia de los carácidos (*Gasteropelecus levis*). Posee cuerpo comprimido y vive en el Amazonas.

HACHEMÍ. Miembro de la familia descendiente de Hasim, antecesor de Mahoma. Por extensión, todos los árabes descendientes del profeta. La moderna dinastía desciende de Husáyn ibn Alí, emir de La Meca y rey de Hiyaz de 1916 a 1924.
Jordania 8:382a.

HACHÍS. Término con el cual se designan diversas preparaciones de la resina de la *Cannabis indica*, o marihuana, que se fuman, mascan o consumen en infusión como estupefacientes.
Cáñamo 3:353b; Toxicomanía 14:104b.

HACIENDA (AGRICULTURA). Finca agrícola o ganadera en tierras hispanoamericanas, que inició su desarrollo durante el período colonial. También conocida como estancia en la Argentina y *fazenda* en Brasil. Es usualmente de grandes dimensiones.

HACIENDA (ECONOMÍA). Conjunto de los bienes de un estado. Por extensión se da el nombre también a la institución que administra tales bienes y dirige las finanzas del estado. El término es sinónimo de hacienda pública.
Finanzas públicas 6:299b.

HACKER. Término inglés que designa a usuarios muy avezados en el empleo de los sistemas informáticos y las redes globales de comunicaciones. Se aplica también a los piratas informáticos que invaden las redes sin intención de dañarlas, característica que distingue a los *hacker* de los *crackers*.

HACKMAN, GENE (n. en 1931). Actor estadounidense. La madurez expresiva de sus papeles le hizo merecer el apoyo de la crítica internacional. *Contra el imperio de la droga (1971)* -por la que logró el Óscar al mejor actor secundario-, *Bajo el fuego* (1983), *Sin perdón* (1992), *Al caer el sol* (1998).

HADA. Personaje femenino imaginario, dotado de poderes sobrenaturales, capaz de influir favorable o desfavorablemente en la vida de los humanos.
7:313b.

HADAMARD, JACQUES-SALOMON (1865-1963). Matemático francés. Profesor en el Collège de France y en las escuelas politécnica y central de artes y manufacturas, destacó por su contribución al estudio de la teoría de las funciones de variables complejas. *Lecciones sobre el cálculo de variaciones* (1910).

HADDA. Centro arqueológico en Afganistán. Se conservan restos de monasterios y monumentos budistas con frescos y esculturas de influencia griega, pertenecientes a los siglos II al VI.

HADES. En la mitología griega, hijo de Cronos y de Rea, dios de los infiernos. También, el reino de los muertos.
7:314a; Deméter 5:122a; Perséfone 11:348b; Poseidón 12:104a; *ilustración* 7:314a.

HADIZ. Fuente doctrinal que recoge las narraciones referentes a los hechos y los dichos de Mahoma o de sus acompañantes según testimonios coetáneos. Es la expresión de la *sunna* o costumbre aceptada. La compilación más importante fue realizada por Mohamed ibn Ismaíl al-Bujari en el siglo IX.
Islam 8:278b.

HADRAMAWT. Antiguo reino del sur de Arabia. Ocupaba una parte de lo que sería Yemen, cuyo río principal conserva el nombre primitivo del país.
Yemen, República de 14:382b.

HADRÓN. Tipo de partícula elemental bajo los efectos de la denominada fuerza nuclear fuerte, que es la que mantiene la cohesión de protones y neutrones en el núcleo. Los hadrones están constituidos por otras partículas más sencillas llamadas *quarks*.
Materia y antimateria 9:413a; Partículas subatómicas 11:289a.

HAECKEL, ERNST (1834-1919). Naturalista y biólogo alemán. Luchó en favor de la teoría evolucionista y declaró que la ontogenia (embriología y desarrollo del individuo) repite el ciclo de la filogenia (desarrollo de las especies).
7:314b; Ecología 5:272b; Filogenia 6:290b; Ratzel, Friedrich 12:265a; Zoología 14:429b; *ilustración* 7:314b.

HAEDO, ALTIPLANO DE. Meseta uruguaya situada en los dep. de Artigas, Salto, Paysandú, Río Negro y Tacuarembó, en la parte occidental del país. Alcanza su máxima altitud en la cuchilla de Haedo.

HAEDO, CUCHILLA DE. Sistema montañoso del oeste de Uruguay. Continuación de la cuchilla de Santa Ana, en territorio brasileño. Uno de sus tramos recibe el nombre de cuchilla Negra. Divide las cuencas del río Uruguay y el Negro.

HAEMOPHILUS. Género de bacterias parásitas. De tipo gramnegativo, pequeño tamaño, inmóviles y de carácter aerobio o anaerobio. Comprende más de quince especies, entre ellas *Haempohilus influenzae*, que provoca infecciones respiratorias en el hombre.

HAENDEL, GEORG FRIEDRICH (1685-1759). Compositor inglés de origen alemán. Escribió óperas, oratorios y piezas instrumentales en estilo barroco tardío.
7:315a; Barroco, arte 2:361a; Música 10:313a; Oratorio 11:127b; Orquesta 11:158a; Serenata 13:208b; *cuadro* 7:315b; *ilustración* 7:315b.

HAES, CARLOS DE (1829-1898). Paisajista español de origen belga. Estilo influido por la escuela naturalista de Fontainebleau, cuya sencillez y precisión ambiental pueden considerarse como anticipación del impresionismo.

HAFIZ (h. 1325-h. 1390). Poeta persa. Renovador de los géneros clásicos, fue autor de numerosas composiciones de tema amoroso y báquico con trasfondo místico.
7:315b.

HAFNIO. Elemento químico, metal del grupo IVb de la tabla periódica. Similar al zirconio, se encuentra en las menas de este metal. Se usa para barras de control de reacciones nucleares y para aleaciones. Símbolo, Hf; número atómico, 72; peso atómico, 178,50.

HAFSÍ, DINASTÍA. Familia dinástica que se mantuvo en el poder entre 1229 y 1574 en los territorios del Magreb oriental y que estableció el estado tunecino. Se inició con Abú Zakariya y finalizó con la ocupación de Túnez por los turcos.
Túnez 14:150b.

HAFSÚN, OMAR IBN (m. en el 917). Insurgente hispanomusulmán. Rebelado contra el emirato cordobés, logró importantes victorias frente a los ejércitos de Mohamed I, al-Mundir y Abdalá, y obtuvo la posesión de diferentes plazas en el al-Ándalus. Su poder comenzó a declinar poco antes de su muerte.

HAGANÁ. Organización militar sionista que representó a la mayoría de los judíos de Palestina de 1920 a 1948. Fue disuelta a raíz de la creación del estado de Israel, integrándose en el ejército del nuevo estado.

HAGEN. Ciudad de Alemania, estado de Renania del Norte-Westfalia, al sur del Ruhr. Reconstruida tras la segunda guerra mundial. Museo de arte e historia. Industrias químicas, maquinaria, papel. 209.027 hab. (1998).

HAGEN, JOHANN GEORG (1847-1930). Astrónomo alemán. Jesuita, fue director del Observatorio del Colegio de Georgetown (1888-1906) y del Observatorio Vaticano (1906-1930). Sus investigaciones versaron principalmente sobre las estrellas variables y las nebulosas oscuras. *Atlas de las estrellas variables* (1890-1908).

HÄGERSTRÖM, AXEL (1868-1939). Filósofo sueco. Alumno y profesor de la Universidad de Uppsala, fundó la escuela de filosofía de esta ciudad. Su ideario filosófico se basaba en un rechazo total a toda concepción metafísica. *La ética de Kant en relación con sus ideas fundamentales epistemológicas, expuestas sistemáticamente* (1902), *Teología social del marxismo* (1909).

HAGGARD, HENRY RIDER (1856-1925). Novelista británico. Intervino en la guerra de los bóers. El Transvaal, en Sudáfrica, le inspiró novelas de aventuras tales como *Las minas del rey Salomón* (1885), *Allan Quatermain* (1887), *Ella* (1887) y *Ayesha* (1905).

HAGIOGRAFÍA. Conjunto de escritos, datos y documentos referentes a la vida de los santos o de las personas en vías de beatificación o canonización, así como ciencia dedicada a su estudio. Como rama de la historia de la iglesia, sus orígenes se remontan a la recopilación de las actas de los mártires, leídas, con fines ejemplarizantes, a los primeros cristianos. El primer texto hagiográfico reconocido como tal es la vida de san Antonio Abad, escrita por san Atanasio (siglo IV). Gracias a la labor de los bolandistas se dispone hoy de los *Acta sanctorum* (*Hechos de los santos*), donde se recoge toda la documentación relativa a la hagiografía.

HAGIWARA SAKUTARO (1886-1942). Poeta japonés. Fue maestro en la utilización de los recursos expresivos que ofrece la lengua japonesa. Su obra supuso un intento de renovación de las formas tradicionales. *Ladrando a la luna* (1917), *Nuevos deseos* (1922).
Japonesa, literatura 8:352b.

HAGUE, WILLIAM (n. en 1961). Político británico. En 1997 fue elegido máximo dirigente del Partido Conservador británico, tras la derrota de su antecesor John Mayor ante el laborista Tony Blair. Se convirtió así en el más joven líder de esta agrupación política en los últimos doscientos años.

HAHN, ÓSCAR (n. en 1938). Poeta chileno. Profundizó con tono irónico y amargo en el proceso de aceptación del desengaño existencial. *Esta rosa negra* (1961), *Arte de morir* (1977), *Estrellas fijas en un cielo blanco* (1989), *Versos robados* (1995).

HAHN, OTTO (1879-1968). Físico y químico alemán. Uno de los primeros investigadores en el campo de la radiactividad. Descubridor de la fisión nuclear. Premio Nobel de química en 1944, compartido con Fritz Strassmann, por sus investigaciones sobre la energía nuclear aplicada.
Uranio 14:190a.

HAHN, REYNALDO (1874-1947). Compositor y crítico musical francés de origen venezolano. Autor de óperas, comedias musicales, operetas y piezas de ballet, fue director de la Ópera de París y crítico musical. *El baile de Beatriz de Este* (1909), *Mozart* (1925), *El mercader de Venecia* (1935).

HAHNEMANN, SAMUEL (1755-1843). Christian Friedrich Samuel Hahnemann, médico alemán fundador de la homeopatía, basada en el principio de que lo similar cura a lo similar. El tratamiento de la enfermedad se efectúa con cantidades muy pequeñas de fármacos que provocan en el ser humano signos similares a los que se pretenden curar.

HAHNIA. Género de arácnidos de la familia de los háhnidos. Librea profusa característica. Propios de lugares húmedos.

HAHNIO. Elemento químico artificial radiactivo del grupo vb de la tabla periódica. Su descubrimiento en 1970 por científicos estadounidenses fue disputado por investigadores soviéticos, que aseguraron haberlo producido en 1967 y propusieron llamarlo nielsbohrio (símbolo, Ns). Símbolo, Ha; número atómico, 105; masa del isótopo más estable, 260.

HAI BEN SHERIRA (939-1038). Talmudista babilonio. Gaón o jefe de la academia rabínica de Pumbedita, en su nueva sede de Bagdad, fue autor de gran número de responsas o respuestas a las diferentes cuestiones referidas a las leyes judías. Sucedió en el puesto de gaón a su padre Sherira ben Hanina.

HAIDA. Pueblo indígena que habita en las islas Reina Carlota, en la provincia canadiense de la Columbia Británica, y en la parte meridional de la isla Príncipe de Gales, en Alaska. Su economía está basada en la pesca y la caza. Descubierto por los españoles en 1774. Característicos de su arte son sus tótems de madera tallada.

HAIDALA, MOHAMED JAUNA OULD (n. en 1940). Militar y político mauritano. Participó en el golpe de estado que en 1978 destituyó al presidente Moktar Ould Dada y, en 1980, se autoproclamó presidente al derrocar al coronel Louly. En 1984 un nuevo golpe de estado le apartó del poder.
Mauritania 9:424a.

HAIDARABAD (INDIA). V. **Hyderabad** (India).

HAIDARABAD (PAKISTÁN). V. **Hyderabad** (Pakistán).

HAIDER, JÖRG (n. en 1950). Político austriaco. Al frente del Partido Liberal Austriaco, de corte populista y ultraconservador, logró ocupar el tercer puesto en las elecciones legislativas en Austria en 2000, llevando a su formación a tomar parte del gobierno, junto con los cristianodemocráticos. La presencia del partido de Haider en el gabinete hizo que otros países de la Unión Europea impusieran temporalmente sanciones económicas contra Austria.

HAIFA. Ciudad y puerto de Israel, cabecera del dist. homónimo a orillas del Mediterráneo. Un ferrocarril subterráneo une el puerto con la parte alta de la ciudad, edificada en las pendientes del monte Carmelo. Instituto de tecnología y universidad. Museo marítimo. Acería, astilleros, refinería de petróleo; productos alimenticios y químicos; textiles. 265.700 hab. (1999).
Israel 8:297a.

HAIFONG. V. **Haiphong.**

HAIG, PRIMER CONDE DE (1861-1928). Douglas Haig, mariscal británico. Participó en las campañas de Sudán (1898) y África del sur (1899-1902) y fue nombrado en diciembre de 1915 comandante en jefe de las fuerzas británicas en el frente francés, en el transcurso de la primera guerra mundial.

HAIKU. Composición poética japonesa surgida en el siglo XVII como reacción contra la poesía cortesana. Se compone de 17 sílabas ordenadas en grupos de 5, 7 y 5. Entre sus principales maestros destacaron Matsunaga Teikoku, Nishiyama Soin y Matsuo Basho.
Japonesa, literatura 8:351b.

HAILE MARIAM, MENGISTU (n. en 1939). Militar y jefe de estado etíope. Asumió el poder en 1977. Aplicó políticas marxistas, mantuvo una guerra con Somalia y ayudó a agravar una fuerte hambre. Derrocado en 1991.

HAILE SELASSIE (1892-1975). Emperador de Etiopía desde 1930 hasta 1974, año en que fue destronado.
7:316a; Eritrea 6:22a; Etiopía 6:182b; *ilustración* 7:316a.

HAINAN, ISLA. Territorio insular de China, al sur de la península de Leizhou (Luichow), de la que está separada por el estrecho de Hainan. Cubre una superficie de 34.300 km². 7.240.000 hab.

HAINAUT. Provincia del sur de Bélgica limítrofe con Francia. Regada por los ríos Escalda, Dendre y Sambre. Canteras de granito y porfirio. Cap. Mons. 3.786 km². 1.284.761 hab. (1988).
Bélgica 2:395b.

HAINES, JACKSON (1840-1876). Patinador sobre hielo estadounidense. Adaptó el estilo y la técnica del ballet al deporte del patinaje sobre hielo. Campeón de patinaje masculino en los Estados Unidos, marchó a Europa en 1865.
Invierno, deportes de 8:253b.

HAIPHONG. Ciudad y puerto de Vietnam en el delta del río Rojo, al norte del golfo de Tonkín. Importante centro industrial. 783.133 hab. (1992).
Vietnam 14:312a.

HAITÍ. País de las grandes Antillas, en la mitad occidental de la isla de La Española. Cap. Puerto Príncipe. 27.700 km². 6.868.000 hab. (2000).
7:316b; América 1:276b; Antillas 1:392b; Dessalines, Jean-Jacques 5:156b; Dominicana, República 5:222a; Duvalier, François 5:258a; Duvalier, Jean-Claude 5:258a; Núñez de Cáceres, José 11:52a; Pétion, Alexandre 11:377b; Préval, René 12:136b; Puerto Príncipe 12:195a; Toussaint-Louverture, François de 14:100b; Vudú 14:348a; *mapa* 7:316b; *cuadros* 7:317a; 7:318a; *ilustraciones* 7:317b; 7:318a; 7:319b; 7:320a; 7:321a.

HAITIANA, LITERATURA. Conjunto de obras escritas por autores de Haití, a partir de su independencia (1804).
7:321b.

HAITINK, BERNARD (n. en 1929). Director de orquesta neerlandés. Inició su carrera como director en diversas agrupaciones musicales de los Países Bajos y ocupó el puesto de director de la Orquesta Filarmónica de Londres entre 1970 y 1979 y de la Royal Opera House en 1983.

HAJIB. Puesto político en la España musulmana y en el Egipto de los mamelucos. Documentado entre los omeyas españoles, representó la categoría de primer ministro y alcanzó su máxima importancia con Almanzor, hajib del califa cordobés Hixem II.

HAKAM I. V. **Alhacam I.**

HAKAM II. V. **Alhacam II.**

HAKIM, TAWFIQ AL (1899-1987). Escritor egipcio considerado como el primer dramaturgo de la literatura árabe. Autor de numerosas comedias en las que trató temas de la vida cotidiana, mitológicos, de la tradición islámica y sociales. Creador también de novelas. *La mujer nueva* (1923), *Diario de un fiscal rural* (1937), *El destino del escarabajo* (1972).

HAKLUYT, RICHARD (h. 1552-1616). Geógrafo británico. Notable por su influencia política, contribuyó poderosamente a la expansión ultramarina durante el reinado de Isabel I. Su obra más importante, *Las principales navegaciones, viajes y descubrimientos de la nación inglesa* (1589), compendia los primeros viajes ingleses al continente americano.

HALAB. Gobernación del norte de Siria, situada en la frontera con Turquía. Dedicada principalmente a los cultivos agrícolas. Cap. Alepo. 18.500 km². 3.035.000 hab. (1995).
Alepo 1:197b.

HALACH UINIC. Autoridad suprema de las ciudades-estado mayas. Concentraba todos los poderes civiles y militares, e incluso, según algunos historiadores, el religioso. Su cargo era hereditario y estaba asesorado por un consejo.
Maya cultura 10:4b.

HALAF (siglo X). Marfilista musulmán. Su estilo pertenece a la escuela califal cordobesa y se caracteriza por una talla minuciosa y profunda. «Arqueta de Fitero», «Bote de perfume», «Díptico de Silos», «Bote de Almoguira».

HALAKÁ. Compendio de carácter jurídico-religioso que forma parte del *Talmud* judío. Se basa en las leyes transmitidas por tradición oral. Regula las relaciones personales, sociales, nacionales e internacionales, así como todas las prácticas y observancias del judaísmo.
Hebrea, literatura 7:344a.

HALÁSZ, GYULA. V. **Brassaï.**

HALAY, AL- (858-922). Abú Abdalá al Husáyn ibn Mansur, místico y poeta sufí. Nacido en la provincia persa iraní de Fars, sufrió cárcel y fue ejecutado en la ciudad de Bagdad por defender sus ideas religiosas durante el gobierno de los abasíes. Louis Massignon tradujo su obra al francés y recreó su vida en *La pasión de al-Halay* (1922).

HALCÓN. Ave rapaz diurna del orden de los falconiformes y de la familia de las falcónidas, perteneciente al género *Falco*.
7:322b; Rapaces 12:262a; *cuadro* 7:323a; *ilustración* 7:322b.

HALCÓN, MANUEL (1902-1989). Novelista español. Director del Instituto de Cultura Hispánica y miembro de la Real Academia Española. Fue director de la revista *Vértice*, de orientación falangista. Desarrolló la temática relacionada con la aristocracia latifundista. *El hombre que espera, Fin de raza* (1927), *Desnudo pudor* (1964).

HALCÓN NEGRO (1767-1838). Jefe de los indios sauk y fox de Norteamérica. Entre 1812 y 1815 luchó por defender sus territorios ante el expansionismo de los Estados Unidos. Perdida la guerra, se enfrentó de nuevo al gobierno de Washington por la posesión de las tierras al oeste del Mississippi (guerra de Halcón Negro, 1831-1832).

HALDANE, J. B. S. (1894-1964). Biólogo y matemático indio de origen británico. Creador de la teoría sintética que intentaba reunir el evolucionismo y la genética. *Una teoría matemática de la selección artificial* (1924-1928), *Las causas de la evolución* (1933).

HALDANE, RICHARD BURDON (1856-1928). Político británico. Autor de importantísimas reformas militares mientras ocupó la secretaría de estado para la guerra, de 1905 a 1912. De ideas liberales, se sintió atraído por la ideología socialista y fue uno de los fundadores de la London School of Economics. Escribió varias obras de carácter filosófico y difundió las ideas de Albert Einstein. *El reino de la relatividad* (1921).

HALE, GEORGE ELLERY (1868-1938). Astrónomo estadounidense. Pionero en las investigaciones de física solar, descubrió campos magnéticos en las manchas solares e inventó el espectroheliógrafo. Impulsó la construcción de grandes telescopios, como el de monte Palomar.

HALE, HORATIO (1817-1896). Antropólogo y lingüista estadounidense. Participó en una expedición científica dedicada al estudio de los pueblos del Pacífico y publicó varios estudios sobre las lenguas y tradiciones de los indios iroqueses. *Libro de los ritos iroqueses* (1883).

HALE, TELESCOPIO. Telescopio de grandes dimensiones del tipo de reflexión en el espectro visible. Instalado en el observatorio del monte

Palomar. Cúpula de 40 m de altura y 40 m de diámetro, y espejo de 5,08 m de diámetro. La longitud del tubo es de unos 17 m. Se inauguró en 1948.

HALEAKALA, MONTE. Volcán apagado de la isla de Maui, en Hawaii, centro de un gran parque nacional. El cráter tiene una superficie de 49 km^2 y una profundidad máxima de 760 m. La cima está a 3.055 m.

HALE-BOPP, COMETA DE. Cometa detectado en 1995 que debe su nombre a sus descubridores, los astrónomos Alan Hale y Thomas Bopp. Tiene la peculiaridad de ofrecer tres colas –la mayoría de los de su tipo sólo tiene dos–, observándose en la tercera la presencia de sodio. Su estudio reveló la posibilidad de que la vida se hubiese originado en un cuerpo celeste, ya que en este cometa se encuentran los elementos químicos precisos para construir principios inmediatos orgánicos.

HALES, STEPHEN (1677-1761). Eclesiástico y botánico inglés. Introdujo nuevas técnicas de medición para el estudio de la fisiología de las plantas. Analizó los mecanismos de transpiración y circulación de la savia en los vegetales.
Botánica 3:127a.

HALEVÍ, JUDÁ (h. 1075-1141). El mayor poeta hebreo de España. Fue filósofo, teólogo y médico. Autor de *Siónidas*, colección de himnos religiosos en hebreo, y de una obra en árabe (*al-Jazarí* o *Kuzarí*), apología del judaísmo.

HALÉVY, FROMENTAL (1799-1862). Compositor francés. Ingresó a los nueve años en el conservatorio de París. Se dedicó a la enseñanza musical. Autor de óperas románticas tales como *La judía* (1835) y *La dama de picas* (1850).

HALEY, ALEX (n. en 1921). Periodista y escritor estadounidense. En sus inicios, colaboró con la revista *Playboy*. Su trabajo en la publicación de *La autobiografía de Malcolm X* lo impulsó a realizar investigaciones sobre su propia genealogía, de las cuales surgió su novela *Raíces* (1976), que tuvo una excepcional acogida y fue llevada a la televisión.

HALFFTER, CRISTÓBAL (n. en 1930). Compositor español. Estudió con Conrado del Campo. Dirigió el conservatorio de Madrid. Cultivó diversos géneros musicales, con un estilo innovador. *Jarchas de dolor de ausencia* (1979), *Debla* (1981).

HALFFTER, ERNESTO (1905-1989). Compositor español. Estudió con Manuel de Falla. Director de la Orquesta Bética y del conservatorio de Sevilla. Concluyó *La Atlántida* de Falla.

HALFFTER, RODOLFO (1900-1987). Compositor español. Catedrático del conservatorio de México. Autor de ballets y de las canciones basadas en la obra de Rafael Alberti *Marinero en tierra*.

HALIBURTON, THOMAS CHANDLER (1796-1865). Escritor canadiense. Participó en la vida política de Canadá y emprendió importantes reformas de signo liberal. Se instaló en el Reino Unido en 1856 y llegó a ser miembro de la Cámara de los Comunes. Autor del personaje del yanqui Sam Slick. *El relojero* (1835-1836), *Sam Slick en Inglaterra* (1843-1844).

HALIBUT. Pez perteneciente al orden de los pleuronectiformes, familia de los pleuronéctidos (*Hippoglossus hippoglossus*). De gran tamaño (alcanza casi los tres metros), forma alargada y color verde oscuro dorsal y blanco ventral. Carnívoro, vive en el Atlántico norte.

HALICARNASO. Antigua ciudad griega de Caria, en Asia Menor. Famosa por el monumento funerario en honor del rey Mausolo, mandado erigir por su viuda en el siglo IV a.C.

HALICARNASO, MAUSOLEO DE. Una de las siete maravillas del mundo antiguo. Se construyó entre el 353 y el 350 a.C., en honor del rey Mausolo. El monumento, de unos 25 m de altura, era de estilo jónico e iba rematado por una cuadriga.
Arquitectura 2:104a; Maravillas del mundo, las siete 9:351a.

HALIFAX. Capital y puerto de la prov. de Nueva Escocia, Canadá, a orillas del Atlántico. Aeropuerto internacional. Iglesias del siglo XVIII. Ciudadela. Universidades. Refinería de petróleo, astilleros, automóviles. Conservas de pescado. 113.910 hab. (1996).

HALITA. En mineralogía, sal gema o común, variedad mineral del cloruro de sodio.

HALL, ASAPH (1829-1907). Astrónomo estadounidense. Descubrió en 1877 los dos satélites de Marte, Deimos y Fobos, y calculó sus órbitas. Logró importantes aportaciones en la observación de planetas, cálculos de órbitas de sus satélites y de las órbitas de estrellas dobles.

HALL, CHARLES FRANCIS (1821-1871). Explorador estadounidense. Hizo su primer viaje al polo norte como periodista, y vivió con los esquimales durante veinte meses. En diferentes exploraciones alcanzó la tierra del Rey Guillermo y a bordo del «Polaris», la costa de Groenlandia, en la bahía Polaris, donde invernó. Murió al regreso de una expedición.

HALL, CHARLES MARTIN (1863-1914). Químico estadounidense. Descubrió en 1886 un método para la producción industrial del aluminio, procedimiento similar al desarrollado por el francés Paul-Louis-Toussaint Héroult. Participó en la fundación de lo que sería la Aluminum Company of America.
Aluminio 1:254b.

HALL, EDWIN HERBERT (1855-1938). Físico estadounidense. Profesor en las universidades de Baltimore y Cambridge, Estados Unidos, trabajó principalmente en el campo del electromagnetismo. En 1879, descubrió el efecto que lleva su nombre.

HALL, EFECTO. Fenómeno electromagnético descubierto en 1879 por Edwin Herbert Hall, que establece la diferencia de potencial que se produce cuando un campo magnético incide sobre una corriente eléctrica.

HALL, G. STANLEY (1844-1924). Psicólogo estadounidense. Especialista en psicología evolutiva, es considerado uno de los fundadores de las modernas psicologías infantil y educativa. Fundador del *American Journal of Psychology*. *Adolescencia* (1904).

HALL, JAMES (1811-1898). Geólogo estadounidense. Dedicado desde 1836 al estudio geológico del estado de Nueva York, publicó entre 1847 y 1894 una obra básica para el estudio de la paleontología de su país, *La paleontología de Nueva York*. Desarrolló la teoría de los geosinclinales en el desarrollo de la formación de las montañas.

HALL, RADCLYFFE (1880-1943). Escritora británica. Autora de poesías y novelas, exploró en sus obras el mundo de la homosexualidad femenina. Premio Fémina por su novela *La raza de Adán* (1926). *El pozo de la soledad* (1928).

HALLAY, AL-. V. **Halay, al-.**

HALLE. Ciudad de Alemania, cap. del est. de Sajonia-Anhalt, junto al río Saale. Perteneció a la Liga Hanseática. Edificios medievales, universidad. Minas de lignito, industrias diversas. 268.365 hab. (1998).

HALLE, ADAM DE LA (h. 1250-h. 1306). Trovador francés. Fue el innovador del teatro secular más antiguo de su país. *El juego del enramado*, *El juego de Robin y Marian*.
Francesa, literatura 6:370a.

HALLER, ALBRECHT VON (1708-1777). Escritor y científico suizo de habla alemana. Estudió medicina y ciencias. Fue profesor de botánica y cirugía. Realizó numerosas investigaciones en el ámbito de la botánica, la anatomía y la fisiología.

HALLEY, COMETA. Cometa identificado por el astrónomo Edmond Halley, quien comprobó que los cuerpos observados en 1456, 1531, 1607 y 1682 correspondían a un mismo astro. Predijo su retorno hacia 1758. El cometa tiene un período aproximado de 75 años.
Halley, Edmond 7:323b.

HALLEY, EDMOND (1656-1742). Astrónomo británico. Descubrió el cometa que lleva su nombre. Catalogó más de 300 estrellas del hemisferio sur.
7:323b; Sistema Solar 13:267a; Submarinismo 13:330a; *ilustración* 7:323b.

HALLEY, PETER (n. en 1953). Pintor y crítico de arte estadounidense. Autor de diferentes ensayos, estableció relaciones entre la pintura geométrica y los métodos de control social.

HALLSTATT, PERÍODO DE. Primera etapa de la edad del hierro en la Europa central y occidental. Toma su nombre de un pueblo austriaco.
Celta, cultura 4:65a; Celtas 4:67a; Indoeuropeos, pueblos 8:178b; Metales, edad de los 10:96a.

HALMAHERA, ISLA. Territorio insular del archipiélago de las Molucas, en la prov. de Maluku, Indonesia. Cubre una superficie de 17.780 km^2.

HALMAR, AUGUSTO D'. V. **D'Halmar, Augusto.**

HALO. Fenómeno consistente en la aparición de uno o varios anillos luminosos alrededor del Sol o la Luna. Se produce cuando la luz procedente de cualquiera de los dos astros experimenta una refracción al atravesar los cristales de hielo existentes en determinadas nubes de las zonas altas de la atmósfera.

HALO GALÁCTICO. Región de las galaxias situada por encima y por debajo del disco galáctico que ofrece el aspecto de una nube difusa de luz. Posee una densidad estelar notablemente inferior a dicho disco.

HALOGENACIÓN. Sustitución de un átomo de hidrógeno por uno de halógeno en una molécula orgánica. Según la naturaleza del halógeno adicionado, recibe distintas denominaciones: cloración, bromación o yodación.

HALÓGENOS. Grupo de elementos químicos que comprende el flúor, cloro, bromo, yodo y astato. Pueden encontrarse en el agua del mar. Forman con facilidad compuestos salinos con los elementos metálicos.
7:324a; Bromo 3:190b; Cloro 4:239b; Flúor 6:336a; Química, industria 12:229a; Yodo 14:388a; *cuadro* 7:324.

HALOGENUROS. Combinaciones binarias de elementos del grupo de los halógenos con átomos metálicos. Carácter iónico y cristalización cúbica. Se dividen en fluoruros, cloruros, bromuros y yoduros.
Mineral y mineralogía 10:176b.

HALPERIN, TULIO (n. en 1926). Historiador argentino. Profesor en Buenos Aires, Harvard, Oxford y Berkeley. Emigró a los Estados Unidos por incompatibilidad con el gobierno del general Juan Carlos Onganía. *El río de la Plata a comienzos del siglo XIX*, *Tradición española e ideología en la revolución de mayo*, *Historia contemporánea de América latina*.

HALS, DIRCK (1591-1656). Pintor holandés. Aprendió en el taller de su hermano Frans. Autor de cuadros sencillos sobre la gente del pueblo, a los que supo imprimir vivacidad y colorido unidos a un elegante diseño. «Los bebedores», «Concierto familiar».

HALS, FRANS (1581/1585-1666). Pintor flamenco. Autor de retratos y de cuadros de género dentro de la escuela barroca holandesa.
7:325a; *ilustración* 7:325b.

HALSINGBORG. V. **Helsingborg.**

HALSKE, JOHANN GEORG (1814-1890). Industrial alemán. En 1847 se unió al ingeniero alemán Ernst Werner Siemens y juntos fundaron la firma Telegraphenbauanstalt Siemens &

Halske, dedicada al desarrollo de la comunicación telegráfica.
Siemens, familia 13:233a.

HALTEROFILIA. Deporte que consiste en el levantamiento de distintas pesas unidas por una barra. También se conoce como levantamiento de pesas.
7:325b; Deporte 5:132; *ilustraciones* 7:325b; 7:326a.

HALURO. Compuesto químico formado por la combinación de un elemento halógeno con otro elemento o con un radical orgánico. Conocido también como halogenuro.

HAMA. Ciudad de Siria, cap. del dist. homónimo, junto al río Orontes. Origen prehistórico. Norias del siglo XIV todavía en funcionamiento. Museo. Textiles, curtidurías, cemento; centro agrícola. 229.000 hab. (1994).

HAMAMATSU. Ciudad y puerto de Japón, prefectura de Shizuoka en la isla de Honshu. Tejidos de algodón, motocicletas, pianos, bienes de consumo. 561.568 hab. (1995).

HAMANN, JOHANN GEORG (1730-1788). Filósofo alemán, seguidor del pensamiento y la estética del romanticismo. Fue llamado «el mago del norte» por su filosofía antirracionalista y su estilo oscuro y aforístico. En 1758 tuvo una gran experiencia religiosa con la lectura de la *Biblia*, y desde entonces concibió a Dios y al sentimiento humano como núcleo de la existencia. *Diario de un cristiano, Pensamientos sobre mi vida, La síntesis de la estética.*

HAMAS. Acrónimo árabe de Movimiento de Resistencia Islámica, grupo fundamentalista islámico palestino fundado en 1987. Opuesto a los acuerdos de paz entre la Organización para la Liberación de Palestina (OLP) e Israel, fue autor de sangrientos atentados suicidas en suelo israelí en la década de 1990.
Autoridad Nacional Palestina (ANP) 2:247a.

HAMBRE. Novela del escritor noruego Knut Hamsun, publicada en 1890. Describe las penalidades de un humilde escritor que sólo de vez en cuando consigue que le acepten un artículo. Obra autobiográfica.

HAMBURGO. Ciudad y puerto de Alemania, localizado en el estuario del Elba. 1.704.731 hab. (1998).
7:326b; Alemania 1:183a; Elba, río 5:349a; Hanseática, Liga 7:331b; *ilustración* 7:327a.

HAMILTON (BERMUDAS). Capital de la colonia británica de las Bermudas. Importante centro turístico. Aeropuerto internacional. Catedral neogótica. 1.679 hab. (1987).
Bermudas 2:422b.

HAMILTON (CANADÁ). Ciudad y puerto canadiense en la prov. de Ontario, a orillas del lago Ontario. Universidad. Siderurgia, automóviles, equipos ferroviarios, productos químicos. Importante mercado al aire libre. Frutas y verduras. 322.352 hab. (1996).

HAMILTON (EUA). Ciudad y puerto fluvial del est. de Ohio, a orillas del río Great Miami. Universidad. Mercado agrícola. Industrias mecánicas, textiles. 63.189 hab. (1980).

HAMILTON (NUEVA ZELANDA). Ciudad de la isla neozelandesa del Norte. Ganadería, industrias alimentarias, maquinaria agrícola. Universidad. 106.700 hab. (1996).

HAMILTON, ALEXANDER (h. 1755-1804). Político estadounidense. Participó en la guerra de la independencia de su país a las órdenes de George Washington. Intervino en la redacción de la constitución y fundó el Partido Federalista. Fue secretario del tesoro (ministro de hacienda) y defendió la centralización del poder.
Jefferson, Thomas 8:360a; Washington, George 14:354b.

HAMILTON, EARL JEFFERSON (n. en 1899). Historiador estadounidense. Especialista en historia económica de España.
7:327b; Historia 8:22a.

HAMILTON, EMMA, LADY (1761-1815). Dama inglesa, esposa del embajador en Nápoles *Sir* William Hamilton y amante del héroe naval Horatio Nelson. Fue intermediaria entre los gobiernos de Nápoles y el Reino Unido.

HAMILTON, JOHN (h. 1532-1604). Noble escocés. Se dedicó a la actividad política. Fracasó en su intento negociador para la liberación de María Estuardo.

HAMILTON, RICHARD (n. en 1922). Pintor británico. Junto con Eduardo Paolozzi, fue uno de los iniciadores del *pop art* británico surgido a mediados de la década de 1950. Obras de carácter político y satírico. «¿Qué hace que nuestros hogares sean hoy tan diferentes, tan atractivos?» (1955).

HAMILTON, WILLIAM ROWAN (1805-1865). Matemático irlandés. A él se deben numerosas aportaciones en el campo del álgebra y de la mecánica, entre ellas las ecuaciones y el operador de Hamilton.
7:327b; Álgebra 1:219b; Número 11:48a.

HAMLET. Tragedia en cinco actos del dramaturgo William Shakespeare, escrita y estrenada entre 1600 y 1601. El protagonista, paradigma de la indecisión, busca vengar la muerte de su padre y sospecha de su tío Claudio, quien ha contraído nupcias con su madre, la reina viuda.
Shakespeare, William 13:223a.

HAMM. Ciudad de Alemania, en el est. de Renania del Norte-Westfalia, a orillas de los ríos Lippe y Ahse. Perteneció a la Liga Hanseática. Iglesia medieval, museo. Cables, carbón. 181.194 hab. (1998).

HAMMARSKJÖLD, DAG (1905-1961). Político sueco. Fue secretario general de las Naciones Unidas desde 1953 hasta su muerte, acaecida en África durante una de sus intervenciones como mediador en la crisis del anterior Congo belga. Se le otorgó el Premio Nobel de la paz póstumamente (1961).

HAMMERSTEIN II, OSCAR (1895-1960). Libretista estadounidense. Sobrino del empresario de ópera Oscar Hammerstein. Escribió comedias musicales y operetas de gran éxito. Se inició en 1922 con *Wild Flowers,* logró su primer éxito con *Rose Marie* (1924) y obtuvo, junto con Richard Rodgers, el Premio Pulitzer por sus obras *Oklahoma!* (1943) y *South Pacific* (1949). *The Sound of Music* (1959; *La novicia rebelde).*
Rodgers, Richard 12:405a.

HAMMET, DASHIELL (1894-1961). Novelista estadounidense. Cultivó la novela negra y fue el creador del detective Sam Spade y de la pareja formada por Nick Charles y su esposa Nora. *El halcón maltés* (1930), *El hombre delgado* (1932).

HAMMOND, LAURENS (1895-1973). Hombre de negocios estadounidense. Inventó el instrumento electrónico de teclado denominado órgano Hammond.

HAMPA. Forma de vida propia de los pícaros españoles, que se organizaban en grupos o bandas para sus robos o fechorías, y que desarrollaron un lenguaje denominado jerigonza o germanía. Se aplica también a los maleantes de los bajos fondos de cualquier país.
Crimen organizado 5:12b.

HAMPTON. Ciudad y puerto de los Estados Unidos, en el est. de Virginia, a orillas de la bahía de Chesapeake. Forma una conurbación con Norfolk, con la que está enlazada mediante un túnel-puente, y otras ciudades. Base aérea, centro de investigaciones de la NASA. Museo. 136.968 hab. (1998).

HAMPTON, LIONEL (n. en 1913). Músico estadounidense. Renovó la música de *jazz* con la incorporación del vibráfono en 1930. En 1936 se integró en el Benny Goodman Quartet y fundó luego su propia banda. Evolucionó del *swing* al *cool jazz.*

HÁMSTER. Roedor de la familia de los cricétidos (*Cricetus cricetus*).
7:328a; Roedores 12:409b; *ilustración* 7:328b.

HAMSUN, KNUT (1859-1952). Seudónimo del novelista noruego Knut Pederson. Considerado uno de los renovadores de la prosa en dicho país escandinavo. Premio Nobel de literatura en 1920.
7:328b; Escandinava, literatura 6:33a.

HAMUDÍ, DINASTÍA. Estirpe beréber musulmana que gobernó en al-Ándalus entre 1016 y 1058. Se inició con la proclamación de Alí ben Hamud como califa de Córdoba. Tras sucederlo en el trono, en medio de luchas internas, su hermano y su hijo, la dinastía fue derrocada en el 1058.

HAMURABI (m. en 1750 a.C.). Rey de Babilonia. Inspirador de un antiquísimo conjunto de normas y leyes: el Código de Hamurabi.
7:329a; Babilonia 2:294a; Códigos legales 4:249a; Mesopotamia 10:83b; Mesopotámico, arte 10:87a; Política 12:62a; *ilustración* 7:329a.

HAMURABI, CÓDIGO DE. Recopilación de leyes babilónicas promulgada al final del reinado de Hamurabi (m. en 1750 a.C.), que se conserva en una estela cilíndrica de diorita negra. Unificó el derecho consuetudinario sumerio y acadio.
Babilonia 2:294b; Códigos lebales 4:249a; Esclavitud y servidumbre 6:38a; Hamurabi 7:329a.

HAN. Etnia mayoritaria en China, del grupo chinotibetano. Su lenguaje, diferenciado en dialectos y en verdaderos idiomas, es fundamentalmente monosilábico y se expresa por escrito mediante ideogramas comunes a todas las variantes.

HAN, ARTE. Arte chino correspondiente a la dinastía homónima (siglo III a.C.-siglo III d.C.). Desarrolló la cerámica, la escultura monumental, la laca y el jade, y cultivó la pintura mural y de temática funeraria. Su último período reflejó la influencia del arte indio.
Oriental, arte 11:147a.

HAN, DINASTÍA. Familia de emperadores que gobernó China desde el siglo III a.C. hasta el III de nuestra era. La segunda de las dinastías imperiales chinas, prototipo de todas las que la siguieron, hasta el punto de que «chino», en el idioma del país, significa «hombre de Han».
China 4:150a; China, literatura 4:158b; Confucianismo 4:331a; Corea, historia de 4:384b; Muralla china, Gran 10:301a; Oriental, arte 11:147a; Pekín 11:320b; Sima Qian 13:247a.

HAN, RÍO. El más importante tributario del río Yangzi, en China. Llamado también Han Shui y Han Jiang. Nace en las montañas Shen-Chiung, atraviesa una sucesión de profundas gargantas y recorre 1.705 km aproximadamente.

HANCOCK, HERBIE (n. en 1940). Herbert Jeffrey, pianista estadounidense. Perteneció al quinteto de Miles Davis. Experimentó con diversos instrumentos eléctricos y compuso música de *jazz* y *rock,* así como fusiones de ambos géneros. *Taking off, Mwandishi, Sextant.*
Davis, Miles 5:104b.

HANDBALL. V. **Balonmano.**

HÄNDEL, GEORG FRIEDRICH. V. **Haendel, Georg Friedrich.**

HANDICAP. En los deportes y juegos, método para compensar, mediante una desventaja inicial, las habilidades de algunos competidores a fin de igualar sus oportunidades. Se puede realizar de diversas maneras: en carreras de caballos, añadiendo pesos a las cabalgaduras; en golf, no contabilizando ciertos golpes al jugador más deficiente; etc.

HANDKE, PETER (n. en 1942). Escritor austriaco. Autor de novelas y obras teatrales en torno a la incomunicación y la soledad. Escribió también guiones para cine. *Profecía* (1964), *El* *miedo del portero ante el penalty* (1970), *Las enseñanzas de Sainte Victoire* (1980).

HANFEIZI (m. en el 233 a.C.). Filósofo chino. Representante del sistema político-filosófico legista, sus escritos sirvieron de base teórica para la constitución del estado chino en el 221 a.C. por el emperador Qin Shi Huangdi. Se suicidó. *El maestro Han Fei.*

HANGAR. Construcción propia de los aeropuertos donde se guardan los aviones y se realizan los trabajos de reparación y mantenimiento de los mismos.

HANGA ROA. Capital de la isla chilena de Pascua, situada en la costa oeste de la misma. En ella se concentra la mayor parte de la población de la isla. 1.867 hab. (1982).
Pascua, isla de 11:293a.

HANGZHOU. Ciudad y puerto de China, en la prov. de Zhejiang, a orillas de la bahía homónima en el mar de la China oriental. Universidades. Tejidos de seda y algodón; té, cáñamo; productos químicos, herramientas eléctricas. 1.346.148 hab. (1999).

HANKE, LEWIS ULYSSES (n. en 1905). Hispanista estadounidense. Dedicado al estudio del mundo hispanoamericano en su etapa colonial y contemporánea, está considerado como uno de los principales especialistas en la figura del padre Bartolomé de Las Casas. *Historia de la civilización latinoamericana: fuentes e interpretación* (1970), *Los virreyes españoles en América durante el gobierno de la casa de Austria* (1976-1980).

HANKOU. V. **Wu-han.**

HANKS, TOM (n. en 1956). Actor de cine estadounidense. Tras iniciar su carrera con papeles de joven cándido e ingenuo, más tarde interpretó roles de un mayor peso dramático que le valieron el reconocimiento internacional. *Splash* (1984), *Filadelfia* (1993) –que le supuso su primer Óscar como actor–, *Forrest Gump* (1994) –segundo Óscar–, *That thing you do* (1996), película que constituyó su debut como realizador.
Cinematografía 4:197b.

HANNOVER. Ciudad de Alemania, cap. del est. de la Baja Sajonia, a orillas del río Leine y del canal Mittelland. Perteneció a la Liga Hanseática. Destruida durante la segunda guerra mundial. Industrias diversas, centro comercial y financiero. Feria industrial. 520.670 hab. (1998).

HANNOVER, CASA DE. Dinastía europea iniciada en el siglo XVII a la que han pertenecido monarcas alemanes y británicos.
7:329b; *cuadro* 7:330; *ilustraciones* 7:330a-b.

HANOI. Capital de Vietnam, a orillas del río Rojo. 2.154.900 hab. (1992; área metropolitana).
7:330b; Vietnam 14:311a; *ilustración* 7:331a.

HANOTAUX, GABRIEL (1853-1944). Historiador y político francés. Ministro de asuntos exteriores entre 1894 y 1898, durante su etapa ministerial se llevó a cabo la alianza francorusa. Autor de obras históricas. *Historia del cardenal de Richelieu* (1893-1947), *Historia de la nación francesa* (1920-1929).

HANOVER. V. **Hannover.**

HANSEÁTICA, LIGA. Asociación mercantil creada en el siglo XIII para favorecer la expansión del comercio germánico.
7:331b; Amberes 1:268a; Amsterdam 1:310a; Báltico, mar 2:330a; Berlín 2:420b; Bremen 3:171a; Colonia 4:280a; Edad media 5:303a; Gdansk 7:70b; Hamburgo 7:326b; Oslo 11:169b; *ilustración* 7:332a.

HANSEL Y GRETEL. Cuento popular incluido por los hermanos Jacob y Wilhelm Grimm en su colección *Cuentos de niños y del hogar* (1812-1815). Dos niños, perdidos en el bosque, se duermen y descubren, al despertar, un castillo de caramelo y chocolate en el que habita una bruja. Engelbert Humperdinck escribió la ópera homónima.

HANSEN, BACILO DE. V. **Lepra.**

HANSEN, EMILE CHRISTIAN. (1842-1909). Botánico danés. Revolucionó el proceso de fabricación de la cerveza con un nuevo método de cultivo y fermentación de la levadura. Definió diferentes tipos de levaduras y estableció un sistema de clasificación.
Microbiología 10:150a.

HANSEN, GERHARD ARMAUER (1841-1912). Médico y botánico noruego. Descubrió en 1874 el bacilo causante de la lepra (*Mycobacterium leprae* o bacilo de Hansen).
Lepra 9:125b.

HANSEN, WILLIAM WEBSTER (1909-1949). Físico estadounidense. Profesor en la Universidad de Stanford, participó en el proyecto nuclear Manhattan durante la segunda guerra mundial. Sus trabajos permitieron el desarrollo del radar y la investigación sobre la tecnología de las microondas.

HANSLICK, EDUARD (1825-1904). Musicólogo austriaco. Crítico musical y profesor en la Universidad de Viena, se opuso al estilo de Richard Wagner y defendió la idea de la música pura. *De la belleza en la música* (1854).
Música 10:317b.

HANSSON, PER ALBIN (1885-1946). Político sueco. Perteneciente al Partido Social Demócrático, fue miembro del parlamento desde 1918 y en 1925 se convirtió en líder de su partido. Ejerció el puesto de primer ministro entre 1932 y 1946, etapa durante la cual tuvo que hacer frente a la crisis económica y a la defensa de la política de neutralidad mantenida durante la segunda guerra mundial.
Suecia 13:346a.

HANUMAN (MITOLOGÍA). Personaje de la mitología hindú, representado con apariencia simiesca. En el *Ramayana* aparece como jefe del ejército de monos que ayuda a Rama a rescatar a su esposa, Sita, y recuperar su trono.
Ramayana 12:255b.

HANUMAN (ZOOLOGÍA). V. **Langur.**

HANYANG. V. **Wu-han.**

HAN YU (768-824). Escritor chino. Defensor del confucianismo y renovador de la prosa y la poesía, a las que dotó de mayor concisión y claridad.
7:332b; China, literatura 4:159b.

HÁÑEZ, ÁLVAR. V. **Álvar Fáñez.**

HAPLOIDE. Organismo o célula que posee la mitad de la dotación cromosómica natural de su especie (*n*).
Cromosoma 5:29b.

HAPPENING. Voz inglesa con la que se designa un tipo de manifestación artística de carácter espontáneo e improvisado que implica la participación de los espectadores en la realización de la obra ideada por el artista.

HARACHE, PIERRE (siglo XVII). Platero francés. Por su condición de hugonote tuvo que refugiarse en Inglaterra huyendo de la persecución religiosa, y allí trabajó para Guillermo III. Su estilo poseía abundantes ornamentos figurativos.

HARA-KIRI. Forma de suicidio ritual propia de Japón consistente en abrirse el vientre con un sable. Podía ser obligatorio, constituyendo entonces un privilegio de los nobles condenados a muerte (abolido a mediados del siglo XIX), o voluntario, para salvar el honor o por fidelidad a un jefe difunto. Los japoneses prefieren utilizar el sinónimo *seppuku.*

HARALD (DIENTE AZUL) DE DINAMARCA (h. el 910-h. el 986). Rey de Dinamarca desde el 940 aproximadamente hasta su muerte. Logró culminar la unificación del reino iniciada por su padre Gorm. Facilitó la evangelización del país y conquistó Noruega.

HARALD I (HÅRFAGER) DE NORUEGA (m. h. el 930). Rey de Noruega desde el 872 hasta su muerte. Logró la unificación del reino noruego tras someter a diversos príncipes rebeldes.
Noruega 11:15a.

HARALD II (GRÅFELL) DE NORUEGA (h. el 935-h. el 970). Rey de Noruega desde el 961 hasta su muerte. Ejerció el poder con férrea autoridad. Durante su reinado se establecieron en el país las primeras misiones cristianas.

HARALD III (HARDRÅDE) DE NORUEGA (1015-1066). Rey de Noruega desde 1045 hasta su muerte. Antes de ser coronado luchó en el Asia Menor al servicio de Bizancio y participó en la reconquista de Sicilia. Invadió Dinamarca y, posteriormente, Inglaterra, donde fue derrotado y muerto en la batalla de Stamford.

HARALD IV (GILLE O GILCHRIST) DE NORUEGA (h. 1103-1136). Rey de Noruega desde 1130 hasta su muerte. Durante su reinado se sucedieron las guerras civiles por el control del país. Fue asesinado por un pretendiente al trono.

HARALD V DE NORUEGA (n. en 1937). Rey de Noruega. Heredó el trono a la muerte de su padre, Olaf V, en 1991.

HARAPPA. Yacimiento arqueológico del Panjab o Punjab, en Pakistán. Restos de la civilización prehistórica del valle del Indo, cuyo origen se remonta a mediados del tercer milenio antes de la era cristiana.
India 8:156b; Indio, arte 8:169b; Pakistán 11:219b.

HARAR. V. **Harer.**

HARARE. Capital de Zimbabwe, antigua Salisbury. 1.686.000 hab. (1998).
7:332b; Zimbabwe 14:418a; *ilustración* 7:333a.

HARBIG, RUDOLF (1913-1944). Corredor alemán de media distancia. Plusmarquista mundial de los 400 m, 800 m y 1.000 m. Murió en combate en el frente soviético durante la segunda guerra mundial.

HARBIN. Ciudad y puerto de China, cap. de la prov. de Heilongjiang, a orillas del río Sungari, al nordeste del país. Herramientas eléctricas, maquinaria agrícola, calderas, generadores. Refinerías de azúcar; soya (soja), tabaco, cueros. 2.586.978 hab. (1999).

HARDEN, ARTHUR (1865-1940). Bioquímico británico. Investigó los procesos de fermentación de los azúcares por la acción de las levaduras. Descubrió el papel de los fosfatos inorgánicos como aceleradores de las fermentaciones, lo que le valió, compartido con Hans von Euler-Chelpin, el Premio Nobel de química en 1929.

HARDENBERG, FRIEDRICH L. VON. V. **Novalis.**

HARDENBERG, KARL AUGUST VON (1750-1822). Político prusiano. Emprendió importantes reformas políticas y sociales de talante liberal. Mantuvo a su país al margen de las guerras napoleónicas hasta la derrota de los franceses en Rusia. Participó en el Congreso de Viena de 1815.

HARDING, WARREN G. (1865-1923). Político estadounidense. Fue elegido senador en 1914. Ejerció la presidencia de la nación entre 1921 y 1923. Introdujo el sistema de presupuestos para las finanzas federales, estableció un fuerte proteccionismo comercial y restringió la inmigración.

HARDOUIN-MANSART, JULES (1646-1708). Arquitecto francés. Trabajó para el monarca Luis XIV. Defendió la tradición francesa frente al gusto italianizante. Realizó la ampliación del Palacio de Versalles (1678) y su famosa galería de los Espejos (1684). Terminó los Inválidos y reurbanizó las plazas Victoria y Vendôme, en París.
Versalles, palacio de 14:280a.

HARDWARE. V. **Soporte físico.**

HARDY, ALEXANDRE (h. 1572-h. 1632). Dramaturgo francés. Partidario de la que fuera considerada como tragedia humanista, fue autor de gran número de piezas teatrales creadas para ser representadas por las diferentes compañías teatrales que recorrían el país. *Marianne* (1600), *El sacrificio de Dido* (1603).

HARDY, GODFREY HAROLD (1877-1947). Matemático británico. Profesor en las universidades de Cambridge y Oxford, formuló junto con Wilhelm Weinberg la Ley Hardy-Weinberg y colaboró con John E. Littlewood y Srinivasa Ramanuja. Destacó por sus investigaciones sobre la teoría de los números primos. *Curso de matemática pura* (1908).

HARDY, OLIVER (1892-1957). Actor cinematográfico estadounidense. Formó una pareja cómica muy popular con Stan Laurel (el gordo y el flaco), en la que representaba a un gordo torpe y gruñón. *Ladrones de medianoche, Héroes de tachuela, Estudiantes en Oxford.*

HARDY, THOMAS (1840-1928). Poeta y novelista británico. Autor de novelas en las que destaca el análisis psicológico de los protagonistas, enmarcados en una vida provinciana.
7:333a; Británica, literatura 3:182b; *ilustración* 7:333b.

HARÉN. Institución social de los musulmanes y de otros pueblos que practican la poligamia. En las sociedades musulmanas, las mujeres de los hombres pudientes vivían recluidas en un departamento de la casa, y sólo salían excepcionalmente y acompañadas. Dentro del harén, las mujeres que daban un hijo al señor adquirían un estatuto especial.

HARER. Ciudad de Etiopía, cap. de la prov. de Hararge, en la parte oriental del país. También llamada Harar o Harrar. Situada en las montañas Chercher, fue capital del estado musulmán de Adal. Cultivos de café, tabaco; petróleo. 62.900 hab. (1987).

HARGREAVES, JAMES (h. 1710-1778). Inventor británico. Creó la hiladora mecánica, lo que supuso la primera aplicación práctica del hilado múltiple. Consiguió la patente para su invento en 1770 y fundó una fábrica de hilados.

HARINA. Polvo resultante de moler los granos de cereales (trigo, maíz, etc.) y de algunas leguminosas (habas, soya o soja, etc.). Por extensión, se dice también del polvo de diversos productos animales, como las harinas de pescado o de carne.
7:333b; Alimentaria, industria 1:230b; Maíz 9:297a; Pan 11:237b; *ilustraciones* 7:333b; 7:334a.

HARIRI, RAFIK AL- (n. en 1944). Político libanés. De origen humilde, hizo fortuna en el negocio de la construcción y más tarde entró en política. En 1992 fue elegido primer ministro de la nación. Su programa de gobierno incluía como punto principal la recuperación económica para convertir al Líbano en una nueva potencia financiera regional.

HARISHCHANDRA (1850-1885). Escritor indio. Autor de poesía, obras teatrales y crítica literaria, fue el principal representante de la nueva literatura en lengua hindi. *Ratnavali, Pakhand Vidamban.*

HARIZI, YEHUDÁ BEN SELOMÓ AL- (h. 1170-h. 1235). Escritor hebraico-español. Considerado como el último representante de la edad de oro de la poesía hebraica española, adaptó diversas obras de autores árabes. Su obra propia se reúne en el *Tahkemoni.*

HARLEM. Distrito de la ciudad estadounidense de Nueva York, situado en la parte norte de la isla de Manhattan. Fundado en 1658 por el gobernador holandés Peter Stuyvesant. Gradualmente fue ocupado, principalmente, por población de raza negra y de origen hispano.

HARLOW, JEAN (1911-1937). Actriz de cine estadounidense. Formó pareja con Clark Gable en numerosos filmes. *Rubia platino* (1931), *Tierra de pasión* (1932), *Mares de China* (1935).

HARMAGEDÓN. V. **Armagedón.**

HARMATÁN. Viento seco y cálido propio de ciertas regiones del Sahara y el África occidental. Suele arrastrar gran cantidad de polvo.

HARMODIO Y ARISTOGITÓN. Ciudadanos atenienses que conspiraron en el 514 a.C. para dar muerte al tirano Hipias. Fracasado el plan, fueron asesinados. Considerados como héroes de la libertad ateniense, los escultores Critio y Nesiotes los inmortalizaron en el grupo escultórico conocido como «Los tiranicidas».

HARMONÍA. Personaje legendario griego. Según unas versiones, era hija de Ares y de Afrodita y, según otras, de Zeus y de la pléyade Electra. Casó con Cadmo y a su boda asistieron todos los dioses. Ambos esposos, al final de su vida, quedaron convertidos en serpientes.

HARNACK, ADOLF VON (1851-1930). Teólogo e historiador alemán. Nacido en Estonia, fue profesor en las universidades de Leipzig, Giessen, Marburgo y Berlín y una de las figuras destacadas dentro del protestantismo de signo liberal. Adoptó el método histórico-crítico para sus estudios teológicos. *Manual de historia del dogma* (1886-1889), *Historia de la literatura cristiana antigua* (1893-1904).

HARO. Ciudad española de la comunidad autónoma de La Rioja. Situada a orillas del Ebro, en La Rioja alta. Conserva restos de muralla y castillo; iglesia de Santo Tomás del siglo XVI con portada plateresca; casa de los Paternina (siglo XVI); ayuntamiento y fuentes del siglo XVIII. Producción de vinos, industrias alimentarias. 9.119 hab. (1996).
Rioja, La 12:381b.

HARO, GUILLERMO DE (1913-1988). Astrónomo mexicano. Trabajó en los observatorios de Tonantzintla y Tacubaya. Descubrió las estrellas-ráfaga, once novas galácticas y una supernova extragaláctica, así como el cometa Haro-Chavira y los objetos Herbig-Haro.

HARO, LUIS MÉNDEZ DE (1598-1661). Político español. Marqués del Carpio. Sobrino del conde-duque de Olivares, sustituyó a éste en 1643 como valido de Felipe IV. Tuvo tanto poder como su tío, aunque no su habilidad negociadora, viéndose obligado a firmar tratados desfavorables. Fue derrotado en Elvas, Portugal.

HAROLDO (DIENTE AZUL) DE DINAMARCA. V. **Harald (Diente Azul) de Dinamarca.**

HAROLDO I DE INGLATERRA (m. en 1040). Rey de los anglosajones desde 1035 hasta su muerte. Hijo ilegítimo del rey danés Canuto el Grande, fue nombrado regente de Inglaterra a la muerte de su padre por ausencia del heredero legítimo, que estaba en Dinamarca. Ordenó asesinar a otro pretendiente, se autoproclamó rey y protegió su reino contra los invasores.

HAROLDO I DE NORUEGA. V. **Harald I (Hårfager) de Noruega.**

HAROLDO II DE INGLATERRA (h. 1020-1066). Último rey anglosajón de Inglaterra. Conservó la corona del país durante nueve meses. Al acceder al trono en 1066, Guillermo, duque de Normandía –el futuro Guillermo el Conquistador–, le disputó el poder. Enfrentados en la batalla de Hastings el 14 de octubre, Haroldo pereció en combate.

HAROLDO II DE NORUEGA. V. **Harald II (Gråfell) de Noruega.**

HAROLDO III DE NORUEGA. V. **Harald III (Hardråde) de Noruega.**

HAROLDO IV DE NORUEGA. V. **Harald IV (Gille o Gilchrist) de Noruega.**

HARO Y TAMARIZ, ANTONIO (1811-1869). Político conservador mexicano. Jefe de su partido y varias veces ministro de hacienda. Combatió la revolución de Ayutla e intentó proclamar emperador a un hijo de Agustín de Iturbide; fue hecho prisionero, pero escapó y organizó la resistencia en Puebla. Combatió de nuevo a los liberales en la guerra de la reforma (1858-1860) y apoyó al emperador Maximiliano.

HARPER, HERMANOS. Familia de editores estadounidenses del siglo XIX. Formada por James (1795-1869), John (1797-1875), Joseph Wesley (18011870) y Fletcher (1806-1877). La editorial, llamada originalmente Harper and Bros., pasaría a ser Harper & Row.

HARPÍA. Ave falconiforme de la familia de los accipítridas (*Harpya harpya*), de cabeza grande, fuertes patas y poderosas garras. Se nutre de monos, perezosos y otras aves. Se puede encontrar desde México a Brasil. También llamada arpía.

HARRÁN. Poblado de Turquía en un sitio arqueológico antiquísimo conocido por este nombre y también por los de Haran, Carres, Carrhes o Carrhae. Allí vivió Abraham cuando viajaba de Ur a Canaán; también se produjo (53 a.C.) la desastrosa derrota del general romano Marco Licinio Craso a manos de los partos.

HARRIMAN, W. AVERELL (1891-1986). Empresario y político estadounidense. Consejero y embajador itinerante de los presidentes Franklin D. Roosevelt, John F. Kennedy y Lyndon B. Johnson. Participó en las conferencias de Casablanca, Teherán y Potsdam y desempeñó misiones diplomáticas y diversos puestos del gobierno de su país.

HARRINGTON, JAMES (1611-1677). Filósofo y escritor inglés. Autor de una obra utópica: *El estado de Océana* (1656), en la que expuso su teoría sobre el gobierno ideal. Sus teorías tuvieron gran influencia sobre los ideales de la democracia estadounidense.

HARRIS, EDWARD (n. en 1946). Arqueólogo británico. En la década de 1970 ideó un innovador procedimiento de registro, llamado Harris Matrix, que confirió un mayor rigor y alcance a las labores de excavación llevadas a cabo en los yacimientos arqueológicos. *Principios de estratigrafía arqueológica* (1979).

HARRIS, JOEL CHANDLER (1848-1908). Periodista y escritor estadounidense. Fue redactor del periódico *Atlanta Constitution* durante 24 años. Escribió relatos de estilo realista y popular basados en simpáticos personajes, como el Tío Remo, en los que plasmó el habla de los negros del sur. *Tío Remo: sus canciones y sus dichos* (1880), *Mingo y otras escenas en blanco y negro* (1884).

HARRIS, ROY (1898-1979). LeRoy Ellsworth Harris, compositor estadounidense. Estudió en París con Nadia Boulanger. De estilo neorromántico, produjo más de cien composiciones de gran calidad. *Sinfonía con coro* (1940), *Sinfonía Abraham Lincoln* (1965).

HARRIS, ZELLIG S. (n. en 1909). Lingüista estadounidense de origen ruso. Perteneciente a la escuela de análisis distribucional, fue autor de la obra *Métodos de la lingüística estructural* (1951), donde exponía un método reduccionista de los elementos constitutivos de la oración. Posteriormente elaboró una lingüística transformacional, influida por las ideas de su discípulo Noam Chomsky.
Lingüística 9:167b; Sintaxis 13:257a.

HARRISBURG. Capital del est. de Pennsylvania, Estados Unidos, junto al río Susquehanna. Célebre batalla de la guerra civil (1863). Instalaciones militares. Universidad, museo. Siderurgia, equipos electrónicos. Prendas de vestir, calzado. 53.264 hab. (1980).

HARRISON, BENJAMIN (1833-1901). Político estadounidense. Presidente de 1889 a 1893. Fomentó el desarrollo económico y comercial, basándose en teorías proteccionistas.

HARRISON, GEORGE (1943-2001). Músico británico. Integrante del conjunto The Beatles. Disuelto el grupo en 1971, se dedicó a trabajar en solitario y, ocasionalmente, con John Lennon y Ringo Starr.
Beatles 2:376b.

HARRISON, REX (1908-1990). Actor de cine británico. *Un espíritu burlón* (1944), *Ana y el rey de Siam* (1946), *Mi bella dama* (1964).

HARRISON, ROSS GRANVILLE (1870-1959). Zoólogo estadounidense. Profesor en la Universidad Yale (1907-1938) y director de su departamento de zoología, investigó sobre el cultivo de los tejidos animales y fue el primero en plantear la técnica del trasplante de órganos.

HARRISON, WILLIAM HENRY (1773-1841). Político estadounidense. Presidente en 1841. Promovió una legislación sobre ventas de tierras públicas. Murió al mes de iniciarse su mandato y fue sustituido por el vicepresidente John Tyler.

HARSA (h. el 590-h. el 647). Soberano de un extenso imperio al norte de la India. Coronado a los 16 años, logró conquistar los cinco grandes reinos septentrionales. Poeta y mecenas de las artes, sus gestas fueron narradas por Bana (siglo VII) en *La vida de Harsa*.

HARSANYI, JOHN C. (n. en 1920). Economista húngaro. Sus aportaciones al campo económico mediante el estudio del equilibrio en los juegos no cooperativos le valió, junto a John F. Nash y Reinhard Selten, el Premio Nobel de economía en 1994. *Teoría general de la selección de equilibrio en los juegos* (1988).

HARSDÖRFER, GEORG PHILIPP (1607-1658). Poeta alemán. Considerado como uno de los teóricos de la poesía barroca en la literatura alemana del siglo XVII, fundó en 1644, junto con Johann Klaj, la sociedad literaria Orden pastoril y floral de Pegnitz. *Juegos de conversación de mujeres* (1641-1649), *Filtro poético* (1647-1653).

HART, LORENZ (1895-1943). Letrista de canciones estadounidense. Colaboró con el músico Richard Rodgers durante 25 años, en una serie de comedias musicales de gran éxito como *Me casé con un ángel* (1938).
Rodgers, Richard 12:405a.

HARTE, BRET (1836-1902). Francis Brett Harte, escritor estadounidense. Uno de los creadores de la escuela costumbrista de novela. Como director de la publicación *Californian,* contrató a Mark Twain para una serie de artículos semanales. Desde 1877 residió en Europa. *La fortuna de Roaring Camp* (1870).

HARTFORD. Capital y puerto fluvial del est. de Connecticut, Estados Unidos, a orillas del Connecticut. Fundada en 1635. Universidad, colegios universitarios, museo. Posee uno de los periódicos más antiguos del país. Sede de importantes compañías aseguradoras. Maquinaria. 135.523 hab. (1998).

HARTLEY, L. P. (1895-1972). Lesley Poles Hartley, novelista británico. Autor de crítica literaria en diversas revistas y de relatos cortos de tema macabro. En el resto de su producción destacan la temática familiar y el estudio psicológico. *Simonetta Perkins* (1925), *La barca* (1949), *El mensajero* (1953).

HARTLEY, MARSDEN (1877-1943). Pintor estadounidense. Cultivó en un principio el cubismo y la abstracción y evolucionó después hacia un peculiar expresionismo. «Retrato de un oficial alemán» (1914), «Pintura numero 5» (1914-1915).

HARTLINE, HALDAN KEFFER (1903-1983). Biofísico estadounidense. Recibió el Premio Nobel de medicina en 1967, junto con Ragnar Granit y George Wald, por sus investigaciones sobre el ojo humano y los mecanismos de la visión.

HARTMANN, EDUARD VON (1842-1906). Filósofo alemán. Su aportación más notoria a la historia de la filosofía fue su concepción del inconsciente, considerado como principio originario que integra los aspectos racionales e irracionales de la realidad. Su interés se abrió también a otros campos: teoría del conocimiento, ética, estética, filosofía de la ciencia, etc. *Filosofía del inconsciente* (1870).
Axiología 2:272b.

HARTMANN, NICOLAI (1882-1950). Filósofo alemán. Cultivó en un primer momento el neokantismo de la escuela de Marburgo, abandonándolo más tarde por la fenomenología. Sus aportaciones principales a la filosofía se relacionaron con la teoría del conocimiento y la ontología. *Metafísica del conocimiento* (1921), *Filosofía de la naturaleza* (1950).
Ontología 11:111a.

HARTMANN, SADAKICHI (1869-1944). Escritor estadounidense de origen japonés. Autor de novelas, obras dramáticas y poesía, y encuadrado dentro del simbolismo francés, destacó como crítico de arte. *Conversaciones con Walt Whitman* (1895), *Historia del arte estadounidense* (1901), *Arte japonés* (1904).

HARTMANN VON AUE (m. en 1210). Poeta alemán, activo entre 1190 y 1210. Escribió en alto alemán medio y destacó dentro de la poesía épico cortesana. En sus obras afloran influencias de Chrétien de Troyes, el ciclo artúrico y las leyendas y cuentos tradicionales. *Gregorius, Erec, Enrique el pobre.*

HARTUNG, HANS (1904-1989). Pintor francés de origen alemán. Establecido en Francia desde 1935, fue uno de los máximos representantes de la abstracción lírica en Europa. Gran premio en la Bienal de Venecia de 1960.

HARTZENBUSCH, JUAN EUGENIO (1806-1880). Dramaturgo español. Uno de los mayores representantes del romanticismo en su país.
7:334a; *ilustración* 7:334a.

HARÚN AL-RASHID (766-809). Quinto califa de la dinastía abasí. Gobernó el imperio islámico en el cenit de su esplendor. Convirtió a Bagdad en el foco cultural y político del Islam. Poeta y erudito, ha sido inmortalizado en *Las mil y una noches.*
7:334b; Abasí, dinastía 1:4b; Bagdad 2:305a; Islam, historia del 8:285b.

HARUNOBU, SUZUKI. V. **Suzuki Harunobu.**

HARVARD, UNIVERSIDAD. Centro superior docente y de investigación situado en Cambridge, Massachusetts, Estados Unidos. Considerada como la universidad más antigua del país, fue fundada en 1636 y toma su nombre del que fuera su principal benefactor original, John Harvard (1607-1638).

HARVEY, WILLIAM (1578-1657). Médico inglés. Fue profesor de anatomía y cirugía. Describió el mecanismo de la circulación de la sangre prosiguiendo los estudios de Miguel Servet.
7:335a; Anatomía 1:326b; Cardiología 3:380a; Fisiología 6:317b; Swammerdam, Jan 13:368b; *ilustraciones* 6:317b; 7:335a.

HARYANA. Estado del norte de la India. Cuna de la religión hindú. Se extiende por la meseta del Indo-Ganges. Cereales. Industrias alimentarias. Cap. Chandigarh. 44.212 km^2. 17.925.000 hab. (1994).

HARZ, MONTES. Cadena montañosa del centro de Alemania situada entre los ríos Weser y Elba. Ocupa parte de los est. de Baja Sajonia y Sajonia-Anhalt. Longitud 100 km, anchura máxima 33 km.

HASÁN (624-680). Quinto califa, hijo de Alí y Fátima y nieto de Mahoma, con el que vivió durante siete años. Abdicó de su cargo el mismo año de su proclamación (661) y se retiró a Medina.

HASÁN I (1857-1894). Sultán de Marruecos desde 1873 hasta su muerte. Llevó a su país, con su política de reformas internas y modernización, a una próspera situación económica.

HASÁN II (1929-1999). Rey de Marruecos. Accedió al trono en 1961 a la muerte de su padre, Mohamed V. Reivindicó los territorios saharianos ocupados por España, y durante su reinado se llevó a cabo la «marcha verde» sobre el Sahara occidental. En política exterior mantuvo el acercamiento a los países occidentales y al resto de los países del Magreb.
Marruecos 9:385a.

HASÁN II DE MARRUECOS (1929-1999). Rey de Marruecos. Accedió al trono en 1961 y gobernó hasta su muerte.
7:335b; *ilustración* 7:335b.

HASÁN AL-BASRI, AL- (642-728). Asceta musulmán. Considerado como el precursor de las dos principales escuelas teológicas del pensamiento sunní, la mutazilí y la asariyá, vivió y predicó en la ciudad iraquí de Basora.

HASEGAWA TOHAKU (1539-1610). Pintor japonés. Fundador de la escuela Hasegawa de pintura. Sus primeras obras se enmarcaron dentro de la temática budista. Hacia 1571 se trasladó a Kioto, donde estudió la pintura de la escuela Kano. «Flores y árboles», «Bosque de pinos».

HAŠEK, JAROSLAV (1883-1923). Escritor checoslovaco. Autor de poesías y relatos breves. Su novela más conocida, *Las aventuras del valeroso soldado Švejk* (1920-1923), de carácter satírico, plantea con sentido crítico la vida de un soldado durante la primera guerra mundial.
Checa, literatura 4:113b.

HASENCLEVER, WALTER (1890-1940). Escritor alemán. Autor de poesía y obras teatrales, una de las máximas figuras del movimiento expresionista alemán. Se suicidó en un campo de refugiados en Francia. *El hijo* (1914), *Antígona* (1917), *Humanidad* (1918).

HASHIMOTO RYUTARO (n. en 1937). Político japonés. Miembro del Partido Liberal Democrático, ocupó importantes cargos hasta 1996, año en que resultó elegido primer ministro de la nación.

HASIDISMO. Nombre con el que se conocen dos movimientos místicos del judaísmo; uno en los siglos XII y XIII y otro originado en el siglo XVIII. El primero nació en Alemania; sus líderes fueron una familia de emigrados italianos, los Kalonymos. El segundo, fundado en Polonia por Israel ben Eliezer, también conocido como Baal Shem Tov (1700-1760), persistió en pequeños grupos en Israel y los Estados Unidos. Sus adeptos defienden la pureza de costumbres y la fe en la llegada del Mesías.
Buber, Martin 3:205a; Cábala 3:241b; Hebrea, literatura 7:345a; Judaísmo 8:402b.

HASKALA. Movimiento judío de carácter sociocultural desarrollado en la Europa central y oriental entre finales del siglo XVIII y el siglo XIX. De claro sentido reformista, intentó integrar la cultura judía en la vida intelectual de la época, romper con el aislamiento de los ghettos y renovar la literatura hebraica.
Hebrea, literatura 7:345a; Judaísmo 8:402b; Yiddish, literatura 14:387b.

HASSEL, ODD (1897-1981). Químico y físico noruego. Destacó por sus investigaciones sobre el anillo de ciclohexano. Premio Nobel de química en 1969, compartido con Derek H. R. Barton, por sus estudios sobre la estructura molecular, que posibilitaron la creación de moléculas sintéticas de aplicación farmacéutica.

HASSIO. Elemento químico transuránido. Se sintetizó artificialmente por primera vez en 1984. De gran inestabilidad, se desintegra de forma casi inmediata a su formación. Número atómico 108.

HASSLER, HANS LEO (1564-1612). Compositor alemán. Estudió con Andrea Gabrieli. Fue organista y director de música. Compuso música sacra y canciones.

HASTINGS, BATALLA DE. Combate librado el 14 de octubre de 1066 entre Haroldo II de Inglaterra y Guillermo, duque de Normandía. Este desembarcó en las costas inglesas con un poderoso ejército formado por caballería e infantería armada con arcos, flechas y ballestas.

Haroldo II murió en combate y Guillermo I el Conquistador fue coronado rey el 25 de diciembre en Londres.

HASTINGS, WARREN (1732-1818). Político británico. Fue nombrado gobernador de Bengala y posteriormente gobernador general de la India. Estableció las pautas para la administración británica en dicha colonia.

HASUNA. Yacimiento arqueológico de Irak, situado al sur de la actual ciudad de Mosul, en el norte del país, junto al río Tigris. Las investigaciones en él emprendidas entre 1943 y 1944 permitieron establecer, dentro de la cultura mesopotámica antigua, los períodos Hasuna (h. 5750-h. 5350 a.C.) y Hasuna-Samarra (h. 5350-h. 5050 a.C.).
Mesopotámico, arte 10:86a.

HATHOR. Nombre de la diosa del cielo en el panteón del antiguo Egipto. Era el símbolo de la maternidad y del ideal femenino. Se solía representar con figura o cabeza de vaca y coronada con el disco solar.

HATOYAMA ICHIRO (1883-1959). Político japonés. Ministro de educación en 1931, fue destituido de su cargo en 1934 por su oposición al creciente militarismo del gobierno. Primer ministro entre 1954 y 1956, tras suceder a Yoshida Shigeru, en 1955 fue nombrado presidente del Partido Liberal Democrático. Firmó acuerdos con China y la Unión Soviética y consiguió, en septiembre de 1956, la incorporación de Japón a las Naciones Unidas.

HATRA. Antigua ciudad de Mesopotamia, al oeste del Tigris. Sus ruinas se encuentran en la actual al-Hadr, en Irak. Centro religioso y militar del que se conservan las ruinas del templo de Shamash, dios del sol. En el año 117 conoció la derrota del emperador Trajano ante los partos, y en el 250 fue destruida por Shapur I.

HATSHEPSUT. Reina de la XVIII dinastía egipcia, que gobernó de 1503 a 1482 a.C. Hija de Tutmosis I, llegó al poder como regente, pero asumió en seguida todas las prerrogativas reservadas al faraón. Su reinado se caracterizó por las reformas administrativas y la expansión comercial.
Tutmosis III 14:165b.

HATTA, MUHAMMAD (1902-1980). Político indonesio. Líder del movimiento independentista de su país. Arrestado por los holandeses, fue encarcelado y luego desterrado (1935) a la isla de Bandanaira. Primer ministro (1948) y vicepresidente de Indonesia (1950). En 1956 dimitió por discrepancia con la política del presidente Sukarno.

HATTERAS, CABO. Largo y estrecho cabo de la isla de Hatteras, en Carolina del Norte (EUA). Longitud 113 km a lo largo de los Outer Banks, entre el océano Atlántico y Pamplico Sound.

HATUEY (m. en 1511). Cacique indígena de La Española. Se enfrentó al conquistador Diego de Velázquez. Murió en la hoguera.
7:336a.

HATUSA. V. **Bogazköy.**

HATUSILIS I. Rey hitita. Hijo de Labarna I, ocupó el trono aproximadamente entre 1650 y 1620 a.C. Trasladó la capital de Kusara a Hatusa, invadió el norte de Siria e hizo frente a numerosas intrigas palaciegas. Lo sucedió su nieto Mursilis I.
Hititas 8:28b.

HATUSILIS III (m. h. 1250 a.C.). Rey hitita. Ocupó el trono tras derrocar a su sobrino Hursilis III, hacia 1275. Su reinado se caracterizó por la paz y la prosperidad. Emprendió diversas reformas políticas. Firmó un tratado de paz con Egipto y casó a su hermana con el faraón Ramsés II. Convirtió de nuevo a Hatusa en capital del imperio.
Hititas 8:29a.

HAUGHEY, CHARLES (n. en 1925). Político irlandés. Líder del partido Fianna Fáil desde 1977, tras suceder en el puesto a John Lynch, ocupó el cargo de primer ministro entre 1979 y 1981, entre marzo y diciembre de 1982 y desde 1987 a 1990.

HAUGWITZ, CHRISTIAN, CONDE DE (1752-1832). Político prusiano. Ministro de asuntos exteriores entre 1792 y 1806, firmó en 1793 la segunda partición de Polonia con Rusia y, en 1795, la paz de Basilea con la Francia revolucionaria. Tras la derrota en Austerlitz, tuvo que someterse al arbitrio francés y firmar los tratados de Schönbrunn (diciembre de 1805) y París (febrero de 1806).

HAUPTMANN, GERHART (1862-1946). Poeta, dramaturgo y novelista alemán. Iniciado en el naturalismo, desarrolló su estilo hacia postulados simbolistas.
7:336a; *ilustración* 7:336a.

HAURIOU, MAURICE (1856-1929). Jurista francés. Especialista en derecho público, influyó poderosamente en la jurisprudencia administrativa de Francia.
7:336b.

HAUSA. Pueblo de raza negra que habita en el noroeste de Nigeria y sur de Níger. Pertenece lingüísticamente al grupo chadiano, de la familia camito-semítica. Practica la religión islámica. Estructura social fuertemente jerarquizada. Se cultiva sorgo, maíz y mijo.
Níger 10:409a; Nigeria 10:413a.

HAUSDORFF, FELIX (1868-1942). Matemático alemán. Autor de obras filosóficas y estudios de astronomía. Está considerado el fundador de la topología y el autor de la teoría de los espacios métricos.
Topología 14:89b.

HAUSER, ARNOLD (1892-1978). Sociólogo e historiador del arte. Centró sus investigaciones en analizar los condicionamientos sociales de la obra artística.
7:337a;

HAUSMANN, RAOUL (1886-1971). Pintor, escritor y fotógrafo alemán. Dentro del movimiento dadaísta, se hizo famoso por sus fotomontajes crítico-irónicos, a base de fragmentos de textos e imágenes tipográficas.

HAUSSMAN, GEORGES-EUGÉNE (1809-1891). Administrador municipal francés. Prefecto de la ciudad de París entre 1853 y 1870, dirigió la transformación urbanística de dicha ciudad durante el imperio de Napoleón III. Derribó algunos barrios antiguos y prestó gran atención a la creación de amplios espacios abiertos y a los trazados lineales, con la intención de hacer más habitable la ciudad de París.
Urbanismo 14:193b.

HAUSTORIO. Órgano que sirve de base a una planta parásita (o un hongo) para fijarse sobre el huésped. De morfologías diversas, presenta una parte externa gruesa y una porción interior succionadora. Característico de los hongos y plantas simples, como el muérdago.

HAÜY, VALENTIN (1745-1822). Pedagogo francés. Hermano del mineralogista René-Just Haüy. Se dedicó a la formación de los invidentes. Fundó escuelas para ciegos en diversas capitales de Europa. Inventó las letras en relieve.

HAVEL, VACLAV (n. en 1936). Escritor y político checo. Designado en 1989 primer presidente de Checoslovaquia después de la caída del régimen socialista. Firmó la secesión de Eslovaquia y la República Checa, nación de la que fue elegido presidente en los comicios de 1993 y 1998.
7:337a; Checa, literatura 4:113b; Checa, República 4:117a; Checoslovaquia 4:120a; *ilustraciones* 4:118a; 7:337b.

HAVILLAND, GEOFFREY DE (1885-1965). Industrial y técnico aeronáutico británico. Fundador de una empresa constructora de aviones que puso a punto, en 1952, la primera aeronave comercial a reacción: el «Comet».

HAVILLAND, OLIVIA DE (n. en 1916). Actriz estadounidense, hermana de Joan Fontaine. Una de las estrellas más populares de las décadas de 1930 y 1940. *El capitán Blood* (1935), *La carga de la brigada ligera* (1936), *Robín de los bosques* (1938), *Lo que el viento se llevó* (1939), *La heredera* (1949), por la que obtuvo un Óscar de actuación.

HAVRE, EL. Ciudad y puerto de Francia, dep. de Seine-Maritime, reg. de la Alta Normandía, en el estuario del Sena. Puerto construido por Francisco I en 1517. Graves daños en la segunda guerra mundial. Iglesia del siglo XVI, museo. Refinerías de petróleo, industrias diversas. 190.651 hab. (1999).

HAWAII. Archipiélago del Pacífico septentrional que constituye un estado de los Estados Unidos. Cap. Honolulu. 16.729 km^2. 1.186.602 hab. (1997).
7:337b; Estados Unidos 6:125b; Polinesia 12:57b; Primitivo, arte 12:148a; *ilustraciones* 7:337b; 7:338a.

HAWAII, ANTICICLÓN DE LAS. Centro de altas presiones en el este del océano Pacífico. Las bajas temperaturas del agua, en relación con las de los continentes, provocan este anticiclón, denominado también del Pacífico.

HAWES, JOSIAH JOHNSON (1808-1901). Fotógrafo estadounidense. Asociado con Albert Sands Southworth, realizó algunos de los mejores daguerrotipos de la primera mitad del siglo XIX, con escenas campestres, urbanas y retratos de personalidades. La compañía Southworth-Hawes se disolvió en 1861.

HAWKE, ROBERT (n. en 1929). Político australiano. Presidente del Consejo de Sindicatos Australianos entre 1970 y 1980, en febrero de 1983 fue nombrado presidente del Partido Laborista Australiano. Primer ministro de 1983 a 1991, hubo de enfrentar una fuerte crisis económica.

HAWKING, STEPHEN (n. en 1942). Físico británico. A pesar de hallarse aquejado de una grave enfermedad neurológica degenerativa, amplió la base teórica de la teoría de la relatividad y la cosmología cuántica. *Historia del tiempo.*
7:338b; *ilustración* 7:339a.

HAWKINS, COLEMAN (1904-1969). Músico de *jazz* estadounidense. Estudió piano, violonchelo y saxofón desde niño y en la adolescencia ya era músico profesional. Sus improvisaciones con el saxofón tenor popularizaron este instrumento entre las bandas de *jazz.*

HAWKINS, JOHN (1532-1595). Marino inglés. Consolidó el poderío marítimo de Inglaterra durante el reinado de Isabel I.
7:339a; Esclavitud y servidumbre 6:37b.

HAWKINS, RICHARD (h. 1560-1622). Marino y aventurero inglés. Su obra *Observaciones de su viaje a los mares del Sur* (1622), permitió conocer interesantes datos sobre la vida en el mar.

HAWKS, HOWARD (1896-1977). Director cinematográfico estadounidense. Especialista en el cine de acción y la comedia.
7:339b; Cinematografía 4:193b; *ilustraciones* 7:339b; 7:340a.

HAWKSMOOR, NICHOLAS (h. 1661-1736). Arquitecto británico. Colaborador de John Vanbrugh y de Christopher Wren. Su obra recibió influencias del clasicismo griego y romano e incluso del estilo gótico. All Souls College, Oxford (1709); iglesia de Santa María, Woolnoth (1716-1724).

HAWKWOOD, JOHN (h. 1320-1394). Mercenario inglés, cuyo nombre se ha transmitido en distintas versiones según los territorios de sus correrías: Giovanni Acuto, Jean d'Aiguille. Tras la paz de Brétigny entre Inglaterra y Francia, permaneció en ésta al frente de una Compañía Blanca que imponía tributos.

Vendió luego sus servicios a diversos estados italianos.

HAWORTH, WALTER NORMAN (1883-1950). Químico británico. Estudió los carbohidratos y determinó la estructura atómica de la glucosa, sacarosa, lactosa, maltosa, almidón, celulosa y glucógeno. Premio Nobel de química, compartido con Paul Karrer, en 1937.

HAWTHORNE, NATHANIEL (1804-1864). Novelista estadounidense. Cultivó el relato alegórico y simbólico.
7:340a; Estadounidense, literatura 6:147b; *ilustración* 7:340a.

HAYA. Árbol de hoja caduca de la familia de las fragáceas (*Fagus sylvatica*).
7:340b; *ilustración* 7:340b.

HAYA, CONFERENCIAS DE PAZ DE LA. Nombre de dos convenciones internacionales celebradas en La Haya, Países Bajos, en 1899 y 1907. Ambas pretendían la limitación de armamentos y otras medidas pacifistas.

HAYA, LA. Ciudad de los Países Bajos. 440.743 hab. (1999).
7:341a; Países Bajos 11:208a; Tribunal Penal Internacional (TPI) 14:124b; *ilustración* 7:341b.

HAYA, TRIBUNAL INTERNACIONAL DE LA. Principal órgano judicial de las Naciones Unidas, fundado en La Haya (Países Bajos) en 1945. Los jueces que componen el Tribunal son elegidos por la Asamblea General y el Consejo de Seguridad de las Naciones Unidas y deben ser de distintas nacionalidades.

HAYA DE LA TORRE, VÍCTOR RAÚL (1895-1979). Político peruano. Fundador del partido Alianza Popular Revolucionaria Americana (APRA).
7:341b; Perú 11:364b.

HAYÁN, IBN (h. el 987-1076). Historiador hispanomusulmán. Protegido de los califas omeyas, fue autor de obras históricas en las que describía la vida política de la época y realizó un recorrido histórico por el pasado de la península ibérica. *Gran historia*.

HAYASHI RAZAN (1583-1657). Ayashi Nobukatsu, filósofo japonés. Al servicio de la familia Tokugawa, fue el verdadero ideólogo del nuevo sistema político establecido en Japón por Ieyasu Tokugawa. Sus ideas se basaban en concepciones filosóficas neoconfucianistas.

HAY-BUNAU-VARILLA, TRATADO. Acuerdo firmado el 18 de noviembre de 1903 entre el secretario de estado estadounidense John M. Hay y el representante panameño Philippe Bunau-Varilla. Por el mismo, se otorgaba la soberanía de los territorios situados en el istmo en el que se estaba construyendo el canal al gobierno de los Estados Unidos.
Panamá, canal de 11:246a.

HAYDEE, MARCIA (n. en 1939). Marcia Pereira da Silva, bailarina brasileña de renombre internacional. Estudió con el Sadler's Wells Ballet de Londres y fue solista de la compañía del marqués de Cuevas y del ballet del Württemberg Staatstheater de Stuttgart, del cual llegó a ser directora artística.

HAYDN, JOSEPH (1732-1809). Compositor austriaco. Una de las figuras cumbre de la música clásica durante el siglo XVIII.
7:342a; Clasicismo 4:223b; Mozart, Wolfgang Amadeus 10:286b; Música 10:313b; Oratorio 11:127b; Orquesta 11:158a; Sinfonía 13:253a; Sonata 13:300b; *cuadro* 7:342a; *ilustración* 7:342.

HAYEK, FRIEDRICH A. (1899-1992). Economista británico de origen austriaco. Representante de la llamada escuela de economía austriaca, afirmó que la intervención del estado en la economía resulta perjudicial a largo plazo. Compartió en 1974 el Premio Nobel de economía con el economista sueco Gunnar Myrdal. *La constitución de la libertad* (1960).

HAYEK, SALMA (n. en 1966). Actriz mexicana. Trabajó durante varios años en la televisión mexicana hasta que su paso a Hollywood a mediados de la década de 1990 la lanzó a la fama. Participó en películas como *Pistolero* y *Abierto hasta el amanecer*.

HAYES, HELEN (1900-1993). Actriz estadounidense. Figura destacada de la escena de su país, con una dilatada carrera profesional en la que interpretó importantes papeles de autores clásicos (William Shakespeare, George Bernard Shaw, etc.). Trabajó también para el cine y la televisión. Recibió en 1932 el Óscar de Hollywood por su interpretación en *El pecado de Madelon Claudet* y en 1969 por *Aeropuerto*.

HAYES, RÍO. Curso fluvial de Canadá en el nordeste de Manitoba. Tiene una longitud de 500 km y desemboca en la bahía de Hudson.

HAYES, RUTHERFORD B. (1822-1893). Político estadounidense. Durante la guerra civil luchó en el ejército de la Unión. Como presidente (1877-1881) se propuso la reconstrucción de los estados del sur, devastados por la guerra civil, y el desarrollo de la economía.

HAYI. Peregrinación a La Meca. Constituye el quinto de los principios básicos o columnas fundamentales que ha de cumplir todo creyente musulmán. Establecido por el profeta Mahoma, ha de realizarse por lo menos una vez en la vida y en el último mes del año islámico.

HAYWARD. Ciudad estadounidense. Situada en la costa este de la bahía de San Francisco, en el est. de California, toma su nombre de William Hayward, quien instaló un hotel en este lugar en 1851. Centro agrícola y manufacturero. Universidad. 128.872 hab. (1998).

HAYWORTH, RITA (1918-1987). Margarita Carmen Cansino, actriz estadounidense. *Sólo los ángeles tienen alas* (1939), *Sangre y arena* (1941), *Gilda* (1946), *La dama de Shanghai* (1948).

HAZ DE HIS. Elemento muscular y nervioso esencial en el sistema de conducción intracardiaca. Transmite los estímulos nerviosos de las aurículas a los ventrículos.
Corazón 4:378a.

HAZLITT, WILLIAM (1778-1830). Ensayista británico. Colaboró en el periódico *Morning Chronicle*. Su notoriedad se debe sobre todo a sus conferencias y ensayos. *Pensamientos libres sobre los asuntos públicos* (1806), *Los personajes de las obras de Shakespeare* (1817), *Los escritores cómicos ingleses* (1819).

HEANEY, SEAMUS (n. en 1939). Escritor norirlandés, autor de libros de poemas y ensayo. Distinguido con el Premio Nobel de literatura de 1995.
7:343a.

HEARN, LAFCADIO (1850-1904). Escritor británico nacionalizado japonés como Koizumi Yakumo. Escribió en inglés novelas macabras. Ya en Japón, exploró temas filosóficos y escribió una obra fantástica, *Kwaidan* (1904), que fue llevada al cine en 1964.

HEARST, WILLIAM RANDOLPH (1863-1951). Magnate y político estadounidense. Controló un influyente sector de la prensa a través del cual promovió campañas populistas, como la que respaldó la guerra de 1898 contra España o la que alertó contra el «peligro amarillo».

HEARTFIELD, JOHN (1891-1968). Helmut Herzfeld, fotógrafo, pintor y escritor alemán. Junto con Raoul Hausmann, fue precursor del fotomontaje, empleándolo fundamentalmente como sátira política y crítica contra el nazismo dentro de la estética dadaísta. «Guerra en la paz», «Fotomontaje sobre el período 1936-1938».
Dadaísmo 5:84a.

HEATH, EDWARD (n. en 1916). Político británico perteneciente al Partido Conservador. Fue primer ministro de 1970 a 1974. Logró la aceptación francesa para que el Reino Unido ingresara en la Comunidad Económica Europea.
Reino Unido 12:311a.

HEAVISIDE, OLIVER (1850-1925). Físico y matemático británico, descubridor de la ionosfera o estrato ionizado de la atmósfera y, dentro de ella, de la capa que lleva su nombre, en la que la reflexión de las ondas hertzianas hace posible la radiodifusión y la telecomunicación a largas distancias. Realizó importantes investigaciones sobre redes eléctricas, inducción electromagnética y cálculo vectorial. Estableció una serie de métodos operacionales sobre ecuaciones diferenciales.

HEAVY METAL. Música de *rock* caracterizada por su elevado volumen sonoro. Se originó en el Reino Unido a finales de la década de 1960. Uno de sus primeros exponentes fue el grupo Led Zeppelin.

HEBBEL, FRIEDRICH (1813-1863). Poeta y dramaturgo alemán. Contribuyó, con una nueva dimensión psicológica, a la evolución del teatro de su país.
7:343b; *ilustración* 7:343b.

HEBE. Diosa griega hija de Zeus y Hera. Ofrecía el néctar y la ambrosía a los dioses, hasta que la sustituyó Ganimedes. Casó con Heracles (Hércules), de quien concibió a Aniceto y Alexiares. Simboliza la eterna juventud y el ideal adolescente femenino. Posteriormente, fue identificada con la diosa latina Juventus o Juventud.

HEBEI. Provincia del norte de China, a orillas del golfo de Chihli, limítrofe con Manchuria. Gran desarrollo cultural y económico. *Homo erectus pekinensis*, restos hallados en la meseta de Hebei. Industria pesada, minería. Cap. Shijiazhuang. 202.700 km^2. 64.370.000 hab. (1996).

HÉBERT, ANNE (1916-2000). Escritora canadiense en lengua francesa. Cultivó la novela, la poesía y el teatro. Sus trabajos, por lo general ambientados en Quebec, su ciudad natal, se caracterizaban por su imaginación y fantasía. Premio Fémina en 1982. *Los sueños en equilibrio* (1942), *Las habitaciones de madera* (1953).

HÉBERT, JACQUES-RENÉ (1757-1794). Periodista político francés. Portavoz de los *sansculottes* durante la revolución francesa. Opuesto a los girondinos, era el dirigente de la facción más extremista de los montañeses. Fue guillotinado tras preparar una insurrección contra Robespierre.
Francesa, revolución 5:380a.

HEBILLA. Pieza de metal u otro material que sirve para ajustar y unir, con uno o más clavillos en medio, las correas o cintas que pasan por dicha pieza. También, broche o abrazadera usada en la antigüedad.

HEBREA, LITERATURA. Conjunto de la producción literaria escrita en lengua hebrea desde el siglo XII a.C.
7:344a; Agnon, Samuel Yosef 1:101b; Berdichevski, Micah Yosef 2:415a; Bialik, Hayyim Nahmán 3:10a; Cábala 3:241b; Ibn Gabirol 8:116a; Israel 8:301a; Judaísmo 8:402b; Mendele Mokher Seforim 10:54b; *ilustraciones* 7:344a; 7:345a-b; 7:346a.

HEBREO. Lengua del antiguo pueblo hebreo y del moderno Estado de Israel. Pertenece al grupo occidental de las lenguas semíticas y, más especialmente, junto con el fenicio y el ugarítico, al semítico noroccidental. En hebreo está escrito el Antiguo Testamento de la *Biblia*. El idioma moderno se suele llamar posbíblico.

HEBREO, ALFABETO. Sistema de escritura propio de la lengua hebrea, derivado posiblemente del fenicio a través del arameo, y que influyó en otros posteriores. Incluye 22 signos que sólo representan consonantes.
Alfabeto 1:203.

HEBREO, LEÓN (h. 1465-1521). Judá Abrabanel, humanista judío. Nacido en Lisboa, se instaló en Toledo, España, pero la expulsión de los judíos decretada por los Reyes Católicos lo obligó a marchar a Nápoles. Autor de *Diálogos de amor* (publicada póstumamente en 1535), obra en lengua italiana que influyó sobre el neoplatonismo renacentista.

HEBREOS. V. **Judío, pueblo.**

HEBREOS, EPÍSTOLA A LOS. Carta pastoral del Nuevo Testamento, atribuida a san Pablo, cuya autoría aún se discute. Versa sobre el sacerdocio de Cristo y la primacía de la nueva alianza con Dios sobre la antigua. Es probable que sus destinatarios fueran los judeocristianos de Palestina.

HÉBRIDAS, ISLAS. Archipiélago del Reino Unido en el Atlántico, frente a la costa occidental de Escocia, situado en forma de arco y constituido por las Hébridas interiores y las Hébridas exteriores, estas últimas prácticamente deshabitadas. Su clima, caracterizado por una gran humedad y frecuentes nieblas, es suave.

HEBRÓN. Ciudad de Palestina (Cisjordania, margen occidental del Jordán), cap. del dist. homónimo. Ocupada por Israel en 1967. Data del siglo XVIII a.C. Ciudad santa de las religiones judía e islámica. Centro agrícola y comercial; turismo. 75.000 hab. (1984).
Autoridad Nacional Palestina (ANP) 2:247a.

HÉCABE. Heroína troyana, esposa de Príamo y madre de Héctor, Paris, Laódice, Casandra y Polidoro, entre otros. Tras una vida de constante infortunio, murió lapidada o, según otras versiones, se suicidó. Conocida también como Hécuba.

HÉCATE. En la mitología griega, diosa de la magia y de la hechicería, asociada con la luna, la tierra y el mundo infernal. En ocasiones era identificada con Artemisa. Se la solía representar con tres cuerpos o tres cabezas, aunque según las leyendas se aparecía a sus parientes los magos en forma de diferentes animales (perra, loba, etc.). Protegía también contra la locura.

HECES. Residuos de la digestión. Las heces, o materias fecales, se componen de agua, residuos alimentarios, sobre todo celulósicos, células intestinales descamadas y bacterias.

HECHICERÍA. Conjunto de ritos y prácticas de carácter mágico mediante los cuales se pretende dominar las fuerzas de la naturaleza.
Magia 9:284b.

HECHOS DE LOS APÓSTOLES. V. **Actos de los apóstoles.**

HECKEL, ERICH (1883-1970). Pintor alemán. Miembro fundador del grupo pictórico Die Brücke, fue uno de los representantes del movimiento expresionista en el arte alemán. Trató principalmente el paisaje y el desnudo femenino. «Dos hombres» (1912), «Mujeres junto a un lago» (1913).

HECKSCHER, ELI FILIP (1879-1952). Economista sueco. Fundador y director del Instituto de Historia Económica de Estocolmo. Se especializó en los estudios sobre el mercantilismo. Estableció, junto con su discípulo Bertil Ohlin, la teoría Heckscher-Ohlin sobre las relaciones entre los mecanismos de importación y exportación. *El mercantilismo* (1931).
Comercio 4:295a.

HECTÁREA. Medida de superficie equivalente a cien áreas o diez mil metros cuadrados (símbolo: ha).

HECTOGRAFÍA. Sistema de reproducción de originales mecanografiados o manuscritos con una capacidad de copias limitada. Basado en la elaboración de un cliché elemental impresionado con una tinta especial, llamada hectográfica, e introducido en el hectógrafo, que disuelve la tinta y la transmite sobre la copia.

HECTOGRAMO. Unidad de peso equivalente a cien gramos.

HECTOLITRO. Unidad de capacidad igual a cien litros.

HECTÓMETRO. Unidad de longitud equivalente a cien metros.

HÉCTOR. Héroe legendario griego, hijo del rey de Troya, Príamo, y de su esposa Hécabe (o Hécuba). Fue inmortalizado por Homero en la *Ilíada*, donde aparece como rival de Aquiles. Hermano de Paris y esposo de Andrómaca, participó en la guerra de Troya, durante la cual daría muerte a Patroclo. Este hecho despertó la ira de Aquiles, quien vengaría a su amigo matando a Héctor y deshonrando su cadáver. Conmovido al fin por el dolor de Príamo, Aquiles entregó los restos de Héctor a los troyanos, para que pudieran celebrarse sus funerales.
Ilíada 8:124a.

HÉCUBA. V. **Hécabe.**

HEDAYAT, SADEQ (1903-1951). Escritor iraní. Traductor de la obra de Franz Kafka y Jean-Paul Sartre. Autor de relatos y novelas de carácter existencial. Se suicidó en París. *Enterrado vivo* (1930), *La lechuza ciega* (1937).

HEDILLA, MANUEL (1898-1970). Político español. Jefe de Falange Española se opuso a la unificación con los tradicionalistas, rechazando el puesto que le ofrecieron. Fue detenido en 1937 y condenado a muerte, aunque le fue conmutada la pena por la de reclusión. Permaneció en prisión hasta 1941.

HEDIN, SVEN ANDERS (1865-1952). Explorador sueco. Realizó expediciones a Persia, China, Mongolia, el Tíbet y la India, donde realizó investigaciones sobre geografía y arqueología. Autor de la primera descripción completa del Himalaya. *Resultados geográfico-científicos de mis viajes por Asia central* (1900).

HEDONISMO. Tendencia que considera el placer o la felicidad como el bien supremo.
7:346b.

HEEMSKERCK, JACOB VAN. V. **Van Heemskerck, Jacob.**

HEEMSKERCK, MAERTEN VAN. V. **Van Heemskerck, Maerten.**

HEFESTO. En la mitología griega, dios del fuego y de los herreros.
7:347a; Afrodita 1:100a; Ares 2:35b; *ilustración* 7:347b.

HEGEL, G. W. F. (1770-1831). Figura sobresaliente del idealismo filosófico alemán.
7:347b; Absoluto 1:18b; Dialéctica 5:167a; Esencia 6:51a; Estética 6:155a; Ética 6:178a; Filosofía 6:298a; Idealismo 8:119a; Libertad 9:146a; Marx, Karl 9:397b; Marxismo 9:398b; Ontología 11:111a; Panteísmo 11:254b; Política 12:64b; Schelling, Friedrich Wilhelm Joseph von 13:173b; Schopenhauer, Arthur 13:176a; Sofistas 13:290a; Tiempo 14:53b; *cuadro* 7:348a; *ilustraciones* 6:178a; 6:298a; 7:348a; 8:119a.

HÉGIRA. Nombre con el que se conoce la migración de Mahoma de La Meca a Yatrib, posterior Medina. Tuvo lugar el 16 de julio del 622 y marcó el inicio del calendario musulmán. En 1677-1678, el gobierno otomano comenzó a utilizar el año solar del calendario juliano, con lo que el inicio de la Hégira se trasladó al 20 de septiembre, creándose de hecho dos calendarios musulmanes distintos.
Calendario 3:280b; Islam 8:278a; Islam, historia del 8:283b.

HEIAN, PERÍODO. Etapa de la historia de Japón comprendida entre el año 794 y el 1185. Tomó su nombre del de la nueva capital del imperio, Heian-kio (Kioto), y correspondió a un momento de gran esplendor artístico y literario en Japón, durante la etapa de dominio de la familia Fujiwara.
Japón 8:343a; Japonesa, literatura 8:350b; Oriental, período 11:148b.

HEIBERG, GUNNAR (1857-1929). Dramaturgo noruego, considerado como el más importante en su país, después de Henrik Ibsen. En sus obras arremetió contra los valores establecidos en la sociedad del momento. *El balcón* (1894), *La tragedia del amor* (1904), *Defenderé mi patria* (1912).

HEIDEGGER, MARTIN (1889-1976). Filósofo alemán. Uno de los máximos representantes del existencialismo filosófico.
7:349a; Existencialismo 6:211b; Fenomenología 6:262a; Marcuse, Herbert 9:357b; Ontología 11:111a; *ilustración* 7:349b.

HEIDELBERG. Ciudad de Alemania, a orillas del río Neckar. 139.941 hab. (1998).
7:349b; *ilustración* 7:349b.

HEIDELBERG, HOMBRE DE. Denominación dada al homínido fósil más antiguo (400.000 a 300.000 años) descubierto en Europa y cuya mandíbula fue hallada en 1907 en Mauer, cerca de Heidelberg (Alemania). Se considera perteneciente a la especie *Homo erectus*.
Homínidos 8:54a.

HEIDENSTAM, VERNER VON (1859-1940). Poeta y prosista sueco. Participó en la reacción contra el estilo naturalista, cultivando temas fantásticos e históricos. Premio Nobel de literatura en 1916. *Los suecos de Carlos XII* (1897-1898), *San Jorge y el dragón* (1900), *Nuevos poemas* (1915).

HEIDI. Relato infantil de la escritora suiza Johanna Spyri, publicado en 1880-1881. Las aventuras de la pequeña protagonista alcanzaron popularidad mundial. La obra refleja el amor de la autora por la naturaleza de su país.

HEIFETZ, JASCHA (1901-1987). Violinista estadounidense de origen ruso. Inició sus estudios de violín a los tres años. A los seis interpretó el *Concerto* de Felix Mendelssohn. Estudió con Leopold Auer. Alcanzó reconocimiento por la perfección de su técnica.

HEIJERMANS, HERMAN (1864-1924). Escritor neerlandés. Realizó obras teatrales y novelas en las que criticó a la sociedad burguesa de su época. *El ghetto* (1899), *La buena esperanza* (1901), *La ciudad del diamante* (1904).
Países Bajos, literatura de los 11:214b.

HEILONGJIANG. Provincia de China, la más septentrional del país, limítrofe con Rusia, en la llanura de Manchuria. Bañada por los ríos Heilong y Songhua. Agricultura, madera, industria pesada. Cap. Harbin. 463.600 km^2. 37.010.000 hab. (1996).
Manchuria 9:322b.

HEIMDAL. Divinidad de la mitología escandinava. Guardián del arco iris, puente entre el cielo y la tierra. Hijo de Odín, se lo consideraba el padre de la humanidad.

HEINE, HEINRICH (1797-1856). Poeta alemán. Representante del romanticismo liberal en la Alemania anterior a la unificación.
7:350a; Alemana, literatura en lengua 1:180; Schumann, Robert 13:178a; *cuadro* 7:350a; *ilustración* 7:350a.

HEINEMANN, GUSTAV (1899-1976). Político alemán. Rector de la Universidad de Colonia y dirigente de la Iglesia Evangelista alemana, se opuso al nazismo. Después de la guerra fue ministro con Konrad Adenauer, pero dimitió en protesta por el rearme alemán. Promovió diversas organizaciones pacifistas y fue presidente de la república desde 1969 a 1974.

HEINLEIN, ROBERT A. (1907-1988). Escritor estadounidense, especializado en literatura de ciencia-ficción. Adquirió una formación científica en la Universidad de California y supo trasladar sus conocimientos sobre múltiples temas a sus obras. *El hombre que vendió la Luna* (1950), *Revuelta en el 2100* (1953), *Suficiente tiempo para amar* (1973).

HEINRICH, ANNEMARIE (n. en 1912). Fotógrafa alemana. Instituyó el Consejo de Fotografía de Argentina, país en el que residió casi toda su vida. Su labor profesional estuvo muy vinculada al mundo del arte. Destacan sus fotografías de actores argentinos de la década de 1950.

HEINSE, WILHELM (1746-1803). Escritor alemán. Autor de crítica literaria y novelas, se mantuvo cercano a los postulados estéticos del movimiento Sturm und Drang (tempestad y empuje) e influyó decisivamente entre los escritores románticos. *Ardinghello y las islas bienaventuradas* (1787), *Hildegard de Hohenthal* (1795-1796).

HEINSIUS, ANTHONIE (1641-1720). Estadista neerlandés. Nombrado en 1689 gran pensionario de Holanda, participó activamente en la consecución de la gran alianza de La Haya (1701) frente a Francia y se convirtió, tras la muerte en 1702 del príncipe de Orange, Guillermo III, en el verdadero jefe político del país.

HEISENBERG, WERNER (1901-1976). Físico y filósofo alemán. Premio Nobel de física en 1932 por formular, en términos de matrices, la mecánica cuántica. Propuso el principio de incertidumbre o indeterminación que lleva su nombre.
7:351a; Cuántica, teoría 5:43a; Determinismo 5:158a; Libertad 9:146a; *ilustraciones* 7:351a; 9:146a.

HEJAZ. V. **Hiyaz.**

HEKLA, MONTE. Volcán activo de Islandia, 110 km al este de Reikiavik. 1.491 m. El más grande de sus cráteres tiene una profundidad de 122 m.

HELA. En la mitología escandinava, hija de Loki y reina de Niflheim, el mundo de ultratumba. Conocida también como Hel. Era la encargada de acoger las almas de los fallecidos por enfermedad o vejez.

HELADA. Congelación de parte de la capa de agua superficial existente sobre el suelo al descender la temperatura por debajo de 0 °C.

HÉLADE. Antiguo nombre que se aplicó primero a parte de Tesalia, más tarde a la zona central de Grecia y, finalmente, a toda Grecia.

HELADO. Alimento preparado con leche, azúcar, huevos y otros ingredientes (vainilla, café, chocolate, zumos o jugos de fruta, etc.), que se enfría sin llegar al punto de congelación, convirtiéndose en una crema homogénea y consistente.

HELDER, HERBERTO (n. en 1930). Poeta portugués. Encuadrado dentro del movimiento surrealista, fue autor de una creación muy personal e imaginativa. *Electronicolírica* (1964), *El bebedor nocturno* (1968), *Photomaton y Vox* (1979).

HELE. Heroína de la mitología griega, hija de Atamante y de Méfele. Tanto ella como su hermano Frixo huyeron del sacrificio al que estaban destinados montados en un carnero alado con vellocino de oro enviado por Zeus. Durante el vuelo que los dirigía a la Cólquida, Hele, asustada, cayó al mar en el estrecho que a partir de ese momento recibiría su nombre: Helesponto (mar de Hele).

HELECHO. Nombre dado a varios millares de especies de plantas criptógamas del grupo de las pteridófitas. Carecen de flores, frutos y semillas.
7:351b; Botánica 3:129a; Evolución 6:209b; Planta 12:20a; Primaria, era 12:140b; Reproducción 12:337a; Secundaria, era 13:182b; *ilustración* 7:351b; 7:352a.

HELENA. Capital del est. de Montana, Estados Unidos, junto al río Missouri. Colegio universitario, sociedad histórica, museo. Gasoducto, industria ligera. Comercio agropecuario. 23.938 hab. (1980).

HELENA, SANTA. V. **Elena, santa.**

HELENA DE TROYA. Personaje de la mitología griega. Era hija de Zeus y de Leda y hermana de Clitemnestra y de los Dioscuros. Casada con Menelao, fue raptada por Paris y trasladada a Troya, lo que provocó la guerra de los griegos contra los troyanos, inmortalizada por Homero en la *Ilíada*. Según la tradición homérica, tras la derrota de Troya volvió a Esparta con su esposo.
Ilíada 8:124b.

HELENISMO. Período de la historia del cercano oriente (Grecia, Macedonia, Mediterráneo oriental, Mesopotamia, Egipto y Persia) que discurrió entre la muerte de Alejandro Magno (323 a.C.) y la conquista de Egipto por Roma (30 a.C.).
7:352b; Estoicismo 6:157b; Grecia antigua 7:210b; Griega, literatura 7:220a; Griego, arte 7:230a; *ilustración* 7:352b.

HELENO. En la mitología griega, príncipe troyano, hijo de Príamo y de Hécabe (o Hécuba) y hermano gemelo de Casandra. Jefe de los ejércitos tras la muerte de su hermano Héctor en la guerra de Troya, ayudó posteriormente con sus vaticinios a la victoria aquea. Casó con Andrómaca y reinó en el Epiro.

HELERO. Masa de hielo acumulada en zonas de alta montaña, por debajo del límite de nieves perpetuas, y que se derrite parcial o totalmente al llegar la estación cálida.

HELESPONTO. V. **Dardanelos, estrecho de los.**

HELGOLAND. Isla alemana del mar del Norte, situada en la bahía de su nombre y perteneciente al est. de Schleswig-Holstein. Integrada a la corona danesa en 1714 y anexionada por Inglaterra en 1814, pasó a poder alemán en 1890. Parque natural. 2.011 hab. (1983).

HÉLICE. Aparato formado por dos o más aspas y empleado en la propulsión de buques y aeronaves.
Avión 2:266a; Helicóptero 7:354a.

HELICOIDAL, MOVIMIENTO. Movimiento realizado por un cuerpo cuya trayectoria es una hélice cilíndrica, es decir, una línea arrollada sobre un cilindro con paso constante, a semejanza de una escalera de caracol.

HELICÓN, MONTE. Promontorio de Grecia situado en Beocia, entre el lago Kopais y el golfo de Corinto. Según la mitología griega, era la residencia de las musas y el lugar de donde brotaban las fuentes de Aganipe e Hipocrene. Su altitud es de 1.748 m.

HELICÓPTERO. Aeronave que aterriza y despega verticalmente gracias a la acción de grandes hélices que giran en un plano horizontal.
7:353a; Aviación 2:258b; *ilustraciones* 7:353b; 7:354a.

HELIEA. Tribunal de apelación de la antigua Grecia. Instituido por Solón en el siglo VI a.C., estaba formado por ciudadanos voluntarios (heliastas); en el siglo V hubo que reducir a 600 los miembros del tribunal, elegidos anualmente por sorteo. Posteriormente, el sorteo fue diario a fin de evitar la corrupción. La votación era secreta, tras escuchar a los contendientes.

HELIGOLAND. V. **Helgoland.**

HELIO. Elemento químico, gas inerte del grupo 0 (gases nobles) de la tabla periódica. Símbolo, He; número atómico, 2; peso atómico 4,0026.
7:354b; *cuadro* 7:354b.

HELIOCÉNTRICA, TEORÍA. Doctrina científica basada en la hipótesis de que el Sol se sitúa en el centro del universo. Desplazada durante muchos siglos por la teoría geocéntrica de Tolomeo, se impuso a partir de los estudios de Nicolás Copérnico y de Galileo Galilei.
Cosmología 4:405b.

HELIODORO DE EMESA (siglo III). Escritor griego. Autor de la novela en diez libros titulada *Las etiópicas, o los amores de Teágenes y de Cariclea*, obra de intrigas y aventuras que se considera como el precedente de la novela bizantina y cuya influencia llegó hasta Miguel de Cervantes.

HELIOGÁBALO (204-222). Emperador romano, primo de Caracalla, que se distinguió por su comportamiento excéntrico. Murió asesinado por la guardia pretoriana. También llamado Elagábalo.

HELIOGRABADO. Grabación en relieve de una imagen sobre una plancha de cobre o acero, haciendo pasar la luz solar por unos huecos convenientemente trazados.

HELIOGRAFÍA. Sistema de transmisión de señales telegráficas mediante la reflexión de un rayo de sol en un espejo plano. En artes gráficas se entiende por heliografía el sistema de obtención de heliograbados.

HELIÓGRAFO. Aparato óptico de telecomunicación que retransmite los mensajes por medio de la heliografía. Ideado por Lescurre en 1856.

HELIÓMETRO. Lente que permite medir el diámetro aparente de los cuerpos celestes o las distancias angulares cortas entre dos astros. Inventado por el francés Pierre Bouguer.

HÉLION, JEAN (1904-1987). Pintor francés. Integrado inicialmente en los grupos de arte abstracto, arte concreto y Abstraction-Création, a partir de la década de 1940 realizó pintura figurativa, en la que reflejó la vida cotidiana francesa. Serie de los «Mercados» (1973-1976).

HELIÓPOLIS. Antigua ciudad egipcia, situada en la parte meridional del delta del río Nilo. De gran importancia política y religiosa durante el imperio antiguo, mantenía un templo dedicado al dios Ra.

HELIOS. Según la mitología griega, personificación divina del sol.
7:355a.

HELIOSISMOLOGÍA. Área de la astronomía que se ocupa del estudio de los movimientos sísmicos que se registran en la corteza solar.

HELIOS LA REVISTA DEL MODERNISMO MILITANTE. Revista literaria española que se publicó entre abril de 1903 y mayo de 1904. Sirvió como medio de difusión del movimiento modernista en España.

HELIOTERAPIA. Tratamiento de las enfermedades mediante la exposición a los rayos solares. Favorece la cicatrización de las heridas.

HELIOTROPO. Planta de la familia de las boragináceas (*Heliotropium peruvianum*). Dicotiledónea. Hojas ovaladas y flores azules. Originaria del Perú.

HELIOZOO. Protozoo actinópodo que presenta generalmente proyecciones citoplasmáticas radiadas en forma de sol (*Actinophrys sol*). En ocasiones, posee una máscara o esqueleto de sílice. Animal representativo del plancton marino.

HELIPUERTO. Aeropuerto destinado al aterrizaje y despegue de helicópteros.
Aeropuerto 1:83b.

HELIX. Género de gasterópodos terrestres de la familia de los helícidos. Caracterizados por un concha calcárea en forma de hélice de la que emergen dos pares de tentáculos. Comprende miles de especies.

HELLER, JOSEPH (1923-1999). Novelista estadounidense. Su novela *Trampa 22* (1961) se convirtió en la obra más característica del antimilitarismo de la década de 1960. *Algo ha pasado* (1974), *Tan bueno como el oro* (1979).

HELLER, YOM TOV LIPMANN BEN NATHAN HA-LEVI (1579-1654). Rabino bohemio que desarrolló su actividad en Moravia, Viena y Praga. Autor de obras religiosas y escritos autobiográficos en los que describía la vida de las comunidades judías.

HELLÍN. Población española de la prov. de Albacete, en la comunidad autónoma de Castilla-La Mancha. Cereales, olivos, viñedos. De origen quizá ibérico, fue plaza fuerte en la edad media. Nudo de comunicaciones. Iglesias antiguas. Pinturas rupestres prehistóricas. 26.021 hab. (1996).

HELLMAN, LILLIAN (1905-1984). Escritora estadounidense. Cultivó el teatro y los guiones cinematográficos, en los que atacó la injusticia y la explotación de los seres humanos. Estuvo ligada sentimentalmente al escritor Dashiell Hammett. *La loba* (1939), *Pentimento* (1974).

HELMAND, RÍO. Curso fluvial del sudoeste de Afganistán y el este de Irán. Nace en la parte norte de la prov. de Oruzgán, al este de Kabul y, tras ser utilizadas sus aguas para el regadío de amplias zonas, desemboca en la depresión de Sistán, zona pantanosa en la frontera con Irán. Longitud de 1.130 km.

HELMHACK, ABRAHAM (1654-1724). Esmaltador, grabador y pintor sobre vidrio alemán. Conocido por sus pinturas religiosas de estilo barroco, Helmhack trabajó principalmente la loza estagnífera.

HELMHOLTZ, HERMANN LUDWIG F. (1821-1894). Físico, fisiólogo y filósofo alemán. Su trabajo principal lo realizó en el campo experimental (estudios sobre conservación de la energía, termodinámica, electrodinámica, movimiento de los fluidos, acústica y óptica fisiológica). Como filósofo se acercó a las tendencias neokantianas de Friedrich Albert Lange. Se interesó por la teoría del conocimiento. *Escritos sobre la teoría del conocimiento.*
Ciencia 4:186b.

HELMS-BURTON, LEY. Texto legal aprobado en 1996 por el Congreso estadounidense que toma su nombre del de los dos congresistas que lo propusieron, ambos pertenecientes al Partido Republicano. La ley contempló un conjunto de medidas endurecedoras del embargo a Cuba decretado en la década de 1960 por el presidente John F. Kennedy para aislar al régimen castrista.

HÉLOU, CHARLES (n. en 1912). Político libanés. Ocupó diversas carteras ministeriales y, en 1964, tras la dimisión de Fuad Chehab, accedió a la presidencia de la nación. Su etapa de gobierno estuvo marcada por las tensiones entre los partidarios del gobierno y las fuerzas maronitas y por la presencia del Líbano en el conflicto árabe-israelí. En 1970 dejó su cargo presidencial.

HELPHAND, ALEXANDER ISRAEL (1867-1924). Revolucionario ruso. Integrante del movimiento socialista, participó en la revolución de 1905. Tras su detención huyó a Alemania, donde mantuvo una intensa actividad política. En 1917 participó destacadamente en las negociaciones que permitieron a Lenin regresar a Rusia desde su exilio en Suiza.

HELPMANN, ROBERT (1909-1986). Bailarín, coreógrafo y actor australiano. Debutó con la compañía de Anna Pávlova, y fue primer bailarín del Sadler's Wells Ballet, con el cual realizó sus propias coreografías (*Hamlet, Electra*). Actor de teatro y cine, realizó la coreografía del filme *Las zapatillas rojas* (1948).

HELSINGBORG. Ciudad y puerto de Suecia, en el condado de Malmöhus, en la parte más estrecha del Sund, a unos 5 km de la costa danesa. Torre de una antigua fortificación (siglo XII). Astilleros, industrias diversas. 116.337 hab. (1999).

HELSINGFORS. V. **Helsinki.**

HELSINKI. Capital de Finlandia, en el golfo de Finlandia. 551.123 hab. (2000).
7:355b; Báltico, mar 2:329b; Finlandia 6:304b; *ilustración* 7:355b.

HELSINKI, ACUERDOS DE. Nombre con que se conoce el acta final de la primera de las Conferencias sobre la Seguridad y la Cooperación en Europa, firmada en Helsinki en 1975 por representantes de todos los países europeos (excepto Albania), los Estados Unidos y Canadá.

HELVECIO (1715-1771). Claude-Adrien Helvétius, filósofo francés. Se interesó principalmente por la educación. Para él, todo conocimiento tenía por base la sensación y el interés. El interés era un impulso a través del cual se buscaba obtener el placer y eliminar el dolor. La labor de la educación era hacer coincidir los intereses individuales con los colectivos, orientándolos al bien social. *Sobre el espíritu* (1758), *Del hombre, de sus facultades y su educación* (1772).

HELYCOBACTER PILORI. Bacteria que produce en el ser humano diversos tipos de gastritis, así como úlceras de duodeno y píloro.

HEMACANDRA (1088-1172). Candradeva, filósofo y erudito indio de la escuela jainista, conocido como el Omnisciente de la Edad del Hierro. Vivió como monje en el Gujarat y logró la confianza del rey Kumarapala. Escribió un tratado de la doctrina jainista, la biografía de 33 personajes, una gramática y un diccionario de sánscrito, y una cosmogonía según las tradiciones de su secta.

HEMATEMESIS. V. **Hemoptisis.**

HEMATÍE. Célula sin núcleo, bicóncava, presente en la sangre circulante, a la que confiere su color rojo. El hematíe es el vehículo del oxígeno hasta los tejidos. Es sinónimo de glóbulo rojo y eritrocito.
Anemia 1:343b; Grupo sanguíneo 7:241b; Hematología 7:356a; Sangre 13:134b.

HEMATITES. Minerales de óxido férrico. Cristalizan en el sistema rómbico. La variedad parda es más rica en hierro que la roja, al tiempo que más abundante y degradable. Frecuentemente derivan de carbonatos. Son la más importante mena del hierro.
Hierro y acero 7:406a.

HEMATOLOGÍA. Especialidad médica que tiene por objeto el estudio de la sangre y el tratamiento de las enfermedades relativas a ésta.
7:355b; Grupo sanguíneo 7:241b; Hemofilia 7:358a; Sangre 13:125b; *cuadro* 7:356a; *ilustraciones* 7:356a; 7:357a.

HEMATOMA. Colección de sangre bien delimitada, superficial o profunda. Suele resolverse espontáneamente, aunque algunas veces debe ser evacuado quirúrgicamente.

HEMATOPOYESIS. Formación de las células de la sangre en la médula ósea (glóbulos rojos, glóbulos blancos y plaquetas), los ganglios linfáticos y el bazo (linfocitos), y el tejido reticuloendotelial (monocitos). También llamada hemopoyesis.

HEMATOSIS. Conversión de la sangre venosa en arterial por aireación en los pulmones. Producida por intercambio de gases entre el aire inspirado y la sangre venosa. También denominada arterialización.

HEMATURIA. Expulsión de sangre, sola o mezclada con orina, a través de la uretra. Signo de una gran diversidad de enfermedades, principalmente renales y hepáticas.

HEMBYZE, JAN VAN (1513-1584). Jefe calvinista que depuso en 1577 al gobierno de Gante dominado por los católicos, durante la lucha por la liberación de los Países Bajos del control español.

HEMEROTECA. Centro de consulta en el que se guardan periódicos y revistas.

HEMIMORFITA. Mineral de silicato ácido de zinc, de aspecto rómbico piramidal, que se halla en espesores de hasta dos centímetros.

HEMINGWAY, ERNEST (1899-1961). Novelista estadounidense. Cultivó una narrativa realista, de estilo lacónico pero vigoroso.
7:357b; Estadounidense, literatura 6:150b; Stein, Gertrude 13:318b; Wilson, Edmund 14:368b; *ilustración* 7:357b.

HEMIÓN. Mamífero ungulado perisodáctilo de la familia de los équidos (*Equus hemionus*), de aspecto intermedio entre un caballo y un asno. Color gris en el dorso y blanco en el vientre, con una lista negruzca dorsal. Vive en Mongolia, Turkestán y Siberia meridional.
Asno 2:161b.

HEMIPLEJÍA. Parálisis completa o incompleta de una de las mitades del cuerpo, derecha o izquierda, debida a una lesión de las vías nerviosas piramidales. También pronunciada hemiplejia.
Parálisis 11:276b.

HEMÍPTEROS. Orden de insectos pterigógenos exopterigotos. Poseen un aparato bucal perforador y chupador constituido por un pico articulado. Pueden tener dos pares de alas y, a veces, ser ápteros. Metamorfosis sencilla. Muchos de ellos son ectoparásitos del hombre y de los animales.
Cigarra 4:189a; Chinche 4:161b; Insectos 8:223a.

HEMISFERIO. Cada una de las dos partes del globo terrestre separadas idealmente por la línea del ecuador terrestre o por el meridiano cero. En astronomía, una de las mitades de la bóveda celeste.

HEMISTIQUIO. Nombre de cada una de las partes en que queda dividido un verso por una pausa o cesura. Por lo general se trata de dos mitades de igual número de sílabas, aunque se dan casos en que las partes son desiguales o en que se divide el verso en más de dos hemistiquios.

HEMO. Compuesto proteico ferroso contenido en la hemoglobina, la catalasa y la peroxidasa. Formado por un anillo de protoporfirina unido a un átomo de hierro divalente. Amorfo, insoluble y muy inestable, se descompone por oxidación en hematina, en un proceso reversible. Denominado también hem o heme.
Hemoglobina 7:359a; Sangre 13:125b.

HEMODIÁLISIS. Eliminación de productos tóxicos contenidos en la sangre (especialmente de la urea acumulada en caso de insuficiencia renal) al hacer derivar la sangre fuera del organismo y pasarla a través de una membrana semipermeable que retiene dichos productos tóxicos.
Ósmosis y diálisis 11:171b.

HEMODINÁMICA. Disciplina de la fisiología médica que se dedica al estudio de los factores o condiciones mecánicas de la circulación o movimiento de la sangre (presión sanguínea, velocidad, etc.) en el interior del organismo de un ser vivo.

HEMOFILIA. Enfermedad hereditaria ligada al cromosoma que define el sexo. Consiste en una anomalía de la coagulación, que provoca hemorragias incoercibles de resultas del más mínimo traumatismo. Sólo la padecen los hombres, pero la transmiten las mujeres.
7:358a; Congénitos, defectos 4:332b; Genética 7:77a; Hematología 7:356b; Hereditarias, enfermedades 7:368b; Sangre 13:125b; Terapia génica 14:26b; *ilustración* 7:358b.

HEMOGLOBINA. Proteína compleja (heteroproteína) que constituye el pigmento respiratorio de los glóbulos rojos y contiene el hierro de la sangre.
7:359a; Anemia 1:343b; Pigmentación 11:405a; Prótidos 12:168a; Respiratorio, sistema 12:348b; Sangre 13:124a; *ilustración* 7:359b.

HEMOGLOBINOPATÍA. Grupo de enfermedades caracterizadas por la existencia de modificaciones en las moléculas de la hemoglobina debidas a mutaciones genéticas de tipo hereditario. Entre las hemoglobinopatías destacan la talasanemia y la drepanocitemia.

HEMOLINFA. Sangre compuesta de hemocitos y sales, de aspecto incoloro, propia del sistema sanguíneo de algunos invertebrados.
Sangre 13:124b.

HEMOLISIS. Destrucción de los corpúsculos sanguíneos, especialmente de los glóbulos rojos. Es fisiológica al final del ciclo vital de éstos (120 días) y tiene lugar en el bazo.

HÉMON, LOUIS (1880-1913). Novelista francés. En 1911 se trasladó a Canadá donde escribió su novela *María Chapdelaine* (publicada póstumamente en 1915), relato de la vida de los pioneros francocanadienses.

HEMOPTISIS. Esputo o expectoración de sangre procedente de las vías respiratorias. Debe distinguirse la hemoptisis de la hematemesis, que es un vómito de sangre.

HEMORRAGIA. Derrame de sangre fuera de los vasos que deberían contenerla normalmente. La hemorragia puede ser interna (en los órganos o tejidos) o externa (fuera del organismo).
Anemia 1:343b; Cirugía 4:211a; Ébola, virus 5:262a; Hemofilia 7:358a; Otorrinolaringología 11:181a; Primeros auxilios 12:144b; Transfusión 14:112b.

HEMORROIDES. Tumores varicosos que consisten en dilataciones de las venas de la región anorrectal. Las hemorroides pueden ser internas o externas, según se desarrollen por encima o por debajo del esfínter anal.

HEMOSTASIA. Detención espontánea o artificial de un flujo sanguíneo o hemorrágico.

HEMOTÓXICOS, GASES. Gases tóxicos utilizados como armas químicas. Los principales son el cloruro de cianógeno y el ácido cianhídrico. Sus efectos pueden ser mortales al afectar al aparato respiratorio.
Armas químicas y biológicas 2:87b.

HENAN. Provincia en la reg. norte central de China. Bañada por el río Amarillo. Restos de asentamientos neolíticos. Trigo, algodón, tabaco. Seda. Ganadería. Cap. Zhengzhou. 167.000 km^2. 91.000.000 hab. (1996).

HENARES, RÍO. Curso fluvial español, subafluente del Tajo, que recorre las prov. de Guadalajara y de Madrid. Afluente del Jarama. Longitud de 113 km.

HENCH, PHILIP SHOWALTER (1896-1965). Médico estadounidense. Recibió el Premio Nobel de medicina en 1950, junto con Edward Calvin Kendall y Tadeus Reichstein, por su descubrimiento de la estructura química de la cortisona y de sus efectos terapéuticos.

HENDERSON, ALEXANDER (h. 1583-1646). Religioso presbiteriano escocés. Fue el principal responsable de la preservación de la iglesia presbiteriana en su país, e influyó en la derrota del rey inglés Carlos I.

HENDERSON, FLETCHER (1898-1952). Pianista estadounidense de *jazz*. Abandonó los estudios de química y matemáticas por la música. Con él trabajaron Louis Armstrong y Coleman Hawkins, entre otros. Intervino en la orquesta de Benny Goodman.

HENDERSON, LAWRENCE JOSEPH (1878-1942). Bioquímico estadounidense. Profesor en la Universidad Harvard, descubrió el mecanismo químico por el que se mantiene el equilibrio entre los ácidos y las bases en los fluidos corporales. *Estudio de fisiología general* (1928).

HENDRIX, JIMI (1942-1970). Guitarrista estadounidense de *rock*. Formó el grupo The Jimi Hendrix Experience. Innovador en la interpretación de la guitarra eléctrica. Su temprana muerte por uso de drogas originó una leyenda en torno a su figura.
Pop, música 12:82a.

HENEQUÉN. V. **Agave.**

HENESTROSA, ANDRÉS (n. en 1908). Escritor indigenista mexicano, autor de relatos y de ensayos sobre temas lingüísticos. *Los hombres que dispersó la danza* (1929), *Los cuatro abuelos* (1961), *Los hispanismos en el idioma zapoteco* (1965).

HENG SAMRIN (n. en 1934). Militar y político camboyano. Apoyado por el ejército de Vietnam, derrotó en 1979 a las fuerzas de los jmer rojos, que dirigían el país desde 1975, y se convirtió en jefe del estado y del gobierno. Renunció al último cargo en 1981, al ocupar la secretaría del Partido Revolucionario Popular de Camboya. Fue reemplazado en esta secretaría en 1991.
Camboya 3:310a.

HENLE, FRIEDRICH GUSTAV JACOB (1809-1885). Patólogo alemán. Profesor en Zurich, Heidelberg y Gotinga, destacó por sus investigaciones acerca de los tejidos epiteliales. *Investigaciones patológicas* (1840), *Anatomía general* (1841), *Manual de anatomía sistemática* (1846-1853).

HENLEIN, PETER (1480-1542). Artesano alemán. Fabricó en 1511 uno de los primeros modelos de reloj de bolsillo. La sustitución de las tradicionales pesas por otros mecanismos consistentes en resortes y muelles, le permitió hacer relojes fácilmente transportables.
Reloj 12:324b.

HENNIG, WILLI (1913-1976). Zoólogo alemán. Profesor en el Instituto Entomológico Alemán de Berlín, fue director de investigaciones filogenéticas en el Museo de Historia Natural de Stuttgart. Planteó en sus trabajos una nueva concepción en el estudio del desarrollo evolutivo de las especies.

HENO. Nombre que se aplica a los tallos segados y secos de diferentes plantas, tanto gramíneas como hierbas de pastizal, que se emplean como forraje para el ganado.

HENOTEÍSMO. Posición religiosa entre el monoteísmo y el politeísmo, con un dios superior y otros menores.

HENRIO. Denominación castellanizada del henry, unidad de inductancia y de autoinducción eléctricas.
Electromagnetismo 5:362b.

HENRÍQUEZ, ALFONSO. V. **Alfonso I Henríquez.**

HENRÍQUEZ, CAMILO (1769-1825). Escritor y patriota chileno. Sacerdote, apoyó al movimiento independentista en su país y fue autor de poesía, teatro y artículos periodísticos de carácter patriótico y sentimental. Fundó los diarios *La Aurora* y *El Mercurio*.

HENRÍQUEZ UREÑA, MAX (1885-1968). Crítico literario dominicano. Impulsor de las tendencias literarias europeas en su país.
7:359b; Dominicana, República 5:229a.

HENRÍQUEZ UREÑA, PEDRO (1884-1946). Filósofo, ensayista y crítico literario dominicano. Difundió la literatura iberoamericana en diversos países de habla española.
7:360a; Dominicana, República 5:229a; Orfila, Arnaldo 11:135b; *ilustración* 7:360a.

HENRÍQUEZ Y CARVAJAL, FEDERICO (1848-1951). Escritor y político dominicano. Colaboró con Eugenio de Hostos en su labor educadora y con José Martí en las campañas por la independencia de Cuba. Profesor de la Universidad de Santo Domingo y presidente del Tribunal Supremo, rechazó la presidencia de la república que le ofrecían los invasores estadounidenses (1916) tras derrocar a su hermano Francisco.

HENRÍQUEZ Y CARVAJAL, FRANCISCO (1859-1935). Político dominicano. Fue elegido presidente de su país en 1916 y derrocado ese mismo año por una intervención estadounidense.
7:360b.

HENRY. V. **Henrio.**

HENRY, JOSEPH (1797-1878). Físico estadounidense. Famoso por sus investigaciones en electromagnetismo. Descubrió la autoinducción e inventó un potente electroimán. Fue el primero en construir un motor eléctrico.

HENRY, MICHEL (n. en 1922). Filósofo francés. Afín a la visión fenomenológica de Edmund Husserl y a Martin Heidegger, realizó una exhaustiva crítica del existencialismo y del capitalismo. *Genealogía del psicoanálisis* (1985), *Fenomenología material* (1990).

HENRY, O. (1862-1910). William Sydney Porter, escritor estadounidense. Se especializó en el relato breve basado en la vida neoyorquina. *El cuarto millón* (1906), *La voz de la ciudad* (1908).

HENZE, HANS WERNER (n. en 1926). Compositor alemán. Autor de óperas, sinfonías y ballets. *El rey ciervo* (1956), *El cimarrón* (1970).

HEPARINA. Polisacárido ácido presente en algunos tejidos de los mamíferos, particularmente en el hígado y los pulmones. Utilizado en medicina como anticoagulante, con acción preventiva sobre las trombosis y embolias pulmonares.

HEPÁTICA. Nombre con el que se denomina un grupo de plantas inferiores pertenecientes a las briófitas. También planta herbácea de la familia de las ronunculáceas (*Hepatica nobilis*), de hojas ovaladas, propia de la región eurasiática.

HEPÁTICO, CÓLICO. Crisis dolorosa paroxística consecutiva a una obstrucción brusca de las vías biliares o al paso de cálculos por los conductos biliares.

HEPÁTICO, CONDUCTO. Conducto excretorio principal del hígado, formado por la unión de los dos conductos hepáticos, derecho e izquierdo. Después de unirse con el cístico recibe el nombre de colédoco.

HEPATITIS. Inflamación del hígado debida a sustancias tóxicas (hepatitis tóxicas), virus (hepatitis virales A o B) y también bacterias o parásitos (hepatitis infecciosas).
7:360b; Gastroenterología 7:59a; hígado 7:409a; Interferón 8:235a; Virus (medicina) 14:330a; *cuadro* 7:361; *ilustración* 7:361a.

HEPATOSCOPIA. Examen o inspección directa del hígado por medio de instrumentos ópticos.

HEPBURN, AUDREY (1929-1993). Actriz estadounidense. Inició su carrera cinematográfica en 1953 de la mano del director William Wyler con la película *Vacaciones en Roma. Guerra y paz* (1956), *Desayuno con diamantes* (1961), *Mi bella dama* (1964).

HEPBURN, KATHARINE (n. en 1909). Actriz cinematográfica estadounidense. *La fiera de mi niña* (1938; *Bringing Up Baby*), *La costilla de Adán* (1949), *La Reina de África* (1951), *Adivina quién viene esta noche* (1967), *El león en invierno* (1968), *Los años dorados* o *En el estanque dorado* (1981). Recibió cuatro Óscares.

HEPPLEWHITE, GEORGE (m. en 1786). Ebanista y diseñador británico. Famoso por su libro *Guía del tapicero y ebanista* (1788), en el que interpretaba el mobiliario neoclásico de Robert Adam con sencillez, elegancia y funcionalidad.

HEPTAEDRO. Poliedro de siete caras.

HEPTÁGONO. Polígono de siete lados.
Geometría 7:98a.

HEPTATLÓN. Prueba atlética femenina consistente en siete especialidades (100 m vallas, salto de altura, lanzamiento de peso o bala, 200 m planos [lisos], salto de longitud, lanzamiento de jabalina y 800 m). Divididas en dos jornadas, las cuatro primeras se disputan en el primer día. Se consigue la victoria al totalizar un mayor número de puntos según una tabla aprobada por la FIA (Federación Internacional de Atletismo).
Atletismo 2:200a.

HEPTARQUÍA. V. **Anglosajona, heptarquía.**

HEPWORTH, BARBARA (1903-1975). Escultora británica. Estuvo casada con el pintor Ben Nicholson. Autora de esculturas no figurativas en piedra, madera y bronce. «Ola» (1943-1944), «Four-Square» (1966).

HERA. En la mitología griega, esposa y hermana de Zeus, reina de los cielos y protectora de la mujer.
7:361b; Dioniso 5:198a; Griega, religión 7:224b; Hefesto 7:347a; Heracles 7:362a; Zeus 14:415b; *ilustración* 7:362a.

HERACLEA. Nombre de varias ciudades de la antigua civilización griega. En Heraclea de Lucania, en el sur de Italia, Pirro derrotó a los romanos en el año 280 a.C. Otras ciudades así denominadas fueron Heraclea Lincestis (en la posterior Croacia), Heraclea Traquinia (en Grecia) y Heraclea Póntica (en Asia menor).

HERACLES. Uno de los héroes más célebres de la mitología griega. También conocido por su nombre latino, Hércules.
7:362a; Gigantes 7:126a; Medusa 10:39b; Mito y mitología 10:196b; *ilustración* 7:362a.

HERÁCLIDAS. Patronímico por el que se conoce, en general, a todos los supuestos descendientes del legendario héroe griego Heracles (Hércules) y, en especial, a los colonizadores del Peloponeso, procedentes en línea directa de Hilo, hijo de Heracles y Deyanira. También, dinastía imperial bizantina (610-711), fundada por Heraclio I.

HERÁCLIDES PÓNTICO (h. el 390-322 a.C.). Filósofo y astrónomo griego. Director temporal de la Academia al sustituir a Platón durante uno de los viajes del maestro a Siracusa, fundó posteriormente escuela propia en Heraclea Póntica. Planteó por primera vez la teoría sobre el movimiento de rotación de la Tierra alrededor de un eje.

HERACLIO I (h. el 575-641). Emperador bizantino (610-641) que derrocó al usurpador Focas. Reorganizó y reforzó la administración y el ejército, a pesar de lo cual el imperio sufrió pérdidas territoriales en favor de los árabes. Asumió el título de *basileos* (rey).
Bizantino, imperio 3:63a.

HERÁCLITO (h. el 540-h. el 480 a.C.). Filósofo griego presocrático. Postuló el fuego como principio material del universo y afirmó que hay una conexión intrínseca entre los opuestos.
7:362b; Filosofía 6:295a; Parménides 11:286b; Tiempo 14:53a.

HERÁKLION. V. **Iráklion.**

HERÁLDICA. Conjunto de normas que permiten elaborar, interpretar y describir los escudos de armas.
7:363a; *ilustración* 7:363.

HERAS, LAS. Ciudad argentina en la prov. de Mendoza. Carretera panamericana. Industrias madereras; conservas vegetales, alfarería. Agricultura. 183.511 hab. (1999).

HERAT. Ciudad de Afganistán, cap. de la prov. del mismo nombre, a orillas del río Hari-rud. Antigua ciudadela. Célebre escuela de elaboración de alfombras (siglos XV-XVII). Mezquita del siglo XV. Minaretes. Aeropuerto. Textiles, productos alimenticios; artesanía, pieles. 186.800 hab. (1990).

HERAT, ESCUELA DE. Foco artístico de pintura miniaturista que se desarrolló en la ciudad de Herat, en el oeste de Afganistán, durante el siglo XV. Fundada por Sha Rokh, contó entre sus figuras más destacadas a Behzad (finales del siglo XV).

HERBÁCEAS. Plantas superiores de tallo no lignificado.
7:364a; Apio 1:411a; Arroz 2:120a; Avena 2:254a; Azafrán 2:276b; Azucena 2:291a; Batata 2:369a; Berenjena 2:416a; Caña de azúcar 3:352b; Cáñamo 3:353b; Cebada 4:56b; Clavel 4:227a; Crisantemo 5:17b; Espinaca 6:109a; Fresa 6:408a; Geranio 7:111a; Girasol 7:136a; Guisante 7:293a; Jengibre 8:361a; Lechuga 9:90b; Lenteja 9:115a; Lino 9:169b; Loto 9:225b; Maíz 9:296a; Manzanilla 9:335a; Melón 10:48b; Menta 10:63b; Papa o patata 11:260b; Papiro 11:264a; Plátano 12:31a; Rábano 12:235b; Remolacha 12:327a; Ricino 12:368b; *ilustraciones* 7:364b; 7:365.

HERBARIO. Colección de plantas secas y prensadas con todos sus órganos y partes representativos, clasificadas y dispuestas para su estudio científico.
Botánica 3:126a.

HERBART, JOHANN FRIEDRICH (1776-1841). Filósofo y pedagogo alemán. Profesor en las universidades de Gotinga y Königsberg. En esta última ocupó la cátedra de Immanuel Kant. Su formación pedagógica se debió al suizo Johann Heinrich Pestalozzi. Para Herbart, la educación perseguía el perfeccionamiento moral del individuo; por eso, la ética, junto a la psicología, es fundamento de la pedagogía. *Pedagogía general* (1806), *La psicología como ciencia fundada sobre la experiencia, la metafísica y las matemáticas* (1824-1825).
Psicología 12:176a.

HERBERT DE CHERBURY, EDWARD (1583-1648). Cortesano, soldado e historiador inglés. En su obra *Sobre la verdad* (1624) expuso los principios racionales que conducen al hombre en la búsqueda de la verdad.
Deísmo 5:111a.

HERBICIDA. Producto químico cuya función es acabar con las hierbas dañinas; puede ser total (el que destruye todo tipo de plantas) o selectivo (el que respeta las plantas que se quieren proteger).
Armas químicas y biológicas 2:87b.

HERBIN, AUGUSTE (1882-1960). Pintor francés. Iniciado en el fauvismo, evolucionó hacia el cubismo figurativo y la abstracción geométrica. Fundador en 1931, junto con Georges Vantongerloo, del movimiento Abstraction-Création. Publicó *Arte no figurativo, no objetivo* (1949).

HERBÍVOROS. Animales vertebrados que se alimentan de vegetales, en especial los mamíferos artiodáctilos y perisodáctilos. La mayoría presentan adaptaciones muy precisas, sobre todo en el aparato dentario, locomotor y digestivo, relacionadas con su tipo de alimentación.
Avestruz 2:255b; Biosfera 3:51b; Búfalo 3:216b; Caballo 3:247b; Canguro 3:341b; Conejo 4:329a; Cuy 5:82b; Elefante 5:372b; Hipopótamo 8:1a; Intestino 8:242b; Jirafa 8:373b; Mamíferos 9:316a; Perisodáctilos 11:342b; Rinoceronte 12:373b; Rumiantes 13:40b.

HERCINIANO, PLEGAMIENTO. Etapa de la orogénesis terrestre iniciada durante el período carbonífero (345-280 millones de años) y finalizada en el período pérmico (280-255 millones de años), dentro de la era primaria. Afectó a Europa (Urales) y América del norte (Apalaches).
Primaria, era 12:142a.

HERCIO. Unidad de frecuencia equivalente a un ciclo por segundo. También se denomina hertzio. Su designación internacional es hertz.
Frecuencia 6:406b.

HERCULANO. Antigua ciudad italiana de la región de Campania próxima a Nápoles. Al igual que Pompeya, fue sepultada en el año 79 por una erupción del Vesubio.

HERCULANO, ALEXANDRE (1810-1877). Alexandre Herculano de Carvalho e Araújo, poeta e historiador portugués. Figura destacada del movimiento romántico en su país.
7:365b; Portuguesa, literatura 12:102b.

HÉRCULES (ASTRONOMÍA). Constelación muy extensa del hemisferio boreal, entre Lira y Boyero. Contiene unos dos centenares de estrellas. El Sol semeja trasladarse hacia un punto de esta constelación denominado ápex.

HÉRCULES (MITOLOGÍA). V. **Heracles.**

HÉRCULES, COLUMNAS DE. En la tradición clásica, nombre dado a dos promontorios del estrecho de Gibraltar que supuestamente constituían los límites del mundo, fijados por Heracles (Hércules, en la designación latina) al separar el norte de África del sur de Europa.

HÉRCULES, TORRE DE. Faro situado en una península en la ría de La Coruña, en España. Es, probablemente, el único faro construido por los antiguos romanos que se utilizó hasta el siglo XX. La torre, de 56,8 m de altura, fue edificada o remodelada durante el reinado de Trajano (98-117).

HERDER, JOHANN GOTTFRIED VON (1744-1803). Teólogo, filósofo y crítico literario alemán. Figura esencial del movimiento precursor del romanticismo Sturm und Drang.
7:366a; Arte 2:124a; Folclor 6:339a; Goethe, Johann Wolfgang von 7:151a.

HEREDIA (CIUDAD). Municipio de Costa Rica, cap. de la prov. homónima. Situada en la meseta central, muy próxima a la capital del país. Fundada en el siglo XVI. Universidad. Centro de una importante zona productora de café. Industrias madereras, productos lácteos. Caña de azúcar, fruticultura. 29.544 hab. (1983).

HEREDIA (PROVINCIA). Provincia de Costa Rica, limítrofe al norte con Nicaragua y bañada por los ríos Sarapiquí y Chirripo, afluentes del San Juan. Café, caña de azúcar; ganado vacuno; productos lácteos. Cap. Heredia. 2.657 km². 270.096 hab. (1996).
Costa Rica 4:417a.

HEREDIA, JOSÉ MARÍA (1803-1839). Poeta cubano. Uno de los pilares de las letras cubanas, cuya obra se caracterizó por su tono patriótico y humanismo.
7:366b; Cuba 5:54b; Hispanoamericana, literatura 8:6a.

HEREDIA, JOSÉ MARÍA DE (1842-1905). Poeta francés de origen cubano. Perteneció a la escuela parnasiana.
7:366b; *ilustración* 7:366b.

HEREDIA, JOSE RAMÓN (1900-1948). Poeta y ensayista venezolano. Perteneció al movimiento literario «Viernes». Su poesía, de desbordada imaginación y comunicatividad, en la que sobresale la adjetivación, es de tono surrealista. *Paisaje y canciones* (1928), *Música de silencios* (1936), *Gong en el tiempo* (1941).

HEREDIA, NARCISO DE. V. **Ofalia, conde de.**

HEREDIA, PEDRO DE (h. 1504-1554). Conquistador español. Fundador de Cartagena de Indias, Colombia.
7:367a; Cartagena (COLOMBIA) 3:418a; Colombia 4:268b; *ilustración* 7:367b.

HEREDIA Y MOTA, NICOLÁS (1855-1901). Escritor cubano. Nació en Santo Domingo, pero vivió desde niño en Cuba, donde se graduó en derecho y filosofía y se dedicó a la enseñanza y al periodismo literario. Defensor de la independencia de Cuba, se trasladó a los Estados Unidos, donde escribió para el periódico *Patria*. Terminada la dominación española, fue director de instrucción pública. *Leonela* (1893), *La sensibilidad de la poesía castellana* (1898).

HEREDITARIAS, ENFERMEDADES. Afecciones debidas a una alteración de los gametos y determinadas por la configuración cromosómica de los progenitores. Se transmiten de padres a hijos de acuerdo con las leyes de Mendel.
7:367b; Biología molecular 3:41b; Cáncer 3:335b; Ceguera 4:59b; Congénitos, defectos 4:332a; Diabetes 5:160b; Diagnóstico prenatal 5:165b; Gota 7:170b; Hemofilia 7:358b; Morgan, Thomas Hunt 10:266b; Psicopatología 12:180b; Raquitismo 12:263b; *cuadro* 7:368a.

HEREFORD. Raza bovina que toma su nombre de la ciudad inglesa de Hereford, de donde es originaria. Muy apreciada para la producción de leche, se caracteriza por presentar una coloración rojiza uniforme, con cabeza y patas blancas, por su corpulencia y por su resistencia a condiciones adversas. Fue introducida en 1817 en los Estados Unidos, en donde alcanzó un gran desarrollo.
Vaca 14:218a.

HEREJÍAS. En religión, doctrinas u opiniones contrarias a la fe ortodoxa.
7:369a; Cristianismo 5:21a; Inquisición 8:218a; Maniqueísmo 9:330a; *cuadro* 7:370; *ilustraciones* 7:369b; 7:371b; 7:372a.

HÉRELLE, FÉLIX D' (1873-1949). Bacteriólogo canadiense. Descubrió la existencia de virus bacteriófagos o fijos, que infectan las bacterias y producen su lisis (desintegración celular).

HERENCIA (BIOLOGÍA). Transmisión de caracteres biológicos en los seres vivos a través del ácido desoxirribonucleico (ADN) que se encuentra en los cromosomas y en los plastos y mitocondrias celulares.
7:372a; Genética 7:77a; Mendel, Gregor Johann 10:54a; Nucleicos, ácidos 11:29b.

HERENCIA (DERECHO). Bienes, derechos y acciones que alguien recibe por testamento, o *ab intestato* (sin dicho documento), de una persona fallecida.

HERES, TOMÁS DE (1795-1842). Militar venezolano. Inició su carrera militar en las tropas españolas y en 1820, se pasó al ejército de José de San Martín. Fue secretario de Simón Bolívar y desempeñó diversas misiones militares y diplomáticas. Asesinado cuando era gobernador de la provincia de Guayana.

HERGÉ (1907-1983). Seudónimo de Georges Remi, dibujante belga. Autor del personaje de cómic *Tintín*, que fue protagonista de varios álbumes de gran éxito internacional.
7:372b.

HERIDA. Lesión en que se produce un rompimiento de la piel. Cuando es profunda, puede afectar a órganos internos.
Primeros auxilios 12:144b.

HERMAFRODITISMO. Presencia en un mismo sujeto de los órganos genitales de ambos sexos. Más frecuente que el hermafroditismo genuino es el seudohermafroditismo, que se da cuando coexisten los genitales externos de un sexo y las gónadas del otro.
Reproducción 12:337a; Sexo y sexualidad 13:218a.

HERMAN, WOODY (1913-1987). Woodrow Charles Herman, clarinetista, saxofonista, director de banda de *jazz* y vocalista estadounidense. Su grabación de «Woodchopper's Ball», realizada en 1939, superó el millón de discos vendidos. Representante del *swing*.

HERMANDAD, SANTA. Organización española establecida por los Reyes Católicos para establecer el orden en zonas rurales y despobladas.
7:373a.

HERMANOS DE LA ESPADA, ORDEN DE LOS. Orden militar fundada en 1202 por Albert von Appeldern, posterior obispo de Livonia, y consagrada por el papa en 1204. Adoptó las normas de los caballeros templarios. Se unió a la orden teutónica en 1237. Tuvo como sede la ciudad de Riga.
Órdenes religiosas militares 11:133a.

HERMANOS HOSPITALARIOS DE SAN JUAN DE DIOS. Orden religiosa fundada en 1537 en la ciudad española de Granada por el religioso portugués san Juan de Dios. Dedicada al cuidado y atención de los enfermos.
Órdenes religiosas 11:132a.

HERMANOS KARAMÁZOV, LOS. Novela del escritor ruso Fiódor Dostoievski, publicada entre 1879 y 1880. La obra, considerada el testamento espiritual del autor, se centra en el asesinato de Fiódor Karamázov y el estudio psicológico de sus cuatro hijos.
Dostoievski, Fiódor 5:236a.

HERMENEGILDO, SAN (m. en el 585). Príncipe visigodo, primogénito de Leovigildo. Abjuró del arrianismo y abrazó la fe católica.
7:373b; Godos 7:150a; Leovigildo 9:124a; *ilustración* 7:373b.

HERMENÉUTICA. Ciencia que estudia los principios que han de regir en la interpretación de un texto, especialmente del bíblico.
7:374a; Biblia 3:12b; Filología 6:293a; Teología 14:21a; *ilustración* 7:374a.

HERMERICO (m. en el 441). Rey de los suevos. Penetró con su pueblo en la península ibérica, a través de la Galia, estableciéndose en el noroeste. En el 433 firmó un pacto con los galaicos y los romanos. Abdicó en favor de su hijo, Requila, en el 438.
Suevos 13:352b.

HERMES (ASTRONOMÍA). Asteroide del Sistema Solar. Su órbita es de notable excentricidad y el diámetro resulta algo superior a los dos kilómetros. Fue descubierto en 1937.
Asteroide 2:162a.

HERMES (MITOLOGÍA). En la mitología griega, dios protector de los viajeros y los comerciantes e inventor de la música. El Mercurio de los romanos.
7:374b; Hestia 7:390b; *ilustración* 7:374b.

HERMES, GEORG (1775-1831). Teólogo católico alemán. Profesor de teología en Munich, basó los fundamentos de su pensamiento teológico en los postulados de la razón práctica. Defendió la aceptación de la revelación divina como una medida de la dignidad humana. Su doctrina teológica, el hermesianismo, fue condenada en el concilio Vaticano I. *Introducción a la teología católica* (1819-1829), *Dogmática católica* (1834-1835).

HERMES TRIMEGISTO. Nombre con que los griegos denominaron al dios egipcio Tot o Thot, creador de las ciencias y de las artes e inventor del lenguaje y de la escritura jeroglífica. La tradición atribuye también este nombre a un mítico rey egipcio, autor de numerosos tratados esotéricos de alquimia y astrología reunidos en el *Corpus hermeticum*, obra colectiva datada en el siglo III d.C.
Egipcia, literatura 5:323b; Zodiaco 14:421b.

HERMÉTICA, LITERATURA. Colección de textos que pretendían recoger toda la sabiduría del antiguo Egipto. Fueron atribuidos a Hermes Trimegisto, a quien los griegos identificaron con el dios Thot. Los fragmentos existentes fueron traducidos al latín en 1471 por Marsilio Ficino.

HERMETISMO (FILOSOFÍA). Conjunto de doctrinas esotéricas inspiradas en el *Corpus hermeticum*, atribuido al legendario Hermes Trimegisto. Ejerció acusada influencia sobre el neoplatonismo antiguo y renacentista.

HERMETISMO (LITERATURA). Movimiento poético italiano surgido en el período de entreguerras. Supuso una reacción contra la ampulosidad del fascismo. Sus creaciones líricas se expresaban a partir de la concisión, el intimismo y la oscuridad. Entre sus principales representantes destacaron Giuseppe Ungaretti, Eugenio Montale y Salvatore Quasimodo.
Italiana, literatura 8:323b; Quasimodo, Salvatore 12:213a; Ungaretti, Giuseppe 14:177a.

HERMITE, CHARLES (1822-1901). Matemático francés, especializado en el estudio de teoría de funciones. Profesor en la Universidad de París, ofreció importantes aportaciones al álgebra, las funciones abelianas y la teoría de las formas cuadráticas. *Sobre la resolución de la ecuación de quinto grado* (1858).

HERMOD. Dios de la mitología escandinava, hijo de Odín y hermano de Balder. Arquetipo de las virtudes guerreras. Intentó sin éxito rescatar de los infiernos el espíritu de su hermano. También denominado Hermodur.

HERMOSILLA Y SANDOVAL, JOSÉ (m. en 1776). Arquitecto español, de estilo neoclásico. Profesor de arquitectura en la Academia de San Fernando, fue autor del colegio de San Bartolomé de Salamanca y de los planos para el Hospital General de Madrid.

HERMOSILLO. Ciudad mexicana, cap. del est. de Sonora, a orillas del río Sonora. Universidad, instituto tecnológico. Edificios coloniales. Cemento, tabaco. Agricultura y ganadería. Aeropuerto. 504.009 hab. (1995).

HERMOSILLO, JAIME HUMBERTO (n. en 1942). Director de cine mexicano. Se formó en el Centro Universitario de Estudios Cinematográficos de la ciudad de México. *La pasión según Berenice* (1975), *María de mi corazón* (1978), *Doña Herlinda y su hijo* (1985), *La tarea* (1991).

HERMOSO DE MENDOZA, LORENZO (siglo XVIII). Funcionario español nacido en Caracas. Aunque laico, fue conocido como el abate Hermoso, debido a su puesto en el patriarcado de Indias. Fue acusado de haber participado en el motín de Esquilache (1776), por lo que se le condenó al destierro. *Memoria sobre el origen del tumulto de Madrid del año 1776* (inédita).

HERNANDARIAS DE SAAVEDRA (1564-1634). Hernando Arias de Saavedra, conquistador español. Fundó Vera de las Siete Corrientes, posterior Corrientes, Argentina.
7:375a.

HERNÁNDEZ, ALONSO (h. 1460-1515). Poeta español. Autor del que sólo se conserva una obra, el poema épico *Historia partenopea* (1516), en la que se describe la conquista del reino de Nápoles por Gonzalo Fernández de Córdoba.

HERNÁNDEZ, AMALIA (1918-2000). Bailarina y coreógrafa mexicana. Creadora del Ballet Folclórico de México, que llegó a tener más de 400 miembros especializados en bailes tradicionales mexicanos. Desarrolló también una prolífica actividad pedagógica.

HERNÁNDEZ, EFRÉN (1904-1958). Escritor mexicano. Mezcló en sus cuentos el misterio y el humor. *El señor de palo, Nadie entendió el camino, La paloma, el sótano y la torre* (cuentos); *Entre apagados muros, Horas de horas* (poemas); *Dichas y desdichas de Nicocles Méndez* (drama).

HERNÁNDEZ, FELISBERTO (1902-1963). Escritor uruguayo. Su obra, de carácter fantástico, tuvo gran influencia sobre los posteriores escritores de su país.
7:375b.

HERNÁNDEZ, FRANCISCO (1517-1587). Botánico español. Estudió la flora de la Nueva España.
7:375b; Botánica 3:126b.

HERNÁNDEZ, GREGORIO (h. 1576-1636). Escultor español, también conocido como Gregorio Fernández. Figura destacada de la imaginería barroca castellana.
7:376a; *ilustración* 7:376a.

HERNÁNDEZ, JOSÉ (1834-1886). Poeta argentino. Máximo exponente de la poesía gauchesca de su país. Autor de *El gaucho Martín Fierro* (1872).
7:376b; Gaucha, literatura 7:64a; *ilustración* 7:376b.

HERNÁNDEZ, JOSÉ (n. en 1944). Pintor y grabador español. Autor de pintura figurativa de temática mágica y fantástica en la que profundizó, a partir de una estética barroca, en conceptos como el poder y la muerte. Premio Nacional de Artes Plásticas en 1981.

HERNÁNDEZ, JUAN JOSÉ (n. en 1930). Escritor argentino. Sus obras muestran una constante lucha entre las miserias existenciales y el anhelo por una realidad idílica. Autor de poemas, cuentos y novela. *Negada permanencia* (1952), *El inocente* (1965), *La favorita* (1977).

HERNÁNDEZ, JULIO LÓPEZ (n. en 1930). Escultor español. Representante de una tendencia próxima al hiperrealismo, reflejó en sus creaciones escultóricas a los personajes de la vida cotidiana. Premio Nacional de Artes Plásticas en 1980.

HERNÁNDEZ, LUISA JOSEFINA (n. en 1928). Escritora y autora teatral mexicana. Sus obras reflejan diferentes aspectos cotidianos y sociales y aportan elementos innovadores a la estructura del género teatral. *Frutos caídos* (1957), *Arpas blancas y conejos dorados* (1959), *Historia de un anillo* (1961).

HERNÁNDEZ, MATEO (1888-1949). Escultor español. Estudió en Madrid y en París, donde se estableció en 1913. Son famosas sus esculturas de animales, talladas directamente en piedra. «Camello dormido» (1917), «Jacqueline Quetard» (1941).

HERNÁNDEZ, MIGUEL (1910-1942). Poeta español. Autor preocupado por la realidad social y el compromiso del artista.
7:376b; Española, literatura 6:94b; Veintisiete, generación del 14:250a; *ilustración* 7:377a.

HERNÁNDEZ, PEDRO (siglo XVI). Conquistador español. Uno de los primeros cronistas de América. Fue secretario de Álvar Núñez Cabeza de Vaca, a quien ayudó a redactar sus *Comentarios de Álvar Núñez Cabeza de Vaca.*

HERNÁNDEZ CATÁ, ALFONSO (1885-1940). Escritor cubano. Alternó la carrera diplomática con la creación literaria, marcada por un estilo naturalista.
7:377b.

HERNÁNDEZ COLÓN, RAFAEL (n. en 1936). Político puertorriqueño. Gobernador de Puerto Rico por el Partido Popular Democrático tras las elecciones de 1972. Derrotado electoralmente en 1976 y 1980 por el Partido Nuevo Progresista, en los comicios de 1984 recuperó el poder. Reelegido en 1988. Partidario de mantener a Puerto Rico como estado libre asociado y de la presencia de la lengua hispana.
Puerto Rico 12:202a.

HERNÁNDEZ DE CÓRDOBA, FRANCISCO (m. en 1517). Navegante español. Descubrió las costas de Yucatán.
7:377b.

HERNÁNDEZ DE CÓRDOBA, FRANCISCO (m. en 1526). V. **Fernández de Córdoba, Francisco.**

HERNÁNDEZ DE PORTOCARRERO, ALONSO (siglo XVI). Conquistador español. Amigo de Hernán Cortés, mandó una de las naves en la expedición desde la Habana hacia México. Fue designado alcalde de Veracruz y enviado a España para defender a Cortés y conseguir para éste una mayor autonomía en tierras de México.

HERNÁNDEZ GIL, ANTONIO (1915-1994). Político español. Profesor de derecho en las universidades de Madrid y Granada, en 1985 fue nombrado presidente del Tribunal Supremo y del Consejo del Poder Judicial.

HERNÁNDEZ GIRÓN, FRANCISCO (1510-1554). Navegante español. Formó parte de la expedición de Francisco Pizarro en el Perú. Cabecilla de una revuelta contra las autoridades coloniales, murió ejecutado.
Loayza, Jerónimo de 9:193b.

HERNÁNDEZ GONZALO, GISELA (1912-1971). Compositora cubana. Defensora de la línea de renovación musical, su obra se considera postimpresionista. *Suite coral, Tríptico, La muchacha de Quang-Nam, Cubanas.*

HERNÁNDEZ MARTÍNEZ, MAXIMILIANO (1882-1966). Militar y político salvadoreño. Presidente de la república desde 1931 a 1944.
7:378a.

HERNÁNDEZ PIJUAN, JOAN (n. en 1931). Pintor español. Vinculado al expresionismo abstracto y a la figuración geométrica. Premio Nacional de artes plásticas en 1981. «Cuatro homenajes a Luca Pacioli» (1965).

HERNÁNDEZ SARABIA, JUAN (1880-1974). General español. Combatió en la guerra de Marruecos y fue ayudante de Manuel Azaña en el Ministerio de la Guerra. Se retiró al triunfar la derecha en 1933 pero volvió en 1936 y asumió la jefatura del ejército del este y la defensa de Cataluña. Al terminar la guerra, se exilió en México.

HERNÁNDEZ TOMÁS, JESÚS (1907-1971). Político español. Siendo muy joven se adhirió a las juventudes comunistas y luego al Partido Comunista. Estudió en Rusia y, a su vuelta en 1931, formó parte del comité ejecutivo del partido. Ministro de instrucción pública durante la guerra civil, en 1939 se exilió en Rusia y luego en México. Enfrentado a Dolores Ibárruri (La Pasionaria), presidenta del partido desde 1960, fundó un grupo disidente. *Negro y rojo, Yo, ministro de Stalin.*

HERNANDO, RAFAEL (1822-1888). Compositor español. Alumno de Ramón Carnicer y de Baltasar Saldoni, fue autor de zarzuelas y a partir de 1852 desempeñó el cargo de secretario del Conservatorio de Madrid. *Colegialas y soldados* (1849), *El duende* (1849), *El tambor* (1860).

HERNANI. Población española de la prov. de Guipúzcoa, País Vasco. Agricultura, ganado vacuno, metalurgia, industria papelera. 18.627 hab. (1996).

HERNANI O EL AMOR CASTELLANO. Drama del escritor francés Victor Hugo. El protagonista, que da título a la obra, disputa al futuro Carlos V (I de España) y a un noble castellano la mano de doña Sol, quien finalmente se envenena junto con su enamorado. Su estreno en París (1830) provocó una reyerta en la sala entre seguidores de los teatros romántico y clásico.

HERNIA. Desplazamiento de un órgano, o de parte de él, fuera de la cavidad que debe contenerlo normalmente. Las más frecuentes son las hernias abdominales.
7:378a; Ortopedia 11:167a; *ilustración* 7:378b.

HERNIA DE HIATO. Forma de hernia a través del hiato esofágico; comúnmente, hernia pequeña e intermitente de parte del estómago.
Gastroenterología 7:59a.

HERODES I EL GRANDE (73-4 a.C.). Rey de Judea del 40 al 4 a.C. Marco Antonio favoreció su reconocimiento como rey de los judíos por el Senado romano. La *Biblia* le atribuye la matanza de los santos inocentes.
7:379b; Jerusalén 8:366b; Jesucristo 8:368b; Judío, pueblo 8:404b; Palestina 11:229b; *ilustración* 7:379b.

HERODES AGRIPA I (h. el 10 a.C.-44 d.C.). Rey de Judea del 41 al 44. Heredó el reino de su abuelo, Herodes I el Grande, gracias a sus buenas relaciones con la familia imperial romana. Favoreció con su política el acercamiento entre judíos y romanos.

HERODES AGRIPA II (27-h. el 93). Rey de Judea. Hijo de Herodes Agripa I, se mantuvo al lado de los romanos durante el levantamiento que contra ellos iniciaron los judíos en el año 66.

HERODES ANTIPAS (20 a.C.-39 d.C.). Tetrarca de Galilea. Ordenó la decapitación de san Juan Bautista y participó en el proceso que culminó con la muerte de Jesús de Nazaret.
7:379a; Jesucristo 8:368b; Juan Bautista, san 8:391a; *ilustración* 7:379a.

HERODES ÁTICO (h. el 101-177). Orador, escritor y mecenas griego. Preceptor de Marco Aurelio y de Lucio Vero, fue nombrado cónsul en el 143. Financió la construcción de gran número de edificios públicos en Grecia. *Discurso sobre la constitución.*

HERODÍAS (7 a.C.-39 d.C.). Princesa judía, esposa de Herodes Filipo, a quien abandonó para casarse con su hermanastro, Herodes Antipas. Acusada de adulterio por san Juan Bautista, consiguió que éste fuera decapitado.
Herodes Antipas 7:379a.

HERODOTO (h. el 484-h. el 430/420 a.C.). Historiador griego. Autor de la primera descripción del mundo antiguo.
7:379b; Griega, literatura 7:219a; *cuadro* 7:380a; *ilustraciones* 7:222a; 7:380a.

HÉROE. Protagonista de epopeyas o hechos heroicos.
7:380b; Mito y mitología 10:198a; *ilustración* 7:380b.

HERÓFILO DE CALCEDONIA (h. el 335-h. el 280 a.C.). Médico y anatomista griego, discípulo de Praxágoras de Cos. Fue con Erasístrato, su gran rival, uno de los creadores de la anatomía. Descubrió la llamada prensa de Herófilo, formación venosa del cerebro.
Anatomía 1:326a.

HEROÍNA. Diacetilmorfina $C_{21}H_{23}O_5N$. Derivado sintético de la morfina, producido por acetilación de los dos grupos -OH. De efectos parecidos a la morfina, pero más excitante y más rápida y potente como analgésico.
Alcaloides 1:152a; Analgésicos 1:315a; Opiáceos 11:117b.

HERÓN, FÓRMULA DE. Expresión matemática debida al geómetra griego Herón de Alejandría que se utiliza para calcular el área de un triángulo a partir de sus tres lados. Para ello se halla la raíz cuadrada del producto del semiperímetro por la diferencia de éste con respecto a cada uno de los lados del triángulo. Es decir, $S = Sp(p - a)(p - b)(p - c)$, donde p es el valor del semiperímetro y a, b y c el de los lados respectivos, siendo S el área o superficie.

HERÓN DE ALEJANDRÍA (siglo I d.C.). Matemático griego, llamado también Herón el Viejo. Inventor de varias máquinas y autor de tratados de geodesia (*Métricas*) y de mecánica. En su obra *La dioptra* describió este instrumento de nivelación, y en *Sobre el aire* explicó el funcionamiento de la eolípila. Investigó los fenómenos de la reflexión de la luz.
Mecánica 10:12a; Turbina 14:154a.

HÉROULT, PAUL-LOUIS-TOUSSAINT (1863-1914). Químico francés. Descubrió un procedimiento electrolítico para obtener aluminio. Inventó un horno de arco eléctrico para fabricar acero, posteriormente conocido como horno de Héroult.
Aluminio 1:254b.

HERO Y LEANDRO. Poema del escritor griego Museo, escrito al parecer en el siglo IV d.C. Leandro, orientado por la antorcha que su amada Hero mantenía encendida, atravesaba a nado el Helesponto todas las noches para visitarla. Una noche en que la tempestad apagó la antorcha que lo guiaba, Leandro murió ahogado, y Hero, al ver su cadáver, se suicidó.

HERPES. Enfermedad inflamatoria de la piel y las mucosas debida a un virus. Se manifiesta por lesiones de tipo vesiculoso reunidas en grupo y a veces dolorosas y pruriginosas.
Cáncer 3:336a; Microbiología 10:152a; Virus (medicina) 14:330a.

HERPES GENITAL. Enfermedad de transmisión sexual originada por un virus herpes de tipo 2. Se transmite a través de las secreciones genitales y sus efectos suelen ser más graves en la mujer que en el hombre. Es especialmente grave en mujeres gestantes, por poder transmitir la infección al feto.
Enfermedades de transmisión sexual 5:417a.

HERRAMIENTA. Nombre genérico de cualquier instrumento utilizado para facilitar el trabajo.
7:381a; Agrícolas, implementos 1:104a; Automatización 2:239a; Carpinterís y ebanistería 3:411b; Máquina 9:343a; Tecnología 13:414a; *cuadro* 7:383b; *ilustraciones* 7:381a-b; 7:382a-b; 7:383a.

HERRÁN, PEDRO ALCÁNTARA (1800-1872). Militar y político colombiano. Participó en la batalla de Ayacucho (1824), a las órdenes de Antonio José de Sucre. Presidente de la república de Nueva Granada de 1841 a 1845.

HERRÁN, SATURNINO (1888-1918). Pintor mexicano. Introductor de la temática popular en la pintura de su país.
7:384a.

HERRERA. Provincia de Panamá a orillas del golfo de Parita, en el océano Pacífico. Agricultura y ganadería. Cap. Chitré. 2.341 km^2. 101.775 hab. (1996).

HERRERA, ALFONSO LUIS (1868-1942). Biólogo mexicano. Catedrático de biología en la Escuela Normal de México, fue uno de los introductores de los estudios biológicos en su país y destacó por sus trabajos en el campo de la parasitología y la adaptación de los seres vivos.

HERRERA, DARÍO (1870-1914). Escritor panameño. Figura importante dentro del movimiento modernista en Panamá, fue autor de poesías, cuentos y artículos periodísticos. Residió gran parte de su vida en la Argentina, donde colaboró en los diarios *La Nación* y *El Mercurio de América*. *Horas lejanas* (1903).

HERRERA, DIONISIO (1783-1850). Político centroamericano. Fue elegido presidente de Honduras, luego de Nicaragua y, posteriormente, de El Salvador.
7:384a; Morazán, Francisco 10:261b.

HERRERA, ERNESTO (1886-1917). Dramaturgo uruguayo. Su obra estuvo marcada por su ideología anarquista.
7:384b.

HERRERA, FELIPE (1922-1996). Economista chileno. Trabajó para las Naciones Unidas y fue fundador y presidente, entre 1960 y 1971, del Banco Interamericano de Desarrollo. Ocupó también el cargo de director ejecutivo (1958-1960) del Fondo Monetario Internacional. Escribió diversas obras sobre economía. *El futuro económico de América Latina* (1957).

HERRERA, FERNANDO DE (h. 1534-1597). Poeta español. Perteneció a la escuela sevillana del siglo XVI.
7:384b; Española, literatura 6:90b; Siglo de Oro español 13:238b; *ilustración* 7:384b.

HERRERA, FLAVIO (1899-1974). Escritor guatemalteco. Autor de novelas, cuentos y poesías, alternó su carrera de escritor con su actividad como diplomático y profesor. *El ala de la montaña* (1921), *Trópico* (1931), *El tigre* (1934).

HERRERA, FRANCISCO (EL MOZO) (1622-1685). Pintor y arquitecto español. Hijo y discípulo de Francisco Herrera el Viejo. Influido por los manieristas, reveló grandes cualidades como pintor de frescos y retablos.
7:385a; Madrid, escuela de 9:278a; *ilustración* 7:385b.

HERRERA, FRANCISCO (EL VIEJO) (h. 1576-1656). Pintor español. Padre de Francisco Herrera el Mozo. Fue uno de los iniciadores de la escuela barroca sevillana.
7:385b; Sevilla, escuela de 13:217a; Velázquez, Diego 14:253b; *ilustración* 7:385b.

HERRERA, FRAY LUIS (1775-1811). Sacerdote mexicano. Participó con Miguel Hidalgo en la lucha insurgente. Promovió el movimiento independentista en San Luis Potosí y se apoderó de esta ciudad. Víctima de una emboscada, murió fusilado.

HERRERA, HERNANDO ALONSO DE (1460-1527). Humanista español. Afamado latinista, fue profesor en las universidades de Alcalá de Henares y Salamanca y autor de ensayos sobre literatura y filosofía clásica. *Breve disputa de ocho levadas contra Aristóteles y sus secuaces* (1517), *Gramática retórica*.

HERRERA, JOSÉ JOAQUÍN DE (1792-1854). Militar y político mexicano. Creador, junto con Antonio López de Santa Anna, del estado mayor del ejército. Presidente interino en 1844 y 1844-1845, y constitucional en 1845 y 1848-1851.

HERRERA, JUAN DE (1530-1597). Arquitecto español. Dentro de la tradición de Giacomo da Vignola y Sebastiano Serlio, desarrolló un sentido propio de la distribución de los volúmenes y la austeridad arquitectónica.
7:386a; Escorial, El 6:41b; Renacimiento 12:332a; *ilustraciones* 7:386a-b.

HERRERA, JUSTO JOSÉ (siglo XIX). Político hondureño. Presidente de Honduras en 1837. Durante su mandato sobrevino la epidemia del cólera y se acentuaron las tendencias separatistas en las Provincias Unidas de Centroamérica. Tras el congreso federal de 1838, que autorizó la autonomía de los diversos estados centroamericanos, Herrera convocó una asamblea constituyente y abandonó el poder.

HERRERA, LUIS ALBERTO DE (1873-1959). Político y escritor uruguayo. Se opuso a la política expansionista de los Estados Unidos. Desempeñó numerosos cargos políticos. Fundador de los diarios *La Democracia* y *El Debate*. *El Uruguay internacional*.

HERRERA, NICOLÁS (1775-1833). Político uruguayo. Exiliado en Río de Janeiro, se puso de parte de Pedro I al proclamarse la independencia de Brasil. Regresó a Montevideo y fue senador en la primera legislatura uruguaya.

HERRERA, TOMÁS (1804-1854). Militar y político colombiano. Firmó la constitución de Panamá en 1853.
7:386b.

HERRERA BARNUEVO, SEBASTIÁN (1619-1671). Pintor, arquitecto y escultor español. Alumno de Alonso Cano, fue pintor de cámara del rey Felipe IV y, desde su puesto de maestro mayor de la villa de Madrid, favoreció el desarrollo del estilo barroco en la capital.

HERRERA CAMPINS, LUIS (n. en 1925). Político venezolano. Presidente de la república de 1978 a 1984.
7:387a; Venezuela 14:268a; *ilustración* 7:387a.

HERRERA CANO, MACLOVIO (1879-1915). Militar mexicano. Participó en la revolución de Francisco I. Madero (1910). Combatió a Victoriano Huerta (1913) bajo las órdenes de Francisco Villa. Venustiano Carranza lo nombró jefe de los ejércitos de Tamaulipas, Nuevo León y Coahuila, en lucha contra Villa. Murió ejecutado por sus soldados.

HERRERA DE LA FUENTE, LUIS (n. en 1916). Músico y director de orquesta mexicano. Alumno de Rodolfo Halffter. Director de la Orquesta de Cámara de Radio Universidad, de la Sinfónica Nacional, de la Filarmónica de las Américas, de la Sinfónica de Xalapa y de la Orquesta Sinfónica de Minería. Autor de *Sonata para cuerdas* y de la *suite* de ballet *Fronteras*.

HERRERA ORIA, ÁNGEL (1886-1968). Político y obispo español. Abogado del estado y ferviente propagandista católico, fundó los periódicos *El Debate* y *Ya*, la Editorial Católica y el movimiento de Acción Católica. Ordenado sacerdote, fue designado obispo de Málaga en 1947 y en 1965, cardenal. Sus escritos se han publicado en el volumen *Obras selectas*.

HERRERA PETERE, JOSÉ (1919-1977). Poeta y escritor español. De estilo surrealista en sus inicios, derivó hacia un mayor realismo durante la guerra civil. Escribió canciones patrióticas y colaboró con las publicaciones *Romancero de la Guerra*, *El Mono Azul* y *Hora de España*. Se exilió en México al término de la guerra civil. *El acero de Madrid* (1938), *Niebla de cuernos* (1940), *Cumbres de Extremadura* (1945).

HERRERA Y LUNA, CARLOS (1856-1930). Político guatemalteco. Interesado en el desarrollo agrícola realizó varios viajes de estudio a Europa. Ministro de fomento bajo la presidencia de Manuel Lisandro Barillas, participó en el movimiento contra el régimen de Manuel Estrada Cabrera y, al caer éste en 1920, lo sucedió en la presidencia de la república. Logró la unión de la República Centroamericana (Salvador, Honduras y Guatemala), que había de deshacerse pronto. Su gobierno fue derrocado en 1922 por el general José María Orellana.

HERRERA Y OBES, JULIO (1846-1912). Político y periodista uruguayo. Cofundador del periódico *El Chubasco*. Presidente de 1890 a 1894.
Uruguay 14:207a.

HERRERA Y REISSIG, JULIO (1875-1910). Poeta uruguayo. Su obra, con la de Leopoldo Lugones y Ramón López Velarde, constituye la etapa final del movimiento modernista.
7:387b; Hispanoamericana, literatura 8:10a.

HERRERA Y RIBERA, RODRIGO DE (1592-1657). Dramaturgo español. Perteneciente a la escuela de Félix Lope de Vega, escribió comedias de temática religiosa, histórica y satírica. *Del cielo viene el buen rey*, *El voto de Santiago y batalla de Clavijo*.

HERRERA Y TORDESILLAS, ANTONIO DE (1549-1625). Cronista de Indias. Autor de varios volúmenes de historia, entre ellos la *Historia general de los hechos de los castellanos en las islas y tierra firme del mar océano* (1601-1615), mejor conocida como las *Décadas*, que abarca desde 1492 hasta 1554.

HERRERIANO, ESTILO. Estilo arquitectónico español de los siglos XVI y XVII. Manierismo reformado, apareció con Juan Bautista de Toledo y culminó con Juan de Herrera. Destaca por su falta de ornamentación, la sobrevaloración de los volúmenes y el sometimiento de la línea a la masa.
Escorial, El 6:41b; Herrera, Juan de 7:386a.

HERRERILLO. V. **Paro** (zoología).

HERRI BATASUNA. Coalición electoral aparecida en 1979 en el País Vasco, España. Integrada por varias fuerzas políticas de carácter nacionalista radical. Su programa defiende la retirada de las fuerzas policiales del territorio vasco, la anexión de Navarra y la autodeterminación del pueblo vasco. En 1998, y tras el anuncio de tregua por parte de la organización ETA, Herri Batasuna cambió su denominación por la de Euskal Herritarrok.
Terrorismo 14:39b.

HERRICK, ROBERT (1591-1674). Clérigo y poeta inglés. Ordenado en 1623, fue capellán del duque de Buckingham y vicario de Dean Prior (Devonshire). Autor de poesía religiosa. *Rimas sagradas* (1647), *Hespérides* (1648).

HERRIOT, ÉDOUARD (1872-1957). Político francés. Líder del Partido Radical, fue una de las figuras más destacadas en la vida política de su país durante el período de entreguerras. Ocupó la presidencia del gobierno en 1924-1925, 1926 y 1932.

HERRUMBRE. Orín del hierro formado por la reacción de sus átomos superficiales con el oxígeno atmosférico. El óxido resultante corroe los estratos interiores del material.
Oxidación y reducción 11:189b.

HERSCHBACH, DUDLEY (n. en 1932). Químico estadounidense. Premio Nobel de química en 1986 junto con Yuan T. Lee y John Ch. Polanyi por sus estudios sobre las dinámicas de reacción y los detalles dependientes del tiempo en los procesos químicos. Uno de los primeros en utilizar la técnica de los rayos moleculares para la investigación química de las propiedades de la materia.

HERSCHEL, CAROLINE LUCRETIA (1750-1848). Astrónoma británica de origen alemán. Hermana de William Herschel, sirvió a éste como asistente durante su estancia en Bath y continuó la labor de su hermano tras su muerte en 1822.

HERSCHEL, JOHN (1792-1871). Astrónomo británico, sucesor de su padre William Herschel en el campo de la observación y los descubrimientos estelares. Redactó un importante catálogo de nebulosas.
7:387b; *ilustración* 7:388a.

HERSCHEL, WILLIAM (1738-1822). Astrónomo británico de origen alemán. Descubrió el planeta Urano.
7:388a; Astronomía, historia de la 2:181b; Astrofísica 2:164a; Galaxia 7:17a; Nebulosa 10:370b; Observatorio 11:65a; Urano (astronomía) 14:190a; Vía Láctea 14:292b; *ilustración* 7:388a.

HERSHEY, ALFRED D. (1908-1997). Biólogo estadounidense. Recibió el Premio Nobel de medicina en 1969, junto con Max Delbrück y Salvatore Luria, por sus investigaciones sobre los virus bacteriófagos.

HERSKOVITS, MELVILLE J. (1895-1963). Antropólogo estadounidense. Profesor en la Universidad del Noroeste. Sus estudios versaron principalmente sobre la evolución de los negros africanos y su aculturación en el continente americano. *Antropología económica* (1952), *El factor humano en la transformación de África* (1962).
Aculturación 1:50b; Africanos, pueblos 1:97b.

HERSÚA (n. en 1940). Manuel de Jesús Hernández Suárez, pintor y escultor mexicano. Estudió en la Escuela Nacional de Artes Plásticas de la ciudad de México, que premió obras suyas. Impartió cursos de artes visuales en diversas instituciones. Sus obras se exhibieron en México, Estados Unidos y Francia. Autor de esculturas en la capital mexicana, en Cuernavaca, en Sydney (Australia) y en Hakone (Japón).

HERTFORDSHIRE. Condado del Reino Unido (Inglaterra). Ríos Lea y Colne, afluentes del Támesis. Sus comercios e industrias están dentro del área de influencia de Londres. Cap. Hertford. 1.634 km^2. 1.011.200 hab. (1995).

HERTZ. V. **Hercio.**

HERTZ, GUSTAV (1887-1975). Físico alemán. Premio Nobel de física, compartido con James Franck, en 1925 por sus trabajos sobre las leyes que rigen los impactos entre los electrones y los átomos. Diseñó un método para separar los isótopos del neón.

HERTZ, HEINRICH (1857-1894). Físico alemán. Fue el primero en producir y recibir ondas de radio. Confirmó experimentalmente en 1888 la teoría de James Clerk Maxwell sobre la identidad de la naturaleza de las ondas lumínicas y las electromagnéticas. El término hercio se deriva de su nombre.
Luz 9:254b; Radar 12:241b; Radiocomunicación 12:248b.

HERTZ, JOSEPH HERMAN (1872-1946). Rabino húngaro. Ejerció el oficio religioso en los Estados Unidos; vivió en África del sur entre 1896 y 1913, fecha esta última en la que fue elegido rabino general de Inglaterra. A partir de 1925 ocupó el puesto de gobernador de la Universidad Hebrea de Jerusalén.

HERTZBERG, EWALD FRIEDRICH, CONDE DE (1725-1795). Estadista prusiano. Nombrado por Federico II ministro de asuntos exteriores en 1763, defendió en todo momento el sistema absolutista. Intervino en el primer reparto de Polonia (1772) y en la formación de la Liga de los Príncipes (1785) contra la monarquía austriaca.

HERTZIO. V. **Hercio.**

HERTZOG, ENRIQUE (1897-1980). Político boliviano. Médico de profesión, fue inspector de sanidad, ministro y, en 1947, presidente de la república. Dimitió por motivos de salud dos años más tarde.

HERTZOG, JAMES (1866-1942). Político sudafricano. Luchó en la guerra de los bóers y firmó la paz con Inglaterra. Fundador del Partido Nacionalista en 1914, se alió con los laboristas y fue elegido primer ministro en 1924. Mediante nuevas alianzas se mantuvo en el poder hasta 1940, y mantuvo la neutralidad en la guerra contra Alemania.

HERTZSPRUNG, EJNAR (1873-1967). Astrónomo danés. Demostró la relación existente entre los colores de las estrellas y su brillo verdadero o absoluto. Su hipótesis se expresa gráficamente en el llamado diagrama de Hertzsprung-Russel, o H-R, básico en el estudio de los tipos espectrales y la evolución de las estrellas.
Vía Láctea 14:293a.

HERTZSPRUNG-RUSSEL, DIAGRAMA DE. Gráfica de la luminosidad intrínseca de las estrellas frente a la clase espectral, su temperatura superficial o su equivalente de color. Ha sido fundamental para la formulación de teorías sobre los procesos de la evolución estelar.
Vía Láctea 14:293a.

HERVÁS, JOSÉ GERARDO DE (m. en 1742). Religioso y poeta español. Autor de la obra *Sátira contra los malos escritores de este siglo* (1742), en la que teoriza sobre la pérdida de los valores literarios españoles en favor de la cultura francesa.

HERVÁS, JOSÉ MARTÍNEZ DE (1760-1830). Financiero y político español. Marqués de Almenara, integró el grupo de afrancesados españoles que apoyaron la monarquía de José I Bonaparte. Vivió un exilio en territorio francés. *Consideraciones sobre el estado actual de España* (1822).

HERVÁS Y PANDURO, LORENZO (1735-1809). Filólogo español. Como jesuita se trasladó, tras ser expulsada su orden de España, en 1767 a Roma, en donde desempeñó el cargo de bibliotecario del Quirinal. Utilizaba métodos y técnicas de filología comparada. Trabajó con una gran diversidad de lenguas y de saberes científicos. *Catálogo de las lenguas de las naciones conocidas* (1800-1805), *Historia de la vida del hombre* (1789-1799).

HERVÉ (1825-1892). Florimond Ranger, director de orquesta y compositor francés. Autor de un gran número de operetas caracterizadas por su fantasía desbordante. *El pequeño Fausto* (1869), *Mam'zelle Nitouche* (1883).
Opereta 11:116b.

HERWEGH, GEORG (1817-1875). Poeta alemán. Defensor de las ideas políticas liberales, vivió en el exilio en Francia y Suiza. Integró el grupo de escritores y artistas de la Joven Alemania y fue autor de poesía en la que mezclaba sus ideas políticas con un gran sentido lírico. *Poesías de un viviente* (1841), *Poemas y artículos críticos* (1847).

HERZBERG, GERHARD (1904-1999). Físico canadiense. Premio Nobel de química en 1971 por su aportación al conocimiento de la estructura electrónica y la geometría molecular.

HERZEGOVINA. Antigua región de Yugoslavia perteneciente hoy a la Rep. de Bosnia-Herzegovina. Agricultura; ganado lanar; explotaciones forestales.

HERZEN, ALEXANDR (1812-1870). Pensador y político ruso. Teorizó sobre un posible camino único de Rusia hacia el socialismo, denominado populismo campesino. *El pueblo ruso y el socialismo* (1851).

HERZL, THEODOR (1860-1904). Pensador y activista judío nacido en Hungría. Fundador del movimiento sionista. En su manifiesto *El estado judío* (1896), expuso sus tesis acerca de la creación de un estado autónomo, compuesto exclusivamente por miembros del pueblo hebreo, como posible solución al problema judío. Convocó el primer congreso sionista (Basilea, 1897). Pese a sus esfuerzos, murió sin ver la fundación del estado de Israel.
Judaísmo 8:403a; Judío, pueblo 8:405b.

HERZOG, CHAIM (1918-1997). Político israelí nacido en Irlanda. Participó activamente en las guerras que dieron como resultado la consolidación del estado de Israel. Fue diputado del Partido Laborista de Israel y en 1983 fue nombrado presidente del país, cargo para el que resultó elegido de nuevo en 1988.

HERZOG, ÉMILE. V. **Maurois, André.**

HERZOG, ROMAN (n. en 1934). Político alemán. De ideología cristiano-democrática, en 1994 se convirtió en el primer presidente electo de la Alemania reunificada.
7:388b.

HERZOG, VLADIMIR (1937-1975). Periodista brasileño. Editor de la revista *Visión* y director del departamento de periodismo de TV Cultura, su muerte a manos del régimen militar tuvo una gran repercusión social.

HERZOG, WERNER (n. en 1942). Director de cine alemán, uno de los más sólidos representantes de la cinematografía europea de la posguerra. *También los enanos nacieron pequeños* (1970), *El enigma de Kasper Hauser* (1976), *Nosferatu* (1979), *Fitzcarraldo* (1982).

HESCHEL, ABRAHAM JOSHUA (1907-1972). Teólogo judío. Profesor en diversas escuelas judaicas alemanas, polacas y británicas, se estableció finalmente en los Estados Unidos. Sus trabajos estaban dirigidos a la construcción de un nuevo pensamiento hebreo basado en las tradiciones judías antiguas y medievales. *El hombre no está solo: una filosofía de la religión* (1951).

HESICASMO. Vida monástica en la que se practicaba una doctrina mística de quietismo y oración ininterrumpida. Extendida durante el siglo XIV entre los cristianos del imperio bizantino y, en particular, entre los monjes del monte Athos. Uno de ellos, Gregorio Palamás, dio expresión teológica a la doctrina. También se denomina hesiquiasmo.

HESÍODO. Poeta griego (siglo VIII a.C.). Autor de una obra poética en la que prima el carácter moral y didáctico.
7:389a; Griega, literatura 7:217b; Prometeo 12:162b; Titanes 14:67a; Urano (mitología) 14:191b; Zeus 14:415a; *ilustración* 7:389a.

HESIQUIASMO. V. **Hesicasmo.**

HESIQUIO DE JERUSALÉN (m. h. el 450). Teólogo de la iglesia oriental. Sacerdote de la iglesia de Jerusalén, fue celebrado como teólogo y catequista y escribió comentarios e interpretaciones del Antiguo Testamento.

HESPÉRIDES. En la mitología griega, ninfas que custodiaban el jardín que lleva su nombre, en el que manaba la ambrosía y crecían las manzanas de oro regaladas a Hera con motivo de su boda con Zeus.

HESPERIDIO. Tipo de fruto carnoso originado en un ovario súpero y pluricarpelar. Presenta un epicarpo delgado, un mesocarpo fino y blanquecino y un endocarpo jugoso y con semillas. Característico de los cítricos (naranja, limón, etc.).
Fruto 6:418a.

HESS, GERMAIN HENRI (1802-1850). Químico ruso de origen suizo. Estableció la ley termodinámica del estado inicial y final que permitió medir el calor producido en las reacciones químicas.
7:389b; Tectónica 13:417a.

HESS, MOSES (1812-1875). Moritz Hess, escritor alemán. Colaboró en distintas publicaciones con Karl Marx. Participó en los movimientos revolucionarios de 1848. Su filosofía política se mantenía dentro de los principios de un socialismo de base humanista. Precursor del sionismo.
Socialismo 13:275b.

HESS, RUDOLF (1894-1987). Político alemán. Perteneció al partido nazi y fue secretario personal de Adolf Hitler. En 1941 huyó en avión a Escocia. Juzgado en Nuremberg como criminal de guerra, se le conmutó la pena de muerte por la de reclusión perpetua.

HESS, VICTOR FRANCIS (1883-1964). Físico estadounidense de origen austriaco. Premio Nobel de física en 1936 por su descubrimiento de los rayos cósmicos.

HESS, WALTER RUDOLF (1881-1973). Fisiólogo suizo. Recibió el Premio Nobel de medicina en 1949, compartido con António Egas Moniz, por sus trabajos sobre neurocirugía y tratamiento de las enfermedades del sistema nervioso.

HESSE. Estado de Alemania. Zona montañosa. Ríos Rin, Meno (Main) y Weser. Agricultura; ganadería; explotaciones forestales. Cap. Wiesbaden. 21.114 km^2. 6.009.900 hab. (1996).
Alemania 1:183b; Francfort del Meno 6:382b.

HESSE, HERMANN (1877-1962). Novelista y poeta suizo de origen alemán. Su obra estuvo marcada por la espiritualidad y la búsqueda de un nuevo humanismo.
7:389b; *ilustración* 7:390a.

HESTIA. Diosa de la mitología griega. Personificación de la estabilidad del hogar.
7:390a.

HETEROCIGOTO. Unidad biológica derivada de la fusión de células sexuales de individuos con dos alelos distintos en sus cromosomas homólogos. Se contrapone a homocigoto.

HETEROGAMIA. En la reproducción biológica, conjugación de gametos de estructura y tamaño desiguales.
Reproducción 12:337b.

HETERONIMIA. Fenómeno lingüístico por el que vocablos de acusada proximidad semántica proceden de distintos étimos. Por ejemplo: *caballo* y *yegua*.

HETERÓPTEROS. Suborden de insectos hemípteros. Caracterizado por la presencia de hemélitros, o alas anteriores semicoriáceas, que protegen a las posteriores, membranosas. Aparato bucal chupador-picador. Algunas especies son parásitas.
Chinche 4:161b.

HETEROSEXUALIDAD. Atracción sexual por individuos del sexo contrario. Según el psicoanálisis, se llega a la heterosexualidad tras la resolución del complejo de Edipo y mediante la identificación con el progenitor del mismo sexo.
Homosexualidad 8:55a.

HETERÓTROFO. Organismo incapaz de elaborar su propia materia orgánica a partir de sustancias inorgánicas, como sucede con los animales y hongos. Se contrapone a los autótrofos.
Bacteria 2:302a; Ecosistema 5:284b; Fotosíntesis 6:362a; Hongo 8:65b; Nutrición 11:54b.

HETTNER, ALFRED (1859-1941). Geógrafo alemán. Profesor en las universidades de Tubinga, Leipzig y Heidelberg, en sus estudios geográficos intentó profundizar en las interconexiones que existen entre el medio físico y el proceso histórico del ser humano. En 1899 inició la publicación de la *Geographische Zeitung*. *Fundamentos de la geografía política* (1907-1924).

HEULANDITA. Mineral monoclínico, tectosilicato, que pertenece al grupo de las zeolitas. Presente en cristales tabulares, es ligero, frágil, con peso específico 2,2 y dureza entre 3,5 y 4. De coloración amarillenta o blanco grisácea, se encuentra en los Estados Unidos, Islandia, Canadá, etc.

HEUREAUX, ULISES (1845-1899). Político dominicano. Conocido por el sobrenombre de «el Negro Lilís». Presidente de la república de 1882 a 1884 y dictador desde 1887 hasta su muerte.
7:390b.

HEVEA. Género de plantas arbóreas del grupo de las dicotiledóneas y de la familia de las euforbiáceas. Segregan un látex del cual se obtiene el caucho. Originarias de Sudamérica.

HEVELIUS, JOHANNES (1611-1687). Astrónomo alemán. Considerado el fundador de la topografía lunar. Catalogó más de 1.500 estrellas, estudió las manchas solares, descubrió cuatro cometas y sugirió la revolución de los cometas en órbitas parabólicas en torno al Sol.
Luna 9:244a.

HEVESY, GEORGE CHARLES DE (1885-1966). Químico húngaro. Descubrió el hafnio por medio de rayos X, así como otros elementos del grupo de las tierras raras. Estudió el uso de los isótopos como marcadores en la observación radiológica, por lo que recibió el Premio Nobel de química en 1943.

HEWISH, ANTONY (n. en 1924). Astrofísico británico. Premio Nobel de física en 1974, compartido con Martin Ryle, por su descubrimiento de los púlsares (o pulsares). Era ésta la primera vez que se otorgaba el premio por un trabajo de observación astronómica.
Púlsar 12:208a.

HEWITT, PETER COOPER (1861-1921). Ingeniero estadounidense. Inventó la iluminación fluorescente y descubrió el principio del radioamplificador de tubo al vacío.

HEWLETT PACKARD. Compañía informática estadounidense fundada en 1939. Especialista en sistemas de impresión por láser. A partir de la década de 1970 se alzó como una de las empresas líderes del sector.

HEXACLOROCICLOHEXANO. Nombre genérico de un grupo de compuestos isómeros con la fórmula común $C_6H_6Cl_6$. El más importante es el isómero gamma, gamma cloruro de hexabenceno, potente insecticida, más activo y rápido que el DDT. Se emplea en aerosol al 1% en alcohol contra los piojos y al 1% en emulsión contra la sarna.

HEXACORDO. Sistema musical formado por seis notas consecutivas. Sucesor del pentacordo, fue introducido posiblemente por el músico griego del siglo VII a.C. Terpandre de Lesbos.

HEXADECIMAL, SISTEMA. Método aritmético de numeración cuya base es el número 16. Profusamente utilizado en las actuales técnicas de computación por ser múltiplo de la base binaria de codificación. Utiliza como signos las primeras nueve cifras numéricas, más el cero, y las letras A, B, C, D, E y F.
Número 11:49b.

HEXAEDRO. Poliedro de seis caras.

HEXAGONAL. Sistema cristalino de formas holoédricas, caracterizadas por un eje principal senario y seis binarios que son equivalentes por tríos.
Cristal 5:18b.

HEXÁGONO. Polígono de seis lados.

HEXÁMETRO. Verso de la métrica clásica que consta de seis pies, a menudo cinco dáctilos (una sílaba larga y dos breves) más un espondeo (dos sílabas largas) o un troqueo (una sílaba larga y una breve).

HEXANO. Hidrocarburo líquido saturado, C_6H_{14}. Presente en el petróleo. Aparece como producto de la reducción continuada de la glucosa.

HEXÁPODOS. Clase de artrópodos que tienen tres pares de patas.

HEXODO. Válvula termoiónica de seis electrodos. Está formada por un cátodo, un ánodo, una rejilla de control y tres electrodos complementarios.

HEXOSA. Carbohidrato monosacárido que contiene en su estructura seis átomos de carbono. Las principales son la glucosa, la fructosa, la galactosa y la manosa.
Carbohidratos 3:372b.

HEYAZ. V. **Hiyaz.**

HEYERDAHL, THOR (n. en 1914). Etnólogo noruego, sostuvo la tesis de la procedencia americana de la cultura polinesia. Realizó para ello en 1947 el viaje narrado en *La expedición de la Kon-Tiki*. También organizó la expedición Ra II que pretendía conectar a los antiguos egipcios con América, y en 1977 la expedición del Tigris, que intentaba probar antiguos contactos de los sumerios con América.

HEYM, GEORG (1887-1912). Poeta alemán. Perteneciente al movimiento expresionista. Reflejó en sus composiciones la vida del hombre moderno en las ciudades industriales. *El día eterno* (1911), *Sombra de la vida* (1912), *El ladrón* (1912).

HEYMANS, CORNEILLE (1892-1968). Médico y farmacólogo belga. Recibió el Premio Nobel de medicina en 1938 por sus trabajos sobre el metabolismo de las funciones respiratorias y circulatorias.

HEYROVSKÝ, JAROSLAV (1890-1967). Químico checoslovaco. Trabajó sobre las curvas de intensidad de corriente-tensión e ideó un aparato automático para su registro, el polarógrafo, que redujo el tiempo del análisis electroquímico. Premio Nobel de química en 1959.

HEYSE, PAUL VON (1830-1914). Escritor alemán. Cultivó diversos géneros, además de traducir obras de Giacomo Leopardi y otros poetas italianos. Premio Nobel de literatura en 1910. *L'Arrabbiata* (1854), *Niños del mundo* (1873), *En el paraíso* (1875).

HEYWOOD, JOHN (h. 1497-h. 1575). Dramaturgo inglés. Activo en la corte de Enrique VIII, era sobrino de Tomás Moro y católico. Escribió epigramas en forma de diálogos dramáticos que acusan la influencia de la farsa francesa medieval. *Interludios* (1533), *Las cuatro P* (1544), *La araña y la mosca* (1556).

HEZBOLÁ. Partido de Dios, organización terrorista proiraní que operó en Líbano desde finales de la década de 1980. Considerado responsable de numerosos ataques indiscriminados con coches-bomba y de diversos secuestros de ciudadanos occidentales. Su nombre también se translitera como Hizbolá o Hizbalá.
Líbano 9:140b.

HÍADES (ASTRONOMÍA). Grupo de cinco estrellas en forma de *V* situadas en la cabeza de la constelación de Tauro. En el extremo de una de las ramas de la *V* se encuentra Aldebarán, estrella de primera magnitud.

HÍADES (MITOLOGÍA). En la mitología griega, ninfas hijas de Atlas y Pléyone. Fueron las nodrizas de Dioniso. Acabaron siendo transformadas por Zeus en una constelación de estrellas. Corresponden a las Súculas latinas.

HIALEAH. Ciudad de los Estados Unidos en el est. de Florida. Forma parte del área metropolitana de Miami. Hipódromo. Industria ligera. 211.392 hab. (1998).

HIATO. Sonido que resulta de la pronunciación de dos vocales inmediatas que no forman diptongo.

HIBERNACIÓN. Estado de aletargamiento en que se sumen algunos mamíferos como los murciélagos, marmotas, lirones, osos, etc., durante la estación fría, cuando escasea el alimento. Se trata de un medio de defensa contra las condiciones desfavorables, que no permiten una vida plenamente activa.
7:391a; Muerte 10:291a; *ilustraciones* 7:391a-b.

HÍBRIDO. Individuo resultante del cruce genético entre dos especies biológicas distintas. Los híbridos son, por lo general, estériles y presentan caracteres intermedios entre los correspondientes a las dos especies progenitoras.
Mula 10:294a.

HICKS, JOHN R. (1904-1989). Economista británico. Destacó por sus aportaciones a la teoría del interés, donde desarrolló sus ideas de los «fondos prestables». Compartió el Premio Nobel de economía en 1972 con el estadounidense Kenneth J. Arrow. *Valor y capital* (1939).

HICSOS. Nombre con que se conoce a un pueblo de origen semita y hurrita que conquistó el norte de Egipto a finales de la primera mitad del segundo milenio antes de la era cristiana. Gobernó Egipto durante un siglo, constituyendo la XV dinastía.
Egipto 5:334b.

HIDACIO (h. el 390-470). Historiador hispanorromano. Obispo gallego, fue autor de obras históricas en las que describió el proceso de invasión germánica al que fue sometida la península ibérica, y especialmente Galicia, desde el siglo III. *Chronicon, Fastos consulares.*

HIDALGO (GEOGRAFÍA). Estado de México en la meseta central del país. Cap. Pachuca. 20.813 km^2. 2.281.506 hab. (1999).
7:392a; *ilustración* 7:392a.

HIDALGO (HISTORIA). Título nobiliario español, hereditario, surgido en Castilla en el siglo XII y desaparecido en el siglo XIX. Se mantenía en el nivel más bajo de la escala nobiliaria, aunque disfrutaba de privilegios especiales.

HIDALGO, ALBERTO (1894-1967). Poeta y polemista peruano. Mostró sus inquietudes en la búsqueda de nuevas formas políticas o sociales y de estilos vanguardistas en literatura. Colaboró en las revistas literarias *Anunciación* y *Oral*. *Arenga lírica al emperador de Alemania* (1916), *Simplismo* (1925), *Dimensión del hombre* (1938), *Historia peruana verdadera* (1961).

HIDALGO, BARTOLOMÉ (1788-1822). Poeta uruguayo. Considerado el iniciador de la poesía gaucha. Autor de versos satíricos conocidos como *Cielitos*, emparentados con la copla española. Cultivó también el teatro. *El gaucho de la guardia del Monte contesta el manifiesto de Fernando* VII, *Diálogos patrióticos, Sentimiento de un patriota*.
Gaucha, literatura 7:64a.

HIDALGO, MIGUEL (1753-1811). Patriota mexicano. En 1810 encabezó con el llamado «grito de Dolores» la insurrección independentista.
7:393a; Aldama, Juan 1:160b; Allende, Ignacio 1:234a; Independencia de Hispanoamérica 8:146a; Iturbide, Agustín de 8:324a; Jalisco 8:332b; México 10:129b; Michoacán 10:147a; Salvador, El 13:107b; Victoria, Guadalupe 14:295b.

HIDALGO DE CISNEROS, BALTASAR (1755-1829). Marino y político español. Participó en la batalla de Trafalgar. Ministro de marina y capitán general de Cartagena. Último virrey del Río de la Plata.
Moreno, Mariano 10:263b.

HIDALGO DE CISNEROS, IGNACIO (1894-1966). Militar español. Ingresó en la aviación y participó en la guerra de Marruecos. En 1930 tuvo que exiliarse por haber participado en la sublevación antimonárquica de Cuatro Vientos. Durante la guerra civil estuvo al mando de la aviación de la república. De nuevo en el exilio, fue miembro del comité central del Partido Comunista, y escribió sus *Memorias* (1964).

HIDALGO DEL PARRAL. V. **Parral.**

HIDATSA. Pueblo amerindio, perteneciente al grupo sioux, que habitaba en el curso alto del río Missouri. De economía agraria, practicaba la caza del bisonte. Su población se vio reducida a unos 1.000 individuos a finales del siglo XX. Establecido en la reserva de Fort Berhold, en Dakota del Norte (EUA).

HIDEYOSHI TOYOTOMI (h. 1536-1598). Militar y estadista japonés. Sometió a los señores feudales y unificó el país.
7:393b; Japón 8:344b.

HIDRA (ASTRONOMÍA). Constelación del hemisferio austral. Se descompone en Hidra hembra e Hidra macho. Nombre latino: Hydrus.
Reproducción 12:337a.

HIDRA (MITOLOGÍA). Animal fabuloso de la mitología griega, nacido de la unión de Tifón y Equidna, con cuerpo de serpiente y varias cabezas (siete, según la mayoría de las versiones). Residía en los pantanos de Lerna, en la Argólida. La hidra fue destruida por Heracles (Hércules), quien aprovechó su sangre venenosa para emponzoñar sus flechas.

HIDRA (ZOOLOGÍA). Celentéreo hidrozoo hidroide, de cuerpo alargado y en forma de saco. Se fija por un órgano adhesivo a las plantas dulceacuícolas. La boca está rodeada de tentáculos. Entre sus especies destacan la *Hydra viridis*, la *Hydra fusca* y la *Hydra oligactis*.

HIDRACINA. Compuesto inoloro de hidrógeno y nitrógeno usado en síntesis orgánica y del que proceden numerosos derivados. También llamado diamina. Fórmula, $NH_2 . NH_2$. Se obtiene al sustituir los átomos de hidrógeno por radicales alquilo. Se denomina hidracinas primaria, secundaria, terciaria o cuaternaria, según el número de átomos sustituidos.

HIDRARGILITA. Mineral de hidróxido de aluminio monoclínico, $Al(OH)_3$. Se presenta en láminas pequeñas de aspecto hexagonal.

HIDRARGIRISMO. Intoxicación lenta debida al contacto continuo con mercurio.

HIDRATO. Nombre genérico de la combinación de un cuerpo simple o compuesto con una o más moléculas de agua.

HIDRÁULICA, ENERGÍA. Forma de producción de energía basada en el aprovechamiento de los ríos y saltos de agua (centrales hidroeléctricas) o la fuerza de las mareas (centrales maremotrices) para la transformación de la energía mecánica en eléctrica.
Electrotecnia 5:371b; Energía 5:412b.

HIDRÁULICAS, CIVILIZACIONES. Conjunto de civilizaciones basadas en la utilización y el aprovechamiento económico de un río, sobre cuyas márgenes se construye un sistema social y una cultura muy desarrollada en comparación con el resto de las existentes en la época. Ejemplos de las mismas fueron las de Mesopotamia y la del antiguo Egipto.

HIDROALA. Barco de motor que alcanza grandes velocidades gracias a unos patines transversales unidos a la quilla con puntales. También se conoce como hidróptero.

HIDROAVIÓN. Aeronave provista de medios para despegar y posarse en el agua (flotadores o fuselaje diseñado en forma de embarcación).
Aviación 2:258a; Santos-Dumont, Alberto 13:152a.

HIDROCARBUROS. Compuestos orgánicos que contienen sólo hidrógeno y carbono. Se clasifican en series homólogas según su estructura y las proporciones de carbono e hidrógeno que los forman.
7:393b; Benceno 2:407b; Isómero 8:292b; Petróleo y derivados 11:380a; Petroquímica 11:384a; Química, industria 12:229a; *cuadro* 7:395; *ilustraciones* 7:393b; 7:394a; 7:395a; 7:396a.

HIDROCEFALIA. Disfunción de la dinámica de producción de líquido cefalorraquídeo que provoca un exceso de acumulación del mismo en la zona ventricular del cerebro. Más frecuente en recién nacidos y lactantes, puede provocar graves trastornos.
Diagnóstico prenatal 5:165b.

HIDRODESLIZADOR. Embarcación propulsada por un motor de reacción o de hélice que gira fuera del agua. Alcanza grandes velocidades y su quilla plana, que apenas toca el agua al navegar, permite una gran maniobrabilidad.

HIDRODINÁMICA. Parte de la mecánica que estudia el movimiento de los líquidos.
Física 6:312b; Mecánica de fluidos 10:18b.

HIDROELECTRICIDAD. Energía obtenida por medio de turbinas hidráulicas aprovechando los saltos de agua.
Agua 1:120a; Electricidad 5:355b.

HIDRÓFIDOS. Familia de reptiles ofidios adaptados a la vida marina. Cola aplanada. Muy venenosos. Típicos de los océanos Índico y Pacífico. Se denominan serpientes de mar.

HIDROFOBIA. Repulsión por el agua. En patología, miedo incontrolado al agua, que es uno de los síntomas de la rabia.
7:396b; Pasteur, Louis 11:295b; *ilustración* 7:396b.

HIDROGEL. Mezcla de materia coloidal, o gel, cuyo disolvente es agua.

HIDROGENACIÓN. Operación química consistente en la adición de átomos de hidrógeno a un cuerpo.
Petroquímica 11:385a.

HIDRÓGENO. El más ligero de los elementos químicos. Al combinarse con oxígeno, forma el agua. Símbolo, H; número atómico, 1; peso atómico, 1,008.
7:397a; Agua 1:118b; Hidrocarburos 7:394a; Nuclear, energía 11:26b; Orbitales moleculares 11:129a; Oxidación y reducción 11:188b; Vida 14:299b; *ilustraciones* 7:397b; 7:398a.

HIDRÓGENO, BOMBA DE. Arma de gran potencia obtenida por la fusión de átomos de elementos ligeros como el hidrógeno. Esta fusión exige temperaturas muy elevadas, por lo que dicha bomba requiere la explosión previa de una de fisión.
Armas nucleares 2:86b.

HIDRÓGENO, PERÓXIDO DE. Líquido con gran poder de oxidación. Utilizado como desinfectante y blanqueante. Se puede encontrar en el aire después de una tempestad y en el agua de lluvia en cantidades pequeñísimas. Se prepara a partir del óxido de bario tratado con ácidos (clorhídrico o fluorhídrico). Fórmula, H_2O_2.

HIDROGEOLOGÍA. Rama de la geología que se ocupa del estudio de las aguas subterráneas, en especial de los aspectos relacionados con su circulación, prospección y captación.
Hidrografía e hidrología 7:401a.

HIDROGRAFÍA E HIDROLOGÍA. Partes de la geografía que estudian la distribución, circulación y composición del agua como elemento de la corteza terrestre.
7:398b; Acuífero 1:50a; Agua 1:119b; Cascada 4:9a; Desierto 5:151b; Geofísica 7:85b; Glaciar 7:138b; Humedad atmosférica 8:95a; Lago 9:47a; Manantial 9:320b; Precipitaciones atmosféricas 12:116a; Río 12:376a; *mapa* 7:399a; *ilustraciones* 7:399b; 7:400; 7:401a-b; 7:402a-b.

HIDROLINFA. Fluido ligeramente viscoso que contiene diversos elementos nutritivos y aparece en ciertos animales inferiores.

HIDRÓLISIS. Conjunto de fenómenos que se producen en el equilibrio simultáneo del agua y de un soluto neutro por efecto de la disociación electrolítica de ambos.
Nutrición 11:55b.

HIDROLÓGICO, CICLO. Concepto básico en los estudios hidrológicos que establece un ciclo cerrado de circulación del agua desde su evaporación, por efecto del calor solar, hasta su devolución, en forma de lluvia, a la superficie terrestre.
Hidrografía e hidrología 7:399a; Humedad atmosférica 8:96b.

HIDROMASAJE. Masaje terapéutico aplicado mediante la acción de chorros de agua o burbujas, generalmente con el cuerpo sumergido en una bañera o piscina.

HIDROMECÁNICO. Aparato que transmite fuerza o movimiento a través de un líquido, generalmente el agua.

HIDROMETALURGIA. Procedimiento de extracción del metal mediante reacciones de tipo químico en soluciones acuosas. Se emplea preferentemente para extraer oro y plata. Permite un gran ahorro de combustible y un mayor aprovechamiento de menas escasamente ricas.
Metalurgia 10:99a.

HIDROMETEORO. Fenómeno atmosférico acuoso (lluvia o nieve) originado al condensarse o congelarse el vapor de agua existente en la atmósfera.

HIDRÓMETRO. Instrumento utilizado en hidrodinámica para medir la velocidad o fuerza de los líquidos en movimiento.

HIDROPESÍA. Retención y acumulación de agua en los tejidos del organismo.

HIDROPLANO. Embarcación desprovista de quilla, con aletas para su sustentación que permiten ascender y desplazarse fuera del agua, alcanzando así mayor velocidad. La palabra «hidroplano» se emplea también como sinónimo de hidroavión.

HIDROPÓNICA. Técnica de cultivo de plantas sin utilizar tierra. La planta se alimenta usando soluciones nutritivas que impregnan un sustrato de grava, arena u otro medio de soporte dentro del cual se coloca la raíz.

HIDRÓPTERO. Embarcación utilizada principalmente con fines militares que dispone de un sistema de sustentación consistente en unas palas o alas que están unidas al casco por puntales de eslora.

HIDROQUINONA. Difenol preparado por reducción de la quinona con dióxido de azufre. Se encuentra como glucósido en las hojas de gayuba y otras ericáceas. Utilizado principalmente como revelador fotográfico; tiene propiedades antisépticas. $C_6H_4(OH)_2$.
Fenol 6:261a.

HIDROSCOPIO. Aparato de detección de aguas subterráneas y ocultas.

HIDROSFERA. Nombre que recibe el volumen total de agua oceánica que ocupa las depresiones principales de la corteza terrestre. Supone, aproximadamente, las 3/4 partes de la superficie del planeta.
Tierra 14:56b.

HIDROSOLUBLES, VITAMINAS. Grupo de vitaminas solubles en agua. Casi todas las vitaminas conocidas son hidrosolubles, a excepción de las A, D, E y K.
Vitamina 14:336b.

HIDROSPEED. Deporte consistente en navegar por cursos fluviales accidentados, utilizando un trineo especialmente diseñado para este fin.

HIDROSTÁTICA. Parte de la mecánica que estudia el equilibrio de los líquidos.
Arquímedes 2:98b; Física 6:312b; Mecánica de fluidos 10:17b.

HIDROTERAPIA. Tratamiento de las enfermedades basado en el uso del agua en forma de baños, duchas y aplicaciones locales.
Naturopatía 10:360a.

HIDROTRATAMIENTO. Proceso de catálisis en la refinación de petróleo. En él los flujos de derivados petrolíferos son tratados con hidrógeno para su purificación.

HIDRÓXIDO. Término general que designa a un compuesto formado por un hidróxilo (radical -OH) y un metal.
Mineral y mineralogía 10:176b.

HIDROXILO. Radical monovalente, -OH, que forma hidróxidos al combinarse con metales y otros radicales.
Ácido y base 1:31a.

HIDROZOOS. Clase de animales celentéreos caracterizados por la alternancia de una generación medusoide y otra polipoide. Los pólipos son fijos y forman colonias, mientras que las medusas son móviles y poseen gónadas de cuyos huevos fecundados nacen nuevos pólipos.
Coral 4:373b; Medusa (zoología) 10:39b.

HIDRURO. Combinación binaria del hidrógeno con un elemento metálico o no metálico. Los compuestos de hidruros no metálicos se llaman también hidrácidos.
Nomenclatura química 11:6b.

HIEDRA. Planta trepadora de la familia de las araliáceas (*Hedera helix*).
7:403a; *ilustración* 7:403b.

HIELO. Agua en estado sólido a causa del frío. Incoloro, frágil y con brillo vítreo. Funde a 0 °C.
Agua 1:119a; Glaciar 7:138b; Refrigeración 12:296b.

HIENA. Mamífero carnívoro de la familia de los hiénidos. Varias especies incluidas en los géneros *Hyaena* y *Crocuta* viven en Asia y África.
7:403b; Carnívoros 3:405a; Predación 12:124a; *ilustraciones* 7:404a; 12:124a.

HIERACÓNPOLIS. Ciudad del antiguo Egipto, residencia de los reyes del alto Egipto, que corresponde a la actual Kom al-Ahmar y a la Nekhem egipcia. Fue excavada en 1898 por J. E. Quibell y mantiene restos arqueológicos de la etapa de unificación de Egipto (h. el 3200 a.C.). De ella procede la paleta de Narmer, en el museo de El Cairo.

HIERÁTICA, ESCRITURA. Escritura cursiva utilizada por los sacerdotes del antiguo Egipto en la que los jeroglíficos se empleaban de forma simplificada.
Jeroglífico 8:364a.

HIERATISMO. En bellas artes, carácter arcaizante e inmutable de las pinturas y esculturas religiosas que reproducen formas tradicionales.

HIERBABUENA. Planta herbácea vivaz de la familia de las labiadas (*Mentha sativa*). Dicotiledónea. Flores rosáceas. Aromática.
Menta 10:63b.

HIERBA MATE. Árbol de hoja perenne de la familia de las aquifoliáceas (*Ilex paraguayensis*). Dicotiledónea. Sus hojas tostadas permiten preparar una infusión conocida como mate, muy popular en algunos países sudamericanos.
7:404a.

HIEROFANÍA. Nombre que se da a la manifestación de lo divino o sagrado a través de la realidad.

HIERÓN I (m. h. el 467 a.C.). Tirano de Siracusa. Logró dominar la mayor parte de Sicilia y derrotó a los etruscos en Cumas (474 a.C.).

HIERÓN II (m. h. el 216 a.C.). Tirano de Siracusa. Aliado de Cartago en los inicios de la primera guerra púnica (264-241 a.C.), realizó más tarde un pacto con Roma que mantuvo hasta su muerte. Durante su largo gobierno impulsó el desarrollo comercial del reino y fortificó Siracusa con la colaboración de Arquímedes.

HIERRO. Elemento químico, metal del grupo VIII de la tabla periódica. Símbolo, Fe; número atómico, 26; peso atómico, 55,847. V. **Hierro y acero.**

HIERRO, EDAD DEL. Fase del desarrollo de la cultura material humana inmediatamente posterior a la edad del bronce. Durante este período el hierro sustituyó al bronce como material principal para la fabricación de armas y utensilios. En Europa se divide en dos períodos: Hallstatt y La Tène.
Metales, edad de los 10:96a.

HIERRO, ISLA. Isla más occidental del archipiélago de las Canarias (España), en el océano Atlántico. Prov. de Santa Cruz de Tenerife. Tiene una extensión de 278 km^2. Terreno montañoso.
Canarias, islas 3:333a.

HIERRO, JOSÉ (n. en 1922). Poeta español, uno de los mejores representantes de la llamada generación de los 50. Distinguido en 1998 con el Premio Cervantes.
7:404b.

HIERRO, SULFATO DE. Compuesto industrial también conocido como sulfato ferroso. Producido por oxidación de las piritas. Presente en la naturaleza en pequeñas cantidades, por oxidación del sulfuro ferroso. Utilizado para preparar ácido pirosulfúrico y fabricar tinta y colorantes. En medicina, como astringente y reconstituyente. Fórmula, $FeSO_4 . 7H_2O$.

HIERRO DULCE. V. **Dulce, hierro.**

HIERRO Y ACERO. Productos de la siderurgia obtenidos a partir de materias primas minerales.
7:405a; Aleación 1:161b; Bessemer, Henry 3:7a; Blindaje contra radiaciones 3:74a; Embarcación 5:386a; Herramienta 7:381a; Metalistería 10:98a; Metalurgia 10:98b; Minería 10:178a; Puente 12:192b; *cuadros* 7:405b; 7:406b; 7:407a; *ilustraciones* 7:405b; 7:406a; 7:407b.

HIFA. Filamento que forma parte de la estructura vegetativa de los hongos.

HÍGADO. Glándula anexa del tubo digestivo, que secreta la bilis y desempeña múltiples funciones metabólicas. Es a un tiempo una glándula de secreción externa (la bilis) e interna (modificaciones químicas de la sangre).
7:408a; Cirrosis 4:208b; Digestivo, aparato 5:185b; Gastroenterología 7:59a; Hepatitis 7:360b; Vertebrados 14:283a; *ilustraciones* 7:408a; 7:409b.

HÍGADO DE BUEY. Hongo basidiomicete de la familia de las fistulináceas (*Fistulina hepatica*). De color rojizo, comestible.

HIGHSMITH, PATRICIA (1921-1995). Escritora estadounidense. Conocida internacionalmente como autora de novelas de misterio y suspense.
7:410a.

HIGHVELD. Alineación montañosa de Zimbabwe que, con una longitud de 650 km y una anchura de 80 km, recorre dicho país desde el sudoeste al nordeste. Mantiene altitudes que oscilan entre 1.200 y 1.500 m.
Suazilandia 13:328b; Zimbabwe 14:418a.

HIGIENE. Conjunto de normas y prácticas encaminadas a mejorar las condiciones de vida y prevenir el desarrollo de las enfermedades.
7:410a; Alimentaria, industria 1:230a; Dermatología 5:147a; Desinfectante 5:155a; Estomatología 6:160b; Gestación y parto 7:118b; Hospital 8:76b, Pediatría 11:314b; Preventiva, medicina 12:137b; Salud 13:102b; *ilustraciones* 7:410b; 7:411a-b; 7:412a.

HIGINIO, CAYO JULIO (h. el 64 a.C-17 d.C.). Escritor latino de origen hispano. Esclavo al llegar a Roma, Augusto lo emancipó y le confió la biblioteca Palatina. Amigo de Ovidio y autor de numerosos tratados biográficos, históricos y literarios, entre ellos *Comentario sobre Virgilio*, no se conserva ninguna de sus obras.

HIGO. Fruto de la higuera. Se trata en realidad de una infrutescencia o agregado de frutos conocido como sicono. Formado por el receptáculo carnoso que envuelve a un conjunto numeroso de aquenios.
Higuera 7:412b.

HIGRÓMETRO. Aparato utilizado para medir la humedad del aire.
Meteorología 10:108a.

HIGROSCOPIA. Parte de la física que se ocupa de la humedad y su medición. También se denomina higrometría.
Hidrografía e hidrología 7:400b.

HIGUERA. Árbol de la familia de las moráceas (*Ficus carica*). Posee frutos comestibles: higos y brevas.
7:412a; *ilustración* 7:412b.

HIGUERA LOCA. V. **Sicomoro.**

HIGUERILLA. V. **Ricino.**

HIGÜEY. Ciudad del sudeste de la República Dominicana, cap. de la prov. de La Altagracia. Fundada en 1502 por Juan Ponce de León. Famosa basílica mariana. Centro comercial. Cacao, maíz, arroz, ganadería. 33.501 hab. (1981).

HIJA DEL CAPITAN, LA. Novela del escritor ruso Alexandr Pushkin, publicada en 1836. Ambientada en tiempos de la insurrección de Pugachov (siglo XVIII), narra con aliento romántico y estilo preciso la historia del joven Griniov, condenado injustamente a muerte y salvado gracias a la hija del capitán de su guarnición.

HIJUELOS, OSCAR (n. en 1951). Escritor estadounidense de origen cubano. Dio gran impulso a la cultura hispana en el ámbito literario de los Estados Unidos a raíz de la concesión del Premio Pulitzer de 1989 a su novela *Los reyes del mambo tocan canciones de amor* (1989). *Las catorce hermanas de Emilio Montez O'Brien* (1994).

HIKMET, NAZIM (1902-1963). Poeta y novelista turco. Obra basada principalmente en la crítica política y social.
7:413a; Turca, literatura 14:156a.

HILADORA MECÁNICA. Máquina para hilar dotada de numerosos husos. Inventada en 1764 por James Hargreaves.

HILARIO, SAN (m. en el 468). Papa desde el 461 hasta su muerte. Luchó con firmeza contra la difusión del arrianismo, llevado a Italia por los germanos. Convocó en el 465 el concilio de Roma sobre las iglesias de las Galias y de España.

HILARIÓN (siglo XI). Orador y escritor ruso. Metropolitano de la ciudad de Kiev entre el 1051 y el 1054, destacó como autor del panegírico *Discurso sobre la ley y la gracia* (h. el 1050), en el que defendía la religión ortodoxa y los valores patrióticos.
Rusa, literatura 13:43a.

HILATURA. V. **Textil, industria.**

HILBERT, DAVID (1862-1943). Matemático alemán al que se deben notables aportaciones en los campos de la geometría y el cálculo integral.
7:413a; Lógica 9:203b; Matemáticas 9:406a; Topología 14:89a; Wiener, Norbert 14:365b.

HILDEBRAND, ADOLF VON (1847-1921). Escultor alemán. Uno de los máximos representantes del clasicismo alemán del siglo XIX. Trabajó el bronce y el mármol, inspirándose en la estatuaria antigua. Autor del tratado de estética titulado *El problema de la forma en las artes plásticas* (1893). Fuente de Wittelsbach, Munich (1891-1894).

HILDEBRANDO. V. **Gregorio VII, san.**

HILDEBRANDT, JOHANN LUCAS VON (1668-1745). Arquitecto e ingeniero militar austriaco. Establecido en Viena hacia 1696, está considerado como uno de los más importantes representantes del estilo barroco en su país. Recibió influencias del italiano Guarino Guarini y de las construcciones francesas de la época de Luis XIV. Palacio Belvedere, en Viena (1700-1723), palacio Mirabell, en Salzburgo (1721-1727).
Barroco, arte 2:359a.

HILDERICO (m. en el 533). Rey de los vándalos desde el 523 al 531. Fue derrocado por su primo Gelimero, que ordenó su encarcelamiento y posterior ejecución tras la llegada a África de un ejército bizantino que pretendía restaurarlo.

HILFERDING, RUDOLF (1877-1941). Político y economista alemán. Teórico del socialismo marxista, fue ministro de finanzas (1923, 1928-1929) y diputado del parlamento alemán (1924-1933) durante la república de Weimar. Detenido en 1941 en Francia, fue asesinado por la Gestapo. *El capital financiero* (1910).

HILL, DAMON (n. en 1960). Automovilista británico. Siguiendo los pasos de su padre, el piloto de fórmula 1 Graham Hill, obtuvo importantes victorias en los circuitos internacionales. Campeón mundial en 1996 con Williams Renault. A lo largo de su trayectoria deportiva corrió con las escuderías de Arrows y Jordan, entre otras. En 1999 anunció su retirada.

HILL, DAVID OCTAVIUS (1802-1870). Fotógrafo y pintor británico. Trabajó con el calotipo. Asociado desde 1843 hasta 1848 con Robert Adamson, realizaron juntos la «Firma del tratado de separación de la iglesia de Escocia», composición de 474 retratos terminada en 1866.

HILL, GARY (n. en 1959). Artista estadounidense. Realizó trabajos de vídeo novedosos, en los que jugó con la imagen, el sonido y el texto. Autor de documentales artísticos de contenido ambiental.

HILL, ROWLAND (1795-1879). Político y educador británico. En 1837 propuso en su obra *La reforma postal* un sistema que establecía la implantación de una tarifa uniforme para los envíos postales: los sellos. Este programa fue efectivo a partir de 1840. Entre 1854 y 1864 dirigió la administración de correos británica.
Correo 4:396b.

HILLARY, EDMUND (n. en 1919). Escalador y explorador neozelandés. Primero en alcanzar la cumbre del Everest, la más alta del mundo, en 1953, con ayuda del sherpa Tenzing Norgay.

HILOBÁTIDOS. Familia de primates catarrinos, a la que pertenecen los gibones. De tamaño reducido, carentes de cola y con extremidades anteriores muy desarrolladas. Habitan en el Asia tropical.

HIMACHAL PRADESH. Estado del noroeste de la India. Comprende la parte noroccidental de la cordillera del Himalaya y las faldas meridionales de la misma. Atravesado por los ríos Beas y Chenab. En la montaña se explotan los bosques, la ganadería, y el turismo. En los valles, arroz, trigo, frutales. División administrativa en cinco distritos que integran 23 antiguos estados del Panjab. Cap. Simla. 55.673 km^2. 5.530.000 hab. (1994).

HIMALAYA. Gran sistema montañoso de Asia. Barrera casi infranqueable entre la meseta tibetana y el subcontinente indio. 2.500 km. Altitud máxima 8.848 m (Everest).
7:413b; Bengala 2:410a; Bután 3:237a; Everest, monte 6:207b; India 8:152a; Nepal 10:378b; Pakistán 11:217a; Terciaria, era 14:28b; Tíbet 14:50b; Tíbet, meseta del 14:51a; *mapa* 7:413b; *ilustraciones* 7:414; 7:415a.

HIMATION. Túnica de origen dorio usada por los antiguos griegos tanto hombres como mujeres, con la que cubrían el resto de sus ropas.

HIMEN. Repliegue cutaneomucoso delgado de la mujer. Separa la vagina de la vulva y desaparece después de las primeras relaciones sexuales.

HIMENEO. En la mitología grecolatina, dios de extraordinaria belleza y confuso origen (tal vez hijo de Apolo o de Dioniso), que presidía los cortejos nupciales. Personificaba el canto homónimo propio del ritual de las bodas.

HIMENÓPTEROS. Orden de insectos cuyo aparato bucal es intermedio entre el masticador y el chupador. Dos pares de alas membranosas. Metamorfosis compleja. La mayoría son solitarios, aunque algunos forman sociedades, como las abejas, avispas y hormigas.
Abeja 1:8b; Avispa 2:271a; Hormiga 8:69a; Icneumón 8:118b; Insectos 8:224a.

HIMES, CHESTER (1909-1984). Novelista estadounidense. Creador de los detectives negros *Coffin* Ed Johnson y *Grave Digger* Jones. *Algodón en Harlem* (1965), *Un ciego con una pistola* (1969).

HIMMLER, HEINRICH (1900-1945). Político alemán. Tomó parte en el *putsch* de Munich. Fue jefe de la policía secreta nazi y de las SS. Se le consideró responsable y organizador de los campos de exterminio. Detenido por tropas británicas en mayo de 1945, se suicidó cuando iba a ser sometido a juicio como criminal de guerra.

HIMNO. Composición musical para exaltar la gloria de Dios, si es de carácter religioso, o de un hombre o nación, si es profano.
Marchas e himnos 9:353b; Música 10:311b.

HIMNO NACIONAL. Composición musical, casi siempre cantada con verso solemne, que constituye el símbolo de una nación.
Marchas e himnos 9:353b.

HIMNOS A LA NOCHE. Obra del poeta alemán Novalis, publicada en 1800. Contiene seis poemas dedicados a Sophie von Kühn, su prometida, muerta en plena juventud.

HIMRAYÍES, DINASTÍA DE LOS. Tribu que arrebató al reino de Saba el sudoeste de la península arábiga y mantuvo éste bajo su dominio entre el 115 a.C. y el 525 d.C. aproximadamente. Su capital radicó en Sana. Fue dominada en el siglo VI por los abisinios y, posteriormente, cayó bajo el poderío persa.

HINAULT, BERNARD (n. en 1954). Ciclista francés. Campeón del mundo en la categoría de fondo en carretera en 1980, y ganador del *tour* de Francia (1978, 1979, 1981 y 1982), el gran premio de las naciones (1977, 1978, 1979, 1982 y 1984), el *giro* de Italia (1980 y 1982) y la vuelta a España (1978 y 1983).

HINAYANA. Denominación con la que los seguidores del budismo *mahayana* («gran vehículo») designaron al grupo minoritario que reclamaba para sí la ortodoxia de la tradición budista. Se practica principalmente en el sudeste asiático y Sri Lanka.
Budismo 3:211a.

HINCMAR DE REIMS (h. el 806-882). Prelado y teólogo francés. Intervino de forma decisiva en la vida política francesa durante los reinados de Ludovico Pío y Carlos el Calvo. En el 845 fue nombrado arzobispo de Reims. Autor de obras teológicas y jurídicas. *La predestinación divina y el libre arbitrio.*

HINDEMITH, PAUL (1895-1963). Compositor y teórico musical alemán, representante de la escuela expresionista.
7:415b.

HINDENBURG, PAUL VON (1847-1934). Militar alemán. Segundo presidente de la república de Weimar, cedió el poder a Adolf Hitler.
7:415b; Guerra mundial, primera 7:271a; Hitler, Adolf 8:30b; *ilustración* 7:416a.

HINDI. Lengua indoeuropea hablada en el norte de la India y que es, con el inglés, lengua oficial del país.

HINDUISMO. Nombre dado al conjunto de creencias y prácticas religiosas de la India y de algunas regiones próximas.
7:416a; Budismo 3:210a; Casta 4:14a; Fundamentalismo religioso 7:6b; Ganges, río 7:41a; India 8:158a; India, literatura 8:164a; Mahabharata 9:290b; Misticismo 10:192b; Mito y mitología 10:198b; Monasterios y conventos 10:225b; Naturaleza 10:357a; Peregrinación 11:333b; Ramanuja 12:254b; Religión 12:320a; Religioso, arte 12:323b; Tulsidas 14:145b; Upanishads 14:187b; Vedas 14:249a; Yoga 14:389b; *ilustraciones* 7:417a-b; 7:418a.

HINDU KUSH. Gran sistema montañoso del Asia central que forma una división entre los valles de los ríos Amú Daria e Indo. Su longitud es de 1.600 km, y el punto más alto es el Tirich Mir, con 7.700 m.
Afganistán 1:84b.

HINE, LEWIS WICKES (1874-1940). Fotógrafo y sociólogo estadounidense. Dedicado preferentemente a la fotografía social, fue contratado por el Comité Nacional sobre el Trabajo Infantil para realizar una serie fotográfica sobre la explotación de los niños trabajadores.

HINES, EARL (1905-1983). Pianista, compositor y director de banda de *jazz*. Influyó fuertemente sobre los pianistas posteriores. Su composición más famosa es «Rosetta».

HINGIS, MARTINA (n. en 1980). Tenista suiza, nacida en Checoslovaquia. Desde 1997 venció en varios torneos del *Grand Slam* y se convirtió en la mejor tenista del mundo.
7:419a; *ilustración* 7:419a.

HINOJO. Planta herbácea anual o vivaz de la familia de las umbelíferas (*Foeniculum vulgare*). Dicotiledónea. Hojas muy finas y divididas. Flores amarillas. Aromática, exhala una fragancia similar a la del anís.
Aromáticas, plantas 2:92b.

HINOJOSA Y NAVEROS, EDUARDO DE (1852-1919). Jurista, historiador y político español. Primer autor que en su país dio un tratamiento estrictamente científico a la disciplina de la historia del derecho.
7:419a.

HINSHELWOOD, CYRIL NORMAN (1897-1967). Químico inglés. Investigó sobre explosivos durante la primera guerra mundial. Trató de esclarecer el mecanismo cinético de las reacciones químicas, estudiando la actividad molecular en las reacciones gaseosas y las reacciones térmicas en cadena. Premio Nobel de química, compartido con Nikolái Semiónov, en 1956.

HINTERLAND. Vocablo alemán que califica un área, sea rural o urbana, estrechamente ligada en lo económico, en lo social y en lo cultural con una ciudad, región o país cercanos. Suele traducirse como «transpaís».

HIOIDES. Hueso impar y simétrico situado en el cuello, entre la boca y la laringe. Provisto de cuatro astas, a modo de extremidades, y sujeto por músculos.

HIPARCO (m. h. el 126 a.C.). Astrónomo y matemático griego, anotador de notables observaciones del comportamiento del Sistema Solar y autor del primer catálogo de estrellas.
7:419b; Astronomía, historia de la 2:179a; Cartografía 4:1b; Constelación 4:347b; Trigonometría 14:127a; Universo 14:184b.

HIPATIA (h. el 370-415). Matemática y filósofa griega de Alejandría, Egipto. Dirigía la escuela neoplatónica de dicha ciudad. Murió asesinada por cristianos fanáticos.

HIPERACTIVIDAD. Estado caracterizado por un exceso de actividad y falta de descanso. Afecta sobre todo a los niños.

HIPÉRBATON. Alteración del orden sintáctico habitual de los elementos de una frase por motivos fonéticos, de rima o para dotar de mayor expresividad al texto. Es frecuente en las composiciones poéticas.
Literatura 9:182b; Poesía 12:45b.

HIPÉRBOLA. Curva cónica definida como el lugar geométrico de los puntos cuya diferencia de distancias con respecto a otros dos fijos, denominados focos, es constante.

HIPÉRBOLE. Figura literaria consistente en exagerar notablemente la realidad que se desea expresar. Se usa habitualmente para transmitir la fuerza de los sentimientos y afectos.
Redacción 12:286b.

HIPERCAPNIA. Presencia de una cantidad excesiva de dióxido de carbono en la sangre.

HIPERCOLESTEROLEMIA. Concentración elevada de colesterol en la sangre. Se consideran perjudiciales para el sistema cardiovascular concentraciones superiores a 220 mg/dl de sangre.

HIPERCUBO. Politopo tetradimensional compuesto por seis lados cúbicos.

HIPERENLACE. Enlace que se establece entre dos entradas señaladas de un documento escrito en formato hipertexto. Constituye una versión interactiva de las referencias cruzadas de los documentos de texto de estructura secuencial.
Multimedia 10:295b.

HIPERGLUCEMIA. V. **Diabetes mellitus.**

HIPERIÓN (ASTRONOMÍA). Satélite de Saturno descubierto en 1848 por G. Bond y W. Lassell. Dista de Saturno algo menos de 1,5 millones de km. Diámetro: 440 km.
Satélite 13:163b.

HIPERIÓN (LITERATURA). Poema épico inconcluso del poeta británico John Keats, publicado en 1820. Fuertemente influido por el *Paraíso perdido* de John Milton.

HIPERIÓN o EL ERMITAÑO DE GRECIA. Novela del escritor alemán Friedrich Hölderlin (1770-1843). Publicada en sus dos partes en 1797 y 1799, desarrolla en forma epistolar la admiración del autor por la antigüedad clásica griega.

HIPERLIPIDEMIA. Término genérico que define la concentración elevada de cualquier tipo de lípidos en sangre. Engloba signos como la hipertrigliceridemia y la hipercolesterolemia.

HIPERMETROPÍA. Anomalía de la visión en la que la imagen se forma por detrás del plano de la retina, por lo que no se distinguen claramente los objetos próximos. Se corrige con lentes convergentes.
Oftalmología 11:85b; Vista, sentido de la 14:334a.

HIPERODÓNTIDOS. Familia de los mamíferos del orden de los cetáceos y del suborden de los odontocetos. Comprende a las diferentes especies de calderones.

HIPERPLASIA. Desarrollo excesivo de un tejido por multiplicación de sus células, pero conservando una arquitectura y una capacidad funcional normales.

HIPERREALISMO. Movimiento artístico surgido en los Estados Unidos a finales de la década de 1970 como reacción contra el arte abstracto. Sus seguidores intentaron reproducir la realidad con la exactitud y minuciosidad de la técnica fotográfica.

HIPERTENSIÓN. Alteración del nivel de la presión arterial del organismo, que asciende por encima de sus valores normales. Se asocia a diversas dolencias cardiovasculares.
7:420a; Arteriosclerosis 2:127b; *cuadro* 7:420b; *ilustraciones* 7:420a; 7:421a.

HIPERTENSIÓN ARTERIAL. Aumento de la presión o tensión arterial por encima de los 150/100 mm.
Cardiología 3:382b.

HIPERTEXTO. Metodología de organización de la información de texto en un formato interactivo no secuencial. Permite acceder rápidamente a secciones distintas de un documento o a documentos diferentes de una base de datos a través de la activación de términos especiales de conexión denominados hiperenlaces.
Imprenta y artes gráficas 8:135a; Lenguajes de programación 9:108a; Multimedia 10:296a.

HIPERTIROIDISMO. Exceso en la secreción de hormonas tiroideas debida a diversas causas: origen hipotalamohipofisario (enfermedad de Basedow), adenoma tóxico tiroideo (enfermedad de Plummer), etc.
Geriatría 7:112b.

HIPERTRIGLICERIDEMIA. Concentración excesiva de triglicéridos en sangre.

HIPIAS (m. en el 490 a.C.). Tirano de Atenas, hijo y sucesor de Pisístrato. Mantuvo la política conciliadora de su padre y favoreció la prosperidad de Atenas. Asesinado su hermano Hiparco por Harmodio y Aristogitón, empezó a gobernar con excesiva autoridad. Se refugió en Persia acosado por sus adversarios. Murió durante la primera guerra médica, en la que participó junto al ejército persa.
Sofistas 13:289b.

HIPIAS DE ELIS (siglo V a.C). Filósofo griego. Admirado en la antigüedad por su saber enciclopédico, perteneció a la escuela sofística. Según Platón, que dio su nombre a dos diálogos (uno de ellos de autoría discutida), este autor mitigó el relativismo de su escuela al distinguir entre lo universalmente bueno, conforme a la naturaleza, y las convenciones de la ley.

HÍPICOS, DEPORTES. Competiciones que se realizan sobre cabalgadura y, en particular, la equitación.
7:421b; Polo 12:67a; Rodeo 12:404a; *ilustraciones* 7:421b; 7:422a.

HIPNO. Dios de la mitología griega, personificación del sueño. Era hijo de la noche (Nix) y hermano de la muerte (Tánatos). Su representación más frecuente es la de un joven con dos alas en las sienes.

HIPNOSIS. Estado de sueño artificial inducido generalmente por procedimientos psicológicos (sugestión verbal), aunque también se emplean métodos químicos y mecánicos.
7:422b; Freud, Sigmund 6:409b; Psicoanálisis 12:172a; Psicoterapia 12:183a; Relajación 12:315a.

HIPNÓTICOS. Agentes o fármacos que provocan sueño. Los más empleados son los barbitúricos.
Barbitúrico 2:347b; Medicamentos 10:23b; Psicotropos 12:184b.

HIPO. Contracción espasmódica del diafragma que provoca una aspiración de aire, tan violenta que hace vibrar las cuerdas vocales; ruido característico que resulta de dicha aspiración.

HIPOCAMPO (ANATOMÍA). Región cerebral, en comunicación con el hipotálamo, encargada de la recepción de datos ópticos, táctiles y acústicos.

HIPOCAMPO (ZOOLOGÍA). Pez osteictio del género *Hippocampus.*
7:423b; Peces 11:313a; *ilustración* 7:423b.

HIPOCENTRO. Punto del interior de la corteza terrestre donde se supone que se origina un terremoto.

HIPOCONDRÍA. Actitud de exagerada preocupación por la salud. Puede presentarse junto a cualquier enfermedad somática o psíquica y es frecuente en muchas neurosis, en la melancolía involutiva, en algunas esquizofrenias y como idea delirante en algunos casos de paranoia.
Depresión 5:134a.

HIPÓCRATES (h. el 460-h. el 377 a.C.). Famoso médico griego. Fue pionero de la observación clínica. Su fisiología se basó íntegramente en la teoría de los humores.
7:423b; Ciencia 4:185a; Cirugía 4:210a; Homeopatía 8:48a; Medicina 10:29a; Reumatología 12:354b; Terapéutica 14:25a; *cuadro* 7:424a; *ilustración* 7:424a.

HIPÓDROMO. Estadio especialmente destinado a las carreras de caballos.

HIPÓFISIS. Glándula endocrina situada en la silla turca del esfenoides y que cuelga del cerebro por un tallo o pedículo. Secreta muchas e importantes hormonas que desempeñan funciones fisiológicas fundamentales.
Cerebro 4:87a; Crecimiento 5:2a; Endocrino, sistema 5:407a; Endocrinología 5:408a; Glándula 7:142a; Hormona 8:71a; Vertebrados 14:283a.

HIPOGLUCEMIA. Disminución de la cantidad normal de azúcar en la sangre. Puede deberse a hiperinsulismo (secreción excesiva de insulina) o a la aplicación excesiva de insulina en tratamiento diabético.
Diabetes 5:161a.

HIPOGONADISMO. Deficiente funcionamiento de las gónadas o glándulas productoras de los gametos masculinos (testículos) o femeninos (ovarios). Puede estar causado por falta de desarrollo de estas glándulas o por insuficiencia de estímulos hormonales en las mismas.

HIPOLIPIDEMIANTE. Fármaco cuya función consiste en intervenir en el metabolismo de los elementos biogenéticos de ácidos grasos o lípidos para regularizar o normalizar su proporción en la sangre, especialmente en lo relativo al colesterol.

HIPÓLITA. En la mitología griega, hija de Ares y reina del legendario pueblo de las Amazonas. Poseía un cinturón maravilloso que Heracles (Hércules) le arrebató por orden de Euristeo. Algunas leyendas le atribuyen la maternidad de Hipólito.

HIPÓLITO. Personaje de la mitología griega, hijo de Teseo y de Antíope, o según otras versiones, de Hipólita. Desdeñó el amor de su madrastra, Fedra, y ésta lo acusó falsamente ante Teseo de haber intentado seducirla. Su padre pidió a los dioses que castigaran al joven y Poseidón le provocó la muerte volcando su carro.

HIPÓLITO, SAN (h. el 170-235). El primer antipapa romano. Sus enfrentamientos con dos papas, Ceferino y Calixto, desembocaron en el

cisma de Roma del 217. Fue desterrado a Cerdeña.
Antipapa 1:396a.

HIPÓMENES. Personaje mitológico griego, hijo de Megareo y de Mérope. Enamorado de Atalanta, consiguió convertirla en su esposa tras vencerla en una carrera, durante la cual la distrajo y retrasó arrojando unas manzanas de oro que le había regalado Afrodita.

HIPONA. Antigua ciudad de la costa norteafricana, en la posterior Argelia, fundada probablemente por los cartagineses en el siglo IV a.C. San Agustín fue obispo de Hipona del 396 al 430.

HIPOPÓTAMO. Mamífero ungulado artiodáctilo de la familia de los hipopotámidos (*Hippopotamus amphibius*).
8:1a; Artiodáctilos 2:135b; *ilustración* 8:1a.

HIPOTÁLAMO. Centro nervioso del diencéfalo con masa de sustancia gris que tapiza las paredes del tercer ventrículo. Es el centro superior de todo el sistema neurovegetativo y también del sistema endocrino.
Cerebro 4:87a; Hormona 8:71a.

HIPOTECA. Derecho real de garantía que asegura el cumplimiento de una obligación mediante la concesión de un poder directo e inmediato sobre una cosa ajena. La hipoteca puede recaer sobre bienes inmuebles o derechos reales inmobiliarios.

HIPOTENSIÓN. Descenso por debajo de los valores normales de la presión a la que se encuentran los vasos sanguíneos (arterias) y determinadas cavidades (caja craneal).

HIPOTENUSA. Lado opuesto al ángulo recto en un triángulo rectángulo.

HIPÓTESIS. Proposición establecida para explicar determinados hechos y de la cual se deducen diversas conclusiones que deberán ser confirmadas o refutadas posteriormente por vía experimental.
8:1b; Metodología científica 10:110b; Psicología 12:177a.

HIPOTÉTICO-DEDUCTIVO, MÉTODO. Método que parte de una o varias proposiciones enunciadas como hipótesis, y deduce de ellas las consecuencias que lógicamente se derivan.
Metodología científica 10:110b.

HIPOTIROIDISMO. Actividad deficiente de la glándula tiroidea.
Bocio 3:80b; Geriatría 7:112b.

HIPOTRAGO. Mamífero artiodáctilo de la familia de los bóvidos. Antílope con cuernos grandes y encorvados hacia atrás, y el cuello provisto de una crin. Vive en pequeños rebaños en los terrenos cubiertos de monte bajo. Común en África oriental y meridional.
Antílope 1:393a.

HIPOXIA. Aporte insuficiente de oxígeno.

HIPPY. Miembro de un movimiento contracultural aparecido en la década de 1960 en los Estados Unidos como protesta ante la cultura tecnificada. Promovía lo sensorial y natural: pacifismo, trabajo manual, libertad sexual, y nuevas experiencias mediante drogas. Los *hippies* varones se caracterizaban por su empleo del cabello largo, y todos por su ropa estrafalaria.
Dylan, Bob 5:260b.

HIPSÍPILA. En la mitología griega, princesa de Lemnos, hija del rey Toante a quien salvó de ser asesinado por las lemnias. Fue reina de la isla, compañera de Jasón y, más tarde, esclava del rey Licurgo y nodriza del heredero Ofeltes. Muerto el pequeño por un descuido de la joven, los siete jefes que asediaban a Tebas la salvaron de la venganza de Licurgo.

HIPSÓMETRO. Aparato utilizado para la medición de altitudes por la determinación del punto de ebullición del agua, ya que éste varía con aquélla según una cierta relación.
Caldas, Francisco José de 3:274b.

HIRA, REINO DE. Antiguo territorio que mantenía como capital a la ciudad de Hira, en el sur de la posterior provincia iraquí de Karbala. Alcanzó un gran desarrollo político y cultural en el período preislámico. Inició su declive con la caída de la dinastía Lakhmid y la conquista de la ciudad por los musulmanes en el 633.
Islam, historia del 8:283a.

HIRAM I (siglo X a.C.). Rey de la ciudad fenicia de Tiro (969-936 a.C.). Mantuvo buenas relaciones con Israel; colaboró en la construcción del templo de Jerusalén y en varias expediciones comerciales por el mar Rojo y el Mediterráneo.
Salomón, rey 13:100a.

HIRIART, HUGO (n. en 1942). Escritor mexicano. Autor de novelas (*Galaor, Cuadernos de Gofa*), cuentos infantiles (*El último dado, El salto de Apolodoro*), ensayos (*Disertación sobre las telarañas, Estética de la obsolescencia*) y obras teatrales (*La ginecomaquia, Casandra*).

HIROHITO (1901-1989). Michinomiya Hirohito, emperador de Japón. Ocupó el trono desde 1926 hasta su muerte.
8:2a; Akihito, emperador 1:136b; Japón 8:346a.

HIROSHIGE (1797-1858). Ando Tokutaro, pintor japonés. Destacó en el paisaje y en la estampa.
8:2a; Oriental, arte 11:149b; *ilustración* 8:2b.

HIROSHIMA. Ciudad y puerto de Japón, cap. de la isla de la prefectura homónima, en el sudoeste de la isla de Honshu. Primer bombardeo atómico de la historia (1945). 1.108.868 hab. (1995).
8:3a; Armas nucleares 2:84a; Japón 8:346a; Truman, Harry S. 14:140a; *ilustración* 8:3a.

HIRUDÍNEOS. Grupo de gusanos anélidos sin cerdas ni parápodos, generalmente con dos ventosas terminales en la cara ventral. Hermafroditas. Incluyen a las sanguijuelas.
Gusanos 7:296b; Sanguijuela 13:126a.

HISARLIK. Yacimiento arqueológico próximo a los Dardanelos, en la moderna Turquía, que corresponde, según algunos investigadores, al emplazamiento de la antigua Troya.

HISHIKAWA MORONOBU (1618-1694). Pintor japonés. Primer gran maestro del estilo *Ukiyo-e*. Creador de estampas e ilustraciones para libros. Reflejó en sus obras los hábitos y costumbres populares. «Escenas de los alegres barrios de Yoshiware».
Oriental, arte 11:149b.

HISPALIS. Ciudad de la Hispania romana fundada en el siglo I a.C. sobre la que surgiría Sevilla.

HISPANISMO. Vocablo o giro perteneciente al idioma español y que se introduce en otras lenguas.

HISPANOAMÉRICA. Conjunto de países de habla española del continente americano y sus islas adyacentes.

HISPANOAMERICANA, LITERATURA. Conjunto de obras escritas por autores hispanoamericanos antes y después de su independencia.
8:3b; Fantástica, literatura 6:229b; Gaucha, literatura 7:64a; Indianismo 8:167a; Modernismo 10:205a; Novela y cuento 11:21b; Realismo 12:281a; Revolución mexicana, novela de la 12:358a; Vargas Llosa, Mario 14:237b; Yáñez, Agustín 14:379b; Zorrilla de San Martín, Juan 14:435b; *cuadros* 8:8; 8:9; *ilustraciones* 8:3b; 8:4a; 8:5a-b; 8:6a; 8:7b; 8:8a; 8:9a; 8:10a; 8:11b; 8:12a; 8:13b; 8:14a.

HISPANO-ESTADOUNIDENSE, GUERRA. Conflicto que enfrentó a España con los Estados Unidos en 1898. El triunfo estadounidense puso fin a la presencia colonial española en América.
8:14b; Cuba 5:54b; Estados Unidos 6:139a; Filipinas 6:288b; Independencia de Hispanoamérica 8:147b; Puerto Rico 12:200b; Santiago de Cuba 13:148a; *ilustración* 8:15a.

HISTAMINA. Amina relacionada con la histidina, muy difundida en tejidos vegetales y animales. Aislada por primera vez del cornezuelo de centeno. En los animales superiores produce dilatación capilar y de las arteriolas del cerebro y meninges, elevando la presión del líquido cerebroespinal. Aumenta el pulso y rendimiento cardíaco. Tiene un papel importante en los fenómenos alérgicos. También llamada beta-iminazoletilamina. Fórmula, $C_3H_3N_2 \cdot CH_2CH_2NH_2$.

HISTASPES (siglo VI a.C.). Vishtaspa, sátrapa (gobernador) de Persia (Farsi), Partia e Hircania, donde reprimió una revuelta en el 521 a.C. Acompañó a Ciro el Grande en su última campaña contra los masagetas en el 530 a.C. Fue padre de Darío I de Persia (550-486 a.C.).

HISTERECTOMÍA. Extirpación quirúrgica de la pared uterina.

HISTÉRESIS. Propiedad que caracteriza a las sustancias ferromagnéticas, definida por la influencia de la propia evolución magnética del material en su proceso de imanación por acción de un campo externo.

HISTERIA. Forma de neurosis en la que predominan los síntomas de conversión y cuyo mecanismo de defensa característico es la represión.
8:15b; Hipnosis 7:422b; Neurosis 10:393a; Parálisis 11:276b; Sordera 13:305a.

HISTOCOMPATIBILIDAD. Similitud entre las características antigénicas de dos individuos, condición imprescindible para el logro de un trasplante exitoso de uno a otro.

HISTOGRAMA. Gráfico utilizado en estadística para representar frecuencias mediante rectángulos. La altura de los mismos es proporcional a la magnitud del valor que representan.
Probabilidad y estadística 12:154b.

HISTOINCOMPATIBILIDAD. Diferencia entre las características antigénicas de dos individuos que determina el rechazo en uno de ellos del órgano o tejido trasplantado del otro.

HISTOLOGÍA. Ciencia que estudia la estructura y disposición de los tejidos orgánicos.
8:16a; Biología 3:38a; Plástica, cirugía 12:23a; *ilustraciones* 8:16a-b; 8:17b.

HISTONA. Proteína con elevada proporción de aminoácidos básicos que se halla asociada al ADN en la cromatina del núcleo celular.

HISTOQUÍMICA. Ciencia que se ocupa de la observación y estudio de la composición química de las células y de los tejidos vegetales y animales.
8:17b.

HISTORIA. Ciencia que se ocupa del estudio de los acontecimientos relativos al hombre en su desarrollo temporal, basándose fundamentalmente en los textos escritos.
8:18a; Antropología 1:402a; Burckhardt, Jacob 3:226a; Hegel, G.W.F. 7:349a; Herder, Johann Gottfried von 7:366a; Herodoto 7:379b; Marx, Karl 9:398a; Pintura 11:416b; Polibio 12:52b; Prehistoria 12:125b; Ranke, Leopold von 12:261a; Tucídides 14:142b; Vilar, Pierre 14:316a; *ilustraciones* 8:18a; 8:19b; 8:20a; 8:21b; 8:22; 8:23b; 8:24a; 8:25a-b.

HISTORIA CLÍNICA. Registro sistemático de una serie de datos del paciente que contribuyen a la elaboración del diagnóstico. Estos datos suelen ser la filiación, motivo de la consulta, antecedentes familiares y personales y síntomas de la enfermedad actual. La información suele obtenerse mediante entrevista, y se completa con los resultados de las pruebas pertinentes y con un primer diagnóstico orientativo.

HISTORIA CHIMICHECA. Obra del escritor mexicano Fernando de Alva Ixtlilxóchitl (h. 1568-1648), descendiente de dicha tribu. Escrita en lengua nativa, culmina con el primer ataque de Hernán Cortés a la ciudad de México.

HISTORIA DE ESPAÑA. Obra editada entre 1940 y 1968, bajo la dirección de Ramón Menéndez Pidal, sobre la historia de los pueblos de España desde su prehistoria hasta el siglo XX.

HISTORIA DE LA GUERRA DEL PELOPONESO. Obra inconclusa del historiador griego Tucídides escrita en el siglo V a.C. Narra las luchas entre Atenas y Esparta que asolaron Grecia entre el 431 y el 404 a.C. La obra destaca por su rigor y veracidad y por su estilo directo y vigoroso.

HISTORIA DE LOS INCAS. Estudio histórico del navegante español Pedro Sarmiento de Gamboa, escrito hacia 1570, cuya descripción del imperio incaico respondía al propósito de justificar la conquista española.

HISTORICISMO. Doctrina que subraya la importancia del carácter histórico del hombre e incluso de la naturaleza.

HISTORIETA. Secuencia, breve o extensa, de viñetas o dibujos con finalidad narrativa y cuyos diálogos se encierran en pequeños globos o «bocadillos». También se le llama *comic,* tebeo (España) y muñequitos o monitos (México).
8:25b; Daumier, Honoré 5:101b; Hergé 7:372b; Lichtenstein, Roy 9:152b; *ilustraciones* 8:26.

HISTORIOGRAFÍA. Rama de la ciencia histórica que se preocupa del estudio crítico y bibliográfico de los diferentes escritos y fuentes que hayan incidido en el tratamiento de los hechos históricos.
Arte 2:124a; Historia 8:24a; Ranke Leopold von 12:261b.

HITA, ARCIPRESTE DE. Escritor español de mediados del siglo XIV. Autor del *Libro de buen amor,* obra clave de la literatura medieval.
8:27a; Española, literatura 6:87b; *cuadro* 8:27b; *ilustración* 8:27b.

HITCHCOCK, ALFRED (1899-1980). Director cinematográfico británico, famoso por sus películas de suspenso o *suspense.*
8:28a; *ilustración* 8:28a.

HITITAS. Colonizadores de la región de Anatolia, o Asia menor, que alcanzaron su máximo apogeo entre el 1500 y el 1200 a. C.
8:28b; Egipto 5:334b; Ramsés II 12:259b; *ilustraciones* 8:29a-b.

HITLER, ADOLF (1889-1945). Jefe del nazismo y canciller de Alemania de 1933 hasta su muerte.
8:30a; Alemania 1:192b; Austria 2:230b; Checa, República 4:117a; Checoslovaquia 4:119a; Dictadura 5:179a; Fascismo 6:236b; Guerra mundial, segunda 7:273b; Hindenburg, Paul von 7:461a; Munich 10:297b; Mussolini, Benito 10:326b; Pilsudski, Józef Klemens 11:408a; *cuadro* 8:30a; *ilustraciones* 5:179b; 8:30a; 8.31a.

HITOPADESA. Colección de fábulas y cuentos, de propósito didáctico y ejemplarizante, escrita en sánscrito entre los siglos XI y XIV. Es una de las obras más populares de la literatura india. Su título significa *Libro de instrucciones útiles.*

HIXEM I (757-796). Soberano musulmán del emirato de al-Ándalus. Sucedió a su padre, Abderramán I, en el 788.

HIXEM II (965-h. el 1013). Soberano musulmán, tercer califa de Córdoba. Sucedió a su padre, Hakam II, en el 976.
Córdoba, califato de 4:383a.

HIXEM III (975-1036). Último califa de Córdoba. Con su destronamiento concluyó la primacía musulmana en la península ibérica, si bien la presencia islámica se mantendría cuatro siglos más.

HIYAZ. Región (antigua provincia autónoma) de Arabia Saudita limítrofe con Jordania, a orillas del mar Rojo. Escasa agricultura. Dátiles. Centros de peregrinación; tumba de Mahoma en Medina y Kaaba –o piedra negra de Abraham– en La Meca.
Arabia Saudita 2:8b; Medina 10:35a.

HIZBALÁ o HIZBOLÁ. V. **Hezbolá.**

HJELMSLEV, LOUIS (1899-1965). Lingüista danés. Fundador, junto con Viggo Brøndal, del Círculo Lingüístico de Copenhague, en 1931. En sus investigaciones definió la teoría estructural del lenguaje conocida como glosemática. Precursor de la semántica científica. *Principios de gramática general* (1928), *Prolegómenos a una teoría del lenguaje* (1943), *Ensayos lingüísticos* (1959).
Lingüística 9:167a.

HMONG. V. **Miao.**

HO, DAVID (n. en 1952). Científico estadounidense de origen chino. En 1996 propuso un tratamiento contra el síndrome de inmunodeficiencia adquirida (SIDA) basado en la administración de una combinación de fármacos diversos.
8:31b; *ilustración* 8:31b.

HOAGLAND, DENNIS ROBERT (1884-1949). Fitopatólogo estadounidense; destacó en el estudio de las interacciones entre los organismos vegetales y el suelo.

HOARE, SAMUEL (1880-1959). Político británico. Fue el artífice de la ley de gobierno de la India de 1935. Secretario de relaciones exteriores en el mismo año, se le criticó el plan, realizado conjuntamente con el francés Pierre Laval, para la partición de Etiopía (Abisinia) entre su invasor, Italia, y Francia.

HOAZÍN. Ave galliforme de la familia de las opistocómidas (*Opisthocomus cristatus*), con caracteres anatómicos muy primitivos, que hacen de ella un verdadero fósil viviente. Propia de América tropical.

HOBART. Capital y puerto de Tasmania, Australia, en el estuario del río Derwent. Aeropuerto. Universidad, museo, casino. Refinería de zinc, textiles, herramientas. Productos alimenticios. 195.000 hab. (1998).
Australia 2:222a; Tasmania 13:401b.

HOBBEMA, MEINDERT (1638-1709). Meyndert Lubbertsz, pintor holandés. Estudió con Jacob van Ruysdael, cuyo estilo asimiló. Destacó principalmente como paisajista. «Avenida de Middelharnis» (1689), «Molino de agua».

HOBBES, THOMAS (1588-1679). Filósofo británico. Autor de *Leviatán,* obra en la que defendió el absolutismo político y el materialismo filosófico.
8:31b; Absolutismo 1:18a; Constitución 4:349a; Derecho 5:140b; Descartes, René 5:151a; Empirismo 5:394a; Estado 6:124b; Filosofía 6:297a; Liberalismo 9:142b; Ontología 11:111a; Poderes, división de 12:42b; Política 12:63a; Rousseau, Jean-Jacques 13:28b; Soberanía 13:273b; *ilustración* 8:32a.

HOBSBAWM, ERIC JOHN (n. en 1917). Historiador británico. Interesado en la historia contemporánea y en el análisis de la revolución industrial. *Las revoluciones burguesas* (1962), *La era del capitalismo* (1975), *Historia del siglo XX* (1993), *Sobre historia* (1997).

HOCHE, LAZARE (1768-1797). Militar francés. General en las guerras de la Revolución Francesa, expulsó al ejército austro-prusiano de Alsacia en 1793, y sofocó el levantamiento de la Vendée al año siguiente.

HOCHHUT, ROLF (n. en 1931). Dramaturgo alemán. Representante del llamado teatro-documental. Intentó expresar en sus obras el compromiso de los nuevos alemanes en la revisión de su reciente pasado histórico. *El vicario* (1963), *Soldados* (1967), *Juristas* (1979).

HO CHI MINH (1890-1969). Político vietnamita. Símbolo de la lucha por la independencia de su país.
8:32b; Indochina 8:175a; Vietnam 14:312a; Vietnam, guerra de 14:313a; *ilustración* 8:32b.

HO CHI MINH, CIUDAD. Ciudad de Vietnam, anteriormente denominada Saigón. 4.322.300 hab. (1992).
8:33a; Indochina 8:174a; Mekong, río 10:43b; Vietnam 14:310b; Vietnam, guerra de 14:313b; *ilustración* 8:33b.

HOCKEY. Deporte de equipos que consiste en impulsar una pelota, o disco, con un bastón llamado *stick.* Se juega sobre hierba, sobre hielo (con patines de cuchilla) o sobre madera o cemento (con patines de ruedas).
8:33b; *ilustración* 8:34a.

HOCKEY SOBRE HIELO. Juego de equipo que se practica sobre una pista de hielo y cuyos jugadores, en número de seis, deben introducir en la portería contraria un disco o *puck* de unos 8 cm de diámetro. Para ello se sirven de unos patines de cuchillas y de un palo o *stick* terminado en ángulo.
Hockey 8:34a; Invierno, deportes de 8:253b.

HOCKEY SOBRE HIERBA. Juego de equipo practicado sobre un campo de césped. Tiene como finalidad el conseguir que los jugadores (once por cada equipo) introduzcan en la portería del adversario una pelota de cuero que pesa unos 150 g sirviéndose de un palo curvado o *stick.*
Hockey 8:34a.

HOCKEY SOBRE PATINES. Juego de equipo que se lleva a cabo sobre una superficie lisa (madera u otro material). Los jugadores, en número de cinco, intentan con la ayuda de unos patines con ruedas y un bastón curvado o *stick,* introducir en la portería contraria una pelota de unos 23 cm de circunferencia.
Hockey 8:34b.

HOCKNEY, DAVID (n. en 1937). Pintor británico. Formó parte de la tercera corriente de artistas del *pop art* británico, surgida a comienzos de la década de 1960. Obra basada en la reproducción de escenas de la vida cotidiana y realizada a partir de colores luminosos. «Retrato de un artista» (1971), «El juego de scrabble» (1982).

HOCÓ. Ave ciconiforme de la familia de los ardeidos y del género *Tigrisoma.* Vive en Sudamérica.

HODEIDA. Ciudad y puerto de la República de Yemen, cap. de la prov. homónima, a orillas del mar Rojo. Aeropuerto. Textiles, productos alimenticios. 246.068 hab. (1995).

HODER. Hodur, Hodh u Hodr, dios escandinavo, hijo de Odín y hermano de Balder, a quien mató, engañado por Loki. Era el dios de la noche, pertenecía a las tinieblas y se le suponía ciego. Murió a manos de su hermanastro Wali.

HODGES, JOHN CORNELIUS (1906-1970). Saxofonista estadounidense de *jazz,* conocido como Johnny Hodges. Perteneció a la orquesta de Duke Ellington desde 1928 hasta 1951 y desde 1955 hasta su muerte. Durante los cinco años intermedios dirigió su propio conjunto musical.

HODGKIN, ALAN LLOYD (1914-1998). Médico neurólogo británico. Recibió el Premio Nobel de medicina en 1963, junto con John Carew Eccles y Andrew Fielding Huxley, por sus trabajos sobre las fibras y las células nerviosas.

HODGKIN, DOROTHY MARY CROWFOOT (1910-1994). Químico inglés. Estudió los esteroles y la estructura de la penicilina. Premio Nobel de química en 1964 por determinar la estructura de la vitamina B_{12}.

HODLER, FERDINAND (1853-1918). Pintor suizo. Influido primero por Gustave Courbet y Camille Corot, posteriormente se sintió atraído por la estética modernista, realizando una pintura simbólica de colores fríos y temática a menudo mitológica o histórica. «La noche» (1890), «Lago de Thoune» (1905).

HOEL, HALVOR (1766-1852). Agitador noruego. Elegido diputado por el parlamento noruego en 1815, no pudo ejercer su cargo por recaer sobre él acusaciones penales. Desarrolló una campaña de protestas directas y desórdenes públicos que ejercieron una gran influencia en la vida política del país.

HOFF, JACOBUS HENRICUS VAN'T. V. **Van't Hoff, Jacobus Henricus.**

HOFFMAN, DUSTIN (n. en 1937). Actor cinematográfico estadounidense. *El graduado* (1967), *Pequeño gran hombre* (1970), *Perros de paja* (1971), *Kramer contra Kramer* (1979), *El hombre de la lluvia* (1988).
Strasberg, Lee 13:323a.

HOFFMANN, E. T. A. (1776-1822). Escritor, compositor y pintor alemán. Autor de relatos breves de carácter sobrenatural.
8:34b; *ilustración* 8:35a.

HOFFMANN, JOSEF (1870-1956). Arquitecto austriaco. Discípulo de Otto Wagner, tomó parte en 1897 en la fundación de la *Sezession* de Viena, etapa austriaca del *art nouveau*. Distanciándose del esteticismo imperante, redujo la ornamentación a su expresión más simple.

HOFFMANN, ROALD (n. en 1937). Químico estadounidense. Premio Nobel de química en 1981, compartido con Fukui Kenichi, por sus estudios sobre el mecanismo de las reacciones químicas.

HOFMANN, AUGUST (1818-1892). August Wilhelm von Hofmann, químico alemán. Sus investigaciones sobre colorantes fueron básicas para el establecimiento de la industria de la anilina.
8:35b.

HOFMANNSTAHL, HUGO VON (1874-1929). Poeta, dramaturgo y ensayista austriaco. Escribió dramas y poemas líricos, así como libretos operísticos para Richard Strauss.
8:35b; Strauss, Richard 13:324a; *ilustración* 8:35b.

HOFMEISTER, SEBASTIAN (1476-1533). Reformador religioso suizo. Franciscano, renunció al catolicismo y abrazó el protestantismo en 1522. Dirigió el movimiento reformista en la ciudad de Schffhausen y participó en los debates de la primera y la segunda disputa de Zurich (1523) y Berna (1528).

HOFMEYR, JAN (1845-1909). Político sudafricano. Integrante del Parlamento de la colonia de El Cabo desde 1878, fue líder del grupo *afrikaner* y apoyó a Cecil Rhodes durante su gobierno. Opuesto a la guerra anglo-bóer, se retiró a Europa durante el conflicto. Participó al finalizar la contienda en las negociaciones de paz con los británicos.

HOFSTADTER, ROBERT (1915-1990). Físico estadounidense. Premio Nobel en 1961, compartido con Rudolf Mössbauer, por sus investigaciones sobre la estructura de los nucleones y los núcleos atómicos.

HOGARTH, WILLIAM (1697-1764). Pintor y grabador británico. Autor de retratos, escenas de género y series de cuadros y grabados moralizantes y satíricos.
8:36a; Reino Unido 12:314b; *ilustración* 8:36a.

HOHENLOHE, CHLODWIG (1819-1901). Estadista alemán. Príncipe de Hohenlohe-Schillingsfürst, ejerció la diplomacia y ocupó diversos puestos políticos, entre ellos el de primer ministro entre octubre de 1894 y octubre de 1900.

HOHENSTAUFEN, FAMILIA. Dinastía alemana, también llamada Staufer, que gobernó el Sacro Imperio Romano germánico de 1138 a 1208 y de 1220 a 1254.
8:36b; Alemania 1:190b; Sacro Imperio Romano 13:81b; *cuadro* 8:37; *ilustraciones* 8:37a.

HOHENZOLLERN, FAMILIA. Dinastía alemana que gobernó Brandeburgo-Prusia de 1415 a 1918 y la Alemania imperial de 1871 a 1918.
8:37b; *cuadro* 8:38; *ilustraciones* 8:38a-b.

HOHENZOLLERN-SIGMARINGEN, FAMILIA. Rama de la familia Hohenzollern de Suabia que se formó en 1576 a raíz de la muerte de Carlos I y el posterior reparto llevado a cabo por sus hijos. La rama Sigmaringen y la Hechingen reinaron en Suabia hasta mediados del siglo XIX.

HOHOKAM. Cultura de América del norte que se desarrolló entre el 300 a.C. y el 1400 d.C. en la región del centro y sur de Arizona, en los ríos Gila y Salt. Agricultura de regadío.
Americana, prehistoria 1:288a; Amerindios, pueblos 1:294b.

HOJA. Órgano laminar que brota del tallo de las plantas superiores y de algunas inferiores, como los helechos. Su función primordial es la de realizar la fotosíntesis y producir el intercambio gaseoso con el exterior.
8:39a; Árbol 2:24b; *ilustraciones* 8:39b; 8:40.

HOJA DE CÁLCULO. Programa informático basado en unas celdillas distribuidas, al igual que las matrices, en filas y columnas. Éstas albergan atributos y datos numéricos, que pueden someterse a complejas operaciones.
Ofimática 11:84a.

HOJALATA. Chapa metálica delgada, generalmente de acero o hierro, revestida de estaño por ambas caras.
Estaño 6:153a.

HOJAS DE HIERBA. Colección de poemas del escritor estadounidense Walt Whitman, cuya primera edición apareció en 1855. Son poesías de tono lírico y exaltado en las que se expresan de forma casi religiosa los sentimientos del autor con respecto al paisaje y los hombres de los Estados Unidos.
Whitman, Walt 14:364a.

HOJEDA, DIEGO DE (h. 1570-1615). Poeta y religioso español. Principal representante de la poesía épica religiosa en español. Se estableció en Lima en 1591, dentro de la orden de los dominicos. Autor de *La Cristiada* (1611), canto a la pasión de Cristo.

HOJO, CLAN. Dinastía que dominó Japón entre 1199 y 1333. Sucedió al clan Minamoto y mantuvo la capital en Kamakura. Sus jefes figuraron como regentes por delegación de los poderes del emperador. Fue derrocada en 1333 por el emperador Go-Daigo.
Japón 8:343b.

HOJO YASUTOKI (1183-1242). Regente de la dictadura militar japonesa. Responsable de la institucionalización del cargo de *shogun*, que se conservaría hasta 1868. Accedió a la regencia en 1224. Estableció el consejo de estado como cuerpo asesor, así como el código legal y diversas normas civiles, agrarias y judiciales.

HOKKAIDO. Isla, la más septentrional de las cuatro principales del Japón, y región administrativa del país. Está rodeada por el mar de Ojotsk (norte), el océano Pacífico (sur y este) y el mar del Japón (oeste). Cubre una superficie de 83.520 km^2. Cap. Sapporo. 5.698.946 hab. (1990).
Japón 8:338a.

HOKUSAI (1760-1849). Dibujante y grabador japonés. Renovador de las formas y colores, contribuyó a transformar el arte de la estampa, en la que introdujo el paisaje como género independiente.
8:40b; Oriental, arte 11:149b; *ilustración* 8:41a.

HOLANDA. Región histórica de los Países Bajos dividida desde 1840 en dos provincias: Holanda Septentrional y Holanda Meridional. Comúnmente se emplea también el término para designar al conjunto de los Países Bajos. 5.520 km^2. V. **Países Bajos.**

HOLANDA, FRANCISCO DE (1518-1571). Miniaturista, escritor y arquitecto portugués. Sus tratados de arte poseen un importante valor documental. *Cuatro diálogos en Roma.*

HOLANDA, GUERRA DE. Conflicto iniciado por Francia contra las Provincias Unidas de los Países Bajos. Tuvo lugar entre 1672 y 1679 y arrastró a las principales potencias europeas. España, el imperio alemán, Dinamarca y Brandeburgo formaron la Gran Alianza contra Francia, mientras que Suecia, e inicialmente también Inglaterra, apoyaban a Francia. A pesar de una primera retirada francesa, Luis XIV obtuvo importantes victorias que le permitieron firmar con grandes ventajas la paz de Nimega (1678-1679).

HOLANDESA, LITERATURA. V. **Países Bajos, literatura de los.**

HOLANDÉS ERRANTE, EL. V. **Buque Fantasma, El.**

HOLÁRTICA, REGIÓN. Región zoogeográfica, que abarca Eurasia (menos India, Indochina, Insulindia y el sur de Arabia), el norte de África y América septentrional (menos el centro y sur de México).
Biogeografía 3:30a.

HOLBACH, PAUL HENRY D., BARÓN (1725-1789). Filósofo alemán. Desarrolló su actividad literaria en París. Reunió a su alrededor a los intelectuales, especialmente a los enciclopedistas, por lo que fue conocido como el mecenas de los filósofos. Profesó una filosofía naturalista y materialista, basada sólo en la existencia de la materia autosuficiente. Se mostró muy crítico de las creencias cristianas y de los sacerdotes católicos. *El espíritu del judaísmo* (1770), *Sistema de la naturaleza* (1770).

HOLBEIN, HANS (EL JOVEN) (1497/1498-1543). Pintor y grabador alemán. Hijo de Hans Holbein el Viejo, destacó como retratista de la corte inglesa dentro del estilo renacentista alemán.
8:41a; *ilustración* 8:41b.

HOLBEIN, HANS (EL VIEJO) (h. 1465-1524). Pintor alemán. Autor de retablos y uno de los máximos representantes del gótico tardío alemán.
8:41b; *ilustración* 8:42a.

HOLBERG, LUDVIG (1684-1754). Escritor noruego. Tanto su país como Dinamarca lo consideran uno de los fundadores de sus literaturas.
8:42a; Escandinava, literatura 6:32a.

HÖLDERLIN, FRIEDRICH (1770-1843). Poeta lírico alemán. Adaptó la estética griega clásica a la sensibilidad alemana.
8:42b; Alemana, literatura en lengua 1:179b; Hegel, G.W.F. 7:348a; *ilustración* 8:42b.

HOLDHEIM, SAMUEL (1806-1860). Religioso judeoalemán. Rabino de la provincia de Mecklenburgo-Schwerin, fue el fundador de la Liga Reformista Radical Judía, la cual intentó acomodar los principios del judaísmo a los tiempos modernos. *La autonomía de los rabinos* (1843).

HOLDING. Sociedad que posee acciones de diversas empresas, pertenecientes o no a un mismo sector. Apareció por vez primera en los Estados Unidos.
Empresa 5:398b.

HOLGUÍN (CIUDAD). Capital de la prov. cubana homónima, en el este de la isla. Fundada en 1523. Aeropuerto. Importante centro agrícola y ganadero. Caña de azúcar, tabaco. 242.085 hab. (1993).
Holguín 8:43a.

HOLGUÍN (PROVINCIA). División administrativa de Cuba a orillas del océano Atlántico. Cap. Holguín. 9.301 km^2. 977.735 hab. (1990).
8:43a; Cuba 5:52a.

HOLGUÍN, CARLOS (1832-1894). Político colombiano. Fue diputado embajador y ministro de relaciones exteriores. Asumió interinamente la presidencia de la república de 1888 a

1890, y, como titular, de 1890 a 1892. *Cartas políticas.*

HOLGUÍN, JORGE (1848-1928). Político colombiano. Fue ministro de tres carteras distintas y presidente provisional de la república en dos ocasiones (1909 y 1921-1922). Durante su segundo gobierno se ratificó el tratado de 1914 por el que Colombia aceptaba la independencia de Panamá.

HOLIDAY, BILLIE (1915-1959). Eleonora Fagan, cantante de *jazz* estadounidense, considerada la más destacada de su tiempo. Trabajó con Count Basie, Artie Shaw y, especialmente, con el saxofonista Lester Young, con quien realizó numerosas grabaciones discográficas.

HOLISMO. Doctrina filosófica y religiosa surgida en el siglo XIX, que antepone en sus principios el todo a las partes. Trasladada al mundo de la sociología y la biología, ha sido aplicada, entre otros, por Kurt Goddstein y Jan Christian Smuts.

HOLÍSTICA. Pensamiento biológico y psicológico que señala que para un sistema complejo (una célula, un organismo o una personalidad), desde el punto de vista funcional, el total es mayor que la suma de sus partes.
Medicina 10:28b.

HOLLAND, CLIFFORD M. (1883-1924). Ingeniero estadounidense, especialmente conocido por la construcción del túnel que lleva su nombre, y que no llegó a ver terminado ya que se concluyó tres años después de su muerte, bajo el río Hudson. El túnel, de doble tubo, mide 2.816 m y está aireado por 84 ventiladores de gran potencia. Une la isla de Manhattan con Nueva Jersey.

HOLLERITH, HERMANN (1860-1929). Inventor y empresario estadounidense. Creó las primeras máquinas estadísticas alimentadas con informaciones grabadas en tarjetas o fichas perforadas. Fundador de la firma Tabulating Machine Company que, basada en sus inventos de perforación y lectura de fichas, se convertiría en la International Business Machines Corporation (IBM).
Informática 8:200b.

HOLLES, DENZIL HOLLES, PRIMER BARÓN DE (1598-1680). Político inglés. En 1624 fue elegido miembro de la Cámara de los Comunes donde criticó la política económica y religiosa del rey Carlos I. Alejado de la vida política durante el protectorado de Oliver Cromwell, sirvió posteriormente en el gobierno de Carlos II como miembro del consejo privado y líder del partido de oposición parlamentaria (*whig*).

HOLLEY, ROBERT W. (1922-1993). Bioquímico estadounidense. Recibió el Premio Nobel de medicina en 1968, junto con Har Gobind Khorana y Marshall W. Nirenberg, por sus trabajos sobre la estructura química del ácido ribonucleico y la interpretación del código genético.

HOLLOWAY, ROBIN (n. en 1943). Compositor británico. Catedrático de música en la Universidad de Cambridge, profundizó en el fundamento tonal de la composición. Autor de arreglos orquestales y de la ópera *Clarissa.*

HOLLYWOOD. Distrito del noroeste de Los Ángeles, California, Estados Unidos. Tradicional centro de la industria cinematográfica de ese país.
8:43b; Cinematografía 4:192a; Los Ángeles 9:225a; *ilustraciones* 8:43b; 8:44a.

HOLM, HANYA (1898-1992). Johanna Kuntze, bailarina, coreógrafa y profesora de danza estadounidense de origen alemán. Establecida en los Estados Unidos, creó en 1936 el Hanya Holm Studio. Coreografió numerosos éxitos de Broadway: *Mi bella dama* (1956), *Camelot* (1960).

HOLMBERG, ALLAN R. (1909-1966). Antropólogo estadounidense. Investigó comunidades étnicas de Bolivia. Puso el acento de sus trabajos en el impacto social del análisis antropológico. En la década de 1950 fue promotor del proyecto social Perú Cornell.

HOLMES, OLIVER WENDELL (1841-1935). Jurista estadounidense, hijo de un famoso médico y escritor del mismo nombre. Como magistrado del Tribunal Supremo de su país, contribuyó a sentar las bases del derecho constitucional del mismo y el papel del poder judicial en su aplicación.

HOLMES, SHERLOCK. Protagonista de gran número de novelas del escritor británico *Sir* Arthur Conan Doyle. Personificación del detective astuto y arrogante, apareció por primera vez en la novela *Estudio en escarlata* (1887). El autor se inspiró para este personaje en el médico escocés Joseph Bell.
Doyle, Arthur Conan 5:238a.

HOLMIO. Elemento químico del grupo de las tierras raras, IIIb de la tabla periódica. Se ha encontrado en el mineral gadolinita. Es un metal trivalente que forma sales de color rosado. Símbolo, Ho; número atómico, 67; peso atómico, 164,93.
Lantánidos 9:57b.

HOLOCAUSTO. Entre los israelitas, sacrificio en el que la víctima ofrecida era quemada por completo y cuyo humo ascendía al cielo. Modernamente, el término se refiere al exterminio de millones de judíos por los nazis durante la segunda guerra mundial.

HOLOCENO. Época geológica más reciente de la era cuaternaria; se inició hace 10.000 años, tras la última glaciación pleistocénica. El clima, la flora y la fauna se transformaron lentamente hasta adquirir las características actuales.
Cuaternaria, era 5:46b; Piedra, edad de 11:396b.

HOLOFERNES. Personaje bíblico mencionado en el Libro de Judit como un general del rey asirio Nabucodonosor. Decapitado por la viuda de Manasés, Judit, su muerte salvó al pueblo judío del exterminio.
Judit 8:406b.

HOLOGRAFÍA. Método para fotografiar en relieve mediante la superposición de dos haces de rayo láser.
8:44b; Láser 9:69a; *ilustración* 8:44b.

HOLÓNICA. Técnica que combina la holografía y los procedimientos ópticos basados en la electrónica para obtener imágenes tridimensionales que explican, por ejemplo, la evolución del comportamiento de una pieza mecánica o de una estructura al ser sometidas a una tensión.

HOLOSIDERITO. Meteorito de composición metálica, preferentemente hierro y níquel.
Meteorito 10:105a.

HOLOTURIA. Equinodermo de la clase de los holoturioideos de cuerpo cilíndrico o tubuloso, generalmente sin esqueleto calizo. Se desplaza mediante tres hileras de pies ambulacrales. Algunas de sus especies se usan como alimento en el lejano oriente.

HOLST, GUSTAV (1874-1934). Compositor y profesor de música británico, continuador del romanticismo inglés. Autor de óperas, conciertos y otros géneros. Su obra más conocida es el poema sinfónico *Los planetas* (1918).

HOLSTEIN, FRIEDRICH VON (1837-1909). Estadista alemán. Llamado la «eminencia gris», controló la política exterior germana de 1890 a 1909 sin nunca ejercer la cartera ministerial.

HOLSTEIN-FRISÓN, GANADO. Raza de bovinos de pelo largo, reputada principalmente por su producción lechera. Originaria del norte de los Países Bajos y de las islas Frisias, alcanzó su máximo desarrollo en los Estados Unidos. También llamada raza Holstein-Friesian.

HOLTER. Técnica electrocardiográfica de monitorización que registra los movimientos del corazón a lo largo de las 24 horas del día mediante un aparato portátil, lo que permite al paciente el normal desarrollo de sus actividades habituales.
Electrocardiografía 5:357a.

HÖLTY, LUDWIG HEINRICH CHRISTOPH (1748-1776). Poeta alemán. Integrante de la sociedad literaria Göttinger Hainbund (el Bosque Sagrado de Gotinga), continuadora de la obra de Friedrich Gottlieb Klopstock, expresó en sus poemas, teñidos de melancolía, su amor por la naturaleza y sus profundas creencias religiosas.

HOLYFIELD, EVANDER (n. en 1962). Boxeador estadounidense. Comenzó a combatir en categorías inferiores y en 1984 participó en los Juegos Olímpicos de Los Ángeles. Campeón en varias categorías inferiores, en 1990 obtuvo por primera vez el título de los pesos pesados, versión de la Asociación Mundial. Tras abandonar el boxeo en 1994 por problemas de salud, volvió a combatir y en 1996 recuperó su título frente a Mike Tyson.

HOMBRE. Individuo de la especie humana, racional. El término se utiliza también para el macho de la especie.
8:45a; Antropología 1:401a; Cuaternaria, era 5:48b; Cultura 5:71a; Primates 12:142b; Razas humanas 12:271b; Vida 14:300a; *ilustraciones* 8:45b; 8:46a-b; 8:47b.

HOMBRE SIN ATRIBUTOS, EL. Novela del escritor austriaco Robert Musil. Sus tres volúmenes acabados (1930-1943), a los que se añadiría póstumamente otro basado en las notas del autor (1952), constituían un irónico y profundo estudio de la sociedad austrohúngara de principios del siglo XX.
Musil, Robert 10:325a.

HOMBRE UNIDIMENSIONAL, EL. Ensayo del filósofo y sociólogo alemán Herbert Marcuse, publicado en 1964. En él, el autor analiza la difícil situación por la que atraviesa el ser humano en una sociedad que dirige de forma unidimensional todos los elementos de la existencia del individuo.

HOMENAJE. En la sociedad europea medieval, ceremonia por la que un vasallo juraba fidelidad y obediencia a un señor a cambio de protección y la concesión de tierras (feudo). El compromiso se suavizó paulatinamente desde la fidelidad total y única sin derecho a rescisión unilateral, hasta una obediencia parcial y rescindible.
Feudalismo 6:277b.

HOMEOPATÍA. Doctrina médica ideada por Christian Friedrich Samuel Hahnemann según la cual los síntomas de las enfermedades pueden tratarse con dosis mínimas de productos que determinen en el hombre sano síntomas similares.
8:48a; Medicina 10:30b; Naturopatía 10:359b; *ilustraciones* 8:48a-b.

HOMEOSTASIS. Tendencia de un sistema biológico (célula, individuo, población) a mantener un equilibrio dinámico con el medio externo mediante la actuación de mecanismos reguladores.
8:49a; Enfermedad 5:414b; Fisiología 6:318a; *ilustraciones* 8:49b.

HOMEOTERMIA. Estado de los seres vivos poseedores de una temperatura interna constante independiente de la temperatura del medio.
Mamíferos 9:314b; Vertebrados 14:284a.

HOMEPAGE. Pantalla inicial que el usuario visualiza cuando se conecta a un espacio de Internet. Generalmente, comprende un mensaje de presentación del poseedor de dicho espacio y un menú en el que se muestran las posibilidades del *web.*

HOMER, WINSLOW (1836-1910). Pintor estadounidense. Autor principalmente de obras

de estilo realista que tienen como base el paisaje y la vida en el mar.
8:50a.

HOMÉRICOS, HIMNOS. Colección de 34 poemas de la literatura clásica griega que se atribuyeron inicialmente al poeta Homero. Escritos en hexámetros, describen en forma de himnos la vida de los dioses de la mitología helena.

HOMÉRIDAS. V. **Rapsodas.**

HOMERO (h. siglo IX/VIII a.C.). Poeta griego, autor, según la tradición, de la *Ilíada* y la *Odisea*.
8:50b; Griega, literatura 7:217b; Griega, religión 7:225a; Ilíada 8:124b; Mito y mitología 10:197a; Odisea, la 11:79a; Sísifo 13:264a; Troya 14:136b; *ilustración* 8:50b.

HOME RULE. Nombre con el que se conoció el régimen de autonomía otorgado en 1870 a Irlanda en el seno del imperio británico por obra de Isaac Butt. Fue antecedente de la independencia irlandesa.
Gladstone, William Ewart 7:140b.

HOMICIDIO. Muerte de una persona atribuible a la acción u omisión de otra.
8:51b; Delito 5:118b; *ilustración* 8:51b.

HOMILÍA. Discurso de carácter religioso con que el sacerdote adoctrina a la comunidad de fieles. Inicialmente se denominaban homilías las instrucciones o predicaciones que los padres de la iglesia griega dirigían a sus seguidores.

HOMING. Término inglés que se emplea para designar un sistema de navegación aérea consistente en dirigirse permanentemente hacia un radiofaro que actúa como guía de los movimientos del aparato.

HOMÍNIDOS. Familia del orden de los primates de la que el único representante que ha perdurado es el hombre (*Homo sapiens*).
8:52a; Atapuerca, yacimiento de 2:187a; Cuaternaria, era 5:46b; Evolución 6:211a; Hombre 8:45a; Piedra, edad de 11:395b; Prehistoria 12:126a; *mapa* 8:53; *cuadro* 8:52b; *ilustraciones* 8:53b; 8:54a-b.

HOMINIZACIÓN. Proceso que condujo a la aparición de la especie humana a partir de formas menos evolucionadas de primates.
Homínidos 8:52a.

HOMO. Género de la familia de los homínidos, orden de los primates. Se caracteriza por su gran capacidad craneana, postura erecta, bipedismo y pulgar oponible a los demás dedos, lo que le permite asir objetos. Además del hombre moderno, *Homo sapiens sapiens*, el género incluye dos formas extintas de esta especie, los hombres de Neanderthal y Cro-Magnon, y las especies también extintas *Homo habilis* y *Homo erectus*.

HOMOCIGOTO. Individuo con identidad total o parcial de alelos en sus cromosomas homólogos. Se contrapone a heterocigoto.

HOMOCROMÍA. Fenómeno consistente en adoptar los colores del entorno por parte de un organismo. El control puede ser nervioso u hormonal.

HOMO ERECTUS. Primate del género *Homo*, totalmente bípedo, con una capacidad craneana de 900 cm^3 pero con la frente, órbitas y mandíbulas semejantes a las de los antropoides. Desarrolló la cultura acheulense y desapareció hace unos 300.000 años.
Cuaternaria, era 5:48b; Hombre 8:45b; Homínidos 8:54a.

HOMOFONÍA. Palabras que con distinto significado se pronuncian de igual manera, aunque se escriban de forma diferente. Por ejemplo: *atajo* y *hatajo*.

HOMOGENEIZACIÓN. Proceso al que se someten ciertos líquidos, como la leche, para asegurar la uniformidad en la combinación de sus componentes.

HOMOGRAFÍA. Transformación matemática entre dos entidades geométricas por la que cada elemento del conjunto inicial tiene como imagen un elemento único en el conjunto objeto. Utilizada en geometría y álgebra para representar las proyecciones de planos y rectas a través de ecuaciones algebraicas.

HOMO HABILIS. Primate del género *Homo,* más antiguo que algunos australopitecos pero más evolucionado anatómicamente, que desarrolló la cultura de los guijarros.
Homínidos 8:53b.

HOMO HOMINI LUPUS. Expresión latina cuyo significado es «el hombre es un lobo para el hombre». Plauto la formuló por primera vez en su obra *Asinaria* y fue recogida después por Francis Bacon y Thomas Hobbes. Con esta frase se quiere poner de relieve el radical egoísmo de la naturaleza humana.

HOMOLOGÍA. Transformación entre elementos geométricos realizada de forma que todo punto y su transformado se alineen con respecto a un punto fijo o centro.

HOMÓLOGOS, ÓRGANOS. Estructuras corporales que tienen el mismo origen en dos grupos zoológicos estrechamente emparentados.

HOMOMORFISMO. En matemáticas, correspondencia entre los puntos próximos de un conjunto geométrico origen con imágenes cercanas en un conjunto final.
Topología 14:88b.

HOMO NEANDERTHALENSIS. V. **Neanderthal, hombre de.**

HOMONIMIA. Palabras que pese a su identidad fonética o gráfica tienen distinto significado. Son homónimos dos o más personas que tienen el mismo nombre.

HOMO SAPIENS. Especie del género *Homo,* del orden de los primates. Apareció hace unos 125.000 años y comprende dos subespecies: *Homo sapiens neanderthalensis* y *Homo sapiens sapiens,* que corresponde al hombre actual.
Atapuerca, yacimiento de 2:186b; Cuaternaria, era 5:47; Homínidos 8:54a; Piedra, edad de 11:396a; Razas humanas 12:274b.

HOMOSEXUALIDAD. Atracción sexual hacia individuos del propio sexo.
8:54b; Sexo y sexualidad 13:220a; *ilustración* 8:55b.

HOMOSFERA. Capa atmosférica situada por debajo de los 100 km de altura. Proporciones invariantes de sus componentes esenciales, nitrógeno y oxígeno.

HOMOTECIA. Transformación geométrica que en una figura dada hace corresponder a cada uno de sus puntos *A, B, C...,* situados a cierta distancia de un centro *O*, otro punto *A', B', C',* de manera que la relación *OA/OA', OB/OB'*, etc., sea una constante.

HOMOTIPIA. En los organismos vivos, homología entre las distintas partes del cuerpo de un animal que cumplen, sin embargo, distintas funciones. También, mimetismo que permite a diversos animales asimilar formas y colores de los vegetales para pasar desapercibidos ante los depredadores.
Mimetismo 10:171a.

HOMS. Ciudad de Siria, cap. del dist. del mismo nombre, junto al río Orontes. Ciudadela medieval. Universidad, centro de investigaciones agrícolas. Refinería de petróleos, azúcar, aceites vegetales, abonos. 644.204 hab. (1994).

HONDA. Arma primitiva empleada para el lanzamiento de piedras, consistente en una pequeña bolsa situada al extremo de una tira de material flexible. El tirador le da a ésta un gran impulso circular y deja salir la piedra aprovechando la fuerza centrífuga.

HONDA MOTOR CO. LTD. Empresa japonesa fabricante de motocicletas y automóviles. Fundada en 1946, con sede en Tokio, se especializó primero en la manufactura de motocicletas. En 1963 inició la fabricación de automóviles de pequeña cilindrada, para alcanzar después una amplia gama de vehículos.

HONDO. V. **Honshu.**

HONDURAS. País de América central, a orillas del mar Caribe. Cap. Tegucigalpa. 112.492 km^2. 6.490.000 hab. (2000).
8:56a; América 1:247b; Centroamérica, Provincias Unidas de 4:78b; Flores, Carlos 6:330a; Independencia de Hispanoamérica 8:147a; Maya, cultura 10:3a; Tegucigalpa 13:417b; Villeda Morales, Ramón 14:318b; *mapa* 8:56a; *cuadros* 8:56b; 8:57b; 8:58b; 8:60; *ilustraciones* 8:57b; 8:58a; 8:59b; 8:60a; 8:61b; 8:62a; 8:63a.

HONDURAS, GOLFO DE. Entrante del mar Caribe repartido entre Honduras, Guatemala y Belice. Se extiende desde Dangriga, Belice, hasta La Ceiba, Honduras. Su longitud es de 185 km.

HONDURAS BRITÁNICA. V. **Belice.**

HONECKER, ERICH (1912-1994). Político de Alemania oriental, jefe de gobierno de este país entre 1971 y 1989.
8:63a; Alemania 1:194a; *ilustración* 8:63b.

HONEGGER, ARTHUR (1892-1955). Compositor francés, asociado con los movimientos modernistas de su época. Estudió en Zurich y París. Formó parte del Grupo de los Seis. Escribió oratorios, sinfonías y música de cámara, así como obras para el cine. Sus composiciones más populares son la ópera *Judit* (1926) y el ballet *Semíramis* (1934).

HONG KONG. Colonia británica en la costa sur de la prov. china de Guangdong. En 1997 volvió a la soberanía china, bajo una situación administrativa especial. Cap. Victoria. 1.037 km^2. 5.707.100 hab. (1989).
8:63b; China 4:143b; Reino Unido 12:311b; Yalta, Conferencia de 14:378b; *mapa* 8:64a; *ilustración* 8:64a.

HONGO. Ser vivo globalmente incluido en el ámbito de la botánica, aunque diferenciado de las plantas en aspectos fundamentales como la ausencia de clorofila y pared celular.
8:65a; Agricultura 1:114a; Botánica 3:129a; Fermentación 6:264a; Levadura 9:131b; Liquen 9:173a; Micosis 10:147b; Microbiología 10:148b; Moho 10:210a; Parasitología 11:280a; Patología vegetal 11:300b; Plaga 12:12a; Planta 12:19a; Reproducción 12:337a; Roya 13:28b; Seta 13:214b; Simbiosis 13:247b; Vida 14:300a; *cuadro* 8:66; *ilustraciones* 8:65a-b; 8:66b.

HONGWU (1328-1398). Emperador chino. Fundador de la dinastía Ming, la cual gobernó China durante casi tres siglos.
8:66b.

HONG XIUQAN (1814-1864). Hung Hsiuch'uan, líder religioso chino. Enemigo de la dominación manchú, fundó en 1844 la secta de los adoradores de Dios. En 1851 inició una insurrección, se autoproclamó emperador y fundó la nueva dinastía Taiping. Capturó la ciudad de Nankín en 1853, pero ésta fue ocupada por las fuerzas gubernamentales un año más tarde, por lo que se suicidó.

HONIARA. Capital y puerto de las islas Salomón, en la isla de Guadalcanal. Aeropuerto internacional. Coco, pescado. Oro, madera. 43.643 hab. (1996).

HONOLULU. Capital y puerto del archipiélago y est. de Hawaii, Estados Unidos, en la isla de Oahu, océano Pacífico. Aeropuerto internacional, centro turístico de primer orden. Universidades, museos, academia de arte. Iglesia y casas de misiones del siglo XIX. Biblioteca. Piña, refinerías de azúcar, productos lácteos. Siderurgia, aluminio, petróleo. 395.789 hab. (1998).
Hawaii 7:338b.

HONORIO, FLAVIO (384-423). Emperador romano de occidente. Durante su gobierno se sucedieron distintas invasiones bárbaras al imperio.
8:67a; Teododio I el Grande 14:19b.

HONORIO I (m. en el 638). Papa desde el 625 hasta su muerte. Su condena por hereje, a título póstumo, desató una enconada controversia sobre la infalibilidad de los pontífices. Trabajó por la cristianización de los anglosajones.

HONORIO II (h. 1009-h. 1072). Antipapa desde 1061 hasta su muerte. Se opuso al movimiento reformista de la iglesia impulsado por Hildebrando, posterior papa Gregorio VII. Llegó al solio pontificio por la fuerza de las armas.

HONORIO II (m. en 1130). Lamberto Scannabecchi, papa desde 1124 hasta su muerte. Logró reformar la iglesia y alcanzar la paz entre la Santa Sede y los gobiernos del mundo conocido.

HONORIO III (m. en 1227). Cencio Savelli, papa desde 1216 hasta su muerte. Ha sido considerado uno de los grandes administradores en la historia del pontificado. Aprobó la creación de tres órdenes nuevas: la dominica en 1216, la franciscana en 1223 y la carmelita en 1226.
Cruzadas 5:39a.

HONORIO IV (h. 1210-1287). Giacomo Savelli, papa desde 1285 hasta su muerte. Favoreció las órdenes mendicantes e impulsó el estudio de las lenguas orientales en la Universidad de París.

HONORIS CAUSA. Locución latina utilizada para designar la distinción otorgada a una persona en atención a sus méritos en determinada actividad o materia. Utilizada preferentemente dentro del ámbito universitario.

HONSHU. Isla de Japón, la más grande de las cuatro principales, situada entre el océano Pacífico (este) y el mar del Japón (oeste). Antes llamada Hondo. Se extiende de nordeste a sudoeste formando un arco de 1.287 km. 230.989 km^2.
Hiroshima 8:3a; Japón 8:338a; Kioto 9:26b.

HONTHORST, GERRIT VAN. V. **Van Honthorst, Gerrit.**

HOOCH, PIETER DE (1629-1681). Pintor holandés. Son notables sus pinturas de género, en las que destaca el tratamiento de la luz. Es probable que conociera a Jan Vermeer, a juzgar por la afinidad de estilos de ambos artistas. «La bodega» (h. 1658), «Los jugadores de cartas».

HOOD, HUGH (n. en 1928). Escritor canadiense. Su obra analiza desde la óptica del catolicismo, constante de su pensamiento, diferentes aspectos prácticos y humanos. *Alrededor de la montaña* (1967), *Gafas oscuras* (1976), *Asegúrate de cerrar tus ojos* (1993).

HOOD, ROBIN. V. **Robin Hood.**

HOOFT, PIETER CORNELISZOON (1581-1647). Poeta y dramaturgo holandés. Considerado el representante más brillante de la literatura renacentista de su país.
8:67b; Países Bajos, literatura de los 11:214a; *ilustración* 8:67b.

HOOKE, LEY DE. Principio de la elasticidad de los cuerpos sólidos, descubierta de modo empírico por Robert Hooke. Afirma que las deformaciones que sufren los cuerpos guardan una proporción directa con las fuerzas que las producen, siempre que no se exceda el denominado límite de elasticidad.

HOOKE, ROBERT (1635-1703). Físico británico, descubridor de la primera ley de elasticidad de los cuerpos sólidos que lleva su nombre. Se aproximó al descubrimiento de la gravitación universal y a la teoría de la naturaleza ondulatoria de la luz.
8:67b; Boyle, Robert 3:139b; Elasticidad 5:348a.

HOOKER, JOSEPH DALTON (1817-1911). Botánico británico. Realizó numerosos viajes de exploración con fines científicos a diferentes partes del mundo, entre ellas la Antártida, las montañas Rocallosas (Rocosas) y California, cuya flora estudió y clasificó.

HOOKER, RICHARD (h. 1554-1600). Teólogo británico. Decidido defensor de la iglesia de Inglaterra frente a los puritanos y los católicos, fue autor de diversas obras teológicas y jurídicas, entre las que destaca el *Tratado sobre las leyes políticas eclesiásticas,* publicado entre 1594 y 1662.

HOOKER, WILLIAM JACKSON (1785-1865). Botánico inglés. Profesor en la Universidad de Glasgow entre 1820 y 1841, fue nombrado en este último año primer director del Real Jardín Botánico de Kew. Estudió la botánica de las islas Británicas y fundó en 1847 el museo de economía botánica de Kew. *Flora de Inglaterra* (1830).

HOOLIGAN. Término con que se designa a los partidarios fanáticos y de comportamiento violento de un equipo de fútbol. Se suele aplicar a los aficionados británicos.

HOOVER, HERBERT (1874-1964). Político estadounidense, presidente de 1929 a 1933. Durante su mandato presidencial se produjo el colapso económico de 1929, que impidió que fuese reelegido. Tras la segunda guerra mundial organizó los auxilios a la Europa ocupada.

HOOVER, J. EDGAR (1895-1972). Director de la Oficina Federal de Investigación (Federal Bureau of Investigation, FBI) de los Estados Unidos desde 1924 hasta su muerte. Durante su gestión, el peso político de la institución que dirigía se vio notablemente incrementado.

HOPALANDA. Vestidura utilizada tanto por hombres como por mujeres desde mediados del siglo XIV hasta el siglo XVIII. Amplia y holgada, tenía mangas anchas y talle fruncido, e iba normalmente muy adornada. La hopalanda sufrió modificaciones según los sexos y la época.

HOPE, ANTHONY (1863-1933). Anthony Hope Hawkins, novelista británico. Autor de novelas de aventuras de gran popularidad. *El prisionero de Zenda* (1894), *Rupert de Hentzau* (1898).

HOPE, BOB (n. en 1903). Leslie Townes, actor estadounidense de origen británico, que alcanzó gran popularidad a partir de 1930 por sus interpretaciones cómicas.

HOPE, THOMAS (1769-1831). Mecenas y diseñador de muebles británico de origen holandés. Fue un gran exponente del estilo regencia británico en las artes decorativas. Miembro de una familia de banqueros, Hope se estableció en Londres hacia 1796, y en 1807 adquirió una mansión que decoró con obras de artistas de la época. Publicó un tratado de gran influencia en el neoclasicismo.

HOPI, INDIOS. Pueblo amerindio de la familia lingüística uto-azteca. Muy reducido, habita en el nordeste de Arizona. Conserva fielmente su cultura, la organización matrilineal y sus tradiciones y ritos de carácter mágico.

HOPKINS, ANTHONY (n. en 1937). Actor británico. Destacó por sus grandes dotes interpretativas en papeles de considerable complejidad dramática. *El hombre elefante* (1980), *El silencio de los corderos* (1991), *Regreso a Howard's End* (1992), *Nixon* (1995), *Amistad* (1997), *Instinto* (1999), *Misión imposible 2* (2000).

HOPKINS, FREDERICK GOWLAND (1861-1947). Bioquímico británico. Destacó por sus trabajos pioneros en la química de las vitaminas y el papel que éstas desempeñan en la nutrición. En 1929 obtuvo, compartido con Christiaan Eijkman, el Premio Nobel de medicina.
Vitamina 14:336a.

HOPKINS, GERARD MANLEY (1844-1889). Poeta y sacerdote jesuita británico. Escribió poemas con formas arcaizantes, ritmos singulares y alteraciones inusitadas para la época victoriana.
8:68a; *ilustración* 8:68a.

HOPKINS, SAMUEL (1721-1803). Teólogo y escritor estadounidense. Nombrado en 1743 ministro de la iglesia congregacionista de Housatonic y desde 1770 de la de Newport, destacó por su oposición a la pervivencia de la esclavitud. *Sistema doctrinal contenido en la revelación divina* (1793).

HOPLITAS. Soldados de infantería de la antigua Grecia. Estaban armados con escudo, coraza, casco, grebas, lanza y espada, e iban acompañados de un sirviente que portaba sus armas. Lucharon a menudo como mercenarios para diversos reinos mediterráneos.

HORA. Unidad de tiempo que representa la veinticuatroava parte del día. Se divide en sesenta minutos y en 3.600 segundos.

HORACIO (65-8 a.C.). Poeta latino. Escribió obras líricas y satíricas que se convertirían en modelos de la literatura clasicista posterior.
8:68b; Clasicismo 4:221b; Latina, literatura 9:75a; *ilustración* 8:68b.

HORA DE ESPAÑA. Publicación mensual española que, desde enero de 1937 hasta octubre de 1938, sirvió como medio de difusión de los intelectuales españoles de ideología republicana durante la guerra civil española. Dirigida sucesivamente por Rafael Alberti, María Zambrano, José María Quiroga Pla y Emilio Prados.

HORARIO, HUSO. V. **Huso horario.**

HORAS. En la mitología griega, divinidades que personificaban las estaciones del año y, posteriormente, las horas del día. Relacionadas con la fertilidad y la fecundidad. Sus nombres eran: Eunomia (orden), Eirene o Irene (paz) y Diké (justicia). Eran hijas de Zeus y de Temis.

HORCHATA. Bebida refrescante que se hace con arroz, almendras o chufas de juncia machacados, a los que se añade agua o azúcar. De consumo generalizado en España.

HORDA DE ORO. Nombre con el que los rusos designaron al reino mongol independiente que dominó desde los Urales hasta los Cárpatos durante los siglos XIII y XIV.
Nevski, Alexandr 10:394a; Rusia 13:59a; Tamerlán 13:393b.

HOREB, MONTE. V. **Sinaí, Monte.**

HOREMHEB (m. en 1320 a.C.). Faraón egipcio. Ocupó el trono en el 1348 a.C. Restauró la tradición religiosa de Amón e inició la construcción de la gran sala hipóstila del templo de Karnak. Con él finalizó la XVIII dinastía.
Egipto 5:334b; Tutankamón 14:165b.

HORIZONTE. En edafología, secuencia estratigráfica que se sucede en el corte vertical de un suelo. Se establecen cuatro horizontes fundamentales (O, A, B y C), sostenidos sobre el nivel rocoso (R).

HORIZONTE ARTIFICIAL. Aparato que indica al piloto de un avión las inclinaciones de los ejes longitudinal y lateral con respecto a la línea del horizonte real.

HORKHEIMER, MAX (1895-1973). Filósofo alemán. Miembro y promotor de la escuela de Francfort. Buscó claves de comprensión de las estructuras sociales en el análisis de fenómenos históricos cruciales. Postuló la transformación del modelo capitalista en un socialismo democrático. *Estudios sobre la autoridad y la familia* (1936), *Teoría utópica* (1968).
Francfort, escuela de 6:381b.

HORMIGA. Insecto himenóptero, de la familia de los formícidos, caracterizado por su comportamiento social. Diversos géneros (*Formica, Messor, Atta*).
8:69a; Insectos 8:223b; *cuadro* 8:70a; *ilustraciones* 8:69b; 8:70a.

HORMIGA BLANCA. V. **Termita.**

HORMIGÓN. Mezcla o aglomerado a base de arena, grava, piedras pequeñas y cemento o

cal como aglomerante hidráulico. También se denomina concreto.
Blindaje contra radiaciones 3:74a; Cemento 4:71b; Construcción 4:350b; Embalse 5:383b; Puente 12:192a.

HORMIGÓN ARMADO. Material constructivo basado en el empleo del hormigón (arena, grava y cemento) y una armadura metálica interna que permite una mayor resistencia. Utilizado en la arquitectura moderna desde fines del siglo XIX por Joseph Monier y François Hennebique.
Construcción 4:351a.

HORMIGONERA. Máquina utilizada en construcción para preparar la mezcla que compone el hormigón. Está formada por un gran tambor rotatorio con paletas interiores y un sistema para bascular y verter dicha mezcla, constituida por cemento, arena, grava y agua. También llamada mezcladora.

HORMIGUERO, OSO. Mamífero edentado perteneciente a diversos géneros, entre ellos *Tamandua* y *Myrmecophaga*. Lengua cilíndrica y muy larga, adaptada al régimen insectívoro, básicamente de termitas y hormigas. Se distribuyen sobre todo por Sudamérica y África.
Tamandúa 13:391a.

HORMIGUERO, PÁJARO. Ave de las trepadoras (*Jynx torquilla*), que difiere de los picos o picatroncos por su pico menos robusto; plumaje pardo jaspeado de negro y rojo en el lomo, alas y cola, amarillento en el cuello y pecho, y blanquecino con rayas negras en el vientre. La lengua es muy larga, protráctil y viscosa, a propósito para alimentarse de hormigas.

HORMISDAS, SAN (m. en el 523). Papa desde el 514 hasta su muerte. Consiguió reunir las iglesias oriental y occidental que habían estado separadas desde que se produjo el cisma de Acacio en el 484.

HORMONA. Sustancia química secretada por una glándula endocrina y vehiculada por la sangre hasta otros órganos, que activa o inhibe.
8:70b; Diabetes 5:160b; Endocrino, sistema 5:405b; Endocrinología 5:408a; Glándula 7:142b; Homeostasis 8:50a; Prótidos 12:168b; Pubertad 12:186b; *cuadro* 8:71; *ilustraciones* 8:71b.

HORN, PAUL (n. en 1930). Compositor estadounidense. Autor de obras de la corriente *new age*. Conocido por sus composiciones inspiradas en la música de la India, donde colaboró con el músico Ravi Shankar. *En el interior del Taj Mahal* (1968).

HORN, REBECA (n. en 1944). Artista multimedia alemana. Realizó instalaciones, esculturas y máquinas animadas en las que empleó diferentes materiales inspirados por las tendencias surrealistas y de vanguardia. Autora de cortos y documentales que profundizan en lo humano, apoyados por la crítica internacional.

HORNABEQUE. Sistema de fortificación exterior consistente en dos medios baluartes trabados con una cortina. De función similar a la tenaza.

HORNBLENDA. Mineral, inosilicato anfíbole rico en aluminio, óxido ferroso y pequeñas proporciones de otros materiales. Opaco y de tonalidades verde oscuro, pardo negruzco y negro.
Silíceos, minerales 13:242a.

HORNBOSTEL, ERICH MORITZ VON (1877-1935). Etnomusicólogo austriaco. Estudió piano, armonía y contrapunto. De ascendencia judía, emigró a los Estados Unidos y más tarde al Reino Unido. Autor de importantes tratados sobre las formas musicales asiáticas y africanas.

HORNE, HERMAN HARRELL (1874-1946). Filósofo y pedagogo estadounidense. Profesor en la Universidad de Dartmouth (1899-1909), y en la Universidad de Nueva York (1909-1942), es considerado el más destacado representante de la corriente filosófica idealista en la renovación de las teorías educativas. *La filosofía de la educación* (1904), *Esta nueva educación* (1931).

HORNE, MARILYN (n. en 1934). Cantante de ópera estadounidense. Alumna de William Vennard y de Lotte Lehmann, debutó en 1954 y fue considerada como una de las primeras figuras de la interpretación operística internacional. Especializada en obras de Gioacchino Rossini y Georg Friedrich Haendel.

HORNERO, PÁJARO. Ave de la familia de los furnáridos y del género *Furnarius*. Construye nidos de barro en forma de horno, con entrada lateral y dos cámaras. Vive en regiones meridionales de Sudamérica.

HORNEY, KAREN (1885-1952). Psiquiatra y psicoanalista estadounidense de origen alemán. Junto con Erich Fromm, es considerada una de las principales representantes de la escuela humanista. *La personalidad neurótica de nuestro tiempo* (1937), *Nuevas vías del psicoanálisis* (1939).
Psicoanálisis 12:173b.

HORNO (ASTRONOMÍA). Constelación del hemisferio austral situada al sur de la Ballena. Nombre latino: Fornax.

HORNO (TECNOLOGÍA). Construcción de muy diversas formas empleada en la industria para fundir metales y otros materiales. En cocina se aplica el nombre a aparatos más pequeños, de funcionamiento análogo, que se emplean para cocer, hornear o calentar alimentos.
8:72a; *ilustraciones* 8:72a-b; 8:73a-b.

HORNO ALTO. V. **Alto horno.**

HORNOS, CABO DE. Acantilado de la isla de Hornos, en las islas Wollaston, región de Magallanes y de la Antártica chilena. Tradicionalmente considerado la punta más meridional de América.
8:73b; *ilustración* 8:74a.

HORNOS DE LA PEÑA, CUEVA DE. Cueva de la localidad española de San Felices de Balbuena, Santander, que alberga numerosos vestigios de arte rupestre paleolítico, principalmente representaciones de animales y grabados mobiliarios. Pertenecen al estilo francocantábrico propio de la transición entre el auriñacense medio y el superior.

HORÓSCOPO. Disposición de los astros según los signos del zodiaco en un momento dado, mediante la cual la astrología establece augurios sobre el porvenir personal y cósmico.
Astrología 2:166a.

HOROWITZ, VLADIMIR (1904-1989). Pianista estadounidense de origen ruso. Se caracterizó por la perfección de su técnica y la calidad casi orquestal de su tono.

HOROZCO, SEBASTIÁN DE (h. 1510-1580). Dramaturgo y escritor español. Escribió unas *Relaciones*, crónica de los acontecimientos más importantes acaecidos en la ciudad de Toledo, un *Teatro universal de proverbios*, comentados en quintillas, y diversas piezas teatrales en verso que lo sitúan entre los iniciadores de la comedia y la novela picaresca española. *Representación de la historia evangélica del capítulo nono de san Juan, Coloquio de la muerte con todas las edades y estados.*

HORQUILLA. Pieza de un mecanismo que actúa como elemento intermedio para realizar movimientos. Elemento de un vehículo de dos ruedas soldado al cuadro en el que se monta cada una de éstas.
Motocicleta 10:276b.

HÓRREO. Construcción característica del noroeste de España destinada a guardar la cosecha. Consiste en un edificio de madera, de base rectangular, levantado sobre pilares, protegido contra la entrada de los animales y con suficiente ventilación. Algunos estudiosos relacionan el hórreo con la construcción de los palafitos.

HORROR, CINE DE. Género cinematográfico que, mediante la utilización de situaciones o argumentos sobrenaturales o fantásticos, busca provocar miedo en el espectador. *El estudiante de Praga*, película alemana de 1913, está considerada como la primera cinta de dicho género.
Cinematografía 4:199b.

HORST. V. **Macizo** (geografía).

HORST, LOUIS (1884-1964). Pianista y compositor estadounidense. Pionero en la enseñanza de la coreografía como disciplina independiente, trabajó como director musical, con la compañía Denishawn y con Martha Graham. Editor de la revista *Dance Observer* (1933-1964), escribió libros sobre danza.

HORTA. Distrito de Portugal en la isla de Faial, archipiélago de las Azores, océano Atlántico, formado, además, por las islas Flores, Pico y Corvo. Vinos; agricultura; ganadería; pesquerías; productos lácteos. Cap. Horta. 780 km^2. 15.563 hab. (1981).
Azores, islas 2:282b.

HORTA, VICTOR (1861-1947). Arquitecto modernista belga. Influido por la obra de Eugène-Emmanuel Viollet-le-Duc. Aunó las nuevas técnicas constructivas con un desarrollo acentuado de los elementos decorativos. Casa Tassel (1893), Hotel Solvay (1895-1900), Casa del pueblo (1896-1899).
Modernismo 10:206b.

HORTENSIA. Planta arbustiva de la familia de las saxifragáceas (*Hydrangea hortensia*).
8:74a; *ilustración* 8:74a.

HORTHY, MIKLÓS (1868-1957). Marino y político húngaro. Jefe del Partido Conservador, derrotó a las fuerzas revolucionarias tras la primera guerra mundial. Fue jefe del estado hasta 1944, año en que los nazis lo forzaron a renunciar. Se exilió en Portugal, donde murió.
Hungría 8:104a.

HORTICOU, LEONOR (1873-1941). Pedagoga uruguaya. Entre 1911 y 1931 llevó a cabo una importante labor en el desarrollo de la educación primaria en su país. *La intuición en la enseñanza, Clasificación de los escolares.*

HORTICULTURA. En sentido estricto, parte de la agricultura que trata del cultivo de las hortalizas. Suele abarcar también los cultivos de plantas para producir flores y frutas.
8:74b; Agricultura 1:109b; *ilustraciones* 8:75a-b.

HORTIGOSA, PEDRO (1811-1870). Grabador español. Alumno de Vicente López, en 1855 fue nombrado profesor de grabado de la Escuela de Bellas Artes de Sevilla y sucedió a Vicente Peleguer como grabador en la dirección de hidrografía y cámara. Realizó grabados de obras pictóricas e ilustró libros.

HORUS. En el panteón del antiguo Egipto, dios solar, hijo de Isis y de Osiris o, según otras versiones, de Ra. Su representación más frecuente era con cuerpo de hombre y cabeza de halcón.
Egipcia, religión 5:324b; Isis 8:276a; Osiris 11:169a.

HORVÁTH, MIHÁLY (1809-1878). Historiador y político húngaro. Párroco de Hatvan, de donde tomó el pseudónimo de Michael Hatvan, en 1848 fue designado obispo y miembro de la cámara de magnates. Participó en la declaración de independencia en 1849 y fue ministro de educación y cultos en el primer gobierno independiente húngaro. Fracasado el movimiento nacionalista, permaneció en el exilio durante 17 años. En 1866 regresó a su país y al año siguiente fue elegido nuevamente diputado. *Historia de Hungría hasta el año 1823, Historia de la guerra de independencia de Hungría 1848-49.*

HOSANNA. Término hebreo que significa ¡sálvanos ya!, utilizado como expresión de alegría en la liturgia católica.

HOSPITAL. Establecimiento o centro sanitario en el que se acoge y trata a los enfermos.
8:75b; *ilustraciones* 8:76a-b.

HOSPITALARIOS, CABALLEROS. V. **Malta, orden de los caballeros de.**

HOSPITALET DE LLOBREGAT. Ciudad española de la prov. de Barcelona, comunidad autónoma de Cataluña. Centro industrial y ciudad dormitorio de Barcelona, la capital catalana, de cuya área metropolitana forma parte. 248.521 hab. (1998).

HOSPITALISMO. Síndrome, descrito por R. Spitz, observado en niños ingresados de forma permanente en una institución hospitalaria durante los 18 primeros meses de la vida y provocado por la privación completa de la presencia de la madre. En dicho síndrome se incluye retraso del desarrollo corporal, motor y del lenguaje, graves dificultades de adaptación al medio, escasa resistencia a las enfermedades y, en los casos más críticos, marasmo y muerte.

HOST. Sistema central de gran potencia al que están asociados muchos equipos, con lo que, en conjunto, se configura una red de gran capacidad.

HOSTE, ISLA. Isla de Chile, en la prov. Antártica Chilena. Su costa aparece fragmentada en numerosas penínsulas entre las que sobresale la de Hardy, cuya parte sur se conoce como el falso cabo de Hornos.
Hornos, cabo de 8:74a.

HOSTOS, EUGENIO MARÍA DE (1839-1903). Escritor y patriota independentista puertorriqueño. Uno de los más grandes educadores americanos.
8:77a; Puerto Rico 12:204b.

HOTENTOTES. Pueblo que junto a los bosquimanos forma el grupo khoi-san y habita en el extremo meridional del sudoeste de África, adonde llegó empujado por los bantúes y los colonos blancos. Los hotentotes son cazadores y pastores y se encuentran en regresión demográfica.
Africanos, pueblos 1:99a.

HOTTETERRE, JACQUES (1674-1763). Músico francés. Conocido como el Romano, perteneció a una importante familia de músicos y compositores franceses y destacó como intérprete de flauta travesera. Autor de importantes tratados musicales. *Principios de la flauta travesera* (1707).

HOUASSE, RENÉ ANTOINE (1645-1710). Pintor francés. Se formó artísticamente con Charles Le Brun. Decoró los techos del salón de Venus y el salón de la Abundancia en el palacio de Versalles. «Historia de Minerva».

HOUDINI, HARRY (1874-1926). Erik Weisz, ilusionista y escapista estadounidense de origen húngaro. Acompañado por su esposa y asistente, Wilhelmina Rahner, recorrió los Estados Unidos y alcanzó fama internacional por sus números de magia, principalmente aquellos en los que conseguía escaparse de situaciones consideradas como imposibles.
Prestidigitación 12:135a.

HOUDON, JEAN-ANTOINE (1741-1828). Escultor francés. Su estilo evolucionó del barroco al clasicismo. Lo mejor de su producción lo constituyen los retratos, si bien abordó con éxito la temática religiosa y la mitológica. «Diana» (1777), «El invierno» (1783).

HOUPHOUËT-BOIGNY, FÉLIX (1905-1993). Político de Costa de Marfil (Côte d'Ivoire). En 1946 fundó el Partido Democrático de Costa de Marfil, que sirvió de base a un movimiento de toda el África negra francófona. Desempeñó varios puestos en la Asamblea Nacional y en el gobierno francés. Tras la proclamación de la independencia de Costa de Marfil en 1960 fue designado primer ministro y presidente de la república, cargo desde el que desarrolló una política profrancesa.

HOUSMAN, A. E. (1859-1936). Poeta británico. Profesor de latín en la Universidad de Londres y, desde 1911, en Cambridge, fue un ardiente polemista y crítico de la literatura clásica y autor de poesía de talante pesimista. *Últimos poemas* (1922), *Más poemas* (1936).

HOUSMAN, LAURENCE (1865-1959). Escritor británico, hermano de A. E. Housman. Autor de poesías, obras teatrales y novelas en las que reflejó la vida cotidiana durante la era victoriana. *Cartas de amor de una inglesa* (1900), *Destronamientos* (1922), *Reina Victoria* (1934).

HOUSSAY, BERNARDO ALBERTO (1877-1971). Médico y fisiólogo argentino. Recibió el Premio Nobel de medicina en 1947, junto con Karl Ferdinand Cori y su esposa Gerty Theresa Cori, por el descubrimiento de la función de la hormona del lóbulo anterior de la hipófisis en el metabolismo de los azúcares. *Fisiología humana* (1945).

HOUSTON. Ciudad de los Estados Unidos en el est. de Texas. 1.786.691 hab. (1998).
8:77b; Estados Unidos 6:131a; *ilustración* 8:77b.

HOUSTON, SAMUEL (1793-1863). Militar y político estadounidense. Primer presidente de la República de Texas tras la proclamación de su independencia, impulsó su integración en los Estados Unidos.
8:78a; López de Santa Anna, Antonio 9:220a.

HOUTMAN, CORNELIS Y FREDERIK DE (h. 1540-1599 y 1571-1627): Navegantes neerlandeses. Realizaron en 1595-1596 y 1598-1599 sendos viajes expedicionarios por las Indias orientales y Madagascar. En Sumatra, Cornelis fue muerto y Frederik hecho prisionero. Liberado en 1602, a su regreso a Holanda escribió el primer diccionario malayo y, entre 1605 y 1611, fue gobernador de Amboina.

HOVERCRAFT. Vehículo anfibio que se desplaza a ras del suelo o de la superficie del agua gracias a la propulsión ejercida por una o varias hélices. Desarrollado a partir de la década de 1950 por las investigaciones de Christopher Cockerell, entró en funcionamiento por vez primera en el Reino Unido en 1959.

HOVHANESS, ALAN (1911-2000). Compositor estadounidense de origen armenio. Interesado por la música de los países no occidentales, fue autor de gran número de sinfonías, obras corales, música de cámara y óperas. Destruyó gran parte de su obra en 1940. *Magnificat* (1959), *El rey leproso* (1965), *El camino de Jesús* (1974).

HOWARD, CHARLES (1536-1624). Marino inglés. Primer duque de Nottingham y gran almirante de la armada, dirigió varios combates navales contra la escuadra española, la Armada Invencible. Embajador en España en 1605.
Armada Invencible 2:78a.

HOWARD, JOHN (1726-1790). Filántropo británico. Nombrado alguacil de Bedfordshire en 1773, emprendió una campaña para conseguir la reforma de las instituciones penitenciarias y la mejora de la sanidad pública.
Penitenciarios, sistemas 11:327b.

HOWARD, LESLIE (1893-1943). Actor cinematográfico británico, muy popular en la década de 1930. *El bosque petrificado* (1935), *Pimpinela escarlata* (1935), *Romeo y Julieta* (1936), *Hamlet* (1936), *Pigmalión* (1938), *Lo que el viento se llevó* (1939).

HOWARD, LUKE (1772-1864). Meteorólogo británico. Realizó una clasificación de las nubes en cuatro grandes grupos.
Nube 11:24b.

HOWARD, OLIVER O. (1830-1909). Militar estadounidense. Graduado en West Point en 1854, participó como oficial de los ejércitos de la Unión en la guerra civil estadounidense (1861-1865). Al finalizar la contienda desempeñó una importante labor en la atención y educación de los antiguos esclavos.

HOWARD, SIDNEY (1891-1939). Dramaturgo estadounidense. Tras su intervención en la primera guerra mundial, redactó obras teatrales de carácter realista, en las que reflejó la sociedad estadounidense del momento. *Sabían lo que buscaban* (1924), *El hilo de plata* (1926).

HOWARD, TREVOR (1916-1987). Actor británico. *El tercer hombre* (1949), *Rebelión a bordo* (1962), *La hija de Ryan* (1970), *Luis II de Baviera* (1978).

HOWE, ELIAS (1819-1867). Inventor estadounidense, creador de un modelo de máquina de coser patentado en 1846. Varios años más tarde fundó una fábrica para la construcción de máquinas industriales y domésticas, elaboradas según su patente.

HOWE, RICHARD (1726-1799). Marino británico. Mandó, en su calidad de almirante, la flota del Canal en la batalla contra la armada revolucionaria francesa, el 1 de junio de 1794, que culminó con la victoria británica.

HOWE, WILLIAM (1729-1814). Militar británico. Comandante en jefe del ejército de las colonias, en América del norte, de 1776 a 1778. Sus brillantes acciones no consiguieron, sin embargo, destruir el ejército continental, lo que motivó su sustitución por Henry Clinton.
Independencia de los Estados Unidos 8:150b; Washington, George 14:354b.

HOWELLS, WILLIAM DEAN (1837-1920). Escritor y editor estadounidense. Escribió novelas realistas y como ensayista y director de la revista *The Atlantic Monthly* promovió esta corriente literaria.
8:78b; Estadounidense, literatura 6:147b.

HOXHA, ENVER (1908-1985). Político albanés. Primer jefe de estado comunista de Albania. Hasta la década de 1960 su política estuvo influida por la Unión Soviética. En años posteriores afirmó los lazos de su país con la China de Mao Zedong.
Albania 1:143b.

HOYA, ÓSCAR DE LA (n. en 1973). Boxeador estadounidense de origen mexicano. Medalla de oro en los Juegos Olímpicos de Barcelona (1992), se proclamó en 1996 campeón mundial en la categoría de superligeros y un año más tarde en la de peso welter, título que perdería en 1999 ante el puertorriqueño Félix Trinidad.

HOYLE, FRED (n. en 1915). Matemático y astrónomo británico. Profesor en la Universidad de Cambridge. Miembro del equipo de investigadores de los observatorios de monte Wilson y monte Palomar. Junto con Hermann Bondi y Thomas Gold formuló la teoría del modelo estacionario para el origen y evolución del universo. *Fronteras de la astronomía* (1955), *Astronomía y cosmología* (1975), *Hielo* (1981).
Bib bang 3:19a; Universo 14:186a.

HOYOS Y VINENT, ANTONIO DE (1885-h. 1940). Escritor español. Marqués de Vinent, fue autor de novelas y cuentos en los que analizó fría y crudamente la sociedad aristocrática a la que él mismo pertenecía. Autor también de novelas eróticas. *Cuestión de ambiente* (1903), *El horror de morir* (1914), *El primer estado* (1931).

HOZ. Herramienta agrícola utilizada en faenas de siega y corte de maleza, constituida por una hoja de acero de forma curva y un mango de madera.
Agrícolas, implementos 1:105a.

HOZ, PEDRO SANCHO DE (1514-1547). Conquistador y cronista español, compañero de Francisco Pizarro en la conquista del Perú. Disputó con Pedro de Valdivia el mando de la expedición a Chile e intentó asesinarlo. Fue apresado e indultado, pero al ser descubierto en otra conjura fue ejecutado por el gobernador Francisco Villagra.

HOZ Y MOTA, JUAN (1622-1714). Comediógrafo español. Desempeñó altos cargos administrativos y fue procurador en Cortes. Escribió comedias religiosas, históricas y de costumbres. *Morir en la cruz con Cristo, El Abraham castellano y blasón de los Guzmanes, El castigo de la miseria, Los toros de Alcalá.*

HRAWI, ELIAS (n. en 1926). Político libanés. Perteneciente a la comunidad cristiana maronita, en 1989 accedió a la presidencia del país. Puso fin a la guerra civil y estrechó las relaciones con Siria.
8:79a; Líbano 9:140b; *ilustración* 8:79a.

HROZNÝ, BEDŘICH (1879-1952). Arqueólogo y lingüista checoslovaco. Descifró la escritura cuneiforme hitita y demostró la pertenencia de esta lengua al grupo indoeuropeo. En 1925 descubrió la antigua colonia asiria de Kanesh, en Turquía. *El lenguaje de los hititas...* (1915).

HTML. Siglas que corresponden a la expresión en inglés *Hypertext Markup Language* (lenguaje de marcadores de hipertexto). Lenguaje de programación específicamente concebido para la elaboración de documentos en formato hipertexto. Muy utilizado en las redes de comunicaciones, como Internet e Intranets.

HTTP. Siglas de *Hypertext Transfer Protocol.* Serie de normas que hacen posible la transferencia de archivos en Internet. Todas las direcciones en esta red comienzan con dichas siglas.

HUACA. Entre los indígenas del Perú precolombino, nombre dado a los objetos, seres o lugares que por su grandeza o singularidad eran considerados como sagrados y capaces de influir benéfica o maléficamente en la vida del hombre. También se denomina guaca.

HUACHINANGO. Pez acantopterigio de escamas grandes, color rojizo y carne muy estimada. Orden de los peciformes, familia de los lutiánidos, género *Lutjanus.* A veces se confunde con el pargo o pagro. Abunda en las costas de México. También llamado guachinango.

HUACHO. Ciudad peruana, cap. de la prov. de Chancay, dep. de Lima, en el centro del país. Centro agrícola (algodón, caña de azúcar, tabaco, etc.) e industrial y puerto pesquero.

HUACO. Nombre quechua con el que se designan los ídolos y otras piezas de alfarería prehispánica de la región andina.

HUA GUOFENG (n. en 1920). Político chino. Primer ministro de la República Popular China, de 1976 a 1980. Sucedió a Mao Zedong (1976) en la presidencia del partido, cargo que perdió en 1981.
China 4:155a.

HUALCÁN, NEVADO DE. Cumbre montañosa del dep. peruano de Ancash, en la cordillera Blanca. 6.150 m de altura.

HUALLAGA, RÍO. Curso fluvial del Perú. Nace en los Andes, al sur del cerro de Pasco, forma con su curso un valle situado entre la cordillera Central y la Azul y desemboca en el río Marañón, en el dep. de San Martín. 1.100 km.

HUAMACHUCO, BATALLA DE. Combate librado el 10 de julio de 1883, en la población peruana de Huamachuco, entre el ejército chileno y el peruano durante la guerra del Pacífico (1879-1883). La derrota de las fuerzas peruanas condujo a la firma del tratado de Ancón y al fin de la guerra.
Pacífico, guerra del 11:197b.

HUAMÁN POMA DE AYALA, FELIPE (1534-h. 1615). Cronista peruano. Reclamó sus derechos al cacicazgo de Huamanga como descendiente de los yarovilcas de Huánuco, para lo que presentó como alegato un documento titulado *Nueva crónica y buen gobierno, valiosa crónica de la historia americana desde las civilizaciones preincaicas hasta el sistema de encomiendas.* Este documento fue encontrado en la biblioteca de Copenhague en 1908.

HUANCABAMBA. Población del norte del Perú, cap. de la prov. de su mismo nombre en el dep. costero de Piura. Centro agropecuario.

HUANCAVELICA (CIUDAD). Capital de la prov. y del dep. peruanos del mismo nombre. Fundada en 1572, fue un importante núcleo productor de mercancías. Edificios coloniales, iglesias del siglo XVII. Aguas termales, minería. Agricultura y ganadería. Ferrocarril a Lima-Callao. 20.889 hab. (1981).

HUANCAYO. Ciudad del Perú, cap. de la prov. de Huancayo y del dep. de Junín. Catedral, universidad. Principal centro comercial turístico de los Andes centrales. Agricultura, orfebrería, cerámica. Curtidos, jabón, productos alimenticios. Ferrocarril Lima-Callao. 305.039 hab. (1998).
Junín 8:412a.

HUANDOY. Nevado del dep. peruano de Ancash, en la cordillera Blanca. 6.256 m de altura. En sus faldas se encuentra la ciudad de Carás.

HUANGHE, RÍO. V. **Amarillo, río.**

HUANG HO, RÍO. V. **Amarillo, río.**

HUÁNUCO (CIUDAD). Capital de la prov. y del dep. peruanos del mismo nombre, a orillas del río Huallaga. Fundada en 1539 por Gómez Alvarado. Aeropuerto. Universidad. Iglesias coloniales, ruinas precolombinas. Productos agropecuarios. Industrias diversas. Turismo. 129.688 hab. (1998).

HUAPANGO. Baile mexicano que se interpreta en las fiestas populares celebradas en la región de la Huasteca. De ritmo vivo y con taconeo, tiene su origen posiblemente en el fandango español.
Ranchera, música 12:260b.

HUAQUERO. En el Perú, nombre que recibe la persona que saquea los sepulcros de la época prehispánica para comerciar con los objetos robados. La mayoría de las piezas precolombinas que figuran en los museos tienen este origen.

HUAQUI, BATALLA DE. V. **Guaqui, batalla de.**

HUARAZ. Ciudad del Perú, cap. de la prov. homónima, en la confluencia de los ríos Quilca y Santa, en el callejón de Huaylas. También llamada Huarás. Devastadora avalancha (1941) y terremoto (1970). Centro agropecuario. Turismo. 45.116 hab. (1981).

HUARAZ, VALLE DE. Valle del Perú en la prov. del mismo nombre, dep. de Ancash. Atravesado por los ríos Quilca y Santa, a 3.052 m sobre el nivel del mar. También llamado Huarás.

HUARI, CULTURA DE. Civilización andina que floreció durante los años 600 al 1000 de la era cristiana.
8:79b; Andinas, civilizaciones 1:336b; Precolombino, arte 12:123a; *mapa* 8:79b; *ilustración* 8:80.

HUARI-TIAHUANACO, PERÍODO DE. Cultura precolombina, correspondiente al período arqueológico denominado horizonte medio (600-800 d.C.), que tuvo como núcleos fundamentales la ciudad de Tiahuanaco, al sur del lago Titicaca, en la altiplanicie boliviana, y la de Huari, capital de un poderoso imperio preincaico que se desarrolló en las zonas meridional y central del Perú. Las excavaciones arqueológicas sacaron a la luz abundantes restos de cerámica policromada y ruinas de murallas y edificios entre los que cabe destacar la Puerta del Sol y la pirámide escalonada de Apacana, pertenecientes a la cultura de Tiahuanaco.
Huari, cultura 8:80a; Precolombino, arte 12:123a.

HUARPE. Grupo amerindio ya extinguido de América del sur, que habitaba una amplia zona limitada al oeste por los Andes y al este por la Pampa, en la posterior provincia argentina de Mendoza. Tenía un sistema de riego para sus cultivos y trabajaba una cerámica bellamente decorada. Sus núcleos más importantes fueron los allentiac y los millcayac.

HUARTE. Yacimiento arqueológico de Siria, situado en las proximidades de la ciudad de Hama, en el noroeste del país. Está integrado principalmente por los restos de dos basílicas paleocristianas del siglo V.

HUARTE DE SAN JUAN, JUAN (1529-1588). Médico y escritor español. Dedicado a la medicina en tierras andaluzas, fue autor de la obra *Examen de ingenios para las ciencias* (1575), estudio en el que se analizaban las cualidades y aptitudes de cada persona para una profesión o trabajo determinado.

HUÁSCAR (m. en 1532). Tupic Cusi Hualpa, caudillo y soberano inca (1525-1532). Heredero legítimo del imperio, perdió la vida en la lucha con su hermanastro Atahualpa.
8:80b; Atahualpa 2:186a; Ecuador 5:291a; Huayna Cápac 8:81b; Inca, imperio 8:141b; Latinoamérica, conquista de 9:80b; Pizarro, Francisco 12:11a; Rumiñahui 13:42b.

HUASCARÁN. Pico montañoso del Perú, en la cordillera Blanca de los Andes, dep. de Ancash. Es la cumbre más alta del país, con 6.768 m. En 1970 un terremoto provocó una avalancha que sepultó 10 poblados y causó unas 20.000 muertes. También recibe el nombre de Nevado Huascarán.
Andes 1:332a; Perú 11:356b.

HUASCARÁN, PARQUE NACIONAL. Territorio protegido de 340.000 hectáreas de extensión situado en los Andes peruanos. Acoge diversas especies de flora y fauna propias del páramo subalpino y de la tundra pluvial alpinotropical. Entre sus animales destacan la vicuña, el oso de anteojos y el ciervo andino. Declarado patrimonio de la humanidad en 1985.

HUASCO, RÍO. Curso fluvial del norte de Chile, en la región de Atacama, formado por la unión de los ríos Carmen y Tránsito, que proceden de la cordillera andina. Aprovechado para el riego hortofrutícola. Desemboca en el Pacífico por la población de Huasco tras recorrer 230 km.

HUASIPUNGO. Novela del escritor ecuatoriano Jorge Icaza, publicada en 1934. Denuncia de la explotación del indio por el blanco y el capital extranjero.

HUASO. Término quechua, sinónimo de buen jinete, con el que generalmente se designa en Chile al campesino. Originariamente se llamaba así al campesino del valle Central de Chile dedicado principalmente a la ganadería.

HUASTECA. Región mexicana, situada entre la sierra Madre oriental y el golfo de México, repartida entre los est. de Puebla, Veracruz, Tamaulipas, Hidalgo y San Luis de Potosí. Zona de llanos y montaña, es un importante centro petrolífero.
San Luis Potosí, estado 13:130b.

HUASTECOS. Pueblo amerindio de la familia maya-quiché que antes de la conquista ocupaba una amplia zona de la costa del golfo de México. Actualmente vive en la parte oriental de San Luis Potosí, el norte de Veracruz y el nordeste de Hidalgo. Su cultura presenta influencias mayas teotihuacanas, toltecas y totonacas.

HUAUQUI. En el Perú precolombino, nombre con que se designaba a un tipo especial de fetiche, único para cada individuo, y supuestamente habitado por el espíritu encargado de proteger a dicha persona.

HUAUTLA DE JIMÉNEZ. Municipio del est. mexicano de Oaxaca. En la sierra Mazateca. Ritos religiosos con hongos alucinógenos. Café, tabaco, caña de azúcar, ganado. 25.247 hab. (1990).

HUAVES. Etnia mesoamericana que habita en las costas del Pacífico y en el istmo de Tehuantepec, en México. Dedicada fundamentalmente a la pesca y la agricultura, un sistema civil y religioso conocido como escalafón rige la vida de sus comunidades.

HUAYHUASH, CORDILLERA DE. Cadena montañosa del Perú. Comienza al sur de la cordillera Blanca y se dirige hacia el sudeste hasta el Nudo de Pasco. Lagunas glaciares que dan origen a los ríos Marañón, Huallaga y Mantaro.

HUAYLAS, CALLEJÓN DE. Valle del Perú, en el dep. de Ancash, entre la cordillera Negra, al noroeste, y la cordillera Blanca, al este.
Ancash 1:328b.

HUAYNA CÁPAC (m. en 1525). Soberano inca (1493-1525). Logró la máxima extensión del imperio.
8:81a; Huáscar 8:80b; Inca, imperio 8:141a; Túpac Inca Yupanqui 14:153a; *ilustración* 8:81a.

HUAYNA POTOSÍ. Pico montañoso de Bolivia, situado en la Cordillera Oriental de los Andes, en el dep. de La Paz. 6.200 m.
Andes 133.

HUB. Herramienta de armonización de distintas configuraciones informáticas o redes locales.

HUBBLE, EDWIN POWELL (1889-1953). Astrónomo estadounidense. En 1929 descubrió que la velocidad con que se alejan las galaxias es proporcional a sus distancias, con lo que fundamentó la teoría del universo en expansión.
8:81b; Cosmología 4:406b; Galaxia 7:17b; Universo 14:185a; *ilustración* 8:81b.

HUBBLE, TELESCOPIO. Estación de observación orbital lanzada al espacio el 24 de abril de 1990. Tras la subsanación de una serie inicial de defectos y fallos, envió a la Tierra una amplia y valiosa información, tanto en lo referente al seguimiento de cuerpos celestes como en lo que concierne a la estructura del universo, confirmando la existencia de los agujeros negros.

HUBBLE-HUMASON, LEY DE. Principio cosmológico establecido en 1929 por los astrónomos estadounidenses Edwin Hubble y Milton La Salle Humason que permite establecer la velocidad radial de las galaxias.

HUBEI. Provincia del centro de China, bañada por el río Yangzi. Zona de catastróficas inundaciones. Trigo y arroz. Algodón, fibras. Minerales. Cap. Wuhan. 187.500 km^2. 57.720.000 hab. (1996).

HUBERT, WALTER (m. en 1205). Arzobispo inglés. Nombrado arzobispo de Canterbury el 30 de mayo de 1193, fue justicia del rey Ricardo I de Inglaterra y canciller del rey Juan desde 1199. Ejerció una gran influencia en la vida política y religiosa de su tiempo.

HUBERTUSBURG, TRATADO DE. Convenio firmado en 1763 entre María Teresa de Austria y Federico el Grande de Prusia. Confirmó la cesión de Silesia a éste, lo que puso fin, a la par que el tratado de París, a la guerra de los siete años.

HUCBALD (h. el 840-930). Musicólogo y escritor francés. Monje de la abadía de San Amando, cerca de Tournai, ideó el sistema de líneas paralelas para indicar la altura de las notas musicales. Sus obras aportan los datos más antiguos sobre la música polifónica. *De harmonica institutione, Commemoratio brevis de tonis et psalmis modulandis.* Escribió también poemas, hagiografías y un *Comentario a la regla de san Benito.*

HUCKLEBERRY FINN, AVENTURAS DE. Novela del escritor estadounidense Mark Twain, publicada en 1885, prácticamente continuación de *Aventuras de Tom Sawyer.* Se trata de la obra maestra del autor y una de las novelas más populares de la literatura en lengua inglesa.

HUD, DINASTÍA. Familia árabe que gobernó el reino taifa de Zaragoza durante los siglos XI y XII. Fue fundada por Soleimán ibn Mohamed (al-Mustaín) en 1039, y finalizó tras la derrota musulmana frente a los ejércitos cristianos en la batalla de Chinchilla (febrero de 1146).

HUD, MOHAMED IBN (m. en 1238). Soberano musulmán. Perteneciente a la dinastía Hud, ocupó el trono del reino de Murcia en 1228. Conquistó diversas ciudades de al-Ándalus, pero fue derrotado por Fernando III de Castilla y Mohamed I de Granada.

HUDDERSFIELD. Ciudad del Reino Unido en Yorkshire occidental, Inglaterra. Tradicional industria textil. Productos químicos e ingeniería. Asociaciones culturales. 149.000 hab. (1997).

HUDSON, BAHÍA DE. Entrante marino en el norte de Canadá. Cubre una superficie de 819.000 km^2.
8:82a; Golfo y bahía 7:155b; *ilustración* 8:82a.

HUDSON, COMPAÑÍA DE LA BAHÍA DE. Empresa formada en 1670 en el norte de Canadá para la exportación a Inglaterra de pieles compradas a los indios. En 1869 cedió sus derechos al gobierno canadiense. Tuvo un papel importante en la economía formativa de Canadá.

HUDSON, ESTRECHO DE. Brazo del océano Atlántico, entre la tierra de Baffin y el norte de Quebec, Canadá. Conecta la bahía de Hudson y la depresión de Foxe con el mar de Labrador. Longitud 800 km, anchura de 64 a 240 km.
Hudson, bahía de 8:82a.

HUDSON, HENRY (1565-1611). Navegante y explorador británico. Intentó descubrir una ruta más corta desde Europa hasta Asia a través del océano Glacial Ártico.
8:82b; Hudson, bahía de 8:82b; Nueva York 11:41a.

HUDSON, RÍO. Río del est. de Nueva York (EUA). Se origina en un grupo de lagos de los montes Adirondaces. Su principal afluente, el río Opalescent, nace en el lago Tear of the Clouds. Atraviesa la ciudad de Nueva York y desemboca en su bahía tras recorrer 507 km.
Nueva York 11:40b.

HUDSON, W. H. (1841-1922). Guillermo Enrique Hudson, escritor, naturalista y ornitólogo británico de origen argentino. La lectura de *El origen de las especies,* de Charles Dawin, le produjo un fuerte impacto y determinó su inclinación. Su obra está marcada por el estilo directo y sencillo con que describe la flora, la fauna y las costumbres argentinas. *Mansiones verdes* (1904), *Allá lejos y hace tiempo* (1918).

HUE. Ciudad de Vietnam, cap. de la prov. de Binh Tri Thien, a orillas del río Huong. Ciudadela imperial del siglo XIX. Universidad, aeropuerto. Tejidos de seda y algodón. 219.149 hab. (1992).

HUECOGRABADO. Procedimiento de impresión mediante grabado en hueco. En el huecograbado o rotograbado se graba químicamente un cilindro; la tinta que llena sus huecos es absorbida por el papel que se desea imprimir.
Imprenta y artes gráficas 8:133a.

HUEHUETENANGO (CIUDAD). Capital del dep. guatemalteco homónimo, en el noroeste del país. Importante centro minero. Tradicional mercado indígena de cerámica, artículos de cuero y tejidos. Cereales, café. 12.422 hab. (1981).

HUEHUETENANGO (DEPARTAMENTO). División administrativa de Guatemala, limitada al norte y al oeste por México. Zona montañosa, altos Cuchumatanes, bañada por diversos ríos. Carretera panamericana. Agricultura; extracción de uranio y cobre. Cap. Huehuetenango. 7.400 km^2. 816.376 hab. (1995).

HUEHUETÉOTL. Nombre de una de las divinidades más antiguas del México prehispánico. Dios del fuego, de origen preazteca, es identificado con el Xiuhtecuhtli del panteón azteca. Se le solía representar como un anciano encorvado y desdentado.
Zapoteca, cultura 14:409b.

HUELGA. Abandono temporal del trabajo, efectuado de forma colectiva por parte de los asalariados de una empresa o grupo de empresas, de una región o de uno o varios sectores económicos de un país, como medida de presión sindical para la obtención de mejores condiciones remunerativas y de trabajo o de reivindicaciones políticas.
Obrero, movimiento 11:63b; Sindicato 13:251b.

HUELGAS, MONASTERIO DE LAS. Monasterio cisterciense situado en Burgos (España). Fue fundado por el rey Alfonso VIII y su esposa Leonor en 1189. La iglesia tiene influencias del estilo gótico borgoñón. La capilla de la Asunción es, en cambio, obra mudéjar.

HUELLA GÉNICA. Conjunto de particularidades del código genético de un organismo que permite distinguirlo de otros de su especie. Sirve para identificar con un grado de certeza casi absoluto la identidad de las personas.
8:83a; Biotecnología 3:55a; Genoma 7:79b; Huellas digitales 8:83b.

HUELLAS DIGITALES. Impresiones de las yemas de los dedos sobre un objeto, empleadas por la ciencia criminológica para la identificación de un individuo.
8:83b; Huella génica 8:83a; *ilustración* 8:83b.

HUELVA (CIUDAD). Capital de la prov. española homónima, comunidad autónoma de Andalucía, en el estuario de los ríos Odiel y Tinto, en el golfo de Cádiz. Monasterio de La Rábida en su término municipal. Exportación de minerales. Pesquerías. 139.991 hab. (1998).

HUELVA (PROVINCIA). División administrativa de España, comunidad autónoma de Andalucía, a orillas del Atlántico, limítrofe con Portugal. Ríos Guadiana, Guadalquivir, Tinto y Odiel. Sierra de Aracena. Minas de hierro y cobre; cereales; ganadería. Turismo. Cap. Huelva. 10.085 km^2. 453.735 hab. (1996).
Andalucía 1:329b.

HUEMUL. Mamífero artiodáctilo de la familia de los cérvidos (*Hippocamelus bisulcus*). Tamaño medio, pelo corto y áspero, de color variable en función de la estación. Hocico y frente oscuros. Vive en los aledaños de los Andes.

HUERTA, ADOLFO DE LA (1881-1954). Político mexicano. Presidente provisional de la república en 1920. Ministro de hacienda con Álvaro Obregón, ante la designación de Plutarco Elías Calles como candidato del gobierno a las elecciones de 1924 protagonizó un fallido levantamiento militar y tuvo que exiliarse en los Estados Unidos.
México 10:133a.

HUERTA, DAVID (n. en 1949). Poeta mexicano, hijo de Efraín Huerta. Publicó varios libros de poesía (*El jardín de la luz, Cuaderno de noviembre, Incurable*), así como ensayos y antologías.

HUERTA, EFRAÍN (1914-1982). Poeta mexicano. Creó la revista *Taller* junto con Octavio Paz, Rafael Solana y otros.
8:84b.

HUERTA, JERÓNIMO GÓMEZ DE (1573-1643). Médico y escritor español. Médico de cámara del rey Felipe IV, tradujo la *Historia natural* de Plinio y fue autor de un poema, *Florando de Castilla,* sobre las aventuras caballerescas de un noble castellano.

HUERTA, VICTORIANO (1854-1916). Político y militar mexicano. Tras ordenar el asesinato de Francisco I. Madero, ocupó la presidencia de 1913 a 1914.
8:84b; Carranza, Venustiano 3:414a; Madero, Francisco I 9:272b; Mexicana, revolución 10:118a; México 10:133a; Ruiz Cortines, Adolfo 13:34a; Veracruz 14:273b; Villa, Francisco

14:316b; Zapata, Emiliano 14:408b; *ilustración* 8:84b.

HUESCA (CIUDAD). Capital de la prov. española del mismo nombre, comunidad autónoma de Aragón. De origen ibero. Edificios medievales, museo arqueológico, catedral del siglo XIII. Artesanía, maquinaria agrícola. 45.607 hab. (1996).

HUESCA (PROVINCIA). División administrativa de España en la comunidad autónoma de Aragón, al sur de los Pirineos, limítrofe con Francia. Pico de Aneto (3.404 m), parque nacional de Ordesa; ríos Ebro, Cinca y Flumen. Agricultura; ganadería; explotaciones forestales. Cap. Huesca. 15.612 km^2. 206.916 hab. (1996).
Aragón 2:14b.

HUESCA, CÓDIGO DE. Código medieval del reino de Aragón. Escrito por el obispo Vidal de Canellas en tiempos del rey Jaime I, fue promulgado en 1247. Base jurídica del derecho civil y criminal del reino de Aragón hasta el siglo XV.

HUESCA, HOYA DE. Comarca española situada en la prov. de Huesca, comunidad autónoma de Aragón, al oeste de la ciudad de Huesca, la capital comarcal. Depresión prepirenaica. Importante centro agrícola.

HUESO. Cada uno de los cuerpos sólidos y duros que constituyen el esqueleto del hombre y los animales vertebrados.
8:85a; Histología 8:17a; Locomotor, aparato 9:197b; Ortopedia 11:165b; Osteología 11:173a; Raquitismo 12:263a; *ilustraciones* 8:85b; 8:86.

HUETAMO. Municipio del est. mexicano de Michoacán. Se encuentra en la reg. de Tierra Caliente, en el valle del Balsas. Maíz, chile, frutas tropicales, ganadería, quesos, curtidos. Minería y carbón. 44.044 hab. (1990).

HUETAR. Tribu amerindia que vivió en la zona central de Costa Rica y a la que se ha dado el nombre de uno de sus jefes más significativos.

HUETE, JAIME DE (m. h. 1530). Comediógrafo español. Sólo se conservan dos comedias, al estilo de la obra de Torres Naharro y *La Celestina* de Fernando de Rojas, que constan de cinco jornadas y un prólogo cómico. *Comedia tesorina, Comedia vidriana.*

HUEVO. Célula formada por la unión de dos gametos y con capacidad de originar un nuevo ser. Desde el punto de vista de la nutrición, los huevos de gallina y de otras aves se cuentan entre los alimentos más completos por su poder calórico y el alto valor biológico de sus componentes.
8:87a; Alimentaria, industria 1:232a; Ave 2:250b; Avicultura 2:264b; Embriología 5:387a; *ilustraciones* 8:87a-b.

HUGGINS, CHARLES B. (1901-1997). Médico y cirujano estadounidense de origen canadiense. Recibió el Premio Nobel de medicina en 1966, junto con Francis Peyton Rous, por sus trabajos sobre el tratamiento de los cánceres de mama y próstata.

HUGGINS, WILLIAM (1824-1910). Astrónomo británico que revolucionó la astronomía al aplicar el método espectroscópico de absorción de radiaciones para determinar la estructura química de las estrellas. En 1868 probó que la fuente principal de la luz de los cometas eran los vapores incandescentes de carbono.

HUGHES, HOWARD (1905-1976). Empresario, aviador y productor cinematográfico estadounidense. En 1924 se hizo cargo de la compañía de su padre, la Hughes Tool Company, y durante las décadas de 1930 y 1940 se dedicó a la industria cinematográfica y produjo varios filmes. Fundó la Hughes Aircraft Company y en 1938 estableció un nuevo récord al dar la vuelta al mundo en 91 horas y 14 minutos. Se distinguió por su excentricidad.

HUGHES, LANGSTON (1902-1967). Escritor estadounidense de raza negra. Se inspiró principalmente para sus composiciones en la vida del Harlem neoyorquino. Autor también de obras teatrales y novelas. *Los blues cansados* (1926), *Shakespeare en Harlem* (1942), *Yo viajo por un mundo encantado* (1956).

HUGHES, TED (n. en 1930). Edward J. Hughes, poeta británico. Expresó en sus creaciones un profundo interés por el mundo primitivo y la naturaleza. Esposo de la poetisa estadounidense Sylvia Plath, fue también autor de cuentos infantiles. *El halcón en la lluvia* (1957), *El martirio del obispo Farrer* (1970), *Bajo la estrella del norte* (1981).

HUGO, VICTOR (1802-1885). Poeta, dramaturgo y novelista francés. El más importante de los escritores románticos de su país.
8:88a; Francesa, literatura 6:372b; Novela y cuento 11:20b; Romanticismo 13:11a; *cuadro* 8:88a; *ilustración* 8:88a.

HUGO CAPETO (h. el 938-996). Rey de Francia desde el 987 hasta su muerte. Fundador de la dinastía de los Capetos, que reinó ininterrumpidamente hasta 1328. Hizo encarcelar a Carlos de Lorena, pretendiente carolingio al trono.
Capetos, dinastía de los 3:357a.

HUGONOTES. Nombre con el que se conoce a los protestantes franceses de los siglos XVI y XVII seguidores de Calvino.
8:88b; Calvinismo 3:292b; Enrique IV de Francia 5:423a; Protestantismo 12:166a; Religión, guerras de 12:321a; Richelieu, cardenal de 12:367a; *ilustraciones* 8:89a-b.

HUGUET, JAUME (h. 1415-1492). Pintor español. Maestro indiscutible del gótico catalán, aunó en su obra las influencias florentinas con las flamencas. Destaca la elegancia de sus figuras y la delicadeza cromática de su paleta. Autor de numerosos retablos. «San Jorge», retablo de «San Bernardino y el ángel custodio» (h. 1462-1470).

HUHEHOT. Ciudad de China, cap. de la reg. autónoma de Mongolia Interior, al sur del desierto de Gobi. Centro comercial e industrial. También llamada Hohhot. 754.749 hab. (1999).

HUICHOLES. Etnia mexicana que habita en los estados de Jalisco y Nayarit, en la parte occidental del país. Pertenece lingüísticamente a la familia uto-azteca, practica una agricultura rudimentaria y produce tejidos artesanales. La gran altitud en la que se hallan sus poblados ha permitido su histórico aislamiento.

HUIDOBRO, VICENTE (1893-1948). Poeta chileno. Padre de la doctrina literaria del creacionismo.
8:90a; Chile 4:139b; Hispanoamericana, literatura 8:10b; Ultraísmo 14:175b.

HUILA. Departamento del sudoeste de Colombia, en las cordilleras Oriental y Central de los Andes y el valle del río Magdalena. Nevado del Huila, de 5.150 m. Zona arqueológica de San Agustín. Importante región ganadera desde la época colonial; agricultura de regadío. Cap. Neiva. 19.890 km^2. 843.798 hab. (1993).
Andes 1:332a.

HUIRACOCHA. V. **Viracocha.**

HUITZILÍHUITL (EL JOVEN) (m. en 1417). Jefe del pueblo mexica desde 1396 a 1417. Casó con Ayauhcíhuatl, hija de Tezozómoc, reduciendo así los tributos que pagaba a éste. Puso sitio a la ciudad de Tezcoco, que saqueó e incendió después de tres años de lucha. Sentó las bases del estado tenochca.
Azteca, imperio 2:285a; Tlacaélel 14:70a.

HUITZILÍHUITL (EL VIEJO) (siglo XIII). Jefe del pueblo mexica. Conquistó Chapultepec hacia 1256, aunque la población culhua previamente asentada en la zona se rebeló pronto. Murió asesinado.

HUITZILOPOCHTLI. En el panteón de los aztecas, divinidad tribal convertida con el paso del tiempo en una de las deidades principales. Dios de la guerra, de la caza y del sol, era el protector de la gran Tenochtitlan.
8:90a; Azteca, imperio 2:284b; Azteca, religión 2:288b; Mito y mitología 10:198b; Mixcóatl 10:200b; Tlacaélel 14:70a; Tonantzin 14:84b; *ilustración* 8:90b.

HUIXTLA. Municipio del est. mexicano de Chiapas. Se extiende por la reg. de Soconusco y los llanos del Pacífico. Atravesado por los ríos Huixtla y Despoblado. Cacao, arroz, frutas tropicales, madera, ganadería, industria alimentaria y del calzado.

HUIXTOCÍHUATL. En la mitología azteca, diosa cuyo nombre significa «mujer de los salineros». Patrona de los trabajadores de la sal.

HUÍZAR, CANDELARIO (1888-1970). Compositor mexicano. Participó en bandas militares durante la revolución. En sus obras recurrió al contrapunto y adoptó elementos de la música tradicional mexicana. *Imágenes* (1927), *Pueblerinas* (1931).

HUIZINGA, JOHAN (1872-1945). Historiador neerlandés. Se especializó en el estudio de la cultura europea de los siglos XIV, XV y XVI. *El otoño de la edad media* (1919), *La ciencia de la historia* (1937), *Homo ludens* (1938).

HUKBALAHAP, REBELIÓN DE. Sublevación protagonizada en la isla filipina de Luzón entre 1946 y 1954 contra el gobierno proestadounidense de Manuel Roxas por las guerrillas comunistas de Hukbalahap, organización armada campesina surgida durante la segunda guerra mundial para combatir al ejército japonés. Dirigida por Luis Taruc, la guerrilla se constituyó en el portavoz de las reivindicaciones sociales y políticas del campesinado filipino. La intervención de los Estados Unidos y las reformas administrativas emprendidas por el presidente electo Ramón Magsaysay pusieron fin a la rebelión.

HULAGU (h. 1217-1265). Conquistador mongol y soberano de Irán. Nieto de Gengis Kan. Fue designado rey de Irán por su hermano, el kan Mongke o Mangu, en 1251. Dirigió el ejército del oeste y, en 1256, ocupó Jurasán. Derrocó a los abasíes y tomó Bagdad en 1258. Se apoderó también de Alepo y Damasco, en Siria. Los mamelucos egipcios derrotaron a su ejército en Ayn Yalut (1260), frenando así el avance mongol.
Abasí, dinastía 1:4b.

HULL. V. **Kingston upon Hull.**

HULL, CLARK L. (1884-1952). Psicólogo estadounidense. Una de las figuras más destacadas en el campo de la psicología experimental y del aprendizaje instrumental. A él se debe la creación del concepto conocido como gradiente de refuerzo. *Hipnosis y sugestión* (1933), *Principios del comportamiento* (1943).
Aprendizaje 1:416b; Conductismo 4:328a; Psicometría 12:179b.

HULLA. Carbón mineral bituminoso, altamente combustible, del que se obtienen alquitranes, tintes y otros derivados. Ampliamente empleado en la industria transformadora.
Carbón 3:374a; Combustible 4:290a.

HULSE, RUSELL ALLAN (n. en 1950). Astrofísico estadounidense. Especialista en la investigación de nuevos sistemas de producción de energía a partir de la fusión nuclear. En 1993 fue Premio Nobel de física junto a J. H. Taylor, con quien años antes descubrió el primer púlsar binario.

HÜLSENBECK, RICHARD (1892-1974). Escritor y psicoanalista alemán. Fundador del grupo Dadá en Zurich. Contribuyó a la difusión de dicho movimiento artístico en Berlín, donde adquirió un cariz político más acusado. *El hombre nuevo* (1917), *En avant Dada* (1918).
Dadaísmo 5:83b.

HUMACAO. Municipio de Puerto Rico en las laderas de la sierra de Cayey, río Humacao.

Caña de azúcar, café, arroz, tabaco. 117 km². 55.203 hab. (1990).

HUMANAE VITAE. Título («De la vida humana») de la encíclica publicada por el papa Paulo VI en 1968, en la que expone la doctrina de la iglesia sobre el matrimonio y el problema del control de la natalidad.
Encíclica 5:401a.

HUMANISMO. Concepción filosófica desarrollada en Europa a partir del siglo XIV que presenta al hombre como el centro del universo.
8:90b; Filología 6:292b; Filosofía 6:297a; Italiana, literatura 8:318b; Mariana, Juan de 9:365a; Miguel Ángel 10:160b; Petrarca, Francesco 11:379a; Pico della Mirandola, Giovanni 11:392a; Rabelais, François 12:236b; Renacimiento 12:329a; Siglo de Oro español 13:237a; Templo e iglesia 14:13b; Valdés, Alfonso de 14:220a; Valdés, Juan de 14:221a; Vives, Juan Luis 14:340b; *ilustraciones* 8:91a-b; 8:92a-b.

HUMAYUN (1508-1556). Emperador mogol de la India. Hijo y sucesor de Baber, heredó el trono en 1530. Tuvo que luchar contra el sultán afgano Sher Kan, quien dominaba el norte de la India. En 1555 logró arrebatar a los afganos la ciudad de Lahore, antigua capital mogola. Lo sucedió su hijo Akbar.
Mogola, dinastía 10:209b.

HUMBER. Ensenada del mar del Norte en la costa oriental de Inglaterra, uno de los estuarios más profundos del Reino Unido. El Humber, con sus ríos y canales tributarios, drena 24.750 km², y tiene 11 km de anchura máxima.

HUMBERTO I DE ITALIA (1844-1900). Rey de Italia desde 1878 hasta su muerte. Sucedió en el trono a su padre, Víctor Manuel II. Estableció el pacto de la Triple Alianza con Alemania y Austria en 1882 y rompió los vínculos económicos de su país con Francia. Su política exterior, marcada por la ocupación de Somalia (1889), dio lugar a una sucesión de revueltas. Murió asesinado por un anarquista.
Italia 8:311a; Saboya, casa de 13:78a.

HUMBERTO II DE ITALIA (1904-1983). Rey de Italia durante poco más de un mes en 1946. Hijo de Víctor Manuel III, a la abdicación de éste subió al trono. El referéndum que instituyó la república, lo obligó a abdicar. Se exilió en Portugal.
Saboya, casa de 13:78a.

HUMBOLDT, ALEXANDER VON (1769-1859). Naturalista y explorador alemán. Figura principal del período clásico de la geografía física y la biogeografía.
8:93a; Agassiz, Louis 1:100b; Amazonas, río 1:267a; Bello, Andrés 2:403a; Caldas, Francisco José de 3:274b; Ecología 5:272a; Gay-Lussac, Joseph-Louis 7:70a; Geografía 7:87b; Orinoco, río 11:152a; Ritter, Carl 12:387a; *cuadro* 8:93b; *ilustración* 8:93a.

HUMBOLDT, CORRIENTE DE. Corriente fría del Pacífico que fluye hacia el norte frente a las costas de Chile y el Perú. Sus bajas temperaturas entre los 15 °C y los 19 °C, debidas al desplazamiento de aguas del Antártico, determinan la aridez del litoral peruano. Llamada también corriente del Perú.
Oceánicos, movimientos 11:72a.

HUMBOLDT, WILHELM VON (1767-1835). Filólogo alemán. Teórico de la lengua alemana y precursor de los principios estructuralistas para el análisis del lenguaje.
8:93b; Historia 8:25b; Lingüística 9:166a.

HUME, DAVID (1711-1776). Filósofo británico. Teórico del conocimiento, de tendencia empirista, pretendió derivar las ideas de datos proporcionados por la experiencia.
8:94a; Agnosticismo 1:102a; Alma 1:236b; Ateísmo 2:188a; Empirismo 5:394a; Epistemología 6:14b; Escepticismo 6:36a; Filosofía 6:297b; Ilustración 8:129b; Inflación y deflación 8:196b; Metafísica 10:93a; Positivismo 12:105a; Psicología 12:176a; Racionalismo 12:239b; Rousseau, Jean-Jacques 13:28b; Smith, Adam 13:271b; *ilustración* 8:94a.

HUME, JOHN (n. en 1937). Político norirlandés católico. Fundador y presidente del Partido Socialdemocrático Laborista (SDLP), fue uno de los principales artífices del proceso de paz iniciado a mediados de la década de 1990 en Irlanda del Norte. Premio Nobel de la paz en 1998 junto al dirigente protestante David Trimble.
8:94b.

HUMEDAD ATMOSFÉRICA. Proporción de vapor de agua presente en la atmósfera.
8:95a; Aire, acondicionamiento de 1:131b; Clima y climatología 4:232b; Invernadero 8:248b; Meteorología 10:107b; Precipitaciones atmosféricas 12:119a; *ilustraciones* 8:95b; 8:96a.

HÚMERO. Hueso largo que constituye la parte más larga del brazo en el ser humano. Se articula por arriba con el omóplato o escápula y por abajo, con el radio y el cúbito.

HUMIFICACIÓN. Proceso por el que la materia orgánica se transforma en humus.

HUMMEL, JOHANN NEPOMUK (1778-1837). Compositor y pianista austriaco, coetáneo de Wolfgang Amadeus Mozart. Discípulo de Josef Haydn y Antonio Salieri, entre otros. Influyó en la música de Frédéric Chopin y Robert Schumann. Escribió sonatas, tríos, conciertos, etc.

HUMOR, LITERATURA DE. Conjunto de obras literarias escritas con la intención de divertir y en las que se resaltan los aspectos cómicos o ridículos de una situación, hecho o personaje.
8:96b; Aristófanes 2:69b; *ilustraciones* 8:97a-b; 8:98a.

HUMOR ACUOSO. Líquido claro secretado por el epitelio ciliar que ocupa la cámara anterior del ojo, es decir el espacio situado entre la córnea y el cristalino.
Vista, sentido de la 14:333b.

HUMOR VÍTREO. Sustancia gelatinosa incolora que llena la cámara posterior del globo ocular, entre la retina y el cristalino.
Vista, sentido de la 14:333b.

HUMPERDINCK, ENGELBERT (1854-1921). Compositor alemán. Enseñó en los conservatorios de Barcelona y Francfort. Su obra más conocida es la ópera *Hansel y Gretel*, cuyo estreno dirigió en 1893 Richard Strauss.

HUMPHREY, DORIS (1895-1958). Bailarina y coreógrafa estadounidense. Pionera de la danza moderna, basó sus investigaciones en el análisis metódico del ritmo humano. Formó compañía con Charles Weidman y colaboró con José Limón. *Estudios del agua* (1928), *Drama del movimiento* (1930).

HUMUS. Materia de origen orgánico presente en el suelo, resultado de la descomposición de restos vegetales y animales y de su mineralización por la acción de hongos y bacterias. Forma parte de la fracción coloidal del suelo e influye en sus características agronómicas.
Agricultura biológica 1:117b; Suelo 13:348a.

HUNAB KU. Nombre de una de las divinidades más importantes del panteón de los mayas. Era el creador del universo y padre del dios de los cielos y del rocío, Itzamná. En el *Popol Vuh,* texto sagrado de los maya-quiché, se narra que creó al hombre de una mazorca de maíz. No tenía una representación figurada.
Maya, religión 10:7a.

HUNAN. Provincia del centro de China bañada por el río Yangzi y atravesada por la carretera imperial de Cantón a Pekín. Área fuertemente afectada por los ciclones y las inundaciones. Economía básicamente agrícola. Cap. Changsha. 210.500 km². 63.920.000 hab. (1996).

HÚNGARA, LENGUA. También llamada magiar, lengua que pertenece al grupo lingüístico finougrio, de la familia uraloaltaica. Hablada principalmente en Hungría. Se caracteriza por ser aglutinante, presentar armonía vocálica y carecer de géneros gramaticales.

HÚNGARA, LITERATURA. Conjunto de obras escritas en idioma húngaro. El ejemplar más antiguo data de alrededor del año 1200.
8:98b; Ady, Endre 1:77b; Arany, János 2:19a; Finougrias, lenguas 6:308a; Petöfi, Sándor 11:378b; *ilustraciones* 8:99b.

HUNG HSIU-CH'UAN. V. **Hong Xiuqan.**

HUNGRÍA. País de Europa central. Cap. Budapest. 93.030 km². 10.022.000 hab. (2000).
8:100b; Austro-húngaro, imperio 2:235a; Budapest 3:208b; Danubio, río 5:93b; Europa 6:194b; Otomano, imperio 11:178b; *mapa* 8:101b; *cuadros* 8:100b; 8:102b; 8:103b; 8:105; *ilustraciones* 8:101b; 8:102a; 8:103a; 8:104a-b; 8:105b; (.106a.

HUNG-WU. V. **Hongwu.**

HUNOS. Pueblo nómada que invadió el sudeste de Europa hacia el 370, creando un enorme imperio a lo largo de 70 años.
8:107a; Atila 2:191b.

HUNSAKER, JEROME C. (1886-1984). Ingeniero aeronáutico estadounidense. Trabajó en el Instituto de Tecnología de Massachusetts y en diferentes programas aeronavales y fue jefe de la oficina aeronaval de los Estados Unidos. Destacó por sus innovaciones en el diseño de portaaviones, hidroaviones, etc.

HUN SEN (n. en 1950 o 1952). Político camboyano. Miembro del Partido Comunista de Camboya, en 1970 se unió a los jemeres rojos, aunque durante el régimen de terror impuesto por Pol Pot marchó al exilio en Vietnam. Fue nombrado primer ministro a la caída de los jemeres rojos y dirigió el país hasta las elecciones de 1993. A pesar de no salir vencedor en ellas, rechazó abandonar el poder y compartió la jefatura de gobierno con el príncipe Norodom Ranariddh, hijo del rey Norodom Sihanuk, contra el que dio un golpe de estado en 1997. Tras las elecciones de 1998, Sen se mantuvo en el poder al ser declarado vencedor.

HUNT, LEIGH (1784-1859). Escritor británico. Autor de crítica literaria, artículos periodísticos y poesía. Fundó diferentes semanarios y revistas que fueron decisivos para la difusión de la literatura y la ideología románticas. *Poemas narrativos* (1832), *Autobiografía* (1850).

HUNT, RICHARD MORRIS (1827-1895). Arquitecto estadounidense. Estudiante en París, fue nombrado inspector de la unión de las Tullerías y el Louvre. De regreso en los Estados Unidos, proyectó y construyó obras en estilo ecléctico. Edificio Tribune (1873), fachada del Museo Metropolitano de Nueva York (1900-1902).

HUNT, WILLIAM HOLMAN (1827-1910). Pintor británico. Fundador en 1848, junto con Dante Gabriel Rossetti y John Everett Millais, de la Hermandad Prerrafaelista. Realizó pinturas de temática religiosa e histórica. Viajó por Egipto, Siria y Palestina. «Dos gentileshombres de Verona» (1851), «Luz del mundo» (1854).
Prerrafaelismo 12:130a.

HUNT, WILLIAM MORRIS (1824-1879). Pintor estadounidense. Influido por la escuela de Barbizon y por la obra de Jean-François Millet, fue uno de los representantes más destacados de la pintura romántica en los Estados Unidos. Autor de la decoración mural del capitolio de Albany (1878). «Claudio e Isabella» (1850-1853).

HUNTER, JOHN (1728-1793). Cirujano inglés. Ejerció en el hospital de San Jorge de Londres y fue médico extraordinario del rey Jorge III desde 1776. Iniciador en Inglaterra de los estudios sobre anatomía patológica. *Historia natural de los dientes humanos* (1771), *Observacio-*

nes sobre ciertas partes de la morfología animal (1786).
Jenner, Edward 8:361a.

HUNTER, RÍO. Curso fluvial de la parte centro-oriental del est. de Nueva Gales del Sur, en Australia. Nace en el monte Royal y, tras atravesar y regar con sus aguas el estado australiano, desemboca en el océano Pacífico, al norte de la ciudad de Newcastle. Su curso es de 462 km.

HUNTLY, GEORGE GORDON, PRIMER MARQUÉS DE (h. 1563-1636). Conspirador escocés. Hijo del quinto conde de Huntly, dirigió al Partido Católico en Escocia y conspiró, con el apoyo de España, contra el rey Jacobo I, lo que provocó su encarcelamiento en varias ocasiones.

HUNYADI, JÁNOS (h. 1407-1456). Militar húngaro. Gobernó el reino de Hungría entre 1446 y 1452 y dirigió la guerra contra los turcos.
8:107a.

HUON, GOLFO DE. Entrante del mar de Salomón en la costa de Papúa Nueva Guinea, entre los cabos Cretin y Ward Hunt (160 km). En él desemboca el río Markham. Lae es el puerto principal.

HURACÁN (METEOROLOGÍA). Sistema formado en la atmósfera por vientos que se mueven alrededor de un centro de baja presión, como un remolino, y en sentido contrario a las agujas del reloj. Se origina sobre todo en las zonas tropicales y puede presentar gran violencia, con vientos que alcanzan velocidades superiores a los 200 km/h.

HURACÁN (MITOLOGÍA). Dios de la tempestad en las Antillas prehispánicas. El nombre fue adoptado por los conquistadores e introducido en Europa con el significado de ciclón de gran intensidad.

HURD, PETER (1904-1984). Pintor estadounidense. Representante del nuevo realismo estadounidense de la primera mitad del siglo XX, plasmó en sus obras el paisaje y los hombres del estado de Nueva York. «Retrato de José Herrera» (1938).

HURDES, LAS. Comarca española de la prov. de Cáceres, comunidad autónoma de Extremadura, junto a la sierra de Gata. El terreno, pizarroso, es muy árido y las aguas escasas, condiciones que la han relegado a situaciones de extremada pobreza. Hasta 1922 Las Hurdes permanecieron aisladas y casi ignoradas.

HURLING. Deporte semejante al hockey sobre hierba, que se practica entre dos equipos de quince jugadores cada uno. Se juega sobre hierba con pelota y un bastón parecido al del hockey, pero de cabeza más ancha y corta. Muy popular en Irlanda.

HURÓN. Mamífero carnívoro de la familia de los mustélidos (*Mustela putorius furo*). De cuerpo flexible y alargado, cabeza pequeña y patas cortas. Eurasiático.

HURÓN, LAGO. Segundo en extensión de los grandes lagos de América del norte. Rodeado al oeste por el est. de Michigan (EUA) y al norte y este por la prov. de Ontario (Canadá). 331 km de longitud y 162 de anchura. Superficie 133.900 km^2.
Grandes lagos 7:194b.

HURONES. Pueblo amerindio de América del norte que vivía junto al río San Lorenzo a la llegada del explorador francés Jacques Cartier en 1534. Habitaban en aldeas y cultivaban maíz, frijoles o judías, calabazas, girasol y tabaco. Eran enemigos de los iroqueses, con quienes competían en el comercio de pieles. Durante la época colonial, los hurones se aliaron con los franceses, mientras los iroqueses combatieron en favor de los ingleses.

HURONIANO, PLEGAMIENTO. Fase de la orogénesis que se sitúa en la fase final de la era precámbrica. Provocó el levantamiento de cadenas montañosas en la región canadiense del lago Hurón y en el norte de Europa y Asia.
Precámbrica, era 12:115b.

HURRICANE. Avión de combate británico, construido por la Hawker Aircraft a partir de un diseño de 1935 y utilizado durante la segunda guerra mundial.

HURRITAS. Pueblo asiático que fundó los reinos de Hurri y de Mitani. Desempeñó un importante papel en la historia y la cultura del cercano oriente durante el segundo milenio antes de la era cristiana.
Hititas 8:28b.

HURT, WILLIAM (n. en 1950). Actor de cine estadounidense. Sus especiales dotes interpretativas le permitieron familiarizarse con personajes de personalidad atormentada. *El beso de la mujer araña* (1985), *Hijos de un dios menor* (1986), *El turista accidental* (1988), *Smoke* (1994), *Perdidos en el espacio* (1998), *El hombre que hacía milagros* (2000).

HURTADO, EZEQUIEL (1825-1890). Militar y político colombiano. Doctor en derecho por la Universidad de Popayán y combatiente en las guerras civiles de 1860 y 1876. Diputado y senador, desempeñó diversos cargos en la administración y en 1884 ocupó interinamente la presidencia de la república. Tras participar en la revolución radical de ese mismo año, fue obligado a expatriarse.

HURTADO, OSVALDO (n. en 1940). Político ecuatoriano. Abogado de profesión, ocupó una cátedra de la Universidad de Quito. Vicepresidente de la república de 1979 a 1981, asumió la presidencia a la muerte de Jaime Roldós. *El poder político en Ecuador* (1977).

HURTADO DE LA VERA, PEDRO (siglo XVI). Dramaturgo español. Escribió una comedia satírica y moralizante en prosa, imitación de *La Celestina* tanto en la estructura como en la figura de la alcahueta: *Dolería del sueño del mundo* (1572). Tradujo del italiano el *Sendebar* con el título de *Historia lastimera del príncipe Erasto...* (1673).

HURTADO DEL VALLE, ANTONIO (1841-1875). Patriota y poeta cubano, conocido por el seudónimo de El Hijo del Damují. Director del periódico *El Fomento* y fundador de *El Damují*, intervino activamente en la vida política de la Cuba preindependiente. Entre sus composiciones poéticas más celebradas figuran *Himno a las Villas* y *Saludo al Camagüey*.

HURTADO DE MENDOZA, ANDRÉS (m. en 1561). Virrey español del Perú de 1555 a 1561. Sofocó los levantamientos promovidos por Hernández Girón, lo que puso fin a un largo período de revueltas internas, y sometió a Sayri-Túpac. Ordenó una expedición a El Dorado. Fue destituido por Felipe II.
Perú 11:362a.

HURTADO DE MENDOZA, DIEGO (1503-1575). Poeta, historiador y diplomático español. Autor de *La guerra de Granada*.
8:107b; *ilustración* 8:107b.

HURTADO DE MENDOZA, GARCÍA (1535-1609). Militar español. Gobernador de Chile y luego virrey del Perú de 1589 a 1596.
8:108a; Araucana, cultura 2:21b; Chile 4:133b; *ilustración* 8:108a.

HURTADO DE TOLEDO, LUIS (h. 1523-1590). Escritor español. Rector de la iglesia de San Vicente en Toledo, intervino en calidad de corrector y prologuista en numerosas obras, por lo que durante mucho tiempo se le atribuyó la autoría de *La tragedia Policiana, Palmerín de Inglaterra* y la traducción de las *Metamorfosis* de Ovidio. Entre sus obras originales cabe destacar *Égloga silvana del galardón de amor* (1559), *Memorial de algunas cosas notables que tiene la Imperial ciudad de Toledo* (1576), *Las trescientas* y *Hospital de necios hecho por uno de ellos que sanó de milagro.*

HURTADO DE VELARDE, ALFONSO (m. en 1638). Dramaturgo español. Escribió comedias basadas en la historia de España de las que únicamente se ha conservado *La gran tragedia de los siete infantes de Lara* (1612-1615).

HURTADO IZQUIERDO, FRANCISCO (1669-1725). Arquitecto y escultor español. Formado en la construcción de retablos (altar mayor de la iglesia de San Lorenzo de Córdoba, 1696), fue precursor del estilo rococó. Sagrario de la catedral de Granada (1704).

HURTADO Y VALHONDO, ANTONIO (1825-1878). Político y escritor español. Fue gobernador civil en diversas ciudades, distinguiéndose por su entrega durante la epidemia del cólera de Barcelona. Colaboró en diversos periódicos y publicó algunas poesías y relatos. *Romancero de Hernán Cortés* (1847).

HUS, JAN (h. 1372-1416). Reformador religioso checo, natural de Bohemia. Fundador del husitismo, movimiento que pretendía cambiar la iglesia medieval.
8:108a; Bohemia 3:84a; Checa, literatura 4:112b; Checa, República 4:116b; Herejías 7:371b; Praga 12:112b; Reforma y contrarreforma 12:294a; Socialismo 13:275a; *ilustración* 8:108b.

HUSÁK, GUSTAV (1913-1991). Político checoslovaco. Perteneciente al Partido Comunista, fue primer ministro y presidente de Eslovaquia al término de la segunda guerra mundial. Vicepresidente del gobierno checo, gobernó el país desde 1969 como secretario general del partido y posteriormente presidente (1975-1987).
Checa, República 4:117a; Checoslovaquia 4:119b.

HÚSAR. Soldado perteneciente al cuerpo de caballería en los antiguos ejércitos europeos. Este cuerpo nació en Hungría, en el siglo XV, como milicia popular que bajo la financiación de los señores feudales se enfrentaba a los turcos. Constituyó unidades especiales en los ejércitos francés, ruso y español.

HUSÁYN, SADAM (n. en 1937). Político iraquí. Máximo dirigente de Irak desde 1979, dirigió a su país en la guerra contra Irán y el conflicto del golfo Pérsico en las décadas de 1980 y 1990.
8:109a; Irak 8:259b; *ilustración* 8:109a.

HUSÁYN, TAHA (1889-1973). Escritor y crítico literario egipcio. Fue ministro de educación nacional y una de las figuras más destacadas de las letras árabes. Autor de estudios sobre literatura árabe y de numerosas novelas. *Los días* (1928-1939), *El amor perdido* (1943), *El árbol de la miseria* (1944).

HUSÁYN DE JORDANIA (1935-1999). Rey de Jordania. Accedió al trono en 1952 tras la abdicación de su padre Talal I Firmó la paz con los israelíes y abrió un proceso democratizador en su país.
8:109b; Abdalá II de Jordania 1:5b; *ilustración* 8:109b.

HUSEIN. V. **Husáyn.**

HU SHIH (1891-1962). Político y escritor taiwanés. Introductor de reformas educativas y lingüísticas en China, que permitieron el acceso de la población a la cultura, se opuso a la instauración del sistema comunista y desempeñó diversos cargos políticos en el gobierno de la China nacionalista de Taiwán. *Esbozo de la historia de la filosofía china* (1919).

HUSITAS. Seguidores de las doctrinas de Jan Hus asentados en su mayor parte en la región centroeuropea de Bohemia. Divididos en moderados y radicales –praguenses y taboritas–, se levantaron en armas reiteradas veces contra el emperador Segismundo. Los moderados se sometieron a raíz de la celebración del concilio de Basilea (1433) y los radicales terminaron fundiéndose con los hermanos moravos.

HUSO HORARIO. Cada una de las 24 divisiones convencionales, de 15° de amplitud respecto del ecuador terrestre, cuyas áreas geográficas presentan una misma hora legal.

HUSO MITÓTICO. Conjunto de fibrillas que aparecen en el curso de la mitosis o división celular, probablemente derivadas del centríolo.

HUSSEIN. V. **Husáyn.**

HUSSERL, EDMUND (1859-1938). Filósofo alemán. Conocido como padre de la fenomenología, su doctrina ejerció gran influencia sobre el existencialismo y las ciencia sociales.
8:110a; Brentano, Franz 3:172a; Fenomenología 6:261b; Filosofía 6:299a; Heidegger, Martin 7:349a; Marcuse, Herbert 9:357b; Ontología 11:111a; Sartre, Jean-Paul 13:162b; Scheler, Max 13:172b; Sociología 13:285b; *ilustración* 6:261b.

HUSTON, JOHN (1906-1987). Director cinematográfico estadounidense. Produjo obras de acción con gran profundidad psicológica.
8:110b; Cinematografía 4:195a; *ilustración* 8:110b.

HUTCHESON, FRANCIS (1694-1746). Filósofo británico. Profesor de filosofía moral en la Universidad de Glasgow (1729), fue maestro de Adam Smith y amigo de David Hume. Defendió la existencia de un sentido moral innato en el hombre. Influyó sobre la escuela escocesa del sentido común. *Lecciones de filosofía moral* (1755).
Smith, Adam 13:271b.

HUTCHINS, ROBERT M. (1899-1977). Educador estadounidense. Presidente de la Universidad de Chicago desde 1929, introdujo en dicho centro diversas reformas educativas. Decidido defensor de la libertad académica, fue presidente del Fondo para la República (1959) y fundó en 1959 el Centro para el Estudio de las Instituciones Democráticas. Presidente del consejo editorial de la *Encyclopaedia Britannica* entre 1943 y 1974.

HUTCHINSON, ANNE (1591-1643). Religiosa estadounidense. Casada en 1612 con William Hutchinson, emigró a Massachusetts en 1634, en donde su oposición a los rígidos principios puritanos motivaron su destierro y posterior excomunión. En 1638 se estableció en la isla de Aquidneck (Rhode Island), convirtiéndose en una de las fundadoras de la población de este estado.

HUTCHINSON, JONATHAN (1828-1913). Cirujano británico. Ejerció en el hospital de Londres (1859-1883) y fue profesor en el colegio real de cirujía (1879-1883). Destacó por sus investigaciones sobre la lepra y la sífilis congénita.

HUTCHINSON, THOMAS (1711-1780). Político británico. Fue gobernador real de la provincia de la bahía de Massachusetts de 1771 a 1774. Sus drásticas medidas ocasionaron la masacre de 1770, cuando era gobernador suplente, y el *Boston Tea Party,* hechos que dieron lugar a la revolución estadounidense.

HUTÍA. V. **Jutía.**

HUTTEN, FELIPE DE (h. 1511-1546). Gobernador alemán de Venezuela. Formó parte de una expedición que buscaba El Dorado.
8:111a.

HUTTEN, ULRICH VON (1488-1523). Erudito humanista alemán. Ardiente partidario de Erasmo de Rotterdam y defensor de la Reforma; participó activamente en los enfrentamientos militares de los protestantes. Sometido por Carlos V (I de España), murió en el exilio. *Epistolas de hombres oscuros* (1516).

HUTTON, JAMES (1726-1797). Geólogo, químico y naturalista escocés, creador de la teoría de la uniformidad.
8:111b.

HUTU. Grupo étnico de raza negra de habla bantú. Habita en los países centroafricanos de Ruanda y Burundi. Economía agraria. Sistema social basado en clanes.
Burundi 3:234b; Ruanda 13:29b.

HUXLEY, ALDOUS (1894-1963). Novelista, ensayista y crítico literario británico. Pasó de un estilo elegante y satírico a un misticismo inspirado en la filosofía oriental.
8:111b; Británica, literatura 3:181; *ilustración* 8:112a.

HUXLEY, ANDREW (n. en 1917). Médico y neurólogo británico. Recibió el Premio Nobel de medicina en 1963, junto con John Carew Eccles y Alan Lloyd Hodgkin, por sus trabajos sobre el funcionamiento de las células nerviosas.

HUXLEY, HUGH ESMOR (n. en 1924). Biólogo británico. Especializado en biología molecular, realizó novedosas investigaciones en laboratorio sobre los sistemas nervioso y muscular. Dirigió el centro americano de investigación de ciencias médicas básicas Rosenstiel.

HUXLEY, JULIAN (1887-1975). Biólogo y ensayista británico. Conocido por sus estudios sobre embriología. Escribió los artículos de biología de la 14ª edición de la *Encyclopaedia Britannica. Religión sin revelación, Nosotros los europeos, Ensayos de un biólogo.*

HUXLEY, T. H. (1825-1895). Naturalista británico. Uno de los principales defensores y divulgadores de las tesis darvinistas.
8:112a; Agnosticismo 1:102a; Darwin, Charles 5:100b; *ilustración* 8:112a.

HU YAOBANG (1915-1989). Político chino. Participó en la larga marcha, pero fue purgado durante la revolución cultural. Una vez rehabilitado, ocupó los puestos de secretario del politburó (1978-1979) y, desde 1981, presidente y luego secretario general del Partido Comunista Chino, cargo que desempeñó hasta 1987.
China 4:155a.

HUYGENS, CHRISTIAAN (1629-1695). Científico neerlandés autor de importantes descubrimientos en los campos de la óptica, la astronomía y la matemática.
8:112b; Aerodinámica 1:78b; Luz 9:254a; Mecánica 10:12a; Mecánica ondulatoria 10:19b; Saturno 13:167a; Venus (astronomía) 14:272a.

HUYGENS, CONSTANTIJN (1596-1687). Poeta holandés. Fue diplomático, músico, científico y pedagogo. Tuvo amistad con el filósofo Francis Bacon, el cual influyó poderosamente en su obra. *Costosas locuras* (1622), *Consolación para los ojos* (1647), *La flor de lis* (1658).
Países Bajos, literatura de los 11:214a.

HUYGENS, PRINCIPIO DE. Principio que afirma que, para ondas ópticas, cada punto de un frente de onda puede suponerse fuente de una onda elemental; el nuevo frente de onda es la envolvente de las ondas elementales.

HUYNH PHU (1919-1947). Filósofo vietnamita. Fundó en 1939 la religión Phat Giao Hoa Hao, basada en la conjunción de los principios de la religión budista, las ideas confucionistas y las prácticas indígenas de Vietnam. Opuesto tanto a la ocupación francesa como al movimiento comunista, fue ejecutado por el Viet Minh.

HUYNH TAN PHAT (1913-1989). Ideólogo vietnamita. Integrante del Viet Minh y del Partido Democrático, fundó en 1960 el Frente Nacional de Liberación, en oposición al gobierno proestadounidense de Ngo Dinh Diem. Nombrado en 1969 presidente del Gobierno Revolucionario Provisional de Vietnam del sur y en 1976 vicepresidente del consejo de ministros de Vietnam.

HUYSMANS, CAMILLE (1871-1968). Político belga. Representante socialista en el parlamento belga desde 1910, entre 1925-1927 ocupó la cartera de instrucción pública, cargo desde el que promovió la enseñanza del flamenco en las provincias flamencas. Tras la ocupación alemana de 1940 huyó a Londres, donde fue vicepresidente del comité consultivo del gobierno belga. Dirigió la coalición de izquierdas que gobernó entre agosto de 1946 y marzo de 1947 y desempeñó nuevamente la cartera de instrucción pública (1947-1949).

HUYSMANS, CORNELIUS (1648-1727). Pintor flamenco. Se formó artísticamente con Jacob d'Artois. Destacó como autor de paisajes abigarrados de gran riqueza cromática. «Los peregrinos de Emaús».

HUYSMANS, JORIS-KARL (1848-1907). Seudónimo de Charles-Marie-Georges Huysmans, novelista francés. Se inició en la literatura dentro de la corriente naturalista de Émile Zola, participando en la colección de relatos *Las veladas de Médan* (1881). A partir de *A contrapelo* (1884), se adhirió al decadentismo. *Las hermanas Vatard* (1879), *Allá abajo* (1891), *La catedral* (1898).
Mallarmé, Stéphane 9:308b.

HYDE, DOUGLAS (1860-1949). Estadista y escritor irlandés. Creador, en 1893, de la Liga Gaélica para la preservación del idioma autóctono. Fue primer presidente de la República de Irlanda de 1938 a 1945. *Historia literaria de Irlanda* (1899).

HYDERABAD (INDIA). Ciudad de la India, cap. del est. de Andhra Pradesh a orillas del río Musi, en el sur del país. Fundada hacia 1591. Universidades, museo. Aeropuerto. Textiles, cigarrillos. Centro comercial. 3.145.939 hab. (1981).
India 8:156a.

HYDERABAD (PAKISTÁN). Ciudad de la prov. paquistaní de Sinh, a orillas del Indo. Fortaleza del siglo XVII. Universidad. Textiles, curtidurías, aserraderos, azúcar, vidrio, papel, plásticos. 1.151.274 hab. (1998).

HYNDMAN, HENRY MAYERS (1842-1921). Político británico. El primer marxista importante del país, influyó poderosamente sobre otros destacados socialistas en la década de 1880.

I

IACETANOS. Antiguo pueblo hispánico cuyo territorio se centraba en torno a Jaca. Estuvo relacionado con los aquitanos y los vascones. En el año 194 a.C., fue sometido por Catón e incorporado al imperio romano.

IACOPONE DA TODI (h. 1230-1306). Poeta italiano. Convertido a la vida ascética en 1278 dentro de la orden franciscana, estuvo en prisión entre 1297 y 1303 por sus críticas al papa Bonifacio VIII. Creó durante su cautiverio sus *Loas espirituales,* poemas en los que expresaba la necesidad de huir de las pasiones humanas para consagrarse al misticismo, dentro de una exaltación de la pobreza y el sufrimiento. Se le atribuye el poema *Stabat mater dolorosa.*
Italiana, literatura 8:371b.

IAŞI. Ciudad de Rumania, cap. del dist. de Iaşi, a orillas del río Bahlui, a poca distancia de la frontera ucraniana. Iglesias de los siglos XV y XVI. Nudo de comunicaciones. Industrias diversas. 348.399 hab. (1997).

IATA. Siglas de la denominación inglesa International Air Transport Association (Asociación Internacional del Transporte Aéreo). Fundada en 1945 en sustitución de otra semejante, cuenta con la afiliación de la mayoría de las líneas aéreas. Su misión consiste en regular el tráfico aéreo y facilitar la coordinación entre las compañías afiliadas.
Aeronáutica 1:82a.

IATROFÍSICA. Doctrina médica del siglo XVII que basaba la curación (*iatros*) en la práctica de ejercicios físicos. Contrapuesta a la iatroquímica del siglo XVI, sus principales promotores fueron Andrea Cesalpino, Robert Boyle, Giovanni Alfonso Borelli y otros, en su mayoría italianos. Sus métodos consistían en ejercicios respiratorios, baños, masajes y purgas.

IATROGENIA. V. **Yatrogenia.**

IATROQUÍMICA. Doctrina médica que alcanzó gran auge a medidados del siglo XVI y se prolongó hasta el XVIII. Influida por el desarrollo de la química en la época renacentista, basaba su terapéutica en el uso de elementos químicos puros, como el mercurio o el antimonio, capaces de modificar los fenómenos vitales. Sus figuras más representativas fueron Paracelso, Jan Baptist van Helmont y Silvio.

IBADÁN. Ciudad de Nigeria, cap. del est. de Oyo. Centro de un área metropolitana muy poblada. Universidad, instituto técnico. La biblioteca universitaria conserva la mayor colección de libros del país. Jardín botánico, zoológico. Industrias alimentarias y mecánicas; artesanía, cerámica; agricultura. Mercados al aire libre. Aeropuerto internacional. Ferrocarril. 1.432.000 hab. (1996).

IBAGUÉ. Ciudad de Colombia, cap. del dep. de Tolima en la vertiente oriental de la cordillera Central de los Andes. Irrigada por el Combeima. Fundada en 1550 por Andrés López de Garlanza. Universidad. Café, cacao, tabaco, caña de azúcar. Centro comercial. 421.195 hab. (1999).

IBÁÑEZ, JOAQUÍN (1785-1825). Militar español. Combatió en la guerra de la independencia y fue hecho prisionero en el sitio de Gerona. Tras escapar de la prisión en Francia organizó una fuerza guerrillera en la comarca catalana del Ampurdán. Partidario del absolutismo, se unió a los «cien mil hijos de san Luis», ejército francés que derrocó al gobierno liberal en 1823.

IBÁÑEZ, PACO (n. en 1934). Cantautor español. De tendencia izquierdista, puso música a poemas de autores españoles. Vivió en el exilio en Francia durante el gobierno de Francisco Franco.

IBÁÑEZ, SARA DE (1905-1971). Poetisa uruguaya. Su obra se encuadra dentro de lo que se ha venido a llamar neoculteranismo surrealista, mezcla de elementos intelectuales y fantásticos. *Canto* (1940), *Pastoral* (1948), *Apocalipsis XX* (1970).

IBÁÑEZ DE IBERO, CARLOS (1825-1891). Militar y geodesta español. Figura destacada en el desarrollo e implantación en España de los estudios geodésicos. Participó en 1853 en la triangulación de España y en 1879 en la del norte de África. Presidió desde 1872 la Comisión Internacional de Pesas y Medidas.

IBÁÑEZ DE LA RENTERÍA, JOSÉ AGUSTÍN (1750-1826). Escritor español. Representante del espíritu ilustrado de fines del siglo XVIII en el País Vasco, fue uno de los impulsores de la Sociedad Bascongada de Amigos del País. Autor de fábulas y obras históricas. *Memorial histórico* (1798).

IBÁÑEZ DE LA RIVA HERRERA, ANTONIO (1633-1710). Prelado español. Desempeñó diversos cargos políticos en los últimos años del reinado de Carlos II y apoyó la causa borbónica en la guerra de sucesión española. Fue obispo de Ceuta (1685), arzobispo de Zaragoza (1687) y virrey y capitán general de Aragón en 1693 y 1703.

IBÁÑEZ DEL CAMPO, CARLOS (1877-1960). Militar y político chileno. Presidente de la república en 1927-1931 y 1952-1958.
8:113a; Chile 4:136b.

IBÁÑEZ DE PERALTA, FRANCISCO (1644-1712). Administrador colonial español. Nombrado gobernador de Chile en 1700, su gestión se caracterizó por la corrupción y los abusos. En 1707 Juan Andrés de Ustariz lo acusó y sometió a juicio de residencia. Fue desposeído de sus bienes y expulsado al Perú.

IBÁÑEZ MARTIN, JOSÉ (1898-1969). Político español. Desempeñó diversas misiones diplomáticas y culturales en América latina y Portugal y fue ministro de educación y ciencia entre 1939 y 1951. Fundó en 1939 el Consejo Superior de Investigaciones Científicas (CSIC).

IBARBOUROU, JUANA DE (1895-1979). Escritora uruguaya. Figura importante de la renovación literaria de su país.
8:113a; Hispanoamericana, literatura 8:10b; *ilustración* 8:113b.

IBARGÜENGOITIA, JORGE (1928-1983). Escritor mexicano. Cultivó la novela, el cuento, el teatro, etc. En sus obras intervienen de forma fundamental el humor y la ironía. *El atentado* (1963), *Los relámpagos de agosto* (1964), *Estas ruinas que ves* (1974).

IBARGUREN, CARLOS (1879-1955). Jurisconsulto e historiador argentino. Profesor de derecho romano e historia en la Universidad de Buenos Aires, desempeñó diversos cargos en la administración y en los Ministerios de Justicia e Instrucción Pública de su país. *Historias del tiempo clásico* (1924), *Juan Manuel de Rosas* (1930), *Las sociedades literarias y la revolución argentina* (1938).

IBARRA. Ciudad del Ecuador, cap. de la prov. de Imbabura. Fundada en 1606. Edificios coloniales, ruinas de Caranqui. Artesanía india, tallas en madera; tejidos; productos agropecuarios. Ferrocarril. Carretera panamericana. 119.243 hab. (1997).

IBARRA, ANDRÉS (1807-1875). General venezolano. Luchó junto a Simón Bolívar y fue herido al denfenderlo durante el atentado de 1828. En 1835 participó en un movimiento contra el gobierno y fue apartado del ejército. En 1848 fue llamado nuevamente al servicio y mereció sucesivos ascensos.

IBARRA, DIEGO (1798-1852). Insurgente venezolano. Fue edecán de Simón Bolívar y encabezó la campaña del Perú.
8:113b.

IBARRA, FRANCISCO DE (h. 1539-1575). Colonizador español. Dio inicio a la actividad minera en el norte de la Nueva España. Adelantado y capitán general de Nueva Vizcaya en 1562, fundó y organizó varias ciudades en los nuevos territorios.
Durango 5:253a.

IBARRA, GREGORIO (1814-1883). Litógrafo argentino. Destacó por su obra de carácter costumbrista, en la que ofreció una versión amable y certera de la Argentina del siglo XIX. «Dama norteña de paso», «El encendedor de faroles».

IBARRA, JOAQUÍN (1726-1785). Impresor y editor español que alcanzó renombre en toda Europa. Fue designado tipógrafo de la Real Academia Española, impresor de cámara de Carlos III y del Consejo de Indias. Diseñó los locales de su imprenta de Madrid e inventó una fórmula de tinta. *Breviario mozárabe, El Quijote, Historia de España,* del padre Mariana.

IBARRA, JUAN FELIPE (1787-1851). Militar argentino. Gobernador de la provincia de Santiago del Estero desde 1820, apoyó al movimiento federalista y a Juan Manuel de Rosas.

IBARRA, JUAN PEDRO DE. Arquitecto español del siglo XVI. Discípulo de Juan de Álava, continuó su obra del Colegio de los Irlandeses en Salamanca. En la misma ciudad construyó el palacio de Monterrey. Su principal obra fue el convento de San Benito de Alcántara.

IBARROLA, AGUSTÍN (n. en 1930). Pintor español. Fundador del Equipo 57, es considerado una de las figuras más notables del arte vasco del siglo XX. En su pintura, de figuras rotundas y angulosas, buscó rescatar la tradición autóctona de su pueblo.

IBÁRRURI, DOLORES (1895-1989). Dirigente comunista española, conocida como la Pasionaria. Presidenta del partido desde 1960. Vivió en el exilio desde el fin de la guerra civil hasta 1977.
8:114a; *ilustración* 8:114a.

IBARZÁBAL, FEDERICO DE (1894-1953). Escritor cubano. Autor de poesía y cuentos, fue uno de los representantes de la poesía posterior al modernismo en Cuba. Recreó principalmente temas costumbristas. *Huerto lírico* (1913), *El balcón de Julieta* (1916), *Una ciudad del trópico* (1919).

IBERÁ, ESTEROS DEL. Región del norte de la Argentina, situada en la prov. de Corrientes. Está limitada en su parte oriental por el río Uruguay y en la septentrional por el Paraná. Es una llanura baja que comprende varias lagunas.

IBÉRICA, PENÍNSULA. Región geográfica del sudoeste de Europa, que comprende España y Portugal. La cordillera de los Pirineos forma su frontera natural con Francia. Bañada por el océano Atlántico en sus costas occidentales y septentrionales y por el Mediterráneo en la oriental.
España 6:62b; Portugal 12:88b; Reconquista 12:283a.

IBÉRICO, SISTEMA. Cadena montañosa de España situada al nordeste de la meseta Central. De más de 500 km de longitud, delimita el lado occidental de la depresión del Ebro y finaliza en el mar Mediterráneo a la altura de Alicante.
España 6:64a.

IBEROAMÉRICA. Conjunto de los países de tradición ibérica en el continente americano y sus islas adyacentes. Incluye a las naciones hispanoamericanas y a Brasil.

IBERORROMÁNICAS, LENGUAS. Conjunto de lenguas derivadas del latín y surgidas en la península ibérica. Caracterizadas porque el morfema de plural más generalizado es la *s*. Comprende el español o castellano, el catalán, el gallego y el portugués.

IBERORROMANO, ARTE. Estilo artístico resultante de las tradiciones ibéricas y de las formas clásicas importadas durante la romanización de la península. Conserva temas y figuras indígenas, animales como vestigios de las divinidades zoomorfas, y decoración de trazos geométricos o de plantas. En la ejecución se manifiestan cierta tosquedad y rigidez. Destacan los relieves de Osuna y la Albufereta.

IBEROS. Tribus que habitaron en la antigüedad la península ibérica.
8:114a; España 6:72a; *ilustraciones* 8:114b; 8:115.

IBERT, JACQUES (1890-1962). Compositor francés, alumno de Gabriel Fauré en el Conservatorio de París. Escribió óperas, piezas orquestales, etc. Su obra más conocida es la *suite* sinfónica *Escalas* (1922).

IBERVOX. Método de procesamiento automático de llamadas telefónicas que pretenden el acceso a bases de datos. El sistema cuenta, por un lado, con aplicaciones informáticas relacionadas con la voz que permiten el acceso al mismo del usuario cuando marca un determinado número y, por otro, con un equipo de comunicaciones y de procesamiento de datos. Se utiliza en servicios de consulta interactiva y correo de voz, entre otros.

IBI. Población española que pertenece a la prov. de Alicante, comunidad autónoma de Valencia. Importante centro de la industria del juguete desde principios del siglo XX (1911). Agricultura. 21.076 hab. (1996).

IBIA. V. **Ganso.**

ÍBICE. Mamífero rumiante de la familia de los bóvidos (*Capra ibex*). Morfología similar a la cabra, cuerpo macizo, pelaje lustroso y cuernos robustos y curvos, más prominentes en los machos. Gregario. Propio de las regiones alpinas. También denominado íbex.
Cabra 3:253a; Rumiantes 13:42a; *ilustración* 13:42a.

IBIS. Ave ciconiforme de la familia de las tresquiornítidas (*Treskiornis aethiopica*).
8:115b; *ilustración* 8:116a.

IBIZA (CIUDAD). Ciudad española de la prov. de Baleares, en la isla de Ibiza. También llamada Eivissa. Fundada por los cartagineses, es el único núcleo urbano importante de la isla. Puerto, aeropuerto, centro turístico. 29.447 (1996).

IBIZA (ISLA). Territorio insular español del archipiélago de las Baleares, en el Mediterráneo occidental. Situada a 80 km de Mallorca. Cubre una superficie de 541 km^2. Su punto más alto es la Atalaya (475 m).
Baleares, islas 2:321b.

IBM. Siglas de la International Business Machines, empresa estadounidense fundada en 1911 por Charles R. Flint y dedicada al desarrollo de la informática y el material electrónico.
Computadora 4:308b; Informática 8:200b.

IBN ABI-AMIR AL MANSUR. V. **Almanzor.**

IBN AL-ARABI (1165-1240). Escritor hispanomusulmán. También conocido como Abenarabi o Mohidín. Viajó por España, el norte de África y oriente, estableciéndose finalmente en Damasco. Autor de obras filosóficas y místicas, dentro de la corriente sufí, y poesía amorosa. *Revelaciones, La sabiduría de los profetas, El intérprete de los deseos.*
Islam 8:281a.

IBN AL-MUTAZ (861-908). Califa y poeta árabe. Perteneciente a la dinastía abasí, fue asesinado el mismo día de su coronación como califa. Cultivó la poesía de carácter épico y lírico. Autor de una biografía de los poetas abasíes y de un manual de poesía en lengua árabe, el primero existente en su género.

IBN BATUTA. V. **Batuta, Ibn.**

IBN DAÚD, ABRAHAM. V. **Daúd, Abraham ibn.**

IBN EZRA, ABRAHAM. V. **Ezra, Abraham ibn.**

IBN GABIROL (h. 1022-h. 1070). Poeta y filósofo hispanohebreo, conocido también como Avicebrón o Avencebrón. Autor de una vasta obra poética, sobre temas religiosos y profanos, y tratados filosóficos.
8:116a; Cábala 3:241b.

IBN HAZM (994-1064). Literato hispanoárabe. Creador de un célebre libro de poemas sobre el amor, *El collar de la paloma*, y de obras teológicas y jurídicas cuyo tradicionalismo zahirí, expresión de su pesar por el desmembramiento del califato cordobés, motivó que varias fueran quemadas públicamente. Sus numerosos escritos, entre ellos una precursora historia comparada de las religiones, ejercieron perdurable influencia en el mundo islámico y poseen gran valor documental.

IBN JALDÚN (1332-1406). Historiador musulmán nacido en Túnez. Precursor de la filosofía de la historia y autor de obras sobre los pueblos del norte de África.
8:116b; Árabe, literatura 1:423a; Tamerlán 13:394a.

IBN SAÚD (h. 1880-1953). Líder religioso musulmán. Padre de la moderna Arabia Saudita e iniciador de las explotaciones petrolíferas del país.
8:116b; Arabia 2:7a; Arabia Saudita 2:10b; Meca, La 10:11a; *ilustración* 8:116b.

IBN SINA. V. **Avicena.**

IBN TAYMIYA (1263-1328). Teólogo musulmán seguidor de la escuela religiosa fundada por Ibn Hanbal en el siglo IX. Defendió el regreso a las fuentes primitivas del Islam y fue precursor del movimiento tradicionalista de los wahabíes (siglo XVIII). *El camino de la tradición* es considerada como la obra más importante de la teología islámica medieval.

IBN TUFAYL (1109/1110-1185/1186). Filósofo y médico hispanomusulmán. Vivió en Granada y en Marruecos y fue autor de una novela, *El viviente hijo del vigilante*, en la que exponía sus ideas filosóficas neoplatónicas. Fue médico del sultán almohade Abú Yaqub Yusuf.

IBN TUMART, ABDALÁ MOHAMED (h. 1080-1130). Jefe espiritual de los almohades. Beréber de la región marroquí del anti-Atlas, llevó a cabo una reforma religiosa a partir de la crítica de los principios estrictos de los almorávides. En 1110 se proclamó *mahdí* e imán y proclamó la guerra santa, foco de lo que sería el movimiento político y religioso almohade.
Almohades 1:241a.

IBN ZAYDÚN (1003-1070). Poeta hispanomusulmán. Visir de la ciudad de Córdoba, tuvo que abandonar la corte y refugiarse en Sevilla debido a su rivalidad por el amor de la princesa Walada con el visir Ibn Abdús. Autor de casidas de estilo neoclásico. Algunos de sus poemas se incluyeron en *Las mil y una noches.*

IBO. Pueblo de raza negra que habita en el sudeste de Nigeria, entre el océano Atlántico y el delta del Níger. Hablan la lengua ibo, perteneciente al grupo kwa de la familia nigerocongoleña. De religión animista, rinden culto a la tierra o Ale. Economía agrícola y sociedad estructurada en clanes patrilineales. Acaudillaron un intento de secesión frente al gobierno central de Nigeria (guerra de Biafra, 1967-1970).
Nigeria 10:414b.

IBRAHIM BAJÁ (1789-1848). Virrey de Egipto bajo el dominio otomano. Hijo del bajá Mehmet Alí, sus victorias militares lo llevaron a gobernar las provincias de Siria y Adén, cedidas a su país. Suprimió el régimen feudal en Damasco. En 1841, ante la amenaza naval británica, se vio forzado a abandonar los territorios ocupados La abdicación de su padre lo convirtió en virrey pocos meses antes de morir.

IBSEN, HENRIK (1828-1906). Poeta y dramaturgo noruego. Creador del drama realista moderno.
8:117a; Escandinava, literatura 6:32b; Grieg, Edvard 7:217a; Munch, Edvard 10:296b; Tragedia 14:109b; *ilustración* 8:117b.

IBUPROFENO. Fármaco de efecto analgésico y antipirético, encuadrado dentro del grupo de los antiinflamatorios no esteroideos. Además de su uso genérico, se emplea específicamente en el tratamiento de la osteoartritis y de la artritis reumatoide.
Analgésicos 1:316b.

ICA. Población del Perú, cap. de la prov. Fundada en 1563. Carretera panamericana. Universidad, museo de la cultura de Nazca. Centro agrícola (algodón, viñedo) e industrial. 194.820 hab. (1998).

ÍCARO. Personaje de la mitología griega, hijo de Dédalo y de Náucrate. Encerrado en el laberinto de Creta junto con su padre, consiguió huir gracias a las alas que Dédalo construyó para ambos; pero, pese a las recomendaciones recibidas, voló más alto de lo que debía y el sol derritió la cera que adhería las alas a su cuerpo, por lo que se precipitó al mar.

ICAZA, FRANCISCO DE ASÍS DE (1863-1925). Diplomático y escritor mexicano. Fue miembro de la Real Academia Española. Cultivó la poesía, la historia y la crítica. *Efímeras* (1892), *Las novelas ejemplares de Cervantes* (1901), *Lope de Vega, sus amores y sus odios* (1925).

ICAZA, JORGE (1906-1978). Novelista ecuatoriano. Destacó por su tratamiento realista de la temática indígena.
8:117b; Hispanoamericana, literatura 8:13a.

ICBM. Siglas de Intercontinental Balistic Missile, que corresponde al tipo de misil de alcance superior a los 6.000 km.

ICEBERG. Masa de hielo separada del extremo de un glaciar o de un casquete polar que flota en mar abierto, especialmente alrededor de Groenlandia y la Antártida.
8:117b; Glaciar 7:139a; Sonar 13:300a; *ilustración* 8:118a.

ICESAT. Acrónimo de *ice, cloud and land satellite.* Satélite artificial provisto de altímetros de alta precisión dotados de tecnología láser. Permite medir alturas tanto en superficies reflectantes como no reflectantes. Construido en los Estados Unidos, se sitúa a una altitud de unos 60.000 kilómetros y su vida media es de unos tres a cinco años.

ICHIKAWA KON (n. en 1915). Director cinematográfico japonés. Introdujo en su país la comedia occidental. Autor de dos conocidos filmes antibelicistas, *El arpa birmana* (1956) y *Fuegos en la llanura* (1959). El documental *Olimpiada de Tokio* (1965) le dio renombre internacional.

ICHKEUL, PARQUE NACIONAL. Humedal protegido al norte de Túnez. Constituye uno de los territorios de invernada de aves acuáticas más notables del planeta. Declarado patrimonio de la humanidad en 1980.

ICHURI. Según la información recogida por el historiador y jesuita español José de Acosta, nombre que los incas daban a sus confesores, ya fueran hombres o mujeres.

ICNEUMÓN. Insecto parásito perteneciente al grupo de los himenópteros y a la familia de los icneumónidos. Agrupa cerca de cuarenta mil especies.
8:118a.

ICOD DE LOS VINOS. Población española que pertenece a la prov. de Santa Cruz de Tenerife, en la comunidad autónoma de las islas Canarias. Situada en la vertiente norte del pico Teide. Fundada en 1501. Agricultura. 21.760 hab. (1986).

ICONO. Representación de Cristo, la Virgen o los santos, realizada sobre una tabla o panel. Propio del arte de las iglesias ortodoxas, se caracteriza por su vivo colorido, resaltado por el oro, y por su hieratismo (tradicionalismo).
Bizantino, arte 3:60a; Pintura 11:412b.

ICONOCLASTAS. Seguidores de un movimiento religioso surgido en el imperio bizantino entre los siglos VIII y IX. Los iconoclastas se oponían al culto a las imágenes (iconos), que calificaban de idolatría. La controversia suscitada en el seno de la iglesia finalizó con la renovación, en el 843, por parte de la emperatriz Teodora, del acuerdo establecido en el segundo concilio de Nicea (787) por el que se restablecía dicho culto.
Bizantino, imperio 3:63b; Herejías 7:371a.

ICONOSCOPIO. Uno de los primeros tubos catódicos de las cámaras de televisión, empleado para analizar y desintegrar electrónicamente la imagen fotografiada.

ICONOSTASIO. Mampara o separación entre la nave de la iglesia y el presbiterio, lugar reservado a los sacerdotes durante la consagración. Este antiguo elemento de la liturgia paleocristiana se conservó en occidente en la arquitectura mozárabe. En las iglesias orientales se mantuvo hasta el siglo XIX. El iconostasio ha sustentado una rica decoración con iconos. La tendencia teológica moderna a acentuar el sentido comunitario de la eucaristía, en contraposición a su sentido mistérico, ha propiciado la desaparición del iconostasio.

ICOSAEDRO. Poliedro de veinte caras, cada una de las cuales es un triángulo equilátero.

ICTERICIA. Coloración amarilla de la piel y las mucosas debida a la impregnación de éstas por la bilirrubina. La ictericia se manifiesta cuando el nivel de bilirrubina en sangre supera los 20 mg por litro.

ICTÍNEO. Nombre con el que se conocieron dos submarinos construidos en 1859 y 1864, respectivamente, por el ingeniero español Narciso Monturiol. Mientras que el primer «Ictíneo» avanzaba por propulsión manual, el segundo contaba con propulsión a vapor y atmósfera artificial. Todo el sistema mecánico fue obra del ingeniero Josep Pascual i Deop.
Submarino 13:331a.

ICTINO (siglo V a.C.). Arquitecto griego. Entre el 448 y el 437 trabajó bajo la dirección de Fidias, junto a Calícrates, en la construcción del Partenón. Realizó la reconstrucción del Telesterion (sala de iniciación a los misterios), en Eleusis, y se le atribuye el templo de Apolo Epicurio, en Basas. Ictino supo resolver los múltiples problemas ópticos de la arquitectura, como la integración de los decorados, y no dudó en mezclar elementos de los órdenes dórico y jónico.
Acrópolis 1:37a.

ICTIOLOGÍA. Disciplina científica de la zoología especializada en el estudio de los peces. Nacida como ciencia hacia el siglo XVI, evolucionó de forma paralela al resto de la zoología y alcanzó un desarrollo especialmente brillante durante los siglos XIX y XX.

ICTIOSAURIOS. Reptiles de la era mesozoica secundaria. Estaban adaptados a la vida marina. Su cuerpo era fusiforme y las extremidades se hallaban transformadas en aletas.
Animales prehistóricos 1:369a; Secundaria, era 13:183a.

ICTUS. Accidente neurológico que sobreviene bruscamente, en la mayoría de los casos de origen vascular, con abolición de las funciones cerebrales.

ID. V. **Ello.**

IDAHO. Estado del noroeste de los Estados Unidos, limítrofe con Canadá por el norte, y dominado por las montañas Rocallosas (o Rocosas). Papas (patatas), trigo, remolacha azucarera; ganadería; explotaciones forestales. Cap. Boise. 216.456 km^2. 1.210.232 hab. (1997).

IDEA. En lógica, concepto. En psicología, una entidad mental. En metafísica, realidad trascendente, como pueden ser las ideas platónicas en comparación con la realidad aparente.
Idealismo 8:118b; Ideología 8:119b; Platón 12:32b.

IDEALISMO. Postura filosófica que toma como punto de partida de su reflexion el yo, el sujeto o la conciencia, y no la realidad externa.
8:118b; Absoluto 1:18b; Fichte, Johann Gottlieb 6:278a; Filosofía 6:297b; Hegel, G. W .F. 7:348b; Materia 9:410a; Materialismo 9:410b; Panteísmo 11:254b; Realismo 12:280a; *ilustración* 8:119a.

IDEMPOTENCIA. Propiedad que cumple un conjunto para una ley de composición interna determinada en virtud de la cual un elemento *z* de dicho conjunto compuesto consigo mismo resulta el propio *z*.

IDEOGRÁFICA, ESCRITURA. Sistema de signos fijos en el que cada uno de ellos representa una idea o concepto. Constituyó la base de la escritura jeroglífica egipcia y de la logográfica china. La serie de números arábigos (1, 2, 3...) constituye un sistema ideográfico universalmente aceptado.
Escritura 6:43b.

IDEOGRAMA. Imagen convencional o símbolo que significa un ser o una idea, pero no palabras o frases fijas que los representen. También, signo o símbolo fijo que en la escritura de ciertas lenguas significa bien un concepto, bien una palabra, morfema o frase determinadas, sin representar cada una de sus sílabas o fonemas. Los números y signos matemáticos son ideogramas.
Escritura 6:43b; Jeroglífico 8:364a.

IDEOLOGÍA. Conjunto de ideas o creencias que propugna un programa sociopolítico de actuación.
8:119b; Partido político 11:290b; *ilustración* 8:119b.

IDIÁQUEZ, ALONSO (h. 1500-1547). Político español. Fue consejero de estado y secretario del emperador Carlos V (I de España). Participó en los acuerdos de paz entre el emperador y Francisco I en 1544 y en la conquista de Túnez en 1535.

IDIÁQUEZ, JUAN DE (1540-1614). Político español. Hijo de Alonso Idiáquez, fue secretario de Felipe II tras la destitución de Antonio Pérez (1579). Integró, junto con otros dos miembros, la Junta de Noche creada por Felipe II para aconsejar al príncipe Felipe en caso de fallecimiento del monarca. Ocupó la presidencia del Consejo de Órdenes en 1596 y fue caballero mayor de la reina Margarita de Austria.

IDIARTE BORDA, JUAN BAUTISTA (1844-1897). Político uruguayo. Diputado, senador y presidente de la república en 1894, fundó el Banco de la República e impulsó las obras portuarias en Montevideo. Murió asesinado.
Saravia, Aparicio 13:159a.

IDILIO (LITERATURA). Género poético de temática amorosa y asunto pastoril o campesino. Iniciado en la poesía alejandrina helenística, alcanzó gran desarrollo en el Renacimiento y en el siglo XVIII. Entre sus cultivadores destacaron el griego Teócrito, el italiano Torcuato Tasso y los españoles Félix Lope de Vega, Juan Meléndez Valdés, etc.

IDIOLECTO. Conjunto de rasgos que en el empleo de un idioma individualizan a un hablante.

IDIOMA. Instrumento de comunicación oral y en ocasiones escrito propio de una o más comunidades humanas. El término es sinónimo de lengua.

IDIOTA, EL. Novela del escritor ruso Fiódor Dostoievski, publicada entre 1868 y 1869. El análisis psicológico del príncipe Mishkin, ser bondadoso que tras una crisis nerviosa emprende una vida de servicio a los demás traducida en continuos fracasos, sirve de base a las reflexiones morales del autor.

IDOLATRÍA. Culto de adoración que se rinde a los ídolos o imágenes de los dioses como si se tratara de la divinidad misma o como si ésta habitara en ellos. Es propia de las religiones primitivas.

IDRÍS I DE LIBIA (1890-1983). Rey de Libia. Accedió al trono tras la independencia del país en 1951. Gobernó con firmeza, pero su política conservadora le atrajo la enemistad de los jóvenes oficiales del ejército, siendo depuesto por el coronel Muamar al-Gadafi en 1969. Se exilió en El Cairo.
Libia 9:148b.

IDRÍS I DE MARRUECOS (m. en el 792). Imán marroquí. Descendiente de Mahoma, se sublevó contra los abasíes y tuvo que huir a La Meca. Establecido en Marruecos en el 786, fue reconocido como imán dos años más tarde y se convirtió en el fundador de la dinastía idrisí.
Marruecos 9:384a.

IDRISI, AL (1100-h. 1165). Geógrafo árabe. Autor de uno de los trabajos medievales más importantes sobre geografía: *Recreo del que desea conocer el mundo.*
8:120a; *ilustración* 8:120a.

IDUMEA. Región antigua establecida inicialmente al este del mar Muerto y que posteriormente se extendió hasta el mar Rojo. Separada del reino de Judea por el monte Seir, sus ocupantes ayudaron a Nabucodonosor a tomar Jerusalén. Fue integrada en el reino de Judea por Juan Hircano en el siglo II a.C.

IDUMEOS. V. **Edomitas o Idumeos.**

IDUS. Días que para los romanos dividían el mes en dos partes aproximadamente iguales.

Eran el 15 de marzo, mayo, julio y octubre y el 13 de los demás meses.

IFÉ. Ciudad del sudoeste de Nigeria, perteneciente al est. de Oyo. Centro religioso y antigua capital del pueblo yoruba (desde el siglo XI). Destacó por sus creaciones artísticas (bustos en bronce característico del arte de Ifé). Agricultura. Universidad. 296.800 hab. (1996).

IFÉ, ARTE DE. Arte de la cultura africana homónima surgida en torno a la ciudad de Ifé (sudoeste de Nigeria), centro sagrado de los yorubas. Cronológicamente su pleno desarrollo se sitúa entre los siglos XII y XIV. Sus representaciones humanas mantienen una idealización del retrato, tanto en hombres como en mujeres.

IFÍCRATES (h. el 418-h. el 353 a.C.). General ateniense. Enfrentado a los espartanos en la guerra de Corinto (395-387 a.C.), sirvió posteriormente como mercenario de los persas y del rey troyano Cotis. Recuperado de nuevo por el ejército ateniense, fue juzgado y declarado inocente del delito de traición por negarse a atacar Bizancio (355).

IFIGENIA. Personaje legendario griego, hija de Agamenón y Clitemnestra. Según unas versiones, fue sacrificada a Artemisa para que la diosa enviara vientos favorables a la flota aquea concentrada en Áulide; según otras, la misma diosa la rescató cuando estaba a punto de ser inmolada.

IFNI. Territorio de Marruecos, en la costa occidental de África, bañado por el Atlántico. Cap. Sidi Ifni. 1.500 km.^{2}

IGLESIA (ARQUITECTURA). Templo dedicado al culto cristiano. El término abarca desde las grandes basílicas y catedrales hasta las parroquias más modestas. En todas sus formas existen notables ejemplos arquitectónicos.
Arquitectura 2:105a.

IGLESIA (INSTITUCIÓN). Comunidad religiosa fundada por Jesucristo. También se aplica el término a las distintas organizaciones que han surgido, por discrepancias diversas, en el seno de dicha comunidad (Iglesia Católica, de Inglaterra, etc.).
Católica, Iglesia 4:43b; Cristianismo 5:21a; Edad media 5:298b; Exorcismo 6:123a; Ortodoxas, iglesias 11:162b; Papado 11:256a; Presbiterianas, iglesias 12:130b; Reforma y contrarreforma 12:293a; Sínodo 13:255b.

IGLESIA, AQUILINO (1909-1961). Poeta español. Autor en lengua gallega, sus creaciones, encuadradas dentro de la estética clasicista, reflejaron el paisaje y el mundo rural gallego. *Corazón al viento* (1933), *De día a día* (1960), *Lanza de soledad* (1961).

IGLESIAS, AUGUSTO (n. en 1897). Poeta y escritor chileno. Fue director general de museos, archivos y bibliotecas y colaboró en diversos periódicos. Cultivó la poesía (*La palabra desnuda*), el drama (*La barrera*), la novela (*Maya*) y, sobre todo, los ensayos históricos y literarios: *Cervantes y el Quijote, José Miguel Carrera, Gabriela Mistral y el modernismo en Chile.*

IGLESIAS, EMILIANO (1878-1943). Político español. Organizador en Cataluña del Partido Radical de Alejandro Lerroux, fue concejal (1909) y diputado por Barcelona (1910). Participó en el anteproyecto de elaboración de la constitución de la segunda república.

IGLESIAS, ENRIQUE (n. en 1930). Economista uruguayo de origen español. Desempeñó diversos cargos en su país y en organismos económicos latinoamericanos. En 1988 accedió a la presidencia del Banco Interamericano de Desarrollo (BID).
8:120b.

IGLESIAS, IGNASI (1871-1928). Dramaturgo español. Autor en lengua catalana, fue uno de los representantes del modernismo en Cataluña. Trató preferentemente temática social, en la línea de Henrik Ibsen y Maurice Maeterlinck. *El ángel del fango* (1892), *La madre eterna* (1902), *El hogar apagado* (1926).

IGLESIAS, JOSÉ MARÍA (1823-1891). Político mexicano. Integrante del Partido Liberal, fue diputado desde 1852 y ministro de justicia y hacienda en 1857. Ocupó la presidencia de la Suprema Corte de Justicia desde 1873.

IGLESIAS, MIGUEL (1830-1909). Militar y político peruano. Ocupó diversos cargos políticos, entre ellos el de ministro de la guerra. Firmó el Tratado de Ancón y alcanzó la presidencia de la república en 1884, a título provisional. Se exilió en 1886.

IGLESIAS, PABLO (1850-1925). Político español. Considerado el padre del socialismo en España.
8:121a; Largo Caballero, Francisco 9:65b; *ilustración* 8:121a.

IGLESIAS DE LA CASA, JOSÉ (1748-1791). Poeta español, conocido por el seudónimo de Arcadio. Autor de letrillas satíricas a la manera de Luis de Góngora, perteneció al grupo de los poetas del Parnaso Salmantino. Ordenado sacerdote en 1783, sus creaciones posteriores adquirieron un tono más solemne. *La niñez laureada* (1785), *La teología* (1790).

IGLESIAS PAZ, CÉSAR (1881-1922). Comediógrafo argentino. Autor de comedias naturalistas, en las que profundizó en el análisis del comportamiento femenino. Influido por el estilo de Jacinto Benavente. *La enemiga* (1913), *El complot del silencio* (1917), *Una deuda de dolor* (1921).

IGLESIAS Y CASTRO, RAFAEL (1861-1924). Político costarricense. Ministro de guerra y marina bajo el gobierno de José J. Rodríguez, ocupó la presidencia del país entre 1894 y 1902. Durante su etapa presidencial se completó la introducción en el país de la empresa estadounidense United Fruit Company.

IGLÉSIES, JOSEP (1902-1986). Geógrafo y escritor español. Escribió en lengua catalana y trató de divulgar el conocimiento científico de la geografía de Cataluña. Publicó también estudios científicos sobre población y agricultura. *Las montañas de Prades, el Montsant y sierra la Llena, Enciclopedia del excursionismo, La crisis agraria de 1879-1900.*

IGLÚ. Construcción semiesférica que realizan ciertos grupos de esquimales con bloques de nieve compacta. Se utiliza como vivienda temporal durante las cacerías.
Esquimales 6:116a.

IGNACIO DE ANTIOQUÍA, SAN (m. h. el 107). Religioso cristiano del Imperio Romano. Nombrado obispo de Antioquía hacia el año 69, fue martirizado en Roma durante el gobierno del emperador Trajano. Autor de cartas a las diferentes iglesias de oriente y Roma, obras fundamentales para el conocimiento de la iglesia primitiva.

IGNACIO DE CONSTANTINOPLA (h. el 798-877). Patriarca de Constantinopla. Hijo de Miguel I, fue nombrado patriarca en el 847, al suceder a Metodio. Se enfrentó al regente Bardas y fue destituido de su cargo en el 858. Repuesto por Focio en el 867, presidió el cuarto concilio de Constantinopla (869), mantuvo discusiones con el papa Juan VIII por los derechos de su patriarcado sobre Bulgaria.

IGNACIO DE LOYOLA, SAN (1491-1556). Sacerdote español. Fundador de la Compañía de Jesús (jesuitas).
8:121a; Francisco Javier, san 6:399a; Jesuitas 8:370b; Órdenes religiosas 11:132a; *cuadro* 8:121b; *ilustraciones* 8:121a; 8:371b.

IGNÁTIEV, NIKOLÁI PÁVLOVICH (1832-1908). Diplomático y político ruso. Como embajador plenipotenciario en China obtuvo la concesión a Rusia de territorios en la costa norte del Pacífico. Desde la embajada en Constantinopla fomentó un movimiento eslavista en los Balcanes, y por el tratado de San Stefano, en 1878, impuso la separación de los Balcanes con respecto al imperio otomano. Ministro del interior desde 1881, dimitió al ser rechazado por Alejandro III su proyecto de constitución.

ÍGNEA, ROCA. V. **Eruptiva, roca.**

IGNICIÓN, PUNTO DE. Temperatura a la que un cuerpo alcanza el estado de ignición o combustión incandescente.
Combustión 4:291b.

IGNIFUGACIÓN. Procedimiento por el que un material combustible adquiere resistencia a la acción del fuego. Entre las técnicas utilizadas destaca la utilización de sales solubles (bórax, amónicas), productos retardantes o productos incombustibles (amianto, etc.).

IGNIMBRITA. Toba volcánica compacta que aparece recubriendo vastas extensiones y está formada por fragmentos de magmas ácidos soldados entre sí. Se origina por derramamiento de fragmentos de lava incandescente suspendidos en gases cálidos.

IGNITRÓN. Válvula electrónica con un cátodo de mercurio que descarga por un electrodo denominado ignitor. Se emplea como rectificadora de corriente.

IGORROTES. Población indígena de las montañas del norte de la isla filipina de Luzón. Los igorrotes forman diez grupos étnicos, agrupados en dos grandes conjuntos que se ordenan según la forma de cultivo del arroz.

ÍGOR SVIATÓSLAVICH (1150-1202). Príncipe ruso de los territorios de Nóvgorod-Severski (1178-1202) y de Chernigovski (1198-1202). Organizó una expedición contra los nómadas polovtsianos que frecuentemente asolaban los principados rusos. Fue derrotado y hecho prisionero, junto con otros príncipes rusos, en las estepas del Don. Esta derrota fue el tema del poema épico *Cantar de la hueste de Ígor*, considerado como uno de los clásicos de la literatura rusa.

IGUALA. Población mexicana que pertenece al est. de Guerrero, en la parte central del país. Integrada en el valle del río Iguala, es un importante centro regional de comercio y comunicaciones. Maíz, frijoles (judías o porotos), caña de azúcar; aceite de sésamo (ajonjolí), jabón. 83.412 hab. (1990; municipio).
Guerrero 7:278a.

IGUALA, PLAN DE. Proclama emitida por el general mexicano Agustín de Iturbide, el 24 de febrero de 1821, en la ciudad de Iguala. Propuso un gobierno monárquico, encabezado por el español Fernando VII o algún otro príncipe europeo, como base de la independencia de México.

IGUALADA. Ciudad española de la prov. de Barcelona, en la comunidad autónoma de Cataluña. Fundada en el siglo XI, conserva interesantes monumentos y tesoros artísticos. Industrias peletera y textil. 32.512 hab. (1996).

IGUALADOR. Mecanismo eléctrico empleado en los sistemas de grabación de sonido para obtener una respuesta en la frecuencia deseada. Por lo general emite la señal acústica con una intensidad igual en todas las frecuencias de una determinada banda.

IGUALDAD. Propiedad que cumplen dos magnitudes o cantidades que tienen el mismo valor, así como dos figuras geométricas que pueden superponerse exactamente en todos sus elementos.

IGUALES, CONSPIRACIÓN DE LOS. Episodio de la revolución francesa protagonizado por los seguidores de Gracchus Babeuf en defensa del bienestar general y la igualdad de beneficios. El cabecilla fue guillotinado el 27 de mayo de 1797.

IGUANA. Reptil de la familia de las iguánidas. Diversas especies, entre ellas la iguana común (*Iguana iguana*).
8:122a; *ilustración* 8:122a.

IGUANODONTE. Reptil fósil perteneciente al orden de los ortópodos. Presente en terrenos de la era secundaria anteriores al cretácico. Vivió en gran parte de Europa, en el norte de África y en el Asia oriental. Herbívoro, llegaba a medir más de diez metros de longitud y cuatro de altura, con las extremidades anteriores mucho más cortas que las posteriores.

IGUAZÚ, CATARATAS DEL. Caídas de agua de la frontera entre la Argentina y Brasil, a 14 km de la confluencia del río Iguazú con el Paraná. Tienen una altura de 82 m y una anchura de unos 4 km. Turismo.
8:122b; Argentina 2:44b; Brasil 3:149b; *ilustración* 8:122b.

IGUAZÚ, PARQUE NACIONAL DEL. Área natural protegida en la frontera entre Brasil y la Argentina. Comprende 55.000 hectáreas de selva subtropical en la Argentina y otras 170.000 en Brasil, donde se encuentran las cataratas del mismo nombre. Entre las especies animales que lo pueblan se encuentran el pato serrucho, el yapó, el tapir y el vampiro. Entre los vegetales destacan el palo rosa y el incienso.

IHARA SAIKAKU (1642-1693). Escritor japonés. Cultivó la poesía y la novela, y alcanzó gran celebridad en su época.
8:123a; Japonesa, literatura 8:352a.

IHERING, RUDOLF VON (1818-1892). Jurista alemán. Es considerado el iniciador de las tendencias que enfatizaron el carácter social del derecho.
8:123a; Derecho 5:141a.

II NAOSUKE (1815-1860). Señor feudal y político japonés. Propició la apertura de su país al comercio occidental mediante la firma de un tratado con los Estados Unidos en 1858. Murió asesinado por los grupos que se oponían a esta política.

IJSSEL, LAGO. Ijsselmeer, acumulación lacustre de agua dulce situada en la parte norte y central de los Países Bajos, que recibe las aguas del río Ijssel. Formada al concluirse en 1932 la construcción de un dique que la separó del mar de Wadden, o Waddenzee. Tras la desecación de su parte sur y este, los territorios obtenidos se convirtieron en pólders dedicados a la agricultura.

IKEBANA. Arte japonés de composición de ramos de flores para decoración. Derivado de las ofrendas budistas, se desarrolló sobre todo a partir del siglo XIV, cuando fue codificado por los maestros del té en clases y reglas estrictas.

IKEDA HAYATO (1899-1965). Político japonés. Ministro de hacienda (1949-1953 y 1956-1957), comercio (1952-1953) e industria y comercio (1959-1960), dirigió el Partido Liberal Democrático y fue primer ministro entre 1960 y 1964. Figura destacada en la recuperación económica de su país tras la segunda guerra mundial.

IL-A-BI. Deidad suprema entre los pueblos antiguos que habitaban en los posteriores territorios de Siria y Palestina (cananeos, fenicios, hititas, moabitas, etc.). Dios remoto y primigenio, fue suplantado en la primacía del culto por otros como El y Baal.

ILAMA. Fruta parecida a la chirimoya que procede de las regiones áridas de Centroamérica.

ILATIVO. Caso de la declinación que indica ilación o consecuencia de lo que anteriormente se ha manifestado.

ILDEFONSO DE TOLEDO, SAN (h. el 607-h. el 667). Teólogo y obispo español. Arzobispo de la ciudad de Toledo desde el 657, fue autor de obras teológicas y biografías de eclesiásticos españoles. *La virginidad de santa María contra los infieles, Introducción al bautismo.*

ÎLE-DE-FRANCE. Región de Francia que incluye los dep. de Val-d'Oise, Seine-et-Marne, Seine-Saint-Denis, París, Hauts-de-Seine, Val-de-Marne, Essonne e Yvelines. Densamente poblada. Zona industrial. Cap. París. 12.011 km^2. 10.977.700 hab. (1995).

ÍLEON. Porción terminal del intestino delgado, que se extiende desde el yeyuno hasta el ciego o primera porción del intestino grueso.
Intestino 8:242b.

ILERGETES. Antiguo pueblo prerromano de la península ibérica que ocupaba las posteriores provincias de Huesca, Lérida y Zaragoza. Formó una fuerte unidad política y contó entre sus jefes a Indíbil y Mandonio, quienes defendieron su independencia ante las tropas romanas y fueron derrotados en el 205 a.C.

ILHÉUS. Ciudad brasileña, en el estado de Bahía. Fundada en 1534, desde el siglo XVIII es uno de los principales centros de producción de cacao de Brasil. La riqueza generada por este cultivo ocasionó disputas por la tierra, que constituyen el argumento central de varias novelas del escritor Jorge Amado. Industria turística. 172.627 hab. (1996).
Bahía, estado de 2:308b.

ILI, RÍO. Curso fluvial de China y Rusia. Nace en China, en la reg. de Xinjiang y, tras cruzar la frontera rusa por el paso del Ili, desemboca en el lago Baljash. Su curso es de 1.439 km.

ILÍADA. Epopeya griega en 24 cantos atribuida a Homero.
8:123b; Aquiles 1:419b; Eneida 5:409a; Epopeya 6:15a; Homero 8:50b; Griega, literatura 7:217b; Odisea, la 11:78a; Odiseo 11:79b; Poesía 12:46a; Troya 14:136b; *ilustraciones* 8:123b; 8:124a; 8:125a.

ILIESCU, ION (n. en 1930). Político rumano. Miembro del Partido Comunista y del gobierno de Nicolae Ceausescu, tras la caída de éste en diciembre de 1989 fue designado presidente del gobierno provisional (febrero de 1990), y en mayo fue elegido presidente de la república como candidato del Frente de Salvación Nacional. En 1996 lo sucedió Emil Constantinescu.
Rumania 13:39b.

ILIÓN. V. **Troya.**

ILIRIA. Antigua región de la costa del Adriático. Estuvo habitada desde el siglo X a.C. por los ilirios, un pueblo indoeuropeo. Fue conquistada por los romanos en el 168 a.C., convirtiéndose posteriormente en provincia del imperio.
Albania 1:143a; Metales, edad de los 10:95b.

ILITURGI. Nombre de dos poblaciones prerromanas de la península ibérica, situadas una en las proximidades del río Ebro y la otra cerca de la actual población jiennense de Úbeda. Esta última fue conquistada por Escipión el Africano en el 206 a.C.

ILIUSHIN. Tipo de avión soviético. El cazabombardero Iliushin 2 (Il-2 o Stormovik) fue diseñado por Serguéi Iliushin (1894-1977) y se utilizó en la segunda guerra mundial. El aeroplano de transporte militar Iliushin 76 (Il-76) fue probado en 1971 y se empezó a producir en 1975.

ILLAMPU, NEVADO DE. Pico de los Andes bolivianos. Forma parte de la cordillera Real. 6.421 m.
Andes 1:333a.

ILLAPA. V. **Apu Illapu.**

ILLE-ET-VILAINE. Departamento francés situado en la reg. de Bretaña. Agricultura, ganadería e industria diversa (mecánica, calzado). Cap. Rennes. 6.775 km^2. 836.700 hab. (1995).

ILLESCAS, CARLOS (n. en 1918). Escritor guatemalteco. Cultivó la novela, la poesía y la crítica literaria.
8:125a.

ILLESCAS, FERNANDO DE. Religioso español de fines del siglo XIV y principios del siglo XV. Dominico, participó en la vida política del reino de Castilla como confesor de los monarcas Juan I y Enrique III. Sus gestiones diplomáticas permitieron establecer acuerdos dinásticos con Inglaterra (1388) y firmar la paz de Monção con Portugal (1389).

ILLESCAS, GONZALO DE (m. h. 1633). Escritor y religioso español. Fue autor de obras históricas y traducciones del italiano y portugués. *Historia pontificial y católica* (1606), *Jornada de Carlos V a Túnez.*

ILLIA, ARTURO HUMBERTO (1900-1983). Político argentino. Presidente de la república de 1963 a 1966.
8:125b; Onganía, Juan Carlos 11:110a; *ilustración* 8:125b.

ILLICH, IVAN (n. en 1926). Sacerdote y pedagogo estadounidense de origen austriaco. Atacó a la sociedad industrial como enajenadora del hombre, criticando la escuela institucionalizada y planteando la desescolarización como medio para encontrar el verdadero saber. *Educación sin escuelas* (1971), *Némesis médica: la expropiación de la salud* (1975), *El género vernacular* (1983).
Educación 5:315a.

ILLIMANI. Macizo de Bolivia, en la cordillera Oriental. Se levanta sobre el valle del río La Paz. 6.402 m de altura.
Andes 1:333a.

ILLINOIS. Estado del centro de los Estados Unidos, a orillas del lago Michigan. Extensas llanuras. Agricultura, especialmente soya (soja). Ganadería. Centrales nucleares. Cap. Springfield. 150.008 km^2. 11.895.849 hab. (1997).
Chicago 4:124a.

ILLINOIS, GLACIACIÓN. Período glaciar del pleistoceno norteamericano que equivale a la glaciación Riss europea.
Cuaternaria, era 5:47.

ILLITA. Denominación genérica que se aplica a los minerales del grupo de las hidromicas, originados por alteración meteórica de las micas.

ILLUECA, JORGE (n. en 1918). Político panameño. Vicepresidente de la república, accedió a la presidencia, a título provisional, en 1984, manteniéndose en el cargo siete meses. Consiguió la soberanía de Fort Gulick, hasta entonces en manos estadounidenses.

ILMENITA. Hierro con alto contenido en magnetita titanada, elemento accesorio de las rocas eruptivas. De color negro y brillo metálico.

ILO. Puerto principal del sur del Perú, sobre el Pacífico. Cap. de la provincia homónima, en el dep. de Mosquega. Vid, fruta, pesca; refinería de cobre. En 1992 Perú concedió a Bolivia acceso libre a este puerto para ofrecerle una salida al Pacífico.

ILOILO. Ciudad y puerto de las Filipinas, cap. de la prov. de Iloilo en la isla de Panay. Edificios de estilo español. Universidades. Sedas, tejidos, fibras de piña tropical. 334.539 hab. (1995).

ILOPANGO, LAGO DE. Acumulación lacustre de El Salvador, en las fronteras de los dep. de San Salvador, La Paz y Cuscatlán. En 1880 se elevó el nivel de sus aguas, formando un canal natural (río Jiboa) y una isla volcánica (Ilopango). 100 km^2.
San Salvador, departamento de 13:136b.

ILORIN. Ciudad de Nigeria, cap. del est. de Kwara. Población mayoritariamente yoruba. Antiguo emirato. Aeropuerto internacional. Colegios universitarios, instituto de agronomía. Productos alimenticios, artesanía, cerámica. Mercado agrícola. 475.800 hab. (1996).

ILOTAS. En la antigua Esparta, esclavos que pertenecían al estado y trabajaban en su mayoría como siervos adscritos a la tierra.

ILUMINACIÓN Y ALUMBRADO. Conjunto de luces y aparatos necesarios para iluminar un ambiente o una ciudad.

8:126a; Control remoto 4:366a; *ilustraciones* 8:126a; 8:127b.

ILUMINISMO. Movimiento místico europeo de los siglos XVI y XVII que buscaba la iluminación interior inspirada directamente por Dios. Fue condenado por la Inquisición.
8:128a; Herejías 7:371b; *ilustración* 8:128a.

ILUSIÓN. Trastorno de la percepción sensorial consistente en la interpretación deformada del estímulo. Es frecuente en los sujetos normales y puede tener su origen en un estado de tensión emocional o en la falta de atención, si bien también puede ser provocado por el propio sujeto.

ILUSTRACIÓN. Corriente de pensamiento surgida en Europa en el siglo XVIII. Eran sus características fundamentales la fe en la razón y la confianza en el progreso de la sociedad según principios inspirados en aquélla.
8:128b; Alemana, literatura en lengua 1:178a; Ateísmo 2:188a; Despotismo ilustrado 5:155b; Diderot, Denis 5:180a; Escandinava, literatura 6:32a; Filosofía 6:297b; Fontenelle, Bernard Le Bovier de 6:346b; Francesa, literatura 6:371b; Francia 6:392a; Hispanoamericana, literatura 8:5a; Hume, David 8:94a; Húngara, literatura 8:99a; Italiana, literatura 8:322b; Jovellanos, Gaspar Melchor de 8:387b; Lessing, Gotthold Ephraim 9:129b; Liberalismo 9:142a; Montesquieu, barón de 10:250a; Música 10:313a; Polaca, literatura 12:49b; Portuguesa, literatura 12:102a; Rousseau, Jean-Jacques 13:28b; Soberanía 13:273b; Sociedades económicas de amigos del país 13:280a; Voltaire 14:346a; *ilustraciones* 8:128b; 8:129b; 8:130a.

ILUSTRACIÓN ESPAÑOLA Y AMERICANA, LA. Revista ilustrada española, publicada en Madrid entre 1869 y 1921. Órgano de difusión del mundo intelectual español, alcanzó una gran popularidad por su alta calidad técnica y por contar entre sus páginas con las principales firmas del momento.

IMAGEN CORPORATIVA. Estrategia de una empresa para lograr una representación gráfica de la misma que la haga popular. La imagen corporativa debe ir indisolublemente unida al nombre de la empresa en cualquier documento que ésta emita, así como en su publicidad.

IMAGEN ELECTRÓNICA. Representación de un contenido visual a través de datos escritos en código digital susceptibles de ser procesados e interpretados por computadoras y equipos informáticos. Según su tipo, una imagen electrónica se almacena en dos tipos de formatos: en mapa de bits, cuando es de calidad fotográfica, con división de la imagen en miles de puntos o píxeles a los que se asignan valores individuales de intensidad, color, matiz y otras propiedades; y en vectores matemáticos, para almacenamiento y representación de imágenes gráficas de trazo geométrico o similar.

IMAGINACIÓN. Capacidad de reproducir imágenes y también de combinarlas de forma distinta a como se dan en la realidad, creando así situaciones o seres inexistentes. La imaginación está en íntima relación con el pensamiento creador y constituye la base de la mayoría de las actividades lúdicas infantiles.
Pensamiento 11:329a.

IMAGINARIO, NÚMERO. V. **Número imaginario.**

IMAGINEROS. Escultores españoles de los siglos XVI y XVII especializados en imágenes religiosas, casi siempre polícromas y de un marcado realismo. Entre los más destacados cabe citar a Gregorio Hernández, Alonso Cano, Juan Martínez Montañés y Alonso Berruguete.
Barroco, arte 2:359b; Berruguete, Alonso 3:3b; Cano, Alonso 3:343a; Hernández, Gregorio 7:376a; Martínez Montañés, Juan 9:395b.

IMAGINISMO. Término utilizado por primera vez en 1912 por el poeta estadounidense Ezra Pound para definir a la poesía surgida en aquellos años en el Reino Unido, que intentaba la búsqueda de nuevas formas estéticas en ruptura con el romanticismo y los modelos victorianos.
Pound, Ezra 12:109a.

IMAMURA SHOHEI (n. en 1926). Cineasta japonés. Uno de los realizadores más destacados del cine nipón de la década de 1960, con posterioridad triunfó más allá de las fronteras de su país. *Cerdos y acorazados* (1961), *La balada de Narayama* (1983), *La anguila* (1996). Palma de oro en Cannes por estas dos últimas películas.

IMÁN (FÍSICA). Cuerpo que tiene la propiedad de atraer al hierro por inducción. La atracción es máxima en dos zonas extremas llamadas polos, positivo y negativo. Los polos de signo distinto se atraen y los del mismo signo se repelen.
Brújula 3:198b; Magnetismo 9:288a.

IMÁN (RELIGIÓN). Funcionario islámico que dirige las plegarias en las mezquitas. Entre los sunníes, título otorgado a los descendientes de Mahoma; entre los chiitas, a los descendientes de Alí.

IMARI. Porcelana japonesa realizada en Arita, en la provincia de Hizen. Recibió su nombre del puerto de Imari, desde el que se exportaba a Europa. Tuvo dos grandes períodos de auge. En los siglos XVI y comienzos del XVII se caracterizó por su decoración en verde, azul y rojo. En el siglo XVIII predominó el rojo con hilos de oro.

IMAZ ECHEVERRÍA, EUGENIO (1900-1951). Filósofo español. Exiliado en México tras la guerra civil (1936-1939), colaboró en las revistas *Cruz y Raya* y *Cuadernos Americanos*. Tradujo y editó diversas obras de historia y de filosofía de la cultura. *Asedio a Dilthey, El pensamiento de Dilthey: evolución y sistema.*

IMBABURA. Provincia del Ecuador, en la región de la Sierra. Múltiples lagos en cráteres volcánicos. Carretera panamericana. Agricultura y ganadería, principalmente llamas y ganado vacuno y lanar. Cap. Ibarra. 4.559 km^2. 316.793 hab. (1997).

IMBECILIDAD. Grado intermedio de oligofrenia, entre la debilidad mental y la idiocia. El imbécil tiene un cociente intelectual que oscila entre 20 y 50 y una edad mental de un niño entre los tres y ocho años. Necesita asistencia permanente.

IMBELLONI, JOSÉ (1885-1967). Antropólogo argentino de origen italiano. Profesor de antropología en la Universidad de Buenos Aires, destacó por sus investigaciones acerca de los primitivos pobladores americanos. *Elementos de culturología* (1936), *Poblamiento primitivo de América* (1939), *El inkario crítico* (1946).

IMHOTEP (siglo XXVII a.C.). Sabio, arquitecto y astrólogo del antiguo Egipto. Se le considera autor de los diseños del primer templo de Edfu y de la pirámide escalonada del faraón Zoser, en Saqara. Los griegos lo indentificaron con Asclepio, dios de la medicina.
Egipcio, arte 5:326b; Egipto 5:333b.

IMITACIÓN DE CRISTO. Obra atribuida al teólogo alemán Tomás de Kempis, escrita a mediados del siglo XV en latín y en cuatro partes independientes. Fray Luis de Granada realizó la primera traducción al español.
Tomás de Kempis 14:80b.

IMMERMANN, KARL LEBERECHT (1796-1840). Escritor alemán. Fue juez en Düsseldorf y director de teatro. Su estilo osciló entre una nostalgia romántica y un avance hacia el realismo. Escribió algunos dramas, pero sus mejores obras son las novelas que reflejan un ambiente social. *Los epígonos* (1836), *Münchhausen* (1838-1839).

IMOLA. Población italiana situada en la prov. de Bolonia, reg. de Emilia-Romaña. Ciudad monumental, formó parte desde 1499 de los Estados Pontificios. Cultivos de fresas; cerámica, vidrio, maquinaria agrícola. 60.597 hab. (1981).

IMPACTOR. Aparato destinado a aglutinar algún material por golpeo repetido.

IMPALA. Mamífero artiodáctilo rumiante de la familia de los bóvidos (*Aepyceros melampus*). Cuernos en forma de lira. Vive entre los matorrales próximos a los ríos del sudeste africano.
Antílope 1:393b.

IMPEACHMENT. En el Reino Unido y los Estados Unidos, procedimiento criminal emprendido por el legislativo contra una autoridad pública.

IMPEDANCIA. Resistencia que ofrece un circuito al paso de la corriente eléctrica. Inversa de la admitancia. Se compone de la resistencia óhmica y de la reactancia que depende de la pulsación.

IMPERATIVO. Término utilizado en filosofía moral para designar los mandamientos éticos. Immanuel Kant describió dos clases de imperativos: los hipotéticos o condicionales, por estar condicionados a los fines que se pretenden; y los categóricos o absolutos, por no estar condicionados a ningún fin, de modo que la acción se realiza por sí misma y es un bien en sí.

IMPERATIVO, MODO. Forma verbal con que se manda o ruega.

IMPERFECTO. Tiempo verbal que indica acción no concluida. En español, con excepción del imperativo, se encuentra en los modos indicativo, potencial (condicional) y subjuntivo, y se refiere al pasado, como en el pretérito imperfecto, o al futuro, como en el futuro imperfecto.

IMPERIA. Población italiana situada en la reg. de Liguria, en la costa del golfo de Génova. Capital de la prov. de Imperia, fue creada en 1923 como resultado de la unión de diversas poblaciones, principalmente Porto Maurizio y Oneglia. Centro industrial y comercial. Floricultura, turismo. 41.435 hab. (1983).

IMPERIAL, MICER FRANCISCO (1373-h. 1409). Poeta español de origen genovés. Uno de los primeros poetas en lengua castellana en utilizar el endecasílabo. Sus creaciones de tipo amoroso y galante muestran grandes influencias de la obra del poeta italiano Dante Alighieri. *Decir de las siete virtudes, Por amor y loores de una hermosa mujer de Sevilla.*

IMPERIALISMO. Doctrina o práctica en favor de la formación de imperios sometiendo a otros pueblos al dominio político o económico de un país o grupo nacional más poderoso.
8:130b; Capitalismo 3:364a; Colonialismo 4:280b; Industrial, revolución 8:189a; Políticos, sistemas 12:65a; *mapa* 8:131; *ilustración* 8:130b.

IMPERIO. Reunión de diversos pueblos bajo el gobierno de un pueblo dominante. Tipos característicos de imperios han sido el Imperio Romano, que luego se dividió en oriente y occidente, el Sacro Imperio Romano germánico, y los imperios coloniales que se formaron a partir de los grandes descubrimientos geográficos del siglo XVI.
Políticos, sistemas 12:65a.

IMPERIO, ESTILO. Tendencia artística y decorativa predominante en Francia desde finales del siglo XVIII hasta la segunda década del siglo XIX. Se inició durante el reinado de Luis XVI y alcanzó su máximo desarrollo durante el imperio de Napoleón I. Combinó el estilo neoclásico con aportaciones del arte egipcio y pompeyano.
Mueble 10:289b.

IMPERIO, PASTORA (h. 1889-1979). Pastora Rojas Monje, bailarina española. Hija de una conocida bailarina, la Mejorana. Realizó giras por toda Europa. Entre sus interpretaciones más renombradas figura *El amor brujo*, de Manuel de Falla.

IMPERIO BRITÁNICO. V. **Británico, imperio.**

IMPERIO MEXICANO. Nombre con el que se designa a dos regímenes de la historia mexicana. Al independizarse el país, los tratados de Córdoba (24 de agosto de 1821) asentaron que «el gobierno del imperio será monárquico, constitucional moderado», lo cual sería ratificado por las Bases Constitucionales del 24 de febrero de 1822 y confirmado cuando Agustín de Iturbide fue proclamado emperador por el Congreso el 19 de marzo de 1923. También fue llamado imperio el orden político impuesto en México en 1863 por el ejército francés de ocupación. Este segundo imperio mexicano, encabezado formalmente por Maximiliano de Habsburgo, llegó a su fin el 14 de mayo de 1867.

IMPERIUM. Poder supremo militar que mantenían algunos cargos públicos en la antigua Roma. Estaban en posesión de ellos magistrados superiores. Se dividía en *imperium domi* (dentro de la ciudad) e *imperium militiae* (fuera de los límites de la ciudad).

IMPERMEABILIZACIÓN. Procedimiento para revestir un material con algún producto impermeabilizante, por ejemplo caucho. Es común en construcción y en la industria textil.
Alquitrán 1:250b.

IMPÉTIGO. Infección superficial supurada y costrosa de la piel. Es una enfermedad muy contagiosa. El germen causante es el estafilococo y, más frecuentemente, el estreptococo.

IMPLOSIÓN. Fenómeno cósmico caracterizado por la dramática disminución en las dimensiones de un astro. Se produce por el hundimiento de sus capas internas al romperse el equilibrio existente entre la presión energética emergente del interior y la contracción por efectos gravitacionales.

IMPLOSIVA, CONSONANTE. Fonema de articulación o sonido oclusivo que, por ser final de sílaba, como ocurre con la *b* de «abdomen», termina sin la abertura súbita de las consonantes explosivas.

IMPORTACIÓN Y EXPORTACIÓN. La importación es la adquisición por parte de un país de bienes y servicios de otros países. La exportación, por el contrario, es la venta de bienes y servicios por un país a otros. La primera crea obligaciones de pago y la segunda derechos de cobro.
Balanza de pagos 2:316a.

IMPOSICIÓN DE MANOS. En la liturgia cristiana, colocación de las manos sobre la cabeza de una persona o sobre un objeto para bendecirlo. En los sacramentos de la confirmación y la ordenación, acto que simboliza la transmisión del Espíritu Santo.

IMPOSTA. Superficie de apoyo de los puntos de arranque de un arco o bóveda, a partir de los cuales éstos inician la descripción de su curvatura; frecuentemente está organizada por una cornisa.

IMPOTENCIA. En el hombre, imposibilidad o incapacidad de mantener relaciones sexuales completas, por causas orgánicas (trastornos hormonales, anomalías de los órganos genitales, lesiones de los centros o las vías nerviosas etc.) o trastornos psíquicos.
Reproducción asistida 12:338b.

IMPRENTA Y ARTES GRÁFICAS. Conjunto de técnicas y procedimientos para reproducir caracteres o trazos sobre papel.
8:131b; Autor, derechos de 2:254b; Cartel 3:422b; Comunicación 4:314a; Diccionario 5:176b; Diseño 5:206b; Gutenberg, Johannes 7:299b; Libro 9:151b; Prensa 12:128b; *ilustraciones* 8:132a; 8:133b; 8:134a; 8:135b.

IMPRESIÓN. Proceso de reproducción de imágenes o textos en una superficie (papel, tela, etc.), por contacto con otra superficie entintada. Por analogía se denomina también así el procedimiento mediante el cual se depositan materiales de conducción eléctrica en superficies aislantes para crear circuitos electrónicos.
Imprenta y artes gráficas 8:134a.

IMPRESIONISMO. Movimiento pictórico surgido en Francia a finales del siglo XIX que daba prioridad a la captación de la luz y el color. El término también se usa para designar los movimientos paralelos en la música y otras artes en que el autor buscaba reflejar sus impresiones del mundo.
8:136a; Allende, Pedro Humberto 1:235a; Cassatt, Mary 4:13a; Cézanne, Paul 4:96a; Debussy, Claude 5:105a; Degas, Edgar 5:110a; Fader, Fernando 6:221b; Manet, Édouard 9:325a; Monet, Claude 10:228a; Música 10:314b; Oller, Francisco 11:99b; Pintura 11:415b; Pissarro, Camille 12:6b; Postimpresionismo 12:106a; Renoir, Pierre-Auguste 12:334a; Sisley, Alfred 13:264b; Sorolla, Joaquín 13:306a; Turner, J.M.W. 14:161a; Van Gogh, Vincent 14:234a; Visconti, Eliseo 14:330a; Whistler, James 14:3563a; *ilustraciones* 8:136a; 8:137a-b; 8:138a-b.

IMPRESORA. Máquina utilizada para imprimir. Tipos y usos diversos: plana, rotativa, para *offset*, para impresión térmica, de circuitos electrónicos, etc.
Computadora 4:309b; Informática 8:204b; Ofimática 11:83b; Proceso de datos 12:157a.

IMPRESORA DE CHORRO DE TINTA. Aquella que emplea para la impresión un elemento proyector de microgotas de tinta.

IMPRESORA MATRICIAL. Aquella que emplea para la impresión una cabeza que golpea una cinta de plástico o seda, impregnada en un pigmento o en una tinta. También llamada de impacto.

IMPRESORA LÁSER. Aquella que realiza la impresión mediante un depósito sobre el papel de partículas de un polvo negro especial llamado tóner. Éste se fija con más o menos intensidad según las órdenes de un tambor fotosensible.

IMPRESORA TÉRMICA. Aquella que realiza la impresión mediante la aplicación de calor a un papel termosensible. Muy empleada en cajas de comercios para la expedición de recibos de venta.

IMPRIMATUR. Término latino, cuyo significado es «que se imprima», con el que la autoridad eclesiástica autoriza la publicación de una obra tras la aprobación del censor y la obtención del *nihil obstat* («nada lo impide»).

IMPROMPTU. Género musical para piano. Data del siglo XIX. Pretende evocar la improvisación del intérprete. Franz Schubert, Frédéric Chopin, Ludwig van Beethoven y muchos otros compositores escribieron obras de este género.

IMPUESTO. Obligación, usualmente pecuniaria, que el estado exige a individuos y sociedades dentro de su jurisdicción económica por la renta que obtienen, los recursos que poseen o las actividades comerciales que realizan.
8:138b; Finanzas públicas 6:300a; *ilustraciones* 8:139b; 8:140a.

IMPUESTO SOBRE EL VALOR AÑADIDO O AGREGADO. Impuesto indirecto que grava la adición de valor económico en las distintas fases de producción de un bien o prestación de un servicio.
Impuesto 8:140b.

IMPULSO (FÍSICA). Efecto de una fuerza constante sobre el movimiento de un cuerpo. Es igual al producto de la fuerza por el tiempo en que actúa, e igual a la cantidad de movimiento que le comunica.

IMPULSO (PSICOLOGÍA). Tendencia irresistible a la realización de actos simples o complejos sin intervención de la voluntad o sin que ésta logre imponerse. La mayoría de los impulsos tienen su origen en necesidades fisiológicas e instintivas, y en los sujetos normales se hallan canalizados por la educación y están controlados. Su falta de control sistemática es señal de alteraciones psíquicas más o menos graves.

IMPUTACIÓN, TEORÍA DE LA. Concepto económico, encuadrado dentro de la teoría marginalista, que intenta determinar el valor aportado a un producto a partir de los distintos factores que participan en su producción.

IMRÉDY, BÉLA (1891-1946). Político húngaro que colaboró con el régimen nazi durante la segunda guerra mundial. Fue director del Banco Nacional de Hungría (1928), ministro de finanzas (1932-1935) y primer ministro (1938-1939). Promulgó diversas leyes antijudías, pero hubo de dimitir al ser descubiertos sus orígenes judíos. Como ministro de economía (1944), subordinó los intereses de su país a los de Alemania. Al terminar la contienda fue ejecutado como criminal de guerra.

IMRU AL-QAYS (m. h. el 550). Poeta árabe preislámico, uno de los más celebrados por Mahoma y por los califas y críticos árabes. Hijo del rey de Kinda, fue expulsado dos veces de la casa paterna por el carácter erótico de su poesía, pero más tarde luchó y buscó aliados para recuperar el reino de su padre asesinado. Una de sus odas se conserva en la colección al-Mualaqa.

ÍNACO. En la mitología griega, rey de Argos y dios fluvial, hijo de Océano y de Tetis. Apoyó a la diosa Hera en su disputa con Poseidón por la posesión de la Argólida. El dios del mar, irritado, lo castigó con una sequía estival eterna.

INAME (m. h. el 570). Jefe del clan japonés Soga desde el 536. Favoreció la introducción en el país de la religión budista, lo que le permitió combatir y derrotar a los clanes rivales de Nakatomi y Mononobe. Lo sucedió su hijo Unako.
Japón 8:343a.

INANICIÓN. Estado en el que se encuentra una persona que se ha visto privada de alimentos durante mucho tiempo.

INBAL, ELIAHU (n. en 1936). Director de orquesta israelí. Desarrolló parte de su carrera musical en Italia, donde, tras otros logros profesionales, en 1996 fue nombrado director de la orquesta sinfónica de la Radiotelevisión Italiana en la ciudad de Turín.

INCA (GEOGRAFÍA). Ciudad española de la prov. de Baleares en la isla de Mallorca. Cereales, almendros, vid, olivo, cerdos. Industria primaria. 21.701 hab. (1986).

INCA (HISTORIA). Nombre con el que se designa al emperador o monarca de los antiguos quechuas. El imperio de los incas fue fundado en el siglo XIII en el valle de Cusco (o Cuzco) por Manco Cápac I, quien logró una eficaz organización en todos los órdenes.

INCA (METROLOGÍA). Moneda de oro del Perú, igual a veinte soles.

INCA, IMPERIO. Civilización precolombina, cuyos dominios se extendían desde el Ecuador hasta Chile, fundada por Manco Cápac I.
8:141a; Amerindios, pueblos 1:299b; Andinas, civilizaciones 2:337b; Atahualpa 2:186a; Camino y carretera 3:305b; Cusco 5:80b; Chimú, imperio 4:412b; Ecuador 5:290b; Huáscar 8:80b; Huayna Cápac 8:81a; Inca, religión 8:143b; Latinoamérica, conquista de 9:80b; Lima 9:157b; Machu Picchu 9:264b; Manco Cápac 9:323a; Manco Inca 9:323b; Pachacútec 11:196a; Perú 11:361a; Pizarro, Francisco 12:10b; Precolombinas, literaturas 12:120b; Precolombino, arte 12:123a; Túpac Inca Yupanqui 14:152b; *mapa* 8:141b; *ilustraciones* 8:142a-b.

INCA, RELIGIÓN. Conjunto de creencias y prácticas religiosas de los antiguos incas.
8:143a; Apu Illapu 1:417b; Inca, imperio 8:142b; Inti 8:243b; Mito y mitología 10:199a;

Precolombinas, literaturas 12:120b; Viracocha 14:324b; *ilustración* 8:143b.

INCA ROCA (m. h. 1246). Monarca inca, sucesor de Cápac Yupanqui. Introdujo numerosas reformas y ordenó la construcción de puentes sobre el Apurímac.

INCE, THOMAS H. (1882-1924). Director y productor cinematográfico estadounidense. Fue uno de los pioneros de la producción cinematográfica. Se dedicó especialmente a temas de la guerra de secesión y a los *westerns*. *Los gángsteres y la muchacha* (1914), *El italiano* (1915), *Civilización* (1916).

INCE, WILLIAM (siglo XVII). Ebanista y tapicero británico. Junto a su hermano Mayhew, publicó el libro *Sistema universal de mobiliaria en madera* (1759), recopilación de diseños de muebles y objetos. Seguidor del estilo rococó, posteriormente maduró hacia el neoclásico y el estilo regencia.

INCERTIDUMBRE, PRINCIPIO DE. Interpretación probabilística de la mecánica cuántica, según la cual es imposible conocer con exactitud el valor de dos magnitudes asociadas, manteniéndose como límite de precisión posible la constante de Planck. Enunciada en 1927 por el físico alemán Werner Karl Heisenberg. También llamada principio de indeterminación.
Cuántica, teoría 5:43a.

INCESTO. Relaciones sexuales entre personas consanguíneas o afines a quienes por lo general la ley, la religión o las costumbres prohíben contraer matrimonio.
8:144a; Matrimonio y divorcio 9:417b; Tabú 13:374a; *ilustración* 8:144a.

INCHÁUSTEGUI CABRAL, HÉCTOR (1912-1979). Escritor dominicano, autor de poemas sociales de elevada inspiración ética, dramas y ensayos literarios. *Poemas de una sola angustia* (1940), *Muerte en el Edén* (1951), *Miedo en un puñado de polvo* (1964), *De literatura dominicana siglo XX* (1968).

INCHÓN. Ciudad de Corea del sur, prov. de Kyonggi, en la parte noroccidental del país. Es el puerto principal de Seúl. Instituto de tecnología. Vidrio, siderurgia, refinería de petróleos, productos químicos. 2.307.618 hab. (1995).

INCIENSO. Sustancia resinosa y aromática procedente de diferentes especies de árboles de la familia de las burseráceas y del género *Boswellia*, originarios de Arabia y de la India.

INCINERACIÓN. Acción de reducir un cuerpo a cenizas mediante la combustión realizada, por lo general, en hornos especiales.
Energía 5:414a.

INCISIVOS. Dientes cuneiformes, en número de cuatro en cada maxilar, que sirven para cortar los alimentos. Se sitúan en la parte delantera de la boca.
Diente 5:181b.

INCLÁN, LUIS G. (1816-1875). Escritor mexicano. Uno de los primeros que cultivó la novela realista.
8:144b.

INCLUSIÓN (BIOLOGÍA). Operación histológica en la que se hace penetrar en un tejido orgánico una sustancia líquida, colodión o parafina, que luego se solidifica y permite cortar dicho tejido en finas secciones susceptibles de ser observadas al microscopio.

INCLUSIÓN (MINERÍA Y METALURGIA). Elemento incluido en los metales y aleaciones durante su elaboración. También yacimiento de roca eruptiva en el que el metal aportado no forma filones, sino que está diseminado.

INCLUSIÓN CELULAR. Intrusión de cualquier sustancia extraña en el protoplasma o el núcleo de una célula. Producida normalmente por alteraciones en el proceso metabólico celular. Algunos de los corpúsculos que provocan este fenómeno son los de Döhle y Negri, característicos respectivamente de la escarlatina y la hidrofobia.

INCONEL. Aleación de níquel, cromo y hierro resistente al agua y a diversas soluciones. Se utiliza para la fabricación de recipientes.

INCONSCIENTE. Conjunto de procesos psíquicos que permanecen fuera del campo de la conciencia. Según Sigmund Freud, es uno de los sistemas del aparato psíquico, constituido por los contenidos reprimidos que no pueden acceder al pre-consciente ni a la conciencia.
Freud, Sigmund 6:410a; Psicoanálisis 12:172b.

INCONSCIENTE COLECTIVO. Concepto elaborado por Carl Jung en un intento de ampliar la noción freudiana de inconsciente. Junto a los contenidos del inconsciente individual, Jung defiende la existencia de otros de carácter universal (imágenes primordiales colectivas o arquetipos, mitologemas, etc.), procedentes de una estructura cerebral heredada.
Jung, Carl Gustav 8:411a; Personalidad 11:354b.

INCUBADORA. Aparato destinado al mantenimiento en condiciones ideales de los niños prematuros o nacidos en estado de extrema debilidad o peso insuficiente.
Pediatría 11:315b.

INCUNABLE. Libro o impreso realizado en los inicios de la imprenta (hasta los comienzos del siglo XVI) mediante planchas de madera talladas (xilografía) o mediante caracteres metálicos (tipografía).

INDAUR. V. **Indore.**

INDEFINIDO. Tiempo verbal sin término conocido. En español, el pretérito indefinido del modo indicativo. Por ejemplo: *amé* (no se indica cuándo).

INDEMNIZACIÓN. Reparación jurídica de un daño o perjuicio. La compensación por el daño causado abarca no sólo la pérdida que se ha producido, sino también el lucro que se ha dejado de percibir por efecto del acto u omisión que ha provocado el daño.

INDEPENDENCE. Ciudad de los Estados Unidos en el est. de Missouri. Forma parte de la aglomeración de Kansas City. Biblioteca y museo con la tumba de Harry S Truman. Industria ligera, agricultura. 116.832 hab. (1998).

INDEPENDENCIA. Provincia de la República Dominicana, limítrofe con Haití por el oeste. Zona árida del lago Enriquillo entre la sierra de Neiba al norte y la de Bahoruco al sur. Agricultura de regadío. Cap. Jimaní 2.008 km^2. 38.185 hab. (1993).

INDEPENDENCIA DE CUBA, GUERRA DE. Por antonomasia, la última sublevación cubana contra la dominación española (1895-1898). También llamada «guerra de Martí».

INDEPENDENCIA DE HISPANOAMÉRICA. Largo proceso que tuvo lugar durante los siglos XVIII y XIX y que culminó con la emancipación de las colonias españolas en el Nuevo Mundo.
8:145a; América 1:281b; Argentina 2:53a; Belgrano, Manuel 2:397b; Bolívar, Simón 3:87a; Bolivia 3:94a; Caracas 3:366a; Castelli, Juan José 4:16b; Chile 4:134a; Colombia 4:270a; Colombia, Repúblñica de (la Gran) 4:276b; Criollos 5:13b; Cuba 5:54b; Dominicana, República 5:226a; Ecuador 5:291b; Ibarra, Diego 8:113b; Flores, Juan José 6:330b; Guatemala 7:254a; Hispanoamericana, literatura 8:6a; Hispano-estadounidense, guerra 8:14b; Honduras 8:59b; Iturbide, Agustín de 8:324a; Lavalleja, Juan Antonio 9:85a; Maceo, Antonio 9:262a; Martí, José 9:391b; México 10:129a; Miranda, Francisco de 10:184a; Morelos, José María 10:263a; Moreno, Mariano 10:263b; Morillo, Pablo 10:266b; Murillo, Pedro Domingo 10:305a; Nariño, Antonio 10:352b; Nicaragua 10:400a; Nueva España, Virreinato de la 11:35a; Nueva Granada, Virreinato de 11:38b; O'Donojú, Juan 11:80b; O'Higgins, Bernardo 11:88a; Olmedo, José Joaquín 11:101a; Páez, José Antonio 11:203a; Panamá 11:243a; Paraguay 11:271b; Perú 11:362a; Plata, Provincias Unidas del Río de la 12:27b; Puerto Rico 12:199b; Rivera, José Fructuoso 12:390a; San Martín, José de 13:132a; *ilustraciones* 8:145b; 8:146a; 8:147b.

INDEPENDENCIA DE LOS ESTADOS UNIDOS. Movimiento nacionalista plasmado en la Declaración de Independencia de 1776 de las colonias británicas de Norteamérica (excepto las canadienses).
8:147b; Adams, John 1:57a; Adams, Samuel 1:57b; América 1:281b; Boston 3:124a; Democracia 5:124a; Estados Unidos 6:136b; Florida 6:334a; Franklin, Benjamin 6:405b; Jefferson, Thomas 8:359b; Lafayette, Marqués de 9:44b; Madison, James 9:273a; Paine, Thomas 11:204b; Trumbull, John 14:140a; Washington, George 14:354a; *cuadro* 8:149; *ilustraciones* 8:148a-b; 8:150a.

INDEPENDENCIA ESPAÑOLA, GUERRA DE LA. Levantamiento del pueblo español contra el ejército invasor de Napoleón que tuvo lugar entre 1808 y 1814.
8:150b; Bailén, batalla de 2:311a; Cádiz, Constitución de 3:261a; Empecinado, el 5:393a; Guerrilla 7:279b; España 6:77b; Espoz y Mina, Francisco 6:113b; Fernando VII de España 6:270b; Madrid 9:276a; Mina, Francisco Javier 10:172a; Morillo, Pablo 10:267a; Napoleón Bonaparte 10:345a; Napoleónicas, guerras 10:348a; Wellington, duque de 14:361b; *ilustraciones* 8:151a-b.

INDEPENDIENTES, SALÓN DE LOS. Exposiciones anuales de la Sociedad de Artistas Independientes organizadas en París desde 1884. Su objetivo consistía en permitir a los pintores exponer periódicamente sus obras sin tener que someterse al estricto dictamen del jurado del salón oficial de la academia francesa.

INDETERMINACIÓN, PRINCIPIO DE. V. **Incertidumbre, principio de.**

INDIA. País de Asia, el segundo país más poblado del mundo. Cap. Nueva Delhi. 3.165.596 km^2 (excluyendo 120.849 km^2 de Jammu y Cachemira). 1.014.004.000 hab. (2000).
8:152a; Asia 2:150; Baber 2:293b; Bangladesh 2:341a; Bengala 2:410a; Bombay 3:104b; Brahmaputra, río 3:142a; Casa 4:4b; Casta 4:14a; Ciencia 4:184b; Ciudad 4:217b; Decán, meseta del 5:105b; Gama, Vasco da 7:30b; Ganges, río 7:41a; Himalaya 7:413b; Indio, arte 8:169a; Indo, río 8:172b; Indonesia 8:181b; Islam, historia del 8:282b; Islámico, arte 8:290a; Magia 9:283b; Mogola, dinastía 10:209b; Música 10:315a; Narayanan, Kocheril 10:350b; Nueva Delhi 11:32b; Número 11:47b; Pakistán 11:218a; Selva 13:193a; Vedas 14:248b; Vegetarianismo 14:249b; *mapas* 8:153; 8:157b; *cuadros* 8:152b; 8:155a-b; 8:159; *ilustraciones* 8:154a; 8:155b; 8:156a; 8:157b; 8:158a; 8:160a; 8:161a-b; 8:162.

INDIA, LITERATURA. Conjunto de la producción literaria de la India, en la que se incluyen tanto las obras escritas en sánscrito como en cualquiera de las lenguas modernas (bengalí, hindi, panjabi, etc.).
8:163a; Bhagavadgita 3:8b; Chatterjee, Bankim Chamdra 4:109a; Hinduismo 7:417a; India 8:162b; Iqbal, Sir Mohamed 8:256b; Kalidasa 9:1b; Mahabharata 9:290b; Novela y cuento 11:19a; Ramayana 12:255a; Sánscrito 13:136b; Tagore Rabindranath 13:377b; Tulsidas 14:145b; Vedas 14:249a; *ilustraciones* 8:163b; 8:164a; 8:165b; 8:166a.

INDIANA. Estado del centro de los Estados Unidos, a orillas del lago Michigan. Siderurgias. Agricultura, predominantemente tomates; ganado porcino. Cap. Indianapolis. 94.328 km^2. 5.864.108 hab. (1997).

INDIANAPOLIS. Capital del est. de Indiana, Estados Unidos, a orillas del río White. Aeropuerto. Universidades, colegios universitarios, museo del automóvil. Mercado de granos, industrias diversas. Famosa competición automovilística. 741.304 hab. (1998).

INDIANAPOLIS, 500 MILLAS DE. Carrera automovilística que se celebra anualmente en el Indianapolis Motor Speedway (EUA), cerca de la ciudad de Indianapolis, desde 1911. La más famosa de los Estados Unidos.
Automóviles, carreras de 2:243a.

INDIANISMO. Corriente literaria centrada en la descripción de la vida y costumbres de los indios sudamericanos. Se inició en Brasil a mediados del siglo XIX.
8:166b; Alegría, Ciro 1:164b; Alencar, José de 1:196b; Hispanoamericana, literatura 8:5b; Matto de Turner, Clorinda 9:419b; Robleto, Hernán 12:395a; *ilustración* 8:167a.

INDIA PORTUGUESA. Provincia de Portugal en ultramar, hasta su ocupación por la India en 1961. Los territorios que comprendía eran Goa, Damão y Diu y estuvieron en manos portuguesas desde 1510.

INDIAS, ARCHIVO GENERAL DE. V. **Archivo General de Indias.**

INDIAS, COMPAÑÍAS DE. V. **Compañías de Indias.**

INDIAS, CONSEJO DE. V. **Consejo de Indias.**

INDIAS, LEYES DE. Conjunto de disposiciones legales decretadas por la corona española y sus órganos de gobierno en la América hispana durante la época colonial.
8:167b; Consejo de Indias 4:344b; *ilustración* 8:167b.

INDIAS OCCIDENTALES. Denominación geográfica inglesa que corresponde a la española de las Antillas, pero que incluye además las islas Bahamas y las Bermudas.

INDIAS OCCIDENTALES, COMPAÑÍA HOLANDESA DE LAS. Institución fundada en 1621 con cartas patentes de los Países Bajos. Se encargó de todo lo referente al comercio, trata de esclavos, etc., en África y América. Se disolvió en 1792.
Compañías de Indias 4:300a.

INDIAS ORIENTALES. Grupo de islas del archipiélago Malayo en el océano Pacífico, formado por los estados de Brunei, Indonesia, Malasia y Papúa Nueva Guinea. A veces se incluye a las Filipinas.

INDIAS ORIENTALES, COMPAÑÍA HOLANDESA DE LAS. Institución fundada por cédula de 1602 para proteger y regular el comercio de los Países Bajos con las Indias orientales, con sede central en Batavia, Java. Se disolvió en 1798.
Compañías de Indias 4:299b.

INDIAS ORIENTALES, COMPAÑÍA INGLESA DE LAS. Institución creada por cédula de 1600, concedida por Isabel I, que monopolizó el comercio con la India y el lejano oriente. Perdió su monopolio en 1873.
Compañías de Indias 4:300a; Seychelles 13:221a.

INDÍBIL (siglo III a.C.). Caudillo de la antigua tribu ibérica de los ilergetes. Aliado con los cartagineses, luchó junto a su hermano Mandonio contra Roma, perdiendo sus territorios en la batalla de Cissa (218 a.C.). Tras recuperarlos, la toma de Cartago Nova (209) por Publio Cornelio Escipión lo indujo a pactar con éste, pero pronto se rebeló contra él. Murió en combate.

INDICADOR QUÍMICO. Sustancia empleada en una reacción química que, por un cambio de color, indica que se ha logrado el estado deseado, por ejemplo la neutralización de un compuesto.
Ácido y base 1:31b.

INDICATIVO, MODO. Forma verbal con que se indica o denota afirmación sencilla y absoluta. En español, consta de cuatro tiempos simples y cuatro compuestos.

ÍNDICE (LITERATURA). Revista española fundada en 1921 por el poeta Juan Ramón Jiménez. Tras la aparición de cuatro números, dejó de publicarse en 1922.

ÍNDICE DE DESARROLLO HUMANO. Indicador que estima el grado de bienestar socioeconómico de un país. Tiene en cuenta la esperanza de vida, el nivel de educación y el producto nacional bruto. Lo usan las Naciones Unidas para comparar anualmente el desarrollo social de los países en relación a su crecimiento económico.

ÍNDICE DE LIBROS PROHIBIDOS. *Index librorum prohibitorum,* catálogo de libros censurados por la Iglesia cuya lectura o posesión les estaba prohibida a los fieles bajo pena de excomunión. Fue suprimido por Paulo VI en 1966.
Censura 4:74b; Inquisición 8:219b; Valdés, Fernando de 14:220b.

ÍNDICO, OCÉANO. Extensión de agua salada que cubre aproximadamente la quinta parte del área oceánica total del mundo.
8:168a; Arábigo, mar 2:12a; Bengala, golfo de 2:411a; Comores, islas 4:298b; Isla 8:277b; Pérsico, golfo 11:353a; Rojo, mar 12:413b; *mapa* 8:168a; *ilustración* 8:168b.

ÍNDICO, TERRITORIO BRITÁNICO DEL OCÉANO. Colonia británica creada en 1965 con el archipiélago de Chagos y las islas Aldabra, Farquhar y Desroches. Los últimos tres grupos fueron entregados a las Seychelles en 1976, cuando éstas se independizaron. En las Chagos existe una base naval anglo-estadounidense, ubicada en la isla de Diego García.

INDIFERENCIA, CURVAS DE. Método de análisis que permite establecer la relación existente entre los bienes económicos y la utilidad que de ellos realizan los individuos. Sirvió de base para la formulación de la teoría del bienestar. Planteado por primera vez en 1881 por el economista británico Francis Ysidro Edgeworth.

INDIGENISMO. Movimiento político y cultural iberoamericano tendente a revalorizar el pasado de los pueblos amerindios y a incorporarlos a la estructura de los países en que viven.
Atl, doctor 2:192a; Caso, Alfonso 4:11b; Castellanos, Rosario 4:16b; Chile 4:139b; Guzmán de Rojas, Cecilio 7:305b; Perú 11:367a.

INDIGESTIÓN. Conjunto de trastornos digestivos (náuseas, vómitos, etc.) que resultan de una comida copiosa o mal tolerada.

ÍNDIGO. Sustancia colorante que se extrae de las hojas del añil. Conocida en oriente desde tiempos remotos, fue importada en Europa en el siglo XVI. Lo utilizaron los pintores italianos, pero cayó en desuso a causa de su bajo poder de fijación. Desde el siglo XIX se obtiene por síntesis química.

INDIO (ASTRONOMÍA). Pequeña constelación del hemisferio austral. Nombre latino: Indus.

INDIO (QUÍMICA). Elemento químico, tierra rara del grupo IIIA de la tabla periódica. Metal muy relacionado con el aluminio, con aplicación en aleaciones de bajo punto de fusión. Símbolo, In; número atómico, 49; peso atómico, 114,82.

INDIO, ARTE. Conjunto de manifestaciones artísticas que tiene como centro principal a la India, con ramificaciones e influencias en otros países (Pakistán, Bangladesh, Sri Lanka, Camboya, Tailandia, Myanmar e Indonesia).
8:169a; Arquitectura 2:101a; Escultura 6:48a; India 8:162b; Mansur 9:333a; Metalistería 10:98a; Nueva Delhi 11:33b; Oriental, arte 11:149b; Taj Mahal 13:387a; *ilustraciones* 8:169b; 8:170a; 8:171a.

INDIO, GRAN DESIERTO. Región del noroeste de la India y el sudeste de Pakistán.
8:172a; Pakistán 11:217b.

INDIOS. Nombre que se da a los habitantes de la India. Debido a la confusión del Nuevo Mundo con Asia en la época del descubrimiento, se utiliza también para los pueblos autóctonos de América.
Razas humanas 12:273b; *ilustración* 12:273b.

INDIVIDUALISMO. Primacía del valor y de los intereses del individuo frente a los de la colectividad. Puede tratarse de un egoísmo personal, de una filosofía o de una teoría socioeconómica. La cultura griega y la occidental favorecen el individualismo, mientras que las culturas orientales tienden a disolver al individuo en el pueblo o en el cosmos.

INDO, CIVILIZACIÓN DEL. Conjunto de pueblos establecidos en la cuenca del Indo entre el 2500 y el 1500 a.C. El desarrollo de sus ciudades muestra influjos mesopotámicos. Fabricaban objetos de cobre y desarrollaron una escritura pictográfica.
India 8:157a; Revolución 12:357b.

INDO, RÍO. Curso fluvial de Asia meridional, uno de los más largos del mundo. Nace en el Tíbet y desemboca en el mar Arábigo tras recorrer 2.900 km.
8:172b; India 8:154a; Pakistán 11:217a; *ilustración* 8:172.

INDOAFGANOS. Pueblos pertenecientes a una subraza humana del tronco de las razas blancas, de características físicas semejantes a las del tipo mediterráneo. Se extiende por Irán, Afganistán y el norte de la India.

INDOARIAS, LENGUAS. Subgrupo de lenguas indoiranias de la familia indoeuropea, habladas en la India, Pakistán, Bangladesh y Sri Lanka. Con base en el sánscrito, lengua noble y literaria, se fragmenta en varias lenguas: el pahari, el panjabi, el sindhi, el hindi, el urdu, el bengalí, el oriya, el maratha, el cingalés, el gujarati, etc.
India 8:154b; Indoeuropeas, lenguas 8:176a; Sánscrito 13:137a.

INDOCHINA. Península del sudeste de Asia, en el océano Índico. Abarca Tailandia, Laos, Camboya y Vietnam. Sus cursos de agua más importantes son el Irawadi, el Menam y el Mekong.
8:173a; Camboya 3:299a; Laos 9:59a; Oriental, arte 11:150a; Vietnam 14:309b; *ilustraciones* 8:173; 8:174a; 8:175b.

INDOCHINA, GUERRA DE. Nombre genérico de la serie de conflictos que mantuvo Francia durante el siglo XX con Vietnam, Laos y Camboya, en especial la guerra por la independencia de Vietnam, que concluyó con la derrota francesa en 1954.
Indochina 8:175a.

INDOCHINA FRANCESA. Nombre con el que era conocida la unión de colonias y protectorados franceses de la península de Indochina. Establecida en 1887, estaba formada por Annam, Tonkín, Cochinchina, Laos y Camboya. Finalizó con la independencia de Vietnam, Laos y Camboya entre 1953 y 1954.
Indochina 8:173a.

INDOEUROPEAS, LENGUAS. Extenso grupo de lenguas, procedentes de un tronco común, entre las que se encuentran los grupos anatolio, indoiranio, griego, germánico, itálico, armenio, tocario, baltoeslavo, albanés y céltico. El término indoeuropeo fue adoptado por el lingüista alemán Franz Bopp.
8:175b; Alemana, lengua 1:174a; Eslavas, lenguas 6:54b; Europa 6:194b; Griego 7:226a; Indoeuropeos, pueblos 8:178a; Latín 9:70a; Lenguas, clasificación de las 9:109a; Portuguesa, literatura 12:97b; Rusia 13:55a; Sánscrito 13:137a; *mapa* 8:177; *ilustración* 8:176a.

INDOEUROPEOS, PUEBLOS. Grupos humanos que, originarios del Asia central, se extendieron por Europa y la India desde finales del neolítico.
8:178a; Asiáticos, pueblos 2:155b; Escitas 6:37a; Europeos, pueblos 6:202a; Persia 11:349b; *mapa* 8:178a.

INDOGERMÁNICAS, LENGUAS. V. **Indoeuropeas, lenguas.**

INDOIRANIAS, LENGUAS. Grupo de lenguas indoeuropeas de Asia. Está constituido por los subgrupos indoario e iranio. Al primero pertenecen el sánscrito, lengua culta en la que se escribieron los textos védicos, el prácrito o lengua vulgar e idiomas modernos como el hindi y el urdu. Al iranio corresponden el avéstico, el medo, el escita, el persa moderno (farsi), el kurdo, etc.
Asiáticas, lenguas 2:153b; Griego 7:226a; Indoeuropeas, lenguas 8:176a; Persa, lengua 11:346b; Rusia 13:55a.

INDOL. Compuesto orgánico heterocíclico que consta de un anillo bencénico condensado con un pirrol. Sólido a temperatura ambiente, dispuesto en escamas incoloras o amarillentas. Fácilmente liquidable. Olor intenso, que comunica a las heces fecales. Tóxico y formado por la putrefacción de las proteínas bajo la acción de ciertas bacterias. Presente en la esencia del jazmín y la flor del naranjo. Muy diluido, se usa en perfumería. Su derivado principal es el índigo, apreciado colorante.

INDOMETACINA. Fármaco analgésico perteneciente al grupo de los antiinflamatorios no esteroideos, empleado específicamente en el tratamiento de osteoartritis, artritis reumatoide, artritis gotosa y otras afecciones reumáticas.
Analgésicos 1:316b.

INDONESIA. País del sudeste de Asia, que comprende 13.667 islas. Cap. Yakarta. 1.919.317 km^2. 209.342.000 hab. (2000).
8:179a; Asia 2:150; Habibie, Bacharudin Yusuf 7:310a; Nueva Guinea 11:39a; Oriental, arte 11:149b; Suharto 13:352b; Sukarno 13:361a; Yakarta 14:377b; *mapa* 8:180; *cuadros* 8:179b; 8:180b; 8:181b; *ilustraciones* 8:179b; 8:181b; 8:182; 8:183a-b.

INDO-PAQUISTANÍES, GUERRAS. Conflictos bélicos que enfrentaron a la India y Pakistán a partir de la independencia de ambos países y la consiguiente partición del subcontinente indio acordada por el gobierno británico (1947). El enfrentamiento se debió a reclamaciones fronterizas y problemas religiosos, y alcanzó su máxima tensión en las guerras de 1947, 1965 y 1971. En las décadas de 1980 y 1990 el enfrentamiento se reprodujo en la zona de Cachemira, aunque no llegó a declararse la guerra abiertamente.

INDORE. Ciudad de la India, centro administrativo del dist. del mismo nombre, est. de Madhya Pradesh. Universidad, escuelas superiores. Industrias alimentarias, fundición, talleres mecánicos, productos químicos, artículos deportivos, azulejos, géneros de punto. 1.091.674 hab. (1991).

INDOSTÁNICA, PENÍNSULA. Región comprendida entre las cordilleras del Himalaya (norte), los montes Vindhya (sur), el río Indo (oeste) y Bengala (este). También designa en su sentido más amplio a todo el subcontinente indio.

INDRA. Según los textos védicos, una de las divinidades más importantes de la India antigua, dios del cielo y de la lluvia, protector de los guerreros y enemigo de las tinieblas. Con el brahmanismo pasó a ocupar un lugar inferior en la jerarquía del panteón divino.

INDRE. Departamento francés situado en la reg. del Centro. Su territorio desciende hacia el noroeste desde las estribaciones del macizo Central. Ríos Indre y Creuse. Cap. Châteauroux. Agricultura, ganadería. 6.791 km^2. 234.400 hab. (1995).

INDUCCIÓN. Método de razonamiento que extrae de ciertos hechos conocidos alguna conclusión general que no se halla rigurosamente implicada en ellos.
Bacon, *Sir* Francis 2:300a; Embriología 5:389b; Enseñanza 6:2b; Metodología científica 10:110b; Pensamiento 11:328b.

INDUCCIÓN ELECTROMAGNÉTICA. Fuerza electromotriz que se genera en un circuito cuando se mueve respecto de un campo magnético o cuando varía la intensidad o dirección de dicho campo.
Electromagnetismo 5:362b.

INDUCCIÓN MAGNÉTICA. Magnitud electromagnética, cuyo símbolo es B y su unidad el tesla. La fuerza sobre una partícula cargada existente en un campo electromagnético es igual al producto de multiplicar la carga de dicha partícula por la velocidad de la misma y por la inducción magnética.
Electromagnetismo 5:362a; Magnetismo 9:288a.

INDUCTANCIA. Resistencia de los circuitos eléctricos a las variaciones de corriente. Es semejante a la inercia de la materia. Se mide en henrios. También se denomina autoinducción.
Electromagnetismo 5:362b.

INDULGENCIAS. En la Iglesia Católica, remisión total o parcial de las penas del purgatorio debidas por los pecados ya absueltos. Se consiguen mediante la realización de determinadas obras piadosas, penitencia, peregrinaciones, etc.

INDULTO. Gracia que se concede a los que han sido condenados por sentencia irrevocable. Mediante ella, se perdona la pena o se sustituye por otra menor.

INDURÁIN, MIGUEL (n. en 1964). Ciclista español, considerado uno de los mejores de la historia. Vencedor cinco veces del Tour de Francia y dos veces del Giro de Italia.
8:184a; *ilustración* 8:184b.

INDUSTRIA. Conjunto de actividades destinadas a la transformación de productos naturales.
8:184b; Aceites industriales 1:28a; Adhesivo 1:59b; Aeronáutica 1:80a; Agricultura 1:109a; Aire 1:131b; Algodón 1:222b; Alquitrán 1:250a; Aluminio 1:254b; Automatización 2:239a; Automóvil 2:241a; Cinematografía 4:202a; Construcción 4:351b; Cuero 5:66b; Diseño industrial 5:207a; Electrónica 5:365b; Electrotecnia 5:371b; Embarcación 5:386b; Farmacología y farmacia 6:233a; Ganadería 7:38a; Gas 7:54b; Halógenos 7:325a; Hierro y acero 7:408a; Industrial, revolución 8:187a; Ingeniería 8:207a; Madera 9:271a; Máquina 9:341a; Metal 10:94b; Mineral y mineralogía 10:177a; Nitrógeno 10:422b; Química, industria 12:228a; Realidad virtual 12:279b; Red neuronal 12:290b; Robot 12:396a; Textil, industria 14:42b; *ilustraciones* 8:185a-b; 8:186a-b.

INDUSTRIAL, DISEÑO. V. **Diseño industrial.**

INDUSTRIAL, ESPIONAJE. Obtención fraudulenta de los secretos industriales, de producción, distribución, etc. de una empresa por parte de otra empresa competidora. Determinados planes empresariales o procesos industriales son mantenidos en secreto para obtener una ventaja en el mercado. Las empresas competidoras tratan de obtener tales secretos para situarse con las mismas posibilidades. Clasificado como delito penal.

INDUSTRIAL, REVOLUCIÓN. Proceso histórico de transformación económica iniciado en la Gran Bretaña en la segunda mitad del siglo XVIII como consecuencia de la expansión de la industria.
8:187a; Agricultura 1:108b; Agua, abastecimiento de 1:121a; Banca 2:332b; Burguesía 3:228b; Capitalismo 3:362a; Ciudad 4:217b; Crecimiento económico 5:3b; Diseño 5:205a; Económica, historia 5:282b; Empleo y desempleo 5:396a; Industria 8:185a; Invento 8:246b; Naturaleza 10:357a; Obrero, movimiento 11:62b; Proletariado 12:161b; Propiedad 12:163b; Reino Unido 12:309a; Revolución 12:358a; Robot 12:395b; Seguridad social 13:188a; Socialismo 13:274b; *ilustraciones* 8:187b; 8:188; 8:189b.

INDY, VINCENT D' (1851-1931). Compositor, tratadista y profesor de música francés. Pretendió reformar la música sinfónica y dramática de su país a partir de las propuestas de César Franck. Cofundador de la Schola Cantorum de París, impulsó el estudio de las formas folclóricas, medievales y renacentistas. Abordó diversos géneros. *El sueño de Cinyras* (1923).

INECUACIÓN. Desigualdad verificada para ciertos valores de las variables que en ella intervienen.

INERCIA. Resistencia de los cuerpos a los cambios de velocidad. Es la causa de que un cuerpo conserve su estado de reposo o movimiento mientras no se le aplique una fuerza que altere dicho estado.
Mecánica 10:12b; Relatividad, teoría de la 12:317a.

INERCIA, MOMENTO DE. Magnitud física que determina la resistencia de un cuerpo material a iniciar o alterar un movimiento de rotación en torno a un eje. Depende de la masa y de la naturaleza geométrica del cuerpo.

INÉS, SANTA (siglo IV). Virgen mártir, originaria de una familia cristiana de Roma. Se negó a contraer matrimonio con el hijo del prefecto por defender su fe y su pureza, lo que le valió el martirio a la corta edad de trece años. Su festividad se celebra el 21 de enero. Es patrona de las adolescentes.

INÉS DE CASTRO (h. 1323-1355). Segunda esposa del futuro Pedro I de Portugal. Su asesinato por orden de Alfonso IV provocó la sublevación de don Pedro contra su padre.
8:190a.

INFANCIA. Período de la vida del ser humano que abarca desde el nacimiento hasta el inicio de la pubertad.
8:190a; Familia 6:225a; Inteligencia 8:230a; Lenguaje 9:104b; Pediatría 11:313b; *ilustraciones* 8:190a; 8:191a.

INFANCIA, ENFERMEDADES DE LA. Enfermedades que se desarrollan más o menos específicamente durante la primera y segunda infancias (difteria, rubéola, sarampión, poliomielitis, etc.).
Pediatría 11:315b.

INFANTADO, DUQUES DEL. Familia noble castellana cuyo título fue concedido por los Reyes Católicos en 1475 a don Diego Hurtado de Mendoza, segundo marqués de Santillana. Se radicaron en Guadalajara, donde se conserva su bello palacio, edificado hacia 1480.

INFANTE (VENEZUELA). Distrito venezolano que forma parte del est. de Guárico, en la parte central del país. Cap. Valle de la Pascua. Agricultura, ganadería. 21.811 km^2. 70.577 hab. (1987).

INFANTE, BLAS (1885-1936). Político y escritor español. Considerado el padre del andalucismo por su colaboración en el estatuto de autonomía de Andalucía de 1933. Fue fusilado por las tropas nacionalistas en los primeros días del alzamiento contra la segunda república.

INFANTE, JOAQUÍN (h. 1780-h. 1816). Patriota cubano. Participó en una conspiración en 1809. Apoyó también a los independentistas de Venezuela y de México. Fue deportado a España, donde probablemente murió. *Proyecto de constitución para la isla de Cuba* (1812).

INFANTE, MANUEL (1883-1958). Compositor español. Escribió obras para piano inspiradas en temas de su tierra andaluza. *Gitanerías, Sevillanas, El Vito, Tres danzas andaluzas.*

INFANTE, PEDRO (1917-1957). Cantante y actor mexicano del género ranchero. Debutó en la emisora de radio XEB e interpretó 45 películas, entre ellas *La feria de las flores* y *La vida no vale nada,* con la que ganó el Premio Ariel.

Su último filme, *Tizoc,* fue premiado póstumamente en el festival de Berlín y recibió el Globo de Oro de Hollywood y el Ariel mexicano.
Ranchera, música 12:261a.

INFANTERÍA. Tropa de a pie que constituye la base del ejército de tierra. La infantería de marina está especializada en el asalto anfibio.
8:191b; Armas 2:82b; Blindados, vehículos 3:71b; Ejército 5:346a; Guerra 7:265a; *ilustraciones* 8:191b; 8:192a; 8:193b.

INFANTE ROJAS, JOSÉ MIGUEL (1778-1844). Político chileno. Integró la junta de gobierno establecida el 18 de septiembre de 1810. Ocupó la cartera de hacienda en 1818 bajo la presidencia de Bernardo O'Higgins. Tras la dimisión de este último en 1823, formó parte de una nueva junta de gobierno.

INFANTES DE LARA. Personajes de una leyenda castellana relatada en diversas crónicas medievales, así como en el romancero y en obras líricas y dramáticas, como *El bastardo Mudarra y los siete infantes de Lara* (1612), de Félix Lope de Vega. Los siete infantes, hijos de Gonzalo Gustioz, se enfrentaron al señor de Vilvestre, Ruy Velázquez. El relato tiene como fondo las luchas nobiliarias en el período de la Reconquista española.

INFANTILES, JUEGOS. Entretenimientos o pasatiempos para niños. Suelen ser actividades espontáneas, no estructuradas, basadas principalmente en su fantasía e imaginación.
8:194a; Infancia 8:190b; Juego 8:407a; Juguete 8:409a; *ilustraciones* 8:194a-b.

INFANTILISMO. Estado patológico que consiste en la persistencia en la edad adulta de determinados caracteres infantiles y en la ausencia de otros, físicos, psíquicos o genitales, propios del adulto.

INFARTO. Lesión debida a la necrosis localizada de un tejido u órgano, siempre a causa de la interrupción brutal de la circulación arterial (embolia, trombosis, espasmo arterial).
8:194b; Cardiología 3:382b; *cuadro* 8:195a; *ilustración* 8:195.

INFECCIÓN. Penetración en un organismo de agentes patógenos vivos (gérmenes, microbios, bacterias, virus, etc.) y reacción consiguiente de dicho organismo.
Epidemia 6:11a; Neumonía 10:390a; Neurología 10:392b; Parasitología 11:281b; Primeros auxilios 12:144b; Quemadura 12:217a.

INFECCIOSAS, ENFERMEDADES. Grupo de cuadros patológicos caracterizados por ser transmisibles mediante infección. Conforman el ámbito de la rama médica denominada microbiología.
Brucelosis 3:194b; Epidemia 6:11a; Lepra 9:125b; Medicina 10:31b; Meningitis 10:62a; Micosis 10:147b; Microbiología 10:150b; Paludismo 11:235a; Pediatría 11:315b; Poliomielitis 12:59b; SIDA 13:231b; Tifoidea, fiebre 14:60a; Viruela 14:327b.

INFERENCIA. Operación lógica por la cual, partiendo de una o más proposiciones aceptadas como verdaderas, se llega a otra u otras cuya veracidad se cree contenida en las primeras. Una inferencia es válida si hay una genuina relación de implicación entre las proposiciones supuestas y las inferidas.
Lógica 9:203a.

INFERIORIDAD, COMPLEJO DE. Según Alfred Adler, sentimiento consciente de inferioridad basado en la percepción real o ilusoria de deficiencias orgánicas o defectos constitucionales. Originado fundamentalmente en la infancia, provoca la necesidad de una compensación. Está en la base de numerosas alteraciones neuróticas.
Adler, Alfred 1:61b.

INFIERNILLO, PRESA DE. Embalse mexicano en el río Balsas, sierra Madre del sur. Capacidad de 15.000 millones de m^3; alimenta una central eléctrica con 1.020 MW de potencia. Suministra energía a la ciudad de México. Entró en funcionamiento en 1966.

INFIJO. Afijo que va en el interior de las palabras. Por ejemplo: *-fil-* (del griego *phylon,* «raza») en las voces *triufilita* o *trifilina* (sal doble de litio).

INFILTRACIÓN. Lento recorrido de un líquido a través de los intersticios de un cuerpo. Las aguas de lluvia se infiltran en los terrenos permeables o sueltos hasta que encuentran una capa impermeable.
Hidrografía e hidrología 7:400a; Riego 12:370a.

INFINITESIMAL, CÁLCULO. Rama de las matemáticas que estudia las operaciones, leyes y propiedades de las magnitudes infinitesimales (consideradas teóricamente como la adición de partes infinitamente pequeñas). Comprende el cálculo diferencial y el cálculo integral.
Cálculo 3:272b; Matemáticas 9:405b; Newton, Isaac 10:395a.

INFINITIVO. Modo verbal que no expresa número, persona ni tiempo determinados, como *jugar, temer.*

INFINITO. Concepto filosófico, científico y religioso que expresa aquello que no está restringido por ningún límite.
8:195b.

INFLACIÓN Y DEFLACIÓN. Variaciones del valor del dinero en relación con su precio. Se dice que existe inflación cuando con la misma cantidad de unidades monetarias se pueden comprar en un período dado menos cosas que en otro. La deflación se presenta cuando ocurre el caso contrario.
8:196a.

INFLAMACIÓN. Conjunto de las reacciones del organismo provocadas por una agresión, independientemente de la naturaleza de ésta (bacterias, levaduras, virus, agentes tóxicos, traumatismos, etc.).
Artritis 2:136b; Dermatología 5:146b; Osteología 11:173b; Reumatología 12:355a.

INFLEXIÓN. Cada una de las terminaciones del verbo, en sus diferentes modos, tiempos, números y personas, del pronombre en sus casos, y de las demás partes variables de la oración en sus números y géneros.

INFLORESCENCIA. Agrupación de flores que se disponen siguiendo una serie de patrones básicos de ramificación, variables según la familia o especie botánica de que se trate.
8:197a; Flor 6:327a; *ilustraciones* 8:197b.

INFLUENZA. V. **Gripe.**

INFOGRAFÍA. Tecnología de creación y reproducción por computadora de gráficos e imágenes estáticas o animadas.
8:197b; Digitalización de imagen 5:186a; Diseño industrial 5:207b; Fractales 6:366b; *ilustraciones* 8:198a.

INFORMACIÓN, TEORÍA DE LA. Análisis teórico del fenómeno de la información o transmisión de datos y de los factores y variables que en el mismo intervienen.
8:199a; Cibernética 4:174b; Memoria 10:51a; Módem 10:204a; Optimización, teoría de la 11:124b; Proceso de datos 12:155b; Red digital de servicios integrados (RDSI) 12:288b; *ilustración* 8:199b.

INFORMÁTICA. Ciencia que estudia el empleo de aparatos electrónicos, como computadoras (ordenadores) y sistemas similares, para racionalizar el conjunto de conocimientos e información útiles al hombre en diferentes campos.
8:200a; Administración de bases de datos 1:62a; Administración de empresas 1:67b; Automatización 2:239a; Autopistas de la información 2:244a; Cibernética 4:174a; Ciencia 4:187a; Computación, teoría matemática de la 4:306b; Computadora 4:307b; Correo electrónico 4:397a; Disco compacto 5:204a; DVD 5:258b; Edificio inteligente 5:306b; Efecto 2000 5:320a; Enseñanza 6:4a; Infografía 8:197b; Información, teoría de la 8:199a; Inteligencia artificial 8:232a; Internet 8:239b; Lenguajes de programación 9:105b; Multimedia 10:296a; Ofimática 11:82b; Proceso de datos 12:155b; Realidad virtual 12:278a; Red digital de servicios integrados (RDSI) 12:288a; Revolución 12:358a; Robot 12:396a; Sistemas, ingeniería de 13:267b; Videoconferencia 14:302b; Virus (informática) 14:328a; *ilustraciones* 8:200b; 8:201a-b; 8:202a; 8:203b; 8:204a; 8:205b; 8:206a.

INFRARROJAS, ONDAS. Radiaciones electromagnéticas de longitud de onda mayor que la de la luz roja, aproximadamente comprendida entre 10^{-4} y 10^{-1}cm.
Radiación 12:243a.

INFRUTESCENCIA. Conjunto de frutos asociados en virtud de ciertas características cuya denominación se suele corresponder con las de las inflorescencias de que proceden.
Fruto 6:418b.

INFUSORIOS. V. **Ciliados.**

INGALIK. Tribu amerindia que habita en el interior de Alaska. Se extiende por el alto Kuskokwin y el bajo Yukón. Su lengua pertenece a la familia atapasca. Su economía se basa en la pesca. Cultura muy influida por los pueblos esquimales.

INGAVI. Provincia boliviana que pertenece al dep. de La Paz, en la parte oriental del país. Escenario de la batalla que enfrentó el 18 de noviembre de 1841 a los ejércitos del Perú y Bolivia, y que consolidó la independencia de este último país. Cap. Viacha.

INGE I HARALDSSON (1135-1161). Rey de Noruega desde 1136 a 1161. Tuvo que defender el trono frente a los hijos ilegítimos de Harald IV. Supo ganar el favor de la nobleza y el clero. Fue derrocado por el pretendiente Haakon (posteriormente Haakon II), con el apoyo de las clases populares.

INGEGNERI, MARCO ANTONIO (h. 1545-1592). Compositor italiano. Autor de música sacra y profana, fue maestro de Claudio Monteverdi. Sus *Responsorios* (1588) se atribuyeron erróneamente durante varios siglos a Giovanni Palestrina.

INGEMANN, BERNHARD SEVERIN (1789-1862). Escritor danés. Representante del romanticismo literario en Dinamarca, fue autor de poesía, obra dramática y novelas históricas. *Valdemar el Grande y sus hombres* (1824), *Valdemar el Victorioso* (1826), *Cánticos* (1855).

INGENHOUSZ, JAN (1730-1799). Físico y científico británico de origen holandés. Ejerció como físico de la corte austriaca entre 1772 y 1779. Realizó investigaciones sobre la conductividad de los cuerpos y descubrió el proceso de fotosíntesis de las plantas.
Botánica 3:126b.

INGENIERÍA. Conjunto de técnicas que permiten utilizar los conocimientos científicos para aprovechar la materia y las fuentes de energía.
8:206b; Aeronáutica 1:80a; Arquitectura 2:105a; Astronáutica 2:169b; Camino y carretera 3:306a; Canal 3:329a; Construcción 4:350a; Diseño 5:205a; Diseño industrial 5:207b; Embalse 5:383b; Ergonomía 6:19b; Ferrocarril 6:272b; Puente 12:191a; Puerto 12:194b; Realidad virtual 12:280a; Red neuronal 12:290b; Tecnología 13:451b; *cuadro* 8:208b; *ilustraciones* 8:207a-b; 8:208a; 8:209.

INGENIERÍA (INFORMÁTICA). Rama de la informática que persigue la optimización del conocimiento en el diseño de sistemas.
Sistemas, ingeniería de 13:267b.

INGENIERÍA CLIMÁTICA. Tecnología dedicada al diseño de sistemas de calefacción, aire acondicionado y, en general, instalaciones de características ambientales determinadas.

INGENIERÍA DE FACTORES HUMANOS. Disciplina que estudia las interacciones presentes en un proceso productivo entre los ámbitos físico (maquinaria, sistemas, etc.) y humano, buscando siempre la optimización de los recursos.

INGENIERÍA GENÉTICA. Conjunto de técnicas que permiten fraccionar el ADN de un organismo y ensamblar los fragmentos obtenidos con otra macromolécula de ADN portadora, lo que permite la transferencia de información genética entre diferentes seres vivos.
8:209b; Alimentos transgénicos 1:232b; Armas químicas y biológicas 2:88a; Bioética 3:27b; Biología 3:39b; Biología molecular 3:40b; Biotecnología 3:54a; Clonación 4:236b; Genética 7:74a; Ingeniería 8:208a; Microbiología 10:150a; Tecnología 13:416a; *ilustración* 8:210a.

INGENIEROS, JOSÉ (1877-1925). Filósofo, psiquiatra y escritor argentino. Defensor del progreso científico y de la unión de los países latinoamericanos.
8:211a.

INGENIO. Población española que pertenece a la prov. de Las Palmas, en la comunidad autónoma de las Islas Canarias. Situada en la parte oriental de la isla de Gran Canaria. Agricultura, ganadería, pesca. 24.394 hab. (1996).

INGENIO AZUCARERO. Conjunto de instalaciones para la conversión de la caña en azúcar. Incluye tanto los molinos como los terrenos donde se cultiva la caña.

INGENIO DE ESTA CORTE, UN. Seudónimo utilizado por varios escritores españoles. En el siglo XVII firmaron con este nombre autores de diversas comedias; en el siglo XVIII fue utilizado por Tomás de Erauso y Zabaleta, en el siglo XIX por Ramón Nocedal y en el siglo XX por Eugenio d'Ors.

INGLATERRA. País de Europa, en la isla de la Gran Bretaña, que forma parte del Reino Unido de la Gran Bretaña e Irlanda del Norte. 130.439 km^2. 48.903.400 hab. (1995).
Reino Unido 12:299b.

INGLATERRA, BATALLA DE. Conjunto de acciones bélicas que enfrentaron a la aviación británica y a la alemana cuando ésta emprendió el ataque al Reino Unido en agosto y septiembre de 1940. Culminó con la victoria británica al impedir una invasión alemana.

INGLATERRA, IGLESIA DE. V. **Anglicanismo.**

INGLÉS, JORGE (siglo XV). Pintor de origen inglés o flamenco que trabajó en Castilla a mediados del siglo XV. Introductor en España de la pintura flamenca, acusó la influencia del realismo español en su obra más tardía. Autor del retablo de la Virgen para la iglesia del hospital de Buitrago.

INGLESA, LENGUA. Idioma perteneciente al grupo germánico de la familia lingüística indoeuropea. Es la lengua oficial de numerosos países.
8:211a; Africanas, lenguas 1:96a; Anglosajones 1:359a; Negroafricanas, literaturas 10:374a; Reino Unido 12:302a; Shakespeare, William 13:222a; Webster, Noah 14:358b; *mapa* 8:212; *ilustración* 8:211b.

INGLESA, LITERATURA. V. **Británica, literatura.**

INGOLSTADT. Población alemana que pertenece al est. de Baviera. Situada a orillas del río Danubio. Arquitectura de los siglos XV y XVII. Centro industrial y comercial. 111.979 hab. (1996).

INGRAM, JOHN KELLS (1823-1907). Economista irlandés. Profesor en el Trinity College de Dublín, fue el fundador de la Sociedad Estadística de Dublín y uno de los impulsores de las investigaciones históricas referidas al campo de la economía. *Historia de la economía política* (1878).

INGRAVIDEZ. Condición física propia de los cuerpos que se mueven bajo la acción de fuerzas que se equilibran. Fenómeno conocido también como gravedad cero.

INGRES, JEAN-AUGUSTE-DOMINIQUE (1780-1867). Pintor francés. El máximo representante del clasicismo pictórico durante el siglo XIX.
8:213b; *ilustración* 8:213b.

INGUANZO, PEDRO (1764-1836). Eclesiástico y político español. Diputado en las Cortes de Cádiz de 1810, fue obispo de Zamora (1814), arzobispo de Toledo (1824) y cardenal. Decidido defensor del sistema absolutista durante el reinado de Fernando VII.

INGUSHETIA. República autónoma de Rusia, al norte del Cáucaso. En 1992 se separó de Chechenia, con la que formaba desde 1936 la república Chechen-Ingush. Cap. Nazran.

INHALADOR. Aparato utilizado para inhalar oxígeno. Se emplea en medicina y aeronáutica. Lo forma una mascarilla unida por un tubo flexible a un depósito de oxígeno.

INHIBICIÓN. Alteración o interrupción del curso normal de un proceso mental o de una conducta, generalmente provocada por la influencia de sentimientos de angustia, culpabilidad, punitivos, de referencia, etc. Es característica de numerosos trastornos psicoafectivos.

INIA. Género de mamíferos cetáceos odontocetos de agua dulce de la familia de los platanístidos. Caracterizados por su hocico alargado de extremo redondeado y una aleta caudal de grandes dimensiones. Hendidura transversal en el dorso, provista de un espiráculo. Comprende diversas especies, como la inia de Geoffroy o delfín del Amazonas.

INICIACIÓN, RITOS DE. Actos de carácter social y religioso, generalmente rodeados de misterio, mediante los cuales un individuo pasa de un estado o situación a otro dentro de una secta o comunidad.

INICIALIZAR. V. **Formatear.**

INICIATIVA DE DEFENSA ESTRATÉGICA. Plan militar estadounidense previsto para interceptar o destruir los misiles enemigos durante su trayectoria. Impulsado por el presidente Ronald Reagan en la década de 1980, fue comúnmente conocido como «guerra de las galaxias».

INICIATIVA PARA LAS AMÉRICAS. V. **Cumbre de las Américas.**

INÍRIDA, RÍO. Curso fluvial de Colombia, que nace en la mesa de la Lindosa y tras atravesar la parte meridional de los Llanos orientales desemboca en la orilla derecha del río Guaviare. Su curso es de 725 km.

INJERTO. Parte de una planta, con una o más yemas, que se introduce en la raíz, tallo o rama de otra para que se suelde y siga desarrollándose. Método de gran utilidad para la obtención de variedades más resistentes y productivas. También se llama así al tejido que se utiliza en los procesos terapéuticos reconstructivos o plastias.
8:214a; Agricultura 1:113a; Calvicie 3:291b; Plástica, cirugía 12:22b; Quemadura 12:217b; *ilustraciones* 8:214.

INJERTO EPIDÉRMICO. Pieza de epidermis que se implanta en una zona en la que se ha perdido dicha capa -como consecuencia, por ejemplo, de algún traumatismo-, con el fin de reemplazarla.

INJURIA. Agravio cometido de palabra u obra contra el honor de una persona.

INMACULADA CONCEPCIÓN. Dogma de fe de la Iglesia Católica, según el cual la Virgen María desde que fue concebida estuvo libre del pecado original. Pío IX lo declaró doctrina obligatoria (1854).
María, Virgen 9:363a.

INMANENCIA. Cualidad de aquella acción que permanece en el sujeto que la realiza, entendida como permanencia de algo en una realidad con la que guarda cierta relación. En metafísica, teoría del conocimiento y otras disciplinas filosóficas este concepto se contrapone al de trascendencia.

INMARSAT. Acrónimo inglés de *International Maritime Satellite*. Red de satélites de comunicaciones de alcance mundial para la radiodifusión de señales digitales de voz, datos y fax entre embarcaciones marítimas.

INMIGRACIÓN. Movimiento de población que, por razones principalmente económicas, entra en un país para establecerse en él temporalmente o de forma estable.
Migraciones humanas 10:158a; Policía 12:54a.

INMORALISMO. Doctrina filosófica defendida por Friedrich Nietzsche que niega los valores comúnmente reconocidos como morales. Se interpreta como una alteración en la jerarquía de dichos valores. El inmoralismo se diferencia del amoralismo en el hecho de que este último prescinde de la moral, mientras que el inmoralismo propone una nueva escala de valores morales.

INMORTALIDAD. Existencia perpetua del ser; continuación infinita de la existencia del alma más allá de la muerte del cuerpo. La creencia en la inmortalidad, con diversas variantes, es común a la mayoría de las religiones.

INMUEBLES, BIENES. Conjunto de bienes raíces, por contraposición a los bienes muebles. Se incluyen tierras, construcciones, minas y derechos reconocidos por la ley.

INMUNIDAD. Estado de resistencia de un organismo frente a una enfermedad infecciosa o parasitaria. La inmunidad puede ser adquirida (inmunoterapia, vacunación, etc.) o natural, es decir, hereditaria y específica de la especie.

INMUNIDAD DIPLOMÁTICA. Conjunto de privilegios que asisten al personal de una representación diplomática en el país en el que ejercen su función. En virtud de la inmunidad diplomática dicho personal queda exento de comparecer ante los tribunales de justicia de ese país y mantiene exenciones fiscales y tratos de favor para el libre desempeño de sus funciones.
Internacionales, relaciones 8:238a.

INMUNIDAD ECLESIÁSTICA. Limitaciones a la acción del estado en relación con las iglesias y el personal eclesiástico. Tal inmunidad afecta tanto al sistema jurídico (privilegios de fuero), como al fiscal o al militar (privilegio de exención del servicio militar).

INMUNIDAD PARLAMENTARIA. Conjunto de prerrogativas judiciales que corresponden a los miembros de las cámaras representativas de un país. La inmunidad parlamentaria protege a los integrantes de dichas cámaras de la acción de la justicia y la policía, salvo en el caso de que lo autorice la asamblea legislativa, según las normas constitucionales de cada país. Su duración está limitada al tiempo de desempeño del cargo.

INMUNIZACIÓN. Acto por el que se confiere la inmunidad. La inmunización puede ser activa (por la enfermedad propiamente dicha o por vacunación) o pasiva (por inmunoterapia).

INMUNOCOMPLEJO. Complejo macromolecular formado por un antígeno y un anticuerpo específicamente unidos entre sí. Su presencia constituye un indicio de diversas enfermedades, como la glomerulonefritis y la enfermedad del suero. También denominado complejo antígeno-anticuerpo.

INMUNODEFICIENCIA ADQUIRIDA, SÍNDROME DE. V. SIDA.

INMUNODEFICIENCIA GRAVE COMBINADA. Enfermedad del sistema inmunológico debida a un defecto en la síntesis de la enzima adenosín-desaminasa (ADA) que causa la muerte de las células del sistema inmunitario.

INMUNODEPRESOR. Fármaco o método terapéutico utilizado para reducir la reacción defensiva del organismo ante un cuerpo extraño. Empleado especialmente para evitar el rechazo de los órganos trasplantados.

INMUNOFLUORESCENCIA. Prueba inmunológica consistente en la conjugación de un antígeno o un anticuerpo determinado con un colorante fluorescente. Útil en la identificación del método de fijación de la sustancia analizada con su anticuerpo o antígeno adecuado.
Diagnóstico, métodos de 5:164b.

INMUNOGLOBULINAS. Glucoproteínas presentes en el plasma y otros líquidos orgánicos de la mayoría de los vertebrados, que constituyen los anticuerpos. Consta de dos cadenas pesadas unidas entre sí por puentes disulfuro, cada una de las cuales se une a su vez a una cadena ligera. Existen diversas clases.
Anticuerpo 1:385b; Inmunología 8:216b; Prótidos 12:169a; Sangre 13:125a.

INMUNOLOGÍA. Especialidad médica que se ocupa del estudio de la inmunidad y de las reacciones que ésta provoca (reacciones antígeno-anticuerpo).
8:215a; Anticuerpo 1:385b; Antígeno 1:387a; Autoinmunidad 2:238a; Interferón 8:235a; Linfático, sistema 9:164a; SIDA 13:231b; *cuadro* 8:215b; *ilustraciones* 8:216a-b.

INMUNOSUPRESOR. Elemento físico, químico o biológico que reduce o anula la capacidad del sistema inmunitario para responder ante un agente externo.

INMUNOTERAPIA. Tratamiento de las enfermedades infecciosas mediante la inmunidad. También llamado seroterapia.

INN, RÍO. Curso fluvial de Europa, importante tributario del Danubio por su margen derecha. Nace en el lago Lughino, en Suiza, y atraviesa Austria y el sur de Alemania. Su recorrido es de 510 km.
Austria 2:229b; Tirol 14:65a.

INNATISMO. Doctrina que sostiene que existen ideas, nociones o principios en el espíritu del hombre previos e independientes respecto a los datos proporcionados por los sentidos. Defendida por René Descartes.
Descartes, René 5:150a.

INNES, GEORGE (1825-1894). Pintor estadounidense. Estudió en Europa, donde recibió el influjo de la escuela de Barbizon encabezada por Théodore Rousseau. Destacó como paisajista, género en el que desplegó su gusto por el detallismo y la armonía cromática. «Paz y plenitud» (1865), «Robles en otoño» (h. 1875).

INNITZER, THEODOR (1875-1955). Prelado austriaco, cardenal obispo de la sede primada de Austria. Al principio, se mostró favorable al *Anschluss*, o anexión de Austria por la Alemania nacionalsocialista, pero se retractó y se opuso a las actividades del régimen alemán. Protegió a los judíos y se preocupó de la formación religiosa de los laicos.

INNSBRUCK. Ciudad de Austria, cap. de la prov. del Tirol, en el río Inn. Centro turístico. Juegos Olímpicos de invierno en 1964 y 1976. Museos. Universidad. Tejidos, instrumentos musicales. 110.454 hab. (1999).
Tirol 14:65a.

INO. En la mitología griega, hija de Cadmo y de Harmonía y esposa del rey de Beocia, Atamas. Madre de Learco y Melicertes, se metamorfoseó en diosa del mar y adoptó el nombre de Leucotea.

INOCENCIO I (m. en el 417). Papa desde el 401 hasta su muerte. Condenó el pelagianismo y excomulgó a Pelagio, su impulsor, en enero del 417.

INOCENCIO II (m. en 1143). Gregorio Papareschi, papa desde 1130 hasta su muerte. Convocó el segundo concilio de Letrán en abril de 1139 para acabar con el cisma de los antipapas Anacleto II y Víctor IV.

INOCENCIO III (h. 1160-1216). Lotario di Segni, papa desde 1198 hasta su muerte. Presidió la cuarta cruzada y la lucha contra los albigenses.
8:217a; Cruzadas 5:38b; Francisco de Asís, san 6:398b; Inquisición 8:218a; Navas de Tolosa, batalla de las 10:365a; *ilustración* 8:217b.

INOCENCIO III, ANTIPAPA (siglo XII). Lando di Sezze, último de los cuatro antipapas surgidos durante el pontificado de Alejandro III. Elegido en septiembre de 1179, en enero del año siguiente fue desterrado por el papa.

INOCENCIO IV (m. en 1254). Sinibaldo Fieschi, papa desde 1243 hasta su muerte. Su enfrentamiento con Federico II fue importante en el conflicto entre el papado y el Sacro Imperio Romano. Intentó la evangelización de oriente y la unificación de las iglesias cristianas.
Carpini, Giovanni da Pian de 3:410a.

INOCENCIO V (h. 1224-1276). Pierre de Tarentaise, papa desde enero hasta junio de 1276. Fue el primer pontífice dominico. Antiguo profesor de la Universidad de París, había colaborado con san Alberto Magno y santo Tomás de Aquino. Fue beatificado en 1898.

INOCENCIO VI (m. en 1362). Étienne Aubert, papa desde 1352 hasta su muerte. Prohibió la concesión de excesivos beneficios a una sola persona y reformó la curia papal de Aviñón. Hizo coronar emperador a Carlos IV de Bohemia en 1355. Aceptó la Bula de Oro (1356), que excluía al papado de la elección imperial.

INOCENCIO VII (1336-1406). Cosimo de Migliorati, papa desde 1404 hasta su muerte. Convocó un concilio general en Roma en 1404 para acabar con el cisma provocado por su nombramiento. Murió cuando proyectaba restablecer la Universidad Romana.

INOCENCIO VIII (1432-1492). Giovanni Battista Cibo, papa desde 1484 hasta su muerte. Fue un juguete en manos del cardenal Giuliano della Rovere, luego Julio II. Envió inquisidores para llevar a la hoguera a los acusados de brujería en Alemania.

INOCENCIO IX (1519-1591). Giovanni Antonio Facchinetti, papa de octubre a diciembre de 1591. Participó en el concilio de Trento en 1562. Fue patriarca de Jerusalén en 1576 y cardenal en 1583.

INOCENCIO X (1574-1655). Giambattista Pamfili, papa desde 1644 hasta su muerte. Apoyó a la rama española de los Habsburgo y chocó con los franceses por la política del cardenal Julio Mazarino. El prestigio papal sufrió gravemente durante su pontificado.
Borromini, Francesco 3:117b; Velázquez, Diego 14:254b.

INOCENCIO XI (1611-1689). Benedetto Odescalchi, papa desde 1676 hasta su muerte. Se opuso a la persecución de los hugonotes amenazando con romper las relaciones con Francia. Considerado el papa más destacado del siglo XVII, especialmente por sus dotes morales, fue beatificado en 1956.

INOCENCIO XII (1615-1700). Antonio Pignatelli, papa desde 1691 hasta su muerte. Consiguió restablecer las relaciones entre Luis XIV de Francia y la Santa Sede. Condenó, a instancias del rey, las doctrinas quietistas del arzobispo Fénelon de Cambrai, consideradas heréticas, y se enfrentó al galicanismo.

INOCENCIO XIII (1655-1724). Michelangiolo dei Conti, papa desde 1721 hasta su muerte. En 1722 invistió a Carlos VI, sacro emperador romano, como soberano del reino de Nápoles. Obligó a la Compañía de Jesús a obedecer la bula dictada por Clemente XI en 1713.

INOCENCIO VENIAMINOV, SAN (1797-1879). Clérigo y santo de la Iglesia Ortodoxa rusa. Desarrolló una intensa labor misionera en Siberia, Alaska y Kamchatka, región para la que fue elegido obispo. Enseñó el alfabeto y la gramática a las poblaciones indígenas. Designado metropolita de Moscú en 1868. *El camino del reino de los cielos* (1841).

INOCULACIÓN. Penetración en el organismo, por una herida cutánea o mucosa accidental o por inyección, de un germen patógeno.

INÖNÜ, ISMET (1884-1973). Militar y estadista turco. Fue colaborador de Mustafá Kemal Atatürk, al que tras su muerte sucedió en la presidencia de Turquía (1938). Pasó a la oposición en 1950. El golpe de estado de 1960 lo llevó de nuevo al poder, pero fue derrotado en las sucesivas elecciones.

INORGÁNICO, COMPUESTO. Término químico aplicado para designar a las combinaciones que no contienen carbono, a excepción de los óxidos y carbonatos. Opuesto a compuesto orgánico.
Nomenclatura química 11:6b.

INOSILICATOS. Silicatos que presentan estructuras tetraédricas en cadenas ilimitadas y en una dirección. Sus cristales suelen ser prismáticos. Incluyen los piroxenos y los anfíboles.

INOUE TETSUJIRO (1855-1944). Filósofo japonés. Profesor de historia de la filosofía oriental en la Universidad Imperial de Tokio. Sus ensayos sobre nuevas formas de poesía contribuyeron a introducir estilos occidentales. Usó los métodos de la filosofía occidental para elaborar una historia sistemática de la filosofía oriental. Rechazó el cristianismo como opuesto a las tradiciones japonesas.

INPUT-OUTPUT, ANÁLISIS. V. **Entrada-salida, análisis de.**

INQUIETUDES DE SHANTI ANDÍA, LAS. Novela del escritor español Pío Baroja, publicada en 1911 y perteneciente a su tetralogía *El mar*. A través de las aventuras del protagonista, el autor muestra su nostalgia por la paulatina desaparición de los airosos veleros.

INQUILINISMO. Relación interespecífica en la que un individuo de una especie busca refugio en el interior del cuerpo de otro individuo de otra especie, sin nutrirse de él ni causarle perjuicio. Contrasta con la simbiosis (beneficiosa) y el parasitismo (perjudicial).
Parasitología 11:280b.

INQUISICIÓN. Tribunal creado por la Iglesia Católica en el siglo XIII con la finalidad de descubrir y erradicar la herejía.
8:218a; Brujería 3:198a; Herejías 7:371b; Política 12:61b; Siglo de Oro español 13:236b; Torquemada, Tomás de 14:92b; Valdés, Fernando de 14:220b; *ilustraciones* 8:218a; 8:219; 8:220a.

INQUISITORIAL, PROCESO. Procedimiento de investigación y juicio practicado por tribunales eclesiásticos especiales de las iglesias cristianas con objeto de determinar la autoría de faltas graves contra la doctrina cristiana. En ocasiones de extremado rigor, estos procesos desaparecieron en la práctica desde el siglo XVII.

INSAUSTI, RAFAEL ÁNGEL (1916-1978). Poeta y ensayista venezolano. Pertenece a la promoción literaria de 1942. Su obra poética muestra la influencia modernista, con gran hondura humana en su mensaje. *Brisa del canto* (1951), *Las voces ilusorias* (1960).

INSECTICIDA. Producto destinado a matar a los insectos. De origen mineral, vegetal o sintético, se trata de productos tóxicos, por lo que su elaboración y uso está regulado por las leyes. Su grado de absorción y de toxicidad no debe afectar a las personas. Se clasifican en insecticidas por contacto, por ingestión y por inhalación.
Agricultura 1:114b; Arsénico 2:121a; Plaga 12:13a.

INSECTÍVOROS. Grupo de mamíferos de pequeño tamaño, que engloba a los erizos, las musarañas, los topos y otros animales.
8:220a; Erizo 6:22b; Mamíferos 9:318a; Musaraña 10:306a; Primates 12:144a; Tamandúa 13:391a.

INSECTO HOJA. Denominación genérica de varias familias de fásmidos (género *Phyllium*). Morfología particular que aprovechan sus especies para mimetizarse con las hojas de las plantas sobre las que se desarrollan.

INSECTO PALO. Denominación genérica de fásmidos del género *Bacillus*. Forma y coloración que facilitan el mimetismo con los tallos y peciolos de las plantas sobre las que se desarrollan.

INSECTOS. Grupo de animales artrópodos antenados, de respiración traqueal, cuerpo cubierto de quitina y dividido en cabeza, tórax y abdomen, provistos de tres pares de patas. Se denominan también hexápodos.
8:221a; Abeja 1:8b; Agricultura 1:114a; Artrópodos 2:137a; Avispa 2:271a; Bioluminiscencia 3:42b; Cardiovascular, sistema 3:384a; Cigarra 4:189a; Corazón 4:367a; Cucaracha 5:64a; Endocrino, sistema 5:406a; Escarabajo 6:33b; Estómago 6:158b; Feromona 6:271a; Grillo 7:231b; Hormiga 8:69a; Huevo 8:87b; Icneumón 8:118a; Invertebrados 8:250b; Jején 8:360b; Langosta (insecto) 9:56b; Libélula 9:141a; Luciérnaga 9:234b; Mariposa 9:378a; Metamorfosis 10:101b; Mimetismo 10:170b; Mosca 10:271b; Mosquitos 10:275a; Parasitología 11:280b; Patología vegetal 11:300b; Piojo 11:421a; Plaga 12:12b; Polilla 12:56a; Primaria, era 12:142b; Pulga 12:205b; Saltamontes 13:101a; Termita 14:32a; Toxicología 14:102a; *cuadros* 8:221; 8:223; *ilustraciones* 8:221b; 8:222a; 8:223a-b.

INSELBERG. Masa rocosa que se encuentra de forma aislada en una llanura y que alcanza varios centenares de metros de altitud. Con formas generalmente redondeadas, el inselberg se forma por la erosión de los materiales que lo rodean y es característico de los climas secos y cálidos. Uno de los más conocidos es el Pan de Azúcar de Río de Janeiro. También llamado mogote.

INSEMINACIÓN ARTIFICIAL. Introducción, por medios distintos al natural, del semen en la vagina o matriz para producir el embarazo.
8:224a; Fecundación *in vitro* 6:242b; Reproducción asistida 12:338b; *ilustraciones* 8:224a; 8:225a.

INSIGNARES, JOSÉ FRANCISCO (1842-1934). Político colombiano. Estudió la carrera de derecho y se distinguió dentro del Partido Conservador. Presidió la convención nacional de su partido en 1879. Desempeñó diversos puestos tanto en el Congreso como en el gobierno: gobernador, ministro del tesoro y ministro de instrucción pública.

INSOLACIÓN. Cuadro sintomático consecutivo a una exposición demasiado prolongada al sol. Se manifiesta por quemaduras cutáneas, lesiones oculares, fatiga, cefaleas, vértigos, vómitos e incluso convulsiones y coma.
Primeros auxilios 12:146a.

INSOLVENCIA. Situación en la que el deudor no puede hacer frente a sus obligaciones de pago. En términos contables, se produce cuando el activo de una empresa es inferior a su pasivo.
Bancarrota 2:336a.

INSOMNIO. Incapacidad de conciliar normalmente el sueño y tendencia a desvelarse en las horas nocturnas. Puede deberse a enfermedades orgánicas o a trastornos psicológicos.
Sueño (biología) 13:349b.

INSPIRACIÓN. Fase de la respiración en la que el aire entra en los pulmones gracias a la dilatación de la caja torácica por acción de los músculos inspiratorios (el diafragma principalmente).
Respiratorio, sistema 12:348b.

INSTINTO. Conjunto de reacciones innatas y heredadas común a todos los miembros de una misma especie.
8:225b; Comportamiento animal 4:304a; Psicofisiología 12:175a; *ilustraciones* 8:225b; 8:226a.

INSTITUCIÓN LIBRE DE ENSEÑANZA. Centro pedagógico fundado en España en 1876 por profesores universitarios krausistas separados de sus cátedras por decreto del 26 de febrero de 1875. Entre sus fundadores figuraron Francisco Giner de los Ríos, Nicolás Salmerón y Gumersindo de Azcárate, y por sus aulas pasaron algunas figuras destacadas de la cultura española, como Federico García Lorca y Luis Buñuel. Fue disuelto al terminar la guerra civil en 1939.
Giner de los Ríos, Francisco 7:134b.

INSTITUT D'ESTUDIS CATALANS. Organismo cultural catalán fundado en 1907. Se dedica fundamentalmente a la difusión y promoción de las investigaciones y los estudios relacionados con la cultura de Cataluña. Creó en 1914 la Biblioteca de Cataluña (posterior Biblioteca Central) y en 1918 publicó la *Gramática catalana.*

INSTITUTO ANTÁRTICO CHILENO. Centro de investigación creado en Chile en 1963. Se dedica al estudio de los diversos aspectos científicos relacionados con la Antártida.

INSTITUTO CARO Y CUERVO. Organismo cultural de Colombia. Fundado en 1942 en homenaje a la labor de los filólogos colombianos Rufino J. Cuervo y Miguel Antonio Caro, se dedica a la difusión de la literatura y la lengua castellana en general, y en particular de las obras de los autores colombianos. En 1995 se concluyó el *Diccionario de Construcción y Régimen de la Lengua Castellana,* en ocho tomos, iniciado más de cien años antes por filólogos y cuya elaboración se había interrumpido en 1911. En 1998 se anunció la versión de la magna obra en CD ROM.

INSTITUTO DE COOPERACIÓN IBEROAMERICANA. Organismo del estado español cuya misión principal es la de contribuir al desarrollo de las relaciones culturales entre España y los países iberoamericanos. Fundado en 1945 como Instituto de Cultura Hispánica, asumió su nuevo nombre en 1979.

INSTITUTO DE CULTURA HISPÁNICA. V. **Instituto de Cooperación Iberoamericana.**

INSTITUTO DE ESPAÑA. Organismo cultural español, fundado en 1938, que agrupa a los distintos miembros de las academias españolas con el fin de coordinar las actividades comunes.

INSTITUTO INDIGENISTA INTERAMERICANO. Organismo fundado en México en 1940 que se dedica al estudio y la investigación de los distintos aspectos sociales, políticos y económicos de la población indígena dentro del área latinoamericana.

INSTITUTO MONETARIO EUROPEO (IME). Institución constituida en enero de 1994 para potenciar la coordinación de las políticas monetarias de los estados miembros de la UE y la colaboración entre sus bancos centrales, necesarias para alcanzar la unión económica y monetaria. En junio de 1998 pasó a convertirse en el Banco Central Europeo (BCE).

INSTITUTO PARA LA INTEGRACIÓN DE AMÉRICA LATINA. Organismo internacional, fundado en 1965 y con sede en Buenos Aires, cuya misión principal es la de buscar cauces para el entendimiento y la integración de los distintos países latinoamericanos que lo conforman. Conocido por las siglas INTAL.

INSTITUTO TECNOLÓGICO DE MASSACHUSETTS (MIT). Centro de educación superior estadounidense, sito en la localidad de Cambridge, Massachusetts. Dedicado a la investigación y la docencia en las distintas áreas científicas y tecnológicas, inició su actividad académica en Boston en 1865, desde donde se trasladó en 1916 a su actual *campus* en Cambridge.

INSTRUMENTACIÓN Y ORQUESTACIÓN. Técnica de combinación instrumental en la ejecución de una pieza musical y su aplicación a la orquesta sinfónica.
8:226b; Composición musical 4:306a; Instrumentos musicales 8:227a; Música 10:313b.

INSTRUMENTALISMO. Teoría filosófica postulada por el pensador estadounidense John Dewey (1859-1952). Por la misma se mantenía que el pensamiento no era sino una función formada por la experiencia, y que la «verdad» de un concepto radicaba en su utilidad. Muy relacionada con el empirismo y el pragmatismo.
Dewey, John 5:159b.

INSTRUMENTOS MUSICALES. Aparatos de diversos tipos que se emplean para producir sonidos musicales.
8:227a; Arpa 2:93b; Banda de música 2:337a; Campana 3:308a; Clarinete 4:219a; Clave, clavicordio y clavicémbalo 4:226b; Concierto 4:323; Contrabajo 4:361a; Corneta 4:393b; Corno inglés 4:394a; Electrónica, música 5:368b; Fagot 6:222a; Flauta 6:323b; Folclórica, música 6:342a; Guitarra 7:293a; Instrumentación y orquestación 8:226b; Laúd 9:83a; Música 10:315b; Oboe 11:61b; Órgano 11:145b; Orquesta 11:157b; Piano 11:386a; Saxofón 13:170b; Tambor y timbal 13:393a; Trombón 14:133b; Trompa 14:133b; Trompeta 14:134a; Tuba 14:141a; Viola 14:322b; Violín 14:323b; Violonchelo 14:324a; Xilófono 14:375b; *ilustraciones* 8:227b; 8:228; 8:229b.

INSÚA, ALBERTO (1885-1963). Alberto Galt y Escobar, escritor español nacido en la Habana, Cuba. Vivió en España desde 1900. Estudió derecho y se dedicó al periodismo. Su novela más conocida, *El negro que tenía el alma blanca* (1922), fue llevada al cine. *Humor, dolor, placer* (1928), *El amante invisible* (1930).

INSUFICIENCIA CARDIACA. Imposibilidad por parte del corazón de mantener el flujo sanguíneo necesario para el normal funcionamiento de los tejidos.
Hipertensión 7:420b.

INSUFICIENCIA RENAL. Incapacidad mayor o menor del riñón para cumplir las funciones de filtración del plasma sanguíneo, reabsorción del filtrado y secreción de la orina.
Riñón 12:375b.

INSULINA. Hormona que reduce la glucemia y la glucosuria, secretada por las células de los islotes de Langerhans del páncreas. Interviene en el metabolismo de los hidratos de carbono, pero también en el de los lípidos y prótidos. Se emplea en el tratamiento de la diabetes.
Banting, Frederick Grant 2:342a; Diabetes 5:160b; Endocrino, sistema 5:407b; Endocrinología 5:408b; Hormona 8:71b; Ingeniería genética 8:210b; Páncreas 11:251b.

INSULINDIA. Conjunto de islas comprendidas entre el sudeste asiático y Australia, que separan el océano Pacífico del Índico.

INTEGRACIÓN ECONÓMICA. Supresión de las barreras económicas y comerciales existentes entre diferentes países. Puede llevarse a cabo a diferentes niveles: en un área de libre comercio se permite el libre transporte de mercancías; la unión aduanera implica la instauración de aranceles comunes; un mercado común permite además la movilidad de los factores productivos; en una unión económica y monetaria se adoptan políticas económicas comunes y una moneda única.

INTEGRAL, CÁLCULO. Rama de las matemáticas que estudia el cálculo de funciones a partir de sus expresiones diferenciales.
Cálculo 3:268b; Lebesgue, Henri-Léon 9:88b; Matemáticas 9:406a.

INTEGRINA. Proteína de la membrana celular implicada en la adhesión intercelular y en la unión a las moléculas del medio externo. Interviene en procesos como la diferenciación celular, el desarrollo embrionario o la cicatrización. Se cree que podría estar también relacionada con la transducción de señales al núcleo, lo que explicaría su implicación en las metástasis tumorales.

INTEGRISMO. Radicalización de una ideología política o religiosa con el intento de salvaguardar a ésta de todo cambio o evolución que pueda desvirtuar sus principios. Se denomina también fundamentalismo.
Fundamentalismo religioso 7:5b.

INTELIGENCIA. Capacidad para comprender, establecer relaciones, orientarse y resolver tareas nuevas.
8:229b; Aptitud 1:417b; Grafología 7:183a; Infancia 8:190b; Mental, retraso 10:63b; Pensamiento 11:328b; Psicometría 12:179b; *ilustraciones* 8:230a; 8:231b.

INTELIGENCIA ARTIFICIAL. Disciplina que estudia las cuestiones relacionadas con la posibilidad de construir ingenios y dispositivos programados para resolver diferentes tipos de problemas simulando la inteligencia humana.
8:232a; Edificio inteligente 5:307a; Inteligencia 8:232a; Red neuronal 12:289b; Robot 12:396a; *ilustración* 8:232b.

INTELIGENCIA MILITAR. Servicio secreto de las fuerzas armadas encargado de obtener la información necesaria para la defensa nacional.
8:233a; Criptografía 5:16a; Espionaje y contraespionaje 6:109b; *ilustraciones* 8:233b; 8:234a.

INTELLIGENTSIA. Nombre aplicado a los intelectuales rusos partidarios de la reforma en la época zarista. Por extensión se aplica a cualquier grupo de intelectuales que ejerce una función directiva en la sociedad.

INTELSAT. Siglas de International Telecommunications Satellite Consortium, consorcio internacional creado en 1964 que se dedica a la colocación en órbita de satélites artificiales de comunicaciones.
Satélite de comunicaciones 13:164b.

INTENDENCIA. Cuerpo militar encargado del apoyo administrativo y del abastecimiento de los ejércitos. Se divide en tres cuerpos, que atienden, respectivamente, al ejército de tierra, al del aire y a la armada.
Guerra 7:266b; Logística 9:206b.

INTENSIDAD ACÚSTICA. Energía media transportada por una onda sonora en una superficie determinada y con respecto a una unidad de tiempo. Se expresa en su medición con el decibelio o decibel (dB), submúltiplo de la unidad sistemática, el bel (B).
Música 10:315b; Oído, sentido del 11:90b.

INTENSIDAD DE RADIACIÓN. Medida de la energía emitida en todas las direcciones por un elemento radiante.

INTENSIDAD LUMINOSA. Magnitud lumínica que corresponde al flujo que es emitido por unidad de ángulo sólido o porción de espacio delimitado por un cono resultante de la unión, mediante líneas rectas, de un punto y los puntos de una curva cerrada externa a él. Su unidad es la candela (cd).

INTERACCIÓN. Acción mutua que ejercen entre sí dos cuerpos o dos sistemas. La física considera cuatro tipos de interacciones elementales: fuertes, electromagnéticas, débiles y gravitatorias. Las fuertes son las que mantienen unidos en el interior del núcleo a los protones y a los electrones; las electromagnéticas son responsables de los distintos fenómenos del electromagnetismo; las débiles intervienen en determinados procesos de desintegración nuclear; y las gravitatorias sólo son apreciables en grandes masas y definen el equilibrio del movimiento de los astros.

INTERAMERICANAS, CONFERENCIAS. Reuniones celebradas por los estados americanos tras la independencia, y especialmente desde 1889. Culminaron con la creación de la Organización de Estados Americanos (OEA) en 1948.
Organización de Estados Americanos 11:138b.

INTERCAMBIADOR DE CALOR. Aparato para calentar o enfriar un fluido por medio de otro de distinta temperatura que circula en sentido inverso.
Calefacción 3:278b.

INTERCAMBIO IÓNICO, REACCIONES DE. Procesos químicos mediante los cuales se produce un trasvase de iones del mismo signo entre una sustancia sólida insoluble y la solución en la que aquélla está inmersa. En bioquímica, se conocen los intercambios iónicos a través de las membranas y de la terapia diurética con resinas de intercambio iónico.

INTERCELULAR, SUSTANCIA. Cuerpo de naturaleza colágena que se forma entre las células y que adopta diversas estructuras según los diferentes tipos de tejido que envuelve: fibras elásticas, haces o retículas. Su mayor o menor proporción depende de la proximidad que presenten las células de cada tejido.

INTERCEPTADOR. Avión de combate de vuelo muy rápido para destruir bombarderos enemigos. Dotado habitualmente de gran potencia de fuego. También se conoce como interceptor.

INTERCOSMOS. Agencia soviética que se dedicó al lanzamiento de satélites artificiales construidos con elementos procedentes de diversos países de Europa oriental. También intervino en programas de cooperación espacial con diversos países, entre ellos los Estados Unidos, Cuba y la India.

INTERDICTO. Juicio sumario dirigido a proteger la posesión de bienes. Nació en la Roma antigua con la finalidad de buscar un procedimiento de tramitación rápida que diera garantía al hecho posesorio.

INTERÉS. Precio que se paga al acreedor en un préstamo por el uso de su dinero. Se distingue entre interés simple, el de un capital al que no se le agregan los réditos vencidos; e interés compuesto, el de un capital al que se añaden sus propios réditos para que generen nuevos intereses.
Banca 2:331b; Capital 3:361a; Crédito 5:4b; Renta 12:334b.

INTERESES CREADOS, LOS. Comedia en dos actos y un prólogo del dramaturgo español Jacinto Benavente, estrenada en 1907. Crispín, criado del joven Leandro, hace gala de su astucia para hacer creer que su amo es un gran señor de incógnito. Obra crítica e irónica, su autor se inspiró en el cuento popular «El gato con botas» y en la comedia del arte.

INTERFACE. Término informático que designa los elementos de enlace entre sistemas o partes de una computadora. Establecido entre programas de diferente aplicación o procedencia o entre elementos disjuntos de un sistema de comunicación central-terminales.
Infografía 8:199a; Informática 8:205b.

INTERFASE. Etapa del ciclo vital de la célula comprendido entre dos procesos de mitosis. Abarca los períodos G_1, S y G_2 y posee notable actividad metabólica y genética.
Cromosoma 5:29a.

INTERFERENCIA (FÍSICA). En fenómenos ondulatorios, coincidencia de ondas. Sus efectos son muy variados, dependiendo de las amplitudes, las longitudes de onda y las fases.
Control remoto 4:366a; Luz 9:255b; Óptica 11:122b; Radiocomunicación 12:248a.

INTERFERENCIA (PSICOLOGÍA). Fenómeno estrechamente relacionado con los procesos de aprendizaje y olvido, consistente en que, cuando un estímulo se asocia a otros diferentes o a dos respuestas distintas e incompatibles, la aparición de una de las asociaciones tiende a bloquear o interferir la otra.

INTERFERÓMETRO. Instrumento utilizado en óptica para producir y estudiar las interferencias en las ondas luminosas.

INTERFERÓN. Proteína sintetizada en el organismo como respuesta del sistema inmunitario a infecciones provocadas por virus y a proliferaciones tumorales.
8:234b; Enfermedades de transmisión sexual 5:417b; Ingeniería genética 8:210b; *cuadro* 8:235b.

INTERIOR, MAR. Seto Naikai, entrante marino situado en el sudoeste del archipiélago de Japón, entre las islas de Honshu, Shikoku y Kiushu. Se extiende de este a oeste entre la bahía de Osaka y el estrecho de Shimonoseki.

INTERJECCIÓN. Voz que, formando por sí sola una oración elíptica o abreviada, expresa alguna impresión súbita, como asombro, sorpresa, dolor, molestia, etc. Por ejemplo: *¡Ay!, ¡cielos!*, etc.

INTERLUDIO. Pieza teatral de la dramaturgia inglesa que generalmente se interpretaba entre dos actos de otra obra. Punto de enlace entre el teatro medieval de tono moralizante y las nuevas técnicas renacentistas. Su principal representante fue John Heywood.

INTERNACIONAL, DERECHO. Conjunto de leyes y preceptos que regulan las relaciones entre estados soberanos, entidades con personalidad internacional y personas de distinta nacionalidad.
8:235b; Fideicomiso 6:279b; Frontera 6:414b; Grocio, Hugo 7:235a; Guerra 7:270a; Internacionales, relaciones 8:236b; Ley marcial 9:136b; Nacionalidad y residencia 10:332b; Naciones Unidas 10:338a; Piratería 12:2a; Tratado 14:118b; *ilustraciones* 8:235b; 8:236a.

INTERNACIONAL, ESTILO. Tipo de arquitectura desarrollado a partir de la década de 1920. Se caracterizó por una concepción racionalista en la que se suprimían los elementos ornamentales y las referencias históricas. Los edificios adoptaban formas rectangulares, con superficies planas y amplios espacios interiores y como materiales constructivos se empleaban hormigón, acero y vidrio. Sus principales representantes fueron Walter Gropius, Ludwig Mies van der Rohe, J. J. P. Oud, Le Corbusier, Richard Neutra, Philip Johnson y Pier Luigi Nervi.
Diseño 5:205b.

INTERNACIONALES, RELACIONES. Conjunto de acuerdos y prácticas de diversa índole que mantienen entre sí los estados soberanos.
8:236b; Jurisdicción 8:415a; Naciones Unidas 10:334b; *ilustraciones* 8:237b; 8:238.

INTERNACIONALES OBRERAS. Organizaciones del movimiento obrero que en diversos momentos adoptaron este nombre a fin de demostrar su voluntad de superar los límites del nacionalismo. La Primera Internacional (1864) fue el marco del enfrentamiento y consecuente escisión de los grupos marxista y anarquista. La Segunda Internacional (1889) propugnó la formación de partidos socialistas en cada país. La Tercera Internacional (1919) se identificó con los partidos comunistas. La Cuarta Internacional (1938) fue fundada por Trotski según su idea de la revolución permanente.
Obrero, movimiento 11:63b.

INTERNAUTA. Término coloquial que se aplica a toda persona que navega de forma frecuente por las grandes redes de comunicaciones, en particular Internet.

INTERNET. Red global de comunicaciones que interconecta computadoras y bases de datos diseminadas por todo el planeta. Nacida en la década de 1980 en el ámbito académico y de defensa dentro de los Estados Unidos, a mediados de los años 1990 se extendió a todo tipo de usuarios, que pueden conectarse a sus recursos con un sencillo equipo formado por una computadora personal, un módem y una línea telefónica. Ofrece numerosos servicios: correo

electrónico, búsqueda y consulta de informaciones de bases de datos, grupos de discusión, *chat*, etc.
8:239a; Autopistas de la información 2:244a; Banca 2:331b; Ciberespacio 4:172b; Cibernética 4:176a; Comercio electrónico 4:296b; Computadora 4:309b; Correo electrónico 4:397b; Diccionario 5:176b; Enciclopedia 5:403a; Globalización 7:143b; Informática 8:200b; 8:202a; 8:206a; Lenguajes de programación 9:108a; Medios de comunicación de masas 10:37a; Módem 10:204b; Multimedia 10:295b; Ofimática 11:84a; Realidad virtual 12:278b; Red digital de servicios integrados (RDSI) 12:289a; Tecnología 13:416a; Telecomunicación 13:423a; Teléfono 13:424b; Videoconferencia 14:303b; Videotexto 14:304a; Virus (informática) 14:328b; *cuadros* 8:239b; 8:240a; *ilustraciones* 5:403b; 8:199b; 8:206a; 8:240a; 13:415b.

INTERPOL. Abreviatura de la Organización Internacional de Policía Criminal, fundada en el año 1923. Tiene como finalidad fomentar la cooperación de los cuerpos de policía de cada país para prevenir y castigar los delitos.
Policía 12:55a.

INTERPOLACIÓN (DERECHO). Nombre de las modificaciones introducidas por orden del emperador Justiniano en los textos originales de las obras jurídicas recopiladas en el *Digesto* y en el *Código* con el fin de adaptarlas al derecho del momento.

INTERPOLACIÓN (MATEMÁTICAS). Proceso matemático que consiste en el cálculo de los términos medios de una progresión, aritmética o geométrica, cuyos extremos son conocidos. En general, es el cálculo de los valores de una función en sus puntos intermedios.

INTERROGACIÓN, SIGNOS DE. Signos ortográficos (¿ ?) que en español se ponen al principio y fin de una palabra o cláusula en que se hace una pregunta. Por ejemplo: *¿Vienes conmigo?* En otros idiomas, como el inglés y el francés, sólo se colocan al final.

INTERSECCIÓN. Región geométrica donde se superponen los puntos correspondientes a dos figuras distintas. También conjunto constituido por los elementos comunes a dos o más conjuntos.
Conjuntos, teoría de los 4:340b.

INTERSEXUALIDAD. Naturaleza de un individuo dotado de caracteres sexuales de ambos sexos, sin mostrar partes genéticamente diferentes. Producida por aberraciones de origen genético, mutaciones génicas o inversión del sexo en los órganos genitales. En el hombre se manifiesta por alteración de los atributos sexuales, acompañada de diversos trastornos fisiológicos y psíquicos.

INTERTROPICAL, CONVERGENCIA. Cinturón de vientos alisios y aire ascendente que circunda la Tierra a la altura del ecuador. Sus cambios se producen estacionalmente con el Sol. Sobre el océano Índico la zona experimenta grandes movimientos, alcanzando latitudes de 40 a 45 grados.

INTERVALO (MATEMÁTICAS). Conjunto de números reales que se hallan entre otros dos números, también reales, que sirven para acotar la serie.

INTERVALO MUSICAL. Número de grados que separa a dos notas musicales. Pueden ser diatónicos (entre dos notas de diferente nombre), cromáticos (entre notas de igual nombre), ascendentes (más agudo el segundo sonido que el primero), descendentes (más agudo el primero que el segundo), melódicos (sonidos sucesivos), armónicos (sonidos simultáneos).
Armonía 2:91b; Escala musical 6:28b; Música, teoría de la 10:319b.

INTERVENCIONISMO. Doctrina que permite al estado interferir en la vida económica del país mediante las políticas monetaria o presupuestaria o directamente en la administración de las empresas.
Burocracia 3:232b.

INTERVENCIÓN ESTADOUNIDENSE. V. **Mexicano-estadounidense, guerra.**

INTERVENCION FRANCESA. Nombre que designa por antonomasia el período (1862-1867) de intervención militar francesa en México. La expedición respaldó el régimen imperial de Maximiliano de Habsburgo, iniciado en 1864, quien fue derrotado y ejecutado poco después del retiro de las tropas francesas.

INTERVENCIÓN HUMANITARIA. Maniobra de auxilio amparada por las Naciones Unidas por la que una fuerza exterior entra en un estado en conflicto interno, en apoyo a la población.

INTERVENCIÓN TRIPARTITA. Episodio de la historia de México acaecido en 1862. España, Francia y el Reino Unido desembarcaron tropas en el est. mexicano de Veracruz como respuesta a la suspensión de pagos de la deuda exterior decretada por el gobierno de Benito Juárez. España y el Reino Unido lograron un acuerdo con México, pero las tropas galas iniciaron la denominada intervención francesa.

INTESTINO. Porción del tubo digestivo que se extiende desde el píloro hasta el ano. Se divide en dos segmentos: el intestino delgado (duodeno, yeyuno e íleon) y el intestino grueso (colon, ciego y recto).
8:241b; Digestivo, aparato 5:185a; Gastroenterología 7:59b; Hernia 7:378b; Lombriz intestinal 9:209a; Vertebrados 14:282b; *ilustraciones* 8:241b; 8:242a; 8:243a.

INTI. En la mitología incaica, dios del sol, benefactor de la humanidad, fundador del imperio y padre de la dinastía real.
8:243b; Inca, religión 8:143a; Manco Cápac 9:323a; Viracocha 14:324a; *ilustración* 8:243b.

INTIBUCÁ. Departamento de Honduras limitado al sur por El Salvador, en la cordillera de Montecillos y la sierra de Opalaca. Regado por afluentes del río Lempa y del Ulúa. Escasamente cultivado. Cap. La Esperanza. 3.072 km^2. 130.000 hab. (1991).

INTIFADA. Insurrección esporádica de la población palestina de los territorios de Cisjordania y Gaza ocupados por Israel. Comenzó en 1988 y fue duramente reprimida por el ejército israelí. A finales de la década de 1990 el movimiento perdió parte de su virulencia debido a las conversaciones de paz con Israel y al establecimiento de la Autoridad Nacional Palestina.
Árabe-israelí, conflicto 2:2b.

INTIHUASI. Yacimiento arqueológico de la Argentina, al sudeste de la ciudad de Córdoba. Se han descubierto dos grutas que conservan estratos de cuatro períodos de habitáculo humano. El más profundo corresponde al séptimo milenio antes de la era cristiana, por lo que constituye uno de los testimonios humanos más antiguos del cono sur americano.

INTOCABLE. Miembro de las castas inferiores de la sociedad india. Hasta la época de la colonización británica, los intocables vivían en un régimen de servidumbre con respecto a las castas superiores. Desde la independencia de la India quedó abolido el sistema de castas, pero los hábitos sociales han mantenido algunas de estas diferencias.
Casta 4:14a.

INTOLERANCIA. Filme dirigido en 1916 por el estadounidense D. W. Griffith e interpretado por Lilian Gish al frente de un extenso reparto. Formado por cuatro episodios alternados, entre los que destacó por su monumentalidad el ambientado en Babilonia, constituye una de las obras cumbres del cine mudo.

INTOXICACIÓN. Conjunto de los trastornos provocados en el organismo por la ingestión, inhalación o inyección de agentes tóxicos o venenos.
8:244a; Accidentes 1:26b; Barbitúrico 2:348a; Primeros auxilios 12:146a; Toxicología 14:101a; *ilustraciones* 8:244; 8:245a.

INTRANET. Red informática parecida a Internet, aunque de menos potencia que ésta. Se trata de una configuración privada, cuyo acceso está restringido por un *firewall*, muy extendida en empresas de cierta entidad.

INTRANSITIVO. Verbo cuya acción no pasa del sujeto a otra persona o cosa, es decir, que se construye sin complemento directo. Por ejemplo: *morir, correr.*

INTRAUTERINO, DISPOSITIVO. Aparato mecánico que se coloca en la cavidad uterina para evitar la implantación o el crecimiento del embrión. Su abreviatura es DIU.
Natalidad, control de la 10:356a.

INTRIGA, COMEDIA DE. Género literario dramático que se caracteriza por suscitar la curiosidad del espectador con respecto al desenlace de la acción planteada en la obra.

INTRÓN. Fragmento de un gen cuya secuencia de nucleótidos no codifica ninguna proteína y que se encuentra separando secuencias codificadoras llamadas exones.

INTROSPECCIÓN. Observación de los procesos de conciencia propios. Como técnica de estudio de los fenómenos psicológicos, es la única que permite el acceso al conocimiento del aspecto subjetivo de los procesos mentales, pese a la dificultad derivada de tener que convertir en objeto lo subjetivo.
Conciencia 4:322b.

INTROVERSIÓN. Actitud contraria a la extraversión y propia de los sujetos que dirigen la energía psíquica hacia sí mismos. Las personas introvertidas suelen tener dificultad para relacionarse con los demás, son cautelosas y tienden a refugiarse en su mundo interior.
Jung, Carl Gustav 8:411a.

INTRUSIVA, ROCA. Agregado mineral formado por el enfriamiento lento del magma en el interior de la corteza terrestre. Presenta una estructura cristalina bastante uniforme.
Rocas 12:399a.

INTUICIÓN. Conocimiento inmediato de lo esencial de una realidad sin que se den los procesos intermedios habituales del razonamiento.
8:245b.

INTUICIONISMO. Doctrina filosófica y epistemológica que establece la primacía de la intuición, en alguna de sus formas, sobre otros modos de conocimiento. También, teoría matemática que defiende que la naturaleza del pensamiento matemático consiste en un conjunto de construcciones mentales gobernadas por principios y normas evidentes.
Matemáticas 9:409a; Racionalismo 12:238b.

INUNDACIÓN. Ocupación de un terreno por las aguas, debida a las precipitaciones atmosféricas o a los desbordamientos de ríos, zonas de retención de agua, etc. Puede ser motivo de catástrofe o estar regulada y controlada, lo que permite en este último caso su utilización en diversos cultivos agrícolas (arroz, algodón, etc.).
Drenaje 5:241b; El Niño, corriente de 5:380b; Hidrografía e hidrología 7:399b; Riego 12:370a.

INURRIA, MATEO (1869-1924). Escultor español. Su estilo estuvo influido en gran parte por la obra de Auguste Rodin. Fue autor principalmente de esculturas conmemorativas. Monumento al Gran Capitán, monumento a Eduardo Rosales.

INVAR. Acero que contiene un 36 % de níquel y presenta reducido coeficiente de expansión térmica. Se utiliza en la fabricación de cintas métricas y otros objetos que deben ser resistentes a los cambios de temperatura.

INVARIANTE ALGEBRAICA. Axioma matemático según el cual cada forma algebraica queda definida en función del número concreto de invariantes o propiedades que no se modifican al llevarse a cabo en ella transformaciones diversas. Enunciado por el matemático británico Arthur Cayley a fines del siglo XIX.

INVASIONES BRITÁNICAS AL RÍO DE LA PLATA. Serie de asaltos realizados por los británicos para conquistar el Virreinato del Río de la Plata en 1806 y 1807. En el primer asalto, el brigadier William Carr Beresford logró apoderarse de Buenos Aires, obligando al virrey, Rafael de Sobremonte, a retirarse a la ciudad de Córdoba. Reconquistada por los españoles, Buenos Aires sufrió un nuevo asalto al año siguiente, pero resistió heroicamente y obligó a capitular a los invasores.

INVENCIÓN DE MOREL, LA. Novela del escritor argentino Adolfo Bioy Casares, publicada en 1940. Se desarrolla en una isla en la que el autor crea la ilusión de eternidad.

INVENTO. Nombre genérico de cualquier innovación tecnológica introducida en la industria o la ciencia.
8:246a; Patentes y marcas 11:298a; Renacimiento 12:330a; *cuadro* 8:247; *ilustraciones* 8:246a; 8:247a-b; 8:248a.

INVERNACIÓN. V. **Hibernación.**

INVERNADERO. Lugar protegido y acondicionado que permite el cultivo de plantas sensibles a las bajas temperaturas en climas fríos o fuera de estación.
8:248a; Agricultura 1:113a; Horticultura 8:75a; *ilustración* 8:249a.

INVERNADERO, EFECTO DE. Progresivo calentamiento de la atmósfera debido a la emisión de dióxido de carbono y otros gases residuales de la combustión. El fenómeno, presumiblemente, tenderá a reducir los casquetes polares y podría producir inundaciones en las costas y sequías en las áreas continentales.
Cambio climático 3:297a; Clima y climatología 4:235a; Deforestación 5:109a; Ecosistema 5:286a; Meteorología 10:108a.

INVERNESS. Población británica situada en la región de las tierras altas, en el norte de Escocia. A orillas del río Ness. Castillo del siglo XIX. Centro comercial, administrativo y turístico. Aeropuerto. 40.011 hab. (1981).

INVERSIÓN (ECONOMÍA). Canalización de una parte de la renta hacia la actividad productiva. Se diferencia del ahorro en que, frente a la simple abstención de consumo, la inversión implica la adquisición efectiva y aplicación de un bien en el proceso productivo. Se considera que un incremento de la inversión repercutirá en un mayor desarrollo económico.
Ahorro 1:129b; Renta 12:335a.

INVERSIÓN (MÚSICA). Recurso consistente en reproducir un tema o melodía por intercambio de los intervalos ascendentes con los descendentes sin que cambie el ritmo, o de los sonidos graves con los agudos.

INVERSIÓN TÉRMICA. Fenómeno originado por la menor capacidad de la tierra para retener el calor con respecto al aire, lo que da lugar a una inversión de las temperaturas en niveles relativamente elevados de la atmósfera. Esta inversión se produce cuando concurren determinadas circunstancias, como la presencia de masas anticiclónicas en la estación fría.

INVERTEBRADOS. Animales desprovistos de esqueleto óseo. Dada su heterogeneidad, su clasificación se basa fundamentalmente en criterios descriptivos.
8:249a; Artrópodos 2:137a; Cardiovascular, sistema 3:383b; Coral 4:373b; Corazón 4:367b; Crustáceos 5:31b; Digestivo, aparato 5:184a; Endocrino, sistema 5:406a; Estómago 6:158b; Gusanos 7:295a; Insectos 8:221a; Intestino 8:242a; Locomotor, aparato 9:196a; Medusa (zoología) 10:39b; Metazoos 10:104a; Moluscos 10:217b; Nervioso, sistema 10:384a; Oído, sentido del 11:89a; Olfato, sentido del 11:93a; Piel 11:400a; Primaria, era 12:141a; Pulmón 12:206b; Respiratorio, sistema 12:347a; Tacto, sentido del 13:175b; *cuadro* 8:251; *ilustraciones* 8:249b; 8:250a; 8:251a-b.

INVESTIDURAS, QUERELLA DE LAS. Conflictos entre el papado y el Sacro Imperio Romano que tuvieron lugar durante los siglos XI y XII, ocasionados por los nombramientos de obispos y otras dignidades.
8:252a; Edad media 5:302b; Enrique IV, emperador 5:422a; Gregorio VII, san 7:215b.

INVESTIGACIÓN. Conjunto de técnicas, métodos y procedimientos utilizados por la ciencia para descubrir las leyes que gobiernan cualquier fenómeno natural o humano.
Realidad virtual 12:278b.

INVESTIGACIÓN Y DESARROLLO (I + D). Conjunto de estudios, técnicas y sistemas destinados al perfeccionamiento de los productos existentes, el diseño de otros nuevos o a la mejora de los procesos que conducen a su obtención.
Tecnología 13:414b; Telecomunicación 13:423a.

INVIERNO. Estación del año caracterizada por el descenso de la temperatura y el aumento general del rigor en las condiciones climatológicas, que se extiende desde diciembre a marzo en el hemisferio norte y de junio a septiembre en el hemisferio sur.
Estaciones del año 6:118a.

INVIERNO, DEPORTES DE. Actividades deportivas que se practican sobre hielo o nieve.
8:252b; *ilustraciones* 8:253a-b; 8:254; 8:255a-b.

INVIERNO NUCLEAR. Efectos que, presumiblemente, se producirían en la Tierra como consecuencia de la pantalla generada por el polvo radiactivo y otros residuos derivados de una posible guerra nuclear, que impediría a la corteza terrestre el contacto con las radiaciones solares.

INVOLUNTARIO, MÚSCULO. Músculo de fibra lisa (con la excepción del miocardio, que es de fibra estriada) cuya contracción es independiente de la voluntad.

INYECTIVA, APLICACIÓN. En matemática, relación entre dos grupos cuando los elementos del primero tienen imágenes distintas a los del segundo.
Grupos, teoría de los 7:241a.

ÍÑIGO ARISTA (h. el 770-852). Primer monarca de Pamplona, reino que sus sucesores ocuparon hasta principios del siglo X. Fue herido en combate contra los musulmanes en el 843, quedando paralítico.
Navarra 10:364b.

ÍO (ASTRONOMÍA). Satélite de Júpiter descubierto en 1610 por Galileo. Dista 421.600 km de Júpiter y posee 1.816 km de radio. Se designa también como HI.
Júpiter (astronomía) 8:413b.
Satélite 13:163b.

ÍO (MITOLOGÍA). En el panteón olímpico, sacerdotisa de Hera amada por Zeus, quien la convirtió en una ternera blanca para sustraerla a los celos de aquella diosa. Pese al ardid, Hera se enteró y la confió a Argos, de cuya vigilancia fue liberada por Hermes. Finalmente Zeus le devolvió su forma humana.

IODHÍDRICO, ÁCIDO. Yoduro de hidrógeno, HI, gas incoloro, soluble en agua, utilizado como agente reductor y reactivo.

IOMMI, ENIO (n. en 1926). Escultor argentino. En sus obras empleó materiales innovadores como el alambre o el mármol, con los que dio movimiento a sus figuras. Fue uno de los fundadores de la asociación Arte concreto-invención de Argentina.

ION. Átomo o grupo de átomos con carga eléctrica positiva (catión) o negativa (anión) debida a la cesión o captación de electrones.
8:255b; Ácido y base 1:30b; Pila y acumulador 11:405b; Sal 13:91b; Sólido, estado 13:295a.

IONESCO, EUGÈNE (1912-1994). Dramaturgo francés de origen rumano. Uno de los creadores del teatro del absurdo.
8:256a; Absurdo, teatro del 1:23a; *ilustración* 8:256a.

IÓNICO, ENLACE. Atracción electrostática entre las cargas opuestas de los iones, que se extiende en todas direcciones y hace que se unan entre ellos.
Disolución 5:209a; Enlace 5:418b; Molécula 10:215a.

IONIZACIÓN. Separación de iones en una sustancia.
Espectroscopia 6:105b; Ion 8:256a; Radiación 12:243b.

IONOGRAMA. Determinación de la concentración de aniones y cationes en un líquido orgánico. Indica la alcalinidad o acidez de la muestra e informa de defectos o excesos perniciosos de sustancias iónicas en el organismo. Expresada normalmente en miliequivalentes por litro, se utiliza con fines diagnósticos y terapéuticos.

IONOSFERA. Capa de la atmósfera, por encima de la mesosfera y antes que la exosfera, en la que abundan las partículas ionizadas debido a las radiaciones solares de onda corta. Este fenómeno da lugar a la reflexión de las ondas de radio.
Atmósfera 2:203a; Meteorología 10:106b; Tierra 14:56b.

IORGA, NICOLAE (1871-1940). Historiador y político rumano. Profesor en la Universidad de Bucarest, adquirió gran reputación con sus obras *Historia del pueblo rumano* (en cinco tomos), *Historia del imperio otomano*, y otros 800 libros y 10.000 artículos. Como político, fundó el Partido Nacional Demócrata, fue ministro de educación y primer ministro (1932). En 1930 apoyó la vuelta del rey Carol II. Murió asesinado por miembros del movimiento denominado Guardia de Hierro.

IOWA. Estado del centro de los Estados Unidos, regado por afluentes del río Mississippi. Maíz, soya o soja, avena; ganadería. Cap. Des Moines. 145.755 km^2. 2.852.423 hab. (1997).

IPANEMA. Sector urbano de Río de Janeiro, Brasil, famoso por su playa, inmortalizada en la composición *Garota de Ipanema*, de Antonio Carlos Jobim y Vinícius de Morais.
Brasil *ilustración* 3:151b.

IPARRAGUIRRE, JOSÉ MARÍA (1820-1881). Poeta español en lengua vasca. Participó en la primera guerra carlista y viajó por Europa y América como cantante ambulante. En 1853, en Madrid, interpretó por primera vez «El árbol de Guernica», poema musicalizado que se convertiría en el himno vasco.
Vasca, literatura 14:240b.

IPERITA. Arma química, pertenece al grupo de los gases vesicantes, caracterizados por su fuerte poder de corrosión. Fue utilizada por primera vez el 12 de julio de 1917 por tropas alemanas durante la primera guerra mundial. Sulfuro de diclorodietilo $S(ClCH_2CH_2)_2$, conocido también como «gas mostaza».

IPIUTAK. Cultura esquimal del noroeste de Alaska. Situada cronológicamente entre el siglo II y el VI d.C., cubría las regiones costeras del mar de Chuckchi. Caracterizada por la construcción de casas semisubterráneas y por la caza de pinnípedos y herbívoros como actividad económica fundamental.

IPPOLÍTOV-IVÁNOV, MIJAÍL (1859-1935). Compositor y director de orquesta ruso. Fue alumno de Nikolái Rimski-Kórsakov. Autor de música instrumental y siete óperas fuertemente influidas por el folclor del Cáucaso y Georgia. *Rapsodia armenia* (1909).

IPSEN, BODIL (1889-1964). Actriz dramática danesa que se especializó en la representación de los personajes de las obras de Henrik Ibsen y August Strindberg. Trabajó frecuentemente con el actor Poul Reumert e intervino, desde 1913, en algunas obras cinematográficas.

IPSWICH. Ciudad y puerto del Reino Unido, condado de Suffolk, Inglaterra, en el estuario del Orwell, mar del Norte. Mercado e industrias agrícolas. 114.000 hab. (1996).

IPUCHE, PEDRO LEANDRO (1990-1976). Poeta y escritor uruguayo. Se ocupó principalmente de temas nativos. *Engarces* (1912), *Alas Nuevas* (1922), *Caras con alma* (1957).

IPURINA. Tribu indígena de la selva amazónica, perteneciente a la familia arawak. Habita entre los ríos Purus e Ituxí, en la parte occidental de Brasil.

IQBAL, SIR MOHAMED (1877-1938). Escritor y político indio. Defensor de la cultura musulmana en la India y del establecimiento del estado islámico de Pakistán.
8:256b; India, literatura 8:166b.

IQTA. Uso establecido por los califas islámicos del siglo IX consistente en la atribución temporal de tierras a los oficiales militares en sustitución de las pagas regulares.

IQUIQUE. Ciudad y puerto de Chile, cap. de la prov. de Iquique y de la reg. de Tarapacá, en el desierto de Atacama, a orillas del Pacífico. Ferrocarril, aeropuerto. Conservas y harina de pescado, guano. Turismo. 159.815 hab. (1999).

IQUITOS. Ciudad y puerto fluvial del Perú, cap. del dep. de Loreto, a orillas del Amazonas. Núcleo exportador de caucho en el siglo XIX. Principal centro económico, de población, cultural, religioso y político de la Amazonia peruana. Universidad. Explotaciones forestales; perforaciones petrolíferas. Aeropuerto. 334.013 hab. (1998).
Amazonas, río 1:265b; Perú 11:359a.

IRA. V. **Ejército Republicano Irlandés.**

IRADIER, MANUEL (1854-1911). Explorador español del golfo de Guinea, donde realizó estudios sobre la historia natural y la etnografía de los pobladores de la región. Preparó la penetración colonial española en la Guinea Ecuatorial. *Memorias de una expedición al África* (1877), *Fragmento de un diario de exploraciones en la zona de Corisco* (1878).

IRADIER, SEBASTIÁN DE (1809-1865). Compositor español de zarzuelas y canciones. Su estancia en Cuba se reflejó en su obra, dentro de la cual sobresalieron las habaneras *La paloma* y *El arreglito,* aprovechada por Georges Bizet en la ópera *Carmen.*

IRAK. País del cercano oriente, en el extremo noroeste del golfo Pérsico. Cap. Bagdad. 435.052 km^2. 22.676.000 hab. (2000).
8:257a; Asia 2:150; Bagdad 2:305a; Desierto 5:152b; Irán 8:261a; Islam, historia del 8:285a; Kurdistán 9:39b; Kuwait 9:42a; Mesopotamia 10:83a; Pérsico, golfo 11:353a; *mapa* 8:258a; *cuadros* 8:257b; 8:258a; *ilustraciones* 8:257a; 8:258b; 8:259b; 8:260a.

IRÁKLION. Ciudad de Grecia, puerto de la isla de Creta, también conocida como Candía. Cap. del dep. de Iráklion. Museo de antigüedades. Exportación de uvas, aceite, vino y cítricos. Turismo. 117.167 hab. (1991).
Creta 5:8a.

IRÁN. País del sudoeste de Asia. Cap. Teherán. 1.645.258 km^2. 62.704.000 hab. (2000).
8:260b; Asia 2:150; Beluchistán 2:404a; Caspio, mar 4:12b; Islam, historia del 8:286a; Jatami, Mohamed 8:356a; Kurdistán 9:39b; Persa, lengua 11:347a; Persa, literatura 11:347b; Persia 11:349b; Pérsico, golfo 11:353a; Teherán 13:418b; *mapa* 8:261b; *cuadros* 8:260b; 8:262a; *ilustraciones* 8:261b; 8:262a; 8:263a-b; 8:264a.

IRANGATE. Escándalo político que tuvo lugar durante el gobierno del presidente estadounidense Ronald Reagan. En noviembre de 1986, el secretario de justicia Edwin Meese descubrió el desvío de dinero obtenido por la venta de armas a Irán hacia los fondos para el mantenimiento de la contra nicaragüense. El principal acusado, el teniente coronel Oliver North, fue juzgado en 1989.

IRANIOS, PUEBLOS. Conjunto de pueblos que ocuparon en la época antigua un área geográfica que comprendía la meseta de Irán, la parte oriental del Asia menor e Irak, hasta el Asia central. Perteneciente a la familia lingüística de los indoeuropeos, estaba formado por persas, medos, kurdos, escitas, alanos, etc. Sufrieron un gran retroceso con la expansión de los turcos.
Asiáticos, pueblos 2:156a.

IRANZO, MIGUEL LUCAS DE (m. en 1473). Hidalgo castellano que gozó de la protección de Enrique IV, quien le concedió el título de condestable de Castilla. Encarcelado por su rivalidad con el marqués de Villena, recuperó el favor real y fue nombrado alcaide de Jaén. Sobre su estancia en esta ciudad versa una crónica anónima *Relación de los fechos del condestable Miguel Lucas de Iranzo,* que aporta una valiosa información sobre la vida de la ciudad, festejos, costumbres, y útiles domésticos.

IRAPUATO. Ciudad mexicana en el est. de Guanajuato, a orillas del río Irapuato. Fundada en 1547. Iglesias y edificios del XVIII. Aeropuerto. Importante centro agropecuario; metalurgia; minería. 299.604 hab. (1995).
Guanajuato 7:248b.

IRAWADI, RÍO. Curso fluvial de Myanmar. Nace de la confluencia de los ríos Nmai y Mali, atraviesa las llanuras aluviales de la zona seca y desemboca en el mar de Andamán tras recorrer 2.090 km. También se denomina Irawady e Irrawaddy.
Myanmar 10:328a.

IRAZÚ. Volcán activo de Costa Rica, el pico más alto de la cordillera Central (3.432 m), en la prov. de Cartago. Desde su cúspide se divisan tanto la costa atlántica como la del Pacífico.

IRBIS. Mamífero carnívoro de la familia de los félidos (*Panthera uncia*). Aunque parecido al leopardo, su pelaje es mucho más espeso, largo y lanoso. Vive en las zonas altas y frías del Tíbet y el Asia central.

IRENE, EMPERATRIZ (h. el 752-803). Esposa del emperador bizantino León IV, al que sucedió en el poder (780) cuando enviudó. Adversaria de los iconoclastas, restableció el culto a las imágenes e intrigó contra su hijo Constantino VI.

IRENEO, SAN (h. el 120/140-h. el 200/203). Obispo y teólogo cristiano. Nacido en el Asia menor, fue obispo de Lyon (Francia). Su tratado *Contra los herejes* (h. el 180), criticó la excesiva autoridad papal y se opuso a las teorías de los gnósticos, para cuyo conocimiento constituye una valiosa fuente. *Demostración de la enseñanza apostólica.*
Papado 11:258b.

IRETON, HENRY (1611-1651). Militar y político inglés. Líder de los partidarios del Parlamento, que se enfrentaron a los realistas durante la guerra civil de 1642-1651, propuso una fórmula de compromiso que fue rechazada por el rey.

IRGUN. Movimiento derechista judío fundado en 1931 en Palestina. Violentamente antiárabe, cometió acciones terroristas y asesinó súbditos británicos. Se desintegró a raíz de la creación del Estado de Israel en 1948.
Begin, Menahem 2:382a.

IRIAN JAYA. Provincia indonesia que comprende la mitad occidental de Nueva Guinea y las islas adyacentes. Cap. Jayapura. 421.981km^2.; 1.956.300 hab. (1995).
Indonesia 8:179a; Nueva Guinea 11:39a.

IRIAN OCCIDENTAL. V. **Irian Jaya.**

IRIARTE, BERNARDO DE (1735-1814). Diplomático y político español. Desempeñó puestos en la Secretaría de Estado y fue miembro del Consejo de Indias. Fue uno de los firmantes de la capitulación de Madrid ante los franceses en 1809. Designado consejero de José Bonaparte, pasó con él a Francia, donde murió.

IRIARTE, TOMÁS DE (1750-1791). Fabulista español. Fue íntimo amigo de Leandro Fernández de Moratín y José Cadalso. Poeta, crítico y comediógrafo, fueron sus *76 fábulas literarias* (1782) las que le dieron fama perdurable. *El señorito mimado* (1788), *Lecciones instructivas* (1791).

IRIARTE Y CISNEROS, JUAN DE (1702-1771). Erudito español. Representante de las ideas ilustradas del siglo XVIII, ocupó la dirección de la Biblioteca Real y fue miembro de la Real Academia de la Lengua desde 1747. Autor de crítica literaria y traducciones de autores clásicos. *Gramática latina* (1771).

IRIDÁCEAS. Familia de plantas monocotiledóneas, perteneciente al orden de las lilífloras. Comprende más de 1.600 especies, de amplia distribución geográfica. La mayoría son ornamentales, como el lirio; otras son utilizadas en condimentación, como el azafrán, o para la elaboración de productos medicinales.
Azafrán 2:276b; Gladiolo 7:140a; Lirio 9:175b.

IRIDIO. Elemento químico del grupo VIII de la tabla periódica. Encontrado junto al platino en las arenas de aluvión. Metal plateado, duro, no atacable por el agua regia. Utilizado en las aleaciones de platino, en termopares, material químico no corrosible. Símbolo, Ir; número atómico, 77; peso atómico, 192,2.

IRIDOLOGÍA. Técnica de medicina natural que establece diagnósticos basándose en la observación del iris del paciente.

IRIDOSMIO. Mineral resultante de la mezcla natural de iridio con una proporción menor de osmio. Cristaliza en el sistema hexagonal. Apreciado por su dureza.

IRIGARAY, LUCE (n. en 1930). Filósofa y psicoanalista francesa. Sus trabajos giraron sobre la relación existente entre los sexos y el lenguaje, con un enfoque claramente feminista. *El olvido del aire* (1983), *Sexos y géneros a través de las lenguas* (1990).

IRIGOYEN, HIPÓLITO. V. **Yrigoyen, Hipólito.**

IRIS (ANATOMÍA). Membrana del ojo, circular, pigmentada y contráctil, situada por detrás de la córnea y por delante del cristalino, y perforada en su centro por un orificio, la pupila.
Oftalmología 11:78a; Vista, sentido de la 14:333a.

IRIS (MITOLOGÍA). En la antigua Grecia, diosa hermana de las arpías, personificación del arco iris y, junto con Hermes, mensajera de los dioses. Algunas leyendas le atribuyen la maternidad de Eros, habido de su unión con Céfiro.

IRIS, ESPERANZA (1888-1962). Actriz mexicana. Debutó en 1897 en el Teatro Arbeu con una compañía infantil y alcanzó el éxito con operetas como *La viuda alegre, El conde de Luxemburgo* y *La princesa del dólar.* En 1918 estableció el Teatro Iris. Se retiró a los 35 años.

IRISARRI, ANTONIO JOSÉ DE (1786-1868). Periodista, político y filólogo guatemalteco. Vivió varios años en Chile. Intervino en la guerra contra las tropas confederadas del Perú y Bolivia. Autor de numerosas obras en prosa y verso. *El cristiano errante* (1847), *Poesías satíricas burlescas* (1867).

IRITIS. Inflamación del iris. Sus síntomas principales son pérdida de coloración del órgano, contracción de la pupila, sensación dolorosa y fotofobia. Debida a contusiones traumáticas, reumatismo, diabetes y trastornos menstruales.

IRKUTSK. Ciudad asiática de Rusia, cap. de la región de Irkutsk, a orillas del río Angara. Universidad. Academia de Ciencias. Ferrocarril transiberiano. Importante centro industrial. 591.000 hab. (1997).
Baikal, lago 2:310b; Rusia 13:57b.

IRLANDA (GEOGRAFÍA FÍSICA). La isla más occidental del archipiélago británico, en el océano Atlántico. Está separada de la Gran Bretaña por el mar de Irlanda. Cubre una superficie de 84.405 km^2. Está dividida en Irlanda del Norte (parte del Reino Unido) y la república de Irlanda.
8:264b; Europa 6:198a; *mapa* 8:265b; *cuadros* 8:265a; 8:267b; *ilustraciones* 8:266a-b; 8:267b; 8:268a; 8:269a-b.

IRLANDA (GEOGRAFÍA POLÍTICA). Estado insular de Europa en la isla de Irlanda. Cap. Dublín. 70.285 km^2. 3.783.000 hab. (2000).
Celta, cultura 4:64a; Dublín 5:347b; McAleese, Mary 9:259b; Reino Unido 12:310b.

IRLANDA, MAR DE. Brazo del Atlántico norte que separa las islas de Irlanda y la Gran Bretaña, entre Escocia por el norte, Gales al sur, Inglaterra al este e Irlanda al oeste. Cubre una superficie de 100.000 km^2 aproximadamente.
Atlántico, océano 2:195a.

IRLANDA DEL NORTE. País integrante del Reino Unido. Está formado por seis de los nueve condados que constituyeron la antigua prov. de Ulster. Zona industrializada; minería, ganadería y pesca. Cap. Belfast. 14.120 km^2. 1.649.000 hab. (1995).
Irlanda 8:265a; Reino Unido 12:299a; Trimble, David 14:130b.

IRLANDESA, LITERATURA. Conjunto de obras escritas en irlandés o en inglés por autores irlandeses (estas últimas también denominadas literatura angloirlandesa). Íntimamente ligada con la literatura británica.
Heaney, Seamus 7:343a; Yeats, William Butler 14:379b.

IRMANDADES. Hermandades de carácter antiseñorial formadas en Galicia durante la edad media. En el siglo XVII se constituyeron tres irmandades en las que participaron los burgueses de Santiago y algunos eclesiásticos contra el obispo Diego Gelmírez. En 1431 los campesinos se unieron contra la nobleza feudal. En 1467 tuvo lugar la rebelión más importante en la que participó un ejército de cerca de ochenta mil *irmandiños* en contra de los grandes señores de la región. Éstos se aliaron con el rey de Castilla y sofocaron la insurreción en 1469.

IRNERIO (h. el 1055-h. 1122). Jurista italiano, fundador en Bolonia de una escuela jurídica (glosadores) a la que se debe el renacimiento del derecho romano. Descubrió una copia casi completa del *Digesto* de Justiniano. Autor de una colección de *Novelas justinianeas* (*Authentica*) y de varios estudios jurídicos.

IRONÍA. Recurso expresivo que consiste en dar a entender, con cierta burla, lo contrario de lo que se está diciendo. Como figura retórica fue descrito ya por Aristóteles. Prácticamente inexistente en la literatura medieval, recuperó su valor en las obras renacentistas. Durante la época barroca se evolucionó desde la ironía comprensiva hasta el sarcasmo cruel.
Redacción 12:287a.

IRONS, JEREMY (n. en 1948). Actor británico. Reconocido por la crítica internacional como uno de los actores contemporáneos con mayor capacidad de adaptación interpretativa. *La mujer del teniente francés* (1980), *La misión* (1986), *El misterio Von Bulow* (1990) –Óscar a la mejor interpretación–, *La casa de los espíritus* (1993), *La caja china* (1997), *El hombre de la máscara de hierro* (1998).

IROQUESES. Conjunto de pueblos amerindios pertenecientes a un grupo lingüístico específico (macrosiva o iroqués) que vivía en torno a los lagos Erie, Ontario y Hurón. En los siglos XVII y XVIII formaron una confederación que desempeñó un papel fundamental en las guerras franco-británicas por el dominio de la zona. Establecidos más tarde en colonias, sobre todo en el estado de Nueva York.
Amerindios, pueblos 1:295a; Canadá 3:317b; Creación 4:423a; Quebec, provincia de 12:215a.

IRRACIONAL, NÚMERO. V. **Número irracional.**

IRRACIONALISMO. Conjunto de tendencias filosóficas que niegan la capacidad de la razón humana para conocer la realidad. Entre los muchos grados de irracionalismo pueden establecerse dos grandes grupos: los que niegan toda posibilidad de conocer la realidad en sí misma, y los que sólo niegan la capacidad de la razón pero admiten la posibilidad de conocer la realidad por otras vías, como la intuición o el sentimiento.

IRRADIACIÓN. Emisión de radiaciones. También, acción de los rayos o radiaciones sobre una cosa.

IRRADIANCIA. Intensidad lumínica de una estrella, medida por unidad de superficie y de tiempo.

IRREDENTISMO. Movimiento político que postula la integración, basada en razones históricas, sociales, etc., de un territorio ajeno políticamente a un país y que éste considera como propio. A fines del siglo XIX tomó su más clara expresión en el movimiento que pedía la incorporación a Italia de los territorios austriacos considerados como italianos. En 1877 Matteo Renato Imbrani fundó la Asociación en Pro de la Italia Irredenta.

IRTISH, RÍO. Curso fluvial de China, Kazajstán y Rusia. Nace en los montes Altai, en Xinjiang, China y, tras atravesar la región nordeste de la república de Kazajstán, desemboca en el río Obi, en Siberia. Se aprovechan sus aguas en las centrales hidroeléctricas de Ust-Kamenogorsk y Bujtarma. Su curso es de 4.248 km.

IRUJO, MANUEL DE (1892-1981). Político español. Líder del Partido Nacionalista Vasco (PNV) durante la segunda república, formó parte de los gobiernos de Francisco Largo Caballero y Juan Negrín, entre 1936 y 1938. Vivió en el exilio entre 1939 y 1977. *Los vascos y la república española* (1944).

IRÚN. Ciudad de España, en la prov. de Guipúzcoa, comunidad autónoma del País Vasco, a orillas del río Bidasoa. Paso fronterizo con Francia de intenso tráfico. Industria mecánica, cerámica, papel. 55.215 hab. (1996).

IRVING. Localidad de los Estados Unidos en el est. de Texas. Forma parte de la conurbación Fort Worth-Dallas. 178.253 hab. (1998).

IRVING, EDWARD (1792-1834). Pastor de la Iglesia de Escocia que fundó un movimiento profético y apocalíptico. Predicó en una iglesia de Londres, donde se formó una comunidad de seguidores de sus doctrinas. Llegó a anunciar la segunda venida de Cristo para el año 1864. Fue excomulgado por el presbiterio de Londres y suspendido de su oficio por la Iglesia de Escocia a causa de su interpretación de la naturaleza humana de Cristo. Sus seguidores constituyeron la secta de los irvinguitas, o Iglesia Apostólica Católica.

IRVING, HENRY (1838-1905). John Henry Brodribb, actor británico, el primero en ser enaltecido a caballero (*Sir*) por sus servicios en el teatro. Alcanzó gran éxito por sus actuaciones con Ellen Terry y su gira por los Estados Unidos en 1883.

IRVING, JOHN (n. en 1942). Escritor estadounidense. Autor de obras de gran éxito comercial. *Libertad para los osos* (1968), *El mundo según Garp* (1978), *La novia imaginaria* (1996).

IRVING, WASHINGTON (1783-1859). Escritor estadounidense. Cultivó preferentemente el relato con un tono romántico.
8:270a; Estadounidense, literatura 6:146b; *ilustración* 8:270b.

IRZYKOWSKI, KAROL (1873-1944). Escritor polaco. Fue miembro de la Academia Polaca de Literatura y participó en la resistencia contra la ocupación alemana. En sus obras destaca la profundidad psicológica de los personajes. *La hechicera* (1903).

ISAAC. Patriarca judío. Elegido por Yahvé para perpetuar en él la alianza con el pueblo hebreo.
8:271a; Abraham 1:15a; Jacob 8:328b; Judaísmo 8:401b; *ilustración* 8:271a.

ISAAC, ALBERTO (n. en 1925). Cineasta y caricaturista mexicano. Publicó sus dibujos en varios periódicos de la ciudad de México. Dirigió, entre otras, las películas *En este pueblo no hay ladrones*, *Las visitaciones del diablo*, *El rincón de las vírgenes* y *Las batallas en el desierto*. Fue director del Instituto Mexicano de Cinematografía.

ISAAC, HEINRICH (h. 1450-1517). Compositor de Flandes, uno de los más destacados del siglo XV en su país. Autor de misas, corales, motetes y canciones seculares.

ISAAC EL GRANDE, SAN (h. el 345-439). Patriarca ortodoxo de Armenia. Defensor de la independencia cultural y eclesiástica de su país, promovió y colaboró en la traducción de la *Biblia* del griego y el siriaco al armenio, base de la literatura en esta lengua. Escribió textos litúrgicos y epístolas apologéticas sobre la persona divina de Cristo en contra de las teorías de Teodoro de Mopsuestia.

ISAAC I COMNENO (h. 1005-1061). Emperador bizantino desde 1057 hasta 1059, año en que abdicó. Restableció la estabilidad económica del país y construyó las defensas militares del imperio.

ISAAC II ÁNGEL (h. 1135-1204). Emperador bizantino desde 1185 a 1195 y desde 1203 hasta 1204. Venció a los servios en 1190, con lo que se recuperaron los bienes imperiales de los Balcanes. Fue incapaz, sin embargo, de acabar con los abusos administrativos. Depuesto por su hermano, Alejo III, y restablecido por los cruzados, fue destronado pocos días antes de morir.
Bizantino, imperio 3:64a.

ISAAC DE STELLA (h. 1100-h. 1169). Monje cisterciense y filósofo de origen inglés. Abad del monasterio de la Stella (Étoile) en Poitiers. Su filosofía intenta una síntesis del neoplatonismo y del aristotelismo. Su *Epístola a Alcher* sobre el alma es un compendio de psicología en el que se describen los fundamentos del misticismo cristiano.

ISAACS, JORGE (1837-1895). Poeta y novelista colombiano. Introdujo en Hispanoamérica el idealismo romántico de la poesía europea.
8:271b; Hispanoamericana, literatura 8:7a.

ISABEL, SANTA. Según el Evangelio de san Lucas, judía descendiente de la estirpe de Aarón, esposa del sacerdote Zacarías y pariente de la Virgen María. Cumpliéndose el anuncio del arcángel san Gabriel concibió y dio a luz en su ancianidad a san Juan Bautista. Cuando se hallaba en el sexto mes de su embarazo fue visitada por María, ya encinta de Jesús.
Juan Bautista, san 8:390b.

ISABEL I DE CASTILLA. V. **Isabel la Católica.**

ISABEL I DE INGLATERRA (1533-1603). Reina de Inglaterra e Irlanda. Fue ardiente defensora del protestantismo.

8:272b; Anglicanismo 1:357b; Estuardo, María 6:175b; Irlanda 8:268a; Piratería 12:3a; Protestantismo 12:166a; Raleigh, *Sir* Walter 12:254b; Reino Unido 12:306a; Spenser, Edmund 13:311a; Tudor, dinastía 14:144b; *cuadro* 8:273a; *ilustración* 8:273b.

ISABEL II DE ESPAÑA (1830-1904). Reina de España. Sucesora de Fernando VII, fue derrocada en 1868.

8:273b; Alfonso XII de España 1:215b; Borbón, casa de 3:110b; Carlistas, guerras 3:392a; España 6:78a; Espartero, Baldomero 6:102b; Fernando VII de España 6:270b; Madrid, 9:276b; María Cristina de Borbón 9:364b; Narváez, Ramón María 10:354a; Prim, Juan 12:139b; Restauración 12:349a; Serrano y Domínguez, Francisco 13:212b; *ilustración* 8:273b.

ISABEL II DE INGLATERRA (n. en 1926). Soberana del Reino Unido de la Gran Bretaña e Irlanda del Norte. Fue coronada en 1953 como sucesora de su padre, Jorge VI, que murió el año anterior.

8:274a; Reino Unido 12:311a; *ilustración* 8:274a.

ISABELA. Municipio de Puerto Rico en la costa noroeste del océano Atlántico. 39.147 hab. (1990).

ISABELA, LA. Nombre de la primera ciudad europea del Nuevo Mundo. La fundó Cristóbal Colón en 1493 en la isla de La Española.

ISABEL CLARA EUGENIA (1566-1633). Princesa española. Nombrada por su padre, Felipe II, princesa soberana de los Países Bajos, firmó la tregua de los doce años.

8:274b; *ilustración* 8:275a.

ISABEL DE BORBÓN (1603-1644). Reina de España. Hija de Enrique IV de Francia y María de Médicis. Casó con el que sería Felipe IV, mediante pacto establecido en 1612 con Francia. Madre del infante Baltasar Carlos, heredero de la corona, y de María Teresa, futura reina de Francia al contraer matrimonio con Luis XIV. Participó en una conspiración para derrocar al conde-duque de Olivares.

ISABEL DE BRAGANZA (1797-1818). Reina de España. Hija de Juan VI de Portugal y Carlota Joaquina. Casó con Fernando VII. Recibida inicialmente con reticencias en la capital del reino, se ganó el respeto del pueblo por su actitud moderadora sobre su marido.

ISABEL DE HUNGRÍA, SANTA (1207-1231). Princesa húngara. Hija del rey Andrés II. Contrajo matrimonio con el landgrave de Hesse y de Turingia, Luis IV, y enviudó a los veinte años de edad. Desde ese momento se retiró al hospital fundado por ella y dedicó toda su vida a socorrer a los pobres. Fue canonizada por el papa Gregorio IX en 1235.

ISABEL DE PORTUGAL (1503-1539). Reina de España y emperatriz de Alemania. Hija de Manuel I el Afortunado de Portugal y nieta de los Reyes Católicos. Casó con Carlos V (I de Espana), con quien colaboró estrechamente en las tareas de gobierno. Madre de Felipe II, de María, madre de Ana de Austria, y de Juana, que casó con Juan de Portugal.

ISABEL DE RUSIA (1709-1762). Emperatriz rusa, hija menor de Pedro el Grande. Gobernó el país desde 1741 hasta su muerte. Luchó del lado de Austria en la guerra de los siete años contra Prusia. Fundó la Universidad de Moscú y una academia de bellas artes en San Petersburgo.

Rusia 13:60b.

ISABEL DE VALOIS (1546-1568). Reina de España. Hija de Enrique II de Francia y Catalina de Médicis. Casó con Felipe II en las terceras nupcias de éste. El rey reclamó para su primera hija, Isabel Clara Eugenia, el trono de Francia gracias a la ascendencia de su madre.

San Quintín, batalla de 13:135b.

ISABEL FARNESIO (1692-1766). Reina de España. Hija de Eduardo III y Dorotea Sofía, duques de Parma. Segunda esposa de Felipe V. Intentó arrebatar a los austriacos sus dominios italianos. Obtuvo para su primogénito, futuro Carlos III de España, el reino de Nápoles, y para su segundo hijo, Felipe, los ducados de Parma y Piacenza. Su hijastro Fernando VI la desterró a La Granja.

Felipe V de España 6:254a.

ISABELIA, CORDILLERA. Cadena montañosa de Nicaragua en el dep. de Jinotega, en el centro-norte del país. Cubierta de bosques tropicales, su máxima altitud es Peña Blanca (1.745 m).

ISABELINO, ESTILO. Arquitectura española propia del período de los Reyes Católicos, también conocida como estilo Isabel. Sus características arquitectónicas dejaron sus huellas en el estilo colonial de América. Los dos arquitectos más significativos fueron Juan Guas y Lorenzo Vázquez. Los edificios más notables son la iglesia de San Juan de los Reyes en Toledo, el palacio de los duques del Infantado en Guadalajara, la iglesia de San Gregorio en Valladolid y el monasterio del Parral en Segovia. También se denomina estilo isabelino a un tipo de mobiliario desarrollado en España durante el reinado de Isabel II (siglo XIX) y al arte inglés de la época de Isabel I (segunda mitad del siglo XVI).

ISABELINO, TEATRO. Período cumbre del arte dramático inglés que se inició con el primer teatro público de Londres, en 1576, bajo el reinado de Isabel I, y finalizó con el cierre de todos los teatros por orden del Parlamento en 1642. En él, florecieron dramaturgos como John Lyly, William Shakespeare y Ben Jonson, y actores como Richard Burbage.

Actor y actuación 1:41b.

ISABEL LA CATÓLICA (1451-1504). Reina de Castilla, también conocida como Isabel I de Castilla o de España. Casó con Fernando de Aragón. Ambos forjaron la unidad territorial española.

8:271b; América, descubrimiento de 1:283a; Aragón 2:16a; Cisneros, cardenal 4:214b; Colón, Cristóbal 4:278b; Edad media 5:301b; Enrique IV de Castilla 5:422b; España 6:74b; Fernández de Córdoba, Gonzalo 6:266a; Fernando el Católico 6:267b; Granada (España) 7:190b; Granada, reino de 7:192a; Hermandad, Santa 7:373a; Inquisición 8:219a; Juan II de Aragón 8:394b; Juana la Loca 8:396b; Latinoamérica, conquista de 9:78b; Manuel I de Portugal 9:335a; Reconquista 12:285a; *cuadro* 8:272a; *ilustración* 8:272a.

ISAÍAS (siglos VIII-VII a.C.). Profeta judío. Dio nombre a uno de los libros proféticos de la *Biblia.*

8:275a; *ilustración* 8:275a.

ISAÍAS, LIBRO DE. Uno de los libros proféticos del Antiguo Testamento, atribuido en parte al profeta Isaías. Contiene amenazas (y promesas) para Judá/Jerusalén, oráculos contra los extranjeros, discursos apocalípticos y palabras de consuelo para los desterrados en Babilonia y los residentes en Sión.

Biblia 3:11b; Isaías 8:275a.

ISANÓMALA. Nombre que designa la curva que en los mapas meteorológicos une los puntos de la superficie terrestre que presentan la misma anomalía meteorológica en relación al valor medio calculado para la latitud del lugar.

ISAR, RÍO. Curso fluvial de Alemania. Nace en el Karwendelgebirge, a una altitud de 1.750 m. Atraviesa Munich y desemboca en el Danubio tras recorrer 295 km. La mayor parte de su curso no es navegable.

ISBN. Siglas de International Standard Book Number (Número Convencional Internacional del Libro). Este sistema facilita la identificación por computadora de los libros, ya que los diversos dígitos del número atribuido indican el grupo al que pertenece, el país y el editor.

ISCHIA. Isla italiana situada al noroeste de la bahía de Nápoles, en el mar Tirreno. Pertenece a la prov. de Nápoles y a la reg. de Campania. El volcán apagado Epomeo es su máxima altitud (788 m). Cap. Ischia. Agricultura, turismo. 15.914 hab. (1981).

ISDN. V. **Red digital de servicios integrados.**

ISÈRE. Departamento del sudeste de Francia, región de Rhone-Alpes. Atravesado en su parte oriental por los Alpes del Delfinado con los macizos de la Grande Chartreuse y la Belledonne, en su parte occidental está constituido por las mesetas del Bajo Delfinado y el valle del Ródano. Cereales, viñedos, explotación forestal, turismo, industrias de construcciones mecánicas y electrónica. Cap. Grenoble. 7.431 km^2. 1.064.600 hab. (1995).

ISFAHÁN. Ciudad de Irán, cap. de la prov. de Isfahán. Gran mezquita del siglo XI. Universidad. Alfombras, artesanía, azulejos, tejidos de algodón; acería, refinería de petróleo. 1.266.072 hab. (1996).

Asia 2:152a; Irán 8:261b; Islámico, arte 8:289a.

ISHERWOOD, CHRISTOPHER (1904-1986). Novelista y dramaturgo estadounidense de origen británico. Autor de obras teatrales, novelas y guiones cinematográficos, vivió en Alemania (1929-1933) y China (1938). Célebre por sus recreaciones de la vida en el Berlín nazi, trató también en sus obras el pensamiento hindú y la homosexualidad. *Adiós a Berlín* (1939), *Kathleen y Frank* (1971), *Christopher y su especie* (1977).

Auden, W. H. 2:208b.

ISHTAR. V. **Astarté.**

ISIDORO DE KIEV (h. 1385-1463). Patriarca griego de la Iglesia Ortodoxa de Rusia y más tarde cardenal de la iglesia romana. Fue enviado por el emperador Juan VIII Paleólogo al concilio de Basilea para tratar de la unión de las iglesias griega y latina; posteriormente asistió al de Ferrara-Florencia, en el que leyó junto con el cardenal Bessarion el acta de unificación, y fue designado cardenal. Declarado apóstata por la Iglesia Ortodoxa rusa. Fue herido durante el ataque a Constantinopla por los turcos en 1453, hecho sobre el que escribió su *Epístola lúgubre* (1454), en latín.

ISIDORO DE MILETO. Arquitecto bizantino del siglo VI. Profesor en la Universidad de Alejandría y en Constantinopla, fue autor, junto con Antemio de Tralles, de la basílica de Santa Sofía, en Constantinopla, obra en la que trabajó entre el 532 y el 537.

Bizantino, arte 3:59b.

ISIDORO DE SEVILLA, SAN (h. el 560-636). Teólogo, padre de la iglesia latina, arzobispo y enciclopedista que contribuyó a salvaguardar la cultura grecorromana.

8:275b; Diccionario 5:176b; Enciclopedia 5:402b; Teología 14:21b; *ilustraciones* 8:275b; 14:22a.

ISIDRO LABRADOR, SAN (h. 1070-1130). Santo español. Labrador al servicio de Juan Vargas en tierras madrileñas, contrajo matrimonio con María Toribia (santa María de la Cabeza). Patrono de los labradores y de la ciudad de Madrid. Fue canonizado el 12 de marzo de 1622 por el papa Gregorio XV.

ISIS. En la mitología egipcia, madre de Horus y esposa y hermana de Osiris.

8:276a; Egipcia, religión 5:324b; Osiris 11:169a; *ilustración* 8:276a.

ISKENDERUN. Ciudad y puerto de Turquía, la antigua Alejandreta, en el dist. de Iskenderun, prov. de Hatay, a orillas del golfo homónimo, mar Mediterráneo. Fundada en el siglo IV a.C. Aeropuerto. Base naval. Acerías, fábricas de fertilizantes, oleoducto. 161.728 hab. (1997).

ISLA. Cualquier porción de tierra más pequeña que un continente y totalmente rodeada de agua, sea en un océano, mar, lago o río.

8:276b; Biodiversidad 3:25a; *ilustración* 8:277a.

ISLA, JOSÉ FRANCISCO DE (1703-1781). Escritor y sacerdote español, conocido como el padre Isla. Uno de los más importantes ilustrados de su país.
8:277b; Española, literatura 6:92b; *ilustración* 8:277b.

ISLA DE LOS PINGÜINOS, LA. Novela del escritor francés Anatole France, publicada en 1908. Obra pesimista en la que el autor da muestras de escasa fe sobre la posibilidad de constituir una sociedad fraternal.

ISLA DEL TESORO, LA. Novela del escritor británico Robert Louis Stevenson, publicada en 1883. Describe el hallazgo por el joven Jim Hawkins del mapa de un tesoro oculto en una isla, su posterior viaje a ésta y su enfrentamiento con los piratas. Una de las más populares narraciones de aventuras.
Stevenson, Robert Louis 13:321b.

ISLAM. Religión predicada por Mahoma cuya doctrina y normas están reunidas en el *Corán*.
8:277b; Árabe, literatura 1:421a; Babismo y bahaísmo 2:297a; Ciencia 4:185a; Códigos legales 4:250b; Corán 4:374b; Educación 5:313b; Egipto 5:336b; Europa 6:198b; Fundamentalismo religioso 7:5b; Islam, historia del 8:282b; Islámico, arte 8:288a; Jardinería 8:353b; Mahoma 9:293a; Mesías y mesianismo 10:79b; Milagro 10:162a; Misión y misionero 10:189a; Misticismo 10:193a; Número 11:47b; Peregrinación 11:333b; Persia 11:352b; Química 12:225b; Religión 12:320b; Semitas, pueblos 13:199b; *ilustraciones* 8:278a; 8:279a-b; 8:280a; 8:281.

ISLAM, HISTORIA DEL. Relación de hechos acontecidos en el mundo islámico desde Mahoma hasta la actualidad.
8:282a; Abasí, dinastía 1:3b; Alí 1:225b; Almohades 1:240b; Almorávides 1:241b; Arabia 2:6b; Astronomía, historia de la 2:179a; Califato 3:281b; Cruzadas 5:35b; Edad media 5:298a; Esclavitud y servidumbre 6:38b; Exploraciones geográficas 6:214b; Fatimí, dinastía 6:238a; Fundamentalismo religioso 7:5b; India 8:158b; Indonesia 8:181b; Irak 8:259a; Irán 8:263b; Islam 8:278a; Jerusalén 8:266b; Mahdí, al- 9:291b; Marruecos 9:384a; Meca, La 10:10b; Omeya, dinastía 11:103b; Otomano, imperio 11:178b; Pakistán 11:219b; Palestina 11:230a; Reconquista 12:283a; *mapa* 8:285; *ilustraciones* 8:282b; 8:283b; 8:284a; 8:286a; 8:287b.

ISLAMABAD. Capital de Pakistán, construida a 14 km de Rawalpindi a partir de 1961. Mezcla de arquitectura islámica y moderna. Universidades, instituto de investigación nuclear. Productos lácteos, agricultura. 524.500 hab. (1998).
Pakistán 11:218b.

ISLÁMICA, LITERATURA. Conjunto de la producción literaria escrita por autores islámicos, independientemente de la nacionalidad de los mismos.

ISLÁMICO, ARTE. Conjunto de manifestaciones artísticas que floreció a partir del siglo VII entre los pueblos por donde se extendió la religión islámica.
8:288a; Alhambra, la 1:224b; Arco 2:29b; Arquitectura 2:106a; Bagdad 2:305b; Castillo y palacio 4:24b; Cerámica 4:81a; Cúpula 5:77a; Indio, arte 8:171b; Islam 8:282a; Religioso, arte 12:323a; *ilustraciones* 8:288; 8:289b; 8:290a.

ISLANDESA, LITERATURA. Conjunto de obras escritas por autores de Islandia en islandés, antiguo y moderno. Destacan las colecciones de textos heroicos y mitológicos denominadas *Eddas*.
Snorri Sturluson 13:272b.

ISLANDIA. País insular de Europa en el océano Atlántico, limitado al norte por el círculo polar ártico. Cap. Reykjavík. 102.819 km^2. 280.000 hab. (2000).
8:290b; Escandinava, literatura 6:29b; Europa 6:192a; *cuadros* 8:291a-b; *ilustraciones* 8:291b; 8:292a.

ISLANDIA, DEPRESIÓN DE. Centro de bajas presiones atmosféricas situado entre Islandia y Groenlandia. Origina la mayoría de los fuertes vientos invernales que soplan sobre el Atlántico norte. La corriente del Golfo la desplaza hacia el norte.

ISLOTES DE LANGERHANS. Corpúsculos globulosos en el parénquima pancreático, constituidos por cordones celulares macizos arrollados y anastomosados sin conexión con los conductos glandulares. Los principales productos de su secreción endocrina son la insulina y el glucagón.
Endocrino, sistema 5:407b.

ISMAEL. Según el relato del Génesis, hijo de Abraham y de Agar, esclava de Sara. Nació cuando el patriarca contaba 86 años. Expulsado junto con su madre por Sara, mujer de Abraham, fueron ambos enviados al desierto. Los árabes se consideran sus descendientes.
Abraham 1:15a; Isaac 8:271a.

ISMAELITAS. Según la *Biblia,* descendientes de Ismael, el cual tuvo doce hijos. Formaron las doce tribus que habitaban en el desierto arábigo (Nebayot, Quedar, Abdeel, Mibsam, Mismá, Dumá, Massá, Jadad, Temá, Yetur, Nafís y Quedmá). También llamados agarenos, los árabes los consideran sus ancestros.

ISMAÍL I (1487-1524). Sha de Irán (Persia), fundador de la dinastía de los safawíes. Reunió diversas tribus chiitas, derrotó al rey de Shirwán, conquistó Azerbaiján y en 1501 se proclamó sha. Extendió sus dominios por Persia, Armenia e Irak. Fue derrotado por el sultán otomano Selim I y solicitó en vano la ayuda de los reinos europeos.

ISMAILÍA. Ciudad y puerto de Egipto, cap. de la gobernación de Ismailía a orillas del canal de Suez. Fundada por Ferdinand de Lesseps en 1863. Universidad. Central térmica, astilleros, tractores, motores, productos alimenticios. 254.477 hab. (1996).

ISMAÍL IBN SHARIF (h. 1645-1727). Segundo rey de la dinastía alawí en Marruecos. Tuvo un largo reinado en el que consolidó su dinastía, desarrolló un ejército con métodos y armas europeas e introdujo la influencia francesa. Estableció una alianza con Luis XIV contra España. Internamente, exigió de su pueblo el reconocimiento de su poder temporal y religioso como descendiente de Mahoma.

ISMAILISMO. Secta chiita radical que proclama a Ismaíl como séptimo y último imán. Éste había sido designado imán, pero según algunas tradiciones fue desheredado por haber bebido vino. La secta se escindió y algunos grupos aceptaron la sucesión hasta el duodécimo imán. El ismailismo proclama una doctrina exotérica (accesible al pueblo), que consiste en la observancia de la ley, y otra esotérica (inaccesible a la mayoría) que desarrolla una interpretación alegórica del *Corán* basada en la filosofía neoplatónica.

ISNARDI, FRANCISCO (1750-1814). Patriota venezolano de origen italiano. Administrador de la Compañía Holandesa de las Indias Occidentales, participó en los primeros movimientos patrióticos de Venezuela y en la redacción de la declaración de independencia de este país. Apoyó a Francisco de Miranda.

ISNARDI, TEÓFILO (1890-1966). Físico argentino. Director del Instituto de Física de Buenos Aires y profesor en la universidad y en la escuela naval. Sus trabajos versaron especialmente sobre física teórica. *Física general, Análisis matemático.*

ISO. Siglas de *International Organization for Standardization* (Organización Internacional para la Normalización), nombre con el que se designa una entidad de ámbito internacional cuya finalidad es fijar normas estándar para los productos industriales.
Astronáutica 2:173a.

ISOBARA. En la elaboración de mapas meteorológicos, línea que une todos los puntos de la superficie terrestre que muestran un mismo valor para la presión atmosférica.
Presión atmosférica 12:134a.

ISOCLINA, LÍNEA. Conjunto de puntos trazados sobre la superficie terrestre que se caracterizan por poseer la misma inclinación magnética. El primer mapa de líneas isoclinas data de 1768, cuyos valores se determinaron con referencia al ecuador magnético como línea de partida.

ISOCORA. Transformación termodinámica en la que el volumen se mantiene constante.

ISÓCRATES (436-338 a.C.). Orador ateniense, discípulo de Gorgias, que propugnó la unión de las ciudades griegas.
8:292b; Griega, literatura 7:219b.

ISOHIETA. V. **Isoyeta.**

ISOHIPSA. En la confección de mapas geográficos, línea que une los puntos de igual altitud.

ISOMERÍA. Diversidad de propiedades físicas y químicas observada en dos sustancias químicas de iguales composición porcentual, peso molecular y fórmula empírica. Habitual en compuestos orgánicos y debida a diferencias de posición geométrica o estructural.
Isómero 8:293a.

ISOMERIZACIÓN. Paso de una sustancia química a otra de carácter isómero de modo espontáneo o por efecto de una reacción. El término se aplica preferentemente en petroquímica a la conversión de un hidrocarburo de cadena recta en un isómero altamente ramificado.
Petroquímica 11:385a.

ISÓMERO. Compuesto que tiene la misma composición y peso molecular que otro, pero se diferencia en sus propiedades físicas y químicas debido a la diferente disposición de los átomos en sus moléculas respectivas.
8:292b; Hidrocarburos 7:394b; Molécula 10:215b; *ilustraciones* 8:293b; 8:294a.

ISOMORFISMO. Relación entre dos estructuras algebraicas (grupos, anillos, espacios vectoriales) cuando existe entre ellas una aplicación biyectiva compatible con las leyes de composición de ambas estructuras, es decir, que es a la vez inyectiva y epiyectiva.
Grupos, teoría de los 7:241a.

ISOPRENO. Compuesto formado durante la destilación de la goma, que es un polímero de isopreno.
Goma 7:158a.

ISÓPTEROS. Orden de insectos pterigógenos, de cuerpo blando, con antenas y cercos cortos, boca masticadora y alas largas. Viven en comunidades numerosas, llamadas termiteros o comejeneras, y tienen polimorfismo sexual y colonial. Existen numerosas especies, casi todas tropicales.

ISOS, BATALLA DE. Combate librado el 333 a.C., al comienzo de la expedición a Asia de Alejandro Magno. La victoria de éste sobre el ejército de Darío III de Persia resultó decisiva para la caída del imperio aqueménida.

ISÓSCELES. Triángulo que posee dos lados iguales.

ISOSISTA. Línea imaginaria que une los puntos de la superficie terrestre en los que se han registrado valores idénticos de intensidad durante un movimiento sísmico.

ISOSTASIA. Principio geológico que hace referencia a la condición ideal de equilibrio a que tienden los distintos bloques de la corteza terrestre. Los bloques ligeros del sial se hunden en el sima o emergen de él de acuerdo con sus aumentos o disminuciones de peso, provoca-

dos por la formación de cordilleras, las fases de erosión, la fusión de los glaciares, etc.
Geología 7:95a.

ISOTERMA. En la confección de mapas meteorológicos, línea que une todos los puntos de la superficie terrestre que poseen la misma temperatura del aire. También, representación gráfica del estado de un fluido en la que se indican sus variaciones de presión y volumen a temperatura constante.

ISÓTOPO. Elemento químico que tiene la misma carga nuclear (número atómico) que otro y ocupa la misma posición en el sistema periódico, pero cuyo peso atómico difiere del primero, debido al número de neutrones de su núcleo.
8:294a; Átomo 2:205b; Elemento 5:376b; Radiactividad 12:246b; Peso atómico y molecular 11:374a; *cuadro* 8:294b; *ilustración* 8:295a.

ISÓTOPOS RADIACTIVOS. Variedades atómicas inestables de determinados elementos químicos que emiten radiaciones durante un período de tiempo específico. Tienden a adquirir estabilidad en su núcleo atómico. Diversos isótopos radiactivos de hierro, yodo, carbono, etc., son muy utilizados en medicina de diagnóstico y terapéutica.
Nuclear, medicina 11:29a.

ISOTROPÍA. Propiedad por la que una sustancia propaga las magnitudes físicas y químicas con idénticas características de forma independiente del ángulo de incidencia de las mismas.
Mineral y mineralogía 10:174b.

ISOYETA. En la elaboración de mapas meteorológicos, línea que une todos aquellos puntos de una región en los que la pluviosidad media anual es idéntica. También se escribe isohieta.

ISPAHÁN. V. **Isfahán.**

ISQUEMIA. Disminución del aporte sanguíneo a una parte cualquiera del cuerpo y estado que resulta de dicha disminución. La isquemia es responsable de los infartos, las escaras y las gangrenas de los miembros.
Arteriosclerosis 2:127a.

ISRAEL (ESTADO). País del cercano oriente, a orillas del mar Mediterráneo. Cap. Jerusalén. 20.320 km^2. 6.107.000 hab. (2000).
8:295b; Árabe-israelí, conflicto 2:1a; Asia 2:150; Autoridad Nacional Palestina (ANP) 2:246b; Barak, Ehud 2:344b; Begin, Menahem 2:382a; Ben-Gurion, David 2:411a; Jerusalén 8:365a; Jordán, río 8:381a; Judaísmo 8:401b; Judío, pueblo 8:404a; Líbano 9:140a; Muerto, mar 10:292a; Palestina 11:229a; Salomón, rey 13:100a; Samuel 13:115a; Saúl 13:168b; Shamir, Yitzhak 13:223b; Sinaí, península del 13:249b; Siria 13:259b; Tel Aviv 13:421b; Weizmann, Chaim 14:360b; *mapa* 8:296a; *cuadros* 8:295b; 8:297b; *ilustraciones* 8:297a-b; 8:298a; 8:299b; 8:300.

ISRAEL (PATRIARCA). V. **Jacob.**

ISRAËLS, JOSEF (1824-1911). Pintor neerlandés, principal representante de la escuela de La Haya entre 1870 y 1890. Influido por Rembrandt, trató temas de campesinos y pescadores. En su última época pintó tipos de los *ghettos* judíos. «Un hijo del pueblo escogido», «Interior campesino».

ISSA (ANTROPOLOGÍA). Grupo étnico de Yibuti que forma cerca de la mitad de la población del país. Enfrentado por el control político del estado al otro grupo importante, los afar, se opuso a la presencia francesa y fue partidario de la unión con Somalia tras la independencia.
Yibuti (estado) 14:386a.

ISSA (LITERATURA) (1763-1828). Kobaiashi Issa, poeta japonés. Su obra, caracterizada por la sencillez y la utilización de un lenguaje cercano a lo popular, le otorgó gran celebridad. *Diario de los últimos días de mi padre* (1803), *El año de mi vida* (1819).

ISSN. Siglas de International Standard Serials Number (Número Convencional Internacional de las Publicaciones Periódicas). Este sistema facilita la identificación por computadora de las publicaciones periódicas (revistas, diarios, etc.), ya que los diversos dígitos del número atribuido indican el grupo al que pertenecen, el país y el editor.

ISTAMBUL. V. **Estambul.**

ISTRIA. Región de Europa perteneciente principalmente a Eslovenia y Croacia. La zona noroeste, alrededor de Trieste, se encuentra en Italia. A orillas del mar driático, en el golfo de Venecia. Agricultura, viticultura, pesca y ganadería. Explotaciones forestales. 3.160 km^2.
Yugoslavia 14:395b.

ISTÚRIZ, FRANCISCO JAVIER DE (1790-1871). Político español. Presidente del gobierno derribado por el motín de La Granja (1832). Hubo de exiliarse en dos ocasiones. Fundador del Banco de Isabel II. Ocupó diversos cargos políticos y diplomáticos.

ITABO. Nombre de diversas especies de plantas de la familia de las liliáceas y del género *Yucca,* conocidas también como izotes y palmas bayonetas. Monocotiledónea. Hojas rígidas y agudas y grandes flores blancas.

ITABUNA. Ciudad de Brasil en el est. de Bahía, a orillas del río Cachoeira. Aeropuerto. Centro de una rica zona agropecuaria. Productos químicos. 177.944 hab. (1996).

ÍTACA. Isla de Grecia, en el mar Jónico. Formada por dos masas de terreno calizo unidas por un istmo, tiene una superficie de 96 km^2. Pertenece al dep. de Cefalonia. Supuesta patria de Odiseo (Ulises).
Odisea, la 11:178b.

ITAGAKI TAISUKE (1837-1919). Político japonés, fundador del Partido Liberal. Como jefe militar de Tosa participó en el derrocamiento del shogunato de los Tokugawa, que dio origen al período Meiji. Fue conocido como el «Rousseau japonés» por sus intentos de educar al pueblo en la democracia y de formar un gobierno parlamentario.

ITAGÜÍ. Ciudad de Colombia en el dep. de Antioquia, entre las cordilleras Central y Occidental de los Andes, a orillas del río Porce. Forma parte del cinturón industrial de Medellín. Textiles. 234.712 hab. (1999).
Antioquia (Colombia) 1:395b.

ITALIA. País de Europa bañado por el mar Mediterráneo. Cap. Roma. 301.277 km^2. 57.723.000 hab. (2000).
8:301a; Alpes 1:245b; Anticlericalismo 1:384a; Apeninos 1:409a; Ciampi, Carlo Azeglio 4:172a; Cinematografía 4:194b; Europa 6:193b; Fascismo 6:235b; Guerra mundial, primera 7:272a; Guerra mundial, segunda 7:273a; Libia 9:148b; Po, río 12:40b; Renacimiento 12:330b; Risorgimento 12:383a; Roma 12:416b; Víctor Manuel II de Italia 14:297b; Sicilia 13:230b; Trieste 14:125a; Venecia 14:256a; Vesubio 14:289b; *mapas* 8:302a; 8:311b; *cuadros* 8:301b; 8:305a; 8:306a; 8:309; *ilustraciones* 8:303a-b; 8:304a; 8:305b; 8:307a-b; 8:308a; 8:310a; 8:312a; 8:313b; 8:314a-b; 8:315b.

ITALIANA, LENGUA. Lengua románica, derivada del latín, hablada en Italia.
8:316a; Italia 8:304a; Italiana, literatura 8:317a; Romances, lenguas 13:3b; *ilustración* 8:316a.

ITALIANA, LITERATURA. Conjunto de obras escritas por autores italianos. Se inició en el siglo XIII.
8:317a; Divina comedia 5:211a; Futurismo 7:10a; Italia 8:314b; Svevo, Italo 13:368a; Tasso, Torcuato 13:402a; Ungaretti, Giuseppe 14:177a; Verga, Giovanni 14:275b; *cuadros* 8:320; 8:321; *ilustraciones* 8:317b; 8:318a; 8:319; 8:320; 8:321; 8:322a; 8:323b.

ITALIANISMO. Préstamo lingüístico tomado de la lengua italiana por otra distinta. En castellano se han incorporado italianismos, como *banca, fragata, escopeta,* etc.

ITÁLICA. Ruinas de una antigua ciudad romana, situada a orillas del Guadalquivir y cercana a Sevilla (España). Fue fundada en el 206 a.C. por Publio Cornelio Escipión, conocido como el Africano, y alcanzó su mayor auge en el siglo IV. Cuna de los emperadores Trajano y Adriano.

ITÁLICAS, LENGUAS. Grupo lingüístico perteneciente a la familia indoeuropea compuesto por idiomas que se hablaban en la antigüedad en la península itálica, como el osco, el umbro y el latín, y por las diferentes lenguas romances derivadas posteriormente del latín: español, francés, italiano, portugués, etc.
Indoeuropeas, lenguas 8:176b; Latín 9:70a; Romances, lenguas 13:4a.

ITALO-TURCA, GUERRA. Enfrentamiento bélico acaecido en 1911 y 1912 entre Italia y el imperio turco. Las pretensiones coloniales de Italia motivaron la declaración unilateral de guerra por parte de este país hacia Turquía el 29 de septiembre de 1911 y la posterior ocupación de la Tripolitania y la Cirenaica. Finalizó con la firma el 15 de octubre de 1912 de la paz de Ouchy.

ITAPÚA. Departamento de Paraguay limitado al este y sur por la Argentina. Terrenos selváticos regados por el río Tebicuary y los afluentes del Paraná. Zona con abundante pluviometría. Maderas, ganadería, agricultura. Cap. Encarnación. 16.525 km^2. 377.536 hab. (1992).

ITATA. Río de Chile. Nace en el sudeste de la prov. de Ñuble. Recibe por su orilla derecha al río del mismo nombre y sirve de frontera a las prov. de Ñuble y de Concepción. Desemboca en el norte de la bahía de Talcahuano, tras recorrer 230 km.

ÍTEM. Distinción de capítulos en un texto. También, cada una de las preguntas o cuestiones que conforman una prueba (*test*); pueden ser de completamiento, de elección, de sí o no, de clasificación o de verdadero-falso.

ITÉNEZ. V. **Guaporé, río.**

ITERBIO. Elemento químico, metal del grupo de las tierras raras, IIIB de la tabla periódica. Presente en la gadolinita. Símbolo, Yb; número atómico, 70; peso atómico, 173,04.
Lantánidos 9:57b.

ITO HIROBUMI, KOSHAKU (1841-1909). Político japonés que desempeñó un importante papel en la construcción del Japón moderno. De familia campesina, participó modestamente en la restauración Meiji. Adquirió renombre político por su contribución a la constitución de 1889, con la introducción del sistema bicameral. Fue designado primer ministro y, posteriormente, asesinado por un nacionalista coreano.

ITO TOYO (n. en 1941). Arquitecto japonés. En sus obras trabajó con la simplicidad de las formas, incluyendo elementos innovadores. Cabaña de plata (1984), teatro lírico y sala de conciertos de Nagaoka (1996).

ITRIO. Elemento químico, metal del grupo de las tierras raras, IIIb de la tabla periódica. Se encuentra en la gadolinita y se utiliza para fabricar camisas de gas incandescentes. Símbolo, Y; número atómico, 39; peso atómico, 88,90.
Lantánidos 9:57a.

ITUIUTABA. Ciudad de Brasil en el est. de Minas Gerais. Productos agropecuarios. Aeropuerto. 81.213 hab. (1996).

ITURBE, RAMÓN F. (1889-1970). Militar mexicano. Intervino en numerosas acciones bélicas y ocupó diversos cargos públicos. Como agregado militar en la embajada de México en Japón en 1941 fue encarcelado al declarar su país la guerra al Eje.

ITURBI, JOSÉ (1895-1980). Pianista y director de orquesta español. Estudió en París con Wanda Landowska. Se trasladó a los Estados

Unidos e intervino en numerosas películas musicales.

ITURBIDE, AGUSTÍN DE (1783-1824). Militar mexicano. Contribuyó decisivamente a la independencia de México y se declaró emperador.
8:324a; Bravo, Nicolás 3:169a; Guerrero 7:278a; Guerrero, Vicente 7:278b; Independencia de Hispanoamérica 8:145a; López de Santa Anna, Antonio 9:219b; Matamoros, Mariano 9:404b; México 10:130b; Nicaragua 10:400b; Nueva España, Virreinato de la 11:35a; O'Donojú, Juan 11:80b; Ruiz de Apodaca, Juan 13:35a; Salvador, El 13:107b; *cuadro* 8:324a; *ilustración* 8:324a.

ITURRALDE CHINEL, FERNANDO (n. en 1912). Escritor y político boliviano. Desempeñó diversos puestos en la administración y fue elegido diputado en el período de 1940-1944. Escribió ensayos sociológicos y novelas con gran colorido costumbrista. *Encrucijada.*

ITURRIAGA, ENRIQUE (n. en 1918). Compositor peruano. Ejerció la docencia en el conservatorio y la Universidad de Lima y dirigió la Escuela Nacional de Música de la misma ciudad. Acopló la instrumentación indígena a la música del siglo XX. *Canción y muerte de Rolando* (1947), *Vivencias* (1965), *Homenaje a Stravinski* (1971).

ITURRIAGA, JOSÉ DE (1699-1767). Administrador colonial español. Diputado general de Guipúzcoa, ocupó la regencia de la Compañía Guipuzcoana de Caracas y fue el encargado de establecer los límites fronterizos con las posesiones portuguesas en Brasil. Entre 1754 y 1760 llevó a cabo una expedición por los ríos Orinoco y Negro y fundó diversas ciudades.

ITURRIGARAY, JOSÉ DE (1742-1815). Virrey de la Nueva España en 1803. Depuesto en 1808, fue trasladado a España para ser juzgado, bajo cargos de traición y malversación.
8:324b; Lizana y Beaumont, Francisco Javier de 9:188a; México 10:129b.

ITURRINO, FRANCISCO (1880-1924). Pintor español. Se formó artísticamente en Bélgica y en París. Influido por el fauvismo. Autor de paisajes, escenas campestres y composiciones de vivo colorido y ricos efectos luminosos «Muchachas con flores», «Sevillanas en el campo».

ITURZAETA, JOSÉ FRANCISCO DE (1788-1853). Pedagogo y calígrafo español. Inspector general de enseñanza primaria y director de la Escuela Normal de Madrid. Escribió numerosos tratados y métodos didácticos de caligrafía. *Colección de muestras de letra española, Colección general de alfabetos de los caracteres más hermosos de Europa, Método cursivo, Caligrafía para los niños.*

ITUZAINGÓ, BATALLA DE. Combate librado entre las fuerzas uruguayo-argentinas y las brasileñas, junto al río Ituzaingó, en 1827. Culminó con la derrota de Brasil y la liberación de Uruguay.
Alvear, Carlos María de 1:257b.

ITZAES. Pueblo amerindio de la familia cultural maya que habita en el norte de Guatemala y en Belice. Al ser destruido el reino maya a lo largo del siglo XV, los itzaes construyeron su ciudad en una isla del lago Petén-Itzá, donde mantuvieron su independencia hasta 1697, fecha en que fueron sometidos por los españoles.

ITZAMNÁ. Dios del panteón maya, señor de los cielos, del sol y de la medicina.
8:325a; Maya, religión 10:7a.

ITZCÓATL (1381-1440). Cuarto soberano azteca, proclamado en 1427. Sometió diversos pueblos y formó la Triple Alianza con las ciudades de Tenochtitlan, Texcoco y Tlacopan. Embelleció Tenochtitlan y construyó calzadas y templos. Se lo considera el primer rey de México, a diferencia de sus antecesores, simples caciques tributarios.

IUS GENTIUM. V. **Derecho de gentes.**

IVA. V. **Impuesto sobre el valor añadido o agregado.**

IVÁN I (h. 1304-1340). Gran príncipe de Moscú desde 1328 y de Vladímir desde 1331 hasta su muerte. Su hábil política convirtió a Moscú en el principado más rico y poderoso del nordeste de Rusia.

IVÁN II (1326-1359). Gran príncipe de Moscú y Vladímir, hijo de Iván I. Accedió al trono de Moscú en 1353 y prosiguió la política de su padre de unificar las tierras rusas.

IVÁN III EL GRANDE (1440-1505). Gran príncipe de Moscú desde 1462 hasta su muerte. Consiguió someter la mayoría de las tierras de Rusia mediante conquistas o alianzas. Puso los cimientos para un estado ruso centralizado.
Rusia 13:59b.

IVÁN IV EL TERRIBLE (1530-1584). Gran príncipe de Moscú y primero de los zares de Rusia oficialmente proclamado.
8:325a; Rusa, literatura 13:43b; Rusia 13:59b; Siberia 13:229a; *ilustración* 8:325b.

IVÁN V (1666-1696). Zar de Rusia desde 1682 hasta su muerte, aunque su reinado fue sólo nominal dada su incapacidad física y mental. No participó en asuntos de gobierno y dedicó su tiempo a la oración, el ayuno y los peregrinajes.

IVÁN VI (1740-1764). Emperador de Rusia hasta 1741. Nombrado heredero del trono cuando sólo contaba dos meses, fue proclamado emperador un día más tarde. Depuesto en diciembre de 1741, pasó veinte años confinado. Fue asesinado por sus carceleros cuando se pretendía reponerlo en el trono.
Rusia 13:60b.

IVANHOE. Novela del escritor británico Walter Scott, publicada en 1819. Relata las luchas entre sajones y normandos y las intrigas de Juan sin Tierra por destronar a Ricardo Corazón de León, a cuyo lado combate el protagonista, que da nombre a la obra.
Scott, *Sir* Walter 13:179b.

IVÁNOV, ILIA IVÁNOVICH (1870-1932). Biólogo ruso que desarrolló un método de inseminación artificial para mamíferos y aves domésticas. Estudió los órganos sexuales y secreciones glandulares de esos animales en varios laboratorios de zoología que fundó en Moscú. Estableció el primer centro de inseminación artificial de caballos para obtener híbridos más resistentes a la enfermedad y adaptables al clima ruso. Trató de conservar especies en peligro, como el bisonte.
Inseminación artificial 8:224b.

IVÁNOV, LEV (1834-1901). Bailarín y coreógrafo ruso. Asistente del director del Ballet Imperial de San Petersburgo desde 1885, colaboró con Marius Petipa y Enrico Ceccheti en la realización de diversos ballets: *Cascanueces* (1892), *El lago de los cisnes* (1895).
Ballet 2:326a.

IVÁNOV, VIÁCHESLAV IVÁNOVICH (1866-1949). Filósofo y poeta simbolista ruso. Realizó estudios sobre la Grecia clásica y se inició en la poesía con versos formales y retóricos. En 1903 publicó *Los astros pilotos*, que lo consagró como una figura de la poesía simbolista. Después de la revolución rusa vivió en el exilio y se convirtió al catolicismo. *Dioniso y la filosofía dionisiaca, El hombre, Dostoievski.*

IVÁNOVO. Ciudad de Rusia, cap. de la reg. de Ivánovo, 200 km al nordeste de Moscú. Fábrica de tejidos y tintes, máquinas de tejer. Institutos superiores. 469.000 hab. (1997).

IVES, CHARLES (1874-1954). Compositor estadounidense. Introdujo numerosas innovaciones musicales. Estudió con Horatio Parker. Su nutrido catálogo incluye cuatro sinfonías, conciertos, piezas de cámara, canciones y baladas, etc. *Variaciones sobre América* (1891) fue una de las primeras obras politonales.

IVORY, JAMES (n. en 1928). Cineasta estadounidense. Autor empeñado en retratar los detalles aparentemente más insignificantes de la realidad. *Los europeos* (1979), *Una habitación con vistas* (1986), *Regreso a Howard's End* (1992), *Jefferson en París* (1995).

IVRY, BATALLA DE. Combate librado en el suburbio de Ivry al sudeste de París, durante la ocupación nazi de Francia, en la segunda guerra mundial. Los 860 patriotas fusilados por los alemanes están enterrados en el cementerio de la localidad.

IWASKIEWICZ, JAROSLAW (1894-1980). Poeta y escritor polaco. Cultivó todos los géneros literarios y fue un gran promotor de movimientos por la paz. Poesía lírica: *Odas olímpicas, Senderos oscuros.* Teatro: *Un verano en Nohaut, El matrimonio de monsieur Balzac.* Narraciones: *Madre Juana de los ángeles.*

IWO JIMA. Isla de Japón. Pertenece al archipiélago de las Volcano, en el océano Pacífico. Longitud 8,5 km en dirección nordeste-sudoeste, anchura máxima 4 km. Cubre una superficie de 20 km^2. Fue escenario de importantes combates en 1945, durante la segunda guerra mundial.

IXCHEL. Diosa maya de la luna de carácter ambivalente, benévola y destructora a la vez, responsable de las inundaciones y creadora del arte de tejer. Era también protectora de la fecundidad femenina.
Itzamná 8:325a; Maya. religión 10:7a.

IXIÓN. En la mitología griega, rey de los lapitas. Hijo de Flegias y de Perimele, asesinó a su suegro, Deyoneo, y vagó errante hasta que Zeus lo acogió en el Olimpo. Intentó seducir a Hera, por lo que fue expulsado de la morada sagrada y condenado a permanecer atado eternamente a una rueda de fuego.

IXTAB. Diosa maya, patrona de los suicidas. Su representación más frecuente es la de una mujer ahorcada.

IXTACALCO. V. **Iztacalco.**

IXTACCÍHUATL. V. **Iztaccíhuatl.**

IXTLILXÓCHITL (h. 1500-1550). Caudillo de los totonacas y los tlaxcaltecas en la época de la conquista española de México. En 1519 se unió a Hernán Cortés en contra de Tenochtitlan.
8:325b.

IXTLILXÓCHITL, FERNANDO DE ALVA. V. **Alva Ixtlilxóchitl, Fernando de.**

IZABAL. Departamento de Guatemala a orillas de la bahía de Amatique, océano Atlántico. Limita al norte con Belice y al este con Honduras. Ríos Sarstún, Dulce y Motagua. Lago Izabal. Agricultura; minas de níquel. Cap. Puerto Barrios. 9.038 km^2. 370.538 hab. (1995).

IZABAL, LAGO. Depósito lacustre de Guatemala, en el dep. de Izabal. El más grande del país, con 48 km de longitud y 24 km de anchura. Profundidad máxima 18 m. Cubre una superficie de 590 km^2.

IZALCO. Volcán de El Salvador, en el dep. de Sonsonate. El volcán más activo de América central; ha tenido más de cincuenta erupciones desde el año 1700. Su cono, que alcanza 1.830 m de altitud, carece de vegetación.
Salvador, El 13:104b.

IZAPA. Zona arqueológica mexicana, junto a la frontera con Guatemala, cerca de Tapachula, Chiapas, donde se han hallado restos de la cultura olmeca, entre ellos varias estelas.

IZA ZAMÁCOLA, JUAN ANTONIO DE (1756-1826). Escritor español. Conocido también por el seudónimo de don Preciso, perteneció al grupo de los afrancesados y apoyó la monarquía de José I Bonaparte. Autor de obras satíricas, históricas y crítica musical. *Historia de las naciones vascas* (1818).

IZCÓATL. V. **Itzcóatl.**

IZETBEGOVIC, ALIJA (n. en 1925). Político bosnio musulmán. Al inicio de la década de

1990 fue elegido presidente de Bosnia y Herzegovina, cargo que renovó en 1996 tras el final de la guerra civil. Defensor de los ideales democráticos y de la convivencia multiétnica en su república.

8:326a; Bosnia y Herzegovina 3:121a; *ilustración* 8:326a.

IZHEVSK. Ciudad de Rusia, cap. de la rep. autónoma de Udmurt, a orillas del río Izh. Llamada Ustinov durante la época soviética. Institutos científicos. Aceros especiales, maquinaria, motocicletas. 654.000 hab. (1995).

IZMIR. Ciudad y puerto de Turquía, cap. de la prov. de Izmir, a orillas del mar Egeo. Poblada hace más de cinco mil años. Ágora y acueducto milenarios. Universidad. Museo arqueológico. Feria internacional. Productos alimenticios, textiles, instalaciones petroquímicas. Turismo. 2.081.556 hab. (1997). También denominada Esmirna.

Turquía 14:164a.

IZOTE. V. **Itabo.**

IZQUIERDA, PARTIDO DEMOCRÁTICO DE LA. Agrupación política italiana. Fundada en 1921, como Partido Comunista Italiano, fue prohibida por Benito Mussolini. Después de la segunda guerra mundial se convirtió en el principal partido comunista de Europa occidental, con una política moderada («Eurocomunismo»), pero no llegó a formar gobierno. Abandonó el nombre «comunista» en 1991. Entre sus dirigentes destacaron Antonio Gramsci, Palmiro Togliatti, Luigi Longo, Enrico Berlinger y Achille Occhetto.

IZQUIERDA DINÁSTICA. Grupo político español, fundado en 1882 por Francisco Serrano. Defensor de un ideario político liberal reformista, contó entre sus integrantes con José Posada Herrera, Eugenio Montero Ríos y Segismundo Moret. La mayoría de sus militantes se integraron en 1890 en el Partido Liberal.

IZQUIERDA REPUBLICANA. Partido político español surgido en la segunda república tras las elecciones de noviembre de 1933. Integró a la Acción Republicana de Manuel Azaña, al Partido Radical Socialista de Marcelino Domingo y a la Organización Regional Autonomista Gallega (ORGA) de Santiago Casares Quiroga. Alcanzó gran éxito tras las elecciones de febrero de 1936.

IZQUIERDISMO. Tendencia o actitud política contraria al derechismo e identificada con distintas ideologías a lo largo de la historia: liberalismo, republicanismo, socialismo, etc. En general se consideran de izquierda los grupos o tendencias que hacen especial hincapié en la mejora social de los menos favorecidos; son de derecha, en cambio, quienes defienden la estabilidad social y el orden frente a los excesos reformistas o revolucionarios.

IZQUIERDO, EUGENIO MARTÍN (1744-1813). Diplomático español, vinculado con el mundo político e intelectual francés. Realizó diversas misiones diplomáticas durante el gobierno del valido de Carlos IV, Manuel Godoy. Fue el encargado de los negocios de Carlos IV durante la estancia del monarca en Francia.

IZQUIERDO, MARÍA (1902-1955). Pintora mexicana. Influida por Rufino Tamayo, su obra se inspiró en temas populares mexicanos. En sus composiciones utilizó elementos surrealistas. «Retrato de Tamara», «Caballitos de circo».

IZTACALCO. Delegación (división administrativa) del Distrito Federal, México. Servicios, comercio (mercado de La Viga), manufacturas ligeras. 448.357 hab. (1990).

IZTACCÍHUATL. Macizo volcánico inactivo de México, entre los est. de México y Puebla. De sus tres cimas, la central alcanza los 5.286 m de altitud y no tiene cráter. Conocida popularmente como «la mujer dormida» sobre la que supuestamente vela el vecino volcán Popocatépetl.

México, estado de 10:141a.

IZTAPALAPA. Delegación (división administrativa) del Distrito Federal, México. Manufacturas; ciudad dormitorio. 1.490.981 hab. (1990).

IZÚCAR DE MATAMOROS. Población mexicana del est. de Puebla, en la parte central del país. Situada al pie de la sierra Nevada, fue fundada posiblemente en el siglo VIII. Agricultura, minería, industria. 62.860 hab. (1990; municipio).

IZURIETA, Ricardo (n. en 1943). Militar chileno. Formado en la Escuela Militar desde su juventud, alcanzó el grado de teniente de Caballería Blindada en 1967. Desde entonces desarrolló una brillante carrera militar en el curso de la cual desempeñó, entre otros cargos, el de agregado militar en las embajadas de Chile en Israel y los Estados Unidos. En 1997 fue nombrado sucesor del general Augusto Pinochet como comandante en jefe del ejército, cargo que ocupó al año siguiente.

IZVESTIA. Periódico ruso cuyo nombre significa «Noticias». Fundado en Petrogrado (San Petersburgo) en 1917, fue órgano de difusión del presídium del Soviet Supremo de la Unión Soviética y alcanzó tiradas de más de ocho millones de ejemplares. Perdió lectores e importancia con la desaparición de la URSS.